DICIONÁRIO DE FILOSOFIA

NICOLA ABBAGNANO

DICIONÁRIO DE FILOSOFIA

1ª edição brasileira coordenada e revista por
ALFREDO BOSI

Revisão da tradução e tradução dos novos textos
IVONE CASTILHO BENEDETTI

wmf martinsfontes

Esta obra foi publicada originalmente em italiano com o título
DIZIONARIO DI FILOSOFIA por Unione Tipografico-Editrice
Torinense – UTET, Turim, 1971.

5ª edição revista e ampliada *2007*
6ª edição *2012*
7ª tiragem *2022*

1ª edição brasileira publicada pela Mestre Jou, coordenada e revista por
ALFREDO BOSI

Com a colaboração de
Maurice Cunio, Antonieta Scartabello, Carla Conti,
Rodolfo Ilari e Sílvia Salvi
Tradução dos novos textos incluídos nesta edição
Ivone Castilho Benedetti
Revisão da tradução, confronto com a nova edição italiana
Ivone Castilho Benedetti
Preparação do original e coordenação da revisão
Vadim Valentinovitch Nikitin
Acompanhamento editorial
Luzia Aparecida dos Santos
Revisões
Maria Regina Ribeiro Machado
Letícia Braun
Dinarte Zorzanelli da Silva
Produção gráfica
Geraldo Alves
Paginação
Studio 3 Desenvolvimento Editorial
Capa
Marcos Lisboa

Dados Internacionais de Catalogação na Publicação (CIP)
(Câmara Brasileira do Livro, SP, Brasil)

Abbagnano, Nicola, 1901-1990.
Dicionário de filosofia / Nicola Abbagnano ; tradução da 1ª edição brasileira coordenada e revista por Alfredo Bosi ; revisão da tradução e tradução dos novos textos Ivone Castilho Benedetti. – 6ª ed. – São Paulo : Editora WMF Martins Fontes, 2012.

Título original: Dizionario di filosofia.
ISBN 978-85-7827-521-1

1. Filosofia – Dicionários, enciclopédias I. Benedetti, Ivone Castilho. II. Título.

11-14612 CDD-103

Índices para catálogo sistemático:
1. Filosofia : Dicionários 103

Editora WMF Martins Fontes Ltda.
Rua Prof. Laerte Ramos de Carvalho, 133 01325-030 São Paulo SP Brasil
Tel. (11) 3293-8150 e-mail: info@wmfmartinsfontes.com.br
http://www.wmfmartinsfontes.com.br

PREFÁCIO

O objetivo deste dicionário é colocar à disposição de todos um repertório das *possibilidades de filosofar* oferecidas pelos conceitos da linguagem filosófica, que vem se constituindo desde o tempo da Grécia antiga até os nossos dias. O *Dicionário* mostra como algumas dessas possibilidades foram desenvolvidas e exploradas à exaustão, ao passo que outras foram insuficientemente elaboradas ou deixadas de lado. Ele apresenta, assim, um balanço do trabalho filosófico do ponto de vista de sua fase atual.

Em função desse objetivo foi estabelecida a regra fundamental a que obedeceu a formulação dos verbetes: a de especificar as *constantes de significado* passíveis de serem demonstradas ou documentadas com citações textuais, mesmo que de doutrinas aparentemente diferentes. Mas as constantes de significado só podem ser especificadas quando os diferentes significados, compreendidos por um mesmo termo, são claramente reconhecidos e distintos. Essa é a exigência da clareza, considerada fundamental numa obra como esta e que, na verdade, é condição essencial para que a filosofia possa exercer qualquer função de esclarecimento e orientação nos confrontos entre os seres humanos.

Numa época em que os conceitos são freqüentemente confusos e equívocos a ponto de se tornarem inutilizáveis, a exigência de uma definição rigorosa dos conceitos e de suas articulações internas adquire importância vital. Espero que o *Dicionário* que ora apresento ao leitor esteja à altura dessa exigência e contribua para difundi-la, restituindo aos conceitos sua força diretiva e asseguradora.

Vejo-me agora na grata obrigação de lembrar aqui as pessoas que me ajudaram na realização deste trabalho.

O professor GIULIO PRETI elaborou para mim alguns verbetes de lógica (sendo o principal, justamente, *Lógica*), todos assinados com as iniciais G.P. Também me ajudou na compilação de alguns outros, que trazem suas iniciais e as minhas.

Todos os artigos principais do *Dicionário* foram discutidos, às vezes longa e minuciosamente, com um grupo restrito de amigos: NORBERTO BOBBIO, EUGENIO GARIN, C. A. VIANO, PIETRO ROSSI, PIETRO CHIODI.

Outros amigos ajudaram-me a encontrar ou confrontar textos de mais difícil acesso. Foram eles GRAZIELLA VESCOVINI FEDERICI, GRAZIELLA GIORDANO, SERGIO RUFFINO.

Minha mulher, MARIAN TAYLOR, me prestou grande ajuda na correção das provas.

A todas essas pessoas dirijo meu cordial agradecimento. Mas o trabalho deste *Dicionário* não teria sido iniciado nem levado a termo sem a ampla ajuda da grande e benemérita casa editora UTET, que agora a publica. A ela expresso, portanto, minha gratidão.

NICOLA ABBAGNANO

Turim, 11 de outubro de 1960.

NOTA À SEGUNDA EDIÇÃO ITALIANA

Esta segunda edição, inteiramente revista, contém 22 verbetes novos: *Artefato; Asserção; Autômato; Casamento; Classe, Consciência de; Deus, Morte de; Diacrônico, Sincrônico; Doxologia; Ensomatose; Futurologia; Iluminismo; Ocorrência; Performativo; Poiético; Praxiologia; Previsão; Psicodélico; Recusa, Grande; Tábuas de verdade; Teleonomia; Ler; Trabalho.*

Foram inteiramente refeitos os verbetes:
Condicional; Conseqüência; Entimema; Implicação; Matrizes, Método das; Panteísmo; Tecnocracia.

N.A.

Turim, 20 de abril de 1971.

PREFÁCIO À TERCEIRA EDIÇÃO

Em 1960 Nicola Abbagnano, apresentando o *Dicionário*, exprimia seus pressupostos de fundo e o definia como um "balanço do trabalho filosófico, do ponto de vista da fase atual deste trabalho". O objetivo desta nova edição é absolutamente idêntico: pôr à disposição de todos um repertório das *possibilidades de filosofar*, respeitando sobretudo a exigência fundamental de clareza no reconhecimento e na distinção dos diversos significados dos termos filosóficos em busca de constantes demonstráveis.

Esta terceira edição tem também em comum com a primeira a intenção de apresentar um balanço do trabalho filosófico. Seu objetivo natural é, portanto, atualizar o modo como são tratados os termos, de acordo com o uso que deles se fez nas décadas transcorridas desde as edições anteriores, bem como dedicar novos verbetes aos não poucos termos que a atividade filosófica introduziu em seu léxico.

A essa tarefa, ingente e difícil, Giovanni Fornero, especialista em filosofia contemporânea, dedicou-se com plena fidelidade à proposta do Mestre; assumiu pessoalmente as exigências de clareza e distinção que o caracterizaram; adotou o mesmo respeito aos textos produzidos pela tradição filosófica, seguindo-o na vontade de identificar o significado profundo de cada termo e cada acepção.

Com tais objetivos e tal atitude, Fornero escreveu numerosos parágrafos de atualização dos verbetes mais importantes do *Dicionário* (por exemplo, *Deus, Filosofia, Metafísica*) e redigiu muitos outros novos (por exemplo, *Bioética, Inteligência artificial, Pós-modernismo*). Além disso, coordenou as competências específicas que considerou oportuno trazer para colaborar com este empreendimento. Assim, Massimo Mugnai reviu os verbetes de lógica, tanto os presentes nas edições anteriores, de autoria de Nicola Abbagnano, quanto os que lhe foram preparados por Giulio Preti; fez uma nova redação para o verbete *Lógica*. Alessandro Pagnini, Paolo Parrini e Mauro Sacchetto atuaram sobretudo no setor da epistemologia e da filosofia analítica; numerosos outros estudiosos contribuíram com textos de extensões variadas, nos setores de sua competência específica. Para esclarecer com a devida precisão a atribuição dos textos, todos os verbetes e suas partes – tanto os retomados das edições anteriores do *Dicionário*, quanto os acrescentados a esta terceira edição – são assinados por seus autores com as seguintes iniciais:

N.A. ou sem assinatura (Nicola Abbagnano); D.A. (Dario Antiseri); A.A. (Alessandro Arbo); E.A. (Ermanno Arrigoni); E.B. (Enrico Berti); R.B. (Remo Bodei); U.B. (Umberto Bottazzini); M.C. (Massimo Cacciari); G.C. (Giuseppe Cacciatore); G.Co. (Giovanna Cosenza); F.D'A. (Franca D'Agostini); A.D.S. (Antonio de Simone); M.D.F. (Michele Di Francesco); U.E. (Umberto Eco); G.F.V. (Graziella Federici Vescovini); M.F. (Maurizio Ferraris); R.F. (Roberto Festa); G.F. (Giovanni Fornero); G.G. (Giancarlo Galeazzi); U.G. (Umberto Galimberti); G.Gi. (Giulio Giorello); S.G. (Sergio Givone); T.G. (Tonino Griffero); A.L.V. (Antonello La Vergata); C.L. (Claudio Luzzati); S.M. (Sergio Moravia); M.M. (Massimo Mugnai); M.N. (Michela Nacci); A.P. (Alessandro

Pagnini); P.P. (Paolo Parrini); L.P. (Luigi Perissinotto); G.P. (Giulio Preti); M.R. (Marco Ravera); A.R. (Alberta Rebaglia); F.R. (Francesco Remotti); F.Re. (Franco Restaino); F.Ri. (Franco Riva); M.S. (Mauro Sacchetto); A.S. (Antonio Santucci); S.S. (Sergio Scamuzzi); G.S. (Gabriele Scaramuzza); N.T. (Nereo Tabaroni); P.T. (Paolo Tomasello); F.T. (Francesco Tomatis); G.V. (Gianni Vattimo); F.V. (Franco Volpi).

Essa ampla participação na atualização do *Dicionário* contribuiu para fazer deste clássico da historiografia filosófica italiana e mundial um livro parcialmente novo, mas sem modificar sua concepção básica e comprometer sua unidade. De fato, graças ao intenso trabalho de coordenação de Fornero, que guardava na lembrança as longas e esclarecedoras discussões com o Mestre em torno da obra, consideramos que esta nova edição conserva a harmoniosa homogeneidade das anteriores, prestando-se a uma leitura fácil e elucidadora que permita à filosofia exercer a primordial "função de iluminar e guiar os homens", que lhe era atribuída por Abbagnano, ao ir para o prelo a sua primeira edição.

UTET

Turim, 10 de janeiro de 1998

OBSERVAÇÕES

1. O *Dicionário* contém apenas termos, não nomes próprios. No entanto, contém termos como *Plantonismo, Aristotelismo, Cristicismo, Idealismo* etc., que se referem à doutrina de um filósofo ou de uma escola, ou a aspectos ou linhas comuns a várias doutrinas. Mas esses verbetes limitam-se a expor os pontos principais das doutrinas ou linhas em questão com a maior brevidade possível, dado que as opiniões dos filósofos a que se referem são amplamente citadas em todos os verbetes principais.

2. Foram incluídos artigos dedicados não apenas às simples disciplinas filosóficas (Metafísica, Ontologia, Gnosiologia, Metodologia, Ética, Estética etc.), mas também a disciplina científicas de caráter ou fundamento teórico (Matemática, Geometria, Economia, Física, Psicologia, etc.), em cuja abordagem os verbetes do *Dicionário* limitam-se a distinguir as diversas *fases conceituais* pelas quais a disciplina passou ou as diversas linhas que ela oferece como alternativas de pesquisa ou de interpretação.

3. Para os termos que se referem a conceitos complexos ou problemáticos, ou que tiveram ou têm interpretações diversas, foi adotado o seguinte procedimento: *A*) demos de início, quando possível, o significado geral ou generalizado ao qual podem ser reduzidos todos os significados encontráveis, ou a maioria deles; *B*) distinguimos e agrupamos em poucas categorias estes últimos significados; *C*) cada categoria de significado foi ilustrada com citações de texto. Tivemos o cuidado de fazer com que os significados fundamentais fossem distinguidos e formulados de modo que incluíssem o maior número possível de significados encontráveis.

4. O *Dicionário* tem, como qualquer outro dicionário lingüístico, uma base essencialmente histórica: isso mostra quais foram e quais são os usos de um termo na linguagem filosófica ocidental e também, se for o caso, relaciona-os com seu uso na linguagem comum. As ambigüidades de significado foram cuidadosamente registradas. Quando foi possível fazê-lo sem demasiado arbítrio, indicamos o modo de evitar tais ambigüidades.

5. Para evitar as incertezas e os equívocos que poderiam originar-se das citações de trechos compostos originalmente em línguas diferentes, tomou-se o cuidado de pôr, no início de cada verbete, a indicação do vocáculo grego, latino, inglês, francês e alemão a que se faz referência naquele verbete. Esta edição brasileira apresenta também o vocábulo em italiano.

6. Os verbetes assinados pelas iniciais G.P. são da autoria do professor Giulio Preti, da Universidade de Florença. Os verbetes estão organizados em ordem alfabética escrita. Para fins de ordem alfabética, os títulos compostos por vários termos foram considerados como se constituíssem uma palavra só: por exemplo, *Amor* precede *Amor fati*. Eventuais inversões na ordem dos termos compostos por vírgula: os termos que seguem a vírgula não incidem na ordem alfabética; por exemplo: *Conhecimento, teoria do* precede *Conhecimento de si*.

LISTA DAS PRINCIPAIS ABREVIATURAS

Aristóteles (384-322 a.C.)
An. post. = *Analaytica posteriora*, ed. Ross, 1949.
An. pr. = *Analytica priora*, ed. Ross, 1949.
Cat. = *Categoriae*, ed. Minio-Paluello, 1949.
De an. = *De anima*
De cael. = *De caelo*, ed. Allan, 1936.
De gen. an. = *De generatione animalium*, ed. Bekker, 1831.
De part. an. = *De partibus animalum*, ed. Bekker, 1831.
El. sof. = *De sohphisticis elenchis*, ed. Bekker, 1831.
Et. eud. = *Ethica eudemia*, ed. Susemihl, 1879.
Et. nic. = *Ethica nicomachea*, ed. Bywather, 1957.
Fís. = *Physicorum libri VIII*, ed. Ross, 1950.
Met. = *Metaphysica*, ed. Ross, 1924.
Poet. = *De arte poetica*, ed. Bywather, 1953.
Pol. = *Politica*, ed. Newman, 1887-1902.
Ret. = *Rethorica*, ed. Bekker, 1831.
Top. = *Topicorum libri VIII*, ed. Bekker, 1831.

Arnauld (1612-1694)
Log. = *La logique ou l'art de penser*, 1662, em *Œuvres Philosophiques*, 1893.

Aulo Gélio (*c.* 122-*c.* 180)
Noct. Att. = *Noctes Atticae*, ed. Hertz e Hosius, 1903.

Bacon (1561-1626)
Nov. Org. = *Novum Organum*, 1620.
De augm. scient. = *De augmentis scientiarum*, 1623.

Bergson (1859-1941)
Évol. créatr. = *Évolution créatrice*, 1907, 8.ª ed., 1911.
Deux sources = *Deux sources de la morale et de la religion*, 1932; trad. it. M. Vinciguerra, Milão, 1947.

Boécio (*c.* 480-*c.* 526)
Phil. cons. = *Philosophiae consolationis libri V*, 524.

Campanella (1568-1639)
Phil. rat. = *Philosophia rationalis*, 1638.

Cícero (106-43 a.C.)
Acad. = *Academicorum reliquiae cum Lucullo*, ed. Plasberg, 1923.
De divin. = *De divinatione*, ed. Plasberg e Ax, 1965.
De finibus = *De finibus bonorum et malorum*, ed. Shiche, 1915.
De leg. = *De legibus*, ed. Mueller, 1897.
De nat. deor. = *De natura deorum*, ed. Plasberg, 1933.
De off. = *De officis*, ed. Atzert, 1932.
De rep. = *De republica*, ed. Castiglioni, 1947.
Top. = *Topica*, ed. Klotz, 1883.
Tusc. = *Tusculanae disputationes*, ed. Pohlenz, 1938.

Descartes (1596-1650)
Discours = *Discours de la méthode*, 1637.
Méd. = *Méditations touchant la première philosophie*, 1641.
Pass. de l'âme = *Passions de l'âme*, 1649.
Princ. phil. = *Principia philosophiae*, 1644.

Diels (1848-1922)
DIELS = *Die Fragmente der Vorsokratiker*, 5.ª ed., 1934. A letra A refere-se aos testemunhos, a letra B aos fragmentos; o número

é sempre o que foi dado por Diels em sua classificação.

Diógenes Laércio (séc. III d.C.)
DIÓG. L. = *Vitae et placita philosophorum*, ed. Cobet, 1878.

Duns Scot (1265-1308)
Rep. Par. = *Reportata Parisiensia*, em *Opera*, ed. Wadding, vol. XI, 1639.
Op. Ox. = *Opus Oxoniense*, em *Opere*, ed. Wadding, vol. V-X. As partes desta obra publicadas sob o título de *Ordinatio* nos quatro primeiros volumes da *Opera omnia*, em ed. org. pela Commissione Vaticana em 1950, foram citadas no texto seguido nesta última edição.

Espinosa
Et. = *Ethica more geometrico demonstrata*, 1677, em *Opera*, ed. Wachsmuth e Hense, 1884-1923.

Fichte (1762-1814)
Wissenschaftslehre = *Grundlage der gesammten Wissenschaftslehre*, 1794, em *Werke*, org. pelo filho, I. H. Fichte, 8 vols., 1845-1846. Também as outras obras de Fichte são citadas (salvo advertência em contrário) por essa edição ou pela das *Machgelassene Werke*, org. também pelo filho, 1834-1835 (citadas no texto como *Werke*, IX, X, XI).

Ficino (1433-1499)
Theol. Plat. = *Theologia Platonica*, em *Opera*, 1561.
In Conv. Plat. de Am. Comm. = *In Convivium Platonis de Amore Commentarium*, *ibid.*

Fílon (*c.* 20 a.C.-*c.* 50 d.C.)
All. leg. = *Allegoria legis*, ed. Colson e Whitaker, 1929-1962.

Hegel (1770-1831)
Enc. = *Encyklopädie der philosophischen Wissenschaften im Grundrisse*, 2.ª ed., 1827; ed. Lasson, 1950. Nas citações desta obra também foi consultada a versão italiana de B. Croce, Bari, 1906.
Fil. do dir. = *Grundlinien der Philosophie des Rechts*, 1821.
Phänomen. des Geistes = *Phänomenologie des Geistes*, 1807.

Quando não é dada outra indicação, as obras de Hegel são citadas na edição original: *Werke, Volständige Ausgabe*, 1832-1845.

Hobbes (1588-1679)
De corp. = *De corpore*, 1655.
De hom. = *De homine*, 1658.
Leviath. = *Leviathan*, 1651.

Hume (1711-1776)
Inq. Conc. Morals = *Inquiry Concerning the Principles of Morals*, 1752; ed. Green e Grose, 1879; nova ed., 1912.
Inq. Conc. Underst. = *Inquiry Concerning Human Understanding*, 1748.
Treatise = *A Treatise of Human Nature*, 1738; ed. Selby-Bigge, 1888.

Husserl (1859-1938)
Ideen, I, II, III = *Ideen zu einer reinen Phänomenologie und phänomenologischen Philosophie*, I, II, III, 1950, 1951, 1952.
Cart. Med. = *Cartesianische Meditationen*, 1950.
Krisis = *Die Krisis der europäischen Wissenschaften und die transzendentale Phänomenologie*, 1954.

Jaspers (1883-1969)
Phil. = *Philosophie*, 3 vols., 1932; 3.ª ed., 1956.

Kant (1724-1804)
Antr. = *Anthropologie in pragmatischer Hinsicht*, 1798.
Crít. do Juízo = *Kritik der Urteilskraft*, 1790.
Crít. R. Prática = *Kritik der praktischen Vernunft*, 1787.
Crít. R. Pura = *Kritik der reinen Vernunft*, 1ª ed., 1781; 2.ª ed., 1787. As citações referem-se à 2.ª ed., salvo indicação em contrário.
Met. der Sitten = *Metaphysik der Sitten*, 1797.
Prol. = *Prolegomena zu einer jeden künftigen Metaphysik, die als Wissenschaft wird auftreten Können*, 1783.
Religion = *Die Religion innerhalb der Grenzen der blossen Vernunft*, 1793.

Às vezes são indicadas entre colchetes as páginas segundo a edição da Academia Prussiana. Nesse caso, no que diz respeito à *Crítica da Razão Pura*, indica-se com *A* a 1.ª edição e com *B* a 2.ª edição.

Kierkegaard (1813-1855)
Werke = *Gesammelte Werke*, trad. al. E. Hirsch, 1957 ss.

Leibniz (1646-1716)
Disc. de mét. = *Discours de métaphysique*, 1686, ed. Lestienée, 1929.
Monad. = *Monadologie*, 1714.
Nouv. ess. = *Nouveaux essais sur l'entendement humain*, 1703.
Théod. = *Essais de Théodicée sur la bonté de Dieu, la liberté de l'homme et l'origine du mal*, 1710. As duas obras precedentes e muitos outros escritos de Leibniz são citado de *Opera Philosophica*, ed. Erdmann, 1840. Também são citadas as duas coletâneas: *Mathematische Schriften*, ed. Gerhardt, 7 vols., 1849-63; *Philosophische Schriften*, ed. Gerhardt, 7 vols., 1875-1890.

Locke (1632-1704)
Ensaio = *An Essay concerning Human Understanding*, 1690; ed. Fraser, 1894; trad. it. C. Pellizzi, Bari, 1951.

Lucrécio (*c.* 96-*c.* 53 a.C.)
De rer. nat. = *De rerum natura*, ed. Bailey, 1947.

Mill, J. S. (1806-1873)
Logic = *System of Logic Ratiocinative and Inductive*, 1843.

Nicolau de Cusa (1401-1464)
De docta ignor. = *De docta ignorantia*, 1440.

Ockham (*c.* 1349)
In Sent. = *Quaestiones in IV libros Sententiarum*, 1495.

Orígenes (*c.* 185-*c.* 253)
De princ. = *De principiis.*
In Johann. = *In Johannem.*

Pascal (1623-1662)
Pensées (os números referem-se à ordem da ed. Brunschvieg).
P. G. = MIGNE, *Patrologia graeca*, o primeiro número indica o volume.
P. L. = MIGNE, *Patrologia latina*, o primeiro número indica o volume.

Pedro Hispano (Papa João XXI, *c.* 1220-1277)
Summ. log. = *Summulae logicales*, ed. Bonhenski, 1947.

Peirce (1839-1914)
Coll. Pap. = *Collected Papers*, vols. I-VI, ed. Hartshorne e Weiss, 1931-1935; vols. VII-VIII, ed. Burks, 1958.

Platão (*c.* 427-*c.* 347 a.C.)
Alc., I, II = *Alcibiades*, I, II.
Ap. = *Apologia Socratis.*
Carm. = *Charmides.*
Conv. = *Symposium.*
Crat. = *Cratylus.*
Crit. = *Crito.*
Critia = *Critias.*
Def. = *Definitiones.*
Ep. = *Epistulae.*
Eutid. = *Euthydemus.*
Fed. = *Phaedo.*
Fil. = *Philebus.*
Gorg. = *Gorgias.*
Ion. = *Ione.*
Lach. = *Laches.*
Leggi = *Leges.*
Men. = *Menon.*
Parm. = *Parmenides.*
Pol. = *Politicus.*
Prot. = *Protagoras.*
Rep. = *Respublica*, ed. Chambry, 1932.
Sof. = *Sophista.*
Teet. = *Teaethetus.*
Tim. = *Timaeus.*
Os textos são citados na edição de Burnet, 1899-1906. (salvo *Respublica*, 1932)

Plotino (205-270)
Enn. = *Enneades*, ed. Bréhier, 1924.

Santo Agostinho (354-430)
De civ. Dei = *De civitate Dei.*
Conf. = *Confessionum libri XIII.*

Santo Tomás de Aquino (1225-1274)
S. Th. = *Summa Theologiae*, ed. Caramello, Turim, 1950.
Contra Gent. = *Summa contra Gentiles*, Turim, 1938.
De ver. = *Quaestiones disputatae de veritate*, Turim, 1931.

Scheler (1874-1928)
Formalismus = *Formalismus in der Ethik und die materiale Wertethik*, 1913-1916.
Sympathie = *Wesen und Formen der Sympathie* 1923; trad. fr. Lefebvre, 1928.

Schelling (1775-1854)
Werke = *Sämmtliche Werke*, organizada pelo filho K. F. A. Schelling: I série (obras já editadas), 10 vols.; II série (obras inéditas), 4 vols., 1.856 ss.

Schopenhauer (1788-1860)
Die Welt = *Die Welt als Wille und Vorstellung*, 1819; 2.ª ed., 1844; trad. it. P. Savi-Lopez e G. De Lorenzo, Bari, 1914-1930.

Scotus Erigena (séc. IX)
De divis. nat. = *De divisione naturae*, nella *P. L.*, 122.

Sêneca (12 a.C.-65 d.C.)
Ep. = *Epistulae morales ad Lucilium*, ed. Beltrami, 1931; trad. it. U. Boella, Turim, 1951.

Sexto Empírico (180-220)
Adv. math. = *Adversus mathematicos*, ed. Mau, 1954.
Pirr. hyp. = *Pirroneion hypotyposeon libri tres*, ed. Mutschmann, 1912.

Stobeo (séc. V)
Ecl. = *Eclogae physicae et ethicae*, ed. Wachsmuth e Hense, 1884-1923.

Telésio (1509-1588)
De rer. nat. = *De rerum natura iuxta propria principia*, I-II, 1565; III-IX, 1586; ed. Spampanato, 1910-1923.

Wittgenstein (1889-1951)
Tractatus = *Tractatus logico-philosophicus*, 1922.

Wolff (1679-1754)
Cosm. = *Cosmologia generalis*, 1731.
Log. = *Philosophia rationalis, sive Logica*, 1728.
Ont. = *Philosophia prima sive Ontologia*, 1729.

Outras abreviaturas não estão registradas acima porque ou são de uso corrente entre os estudiosos, ou são de compreensão imediata, como *Ap.*, para Apêndice; *Fil.* para Filosofia; *Phil.* para Philosophie ou Philosophy; *Intr.* para Introdução; *Schol.* para scholium; etc.

A

A. 1. Foi Aristóteles quem usou pela primeira vez, particularmente em *Analíticos*, as primeiras letras maiúsculas do alfabeto, *A*, *B*, *Γ*, para indicar os três termos de um silogismo.

2. A partir dos tratadistas escolásticos a letra A passou a ser usada como símbolo da *proposição universal afirmativa* (v. AFIRMAÇÃO), segundo os conhecidos versos que chegaram até nós em várias redações. Nas *Summulae* de Pedro Hispano, lê-se:

A affirmat, negat E, sed universaliter ambae,
I affirmat, negat O, sed particulariter ambae.

3. Na fórmula "A é A" ou "A = A", que Leibniz usa como tipo das verdades idênticas e foi adotada depois por Wolff e por Kant como expressão do chamado *princípio de identidade* (v.), *A* significa um objeto ou um conceito qualquer. Fichte dizia: "Todos concordam que a proposição *A* é *A* [...] e, de fato, não é preciso pensar muito para reconhecê-la como plenamente certa e indubitável" (*Wissenschaftslehre*, 1794, 1). Durante muito tempo essa fórmula exprimiu o princípio de identidade e, ao mesmo tempo, constituiu um tipo de verdade absolutamente indubitável. Diz Boutroux: "O princípio de identidade pode ser assim expresso: *A* é *A*. Não digo o Ser, mas simplesmente *A*, isto é, qualquer coisa, absolutamente qualquer, suscetível de ser concebida etc." (*De l'idée de loi naturelle*, 1895, p. 12).

4. No simbolismo de Lukasiewicz a letra "A" é usada como o símbolo da disjunção.

[G.P. – N.A. – M.M.]

ABALIEDADE. V. ASSEIDADE.

ABDERITISMO (al. *Abderitismus*). Assim Kant designou a concepção segundo a qual a história não está em progresso nem em retrocesso, mas sempre no mesmo estado. Desse ponto de vista, a história humana não teria mais significado que a de qualquer espécie animal; seria apenas mais árdua (*Se o gênero humano está em constante progresso para o melhor*, 1798).

[N.A.]

ABDUÇÃO (gr. ἀπαγωγή; lat. *Reductio*; in. *Abduction*; fr. *Abduction*; al. *Abduction*; it. *Abduzione*). É um processo de prova indireta, semidemonstrativa (teorizado por Aristóteles em *Top.*, VIII, 5, 159 b 8, e 160 a 11 ss.; *An. pr.*, II, 25, 69 a 20 ss.), em que a premissa maior é evidente, porém a menor é só provável ou de qualquer forma mais facilmente aceita pelo interlocutor do que a conclusão que se quer demonstrar. Embora se trate de um processo mais dialético do que apodítico, era já admitido por Platão (cf. *Men.*, 86 ss.) para a matemática, sendo depois sancionado como um dos métodos de demonstração matemática por Proclo (*In Eucl.*, 212, 24).

Peirce introduziu o termo *abduction* (ou *retroduction*) para indicar o primeiro momento do processo indutivo, o da escolha de uma hipótese que possa servir para explicar determinados fatos empíricos (*Coll. Pap.*, 2.643).

[G.P.]

ABERTO (in. *Open*; fr. *Ouvert*; it. *Aperto*). Adjetivo empregado freqüentemente em sentido metafórico na linguagem comum e filosófica para indicar atitudes ou instituições que admitem a possibilidade de participação ou comunicação ampla ou até mesmo universal. "Espírito aberto" é um espírito acessível a sugestões, conselhos e críticas que lhe cheguem de outras pessoas ou da própria situação, e disposto a levar em conta tais sugestões, sem preconceitos. "Sociedade aberta" é uma sociedade que possibilita a correção de suas instituições por vias pacíficas (K. POPPER, *The Open Society and it Enemies*, Londres, 1945). Bergson deu o nome de sociedade aberta à sociedade que "abarca a humanidade inteira" (*Deux sources*, 1932, I; trad. it., p. 28). C. Morris falou de "eu aberto" (*The Open Self*, 1948); A. Capitini, de "religião aberta" (*Religione aperta*, 1955).

[N.A.]

ABERTURA PARA O MUNDO (al. *Weltoffenheit*; it. *Apertura al mondo*). Conceito-chave da *antropologia* (v.) filosófica do século XX. Com ele, Scheler, Plessner e Gehlen pretenderam ressaltar o fato de que o homem, ao contrário dos animais, não está vinculado a um ambiente específico, mas consegue tornar seu qualquer ambiente, com a conseqüência de poder ser definido como o ser que não tem *um* ambiente (*Unwelt*), mas o mundo (*Welt*) inteiro: "Quase todas as espécies animais adaptam-se a um meio seu, que é constante do ponto de vista climático, ecológico etc.; só o homem é capaz de viver em todos os pontos da terra, no pólo e no equador, na água e em terra firme, na floresta e nos pauis, nas montanhas e nas estepes. É capaz de viver sempre que pode produzir a possibilidade de criar para si uma segunda natureza" (A. GEHLEN, *L'uomo, La sua natura e il suo posto nel mondo,* 1940, 1950, 1978, trad. it., Feltrinelli, Milão, 1990, p. 65). [G.F.]

AB ESSE AD POSSE. É uma das *consequentiae formales* (v. CONSEQÜÊNCIA) da Lógica escolástica; *ab esse ad posse valet* (*tenet*) *consequentia*, ou, com maior rigor, *ab illa de inesse valet* (*tenet*) *illa de possibili*; isto é: de "'p' é verdadeira" segue-se que "'p' é possível". [G.P.]

AB INVIDIA. Assim Wolff denomina "as razões com as quais se provoca ódio contra as opiniões dos outros" (*Log.*, § 1.049). É o assunto preferido pelos "perseguidores", isto é, por aqueles "que, a pretexto de defenderem a verdade, procuram levar os adversários ao perigo de perderem a fama, a fortuna ou a vida" (*ibid.*, § 1.051). [N.A.]

ABISSAL, PSICOLOGIA. V. PSICOLOGIA, *e*.

ABNEGAÇÃO (gr. ἀπάρνησις; lat. *Abnegatio*; in. *Self-denial*; fr. *Abnégation*; al. *Verleugnung*; it. *Abnegacione*). É a negação de si mesmo e a disposição de pôr-se a serviço dos outros ou de Deus, com o sacrifício dos próprios interesses. Assim é descrita essa noção no Evangelho (Mat., XVI, 24; Luc., IX, 23): "Se alguém quer vir após mim, renuncie a si mesmo, e tome cada dia a sua cruz." Essa negação de si, porém, não é perda de si, mas, antes, reencontro da verdadeira identidade. [N.A.]

ABSCHATTUNG. V. PERFIL.

ABSOLUTISMO (in. *Absolutism*; fr. *Absolutisme*; al. *Absolutismus*; it. *Assolutismo*). Termo cunhado na primeira metade do século XVIII para indicar toda doutrina que defenda o "poder absoluto" ou a "soberania absoluta" do Estado. No seu sentido político original, esse termo agora designa: 1º o A. utópico de Platão na *República;* 2º o A. papal afirmado por Gregório VII e por Bonifácio VIII, que reivindica para o Papa, como representante de Deus sobre a Terra, a *plenitudo potestatis*, isto é, a soberania absoluta sobre todos os homens, inclusive os príncipes, os reis e o imperador; 3º o A. monárquico do século XVI, cujo defensor é Hobbes; 4º o A. democrático, teorizado por Rousseau no *Contrato social*, por Marx e pelos escritores marxistas como "ditadura do proletariado". Todas essas formas de A. defendem igualmente, embora com motivos ou fundamentos vários, a exigência de que o poder estatal seja exercido sem limitações ou restrições. A exigência oposta, própria do *liberalismo* (v.), é a que prescreve limites e restrições para o poder estatal.

No uso filosófico corrente, esse termo não se restringe mais a indicar determinada doutrina política, mas estende-se à designação de toda e qualquer pretensão doutrinal ou prática ao absoluto, em qualquer campo considerado. Diz, por exemplo, Reichenbach (*The Theory of Probability*, p. 378): "Devemos renunciar a todos os resíduos do A. para compreender o significado da interpretação, em termos de freqüência, de uma asserção de probabilidade em torno de um caso individual. Não há lugar para o A. na teoria das asserções de probabilidade referentes à realidade física. Tais asserções são usadas como regras de conduta, como regras que determinam a conduta mais eficaz em dado estágio do conhecimento. Quem quiser encontrar algo mais nessas asserções descobrirá no fim que perseguiu uma quimera". O A. filosófico não é tanto de quem fala do absoluto ou de quem lhe reconhece a existência, mas de quem afirma que o próprio absoluto apóia suas palavras e lhes dá garantia incondicional de veracidade. Nesse sentido, o protótipo do A. doutrinário é o idealismo romântico, segundo o qual, em filosofia, não é o filósofo como homem que se manifesta e fala, mas o próprio absoluto que chega à sua consciência e se manifesta. [N.A.]

ABSOLUTO (in. *Absolute*; fr. *Absolu*; al. *Absoluto*; it. *Assoluto*). O termo latino *absolutus* (desligado de, destacado de, isto é, não relacionado, independente) provavelmente corresponde ao significado do termo grego *kath' autò* (ou *por si*) a propósito do qual diz Aristóteles: "Por si e *enquanto ele mesmo é* significam a mesma coisa; por exemplo: o ponto e a noção de reta pertencem à linha *por si* porque pertencem à linha *enquanto* linha" (*An. post.*, I, 4, 73 b 30 ss.). Nesse sentido, essa palavra qualificaria uma determinação que pertence a uma coisa *pela própria substância* ou *essência* da coisa, portanto, *intrinsecamente*. Esse é um dos dois significados da palavra atribuídos por Kant, significado que ele considera o mais difundido, porém o menos preciso. Nesse sentido, "absolutamente possível" significa possível "em si" ou "intrinsecamente" possível. Desse significado Kant distingue o outro, que considera preferível, segundo o qual essa palavra significaria "sob qualquer aspecto" (*Crít. R. Pura*, Dial. transc., Conceitos da razão pura, seç. II).

Esses dois significados mantêm-se ainda no uso genérico dessa palavra, mas o segundo prevalece, talvez por ser menos dogmático e não recorrer ao misterioso *em si* ou à natureza intrínseca das coisas. Por exemplo, dizer "Isto é absolutamente verdadeiro" pode equivaler a dizer "Esta proposição contém em si uma garantia de verdade", mas pode também querer dizer "Esta proposição foi amplamente verificada e nada há ainda que possa provar sua falsidade"; este segundo significado é menos dogmático que o primeiro. Assim, responder "Absolutamente não" a uma pergunta ou a um pedido significa simplesmente avisar que esse "não" está solidamente apoiado por boas razões e será mantido. Esses usos comuns do termo correspondem ao uso filosófico que, genericamente, é de "sem limites", "sem restrições", portanto "ilimitado" ou "infinito". Muito provavelmente a difusão dessa palavra, que tem início no século XVIII (embora tenha sido Nicolau de Cusa que definiu Deus como o A., *De docta ignor.*, II, 9), é devida à linguagem política e a expressões como "poder A.", "monarquia A." etc., nas quais a palavra significa claramente "sem restrições" ou "ilimitado".

A grande voga filosófica desse termo deve-se ao Romantismo. Fichte fala de "dedução A.", "atividade A.", "saber A.", "reflexão A.", "Eu A.", para indicar, com esta última expressão, o Eu infinito, criador do mundo. E na segunda fase de sua filosofia, quando procura interpretar o Eu como Deus, usa a palavra de modo tão abusivo que beira o ridículo: "O A. é absolutamente aquilo que é, repousa sobre si e em si mesmo absolutamente", "Ele é o que é absolutamente porque é por si [...] porque junto ao A. nada permanece que lhe seja estranho, mas esvai-se tudo o que não é o A." (*Wissenschaftslehre*, 1801, §§ 5 e 8; *Werke*, II, pp. 12, 16). O mesmo exagero no uso dessa palavra acha-se em Schelling, que a emprega, como Fichte do modo acima citado, mas também utiliza o substantivo "A." para designar o princípio infinito da realidade, isto é, Deus. O mesmo uso reaparece em Hegel, para quem, assim como para Fichte e Schelling, o A. é, ao mesmo tempo, objeto e sujeito da filosofia e, embora definido de várias formas, permanece caracterizado pela sua infinidade positiva no sentido de estar além da realidade finita e de compreender em si toda realidade finita. O princípio formulado em *Phänomen*. (Pref.), de que "o A. é essencialmente o resultado" e de que "só no fim está o que é em verdade", leva Hegel a chamar de Espírito A. os graus últimos da realidade, aqueles em que ela se revela a si mesma como Princípio autoconsciente infinito na religião, na arte e na filosofia. O Romantismo fixou assim o uso dessa palavra tanto como adjetivo quanto como substantivo. Segundo esse uso, a palavra significa "sem restrições", "sem limitações", "sem condições"; e como substantivo significa a Realidade que é desprovida de limites ou condições, a Realidade Suprema, o "Espírito" ou "Deus". Já Leibniz dissera: "O verdadeiro infinito, a rigor, nada mais é que o A." (*Nouv. ess.*, II, 17, § 1). E na realidade esse termo pode ser considerado sinônimo de "Infinito" (v.). Em vista da posição central que a noção de infinito ocupa no *Romantismo* (v.), entende-se por que esse sinônimo foi acolhido e muito utilizado no período romântico. Na França, essa palavra foi importada por Cousin, cujos vínculos com o Romantismo alemão são conhecidos. Na Inglaterra, foi introduzida por William Hamilton, cujo primeiro livro foi um estudo sobre a *Filosofia de Cousin* (1829); e essa noção tornou-se a base das discussões sobre a cognoscibilidade do A., iniciadas por Hamilton e Mansel e continuadas pelo evolucionismo positivista (Spencer etc.), que, assim como esses dois pensadores, afirmou a existência e, ao mesmo tempo, a incognoscibilidade do Absoluto. Na filosofia contemporânea, essa palavra foi amplamente usada pela corrente que estava mais estreitamente ligada ao idealismo romântico, isto é, pelo idealismo anglo-americano (Green, Bradley, Royce) e italiano (Gentile, Croce), para designar a Consciência infinita ou o Espírito infinito.

Essa palavra permanece, portanto, ligada a uma fase determinada do pensamento filosófico, mais precisamente à concepção romântica de infinito, que compreende e resolve em si toda realidade finita e não é, por isso, limitado ou condicionado por nada, nada havendo fora de si que possa limitá-lo ou condicioná-lo. No seu uso comum, assim como no filosófico, esse termo continua significando o estado daquilo que, a qualquer título, é desprovido de condições e de limites, ou (como substantivo) aquilo que realiza a si mesmo de modo necessário e infalível. [N.A.]

ABSORÇÃO, LEI DE (in. *Law of absorption*; fr. *Loi d'absorption*; it. *Leggi di assorbimento*). Com esse nome designam-se na Lógica contemporânea os dois teoremas da álgebra das proposições:

$$p \vee (p \wedge q) \leftrightarrow p; \qquad p \wedge (p \vee q) \leftrightarrow p$$

e os dois teoremas correspondentes da álgebra das classes:

$$a \cup (A \cap B) = A \qquad A \cap (A \cup B) = A.$$

A lei autoriza utilizar *p* no lugar, respectivamente, de $p \vee (p \wedge q)$ ou de $p \wedge (p \vee q)$ em todas as fórmulas do cálculo proposicional nas quais apareçam estas duas últimas expressões; e autoriza utilizar A no lugar, respectivamente, de a $\cup$ (A $\cap$ B) e de A $\cap$ (A $\cup$ B) em todas as fórmulas da álgebra das classes nas quais apareçam estas duas últimas expressões. Feita a substituição, estará realizada a *absorção*. [M.M.]

ABSTRAÇÃO (gr. ἀφαίρεσις; lat. *Abstractio*; in. *Abstraction*; fr. *Abstraction*; al. *Abstraktion*; it. *Astrazione*). É a operação mediante a qual alguma coisa é escolhida como objeto de percepção, atenção, observação, consideração, pesquisa, estudo etc. e isolada de outras coisas com que está numa relação qualquer. A A. tem dois aspectos: 1º isolar a coisa previamente escolhida das demais com que está relacionada (o abstrair de); 2º assumir como objeto específico de consideração aquilo que foi assim isolado (A. seletiva ou cisão prévia). Esses dois significados já foram distinguidos por Kant (*Logik*, § 6), que, porém, pretendia reduzir a A. somente a primeira dessas formas.

A A. é inerente a qualquer procedimento cognitivo e pode servir para descrever qualquer processo desse gênero. Com tal finalidade foi utilizada desde a Antiguidade. Aristóteles explica com a A. a formação das ciências teóricas, isto é, da matemática, da física e da filosofia pura. "O matemático", diz ele, "despoja as coisas de todas as qualidades sensíveis (peso, leveza, dureza etc.) e as reduz à quantidade discreta e contínua; o físico prescinde de todas as determinações do ser que não se reduzam ao movimento. Analogamente, o filósofo despoja o ser de todas as determinações particulares (quantidade, movimento etc.) e limita-se a considerá-lo apenas como ser" (*Met.*, XI, 3, 1.061 a 28 ss.). O processo todo do conhecimento pode ser, segundo Aristóteles, descrito com a A.: "O conhecimento sensível consiste em assumir as formas sensíveis sem a matéria assim como a cera assume a marca do sinete sem o ferro ou o ouro de que ele é composto" (*De an.*, II, 12, 424 a 18). E o conhecimento intelectual recebe as formas inteligíveis abstraindo-as das formas sensíveis em que estão presentes (*ibid.*, III, 7, 431 ss.). Tomás de Aquino reduz o conhecimento intelectual à operação de A.: abstrair a forma da matéria individual e assim extrair o universal do particular, a espécie inteligível das imagens singulares. Assim como podemos considerar a cor de um fruto prescindindo do fruto, sem por isso afirmar que ela existe separadamente do fruto, também podemos conhecer as formas ou espécies universais do homem, do cavalo, da pedra etc. prescindindo dos princípios individuais a que estão unidas, mas sem afirmar que existem separadamente destes. Por isso, a A. não falsifica a realidade, mas só possibilita a consideração separada da forma e, com isso, o conhecimento intelectual humano (*S. Th.*, I, q. 85, a.1). Esses conceitos ou outros afins repetem-se em toda a escolástica. A *Lógica* de Port-Royal (I, 4) resumiu o pensamento da escolástica e a estreita relação do processo de abstração com a natureza do homem, dizendo: "A limitação da nossa mente leva-nos a só compreender as coisas compostas quando as consideramos em suas partes e contemplamos as faces diversas com que elas se nos apresentam: isto é o que geralmente se costuma chamar conhecer por A."

Locke foi o primeiro a evidenciar a estreita relação entre o processo de A. e a função simbólica da linguagem. "Mediante a A.", diz ele, "as idéias extraídas de seres particulares tornam-se representantes gerais de todos os objetos da mesma espécie, e os seus nomes tornam-se nomes gerais, aplicáveis a tudo o que existe e está conforme com tais idéias abstratas. [...] Assim, observando hoje no gesso ou na neve a mesma cor que ontem observou no leite, o espírito considera apenas esse aspecto e faz com ele a representação de todas as outras idéias da mesma espécie; e havendo-lhe dado o nome 'brancura', com este som passa a indicar a mesma qualidade, onde quer que ela venha a ser imaginada ou encontrada; e assim são compostos os universais, quer se trate de idéias, quer se trate de termos" (*Ensaio*, II, 11, § 9). Exatamente com base nessas observações de Locke, Berkeley chegou à negação da idéia abstrata e da própria função da abstração. Nega, em outros termos, que o homem possa abstrair das cores a idéia de cor, dos homens a idéia de homem etc. porque não há idéia de homem que não tenha nenhuma característica particular, assim como não há, na realidade, um homem desse gênero. As idéias gerais não são idéias desprovidas de caráter particular (isto é, "abstratas"), mas idéias particulares assumidas como signos de um grupo de outras idéias particulares afins entre si. O triângulo que um geômetra tem em mente para demonstrar um teorema não é um triângulo abstrato, mas um triângulo particular, por exemplo, isósceles; mas, como não se faz menção desse caráter particular durante a demonstração, o teorema demonstrado vale para todos os triângulos indistintamente, podendo cada um deles tomar o lugar daquele que foi considerado (*Princ. of Hum. Know.*, Intr., § 16). Hume repetiu a análise negativa de Berkeley (*Treatise*, I, 1, 7). Tais análises, todavia, não negam a A., mas sim a sua noção psicológica, favorecendo seu conceito lógico-simbólico. A A. não é o ato pelo qual o espírito pensa certas idéias separadamente de outras; é, antes, a função simbólica de certas representações particulares. Kant, porém, sublinha a importância da A. no sentido tradicional, pondo-a ao lado da *atenção* como um dos atos ordinários do espírito e ressaltando sua função de separar uma representação, de que se está consciente, das outras com que ela está ligada na consciência. Embora exemplifique de modo curioso a importância desse ato ("Muitos homens são infelizes porque não sabem abstrair." "Um celibatário poderia fazer bom casamento se soubesse abstrair a partir de uma verruga do rosto ou a partir da falta de um dente de sua amada" [*Antr.*, § 3]), está claro que o procedimento todo de Kant, que tem por fim isolar (*isolieren*) os elementos do conhecimento, *a priori*, ou da atividade humana, em geral, é um procedimento abstrativo. Diz ele, por exemplo: "Numa lógica transcendental, nós *isolamos* o intelecto (como acima, na estética transcendental, a sensibilidade) e extraímos de todo o nosso conhecimento só a parte do pensamento que tem origem unicamente no intelecto" (*Crít. R. Pura*, Div. da Lóg. transcend.).

Com Hegel, assiste-se ao estranho fenômeno da supervalorização da A. e da desvalorização do abstrato. Hegel opõe-se à opinião de que abstrair significa somente extrair do concreto, para proveito subjetivo, esta ou aquela nota que constitua o conceito, entre outras que todavia permaneceriam reais e válidas fora do conceito, na própria realidade. Diz ele: "Não se pode considerar que pensamento abstraente seja pôr à parte a matéria sensível cuja realidade não seria prejudicada por isso; é, antes, superar e reduzir essa matéria, que é simples fenômeno, ao *essencial*, que só se manifesta no conceito" (*Wissensch. der Logik*, III, Do conceito em geral, trad. it., pp. 24-5). O conceito a que se chega com a A. é, por isso, segundo Hegel, a própria realidade, aliás, a *substância* da realidade. Por outro lado, todavia, o abstrato é considerado por Hegel como o que é finito, imediato, não posto em relação com o todo, não resolvido no devir da Idéia, e por isso produto de uma perspectiva provisória e falaz. "O abstrato é o finito, o concreto é a verdade, o objeto infinito" (*Phil. der Religion*, II, em *Werke*, ed. Glockner, XVI, p. 226). "Somente o concreto é o verdadeiro; o abstrato não é o verdadeiro" (*Geschichte der Phil.*, III, em *Werke*, ed. Glockner, XIX, p. 99). Está claro, porém, que Hegel entende por abstrato aquilo que comumente se chama concreto – as coisas, os objetos particulares, as realidades singulares apresentadas ou testemunhadas pela experiência –, enquanto chama de concreto aquilo que o uso comum e filosófico sempre chamou de abstrato, isto é, o conceito; e chama-o de concreto porque constitui, para ele, a substância mesma da realidade (conforme o seu princípio "Tudo o que é racional é real e tudo o que é real é racional"). De qualquer forma, essa inversão de significado permitiu que boa parte da filosofia do século XIX se pronunciasse favorável ao concreto e contrária ao abstrato, ainda quando o "concreto" de que se tratava era, na realidade, uma simples A. filosófica. Gentile falava, por exemplo, de uma "lógica do abstrato", ou do pensamento *pensado*, e de uma "lógica do concreto", ou do pensamento *pensante* (*Sistema di logica*, I, 1922, pp. 119 ss.). Croce falava da "concretude" do conceito como imanência deste nas representações singulares e da "abstratez" das noções consideradas desligadas dos particulares (*Lógica*, 4.ª ed., 1920, p. 28). Bergson contrapôs constantemente o tempo "concreto" da consciência ao tempo "abstrato" da ciência e, de modo geral, o procedimento da ciência que se vale de conceitos ou símbolos, isto é, de "idéias abstratas ou gerais", ao procedimento intuitivo ou simpático da filosofia (cf., p. ex., *La pensée et le mouvant*, 3.ª ed., 1934, p. 210). Esses temas polêmicos foram bastante freqüentes na filosofia dos primeiros decênios do nosso século. E certamente a polêmica contra a A. foi eficaz contra a tendência a entificar os produtos dela, isto é, a considerar como substâncias ou realidades entidades que não têm outra função senão possibilitar a descrição, a classificação e o uso de um complexo de dados. Mas, por outro lado, essa mesma polêmica às vezes levou a esquecer a função da A. em todo tipo ou forma de atividade humana, uma vez que tal atividade só pode operar através de seleções abstrativas. Mach insistiu nessa função da A. nas ciências, afirmando que ela é indispensável à observação dos fenômenos, à descoberta ou à pesquisa dos princípios (*Erkenntniss und Irrtum*, cap. VIII; trad. fr., pp. 146 ss.). A propósito foi oportunamente distinguida por Peirce uma dupla função da A.: a de operação seletiva e a que dá ensejo às verdadeiras e próprias entidades abstratas, por exemplo, na matemática. "O fato mais comum da percepção, como, por exemplo, 'existe luz', implica A. por cisão prévia. Mas a A. *hipostática*, que transforma 'existe luz' em 'há luz aqui', que é o sentido que dou comumente à palavra A. (desde que cisão prévia indique A. pré-cissiva), é um modo especialíssimo de pensamento. Consiste em tomar certo aspecto de um objeto ou de vários objetos percebidos (depois que já foi 'previamente cindido' dos outros aspectos de tais objetos) e em exprimi-lo de forma proposicional com um juízo" (*Coll. Pap.*, 4.235; cf. 3.642; 5.304). Essa distinção que já fora apontada por James (*Princ. of Psychol.*, I. 243) e aceita por Dewey (*Logic*, cap. 23; trad. it., pp. 603-4) não impede que tanto a cisão prévia quanto a A. hipostática sejam especificações da função geral seletiva, que tradicionalmente foi indicada pela palavra "abstração". Paul Valéry insistiu poeticamente na importância da A. em todas as construções humanas, logo também na arte: "Estou dizendo que o homem cria por A.; ignorando e esquecendo grande parte das qualidades daquilo que emprega, aplicando-se somente a condições claras e distintas que podem, em geral, ser simultaneamente satisfeitas não por uma, mas por muitas espécies de matérias" (*Eupalinos*, trad. it., p. 134). [N.A.]

ABSTRACIONISMO (in. *Abstractionism;* fr. *Abstractionnisme;* al. *Abstraktionismus;* it. *Astrazionismo*). Assim William James (*The Meaning of Truth*, 1909, cap. XIII) denominou o uso ilegítimo da abstração e em particular a tendência a considerar como reais os produtos da abstração. [N.A.]

ABSTRATAS, CIÊNCIAS. V. CIÊNCIAS, CLASSIFICAÇÃO DAS.

ABSTRATAS, IDÉIAS. V. ABSTRAÇÃO.

ABSTRATIVO, CONHECIMENTO (lat. *Cognitio abstractiva;* in. *Abstractive knowledge;* fr. *Connaissance abstractive;* al. *Abstrahierende Erkenntniss;* it. *Conoscenza astrattiva*). Termo que Duns Scot empregou de modo simétrico e oposto ao de conhecimento intuitivo (*cognitio intuitiva*), para indicar uma das espécies fundamentais do conhecimento: a primeira delas "abstrai de toda existência atual", enquanto a segunda "se refere ao que existe ou ao que está presente em certa existência atual" (*Op. Ox.*, II, d. 3, q. 9, n. 6). A distinção foi aceita por Durand de St. Pourçain (*In Sent.*, Prol., q. 3, F) e por Ockham, que, porém, a reinterpretou a seu modo, entendendo por conhecimento intuitivo aquele mediante o qual se conhece com evidência a realidade ou a irrealidade de uma coisa ou de algum outro atributo empírico da própria coisa; portanto, em geral, "toda noção simples de um termo ou de vários termos de uma coisa ou de várias coisas, em virtude da qual se possa conhecer alguma verdade contingente especialmente em torno do objeto presente" (*In Sent.*, Prol., q. 1, Z.). E entendeu por conhecimento abstrativo o que prescinde da realidade ou da irrealidade do objeto e é uma espécie de imagem ou cópia do conhecimento intuitivo. Nada se pode conhecer abstrativamente, diz ele, que não tenha sido conhecido intuitivamente, caso contrário até o cego de nascença poderia conhecer as cores (*ibid.*, I, d. 3, q. 2, K). Essa doutrina do conhecimento intuitivo é a primeira formulação da noção de experiência no sentido moderno do termo (V. EXPERIÊNCIA). [N.A.]

ABSTRATO – CONCRETO. V. ABSTRAÇÃO; CONCRETO.

ABSTRATOR. V. OPERADOR.

ABSTRUSO (lat. *Abstrusus* [= escondido]; in. *Abstruse;* fr. *Abstrus;* al. *Abstrus;* it. *Astruso*). Termo pejorativo para qualificar qualquer noção insólita ou de difícil compreensão; ou, como diz Locke (*Ensaio*, II, 12, § 8), "distante dos sentidos e de qualquer operação do nosso espírito". Esse termo é aplicado sobretudo a noções abstratas, mas aplica-se igualmente a noções que se afastem, em maior ou menor grau, do universo comum do discurso. [N.A.]

ABSURDO (gr. ἄτοπον, αδύνατον; lat. *Absurdum;* in. *Absurd;* fr. *Absurde;* al. *Absurd;* it. *Assurdo*). Em geral, aquilo que não encontra lugar no sistema de crenças a que se faz referência ou que se opõe a alguma dessas crenças. Os homens – e, em especial, os filósofos – sempre usaram muito essa palavra para condenar, destruir ou pelo menos afastar de si crenças (verdadeiras ou falsas) ou mesmo fatos ou observações perturbadoras, incômodas ou, de qualquer modo, estranhas ou opostas aos sistemas de crenças aceitos por eles. Portanto, não é de surpreender que até mesmo experiências ou doutrinas que depois seriam reconhecidas como verdadeiras tenham sido por muito ou pouco tempo definidas como absurdas. Por exemplo: os antigos reputavam A. a crença nos antípodas porque, não tendo a noção da relatividade das determinações espaciais, acreditavam que os antípodas deveriam viver de cabeça para baixo. Nesse sentido, a palavra significa "irracional", isto é, contrário ou estranho àquilo em que se pode crer racionalmente.

Em sentido mais restrito e preciso, essa palavra significa "impossível" (*adynaton*) porque contraditório. Nesse sentido, Aristóteles falava de raciocínio por A. ou de redução ao A.: raciocínio que assume como hipótese a proposição contrária à condição que se quer demonstrar e demonstra que de tal hipótese deriva uma proposição contraditória à própria hipótese (*An. pr.*, II, 11-14, 61 ss.). A demonstração por A. – acrescenta Aristóteles (*ibid.*, 14, 62 b 27) – distingue-se da demonstração ostensiva porque assume aquilo que quer destruir com a redução ao erro reconhecido; a demonstração ostensiva, ao contrário, parte de premissas já admitidas. Leibniz chamou de demonstração *apagógica* o raciocínio por A. e considerou-o útil ou pelo menos dificilmente eliminável, no domínio da matemática (*Nouv. ess.*, IV, 8, § 2). Kant, que emprega o mesmo nome, justificou-o nas ciências, mas o excluiu da filosofia. Justificou-o nas ciências porque nestas é impossível o *modus ponens* de chegar à verdade de um conhecimento a partir da verdade das suas conseqüências: seria necessário, de fato, conhecer todas as conseqüências plausíveis, o que é impossível. Mas, se de uma proposição pode ser extraída ainda que uma só conseqüência falsa, a proposição é falsa: por isso o *modus tollens* dos silogismos conclui ao mesmo tempo com rigor e com facilidade. Mas esse modo de raciocinar é isento de perigos só nas ciências em que não se pode trocar objetivo por subjetivo, isto é, nas ciências da natureza. Em filosofia, porém, essa troca é possível, isto é, pode acontecer que seja subjetivamente impossível o que não é objetivamente impossível. Portanto, o raciocínio apagógico não leva a conclusões legítimas (*Crít. R. Pura*, Disciplina da razão pura, IV). [N.A.]

Em sentido forte alude àquilo que não é redutível à razão ou que contradiz suas expectativas lógicas, ontológicas e axiológicas. Esse significado filosófico do termo, que tem precursores diretos no filão pessimista e niilista do pensamento moderno (pense-se em autores como Schopenhauer, Leopardi e Nietzsche) encontrou teorização proeminente em Sartre e Camus. Para Sartre o A. coincide com a absoluta contingência e gratuidade do ser, que existe antes e além das categorias de finalidade e razão, as quais, ao contrário do que pensava a metafísica clássica, não são intrínsecas ao ser, mas sim projetadas pela consciência sobre o ser: "O mundo das explicações e das razões não é o da existência" (*A náusea*, 1939, trad. it., Einaudi, Turim, 1965, p. 175). Considerado em sua nudez ontológica, como se revela na náusea (v.), o ser é uma massa viscosa e opaca racionalmente indedutível, ou seja, algo que se mostra mas não se demonstra: "Existir é ser aí, simplesmente; os existentes aparecem, deixam-se encontrar, mas nunca podem ser deduzidos. Há alguém, creio, que entendeu isso. Só procurou superar essa contingência inventando um ser necessário e causa de si mesmo. Ora, não há nenhum ser necessário que pode explicar a existência: a contingência não é uma falsa aparência, uma aparência que pode dissipar-se: é o absoluto e, por conseguinte, a perfeita gratuidade. Tudo é gratuito, este jardim, esta cidade, eu mesmo. E quando nos acontece perceber isso, o estômago se nos revolta, e tudo começa a flutuar..." (*ibid.*, p. 177). Camus concebe o A. como o que é lógica e axiologicamente inconveniente (segundo a etimologia grega do termo *átopon*, que ao pé da letra significa "fora do lugar") e considera-o oriundo de um "divórcio" entre as expectativas da razão e a feia realidade dos fatos, ou então do contraste entre a opacidade indiferente do universo e o desejo humano de felicidade e clareza: "O mundo, em si, não é racional: é tudo o que se pode dizer. Mas A. é o confronto desse irracional com o forte desejo de clareza, cuja reivindicação ressoa no mais profundo do homem. O A. depende tanto do homem quanto do mundo e é, por enquanto, o único elo entre eles" (*O mito de Sísifo*, 1942, trad. it., Bompiani, Milão 1980, p. 23). Ao A. e às suas múltiplas manifestações contrapõe-se a revolta metafísica ou "reivindicação motivada de unidade feliz, contra o sofrimento de viver e de morrer" (*O homem revoltado*, 1951, trad. it., Bompiani, Milão 1981, p. 32).

Entre os teóricos novecentistas do A. também se encontra G. Rensì, que, contrariando Hegel, estava convencido de que a racionalidade e o bem são "sempre um 'dever-ser' que nunca se torna um 'ser'"; por isso afirmava que a realidade, em sua essência mais profunda, é sempre "falsa, absurda e má» (*La filosofia dell'A.*, 1937, Adelphi, Milão 1991, pp. 120 e 119). Idéias análogas recorrem em muitas expressões literárias e artísticas do século XIX (em autores como Kafka e Pirandello) e constituem a matriz teórica do chamado "teatro do A." (cf. IRRACIONALISMO e NIILISMO). [G.F.]

AB UNIVERSALI AD PARTICULAREM. É uma das *consequentiae formales* (v. CONSEQÜÊNCIA) da lógica escolástica: *ab universali ad particularem, sive indefinitam sive singularem valet* (*tenet*) *consequentia*; ou seja, é válida a inferência que, de "todo A é B", conclui, respectivamente, que "algum A é B", "A é B", "S (se S é um A) é B". [G.P. – M.M.]

ACADEMIA (gr. Ἀκαδήμεια; lat. *Academia*; in. *Academy*; fr. *Académie*; al. *Akademie*; it. *Accademia*). Propriamente a escola fundada por Platão no ginásio que tinha o nome do herói Academos e que depois da morte de Platão foi dirigida por Espeusipo (347-339 a.C.), por Xenócrates (339-314 a.C.), por Polêmon (314-270 a.C.) e por Cratete (270-268 a.C.). Nessa fase, a Academia continuou a especulação platônica, vinculando-a sempre mais estreitamente ao pitagorismo; pertenceram a ela matemáticos e astrônomos, entre os quais o mais famoso foi Eudoxo de Cnido. Com a morte de Cratete, a Academia mudou de orientação com Arcesilau de Pitane (315 ou 314-241 ou 240 a.C.), encaminhando-se para um probabilismo que derivava da época em que Platão afirmara, sobre o conhecimento das coisas naturais, que estas, não tendo nenhuma estabilidade e solidez, não podem dar origem a um conhecimento estável e sólido, mas só a um conhecimento provável. A partir de Arcesilau e de seus sucessores (dos quais não sabemos quase nada), esse ponto de vista estendeu-se a todo o conhecimento humano no período que se chamou de "Academia média". A "nova Academia" começa com Carnéades de Cirene (214 ou 212-129 ou 128 a.C.); essa orientação de tendência cética e probabilística foi mantida até Fílon de Larissa, que, no século I a.C., iniciou a IV Academia, de orientação eclética, na qual Cícero se inspirou. Mas a Academia Platônica durou ainda por muito tempo, e sua orientação também se renovou no sentido religioso-místico, que é próprio do *neoplatonismo* (v.). Só em 529 o imperador Justiniano proibiu o ensino da filosofia e confiscou o rico patrimônio da Academia. Damáscio, que a dirigia, refugiou-se na Pérsia com outros companheiros, entre os quais Simplício, autor de um vasto comentário a Aristóteles, mas logo voltaram desiludidos. Foi assim que terminou a tradição independente do pensamento platônico. [N.A.]

ACADEMIA FLORENTINA (it. *Accademia Fiorentina*). Foi fundada por iniciativa de Marsílio Ficino e de Cosimo de Medici e reuniu um círculo de pessoas que viam a possibilidade de renovar o homem e a sua vida religiosa mediante um retorno às doutrinas genuínas do platonismo antigo. Nessas doutrinas, os adeptos do platonismo, especialmente Ficino (1433-1499) e Cristóvão Landino (que viveu entre 1424 e 1498), viam a síntese de todo o pensamento religioso da Antiguidade, portanto também do cristianismo, e por isso a mais alta e verdadeira religião possível. A esse retorno ao antigo ligou-se outro aspecto da Academia Florentina, o antipapismo; contra as pretensões de supremacia política do papado, a Academia sustentava um retorno à idéia imperial de Roma; por isso, *De monarchia* de Dante (v. RENASCIMENTO) era objeto freqüente de comentários e discussões. [N.A.]

AÇÃO (gr. πράξις; lat. *Actio*; in. *Action*; fr. *Action*; al. *Tat, Handlung*; it. *Azione*). 1. Termo de significado generalíssimo que denota qualquer *operação*, considerada sob o aspecto do termo a partir do qual a operação tem início ou iniciativa. Nesse significado, a extensão do termo é coberta pela categoria aristotélica do *fazer* (ποιεῖν), cujo oposto é a categoria do *sofrer* ou da *afeição* (v.). Fala-se, assim, da A. do ácido sobre os metais ou do "princípio de A. e de reação" ou da A. do DDT sobre os insetos; ou, então, fala-se de A. livre ou voluntária ou responsável, isto é, própria do homem e qualificada por condições determinadas. Produzir, causar, agir, criar, destruir, iniciar, continuar, terminar etc. são significados que se inscrevem nesse significado genérico de ação.

2. Aristóteles foi o primeiro que tentou destacar desse significado genérico um significado específico pelo qual o termo pudesse referir-se somente às operações humanas. Assim, começou excluindo da extensão da palavra as operações que se realizam de modo *necessário*, isto é, de um modo que não pode ser diferente do que é. Tais operações são objeto das ciências teóricas: matemática, física e filosofia pura. Essas ciências referem-se a realidades, fatos ou eventos que não podem ser diferentes do que são. Fora delas está o domínio do *possível*, ou seja, do que pode ser de um modo ou de outro; mas nem todo o domínio do possível pertence à ação. Dele é preciso distinguir o da *produção*, que é o domínio das artes e que tem caráter próprio e finalidade nos objetos produzidos (*Et. nic.*, VI, 3-4, 1.149 ss.). Tomás de Aquino distingue A. *transitiva* (*transiens*), que passa de quem atua para a matéria externa (como queimar, serrar etc.) e A. *imanente* (*immanens*), que permanece no próprio agente, como sentir, entender, querer (*S. Th.*, II, I, q. 3, a 2; q. 111, a. 2). Mas a chamada A. transitiva nada mais é que o fazer ou produzir de que fala Aristóteles (*ibid.*, II, I, q. 57, a. 4). Nessas observações de Tomás de Aquino, assim como nas de Aristóteles, está presente a tendência a reconhecer a superioridade da A. chamada *imanente*, que se consuma no interior do sujeito atuante, A. que, de resto, outra coisa não é senão a atividade espiritual ou o pensamento ou a vida contemplativa. Tomás de Aquino diz que só a A. imanente é "a perfeição e o ato do agente", enquanto a A. transitiva é a perfeição do termo que sofre a A. (*ibid.*, II, I, q. 3, a 2). Por outro lado, Tomás de Aquino distingue, na A. voluntária, a A. *imperata*, que é comandada pela vontade (p. ex., caminhar ou falar) e A. *elicita* da vontade, que é o próprio querer. O fim último da A. não é o ato elícito da vontade, mas o comandado, visto que o primeiro fim apetecível é o fim a que tende a vontade, e não a própria vontade (*ibid.*, II, I, q. 1, a. 1 ad 2º). Esses conceitos permaneceram durante muito tempo inalterados e são pressupostos também pela chamada *filosofia da A.* (v. AÇÃO, FILOSOFIA DA); esta, se tende a exaltar a A. como um caminho para entrar em comunicação mais direta com a realidade ou o Absoluto, ou na posse mais segura destes, não se preocupa muito em fornecer um esquema conceitual da A. que lhe determine as constantes. Essa tentativa, porém, foi feita por ciências particulares, em vista das suas exigências, especialmente pela sociologia. [N.A.]

O conceito clássico de A. voltou à tona com a chamada "reabilitação da filosofia prática" (v.). H. Arendt, em especial, retomou e atualizou as distinções aristotélicas entre *práxis* e *poiésis*, distinguindo na "atividade do trabalho", no "operar" e no "agir" as dimensões fundamentais da atividade humana (*Vita activa*, 1960, cap. I, § 1). Enquanto o trabalho coincide com a atividade cujo fim é a sobrevivência, e o operar coincide com a atividade técnica cujo fim é a produção de instrumentos e artefatos, a A. coincide com a atividade «política» (em sentido lato), ou seja, com o agir interpessoal que coincide com o âmbito da *pólis* como comunidade de homens livres (v. POLÍTICA). O limite da modernidade, segundo Arendt, consistiria na insistência no trabalho e na produção, em detrimento da atividade humana por excelência que é a A. O conceito geral de "A. humana" foi objeto de atenção especial também por parte da filosofia analítica contemporânea, que elaborou uma verdadeira "teoria da A." (v). [G.F.]

AÇÃO, FILOSOFIA DA (in. *Philosophy of action*; fr. *Philosophie de l'action*; it. *Filosofia dell'azione*). Com esse nome indicam-se algumas manifestações da filosofia contemporânea, caracterizadas pela crença de que a A. constitui o caminho mais direto para conhecer o Absoluto ou o modo mais seguro de possuí-lo. Trata-se de uma filosofia de origem romântica: o *moralismo* de Fichte fundava-se na superioridade metafísica da A. (V. MORALISMO). O primado da razão prática, de que Kant falara, não tinha significado fora do domínio moral; mas com Fichte esse primado significa que só na A. o homem se identifica com o Eu infinito. O símbolo da filosofia da A. pode ser expresso na frase de Fausto, na obra de Goethe, que propunha traduzir *In principio erat Verbum* do IV Evangelho por "No princípio era a A.".

Com esses pressupostos românticos vinculou-se filosofia da A., que, na França, através de Ollé-Laprune (1830-1899) e de Blondel (1861-1949), assumiu forma religiosa: para ela a A. é o núcleo essencial do homem, e só uma análise da A. pode mostrar as necessidades e as deficiências do homem, assim como sua aspiração ao infinito, que, por sua vez, só pode ser satisfeita pela A. gratuita e misericordiosa de Deus. A supremacia da A. era transferida por George Sorel (1847-1922) do domínio religioso para o social e político. Aqui a ação se desembaraçava da limitação factual ou racional e era reconhecida como capaz de criar por si, com o *mito*, a sua própria justificação (*Réflexions sur la violence*, 1906). A crença de que a A. pode produzir por si só as condições do seu êxito e por si só justificar-se de modo absoluto constitui o *ativismo* (v.) próprio de algumas correntes filosóficas e políticas contemporâneas.

Em virtude de uma das não raras ironias da história do pensamento, justamente uma das correntes pertencentes à filosofia da A. deveria levar a noção de A. a seus limites extremos e encaminhá-la para uma nova fase interpretativa. Essa corrente é o *pragmatismo* (v.). Se, num primeiro momento, William James declara que a A. é a medida da verdade do conhecer e, portanto, considera-a capaz de justificar proposições morais e religiosas teoricamente injustificáveis, as análises empiristas de James e, melhor ainda, as de Dewey deveriam evidenciar o condicionamento da A. por parte das circunstâncias que a provocam, sua relação com a situação que constitui seu estímulo e, daí, os limites da sua eficiência e da sua liberdade. Mas desse ponto de vista a A. deixa de estar ligada unicamente ao sujeito e de encontrar seu princípio unicamente nele ou na atividade dele (vontade). Perde a possibilidade de consumar-se e de exaurir-se no próprio sujeito e torna-se um *comportamento*, cuja análise deve prescindir da divisão das faculdades ou dos poderes da alma, mas deve levar em conta a situação ou o estado de coisas a que ele deve adequar-se (v. AÇÃO; COMPORTAMENTO). [N.A.]

AÇÃO, TEORIA DA (in. *Action theory*; fr. *Théorie de l'action*; al. *Handlungstheorie*; it. *Teoria dell'azione*). Estudo da A. própria de seres dotados de vontade, assunto que interessou sistematicamente a filosofia analítica a partir dos anos 1950, sob influência de Ryle e Wittgenstein, por um lado (Anscombe, Dray, Peters, Winch, Melden, Kenny), e da psicologia de orientação positivista, por outro (Goldman, P. M. Churchland, Danto, Kim, Davidson, Brand), para esclarecer suas características e as modalidade de sua explicação.

1) *O que distingue a A. humana, voluntária, dos movimentos corpóreos mecânicos?* Algo de *extrínseco*, o fato de ser causada normalmente pela intencionalidade do sujeito agente com vistas a um objetivo qualquer, ou seja, há uma espécie de nexo causal (GOLDMAN, *A Theory of Human Action*, 1970; DAVIDSON, *Essays on Actions and Events*, 1980); ou algo *intrínseco*, contido na própria A. que a torna A. Por sua vez, esse algo pode ser um evento de tipo causal, para provocar a A., devido apenas e exclusivamente ao agente, e não a causas externas (R. TAYLOR, *Action and Purpose*, 1966; CHISHOLM, *The Agent as Cause*, 1976), de tipo mental (DAVIS, *Theory of Action*, 1979), de tipo fenomênico (GINET, *On Action*, 1990). *a) Quando realizo uma A. que tem múltiplas conseqüências, estou realizando várias A. ou apenas uma?* Por exemplo, se movimento o indicador, aperto uma tecla do meu computador e escrevo a letra *a*, as A. realizadas são três ou uma? Os particularistas (Goldman) afirmam que realizo todas as A. efetivadas, enquanto para os reducionistas (Davidson, Anscombe, Von Wright, Hornsby) realizo só uma A. na especificação das suas várias propriedades; há também posições intermediárias (Thomson, Ginet). *b) Que relação há entre intencionalidade e A.?* A diferença pode ser identificada no caráter básico ou não da A. (ou seja, se realizo A para realizar A ou se realizo A ao realizar B), mas é muito difícil identificar em que nível uma A. é realmente básica; na verdade é fácil imaginar situações nas quais se obtém um resultado desejado, mas através de uma A. não voluntária (alguém aponta

para matar um indivíduo, o revólver cai-lhe da mão e dispara o tiro que o mata). Para os causalistas (Davidson, Danto, Goldman, Brand), a relação buscada é um *nexo causal*; para os intencionalistas, um *nexo conceitual*.

2) *Qual é a estrutura lógica da explicação das A. humanas? a*) Para os causalistas, é de tipo *causal*, recorre a explicações *nômicas* (AYER, *Language, Truth and Logic*, 1946, cap. IV; Davidson). Mas tal solução seria concretamente praticável só se conhecêssemos adequadamente as leis sob as quais subsumir os eventos; por isso, há quem tenha enfraquecido esse requisito, propondo um espécie de princípio de razão suficiente: para explicar a A. basta recorrer à identificação de condições suficientes para a conexão explicativa, mesmo que esta não seja nômica (Ginet). *b*) Para os intencionalistas, ela é de tipo *teleológico* (na forma do silogismo prático). Na inferência prática o nexo entre a causa e o efeito não é empírico (causal), mas conceitual (lógico); aqui os "determinantes externos" não têm que ver com uma causalidade de tipo humano, não são generalizações da experiência, mas esquemas conceituais para a interpretação de situações determinadas (v. a seguir, 3 c).

3) *Em quais formas se pode construir uma teoria sistemática da A.?* (É óbvio que tais formas dependem da concepção de A. adotada). *a*) *Teoria da causa mental* (Sellars, Fodor, Goldman, Alston, Danto, Pears, Aune, Thalberg, Davidson e, em certos aspectos, a *purposive-causal theory* de Tuomela): as A. intencionais são movimentos corpóreos devidos a certos tipos de eventos ou estados mentais como volições, desejos, crenças etc. Aqui, portanto, seja a teleologia interna (abri a janela simplesmente para abri-la, e não porque desejasse a entrada de uma mosca), seja externa (abri a janela para refrescar o ambiente), a A. é explicada mediante uma cadeia causal: para o causalismo a explicação de uma A. coincide com a explicação do comportamento do sujeito nessa A. *b*) *Teoria do agente* (R. TAYLOR; CHISHOLM, *Freedom and Action*, 1966, *The Structure of Intention*, 1970, e *Person and Object*, 1976): as causas do agir são o agente em si mesmo, que se propõe obter o fim da A., e não eventos ou estados particulares que nele ocorram. O conceito de causalidade do agente é diferente do conceito de causalidade de um evento ordinário, porquanto é essencialmente intencional, irredutível a noções de tipo causal. Neste caso a explicação de uma A. explica o comportamento, mas não a própria A., para o que é necessário recorrer a outros objetivos (abri a janela porque me mexi de certo modo; outra coisa é esclarecer por que pretendi abrir a janela). *c*) *Teoria hermenêutica*, também chamada teoria não causal ou neowittgensteiniana (VON WRIGHT, *Explanation and Understanding*, 1971; depois Melden, Malcom, Stoutland, Abelson, Peters, Toulmin, Dray, Skinner, Martin, Apel e, em certos aspectos, também a teoria do objetivo de C. Taylor): a A. consiste numa série de movimentos corpóreos (ou os compreende), com os quais o agente pretende ou quer dizer algo; esse algo deve ser entendido como dotado exatamente do sentido que o agente queria atribuir-lhe com base no contexto social, em regras ou práticas coletivas. Em outras palavras, as intenções atribuídas a um agente são apenas modos socialmente compartilhados de entender o seu comportamento. A A. é explicada dando as razões que levaram o agente a agir daquele modo; portanto com base nesse seu entendimento está o conceito de *compreensão* enfatizado pela filosofia hermenêutica. Aqui o comportamento é o meio, o veículo da A. (há um fim comunicativo análogo à proferição intencional de um enunciado): ele, em sentido estrito, fica portanto inexplicado e é esclarecido o objetivo da A. Segundo o clássico estudo de Von Wright, a explicação teleológica deve porém possuir certas marcas, em particular ser "logicamente conclusiva", e é formalizada no silogismo prático do tipo: O agente pretende obter *p* – O agente percebe que não pode obter *p* a não ser praticando a A. *a* – O agente dispõe-se a praticar *a*. Para outros intencionalistas os requisitos são menos rigorosos: o objetivo da teoria é apenas apresentar as condições atitudinais ou motivacionais em virtude das quais temos condições de derivar do comportamento de um agente a ação apropriada à circunstância. [M.S.]

AÇÃO MÍNIMA (in. *Least action*; fr. *Moindre action*; al. *Kleinsten Aktion*; it. *Azione minima*). Princípio segundo o qual "a natureza nada faz de inútil" (*natura nihil facit frustra*) e segue o caminho mais curto e econômico. Essa máxima encontra-se em Aristóteles (*De an.*, III, 12, 434 a 31; *De cael.*, I, 4, 271 a 32; *De part. an.*, I, 5, 645 a 22), é repetida por Tomás de Aquino (*In III An.*, 14) e retomada nos tempos modernos por Galileu, Fermat, Leibniz etc. Em 1732, Maupertuis formulava matematicamente esse princípio e o introduzia em mecânica com o nome de "lei de economia da natureza" (*Lex Parsimoniae*). Mas para Maupertuis também esse princípio conservava o caráter finalista que convencera Aristóteles a adotá-lo. No *Ensaio de cosmologia*, Maupertuis escrevia: "É este o princípio, tão sábio, tão digno do Ser supremo: qualquer que seja a mudança que se realize na natureza, a soma de A. despendida nessa mudança é a menor possível." Mas em mecânica esse princípio não tem o significado finalista que lhe era atribuído por Maupertuis. Na sua reformulação por Lagrange (*Mécanique analytique*, II, 3, 6), ficou claro que ele exprime a conservação não só do mínimo como também do máximo de A. e que, além disso, tanto o mínimo quanto o máximo devem ser considerados de modo relativo, e não absoluto. Desse ponto de vista, Hamilton generalizava o princípio na forma de "princípio da A. estacionária": e, nessa forma, diz somente que, em certas classes de fenômenos naturais, o processo de mudança é tal que alguma grandeza física apropriada seja um extremo (isto é, um mínimo ou um máximo, mais freqüentemente um mínimo). Mas a grandeza em questão e o seu mínimo ou máximo são coisas que podem mudar de uma ordem de considerações para outra.

Sobre princípio da ação mínima já se falou em psicologia, em estética e até na ética (cf. JAMES, *Princ. of Psychol.*, II, pp. 188, 239 ss.; SIMMEL, *Einleitung in die Moral Wissenschaft*, 1892, I, p. 58). Não deve ser confundido com o princípio metodológico da economia, que não diz respeito à ação da natureza ou de Deus, mas à escolha dos conceitos e das hipóteses para a descrição dos fenômenos naturais (v. ECONOMIA). [N.A.]

AÇÃO RECÍPROCA. V. RECIPROCIDADE DE AÇÃO.

AÇÃO REFLEXA (in. *Reflex action*; fr. *Action réflexe*; al. *Reflex Bewegung*; it. *Azione riflessa*). Em geral, uma resposta mecânica (involuntária), uniforme e adaptada do organismo a um estímulo externo ou interno ao próprio organismo. A importância filosófica dessa noção, elaborada primeiramente pela fisiologia (séc. XVIII) e depois pela psicologia, está no fato de ter sido assumida como esquema explicativo causal da vida psíquica: inicialmente, apenas dos mecanismos involuntários (instintos, emoções etc.) e depois também das atividades superiores. Tudo o que, da vida psíquica, pode ser reportado à A. reflexa pode ser explicado *causalmente* a partir do estímulo físico que põe em movimento o arco reflexo. Em vista de sua uniformidade, essa A. é previsível a partir do estímulo: isso quer dizer que ela é *causalmente determinada* pelo próprio estímulo. Desse modo, a A. reflexa não é senão o mecanismo pelo qual a causalidade psíquica se insere na causalidade da natureza, como parte dela.

Essas noções foram sendo elaboradas a partir da metade do século XIX, isto é, desde que a psicologia se constituiu como ciência experimental (v. PSICOLOGIA). De acordo com a orientação atomista, própria da psicologia durante muito tempo, ela procurou resolver os reflexos complexos em reflexos simples, dependentes de circuitos nervosos elementares. A doutrina dos reflexos condicionados, fundada por Pavlov em bases experimentais (a partir de 1903; cf. os escritos de Pavlov recolhidos no volume *I riflessi condizionati*, Turim, 1950), obedece à mesma exigência e, aliás, contribuiu para reforçá-la durante algum tempo, fazendo nascer a esperança de que os comportamentos superiores também pudessem ser explicados pela combinação de mecanismos reflexos simples.

Todavia, um respeitável complexo de observações experimentais realizadas pela fisiologia e pela psicologia nos últimos decênios, a partir de 1920, aproximadamente, foi tornando cada vez mais difícil entender a A. reflexa segundo seu esquema clássico. Em primeiro lugar, viu-se que a A. dos estímulos complexos não é previsível a partir da A. dos estímulos simples que o compõem, ou seja, os chamados reflexos simples combinam-se de modos imprevisíveis. Em segundo lugar, o próprio conceito de "reflexo elementar", isto é, do reflexo que entraria na composição dos reflexos complexos, foi julgado ilegítimo: com efeito, todos os reflexos observáveis são complexos, e um reflexo "simples", ou seja, não decomponível, é uma simples conjectura. Em terceiro lugar, as mesmas observações sobre os reflexos condicionados demonstram a irregularidade e a imprevisibilidade de certas respostas.

Estas e outras ordens de observação, apresentadas sobretudo pela psicologia da forma (cf., p. ex., KATZ, *Gestaltpsychologie*, cap. III), mostram que o reflexo não pode ser entendido como uma A. devida a um mecanismo causal. Fala-se de reflexo sempre que, em face de certo estímulo, se pode determinar um campo de reações suficientemente uniformes para serem previstas com alto grau de probabilidade. Desse ponto de vista, as A. reflexas constituem uma classe de reação, mais precisamente a que se caracteriza pela alta freqüência de uniformidade das próprias reações. Mas com isso a noção de reflexo sai do esquema causal para entrar no esquema geral de condicionamento (v. CONDIÇÃO). [N.A.]

ACASO (gr. αὐτόματον; lat. *Casus*; in. *Chance*; fr. *Hasard*; al. *Zufall*; it. *Caso*). Para esse termo podem-se distinguir três conceitos com interseções na história da filosofia. 1º o conceito subjetivista, que atribui a imprevisibilidade e a indeterminação do evento casual à ignorância ou à confusão do homem. 2º o conceito objetivista, que atribui o evento casual à mistura e à interseção das causas. 3º a interpretação moderna, segundo a qual o acaso é a insuficiência de probabilidades na previsão. Este último conceito é o mais geral e o menos metafísico.

1º Aristóteles (*Fís.*, II, 4, 196 b 5) já falava da opinião segundo a qual a Fortuna seria uma causa superior e divina, oculta para a inteligência humana. Os estóicos equiparavam o A. ao erro ou à ilusão; julgavam que tudo acontece no mundo por absoluta necessidade racional (*Plac. philos.*, I, 29). É claro que quem admite uma necessidade desse gênero e a atribui (como achavam os estóicos) à divindade imanente no cosmos ou à ordem mecânica do universo não pode admitir a realidade dos eventos que costumam ser chamados de acidentais ou fortuitos e muito menos do acaso como princípio ou categoria de tais eventos; deve ver neles a ação necessária da causa reconhecida em ato no universo, negando como ilusão ou erro o seu caráter casual. É esse o motivo por que Kant, que modela suas categorias e seus princípios *a priori* pela física newtoniana, inteiramente fundada no princípio de causalidade, nega a existência do A. e, aliás, faz dessa negação um dos princípios *a priori* do intelecto: "A proposição 'nada ocorre por A. (*in mundo non datur casus*)' é uma lei *a priori* da natureza" (*Crít. R. Pura*, Analítica dos princípios, Refutação do idealismo). Hegel, que parte do princípio da perfeita racionalidade do real, atribui o A. à natureza, ou melhor, vê na natureza "uma acidentalidade desregulada e desenfreada" (*Enc.*, § 248), mas na medida em que a natureza não está adequada à substância racional do real e, por isso, carece ela própria de realidade. De modo análogo, na filosofia contemporânea, Bergson explicou o A. pela confusão, meramente subjetiva, entre a ordem mecânica e a ordem vital ou espiritual: "Se a mecânica das causas que fazem a roleta parar sobre o número me permitir ganhar e, por isso, agir como um gênio benéfico para quem os meus interesses tivessem grande importância, ou se a força mecânica do vento arrancar uma telha do teto e a jogar sobre a minha cabeça, isto é, se agir como um gênio maléfico a conspirar contra a minha pessoa, verei em ambos os A. um mecanismo no qual eu teria procurado e deveria encontrar, ao que parece, uma intenção: é isso que se exprime quando se fala de A." (*Évol. créatr.*, p. 254).

2º Por outro lado, segundo a interpretação objetivista, o A. não é um fenômeno subjetivo, mas objetivo, e consiste na interseção de duas ou mais ordens ou séries diversas de causas. A mais antiga das interpretações desse tipo é a de Aristóteles. Aristóteles começa notando que o A. não se verifica nas coisas que acontecem sempre do mesmo modo nem nas que acontecem quase sempre do mesmo modo, mas entre as que ocorrem por exceção e sem nenhuma uniformidade (*Fís.*, II, 5, 196 b 10 ss.). Desse modo, ele atribui corretamente o A. à esfera do imprevisível, isto é, do que acontece fora do necessário ("o que acontece sempre do mesmo modo") e do uniforme ("o que acontece quase sempre do mesmo modo"). Assim sendo, o A. (ou a Fortuna) é definido por Aristóteles como "uma causa acidental no âmbito das coisas que não acontecem de modo absolutamente uniforme nem freqüente e que poderiam acontecer com vistas a uma finalidade" (*ibid.*, 197 a 32). Para Aristóteles, a determinação da finalidade é essencial, visto que o A. tem ao menos aspecto ou aparência de finalidade: como no exemplo de quem vai ao mercado por motivo completamente diferente e ali encontra um devedor que lhe devolve a soma devida. Nesse exemplo chama-se A. (ou Fortuna) o evento da restituição devido ao encontro que não foi deliberado ou desejado como finalidade, mas que poderia ter sido uma finalidade, ao passo que, na realidade, foi efeito acidental de causas que agiam com vistas a outras finalidades. A noção de encontro, de enredamento de séries causais para a explicação do A., foi retomada modernamente por filósofos, matemáticos e economistas que reconheceram a importância da noção de *probabilidade* (v.) para a interpretação da realidade em geral. Assim, Cournot definiu o A. como o caráter de um acontecimento "devido à combinação ou ao encontro de fenômenos independentes na ordem da causalidade" (*Théorie des chances et des probabilités*, 1843, cap. II), noção que se tornou predominante no positivismo, também porque foi aceita por Stuart Mill (*Logic*, III, 17, § 2): "Um evento que aconteça por A. pode ser mais bem descrito como uma coincidência da qual não temos motivo para inferir uniformidade. [...] Podemos dizer que dois ou mais fenômenos são reunidos ao A. ou que coexistem ou se sucedem por A., no sentido de não serem, de modo algum, vinculados pela causação; que não são causa ou efeito um do outro, nem efeitos da mesma causa ou de causas entre as quais subsista uma lei de coincidência, nem efeitos da mesma colocação de causas primárias". De modo semelhante, Ardigò (*Opere*, III, p. 122) relaciona o A. com a pluralidade e o entrelaçamento de séries causais distintas. Essa noção, porém, é objetiva só em certos limites, ou melhor, só na aparência. Dizer que o A. consiste no encontro de duas séries causais diferentes significa que ele é um acontecimento causalmente determinado como todos os outros, mas só mais difícil de ser previsto porque sua ocorrência não depende do curso de uma série causal única. Segundo essa noção, a determinação causal do A. é mais complexa, mas não menos necessitante; a imprevisibilidade, característica fundamental do A., deve-se tão-somente a tal complexidade, e não é de natureza objetiva. Para que seja de natureza objetiva, tal imprevisibilidade deve ser realmente devida a uma indeterminação efetiva inerente ao funcionamento da própria causalidade.

3º Esta última alternativa constitui um terceiro conceito de A., conceito que se pode fazer remontar a Hume. Parece que Hume quer reduzir o acaso a um fenômeno puramente subjetivo, pois diz: "Embora não haja no mundo alguma coisa como o A., a nossa ignorância da causa real de cada acontecimento exerce a mesma influência sobre o intelecto e gera semelhante espécie de crença ou de opinião." Mas, na realidade, se não existe "A." como noção ou categoria em si, tampouco existe a "causa" no sentido necessário e absoluto do termo; existe somente a "probabilidade". E na probabilidade assenta o que chamamos A.: "Parece evidente que, quando a mente procura prever para descobrir o acontecimento que pode resultar do lançamento do dado, considera-se o aparecimento de cada lado como igualmente provável; e essa é a verdadeira natureza do A.: de igualar inteiramente todos os eventos individuais que compreende" (*Inq. Conc. Underst.*, VI). Essa idéia de Hume deveria revelar-se extremamente fecunda na filosofia contemporânea. O conceito de que o A. consiste na equivalência de probabilidades que não dão acesso a uma previsão irrefutável em um sentido ou em outro foi enfatizado por Peirce, que também viu sua implicação filosófica fundamental: a eliminação do "necessitarismo", isto é, da doutrina segundo a qual tudo no mundo acontece por necessidade (*Chance, Love and Logic*, II, 2; trad. it., pp. 128 ss.). Desse ponto de vista, o A. torna-se um exemplo particular do juízo de probabilidade, mais precisamente, de que a própria probabilidade não tem relevância suficiente para permitir prever um evento. Nesse sentido, o A. foi considerado uma espécie de *entropia* (v.), e o conceito relativo comumente é empregado no campo da teoria da informação e da *cibernética* (v.). [N.A.]

Tanto em física quanto em filosofia da ciência é útil fazer a distinção entre os processos "caóticos" e os processos "casuais" (*random*). Um processo caótico opera sem princípios fixos, sem a orientação de leis naturais, sejam elas deterministas ou não. Um processo casual (ou aleatório) opera de acordo com leis aleatórias ou probabilistas. Se na natureza existem ou não processos irredutivelmente casuais, processos que continuam aleatórios independentemente da profundidade do nível de descrição, eis aí uma questão controversa e amplamente discutida em física quântica. Muitos dos problemas acerca do A. derivam de uma interpretação freqüentista da probabilidade, que implica – como conseqüência da "objetividade" das probabilidades – que o determinismo é falso. Mas a reflexão filosófica hodierna não exclui a possibilidade de que o determinismo se coadune com a instabilidade e o A., motivo pelo qual a própria interpretação freqüentista da probabilidade é que deve ser posta em discussão (cf. J. EARMAN, *A Primer on Determinism*, 1986). [A.P.]

ACATALEPSIA (gr. ἀκαταληψία; in. *Acatalepsy*; fr. *Acatalepsie*; al. *Akatalepsie*; it. *Acatalessia*). É a negação feita por Pirro e pelos outros céticos antigos da representação compreensiva (φαντασία καταληπτική), isto é, do conhecimento que permite compreender e apreender o objeto, que, segundo os estóicos, era o verdadeiro conhecimento. A acatalepsia é a atitude de quem declara não compreender e, portanto, suspende o seu assentimento, isto é, não afirma nem nega (SEXTO EMPÍRICO, *Pirr. hyp.*, I, 25). [N.A.]

ACCIDENTIS FALLACIA. A *falácia* (v.) já é identificada por Aristóteles (*El. sof.*, 5, 166 b) como derivada da identificação de uma coisa com um seu acidente ou atributo acidental ("Se Córsico é diferente de Sócrates, e Sócrates é homem, então Córsico é diferente de homem"). Cf. PEDRO HISPANO, *Summ. log.*, 7, 40 ss. [G.P.]

ACENTO (gr. προσῳδία; lat. *Accentus*; in. *Accent*; fr. *Accent*; al. *Prosodie*; it. *Accento*). Segundo Aristóteles (*El. sof.*, 4, 166 b), seguido pelos lógicos medievais (cf. PEDRO HISPANO, *Summ. log.*, 7, 31), da acentuação diferente das palavras pode derivar, em enunciados escritos, uma equivocidade que pode causar paralogismos. [G.P.]

ACIDENTE (gr. συμβεβηκός; lat. *Accidens*; in. *Accident*; fr. *Accident*; al. *Accidenz*; it. *Accidente*). Podem-se distinguir três significados fundamentais desse termo, quais sejam:

1º uma determinação ou qualidade casual ou fortuita que pode pertencer ou não a determinado sujeito, sendo completamente estranha à essência necessária (ou substância) deste;

2º uma determinação ou qualidade que, embora não pertencendo à essência necessária (ou substância) de determinado sujeito e estando, portanto fora de sua definição, está vinculada à sua essência e deriva necessariamente da sua definição;

3º uma determinação ou qualidade qualquer de um sujeito, que pertença ou não à sua essência necessária.

Os dois primeiros significados do termo foram elaborados por Aristóteles. "Acidente", diz ele (*Top.*, I, 5, 102 b 3), "não é definição nem caráter próprio nem gênero, mas, apesar disso, pertence ao objeto; ou também, é *o que pode pertencer e não pertencer a um só e mesmo objeto*, qualquer que seja ele." Como essa definição exprime a essência necessária de uma realidade, isto é, a *substância* (v. DEFINIÇÃO), o acidente está fora da essência necessária e, portanto, pode pertencer ou não ao objeto a que se refere. Todavia, o acidente pode ter uma relação mais ou menos estreita com o objeto a que se refere, conforme a causa dessa relação; por isso, Aristóteles distingue dois significados, ambos empregados em *Organon* e *Metafísica*: 1º o acidente pode ser *casual* uma vez que sua causa seja indeterminada: por exemplo, um músico pode ser branco, mas como isso não acontece por necessidade ou na maior parte dos casos, ser branco, para um músico, será um "acidente". Da mesma forma, encontrar um tesouro é acidental para quem cave um buraco a fim de pôr uma planta, visto que encontrar um tesouro não é algo que se segue necessariamente ao ato de cavar buracos, nem algo que aconteça habitualmente em semelhante circunstância. Nesse significado (*Met.*, V, 30, 1.025 a 14), portanto, acidente é tudo o que acontece por acaso, isto é, pela inter-relação e o entrelaçamento de várias causas, mas sem uma causa *determinada* que assegure a sua ocorrência constante ou, pelo menos, relativamente freqüente. Mas há também: 2º o acidente *não casual*, ou acidente *por si*, isto é, aquele caráter que, embora não pertença à substância – estando, pois, fora da definição –, pertence ao objeto em virtude daquilo que o próprio objeto é. Por exemplo, ter ângulos internos iguais a dois retos não pertence à essência necessária do triângulo, tal qual é expressa pela definição; por isso, é um acidente. Mas é um acidente que pertence ao triângulo por acaso, isto é, por uma causa indeterminável, mas por causa do próprio triângulo, quer dizer, por aquilo que o triângulo é; e é por isso um acidente *eterno* (*Met.*, V, 30, 1.025 a 31 ss.). Aristóteles ilustra a diferença do seguinte modo (*An. post.*, 4, 73 b 12 ss.): "Se relampeja enquanto alguém caminha, isso é um acidente, visto que o relâmpago não é causado pelo caminhar... No entanto, se um animal morrer degolado, em virtude de um ferimento, diremos que ele morreu porque foi degolado, e não que lhe ocorreu, acidentalmente, morrer degolado." Em outros termos, o acidente por si está vinculado *causalmente* (e não casualmente) às determinações necessárias da substância, embora não faça parte delas. E embora não haja ciência do acidente casual – porque só há ciência daquilo que é sempre ou habitualmente (*Met.*, X, 8, 1.065 a 4) e porque ela investiga a causa, ao passo que a causa do acidente é indefinida (*Fís.*, II, 4, 196 b 28) –, o acidente por si pertence ao âmbito da ciência, como é indicado pelo próprio exemplo geométrico de que se valeu Aristóteles em *Met.*, V, 30, e em numerosos textos dos *Tópicos*.

A esse segundo significado aristotélico da palavra pode-se relacionar o terceiro significado, segundo o qual ela designa, em geral, as qualidades ou os caracteres de uma realidade (substância) que não podem ficar sem ela, porque o seu modo de ser é o de "inerir" (*inesse*) à própria realidade. Talvez esse uso tenha sido iniciado por Porfírio, que define o acidente (*Isag.*, V, 4 a, 24) como: "Aquilo que pode ser gerado ou desaparecer sem que o sujeito seja destruído." Essa definição, obviamente, refere-se à definição aristotélica do acidente como "o que pode pertencer e não pertencer a um só e mesmo objeto". Tomás de Aquino anota corretamente (*Met.*, V, 1.143) que, no segundo dos dois significados aristotélicos, o acidente contrapõe-se à substância. Em virtude dessa contraposição, o acidente é "o que está em outra coisa" (*S. Th.*, III, q. 77, a. 2 *ad* 1º), ou seja, em um sujeito ou substrato sem o qual ele não pode subsistir no curso ordinário da natureza (isto é, prescindindo da ordem da graça que se manifesta no sacramento do altar) (*ibid.*, III, q. 76, a. 1 *ad* 1º). Nesse significado, em que o acidente se contrapõe à substância, porquanto o seu modo de ser é inerir (*inesse*) a algum sujeito, em oposição ao *subsistir* da substância que não tem necessidade de apoiar-se em outra coisa para existir, o termo acidente torna-se coextensivo ao de qualidade em geral, sem referência a seu caráter casual e gratuito, que Aristóteles tinha ilustrado. A terminologia dos escolásticos adere habitualmente a este último significado, que através deles passa para os escritores modernos, quando estes lançam mão da linguagem escolástica. No entanto, mais próxima da definição aristotélica que do uso escolástico encontra-se a definição de Stuart Mill, para quem os acidentes são todos os atributos de uma coisa que não estejam compreendidos no significado do nome e não tenham vínculo necessário com os atributos indivisíveis dessa mesma coisa (*Logic*, I, 7, § 8).

Locke e os empiristas ingleses, no mais das vezes, usam no lugar da palavra *acidente* a palavra *qualidade* (v.). Mas a sua insistência na inseparabilidade das qualidades em relação à substância, que sem elas se esvai no nada, influi no uso posterior da palavra em questão: uso que tende a reduzir ou a anular a oposição entre acidente e substância e a considerar os acidentes como a própria manifestação da substância. Na verdade esse uso também pode ser encontrado em Espinosa, se, porém, admitirmos que a palavra "modo" por ele empregada é sinônimo de acidente; essa sinonímia parece ser sugerida pela sua definição de "modo" (*Et.*, I, def. 5), como aquilo que está em outra coisa e é concebido por meio dessa outra coisa. De qualquer forma, a mudança de significado é claramente verificável em Kant e Hegel. Kant diz (*Crít. R. Pura*, Analítica dos princípios, Primeira Analogia): "As determinações de uma substância que não passem de modos especiais do seu existir chamam-se acidentes. Eles são sempre reais porque dizem respeito à existência da substância. Ora, se a esse real que está na substância (p. ex., ao movimento como acidente da matéria) for atribuída uma existência especial, essa existência é chamada de *inerência*, para distingui-la da existência da substância, que se chama *subsistência*". Esse trecho retoma a terminologia escolástica com um significado totalmente diferente, pois os acidentes são considerados "modos especiais de existir" da própria substância. Noção análoga encontra-se em Hegel, que diz (*Enc.*, § 151): "A substância é a totalidade dos acidentes nos quais ela se revela como a absoluta negatividade deles, isto é, como potência absoluta e, ao mesmo tempo, como a riqueza de cada conteúdo." O que significa que os acidentes, na sua totalidade, são a revelação ou a própria manifestação da substância. Fichte, por outro lado, exprimira conceito análogo ao afirmar, na esteira de Kant, que "nenhuma substância é pensável senão com referência a um A. [...] Nenhum A. é pensável sem substância" (*Wissenschaftslehre*, 1794, § 4 D, 14). O uso desse termo sofreu, assim, ao longo da sua história, uma evolução paradoxal: começou significando as qualidades ou determinações menos estreitamente ligadas à natureza da realidade, ou até mesmo gratuitas ou fortuitas, e acabou por significar *todas* as determinações da realidade e, assim, a própria realidade em sua inteireza. [N.A.]

ACÍDIA (lat. *Acedia;* in. *Sloth;* fr. *Accidie;* al. *Acedie;* it. *Accidia*). O tédio ou a náusea no mundo medieval: torpor ou inércia em que incidiam os monges que se dedicavam à vida contemplativa. Segundo Tomás de Aquino, consiste no "entristecimento com o bem divino" e é uma espécie de torpor espiritual que impede de iniciar o bem (*S. Th.*, II, II, q. 35, a. 1). Com o tédio, a acídia tem em comum o estado que a condiciona, que não é de necessidade, mas de satisfação (v. TÉDIO). [N.A.]

ACLARAÇÃO (in. *Clarification;* fr. *Éclaircissement;* al. *Klärung, Erhellung;* it. *Chiarificazione*). No uso filosófico contemporâneo, esse termo tem um significado específico, porque não significa genericamente "esclarecimento", mas indica o processo com que se leva à clareza conceitual certo substrato de consciência ou de vivências. Foi precisamente nesse sentido que Husserl falou de "método da A. (*Klärung*)" (*Ideen*, I, § 67, 125). Husserl insistiu no fato de que a A. exige que seja levado à evidência o seu *substrato* (as vivências que a sustentam) de tal modo que "transforme todo elemento morto em vivo, toda confusão em distinção e todo elemento não intuível em intuível" (*ibid.*, § 125). Por sua vez, Jaspers usou do termo *Erhellung* para indicar a relação entre existência e razão. A A. é a existência que procura tornar-se evidente para si mesma e assim aclarar-se como razão. "A A. existencial", diz Jaspers, "não é conhecimento da existência, mas recorre às suas possibilidades" (*Vernunft und Existenz*, II, 7). Isto significa que "a razão não existe como pura razão, mas é o fazer-se da existência possível" (*ibid.*, II, 6); e precisamente este fazer-se é a aclaração. [N.A.]

ACONTECIMENTO (gr. συμβεβηκός; lat. *Accidens;* in. *Occurrence;* fr. *Événement;* al. *Vorfall;* it. *Accadimento*). Um fato ou um evento que tem certo caráter acidental ou fortuito ou, pelo menos, do qual não se pode excluir esse caráter. [N.A.]

A CONTRARIO. Forma de argumentação dialética por analogia: do contrário se conclui o contrário. (Se a A convém um predicado B, a não-A é provável que convenha um predicado não-B). [G.P.]

ACORDO (in. *Agreement;* fr. *Convenance;* al. *Übereinstimmung;* it. *Accordo*). Na modernidade essa noção serviu para definir a natureza do juízo ou da proposição em geral. Diz a *Lógica* de Port-Royal: "Depois de conceber as coisas através de nossas idéias, comparamos essas idéias entre si; e descobrindo que algumas estão de acordo entre si e outras não, nós as ligamos ou as desligamos, o que se chama *afirmar* ou *negar* e, geralmente, *julgar*" (*Log.*, II, 3). Essa noção foi usada no mesmo sentido por Locke, para definir o conhecimento em geral, entendido como "a percepção do vínculo e do acordo ou desacordo e da oposição entre as nossas idéias, quaisquer que sejam elas" (*Ensaio*, IV, 1, § 2). Essa noção foi criticada por Leibniz: "O acordo ou o desacordo não é propriamente o que é expresso pela proposição. Dois ovos estão de acordo e dois inimigos estão em desacordo. Trata-se aqui de um modo de acordo ou de desacordo bastante particular" (*Nouv. ess.*, IV, 5). Espinosa falou de acordo (*convenientia*) entre a idéia e o seu objeto. "A idéia verdadeira deve convir com o seu ideado; ou seja, o que objetivamente está contido no intelecto deve necessariamente ser dado na natureza" (*Et.*, I, 30). Mas para esse significado, v. VERDADE. [N.A.]

ACOSMISMO (in. *Acosmism;* fr. *Acosmisme;* al. *Akosmismus;* it. *Acosmismo*). Termo empregado por Hegel (*Enc.*, § 50) para caracterizar a posição de Espinosa, em oposição à acusação de "ateísmo" freqüentemente dirigida a este filósofo. Espinosa, segundo Hegel, não confunde Deus com a natureza e com o mundo finito, considerando o mundo como Deus, mas, antes, nega a realidade do mundo finito afirmando que Deus, e só Deus, é real. Nesse sentido sua filosofia não é ateísmo, mas acosmismo, e Hegel nota, ironicamente, que a acusação contra Espinosa deriva da tendência a crer que se pode mais facilmente negar Deus do que negar o mundo. [N.A.]

ACRIBIA (gr. ἀκρίβεια; it. *Acribia*). Exatidão ou precisão. No sentido moderno, o cuidado de seguir as regras metódicas de qualquer pesquisa científica. No significado platônico, "o exato em si" (αὐτὸ τακριβές) é o *justo meio* (τὸ μέτριον), isto é, o conveniente, ou o oportuno como objeto de um dos dois ramos fundamentais da arte da boa medida, que diz respeito propriamente à ética e à política. O outro ramo da mesma arte é matemático e concerne ao número, ao comprimento, à altura etc. (*Pol.*, 284 d-e). [N.A.]

ACROAMÁTICO (gr. ἀκροαματικός; in. *Acroamatic;* fr. *Acroamatique;* al. *Akroamatisch;* it. *Acroamatico*). Assim foram chamados, por se destinarem a ouvintes, os textos de Aristóteles que constituíam lições por ele ministradas no Liceu, para distinguilas das destinadas ao público, das quais restam apenas fragmentos. Todas as obras aristotélicas que possuímos são acroamáticas, porque os textos compostos para um público mais vasto, quase todos em forma de diálogo, caíram em desuso quando os textos de lições, levados a Roma por Sila, foram reorganizados e publicados por Andronico de Rodes em meados do século I a.C. (v. EXOTÉRICO). [N.A.]

ACTUS ESSENDI. V. ESSÊNCIA E EXISTÊNCIA.

ADEQUAÇÃO (lat. *Adaequatio;* in. *Adequation;* fr. *Adéquation;* al. *Übereinstimmung;* it. *Adeguazione*). Um dos *critérios* de verdade, mais precisamente aquele segundo o qual um conhecimento é verdadeiro se está adequado ao objeto, isto é, se lhe é apropriado e correspondente de tal modo que reproduz o mais possível a sua natureza. A definição da verdade como "adequação entre intelecto e coisa" foi apresentada pela primeira vez pelo filósofo hebreu Isac Ben Salomão Israel (que viveu no Egito entre 845 e 940) no seu *Liber de definitionibus*. Essa definição foi retomada por Tomás de Aquino, que lhe conferiu exposição clássica (*S. Th.*, I, 16, 2; *Contra Gent.*, I, 59; *De ver.*, q. 1, a. 1). As coisas naturais, cuja ciência nosso intelecto recebe, são a *medida* do intelecto, visto que este possui a verdade só na medida em que se conforma às coisas. As próprias coisas são, por sua vez, *medidas* pelo intelecto divino, no qual subsistem suas *formas* tal como as formas das coisas artificiais subsistem no intelecto do artífice. Deus, portanto, é a verdade suprema porquanto o seu entendimento é a medida de tudo o que é e de todos os outros entendimentos. A noção de adequação (ou acordo, ou conformidade, ou correspondência) é pressuposta e empregada por muitas filosofias, mais precisamente por todas as que consideram o conhecimento como uma relação de identidade ou semelhança (v. CONHECIMENTO). Locke afirma que "o nosso conhecimento é real só se há *conformidade* entre as idéias e a realidade das coisas" (*Ensaio*, IV, 4, § 3). O próprio Kant declara pressupor "a definição nominal da verdade como acordo entre conhecimento e seu objeto" e propõe o problema ulterior do critério "geral e seguro para determinar a verdade de cada conhecimento" (*Crít. R. Pura*, Lógica transc., Intr., III) e Hegel usa explicitamente a idéia de correspondência (*Enc.*, § 213): "A idéia é a verdade, pois a verdade é a correspondência entre objetividade e conceito, mas não a correspondência entre coisas externas e minhas representações; estas são apenas representações *exatas* que eu tenho como *indivíduo*. Na idéia não se trata disso nem de representações nem de coisas externas." Aqui Hegel faz a distinção entre *exatidão* das representações finitas, próprias do indivíduo e correspondentes a objetos finitos, e *verdade* do conceito infinito, ao qual só pode corresponder a idéia infinita ("O indivíduo por si não corresponde ao seu conceito: esta limitação da sua existência constitui a finitude e a ruína do indivíduo"). Num e noutro caso, o critério é sempre o da correspondência. Na orientação lingüística da filosofia analítica contemporânea mantém-se a noção de correspondência como relação de semelhança entre linguagem e realidade. Wittgenstein, por exemplo, diz: "A proposição é a imagem (*Bild*) da realidade [...] A proposição, se verdadeira, mostra como estão as coisas" (*Tractatus*, 4.021, 4.022). A coincidência entre doutrinas tão diferentes sobre essa noção de verdade deve-se à interpretação do conhecimento como relação de assimilação (v. CONHECIMENTO; VERDADE). [N.A.]

ADEQUADO (lat. *Adaequatus;* in. *Adequate;* fr. *Adéquat;* al. *Adäquat;* it. *Adeguado*). Nem sempre o significado desse adjetivo está vinculado ao significado do substantivo correspondente. Ele pode significar em geral "comensurado a". Nesse sentido dizemos que uma descrição é adequada se não negligencia nenhum elemento importante da situação descrita; ou que um pagamento é adequado se proporcional à importância do trabalho executado etc. Espinosa fez uso constante da noção de idéia adequada, por ele assim definida (*Et.*, II, def. IV): "Entendo por idéia adequada aquela que, considerada em si, sem relação com o objeto, tem todas as propriedades ou as denominações intrínsecas da idéia verdadeira. Digo intrínsecas para excluir a denominação que é extrínseca, isto é, a correspondência da idéia com o objeto ideado." Aqui, como se vê, a noção de adequado é admitida de modo completamente independente da noção de *adequação* (v.). Espinosa nega explicitamente que a idéia verdadeira seja a que corresponde ao próprio objeto porque nesse caso ela se distinguiria da idéia falsa somente pela denominação extrínseca, e não haveria diferença entre idéia verdadeira e idéia falsa quanto à sua realidade e perfeição intrínsecas (*Et.*, II, 43, escol.). [N.A.]

AD HOMINEM. Assim foi chamada, na lógica do século XVII, a argumentação dialética que consiste em contrapor ao adversário as conseqüências que resultam das teses menos prováveis concedidas ou aprovadas por ele (JUNGIUS, *Lógica*, 1638, V, 1, 8; LOCKE, *Ensaio*, IV, 17, 21 etc.). [N.A.]

ADIÁFORA (gr. ἀδιάφορα; in., fr., al., *Adiaphora*; it. *Adiafora*). Cínicos e estóicos chamaram de adiáfora, isto é, indiferentes, todas as coisas que não contribuem para a virtude nem para a maldade. Por exemplo, a riqueza e a saúde podem ser utilizadas tanto para o bem como para o mal; são, portanto, indiferentes para a felicidade dos homens; não porque deixem os homens indiferentes (na realidade, despertam seu desejo), mas porque a felicidade consiste somente no comportamento racional, isto é, na virtude (DIÓG. L., VII. 103-4).

Os estóicos distinguiam três significados de indiferença. O primeiro indica aquilo pelo que não se sente desejo nem repulsa, como, por exemplo, o fato de os cabelos ou as estrelas serem em número par. O segundo indica aquilo pelo que se sente atração ou repulsa, porém não mais por um motivo do que por outro, como no caso de duas moedas idênticas das quais é preciso escolher uma. No terceiro sentido, diz-se que é indiferente "o que não contribui para a felicidade nem para a infelicidade, como a saúde e a riqueza ou, em outros termos, aquilo de que se pode fazer bom ou mau uso" (*Pirr. hyp.*, III, 177). Kant usou esse termo para indicar as ações julgadas moralmente indiferentes, isto é, nem boas nem más (*Religion*, I, observação e nota relativa) (v. LATITUDINARISMO; RIGORISMO). [N.A.]

ADIAFORÍSTICA, CONTROVÉRSIA (in. *Adiaphoristic controversy*; fr. *Controverse adiaphoristique*; al. *Adiaphoristen Streit*; it. *Controversia adiaforistica*). Controvérsia surgida entre os luteranos a respeito do valor das práticas religiosas (como a Missa, a Extrema-Unção, o Crisma etc.) que Lutero declarara "indiferentes" para a salvação e que Melanchton aceitara por espírito de conciliação ou de paz. A controvérsia concluiu-se com a "fórmula de concórdia", de 1577-80, que reafirmava o caráter indiferente ou neutro dos ritos e das cerimônias. [N.A.]

ADIÇÃO LÓGICA (in. *Logical addition*; fr. *Addition logique*; al. *Logische Addition*; it. *Addizione logica*). Em *álgebra da lógica* (v.) dá-se esse nome à operação "$a + b$", que goza de propriedades formais análogas às da adição aritmética (importantíssima a exceção "$a + a = a$"). Interpretada como operação entre classes "$a + b$", forma a classe que contém todos os elementos e só os elementos – comuns e não comuns – da classe a e da classe b. Interpretada como operação entre proposições, "$a + b$" indica sua afirmação disjuntiva ("a ou b"). [G.P.]

A DICTO SECUNDUM QUID AD DICTUM SIMPLICITER. É uma das *consequentiae formales* (v. CONSEQÜÊNCIA) da lógica aristotélica escolástica: *a dicto secundum quid ad dictum simpliciter non valet consequentia;* isto é, se A é B em relação a alguma coisa, não se segue que A seja B em sentido absoluto (ARISTÓTELES, *El. sof.*, 168 b 11; PEDRO HISPANO, *Summ. log.*, 7, 46). [G.P.]

AD IGNORANTIAM. Assim Locke chamou o argumento que consiste em exigir que o adversário acolha a prova aduzida ou aduza uma melhor (*Ensaio*, IV, 17, 20). [N.A.]

ADIVINHAÇÃO (gr. μαντεία; lat. *Divinatio;* in. *Divination*; fr. *Divination*; al. *Wahrsagung*; it. *Divinazione*). Profetização do futuro, com base na ordem necessária do mundo. Era admitida pelos estóicos, sendo, aliás, assumida como prova da existência do destino. Crisipo achava que as profecias dos adivinhos não seriam verdadeiras se as coisas todas não fossem dominadas pelo destino (EUSÉBIO, *Praep. Ev.*, IV, 3, 136). Para Plotino, a A. é possibilitada pela ordem global do universo, graças à qual todas as coisas podem ser consideradas sinais das outras. Os astros, por exemplo, são como cartas escritas nos céus, que, mesmo desempenhando outras funções, têm o papel de indicar o futuro (*Enn.*, II, 3, 7). A A. baseada no determinismo astrológico foi admitida pelos filósofos árabes, especialmente por Avicena, e destes passou para alguns aristotélicos do Renascimento, por exemplo Pomponazzi (*De incantationibus*, 10). [N.A.]

ADJETIVO (lat. *Adjectivum*; in. *Adjective*; fr. *Adjectif*; al. *Eingenschaftswort*; it. *Aggettivo*). Na lógica tradicional, esse nome indica um modo da coisa significada como distinta ou distinguível da própria coisa indicada pelo *substantivo* (PEDRO HISPANO, *Summ. log.*, 6.02; ARNAULD, *Log.*, II, 1). Na lingüística moderna, o A. é a classe de palavras definível pela sua função de caracterizar a substância e divide-se em *descritivo* ou *limitativo*, conforme siga ou preceda o nome (cf. BLOOMFIELD, *Language*, 1933, pp. 202 ss.). [N.A.]

AD JUDICIUM. Assim Locke designou a argumentação que consiste "em usar as provas extraídas de qualquer um dos fundamentos do conhecimento ou da probabilidade". É a única argumentação válida (*Ensaio*, IV, 17, 22). [N.A.]

ADMIRAÇÃO (gr. θαυμάζειν; lat. *Admiratio*; in. *Wonder*; fr. *Admiration*; al. *Bewunderung, Staunen*; it. *Ammirazione*). Segundo os antigos, a A. é o princípio da filosofia. Platão diz: "Essa emoção, essa

A. é própria do filósofo; nem tem a filosofia outro princípio além desse; e quem afirmou que Íris é filha de Taumas a meu ver não errou na genealogia" (*Teet.*, 11, 155 d). E Aristóteles: "Devido à A. os homens começaram a filosofar e ainda agora filosofam: de início começaram a admirar as coisas que mais facilmente suscitavam dúvida, depois continuaram pouco a pouco a duvidar até das coisas maiores, como, por exemplo, das modificações da lua e do que se refere ao sol, às estrelas e à geração do universo. Aquele que duvida e admira sabe que ignora; por isso, o filósofo é também amante do mito, pois o mito consiste em coisas admiráveis" (*Met.*, I, 2, 982 b 12 ss.). No princípio da Idade Moderna, Descartes exprimiu o mesmo conceito: "Quando se nos depara algum objeto insólito, que julgamos novo ou diferente do que conhecíamos antes ou supúnhamos que fosse, admiramos esse objeto e ficamos surpresos; e como isso ocorre antes que saibamos se o objeto nos será ou não útil, a A. me parece a primeira de todas as paixões; e não tem oposto porque, se o objeto que se apresenta não tem em si nada que nos surpreenda, não somos afetados por ele e o consideramos sem paixão" (*Pass. de l'âme*, II, 53). Nesse ponto, a diferença entre Descartes e Espinosa é grande: Espinosa considerou a A. apenas como a imaginação de algo a que a mente permanece atenta por ser esse algo desprovido de conexão com outras coisas (*Et.*, III, 52 e escol.) e recusou-se a considerá-la como emoção primária e fundamental e muito menos como emoção filosófica que esteja na origem da filosofia. A única atitude filosófica, para ele, é o amor intelectual a Deus, a contemplação imperturbável e bem-aventurada do nexo necessário entre todas as coisas na Substância Divina. Para Aristóteles e para Descartes, a A. é, ao contrário, a atitude que está na raiz da dúvida e da investigação: é tomar consciência de não compreender aquilo que temos diante de nós, aquilo que, mesmo sendo familiar, revela-se inexplicável e maravilhoso sob outros aspectos. Kant falava da A. a propósito da finalidade da natureza, porquanto esta é inexplicável com os conceitos do intelecto (*Crít. do Juízo*, § 62). Por sua vez, Kierkegaard definia a A. como "o sentimento apaixonado pelo devir" e a reputava própria do filósofo que reflete sobre o passado, como um sinal da não-necessidade do passado. "Se o filósofo não admirar nada (e como poderia, sem contradição, admirar uma construção necessária?), será por isso mesmo estranho à história, visto que, onde quer que entre em jogo o devir (que certamente está no passado), a incerteza do seguramente devindo (a incerteza do devir) só pode ser expressa por meio dessa emoção necessária ao filósofo e própria dele" (*Philosophische Brocken*, p. IV, § 4). Whitehead disse: "A filosofia nasce da A." (*Nature and Life*, 1934, 1). [N.A.]

ADMISSÃO (in. *Admission*; fr. *Admission*; al. *Aufnahme*; it. *Ammissione*). Trata-se da proposição alheia, que se assume como alheia (porquanto outros já a propuseram ou por ser comumente empregada), com a finalidade de fundamentar nela algum raciocínio ou de fazer alguma inferência a partir dela. Ou ainda: é o ato de admitir tal proposição. A proposição admitida pode ser considerada verdadeira, falsa, provável ou indiferente; se considerada verdadeira, chama-se *axioma*; se provável, *hipótese*; se indiferente, *postulado*. Mas pode ser admitida só com a finalidade de ser refutada, mediante redução ao absurdo. A A. distingue-se de *assunção* (v.) por dizer respeito a uma proposição cuja escolha ou proposta, como base de raciocínio, já foi feita por outros. [N.A.]

ADOCIONISMO (in. *Adoptionism*; fr. *Adoptionisme*; al. *Adoptionismus*; it. *Adozionismo*). Doutrina segundo a qual Cristo, em sua natureza humana, é considerado Filho de Deus só por adoção. Essa doutrina surgiu várias vezes na história da Igreja. Foi ensinada por Teodoro, bispo de Mopsuéstia, por volta de 400; foi retomada no século VIII por alguns bispos espanhóis, combatida por Alcuíno e condenada pelo Concílio de Frankfurt de 794. Essa doutrina implicava a independência da natureza humana em relação a Deus e, daí, o dualismo entre natureza humana e natureza divina: dualismo inadmissível do ponto de vista da dogmática cristã. [N.A.]

AD VERECUNDIAM. Assim Locke denominou a argumentação que consiste "em citar as opiniões de homens que por talento, doutrina, eminência, poder ou algum outro motivo obtiveram fama e firmaram reputação na estima comum com alguma espécie de autoridade" (*Ensaio*, IV, 17, 19). É o apelo à autoridade. [N.A.]

AFASIA (gr. ἀφασία; in. *Aphasia*; fr. *Aphasie*; al. *Aphasie*; it. *Afasia*). Em sentido filosófico, é a atitude dos céticos que consiste em abster-se de pronunciar-se, ou seja, de afirmar ou de negar qualquer coisa a respeito do que seja "obscuro", isto é, que não mova a sensibilidade de tal forma que produza uma modificação capaz de induzir necessariamente ao assentimento. A A. é, assim, a abstenção do juízo vinculada à suspensão do *assentimento* (v.) (SEXTO EMPÍRICO, *Pirr. hyp.*, I, 20, 192 ss.). [N.A.]

AFECÇÃO/AFEIÇÃO (gr. πάθος; lat. *Passio*; in. *Affection*; fr. *Affection*; al. *Affektion*; it. *Affezione*). O termo *afeição*, que às vezes é usado indiscriminadamente por *afeto* (v.) e *paixão* (v.), pode ser distinguido destes com base no uso predominante na tradição filosófica. Nesta, *afecção* designa todo estado, condição ou qualidade que consiste em *sofrer uma ação* ou em ser influenciado ou modificado por ela. Nesse sentido, um afeto (que é uma espécie de *emoção* [v.]), ou uma paixão, é também uma *afecção* por implicar uma ação sofrida, mas tem outras características que fazem dele uma espécie particular de *afeição*. Dizemos comumente que um metal é afetado pelo ácido, ou que fulano tem uma afecção pulmonar, ao passo que reservamos as palavras "afeição" e "paixão" para situações humanas, que apresentam todavia certo grau de passividade por serem estimuladas ou ocasionadas por agentes externos.

Nesse sentido generalíssimo, Aristóteles entendeu a palavra πάθος, que considerou como uma das dez categorias e exemplificou com "ser cortado, ser queimado" (*Cat.*, 2 a 3); chamou de afetivas (παθήτικαι) as qualidades sensíveis porque cada uma delas produz uma *afecção* dos sentidos (*ibid.*, 9 b 6). Além disso, ao declarar, no princípio de *De anima*, o objetivo de sua investigação, Aristóteles entendeu que visava a conhecer (além da natureza e da substância da alma) tudo o que *afeta* a alma, isto é, tanto as A. que pareçam suas, quanto as que ela tem em comum com a alma dos animais (*De an.*, I, 1, 402 a 9). No referido texto a palavra *afeição* (πάθη) designa o que afeta a alma, isto é, qualquer modificação que ela sofra. O caráter passivo das *afeições* da alma, caráter que parecia ameaçar-lhe a autonomia racional, levou os estóicos a declarar irracionais, logo más, todas as emoções (DIÓG. L., VII, 110): donde a conotação moralmente negativa que assumiu a expressão "*afeição* da alma", revelada claramente em expressões como *perturbatio animi*, ou *concitatio animi*, usadas por Cícero (*Tusc.*, IV, 6, 11-14) e por Sêneca (*Ep.*, 116), e expressamente consideradas por Agostinho (*De civ. Dei*, IX, 4) como sinônimos de *affectio* e *affectus* (emoção). Mas Agostinho e, depois dele, os escolásticos mantiveram o ponto de vista aristotélico da *neutralidade* das *afeições* da alma do ponto de vista moral, no sentido de que elas podem ser boas ou más, segundo sejam moderadas ou não pela razão; ponto de vista que Tomás de Aquino defendeu referindo-se precisamente a Aristóteles e a Agostinho (*S. Th.*, II, I, q. 24, a. 2).

A noção de modificação sofrida, isto é, de qualidade ou condição produzida por uma ação externa, mantém-se constante na tradição filosófica e exprime-se o mais das vezes com a palavra *passio*, que só na segunda metade do século XVIII assume o seu significado moderno (v. PAIXÃO). Assim, Alberto Magno entende com esse termo "o efeito e a conseqüência da ação" (*S. Th.*, I, q. 7, a 1). Tomás de Aquino, que dá idêntica definição (*ibid.*, I, q. 97, a. 2), distingue três significados do termo: "O primeiro, que é o mais próprio, tem-se quando alguma coisa é afastada daquilo que lhe convém segundo a sua natureza ou a sua inclinação própria, como quando a água perde a sua frieza por ação do calor, ou como quando o homem adoece ou se entristece. O segundo significado, que é menos próprio, tem-se quando se perde uma coisa qualquer, seja ela conveniente ou não; e nesse sentido pode-se dizer que não só quem adoece mas também quem se cura e, em geral, quem quer que seja alterado ou mudado sofre uma ação (*pati*). Num terceiro sentido, diz-se quando o que estava em potência recebe aquilo que ele era em potência sem perder nada; em tal sentido, pode-se dizer que tudo o que passa da potência ao ato sofre uma ação mesmo quando se aperfeiçoa" (*ibid.*, I, q. 79, a. 2). Cada um desses significados, distinguidos por Tomás de Aquino e compreendidos na noção geral de *afecção/afeição* pode ser encontrado no uso ulterior do termo. *Passio animi* era a denominação que alguns escolásticos (cf. OCKHAM, *In Sent.*, I, d. II, q. 8 C) davam à *species intelectiva*, isto é, ao universal ou conceito. A *passio* em geral é definida por Campanella (*Phil. ration. dialectica*, I, 6) como "um ato de impotência que consiste em perder a própria entidade – essencial ou acidental, no todo ou em parte – e em receber uma entidade estranha". Descartes conferiu expressão clássica a essa noção em *Paixões da alma* (I, 1, 1650): "Tudo o que se faz ou que acontece de novo geralmente é chamado pelos filósofos de *afecção*, no que se refere ao sujeito a quem acontece, e de ação, no que se refere àquilo que faz acontecer; de tal modo que, embora o *agente* e o *paciente* sejam muitas vezes bem diferentes, a ação e a *afecção* não deixam de ser a mesma coisa com esses dois nomes, devido aos dois sujeitos diferentes aos quais se pode referir." Em sentido análogo, essa palavra é empregada por Espinosa para definir o que ele chama de *affectus*, e que nós chamaríamos de emoções ou sentimentos. As emoções, como *passiones*, isto é, *afecções/afeições*, constituem a impotência da alma, que as vence transformando-as em idéias claras e distintas. "A emoção, diz Espinosa (*Et.*, V, 3), "que é uma *afeição*, deixa de ser uma *afeição* assim que dela formamos idéia clara e distinta". Nesse caso essa idéia só se distingue racionalmente da emoção e refere-se apenas à mente; assim, deixa de ser uma *afeição* (*ibid.*, V, 3). Por isso Deus, que é desprovido de idéias confusas, está isento de *afeição* (*ibid.*, V, 17). No mesmo sentido, exprime-se Leibniz (*Monad.*, § 49): "Atribui-se ação à mônada por ter ela percepções distintas; e *afeição*, por ter percepções confusas." No mesmo sentido exprimem-se Wolff (*Ont.*, § 714) e Crusius (*Vernunftwahrheiten*, § 66).

Kant exprimiu do modo mais claro possível a noção de *afecção/afeição* como recepção passiva, em um texto de *Antropologia* (§ 7): "As representações em relação às quais o espírito se comporta passivamente, por meio das quais, portanto, o sujeito sofre uma *afecção* [*Affection*] (de si mesmo ou de um objeto), pertencem à sensibilidade; aquelas, porém, que incluem o verdadeiro agir (o pensamento) pertencem ao poder cognitivo intelectual. Aquele é também chamado de poder cognitivo inferior, e este, de poder cognitivo superior. Aquele tem caráter de passividade do sentido interno das sensações; este tem caráter de espontaneidade da apercepção, isto é, da consciência pura do agir que constitui o pensamento; e pertence à lógica (a um sistema de regras do intelecto) assim como aquele pertence à psicologia (ao complexo de todos os atos internos submetidos a leis naturais) e fundamenta uma experiência interna." Esses conceitos são fundamentais para toda a *Crítica da Razão Pura*, especialmente para a distinção entre estética e lógica, que repousa no seguinte princípio: "Todas as intuições, por serem sensíveis, baseiam-se em *afeições;* os conceitos, ao contrário, baseiam-se em *funções*" (*Crít. R. Pura*, Analítica dos conceitos, I, seção I). Essas observações de Kant estão em polêmica com a tese da escola leibniziano-wolffiana, segundo a qual a sensibilidade consiste nas representações indistintas, e a intelectualidade, nas distintas; o que, segundo notava Kant (*Antr.*, § 7, nota), significa que a sensibilidade consiste numa falta (falta de distinção), ao passo que é algo positivo e indispensável ao conhecimento intelectual.

Em conclusão, o termo *afecção/afeição*, entendido como recepção passiva ou modificação sofrida, não tem necessariamente conotação *emotiva*; e, embora tenha sido empregado freqüentemente a propósito de emoções e afetos (pelo caráter claramente passivo destes), deve considerar-se extensivo a toda determinação, inclusive cognitiva, que apresente caráter de passividade ou que possa de qualquer modo ser considerada uma qualidade ou alteração sofrida. [N.A.]

AFETIVO (in. *Affective;* fr. *Affectif;* al. *Affektiv;* it. *Affettivo*). O significado deste adjetivo não foi vinculado ao da palavra "afeto" porque designa em geral tudo o que se refere à esfera das emoções. "Estado A.", "função A.", "condição A." significam estado, função ou condição de caráter genericamente emotivo e podem referir-se a qualquer emoção, afeto ou paixão. O mesmo significado genérico tem a expressão "vida A." e a empregada por Heidegger, "situação A." (*Befindlichkeit*), para indicar a estrutura emotiva da existência humana em geral (v. SENTIMENTO). [N.A.]

AFETO (lat. *Affectus;* in. *Affection;* fr. *Affection;* al. *Affektion;* it. *Affetto*). Entendem-se com esse termo, no uso comum, as emoções positivas que se referem a pessoas e que não têm o caráter dominante e totalitário da *paixão* (v.). Enquanto as emoções podem referir-se tanto a pessoas quanto a coisas, fatos ou situações, os A. constituem a classe restrita de emoções que acompanham algumas relações interpessoais (entre pais e filhos, entre amigos, entre parentes), limitando-se à tonalidade indicada pelo adjetivo "afetuoso", e que, por isso, exclui o caráter exclusivista e dominante da paixão. Essa palavra designa um conjunto de atos ou de atitudes como bondade, benevolência, inclinação, dedicação, proteção, apego, gratidão, ternura etc., que, no todo, podem ser caracterizados como a situação em que uma pessoa "se preocupa com" ou "cuida de" outra pessoa ou em que esta responde, positivamente, aos cuidados ou à preocupação de que foi objeto. O que comumente se chama de "necessidade de A." é a necessidade de ser compreendido, assistido, ajudado nas dificuldades, seguido com olhar benévolo e confiante. Nesse sentido, o A. não é senão uma das formas do *amor* (v.). [N.A.]

AFINIDADE (in. *Affinity;* fr. *Affinité;* al. *Affinität;* it. *Affinità*). Kant chamou de "lei da A. de todos os conceitos" a regra que prescreve "a passagem contínua de uma espécie à outra por meio do aumento gradual da sua diferença" (*Crít. R. Pura*, Apêndice à dialética transcendental). Essa lei, que resume em si as outras duas, de *homogeneidade* (v.) e *especificação* (v.), constitui, com elas, a determinação daquilo que deve ser o uso regulador das idéias da razão pura. [N.A.]

AFIRMAÇÃO (gr. κατάφασις; lat. *Affirmatio;* in. *Affirmation;* fr. *Affirmation;* al. *Bejahung;* it. *Affermazione*). Termo com o qual se pode designar tanto o ato de afirmar quanto o conteúdo afirmado, isto é, a *proposição afirmativa*. Por isso, Aristóteles considerou-a uma das duas formas da asserção, mais precisamente a que "une alguma coisa com alguma coisa" (*De interpr.*, 17 a 25). Segundo a mesma teoria aristotélica, ela une dois conceitos em um conceito composto. Substancialmente, a tradição lógica subseqüente conservou essa doutrina, portanto esse significado do termo A.; só os adeptos da teoria do juízo como *assentimento* (Rosmini, Fr. Brentano, Husserl) consideram a A. ato de aceitação de uma representação ou idéia (v. ASSERÇÃO). [G.P.]

AFORISMO (gr. ἀφορισμός = determinação, delimitação; in. *Aphorism;* fr. *Aphorisme;* al. *Aphorismus;* it. *Aforisma*). Proposição que exprime de maneira sucinta uma verdade, uma regra ou uma máxima concernente à vida prática. No início, essa palavra era usada quase exclusivamente para indicar as fórmulas que exprimem de modo abreviativo e mnemônico os preceitos da arte médica: por exemplo, os A. de Hipócrates. Bacon exprimiu na forma de A. as suas observações (contidas no livro I do *Novum organum*) "sobre a interpretação da natureza e sobre o reino do homem": provavelmente para sublinhar o caráter prático e ativo dessas observações, porquanto dirigidas a preparar o domínio do homem sobre a natureza. E Schopenhauer chamou de *A. sobre a sabedoria de vida* (em *Parerga und Paralipomena*) os seus preceitos para tornar a existência humana feliz, ou menos infeliz, conservando assim na palavra o seu significado de máxima ou regra para dirigir a atividade prática do homem. [N.A.]

A FORTIORI. Expressão que no uso corrente significa "com maior razão" e refere-se a uma conclusão com a qual somos obrigados a assentir com base em alguma razão (ou motivação) ainda mais forte que aquela(s) aduzida(s) antes. [M.M.]

AGAPISMO (in. *Agapism;* it. *Agapismo*). Termo empregado por Peirce para designar a "lei do amor evolutivo", em virtude da qual a evolução cósmica tenderia a um incremento do amor fraterno entre os homens (*Chance, Love and Logic*, pp. 266 ss.). [N.A.]

AGATOLOGIA (in. *Agathology;* fr. *Agathologie;* al. *Agathologie;* it. *Agatologia*). Nome raramente usado para a doutrina do bem, como parte da *ética* (v.). [N.A.]

A GENTE (al. *Man;* it. *Anonimia*). Segundo Heidegger, é o modo de ser nivelado da existência cotidiana, na sua "medianidade" pública, isto é, nas formas que acaba assumindo na vida de todo dia. Em tal modo de ser, "cada um é os outros e ninguém é si mesmo. O *neutro*, onde está a resposta ao problema do *quem* do *Dasein* (ser-aí) cotidiano, é o *ninguém* ao qual cada *Dasein* se entregou na indiferença do seu ser-com" (*Sein und Zeit*, § 27) (v. MEDIANIDADE). [N.A.]

AGENTE (gr. ποιητικός; lat. *Agens;* in. *Agent;* fr. *Agent;* al. *Tätige;* it. *Agente*). Em geral, aquilo que toma a iniciativa de uma ação ou aquilo de que a ação promana ou deriva, em contraposição a *paciente*, que é o que sofre a ação. Esses termos são próprios da filosofia escolástica (v. AÇÃO). Para *intelecto* A., v. INTELECTO. [N.A.]

AGIR COMUNICATIVO/AGIR INSTRUMENTAL (al. *Kommunikatives Handeln/instrumentelles Handeln;* it. *Agire comunicativo/Agire strumentale*). A contraposição dicotômica desses dois termos representa um dos pares conceituais mais conhecidos (os outros são *teoria/práxis, trabalho/interação, conhecimento/interesse, sistema/mundo da vida, factualidade/validade*), reformulados paradigmaticamente no léxico filosófico e sociológico da segunda metade do século XX por Jürgen Habermas. Habermas argumenta analiticamente tais conceitos com um aparato metodológico que se distingue progressivamente do legado cultural da *Teoria Crítica* (v.) clássica dos mestres da Escola de Frankfurt (Adorno, Horkheimer, Marcuse) e com um trabalho original de síntese crítico-reconstrutiva de história das teorias (*Theoriegeschichte*), concebida como decomposição de paradigmas. Na sua relevância epistemológica, a concepção habermasiana da ação social é marcada pelo constante diálogo com as grandes tradições de tendência fenomenológico-existencial-hermenêutica e empírico-lógico-analítica que caracterizaram a vertente hermenêutico-lingüístico-pragmática da cultura filosófica cotemporânea (Wittgenstein, Heidegger, Gadamer, Peirce, Austin, Searle, Mead).

Três subdivisões principais distinguem o procedimento teórico-crítico habermasiano.

a) Introdução de uma série de correções fundamentais na teoria weberiana da racionalidade-racionalização social, do processo moderno de *desencantamento* (v.), da perda de sentido e liberdade e da sua recepção pela tradição do "marxismo ocidental" (G. Lukács).

b) Desenvolvimento positivo, dentro da "guinada comunicativa" da nova Teoria Crítica, do paradigma universal-pragmático da comunicação intersubjetiva enraizada na *Lebenswelt* – que se distingue "simpaticamente" do paradigma transcendental-pragmático de K.O. APEL (v. COMUNICAÇÃO e DISCURSO, ÉTICA DO) –, destinado a suplantar o paradigma baseado na filosofia da consciência (*Bewusstseinsphilosophie*) e do sujeito que condicionava ideologicamente a crítica da razão instrumental, a análise da *Dialektik der Aufklärung* e a insuficiente diagnose do processo histórico de racionalização ocidental, das patologias da modernidade, da reificação e do empobrecimento cultural, delineadas pelo programa da primeira "Teoria Crítica".

c) Reconstrução, depois de *Erkenntnis und Interesse* (1968), da dicotomia *A. comunicativo/agir instrumental* em um novo quadro de referência filosófico e sociológico abrangente, anteriormente declinado na díade *trabalho* e *interação*, que no seu *background* cultural é influenciado pela "desmontagem" hermenêutica dos escritos hegelianos de Iena, do transcendentalismo kantiano, do materialismo marxista, da crítica da interpretação marcusiana de Weber, das análises antropológicas sobre a relação natureza-técnica de A. Gehlen, da psicanálise de Freud, da hermenêutica filosófica gadameriana e da concepção comunicativa do poder de H. Arendt.

Os momentos decisivos da renovada distinção/separação habermasiana entre A. instrumental e agir comunicativo são "discursivamente" explicitados em *Theorie des kommunikativen Handelns* (1981) – não com uma definição rígida e unívoca, como num protocolo científico, mas com uma estratégia conceitual que, em nível micrológico da teoria da ação, faz uso simultâneo de um código tríplice: lingüístico, sistêmico e fenomenológico.

1. Para Habermas, é *instrumental* "uma ação orientada para o sucesso se a considerarmos sob o aspecto da observância de regras técnicas de ação e se valorizarmos o grau de eficácia de uma intervenção num contexto de situações e de eventos" (*Theorie,* vol. 1, p. 385). Falamos, porém, de ação *comunicativa* desde que os projetos de ação dos atores sociais participantes "não sejam coordenados através de cálculos egocêntricos de sucesso, mas sim através de atos de entendimento" (*ibid.*). Essa demarcação tipológico-analítica das duas formas de agir, a que corresponde a demarcação entre os dois tipos homólogos de racionalidade técnico-instrumental estratégica e comunicativa, embora represente um modelo idealizado próximo à práxis interativa dos atores, não deve ser confundida com a realidade prática da vida cotidiana e da conflitualidade social, em que A. instrumental e agir comunicativo se sobrepõem, interligam e condicionam reciprocamente. Na verdade, cada ator (*Ego*) pode encontrar no outro (*Alter*) não só as condições para a formação racional da vontade, da identidade social e cultural e os recursos semânticos para desenvolver e coordenar a ação social, de modo consensual e intersubjetivo, com atos e trocas lingüísticas "ilocutórias" destinados à compreensão comum e com "pretensões de validade" criticáveis e vinculantes, como também pode encontrar um sujeito racional em condições de optar entre estratégias de ação cuja finalidade instrumental é atingir e maximizar auto-afirmativamente e com sucesso funções de utilidade, preferências individuais e interesses privados egocentricamente calculados, tendentes a influenciar com ações estratégicas outros sujeitos de ação, com efeitos "perlocutórios" e coativos externos (embora dotados de informação).

2. A. comunicativo e agir instrumental (técnico-estratégico) correspondem tipologicamente a dois dispositivos paradigmaticamente alternativos de coordenação de agir que garantem a autoconservação do sistema com interações reguladas pelos *media* que presidem aos mecanismos de troca e de integração sistêmica e social. O A. instrumental, expressão de uma intersubjetividade "reificada", não só pressupõe uma relação monodimensional entre ator e mundo, representável de modo objetivo, mas corresponde à esfera da competição e do comando, aos critérios de eficácia e dos imperativos técnico-organizacionais que impõem racionalidade às estratégias do ator e determinam funcionalmente a relação entre meios e fins, compreensíveis adequadamente mediante uma teoria dos sistemas sociais. O A. comunicativo, por outro lado, é uma forma de agir fundacional destinado à consecução de um entendimento intersubjetivo mediado lingüisticamente que se desenvolve num mundo da vida que fica "por trás" dos participantes.

3. Em *Theorie* Habermas elabora um modelo de sociedade "de dois níveis": o primeiro, a sociedade como sistema (*System*), onde predomina o A. instrumental/estratégico e onde a reprodução material e a integração da sociedade são garantidas pelos *media* de regulação não lingüísticos: *dinheiro* (mercado-sistema econômico) e *poder* (sistema político, administração burocrática, estado moderno); o segundo, a sociedade como mundo da vida (*Lebenswelt*: v. MUNDO DA VIDA), onde predomina o A. comunicativo e onde a reprodução simbólica e a integração da sociedade ocorrem lingüisticamente nas formas da tradição cultural e da socialização. Como as sociedades constituem "nexos de ação *estabilizados sistemicamente* de grupos *integrados socialmente*" (*Theorie,* vol. II, p. 228), é necessário considerar a relação dinâmica entre *System* e *Lebenswelt* como uma relação entre dimensões que se diferenciam reciprocamente, mas que são, outrossim, interdependentes e interagentes, segundo modalidades e funções sociais complexas que se alternam por conexão, disjunção ou desacoplamento (*Entkoppelung*) no curso da evolução social. Nas sociedades contemporâneas, caracterizadas pelo crescente aumento de diferenciação e complexidade, são cada vez mais freqüentes os fenômenos de crise, de "colonização" e de deformação patológica dos mundos vitais, que evidenciam – depois de Marx e Weber – os paradoxos da racionalização e as transformações do conflito social na modernidade.

A distinção habermasiana A. comunicativo/agir instrumental tem importantes pretensões explicativas e normativas derivadas de uma teoria da ação social e da racionalidade comunicativa que, em relação à crítica pós-moderna da razão, reafirmam a centralidade da conexão entre *razão* (v.) e *linguagem* (v.) em filosofia e ciências sociais. [A.D.S.]

AGNOIOLOGIA (in. *Agnoiology;* it. *Agnoiologia*). Palavra introduzida por J. F. Ferrier (*Institutes of Metaphysics,* 1856, p. 48) em correlação com *epistemologia* (v.), para indicar as duas esferas em que se divide a pesquisa filosófica. A A. é a doutrina da ignorância, assim como a epistemologia é a doutrina do saber. [N.A.]

AGNOSIA (gr. ἀγνωσία; in. *Agnosy;* fr. *Agnosie;* al. *Agnosie;* it. *Agnosia*). Atitude de quem professa nada conhecer, como a de Sócrates, que afirmava só saber que não sabia (Platão, *Ap.*, 21 a), reforçada pelo cético Arcesilau, que dizia não saber nem mesmo isso (Cícero, *Acad.*, I, 45). [N.A.]

AGNOSTICISMO (in. *Agnosticism*; fr. *Agnosticisme*; al. *Agnosticismus*; it. *Agnosticismo*). Esse termo foi criado pelo naturalista inglês Thomas Huxley em 1869 (*Collected Essays*, V, pp. 237 ss.) para indicar a atitude de quem se recusa a admitir soluções para os problemas que não podem ser tratados com os métodos da ciência positiva, sobretudo os problemas metafísicos e religiosos. O próprio Huxley declarou ter cunhado esse termo "como antítese do 'gnóstico', da história da Igreja, que pretendia saber muito sobre coisas que eu ignorava". Esse termo foi retomado por Darwin, que se declarou agnóstico numa carta de 1879. Desde então o termo foi usado para designar a atitude dos cientistas de orientação positivista em face do absoluto, do infinito, de Deus e dos respectivos problemas, atitude essa marcada pela recusa de proferir publicamente qualquer opinião sobre tais problemas. Assim, foi chamada de agnóstica a posição de Spencer, que, na primeira parte de *Primeiros princípios* (1862), pretendeu demonstrar a inacessibilidade da realidade última, isto é, da força misteriosa que se manifesta em todos os fenômenos naturais. O fisiólogo alemão Du-Bois Raymond, num texto de 1880, enunciava *Os sete enigmas do mundo* (origem da matéria e da vida; origem do movimento; surgimento da vida; organização finalista da natureza; surgimento da sensibilidade e da consciência; pensamento racional e origem da linguagem; liberdade do querer), em face dos quais ele achava que o homem estava destinado a pronunciar um *ignorabimus*, visto que a ciência nunca poderá resolvê-los. No mesmo período, essa palavra foi estendida para designar também a doutrina de Kant, porquanto esta considera que o número, ou a coisa em si, está além dos limites do conhecimento humano (v. Número). Mas essa extensão da palavra não pode ser considerada de todo legítima, dada a concepção kantiana de número como conceito-limite. É parte integrante da noção de A. a redução do objeto da religião a simples "mistério", em cuja interpretação os símbolos usados são de todo inadequados. [N.A.]

O A. metafísico e religioso constitui uma das características típicas da cultura do século XIX (não só filosófica, mas também literária e artística). E ainda hoje, apesar do ressurgimento do interesse pela ontologia e pela transcendência, continua sendo grande o número de seguidores do A. entre os filósofos de tendência laica (termo este entendido em sentido estrito; v. Laicismo). A. não deve ser confundido com ateísmo (v.), pois uma coisa é dizer que Deus *não* existe e outra é dizer que não possuímos instrumentos cognitivos adequados para nos pronunciarmos *com certeza* acerca da existência ou não de Deus. [G.F.]

AGONÍSTICO (gr. ἀγωνιστικός; in. *Agonistic*; fr. *Agonistique*; it. *Agonistico*). Uma das distinções, referidas por Diógenes Laércio, dos diálogos platônicos. O A. e o *exercitativo* seriam as duas espécies do diálogo *zetético* ou *inquisitivo*; e os diálogos *zetético* e *expositivo* seriam as duas divisões fundamentais dos diálogos platônicos (Dióg. L., III, 49). [N.A.]

AGORA (gr. τὸ νῦν; lat. *Nunc*; in. *Now*; fr. *Instant*; al. *Jetzt*; it. *Ora*). Entende-se por este termo, na linguagem filosófica, o momento presente como limite ou condição do tempo, portanto diferente do *átimo* (v.), que é uma espécie de encontro entre a eternidade e o tempo. Segundo Aristóteles, o A. é o presente instantâneo, sem duração, que serve de limite móvel entre o passado e o futuro (*Fís.*, IV, 11, 219 a 25). Essa noção reaparece com freqüência nas especulações medievais sobre o tempo. Algumas vezes, o A. foi concebido como uma *res fluens* que logo se corrompe e falta, sendo suplantada por outra (cf. Pedro Auréolo, *In Sent.*, II, d. 2, q. 1, a. 3). Essa concepção foi combatida por Ockham, que identificou o A. com a posição do móvel cujo movimento é tomado como medida do tempo (*Summulae in libros physicorum*, IV, 8). Na filosofia contemporânea, esse termo foi empregado por Husserl para indicar o horizonte temporal da vivência. Como nenhuma experiência pode cessar sem a consciência de cessar ou de ser cessada, essa consciência é um novo instante presente ou *agora*. "Isso significa que cada A. de uma experiência tem um horizonte de experiências que, também estas, têm a forma originária do A. e, como tais, constituem o horizonte originário do eu puro, o seu A. de consciência, abrangente e originário" (*Ideen*, I, § 82). [N.A.]

AGOSTINISMO ou AUGUSTINISMO (in. *Augustinianism*; fr. *Augustinism*; al. *Augustinismus*; it. *Agostinismo*). Entende-se por esse termo, mais do que a doutrina original de Agostinho, o conjunto de caracteres doutrinários que caracterizaram uma das tendências da *escolástica* (v.), seguida predominantemente pelos doutores franciscanos, em oposição à tendência aristotélico-tomista dos doutores dominicanos. A fisionomia geral do A. medieval pode ser expressa com os seguintes pontos (cf. Mandonnet, *Siger de Brabant*, 2.ª ed., 1911, 1, pp. 55 ss.): a) ausência de distinção precisa entre o domínio da filosofia e o da teologia, isto é, entre a ordem das verdades racionais e a das verdades reveladas; b) teoria da iluminação divina, segundo a qual a inteligência humana só pode funcionar pela ação iluminadora e imediata de Deus e não pode encontrar certeza do seu conhecimento fora das regras eternas e imutáveis da ciência divina; c) primazia da noção de bem sobre a de verdade e, portanto, da vontade sobre a inteligência, tanto em Deus quanto no homem; d) atribuição de uma realidade positiva à matéria, ao contrário de Aristóteles, que nela vê pura potencialidade; do que deriva, por exemplo, que o corpo humano possui realidade ou atualidade próprias, isto é, uma *forma* independente da alma, e que a alma é, portanto, uma forma ulterior que se acrescenta ao composto vivente e animal; daí, a chamada *pluralidade das formas substanciais* no composto.

Essas características aproximam os grandes mestres da escolástica franciscana como Alexandre de Hales (*c.* 1200), Robert Grossetete, S. Boaventura, Roger Bacon, Duns Scot e muitos outros menores. Algumas dessas características também podem ser encontradas em doutrinas filosóficas modernas e contemporâneas, às quais chegam através da tradição medieval ou, diretamente, da obra de Agostinho. [N.A.]

AGREGADO (in. *Aggregate;* fr. *Agrégat;* al. *Aggregat;* it. *Aggregato*). Em geral, uma coleção, um aglomerado, um agrupamento, uma soma ou uma quantidade de coisas que satisfazem a determinada propriedade. Esse termo é muito usado em matemática e lógica contemporânea, mas também nas ciências naturais (e sociais) como sinônimo de *conjunto* (v.). Às vezes é empregado para designar uma soma de partes ou uma coleção de coisas que mantêm entre si certa organização interna ou que estão interligadas por elos de diversas naturezas (mecânicos, químico-físicos, de dependência social etc.). [M.M.]

AGRESSÃO, INSTINTO DE. V. INSTINTO.

ALEGORIA (gr. ἀλληγορία; lat. *Allegoria;* in. *Allegory;* fr. *Allégorie;* al. *Allegorie;* it. *Allegoria*). No seu primeiro significado específico, essa palavra indica um modo de interpretar as Sagradas Escrituras e de descobrir, além das coisas, dos fatos e das pessoas de que elas tratam, verdades permanentes de natureza religiosa ou moral. A primeira aplicação importante do método alegórico é o comentário ao *Gêneses* feito por Fílon de Alexandria (séc. I). Fílon não hesita em contrapor o sentido alegórico ao sentido literal e em qualificar este último de "tolo" (εὐήθης). Eis um exemplo: "'E Deus acabou no sétimo dia as obras que criou' (*Gn.*, II, 2). É absolutamente tolo crer que o mundo nasceu em seis dias ou, em geral, no tempo. Por quê? Porque todo tempo é um conjunto de dias e de noites necessariamente produzidos pelo movimento do sol que vai para cima e para baixo da terra; mas o sol é uma parte do céu, de tal modo que se conclui que o tempo é mais recente que o mundo" (*All. leg.*, I, 2). Por sua vez, Orígenes, que é o primeiro autor de um grande sistema de filosofia cristã, distinguia nos textos bíblicos três significados: o somático, o psíquico e o espiritual, que estão entre si como as três partes do homem: o corpo, a alma e o espírito (*De princ.*, IV, 11). Na prática, porém, contrapunha ao significado corpóreo ou literal o significado espiritual ou alegórico e sacrificava decididamente o primeiro ao segundo, visto que só o significado alegórico constitui a verdade racional contida nas Sagradas Escrituras (*ibid.*, IV, 2). Em seguida, tornou-se dominante na Idade Média a distinção de três significados da Escritura (como se encontra, p. ex., formulada por Hugo de S. Vítor, *De scripturis*, III): significado literal, significado alegórico e significado anagógico. Eis como Dante expõe a doutrina: "As escrituras podem ser entendidas e devem ser expostas sobretudo em quatro sentidos. Um se chama *literal* e é o que não vai além da própria letra; o outro se chama *alegórico* e é o que se esconde sob o manto das fábulas, sendo a verdade oculta sob belas mentiras. [...] O terceiro sentido chama-se *moral* e é o que os leitores devem atentamente ir descobrindo nas Escrituras para utilidade sua e de seus discípulos. [...] O quarto sentido chama-se *anagógico*, isto é, supra-sentido; e aparece quando se expõe espiritualmente uma escritura que, embora seja verdadeira também no sentido literal, pelas coisas significadas significa coisas supremas da eterna glória: como se pode ver naquele canto do Profeta que diz que, com a saída do povo de Israel do Egito, a Judéia tornou-se santa e livre. O que, embora seja verdadeiro segundo a letra manifesta, não menos verdadeiro é o que se entende espiritualmente, isto é, que na saída da alma do pecado, ela se torna santa e livre em sua potestade" (*O Banq.*, II, 1). Mas entre esses sentidos, como diz o próprio Dante, o fundamental tanto para o teólogo quanto para o poeta é o alegórico. E, de fato, na Idade Média a A. tornou-se o modo de entender a função da arte e, especialmente, da poesia. João de Salisbury dizia que Virgílio, "sob a imagem das fábulas, exprime a verdade de toda a filosofia" e que Dante (*Vita nuova*, 25) definia assim a tarefa do poeta: "Seria vergonha para aquele que rimasse coisas sob as vestes da figura ou da cor retórica se, depois, interrogado, não soubesse desnudar as suas palavras de tal veste, de modo que tivessem real entendimento."

No mundo moderno a A. perdeu valor e negou-se que ela possa exprimir a natureza ou a função da poesia. Viu-se nela a aproximação de dois fatos espirituais diferentes: o conceito de um lado e a imagem de outro, entre os quais ela estabeleceria uma correlação convencional e arbitrária (Croce); acima de tudo, ela foi acusada de negligenciar ou impossibilitar a autonomia da linguagem poética, que não teria vida própria porque estaria subordinada às exigências do esquema conceitual a que deveria dar corpo. Boa parte da estética moderna declara, por isso, que a A. é fria, pobre e enfadonha; e insiste na interpretação da poesia e, em geral, da arte, com base no *símbolo* (v.), que pode ser vivo e evocador porque a imagem simbólica é autônoma e tem interesse em si mesma, isto é, interesse que não transforma sua referência convencional em conceito ou doutrina. Todavia, se levarmos em conta a potencialidade e a vitalidade de certas obras de arte que têm clara estrutura alegórica (p. ex., *Divina comédia* e muitas pinturas medievais e renascentistas), deveremos dizer que a A. não impossibilita, necessariamente, a autonomia e a leveza da imagem estética e que, em certos casos, nem mesmo a correspondência pontual entre imagem e conceito mortifica a imagem ou lhe tolhe a vitalidade artística ou poética. T. S. Eliot fez, justamente a propósito de Dante, uma defesa da A. nesse sentido (*The Sacred Wood*, 1920, trad. it., pp. 241 ss.). [N.A.]

Em *Verdade e método* (1960), H. G. Gadamer propôs uma reabilitação da A., retirando-a da posição subalterna em relação ao símbolo, na qual foi relegada pelo romantismo. Mais que uma proposta de arte alegórica, por exemplo, tratou-se da releitura historiográfica e crítica do romantismo em seu conjunto, da diferenciação entre símbolo e A. De modo particular, ressaltou-se que só para Goethe, em *Maximen und Reflexionen*, a A. começa a tornar-se uma transposição fixa, como um signo convencional, ao passo que do símbolo se depreende uma idéia infinitamente interpretável. Na origem dessa variação, como observou Gadamer, está a distinção feita por Kant – em oposição aos leibnizianos e wolffianos (*Crít. do Juízo*, § 59) – entre o conhecimento discursivo, que ocorre através de *notae* ou caracteres distintivos e convencionais das coisas, e o conhecimento simbólico, que é intuitivo e alude, analogicamente, a qualidades supra-sensíveis não expressas. No plano da poética, a reabilitação da A. comportou uma redução da estética do gênio, quadro em que se apresenta, outrossim, a recuperação da arte ornamental e incidental. [M.F.]

ALEGRIA (gr. χαρά; lat. *Gaudium;* in. *Joy;* fr. *Joie;* al. *Freude;* it. *Gioia*). Uma das emoções fundamentais do homem, conforme tradicionalmente enumeradas, mais precisamente a que consiste numa sensação agradável e difusa, decorrente da previsão de um bem superveniente. Os estóicos opunham a A. ao júbilo como um estado de espírito não patológico. Cícero diz, ao expor a doutrina deles: "Quando temos a impressão de estar de posse de um bem, ocorrem dois casos: quando a alma sente essa impressão de modo conforme à razão, conservando o estado de calma e equilíbrio, tal condição se chama A.; quando, porém, a alma exulta sem motivos fundamentados e sem medida, tal condição pode ser chamada de júbilo exultante ou excessivo" (*Tusc.*, IV, 6, 13). Mas talvez mesmo por essa sua conotação de "excesso", o termo "júbilo" foi muitas vezes preferido na linguagem religiosa. Dante chama constantemente de júbilo (*letizia*) a A. dos bem-aventurados (*Par.*, V, 107, 136; VI, 119; VIII, 85 etc.); e associa o júbilo à contemplação intelectual: "Luz intelectual cheia de amor, Amor de verdadeiro bem cheio de júbilo, Júbilo que transcende qualquer dulçor" (*Par.*, 30, 40).

A definição de A. permaneceu substancialmente a mesma nos filósofos modernos. Descartes a considera "uma emoção agradável da alma que consiste no gozo do bem que as impressões do cérebro representam como seu" (*Pass. de l'âme*, II, 91). E Locke repete essa definição (*Ensaio*, II, 20, 6), enquanto Espinosa lhe dá um sentido metafísico, definindo a A. como uma espécie de júbilo, mais precisamente aquele com o qual se frui de um bem inesperado (*Et.*, III, Affectuum def., 16), enquanto o júbilo é a passagem do homem de uma perfeição menor a uma maior (*ibid.*, 2). A ligação entre A. e previsão de um bem por vir foi ressaltada por Bergson (*Essai sur les données immédiates de la conscience*, p. 8). Desse ponto de vista, o oposto de A. é tristeza, que se deve a uma previsão desfavorável para o futuro (v. EMOÇÃO). [N.A.]

ALETIOLOGIA (al. *Alethiologie;* it. *Aletiologia*). Assim Lambert designou a segunda das quatro partes do seu *Novo organon* (1764), mais precisamente a que estuda os elementos simples do conhecimento. É uma espécie de anatomia dos conceitos que tem a finalidade de compreender os conceitos mais simples e indefiníveis. [N.A.]

ALEXANDRINISMO (in. *Alexandrinism;* fr. *Alexandrinisme;* al. *Alexandrinismus;* it. *Alessandrinismo*). Entende-se por esse termo a cultura alexandrina, isto é, a cultura do período que se seguiu à morte de Alexandre Magno (323 a.C.), que unificara o mundo antigo sob o signo da cultura grega centralizando-a no Egito, na nova cidade de Alexandria. A dinastia dos Ptolomeus almejou fazer dessa cidade um grande centro intelectual para o qual confluíssem a cultura grega e a oriental, mediadas e unificadas pela língua que se tornara patrimônio comum dos doutos, o grego. Cientistas e pensadores de todos os países ficavam hospedados no *Museu* e tinham à disposição um material científico e bibliográfico excepcional para o tempo. Ao *Museu* foi depois acrescentada a biblioteca, cujo primeiro núcleo, diz-se, foi formado pelas obras de propriedade de Aristóteles, e que depois se tornou riquíssima, até compreender 700 mil volumes. A cultura alexandrina é caracterizada pelo divórcio entre ciência e filosofia. Enquanto as pesquisas científicas, a determinação dos métodos da ciência e a sistematização dos resultados dão grandes passos nesse período, a filosofia renuncia à tarefa que constituiu sua grandeza no período clássico – de procurar livremente os caminhos e os modos de uma existência propriamente humana – e enrijece-se na pretensão de assegurar a todo custo paz e serenidade de espírito ao homem, tornando-se desse modo privilégio de uns poucos pensadores que conseguem isolar-se do resto da vida e dos problemas que a dominam e desinteressam-se, portanto, também da pesquisa científica. A ciência da era alexandrina conta com grandes matemáticos (Euclides, Arquimedes, Apolônio); astrônomos (Hiparco e Ptolomeu); geógrafos (Eratóstenes); médicos (Galeno). A filosofia apresenta-se dividida em duas grandes escolas: *epicurismo* (v.) e *estoicismo* (v.); e em duas tendências filosóficas sustentadas por escolas diferentes: *ceticismo* (v.) e *ecletismo* (v.). Pode-se dizer que desse período provém a noção de filosofia que ainda hoje predomina muitas vezes no senso comum, como atividade consoladora ou tranqüilizante, que impede o homem de imiscuir-se nas coisas da vida comum e procura garantir-lhe a imperturbabilidade de espírito. [N.A.]

ALEXANDRISMO (in. *Alexandrianism*; fr. *Alexandrisme*; al. *Alexandrismus*; it. *Alessandrismo*). Assim foi chamada, no Renascimento, a doutrina de Alexandre de Afrodísia sobre o *intelecto ativo* (v.). [N.A.]

ALFA-ÔMEGA (it. *Alpha-Omega*). Expressão usada no *Apocalipse* para designar Deus como princípio e fim do mundo (*Ap.*, I, 8; 21, 6; 22, 13; etc.). [N.A.]

ÁLGEBRA DA LÓGICA (in. *Logical algebra*; fr. *Algèbre de la logique*; al. *Algebra der Logik*; it. *Algebra della logica*). Vertente da lógica fundada por Boole (e De Morgan) e desenvolvida por Jevons, Peirce e Schröder. A idéia fundamental da A. da lógica consiste em expressar os enunciados mediante equações literais (como em álgebra) e em reduzir a atividade inferencial a mera manipulação de símbolos, segundo certas operações. A mesma idéia estava presente em Leibniz – que na verdade elaborara cálculos lógicos equivalentes a casos especiais do cálculo lógico-algébrico booleano. Boole, porém, dá um passo decisivo em relação aos resultados leibnizianos (cuja existência ele ignora), pois não se limita a estabelecer uma analogia entre operações lógicas (o uso da conjunção, p. ex.) e operações da álgebra aritmética (o produto, p. ex.), mas dirige a atenção para as propriedades características de tais operações. Com essa mudança – que se tornara natural graças aos desenvolvimentos da álgebra do tempo –, Boole consegue construir um sistema algébrico definido por um conjunto de operações e propriedades destas, cujos símbolos literais são passíveis de duas interpretações: numérica – para o par de números 0 e 1; lógica – para classes de objetos quaisquer. No sistema valem propriedades das operações que só em parte são válidas em álgebra comum. Vale, por exemplo, a propriedade distributiva do produto em relação à soma ($x(y + z) = xy + yz$), que encontramos também na álgebra comum; e vale a propriedade distributiva da soma em relação ao produto ($x + (yz) = (x + y)(x + z)$), que no entanto não vale na álgebra comum. Vale também a lei "$x^n = x$" (lei dos índices) – inválida na álgebra comum –, que Boole considerava característica do sistema. Na proposta original de Boole (*The Mathematical Analysis of Logic*, 1847; *The Laws of Thought*, 1852), a soma é interpretada como *disjunção* (v.) exclusiva ($x + y$ = reunião de todos os elementos de x que não são y e de todos os elementos de y que não são x). Essa interpretação será modificada depois por Jevons e pelos outros algebristas, a favor da disjunção não exclusiva. Do ponto de vista lógico, as operações do sistema booleano podem ser interpretadas como operações entre classes ou como operações entre enunciados. No primeiro caso, a soma equivale à reunião entre classes; o produto, à interseção; "0" e "1" equivalem, respectivamente, à classe vazia e à classe total; é admitida ademais uma operação que corresponde à complementação ($-A$ = classe de todos os objetos que não são A). No âmbito dos enunciados, soma e produto equivalem aos *conectivos* (v.) comuns, enunciativos de disjunção e conjunção; o símbolo "0" indica falso; "1", verdadeiro; à operação de complementação corresponde a negação de enunciados.

Uma parte importante da A. da lógica é constituída pelo desenvolvimento de uma lógica das relações que, iniciada por De Morgan, é desenvolvida com notáveis resultados por Peirce e Schröder. Peirce, em particular, elabora uma rigorosa lógica da *quantificação* (v.) também aplicável a enunciados com quantificação múltipla sobre relações (lógica dos relativos). Schröder coligiu numa obra monumental – *Vorlesungen über die Algebra der Logik* – os principais resultados obtidos pela A. da lógica na segunda metade do século XIX, depois da revolução booleana. Nessa obra era introduzida a operação de "subsunção" entre classes ("=(=") – equivalente à atual *inclusão* da teoria dos conjuntos – e era desenvolvido o cálculo dos relativos de Peirce. A A. da lógica mostrava-se passível de apresentação axiomática, e até os primeiros anos da década de 1930 constituiu uma corrente lógica influente (nela L. Löwenheim e T. Skolem ainda obtêm resultados relevantes). [M.M.]

ALGO (gr. τί; lat. *Aliquid;* in. *Something;* fr. *Quelque chose;* al. *Etwas;* it. *Qualcosa*). Um objeto indeterminado. Wolff diz: "A. é aquilo a que corresponde determinada noção" (*Ont.*, § 591): o que quer dizer aquilo a que corresponde uma noção que não inclua contradição. Baumgarten vale-se desta última característica para definir A. (*Met.*, § 8). E Kant dizia: "A realidade é A., a negação é nada" (*Crít. R. Pura,* Anal. dos princ., Nota às anfibolias dos conceitos da reflexão). E Hegel: "O ser determinado, refletido em si neste seu caráter, é o que existe, o A." (*Enc.*, § 90). O conceito é agora de pertinência da lógica (v. OPERADOR). [N.A.]

ALGORITMO (in. *Algorithm;* fr. *Algorithme;* al. *Algorithmus;* it. *Algoritmo*). Esse termo deriva do nome de Mohammed al-Khuwarizmi, matemático e astrólogo árabe do século IX que contribuiu de modo determinante para introduzir o sistema de numeração indiano no Ocidente. A notação indiana tornou-se conhecida com o nome de *algorismos* ou *algorismo,* nome em uso durante toda a Idade Média, até que, hoje, assumiu o significado geral de *procedimento mecânico* para a solução de um problema. Mais precisamente, um A. é um procedimento mecânico – mera manipulação de símbolos (algarismos, letras do alfabeto etc.) – que, aplicado a certo *input* (ou *argumento* do A.), pertencente a um conjunto de possíveis *inputs,* elabora um *output* ou resultado num tempo finito e em número finito de passos. Essa caracterização é de tipo *intuitivo* – em última análise, é uma simples descrição – e não pode ser considerada uma definição em sentido próprio. Exemplos de A. são os procedimentos para a decomposição de um número em fatores primos e para calcular o mínimo múltiplo comum entre dois números inteiros. Os A. devem possuir algumas propriedades características: *a*) o procedimento que vai ser seguido deve ser ilustrado por um conjunto finito de instruções; *b*) o procedimento deve ser uniforme em relação ao conjunto dos possíveis argumentos; *c*) deve estar disponível um agente ou um instrumento que siga as instruções de modo mecânico, ou seja, não criativo; *d*) o resultado deve ser elaborado em tempo *finito* e em número *finito* de passos (requisito de *efetividade*) (v. EFETIVO, PROCEDIMENTO). [M.M.]

ALGUNS. V. QUANTIFICAÇÃO.

ALIENAÇÃO (in. *Alienation;* fr. *Aliénation;* al. *Entfremdung;* it. *Alienazione*). Esse termo, que na linguagem comum significa perda de posse, de um afeto ou dos poderes mentais, foi empregado pelos filósofos com certos significados específicos.

1. Na Idade Média, às vezes foi usado para indicar um grau de ascensão mística em direção a Deus. Assim, Ricardo de S.Vítor considera a A. como o terceiro grau da elevação da mente a Deus (depois da *dilatação* e do *solevamento*) e considera que ela consiste no abandono da lembrança de todas as coisas finitas e na transfiguração da mente em um estado que não tem nada mais de humano (*De gratia contemplationis,* V, 2). Nesse sentido, a A. não é senão o *êxtase* (v.).

2. Esse termo foi empregado por Rousseau para indicar a cessão dos direitos naturais à comunidade, efetuada com o contrato social. "As cláusulas deste contrato reduzem-se a uma só: a A. total de cada associado, com todos os seus direitos, a toda a comunidade" (*Contrato social,* I, 6).

3. Hegel empregou o termo para indicar o estranhamento da consciência por si mesma, pelo qual ela se considera como uma coisa. Este estranhamento é uma fase do processo que vai da consciência à autoconsciência. Hegel diz: "A própria A. da autoconsciência propõe a coisidade, pelo que essa A. tem significado não só negativo, mas também positivo, e isto não só para nós ou em si, mas também para a própria autoconsciência. Para esta, o negativo do objeto ou a auto-subtração deste último tem significado positivo, isto é, ela mesma; de fato, nessa A. ela *põe-se a si mesma como objeto* ou, por força da incindível unidade do ser-para-si, *põe o objeto como ela mesma,* enquanto, por outro lado, nesse ato está contido o outro momento do qual ela retirou e retomou em si mesma essa A. e objetividade, estando portanto, junto a si mesma, no seu ser outra coisa como tal. Este é o movimento da consciência que nesse movimento é a totalidade dos próprios momentos" (*Phänomen. des Geistes,* VIII, 1).

Esse conceito puramente especulativo foi retomado por Marx nos seus textos juvenis, para descrever a situação do operário no regime capitalista. Segundo Marx, Hegel cometeu o erro de confundir *objetivação,* que é o processo pelo qual o homem se coisifica, isto é, exprime-se ou exterioriza-se na natureza através do trabalho, com A., que é o processo pelo qual o homem se torna *estranho para si mesmo,* a ponto de não se reconhecer. Enquanto a objetivação não é um mal ou uma condenação, por ser o único caminho pelo qual o homem pode realizar a sua unidade com a natureza, a A. é o dano ou a condenação maior da sociedade capitalista. A propriedade privada produz a A. do operário tanto porque cinde a relação deste com o produto do seu trabalho (que pertence ao capitalista), quanto porque o trabalho permanece exterior ao operário, não pertence à sua personalidade, "logo, no seu trabalho, ele não se afirma, mas se nega, não se sente satisfeito, mas infeliz. [...] E somente fora do trabalho sente-se junto a si mesmo, e sente-se fora de si no trabalho". Na sociedade capitalista, o trabalho não é voluntário, mas obrigatório, pois não é satisfação de uma necessidade, mas só um meio de satisfazer outras necessidades. "O trabalho exterior, o trabalho em que o homem se aliena, é um trabalho de sacrifício de si mesmo, de mortificação" (*Manuscritos econômico-filosóficos*, 1844, I, 22). Esse uso do termo tornou-se corrente na cultura contemporânea, não só na descrição do trabalho operário em certas fases da sociedade capitalista, mas também a propósito da relação entre o homem e as coisas na era tecnológica, pois parece que o predomínio da técnica "aliena o homem de si mesmo" no sentido de que tende a fazer dele a engrenagem de uma máquina (v. TÉCNICA). Também desse ponto de vista Sartre retornou ao conceito hegeliano da A., entendida como "um caráter constante da objetivação, seja ela qual for": onde se entende por "objetivação" qualquer relação do homem com as coisas e com os outros homens (*Critique de la raison dialectique*, 1960, p. 285). Marcuse, por sua vez, considerou a A. como a característica do homem e da sociedade "numa só dimensão", ou seja, como a situação na qual não se distingue o *dever ser* do *ser*, e por isso o pensamento *negativo*, ou força crítica da Razão, é esquecido ou calado pela força onipresente da estrutura tecnológica da sociedade (*One Dimensional Man*, 1964, p. 12).

Na linguagem filosófico-política hoje corrente, esse termo tem os significados mais díspares, dependendo da variedade dos caracteres nos quais se insiste para a definição do homem. Se o homem é razão autocontemplativa (como pensava Hegel), toda relação sua com um objeto qualquer é A. Se o homem é um ser natural e social (como pensava Marx), A. é refugiar-se na contemplação. Se o homem é instinto e vontade de viver, A. é qualquer repressão ou diminuição desse instinto e dessa vontade; se o homem é racionalidade operante ou ativa, A. é entregar-se ao instinto. Se o homem é razão (entendida de qualquer modo), A. é refugiar-se na fantasia; mas, se é essencialmente imaginação e fantasia, A. é qualquer disciplina racional. Enfim, se o indivíduo humano é uma totalidade auto-suficiente e completa, A. é qualquer regra ou norma imposta, de qualquer modo, à sua expressão. A equivocidade do conceito de A. decorre da problematicidade da noção de homem. [N.A.]

ALÍVIO (al. *Entlastung*; it. *Esonero*). Categoria básica da antropologia (v.) filosófica de Gehlen. Com isso se entende o processo pelo qual o homem consegue transformar a carga que sobre ele pesa em outras tantas probabilidades de sobrevivência. Em especial, por A. entende-se o mecanismo graças ao qual as funções superiores se encarregam, de modo alusivo e simbólico, de determinados serviços que no início competiam exclusivamente às funções inferiores, "liberando" a energia antes empregada para estas últimas (*entlasten* = *des-onerar*, aliviar de um peso). Componente basilar desse processo é o hábito (v.) (*L'uomo. La sua natura e il suo posto nel mondo*, 1940, 1950, Feltrinelli, Milão, 1990, pp. 89-94; cf. *Per la sistematica dell'antropologia*, 1978, trad. it. em *Antropologia filosofica e teoria dell'ação*, Guida, Nápoles, 1990, pp. 128-33). [G.F.]

ALMA (gr. ψυχή; lat. *Anima*; in. *Soul*; fr. *Âme*, al. *Seele*; it. *Anima*). Em geral, o princípio da vida, da sensibilidade e das atividades espirituais (como quer que sejam entendidas e classificadas), constituindo uma entidade em si, ou substância. Esta última noção é importante porque o uso da noção de A. está condicionado pelo reconhecimento de que certo conjunto de operações ou de eventos, chamados "psíquicos" ou "espirituais", constituem manifestações de um princípio autônomo, irredutível, pela sua originalidade, a outras realidades, embora em relação com elas. Que a alma seja incorpórea ou tenha a mesma constituição das coisas corpóreas é questão menos importante, visto que a solução materialista em geral se fundamenta, assim como a solução oposta, no reconhecimento da A. como substância. Nesse significado fundamental, a A. é no mais das vezes considerada "substância", entendendo-se com esse termo precisamente uma realidade em si, isto é, que existe independentemente das outras (v. SUBSTÂNCIA). O reconhecimento da realidade-A. parece prover de sólido fundamento os valores vinculados às atividades espirituais humanas, os quais, sem ela, pareceriam suspensos no nada; de modo que a substancialidade da A. é considerada garantia de estabilidade e de permanência desses valores pela maioria das teorias filosóficas tradicionais; garantia às vezes reforçada pela crença de que a A. é a realidade mais alta ou última do mundo, ou, às vezes, o próprio princípio ordenador e governador do mundo. Dadas essas características da noção, sua história filosófica apresenta-se relativamente monótona, por ser predominantemente a reiteração da realidade da A. nos termos dos conceitos que cada filósofo assume para defini-la. Assim, por exemplo, a A. é ar para Anaxímenes (*Fr.* 2, Diels) e para Diógenes de Apolônia (*Fr.* 5, Diels), que julgam ser o ar o princípio das coisas; é harmonia para os pitagóricos (ARISTÓTELES, *Pol.*, VIII, 5, 1340 b 19), que na harmonia exprimível em números vêem a própria estrutura do cosmos; é fogo para Heráclito (*Fr.* 36, Diels), que vê no fogo o princípio universal; para Demócrito, é formada por átomos redondos, que podem penetrar no corpo com grande rapidez e movê-lo (ARISTÓTELES, *De an.*, I, 2, 404, 1); e assim por diante. Provavelmente Platão apenas expressou um pensamento implícito nessas determinações quando afirmou que a A. se move por si e a definiu com base nessa característica. "Todo corpo cujo movimento é imprimido de fora é inanimado, todo corpo que se move por si mesmo, a partir de dentro, é animado; e essa é, precisamente, a natureza da A." (*Fed.*, 245 d). A alma é, portanto, a causa da vida (*Crat.*, 399 d) e por isso é imortal, uma vez que a vida constitui a sua própria essência (*Fed.*, 105 d ss.). Com essas determinações, Platão fazia nítida distinção entre a realidade da A., simples, incorpórea, que se move por si, que vive e dá vida, e a realidade corpórea, que tem características opostas. E essas determinações deviam servir de base a todas as considerações filosóficas ulteriores sobre a alma.

Entre elas, a de Aristóteles é a mais importante, pois as determinações por ele atribuídas ao ser psíquico, nos termos do seu conceito de ser, viriam a constituir por muito tempo o modelo de boa parte das doutrinas da alma. Segundo Aristóteles, a A. é a *substância* do corpo. É definida como "o ato final (*entelechia*) mais importante de um corpo que tem a vida em potência". A A. está para o corpo assim como a visão está para o órgão da visão: é a realização da capacidade própria de um corpo orgânico. Assim como todo instrumento tem sua função, que é o ato ou a atividade do instrumento (p. ex., a função do machado é cortar), também o organismo, como instrumento, tem a função de viver e de pensar, e o ato dessa função é a A. (*De an.*, II, 1, 412 a 10). Por isso, a A. não é separável do corpo ou, ao menos, não são separáveis do corpo as partes da A. que são atividades das partes do corpo, pois nada impede que sejam separáveis as partes que não são atividades do corpo (*ibid.*, 413 a 4 ss.). Com essa restrição, Aristóteles alude à parte intelectiva da A., que ele chama de "um outro gênero de A.", e a considera como a única separável do corpo (*ibid.*, II, 2, 413 b 26). Como ato ou atividade, a A. é *forma*, e como forma é *substância*, em uma das três determinações da substância, que são: forma, matéria ou o composto de forma e matéria. A matéria é potência, a forma é ato, e todo ser animado é composto por essas duas coisas; mas enquanto o corpo não é o ato da A., a A. é a atividade de um corpo determinado, isto é, a realização da potência própria desse corpo: donde se pode dizer que ela não existe nem sem o corpo nem como corpo (*ibid.*, 414 a 11).

Essas determinações aristotélicas constituíram, por séculos a fio, todo o projeto da "psicologia da A.". Consoante os vários interesses (metafísico, moral, religioso) que orientaram os desenvolvimentos dessa psicologia, ao longo de sua história deu-se maior ênfase a uma ou a outra das determinações aristotélicas. Destas, as mais importantes são: que a alma é *substância*, isto é, realidade no sentido forte do termo, e princípio independente de operações, isto é, *causa*. São determinações cuja finalidade é garantir um sólido sustentáculo para as atividades espirituais, portanto para os valores produzidos por tais atividades. A segunda série de determinações é a da simplicidade e da indivisibilidade, cujo objetivo é garantir a impassibilidade da A. em face das mudanças do corpo e, através de sua indecomponibilidade, a sua imortalidade. A terceira determinação importante é a sua relação com o corpo, definida por Aristóteles como relação da forma com a matéria, do ato com a potência. A primeira determinação não é negada nem mesmo pelos materialistas. Epicuro, que diz ser a A. composta por partículas sutis, difundidas por todo o corpo como um sopro quente, crê, todavia, que ela tem a capacidade causativa da sensação, que é preparada pelo corpo – que dela participa –, mas que, em certa medida, é independente do próprio corpo, pois, quando a A. se separa do corpo, este deixa de ter sensibilidade (*Ep. a Herod.*, 63 ss.). Desse modo, a A. não é simples nem imortal (dissolve-se nas suas partículas com a morte do corpo), mas ainda é uma realidade em si, dotada de capacidade causativa própria, indispensável à vida do corpo. De modo análogo, os estóicos julgam que a A. é um *sopro* congênito; que, como tal, é corpo, pois, se não o fosse, não poderia unir-se a ele nem separar-se dele; todavia, pode ser imortal, como é certamente imortal a A. do mundo, de que fazem parte as A. dos seres animados e as dos sábios (DIÓG. L., VII, 156-67). Aqui, a corporeidade da A. não a isenta de simplicidade nem de imortalidade; o mesmo se dá com a concepção de Tertuliano, que também a considera um sopro, ou *flatus*, de Deus e, portanto, gerada, corpórea e imortal (*De an.*, 8 ss.).

A aceitação quase universal da doutrina aristotélica da A. tem como exceção Plotino, que critica tanto a doutrina segundo a qual a A. é corpo quanto a da A. como forma do corpo (*Enn.*, IV, 7, 2 ss.; IV, 7, 8, 5). E o motivo é um só: Plotino não acha que a A. tenha ligação alguma com o corpo, e sua única preocupação é definir essa realidade exatamente nos termos de sua independência em relação ao corpo e a todas as determinações corpóreas. Por conseguinte, Plotino acentua os caracteres *divinos* da A.: unidade e indivisibilidade, donde a ingenerabilidade e a incorruptibilidade, que são todos caracteres negativos, assim como, aliás, são negativos os caracteres que Plotino atribui a Deus. Mas qual é a via de acesso à realidade da A. assim entendida? Plotino responde que, para examinar-se a natureza de uma coisa, é preciso considerá-la em sua pureza, pois tudo o que se lhe acrescenta é um obstáculo a seu conhecimento. Daí, para examinar-se o que é a A., é preciso retirar-lhe tudo o que lhe é estranho, isto é, convém olhar para si mesmo e recolher-se na própria interioridade. Desse modo, a noção de *consciência*, entendida como introspecção ou reflexão sobre si mesmo, ou reflexão interior, graças a Plotino, começa a superar a noção de A., visto que a própria alma é reduzida ao movimento de introspecção. "Não é saindo da A.", diz Plotino, "que se podem ver a sabedoria e a justiça; a A. vê essas coisas em si mesma, na sua reflexão sobre si mesma; no seu estado primeiro, vê-as em si como estátuas cheias da ferrugem do tempo, que ela limpa. É como se o ouro tivesse A. e ficasse livre do lodo que o cobrisse: no início, estaria na ignorância de si mesmo, não se veria como ouro; depois, seria objeto de sua própria admiração ao ver-se isolado, e não desejaria possuir beleza estranha, sendo porém mais forte quanto mais fosse deixado à mercê de si mesmo" (*Enn.*, IV, 7, 10). Essas palavras de Plotino abrem para a outra alternativa da doutrina da A., em que ela acabará sendo suplantada pelo conceito de consciência. Aqui, recolher-se em si mesmo, ficar à mercê de si mesmo, olhar para a própria interioridade, refletir sobre si são expressões que servem para definir um tipo de busca que prescinde completamente do corpo e, por isso, também daquilo com que o corpo se põe em relação, isto é, as coisas e os outros homens (*ibid.*, V, 3, 1-2).

Os neoplatônicos e os Padres da Igreja oriental repetem as determinações neoplatônicas: a imaterialidade e a unidade da A. são os caracteres fundamentais atribuídos por Porfírio (ESTOBEU, *Ecl.*, I, 818) e por Proclo (*Inst. theol.*, 15), assim como por Gregório de Nissa (*De an. et resur.*, pp. 98 ss.). Mas é sobretudo Agostinho que recolhe a herança do neoplatonismo e a transmite ao mundo cristão, com o reconhecimento da interioridade espiritual como via de acesso privilegiada à realidade própria da alma.

Essa via de acesso é a experiência interior, a reflexão sobre a própria interioridade, a "confissão" como reconhecimento da realidade íntima; em suma, o que na linguagem moderna se chama *consciência* (v.). Nos *Solilóquios* (I, 2), Agostinho declarava não querer conhecer nada além de "Deus e a A.". Mas, para ele, Deus e A. não exigem duas indagações paralelas ou de qualquer forma diferentes, uma vez que Deus está na A. e revela-se na mais oculta interioridade da própria A. "Não saias de ti, volta-te para ti mesmo, no interior do homem mora a verdade; e, se achares mutável a tua natureza, transcende-te" (*De vera rel.*, § 39). Essa atitude, que domina toda a busca agostiniana, deveria produzir frutos mais tarde, a começar pela escolástica tardia. Mas a escolástica, em seu conjunto, é dominada pela doutrina aristotélica da A., proposta quase nos mesmos termos a partir de Scotus Erigena (*De divis. nat.*, II, 23) até Duns Scot (*Op. Ox.*, IV, 43, q. 2), que se limita a acrescentar que, sendo a A. forma do corpo, como dizia Aristóteles, ela não pode subsistir depois que o corpo é destruído; logo, a imortalidade é pura matéria de fé. As próprias observações de Tomás de Aquino (*S. Th.*, I, q. 75; *Contra Gent.*, II, 79 ss.) nada acrescentam à doutrina aristotélica da A., salvo a maior insistência na independência desta em relação ao corpo, com o fim de assegurar-lhe imortalidade. A única inovação que a escolástica agostiniana apresenta em relação a essa teoria, em oposição à orientação aristotélico-tomista da mesma escolástica, diz respeito à relação entre A. e corpo: a admissão de uma *forma corporeitatis*, que é própria do corpo como tal, anteriormente à sua união com a A., e que o predispõe a tal união. A *forma corporeitatis* é a realidade que o corpo humano possui, como corpo orgânico, independentemente da sua união com a A. (DUNS SCOT, *Op. Ox.*, IV, 11, q. 3; OCKHAM, *Quodl.*, II, q. 10). Essa admissão vincula-se ao reconhecimento de que a matéria, em geral, não é pura potência, mas possui, já como matéria, certa realidade atual que é precisamente a *forma corporeitatis* (v. AGOSTINISMO).

Mas a Escolástica do século XIV oferece-nos, com Ockham, uma inovação muito mais radical: a dúvida sobre a realidade da A. intelectiva. Ockham diz (*Quodl.*, I, q. 10) que, se entendermos por A. intelectiva "uma forma imaterial e incorruptível que está por inteiro em todo o corpo e por inteiro em cada parte, não poderemos conhecer com evidência nem com razão nem com experiência que tal A. seja forma do corpo e que o entendimento seja próprio de semelhante substância". De fato, as razões que se podem aduzir para a demonstração de tal forma são dúbias; e, quanto à experiência, tudo o que experimentamos são a intelecção, a volição etc.: operações que podem muito bem ser próprias de uma "forma extensa, gerável e corruptível", isto é, do próprio corpo. Por isso, Ockham relega a matérias de fé não só a imortalidade da A. (como já havia feito Duns Scot), mas a própria realidade da A. intelectiva como suposto sujeito das operações espirituais de que temos experiência. Essa negação baseia-se precisamente na experiência que temos dos atos espirituais (intelectivos e volitivos), experiência que, para Ockham, é um conhecimento intuitivo e de natureza espiritual (*cognitio intuitiva intellectiva*), em virtude do qual os atos ou as operações espirituais se fazem imediatamente presentes em sua singularidade e suas relações recíprocas (*In Sent.*, prol. q. 1; *Quodl.*, I, q. 14; II, 1. 12). Com essas observações, era introduzido na história da filosofia o conceito de *experiência interna*, diferente da experiência sensível ou externa, precisamente quando era posta em dúvida a realidade a que tal experiência deveria dar acesso, isto é, a realidade da A. Com Descartes, a experiência interna deveria tornar-se o ponto de partida da filosofia moderna.

A noção de A. como substância sobrevive à crise do Renascimento. Nem mesmo o materialismo de Telésio e o de Hobbes constituem negações propriamente ditas da substancialidade da alma. Telésio admite uma substância intelectiva, diretamente criada e infundida por Deus no homem, só para explicar a vida religiosa do homem, a sua aspiração ao transcendente (*De rer. nat.*, V, 2); mas o mesmo "espírito animal", de que ele se vale para explicar a sensibilidade, a inteligência e até a vida moral do homem, embora sendo de natureza corpórea e produzido pelo sêmen, é por ele considerado como realidade em si, como "substância" (*ibid.*, V, 10). Quanto a Hobbes, declara ilegítima a transição realizada por Descartes, que vai da proposição "Sou uma coisa que pensa", que é indubitável, à proposição "Sou uma substância pensante", visto não ser necessário que a coisa que pensa seja pensamento, mas pode ser o próprio corpo (*III Objections*, 2). Mas a interpretação materialista não nega que a alma seja uma "coisa", isto é, uma "realidade".

No que diz respeito à noção de alma no mundo moderno, o desenvolvimento decisivo ocorre com Descartes, em cuja doutrina a reafirmação da realidade da A. une-se ao reconhecimento de uma via de acesso privilegiada a tal realidade. Essa via de acesso é o pensamento, ou melhor, a *consciência* (v.). O *cogito ergo sum* revela de modo evidente, segundo Descartes, a substância pensante, isto é, revela "um ser, cuja existência nos é mais conhecida do que a dos outros seres, de modo que pode servir como princípio para conhecê-los" (*Lett. à Clercelier*, em *Œuvres*, IV, 443). Ora, o *cogito* compreende "tudo o que está em mim e de que sou imediatamente consciente" (*II Rép.*, def. I), ou seja, duvidar, compreender, conceber, afirmar, negar, querer, não querer, imaginar, sentir etc. Assim, a consciência é uma via de acesso privilegiada – porque tão segura que chega a ser absolutamente indubitável – a uma realidade, a substância A., que, por sua vez, também é privilegiada porque pode servir como princípio para conhecer as outras realidades. E de fato é a própria consciência, como testemunha do caráter passivo da faculdade sensível, que faz pensar em uma substância ou realidade diferente da A., que aja sobre a A., isto é, em uma *substância corpórea ou extensa*, certificada pelo princípio da veridicidade divina. Desse modo, Descartes determinou a virada subjetivista na interpretação da A. como substância. Para ele, os atributos da A. continuam sendo os tradicionais, como simplicidade, indestrutibilidade, unidade etc., mas a via de acesso à realidade da A. tem o privilégio de ser a mais indubitável porque possui a certeza do *cogito*. Comparada a esta, a certeza das outras coisas – das substâncias extensas – é secundária e derivada, porque mediada pela consciência. Ora, essa atitude predomina em todas as doutrinas modernas. Espinosa e Leibniz traduzem o conceito cartesiano de A. nos termos de seus conceitos de realidade. Para Espinosa, a A. é "a idéia de um corpo singular existente em ato" (*Et.*, II, 11): é a consciência correlativa a um corpo orgânico. Não se pode dizer que a A. seja substância porque a substância é uma só, Deus. Mas, como idéia, a A. é parte do intelecto infinito de Deus, isto é, uma manifestação necessária da substância divina (*ibid.*, II, 9), portanto eterna (*ibid.*, V, 23). Para Leibniz, a A. é uma substância espiritual, uma mônada que, como um espelho, representa em si todo o mundo, mas é em si mesma simples: sem partes e indecomponível (*Monad.*, §§ 1, 56). Diferentemente das outras mônadas, que são os átomos espirituais que compõem todas as coisas do universo (inclusive as corpóreas), a A. é *espírito*, ou seja, razão, porquanto possui as verdades necessárias e pode, assim, elevar-se aos atos reflexivos que constituem os objetos principais dos nossos raciocínios (*Théod.*, pref.; *Monad.*, § 30). No entanto, trata-se mais de uma diferença de grau que de qualidade: a A. é somente uma mônada mais ativa e perfeita, na qual as apercepções, isto é, as percepções claras e distintas, têm mais participação do que as pequenas percepções ou percepções obscuras e confusas. A doutrina de Leibniz representa, assim, uma redução extrema, em sentido espiritualista, do princípio cartesiano que privilegiava a consciência. A "psicologia racional" de Wolff, que foi objeto específico da crítica de Kant, não é mais que expressão sistemática da doutrina de Leibniz.

A partir de Descartes, o conceito de "consciência" como totalidade ou mundo da experiência interna começa gradualmente a suplantar o conceito tradicional de alma. Descartes e Leibniz, embora fazendo referência às determinações tradicionais da A. como substância, acabam por interpretar a seu modo a noção de substância: a realidade que atribuem à A. é a revelada e testemunhada pelos atos, ou pelo ato fundamental da consciência como pensamento, apercepção etc. Locke, que considerava "incognoscível" a substância espiritual (assim como, aliás, a material) (*Ensaio*, II, 23, 30), considerou indubitável e privilegiado o conhecimento que o homem tem de sua própria existência, atribuindo-o a um "conhecimento intuitivo" que não é senão a consciência dos próprios atos espirituais (*ibid.*, IV, 9, 3). Além disso, Locke identificou na experiência interna, ou reflexão, uma das fontes do conhecimento e entendeu-a como "a percepção das operações que o nosso espírito realiza em torno das idéias que recebe do exterior". Tais operações são as de percepção, pensamento, dúvida, conhecimento, vontade etc., ou seja, de modo geral todos os atos do espírito de que somos conscientes. "Essa nascente de idéias", acrescenta Locke, "reside internamente no homem, e embora não seja um sentido, porque não diz respeito a objetos externos, ainda assim é semelhante a um sentido e pode ser propriamente chamado *sentido interno*" (*ibid.*, II, I, 4). Com isso, Locke admitiu duas vias de acesso paralelas e independentes a duas realidades que se pressupõem independentes e paralelas: corpo e alma. Hume não pressupôs a distinção dessas duas realidades nem, por conseqüência, admitiu a distinção entre as duas vias de acesso respectivas. A realidade substancial, seja a das coisas materiais, seja a da A., seja do eu, é uma construção fictícia, que parte das relações de semelhança e de causalidade das percepções entre si (*Treatise*, I, 4, 2 e 6; *Inq. Conc. Underst.*, XII, 1). Todavia os ingredientes elementares de tais construções, que são o único dado certo da experiência, são constituídos por *impressões* e por *idéias*, ou seja, são fornecidos pela experiência interna ou consciência. De tal modo que, enquanto realiza a demolição cética da noção de A. como realidade ou substância, Hume contribui em igual medida para estabelecer a supremacia da consciência, cujos dados são reconhecidos como os únicos elementos certos do conhecimento humano.

A rivalidade entre as duas noções de A. e de consciência chega ao ponto culminante na crítica de Kant à psicologia racional, isto é, à noção de A. nos seus atributos tradicionais de substancialidade, simplicidade, unidade e possibilidade de relações com o corpo (*Crít. R. Pura*, Dial. transc., Paralogismos da razão pura). A crítica kantiana consiste em dizer que toda a psicologia racional funda-se num "paralogismo", ou seja, num erro formal de raciocínio ou num "equívoco", no sentido de assumir como objeto de conhecimento (ao qual é aplicável a categoria de substância) aquele "Eu penso" que é simples "consciência" e que é a condição primeira do próprio uso das categorias. "A unidade da consciência", diz Kant, "que está no fundamento das categorias, é aqui entendida como intuição do sujeito, tomado como objeto, e a ela se aplica a categoria de substância." É preciso observar que a consciência de que Kant está falando é a expressa pela proposição empírica "Eu penso", que contém em si a proposição "Eu existo" (*ibid.*, Refut. do arg. de Mendelssohn, nota), que é a consciência da própria existência determinável por parte de um conteúdo empírico dado, ou seja, como "espontaneidade" intelectual que só pode operar sobre um material fornecido pela experiência. Portanto, é diferente do *conhecimento* de si mesmo que, como qualquer outro conhecimento, só é possível mediante a aplicação das categorias a um conteúdo empírico e, portanto, é também conhecimento fenomênico (*ibid.*, Analítica dos conceitos, § 25). Assim sendo, a crítica kantiana à psicologia racional e ao conceito de A. sobre o qual ela se baseia consiste em declarar ilegítima a transformação da consciência em substância e, por isso, em eliminar a própria noção de A. como realidade subsistente por si.

Essa crítica foi, de certa forma, decisiva na história da filosofia: não que os filósofos tenham deixado de falar de algum modo em A., mas o tipo ou espécie de realidade que se atribui à A., a partir de Kant, passa a ser entendida em termos de consciência e, freqüentemente, reduzida à própria consciência. Essa inversão da relação entre A. e consciência, pela qual a consciência, antes via de acesso à realidade-A., transforma-se nessa mesma realidade, é igualmente evidente nas duas grandes correntes da filosofia oitocentista: idealismo e positivismo. Hegel, por exemplo, considera a A. como o primeiro grau do desenvolvimento do Espírito, que é a consciência no seu grau mais alto, isto é, Autoconsciência, e a configura como "Espírito subjetivo", isto é, como o espírito em seu aspecto de individualidade. Eis como ele descreve o processo do Espírito subjetivo: "Na A., a consciência desperta; a *consciência* põe-se como razão que despertou imediatamente para tomar ciência de si; e a razão, por meio de sua atividade, liberta-se fazendo-se objetividade, consciência do seu objeto" (*Enc.*, § 387). O primeiro desses momentos – o despertar da consciência – é a alma. A ela Hegel atribui as características tradicionais (substancialidade, imaterialidade), mas no sentido de que essas características podem dizer respeito à consciência. "A A.", diz ele, "não é imaterial só para si, mas é a imaterialidade universal da natureza, a sua simples vida ideal. Ela é a substância e, portanto, o fundamento absoluto de qualquer particularização e individualização do espírito, de tal modo que o espírito tem na A. toda a matéria da sua determinação, e a A. é a idealidade idêntica e prevalente desta. Mas, nessa determinação ainda abstrata, a A. é apenas o sono do espírito, o *noûs* passivo de Aristóteles, que, sob o aspecto da possibilidade, é tudo" (*ibid.*, § 389). Em outros termos, dizer que a A. é imaterial significa tão-somente que a matéria não existe porque "a verdade da matéria é o espírito": dizer que a A. é substância significa unicamente que o espírito é também individualidade, ou seja, consciência individual. As determinações tradicionais são aqui conduzidas para significados diversos, condicionados pela redução da A. à primeira fase do espírito consciente.

Por outro lado e com outro intuito, o positivismo efetuava a mesma redução de A. a consciência, retomando e continuando a doutrina do empirismo clássico, especialmente de Hume. O intento, aqui, era preparar e fundar uma "ciência" dos fatos psíquicos que tivesse o mesmo rigor das ciências da natureza. Nessa direção, o termo A. já se mostra impróprio e é freqüentemente substituído pelo termo *espírito* (v.); nesse sentido, Stuart Mill diz, por exemplo, que o espírito (*mind*) é a "série das nossas sensações", tendo, além disso, "uma infinita possibilidade de sentir" (*Examination of Hamilton's Philosophy,* pp. 242 ss.) ou, mais simplesmente, "aquilo que sente" (*Logic,* VI, IV, 1). Tornam-se objeto da psicologia os "fenômenos psíquicos" ou "os estados de consciência", que são explicados por meio da associação variada dos seus elementos mais simples (v. ASSOCIACIONISMO). Essa "psicologia sem alma" dominou os primórdios da psicologia científica e foi a divisa polêmica a favor da eliminação, em seu campo, da noção tradicional da A. como substância.

Contudo, esse termo foi e ainda é usado para indicar o conjunto das experiências psíquicas reunidas em alguma unidade. Foi assim entendido por Wundt (*Logik,* II, pp. 245 ss.), que por unidade entendeu a unidade da consciência; e também por Dewey, que diz: "Em conclusão, pode-se afirmar que a palavra A., quando libertada de todos os resíduos do tradicional animismo materialista, denota a qualidade das atividades psicofísicas, organizadas em unidade. Alguns corpos têm A. de modo eminente, assim como outros têm, eminentemente, fragrância, cor e solidez. [...] Dizer enfaticamente que uma pessoa tem A., ou uma grande A., não significa pronunciar uma frase aplicável igualmente a todos os seres humanos. Exprime, ao contrário, a convicção de que o homem ou a mulher em questão possui em grau notável as qualidades de participação sensível, rica e coordenada em todas as situações da vida. Assim, as obras de arte, a música, a pintura, a arquitetura têm A., enquanto outras são mortas, mecânicas" (*Experience and Nature,* pp. 293 ss.). Mas a A., nesse sentido, não é mais "um habitante do corpo"; designa um conjunto de capacidades ou de possibilidades de que cada homem ou cada coisa em particular participa em maior ou menor grau. A última crítica à noção de A. é a de Ryle (*Concept of Mind,* 1949), que deu à concepção de A. de origem cartesiana o nome de "espectro na máquina". Na realidade, essa noção é muito mais antiga, como se viu, e, mais do que às suas capacidades explicativas, sua força se deve às garantias que confere, ou parece conferir, a determinados valores. Ryle julga que essa noção é fruto de um erro categorial, pelo qual os fatos da vida mental são considerados pertencentes a um tipo ou categoria (ou classe de tipos ou categorias) lógica (ou semântica) diferente daquela a que eles pertencem. Esse erro é semelhante ao erro de quem, depois de visitar salas, laboratórios, bibliotecas, museus, escritórios etc. de uma Universidade, pergunta o que vem a ser e onde fica a Universidade. A Universidade não é uma unidade que se acrescente aos organismos ou aos membros que a constituem, e que possua, portanto, uma realidade à parte de tais organismos ou membros. Assim também, a A. não tem realidade à parte das manifestações singulares e dos comportamentos particulares superiores que essa palavra serve para designar em seu conjunto.

Em conclusão, já muito antes dessa última condenação, a noção tradicional de A. como uma espécie de realidade em si, princípio e fundamento dos chamados eventos mentais, fora abandonada e reduzida à noção de entidade funcional ou de uma espécie de coordenação e de síntese entre aqueles eventos. Mas, nesta forma, essa noção remete à de *consciência* (v.). [N.A.]

ALMA, PARTES DA. V. FACULDADE.

ALMA BELA (gr. καλὴ ψυχή; fr. *Belle âme*; al. *Schöne Seele*; it. *Anima bella*). Essa expressão tem origem mística: Plotino já falava da *A. bela*, que é a A. que retorna a si mesma ou é ela mesma (*Enn.*, V, 8, 13), recordando talvez a "beleza nas almas" de que Platão falava como forma de beleza superior à beleza do corpo (*O Banq.*, 210 b). Essa expressão reaparece nos místicos espanhóis do século XVI. Expressão equivalente (*Beauty of the Heart*) e a mesma expressão (*belle âme*) encontram-se, respectivamente, em Shaftesbury e em *Nova Heloísa* (1761) de Rousseau. Mas, no seu significado específico, essa expressão foi usada pela primeira vez por Friedrich von Schiller para indicar o ideal de uma A. não só "virtuosa" (isto é, cuja vontade é determinada pelo dever), mas também "graciosa", no sentido de que nela a sensibilidade se coaduna espontaneamente com a lei moral. "Chama-se A. bela", diz Schiller, "a alma em que o sentimento moral acabou por assenhorear-se de todas as afeições do homem, a ponto de poder, sem receio, entregar à sensibilidade a direção da vontade, sem nunca correr o risco de achar-se em desacordo com as decisões desta. [...] Uma A. bela não tem outro mérito senão o de existir. Com facilidade, como se o instinto agisse por ela, cumpre os deveres mais penosos pela humanidade, e o sacrifício mais heróico, que ela arranca ao instinto natural, aparece como livre efeito desse mesmo instinto" (*Werke*, ed. Karpeles, XI, 202. Cf. Pareyson, *A estética do idealismo alemão*, pp. 239 ss.). Kant não refutou decididamente esse conceito de Schiller e, mesmo atenuando-o, não negou que a virtude pudesse ou devesse concordar com a graça (*Religion*, I, obs., nota). Aliás, em *Antropologia* (I, § 67), adotou a expressão A. bela, entendendo por ela o "ponto central em torno do qual o juízo de gosto reúne todas as suas apreciações do prazer sensível, prazer que pode unificar-se com a liberdade do intelecto". Esse conceito viria a ter grande importância no romantismo. Hegel retomou-o em *Fenomenologia do espírito* (VI, C, c): a A. bela é uma consciência que "vive na ânsia de manchar com a ação e com o existir o decoro do seu interior"; que, não querendo renunciar à sua refinada subjetividade, exprime-se apenas com palavras e que, se deseja agir, perde-se em absoluta inconsistência. Goethe dedicou à "confissão de uma A. bela" o VI livro das *Experiências de Wilhelm Meister*, em que ela assim falava: "Não me recordo de nenhuma ordem; nada me aparece com forma de lei; é um impulso que me conduz e me guia sempre de modo reto; sigo livremente minhas disposições e sei tão pouco de limitações quanto de arrependimentos." A A. bela é uma das figuras típicas do romantismo: a encarnação da moralidade, não como regra ou dever, mas como efusão do coração ou do instinto. Scheler, mesmo apercebendo-se do decadentismo dessa noção romântica, considera ainda que "a antiga questão a respeito da relação entre a A. bela, que quer o dever-ser ideal e o realiza não por dever, mas por inclinação, e o comportamento 'pelo dever', a que Kant reduz todo valor moral, deve ser resolvida no sentido de que a A. bela é não só de igual valor, mas de valor superior" (*Formalismus*, p. 226). Mas, no uso contemporâneo, essa expressão assumiu um significado irônico e motejador, designando a atitude de quem vive satisfeito com a sua suposta perfeição moral, ignorando ou desconhecendo os problemas efetivos, as dificuldades e as lutas que tornam difícil o exercício da atividade moral eficaz. Essa reviravolta de apreciação deve-se, provavelmente, a Nietzsche, que, em *Genealogia da moral* (I, § 10), descreveu os puros de coração, as A. belas que embandeiram poeticamente suas virtudes, como "homens do ressentimento", que estremecem com um espírito subterrâneo de vingança contra aqueles que encarnam a riqueza e o poder da vida (v. Ressentimento). [N.A.]

ALMA DO MUNDO (gr. μεγάλη ψυχή; lat. *Anima mundi*; in. *World-soul*; fr. *Âme du monde*; al. *Weltseele*; it. *Anima del mondo*). Noção recorrente na cosmologia tradicional, que, freqüentemente, concebe o mundo como "um grande animal", dotado, portanto, de A. própria. Assim Platão concebeu o mundo em *Timeu* e imaginou que a A. dele fosse construída e distribuída geometricamente pelo Demiurgo (*Tim.*, 34 b). Essa noção foi retomada pelos estóicos, que identificaram Deus com o mundo e conceberam-no como "um animal imortal, racional, perfeito, inteligente e bem-aventurado" (Dióg. L., VII, 137). Para Plotino, a A. do mundo é a segunda emanação do Uno ou Deus e procede do Intelecto, que é a primeira emanação, assim como este procede do Uno. A A. universal está voltada, de um lado, para o intelecto e, de outro, para as coisas inferiores ou materiais que ela ordena e governa (*Enn.*, V, 1, 2). Na escolástica, a A. do mundo foi, às vezes, identificada com o Espírito Santo, como em Abelardo (*Theol. Christ.*, I, 17) e em alguns representantes da Escola de Chartres (Bernardo Silvestre, Teodorico de Chartres). No Renascimento, essa doutrina foi retomada por Giordano Bruno, para quem Deus é o intelecto universal, "que é a primeira e principal faculdade da A. do mundo, e esta é forma universal daquele [do próprio mundo]" (*De la causa*, III); essa doutrina foi comumente aceita por todos os que admitiram a validade da magia, que foram muitos (Cornélio Agripa, Paracelso, Fracastoro, Cardano, Campanella etc.), porque a A. do mundo é considerada fundamento da "simpatia universal" entre as coisas do mundo, que o mago utiliza em seus encantamentos e em suas operações miraculosas. Schelling utilizou o conceito de A. do mundo (*Sobre a A. do mundo*, 1798) para demonstrar a continuidade do mundo orgânico e do mundo inorgânico num *todo*, que é também um organismo vivo, enquanto Hegel negava a "A. mundial", pois considerava que a A. "tem a sua verdade efetiva só como individualidade, subjetividade" (*Enc.*, § 391). Com o predomínio da ciência e da concepção mecânica do mundo, a noção de A. do mundo tornou-se, obviamente, inútil. [N.A.]

ALÓGICO[1] (gr. ἄλογος; lat. *Alogus;* in. *Arational;* fr. *Alogique;* al. *Alogisch;* it. *Arazionale*). O que é desprovido de razão ou não se pode exprimir ou explicar racionalmente: o mesmo que irracional. Esse é o uso clássico do termo (PLATÃO, *Gorg.*, 501 a; *O Banq.*, 202 a; *Teet.*, 205 e; *Sof.*, 238 c etc.; ARISTÓTELES., *Et. nic.*, X, 2, 1.172 b 10). O termo grego (assim como o latino) serve também para designar as grandezas incomensuráveis que chamamos irracionais (ARISTÓTELES, *An. post.*, I, 10, 76 b 9; EUCLIDES, *El.*, X, def. 10 etc.). O uso moderno tentou, raramente e sem êxito, distinguir A. de ilógico. [N.A.]

ALÓGICO[2] (in. *Alogical;* fr. *Alogique;* al. *Alogisch;* it. *Alogico*). O que não pode ser reduzido a algum tipo particular de racionalidade e de lógica. O substantivo *alógica* foi empregado nesse sentido por Jaspers: "Nesse ponto nasce uma alógica racional (*vernunftige Alogik*), isto é, o movimento verdadeiro da razão que alcança o seu objetivo só quando quebra a lógica do intelecto" (*Vernunft und Existenz*, 1935, IV, 2, trad. it., p. 128). [N.A.]

ALOGLOSSIA (fr. *Alloglossie;* it. *Alloglossie*). Troca ou confusão no significado das palavras. Esse termo é usado por Leibniz (*V. Lettre à Clarke*, § 45).

ALTERAÇÃO (gr. ἀλλοίωσις; in. *Alteration;* fr. *Altération;* al. *Alteration;* it. *Alterazione*). Segundo Aristóteles, uma das formas da mudança, mais precisamente aquela que se conforma à categoria da qualidade, não se entendendo aí por qualidade a que é essencial a uma substância e se expressa na diferença específica, mas a que uma substância ou realidade recebe ou sofre (*Fís.*, V, 2, 226 a 23 ss.). Em outros termos, a A., para Aristóteles, é a aquisição ou a perda de qualidades acidentais, como, por exemplo, estar ora com boa saúde, ora com má saúde (*Met.*, VIII, 1, 1.042 a 36). Esse significado de "mudança qualitativa" permaneceu no uso filosófico da palavra em questão, conquanto nem sempre esse uso tenha ficado dentro dos limites fixados por Aristóteles, que excluía da A. as qualidades essenciais. [N.A.]

ALTERIDADE (gr. ἑτερότης; lat. *Alteritas, Alietas;* in. *Otherness;* fr. *Altérité;* al. *Anderheit, Anderssein;* it. *Alterità*). Ser outro, pôr-se ou constituir-se como outro. A A. é conceito mais restrito que diversidade e mais extenso que diferença. A diversidade pode ser também puramente numérica, não assim a A. (cf. ARISTÓTELES, *Met.*, IV, 9, 1.018 a 12). Por outro lado, a diferença implica sempre a determinação da diversidade (v. DIFERENÇA), enquanto a A. não a implica. Aristóteles considerou que a distinção de um gênero em várias espécies e a diferença dessas espécies na unidade de um gênero implica uma A. inerente ao próprio gênero: uma A. que diferencia o gênero e o torna intrinsecamente diferente (*Met.*, X, 8, 1.058 a 4 ss.). Do conceito de A. valeu-se Plotino para assinalar a diferença entre a unidade absoluta do primeiro Princípio e o intelecto, que é a sua primeira emanação: sendo o intelecto ao mesmo tempo pensante e pensado – intelecto enquanto pensa, ente enquanto é pensado –, é marcado pela A., além de sê-lo pela identidade (*Enn.*, V, I, 4). De modo análogo, Hegel utiliza o mesmo conceito para definir a natureza com relação à Idéia, que é a totalidade racional da realidade. A natureza é "a idéia na forma de ser outro (*Anderssein*)". Dessa maneira, é a negação de si mesma e é exterior a si mesma: de modo que a exterioridade constitui a determinação fundamental da natureza (*Enc.*, § 247). Mas, de modo mais geral, pode-se dizer que, segundo Hegel, a A. acompanha todo o desenvolvimento dialético da Idéia, porque é inerente ao momento negativo, intrínseco a esse desenvolvimento. De fato, tão logo estejam fora do *ser indeterminado*, que tem como negação o *nada* puro, as determinações negativas da Idéia tornam-se, por sua vez, algo determinado, um "ser outro" que é não aquilo que negam. "A negação – não mais como nada abstrato, mas como um ser determinado e um algo – é somente forma para esse algo, é um ser outro" (*Enc.*, § 91). [N.A.]

ALTERNAÇÃO. V. ALTERNATIVA, PROPOSIÇÃO.

ALTERNATIVA, PROPOSIÇÃO (in. *Alternative proposition;* fr. *Proposition alternative;* al. *Alternative Proposition;* it. *Proposizione alternativa*). Com esse nome costuma-se indicar, propriamente, a proposição molecular disjuntiva "p *ou* q" ("ao menos p é verdadeiro, portanto se p não é verdadeiro, q é verdadeiro"). Mas não raro, em uso não rigoroso, as componentes da disjuntiva molecular são chamadas de "alternativas", uma em relação à outra. Parece que a palavra *alternatio*, introduzida pelos escritores latinos para indicar a proposição disjuntiva, deriva da linguagem jurídica. [G.P.]

ALTRUÍSMO (in. *Altruism;* fr. *Altruisme;* al. *Altruismus;* it. *Altruismo*). Esse termo foi criado por Comte, em oposição a *egoísmo* (v.), para designar a doutrina moral do positivismo. Em *Catecismo positivsta* (1852), Comte enunciou a máxima fundamental do A.: viver para os outros. Essa máxima, acreditava ele, não contraria indistintamente todos os instintos do homem, uma vez que, ao lado dos instintos egoístas, o homem possui instintos simpáticos que a educação positivista pode desenvolver gradualmente, até torná-los predominantes. Com efeito, as relações domésticas e civis tendem a conter os instintos pessoais, quando eles suscitam conflitos entre os vários indivíduos, e a promover as inclinações benévolas que se desenvolvem espontaneamente em todos os indivíduos. Esse termo logo foi aceito por Spencer (*Princípios de psicologia*, 1870-1872), segundo o qual a antítese entre egoísmo e A. estaria destinada a desaparecer com a evolução moral e haveria cada vez mais coincidência entre a satisfação do indivíduo e o bem-estar e a felicidade alheia (*Data of Ethics*, § 46). Como se vê, o fundamento da ética altruísta é naturalista, porque apela para os instintos naturais que levam o indivíduo em direção aos outros e pretende promover o desenvolvimento de tais instintos. Polemiza com a ética individualista do século XVIII, que reivindica os valores e os direitos do indivíduo contra os da sociedade, em especial do Estado. Comte, como todo o *romantismo* (v.), obedece à exigência oposta, que insiste no valor preeminente da autoridade estatal; por isso, sua ética prescreve pura e simplesmente o sacrifício do indivíduo. Não é, portanto, de estranhar que as doutrinas interessadas na defesa do indivíduo tenham considerado com hostilidade e desprezo a moral do altruísmo. Assim, em Nietzsche, ao identificar-se amor ao próximo com A., este é condenado por Zaratustra. "Vós ides ao próximo fugindo de vós mesmos e quereríeis fazer disso uma virtude; mas eu leio através do vosso A. [...] Não sabeis suportar-vos a vós mesmos e não vos amais o bastante; e eis que quereis seduzir o vosso próximo induzindo-o ao amor e embelezar-vos com o amor dele" (*Also sprach Zarathustra*, cap. sobre o Amor ao próximo). Em terreno mais objetivo e científico, Scheler (*Sympathie*, II, cap. I) negou a identificação (pressuposta também por Nietzsche) entre A. e amor. Observou que os atos voltados para os outros como tais nem sempre são, necessariamente, "amor". A inveja, a maldade, a alegria maligna, referem-se igualmente aos outros como outros. O amor que faz abstração total de si mesmo apóia-se num ódio ainda mais primitivo, que é o ódio por si mesmo. "Fazer abstração de si e não poder suportar o colóquio consigo são coisas que nada têm que ver com o amor." Na realidade, a máxima do A., "viver para os outros", se tomada ao pé da letra, transformaria todos os homens em meios para um fim que não existe; por isso, é contrária a uma das máximas mais bem estabelecidas da ética moderna (e da ética em geral), segundo a qual o homem nunca deve ser considerado simples meio, mas deve ter sempre, também, valor de fim. [N.A.]

AMABIMUS. V. Purpúrea.

AMBIENTALISMO (in. *Environmentalism*; fr. *Écologisme*; al. *Umweltschutz*; it. *Ambientalismo*). 1. Toda doutrina que insista no papel preeminente e determinante do *ambiente* (v.).

2. Toda doutrina que se proponha como objetivo primordial salvaguardar o ambiente natural (v. Ecologia; Ética; Responsabilidade). [G.P.]

AMBIENTE (in. *Environment*; fr. *Milieu*; al. *Mittel*; it. *Ambiente*). No significado corrente, um complexo de relações entre mundo natural e ser vivo, que influem na vida e no comportamento do ser vivo. Nesse sentido, essa palavra (*milieu ambiant* = meio ambiente) foi provavelmente introduzida pelo biólogo Geoffroy St.-Hilaire (*Études progressives d'un naturaliste*, 1835), sendo retomada e empregada por Comte (*Cours de philosophie positive*, liç. 40, §§ 13 ss.). Observações sobre a influência das condições físicas – especialmente do clima – sobre a vida dos animais em geral e do homem em particular, e até sobre a vida política do homem, encontram-se freqüentemente nos escritores antigos (cf., p. ex., Aristóteles, *Pol.*, VII, 4, 7), sendo depois repetidas de várias formas. No mundo moderno, deve-se a Montesquieu (Livro XIV de *L'esprit des lois*, 1648) o princípio, por ele sistematicamente desenvolvido, de que "o caráter do espírito e as paixões do coração são extremamente diferentes nos diversos climas" e por isso "as leis devem ser relativas à diferença dessas paixões e à diferença desses caracteres". O positivismo oitocentista atribuiu ao A. físico e biológico valor de *causa determinante* de todos os fenômenos propriamente humanos, da literatura à política. A obra literária e filosófica de Taine contribuiu para a difusão dessa tese, segundo a qual o ambiente físico, biológico e social determina necessariamente todos os produtos e valores humanos, bastando para explicá-los. Em *Filosofia da arte* (1865), Taine afirmou que a obra de arte é produto necessário do ambiente; por isso, pode-se inferir dele não só o desenvolvimento das formas gerais da imaginação humana como também a explicação para as variações de estilos, as diferenças de escolas nacionais e até mesmo as características gerais das obras individuais. No mundo contemporâneo, a noção de A. continuou sendo fundamental nas ciências biológicas, antropológicas e sociológicas, mas foi-se transformando gradualmente, visto que a relação entre o A. e o organismo, ou entre o homem e o grupo social, deixou de ser entendida segundo um esquema mecânico, como relação de determinismo causal absoluto. A ação *seletiva* que o ser, sobre o qual o A. age, exerce em face do próprio A. foi amplamente sublinhada. "O A. de um organismo", disse Goldstein, "não é algo acabado, mas vai-se formando continuamente, à medida que o organismo vive e age. Poder-se-ia dizer que o A. é extraído do mundo pela existência do organismo, ou, mais objetivamente, que um organismo não pode existir se não conseguir encontrar no mundo, talhar nele para si, um A. adequado, contanto, naturalmente, que o mundo lhe ofereça essa possibilidade" (*Aufbau des Organismus*, 1934, p. 58). Analogamente, a propósito do A. histórico-social, Toynbee disse: "O A. total, geográfico e social, em que está compreendido tanto o elemento humano quanto o não humano, não pode ser considerado fator positivo a partir do qual as civilizações foram geradas. É claro que uma combinação virtualmente idêntica dos dois elementos do A. pode originar uma civilização num caso e deixar de originá-la em outro, sem que seja possível, de nossa parte, explicar essa diferença absoluta em seu surgimento com alguma diferença substancial nas circunstâncias, por mais exatos que tenham sido os termos da comparação" (*A Study of History*, I, p. 269). Isto, obviamente, não significa que o A. não aja de nenhum modo sobre a vida e sobre as criações dos homens, mas apenas que é mais condição do que causa. Os filósofos ressaltaram esse novo significado de ambiente. Mead disse: "O A. é uma *seleção* dependente da forma viva" (*Phil. of the Act*, p. 164). Por outro lado, Heidegger pretendeu analisar o ser no mundo (que é determinação essencial da existência) como um questionamento e uma discussão da noção de A. que a biologia apenas pressupõe (*Sein und Zeit*, § 12). [N.A.]

Na filosofia do fim do século XX fala-se em ambiente sobretudo em relação às problemáticas ecológicas (v. AMBIENTALISMO; ECOLOGIA).

AMBIGÜIDADE (in. *Ambiguity*; fr. *Ambiguité*; al. *Ambiguität*; it. *Ambiguità*). 1. O mesmo que *equivocação* (v.).

2. Referindo-se a estados de fato ou situações: possibilidade de interpretações diversas ou presença de alternativas que se excluem. [N.A.]

AMBIVALÊNCIA (in. *Ambivalence*; fr. *Ambivalence*; al. *Ambivalenz*; it. *Ambivalenza*). Estado caracterizado pela presença simultânea de valorações ou de atitudes contrastantes ou opostas. Esse termo é usado especialmente em psicologia, para indicar certas situações emotivas que implicam amor e ódio, e em geral atitudes opostas em face do mesmo objeto (cf. E. BLEULER, *Lehrbuch der Psychiatrie*, 2.ª ed., 1918). [N.A.]

AMIGO-INIMIGO (al. *Freund-Feind*; it. *Amico-nemico*). Binômio utilizado por Schmidt para definir o âmbito da política, que é estruturalmente conflituoso por pressupor a distinção entre os que pertencem ao grupo em que nos situamos e os que não pertencem. "Inimigo não é o concorrente ou o adversário em geral. Não é tampouco o adversário pessoal que nos odeia com base em sentimentos de antipatia. Inimigo é apenas um conjunto de homens [...] que se opõe a outro agrupamento do mesmo gênero" (*O conceito de "político"*, 1927, 1932[3], trad. it., em *Le categorie del "politico"*, Il Mulino, Bolonha, 1972, 1984[2], p. 111).

AMIZADE (gr. φιλία; in. *Friendship*; fr. *Amitié*; al. *Freundschaft*; it. *Amicizia*). Em geral, a comunhão entre duas ou mais pessoas ligadas por atitudes concordantes e por afetos positivos. Os antigos tiveram da A. um conceito muito mais amplo do que o admitido e usado hoje em dia, como se infere da análise que Aristóteles fez dela nos livros VIII e IX de *Ética a Nicômaco*. Segundo Aristóteles, a amizade é uma virtude ou está estreitamente unida à virtude: de qualquer forma, é o que há de mais necessário à vida, uma vez que os bens oferecidos pela vida, como riqueza, poder etc., não podem ser conservados nem usados sem os amigos (VIII, 1, 1.155 a 1). A A. deve ser distinguida das duas coisas com as quais parece ter mais afinidade: amor e benevolência. Distingue-se do amor (φίλησις) porque este é semelhante a uma *afeição* (v.); a A. a um *hábito* (v.). De tal modo que o amor também pode voltar-se para coisas inanimadas, ao passo que corresponder ao amor, que é próprio da A., implica uma escolha que provém de um hábito (VIII, 5, 1.157 b 28). Além disso, o amor é acompanhado por excitação e desejo, que são estranhos à A.; o que, ao contrário do que ocorre na A., é provocado pelo prazer causado pela visão da beleza (IX, 5, 1.166 b 30). A A. distingue-se também da benevolência porque esta também pode ter como alvo desconhecidos e permanecer oculta: o que não acontece com a A. (IX, 5, 1.167 a 10). A A. é, certamente, uma espécie de concórdia, mas não uma concórdia baseada na identidade de opiniões, e sim – como ocorre com a concórdia entre cidades – baseada na harmonia das atitudes práticas, de tal sorte que com justiça se dá o nome de "A. civil" à concórdia política (IX, 6, 1.167 a 22). A A. é, certamente, uma comunhão no sentido de que o amigo se comporta em relação ao amigo como em relação a si mesmo (IX, 12, 1.171 b 32). Há tantas espécies de amizades quantas são as comunidades, as partes da sociedade civil: entre navegantes, soldados, entre os que executam um trabalho qualquer em comum (VIII, 9, 1.159 b 25). Pode haver também A. entre senhor e escravo, se o escravo não for considerado apenas um instrumento animado, mas um homem. Só na tirania há pouca ou nenhuma A., pois nela não há nada em comum entre quem manda e quem obedece, e a A. é tão mais forte quanto mais coisas comuns houver entre iguais (VIII, 11, 1.161, b 5). Há também tantas A. quantas são as formas do amor: entre pai e filho, entre jovem e velho, entre marido e mulher. Esta última é a mais natural e nela se unem utilidade e prazer (VIII, 12,

1.161 b 11). Quanto ao fundamento da A., pode ser a utilidade recíproca, o prazer ou o bem, mas é claro que, enquanto a A. fundada na utilidade ou no prazer está destinada a acabar quando o prazer ou a utilidade cessarem, a A. fundada no bem é a mais estável e firme, portanto a verdadeira A. (VIII, 3, 1.156 a 6 ss.). Essa análise de Aristóteles, a mais completa e bela que em filosofia já se fez sobre o fenômeno A., apóia-se nos seguintes pontos: 1.º a A. é uma comunhão ou participação solidária de várias pessoas em atitudes, valores ou bens determinados; 2.º está ligada ao amor, tem formas semelhantes, mas não se identifica com o amor; 3.º aproxima-se mais da benevolência e, por isso, está vinculada aos afetos positivos, que implicam solicitude, cuidado, piedade etc. Assim, segundo Aristóteles, a A. é mais ampla do que o amor, que é limitado e condicionado pelo prazer da beleza. E é diferente do amor pelo seu caráter ativo e seletivo, pelo que Aristóteles diz que o amor é uma *afeição* (πάθος), isto é, uma modificação sofrida, ao passo que a A. é *um hábito* (assim como a virtude), uma disposição ativa e compromissiva da pessoa. Depois de Aristóteles, a A. foi exaltada pelos epicuristas, que nela basearam um dos fundamentos de sua ética e de sua conduta prática. Nessa escola, porém, assume caráter aristocrático; é uma das manifestações da vida do sábio e não está, como em Aristóteles, vinculada às relações humanas como tais. Nos testemunhos epicuristas que nos chegaram, reaparecem algumas observações de Aristóteles, como, por exemplo, que "A A. nasce da utilidade, mas é um bem por si. Amigo não é quem procura sempre a utilidade, tampouco quem nunca une utilidade a A., pois o primeiro considera a A. como um tráfico de vantagens, e o segundo destrói a esperança confiante de ajuda, que é parte importante da A." (*Sent. Vat.*, 39-24, Bignone).

Com o predomínio do cristianismo, a importância da A. como fenômeno humano primário declina na literatura filosófica. O conceito mais amplo e mais importante passa a ser o de amor, amor ao próximo, que necessita dos caracteres seletivos e específicos que Aristóteles atribuíra à amizade. De fato, "próximo" é aquele com que deparamos ou que está comumente em relação conosco, seja quem for, amigo ou inimigo. A máxima aristotélica da A., "comportar-se com o amigo como consigo mesmo", ver nele "um outro eu" (*Et. nic.*, IX, 9, 1170 b 5; IX, 12, 1171 b 32), é estendida ao próximo pelo cristianismo.

AMOR (gr. ἔρως, ἀγάπη; lat. *Amor, caritas*; in. *Love*; fr. *Amour*; al. *Liebe*; it. *Amore*). Os significados que este termo apresenta na linguagem comum são múltiplos, díspares e contrastantes; igualmente múltiplos, díspares e contrastantes são os que se apresentam na tradição filosófica. Começaremos apontando os usos mais correntes da linguagem comum, para selecioná-los, ordená-los e utilizá-los como critério de seleção e organização dos usos filosóficos desse termo: *a*) em primeiro lugar, com a palavra A. designa-se a relação entre os sexos, quando essa relação é seletiva e eletiva, sendo, por isso, acompanhada por amizade e por afetos positivos (solicitude, ternura etc.). Do A., nesse sentido, distinguem-se freqüentemente as relações sexuais de base puramente sensual, que não se baseiam na escolha pessoal, mas na necessidade anônima e impessoal de relações sexuais. Muitas vezes, porém, a mesma linguagem comum estende também para esse tipo de relações a palavra A., como quando se diz "fazer amor"; *b*) em segundo lugar, a palavra A. designa uma vasta gama de relações interpessoais, como quando se fala do A. entre amigos, entre pais e filhos, entre cidadãos, entre cônjuges; *c*) em terceiro lugar, fala-se do A. por coisas ou objetos inanimados: por exemplo, A. ao dinheiro, a obras de arte, aos livros etc.; *d*) em quarto lugar, fala-se de A. a objetos ideais: por exemplo, A. à justiça, ao bem, à glória etc.; *e*) em quinto lugar, fala-se de A. às atividades ou formas de vida: A. ao trabalho, à profissão, ao jogo, ao luxo, ao divertimento etc.; *f*) em sexto lugar, fala-se de A. à comunidade ou a entes coletivos: A. à pátria, ao partido etc.; *g*) em sétimo lugar, fala-se de A. ao próximo e de A. a Deus.

Sem dúvida, alguns desses significados podem ser eliminados por impróprios, visto que podem ser expressos e designados mais exatamente por outras palavras. Assim: *a*) a relação entre os sexos só pode ser chamada de A. quando é de base eletiva e implica o compromisso recíproco. Evitar-se-á, assim, chamar de "A." a relação sexual ocasional ou anônima. No que diz respeito aos usos indicados em *c*) (A. a objetos inanimados), está claro que, aí, a palavra A. está por *desejo de posse*, quando tal desejo atinge a forma dominante da paixão. E, no que tange aos usos indicados em *d*) (A. a objetos ideais), está também claro que a palavra "A." está aí a indicar certo compromisso moral, capaz de fixar limites e condições à atividade do indivíduo. Enfim, no que diz respeito a *e*) (A. a atividades etc.), a palavra "A." está a indicar certo *interesse* mais ou menos dominante, mais ou menos incorporado na personalidade do indivíduo, ou até mesmo uma "paixão". Portanto, podem-se levar em consideração, como significados próprios e irredutíveis da palavra "A.", as acepções indicadas em *a*), *b*), *f*), *g*). Esses usos revelam de imediato certas afinidades de significado: 1.º o A. designa, em todos os casos, um tipo específico de relação humana, caracterizado pela solidariedade e pela concórdia dos indivíduos que dele participam; 2.º o desejo, em particular o desejo de posse, não se inclui necessariamente na constituição do A., pois, embora se possa discutir se ele se inclui ou não no A. sexual, deve ser totalmente excluído do A. de que se fala em *b*), *f*), *g*); 3.º o caráter específico de solidariedade e concórdia, que constituem o A., não pode ser determinado de modo definitivo, uma vez que é diferente, segundo as formas ou as espécies diversas do A. e implica também graus diversos de intimidade, familiaridade e emotividade. Por exemplo, o A. entre homem e mulher, entre pai e filho, entre cidadãos ou entre homens que se considerem como "próximos" tem diferentes bases biológicas, culturais e sociais e não permite a reunião sob o mesmo tipo ou a mesma forma de solidariedade, de concórdia e de co-participação emotiva. Será necessário, portanto, ter em mente essa diversidade ao se considerar o uso que os filósofos fizeram desse termo, visto que não raro esse uso é modelado por um ou mais tipos particulares de experiência amorosa.

Os gregos viram no A. sobretudo uma força unificadora e harmonizadora, e a entenderam com base no A. sexual, na concórdia política e na amizade. Segundo Aristóteles (*Met.*, I, 4, 984 b 25 ss.), Hesíodo e Parmênides foram os primeiros a sugerir que o A. é a força que move as coisas, que as une e as mantém juntas. Empédocles reconheceu no A. a força que mantém unidos os quatro elementos e, na discórdia, a força que os separa: o reino do A. é o *esfero*, a fase culminante do ciclo cósmico, na qual todos os elementos estão ligados na mais completa harmonia. Nesse fase, não há sol nem terra nem mar, porque não há nada além de um todo uniforme, uma divindade que frui a sua solidão (*Fr.* 27, Diels). Platão foi quem primeiro deu tratamento filosófico ao A.: nele foram apresentados e conservados os caracteres do A. sexual; ao mesmo tempo, tais caracteres são generalizados e sublimados. Em primeiro lugar, o A. é carência, insuficiência, necessidade e, ao mesmo tempo, desejo de conquistar e de conservar o que não se possui (*O Banq.*, 200 a, ss.). Em segundo lugar, o A. volta-se para a beleza, que outra coisa não é senão o anúncio e a aparência do bem, logo, desejo do bem (*ibid.*, 205 e). Em terceiro lugar, o A. é desejo de vencer a morte (como demonstra o instinto de gerar, próprio de todos os animais) e é, portanto, a via pela qual o ser mortal procura salvar-se da mortalidade, não permanecendo sempre o mesmo, como o ser divino, mas deixando após si, em troca do que envelhece e morre, algo de novo que se lhe assemelha (*ibid.*, 208 a, b). Em quarto lugar, Platão distingue tantas formas do A. quantas são as formas do belo, desde a beleza sensível até a beleza da sabedoria, que é a mais elevada de todas e cujo A., isto é, a filosofia, é, por isso mesmo, o mais nobre (*ibid.*, 210 a ss.). Em *Fedro*, a finalidade é mostrar o caminho pelo qual o A. sensível pode tornar-se *amor pela sabedoria* – filosofia –, e o delírio erótico pode tornar-se uma virtude divina, que afasta dos modos de vida usuais e empenha o homem na difícil busca dialética (*Fed.*, 265 b. ss.). Essa doutrina platônica do A., assim como contém os elementos de uma análise positiva do fenômeno, também oferece o modelo de uma metafísica do A., que seria retomada várias vezes na história da filosofia. Aristóteles, ao contrário, detém-se na consideração positiva do amor. Para ele o A. é A. sexual, ou é afeto entre consangüíneos ou entre pessoas de algum modo unidas por uma relação solidária, ou *amizade* (v.). Em geral, o A. e o ódio, como todas as outras afeições da alma, não pertencem à alma como tal, mas ao homem enquanto composto de alma e corpo (*De an.*, I, 1, 403 a 3) e, portanto, enfraquecem-se com o enfraquecimento da união de alma e corpo (*ibid.*, I, 4, 408 b 25). Aristóteles também reconhece no A. o fundamento de necessidade, imperfeição ou deficiência, em que Platão insistira. A divindade, diz ele, não tem necessidade de amizade, pois é o seu próprio bem para si mesma, enquanto para nós o bem vem do outro (*Et. eud.*, VII, 12, 1.245 b 14). O A. é, portanto, um fenômeno humano e não é de estranhar que Aristóteles não tenha feito nenhum uso dele em sua teologia. Ele é uma afeição, isto é, uma modificação passiva, enquanto a amizade é um hábito, uma disposição ativa (*Et. nic.*, VIII, 5, 1.157 b 28). Ao A. unem-se a tensão emotiva e o desejo: ninguém é atingido pelo A. se não tiver sido antes atingido pela fruição da beleza; mas esse prazer de per si não é ainda A., que só se tem quando se deseja o objeto amado que está ausente e se anseia por ele quando presente (*ibid.*, IX, 5, 1.167 a 5). O A. que está ligado ao prazer pode começar e acabar rapidamente, mas pode também dar lugar à vontade de conviver; nesse caso, assume a forma de amizade (*ibid.*, VIII, 3, 1.156 b 4). Embora a análise aristotélica do A. seja desprovida de referências metafísicas e teológicas, convém recordar que a ordenação finalista do mundo e a teoria do primeiro motor imóvel levam Aristóteles a dizer que Deus, como primeiro motor, move as outras coisas "como objeto de A.", isto é, como termo do desejo que as coisas têm de alcançar a perfeição dele (*Met.*, XII, 7, 1.072 b 3). Essas palavras serão muito empregadas pela filosofia medieval. Ao findar da filosofia grega, o neoplatonismo utilizou a noção de A. não para definir a natureza de Deus, mas para indicar uma das fases do caminho que conduz a Deus. O Uno de Plotino não é A., porque é unidade inefável, superior à dualidade do desejo (*Enn.*, VI, 7, 40). Mas o A. é o caminho preparatório que conduz à visão dele, porque o objeto do A., segundo a doutrina de Platão, é o bem, e o Uno é o bem mais alto (*ibid.*, VI, 7, 22). O Uno, portanto, é o verdadeiro termo e o objeto último e ideal de todo A., conquanto não seja através do A. que o homem se une a Ele, mas através da intuição, de uma visão em que o vidente e o visto se fundem e se unificam (*ibid.*, VI, 9, 11).

Com o cristianismo, a noção de A. sofre uma transformação; de um lado, é entendido como relação ou um tipo de relação que deve estender-se a todo "próximo"; de outro, transforma-se em *mandamento*, que não tem conexões com as situações de fato e que se propõe transformar essas situações e criar uma comunidade que ainda não existe, mas que deverá irmanar todos os homens: o reino de Deus. O A. ao próximo transforma-se no mandamento da não-resistência ao mal (MATEUS, V, 44), e a parábola do bom samaritano (LUCAS, X, 29 ss.) tende a definir a humanidade objeto do A. não no seu sentido composto, mas no seu sentido dividido, como cada pessoa com quem cada um entre em contato; pessoa que, exatamente como tal, faz apelo à solicitude e ao A. do cristão. Além disso, na concepção cristã, Deus responde com A. ao A. dos homens; por isso, seu atributo fundamental é o de "Pai". As *Epístolas* de S. Paulo, identificando o reino de Deus com a Igreja e considerando a Igreja o "corpo de Cristo", cujos membros são os cristãos (*Rom.*, XII, 5 ss.), fazem do A. (ἀγάπη), que é o vínculo da comunidade religiosa, a condição da vida cristã. Todos os outros dons do Espírito – profecia, ciência, fé – nada são sem ele. "O A. tudo suporta, em tudo crê, tudo espera, tudo sustenta. [...] Agora há fé, esperança, amor: três coisas; mas o amor é a maior de todas" (*Cor.*, I, XIII, 7-13). A elaboração teológica sofrida pelo Cristianismo no período da Patrística não utilizou, no princípio, a noção de A. Nos grandes sistemas da Patrística oriental (Orígenes, Gregório de Nissa), a terceira pessoa da Trindade, o Espírito Santo, é entendida como uma potência subordinada e de caráter incerto: daí, também, as freqüentes discussões trinitárias que o Concílio de Nicéia (325) não logrou eliminar de todo. Somente por obra de Agostinho, com a identificação do Espírito Santo ao A. (enquanto Deus Pai é o Ser e Deus Filho é a Verdade), o A. é introduzido explicitamente na essência divina e torna-se um conceito teológico, além de moral e religioso. O A. a Deus e o A. ao próximo unem-se em Agostinho, quase formando um conceito único. Amar a Deus significa amar o A.; mas, diz Agostinho, "não se pode amar o A. se não se ama quem ama". Não é A. o que não ama ninguém. Por isso, o homem não pode amar a Deus, que é o A., se não amar o outro homem. O A. fraterno entre os homens "não só deriva de Deus, mas é Deus mesmo" (*De Trin.*, VIII, 12): é a revelação de Deus – em um de seus aspectos essenciais – à consciência dos homens. Contudo, em Agostinho, a noção de A. ainda é a mesma dos gregos: uma espécie de relação, união ou vínculo que liga um ser ao outro: quase "uma vida que une ou tende a unir dois seres, o amante e o amado" (*ibid.*, VIII, 6).

Essas idéias de Agostinho são retomadas freqüentemente durante todo o desenvolvimento de uma das principais correntes da escolástica medieval, o *agostinismo* (v.): por João Scotus Erigena e João Duns Scot. Scotus Erigena diz: "O A. é a conexão e o vínculo pelo qual todas as coisas são ligadas em amizade inefável e em indissolúvel unidade. [...] Com justiça se diz que Deus é A., porque ele é causa de A., e o A. difunde-se através de todas as coisas, reúne-as todas na unidade e as reconduz ao seu inefável ponto de partida: o movimento de A. de toda criatura tem o seu termo em Deus" (*De divis. nat.*, I, 76). E Duns Scot afirma que Deus gera o Verbo conhecendo a Sua própria essência e exala o Espírito Santo *amando* esta essência. Desse modo, o A. eterno é origem e causa de toda comunicação da essência divina, e esse ato, embora não "natural" porque ato de vontade, é necessário (*Op. Ox.*, I, dist. 10, q. 1, n.º 2). Comentários análogos reaparecem freqüentemente na corrente mística (v. MISTICISMO), enquanto na corrente aristotélica o uso teológico da noção de A. é muito mais restrito, preferindo-se ilustrar a natureza divina com base nos conceitos de ser, substância e causalidade. Contudo, em toda a escolástica, são repetidas as idéias de Aristóteles sobre a amizade, oportunamente modificadas e adaptadas para caracterizar a natureza do A. cristão (*caritas*). Assim, Tomás de Aquino afirma ser comum a toda natureza certa inclinação, que é o apetite natural ou o A. Essa inclinação é diferente nas diferentes naturezas e há, portanto, um A. *natural* e um A. *intelectual*; o A. natural é também um A. correto, por ser uma inclinação posta por Deus nos seres criados; mas o A. intelectual, que é caridade e virtude, é mais perfeito que o primeiro; portanto, ao acrescentar-se-lhe, aperfeiçoa-o, do mesmo modo como a verdade sobrenatural se acrescenta à verdade natural, sem se lhe opor, e a aperfeiçoa (*S. Th.*, I, q. 60, a. 1). Quanto ao A. intelectual, isto é, à caridade, esta é definida por Tomás de Aquino como "a amizade do homem por Deus", entendendo-se por "amizade", segundo o significado aristotélico, o A. que está unido à benevolência (*amor benevolentiae*), isto é, que quer o bem de quem se ama, e não quer simplesmente apropriar-se do bem que está na coisa amada (*amor concupiscientiae*), como acontece com quem ama o vinho ou um cavalo. Mas a amizade supõe não só a benevolência como também o A. mútuo e, assim, funda-se em certa comunicação, que, no caso da caridade, é a do homem com Deus, que nos comunica a Sua bem-aventurança (*ibid.*, II, 2, q. 23, a. 1). Essa comunhão é, segundo Tomás de Aquino, o que há de próprio no A.: este é uma espécie de união ou vínculo (*unio vel nexus*) de natureza afetiva, semelhante à união substancial, porquanto quem ama comporta-se em relação ao amado como em relação a si mesmo. A união *real* também é efeito do A., mas trata-se de uma união que não altera nem corrompe aqueles que se unem, mas se mantém nos limites oportunos e convenientes, fazendo, por exemplo, que conversem e dialoguem ou que se unam de outros modos semelhantes (*ibid.*, II, 1, q. 28, a. 1, ad 2). Porquanto "amar" significa querer bem a alguém, o A. pertence à vontade de Deus e a constitui. Mas o A. de Deus é diferente do amor humano porque, enquanto este último não cria a bondade das coisas, mas a encontra no objeto pelo qual é suscitado, o A. de Deus infunde e cria a bondade nas próprias coisas (*ibid.*, I, q. 20, a. 2).

A especulação teológica sobre o A. retorna no platonismo renascentista, mas este acentua a reciprocidade do A. entre Deus e o homem, consoante a tendência, própria do Renascimento, de insistir no valor e na dignidade do homem como tal. Marsílio Ficino afirma que o A. é o liame do mundo e elimina a indignidade da natureza corpórea, que é resgatada pela solicitude de Deus (*Theol. Plat.*, XVI, 7). O homem não poderia amar a Deus, se Deus mesmo não o amasse; Deus volve-se para o mundo como um livre ato de A., cuida dele e torna-o vivo e ativo. O A. explica a liberdade da ação divina assim como a da ação humana, visto ser livre e nascer espontaneamente da livre vontade (*In Conv. Plat. de Am. Comm.*,V, 8). As mesmas palavras repetem-se em *Diálogos de amor*, de Leão Hebreu, que tiveram vastíssima difusão na segunda metade do século XVI. Mas também no *naturalismo* do Renascimento o A. retorna, às vezes, como força metafísica e teológica. Campanella julga que as três primalidades do ser (isto é, os três princípios constitutivos do mundo) são o Poder, o Saber e o A. (*Met.*,VI, proêmio). O A. pertence a todos os entes porque todos amam o seu ser e desejam conservá-lo (*ibid.*,VI, 10, a. 1). Nas três primalidades, a relação de um ser consigo mesmo precede a sua relação com o outro: só podemos exercer força sobre outro ser se exercemos força sobre nós mesmos; assim, só podemos amar e conhecer o outro ser se nos conhecermos e amarmos (*ibid.*, II, 5, 1, a. 13). Em todas as coisas finitas as três primalidades misturam-se com os seus contrários: a potência com a impotência, a sapiência com a insipiência, o A. com o ódio. Somente em Deus, que é infinito, elas excluem tais contrários e existem em sua pureza e absolutez (*ibid.*,VI, proêmio). Trata-se, como se vê, de comentários que lembram os de Agostinho. E, na realidade, o uso metafísico e teológico da noção de A. pode ser considerado, na tradição filosófica, como uma contribuição do agostinismo, pelo menos até o romantismo, quando essa noção assume sentido panteísta, cujo precedente mais importante é Espinosa. É preciso ter em mente que o uso teológico da noção de A. implica não só que Deus é *objeto* de A. (o que não é negado por nenhuma concepção cristã da divindade), mas que Ele próprio ama: o que é algo completamente diferente e que se encontra só no agostinismo, no romantismo e em algumas concepções que, como a de Feuerbach e do positivismo moderno, tendem a identificar Deus com a humanidade. Na realidade, o A., no seu conceito clássico, que tem como modelo a experiência humana, tem como condição a carência – e portanto o desejo e a necessidade – daquilo que se ama; dificilmente pode ser atribuído a Deus, que, na sua plenitude e infinidade, está isento de qualquer deficiência. A concepção panteísta do A., por exemplo, como a de Espinosa, Schelling e Hegel, resolve essa dificuldade só quando interpreta o A. como unidade ou consciência da unidade, modo que não encontra correspondência em nenhum tipo de experiência amorosa. A unidade, seja ela ou não consciente de si, nada tem com o A. e é, aliás, a negação do A., porque exclui a relação e a comunidade que o constituem em todas as suas manifestações. É bastante óbvio que onde há uma só coisa não há quem ame nem quem seja amado.

Com a tradição agostiniana podem ser relacionadas as famosas palavras de Pascal: "O Deus de Abrão, o Deus de Isaac, o Deus de Jacó, o Deus dos Cristãos, é um Deus de A. e de consolação, é um Deus que enche a alma e o coração daqueles que Ele possui e os leva a sentir interiormente sua própria miséria e a misericórdia infinita d'Ele" (*Pensées*, 556, Brunschvicg). Mas é duvidoso que neste texto ou em outros semelhantes de Pascal se possa ver muito mais do que a noção de que Deus é – em primeiro lugar e sobretudo – objeto de amor. Quanto a Malebranche, afirma que Deus criou o mundo "para obter honra digna de Si" (*Recherche de la vérité*, IX) e que o Verbo disse: "É o meu poder que faz tudo, tanto o bem quanto o mal [...] por isso, deves amar somente a mim, porque ninguém fora de mim produz em ti os prazeres que experimentas por ocasião do que acontece no teu corpo" (*Méditations chrétiennes*, XII, 5); palavras que parecem excluir a doutrina de Deus como A.

As apreciações de Descartes sobre o fenômeno A., em escala humana, são importantes. "O A.", diz ele, "é uma emoção da alma, produzida pelo movimento dos espíritos vitais que a incita a unir-se voluntariamente aos objetos que lhe parecem convenientes". Porquanto é produzido pelos espíritos, o A., que é uma afeição e depende do corpo, difere do juízo que também induz a alma, de sua livre vontade, a unir-se às coisas que julga boas (*Pass. de l'âme*, II, 79). O A. distingue-se, outrossim, do desejo, que é dirigido para o futuro; permite, porém, que nos consideremos imediatamente unidos com o que amamos "de tal modo que imaginamos um todo de que somos só uma parte e do qual a coisa amada é a outra parte" (*ibid.*, 80). Descartes rejeita a distinção medieval entre A. de concupiscência e A. de benevolência porque, diz ele, essa distinção concerne aos efeitos do A., e não à sua essência: uma vez que estamos unidos voluntariamente a algum objeto, qualquer que seja a natureza deste, temos por ele um sentimento de benevolência, e este é um dos principais efeitos do A. (*ibid.*, 81). Há, todavia, várias espécies de A., relativas aos diferentes objetos que possamos amar: o A. que um homem ambicioso sente pela glória, o pobre pelo dinheiro, o beberrão pelo vinho, um homem brutal por uma mulher que deseje violar, o homem honrado pelo amigo ou pela mulher e um bom pai pelos filhos são espécies diversas porém semelhantes de A. As quatro primeiras, no entanto, são A. apenas à posse dos objetos para os quais a emoção se dirige, e não são A. aos objetos em si mesmos; as outras, no entanto, dirigem-se aos próprios objetos e desejam o bem deles (*ibid.*, 82). Desta natureza é também a amizade, que, além do mais, está ligada à estima da pessoa amada; de tal modo que não se pode ter amizade por uma flor, um pássaro, um cavalo, mas só pelos homens (*ibid.*, 83). Em geral, quando julgamos o objeto do A. inferior a nós mesmos, sentimos por ele simples *afeto* (v.); quando o julgamos igual a nós mesmos, sentimos *amizade*; e, quando o julgamos superior a nós mesmos, sentimos *devoção*. Desta última, o principal objeto é, naturalmente, Deus, mas seu alvo também pode ser a pátria, a cidade e qualquer homem que julguemos muito superior a nós mesmos (*ibid.*, 83). Na mesma linha, acha-se a análise de Hume, segundo a qual o A. é uma emoção indefinível, mas cujo mecanismo pode ser compreendido. Sua causa é sempre um ser pensante (não se podem amar objetos inanimados), e o mecanismo com que essa causa age é constituído por uma dupla conexão: conexão de idéias – entre a idéia de si e a idéia do outro ser pensante – e conexão emotiva entre a emoção do A. e a do orgulho (que é a emoção que nos põe em relação com o nosso eu); ou entre a emoção do ódio e a da humildade (*Diss. on the Passions*, II, 2). Em geral, os escritores do séc. XVIII insistem no vínculo entre A. e benevolência, que é a característica na qual Aristóteles insistira a propósito da amizade. Leibniz exprimiu essa noção do A. da forma mais clara, que deveria ser repetida numerosas vezes na literatura do século: "Quando se ama sinceramente uma pessoa", diz ele (*Opera Philosophica*, ed. Erdmann, pp. 789-90), "não se procura o próprio proveito nem um prazer desligado do prazer da pessoa amada, mas procura-se o próprio prazer na satisfação e na felicidade dessa pessoa; e se essa felicidade não agradasse por si mesma, mas só pela vantagem que dela resultasse para nós, já não se trataria de A. sincero e puro. É preciso, pois, que se sinta imediatamente prazer nessa felicidade e que se sinta dor na infelicidade da pessoa amada, pois o que dá prazer imediato, por si mesmo, é também desejado por si mesmo como constitutivo (ao menos em parte) do objetivo das nossas intenções e como algo que faz parte da nossa própria felicidade e nos dá satisfação." Segundo Leibniz, essa noção de A. elimina a oposição entre duas verdades, uma que diz ser-nos impossível desejar outra coisa que não o nosso próprio bem, e a que diz não haver A. a não ser quando procuramos o bem do objeto amado por si mesmo e não para nossa própria vantagem. Tem também a vantagem, segundo Leibniz, de ser comum ao A. divino e ao A. humano porque exprime todos os tipos de A. "não mercenário", como a *caritas* ou "benevolência universal" (*Op. Phil.*, p. 218). Subentende-se que, nesse sentido, o A. pode voltar-se só para "o que é capaz de prazer ou de felicidade"; assim, não se pode dizer, a não ser por metáfora, que amamos as coisas inanimadas que nos dão prazer (*Nouv. ess.*, II, 20, 4). Apreciações desse gênero são bastante freqüentes nos escritores do século XVIII. Wolff diz que o A. é "a disposição da alma de sentir prazer pela felicidade alheia" (*Psichol. empirica*, § 633). E Vauvenargues afirma: "O A. é comprazer-se no objeto amado. Amar uma coisa significa comprazer-se em sua posse, em sua graça, em seu crescimento e temer a sua privação, sua decadência etc." (*De l'esprit humain*, § 24).

Nenhum dos escritores do século XVIII duvida do fundamento sensível do A., no que ele se diferencia da amizade. Vauvenargues, por exemplo, diz: "Na amizade, o espírito é o órgão do sentimento; no A., são os sentidos" (*ibid.*, § 36). E Kant parece admitir esse pressuposto quando distingue o A. baseado nos sentidos, ou "patológico", do A. "prático", isto é, moral, que é imposto pela máxima cristã "Ama a Deus sobre todas as coisas e ao próximo como a ti mesmo". O A. a Deus, como inclinação, diz Kant, é impossível, pois Deus não é um objeto dos sentidos. Outrossim, A. semelhante aos homens é possível, mas não pode ser imposto, porque ninguém tem o poder de amar o outro por preceito. "Amar a Deus", portanto, pode significar tão-somente "cumprir *de bom grado* os seus mandamentos"; e "amar ao próximo", tão-somente "pôr em prática *de bom grado* todos os deveres para com ele". Mas, aqui, a expressão "de bom grado" diz que a máxima cristã só obriga a aspirar a esse A. prático, mas que ele não é atingível pelos seres finitos. Com efeito, seria inútil e absurdo "impor" o que se faz "de bom grado"; por isso, o preceito evangélico apresenta a intenção moral na sua perfeição total "como um ideal de santidade não atingível por nenhuma criatura, mas que é o exemplo de que devemos procurar aproximar-nos pelo progresso ininterrupto, mas infinito" (*Crít. R. Prática*, I, I, cap. 3) (v. FANATISMO).

A doutrina de Espinosa apresenta dois conceitos de A., dos quais o segundo seria utilizado pelos românticos. Em primeiro lugar, o A., como qualquer outra emoção (*affectus*), é uma afecção da alma (*passio*) e consiste na alegria acompanhada pela idéia de uma causa externa (*Et.*, III, 13 esc.). Nesse sentido, deve-se dizer com mais propriedade que Deus não ama ninguém, pois não está sujeito a nenhuma afecção (*ibid.*, V, 17 corol.). Mas existe um "A. intelectual de Deus", que é a visão de todas as coisas na sua ordem necessária, porquanto derivam, com eterna necessidade, da própria essência de Deus (*ibid.*, V, 29 esc.; 32 corol.). Este A. intelectual é o único eterno e é aquele com que Deus se ama a si mesmo; de tal modo que o A. intelectual da mente por Deus é parte do A. infinito com que Deus se ama. "Disso resulta", diz Espinosa, "que Deus, em se amando, ama os homens, e, por conseqüência, o A. de Deus pelos homens e o A. intelectual da mente por Deus são a mesma coisa" (*ibid.*, V, 36 corol.). Esse A. é aquilo em que consiste a nossa salvação ou bem-aventurança, ou liberdade; e é o que, nos livros sagrados, se chama "glória" (*ibid.*, esc.). Está claro que já não é uma afecção, nem uma emoção no sentido que Espinosa deu a tais termos, mas é a pura contemplação de Deus, ou melhor, como a mente que contempla Deus não é senão um atributo de Deus, esse A. outra coisa não é senão a contemplação que Deus tem de si, como unidade de si mesmo e do mundo. Aqui, o conceito de A. deixa de referir-se à experiência humana: torna-se o conceito metafísico da unidade de Deus consigo mesmo e com o mundo, logo com todas as manifestações do mundo, inclusive os homens.

Esse conceito tornar-se-ia central e dominante no *romantismo* (v.) da primeira metade do século XIX, que se baseia inteiramente na tentativa de demonstrar a unidade (como total identidade e intimidade) de finito e infinito. Schleiermacher faz dessa unidade – revelada na forma do sentimento – fundamento da religião; Fichte, Schelling e Hegel fazem da mesma unidade – que colocam como princípio da razão – fundamento da filosofia. Mas justamente essa unidade permitiu que os românticos elaborassem uma teoria do A. segundo a qual o A., mesmo quando se volta para coisas ou criaturas finitas, vê ou colhe nelas as expressões ou os símbolos do infinito (isto é, do Absoluto ou de Deus). Pela unidade de finito e infinito, a aspiração ao infinito pode ser satisfeita ainda no mundo finito, por exemplo, no A. à mulher. A., poesia, unidade de finito e infinito e *sentimento* dessa unidade vêm a ser sinônimos para os românticos. Friedrich Schlegel talvez seja quem expressou melhor esses conceitos. "A fonte e a alma de todas as emoções é o A.; e, na poesia romântica, o espírito do A. deve sempre estar presente; invisível e visível. [...] As paixões galantes de que não se pode fugir na poesia moderna, do epigrama à tragédia, são o grau mínimo desse Espírito, ou melhor, conforme o caso, a sua letra extrínseca, ou absolutamente nada, ou algo de não amável e desprovido de A. Não, o que nos comove nos sons da música é o Sopro divino. Ele não se deixa tomar à força nem agarrar mecanicamente, mas deixa-se atrair amoravelmente pela beleza mortal para nela velar-se: também as palavras mágicas da poesia podem ser penetradas e animadas por sua força. Mas, na poesia onde o Sopro não está ou não pode estar em toda parte, ele não está em absoluto. Ele é uma Substância infinita que não anui com pessoas, ocasiões, situações e tendências individuais nem por elas se interessa: para o verdadeiro poeta, todas essas coisas, mesmo que a sua alma lhes esteja intimamente afeta, são apenas o indício do Altíssimo, do Infinito, são o hieróglifo do único e eterno A. e da sagrada plenitude de Vida da natureza formadora" (*Prosaischen Jugendschriften*, ed. Minor, II, p. 371). A poesia torna-se, assim, um análogo do A., e o A., como anseio ao infinito – a Deus, Universo, Eterno –, pode satisfazer-se e encontrar a paz no finito, nas criaturas do mundo. Em *Discípulos de Saís*, de Novalis, Jacinto, que partira à procura da deusa velada Ísis, acaba encontrando sob o véu da deusa Florinha de rosa, isto é, a menina amada que ele abandonara para sair em busca de Saís. O sentimento, em particular o A., revela o último mistério do Universo. Hegel exprimiu com as fórmulas mais rigorosas e pregnantes esse conceito de A. Já num texto juvenil de inspiração romântica, cujos pressupostos são justamente Schleiermacher e Schlegel (NOHL, *Hegels theologische Jugendschr.*, pp. 379 ss., trad. em DE NEGRI, *Princ. di Hegel*, pp. 18 ss.), o "verdadeiro A." é identificado com a "verdadeira unificação", que só ocorre "entre seres vivos que são iguais em poder" e que, em tudo e por tudo, estão vivos um para o outro e sob nenhum aspecto estão mortos um para o outro. O A. é um sentimento infinito pelo qual "o vivo sente o vivo". Os amantes "são um todo vivo". São reciprocamente independentes só por "poderem morrer". O A. é superior a todas as oposições e a todas as multiplicidades. Essas notas românticas voltam nas obras maduras de Hegel. "O A.", diz ele, "exprime em geral a consciência da minha unidade com um outro, de tal modo que eu, para mim, não estou isolado, mas a minha autoconsciência só se afirma como renúncia ao meu ser por si e através do saber-se como unidade de mim com o outro e do outro comigo" (*Fil. do dir.*, § 158, adendo). "A verdadeira essência do A.", diz ainda Hegel em *Lições de estética*, "consiste em abandonar a consciência de si no esquecer-se em outrem e, apesar, reencontrar-se e possuir-se verdadeiramente nesse esquecimento" (*Vorles. über die Ästhetik*, ed. Glockner, II, p. 149). O A. é "identificação do sujeito com outra pessoa"; é "o sentimento pelo qual dois seres não existem senão em unidade perfeita e põem nessa identidade toda a sua alma e o mundo inteiro" (*ibid.*, p. 178). "Esta renúncia a si mesmo para identificar-se com outro, esse abandono no qual o sujeito reencontra, porém, a plenitude do seu ser, constitui o caráter *infinito* do A." (*ibid.*, p. 179). Desse ponto de vista, Hegel diz também que a morte de Cristo é "o A. mais alto", no sentido de que ela exprime "a identidade entre divino e humano"; e assim é "a intuição da unidade no seu grau absoluto, a mais alta intuição do A." (*Phil. der Religion*, ed. Glockner, II, p. 304). Essa noção romântica, que vê no A. a totalidade da vida e do universo na forma de um "sentimento infinito" que é fim para si mesmo, encontra-se em toda a tradição literária do romantismo, especialmente na narrativa, a começar por *Lucinda*, de Schlegel. Essa noção também impregnou os costumes e a vida dos povos ocidentais até, pode-se dizer, os dias atuais, em que o adjetivo "romântico" ainda parece o mais adequado para definir a natureza dos sentimentos exaltados e tendentes a infinitizar-se, em que o aspecto espiritual e o aspecto sensual se complicam e se limitam reciprocamente, dando lugar a vicissitudes interiores, cujas mínimas nuanças se tem prazer de acompanhar, exagerando-lhes a importância e o valor. Também faz parte do A. romântico – por ter como objeto o infinito, ou melhor, a infinita unidade e identidade – a insistência no A. como aspiração, desejo ou anseio, que, em vez de achar satisfação no ato sexual, teme ser diminuído ou enfraquecido por esse ato e tende a evitá-lo. A "distância" é considerada pelos românticos como um meio que favorece os sonhos voluptuosos; por isso, em geral o A. romântico arrefece em presença do objeto amado.

Mas a concepção romântica do A. encontra-se também em filosofias e tendências diferentes do romantismo ou que, pelo menos, não compartilham todas as suas características. Schopenhauer distingue nitidamente A. sexual (ἔρως) de A. puro (ἀγάπη). O A. sexual é simplesmente a emoção de que se serve o "gênio da espécie" para favorecer a obra obscura e problemática da propagação da espécie (*Metafísica do A. sexual*). Mas o "gênio da espécie" não é senão a cega, maligna e desesperada "vontade de viver", que constitui a substância do universo, o seu "númeno". O A. sexual não é, portanto, nada mais que manifestação, em forma fenomênica (ou seja, sob a aparência da diversidade e da multiplicidade dos seres vivos) da única força que rege o mundo. Quanto ao A. puro, é compaixão, e a compaixão é o conhecimento da dor alheia. Mas a dor alheia é também a dor do mundo, a dor da própria vontade de vida dividida em si mesma e lutando contra si mesma nas suas manifestações fenomênicas: além das quais, o A. como compaixão é a percepção da unidade fundamental (*Die Welt*, I, § 67). Desse modo, conserva-se na teoria de Schopenhauer a noção romântica do A. como sentimento da unidade cósmica. E permanece também na análise de um discípulo seu, Eduard von Hartmann, que a torna mais explícita, afirmando que o A. é a *identificação* entre amante e amado, uma espécie de ampliação do egoísmo por meio da absorção de um eu por outro eu, donde o sentido mais profundo do A. consiste em tratar o objeto amado como se fosse, na sua essência, idêntico ao eu que ama. Se essa unidade e identidade não existissem, afirma Hartmann, o A. seria uma ilusão; mas Hartmann crê que não se trata de uma ilusão, porque a identidade que o A. tem em vista, ou realiza ao menos em parte, é a identidade do Princípio Inconsciente, da Força Infinita que rege o mundo (*Phänomenologie des sittliche Bewusstseins*, 1879, p. 793).

Pode-se dizer, em geral, que todas as teorias que reduzem o A. a uma força única e total, ou segundo as quais, de algum modo, ele deriva de força semelhante, participam de alguma forma da noção romântica do A. como unidade e identidade. Nesse aspecto, deve-se reconhecer um fundo romântico até na doutrina de Freud, segundo a qual o A. é a especificação e a sublimação de uma força instintiva originária, que é a *libido*. A *libido* não é o impulso sexual específico (isto é, dirigido para o indivíduo do outro sexo), mas simplesmente a tendência à produção e à reprodução de sensações voluptuosas relativas às chamadas "zonas erógenas", que se manifesta desde os primeiros instantes da vida humana. O impulso sexual específico é uma formação tardia e complexa, que, por outro lado, nunca se completa, como demonstram as perversões sexuais, tão variadas e numerosas. Essas perversões, portanto, segundo Freud, não são desvios de um impulso primitivo normal, mas modos de comportamento que remontam aos primeiros instantes da vida, que escaparam ao desenvolvimento normal e fixaram-se na forma de uma fase primitiva (v. PSICANÁLISE). Da *libido* desenvolvem-se, segundo Freud, as formas superiores do A., mediante a *inibição* e a *sublimação*. A inibição tem a função de manter a *libido* nos limites compatíveis com a conservação da espécie; dela derivam as emoções morais, em primeiro lugar as de vergonha, pudor etc., que tendem a imobilizar e a conter as manifestações da *libido*. Na inibição da *libido* e de seus conteúdos objetivos enraízam-se as neuroses. A sublimação, ao contrário, dá-se quando a *libido* se desliga do seu conteúdo primitivo, que são a sensação voluptuosa e os objetos que a esta se vinculam, para concentrar-se em outros objetos que serão, desse modo, amados por si mesmos, independentemente da sua capacidade de produzir sensações voluptuosas. Na sublimação da *libido* inibida assentam, segundo Freud, todos os progressos da vida social: arte, ciência e civilização em geral, ao menos à medida que tais progressos dependam de fatores psíquicos. Para Freud, todas as formas superiores do A. são apenas sublimações da *libido* inibida. Desse modo, a teoria freudiana do A. parece apresentar ao homem uma única alternativa, entre o primitivismo sexual e o ascetismo total, visto que as formas superiores do A. e, em geral, da atividade humana, só poderiam produzir-se à custa da inibição e da sublimação da *libido*. Esta alternativa parece ser desmentida pelos fatos e muito preocupante do ponto de vista moral. Mas talvez ainda mais grave seja o fato de que a doutrina de Freud não contém nenhum elemento apto a explicar a *escolha* que está presente em todas as formas do A. e que está totalmente ausente nos comportamentos instintivos, que são cegos e anônimos. Entretanto, o próprio Freud insiste no valor da escolha em sua crítica do *A. universal*. "Algumas pessoas", diz Freud, "tornam-se independentes da aquiescência de seus objetos transferindo o valor principal, que do fato de serem amadas passa para o próprio ato de amar; protegem-se da perda do objeto amado dirigindo seu A. não a objetos individuais, mas a todos os homens igualmente, e evitam as incertezas e as desilusões do A. genital desistindo do objetivo sexual deste e transformando o instinto em *impulso de intenção inibida*. O estado que induzem em si com esse processo – atitude de ternura imutável e não desviável – tem pouca semelhança superficial com as tempestuosas vicissitudes do A. genital, mas deriva deste" (*Civilization and its Discontents*, p. 69). As objeções que Freud faz a esse tipo de A. são duas: ele não discrimina seus objetos, o que se resolve em injustiça para com os próprios objetos; em segundo lugar, nem todos os homens são dignos de A. "Se amo alguém", diz Freud, "ele deve ser digno desse A. de um modo ou de outro: ou por ser tão semelhante a mim em algum aspecto importante que posso amar-me a mim mesmo nele, ou por ser muito mais perfeito que eu, de sorte que posso amar nele o meu ideal de mim mesmo, ou por ser filho de meu amigo, com o qual quero compartilhar afetos e dores. Mas, se não há nenhum motivo específico para amá-lo, amá-lo será bastante difícil para mim e consistirá em injustiça para aqueles que são dignos do meu A., visto que estarei pondo estes últimos no mesmo nível dele. Além disso, o A. que poderei dar-lhes, como cumprimento do preceito de A. universal, será somente uma pequeníssima parte do A. que, por todas as leis da razão, estou autorizado a dar a mim mesmo. Em conclusão, o mandamento de amar o próximo como a nós mesmos é a mais forte defesa contra a agressividade humana e exemplo superlativo da atitude antipsicológica do *superego* cultural. Mas é um mandamento impossível de respeitar: uma inflação tão grande de A. só poderia diminuir-lhe o valor e não seria um remédio para o mal" (*ibid.*, pp. 139-41). Essas considerações pressupõem, obviamente, que o A. implica uma escolha motivada pelo valor reconhecido no objeto amado ou a ele atribuído; mas justamente esse elemento de escolha não tem lugar na doutrina de Freud, que se funda totalmente no princípio do caráter instintivo da *libido*, de que deriva todo A.

A crítica de Freud ao "A. universal" é importante e em alguns aspectos decisiva para a orientação contemporânea em torno do problema do A. Todavia, Freud dirigiu essa crítica contra um alvo errado, o preceito evangélico do A. ao próximo: o verdadeiro alvo dessa crítica é a noção moderna, de origem positivista, do A. universal. A origem dessa noção pode ser encontrada em Feuerbach, no qual tem estreita conexão com a noção romântica de A., em particular com a de Hegel. Feuerbach parte do pressuposto de que o objeto ao qual um sujeito se refere, essencial e necessariamente, outro não é senão a natureza *objetiva* do próprio sujeito e que, portanto, no objeto o homem contempla-se a si mesmo e torna-se consciente de si: a consciência do objeto é a autoconsciência do homem (*Wesen des Christentum*, 1841; trad. fr., p. 26). Esta é a mesma noção da unidade entre subjetivo e objetivo, entre o eu e o outro, transferida do infinito (aonde os românticos a levaram) para o homem, na sua finitude. Não obstante essa transferência, a noção continua a mesma; na verdade, o A. é entendido por Feuerbach, romanticamente, como unidade e identidade: "a unidade de Deus e homem, de espírito e natureza". O A. "não tem plural". A própria encarnação, para Feuerbach como para Hegel, é somente "o puro, absoluto A., sem acréscimo, sem distinção entre A. divino e humano" (*ibid.*, p. 82). Com base nessa noção, Feuerbach delineou uma extensão progressiva do A. que vai do objeto sexual ao A. à criança, ao filho; do filho ao pai e finalmente à família, ao clã, à tribo etc., extensão esta que seria devida à multiplicação das ações recíprocas e, por isso, da dependência recíproca das instituições e dos interesses vitais. O último termo dessa extensão progressiva seria "a humanidade em seu conjunto", que, como tal, é o objeto mais alto do A. e o ideal moral por excelência. A ética positivista, especialmente com Comte e Spencer, baseou-se no A. estendido a toda a humanidade; nele também se baseou a ética do neocriticismo alemão, da forma como se encontra, por exemplo, expressa em Cohen.

Nessas vertentes, os termos "humanidade" e "A." passam a ser sinônimos, porque significam a unidade dos seres humanos e, às vezes, até mesmo a unidade cósmica segundo o conceito romântico. Desse ponto de vista, as formas do A. são classificadas conforme a maior ou menor extensão do círculo de objetos a que o A. se estende. Assim, o A. à pátria seria inferior ao A. à humanidade; o A. à família, inferior ao A. à pátria; o A. a si mesmo, inferior ao que se sente por um amigo. Scheler mostrou (*Sympathie*) o caráter fictício dessa hierarquia que pretende reduzir as variedades autônomas do A. a uma única forma, que teria graus diversos segundo a extensão do círculo humano que constitui seu objeto. Suas observações a esse respeito coincidem substancialmente com as já indicadas por Freud: o valor do A. diminui, não cresce, à medida que o A. se estende a um número maior de objetos, uma vez que, em geral, o A. ao que está próximo tem mais valor do que o A. ao que está distante, pelo menos quando dirigido a um ser vivo; e Nietzsche errou quando contrapôs (em *Assim falou Zaratustra*) o A. ao distante ao A. ao próximo. Scheler negou o próprio pressuposto da doutrina do A. universal: a noção romântica do A. como unidade ou identificação. O A. e, em geral, a simpatia em todas as suas formas (v. SIMPATIA) implicam e, ao mesmo tempo, fundamentam a diversidade das pessoas. O sentido do A. consiste justamente em não considerar e em não tratar o outro como se fosse idêntico a si. "O A. verdadeiro", diz Scheler (*Sympathie*, I, cap. IV, 3), "consiste em compreender suficientemente uma outra individualidade modalmente diferente da minha, em poder colocar-me em seu lugar, mesmo considerando-a diferente de mim e mesmo afirmando, com calor emocional e sem reserva, a sua própria realidade e o seu próprio modo de ser". O A. dirige-se necessariamente ao núcleo válido das coisas, ao *valor*: tende a realizar o valor mais elevado possível (e isso já é um valor positivo) ou a suprimir um valor inferior. Pode voltar-se para a natureza, para a pessoa humana e para Deus, naquilo que estes têm de próprio, de diferente daquele que ama. Scheler reconhece, com Freud, que "o A. sexual representa um fator primordial e fundamental, no sentido de que a força e a vivacidade de todas as outras variedades de A. vital e de vida instintiva derivam desse A." (*ibid.*, II, cap. VI, § 5). No entanto, não se reduz ao instinto sexual porque implica *escolhas*, que, por princípio, se orientam para as qualidades vitais, que chamamos de mais "nobres". Mas, se o A. sexual domina a esfera vital, existem outras formas de A. correspondentes à esfera espiritual e à esfera religiosa; essas formas são variedades qualitativamente diferentes, qualidades primordiais e irredutíveis umas às outras, que fazem pensar numa pré-formação, na estrutura psíquica do homem, das relações elementares que existem entre os homens (*ibid.*). Entre essas formas não está, porém, o A. à humanidade. A humanidade pode ser amada como indivíduo único e absoluto somente por Deus; por isso, o chamado A. à humanidade é somente o A. ao homem médio de certa época, isto é, aos valores correntes nessa época, que interessam aos defensores dessa forma de amor. Esta, segundo Scheler, outra coisa não é senão *ressentimento*, ou seja, ódio pelos valores positivos implícitos em "terra natal", "povo", "pátria", "Deus", ódio que, substituindo pela humanidade esses portadores de valores especificamente superiores, procura iludir-se e iludir os outros sobre o A. (*ibid.*).

Na filosofia contemporânea, as análises de Scheler são a primeira tentativa de desvincular a noção de A. do ideal romântico da absoluta unidade. Pode-se vislumbrar, todavia, a sugestão e a ação desse ideal em duas doutrinas contemporâneas, aparentemente heterogêneas: a doutrina do A. místico de Bergson e a doutrina do A. sexual de Sartre. Segundo Bergson, a fórmula do misticismo é esta: "Deus é A. e objeto de A." (*Deux sources*, III; trad. it., p. 275). Embora se possa duvidar da exatidão da primeira parte dessa fórmula, porque dificilmente se pode encontrar nos místicos a tese de que Deus ama o homem (o que Deus oferece ao homem que o ama é a salvação, a bem-aventurança e a participação na sua "glória"), o que Bergson pretende dizer é que o arrebatamento místico se realiza como uma unidade entre o homem e Deus. "Não há mais separação completa entre quem ama e quem é amado: Deus está presente e a alegria é sem limites" (*ibid.*, p. 252). Por essa unidade, o A. do homem por Deus é o A. de Deus por todos os homens. "Através de Deus, com Deus, ele ama toda a humanidade com A. divino." Mas esse A. não é a fraternidade do ideal racional nem a intensificação de uma simpatia inata do homem pelo homem: é "o prosseguimento de um instinto" que está na raiz da sensibilidade e da razão, assim como de todas as outras coisas; e identifica-se com o A. de Deus por sua obra, A. que criou todas as coisas e é capaz de revelar o mistério da criação a quem saiba interrogá-lo. A esse A. cabe aperfeiçoar a criação da espécie humana (*ibid.*, IV, pp. 356-7) e devolver ao universo a sua função essencial, que é a de ser "uma máquina destinada a criar deuses". O caráter espinosiano, romântico e panteísta dessas observações é muito evidente e patenteia a noção que pressupõe: a do A. como unidade que é identidade.

Se o "amor sagrado" de Bergson é de cunho romântico, não menos romântico é o "amor profano" de Sartre. O pressuposto da análise de Sartre é que o A. é a tentativa ou, mais exatamente, o projeto de realizar a unidade ou a assimilação entre o eu e o outro. Essa exigência de unidade ou de assimilação é, por parte do eu, a exigência de que ele seja para o outro uma totalidade, um mundo, um fim absoluto. O A. é, fundamentalmente, um querer ser amado; e querer ser amado significa "querer situar-se além de todo o sistema de valores posto pelos outros, como condição de toda valoração e como fundamento objetivo de todos os valores" (*L'être et le néant*, p. 436). A vontade de ser amado é, assim, a vontade de valer para o outro como o próprio infinito. "O olhar do outro não me permeia mais de finitude, não imobiliza mais o meu ser *naquilo que sou* simplesmente; não poderei ser *olhado* como feio, como pequeno, como vil, porque essas características representam necessariamente uma limitação de fato do meu ser e uma apreensão da minha finitude como finitude" (*ibid.*, p. 437). Mas, para que o outro possa considerar-me assim, é preciso que ele possa querer, isto é, que seja livre: por isso, a posse física, a posse do outro como coisa, é, no A., insuficiente e frustrante. É preciso que o outro seja livre para querer amar-me e para ver em mim o infinito. O que quer dizer: é preciso que se mantenha "como pura subjetividade, como o absoluto pelo qual o mundo vem a ser" (*ibid.*, p. 455). Mas aí estão, precisamente, o conflito e o fracasso inevitáveis do A., pois, por um lado, o outro exige de mim a mesma coisa que eu exijo dele – ser amado e valer para mim como a totalidade infinita do mundo – e, por outro, justamente por querer isso, por amar-me, "frustra-me radicalmente com o seu próprio A.: eu exigia que ele assumisse o meu ser como objeto privilegiado, mantendo-se como pura subjetividade em relação a mim, mas, desde que me ama, em vez disso reconhece-me como sujeito e mergulha na sua objetividade diante da minha subjetividade" (*ibid.*, p. 444). Em outros termos, cada um, no A., quer ser para o outro o objeto absoluto, o mundo, a totalidade infinita, mas para isso é necessário que o outro permaneça subjetividade livre e igualmente absoluta. Mas, como ambos querem exatamente a mesma coisa, o único resultado do A. é um conflito necessário e um fracasso inevitável. Há, todavia, outro caminho para realizar a assimilação de um ser com o outro, que é exatamente o contrário do que foi descrito: em vez de projetar absorver o outro conservando-lhe a alteridade, posso projetar fazer-me absorver pelo outro e perder-me na sua subjetividade para desembaraçar-me da minha. Nesse caso, em vez de procurar existir para o outro como objeto-limite, como mundo ou totalidade infinita, procurarei fazer-me tratar como um objeto entre os outros, como um instrumento por ser utilizado, em uma palavra, como uma coisa. Ter-se-á, então, a atitude *masoquista*. Mas o próprio masoquismo é e deve ser um fracasso, pois, por mais que queiramos, nunca seremos simples instrumento inanimado, coisa humilde, ridícula ou obscena; será necessário, precisamente, querer isso, ou seja, valer como subjetividade livre para essa finalidade (*ibid.*, pp. 346-7). Não há, portanto, salvação no A.: o conflito e o fracasso são-lhe intrinsecamente necessários. Por outro lado, Sartre vê conflito análogo também no simples desejo sexual, cujo "ideal impossível" assim define: "Possuir a transcendência do outro como pura transcendência e no entanto como *corpo*: reduzir o outro à sua simples factualidade, pois ele ainda está no meio do meu mundo, mas fazer que essa factualidade seja uma representação perpétua da sua transcendência nadificante" (*ibid.*, pp. 463-4). E, como o A. pode tender para o masoquismo como solução ilusória do seu conflito, assim também o desejo sexual tende para o *sadismo*, isto é, para a não-reciprocidade das relações sexuais, para o gozo de ser "potência possessiva e livre em face de uma liberdade aprisionada pela carne" (*ibid.*, p. 469). Não há dúvida de que a análise de Sartre, tão rica de reparos e referências, representa um exame sem preconceitos de certas formas que o A. pode assumir e assume e dos conflitos em que desembocam. Mas trata-se das formas do A. romântico e das suas degenerações. O A. de que fala Sartre é o *projeto da fusão absoluta entre dois infinitos*; e dois infinitos só podem excluir-se e contradizer-se. Querer ser amado significa, para Sartre, querer ser a totalidade do ser, o fundamento dos valores, o todo e o infinito: isto é, o mundo ou Deus mesmo. E o *outro*, o amado, deveria ser um sujeito igualmente absoluto e infinito, capaz de tornar absoluto e infinito quem o ama. São evidentes os pressupostos românticos dessa atitude. A unidade absoluta e infinita que o romantismo clássico postulava ingenuamente como uma realidade garantida do A. torna-se, em Sartre, um projeto inevitavelmente destinado ao fracasso. O romantismo de Sartre é frustrado e consciente de seu malogro.

No entanto, está patente na filosofia contemporânea a tendência anti-romântica a privar o A. do caráter de infinidade, isto é, da natureza "cósmica" ou "divina", e a circunscrevê-lo em limites mais restritos e demarcáveis. Russell evidenciou a fragilidade do A. romântico, que pretende ser a totalidade da vida, mas caminha rapidamente em direção à exaustão e ao malogro. "O A.", disse ele, "é o que dá valor intrínseco a um matrimônio e, como a arte e o pensamento, é uma das coisas supremas que tornam a vida digna de ser vivida. Mas, embora não haja bom casamento sem A., os melhores casamentos têm um objetivo que vai além do A. O A. recíproco de duas pessoas é demasiado circunscrito, demasiado separado da comunidade para ser, por si mesmo, o objetivo principal da vida. Não é, em si mesmo, fonte suficiente de atividade, não oferece perspectivas suficientes para constituir uma existência em que se possa encontrar uma satisfação fundamental. Cedo ou tarde, torna-se retrospectivo, é um túmulo de alegrias mortas, não uma fonte de vida nova. Esse mal é inseparável de qualquer finalidade atingível numa única emoção suprema. Os únicos fins adequados são os que têm incidência no futuro, que nunca podem ser plenamente alcançados, mas estão em constante 'crescendo' e são infinitos, como a infinidade da busca humana. Só quando o A. está ligado a algum fim infinito dessa espécie pode ter a seriedade e a profundidade de que é capaz" (*Principles of Social Reconstruction*, p. 192). Com isso, o A. não é negado, mas reconduzido aos limites que o definem. "O homem", diz ainda Russell, "que nunca viu as coisas belas em companhia da mulher amada não conheceu plenamente o mágico poder que tais coisas possuem. E mais: o A. é capaz de romper o duro cerne do eu, porque é uma espécie de colaboração biológica, na qual as emoções de um são necessárias à satisfação dos propósitos instintivos do outro" (*A conquista da felicidade*; trad. it., p. 42). Nesse sentido, porém, não requer o sacrifício das pessoas que se amam, mas constitui enriquecimento e realização da sua personalidade. Não requer nem mesmo o emudecimento do espírito de ambas as partes, mas, antes, o respeito à autonomia recíproca e a fidelidade aos compromissos assumidos. Por isso, é indispensável a realização da igualdade de condição moral e jurídica entre os sexos, bem como a transformação e a liberalização das regras morais que ora restringem e inibem com demasiada rigidez as relações sexuais. Por outro lado, porém, "a relação sexual sem A. tem valor mínimo e deve ser considerada uma primeira experiência, capaz de dar uma noção aproximada do A." (*Marriage and Morals*, cap. IX; trad. it., p. 118).

Um olhar de conjunto nas teorias mencionadas mostra a recorrência de duas noções fundamentais do A., sendo possível vincular cada uma dessas teorias a uma ou a outra. A primeira é a do A. como relação que não anula a realidade individual e a autonomia dos seres entre os quais se estabelece, mas tende a reforçá-las, por meio de um intercâmbio, emocionalmente controlado, de serviços e cuidados de todo tipo, intercâmbio no qual cada um procura o bem do outro como seu próprio. Nesse sentido, o A. tende à reciprocidade e é sempre recíproco na sua forma bem-sucedida, que sempre poderá ser chamada de *união* (de interesses, de intentos, de propósitos, de necessidades, bem como de emoções correlativas), mas nunca de "unidade", no sentido próprio desse termo. Nesse sentido, o A. é uma relação finita entre entes finitos, capaz de assumir a maior variedade de modos, em conformidade com a variedade de interesses, propósitos, necessidades e relativas funções emocionais, que podem constituir sua base objetiva. "Relação finita" significa relação não necessariamente determinada por forças inelutáveis, mas condicionada por elementos e situações aptas a explicar suas modalidades particulares. Significa também relação sujeita tanto ao êxito como ao malogro e, ainda nos casos mais favoráveis, suscetível de êxitos só parciais e de estabilidade relativa. Nesse caso, obviamente, o A. nunca é "tudo" e não constitui a solução de todos os problemas humanos. Cada tipo ou espécie de A. e cada caso (em cada tipo ou espécie) será delimitado e definido, na relação que o constitui, por interesses, necessidades, aspirações, preocupações etc., cuja comparticipação constituirá a base ou o motivo do A. Especificamente, o A. poderá ser definido como o *controle emocional* de tais tipos ou modos de comparticipação e dos comportamentos correspondentes. O valor desse controle emocional pode ser evidenciado por algumas observações. Por exemplo, a fidelidade no A. não tem valor caso não derive do controle emocional, mas de fria noção de dever; e, por outro lado, certas infidelidades não ofendem necessariamente o A. Nesses limites, em que o A. é um fenômeno humano, para cuja descrição termos como "unidade", "todo", "infinito", "absoluto" são descabidos, o A. perde em substância cósmica tanto quanto ganha em importância humana; e o seu significado – objetivamente constatável – para a formação, a conservação e o equilíbrio da personalidade humana torna-se fundamental. A noção de A. nesse sentido é a ilustrada por Platão, Aristóteles, Tomás de Aquino, Descartes, Leibniz, Scheler, Russell.

A segunda teoria recorrente sobre o A. é a que vê nele uma unidade absoluta ou infinita, ou seja, consciência, desejo ou projeto de tal unidade. Desse ponto de vista, o A. deixa de ser fenômeno humano para tornar-se fenômeno cósmico ou, melhor ainda, a natureza do Princípio ou da Realidade Suprema. O êxito ou o malogro do A. humano passa a ser indiferente; aliás, o A. humano, como aspiração à identidade absoluta e como tentativa por parte do finito de identificar-se com o infinito, está previamente condenado ao insucesso e reduzido a uma aspiração unilateral (em virtude da qual a reciprocidade é decepcionante) que se contenta em imaginar a vaga forma de um ideal fugaz. São duas as conseqüências desse conceito de A. A primeira é a infinitização das experiências amorosas que, consideradas como formas ou manifestações do infinito, assumem um significado e um alcance desproporcional e grotesco, sem relação com a importância real que têm para a personalidade humana e para as suas relações com os outros. A segunda é que todo tipo ou forma de A. humano destina-se ao fracasso; e o próprio êxito de tal A., verificável na reciprocidade, na possibilidade da comparticipação, é assumido como sinal desse fracasso. Essas duas atitudes podem ser facilmente encontradas na literatura romântica sobre o A. É a noção defendida por Espinosa, Hegel, Feuerbach, Bergson, Sartre. [N.A.]

Na reflexão mais recente, o milagre platônico de encontrar-se no outro, embora mantendo a autonomia individual, não parece mais ocorrer. Oscila-se entre a perda de identidade e a rígida manutenção narcísica da identidade, sem nunca recompor um projeto coerente para si mesmo e para as relações pessoais (cf. BARTHES, *Fragments d'un discours amoureux*, 1977). A incapacidade de estabelecer meio-termo entre o desejo de fusão completa e o de autonomia tem por conseqüência hoje um paradoxo da modernidade: o nascimento do A.-paixão. Considerado, mais que sentimento, um meio de "comunicação" entre as pessoas, o A. torna-se predominantemente "paixão" no momento em que as sociedades tradicionais, hierarquicamente estratificadas, começam a diferenciar-se interiormente. Crescendo a distância e o isolamento entre os indivíduos, o A. transforma-se no esforço renovado, desesperado e simultâneo de conferir maior liberdade à existência dos indivíduos e de fortalecer a coesão social. Assim, a partir do fim do século XVIII, afirma-se a vontade de basear o casamento exclusivamente no A., ancorando nas instituições – sobretudo com o romantismo – sua intrínseca instabilidade, enquanto nestas são infundidas fortes motivações subjetivas (cf. N. LUHMANN, *Liebe als Passion*, 1982). Esse ideal de perfeição, que tentava conjugar perda de identidade e ganho de identidade, conquista do outro e submissão ao outro, estaria hoje perdendo terreno, porquanto se estaria renunciando a procurar no outro a autoconfirmação e já se encontraria satisfação em compartilhar experiências e vida sexual, o que é favorecido pela atual possibilidade de separar prazer e procriação. Este último aspecto, que complica as manifestações da sexualidade em relação à trama dos sentimentos amorosos, também tem vantagens. Emancipa a mulher daquilo que antes se mostrava mero destino biológico e abre-lhe uma nova esfera de intimidade e de afetos, na qual tudo deverá mudar gradualmente (cf. A. GIDDENS, *The Transformation of Intimacy. Sexuality, Love and Eroticism in Modern Societies*, 1992). [R.B.]

AMORAL, AMORALISMO (in. *Amoral, amoralism*; fr. *Amoral, amoralisme*; al. *Amoralisch, Amoralismus*; it. *Amorale, amoralismo*). O adjetivo "A." designa propriamente o que é indiferente às valorações morais: nesse sentido, um homem A. é um homem cuja conduta não é influenciada por juízos sobre o bem e o mal, comportando-se, portanto, independentemente deles. O termo "amoralismo" indica, porém, uma profissão de fé de amoralidade e, daí, a pretensão a prescindir dos valores da moral corrente e de substituir esses valores por outros; nesse sentido, foi empregado freqüentemente para designar a atitude de Nietzsche (v. TRANSMUTAÇÃO DOS VALORES). [N.A.]

AMOR DE SI (gr. φιλαυτία; in. *Self-love*; fr. *Amour de soi*; al. *Eigenliebe*; it. *Amor di sè*). Esta expressão não deve ser confundida com o sentido vulgar de "amor-próprio", que significa vaidade, ou, no melhor dos casos, altivez ou de orgulho, nem com *egoísmo* (v.). Aristóteles distinguiu a *filáucia*, que é uma virtude, do egoísmo vulgar de quem ama a si mesmo, querendo atribuir-se a maior parte dos lucros, dos prazeres e das honras. "O *filaucioso*", disse ele, "é sobretudo aquele que se apropria do belo e do bem, faz deles seus senhores e obedece-lhes em tudo" (*Et. nic.*, IX, 8, 1.168 a, 28). Em outras palavras, quem ama a si mesmo no verdadeiro sentido não pretende a parte maior do prazer, das honras ou do lucro, mas a parte maior do bem e do belo, que é o exercício da virtude. Em sentido análogo, Tomás de Aquino afirma que o homem ama a si mesmo quando ama a sua natureza espiritual, não a corpórea, e que em tal sentido deve amar a si mesmo depois de Deus, mas antes de qualquer outro ser; de modo que, por exemplo, não pode tolerar incorrer em pecado para livrar o próximo do pecado (*S. Th.*, II, II, q. 26, a. 4). Modernamente, Malebranche (em *Première lettre au R. P. Lamie*) retomou a distinção entre amor-próprio e A., considerando o primeiro como fonte de todos os desregramentos humanos e o segundo, ao contrário, como o princípio de todos os esforços para o cumprimento do dever. Essa distinção foi retomada por Vauvenargues (*De l'esprit humain*, 24): "Com amor por nós mesmos podemos procurar a felicidade fora de nós. Podemos amar qualquer coisa fora de nós mais que nossa própria existência, e não somos o único objeto para nós mesmos. O amor-próprio, ao contrário, subordina tudo às nossas comodidades e ao nosso bem-estar, e tem em si o único objeto e o único fim; assim, enquanto as emoções que vêm do A. nos dão às coisas, o amor-próprio quer que as coisas se nos dêem e faz-se o centro de tudo." Kant, mesmo considerando o amor de si uma espécie de egoísmo (entendido, porém, no sentido mais geral de desejo da felicidade), distinguia-o como benevolência para consigo (ou *philautia*) levada ao extremo pela complacência para consigo (ou *arrogantia*) e considerava-o suscetível de harmonizar-se com a lei moral e tornar-se "amor racional a si" (*Crít. R. Prática*, livro I, cap. III, A 129). As análises de Scheler insistiram no caráter não egoísta do A. de si: "Amor orientado para os valores e, por intermédio destes, para os objetos que sejam seus portadores, sem preocupar-se em saber a quem pertencem esses valores, se a 'mim' ou a 'outros'" (*Sympathie*, II, cap. 1, § 1). [N.A.]

AMOR FATI. Expressão usada por Nietzsche como "fórmula para a grandeza do homem"; significa: "Não querer nada de diferente do que é, nem no futuro, nem no passado, nem por toda a eternidade. Não só suportar mas também amar o que é necessário." Essa fórmula exprime a atitude própria do super-homem e a natureza do "espírito dionisíaco", como aceitação integral e entusiástica da vida em todos os seus aspectos, mesmo nos mais desconcertantes, tristes e cruéis (*Ecce Homo, passim*; *Wille zur Macht*, ed. Kröner, I, § 282) (v. DESTINO). [N.A.]

AMOR-PRÓPRIO. V. AMOR DE SI; EGOÍSMO.

ANAGÓGICO (gr. ἀναγωγικός; in. *Anagogic*; fr. *Anagogique*; al. *Anagoge*; it. *Anagogico*). Um dos significados da Escritura (da forma como foram distinguidos, p. ex., por HUGO DE SÃO VÍTOR, *De scripturis*, III), mais precisamente o que consiste em ir das coisas visíveis às invisíveis e, em geral, das criaturas à sua Causa primeira (v. ALEGORIA). [N.A.]

ANAGÓGICO, ARGUMENTO. V. ABSURDO.

ANÁLISE (gr. ἀνάλυσις; lat. *Analysis*; in. *Analysis*; fr. *Analyse*; al. *Analyse*; it. *Analisi*). Em geral, descrição ou interpretação de uma situação ou de um objeto qualquer nos termos dos elementos mais simples pertencentes à situação ou ao objeto em questão. A finalidade desse processo é *decompor* (ou *resolver*) a situação ou o objeto nos seus *elementos*, de tal modo que um processo analítico é considerado bem-sucedido quando tal decomposição é realizada. Esse processo foi empregado por Aristóteles na lógica da demonstração (apodítica), com a finalidade de resolver a demonstração em silogismo, o silogismo em figuras, as figuras em proposições (*An. pr.*, I, 32, 47 a 10). Na lógica do século XVII, a diferença entre A. e síntese começou a ser exposta como a diferença entre dois métodos de ensino. "A ordem didática", dizia Jungius, "pode ser sintética, isto é, *compositiva*, ou analítica, isto é, *decompositiva*." A ordem sintética vai "dos princípios ao principiado, dos constituintes ao constituído, das partes ao todo, do simples ao composto" e é empregada pelo lógico, pelo gramático, pelo arquiteto e também pelo físico, quando passa das plantas aos animais ou dos seres menos perfeitos aos mais perfeitos. A ordem analítica procede por via oposta e é própria do físico e do ético, uma vez que este último passa, por exemplo, da consideração do fim à consideração da ação honesta (*Logica hamburgensis*, 1638, IV, cap. 18). A partir de Descartes, a A. e a síntese deixaram de ser consideradas dois métodos de ensino e passaram a ser dois processos diferentes de demonstração. Descartes diz: "A maneira de demonstrar é dupla: uma demonstra por meio da A. ou decomposição, a outra por meio da síntese ou composição. A A. demonstra o verdadeiro caminho pelo qual a coisa foi metodicamente inventada e permite ver como os efeitos dependem da causa. [...] A síntese, ao contrário, como se examinasse as causas a partir de seus efeitos (ainda que a prova que ela contém vá não raro das causas aos efeitos), na verdade demonstra com clareza o que está contido nas suas conclusões e utiliza uma longa série de definições, postulados, axiomas, teoremas, problemas" (*Rép. aux II Ob.*). O próprio Descartes nota que os antigos geômetras preferiram utilizar a síntese (como, de fato, fizeram PAPOS, VII, 1 ss., e PROCLO, *Com. ao I livro de Euclides*, p. 211, Friedlein), ao passo que ele preferiu a A., porque esse caminho "parece o mais verdadeiro e o mais adequado ao ensino". Hobbes repetia, substancialmente, essas considerações (*De corp.*, VI, §§ 1-2) e a *Lógica* de Port-Royal chamava a A. de "método de invenção" e a síntese de "método de composição" ou "método de doutrina" (*Log.*, IV, 2). Esse ponto de vista sancionava a superioridade do processo analítico na filosofia moderna. Essa superioridade também é pressuposta por Leibniz, que define a A. do ponto de vista lógico-lingüístico: "A. é isto: decompõe-se qualquer termo dado em suas partes formais, isto é, dá-se a sua definição; essas partes, por sua vez, são decompostas em partes, ou seja, dá-se a definição dos termos da definição, e assim por diante, até as partes simples, ou seja, aos termos indefiníveis" (*De arte combinatoria, Op.*, ed. Erdmann, p. 23 a-b). Com outras palavras Newton dizia a mesma coisa: "Pelo caminho da A. podemos ir dos compostos aos ingredientes e dos movimentos às forças que os produzem; e, em geral, dos efeitos às suas causas e das causas particulares às gerais, até que o raciocínio termine nas mais gerais" (*Opticks*, 1704, III, 1, q. 31; ed. Dover, p. 404). Wolff contrapunha, no mesmo sentido, o método analítico e o método sintético: "Chama-se analítico o método pelo qual as verdades são dispostas na ordem em que foram encontradas ou ao menos em que poderiam ser encontradas. Chama-se sintético o método pelo qual as verdades são dispostas de tal modo que cada uma possa ser mais facilmente entendida e demonstrada a partir da outra" (*Log.*, § 885). Não é diferente o significado que Kant deu à oposição dos dois métodos. Mais particularmente, em *De mundi sensibilis atque intellegibilis forma et ratione*, I, § 1, nota, ele distinguiu dois significados de A.: um qualitativo, que é "o regresso *a rationato ad rationem*", e outro quantitativo (que declara utilizar), que é "o regresso do todo às suas partes possíveis, mediadas, ou seja, às partes das partes, de tal modo que a A. não é a divisão, mas a subdivisão do composto dado". Kant valeu-se desse procedimento em todas as suas obras principais, em cada uma das quais a parte positiva fundamental é constituída de uma "Analítica". Segundo Kant, é analítico o procedimento próprio da "lógica geral", porquanto "decompõe toda a obra formal do intelecto e da razão nos seus elementos e expõe esses elementos como princípios da valorização lógica de nosso conhecimento" (*Crít. R. Pura*, Lóg. transc., intr., 3). O mesmo procedimento também é próprio da lógica transcendental, que *isola* o intelecto, isto é, a parte do conhecimento que tem origem só no intelecto (conhecimento *a priori*), mais precisamente da Analítica transcendental, que é "a decomposição de todo o nosso conhecimento *a priori* nos elementos do conhecimento puro intelectual". O procedimento analítico também foi usado por Kant em *Crítica da Razão Prática*, com o fim de isolar os princípios práticos, morais, e em *Crítica do Juízo*, a fim de determinar os fundamentos do juízo estético e do juízo teleológico: trata-se, em todos os casos, de determinar os elementos verdadeiros ou efetivos que condicionam essas atividades, em contraste com os elementos aparentes ou fictícios (ou "dialéticos"). Naturalmente, o método analítico nada tem que ver com os juízos analíticos. "O método analítico, como oposto ao sintético, é coisa bem diferente de um complexo de juízos analíticos: quer dizer somente que se parte daquilo que é objeto da questão, como *dado*, para remontar às condições que o tornam possível" (*Prol.*, § 5, nota). Hegel fixou de modo análogo o caráter fundamental do procedimento analítico quando escreveu: "Mesmo quando o conhecimento analítico procede por relações, que não são matéria exteriormente dada, mas determinações do pensamento, ainda assim continua analítico, porquanto, para ele, essas relações são *dados*" (*Wissenschaft der Logik*, III, III, II, A a; trad. it., p. 295). Pode-se afirmar que o reconhecimento de *dados* é o caráter fundamental do procedimento analítico, o que mais profundamente o distingue do sintético (v. FILOSOFIA).

Na filosofia e, em geral, na cultura moderna e contemporânea, a tendência analítica – tendência a reconhecer a A. como método de investigação – disseminou-se e mostrou ser muito fértil. Essa tendência coincide substancialmente com a tendência empirista (no sentido metodológico do *empirismo* [v.]) a restringir a investigação aos "fatos observáveis" e às relações entre tais fatos: tendência que implica, em cada caso, a exigência de indicar o método ou o procedimento mediante o qual o fato pode ser efetivamente observado. Nesse sentido, o procedimento analítico leva à eliminação de realidades ou de conceitos "em si", ou seja, conceitos absolutos ou independentes de observação ou verificação, que são pressupostos como realidades ou verdades "últimas". Nesse aspecto, a física relativista e a mecânica quântica podem ser consideradas resultados do processo analítico. Quando Einstein observou que, para falar de "fatos simultâneos", é preciso apresentar um método para observar a simultaneidade de tais fatos (dando, assim, a chave da teoria da relatividade), só fez levar a bom termo a A. da noção de "fatos simultâneos". E, quando Niels Bohr e seus alunos evidenciaram o fato de que toda observação física é acompanhada por um efeito do instrumento observador sobre o objeto observado, só fizeram levar a bom termo a A. de "observação física"; e dessa análise nasceu toda a mecânica quântica. Analogamente, a renúncia a postular um meio de transmissão não observável dos fenômenos electromagnéticos (o chamado "éter") pode ser considerada resultado da consolidação do procedimento analítico. Em matemática, o mesmo procedimento prevaleceu quando se renunciou a discutir o que são pontos, retas e números, *em si*, e passou-se à A. das relações intercorrentes entre esses termos e dos postulados que as exprimem. Desse ponto de vista, a A. estendeu-se e consolidou-se em detrimento daquilo que se chama "metafísica", em que dominam as realidades absolutas e as verdades necessárias. No campo das ciências históricas, Dilthey contrapôs ao método metafísico e apriorístico, empregado, por exemplo, por Hegel, o método analítico e descritivo próprio da psicologia; daí falar-se hoje de "A. histórica", que visa a compreender um fato histórico nos seus elementos e nos nexos entre tais elementos. Fala-se também de "A. sociológica", no sentido de método voltado para a decomposição da realidade social em comportamentos, atitudes e instituições que constituem seus elementos observáveis.

No domínio da filosofia contemporânea, a A. assume várias formas, segundo os instrumentos com que é feita ou segundo os objetos ou campos de experiência para os quais esteja voltada. Na filosofia de Bergson, a A. tem como alvo a "consciência", isto é, a experiência interior, e tende a encontrar os dados últimos, imediatos, de tal experiência. Na filosofia de Dewey, a A. está voltada para a experiência humana em seu caráter total e amorfo e tende a decompô-la em operações naturais. Na filosofia de Husserl, a A. volta-se para o mundo da consciência como *intencionalidade* (v.) e é "análise intencional", direcionada para a determinação das estruturas da consciência e das "formas" essenciais dos seus conteúdos objetivos. Na filosofia de Heidegger, a A. está voltada para a existência, ou seja, para as situações mais comuns e repetíveis em que o homem se encontra no mundo. No empirismo lógico, a A. é A. da linguagem e tende a eliminar as confusões mediante a determinação e a verificação do significado ou modo de uso dos signos. Essas tendências analíticas da filosofia contemporânea são mais ou menos opostas à metafísica tradicional e tendem a conferir à pesquisa filosófica um método rigoroso para confirmação e verificação de seus resultados (v. ANALITICIDADE e ANALÍTICA, FILOSOFIA). [N.A.]

ANALÍTICA (in. *Analytics*; fr. *Analitique*; al. *Analitik*; it. *Analitica*). Em geral, uma disciplina ou parte de uma disciplina cujo método fundamental é a *análise* (v.). Aristóteles chamou de A. a parte da lógica que visa a decompor qualquer raciocínio nas figuras fundamentais do silogismo (*Primeiros analíticos*) e decompor qualquer prova em silogismos e em primeiros princípios, que constituem suas premissas evidentes (*Segundos analíticos*). Kant chamou de "A. transcendental" a primeira parte da "doutrina dos elementos" na *Crítica da Razão Pura* e na *Crítica da Razão Prática* (enquanto a segunda parte é a Dialética), entendendo por A. a determinação das condições *a priori* do conhecimento e da ação moral. A *Crítica do Juízo* contém, além disso, uma A. do belo, uma A. do sublime e uma A. do juízo teleológico, que determinam as condições *a priori*: respectivamente, as primeiras duas do juízo estético, a outra do juízo sobre a finalidade da natureza. Heidegger fala de uma "A. ontológica do ser", que é uma análise da existência como ser no mundo, como aproximação e preparação à ontologia, ou seja, à determinação do significado do ser em geral (*Sein und Zeit*, § 5). [N.A.]

ANALÍTICA, FILOSOFIA (in. *Analytical philosophy*; fr. *Philosophie analytique*; al. *Analytische Philosophie*; it. *Filosofia analitica*). Esse termo indica um conjunto de correntes da filosofia contemporânea que se iniciou na Polônia, nos países anglo-saxões e escandinavos, passando depois aos Estados Unidos e propagando-se finalmente pela Europa continental. Costuma-se indicar sua data de início em 1898, quando Moore publica o artigo "The Nature of Judgment"; seu processo gestativo dura cerca de vinte anos e conclui-se entre 1918, com a publicação de *Philosophy of Logical Atomism* de Russell, e 1921, ano do *Tractatus* de Wittgenstein. Devido a seu caráter heterogêneo e misto, é difícil caracterizar a filosofia A. de forma unívoca; essa expressão pode ser entendida tanto em sentido amplo quanto em sentido restrito: no primeiro, fala-se de um movimento que dura ainda hoje; no segundo, de um movimento que termina com o fim do neopositivismo. Suas características são: 1) a idéia de que a filosofia constitui una investigação de tipo científico, com a intenção de superar o velho dualismo entre cultura humanista e científica; 2) um modo objetivo de desenvolver as temáticas filosóficas que faça uso sistemático das técnicas mais rigorosas de argumentação e demonstração, recorrendo mesmo aos instrumentos da lógica e da matemática; 3) aproximação de âmbitos temáticos específicos como a ciência e a lógica formal; 4) atenção proeminente ao meio lingüístico; 5) gosto pelas análises minuciosas e tematicamente restritas, mais do que pela elaboração de sínteses vastas ou englobantes; 6) intuito de salvaguardar ao mesmo tempo o senso comum e o método científico; 7) atitude antiidealista, mas nem por isso necessariamente realista ou antimetafísica.

É fácil reconhecer posições análogas nos filósofos do passado: testemunhos disso, entre outros, são o método analítico dos diálogos socráticos de Platão e as técnicas argumentativas dos seus diálogos dialéticos mais tardios – sobretudo *Parmênides*; os procedimentos probatórios ou descritivos de Aristóteles e de certa escolástica; as sutilezas dos empiristas ingleses da modernidade em seu estudo da composição da experiência e a sutileza do Kant teórico; o intento de Herbart, que atribuía à filosofia o papel de simples análise das noções do senso comum e das ciências particulares; mais recentemente as investigações lógicas de certo Husserl. Assim, Tugendhat (*Vorlesungen zur Einfiihrung in die sprachanalytische Philosophie,* 1976), reconhecendo o peso dessa tradição, vê na filosofia A. a legítima herdeira de um método presente em toda a especulação do passado, e na chave lingüística, acima de tudo, um método novo para enfrentar questões antigas.

Pelo que sugere a própria expressão filosofia A., existe – ou deveria existir – um procedimento metodológico em torno do qual ela giraria inteiramente, procedimento que funcionaria como denominador comum entre suas diversos correntes: esse procedimento é justamente a *análise. O* recurso sistemático a ela está presente em grande medida nos filósofos anglo-saxões da primeira metade do século, principalmente nos já citados Moore e Russell, mas também na escola de Lvov-Varsóvia. Moore, em *Principia ethica* (1903), entende a tarefa da filosofia moral como aclaramento das categorias do discurso ético, liberando-a de preocupações práticas, e em *A Reply to My Critics* (1942) acrescenta regras técnicas precisas para a correta realização da análise filosófica. Russell (*The Problems of Philosophy,* 1912, cap. XV) considera que a tarefa da análise filosófica é apresentar soluções corretas para problemas autênticos, e não simplesmente resolver pseudoproblemas, como pretendia Wittgenstein; ou seja: Russell pensa a análise como um modo de construir algo de novo; Wittgenstein, como um modo de corrigir erros passados.

Mesmo os empiristas lógicos utilizam esse "método": Reichenbach, em *Der gegenwärtige Stand der Relativitätsdiskussion* (1921), fala da análise lógica como o instrumento mais idôneo para a individualização dos princípios da ciência física e, em *Ziele und Wege der heutigen Naturphilosophie* (1931), generaliza essa afirmação; finalmente, ilustra a coincidência entre análise e empirismo, que permite resolver antigos (pseudo)problemas filosóficos em *The Rise of Scientific Philosophy* (1951, cap. XVI). Schlick, em *Die Wende der Philosophie* (1930), fala da própria filosofia não como "sistema de conhecimentos", mas como "sistema de atos": ela acaba por ser "a atividade mediante a qual se aclara e determina o *sentido* dos enunciados" (trad. it. em *Tra realismo e neo-positivismo,* Il Mulino, Bolonha, 1974, p. 31); de modo análogo, para Carnap a filosofia não é senão a análise lógica da linguagem (científica).

Os analistas da *linguagem comum* (v.) consideram, ao contrário, que o objeto da análise deve ser a língua falada todos os dias, cuja inesgotável riqueza seria sacrificada pela aplicação de instrumentos lógico-matemáticos. Para os analistas a função precípua da linguagem não é cognitiva (descritivo-denotativa): ela apresenta um amplo leque de papéis e usos *paritários,* entre os quais o ético, o estético e o religioso. Nessas posições esses usos sofrem forte influência do que é dito (segundo Wittgenstein, o significado é dado pelo uso), entendendo-se a linguagem como atividade não privilegiada mas que se move em relações complexas com outras formas de socialização. Entre os analistas não faltam, porém, diferenciações e contrastes: Wisdom atribui à filosofia a capacidade de trazer à tona características da linguagem que no seu uso cotidiano permanecem ocultas; Ryle não atribui à análise da linguagem comum apenas uma função aclaradora dos equívocos filosóficos, mas também a de constituir um inventário dos conceitos usados; Austin procura produzir uma catalogação exaustiva dos usos lingüísticos que vê como instrumento preliminar à solução dos problemas filosóficos tradicionais; Grice está mais interessado nas regras que orientam os intercâmbios lingüísticos comuns, nas quais se apóiam as regras das outras formas mais especializadas de interação lingüística; Strawson, enfim, em *Individuals* (1959), opõe a metafísica normativa da filosofia tradicional, cujo intuito é melhorar as modalidades do raciocínio, à nova metafísica descritiva por ele propugnada, que tem apenas a função de expor a estrutura do nosso pensamento.

Mas durante os anos 1970 e 1980 produziram-se dois fenômenos de integração: de um lado as oposições internas à própria filosofia A. foram-se atenuando, desde a oposição entre os defensores da linguagem ideal e os da linguagem comum (Montague e Grice) até a oposição entre semântica e pragmática

(Searle). Por outro lado, foi ocorrendo gradualmente uma aproximação entre as correntes analíticas e as hermenêuticas, por dois tipos de razão. A causa endógena consiste na liberalização do empirismo, que permitiu adquirir novas temáticas ontológicas e metafísicas e uma nova atitude abrangente mesmo dentro da filosofia A.; temas de claro sabor metafísico voltaram a ocupar o centro das atenções de filósofos analíticos e lógicos, de Quine a Bunge (existência, causalidade, identidade, conceito de evento, de pessoa, ceticismo, relação mente/corpo, essencialismo), e certos pensadores, que por várias razões se situariam no âmbito analítico, dedicaram-se à reavaliação da metafísica: por exemplo, Körner (*Metaphysics: Its Structure and Function,* 1984) escreve sobre sua inevitabilidade como sistema de referência categorial das nossas crenças e aptidões práticas, e Suppes (*Probabilistic Metaphysics,* 1984) ataca aquilo que chama de "determinismo" da tradição analítica à luz de um probabilismo metafísico; enfim, admitiu-se que a chamada *influential metaphysics* constitui um estímulo de grande importância, de que tiram proveito as doutrinas cognitivas. A causa exógena está no reconhecimento do fundamento das críticas de alguns setores da tradicional filosofia continental à filosofia A. e na introdução nesta última de um interesse historiográfico (v. EXTERNISMO/INTERNISMO HISTORIOGRÁFICO) depois do predomínio do modelo epistemológico internista imposto pelos positivistas lógicos. Assim, perdem sentido algumas distinções tradicionais ou dicotomias: entre história e lógica da ciência, entre análise científica e análise filosófica, entre forma e conteúdo; é certo que os filósofos analíticos já desde algumas décadas renunciaram a muitas das posições fundamentais dos neopositivistas (concepção verificacionista do significado cognitivo, distinção analítico-sintética, concepção emotivista dos enunciados éticos, rejeição da metafísica) e que, inversamente, filósofos provenientes de tradições bem diferentes assumiram alguns de seus métodos ou resultados (pense-se no uso da pragmática por parte de Habermas e Apel), de tal forma que se criou uma convergência com alguns filões da tradição continental, como a fenomenologia husserliana, o pensamento de Heidegger, a hermenêutica de Gadamer.

Mas existe algum consenso pelo menos em se atribuir a Frege a paternidade da moderna atitude analítica, em sua determinação (já enunciada por Twardowski em *Zur Lehre vom Inhalt und Gegenstand der Vorstellung,* 1894) de substituir a ontologia e a metafísica pela análise da linguagem, discernindo a tarefa fundamental da filosofia na análise do pensamento, cuja substância não está nos processos psicológicos nos quais se realiza subjetivamente, mas sim naquilo que produz de objetivo e que pode ser formulado pela linguagem. Frege escreve: "De que modo se nos poderá dar um número [...] se não conseguirmos ter nenhuma representação ou intuição dele? Já se disse que as palavras significam algo somente dentro do contexto de uma proposição; para definir em geral o número, será preciso, portanto, explicar o sentido de uma proposição na qual consta um termo numérico" (*Grundlage der Arithmetik,* 1884, § 62; trad. it. em *Logica e aritmetica,* Boringhieri, Turim, 1977[2], p. 299).

A seguir, na esteira do método de Quine, de "ascensão semântica", segundo o qual se passa do termo que designa a coisa ao termo que designa o primeiro termo (*Word and Object,* § 56), a tese da lingüisticidade como marca fundamental da filosofia A. foi defendida com o máximo rigor por Dummett (*Origins of Analytical Philosophy,* 1993), foi rechaçada por Davidson, que se recusa a afirmar a prioridade da linguagem sobre o pensamento ou vice-versa (*Thought and Talk,* 1975), e por Nagel, que atribui à linguagem um papel dêutero-agonístico em sua hierarquia dos problemas típicos da investigação filosófica (*What Does It All Mean? A Very Short Introduction to Philosophy,* 1987); foi rejeitada por Grice (*Studies in the Way of Words,* 1989), por Fodor (*Psychosemantics,* 1987) e por Evans (*The Varieties of Reference,* 1982), sendo por fim acerbamente contestada por Rorty (*Philosophy and the Mirror of Nature,* 1979 e *The Linguistic Turn,* 1992[2]). Segundo este último, não tem mais sentido considerar a filosofia (A.) como busca de alguma verdade descritiva ou normativa: isso se deve à crise das epistemologias que negaram a existência de um dado – eventualmente até lingüístico –, privando a análise de seu objeto, e ao malogro da "semântica do significado", que tentou constituir-se terapia para os usos lingüísticos errôneos. Em conclusão, não é possível uma definição de filosofia A. que aponte para a tradição especulativa, lingüística ou geográfica (como afirmar que ela é fundamentalmente anglo-saxônica), para a tradição doutrinal (não há unidade de atitude em relação à herança do neopositivismo) ou para a metodológica (justamente a pretensa prioridade da linguagem). Segundo Rorty, só resta uma definição voluntariamente frágil, segundo a qual a filosofia A. outra coisa não é senão o intuito de exposição à crítica recíproca, num momento caracterizado tanto pela renovação da lógica quanto pela vontade de restabelecer o diálogo entre filosofia, senso comum e ciência, ou seja, a busca de modos inéditos e mais felizes de *conversação*, depois de se desistir de qualquer pretensão à "objetividade". Em contraposição a essa tese liqüidadora existe outra que ainda considera praticável – aliás obrigatório – um estilo de investigação filosófica de tipo analítico, que procure resultados teoricamente controvertíveis e por isso ligados a alguma "objetividade", seja lá como se entenda este último termo. [M.A.]

ANALÍTICA, PSICOLOGIA. V. PSICOLOGIA, *e*.

ANALÍTICA/CONTINENTAL, FILOSOFIA (in. *Analytical/continental philosophy*; fr. *Philosophie analytique/continentale*; al. *Analytische/kontinentale Philosophie*; it. *Filosofia analitica/continentale*). O costume de distinguir (e contrapor) duas grandes linhas ou tradições de pensamento – filosofia analítica e filosofia continental – começou a afirmar-se na comunidade filosófica internacional mais ou menos no fim dos anos 1950. Distinção singular, porque o termo "analítica" designa efetivamente um modo de fazer filosofia (naqueles anos, bastante circunscrito), enquanto o outro elemento do par é uma determinação territorial, que remete ao "continente" europeu. A razão dessa disparidade deve ser buscada sobretudo no fato de que a partir da metade do século o estilo neopositivista-analítico conquistou certa hegemonia na cultura filosófica inglesa e americana, sendo portanto natural chamar de continental todas as outras perspectivas filosóficas como a fenomenologia e o existencialismo, a hermenêutica, a teoria crítica, o pós-estruturalismo. Há, porém, outro elemento de diversificação: enquanto a filosofia analítica se apresenta como uma forma de filosofia "científica" – *a*) que ambiciona um rigor metódico análogo ao da ciência; e *b*) que se coloca de modo não alternativo nem em conflito diante da ciência, mas em diálogo com ela –, as outras correntes são unidas não só pelo fato de terem origem e desenvolvimento no continente, mas também por terem elaborado em sentidos diversos uma crítica à ciência e ao modo positivista e neopositivista de interpretar as relações entre ciência e filosofia. À distinção histórico-geográfica soma-se assim outra distinção: entre uma filosofia "científica" (no sentido indicado) e uma filosofia "anticientífica", ou pelo menos tendente a autodefinir-se de modo alternativo ou divergente em relação à ciência. Nesse sentido, na contraposição entre analíticos e continentais é preciso ver o modo específico como foi elaborada, nos últimos trinta anos do século XX, a contraposição entre cultura científica e cultura humanista, que é uma versão moderna de outras contraposições clássicas, como as que há entre "esprit de finesse" e "esprit de géométrie", entre "filosofias do ser" (de cunho aristotélico) e "filosofias do devir" (de cunho platônico), entre "dualismo" (empirista-kantiano) e "imanentismo" (idealista-hegeliano), entre demonstração e persuasão, lógica e retórica, Erklären (v. EXPLICAÇÃO) e Verstelien (v. COMPREENSÃO) etc.

As origens da divergência remontam provavelmente ao fim do século XIX, quando às teses diltheyanas sobre a diferença entre ciências da natureza e ciências do espírito e sobre a frágil objetividade destas últimas (às quais pertence a filosofia) foi contraposta a idéia de filosofia científica rigorosa, proposta por Franz Brentano e por sua escola. Estão aí em confronto dois modos de fazer filosofia que no século XX conheceriam grande desenvolvimento: no primeiro caso o fundo e fundamento do saber filosófico são a *história* e a *vida*, ambas do âmbito de um saber não objetivo, que implica uma participação complexa do sujeito em seus dados de experiência e cujo "rigor" consiste acima de tudo na consciência da incapacidade de conseguir resultados definitivos e universalmente válidos; no segundo caso, o horizonte de referência são a *experiência empírica* e a *lógica*, e para manter a fidelidade a ambas parece necessária também neste caso uma autolimitação, mas de tipo diferente: a filosofia deve trabalhar (como a ciência) em setores circunscritos de realidade, em problemas específicos, e sua práxis é "paciente e minuciosa" (como escreverá Russell nos primeiros anos do século) e constantemente orientada para o confronto com a comunidade dos pesquisadores.

Os expoentes das duas tradições na maioria das vezes se ignoram reciprocamente ou então se notam em tom de polêmica duríssima: vejam-se, em 1884, o desancamento à *Introdução às ciências do espírito* de Dilthey, escrita provavelmente pelo próprio Brentano, e em 1932 as ásperas observações de Rudolf Carnap sobre Martin Heidegger; nos anos 1950 e 1960, a aversão geral dos continentais – como Sartre ou Adorno – pela filosofia analítica, "técnica de especialistas sem conceito"; e no fim dos anos 1970 a altercação entre John Searle e Jacques Derrida. Mas os temas de fundo que haviam originado a antítese são discutidos e revistos, no próprio desenvolvimento de ambas as tradições: as aporias do historicismo levam a repensar a noção de história e a discutir sua capacidade diretiva, enquanto o irracionalismo das "filosofias da vida" mostra-se também discutível; por outro lado, no âmbito analítico-neopositivista, têm início uma ampla revisão do empirismo e um processo de "deslogicização" da análise, que induzem a repensar as noções de empiricidade e de analiticidade, de verdades de fato e verdades lógicas. Deve-se também levar em conta o singular papel intermediário da fenomenologia, que desde o início do século XX, com Husserl, propõe a idéia de "cientificidade" peculiar da filosofia. O resultado dessa posição estrutural é a reprodução da dicotomia no desenvolvimento posterior das teses husserlianas, com o que se assiste ao duplo destino "analítico/continental" da mesma fenomenologia.

Uma primeira tentativa de conciliação é tentada por Karl Otto Apel nos anos 1960, com vários ensaios depois reunidos em *Transformation der Philosophie* (1973). Apel nota que as duas tradições na realidade têm em comum um único fundo temático: o problema da "superação da metafísica", realizável através do recurso a alguma forma de "logos lingüístico". A *feição lingüística* que caracteriza todas as correntes principais do século (filosofia analítica, estruturalismo e hermenêutica, mas também em certas condições a fenomenologia e o neokantismo) apresenta-se assim como um terreno comum, no qual se pode pensar uma forma de convergência. Outros autores continentais como Jürgen Habermas, Paul Ricoeur, Errist Tugendhat (cf. deste último *Vorlesungen zur Einführung in die Sprachanalytische Philosophie,* 1976) iniciam depois de Apel com os autores e os temas da tradição analítica um diálogo que nesse ponto unifica, ao lado da corrente propriamente analítica do pensamento inglês (Ryle, Austin, Strawson, Grice), os últimos resultados do neopositivismo e do pragmatismo americano e a segunda especulação wittgensteiniana. Mas essas boas premissas teóricas não evitam a ocorrência de episódios conflituosos periódicos nem eliminam a experiência dos dois percursos paralelos da filosofia mundial: experiência examinada de modo exemplar por Richard Rorty, sobretudo em *Philosophy in America Today*, ensaio de 1981. Rorty reedita o debate no quadro de uma reflexão mais geral sobre os fundamentos e o destino da filosofia analítica; outros filósofos analíticos daqueles anos desenvolvem reflexões análogas e, como Rorty, iniciam um percurso de abertura para o pensamento continental.

Durante os anos 1980 o cenário se torna mais complexo do ponto de vista historiográfico do que era nos anos 1960 e 1970, enquanto o conflito entre história e lógica, vida e ciência não é mais evidente como no início do século. Resta porém a tensão entre dois "estilos" de pensamento, de argumentação e de escrita, que se apresenta de modo variado, de acordo com as linhas específicas de desenvolvimento nas duas tradições: como antítese entre (do lado analítico) um teorizar rigoroso, mas em setores problemáticos muito circunscritos, e (do lado continental) um teorizar mais vago e menos metodicamente "controlável" do ponto de vista argumentativo, mas tendente a unidades conceituais mais amplas (a história da metafísica de Platão a Nietzsche, a secularização na idade moderna etc.); ou mesmo como divergência metódica entre uma filosofia que trabalha com conceitos e problemas, estando portanto mais empenhada no plano teórico-sistemático (analíticos), e uma filosofia que trabalha com autores e textos, estando, portanto, mais vinculada ao plano historiográfico (continentais). [F.D'A.]

ANALITICIDADE (in. *Analyticity;* fr. *Analyticité;* al. *Analytizität;* it. *Analiticità*). Validade das proposições, que não depende dos fatos. Esse conceito é moderno e nasce com a distinção feita por Hume entre relações de idéias e coisas de fato e com a distinção feita por Leibniz entre verdades de razão e verdades de fato (v. EXPERIÊNCIA; FATO). Foram estabelecidos os seguintes fundamentos da A.:

1.º Certa operação do espírito. É o que faz Hume, ao afirmar que as proposições concernentes às idéias "podem ser descobertas com uma simples operação do pensamento" (*Inq. Conc. Underst.*, IV, 1). A característica dessa operação é não depender dos fatos, mas trata-se de uma característica negativa que pouco diz sobre o fundamento da A.

2.º Certa relação de implicação entre sujeito e predicado. É o que faz Kant, ao definir o juízo analítico como o juízo em que "o predicado *B* pertence ao sujeito *A* como algo que está contido (implicitamente) nesse conceito *A*" (*Crít. R. Pura,* intr., IV). Sobre o caráter dessa implicação, porém, nada se diz; e o famoso exemplo, aduzido por Kant, da proposição "os corpos são extensos", que seria analítica em face da proposição "os corpos são pesados", que seria sintética, não esclarece por certo esse conceito, pois não se entende por que a extensão deve estar contida implicitamente no conceito de corpo, mas o peso não.

3.º Tautologia. Nesse sentido, Wittgenstein considerou as proposições analíticas como tautologias. "A tautologia", disse ele, "não tem condições de verdade porque é incondicionalmente verdadeira" (*Tractatus,* 4.461). Mas, por outro lado, não é uma "representação da realidade" porque "permite todas as situações possíveis" (*ibid.*, 4.462). Essa definição tem grande difusão na filosofia contemporânea. Carnap exprimiu-a dizendo que "um enunciado é chamado analítico quando é conseqüência da classe nula de enunciados (e, assim, uma conseqüência de cada enunciado)" (*Logische Syntax der Sprache,* § 14). Isso significa que um enunciado é analítico quando a sua negação é contraditória: caráter aceito por outros autores para definir a A. e que faz das verdades analíticas "verdades necessárias" (REICHENBACH, *The Theory of Probability*, 1949, § 4, p. 20; LEWIS, *Analysis of Knowledge and Valuation,* 1950, p. 89 etc.). A verdade analítica da tautologia deriva do fato de que ela *esgota o renque de pos-*

sibilidades e, portanto, é evidente pela simples forma do enunciado. Carnap exprimiu esse caráter com o conceito de "descrição de estado" (*State-description*), pelo qual se entende "a descrição completa de um possível estado do universo dos indivíduos relativamente a todas as propriedades e relações expressas pelos predicados do sistema" (*Meaning and Necessity*, § 2). A descrição de estado representa os "mundos possíveis" de Leibniz: um enunciado é analítico quando é válido para todos os mundos possíveis. Os lógicos, todavia, tendem hoje a fazer a distinção entre verdade *lógica* e verdade analítica. Por exemplo, a proposição "nenhum homem não casado é casado" é uma tautologia e, portanto, uma verdade lógica; mas a proposição "nenhum solteiro é casado" não é mais uma tautologia, mas ainda é uma proposição analítica, fundada na sinonímia entre "solteiro" e "não casado" (Cf. QUINE, *From a Logical Point of View*, Cambridge, 1953, cap. II).

4º Sinonímia. Esta pode ser estabelecida: *a*) mediante definições, como se costuma fazer em matemática e em todas as linguagens artificiais; *b*) mediante o critério da intercambiabilidade, com que Leibniz define a própria *identidade* (v.); nesse caso, chamam-se sinônimos os termos intercambiáveis num mesmo contexto, sem que se altere a verdade do contexto; *c*) mediante regras semânticas, como também ocorre nas linguagens artificiais. É de se notar que a dificuldade de se estabelecer, com esses procedimentos, o significado exato de sinonímia e, portanto, o de A. levou alguns lógicos modernos a negar a existência de distinção nítida entre A. e sinteticidade (MORTON WHITE, *The Analytic and the Synthetic: an Untenable Dualism*, em SIDNEY HOOK, ed. John Dewey, Nova York, 1950; W. V. O. QUINE, *From a Logical Point of View*, cap. II). [N.A.]

A crítica quiniana tem como alvo mais direto de polêmica a posição de Carnap. Este – veja-se sua definição de L-verdade em *Introduction to Semantics* (1942) e em *Formalization of Logic* (1943) – pretendia definir os conceitos analíticos mediante a introdução de *postulados de significado* de tipo (®x) (x é solteiro ⊃ x é não casado), que expressam regras explícitas ou tácitas de aceitabilidade (ou seja, verdades necessárias) para os modelos em relação aos quais as proposições são consideradas verdadeiras: as asserções analíticas são as não simplesmente verdadeiras, mas verdadeiras em virtude das regras semânticas da linguagem a que pertencem, ou seja, como fruto da convenção lingüística (assim também D. Lewis, *Convention*, 1969). Quine, por sua vez, considera, em *Two Dogmas of Empiricism* (1950, § 4), que tais postulados são irrelevantes porque, referindo-se a uma língua definida L_0, funcionam apenas para ela, e não nos servem quando propomos o problema para L em geral, sendo portanto vazios, pois nos sugerem no máximo quais proposições são analíticas, mas não o que é A. Segundo Quine (que aprofunda suas críticas em *Carnap and Logical Truth*, 1954), ninguém conseguiu apresentar nenhum critério válido para estabelecer a distinção entre asserções analíticas verdadeiras em virtude apenas do significado, e não da experiência também, e asserções sintéticas; de modo mais geral, afirma que não faz sentido falar de assertos isentos de conteúdo empírico. À luz da *teoria verificacional do significado* (*World and Object*, 1962), as noções intensionais mostram-se interdefiníveis e conduzem a um círculo vicioso do qual não é possível sair recorrendo à experiência; em outras palavras, não é possível encontrar um correlato empírico-comportamental de conceitos como significado, sinonímia ou definição, com base nos quais pudesse ser definida a A., enquanto qualquer tentativa de aclará-los conceitualmente recorre de novo à noção de A. Próximo da posição de Quine, mas em alguns aspectos menos radical, aparece Putnam, em textos como *The Analytic and the Synthetic* (1962), *Is Semantics Possible?* (1970) e *The Meaning of Meaning* (1975): o drástico redimensionamento das noções intensionais que ele também realiza não o leva a refutar completamente a idéia de que existem enunciados genuinamente analíticos, ainda que os considere banais em seu perfil epistemológico, ou seja, irrelevantes para o conhecimento.

Uma defesa da A. encontra-se em *In Defence of a Dogma* (1956) de Grice e Strawson, em que se objeta a Quine que a circularidade surgida não é viciosa, mas constitui um jogo de remissões que, fisiologicamente, ocorrerá sempre que se lidar com famílias distintas de termos. A favor da tese de existência de proposições analíticas existem razões intuitivas e epistemológicas baseadas na importância que estejamos dispostos a atribuir à linguagem e à experiência na formação de uma asserção. Para Grice e Strawson a posição quiniana só leva a ressaltar a dificuldade de tratar adequadamente esse conceito, mas não constitui uma solução definitiva. A crítica de Quine, de qualquer modo, não parece tão bem aplicável às teorias lingüísticas de matriz gerativa como as formuladas várias vezes por Katz (*The Philosophy of Language*, 1966; *The Refutation of Indeterminacy*, 1988, e *The Metaphysics of Meaning*, 1990) que, ao contrário da lingüística bloomfieldiana, recorrem ao modelo hipotético-dedutivo e não apresentam as definições operacionais a que Carnap recorrera. Nelas o sentido é definido como o aspecto da estrutura gramatical de expressões e asserções ao qual são devidas suas propriedades semânticas, entre as quais inclusive a A. Desse modo o sentido, sendo interno à gramática de uma linguagem, é distinto da referência, como questão externa relativa ao seu uso; é permitido, portanto, o recurso a noções intensionais depuradas de psicologismo (como queria Frege), situamo-nos no plano sintático (como queria Carnap) e temos à disposição, ao mesmo tempo, relevantes padrões de verificação empírica, ou seja, o análogo das características comportamentais (como queria Quine). [M.S.]

ANALOGIA (gr. ἀναλογία; lat. *Analogia*; in. *Analogy*; fr. *Analogie*; al. *Analogie*; it. *Analogia*). Esse termo tem dois significados fundamentais: 1º o sentido próprio e restrito, extraído do uso matemático (equivalente a *proporção*) de *igualdade de relações*; 2º o sentido de extensão *provável* do conhecimento mediante o uso de semelhanças genéricas que se podem aduzir entre situações diversas. No primeiro significado, o termo foi empregado por Platão e por Aristóteles e é até hoje empregado pela lógica e pela ciência. No segundo significado, o termo foi e é empregado na filosofia moderna e contemporânea. O uso medieval do termo é intermediário, entre um e outro significado.

1º Platão usou esse termo para indicar a igualdade de relações entre as quatro formas – duas a duas – de conhecimento, que distinguiu na *República* (VII, 14, 534 a 6), ou seja, entre ciência e dianóia, que pertencem à esfera da inteligência (que tem por objeto o ser), e entre crença e conjectura, que pertencem à esfera da opinião (que tem por objeto o vir-a-ser). "O ser está para o vir-a-ser", diz Platão, "assim como a inteligência para a opinião; e a inteligência está para a opinião assim como a ciência está para a crença e a dianóia para a conjectura." Aristóteles usa essa palavra no mesmo sentido de igualdade de relações. Assim, ele diz que as coisas em ato não são todas iguais entre si, mas são iguais por A., no sentido de que todas têm a mesma relação com os termos que servem, respectivamente, de potências. "Não é necessário", diz Aristóteles, "pedir a definição de tudo, mas observar também a A., isto é, ver que o construir está para a habilidade de construir na mesma relação em que o estado de vigília está para o dormir, o ver para o ficar de olhos fechados, a elaboração do material para o próprio material e a coisa formada para a informe" (*Met.*, 9, 6, 1.047 b 35 ss.). Do mesmo modo, Aristóteles afirma que os elementos e os princípios das coisas não são os mesmos, mas apenas análogos, no sentido de que são as mesmas as relações que têm entre si. Por exemplo, "no caso da cor, a forma será o branco; a privação, o negro; a matéria será a superfície; no caso da noite e do dia, a forma será a luz, a privação será a escuridão e a matéria será o ar" (*ibid.*, 12, 4, 1.070 b 18). Obviamente, o branco, o negro e a superfície não são, respectivamente, o mesmo que luz, escuridão e ar, mas é idêntica a relação entre essas duas tríades de coisas (como entre muitíssimas outras tríades): relação que é expressa com os princípios de forma, privação e matéria. Portanto, como igualdade de relações em todos os casos em que se acham realizados, tais princípios são chamados de analógicos. Fora da metafísica, a mais célebre aplicação do conceito de A. é a que Aristóteles faz em ética com relação à justiça distributiva. Esta consiste em dar a cada um segundo os seus méritos e, por isso, é constituída por uma proporção na qual as recompensas estão entre si assim como os méritos respectivos das pessoas a quem são atribuídos. Trata-se, nota Aristóteles, de uma proporção geométrica não contínua, visto nunca ocorrer que a pessoa a quem se atribui alguma coisa e a coisa que se lhe atribui constituam um termo numericamente uno (*Et. nic.*, V, 5, 1.131 a 31). Aristóteles depois fez uso freqüente do conceito de analogia nos seus livros de história natural, dizendo que são análogos os órgãos "que têm a mesma função" (*De part. an.*, I, 5 645 b 6). Esse conceito deveria revelar-se de fundamental importância na biologia do século XIX, quando, com Cuvier, serviu de fundamento e de ponto de partida para a anatomia comparada.

Nesse significado, sem alusão à noção de probabilidade, mas à de proporção, esse termo é hoje empregado em lógica. As "A. formais" são condicionadas pelo caráter *transitivo das relações* cuja igualdade estabelecem. Por exemplo, diz-se que, se "*x* é antepassado de *y* e *y* é antepassado de *z*, *x* é antepassado de *z*"; ou então: se "*x* é parte de *y* e *y* é parte de *z*, *x* é parte de *z*". A conclusão é exata, mas não o seria se, em lugar das relações "antepassado de" ou "parte de", fossem usadas, por exemplo, "pai de", "ama" ou "odeia" etc. Não se pode dizer, com efeito, "*x* é pai de *y* e *y* é pai de *z*, logo *x* é pai de *z*". A A. vale só para as chamadas "relações transitivas", cujo princípio pode ser assim expresso: as asserções de que *x* está em relação transitiva com *y* e que *y* está em relação transitiva com *z* implicam a asserção de que *x* está em relação transitiva com *z* (cf. RUSSELL, *Intr. to Math. Philosophy*, 1918, cap. VI; STRAWSON, *Intr. to Logical Theory*, II, 2, 11).

O uso do termo no sentido de extensão provável do conhecimento iniciou-se com a escolástica, embora tal significado tenha permanecido estranho à própria escolástica. Com efeito, essa palavra teve uso metafísico-teológico para distinguir e, ao mesmo tempo, vincular o ser de Deus e o ser das criaturas, que tinham sido contrapostos pela escolástica árabe, sobretudo por Avicena, respectivamente como o ser *necessário*, que não pode não ser, e o ser *possível*, que pode ser e por isso precisa do ser necessário para existir. Assim, Guilherme de Alvérnia diz que o ser das coisas criadas e o ser de Deus não são idênticos nem diferentes, mas análogos: de algum modo se assemelham e se correspondem, sem terem o mesmo significado (*De Trin.*, 7). Tomás de Aquino distingue, com mais precisão, o ser das criaturas, separável da sua essência e, portanto, criado, do ser de Deus, idêntico à essência e, portanto, necessário. Esses dois significados do ser não são *unívocos*, isto é, idênticos, nem *equívocos*, isto é, simplesmente diferentes; são *análogos*, ou seja, semelhantes, mas de proporções diversas. Só Deus tem o ser por essência; as criaturas o têm por participação; elas, em sendo, são semelhantes a Deus, que é o primeiro princípio universal do ser, mas Deus não é semelhante a elas: esta relação é a A. (*S. Th.*, I, q, 4, a. 3). A relação analógica estende-se a todos os predicados atribuídos, ao mesmo tempo, a Deus e às criaturas. Por exemplo, o termo "sábio", quando se refere ao homem, significa uma perfeição diferente da essência e da existência do homem, ao passo que, quando se refere a Deus, quer dizer uma perfeição idêntica à sua essência e ao seu ser; além disso, quando se refere ao homem, inclui aquilo que quer significar, ao passo que, quando se refere a Deus, deixa fora a coisa significada, que transcende os limites do entendimento humano (*ibid.*, I, q. 13, a. 5). O significado diferente que um termo pode assumir *segundo a sua atribuição* a esta ou àquela realidade foi depois chamado, pelos escolásticos, *A. de atribuição*. Esse tipo de A. verifica-se não só a propósito da atribuição de um mesmo termo a Deus e às criaturas, mas em muitos outros casos, como quando se diz que um medicamento é saudável e que um animal é saudável, uma vez que o medicamento é a causa da sanidade que está no animal (*ibid.*, I, q. 13, a. 5). A *A. de proporcionalidade* refere-se, porém, apenas à analogicidade de significado entre o *ser* de Deus e o *ser* das criaturas, tornando-se tema de discussões polêmicas na Escolástica do século XIII e da primeira metade do século XIV. A A. de proporcionalidade é freqüentemente atribuída a Aristóteles pelos tomistas (assim como pelo próprio Tomás de Aquino), mas na verdade, ainda que Aristóteles tivesse começado a reconhecer vários sentidos do ser, fizera-o somente para remetê-los a modos e especificações do único sentido de *substância*, o do ser como ser, do ser na sua necessidade, que é o objeto da metafísica. Aristóteles, por isso, não distinguia nem podia distinguir o ser de Deus do ser das outras coisas: por exemplo, Deus e a mente são substâncias precisamente no mesmo sentido (*Et. nic.*, I, 6, 1.096 a 24). O maior crítico e opositor do tomismo neste ponto foi Duns Scot, que, reportando-se exatamente a Aristóteles, considerou que a noção de ser é comum a todas as coisas existentes, logo tanto às criaturas quanto a Deus. Considerou-a, por isso, *unívoca* pelo motivo fundamental de que, se assim não fora, seria impossível conhecer algo de Deus e determinar qualquer atributo Seu remontando, por via causal, a partir das criaturas (*Op. Ox.*, I, d. 3, q. 3, n. 9). Desse modo, também restabeleceu a unidade da ciência do ser, a metafísica – que, para o tomismo, dividia-se em ciência do ser criado (metafísica) e em ciência do ser necessário (teologia) –, e portanto reduziu a teologia a ciência *prática* (não dirigida para o conhecimento do homem, mas para a sua orientação com vistas à salvação).

2.º O segundo significado desse termo, como extensão provável do conhecimento mediante a passagem de uma proposição que exprime certa situação para uma outra proposição que exprime uma situação genericamente semelhante, ou como extensão da validade de uma proposição de certa situação para uma situação genericamente semelhante, era conhecido pelos antigos com o nome de "procedimento por semelhança" (διὰ παραβολῆς ou διὰ ὁμοιότητος). Aristóteles diz: "A probabilidade também aparece no procedimento por semelhança quando se diz o contrário do contrário: por exemplo, se é preciso fazer o bem aos amigos, pode-se dizer, por semelhança, que é preciso fazer o mal aos inimigos" (*Top.*, I, 10, 104 a 28; cf. *El. sof.*, 173 b 38; 176 a 33 etc.). Esse procedimento, obviamente, nada tem que ver com a A.: a relação é diferente (assim como "fazer o mal" é diferente de "fazer o bem") e entre as duas situações, portanto, não há igualdade de relações, mas só uma semelhança genérica. Aristóteles aconselha a usar esse procedimento para questões polêmicas (*Top.*, VIII, 1, 156 b 25). Euclides de Mégara já havia contestado sua validade lógica. Ele "repudiava o procedimento por semelhança, dizendo que ele se vale de coisas semelhantes ou de coisas dessemelhantes. Se de coisas semelhantes, é melhor tratar das próprias coisas do que das que lhes são semelhantes; se de coisas dessemelhantes, é inútil a comparação" (DIÓG. L., II, 107). Os epicuristas entendiam que a indução era um raciocínio por analogia e, portanto, defendiam a sua validade subordinando-a ao postulado da uniformidade da natureza. Diz Filodemo: "Quando julgamos: 'Visto que os homens que estão ao nosso alcance são mortais, todos os homens são mortais', o método analógico só será válido se supusermos que os homens que não estão em condições de se mostrarem a nós são, sob todos os aspectos, semelhantes aos que estão ao nosso alcance, de tal modo que se deve pressupor que eles também são mortais. Sem esse pressuposto, o método da A. não é válido" (*De signis*, II, 25). Na filosofia moderna, a primeira defesa da A. é provavelmente a de Locke, que, no IV livro de *Ensaio*, inclui a A. entre os graus do assentimento; mais precisamente, considera-a como probabilidade concernente a coisas que transcendem a experiência. A A. é a única ajuda de que dispomos, segundo Locke, para alcançar um conhecimento provável dos "seres materiais finitos fora de nós", dos seres que, de qualquer modo, não nos sejam perceptíveis, ou enfim da maior parte das operações da natureza que se ocultam à experiência humana direta (*Ensaio*, IV, 16). Leibniz concordou com Locke, ao ver na A. "a grande regra da probabilidade", porquanto aquilo que não pode ser comprovado pela experiência pode parecer provável se está mais ou menos de acordo com a verdade estabelecida. Leibniz acrescenta alguns exemplos do uso que os cientistas fizeram da A. e recorda que Huygens, fundando-se precisamente nela, julgou que o estado dos outros planetas é muito semelhante ao da Terra, salvo pela diferença produzida por suas diferentes distâncias do Sol (*Nouv. ess.*, IV, 16, 12). Na realidade, os cientistas dos séculos XVII e XVIII utilizaram muito a A.; e não foi sem razão que Kant utilizou esse termo para exprimir alguns princípios reguladores fundamentais da ciência do seu tempo. Entendeu, em geral, por A. uma forma de prova teórica (v. PROVA) e definiu-a como "a identidade de relação entre princípios e conseqüências (entre causas e efeitos) apesar da diferença específica das coisas ou das qualidades em si (quer dizer: consideradas fora daquela relação), que contêm o princípio de conseqüências semelhantes" (*Crít. do Juízo*, § 90). Enumerou quatro "A. da experiência", enunciando-as do seguinte modo: *a*) princípio da permanência da substância, que assim se exprime: "Em toda mudança dos fenômenos a substância permanece e a sua quantidade na natureza não aumenta nem diminui"; *b*) princípio da série temporal segundo a lei da causalidade, que assim se exprime: "Todas as mudanças ocorrem segundo a lei do nexo de causa e efeito"; *c*) princípio da simultaneidade segundo a lei da ação recíproca, que assim se exprime: "Todas as substâncias que possam ser percebidas no espaço como simultâneas estão entre si em ação recíproca universal." Kant esclareceu do seguinte modo o sentido em que esses princípios são chamados de analogias. Em matemática, as A. são fórmulas que exprimem a igualdade de duas relações quantitativas e são sempre *constitutivas*, ou seja, dados três membros da proporção, é dado também o quarto, que, portanto, pode ser construído. Em filosofia, porém, a A. é a igualdade entre duas relações não quantitativas, mas *qualitativas*: o que quer dizer que, dados três termos da proporção, o quarto termo não é dado, mas só é dada certa relação com eles. Essa relação é uma *regra* para procurá-lo na experiência e um *sinal* para descobri-lo. De modo que o princípio da permanência da substância, o princípio de causalidade e o princípio de reciprocidade de ação não fazem parte verdadeiramente da constituição dos objetos de experiência, mas valem somente para descobri-los e para situá-los na ordem universal da natureza. Esses princípios são, é bem verdade, *a priori*, portanto certos de forma indubitável, mas, ao mesmo tempo, são desprovidos de evidência intuitiva, ao passo que os "axiomas da intuição" (v. AXIOMA) e as "antecipações da percepção" (v. ANTECIPAÇÕES) são princípios constitutivos porque ensinam "como os fenômenos, tanto com respeito à sua realidade percebida quanto com respeito à sua intuição, podem ser produzidos segundo as regras de uma síntese matemática" (*Crít. R. Pura*, Anal. dos princ., III, 3). Como se vê, permanece neste uso kantiano o significado da A. como igualdade entre relações, mas tais relações são ditas "qualitativas" no sentido de que, com elas, não são dados os objetos, mas só as relações que permitem descobri-los e organizá-los em unidades. E, com efeito, os princípios da permanência da substância, de causalidade e de reciprocidade não levam a conhecer nada, mas servem para descobrir os objetos cognoscíveis e organizá-los, segundo os seus nexos, na unidade da experiência. Nesse sentido, a A. é um instrumento, aliás, um dos instrumentos fundamentais para estender o conhecimento dos fenômenos naturais, usando como guia as suas conexões determinantes.

A lógica e a metodologia da ciência do século XIX não confiaram na A., considerando-a, geralmente, como uma extensão da generalização indutiva além dos limites dentro dos quais ela oferece garantia de verdade. Stuart Mill considerou o raciocínio por A. "uma inferência de que o que é verdade em certo caso também é verdade em um caso de algum modo semelhante, mas não exatamente paralelo, isto é, não semelhante em todas as circunstâncias materiais. Um objeto tem a propriedade *b*; outro não tem a propriedade *b*, mas é semelhante ao primeiro em uma propriedade *a* não ligada a *b*; a A. levará à conclusão de que esse objeto também tem a propriedade *b*. Por exemplo, diz-se que os planetas são habitados porque a Terra é habitada". Esse modo de argumentar pode, segundo Stuart Mill, aumentar em grau não determinável, mas em todo caso muito modesto, a probabilidade da conclusão; mas em compensação, pode dar lugar a muitas falácias (*Logic*, V, 5, 6).

Mas a lógica e a metodologia atuais são muito menos céticas em relação à A. talvez porque a remetam ao significado 1.º, isto é, à igualdade de relações. Por exemplo, um dos procedimentos analógicos consiste na criação de símbolos que tenham semelhança maior ou menor com as situações reais e cujas relações reproduzam as relações inerentes aos elementos de tais situações. Tais símbolos são, às vezes, *modelos* mecânicos, quer dizer, desenhos, esquemas ou máquinas que reproduzem as relações existentes entre elementos reais; tais são, por exemplo, os modelos do sistema solar, da estrutura do átomo, do sistema nervoso etc. Outras vezes, tais modelos são obtidos através do chamado *processo de extrapolação*, que consiste em levar a determinado limite o comportamento de um conjunto de casos ordenados numa série na qual se suponham eliminadas, gradualmente, as influências perturbadoras. Fala-se, por exemplo, em velocidade infinita ou em velocidade zero, ou massas reduzidas a um ponto geométrico, em alavancas perfeitas, em gases ideais etc. Todo modelo é um exemplo de A., no sentido 1.º, por ser próprio de um modelo reproduzir, entre os seus elementos, as mesmas relações dos elementos da situação real. Mas os físicos também falam hoje de A. como condição ou elemento integrante das hipóteses e das teorias científicas. Segundo essa orientação, a A. faz parte da constituição da hipótese porquanto "as proposições de uma hipótese devem ser análogas a algumas leis conhecidas": nesse sentido, a A. não é só um auxílio à formulação de uma teoria, mas é parte integrante dela. "Considerar a A. como um auxílio à invenção das teorias é tão absurdo quanto considerar a melodia um auxílio para a composição de uma sonata. Se, para compor música, só fosse necessário obedecer às leis da harmonia e aos princípios formais de desenvolvimento, todos seríamos grandes compositores; mas é a ausência do sentido melódico que nos impede de atingir excelência musical simplesmente comprando um manual de música" (N. R. CAMPBELL, *Physics; The Elements*, 1920, p. 130). A A. corresponderia, portanto, em física ao que é o sentido musical em música: garantiria a adequação de uma hipótese científica às uniformidades expressas ou formuladas nas leis. [N.A.]

ANALYSIS SITUS. Com esta expressão Leibniz designa uma disciplina cuja tarefa deveria ter sido a de definir uma abordagem à geometria fundamentada em considerações de tipo "qualitativo", com o uso de conceitos como semelhança, congruência, igualdade etc. Nos ensaios que Leibniz dedica à A., há intuições que foram interpretadas como prefigurações da *topologia* (v.). [M.M.]

ANAMNESE (gr. ἀνάμνησις; in. *Reminiscense*; fr. *Réminiscence*; al. *Reminiszens*; it. *Anamnesi*). O mito da A. é exposto por Platão em *Ménon*, como antítese e correção do "princípio erístico", de que não é possível ao homem indagar o que sabe nem o que não sabe, pois seria inútil indagar o que se sabe e impossível indagar quando não se sabe o que indagar. A este discurso, que "pode tornar-nos preguiçosos e agrada muito aos fracos", Platão opôs o mito segundo o qual a alma é imortal e, portanto, nasce e renasce muitas vezes, de tal modo que viu tudo neste mundo e noutro, motivo pelo qual pode, em certas ocasiões, recordar o que sabia antes. "E como toda a natureza é congênere e a alma apreendeu tudo, nada impede que quem se recorde de uma só coisa (que é aquilo que se chama de 'aprender') encontre em si todo o resto, se tiver coragem e não se cansar na busca, uma vez que buscar e aprender não são mais que reminiscência" (*Men.*, 80 e-81 e). Croce chamou de A. o processo do conhecimento histórico, visto que ao seu sujeito, o Espírito Absoluto, basta recordar ou rememorar aquilo que está nele; e as fontes da história (documentos e ruínas) só têm a função de fazer rememorar (*Teoria e storia della storiografia*, 1917, pp. 12 ss.; *La storia come pensiero e come azione*, 1938, p. 6). [N.A.]

Bloch afirma ter sido atingida pelo "feitiço da A." qualquer filosofia que, apresentando o ser apenas como ser-estado (*Wesen = Ge-wesenheit*), proponha como base do mundo uma *arqué* já dada e pré-constituída, concebendo o saber de maneira substancialmente "arqueológica", ou seja, em termos de recuperação do passado. Segundo Bloch, o modelo ontológico e gnosiológico da A. (tendência a conceber o fim como recuperação do começo) não caracteriza apenas a filosofia platônica, mas também boa parte da metafísica ocidental, encontrando em Hegel sua encarnação paradigmática. "Hegel tinha uma dialética, mas esta, passando pela tese, pela antítese e pela síntese, retorna de novo à tese; portanto, depois da negação, envereda por um caminho circular. Depois da antítese ela retorna à síntese, volta atrás para retomá-la num grau mais elevado, de onde recomeça *da capo* no mesmo modo [...] Em Hegel, todo o movimento é um círculo de círculos. Não há futuro, não há nada que não exista já desde sempre, que não seja rememorado e concretizado. *Nihil novum sub luna*" (*Mutare il mondo fino a renderlo riconoscibile*, 1974, trad. it. em *Marxismo e utopia*, Editori Riuniti, Roma, 1984, p. 101). Afirmando a existência de uma pré-compreensão das coisas, que antecipa e orienta todos os nossos conhecimentos, a hermenêutica contemporânea apresentou uma espécie de reinterpretação atualizada da doutrina platônica, segundo a qual nós já conhecemos, de algum modo, aquilo que nos dispomos a conhecer (v. CÍRCULO HERMENÊUTICO; HERMENÊUTICA; PREJULGAMENTO). [G.F.]

ANANQUISMO (in. *Anankism*; it. *Ananchismo*). Termo empregado por Peirce para indicar o princípio da necessidade absoluta na evolução do mundo (*Chance Love and Logic*, II, 5; trad. it., p. 201). [N.A.]

ANAPODÍTICO (gr. ἀναπόδεικτικος; lat. *Indemonstrativus*; in. *Anapodeictic*; fr. *Anapodictique*; al. *Anapodiktisch*; it. *Anapodittico*). Literalmente: não demonstrável. Aristóteles assim chamou as premissas primeiras do silogismo que ele dizia também serem *imediatas* (*Et. nic.*, VI, 12, 1.143 b 12; *An. post.*, I, 2, 72 b 27 etc.). Mas a teoria dos raciocínios anapodíticos foi desenvolvida pelos estóicos precisamente por oposição à teoria silogística de Aristóteles. Segundo os estóicos, enquanto os silogismos ou raciocínios apodíticos extraem uma conclusão não evidente de premissas evidentes, os raciocínios anapodíticos têm uma conclusão evidente e são a base de todos os outros raciocínios que possam ser reduzidos a eles (SEXTO EMPÍRICO, *Pirr. hyp.*, II, 156; cf. CÍCERO, *Top.*, 56-7). Os estóicos enumeravam cinco tipos fundamentais de raciocínios anapodíticos e julgavam que a eles poderiam ser reduzidos todos os outros raciocínios; daí Sexto Empírico dizer que, afastados estes, toda a dialética cairia por terra. Eis como se exemplificavam esses tipos fundamentais: 1.º Se é dia, há luz. Mas é dia. Logo há luz. 2.º Se é dia, há luz. Mas não há luz. Logo não é dia. 3º Se não é dia, é noite. Mas é dia. Logo não é noite. 4.º Ou é dia ou é noite. Mas é dia. Logo não é noite. 5.º Ou é dia ou é noite. Mas não é noite. Logo é dia (*Pirr. hyp.*, II, 157-8; DIÓG. L., VII, 80). [N.A.]

ANARQUISMO (in. *Anarchism*; fr. *Anarchisme*; al. *Anarchismus*; it. *Anarchismo*). Doutrina segundo a qual o indivíduo é a única realidade, que deve ser absolutamente livre e que qualquer restrição que lhe seja imposta é ilegítima; daí a ilegitimidade do Estado. Costuma-se atribuir a Proudhon (1809-1865) o nascimento do A. Sua principal preocupação foi mostrar que a justiça não pode ser imposta ao indivíduo, mas é uma faculdade do eu individual que, sem sair do seu foro interior, sente a dignidade da pessoa do próximo como a sua própria e, portanto, adapta-se à realidade coletiva mesmo conservando a sua individualidade (*A Justiça na revolução e na Igreja*, 1858). Proudhon desejaria que o Estado fosse reduzido à reunião de vários grupos, formado cada um deles para o exercício de uma função específica e reunidos todos em conformidade com uma lei comum e um interesse idêntico (*Justice*, I, p. 481). Esse ideal pressupõe a abolição da propriedade privada que, num texto célebre (*O que é a propriedade?*, 1840), ele definia como "roubo". No domínio da filosofia, o maior teórico do A. foi Max Stirner (pseudônimo de Kaspar Schmidt, 1806-1856), autor de uma obra intitulada *O único e a sua propriedade* (1845). A tese fundamental de Stirner é que o indivíduo é a única realidade e o único valor, logo é a medida de tudo. Subordiná-lo a Deus, à humanidade, ao Estado, ao espírito, a um ideal qualquer, seja embora o do próprio homem, é impossível, pois o que é diferente do eu individual e se lhe contrapõe é um fantasma do qual ele acaba escravo. Desse ponto de vista, a única forma de convivência social é a associação desprovida de qualquer hierarquia, da qual o indivíduo participa para multiplicar a sua força, mas que para ele é apenas um meio. Essa forma de associação pode nascer tão-somente da dissolução da sociedade atual, que, para o homem, é o estado de natureza, e pode ser somente o resultado de uma insurreição que consiga abolir todas as constituições estatais. Os anarquistas russos insistiram no caráter revolucionário do A.; o mais importante deles foi Mikhail Bakunin (1814-1896), autor de numerosos livros entre os quais um intitulado *Deus e o Estado* (1871), em que afirma a necessidade de destruir todas as leis, instituições e crenças existentes. A tese anarquista da contraposição nítida e radical entre todas as ordens políticas e sociais existentes, consideradas como o próprio mal, e a nova ordem libertária futura, considerada como o bem total, foi reapresentada por G. Landauer (*Die Revolution*, 1923). (Sobre ele cf. K. MANNHEIM, *Ideologie und Utopie*, 1929, IV, § 1; trad. it., pp. 194 ss.). [N.A.]

As formas de A. ou de neo-A. inspiraram até mesmo os filósofos pós-estruturalistas (Deleuze, Guattari, Foucault etc.) que, sob a influência de Nietzsche, teorizaram sobre a existência de um universo sem ordens fixas e razões centralizadoras, no qual as "diferenças" pudessem agir de maneira livre e transgressiva (v. OUTRO; DESEJO; PODER, GENEALOGIA DO; PÓS-ESTRUTURALISMO). [G.F.]

ANARQUISMO EPISTEMOLÓGICO (in. *Epistemological anarchism*; fr. *Anarchisme épistémologique*; al. *Epistemologischer Anarchismus*; it. *Anarchismo epistemologico*). 1. Doutrina professada pela epistemologia "dadaísta" de Feyerabend como alternativa às epistemologias normativas da tradição e aos dois modelos dominantes da filosofia da ciência no século XX: o verificacionista dos neopositivistas e o falsificacionista de Popper (v. VERIFICAÇÃO; FALSIFICACIONISMO). Segundo o A. epistemológico (para o uso dessa expressão, cf. *Contra o Método*, 1975, trad. it. Feltrinelli, Milão, 1979, pp. 9, 19, 148 ss.) na prática científica real não existem critérios imutáveis e absolutamente obrigatórios nem binários rígidos em termos de heurística e procedimentos, mas *anything goes*: "há *um* único princípio que pode ser defendido em *todas* as circunstâncias e em *todas* as fases do desenvolvimento humano. É o princípio: *vale tudo*" (*ibid.*, p. 25).

Essa convicção teórica, através da qual Feyerabend pretende fazer-se paladino da livre inventividade da ciência – o intuito de sua luta *contra o* Método é ser, na verdade, uma luta pela liberdade *do* método –, coincide com a observação histórica segundo a qual não existem regras ou princípios que não tenham sido violados pelos pesquisadores (*ibid.*, p. 21). Aliás, a inobservância das normas metodológicas mais consagradas é condição básica para o sucesso do cientista, que – usando uma frase de Einstein – é sempre um "oportunista sem escrúpulos", que não se deixa deter por nenhum sistema epistemológico dado ou por supostos "sumos sacerdotes (lógicos e/ou filósofos da ciência)" (*A ciência como arte,* 1984, trad. it., Laterza, Roma-Bari, 1984, p. 27).

2. O princípio do A. epistemológico, segundo Feyerabend, não vale apenas para a ciência, mas para todas as atividades humanas: "o A. é [...] não só possível mas necessário tanto para o progresso interno da ciência quanto para o desenvolvimento da cultura em seu conjunto" (*ibid.*, p. 147). Por tal motivo, desse ponto de vista, dever-se-ia falar de A. *metodológico,* mais que de A. epistemológico.

3. O A. epistemológico foi tachado de irracionalismo e subjetivismo e, em última instância, acusado de contradizer-se e desmentir-se: "se vale tudo, vale dizer que tudo vale, mas também vale dizer que tudo não vale, e que vale, por exemplo, só o que está em conformidade com esta ou com aquela norma específica" (P. PARRINI, *Conoscenza e realtà,* Laterza, Bari, 1995, pp. 208-9). Isto explica por que Feyerabend, até certo ponto, procurou atenuar suas posições originais, afirmando que o A. epistemológico não implica a negação de todas as regras, mas apenas a exclusão da racionalidade normativa absoluta: "Afirmo que todas as regras têm seus limites, mas não que se deva agir sem regras" (*Marxist Fairytales from Australia,* 1977, trad. it. em VV.AA., *Metodo scientifico tra anarchismo e marxismo,* Armando, Roma, 1982, pp. 190-222, 198). [G.F.]

ANFIBOLIA (gr. ἀμφιβολία; lat. *Amphibolia*; in. *Amphiboly*; fr. *Amphibolie*; al. *Amphibolie*; it. *Anfibolia*). Em Aristóteles (*El. sof.*, 4, 166 a) é um dos sofismas *in dictione,* mais precisamente a *falácia* (v.) decorrente do fato de uma frase tornar-se ambígua devido à sua construção gramatical defeituosa. Mais genericamente, o termo A. foi entendido como uma palavra que significa duas ou mais coisas (SEXTO EMPÍRICO, *Pirr. hyp.*, II, 256). Em Kant o termo A. é usado na expressão "A. dos conceitos de reflexão" para indicar o erro que nasce da confusão entre o uso empírico-intelectual e o uso transcendental dos conceitos de reflexão como "unidade" e "multiplicidade", "matéria" e "forma", e coisas semelhantes (*Crítica R. Pura,* Anal. dos princípios, Apêndice). [G.P.]

ANFIBOLOGIA. V. ANFIBOLIA.

ANGÚSTIA (in. *Dread*; fr. *Angoisse*; al. *Angst*; it. *Angoscia*). No seu significado filosófico, isto é, como atitude do homem em face de sua situação no mundo, esse termo foi introduzido por Kierkegaard em *Conceito de angústia* (1844). A raiz da A. é a existência como possibilidade (v. EXISTÊNCIA). Ao contrário do temor e de outros estados análogos, que sempre se referem a algo determinado, a A. não se refere a nada preciso: é o sentimento puro da possibilidade. O homem no mundo vive de possibilidade, uma vez que a possibilidade é a dimensão do futuro, e o homem vive continuamente debruçado sobre o futuro. Mas as possibilidades que se apresentam ao homem não têm nenhuma garantia de realização. Só por piedosa ilusão elas se lhe apresentam como possibilidades agradáveis, felizes ou vitoriosas: na realidade, como possibilidades humanas, não oferecem garantia alguma e ocultam sempre a alternativa imanente do insucesso, do fracasso e da morte. "No possível tudo é possível", diz Kierkegaard, o que quer dizer que uma possibilidade favorável não tem maior segurança do que a possibilidade mais desastrosa e horrível. Logo, o homem que se dá conta disso reconhece a inutilidade dos artifícios e só vê diante de si dois caminhos: o suicídio ou a fé, que é o recurso "Àquele para quem tudo é possível". A A. é, segundo Kierkegaard, parte essencial da espiritualidade do homem, de tal sorte que, se o homem fosse anjo ou animal, não conheceria a A.: e, com efeito, só consegue mascará-la ou escondê-la o homem cuja espiritualidade é demasiado débil. Como reflexão sobre a própria condição humana, a espiritualidade do homem está ligada à A., isto é, ao sentimento da ameaça imanente em toda possibilidade humana como tal. Na filosofia contemporânea, Heidegger centrou na A. sua análise existencial (v. EMOÇÃO). A A. é a situação afetiva fundamental, "que pode manter aberta a contínua e radical ameaça que vem do ser mais próprio e isolado do homem": isto é, a ameaça da morte. Na A., o homem "sente-se em presença do nada, da impossibilidade possível da sua existência". Nesse sentido, a A. constitui essencialmente o que Heidegger chama de "ser para a morte", ou seja a aceitação da morte como "possibilidade absolutamente própria, incondicional e insuperável do homem" (*Sein und Zeit*, § 53). Mas nem por isso a A. é o medo da morte ou dos perigos que possam provocá-la. Diz Heidegger: "O medo tem assento no ente de que se cuida dentro do mundo. A A., porém, brota do próprio *Dasein* (ser-aí) (v.). O medo chega repentino do intramundano. A A. ergue-se do ser-no-mundo como ser-para-a-morte lançado no mundo" (*ibid.*, § 68 b). A A. não é nem mesmo o pensamento da morte ou a espera e a preparação da morte. Viver para a morte, angustiar-se, significa compreender a impossibilidade da existência como tal. E compreender tal impossibilidade significa compreender que todas as possibilidades da existência, consistentes em antecipações ou projetos que pretendem transcender a realidade de fato, só fazem reincidir na realidade de fato. Por isso, o verdadeiro significado da A. é o *destino*, isto é, a escolha da situação de fato como herança de que não se pode fugir e o reconhecimento da impossibilidade ou nulidade de qualquer outra escolha que não a aceitação da situação em que já se está. Em outros termos, a A. como compreensão existencial possibilita ao homem transformar a necessidade em virtude: aceitar como um ato de escolha a situação de fato que é o seu destino, situação que, sem a A., ele procuraria inutilmente transcender. A coincidência de necessidade de liberdade parece, assim, ser o significado da A. heideggeriana (*ibid.*, § 74). Nesse sentido, Heidegger diz que a A. "liberta o homem das possibilidades vãs e torna-o livre para as autênticas" (*ibid.*, § 68 b).

Todavia, não foi só a filosofia existencialista que considerou a A. como revelação emocional da situação humana no mundo. Uma rica literatura psicológica esclareceu o caráter onipresente da A., que é diferente do medo, do temor e de outros estados emocionais de caráter episódico que se referem a situações particulares. A A. parece, ao contrário, um ingrediente constante da situação humana do mundo, seja qual for a explicação dada à sua origem. [N.A.]

ANIMAL, QUESTÃO (in. *Animal question*; fr. *Question animale*; al. *Tiersfrage*; it. *Questione animale*). Expressão com que se designa o conjunto dos problemas éticos e filosóficos relativos aos A. e à correta atitude humana em relação a eles.

1º Refutando o *especismo* (v.), ou seja, a discriminação dos seres vivos com base na espécie a que pertençam, e contestando a tradicional postura que Nozick define como "utilitarianism for animals, Kantianism for people" (utilitarismo para os A., kantismo para as pessoas), que é a *forma mentis*, de matriz greco-cristã, que consiste em ver os A. como meios e os homens como fins, o filão predominante do pensamento animalista – que tem antecedentes históricos na idéia iluminista de fraternidade universal em condições de transcender as diferenças entre espécies – defende a extensão da idéia de "sujeito moral e jurídico" do mundo humano para o animal, tornando-se porta-voz de um igualitarismo interespecífico (v. ÉTICA). No plano filosófico, as diversas propostas de fundamentação da personalidade moral e jurídica dos "A. não humanos" são remissíveis a duas escolas de pensamento, que, embora tenham em comum a mesma perspectiva emancipacionista e liberacionista propensa a salvaguardar os "direitos" dos A., divergem entre si em termos teóricos.

A) A primeira perspectiva, de tipo *utilitarista*, é representada sobretudo por P. Singer (*Animal Liberation*, 1975, 1990; *Practical Ethics*, 1979). Inspirando-se em Bentham ("o importante não é perguntar 'eles sabem raciocinar?' ou 'eles sabem falar?', mas sim 'eles sabem sofrer?'"), Singer, com base no princípio de igualdade e na regra da universalidade, inclui na esfera das relações morais todos os seres capazes de sofrer: "aceito o princípio de igualdade como base moral válida para as relações com outros da nossa espécie, temos o compromisso de aceitá-lo também como base moral válida para as relações com os que não pertencem à nossa espécie: os A. não humanos" (*Etica pratica*, trad. it., Liquori, Nápoles, 1989, p. 56).

B) A segunda perspectiva, de tipo *jusnaturalista*, é representada sobretudo por T. Regan (*The Case for Animal Rights*, 1983). Rechaçando as posições dos utilitaristas, Regan, que se mostra propenso a uma fundamentação deontológica das normas éticas, postula a existência de direitos naturais *objetivos*, que os A., assim como os homens, teriam. Mais em particular, segundo Regan, têm "valor em si" ou "valor intrínseco" todos os seres que, a exemplo dos homens, são *sujeitos de uma vida*: "Os indivíduos são sujeitos de uma vida sempre que têm condições de perceber e lembrar; se têm crenças, desejos e preferência; se têm condições de agir intencionalmente com vistas à satisfação de seus desejos e à consecução de seus objetivos; se são sencientes e têm vida emocional; se têm sentido do futuro e, em particular, do seu próprio futuro; se têm identidade psicofísica no tempo e se são capazes de ter experiências de bem-estar individual independentemente de sua utilidade para os outros e de serem objeto do interesse alheio" (*I diritti animali*, trad. it., Garzanti, Milão, 1990, p. 358).

2º Como alternativa a essas morais da libertação animal encontram-se as chamadas *éticas da responsabilidade humana*, representadas, por exemplo, por J. Passmore (*Man's Responsibility for Nature*, 1980) e M. Midgley (*Animals and Why They Mat-

ter, 1984). Refutando o radicalismo dos que equiparam animais e "pessoas", tais éticas, mais do que no direito dos animais, insistem na "responsabilidade" do homem em relação a eles, constituindo uma espécie de terceira via entre o especismo tradicional e o igualitarismo interespecífico. [G.F.]

ANIMISMO (in. *Animism*; fr. *Animisme*; al. *Animismus*; it. *Animismo*). Termo usado por Tylor (*Primitive Culture*, I, 1934, pp. 428-9) para indicar a crença difundida entre os povos primitivos de que as coisas naturais são todas animadas; daí a tendência a explicar os acontecimentos pela ação de forças ou princípios animados. [N.A.]

ANJOS (gr. ἄγγελοι; lat. *Angeli*; in. *Angels*; fr. *Anges*; al. *Engel*; it. *Angeli*). Assim foram chamadas pela teologia cristã as "criaturas incorpóreas" que servem de intermediárias entre Deus e as criaturas corpóreas, admitidas pelo neoplatonismo (v. DEUS). A fonte da angelologia medieval é o texto de pseudo-Dionísio o Areopagita *Sobre a hierarquia celeste* (séc. V). A hierarquia celeste é constituída por nove ordens de A. agrupados em disposições ternárias. A primeira disposição é a dos Serafins, dos Querubins e dos Tronos; a segunda é a das Dominações, das Virtudes e das Potestades; a terceira é a dos Principados, dos Arcanjos e dos Anjos. Essa doutrina foi aceita por Tomás de Aquino (*S. Th.*, I, q. 108, a. 2) e adotada por Dante no *Paraíso*. [N.A.]

Como observou E. Gilson, na Idade Média os A. representam um elemento fundamental não só da reflexão teológica, mas também da filosófica, no sentido de que sua supressão romperia o equilíbrio do universo. Na verdade, sendo estruturado de modo hierárquico e gradual, o universo implica a existência de tais substâncias espirituais intermediárias entre Deus e o homem, de tal maneira que se garanta a continuidade do ser. Na época moderna, o tema dos A. conserva-se não só no pensamento católico (que apresenta argumentos a favor da fé em sua existência) como também no pensamento ortodoxo, assim como no protestante (que, apesar disso, proíbe seu culto). A referência aos A. está presente também na moderna tradição hermética, cabalista e teosófica, constituindo um dos argumentos básicos da antroposofia de R. Steiner. No fim do século XX o tema dos A. conheceu uma espécie de revivescência até mesmo na literatura filosófica (de Maritain a Guardini, dos "nouveaux philosophes" a Cacciari). [G.F. e G.G.]

ANOÉTICO (in. *Anoetic*; fr. *Anoétique*; al. *Anoetik*; it. *Anoetico*). Adjetivo que se usa às vezes para designar as funções diferentes do intelecto, por exemplo, a sensibilidade, as emoções etc. [N.A.]

ANOMALIA (in. *Anomaly*; fr. *Anomalie*; al. *Anomalie*; it. *Anomalia*). Em geral, todo fato ou elemento que se afasta do modelo uniforme, constantemente verificado, de certo gênero de fatos ou elementos: por exemplo, um corpo vivo apresenta uma A. se a estrutura de algum órgão seu se distancia da estrutura presente em corpos do mesmo gênero. Um fato anômalo é um fato que contradiz a previsão provável, fundada em uniformidades recorrentes (v. ANORMALIDADE). [N.A.]

Por A. (em sentido epistemológico) Kuhn entende um caso ou um elemento que desafia os pressupostos do *paradigma* (v.) dominante, obrigando a comunidade dos cientistas a substituir o antigo paradigma por um novo: "A descoberta começa com a conscientização de uma A., ou seja, com o reconhecimento de que a natureza de certo modo violou as expectativas suscitadas pelo paradigma que rege a ciência normal; continua com uma exploração, mais ou menos ampla, da área da A. e termina só quando a teoria paradigmática tenha sido readaptada de tal modo que o que aparecia como A. passe a ser aquilo que se espera" (*A estrutura das revoluções científicas*, 1962¹, 1970², trad. it., Einaudi, Turim, 1969¹, 1978², p. 76). [G.F.]

ANOMIA (in. *Anomy*; fr. *Anomie*; al. *Anomie*; it. *Anomia*). Termo moderno usado sobretudo por sociólogos (p. ex., Durkheim), para indicar a ausência ou a deficiência de organização social e, portanto, de regras que assegurem a uniformidade dos acontecimentos sociais. [N.A.]

ANORMALIDADE (in. *Abnormality*; fr. *Anormalité*; al. *Unregelmässigkeit*; it. *Anormalità*). O que é contrário a uma norma e, por isso, se subtrai, em certa medida, à função ou ao fim que a norma tende a garantir ou a atingir. Esse termo tem significado diferente de *anomalia* (v.), visto que esta nem sempre constitui uma A. A anomalia é uma variante imprevista, um caso que se afasta da uniformidade reconhecida. Pode ou não ser uma A. Por exemplo, um órgão anômalo é anormal só quando não é capaz de realizar a função que lhe seria própria. [N.A.]

ANTECEDENTE (in. *Antecedent*; fr. *Antécédent*; al. *Antezedens*; it. *Antecedente*). Em lógica, dado um enunciado condicional do tipo "Se p, então q", o enunciado designado por "p" é chamado de A., e o designado por "q" é chamado conseqüente. Essa expressão era usada na lógica escolástica para indicar também o primeiro enunciado de uma *conseqüência* (v.). [M.M.]

ANTECIPAÇÃO (gr. πρόληψις; lat. *Anticipatio*; in. *Anticipation*; fr. *Anticipation*; al. *Antizipation*; it. *Anticipazione*). Com esse termo, os lógicos estóicos e epicuristas designavam os conceitos gerais (de gênero e espécie) por meio dos quais os dados da experiência eram "antecipados" pela mente (DIÓG. L., VII, 1, 54). Na filosofia moderna, na esteira da oposição epicurista ao papel atribuído pelos estóicos às A. no conhecimento, Francis Bacon e outros filósofos usam A. em sentido depreciativo, para indicar uma hipótese gratuita, não confirmada pela experiência (*Nov. Org.*, I, 26). Em Kant, *Antizipationem der Wahrnehmung* ("A. da percepção") designa o segundo grupo de princípios sintéticos *a priori* do intelecto, dependente da regra *a priori*, segundo a qual "em todos os fenômenos o real objeto da sensação tem uma qualidade intensiva, isto é, um grau" (v. CONCEITO). [G.P.]

ANTEPREDICAMENTOS (lat. *Antepraedicamenta*; in. *Antepredicament*; fr. *Anteprédicament*; al. *Anteprädicament*; it. *Antepredicamenti*). Na Idade Média, muitas vezes se designava com o nome A. a *Isagoge às Categorias*, de Porfírio. Além disso, a mesma palavra designava também as *quinque voces* (ou categorias da Lógica) tratadas justamente na *Isagoge*: *gênero* (v.), *espécie* (v.), *diferença* (v.), *próprio* (v.), *acidente* (v.). Husserl chamou de evidência antepredicativa a evidência com que os objetos se dão, com as várias modalidade de seu ser, no *mundo da vida* (v.), evidência que serve de fundamento do juízo predicativo ou apofântico (*Erfahrung und Urteil*, 1939, intr.). [G.P.]

ANTICONSCIENCIALISMO (in. *Anti-conscientialism*; fr. *Anti-conscientialisme*; al. *Antikonscientialismus*; it. *Anticoscienzialismo*). Termo com que se indica a negação da prioridade ontológica e epistemológica da *consciência* (v.) [G.F.]

ANTÍFASE (gr. ἀντίφασις). Em Aristóteles (*An. post.*, 72 a 12-14, *passim*), significa contradição, isto é, "oposição (entre dois enunciados) que exclui qualquer caminho intermediário". Em Aristóteles, também, *silogismo por A.* é o que conclui com uma contradição; na Lógica estóica, é o raciocínio que termina em dilema, como "é dia ou não é dia" (mas, em Aristóteles, "se é dia, então não é dia"). [G.P.]

ANTIFUNDACIONALISMO. V. FUNDACIONALISMO.

ANTIGOS E MODERNOS (in. *Ancients and moderns*; fr. *Anciens et modernes*; it. *Antichi e moderni*). A disputa sobre a superioridade dos A. ou dos modernos nasceu na Itália com *Pensiere diversi* (1620) de Alessandro Tassoni, desenvolveu-se sobretudo na França e na Inglaterra e versou substancialmente sobre o conceito da história como progresso. A noção de progresso, aliás, origina-se precisamente dessa polêmica e, em particular, do *Diálogo dos mortos* (1683) de Fontenelle. Esse conceito, elaborado nessas discussões, fora já expresso por Giordano Bruno com a afirmação de que "somos mais velhos e temos mais idade do que nossos predecessores", porque através do tempo o juízo amadurece ("Cena delle ceneri", em *Op. It.*, 31-2); conceito este que Bacon exprimira com *veritas filia temporis*, extraído de Aulo Gélio (*Noct. Att.*, XII, 11): "A Antiguidade", dizia Bacon, "foi 'antiga' e mais velha em relação a nós, mas em relação ao mundo é nova e mais jovem; e assim como de um ancião podemos esperar muito mais conhecimento das coisas humanas e maior maturidade de juízo do que de um jovem – pela experiência e pelo grande número de coisas que viu, ouviu e pensou –, também da nossa época (se tivesse consciência das suas forças e quisesse experimentar e compreender) seria justo esperar maiores coisas que dos tempos A., sendo esta para o mundo a maioridade, ajudada e enriquecida por infinitos experimentos e observações" (*Nov. Org.*, I, 84). Esse conceito, repetido por Fontenelle, constituiu o primeiro núcleo da noção de *progresso* (v.). [N.A.]

ANTI-HISTORICISMO (in. *Antihistoricism*; fr. *Antihistoricisme*; al. *Antihistorismus*; it. *Antistoricismo*). 1. Termo polêmico usado para indicar a carência de "senso histórico" por parte do Iluminismo. Cunhado pelos românticos à guisa de "grito de guerra" contra a filosofia do Iluminismo (E. Cassirer), o conceito de um (suposto) A. iluminista influenciou grande parte da historiografia do século XIX, a ponto de se tornar, sobretudo na cultura neo-idealista do século XX, uma espécie de *a priori* interpretativo. Croce, por exemplo, considera "anti-historicistas" ou "anti-históricas" todas as doutrinas que, distinguindo o que *é* do que *deve* ser, não admitem a identificação hegeliana entre real e racional, considerando a realidade "dividida em supra-história e história, num mundo de idéias ou de valores e num inframundo que os reflete – ou os refletiu até agora de modo fugidio e imperfeito –, ao qual convirá impor-se, de tal modo que à história imperfeita, ou à história pura e simples, se suceda uma realidade racional e perfeita" (*La storia come pensiero e azione*, 1938, Laterza, Bari, 1970^2, p. 53). Já atacada por Dilthey (*O século XVIII e o mundo histórico*, 1901) e por Cassirer (*A filosofia do iluminismo*, 1932) – que demonstraram que os iluministas, em vez de "negarem a história", tiveram a respeito uma concepção diferente da professada pelos românticos –, essa acepção desabonadora de A. acabou sendo abandonada por alguns estudiosos, para os quais, em se tratando de Iluminismo, mais caberia falar de antitradicionalismo do que de A. (v. ILUMINISMO; TRADIÇÃO).

2. Termo usado para indicar as doutrinas que estejam em oposição crítica ao *historicismo* (v.), ou a alguma tese típica de alguma forma de historicismo.

3. Mais particularmente, fala-se de A. a propósito das doutrinas que refutam as teses de matriz idealista e romântica segundo as quais:

a) toda a realidade é história;

b) todo conhecimento é conhecimento histórico;

c) os eventos constituem um processo linear baseado na novidade e no progresso;

d) a história coincide com o movimento necessário de autoconstrução do sujeito.

4. Os filósofos dos séculos XIX e XX que manifestaram posições anti-historicistas (no sentido de 2 e 3) são:

a) O primeiro "desertor da Europa e da sua fé na história" (M. Scheler) é Schopenhauer. Inspirando-se na máxima oriental, presente na Bíblia, segundo a qual "o que foi é o que será, o que se fez é o que se fará: nada de novo sob o sol" (*Eccl.*, 1, 9-10), ele discerne nas vicissitudes do devir um verniz ilusório sob o qual se esconde o drama *imutável* do viver: "Enquanto a história nos ensina que em cada tempo ocorre algo de diferente, a filosofia esforça-se por elevar-se à concepção de que em cada tempo foi e será sempre a mesma coisa" (*Supl.*, cap. XXXVIII).

b) Em *Considerações inatuais* (1873-1876) Nietzsche ataca a cultura historicista, que, a exemplo da positivista, favorece "a idolatria do fato" e faz do homem um epígono passivo do passado, obrigado a "dobrar a espinha e a baixar a cabeça" diante do poder da história e da dialética racional que a constitui. Em *Gaia ciência* (1882) e em *Assim falou Zaratustra* (1891), distancia-se das teorias cristãs modernas, aproximando-se de uma concepção do tempo como infinita iteração do igual: "Tudo vai, tudo volta; eternamente roda a roda do ser. Tudo morre, tudo volta a florir, eternamente corre o ano do ser. Tudo se desfaz, tudo volta a refazer-se; eternamente o ser se constrói a mesma habitação. Tudo se separa, tudo se reencontra; eternamente fiel a si permanece o anelo do ser" (*Opere*, VI, 1, pp. 265-6).

c) Em oposição a certos resultados relativistas do historicismo do começo do século XX (v. HISTORICISMO, 3), os fenomenologistas (Husserl, Scheler etc.) rechaçam a contextualização das verdades e dos valores nas várias épocas históricas, recusando-se a dissolver no fluxo heraclitiano do devir as criações mais altas da civilização humana (ciência, moral, direito, arte etc.).

d) Popper identifica o historicismo com a tese holista e essencialista de direção necessária e previsível dos eventos, contestando seus pressupostos teóricos e seus resultados políticos práticos (*Miséria do historicismo*, 1944-45; *A sociedade aberta e seus inimigos*, 1945).

e) Ao historicismo progressista dos modernos e à teoria do tempo como percurso linear rumo a uma meta última (que ele interpreta como transcrição secularizada e imanentizada do escatologismo cristão) Löwith contrapõe uma visão naturalista e circular do acontecer (*Significado e fim da história*, 1949, 1953).

f) Contra o postulado da uniformidade da história e contra a idéia de um tempo homogêneo em que escoariam os acontecimentos, os estruturalistas propõem a hipótese de uma multiplicidade heterogênea de histórias "diferenciais", providas de temporalidade e articulação específicas. Contra o postulado da continuidade unilinear e causal dos acontecimentos, defendem o princípio da "descontinuidade" do processo histórico, que avança através de imprevisíveis "rupturas" ou "saltos". Contra o postulado do progresso e contra a idéia de um finalismo intrínseco ao acontecer, defendem o caráter ateleológico e causal do devir, que não apresentam como um incremento (axiológico) de "valores", mas como um suceder-se (neutro) de "fatos". Contra o postulado do homem como ser que "faz" a história e "se faz" na história, ou seja, contra a doutrina do homem como subjetividade constituinte e fundadora, afirmam que a história é um processo "sem sujeito nem fim" (Althusser), ou um conjunto impessoal e acêntrico de estruturas, em relação ao qual o homem é sempre o "constituído", e nunca (sartrianamente) o "constituinte". Aliás, os mestres do estruturalismo não se limitaram a distanciar-se da interpretação historicistica do devir, mas chegaram a negar o próprio princípio do historicismo, de que a realidade é história na sua mais profunda essência. Rejeitando a suposta equivalência "entre a noção de história e a de humanidade" (*O pensamento selvagem*, 1962, trad. it., Il Saggiatore, Milão, 1964, p. 283), Lévi-Strauss nega a essencialidade da análise histórica para a compreensão antropológica e afirma que a história não serve para explicar realmente o homem, que este é principalmente uma natureza inconsciente e atemporal (v. ESPÍRITO). Tese que é acompanhada pela idéia de primado epistêmico da indagação sincrônica sobre a diacrônica (v. DIACRONIA; SINCRONIA).

g) Os pós-modernos identificam o "fim" da modernidade com o fim da visão do tempo como novidade e progresso e recusam qualquer pretensão historicistica de ancorar as opções ético-politicas da humanidade numa suposta direção da história (v. METANARRAÇÕES), fazendo-se porta-vozes de uma maneira pós-metafísica e pós-historicistica de entender a história e o papel dos intelectuais nela (v. PÓS-MODERNO).

h) O *neo-eleatismo* (v.) de Severino vê no historicismo a conseqüência última da *forma mentis* niilista que caracteriza o desenvolvimento da metafísica ocidental: "o Ocidente, convencido de que a realidade é história, também está convencido de que a realidade é nada" (*Essenza del nichilismo,* em VV.AA., *Problemi del nichilismo,* Shakespeare and Company, Milão, 1981, p. 98). [G.F.]

ANTI-HUMANISMO (in. *Anti-humanism*; fr. *Anti-humanisme*; al. *Antihumanismus*; it. *Antiumanismo*). 1. Vocábulo com que se indica a recusa a ver no homem – entendido nos termos modernos de *sujeito* (v.) e *consciência* – o centro da realidade e do saber.

2. O maior expoente da atitude anti-humanista é Nietzsche, que, partindo da idéia de sujeito como "máscara", rejeita não só o sujeito transcendental do idealismo, mas também o homem em geral, considerando-o um conceito excessivamente ligado à moral e à metafísica platônico-cristã (v. SUPER-HOMEM). O século XX apresenta formas semelhantes de A. filosófico.

Os principais são os ligados ao heideggerismo, ao estruturalismo, ao pós-estruturalismo, à hermenêutica e ao pós-modernismo.

a) Heidegger considera humanista qualquer doutrina "que explique e valorize o ente em seu conjunto a partir do homem e com vistas ao homem", ou qualquer teoria que, fazendo do homem a medida do ser, subordine o ser ao homem (*Sentieri interrotti,* 1950, trad. it., La Nuova Italia, Florença, 1968, 1984, p. 98). Desse ponto de vista, o humanismo não tem caráter "antimetafísico", mas é parte integrante da história da metafísica e representa o caminho que leva à vontade de domínio que constitui a base do mundo técnico-científico (v. TÉCNICA), caminho a que Heidegger contrapõe um descentramento pós-metafísico da realidade e da verdade em relação ao homem, ou seja, a exigência de não (mais) pensar o ser e o mundo a partir do homem, mas sim o homem e o mundo a partir do ser. E isso deve ser feito com a consciência de que não é verdade que "estamos principalmente num plano em que há apenas homens" (segundo a célebre tese de Sartre), mas "estamos principalmente num plano onde há principalmente o ser", visto que o homem não é "o senhor do ente", mas "o pastor do ser" (*Carta sobre o "humanismo",* 1946, em *Segnavia,* 1967, trad. it., Adelphi, Milão, 1987, pp. 287 e 295).

b) Opondo-se às múltiplas variantes (existencialistas, fenomenologistas, marxistas etc.) do humanismo do século XX e reivindicando a primazia da estrutura sobre o homem, ou seja, o eclipsar do ser e seu apagamento por obra de ordens e sistemas suprapessoais, os estruturalistas afirmam, com Lévi-Strauss, que a única maneira científica de conhecer o homem é a de *dissolvê-lo,* abster-se programaticamente dele. O homem – acrescenta Foucault – não passa de "invenção recente", de efêmero produto da *episteme* (v.) moderna e de sua (ambígua) concepção de homem como sujeito-objeto de ciência. Tanto é verdade que o "nascimento" do homem e das (supostas) "ciências humanas" é acompanhado pela simultânea "morte" (epistêmica) do homem, decorrente do fato de que o *sujeito,* ao se tornar *objeto* de ciência autêntica (ou seja, de tipo estruturalista), deixa imediatamente de existir como tal: "A partir do momento em que se percebe que todo o conhecimento humano, toda a existência humana, toda a vida humana e talvez até toda a hereditariedade biológica do homem estão encerrados em estruturas, ou seja, encerrados num conjunto formal de elementos que obedecem a relações descritíveis por qualquer um, o homem deixa, por assim dizer, de ser o sujeito de si mesmo, de ser ao mesmo tempo sujeito e objeto. Descobre-se que aquilo que possibilita o homem é, no fundo, um conjunto de estruturas, estruturas que ele, é verdade, pode pensar, pode descrever, mas das quais não é sujeito, consciência soberana" (*Conversazioni con Lévi-Strauss, Foucault, Lacan,* org. P. Caruso, Mursia, Milão, 1969, pp. 107-8). Encontramos convicções análogas no A. marxista de Althusser, segundo quem não é possível "*conhecer* alguma coisa dos homens a não ser com a condição absoluta de pulverizar o mito filosófico (teórico) do homem" (*Para Marx,* 1965, trad. it., Editori Riuniti, Roma, 1974[2], p. 205), e no A. psicanalítico de Lacan, para o qual "o verdadeiro centro do ser humano já não está mais [...] no mesmo lugar que era designado por toda uma tradição humanista", a subjetividade autoconsciente, mas sim na série das associações inconscientes que formam o *Es*, a tal ponto que não é tanto o sujeito que fala nas neuroses, mas as neuroses que falam através do sujeito (*Escritos,* 1966, trad. it., Einaudi, Turim, 1974, p. 391).

c) O processo de desligitimação da subjetividade cartesiana e idealista que está na base do estruturalismo continua sendo desenvolvido no pós-estruturalismo francês, seja por obra de Deleuze, que em lugar do eu e da consciência aventa a hipótese de um universo dessubjetivado, constituído por "centros de força" que atuam em "mil platôs" (*Antiédipo,* 172; *Mil platôs,* 1982), seja por obra de Derrida, que insiste no primado da escrita sobre a fala e na impessoalidade do texto, concebido como "campo transcendental autônomo" em relação a qualquer subjetividade empiricamente determinada (*Da gramatologia,* 1967).

d) Na hermenêutica de Gadamer circulam motivos anti-humanistas. Gadamer, convencido do "primado da coisa sobre o sujeito" (que não se realiza e se interpreta a partir do hermeneuta, mas *através* dele), manifesta uma *forma mentis* "ontocêntrica" antitética à "subjeto-cêntrica" dos modernos.

Mentalidade exemplificada pelos conceitos de *jogo* (v.) e *pertença* (v.) e baseada na idéia, transformada por Heidegger, de ser-linguagem que "fala" em lugar dos falantes (*die Sprache spricht*), de tal modo que o homem é, em última análise, um *jogador jogado*, que "não se deve falar tanto de um jogar *com* a linguagem [...] mas sim do jogo que joga *a* linguagem, jogo que se volta para nós, que se nos oferece e se nos subtrai, faz as perguntas e dá as respostas, aquietando-se" (*Verità e metodo*, 1960, trad. it., Bompini, Milão, 1983, p. 558).

e) O fim do homem em sentido "moderno" constitui também um dos pressupostos do *pós-modernismo* (v.) que, sobretudo na versão hermenêutico-nietzschiana de Vattimo, se propõe pensar "além" do sujeito forte e autofundado do pensamento metafísico (*Al di là del soggetto*, 1981; *La fine della modernità*, 1985).

3. São também formas radicais de A. as de Luhmann e Skinner. O primeiro, em antítese à antiga tradição européia, não põe os homens (com suas necessidades, seus projetos e seus ideais) no centro dos processos sociais, mas sim os "papéis" e as "funções", ou mesmo os "sistemas" e os "ambientes", com toda a complexidade auto-referencial e autolegitimadora que os caracteriza (*Sistemas sociais. Fundamentos de uma teoria geral*, 1984). O segundo, contestando a idéia tradicional de liberdade, concebe o homem como totalmente plasmável por estímulos externos convenientemente reforçados e programados (*Além da liberdade e da dignidade*, 1971).

4. Objeções e réplicas foram feitas por Sartre, segundo quem o A., "assim como qualquer filosofia que subordine o humano ao Outro do homem", acaba por configurar-se como uma filosofia contrária ao homem: "É preciso escolher: o homem é em primeiro lugar ele mesmo ou em primeiro lugar algo diferente dele. E se escolhermos a segunda doutrina seremos simplesmente vítimas ou cúmplices da alienação real" (*Crítica da razão dialética*, 1964, trad. it., Il Saggiatore, Milão, 1973, p. 248). Parecer análogo é o de Lévinas, segundo o qual quem submete o homem "aos jogos anônimos do ser" acaba por tornar-se cúmplice do espírito de violência e imposição que está na base de todo projeto ontológico (*Difficile libertà*, 1963, 1976[2], trad. it. parcial, La Scuola, Bréscia, 1986, p. 136; *Totalidade e infinito*, 1961, trad. it., Jaca Book, Milão, 1980, p. 307). Por outro lado, Heidegger considera que a contraposição anti-humanista ao humanismo não significa que tal pensamento "lute contra o humano e propugne o desumano", ou seja, "defenda a desumanidade e desvalorize a dignidade do homem". A polêmica contra o humanismo deriva do fato de que este último não põe a *humanitas* do homem em nível bastante alto, ou seja, no do ser: "A majestade essencial do homem não reside em ser a substância do ente como seu 'sujeito' e em provocar, qual déspota, a dissolução do ser – ente do ente na demasiadamente celebrada 'objetividade'. O homem, ao contrário, é 'lançado' pelo ser na verdade do ser, de tal modo que, assim e-ksistindo, cuide da verdade do ser, para que, à luz do ser, o ente apareça como o ente que é" (*Carta sobre o "humanismo"*, cit., p. 283). Para Vattimo, o A. de Heidegger, ou seu "deslocamento da tônica do homem para o ser", não deve ser interpretado como a simples antítese ou a pura subversão do humanismo: "não se trata de substituir uma perspectiva em que tudo depende do sujeito [...] por uma perspectiva em que tudo, ao contrário, depende do ser [...], como algo que se contrapõe ao sujeito. Na verdade, uma perspectiva desse tipo, sendo obrigada a pensar a relação homem–ser com base numa contraposição metafísica entre sujeito e objeto, e não com base de em sua *co-pertença originária* (v. EREIGNIS), não coincidiria com uma "superação", mas sim com uma simples "inversão" da metafísica, ou seja, com uma posição que se mantém dentro da própria metafísica (*Introduzione ad Heidegger*, Laterza, Roma-Bari, 1971, p. 101). Em outros termos, a superação anti-humanista do sujeito não coincidiria com o apagamento ou a eliminação do homem, mas com uma maneira diferente (*pós*-metafísica e *pós*-moderna) de interpretar o homem e o ser (v. OUTRO; ANTI-SUBJETIVISMO; CONSCIÊNCIA; SER; METAFÍSICA). [G.F.]

ANTILOGIA (gr. ἀντιλογία; in. *Antilogy*; fr. *Antilogie*; al. *Antilogie*; it. *Antilogia*). *Contradição* (v.). Às vezes esse termo equivale a discussão, ou à arte da discussão porque esta consiste em contrapor um argumento a outro argumento. *Antilógicos* foi o título de uma obra de Protágoras (DIÓG. L., III, 37). [N.A.]

ANTILOGISMO (in. *Antilogism*; fr. *Antilogisme*; al. *Antilogismus*; it. *Antilogismo*). Termo cunhado com palavras gregas (ἀντί, *"anti, contra"* e λόγος, *"razão"*), introduzido para indicar atitudes filosóficas de hostilidade à razão discursiva. [G.P.]

ANTIMETAFÍSICO (in. *Antimetaphysic*; fr. *Antimétaphysique*; al. *Antimetaphysik*; it. *Antimetafisico*). Termo usado pelos modernos para indicar uma atitude ou uma orientação de pensamento contrária às afirmações da metafísica clássica; essa atitude recusa-se a admitir a validade da averiguação que ultrapasse os limites da experiência ou que, de algum modo, desemboque em afirmações não verificáveis em termos de experiência (v. METAFÍSICA). Mais especificamente, a crítica antimetafísica dirige-se (a exemplo de Hume) contra os dois conceitos fundamentais, *substância* e *causa*, ou então contra interpretações que possibilitem sua aplicação a objetos que transcendam os limites da experiência. [N.A.]

ANTINOMIAS (in. *Antinomies*; fr. *Antinomies*; al. *Antinomien*; it. *Antinomie*). Com esse termo ou com o termo *paradoxos* são chamadas as contradições propiciadas pelo uso da noção absoluta de *todos* em matemática e em lógica. Nesse sentido, as A. não eram desconhecidas na Antiguidade, porque fizeram parte dos raciocínios *insolúveis* ou *conversíveis* de que se compraziam megáricos e estóicos e que às vezes também foram chamados de dilemas (v. DILEMA). Tais raciocínios são tratados na escolástica tardia, nas coleções de *Insolubilia* ou de *Obrigatoria*; o mais famoso é o do mentiroso, que Cícero já recordava: "Se dizes que mentes, ou estás dizendo a verdade e então estás mentindo, ou estás dizendo mentira e então dizes a verdade" (*Acad.*, IV, 29, 96). Esse paradoxo era discutido no século XIV por Ockham (*Summa log.*, III, III, 38). Na lógica contemporânea, a primeira contradição desse gênero foi evidenciada por Burali Forti em 1897 e se referia à série dos números ordinais: se a série de todos os números ordinais tem um número ordinal, que seja por exemplo ω, ω também será um número ordinal, de tal modo que a série de todos os números ordinais terá o número ω + 1, maior do que ω, e ω não será o número ordinal de todos os ordinais ("Uma questão sobre os números transfinitos", em *Rend. del Circolo Matematico di Palermo*, 1897). Mas o mais famoso paradoxo, o que chamou mais a atenção, foi o de Russell, referente à classe de todas as classes que não são membros de si mesmas. Há classes que não são membros de si mesmas, como a classe dos homens: esta, não sendo homem, não é membro de si mesma. Há, porém, classes que são membros de si mesmas, como a "classe dos conceitos", que é também um conceito. Ora, a classe de todas as classes que não são membros de si mesmas é ou não é membro de si mesma? Se é, contém um membro que é membro de si mesmo e, portanto, não é mais a classe de todas as classes que *não* contêm a si mesmas como membro. Se não, será uma das classes que não contêm a si mesmas como membro e deve, por isso, pertencer à classe de tais classes. Esse paradoxo publicado por Russel em 1902 deu depois lugar à reorganização feita por Whitehead e Russel na lógica matemática (*Principia mathematica*, 1910-13). Outros paradoxos são os de Köning (1905), de Richard (1906), de Grelling (1908), de Jourdain (1913); mas, como notou Russell, pode haver um número indefinido de paradoxos com a mesma característica, a *auto-referência* ou a *reflexividade*. Em cada um deles se diz alguma coisa de *todos* os casos de um dado gênero e, do que se diz, nasce um novo caso que é e não é da mesma espécie daqueles aos quais o *todos* se refere. Portanto, a solução óbvia das A. é a que apresenta regras capazes de impedir a referência auto-reflexiva de onde nascem as A.

Este é o princípio adotado por Russell: "Tudo o que implica o todo de uma coleção não deve ser termo da coleção", ou inversamente: "Se, admitindo que certa coleção tem um total, ela teria membros definíveis somente em termo daquele total, então a dita coleção não tem total" (*Mathematical Logic as Based on the Theory of Types*, 1908, em *Logic and Knowledge*, p. 63). A mesma exigência era apresentada por Poincaré, na forma da exclusão das definições *impredicativas* (v.), isto é, das definições que implicam um círculo vicioso.

Todavia, essa simples exigência negativa, sobre a qual todos os lógicos estão de acordo, não é suficiente porque não fornece um critério exato para distinguir o uso legítimo do ilegítimo da palavra *todos.* E sobre o possível critério exato os lógicos não estão de acordo. Contudo, é possível distinguir dois tipos de solução que podem ser atribuídas, respectivamente, a Russell e a Frege.

1º A primeira solução consiste em distinguir vários graus ou tipos de conceitos e em limitar a predicabilidade de um tipo em relação ao outro. A *teoria dos tipos* de Russell atende a essa exigência. Segundo essa teoria, devem-se distinguir: conceitos de tipo *zero*, que são os conceitos individuais, isto é, os nomes próprios; conceitos de tipo *um*, que são propriedades de indivíduos (p. ex., branco, vermelho, grande etc.); conceitos de tipo *dois*, que são propriedades de propriedades, e assim por diante. Em vista disso, a regra para evitar a A. é a seguinte: um conceito nunca pode servir de predicado numa proposição cujo sujeito seja de tipo igual ou maior que o próprio conceito. Essa teoria foi exposta por Russell no apêndice de *Principles of Mathematics*, de 1903.

Em seguida, nessa teoria dos tipos, o próprio Russell inseriu uma teoria dos graus, dando lugar à chamada *teoria ramificada dos tipos*, que ele expôs em 1908 (no artigo já citado) e que constitui a base dos *Principia mathematica.* Segundo essa teoria, são de grau zero ou elementares as *funções proposicionais* (v.) ou predicados que não contêm nenhuma variável *aparente* (entendendo-se por variável aparente a que está presente numa função independente dela, não no sentido de ter o mesmo valor para cada valor da variável, mas no sentido de que os valores particulares desta não mudam a natureza da função). São de grau *um* as funções proposicionais que contêm uma variável aparente cuja variação é constituída por um conjunto de objetos individuais. São de grau *dois* as que contêm uma variável aparente que está no lugar de uma função proposicional de grau um; e assim por diante. Em vista disso, estabelece-se a regra segundo a qual não podem ser tratadas no mesmo plano proposições que podem ser extraídas de funções de grau diferente. Por exemplo, a A. do mentiroso depende do fato de a frase "eu minto" ser interpretada no sentido de "Qualquer que seja a minha presente afirmação *x*, *x* é uma mentira", e de se identificar essa frase, que chamamos *y*, com a afirmação *x*. Mas na realidade *y* é de grau diferente de *x* porque *x* é a variável aparente contida em *y*: Por isso, não pode ser identificada com *y*. Em outras palavras, quando se diz "eu minto", não se entende que a própria frase "eu minto" seja uma mentira, mas que é mentira alguma outra frase a que ela se refere. Russell, porém, para possibilitar em matemática o tipo de asserção impropriamente expressa com a frase (que enseja as A.) "todas as propriedades de *x*", introduzia o *axioma das classes* ou *axioma de redutibilidade*, que dizia: "Seja φ *x* uma função de qualquer ordem de um argumento *x*, que pode ser um indivíduo ou uma função de qualquer ordem. Se φ é da ordem imediatamente superior a *x*, escrevemos a função na forma φ!*x*.; nesse caso, chamaremos φ de função *predicativa*. Assim, a função predicativa de um indivíduo é uma função de primeira ordem. Para argumentos de tipo mais alto, as funções predicativas tomam o lugar que as funções de primeira ordem têm em relação aos indivíduos. Supomos então que toda função é equivalente, para todos os seus valores, a alguma função predicativa do mesmo argumento" (*Mathematical Logic*, 81-2). Russell acreditava ter salvo desse modo o conceito de classe da A. e, ao mesmo tempo, tê-lo tornado ainda utilizável em sua função fundamental, que seria a de reduzir a ordem das funções proposicionais. Mas esse axioma suscitou muitas críticas, que mostraram especialmente que seu efeito era restaurar a possibilidade das definições impredicativas que a teoria dos graus tendia a eliminar (cf. sobre tais críticas A. CHURCH, *Introduction to Mathematical Logic*, § 59, n. 588). O próprio Russell, na introdução à 2.ª edição de *Principia mathematica* (1925), recomendava o abandono do axioma da redutibilidade.

Ramsey propôs então dividir as A. em duas categorias: as antinomias *lógicas* (em sentido estrito), que são as exemplificadas pela A. de Russell e que não fazem referência à verdade ou à falsidade das expressões; e as A. *sintáticas*, exemplificadas pela A. do mentiroso, que nascem da referência semântica e podem, portanto, ser chamadas de *semânticas* ou *epistemológicas* (*Foundations of Mathematics*, 1931). Ramsey observou que as antinomias da segunda espécie não estão presentes nos sistemas lógicos, mas só nos textos que os acompanham, podendo, portanto, ser desprezadas pela lógica, visto que esta tem como objeto a construção de sistemas simbólicos. Quanto às A. lógicas, porém, Ramsey observou que basta a teoria simples dos tipos, cuja regra fundamental Carnap, seguindo a sugestão de Ramsey, assim formulou: "Um predicado pertence sempre a um tipo diferente do tipo de seus argumentos (isto é, pertence a um tipo de nível mais alto); por isso, um enunciado nunca pode ter a forma 'F(F)'" (*The Logical Syntax of Language*, § 60 a). Essa regra basta para evitar as definições *impredicativas* (v.).

2.º A segunda solução fundamental das A. diz respeito às A. *sintáticas*, isto é, semântico-epistemológicas, que são aquelas nas quais mais aparecem os conceitos de verdadeiro e falso. Essa solução consiste em considerar essas A. como proposições *indecidíveis*: proposições sobre cuja verdade ou falsidade a estrutura da língua em que são formuladas não permite decidir nem num sentido nem noutro. Mediante a ampliação da língua considerada, tais proposições podem tornar-se suscetíveis de decisão, mas essa ampliação pode dar ensejo a outras proposições indecisas.

Uma solução desse gênero já fora apresentada por Ockham, quando, na análise do paradoxo do mentiroso, reconhecera o caráter indecidível dos enunciados auto-reflexivos. Assim, Ockham afirmava não ser legítimo dizer que *A* significa "*A* significa mentira". Certamente é possível que *A* signifique mentira, mas justamente porque é possível, e só por isso, *A* não significa nem verdade nem mentira (*Summa log.*, III, III, 38).

Esse ponto de vista foi consolidado pelo chamado teorema de Gödel, segundo o qual é impossível provar a não-contradição de um sistema lógico com os meios de expressão contidos no próprio sistema ("Über formal Unentscheidbare Sätze der Principia Mathematica und verwandter Systeme", em *Monatsch. Math. Phys.*, 1931). Em vista disso, pode-se entender como nascem as A. sintáticas quando os predicados verdadeiro e falso, referentes a uma linguagem determinada S, são usados *dentro* dessa mesma linguagem. Por outro lado, a contradição pode ser evitada usando-se os predicados "verdadeiro (em S_1)" e "falso (em S_1)", numa sintaxe de S_1 não formulada na própria S_1, mas em outra linguagem S_2 (CARNAP, *Logical Syntax of Language*, § 60 b). Vale dizer que a afirmação "eu minto" pode ser verdadeira em nível de certa linguagem e falsa em nível de outra linguagem; isto é, ela permanece indecisa enquanto não se determinar o nível da linguagem a que se refere. Soluções substancialmente semelhantes a estas foram propostas por

Quine (*Mathematical Logic,* 1940, cap VII; cf. *From a Logical Point of View,*VII, 3) e por Church (*Introduction to Mathematical Logic,* § 57). [N.A.]

As propostas de resolução apresentadas por Russell (distinção dos tipos) e por Tarski (distinção de linguagem-objeto e metalinguagem) e depois por Carnap a propósito das A. semânticas não passam de prescrições para a construção de linguagens artificiais nas quais não surjam A. Mas, segundo opinião difundida, desse modo não se conseguem explicar adequadamente os mecanismos que levam ao surgimento das A. nas linguagens naturais ou nas linguagens artificiais em que elas podem ser formuladas. Por isso foram tentadas outras soluções que podem ser agrupadas em três âmbitos fundamentais: 1) ampliação da idéia tarskiana de hierarquia dentro da linguagem natural, na qual, por conseguinte, as A. são formuláveis, mas "verdadeiro» não é definível e mantém-se uma semântica bivalente (PARSONS, *The Liar Paradox,* 1974; HERZBERGER, *Notes on Naive Semantics,* 1982; GUPTA, *Truth and Paradox,* 1982). 2) a admissão de lacunas no valor de verdade (trata-se das chamadas "abordagens não hierárquicas", hoje as mais difundidas): os paradoxos são formuláveis mas renuncia-se à bivalência. Entre as diversas propostas desse tipo podem ser enumeradas: *a*) a *category solution* de Martin (*Toward a Solution to the Liar Paradox,* 1967, e *On Greffing's Paradox,* 1968) que considera as A. simples erros semânticos; *b*) a abordagem pragmática de van Fraassen (*Truth and Paradoxical Consequences,* 1970, e *Formal Semantics and Logic,* 1971) que recorre ao conceito de pressuposição; *c*) a relativização da verdade ao contexto por parte de Martin-Woodruff (*On Representing 'True-in-L"* em L, 1975), de Burge (*Semantical Paradox,* 1979) e, do ponto de vista austiniano, de Barwise-Etchemendy (*The Liar,* 1987). Alcance mais geral tem a proposta de Kripke (*Outline of a Theory of Truth,* 1975), que propõe uma hierarquia de interpretações da mesma língua de acordo com a qual "verdadeiro-em-L" pode definir-se na interpretação de nível hierárquico superior; no entanto, como semelhante nível hierárquico superior não existe para a linguagem natural, nesta poderá haver um predicado não bivalente de verdade, mas não um predicado para os enunciados indefinidos. 3) o abandono de algumas leis lógicas (FITCH, *Symbolic Logic: An Introduction,* 1952, renuncia ao *modus ponens;* GEACH, *On Insolubilia,* 1955, renuncia a uma versão do princípio de absorção) ou mesmo a assunção de uma acepção totalmente diferente do conceito de validade lógica, adotando uma lógica intuicionista. O estudo das A. continua sendo um caminho específico mas extremamente estimulante para a elaboração de uma teoria da *verdade* (v.). [M.S.]

ANTINOMIAS KANTIANAS (in. *Kantian antinomies;* fr. *Antinomies kantiennes;* al. *Kants Antinomien;* it. *Antinomie kantiane*). A palavra A. significa propriamente "conflito de leis" (QUINTILIANO, *Inst. or.,*VII, 7, 1), mas foi estendida por Kant para indicar o conflito da razão consigo mesma em virtude dos seus próprios procedimentos. Kant falou das A. no campo da cosmologia racional, doutrina que tem por objeto a idéia de *mundo.* Esta idéia, como todas as idéias da razão pura (v. IDÉIA), nasce da tentativa – ilegítima, segundo Kant – de aplicar as categorias a si mesmas, em outras palavras, do uso *reflexivo* das categorias. A idéia de mundo é, de fato, a "unidade incondicionada das condições objetivas da possibilidade dos objetos em geral". As "condições objetivas etc." são as categorias e os princípios delas derivados; e a unidade é ainda uma categoria. As A. que surgem desse modo são, segundo Kant, naturais ou inevitáveis; naturais porque a idéia de mundo que lhes dá origem, embora desprovida de validade empírica e, portanto, cognitiva, é formada pela razão com um procedimento natural que consiste em aplicar às categorias as próprias categorias, que só deveriam ser aplicadas aos fenômenos; inevitáveis porque, uma vez formada a idéia de mundo como totalidade absoluta e incondicionada de todos os fenômenos e das suas condições, não se pode absolutamente evitar chegar a proposições contraditórias. Kant enumera quatro A. que correspondem aos quatro grupos de categorias: segundo a qualidade, a quantidade, a relação e a modalidade. São elas:

1.ª Antinomia. *Tese*: o mundo tem um início no tempo e no espaço, está fechado dentro de limites. *Antítese*: o mundo não tem início no tempo nem limite no espaço, mas é infinito tanto no tempo quanto no espaço.

2.ª Antinomia. *Tese*: toda substância composta consta de partes simples, e nada existe além do simples ou do composto resultante do simples. *Antítese*: não existe no mundo coisa alguma composta de partes simples e não existe em lugar algum nada de simples.

3.ª Antinomia. *Tese*: a causalidade segundo leis da natureza não é a única pela qual podem ser explicados os fenômenos do mundo. É necessário admitir, para a explicação destes, também uma causalidade da liberdade. *Antítese*: não há liberdade, e tudo no mundo acontece unicamente segundo as leis da natureza.

4.ª Antinomia. *Tese*: no mundo há alguma coisa que, como parte ou como causa dele, é um ser absolutamente necessário. *Antítese*: em nenhum lugar existe um ser absolutamente necessário, nem no mundo nem fora do mundo, como sua causa.

Tanto a tese quanto a antítese de cada uma dessas A. são demonstráveis com argumentos logicamente irrepreensíveis: entre uma e outra é, pois, impossível decidir. Permanece, portanto, o conflito quanto a demonstrar a ilegitimidade da noção que lhes deu origem, qual seja, a idéia de mundo. Esta, estando além de qualquer experiência possível, permanece incognoscível e não pode fornecer nenhum critério capaz de decidir por uma ou por outra das teses em conflito. A ilegitimidade da noção de mundo é evidenciada pelo fato de a tese das A. apresentar um conceito de mundo demasiado pequeno para o intelecto, ao passo que a antítese apresenta um conceito demasiado grande para o intelecto. Assim, se o mundo teve princípio, regredindo-se empiricamente na série dos tempos, seria preciso chegar a um momento em que esse regresso se detenha, o que é um conceito de mundo demasiado pequeno para o intelecto. Se, ao contrário, o mundo não teve princípio, o regresso na série do tempo nunca poderá esgotar a eternidade, o que é um conceito demasiado grande para o intelecto. O mesmo se diga para a finitude ou a infinidade espacial, para a divisibilidade ou a indivisibilidade etc. Em todo caso, chega-se a uma noção de mundo que: ou restringe em limites estreitos a possibilidade de o intelecto ir de um termo a outro na série dos eventos, ou estende esses limites a tal ponto que torna insignificante essa mesma possibilidade. Logo, a solução da A. só pode consistir em não assumir a idéia do mundo como realidade, mas sim como uma *regra* que leva o intelecto a regredir na série dos fenômenos sem nunca poder parar em algo incondicionado (*Crítica R. Pura*, Antinomias, seção 8). A essas A. da razão pura Kant acrescentou uma A. da razão prática (*Crít. R. Prática*, I, livro II, cap. II, § 1), que consiste no conflito criado pelo conceito de sumo bem: "Ou o desejo de felicidade deve ser a causa móbil para o máximo de virtude ou o máximo de virtude deve ser a causa eficiente da felicidade"; e uma A. do juízo teleológico (*Crít. do Juízo*, § 70), que é formada pela tese: "Toda produção das coisas materiais é possível segundo leis puramente mecânicas", pela antítese: "Alguns produtos da natureza não são possíveis segundo leis puramente mecânicas." Hegel interpretava as A. kantianas como se Kant tivesse desejado retirar a contradição do mundo em si mesmo e atribuí-la à razão. E acrescentava: "É sentir ternura demais pelo mundo querer afastar dele a contradição e transportá-la para o espírito, para a razão, deixando-a aí, sem solução. Na verdade, é o espírito que tem força suficiente para suportar a contradição, mas é também o espírito que lhe dá solução" (*Wiss. der Logik*, I, seção II, cap. II, C, nota 2). Na realidade, o método dialético (v. DIALÉTICA), que é o método próprio da razão, segundo Hegel, procede exatamente passando da *tese* à *antítese*, e, portanto, exige sempre a contradição; mas é uma contradição que sempre se resolve na *síntese*; por isso nunca é uma antinomia.

As A. kantianas foram discutidas e interpretadas de várias maneiras, mas não deram origem a estudos aprofundados sobre a sua consistência lógica. Entre os próprios neokantianos, nem todos reconheceram sua validade; Renouvier, por exemplo, aceitava sem reservas as teses e rejeitava as antíteses, reconhecendo assim a finitude do mundo no espaço e no tempo (*Essais de critique générale*, I, p. 282). No entanto, o resultado alcançado pela discussão kantiana das antinomias é importante. Consiste em ter posto de lado a idéia tradicional do mundo como totalidade absoluta e em ter ensinado o uso crítico do conceito de *mundo* (v.). [N.A.]

ANTIPERFECTISMO. V. PERFECTISMO.

ANTIPERÍSTASE (gr. ἀντιπερίστασις; lat. *Antiperistasis;* it. *antiperistasi*). Um dos modos tradicionais de explicar o movimento dos projéteis; como a natureza não permite o vácuo, quando um corpo sai velozmente do lugar em que estava, o ar se precipita para esse lugar e empurra o corpo, que passa assim a outro lugar; e assim por diante, por toda a extensão do movimento. A essa explicação Aristóteles objetava que não se leva em conta o fato de existir um corpo que não é movido por outro: o céu (*Fís.*, VIII, 10, 267 a 12). Essa noção foi criticada pelos que elaboraram a teoria do *impulso* (v.): por exemplo, Buridan (*Quaest. super physicam*, VIII, q. 12. Cf. ainda CHARLES DE BOUELLES, *De nihilo*, em *Opera*, 1510, f. 72 v.). [N.A.]

ANTI-SUBJETIVISMO (in. *Anti-subjectivism;* fr. *Anti-subjectivisme;* al. *Antisubjektivismus*; it. *Antisoggettivismo*). 1. Atitude que consiste em contrapor às instâncias da subjetividade as instâncias da *objetividade* (v.). Nessa acepção, esse termo limita-se a expressar um programa genérico de defesa da objetividade (gnosiológica, epistemológica, ética, estética etc.), programa que pode ser adotado por filósofos bem diferentes, de tendência realista ou idealista (pense-se nas polêmicas anti-subjetivistas de Hegel).

2. A atitude daqueles que, recusando-se a considerar o sujeito humano consciente como a categoria fundamental explicativa do saber filosófico, afirmam a exigência de pensar "além" dele e de suas tradicionais prerrogativas ontológicas e epistemológicas. O maior expoente dessa obra de "descentramento do sujeito" é Nietzsche (v. ANTI-HUMANISMO; CONSCIÊNCIA; SUSPEITA). [G.F.]

ANTÍTESE (gr. ἀντίθεσις; in. *Antithesis;* fr. *Antithèse;* al. *Antithesis;* it. *Antitesi*). 1. Contraposição: Aristóteles diz que a contradição é uma A. que não tem termo médio (*An. post.*, I, 2, 72 a 10).

2. Um dos dois termos da contraposição, aquele que se opõe à tese. Nesse sentido, Kant chamou de A. o segundo membro da *antinomia* (v. ANTINOMIAS KANTIANAS) e Hegel chamou de A. o segundo membro do procedimento dialético, mais precisamente "momento dialético" ou "negativo racional". [N.A.]

ANTITÉTICA (al. *Antithetik;* it. *Antitetica*). Kant entendeu com esse termo "um conflito de conhecimentos aparentemente dogmáticos (*thesis cum antithesi*), sem que se atribua a nenhum deles um direito predominante ao assentimento". A A. se oporia assim à *tética* (v.). Em particular, a *A. transcendental* é "uma investigação em torno da antinomia da razão pura, de suas causas e de seu resultado" (*Crít. R. Pura,* Dialética, livro II, cap. II, seç. II). [N.A.]

ANTITIPIA (gr. ἀντιτυπία; lat. *Antitypia;* in. *Antitypy;* it. *Antitipia*). Termo de origem epicurista (SEXTO EMPÍRICO, *Adv. math.*, I, 21) empregado por Leibniz para indicar o atributo da matéria em virtude do qual "ela está no espaço" e, portanto, um corpo é impenetrável para o outro (*Op.*, ed. Erdmann, pp. 463, 691). [N.A.]

ANTIUTOPIA. V. UTOPIA.

ANTRÓPICO, PRINCÍPIO (in. *Anthropic principle;* fr. *Principe anthropique;* al. *Anthropisches Prinzip;* it. *Principio antropico*). Princípio segundo o qual a vida e a inteligência – portanto o homem – não são fenômenos anômalos ou estatisticamente irrelevantes da evolução cósmica, mas representam a chave da interpretação do universo. O astrofísico Brandon Carter, no artigo em que introduziu esse termo, distingue uma versão fraca desse princípio, segundo a qual "devemos necessariamente estar preparados para levar em conta o fato de que nossa posição no universo é *necessariamente* privilegiada, uma vez que deve ser compatível com nossa existência como observadores", e uma versão forte, que "afirma que o universo e, portanto, os parâmetros fundamentais de que ele depende, devem ser tais que admitam em seu interior a criação de observadores em certo momento. Parafraseando Descartes, '*cogito, ergo mundus talis est*'" (*Large Number Coincidence and the Anthropic Principle in Cosmology,* 1970, apresentação no Clifford Centenniam Meeting, Princeton, publicado por di Longair, 1974, pp. 291-2).

O princípio antrópico e a classificação tipológica proposta por Carter foram interpretados de várias maneiras. De qualquer modo, permanece a distinção entre uma tese fraca, segundo a qual "os valores dos parâmetros físicos fundamentais são *condições suficientes* para a formação de sistemas biológicos complexos no universo", e uma tese forte, segundo a qual "os valores dos parâmetros físicos fundamentais são *condições necessárias* para a formação de sistemas biológicos complexos no universo" (A. REBAGLIA, *Critica della ragione scientifica. Argomenti antropici e spiegazioni scientifiche,* Angeli, Milão, 1996, p. 90). Também permanece uma variante fortíssima, segundo a qual o estado efetivo do universo, com todas as suas peculiaridades estruturais, seria uma "conseqüência" da existência do homem. Em cada caso, o princípio A. tem um estatuto epistêmico *sui generis,* entre ciência e metafísica, visto que ele "não é uma invenção de metafísicos nem de filósofos da ciência ou da natureza, mas uma proposta metodológica feita por razões estritamente científicas por alguns cientistas de grande valor e compartilhada por alguns dos mais respeitáveis cosmólogos do nosso tempo. No entanto, existem cientistas não menos sérios e respeitáveis que não estão dispostos a admitir esse princípio [...], sinal portanto de que sua aceitação ou sua negação não dependem de considerações exclusiva e estritamente científicas" (E. AGAZZI, *Filosofia della natura. Scienza e cosmologia,* Piemme, Casale Monferrato, 1995, p. 135). Por se situar numa zona limítrofe entre ciência e metafísica, o princípio A. contribui para delinear o inédito horizonte da reflexão metacientífica (v. METACIÊNCIA). [G.F.]

ANTROPOLOGIA (in. *Anthropology;* fr. *Anthropologie;* al. *Anthropologie;* it. *Antropologia*). Exposição sistemática dos conhecimentos que se têm a respeito do homem. Nesse sentido geral, a A. fez e faz parte da filosofia, mas, como disciplina específica e relativamente autônoma, só nasceu em tempos modernos. Kant distinguiu a A. *fisiológica,* que seria aquilo que a natureza faz do homem, da A. *pragmática,* que seria aquilo que o homem faz como ser livre, ou então o que pode e deve fazer de si mesmo (*Antr.*, pref.). Essa distinção permaneceu, e hoje se fala em A. *física,* que considera o homem do ponto de vista biológico, em sua estrutura somática, em suas relações com o ambiente, em suas classificações raciais etc., e em A. *cultural,* que considera o homem nas características que derivam das suas relações sociais. A A. física costuma, por sua vez, ser dividida em paleontologia humana e somatologia. A *paleontologia humana* trata da origem e da evolução da espécie humana, especialmente a partir do que é revelado pelos fósseis. A *somatologia* trata de todos os aspectos físicos do homem. A *arqueologia* e a *etnologia* correspondem, no campo cultural, às duas ciências precedentes; e a *lingüística* tem como objeto não só a análise e a classificação das línguas, mas a compreensão, através das línguas, da psicologia individual e de grupo (cf. R. LINTON, ed., *The Science of Man in the World Crisis,* 1945, 1952[7]). Segundo Lévi-Strauss, a A. distingue-se da sociologia porque tende a ser uma ciência social do *observado*, ao passo que a sociologia tende a ser a ciência social do *observador* (*Anthr. structurale*, 1958, cap. XVII).

Os filósofos ressaltaram muitas vezes a importância da A. como ciência filosófica, ou seja, como determinação daquilo que o homem *deve* ser, em face do que é. Humboldt, por exemplo, queria que a A., embora procurasse determinar as condições naturais do homem (temperamento, raça, nacionalidade etc.), visasse a descobrir, através dessas condições, o próprio ideal de humanidade, a forma incondicionada à qual nenhum indivíduo está completamente adequado, mas que continua sendo o objetivo a que todos os indivíduos tendem (*Schriften*, I, pp. 388 ss.). Nesse sentido a A. foi entendida por Scheler (*O lugar do homem no cosmos*, 1928), que por isso a coloca em situação intermediária entre a ciência positiva e a metafísica. Mais especificamente, a tarefa da A. filosófica deveria ser considerar o homem não simplesmente como natureza, como vida, como vontade, como espírito etc., mas como homem, isto é, relacionar o complexo de condições ou de elementos que o constituem com seu modo de existência específico. Tal é a exigência feita, por exemplo, por Biswanger (*Ausgewählte Vorträge und Ausätze*, I, p. 176). Nesse sentido, o *Ensaio sobre o homem* (1944) de Cassirer é um estudo de A. filosófica centrado no conceito de homem como *animal symbolicum*, animal que fala e cria o universo simbólico da língua, do mito e da religião. [N.A.]

A antropologia filosófica foi significativamente desenvolvida por A. Gehlen (*L'uomo. La sua natura e il suo posto nel mondo*, 1940; ed. rev., 1957, 1978). Inspirando-se em M. Scheler e H. Plessner – que, em *Graus do mundo orgânico e o homem* (1928) fizera uma oposição entre a "posicionalidade excêntrica" do homem e a "centralidade" do animal – Gehlen concebeu o homem como um ser "agente" e "plástico", ou como um ente que, sendo "inacabado" e "indefinido", é por natureza *aberto para o mundo*, portanto capaz de autoproduzir-se culturalmente de modo rico e variado: "Com um aparelho sensorial pobre, desprovido de armas, nu, embrionário em todo o seu *habitus*, inseguro em seus instintos, ele é o ser que depende essencialmente da ação" (*Die Seele im technischen Zeitalter*, trad. it., *L'uomo nell'era della tecnica*, Sugarco, Milão, 1984², pp. 10-1) (v. HÁBITO; ABERTURA PARA O MUNDO; EXONERAÇÃO). [G.F.]

ANTROPOLOGIA CULTURAL (in. *Cultural anthropology, Social anthropology*; fr. *Ethnologie, Anthropologie culturelle*; al. *Völkerkunde, Ethnologie*; it. *Antropologia culturale, Etnologia*). Oriunda dos Estados Unidos, onde surgiu entre os séculos XIX e XX, de modo paralelo à antropologia social na Grã-Bretanha, assumiu atualmente o papel de disciplina orientadora ou de referência. Derivada da etnologia do século XIX (entendida como estudo das sociedades então definidas como "primitivas"), a A. cultural, ligada à arqueologia, à lingüística, à história, à psicologia e à sociologia, caracteriza-se por maior propensão ao estudo das culturas dos diversos grupos humanos, independentemente de seu grau de complexidade e de sua localização geográfica e cronológica. Apesar das aspirações generalizadoras, não se pode sustentar uma origem puramente filosófica para a A. cultural (segundo uma concepção positivista), ainda que, sem dúvida, a A. tenha extraído da filosofia da história a exigência de uma visão abrangente da humanidade em termos de "progresso", "evolução" ou "desenvolvimento". Logo ela abandonou a idéia de unicidade desses processos. Iniciado como A. evolucionista (L. H. Morgan, E. B. Tylor, J. G. Frazer), esse tipo de saber cedo precisou admitir – como princípio ou critério constitutivo – uma profunda e irredutível pluralidade dos fenômenos culturais (F. Boas). A mesma pluralidade irredutível sancionou, por um lado, o declínio da filosofia da história (hoje impotente para impor uma visão global e unitária à história da humanidade) e, por outro, a afirmação da A., entendida cada vez mais explicitamente como "discurso" no qual está inerente a multiplicidade cultural. A A. cultural distingue-se da filosofia da história por ter abandonado a visão global e unificadora e, por isso mesmo, por conferir espaço decisivamente maior à multiplicidade. Graças a essa característica, a A. cultural configura-se como um aspecto da crise que, entre os séculos XIX e XX, questionou a legitimidade do ponto de vista europeu ou ocidental como expressão de uma perspectiva privilegiada e unificadora em relação a todas as outras manifestações da humanidade. A A. cultural surge então da convicção de que a civilização européia não pode mais ser assumida como o momento culminante, conclusivo e portanto unificador das culturas (ou dos estágios) precedentes. Abandonado esse ponto de vista unitário, a multiplicidade cultural emerge em toda a sua inquietante problematicidade.

Por sua vez, a A. cultural – entendida como saber científico que reivindica uma autonomia específica em relação às pesquisas bioantropológicas – distingue-se pelo modo diferente de tratar a multiplicidade. Uma coisa é reconhecer a multiplicidade cultural como pressuposto geral; outra coisa é resolver como tal multiplicidade deve ser operacionalmente enfrentada e administrada. A A. como discurso da multiplicidade pode ser modulada de diversas maneiras. Podem ser indicadas por três maneiras, segundo a relação que se instaure entre a multiplicidade cultural (entendida como objeto irrenunciável), por um lado, e a instrumentação teórica da A., por outro: exibição da multiplicidade, organização da multiplicidade, superação da multiplicidade.

a) Exibição. Com essa primeira opção a A. põe-se, em relação à multiplicidade, numa postura de aparente submissão. Para um antropólogo desse tipo contam sobretudo as culturas particulares, suas características peculiares e não repetíveis, sua individualidade histórica. Típico exemplo dessa perspectiva é a obra de Boas, que, num ensaio brilhante de 1896, ressaltava a necessidade imprescindível de indagar "cada cultura individual" na sua especificidade histórica, procurando descobrir as causas de seus costumes e das suas crenças, não em leis gerais ou em categorias abstratamente antropológicas, mas nas condições históricas que a distinguem das outras (*The Limitations of the Comparative Method of Anthropology* [1896], em *Race, Language and Culture*, 1940). O recurso à "história" por parte de Boas cumpre sem dúvida a função de obrigar o antropólogo a desafiar as "camisas-de-força" nas quais o saber antropológico construído de modo puramente teórico ou dedutivo acabaria por sistematizar e, portanto, reduzir a multiplicidade.

A esse tipo de opção é, obviamente, possível associar o relativismo cultural, em qualquer forma que se apresente: seja na forma mais extremada e radical, segundo a qual não existem leis ou valores gerais, mas apenas escolhas e configurações particulares, seja na sua forma mais branda, coincidente com uma postura de exibição desencantada da variabilidade cultural. É significativa, nesse aspecto, a defesa do relativismo feita por Clifford Geertz, que também desse modo exprime sua opção pela primeira perspectiva (*exibição*). O antrópologo, "mercador do espanto", põe à mostra a mercadoria que foi colher nos mais díspares recantos do mundo (C. GEERTZ, *Anti-Anti-Relativism*, "American Anthropologist", LXXXVI, 1984, 2), uma vez que não está interessado tanto nos problemas gerais que condicionam em toda parte a existência humana, mas sim nas respostas sempre inexoravelmente particulares e variáveis que os homens dão a esses problemas. O sentido da A. seria, portanto, o de "recolher" tais respostas e colocá-las naquilo que Geertz chama de "registro consultável das coisas que o homem disse" (*The Interpretation of Cultures,* Nova York, 1973; trad. it., *Interpretazione di culture,* Bolonha, 1987). A A. seria exatamente esse registro, onde o que conta não são as teorizações dos antropólogos, mas as "respostas que outros (cuidando de outras ovelhas em outros vales) encontraram".

b) Organização. Uma das diferenças entre a primeira opção e a segunda diz respeito à redutibilidade do múltiplo. Para a primeira opção, a variabilidade cultural é quase indefinita, e, sempre que tal variabilidade se reduz notavelmente, o autêntico interesse antropológico se enfraquece ou mesmo desaparece. Para a segunda opção a multiplicidade cultural deve, porém, ser "reduzida", sob pena de ser preciso renunciar à legitimidade da A. Se a A. não tivesse força para reduzir a multiplicidade, poderia afogar-se nos detalhes ou ser fagocitada pela história, para a qual confluiria inexoravelmente, perdendo assim qualquer possibilidade de reivindicar autonomia. Os antropólogos da organização cuidam portanto bem mais dos instrumentos teóricos com que é possível dominar a multiplicidade, assumindo como modelo explícito as chamadas ciências da natureza. Alfred R. Radcliffe-Brown na Grã-Bretanha, George P. Murdock nos Estados Unidos, Claude Lévi-Strauss na França podem ser vistos como os maiores responsáveis pela postura de reconquista dos objetivos nomotéticos em A. É significativo ressaltar que todos esses antropólogos interessados na forte "organização" da A. recorreram a noções como "forma" e "estrutura", além de "organização" (p. ex., "forma estrutural", "estrutura" ou "organização social"), mais que a noções de "significado", "vivência" etc. Esses são os vários representantes do estruturalismo em A. que, exatamente através da noção de estrutura, pretenderam transformar programaticamente a A. e torná-la uma disciplina científica como as outras. "Organizar" a multiplicidade implica em primeiro lugar dispor de esquemas tipológicos e de classificação da realidade, ou então passar de uma multiplicidade indefinida e relutante para um tratamento científico, para uma multiplicidade ordenada e governável. São obviamente diferentes as estratégias elaboradas pelos vários autores. De caráter mais indutivo é a estratégia de Radcliffe-Brown, que entende a estrutura como uma "rede" observável de relações sociais; o passo seguinte seria configurado como elaboração de uma "forma estrutural", a partir da qual é finalmente possível chegar à construção de tipologias ou à identificação de princípios e leis gerais (*Structure and Function in Primitive Society*, 1952). De caráter dedutivo é a estratégia de Murdock, segundo o qual é indispensável proceder com tipologias que contemplem todas as possibilidades admitidas por determinado conjunto estrutural (como podem ser, p. ex., as várias formas de clã), mesmo que algumas não sejam verificadas empiricamente (*Social Structure*, 1949). A estratégia de Lévi-Strauss, por fim, põe a estrutura e sua análises num plano mais abstrato que o da observação, a fim de poder mais facilmente dominar e prever os desenvolvimentos da multiplicidade. Em Lévi-Strauss a noção de estrutura combina-se de fato com a de "transformação"; aliás, para o antropólogo francês os sistemas não podem ser entendidos isoladamente, mas, ao contrário, apenas no conjunto dos outros sistemas em que podem ser transformados (*Anthropologie structurale*, 1958). Como se vê, por parte do estruturalismo – especialmente na versão mais consciente, como a de Lévi-Strauss –, a multiplicidade é não só admitida como também conhecida e praticada como dimensão indispensável de qualquer estrutura (v. ESTRUTURALISMO; ESTRUTURA).

c) Superação. A organização da multiplicidade proposta pela A. de Lévi-Strauss tem certos custos, alguns dos quais relevantes. Entre estes, a suplantação do plano da vivência (a "marcha para a abstração") e o abandono dos significados para os indígenas de carne e osso são as objeções mais fortes que lhes foram opostas. Um aspecto, porém, do estruturalismo de Lévi-Strauss constitui ainda uma instância irrenunciável da A. contemporânea: a superação da multiplicidade. Não há dúvida de que algumas certezas ou aspirações foram deixadas de lado, como a de poder fechar de algum modo o círculo, portanto realizar, por assim dizer, uma superação total. Algo de "indefinido" na multiplicidade reaparece também nessa terceira opção (assim como na primeira). A idéia de poder prever todas as possibilidades talvez possa ser mantida em esferas um tanto limitadas de interesse antropológico (em âmbitos restritos da organização social ou cultural). Na maior parte dos outros setores em que tomam forma as culturas humanas impõe-se, ao contrário, o critério da imprevisibilidade, portanto a necessidade de verificar cada um dos tipos de escolha efetuada e os significados correlatos. A superação da multiplicidade proposta pela A. mais recente é de fato acompanhada pelo resgate explícito da dimensão "significado", considerando-se desse modo que não só as "formas", mas também os "significados" exigem – para serem antropologicamente compreendidos – ser interligados numa vasta "rede de conexões" (F. REMOM, *Noi, primitivi. Lo specchio dell'antropologia*, 1990). O modo como essa rede pode ser construída depende de outras opções exercidas por cada antropólogo, por sua configuração cultural específica e pela situação histórica: mesmo porque – na falta da convicção estruturalista de uma trama de fios de prata que coincida com as estruturas de um pensamento "anônimo" e "objetivo" (LÉVI-STRAUSS, *L'homme nu*, 1971) – verifica-se que os instrumentos com que se pode agir na superação da multiplicidade cultural são feitos da mesma matéria cultural (sendo, portanto, históricos, contingentes, arbitrários e revogáveis) que pretendem superar. Também desse modo a A. mais recente, em vez de se apresentar como um domínio sobre a multiplicidade cultural, exercido por uma elite de intelectuais ocidentais, reconhece ser um empreendimento do qual os "indígenas" podem participar de modo ativo e teoricamente relevante, eles que até há algumas décadas eram considerados apenas "objetos" do saber antropológico (*Writing Culture. The Poetics and Politics of Ethnography*, org. G. Marcus e J. Clifford, 1986). Mas não se trata apenas de reconhecer uma A. indígena porquanto os indígenas são chamados a participar do empreendimento antropológico; trata-se, ao contrário, de algo mais radical: admitir que as próprias culturas humanas – independentemente do fato de a A. ocidental tê-las ou não tocado ou conhecido – contêm em si uma exigência de superação da multiplicidade (ou de conhecimento dos outros) que não pode deixar de ser definida como "A.". No fundo, o que os antropólogos fazem ao superarem as culturas não é algo muito diferente daquilo que fazem as próprias culturas que eles procuram indagar (*Le antropologie degli altri*, org. F. Remotti, 1997). [F.R.]

ANTROPOLÓGICA, VIRADA (al. *Anthropologische Wende*; it. *Antropologica, svolta*). Termo usado por Rahner para ressaltar a sua maneira "transcendental» (ou filosófico-existencial) de apresentar os problemas teológicos. Método que consiste em procurar as estruturas antropológicas *a priori* que tornam possível e significante, por parte do indivíduo, a acolhida das verdades *a posteriori* da revelação, tornando-o constitutivamente receptivo a elas. O fato de nas verdades (históricas) da revelação o homem encontrar uma resposta *a posteriori* às suas exigências (intemporais) *a priori*, esclarece Ralmer, não significa que o dar-se da revelação seja algo necessário, mas sim que no homem há uma predisposição inata para captar a livre automanifestação de Deus. A virada A. de Ralmer, que tem como pontos de referência filosóficos o kantismo e o existencialismo, representa uma forma de antropocentrismo metodológico que se opõe ao cosmocentrismo (dos gregos) e ao teocentrismo (dos medievais). Considera que a teologia, mesmo tendo como centro absoluto a palavra de Deus, não pode deixar de passar pelo (primeiro) captante e pelo (último) destinatário da mensagem salvadora, que é o homem. [G.F.]

ANTROPOMORFISMO (in. *Anthropomorphism*; fr. *Anthropomorphisme*; al. *Anthropomorphismus*; it. *Antropomorfismo*). Indica-se com este nome a tendência a interpretar todo tipo ou espécie de realidade em termos de comportamento humano ou por semelhança ou analogia com esse comportamento. "Crenças antropomórficas" ou "antropomorfismos" são chamadas, em geral, as interpretações de Deus em termos de conduta humana. Uma crítica desse A. já foi feita por Xenófanes de Colofonte. "Os homens", disse ele, "crêem que os deuses tiveram nascimento e que têm voz e corpo semelhantes aos deles" (*Fr.* 14, Diels); por isso, os etíopes fazem os seus deuses de nariz chato e negros; os trácios dizem que eles têm olhos azuis e cabelos vermelhos; até os bois, os cavalos, os leões, se pudessem, imaginariam os seus deuses à sua semelhança (*Fr.* 16, 15). Mas o A. não pertence só ao domínio das crenças religiosas. Toda a ciência moderna foi-se formando através da libertação progressiva do A. e do esforço de não considerar as operações da natureza segundo a sua semelhança com as do homem, mas *juxta propria principia*. [N.A.]

ANTROPOSOFIA (in. *Anthroposophy*; fr. *Anthroposophie*; al. *Anthroposophie*; it. *Antroposofia*). Esse termo foi criado por J. P. V. Troxler, para indicar a doutrina natural do conhecimento humano (*Naturlehre der menschlichen Erkenntnis*, 1828), e retomado por R. Steiner, quando, em 1913, se separou do movimento teosófico e quis ressaltar a importância da doutrina a respeito da natura e do destino do homem. Cf. STEINER, *Die Rätsel der Philosophie*, 2 vols., 1924-26 (v. TEOSOFIA). [N.A.]

APARÊNCIA (gr. τὸ φαινόμενον; lat. *Apparentia*; in. *Appearance*; fr. *Apparence*; al. *Erscheinung*; it. *Apparenza*). Na história da filosofia, esse termo teve dois significados diametralmente opostos. 1º ocultação da realidade; 2º manifestação ou revelação da realidade. Conforme o 1º significado, a A. vela ou obscurece a realidade das coisas, de tal modo que esta só pode ser conhecida quando se transpõe a A. e se prescinde dela. Pelo 2º significado, a A. é o que manifesta ou revela a realidade, de tal modo que esta encontra na A. a sua verdade, a sua revelação. Com base no 1º significado, conhecer significa libertar-se das A.; pelo 2º significado, conhecer significa confiar na A., deixá-la aparecer. No primeiro caso, a relação entre A. e verdade é de contradição e oposição; no segundo, é de semelhança ou identidade. Essas duas concepções de A. intricaram-se de várias formas na história da filosofia ocidental. De um lado, esta nasceu do esforço de atingir saber mais sólido transpondo os limites das A., isto é, das opiniões, dos sentidos, das crenças populares ou míticas. De outro, procurou, com igual constância, ter em conta a A. ("salvar os fenômenos"), reconhecendo assim que nela se manifesta, em alguma medida, a própria realidade.

O contraste entre A. e realidade foi estabelecido pela primeira vez, de modo nítido e incisivo, por Parmênides de Eléia, que contrapôs "a via da verdade e da persuasão", que tem por objeto o ser, a sua unidade, inevitabilidade e necessidade, à "via da opinião", que tem por objeto o não-ser, isto é, o mundo sensível no seu devir. Mas o mundo da opinião e o mundo da A. coincidem, segundo Parmênides: "Também isto aprenderás: como, verossimilmente, são as *coisas aparentes* para quem as examine em tudo e por tudo" (*Fr.* 1, 31, Diels). A mesma coincidência entre A. e opinião, opinião e sensação, é pressuposta por Platão, que interpreta o princípio expresso por Protágoras, da *homo mensura*, como se significasse "tal como as coisas aparecem para mim, tais são para mim" e, portanto, como se identificasse conhecimento e sensação (*Teet.*, 152 a). Por outro lado, o mundo da opinião é, segundo a *República*, o mundo sensível dividido nos seus dois segmentos de sombras e imagens refletidas e de coisas e seres vivos (*Rep.*, VI, 510). Segundo Platão, desse mundo das A. sensíveis só se pode ter conhecimento verossímil ou provável, dada a sua natureza incerta e fugaz: conhecimento que não difere em grau, mas em qualidade, do conhecimento científico ou racional que tem por objeto o ser (*Tim.*, 29). O mesmo Platão, porém, afirmando que o objeto da opinião está para o objeto do conhecimento como a imagem está para o modelo (*Rep.*, VI, 510 a), admitiu uma relação de semelhança ou de correspondência entre A. e realidade. Mas o passo decisivo foi dado por Aristóteles, que reconheceu a *neutralidade* da A. sensível; esta, tanto como sensação quanto como imagem, pode ser tão verdadeira quanto falsa. Certamente erram os que consideram verdade tudo o que aparece, pois deveriam admitir também a realidade dos sonhos; e, quanto ao futuro, não poderiam estabelecer nenhuma diferença entre a opinião do perito (p. ex., do médico que faz um prognóstico) e a opinião do ignorante (*Met.*, IV, 5, 1.010 b 1 ss.). A A. não contém, portanto, nenhuma garantia de verdade e só o juízo intelectual a respeito dela pode certificá-la ou refutá-la. Mas, por outro lado, ela é o ponto de partida da própria pesquisa científica que, como demonstra o que os matemáticos fazem em relação às A. astronômicas, deve partir das A. físicas e, portanto, da observação das coisas vivas e das suas partes para passar depois à consideração das razões e das causas (*De part. an.*, I, 1, 639 b 7). Em outros termos, a A. é o ponto de partida para a busca da verdade, que, porém, só é reconhecida em sua necessidade mediante o uso dos princípios do intelecto.

No último período da filosofia grega, a noção de A. torna-se proeminente. De um lado, os céticos fazem da A. o critério da verdade e da conduta, julgando impossível passar além dela e julgar sobre ela (SEXTO EMPÍRICO, *Pirr. hyp.*, I, 21-24; II, 18-21). Do outro lado, os neoplatônicos são levados a considerar todo o mundo sensível como A., isto é, manifestação do mundo inteligível, e este último como A. ou imagem de Deus: pensamento que será herdado por Scotus Erigena: "Tudo o que se entende e se sente nada mais é do que a aparição do aparente, a manifestação do oculto" (*De divis. nat.*, III, 4). Desse ponto de vista, "o mundo é uma *teofania*, toda obra da criação manifesta a essência de Deus, que, portanto, se torna aparente e visível nela e por ela" (*ibid.*, I, 10; V, 23).

Acompanhando essas duas vias encontra-se o que se poderia chamar de revalorização da A. no mundo moderno. Seguindo a primeira, está o que se poderia chamar de revalorização empirista. Já na escolástica do século XIV, Pedro Auréolo, partindo da negação de qualquer realidade universal e no intuito de eliminar a *species* como intermediária do conhecimento intelectual, afirmava que "as próprias coisas são vistas pela mente e o que se vê não é uma forma especular qualquer, mas a própria coisa no seu ser aparente (*esse apparens*) e este ser aparente é o que chamamos de conceito ou representação objetiva" (*In Sent.*, I, d. 9, a. 1). A distinção entre o sentido e o intelecto não depende, portanto, da natureza do objeto apreendido, mas do modo de apreender. Ao sentido e à imaginação as coisas aparecem sob as condições da quantidade, ao passo que o intelecto abstrai do que é quantitativo e material (*ibid.*, I, d. 35, a. 1). Mas é só no mundo moderno, a partir do século XVII, que a filosofia reconhece explicitamente o caráter real da A. Hobbes talvez seja o primeiro a reconhecer isso de maneira bem clara. "De todos os fenômenos que nos circundam", diz ele, "o mais maravilhoso é justamente o aparecer. É certo que entre os corpos naturais alguns possuem em si os exemplares de todas as coisas e outros, de nenhuma. Conseqüentemente, se os fenômenos são os princípios para conhecer as outras coisas, é preciso dizer que a sensação é o princípio para conhecer os próprios princípios e que dela deriva toda a ciência. Para indagar as causas da sensação não se pode, portanto, partir de outro fenômeno que não seja a própria sensação" (*De corp.*, 25, § 1). Assim, Hobbes identifica A. real com sensação e assume-a como ponto de partida para a indagação das coisas não criadas pelo homem (assim como as definições são o ponto de partida para a indagação das coisas criadas pelo homem, isto é, dos entes matemáticos e políticos). Com essas palavras, Hobbes formulava o fundamento do empirismo moderno. Ao mesmo tempo que ressaltava o caráter relativo e subjetivo das A. sensíveis, assumiu-as como único fundamento do conhecimento humano. Locke observa que, se os nossos sentidos fossem modificados e se tornassem mais rápidos e agudos, a A. das coisas mudaria completamente; mas então ela se tornaria incompatível com o nosso ser ou pelo menos com as necessidades da nossa vida (*Ensaio*, II, 23, 12). "A. sensíveis" são as idéias de que fala Berkeley (*Principles*, 33) e as impressões de que fala Hume (*Treatise*, II, 5). "Fenômenos ou aparições" são, segundo Leibniz, todos os dados de que dispõe o sujeito pensante; a distinção entre A. reais e A. ilusórias só é feita considerando-se, de um lado, a vivacidade, a multiplicidade e a coerência das próprias A., e, de outro, a possibilidade de predizer os fenômenos futuros a partir dos fenômenos passados e presentes (*Op.*, ed. Erdmann, pp. 443-4).

Com isso, a A. perdeu o caráter enganoso e abre-se o caminho da distinção kantiana entre a A. (*Erscheinung*) e a ilusão (*Schein*). As A. são os fenômenos como objetos da intuição sensível e, em geral, da experiência; os fenômenos são realidade, aliás as únicas realidades que o homem pode conhecer e de que pode falar. "Eu não digo", afirma Kant, "que os corpos *parecem* simplesmente seres externos ou que minha alma *parece* simplesmente dada na minha autoconsciência, quando afirmo que as qualidades do espaço e do tempo – segundo as quais, como condição da sua existência, coloco aqueles e esta – estão no meu modo de intuir e não nesses objetos. Seria um erro meu se transformasse em mera ilusão (*Schein*) aquilo que devo considerar como fenômeno" (*Crít. R. Pura*, Estética transcendental, Observações ger., 3). A afirmação: "Os sentidos representam-nos os objetos como eles aparecem; o intelecto, como eles são" é interpretada por Kant no sentido de que o intelecto representa os objetos na conexão universal dos fenômenos (o que não significa que eles sejam independentes da relação com a experiência possível e, portanto, das "A. sensíveis") (*ibid.*, Anal. dos princ., cap. III). Por isso, a A. fenomênica tem esse nome para ressaltar as suas conexões com as condições subjetivas do conhecer e para distingui-la do hipotético conhecimento numênico, de tal forma que se possa estabelecer com clareza os seus limites (v. FENÔMENO).

Por outro lado, a própria negação do caráter ilusório da A. foi utilizada, na filosofia moderna, para reafirmar o caráter absoluto do conhecimento humano. Assim, Hegel vê na A. fenomênica a própria essência. A. e essência não se opõem, mas se identificam: a A. é a essência que existe na sua imediação. "Aparecer", diz ele, "é a determinação por meio da qual a essência não é ser, mas essência; e o aparecer desenvolvido é o fenômeno. A essência não está, portanto, atrás ou além do fenômeno; mas, justamente porque a essência é o que existe, a existência é o fenômeno" (*Enc.*, § 131). É verdade que, como determinação "imediata", a A. está destinada, segundo Hegel, a ser absorvida ou superada por outras determinações, refletidas ou mediatas, no desenvolvimento dialético da Idéia absoluta; mas também é verdade que toda a doutrina de Hegel é sustentada pelo pensamento de que não há realidade tão recôndita que, de algum modo, deixe de manifestar-se e aparecer. Na filosofia contemporânea, esse ponto de vista teve a melhor expressão na obra de Heidegger. "Como significado da expressão 'fenômeno' deve-se estabelecer o seguinte: o que se manifesta em si mesmo, o revelado. [...] Definimos esse manifestar-se como aparecer (*Scheinen*). Também em grego a expressão *phainomenon* tem esse significado: o que tem o aspecto de aparente, A. [...] Só porque alguma coisa, em virtude do seu sentido, pretende em geral manifestar-se, isto é, ser fenômeno, é possível que ela se manifeste como algo que não é, que tenha o aspecto de. [...] Reservamos para o termo 'fenômeno' o significado positivo e original de 'phainomenon' e distinguimos fenômeno da A., considerando esta última como uma modificação particular de fenômeno" (*Sein und Zeit*, § 7 A). Isto, porém, não quer dizer que a filosofia contemporânea tenha identificado ser com A. Antes, propôs de outra forma o problema de sua relação, passando a considerar essa relação de modo objetivo ou ontológico, isto é, sem referência a nenhuma subjetivação idealista. Não é por acaso que a última obra importante em que se debateu de forma tradicional o problema da relação entre A. e realidade pertence a um idealista: F. H. Bradley (*Aparência e realidade*, 1893). Sobretudo por influência da posição fenomenológica (v. FENOMENOLOGIA), a consideração da relação entre aparecer e ser deixou completamente de ser feita, tanto no que se refere ao dualismo entre esses dois termos quanto no que se refere aos outros dualismos com que em geral era interpretada, como entre sensação e pensamento, entre subjetividade e objetividade etc. A relação toda é feita no plano objetivo das experiências diversas ou dos graus diversos de experiências. Um filósofo que baseie suas construções num grupo de experiências ou em dado tipo de realidade, privilegiando-o e considerando-o fundamental, é levado a julgar menos reais ou significantes, e de certo modo simplesmente "aparentes", as outras formas de experiência ou os outros tipos de realidade. Por exemplo, quem privilegia a experiência interior ou consciência é levado a considerar menos significante ou, de certo modo, só "aparente" a experiência externa ou sensível, e vice-versa. Mas em todo caso, mesmo o que se declara aparente é admitido como A. de alguma coisa e, por isso, dotada, já como A., de um grau ou medida de realidade. De modo que a relação entre realidade e A. vem a configurar-se como relação entre realidade e imagem, ou realidade e símbolo e, em todo caso, entre dois graus ou determinações objetivas. [N.A.]

APATIA (gr. ἀπάθεια; in. *Apathy*; fr. *Apathie*; al. *Apathie*; it. *Apatia*). Esse termo significa propriamente insensibilidade, mas no uso filosófico antigo designou o ideal moral dos cínicos e dos estóicos, isto é, a indiferença em relação a todas as emoções, o desprezo por elas: indiferença e desprezo alcançados mediante o exercício da virtude. Nesse sentido, para o qual a insensibilidade não é um dom inato e natural, mas um ideal de vida difícil de alcançar, cínicos e estóicos viram na A. a própria felicidade (DIÓG. L., VI, 1, 8-11). Kant viu na A. um ideal nobre, mas acrescentou que a natureza foi sábia quando deu ao homem a simpatia, para guiá-lo provisoriamente – antes que nele a razão alcançasse a maturidade –, como auxílio ou apoio sensível à lei moral e sucedâneo temporário da razão (*Antr.*, § 75). As idades moderna e contemporânea, apesar da forte influência que a ética estóica sempre exerceu, não se mostram propensas ao ideal da A., visto que são levadas a reconhecer o valor positivo das emoções e a evitar, por isso, a condenação sumária e total destas, que está compreendida na noção de apatia (v. EMOÇÃO). [N.A.]

APEIRON (gr. ἄπειρον). O infinito ou o indeterminado: segundo Anaximandro de Mileto, o princípio e o elemento primordial das coisas. Não é uma mistura dos vários elementos corpóreos, em que estes estejam compreendidos cada um com as suas qualidades determinadas, mas é matéria em que os elementos ainda não estão distintos e que, por isso, além de infinita, é também indefinida e indeterminada (Diels, A, 9). Essa determinação dupla de infinidade no sentido de inexauribilidade e de indeterminação permaneceu por muito tempo ligada ao conceito de *infinito* (v.). [N.A.]

APERCEPÇÃO (in. *Apperception*; fr. *Apperception*; al. *Apperzeption*; it. *Appercezione*). O significado específico dessa palavra foi esclarecido pela primeira vez por Leibniz como *consciência das próprias percepções*. Diz Leibniz: "A percepção da luz ou da cor, por exemplo, de que temos A. é composta por muitas pequenas percepções de que não temos A.; um ruído que percebemos, mas ao qual não damos atenção, torna-se aperceptível se sofrer um pequeno aumento" (*Nouv. ess.*, II, 9, 4). Enquanto as percepções pertencem também aos animais e às plantas, a A. é própria do homem porquanto suas percepções são acompanhadas pelo "poder de refletir". Todavia, quando ele é reduzido ao estado de letargia, a reflexão e a A. cessam (*ibid.*, II, 9, 14). No mesmo sentido, Wolff definiu a A. como a atividade pela qual nos percebemos a nós mesmos como sujeitos percipientes e, assim, nos distinguimos da coisa percebida (*Log.*, § 13). Ora, essa é, para Kant, a A. empírica, que deve ser distinguida da A. *pura*. Com a primeira, "acompanho com a consciência cada uma das representações"; com a segunda, "componho-as todas, uma com a outra, e sou consciente da sua síntese". A A. pura ou "transcendental" é o "eu penso", que "deve poder acompanhar todas as minhas representações, pois de outro modo seria preciso imaginar em mim alguma coisa que não pudesse ser pensada, o que significa que a representação seria impossível ou, ao menos para mim, não existiria absolutamente" (*Crít. R. Pura*, Anal. dos conceitos, § 16). A característica fundamental da A. pura é a *objetividade*: ela é o fundamento da constituição unitária dos objetos e das relações que estes têm entre si. De fato, a unidade de um objeto singular e dos objetos entre si não é constituída pela relação subjetiva entre as representações, isto é, pela relação que as representações encontram na A. empírica (ou consciência intuitiva), mas pela relação objetiva cuja possibilidade é a A. pura ou consciência discursiva (reflexiva). De fato, com base na A. empírica só se poderia dizer: "Cada vez que levanto um corpo, sinto a impressão de peso" e, assim, estabelecer uma relação puramente subjetiva, ainda que constante, entre o soerguimento de um corpo e a impressão de peso (isto é, entre duas representações). Isso não autorizaria a dizer objetivamente: "O corpo é pesado." Essa afirmação pode ser enunciada só porque o vínculo entre o corpo e o peso é estabelecido objetivamente pela A. pura (*ibid.*, § 19). Nesse sentido, a A. pura é "o princípio da unidade sintética", que condiciona todas as outras sínteses, isto é, todos os outros conhecimentos, porque todo conhecimento é, segundo Kant, uma síntese entre um dado sensível e uma forma *a priori*. A A. é o princípio originário do conhecimento na medida em que é a condição do uso empírico das categorias. Kant insistiu no caráter puramente formal da A. pura, entendendo que ela não é uma realidade psicológica ou de outra natureza, mas uma *possibilidade*, a da unificação da experiência, considerada como "espontaneidade" ou atividade subjetiva, isto é, da inteligência (*ibid.*, § 25). Em outras palavras, ela é só "a consciência pura da atividade que constitui o pensamento" (*Antr.*, § 7). Da interpretação da A. pura, em sentido realista, ou seja, do seu entendimento não como condição ou possibilidade do conhecimento, mas como atividade criadora do próprio conhecimento, Fichte inferiu a noção do eu como Autoconsciência absoluta, criadora do seu mundo, com a qual se inicia o idealismo romântico (v. IDEALISMO; EU). Em sentido psicológico-metafísico, o conceito de A. também foi entendido por Maine de Biran, que chamou de "A. interna imediata" a consciência que o eu tem de si mesmo como "causa produtora" no ato de distinguir-se do efeito sensível que a sua ação determina (*Œuvres inédites*, ed. Naville, I, p. 9; III, pp. 409-10).

Um novo conceito de A. foi dado por Herbart como fundamento para entender o mecanismo da vida representativa. A A. foi entendida por Herbart como a relação entre massas diferentes de representações, que faz que uma massa se aproprie da outra do mesmo modo como as novas percepções do sentido externo são acolhidas e elaboradas pelas representações homogêneas mais antigas. Esse fenômeno pelo qual uma massa representativa, chamada de *apercipiente*, acolhe e assimila em si uma ou mais representações homogêneas, chamadas de *aperceptivas*, é o fenômeno da A., que Herbart identificou com o sentido interno (*Psychol. als Wissenschaft*, II, § 125). Essa noção foi muito usada em psicologia e pedagogia no século XIX, sobretudo para esclarecer o fenômeno do aprendizado e para identificar as condições psicológicas que o facilitam. Wundt insistiu no caráter ativo da A. como o ato pelo qual um conteúdo psíquico é levado à compreensão mais clara e falou também de uma "psicologia da A.", que deveria contrapor-se à psicologia dominante, associacionista, precisamente pelo maior destaque dado à atividade diretiva e ordenadora da A. (*Physiologische Psychologie*, II, p. 454). Wundt falou também, em *Psicologia dos povos*, de uma "A. animadora" como de uma função psicológica específica, consistente em crer vivas todas as coisas, função que estaria na base do mito e, portanto, também da religião e da arte. Esse termo caiu em desuso na filosofia contemporânea. [N.A.]

APETITE/APETIÇÃO (gr. ὄρεξις; lat. *Appetitio, appetitus*; in. *Appetite*; fr. *Appétit*; al. *Begierde*; it. *Appetizione*). Apetite, em geral, é o princípio que impele um ser vivo à ação, com vistas à satisfação de uma necessidade ou um desejo ou à realização de um fim. Assim Aristóteles entendeu o apetite, que, juntamente com o sentido e com o intelecto, ele situou entre as partes diretivas da alma (*Et. nic.*, VI, 2, 1.139 a 17). "O que no pensamento", acrescenta ele, "é afirmação e negação, no A. é perseguir e evitar." O A. é o princípio de ação último; pois, se é verdade que os móveis da ação parecem dois, o A. e o intelecto prático, é também verdade que este último induz à ação só na medida em que seu princípio é apetecível (*De an.*, III, 10, 433 a 21). Ao A. pertencem o desejo, a irascibilidade e a vontade (*ibid.*, II, 3, 414 b 2). O A., todavia, às vezes pode ser justo e às vezes não; pode visar ao bem aparente ou ao bem real; portanto, A. diferentes podem ser às vezes contrários, como acontece quando o desejo e a razão se combatem. O A. como princípio de ação pode, portanto, ser controlado pela escolha racional ou pelos sentidos, embora a natureza superior tenda a dominar (*De an.*, III, 10-11, 433 ss.). Com base nessas últimas considerações aristotélicas, os escolásticos distinguiram um apetite sensível e um apetite intelectivo; Tomás de Aquino afirma que são duas potências diferentes da alma, uma passiva e a outra ativa (*S. Th.*, I, q. 80, a. 2). A exemplo de Gregório de Nissa (*De hom. opif.*, 8) e de João Damasceno (*De fide orth.*, II, 12), os escolásticos admitiram também a diferença entre apetite *irascível* e apetite *concupiscível:* o concupiscível inclina a perseguir o bem sensível e a evitar o que é sensivelmente nocivo; o irascível é aquilo pelo qual se resiste às ações nocivas e se reage em face a tudo o que é difícil (cf. Tomás de Aquino, *S. Th.*, q. I, 81, a. 2).

Essas observações permaneceram praticamente inalteradas durante séculos. Hobbes diz que o apetite e a fuga diferem do prazer e da dor assim como o futuro difere do presente; são ambos prazer e dor, mas não presentes, porém previstos ou esperados (*De hom.*, 11, 1). Espinosa ligou o apetite ao esforço (*conação*) da mente em perseverar no próprio ser por prazo infinito: "Esse esforço", diz ele, "chama-se vontade quando se atribui só à mente; chama-se A. quando se refere ao mesmo tempo à mente e ao corpo; o A. é, por isso, a própria essência do homem, de cuja natureza derivam necessariamente as coisas que servem à sua conservação e que, portanto, está destinado a cumprir" (*Et.*, III, 9, esc.). Leibniz viu na apetição a ação do princípio interno da mônada que opera a mudança ou a passagem de uma percepção a outra (*Monad.*, § 15). Kant definiu o apetite como "a determinação espontânea da força própria de um sujeito, que acontece por meio da representação de uma coisa futura considerada como efeito da própria força" (*Antr.*, § 73). O A. constitui, por isso, o que, na *Crítica da Razão Prática*, se chama "faculdade inferior de desejar", que pressupõe sempre, como motivo determinante, um objeto empírico: diferentemente da faculdade "superior" de desejar, que é determinada pela simples representação da lei (*Crít. R. Prática*, livro I, cap. I, § 3, esc. I).

Na filosofia moderna e contemporânea, esse termo caiu em desuso e foi substituído por outros como "tendência" ou "vontade", aos quais se referem às vezes as determinações que a filosofia antiga atribuíra ao apetite. [N.A.]

APLICAÇÃO (lat. *Applicatio*; al. *Applikation*; it. *Applicazione*). Termo usado por Gadamer para ressaltar que a compreensão de um texto sempre ocorre dentro de uma situação histórico-concreta que condiciona, desde o início, a própria compreensão. A A. subentende uma relação vital entre intérprete e interpretado e comporta uma atualização do passado com base nas expectativas e nas preocupações do presente (*Verità e metodo*, 1960, trad. it., Bompiani, Milão, 1983, pp. 358-95) (v. CÍRCULO HERMENÊUTICO; CONSCIÊNCIA DA DETERMINAÇÃO HISTÓRICA; HERMENÊUTICA; DISTÂNCIA TEMPORAL; HORIZONTES, FUSÃO DOS; WIRKUNGSGESCHICHTE). [G.F.]

APOCATÁSTASE (gr. ἀποκατάστασις; lat. *Restitutio*; in. *Apocatastasis*; fr. *Apocatastasis*; al. *Apokatastasis*; it. *Apocatastasi*). É a teoria própria dos Padres orientais: prevê a restituição final do mundo e de todos os seres nele contidos à condição perfeita e feliz que tinham na origem. Trata-se, portanto, de algo diferente da noção de movimento cíclico, própria dos antigos (pitagóricos, Anaximandro, estóicos etc.), que interpreta a vida do mundo como a recorrência de um ciclo sempre idêntico, que se repete infinitas vezes (v. CICLO DO MUNDO). Segundo Orígenes, o mundo sensível formou-se com a queda das substâncias intelectuais que habitavam no mundo inteligível, queda devida a um ato livre de rebelião a Deus, do qual participaram todos os seres supra-sensíveis, com a única exceção do Filho de Deus. Dessa queda e da degeneração que se lhe seguiu, os seres se reerguerão expiando, com uma série de vidas sucessivas, em vários mundos, seu pecado inicial e serão, por fim, restituídos à sua condição primitiva (*In Johann.*, I, 16, 20). Orígenes admite, assim, pluralidade sucessiva de mundos, mas corrige o estoicismo no sentido de que esses mundos não são repetição uns dos outros. A liberdade de que os homens são dotados impede essa repetição (*Contra Cels.*, IV, 67-8). Conceito análogo é expresso por Gregório de Nissa, que interpreta a sucessão dos mundos como o teatro da reeducação progressiva dos seres à condição de bem-aventurança original. Gregório afirma decididamente o caráter universal da A.: "Até mesmo o inventor do mal (isto é, o demônio) unirá sua voz ao hino de gratidão ao Salvador" (*De hom. opif.*, 26). Na Idade Moderna, doutrina análoga foi sustentada por Renouvier em *Nova monadologia* (1899): retoma-se aqui a tese de Orígenes da pluralidade dos mundos sucessivos e da passagem de um mundo ao outro, determinada pelo uso que o homem faz da liberdade em cada um deles; é corrigida só no sentido de que "o fim alcançado torna a reunir-se com o princípio, não na indistinção das almas, mas na humanidade perfeita, que é a sociedade humana perfeita". A doutrina da A. distingue-se da concepção clássica dos ciclos do mundo em dois pontos principais: 1º os mundos que se sucedem não são a repetição idêntica um do outro, porque através deles se realiza progressivamente a recuperação do estado perfeito original; 2º a sucessão dos mundos não é sem princípio nem fim, visto que começa com a queda das inteligências celestes e termina com a A. [N.A.]

APODÍTICA (lat. *Apodictica;* al. *Apodiktik;* it. *Apodittica*). Parte da lógica que tem por objeto a demonstração. Esse nome foi usado por alguns lógicos do século XVII, como Jungius. "Entre as partes especiais da lógica", dizia ele, "precede por dignidade a que tem por objeto a verdade necessária, isto é, a verdade propriamente dita, e que nos conduz através da apodixe, isto é, a demonstração à ciência, de modo que é justamente chamada de *apodítica* ou *epistemônica*" (*Logica hamburgensis,* 1638, IV, cap. I, § 1). Esse nome depois foi raramente usado (cf., p. ex., BOUTERWEK, *Ideen zu einer Apodiktik,* 1799). [N.A.]

APODÍTICO (gr. αποδεικτικος; lat. *Apodicticus;* fr. *Apodictique;* al. *Apodiktisch;* it. *Apodittico*). 1. Demonstrativo. Esse é o significado geral e fundamental do termo: significado que tem em Aristóteles, seja quando ele se refere à proposição (*An. pr.*, I, 1, 24 a 30), seja quando à ciência, definida como "hábito demonstrativo" (*Et. nic.*, VI, 3, 1139 *b* 31).

2. Necessário. Este segundo significado foi introduzido como significado primário por Kant, que chamou de A. os juízos em que a afirmação ou a negação é considerada necessária. "A proposição A.", escreveu Kant, "pensa o juízo assertórico determinado através das leis do próprio intelecto e por isso afirmado *a priori;* e exprime assim uma necessidade lógica" (*Crít. R. Pura,* § 9, 4). Esta, obviamente, não é a necessidade da demonstração. Kant, porém, não excluiu nem sequer o significado tradicional porque dividiu as proposições apodíticas em demonstráveis e imediatamente certas (*ibid.*, Doutrina do método, cap. I, seç. I [A 736, B 7641). O uso de Kant foi seguido por Husserl, que falou de "visão A." e de "evidência A." (*Ideen,* I, § 137), bem como de Ego A.: "apodítico nas suas intencionalidades que são, por sua vez, apoditicamente incluídas nele e que apoditicamente devem ser explicadas" (*Krisis,* § 71). [N.A.]

APODIXE. V. DEMONSTRAÇÃO.

APOFANSE. V. ENUNCIADO.

APOFÂNTICA (in. *Apophantic;* it. *Apofantica*). Termo empregado por Hamilton para indicar a doutrina do juízo (*Lectures on Logic,* I, 1866, p. 225). [N.A.]

APOFÂNTICO (gr. ἀποφαντικός; in. *Apophantic;* fr. *Apophantique;* al. *Apophantisch;* it. *Apofantico*). Declarativo ou revelador. Aristóteles chamou de A. o enunciado que pode ser considerado verdadeiro ou falso e considerou que esse tipo de enunciado é o único objeto da lógica: da qual, portanto, são excluídos os pedidos, as ordens etc., cujo estudo pertence à retórica ou à poética (*De interpr.*, 4, 17 a 2). Esse significado permaneceu fixo no uso filosófico. [N.A.]

APOFÁTICA, TEOLOGIA. V. TEOLOGIA, 4.

APOFÁTICO (gr. ἀποφατικός; in. *Apophatic;* fr. *Apophatique;* al. *Apophatisch;* it. *Apofatico*). Negativo: segundo Aristóteles, o que "separa uma coisa da outra", ou seja, nega a pertinência de um predicado a um sujeito (*An. pr.*, I, 1, 24 a 19). [G.P.]

APOLÍNEO-DIONISÍACO (in. *Apollonian-dionysian;* fr. *Apollinien-dionysiaque;* al. *Apollinisch-dionysisch;* it. *Apollineo-dionisiaco*). A antítese entre apolíneo e dionisíaco foi expressa por Schelling como a antítese entre a forma e a ordem, de um lado, e o obscuro impulso criador, do outro. Esses dois aspectos devem ser reconhecidos em cada momento poético (*Phil. der Offenbarung,* 24, em *Werke,* II, 4, p. 25). Hegel, por sua vez, referia-se a essa antítese: "A verdade é um triunfo báquico, onde não há quem não se inebrie; e, como esse momento resolve todos os momentos que tendem a separar-se, ele é também transparente e simples quietude" (*Phänomen. des Geistes,* intr., III, 2; trad. it., p. 40). Retomada por Richard Wagner (*Die Kunst und die Revolution,* 1849), essa antítese foi popularizada por Nietzsche, que dela se valeu em *Nascimento da tragédia* (1871), para explicar a arte e a vida da Grécia antiga. O espírito apolíneo domina as *artes plásticas,* que são harmonia de formas; o espírito dionisíaco domina a *música,* que é, ao contrário, desprovida de forma porque é embriaguez e exaltação entusiástica. Foi só graças ao espírito dionisíaco que os gregos conseguiram suportar a existência. Sob a influência da verdade contemplada, o homem grego via em toda a parte o aspecto horrível e absurdo da existência: a arte veio em seu socorro, transfigurando o horrível e o absurdo em imagens ideais, por meio das quais a vida se tornou aceitável (*Geburt der Tragödie,* § 7). Essa transfiguração foi realizada pelo espírito dionisíaco, modulado e disciplinado pelo espírito apolíneo, e deu lugar à tragédia e à comédia. Mais tarde, Nietzsche viu no espírito dionisíaco o próprio fundamento da arte enquanto "corresponde aos estados de vigor animal" (*Wille zur Macht.*, § 361, ed. Kröner, 802). O estado apolíneo não é senão o resultado extremo da embriaguez dionisíaca, uma espécie de simplificação e concentração da própria embriaguez. O estilo clássico representa esse estado e é a forma mais elevada do sentimento de potência. A exemplo de Nietzsche, Spengler chamou de apolínea "a alma da cultura antiga que escolheu o corpo individual, presente e sensível, como tipo ideal de extensão". Apolíneos são "a estática mecânica, os cultos materiais dos deuses do Olimpo, as cidades gregas politicamente isoladas, a sorte de Édipo e o símbolo fálico" (*Untergang des Abendlandes*, I, 3, 2, § 6). [N.A.]

APOLOGÉTICA (in. *Apologetics*; fr. *Apologétique*; al. *Apologetik*; it. *Apologetica*). Disciplina que tem por objeto a defesa (apologia) de determinado sistema de crenças. Esse termo se refere, mais freqüentemente, à defesa das crenças religiosas: por exemplo, "A. cristã". [N.A.]

APOLOGISTAS (in. *Apologists*; fr. *Apologistes*; al. *Apologeten*; it. *Apologisti*). Assim se chamam os Padres da Igreja do século II, que escreveram em defesa (apologia) do Cristianismo contra os ataques e as perseguições que lhe eram movidos. A primeira apologia de que se tem notícia (mas da qual resta apenas um fragmento) é a defesa apresentada ao imperador Adriano, por volta de 124, por Quadrado, discípulo dos Apóstolos. O principal dos Padres A. é Justino. Outros autores de apologias são Taciano, Atenágoras, Teófilo, Hérmias. Com os Padres A. começa a atividade filosófica cristã. A tese comum que defendem é de que o Cristianismo é a única filosofia segura e útil e resultado último a que a razão deve chegar. Os filósofos pagãos conheceram sementes de verdade que não puderam entender plenamente: os cristãos conhecem a verdade inteira porque Cristo é o *logos*, isto é, a razão mesma da qual participa todo o gênero humano. A apologética desses Padres constitui, portanto, a primeira tentativa de inserir o Cristianismo na história da filosofia clássica. [N.A.]

APONIA (gr. ἀπονία; in. *Aponia*; fr. *Aponie*; al. *Aponie*; it. *Aponia*). A *ausência de dor* como prazer estável e, portanto, eticamente aceitável, na ética de Epicuro (*Fr.* 2, Usener). [N.A.]

APOREMA (gr. ἀπόρημα; in. *Aporem*; fr. *Aporème*; al. *Aporem*; it. *Aporema*). Em Aristóteles (*Top.*, VIII, 11, 162 a), é definido como um raciocínio dialético que conclui com uma contradição e que não permite, portanto, estabelecer por qual dos dois ramos da própria contradição se deva optar. [G.P.]

APORÉTICA (in. *Aporetic*; fr. *Aporétique*; al. *Aporetik*; it. *Aporetica*). Assim Nicolau Hartmann chamou (de aporia = dúvida) o estágio da pesquisa filosófica que consiste em pôr em evidência os problemas, isto é, todos os aspectos dos fenômenos que não foram compreendidos e que, por isso, constituem aporias naturais (*Systematische Philosophie*, § 5). [N.A.]

APORIA (gr. ἀπορία; in. *Aporia*; fr. *Aporie*; al. *Aporie*; it. *Aporia*). Esse termo é usado no sentido de dúvida *racional*, de dificuldade inerente a um raciocínio, e não no de estado subjetivo de incerteza. É, portanto, a dúvida *objetiva*, a dificuldade efetiva de um raciocínio ou da conclusão a que leva um raciocínio. Por exemplo, "As A. de Zenão de Eléia sobre o movimento", "As A. do infinito" etc. [N.A.]

APOSTA (in. *Wager*; fr. *Pari*; al. *Wette*; it. *Scommessa*). É assim chamado o famoso argumento de Pascal em favor da fé. Visto que a existência de Deus não pode ser demonstrada, Pascal demonstra que é conveniente apostar na existência de Deus. "Visto ser necessário escolher, vossa razão não sofrerá maior ofensa escolhendo isto ou aquilo. [...] Pesemos o que se ganha e o que se perde apostando-se em "cara", que Deus existe. Consideremos os dois casos seguintes: ganhando, ganhareis tudo; perdendo, não perdereis nada. Apostai então, sem hesitar!" (*Pensées*, 233). Pascal acrescenta que, uma vez tomada a decisão de apostar, será fácil crer, "fazendo tudo como quem crê, recebendo água benta, mandando rezar missa etc. Isso vos fará crer e vos animalizará (*abêtira*) (*ibid.*)". O argumento foi repetido por W. James na sua *Vontade de crer* (1897). James interpreta o trecho de Pascal como se dissesse que é irracional correr o risco de perder a verdade, só para não incorrer eventualmente em erro (*The Will to Believe*, cap. I).

O argumento pascaliano não é passível de muitas interpretações, e todas as discussões em torno dele tendem mais a defendê-lo ou a refutá-lo. Teve um resultado sobretudo desconcertante a expressão empregada por Pascal "vos animalizará" (*vous abêtira*). E não faltou quem procurasse riscá-la do texto de Pascal, lendo *alestira*, que significaria "vos deixará pronto" (GAILLARD, "Une nouvelle leçon d'un mot célèbre de Pascal", em *Annales de l'Université de Grenoble*, XXI, 13). Na realidade, porém, a expressão não pretende reduzir fé a embrutecimento, mas refere-se a um dos pontos fundamentais da doutrina de Pascal, para quem a fé deve estar não só no *espírito* do homem, mas também na máquina, *no automa* que há no homem (*Pensées*, 250), ou seja, no conjunto dos hábitos que fixam a fé e a tolhem à dúvida. *Abêtira* refere-se a este segundo aspecto, sem o qual a fé está incompleta. [N.A.]

A POSTERIORI. V. A PRIORI.

APREENSÃO (lat. *Apprehensio*; in. *Apprehension*; fr. *Appréhension*; al. *Apprehenzion*; it. *Apprensione*). Termo introduzido pela escolástica do século XIV para designar o ato com que se apreende ou se toma como objeto um termo qualquer (conceito, proposição ou qualidade sensível), distinguindo-se de *assentimento* (v.), com que ele é julgado: afirmado ou negado. Ockham diz: "Entre os atos do intelecto, um é o apreensivo: refere-se a tudo o que é promovido pelo ato da potência intelectiva; o outro pode ser chamado de judicativo, pois com ele o intelecto não somente apreende o objeto, mas também assente nele ou dissente dele" (*In Sent.*, prol., q. 1, 0). O ato apreensivo pode consistir na formação de uma proposição ou no conhecimento de um complexo já formado (*Quodl.*, V, q. 6). Essa palavra também é empregada por Wolff (*Log.*, § 33) e Kant a utilizou na primeira edição da *Crítica da Razão Pura* (Dedução dos conceitos puros do intelecto), ao falar de uma "síntese da A.", que consistiria em recolher o múltiplo da representação de tal modo que dele surja "a unidade da intuição". Às vezes, no uso moderno, A. vem contraposto à *compreensão* como conhecimento primitivo ou simples que não contém nenhuma explicação ou valoração do objeto apreendido. [N.A.]

APRENDIZADO ou APRENDIZAGEM (gr. μάθησις; in. *Learning*; fr. *Apprendre*; al. *Erlernung*; it. *Apprendimento*). Aquisição de uma técnica qualquer, simbólica, emotiva ou de comportamento, ou seja, mudança nas respostas de um organismo ao ambiente, que melhore tais respostas com vistas à conservação e ao desenvolvimento do próprio organismo. Esse é o conceito que a psicologia moderna dá de A., apesar da variedade de teorias que apresenta. Esse conceito, além disso, não é senão a generalização de uma noção antiqüíssima de A., considerado como forma de associação. [N.A.]

APRESENTAÇÃO (in. *Appresentation*; fr. *Apprésentation*; al. *Darstellung*; it. *Appresentazione*). Termo utilizado por Husserl para designar a experiência indireta que o eu tem dos outros eus. A A. "nos dá o que, nos outros, nos é inacessível no original"; por ela, "uma outra mônada constitui-se em minha". É uma "apercepção por analogia" (*Méditations cartésiennes*, 1931, §§ 50 ss.). [N.A.]

A PRIORI, A POSTERIORI. Com esses dois termos foram designados os elementos das três distinções seguintes: 1º a distinção entre a demonstração que vai da causa ao efeito e a que vai do efeito à causa; 2º a distinção entre os conhecimentos que podem ser obtidos com a razão pura e os conhecimentos que podem ser obidos com a experiência; 3º a distinção entre tautologias e verdades empíricas.

1º A primeira distinção, que remonta à escolástica, liga-se à distinção aristotélica entre "o que é anterior e mais conhecido para nós" e "o que é anterior e mais conhecido por natureza", distinção que Aristóteles assim esclarecia: "Dizendo anterior e mais conhecido *em relação a nós*, pretendo referir-me ao que está mais perto da sensação; dizendo, porém, anterior e mais conhecido *absolutamente*, pretendo referir-me ao que está mais longe da sensação." E como os objetos mais distantes da sensação são os mais universais, ao passo que os mais próximos dela são os singulares, aquilo que é primeiro absolutamente, ou por natureza, é precisamente o universal (*An. post.*, 1, 2, 72 a 1 ss.). A partir de Alfarabi, a filosofia árabe havia formulado a distinção entre a demonstração *propter quid* e a demonstração *quia*, que Alberto da Saxônia depois chamou, respectivamente, de demonstrações *a priori* e demonstrações *a posteriori*. "A demonstração é dupla", diz Alberto; "uma é a que vai das causas ao efeito e chama-se demonstração *a priori*, ou demostração *propter quid*, ou demonstração perfeita, e dá a conhecer a razão pela qual o efeito existe. A outra é a demostração que vai dos efeitos às causas e chama-se demonstração *a posteriori*, ou demonstração *quia*, ou demonstração não perfeita, e dá a conhecer as causas pelas quais o efeito existe" (*An. post.*, I, q. 9). Com esse sentido, ambos os termos são usados durante toda a escolástica e até o século XVII, para indicar duas espécies de demonstração.

2º A partir do século XVII, por obra de Locke e do empirismo inglês, os dois termos adquirem significado mais geral: *a priori* passa a designar os conhecimentos que podem ser obtidos mediante o exercício da razão pura e *a posteriori*, ao contrário, os que podem ser obtidos pela experiência. Hume e Leibniz estão de acordo em contrapor, nesse sentido, *a priori* e *a posteriori*. Diz Hume: "Ouso afirmar, como proposição geral que não admite exceção, que o conhecimento da relação de causa e efeito não é, em nenhum caso, alcançado *pelo raciocínio a priori*, mas surge inteiramente *da experiência*, quando descobrimos que certos objetos particulares estão constantemente unidos a outros" (*Inq. Conc. Underst.*, IV, 1). E Leibniz contrapõe constantemente o "conhecimento *a priori*" ao "conhecimento por experiência" (*Nouv. ess.*, III, 3, § 15; *Monad.*, § 76) e "a filosofia experimental, que procede *a posteriori*", à razão pura", que "justifica *a priori*" (*Op.*, ed. Erdmann, p. 778 b). Wolff exprimia, com sua costumeira clareza, o uso dominante em seu tempo dizendo: "O que aprendemos com a experiência, dizemos conhecer *a posteriori*; o que sabemos pelo raciocínio dizemos conhecer *a priori*" (*Psychol. emp.*, §§ 5, 434 ss.).

A noção kantiana de *a priori*, como conhecimento independente da experiência, mas não precedente (no sentido cronológico) à própria experiência, é, sob certo aspecto, a mesma de Leibniz e dos wolffianos. "Existem", dizia Leibniz, "idéias que não nos vêm dos sentidos e que encontramos em nós sem formá-las, ainda que os sentidos nos dêem ocasião de apercebê-las" (*Nouv. ess.*, I, 1, § 1). Kant deu mais rigor a essa noção, distinguindo os conhecimentos *a priori puros*, que, além de não dependerem absolutamente de nenhuma experiência, são desprovidos de qualquer elemento empírico. Por exemplo, acrescentava ele, a proposição "Toda mudança tem sua causa" é uma proposição *a priori*, mas não é pura, porque mudança é um conceito que só pode ser extraído da experiência (*Crít. R. Pura*, intr., 1). Mas a originalidade da noção kantiana está na função atribuída a *a priori*, que não constitui um campo ou domínio de conhecimentos à parte, mas a condição de todo conhecimento objetivo. *A priori* é a *forma* do conhecimento, assim como *a posteriori* é o *conteúdo*. Em *a priori* fundam-se os conhecimentos da matemática e da física pura; mas o *a priori* por si mesmo não é conhecimento, mas a função que condiciona universalmente qualquer conhecimento, tanto sensível quanto intelectual. Os juízos sintéticos *a priori* são, com efeito, possíveis, em virtude das formas *a priori* da sensibilidade e do intelecto. O *a priori* é, para Kant, o elemento formal, isto é, ao mesmo tempo o que condiciona e fundamenta todos os graus do conhecimento; e não só do conhecimento, visto que também no domínio da vontade e do sentimento subsistem elementos *a priori*, como demonstram a *Crítica da Razão Prática* e a *Crítica do Juízo*. A noção kantiana de *a priori* foi adotada ou pressuposta por boa parte da filosofia moderna. O idealismo romântico corrigiu-a no sentido de admitir que todo o saber é apriorístico, isto é, inteiramente produzido pela atividade produtiva do Eu. Assim pensaram Fichte e Schelling. Hegel julgava que o pensamento é essencialmente a negação de um existente imediato, logo, de tudo o que é *a posteriori* ou se baseia na experiência. O *a priori* é, ao contrário, a reflexão e a mediação da imediação, isto é, a universalidade, o "estar o pensamento em si mesmo" (*Enc.*, § 12). Mais freqüentemente, na filosofia moderna, o *a priori* conserva o significado kantiano. E a tal significado se vincula, apesar de todas as diferenças, a noção de *a priori material* de Husserl. Essa noção está ligada à das ontologias regionais, pois, segundo Husserl, "por conhecimentos sintéticos *a priori* deveriam ser entendidos os axiomas regionais, de tal modo que haveria tantas classes irredutíveis de conhecimentos sintéticos *a priori*, quantas são as regiões" (*Ideen*, I, § 16). Ora, regiões do ser são, por exemplo, os conceitos de objeto material, consciência, animalidade, sociedade etc.; e os axiomas relativos a cada uma de tais regiões implicam a referência ao seu conteúdo específico e são, por isso, materiais.

3º Na filosofia contemporânea, a existência de um *a priori* no sentido kantiano ou hegeliano é quase sempre negada. Diz, por exemplo, Reichenbach: "Não existe nada de semelhante à auto-evidência sintética; as únicas fontes admissíveis do conhecimento são a percepção sensível e a auto-evidência analítica das tautologias" (*The Theory of Probability*, p. 372). Às vezes, defendeu-se uma "concepção pragmática" do *a priori*, pela qual ele consistiria sobretudo nos conceitos definitórios e nas estipulações convencionais de que se vale a ciência (cf. C. I. LEWIS, "A Pragmatic Conception of the 'a priori'", em *Readings in Philosophical Analysis*, 1949, pp. 286 ss.). Mas, o mais das vezes, por *a priori* entende-se simplesmente o enunciado tautológico ou analítico e por *a posteriori* a verdade empírica (v. ANALITICIDADE). [N.A.]

Reconsiderando-se mais recentemente a negação neo-empirista do *a priori*, percebeu-se que, se Reichenbach, por um lado, desmente sua apoditicidade, por outro, pelo menos até certa data, admite-o como campo de princípios assumidos contextualmente *a priori* dentro de dada teoria (*Der gegenwärtige Stand der Relativitätsdiskussion*, 1923). Por sua vez, Popper (*Conjectures and Refutations*, 1963, e *Objective Knowledge*, 1972) atribuiu sentido menos técnico ao *a priori*, considerando que cada observação se segue a uma expectação previamente assumida que não permite que nossa mente se apresente nunca como *tabula rasa*. Tal conhecimento pode ser chamado de *a priori* em relação a qualquer observação no que diz respeito à gênese, mas não à validade, porque, ao contrário do que ocorre em Kant, não é garantido em sua aplicação à experiência.

Críticas à existência do a priori. A existência do *a priori* foi posta em discussão pela evolução mais recente da lógica modal. A argumentação kantiana segundo a qual uma proposição compreendida como necessária é *a priori* estabelece o *status* modal geral das proposições necessárias, mas não implica que o *valor de verdade* de uma proposição necessária não possa ser conhecido com base na experiência. Foi depois defendido por Kripke (*Naming and Necessity*, 1980) o caráter epistêmico de tais noções, que autoriza a existência de proposições necessárias *a posteriori* (a identidade entre Fósforo e o planeta Vênus, todas as asserções de identidade entre designadores rígidos) ou de proposições contingentes *a priori* (são os casos do metro-padrão de Paris e da apreensão do referente de "Cícero" mediante a descrição "o homem que denunciou Catilina", devidos à função atribuída às descrições no processo de denominação). A definição kantiana de *a priori* como conhecimento justificado independentemente pela evidência empírica é uma distinção *epistêmica*, ou seja, relativa à aquisição de tal conhecimento, e implica outras duas: a *metafísica*, entre proposições necessárias e contingentes (V. CONTINGENTE; NECESSÁRIO), e a *semântica*, entre proposições analíticas e sintéticas (v. ANALITICIDADE). Mas essas categorias não parecem hoje coextensivas, enquanto para Kant as duas primeiras eram quase coincidentes.

Há pelo menos três tipos de oposição ou restrição à admissibilidade do *a priori*. 1) *Críticas lógicas:* Putnam ("Two Dogmas" *Revisited*, 1976), Kitcher (*A Priori Knowledge*, 1980, e *The Nature of Mathematical Knowledge*, 1983), Chisholm (*Theory of Knowledge*, 1989) pedem uma justificação que introduza conceitos como necessidade ou não-revisionabilidade racional: no primeiro caso considera-se que uma fonte não empírica porém corrigível não é a *priori;* no segundo, considera-se que a proposição é impossível de modificar à luz de qualquer evidência empírica futura ou que é impossível de modificar à luz de qualquer evidência futura (não só empírica). 2) *Críticas epistêmicas:* Butclivarov (*The Concept of Knowledge*, 1970) e Pollock (*Knowledge and Justification*, 1974) consideram ser necessário apresentar uma definição positiva do *a priori*, baseada no tipo de justificação em que tal conhecimento se baseia: se este último existe, deve ter uma fonte que seja possível identificar (mas a dificuldade está em enumerar as fontes do conhecimento de modo não questionável e sobretudo exaustivo). 3) *Críticas epistemológicas:* acentuando aspectos diversos, de Mill a Quine, pretendeu-se mostrar que proposições de per si cognoscíveis *a priori* podem ser justificadas por evidências empíricas ou então que são adequadamente justificáveis apenas dentro de teorias mais vastas que se relacionem satisfatoriamente com a experiência de modo solidário (v. HOLISMO), e Kuhn também introduziu a propósito uma forma de relativismo.

Admissão do a priori. Apesar de ser lugar-comum apresentar a filosofia analítica contemporânea como a negação do *a priori*, várias estratégias de natureza puramente lógica ou epistêmica foram empregadas em sua defesa. Kripke procura apresentar uma condição suficiente para a justificação de uma crença *a priori* exclusivamente nos termos de estado modal da proposição crida, sem fazer referência à modalidade efetiva de justificação. Chisholm considera a necessidade condição necessária mas não suficiente e reforça os *desiderata*. Chomsky, Katz e Fodor identificaram nos falantes competências lingüísticas de tipo inato e por isso mesmo *a priori* (v. INATISMO); outros, por fim (CASULLO, *Necessity, Certainty, and the A Priori*, 1988, e *Revisability, Reliabilism, and A Priori Knowledge*, 1988), acentuaram a existência de proposições (matemáticas) cognoscíveis apenas *a priori*. Portanto, hoje em dia, alguns continuam a atribuir legitimidade a essa noção, ainda que em sentido menos forte de o kantiano. [M.S.]

APROPTOSIA (gr. ἀπροπτωσία). Segundo os estóicos, a liberdade de precipitação, isto é, a capacidade de dar ou negar assentimento (DIÓG. L. VII, 1, 46). [N.A.]

APROSPTOSIA (gr. ἀπροσπτωσία). A liberdade em relação ao erro (cf. ALEXANDRE DE AFRODÍSIA, *De an.*, 150, 35). [N.A.]

APTIDÃO (in. *Aptitude;* fr. *Aptitude;* al. *Eignung;* it. *Attitudine*). Esse termo indica a presença de determinados caracteres que, em seu conjunto, tornam o indivíduo capaz de realizar determinada tarefa. Na determinação das A. baseia-se a orientação profissional, isto é, a seleção e a preparação do indivíduo para este ou aquele trabalho, em conformidade com as suas habilidades. [N.A.]

AQUILES (gr. Ἀχιλλεύς; lat. *Achilles;* in. *Achilles;* fr. *Achille;* al. *Achilleus;* it. *Achille*). Com esse nome indicava-se o segundo dos quatro argumentos de Zenão de Eléia contra o movimento. Aristóteles exprimiu-o assim: "O mais lento na corrida nunca será alcançado pelo mais veloz, pois aquele que persegue deverá começar por alcançar o ponto de que o fugitivo partiu, de tal modo que o mais lento sempre terá vantagem" (*Fís.*, VI, 9, 239 b 14). O pressuposto deste, como dos outros argumentos, é a infinita divisibilidade do espaço. V. DICOTOMIA; FLECHA; ESTÁDIO. [N.A.]

ÁRABE, FILOSOFIA (in. *Arabic philosophy;* fr. *Philosophie arabe;* al. *Arabische Philosophie;* it. *Filosofia araba*). Por esse nome entende-se a filosofia dos árabes do século VIII ao XII, que tem seus representantes principais em Al Kindi (séc. IX), Alfarabi (séc. IX), Avicena (séc. XI), Al Gazali (séc. XI), Averróis (séc. XII). Assim como a filosofia do mundo cristão na mesma época, a filosofia árabe é uma *escolástica* (v.), isto é, a utilização da filosofia grega, em especial a aristotélica, com o fim de entender ou de demonstrar as verdades religiosas do Alcorão. A filosofia grega tornou-se conhecida entre os árabes a partir do califado de Haroun-el-Raschid, durante o qual começaram a ser traduzidas para o árabe as obras de Aristóteles e de outros autores gregos, já traduzidas para o siríaco. Entre as obras que exerceram maior influência no pensamento árabe, além dos textos de Aristóteles, houve uma *Teologia* atribuída a Aristóteles, que é uma miscelânea de trechos extraídos das *Enéades* de Plotino, e o *Liber de causis*, que é a tradução dos *Elementos de teologia* de Proclo. Foram também traduzidas para o árabe as obras de Euclides, Ptolomeu e Galeno, os comentários aristotélicos de Alexandre de Afrodísia e alguns *Diálogos* de Platão. Os fundamentos filosóficos que os árabes elaboraram e que, de certo modo, representam as características da sua filosofia, são os seguintes:

1º A noção de Deus como o "*Ser necessário*", isto é, tal que não pode não existir, e do mundo como algo cuja necessidade deriva de Deus. Uma vez produzidos por uma Causa primeira necessária, todos os eventos do mundo são, por sua vez, necessários. Os árabes admitem uma cadeia causal ininterrupta que vai de Deus, como Primeiro Motor, às Inteligências celestes e aos céus e, enfim, aos acontecimentos terrestres e ao homem. Justificam, por isso, a astrologia, explicando suas deficiências pelo imperfeito grau de observação.

2º Doutrina do intelecto *agente* ou *ativo* como substância de natureza divina, separada da alma humana; doutrina que Averróis modificou no sentido de considerar separado do homem e divino também o intelecto passivo ou potencial que Al Kindi e Alfarabi consideravam próprio do homem. Ao homem pertence, segundo Averróis, só uma espécie de reprodução ou de imagem do verdadeiro intelecto. O único intelecto divino multiplica-se nas várias almas humanas como a luz do sol se multiplica distribuindo-se nos vários objetos que ilumina. Essa doutrina, que punha em dúvida a imortalidade da alma humana, por separar dela a sua parte mais elevada e imaterial, a qual era atribuída a Deus, foi chamada de doutrina da unidade do intelecto.

3º Tendência própria do aristotelismo e, em particular, de Averróis a pôr a filosofia acima da religião, atribuindo-lhe o fim da contemplação e reservando à religião o domínio da ação. Essa tendência foi interpretada pelos escolásticos latinos como a "doutrina das duas verdades", isto é, da independência entre verdade filosófica e verdade religiosa, que poderiam ser até mesmo contrastantes. Obviamente, esse ponto de vista era a negação da própria escolástica ocidental, que visava a justificar filosoficamente as verdades religiosas.

4º Com Al Gazali (séc. XI), a filosofia Á. apresenta a reação do espírito religioso contra a filosofia: Al Gazali afirma, contra Alfarabi e Avicena, a liberdade da natureza divina e o caráter arbitrário da criação. À sua obra *Destruição dos filósofos*, Averróis respondeu com *Destruição das destruições de Al Gazali*.

A filosofia Á., além de ter importância por si mesma, ao acompanhar o auge do florescimento do império árabe no Mediterrâneo, exerceu notável influência sobre a escolástica latina. Em primeiro lugar, forneceu a essa escolástica boa parte de seu material, que lhe chegou através das traduções latinas das traduções árabes das traduções siríacas das obras de autores gregos. Em segundo lugar, ofereceu-lhe um constante ponto de referência polêmico, levando-a a organizar-se como filosofia da liberdade em face da filosofia da necessidade do mundo muçulmano. O próprio aristotelismo, na sua primeira manifestação ao mundo ocidental, foi identificado com a sua interpretação Á.; e só por obra de Alberto Magno e de Tomás de Aquino foi depois adaptado às exigências da escolástica cristã (v. ESCOLÁSTICA). [N.A.]

ARBÍTRIO (lat. *Arbitrium*; in. *Free will*; fr. *Arbitre*; al. *Willkur*; it. *Arbitrio*). O princípio da ação nos animais e no homem. A. é, por isso, termo mais geral do que *vontade* (v.), que só pode ser atribuída ao homem. Diz Kant "É A. simplesmente animal (*arbitrium brutum*) o que só pode ser determinado por estímulos sensíveis, ou seja, patologicamente. Mas o que é independente de estímulos sensíveis e, portanto, pode ser determinado por motivos que não são representados a não ser pela razão, chama-se livre-A. (*arbitrium liberum*) e tudo o que a ele se liga como princípio ou como conseqüência é chamado prático" (*Crít. R. Pura*, Doutrina transcendental do método; O cânone da r. pura, seção I). O A. implica, assim, uma possibilidade de escolha, que, todavia, ainda não é liberdade. Para livre-A., v. LIBERDADE. [N.A.]

ARCANO. V. ARQUEU.

ARCHÉ. V. PRINCÍPIO.

ARCÔNTICO (al. *Archontisch*; it. *Arcontico*). Assim Husserl denominou o caráter dominante e unificador de uma *vivência*, porquanto esta normalmente não tem apenas um caráter, mas vários, interligados de maneiras diversas (*Ideen*, I, § 117) (v. VIVÊNCIA). [N.A.]

ARETOLOGIA (in. *Aretology*; fr. *Arétologie*; al. *Aretologie*; it. *Aretologia*). Raramente usado: a doutrina das virtudes. [N.A.]

ARGUMENTAÇÃO, TEORIA DA (in. *Theory of argumentation*; fr. *Théorie de l'argumentation*; al. *Argumentationstheorie*; it. *Teoria dell'argomentazione*). A T. da argumentação, ou nova retórica, é uma teoria elaborada pelo filósofo belga Chaim Perelman, que a formulou em *Traité de l'argumentation. La nouvelle rhétorique*, escrito com Lucie Olbrechts-Tyteca e publicado em 1958 (trad. it., *Trattato sull'argomentazione. La nuova retorica*, Einaudi, Turim, 1966, com *Prefácio* de N. Bobbio). O desenvolvimento de uma nova T. da argumentação constitui uma ruptura com a tradição de origem cartesiana, que identifica a lógica com a lógica formal e limita assim, de modo arbitrário e indevido, o conceito de razão às demonstrações que permitam deduzir conclusões inelutáveis a partir de premissas dadas, sobre as quais agem regras de inferência previamente formuladas. A T. da argumentação afirma que é infundado o dilema demonstração lógica constritiva ou discurso arbitrário; recorre ao pensamento renascentista e, para além deste, aos autores gregos e latinos "que estudaram a arte de persuadir e convencer, a técnica da deliberação e da discussão" (*ibid.*,

p. 7). "A nossa análise – escrevem os dois autores do *Tratado da argumentação* – refere-se às provas que Aristóteles chama de dialéticas, provas que ele examina em *Tópicos* e cujo emprego mostra na *Retórica*" (*ibid.*). O que esperam é que o seu trabalho "impeça que no futuro todas as técnicas de demonstração sejam reduzidas à lógica formal e que a razão seja vista apenas como razão calculadora" (*ibid.*, p. 533). O âmbito de indagação da T. da argumentação é vastíssimo: "Ocupa o campo de qualquer forma de discurso persuasivo, da pregação às alegações judiciais, da oração ao sermão, onde quer que a razão, entendida como faculdade de excogitar argumentos favoráveis ou contrários a uma tese, seja empregada para defender uma causa, obter consenso, orientar uma escolha, justificar ou determinar uma decisão" (N. Bobbio, *Prefácio* à trad. it., p. XIII).

A dedução lógica é impessoal, mas sempre que se trate de influir através do discurso sobre a intensidade da adesão de um auditório a determinadas teses, não podem ser negligenciadas, como irrelevantes, as condições públicas e sociais do indivíduo. A realidade é que o objetivo de uma argumentação não consiste em deduzir conseqüências de premissas, mas sim em "suscitar ou aumentar a adesão de um auditório às teses que são apresentadas à sua aprovação" (*L'empire rhétorique. Rhétorique et argumentation*, 1977; trad. it., *Il dominio retorico*, Einaudi, Turim, 1981, p. 21). "Toda argumentação tem em vista obter a adesão do auditório" (*Argomentazione*, Enciclopedia Einaudi, 1977, p. 793). "E as razões para aceitar ou rejeitar uma tese podem ser as mais díspares; a verdade ou a falsidade de tal tese é apenas um dos motivos para aderir a ela ou refutá-la, por ser ou não oportuna, socialmente útil, justa, equilibrada" (*ibid.*). A argumentação tende a obter a adesão daqueles aos quais o orador se dirige. Ela é, portanto, relativa ao auditório que se queira influenciar (*Rhétorique et philosophie*, em colab. com L. Olbrechts-Tyteca, 1952; trad. it., *Retorica e filosofia*, De Donato, Bari, 1979, p. 225-6). E o auditório é de fato definito, em retórica, "como o conjunto daqueles que o orador quer influenciar por meio de suas argumentações. Cada orador pensa, de modo mais ou menos consciente, naqueles que procura persuadir, que constituem o auditório a que se dirigem seus discursos" (*Trattato dell'argomentazione*, p. 21). O auditório pode ser universal – quando a intenção é dirigir-se a toda a humanidade – e passa por uma infinita variedade de auditórios particulares (*ibid.*, pp. 33-47; *O domínio retórico*, pp. 25-6 da trad. it.). E é óbvio que, se quiser atingir seu objetivo, o orador deverá adaptar-se ao auditório; essa adaptação consiste "fundamentalmente no fato de que o orador pode escolher como ponto de partida do seu raciocínio apenas teses admitidas por aqueles aos quais se dirige" (*O domínio retórico*, p. 83 da trad. it.).

Entre as teses – pontos de concordância que o orador escolherá como premissas da argumentação enquanto teses admitidas pelo seu auditório –, Perelman distingue as que dizem respeito à *realidade* (vale dizer: aos fatos, às verdades e às presunções) e as que dizem respeito ao *preferível* (vale dizer: aos valores, às hierarquias e os lugares do preferível). Na perspectiva argumentativa estaremos diante de um *fato* "só se pudermos postular para ele um acordo universal, não controverso" (*Trattato dell'argomentazione*, p. 71). No entanto, Perelman e Olbrechts-Tyteca logo explicam que "não existe enunciado que possa gozar definitivamente de tal condição, visto que o acordo pode sempre ser questionado e uma das partes pode sempre refutar a qualidade de fato naquilo que o adversário afirma" (*ibid.*). *E* o que foi dito a respeito dos *fatos*, segundo Perelman, vale também para aquilo a que se dá o nome de *verdade*, "quer se trate de teorias científicas, quer de concepções filosóficas ou religiosas que transcendam a experiência" (*ibid.*, p. 73): as verdades científicas não são incontrovertíveis, e num confronto entre concepções filosóficas ou religiosas não é raro que cada um continue com suas próprias posições. Em suma: o estatuto de *fato* ou de *verdade* nunca está garantido de modo definitivo e de uma vez por todas (*O domínio retórico*, p. 35 da trad. it.). Além de basear-se em fatos e em verdades, freqüentemente a argumentação se baseia em *presunções*. Exemplos de *presunções* são: a qualidade de um ato manifesta a qualidade de uma pessoa; toda ação humana tem sentido (*Trattato di argomentazione*, p. 75).

Quanto aos fatos, às verdade e às presunções, exige-se o acordo do auditório universal, mas existem outros objetos de acordo, cuja adesão é apenas de grupos particulares: trata-se dos *valores*, das *hierarquias* e dos *lugares do preferível*. Devem ser distinguidos os valores abstratos (beleza, justiça etc.) e os valores concretos (como a França e a Igreja) (*ibid.*, pp. 82 ss.; e *O domínio retórico*, p. 39 da trad. it.). Além de apoiar-se em valores, tais argumentações apóiam-se em hierarquias, como quando o raciocínio parte da idéia de que os homens são superiores aos animais, e os deuses, aos homens (*O domínio retórico*, p. 40 da trad. it.). Além disso, não devem ser esquecidos os *lugares do preferível*. "São as premissas de ordem geral que permitem dar fundamento aos valores e às hierarquias, estudados por Aristóteles entre os lugares de acidente" (*Trattato dell'argomentazione*, p. 90). Assim, usamos o *lugar da quantidade* quando dizemos ser preferível o que é vantajoso para a maioria ao que o é para a minoria; usamos o *lugar da qualidade* quando preferimos algo alegando como razão que se trata de "um fato único e raro"; preferimos os lugares *da ordem* quando afirmamos "a superioridade do anterior sobre o posterior, seja em termos de causa e de princípios, seja de fins ou de objetivos" (*ibid.*, p. 99).

Outros temas da T. da argumentação dizem respeito à interpretação dos dados e sobretudo às técnicas *argumentativas.* Além dos estudos teóricos de Perelman devem ser ressaltados os de S. E. Toulmin (*The Uses of Argument,* 1968), H. W. Johnstone (*Philosophy and Argument,* 1959), Johnstone e M. Natanson (*Philosophy, Rhetoric and Argumentation,* 1965), W. J. Brandt (*The Rhetoric of Argumentation,* 1970), A. Giuliani (*La controversia. Contributo alla logica giuridica,* 1966). O principal resultado do desenvolvimento de uma T. da argumentação e, correlativamente, da atenção que se voltou a dar à história da retórica, está na ampliação da idéia de *razão.* A realidade é que certos problemas essenciais – questões morais, sociais ou políticas, filosóficas ou religiosas – fogem, "exatamente por sua natureza, aos métodos das ciências matemáticas e naturais"; por conseguinte, são de enorme e vital importância todas as técnicas de raciocínio "aptas à deliberação, à discussão, em suma, à argumentação" (*Trattato dell'argomentazione,* p. 536). [D.A.]

ARGUMENTO (gr. λόγος; lat. *Argumentum;* in. *Argument;* fr. *Argument;* al. *Argument;* it. *Argomento*). 1. Num primeiro significado geral, A. é qualquer razão, prova ou demonstração capaz de obter o assentimento e de induzir persuasão ou convicção. Em lógica, um argumento é um conjunto de enunciados, um dos quais é chamado de *conclusão,* e os restantes, de *premissas.* Diz-se que a conclusão se "segue" das premissas; e todo o argumento é considerado *válido* se, em qualquer situação que torne verdadeiras as premissas, a conclusão também se torne verdadeira (um argumento é válido quando a passagem das premissas à conclusão preserva a verdade). Embora a *validade* (v.) seja uma das mais importantes propriedades dos argumentos – na qual os lógicos estão fundamentalmente interessados –, nem sempre um argumento válido é, por si, *persuasivo ou útil.* O esquema de argumento "p; logo, se q é verdadeira, então q é verdadeira", por exemplo, é válido (porquanto na passagem da premissa à conclusão refuta-se como caso não desejado apenas aquele que leve do verdadeiro ao falso, enquanto neste caso a conclusão é sempre verdadeira): é difícil, porém, imaginar situações nas quais se recorra a ele no raciocínio comum dotado de capacidade persuasiva. Habitualmente, para que um argumento seja percebido como útil ou persuasivo, é preciso que suas premissas não só sejam *de fato* verdadeiras, mas que também sejam relevantes para a conclusão: os lógicos procuraram elaborar para esse fim uma "lógica da relevância". Por fim, um argumento, sobretudo se expresso na linguagem comum, pode ser válido e exigir acurada análise lógica para que isso fique evidente.

Em retórica e, sobretudo, na tradição *dialética* (v.) – entendendo-se por "dialética" a arte de dialogar (só ou com outros) a partir do que é provável – A. comuns ou típicos ou esquemas de A. eram vinculados aos lugares (τοποι, *loci*), de que Aristóteles trata de modo sistemático em *Tópicos.* Cícero definia os lugares como as sedes das quais provêm os A., concebidos como "as razões que dão fé de uma coisa duvidosa" (*Top.*, 2, ob. 14).

2. Num segundo significado, entende-se por A. o tema ou objeto em torno do qual versa um discurso qualquer. Este segundo significado vincula-se ao uso do termo A. em matemática, com o qual se pretende designar o valor da variável independente de uma *função* (v.). [M.M.]

ARISTOCRACIA. V. GOVERNO, FORMAS DE.

ARISTOTELISMO (in. *Aristotelianism;* fr. *Aristotélisme;* al. *Aristotelismus;* it. *Aristotelismo*). Por esse termo entendem-se alguns fundamentos da doutrina de Aristóteles que passaram à tradição filosófica ou que inspiraram as escolas ou os movimentos que se reportam mais diretamente ao próprio Aristóteles, como a escola peripatética, o A. árabe, o A. cristão medieval, o A. do Renascimento e várias outras tendências do mundo medieval e moderno. Tais fundamentos podem ser resumidos da seguinte forma:

1.º Importância atribuída por Aristóteles à natureza e o valor e a dignidade das indagações a ela dirigidas. Enquanto Platão pensava que tais indagações só poderiam atingir um grau de probabilidade muito inferior ao conhecimento científico (*Tim.*, 29 c), Aristóteles considerava que nada há na natureza tão insignificante que não valha a pena ser estudado, visto que, em todos os casos, o verdadeiro objeto da pesquisa é a *substância* das coisas (v. SUBSTÂNCIA).

2.º Conceito de metafísica como filosofia primeira e teoria da substância, assim como fundamento da enciclopédica completa das ciências (v. METAFÍSICA).

3.º Doutrina das quatro causas (*formal, material, eficiente, final*) doutrina do *movimento,* como passagem da *potência* ao *ato,* que permitiram a interpretação de toda a realidade natural (v. os verbetes correspondentes).

4.º Teologia com seu conceito do Primeiro Motor e do Ato Puro (v. DEUS).

5.º Doutrina da essência substancial ou necessária como base da teoria do conhecimento e da lógica (v. ALMA; ESSÊNCIA; SER).

6.º Importância atribuída à lógica, cujo primeiro expositor sistemático é Aristóteles, como instrumento de todo conhecimento científico (v. CONCEITO; LÓGICA; SILOGISMO; TÓPICA etc.).

As várias correntes do A. só se reportaram, habitualmente, a alguns desses fundamentos; isso explica por que o A. ora apareceu como metafísica teológica (na escolástica medieval), ora como naturalismo (no Renascimento), ora como espiritualismo (em algumas interpretações modernas, p. ex., as de Ravaisson e Brentano). [N.A.]

ARITMÉTICA (in. *Arithmetic*; fr. *Arithmétique*; al. *Arithmetik*; it. *Aritmetica*). Teoria matemática dos números naturais, isto é, dos números inteiros positivos. Entendem-se comumente por leis da A. as seguintes proposições ou regras:

1.ª $a + b = b + a$ (lei comutativa da adição);

2.ª $ab = ba$ (lei comutativa da multiplicação);

3.ª $a + (b + c) = (a + b) + c$ (lei associativa da adição);

4.ª $a(bc) = (ab)c$ (lei associativa da multiplicação);

5.ª $a(b + c) = ab + ac$ (lei distributiva da multiplicação em relação à adição).

A *formalização* da A., isto é, a redução da A. a um sistema lógico fundado em poucos axiomas, foi efetuada pela primeira vez por Peano, que se valeu de alguns conceitos de Dedekind. Peano pressupôs como primitivas as noções de *zero*, de *conjunto* de números naturais e de *sucessão* enunciada com a expressão *o sucessivo de*. Mostrou que todas as proposições da A. podiam derivar dos cinco axiomas seguintes:

1.º *0* é um número natural;

2.º se x é um número natural, o número sucessivo também é um número natural;

3.º se x e y são números naturais e se o sucessivo de x é idêntico ao sucessivo de y, então x e y são idênticos;

4.º se x é um número natural, o número sucessivo de x é diferente de *0*;

5.º se *0* pertence a um conjunto a e se o sucessivo de um número natural qualquer pertence também a esse conjunto, o conjunto dos números naturais é uma parte de a.

Com a expressão *aritmetização da matemática* entende-se, às vezes, a exigência surgida em meados do século XIX, no campo da matemática, principalmente por obra de Weierstrass, de conferir unidade e rigor lógico à análise matemática, fundando-a numa teoria dos números reais. Essa teoria foi depois desenvolvida por Cantor (1845-1918) e Dedekind (1831-1916). [N.A.]

ARQUEOLOGIA DO SABER (fr. *Archéologie du savoir*; it. *Archeologia del sapere*). Termo usado por Foucault para indicar o estudo das infra-estruturas mentais (v. EPISTEME) que possibilitaram a emergência ou o declínio de determinados estilos de discurso e de determinados campos do saber (*As palavras e as coisas*; 1969, trad. it. Rizzoli, Milão, 1971, 1980, pp. 173-4; cf. *Due risposte sulla epistemologia*, Rizzoli, Milão, 1971, pp. 11-2). Os discursos e os enunciados de que trata a A., em sua tentativa de trazer à tona os níveis "estratificados" que formam o nosso "solo" cultural, constituem, segundo Foucault, um território auto-suficiente e positivo que não remete a fundações histórico-transcendentais, a experiências pré-discursivas, a fundamentos empíricos ou psicológicos, a um espírito da época nem a determinadas estruturas de tipo econômico-social. Na verdade, a A. não considera o discurso como documento, como sinal de alguma outra coisa, mas trata do discurso em sua própria espessura, ou seja, como monumento (*ibid.*, p. 184). Por essas características, o modelo arqueológico de Foucault distingue-se radicalmente da tradicional história das idéias. [G.F.]

ARQUEOLÓGICA, HISTÓRIA (in. *Archeological history*; fr. *Histoire archéologique*; al. *Archäologische Geschichte*; it. *Storia archeologica*). Na segunda das *Considerações inatuais* (*Sobre a utilidade e o inconveniente dos estudos históricos para a vida*, 1873), Nietzsche distingue três espécies de história: "A história pertence a quem vive segundo três relações: pertence-lhe porque ele é ativo e porque aspira; porque conserva e venera; porque tem necessidade de libertação. A essa trindade de relações correspondem três espécies de história, sendo possível distinguir o estudo da história do ponto de vista *monumental*, do ponto de vista *arqueológico* e do ponto de vista *crítico.*" A história monumental é a que considera os grandes eventos e as grandes manifestações do passado e os projeta como possibilidades para o futuro. A história A. considera, ao contrário, o que no passado foi a vida de cada dia e nela enraíza a mediocridade do presente. A história crítica serve, porém, para romper com o passado e para renovar-se (v. HISTÓRIA). [N.A.]

ARQUÉTIPO (lat. *Archetypus*; in. *Archetype*; al. *Archetyp*, *Urbild*; it. *Archetipo*). Modelo ou o exemplar originário ou original de uma série qualquer. As idéias de Platão foram consideradas A. como modelos das coisas sensíveis e, mais freqüentemente, as idéias existentes na mente de Deus, como modelos das coisas criadas (PLOTINO, *Enn.*, V, 1, 4; PROCLO, *In Rep.*, II, 296). Mas Locke (*Ensaio*, II, 31, § 1) empregou a palavra A. para dizer somente modelo; Jung utilizou-a para designar os modelos originários do inconsciente coletivo. [N.A.]

ARQUEU (it. *Archeus*). Segundo Teofrasto Paracelso, é a força que move os elementos, é o espírito animador da natureza. [N.A.]

ARQUITETÔNICA (gr. ἀρχιτεκτονικὴ τέχνη; in. *Architectonic;* fr. *Architectonique;* al. *Architektonik;* it. *Architettonica*). Em geral a parte de construir, que supõe a capacidade de subordinar os meios ao fim e o fim menos importante ao mais importante. Nesse sentido, essa palavra é usada por Aristóteles (*Et. nic.*, I, 1, 1.094 a 26), que fala também (*Et. eud.*, I, 6, 1.217 a) de uma "inteligência A. e prática", isto é, construtiva e operativa. Essa palavra foi usada pela primeira vez como nome de uma disciplina filosófica por Lambert, que a usou como título de uma obra sua (*Arquitetônica*, 1771) e entendeu-a como "a teoria dos elementos simples e primitivos no conhecimento filosófico e matemático". Kant retomou essa palavra para indicar "a arte do sistema", ao qual dedicou um capítulo (o III) na segunda parte principal de *Crítica da Razão Pura*. Como sistema, entendeu "a unidade de conhecimentos múltiplos reunidos sob uma única idéia", isto é, organização finalista que cresce de dentro, como o organismo vivo. Na esteira de Kant, C. S. Peirce fala de arquitetura das teorias científicas e filosóficas cujas regras procura definir (*Chance, Love and Logic*, II, 1). [N.A.]

ARQUITETÔNICA, BELEZA. V. GRAÇA.

ARQUITETURA. V. ARQUITETÔNICA.

ARREPENDIMENTO (lat. *Paenitentia;* in. *Repentance;* fr. *Repentir;* al. *Reue;* it. *Pentimento*). O angustiante reconhecimento da culpa. Esta é a definição em que os filósofos concordam, ainda que a expressem com palavras diferentes (TOMÁS DE AQUINO, *S. Th.*, III, q. 85, a. 1; DESCARTES, *Pass. de l'âme*, III, 191; ESPINOSA, *Et.*, III; *Definição das paixões*, 27; HEGEL, *Werke*, ed. Glockner, X, p. 372 etc.). Os filósofos também estão de acordo em admitir o valor moral do arrependimento. Espinosa, embora julgue que o A. "não é uma virtude, isto é, não deriva da razão" e que, portanto, quem se arrepende é duplamente miserando e impotente (uma vez porque agiu mal e depois porque se aflige com isso), reconhece que aquele que está submetido ao A. pode, todavia, voltar a viver segundo a razão muito mais facilmente do que os outros (*Et.*, IV, 54). Montaigne, que dedicou ao A. um de seus ensaios mais notáveis (*Essais*, III, 2), observara, porém, que o A. não deve transformar-se no desejo "de ser outro". "Não cabe propriamente A. pelas coisas que não estão em nosso poder, assim como não cabem as saudades. Imagino infinitas naturezas mais elevadas e mais ponderadas do que a minha; mas com isso não melhoro as minhas faculdades, assim como o meu braço e o meu espírito não ficam mais vigorosos só porque eu os concebo diferentemente do que são" (*ibid.*, ed. Rat., III, p. 28).

Em sentido análogo exprime-se Kierkegaard, que viu no A. o ponto culminante da vida ética e, ao mesmo tempo, o sinal do seu conflito interno. O a. é inerente à escolha que, na vida ética, o homem faz de si mesmo. "Escolher a si mesmo é idêntico a arrepender-se de si mesmo. [...] Até o místico se arrepende, mas fora de si e não dentro de si; arrepende-se metafisicamente e não eticamente. Arrepender-se esteticamente é repugnante, porque é afetação; arrepender-se metafisicamente é coisa inútil e fora de lugar, pois não foi o indivíduo que criou o mundo e não lhe cabe incomodar-se tanto com a vaidade do mundo" (*Entweder-Oder;* em *Werke*, II, p. 223; *Furcht und Zittern*, em *Werke*, III, p. 143). Cf. M. SCHELER, *Reue und Wiedergeburt*, em *Vom Ewigen im Menschen*, 4.ª ed., 1954). [N.A.]

ARROGÂNCIA (it. *Boria*). Vico fala da A. *das nações*, que consiste em crer "terem elas, antes de todas as outras, descoberto as comodidades da vida humana e conservado as lembranças de suas coisas desde o princípio do mundo", e da A. *dos doutos*, "que pretendem ser aquilo que sabem tão antigo quanto o mundo" (*Scienza Nuova*, 1744, Degn. 3, 4). A A. dos doutos impediu o reconhecimento de que a origem do mundo histórico se deve a "homens bestas", e levou a atribuir tal origem a "homens sapientes", que agiriam por reflexão. [N.A.]

ARS MAGNA. V. COMBINATÓRIA, ARTE.

ARTE (gr. τέχνη; lat. *Ars;* in. *Art;* fr. *Art;* al. *Kunst;* it. *Arte*). Em seu significado mais geral, todo conjunto de regras capazes de dirigir uma atividade humana qualquer. Era nesse sentido que Platão falava da A. e, por isso, não estabeleceu distinção entre A. e ciência. A., para Platão, é a arte do raciocínio (*Fed.*, 90 b), como a própria filosofia no seu grau mais alto, isto é, a dialética (*Fedro*, 266 d); A. é a poesia, embora lhe seja indispensável a inspiração delirante (*ibid.*, 245 a); A. é a política e a guerra (*Prot.*, 322 a); A. é a medicina e A. é respeito e justiça, sem os quais os homens não podem viver juntos nas cidades (*ibid.*, 322 c, d). O domínio global do conhecimento é dividido em duas A., a judicativa (κριτική ou γνωστική) e a dispositiva ou imperativa (ἐπιτακτική ou ἐπιστατική), das quais a primeira consiste simplesmente em conhecer e a segunda em dirigir determinada atividade com base no conhecimento (*Pol.*, 260 a, b; 292 c). Desse modo, para Platão a A. compreende todas as atividades humanas ordenadas (inclusive a ciência) e distingue-se, no seu complexo, da natureza (*Rep.*, 381 a). Aristóteles restringiu notavelmente o conceito de A. Em primeiro lugar, retirou do âmbito da A. a esfera da ciência, que é a do *necessário*, isto é, do que não pode ser diferente do que é. Em segundo lugar, dividiu o que não pertence à ciência, isto é, o *possível* (que "pode ser de um modo ou de outro") no que pertence à *ação* e no que pertence à *produção*. Somente o possível que é objeto de produção é objeto da A. Nesse sentido, diz-se que a arquitetura é uma A.; e a A. se define como o hábito, acompanhado pela razão, de produzir alguma coisa (*Et. nic.*, VI, 3-4). O âmbito da A. vem, assim, a restringir-se muito. São A. a retórica e a poética, mas não é A. a analítica (lógica), cujo objeto é necessário. São A. as manuais ou mecânicas, como é A. a medicina, ao passo que a física ou a matemática não são A. Esse é, pelo menos, o ponto de vista do Aristóteles maduro, visto que as páginas com que se abre a *Metafísica* parecem estabelecer uma distinção puramente de grau entre a A. e a ciência, situando a A. como intermediária entre a experiência e a ciência. Mesmo aquelas páginas se concluem, porém, com a afirmação de que a sabedoria é antes conhecimento teórico do que A. produtiva (*Met.*, I, 1, 982 a 1 ss.). Essa distinção aristotélica não foi, porém, adotada em todo o seu rigor pelo mundo antigo e medieval. Os estóicos ampliaram de novo a noção de A., afirmando que "a A. é um conjunto de compreensões", entendendo por compreensão o assentimento ou uma representação compreensiva (SEXTO EMPÍRICO, *Pirr. hyp.*, III, 241; *Adv. dogm.*, V, 182); na verdade, essa definição não permite distinguir A. de ciência. E Plotino, que, por sua vez, faz tal distinção porque quer conservar o caráter contemplativo da ciência, distingue as A. com base em sua relação com a natureza. Distingue, portanto, a arquitetura e as A. análogas, cuja finalidade é a fabricação de um objeto, das A. que se limitam a ajudar a natureza, como a medicina e a agricultura, e das A. práticas, como a retórica e a música, que tendem a agir sobre os homens, tornando-os melhores ou piores (*Enn.*, IV, 4, 31).

A partir do século I foram denominadas "A. liberais" (isto é, dignas do homem livre), em contraste com as A. manuais, nove disciplinas, algumas das quais Aristóteles teria denominado ciências, e não artes. Essas disciplinas foram enumeradas por Varrão: gramática, retórica, lógica, aritmética, geometria, astronomia, música, arquitetura e medicina. Mais tarde, no século V, Marciano Capela, em *Núpcias de Mercúrio e da filologia*, reduzia a sete as A. liberais (gramática, retórica, lógica, aritmética, geometria, astronomia e música), eliminando as que lhe pareciam desnecessárias a um ser puramente espiritual (que não tem corpo), isto é, a arquitetura e a medicina, e estabelecendo assim o *curriculum* de estudos que deveria permanecer inalterado por muitos séculos (v. CULTURA). Tomás de Aquino estabelecia a distinção entre A. *liberali* e A. *servili* com o fundamento de que as primeiras destinam-se ao trabalho da razão, as segundas "aos trabalhos exercidos com o corpo, que são de certo modo servis, porquanto o corpo está submetido servilmente à alma e o homem é livre segundo a alma" (*S. Th.*, II, 1, q. 57, a. 3, ad 3). Contudo, a palavra A. continuou designando, por longo tempo, não só as A. liberais mas também as A. mecânicas, isto é, os ofícios, assim como ocorre ainda hoje, pois entendemos por A. um ofício e por artesão quem o pratica. Kant resumiu as características tradicionais desse conceito ao fazer a distinção entre A. e natureza, de um lado, e entre A. e ciência, do outro; e distinguiu, na própria A., a A. mecânica e a A. estética. Sobre esse último ponto, diz: "Quando, conformando-se ao conhecimento de um objeto possível, a A. cumpre somente as operações necessárias para realizá-lo, diz-se que ela é A. mecânica; se, porém, tem por fim imediato o sentimento do prazer, é A. estética. Esta é A. aprazível ou bela A. É aprazível quando sua finalidade é fazer que o prazer acompanhe as representações como simples sensações; é bela quando o seu fim é conjugar o prazer às representações como formas de conhecimento" (*Crít. do Juízo*, § 44). Em outros termos, a bela A. é uma espécie de representação cujo fim está em si mesma e, portanto, proporciona prazer desinteressado, ao passo que as A. aprazíveis visam somente à fruição. A essa concepção de A. remetem-se ainda hoje os que vêem nela a libertação das restrições impostas pela tecnocracia (MARCUSE, *One Dimensional Man*, 1964, pp. 238 ss.), ou pelo menos um meio de corrigi-las, fazendo valer, nesse sistema, a expressão da personalidade individual (GALBRAITH, *The New Industrial State*, 1967, p. XXX).

Embora ainda hoje a palavra A. designe qualquer tipo de atividade ordenada, o uso culto tende a privilegiar o significado de bela A. Dispomos, de fato, de um termo para indicar os procedimentos ordenados (isto é, organizados por regras) de qualquer atividade humana: é a palavra *técnica*. A técnica, em seu significado mais amplo, designa todos os procedimentos normativos que regulam os comportamentos em todos os campos. Técnica é, por isso, a palavra que dá continuidade ao significado original (platônico) do termo arte. Por outro lado, os problemas relativos às belas A. e a seu objeto específico cabem hoje ao domínio da *estética* (v.). [N.A.]

ARTEFATO (in. *Artifact*; fr. *Artefact*; al. *Artefakt*; it. *Artefatto*). Objeto produzido, no todo ou em parte, pela arte ou por qualquer atividade humana, na medida em que se distingue do objeto *natural*, produzido pelo acaso. Por isso, a presença de A. num estrato geológico normalmente é considerada pelos antropólogos como sinal de presença do homem na idade correspondente: a natureza e a complexidade dos A. são formadas como base para distinguir os tipos de cultura a que pertencem. Para ser reconhecido como tal, o A. deve manifestar a intenção, preexistente à sua construção, de utilizá-lo com finalidade determinada, ou seja, deve constituir a realização de um *projeto* (v.) [N.A.]

ARTÍFICE INTERNO (it. *Artefice interno*). Esse foi o nome que Giordano Bruno deu, em *De la causa, principio e uno*, ao intelecto universal, que é "faculdade e parte potencial íntima mais real e própria da alma do mundo", porque "forma a matéria e a configura a partir de dentro". [N.A.]

ÁRVORE DE PORFÍRIO (lat. *Arbor Porphyriana*; in. *Tree of Porphyry*; fr. *Arbre de Porphyre*; al. *Baum des Porphyrius*; it. *Albero di Porfirio*). Célebre esquema ou modelo de definição por dicotomias sucessivas, que desce do gênero mais geral às espécies ínfimas (substância: corpórea, incorpórea; substância corpórea [corpo]: animado, inanimado; corpo animado: sensível, insensível; corpo animado sensível [animal]: racional, irracional; animal racional: mortal, imortal; animal racional mortal [homem]: Sócrates, Platão etc.). Embora tal "árvore" não se encontre propriamente nos manuscritos de Porfírio, foi construída com base no texto porfiriano (*Isag.*, 4, 20) e se acha em todos os tratados medievais de lógica (cf., p. ex., PEDRO HISPANO, *Summ. log.*, 2, 10), de onde passou para os textos modernos de lógica tradicional. [G.P.]

ASCESE (gr. ἄσκησις; in. *Ascesis*; fr. *Ascèse*; al. *Askese*; it. *Ascesi*). Essa palavra significa propriamente exercício e, na origem, indicou o treinamento dos atletas e as suas regras de vida. Com os pitagóricos, os cínicos e os estóicos, essa palavra começou a ser aplicada à vida moral na medida em que a realização da virtude implica limitação dos desejos e renúncia. O sentido de renúncia e de mortificação tornou-se, daí, predominante; na Idade Média, A. significou mortificação da carne e purgação dos vínculos com o corpo. A revolta contra o ideal ascético iniciou-se no Renascimento, com a revalorização dos aspectos corpóreos e sensíveis do homem. Kant considera a *moral* ascética como "exercício firme, corajoso e destemido da virtude" e a contrapõe à A. *monástica*, "que, por temor supersticioso ou por horror hipócrita a si mesma, costuma mortificar e desprezar o próprio corpo", castigando-se, em vez de arrepender-se moralmente, isto é, de tomar a resolução de corrigir-se (*Met. der Sitten*, II, § 53). Schopenhauer conferiu significado metafísico à A., na qual viu "o horror do homem pelo ser, cuja expressão é seu próprio fenômeno, pela vontade de viver, pelo cerne e essência de um mundo que se reconhece cheio de dor" (*Die Welt*, I, § 68), e por isso o único instrumento de liberação de que o homem dispõe. [N.A.]

ASCETISMO (in. *Asceticism*; fr. *Ascétisme*; al. *Asketismus*; it. *Ascetismo*). A prática da ascese. [N.A.]

ASNO DE BURIDAN (in. *Buridan's Ass*; fr. *Âne de Buridan*; al. *Esel des Buridan*; it. *Asino di Buridano*). Jean Buridan, mestre e reitor da Universidade de Paris na primeira metade do século XIV, foi discípulo de Ockham e é importante por algumas observações que antecipam o princípio de inércia da mecânica moderna (v. INÉRCIA). O caso do A., que, posto entre dois feixes iguais de feno, morreria de fome antes de resolver qual dos dois comeria, não se encontra em suas obras. Encontram-se nelas, porém, suas premissas. Buridan julga que a vontade segue, necessariamente, o juízo do intelecto; por exemplo, a decisão é pelo bem maior, se o intelecto assim julgar. Mas, quando o intelecto julga que dois bens são iguais, a vontade não pode decidir-se nem por um nem pelo outro: a escolha não acontece (*In Eth.*, III, q. 1). Esse é o caso do asno. Mas Buridan julga que o homem pode não morrer de fome como o A., visto que pode suspender ou impedir o juízo do intelecto (*ibid.*, III, q. D). A origem do caso (embora não referido ao A.) acha-se em Aristóteles: "Diz-se que quem está muito sedento ou esfaimado, se estiver a igual distância do alimento e da bebida, necessariamente ficará imóvel onde se encontra" (*De cael.*, II, 13, 295 b 33). Nem mesmo Dante refere o caso ao A.: "Entre dois alimentos, distantes e móveis – de modo que antes se morria de fome –, que o homem livre leve um deles à boca" (*Par.*, IV, 1-3). Na realidade, a discussão em torno do caso do A. de Buridan foi peculiar a um período (a última escolástica) no qual se acentuou o caráter arbitrário da escolha voluntária e entendeu-se a liberdade do homem como "arbítrio de indiferença" (v. LIBERDADE). [N.A.]

ASPECTO (in. *Aspect*; fr. *Aspect*; al. *Aspekt*; it. *Aspetto*). Ponto de vista ou ângulo visual de que pode ser considerado um fato ou uma observação. Objetivamente, o lado que o fato ou a situação apresenta. [N.A.]

ASPIRAÇÃO (in. *Aspiration*; fr. *Aspiration*; al. *Sehnsucht*; it. *Aspirazione*). Atitude que se assume em face do *ideal* (v.), isto é, em face de uma perfeição em cuja possível realização não se tem confiança. A A. não é de per si ativa e operante e pode permanecer no estado de veleidade ansiosa. [N.A.]

ASSEIDADE (lat. *Aseitas*; in. *Aseity*; fr. *Aséité*; al. *Aseität*; it. *Aseità*). Qualidade ou caráter do ser que tem em si mesmo a causa e o princípio do próprio ser, ou seja, Deus. *Abaliedade* é a qualidade contrária, isto é, a do ser que tem causa em outro ser. Vocábulos usados na escolástica tardia. [N.A.]

ASSENTIMENTO (gr. συγκατάθεσις; lat. *Assensus*; in. *Assent*; fr. *Assentiment*; al. *Beifall* ou *Zustimmung*; it. *Assenso*). Termo correlativo de *apreensão* (v.), que designa o ato com que se julga do objeto apreendido: assentindo, dissentindo ou duvidando. Os primeiros que elaboraram a teoria do A. foram os estóicos. O A. é a reação da alma à ação da coisa externa, que lhe é imprimida pela representação. "Assim como é necessário que o prato da balança se abaixe quando sobre ele são colocados pesos, também é necessário que a alma assinta à evidência" (CÍCERO, *Acad.*, III, 12, 37). Receber a representação é coisa involuntária, visto que ver branco depende da cor branca que se tem à frente, e assim por diante. Mas assentir à representação está naquele que acolhe a representação. O A. é, pois, voluntário. É parte integrante da representação cataléptica (v. CATALÉPTICA, REPRESENTAÇÃO), segundo a qual "subtraído o A., subtrai-se também a compreensão" (SEXTO EMPÍRICO, *Adv. math.*, VIII, 397-398). Na filosofia cristã, a noção de A. serviu para definir a fé. João Damasceno definiu a fé como "A. não acompanhado por indagação" (*non inquisitivus assensus, De fide orth.*, IV, 12). Referindo-se a esse conceito, Tomás de Aquino define a fé como "pensar com assentimento". Diz: "O intelecto pode assentir a alguma coisa de dois modos. No primeiro modo, por ser movido a assentir pelo próprio objeto, por ser este conhecido por si mesmo, como ocorre com os primeiros princípios de que temos inteligência, ou por ser este conhecido através de outro, como ocorre com as conclusões de que temos ciência. No segundo modo, o intelecto assente a alguma coisa não por ter sido suficientemente movido pelo próprio objeto, mas por escolha voluntária que o inclina mais para um lado do que para outro. Ora, se isso acontece juntamente com a dúvida e com o temor de que o outro lado seja verdadeiro, tem-se a opinião; se acontece, porém, com certeza e sem temor, tem-se a fé" (*S. Th.*, II, 2, q. 1, a. 4). Na última fase da escolástica, a doutrina do A. foi elaborada por Ockham. Segundo ele, o ato do A. acompanha o ato do aprendizado. "Quem quer que aprenda uma proposição (*In Sent.*, prol., q. 1, 55) assente, dissente ou duvida." A teoria do A. é, substancialmente, a teoria do erro. Segundo Ockham, quando uma proposição é empírica ou racionalmente evidente, o A. é garantido pela sua evidência, ao passo que, quando falta essa evidência, o A. é mais ou menos voluntário e vê-se diante da possibilidade do erro (*ibid.*, II. q. 25). Doutrina análoga encontra-se em Descartes. Para julgar, requer-se, em primeiro lugar, o intelecto, visto que não se pode julgar sobre aquilo de que não se tem apreensão; em segundo lugar, a vontade, pela qual se adere ao que foi percebido (*Princ. phil.*, I, § 34). E a possibilidade do erro funda-se na maior amplitude da vontade, ou seja, na possibilidade de que o A. também seja dado ao que não é apreendido de modo evidente (*ibid.*, § 35). Locke elabora a doutrina do A. relacionando-a com os graus de probabilidade. "A crença, A. ou opinião consiste em admitir ou aceitar como verdadeira uma proposição com base em argumentos ou provas que nos convencem sem nos darem conhecimento certo da sua verdade" (*Ensaio*, IV, 15, 3). A própria fé é uma espécie de A., aliás "um A. fundado na razão mais alta" (*ibid.*, 14). De modo semelhante, Rosmini considerou o A. como um ato livre, que se segue ao conhecimento, isto é, à simples apreensão da coisa (*Scienza morale*, ed. it., 1941, p. 109). A *Gramática do assentimento* (1870) de Newmann distinguiu o A. *real*, destinado às coisas, do A. *nocional*, destinado às proposições. O A. *nocional* é o que se chama de profissão de fé, opinião, presunção, especulação; o A. real é a *crença*. O A. nocional a uma proposição dogmática é um ato teológico; o A. real à mesma proposição é um ato religioso. As duas coisas não se contradizem, mas só o A. real leva ao credo dogmático os sentimentos e as imaginações que condicionam a sua validade religiosa. Essas idéias de Newmann, retomadas e desenvolvidas por Ollé-Laprune e por Blondel, levaram à filosofia da *ação* (v.). [N.A.]

ASSERÇÃO (gr. ἀπόφανσις, λόγος ἀποφαντικός; lat. *Oratio enunciativa*; in. *Statement*; fr. *Assertion*; al. *Behauptung*; it. *Asserzione*). Frase de sentido completo que afirma ou nega, podendo ser verdadeira ou falsa. Aristóteles distinguiu a A., nesse sentido, da súplica, da ordem etc., considerando que só ela é objeto da lógica, ao passo que as outras formas de expressão são objeto da retórica ou da poética (*De interpr.*, 417 a 2-9). Boécio traduziu como *Oratio enunciativa* (*P. L.* 64°, col. 314, 399) a expressão usada por Aristóteles para indicar a asserção, considerando-a praticamente equivalente ao *enunciatum* dos estóicos.

Na lógica matemática contemporânea, Russell, com base em Frege e acompanhado por muitos outros lógicos, introduziu um símbolo especial ('⊢'), anteposto ao símbolo da asserção. A lógica terminista medieval julgava, porém, que as expressões "é verdade que 'p'" e 'p' (onde 'p' é sinal de uma proposição) devem ser consideradas sinônimas. Contudo, a A. implica que se acredita ou se assente à *proposição* (v.) expressa; como tal, às vezes é distinguida de *enunciado* (v.). Cf. ASSENTIMENTO. [G.P. – M.M.]

ASSERÇÕES BÁSICAS (in. *Basic statements*; fr. *Assertions de base*; al. *Basissätze*; it. *Asserzioni-base*). São as asserções singulares existenciais que, segundo Popper, funcionam como plataforma do processo de falsificação (v. FALSIFICABILIDADE, PRINCÍPIO DE) das teorias: "Chamo de A. básica ou de proposição básica a asserção que pode servir de premissa de uma falsificação empírica; em suma, a asserção de um fato singular" (*Lógica della scoperta scientifica,* § 7, trad. it., Einaudi, Turim, 1970, p. 25). Na verdade, embora as observações universais, em que consistem as teorias, não possam ser derivadas das observações singulares, estas últimas são capazes de desmentir as primeiras (se é verdade que existe pelo menos uma rosa branca, então é falso que todas as rosas são vermelhas). Ao contrário do que ocorre com os *protocolos* (v.) neopositivistas de observação, o valor das A. básicas não depende de propriedades objetivas, mas da uma "decisão" dos pesquisadores, ou seja, do fato de os cientistas de certo período histórico concordarem em considerá-las válidas e usá-las como meios de verificação das teorias (*ibid.* § 29, pp. 98-100). No entanto, como a comunidade dos pesquisadores pode sempre optar por discuti-las, segue-se que a base empírica do saber é isenta de qualquer absolutez e que à tradicional imagem da ciência como edifício estável baseado em rocha sólida é preciso contrapor a nova imagem da ciência como construção precária, erguida sobre palafitas frágeis (*ibid.,* § 30, pp. 107-8). As A. básicas não funcionam como "base" do saber científico em sentido cronológico (visto que o conhecimento não começa com registros de observação singulares, mas com expectativas teóricas gerais) nem lógico (visto que não existem noções simples a que podem ser reduzidas todas as asserções significantes), mas sim em sentido metodológico. Desse ponto de vista, a função delas é dupla:

1) as A. básicas logicamente possíveis servem para estabelecer o caráter empírico das teorias (lembremos que, do ponto de vista de Popper, uma teoria será falsificável se existir pelo menos um falsificador potencial, pelo menos uma possível A. básica que entre logicamente em conflito com ela);

2) as A. básicas efetivamente aceitas constituem o ponto de partida do processo concreto de *corroboração* (v.) ou de falsificação de uma teoria. Em virtude dessa dupla função, elas funcionam como "chave de abóbada da epistemologia popperiana" (M. Pera). De fato, sem as A. básicas, que denotam "eventos observáveis", não existiria o saber intersubjetivo da ciência: "Se um dia os observadores científicos não pudessem mais concordar a respeito das A. básicas, isso significaria a falência da linguagem como meio de comunicação universal. Equivaleria a uma nova 'Babel das línguas': a pesquisa científica estaria reduzida ao absurdo" (*ibid.* § 29, p. 99). [G.F.]

ASSOCIAÇÃO DE IDÉIAS (in. *Association of ideas;* fr. *Association des idées;* al. *Ideenassoziation;* it. *Associazione delle idee*). Com essa expressão, indica-se a conexão recíproca dos elementos da consciência, conexão pela qual tais elementos, quaisquer que sejam, evocam-se uns aos outros, segundo uniformidades ou leis reconhecíveis. A *semelhança,* a *continuidade* e a *oposição* constituem as uniformidades ou leis fundamentais da A., que já haviam sido reconhecidas por Platão (*Fed.,* 76 a) e por Aristóteles (*De memoria et reminiscentia,* II, 451 b 18-20). Em seguida, o fenômeno não atraiu mais a atenção dos filósofos até a Idade Moderna. Hobbes, em *Leviathan,* dedica um capítulo (o III) à A. das imagens, mas foi Locke quem criou a expressão "A. de idéias" e introduziu o fenômeno a ela relativo como princípio de explicação da vida da consciência. A importância que a A. adquire em Locke deriva do pressuposto atomístico da sua filosofia: tudo o que a consciência é, nas suas várias manifestações, é pela combinação variada dos elementos simples fornecidos pela experiência, isto é, das idéias. "Algumas das nossas idéias têm entre si correspondência e conexão *natural,* e a tarefa e a excelência da nossa razão estão em detectá-las e mantê-las juntas na união e na correspondência que se fundam em seu ser natural. Mas, afora isso, há outra A. de idéias que se deve ao *acaso* e ao *hábito*" (*Ensaio,* II, 33, § 5). A tais combinações acidentais ou habituais de idéias devem-se alguns fenômenos aberrantes, como a loucura, as simpatias ou antipatias irracionais, as superstições etc. Mas nas associações naturais baseiam-se todas as operações do espírito humano: o conhecimento nos seus vários graus, a imaginação, a vontade etc. Para Locke, todavia, a A. de idéias assume formas diferentíssimas. Hume reduziu-as a três princípios apenas: a semelhança, a contigüidade no tempo e no espaço e causa e efeito (*Inq. Conc. Underst.,* III). Abandonada em filosofia, depois de Kant, como princípio explicativo de toda a vida espiritual, a A. continuou como princípio explicativo da psicologia científica a partir da metade do século XIX até os princípios do século XX. No período contemporâneo a psicologia da forma ou *gestaltismo* (v. PSICOLOGIA, *c*) impugnou o próprio pressuposto atomista em que se fundava a teoria da associação. [N.A.]

ASSOCIACIONISMO (in. *Associationism;* fr. *Associationnisme;* al. *Associazionstheorie;* it. *Associazionismo*). Doutrina filosófica e psicológica cujo princípio explicativo da vida espiritual é a *associação de idéias* (v.). O pressuposto do A. é o *atomismo* psicológico, isto é, a resolução de cada evento psíquico em elementos simples que são as sensações, as impressões, ou, genericamente, as idéias. O fundador do A. é Hume, mas um de seus maiores divulgadores foi o médico inglês David Hartley (1705-1757), segundo quem a associação de idéias é, para o homem, o que a gravitação é para os planetas: a força que determina a organização e o desenvolvimento do todo. O A. encontrou outras manifestações importantes na obra de J. Mill (1773-1836), que o utilizou na análise dos problemas morais, explicando pela associação entre o prazer próprio e o alheio a transição da conduta egoísta à conduta altruísta, e de Stuart Mill (1806-1873), que o utilizou no estudo de problemas morais e lógicos. Mas, depois de Stuart Mill, o A. deixou de ser uma doutrina filosófica viva e permaneceu tão-somente como hipótese operacional no domínio da psicologia científica, de onde foi excluída só nos últimos decênios por obra da *psicologia da forma* (v. PSICOLOGIA, *c*). [N.A.]

ASSOMÁTICO (in. *Asomatous*; fr. *Asomatique*; al. *Asomatisch*; it. *Asomatico*). Isento de corpo ou desencarnado. A condição da alma depois de separar-se do corpo, ou condição das substâncias angelicais. [N.A.]

ASSUNÇÃO (gr. λῆψις; lat. *Sumptio*; in. *Assumption, sumption*; fr. *Assomption*; al. *Vordersatz*; it. *Assunzione*). A proposição que se escolhe como premissa do raciocínio; ou então o ato de escolher uma proposição com essa finalidade (cf. CÍCERO, *De divin.*, II, 53, 108).

Mais precisamente, a proposição que se escolhe como *primeira* premissa do silogismo e que às vezes é também chamada *lema* (v.) (cf. HAMILTON, *Lectures on Logic*, I, p. 283).

A A. não implica necessariamente a verdade da premissa que se assume. Pode-se assumir uma proposição verdadeira ou uma hipótese ou ainda uma proposição falsa com o fim de refutá-la. O termo é equivalente a *posição* (v.). [N.A.]

ASTROLOGIA (gr. ἀστρολογία; lat. *Astrologia*; in. *Astrology*; fr. *Astrologie*; al. *Astrologie*; it. *Astrologia*). Crença na influência dos movimentos dos astros sobre o destino dos homens e ciência, ou pretensa ciência fundada nessa crença. A A. liga-se ao nascimento da astronomia no mundo oriental e acompanhou a astronomia na primeira parte da sua história. Segundo F. Cumont, foram os caldeus os primeiros a conceber a idéia de uma necessidade inflexível que regula o universo e a substituir por essa idéia a idéia do mundo dirigido por deuses, em conformidade com suas paixões. A idéia lhes foi sugerida pela regularidade dos movimentos dos corpos celestes (CUMONT, *Oriental Religions in Roman Paganism*, trad. in., p. 179). Essa crença levou a estabelecer uma correspondência entre o macrocosmo (mundo) e o microcosmo (homem): correspondência pela qual os eventos de um se refletiriam nos eventos do outro e seria possível, a partir do conhecimento dos primeiros, predizer de algum modo os segundos. A A. difundiu-se no Ocidente no período greco-romano. Assim como os antigos caldeus, a filosofia árabe a justificou com base na necessidade universal que une todos os eventos do mundo e que, partindo de Deus, como Primeiro Motor, vai até os eventos humanos. Essa cadeia necessária passa pelos eventos celestes: os terrestres e os humanos não são determinados diretamente por Deus, mas são determinados por Ele através dos eventos celestes, isto é, os movimentos dos astros. De modo que tais movimentos são os que determinam imediatamente os eventos do mundo sublunar e, portanto, do mundo humano; o seu conhecimento torna possível a previsão destes últimos. As crenças astrológicas eram comuns na Idade Média, apesar das condenações eclesiásticas: o próprio Dante compartilhava delas (*Conv.*, II, 14; *Purg.*, XXX, 109 ss.). No Renascimento, foram defendidas e justificadas por homens como Paracelso, Bruno, Campanella. Este último dedicou uma obra à A., *Astrologicorum Libri VII*, 1629, e dela se valeu para confirmar seu vaticínio do iminente retorno do mundo à unidade religiosa e política (*Atheismus triumphatus*, 1627). Outros filósofos foram hostis à astrologia, embora admitindo a validade da magia. Assim, por exemplo, Pico della Mirandola, que escreveu as *Disputationes adversus astrologos*, em que acusa a A. de tornar os homens escravos e miseráveis; o mesmo fez Jean Baptiste van Helmont, que negou a influência dos astros nos acontecimentos humanos (*De vita longa*, 15, 12).

A A. perdeu fundamento científico com a ciência moderna, que, para afirmar qualquer relação causal, exige que tal relação se verifique de modo uniforme em um número de casos suficientemente grande. O nexo causal entre os movimentos dos astros e os eventos humanos poderia, portanto, ser reconhecido como tal só com base em observações repetidas e repetíveis que evidenciassem todos os seus elos intermediários, de tal modo que o seu funcionamento fosse entendido. Nada de semelhante se verificou na A., que ainda se baseia em antigos textos e tradições, em simbolismos não passíveis de verificação e em crenças mágicas ou teosóficas. Por outro lado, as crenças astrológicas estão entre as mais difundidas até mesmo no mundo contemporâneo, tão permeado de espírito científico: talvez o espírito contemporâneo encontre nelas uma compensação para a falta de segurança característica da sua situação e, nas predições astrológicas, um meio de delimitar, mesmo que de modo arbitrário e fantástico, as previsões em torno de seu destino próximo ou distante. [N.A.]

ASTÚCIA DA RAZÃO (in. *Astuteness of the rason*; fr. *Astuce de la raison*; al. *List der Vernunft*; it. *Astuzia della ragione*). Esse foi o nome que Hegel deu ao fato de a Idéia Universal levar as paixões dos homens a atuarem na história como instrumentos seus, levando-as a consumir-se e consumar-se para seus próprios fins. "A Idéia não paga o tributo da existência e da caducidade de seu próprio bolso, mas sim com as paixões dos indivíduos. César devia cumprir o que era necessário para derrubar a liberdade decrépita; a sua pessoa pereceu na luta, mas o que era necessário ficou: a liberdade segundo a idéia jazia mais profundamente que o acontecer externo" (*Phil. der Geschichte*, ed. Lasson, pp. 83-4; trad. it., p. 98). [N.A.]

ATANATISMO (in. *Athanatism*; fr. *Athanatisme*; al. *Athanatismus*; it. *Atanatismo*). Assim foi chamada por alguns autores do século XIX a doutrina da imortalidade da alma. [N.A.]

ATARAXIA (gr. ἀταραξία; in. *Ataraxia*; fr. *Ataraxie*; al. *Ataraxie*; it. *Atarassia*). Termo usado primeiramente por Demócrito (*Fr.* 191), depois pelos epicuristas e pelos estóicos, para designar o ideal da imperturbabilidade ou da serenidade da alma, em decorrência do domínio sobre as paixões ou da extirpação destas (v. APATIA). Analogamente, "o objetivo do ceticismo é a A. nas coisas opináveis e a moderação nas coisas que são por necessidade" (SEXTO EMPÍRICO, *Pirr. hyp.*, I, 25). [N.A.]

ATEÍSMO (gr. ἀθεότης; lat. *Atheismus*; in. *Atheism*; fr. *Athéisme*; al. *Atheismus*; it. *Ateismo*). É, em geral, a negação da causalidade de Deus. O reconhecimento da existência de Deus pode ser acompanhado pelo ateísmo se não incluir também o reconhecimento da causalidade específica de Deus. A primeira análise do A. que a história da filosofia recorda é a de Platão, no X livro das *Leis*. Platão considera três formas de A.: 1º negação da divindade; 2º crença de que a divindade existe, mas que não cuida das coisas humanas; 3º crença de que a divindade pode tornar-se propícia com doações e oferendas. A primeira forma é o *materialismo*, que defende que a natureza precede a alma, isto é, que a matéria "dura e mole, pesada e leve" precede "a opinião, a previsão, o intelecto, a arte e a lei". Esse é o erro de todos os filósofos da natureza que consideram a água, o ar e o fogo como princípios das coisas e os chamam "natureza" por entenderem que são a origem delas (*Leggi*, X, 891 c, 892 b). Para refutar o materialismo só resta demonstrar que a alma precede a natureza; e Platão demonstra que o próprio movimento dos corpos celestes pressupõe um Primeiro Motor imaterial (v. DEUS, PROVAS DE). A segunda forma de A., que consiste em julgar que a divindade não se ocupa das coisas humanas, é refutada por Platão com o argumento de que isso equivaleria a admitir que a divindade é preguiçosa e indolente, e a considerá-la inferior ao mortal mais comum, que sempre quer aperfeiçoar a sua obra, por menor que seja. Enfim, a maior aberração é a dos maus que crêem poder tornar a divindade propícia com donativos e oferendas. Esses põem a divindade no mesmo nível dos cães que, amansados com presentes, permitem que os rebanhos sejam roubados, e abaixo dos homens comuns, que não traem a justiça aceitando presentes ilicitamente oferecidos. Platão é tão severo com essa última forma de A. que, para evitá-la, desejaria impedir qualquer forma de sacrifício privado e admitir só os realizados em altares públicos e com ritual estabelecido (*ibid.*, X, 909 d).

A análise de Platão equivale a dizer que a única forma de A. filosófico é o materialismo naturalista, para o qual o corpo precede a alma; as outras formas são mais preconceitos vulgares do que crenças filosóficas (embora a primeira delas, o indiferentismo dos deuses, viesse a ser adotada pelos epicuristas). Um olhar para o curso posterior da filosofia ocidental mostra que, ao lado do materialismo, podem ser considerados como formas de A. filosófico o ceticismo, o pessimismo e o panteísmo.

1º Na modernidade, a coincidência entre materialismo e A. foi afirmada por Berkeley, que, precisamente por força dessa coincidência, foi induzido a sustentar a irrealidade da matéria (v. IMATERIALISMO). Se admitirmos que a matéria é real, a existência de Deus será inútil, porque a própria matéria vem a ser a causa de todas as coisas e das idéias que estão em nós. A existência da matéria é o principal fundamento do A., do fatalismo e da própria idolatria (*Princ. of Hum. Knowledge*, §§ 92-4). Efetivamente se poderia dizer que um dos fundamentos do A. é a causalidade da matéria e não a sua realidade. O materialismo setecentista de La Mettrie e de Holbach, assim como o oitocentista de L. Buchner, Ernst Heckel e Félix Le Dantec, tem esse fundamento. Deus é eliminado como princípio causal de explicação, porque se admite a matéria como tal.

2º A segunda forma de A. filosófico é a *cética*, cuja primeira manifestação se encontra no neo-acadêmico Carnéades de Cirene (214-129 a.C.). Este não só demonstra a debilidade das provas aduzidas sobre a existência da divindade, como também mostra as dificuldades inerentes ao conceito de divindade. Por exemplo, diz Carnéades: "Se os deuses existem, são vivos; se vivos, sentem... Se sentem, recebem prazer ou dor. E se recebem dor, são passíveis de perturbação e de mudanças para pior; logo são mortais" (SEXTO EMPÍRICO, *Adv. math.*, IX, 139-40). Ponto de vista análogo é o elaborado por Hume, em *Diálogos sobre a religião natural*. Hume julga impossível uma prova *a priori* da existência de Deus, visto que a existência é sempre matéria de fato. Quanto às provas *a posteriori*, ele rejeita a validade das provas cosmológicas, considerando ilegítimo perguntar-se a causa de um conjunto de indivíduos. "Se for mostrada a causa de cada indivíduo em um conjunto que compreenda vinte indivíduos, será absurdo perguntar a causa de todo o conjunto, que já foi dada com as causas particulares. Isto quer dizer que não tem sentido perguntar a causa do mundo na sua totalidade. Valor maior tem a prova físico-teológica, mas esta pode permitir somente remontar a uma causa proporcional ao efeito; e, como o efeito, isto é, o mundo, é imperfeito e finito, a causa deveria ser igualmente imperfeita e finita. Mas, se a divindade for tida como imperfeita e finita, não há motivo para considerá-la única. Se uma cidade pode ser construída por muitos homens, por que o universo não poderia ter sido criado por muitas divindades ou demônios"? (*Works*, II, 1827, p. 413). Por fim, a disputa entre teísmo e A. torna-se uma questão de palavras: "O teísta admite que a inteligência original é muito diferente da razão humana. O ateu admite que o princípio original da ordem tem alguma analogia remota com a própria razão. Quereis então, senhores, ficar discutindo o grau de analogia e entrar numa controvérsia que não admite significado preciso nem, portanto, conclusão?" (*Ibid.*, 535.) Esse tipo de ceticismo, porém, não é uma forma de A. professado como muitas vezes ocorre com o materialismo: tende, como se vê, a eliminar a dramaticidade da polêmica sobre o A. e a demonstrar que, afinal, ela é insignificante.

3º A terceira forma de A. é o *panteísmo* (v.). Também aqui não se trata de um A. professado, mas da acusação freqüentemente feita aos que identificam Deus com o mundo. Durante muito tempo, Espinosa foi acusado de A. por ter dito *Deus sive natura*; na verdade, como notava Hegel, dever-se-ia falar, com mais exatidão, de *acosmismo* (v.). Fichte também foi acusado de A. em conseqüência de um artigo publicado em 1798 no *Jornal Filosófico de Iena*, "Do fundamento da nossa crença no governo divino do mundo", no qual se identificava Deus com a ordem moral do mundo. Por causa da polêmica que se seguiu a esse artigo, Fichte foi obrigado a demitir-se da Universidade de Iena. Fichte, como Espinosa, rejeitava a acusação de A.; e como quer que se julgue a questão, é certo que panteísmo não é A. professado.

4º A. professado, em algumas de suas formas, é o pessimismo. A desordem, o mal, a infelicidade do mundo são, segundo Schopenhauer, obstáculos insuperáveis tanto para a afirmação do Deus pessoal, como quer o teísmo, quanto para a identificação do mundo com Deus, feita pelo panteísmo (*Selected Essays*, trad. in., Belfort-Bax, p. 71). Teísmo e panteísmo pressupõem o otimismo que não só é desmentido pelo fatos, pois vivemos no pior dos mundos possíveis, mas é também pernicioso, porque não faz mais do que atar os homens à impiedosa e cruel vontade de viver (*Die Welt*, II, cap. 46). Na filosofia contemporânea, a doutrina de Sartre representa um A. pessimista atualizado pelas novas diretrizes da especulação. O fundamento desse pessimismo não são o mal ou a dor como tais, mas a ambigüidade radical, a incerteza da existência humana lançada no mundo e dependente só da sua liberdade absoluta, que a condena ao fracasso. Segundo Sartre, não há Deus, mas há o ser que projeta ser Deus, isto é, o homem: projeto que é, ao mesmo tempo, ato de liberdade humana e destino que a condena ao malogro (*L'être et le néant*, pp. 653 ss.). [N.A.]

5º Uma outra forma de A., que teve grande difusão no pensamento dos séculos XIX e XX, é a *humanista*. Seu protótipo é Feuerbach, que, concebendo Deus como essência objetivada do sujeito, ou como a projeção alienada que o homem faz de si mesmo num ser superior, ao qual se submete, identifica o A. com o ato através do qual o homem se reapropria de si mesmo (*A essência do cristianismo*, 1841). Compartilhado pelo marxismo, que, comparando Deus a uma droga que dopa as massas, fez do A. uma das condições do comunismo (cf. *MEW*, 3,6), tal esquema de pensamento foi retomado por todas as doutrinas que vêem na negação de Deus o pressuposto indispensável de afirmação do homem. Típico é o caso das várias formas de "A. postulador" (para usar uma expressão cunhada por Scheler), ou seja, das teorias para as quais "Deus não pode nem *deve* existir", pois caso contrário estariam comprometidas a autonomia do homem e sua dignidade moral (*Mensch und Geschichte*, 1926); teorias estas das quais o existencialismo ateu de Sartre é uma das manifestações mais significativas: "Se Deus existe, o homem é nada" (*Le diable et le bon Dieu*, 1951, trad. it. [*Il diavolo e il buon Dio*], Mondadori, Milão, 1957, 1984, p. 163); "se Deus não existe, devemos sozinhos decidir o sentido do ser" (*Cahiers pour une morale*, Paris 1983, p. 502). Mais indefinida é a posição do neomarxista Bloch, que, interpretando Deus como o ideal hipostasiado do ser humano, que ainda não se transformou na sua realidade, fez do A. humanista o "herdeiro" legítimo da religião, chegando à tese da natureza atéia do cristianismo e da natureza religiosa do marxismo (*O princípio esperança*, 1967; *A. no cristianismo*, 1968).

6º Outra forma de A., que apresenta analogias com a humanista, mas que possui configuração teórica autônoma, é a que considera Deus como uma espécie de *mentira de sobrevivência* excogitada pela humanidade: *a*) para dar sentido plausível ao devir caótico do mundo; *b*) para defender-se dos sofrimentos provocados pelas forças inelutáveis da natureza e da sorte.

Protótipo de *a*) é Nietzsche, que, apresentando Deus como "a nossa mais longa mentira" (*Gaia ciência*, 344, V, t. 2, p. 243), interpreta as construções da cultura como uma maneira de exorcizar as verdade cruéis do mundo: "só há um mundo, e é falso, cruel, contraditório, corruptor, sem sentido [...] Um mundo assim é o verdadeiro mundo [...]. Nós precisamos da mentira para vencer essa 'verdade', para viver. A metafísica, a moral, a religião e a ciência são consideradas apenas como diversas formas de mentira: com o subsídio delas acreditamos na vida" (*Fragmentos póstumos*, 11 [415], VIII, 2, 396-7). Se Deus representa a personificação de todas as "certezas" elaboradas pela humanidade através dos séculos para poder enfrentar o rosto meduseu da existência, a "morte de Deus" configura-se como o pressuposto necessário da transição do homem ao super-homem ("Estão mortos todos os deuses: agora queremos que viva o super-homem"), ou seja, como a condição própria de uma humanidade ultra-humana à altura de viver sem as ilusões da metafísica (cf. *Gaia ciência*, §§ 108, 117, 125, 129-30, 143; *Assim falou Zaratustra*, "Da virtude que doa", VI, t. 1, p. 93; v. DEUS).

O protótipo de *b*) é Freud. Interpretando Deus como uma espécie de "Pai amplificado", e a religião como uma neurose de tipo infantil, ou como uma ilusão através da qual são saciados os "desejos mais antigos, mais fortes, mais prementes da humanidade", o fundador da psicanálise acaba por fazer do A. a condição própria de uma humanidade adulta e cientificamente educada: "O homem não pode continuar sempre criança; deve por fim aventurar-se na 'vida hostil'", "a longo prazo nada pode resistir à razão e à experiência, e a oposição da religião a ambas é evidente demais" (*O futuro de uma ilusão*, trad. it., *O mal-estar da civilização* e outros ensaios, Boringhieri, Turim, 1971, pp. 170, 189 e 194).

7º Outra forma (peculiar) de A. é o chamado A. semântico. Professado por alguns expoentes do neopositivismo, tal doutrina afirma que todo discurso metafísico sobre Deus, sendo inverificável, é a rigor sem sentido. A palavra "Deus", escreve Carnap em *A superação da metafísica mediante a análise lógica da linguagem* (II, 1932-3), fez sentido numa fase histórica passada, fase marcada pelo pensamento mítico, quando os deuses ainda eram pensados como naturezas físicas, existentes no Olimpo, no Céu ou no mundo subterrâneo. Ao contrário, a partir do momento em que a metafísica desfez qualquer relação entre Deus e a realidade física, ela perdeu seu significado originário e não ganhou outro: "freqüentemente se tem a impressão de que mesmo na metafísica a palavra 'Deus' possui um significado. Mas as definições nela estabelecidas, diante de uma indagação mais precisa revelam-se pseudodefinições" (trad. it. em VV.AA., *Il neoempirismo*, Utet, Turim, 1969, p. 512). Segundo A. J. Ayer, o A. semântico deve ser distinguido do A. tradicional (com o qual poderia ser confundido) e do agnosticismo (com o qual poderia ser identificado). Na verdade, declarar que Deus não existe (A.) ou afirmar que a seu respeito ninguém pode pronunciar-se com segurança (agnosticismo) significa pressupor o que o A. semântico nega em princípio: que o termo Deus possui algum sentido reconhecível (*Linguagem, verdade e lógica*, 1936, trad. it., Feltrinelli, Milão, 1961, pp. 148-58). Mesmo não podendo ser confundido com uma forma tradicional de A., o A. semântico representa uma das expressões mais radicais de A. filosófico. De fato, ao considerar sem sentido não só a resposta, mas também a indagação sobre Deus, ele chega a dissolver o próprio problema do Absoluto.

Nos anos 1960-1970 o A. gozou de situação cultural propícia e tornou-se elemento central da autocompreensão do homem contemporâneo, influenciando até algumas correntes teológicas, que se inspiraram no tema nietzschiano da "morte de Deus" (v. DEUS; TEOLOGIAS, NOVAS). Hoje em dia, quando muitos "duvidam de sua fé, mas também de suas dúvidas" (H. Ming), a situação mudou completamente. Na verdade, mesmo os filósofos mais hostis à idéia de Deus, em vez de se aventurarem em profissões de fé abertas de A. (consideradas emblemáticas de um pensamento "forte" já não proponível, obrigado a mover-se no mesmo terreno ontoteológico das afirmações que gostaria de negar), preferem entrincheirar-se por trás de formas mais ou menos declaradas de *agnosticismo* (v.). A única forma de A. (ou de antiteísmo) que continua a ter certo número de seguidores (v. Cioran) é a que nasce da consciência pessimista do mal no mundo (v. ponto 4) e que se expressa em atos de rebelião análogos aos expressos por Georg Büchner ("Perché soffro? Questa è la roccia dell'ateismo", *La morte di Danton*, 1935, trad. it. em *Opere*, Adelphi, Milão, 1963, p. 50) e por Albert Camus ("Recuso-me até a morte a amar esta criação onde as crianças são torturadas", *La peste*, 1947, trad. it., Bompiani, Milão, 1974 , p. 156). Com base nas contradições e nas desarmonias da experiência, esse tipo de A. chega a pôr em discussão a tradicional idéia de Deus como *Causa* e como *Bem*, ou seja, como princípio unificador e ordenador da realidade humana e cósmica (v. DEUS; MAL). [G.F.]

ATENÇÃO (in. *Attention*; fr. *Attention*; al. *Aufmerksamkeit*; it. *Attenzione*). Noção relativamente recente (séc. XVII), com a qual se entende em geral o ato pelo qual o espírito toma posse de forma clara e vívida de um dos seus possíveis objetos, ou a apresentação clara e vívida de um desses possíveis objetos ao espírito. A noção de A. encontra-se em Descartes, que a entende como o ato pelo qual o espírito toma em consideração um único objeto durante algum tempo (*Pass. de l'âme*, I, § 43). Locke chama de "A." a atenção passiva com que o espírito é atraído por certas idéias, ao passo que chama de "reflexão" a A. ativa pela qual ele escolhe certas idéias como objetos privilegiados (*Ensaio*, II, I, § 8). Diz ele: "Quando tomamos nota das idéias que se nos apresentam por si e elas são, por assim dizer, registradas na memória, trata-se da A." (*ibid.*, II, 19, § 1). Leibniz, no entanto, dá sentido ativo à A.: "Damos A. aos objetos que distinguimos e preferimos aos outros." E como formas da A. enumera a consideração, a contemplação, o estudo, a meditação (*Nouv. ess.*, II, 19, § 1). Ela constitui a passagem das pequenas percepções à apercepção (*ibid.*, pref.). A A. conserva esse mesmo caráter ativo em Wolff (*Psychol. emp.*, § 237) e em Kant (*Antr.*, I, § 3), que a define como "o esforço de tornar-se consciente das próprias representações". A partir da segunda metade do século XIX, com o surgimento da psicologia científica, a A., considerada como uma das condições da vida psíquica, é incluída no âmbito dessa ciência. [N.A.]

ATITUDE (in. *Attitude*; fr. *Attitude*; al. *Einstellung*; it. *Atteggiamento*). Termo amplamente empregado hoje em dia em filosofia, sociologia e psicologia para indicar, em geral, a orientação seletiva e ativa do homem em face de uma situação ou de um problema qualquer. Dewey considera essa palavra um sinônimo de *hábito* (v.) e de *disposição* (v.); em particular, parece-lhe que ela designa "um caso especial de predisposição, a disposição que espera prorromper através de uma porta aberta" (*Human Nature and Conduct*, 1922, p. 41). Lewis, analogamente, diz que na A. o que está presente é captado em seu significado prático e antecipador, como um indício daquilo que está além, no futuro (*An Analysis of Knowledge and Valuation*, p. 438). Stevenson utilizou amplamente esse termo para fazer a distinção entre "significado descritivo" e "significado emotivo" das palavras: ter-se-ia o primeiro quando a resposta ao estímulo é um conjunto de processos mentais cognitivos e o segundo, quando a resposta ao estímulo é um determinado impulso para a ação. Stevenson chama de A. o impulso para a ação que, não se sabe por que, é qualificada de "emotiva", mas acha difícil demais definir precisamente a A. e, por isso, assume-a no significado mais genérico de disposição para a ação (*Ethics and Language*, 1950, p. 60). Uma delimitação não mais exata de significado, de resto concordante com os comentários acima citados, é dada por Richards, que considera as atitudes como "atividades imagísticas e incipientes, ou tendências para a ação" (*Princ. of Literary Criticism*, 1924; 14.ª ed., 1955, p. 112).

Por outro lado, essa palavra foi usada com o mesmo significado fundamental de disposição por Jaspers, em *Psicologia das visões do mundo* (1925). "As A. são disposições gerais, suscetíveis, ao menos em parte, de pesquisa objetiva, assim como as formas transcendentais no sentido kantiano. São as direções do sujeito e utilizam determinada rede de formas transcendentais" (*Psychologie*, intr., § 4). Mais precisamente, a A. pode ser definida como o projeto de opções porvindouras em face de certo tipo de situação (ou problema), ou como um projeto de comportamento que permita efetuar opções de valor constante diante de determinada situação. Nesse caso, dizer, por exemplo, que "*x* tem uma A. contrária ao casamento" quer dizer que *x* projeta não se casar; por isso, em geral, a A. de *x* para *S* é um projeto de *x* referente ao comportamento que terá em face de situações em que *S* é possível (cf. ABBAGNANO, *Problemi di sociologia*, 1959, cap. V). [N.A.]

ATITUDE NATURAL (al. *Naturlicher Einstellung*). Husserl chamou assim a A. que consiste em assumir como existente o mundo comum em que vivemos, formado de coisas, bens, valores, ideais, pessoas etc., tal como se oferece a nós. A filosofia fenomenológica pretende sair dessa A. por meio da dúvida radical, que consiste em suspender a A. natural, isto é, em obstar a qualquer juízo sobre a existência do mundo e de tudo o que está nele. Só essa nova A. seria o ponto de partida da pesquisa filosófica (*Ideen*, I, § 27 ss.) (v. EPOCHÉ). [N.A.]

ATITUDES PROPOSICIONAIS (in. *Propositional attitudes*; fr. *Attitudes propositionelles*; al. *Sätzliche Einstellungen*; it. *Atteggiamenti proposizionali*). Essa expressão indica os enunciados de crença do tipo "S crê que p", sobre a *atitude* do sujeito S em relação à proposição expressa por p; sua origem deve ser buscada em Russell (*An Enquiry into Meaning and Truth*, 1940, mas já em *The Analysis of Mind*, 1921, Liç. XII), embora outros antes, de Aristóteles (*El. sof.*, 24) a Frege (*Ober Sinn und Bedeutung*, 1982), já se haviam dado conta de que a determinação do significado das A. proposicionais apresenta problemas peculiares e dos mais espinhosos para a semântica. Vejamos, por exemplo: (1) S crê que Verdi é autor da *Aída* e (2) S não crê que Verdi é autor do *Stiffelio;* como (3) o autor da *Aída* é o autor do *Stiffelio,* mas S não sabe, não podemos aplicar o princípio de substituibilidade válido *salva veritate* nos contextos extensionais. Caso contrário, teremos (4) S crê que o autor da *Aída* não é o autor do *Stiffelio,* mas visto que em ambos os casos é Verdi e confiando na eqüiextensionalidade, obteremos o absurdo (5) S crê que Verdi não é Verdi. Nos contextos oblíquos como as A. proposicionais, os termos co-referenciais podem deixar de sê-lo; em outras palavras, o princípio de substituibilidade *salva veritate* não nos garante nos contextos em que não se trate da verdade dos enunciados subordinados, mas sim das crenças do falante.

Sobre as A. proposicionais os estudiosos defendem duas posições fundamentais: *a*) a *moderada* admite que, em casos por especificar, há efetiva identidade de sentido entre expressões diversas, e *b*) a *extremada* nega que expressões diferentes possam ter igual sentido. *a*) A primeira tese é defendida por Carnap em *Meaning and Necessity* (1947, 1956²), que define a identidade de sentido em termos de isomorfismo intensional, com base no qual alguém acreditará ser verdadeira a proposição *p* se estiver disposto a dar-lhe assentimento, e assim para todos os enunciados que tenham o mesmo significado de *p*, independentemente da língua a que pertençam; eles serão não só isomorfos, mas também eqüiintensionais (restrição que serve para evitar a indesejada conseqüência da onisciência lógica); mas depois das objeções de Church e Mates o próprio Carnap concluiu que era impossível apresentar, com base em seus pressupostos, um regime dos enunciados de crença. *b*) A segunda tese é representada por Quine, que na sua luta geral contra as noções intensionais considera que sobre estas não é possível realizar nenhuma operação lógica, portanto nem a substituição; isso obriga a considerar as crenças como componentes de um termo composto que é o conjunto do enunciado que exprime a crença e do enunciado de crença. *c*) Hintikka, Kaplan, Kripke, Montague e Davidson aprofundaram-se no assunto e apresentaram soluções diversas. De modo geral, há quem construa modelos formais que levem em conta *separadamente* o conteúdo da crença e do estado cognitivo do sujeito e quem considere que, para o correto entendimento das A. proposicionais, é essencial conhecer o *contexto* do seu emprego, conferindo cunho psicológico à análise. Uma das tendências mais recentes no que se refere ao problema das A. proposicionais (representada, entre outros, por Johnson-Laird, Fauconnier, Jackendoff) tende a formulá-lo mentalisticamente segundo a óptica da justificação epistêmica da crença; esta última vem a ser uma construção subjetiva – não uma proposição, portanto –, comunicável não em virtude da objetividade do significado, mas da analogia dos procedimentos de elaboração da linguagem. Tal problema continua sendo, de qualquer modo, uma pedra de toque fundamental, com a qual se pode dimensionar a funcionalidade de uma teoria do significado. [M.S.]

ATIVIDADE (in. *Activity*; fr. *Activité;* al. *Tätigkeit* ou *Aktivität;* it. *Attività*). Esse termo tem dois significados correspondentes aos dois significados da palavra *ação*. De um lado, é empregado para indicar um complexo mais ou menos homogêneo de ações voluntárias (com referência ao 2.º significado da palavra *ação*), como quando se diz "*x* desenvolveu intensa A. política". De outro, é usado para indicar o modo de ser daquilo que age ou tem em seu poder a ação, como quando se diz "O espírito é ativo no conhecer", para dizer que não é simplesmente receptivo ou passivo. O contrário de A., nesse segundo sentido, é "passividade", ao passo que o contrário de A. no primeiro sentido é "inércia" ou "inação".

O uso filosófico coincide com o uso da linguagem comum e, portanto, também é dúplice. Todavia, sobretudo no uso moderno, prevalece o segundo significado. Malebranche (*Recherche de la vérité,* II, 7), alguns ideólogos franceses e Galluppi (*Filosofia della volontà,* I, 6, § 60) utilizam o termo A. para designar o modo de agir da vontade; mas, ainda nesse caso, o significado do termo é o segundo, não o primeiro. Quanto a esse segundo significado, pode-se talvez remontar a Locke, que distingue a "passividade" do espírito, pela qual ele recebe todas as idéias simples, da A. pela qual ele "realiza por conta própria numerosos atos" nos quais "exerce poder sobre as idéias simples" (*Ensaio,* II, 12, 1). Leibniz (*Nouv. ess.,* II, 21) e Kant usam para esse fim e com o mesmo significado a palavra *espontaneidade* (v.), embora em *Antropologia* (I, § 7.º) Kant use a palavra "A.": "No que concerne ao estado das representações, o meu espírito pode ser *ativo,* e então demonstra poder (*facultas*), ou passivo, e então possui sensibilidade (*receptivitas*). Um conhecimento encerra em si ambas as coisas, e a possibilidade de tê-lo é chamada de *poder cognitivo* da parte mais excelente, isto é, da A. do espírito em ligar as representações ou em separá-las umas das outras." A noção de A., como espontaneidade pura ou absoluta no sentido de poder criativo, está no cerne da filosofia de Fichte. "A A. do eu consiste no ilimitado pôr-se", diz Fichte (*Wissenschaftslehre,* 1794, II, § 4), e, pondo-se a si mesmo, o eu também põe, ao mesmo tempo, o mundo extenso como seu próprio limite e condição. A partir de Fichte, a filosofia moderna teve como um de seus temas prediletos "a A. criadora do espírito"; em algumas, como o atualismo de Gentile, constitui o tema dominante. É claro que, nessas formas extremas, a noção de atividade perde significado: este deriva da relação com a noção de passividade, enquanto designa a possibilidade e o poder de ação em face de limites ou condições determinadas, ao passo que, onde a A. é infinita, não subsistem limites ou condições e a distinção entre A. e passividade não tem sentido. [N.A.]

ATIVISMO (in. *Activism;* fr. *Activisme;* al. *Activismus;* it. *Attivismo*). O significado desse termo deve ser distinguido do de *atualismo* (v.): este último indica a teoria metafísica segundo a qual a realidade é ato ou atividade, ao passo que o termo em questão indica a atitude (às vezes racionalizada em teoria filosófica) que assume como princípio a subordinação de todos os valores, inclusive a verdade, às exigências da ação, isto é, ao êxito ou ao sucesso da ação (quase sempre, a ação política). O A. vincula-se, por isso, ao uso deliberado dos *mitos* (v.), que são construções teóricas sem nenhuma garantia de verdade e, em alguns casos, decididamente falsas, mas que são, ou se acreditam, aptas a dirigir a ação para o êxito. A., nesse sentido, é a doutrina de Georges Sorel (*Réflexions sur la violence,* 1908), para quem uma filosofia social (em particular a que prenuncia a "greve geral") é um mito para unir e inspirar os trabalhadores na sua luta contra a sociedade capitalista. Nesse sentido, foram formas de A. o fascismo, o nazismo e o stalinismo (cf. K. MANNHEIM, *Ideologie und Utopie,* 1929, III, § 2; trad. it., p. 141). [N.A.]

ATLÂNTIDA (gr. Ἀτλαντίς; in. *Atlantis;* fr. *Atlantide;* al. *Atlantis;* it. *Atlantide*). Segundo *Timeu,* de Platão, um sacerdote da deusa egípcia Saís teria narrado a Sólon a história da ilha Atlântida, situada além das Colunas de Hércules, história que se referia ao período anterior ao dilúvio universal. Nessa ilha havia uma grande monarquia que dominava a Líbia até o Egito e a Europa até a Etrúria. Essa monarquia procurou vencer e sujeitar também a então cidade de Atenas, que, todavia, combateu sozinha e conseguiu vencer os invasores, garantindo a liberdade de todos os que habitavam aquém das Colunas de Hércules. Mais tarde, a A. afundou no mar e desapareceu, tornando impraticável e inexplorável o mar em que estava situada (*Tim.,* 24 ss.). *A Nova Atlântida* é uma obra póstuma de Bacon, publicada em 1627. É a descrição de uma sociedade em que a ciência, posta a serviço das necessidades humanas, descobriu ou vai descobrindo as técnicas para fazer o homem dominar o universo. A Nova A. é, portanto, um paraíso da técnica, onde são levadas à perfeição as invenções e as descobertas de todo o mundo; tem o aspecto de um enorme laboratório experimental, em que os habitantes procuram "estender os confins do império humano a todas as coisas possíveis". Os deuses tutelares da ilha são os grandes inventores de todos os países, e as relíquias sagradas são os modelos das mais raras e importantes invenções. [N.A.]

ĀTMAN. Termo sânscrito que, na tradição filosófica e religiosa da Índia, indica o princípio vital ("alma") do homem e do universo. [G.F.]

ATO (gr. ἐνέργεια, ἐντελέχεια; lat. *Actus;* in. *Act;* fr. *Acte;* al. *Akte;* it. *Atto*). Esse termo tem dois significados: 1º de ação, no sentido restrito e específico desta palavra, como operação que emana do homem ou de um poder específico dele (v. AÇÃO, 2). Dizemos, com efeito, "A. voluntário", "A. responsável" ou "A. do intelecto", "A. moral" etc.; mas não dizemos "A. dos ácidos sobre os metais" ou "A. destrutivo do DDT" etc., usando, nesses casos, a palavra "ação"; 2º de realidade que se realizou ou se vai realizando, do ser que alcançou ou está alcançando a sua forma plena e final, em contraposição com o que é simplesmente potencial ou possível.

No segundo sentido, essa palavra faz referência explícita à metafísica de Aristóteles e à sua distinção entre potência e ato. O A. é a própria existência do objeto: está para a potência "assim como construir está para saber construir, como estar acordado está para dormir, como olhar está para estar de olhos fechados podendo enxergar, e assim como o objeto extraído da matéria e elaborado à perfeição está para a matéria bruta e para o objeto ainda não acabado" (*Met.,* IX, 6, 1.048 a 37). Alguns A. são movimentos, outros são ações: são ações os movimentos que têm fim em si mesmos, por exemplo: ver, entender ou pensar, ao passo que aprender, caminhar, construir tem finalidade fora de si mesmos, na coisa que se aprende, no ponto a que se quer chegar, no objeto que se constrói. A ação perfeita, que tem seu fim em si mesma é chamada por Aristóteles A. final ou *enteléquia* (v.). Enquanto o movimento é o processo que leva gradualmente ao A. o que antes estava em potência, a enteléquia é o termo final (*telos*) do movimento, a sua perfeita realização. Como tal é também a realização completa, portanto, *a forma* perfeita do que vem a ser, a espécie e a substância. O A. precede a potência tanto em relação ao tempo quanto em relação à substância, pois, embora a semente venha antes da planta, na realidade ela só pode provir de uma planta. Aquilo que no devir é último é, substancialmente, primeiro: a galinha é anterior ao ovo (*ibid.,* IX, 8, 1.049 b 10 ss.).

Tais distinções dominaram por muitos séculos o pensamento ocidental e passaram a fazer parte da linguagem comum. Tomás de Aquino repropõe essas distinções com sua costumeira clareza a propósito da diferença entre A. e ação, dizendo: "O A. é duplo, isto é, primeiro e segundo. O A. primeiro é a forma e a integridade da coisa (*forma et integritas rei*); o A. segundo é a operação (*operatio*)" (*S. Th.*, I, q. 48, a. 5; *Contra Gent.*, II, 59). Em outros termos, toda realidade como tal é A. e, portanto, a ação também é A.; por exemplo, uma operação da vontade ou do intelecto, embora não se trate, nesse caso, de um objeto existente.

Na concepção aristotélica, a distinção entre matéria e A. determina a ordenação hierárquica de toda a realidade, que vai de um limite inferior extremo, que é a *materia prima* (v.), pura potencialidade indeterminada, até Deus, que é *puro A.*, sem mescla de potencialidade. Deus é o Primeiro Motor imóvel dos céus; e, como o movimento dos céus é contínuo, seu motor não só deve ser eternamente ativo, mas deve ser, por natureza, atividade, absolutamente desprovido de potência. E, como a potência é matéria, ele é também desprovido de matéria, A. puro (*Met.*, XII, 6, 1.071 b 22). A noção de A. puro continuou sendo fundamental para a elaboração da idéia de Deus no pensamento ocidental. A ela recorrem algumas modernas "filosofias do A.", como a de Gentile, que pretende realizar a rigorosa e total imanência de toda a realidade no sujeito pensante, isto é, no pensamento *em ato* (*Teoria generale dello spirito come atto puro*, 1916); ou a de Louis Lavelle (*L'Acte*, 1937), na qual Deus é definido como A. *participante* e a existência do homem como A. *participado*. [N.A.]

ATO ELÍCITO e ATO COMANDADO (lat. *Actus elicitus et actus imperatus*; it. *Azione elicita* e *Azione comandata*). Segundo os escolásticos, a A. voluntária *elícita* é a própria operação da vontade, o querer, enquanto a A. *comandada* é dirigida, iniciada e controlada pela vontade, como caminhar ou falar (Sto. TOMÁS, *S. Th.*, II, I, q, 1, a, 1). [N.A.]

ATO FUNDANTE (al. *Begründender Akt*; it. *Atto fondante*). Expressão usada por Husserl (*Ideen*, I, § 7) para indicar o procedimento que serve para garantir a validade de uma ciência. Para o naturalista, o A. fundante é experimentar, que fixa um existente empírico; para o geômetra, que não estuda a realidade, mas possibilidades ideais, o A. fundante é a visão da essência. [N.A.]

ATÔMICO (in. *Atomic*; fr. *Atomique*; al. *Atomik*; it. *Atomico*). Elementar, não redutível a partes constitutivas mais simples. Em lógica, um enunciado A. é um enunciado que não pode ser decomposto em termos de outros enunciados como componentes seus. A., nesse sentido, eram os enunciados categóricos da lógica aristotélico-escolástica ("Todo A é B"; "algum A não é B" etc.). [M.M.]

ATOMISMO (in. *Atomism*; fr. *Atomisme*; al. *Atomismus*; it. *Atomismo*). Entendem-se por essa palavra três doutrinas diversas, que têm finalidades diferentes: 1ª o A. filosófico ou naturalismo atomista; 2ª a teoria atômica; 3ª a concepção atomística da realidade psíquica ou social ou da linguagem.

1ª O A. filosófico é o de Demócrito e Leucipo, dos epicuristas e de Gassendi. É uma filosofia da natureza que não tem maiores bases experimentais do que a física aristotélica (v. ÁTOMO).

2ª A teoria atômica (in. *Atomic theory*; fr. *Théorie atomique*; al. *Atomtheorie*; it. *Teoria atomica*) é a que foi formulada na ciência moderna pela primeira vez por Dalton; exprime o modelo que a ciência foi pouco a pouco fazendo do *átomo* (v.).

3ª A concepção atomística (in. *Atomistic idea*; fr. *Idée atomistique*; al. *Atomistisches Denken*; it. *Concezione atomistica*) consiste em propor, para explicar a vida da consciência, da sociedade ou da linguagem, uma hipótese análoga à do A. filosófico ou da teoria atômica, afirmando que a consciência, a sociedade ou a linguagem são constituídas de elementos simples irredutíveis, cujas diferentes combinações explicam todas as suas modalidades. Assim fazem o *associacionismo* (v.), para a vida da consciência, e o *individualismo* (v.), para a vida da sociedade. Fala-se, portanto, de um A. associacionista (p. ex., dele falavam JAMES, *Psychology*, I, 1890, p. 604, e KATZ, *Gestaltpsychologie*, cap. I). A expressão "A. social" é usada freqüentemente para designar as doutrinas individualistas que consideram a sociedade inteiramente decomponível nos indivíduos que a constituem. Finalmente, a expressão "A. lógico" foi empregada por Russell em 1918 para indicar a sua filosofia. "O motivo de dar à minha doutrina o nome de A. lógico é que os átomos aos quais desejo chegar como resíduos últimos da análise são átomos lógicos, e não átomos físicos" ("The Phil. of Logical Atomism", em *The Monist*, 1918, agora em *Logic and Knowledge*, Londres, 1956). Já no livro *Método científico em filosofia* (1914), falara em "proposição atômica", entendendo a proposição que exprime um fato, que afirma que uma coisa tem certa qualidade ou que certas coisas têm certas relações; e chamara de "atômico" o fato expresso pela proposição atômica. Tais conceitos também constituem os fundamentos do *Tractatus logico-philosophicus* (1922) de Wittgenstein. [N.A.]

ATOMÍSTICO. V. ATOMISMO.

ÁTOMO (gr. ἄτομον; in. *Atom*; fr. *Atome*; al. *Atom*; it. *Atomo*). A noção de Á. ofereceu à filosofia ocidental uma das mais importantes alternativas de especulação e de pesquisa. Foi o instrumento principal da explicação mecânica das coisas e, em geral, do mundo (v. MECANICISMO). Leucipo e Demócrito elaboraram a seguinte noção do século V a.C.: o Á. é um elemento corpóreo, invisível pela sua pequenez e não divisível. Os Á. diferem só pela forma e pela grandeza; unindo-se e desunindo-se no vácuo, determinam o nascimento e a morte das coisas, e dispondo-se diferentemente determinam a sua diversidade. Aristóteles (*Met.*, I, 4, 985 b 15 ss.) comparou-os às letras do alfabeto, que diferem entre si pela forma e dão lugar a palavras e a discursos diferentes, dispondo-se e combinando-se diferentemente. As qualidades dos corpos dependem, portanto, da configuração, da ordem ou do movimento dos Á. Por isso, nem todas as qualidades sensíveis são *objetivas* e pertencem realmente às coisas que as provocam em nós. São objetivas as qualidades próprias dos Á.: forma, dureza, número, movimento; mas o frio, o calor, os sabores, as cores, os odores são somente aparências sensíveis, provocadas por configurações ou combinações especiais de Á., mas não pertencentes aos próprios Á. (DEMÓCRITO, *Fr.* 5, Diels). O movimento dos Á. é determinado por leis imutáveis: "Nada, diz Leucipo (*Fr.* 2), "ocorre sem razão, mas tudo ocorre por uma razão e por necessidade." O movimento originário dos Á., fazendo-os girar e chocar-se em todas as direções, produz um vórtice que leva as partes mais pesadas para o centro e impele as outras para a periferia. Seu peso, que os faz tender para o centro, é, pois, um efeito do seu movimento vorticoso. Desse modo, formam-se infinitos mundos que, incessantemente, se geram e se dissolvem.

Esses fundamentos, próprios do velho atomismo, permaneceram inalterados nas outras formas de atomismo. A física de Epicuro representa uma repetição da física de Demócrito: na verdade, não tem muita importância a variante de Epicuro, segundo a qual os Á. caem em linha reta e que se encontram e produzem vórtices, quando, sem causa, se desviam da trajetória retilínea (CÍCERO, *De finibus*, I, 18; *De nat. deor.*, I, 69). A noção de Á. não é utilizada durante toda a Idade Média, quando a única teoria aceita é a aristotélica, das quatro causas (v. FÍSICA). Nos primórdios da Idade Moderna, embora essa noção retorne ocasionalmente – por exemplo, em Nicolau de Cusa e em Giordano Bruno (*De minimo*, I, 2) –, só é utilizada como instrumento de uma teoria sistemática por Pierre Gassendi. Este, porém, admitindo que os Á. são criados por Deus, por Ele dotados de movimento e por Ele guiados e ordenados mediante uma espécie de alma do mundo, extrai da física epicurista o caráter materialista e mecânico, transformando-a em física espiritualista e finalista (*Syntagma Philosophiae Epicuri*, 1658). Entrementes, Descartes dera ensejo ao mecanicismo não atomista e considerara impossível a própria noção de Á. "Se os átomos existissem, deveriam necessariamente ser estendidos e, nesse caso, por menores que os imaginássemos, sempre poderíamos dividi-los com o pensamento em duas ou mais partes menores e, assim, considerá-los divisíveis" (*Princ. phil.*, II, 20). Foi provavelmente baseado nessa consideração que Leibniz aceitou a noção de um Á. não mais físico, mas psíquico, isto é, da *mônada* (v.).

A ciência moderna, embora mecanicista, não se vale, em princípio, do átomo. É verdade que, no final de *Óptica* (1704), Newton aduzia um complexo de razões, isto é, de experiências, para admitir que "todos os corpos são compostos de partículas duras"; e formulava a hipótese de que "Deus, no princípio, tenha dado à matéria a forma de partículas sólidas, dotadas de massa, duras, impenetráveis e móveis, com dimensões, configurações, propriedades e proporções com o espaço adequadas a cada fim para o qual as formou" (*Optics*, III, 1, q. 31); mas é também verdade que essas e semelhantes especulações não pertenciam à ciência, mas à esfera das opiniões particulares do cientista. Na realidade, a hipótese atômica ingressa na ciência só no início do século XIX, por meio da química. A lei das proporções múltiplas, formulada por John Dalton, exprimia o fato de que, quando uma substância se combina com quantidades diferentes de outra substância, estas quantidades estão entre si como números simples, isto é, comportam-se como se fossem partes indivisíveis. Mas as partes indivisíveis outra coisa não são senão átomos. Portanto, a hipótese da composição atômica da matéria como explicação da lei das proporções múltiplas era proposta pela primeira vez por Dalton em 1808. Embora suscitasse, imediatamente, uma oposição acirrada por aparecer como o retorno de uma antiga doutrina metafísica, portanto, como uma invasão do campo da metafísica por parte da ciência, na realidade essa era uma hipótese aventada para explicar um fato bem verificado. E mais do que hipótese, essa noção mostrou-se realidade quando, em 1811, a teoria de Avogadro (sobre a uniformidade do número das partículas contidas em dado volume de gás) permitia estabelecer o *peso* dos A. relativamente ao Á. do hidrogênio, assumido como unidade: o que conferia aos Á. realidade física (mensurável). A noção de Á. devia sofrer transformação radical a partir da segunda metade do século XIX, com o estudo dos fenômenos dos gases rarefeitos e das emanações radioativas. O Á., indivisível para a química, não era mais indivisível para a física. Por volta de 1904, Thompson concebia o primeiro modelo de Á., imaginando-o constituído por uma pequena bola com carga elétrica positiva, em cujo interior houvesse certo número de elétrons. Mas algumas experiências de Rutherford demonstravam que a matéria é bem menos compacta do que levaria a supor o modelo atômico de Thompson. Por isso, Rutherford, por volta de 1911, imaginava a estrutura do Á. como um sistema solar em miniatura, constituído por um núcleo central com carga elétrica positiva (comparável ao Sol) e por vários elétrons que giram em torno dele (comparáveis aos planetas). Uma inovação ulterior do modelo do Á. foi feita por Bohr, que, tendo em mente a descoberta do *quantum* de ação, imaginou que o elétron percorre, em torno do núcleo, determinado número de elipses e pode saltar de uma elipse para outra, libertando nesse salto um *quantum* de energia. A descoberta do princípio de *indeterminação* (v.) demonstrava, porém, que não é possível observar por inteiro a trajetória de um elétron e que, por isso, a própria noção de trajetória não tem significado físico (nada que não seja observável ou mensurável tem significado físico). Mas, então, o próprio modelo de Á. de Bohr perdia significado físico e deixava de ter a pretensão de ser a imagem exata do Á. A partir de 1927, isto é, da data em que Heisenberg descobriu o princípio de indeterminação, a ciência praticamente abandonou qualquer tentativa de descrever o Á. ou de defini-lo de um modo qualquer. No estado atual das coisas, o adjetivo "atômico" permanece somente para designar a escala em que certos fenômenos podem ser observados e medidos. [N.A.]

ATO MONOTÉTICO e POLITÉTICO (al. *Monothetischer, Polythetischer Akt*; it. *Atto monotetico, politetico*). Foram esses os nomes dados por Husserl, respectivamente, à consciência que se constitui na sua singularidade, transformando os elementos múltiplos em unidade objetiva, e aos mesmos elementos múltiplos, ligados sinteticamente na consciência "plural" (*Ideen*, I, § 119). [N.A.]

ÁTOMO PRIMEVO (in. *Primeval atom*; it. *Atomo primevo*). Hipótese cosmogônica que apresenta o universo como resultado da desintegração radioativa de um átomo (G. LEMAÎTRE, *The Primeval Atom, An Essay on Cosmogony*, 1950) (v. COSMOLOGIA). [N.A.]

ATOS DA FALA, TEORIA DOS (in. *Speech acts theory*; it. *Teoria degli atti linguistici*). Costuma-se indicar com essa expressão o complexo de teorizações desenvolvidas sobretudo entre os anos 1960 e 1980 por alguns pensadores de formação analítica, em especial pelos ingleses John L. Austin e Paul Grice e pelo discípulo de ambos, o americano John Searle. O único desses autores sobre quem se pode falar de "teoria" propriamente dita dos A. da fala é Searle; em Austin e Grice (em parte por uma decisão bem precisa quanto ao método) a reflexão sobre os *speech acts* ficou num estágio pré-sistemático, como indicação de uma linha de pesquisa.

Na base da reflexão sobre os A. da fala está a idéia – já central na reflexão wittgensteiniana dos anos 1940 (v. *investigações filosóficas*, 1941-1949) – de que falar é essencialmente um modo de agir. A elaboração específica do tema ocorre com Austin, que em 1946 (cf. o ensaio *As outras mentes*) identificava e aprofundava a noção de "enunciado performativo", ou enunciado que não descreve algo, mas realiza uma ação (v. PERFORMATIVO/CONSTATIVO). Por exemplo, ao dizer "prometo", "dou-lhe este presente" ou "aposto que", estou de fato realizando as ações de prometer, dar e apostar. Mais tarde, com *Como fazer coisas com as palavras* (póstumo, 1962), Austin descobria que todos os enunciados têm um aspecto executivo, pragmático, e que, portanto, dizer é de certo modo sempre fazer. Isso abria caminho para uma nova consideração do fenômeno lingüístico, não mais em termos de enunciados ou proposições, mas em termos de "ação" (v. PRAGMÁTICA). Uma das primeiras e importantes conseqüências dessa perspectiva é que, se a proposição é determinada por condições de verdade, o ato é determinado por condições de sucesso.

Austin distinguiu três aspectos ou níveis principais de análise do A. da fala: ilocutório, locutório e perlocutório. Por exemplo, no A. da fala "prometo que venho amanhã", em primeiro lugar "digo" determinadas palavras segundo uma forma gramatical específica (ato locutório); em segundo lugar (ato ilocutório), realizo a ação do prometer: comprometo-me, diante de alguém e em relação a dado *contexto* (v.), a vir amanhã; por fim, realizo certa ação sobre esse alguém, ou até provoco certa reação (p. ex., de alegria ou de preocupação: ato perlocutório).

A contribuição de Grice para a teoria dos A. da fala consistiu acima de tudo em trazer de novo à baila, na nova visão pragmática da linguagem, o ponto de vista da "intenção do falante" (cf. *O significado*, 1957); em segundo lugar, em estender a investigação do "fazer" lingüístico aos elementos que não se encontram no enunciado isolado, mas só na situação comunicativa concreta, a que Grice dá o nome de "implicações conversacionais".

Foi sobretudo Peter F. Strawson que aplicou a teoria griceana do significado à noção austiniana de "força ilocutória", observando que, ao se tratar do tipo de ação realizada no falar (p. ex., súplica, ordem, pedido), não se pode deixar de lado a *intenção* que o falante tinha ao realizá-la (*Intenção e convenção nos atos da fala*, 1964).

A descoberta austiniana pôs logo em movimento um grande trabalho de pesquisa e classificação dos atos ilocutórios. Já em *Como fazer coisas com as palavras* Austin havia distinguido cinco tipos de verbos ilocutórios (*veredictos*, como "absolvo, condeno"; *exercitivos*, como. "nomeio, licencio"; *compromissivos*, como "prometo, garanto"; *comportamentais*, como "desculpe, congratulo"; *expositivos*, como "afirmo, nego"). Em *Atos da fala*, de 1975, Searle tentou uma nova classificação, a partir do "objetivo ilocutório" ou do tipo de reação que se "pretende" provocar no interlocutor. Em sua análise, centrada no verbo *prometer*, caso paradigmático de todos os outros verbos performativos, Searle consegue identificar nove "condições de sucesso" do ato ilocutório. Em seguida, com Daniel Vanderveken, Searle tentou uma formalização dos A. da fala (cf. *Foundation of Illocutionary Logic*, 1985). A hipótese de que a teoria dos A. da fala não é simplesmente uma parte da reflexão sobre a linguagem, mas pode constituir uma teoria completa do significado, já aventada por Searle, foi depois submetida à verificação por Vanderveken em *Meaning and Speech Acts* (1990).

Entre as muitas classificações dos A. da fala deve ser lembrada a de Marina Sbisà (cf. *Linguagem, razão, interação*, 1989), devido à sua importância filosófica específica. Sbisà interveio na classificação de Austin, indicando sobretudo a peculiaridade dos "expositivos" (afirmo, nego, digo etc.): eles têm uma função *metadiscursiva*, organizam o que vai sendo dito; em segundo lugar, demostram que os outros tipos de ato ilocutório podem ser classificados com base na mudança de relação entre quem fala e quem ouve, em termos de poder, dever, saber, crer, querer. Por exemplo, nos compromissivos, como "prometo", quem fala confere poder a quem ouve e um dever a si mesmo. [F.D'A.]

ATRIBUTIVA, PROPOSIÇÃO (in. *Attributive proposition*; fr. *Proposition attributive*; al. *Attributäre Satz*; it. *Proposizione attributiva*). Proposição que atribui ao sujeito uma qualidade, uma condição, uma atividade ou uma passividade; por exemplo, "A água ferve a 100 °C" (B. ERDMAN, *Logik*, I, §§ 48, 307). [N.A.]

ATRIBUTIVA e RECOMPENSADORA, JUSTIÇA (lat. *Justitia attributix, Justitia expletrix*; it. *Giustizia attributiva, Giustizia ricompensativa*). Grócio distinguiu duas espécies de justiça que correspondem, respectivamente, ao direito imperfeito e ao direito perfeito. A justiça A., que concerne ao direito imperfeito, consiste em dar a outra pessoa aquilo que ela não tem direito de pretender: portanto, atribui-se alguma coisa que a pessoa antes não possuía. A justiça recompensadora concerne ao direito perfeito e consiste em dar ao outro o que este tem o direito de pretender, vale dizer, a devida recompensa (*De jure belli ac pacis*, I, 1, 8). [N.A.]

ATRIBUTO (lat. *Attributum*; in. *Attribute*; fr. *Attribut*; al. *Attribut*; it. *Attributo*). O termo latino corresponde, provavelmente, ao que Aristóteles chamava de "acidente por si" (*An. post.*, I, 22, 83 b 19; *Met.*, V, 30, 1.025 a 30): indica um caráter ou uma determinação que, embora não pertença à substância do objeto, como decorre da definição, tem causa nessa substância (v. ACIDENTE). Na escolástica, esse termo foi usado quase exclusivamente para indicar os A. de Deus, como bondade, onipotência, justiça, infinidade etc., que também são chamados *nomes* de Deus (cf. Tomás de Aquino, *S. Th.*, I, q. 33). Esse uso terminológico foi modificado por Descartes com a extensão do termo às qualidades permanentes da substância finita. Com efeito, Descartes entende por A. as *qualidades* que "inerem à substância". Por isso, "em Deus dizemos que não há propriamente modos ou qualidades, mas somente A., porque nenhuma variação se deve conceber n'Ele. E mesmo nas coisas criadas, o que nelas não se comporta nunca de modo diferente, como a existência e a duração, não deve ser, na coisa que existe e dura, chamada qualidade ou modo, mas A." (*Princ. phil.*, I, § 56). Essa terminologia foi totalmente adotada por Espinosa, com a única correção de que, desde que não existem substâncias finitas, os atributos podem ser somente de Deus. "Por A., entendo o que o intelecto percebe da substância como constituindo a essência dela" (*Et.*, I, 4). Deus ou a substância consta de infinitos A., cada um dos quais exprime a sua essência infinita e eterna e por isso existe a sua essência infinita e eterna e por isso existe necessariamente (*ibid.*, I, 11): de tais A. infinitos, porém, conhecemos só dois, quais sejam, o pensamento e a extensão (*ibid.*, II, 1-2). Por sua imutabilidade e conexão com a substância divina, os atributos são, por sua vez, eternos e infinitos e é por seu intermédio que os seres finitos (os *modos* da substância) se originam de Deus com absoluta necessidade (*ibid.*, I, 21-3).

Na filosofia moderna e contemporânea, a palavra A. é usada raramente, salvo no seu significado lógico-gramatical de predicado. [N.A.]

ATUALISMO (in. *Actualism*; fr. *Actualisme*; al. *Aktualitätstheorie*; it. *Attualismo*). Toda doutrina que reconheça como substância ou princípio do ser um ato ou uma atividade. Toda doutrina desse gênero é uma forma de idealismo, mais precisamente de idealismo romântico. A. é, portanto, a doutrina de Fichte, que reconhece como princípio a atividade do Eu infinito. A. também é a doutrina de Hegel, para quem a Idéia é atualidade perfeita de consciência. Na Itália, o termo A. restringiu-se a indicar o idealismo de Gentile, porquanto reduz toda realidade ao ato do pensamento ou ao "pensamento em ato", ou "pensamento pensante" (*Teoria generale dello spirito come atto puro,* 1916). Nesse sentido, Gentile falava em "atualidade" ou "atuosidade" do espírito; e do espírito como "autoposição", "autocriação" ou "autóctise". Esse termo deve ser distinguido de *ativismo* (v.). [N.A.]

AUFHEBUNG. V. DIALÉTICA; SUPERAR.

AUMENTO e DIMINUIÇÃO (gr. αὔξησις καὶ φθίσις; lat. *Auctio et diminutio;* in. *Increase and diminution;* fr. *Augmentation et diminution;* al. *Vermehrung und Veringerung;* it. *Aumento e diminuzione*). Segundo Aristóteles, uma das quatro espécies de mudança, mais precisamente a mudança segundo a categoria da quantidade, também ela redutível, como todas as demais, à mudança de lugar (*Fís.,* IV, 4, 211 a). [N.A.]

AURA VITALIS. Termo empregado por Jean Baptiste van Helmont (1577-1644), para indicar a força que move, anima e ordena os elementos corpóreos. [N.A.]

AUSCHWITZ. Termo usado por alguns filósofos do século XX para indicar o ápice do sofrimento e da barbárie. Para Adorno, A. é o símbolo concreto da falência da cultura moderna. Símbolo destinado a marcar uma espécie de divisor de águas na história do mundo: "Toda a cultura depois de A., inclusive a sua crítica urgente, é lixo" (*Três estudos sobre Hegel,* 1963, trad. it. *Tre studi su Hegel,* Il Mulino, Bolonha, 1971, p. 359); "Nenhuma palavra que ressoe do alto [...] tem direito a permanecer imutável depois de A." (*Dialética negativa,* 1966, trad. it. *Dialettica negativa,* Einaudi, Turim, 1975, p. 332). Em Jonas, como em tantas outras partes da chamada "literatura de A.", o abismo de dor dos campos de concentração leva à reproposição filosófica do problema do mal no mundo: "Deus permitiu que aquilo acontecesse. Mas que Deus podia permitir?" (*O conceito de Deus depois de Auschwitz,* 1984,1987, trad. it. *Il concetto di Dio dopo Auschwitz,* Il Melangolo, Gênova, 1990, p. 22). Problema que Jonas resolve com a teoria de um Deus que não possui, entre seus atributos, o da onipotência (v. DEUS).

Mais otimista é a posição de J. B. Metz. Enquanto L. R. Rubinstein via em A. a imagem concreta da ausência de Deus no mundo (*After Auschwitz,* 1966) e a teóloga D. Sölle afirmava "Não sei como, depois de A., se pode louvar o Senhor e cantar seu nome no mundo" (cf. H. FRIES-R. STÄHLIN, *Gott is tot?,* Munique, 1987, p. 79), Metz, mesmo admitindo que a teologia não pode "continuar a mesma tanto antes quanto depois de A.", afirma que *"depois de* A. nós, cristãos, podemos rezar porque *em* A. se rezou" (*Cristiani ed ebrei dopo Auschwitz,* em *Al di là della religione borghese,* Queriniana, Brescia, 1981, pp. 37 e 27). Para Lyotard, que se remete a Adorno, A. representa "um nome paradigmático da incompletude trágica da modernidade" e configura-se como "o crime que inaugura a pós-modernidade", ou seja, como o evento de época que indica "até que ponto a matéria da história ocidental recente parece inconsistente no que se refere ao projeto 'moderno' de emancipação da humanidade" (*Il postmoderno spiegato ai bambini,* 1986, trad. it., Feltrinelli, Milão, 1987, pp. 29, 28 e 89). [G.F.]

AUSÊNCIA. V. NADA.

AUSTRO-MARXISMO (in. *Austro-marxism;* fr. *Austro-marxisme;* al. *Austromarxismus;* it. *Austromarxismo*). Escola marxista revisionista que se desenvolveu em Viena nas últimas décadas do século XIX, sob a insígnia de uma união entre Kant e Marx. Rejeitando os aspectos metafísicos, necessitaristas e dogmáticos do marxismo ortodoxo, os austro-marxistas, entre os quais se destacam os nomes de Max Adler e Otto Bauer, perseguiam um fundamento ético, e não materialista, para os ideais progressistas, vinculando a luta política pelo socialismo ao imperativo kantiano de tratar a humanidade como fim, e não (apenas) como meio. [G.F.]

AUTARQUIA ou AUTARCIA (gr. αὐτάρκεια; in. *Self-sufficiency;* fr. *Autarchie;* al. *Autarkie;* it. *Autarchia*). A condição de *auto-suficiência* do sábio, para quem ser virtuoso basta para ser feliz, segundo os cínicos (DIÓG. L., VII, 11) e os estóicos (*ibid.,* VII, 1, 65). [N.A.]

AUTÊNTICO (in. *Authentic;* fr. *Authentique;* al. *Authentisch;* it. *Autentico*). Termo empregado por Jaspers (ao lado do termo inautêntico, simétrico e oposto) para indicar o ser que é *próprio* do homem, em contraposição à perda de si mesmo ou de sua própria natureza, que é a inautenticidade. "O A.", diz Jaspers, "é o mais profundo, em contraposição ao mais superficial; por exemplo, o que toca o fundo de toda existência psíquica contra o que lhe aflora à epiderme, o que dura contra o que é momentâneo, o que cresceu e se desenvolveu com a própria pessoa contra o que a pessoa acolheu ou imitou" (*Psychologie der Weltanschauungen,* 1925, intr., § 3, 1). Heidegger expressou em outros termos a mesma oposição: "Precisamente porque o *Dasein* (ser-aí) (isto é, o homem) é essencialmente a sua possibilidade, esse ente pode, no seu ser, escolher-se e conquistar-se ou perder-se, ou seja, não se conquistar ou conquistar-se só aparentemente" (*Sein und Zeit,* 1927, § 9). A possibilidade própria do *Dasein* (ser-aí) é a morte: por isso, "O *Dasein* (ser-aí) é autenticamente ele mesmo só no isolamento originário da decisão tácita e votada à angústia" (*ibid.,* § 64). Por outro lado, a existência inautêntica é caracterizada pela tagarelice, pela curiosidade e pelo equívoco, que constituem o modo de ser cotidiano, impessoal do homem e representam, portanto, uma decadência do ser em relação a si mesmo (*ibid.*, § 38). Deve-se, porém, advertir que a distinção e a oposição entre autenticidade e inautenticidade não implicam nenhuma valorização preferencial. A inautenticidade faz parte da estrutura do ser tanto quanto a autenticidade. "O estado de decadência do *Dasein* (ser-aí) não deve ser entendido como uma queda de um 'estado original' mais puro e mais alto. De algo semelhante não só não temos nenhuma experimentação ôntica, como nem mesmo o caminho de uma possível interpretação ontológica" (*ibid.*, § 38). Com sentido análogo ao de Jaspers e de Heidegger, as duas palavras têm sido usadas com freqüência na filosofia contemporânea. [N.A.]

AUTOCENTRALIDADE (in. *Self-centrality*; fr. *Autocentralité*; al. *Selbstcentralitä*; it. *Autocentralità*). Expressão empregada por Dilthey em *Construção do mundo histórico*. "Assim como o indivíduo, cada sistema cultural, cada comunidade tem em si o seu centro. Nele estão ligadas a um todo único a interpretação da realidade, a valorização e a produção dos bens" (*Gesam. Schrift.*, VII, p. 154). A A. das estruturas históricas revela-se eminentemente nas *épocas*, cada uma das quais é um horizonte fechado, no sentido de que as pessoas que nela vivem têm em comum a medida do seu agir, do seu sentir e do seu entender. [N.A.]

AUTOCONSCIÊNCIA (in. *Self-consciousness*; fr. *Autoconscience*; al. *Selbstbewusstsein*; it. *Autocoscienza*). Esse termo tem significado e história diferentes de *consciência* (v.). Na realidade, não significa "consciência de si", no sentido de cognição (intuição, percepção etc.) que o homem tenha de seus atos ou de suas manifestações, percepções, idéias etc., tampouco significando retorno à realidade "interior", de natureza privilegiada; é a consciência que tem de si um Princípio *infinito*, condição de toda realidade. Esse termo também nada tem a ver com *conhecimento de si* (v.), que designa o conhecimento mediato que o homem tem de si como de um ente finito entre os outros.

Nesse sentido, pode-se dizer que a história desse termo começa com Kant, que o usou como alternativa para o termo *consciência* (v.). O próprio Kant resumiu, em uma nota da *Antropologia* (§ 4), a sua doutrina a esse respeito. "Se nós representarmos a ação (espontaneidade) interna pela qual é possível um conceito (um pensamento), isto é, a *reflexão*, e a sensibilidade (receptividade), pela qual é possível uma *percepção* (*perceptio*) ou uma *intuição* empírica, isto é, a *apreensão*, providas ambas de consciência, a consciência de si mesmo (*apperceptio*) poderá ser dividida em consciência da reflexão e em consciência da apreensão. A primeira é consciência do intelecto; a segunda, do sentido interno; aquela é chamada de apercepção pura (e, falsamente, de sentido íntimo) e esta é chamada de apercepção empírica. Em psicologia, indagamo-nos sobre nós mesmos segundo as representações do nosso sentido interno; em lógica, segundo aquilo que a consciência intelectual nos oferece. Assim, o eu nos aparece duplo (o que pode ser contraditório): 1.º o eu como *sujeito* do pensamento (na lógica), ao qual se refere a apercepção pura (o eu que só reflete) e do qual nada se pode dizer exceto que é uma representação de todo simples; 2.º o eu como *objeto* da apercepção e, portanto, do sentido interno, que inclui uma multiplicidade de determinações que possibilitam a *experiência* interna." A A. não é, portanto, a consciência (empírica de si), mas a consciência puramente lógica que o eu tem de si como sujeito de pensamento, na reflexão filosófica. Sobre o eu de que se tem consciência na apercepção pura, Kant falou na primeira edição da *Crítica da Razão Pura* como "eu estável e permanente que constitui o correlato de todas as nossas representações", ao passo que, na segunda edição da obra, ele se tornou pura função formal, desprovida de realidade própria, mas ainda condição de todo conhecimento, aliás, "princípio supremo do conhecimento" como possibilidade da síntese objetiva na qual consiste a inteligência. Precisamente por sua natureza funcional ou formal, o eu puro, ou A. transcendental, não é um eu "infinito" e não tem poder criativo: pode ordenar ou unificar o material, mas esse material deve ser-lhe *dado* e, portanto, deve ser um material sensível. Fichte transforma esse conceito funcional kantiano em conceito substancial: faz dele um Eu infinito, absoluto e criador, considerando, portanto, a A. como autoprodução ou autocriação. A A. torna-se, assim, o princípio não só do conhecimento, mas da própria realidade; e princípio não no sentido de condição, mas de força ou atividade produtiva. Autoproduzindo-se, o Eu produz, ao mesmo tempo, o não-eu, isto é, o mundo, o objeto, a natureza. Diz Fichte: "Não se pode pensar absolutamente em nada sem pensar ao mesmo tempo no próprio Eu como consciente de si mesmo; não se pode nunca abstrair da própria A." (*Wissenschaftslehre*, 1794, § 1, 7). Mas tal A. é, na realidade, o princípio criador do mundo: "O Eu de cada um é, ele próprio, a única Substância suprema", diz Fichte criticando Espinosa (*ibid.*, § 3, D 6); "A essência da filosofia crítica consiste no fato de que um Eu absoluto é colocado como absolutamente incondicionado e não determinável por nada mais alto".

Essa noção de A. torna-se o fundamento do idealismo romântico. Diz Schelling: "A A. da qual nós partimos é ato uno e absoluto; e com esse ato uno é posto não só o próprio Eu com todas as suas determinações, mas também qualquer outra coisa que, em geral, é posta no lugar do Eu... O ato da A. é ideal e real ao mesmo tempo e absolutamente. Graças a ele, o que foi posto realmente torna-se também real idealmente e o que se põe idealmente é posto também realmente" (*System des transzendentalen Ideal.*, 1800, seção III, advertência). Quanto a Hegel, já em *Propedêutica filosófica* (Doutrina do conceito, § 22), dizia: "Como A. o Eu olha para si mesmo, e a expressão dela na sua pureza é Eu = Eu, ou: Eu sou Eu"; e na *Enciclopédia* (§ 424): "A verdade da consciência é a A., e esta é o fundamento daquela; de modo que, na existência, a consciência de um outro objeto é A.; eu sei o objeto como meu (ele é minha representação) e, por isso, sei-me a mim mesmo nele." Na sua forma mais elevada, a A. é "A. universal", isto é, razão absoluta. "A A., ou seja, a certeza de que suas determinações são tão objetivas – determinações da essência das coisas – quanto seus próprios pensamentos, é a razão; esta, enquanto tem tal identidade, é não só a substância absoluta, mas também a verdade como saber" (*Enc.*, § 439): isto é, a razão como substância ou realidade última do mundo.

A A. como autocriação e, por isso, criação da realidade total, permanece como noção dominante do idealismo romântico, não só na sua forma clássica (aqui mencionada), mas também nas suas formas recorrentes na filosofia contemporânea, quais sejam, o idealismo anglo-saxão e o idealismo italiano (v. IDEALISMO). Fora do idealismo, essa noção não pode ser utilizada e nem apresenta problemas, visto que os problemas filosóficos, psicológicos e sociológicos inerentes à consciência de si obviamente só surgem quando por tal consciência se entendem situações, condições ou estados de fato limitados e determináveis, e não uma autocriação absoluta, que é a autocriação do mundo. [N.A.]

AUTOCONSERVAÇÃO (lat. *Sui conservatio*; in. *Self-preservation*; fr. *Conservation de soi*; al. *Selbsterhaltung*; it. *Autoconservazione*). É o bem supremo a que tendem todos os seres da natureza, segundo Telésio (*De rer. nat.*, IX, 2). Herbart chama A. à reação de um ente à ação de um outro ente: na alma o ato de A. é uma representação (*Allgemeine Metaphysik*, 1878, II, § 234). [N.A.]

AUTOCONTRADIÇÃO PRAGMÁTICO-PERFORMATIVA (in. *Pragmatic/performative Self-contradiction*; fr. *Contradiction pragmatique/performative*; al. *Pragmatischer/performativer Selbst-Widerspruch*; it. *Autocontraddizione pragmatica o performativa*). Expressão usada por Apel para aludir a uma forma específica de contradição lingüística. Suponhamos que um indivíduo diga: "Afirmo que não existo." Neste caso, a sua contradição não é de tipo lógico (porquanto ele não afirma e nega, ao mesmo tempo, um mesmo predicado de um mesmo sujeito) mas de tipo pragmático, porquanto a tese "não existo" está em oposição factual ao próprio ato de ele dizer. Com efeito, como é possível que um ser inexistente enuncie proposições acerca de si mesmo? Em outros termos, distinguindo uma dupla estrutura do discurso, entre um elemento performativo (o ato ou a performance que se realiza enunciando certa proposição) e um elemento proposicional (o conteúdo ou a proposição que é enunciada), Apel mostra que, em tais casos, se nega contraditoriamente, na parte proposicional, aquilo que se afirma na parte performativa. O conceito de A. pragmático-performativa desempenha papel fundamental na ética do *discurso* (v.), pois permite estabelecer que quem tenta negar argumentativamente as regras básicas da argumentação incide, por isso mesmo, em manifesta A. pragmática ou performativa (cf. K. O. APEL, *Limiti del etica del discorso?* trad. it., em VV.AA., *Etiche in dialogo*, Marietti, Gênova, 1990, p. 34) (v. ATOS DA FALA, TEORIA DOS; PERFORMATIVO-CONSTATIVO). [G.F.]

AUTÓCTISE. V. ATUALISMO.

AUTODETERMINAÇÃO. V. LIBERDADE.

AUTO-EVIDÊNCIA (in. *Self-evidence*; al. *Selbstevidenz*; it. *Autoevidenza*). Termo empregado às vezes para indicar o *cogito* cartesiano como evidência ou manifestação imediata do eu à *consciência* (v.). [N.A.]

AUTOLÓGICO, HETEROLÓGICO (in. *Autological, heterological*; fr. *Autologique, hétérologique*; al. *Autologisch, heterologisch*; it. *Autologico, eterologico*). A. é o adjetivo que denota uma propriedade que ele mesmo possui: como *polissílabo, comum, significante* etc. Heterológico é, ao contrário, o adjetivo que denota uma qualidade que ele não possui: como *vivo, inútil, ambíguo* etc. A questão de saber se o adjetivo heterológico é, por sua vez, A. ou heterológico dá origem a uma das antinomias lógicas, que foi exposta por K. Grelling (*Bemerkungen zu den Paradoxien von Russell und Burali-Forti*, em *Abhandlungen der Frieschen Schule*, 1908) (v. ANTINOMIAS). [N.A.]

AUTÔMATO (gr. αὐτόματον; lat. *Automaton*; in. *Automaton*; fr. *Automate*; it. *Automa*). O que se move por si, em geral, uma coisa inanimada que se move por si ou, mais especificamente, um aparelho mecânico que realiza algumas das operações consideradas próprias do animal ou do homem.

Tem-se notícia de A. fabulosos, construídos pelos antigos. No século XVIII, um mecânico francês construiu um A. que tocava flauta. Samuel Butler, em textos romanceados (*Darwin entre as máquinas*, 1863; *Lucubratio ebria*, 1865; *Erewhon*, 1872), falava de máquinas que tinham poderes humanos e entravam em conflito com o homem. O inglês Charles Babbage (1792-1871) projetou uma máquina calculadora que, contudo, nunca foi construída.

Um A. lógico, ou seja, uma máquina capaz de combinar proposições e delas tirar conclusões, foi construído por Stanley Jevons em 1869. Em 1881, John Venn construiu um diagrama que podia ser empregado para ilustrar as relações entre os valores de verdade das proposições. Em 1885, Allan Marquand projetou uma máquina análoga à de Jevons e em 1947, em Harvard, T. A. Kalin e W. Burkhart construíram uma calculadora elétrica para a solução de problemas elaborados com base na álgebra de Boole, cujo objeto são variáveis que podem assumir só dois valores (*verdadeiro* ou *falso*, indicados, respectivamente, com 1 e 0), podendo, por isso, ser aplicada em todos os casos em que se tenha escolha entre duas alternativas.

A teoria dos A. em sentido moderno, ou seja, das máquinas calculadoras, foi desenvolvida por A. M. Turing em 1936. Em geral, as calculadoras executam o *programa* com base no qual foram projetadas, mas realizam as operações com rapidez e segurança muito maiores do que as do homem. Por isso, essas calculadoras são "poupadoras de tempo". O biólogo inglês R. W. Ashby distinguiu-as dos "amplificadores da inteligência", que, em certo grau, têm aquilo que, no homem, se chama de "iniciativa". Entre estes, estão em fase de execução ou de estudo os A. que jogam e os A. que aprendem. Von Neumann também falou de A. que se reproduzem (*Theory of Self-Reproducing Automata*, 1966). Para as teorias relativas a esses A., v. CIBERNÉTICA; INTELIGÊNCIA ARTIFICIAL. [N.A.]

AUTÔNIMO. V. USO.

AUTONOMIA (in. *Autonomy;* fr. *Autonomie;* al. *Autonomie;* it. *Autonomia*). Termo introduzido por Kant para designar a independência da vontade em relação a qualquer desejo ou objeto de desejo e a sua capacidade de determinar-se em conformidade com uma lei própria, que é a da razão. Kant contrapõe a A. à *heteronomia,* em que a vontade é determinada pelos objetos da faculdade de desejar. Os ideais morais de felicidade ou perfeição supõem a heteronomia da vontade porque supõem que ela seja determinada pelo desejo de alcançá-los e não por uma lei sua. A independência da vontade em relação a qualquer objeto desejado é a liberdade no sentido negativo, ao passo que a sua legislação própria (como "razão prática") é a liberdade no sentido positivo. "A lei moral não exprime nada mais do que a A. da razão pura prática, isto é, da liberdade" (*Crít. R. Prática,* I, § 8). Em virtude de tal A., "todo ser racional deve considerar-se fundador de uma legislação universal" (*Grundlegung zur Met. der Sitten,* II, B A 77). Esse ficou sendo o conceito clássico da A. Mais genericamente, fala-se hoje, por exemplo, de "princípio autônomo" no sentido de um princípio que tenha em si, ou ponha por si mesmo, a sua validade ou a regra da sua ação. [N.A.]

AUTO-OBSERVAÇÃO, AUTO-REFLEXÃO, AUTOSCOPIA. V. INTROSPECÇÃO.

AUTOPOIESE (in. *Autopoiesis;* it. *Autopoiesi*). Princípio segundo o qual um sistema (biológico ou social) reproduz os processos pelos quais foi gerado. A teoria dos sistemas autopoéticos, prevista pelas investigações cibernéticas de Heinz von Förster, na aplicação da *recursividade* (v.) aos fenômenos da percepção e da cognição, foi apresentada e desenvolvida sobretudo pelos neurofisiologistas Humberto Maturana e Francisco Varela (cf. esp. *El árbol del conocimiento,* 1984). A elaboração dessa teoria em âmbito sociológico foi feita por Niklas Luhmann, que tentou indagar as conseqüências de uma caracterização dos sistemas sociais como sistemas autopoéticos, ou seja, capazes de "transformar-se mediante auto-referência" (cf. *Soziale Systeme,* 1984). [F.D'A.]

AUTO-REFERÊNCIA (in. *Self-reference;* fr. *Autoréférence;* al. *Selbstreferenz;* it. *Autoriferimento*). Faculdade que tem um enunciado (mais em geral, uma "unidade de sentido") de referir-se a si mesmo, como no caso de: p: "p é verdadeiro". A partir de meados do século XX, fala-se de A. ou auto-referencialidade também a propósito de *sistemas* (sistemas auto-referenciais ou recursivos), entendendo-se a capacidade, por parte dos sistemas em questão, de desenvolver atividades de *auto-regulação* e *auto-organização,* portanto de incluir alguma *imagem* ou representação de si mesmos (exemplo típico é o sistema social, em que os indivíduos são de fato capazes de formular imagens globais do sistema que os hospeda). Essa passagem do *enunciado ao sistema* permite intuir o amplo espectro de aplicações dos conceitos, objeto de importantes teorizações na sociologia sistêmica, nas ciências cognitivas, em psicologia clínica e em psicanálise, mas também nas ciências naturais e exatas: biologia (v. AUTOPOESE), cibernética (v. RECURSIVIDADE), geometria dos fractais, informática teórica e aplicada, física quântica.

No âmbito mais especificamente filosófico, a A. apresenta-se como transcrição em plano lingüístico da problemática clássica da *reflexão* (v.) – o "retorno a si" do eu, em que se fundamente a *consciência* (v.); portanto, é pensada sobretudo no quadro das discussões idealístico-transcendentais sobre o argumento (célebre interpretação do eu fichtiano em termos de auto-referência é feita por D. Henrich,

Fichtes ursprüngliche Einsicht, 1967). Secundariamente, há na *hermenêutica* (v.) uma forma de auto-referencialidade generalizada, que em parte é herdada da reflexão idealista e em parte derivada do historicismo de Dilthey; trata-se da teorização em torno da *pertença* do homem ao horizonte histórico-social, ontológico, lingüístico, postulando-se assim que na investigação sobre a história, o ser e a linguagem sempre esteja implicado um aspecto ou um momento de auto-referencialidade (da qual é gerado o "círculo da compreensão": v. CÍRCULO HERMENÊUTICO).

No entanto, os estudos mais específicos desse conceito encontram-se, como é evidente, na *lógica* e na *filosofia da linguagem.* Em lógica o problema da A. é tratado sobretudo no quadro da teoria dos *paradoxos* (v.). Segundo uma tese que teve defensores respeitáveis (entre outros, B. Russell e A. Tarski), a fonte dos paradoxos é precisamente a capacidade que têm as línguas naturais ou artificiais de referir-se a si mesmas. Já Platão (*Parm.*, 132a1-b2) notara os resultados paradoxais dos fenômenos de autopredicação (se a idéia de "beleza" pode ser chamada de "bela", devemos pensar numa beleza de segundo grau, depois de terceiro, e assim por diante, indefinidamente; é o argumento que Aristóteles depois chamou de "terceiro homem"); na *Dialética transcendental* (I, liv. I e II), Kant reconhece a origem das antinomias na capacidade que têm as categorias de aplicar-se a si mesmas, sem a intervenção das intuições empíricas. Mas foi só no século XX que teve início a verdadeira e ampla teorização sobre o nexo entre auto-referencialidade e paradoxo.

Na antinomia das classes excogitada por Russell (v. ANTINOMIAS) pressupõe-se a noção de classe auto-referencial (a classe que é membro de si mesma) e de classe de classes (que implica, como no caso de *Parmênides,* a auto-referibilidade do conceito de classe). Em todos os outros paradoxos (desde o paradoxo do "mentiroso" até os modernos paradoxos de Berry, Grelling etc.) parecem intervir fenômenos de auto-referencialidade, autopredicação e autopertença.

Para evitar esse tipo de dificuldade (a antinomia russelliana obrigara Frege a rever os seus *Fundamentos de aritmética,* enfraquecendo um de seus princípios basilares, o de "compreensão"), Russell concebeu a teoria dos "tipos" (v. TIPO), e em seguida Tarski propôs a distinção metodológica entre "linguagem-objeto" e "*metalinguagem*" (v.): em ambos os casos tentava-se eliminar a eventualidade de auto-referência, criando diversas "ordens" ou níveis lingüísticos, capazes de impedir que nas línguas artificiais ocorressem os fenômenos paradoxais que são freqüentes nas línguas naturais.

Até pouco tempo (ver também W. V. O. QUINE, *The Ways of Paradox,* 1966) o vínculo entre auto-referencialidade e paradoxo era pouco discutido; recentemente, também graças à descoberta de alguns paradoxos "não auto-referenciais" (ou assim supostos: v., p. ex., S. YABLO, *A Paradox Without Self-Reference,* in "Analysis", 53, 4, outubro de 1993), tende-se a considerar os paradoxos auto-referenciais apenas como uma classe específica de paradoxos. Correlativamente, diminuíram as resistências aos fenômenos de circularidade, auto-referencialidade e autopertença em lógica. Uma tentativa de formalizar tais fenômenos, introduzindo um princípio de "antifundação" (contraposto ao "axioma de fundação" da teoria clássica dos conjuntos, segundo o qual não são admitidos conjuntos que se auto-incluam), foi feita nos anos 1980 por Peter Aczel (*Non Well-founded Sets,* 1988), enquanto no âmbito da lógica da relevância Anil Gupta e Nuel Belnap propuseram uma teoria circular da verdade (*The Revision Theory of Truth,* 1993), centrada na auto-referencialidade constitutiva do predicado "verdadeiro".

A exclusão de qualquer forma de A. foi durante bastante tempo um requisito típico da filosofia analítica da linguagem, tanto que se falou de um paradigma "referencial" na análise lingüística anglo-saxônica, em oposição ao paradigma "auto-referencial" da filosofia da linguagem continental, hermenêutica (v., p., ex. K. O. APEL, *Intentions, Conventions and Reference to Things,* em H. PARRET e J. BOUVERESSE, *Meaning and Understanding,* 1981). Todavia, já após a Segunda Guerra a nova atenção dada à linguagem comum e à dimensão pragmática, executiva, das línguas levava à revisão do paradigma analítico clássico, "referencial", e permitia repensar a auto-referencialidade como um aspecto analisável e não necessariamente paradoxal ou problemático, tanto nas práticas lingüísticas efetivas quanto na pesquisa sistemática sobre elas. Em particular, a partir das teorias de J. L. Austin sobre os *atos da fala* (v.), que postulavam a presença de um aspecto "ilocutório" em qualquer enunciado, foi aventada a chamada "hipótese performativa" (v. PERFORMATIVO/CONSTATIVO), com base na qual se supõe que toda enunciação é precedida por um "digo" mais ou menos implícito, sendo portanto idealmente auto-referencial. A hipótese performativa, discutida e depois refutada pelos lingüistas, pareceu a J. Habermas ser uma confirmação muito oportuna de sua hipótese de "auto-referencialidade generalizada" como fundo próprio do agir lingüístico (cf. *Theorie des kommunikativen Handelns,* 1981). É óbvio que a generalização do performativo aproxima bastante a análise lingüística da idéia idealístico-transcendental de generalização da reflexividade. Na tentativa de formular uma "semântica situacional" que transcrevesse em termos formais as idéias de Austin sobre a verdade e a linguagem, J. Barwise achou necessário apresentar uma *semântica de fundo autoreferencial,* recorrendo assim à teoria dos conjuntos circulares, "não bem fundamentados", de P. Aczel (cf. J. BARWISE e J. ETCHEMENDY, *The Liar, an Essay on Truth and Circularity,* 1987). [F.D'A.]

AUTORIDADE (lat. *Auctoritas;* in. *Authority;* fr. *Autorité;* al. *Autorität;* it. *Autorità*). 1. Qualquer poder exercido sobre um homem ou grupo humano por outro homem ou grupo. Esse termo é generalíssimo e não se refere somente ao poder político. Além de "A. do Estado" existe a "A. dos partidos" ou a "A. da Igreja", bem como a "A. do cientista", a quem se atribui, por exemplo, o predomínio temporário de certa doutrina. Em geral, A. é, portanto, qualquer poder de controle das opiniões e dos comportamentos individuais ou coletivos, a quem quer que pertença esse poder.

O problema filosófico da A. diz respeito à sua justificação, isto é, ao fundamento sobre o qual pode apoiar-se sua validade. Podem-se distinguir as seguintes doutrinas fundamentais: 1.ª o fundamento da A. é a natureza; 2.ª o fundamento da A. é a divindade; 3.ª o fundamento da A. são os homens, isto é, o consenso daqueles mesmos sobre os quais ela é exercida.

1.ª A teoria segundo a qual a A. foi estabelecida pela natureza é a aristocrática, comum a Platão e a Aristóteles. Segundo essa teoria, a A. deve pertencer aos melhores e é a natureza quem se incumbe de decidir quem são os melhores. Platão, de fato, divide os homens em duas classes: os que são capazes de se tornarem filósofos e os que não o são (*Rep.*, VI, 484 b). Os primeiros são movidos naturalmente por uma tendência irresistível à verdade (*ibid.*, 485 c); os segundos são "naturezas vis e não liberais" que nada têm em comum com a filosofia (*ibid.*, 486 b). A divisão entre os que estão destinados a possuir e a exercer a A. e os que estão destinados a submeter-se-lhe é, portanto, feita pela natureza; a educação dos filósofos não faz senão salvaguardar e desenvolver o que a natureza dispôs. Essa desigualdade radical dos homens como fundamento natural da A. é também a doutrina de Aristóteles. "A própria natureza ofereceu um critério discriminativo fazendo que dentro de um mesmo gênero de pessoas se estabelecessem as diferenças entre os jovens e os velhos; e, entre estes, a uns incumbe obedecer, a outros mandar..." (*Pol.*, 1.333 a). Mas a diferença entre jovens e velhos é temporária; os jovens ficarão velhos e, por sua vez, comandarão. A diferença substancial e fundamental é entre o pequeno número de cidadãos dotados de virtudes políticas, sendo, portanto, justo que se alternem no governo, e a maioria dos cidadãos comuns, desprovidos daquelas virtudes e destinados a obedecer (*ibid.*, II, 2, 1.261 a). O princípio fundamental dessa concepção de A. é, portanto, a divisão natural dos cidadãos em duas classes, das quais só uma possui como apanágio natural o direito de exercer a A. Desse ponto de vista, o critério de distinção das duas classes tem pouca importância: o importante é a distinção. Todos os aristocratismos têm em comum esse princípio e essa concepção da autoridade: encontram-se, por exemplo, no racismo, bem como em Tönnies, segundo o qual há três espécies de dignidade ou A.: "A dignidade da idade, a dignidade da força, a dignidade da sabedoria ou do espírito, que se encontram unidas na dignidade do pai quando protege, exige e dirige" (*Gemeinschaft und Gesellschaft,* 1887, I, 5).

2.ª A segunda teoria fundamental é a de que a A. se baseia na divindade. Essa é a doutrina exposta no capítulo XIII da *Epístola aos romanos* de S. Paulo: "Toda alma esteja sujeita às autoridades superiores, porque não há autoridade que não venha de Deus; e as autoridades que há foram ordenadas por Deus. Por isso, quem resiste à autoridade resiste à ordenação de Deus; e os que resistem trarão sobre si mesmos a condenação. Porque os magistrados não são terror para as boas obras, porém para as más. Queres tu, pois, não temer a autoridade? Faze o bem, e terás o seu louvor. Porque ela é ministra de Deus para teu bem. Mas, se fizeres o mal, teme, porque ela não traz em vão a espada. Pois é ministra de Deus, vingadora para o castigo daquele que pratica o mal. Por isso, é necessário que lhe estejais sujeitos, não somente por causa do castigo, mas também por obrigação de consciência" (*Ad rom.*, XIII, 1-5). Esse documento foi fundamental para a concepção cristã de A., que foi defendida por Agostinho (*De civ. Dei,* V, 19; cf. V, 21), Isidoro de Sevilha (*Sent.*, III, 48) e Gregório, o Grande, que insiste no caráter sagrado do poder temporal, a ponto de considerar o soberano como representante de Deus na Terra. Substancialmente, a mesma tese foi adotada por Tomás de Aquino: "De Deus, como do primeiro dominante, deriva todo domínio" (*De regimine principium,* III, 1). Essa concepção coincide com a primeira num caráter negativo, isto é, em tornar a A. totalmente independente do consenso dos súditos. Mas distingue-se da primeira num caráter fundamental: justifica toda A. que seja exercida *de facto*. Enquanto a primeira não exige que a classe destinada a mandar mande sempre de fato (e para Platão, com efeito, a questão não se formula assim), a segunda, ao contrário, implica que toda A. que de fato seja exercida, tendo sido disposta ou estabelecida por Deus, é sempre plenamente legítima. Essa é a proposição típica da concepção em tela, que permite reconhecê-la mesmo nas formas mais ou menos conscientemente mistificadas. Quando, por exemplo, Hegel afirma que o Estado é "a realização da liberdade" ou "o ingresso de Deus no mundo" (*Fil. do dir.*, § 258, adendo), estabelece uma coincidência entre aquela que, para ele, é a mais elevada e a realidade histórica do Estado, isto é, justifica qualquer poder de fato, segundo a máxima de sua filosofia: "Entender o que é cabe à razão, porque o que é, é razão" (*ibid.*, pref.). Segundo esse ponto de vista, A. e força coincidem: quem possui força para impor-se não pode deixar de gozar de uma A. válida, visto que toda força é desejada por Deus ou é divina.

3ª A terceira concepção de A. opõe-se precisamente a essa tese. A A. não consiste na posse de uma força, mas no direito de exercê-la; tal direito deriva do consenso daqueles sobre quem ela é exercida. Essa doutrina nasceu com os estóicos e seu primeiro grande expositor foi Cícero. Seu pressuposto fundamental é a negação da desigualdade entre os homens. Todos os homens receberam da natureza a razão, isto é, a verdadeira lei que comanda e proíbe retamente; por isso, todos são livres e iguais por natureza (CÍCERO, *De leg.*, I, 10, 28; 12, 33). Assim sendo, só dos próprios homens, da sua vontade concorde podem originar-se o fundamento e o princípio da autoridade. "Quando os povos mantêm íntegro o seu direito, nada há de melhor, de mais livre, de mais feliz, uma vez que são senhores das leis, dos juízos, da guerra, da paz, dos tratados, da vida e do patrimônio de cada um" (*Resp.*, I, 32, 48). Cícero achava que só um estado assim pode ser chamado legitimamente de república, isto é, "coisa do povo" (*ibid.*, I, 32, 48). Mas às vezes o reconhecimento de que a fonte da A. está no povo une-se ao reconhecimento do caráter absoluto da própria A. Isso acontece no *Digesto*, em que Ulpiano diz: "O que agradou ao príncipe tem valor de lei", mas acrescenta imediatamente: "porquanto foi com a lei régia, com que se regulamentou o poder dele, que o povo lhe conferiu toda a sua A. e todo o seu poder" (*Dig.*, I, 4, 1). Uma das formas típicas desse ponto de vista é o caráter de lei que se reconhece nos costumes: de fato, se as leis não têm outro fundamento senão o juízo do povo, as leis que o próprio povo aprovou, mesmo sem escrever, têm o mesmo valor das que foram escritas (*ibid.*, I, 3, 32). Os grandes juristas do *Digesto* admitiam, portanto, que a única fonte da A. era o povo romano (R. W.-A. J. CARLYLE, *History of Mediaeval Political Theory in the West*, II, I, 7; trad. it., pp. 369 ss.). Foi essa a forma assumida, na Idade Média, pela doutrina do fundamento humano da autoridade. Diz Dante: "O povo romano, por direito e não por usurpação, assumiu a tarefa do monarca, que se chama império, sobre todos os mortais" (*De Mon.*, II, 3). Do mesmo modo, Ockham afirmava que "o império romano foi certamente instituído por Deus, mas através dos homens, isto é, por intermédio dos romanos" (*Dialogus inter magistrum et discipulum*, III, tract. II, lib. I, cap. 27, em GOLDAST, *Monarchia*, II, p. 899). A própria A. papal, segundo Ockham, é limitada pelas exigências dos direitos e da liberdade daqueles sobre os quais se estende e é, portanto, a A. de um principado *ministrativus*, não *dominativus* (*De imperatorum et pontificum potestate*, VI). E, à pergunta sobre quais seriam os direitos e as liberdades que a própria A. papal deve respeitar, Ockham responde que são os mesmos que cabem também aos infiéis, tanto antes quanto depois da encarnação de Cristo, visto que os fiéis não devem nem deverão estar em condições piores do que aquelas em que estiveram os infiéis tanto antes quanto depois da encarnação de Cristo (*ibid.*, IX). Marsílio de Pádua afirmava claramente a tese geral implícita em tais idéias. "O legislador, isto é, a primeira e efetiva causa eficiente da lei, é o povo ou o conjunto de cidadãos, ou ainda a parte predominante deles, que comanda e decide, por sua escolha ou vontade em assembléia geral e em termos precisos, que certos atos humanos devem ser praticados e outros não, com penalidades ou punições físicas" (*Defensor pacis*, I, 12, 3). Nicolau de Cusa afirmava, não menos explicitamente, com referência à A. eclesiástica: "Como todos os homens são naturalmente livres, qualquer A. que afaste os súditos da prática do mal e limite sua liberdade com o temor de sanções deriva só da harmonia e do consentimento dos súditos, quer resida na lei escrita, quer na viva, representada por aquele que governa" (*De concordantia catholica*, II, 14). No mundo moderno, o predomínio do *contratualismo* (v.) e do *jusnaturalismo* (v.) determinam o predomínio dessa doutrina. E, embora hoje contratualismo e jusnaturalismo não possam ser invocados como justificações suficientes do *Estado* (v.) e do *direito* (v.), a tese da origem humana da A. não é posta em dúvida. A própria doutrina de Kelsen, ao atribuir a A. à ordenação jurídica, não é mais do que uma especificação da tese tradicional. Diz Kelsen: "O indivíduo que é ou tem A. deve ter recebido o direito de promulgar ordens obrigatórias, de modo que outros indivíduos sejam obrigados a obedecer. Tal direito ou poder pode ser conferido a um indivíduo somente por uma ordenação normativa. A A. é, portanto, originariamente a característica de um ordenamento normativo" (*General Theory of Law and State*, 1945, II, cap.VI, C, h; trad. it., p. 389).

Mas além desse ponto de vista formal está o problema das formas ou dos modos com que o consenso que funda a A. pode ser exercido ou expresso, além do problema dos limites ou da extensão que ele pode ou deve ter em cada campo. É claro, por exemplo, que, em política, a A. deve ter tarefas e extensão maiores do que no campo da pesquisa científica e que, portanto, em política o consenso que a valida deve ter limites e extensão e ser exercido e expresso com formas e características diferentes das assumidas no campo científico. O reconhecimento que exprime aceitação ou consenso está na base de toda A.: as modalidades, as formas e os limites institucionais ou não desse reconhecimento podem ser muito diferentes e constituem problemas fundamentais de política geral e especial.

2. Na filosofia medieval, *auctoritas* é uma opinião particularmente inspirada pela graça divina e, portanto, capaz de guiar e corrigir o trabalho de indagação racional. *Auctoritas* pode ser a decisão de um concílio, uma máxima bíblica, a *sententia* de um Padre da Igreja. O recurso à A. é uma das características típicas da filosofia escolástica, pois o filósofo, individualmente, quer sentir-se sempre apoiado e sustentado pela responsabilidade coletiva da tradição eclesiástica. Não faltaram, porém, nem mesmo na escolástica, rebeliões contra a A. nesse sentido: como a de Abelardo, que afirmou que a A. só tem valor enquanto a razão estiver oculta, mas que passa a ser inútil quando a razão tem como verificar por si mesma a verdade (*Theol. christ.*, III, ed. Migne, col. 1.226). A filosofia moderna caracteriza-se pelo abandono do princípio de A., ao menos como princípio explicitamente assumido para a disciplina e a orientação da pesquisa. De qualquer forma, a A. em filosofia representa a voz da tradição religiosa, moral, política ou mesmo filosófica; e mesmo quando não se apóia na força das instituições políticas que nela se fundam, essa voz age sobre a pesquisa filosófica tanto de forma explícita, com o prestígio que confere às teses que apóia, quanto de forma sub-reptícia e disfarçada, impedindo e limitando a indagação e prescrevendo ignorância e tabus. [N.A.]

Gadamer tentou uma reabilitação filosófica do conceito de A., afirmando que ela não implica necessariamente obediência cega ou abdicação sistemática à razão e à liberdade. Entendida de modo humano e positivo, ou seja, como vínculo entre pessoas racionais (e não como relação entre brutos violentos), a A. reside mais em "um ato de reconhecimento e de conhecimento, ou seja, no ato no qual alguém reconhece que o outro é superior em discernimento e inteligência, e que seu discernimento tem preeminência" (*Verdade e método*, 1960, trad. it., Bompiani, Milão, 1983, p. 328). Adequadamente concebida, a A. baseia-se, portanto, na livre escolha da razão, que, cônscia dos seus limites, deposita confiança no melhor juízo alheio: "A essência da A. reivindicada pelo educador, pelo superior, pelo especialista consiste exatamente nisso" (*ibid.*). Em suma: "a verdadeira A. não precisa afirmar-se de modo autoritário" (*ibid.*). Daí a conhecida distinção entre A. e autoritarismo, na qual já haviam insistido os filósofos de Frankfurt, em seu discurso crítico sobre as estruturas "repressivas" da família tradicional (M. HORKHEIMER, H. MARCUSE, E. FROMM, *Estudos sobre a autoridade e a família*, 1936; T. W. ADORNO, *A personalidade autoritária*, 1950). [G.F.]

AUTO-SUFICIÊNCIA. V. AUTARQUIA.

AVERROÍSMO (in. *Averroism*; fr. *Averroisme*; al. *Averroismus*; it. *Averroismo*). Doutrina de Averróis (Ibn-Rosch, 1126-98), como foi entendida e interpretada pelos escolásticos medievais e pelos aristotélicos do Renascimento. Resumia-se nos seguintes fundamentos: 1º eternidade e necessidade do mundo: tese contrária ao dogma da criação; 2º separação do intelecto ativo e passivo da alma humana e sua atribuição a Deus; essa tese, atribuindo à alma humana só uma espécie de imagem do intelecto, despojava-a de sua parte mais alta e imortal; 3º doutrina da dupla verdade, isto é, de uma verdade de razão, que se pode extrair das obras de Aristóteles, o filósofo por excelência, e de uma verdade de fé: ambas podem opor-se. A principal personalidade do A. latino foi Sigiero de Brabante, nascido por volta de 1235 e falecido entre 1281 e 1284. [N.A.]

AXIAL, ÉPOCA. V. ÉPOCA.

AXIOCÊNTRICO (in. *Value-centric*; it. *Axiocentrico*). Termo introduzido recentemente na filosofia americana para designar a doutrina que afirma a prioridade do valor sobre a realidade, do dever ser sobre o ser, no sentido de que também o juízo existencial implica a distinção de valor entre verdade e falsidade. [N.A.]

AXIOLOGIA (in. *Axiology*; fr. *Axiologie*; al. *Axiologie*; it. *Axiologia*). A "teoria dos valores" já fora, há alguns decênios, reconhecida como parte importante da filosofia ou mesmo como a totalidade da filosofia pela chamada "filosofia dos valores" e por tendências congêneres (v. VALOR) quando, no início do século XX, a expressão "axiologia" começou a ser empregada em seu lugar. Os primeiros textos em que esse termo aparece são: P. LAPIE, *Logique de la volonté*, 1902, p. 385; E. VON HARTMANN, *Grundriss der Axiologie*, 1908; W. M. URBAN, *Valuation*, 1909. Esse termo teve grande aceitação, ao contrário de *timologia*, proposto para a mesma ciência. [N.A.]

AXIOMA (gr. ἀξίωμα; lat. *Axioma;* in. *Axiom;* fr. *Axiome;* al. *Axiom;* it. *Assioma*). Originariamente, essa palavra significava *dignidade* ou *valor* (os escolásticos e Vico usavam-na por *dignidade*) e foi empregada pelos estóicos para indicar o enunciado declarativo que Aristóteles chamava de apofântico (DIÓG. L., VII, 65). Os matemáticos usaram-na para designar os princípios indemonstráveis, mas evidentes, da sua ciência. Aristóteles fez a primeira análise dessa noção, entendendo por A. "as proposições primeiras de que parte a demonstração" (os chamados A. comuns) e, em cada caso, os "princípios que devem ser necessariamente possuídos por quem queira aprender qualquer coisa" (*An. post.*, I, 10, 76 b 14; I, 2, 72 a 15). Como tal, o A. é completamente diferente da hipótese e do *postulado* (v.). O princípio de contradição é, ele próprio, um A., aliás, "o princípio de todos os A." (*Met.*, IV, 3, 1.105 a 20 ss.). Esse significado da palavra como princípio que se mostra evidente de imediato, pelos seus próprios termos, manteve-se constante por toda a Antiguidade e a Idade Moderna. "Os princípios imediatos", diz Tomás de Aquino (*In I Post.*, Lição 5), "não são conhecidos mediante algum termo intermediário, mas por meio do conhecimento dos seus próprios termos. Dado que se saiba o que é o todo e o que é a parte, reconhece-se que 'o todo é maior do que a parte', visto que, em todas as proposições dessa espécie, o predicado está compreendido na noção de sujeito". A verdade do A. é, em outros termos, manifestada pela simples intuição dos termos que entram na sua composição. Na verdade, o exemplo escolhido por Tomás de Aquino presta-se sobretudo a revelar o caráter fictício da evidência intuitiva de que dependeria a validade do axioma. A pouca distância cronológica de Tomás de Aquino, Ockham verificava que o princípio "a parte é maior do que o todo" não vale quando se trata de todos que compreendem infinitas partes e que não se pode dizer que no universo inteiro haja mais partes do que numa fava, se numa fava há infinitas partes (*Quodl.*, I, q. 9; *Cent. theol.*, concl. 17, C). Após as pesquisas de Cantor e de Dedekind, sabemos hoje que esse pretenso A. é, simplesmente, a definição dos conjuntos finitos (v. INFINITO). Por muitos séculos procurou-se justificar de um modo ou de outro a validade absoluta dos A., mas essa validade não foi posta em dúvida. Bacon julgava possível obter A. por via de dedução ou de indução (*Nov. Org.*, I, 19), ao passo que Descartes julgava-os verdades eternas, que residem em nossa mente (*Princ. phil.*, I, 49); ambos, porém, acreditaram que eram verdades imutáveis. Locke considerou os A. como proposições, experimentos, experiências imediatas (*Ensaio*, IV, 7, 3 ss.) e Leibniz, ao contrário, considerou-os princípios inatos na forma de disposições originárias que a experiência torna explícitas (*Nouv. ess.*, I, 1, 5); mas ambos lhes atribuíram o caráter de verdades evidentes. Os empiristas não duvidaram de sua evidência mais do que os racionalistas; Stuart Mill afirma que eles são "verdades experimentais, generalizações da observação" (*Logic*, II, 5, § b). Para Kant, os A. também são evidentes, mas *a priori;* define-os como "princípios sintéticos *a priori*, na medida em que são imediatamente certos". Para Kant, a certeza imediata, isto é, a evidência, é a característica dos A. A matemática possui A. porque procede mediante a construção de conceitos. A filosofia, porém, que não constrói seus conceitos, não possui A. Os próprios A. da intuição, que Kant pôs entre os princípios do intelecto puro, não são realmente A. segundo o próprio Kant, mas simplesmente contêm "o princípio da possibilidade dos A. em geral" (*Crít. R. Pura*, Doutrina transc. do mét., Disciplina da razão pura, I). Foi a partir do fim do século XIX que a noção de A. sofreu a transformação mais radical. Foi-lhe negada a característica que o definia, qual seja, a imediação da sua verdade, a certeza, a evidência. Esse resultado deve-se ao desenvolvimento do formalismo matemático e lógico: à obra de Peano, Russell, Frege e Hilbert. Segundo o ponto de vista formalista, que é o mais difundido atualmente, os A. da matemática não são nem verdadeiros nem falsos, mas são assumidos por convenção, com base em motivos de oportunidade, como fundamentos ou premissas do discurso matemático (HILBERT, "Axiomatischen Denken", em *Math. Annalen*, 1918). Desse modo, os A. não se distinguem mais dos postulados e as duas palavras são hoje usadas indiferentemente. A escolha dos A. de certo modo é livre e, nesse sentido, diz-se que os A. são "convencionais" ou "assumidos por convenção". [N.A.]

Uma limitação à liberdade na escolha dos axiomas que caracterizam uma teoria é constituída, porém, pela óbvia condição de que deles nada de contraditório possa derivar, caso contrário na própria teoria seria derivável qualquer proposição. Em virtude do teorema da *completude* (v.) de Gödel, essa condição pode ser expressa de outro modo:

a) Um conjunto X de axiomas é não-contraditório se admitir pelo menos um *modelo* (v.).

Outras propriedades relevantes dos sistemas de axiomas são:

b) *Decidibilidade*: Um sistema X é decidível se existir um método efetivo para determinar em um número finito de etapas se, dada uma fórmula p qualquer do sistema, esta é ou não um teorema do sistema.

c) *Independência*: Um sistema X de axiomas é independente (ou não redundante) se, por qualquer axioma p de X, p não for uma conseqüência lógica de X-{p} (em outras palavras: se não houver modo de derivar p dos restantes axiomas de X).

d) *Completude*: Um sistema X de axiomas é completo se, dada qualquer fórmula fechada (isenta de variáveis livres) p da linguagem do sistema, p for conseqüência lógica de X (em outras palavras: se de X for demonstrado p ou for demonstrado não-p).

e) Um sistema de axiomas X é *categórico* (ou *monomorfo*) se todos os modelos de X forem isomorfos entre si. [M.M.]

AXIOMAS DA INTUIÇÃO (in. *Axioms of intuition*; fr. *Axiomes de l'intuition*; al. *Axiomen der Anschauung*; it. *Assiomi dell'intuizione*). Kant indicou com essa expressão os princípios sintéticos do intelecto puro que derivam da aplicação das categorias à experiência e que exprimem a possibilidade das proposições da matemática e da física pura. Todos os princípios do intelecto puro têm a função de eliminar o caráter subjetivo da percepção dos fenômenos, reconduzindo essa percepção à conexão necessária dos próprios fenômenos, que é própria da experiência objetivamente válida. Em particular, os A. da intuição, que correspondem às categorias da quantidade, porque consistem na aplicação dessas categorias, transformam o fato subjetivo de só podermos perceber a quantidade espacial ou temporal (p. ex., uma linha ou um lapso de tempo) percebendo, sucessivamente, as suas partes, no princípio objetivamente válido de que "toda quantidade é composta de partes": nas palavras de Kant, de que "todas as intuições são quantidades extensivas"; e justificam assim a aplicação da matemática ao mundo da experiência (*Crít. R. Pura*, Anal. dos princ., cap. II). [N.A.]

AXIOMÁTICA (in. *Axiomatics*; fr. *Axiomatique*; al. *Axiomatik*; it. *Assiomatica*). A A. pode ser considerada resultado da aritmetização da análise que ocorreu na matemática a partir da segunda metade do século XIX, provocada sobretudo por Weierstrass. A primeira tentativa de axiomatização da geometria foi feita por Pasch, em 1882. Para a axiomatização da matemática também contribuíram o formalismo de Peano, Russell, Frege e, especialmente, a obra de Hilbert. Mas a A. não se limita hoje ao domínio da matemática: em física, é estudada como objetivo final ou, pelo menos, como formulação última e mais satisfatória; qualquer disciplina que atinja certo grau de rigor tende a assumir a forma axiomática. O significado da A. pode ser resumido brevemente nos pontos seguintes:

1º Axiomatizar uma teoria significa, em primeiro lugar, considerar, em lugar de objetos ou de classes de objetos providos de caracteres intuitivos, *símbolos* oportunos, cujas regras de uso sejam fixadas pelas *relações* enumeradas pelos *axiomas*. Como tais símbolos são desprovidos de qualquer referência intuitiva, a teoria formal assim obtida é passível de múltiplas interpretações, que se chamam *modelos*. Mas o modelo, aqui, não é um arquétipo preexistente à teoria, e mesmo a teoria concreta original, que forneceu os dados para o esquema lógico da A., não é senão um desses modelos. A característica da A. é prestar-se a interpretações ou a realizações diferentes, das quais constitui a estrutura lógica comum.

2º O método A. é um poderoso instrumento de generalização lógica. Um dos modos de generalização desse método consiste em destruir, sucessivamente, alguns axiomas de certa teoria dedutiva, conservando os outros e, assim, construindo teorias cada vez mais abstratas. O sistema gerado pela A. assim restringida é coerente se o sistema inicial o for e constitui uma generalização deste.

3º A característica fundamental da A. é a escolha e a clara enunciação das proposições primitivas de uma teoria, isto é, dos axiomas que introduzem os termos indefiníveis e estabelecem as regras de uso indemonstráveis. A escolha das noções primitivas é parte fundamental da constituição de uma axiomática. Hoje está claro, porém, que as próprias noções de "primitivo", "indefinível" e "indemonstrável" são relativas, no sentido de que um termo indefinível ou uma proposição indemonstrável, dentro de um sistema, podem ser definíveis ou demonstráveis se as bases do sistema forem modificadas. Por exemplo, na geometria euclidiana não se pode demonstrar o postulado das paralelas, mas se renunciarmos a demonstrar o teorema de que a soma dos ângulos de um triângulo é igual a dois retos, poderemos assumir essa proposição como um axioma e demonstrar a unicidade da paralela. Além disso, muitas vezes os termos não definidos são implicitamente definidos pelo conjunto dos postulados previamente escolhidos (*definição por postulados*). Diz-se que a escolha dos postulados é *livre*, mas na realidade deve obedecer a determinadas condições que a limitam notavelmente; para essas condições, v. AXIOMA.

4º Já se disse (v. AXIOMA) que o limite fundamental para a escolha dos axiomas é a sua coerência ou compatibilidade. Todavia, um teorema de Gödel (1931) estabeleceu que uma aritmética não contraditória comporta enunciados não decididos e, entre esses enunciados, está a não-contradição do sistema aritmético. Em outros termos, se permanecermos no âmbito de um sistema, não será possível estabelecer a não-contradição desse mesmo sistema. Esse é um dos limites da A., além dos que foram evidenciados pela corrente intuicionista dos matemáticos (v. MATEMÁTICA). [N.A.]

B

B. Na tradição silogística elaborada na época da escolástica, os silogismos pertencentes a figuras diferentes da primeira, que são indicados por uma palavra que comece com B (nas várias formulações dos versos mnemônicos que permitem reconstruir as regras para demonstrar a validade dos modos silogísticos), são redutíveis ao primeiro modo da primeira figura (*Barbara*). Mais exatamente, no caso de *Baroco* e *Bocardo* demonstra-se que são válidos de modo indireto (ou por absurdo) mediante *Barbara*. [M.M.]

BANAUSIA (gr. βαναυσία). Essa palavra, que em grego significa arte mecânica ou trabalho manual em geral, implica uma valorização desse tipo de atividade como coisa grosseira e vulgar. Heródoto (II, 155 ss.) já observava que tanto os gregos quanto os bárbaros estão de acordo ao considerarem inferiores os cidadãos que aprendem um ofício e os seus descendentes, e ao considerarem superiores as pessoas que se mantêm afastadas dos trabalhos manuais e, sobretudo, as que se dedicam à guerra. Xenofonte (*Econom.*, IV, 203), por sua vez, afirma que "as chamadas artes mecânicas trazem em si um estigma social e estão desonrando as nossas cidades". E, em *Górgias* (512 b), Cálicles diz que, embora o construtor de máquinas bélicas possa ser útil, "desprezá-lo-ás bem como à sua arte, chamá-lo-ás ofensivamente *banausos* e não desejarias dar tua filha como esposa a seu filho nem desejarias que teu filho se casasse com uma de suas filhas". Aristóteles diz explicitamente (*Pol.*, III, 4, 1.277 ss.) que o poder senhorial é próprio de quem não sabe fazer as coisas necessárias, mas sabe usá-las melhor do que os que se lhe submetem. O saber fazê-las é próprio dos servos, isto é, "da gente destinada a obedecer" e é coisa tão humilde que "não deve ser aprendida nem pelo político nem pelo bom cidadão, a não ser que lhes proporcione uma vantagem pessoal". Essa noção de B., na sociedade antiga, permitia a divisão da própria sociedade em duas classes: os que extraíam os meios de vida do trabalho manual e eram destinados a obedecer e os que se haviam libertado da escravidão do trabalho manual e eram destinados a mandar.

Com algumas exceções, essa concepção durou por toda a Idade Média e foi só com o Renascimento que se começou a introduzir no mundo moderno o conceito de dignidade do trabalho manual (v. TRABALHO). [N.A.]

BARALIPTON. Na tradição silogística, os que não aceitavam a quarta figura (não reconhecida explicitamente por Aristóteles) indicavam com essa palavra mnemônica um dos silogismos chamados "indiretos" de primeira figura, mais precisamente o que tem a forma: "Todos os A são B; todos os C são A; logo, alguns B são C" ("Todo animal é substância; todo homem é animal; logo, alguma substância é homem"). [M.M.]

BARBARA. Palavra mnemônica usada pelos escolásticos para indicar o primeiro dos nove modos do silogismo de primeira figura, o qual consta de duas premissas universais afirmativas e de uma conclusão também universal afirmativa, como no exemplo: "Todo animal é substância; todo homem é animal; logo, todo homem é substância" (PEDRO HISPANO, *Summ. log.*, 4.07; *Lógica de Port-Royal*, III, 5). [N.A.]

BARBARI. Palavra mnemônica usada na tradição silogística para indicar o modo de primeira figura que, tendo ambas as premissas universais, tem conclusão particular: em última análise é como se, obtida uma conclusão com base em *Barbara* (v.), se passasse a deduzir sua subalterna (v. SUBALTERNAÇÃO), realizando a passagem para a particular afirmativa com mesmos sujeito e predicado. A passagem, porém, só é permitida se for pressuposto que o sujeito da conclusão particular não é um termo vazio. [M.M.]

BARBÁRIE. Esse foi o nome que Vico deu ao estado primitivo, selvagem, do qual o gênero humano foi saindo pouco a pouco para chegar à ordem do mundo propriamente humano, pelo temor à divindade. Deu o nome de "retorno da B." à Idade Média (*Scienza nuova*, dignidade, 56; Carta a De Angelis, *Opere*, ed. Utet, p. 159). [N.A.]

BAROCO. Palavra mnemônica usada pelos escolásticos para indicar o quarto dos quatro modos do silogismo de segunda figura, mais precisamente o que consiste numa premissa universal afirmativa, numa premissa particular negativa e numa conclusão particular negativa, como no exemplo: "Todo homem é animal; algumas pedras não são animais; logo, algumas pedras não são homens" (PEDRO HISPANO, *Summ. log.*, 4.11). [N.A.]

BASE EMPÍRICA (in. *Empirical basis*; fr. *Base empirique*; al. *Empirische Basis*; it. *Base empirica*). Expressão epistemológica usada a propósito dos "problemas referentes ao caráter empírico das observações particulares e do modo como elas são verificadas" (K. POPPER, *Lógica da descoberta científica*, § 7, trad. it. [*Logica della scoperta scientifica*], Einaudi, Turim, 1970, p. 25). A discussão em torno da B. empírica – entendida como (hipotética) plataforma experimental das construções teóricas da ciência – representou um dos pontos nodais do *empirismo lógico* (v.) e acompanhou a chamada "polêmica dos protocolos" (v. PROTOCOLO). Como antítese ao fundacionalismo de Schlick e do primeiro Carnap, tendente a crer numa plataforma de observação que pudesse funcionar como *origem* e *verificação* do conhecimento, Neurath defendeu a inexistência de uma suposta B. empírica objetiva capaz de funcionar como incontrovertível ponto de referência das nossas construções epistêmicas: "*Não há nenhum modo de formular enunciados protocolares puros e definitivamente assumidos por verdadeiros, como base de partida da ciência*. Não é possível nenhuma *tabula rasa*. Somos como marinheiros que precisam consertar o navio em alto-mar, sem poder desmontá-lo num estaleiro para reconstruí-lo com materiais melhores" (*Enunciados protocolares*, 1932, em *Sociologia e neopositivismo*, trad. it., Ubaldini, Roma, 1968, pp. 56 ss.). A verdade científica não reside no confronto entre enunciados e experiência, mas na coerência entre enunciados: "Um enunciado é sempre confrontado com um outro enunciado ou com o sistema dos enunciados, e nunca com uma 'realidade'. Um procedimento desses seria metafísico, portanto sem sentido" (*Sociologia e fisicalismo*, 1931, em *op. cit.*, p. 27).

Segundo Popper, que se opõe tanto ao neopositivismo originário quanto ao convencionalismo, a B. empírica da ciência depende de uma decisão dos pesquisadores acerca das asserções básicas particulares que a constituem: "distingo-me do convencionalista por defender que as asserções decididas mediante acordo não são universais, mas particulares. E distingo-me do positivista por defender que as asserções básicas não são justificáveis com base nas nossas experiências imediatas mas, do ponto de vista lógico, são aceitas mediante um ato de livre decisão" (*ibid.*, § 30, p. 105). Aos epistemólogos pós-positivistas a busca de uma B. empírica da ciência (seja qual for o modo como é entendida e prevista) pareceu ilusória e epistemologicamente improponível (v. ASSERÇÕES BÁSICAS; EMPIRISMO; FALSIFICABILIDADE, PRINCÍPIO DE; TEÓRICO-OBSERVACIONAL). [G.F.]

BEATITUDE. V. BEM-AVENTURANÇA.

BEHAVIORISMO (in. *Behaviorism*; fr. *Comportamentisme*; al. *Behaviorismus*; it. *Behaviorismo, Comportamentismo*). Corrente da psicologia contemporânea que tende a restringir a psicologia ao estudo do *comportamento* (v.), eliminando qualquer referência à "consciência", ao "espírito" e, em geral, ao que não pode ser observado e descrito em termos objetivos. Pode-se considerar Ivan Pavlov fundador dessa corrente; foi ele autor da teoria dos reflexos condicionados e o primeiro a fazer pesquisas psicológicas que prescindiam de qualquer referência aos "estados subjetivos" ou "estados interiores". Em 1903, Pavlov perguntava: "para compreender os novos fenômenos, por acaso deveremos penetrar no *ser interior* do animal, imaginar ao nosso modo as sensações, os sentimentos e os desejos deles? Para o experimentador científico, parece-me que a resposta a essa última pergunta só pode ser um *não* categórico" (*Reflexos condicionados*, 1950; trad. it. *I riflessi condizionati*, p. 17). No laboratório de Pavlov (como ele mesmo conta [*ibid.*, p. 129]), foi proibido, até sob pena de multa, o uso de expressões psicológicas como "o cão adivinhava, queria, desejava etc."; e Pavlov não hesitava em definir como "desesperada", do ponto de vista científico, a situação da psicologia como ciência dos estados subjetivos (*ibid.*, p. 97). Todavia, o primeiro a enunciar claramente o programa do B. foi J. B. Watson em um livro intitulado *O comportamento – Introdução à psicologia comparada*, publicado em 1914. Foi Watson quem deu o nome de B. a essa escola e sua pretensão fundamental era limitar a pesquisa psicológica às reações objetivamente observáveis. A força do B. consiste precisamente na exigência metodológica que impôs: não é possível falar cientificamente daquilo que escapa a qualquer possibilidade de observação objetiva e de controle. O B. foi muitas vezes interpretado, pelos que o questionam, como a negação da "consciência", do "espírito" ou dos "estados interiores" etc. Na realidade ele é simplesmente a negação da *introspecção* como instrumento legítimo de investigação: negação que já fora feita por Comte (v. INTROSPECÇÃO). Além disso, é o reconhecimento deliberado do comportamento como objeto próprio da indagação psicológica. Nas suas primeiras manifestações, o B. estava ligado à corrente mecanicista, para a qual o estímulo externo é a *causa* do comportamento, no sentido de torná-lo infalivelmente previsível; o próprio Pavlov ressaltava essa infalibilidade (*ibid.*, p. 133). Mas esse pressuposto, de natureza ideológica, hoje foi abandonado pelo B., que permeou profundamente a indagação antropológica moderna (psicologia, sociologia etc.) (v. PSICOLOGIA). [N.A.]

BELO (gr. τὸ καλόν; lat. *Pulchrum*; in. *Beautiful*; fr. *Beau*; al. *Schön*; it. *Bello*). A noção de B. coincide com a noção de objeto estético só a partir do século XVIII (v. ESTÉTICA); antes da descoberta da noção de gosto, o B. não era mencionado entre os objetos *produzíveis* e, por isso, a noção correspondente não se incluía naquilo que os antigos chamavam de *poética*, isto é, ciência ou arte da produção. Podem ser distinguidos cinco conceitos fundamentais de B., defendidos e ilustrados tanto dentro quanto fora da estética: 1º o B. como manifestação do bem; 2º o B. como manifestação do verdadeiro; 3º o B. como simetria; 4º o B. como perfeição sensível; 5º o B. como perfeição expressiva.

1º O B. como manifestação do bem é a teoria platônica do belo. Segundo Platão, só à beleza, entre todas as substâncias perfeitas, "coube o privilégio de ser a mais evidente e a mais amável" (*Fed.*, 250 e). Por isso, na beleza e no amor que ela suscita, o homem encontra o ponto de partida para a recordação ou a contemplação das substâncias ideais (*ibid.*, 251 a). A repetição dessa doutrina do B. no neoplatonismo assume caráter teológico ou místico porque o bem ou as essências ideais de que falava Platão são hipostatizadas e unificadas por Plotino no Uno, isto é, em Deus; o Uno e Deus são definidos como "o Bem". "É o Bem", diz Plotino, "que dá beleza a todas as coisas", de modo que o B., em sua pureza, é o próprio bem e todas as outras belezas são adquiridas, mescladas e não primitivas: porque vêm dele (*Enn.*, 1, 6, 7). Essa forma mística ou teológica nem sempre reveste a doutrina do B. como manifestação do bem, mas é óbvio que semelhante doutrina é explícita ou implicitamente pressuposta cada vez que se propõe a função da arte no aperfeiçoamento moral.

2º A doutrina do B. como manifestação da verdade é própria do Romantismo. "O B.", dizia Hegel, "define-se como a aparição sensível da Idéia." Isso significa que beleza e verdade são a mesma coisa e que se distinguem só porque, enquanto na verdade a Idéia tem manifestação objetiva e universal, no B. ela tem manifestação sensível (*Vorlesungen über die Ästhetik*, ed. Glockner, I, p. 160). Raramente, fora de Hegel, esse ponto de vista foi apresentado com tanta decisão, mas reaparece em quase todas as formas da estética romântica, constituindo, indubitavelmente, uma definição típica do belo.

3º A doutrina do B. como simetria foi apresentada pela primeira vez por Aristóteles: o B. é constituído pela ordem, pela simetria e por uma grandeza capaz de ser abarcada, em seu conjunto, por um só olhar (*Poet.*, 7, 1.450 b 35 ss.). Essa doutrina foi aceita pelos estóicos, citados por Cícero: "Assim como no corpo existe uma harmonia de feições bem proporcionadas, unida a um belo colorido, que se chama beleza, também para a alma a uniformidade e a coerência das opiniões e dos juízos, unida a certa firmeza e imutabilidade, que é conseqüência da virtude ou contém a própria essência da virtude, chama-se beleza" (*Tusc.*, IV, 13, 31). Essa doutrina fixou-se por longo tempo na tradição. Foi adotada pelos escolásticos (p. ex., TOMÁS DE AQUINO, *S. Th.*, I, q. 39, aa. 8) e por muitos escritores e artistas do Renascimento, quando quiseram ilustrar o que procuravam fazer com a sua arte: por exemplo, Leonardo em *Trattato della pittura.*

4º É com a doutrina do B. como perfeição sensível que nasce a estética. "Perfeição sensível" significa, por um lado, "representação sensível perfeita" e, por outro, "prazer que acompanha a atividade sensível". No primeiro sentido, é concebida principalmente pelos analistas alemães e, em particular, por Baumgarten (*Aesthetica*, 1750, §§ 14-8). No segundo sentido, foi utilizada sobretudo pelos analistas ingleses, em primeiro lugar por Hume (*Essay Moral and Political*, 1741) e por Burke (*A Philosophical Inquiry into the Origin of Our Ideas of the Sublime and Beautiful*, 1756), preocupados ambos em determinar os caracteres que fazem do prazer sensível aquilo que se costuma chamar de "beleza". Kant unificou essas duas definições complementares de B. e insistiu naquilo que até hoje é considerado seu caráter fundamental, isto é, o *desinteresse.* Conseqüentemente, definia o B. como "o que agrada universalmente e sem conceitos" (*Crít. do Juízo*, § 6) e insistia na independência entre prazer do B. e qualquer interesse, tanto sensível quanto racional. "Cada um chama de agradável o que o satisfaz; de Belo, o que lhe agrada; de bom o que aprecia ou aprova, aquilo a que confere um valor objetivo. O prazer também vale para os animais irracionais; a beleza, só para os homens, em sua qualidade de seres animais mas racionais, e não só por serem racionais, mas por serem, ao mesmo tempo, animais.

O bom tem valor para todo ser racional em geral" (*Crít. do Juízo*, § 5). Kant distinguiu além disso o B. livre (*pulchritudo vaga*) e o B. aderente (*pulchritudo adhaerens*). O primeiro não pressupõe um conceito daquilo que o objeto deve ser; por exemplo, as flores são belezas naturais livres. O segundo pressupõe esse conceito; por exemplo, a beleza de um cavalo, de uma igreja etc. pressupõe o conceito da finalidade a que tais objetos são destinados (*ibid.*, § 16).

Com a doutrina de Kant, o conceito de B. foi reconhecido numa esfera específica, tornou-se um valor, ou melhor, uma classe de valores, fundamental. Juntamente com o Verdadeiro e com o Bem, entrou na constituição de uma nova espécie de trindade ideal, correspondente às três formas de atividade reconhecidas como próprias do homem: intelecto, sentimento e vontade. Embora essa tripartição tenha sido considerada durante muito tempo como um dado de fato originário, testemunhado pela "consciência" ou pela "experiência interior", na realidade é uma noção historicamente derivada, que, na segunda metade do século XVIII, nasceu da inserção da "faculdade do sentimento" entre as outras faculdades (reconhecidas desde o tempo de Aristóteles): a teórica e a prática (v. GOSTO; SENTIMENTO).

5º Como perfeição expressiva ou completude da expressão, o B. é, implícita ou explicitamente, definido por todas as teorias que consideram a arte como expressão (v. ESTÉTICA, 3). Croce disse: "Parece-nos lícito e oportuno definir a beleza como *expressão bem-sucedida*, ou melhor, como *expressão pura e simples*, pois a expressão, quando não é bem-sucedida, não é expressão" (*Estetica*, 4ª ed., 1912, p. 92). E, conquanto, na obra de Croce, a teoria da arte como expressão se combine ou se confunda com a de arte como conhecimento, a definição de beleza dada por Croce pode ser adotada em qualquer teoria da arte como expressão. [N.A.]

Entre as tipologias propostas para a leitura da estética da segunda metade do século XX (v. ESTÉTICA), o B. parece relevante apenas na estética *hermenêutica*, que, reatando com a noção platônica de beleza como evidência, retomada por Leibniz e, mais recentemente, por Nietzsche e Heidegger, reconheceu no B. um modo peculiar em que se impõe a verdade e que é autônomo e alternativo em relação ao modo da ciência (GADAMER, *Attualità del bello*, trad. it., 1986). Acolhendo as transformações da noção de B. inauguradas no século XVIII por *Laocoonte* de Lessing e difundido no romantismo, o cânone para julgá-lo é, porém, estendido a noções paralelas ou subordinadas, que compreendem também a expressividade do *feio* (v.), do gracioso, do agradável, do interessante e do ocasional. [M.F.]

BEM (gr. ἀγαθόν; lat. *Bonum*; in. *Good*; fr. *Bien*; al. *Gut*; it. *Bene*). Em geral, tudo o que possui valor, preço, dignidade, a qualquer título. Na verdade, B. é a palavra tradicional para indicar o que, na linguagem moderna, se chama *valor* (v.). Um B. é um livro, um cavalo, um alimento, qualquer coisa que se possa vender ou comprar; um B. também é beleza, dignidade ou virtude humana, bem como uma ação virtuosa, um comportamento aprovável. Em correspondência com essa extrema variedade de significados, o adjetivo *bom* tem uma idêntica variedade de aplicações. Podemos falar de "uma boa chave de fenda" ou de "um bom automóvel" como também de "uma boa ação" ou de "uma pessoa boa". Dizemos também "um bom prato", para indicar algo que corresponde ao nosso paladar, ou "um bom quadro", para indicar um quadro bem-feito.

Dessa esfera do significado geral, pela qual a palavra se refere a tudo o que tem um valor qualquer, pode-se recortar a esfera do significado específico, em que a palavra se refere particularmente ao domínio da moralidade, isto é, dos *mores*, da conduta, dos comportamentos humanos intersubjetivos, designando, assim, o valor específico de tais comportamentos. Nesse segundo significado, isto é, como B. moral, o B. é objeto da ética e o registro dos seus diferentes significados históricos é encontrado no verbete *Ética* (v). Por ora, deveremos tratar da noção de B. só no primeiro sentido, isto é, na sua acepção mais geral. Podemos, então, distinguir dois pontos de vista fundamentais, que apresentam intersecção na história da filosofia: 1º a teoria *metafísica*, segundo a qual o B. é a realidade, mais precisamente a realidade perfeita ou suprema, e é desejado como tal; 2º a teoria *subjetivista*, segundo a qual o B. é o que é desejado ou o que agrada, e é tal só nesse aspecto.

1º O modelo de todas as *teorias metafísicas* é a teoria de Platão, segundo a qual o B. é o que confere verdade aos objetos cognoscíveis, que confere ao homem o poder de conhecê-los, que confere luz e beleza às coisas etc.; em uma palavra, é fonte de todo ser, no homem e fora do homem (*Rep.*, VI, 508 e 509 b). Platão compara o B. ao Sol, que dá aos objetos não só a possibilidade de serem vistos como também a de serem gerados, de crescerem e de nutrir-se; e, assim como o Sol que, mesmo sendo a causa dessas coisas, não é nenhuma delas, também o B. como fonte da verdade, do belo, da cognoscibilidade etc. e, em geral, do ser, não é nenhuma dessas coisas e está além delas (*ibid.*, 509 b). Analogamente, Plotino vê no B. a primeira Hipóstase, isto é, a origem da realidade, o próprio Deus, considerando-o como causa, ao mesmo tempo, do ser, da ciência (*Enn.*, VI, 7, 16) e, em geral, de tudo o que é ou vale um título qualquer (*ibid.*, V, 4, 1). Essas noções tornaram-se correntes na filosofia medieval, que identificou, segundo o exemplo neoplatônico, o B. com Deus mesmo, de modo que só pode ser considerado "bom" o que é, de algum modo, semelhante a Deus (TOMÁS DE AQUINO, *S. Th.*, I. q. 6, a. 4).

Na sua forma característica, essa concepção de B. afirma a identidade do que é B. com o que existe. "*Bonum* e *ens* são a mesma coisa na realidade", diz Tomás de Aquino, "embora possam distinguir-se um do outro racionalmente. O B., com efeito, é o ente como objeto de desejo, o que não é o ente" (*S. Th.*, 1, q. 5, a. 1). Por isso, "todo ente, como ente, é bom" (*ibid.*, I, q. 5, a. 3). De fato, todo ente como tal está em ato e enquanto está em ato é perfeito: mas o que é perfeito é também apetecível e é bom. Essa tese revela a natureza da concepção metafísica do B., cujo princípio é que o B. é apetecível só como realidade perfeita ou perfeição real. Pode-se, por isso, reconhecer uma teoria metafísica do B. precisamente por essa característica, que subordina a apetecibilidade à realidade e, por fim, considera o próprio B. como a realidade suprema. Assim faz Hegel, por exemplo, quando afirma que "a realidade efetiva coincide em si com o B." (*Philosophische Propädeutik*, III, § 83), ou que o B. é "a liberdade realizada, o objetivo final absoluto do mundo" (*Fil. do dir.*, § 129). Todas as formas de idealismo e de espiritualismo constituem outras tantas doutrinas metafísicas do B., visto que todas identificam o B. com a realidade e, em última instância, com a realidade suprema; é o que fazem, por exemplo, Rosmini, que identifica ser e bem (*Principi della scienza morale*, ed. it., p. 78), e Gentile, que identifica o B. com o espírito em ato: "O B. ou valor moral outra coisa não é senão a realidade espiritual em sua idealidade, como produção de si mesma ou liberdade" (*Lógica*, 1, p. 110). Algumas filosofias contemporâneas que preferem falar de valor em vez de B., considerando o valor como uma realidade absoluta e última, inscrevem-se na mesma concepção tradicional de bem.

2º Por outro lado, a *teoria subjetivista* do B. é o inverso simétrico da teoria metafísica. Para ela, o B. não é desejado por ser perfeição e realidade, mas é perfeição e realidade por ser desejado. Ser desejado ou apetecido é o que define o B. Foi assim que Aristóteles o definiu várias vezes (*Et. nic.*, I, 1, 1.094 a 3). Todavia, nesse autor, a doutrina não deixa de ter conexões ou misturas com a doutrina oposta. Quando precisa determinar os critérios de preferência entre os vários bens, recorre à noção metafísica de perfeição, isto é, à noção que fundamenta a teoria oposta de B. Assim, por exemplo, ele diz que o que é B. em absoluto é mais desejável do que aquilo que é um B. para alguém, como curar-se é preferível a sofrer uma operação cirúrgica; que o que é um B. por natureza (p. ex., a justiça) é preferível ao que é um B. por aquisição (p. ex., o homem justo). Além disso, "mais desejável é o que pertence a um objeto melhor e mais digno, de tal modo que o que pertence à divindade é preferível ao que pertence ao homem, e o que tange à alma é preferível ao que tange ao corpo" (*Top.*, III, 1, 116 b 17). Assim, Aristóteles delineia um sistema de preferências que parece orientar-se para o caráter de perfeição que os bens possuem objetivamente e que, portanto, mal se concilia com a definição do B. como objeto de desejo.

Essa definição é validada pela primeira vez, em todo o seu rigor, pelos estóicos. Estes consideraram o B. exclusivamente como objeto de escolha obrigatória ou preferencial; portanto, foram também os primeiros a introduzir na ética a noção de *valor* (v.). "Assim como é próprio do calor aquecer, e não esfriar, também é próprio do B. ajudar, e não prejudicar", diziam eles (DIÓG. L., VII, 103). B., em sentido absoluto, é somente o que se conforma à razão, que tem, por isso, um valor em si; mas são também B., embora de modo subordinado ou mediato, as coisas que fazem apelo à escolha e como tais têm valor, como o talento, a arte, a vida, a saúde, a força, a beleza etc. (*ibid.*, 104-5; cf. CÍCERO, *De finibus*, III, 6, 20). Essa tábua de valores prescindia completamente da perfeição objetiva a que se referiam as tábuas de valores da concepção clássica grega.

Obliterada durante toda a Idade Média, a concepção subjetivista de B. volta, no Renascimento, com as alusões à ética do móbil, que se repetem nesse período (v. ÉTICA), mas foi afirmada na sua forma mais nítida por Hobbes. "O homem chama de *bom* o objeto de seu apetite ou de seu desejo, de *mau* o objeto de seu ódio ou de sua aversão, de *vil* o objeto de seu desprezo. As palavras 'bom', 'mau', 'vil' são sempre entendidas em relação a quem as emprega, porque nada há de absoluto e simplesmente tal, e não há nenhuma norma comum para o B. e para o mal que derive da natureza das coisas" (*Leviath.*, I, 6). Espinosa aceitou com entusiasmo esse ponto de vista. "Nós não nos propomos, não queremos, não desejamos, não ansiamos por uma coisa porque a julguemos boa, mas, ao contrário, julgamo-la boa pelo fato de a propormos, querermos, desejarmos e ansiarmos" (*Et.*, III, 9, escól.). E, no prefácio ao IV Livro, reitera: "O B. e o mal não indicam nada positivo que esteja nas coisas consideradas em si, mas são nada mais do que modos de pensar ou noções que formamos, ao confrontar as coisas. Realmente, uma mesma coisa pode ser, ao mesmo tempo, boa, má e até indiferente". Por sua vez, Locke afirmou que "chamamos de B. o que é capaz de produzir prazer em nós e de mal o que é capaz de produzir sofrimento" (*Ensaio*, II, 21, 43); definições que encontram concordância em Leibniz: "O B. divide-se em honesto, agradável e útil, mas, no fundo, creio que deve ser agradável por si mesmo ou servir a algo que nos dê sentimento de prazer: o B. é agradável ou útil e mesmo a honestidade consiste em um prazer do espírito" (*Nouv. ess.*, II, 20, 2). Kant aceitou essas observações, acrescentando-lhes um elemento importante, isto é, a exigência de uma referência conceitual. "O B." diz ele, "é o que, por intermédio da razão, agrada pelo seu conceito puro. Dizemos que alguma coisa é *boa para* (útil) quando ela agrada só como um meio; aquela que, ao contrário, agrada por si mesma, dizemos que é boa em si. Em ambas, estão sempre contidos o conceito de finalidade e a relação entre razão e vontade (pelo menos possível); conseqüentemente, o prazer está ligado à existência de um objeto ou de uma ação, vale dizer, a um interesse" (*Crít. do Juízo*, § 4). A presença do conceito, isto é, do fim a que a coisa tende ou da norma a que deve adequar-se, é o que distingue o bom do agradável. Kant nota que um alimento agradável, para ser considerado "bom", deve agradar também à razão, isto é, deve ser considerado bom em relação ao objetivo da nutrição, da saúde física. Todavia, o agradável e o bom estão ligados pelo fato de dependerem ambos do interesse pelo seu objeto; além disso, "o que é B. absolutamente sob todos os aspectos, o B. moral, inclui o mais alto interesse, pois o B. é o objeto da vontade, isto é, de uma faculdade de desejar determinada pela razão. Mas querer alguma coisa e ter prazer por sua existência, isto é, sentir interesse por ela, são a mesma coisa" (*ibid.*, fim). Nesse sentido, o B. é aquilo que se aprecia, que se aprova e a que se atribui "um valor objetivo" (*ibid.*, § 5). Assim, no seio da própria teoria subjetivista, Kant valida a exigência objetivista que constituía a força da teoria metafísica. O B., para Kant, só é B. em relação ao homem, isto é, em face do interesse que o homem tem por sua existência. Mas isso não o torna exclusivamente subjetivo, isto é, não o identifica pura e simplesmente com o prazer porque ao reconhecimento do B. está vinculada a valorização conceitual de sua eficiência em relação a certos fins, e é isto que constitui o B. como "um valor objetivo".

Depois de Kant, a noção de valor tende a suplantar a de B. nas discussões morais, e pode ser considerada como sucessora do conceito subjetivo de B., dotada que é de suas mesmas conexões sistemáticas. Em seu lugar, porém, renascerá, com forma pouco alterada, a alternativa entre uma concepção objetivista e uma concepção subjetivista: alternativa que ainda hoje constitui um dos temas fundamentais da discussão moral (v. VALOR). [N.A.]

A preeminência do conceito de valor sobre o de B. não coincidiu com a saída definitiva dessa noção do âmbito da ética teórica. De fato, para a retomada da idéia de B. contribuíram os filósofos intuicionistas, como G. H. Moore (que identificou o problema moral com o do B., mesmo chegando à conclusão de que ele é racionalmente indefinível), os filósofos de orientação clássica e cristã (que, inspirando-se no modelo greco-tomista, vêem no B. uma epifania do ser e, nas categorias de valor e fim, as duas manifestações co-essenciais dele) e os estudiosos (como os seguidores do *neo-aristotelismo* [v.] prático) que acreditam em alguma forma concreta (ou "substancial") de B. e de "bem-estar". A esse retorno do B. à filosofia contemporânea opõem-se todos os que (dos neocontratualistas ao teóricos da ética do discurso), pressupondo a "prioridade da democracia sobre a filosofia" (Rorty), consideram que a principal tarefa da ética não é impor determinada concepção de B. (inevitavelmente ligada a determinada visão metafísico-religiosa do mundo e limitada a contextos geográfico-culturais específicos), mas sim lutar pela garantia das condições básicas (liberdade, justiça) para que cada indivíduo ou grupo possa focalizar e perseguir seu próprio modelo de B e de bem-estar. Modelo que não é pensado como algo não modificável, mas segundo o critério de um construto passível de ser publicamente discutido e eventualmente modificado e refutado. [G.F.]

BEM-AVENTURANÇA (gr. μακαρία; lat. *Beatitudo*; in. *Beatitude*; fr. *Béatitude*; al. *Seligheit*; it. *Beatitudine*). O significado desse termo pode distinguir-se do de *felicidade* (v.), de que é sinônimo, porque designa um estado de satisfação completa, perfeitamente independente das vicissitudes do mundo. Aristóteles, que às vezes usa esse termo e o termo felicidade indiferentemente, vincula a B. à contemplação e comensura-a com o grau da atividade contemplativa nos vários seres vivos. Assim, a vida dos deuses é bem-aventurada porque contemplativa. Aos homens cabe uma espécie de semelhança com essa vida porque se elevam só vez por outra à contemplação; os animais não são absolutamente bem-aventurados porque carecem de atividade contemplativa (*Et. nic.*, X, 8, 1.178 b 9 ss.). Entre os homens, naturalmente, o sábio é o mais bem-aventurado (*ibid.*, I, 11, 1.101 b 24). Na filosofia pós-aristotélica e sobretudo na estóica, a B. do sábio tornou-se tema comum de exercício (cf. *De vita beata* de Sêneca), e no neoplatonismo de Plotino a crítica da felicidade, como é entendida por estóicos e aristotélicos (*Enn.*, I, 4), é acompanhada pelo conceito de que a B. é inativa porque indiferente a toda realidade externa. "Os seres bem-aventurados estão imóveis em si e basta-lhes ser o que são: não se arriscam a ocupar-se com nada, pois isso os faria sair do seu estado; mas essa é a felicidade deles, pois, sem agir, realizam grandes coisas e não fazem pouco permanecendo imóveis em si mesmos" (*ibid.*, II, 2, 1). A partir do neoplatonismo, pode-se dizer que o conceito de B. se foi distinguindo cada vez mais do de felicidade, ligando-se estreitamente à vida contemplativa, ao abandono da ação e à atitude de reflexão interior e de retorno para si mesmo. A tradição cristã agiu no mesmo sentido, vinculando a B. a uma condição ou um estado, tão independente das lides mundanas quanto dependente da disposição interna da alma. A doutrina aristotélica da felicidade, própria da vida contemplativa, serviu de modelo aos escolásticos para a elaboração do conceito de beatitude. Tomás de Aquino diz que a B. é "a última perfeição do homem", isto é, a atividade da sua faculdade mais elevada, o intelecto na contemplação da realidade superior, isto é, de Deus e dos anjos. "Na vida contemplativa, o homem comunica-se com as realidades superiores, ou seja, com Deus e com os anjos, às quais se assemelha também na B." Portanto, o homem só obterá a B. perfeita na vida futura, que será inteiramente contemplativa. Na vida terrena, ele pode obter uma B. imperfeita, em primeiro lugar por meio da contemplação e em segundo lugar por meio da atividade do intelecto prático que organiza as ações e as paixões humanas, isto é, com a virtude (*S. Th.*, II, I, q. 3, a. 5). Na Idade Moderna, o conceito de B. e o de felicidade foram-se distinguindo cada vez mais, referindo-se o primeiro à esfera religiosa e contemplativa e o segundo à esfera moral e prática. Pode-se dizer que o único filósofo que não une os dois significados por simples confusão é Espinosa, para quem a B. "é a satisfação íntima que nasce da cognição intuitiva de Deus" (*Et.*, IV, ap. 4), identificando-a com a liberdade e com o amor do homem por Deus, que é o mesmo amor com que Deus se ama a si mesmo (*ibid.*, V, 36, esc.). Mas como a intuição de Deus ou o amor por Deus significam, para Espinosa, o conhecimento da ordem necessária das coisas do mundo (*ibid.*, V, 31-3), o caráter místico-religioso ou contemplativo da B. identifica-se com o caráter mundano e prático da felicidade. O mesmo significado está na obra de Fichte, *Introdução à vida bem-aventurada* (1806). Aqui a B. é definida, tradicionalmente, como a união com Deus: mas Fichte preocupa-se em abolir o significado contemplativo tradicional, não a considerando resultado de um "sonho devoto", mas da própria moralidade operante (*Werke*, V, p. 474).

No pensamento moderno, essa noção e as palavras beatitude e beato deixaram de ter um uso propriamente filosófico. Além de ter acepções religiosas pejorativas, é considerada útil por alguns psicólogos, que a empregam para indicar certos estados patológicos de alegria, caracterizados pelo completo esquecimento da realidade (PIERRE JANET, *De l'angoisse à l'extase*, III, cap. II). [N.A.]

BEM COMUM (lat. *Bonum commune*; in. *Common good*; fr. *Bien commun*; al. *Gemeingut*; it. *Bene comune*). Conceito próprio do pensamento político católico, base da doutrina social da Igreja. Do ponto de vista filosófico, os seus maiores teóricos são Tomás de Aquino e Maritain. Desenvolvendo o pensamento de Aristóteles (no qual não está presente o termo B. comum, que é de origem medieval), Tomás de Aquino identifica-o com a suficiência de bens materiais e com uma vida feliz e virtuosa, compartilhada por todos. Apesar de vê-lo como objetivo essencial das leis ("*omnis lex ad bonum commune ordinatur*", *S. Th*, I-II q. 90, a. 2), Tomás esclarece, de modo cristão, que "o homem não está votado à sociedade civil (*communitatem politicam*) por força de todo o seu ser e de todos os seus bens", mas sim "a Deus em tudo o que forma seu ser, seu poder e seu ter" (*ibid.*, 1-11, q. 21, a. 4 a 3). Maritain, que utiliza esse conceito para opor-se ao individualismo de matriz liberal e ao coletivismo de matriz marxista, identifica-o com "o bem-estar *humano* da multidão", afirmando que ele subentende e exige respeito aos direitos fundamentais das pessoas (*A pessoa e o bem comum*, 1947; *O homem e o Estado*, 1951; v. DEMOCRACIA). [G.F.]

BEM SUPREMO ou SUMO BEM (gr. τἀγαθόν; lat. *Summum honum*; in. *Supreme good*; fr. *Souverain bien*; al. *Das höchste Gut*; it. *Bene sommo*). Noção introduzida por Aristóteles, para indicar o que é desejado por si mesmo e não em vista de outro B. É necessário que haja um B. supremo para evitar o processo ao infinito (*Et. nic.*, I, 2, 1.094 a 18). Para Aristóteles, o B. supremo é a felicidade. Os escolásticos empregam essa expressão para indicar Deus mesmo (TOMÁS DE AQUINO, *S. Th.*, I, q. 6, a. 1). Kant considerou o adjetivo "sumo" equívoco, pois ele pode significar tanto supremo (*supremum*) como perfeito (*consummatum*). O B. supremo é a condição primeira e originária de todo B.: é, por isso, a virtude. Mas o B. perfeito é o que não é parte de um B. maior da mesma espécie; nesse sentido, a virtude não pode ser chamada de "B. perfeito", que é a união de virtude e felicidade (*Crít. R. Prática*, Dialética, cap. II). [N.A.]

BENEFICÊNCIA, PRINCÍPIO DE (in. *Principle of Beneficence*; it. *Principio di Beneficialità*). Obrigação moral de fazer bem aos outros ou, no caso dos médicos, de lutar pelo bem dos pacientes, causando-lhes o mínimo dano possível. Esse termo é usado principalmente em *bioética* (v.) e em *filosofia da medicina* (v.). [G.F.]

BENEVOLÊNCIA. V. BONDADE.

BENTHAMISMO. V. UTILITARISMO.

BERGSONISMO. V. ESPIRITUALISMO.

BERKELIANISMO. V. IMATERIALISMO.

BICONDICIONAL (in. *Biconditional*; fr. *Biconditionnel*; al. *Äquivalenz*; it. *Bicondizionale*). Com esse nome e com a expressão "equivalência material", em geral pretende-se designar, em lógica clássica, o *conectivo* (v.) binário que, aplicado a dois enunciados quaisquer p e q, cria um enunciado verdadeiro só no caso em que p e q tenham o mesmo valor de verdade (sejam ambos verdadeiros ou ambos falsos). O B. costuma ser expresso pelo símbolo "$\leftrightarrow$" ($p \leftrightarrow q$) ou por "$\equiv$" ("$p \equiv q$"). No simbolismo polonês, é designado pela letra "E", antes dos enunciados aos quais se aplica ("Epq"). É assim chamado porque, por exemplo, quando liga os dois enunciados p e q, é logicamente equivalente à conjunção das duas condicionais: "se p, então q" e "se q, então p" (ou seja, "$p \leftrightarrow q$" é equivalente a "$p \rightarrow q \wedge q \rightarrow p$"). [M.M.]

BILDUNG. V. FORMAÇÃO.

BIOÉTICA (in. *Bioethics*; fr. *Bioéthique*; al. *Bioethik*; it. *Bioetica*). Termo cunhado em torno dos anos 1970 para indicar "o estudo sistemático da conduta humana no âmbito das ciências da vida e do tratamento da saúde, em que tal conduta é examinada à luz de valores e princípios éticos" (*Encyclopedia of Bioethics*, org. de W. Reich, Mcmillan Free Press, Nova York, 1978, n.e. 1995, verbete "Bioethics").

Os problemas da B., entendida como ramo ou subseção da ética, estendem-se da engenharia genética à defesa do meio ambiente e apresentam nítido caráter interdisciplinar, pois implicam setores díspares do saber: da biologia à medicina, da psicologia à sociologia, do direito à teologia. Particularmente estreito é o vínculo entre B. e filosofia. De fato, discutir questões como aborto, eutanásia ou inseminação artificial significa topar com problemas de fundo (sobre a vida, a dor, a morte etc.) que escapam à dimensão puramente científica e acabam sendo da alçada da filosofia. Aliás, se a filosofia, como queria Platão, é a disciplina que se interroga sobre o uso do saber para proveito do homem (v. FILOSOFIA), a B. representa uma das maiores encarnações do espírito filosófico, ou seja, de uma atitude que, em vez de limitar-se ao que é técnica ou legalmente possível, interroga-se acerca do que é moralmente lícito ou do "dever-ser ou dever-fazer", o que constitui característica específica da ética (cf. E. AGAZZI, *Introdução* a *Quale etica per la B.?*, 1990; G. BERLINGUER, *Questioni di vita. Etica, scienza, salute*, 1991). A vocação normativa da B. não exclui, mas implica um componente descritivo. Isto porque se, de um lado, a B. tende a configurar-se como um saber destinado a identificar princípios e valores dos quais seja possível extrair normas concretas e aptas a definir "as condições de licitude das intervenções em saúde", por outro, tende a estruturar-se como uma reflexão de tipo analítico destinada a esclarecer os conceitos e as posições em campo. Diante desses dois componentes (analítico-descritivo e normativo-orientador) do discurso bioético, o filosófo tende a desempenhar o papel específico de "geógrafo dos conceitos e dos valores" (H. T. ENGELHARDT, *Manuale di B.*, Il Saggiatore, Milão, 1991, p. 17).

Do ponto de vista teórico, as discussões bioéticas atuais enquadram-se em duas diferentes visões gerais do mundo, duas "filosofias" opostas: uma de matriz *religiosa* e outra de matriz *laica* (cf. H. KUHSE, *The Sanctiy of Life Doctrine in Medicine. A Critique*, 1987; M. MORI, *La B.: la risposta della cultura contemporanea alle questioni morali relative alla vita*, in VV.AA., *Teorie etiche contemporanee*, org. C. A. Viano, 1990).

A) A primeira concretiza-se numa multiplicidade de posições e atitudes que têm como denominador comum teórico um personalismo ontológico e teológico fundado no *princípio da sacralidade e inviolabilidade da vida*, ou sobre a doutrina segundo a qual a existência, sendo um "dom" de Deus, não pertence ao homem, mas a quem a criou e pôs no vértice do "projeto" cósmico. Por exemplo, a B. católica de orientação tomista, que insiste na criaturalidade dos seres vivos e no caráter metafísico e transcendente do homem, afirma a existência de uma *ordem natural imutável* que se manifesta no universo e nos organismos que o compõem, vendo nessa estrutura ontológica um dever-ser ético imperativo. Com base nessa posição, a B. católica ortodoxa, que é notoriamente avessa a práticas "antinaturais" como o aborto, a eutanásia etc., tende a situar-se como uma ética normativa baseada no chamado método triangular, ou seja, num procedimento que, orientado por uma informação científica preliminar, chega a deduzir conclusões particulares de princípios antropológicos universais: "Parte-se do ponto A, que é a descrição do dado objetivo do ponto de vista científico-experimental, para remontar ao vértice do triângulo, ou ponto B, que é o nível filosófico-antropológico, e enfim voltar ao ponto C, que é o momento de aplicação" (E. SGREGGIA-M. L. DE PIETRO, *Che cos'é la B.*, em *Enciclopedia della scienza e della tecnica Est*, Mondadori, Milão, 1987-88, p. 226; cf. E. SGREGGIA, *Manuale di Bioetica I e II*, Vita e Pensiero, Milão, 1995[3]).

B) A segunda, de tipo laico – entendendo-se com esse termo (v. LAICISMO) não um simples método de coexistência e de pesquisa, mas a atitude de quem raciocina independentemente da hipótese de Deus (*etsi Deus non daretur*) e da adesão, implícita ou explícita, a determinado credo religioso – desdobra-se numa multiplicidade de posições que têm como denominador comum teórico o princípio da qualidade de vida. Considerando que a moral é empresa humana e que cabe ao homem (e não a Deus ou à natureza) estabelecer normas de comportamento, essa concepção: α) contrapõe a idéia de cultura à idéia de natureza, afirmando que "não há nada mais cultural do que a própria idéia de natureza" (VV.AA., "Manifesto di B. laica", *Il Sole 24 ore*, 9 de junho de 1996); β) nega a existência de deveres absolutos e independentes da vontade dos indivíduos e propõe como critério de escolha não a vida como tal, mas a "qualidade" da vida, em termos de bem-estar e perspectiva dos indivíduos considerados em grupo ou separadamente. Qualidade que não pode ser estabelecida de cima para baixo, de modo definitivo, mas só através de um "diálogo" democrático baseado em argumentações lógicas e empíricas com conclusões "abertas", ou seja, passíveis de revisão e modificação (cf. U. SCARPELLI, *B.: alla ricerca dei principi*, "Biblioteca della libertà", 1987, n. 99; M. MORI, *op. cit.*; H. T. ENGELHARDT, *op. cit.*).

Pela própria estrutura, a B. religiosa, independentemente do credo específico a que faça referência, tende a apresentar-se – pelo menos em nível da opção prevalecente – como ética deontológica baseada numa hierarquia de princípios e valores que não admitem exceções e exigem ser salvaguardados de fato e de direito. Inversamente, a B. laica tende a apresentar-se – pelo menos em nível da opção prevalecente – como ética *deontológica "prima facie"*, baseada numa série de princípios e valores que admitem exceções. Além disso, em caso de conflito entre os deveres, tende a inspirar-se no princípio utilitarista de benevolência, ou seja, a preferir o dever que, em relação à sociedade em questão, maximize os benefícios e minimize os danos (v. DEONTOLÓGICAS/TELEOLÓGICAS, ÉTICAS).

Cada um desses modelos – que falam "línguas morais diferentes" – apresenta méritos peculiares. O primeiro parece fornecer um quadro normativo respeitável e coerente, capaz de propiciar às consciências inseguras do nosso tempo pontos de referência seguros, na forma de vetos *a priori*, por meio dos quais é possível "pôr freio" aos abusos de uma práxis biomédica que ameaça tornar-se incontrolável. O segundo, fazendo apelo a uma estrutura de racionalidade aberta e flexível (H. T. Erigelhardt), parece respeitar de modo mais acentuado a pluralidade das opções éticas e o poder de decisão dos indivíduos, ou seja, os típicos valores "modernos", que são a tolerância e a autodeterminação. Cada um deles apresenta, por sua vez, peculiares fraquezas. O primeiro parece pressupor que há uma única teoria ética válida e que só a religião (ou *uma* religião) e a filosofia nela inspirada possuem o monopólio da verdade: "a ética de inspiração cristã [...] é a revelação para o homem daquilo que ele é, da verdade do ser" (E. TONINI, *Avvenire*, 13 de junho 1996); "não é exagero afirmar que a B. é apenas catóica" (D. COMPOSTA, *La famiglia nella tempesta*, Pontificia Università Urbaniana, Roma 1987, p. 54). O segundo, pelo fato de renunciar a princípios absolutos, parece abrir as portas ao relativismo. Tanto é verdade que a ética "forte" da sacralidade da vida acusa a ética laica de "subjetivismo", enquanto a ética "fraca" da qualidade de vida acusa a ética religiosa de "dogmatismo" e de estar pronta a defender uma existência isenta de requisitos humanos em nome de uma escala prefixada de valores. E isto em evidente contraste com o caráter "complexo" da sociedade moderna dos últimos tempos, na qual a uniformidade metafísica, religiosa e moral cedeu lugar a um pluralismo ético irredutível. Donde o persistente racha teórico, reforçado por debates recentes entre as duas orientações básicas da B. do fim do século. Racha que não parece desencorajar os que continuam a crer numa plataforma mínima de regras e princípios capazes de criar um acordo entre religiosos e não-religiosos. E que não parece embaraçar um teólogo dissidente como H. Küng, que, numa antítese ao ensinamento oficial da Igreja e à secular tradição teológica, compartilha com os laicos a imagem do homem como autoprojeto: "Dizem que a vida humana é 'dom do amor de Deus', e por isso o homem não pode dispor dela. Mas é também verdadeiro este outro aspecto: a vida, por vontade de Deus, também incumbe ao homem e está por isso submetida à nossa própria decisão responsável (e a nenhuma outra), numa autonomia que se baseia na teonomia" (*Menschen-würdig sterben* 1996, trad. it., *Della dignità del morire*, Rizzoli, Milão, 1996, pp. 62-3).

Nesse ponto, a verdadeira oposição já não se daria entre B. religiosa e B. laica, mas entre os que querem manter a forma atual do homem, mesmo à custa de frear a pesquisa e a experimentação científica, e os que têm em vista uma superação dela, com todas as responsabilidades e riscos (em termos antropológicos e éticos) que essa escolha comporta.

[G.F.]

BIOGÉNETICA, LEI (al. *Biogenetisches Grundgesetz;* it. *Legge biogenetica*). Foi assim que o biólogo alemão Ernst Haeckel (1834-1919) chamou ao paralelismo entre o desenvolvimento do embrião individual e o desenvolvimento da espécie a que ele pertence. No que tange ao homem, "a *ontogênese,* ou seja, o desenvolvimento do indivíduo, é uma breve e rápida repetição (recapitulação) da *filogênese* ou evolução da espécie a que ele pertence" (*Natürliche Schöpfungsgeschichte,* 1868; trad. it., pp. 178-89).

[N.A.]

BIOLOGIA (in. *Biology;* fr. *Biologie;* al. *Biologie;* it. *Biologia*). O termo B. é documentado pela primeira vez no prefácio a *Grundzüge der Lehre der Lebenskraft* (Fundamentos da doutrina da força vital, 1797), do médico alemão Theodor Georg August Roose. Foi depois usado pelo anatomista e fisiologista Karl Friedrich Burdach em *Propedeutik zum Studium der gesammten Heilkunst* (Propedêutica ao estudo da medicina geral, 1800) e sobretudo por Jean-Baptiste de Lamarck *(Hydrogéologie,* 1802; mas num manuscrito já em 1800) e pelo médico e naturalista Gottfried Reinhold Treviranus, autor de *Biologie, oder Philosophie der lebenden Natur für Naturforscher und Aerzte* (B., ou filosofia da natureza viva para uso dos naturalistas e dos médicos, 1802-1822). Tanto Lamarck quanto Treviranus desejavam indicar com esse neologismo uma nova ciência, independente da medicina e da história natural, que tivesse um objeto próprio e geral. Para Lamarck, era a ciência dos "corpos vivos", uma das três partes (juntamente com a "meteorologia" e a "hidrogeologia") em que se dividia a "física terrestre". Formulando como prioritária a pergunta "o que é a vida?", a B. distinguia-se da fisiologia, que dava a vida por ponto pacífico. Semelhante era o intuito da obra de Treviranus: objeto da nova ciência (também chamada de *Lebenslehre,* teoria da vida) são "as diversas formas e as diversas manifestações da vida, as condições e as leis segundo as quais ela ocorre e as causas pelas quais é produzida" (1802-1822, I, p. 24). Crítico dos naturalistas que se limitavam a registrar os fenômenos, a "fazer o inventário da natureza", Treviranus queria que a B. saísse do nível dos fatos isolados e que, através do uso judicioso das hipóteses, elaborasse teorias e sistemas. No mesmo período, a exigência difundida de ir além da atividade meramente classificatória é expressa em neologismos como "biosofia", "zoonomia" e semelhantes, ou no recurso ao adjetivo "filosófico" no sentido com que hoje se usaria "teórico": são chamados de "naturalistas filósofos", por exemplo, aqueles que não se contentam com a mera descrição dos seres vivos, mas fazem generalizações, procurando estabelecer leis e causas; aqueles que, numa palavra, fazem teoria. A B. é a atividade teórica que tem por objeto precípuo a especificidade dos fenômenos vitais: ela surge na conjunção das indagações sobre os fenômenos vitais com as indagações sobre os princípios e as implicações do estudo dos fenômenos vitais. Só depois o termo passou a indicar genericamente o conjunto das ciências da vida.

O termo B. entra oficialmente na história da filosofia com Comte. Ele a define como "teoria abstrata da vida" (*Système de politique positive,* I, 1851, p. 585) e reivindica "independência e dignidade" (*ibid.,* p. 567) para uma ciência até então "incessantemente arrastada entre a metafísica, que tentava apoderar-se dela, e a física que tentava absorvê-la, entre o espírito de Stahl e o espírito de Boerhaave" (*Cours de philosophie positive,* 1838-1842, III, p. 668). Comte desconfia da B. metafísica da *Naturphilosophie,* mas também sente aversão pela "usurpação cosmológica" (*Système,* pp. 574, 592), ou seja, pela pretensão das ciências físico-químicas a fornecer métodos e princípios à B., sem levar em conta a autonomia do organismo e submetendo-o à influência dominante do ambiente. Ao contrário, a B. é digna de figurar como "ciência fundamental" entre a física e a sociologia; como estas, *deve* ser ciência teórica (especulativa, e não prática) e abstrata (pois o concreto é objeto da simples descrição). Ela é definida também como "a ciência que estuda as relações entre organismo e ambiente". Influenciado pelo vitalismo de Bichat e pela escola de Montpellier, Comte vê um "dualismo irredutível" entre vivente e não-vivente (*ibid.,* p. 280) e ataca o materialismo e o reducionismo: a vida é a propriedade de um todo organizado; portanto, a disciplina biológica exemplar é a fisiologia. Por esses motivos, refuta a teoria celular (as células parecem-lhe semelhantes demais às moléculas inorgânicas) e o evolucionismo lamarckiano (que, segundo ele, afirma o domínio do ambiente sobre o organismo e é por isso "uma perigosa emanação do materialismo cosmológico" (*ibid.,* p. 593).

Em língua inglesa o termo B. adquiriu popularidade sobretudo com Spencer, autor de dois volumes de *Principles of Biology* (1864-1867), que inseriu o estudo do ser vivo numa doutrina da evolução cósmica (v. EVOLUCIONISMO).

À medida que se foi afirmando, o termo B. foi perdendo, como dissemos, o significado original e acabou por indicar genericamente o conjunto das disciplinas que estudam os seres vivos. Hoje a reflexão sobre os métodos, os princípios e as implicações dessas disciplinas é comumente indicada como "filosofia da B". Sendo já uma disciplina autônoma, seu impulso decisivo talvez se deva mais à elaboração conceitual espontânea de biólogos importantes (entre os quais Hermann J. Muller, Theodosius Dobzhansky, George G. Simpson e Ernst Mayr) do que aos filósofos da ciência de orientação neopositivista, cuja atenção se voltou quase exclusivamente para as ciências físico-químicas. É fácil entender que grande parte dos problemas gerais que o neologismo B. pretendia abarcar já haviam sido propostos bem antes de sua introdução. Os conceitos aristotélicos de causa final e formal, ou a reflexão kantiana sobre a teleologia e sobre a própria possibilidade de uma ciência do ser vivo em relação com as ciências físicas são não apenas momentos fundamentais da história da filosofia biológica, mas focos problemáticos aos quais biólogos e filósofos retornam constantemente. Do mesmo modo, a doutrina cartesiana do automatismo animal, mesmo negando a especificidade dos fenômenos vitais, é uma etapa fundamental tanto da B. quanto da filosofia da B. e representa o protótipo de uma vertente de filosofia biológica mecanicista. O conceito platônico e o aristótelico de *eidos* influenciaram até recentemente não só a noção de espécie e de outras unidades de classificação, como também toda a reflexão taxionômica e morfológica.

Inevitavelmente, a história da filosofia muitas vezes se entrelaça com a da B., e, aliás, em muitos casos só retrospectivamente é possível separar um campo do outro. Foram pontos principais dessa interseção: os conceitos de *vida* (v.) e de *morte* (v.); os conceitos de *espécie* (v.), *gênero* (v.) e *classe* (v.); o problema da *classificação* (v.); o debate ocorrido no século XVIII em torno da reprodução dos organismos e a controvérsia sobre *pré-formação* (v.) e *epigênese* (v.); a relação entre mente e corpo; o problema da geração espontânea ou da origem da vida; a alternativa *mecanicismo (v.)-finalismo* (v.); a posição das ciências da vida na enciclopédia do saber; e o problema, que em certo sentido abrange todos os anteriores, da *evolução* (v.). Nova matéria de reflexão filosófica chegou mais recentemente através da *etologia* (v.), da *sociobiologia* (v.) e da neurofisiologia. Os problemas éticos ligados às ciências biológicas são objeto da *bioética* (v.).

De particular interesse filosófico é o problema das relações entre a B. e as ciências físicas e químicas. Estas variam muito, segundo os âmbitos e as tradições de pesquisas, as mudanças das técnicas de investigação, o clima intelectual e a posição assumida pelos biólogos teóricos entre os dois extremos de vitalismo e mecanicismo. O programa mecanicista talvez tenha conseguido seus maiores sucessos em alguns setores da fisiologia do século XIX, mas atingiu o ponto mais baixo de sua trajetória quando das dificuldades enfrentadas pelo mecanicismo em física no início do século XX. Neste século, as contribuições teóricas mais notáveis da física para a B. vieram da mecânica quântica e da termodinâmica: os desenvolvimentos que se seguiram repercutiram na estrutura conceitual da própria física. A necessidade de aplicar métodos, conceitos e técnicas da física à B. e o intuito de ancorar a B. funcional numa B. estrutural levaram ao surgimento da biofísica e da bioquímica, que depois se transformaram em duas disciplinas autônomas. Os sucessos da B. molecular transmitiram novo vigor aos defensores do reducionismo, mas também propuseram em termos novos – níveis de complexidade e de integração – o problema da especificidade dos fenômenos biológicos. [A.L.V.]

BIOLOGISMO (in. *Biologism;* fr. *Biologisme;* al. *Biologismus;* it. *Biologismo*). 1. Interpretação do mundo físico ou do mundo humano por analogia com o organismo (v. ORGANICISMO).

2. O mesmo que *vitalismo* (v.).

3. A metafísica de Hans Driesch (1867-1941), como "filosofia do orgânico". Driesch divide a filosofia em "doutrina da ordem", que tem por objeto todo o mundo inorgânico, e "doutrina da vida", que tem por objeto o mundo orgânico. O pressuposto dessa subdivisão é que o organismo não é redutível às formas ou manifestações da ordem inorgânica; ou, em outras palavras, não é uma máquina. O que ele tem a mais em relação à máquina é a *enteléquia,* concebida por Driesch como uma espécie de mônada no sentido leibniziano, que determina todo o desenvolvimento de um ser vivo. A enteléquia é supra-individual e suprapessoal: o nascimento de um homem é justamente a manifestação de uma enteléquia, manifestação que termina com a morte. Os indivíduos são, portanto, partes da vida suprapessoal da enteléquia (*Philosophie des Organischen,* 1908-1909; *Ordnungslehre,* 1925). [N.A.]

BIOSFERA (fr. *Biosphère;* it. *Biosfera*). Foi esse o nome dado por Le Roy à vida em sua totalidade, visto que está para os indivíduos assim como o pensamento está para as idéias que produz: é a força ou o princípio criador deles (*L'exigence idéalistique et le fait de l'évolution,* 1927). Com a aparição do homem na Terra, começa o reino da noosfera, isto é, o reino do progresso espiritual que o homem realiza em todos os campos mediante o poder inventivo do pensamento intuitivo (*La pensée intuitive,* 1929-1930). [N.A.]

BIRANISMO. V. ESPIRITUALISMO.

BLIK. Vocábulo holandês que, em Hare, é sinônimo de "perspectiva global do mundo". Alguns filósofos analíticos utilizaram esse termo para caracterizar as metafísicas, interpretadas como um modo novo de ver a realidade e de portar-se diante dela (v. METAFÍSICA). Remetendo-se a esses estudiosos, Van Buren afirmou que as proposições de fé, apesar de isentas de significado cognitivo, são existencialmente relevantes, por exprimirem determinado B. (*The Secular Meaning of the Gospel*, 1963). [G.F.]

BOA VONTADE. V. VONTADE.

BOCARDO. Palavra mnemônica usada pelos escolásticos para indicar o quinto dos seis modos do silogismo de terceira figura, mais precisamente o que consiste em uma premissa particular negativa, uma premissa universal afirmativa e uma conclusão particular negativa, como no exemplo: "Alguns homens não são pedras; todo homem é animal; logo, alguns animais não são pedra" (PEDRO HISPANO, *Summ. log.*, 4.15). [N.A.]

BOM. V. BEM.

BOM SENSO (in. *Good sense*; fr. *Bon sens*; it. *Buon senso*). Essa expressão, que não deve ser confundida com *senso comum* (v.), foi usada por Descartes como sinônimo de razão, na frase que abre o *Discurso do método*: "A faculdade de bem julgar e de distinguir o verdadeiro do falso, propriamente chamada de B. senso ou razão, é, por natureza, igual em todos os homens". Hoje, não se poderia mais admitir essa sinonímia. Por um lado, a razão passou cada vez mais a designar técnicas específicas (v. RAZÃO) e, por outro, o B. senso continuou designando certo equilíbrio e certa moderação no juízo dos problemas comuns da vida e no comportamento cotidiano. Muitas vezes, porém, o que parece extravagante ou paradoxal para o B. senso tem mais valor do que aquilo que se lhe conforma, porque o B. senso tem como referência apenas o sistema estabelecido de crenças e de opiniões, só podendo julgar a partir dos valores que esse sistema inclui. É muito freqüente que a ciência e a filosofia prescindam do B. senso, ainda que nunca ou quase nunca possam deixar de lado as pequenas ações cotidianas, entre as quais o B. senso estaria em seu elemento. [N.A.]

BONDADE (lat. *Bonitas*; in. *Goodness*; fr. *Bonté*; al. *Gütigheit*; it. *Bontà*). Em sentido lato, excelência de um objeto qualquer (coisa ou pessoa). Diz, por exemplo, Tomás de Aquino: "A B. que em Deus está de modo simples e uniforme, nas criaturas está de modo múltiplo e dividido" (*S. Th.*, 1, q. 47, a. 1). As discussões dos séculos XVII e XVIII a propósito da B. de Deus como móvel da criação (cf. LEIBNIZ, *Théod.*, II, §§ 116 ss.) fundaram-se num significado mais restrito do termo, que foi expresso claramente por Baumgarten: "A B. (benignidade) é a determinação da vontade de fazer bem aos outros. O benefício é a ação útil ao outro, sugerida pela B." (*Met.*, § 903). Nesse sentido, a B. identifica-se com o que Aristóteles chamava de benevolência (εὐνοία) (*Et. nic.*, VIII, 2, 1.155 b 33). Os dois significados desse termo estão vivos no uso comum. [N.A.]

BRÂMAN. Conceito hinduísta que comporta uma multiplicidade de significados. Em sentido metafísico (v. VEDANTA) coincide com o Absoluto, o Infinito, o Uno, o Princípio etc. [G.F.]

BRAMANTIP. Palavra mnemônica com a qual era indicado, na tradição lógica aristotélico-escolástica, o silogismo de quarta figura (redutível a *Barbara*, da primeira), cuja forma era "Todos os A são B; todos os B são C; logo, alguns C são A" (Todos os gregos são homens; todos os homens são mortais; logo, alguns mortais são gregos"). [M.M.]

BRAQUILOGIA (gr. βραχυλογία; it. *Brachilogia*). No *Protágoras* de Platão, Sócrates contrapõe a sua exigência de respostas breves e sucintas à tendência de Protágoras de fazer longos discursos, obviamente porque só através da troca de frases concisas é possível a discussão em forma de diálogo (*Prot.*, 334 c-335 a). [N.A.]

BRINCADEIRA. V. JOGO.

BRUTISMO (fr. *Brutisme*; it. *Brutismo*). Termo empregado por St.-Simon para indicar a concepção mecanicista dos fenômenos; por isso, é equivalente a *mecanicismo* (v.). [N.A.]

BUDISMO (in. *Buddhism*; fr. *Bouddhisme*; al. *Buddhismus*; it. *Buddismo*). Doutrina religiosa e filosófica que se originou dos ensinamentos de Gautama Buda (563-480 a.C. aprox.) e que foi depois desenvolvida em grande número de diferentes tendências na Índia, na China e no Japão. Os principais textos do B. são os escritos em língua páli, chamados de *Tipitaka* e divididos em três grupos ou *cestos*: 1.º o *Suttapitaka*, que compreende os Sutra, isto é, discursos ou ensinamentos atribuídos a Buda; 2.º o *Vinayapitaka*, que compreende as regras da disciplina monástica; 3.º *Abhidhammapitaka*, que é o "cesto" da metafísica, isto é, a seção doutrinal da coleção.

O B. é o maior exemplo de religião perfeitamente atéia. Sua doutrina fundamental resume-se nas *quatro verdades nobres*: 1.ª a vida é dor; 2.ª a causa da dor é o desejo; 3.ª obtém-se a cessação da dor com a cessação do desejo; 4.ª existe um caminho óctuplo que conduz à cessação da dor. O caminho óctuplo consiste: 1.º na justa visão; 2.º na justa resolução; 3.º na justa linguagem; 4.º na justa conduta; 5.º no justo viver; 6.º no justo esforço; 7.º na justa mentalidade; 8.º na justa concentração.

Segundo o B., o homem está sujeito à lei do incessante fluir da vida (*dharma*), que o leva de desejo em desejo, de dor em dor, de encarnação em encarnação. Enquanto o homem não se libertar do desejo, estará submetido ao ciclo de renascimentos (*samsara*). A libertação do desejo, obtida por meio das regras morais acima e da disciplina ascética (que o B. compartilhava com o bramanismo e com a prática ioga), obtém-se somente com a dissolução da ilusão produzida pelo desejo (e que é o *karma*), com a eliminação do próprio desejo e a destruição do apego à vida, que é o *nirvana*.

As numerosíssimas escolas, seitas e tendências filosófico-religiosas que se originaram do B. costumam ser agrupadas em duas grandes categorias, chamadas, respectivamente, de *pequeno veículo* (*hinayana*) e *grande veículo* (*mahayana*). O pequeno veículo foi o que permaneceu mais estritamente fiel ao ensinamento dos textos páli. A salvação está reservada ao monge, isto é, ao que seguiu a via da meditação e alcançou o nirvana. As escolas do pequeno veículo difundiram-se sobretudo na Índia, na Birmânia, na Tailândia, no Camboja e no Laos. Segundo o grande veículo, a salvação pode ser obtida por qualquer fiel, através da piedade e da caridade para com as outras criaturas, pelo que o nirvana deixa de ser libertação individual para tornar-se libertação do gênero humano e, em geral, do mundo. O grande veículo difundiu-se sobretudo no Tibete, na China e no Japão. [N.A.]

C

C. 1. Na lógica medieval, todos os silogismos pertencentes a figuras diferentes da primeira e indicados por palavras mnemônicas que comecem por C são redutíveis ao segundo modo da primeira figura (*Celarent*) (cf. PEDRO HISPANO, *Summ. log.*, 4. 20).

2. Na notação de Lukasiewicz, usa-se para indicar o *condicional* (v). [N.A. – M.M.]

CABALA (it. *Kabbala*). Uma das fontes da filosofia judaica medieval. *Kabalah* (= tradição) é uma doutrina secreta que foi de início transmitida oralmente, depois exposta por alguns rabinos em certo número de tratados, dos quais dois nos chegaram íntegros ou quase, O *livro da Criação* (*Yetsirah*) e o *Livro do Esplendor* (*Zohar*). Esses livros (cuja data de composição não se conhece), expõem uma doutrina semelhante à dos neoplatônicos e dos neopitagóricos dos primeiros séculos da era cristã. Deus é em si inaccessível, foge a qualquer conhecimento e recusa qualquer determinação: é a negação de qualquer coisa determinada, *o nada* de tudo. A luz divina concentra-se e projeta-se em raios que constituem as substâncias emanadas ou *Números* (*Sephirot*) que formam os seres intermediários e o mundo. As primeiras duas substâncias são a Sabedoria (*Hochma*) e a Inteligência (*Lógos*) que, com Deus, formam as primeiras três hipóstases bem como o mundo invisível que é modelo do visível. Os dois mundos estão interligados pelo amor: o mundo inferior tende ao superior e, em resposta a esse impulso, o mundo superior deseja e ama o inferior. A C. teve também muito sucesso no período do Renascimento, sobretudo entre os platônicos. Em especial Pico della Mirandola, que procurou unificar e organizar em novo espírito todo o saber tradicional, viu na C. o instrumento apto a penetrar nos mistérios divinos e por isso o guia para a interpretação das Sagradas Escrituras. Por esse motivo, considerava as doutrinas da C. de acordo não só com o cristianismo, mas também com as doutrinas de Pitágoras e de Platão, cujo precedente antiquíssimo ela teria representado (*De hominis dignitate*, fol. 138 r). [N.A.]

CACOTOPIA. V. UTOPIA

CADEIA DO SER. V. SER, GRANDE CADEIA DO.

CÁLCULO (in. *Calculus*; fr. *Calcul*; al. *Berechnung*; it. *Calcolo*). Entende-se hoje por esse termo qualquer método ou procedimento *dedutivo*, isto é, que seja capaz de efetuar inferências sem recorrer a dados de fato. C. são, por exemplo, os procedimentos da matemática e da lógica. Esse significado genérico do termo já fora proposto por Hobbes, que definia a própria razão como um cálculo. "A razão, dizia ele, não é senão um C., isto é, uma adição ou subtração das conseqüências dos nomes gerais reunidos para definir e exprimir os nossos pensamentos" (*Leviath.*, I, 5). Leibniz chamou de "C. filosófico" a ciência universal ou *característica universal* (v.) em que ele via o instrumento da invenção conceitual (*Op.*, ed. Erdmann, pp. 82 ss.). Carnap faz a distinção entre C. e sistema semântico, no sentido de que, "enquanto os enunciados de um sistema semântico são interpretados, afirmam alguma coisa e por isso são verdadeiros ou falsos, no cálculo os enunciados são considerados do ponto de vista puramente formal". Para sublinhar essa distinção, às vezes os elementos do C. são chamados de *fórmulas* e os elementos do sistema semântico, de *proposições* (*Foundations of Logic and Mathematics*, § 9). [N.A.]

CÁLCULO COMBINATÓRIO. V. COMBINATÓRIA, ARTE.

CÁLCULO HEDONÍSTICO (in. *Hedonic Calculus*; it. *Calcolo edonistico*). Foi esse o nome que Bentham deu ao quadro completo dos *móveis* da ação humana, que serviriam de guia para qualquer legislação futura. O quadro compreende a determinação da *medida* da dor e do prazer em geral; em segundo lugar, uma classificação das várias *espécies* de prazer e de dor; em terceiro lugar, uma classificação das diversas *sensibilidades* dos indivíduos ao prazer e à dor. Pelo primeiro aspecto, o prazer e a dor são considerados como entidades passíveis de serem pesadas e medidas, estando, portanto, sujeitas a um C. rigoroso. Esse C. versará sobre a intensidade, a duração, a certeza, a proximidade, a fecundidade e a pureza do prazer (*Principles of Moral and Legislation*, 1789) (v. DEONTOLOGIA). [N.A.]

CALENDES. Palavra mnemônica usada pela *Lógica* de Port-Royal para indicar o sexto modo do silogismo de primeira figura (isto é, *Celantes*), com a diferença de assumir como premissa maior a proposição em que entra o predicado da conclusão. Por exemplo: "Todos os males da vida são males passageiros; todos os males passageiros não devem ser temidos; logo, nenhum dos males temíveis é um mal desta vida" (ARNAULD, *Log.*, III, 8). [N.A.]

CALVO, ARGUMENTO DO. V. MONTÃO, ARGUMENTO DO.

CAMENES. Palavra mnemônica que na tradição da lógica aristotélico-escolástica indicava o silogismo de quarta figura (redutível a *Celarent* da primeira), que tinha a forma: "Todos os A são B; nenhum B é C; portanto, nenhum C é A"("Todos os homens são animais; nenhum animal é pedra; logo, nenhuma pedra é animal"). [M.M.]

CAMESTRES. Palavra mnemônica usada pelos escolásticos para indicar o segundo dos quatro modos do silogismo de segunda figura, mais precisamente o que consiste em uma premissa universal afirmativa, uma premissa universal negativa e uma conclusão universal negativa, como por exemplo: "Todo homem é animal; nenhuma pedra é animal; logo, nenhuma pedra é homem" (PEDRO HISPANO, *Summ. log.*, 4, 11). [N.A.]

CAMPO (in. *Field;* fr. *Champ;* al. *Feld;* it. *Campo*). Conjunto de condições que possibilitam um evento; ou limites de validade ou de aplicabilidade de um instrumento cognitivo. Dizia Kant: "Os conceitos têm um C. próprio porquanto se referem a objetos, prescindindo da possibilidade do conhecimento dos próprios objetos, e o C. é determinado unicamente pela relação que o objeto tem com a nossa faculdade de conhecer em geral" (*Crít. do Juízo*, intr. § 11). Em física, C. significa "distribuição contínua de algumas *condições* predominantes, através de um contínuo" onde a palavra "condição" indica uma grandeza qualquer, que pode variar segundo o problema de que se trata. Quando a condição é adequadamente descrita para cada ponto do espaço por um número simples (isto é, por um *escalar*), tem-se o que se conhece por *campo escalar*. Por exemplo, a temperatura é a condição de um C. e por isso a distribuição da temperatura por meio do volume é um exemplo físico de C. escalar (D'ABRO, *New Physics*, capítulo X). Analogamente, em psicologia, por exemplo, na psicologia da forma, em que o conceito foi assim ilustrado: "O que determina a impressão de cor que experimentamos em um ponto circunscrito do C. visual é o estado excitável global do C. visual; o que determina a impressão de um peso que levantamos não é somente a tensão do grupo muscular imediatamente ligado ao levantamento do peso, mas também o tônus de todo o resto da musculatura" (KATZ, *Gestaltpsychologie*, 3; trad. it., pp. 29-30). Mais precisa e genericamente, K. LEWIN definiu o C., entendido como o "espaço vital" de um organismo, como "a totalidade dos eventos possíveis", da qual derivaria o comportamento do próprio organismo (*Principles of Topological Psychology*, 7ª ed., 1936, p. 14). Dewey emprega a palavra em sentido genérico: "É sempre em algum C. que se verifica a observação deste ou daquele objeto. Tal observação é feita com o fim de descobrir o que aquele C. representa em relação a alguma resposta ativa de adaptação com que dar prosseguimento a um comportamento" (*Logic*, Intr., trad. it., p. 111).

Essa noção é usada com mais precisão em lógica, entendendo-se por C. *de uma relação* o conjunto do dominante e do dominante inverso da relação; isto é, dos termos que estão em dada relação com este ou aquele termo (*dominantes*) ou dos termos com que este ou aquele termo se acha em dada relação (*dominantes inversos*) (v. RELAÇÃO). Esse conceito também foi usado na teoria do significado (cf. A. P. USHENKO, *The Field Theory of Meaning*, 1958) e em lingüística, em que o C. foi entendido como a rede de associações que interligam um termo a muitos outros termos (ULMANN, *Semantics*, 1962, IX, 1). [N.A.]

CANCELAMENTO (al. *Durchstreichung;* it. *Cancellazione*). Em *Ideen* (I, § 106) Husserl chama de C. a negação de uma crença ou a tomada de posição contra ela. [N.A.]

CÂNON (gr. κανών; in. *Canon;* fr. *Canon;* al. *Kanon;* it. *Canone*). Critério ou regra de escolhas para um campo qualquer de conhecimento ou de ação. É provável que esse termo tenha sido introduzido pelo escultor Policleto, que deu esse título a uma obra na qual descrevia a simetria do corpo e indicava as regras e as proporções que o escultor deve respeitar (40, A, 3 Diels). Epicuro chamou de canônica a ciência do critério; para ele, critério é a sensação no domínio do conhecimento e o prazer no domínio prático (DIÓG. L., X, 30). Esse termo foi retomado pelos matemáticos do século XVIII e Leibniz o emprega para designar "as fórmulas gerais que dão o que se pede" (*Mathematische Schriften*, VIII, 217), por exemplo, a fórmula que dá dois números cuja soma e subtração se conhecem, ou a que dá as raízes de uma equação. Stuart Mill chama de C. as regras que exprimem os quatro métodos da pesquisa experimental, isto é, concordância, diferença, resíduos e variações concomitantes (*Logic*, II, 8, § 1 ss.). Kant entende por C. o uso legítimo de uma faculdade humana em geral; por isso, considera a lógica geral como um C. para o intelecto e a razão no que tange à forma (visto que prescinde de qualquer conteúdo); considera a analítica transcendental como "o C. do intelecto puro" e chama de "C. da razão pura" o conjunto de princípios *a priori* do uso legítimo de certas faculdades cognitivas em geral. Onde não é possível o uso legítimo de uma faculdade, não há C.; por isso, a dialética transcendental, isto é, o uso especulativo da razão, não tem um C. ou pelo menos não tem um C. teórico, mas pode ter apenas um para uso prático (*Crít. R. Pura*, Doutr. do método, cap. II). Por outro lado, ele fala de C. do juízo moral, assim expresso: "Deve-se poder querer que a máxima da nossa ação se torne lei universal" (*Grundlegung zur Met. der Sitten*, II). Na filosofia moderna e na filosofia contemporânea, emprega-se mais freqüentemente o termo *critério* (v.). No entanto, às vezes C. também é empregado no sentido tradicional. Dewey chama de C. os princípios lógicos de identidade, contradição e terceiro excluído (*Logic*, cap. XVII). [N.A.]

CAOS (gr. χάως; it. *Caos*). Propriamente: abismo hiante. Estado de completa desordem anterior à formação do mundo e a partir do qual se inicia tal formação, segundo os mitólogos. Diz Hesíodo: "Antes de todos os seres houve o C., depois a Terra de largo seio" (*Teog.*, V, 116). Aristóteles combateu essa noção (*Fís.*, IV, 208 b 31 ss.) porque admitia a eternidade do mundo. Kant utilizou-a para indicar o estado original da matéria, de que os mundos depois se originaram (*Allgemeine Naturgeschichte oder Theorie des Himmels*, 1755, Pref.). [N.A.]

Nietzsche viu no C. a própria essência do ser, entendido como "desordem cósmica sem Deus", ou seja, como uma realidade ontológica isenta de racionalidade: "O caráter geral do mundo é C. para toda a eternidade" (*Gaia ciência*, 1882, § 109, trad. it. em *Opere*, vol. V, t. 2, pp. 136-37). E isso não no sentido de ausência de necessidade, mas de falta de ordem, estrutura, forma, beleza, sabedoria (*ibid.*). Voltou-se a discutir o C. e suas relações com a necessidade no âmbito das atuais teorias da *complexidade* (v.). [G.F.]

CARACTERES (al. *Charakters*; it. *Caratteri*). Assim Avenarius (*Kritik der reinen Erfahrung*, 1888-90) chamou um dos dois fatores de que se compõe o mundo da experiência, mais precisamente aquele que consiste nas determinações emotivas, existenciais, práticas e, em geral, valorativas dos *elementos* que constituem o outro fator da própria experiência. Assim, são C. o prazer, a dor, o ser, a aparência, o certo, o incerto etc., ao passo que as sensações (sons, cores etc.) são *elementos*. [N.A.]

CARACTERISMAS (al. *Charakterismen*; it. *Caratterismi*). Para Kant, são "designações dos conceitos por meio de sinais sensíveis concomitantes" como as palavras, os gestos, os signos algébricos etc. (*Crít. do Juízo*, § 59). [N.A.]

CARACTERÍSTICA (lat. *Characteristica*; it. *Caratteristica*). Com as expressões C., "C. universal" ou "arte característica" Leibniz designa a disciplina que deveria tratar de encontrar signos ou "caracteres" apropriados à construção de uma linguagem artificial, acessível a todos os seres pensantes. A realização da C. deveria ocorrer através das seguintes fases: a) análise de todos os conceitos conhecidos pelos homens, até chegar aos conceitos simples, a partir dos quais todos os outros têm origem; b) atribuição de símbolos simples aos conceitos simples; c) prescrição de regras claras de combinação, de tal modo que sejam geradas, a partir dos símbolos simples, todas as possíveis conexões legítimas de símbolos, obtendo-se assim símbolos complexos correspondentes aos pensamentos complexos. Através do momento combinatório, a C. deveria constituir um exemplo de *ars inveniendi* propriamente dita, gerando todos os possíveis conceitos e todas as verdades acessíveis aos homens. Às vezes Leibniz apresenta a C. como um cálculo lógico abstrato, concebido com base no modelo dos cálculos algébricos e suscetível de múltiplas interpretações. Nesse aspecto, a C. prefigura alguns dos resultados fundamentais da lógica contemporânea. [M.M.]

CARACTEROLOGIA (fr. *Caractérologie*; al. *Charakterologie* ou *Charakterkunde*; it. *Caratterologia*). Termo que entrou em uso na segunda metade do século XIX para indicar a ciência do temperamento ou do caráter. Cf. CARÁTER; ETOLOGIA. [N.A.]

CARÁTER (gr. χαρακτήρ, ἦθος; lat. *Character*; in. *Character*; fr. *Caractère*; al. *Charakter*; it. *Carattere*). Propriamente o sinal, ou o conjunto de sinais, que distingue um objeto e permite reconhecê-lo facilmente entre os outros. Em particular, o modo de ser ou de comportar-se habitual e constante de uma pessoa, à medida que individualiza e distingue a própria pessoa. Nesse sentido, dizemos que "Uma pessoa tem um C. bem marcado" ou "bem definido", no sentido de que o seu modo de agir revela orientações habituais e constantes. Em sentido oposto, falamos de "falta de C." ou "C. fraco", "mau C." ou "C. inconstante", comportamento habitualmente devido mais a opções causais e caprichosas do que a uma orientação determinada e constante.

Os antigos possuíam essa noção. Heráclito diz que o C. (ἦθος, *ethos*) de um homem é o seu destino

(*Fr.* 119, Diels). E o aristotélico Teofrasto deixou-nos, no texto intitulado *Os caracteres*, a descrição de trinta tipos de C. morais (importuno, vaidoso, descontente, fanfarrão etc.), descritos precisamente com base em suas manifestações habituais. Esquecida durante a Idade Média, quando essa palavra serviu sobretudo para designar a indestrutibilidade da ordenação sacerdotal (TOMÁS DE AQUINO, *S. Th.*, III, q. 65, a. 1 ss.), essa noção foi retomada no século XVII por La Bruyère (*Les caractères*, 1687) e voltou a ser usada. Kant utilizou-a na tentativa de conciliar a causalidade natural e a causalidade livre. Cada causa eficiente deve ter um caráter, isto é, "uma lei da sua causalidade, sem a qual não seria causa". Um objeto do mundo sensível tem, em primeiro lugar, um C. *empírico*, pelo qual os seus atos, como fenômenos, estão vinculados causalmente aos outros fenômenos, em conformidade com as leis naturais. Mas o mesmo objeto também pode ter um C. *inteligível*, "pelo qual ele é a causa daqueles atos como fenômenos, mas, por si mesmo, não está sujeito a nenhuma condição sensível e não é fenômeno". Sobre o caráter inteligível pode-se dizer "que dá início por si mesmo aos seus efeitos no mundo, sem que a ação comece nele mesmo"; e com essa distinção, Kant acredita ter conciliado liberdade e natureza (*Crít. R. Pura*, Antinomias da razão pura, § 3). Com menos metafísica (e mais clareza), em *Antropologia*, ele distingue um C. *físico*, que é o sinal distintivo do homem como ser natural, e um C. *moral*, que é o sinal do homem como ser racional, provido de liberdade. O C. físico diz "o que se pode fazer do homem; o C. moral diz o que o homem é capaz de fazer de si mesmo" (*Antr.*, II, a). Schopenhauer utilizou a distinção kantiana entre C. empírico e C. inteligível para negar a liberdade: tudo o que o homem faz seria a manifestação de um C. inteligível inato e imutável (*Die Welt*, I, § 55; *Neue Paralipomena*, § 220).

A distinção kantiana de dois C., um natural e imutável e outro moral e livre, é totalmente abandonada na antropologia contemporânea, que, todavia, dá grande destaque à noção de caráter. Mas na interpretação dessa noção, pode-se dizer que a antropologia contemporânea assume um ou outro dos dois conceitos em que Kant distinguira essa noção, isto é, ou entende o C. como uma formação natural e inevitável que o homem traz consigo e não pode modificar, ou o entende como uma formação devida às escolhas do homem e, portanto, livre e modificável. Faremos menção apenas a algumas das principais posições, quer num sentido, quer no outro. A teoria dos tipos psicológicos de Jung pertence à primeira tendência porque considera o C. como uma orientação predominantemente inconsciente, devida a disposições orgânicas ou ao fundamento instintivo. O C. de um homem é a direção em que ocorre o encontro entre esse homem e o mundo, ou entre esse homem e a sociedade: é o complexo de atitudes ou disposições para agir ou reagir em certa direção. Ora, no encontro entre o homem e o mundo, são possíveis duas atitudes fundamentais: ou o homem procura dominar o mundo, os objetos externos, assumindo uma atitude ativa, positiva, criadora, ou então procura simplesmente defender-se dele, fechando-se em si o mais possível; a primeira atitude é a *extrovertida*, que produz abertura, socialidade, freqüência de relações com os outros; a segunda é a *introvertida*, que indica fechamento, timidez e, em todo caso, relutância em relacionar-se com os outros e com as coisas (*Tipos psicológicos*, 1913). Essa classificação de Jung ficou célebre e é comumente empregada mesmo sem referência às suas bases teóricas. A mesma noção de C. como dado irredutível, estrutura originária e congênita, não modificável pelas escolhas do indivíduo, é compartilhada por Le Senne, para quem o C. é "o sistema invariável das necessidades que se encontram, por assim dizer, no limite entre o orgânico e o mental" (*Traité de caractérologie*, p. 1). Só que, para Le Senne, o C. não constitui a totalidade do homem: é só um dos elementos da sua personalidade e esta compreende, além do C., também elementos livremente adquiridos, que podem contribuir para especificar o próprio C. em um sentido ou em outro. O C. é, portanto, um limite objetivo, intrínseco à própria personalidade, da escolha que a personalidade pode fazer livremente de si mesma; mas como limite é algo de congênito e, em si mesmo, de imutável. Portanto, para Le Senne, a determinação devida ao C. não é necessitante, apesar de originária e relativamente imutável. Embora nesse ponto Le Senne se apóie num fundamento estabelecido por Adler (de que falaremos adiante), para ele a noção de C. é uma determinação ou complexo de determinações originárias e não modificáveis, ou seja, continua presa a um significado que não distingue C. de *temperamento* (v.). Esse conceito de C. faz da liberdade e do determinismo na personalidade humana duas forças distintas e reciprocamente autônomas: uma reside no eu e a outra no C. (ou no temperamento), reproduzindo, em linguagem diferente, o dualismo kantiano de C. inteligível e C. empírico.

A doutrina de Adler, porém, fugiu a esse dualismo. Para Adler, o C. é a manifestação objetiva, verificável através da experiência social, da própria personalidade humana. Não só o C. é um "conceito social", no sentido de que só se pode falar de C. referindo-se à ligação de um homem com o seu ambiente, mas também os traços ou as disposições que constituem o C. são verificáveis apenas socialmente. As manifestações do C. "são semelhantes a uma linha diretiva que adere ao homem como um esquema e lhe permite, sem muita reflexão, exprimir a sua personalidade original em cada situação" (*Menschenkenntniss*, 1926, II, 1; trad. it., pp. 150 ss.). Essas manifestações não exprimem nenhuma força ou substrato inato, mas são adquiridas, ainda que muito cedo. Substancialmente, o C. é o modo como o homem toma posição diante do mundo natural e social; e Adler baseia sua avaliação em dois pontos de referência: a vontade de poder e o sentimento social, que, com sua ação recíproca, constituiriam os aspectos básicos do caráter. "Trata-se", diz ele, "de um jogo de forças, cuja forma de manifestação exterior caracteriza o que nós chamamos de C." (*ibid.*, 1926, II, 1; trad. it., p. 176). Scheler, por sua vez, faz uma distinção radical entre pessoa e C. A pessoa é o sujeito dos atos intencionais e, portanto, é o correlato de um mundo, mais precisamente do mundo em que ela vive. O C., ao contrário, é a constante hipotética *x* que se assume para explicar as ações particulares de uma pessoa. Portanto, se um homem age de forma não correspondente às deduções que tínhamos extraído da imagem hipoteticamente assumida do seu caráter, devemos estar dispostos a mudar essa imagem. Mas a pessoa não pode mudar: portanto, não pode ser afetada pelas mudanças de C., assim como não é afetada pela doença psíquica que somente a oculta (*Formalismus*, pp. 501 ss.). Essa separação nítida entre C. e pessoa, que, em Scheler, se deve ao primado metafísico que ele atribui à pessoa, não encontra equivalência na antropologia contemporânea, cujos traços, mais comuns e importantes no que se refere à doutrina do C., podem ser assim recapitulados: 1º o C. é a manifestação objetiva da personalidade humana ou é essa mesma personalidade no seu aspecto objetivo, da forma como é apreendida pela experiência humana comum ou pelas técnicas de investigação da personalidade (v. PERSONALIDADE); 2º o C. distingue-se do *temperamento* (v.) porque não é um dado puramente orgânico como este último e porque não é um elemento imutável e necessitante, mas resultado das opções feitas por um indivíduo, consistindo nas constantes observáveis das suas opções; 3º tais opções não são absolutamente livres nem necessárias, mas condicionadas por elementos orgânicos, ambientais, sociais etc.; e, em suas constantes observáveis, delineiam um *projeto de comportamento* no qual coincidem o C. e a personalidade do homem. [N.A.]

CARÁTER POÉTICO (it. *Carattere poetico*). Segundo Vico, os primeiros homens conceberam as coisas inicialmente mediante "C. fantásticos de substâncias animadas e mudas", isto é, atos ou corpos que tivessem alguma relação com as idéias, e depois com "C. divinos e heróicos", mais tarde explicados com palavras vulgares (*Scienza nuova*, 1744, passim): nessas locuções obviamente a palavra "caráter" está por sinal ou símbolo. [N.A.]

CARDEAIS, VIRTUDES (lat. *Cardinales virtudes*; in. *Cardinal virtues*; fr. *Vertues cardinales*; al. *Kardinaltugenden*; it. *Virtù cardinali*). Assim foram chamadas por Sto. Ambrósio (*De off. ministr.*, I, 34; *De Par.*, III, 18; *De sacr.*, III, 2) as quatro virtudes de que Platão fala em *República* e que estão entre as que Aristóteles chamava de virtudes morais ou éticas, a saber: prudência, justiça, temperança e fortaleza. Tomás de Aquino procurou mostrar a oportunidade desse qualificativo, demonstrando que só as virtudes morais podem ser chamadas de C. ou principais, pois só elas exigem a disciplina dos desejos (*rectitudo appetitus*), na qual consiste a virtude perfeita; por isso, devem ser assim denominadas as virtudes morais às quais todas as outras se reduzem, isto é, as quatro acima referidas (*S. Th.*, II, 1, q. 51) (v. VIRTUDE). [N.A.]

CARIDADE (gr. ἀγάπη; lat. *Caritas*; in. *Charity*; fr. *Charité*; al. *Nächstenliebe*; it. *Carità*). É a virtude cristã fundamental porque consiste na realização do preceito cristão fundamental: "Ama o próximo como a ti mesmo". Paulo foi quem mais insistiu na superioridade da C. em relação às outras virtudes cristãs, quais sejam a fé e a esperança. "A C. tudo suporta, em tudo tem fé, tudo sustenta. [...] Agora existem a fé, a esperança e a C., essas três coisas; mas a C. é a maior de todas" (*Cor.*, I, 13, 7, 13). Para Paulo, a C. é, substancialmente, o vínculo que mantém ligados os membros da comunidade cristã e faz dessa comunidade o próprio "corpo de Cristo". Em seguida, a filosofia cristã viu na C. sobretudo a ligação entre o homem e Deus. Tomás de Aquino define a C. como "a amizade com Deus" e diz: "Essa sociedade do homem com Deus, que é quase uma conversa familiar com Ele, começa na vida presente por meio da graça e se aperfeiçoa no futuro por meio da glória; uma e outra são mantidas pel fé e pela esperança" (*S. Th.*, II, 1, q. 65, a. 5). Sobre o conceito do amor cristão, v. AMOR. Na linguagem comum, essa palavra às vezes é empregada no lugar de beneficência, isto é, para indicar a atitude de quem quer o bem do outro e se comporta generosamente para com ele. Mas a linguagem comum também conhece e usa o significado correto desse termo, ao dizer, por exemplo, que "É preciso um pouco de C." a quem julga com demasiada severidade o seu próximo: nesse caso, obviamente, C. significa amor ou compreensão (v. AMOR). [N.A.]

A noção de C. foi retomada filosoficamente e secularizada tanto por autores do chamado "princípio de C." (v.) quanto por G. Vattimo, que, em conformidade com sua "ontologia fraca", viu nessa noção o ideal ético da "redução da violência em todas as suas formas", configurando-a como o último valor que brota da história do ser (*Credere di credere*, Garzanti, Milão, 1996, p. 92, v. FRACO, PENSAMENTO; VIOLÊNCIA). [G.F.]

CARIDADE, PRINCÍPIO DE (in. *Principle of Charity*; it. *Principio di carità*). Expressão introduzida por N. Wilson e divulgada por autores como Quine e Davidson. Com ela se entende a regra de indulgência interpretativa que consiste em "tratar os outros como a nós mesmos", ou seja, em atribuir às crenças e às linguagens alheias a mesma racionalidade e coerência que atribuímos, por direito, às nossas crenças e às nossos linguagens. Mais que funcionar como norma metodológica sobre o modo como se deveria interpretar, o princípio de C., segundo Davidson, representa uma condição de possibilidade da interpretação (cf. *On the Very Idea of a Conceptual Scheme*, 1974, agora em *Inquiries into Truth and Interpretation*, 1984, trad. it., Il Mulino, Bolonha 1994, p. 197). Tal princípio, que se especifica num conjunto coerente de subprincípios, tem a finalidade de maximizar o acordo (ou minimizar o desacordo) entre os seres humanos (v. TRADUÇÃO). [G.F.]

CARMA/KARMAN. Termo sânscrito (literalmente, "ação") que na especulação hinduísta alude ao conjunto das ações humanas e dos efeitos que delas decorrem necessariamente no curso das sucessivas reencarnações (v. SAMSARA). Para o budismo e o jainismo, o C. brota do desejo. Por isso, extinguindo-se este, extinguem-se também o K. e o Samsara (v. BUDISMO e NIRVANA). [G.F.]

CARNE (gr. σάρξ; lat. *Caro*; in. *Flesh*; fr. *Chair*; al. *Fleisch*; it. *Carne*). Na terminologia do *Novo Testamento*, especialmente em Paulo, é algo diferente do corpo. A C. ou carnalidade é a aversão ou a resistência à lei de Deus, e por isso o pecado ou a orientação para o pecado (p. ex., S. PAULO, *Ad Rom.*, VII, 14; VIII, 3, 8 etc. Cf. BULTMANN, *Theologie des N. T.*, 1948, p. 223). O mesmo sentido conservou-se na linguagem comum e na pregação moralista. Esse termo foi usado em sentido diferente por Merleau-Ponty (*Le visible et l'invisible*, 1964), ao falar da "C. do mundo" como da substância viva comum ao corpo do homem e às coisas do mundo, que constitui, ao mesmo tempo, o objeto e o sujeito das experiências humanas. [N.A.]

CARTESIANISMO (it. *Cartesianesimo*). Conjunto dos fundamentos tradicionalmente considerados como típicos da doutrina de Descartes e aos quais se faz habitualmente referência tanto no sentido de aceitar quanto de refutar. Podem ser resumidos do seguinte modo: 1º caráter originário do *cogito* como auto-evidência do sujeito pensante e princípio de todas as outras evidências; 2º presença das *idéias* no pensamento, como únicos objetos passíveis de conhecimento imediato; 3º caráter universal e absoluto da razão que, partindo do *cogito* e valendo-se das idéias, pode chegar a descobrir todas as verdades possíveis; 4º função subordinada, em relação à razão, da experiência (isto é, da observação e do experimento), que só é útil para decidir nos casos em que a razão apresenta alternativas equivalentes; 5º dualismo de substância pensante e substância extensa, pelo qual cada uma delas se comporta segundo lei própria: a liberdade é a lei da substância espiritual; o mecanismo é a lei da substância extensa.

Em sentido estrito, o C. teve representantes na Holanda (Henrique Régio, 1598-1679; Pierre Daniel Huët, 1630-1721; Gilberto Voëtius, 1589-1676), entre os padres do Oratório e os jansenistas (Antoine Arnauld, 1612-1694; Pierre Nicole, 1625-1695), através dos quais deu origem à lógica de Port-Royal, e entre os ocasionalistas (Arnold Geulingx, 1624-1669; N. Malebranche, 1638-1715) (v. OCASIONALISMO; ESCOLÁSTICA). Em sentido mais lato, podem ser consideradas como desenvolvimentos do C. da doutrinas de Espinosa, de Leibniz e mesmo de Locke, que dele extraíram um ou outro fundamento. Na filosofia moderna e contemporânea, permaneceram como características do C. sobretudo o 1º, o 2º e o 4º fundamentos. [N.A.]

CASAMENTO (gr. γάμος; lat. *Matrimonium*; in. *Marriage*; fr. *Mariage*; al. *Ehe*; it. *Matrimonio*). Qualquer projeto de vida em comum entre pessoas de sexos diferentes. Esta é a definição generalizada, que leva em conta a variedade de formas assumidas pelo C. em grupos sociais diferentes, bem como os diversos conceitos existentes sobre o assunto. Os conceitos existentes podem ser agrupados do seguinte modo:

1º) C. como instituição *natural*. Foi concebido desse modo por Platão, que viu na "sociedade conjugal o princípio e a origem de todos os Estados" (*Leis*, IV, 721 a), e por Aristóteles, que considerou a família como algo "anterior e mais necessário que o Estado" (*Et. nic.*, 8, 12, 1162 a 18 e ss.); contudo, tanto Platão quanto Aristóteles achavam indispensável que o Estado interviesse para regulamentar as modalidades do C. Neste caso, o fim exclusivo do C. é a procriação e a educação da prole.

2º) C. como instituição *contratual*. É dessa forma que foi entendido pelo direito romano e pelo direito canônico. Nesse caso, mesmo considerando que seu *fim* é a procriação e a educação da prole, deste se distingue a *forma*, ou *essência*, do C., considerado como associação ou comunhão de vida (*consortium omnis vitae*, DIÓG. XXI, 23, 2), ou então como "alguma conjunção indissolúvel de almas", como diz Tomás de Aquino (*S. Th.*, III, 1. 29, a. 2), cuja condição indispensável é o *consentimento*, expresso nas formas estabelecidas pela lei civil ou religiosa. Kant insistia no aspecto contratual do C., definindo-o como "união de duas pessoas de sexo diferente para a posse recíproca de suas faculdades sexuais durante toda a vida"; considerou-o como fonte de um direito *real*, além de pessoal, no sentido de que cada uma das duas pessoas é adquirida pela outra como coisa, mas viu na reciprocidade dessa aquisição o resgate da personalidade dos dois cônjuges (*Met. der Sitten*, I, §§ 24-5). Hegel, ao contrário, insistia na unidade ético-sentimental do C.: "O C. não é essencialmente união apenas natural, bestial, nem puro contrato civil, mas união moral do sentimento, do amor e da confiança mútua, que transforma duas pessoas em uma" (*Philosophische Propädeutik*, I, § 51; *Enc.*, § 519; *Fil. do dir.*, § 162).

3º) C. como instituição *social*. Esse é o ponto de vista dos antropólogos e sociólogos que encontraram nos diversos grupos humanos todas as formas possíveis de C.: de um homem e uma mulher, de um homem e várias mulheres, de vários homens e várias mulheres (cf., p. ex., W. N. STEPHENS, *The Family in Cross-Cultural Perspective*, 1963). Desse ponto de vista, Lévi-Strauss considerou as regras do C. como uma espécie de linguagem, um tipo de *comunicação*, mais especificamente a comunicação das mulheres no seio de um grupo (*Structures élémentaires de la parenté*, 1949; cf. *Anthropologie structurale*, 1958, pp. 69 ss.). [N.A.]

CASUALISMO (in. *Casualism*; fr. *Casualisme*; it. *Casualismo*). Doutrina segundo a qual o acaso não é somente expressão da ignorância humana a respeito das causas de certos acontecimentos, mas uma condição ou situação objetiva de indeterminação nas próprias coisas. Peirce chamou essa doutrina de *tiquismo* (*Chance, Love and Logic*, II, 3; *Coll. Pap.*, 6.47 ss.), de τύχη, que na realidade significa sorte. Um C. radical é o sustentado por Wittgenstein. "Fora da lógica tudo é acaso", diz ele (*Tractatus*, 6.3). Deve-se lembrar que a lógica trata somente de *tautologias* (v.), que nada significam. [N.A.]

CASUÍSTICA (in. *Casuistry*; fr. *Casuistique*; al. *Kasuistik*; it. *Casistica*). Análise e classificação dos "casos de consciência", ou seja, dos problemas que nascem da aplicação das normas morais ou religiosas aos acontecimentos da vida. Na Antiguidade os cínicos e os estóicos tiveram uma C. Houve uma C. cristã contra a qual, a partir de Pascal (*Cartas Provinciais*, 1657), foi freqüentemente feita a acusação de moralidade relaxada ou acomodatícia. A exigência de uma C. moral foi exposta por Kant, que assim esclareceu o seu conceito: "A ética, pela grande margem que concede aos deveres imperfeitos, leva inevitavelmente a questões que estimulam o juízo a decidir de que modo a máxima deve ser aplicada aos casos particulares ou qual máxima particular (subordinada) deve fornecer (desse modo sempre podemos perguntar qual é o princípio de aplicação dessas máximas segundo os casos que se apresentem); e assim a ética desemboca numa C." A C. não é ciência nem parte de ciência, porque nesse caso seria dogmática, mas é "um exercício que ensina como deve ser buscada a verdade" (*Met. der Sitten*, II, Intr., 18, nota). [N. A.]

CATALÉPTICA, REPRESENTAÇÃO (gr. φαντασία καταληπτική; lat. *Fantasia comprehensiva*; al. *Kataleptische Vorstellung*; it. *Rappresentazione catalettica*). Critério de verdade, segundo os estóicos, que chamaram de C., ou seja, compreensiva, a representação evidente ou que torna evidente o objeto que a produz. Segundo um testemunho de Cícero (*Acad.*, II, 144), Zenão atribuía o significado da representação C. à sua capacidade de apreender ou compreender o objeto: por isso, comparava a mão aberta à representação pura e simples; a mão que faz o gesto de agarrar, ao assentimento; a mão em punho, à compreensão C.; as duas mãos estreitadas, uma sobre a outra, à ciência. Entretanto, segundo Diógenes Laércio (VII, 46) e Sexto Empírico (*Adv. math.*, VII, 28), a representação C. é a que provém do real subjacente e é impressa e marcada por ele de tal modo que é conforme com ele. Em outros termos, a representação C. é o ato do intelecto que apreende o objeto ou é o ato do objeto que se imprime no intelecto; em ambos os casos, garante a presença do objeto e a conformidade da representação com ele. Os céticos, de Arcesilau em diante, puseram em dúvida o critério da representação C., negando que se pudesse ter certeza da verdade de uma representação qualquer (SEXTO EMPÍRICO, *Adv. math.*, VII, 162-4). [N.A.]

CATARSE (gr. κάθαρσις; it. *Catarsi*). Libertação do que é estranho à essência ou à natureza de uma coisa e que, por isso, a perturba ou corrompe. Esse termo, de origem médica, significa "purgação". Platão define a C. como "a discriminação que conserva o melhor e rejeita o pior" (*Sof.*, 226 d). E lembra a existência de livros de Museu e Orfeu, segundo os quais "os adeptos celebram sacrifícios persuadindo cidadãos e cidades inteiras de que existem absolvições e purificações dos atos injustos, por meio de sacrifícios e jogos aprazíveis, tanto para os vivos como para os mortos". Empédocles chamou de *Purificações* (κάθαρμοι) um dos seus poemas que, precisamente, se inspirava no orfismo. Em Platão, esse termo tem acepção moral e metafísica. Designa, em primeiro lugar, a libertação em relação aos prazeres (*Fed.*, 67 a, 69 c); em segundo lugar, a libertação da alma em relação ao corpo, no sentido de que a alma se separa ou se retira das atividades físicas e realiza, já em vida, a separação total, que é a morte (*ibid.*, 67 c). Plotino insistirá neste último aspecto; para ele a virtude purifica a alma dos desejos e de todas as outras emoções, no sentido de que separa a alma do corpo e faz que a alma se recolha em si mesma e se torne impassível (*Enn.*, I, 2, 5).

Aristóteles utilizou amplamente esse termo em seu significado médico, nas obras sobre história natural, como purificação ou purgação. Mas foi o primeiro que o usou para designar também um fenômeno estético, qual seja, uma espécie de libertação ou serenidade que a poesia e, em particular, o drama e a música provocam no homem. "A tragédia", disse ele, "é imitação elevada e completa da ação, que tem certa extensão, pela linguagem e diversas espécies de adornos distribuídos em suas várias partes; imitação realizada por atores e não em forma narrativa e que, suscitando o terror e a piedade, chega à purificação de tais afetos" (*Poet.*, 1449 b, 24 ss.). É muito curioso que Aristóteles, apesar de examinar todos os elementos da tragédia, não se demore na explicação do que é C.; isso quer dizer que, aí, utiliza a palavra no sentido geral de serenidade e calma, embora não de ausência total de emoções; sentido que se coaduna com o que ele diz sobre a música, em *Política*. Nessa obra, observa que algumas pessoas, fortemente abaladas por emoções como piedade, medo e entusiasmo, ao ouvirem cantos sacros que impressionam a alma, "encontram-se nas condições de quem foi curado ou purificado". Todas as outras emoções também podem sofrer "purificação e agradável alívio". E "as músicas mais aptas a produzir purificação transmitem uma alegria inocente aos homens" (*Pol.*, VIII, 7, 1.342 a 17). Das muitas interpretações sobre a C. estética, prevalece a de Goethe (*Nachlese zu Aristot. Poetik*, 1826), para quem ela consistiria no equilíbrio das emoções que a arte trágica induz no espectador, depois de ter suscitado nele essas mesmas emoções, e portanto, na sensação de serenidade e pacificação que ela proporciona. Se bem que haja algo de semelhante em Aristóteles, é preciso observar que, para ele, o significado da C. estética não é diferente do da C. médica ou moral: uma espécie de tratamento das afecções (físicas ou espirituais) que não as anula mas as reduz a dimensões em que são compatíveis com a razão.

Na cultura moderna, o termo C. foi usado quase exclusivamente como referência à função libertadora da arte. Freud às vezes chamou de C. o processo de sublimação da *libido* (v. AMOR), pelo qual a *libido* se separa do seu conteúdo primitivo, ou seja, da sensação voluptuosa e dos objetos a ela ligados, para concentrar-se em outros objetos que serão amados por si mesmos. Segundo Freud, a esse processo de C. ("sublimação") são devidos todos os progressos da vida social, a arte, a ciência e a civilização em geral, pelo menos sempre que dependam de fatores psíquicos (v. PSICANÁLISE). [N.A.]

CATASSILOGISMO (lat. *Catasyllogismus*; it. *Catasillogismo*). Contrademonstração. Esse termo é empregado por João de Salisbury (*Metalogicus*, IV, 5) com referência ao verbo contrademonstrar usado por Aristóteles (*An. pr.*, II, 19, 66 a 25). [N.A.]

CATÁSTROFE (in. *Catastrophe*; fr. *Catastrophe*; al. *Katastrophe*; it. *Catastrofe*). Qualquer teoria que procure explicar o desenvolvimento de uma realidade mediante reviravoltas radicais e totais que ocorreriam periodicamente. Assim, Cuvier (*Discours sur les révolutions du globe*, 1812) explicava a extinção das espécies animais fósseis através de *C. gerais* que, periodicamente, teriam destruído as espécies vivas de cada espécie geológica, permitindo que Deus criasse novas espécies. Em 1833, o geólogo inglês Lyell, em *Principles of Geology*, propunha a tese, depois universalmente aceita, de que o estado atual da Terra não se deve a uma série de C., mas à ação lenta, gradual e insensível das causas que agem continuamente sob nossos olhos. No domínio político, a teoria da C. foi adotada por Sorel (*Réflexions sur la violence*, 1906), que concebia a passagem do capitalismo para o socialismo como uma C., cuja reviravolta escapa a qualquer descrição. É verdade que Sorel acrescenta não ser indispensável que tal C. se realize (não se realizou nem mesmo a que era esperada pelos primeiros cristãos), mas basta que ela valha como um "mito". Cf. ATIVISMO; MITO. [N.A.]

CATÁSTROFES, TEORIA DAS. V. COMPLEXIDADE.

CATECISMO (in. *Catechism*; fr. *Catéchisme*; al. *Katechismus*; it. *Catechismo*). Kant dividiu o método de questionário (ou *erotemático*) em *catequético*, em que só se recorre à memória de quem é interrogado, e *dialogístico* ou *socrático*, com que se recorre ao que está contido na razão do interrogado e por isso é passível de explicitação ou desenvolvimento (*Met. der Sitten*, II, Intr., § 18, nota). Contudo, Kant considera indispensável um C. moral que deveria ter precedido o C. religioso, do qual seria independente (*ibid.*, § 51). O positivismo oitocentista mostrou certa predileção por C. filosóficos e filosófico-políticos. St. Simon compilou um (*C. dos industriais*, 1823-24) e Augusto Comte escreveu um que ficou muito famoso (*C. positivista*, 1852). Isso aconteceu porque o positivismo muitas vezes se apresentou como religião "científica", que deveria suplantar a religião tradicional. [N.A.]

CATEGOREMÁTICO (lat. *Categoremata*; in. *Categorematic*; fr. *Catégorématique*; al. *Kategorematisch*; it. *Categorematico*). Na gramática e na lógica medieval são assim chamadas as partes do discurso significantes por si mesmas, como o sujeito ou o predicado, enquanto são chamadas de *sincategoremáticas* (v.) as outras como, por exemplo, a conjunção ("e"), a disjunção ("ou"), "todos" etc. [N.A. – M.M.]

CATEGORIA (gr. κατηγορία; lat. *Praedicamentum*; in. *Category*; fr. *Catégorie*; al. *Kategorie*; it. *Categoria*). Em geral, qualquer noção que sirva como regra para a investigação ou para a sua expressão lingüística em qualquer campo. Historicamente, o primeiro significado atribuído às C. é realista: elas são consideradas determinações da realidade e, em segundo lugar, noções que servem para indagar e para compreender a própria realidade. Foi essa a concepção de Platão, que as chamou de "gêneros supremos" e enumerou cinco desses gêneros, a saber: o ser, o movimento, o repouso, a identidade e a alteridade (*Sof.*, 254 ss.). Assim como alguns desses gêneros estão interligados e outros não, também as partes do discurso, isto é, as palavras, se interligam, e quando essa mescla corresponde à real, o discurso é verdadeiro; caso contrário é falso (*ibid.*, 263 ss.). Essa correspondência entre a realidade e o discurso, através das determinações categoriais, é também a base da teoria da Aristóteles. Este, porém, parte de um ponto de vista lingüístico: as C. são os modos como o ser *se predica* das coisas nas proposições, portanto os predicados fundamentais das coisas. Enumera dez categorias, exemplificando como segue: 1º *Substância*, por exemplo: homem ou cavalo; 2º *Quantidade*, por exemplo: dois côvados; 3º *Qualidade*, por exemplo: branco; 4º *Relação*, por exemplo: maior; 5º *Lugar*, por exemplo: no liceu; 6º *Tempo*, por exemplo: ontem; 7º *Posição*, por exemplo: está sentado; 8º *Posse*, por exemplo: usa sapatos; 9º *Ação*, por exemplo: cortar; 10º *Passividade*, por exemplo: ser cortado (*Top.*, I, 9, 103 b 20 ss.; *Cat.*, 1 b 25 ss.). A relação entre as C. e o ser é assim explicada: "Porquanto a predicação afirma às vezes o que uma coisa é, às vezes a sua qualidade, às vezes a sua quantidade, às vezes a sua relação, às vezes aquilo que faz ou o que sofre e às vezes o lugar onde está ou o tempo, segue-se que tudo isso são modos do ser" (*Met.*, V, 7, 1017 a 23 ss.). Esse conceito de C. como determinação pertencente ao próprio ser e do qual o pensamento deve servir-se para conhecê-lo e exprimi-lo em palavras durou muito tempo; e por muito tempo as escolas filosóficas ou os filósofos só discordaram quanto ao número ou a distinção das categorias. Assim, os estóicos reduziram-nas a quatro: substância, qualidade, modo de ser e relação (SIMPLÍCIO, *In Cat.*, f. 16 d). Plotino retornou aos cinco gêneros supremos de Platão (*Enn.*, VI, 1, 25). Na Idade Média, a única alternativa à doutrina do fundamento real das C. é o seu caráter puramente verbal, defendido pelo nominalismo. Ockham afirma claramente que as C. não passam de signos das coisas, signos simples com os quais podem ser constituídos "complexos" verdadeiros ou falsos (*De corpore Christi*, 15; *In Sent.*, I, d. 30, q. 2, I). Portanto, a distinção das C. não implica uma distinção paralela entre os objetos reais, visto que nem sempre a conceitos ou a palavras distintas correspondem coisas distintas. As C. de substância, qualidade e quantidade, embora distintas como conceitos, significam a mesma coisa (*Quodl.*, V, q. 23). Essa negação radical da realidade das C. deriva da negação total que o nominalismo medieval fazia de qualquer realidade universal. Esse ponto de vista equivale a considerar as C. como simples *nomes* que se referem a classes de objetos.

A doutrina de Kant nada tem que ver com esse nominalismo, embora também negue o realismo da concepção clássica. Para Kant as C. são os modos pelos quais se manifesta a atividade do intelecto, que consiste, essencialmente, "em ordenar diversas representações sob uma representação comum", isto é, em julgar. Elas são, portanto, as formas do juízo, as formas em que o juízo se explica, independentemente do seu conteúdo empírico. Por isso, as C. podem ser extraídas das classes do juízo, enumeradas pela lógica formal. "Desse modo", diz Kant, "surgem tanto conceitos puros do intelecto, que se aplicam *a priori* aos objetos da intuição em geral, quantas eram as funções lógicas em todos os juízos possíveis no quadro precedente (isto é, na classificação dos juízos); porque as chamadas funções esgotam completamente o intelecto e põem à prova o seu poder" (*Crít. R. Pura*, Anal. dos conceitos, § 10). As C. são os conceitos primitivos do intelecto puro e condicionam todo o conhecimento intelectual e a própria experiência; mas elas não se aplicam às coisas em si, e o conhecimento que delas se vale (isto é, todo o conhecimento humano) não pode estender-se, portanto, a tais "coisas em si" ou "númenos". As categorias são, todavia, condições da *validade objetiva* do conhecimento, isto é, do juízo em que o conhecimento se concretiza. Com efeito, um juízo é uma conexão entre representações, mas tal conexão não é subjetiva, logo não vale só para o sujeito isolado que a efetua, mas é feita em conformidade com uma categoria, isto é, segundo um modo, uma regra que é igual para todos os sujeitos e que, portanto, confere necessidade e objetividade àquilo a que se ligou na percepção (*Prol.*, § 22). A doutrina de Kant sobre as C. pode, por isso, ser reduzida a dois pontos fundamentais: 1º as C. dizem respeito à relação sujeito-objeto e, por isso, não se aplicam a uma eventual "coisa em si" que esteja fora dessa relação; 2º as C. constituem as determinações dessa relação e são, portanto, válidas para qualquer ser pensante finito. Kant enumerava doze C., correspondentes às doze classes de juízos: 1ª C. *de quantidade*: unidade, multiplicidade, totalidade; 2ª C. *de qualidade*: realidade, negação, limitação; 3ª C. *de relação*: inerência e subsistência (substância e acidente), causalidade e dependência (causa e efeito), comunhão (ação recíproca); 4ª C. *de modalidade*: possibilidade-impossibilidade, existência-inexistência, necessidade-contingência.

O conceito kantiano das C. continuou prevalecendo na filosofia moderna e contemporânea, se bem que mesmo os filósofos mais estritamente kantianos não tenham entrado num acordo sobre o "quadro" das categorias. Em geral, os neocriticistas procuraram simplificar e unificar esse quadro; Renouvier, por exemplo, considerou fundamental a C. *relação* (visto que a consciência é relação) e considerou as outras (número, extensão, duração, qualidade, devir, força, finalidade, personalidade) como determinações e especificações dela (*Essai de critique générale*, I, 1854, pp. 86 ss.). E Cohen considerou como C. fundamental a do *sistema*, porque a unidade do objeto, em que se funda a unidade da natureza, é uma unidade sistemática (*Logik*, p. 339). Mas, embora não tenha havido filósofo de inspiração kantiana que não tenha desejado criar seu quadro de C., o conceito kantiano permaneceu inalterado para toda a parcela da filosofia moderna que se inspira em Kant. Todavia, esse conceito não é o único na filosofia moderna e contemporânea. O conceito tradicional de C. como "determinação do ser" foi retomado pelo idealismo romântico e, em especial, por Hegel. Este considera as C. como "determinações do pensamento" e atribui a Fichte o mérito de haver afirmado a exigência da sua "dedução", isto é, da demonstração da sua necessidade (*Enc.*, § 43). Mas na verdade, para Hegel, as determinações do pensamento são, simultaneamente, as determinações da realidade (pela identidade, por ele formulada, entre realidade e razão) e, habitualmente, chama essas determinações de "momentos", e não de C. A única C. que ele reconhece verdadeiramente como tal é a própria realidade-pensamento, isto é, a autoconsciência, o eu ou a razão. Em *Fenomenologia* (I, cap.V, § 2), diz: "O eu é a única essencialidade pura do ente ou a C. *simples*. A C., que de outro modo tinha o significado de ser a essencialidade do ente, essencialidade indeterminada do ente em geral ou do ente contra a consciência, agora é essencialidade ou simples unidade do ente, considerado apenas como realidade pensante: ou seja, a C. consiste no fato de autoconsciência e ser serem a mesma coisa." Quer dizer: a C. não deve ser considerada como uma determinação do ser em geral, mas como a consciência e, portanto, a própria realidade. Essa teoria do eu e da consciência ou do espírito como única C. permaneceu lugar-comum de todas as formas de idealismo romântico. Simetricamente oposta à de Hegel é a doutrina de Heidegger, para quem a C. não é a determinação da autoconsciência ou ao eu, mas do *ser das coisas*. Heidegger faz a distinção entre os *existenciais* (*Existentialen*), que são as determinações do ser e da realidade humana, do *Dasein* (ser-aí), e as outras C., que são "determinações do ser dos entes não conformes ao *Dasein* (ser-aí)": isto é, determinações do ser das coisas (*Sein und Zeit*, § 9).

Na filosofia contemporânea, encontra-se tanto a retomada da concepção clássica e da concepção kantiana da C., quanto novas generalizações sobre seu significado: 1º A concepção clássica da C. como "determinação do ser" é retomada por N. Hartmann, que considera as C. como as estruturas necessárias do ser em si. Tais estruturas produzem a estratificação do mundo numa série de *planos*. Existem as C. fundamentais, que pertencem a todos os planos do ser, e que são as C. modais; há as C. bipolares (qualidade-quantidade; contínuo-descontínuo; forma-matéria etc.) e, em terceiro lugar, as C. do real, que determinam os caracteres da realidade efetiva e que se dividem em quatro grupos, correspondentes ao princípio do valor, ao princípio da crença, ao princípio da planificação e ao princípio da dependência (*Aufbau der realen Welt*, 1940). 2º A concepção kantiana de C. como condição do objeto e o encaminhamento para a concepção instrumental da C. unem-se na doutrina de Husserl. Para este, a noção de C. vincula-se à de *região ontológica* e designa o conceito que serve para definir uma região em geral ou o que entra na definição de uma região particular (p. ex., "a natureza física"). Os conceitos que entram na definição de uma região em geral – e por isso são empregados nos axiomas lógicos – são chamados por Husserl de "C. lógicas", ou "C. da região". São os conceitos de propriedade, qualidade, relação de coisas, relação, conjunto, número etc. Têm afinidade com essas categorias as chamadas "C. do significado", inerentes à essência da proposição. C. lógicas e C. do significado são *analíticas*. Já os conceitos que entram na constituição dos axiomas regionais são chamados por Husserl de C. sintéticas. "Os conceitos fundamentais sintéticos ou C.", diz Husserl, "são os conceitos regionais fundamentais (referem-se por essência a uma região determinada e aos seus princípios sintéticos), de tal modo que há tantos grupos distintos de C. quantas são as regiões" (*Ideen*, I, § 16). Para Husserl, as C. têm sempre caráter objetivo, visto que as regiões ontológicas, cujos axiomas servem para exprimir, são as formas da objetividade: ou da objetividade em geral ou de uma objetividade específica. Também existem, portanto, "C. do substrato" (*ibid.*, § 14), que se diferenciam das precedentes C. "sintáticas" (derivadas) porque se referem a substratos inderiváveis, ou seja, de natureza concreta e individual: a essência material e o "este aqui", que, no fundo, é o indivíduo (*ibid.*, § 16). Nessa concepção husserliana de C., prevalecem os traços realistas, embora o objeto ou as regiões ontológicas de que Husserl fala ainda sejam objetos da intencionalidade da consciência. 3º Em algumas outras correntes da filosofia contemporânea, como no empirismo lógico, as C. são consideradas regras convencionais que regem o uso dos conceitos. Assim, por exemplo, Ryle chama de "tipo ou categoria lógica de um conceito o conjunto de modos nos quais, por convenção, é lícito utilizar o termo respectivo" (*Concept of Mind*, Intr., trad. it., p. 4). Essa é, certamente, a noção menos dogmática e mais geral de C. que a filosofia propôs até hoje, mas ainda contém certo dogmatismo, pois limita as C. às já estabelecidas pelo uso lingüístico comum, negando implicitamente a validade de qualquer nova proposta. Contudo, cientistas, filósofos e pesquisadores em geral sempre exerceram o direito de propor novas C., isto é, novos instrumentos conceituais de investigação e de expressão lingüística. Donde a necessidade de formular a noção de categoria exatamente como a de tal instrumento: noção que, além de tudo, tem a vantagem de caracterizar igualmente bem a função efetiva de todos os conceitos de C. historicamente propostos. [N.A.]

CATEGORIAL (in. *Categorial;* fr. *Catégorial;* al. *Kategorial;* it. *Categoriale*). Que concerne às categorias ou se refere às categorias, portanto diferente de *categórico* (v.), que significa certa espécie de juízos. Assim, Hartmann deu o nome de "análise C." à análise dos estratos do ser determinados pelas categorias (*Der Aufbau der realen Welt*, 1940). E fala-se de "erro C." para indicar a troca de uma categoria por outra (p. ex., RYLE, *Concept of Mind*, I, § 2). [N.A.]

CATEGÓRICO (gr. κατηγορικός; in. *Categorical;* fr. *Catégorique;* al. *Kategorisch;* it. *Categorico*). Em geral, uma proposição ou um raciocínio não limitado por condições. Começou-se a chamar de C. o silogismo aristotélico (SEXTO EMPÍRICO, *Pirr. hyp.*, II, 163) depois que os estóicos elaboraram a teoria do raciocínio hipotético (v. ANAPODÍTICO). É muito provável que os estóicos considerassem que a teoria aristotélica do silogismo houvesse sido absorvida por sua teoria dos raciocínios hipotéticos, assim como consideravam absorvida em sua teoria dos axiomas ou proposições a teoria aristotélica da *interpretação* (v.). Mas a lógica posterior (especialmente dos aristotélicos) simplesmente acrescentou as determinações estóicas às aristotélicas, falando, assim, de uma proposição C. e de uma proposição hipotética, de silogismo C. e de silogismo hipotético. Essa terminologia foi introduzida por Marciano Capela (*De nuptiis*, §§ 404 ss.) e por Boécio na tradição latina. Diz Boécio: "Os gregos chamam de proposições C. as que são pronunciadas sem nenhuma condição, ao passo que são condicionais as do tipo 'se é dia, há luz', que os gregos chamam de "hipotéticas". Correspondentemente, o silogismo C. ou "predicativo" é o formado por proposições C., enquanto aquele que consta de proposições hipotéticas é chamado de hipotético, isto é, condicional (*De syll. hipot.*, I, em *P. L.* 64, col. 833).

Essa terminologia conservou-se durante toda a tradição lógica do ocidente e foi aceita por Kant (*Crít. R. Pura*, Analítica dos conceitos, § 9), que, por sua vez, ampliou a distinção, aplicando-a aos imperativos, isto é, às máximas da vontade. Chamou de C. o imperativo da moralidade, que não está sujeita a nenhuma condição e, portanto, tem uma "necessidade incondicional e verdadeiramente objetiva", valendo, por conseguinte, para todos os seres racionais, quaisquer que sejam os seus desejos (*Grundlegung zur Met. der Sitten*, II) (v. IMPERATIVO). [N.A.]

CATENOTEÍSMO (in. *Kathenotheism;* it. *Catenoteismo*). Termo inventado pelo historiador das religiões Max Müller, para indicar a doutrina de que há um só Deus por sua vez, isto é, o monoteísmo dos Vedas, segundo o qual o mundo é governado por um único Deus de cada vez, enquanto as outras divindades esperam o seu turno. [N.A.]

CAUSA EXEMPLAR (it. *Causa esemplare*). A idéia, em Deus, das coisas que ele pretende criar (v. IDÉIA). [N.A.]

CAUSA INSTRUMENTAL (lat. *Causa instrumentalis;* it. *Causa strumentale*). Acréscimo às quatro causas de Aristóteles (v. CAUSALIDADE) feito pelo médico Galeno, que, contudo, admitia a superioridade da C. final sobre todas as outras; designa o que é C. em virtude de alguma outra coisa, como o ar, que pode ser C. do calor porque é aquecido pelo fogo (cf. TOMÁS DE AQUINO, *S. Th.*, I, q. 45, a 5). [N.A.]

CAUSALIDADE (gr. αἰτία, αἴτιον; lat. *Causa;* in. *Causality;* fr. *Causalité;* al. *Causalität;* it. *Causalità*).

Em seu significado mais geral, o nexo entre duas coisas em virtude do qual a segunda coisa é univocamente previsível a partir da primeira. Historicamente, essa noção assumiu duas formas fundamentais: 1ª A forma de nexo *racional*, graças ao qual a causa é a *razão* do seu efeito e este, por isso, é *dedutível* dela. Nessa concepção, a ação da causa é freqüentemente descrita como a de uma *força* que gera ou produz indefectivelmente o efeito. 2ª A forma de um nexo *empírico* ou temporal, segundo o qual o efeito não é dedutível da causa, mas é previsível com base nela pela constância e uniformidade da relação de sucessão. Essa concepção elimina a idéia de força da relação causal. A ambas essas formas são comuns as noções de previsibilidade unívoca, infalível, do efeito a partir da causa e, portanto, também a de *necessidade* da relação causal.

1ª Pode-se dizer que a primeira forma da noção de causa começa com Platão, que considera a causa como o princípio pelo qual uma coisa é ou torna-se o que é. Nesse sentido, afirma que a verdadeira causa de uma coisa é aquilo que, para a coisa, é "o melhor", isto é, a idéia ou o estado perfeito da própria coisa; por exemplo, a causa do dois é a dualidade; do grande, a grandeza; do belo, a beleza. De modo geral, o bem é a causa daquilo que existe de bom nas coisas e das próprias coisas (*Fed.*, 97 c ss., espec. 101 c). Ao lado dessas causas "primeiras" ou "divinas", Platão admitiu depois as *concausas*, que são as limitações encontradas pela obra criadora do demiurgo e que constituem os elementos de necessidade do próprio mundo (*Tim.*, 69 a). Mas a primeira análise verdadeira da noção de causa encontra-se em Aristóteles. Este afirma, pela primeira vez (*Fís.*, I, 1, 184 a 10), que conhecimento e ciência consistem em dar-se conta das causas e nada mais são além disso. Mas, ao mesmo tempo, nota que, se perguntar a causa significa perguntar o *porquê* de uma coisa, esse porquê pode ser diferente e há, portanto, várias espécies de causas. Num primeiro sentido, é causa aquilo de que uma coisa é feita e que permanece na coisa, como, por exemplo, o bronze é causa da estátua e a prata é causa da taça. Num segundo sentido, a causa é a forma ou o modelo, isto é, a *essência* necessária ou *substância* (v.) de uma coisa. Nesse sentido, é causa do homem a natureza racional que o define. Num terceiro sentido, é causa aquilo que dá início à mudança ou ao repouso: por exemplo, o autor de uma decisão é a causa dela, o pai é causa do filho e, em geral, o que produz a mudança é causa da mudança. Num quarto sentido, a causa é o fim e, por exemplo, a saúde é a causa de se passear (*ibid.*, II, 3, 194 b 16; *Met.*, V, 2, 1013 a-b). Causa material, causa formal, causa eficiente e causa final são, portanto, todas as causas possíveis, segundo Aristóteles. Três teoremas fundamentais esclarecem essa teoria aristotélica da causa. São: 1º a contemporaneidade da causa atual e de seu efeito, como, por exemplo, da ação construtora do arquiteto e da casa; essa contemporaneidade não se verifica na causa potencial; 2º a hierarquia das causas, pela qual é preciso procurar sempre a causa mais alta: por exemplo, o homem constrói porque é construtor, mas é construtor pela arte de construir; essa arte é por isso a causa mais alta; 3º a homogeneidade da causa e do efeito, pela qual os gêneros são causa dos gêneros, as coisas particulares das coisas particulares, o escultor da estátua, as coisas atuais das coisas atuais, as coisas possíveis das coisas possíveis (*Fís.*, II, 3, 195 b 16 ss.).

Mas a advertência fundamental é que as quatro causas não estão no mesmo plano: há uma causa primeira e fundamental, um *porquê* privilegiado, que é dado pela essência racional da coisa, pela substância (*De part. an.*, I, 1, 639 b 14). A substância é a essência necessária, eternamente atual, princípio de realidade, portanto também do devir enquanto passagem da potência ao ato. Da substância depende a necessidade causal. "Nas coisas artificiais", diz Aristóteles, "sendo a causa essa tal coisa, é preciso, necessariamente, que essas outras coisas sejam feitas ou existam. Assim também na natureza, se o homem é isto, fará estas coisas, e se faz estas coisas, acontecer-lhe-ão outras" (*Fís.*, II, 9, 200 a 35). Em outros termos, a necessidade pela qual uma causa qualquer (das que Aristóteles distingue) age é a própria necessidade pela qual uma substância (p. ex., o homem como animal racional) é o que é. A necessidade causal é, portanto, a própria necessidade do ser enquanto ser, do ser substancial: a necessidade pela qual o que é não pode ser diferente do que é. A essa necessidade escapa somente o que é acidental ou casual (v. ACASO).

A doutrina de Aristóteles demonstra a estreita conexão entre a noção de causa e a de substância. A causa é o princípio de inteligibilidade porque compreender a causa significa compreender a organização interna de uma substância, isto é, a razão pela qual uma substância qualquer (p. ex., o homem, Deus ou a pedra) é o que é e não pode ser ou agir diferentemente. Por exemplo, se o homem é "animal racional", o que ele é ou faz depende da sua substância assim definida, que opera como força irresistível para produzir as determinações do seu ser e do seu agir.

Os estóicos entenderam a causa como força produtiva, como "aquilo por cuja ação nasce um efeito". Segundo Sexto Empírico (*Pirr. hyp.*, III, 14-15), eles distinguiram as causas sinéticas, concausais e cooperantes. As *sinéticas* são as causas propriamente ditas que, "quando presentes, está presente o efeito; quando retiradas ou diminuídas, retira-se ou diminui também o efeito". As *concausais* são as causas que se reforçam mutuamente na produção de um efeito, como no caso de dois bois que puxam o arado. A *cooperante* é a causa que produz uma pequena força, em virtude da qual o efeito se produz com facilidade: como quando um terceiro vem somar-se a outros dois que carregam um peso com dificuldade, ajudando a sustentá-lo. Mas, para os estóicos, a causa por excelência é a sinética e, nesse sentido, Deus é causa e constitui o princípio ativo do mundo (DIÓG. L., VII, 134; SÊNECA, *Ep.*, 65, 2). A filosofia medieval em pouco ou nada inovou o conceito da estrutura causal (porque substancial) do mundo. Sua principal contribuição é a elaboração do conceito de causa primeira, em um sentido diferente do aristotélico, isto é, não como tipo de causa fundamental, mas como primeiro elo da cadeia causal. A elaboração desse conceito fora obra da escolástica árabe e, em particular, de Avicena. Em lugar da estrutura substancial do universo, cuja C. constituiria a necessidade intrínseca, Avicena propõe a ordenação hierárquica das causas, que remontam à Causa Primeira. Diz Tomás de Aquino (*S. Th.*, II, 1, q. 19, a. 4): "Em todas as causas ordenadas, o efeito depende mais da causa primeira do que da causa segunda, porque a causa segunda só age em virtude da causa primeira". O teorema fundamental que rege essa concatenação universal causal e o seu caráter hierárquico é o que Tomás de Aquino exprime dizendo: "Quanto mais alta é uma causa, tanto mais amplo o seu poder causal" (*ibid.*, I, q. 65, a. 3): teorema de franca origem neoplatônica, visto que os neoplatônicos tinham reconhecido, juntamente com o caráter universal da necessidade causal, a hierarquia das causas a partir da causa primeira (PROCLO, *Inst. theol.*, 11). Um produto dessa doutrina pode ser visto no *ocasionalismo* (v.), segundo o qual a única e ver-dadeira causa é Deus, e as chamadas causas segundas ou finitas são apenas ocasiões de que Deus se serve para realizar os seus decretos (MALEBRANCHE, *Recherche de la vérité*, VI, 2, 3).

O conceito aristotélico-árabe de uma ordem necessária no mundo, no qual todos os eventos encontram seu lugar e sua concatenação causal, é defendido, no Renascimento, pelos aristotélicos como pressuposto essencial do seu naturalismo. Assim, Pomponazzi pretende remeter até os acontecimentos mais extraordinários e miraculosos à ordem necessária da natureza e, para isso, utiliza o determinismo astrológico dos árabes (*De incantationibus*, 10). A noção de uma ordem causal do mundo (às vezes remetida a Deus como primeira causa), segundo o conceito neoplatônico e medieval, forma ainda o pressuposto e o fundamento dos primórdios da organização da ciência, com Copérnico, Kepler e Galileu. Essas bases são expressas em termos mecanicistas por Hobbes e, em termos teológicos, por Espinosa, mas são sempre as mesmas. Hobbes julga que a relação causal se reduz à ação de um corpo sobre o outro e que, portanto, a causa é o que gera ou destrói certo estado de coisas em um corpo (*De corp.*, IX, 1). A causa perfeita, isto é, aquela a que segue infalivelmente o efeito, é o agregado de todos "os acidentes ativos" que existirem: com ela, o efeito já está dado (*ibid.*, IX, 3). A concatenação dos movimentos constitui a ordenação causal do mundo. Por sua vez, Espinosa, ao ver em Deus a única substância, também vê nele a única causa da qual todas as coisas e todos os eventos do mundo (os "modos" da Substância) derivam com necessidade geométrica (*Et.*, I, 29). A necessidade causal, que, para Hobbes, é uma concatenação dos movimentos, para Espinosa é uma concatenação de razões, isto é, de verdades que constituem uma cadeia ininterrupta. Além disso, para Hobbes, o caráter mecânico da C. não diminui sua natureza racional, já que, aliás, Hobbes vê no mecanismo a única explicação racional do mundo, no corpo e no movimento os dois únicos princípios de explicação, não reconhecendo outras realidades fora deles. Isso acontece porque para ele, assim como para Espinosa, prevalece a identificação, aceita por Descartes, entre causa e razão. A causa é o que *explica* o efeito, demonstra ou justifica sua existência ou suas determinações. É assim que Descartes a concebe quando, definindo como *analítico* o método que emprega, afirma que ele "demonstra como os efeitos dependem das causas" (*Secondes réponses*). Isso significa que a causa é o que permite *deduzir* o efeito. E o significado daquele "princípio de razão suficiente" formulado por Leibniz como base das verdades de fato é que explicar por meio da causa é "dar a razão" daquilo que existe. "Nada acontece", disse Leibniz (*Théod.*, § 44), "sem que haja uma causa ou pelo menos uma razão determinante, algo que possa servir para explicar *a priori* por que algo existe ao invés de não existir e de por que existe desse modo e não de outro." Sem dúvida, esse ponto de vista não constituía uma novidade na história da noção de causa; a preeminência, reconhecida por Aristóteles, da substância como essência racional (*logos*) ou forma significava, precisamente, a exigência de que a causa constituísse a razão da coisa ou, em outras palavras, que tornasse cognoscível *a priori*, isto é, *dedutível*, a existência e os caracteres da própria coisa. Quando Leibniz diz que a natureza de uma "substância individual" basta "para compreender e para permitir a dedução de todos os predicados do sujeito ao qual é atribuída" (*Discours de métaphysique*, § 8), está considerando essa natureza como a razão ou a causa dos caracteres e da existência da substância individual, que podem ser conhecidos *a priori*, isto é, deduzidos a partir dela. Nessas observações de Leibniz exprime-se com toda a clareza a exigência que Aristóteles já havia proposto: de que a causa, e em particular a "causa primeira" (no sentido aristotélico, não no medieval), constitua o princípio da dedução de todos os seus efeitos possíveis (v. FUNDAMENTO).

Esse conceito persiste na filosofia moderna, sendo compartilhado tanto pelas doutrinas idealistas ou aprioristas quanto pelas doutrinas materialistas e mecanicistas. Fichte identifica a C. com a atividade criativa do eu infinito que se explica e se realiza segundo uma necessidade racional absoluta (*Wissenschaftslehre*, 1794, § 4, C-D). Hegel considera a C. como a própria substância "enquanto refletida em si" (*Enc.*, § 153), isto é, mergulhada em sua necessidade. "A causa perde-se no seu outro, o efeito; a atividade da substância causal perde-se no seu operar", diz ele (*Wissenschaft der Logik*, III, 2, 1 B). Mas a substância causal é a própria razão, isto é, a realidade em sua essência explicada. Nessas notas, a C. é identificada com a racionalidade substancial do mundo ou é considerada uma parte, um momento ou uma manifestação dessa racionalidade. Serve ora para definir a natureza da racionalidade, ora para ser definida por ela. Hegel, tomando como ponto de partida o étimo da palavra *Ursache* (causa), vê nela a "coisa originária" (*Enc.*, § 153), a coisa que é a origem ou o princípio das outras ou de que as outras derivam: derivam racionalmente, de tal modo que constituem, junto com ela, o sistema total da razão. Aqui, o sentido atribuído à C. é o de racionalidade pura, e o sentido atribuído à racionalidade é o de dedutibilidade necessária. A relação causal é uma relação de dedução. Da causa deve-se poder deduzir o efeito, e efetivamente se deduz.

Mais ou menos no mesmo período, os cientistas elaboravam, com base na explicação mecânica do mundo, um conceito de C. análogo ao de Hegel, coincidente com ele na sua natureza de relação de dedutibilidade. O astrônomo Laplace assim exprimia o ideal da explicação causal na sua *Teoria analítica das probabilidades*, de 1812. "Nós devemos considerar o estado presente do universo como efeito do seu estado anterior e como causa do que se seguirá. Uma inteligência que, em dado instante, conhecesse todas as forças de que a natureza é animada e a situação respectiva dos seres que a compõem, se fosse bastante vasta para submeter esses dados ao cálculo, abarcaria na mesma fórmula os movimentos dos maiores corpos do universo e os do átomo mais leve: nada seria incerto para ela, e o futuro, assim como o passado, estaria diante de seus olhos". Tais palavras permaneceram como a insígnia da ciência do século XIX e exprimem claramente o estreito nexo que a interpretação racionalista da C. estabeleceu, a partir de Descartes, entre a C. e a previsão infalível, e entre a previsão infalível e a dedução *a priori*. Elas exprimem, de fato, um ideal de saber que possa prever qualquer acontecimento futuro, seja ele pequeno ou grande, deduzindo-o por meio de leis imutáveis e necessárias. Alguns decênios mais tarde, Claude Bernard, em sua *Introdução ao estudo da medicina experimental* (1865), obedecendo ao mesmo ideal, excluía a possibilidade de que a ciência, mesmo na sua exigência radical de crítica, viesse a duvidar do princípio causal, por ele chamado de princípio do determinismo absoluto. "O princípio absoluto das ciências experimentais", dizia (*Introduction*, I, 2, 7), "é um determinismo necessário e consciente nas condições dos fenômenos. Se ocorre um fenômeno natural, seja ele qual for, um experimentador nunca poderá admitir que haja uma variação na expressão desse fenômeno, sem que, ao mesmo tempo, tenham sobrevindo condições novas em sua manifestação: além disso, ele tem a certeza *a priori* de que essas variações são determinadas por relações rigorosas e matemáticas. A experiência mostra-nos somente a forma dos fenômenos, mas a relação de um efeito com uma causa determinada é necessária e independente da experiência, e forçosamente matemática e absoluta." Mas, apesar dessas afirmações tão decididas de um dos maiores cientistas e metodologistas da ciência do século XIX, a própria ciência seguiu outro curso, no que se refere à elaboração e ao uso da noção de causalidade. Os progressos do cálculo das probabilidades, de algumas teorias físicas (especialmente a teoria cinética dos gases), e da mecânica quântica foram destinando um espaço cada vez maior à noção de probabilidade; finalmente, a mecânica quântica tende a substituir a noção de C., que parecia indispensável aos cientistas e metodologistas do século passado, pela de probabilidade. Pode-se dizer que a última manifestação filosófica da teoria clássica da C. é a doutrina de Nicolai Hartmann, que, embora considerando a realidade dividida em planos estratificados, cada um dos quais obedece a um seu determinismo próprio, modela cada tipo ou forma de determinismo conforme a C. necessária da física oitocentista, entendida, na sua forma mais rigorosa, como negação de qualquer possibilidade ou liberdade (*Möglichkeit und Wirklichkeit*, 1938).

2ª A segunda forma que a noção de C. assumiu na história é a que a reduz substancialmente à relação de previsibilidade certa. As críticas que, de raro em raro, a noção de C. encontrou na filosofia antiga tendem a reduzir essa noção à de sucessão ou de conexão cronológica *constante*, base de previsibilidade dos eventos. Assim, o filósofo árabe Al Gazali (séc. XI), no intuito de reservar o poder causal só para Deus, negando-o nas coisas, observou que o vínculo verificável entre as coisas é certo nexo temporal e que, por exemplo, dizemos que a combustão é causada pelo fogo unicamente porque ocorre junto com o fogo (AVERRÓIS, *Destructio destructionum*, I, dúv. 3). Com outro intuito, Ockham, no século XIV, antecipava a crítica de Hume afirmando que o conhecimento de uma coisa não traz consigo, a nenhum título, o conhecimento de uma coisa diferente, de tal modo que "uma proposição como 'o calor esquenta' de forma alguma pode ser demonstrada por silogismo, mas o seu conhecimento só pode ser obtido por experiência, pois se não se experimentar que, em presença de calor, segue-se o calor em uma outra coisa, não se pode saber que calor produz calor mais do que se sabe que brancura produz brancura" (*Summa log.*, III, 2, 38). Aqui se antecipa claramente o ponto fundamental da crítica de Hume, isto é, a não-dedutibilidade do efeito a partir da causa. Hume começa negando justamente que entre causa e efeito haja tal relação.

"Nós nos iludimos", diz Hume, "crendo que, se fôssemos trazidos de repente a este mundo, poderíamos imediatamente *deduzir* que uma bola de bilhar pode comunicar movimento a uma outra." Mas na realidade, mesmo supondo que nasça em mim, por acaso, o pensamento de que o movimento da segunda bola é resultado do choque entre as duas, eu poderia conceber a possibilidade de outros mil acontecimentos diferentes, por exemplo que ambas as bolas permanecessem paradas ou que a primeira voltasse para trás em linha reta ou escapasse por um dos lados, em uma direção qualquer. Todas essas suposições são coerentes e concebíveis; e aquela que a experiência demonstra ser verdadeira não é mais coerente nem concebível do que as outras. A conclusão é: "todos os nossos raciocínios *a priori* não poderão demonstrar nenhum direito a essa preferência"; e "seria inútil tentar predizer qualquer acontecimento, ou inferir alguma causa ou efeito, sem o auxílio da observação e da experiência" (*Inq. Conc. Underst.*, IV, 1). A observação e a experiência, porém, com a repetição de certos acontecimentos similares, isto é, com as uniformidades que revelam, dão origem ao hábito de crer que tais uniformidades se verificarão também no futuro e que, portanto, possibilitam a previsão sobre a qual se baseia a vida cotidiana. Mas essa previsão, segundo Hume, não é justificada por nada. Mesmo depois da experiência vivida, a conexão entre causa e efeito continua arbitrária (visto que causa e efeito continuam sendo dois acontecimentos distintos), de tal modo que continua sendo arbitrária a previsão baseada nesse nexo. "O pão que eu comia antes me alimentava; isto é, um corpo com certas qualidades sensíveis era dotado de forças secretas naquele tempo; mas então será lícito concluir que um outro pão deve nutrir-me também em outro tempo e que qualidades sensíveis semelhantes devam ser sempre acompanhadas por idênticas forças secretas? A conseqüência não parece absolutamente necessária" (*ibid.*, IV, 2). A conclusão de Hume é que a relação causal é injustificável e que a crença nela só pode ser explicada pelo instinto, isto é, pela necessidade de viver que a requer. Essa análise de Hume propôs o problema da C. na forma que este mantém ainda na filosofia contemporânea. O critério usado por Hume, para demonstrar a insuficiência da teoria clássica, é o da previsibilidade. A relação causal deve tornar previsível o efeito, mas nenhuma dedução *a priori* pode tornar previsível um efeito qualquer; por isso, a dedução é incapaz de fundamentar a relação causal. A repetição, empiricamente observável, de conexão entre dois eventos é, então, o único fundamento para afirmar uma relação causal, e o modo como ela possibilita essa asserção é o problema que hoje está na base de todas as noções de C., condicionamento, indução, probabilidade etc. Kant acreditou ter respondido à dúvida de Hume sobre o valor da C. transformando-a numa *categoria* (v.), isto é, num conceito *a priori* do intelecto, aplicável a um conteúdo empírico e determinante da conexão e da ordenação objetiva desse conteúdo. Mas, na verdade, essa solução só podia postular, em forma de conceito *a priori* e, portanto, de "princípio puro do intelecto" (a segunda analogia da experiência), a solução do problema proposto por Hume sem abolir sua dificuldade. Quando Kant diz que a natureza nunca poderá desmentir o princípio de causa porque, para ser natureza, deve ser pensada como natureza e a causalidade é uma condição do pensamento (*Crít. R. Pura*, § 26; *Prol.*, § 36), só está dizendo que a natureza, para ser natureza, deve ser organizada pelas relações causais, isto é, apenas dá uma definição de natureza que já inclui essa relação. Portanto, a solução kantiana, embora obviamente sugerida pela exigência de salvar ou garantir a validade da ciência newtoniana fundada na noção de causa, tem caráter de solução verbal e de dogmatismo camuflado. Para enfraquecer esse dogmatismo, porém, contribuíram no século XIX, o reconhecimento do caráter antropomórfico do conceito de causa e, a partir do final do século XIX, as limitações crescentes que o uso desse conceito foi encontrando no pensamento científico. Quanto ao primeiro ponto, limitar-nos-emos a citar a opinião de Nietzsche, para quem a noção de causa não é senão a transcrição simbólica da vontade de potência, isto é, do sentimento interno de força ou de expressão jubilosa. "Fisiologicamente", diz Nietzsche, "a idéia de causa é o nosso sentimento de potência, naquilo que se chama vontade; e a idéia de efeito é o preconceito de crer que o sentimento de potência seja a própria potência motora. A condição que acompanha um evento e que já é um efeito desse evento é projetada como 'razão suficiente' deste." Na realidade, para Nietzsche toda a concepção mecânica do mundo não passa de linguagem simbólica para exprimir "a luta e a vitória de certas quantidades de vontade" (*Wille zur Macht*, ed. 1901, § 296). Essa conexão da noção de C. enquanto força produtiva com a experiência interna do homem, ou seja, essa transcrição ou conceptualização antropomórfica, foi sustentada no século XIX por numerosos filósofos, conquanto criticada e rejeitada por Hume (*Inq. Conc. Underst.*, VII, 1). Por isso, procurou-se "purificar" a noção de C. de suas referências antropomórficas, e a tentativa mais importante nesse sentido foi feita por Comte. Ele achava que a própria idéia de causa como força produtiva ou agente era própria de um estado ultrapassado da ciência, o estado metafísico, e considerava própria do estado positivo a noção de causa como "relação invariável de sucessão e semelhança entre os fatos". Segundo Comte, essa noção bastava para possibilitar a tarefa essencial da ciência, que é a de prever os fenômenos para poder utilizá-los: a relação constante, uma vez reconhecida e formulada em uma *lei*, possibilita prever um fenômeno quando se verifica aquele ao qual ele está ligado; e a previsão, por sua vez, possibilita agir sobre os próprios fenômenos (*Cours de phil. positive*, I, cap. I, § 2). Esse conceito da previsão como tarefa fundamental da ciência, que Comte hauria em Bacon, mas que, a partir dele prevaleceu na especificação moderna, deveria predominar como critério de validade e eficácia da ciência, portanto, do alcance e do significado do princípio de causalidade. E as noções de C. e de previsão foram unidas por Comte e assim permaneceram depois dela. Mach, que parte dessa conjunção entre as duas noções, quer substituir o conceito tradicional de causalidade pelo conceito matemático de *função*, ou seja, de "interdependência dos fenômenos ou, mais exatamente, interdependência dos caracteres distintivos dos fenômenos" (*Analyse der Empfindungen*, 9ª ed., 1922, p. 74). Todavia, nem Comte nem Mach põem em dúvida o caráter necessitante da C. e o determinismo rigoroso que ela comporta no mundo dos fenômenos naturais. Logo, não põem em dúvida a previsibilidade certa e infalível dos fatos naturais cujas relações causais são conhecidas. Foi só a ciência contemporânea que pôs em dúvida essas duas coisas, provocando, assim, a crise definitiva da noção de causalidade.

Na segunda metade do século XIX, a formulação matemática da teoria cinética dos gases, devida a Maxwell e a Boltzmann, serviu para interpretar estaticamente o segundo princípio da termodinâmica, segundo o qual o calor passa somente de um corpo de temperatura mais alta para outro corpo de temperatura mais baixa. A teoria cinética interpretava esse fato como um caso de probabilidade estatística; pela primeira vez, a noção de probabilidade, que até então ficara limitada ao domínio da matemática, era utilizada no domínio da física. No entanto, a teoria cinética dos gases não representava ainda uma infração ao princípio de C., predominante em todo o restante da física. Foi só com o progresso da física subatômica e com a descoberta, devida a Heisenberg, do *princípio de indeterminação* (1927), que o princípio de C. sofreu um golpe decisivo. A impossibilidade, estabelecida por esse princípio, de medir com precisão uma grandeza, sem prejuízo da precisão na medida de uma outra grandeza coligada, torna impossível predizer com certeza o comportamento futuro de uma partícula subatômica e só autoriza previsões prováveis do comportamento de tais partículas, com base em verificações estatísticas. Em conseqüência disso, a física tende hoje a considerar as mesmas relações de previsibilidade no campo dos objetos macroscópicos, que deram origem ao princípio de C., como casos particulares de previsões prováveis. Heisenberg escrevia em 1930: "Nossa descrição habitual da natureza e, particularmente, o pensamento de uma C. rigorosa nos eventos da natureza repousam na admissão de que é possível observar o fenômeno sem influenciá-lo de modo sensível. [...] Na física atômica, porém, toda observação geralmente está ligada a uma perturbação finita e, até certo ponto, incontrolável, o que era de se esperar desde o princípio na física das menores unidades existentes. Como, por outro lado, toda descrição espácio-temporal de um evento físico está ligada a uma observação do evento, segue-se que a descrição espácio-temporal de eventos, por um lado, e a lei causal clássica, por outro, representam dois aspectos complementares, mutuamente excludentes, dos acontecimentos físicos" (*Die physikalischen Prinzipien der Quantumtheorie*, IV, § 3). Em 1932, Von Neumann assim resumira a questão: "Em física macroscópica, não há nenhuma experiência que prove o princípio de C., porque a ordem causal aparente do mundo macroscópico não tem outra origem senão a lei dos grandes números, e isto de modo totalmente independente do fato de os processos elementares (que são os verdadeiros processos físicos) seguirem ou não leis de C. [...] É só em escala atômica, nos processos elementares, que a questão da C. pode realmente ser discutida; mas, nessa escala, no estado atual de nossos conhecimentos, tudo está contra ela, porque a única teoria formal que se ajusta mais ou menos à experiência é a mecânica quântica, e esta está em pleno conflito lógico com a C. [...] Não há hoje nenhuma razão que permita afirmar a existência da C. na natureza, e nenhuma experiência pode dar-nos a prova dela" (*Les fondements mathématiques de la mécanique quantique*, trad. fr., 1947, pp. 143 ss., 223-4 etc.). Alguns anos mais tarde, Reinchenbach (*Theory of Probability*, 1949, p. 10) afirmou: "O desenvolvimento histórico da física leva ao resultado de que o conceito de probabilidade é fundamental em todas as asserções sobre a realidade e que, a rigor, não é possível uma única asserção sobre a realidade, cuja validade possa ser afirmada com algo mais do que probabilidade." [N.A.]

Apesar desse desenvolvimento, o problema da C. continua sendo um dos temas mais discutidos em filosofia da ciência e filosofia geral. O motivo deve ser buscado sobretudo nos resultados não deterministas da física do século XX. Na verdade, nem sempre a reflexão filosófica provocada pela física quântica foi acompanhada pela refutação pura e simples da noção de C. e das concepções a ela ligadas. Do ponto de vista histórico, isso levou à melhor compreensão de importantes posições do passado. Assim, por exemplo, muitos viram no princípio de indeterminação um desmentido categórico da teoria kantiana dos juízos sintéticos *a priori*, análogo ao outro grande desmentido do kantismo, determinado pela adoção relativista da geometria não euclidiana. A idéia de validade universal e necessária do princípio causal como condição transcendental pura *a priori* da possibilidade da experiência, não desmentível pela própria experiência, teria sido comprometida de modo irremediável pelos desenvolvimentos ulteriores do pensamento científico. Mas a grande atenção dada ao texto kantiano levou vários intérpretes a elaborar reconstruções da resposta de Kant a Hume, cada vez mais claras e compreensivas. Mesmo na falta – pelo menos por ora – de uma visão interpretativa consensual, muitos estudos recentes dimensionaram melhor os vínculos existentes entre a possibilidade de uma ordenação temporal objetiva dos eventos e certas noções como a de C., indução, lei natural e natureza entendida como ordenação sistemática de tais leis. No texto kantiano a remissão à C. desempenha papel essencial na distinção entre mera sucessão subjetiva das percepções e percepção da sucessão dos eventos, e isso torna problemática a acusação de banalidade e dogmatismo não raro feita à argumentação da *Crítica*, alegando-se fundamentação circular numa definição da natureza como complexo de nexos causais entre eventos.

No plano teórico tiveram continuidade as concepções epistemológicas (defendidas por exemplo por B. Russell e N. Abbagnano), segundo as quais o conceito de "causa" seria uma espécie de "resíduo" de épocas passadas que deve ser substituído pelas noções de variação concomitante, sucessão constante, dependência funcional etc., menos problemáticas dos pontos de vista científico e filosófico. Nos últimos vinte anos, porém, apareceram até mesmo tendências opostas, voltadas para a elaboração de concepções da C. capazes de explicar os desenvolvimentos não deterministas da física do século XX e de enquadrar-se numa epistemologia de inspiração empirista. Além da física quântica, tais desenvolvimentos decorreram do estudo dos *contrafactuais* (v. CONDICIONAL) e das leis de natureza indutivamente confirmáveis, bem como das visões probabilistas da explicação científica (v. EXPLICAÇÃO). Muitos filósofos da ciência ressaltaram a dificuldade de prescindir do conceito de causa sempre que é preciso dar explicações plausíveis para acontecimentos mais ou menos habituais da vida quotidiana (desde a quebra de um vidro até um aluvião), para alguns aspectos das ciências biomédicas, ou nas atribuições de responsabilidade em disputas legais. Notou-se que C. e explicação estão estreitamente ligadas: pedir a explicação de um evento significa freqüentemente perguntar sua causa. E desse modo saiu-se em busca de aperfeiçoamentos e refinamentos que fossem capazes de manter a utilidade descritiva da noção e ao mesmo tempo garantir sua compatibilidade com os desenvolvimentos da ciência e da epistemologia.

Esse vasto trabalho de análise levou a novos conceitos de C., profundamente diferentes do original. A apuração metodológica das técnicas de sondagens estatísticas e a reflexão epistemológica sobre elas levaram ao desenvolvimento da noção de "C. probabilística". Com base nessa noção, o nexo entre causa e efeito não é mais entendido no sentido de determinação rigorosa, universal e necessária do efeito por parte da causa. Recorrendo-se a uma formulação extremamente geral e simplificada que prescinda do chamado problema da "causa comum", pode-se dizer que um evento ou um processo do tipo A é uma "causa probabilística" de um evento ou de um processo do tipo B se a probabilidade de ocorrência de B, dado anteriormente A, for superior à probabilidade da ocorrência de B na ausência de A. Pensemos, por exemplo, nas investigações que trouxeram à tona a correlação estatisticamente relevante entre fumo e desenvolvimento de câncer do pulmão. De tal correlação não se segue, obviamente, que entre os dois fatos há uma conexão universal e necessária: existem fumantes inveterados que não contraem câncer do pulmão e gente que não fuma e contrai a doença. No entanto, a correlação parece tão significativa que pode legitimar a hipótese de o fumo ser fator causal do câncer do pulmão, justificar campanhas publicitárias contra o tabagismo, porque nocivo à saúde, e possibilitar a atribuição de responsabilidades penais. A incidência da patologia tumoral nos casos em que a suposta causa (fumo) está presente é de fato significativamente diferente da incidência observada nos casos em que tal "causa" está ausente.

Diante de tais correlações estatísticas, pode-se adotar (como de fato se adotou) uma grande variedade de atitudes epistemológicas. Estas, porém, mostram-se redutíveis a dois esquemas alternativos fundamentais. Alguns estudiosos procuraram adaptar-lhes uma forma mais articulada da concepção tradicional do nexo causal, que implica uma relação de determinação universal do suposto efeito por parte da suposta causa. Nesse tipo de abordagem, a correlação considerada é entendida como prova do fato de que o fumo, por si só, por exemplo, não é condição necessária nem suficiente do câncer: só com o acréscimo de outras condições, não totalmente conhecidas ainda, ele pode ser considerado causa determinante da neoplasia pulmonar. Através de uma análise desse tipo é possível salvar a velha concepção causal determinista dos fenômenos naturais com todos os problemas científicos que isso comporta (v. DETERMINISMO; INDETERMINISMO). Muitos filósofos importantes da ciência da segunda metade do século XX preferiram, porém, enveredar por outro caminho. Procuraram elaborar uma concepção *probabilística* de C. que a liberasse do vínculo que tradicionalmente a ligava ao princípio do determinismo. Desse segundo ponto de vista (fortemente influenciado pelas idéias de H. Reichenbach e elaborado sobretudo por W. C. Salmon), é lícito falar de uma C. de tipo puramente probabilístico. Essa noção remete à idéia de que os fenômenos naturais são caracterizados por uma forma de indeterminismo semelhante à atribuída pela física contemporânea aos fenômenos atômicos e subatômicos (por exemplo, ao decaimento de um átomo de rádio).

Com base na integração dos resultados da mecânica quântica aos da teoria relativista, Salmon defendeu que o tratamento adequado da C. não deveria fundar-se no conceito de evento, mas no de processo. Os processos seriam então distinguidos em causais e não causais. Seria assim possível mostrar: 1) que os processos causais são exatamente os elos buscados por Hume; 2) que a relação entre causa e efeito não expressa uma conexão necessária de tipo lógico ou metafísico, mas sim uma conexão probabilística de tipo físico, empiricamente identificável. Como tal, ela constitui um dos ingredientes fundamentais do modelo salmoniano de explicação científica, que é um modelo causal-mecânico e ôntico, não epistêmico e modal. Mas um dos principais problemas que concepções como essa devem enfrentar consiste exatamente na possibilidade de conciliação com alguns resultados da física quântica e com a hipótese de ação a distância, que obviamente contrasta com a idéia de propagação causal por contato. Outros trabalhos recentes, por outro lado, puseram em discussão aspectos do nexo causal tradicionalmente considerados não problemáticos. Desse modo, questionou-se a idéia de que a causa deve preceder temporalmente o efeito e ser temporal e espacialmente contígua a ele, sugerindo a legitimidade de uma "causação retrógrada" (*backward causation*: a causa se segue ao efeito), de uma "causação concomitante" (*concurrent causation*: simultaneidade entre causa e efeito), e de uma separação espacial e temporal entre a causa e o efeito. Na realidade, as noções assim individualizadas acabam por diferir entre si de um modo tão radical que levou alguns estudiosos a duvidar da existência de um único conceito unitário de C. objeto de indagação filosófica. [P.P.]

CAUSA SUI. 1. Liberdade como autodeterminação. Nesse sentido, essa noção remonta a Aristóteles (*Et. nic.*, III, I, 110 a) e foi constantemente empregada para definir a liberdade absoluta ou incondicionada (v. LIBERDADE).

2. Plotino definira a Inteligência como "obra de sua própria atividade" (ἑαυτοῦ ἐνέργημα), porquanto "tem o ser de si mesma e por si mesma" (*Enn.*, VI, 8, 16). Através do neoplatonismo árabe e especialmente de Avicena, sem contar a tradição da filosofia judaica, esse conceito chega a Espinosa, que dá início à sua *Ética* com a definição: "Entendo por C. de si aquilo cuja essência implica a existência ou aquilo cuja natureza só pode ser concebida como existente" (*Et.*, I, def. 1). Trata-se de uma das muitas expressões da necessidade da natureza divina, segundo o conceito de *Deus* (v.) no neoplatonismo árabe. Hegel retomou a expressão de Espinosa e acrescentou que toda causa é "em si e por si *causa sui*", visto que se reduz à C. infinita, que é a substância racional do mundo (*Enc.*, § 153). Isso é o que

o próprio Espinosa pretendia dizer. Portanto, o uso dessa noção para designar a divindade é moderno e está vinculado à orientação panteísta; também parece claro pela observação de Hegel (*1.c.*) que C. *sui* é equivalente a *effectus sui*. [N.A.]

CAVERNA, ÍDOLOS DA. V. ÍDOLOS.

CAVERNA, MITO DA (it. *Mito della caverna*). Mito exposto por Platão no livro VII da *República*, segundo o qual a condição dos homens no mundo é semelhante à de escravos presos numa C., que só conseguem enxergar projetadas no fundo da C. as sombras das coisas e dos seres que estão fora. A filosofia é, em primeiro lugar, a saída da C. e a observação das coisas reais e do princípio da sua vida e da sua cognoscibilidade, isto é, do Sol (o *bem* [v.]); e, em segundo lugar, o retorno à C. e a participação nas obras e nos valores próprios do mundo humano (*Rep.*, 519 c-d). [N.A.]

CAVILAÇÃO (lat. *Cavillatio*; in. *Cavil*; it. *Cavillo*). Esse termo foi proposto por Cícero como tradução da palavra grega *sophisma*, que depois foi traduzida por *falácia* (v.) (*De orat.*, II, 54, 217; cf. SÊNECA, *Ep.*, 111; QUINTILIANO, *Inst. or.*, IX, 1, 15). Nesse sentido, esse termo ainda foi recordado no século XVII (cf. JUNGIUS, *Logica hamburgensis*, 1638, VI, 1, 16). [N.A.]

CELANTES. Na tradição silogística, com essa palavra mnemônica quem não aceitava a quarta figura indicava um dos chamados silogismos "indiretos" de primeira figura, mais precisamente o que tinha a forma: "Nenhum A é B; todo C é A; logo, nenhum B é C" ("Nenhum animal é pedra; todo homem é animal; logo, nenhuma pedra é homem"). [M. M.]

CELARENT. Palavra mnemônica usada pelos escolásticos para indicar o segundo modo da primeira figura do silogismo, mais precisamente o que consiste em uma proposição universal negativa, uma proposição universal afirmativa e uma conclusão universal negativa, como no exemplo: "Nenhum animal é pedra; todo homem é animal: logo, nenhum homem é pedra" (PEDRO HISPANO, *Summ. log.*, 4.07). [N.A.]

CENTRO DE REFERÊNCIA (al. *Zentralgebiet*; it. *Centro di riferimento*). Com esse termo (ao pé da letra: território central), Schmitt indica o C. ordenador da vida espiritual de uma época, ou o setor ou âmbito-chave em que ela tende a ser reconhecida. Schmitt identifica quatro desses C. de referência: *teológico* (séc. XVI), *metafísico-científico* (séc. XVII), *moral-humanitário* (séc. XVIII), *econômico* (séc. XIX). Quanto século XX, refere-se a ele como era da *técnica*. Graças à existência desses C. de referência, os problemas dos vários setores são resolvidos a partir de determinado âmbito: "Assim, para uma época teológica tudo transcorre bem depois de resolvidas as questões teológicas; em todo o resto, os homens 'estarão de acordo'. O mesmo para as outras épocas: na moral-humanitária tratase apenas de educar e formar os homens do ponto de vista moral, e todos os problemas se reduzem a problemas de educação; para uma época econômica é suficiente resolver corretamente o problema da produção e da distribuição de bens para que todas as questões morais e sociais deixem de apresentar dificuldade; para o pensamento puramente técnico até mesmo o problema econômico é resolvido pelas novas descobertas técnicas, e todas as questões, inclusive a econômica, passam para segundo plano" (O *conceito de político*, 1927, 1932, trad. it. em *Le categorie del 'politico'*, Il Mulino, Bolonha, 1972, 1984^2, pp. 173-4). Donde o primado atribuído a certa categoria de estudiosos (teólogo, metafísico e cientista, moralista, economista, técnico). Tais C. de referência condicionam também a esfera política, pois os agrupamentos *amigo-inimigo* (v.) constituem-se com base nela. Por exemplo, numa época teológica, o setor religioso representa o espaço no qual ocorrem os conflitos políticos e a praça-forte que o poder político procura manter sob controle. Aos diversos C. de referência correspondem as diversas fases da neutralização e da especialização. De fato, à medida que emerge um âmbito central, ele logo se torna um terreno de confronto que pode levar à guerra civil. Donde a exigência de um âmbito *neutro* que permita um "mínimo de acordo e de premissas comuns". E como o terreno neutro, apenas conquistado, transformase logo em novo campo de batalha, é necessário procurar outras esferas neutras. Esse processo explica por que aos olhos da humanidade européia aparece como terreno neutro ora o saber metafísico e científico (séc. XVII), ora a moral (séc. XVIII), ora a economia (séc. XIX). No século XX o terreno em questão parece ser encarnado pela técnica. Assim como a humanidade do século XVI, exaurida pelas lutas teológicas, viu na metafísica e na ciência um terreno neutro em condições de garantir um mínimo de entendimento entre as mentes, também a humanidade do século XX parece ver na técnica a definitiva tábua de salvação dos conflitos. No entanto, mesmo a suposta neutralidade da técnica mostra ser uma ilusão, pois ela, como tal, é "culturalmente cega", não contendo em si o critério de suas próprias utilizações (*ibid.*, pp. 179-80; v. TÉCNICA). [G.F.]

CERTEZA (gr. βεβαιωτής; lat. *Certitudo*; in. *Certitude, Certainty*; fr. *Certitude*; al. *Gewissheit*; it. *Certezza*). Essa palavra tem dois significados fundamentais: 1º segurança subjetiva da verdade de um conhecimento; 2º garantia que um conhecimento oferece da sua verdade. No uso histórico, esse termo teve ambos os significados, que ainda se conservam, e para eles o inglês tem duas palavras diferentes – *certitude*, que se refere ao primeiro, e *certainty*, que se refere ao segundo. Os dois significados nem sempre constituem alternativas excludentes entre si, mas freqüentemente são complementares. No entanto, no pensamento clássico prevalece o segundo significado, o objetivo; e a garantia a que se faz alusão é a solidez ou a estabilidade do conhecimento verdadeiro. Segundo esse conceito, que Platão expressou do modo mais claro, a estabilidade do conhecimento depende da estabilidade do seu objeto; assim, é possível conhecer de modo estável (ou seja, com C.) só as coisas estáveis, enquanto as coisas não estáveis, porém mutáveis, podem ser objeto apenas de conhecimento provável (*Tim.*, 29 *bc*; *Fil.*, 59 *b*). A C. nesse sentido não passa de atributo da verdade: é o caráter estável, não sujeito a desmentidos, da verdade. Com esse mesmo sentido a C. foi entendida por Aristóteles (*Met.*, IV, 1008 a 16; 1011 *b* 13 etc.) e por Sexto Empírico, que a associa à verdade e à ciência (*Pirr. hyp.*, I, 191; II, 214; *Adv. math.*, VII, 151 etc.).

A noção subjetiva da C. e os problemas a ela inerentes nasceram com a importância atribuída pelo Cristianismo à fé, quando foi reconhecida a possibilidade da segurança subjetiva do saber, não garantida por um critério objetivo de verdade. Mas, obviamente, o reconhecimento dessa possibilidade não levava a negar, mas a reconhecer a outra possibilidade, de garantia objetiva. Por isso, os dois conceitos de C. são sempre esclarecidos juntos e de modo complementar, na tradição filosófica. Tomás de Aquino distingue dois modos de considerar a certeza. O primeiro consiste em considerar a *causa* dela e, sob esse aspecto, a fé é mais certa do que a sabedoria, do que a ciência e do que o intelecto, porque se fundamenta na verdade divina, ao passo que essas três coisas se baseiam na razão humana. No segundo modo, a C. pode ser considerada sob o aspecto do *objeto* (*subiectum*) e, assim sendo, é mais certo o objeto que mais se adapta ao intelecto humano e é menos certa a fé (*S. Th.*, II, 2, q. 4, a. 8). Obviamente, a C. considerada na sua causa é a C. subjetiva, isto é, a segurança subjetiva da verdade da crença, enquanto a C. considerada no seu objeto é a C. objetiva; e, de fato, Tomás de Aquino atribui a primeira C. à ação da vontade, não à da razão (*ibid.*, II, 2, q. 2, a. 1, ad 3º). Com Descartes, a filosofia moderna identificou verdade com C.: a primeira regra cartesiana, "só aceitar por verdadeiro o que se reconhece evidentemente como tal", estabelece essa identidade, cujo ato ou manifestação é o próprio *cogito*, que faz da C. que o eu tem de sua existência o próprio princípio da verdade. Essa identidade também é evidente em Locke, que faz a distinção entre a "C. da verdade", que existe quando as palavras são unidas de tal modo que representem exatamente a concordância ou a discordância das idéias que exprimem, e a "C. do conhecimento", que consiste em procurar essa concordância ou discordância na proposição que a exprime (*Ensaio*, IV, 6, 3). Aqui, como elemento da verdade, inclui-se a relação com a expressão lingüística, mas a C. é identificada com a verdade. "Chamamos de conhecer", diz Locke "o estar certo da verdade de uma proposição" (*ibid.*, IV, 6, 3). Esses reparos foram aceitos por Leibniz (*Nouv. ess.*, IV, 3), que, no entanto, ainda distinguia da "C. absoluta", que provavelmente compreende as duas espécies de C. reconhecidas por Locke, a C. *moral*, à qual se pode chegar pelas provas da verdade da religião (*Théod.*, Discours, § 5). Contra a identidade entre verdadeiro e certo, estabelecida por Descartes (que Espinosa ratificava com o seu teorema "quem tem uma idéia verdadeira sabe pelo mesmo de tê-la" (*Et.*, II, 43), e analogamente à distinção feita por Leibniz entre C. absoluta e C. moral, ergue-se a doutrina de Vico, que faz a distinção entre o verdadeiro, identificado com o fato (porquanto se pode conhecer de verdade só o que se faz e cuja *causa*, portanto, se conhece), e o *certo*, fundado na tradição e na autoridade e que, não sendo susceptível de demonstração necessária, está no nível do provável. "Os homens que não sabem a verdade das coisas esforçam-se por ater-se ao certo, porque, se não podem satisfazer o intelecto com a ciência, pelo menos que a vontade repouse na consciência." (*Scienza nuova*, 1744, dign. 9). Segundo Vico, a filosofia não pode fundar-se, como pretendem os cartesianos, tão-somente no verdadeiro, mas também deve utilizar o certo, que é constituído pelo conjunto dos conhecimentos fornecidos por aqueles que Vico chama de "filólogos", isto é, historiadores, críticos e gramáticos que se ocuparam dos costumes, das leis e das línguas dos povos (*ibid.*, dig. 10). Mas, em geral, a identificação entre C. e verdade firmou-se na filosofia moderna. Kant chamou de C. a crença objetivamente suficiente, isto é, suficientemente garantida como verdadeira (*Crít. R. Pura*, Cânon da razão pura, seç. 3). Distinguiu, além disso, a C. empírica, que pode ser originária, isto é, vinculada à própria experiência histórica, ou *derivada* de uma experiência alheia; e a C. racional, que se distingue da empírica pela "consciência da necessidade" e, portanto, pode ser chamada de apodítica (*Logik*, Intr., § IX) . O próprio Hegel aceitou a identificação de C. e conhecimento e ilustrou os dois aspectos, subjetivo e objetivo, da C. sensível da seguinte maneira: "Na C. sensível, um momento é posto como aquilo que, simples e imediatamente, é, assim como a essência: esse é o *objeto*. O outro momento é posto como o inessencial e mediato, que não é em si, mas mediante outra coisa: esse é o eu, um saber que sabe o objeto só porque o objeto é um saber que pode ser ou também não ser" (*Phänomen. des Geistes*, I, A, I). Analogamente, os dois significados foram distinguidos e aceitos por Husserl, que considerou o fenômeno da C. como originário, vinculado à própria atitude da crença, e por isso chamou-o *Urdoxa* ou *Urglaube* (*Ideen*, I, § 104). A exemplo de Leibniz, falou-se também em "C. moral" (OLLE-LAPRUNE, *La certitude morale*, 1880), para indicar uma C. não garantida por um critério objetivo ou racional, como é a C. da fé: mas a identificação estabelecida pela filosofia cartesiana entre C. e verdade não foi mais abandonada. Heidegger reafirmou-a dizendo: "A C. se funda na verdade, ou seja, pertencendo-lhe cooriginariamente." E distinguiu os dois significados que correspondem ao significado e ao objetivo de C.: "o estar certo como modo de ser do *Dasein* (ser-aí)" (isto é, do homem) e a C. do "ente do qual *Dasein* (ser-aí) está certo", que é derivada da primeira (*Sein und Zeit*, § 52). [N.A.]

Lord Quinton (*The Nature of Things, 1975*, p. 144-149) distinguiu cinco usos de "certo" na discussão filosófica: "certo" como 1) "psicologicamente indubitável" (em sentido subjetivo, portanto); 2) "logicamente necessário", em sentido objetivo; 3) "autoautenticado", no sentido de garantido pelo modo como é expresso numa proposição (o *cogito*, por exemplo); 4) "incorrigível"; 5) "além de qualquer dúvida racional". O último sentido, apesar de fazer concessões demasiadas às críticas céticas ao conhecimento, é aquele para o qual convergem genericamente a filosofia analítica e a epistemologia contemporâneas, na esteira das acepções de C. de Moore, Austin e Wittgenstein e, dopo, as críticas de Peirce e de Dewey (cf. sobretudo J. DEWEY, *The Quest for Certainty*, 1929). Wittgenstein (*On Certainty*, 1977), por outro lado, entendeu a C. de modo significativamente diferente de Moore: se este procurava conferir valor *cognitivo* e até mesmo *ontológico* à expressão de numerosas crenças do senso comum, Wittgenstein considerava que elas só tinham caráter gramatical e convencional. Desse modo, para Wittgenstein não tem sentido duvidar de certas proposições, como não tem sentido dizer que nós as *conhecemos*; assim, uma proposição de nos sentimos psicologicamente certos está "além de qualquer dúvida racional" só porque não tem sentido duvidar dela; só porque duvidar dela afeta os fundamentos do sentido da linguagem. [A.P.]

CESARE. Palavra mnemônica usada pelos escolásticos para indicar o primeiro dos quatro modos do silogismo de segunda figura, mais precisamente o que consiste em uma premissa universal negativa, uma premissa universal afirmativa e uma conclusão universal negativa, como no exemplo: "Nenhuma pedra é animal; todo homem é animal: logo, nenhum homem é pedra" (PEDRO HISPANO, *Summ. log.*, 4. 11). [N.A.]

CESARISMO (al. *Cäsarismus*; it. *Cesarismo*). Spengler deu esse nome à "espécie de governo que, apesar de todas as formas de direito público, ainda está totalmente desprovido de forma na sua natureza interna. Isso se verifica no fim de certos períodos, quando as instituições políticas fundamentais estão mortas, ainda que minuciosamente conservadas nas suas aparências: nesses períodos, nada tem significado, exceto o poder pessoal exercido pelo César. É o retorno de um mundo, que atingiu a sua forma, ao primitivo, ao que é cosmicamente anistórico" (*Der Untergang des Abendlandes*, II, 4, 2, § 14). [N. A.]

CETICISMO (gr. σκεπτιχὴ ἀγωγή; in. *Scepticism*; fr. *Scepticisme*; al. *Skepticizmus*; it. *Scetticismo*). Com esse termo, que significa *busca*, entende-se a tese de que é impossível decidir sobre a verdade ou a falsidade de uma proposição qualquer. C. não tem nada a ver com relativismo ou com as doutrinas segundo as quais tudo é verdadeiro ou tudo é falso, uma vez que estas pretendem fornecer um critério de decisão que o C. nega existir. Sexto Empírico definiu com muito rigor a natureza do C. ao afirmar que o princípio fundamental do C. é o seguinte: "A toda razão opõe-se uma razão de igual valor." Tal princípio, de fato, impede que se tome partido a favor de uma afirmação qualquer ou de sua negação, permitindo, portanto, manter a imperturbabilidade (*Pirr. hyp.*, I, 12) . O C. foi defendido na Antiguidade por três escolas filosóficas diferentes:

1º pela escola de Pirro à qual se ligava explicitamente Sexto Empírico (séc. II) (v. PIRRONISMO);

2º pela terceira Academia ou Nova Academia, cuja corrente ceticista foi iniciada por Carnéades de Cirene (séc. II a.C.), que, mesmo admitindo a impossibilidade de decidir sobre a verdade ou a falsidade, considerava legítimo o uso de critérios de credibilidade puramente subjetivos;

3º por um grupo de pensadores que atuaram do último século a.C. ao século II d.C., cujos principais foram Enesidemo (séc. I a.C.), Agripa e Sexto Empírico. Estes pensadores retomaram o C. rigoroso de Pirro. Enesidemo enunciava dez modos de se chegar à suspensão do juízo e Agripa lhes acrescentava cinco (v. TROPOS). Sexto Empírico, finalmente, cujas obras foram conservadas, impôs as suas instâncias céticas aos principais temas da filosofia antiga e reafirmou o caráter investigativo, suspensivo e dubitativo do C. (*Pirr. hyp.* I, 7).

O verdadeiro precedente histórico do C. antigo é a escola eleático-megárica (v. MEGÁRICOS), que se comprazia em enunciar os assuntos insolúveis que representam casos típicos de impossibilidade de decidir sobre a falsidade ou verdade de uma tese (v. ANTINOMIAS). Na história posterior da filosofia o C. nunca mais voltou em sua forma clássica. A Idade Média ignorava-o completamente. No Renascimento ele ressurge na meditação de Montaigne, como uma das experiências fundamentais às quais este faz freqüentes referências. "Não temos comunicação com o ser porque toda a natureza humana está sempre de permeio entre o nascimento e a morte e só atinge de si mesma uma aparência obscura e sombria, uma opinião incerta e frágil" (*Essais*, ed. Plattard, I, p. 399). Montaigne tem em mente sobretudo o caráter do C. que os antigos céticos chamavam de investigativo e que para ele é experimental: "Se minha alma pudesse afirmar-se eu não me experimentaria, mas me resolveria; no entanto, ela está sempre em tirocínio e em prova" (*ibid*. III, 2, p. 29). O mesmo significado fundamental tinham o C. de P. Charron, que na obra *Sobre a sabedoria* apresenta como seu derivado uma sabedoria natural e racional que torna a vida serena e não se opõe à religião. Tudo isso era dito também por Francisco Sanchez em *Quod nihil scitur* (1581). Mas, como se vê, estas não são formas de autêntico ceticismo. Também não é autêntico o C. encontrado naquele que, no século XVIII, se apresentou como explícito defensor da "filosofia acadêmica ou cética", ou seja, D. Hume. "O grande adversário do pirronismo ou dos princípios exagerados do C. é a ação, a atividade e as ocupações da vida comum", dizia Hume (*Inq. Conc. Underst.*, XII, 2). Hume contrapunha, portanto, ao C. exagerado ou excessivo o C. abrandado que consiste na "limitação de nossas buscas aos objetos que mais se adaptem à restrita capacidade da mente humana" (*ibid.*, XII, 3). Mas tal C. não se distingue da tendência crítica da filosofia e, portanto, não pode ser propriamente chamado de ceticismo. Na filosofia moderna a função do C. foi dupla. Em primeiro lugar serviu freqüentemente, como alvo polêmico ou hipótese de redução ao absurdo, aos filósofos que se propusessem fundar qualquer doutrina dogmática. Em segundo lugar serviu como divisa de luta contra determinadas filosofias. Assim, A. E. Schulze contrapõe o C. de Hume ao racionalismo de Kant numa obra cujo título é o nome do cético antigo *Enesidemo* (1792). De modo semelhante, G. Rensi recorreu ao C. contra o idealismo hegeliano italiano nas primeiras décadas do século XX (*Lineamenti di filosofia scettica*, 1917). [N.A.]

É detectável a propensão ao C. em ambiente anglófono (que parece ter disso extraído importantes estímulos para desenvolver inéditas estratégias contrárias) e no continental (que, por outro lado, parece ter aceito o poder estilhaçador dos resultados do ceticismo na tradição filosófica): para Foucault, as mutações das várias formas de *episteme* (v.) ocorrem sem lógica, de modo enigmático e descontínuo; Lacan opõe-se à perspectiva humanística (que ele chama de egológica e logocêntrica) da filosofia ocidental em nome da reavaliação do inconsciente; o *desconstrucionismo* (v.) de Derrida, por fim, pretende fazer deflagrar as contradições das ideologias e dos textos, contra o caráter unificante da razão. Mas para todas essas posições, o C. não é propriamente uma doutrina, pois equivale a uma aptidão radicalmente crítica em relação às certezas buscadas e praticadas pela tradição filosófica.

A discussão contemporânea de âmbito analítico apresenta pelo menos duas abordagens diferentes ao problema do C.: 1) uma geralmente *cognitiva* e 2) uma *epistêmica*. Na abordagem 1), o C. foi negado de acordo com várias modalidades: *a*) ostensiva, *b*) pragmática, *c*) confiabilista, *d*) holística, *e*) transcendental, *f*) probabilística. A abordagem *a*) consiste simplesmente em excluir a dúvida cética mediante o recurso à evidência imediata, típico do senso comum (de MOORE, *Proof of an External World*, 1939, à epistemologia naturalizada). Mas não é difícil mostrar (NAGEL, *The View from Nowhere*, 1986, WILLIAMS, *Unnatural Doubts*, 1991) que essa dúvida permanece, seja ela entendida como negação da validade do conhecimento científico ou como mero aguilhão para produzir justificações e fundamentos cada vez mais apropriados. A abordagem *b*) consiste em reconhecer que o ceticismo radical permanece por princípio sem resposta e por isso é carente de sentido (WITTGENSTEIN, *Tractatus logico-philosophicus*, 1922, 6.51; CARNAP, *Empiricism, Semantics and Ontology*, 1952). Mas também nesse caso é fácil constatar que esse ceticismo possui um significado de todo compreensível (STROUD, *The Significance of Philosophical Scepticism*, 1984). A abordagem *c*) recorre à inferência como a melhor explicação, aduzindo a correção do nosso conhecimento a partir de seus sucessos explicativos e preditivos (CARRUTHERS, *Human Knowledge and Human Nature*, 1992). A isso Strawson (*Scepticism and Naturalism: Some Varieties*, 1985) objeta que a inferência está mal construída, pois a existência do mundo que é inferida não pode ser considerada, em sentido próprio, uma explicação do nosso conhecimento. A abordagem *d*) afirma que as nossas crenças são integradas num sistema orgânico que impede a falsidade tanto da maior parte delas, quanto de uma crença específica inserida no sistema (PUTNAM, *Reason, Truth and History*, 1981; DAVIDSON, *A Coheren-*

ce Theory of Truth and Knowledge, 1986). Forte atração pela noção de coerência do sistema das crenças, como desmentido do C., também é perceptível em Grayling *(The Refutation of Scepticism*, 1985). Mas Klein *(Certainty*, 1981) já objetara que (i) o sistema orgânico ou de fundo pode modificar-se, tornando falsas crenças antes verdadeiras; (ii) a argumentação levantada incide numa petição de princípio, pois assume por verdadeiro o nexo causal que o C. precisamente contesta; (iii) não se pode pressupor sequer a existência de crenças que sejam distintas, por exemplo, das volições, ainda porque o C. poderia contestar de partida essa distinção; e McGinn *(Radical Interpretation and Epistemology*, 1986) observara que (iv) uma teoria do significado que exclui *a priori* o C. é de fato falsa. A abordagem *e*) é a estratégia adotada pelos kantianos (STRAWSON, *Individuals*, 1959, *The Bounds of Sense*, 1985 e vários transcendentalistas, de GRAYLING, *op. cit.*, a PEACOCKE, *Transcendental Arguments in the Theory of Content*, 1989), mas também por pensadores de outras orientações. A abordagem *f*) generaliza a tese de Bayes (HOWSON-URBACH, *Scientific Reasoning*, 1993[2]) e calcula antecipadamente o valor das alternativas, neutralizando a situação imaginada pelo C. metafísico, a de hipóteses alternativas que geram exatamente as mesmas conseqüências; mas tal cálculo pressupõe que o sujeito racional agente seja isento de erros, o que é impensável no caso do homem (GLYMOUR, *Thinking Things Through*, 1992). A atitude cética é conseqüência desejada pela epistemologia anárquica e por alguns outros autores (como UNGER, *Ignorance*, 1975) e efeito indesejado pelas formas mais acentuadas de fundacionalismo, exatamente pela impotência destes de rechaçar totalmente a argumentação cética, e por isso Musgrave (*Common Sense, Science and Scepticism*, 1993) considera o falsificacionismo um antídoto melhor contra o C.

No âmbito da abordagem 2), a discussão ocorreu fazendo-se referência a noções como certeza e justificação para a busca de uma definição adequada de conhecimento. Foi reformulada a dúvida hiperbólica de Descartes, às vezes em versões atualizadas (como a famosa hipótese do cérebro no tanque) para afirmar que as nossas crenças baseadas na experiência ou *a*) não são seguras, ou *b*) não são justificadas: mas *a*) depende de *b*). O C., esquematicamente, afirmaria que não há contradição entre a melhor evidência que tenhamos para afirmar *p* e a negação de *p* (sua falsidade), em outras palavras entre a crença e a justificação (também na esteira da conhecida tese de Gettier que estabelece a distinção entre *ter a crença justificada e verdadeira de que p* e *saber que p*), pois os testes que podem ser construídos nunca são decisivos (se para provar que não durmo belisco-me, posso sempre imaginar um sonho em que, entre outras coisas, me belisco). Este argumento cético foi contradito modificando-se as argumentações à Gettier (DRETSKE, *Epistemic Operators*, 1970; THALBERG, *Is Justification Transmissible through Deduction?*, 1974; NOZICK *Philosophical Explanations*, 1981; GOLDMAN, *Epistemology and Cognition*, 1986; AUDI, *Belief, Justification, and Knowledge*, 1988), ou mostrando-se a intrínseca fragilidade do próprio argumento (KLEIN, *op. cit.*). Somos assim remetidos à discussão contemporânea sobre o *fundacionalismo* (v.) ou sobre a *justificação* (v.). [M.S.]

CÉU (gr. οὐρανός; lat. *Caelum*; in. *Heaven*; fr. *Ciel*; al. *Himmel*; it. *Cielo*). Aristóteles distingue três significados do termo: 1º a substância da circunferência externa do mundo, isto é, o corpo natural que está na extrema periferia do universo: nesse sentido, dá-se o nome de C. à região que se acredita ser a sede da divindade; 2º o corpo que ocupa o lugar mais próximo da circunferência externa do universo e no qual se acham a Lua, o Sol e alguns astros, dos quais de fato dizemos que estão "no C."; 3º todo corpo que é encerrado pela circunferência externa, isto é, o próprio mundo na sua totalidade (*De cael.*, I, 9, 278 b 10). Este último significado já fora atribuído à palavra por Platão (*Tim.*, 28 c). A doutrina fundamental de Aristóteles sobre o C. é a da incorruptibilidade. Aristóteles acreditava que o C. era formado por uma substância diferente da das coisas sublunares, isto é, pelo *éter* (v.). O éter, que se move somente por movimento circular, não pode sofrer geração nem corrupção. A geração e a corrupção dos corpos acontecem pelo alternar-se dos dois movimentos opostos (do centro e para o centro), a que estão sujeitos os elementos (água, ar, terra, fogo) que compõem os corpos sublunares; de modo que o C., que se move por movimento circular, que não tem oposto, é incorruptível e ingenerável (*De cael.*, II, 1 ss.). A doutrina da incorruptibilidade dos C. dominou toda a física antiga e medieval. Na Antiguidade, talvez tenha sido posta em dú-vida por Teofrasto (cf. STEINMETZ, *Die Physik des Theophrast*, 1964, 158 ss.). Na Idade Média, o primeiro a pô-la em dúvida é Ockham, que, no século XIV, nega a diversidade entre a matéria que compõe os corpos celestes e a matéria que compõe os corpos sublunares e admite como única diferença entre eles o fato de que a matéria dos corpos celestes não pode ser transformada pela ação de nenhum agente criado, mas seria necessária, para esse fim, a ação direta de Deus (*In Sent.*, II, q. 22 B). Mas essa crítica de Ockham foi ignorada por seus próprios seguidores, sendo retomada só um século depois por Nicolau de Cusa: este afirma que a geração e a corrupção, verificadas na Terra, provavelmente também se verificam nos outros astros, porque não há diversidade de natureza entre estes e a Terra (*De docta ignor.*, II, 12). Todavia, o fim dessa doutrina só foi marcado pela crítica feita por Galileu em *Diálogos sobre os dois sistemas máximos* (1632). [N.A.]

CIBERNÉTICA (in. *Cybernetics;* it. *Cibernetica*). Essa palavra significa propriamente arte do piloto, mas foi usada pelo americano Wiener para designar "o estudo das comunicações e, em particular, das comunicações que exercem controle efetivo, com vistas à construção das máquinas calculadoras" (*C., or Control and Communication in the Animal and the Machine*, 1947). Em sentido mais geral, a C. é entendida hoje como o estudo de "todas as máquinas possíveis", independentemente do fato de que algumas delas tenham ou não sido produzidas pelo homem ou pela natureza. E, nesse sentido, oferece o esquema no qual todas as máquinas podem ser ordenadas, relacionadas e compreendidas (cf., p. ex., W. ROSS ASHBY, *An Introduction to C.*, 1957). No entanto, as máquinas de que a C. cuida são os *autômatos* (v.), ou seja, as que são capazes de realizar operações que, durante a execução, podem ser *corrigidas*, de tal modo que cumpram melhor seu objetivo. Essa correção chama-se *retroalimentação* (*feedback*). Como essa é a característica fundamental das operações realizadas pelo homem ou por qualquer ser inteligente, essas máquinas também são chamadas de *inteligentes* ou de *cérebros eletrônicos*, visto que seu funcionamento se deve às propriedades físicas do elétron. O esquema desse funcionamento pode ser percebido nas operações mais simples feita por um ser humano. Se, ao ver um objeto em certa direção (ou seja, ao receber dele uma mensagem visual), eu estendo o braço para pegá-lo e erro a direção ou a distância, logo a informação desse erro retifica o movimento de meu braço e permite que eu o dirija exatamente para o objeto: tanto a operação quanto a correção da operação, neste caso, são guiadas por *mensagens*, ou seja, por informações recebidas ou transmitidas pelo sistema nervoso que dirige o movimento do braço. Por isso, a teoria da informação é parte integrante da C. ou, de qualquer modo, está estreitamente ligada a ela. Na C. também podem ser distinguidos os seguintes aspectos: 1º esquema geral da informação; 2º medida da quantidade de informações; 3º condições que possibilitam a informação; 4º objetivos da informação.

1º O esquema de qualquer informação parece ser constituído, essencialmente, por três elementos: a mensagem emitida, a transmissão e a mensagem recebida. Mas, na realidade, as coisas são bem mais complicadas, porque a mensagem emitida (p. ex., uma frase pronunciada em italiano ou o conjunto de pontos e linhas que constituem uma mensagem telegráfica) já é a expressão, a tradução ou, como também se diz, a *codificação* daquilo que quem emite (*emissor*) pretende transmitir. Por outro lado, a mensagem recebida deve ser entendida, ou seja, retraduzida ou *descodificada*, para ser registrada pelo *receptor* e guiar sua conduta. Assim, a mensagem telegráfica transmitida por meio da comunicação de pontos e linhas deve ser descodificada ou retraduzida em palavras, a frase em italiano deve ser entendida segundo as regras e o vocabulário da língua italiana, ou a mensagem não dará nenhuma informação a quem não sabe italiano. Em todas essas passagens, são possíveis equívocos, erros de emissão, de transmissão, de codificação e de descodificação, bem como perturbações várias, devidas à interferência de ruídos ou de outros fatores mecânicos.

2º Foi esta última observação que deu ensejo à teoria matemática da informação com um teorema proposto por C. E. Shannon, em 1948 (cf. SHANNON e WEAVER, *The Mathematical Theory of Communications*, 1949). Shannon observou que uma mensagem enviada através de um canal qualquer sofre deformações diversas durante a transmissão, razão pela qual, ao chegar, uma parte das informações que continha já está perdida. Estabeleceu, assim, a analogia entre essa perda e a *entropia* (v.), função matemática que, com base no segundo princípio da termodinâmica, exprime a degradação de energia que se verifica em qualquer transformação do trabalho mecânico em calor, ao passo que a transformação inversa (do calor em trabalho mecânico) nunca é completa. Com base nessa analogia, a *quantidade de informações* transmitida pode ser calculada como *entropia negativa*, pois na transmissão das mensagens, assim como na transformação da energia, a entropia negativa *decresce* continuamente porque a positiva (perda de informações ou degradação de energia) *cresce* continuamente. Com base nessa analogia, o cálculo das probabilidades utilizado pela termodinâmica pode ser empregado como instrumento muito oportuno para determinar as fórmulas com que a medida da quantidade de informações pode ser expressa em cada caso, cujas variações dependem do número e da freqüência dos símbolos utilizados, de sua possibilidade de combinação, da interferência dos fatores de perturbação na transmissão dos símbolos e assim por diante. Neste último caso, tomam-se em consideração os símbolos chamados *redundantes*, cuja finalidade é prever e corrigir os erros da transmissão *antes* que ocorram, de tal modo que o funcionamento da transmissão seja corrigido antecipadamente pela previsão das perturbações, com o processo da retroalimentação. De modo geral, pode-se dizer que, quanto mais improvável é a mensagem, maior é a informação que ela transmite. Por isso, tem-se a quantidade mínima de informação quando esta permite apenas uma escolha entre duas possibilidades igualmente prováveis. Essa quantidade mínima foi assumida como *unidade* de medida da informação e chamada de *bit* (abreviação da expressão inglesa *binary digit* = algarismo binário).

3º O conceito e o cálculo da informação situam-se no domínio da *probabilidade* (v.). Isso quer dizer que a informação só é possível num mundo que não é *necessariamente* ordenado nem *necessariamente* desordenado. Num mundo necessariamente ordenado, tudo seria infalivelmente previsível e a informação seria inútil. Num mundo necessariamente desordenado, ou seja, puro fruto do acaso, nenhuma ordem seria possível e, portanto, nenhuma informação seria transmissível. A informação transmite determinada ordem de símbolos e a medida da informação é a medida de uma ordem. Por exemplo, uma mensagem telegráfica consiste em certa combinação de pontos e linhas que, para comunicar uma informação, tem uma ordem determinada, escolhida entre as inúmeras ordens possibilitadas pelo alfabeto Morse. A medida de informação é dada, como se viu, pela entropia negativa, ou seja, por uma função que exprime a diminuição da entropia, que é a desordem (ou seja, a distribuição casual) dos elementos de um sistema qualquer. Portanto, as condições da C., ou seja, do uso teórico e prático da teoria da informação, podem ser recapituladas do seguinte modo:

a) A negação de qualquer tipo ou forma de *necessidade* em todas as situações em que a informação tem lugar.

b) A negação de qualquer conhecimento *absoluto*, ou seja, total, definitivo e exaustivo; o reconhecimento de que o conhecimento é um fato excepcional e improvável.

c) O reconhecimento do *acaso*, ou seja, da distribuição desordenada (equiprovável) dos elementos (entropia) em todas as circunstâncias ou situações em que o homem ou qualquer organismo vivo ou máquina possa encontrar-se.

d) A presença, em qualquer situação, de *possibilidades* diversas entre as quais é possível a escolha.

e) A possibilidade da *escolha* de construir modelos que selecionem as possibilidades alternativas, segundo a ordem de sua freqüência estatística, e, por isso, orientar as escolhas seguintes.

f) A possibilidade de corrigir, modificar, generalizar ou particularizar tais modelos e criar outros novos, de acordo com as mais diferentes exigências teóricas e práticas.

Essas condições da informação (e portanto da C., que a utiliza para os mais diversos objetivos) são, implícitas ou explicitamente, admitidas por todos os cientistas que, em qualquer campo, se valem dessa disciplina: constituem seu fundamento filosófico. São resumidas no seguinte trecho de F. C. Frick: "Informação e ignorância, escolha, previsão e incerteza, tudo isso está intimamente correlacionado... Na fronteira entre o conhecimento total e a ignorância completa, parece intuitivamente razoável falar de graus de incerteza. Quanto mais ampla for a escolha, maior será o conjunto de alternativas que se abrem diante de nós, mais incertos estaremos a respeito de como proceder e maior será a necessidade que teremos de informações para tomarmos uma decisão" (*Information Theory*, em *Psychology: A Study of a Science*, 2ª ed., Sigmund Koch, 1959, pp. 614-5).

4º O quarto aspecto da C. é constituído pelos usos e objetivos que ela pode ter nos mais diversos campos da atividade humana:

a) Em primeiro lugar, a C. é um poderoso instrumento para explicar e prever fenômenos. Um de seus sucessos mais clamorosos foi visto no campo da *genética* (v.), em que possibilitou explicar a transmissão dos caracteres hereditários por meio das várias combinações dos elementos de um *alfabeto genético* constituído pelos ácidos desoxirribonucléicos, que compõem a hélice dupla do DNA (Watson e Crick, 1953). A teoria da *evolução* (v.), com bases darwinianas, considera que a própria evolução é um processo de variações aleatórias e de sobrevivência seletiva: dois conceitos que, como se viu, são fundamentais na teoria da informação. Em psicologia, antropologia e sociologia, esses conceitos são empregados para explicar qualquer forma de *organização* e atualmente são generalizados numa *teoria dos sistemas*, aplicável a todos esses campos (cf., p. ex., W. BUCKLEY, *Sociology and Modern Systems Theory*, 1967, e relativa bibl.).

b) Em segundo lugar, a C. é utilizada para a construção de máquinas cada vez mais complexas, às quais são confiadas operações e tarefas que, até pouco tempo, eram consideradas próprias do homem. Sobre os limites e as possibilidades dessas máquinas, as opiniões de cientistas e filósofos são díspares. Há quem considere que, em futuro mais ou menos próximo, elas poderão substituir o homem na solução de todos os seus problemas, inclusive nas escolhas decisivas que dizem respeito ao futuro ou à sobrevivência do gênero humano. Outros expressam dúvidas sobre essa possibilidade ilimitada, que entre outras coisas parece ser desmentida pelo teorema de Gödel (v. MATEMÁTICA), entre cujas implicações está a de que não é possível construir uma máquina que resolva *todos* os problemas. Além disso, insiste-se na diferença entre o homem e a máquina, em vista da presença, no homem, do fator *consciência* (v.). Raymond Ruyer, por exemplo, afirmou que "sem consciência não há informação" e que, por isso, se o mundo físico e o mundo das máquinas ficassem entregues a si mesmos, "espontaneamente tudo se tornaria desordem e essa seria a prova de que nunca houve ordem verdadeira, ordem consistente, ou em outros termos, que nunca houve informação" (*La cybernétique et l'origine de l'information*, 1954). Também são muitos os que insistem, com fundamentos vários (muitas vezes de natureza metafísica ou moral) na diferença entre o homem e a máquina, mas, em geral, reconhece-se que as máquinas têm as mesmas limitações do homem, ainda que em grau inferior, e que se distinguem do homem pela enorme "complexidade" do cérebro humano e pela capacidade que tem este último de prever, em proporção correspondentemente maior, os acontecimentos futuros. Wiener insistiu na exigência de uma *simbiose* entre o homem e a máquina, para a qual é necessário que o homem tenha uma clara idéia dos *objetivos* que devem ser preestabelecidos na programação e no uso das máquinas. De fato, obedecendo a um programa, uma máquina pode pôr em atividade certas operações que, diante de circunstâncias imprevistas, podem voltar-se contra os interesses e a própria vida do homem. Wiener observou que mesmo uma máquina que possa aprender e tomar decisões com base em conhecimentos adquiridos não será obrigada a decidir no mesmo sentido que nós, nem a tomar decisões que nos sejam aceitáveis: "Para quem não tem consciência disso, deixar suas responsabilidades a cargo da máquina (que possa ou não aprender) significará confiar suas próprias responsabilidades ao vento e vê-las de volta entre os turbilhões da tempestade" (*The Human Use of Human Beings*, 1950, cap. XI; cf. também *God & Golem, Inc.*, 1964). Os problemas da C. estão intimamente ligados aos problemas da ontologia, da gnosiologia e da ética. [N.A.]

CICLO CÓSMICO (gr. κύκλος; in. *Cosmic cycle*; fr. *Cycle cosmique*; al. *Kosmic Cyklus*; it. *Ciclo del mondo*). Doutrina segundo a qual o mundo retorna, depois de certo número de anos, ao caos primitivo, do qual sairá de novo para recomeçar seu curso sempre igual. Essa doutrina foi sugerida aos mais antigos filósofos pelos eventos cíclicos constatáveis: a alternância do dia e da noite, das estações, das gerações animais etc. A noção de C. cósmico encontra-se no orfismo, no pitagorismo, em Anaximandro (Hyp., *Refut., omn. haeres.*, I, 6, I), em Empédocles (*Fr.* 17, Diels), em Heráclito (*Fr.* 5, Diels) e nos estóicos; segundo estes, "quando, em seu desenvolvimento, os astros voltam ao mesmo signo e à latitude e longitude em que cada um estava no princípio, acontece, no C. dos tempos, uma conflagração e uma destruição total; depois, volta-se novamente, desde o começo, à mesma ordem cósmica e de novo, movendo-se igualmente os astros, cada acontecimento ocorrido no C. precedente volta a repetir-se sem nenhuma diferença. Haverá novamente Sócrates, novamente Platão e novamente cada um dos homens com os mesmos amigos e concidadãos: crer-se-á nas mesmas coisas, os mesmos assuntos serão discutidos e cada cidade, aldeia e campo também retornarão. Esse retorno universal não ocorrerá uma vez só, muitas vezes até o infinito" (NEMÉSIO, *De nat. hom.*, 38).

Na filosofia moderna, essa doutrina foi retomada por Nietzsche: para ele o eterno retorno é o *sim* que o mundo diz a si mesmo, a vontade cósmica de reafirmar-se e de ser ela mesma, portanto, a expressão cósmica daquele espírito dionisíaco, que exata a bendiz a vida. "O mundo afirma-se por si também na sua uniformidade que permanece a mesma no decurso dos anos, bendiz-se por si mesmo, porque é aquilo que deve voltar eternamente, porque é o devir que não conhece saciedade, tédio nem fadiga" (*Wille zur Macht*, ed. 1901, § 385). O. Spengler achava que a própria história era uma sucessão de civilizações, que, como organismos vivos, nascem, crescem, declinam e morrem; por isso, todos têm em comum o ritmo do seu C. orgânico (*Der Untergang des Abendlandes*, I, 1932, pp. 23 ss.). [N.A.]

CIDADANIA (in. *Citizenship*; fr. *Citoyenneté*; al. *Staatsangehörigkeit*; it. *Cittadinanza*). C. é o fato de pertencer a uma comunidade política; configura-se em termos diversos nas diferentes sociedades. Está ligada à liberdade (concebida de modo elitista ou universal) ou à justiça (entendida como ordem ou paridade) e a ambas, e nesse aspecto identifica-se com o exercício de três gerações de direitos humanos: os civis (p. ex., à vida, à expressão, à propriedade, os políticos (p. ex., à função eleitoral, à associação em partidos e sindicatos) e aos sociais (p. ex., ao trabalho, ao estudo, à saúde): a aquisição de tais direitos de C. é progressiva segundo alguns, enquanto segundo outros não tem caráter linear e evolutivo. Enquanto na Antiguidade a idéia de C. estava ligada essencialmente à de deveres, e na modernidade à de direitos, hoje a idéia de C. resume a de direitos e deveres: ambos considerados essenciais para que alguém seja membro de uma comunidade. Mais precisamente, pode-se dizer que a nova C. conjuga os direitos de liberdade e igualdade com os deveres de solidariedade; neste sentido, o conceito de C. está ligado ao de democracia e é caracterizado pela necessidade de combinar a exigência de participação com a de governabilidade, por um lado, e a de justiça com o mercado, por outro. A respeito, fala-se de nova C. com referência à necessidade de superar uma cultura estatista (que leva ao estado assistencial) a favor de uma cultura societária que vá além do binômio Estado-Mercado, abrindo-se para o trinômio Estado-Mercado-Terceiro setor (o considerado não lucrativo, de caráter social privado). Portanto, a C. não é definida em termos de reivindicação (por parte de grupos) nem de prodigalidade (por parte do Estado), mas em termos de responsabilidade, no sentido de co-responsabilização. Nessa perspectiva, o problema da C., objeto de estudo por parte da sociologia, torna-se motivo de reflexão também para a filosofia política. A respeito, interessantes indicações provêm de autores diversos, como R. Dahrendorf, que vê na C. a síntese de liberdade e igualdade, e J. Habermas, que propôs um conceito de C. que implica o exercício efetivo dos direitos civis como oportunidade para que os cidadãos tomem parte ativa nos processos deliberativos sobre os direitos políticos e sociais. O problema da C. vai adquirindo crescente importância nas ciências sociais e na filosofia política por representar o modo de tornar mais concreto o discurso sobre a *democracia* (v.), evitando sua configuração abstrata ou genérica. [G.G.]

CIÊNCIA (gr. ἐπιστήμη; lat. *Scientia;* in. *Science;* fr. *Science;* al. *Wissenschaft;* it. *Scienza*). Conhecimento que inclua, em qualquer forma ou medida, uma garantia da sua própria validade. A limitação expressa pelas palavras "em qualquer forma ou medida" é aqui incluída para tornar a definição aplicável à C. moderna, que não tem pretensões ao absoluto. Mas, segundo o conceito tradicional, a C. inclui garantia absoluta de validade, sendo, portanto, como conhecimento, o grau máximo da certeza. O oposto da C. é a *opinião* (v.), caracterizada pela falta de garantia acerca de sua validade. As diferentes concepções de C. podem ser distinguidas conforme a garantia de validade que se lhes atribui. Essa garantia pode consistir: 1º na demonstração; 2º na descrição; 3º na corrigibilidade.

1º A doutrina segundo a qual a C. provê a garantia de sua validade demonstrando suas afirmações, isto é, interligando-as num sistema ou num organismo unitário no qual cada uma delas seja necessária e nenhuma possa ser retirada, anexada ou mudada, é o ideal clássico da ciência. Platão comparava a *opinião* (v.) às estátuas de Dédalo, que estão sempre em atitude de fuga: as opiniões "desertam da alma humana, de modo que não terão grande valor enquanto alguém não conseguir atá-las com um raciocínio causal". Mas, "uma vez atadas, tornam-se C. e permanecem fixas. Eis por que a C.", conclui Platão, "é mais válida do que a opinião legítima e difere desta pela seus nexos" (*Men.*, 98 a). A doutrina da C. de Aristóteles é muito mais rica e circunstanciada, mas obedece ao mesmo conceito. A C. é "conhecimento demonstrativo". Por conhecimento demonstrativo entende-se o conhecimento "da causa de um objeto, isto é, conhece-se por que o objeto não pode ser diferente do que é" (*An. pr.*, I, 2, 71 b 9 ss.). Em conseqüência, o objeto da C. é o *necessário* (v.); por isso a C. se distingue da opinião e não coincide com ela; se coincidisse, "estaríamos convencidos de que um mesmo objeto pode comportar-se diferentemente de como se comporta e estaríamos, ao mesmo tempo, convencidos de que não pode comportar-se diferentemente" (*An. post.*, I, 33, 89 a 38). Por isso, Aristóteles exclui que possa haver C. do não necessário, ou seja, da sensação (*ibid.*, 31, 87 b 27) e do acidental (*Met.*, VI, 2, 1027, 20), ao mesmo tempo que identifica o conhecimento científico com o conhecimento da essência necessária ou substância (*ibid.*, VIII, 6, 1031 b 5). A mais perfeita realização desse ideal da C. está em *Elementos*, de Euclides (séc. III a.C.). Essa obra, que quis realizar a matemática como C. perfeitamente dedutiva, sem nenhum recurso à experiência ou à indução, permaneceu por muitos séculos (e sob certos aspectos permanece até hoje) como o próprio modelo da ciência.

Através de *Elementos*, de Euclides, a concepção da C. de Platão e Aristóteles foi transmitida com mais eficácia do que através da descrição teórica de Aristóteles, da qual os antigos nunca se afastaram. Os estóicos repetiram-na, afirmando que "a C. é a compreensão segura, certa e imutável fundada na razão" (SEXTO EMPÍRICO, *Adv. math.*, VII, 151), ou que ela "é uma compreensão segura ou um hábito imutável de acolher representações, com base na razão" (DIÓG. L., VII, 47). Tomás de Aquino repetia as idéias de Aristóteles (*S. Th.*, II, 1, q. 57, a. 2) e Duns Scot acentuava o caráter demonstrativo e necessário da C., excluindo dela qualquer conhecimento desprovido desses caracteres, portanto, todo o domínio da fé (*Op. Ox.*, Prol., q. 1, m. 8). Mesmo a última escolástica, com Ockham, mantinha em pé o ideal aristotélico da C. (*In Sent.*, III, q. 8).

O surgimento da C. moderna não pôs em crise esse ideal. De um lado, o necessitarismo dos aristotélicos é compartilhado até por seus adversários; de outro, persiste a sugestão da matemática como C. perfeita pela sua organização demonstrativa; e o próprio Galileu colocava as "demonstrações necessárias" ao lado da "experiência sensata" como fundamento da C. (*Opere*, V, p. 316). O ideal geométrico da C. também domina as filosofias de Descartes e Espinosa. Descartes queria organizar todo o saber humano segundo o modelo da aritmética e da geometria: as únicas C. que ele considerava "desprovidas de falsidade e de incerteza", porque fundadas inteiramente na dedução (*Regulae ad directionem ingenii*, II). E Espinosa chamava de C. *intuitiva* a extensão do método geométrico a todo o universo, extensão pela qual, "da idéia adequada da essência formal de alguns atributos de Deus, procede-se ao conhecimento adequado da essência das coisas" (*Et.*, II, 40, esc. 2º). Kant rotulava esse velho ideal com um novo termo, *sistema* (v.). "A unidade sistemática", dizia ele, "é o que antes de tudo faz de um conhecimento comum uma C., isto é, de um simples agregado, um sistema"; e acrescentava que por sistema é preciso entender "a unidade de conhecimentos múltiplos reunidos sob uma única idéia" (*Crít. R. Pura*, Doutrina do método, cap. III; cf. *Methaphysische Anfangsgründe der Naturwissenschaft*, Prefácio). Esse conceito da C. como sistema, introduzido por Kant, tornou-se lugar comum da filosofia do século XIX e a ele ainda recorrem as filosofias de caráter teológico ou metafísico. Isso aconteceu sobretudo por ter sido adotado pelo romantismo, que o repetiu à saciedade. Fichte dizia: "Uma C. deve ser uma unidade, um todo. [...] As proporções isoladas geralmente não são C., mas tornam-se C. só no todo, graças a seu lugar no todo, à sua relação com o todo" (*Ueber den Begriff der Wissenschaftslehre*, 1794, § 1). Schelling repetia: "Admite-se, geralmente, que à filosofia convém uma for-ma peculiar dela, que se chama sistemática. Pressupor tal forma não deduzida compete a outras C. que já pressupõem a C. da C., mas não esta, que se propõe por objeto a possibilidade de semelhante C." (*System des transzendentalen Idealismus*, 1800, I, cap. I; trad. it., p. 27). E Hegel afirmava peremptoriamente: "A verdadeira forma na qual a verdade existe só pode ser o sistema científico dela. Colaborar para que a filosofia se aproxime da forma da C. – isto é, da meta que, uma vez alcançada, permitir-lhe-á abandonar o nome de amor ao saber para ser verdadeiro saber – eis o que me propus" (*Phänomen. des Geistes*, Prefácio, I, 1). Fichte, Schelling e Hegel consideravam que o único saber sistemático, portanto a única C., era a filosofia. Mas, para muitos filósofos do século XIX, o conceito de sistema continuou caracterizando a C. em geral, portanto também a C. da natureza. H. Cohen via no sistema a mais alta categoria da natureza e da C. (*Logik*, 1902, p. 339). Husserl via o caráter essencial da C. na "unidade sistemática" que nela encontram os conhecimentos isolados e os seus fundamentos (*Logische Untersuchugen*, 1900, I, p. 15); e indicava no sistema o próprio ideal da filosofia, se esta quisesse organizar-se como "C. rigorosa" (*Philosophie als strenge Wissenschaft*, 1910-11; trad. it., p. 5). O ideal de C. como sistema continuou vivo ainda muito tempo depois que as C. naturais dele se afastaram e começaram a polemizar contra "o espírito de sistema".

Se hoje é possível considerar superado o ideal clássico de C. como sistema acabado de verdades necessárias por evidência ou por demonstração, o mesmo não se pode dizer de todas as suas características. Que a C. seja, ou tende a ser, um sistema, uma unidade, uma totalidade organizada, é pretensão que as outras concepções da própria C. também têm. O que essa pretensão tem, em todos os casos, de válido é a exigência de que as proposições que constituem o corpo lingüístico de uma C. sejam *compatíveis* entre si, isto é, não contraditórias. Essa exigência, sem dúvida, é muito menos rigorosa do que aquela para a qual tais proposições deveriam constituir uma unidade ou um sistema; aliás, a rigor, é uma exigência totalmente diferente, pois a não-contradição não implica, em absoluto, a unidade sistemática. Todavia, na linguagem científica ou filosófica corrente, muitas vezes a exigência sistemática é reduzida à de compatibilidade.

2º A concepção *descritiva* da C. começou a formar-se com Bacon, Newton e os filósofos iluministas. Seu fundamento é a distinção baconiana entre *antecipação* e *interpretação* da natureza: a interpretação consiste em "conduzir os homens diante dos fatos particulares e das suas ordens" (*Nov. Org.*, I, 26, 36). Newton estabelecia o conceito descritivo da C., contrapondo o método da análise ao método da síntese. Este último consiste "em assumir que as causas foram descobertas, em pô-las como princípios e em explicar os fenômenos partindo de tais princípios e considerando como prova essa explicação". A análise, ao contrário, consiste "em fazer experimentos e observações, em deles tirar conclusões gerais por meio da indução e em não admitir, contra as conclusões, objeções que não derivem dos experimentos ou de outras verdades seguras" (*Opticks*, III, 1, q. 31). A filosofia do iluminismo exaltou e difundiu o ideal científico de Newton. "Esse grande gênio", dizia D'Alembert, "viu que era tempo de banir da física as conjecturas e as hipóteses vagas, ou pelo menos de tê-las apenas pelo que valem e de submeter essa C. somente às experiências e à geometria" (*Discours préliminaire de l'Encyclopédie*, em *Œuvres*, ed. Condorcet, p. 143). Ao mesmo tempo, D'Alembert declarava já ser inútil para a C. e para a filosofia o *espírito de sistema*. "As ciências todas, fechadas, o máximo possível, nos fatos e nas conseqüências que delas podem ser deduzidos, não fazem concessões à opinião, a não ser quando a isso são obrigadas." A C. reduz-se, assim, à observação dos fatos e às inferências ou aos cálculos fundados nos fatos. O positivismo oitocentista não fazia mais do que recorrer ao mesmo conceito de ciência. Dizia Comte: "O caráter fundamental da filosofia positiva é considerar todos os fenômenos como sujeitos a leis naturais invariáveis, cuja descoberta precisa e cuja redução ao menor número possível constituem o objetivo de todos os nossos esforços, ao mesmo tempo em que julgamos absolutamente inacessível e sem sentido a busca daquilo que se chama de causas, tanto primeiras como finais" (*Cours de phil. positive*, I, § 4; vol. I, pp. 26-7). Mas o positivismo também insistiu no caráter da C. que Bacon já evidenciara: o caráter ativo ou operacional, graças ao qual ela permite que o homem aja sobre a natureza e a domine através da previsão dos fatos, possibilitada por leis (*ibid.*, II, § 2; p. 100). O ideal descritivo da C. não implica, portanto, que a C. consiste no espelhamento ou na reprodução fotográfica dos fatos. De um lado, o caráter antecipado do conhecimento científico, graças ao qual ela se concretiza em previsões baseadas em relações verificadas entre os fatos, elimina o seu caráter fotográfico: realmente, não se pode fotografar o futuro. Por outro lado, a mesma C. positivista evidenciou a orientação ativa da descrição científica. As considerações de Claude Bernard a respeito são muito importantes: "A simples constatação dos fatos", diz ele, "nunca chegará a constituir uma ciência. Podem-se multiplicar fatos e observações, mas isso não levará à compreensão de nada. Para aprender, é preciso, necessariamente, raciocinar sobre o que se observou, comparar os fatos e julgá-los com outros fatos que servem de controle" (*Intr. à l'étude de la médecine expérimentale*, 1865, I, 1, § 4). Desse ponto de vista, uma C. de observação será uma C. que raciocina sobre os fatos da observação natural, isto é, sobre os fatos pura e simplesmente constatados, ao passo que uma C. experimental ou de experimento raciocinará sobre os fatos obtidos nas condições que o experimentador criou e determinou (*ibid.*, 1865, I, 1, § 4).

A doutrina de Mach sobre a C. não poderia ser chamada de descritiva, se por descrição se entender a reprodução fotográfica dos objetos, mas pode ser chamada de descritiva no sentido já esclarecido. Diz Mach: "Se excluirmos aquilo que não tem sentido pesquisar, veremos aparecer mais nitidamente o que podemos realmente atingir por meio de cada C.: todas as relações e os diferentes modos de relação entre os elementos" (*Erkenntniss und Irrtum*, cap. I; trad. fr., p. 25). A inovação de Mach consiste no seu conceito dos *elementos*, pois para ele estes são comuns tanto às coisas como à consciência, diferindo na consciência e na coisa só por pertencerem a conjuntos diferentes (*ibid.*, cap. I; trad. fr., p. 25; cf. *Die Analyse der Empfindungen*, 9ª ed., 1922, p. 14). A função *econômica* que Mach atribuiu à C., ou, mais precisamente, aos conceitos científicos, não suprime portanto o caráter descritivo da C., reconhecível na tese de que a C. tem por objeto as *relações* entre os elementos. Justamente por considerar as relações entre os fatos, a C. é uma descrição abreviadora e econômica dos próprios fatos (*Die Mechanik*; trad. in., 1902, pp. 481 ss.). Do mesmo modo, Bergson reconhece o caráter convencional e econômico da C. pelo fato de que ela, que tem como órgão a inteligência, não se detém nas coisas, mas nas relações entre as coisas ou situações (*Évol. créatr.*, 8ª ed., 1911, pp. 161, 356). O ideal descritivo da C. reaparece também em escritores recentes. Dewey afirma: "Como na C. os significados são determinados com base em sua relação recíproca como significados, as *relações* tornam-se os objetos da indagação e diminui bastante a importância das qualidades, que só têm função por ajudarem a estabelecer relações" (*Logik*, VI, § 6; trad. it., p. 171). Ora, "relações" nada mais são do que o outro nome de leis, visto que a lei nada mais é do que a expressão de uma relação: de modo que o mesmo conceito da C. pode ser encontrado em todos os escritores que reconhecem na formulação da lei a tarefa da ciência. H. Dingler dizia: "A principal tarefa da C. consiste em chegar ao maior número possível de leis" (*Die Methode der Physik*, 1937, I, § 9). E, mais recentemente, R. B. Braithwaite afirmou: "O conceito fundamental da C. é o da lei científica e o objetivo fundamental de uma C. é estabelecer leis. Para compreender o modo como uma C. opera e o modo como qual ela fornece explicações dos fatos que investiga, é necessário compreender a natureza das leis científicas e o modo de estabelecê-las" (*Scientific Explanation*, Cambridge, 1953, p. 2).

3º Uma terceira concepção é a que reconhece, como garantia única da validade da C., a sua autocorrigibilidade. Trata-se de uma concepção das vanguardas mais críticas ou menos dogmáticas da metodologia contemporânea e ainda não alcançou o desenvolvimento das outras duas concepções acima; apesar disso, é significativa, seja por partir da desistência de qualquer pretensão à garantia absoluta, seja por abrir novas perspectivas ao estudo analítico dos instrumentos de pesquisa de que as C. dispõem. O pressuposto dessa concepção é o *falibilismo* (v.), que Peirce atribuía a qualquer conhecimento humano (*Coll. Pap.*, I, 13, 141-52). Mas essa tese foi expressa pela primeira vez por Morris R. Cohen: "Podemos definir a C. como um *Sistema autocorretivo.* [...] A C. convida à dúvida. Pode desenvolver-se ou progredir não só porque é fragmentária, mas também porque nenhuma proposição sua é, em si mesma, absolutamente certa, e assim o processo de correção pode atuar quando encontramos provas mais adequadas. Mas é preciso notar que a dúvida e a correção são compatíveis com os cânones do método científico, de tal modo que a correção é o seu elo de continuidade" (*Studies in Philosophy and Science*, 1949, p. 50). M. Black, mais recentemente, adotou ponto de vista análogo: "Os princípios do método científico devem, por sua vez, ser considerados provisórios e sujeitos a correções ulteriores, de tal modo que uma definição de 'método científico' seria verificável em qualquer sentido do termo" (*Problems of Analysis*, 1954, p. 23). Em termos aparentemente paradoxais, mas equivalentes, K. Popper afirmara, em *Lógica da descoberta científica* (1935), que o instrumental da C. não está voltado para a verificação, mas para a *falsificação* das proposições científicas. "Nosso método de pesquisa", dizia ele, "não visa defender as nossas *antecipações* para provar que temos razão, mas, ao contrário, visa a destruí-las. Usando todas as armas do nosso arsenal lógico, matemático e técnico, tentamos provar que nossas antecipações são falsas, para apresentar, no lugar delas, novas antecipações não justificadas e injustificáveis, novos 'prejulgamentos apressados e prematuros' como escarnecia Bacon" (*The Logic of Scientific Discovery*, 2.ª ed., 1958, § 85, p. 279). Com isso, Popper pretendeu assinalar o abandono do ideal clássico da C.: "O velho ideal científico da *episteme*, do conhecimento absolutamente certo e demonstrável, revelou-se um mito. A exigência de objetividade científica torna inevitável que qualquer asserção científica seja sempre provisória." O homem não pode conhecer, mas só conjeturar (*ibid.*, pp. 278, 280). Afirmar que os instrumentos de que a C. dispõe se destinam a demonstrar a falsidade da C. é um outro modo de exprimir o conceito da autocorribilidade da C.: provar a falsidade de uma asserção significa, de fato, substituí-la por outra asserção, cuja falsidade ainda não foi provada, corrigindo portanto a primeira. A noção da autocorrigibilidade sem dúvida constitui a garantia menos dogmática que a C. pode exigir da sua própria validade. Permite uma análise menos preconceituosa dos instrumentos de verificação e controle de que cada C. dispõe (cf. *Beyond the Edge of Certainty*, org. R. C. Colodny, 1965). [N. A.]

Apesar de se diferenciarem radicalmente entre si, as concepções 2.ª e 3.ª partem de um mesmo pressuposto: a interpretação da C. como a suprema – e mais confiável – forma de saber. Pressuposto que no neopositivismo levou à identificação entre racionalidade científica e racionalidade pura e simples e à idéia de C. como única maneira de formular discursos sensatos acerca do mundo. Mesmo Popper, apesar de ver na C. uma construção precária erigida sobre frágeis palafitas, continuou a pensar a racionalidade humana nos termos da racionalidade científica e a ver nesta um modelo não superado de eficiência prática e de confiabilidade teórica (rigorosamente distinta de qualquer outra estratégia cognitiva). Só com a epistemologia pós-positivista – e as suas opções coerentistas e antifundacionalistas – a tradicional concepção de C. como conhecimento privilegiado de posse de garantias privilegiadas de validade começou a entrar em crise.

Em primeiro lugar, os pós-positivistas, pondo em discussão a tese da superioridade cognitiva e prática da C., afirmaram (v. Feyerabend) que ela não constitui "a única e inigualável depositária de informações corretas", ou seja, a única forma de conhecimento (verdadeiramente) digno de fé, mas uma das possíveis maneiras de estudar a realidade e de portar-se diante das coisas (Feyerabend fala de "instituição entre outras tantas", e Elkana, de uma entre as muitas "descrições densas" do mundo). Em segundo lugar, os epistemólogos pós-positivistas, com base no princípio da subdeterminação das teorias por parte da lógica e da experiência, rejeitaram a hipótese de um método científico unitário e metacontextualmente inelutável, afirmando que as garantias de validade e de credibilidade da C. não podem ser buscadas em proposições formais auto-evidentes e universalmente verdadeiras, nem em relatórios de observações que possam funcionar como plataforma de verificação das teorias e como base incontrovertível de algum experimento "crucial", nem tampouco em supostas "conformidades" da mente à natureza ou ao mundo em si; segundo eles, devem ser buscadas em determinados "paradigmas" (Kuhn), "programas de pesquisa" (Lakatos), "tradições" (Laudan), "estilos de raciocínio" (Hacking) etc., destinados a funcionar como "unidades produtoras e co-validantes do conhecimento científico", ou então como matrizes genéticas e como horizontes de validade das teorias (T. KUHN, *A estrutura das revoluções científicas*, 1962, 1970, trad. it. *La struttura delle rioluzioni scientifiche*, Einaudi, Turim, 1969, 1978[2], p. 216). Doutrina que implica a substituição do critério objetivista da verdade pelo critério historicista e sociopragmático do *consenso*: "Tanto nas revoluções políticas quanto na escolha dos paradigmas não há nenhum critério superior ao consenso da população interessada" (*ibid.*, p. 122). Consenso gerado por decisões "impuras" sobre as quais pesam elementos extracientíficos de natureza psicológica, metafísica, estética: "Os cientistas abraçam um novo paradigma por todos os tipos de razão; em geral, por várias razões ao mesmo tempo. Algumas delas [...] estão completamente fora a esfera da ciência" (*ibid.*, p. 185). Tanto mais que a empreitada do saber se desenvolve sobre o fundo de uma pré-compreensão *global* da natureza sobre a qual influem pressupostos ou prejulgamentos de vários tipos. Prejulgamentos (no sentido hermenêutico do termo) que não funcionam como fundamento autojustificado do conhecimento, mas como matriz circunstanciada de qualquer aventura cognitiva. Donde recusar-se a imagem da C. como obra de mentes "individuais" às voltas com hipotéticas realidades "objetivas" e a idéia dela como realidade social *contextualmente* autoconvalidante e autocertificante – portanto não carente de justificação "metacientífica" de tipo "filosófico" ou "epistemológico" (Rorty).

Esses resultados, ao lado das várias tentativas de estetização e retorização dos modelos epistêmicos, não são compartilhados pelos autores (de Bas van Fraassen a Adolf Grünbaum, de Mary Hesse a Hilary Putnam, de Nicholas Rescher a Susan Haack etc.) que, apesar de admitirem o malogro dos ideais reducionistas do neopositivismo originário e das várias perspectivas do antigo fundacionalismo, recusam-se a dissolver o problema dos títulos de validade da C. na constatação do consenso de fato apresentada por determinadas comunidades de pesquisa. Assim, em homenagem a uma óptica epistemológica crítico-valorativa, e não puramente histórico-descrittiva, continuam a interrogar-se sobre os procedimentos cognitivos (indução, probabilidade etc.) que tornam "científica" a C. e a tipificam em relação às outras atividades cognitivas.

De tendência descritiva, porém, é a chamada *epistemologia naturalizada* (v.), ou seja, o tipo de pesquisa epistemológica (Quine) que, em vez de ver uma função superior de observação na C., a propõe como C. natural. Nesse ponto, a velha discussão em torno da C. enlaça-se ao problema mais amplo da justificação epistêmica (v. ANARQUISMO METODOLÓGICO; DEMARCAÇÃO; EPISTEMOLOGIA NATURALIZADA; EPISTEMOLOGIA PÓS-POSITIVISTA; FUNDACIONALISMO; JUSTIFICAÇÃO; MÉTODO; RACIONALIDADE; REVOLUÇÃO CIENTÍFICA; CIÊNCIA, FILOSOFIA DA; TEORIA CIENTÍFICA; TEÓRICO-OBSERVACIONAL; VERDADE). [G.F.]

CIÊNCIA, DOUTRINA DA (in. *Science of science*; fr. *Doctrine de la science*; al. *Wissenschaftslehre*; it. *Dottrina della scienza*). Expressão com que Fichte designou "a C. das C. em geral", ou seja, a C. que expõe de modo sistemático o princípio fundamental em que se apóiam todas as outras ciências. "Toda possível C. tem um princípio fundamental que nela não pode ser demonstrado mas deve estar já assentado antes dela. Ora, onde deve ser demonstrado esse princípio fundamental? Sem dúvida na C. que deve fundamentar todas as possíveis C." (*Über den Begrift der Wissenschaftslehre*, 1794, § 2; trad. it., pp. 11-2). Fichte identificava a doutrina da C. com a filosofia e via o seu princípio fundamental no Eu.

Essa expressão ainda é usada principalmente com referência a Fichte. No entanto B. Bolzano adotou-a como título de uma obra para indicar a doutrina que expõe as regras para a divisão dos campos do saber em cada C. e para o aprendizado do saber (*Wissenschaftslehre*, 1837, I, § 6; cf. IV, §§ 392 ss.). Mas para a disciplina que considera as formas ou os procedimentos do conhecimento científico foram mais freqüentemente utilizadas as palavras *gnosiologia* (v. CONHECIMENTO, TEORIA DO) e *metodologia* (v.). [N.A.]

CIÊNCIA, FILOSOFIA DA (in. *Philosophy of science*; fr. *Philosophie de la science*; al. *Wissenschaftsphilosophie*; it. *Filosofia della scienza*). Esse ramo particular da atividade filosófica inclui, no sentido mais lato, a reflexão crítica sobre o conteúdo conceitual, as metodologias e as implicações culturais das várias ciências. Como discurso "metacientífico", a origem da filosofia da C. pode ser buscada nas origens do pensamento ocidental, ainda que a reflexão grega sobre a natureza, os métodos, os objetos, o alcance e o limite de nosso conhecimento do mundo devesse ser mais propriamente considerada nos âmbitos gerais da ontologia, da gnosiologia, da lógica e da metodologia. A filosofia da C., na sua acepção atual, ganha forma com as reflexões filosóficas sobre a revolução científica do século XVII, de que é emblemática a obra de Bacon. Houve quem pensasse em identificar sua data de nascimento na *Apologia pro Tychone contra Ursum* que Kepler escreveu em 1600 (cf. N. JARDINE, *The Birth of History and Philosophy of Science*, 1984), obra sem precedentes por focalizar a atenção ao progresso teórico na história da astronomia e nos meios que possibilitaram tal progresso, obra na qual se delineia um serrado confronto (construído argumentativamente) entre a posição cética em astronomia e uma posição que em grande parte antecipou o atual "realismo científico" – confronto que constituirá o *Leitmotiv* de grande parte da reflexão filosófica sobre a ciência nos séculos seguintes A filosofia da C. registrará em seguida notável progresso, em conjunto com várias formas de institucionalização, em vista das profundas mudanças verificadas em lógica, geometria e física entre os séculos XIX e XX.

O caráter moderno da filosofia da C. foi assim interpretado por um dos mais influentes filósofos do nosso século: "Em períodos anteriores, os filósofos achavam que existia uma metafísica da natureza, um campo de conhecimento mais profundo e mais fundamental do que qualquer ciência empírica; [...] hoje o filósofo da ciência já não acredita na existência de tal metafísica; a velha filosofia da natureza foi substituída pela filosofia da C., e essa filosofia mais recente não se interessa pela descoberta de fatos e de leis (tarefa esta do cientista empírico) nem por uma metafísica relativa ao mundo. Ao contrário, sua atenção está voltada para a própria ciência, para o estudo dos conceitos que esta emprega, para os métodos que usa, para os seus possíveis resultados, para a forma dos seus enunciados, para os tipos de lógica que lhe são aplicáveis" (R. CARNAP, *Philosophical Foundations of Physics*, 1966, trad. it. pp. 233-4). Carnap ressalta aqui alguns aspectos relevantes da reflexão filosófica sobre a ciência: da atividade de aclaramento conceitual à análises lógica das linguagens científicas e das teorias, à descrição (ou prescrição) das propriedades gerais e das formas características da ciência. Mas uma vasta literatura, não tão intransigentemente antimetafísica quanto o programa científico a que Carnap aderia, inclui no âmbito da filosofia da C. também considerações "metafísicas" sobre a adequação da representação científica do mundo e sobre as suas relações com a imagem sensível e comum, além de considerações sobre a atualidade e a praticabilidade (à luz da ciência corrente) de conceitos como "substância" (Alfred North Whitehead), "matéria" e "causalidade" (Bertrand Russell); por fim, inclui considerações éticas sobre as conseqüências das descobertas científicas e do uso da ciência, assim como considerações sobre as "metafísicas influentes", sobre as visões do mundo e sobre os vários pressupostos categoriais que influenciam seu curso.

Após a Segunda Guerra, a filosofia da C. foi-se tornando cada vez mais uma disciplina especializada, a tal ponto que seria mais oportuno falar de "filosofia das C." (uma vez que hoje há a filosofia da física, que muitas vezes se distingue, mesmo nos métodos e em algumas finalidades, da filosofia da biologia, da medicina, ou da psicologia), além de ter enriquecido cada vez mais seu instrumental analítico e argumentativo, que por longo período ficou confinado à análise lógica e formal, com o recurso substancial à história da ciência, à história das idéias, à história e sociologia das comunidades e das instituições científicas, bem como à filosofia da linguagem e à filosofia da mente. Ao mesmo tempo, a filosofia da C. registrou outra mudança importante: progressivamente, foi deixando de configurar-se como simples capítulo da filosofia geral, como uma *aplicação* de técnicas particulares e de uma linguagem filosófica particular às ciências, passando a mostrar-se como um verdadeiro "modelo" autônomo de pesquisa que, por sua vez, teve considerável impacto sobre as partes mais tradicionais da própria filosofia. De fato, acabou por condicionar fortemente a terminologia, a estrutura dos problemas, as categorias conceituais, os padrões de avaliação de muitas outras áreas da filosofia, e em certos casos, como no bem conhecido caso da noção cognitiva de "paradigma" kuhniano, por exemplo, suas incidências foram notáveis no âmbito da cultura humanista (em sociologia, antropologia, historiografia, crítica literária, teoria da arte etc.).

Um aspecto paralelo do fato de impor-se da filosofia da C. como modelo para outras disciplinas foi sua progressiva "profissionalização". Em número crescente, revistas, associações, academias e centros de pesquisa do mundo inteiro promovem estudos filosófico-científicos (e antigas revistas, como *Philosophy of Science* de 1934, *Synthese* de 1936 e *Erkenntnis*, retomada em 1975 depois de um primeiro e breve estágio que foi de 1930 a 1940, dedicam-se cada vez mais exclusivamente aos temas da filosofia da C.). Mesmo as universidades, ao contrário do que acontecia antes da guerra, prevêem hoje, em número crescente, departamentos (sobretudo nos países de língua inglesa), cursos, concursos e programas de pesquisas ministeriais nos quais a filosofia da C. é tratada separadamente de outras disciplinas teóricas.

Entre os assuntos mais tratados pela filosofia da C., podem ser arrolados: indução, confirmação e falsificação empíricas, modelos de explicação-previsão, estrutura das teorias, natureza das leis científicas, transformação e progresso científico, relação entre teoria e observação, problema do realismo científico, revoluções científicas, racionalidade e objetividade da ciência, demarcação entre ciência e pseudociência, reducionismo e unidade da ciência, fundamentos filosóficos da probabilidade, espaço/tempo, mecânica quântica. Nos últimos trinta anos, somaram-se problemas específicos de filosofia da biologia e, ainda mais recentemente, de filosofia da medicina e de filosofia da psicologia (sobretudo em relação aos reflexos filosóficos da *ciência da computação* e da inteligência artificial), bem como problemas "transdisciplinares" relativos ao conhecimento dos chamados fenômenos "complexos".

Na filosofia da C. moderna podemos identificar três tipos de abordagem dos problemas que relacionamos acima: um de tipo *analítico-formal*, um de tipo *histórico-descritivo*, um de tipo *naturalizado*. Ainda que muitas vezes elas se interpenetrem ou se complementem, será instrutivo considerá-las separadamente.

a) A abordagem analítico-formal foi típica de todo o neo-empirismo lógico. Baseia-se numa distinção fundamental feita por Hans Reichenbach entre *contexto da descoberta* e *contexto da justificação* (cf. H. REICHENBACH, *The Rise of Sientific Philosophy*, 1951), segundo a qual a tarefa da filosofia da C. é realizar "reconstruções racionais" de atividades científicas; essas reconstruções devem limitar-se a considerar os resultados finais de tais atividades (depurados de qualquer inconsistência e ambigüidade), independentemente das motivações psicológico-subjetivas ou das condições histórico-sociais que as ocasionaram. A filosofia da C., nesse sentido, cuida apenas do contexto da justificação e da "explicação" dos conceitos nela presentes, da rigorização do discurso científico em geral, através de sua adequada transcrição ou modelização lógico-formal, e da identificação de padrões que permitam justificar uma asserção, uma hipótese ou uma teoria no âmbito da ciência. Tais padrões são obtidos por abstração e generalização a partir de um conhecimento profundo dos procedimentos efetivos com que a ciência mais avançada opera, mas devem tornar-se modelos *normativos* que permitam também avaliar casos novos e, retrospectivamente – ainda que com certa prudência –, casos do passado (a propósito, é útil lembrar que, para o neo-empirisrno lógico, a análise da ciência devia substancialmente "ter em mira uma filosofia do conhecimento do seu tempo": cf. H. REICHENBACH, *Modern Philosophy of Science*, 1959, trad. it., p. 195). O ideal que durante muito tempo animou a filosofia da C. do neo-empirismo lógico foi o de interpretar a ciência como uma estrutura axiomática de tipo euclidiano, em que a avaliação e a justificação pudessem tornar-se questões de mera aplicação da lógica e da probabilidade à evidência empírica (um manual exemplar que apresenta a chamada "imagem adquirida" da filosofia da C. neo-empirista é *Philosophy of Natural Science* de C. G. HEMPEL, 1966). A despeito de o neo-empirismo lógico, como movimento, ser considerado uma experiência filosófica terminada por volta dos anos 1960, e de a "imagem adquirida" codificada de Hempel estar hoje amplamente superada, até mesmo em virtude das progressivas correções feitas pelos próprios neo-empiristas, o tipo de filosofia da C. por ele propugnada não exauriu sua missão (cf. P. PARRINI, *Una filosofia senza dogmi*, 1980). Na verdade, pode ser reduzido a uma intenção mais geral – compartilhada no passado por figuras diferentes entre si, como Aristóteles, Descartes, Leibniz e Kant – de usar *métodos científicos* (no caso do neo-empirismo, a lógica, a lógica aplicada, o cálculo das probabilidades e a análise lingüística e conceitual) para compreender a ciência (a história da "filosofia científica" do século XX é amplamente tratada em J. A. COFFA, *The Semantic Tradition from Kant to Carnap*, 1991).

b) A abordagem histórico-descritiva, encorajada nos anos 1960 sobretudo por Thomas Kuhn (*The Structure of Scientific Revolutions*, 1962) e Paul K. Feyerabend (*Problems of Empiricism*, 1965), entre outros, mas já presente em precedentes respeitáveis (como os de Pierre Duhem ou de Gaston Bachelard, por exemplo), e presente em alguns autores que, embora não historicistas, compartilham com estes a rejeição pelo "logicismo" de cunho neopositivista e uma atitude mais "pragmática" em relação à ciência (Ernest Nagel, Rom Harré), não difere em *estilo* da abordagem analítica, visto que tende a fazer uso sistemático de argumentações e de análises conceituais. Nega, outrossim, que para se ter plena compreensão da ciência seja possível traçar uma distinção útil entre contexto da descoberta e contexto da justificação; enfatiza a *dependência em relação aos contextos* (às preferência e aos valores assumidos por dada comunidade de cientistas em cada período) dos problemas relativos à opção teórica e à demarcação entre boa e má ciência; nega haver um valor normativo intrínseco à filosofia da C.; nega ser possível identificar alguma *unidade* (lingüística, metodológica, ontológica etc.) da ciência (aspectos estes tratados com profundidade por F. SUPPE, *The Structure of Scientific Theories*, 1979). Conseqüentemente, considera que os instrumentos lógicos têm apenas aplicação parcial, e que as reconstruções racionais feitas apenas em bases lógicas e semânticas, sem o suporte de uma reconstrução histórica e genealógica, não podem explicar adequadamente a ciência de fato praticada. Da negação da possibilidade de encontrar critérios epistemológicos supratemporais e de tratar da "racionalidade" científica com abstração de práticas e aplicações locais, segue-se a predileção, típica de toda filosofia da C. de cunho historicista, pelos estudos de caso (*case-studies*) e, sobretudo, de casos que não constituam padrão (eficazmente colhidos segundo o conceito kuhniano de "revolução paradigmática"), considerados exemplares de uma ciência que cresce descontinuamente e sem a injunção de cânones metodológicos absolutos. Tal abordagem levou também a reavaliar os aspectos práticos e experimentais da ciência, freqüentemente negligenciados pela abordagem analítica, na qual era privilegiada a atenção à *linguagem* da ciência, e a exprimir em termos de "razão prática" aquilo que grande parte da filosofia da C., desde Descartes e Kant até o neo-empirismo, expressava como "razão teórica". A discussão do primado da teoria na ciência, quando não de uma *especificidade* teórica da própria ciência, constituiu, em alguns estudiosos, motivo para enfrentar os problemas usando os instrumentos (em sentido estrito) da "antropologia" (cf., p. ex., B. LATOUR, *Science in Action*, 1987) ou da "sociologia" (cf. B. BARNES, *Scientific Knowledge and Sociological Theory*, 1974).

c) A naturalização da filosofia da C. deriva, por conseguinte, da negação de que entre filosofia e ciência haja diferenças que possam ser demarcadas de modo definitivo, e que haja indagações sobre a ciência que pertençam peculiarmente a uma disciplina "fundamental" e "metacientífica" como a filosofia. Alguns metodologistas, como W. V. O. Quine, por exemplo, consideram que as ciências naturais, a matemática e até a lógica pura formam um *continuum* de crenças sobre o mundo. Todas, em conjunto, são indiretamente sustentadas pelos dados da observação, mas todas contêm também elementos de base "racional"; e se isso é verdade, também a filosofia, como conjunto de "verdades de razão", viria a formar uma parte dessa totalidade unificada. Os defensores da naturalização da filosofia da C. afirmam que esta deve produzir conhecimentos do mesmo modo como as ciências os produzem, sem formular problemas que não caibam no âmbito das próprias ciências (como os da justificação *lógica* da indução, ou os derivados da aplicação de uma dúvida metódica de tipo cartesiano). Ronald Giere (*Explaining Science*, 1988), por exemplo, tem em vista uma "teoria cognitiva" da ciência que a explique do mesmo modo como as teorias científicas explicam os fenômenos naturais. A sua teoria é "cognitiva" porque se abebera nos recursos explicativos das ciências cognitivas. Mas existem outros caminhos de naturalização da filosofia da C. e outras disciplinas que parecem poder dispor de um vocabulário suficientemente exaustivo para responder às indagações filosóficas consideradas legítimas em torno da ciência: Quine (*Ontological Relativity and Other Essays*, 1967) considera que a filosofia da C. tem relação de continuidade com uma psicologia de tipo behaviorista; Mary Hesse (cf. M. ARBIB e M. HESSE, *The Construction of Reality*, 1986), com a epistemologia genética piagetiana, com a psicologia cognitiva e com a antropologia; Paul M. Churchland (*A Neurocomputational Perspective*, 1989), com as neurociências; os chamados epistemologistas "evolucionistas" (entre os quais, quanto ao problema do crescimento do conhecimento, também Karl R. Popper), com as teorias darwinianas; os filósofos da "complexidade", com a biologia (pós-darwiniana), com a cosmologia, com a cibernética, com a física quântica. [A.P.]

CIÊNCIA COGNITIVA. V. COGNITIVA, CIÊNCIA.

CIÊNCIA NOVA (it. *Scienza nuova*). Expressão com que G. B. Vico designou a sua principal obra, publicada pela primeira vez em 1725 e, em novas edições, em 1730 e em 1744. O título completo *Princípios de uma ciência nova acerca da natureza comum das nações* expressa a finalidade da obra. Vico propunha-se instaurar uma ciência que tivesse como tarefa o estudo das leis próprias da história humana, do mesmo modo como a C. natural estuda as leis do mundo natural. Vico quer ser o Bacon da história, propondo-se rastrear sua ordem e exprimi-la em leis. As caracterizações fundamentais que ele dá da C. nova são as seguintes (cf. especialmente a C. N. de 1744, I, Do método):

1ª a C. nova é uma "teologia civil e racional da providência divina", isto é, a demonstração da ordem providencial que se vai atualizando na sociedade humana, à medida que o homem se ergue da sua queda e da sua miséria primitiva. Vico opõe essa teologia *civil* (= social) à teologia *física* da tradição, que demonstra a ação providencial de Deus na natureza;

2ª a C. nova é uma "história das idéias humanas sobre a qual parece dever proceder a metafísica da mente humana": é a determinação do desenvolvimento intelectual humano, desde as origens grosseiras até a racionalidade reflexiva. Nesse sentido, também é uma "crítica filosófica que mostra a origem das idéias humanas e a sua sucessão";

3ª a C. nova tende a descrever "*uma história ideal eterna*, sobre a qual transcorram, no tempo, as histórias de todas as nações, nos seus surgimentos, progressos, estados, decadências e fins". Como tal, a C. nova também é uma C. dos princípios da história universal e do direito natural universal;

4ª a C. nova é, além disso, uma "*filosofia da autoridade*", isto é, da *tradição*, pois é da tradição que extrai as provas de fato (ou filológicas) que comprovam a ordem de sucessão das idades da história.

Sobre o conceito de história de Vico, v. HISTÓRIA. [N.A.]

CIÊNCIAS, CLASSIFICAÇÃO DAS (in. *Classification of sciences*; fr. *Classification des sciences*; al. *Klassifikation der Wissenschafte*; it. *Classificazione delle scienze*). Enquanto uma *enciclopédia* (v.) é a tentativa de dar o quadro completo de todas as disciplinas científicas e de fixar de modo definitivo as suas relações de coordenação e subordinação, uma classificação das C. tem só o intuito mais modesto de dividir as C. em dois ou mais grupos, segundo a afinidade de seus objetos ou de seus instrumentos de pesquisa. É óbvio que as enciclopédias das C. também podem ser consideradas simples classificações, mas algumas classificações simples, feitas pelos filósofos do século XIX, foram muito mais eficazes nesse trabalho científico. A mais famosa de todas é a proposta por Ampère, de C. do espírito, ou *noológicas*, e C. da natureza, ou *cosmológicas* (*Essai sur la philosophie des sciences*, 1834). Essa classificação foi amplamente aceita e, às vezes, expressa com outros termos, p. ex., como distinção entre C. *culturais* e C. *naturais* (DU BOIS-REYMOND, *Kulturgeschichte und Naturnissenschaften*, 1878). Para a sua difusão a maior contribuição foi de Dilthey, que, em *Introdução às ciências do espírito* (1883), insistiu na diferença entre as ciências que visam a *conhecer* causalmente o objeto, que permanece externo, isto é, as C. naturais, e as que, ao contrário, visam a *compreender* o objeto (que é o homem) e a revivê-lo intrinsecamente, isto é, as C. do espírito. Windelband, por sua vez, fazia distinção entre C. *nomotéticas*, que procuram descobrir leis e dizem respeito à natureza, e C. *idiográficas*, que têm em mira o indivíduo, em determinação histórica e como objeto a história (*Geschichte und Naturwissenschaften*, 1894, e depois nos *Präludien*). Rickert exprimia a mesma diferença com mais felicidade ao afirmar que as C. da natureza têm caráter *generalizante*, ao passo que as C. do espírito têm caráter *individualizante* (*Die Grenzen der naturwissenschaftlichen Begriffsbildung*, 1896-1902, pp. 236 ss.) (v. HISTORIOGRAFIA).

De outro ponto de vista, Comte distinguira duas espécies de C. naturais: as C. *abstratas* ou gerais, que têm por objeto a descoberta das leis que regem as diferentes classes de fenômenos, e as C. *concretas*, particulares, descritivas, que consistem na aplicação dessas leis à história efetiva dos diferentes seres existentes (*Cours de phil. positive*, 1830, I, II, § 4). Spencer retomava essa distinção e, por sua vez, dividia todas as C. em *abstratas* (lógica formal e matemática), *abstrato-concretas* (mecânica, física, química) e *concretas* (astronomia, mineralogia, geologia, biologia, psicologia, sociologia) (*The Classification of the Sciences*, 1864). E Wundt simplificava essa classificação, reduzindo-a a dois grupos apenas: o das C. *formais* (lógica e matemática) e o das C. *reais* (C. da natureza e do espírito) (*System der Philosophie*, 1889). Pouco diferente desta é a classificação triádica de Ostwald em C. formais, C. físicas e C. biológicas (*Gundriss der Naturphilosophie*, 1908). A distinção entre C. formais e C. reais ainda é amplamente aceita. R. Carnap a repropôs com o fundamento de que as C. formais só conteriam asserções analíticas e as C. reais, ou factuais, conteriam também asserções sintéticas (em *Erkenntniss*, 1934, n. 5; agora em *Readings in the Philosophy of Science*, 1953, pp. 123 ss.). Como nota Carnap, assim interpretada, essa classificação deixa intacta a unidade da C., pois "as C. formais não têm absolutamente objeto: são sistemas de asserções auxiliares sem objeto e sem conteúdo" (*ibid.*, p. 128).

Para explicar estas últimas palavras de Carnap devemos ter em mente que hoje não se pode conferir caráter absoluto ou rigoroso à distinção entre as várias C. As palavras seguintes de Von Mises exprimem bem o ponto de vista mais corrente sobre o assunto: "Qualquer divisão e subdivisão das C. tem apenas importância prática e provisória, não é sistematicamente necessária e definitiva, isto é, depende das situações externas em que se realiza o trabalho científico e da fase atual de desenvolvimento de cada disciplina. Os progressos mais decisivos muitas vezes se originaram do esclarecimento de problemas que se encontram nos limites entre setores até então tratados separadamente" (*Kleines Lehrbuch des Positivismus*, 1939, V, 7). [N.A.]

Por um lado, a crise das posições neo-empiristas e a derrocada do projeto da *Encyclopedia of Unified Science*, com a anulação da dicotomia analítico/sintético à frente, portanto com um abrandamento entre logicismo e historicismo também na reflexão epistemológica, e, por outro lado, a ponte lançada em direção à filosofia analítica pelas correntes fenomenológicas e hermenêuticas, foram fatores que mostraram, progressivamente, a impossibilidade de estabelecer uma divisão nítida das C. Mesmo sem chegar às conclusões "fracas" de um Rorty, que tende a anular a especificidade da própria reflexão filosófica com uma predisposição dialógica geral, hoje está cada vez mais claro em todas as C. o sincretismo dos métodos e a intersecção dos âmbitos, o que não vale apenas para as ciências sociais, como escrevia Habermas na abertura de *Zur Logik der Sozialwissenschaften* (1967). Portanto, a classificação das C. já não pode ocorrer sem que se admita a existência das "duas culturas" (segundo o célebre título de Snow) e que se desça aos aspectos concretos e particulares do sentido e das disciplinas. [M.S.]

CIÊNCIAS SOCIAIS E FILOSOFIA. V. ANTROPOLOGIA CULTURAL; VALOR, ISENÇÃO DE; COLETIVISMO METODOLÓGICO; COMPREENDER; ECONOMIA; FILOSOFIA; INDIVIDUALISMO METODOLÓGICO; HOLISMO; RACIONALIDADE; RELATIVISMO; CIÊNCIAS, CLASSIFICAÇÃO DAS; SOCIOLOGIA; EXPLICAÇÃO; HISTORIOGRAFIA; TEORIA CRÍTICA; TEORIA CIENTÍFICA.

CIENTIFICISMO/CIENTICISMO (in. *Scientism*; fr. *Scientisme*; it. *Scientismo*). 1. Atitude própria de quem se vale dos métodos e dos procedimentos da ciência. Esse é o significado que o termo tem, especialmente em inglês (cf. porém LE DANTEC, *Contre la métaphysique*, 1912, p. 51).

2. Atitude de quem atribui importância preponderante à ciência em comparação com as outras atividades humanas, ou de quem considera que não há limites para a validade e a extensão do conhecimento científico. Nesse sentido o termo equivale a positivismo, mas com uma conotação pejorativa. Bergson diz: "Pedimos apenas à ciência que conti-

nue científica, que não se transforme numa metafísica inconsciente que se apresente então aos ignorantes ou aos semidoutos sob a máscara da ciência. Durante mais de meio século esse C. entulhou o caminho da metafísica" (*La pensée et le mouvant*, 1934, 3ª ed., p. 83). [N.A.]

L. Pareyson, por sua vez, escreve: "O cientista certamente tem o direito incontestável de declarar que o saber científico é o único adequado aos objetos de sua pesquisa, mas não pode estender e absolutizar o saber científico a ponto de pretender que ele seja considerado a única forma de saber possível. Se fizer isso, estará deixando de fazer ciência, porque a proposição 'não há outra forma de saber senão o saber científico' não é uma proposição científica, mas sim uma proposição filosófica [...] Portanto, ele estará fazendo filosofia, mas sem saber, ou seja, faz filosofia acrítica e inconsciente; em resumo, má filosofia" (*Verità e interpretazione*, Mursia, Milão, 1971, p. 196). Afirmando-se no período positivista e entrando em crise com a reação antipositivista do final do século, o C. conheceu uma espécie de revivescência com o neopositivismo, para depois entrar novamente em crise com a *epistemologia pós-positivista* (v.), que pôs em xeque não só a concepção da ciência como única forma válida de saber como também a idéia de superioridade da ciência sobre as outras atividades humanas (v. CIÊNCIA). [G.F.]

CIFRA (al. *Chiffre*; it. *Cifra*). Segundo Jaspers, é "a linguagem da transcendência", isto é, o símbolo mediante o qual o ser transcendente pode estar presente na existência humana sem, contudo, adquirir caracteres objetivos e sem fazer parte da existência subjetiva (*Phil.*, III, p. 137). Uma coisa, uma pessoa, uma doutrina, uma poesia podem valer como símbolos ou C. da transcendência; símbolos e C. são também as *situações-limite* (v. SITUAÇÃO). [N.A.]

CINEMATOGRÁFICO, MECANISMO (fr. *Mécanisme cinématographique*; it. *Meccanismo cinematografico*). Foi assim que Bergson denominou o procedimento do pensamento em face do movimento: o pensamento faria "instantâneos" imóveis do movimento, aos quais acrescentaria um movimento artificial externo. Esse procedimento seria a base da "ilusão mecanicista" (*Évol. créatr.*, cap. IV). [N.A.]

CINISMO (in. *Cynicism*; fr. *Cynisme*; al. *Cynismus*; it. *Filosofia cinica*). Doutrina de uma das escolas socráticas, mais precisamente da que foi criada por Antístenes de Atenas (séc. IV a.C.) no Ginásio Cinosargos. É provável que o nome da doutrina derive do nome do Ginásio, ou então, como dizem outros, do seu ideal de vida nos moldes da simplicidade (e do descaramento) da vida canina. A tese fundamental do cinismo é que o único fim do homem é a felicidade e a felicidade consiste na virtude. Fora da virtude não existem bens, de modo que foi característica dos cínicos o desprezo pela comodidade, pelas riquezas, pelos prazeres, bem como o mais radical desprezo pelas convenções humanas e, em geral, por tudo o que afasta o homem da simplicidade natural de que os animais dão exemplo. A palavra "cinismo" permaneceu na linguagem comum para designar um certo descaramento. [N.A.]

CÍRCULO (gr. κύκλος, διάλληλος λόγος; lat. *Circulus*; in. *Circle*; fr. *Cercle*; al. *Zirkelbeweiss*; it. *Circolo*). Segundo Aristóteles a demonstração em círculo ou recíproca consiste em deduzir da conclusão e de uma das duas premissas de um silogismo (esta última assumida na relação de predicação inversa) a outra conclusão do próprio silogismo (*An. pr.*, II, 5, 57 b ss.). Aristóteles admite a plena validade desse procedimento e estabelece seus limites e suas condições a propósito de cada figura do silogismo. Portanto, nada tem a ver com o "C. vicioso" ou "petição de princípio", que ele enumera entre os sofismas *extra dictionem* (que não dependem da expressão lingüística) e que consiste em assumir como premissa a proposição que se quer provar (*El. sof.*, 5, 167 a 36).

Somente os céticos identificaram ambas as coisas e julgaram que todo silogismo não só é um C., ou seja, uma demonstração recíproca, como também é um C. *vicioso*, uma petição de princípio. Nesse sentido usaram a palavra *dialelo* e o incluíram entre os *tropos*, ou seja, entre os modos de suspender o juízo. Sexto Empírico atribui este tropo àqueles que ele chama de "céticos mais recentes", isto é, os seguidores de Agripa: "Existe dialelo quando aquilo que deve ser confirmação da coisa procurada precisa ser encontrado pela coisa procurada" (*Pirr. hyp.*, I, 169; cf. DIÓG. L., IX, 89). Por sua vez, Sexto Empírico acredita que todo silogismo é um dialelo porque nele a premissa maior, por exemplo, "Todos os homens são mortais", pressupõe a conclusão "Sócrates é mortal" (*Pirr. hyp.*, II, 195 ss.). Essa crítica negligencia um ponto capital da lógica de Aristóteles, isto é, que as premissas do silogismo não são estabelecidas por indução, mas exprimem a causa ou a substância necessária das coisas. Por exemplo, quando se diz "Todos os homens são mortais", não se exprime a observação de que Fulano, Beltrano e Sicrano são mortais, mas sim um caráter que pertence à substância ou essência necessária do homem e por isso é a causa ou razão de ser da conclusão.

Em geral, o C. é considerado sinal da incapacidade de demonstrar. Hegel observou, porém, que "a filosofia forma um C." porque, em cada uma de suas partes, deve partir de algo não demonstrado, que é por sua vez o resultado de alguma outra de suas partes (*Fil. do dir.*, § 2, Zusatz). Por sua vez, Rosmini (*Logica*, 1854, p. 274 n) falou de um "C. sólido", pelo qual o conhecimento da parte supõe o do todo, e vice-versa. E Gentile, remontando a tais exemplos, disse que o dialelo ou C., da forma como Empírico o mostrou no silogismo, é a característica própria do "pensamento pensado", isto é, do pensamento como objeto de si mesmo. "Esse dialelo", diz ele, "que foi sempre o pesadelo do pensamento, será – aliás é – a morte do pensamento pensante; mas é a vida, a própria lei fundamental do pensamento pensado, sem o qual é impossível conceber o pensamento pensante" (*Log.*, I, parte II, VI, § 3). [N.A.]

CÍRCULO DE VIENA (in. *Vienna Circle*; fr. *Cercle de Vienne*; al. *Wiener Kreis*; it. *Circolo di Vienna*). Tem esse nome o grupo de filósofos e cientistas que se reuniu em torno de Moritz Schlick, professor da Universidade de Viena, nos anos que vão de 1929 a 1937; grupo que compreendia, entre outros, Kurt Gödel, Philip Franc, Friedrich Waissmann, Otto Neurath e Rudolf Carnap. Ao C. de Viena vinculava-se o grupo de Berlim, em torno de Hans Reichenbach e Richard von Mises. A revista *Erkenntniss*, publicada de 1930 a 1937 e dirigida por Carnap e Reichenbach, foi o órgão dessa corrente. Quando o grupo se dissolveu, com o início das perseguições raciais (1938), seus membros foram quase todos para os Estados Unidos, onde continuaram em atividade profícua. Um dos inspiradores do C. de Viena foi Wittgenstein. Para as idéias defendidas pelo C. de Viena, cuja diretriz foi antimetafísica e empirista, v. EMPIRISMO LÓGICO. [N.A.]

CÍRCULO HERMENÊUTICO (in. *Hermeneutical circle*; fr. *Circle herméneutique*; al. *Hermeneutischer Zirkel, Zirkel des Verstehens*; it. *Circolo ermeneutico*). l. Situação circular em virtude da qual, no processo interpretativo, o que se deve compreender já está, de algum modo, preliminarmente compreendido. Presente na tradição retórica e hermenêutica – na qual aludia ao princípio segundo o qual o entendimento de cada parte de um texto implica a prévia compreensão do todo no qual essas partes se situam –, o C. hermenêutico foi filosoficamente identificado e discutido por Heidegger no famoso parágrafo 32 de *Ser e tempo*. Indo além do significado metodológico tradicional (e das restrições de Dilthey), Heidegger chegou a perceber, no *Zirkel des Verstehens*, a estrutura ontológica da compreensão, que, não podendo reportar-se ao existente sem pressupostos, ou seja, sem alguma antecipação de sentido, parte de uma serie de compreensões prévias ou de prejulgamentos constituídos "pelas convicções ordinárias dos homens e do mundo em que vivem" (trad. it., Utet, Turim, 1969, p. 249). Segundo Heidegger (e nisso reside a segunda novidade da sua formulação), tal C. não constitui um "limite" da compreensão, ou mesmo uma espécie de *impasse* por evitar, mas a própria condição, heuristicamente eficaz, de todo possível acesso ao mundo e aos entes por interpretar: "O C. não deve ser degradado a círculo vicioso nem considerado um inconveniente ineliminável. Nele se esconde uma possibilidade positiva do conhecimento mais originário [...]" (*ibid.*, p. 250). Em outros termos, visto que, em virtude do C., nada é dado como imediato, mas tudo se encontra inserido num aparato de conceitos prévios que funcionam como *Vorstruktur*, ou seja, de pressupostos indispensáveis de todo esforço cognitivo, segue-se que o problema do intérprete não é suspender seu horizonte avaliativo e sair do C. (empresa ademais impossível), mas sim o de "ficar dentro dele da maneira justa", sabendo que a interpretação não passa de desenvolvimento necessário da pré-compreensão, ou seja, um avanço da compreensão implícita à explícita (e vice-versa).

2. Segundo Gadamer, que retomou e desenvolveu o discurso heideggeriano, o C. hermenêutico não comporta o fechamento do intérprete em si mesmo, mas sua abertura programática para a *alteridade* do texto. De fato, em vez de permanecer envolto na teia subjetiva das suas pré-compreensões (e em vez de fazer do texto uma espécie de "pretexto"), o *interpretans*, diante do choque (*Anstoβ*) que irrompe do encontro com o *interpretandum*, é obrigado pôr à prova a legitimidade dos seus prejulgamentos: "Quem quiser entender um texto precisará estar disposto a deixar que ele lhe diga algo. Por isso uma consciência hermeneuticamente educada deve ser preliminarmente sensível à alteridade do texto. Tal sensibilidade não pressupõe 'neutralidade' objetiva nem esquecimento de si mesmo, mas implica uma conscientização precisa das suas próprias pré-suposições e dos seus próprios prejulgamentos" (*Verità e metodo*, 1960, trad. it., Bompiani, Milão, 1983, p. 316). Subentendendo a impossibilidade de um ponto de vista absoluto do qual se possa olhar o mundo e evidenciando cor .o a própria compreensão histórica é um evento historicamente condicionado, ou seja, algo que ocorre no tempo e a partir do tempo, a teoria do C. hermenêutico representa uma evidente confirmação do caráter histórico-finito da razão humana, a qual, como demonstram os "prejulgamentos" que a habitam, não é uma entidade autocriadora, mas um projeto lançado que se encontra a existir em determinado horizonte histórico-social (v. PERTENÇA; APLICAÇÃO; CONSCIÊNCIA DA DETERMINAÇÃO HISTÓRICA; INTERPRETAÇÃO; DISTÂNCIA TEMPORAL; HORI-

ZONTES, FUSÃO DOS; PREJULGAMENTO; VERDADE; WIRKUNGSGESCHICHTE). [G.F.]

CIRENAÍSMO (it. *Cirenaismo*). Filosofia dos cirenaicos, uma das escolas socráticas, mais precisamente a fundada por Aristipo de Cirene (séc. VI a.C.), da qual fizeram parte Teodoro, o Ateu, Hegédias, o Advogado da Morte, e outros. O interesse dos cirenaicos, assim como o dos cínicos, era predominantemente moral. Colocavam o critério da verdade na sensação e o critério do bem no prazer. A finalidade do homem é o prazer, não sendo a felicidade mais do que "o sistema dos prazeres" passados, presentes e futuros. A conclusão dessa atitude é o conselho de pensar no dia de hoje, aliás, no instante em que cada um atua ou pensa, dada a incerteza radical do futuro. Hegésias extraía conseqüências pessimistas desse ponto de vista, afirmando que, para o sábio, a vida é indiferente. Cf. as fontes recolhidas em G. GIANNANTONI, *I Cirenaici*, Florença, 1958. [N.A.]

CIVILIZAÇÃO (in. *Civilization*; fr. *Civilisation*; al. *Zivilisation*; it. *Civiltà*). No uso comum, esse termo designa as formas mais elevadas da vida de um povo, isto é, a religião, a arte, a ciência etc., consideradas como indicadores do grau de formação humana ou espiritual alcançada pelo povo. Como subordem, fala-se de "C. da técnica", em cuja expressão a especificação implica que não se trata da "C." sem adjetivos. Está claro que essa noção se baseia na preferência atribuída a certos valores. Em primeiro lugar, privilegiam-se certas formas de atividade ou de experiência humana; em segundo lugar, privilegiam-se os grupos humanos nos quais tais formas de experiência e de atividade são mais favorecidas. Assim, não há dúvida de que, do ponto de vista da noção acima exposta, a única e verdadeira forma de C. é a do Ocidente cristão, pois foi só entre os povos do Ocidente cristão que a religião, a arte e o "saber desinteressado" da ciência gozaram de maior favorecimento, com exceção de períodos relativamente breves.

O historicismo relativista e, em particular, a obra de Spengler abalaram o complexo de certezas em que essa noção se apoiava. Spengler, embora tenha visto na civilização a forma mais elevada e madura de determinada cultura, viu também nela o princípio do seu fim, e mostrou que não há uma cultura só, e que todas nascem, crescem e morrem como organismos vivos. À sua obra deve-se a generalização do conceito de cultura e, portanto, também de C., que seria determinada fase da própria cultura. Com isso, a noção de C. baseada em certa hierarquia de valores entrou em crise. Começou-se a usar a palavra C. no plural. É o que faz, por exemplo, Toynbee, que a contrapôs a "sociedade primitiva", para indicar as sociedades que constituíram ou constituem mundos culturais relativamente autônomos. Toynbee enumera diferenças puramente extrínsecas entre C. e sociedade primitivas. O número das C. conhecidas é pequeno; Toynbee enumera 21. O número de sociedades primitivas conhecidas é grande; em 1915 L. T. Hobhouse e outros enumeraram 650. As sociedades primitivas são restritas quanto ao número dos seus membros e à extensão geográfica e têm vida breve, muitas vezes violentamente truncada. As C., ao contrário, são grandes e duradouras; para resumir, as duas espécies estão entre si como os elefantes estão para os coelhos (TOYNBEE, *Study of History*, I, C, III, a).

Na realidade, a palavra C., assim como a palavra cultura, deve ser ainda mais generalizada em seu significado; e, assim como a cultura foi definida como um "sistema historicamente derivado de projetos de vida explícitos e implícitos, que tendem a ser partilhados por todos os membros de um grupo ou por aqueles especialmente qualificados" (R. LINTON, *The Science of Man*, Nova York, 1952, 7ª ed., p. 98), também a C. deve ser definida como o aspecto tecnológico-simbólico de determinada cultura. Nesse sentido genérico, os dois termos, C. e cultura, podem ser aplicados aos povos e aos grupos humanos mais díspares. A C. constitui, como se pode dizer, o *arsenal*, isto é, o conjunto dos instrumentos de que uma cultura dispõe para conservar-se, enfrentar os imprevistos de situações novas e perigosas, superar a crise, renovar-se e progredir. Se uma cultura pode ser entendida (segundo o esquema de Toynbee) como a "resposta" dada por um grupo de homens ao "desafio" representado pelas condições da realidade biológica física e social em que se encontram, pode-se dizer que uma "C." é o conjunto de armas que uma cultura forja para enfrentar o "desafio". Essas armas são constituídas, em primeiro lugar, pelas *técnicas*, desde o mais simples e elementar trabalho manual até as formas mais complexas das ciências e das artes; e, em segundo lugar, pelas *formas simbólicas*, isto é, pelo conhecimento, pela arte, pela moralidade, pela religião, pela filosofia etc., que condicionam e ao mesmo tempo são condicionadas por essas técnicas. O entrelaçamento e a combinação das técnicas e formas simbólicas (ou espirituais) que, por sua vez, podem ser consideradas *outras* técnicas, constitui a base das instituições econômicas, jurídicas, políticas, religiosas, educacionais etc., nas quais comumente se pensa quando se fala de C. Na realidade, o uso científico (isto é, objetivo e neutro) dessa palavra (uso indispensável para o estudo e a compreensão de tantas C. díspares de que temos memória histórica e das tantas e diferentes fases que cada uma delas atravessou e atravessa) exige que estejam incluídas no conceito de C. só as características gerais e formais dos instrumentos que ele designa, prescindindo de qualquer referência a um sistema de valores (como poderiam ser os da C. cristã ou ocidental e da C. islâmica etc.). É preciso, então, em primeiro lugar, não perder de vista a *eficiência das armas* que uma C. põe à disposição da cultura a que pertence, em vista da sua conservação e do seu progresso. E é claro que, em face das mudanças incessantes nas condições que uma cultura deve enfrentar e em face da imprevisibilidade dessas mudanças, as *possibilidades de sucesso* dos instrumentos técnico-simbólicos, que constituem determinada civilização ou uma de suas fases, não dependem da configuração particular que assumiram nessa fase (ainda que essa configuração tenha permitido grande êxito), mas sim de sua capacidade de autocorreção, isto é, da sua capacidade de adaptação a circunstâncias sempre novas e variáveis. Isso significa que as possibilidades de sucesso de tais instrumentos dependem essencialmente das regras metodológicas que prescrevem e dirigem sua adaptação a circunstâncias ou a fatos diversos e díspares, permitindo, cada vez, estruturá-los de modo oportuno em vista de tais circunstâncias ou fatos, de tal forma que sua eficácia permaneça e aumente. Desse ponto de vista, a presença ativa e atuante, em todos os campos, da metodologia da pesquisa científica – no sentido mais lato, *que inclui a consciência das limitações ou das insuficiências dessa metodologia em cada fase histórica* – é o índice objetivo que mede o grau de C., isto é, o poder do arsenal de que uma cultura dispõe para a sua própria conservação e o seu progresso (v. CULTURA). [N.A.]

CLAREIRA. V. LICHTUNG.

CLAREZA e DISTINÇÃO (in. *Clearness and distinctness*; fr. *Clarté et distinction*; al. *Klarheit und Deutlichkeit*; it. *Chiarezza e distinzione*). Os dois graus da evidência, no sentido subjetivo em que foi entendida a partir de Descartes. Descartes diz: "Chamo de clara a percepção presente e manifesta ao espírito de quem lhe presta atenção, assim como dizemos que são claras as coisas que temos diante do olho que as olha." Chama-se, porém, distinta a percepção que, "sendo clara, é tão desligada e separada de todas as outras que não contém absolutamente em si nada além do que é claro" (*Princ. phil.*, I, 45). Essa distinção cartesiana não é muito precisa, ao menos no que se refere ao conceito de distinção; Locke, que a reproduz, não a torna mais precisa (*Ensaio*, II, 29, § 4). Mas Leibniz tornou-a mais precisa, ao considerar *clara* a noção que permite discernir a coisa representada e *obscura* a que não o permite, como quando nos lembramos de uma flor ou de um animal que vimos, mas não o suficiente para distingui-lo dos outros e para reconhecê-los. A distinção é um grau muito superior de evidência e, além do mais, um grau que pertence especificamente à evidência racional. Com efeito, uma noção é *confusa* quando não permite que se distingam suas notas constitutivas; por exemplo, os odores, os sabores, as cores, embora possam ser claramente reconhecidos, não podem ser descritos e definidos com base em seus traços constitutivos; tanto é verdade que não podemos explicar o que é uma cor a um cego. Ao contrário, as noções *distintas* são aquelas para cujos traços podemos ter a definição nominal, isto é, a enumeração das suas notas suficientes. Assim, o conhecimento que um químico tem do ouro é distinto. O conhecimento distinto é indefinível só quando vem antes, ou seja, não é derivável dos outros (*Op.*, ed. Erdmann, p. 79). A distinção assim estabelecida por Leibniz é muito importante porque é a própria distinção entre o conhecimento sensível e o conhecimento racional. O conhecimento sensível pode chegar à C., mas é sempre confuso; o conhecimento racional é o conhecimento distinto. A filosofia alemã, de Leibniz a Kant, conservou essa distinção, e o próprio Kant a aceita, embora não a julgue suficiente para estabelecer a diferença entre o conhecimento sensível e o conhecimento racional. Diz ele: "A consciência das próprias representações, quando basta para diferenciar um objeto dos outros, chama-se *clareza*. Aquela pela qual se esclarece a composição das representações chama-se *distinção*. Só esta última pode fazer que uma soma de representações se torne um *conhecimento* no qual seja pensada a ordem da multiplicidade" (*Antr.*, I, § 6).

Essa doutrina da diferença entre C. e distinção como graus da evidência não conservou a mesma importância na filosofia contemporânea, que retornou ao antigo conceito objetivista da evidência. Todavia, Husserl ainda utiliza o conceito de C. para definir a consciência à qual o objeto é dado "puramente em si mesmo, exatamente como é em si mesmo. [...] No caso da plena obscuridade, pólo oposto da plena C., nada chegou a ser dado, e a consciência é obscura, não mais vidente nem oferente em sentido próprio" (*Ideen*, I, § 67). [N.A.]

CLASSE[1] (in. *Class*; fr. *Classe*; al. *Klasse*; it. *Classe*). Em sentido sociológico, corresponde ao que os antigos chamavam de "parte da cidade" e designa um grupo de cidadãos definido pela natureza da função que exercem na vida social e pela parcela de vantagens que extraem de tal função. Platão admitia três C., ou melhor, três partes da sua cidade ideal: a dos governantes ou filósofos, a dos guerreiros e a dos agricultores e artífices; confiava à primeira a tarefa de distribuir os indivíduos entre as classes (*Rep.*, III, 412 b ss.). Aristóteles enumera oito C.: agricultores, operários mecânicos, comerciantes, servos agrícolas, guerreiros, juízes, ricos e magistrados (*Pol.*, IV, 4, 1290 b 37). Mas, levando-se em conta o que ele diz sobre o trabalho manual (v. BANAUSIA), pode-se afirmar que, na realidade, para Aristóteles as C. são duas, além da classe dos escravos, que constituem os "instrumentos animados" (v. ESCRAVIDÃO), ou seja: os que são forçados ao trabalho manual e os que se libertaram de tal necessidade. "A melhor constituição", diz Aristóteles, "jamais admitirá no rol dos cidadãos um operário mecânico. Mas se este já é cidadão, então deveremos atribuir as virtudes de cidadão não a todos indistintamente, como se bastasse a condição de homem livre, mas só aos que não estão forçados aos trabalhos necessários à vida cotidiana" (*ibid.*, III, 5, 1278 a 8).

A noção de C. ficou muito acentuada no século XVIII, por obra da Revolução Francesa e de todo o movimento cultural que a promoveu e a acompanhou. Em filosofia, porém, ela só ganha destaque graças a Hegel, que considerava a divisão das C. como um ajustamento necessário da sociedade civil, devido a bens privados, ou seja, ao capital, à aptidão dos indivíduos que, em parte, é condicionada pelo capital, a circunstâncias contingentes devidas à diversidade das disposições e das necessidades físicas e espirituais (*Fil. do dir.*, § 200). Hegel atribuiu às C. a função mediadora entre o governo e o povo; sua determinação exige nelas tanto o sentido e o sentimento de Estado e governo, quanto o dos interesses dos grupos particulares e dos indivíduos (*ibid.*, § 302). O conceito de C., assim elaborado por Hegel, foi usado por Marx como fundamento da sua doutrina da luta de classes. Na verdade, os economistas ingleses Malthus e Ricardo já tinham reconhecido a possibilidade de oposições entre as C., como conseqüência do funcionamento das leis econômicas. Desses economistas, Marx aceita o conceito do fundamento econômico da luta de C. e, de Hegel, o caráter necessário (isto é, historicamente necessário, para qualquer sociedade não comunista) da divisão em classes. Numa carta de 1852, resumia seu pensamento da seguinte forma: "1º A existência das C. está simplesmente ligada a determinadas fases históricas do desenvolvimento produtivo; 2º a luta de classes conduz inevitavelmente à ditadura do proletariado; 3º essa ditadura não constitui senão a passagem para a abolição de todas as C. e para a sociedade sem classes" (*Marx-Engels Correspondence*, p. 57). Para Marx, a C. tem aquela espécie de unidade substancial sólida que Hegel atribuía ao espírito de um povo (*Volksgeist*), isto é, ela age na história como uma unidade e subordina o indivíduo, que conta apenas como membro da sua C., da qual derivam seus modos de pensar e de viver, seus sentimentos e suas ilusões.

Essa rigidez do conceito de C. foi mantida pela ideologia comunista e, mais que um conceito científico, é um instrumento de luta política. Trata-se de um conceito que foi, por sua vez, condicionado por uma situação histórica particular: a fase de formação do industrialismo, que parece dividir a humanidade em duas C. hostis, entre as quais o conflito é inevitável: a dos capitalistas, ou seja, dos proprietários dos meios de produção, e a dos proletários, obrigados a vender aos primeiros sua força de trabalho. As análises contemporâneas mostraram uma estrutura mais complexa e elástica da classe. Dahrendorf, por exemplo, definiu as C. com base nas relações de autoridade, e não nas de trabalho; desse ponto de vista, as C. não são exclusiva nem predominantemente agrupamentos econômicos, mas sim estratificações sociais que, por sua vez, podem conter uma pluralidade de estratos. "Cada vez mais, as relações sociais da indústria, inclusive os conflitos de trabalho, deixam de dominar a sociedade como um todo, para ficarem confinadas na esfera industrial, com suas formas e seus problemas. Na sociedade pós-capitalista, indústrias e conflitos de trabalho estão institucionalmente isolados, ou seja, confinados nos limites de seu próprio reino e não exercem influência sobre as outras esferas da sociedade" (*Class and Class Conflict in Industrial Society*, Londres, 1959, p. 268). O sociólogo polonês Stanislav Ossowski identificou a existência de estratificações sociais mesmo nas sociedades comunistas: "Estamos bem distantes das C. concebidas como grupos que nascem das organizações de C. espontaneamente criadas. Em situações em que as autoridades políticas podem, aberta e efetivamente, mudar a estrutura de C., em que os privilégios, essencialíssimos para a definição do *status* social, inclusive no que se refere a uma porcentagem maior da renda nacional, são conferidos por decisão das autoridades políticas, em que grande parte ou mesmo a maioria da população está incluída num tipo de estratificação que pode ser encontrado em hierarquias burocráticas, o conceito oitocentista de C. passa a ser mais ou menos anacrônico, e os conflitos de C. dão lugar a outras formas de antagonismo social" (*Class Structure in the Social Consciousness*, Londres, 1963, p. 184). Desse ponto de vista, o conceito de C. não está mais ancorado exclusivamente na propriedade dos meios de produção e deve rever os elementos fundamentais da complexa organização que pode diferir, como de fato difere, de uma sociedade para outra e de um momento histórico para outro (cf. T. B. BOTTOMORE, *Classes in Modern Society*, Londres, 1965). [N.A.]

CLASSE[2] (in. *Class*; fr. *Classe*; al. *Klasse*; it. *Classe*). Embora o conceito de "C." já estivesse presente no pensamento lógico medieval, esse termo só começou a ser usado no século XIX, sobretudo por obra dos lógicos ingleses, como Hamilton, Jevons, Venn etc., preocupados com o problema da *quantificação* da Lógica. Pode-se definir uma classe enumerando os membros que a compõem (definição *extensiva*) ou indicando a propriedade comum de todos os seus membros (definição *intensiva*), como quando se fala do "gênero humano" ou dos "habitantes de Londres". Russell considerou fundamental a definição intensiva porque a extensiva pode ser reduzida a ela, sem que ocorra o inverso. Portanto, reduziu a C. a uma *função proposicional* (v.), ou seja, a um predicado ou a um atributo. Nesse sentido, usou o conceito dos *Principia Mathematica* (cf. também *Introduction to Mathematical Philosophy*, 1919, cap. XVII). Quanto às relações entre o conceito de C. e o de *conjunto*, ver este último termo. [N.A.]

CLASSE, CONSCIÊNCIA DE (in. *Consciousness of class*; fr. *Conscience de classe*; al. *Klassenbewusstsein*; it. *Coscienza di classe*). Esse foi um conceito em que Hegel insistiu; segundo ele, o fato de um indivíduo pertencer a uma classe é determinado não só pelas circunstâncias objetivas, mas também pela vontade do indivíduo, de tal modo que o fato de pertencer a essa classe "pela consciência subjetiva tem o aspecto de ser obra da própria vontade" (*Fil. do dir.*, § 206). Hegel acrescenta que, para o homem, "ser alguma coisa" significa "pertencer a uma classe determinada", porque o homem sem classe seria um simples indivíduo isolado e não participaria da universalidade real própria da classe. Portanto, para o indivíduo, reconhecer-se como pertencente a uma classe não é uma degradação, mas a admissão de sua "realidade e objetividade ética", ou seja, o reconhecimento da unidade, realizada no indivíduo, entre universalidade e particularidade (*ibid.*, § 207 e Zusatz). Para Marx, esse conceito tinha bem menos importância, pois tudo o que é "consciência" pertence à *superestrutura* (v.), que é determinada pelas relações de trabalho e produção. Contudo, Marx afirmou que, se entre os indivíduos "houver apenas contato local, se a identidade de seus interesses não os levar a criar uma comunidade, uma associação nacional, uma organização política, eles não constituirão uma classe" (*Der 18 Brumaire des Louis Bonaparte*, nova ed., 1946, p. 104). Esse conceito foi posto em primeiro plano na interpretação do marxismo feita por Gyorgy Lukács, no livro *História e consciência de classe* (1922), que atribui à consciência de C. o título de sujeito da história, ou seja, de princípio ou força que faz a história. Segundo Lukács, a consciência de C. autêntica é "a realização racional e adequada que deve ser *adjudicada* a uma situação típica, no processo de produção". Por isso, distingue-se da *falsa* consciência, que é uma reação inadequada a tal situação, que ignora suas contradições. A consciência de C. é o ponto de partida da vocação de uma C. para o domínio, ou seja, para a organização de uma sociedade conforme com os seus interesses (*Histoire et conscience de classe*, 1960, pp. 72 ss.). A consciência de C. identifica-se com a "compreensão total da história", na qual se funda a possibilidade real de evolução da própria história em direção a uma sociedade nova. Rejeitada pelo marxismo oficial, que a acusava de "idealismo", essa doutrina continua sendo discutida pelo pensamento marxista ocidental. Mas, com a crise que o conceito de C. sofreu nos estudos sociológicos contemporâneos (v. CLASSE), a consciência de C., considerada como "consciência das contradições entre interesses econômicos e sociais opostos", é entendida apenas como um dos muitos elementos que compõem a noção de C. (cf., p. ex., TOURAINE, *La société post-industrielle*, 1969). [N.A.]

CLASSE ELEITA. V. ELITE.

CLÁSSICO (lat. *Classicus*; in. *Classic*; fr. *Classique*; al. *Klassische*; it. *Classico*). No latim tardio, esse adjetivo designava o que é excelente em sua classe ou o que pertence a uma classe excelente (especialmente à classe militar). Aulo Gélio (*Noct. Att.*, XIX, 8, 15) contrapunha o escritor C. ao escritor "proletário" (*proletarius*). Mas a difusão dessa palavra para designar um modo ou estilo excelente – e próprio dos antigos –, na arte e na vida, é devida ao romantismo, que gostava de definir-se e entender-se sempre em relação ao "classicismo". Segundo Hegel, o caráter clássico é definido como a união total do conteúdo ideal com a forma sensível. O ideal da arte encontra na arte C. a sua realização perfeita: a forma sensível foi transfigurada, subtraída à finitude, e inteiramente conformada à infinitude do Conceito, isto é, do Espírito Autoconsciente. E isso acontece porque, na arte C., a Idéia infinita encontrou a forma ideal em que exprimir-se, isto é, a figura humana. Todavia, o defeito da arte C. é o de ser arte, arte na sua completude, nada mais. Em face dela, a arte romântico-cristã está em nível superior, pois nela a unidade da natureza divina com a natureza humana (do infinito e do finito) torna-se autoconsciente e, por isso, não se exprime mais de forma externa, mas sua expressão é interiorizada e espiritualizada. Na arte romântica, a beleza já não é física e exterior, mas puramente espiritual, porque é a beleza da interioridade como tal, da subjetividade infinita em si mesma (*Vorlesungen über die Ästhe-*

tik, ed. Glockner, II, pp. 109 ss.). Dessas idéias de Hegel, repetidas de forma pouco diferente por numerosos escritores do período romântico, nasceu o ideal convencional do classicismo como medida, equilíbrio, serenidade e harmonia, contra o qual a distinção de Nietzsche entre espírito apolíneo e espírito dionisíaco (v. APOLÍNEO) representou a primeira reação. Cf. os artigos de Tatarkiewicz e outros na *Revue Internationale de Philosophie*, 1958, 1 (n. 43). [N.A.]

CLASSIFICAÇÃO (in. *Classification*; fr. *Classification*; al. *Klassification*; it. *Classificazione*). Operação de repartir um conjunto de objetos (quaisquer que sejam) em classes coordenadas ou subordinadas, utilizando critérios oportunamente escolhidos. Como o conceito de classe é generalíssimo e compreende todo e qualquer conceito sob o aspecto da extensão, a operação de C. é igualmente generalíssima e pode compreender qualquer procedimento de divisão, distinção, ordenação, coordenação, hierarquização etc. Por esse caráter generalíssimo que o torna pouco individualizável, já não recebe dos lógicos contemporâneos a atenção que recebia dos lógicos do século XIX (cf., p. ex., STUART MILL, *Logic*, I, 7; IV, 7). [N.A.]

CLASSIFICAÇÃO DAS CIÊNCIAS. V. CIÊNCIAS, CLASSIFICAÇÃO DAS.

CLASSIFICAÇÃO DOS JUÍZOS. V. JUÍZOS, CLASSIFICAÇÃO DOS.

CLAVIS AUREA. Assim se chamou o método de interpretação das Sagradas Escrituras defendido por Flacius e pelos outros autores das *Centúrias de Magdeburgo* (1559-73), método que consistia principalmente em explicar cada trecho isolado através sentido total da Escritura. [N.A.]

CLAVIS UNIVERSALIS. Esse termo foi usado entre os séculos XVI e XVII para indicar a técnica de memória e invenção, cujo precedente mais ilustre é a *Ars magna* de Lúlio, e a sua conseqüência mais importante em *Característica universal* de Leibniz (cf. PAOLO ROSSI, *Clavis universalis*, 1960) (v. CARACTERÍSTICA; COMBINATÓRIA, ARTE; MNEMÔNICA, MNEMOTÉCNICA). [N.A.]

CLINAMEN. V. DECLINAÇÃO.

CÓDIGO – MENSAGEM. V. COMUNICAÇÃO; MENSAGEM.

COERÊNCIA (in. *Coherence*; fr. *Cohérence*; al. *Zusammenhang*; it. *Coerenza*). 1. Ordem, conexão, harmonia de um sistema de conhecimento. Nesse sentido, Kant atribuía aos conhecimentos *a priori* a função de dar ordem e C. às representações sensíveis (*Crít. R. Pura*, Intr., § 1). Nesse sentido, a C. foi assumida por alguns idealistas ingleses como critério da verdade. Segundo Bradley, por exemplo, a realidade é uma Consciência absoluta que abarca, na forma de C. harmoniosa, toda a multiplicidade dispersa e contraditória da aparência sensível (*Appearance and Reality*, 2ª ed., 1902, pp. 143 ss.). A C., nesse sentido, é muito mais do que a simples *compatibilidade* (v.) entre os elementos de um sistema: implica, com efeito, não só a ausência de contradição, mas a presença de conexões positivas que estabeleçam harmonia entre os elementos do sistema. Nessa acepção, esse termo não tem significado lógico.

2. O mesmo que compatibilidade. Esse significado é assumido com freqüência por esse termo em italiano e francês, pois nessas línguas o termo compatibilidade não se presta a exprimir o caráter do sistema desprovido de contradição, mas designa o caráter de não-contradição recíproca dos enunciados. [N.A.]

Uma vertente do neopositivismo propõe, de forma bem mais rigorosa do que alguns clássicos da filosofia tradicional (Locke, Espinosa, os idealistas), a idéia de verdade como C.: a ela pertencem Neurath, Hempel, Carnap em sua segunda fase e toda a epistemologia inspirada no *holismo* (v.). Neurath escreve: "Na ciência unificada é empregada para construir um 'sistema isento de contradições' formado por proposições protocolares e proposições não protocolares (compreendidas as leis científicas). Quando se apresenta uma nova proposição, nós a confrontamos com o sistema de que dispomos e verificamos se a nova proposição está ou não em contradição com aquele sistema. Caso a nova proposição se mostre contraditória em relação ao sistema, há duas alternativas: eliminar a proposição, porquanto não pode ser utilizada ('falsa'), ou 'aceitar' a proposição e, portanto, modificar o sistema de tal modo que, acrescido dessa proposição, ele continue coerente" (*Protokollsätze*, 1932-33; trad. it. em *Sociologia e neopositivismo*, Ubaldini, Roma 1968, p. 59).

De um ponto de vista formal e seguindo o procedimento de Rescher (*The Coherence Theory of Truth*, 1973), uma teoria coerentista da verdade pode ser definida como uma teoria da inferência que procure derivar de um conjunto contraditório de premissas um conjunto coerente de enunciados verdadeiros, eliminando todos os que não recebam sustentação desses enunciados. Mas C. com um sistema de proposições não significa aceitação indiscriminada de *qualquer* conjunto coerente de proposições; ao contrário, a C. não é requisito em relação a todas as proposições (ou se incidiria na contradição), nem a uma só arbitrariamente escolhida, mas sim ao sistema coerente mais abarcante (e o sistema mais abarcante pode ser *um só*, sendo aquilo que não tem nada que lhe seja mais abarcante). Como diz Rescher, uma proposição é verdadeira se é coerente com os dados, e isso suscita os problemas correlatos de crença e justificação. Há quem se satisfaça em propor, entre as inumeráveis marcas da C., a concordância com um sistema preexistente de crenças (teorias fracas da C.: ROSENBERG, *One World and Our Knowledge of It*, 1980); há quem considere essa concordância o caráter específico e único da C. (teorias fortes da C.: RESCHER; BONJOUR, *The Structure of Empirical Knowledge*, 1985; LEHRER, *Theory of Knowledge*, 1990), e quem combine os dois desiderratos (POLLOCK, *Contemporary Theories of Knowledge*, 1986). Nas teorias internistas da justificação a verdade é dada pela relação entre as crenças e o conhecimento de fundo: nesse sistema a C. é algo mais que uma série de conjeturas adivinhadas graças à noção de *sistema* de crenças; outros autores (CORNMAN, *Skepticism, Justification, and Explanation*, 1980; HAACK, *Evidence and Inquiry*, 1993) propõem uma combinação de coerentismo e fundacionalismo que admita recurso mais amplo à experiência. [M.S.]

CO-ESPÉCIE (in. *Conspecies*; it. *Conspecie*). Termo adotado por Hamilton para indicar as espécies coordenadas do mesmo gênero, que são diferentes mas não contraditórias e, portanto, constituem noções *discretas* ou *disjuntas*, chamadas às vezes de *díspares* (v.) (*Lectures on Logic*, I, p. 209). [N.A.]

COGITO. Resume-se nessa palavra a expressão cartesiana *"cogito ergo sum"* (*Discours*, IV; *Méd.*, II, 6), que exprime a auto-evidência existencial do sujeito pensante, isto é, a certeza que o sujeito pensante tem da sua existência como tal. Trata-se de uma tendência de pensamento que reaparece várias vezes na história, ainda que com fins diversos. S. Agostinho valeu-se dele para refutar o ceticismo acadêmico, isto é, para demonstrar que não se pode permanecer firme na dúvida ou na suspensão do assentimento. Quem duvida da verdade tem certeza de que duvida, logo de que vive e pensa; portanto, na própria dúvida está a certeza que a leva à verdade (*Contra Acad.*, III, 11; *De Trin.*, X, 10; *Solil.*, II, 1). De Agostinho, o mesmo tipo de pensamento passa para alguns escolásticos; por exemplo, em Tomás de Aquino: "Ninguém pode pensar com assentimento (isto é, crer) que não é; já que, em pensando alguma coisa, percebe que é" (*De ver.*, q. 10, a. 12, ad. 7). Na mesma época de Descartes, esse princípio é retomado por Campanella (*Met.*, I, 2, 1). Embora esse tipo de pensamento tenha servido a fins diferentes (S. Agostinho utiliza-o para demonstrar a transcendência da Verdade – que é Deus mesmo – e a sua presença na alma humana; Campanella utiliza-o para demonstrar a prioridade de uma "noção inata de si" sobre qualquer outra espécie de conhecimento; e Descartes para justificar o seu método da evidência) e seu significado preciso seja, portanto, diferente em um ou outro filósofo, poucas vezes se duvidou de sua validade geral. Para toda filosofia que recorra à *consciência* (v.) como instrumento da indagação filosófica, o C. deve mostrar-se indubitável, pois na realidade não é senão a formulação do postulado metodológico de tal filosofia. Mas mesmo as filosofias que não reconhecem tal postulado fazem uso do C. e consideram-no válido. Assim fazem, por exemplo, Locke, que vê nele "o mais alto grau de certeza" (*Ensaio*, IV, 9, 3), e Kant, que vê nele a própria *apercepção pura* (v. APERCEPÇÃO) ou consciência reflexiva. Na filosofia contemporânea, Husserl assume explicitamente o C. como ponto de partida da sua filosofia (*Ideen*, I, § 46; *Cart. Med.*, § 1) e recorre a ele continuamente ao longo de suas análises, considerando-o como a própria estrutura da experiência vivida (*Erlebniss*) ou consciência. O próprio Heidegger não põe em dúvida a validade do C., embora reprove em Kant o fato de, com ele, ter restringido o eu a um "sujeito lógico", isolado, "sujeito que acompanha as representações de uma forma ontologicamente de todo indeterminada" (*Sein und Zeit*, § 64).

Diante de aceitação tão ampla, as críticas foram muito escassas. Pode-se pensar na crítica de Vico, mas é fácil de ver que ela, na verdade, é uma crítica do *Cogito*. Vico nega que a "consciência" do próprio ser possa constituir a sua "ciência", ou pelo menos o princípio dessa ciência. A ciência, de fato, é conhecimento de causa e o C. cartesiano seria princípio de ciência só no caso de a consciência ser a causa da existência (*De antiquissima italorum sapientia*, I, 3). Mas com isso Vico não nega que o C. constituía uma certeza válida, apenas se preocupa em corrigi-lo afirmando que Descartes não deveria ter dito "penso, logo existo" (*Prima risposta al giornale dei letterati*, § 3). A crítica de Kierkegaard visa mais ao alcance do que à validade do C. cartesiano: "O princípio de Descartes 'penso, logo sou', à luz da lógica, é um jogo de palavras, pois aquele 'sou' outra coisa não significa, do ponto de vista lógico, senão 'sou pensante' ou 'penso'" (*Diário*, V, A, 30). Em outros termos, segundo Kierkegaard, a proposição cartesiana é puramente tautológica, visto que seu pressuposto é a identidade da existência com o pensamento. Uma tautologia, porém, ainda é uma proposição válida. Em 1868, Peirce respondia negativamente à pergunta "temos autoconsciência intuitiva?", na qual a palavra autoconsciência estava por conhecimento da própria existência. Peirce não contestava validade do C., mas, com provas psicológicas e históricas, acreditava poder concluir que "não há necessidade de supor uma autoconsciência intuitiva, desde que a autoconsciência pode facilmente ser resultado de inferência" (*Coll. Pap.*, 5.263). A rigor, nem mesmo essa é uma crítica ao cogito. A crítica mais simples e decisiva dessa noção pode ser considerada a de Nietzsche: "'Pensa-se, logo há alguma coisa que pensa': eis a que se reduz a argumentação de Descartes. Mas isso significa somente considerar verdadeira *a priori* a nossa crença na idéia de substância. Dizer que, quando se pensa, é preciso que haja alguma coisa 'que pense' é apenas a formulação do hábito gramatical de acrescentar um agente à ação. Em resumo, aqui não se faz mais do que formular um postulado lógico-metafísico, em vez de contentar-se em constatá-lo. [...] Se reduzirmos a proposição a isto: 'Pensa-se, logo há pensamentos', daí resultará uma simples tautologia e a 'realidade do pensamento' não é questionada de tal modo que se é levado a reconhecer a 'aparência' do pensamento. Mas Descartes queria que o pensamento não fosse uma realidade aparente, mas fosse um 'em si'" (*Wille zur Macht*, ed. 1901, § 260). Essas considerações de Nietzsche constituem uma crítica ao princípio do cogito que muitos filósofos contemporâneos aceitariam. Com efeito, Carnap refere-se a ela explicitamente, repetindo-a. "A existência do eu", diz ele, "não é um estado de fato primitivo do dado. Do C. não resulta o *sum*; de sou consciente não se segue que sou, mas apenas que há uma experiência consciente (*Erlebniss*). O eu não pertence à expressão das experiências fundamentais vividas, mas constitui-se mais tarde, essencialmente com o fim de delimitar seu âmbito pelo âmbito do outro. [...] Em lugar da expressão de Descartes, seria necessário colocar esta outra: '*Esta* experiência é consciente; logo, há uma experiência consciente'; mas certamente isso seria pura tautologia" (*Der logische Aufbau der Welt*, 1928, § 163). No entanto essa crítica está longe de ser compartilhada pelos próprios empiristas lógicos; Ayer, por exemplo, reafirma, substancialmente, a validade do princípio cartesiano como verdade lógica, mesmo limitando seu alcance. "Se alguém afirma saber que existe ou que é consciente, sua afirmação deve ser válida simplesmente porque ser válida é uma condição de ser feita" (*Problem of Knowledge*, 1956, p. 53). A posição de Nietzsche sobre esse ponto era mais radical e, provavelmente, mais correta (v. CONSCIÊNCIA). [N.A.]

COGNITIVA, CIÊNCIA (it. *Scienza cognitiva*). A expressão "ciência cognitiva" entrou para o uso comum a partir da segunda metade da década de 1970 para designar uma área interdisciplinar de pesquisa que compreende filosofia, lingüística, psicologia cognitiva, inteligência artificial (e informática), antropologia. O congresso "Cognitive Science" realizado em La Jolla, Califórnia, em agosto de 1977, é freqüentemente indicado como o batismo oficial da nova disciplina, mas na realidade é possível traçar a história do seu desenvolvimento a partir dos anos 1940 e 1950, quando são introduzidas idéias inovadoras (e destinadas a convergir) nos campos da lingüística, da informática e da psicologia. Desse ponto de vista, são momentos fundamentais da evolução da revolução cognitivista os congressos realizados em Cambridge e Darthmouth em 1956, com a participação daqueles que *a posteriori* virão a ser considerados seus principais artífices: Herbert Simon, Noam Chomsky, Marvin Minsky, John McCarthy.

Podemos indicar dois pontos fundamentais da ciência C.: 1) a idéia de que o estudo da mente implica a construção de modelos da arquitetura cognitiva interna dos sujeitos; nesse âmbito se situa a noção-chave de representação, como mecanismo essencial de mediação entre *inputs* perceptivos e *outputs* comportamentais; especialmente influente na elaboração dessa perspectiva é a obra do lingüista N. Chomsky. 2) A adesão à concepção computacional da mente, segundo a qual os processos de pensamento devem ser entendidos como manipulações formais de símbolos (representações); trata-se de uma analogia entre mente e computador justificada com base numa concepção da natureza da atividade cognitiva como cálculo simbólico formal, que remete à obra de Alan Turing.

O principal resultado filosófico do sucesso desse novo setor de pesquisa está na reabilitação do mentalismo: a proposta de uma visão da mente que defende (contra o behaviorismo) a idéia de estados internos como causas do comportamento e se empenha em analisar a estrutura cognitiva dos sujeitos em termos de sistemas de elaboração da informação. [M.D.F.]

COGNITIVISMO (in. *Cognitivism*; fr. *Cognitivisme*; al. *Kognitivismus*; it. *Cognitivismo*). 1. Corrente psicológica que estuda os processos cognitivos mediante modelos de tipo informático e cibernético (V. PSICOLOGIA).

2. Corrente de filosofia da mente que compara esta última a um computador digital. Empregado nessa acepção, é sinônimo de funcionalismo computacional (v. FUNCIONALISMO; MENTE, FILOSOFIA DA).

3. Doutrina ética segundo a qual os princípios morais são fruto de um conhecimento, inato ou adquirido, de tipo intuitivo ou demonstrativo. As formas de C. ético são semelhantes e distinguem-se entre si conforme os princípios morais derivem dos traços constitutivos do mundo e da natureza humana (C. ontológico ou metafísico), da forma pura da razão (C. transcendental), das condições *a priori* da comunicação lingüística ou social (C. semiótico ou comunicativo) etc. O C. ético manifesta-se de duas formas: uma "forte" (A) e outra "fraca" (B). *A* tende a comparar os juízos morais aos cognitivos, considerando que as prescrições com-

portamentais (p. ex., "não matar") têm a mesma forma lógica e o mesmo alcance de verdade das proposições de razão ou de fato (p. ex., "o todo é maior que as partes" ou "o fogo queima"). Tal doutrina, que reflete a tradição dominante do pensamento ocidental, é levada a defender que os predicados éticos (bom, justo etc.) não exprimem qualidades objetivas e secundárias, mas propriedades objetivas e primárias, passíveis de descrição imparcial. Para *B*, que reflete uma tradição mais recente (de Kant aos teóricos da ética do discurso), os juízos morais, mesmo tendo a ver com a razão e com a verdade, não podem ser reduzidos a enunciados assertivos. Habermas, por exemplo, escreve: "a 'verdade' moral dos enunciados prescritivos não pode ser equipara, como no intuicionismo ou na ética dos valores, à validade assertória dos enunciados assertivos. Kant não unifica razão prática e teórica. Para correção normativa, entendo que pretensão de verdade é análoga à verdade. Nesse sentido falamos de [...] ética 'cognitivista'" (*Moralità e eticità*, trad. it. em *Etiche in dialogo*, VV.AA., Marietti, Gênova, 1990, p. 60). Entendido de maneira fraca, o C. é conciliável com as formas mais refinadas de não-cognitivismo (v.).

É típico o caso de Hare, que, mesmo acreditando na possibilidade de valorizar racionalmente os juízos morais, considera que estes últimos não têm a forma de asserções de fato. Motivo pelo qual ele, não se achando à vontade nem na categoria dos cognitivistas (no sentido de A) nem na dos não-cognitivistas, propõe substituir a dicotomia habitual pela dicotomia entre descritivistas e não-descritivistas, entendendo que os primeiros equiparam os juízos morais aos juízos factuais e os segundos contestam tal equiparação: "por amor à clareza, precisamos parar de falar de C. e não-C. e optar pelos termos 'descritivismo' e 'não-descritivismo'" (*Saggi di teoria etica*, trad. it., Il Saggiatore, Milão 1992, p. 100). Na realidade, o descritivismo representa apenas uma interpretação (a "forte") do C. Por isso, em vez de insistir numa improvável abolição do termo (que já se tornou consagrado nas discussões éticas) ou procurar substituí-lo pelo também inadequado (porque redutor) não-descritivismo, é mais funcional (e correto) distinguir entre um C. "forte" e um C. "fraco".

4. Em semântica o termo C. indica o conjunto de teorias que concebem tal disciplina como uma teoria da compreensão, cuja tarefa é descrever o que ocorre na mente quando se dá a compreensão (que é uma atividade mental por excelência) (v. SEMÂNTICA; MENTALISMO). [G.F.]

COINCIDENTIA OPPOSITORUM. Expressão usada pela primeira vez por Nicolau de Cusa para exprimir a transcendência e a infinitude de Deus, que seria a coincidência do máximo e do mínimo, do tudo e do nada, do criar e do criado, da complicação e da explicação, num sentido que não pode ser entendido nem apreendido pelo homem (*De docta ignor.*, I, 4; *De coniecturis*, II, 1). No mesmo sentido, essa expressão foi utilizada por Reuchlin (*De arte cabalistica*, 1517) e por Giordano Bruno, que com ela define o universo, que ele identifica com Deus. O universo "compreende todas as oposições no seu ser, em unidade e conveniência" (*Della causa* [v.]). [N.A.]

COISA (gr. πράγμα; lat. *Res*; in. *Thing*; fr. *Chose*; al. *Ding*; it. *Cosa*). Tanto no discurso comum quando no filosófico, esse termo tem dois significados fundamentais: 1º genérico, designando qualquer objeto ou termo, real ou irreal, mental ou físico etc., de que, de um modo qualquer, se possa tratar; 2º específico, denotando os objetos naturais como tais.

1º No primeiro significado, a palavra é um dos termos mais freqüentes da linguagem comum e também é amplamente empregada pelos filósofos. "C" pode ser o termo de um ato de pensamento ou de conhecimento, de imaginação ou de vontade, de construção ou de destruição etc. Pode-se falar de uma C. que existe na realidade como também de uma C. que está na imaginação, no coração, nos sentidos etc. Assim, pode-se dizer que, nessa acepção, C. significa um termo qualquer de um ato humano qualquer ou, mais exatamente, qualquer objeto com que, de qualquer modo, se deva tratar. É o significado contido na palavra grega *pragma*.

2º No seu significado mais restrito, a C. é o objeto natural também chamado de "corpo" ou "substância corpórea". O uso do termo nesse segundo significado é até certo ponto recente. Pode talvez remontar a Descartes, que, porém, ao lado da expressão "C. corpóreas" (*choses corporelles*), emprega também "C. que pensa" (*chose qui pense*), mostrando, assim, que entende a palavra no significado tradicional de substância (*Méd.*, II, *passim*). Locke preferiu a palavra "substância" ("As idéias das substâncias são as combinações de idéias simples das quais se supõe que representem C. particulares e distintas, subsistentes por si mesmas", *Ensaio*, II, 12, § 6). E só com Berkeley pode-se dizer que o termo C. suplantou definitivamente o termo substância: "As idéias impressas nos sentidos pelo autor da natureza", diz ele, "são chamadas C. *reais* e as suscitadas pela imaginação, sendo menos regulares, vívidas e constantes, são mais propriamente chamadas *idéias* ou imagens das C., que elas copiam ou representam" (*Principles*, I, § 33). A partir daí, o termo C. passou a ser bastante freqüente para indicar o corpo ou o objeto natural em geral.

Kant estende-o ainda mais, distinguindo as coisas tais como aparecem para nós, isto é, submetidas às condições da nossa sensibilidade (espaço e tempo), e as C. em geral, ou C. *em si* (v.) (*Crít. R. Pura*, § 8). Mas também fixa o significado desse termo em seu tratamento sobre o esquematismo transcendental, onde faz da coisalidade ou realidade (*Sachheit, Realität*) o esquema fundamental da categoria de qualidade, no sentido de que "C. em geral é o que corresponde a uma sensação em geral" (*ibid.*, Esquematismo dos conceitos puros). A partir daí, a história da noção de C. pode ser dividida em duas correntes fundamentais, segundo se lhe atribua ou negue um significado específico. Podemos, portanto, distinguir:

a) A corrente para a qual o ser da C. se resolve no ser em geral. Assim, para o idealismo empírico, para o qual o ser é representação ou idéia, a C. é representação ou idéia, ou um complexo de representações ou de idéias. Essa doutrina, que é a de Berkeley, foi reproduzida inúmeras vezes na filosofia moderna e contemporânea. Para o idealismo absoluto ou romântico, para o qual a realidade é a própria razão, a C. é um conceito da razão; e de fato Hegel a considera como uma categoria lógica (*Enc.*, §§ 125 ss.; *Wissenschaft der Logik*, ed. Glockner, I, pp. 602 ss.) O significado autônomo dessa noção não é resgatado pela modificação da tese do empirismo clássico, proposta por Stuart Mill. Segundo eles, as C. são "possibilidades de sensações" (*Examination of Hamilton's Phil.*, pp. 190 ss.), mas isso não delimita especificamente o modo de ser das C. Isso tampouco é feito pela concepção de Mach, que define as C. como complexos de sensações (*Analyse der Empfindungen*, 9.ª ed., 1922, p. 14), ainda que as "sensações" de que fala Mach não sejam determinações subjetivas, mas elementos neutros que entram na composição tanto das C. quanto da mente. Esse ponto de vista foi reproduzido por Russell, para quem "uma C. é uma seqüência determinada de aparências, em ligação contínua umas com as outras, segundo certas leis causais" (*Scientific Method in Phil.*, 1926, IV, trad. fr., p. 86).

A conexão do modo de ser das C. com a ação humana na qual, como veremos logo, se baseia a noção positiva de C., é elucidada por Bergson, que, no entanto, a utiliza só com o fim de negar a realidade das coisas. "Não há C., há somente ações", disse (*Évol. créatr.*, 11.ª ed., 1911, p. 270). As C. são criações da inteligência como função prática que solidifica o devir, substituindo pela estabilidade fictícia de "C." ou de "estados" a continuidade e fluidez da consciência (*ibid.*, pp. 269 ss., 296). Nessa doutrina, as C. se reduzem a ações, e a ação à duração real da consciência; tem-se, embora com certa consciência dos problemas inerentes, a costumeira redução da C. a um estado subjetivo. E o significado de tal redução da C. a elementos subjetivos, ainda que qualificados (sensações, representações, idéias, ações etc.), é simplesmente isto: que não existem coisas.

b) Corrente para a qual o ser da C. tem significado específico. Foi Husserl quem ressaltou esse significado, do ponto de vista fenomenológico, afirmando que existe "uma diferença fundamental entre o ser como vivência e o ser como C." e que, portanto, "uma C. não pode ser dada em nenhuma percepção possível ou outra modalidade de consciência em geral" (*Ideen*, I, § 42). O modo de ser específico da C. consiste no fato de que ela é dada em um número indefinido de aparições, mas permanece *transcendente* como uma unidade que está além dessas aparições, e que, todavia, se manifesta em um núcleo de elementos bem determinados, circundados por um horizonte de outros elementos mais indeterminados (*ibid.*, § 44). O ser da C. se contrapõe, assim, ao das vivências ou da *consciência* (v.). Essa contraposição é pressuposta por todas as tentativas da filosofia contemporânea de determinar de maneira específica o ser da coisa. E é significativo que tais tentativas tenham partido de dois pontos de vista independentes e aparentemente contrastantes, o naturalismo instrumentalista, de um lado, e a filosofia existencialista, de outro.

Mead mostrou a ligação entre a noção de C. e o "mundo da ação". As C. inserem-se numa fase bem determinada desse mundo: na que se situa entre o início de uma ação e a sua consumação final. Em outros termos, é na fase da *manipulação* que comparece ou se constitui a C. física, que, no entanto, é universal no sentido de pertencer à experiência de todos (*Mind, Self and Society*, pp. 184-5). Dewey, por sua vez, mostrou a estreita conexão do modo de ser das C. com a investigação. "As C.", disse ele, "existem como objetos para nós desde que tenham sido preliminarmente determinadas como resultados de investigações. Quando são usadas na preparação de novas investigações sobre novas situações problemáticas, são conhecidas como objetos só em virtude de indagações anteriores que justificam a sua assertividade. Na nova situação, os objetos são meios para alcançar o conhecimento de alguma outra C." (*Logic*, VI; trad. it., p. 175). Dewey afirmou nitidamente o caráter instrumental das C. e, em geral, de todos os objetos de conhecimento. Tanto as "C. imediatas" quanto os objetos da ciência física "construídos por uma ordem matemático-mecânica" são "meios para garantir ou para evitar determinados objetos imediatos" (*Experience and Nature*, p. 141). Essas determinações de Mead e Dewey são apresentadas como resultados de análises empíricas. Heidegger apresenta suas determinações como resultados de uma análise existencial: a noção de C. é esclarecida por ele como um elemento da existência humana como "ser-no-mundo". Ser no mundo significa ocupar-se com alguma C., e a C. é sempre um instrumento (*Zeug*), um *meio para*. [...] Como tal, o modo de ser da C. é o da *instrumentalidade*, e "a instrumentalidade é a determinação ontológico-categorial do ente como ele é *em si*". Quer dizer: a instrumentalidade não se acrescenta como uma qualidade secundária ou extrínseca à realidade da C., mas a constitui, *é* essa mesma realidade. O modo de ser da C. é o da instrumentalidade, do ser instrumento ou instrumento para. [...] Desse ponto de vista, "a natureza não pode ser entendida como simples presença, nem mesmo como força natural. A floresta é plantação, a montanha é pedreira, a corrente é força hidráulica, o vento é vento em popa. A descoberta do mundo ambiente e a descoberta da natureza ocorrem ao mesmo tempo". Pode-se certamente procurar ver o que é a natureza, e deixar de lado a instrumentalidade das C. Mas, nesse caso, a natureza permanece incompreensível "como o que tece e acontece, o que se precipita sobre nós e nos empolga" (*Sein und Zeit*, § 15). Sem dúvida, Heidegger conseguiu determinar, ainda melhor do que o instrumentalismo americano, o modo de ser instrumental das coisas, a categoria da instrumentalidade que o define. Por sua vez, Lewis pôs em evidência as implicações lógicas que semelhante conceito da C. traz em si. "Atribuir uma qualidade objetiva a uma C.", disse ele, "significa implicitamente a previsão de que, se eu agir de certa maneira, ocorrerá certa experiência especificável: se eu morder esta maçã, seu sabor será doce; se eu a comer, será digerida e não me envenenará etc. Essas e outras tantas proposições hipotéticas constituem o meu conhecimento da maçã que tenho em mãos" (*Mind and the World-Order*, cap. V, ed. Dover, p. 140). As expressões da forma *Se... então* referem-se a possibilidades que transcendem a experiência atual e que são próprias do homem como ser ativo. "O significado do conhecimento", disse ainda Lewis a esse propósito, "depende do significado de uma possibilidade que não é atual. Possibilidade e impossibilidade, logo necessidade e contingência, compatibilidade e incompatibilidade, e várias outras noções fundamentais, exigem que haja proposições 'Se... então', cuja verdade ou falsidade é independente da condição afirmada na oração antecedente" (*ibid.*, 142 n) (v. IMPLICAÇÃO). O horizonte lógico do conceito de C., elaborado pela filosofia contemporânea, é, portanto, o da possibilidade, expresso pelas proposições condicionais. Isso é confirmado pelos resultados das pesquisas experimentais realizadas pela psicologia transacional, que levam a ver na C. certa "classe de possibilidades" que constitui uma prognose generalizada, com base na experiência passada, dos usos ou comportamentos possíveis de um objeto (*Explorations in Transactional Psychology*, org. F. P. Kilpatrick, 1961, cap. 21; trad. it., pp. 495-6). [N.A.]

A concepção de C. como instrumento, que tem em Heidegger uma das fontes mais respeitáveis, foi a seguir contestada (ou historicizada) pelo filósofo alemão, que nela viu uma manifestação típica da maneira metafísica (e ocidental) de relacionar-se com o mundo. Em vez de reduzir-se a um "instrumento" antropocêntrico ou a uma "possibilidade existencial", a C., segundo a última fase de Heidegger, é realmente tal porquanto "faz permanecer junto a si" terra e céu, divinos e mortais (v. GEVIERT). As equações modernas, C. "instrumentos" materiais disponíveis para a utilização, são também refutadas pelos autores (de Marcuse a Severino) segundo os quais a instrumentalização técnica dos entes representaria a modalidade negativa e alienada de uma relação diferente e mais "autêntica" com o mundo (v. TÉCNICA). [G.F.]

COISA-EM-SI (in. *Thing in itself*; fr. *Chose en soi*; al. *Ding an sich*; it. *Cosa in sé*). O que a C. é, independentemente da sua relação com o homem, para o qual é um objeto de conhecimento. Nem a expressão, nem a noção são próprias e originárias de Kant, como se costuma crer, mas representam "a convicção dominante de toda a filosofia do século XVIII" (CASSIRER, *Erkenntnissproblem*, VII, 3; trad. it., II, pp. 470 ss.). A origem dessa noção pode estar em Descartes, que, em *Princípios de filosofia* (II, 3), assim se exprime: "Será suficiente observar que as percepções dos sentidos referem-se apenas à união do corpo humano com o espírito e que, enquanto de ordinário nos mostram aquilo que nos possa prejudicar ou ajudar nos corpos externos, não nos ensinam absolutamente, mas só ocasional e acidentalmente, o que tais corpos são em si mesmos." Essa distinção entre as "C.-em-si mesmas" e as "C. em relação a nós", isto é, como objetos de nossas faculdades sensíveis, torna-se lugar-comum na filosofia do iluminismo. D'Alembert (*Élém. de phil.*, § 19), Condillac (*Logique*, 5), Bonnet (*Essai analytique*, § 242) repetem-na quase com as mesmas palavras, e Maupertuis (*Lettres*, IV) a expressa em termos tais que Schopenhauer teve a impressão de que Kant o plagiara. "Desde que estejamos convencidos", diz Maupertuis, "de que entre nossas percepções e os objetos externos não subsiste nenhuma semelhança nem nenhuma relação necessária, deveremos admitir também que tais percepções não passam de simples aparência. A extensão, que costumamos considerar como o fundamento de todas as outras propriedades, e que parece constituir sua verdade íntima, em si mesma nada mais é do que fenômeno" (cf. SCHOPENHAUER, *Die Welt*, II, p. 57).

Nesse ponto, como em muitos outros, Kant não fez senão inspirar-se na orientação geral do iluminismo. Todavia, em sua doutrina, como aliás no iluminismo, o conceito de C.-em-si não é simples lembrete da limitação do conhecimento humano e uma advertência para afastar o homem das especulações metafísicas. Aclara-se, mais precisamente, como um instrumento técnico para circunscrever os limites do conhecimento humano. Do começo ao fim de *Crítica da Razão Pura*, Kant repete que o conhecimento humano é conhecimento de fenômenos, não de C.-em-si, visto que ele não se baseia na *intuição intelectual* (para a qual *ter* as C. *presentes* significaria *criá-las*), mas na *intuição sensível*, para a qual as coisas são *dadas* sob certas condições (espaço e tempo). De acordo com essa diretriz fundamental, Kant, após haver estabelecido a possibilidade do conceito de C.-em-si (ou número), passa a distinguir uma doutrina positiva e uma doutrina negativa dos númenos. "O conceito de um número, isto é, de uma C. que deve ser pensada não como objeto dos sentidos, mas como coisa-em-si (unicamente para o intelecto puro), não é em nada contraditório, pois não se pode afirmar que a sensibilidade é o único modo de intuição." Isso posto, se entendermos por número "o objeto de uma intuição não sensível", isto é, criadora ou divina, teremos o conceito de número em sentido *positivo*. Mas na realidade esse conceito é vazio, porque nosso intelecto não pode estender-se além da experiência senão problematicamente: não com a intuição nem com o conceito de uma intuição possível. Portanto, "o conceito de número é só um conceito-*limite* (*Grezbegriff*), para circunscrever as pretensões da sensibilidade, portanto de uso puramente negativo" (*Crít. R. Pura*, Analítica dos princípios, cap. III). Essa função puramente negativa da C.-em-si permaneceu como um dos princípios da doutrina kantiana do conhecimento, porque garante, nela, o caráter finito (não-criativo) do conhecimento humano.

Entretanto, a filosofia pós-kantiana assinala a rápida destruição desse conceito. Já as *Cartas sobre a filosofia kantiana* (1786-1787) de Reinhold, que faziam uma exposição do criticismo que, durante muito tempo, serviu de modelo para a interpretação do próprio criticismo, reduzindo o fenômeno a representação, tornavam dúbia ou problemática a função da C.-em-si; depois, esta era explicitamente negada, por Schulze e Maimon, com base em sua incognoscibilidade. Mas quem começou a extrair conseqüências dessa negação foi Fichte: este viu que, eliminada a condição limitativa, constituída pela C.-em-si, o conhecimento humano tornava-se criador não só da forma, mas também do conteúdo da realidade que constitui seu objeto, transformando-se naquela "intuição intelectual" que Kant atribuía somente a Deus, fazendo do sujeito dela, isto é, do Eu, um princípio infinito (*Wissenschaftslehre*, 1794, § 4). Essas transformações marcam a transição do criticismo, que é filosofia de tipo iluminista, para o *romantismo* (v.), que é uma filosofia do infinito. O romantismo assinalava o crepúsculo definitivo da doutrina da C.-em-si, que fora a insígnia do iluminismo porque servira para exprimir a limitação fundamental do conhecimento humano. A noção de *incognoscível* (v.), que o positivismo evolucionista às vezes comparou com a C.-em-si, na realidade é completamente diferente. Em primeiro lugar, tem função oposta à da C.-em-si: serve para oferecer à metafísica e à religião um domínio de competência específica, em vez de restringir as pretensões do conhecimento científico. Em segundo lugar, o Incognoscível é mais definido *positivamente* pela esfera de problemas que a ciência não resolve do que negativamente pelos limites intrínsecos da própria ciência. A filosofia contemporânea, que restabeleceu e continua restabelecendo a doutrina do limite do conhecimento, entende que ele é demarcado pelo alcance dos métodos ou dos critérios que presidem à validade do conhecimento; portanto, já não precisa da iluminista "C.-em-si" para impor moderação às pretensões cognitivas do homem. [N.A.]

COLETIVISMO (in. *Collectivism*; fr. *Colectivisme*; al. *Kollektivismus*; it. *Collettivismo*). 1. Termo criado na segunda metade do século XIX para indicar o socialismo não estatista, em oposição ao estatista. Nesse sentido, foram coletivistas o socialismo reformista anterior à guerra e é coletivista o trabalhismo inglês por desejar uma sociedade sem desequilíbrios de classe, portanto coletivizada, mas não controlada pela força por uma elite privilegiada que goze de um nível de vida radicalmente diferente do resto da população.

2. Em sentido mais amplo, entende-se por C. toda doutrina política que se oponha ao individualismo e que, em particular, defenda a abolição da propriedade privada e a coletivização dos meios de produção. Nesse sentido, são coletivistas tanto o socialismo quanto o comunismo em todas as suas formas. [N.A.]

COLETIVISMO METODOLÓGICO (in. *Methodological collectivism*; fr. *Collectivisme méthodologique*; al. *Methodologischer Kollektivismus*; it. *Collet-*

tivismo metodologico). Termo polêmico usado pelos marginalistas (v. ECONOMIA; LIBERALISMO) para indicar a doutrina oposta à do individualismo metodológico (v.), ou seja, a teoria da existência autônoma e do caráter abrangente dos conjuntos sociais em relação aos indivíduos que o compõem. Segundo Von Hayek, é típica do C. metodológico a tendência "a tratar certos 'conjuntos', tais como 'sociedade', 'economia' ou 'capitalismo', [...] como objetos dados, realizados em si, cujas leis podemos descobrir observando seu comportamento como 'conjuntos'" (*L'abuso della ragione. Studi sulla controrivoluzione nella scienza*, 1952, trad. it., Vallecchi, Florença, 1987, p. 61). [G.F.]

COLIGAÇÃO (in. *Colligation*; fr. *Colligation*; al. *Kolligation*; it. *Colligazione*). Operação descritiva citada por Whewell (*Novum Organum renovatum*, 1840, III, caps. 1 e 4) para explicar o modo como é possível reunir certo número de detalhes em uma só proposição. Stuart Mill (*Logic*, III, 2, 4) retomou essa noção, vinculando-a à de indução. "A asserção de que os planetas se movem em elipse foi um modo de representar fatos observados, portanto uma C.; a asserção de que eles são atraídos para o Sol é a asserção de um novo fato, inferido por indução." Essa palavra caiu em desuso na lógica contemporânea. [N.A.]

COMBINATÓRIA, ARTE (lat. *Ars combinatoria*; it. *Arte combinatoria*). Com o nome de *ars combinatoria* Leibniz designa o projeto, ou melhor, o ideal de uma ciência que, partindo de uma *characteristica universalis* (v. CARACTERÍSTICA), ou seja, de uma linguagem simbólica que atribuísse um sinal a cada idéia primitiva e combinasse de todos os modos possíveis esses sinais primitivos, obtendo assim todas as idéias possíveis. Esse projeto, derivado em parte das idéias expostas por R. Lúlio em *Ars magna*, já havia seduzido muitos pensadores dos séculos XVI e XVII (entre outros, Agripa de Nettesheim, A. Kircher, P. Gassendi, G. Dalgarno) e também foi cultivado por continuadores de Leibniz, como Wolff e Lambert. [N.A.]

COMEÇO (lat. *Inceptio*; in. *Beginning*; fr. *Début*; al. *Anfang*; it. *Cominciamento*). Propriamente, o início de uma coisa no tempo: que pode coincidir ou não com o *princípio* (v.) ou com a *origem* (v.) da própria coisa. Essa distinção é importante em alguns casos: por exemplo, segundo Tomás de Aquino, a criação é matéria de fé como C. do mundo no tempo, mas não como produção do nada por parte de Deus (*S. Th.*, I, q. 46, a. 2). Hegel afirmou que o C. da filosofia é relativo, no sentido de que o que aparece como C. é, de outro ponto de vista, resultado (*Fil. do dir.*, § 2, Zusatz). De qualquer modo, segundo Hegel, o Absoluto encontra-se mais no resultado do que no C. porque este, "da forma como era expresso antes e agora, é apenas universal", e o universal, nesse sentido, é só o abstrato que não pode valer como concretude e totalidade; por exemplo, as palavras "todos os animais", que exprimem o universal de que trata a zoologia, não podem valer como toda a zoologia (*Phänomen. des Geistes*, Intr., II, 1). Apesar disso, a filosofia muitas vezes procurou o C. absoluto para fazê-lo coincidir com o seu próprio "princípio", donde a procura do "primeiro princípio" do filosofar. [N.A.]

CÔMICO (gr. γελοῖον; lat. *Comicus*; in. *Comic*; fr. *Comique*; al. *Komisch*; it. *Comico*). O que provoca o riso, ou a possibilidade de provocá-lo, através da resolução imprevista de uma tensão ou de um conflito. A definição mais antiga do C. é de Aristóteles, que o considerou "algo enganado e feio, que não causa dor nem dano" (*Poet.*, 5, 1449 a 32 ss.). O "enganado" como caráter do C. significa o caráter imprevisto, porque irracional, da solução apresentada pelo C. para um conflito ou uma situação de tensão. Essas idéias permaneceram substancialmente inalteradas na história da filosofia. Hobbes insistiu no caráter inesperado do C. e vinculou-o à consciência da própria superioridade (*De hom.*, XII, § 7). Kant reduziu o C. à tensão e, portanto, à sua solução inesperada: "Em tudo o que é capaz de provocar uma explosão de riso, deve haver algo de absurdo (em que, portanto, o intelecto por si mesmo não pode achar nenhum prazer). O riso é uma afecção derivada de uma espera tensa que, de repente, se resolve em nada. É precisamente essa resolução, que por certo nada tem de jubiloso para o intelecto, que alegra indiretamente, por um instante e com muita vivacidade" (*Crít. do Juízo*, § 54). O iluminismo viu no C. e no riso que o exprime um corretivo contra o fanatismo, considerando-o a manifestação do "bom humor" que Shaftesbury considerava o melhor modo de corrigir o fanatismo (*Letter on Enthusiasm*, II). Hegel, ao contrário, considerava-o expressão da posse satisfeita da verdade, da segurança que se sente por estar acima das contradições e por não estar numa situação cruel ou infeliz. Em outros termos, identificava-o com a felicidade segura, que pode até suportar o fracasso de seus projetos. E nisso ele o distinguia do simples risível, em que via "a contradição pela qual a ação se destrói por si e o objetivo se anula realizando-se" (*Vorlesungen über die Ästhetik*, ed. Glockner, III, p. 534). Essa noção hegeliana de C., no entanto, é uma idealização romântica do fenômeno, mais do que uma análise objetiva, é a exageração do sentimento de superioridade que Aristóteles já observara no C., quando considerou a comédia como "imitação de homens ignóbeis" (*Poet.*, 5, 1448,

32). A noção tradicional do C. é reafirmada pela análise de Bergson (*Le rire*, 1900), que até hoje é considerada a mais rica e precisa. Ele nota que o C. é obtido quando um corpo humano é levado a parecer-se com um mecanismo simples, quando o corpo prevalece sobre a alma, quando a forma sobrepuja a substância, e a letra, o espírito, ou quando a pessoa dá a impressão de coisa; todos estes são casos em que o C. está numa expectativa que acaba frustrada por uma solução imprevista ou, como teria dito Aristóteles, enganada. O mesmo se pode dizer do C. das situações ou das expressões, que existe quando uma situação pode ser interpretada de dois modos diferentes ou pela equivocidade das expressões verbais; por isso, é sempre um engano, uma solução irracional dada a uma expectativa de solução. [N.A.]

S. Freud afirma que "nos parece cômico todo aquele que, em comparação conosco, realiza um dispêndio excessivo nas funções do corpo e insuficiente nas funções psíquicas, e não se pode negar que em ambos os casos o nosso riso é como se fosse expressão da superioridade – acompanhada por sensação de prazer – que nos atribuímos em relação ao outro. Se nos dois casos a relação se inverter, e o dispêndio somático do outro parecer menor que o nosso, enquanto seu dispêndio psíquico parecer maior, já não riremos, mas ficaremos estupefatos e admirados" (*O Chiste*, 1905, trad. it., *Il motto di spirito e la sua relazione com l'inconscio*, em *Opere*, Boringhieri, Turim, 1972, vol. V, p. 174). Depois dessa definição geral, Freud passa em revista as várias formas de comicidade: "O prazer da argúcia [deriva] do *dispêndio inibitório poupado*; o prazer da comicidade [deriva] do *dispêndio representativo* (ou de investimento) *poupado*; o prazer do humorismo [deriva] do *dispêndio emocional poupado*. Nos três modos de trabalho do nosso aparelho psíquico o prazer provém de uma economia; os três estão de acordo num ponto: são métodos para reaver da atividade psíquica um prazer que, a rigor, foi perdido a favor do desenvolvimento dessa atividade. De fato, a euforia que nos esforçamos por obter através desses caminhos outra coisa não é senão o estado de espírito de uma idade na qual costumávamos prover nossa atividade psíquica com pouco dispêndio, o estado de espírito de nossa infância, na qual não conhecíamos a comicidade, não éramos capazes de motejar e não precisávamos do humorismo para sentirmos alegria de viver" (p. 211).

Opinião bem diferente é a de J. Baudrillard, para quem o riso e o C. não são expressão de uma economia, mas sim de uma dissolução do sentido, de uma implosão. Abraçando a tese de Kant, Baudrillard diz que a comicidade nasce quando "*onde havia algo já não há mais nada*" – nem mesmo um inconsciente. Onde havia alguma finalidade (mesmo que inconsciente) ou um valor (mesmo que subtraído), não há mais nada. *O gozo é a hemorragia do valor*, a desagregação do código, do *logos* repressivo. No cômico é eliminado o imperativo moral dos códigos institucionais (situações, papéis, máscaras sociais); no *Witz* anula-se o imperativo moral do próprio princípio de identidade das palavras e do sujeito. Por nada. Não para 'exprimir' um 'inconsciente'" (*L'Échange symbolique et la mort*, 1976, trad. it. *Lo scambio simbolico e la morte*, Feltrinelli, Milão, 1979, p. 245). Para Baudrillard, o prazer do motejo, do chiste, é o prazer da ambivalência dos significados que entram em curto-circuito entre si, anulando-se. Aqui o sentido não tem lugar, mas é substituído pelo *duplo sentido*, em que nada se economiza, mas tudo se dispersa no riso. Não se ri da proliferação do sentido, mas de sua reversibilidade, de seu retorno a si mesmo que desencadeia o contra-senso de que se ri como num instante de libertação. Nunca rimos sozinhos, porque o riso só tem sentido na troca. [U.G.]

COMO SE (al. *Als ob*; it. *Come se*). Expressão que se repete muitas vezes nas obras de Kant para indicar o caráter hipotético ou simplesmente *regulador* de certas afirmações. Por exemplo, as coisas-em-si podem ser pensadas por analogia "como se fossem substâncias, causas etc." (*Crít. R. Pura*, Dialética, V, d). O imperativo categórico manda agir "como se o ser racional fosse um membro legislador no reino dos fins" (*Grundlegung zur Met. der Sitten*, II). Devemos tratar as máximas da liberdade "como se fossem leis da natureza" (*ibid.*, III). A faculdade do juízo considera os objetos naturais "como se a finalidade da natureza fosse intencional" (*Crít. do Juízo*, § 68). O *como se* kantiano não é mera ficção: é simplesmente a interpretação, em termos de operações ou comportamentos, de proposições cujos sentidos literal e metafísico estão além da refutação e da confirmação, sendo, por isso, inexistentes. Vaihinger, em *Filosofia do como se* (1911), interpretou-o como *ficção*; sua tese é que todos os conceitos, categorias, princípios e hipóteses utilizados pelas ciências e pela filosofia são *ficções* (v.) desprovidas de validade teórica, muitas vezes intimamente contraditórias, que são aceitas e mantidas só enquanto são úteis. Outro kantiano, Paul Natorp, restringiu o *como se* ao domínio da arte, que representaria as coisas como se o que é ainda devesse ser, ou como se o que deve ser fosse na realidade (*Die Religion innerhalb der Grenzen der Humanität*, 1894). [N.A.]

COMPACIDADE (in. *Compactness*; fr. *Compacité*; al. *Kompaktheit*; it. *Compattezza*). Importante propriedade da relação de *conseqüência* (v.) lógica. O teorema de C. para a lógica da primeira ordem afirma que, dado um conjunto S de fórmulas fechadas (isentas de variáveis livres) de um sistema formal, e dada uma fórmula fechada p, p será conseqüência lógica de S se e somente se existir um subconjunto *finito* U de S tal que p seja conseqüência lógica de U. O teorema é assim chamado porque, reformulado em termos topológicos, afirma que determinada topologia é compacta. [M.M.]

COMPAIXÃO (gr. ἔλεος; lat. *Commiseratio*; in. *Pity*; fr. *Compassion*; al. *Mitleid*; it. *Compassione*). Participação no sofrimento alheio como algo diferente desse mesmo sofrimento. Essa última limitação é importante porque a C. não consiste em sentir o mesmo sofrimento que a provoca. A emoção provocada pela dor de outra pessoa pode chamar-se C. só se for um sentimento de solidariedade mais ou menos ativa, mas que nada tem a ver com a identidade de estados emocionais entre quem sente C. e quem é comiserado. Aristóteles definiu a C. como "a dor causada pela visão de algum mal destrutivo ou penoso que atinge alguém que não mereça e que pode vir a atingir-nos ou a alguém que nos seja caro" (*Ret.*, II, 8, 1385 b). Essa definição é repetida quase literalmente por Hobbes (*Leviath.*, I, 6), Descartes (*Pass. de l'âme*, III, § 185) e por Espinosa (*Et.*, III, 22 esc.). Segundo Adam Smith, a C. é um caso típico da simpatia que constitui a estrutura de todos os sentimentos morais (*Theory of Moral Sentiments*, III, 1). Para Schopenhauer, a C. é a própria essência do amor e da solidariedade entre os homens, porque amor e solidariedade explicam-se somente a partir do caráter essencialmente doloroso da vida (*Die Welt*, I, §§ 66-7).

Em oposição a essa tradição, há uma outra que vê na C. um elemento negativo da vida moral. Essa segunda tradição inicia-se com os estóicos (Estobeu, *Ecl.*, II, 6, 180) e passa por Espinosa. Este considera que "no homem que vive segundo a razão a C. é, por si mesma, ruim e inútil", porque nada mais é que dor; por isso "o homem que vive segundo a razão esforça-se o máximo possível para não ser tocado pela C.", bem como tampouco pelo ódio, pelo riso ou pelo desprezo, porque sabe que tudo deriva da necessidade da natureza divina (*Et.*, IV, 50, corol. scol.). Essa apreciação encontra expressão extrema nas invectivas de Nietzsche contra a C.: "Esse instinto depressivo e contagioso debilita os outros instintos que querem conservar e aumentar o valor da vida; é uma espécie de multiplicador e conservador de todas as misérias, por isso um dos instrumentos principais da decadência do homem" (*Anticristo*, Ap. 7). O traço comum dessas condenações da C. é considerá-la como miséria ou dor em si mesma; aliás, segundo a expressão de Nietzsche, como algo que conserva ou multiplica a miséria e a dor. Scheler apontou o equívoco desse pressuposto que, na verdade, confunde a C. (que é simpatia e participação emotiva) com o *contágio* emotivo. Pelo contrário, observa Scheler, "a C. está ausente sempre que houver contágio do sofrimento, pois então o sofrimento não será mais de outro, mas meu, e eu acredito poder subtrair-me a ele evitando o quadro ou o aspecto do sofrimento em geral" (*Sympathie*, cap. II, § 3). Foi justamente essa advertência fundamental que tivemos em mente ao caracterizarmos a C. no princípio desse verbete. [N.A.]

COMPARATIVO (in. *Comparative*; fr. *Comparé*; al. *Vergleichend*; it. *Comparativo*). Os lógicos tradicionais chamam de questão comparativa aquela em que se pergunta se algo é menor ou maior, melhor ou pior etc., do que outra coisa; por exemplo: "Se a justiça é preferível à força" (Jungius, *Lógica*, V, 2, 42). A *Lógica* de Port-Royal denominou C. as proposições que instituem um confronto desse tipo (Arnauld, *Log.*, II, 10, 3); essa expressão persiste na lógica tradicional (cf. B. Erdmann, *Logik*, I, § 40, 229). [N.A.]

COMPATIBILIDADE. V. Consistência.

COMPETÊNCIA-DESEMPENHO (in. *Competence-performance*; it. *Competenza-esecuzione*). Par de conceitos introduzido por N. Chomsky em *Aspects of the Theory of Syntax* (1965) para aludir, por um lado, ao conjunto de regras de que dispõe todo falante para falar e, por outro, ao seu uso efetivo e criativo no âmbito das situações específicas. O par de Chomsky não pode ser reduzido ao par estruturalista e saussuriano de *langue* e *parole*, uma vez que a *performance* coincide com o ato *criativo* de um indivíduo falante, enquanto no estruturalismo o sujeito individual desaparece, e a *parole* se configura como o ato de uma estrutura metaconsciencial (v. Gramática; Linguagem). [G.F.]

COMPLEMENTARIDADE (in. *Complementarity*; fr. *Complémentarité*; al. *Komplementarheit*; it. *Complementarità*). Com expressão extraída da geometria (chamam-se complementares dois ângulos cuja soma é igual a um ângulo reto) denominam-se complementares dois conceitos opostos que se corrigem reciprocamente e se integram na descrição de um fenômeno. Assim, por exemplo, chamam-se complementares os conceitos de onda e de corpúsculo para a descrição dos fenômenos ópticos na moderna mecânica quântica. O *princípio* de C. formulado por Bohr exprime a incompatibilidade da mecânica quântica com a concepção clássica da *causalidade* (v.). Exprime-se assim: "Uma descrição *espácio-temporal* rigorosa e uma seqüência causal rigorosa de processos individuais não podem ser realizadas simultaneamente; ou uma ou outra deve ser sacrificada" (D'Abro, *New Physics*, p. 951). [N.A.]

COMPLETUDE (in. *Completeness;* fr. *Complétude;* al. *Vollständigkeit;* it. *Completezza*). Em lógica, fala-se em C. *sintática* e C. *semântica* em relação a dado sistema formal. Um sistema formal X é considerado "sintaticamente completo" se, para cada fórmula p (da linguagem do sistema), isenta de variáveis livres, em X é demonstrável p ou é demonstrável não-p. Um sistema formal X é considerado "semanticamente completo" se todo enunciado válido de X (ou seja, tal que seja verdadeiro com qualquer interpretação que torne verdadeiros os axiomas de X) é um teorema de X (é demonstrável em X). Com o nome de "*Teorema de C.*" designa-se um importante teorema demonstrado por Gödel (1930) sobre o cálculo predicativo: "os teoremas do cálculo predicativo coincidem com as fórmulas válidas". O teorema afirma tanto a C. *semântica*, no sentido acima mencionado (todas as fórmulas universalmente válidas são teoremas) quanto a *validade* (todos os teoremas são fórmulas válidas) do cálculo predicativo. A teoria da C. é relevante porque estabelece um nexo estreitíssimo entre noções semânticas (como a validade), por um lado, e noções sintáticas (como a demonstrabilidade), por outro. [M.M.]

COMPLEXIDADE, TEORIA DA (in. *Theory of complexity;* fr. *Théorie de la complexité;* it. *Teoria della complessità*). Define-se como "teoria da C." uma vasta tendência anti-reducionista que se desenvolveu em vários setores da pesquisa científica a partir do início do século XX e culminou nos anos 1980 num verdadeiro movimento epistemológico, que congregou autores europeus, sul-americanos e norte-americanos. A atitude anti-reducionista da epistemologia complexa concretiza-se como inclinação a ressaltar, na observação dos fenômenos, os aspectos de *descontinuidade, contradição, não-linearidade, multiplicidade* e *aleatoriedade*, em lugar de reduzir sua emergência, como ocorria na atitude científica clássica, para a qual tais fatores eram concebidos, no mais das vezes, como elementos de perturbação.

Segundo Edgar Morin, que foi um dos primeiros e mais conhecidos teóricos da C., o fim do "paradigma de simplicidade" na ciência é situável no início do século, quando a teoria da relatividade e a física quântica demonstraram que o nosso universo, como normalmente o pensamos (em termos de causalidade linear, de distinção entre coisas e funções, entre objetos e sujeitos) nada mais é que uma "passagem" ou um "momento" entre duas C.: a C. microfísica (que implica compromisso entre observador e observado e descontinuidade morfológica entre partículas como "ondas" e "corpúsculos") e a C. macrocósmico-física (segundo a qual a observação depende da posição do observador, tornando-se interativas as noções de tempo e espaço). Nessa visão transfigurada do mundo físico inseriu-se depois o desenvolvimento de vários setores da pesquisa: em especial, a *biologia*, que desde os anos 1950, com o biólogo austríaco Ludwig von Bertalanffy, despedia-se do mecanicismo analítico para adotar um ponto de vista sistêmico (V. SISTEMAS, TEORIA GERAL DOS); a *cibernética*, "ciência do controle e da comunicação" criada por Norbert Wiener após a Segunda Guerra, que se propunha aplicar os instrumentos da lógica formal, a teoria dos algoritmos e outros setores da matemática ao estudo dos mecanismos que serviam de base para que homens e máquinas se comunicassem e para que sistemas complexos pudessem controlar seu próprio desenvolvimento e agir sobre ele; a *sociologia*, organizada de forma sistêmica por Talcott Parsons, em oposição às tendências analíticas prevalentes da sociologia americana.

Em todos esses setores, por volta dos anos 1960, começam a manifestar-se novos interesses pela circularidade e pela auto-referencialidade dos processos de organização (V. AUTO-REFERÊNCIA). Criam-se assim as premissas para aquilo que foi definido como "mutação no estatuto ontológico do objeto" e "revolução paradigmática" (E. MORIN, *Introduction à la pensée complexe*, 1990), e que levou a perceber a necessidade de uma "reorganização em cadeia daquilo que chamamos ciência".

No novo paradigma, segundo Morin, convergem essencialmente três princípios: o princípio dialógico, segundo o qual dados contrapostos revelam-se reciprocamente constitutivos (V. DIALÉTICA); o princípio de "recorrência em organização" (V. RECURSIVIDADE), segundo o qual cada efeito é ao mesmo tempo causa e produto daquilo que o produz; o terceiro princípio, chamado "hologramático", que é o nexo de remissão recíproca ou de co-pertença entre o todo e as partes, já formulado por Pascal e típico da hermenêutica romântica e da perspectiva organicista (V. TOTALIDADE). Esses princípios, reconhecidamente emergentes em cibernética, biologia, sociologia e em outros setores de pesquisa, remetem um ao outro, mas não é possível resolvê-los integralmente um no outro: apresentam-se como parâmetros de um pensamento que é ao mesmo tempo "multidimensional" e "dialógico".

Ao lado de Morin, que desenvolveu sobretudo as conseqüências filosóficas gerais da nova epistemologia complexa, fornecendo-lhe um esboço de reconstrução histórica, outros influentes teóricos da C. foram o ciberneticista e biólogo Heinz von Förster, os neurofisiologistas Humberto Maturana e Francisco Varela, o ciberneticista e epistemólogo Henri Atlan, o sociólogo Niklas Luhmann, o químico belga de origem russa Ilya Prigogine. A Prigogine deve-se principalmente a tematização da peculiar relação "complexa" que vem sendo criada entre acaso e determinismo, ordem e desordem, arbítrio e necessidade, sempre que se valorizam as relações entre "local" e "global", microfenômenos e macrofenômenos. Trata-se da tese segundo a qual em diversos tipos observáveis de realidade a necessidade se apresenta como efeito do acaso, e escolhas arbitrárias e contingentes produzem situações de ordem efetiva. A vastidão desse princípio, que se encontra também na prática artística e literária, levou Prigogine a teorizar uma "nova aliança" entre ciências da natureza e ciências do espírito, e entre vida e natureza (cf. com ISABELLE STENGERS, *A nova aliança*, 1979).

As teorias de Prigogine, Morin e Atlan foram discutidas de diversos pontos de vista, em particular a partir de duas considerações: *a*) *o* privilégio do acaso e da desordem, que parecem implicar, comportaria uma forma de irracionalismo de todo inexpressivo e cientificamente irrelevante; *b*) a ênfase na globalidade, nas configurações vastas e complexas, nos macrofenômenos, seria indicativa de um *holismo* (v.) vago e inutilmente conciliatório. Num ensaio de 1980 intitulado "Halte au hasard, silence au bruit", o matemático e epistemólogo francês René Thom criticou a "fascinação pelo aleatório", que se exprime nas obras de Morin, Atlan, Prigogine e Stengers, e relançou a oportunidade, em ciência, da "simplificação" reducionista e do determinismo (trad. it. em K. POMIAN, *Sul determinismo*, Il Saggiatore, Milão, 1991). Em decorrência das críticas de Thom, Morin e Prigogine deixaram claro que a teoria da C. não "privilegia" de modo algum o acaso ou a desordem, mas justamente defende uma idéia complexa de determinismo e acaso, ordem e desordem. Quanto à acusação de "holismo" e "anti-reducionismo", Prigogine lembrou que o ponto de vista da C. diz respeito às análises das relações entre local e global, e não pretende, portanto, afirmar uma forma de "holismo" incondicional, em todo e qualquer âmbito. O debate engajou diversos estudiosos, questionou diferentes noções de determinismo e de casualidade, e ainda está em fase de desenvolvimento. [F.D'A]

COMPLEXO (gr. συμπεπλεγμένον; lat. *Complexum*; in. *Complex*; fr. *Complexe*; al. *Komplex*; it. *Complesso*). Os estóicos, que introduziram esse termo, entenderam por ele as proposições compostas, isto é, constituídas ou por uma só proposição tomada duas vezes (p. ex.: "se é dia, é dia"), ou por proposições diferentes unidas por um ou mais conectivos (p. ex.: "É dia e há luz", "Se há dia, há luz" etc.) (SEXTO EMPÍRICO, *Adv. math.*, VIII, 93; DIÓG. L., VII, 72). Na lógica medieval, esse termo era generalizado e entendeu-se com ele ou um termo composto por palavras diferentes, como "homem branco", "animal racional" etc., ou a proposição simples composta do nome e do verbo (p. ex., "o homem corre" etc.). Nesse caso, o oposto de complexo, indicado pelo termo *incomplexum* (isto é, "simples") é o termo isolado ou qualquer termo da proposição, mesmo se composto por dois ou mais termos (p. ex., o sujeito "homem branco" na proposição "o homem branco corre") (OCKHAM, *Expositio super artem veterem*, fol. 40 b). Essas noções repetem-se com poucas diferenças em Vicente de Beauvais (*Speculum doctrinale*, 4) e em Armando de Beauvoir (*De declaratione difficilium terminorum*, I, 1). Cf. TOMÁS, *S. Th.*, II, 2, q, 1, a. 2. [N.A.]

COMPLICATIO, EXPLICATIO (it. *Complicazione, esplicazione*). Termos empregados por Nicolau de Cusa para indicar a relação entre o ser e as suas manifestações, visto estarem tais manifestações contidas no ser, e o ser desdobrar-se ou manifestar-se nelas. Nicolau de Cusa diz que a unidade infinita é "C. [dobramento] de todas as coisas", e que o movimento é "a E. [desdobramento] do repouso"; que Deus "é a C. e a E. de todas as coisas; por ser C. de todas as coisas, todas as coisas estão nele, ao passo que, por ser E., ele é em todas as coisas o que elas são" (*De docta ignor.*, II, 3). [N.A.]

COMPORTAMENTISMO. V. BEHAVIORISMO.

COMPORTAMENTO (in. *Behavior*; fr. *Comportement*; al. *Verhaltern*; it. *Comportamento*). Toda resposta de um organismo vivo a estímulos, que seja: 1º objetivamente observável por um meio qualquer; 2º uniforme. O termo C. foi introduzido por Watson por volta de 1914 e hoje é de uso corrente no significado ora exposto. Inicialmente, serviu para dar ênfase à exigência de que a psicologia e, em geral, qualquer consideração científica das atividades humanas ou animais assumissem como objeto elementos observáveis objetivamente, isto é, não acessíveis somente à "intuição interna" ou à "consciência". Atualmente, esse termo é de uso geral. Deve ser distinguido: 1º de *ação*, porque, ao contrário desta, o C.: *a*) não é uma manifestação de um princípio particular, por exemplo, da vontade ou da atividade prática, mas de todo o organismo animal; *b*) é constituído unicamente por elementos observáveis e passíveis de descrição em termos objetivos; *c*) é uniforme, isto é, constitui a reação habitual e constante do organismo a uma situação determinada; 2º de *atitude*, que é o C. especificamente humano e inclui, portanto, elementos antecipatórios e normativos (projeto, previsão, escolha etc.); 3º de *conduta*, à qual pode faltar o caráter de uniformidade. [N.A.]

COMPOSIÇÃO (in. *Composition*; fr. *Composition*; al. *Komposition*; it. *Composizione*). Para os lógicos medievais (p. ex., PEDRO HISPANO, *Summ. log.*, 7.25), *com-*

positio designa o paralogismo ou *falácia* (v.) derivada do uso sintático que torne a frase ambígua. É, pois, uma espécie de *anfibolia* (v.). [G.P.]

COMPOSSÍVEL (it. *Compossibile*). Tomás de Aquino e Duns Scot já haviam afirmado que uma coisa que fosse possível por si era C. com determinado conjunto de outras coisas, desde que sua integração no sistema constituído por tal conjunto não desse ensejo a contradições. Leibniz faz uso sistemático dessa idéia, assumindo que, se A e B são dois conceitos de indivíduos, cada um dos quais não implique contradição, os indivíduos correspondentes a A e B serão *compossíveis* se for possível a pertença deles a um mesmo mundo (ou seja, não der ensejo a contradição). Segundo Leibniz, a diferença entre *possível* e C. ressalta a falsidade da tese segundo a qual tudo o que é possível, antes ou depois se realizará: poderão, sim, realizar-se só os eventos C. com o mundo chamado à existência. [M.M.]

COMPREENDER (lat. *Intelligere*; in. *Understanding*; fr. *Comprendre*; al. *Verstehen*; it. *Comprendere*). A noção do C. como atividade cognitiva específica, diferente do conhecimento racional e de suas técnicas explicativas, pode ser considerada em duas fases históricas diferentes, a primeira na filosofia medieval ou na escolástica em geral, a segunda na filosofia contemporânea.

1. Toda a escolástica se funda no problema de "C." a verdade revelada. Mas sobre o valor desse C. os próprios escolásticos não estavam de acordo. Alguns identificaram o C. com o conhecimento racional e com a sua técnica demonstrativa e, sob esse aspecto, a compreensibilidade dos dogmas mostrou-se como a possibilidade de demonstrá-los, isto é, de equipará-los a verdades racionais. Anselmo e Abelardo parecem estar de acordo em entender assim o *intelligere* que julgam indispensável à própria fé. É óbvio que, nesse caso, o *intelligere* não é absolutamente um C. no sentido específico do termo. Uma esfera específica do *intelligere* como compreender, em sua diferença do conhecimento demonstrativo foi, porém, delineada por Tomás de Aquino na tentativa de determinar o papel da razão em face da fé. Esse papel consiste: 1º em *demonstrar* os preâmbulos da fé; 2º em esclarecer, mediante similitudes, as verdades da fé; 3º em rebater as objeções que se fazem contra tais verdades (*In Boet. De Trin.*, a. 3). Obviamente, a segunda e a terceira parte dessa tarefa, que não são de natureza demonstrativa, constituem a esfera do compreender. E com efeito, segundo Tomás de Aquino, as verdades fundamentais de fé, a Trindade, a Encarnação, a Criação, são compreensíveis nesse sentido: não são demonstráveis (nesse caso seriam verdades de razão), mas podem ser esclarecidas por meio de analogias e, especialmente, sustentadas contra as objeções. Essa posição tomista constitui a melhor e a mais difundida solução do problema do C. que nasceu na escolástica. Era também defendida no século XVIII por Leibniz contra as objeções de Bayle e de Toland. Segundo Leibniz, o dogma é "incompreensível" só no sentido de que não se pode demonstrar, mas pode-se dizer que ele concorda com a razão no sentido de "que se pode mostrar, quando necessário, que não há contradição entre o dogma e a razão, refutando as objeções daqueles que afirmam ser o dogma um absurdo" (*Théod.*, § 60).

2. Na filosofia contemporânea, a distinção entre a esfera do C. e a do conhecer racional nasceu da exigência fazer a distinção entre o procedimento explicativo das ciências morais ou históricas e o procedimento das ciências naturais. Essa exigência nasceu da dificuldade de aplicar a técnica causal, própria da ciência natural do século XIX, ao domínio dos eventos humanos, como são os fatos históricos, e, em geral, ao homem e às relações inter-humanas. Com base nessa técnica, considera-se "racionalmente explicado" aquilo cuja gênese causal necessária pode ser mostrada, isto é, aquilo cuja ocorrência se pode demonstrar necessária ou infalivelmente previsível quando se dá a *causa* (v.). O caráter necessário da gênese causal, que se conforma a uma *lei* imutável, e o caráter de uniformidade mecânica que os eventos causalmente explicáveis assumem por efeito de tal lei tornam bastante difícil transferir esse tipo de explicação para o mundo do homem, assim como tornam difícil explicar os fatos históricos e, em geral, qualquer fato que consista em uma relação com o homem. A aplicação da técnica causal a tais fatos implicaria a sua redução a casos de uniformidade mecânica, devidos à ação de leis necessitantes. De tal modo que, quando nos últimos decênios do século XIX as ciências históricas, ou, como então se dizia, as "ciências do espírito", que haviam atingido suficiente solidez metodológica e grande riqueza de resultados, começaram a propor-se o problema do método e procuraram esclarecê-lo criticamente, surgiu com clareza a exigência de vincular esse método a técnicas e procedimentos diferentes dos usados nas ciências naturais. Nesse sentido, o "C." como procedimento próprio das ciências do espírito, foi contraposto ao "explicar", baseado na causalidade e próprio das ciências naturais.

O primeiro a formular claramente essa distinção foi Dilthey, em sua *Introdução às ciências do espírito* (1883). Dilthey observou que as nossas relações com a realidade humana são de todo diferentes das nossas relações com a natureza. A realidade humana, tal como aparece no mundo histórico-social, é tal que podemos compreendê-la de dentro, porque podemos representá-la sobre o fundamento dos nossos próprios estados. A natureza, ao contrário, é muda e permanece sempre como algo de externo. Portanto, nas ciências do espírito, que têm por objeto a realidade humana, o sujeito não se encontra diante de uma realidade estranha, mas diante de si mesmo, porque é homem quem indaga e é homem quem é indagado. "O C.", diz Dilthey, "é a descoberta do eu no tu. [...] O sujeito do saber é, aqui, idêntico ao seu objeto, e este é o mesmo em todos os graus de sua objetivação" (*Gesammelte Schriften*, VII, p. 191). Desse ponto de vista, Dilthey apontou como instrumento próprio do C. a *Erlebnis*, ou *experiência vivida* ou revivescente que permite apreender a realidade histórica na sua individualidade viva e nos seus caracteres específicos. Depois de Dilthey, na corrente do historicismo alemão que continua a sua obra, o C. permanece como o órgão do conhecimento histórico e, em geral, do conhecimento interpessoal, como não suscetível de explicação causal. Todavia, sobre a própria natureza do C. não há acordo. Rickert entende por C. o apreender "o sentido de um objeto, isto é, a relação do próprio objeto com um valor determinado" (*Die Grenzen der naturwissenschaftlichen Begriffsbildung*, 1896-1902). Simmel considera o C. como algo que vise a reproduzir a vida psíquica de uma outra personalidade e, portanto, como o ato de *projeção* mediante o qual o sujeito cognoscente atribui um estado representativo ou volitivo seu a uma outra personalidade (*Die Probleme der Geschichtsphilosophie*, 1892, p. 17). Por sua vez, Max Weber, embora insistisse na diferença entre explicação histórica e explicação causal, quis preencher ou diminuir o abismo que se estava formando entre os dois procedimentos, afirmando que a própria explicação histórica é causal, mas uma explicação causal específica, que visa a reconhecer o nexo particular e singular entre determinados fenômenos e não a sua dependência de uma lei universal. "Nossa necessidade causal", escreve ele, "pode encontrar na análise da atitude humana uma satisfação qualitativamente diferente, que implica, ao mesmo tempo, uma entonação qualitativamente diferente do conceito de racionalidade. Para a sua interpretação, podemos propor-nos, pelo menos como fundamento, não só o objetivo de tornar a atitude penetrável e possível em relação ao nosso saber nomológico, mas também de compreendê-la, de descobrir um motivo concreto que possa ser revivido interiormente e que verificamos com um grau diferente de precisão, segundo o material das fontes" (*Gesammelte Aufsätze zur Wissenschaftslehre*, 1951, p. 67). Todavia, o conceito de *causalidade individual*, em que Weber insistia, é pouco sólido, visto que a causa, enquanto aquilo que torna o efeito infalivelmente previsível, tem com o próprio efeito uma relação necessária e constante, por isso essencialmente uniforme e universal. A exigência, apresentada por Weber, de eliminar ou diminuir o contraste entre explicação científica e compreensão histórica ou inter-humana, pôde ser satisfeita só depois que a própria ciência abandonou o conceito clássico de causalidade. Entrementes, a exigência de uma técnica cognitiva que fosse diferente da técnica explicativa e causal era freqüentemente reconhecida pela sociologia. Znaniecki invocava um "coeficiente humanístico" na pesquisa sociológica e ressaltava a importância da experiência vicariante como fonte de dados sociológicos (*Method of Sociology*, 1934, p. 167). Sorokin reputava inaplicável o método causal de interpretação dos fenômenos culturais (*Social and Cultural Dynamic*, 1937, p. 26). E MacIver, por sua vez, reconhecia a inaplicabilidade da fórmula causal da mecânica clássica à conduta humana (*Social Causation*, 1942, p. 263).

Os filósofos, por sua vez, não encontrando lugar para o C. entre as atividades racionais que pareciam monopolizados pelas técnicas da explicação causal, acabaram vinculando-o à vida emotiva. Assim fizeram, principalmente, Scheler e Heidegger, aos quais se devem, contudo, as mais importantes determinações da noção do C. Para Scheler, essa noção serve para fundar as relações humanas – que são, de resto, aquelas pelas quais o eu reconhece o outro eu –, não a partir de uma inferência ou da projeção que o eu faça de suas experiências interiores no outro, mas a partir dos fenômenos expressivos. Assim, Scheler afirma que "a existência das experiências interiores, dos sentimentos íntimos dos outros, é-nos revelada pelos fenômenos de expressão: não adquirimos consciência dela em decorrência do raciocínio, mas de modo imediato, através de uma 'percepção' originária e primitiva. Percebemos o pudor de alguém *no* seu rubor, a alegria *no* seu riso" (*Sympathie*, I, cap. II). Portanto, não é verdade que conheçamos em primeiro lugar o corpo dos outros e que só a partir dele *infiramos* a existência de outros espíritos. Só o médico e o naturalista conhecem tão-somente o corpo, porque abstraem, artificialmente, os fenômenos de expressão, que são a manifestação primária e imediata dos outros espíritos, mas são esses fenômenos que estão na base da compreensão emotiva. Esta, segundo Scheler, deve ser distinguida da *fusão* emotiva porque implica a *alteridade* dos sentimentos. Por exemplo, o sofrimento do meu próximo e a minha compreensão simpática são dois fatos diferentes, e é justamente essa diferença que estabelece a possibilidade de compreensão: nada tem que ver com ela o fato de eu e meu vizinho padecermos do mesmo mal. As análises de Scheler contribuíram para fixar os seguintes pontos: 1º o C. não implica a identidade das pessoas entre as quais ocorre a identidade dos estados de alma ou dos sentimentos; implica, antes, a *alteridade* entre as pessoas e entre os seus respectivos estados; 2º a compreensão funda-se na relação *simbólica* que existe entre as experiências internas e a sua expressão: relação que constitui uma espécie de "gramática universal", válida para todas as linguagens expressivas, e que fornece o critério último da compreensão inter-humana. Como Scheler, Heidegger vincula o fenômeno da compreensão sobretudo à esfera emotiva, mas acrescenta à análise desse fenômeno uma observação de importância fundamental, ligando-o à noção de possibilidade. Heidegger, com efeito, considera a compreensão essencial à existência humana (ao *Dasein* [ser-aí]), pois ela significa que a existência é, essencialmente, possibilidade de ser, existência possível. "Usamos freqüentemente a expressão 'C. alguma coisa' no sentido de 'ser capaz de enfrentar alguma coisa', 'ser capaz de', 'poder alguma coisa'. [...] Na compreensão está posto, essencialmente, o modo de ser do *Dasein* (ser-aí) como poder-ser. O *Dasein* (ser-aí) não é uma simples presença que, adicionalmente, possua o requisito de poder algo, mas, ao contrário, é primariamente um ser possível". Portanto, "a compreensão tem em si a estrutura existencial que nós chamamos *projeto*" (*Sein und Zeit*, § 31). Como possibilidade e projeto, a existência humana possui uma transparência, para si mesma, que Heidegger chama de *visão* e que é a primeira manifestação da compreensão. A intuição e o pensamento são, por sua vez, dois derivados distantes da própria compreensão (*ibid.*, § 31).

Está bem claro que a referência do C. à vida emocional, feita por Scheler e Heidegger, era motivada pelo fato de a vida racional parecer-lhes ocupada por técnicas que pouco ou nada tinham que ver com o compreender. Os resultados obtidos por Scheler e Heidegger, contudo, são muito importantes: os primeiros negativamente, permitindo subtrair o C. à esfera do imediato e do inexprimível, e os segundos positivamente, porque vinculam o C. à noção de possibilidade. Na análise de Heidegger, o C. não só foi generalizado, porque se tornou aplicável às coisas, assim como às pessoas, como também, por isso mesmo, deixou de ser antagônico ao conceito de explicação. Compreensão e explicação podem ser identificadas pela noção de possibilidade e ser entendidas como declaração da "possibilidade de...", em que o que ficou pendente pode ser preenchido, nos diversos campos de indagação, por diversas espécies de projetos e de previsões. Mas essa aproximação entre explicação e compreensão e essa sua unificação no conceito de "possibilidade de..." eram sancionadas pelos próprios progressos das ciências naturais, que abandonavam a noção clássica de causalidade e, portanto, se desligavam da técnica explicativa causal. A física relativista e a teoria quântica davam o passo decisivo para a eliminação da antítese entre explicação e compreensão. Como nota Carnap, na mecânica quântica "C. uma expressão, um enunciado, uma teoria significa a *capacidade de usá-la* para a descrição de fatos conhecidos ou para a previsão de fatos novos" (*Foundations of Logic and Mathematics*, 1939, § 25). A "capacidade de" é, portanto, o que exprime o significado da compreensão na própria física. Mas a possibilidade da previsão provável também é tudo aquilo a que se reduz hoje a explicação científica (v. EXPLICAÇÃO). Desse modo, a diferença radical que parecia solidamente estabelecida pela metodologia científica do século XIX, entre ciência do espírito e ciência da natureza, acabou por desaparecer. O que esses dois grupos de disciplinas procuram fazer, em relação a seus respectivos objetos, é no fundo a mesma coisa: determinar as possibilidades de descrever ou de antecipar (projeto, uso, fruição) que seus objetos comportam. [N.A.]

3. A indubitável aproximação das duas lógicas, do C. e do explicar, não anulou, porém, as diferenças; ao contrário, refinou as posições.

a) Preeminência do C. sobre o explicar. O C. como algo existencial, típico da filosofia heideggeriana, está no centro da hermenêutica teórica de Gadamer; em *Wahrheit und Methode* (1965²), em vez de ser um instrumento gnosiológico particular qualquer, o C. é posto num nível mais fundamental do que qualquer operação cognitiva específica, sendo seu pressuposto imprescindível: o C. é *"o originário modo de realizar-se do Dasein*, que é ser-no-mundo" (trad. it., Bompiani, Milão 1990, p. 306). Toda "experiência de verdade", realize-se como científica ou não, parte do C. Este se traduz na concretude da forma lingüística, que é em primeiro lugar diálogo: o C., como a lingüisticidade (visto que "a linguagem é o *meio universal em que se realiza a compreensão*", p. 445), são para Gadamer elementos não objetiváveis, ou seja, não se podem realizar com base num acesso metódico; o intuito do C. é "estudar a experiência de verdade que ultrapasse o âmbito submetido à verificação da metodologia, onde quer que essa verdade se encontre" (p. 19), ainda que a hermenêutica se recuse a entendê-lo (ao modo de Schleiermacher) em termos puramente psicológicos.

b) Preeminência do explicar sobre o C. Na vertente analítica, o tema foi tratado de maneira diferente. Durante a fase neopositivista dissertara-se sobre a irrelevância cognitiva do C., indicativo ao máximo de alguma empatia entre sujeito e objeto (ABEL, *The Operation Called Verstehen,* 1948; NAGEL, *The Structure of Science,* 1961), e admitira-se apenas a validade do explicar, reconhecendo que o C. está implicado nele e é redutível a conhecimento proposicional (ALBERT, *Pladoyer für kritischen Rationalismus,* 1971; TAYLOR, *Interpretation and the Science of Man,* 1971; PATZIG, *Erklüren und Verstehen,* 1973; PUTNAM, *Meaning and the Moral Sciences,* 1978). Nesse caso não haveria diferenças relevantes entre a explicação do comportamento de um objeto natural ou de um homem, entre a ação mecânica e a dotada de sentido. Mas os desenvolvimentos posteriores, inclusive no campo da filosofia analítica, parecem atribuir indubitável legitimidade ao C., embora aqui, ao contrário do que ocorre na hermenêutica, se considere que ele pode ser efetuado com base em cânones metodológicos explícitos.

c) Paridade entre C. e explicar. Inúmeros pensadores de orientação fenomenológica e estudiosos de ciências sociais tendem a negar o dualismo metodológico. Para Follesdal, "o método hermenêutico é o método hipotético-dedutivo aplicado a um material significante" (*Hermeneutics and the Hypotetico-deductive Method,* 1979), pois existem mútuas interações entre o sujeito e o objeto, seja qual for o tipo deste último. Frey admite na explicação das individualidades um resíduo irredutível às regras (*Hermeneutische und hypotetisch-deduktive Methode,* 1970), Giddens (*New Rules of Sociological Method,* 1976), Thomas (*Naturalism and Social Science,* 1979) e Hesse (*Revolutions and Reconstructions in the Philosophy of Science, 1980*) refutam o dualismo entre ciências naturais e ciências humanas, ainda que sejam admitidas nestas últimas apenas leis de baixo nível, previsões limitadas e generalizações tão-somente de tipo ideal, bem como um sucesso mais problemático do "critério pragmático": todas as ciências seriam postas num *continuum* em cujos extremos se situaria uma empiricidade maior ou menor.

d) Autonomia entre C. e explicar. Na chamada terceira fase da controvérsia entre C. e explicar, iniciada pela filosofia analítica da história, vê-se a afirmação das posições neodualistas (Anscombe, Peters, Winch, Hampshire, Melden, Kenny, D'Arcy, Brown), que combatiam o monismo metodológico do positivismo e a proposta de uma nova consideração teleológica do agir intencional (APEL, *Die Erklären: Verstehen-Kontroverse,* 1978; RIEDEL, *Verstehen oder Erklüren,* 1978) (v. AÇÃO, TEORIA DA). Para um contingente razoavelmente grande de pensadores de orientação analítica (VON WRIGHT, *Explanation and Understanding,* 1971; CHISHOLM, *Verstehen. The Epistemological Question,* 1979; MORAWSW, *Understanding,* 1979; PARRET, *Context of Understanding,* 1980; ROSENBERG, *On Understanding the Difficulty in Understanding Understanding,* 1981), é necessário admitir que o C. tem um componente não proposicional que, no entanto, em contraposição com a hermenêutica, tem claro caráter social; os significados são compreensíveis porque apresentados aos usuários de um sistema semiótico como "valores comuns", assemelhando-se a uma competência cognitiva geral que naturalmente também pode não ser conscientizada (e, de fato, na maioria das vezes não é), e não há nenhuma *circularidade* (v. CÍRCULO HERMENÊUTICO), porque o significado global não é não-estruturado como o não-dito de Gadamer, mas é estruturado semioticamente e é socialmente aberto. [M.S.]

COMPREENSÃO[1] (in. *Understanding;* fr. *Compréhension;* al. *Verstehen;* it. *Comprensione*). O ato ou a capacidade de *compreender* (v.). [N.A.]

COMPREENSÃO[2] (in. *Comprehension;* fr. *Compréhension;* al. *Inhalt;* it. *Comprensione*). Na tradição lógica, a partir do século XVII aproximadamente, o termo C. designa o conjunto das notas conceituais que compõem dado conceito (p. ex.: do conceito correspondente ao termo "homem" fazem parte as notas conceituais correspondentes a "ser racional", "animal" etc.). A C. de um conceito era contraposta à sua *extensão* – vale dizer, ao indivíduo ou aos indivíduos que se incluem nele –, e observava-se que, aumentando o numero de notas que caracterizam um conceito – aumentando sua C. –, restringe-se a sua extensão. Atribui-se a Antoine Arnauld e Pierre Nicole a introdução do termo "C." nessa acepção (*Lógica ou arte de pensar,* 1662, 1, 6). Leibniz substituirá "C." por *intensão* (e usará este termo com o mesmo significado de C. acima), elaborando o par *extensão e intensão,* ainda em uso. [M.M.]

COMPROMISSO (in. *Commitment;* fr. *Engagement;* al. *Verbindlichkeit;* it. *Impegno*). Escolha fundamental que dirija a conduta ou o procedimento de investigação num campo qualquer. Essa noção foi empregada pelos lógicos para indicar a escolha preliminar da espécie de entidade a que se referem os cálculos lógicos, ou seja, das variáveis que se repetem nesses cálculos. Quine diz: "Comprometemo-nos com uma ontologia que contém números quando dizemos que há números primos maiores que um milhão; comprometemo-nos com uma ontologia que contém centauros quando dizemos que existem centauros; e comprometemo-nos com uma ontologia que contém Pégaso quando dizemos que Pégaso existe" (*From a Logical Point of View,*

I). Mesmo objetando contra o uso do termo "ontologia", Carnap manteve esse conceito: "A escolha de certa estrutura lingüística e, em particular, a decisão de usar certos tipos de variáveis são decisões práticas tanto quanto a escolha de um instrumento; dependem principalmente dos objetivos para os quais se pretende usar o instrumento – nesse caso, a linguagem – e de suas propriedades" (*Meaning and Necessity*, § 10). Um compromisso nesse sentido é a base de qualquer determinação do significado de *existência* (v.): a diferença entre as várias correntes da *matemática* (v.) pode ser reduzida à diferença entre os compromissos ontológicos que lhes servem de fundamento.

Na filosofia existencialista, esse termo foi usado para indicar o fato de que qualquer esclarecimento que o homem possa obter sobre as determinações da existência é um compromisso (uma decisão ou uma escolha) com tal determinação. Nesse sentido, Heidegger disse que o ser do homem é aquilo em que o homem está sempre envolvido, que está sempre conclamando o homem para uma decisão ou para uma escolha (*Sein und Zeit*, § 9). Jaspers contrapôs ao "descompromisso" da arte perante a vida real o compromisso da filosofia, que atua dentro da vida (*Phil.*, I, p. 338). Sartre viu no engajamento o nascimento do projeto fundamental que é a expressão da liberdade humana: "Meu projeto último e inicial é sempre o esboço de uma solução do problema do ser. Mas essa solução não é primeiro conhecida e depois realizada: nós *somos* essa solução, fazemo-la existir com o nosso engajamento e só podemos atingi-la vivendo-a" (*L'être et le néant*, p. 540). [N.A.]

COMUM, SENSO. V. SENSO COMUM.

COMUNICAÇÃO (in. *Communication;* fr. *Communication;* al. *Kommunikation;* it. *Comunicazione*). 1. Filósofos e sociólogos utilizam hoje esse termo para designar o caráter específico das relações humanas que são ou podem ser relações de participação recíproca ou de compreensão. Portanto, esse termo vem a ser sinônimo de "coexistência" ou de "vida com os outros" e indica o conjunto dos modos específicos que a coexistência humana pode assumir, contanto que se trate de modos "humanos", isto é, nos quais reste certa possibilidade de participação e de compreensão. Nesse sentido, a C. nada tem em comum com a coordenação e com a unidade. As peças de uma máquina, observou Dewey, estão estreitamente coordenadas e formam uma unidade, mas não formam uma comunidade. Os homens formam uma comunidade porque se comunicam, porque podem participar reciprocamente dos seus modos de ser, que assim adquirem novos e imprevisíveis significados. Essa participação diz que uma relação de C. não é um simples contato físico ou um embate de forças. A relação entre o predador e sua presa, por exemplo, não é uma relação de C., ainda que às vezes isso possa ocorrer entre os homens. A comunicação enquanto característica específica das relações humanas delimita a esfera dessas relações àquelas em que pode estar presente certo grau de livre participação. O destaque do conceito de C. na filosofia contemporânea deve-se: 1º ao abandono da noção de Autoconsciência infinita, Espírito Absoluto ou Superalma: noção que, implicando a identidade de todos os homens, torna, obviamente, inútil o próprio conceito de C. inter-humana; 2º ao reconhecimento de que as relações inter-humanas implicam a alteridade entre os homens e são relações *possíveis;* 3º ao reconhecimento de que tais relações não se acrescentam, num segundo momento, à realidade já constituída das pessoas, mas entram a constituí-la como tal.

Nesses termos, o conceito de C. faz parte de filosofias díspares. Segundo Heidegger, o conceito de C. deve ser entendido "em sentido ontologicamente lato", como "C. existencial". "Nessa última constitui-se a articulação do ser-com que compreende. Ela realiza a *partilha* da situação emotiva comum e da compreensão do ser-com. C. não é a transferência de experiências vividas (não importa quais, p. ex., opiniões e desejos) do interior de um sujeito para o interior de outro sujeito. A co-presença está já essencialmente revelada na situação emotiva comum e na compreensão comum" (*Sein und Zeit*, § 34). Em outros termos, para Heidegger, C. é já coexistência porque a co-participação emotiva e a compreensão dos homens entre si fazem parte da própria realidade do homem, o ser do *Dasein* (ser-aí). Jaspers, que está substancialmente de acordo com Heidegger, a partir daí passa a opor-se às ciências empíricas (psicologia, antropologia, sociologia) que pretendem analisar as relações de comunicação. Segundo Jaspers, o defeito delas é que devem limitar-se à consideração das relações humanas, não das possíveis, ao passo que a C. é, precisamente, possibilidade de relações. Nesse sentido, só pode ser esclarecida pela filosofia (*Phil.*, II, cap. III). Dewey, ao contrário, que compartilha com Heidegger e Jaspers o ponto de vista de que a C. constitui essencialmente a realidade humana, considera-a como uma forma especial de ação recíproca da natureza e acredita, portanto, que pode e deve ser estudada pela pesquisa empírica (*Experience and Nature*, cap. V).

Se na filosofia oitocentista, com o predomínio das concepções absolutistas (o próprio positivismo falava da Humanidade como de um todo), eliminava-se a noção de C., na filosofia dos séculos XVII e

XVIII essa noção fora elaborada, mas para responder a um problema diferente: o da "C. das substâncias", isto é, da substância alma com a substância corpo e reciprocamente, problema este nascido com o cartesianismo, que distinguira pela primeira vez, de modo nítido, as duas espécies de substância. O próprio Descartes admitira como válida a noção corrente de ação recíproca entre as duas substâncias, que, na sua opinião, se tocavam na glândula pineal (*Pass. de l'âme*, I, 32). Por outro lado, os ocasionalistas consideraram impossível a ação de uma substância finita sobre a outra, porque nenhuma substância finita pode agir, ser causa; e assim julgaram que Deus mesmo intervém para estabelecer a relação entre a alma e o corpo, entre os vários corpos ou entre as várias almas, aproveitando a ocasião que se oferece com a mudança ocorrida numa substância para produzir mudanças nas outras substâncias. Era essa a teoria das causas ocasionais, sustentada, entre outros, por Malebranche (*Recherche de la vérité*, III, II, 3). Leibniz considerou a primeira teoria impossível e a segunda, miraculosa; entendeu a C. como *harmonia preestabelecida* (v.), estendendo-a até entender a relação entre todas as partes do universo, isto é, entre todas as mônadas que o compõem: a harmonia é preestabelecida por Deus de tal modo que a cada estado de uma mônada corresponde um estado das outras mônadas (*Op.*, ed. Gerhardt, IV, pp. 500-1). Obviamente, a teoria de Leibniz não é a solução do problema da C.; tem, de resto, o objetivo de tornar inútil a própria C., assegurando a relação pré-ordenada das mônadas entre si. O próprio Leibniz nota que sua doutrina faz da alma uma espécie de máquina imaterial (*ibid.*, p. 548). Esse traço revela quanto essa doutrina está distante da noção contemporânea de C., que, como dissemos, nunca é automática e não pode subsistir entre os autômatos ou entre as peças de um autômato. [N.A.]

2. Hoje, de fato, por C. em sentido geral entende-se – sobretudo na esteira do lingüista e filólogo russo R. Jakobson – a passagem de sinais através de um canal que vai de um emissor a um receptor. De acordo com essa definição, em todo evento comunicativo podem ser identificados seis elementos: um emissor (quem emite a mensagem), um receptor (o destinatário), um código (o procedimento de construção da mensagem; por exemplo, uma língua), um canal (o meio de transmissão; por exemplo, a voz, a escrita), um contexto (o conjunto de conhecimentos que emissor e receptor têm em comum) e um contato (entre emissor e receptor). O sinal pode consistir num gesto, num símbolo, numa palavra, num algarismo, num impulso elétrico etc.; donde a vasta gama de significados que pode ter a C.

Enquanto nas relações entre máquinas a recepção da mensagem não suscita nenhum problema, visto que emissor e receptor têm sempre o mesmo código, na C. entre seres humanos o código do emissor pode ser diferente do código do receptor (cf. C. MARLETTI, *Comunicazione*, em VV.AA. *Alla ricerca della politica*, Bollati Boringhieri, Turim, 1995, p. 248), e isso pode comportar incompreensões ou interpretações diferentes da mensagem. Na C. entre homens também interferem fatores como tempo, espaço e cultura, ou seja, contextos diversos que podem dar ensejo a diferentes compreensões. Desse ponto de vista a corrente filosófica denominada hermenêutica (v. INTERPRETAÇÃO) pode ser legitimamente considerada uma teoria da C.

Essas constatações legitimam a presença de diversas teorias sobre a C. tanto em nível filosófico quanto sociológico. A maior parte das teorias levou em consideração o fenômeno típico das sociedades industrializadas hodiernas, que é a C. de massa e dos seus meios, a nova cultura do nosso tempo. Sobre a interpretação desse tipo de C., filósofos, sociólogos e outros teóricos estão divididos: alguns avaliam positivamente o fenômeno enquanto outros, ao contrário, expressam um juízo fortemente crítico. U. ECO, já em 1965 (*Apocalittici e integrati*) usara a fórmula expressiva e incisiva "apocalípticos e integrados", para caracterizar essa divisão. A maior parte das teorias sobre a C. nasceram depois da Segunda Guerra Mundial, quando a televisão e depois o computador invadiram o mundo da C., embora já no período entre-guerras houvesse interessantes propostas interpretativas sobre os meios clássicos de comunicação (imprensa, cinema e rádio).

Um momento certamente decisivo para a nova "utopia" é 1942, quando o americano N. Wiener inventa a *cibernética* (v.), ciência geral da comunicação (WIENER, *La cibernetica. Controllo e comunicazione nell'animale e nella macchina*, 1948; *Introduzione alla cibernetica*, 1950). Quanto à C., Wiener é bastante otimista: se os canais da C. se mantiverem abertos, então haverá condições para a realização de uma sociedade melhor. Com efeito, o novo projeto utópico tem em vista uma concepção diferente da sociedade ou um novo modelo de homem: a sociedade "pode ser compreendida apenas através do estudo das mensagens e dos meios de comunicação relativos a elas" (*Introdução à cibernética, cit.* p. 23); o ser humano, por sua vez, só pode ser compreendido se considerado como um ser comunicante. Mas o homem que comunica é um homem dirigido pelo exterior; as mensagens que recebe não provêm da sua interioridade, mas sim de fora O homem wieneriano "é inteiramente definido em termos de comportamento de troca de informação; não tem interioridade; [...] o *homo communicans* é um ser sem interioridade" (P. BRETON, *A utopia da comunicação*, 1992, trad. it. [*L'utopia della comunicazione*, Utet-Telecom, Turim, 1995, p. 47). A segunda metade do século XX precisava de um novo modelo de homem, de uma representação alternativa para o homem do humanismo, que era um homem dirigido por seus impulsos interiores. O maior impacto das idéias de Wiener referiu-se ao malogro do modelo de homem que produzira a Segunda Guerra Mundial e Auschwitz. Seu tipo de homem contrapõe-se ao homem do humanismo, ao homem de Nietzsche que influenciou de maneira não desprezível a cultura e a história da primeira metade do século XX. O homem de Nietzsche é o homem forte, é o homem dirigido pelo interior, que obedece apenas a seus impulsos; para ele, o homem fraco é guiado pela sociedade e pela moralidade; o homem forte é um homem de ação, enquanto o homem fraco é um homem de reação (*Genealogia da moral*, em NIETZSCHE, *Opere 1882-1895*, trad. it., Newton, Roma, 1993, pp. 593-4). No mundo da comunicação o homem forte desaparece; seu lugar é ocupado pelo homem wieneriano, que é um homem fraco, um homem sem interioridade, um ser dirigido pelo exterior, um homem de reação que se submete às injunções da vida social (BRETON, *A utopia da comunicação*, *cit*., pp. 66, 90).

Nos anos 1950 e 1960 o canadense M. McLuhan elabora uma teoria sobre a C. com o intuito de dar uma interpretação global dos fenômenos que abrangesse toda a trajetória do homem nesse campo, até a informática. Sua fama como estudioso das C. proveio sobretudo da sua "trilogia" hoje clássica: *The Mechanical Bride* (1951), *The Gutenberg Galaxy* (1962) e *Understanding Media: the Extensions of Man* (1964). Nessas obras McLuhan estuda os efeitos produzidos pelos meios de comunicação sobre os indivíduos e os grupos sociais bem como as mudanças ocorridas na sociedade com o advento dos vários instrumentos de C.: ontem a cultura manuscrita e a cultura tipográfica (a prensa), hoje o rádio, o cinema, a televisão e o computador. A história, para McLuhan, foi plasmada pelos meios de comunicação: é essa a tese fundamental de *A Galáxia Gutenberg*, que examina as profundas mudanças ocorridas na sociedade ocidental com a invenção da imprensa e a difusão dos livros. Assim como Marx evidenciou a importância estrutural e social dos meios de produção para determinado tipo de sociedade, seria possível dizer que McLuhan faz o mesmo no que se refere aos meios de C., chegando à conclusão de que, se o passado foi tão fortemente influenciado pelas várias culturas expressivas, o mesmo acontece com o presente e acontecerá com o futuro, em vista das novas formas tecnológicas de expressão. McLuhan está convicto de que "a passagem da tecnologia mecânica da roda para a tecnologia dos circuitos elétricos constitui uma das principais mudanças de toda a história" (*The Gutenberg Galaxy*, trad. it. *La Galassia Gutenberg*, Armando, Roma, 1976, p. 20); por isso, afirma que os meios eletrônicos tornaram os livros supérfluos, ou que o mundo já é a "aldeia global" (*A aldeia global*, 1989). Ficaram mundialmente conhecidas outras expressões suas, como "o meio é a mensagem" (*Gli strumenti del comunicare*, trad. it., Il Saggiatore, Milão, 1967, p. 25, ou seja, a mudança de modelo introduzida por uma nova tecnologia nas C. humanas é mais importante que seu conteúdo) e a distinção entre "meios quentes e meios frios" (*ibidem*, p. 41; os *media* "quentes" são sistemas de sentido único com informações altamente definidas, como o rádio e o cinema; os *media* "frios", ao contrário, fornecem dados de baixa definição e exigem mais participação por parte do indivíduo, como a televisão e o telefone).

Uma visão positiva da C. transparece também na obra de K.O. Apel (que encara o assunto de um ponto de vista lingüístico-ético) e de G. Vattimo (que trata a questão de uma perspectiva pós-moderna). Um dos interesses principais do alemão K.O. Apel é a elaboração de uma ética da C. (*Comunità e comunicazione*, 1973, trad. it. parc., Rosenberg and Sellier, Turim, 1977; *Ética da comunicação*, trad. it. *Etica della comunicazione*, Jaca Book, Milão, 1992). Sob a influência da filosofia de Heidegger, de Wittgenstein e de Peirce, e na tentativa de conciliar filosofia analítica e existencialismo, fenomenologia e hermenêutica, Apel vislumbra uma comunidade pensante com regras próprias, que são as regras do *logos* e do discurso, com símbolos, signos e intérpretes desses signos. Aquele que interpreta os signos faz parte de uma comunidade particular à qual pertence porquanto usa uma língua histórica determinada, mas ao mesmo tempo faz parte de uma comunidade ideal, que é a comunidade do pensamento, do discurso, da argumentação, da C., comunidade que se baseia em regras precisas; Apel chama essa comunidade de "comunidade ideal da C." (*Comunità e comunicazione, cit*., p. 263). Essas regras no fundo se identificam com um *a-priori* que não é o *a-priori* kantiano que legitimava a universalidade do conhecimento científico, mas é o *a-priori* da linguagem, que para Apel não é constituída só pelas línguas historicamente dadas, mas também por um conjunto de normas que o indivíduo deve respeitar na comunidade ideal uma vez que faça uso dela. Essa comunidade ilimitada, ou seja, aberta a todos os falantes, com iguais direitos e deveres, é também uma comunidade ética, visto que pode resolver com a argumentação aquilo que é distorcido na C. por fatores sociais, econômicos e psicológicos (v. DISCURSO, ÉTICA DO). Através da comunidade da C. Apel pensa ser possível, com a livre discussão e com o respeito às várias posições, chegar a entendimentos comuns entre os povos acerca dos grandes problemas atuais da humanidade, como a poluição do planeta e o desequilíbrio norte–sul.

Para Vattimo, porém, o advento da sociedade da C. torna-se elemento determinante para a dissolução da idéia de história e para o fim da modernidade. Para os pós-modernos, a impossibilidade de uma concepção unitária de história, impossibilidade esta que dá ensejo ao fim da modernidade, não deriva só da crise do colonialismo e do imperialismo, mas sobretudo do advento dos meios de C. de massa que, para J. F. Lyotard, foram determinantes na produção da dissolução dos grandes contos. Esse efeito dos *media* é, para os pós-modernos, o oposto daquilo que era defendido pelos autores da Escola de Frankfurt. Adorno e Horkheimer, em *Dialética do esclarecimento* (1947), e Adorno em *Minima moralia* (1951) previam que o rádio e, mais tarde, a televisão teriam o efeito de produzir uma homogeneidade geral da sociedade, favorecendo a formação de governos totalitários. O que aconteceu porém, segundo Vaitimo, foi mais a produção pelos *mass media* de uma multiplicação de visões do mundo. O Ocidente e as áreas culturais a que ele serve de modelo estão vivendo uma pluralização que parece irresistível e que "torna impossível conceber o mundo e a história segundo pontos de vista unitários" (VATTIMO, *La società trasparente*, Garzanti, Milão, 1989, p. 13; v. MASS MEDIA).

Além disso, os pós-modernos, como pós-metafísicos, na esteira de Nietzsche e de Heidegger, negam a objetividade e a certeza absoluta; por conseguinte, negam que exista uma realidade objetiva, uma coisa em si por conhecer e por entender, atrás da multiplicidade da informação; a realidade para eles é antes "resultado do cruzamento das múltiplas imagens, interpretações que os meios de comunicação distribuem enquanto concorrem entre si" (*ibid.*, p. 15). Tudo isso, para Vattimo, tem um significado positivo porque comporta libertar-se das diferenças, historicizar os valores, compreender a contingência deles e a possibilidade de emergência daquilo que é marginal e reprimido.

3. De parecer bem diferente são os "apocalípticos", a partir dos autores da Escola de Frankfurt (Horkheimer, Adorno, Marcuse, Benjamin etc.), que vêem nos sujeitos da moderna sociedade da C. "puros objetos de administração" (HORKHEIMER e ADORNO, *Dialética do esclarecimento*, trad. it. [*Dialettica dell'illuminismo*], Einaudi, Turim, 1966, p. 47) e nos *mass media* uma verdadeira *"indústria cultural"* (v.).

Também partindo de algumas dessas premissas, J. Habermas considera o problema da possibilidade de racionalidade comunicativa dentro da nossa sociedade (*Teoria do agir comunicativo*, 1981), pois, segundo ele, está-se difundindo cada vez mais uma C. sistematicamente deformada. Aspecto central de sua obra diz respeito ao agir comunicativo, que é o tipo de agir que tem como objetivo fundamental o entendimento que deve ser atingido através da linguagem.

Diferente, porém, é o agir estratégico, que tem como finalidade a auto-afirmação, o sucesso e o poder, e que, para atingir essa meta, instrumentaliza e deforma a linguagem. É por meio dessa constatação que Habermas critica a hermenêutica de Gadamer, porquanto esta não toma em consideração esse significado ideológico que a linguagem pode assumir, ideológico no sentido de que pode tornar-se "instrumento de domínio e de poder social" (HABERMAS, *Su "Verità e metodo" di Gadamer*, em VV.AA., *Ermeneutica e critica dell'ideologia*, 1971, trad. it., Queriniana, Brescia, 1992, p. 67). Portanto, para Habermas, é necessário ir além da hermenêutica a fim de desmascarar a C. deformada; essa operação pode ocorrer por intermédio de uma crítica à ideologia ou por intermédio da psicanálise, meios estes entendidos como modos de desmascaramento daquilo que pode dar origem a uma C. deformada. O objetivo de Habermas é na verdade realizar "a convivência numa C. em que esteja ausente a coação" (*La pretesa di universalità dell'ermeneutica*, em *Ermeneutica e critica dell'ideologia*, *cit.*, p. 163); em outras palavras, realizar uma ética do discurso (*Ética do discurso*, 1983).

Sobre a C. através dos *media* expressaram juízo fortemente negativo J. Baudrillard, L. Sfez, P. Breton e P. Virilio, grupo de franceses que poderiam representar uma nova escola crítica da C. Baudrillard (*Simulacres et simulation*, 1981) afirma que os *media* não contêm e não emitem mensagem: produzem apenas ruído, com o qual se constrói uma segunda realidade em que cada mensagem remete a outra. Sfez, por sua vez, escreve que o mundo das máquinas construído pelo homem está conquistando cada vez mais poder e provocando uma verdadeira perturbação. Desaparecidas as antigas figuras que constituíam a origem da unificação, como Deus, a história e as velhas teologias fundadoras dos grandes modelos simbólicos, como igualdade, nação e liberdade, modelos estes que ofereciam referências e permitiam agir conscientemente, para o homem de hoje só sobrou o vazio. Nesse vazio desenvolve-se a C., a nova teologia "fruto da confusão dos valores e das fragmentações impostas pela tecnologia" (*Crítica da comunicação*, 1988, trad. it., Hopefulmonster, Turim, 1995, pp. 24-5). Essa comunicação que os *media* impõem "nada mais é que a repetição imperturbável do idêntico (tautologia) no silêncio de um sujeito-morto, ou surdo-mudo, fechado na sua fortaleza interior (autismo), atraído para si por um grande Todo que o engloba, dissolvendo até o menor dos seus átomos paradoxais. Essa totalidade sem hierarquias, esse autismo tautológico, eu defino como *tautismo*, neologismo que condensa totalidade, autismo e tautologia" (*ibidem*, p. 96).

Para Breton, o instrumento que devia simplesmente ser um *medium*, um meio para o trânsito das mensagens, transformou-se em centro, que no melhor dos casos as deforma e no pior as absorve. Donde a função de perversão que tem o *medium* na nossa sociedade, perversão que consiste na manipulação das mensagens ou na confusão induzida entre informação e conhecimento. Na tradução dos conhecimentos em mensagens da mídia é possível qualquer forma de manipulação; a mais difundida é a reescrita de uma entrevista. O fato de haver uma informação não significa ao mesmo tempo interiorizar um conhecimento; a informação, por melhor que seja, não tem condições de transmitir o sentido do evento: "a imagem de um menino morrendo de desnutrição ou, mais simplesmente, a imagem da vida cotidiana numa cidade estrangeira, descritas numa reportagem, não podem assumir nenhum sentido autêntico sem uma vivência da situação em questão" (*A utopia da comunicação, cit.*, p. 128). A informação nunca poderá substituir a experiência; ela está em seu elemento na descontinuidade, enquanto o conhecimento é um processo continuativo. Também para Virilio (*L'art du moteur*, 1993) os *media* expressam uma tecnologia da ilusão, que induz o indivíduo a instaurar uma relação disforme com o mundo e consigo mesmo. Se antes, com o motor a explosão, a aceleração histórica e técnica só se referia ao espaço, hoje, com o "motor informático" ela também se refere ao tempo, com a conseqüente subversão da relação entre o homem e o mundo real. A desmaterialização do espaço e a dissolução da experiência do tempo levam a uma desrealização informática que representa uma verdadeira derrota dos fatos: na passagem da era do automóvel para a do computador e do audiovisual, a possibilidade de sermos imersos em mundos diferentes caracteriza-se como anulação do real. O enfraquecimento da realidade em favor da representação constitui também uma verdadeira subversão da relação do homem consigo mesmo, o que tem como grave conseqüência o enfraquecimento de sua vitalidade. [E.A.]

COMUNICAÇÃO, ÉTICA DA. V. DISCURSO, ÉTICA DO.

COMUNIDADE (in. *Community*; fr. *Communauté*; al. *Gemeinschaft*; it. *Comunità*). 1. Kant deu esse nome à terceira categoria da relação, a da ação recíproca, e também à terceira analogia da experiência (ou princípio da C.) assim expressa: "Todas as substâncias, desde que percebidas no espaço como simultâneas, estão entre si em ação recíproca universal." Observava a respeito: "A palavra *Gemeinschaft* tem duplo significado, podendo indicar tanto *communio* quanto *commercium*. Aqui utilizamos o segundo sentido, como comunhão dinâmica sem a qual nem a comunhão espacial (*communio spatii*) poderia ser conhecida empiricamente" (*Crít. R. Pura*, Analítica dos Princípios, 3ª analogia). Nessa aplicação, esse termo não teve êxito.

2. Contudo, a partir do Romantismo (esp. Schleiermacher), esse termo foi usado para indicar a forma da vida social caracterizada por um vínculo orgânico, intrínseco e perfeito entre os seus membros. Nesse sentido, C. foi contraposta a sociedade numa obra de F. TÖNNIES, *C. e sociedade*, publicada em 1887. "Tudo o que é confiança, intimidade e vida exclusivamente em conjunto", dizia Tönnies, "compreende-se como vida em comunidade. A sociedade é o que é público, é o mundo; ao contrário, encontramo-nos em comunidade com as pessoas que nos são caras desde o nascimento, ligados a elas no bem e no mal. Na sociedade, entra-se como em terra estranha. Costuma-se prevenir o adolescente contra a má companhia, mas a expressão 'má C.' soa como contradição" (*Gemeinschaft und Gesellschaft*, I, 1). Assim expresso, esse conceito inclui óbvias conotações de valor, pelas quais se presta pouco ao uso objetivo, pois parece claro que não existe nenhuma C. pura e nenhuma sociedade pura, e que a necessidade de fazer uma distinção nesse sentido não é sugerida pela observação, mas pela aspiração a um ideal. Portanto, ao ser utilizado pelos sociólogos posteriores (Simmel, Cooley, Weber, Durkheim e outros), esse significado foi sofrendo transformações, até assumir o uso corrente na sociologia contemporânea, de distinção entre relações sociais de tipo *local* e relações de tipo *cosmopolita*, distinção esta puramente descritiva entre comportamentos vinculados à C. restrita em que se vive e comportamentos orientados ou abertos para uma sociedade mais ampla (R. K. MERTON, *Social Theory and Social Structure*, 1957, pp. 393 ss.). [N.A.]

COMUNIDADE IDEAL. V. DISCURSO, ÉTICA DO.

COMUNISMO (in. *Communism;* fr. *Communisme;* al. *Kommunismus;* it. *Comunismo*). Esse termo indica, em geral, as doutrinas que descrevem uma sociedade baseada na abolição da propriedade privada e na coletivização dos meios de produção. A idéia comunista está presente na filosofia grega clássica, mais precisamente em Platão, que em *República* imagina um Estado no qual as classes superiores, governantes e guerreiros, para dedicar-se à pólis renunciam à família e à propriedade privada, que se mantêm, porém, para a massa dos produtores. Na Idade Média cristã algumas seitas, banidas da Igreja oficial, professam o C. em nome dos ideais de igualdade e fraternidade do Evangelho: é o caso dos cátaros no Languedoc e dos seguidores de Dulcino no norte da Itália. Entre os séculos XVI e XVII são publicados *Utopia* de Thomas More e a *Cidade do sol* de Tommaso Campanella, que, por trás do anteparo da ficção da descoberta de uma ilha remota, propõem o C. como remédio para a miséria e a injustiça que afligem a plebe. Nessa mesma época, movimentos predominantemente camponeses, que falam em nome da Reforma protestante, como os anabatistas alemães de Thomas Münzer e os roceiros [*diggers*] ingleses de Gerrard Winstanley, lutam pela transformação da sociedade em sentido comunista. Na França iluminista do século XVIII a idéia comunista caracteriza obras filosóficas como o *Código da natureza* de Morelly e *Dúvidas sobre a ordem natural das sociedades políticas* de G. B. de Mably, que exercem notável influência sobre a ala radical do movimento revolucionário, isto é, o grupo de Baboeuf, em cujo *Manifesto dos iguais* (1796) se projeta uma sociedade que, graças à abolição da propriedade privada, garantisse igualdade aos homens. Quando Karl Marx e Friedrich Engels publicam o *Manifesto do Partido Comunista* (1848), já está em curso um intenso debate sobre a futura sociedade socialista, de que são protagonistas, entre muitos, Saint-Simon, Owen, Fourier, Proudhon, Blanc e Blanqui. Os autores do *Manifesto* os acusam de utopismo e reivindicam a superioridade de sua doutrina devido a seu caráter realístico e científico, mas os próprios estudiosos marxistas reconheceram os elos entre socialismo utópico e científico. [N. T.]

A ideologia expressa no *Manifesto* pode ser resumida nos seguintes itens: 1º Dependência da personalidade humana em relação à sociedade historicamente determinada a que pertence, dependência em virtude da qual ela nada é fora dessa sociedade e independentemente dela. 2º Dependência da estrutura de uma sociedade historicamente determinada das relações de produção e de trabalho que são próprios de tal sociedade e que determinam todas as suas manifestações: moralidade, religião, filosofia etc., além das formas da sua organização política. Estes dois pontos constituem a doutrina do *materialismo histórico* (v.). 3º Caráter permanente e necessário da luta de classes em toda e qualquer sociedade capitalista, ou seja, em toda sociedade na qual os meios de produção sejam propriedade privada. 4º A necessária e inevitável passagem da sociedade capitalista, depois que ela atinja o seu ponto máximo de concentração da riqueza em poucas mãos e de empobrecimento e nivelamento de todos os trabalhadores, para a sociedade socialista, que possui e emprega diretamente os meios de produção, sendo por isso sem classes. 5º Existência de um período de superação entre a sociedade capitalista e a sociedade comunista, durante o qual o proletariado tomará o poder do Estado e o exercerá, como fizera o capitalismo, em seu próprio interesse. Esse será o período da ditadura do proletariado. [N.A.]

Portanto à estatização deveria seguir-se a socialização da economia gerida diretamente pelos trabalhadores associados entre si e, não mais havendo trabalho alienado (v. ALIENAÇÃO), Marx e Engels previam um aumento formidável na produção, graças à qual, como se lê na *Crítica ao programa de Gotha,* se na chamada fase *inferior* do comunismo cada cidadão receberia da sociedade apenas segundo o seu trabalho, na fase superior cada um poderia receber segundo suas necessidades. Em 1917, na Rússia, primeiramente sob a orientação de V. I. Lenin, teve início uma longa experiência comunista que se concluiu com a derrocada da URSS (1991). É verdade que essa experiência, ao contrário do que haviam indicado Marx e Engels, ocorreu num país atrasado, mas isso não parece bastar para deixar de julgá-la significativa, uma vez que o modelo soviético foi depois imposto também em países europeus desenvolvidos com resultados substancialmente iguais. A teoria da ditadura do proletariado, complementada pela teoria de Lenin do partido de vanguarda, concretizou-se numa ditadura sobre o proletariado por parte do partido comunista, que extinguiu não só a imperfeita democracia parlamentar, mas também toda e qualquer democracia. A teoria da gestão coletivista da economia traduziu-se na gestão estatal-burocrática da economia, e esta, em vez de produzir a opulência prevista, provocou penúria crônica. Nos países do socialismo real, o C. – a maior utopia da história – parece, pois, ter-se transformado no seu exato contrário (cf. N. BOBBIO, *L'utopia capovolta,* 1990). [N.T.]

COMUNITARISMO (in. *Communitarianism;* fr. *Communitarisme;* al. *Kommunitarismus;* it. *Comunitarismo*). 1. Em geral, qualquer tendência filosófico-política que utilize a noção de comunidade (de qualquer modo que seja entendida e definida) ou que insista nos vínculos substanciais que ligam determinados indivíduos a determinadas comunidades históricas (nesse sentido o protótipo de todo C. seria Aristóteles).

2. Em particular, por C. ou neocomunitarismo entende-se a doutrina ético-política cujo expoente mais conhecido é A. MacIntyre (*After Virtue*, 1981, 1984; outros nomes de destaque são M. Sandel, R. M. Unger, C. Taylor etc.). Opondo-se às tendências atomísticas, emotivistas e relativistas da ética moderna e remetendo-se a Aristóteles, Hegel e S. Bento, o C. defende uma concepção solidarista e contextualista da moral. Concepção que, em lugar de temas formais abstratos como virtude, razão, escolha, posição originária etc., insiste em realidades substanciais e concretas, como as virtudes, as tradições coletivas, associações com finalidades várias etc. Se o C. critica o liberalismo por suas concepções demasiado individualistas da pessoa e demasiado universalistas da sociedade, insistindo em seus efeitos potencialmente desagregadores sobre o tecido social, o liberalismo (Rawls) critica o C. em nome do pluralidade dos espaços individuais de liberdade (v. LIBERALISMO; VIRTUDE). [G.F.]

COMUNS, NOÇÕES (gr. κοιναὶ ἔννοιαι; lat. *Notiones communes*; it. *Nozioni comuni*). Os estóicos denominam com essa expressão os conceitos universais ou *antecipações* (v.) que se formam no homem naturalmente, isto é, não como produtos da instrução (AÉCIO, *Plac.*, IV, 11). Essa expressão foi utilizada em *Elementos*, de Euclides, para designar os princípios evidentes, que depois foram chamados de axiomas (v. AXIOMA). [N.A.]

COMUTATIVO (lat. *Commutativus*; in. *Commutative*; fr. *Commutatif*; al. 1º *Augleichend*; 2º *Kommutativ*; it. *Commutativo*). 1. Os escolásticos chamaram de C., pela igualdade das coisas trocadas (*commutationes*), a espécie de justiça que Aristóteles chamava de "corretiva" (τὸ διορθωτικὸν δικαῖον): ao contrário da justiça distributiva, que dá a cada um segundo seus méritos, serve para equiparar as vantagens e as desvantagens em todas as relações de permuta entre os homens, tanto voluntárias quanto involuntárias (*Et. nic.*, V, 4, 1131 b 25) (v. JUSTIÇA).

2. Denomina-se propriedade C. ou lei C. o axioma (ou postulado) pelo qual x ou $y = y$ ou x. Essa lei serve de fundamento da soma e da multiplicação em aritmética e da teoria dos números reais. [N.A.]

CONATURALIDADE (in. *Connature*; it. *Connatura*). Substantivo criado por Spencer por analogia com os adjetivos "conato" e "conatural". Segundo Spencer (*Psychology*, II, § 289), uma das três idéias (ao lado de co-extensão e coexistência) implícitas no raciocínio quantitativo, mais precisamente a da identidade das coisas quanto à espécie, ao passo que co-extensão significa identidade na quantidade de espaço ocupada e coexistência significa identidade no tempo de apresentação à consciência. [N.A.]

CONAÇÃO (lat. *Conatus*; it. *Conato*). Indicou-se com esse nome, no Renascimento, a *hormé* estóica (DIÓG. L. VII, 85), isto é, o *instinto* (v.) ou a tendência de todo ser à própria conservação. Esse conceito ganhou forma clássica com Espinosa, para quem "o esforço de conservar-se é a própria essência da coisa" (*Et.*, IV, 22, cor.). "Recebe o nome de *vontade* quando se refere só à mente; quando se refere à mente e ao corpo ao mesmo tempo chama-se *apetite*, que, por isso, é a própria essência do homem" (*ibid.*, III, 9, esc.). Vico empregava essa palavra no mesmo sentido: "A natureza começou a existir por um ato de C.; em outros termos, a C. é a natureza (como também diz a escolástica) *in fieri*, prestes a chegar à existência" (*De antiquissima italorum sapientia*, 4, § 1). Hobbes deu um novo conceito desse termo: entendeu por C. o movimento instantâneo, isto é, "o movimento num espaço e num tempo menores do que qualquer espaço ou tempo dados" (*De corp.*, 15, § 2). Leibniz, numa primeira fase, entendeu C. no mesmo sentido: "O *conatus* está para o movimento como o ponto está para o espaço, isto é, como a unidade para o infinito: é o início ou o fim do movimento" (*Hypothesis physica nova*, 1671, *Op.*, ed. Gerhardt, IV, p. 229). Mas, depois, identificou a C. com a força ativa, isto é, com a energia à qual ele reduziu a própria matéria: "A força ativa, que também costuma ser chamada simplesmente de força, não deve ser concebida como a simples potência vulgar do aprendizado, isto é, como uma receptividade de ação, mas implica um *conatus*, tendência à ação, de sorte que, se não houver impedimento, o resultado será a ação" (*Mathematische Schriften*, ed. Gerhardt, VI, p. 100). O mesmo conceito acha-se em Wolff (*Cosm.*, § 149) (v. ESFORÇO). [N.A.]

CONATUS. V. CONAÇÃO.

CONCAUSA (gr. συναιτία; it. *Concausa*). Platão indicou com esse termo a causa natural que concorre com a causa ideal na formação das coisas do mundo (*Tim.*, 68 e). [N.A.]

CONCEITO (gr. λόγος; lat. *Conceptus*; in. *Concept*; fr. *Concept*; al. *Begriff*; it. *Concetto*). Em geral, todo processo que possibilite a descrição, a classificação e a previsão dos objetos cognoscíveis. Assim entendido, esse termo tem significado generalíssimo e pode incluir qualquer espécie de sinal ou procedimento semântico, seja qual for o objeto a que se refere, abstrato ou concreto, próximo ou distante, universal ou individual etc. Pode-se ter um C. de mesa tanto quanto do número 3, de homem tanto quanto de Deus, de gênero e espécie (os chamados *universais* [v.]) tanto quanto de uma realidade individual, como, por exemplo, de um período histórico ou de uma instituição histórica (o "Renascimento" ou o "Feudalismo"). Embora o C. seja normalmente indicado por um nome, não é o nome, visto que diferentes nomes podem exprimir o mesmo C. ou diferentes conceitos podem ser indicados, por equívoco, pelo mesmo nome. O C., além disso, não é um elemento simples ou indivisível, mas pode ser constituído por um conjunto de técnicas simbólicas extremamente complexas, como é o caso das teorias científicas que também podem ser chamadas de C. (o C. da relatividade, o C. de evolução etc.). O C. tampouco se refere necessariamente a coisas ou fatos reais, pois pode haver C. de coisas inexistentes ou passadas, cuja existência não é verificável nem tem um sentido específico. Enfim, o alegado caráter de *universalidade subjetiva* ou validade intersubjetiva do C. na realidade é simplesmente a sua *comunicabilidade* de signo lingüístico: a função primeira e fundamental do C. é a mesma da linguagem: a comunicação.

A noção de C. dá origem a dois problemas fundamentais: um sobre a *natureza* do C. e outro sobre a *função* do C. Esses dois problemas podem coincidir, mas não coincidem necessariamente.

A) O problema da natureza do C. recebeu duas soluções fundamentais: 1.ª o C. é a *essência* das coisas, mais precisamente a sua essência *necessária*, pela qual não podem ser de modo diferente daquilo que são; 2.ª o C. é um *signo*.

1.ª A concepção do C. como essência pertence ao período clássico da filosofia grega, em que o C. é assumido como o que se subtrai à diversidade e à mudança de pontos de vista ou de opiniões, porque se refere às características que, sendo constitutivas do próprio objeto, não são alteradas pela mudança de perspectiva. Nos primórdios da filosofia grega, o C. apareceu como o termo conclusivo de uma indagação, prescindindo, na medida do possível, da mutabilidade das aparências e visando àquilo que o objeto é "realmente", isto é, à sua "substância" ou "essência". Para os gregos, essa busca pareceu ser a tarefa própria do homem enquanto animal racional, isto é, tarefa própria da razão; com efeito, C. e razão são designados pelos gregos com o mesmo termo, *logos*. Aristóteles atribui a Sócrates o mérito de haver descoberto "o raciocínio indutivo e a definição do universal, duas coisas que se referem ao princípio da ciência" (*Met.*, XIII, 4, 1.078 b). Esse mesmo mérito é atribuído a Sócrates por Xenofonte (*Mem.*, IV, 6, 1): Sócrates mostrou que o raciocínio indutivo leva à definição do C.; e o C. exprime a essência ou a natureza de uma coisa, o que a coisa verdadeiramente é. Platão faz do universal socrático a própria realidade. O belo, o bem, o justo são *substâncias*, isto é, realidades no sentido forte do termo, realidades absolutas. Platão emprega os mesmos termos (substância, espécie, forma ou simplesmente entes) para indicar as realidades últimas como "em si mesmas" e como são "em nós" (isto é, como C.). A mente humana contém "a verdade dos entes" (*Men.*, 86 a-b); ela encontra já como suas as *substâncias* que constituem a estrutura fundamental da realidade (*Fed.*, 76 d-e). Aristóteles, nesse ponto, só faz reproduzir e articular numa doutrina bem mais complexa o ponto de vista de Platão. O C. (*lógos*) é o que circunscreve ou define a substância ou a essência necessária de uma coisa (*De an.*, II, 1, 412 b 16); por isso, ele é independente do gerar-se e corromper-se das coisas e não pode ser produzido ou destruído por tais processos (*Met.*, VII, 15, 1.039 b 23). Em outros termos, para Aristóteles, o C. é idêntico à substância, que é a estrutura necessária do ser, aquilo pelo qual todo ser não pode ser diferente do que é (v. SUBSTÂNCIA). Essas determinações são típicas da concepção do C. como essência. Com relação a elas, o caráter da universalidade aparece como secundário e derivado: por universal, diz Aristóteles, entendo "o que é inerente ao sujeito em qualquer caso e por si, com o que um sujeito é o que é" (*An. post.*, I, 4, 73 b 25 ss.). Ora, "o que é inerente ao sujeito em qualquer caso e por si etc." nada mais é do que a essência necessária do próprio sujeito, aquilo que ele não pode não ser; de sorte que, para Aristóteles, a universalidade é a substancialidade ou necessidade do conceito. Por isso, Aristóteles diz que pode haver também C. de indivíduo (do *sínolon*, ou composto de matéria e forma), mas não do indivíduo considerado em sua matéria, que é indeterminada, logo indefinível, e que, por exemplo, o C. de homem é a alma (*Met.*, VII, 11, 1.037 a 26); distingue C. comuns de C. próprios (*De an.*, II, 3, 414 b 25) e fala de "C. materiais", tais como as emoções, que são definidas por meio dos movimentos do corpo que as suscitam (*ibid.*, I, 1, 403 a 25).

No âmbito dessa identificação do C. com a essência, não constitui inovação decisiva dizer que o C. deriva das sensações, como o faz Epicuro, visto que essa derivação, pelo caráter necessariamente verídico das sensações, garante a realidade do C. (DIÓG. L., X, 32). Por outro lado, a querela medieval sobre os *universais* (v.) – por essa palavra entendem-se os C. de gênero e de espécie – na realidade é a disputa entre as duas concepções fundamentais do C.: a platônico-aristotélica e a estóica; o realismo representa a primeira dessas concepções, e o nominalismo, a segunda. Não causa estranheza o fato de a escolástica, que, do ponto de vista lógico e gnosiológico, nasceu e desenvolveu-se sob o signo do neoplatonismo agostiniano e do aristotelismo, ter escolhido predominantemente a solução realista do problema dos universais, afirmando a realidade do C. como elemento constitutivo ou essencial da própria realidade. Tomás de Aquino diz: "Como todo conhecimento é perfeito uma vez que haja semelhança entre o conhecedor e o conhecido, é preciso que no sentido haja semelhança da coisa sensível quanto aos seus acidentes, mas que no intelecto haja semelhança da coisa entendida quanto à sua *essência*" (*Contra Gent.*, IV, 11). O C. "penetra no interior da coisa" (*ibid.*, IV, 11), colhe a essência ou a substância dela, visto não ser senão essa substância *abstrata* da própria coisa. Através da interpretação da substância aristotélica, como essência necessária, Duns Scot reafirma a mesma tese: o C. tem por objeto uma "natureza comum", que é o *quod quid erat esse* de Aristóteles. Ela "não é tão universal quanto o C., nem tão individual quanto a coisa, mas está na base de um e de outra"(*Op. Ox.*, II, d. 3, q. 1, n. 7). Esse realismo não sofre alterações importantes nem mesmo na filosofia moderna. A identidade entre C. e realidade, talvez pressuposta por Descartes, foi explicitada por Espinosa: "O círculo existente na natureza e a idéia do círculo existente, que também está em Deus, são uma só e a mesma coisa, que se manifesta por diversos atributos" (*Et.*, II, 7, esc.). Um realismo do C., limitado todavia à realidade fenomênica (que é, de resto, a única acessível ao homem), é a própria doutrina de Kant. De fato, se os C. empíricos se referem às coisas só mediante uma sensação, os C. puros ou *categorias* constituem as próprias coisas enquanto percebidas, isto é, aparentes na experiência. Os C. puros ou categorias são, com efeito, ao mesmo tempo, "formas do intelecto" e "condição dos objetos fenomênicos". Constituem os próprios objetos fenomênicos, que são os objetos de toda experiência possível (*Crít. R. Pura*, Analítica dos conceitos, § 10). A doutrina fundamental do kantismo é, precisamente, o caráter *constitutivo* dos C. puros, caráter no qual se funda o próprio caráter *representativo* dos C. empíricos (*ibid.*, § 16, nota). Sem dúvida, para Kant o C. não é toda a realidade e não é criador da realidade: constitui a ordem necessária, pela qual a realidade se revela à indagação científica submetida a leis imutáveis. Mas justamente por isso constitui a estrutura óssea, ou a ossatura necessária, da realidade empírica, que é a única realidade que o homem pode indagar e conhecer. Desse ponto de vista, todo o arsenal do criticismo parece estar voltado para a reiteração da tese clássica, platônico-aristotélica, sobre a natureza do C.: sua identidade com a substância necessária da realidade. E essa mesma tese, sem as limitações do fenomenismo kantiano, encontra-se no idealismo romântico, que, porém, acentua a função criativa do C. e o identifica com o Princípio racional infinito, criador e organizador da própria realidade. É lugar-comum da filosofia hegeliana que o C. não é uma representação subjetiva pura, mas a própria essência das coisas, o seu "em si". "A natureza daquilo que é, é ser, no próprio ser, o próprio C.", diz Hegel; "e nisso está, em geral, a necessidade lógica" (*Phänomen. des Geistes*, Pref., § 3). A Idéia absoluta ou infinita, a Razão autoconsciente que é a substância do mundo, outra coisa não é senão "o C. como C." (*Enc.*, § 213). "O C.", diz ainda Hegel – "não aquilo que se costuma ouvir chamar por esse nome, sendo apenas uma determinação intelectualista abstrata – é unicamente o que tem realidade, de tal maneira que ele mesmo se dá a realidade" (*Fil. do dir.*, § 1). Na concepção hegeliana, a estrutura necessária da realidade é devir e progresso, tendo-se posto como Razão infinita e criadora. Por maior que possa parecer, a distância entre essa concepção e a clássica não é tão grande, do ponto de vista da teoria do C.: para Hegel, assim como para Aristóteles, o C. é a essência necessária da realidade, o que faz que ela não possa ser diferente do que é. Na filosofia contemporânea o idealismo retomou a interpretação hegeliana de C. como realidade necessária ou necessidade real. Croce, por exemplo, entende-o como desenvolvimento, devir e sistema, atividade racional e concreta, espírito ou razão (*Lógica come scienza del concetto puro*, 1908).

A fenomenologia de Husserl pode ser considerada um retorno à forma clássica assumida pela interpretação do C. em Aristóteles. Husserl integra a polêmica do logicismo moderno contra o psicologismo, que vê no C. uma *formação psíquica*. Formação psíquica é, por exemplo, a *representação* de número que varia de momento a momento e de um indivíduo para outro; mas o C. de número é sempre o mesmo, e é uma entidade intemporal. Os C. devem, pois, ser considerados idênticos às *essências*, sendo melhor falar de essências (que são objetos) do que de C. e, sob o aspecto subjetivo, de "visão das essências", como ato análogo ao perceber sensível (*Ideen*, I, §§ 22-3). Assim, na última formulação histórica da interpretação do C. como realidade necessária, o próprio termo C. é abandonado por impróprio, analogamente ao que acontece nos desenvolvimentos da segunda interpretação de conceito.

2ª Na segunda interpretação, o C. é um *signo* do objeto (qualquer que seja) e se acha em relação de *significação* com ele. Por essa interpretação, encontrada pela primeira vez nos estóicos, a doutrina do

C. é uma teoria dos signos. Não pode haver signo, segundo os estóicos, nem das coisas evidentes nem das absolutamente obscuras; pode haver signo apenas das coisas obscuras de momento e obscuras pela própria natureza. A essas duas espécies de coisas correspondem duas espécies de signos: 1º os signos *rememorativos*, que se referem às coisas obscuras de momento; 2º os signos *indicativos*, que se referem às coisas obscuras por natureza. Tem-se um signo rememorativo, por exemplo, quando se diz: "Se há fumaça, há fogo", quando ainda não se vê fogo. Um signo indicativo é, por exemplo, um movimento do corpo, que expresse um estado de alma. Por signo entende-se também "uma proposição que, sendo antecedente em uma conexão verdadeira, é descobridora da conseqüente". Em outros termos, tem-se um signo quando se tem uma proposição condicional do tipo "Se... então", que satisfaça a duas condições: 1º deve começar pelo verdadeiro e terminar no verdadeiro, ou seja, tanto o antecedente como o conseqüente devem ser verdadeiros; 2º deve ser descobridora, isto é, deve dizer alguma coisa não imediatamente evidente. Por exemplo, "Se é dia, há luz", dito quando é dia, ainda não é um signo, mas é signo a proposição: "Se esta mulher tem leite, então deu à luz", onde o antecedente é descobridor do conseqüente (*Pirr. hyp.*, II, 97 ss.; *Adv. dogm.*, II, 141 ss.). Essa doutrina estóica dos signos (sobre ela, v. SIGNIFICADO) permaneceu como modelo da segunda alternativa fundamental que a doutrina do C. encontrou. Transmitida por Boécio à escolástica latina, sua etapa seguinte é a lógica de Abelardo (séc. XII), que, acentuando o caráter predicativo do C., negou que ele pudesse ser considerado uma coisa (*res*) ou um nome (*vox*) – visto que nem a coisa nem o nome (que é também uma coisa) podem ser predicados de outra coisa – e considerou o C. como um *sermo* (discurso). Diferentemente da *vox*, o *sermo* implica a referência semântica a uma realidade significada, referência que a escolástica posterior chamará de *suppositio*. A realidade significada não é, segundo Abelardo, nem uma substância universal nem uma classe de coisas singulares, mas o *estado* comum no qual se reúne grupo de coisas. Nesse sentido, Abelardo diz que "a causa comum" do universal "homem" é o *status* de homem que não é nem coisa, nem substância, mas aquilo em que todos os homens se encontram como tais (*Philosophische Schriften*, ed. Geyer, pp. 19-20). Essa doutrina depois foi retomada pela lógica terminista, cuja formulação escolástica está em *Summulae logicales* de Pedro Hispano (meados do séc. XIII). Nas *Summulae*, a função desse termo, tanto universal quanto particular, é definida através da noção de *suposição* (v.), segundo a qual os termos estão no lugar da coisa suposta, de tal sorte que, p. ex., na proposição "o homem corre", o termo "homem" está por Sócrates, Platão etc. (*Summ. log.*, 6.03). A escolástica do século XIV marca o abandono definitivo do formalismo ou realismo que prevalecera em Tomás de Aquino e Duns Scot e um retorno da teoria estóica do conceito. Este é chamado *intentio animae*, como qualquer outro ato ou elemento de conhecimento (visto que o conhecimento sempre se refere a alguma coisa diferente de si mesmo) e é definido como "signo predicável de muitas coisas". Segundo Ockham, o C. possui, além disso, outro caráter fundamental: é um signo *natural*. Diz ele: "O universal é duplo. Um é o universal natural, que é um *signo predicável de muitas coisas*, do mesmo modo como fumaça naturalmente significa fogo, gemido do inferno, dor, e riso, alegria interior. Esse universal é só uma intenção da alma, pois nenhuma substância fora da alma e nenhum acidente fora da alma é um universal semelhante. [...] O outro é o universal instituído arbitrariamente (*per voluntariam institutionem*); nesse sentido, o nome preferido, apesar de ser uma qualidade numericamente una, é universal porque é um signo instituído arbitrariamente para significar muitas coisas" (*Summ. log.*, I, 14). A função lógica do C. é a da suposição, pela qual, em todos os complexos em que entra, o C. está no lugar das coisas significadas; quanto à realidade que o C. possui na alma como *intentio animae*, Ockham não se mostra interessado em decidir, parecendo mais inclinado à doutrina extrema de que, na alma, o C. não tem nenhuma realidade, mas existe nela somente *obiective*, isto é, a título de representação ou de imagem (*In Sent.*, I, d. 2, q. 8 E). A doutrina de Ockham é típica da posição empirista em relação à natureza do C., posição que tem sempre dois pontos básicos: 1º a natureza *sígnica* do C.; 2º o seu nexo causal com as coisas, cujo produto natural seria o homem. Essa doutrina encontra-se em Locke (*Ensaio*, III, 3, §§ 6-9), em Berkeley (*Principles of Human Knowledge*, Intr., §§ 12 ss.) e em Hume (*Treatise*, I, 1, 7). Hume invoca o hábito para explicar a gênese psicológica do C. (*ibid.*, I, 1, 7); James Mill invoca a lei da associação psicológica (*Analysis of the Phenomena of the Human Mind*, 2ª ed., 1869, I, pp. 78 ss.), assim como Stuart Mill (*Examination of Phil. of Hamilton*, p. 393).

É próprio do empirismo assumir a explicação psicológica da gênese do C. como justificação da sua validade, ou seja, considerar demonstrada a validade do C. e a legitimidade do seu uso por haver demonstrado o modo pelo qual ele se forma no homem pela ação da abstração (como julgava Locke) ou da associação psicológica (como julgavam os empiristas da primeira metade do séc. XIX). Mas Kant já insistira na diferença entre as duas coisas, distinguindo a "derivação fisiológica" dos C., tentada por Locke, da "dedução" dos próprios C., isto é, da demonstração de sua validade (*Crít. R. Pura*, § 13). A distinção entre validade lógica e realidade psicológica dos C. mantém-se em todas as escolas do neocriticismo alemão contemporâneo (sobretudo na Escola de Marburgo a que pertencem Cohen, Natorp e Cassirer) e fora reafirmada como indispensável às formulações do pensamento matemático e, em geral, do pensamento científico por Bolzano na sua *Doutrina da ciência* (1837). A elaboração matemática da lógica levava a insistir na natureza objetiva, não psicológica, do C., assim como na sua natureza simbólica. Esses dois aspectos do C. são ressaltados por Frege. Num texto de 1890, ele afirmava que "o C. é algo objetivo, não construído por nós", e que, portanto, uma proposição como "O número 3 é um número primo" é "algo completamente independente da circunstância de estarmos acordados ou dormindo, de vivermos ou não, algo que vale e valerá objetivamente sempre, não importando se existem ou se existirão seres que reconheçam ou não essa verdade" (*Über das Trägheitsgesetz*, 1890, em *Aritmética e lógica*, ed. Geymonat, pp. 211-2). Nesse aspecto, Frege definia o C. como "o significado de um predicado" (*Über Begriff und Gegenstand*, 1892, § 2; ed. Geymonat, p. 199) e definia o significado como o objeto designado pelo signo, distinguindo significado e *sentido*, que denota "o modo como o objeto nos é dado" (*Über Sinn und Bedeutung*, 1892, § 1, ed. Geymonat, pp. 216 ss.). Essas observações de Frege são muito importantes porque assinalam o início da resolução, ocorrida em grande parte da filosofia contemporânea, da noção de C. na noção de *significado*. Husserl (que, todavia, sustentava um realismo conceitualista) já considerava os C. como significados (*Bedeutungen*; cf. *Ideen*, I, § 10). Dewey denomina os C. como "termos ou significados" e os classifica sob esse título (*Logic*, cap. XVIII). E R. Carnap, no mesmo sentido de Frege, identificando C. com objeto, entendia por C. "tudo aquilo sobre o que é possível formular proposições" (*Der logische Aufbau der Welt*, 1928, § 5). Em 1942, Susan K. Langer reconhecia formalmente a identificação ocorrida entre C. e significado, mostrando a convergência de muitas correntes da filosofia contemporânea para o reconhecimento do simbolismo em ciência, arte, filosofia e em todas as formas culturais em geral (*Philosophy in a New Key*, 1942, cap. III). Quine indicou exatamente o ponto crítico da transformação da noção de C. quando disse "significado é aquilo que a essência se torna quando se divorcia do objeto de referência e se casa com a palavra" (*From a Logical Point of View*, II, 1).

Deve-se notar, contudo, que o termo C. ou significado refere-se com mais freqüência a *conotação* do que a denotação. Assim, Carnap, nas últimas obras, entendeu por C. a propriedade, o atributo ou a função (*Introduction to Semantics*, 1942; 2ª ed., 1959, § 37). Isso constitui uma exceção à terminologia proposta por Frege, exceção esta recomendada pelos lógicos (cf. A. CHURCH, *Introduction to Mathematical Logic*, § 1, e n. 17). V. SIGNIFICADO.

B) A função C. pode ser concebida de duas maneiras fundamentais diferentes: como *final* e como *instrumental*. Função final é atribuída ao C. pela sua interpretação como essência, visto que, por essa interpretação, o C. não tem outra função senão exprimir ou revelar a substância das coisas. Desse ponto de vista, a função identifica-se com a própria natureza do conceito. Quando, porém, se admite a teoria simbólica do C., admite-se *ipso facto* também a sua instrumentalidade; e essa instrumentalidade pode ser aclarada e descrita nos seus múltiplos aspectos. Os aspectos principais são os seguintes:

1º A primeira função atribuída ao C. é a de *descrever* os objetos da experiência para permitir o seu reconhecimento. Era essa a função principal que epicuristas e estóicos atribuíam às *antecipações* (ou prolepses). Segundo os epicuristas, a antecipação é "a compreensão, a opinião correta, o pensamento ou a noção universal ínsita em nós como memória daquilo que, freqüentemente, nos pareceu fora de nós" (DIÓG. L., X, 33). Essa função descritiva ou recognitiva do C. muitas vezes é omitida por ser a mais óbvia. Recentemente, G. Bergmann chamou os C. de palavras-caracteres (*Character-Words*) para indicar a sua função descritiva ou referencial (*Philosophy of Science*, 1957, p. 13).

2º A segunda função atribuída ao C. é a *econômica*. A essa função vincula-se o caráter *classificador* do C. "A variedade das reações biologicamente importantes", disse E. Mach, "é muito menor do que a variedade dos objetos existentes. Por isso, o homem foi levado a *classificar* os fatos nos conceitos. O mesmo procedimento se reproduz quando, numa profissão, são enfrentados fatos que não oferecem mais interesses biológicos imediatos" (*Erkenntniss und Irrtum*, 1905, cap. VIII; trad. fr., p. 136). Sob esse aspecto, os C. são "signos que resumem e indicam reações possíveis do organismo humano em face dos fatos" (*Mechanik*, 1883, p. 510). É esse o caráter enfatizado por alguns filósofos para negar o caráter teórico dos C. científicos em prol de uma forma superior ou privilegiada de conhecimento. Assim, ao C. (simples esquema econômico com vistas à ação) Bergson contrapôs a intuição (*Évol. créatr.*, 8ª ed., 1911, pp. 247 ss.). Por esse motivo, Croce chamou os C. científicos de *pseudoconceitos*, reservando o nome de C. à própria Razão (*Lógica*, cap. II).

3º A terceira função do C. é *organizar* os dados da experiência de modo que se estabeleçam entre eles nexos de natureza lógica. Um C., sobretudo científico, via de regra não se limita a descrever e classificar os dados empíricos, mas possibilita a sua inferência dedutiva (DUHEM, *La théorie physique*, pp. 163 ss.). É por esse aspecto que a formulação conceitual das teorias científicas tende à axiomatização: a generalização e o rigor da axiomatização tendem a levar ao extremo o caráter logicamente organizador do conceito.

4º A quarta função do C., hoje considerada fundamental nas ciências físicas, é a previsão. Como já reconheciam os estóicos, o objetivo de um signo geralmente é prever, e a designação de antecipação, que epicuristas e estóicos davam ao C., exprime justamente essa função. Por ela, o C. é um meio ou procedimento antecipador ou projetante. Para Dewey, antecipa ou projeta a solução de um problema exatamente formulado (*Logic*, XX, § 1; trad. it., p. 516; cf. XXIII, § 1, p. 599). Para outros, a função antecipadora do C. é o instrumento de que a ciência se serve "para predizer a experiência futura à luz da experiência passada" (QUINE, *From a Logical Point of View*, II, 6).

As funções de organizar e prever são exercidas hoje pelos tipos fundamentais de C. científicos que não são descritivos nem classificatórios: os modelos, os C. matemáticos e os construtos.

Os *modelos* constituem simplificações ou idealizações da experiência e são obtidos levando ao extremo caracteres ou atributos próprios dos objetos empíricos. Nesse sentido, são modelos os C. de velocidade instantânea, de sistema isolado, de gases perfeitos e, em geral, os modelos mecânicos.

Os C. *matemáticos* são simplesmente ocasiões para introduzir procedimentos especiais de cálculo e, nesse sentido, são instrumentos de previsão. O C. de "onda de probabilidade", pertencente à mecânica quântica, é dessa espécie, assim como são também dessa espécie os C. de "campo tensorial", "espaço curvo" etc.

Finalmente, os *construtos* (v.) são C. de *entidades* que não são dadas na experiência, que não se assemelham nem mesmo com os objetos dados e cuja existência consiste simplesmente na possibilidade de serem usadas como instrumentos de previsão no contexto de uma teoria. São exemplos de construções os C. de campo, de elétron, de éter etc. [N.A.]

CONCEITO-CLASSE (in. *Class-concept*). Termo introduzido em lógica por Bertrand Russell (*The Principles of Mathematics*): designa o conceito mediante o qual se define uma *classe* (v.) ou, mais exatamente, uma função proposicional do tipo "Fx" que determina uma classe. De fato, dada a função proposicional "Fx", todos os valores que a tornam verdadeira formam, em geral, uma classe, de tal modo que a condição necessária e suficiente para que um indivíduo *a* seja um elemento da classe ("pertença à classe") definida mediante a função "Fx" é que o enunciado "F*a*" seja verdadeiro. [G.P. – M.M.]

CONCEPÇÃO (in. *Conception*; fr. *Conception*; al. *Konzeption*; it. *Concezione*). Esse termo designa (assim como os correspondentes percepção e imaginação) tanto o ato do conceber quanto o objeto concebido, mas, preferivelmente, o ato de conceber e não o objeto, para o qual deve ser reservado o termo *conceito* (v.). Hamilton já fazia essa observação (*Lectures on Logic*, I, p. 41), que às vezes é repetida na filosofia contemporânea: "Tão logo um conceito é simbolizado para nós, nossa imaginação reveste-o de uma C. privada e pessoal, que só podemos distinguir por um processo de abstração do conceito público e comunicável" (SUSAN K. LANGER, *Philosophy in a New Key*, cap. III). [N.A.]

CONCEPÇÃO-PADRÃO (in. *Standard conception/Received view*; it. *Concezione standard*). 1. Expressão usada por alguns estudiosos para indicar a concepção das teorias científicas desenvolvida no âmbito do neo-empirismo lógico (cf. H. PUTNAM, *What Theories are not*, 1962; F. SUPPE, *The Structure of Scientific Theory*, 1964; G. HEMPEL, *On the "Standard Conception" of Scientific Theories*, 1970 etc.) (v. TEORIA).

2. Alguns autores usam tal expressão também para indicar a maneira neopositivista de relacionar-se com a ciência em geral (v. EMPIRISMO LÓGICO). [G.F.]

CONCEPTUALISMO (in. *Conceptualism*; fr. *Conceptualisme*; al. *Conceptualismus*; it. *Concettualismo*). Nome que os historiadores oitocentistas da filosofia medieval deram à corrente da escolástica medieval que os escolásticos chamavam de *nominalismo* (v.); isso para fazer a distinção entre o nominalismo extremado de Roscelin, para quem o conceito universal é uma simples *vox* ou *flatus vocis*, o nominalismo de Abelardo, para quem o próprio universal é um discurso (*sermo*) predicável de muitas coisas, e do nominalismo posterior, que se inspira em Abelardo (v. NOMINALISMO; UNIVERSAIS). [N.A.]

CONCLUSÃO (lat. *Conclusio*; in. *Conclusion*; fr. *Conclusion*; al. *Schluss*; it. *Conclusione*). Enquanto em Apuleio e em Boécio *conclusio* é o termo mediante o qual se designa a totalidade de um discurso demonstrativo, nos lógicos medievais é usado como tradução do συμπέρασμα aristotélico e da ἐπιφορά estóica, isto é, para indicar a proposição final do próprio discurso demonstrativo (cf. PEDRO HISPANO: *"Est enim conclusio argumento vel argumentis approbata propositio"*; *Summ. log.*, 5.02). Na filosofia moderna e contemporânea, manteve-a o mesmo sentido. Só nos filósofos alemães é que *Schluss* muitas vezes é usado para indicar o silogismo todo. [G.P.]

CONCOMITÂNCIA (in. *Concomitance;* fr. *Concomitance;* al. *Konkomitanz;* it. *Concomitanza*). Um dos quatro métodos da pesquisa experimental enumerados por Stuart Mill, mais precisamente o das "variações concomitantes", expresso pela seguinte regra: "Um fenômeno que varie de algum modo toda vez que outro fenômeno variar de algum modo particular é a causa ou o efeito desse fenômeno, ou está vinculado a ele por algum fato de causação" (*Logic,* III, 8, § 6). Mach reduziu a esse método todos os procedimentos da ciência. "O método das variações consiste em estudar para cada elemento a variação que se acha ligada à variação de cada um dos outros elementos. Pouco importa se tais variações se produzam por si ou se nós as provocamos voluntariamente; as.relações serão descobertas pela *observação* e pela *experiência*" (*Erkenntniss und Irrtum,* cap. I; trad. fr., pp. 28-9) (v. CONCORDÂNCIA; MÉTODO DA; DIFERENÇA, MÉTODO DA; RESÍDUOS, MÉTODO DOS). [N.A.]

CONCORDÂNCIA, MÉTODO DA (in. *Method of agreement;* fr. *Méthode de concordance;* al. *Methode der Übereinstimmung;* it. *Método della concordanza*). Um dos quatro métodos da pesquisa experimental enumerados por Stuart Mill, mais precisamente o expresso pela seguinte regra: "Se dois ou mais casos do fenômeno que se está investigando têm uma única circunstância em comum, a circunstância única na qual todos os casos concordam é a causa, ou o efeito, do fenômeno dado" (*Logic,* III, 8, § 1). Um caso do método da C. é a combinação dele com o de diferença, regido pela seguinte regra: "Se dois ou mais casos nos quais ocorre o fenômeno têm só uma circunstância em comum, ao passo que dois ou mais casos nos quais ele não ocorre têm em comum apenas a ausência da circunstância, a circunstância única na qual os dois conjuntos de casos diferem é o efeito ou a causa ou uma parte indispensável da causa do fenômeno" (*ibid.,* § 4) (v. CONCOMITÂNCIA, MÉTODO DA; DIFERENÇA, MÉTODO DA; RESÍDUOS, MÉTODO DOS). [N.A.]

CONCREÇÃO (in. *Concretion;* it. *Concrezione*). Palavra cunhada por Santayana para indicar o crescimento devido à unificação de muitas coisas. Assim, as C. formadas por associação de semelhança são idéias ou essências ou "C. de discurso"; ao passo que as C. constituídas pela associação de contigüidade são coisas (Cf. especialmente *Reason in Common Sense,* 1905, pp. 161 ss.). [N.A.]

CONCRESCÊNCIA (in. *Concrescence;* it. *Concrescenza*). Whitehead viu na evolução emergente (ou criadora) um "processo de C." para o qual contribuem igualmente o aspecto físico e o aspecto espiritual, indissoluvelmente unidos e ambos ativos (*Process and Reality,* p. 151). [N.A.]

CONCRETO (in. *Concrete;* fr. *Concret;* al. *Konkret;* it. *Concreto*). O contrário de *abstrato* (v. ABSTRAÇÃO). Os filósofos designam habitualmente com o termo elogioso de C. aquilo que se insere em seu critério de realidade. Por isso, nem sempre o C. é o individual, o singular, a coisa ou o ser existente, como se poderia crer e como talvez indique o uso comum do termo. Para Hegel, o C. é o Universal, a Razão, o Infinito, ao passo que o abstrato é o indivíduo, o objeto singular etc. "O abstrato é o finito, o C. é a Verdade, o Objeto infinito", diz Hegel (*Philosophie der Religion,* ed. Glokner, II, p. 226; cf. *Geschichte der Philosophie,* ed. Glockner, I, pp. 52 ss.). Assim, Croce falou de um "universal C." e Gentile, do "pensamento C.". Para Bergson, o C. é a duração real, isto é, a vida da consciência em sua imediação. Pode-se dizer que esse termo não tem outra função além de qualificar com apreço a realidade, verdadeira ou suposta, que se deseja privilegiar. [N.A.]

CONCUPISCÊNCIA (lat. *Concupiscientia;* in. *Concupiscence;* fr. *Concupiscense;* al. *Gelüste;* it. *Concupiscenza*). Segundo Tomás de Aquino (que remete à definição aristotélica do prazer, *Ret.,* I, 11, 1.369 b 33), é o desejo do prazer (*delectatio*). Pode-se experimentar prazer tanto por um bem espiritual, quanto por um bem sensível; o primeiro pertence só à alma e o segundo, à alma e ao corpo juntamente: a C. designa o desejo desta segunda espécie de prazer, isto é, o desejo sensível (*S. Th.,* II, 1, q. 30, a. 1). [N.A.]

CONCUPISCÍVEL (it. *Concupiscibile*). Uma das partes da alma, segundo Platão (v. FACULDADE). [N.A.]

CONCURSUS DEI. Nos últimos tempos da escolástica, essa expressão designou a parte devida a Deus na produção e no comportamento das substâncias finitas. A doutrina dominante na escolástica, exposta por Tomás de Aquino, é de que a causa primeira, Deus, é mais eficiente do que as causas segundas, cujo poder deriva somente dela (*S. Th.,* II, 1, q. 19, a. 4). Mas na última fase da escolástica, mais precisamente no início do século XIV, procurou-se limitar o alcance da causalidade divina, para evitar que se atribuíssem a Deus as imperfeições e os males do mundo. Assim, Durand de St.-Pourçains e Pedro Auréolo consideravam que o concurso de Deus para com a criatura é apenas geral e mediato; que Deus cria as substâncias e lhes dá a força de que têm necessidade, mas depois as deixa livres e limita-se a conservá-las em seu ser, sem as ajudar em suas ações. Depois de Descartes, tanto os ocasionalistas quanto Espinosa e Leibniz voltaram à noção tradicional da inteira e plena causalidade divina no mundo. Leibniz, em particular, reexpôs a seu modo a doutrina do concurso divino, distinguindo, além do concurso extraordinário ou miraculoso, um concurso *imediato* e um concurso *especial*: o primeiro consiste no fato de que o efeito não só depende de Deus, mas também que Deus concorre para produzi-lo tanto quanto a causa segunda dele; e o segundo dirige-se não só à existência da coisa como também ao seu modo de existir e às suas qualidades, visto que aquilo que há de perfeito na coisa só pode provir de Deus (*Op.*, ed. Erdmann, p. 653). [N.A.]

CONDIÇÃO (in. *Condition*; fr. *Condition*; al. *Bedingung*; it. *Condizione*). Em geral, o que possibilita a previsão *provável* de um evento. Essa noção formou-se na Idade Moderna, inicialmente através da tentativa de isentar a noção de causa das suas implicações antropomórficas, depois pela exigência de isentá-la de seu caráter necessitante. Claude Bernard, que ainda acreditava no caráter necessitante da causa (v. CAUSALIDADE), dizia: "A obscura noção de causa deve ser confinada à origem das coisas: só tem sentido quando se fala da causa primeira ou da causa final. Na ciência, deve ceder lugar à noção de relação ou de condição" (*Leçons sur les phénomènes de la vie*, II, pp. 396 ss.). Por outro lado, Stuart Mill, observando que a sucessão invariável em que consiste a causalidade raramente se encontra entre um conseqüente e um único antecedente, mas, na maioria das vezes, entre um conseqüente e a soma de diversos antecedentes, todos necessários "para produzir o conseqüente, isto é, para serem seguramente seguidos por ele", acrescentava: "Nesses casos é coisa bastante comum pôr em evidência um só dos antecedentes sob a denominação de *causa*, chamando os outros apenas de *condições*" (*Logic*, III, 10, 3). A C. seria, assim, o que não basta, por si só, para produzir o efeito, ou seja, não garante a verificação do efeito. Isso corresponde ao uso da palavra C. na expressão *conditio sine qua non* (de origem jurídica), em que a C. significa uma cláusula ou ressalva da qual depende toda a validade do ato jurídico, embora, indubitavelmente, não seja a sua causa. Portanto, a essa palavra está vinculado o significado de uma limitação de possibilidades, de tal modo que aquilo que esteja fora das possibilidades assim limitadas elimine ou torne não-possível o objeto condicionado. Em relação a esse significado, essa palavra é empregada por Kant. Embora a obra de Kant tenda a defender o princípio de causalidade necessária como forma ou estrutura objetiva da natureza, nela se faz uso freqüente da noção de C. com um significado não pertinente ao de causa, e que Kant não se deteve em elucidar. O uso kantiano é indicado por expressões como as seguintes, que se encontram com freqüência em *Crítica da Razão Pura*: "C. da possibilidade dos fenômenos", "C. subjetiva da sensibilidade", "C. formal de todos os fenômenos em geral" (o tempo), "C. subjetivas do pensar" (as categorias), "C. *a priori* pelas quais é possível a experiência" (as categorias) etc. Nestas e em expressões semelhantes, o importante é a conexão entre "C." e "possibilidade". Às vezes Kant diz simplesmente "C."; outras vezes, "C. da possibilidade"; as duas expressões se equivalem. Isso significa que, segundo Kant, dizer que "*x* é a C. de *y*" ou dizer que "*x* torna possível *y*" é a mesma coisa. O que torna possível uma coisa (p. ex., o conhecimento, a experiência ou o fenômeno) é a C. dessa coisa. Na obra de Kant, a definição dessa noção, certamente nunca dada de forma explícita, tampouco apenas implícita, constitui o ponto decisivo de sua elaboração filosófica. Um passo ulterior na mesma direção foi dado por Max Weber, em sua busca do significado do princípio de causalidade para as ciências históricas (1905). Embora Weber empregue de preferência a palavra causa e fale de explicação causal, o que ele diz se refere mais precisamente à noção de C. e serve para unir essa noção à de "possibilidade objetiva" (v. POSSIBILIDADE), que, segundo ele, é indispensável ao conhecimento histórico. "O juízo sobre a possibilidade objetiva", diz Weber, "por essência admite gradações; é possível representar a relação lógica nele implícita com o auxílio dos princípios utilizados na análise do cálculo das probabilidades. Os componentes causais, a cujo 'possível' efeito se refere o juízo, podem ser concebidos como isolados em relação a todas as C. que, em geral, podem ser concebidas como cooperantes com eles. Poder-se-ia perguntar então de que modo esse complexo de C., em conjunto com as quais os componentes isolados estavam previsivelmente aptos a produzir a conseqüência possível, se comporta em relação às outras C. em conjunto com as quais não a teriam 'previsivelmente' produzido" (*Kritische studien auf dem Gebiet Kulturwissenschaftlichen Logik*, 1906; trad. in. em *Methodology of Social Science*, pp. 181-2). O que Weber chama aqui "componente causal", que seria conceitualmente isolado para formular um juízo de possibilidade objetiva, um juízo sobre o curso que os eventos poderiam ter tomado se aquele componente causal tivesse intervindo, nada mais é do que uma C. de possibilidade, no sentido kantiano do termo. Weber acrescenta: "Podemos enunciar juízos geralmente válidos sobre o fato de que uma maneira de reagir idêntica, em certas características, por parte de pessoas que enfrentam determinadas situações, é *favorecida* em grau maior ou menor e podemos estimar o grau em que certo efeito é favorecido por certas C." (*ibid.*, p. 183). Nessas palavras exprime-se claramente o conceito da C. como limitação de possibilidades objetivas e, portanto, como previsibilidade provável do evento.

Os progressos da física, que marcaram a queda da noção de causa (v. CAUSALIDADE), exigem a substituição do determinismo causal clássico pelo determinismo condicional. No campo biológico, é fácil observar que só o conceito de C. é capaz de exprimir as relações funcionais consideradas por essa ciência: por exemplo, entre estímulo e resposta, que hoje não pode mais ser traduzida em termos de causalidade como previsão infalível, podendo ser expressa em termos de condicionalidade, isto é, de previsão provável (v. AÇÃO REFLEXA). Além disso, o conceito de C. é muito usado em sociologia, em teoria da informação, em cibernética e, em geral, na teoria da organização dos sistemas, pois permite conciliar a noção de *ordem* com certo grau de *contingência* ou de casualidade nas relações entre os elementos que o compõem. Assim, Wiener escreveu: "Não é possível obter uma idéia significante de organização num mundo em que tudo é necessário e nada é contingente" (*I am a Mathematician*, Nova York, 1956, p. 322). Nesse aspecto, W. Ross Ashby considerou essencial a idéia de *condicionalidade*, segundo a qual no espaço de *possibilidades* de interação, dado por um conjunto de elementos, cada organização *real* dos elementos é forçada a algum *subconjunto* de interações. O inverso da organização é a *independência* dos elementos (em *Principles of Self-Organization*, org. H. von Foerster e G. W. Zopf, Nova York, 1962, p. 217). É essencial *certo grau de liberdade* na relação recíproca das partes para qualquer organização ou sistema; e onde não houvesse escolha entre um conjunto de alternativas tampouco haveria uma organização qualquer (J. ROTHSTEIN, *Communication, Organization and Science*, 1958, p. 35). Assim, nas disciplinas mais díspares, o conceito de C. está tomando o lugar do conceito de causa. [N.A.]

CONDICIONADO (in. *Conditioned*; fr. *Conditionné*; al. *Bedingt*; it. *Condizionato*). Aquilo cuja possibilidade depende de outra coisa. Pavlov deu o nome de reflexo C. ao reflexo produzido por um estímulo artificial (v. AÇÃO REFLEXA).

Na discussão das antinomias da razão pura, Kant (*Crít. R. Pura*, Dialética transcendental, cap. II) usou essa palavra como sinônimo de causado. Hamilton (*Lectures on Metaphysics*, 1859-1860) entendeu por C. o relativo; nesse sentido, disse que "pensar é condicionar" porque o que se pensa ou se conhece é aquilo que existe em relação às faculdades humanas, não absolutamente. Mansel atribui o mesmo significado a essa palavra (*Phil. of the Conditioned*, 1866). [N.A.]

CONDICIONAL (gr. συνημμένον ἀξίομα; lat. *Propositio hypothetica conditionalis*; in. *Conditional*; fr. *Conditionnel*; it. *Condizionale*). Um enunciado da forma "Se p, então q" – com "p" e "q" enunciados quaisquer. No simbolismo de Russell-Whitehead o C. é representado pelo símbolo "⊃" ("p ⊃ q"); no de Hilbert, com o símbolo "→" ("p → q"); por fim, no simbolismo da escola lógica polonesa, com o símbolo "C" anteposto aos dois enunciados ("Cpq"). Os enunciados que compõem o C. são chamados, respectivamente, "antecedente" (v.) ("p" no nosso exemplo) e "conseqüente" (v.) ("q" no nosso exemplo). Os filósofos da escola megárico-estóica foram os primeiros a tratar sistematicamente do C., definindo suas condições de verdade. Na escola nasceu até uma discussão acalorada sobre a interpretação correta do C. Segundo Fílon de Mégara (séc. IV a.C.), um C. é falso somente se o seu antecedente é verdadeiro e o conseqüente é falso (ou seja, somente no caso que leve do verdadeiro ao falso, comportando uma "perda", por assim dizer, no valor de verdade). Diodoro Cronos (séc. IV a.C.) parecia ligar ao tempo a interpretação do C., afirmando que um C. é verdadeiro se e somente se, para cada tempo *t*, não se dá o caso de o antecedente ser verdadeiro para *t* e o conseqüente falso para *t*. Crisipo (séc. III a.C.) considerava, porém, que um C. é verdadeiro quando a conjunção do antecedente com a negação do conseqüente é impossível (gera uma contradição lógica).

Durante a Idade Média e, mais em geral, na lógica da escolástica e da sua última fase as interpretações de Crisipo e Diodoro foram preferidas à de Fílon, que só será retomada a partir da segunda metade do século XIX (pelo filósofo e lógico americano Charles Sanders Peirce – mais ou menos em 1885 –, por Gottlob Frege e, finalmente, nos primeiros anos do século XX, por Bertrand Russell). Contra o C. de Fílon – também chamado C. *material* – observou-se que, para ser verdadeiro, basta que o antecedente seja falso ou o conseqüente verdadeiro (pelo que, "Se p, então que" equivale a "não-p ou que"), sem pressupor nenhum outro tipo de nexo entre antecedente e conseqüente, além do determinado pelos valores de verdade. Assim, os dois condicionais: "Se 2 + 2 = 5, então Paris está na Europa" e "Se Napoleão era francês, então os leões são mamíferos" são ambos verdadeiros, segundo a interpretação de Fílon. Os dois pares de enunciados que os compõem, porém, mostram-se totalmente sem nexo entre si, no que se refere ao significado, enquanto no uso comum, quando se recorre a um condicional, tende-se a formá-lo de tal modo que entre antecedente e conseqüente subsista algum elo de tipo semântico. Para dar conta disso, Clarence I. Lewis propôs (em 1912) interpretar o C. recorrendo ao operador de necessidade; em virtude do qual o C. "Se p, então q" equivale a "Necessariamente (não-p ou q)". A teoria do C. proposta por Lewis é conhecida como teoria da *implicação estrita*. Outros autores, porém, insistiram no fato de que uma interpretação do C. que leve em conta as nossas intuições mais comuns deve pressupor que o antecedente seja de algum modo *relevante* para o conseqüente (lógicas *relevantes ou da relevância*). Freqüentemente, na literatura filosófica e lógica, o termo "C." é considerado sinônimo de implicação (pelo que se fala predominantemente de "implicação estrita", em vez de "C. estrito"). Willard V. O. Quine, já nos anos 1950, propôs distinguir os dois termos, admitindo que uma implicação subsiste entre dois enunciados – pelo que "p" implica "q" – quando o correspondente C. é válido (logicamente verdadeiro, ou seja, verdadeiro em todas as interpretações).

Chamam-se contrafactuais os C. cujo antecedente corresponde a um enunciado que se supõe "contrário aos fatos" ou contrário ao modo como são realmente as coisas. Por exemplo: "Se Napoleão nunca tivesse nascido, então a Revolução Francesa teria tido outro resultado"; "Se os cangurus não tivessem rabo, então não ficariam em posição ereta", são ambos C. contrafactuais. Os C. contrafactuais, por serem construídos de tal modo que supõem o antecedente falso, são todos (do ponto de vista "filoniano") igualmente verdadeiros. Nossa intuição, porém, discrimina entre graus diversos de plausibilidade de um C. contrafactual: para dar conta dessa intuição e para submeter os C. contrafactuais a um tratamento lógico rigoroso, David Lewis propôs (1971) uma teoria que se baseia numa semântica de mundos possíveis (v.) e tira proveito do conceito de contraparte (v.). Os C. contrafactuais são muito usados nos raciocínios científicos, e sua análise apresenta dificuldades que foram evidenciadas, entre outros, por Nelson Goodman (*Facts, Fiction and Forecast*, 1979). Um C. contrafactual pode ser considerado verdadeiro quando a conjunção do antecedente com certas leis da natureza e determinadas afirmações relevantes sobre as "condições de fundo" implica logicamente o conseqüente. A partir do momento, porém, que as condições relevantes variam, parece problemática a elaboração de um critério estável para determinar as condições de verdade gerais de um C. contrafactual. [M.M.]

CONDILLACISMO. V. SENSACIONISMO.

CONDUTA (in. *Conduct*; fr. *Conduite*; al. *Betragen*; it. *Condotta*). Toda resposta do organismo vivo a um estímulo que seja objetivamente observável, ainda que não tenha caráter de uniformidade no sentido de que varia ou pode variar diante de determinada situação. Por essa falta de uniformidade, a C. diferencia-se do *comportamento* (v.), e o uso desse termo é útil porque, de outro modo, não se distinguiria do comportamento. [N.A.]

CONECTIVOS (in. *Connectives*; fr. *Connectifs*; al. *Junktoren*; it. *Connettivi*). São assim designados, em geral, os elementos lingüísticos que expressam conexões entre os enunciados. Chamam-se "C. lógicos" os que expressam operações lógicas e fundamentais, como as expressões da língua comum: "não" (negação) (v.), "e" (conjunção) (v.), "ou" (disjunção) (v.), "se... então... " (condicional) (v.), " ... se e somente se... " (bicondicional) (v.), que são usadas para construir enunciados compostos a partir de enunciados atômicos (não decomponíveis em enunciados). Ou seja, aplicando "não" a um enunciado atômico "p", obtemos "não-p" que, sendo a negação de um enunciado, é também um enunciado; pondo os enunciados "p" e "q" no lugar das reticências em "se... então...", obtemos "se p, então q", que é também um enunciado, e assim por diante. O número de enunciados aos quais cada C. se aplica determina a chamada *aridade* do C.: "não" é um conectivo *unário*, "e", "ou", "se... então...", "... se e somente se..." são C. *binários*. Em lógica clássica dá-se uma interpretação *verifuncional* dos C. lógicos: a verdade ou falsidade de um enunciado composto resulta exclusivamente da combinação, segundo certas leis, dos valores de verdade dos enunciados componentes. Para determinar a verdade ou falsidade de um enunciado composto, usa-se em tal caso o instrumento das *tabelas de verdade* (v.). Exemplos de C. não *verifuncionais* são: o condicional (v.) correspondente à implicação estrita de Lewis, o C. "... porque..." com valor causal, o "e" com valor temporal ("abriu a porta e entrou"). [M.M.]

CONEXIONISMO (in. *Connectionism*; fr. *Connexionisme*; al. *Konnexionismus*; it. *Connessionismo*). Conjunto de métodos de pesquisa (também denominados "sistemas dinâmicos não lineares", "sistemas de processamento paralelo distribuído" etc.) que, vendo no cérebro, e não no calculador de arquitetura seqüencial de Von Neumann, a autêntica metáfora da mente, propõem-se reproduzir a mente e a inteligência por meio de sua simulação com redes neurais (D. E. RUMELHART-J. L. NICCLELLAND, *Parallel Distributed Processing*, 1986).

No plano teórico e metodológico, o paradigma conexionista apresenta-se como alternativa ao paradigma funcionalista (v. FUNCIONALISMO) e à sua concepção simbólico-computacional dos processos cognitivos, representando uma superação da concepção lingüística da mente. No plano das aplicações práticas, dá ensejo a novas arquiteturas paralelas dos calculadores e lança as bases para a construção de máquinas inteligentes destinadas a superar os limites das máquinas construídas nos moldes da IA clássica (v. INTELIGÊNCIA ARTIFICIAL). [G.F.]

CONFIABILISMO. V. JUSTIFICAÇÃO.

CONFIGURACIONISMO (in. *Configurationism*; it. *Configurazionismo*). O mesmo que Gestaltismo (v. PERCEPÇÃO; PSICOLOGIA, *c*). [N.A.]

CONFIRMAÇÃO (in. *Confirmation*; fr. *Confirmation*; al. *Bestätigung*; it. *Conferma*). Conceito metateórico que sugere em termos qualitativos e quantitativos a relação que subsiste entre um conjunto definido de relatos de observação ou experimentais e uma hipótese científica; o objetivo de uma teoria da C. é definir qual é o grau de sustentação de uma hipótese à luz da evidência empírica disponível. Nesse sentido fica clara a estreitíssima conexão da noção de C. com a lógica indutiva e com as problemáticas da justificação e da evidência.

1) Por *noção qualitativa de C.* entendemos o que significa para dada evidência constituir uma C. de determinada hipótese. Hempel, num artigo fundamental de 1945 (*On Confirmation*), desenvolve várias condições de adequação a que uma definição de C. deveria atender com base nos instrumentos da lógica dedutiva: na sua solução ele considera que uma hipótese é confirmada pelos dados da observação desde que satisfeita pela classe de indivíduos mencionada no relato sobre tais dados de observação. Braithwhite (*Scientific Explanation*, 1953) ampliou a definição de adequação de Hempel, aplicável apenas aos casos de observação, mesmo quando se recorra a termos teóricos. Mas depois foi observado que: *a*) no interior do modelo hipotético-dedutivo uma conseqüência observacional verdadeira confirma toda a teoria sem apresentar a possibilidade de distinguir em seu interior as várias hipóteses (GLYMOUR, *Theory and Evidence*, 1980); *b*) as várias hipótese de uma teoria podem ter probabilidade independente (HANSON, *Patterns of Discovery*, 1958; SALMON, *Confirmation and Relevance*, 1975; ACHINSTEIN, *The Nature of Explanation*, 1983); *c*) em certos casos, de um modo apenas aparentemente paradoxal, é a hipótese que funciona como evidência para uma hipótese explicativa (o caso que Hanson chama de "raciocínio retrodutivo"); *d*) a classe dos indivíduos mencionada no relato observacional deve ter características distintivas mais fortes que as de Hempel para escapar ao conhecido paradoxo dos esmeraldas "verduis" (GOODMAN, *Fact, Fiction and Forecast*, 1983); contudo, ainda não foram imaginadas estratégias amplamente compartilhadas que permitam superá-lo com sucesso. A noção qualitativa de C. ainda está à espera de ser desenvolvida.

2) Por *noção quantitativa de C.* entendemos em que medida dada evidência confirma determinada hipótese (fixando quantitativamente seu *grau de C.*). Carnap (*Logical Foundations of Probability*, 1950, 1962) define a C. em termos de probabilidade (adota uma abordagem de tipo bayesiano) mediante a função c: $c(h, e) = r$ que fornece o nível em que a evidência e confirma a hipótese h e na qual r, em obediência ao cálculo clássico da probabilidade, é um número compreendido entre 0 e 1; se acrescentarmos uma nova evidência confirmante e_1, teremos que $c(h, e \,\&\, e_1) > c(h, e)$. A C. é concebida por Carnap como mera relação lógica entre hipóteses e evidência e é, portanto, um conceito semântico. A visão de Carnap foi contestada, entre outros, por Salmon, que nega a sua utilidade, e corrigida por Achinstein, que julga dever combinar os conceitos de probabilidade e explicação; alguns estudiosos tentaram versões não (completamente) bayesianas da C., entre os quais Glymour e Earman (cf. EARMAN (org.), *Testing Scientific Theories*, 1983). Algumas dificuldades técnicas presentes nos sistemas elaborados por Carnap foram superadas graças aos desenvolvimentos devidos especialmente a Kemeny, Jeffrev e Hintikka.

3) A determinação probabilística da C. foi combatida pela *noção de verossimilhança* de C. de Popper, segundo a qual as leis científicas só poderão ter um nível de C. = 0, em vista da infinidade dos casos sobre os quais versam (mas vejam-se as complementações de Hintikka ao sistema carnapiano λ, mediante a introdução do novo parâmetro graças ao qual as generalizações próprias ou leis da natureza recebem um valor de probabilidade $\neq 0$). Na opinião de Popper, que recorre ao conceito de corroboração, o interesse de uma hipótese científica não é dado pela sua probabilidade (as teorias mais confirmadas seriam então as de mais baixo conteúdo informativo), mas, ao contrário, pela sua improbabilidade, pois só a audácia da conjectura e o conseqüente risco elevado de falsificação refletem seu interesse. Também há quem trabalhe para superar a discrepância das abordagens carnapiana e popperiana, defendendo que "o problema epistêmico da verossimilhança pode ser adequadamente enfrentado no âmbito de uma abordagem bayesiana à inferência indutiva" (FESTA, em GIORELLO, *Introduzione alla filosofia della scienza*, Bompiani, Milão, 1994, p. 313). [M.S.]

CONFISSÃO (lat. *Confessio*; in. *Confession*; fr. *Confession*; al. *Beichte*; it. *Confessione*). Essa palavra significa em geral: reconhecer uma coisa pelo que é (corresponde ao significado do verbo grego ἐξομολογεῖν, usado na tradução grega da Bíblia). É empregada por Agostinho tanto para indicar o reconhecimento de Deus como Deus (da verdade como verdade) quanto para indicar o reconhecimento dos próprios pecados como tais. Agostinho diz: "Ordenas-me louvar-te e confessar-te" dirigindo-se a Deus (*Conf.*, I, 6, 9-10); e diz também: "Há (a casa de minha alma) coisas que ofendem os teus olhos, eu confesso e o sei" (*ibid.*, I, 5, 6). O significado indicado compreende os dois usos do termo distinguidos pelos estudiosos (cf. M. PELLE-

GRINO, *As C. de S. Agostinho*, Roma, 1956, 9-10). Além disso, permite explicar: 1º a composição de *Confissões*, que só em parte contêm a exposição das vicissitudes biográficas de Agostinho, mas que a partir do Livro X são puramente teóricas, dedicadas ao reconhecimento da Verdade e das dificuldades que se interpõem a esse reconhecimento; 2º a coincidência da atitude de quem se confessa, de quem reconhece em si a verdade, com a atitude de retorno para si mesmo e do voltar-se para si mesmo, própria da indagação agostiniana e neoplatônica (v. CONSCIÊNCIA). [N.A.]

CONFLAGRAÇÃO (gr. ἐκπύρωσις; lat. *Conflagrazione*; in. *Conflagration*; fr. *Conflagration*; al. *Weltbrand*; it. *Conflagrazione*). Segundo Heráclito (DIÓG. L., IX, 1,8) e os estóicos (ESTOBEU, *Ecl.*, I, 304), a catástrofe final que fecha um ciclo do mundo com sua destruição total pelo fogo. [N.A.]

CONFLITO (in. *Conflict*; fr. *Conflict*; al. *Wiederstreit*; it. *Conflitto*). Contradição, oposição ou luta de princípios, propostas ou atitudes. Kant chamou as *antinomias* (v. ANTINOMIAS KANTIANAS) de "C. de teses". Hume falara de um C. entre a razão e o instinto: o instinto que leva a crer, a razão que põe em dúvida aquilo em que se crê (*Treatise*, I, Introdução). [N.A.]

CONFUSÃO. V. DISTINÇÃO.

CONGRUÊNCIA (lat. *Congruentia*; in. *Congruence*; fr. *Congruence*; al. *Übereinstimmung*; it. *Congruenza*). Adequação. Em geometria, a C. é a coincidência das figuras por sobreposição ao mesmo plano. A definição da C. é fundamental para a escolha da geometria. Reichenbach diz: "A escolha da geometria é arbitrária só enquanto não se especificou a definição de congruência. Uma vez estabelecida tal definição, torna-se uma questão empírica o problema de saber qual geometria se adapta ao espaço físico" (cf. P.A. SCHILPP (*org.*) *A. Einstein: Philosopher-Scientist*, 1949, p. 295). Whitehead generalizou esse conceito: "A C.", disse ele, "é um exemplo particular do fato fundamental do reconhecimento na percepção. Nós reconhecemos: não simplesmente no sentido de comparar um fator natural oferecido pela memória com um fator revelado pela sensação imediata, mas no sentido de que o reconhecimento ocorre no presente, sem nenhuma intervenção da memória pura" (*The Concept of Nature*, 1920, cap. VI; trad. it., p. 113). [N.A.]

CONGRUÍSMO (it. *Congruismo*). É a doutrina contra-reformista da graça *eficaz*, isto é, adequada ao mérito. [N.A.]

CONHECIMENTO (gr. γνῶσις; lat. *Cognitio*; in. *Knowledge*; fr. *Connaissance*; al. *Erkenntniss*; it. *Conoscenza*). Em geral, uma técnica para a aferição de um objeto qualquer, ou a disponibilidade ou posse de uma técnica semelhante. Por técnica de aferição deve-se entender qualquer procedimento que possibilite a descrição, o cálculo ou a previsão verificável de um objeto; e por objeto deve-se entender qualquer entidade, fato, coisa, realidade ou propriedade. Técnica, nesse sentido, é o uso normal de um órgão do sentido tanto quanto a operação com instrumentos complicados de cálculo: ambos os procedimentos permitem aferições verificáveis. Não se deve presumir que tais aferições sejam infalíveis e exaustivas, ou seja, que subsista uma técnica de aferição que, uma vez empregada em relação a um C. *x*, torne inútil seu emprego ulterior em relação ao mesmo C., sem que este perca algo de sua validade. *Verificabilidade* dos procedimentos de aferição, sejam eles grosseiros ou refinados, significa *repetibilidade* de suas aplicações, de modo que um "C" permanece como tal só enquanto subsistir a *possibilidade da aferição.* Contudo, as técnicas de aferição podem ter os mais diversos graus de eficácia e podem, em última instância, ter eficácia mínima ou nula: nesse caso, perdem, de pleno direito, a qualificação de conhecimento. "O C. de *x*" significa um procedimento capaz de fornecer algumas informações verificáveis sobre *x*, ou seja, que permita descrevê-lo, calculá-lo ou prevê-lo em certos limites. A disponibilidade ou a posse de uma técnica cognitiva designa a participação pessoal dessa técnica. "Conheço *x*" significa (salvo limitações) que sou capaz de pôr em prática procedimentos que possibilitem a descrição, o cálculo ou a previsão de *x*. Portanto o significado pessoal ou subjetivo de C. deve ser considerado secundário e derivado: o significado primário é objetivo e impessoal, como acima exposto. Esse significado primário também permite fazer facilmente a distinção entre *crença* e C.: a *crença* (v.) é o empenho na verdade de uma noção qualquer, ainda que não aferível; o C. é um procedimento de aferição ou a participação possível em tal procedimento.

Como procedimento de aferição, qualquer operação cognitiva visa a um objeto e tende a instaurar com ele uma relação da qual venha a emergir uma característica efetiva deste. Portanto, as interpretações do C. que foram dadas ao longo da história da filosofia podem ser consideradas interpretações dessa relação e, como tal, resumir-se em duas alternativas fundamentais: 1ª essa relação é uma identidade ou semelhança (entende-se por semelhança uma identidade fraca e parcial) e a operação cognitiva é um procedimento de identificação com o objetivo ou de reprodução dele; 2ª a relação cognitiva é uma apresentação do objeto e a operação cognitiva é um procedimento de transcendência.

1ª A primeira interpretação é a mais comum na filosofia ocidental. Pode, por sua vez, ser dividida em duas fases diferentes: A) na primeira, a identidade ou a semelhança com o objeto é entendida como identidade ou semelhança dos elementos do C. com os elementos do objeto: por exemplo, dos conceitos ou das representações com as coisas; B) na segunda fase, a identidade ou a semelhança restringe-se à *ordem* dos respectivos elementos: nesse caso, a operação de conhecer não consiste em reproduzir o objeto, mas as relações constitutivas do próprio objeto, isto é, a ordem dos elementos. Na primeira fase, o C. é considerado *imagem* ou *retrato* do objeto; na segunda fase, tem com o objeto a mesma relação que um mapa tem com a paisagem que representa.

A) A primeira fase constitui a forma como a doutrina do C. surgiu no mundo antigo, ou seja, como identificação. Os pré-socráticos exprimiram-se com o princípio de que "o semelhante conhece o semelhante", pelo qual Empédocles afirmava que conhecemos a terra com a terra, a água com a água etc. (*Fr.* 105, Diels). Podem ser consideradas variantes desse princípio tanto a afirmação de Heráclito, "o que se move conhece o que se move" (ARISTÓTELES, *De an.*, I, 2, 405 a 27), quanto a de Anaxágoras, segundo a qual "a alma conhece o contrário com o contrário" (TEOFR., *De sens.*, 27). Esta última na realidade parece aludir mais a uma condição do C. – que pressupõe a diversidade como dirá Aristóteles (*De an.*, II, J, 417 a 16) – do que ao próprio ato cognitivo, como indica a justificação que lhe é dada: "o semelhante, com efeito, não pode sofrer a ação do semelhante". Mas foram Platão e Aristóteles que estabeleceram em bases sólidas essa interpretação do conhecimento. O encontro do semelhante com o semelhante, a homogeneidade, são os conceitos que Platão utiliza para explicar os processos cognitivos (*Tim.*, 45 c, 90 c-d): conhecer significa tornar o pensante semelhante ao pensado. Conseqüentemente, os graus de C. modelam-se segundo os graus do ser: não se pode conhecer com certeza, isto é, com "firmeza" o que não é firme, porque o C. só faz reproduzir o objeto; por isso "o que é absolutamente é absolutamente cognoscível, enquanto o que não é de nenhum modo de nenhum modo é cognoscível" (*Rep.*, 47 a). Dessa maneira, Platão estabeleceu a correspondência entre ser e ciência, que é o C. verdadeiro; entre não-ser e ignorância; entre devir, que está entre o ser e o não-ser, e opinião, que está entre o C. e a ignorância. E distinguiu os seguintes graus do C.: 1º suposição ou conjectura, que tem por objeto sombras e imagens das coisas sensíveis; 2º a opinião acreditada, mas não verificada, que tem por objeto as coisas naturais, os seres vivos e, em geral, o mundo sensível; 3º razão científica, que procede por via de hipóteses e tem por objeto os entes matemáticos; 4º inteligência filosófica, que procede dialeticamente e tem por objeto o mundo do ser (*ibid.*, VI, 509-10). Cada um desses graus de C. é a cópia exata do seu respectivo objeto: de modo que não há dúvida de que, para Platão, conhecer é estabelecer uma relação de identidade com o objeto em cada caso, ou uma relação que se aproxime o máximo possível da identidade. De forma ainda mais rigorosa esse ponto de vista era realizado por Aristóteles. Segundo ele, o C. em ato é idêntico ao objeto, caso se trate de C. sensível; é a própria forma inteligível (ou substância) do objeto, caso se trate de C. intelegível (*De an.*, II, 5, 417 a). Entende-se que a faculdade sensível e o intelecto potencial são simples possibilidades de conhecer, mas quando essas possibilidades se realizam – a primeira pela ação das coisas externas, a segunda pela ação do intelecto ativo – identificam-se com os respectivos objetos; por exemplo, ouvir um som (sensação em ato) identifica-se com o próprio som, assim como entender uma substância identifica-se com a própria substância. Portanto, Aristóteles pode afirmar, em geral, que "a ciência em ato é idêntica ao seu objeto" (*De an.*, III, 7, 431 a 1).

Essa doutrina aristotélica pode ser considerada a forma típica da interpretação do C. como identidade com o objeto. Com exceção dos estóicos, tal interpretação domina o curso ulterior da filosofia grega. Para Epicuro, o fluxo dos simulacros (*eidola*) que se destacam das coisas e se imprimem na alma serve precisamente para garantir a semelhança das imagens com as coisas (*Ep. a Herod.*, 51). E Plotino utiliza o mesmo conceito para esclarecer a natureza do conhecimento. Tem-se C. quando a parte da alma com que se conhece unifica-se com o objeto conhecido e forma um todo com ele. Se a alma e esse objeto permanecem dois, o objeto permanece exterior à própria alma e o conhecimento dele permanece inoperante. Só a unidade dos dois termos constitui o conhecimento verdadeiro (*Enn.*, III, 8, 6). Na filosofia cristã, é a mesma a interpretação; esta, aliás, serve de fundamento para as mais características especulações teológicas e antropológicas. Segundo Agostinho, o homem pode conhecer Deus porque é a imagem de Deus. Memória, inteligência e vontade, em sua unidade e distinção recíproca, reproduzem no homem a trindade divina de Ser, Verdade e Amor (*De Trin.*, X, 18). Essa noção, com algumas variações secundárias, dominou toda a teologia medieval e também foi o fundamento da antropologia. Mas dela derivava uma conseqüência importante pelo C. que o homem tem das coisas inferiores a Deus. O reconhecimento da origem divina dos poderes humanos (enquanto imagens dos poderes divinos) torna os poderes humanos relativamente independentes dos outros objetos cognoscíveis e acentua a importância do sujeito cognoscente. Para Aristóteles, a faculdade sensível e o intelecto potencial nada mais são que seus próprios objetos "em potência": não têm nenhuma independência em face desse objetos. Mas Agostinho afirma, ao contrário, que "todo C. (*notitia*) deriva, ao mesmo tempo, do cognoscente e do conhecido" (*ibid.*, XIX, 12), pondo no mesmo plano o objeto conhecido e o sujeito cognoscente como condição do conhecimento. Tomás de Aquino, embora sancionando explicitamente o princípio de que todo C. ocorre *per assimilationem* (*Contra Gent.*, II, 77) ou *per unionem* (*In Sent.*, I, 3, 1) da coisa conhecida e do objeto cognoscente, afirma que "o objeto conhecido está no cognoscente segundo a natureza do próprio cognoscente" (*De ver.*, q. 2, a. 1; *S. Th.*, I, q. 83, a. 1); e assim no conhecer o peso do sujeito vem contrabalançar o peso do objeto. Esse ponto de vista leva a atenuar a tese aristotélica, segundo a qual o C. em ato é o próprio objeto. Tomás de Aquino, comentando a afirmação aristotélica de que "a alma é todas as coisas" (*De an.*, III, 8.431 b 20), a atenua no sentido de que a alma não é as coisas, mas as *espécies* das coisas. Mas a espécie outra coisa não é senão a forma das coisas. C., portanto, é abstração: a forma abstraída da matéria individual, o universal abstraído do particular. Assim, para Tomás de Aquino, a espécie estabelece o limite da identidade entre o cognoscente e o conhecido; mas o conhecer permanece como identidade. Por sua vez, S. Boaventura, apesar de continuar fiel ao princípio agostiniano do *lumen directivum* que o homem haure diretamente de Deus e do qual derivam certeza e verdade, admite que o material do C. é constituído por *espécies* que são imagens, similitudes ou "quase-pinturas" das próprias coisas (*In Sent.*, I, p. 17, a. 1, q. 4). Se, em seu último período, a escolástica assinala o predomínio de uma interpretação diferente do conhecer (v. mais adiante); o Renascimento conserva, em geral, a interpretação do C. como identidade ou semelhança. Nicolau de Cusa diz explicitamente que o intelecto não entende se não se assimila ao que deve entender (*De mente*, 3.; *De ludo globi*, 1; *De venatione sapientiae*, 29) e Ficino diz que o C. é a união espiritual com alguma forma espiritual (*Theol. plat.*, III, 2). Os naturalistas não se exprimem de modo diferente: Bruno retoma o princípio pré-socrático de que todo semelhante se conhece pelo semelhante, e Campanella afirma: "nós conhecemos o que é porque nos tornamos semelhantes a ele" (*Met.*, I, 4, 1). O pitagorismo dos fundadores da nova ciência, Leonardo, Copérnico, Kepler, Galileu, tem pressuposto análogo: o procedimento matemático da ciência justifica-se porque a própria natureza tem estrutura matemática: no sentido de que, como diz Galileu, os caracteres em que está escrito o livro da natureza são triângulos, círculos etc. (*Opere*, VI, p. 232).

Na filosofia moderna, a doutrina segundo a qual conhecer é uma operação de identificação assume três formas principais, segundo se considere que essa operação é realizada mediante: *a*) a criação que o sujeito faz do objeto; *b*) a consciência; *c*) a linguagem.

a) O idealismo romântico e as suas ramificações contemporâneas afirmaram a tese de que conhecer significa apresentar, isto é, produzir ou criar, o objeto: tese que permite reconhecer no próprio objeto a manifestação ou a atividade do sujeito. Essa tese foi afirmada em primeiro lugar por Fichte. "A representação em geral", disse ele, "é irrefutavelmente um efeito do Não-eu. Mas no Eu não pode haver absolutamente nada que seja um efeito; porque o Eu é aquilo que ele se apresenta, e nada há nele que não seja apresentado por ele mesmo. Portanto, o próprio Não-eu deve ser efeito do Eu, aliás do Eu absoluto, e assim não temos uma ação sobre o Eu vinda de fora, mas uma ação do eu sobre si mesmo" (*Wissenschaftslehre*, 1794, III, § 5, 1). Desse ponto de vista, o Não-eu, o objeto, nada mais é que o próprio Eu, o sujeito: a identidade com o objeto é, assim, garantida pela própria definição de conhecimento. Esta, obviamente, é uma definição arbitrária que não tem efeitos sobre o êxito ou o malogro dos atos efetivos de C. e não servem, por isso, nem para dirigir nem para esclarecer esses atos. Contudo, o princípio afirmado por Fichte foi um dos que constituíram os pilares do movimento romântico (v. ROMANTISMO); e aí tem origem um dos lugares-comuns mais perniciosos e enfadonhos, o do "poder criativo do espírito". Schelling só fazia esclarecer seu significado quando afirmava: "No próprio fato do saber – quando eu sei – o objetivo e o subjetivo estão tão unidos que não se pode dizer a qual dos dois cabe a prioridade. Não há um primeiro e um segundo: ambos são concomitantes e constituem um todo único" (*System des transzendentalen Idealismus*, Intr., § 1). O conceito do conhecer como processo de unificação domina toda a filosofia de Hegel. A protagonista dessa filosofia, a Idéia, é a consciência que se realiza, gradual e necessariamente, como unidade com o objeto. Diz Hegel: "A Idéia é, em primeiro lugar, um dos extremos de um silogismo, porquanto é o conceito que tem como fim, acima de tudo, a si mesmo como realidade subjetiva. O outro extremo é o limite do subjetivo, o mundo objetivo. Os dois extremos são idênticos no ser Idéia. Sua unidade é, em primeiro lugar, a do conceito, que num deles é somente por si e, no outro, somente em si; em segundo lugar, a realidade é abstrata num deles, ao passo que no outro está em sua exterioridade completa. Essa unidade coloca-se por meio do conhecer" (*Wissenschaft der Logik*, III, cap. II; trad. it., p. 282). Assim, conhecer é o processo que unifica o mundo subjetivo com o mundo objetivo, ou melhor, que leva à consciência a unidade necessária de ambos. Todas as formas do idealismo contemporâneo atêm-se a essa doutrina. Croce a introduz chamando o conceito de "concreto": e por esse caráter dever-se-ia excluir que ele seja "universal e vazio", "universal e inexistente" e admitir que ele compreende em si "o ato lógico universal" e o "pensamento da realidade", que é a própria realidade (*Lógica*, 4ª ed., 1920, p. 29). Gentile afirmava: "Conhecer é identificar, superar a alteridade enquanto tal" (*Teoria generale dello spirito*, 2, § 4). Por sua vez Bradley, mais criticamente, considerava essa identificação como um ideal-limite irrealizável em nós, mas realizado na Consciência absoluta, na qual C. e ser, verdade e realidade, coincidem (*Appearance and Reality*, p. 181).

b) O espiritualismo moderno, em todas as suas manifestações, considera o conhecer como uma relação interna da consciência consigo mesma. Essa interpretação garante a identidade do conhecer com o objeto, pois desse ponto de vista o objeto não é senão a própria consciência ou, pelo menos, um produto seu ou uma manifestação sua. Schopenhauer assim exprimia essa doutrina: "Ninguém nunca pode sair de si para identificar-se imediatamente com coisas diferentes de si: tudo aquilo de que alguém tem C. seguro, portanto imediato, encontra-se dentro da sua consciência" (*Die Welt*, II, cap. I). Consciência, sentido íntimo, introspecção, intuição são os termos que, a partir do Romantismo, a filosofia moderna emprega para indicar o C. caracterizado pela identidade com seu objeto, por isso privilegiado na sua certeza. A consideração básica é que, se o sujeito não pode conhecer o que é diferente dele, o único C. verdadeiro e originário é o que ele tem de si mesmo. Com base nisso, Maine de Biran via no "sentido íntimo" o único C. possível e interpretava os seus testemunhos como verdades metafísicas (*Essais sur les fondements de la psychologie*, 1812). Outras vezes, a consciência, também chamada de intuição, é interpretada como a revelação que Deus faz ao homem de um atributo fundamental seu (p. ex., do ser, como afirma ROSMINI, *Nuovo saggio*, § 473) ou do seu próprio processo criativo, como faz GIOBERTI (*Intr. allo studio della fil.*, II, p. 183). De modo análogo, a intuição de que fala Bergson "como visão direta do espírito pelo espírito" (*La pensée et le mouvant*, p. 37) é um procedimento privilegiado de C., no qual o termo objetivo é idêntico a subjetivo. E quando Husserl quis esclarecer o modo de ser privilegiado da consciência chamou de "percepção imanente" a percepção que a consciência tem de suas próprias vivências: porque o objeto dela pertence à mesma corrente de consciência a que pertence a percepção (*Ideen*, I, § 38). Com base nisso, Husserl considera a percepção imanente, isto é, a consciência como absoluta e necessária: nela "não há lugar para discordância, aparência, possibilidade de ser outra coisa. Ela é uma esfera de posição absoluta" (*ibid.*, § 46). A exemplificação dada até aqui pode bastar para esse ponto de vista, que tem grande difusão na filosofia contemporânea e, apesar da variedade das suas expressões, é muito uniforme.

c) Paradoxalmente o positivismo lógico transportou para a linguagem, em que vê a operação cognitiva propriamente dita, a doutrina do caráter identificador dessa operação. Wittgenstein afirma que "a proposição pode ser verdadeira ou falsa só como imagem (*Bild*) da realidade" (*Tractatus*, 4.06). E prova que a proposição é uma imagem da realidade do seguinte modo: "Só conhecerei a situação por ela representada se compreender a proposição. E compreendo a proposição sem que o seu sentido me seja explicado" (*ibid.*, 4.021). À primeira vista, acrescenta ele, "não parece que a proposição, por exemplo, do modo como está impressa no papel, seja uma imagem da realidade de que trata. Mas, à primeira vista, nem a notação musical parece ser imagem da música, assim como nossa escrita fonética (com letras) não parece ser a imagem de nossa língua falada. No entanto, esses símbolos demonstram ser, até no sentido comum do termo, imagens do que representam" (*ibid.*, 4.011). A insistência na noção da imagem indica claramente que Wittgenstein compartilha a velha interpretação do conhecer como operação de identificação. E de fato diz: "Deve haver algo de idêntico na imagem e no objeto representado para que aquela possa ser a imagem deste" (*ibid.*, 2.161). Mas esse algo é "a forma de figuração" (*ibid.*, 2.17). E a forma de figuração é a "possibilidade de que as coisas estejam uma em relação à outra assim como os elementos da imagem estão entre si" (*ibid.*, 2.151). O que parece remeter à interpretação *B* da relação identificadora.

B) A segunda fase da doutrina do C. como identificação nasce com a filosofia moderna, mais precisamente com Descartes. O princípio cartesiano de que a idéia é o único objeto imediato do C., e que, por isso, a existência da idéia no pensamento nada diz sobre a existência do objeto representado, obviamente punha em crise a doutrina do conhecer como identificação com o objeto: nesse caso, o objeto é claramente inalcançável. Descartes continuara a conceber a idéia como "quadro" ou "imagem" da coisa (*Méd.*, III), mas nele já aparece a tendência (cf. *Regulae*, V) a ver no C. a assimilação e a identidade da *ordem* das idéias com a *ordem* dos objetos conhecidos, mais do que assimilação ou identidade da idéia com o objeto conhecido. Malebranche, que admite que o homem vê diretamente em Deus as idéias das coisas e, por isso, considera muito problemática a realidade das coisas, admite, todavia, essa realidade como fundamento da ordem e da sucessão das idéias no homem; ordem e sucessão não teriam sentido, pensa ele, se não coincidissem com a ordem e a sucessão das coisas a que se referem as idéias (*Entretien sur la métaphysique*, I, 6-7). Espinosa, que admite três gêneros de C. (percepção sensível e imaginação; razão com suas noções comuns e universais; a ciência intuitiva), considera que só os dois últimos permitem distinguir o verdadeiro do falso, porque tiram a idéia do seu isolamento e a vinculam às outras idéias, situando-a na ordem necessária que é a própria Substância divina (*Et.*, II, 44). Locke, que define o C. como "a percepção do acordo e da ligação, ou do desacordo e da oposição das idéias entre si" (*Ensaio*, IV, 1, 2), exige, para que ele seja real, que "as idéias correspondam aos seus arquétipos" (*ibid.*, IV, 4, 8) e por isso define a verdade como "a união ou a separação de signos, conforme as coisas significadas por elas concordem ou discordem entre si" (*ibid.*, IV, 5, 2). Locke considera que essa referência a objetos reais não é indispensável ao C. matemático e ao moral, mas que é indispensável ao "C. real", que tem substâncias como objeto (*ibid.*, IV, 4, 12). Para Leibniz, ao lado do C. *a priori*, fundado em princípios constitutivos de intelecto, há um C. representativo que consiste na semelhança entre as representações e a coisa (*Nouv. ess.*, IV, 1, 1). Mas um e outro C. fazem da alma "um espelho vivo e perpétuo do universo", porque ambos se baseiam na ligação que todas as coisas criadas têm entre si, de tal modo que "cada substância simples tem relações que exprimem todas as outras relações" (*Monad.*, 56). Em todas essas observações, embora não se negue o caráter de semelhança ou de imagem dos elementos cognitivos, o C. é entendido propriamente como identidade com a *ordem* objetiva. Seu objeto é propriamente essa ordem, e o conhecer é a operação que tende a identificar ou a identificar-se com ele, e não com os elementos singulares entre os quais intercede. A propósito, a "revolução copernicana" de Kant não consiste em inovar radicalmente esse conceito de C., mas em admitir que a ordem objetiva das coisas tem como modelo as condições do C., e não vice-versa. As categorias são, na verdade, consideradas por Kant como "conceitos que prescrevem leis *a priori* aos fenômenos e, portanto, à natureza como conjunto de todos os fenômenos" (*Crít. R. Pura*, § 26). Os fenômenos, não sendo "coisas em si mesmas", porém "representações de coisas", para serem fenômenos precisam ser pensados e, assim, submeter-se às condições do pensamento que são as categorias. Para Kant, a ordem objetiva da natureza, portanto, outra coisa não é senão a ordem dos procedimentos formais do conhecer, uma vez que essa ordem se incorporou em um conteúdo objetivo, que é o material sensível da intuição. Desse ponto de vista, conhecer não é uma operação de assimilação ou de identificação, mas de síntese; e como tal deve ser considerada sob outro aspecto, do C. como transcendência. Pode-se considerar que essa fase da doutrina do C. como assimilação, segundo a qual o objeto da assimilação é a ordem, situa-se entre a primeira e a segunda interpretação principal do conhecer, ou seja, entre a interpretação do conhecer como assimilação e a interpretação do conhecer como transcendência.

2ª Para a segunda interpretação fundamental, o C. é uma operação de transcendência. Segundo essa doutrina, conhecer significa vir à presença do objeto, apontá-lo ou, com o termo preferido pela filosofia contemporânea, *transcender* em sua direção. O C. é então a operação em virtude da qual o próprio objeto está presente: ou presente, por assim dizer, em pessoa, ou presente em um signo que o torne rastreável, descritível ou previsível. Essa interpretação não se funda em nenhum pressuposto de caráter assimilativo ou identificador: para ela, os procedimentos do conhecer não visam a converter-se no próprio objeto do conhecer, mas a tornar presente esse objeto como tal ou a estabelecer as condições que possibilitem sua presença, que permitam prevê-la. A presença do objeto ou a predição dessa presença constitui a função efetiva do C., segundo essa interpretação.

É nos estóicos que essa interpretação aparece pela primeira vez. Eles chamavam de evidentes as coisas que "vêm por si mesmas ao nosso C.", por exemplo, ser dia; e chamavam de "obscuras" as coisas que costumam escapar ao C. humano. Entre estas últimas, distinguiram as obscuras por natureza, que nunca se nos tornam evidentes, e as obscuras momentaneamente, mas evidentes por natureza (p. ex., a cidade de Atenas para quem mora nela). Estas duas últimas espécies de coisas são compreendidas por meio de *signos* ou sinais: *indicativos* para as coisas obscuras por natureza (p. ex., o suor é assumido como sinal dos poros invisíveis) e *rememorativos* para as coisas evidentes por natureza, mas momentaneamente obscuras (assim como a fumaça é um sinal de fogo) (SEXTO EMPÍRICO, *Adv. dogm.*, II, 141; *Pirr. hyp.*, II, 97-102). São reconhecíveis, nessa posição, duas teses fundamentais: 1.ª o C. evidente consiste na presença da coisa, pela qual a coisa "se manifesta por si" ou "é compreendida por si", ou seja compreendida como coisa, portanto como algo diferente daquele que a compreende; 2.ª o C. não evidente ocorre por meio de *signos* ou sinais que remetem à própria coisa sem que tenham nenhuma identidade ou semelhança com ela.

Essa doutrina dos estóicos ficou esquecida durante muitos séculos, negligenciada como possibilidade pela história da filosofia. Reaparece somente na escolástica do século XIV, com os pensadores que criticam a doutrina da *species* como intermediária do conhecimento. A *species*, como se viu, é uma tese típica da doutrina da assimilação: na verdade é, ao mesmo tempo, ato do C. e o ato do objeto (como forma ou substância deste último). Mas Duns Scot distinguiria um C. "que abstrai da existência atual da coisa", dando-lhe o nome de "*abstrativo*", e um "C. da coisa existente e presente em sua existência atual", dando-lhe o nome de *intuitivo* (*Op. Ox.*, II, d. 3, q. 9, n. 6). Ora, o C. intuitivo (que, por um lado, é conhecimento sensível e, por outro, é conhecimento intelectual, que tem por objeto a substância ou natureza comum, por exemplo, a natureza humana) não tem necessidade de espécies, porque nele está diretamente presente a coisa em pessoa. Só o C. abstrativo, C. intelectual do universal, tem necessidade de espécies (*ibid.*, I, d. 3, q. 7, n. 2). É a essa doutrina que a escolástica do século XVI faz referência. Durand de St.-Pourçains afirma que a espécie é inútil porque o próprio objeto está presente ao sentido, e, através do sentido, também ao intelecto (*In Sent.*, II, d. 3, q. 6, n. 10); portanto, o C. universal é somente C. *confuso*, pois quem tem o C. universal – por exemplo, da rosa – conhece confusamente o que é intuído distintamente por quem vê a rosa que lhe está presente (*ibid.*, IV, d. 49, q. 2, 8). Para Pedro Auréolo, o objeto do C. é a própria coisa externa que, graças ao intelecto, assume um ser *intencional* ou *objetivo* que não é diferente da realidade individual da coisa (*In Sent.*, I, d. 9, a. 1). Ockham, por sua vez, transforma a teoria scotista do C. intuitivo em teoria da experiência e afirma a presença imediata da coisa ao C. intuitivo. "Em nenhum C. intuitivo, sensível ou intelectivo", diz ele, "a coisa se constitui em ser intermediário entre a própria coisa e o ato de conhecer; mas a coisa mesma, imediatamente e sem intermediário entre ela e o ato, é vista e apreendida" (*In Sent.*, I, d. 27. q. 3, I). O C. intuitivo perfeito, que tem por objeto uma realidade atual ou presente, é a experiência (*ibid.*, II, q. 15, H); o imperfeito, que concerne a um objeto passado, deriva sempre de uma experiência (*ibid.*, IV, q. 12, Q). Por sua vez, o C. abstrativo, que prescinde da realidade ou da irrealidade do objeto, deriva do intuitivo e é uma *intentio* ou *signum*. Ockham reproduz assim a interpretação dos estóicos: quando a realidade não está presente para o C. "em pessoa", anuncia-se ou manifesta-se no signo ou sinal. A validade do signo conceitual, que, ao contrário do lingüístico, não é arbitrário ou convencional, mas natural, provém do fato de ser produzido naturalmente, isto é, causalmente, pelo próprio objeto, de tal modo que sua capacidade de *representar* o objeto nada mais é que esse nexo causal com ele (*Quodl.*, IV, q. 3). Para ilustrar a função lógica do signo, ou sinal, Ockham utiliza o conceito da *suppositio*, que fora elaborado pela lógica do século XIII (v. SIGNO; SUPOSIÇÃO). No século XVII, os pontos básicos dessa doutrina foram reproduzidos por Hobbes, para quem a sensação, que é o fundamento de todo C., é o manifestar-se da coisa através do movimento que ela imprime ao órgão do sentido (*Leviath.*, I, 1; *De corp.*, 25 § 2). Berkeley substituía a causalidade da coisa externa, à qual esses filósofos atribuíam o C., pela causalidade de Deus: teoria segundo a qual as coisas conhecidas são sinais pelos quais Deus fala aos sentidos ou à inteligência do homem para instruí-lo sobre o que deve fazer (*Principles of Knowledge*, §§ 108-9) é uma transição teológica dessa doutrina do conhecimento. Entrementes, com o cartesianismo e especialmente com Locke, iam-se formando conceitos do C. como operação unificadora: unificadora de idéias, ou seja, de estados interiores à consciência, mas cuja interligação corresponde ou deve corresponder à das coisas (v. 1.ª *B*). Eliminada por Berkeley a substância material e por Hume toda espécie de substância, a ligação entre as idéias vinha exaurir a função da atividade cognitiva. Assim, Hume considera que toda operação cognitiva é uma operação de *conexão* entre as idéias; operação de conexão é o raciocínio pelo qual se mostra a ligação que as idéias têm entre si, independentemente de sua existência real; operação de conexão entre as idéias é o C. da realidade de fato. No primeiro caso, a conexão é certa porque não depende de nenhuma condição de fato; no segundo caso baseia-se na relação de causalidade. Mas essa mesma relação não tem outro fundamento além da repetição de certa sucessão de acontecimentos e o hábito que essa repetição determina no homem (*Inq. Conc. Underst.*, IV, 1).

Esse conceito do C. como operação de conexão ou de interligação, que nada tem que ver com a identificação ou a assimilação com o objeto, é chamado por Kant de operação de *síntese*. A síntese é, em geral, "o ato de reunir diferentes representações e compreender sua multiplicidade em um C." (*Crít. R. Pura*, § 10). Mas, para Kant, a síntese cognitiva não é somente uma operação de ligação entre representações: é também uma operação de ligação dessas representações com o objeto por meio da intuição. "Se um C. deve ter uma realidade objetiva", diz Kant, "isto é, referir-se a um objeto e nele ter significado e sentido, o objeto deve poder ser dado de um modo qualquer. Sem isso, os conceitos são vazios, e se, apesar disso, se pensar com eles, esse pensamento nada conhecerá, mas só estará brincando com as representações. Dar um objeto – se este tiver de ser opinado de modo indireto, mas representado imediatamente na intuição – nada mais é que ligar sua representação à experiência (seja esta real ou possível)" (*ibid.*, Analítica dos princípios, cap. II. seç. II). Pensar um objeto e conhecer um objeto não são, pois, a mesma coisa. "O C. compreende dois pontos: em primeiro lugar, um conceito pelo qual um objeto em geral é pensado (a categoria) e, em segundo lugar, a intuição com que ele é dado" (*ibid.*, § 22). A intuição tem o seguinte privilégio: refere-se imediatamente ao objeto e, por meio dela, o objeto é dado (*ibid.*, § 1). Por isso, não há dúvida de que a operação de conhecer tende a tornar o objeto presente em sua realidade; mas com isso deve-se entender um objeto que seja fenômeno, visto que a "coisa em si", por definição, é estranha a qualquer relação cognitiva.

O conceito de C. – isento da limitação relativista sugerida a Kant e a toda filosofia iluminista pelas posições de Descartes e Locke –, mas como operação de referir-se ou relacionar-se com o objeto e, portanto, também como processo pelo qual o objeto se oferece ou se apresenta em pessoa, foi adotado pela fenomenologia contemporânea e pelas suas diversas correntes. "A cada ciência", diz Husserl, "corresponde um campo objetivo como domínio das suas indagações; a todos os seus C., ou seja, aos seus enunciados corretos, correspondem determinadas intuições que constituem o fundamento de sua legitimidade, porquanto nelas os objetos do campo se dão em pessoa e, ao menos parcialmente, como originários" (*Ideen*, I, § 1). Assim, a experiência, que abrange todo o C. natural, é uma operação intuitiva através da qual um objeto específico, a coisa, é dada na sua realidade originária. Nesse sentido, a experiência é um *ato fundante*, não substituível por um simples imaginar. Por outro lado, o C. geométrico, que não investiga realidades mas possibilidades ideais, tem como ato fundante a visão da essência: essa visão, exatamente como a percepção empírica, torna atual e apresenta um objeto em pessoa: este, porém, não é a coisa da experiência, mas a essência (*ibid.*, § 8). Considerando o C. de um ponto de vista mais geral, pode-se dizer que "toda espécie de ser tem por essência seus modos de dar-se e, portanto, seu método de C." (*ibid.*, § 79); e a pesquisa fenomenológica é, no projeto de Husserl, a análise desse modos de ser como "modos de dar-se". Analogamente, para N. Hartmann o conhecimento é um processo de transcendência cujo termo é o ser "em si" (*Metaphysik der Erkenntnis*, 1921, 4.ª ed., 1949, pp. 43 ss.). Segundo essa análise, deixou de ter sentido contrapor *atividade* e *passividade* no conhecimento (contraposição que, nascida de Kant, fora assumida como motivo polêmico pelo Romantismo a partir de Fichte). Não cabe mais distinguir no conhecimento o aspecto ativo, que Kant chamava de "espontaneidade intelectual", do aspecto passivo, que para Kant era a sensibilidade. Não se trata nem mesmo de reduzir todo o C. à atividade do eu, como fizera Fichte e, com ele, toda a filosofia romântica, que considerou essa atividade "infinita", isto é, sem limites (e por isso criadora), e como tal a exaltou. Hoje, parece fictícia até mesmo a perspectiva histórica prevalecente no romantismo, que opunha a concepção "clássica" (antiga e medieval), para a qual a operação de conhecer seria dominada pelo objeto diante do qual o sujeito é passivo, à concepção moderna ou romântica, para a qual o C. seria atividade do sujeito e manifestação de seu poder criador. Trata-se, realmente, de uma perspectiva típica do romantismo e de uma oposição teórica, que serviu a fins polêmicos. Nem a filosofia antiga nem as modernas concepções objetivistas pretendem estabelecer ou pressupõem a "passividade" do sujeito cognoscente. Ao sujeito cognoscente pertence com certeza a iniciativa do conhecer; aliás, é justamente essa iniciativa que define a sua subjetividade. Mas isso não implica atividade nem passividade no sentido estabelecido por Fichte. A iniciativa do sujeito visa a tornar o objeto presente ou manifesto, a tornar evidente a própria realidade, a manifestar os fatos. Aquilo que se chama abreviadamente conhecer é um conjunto de operações, às vezes muito diferentes entre si, que, em campos diversos, visam a fazer emergir, em suas características próprias, certos objetos específicos. Desse ponto de vista, o "problema do C.", tal como se configurou na segunda metade do século XIX, com base na postura romântica ou na oposição a ela, como problema de atividade ou passividade do espírito ou de sua "categoria eterna", que seria a atividade teórica, é um problema que se desfez sob a ação da fenomenologia, por um lado, e da filosofia da ciência e do pragmatismo, por outro. No âmbito da fenomenologia, Heidegger fala de uma anulação do problema do conhecimento. O conhecer não pode ser entendido como aquilo pelo que o *Dasein* (ser-aí, o homem) "vai de *dentro* para *fora* de sua esfera interior, esfera na qual estaria, anteriormente, encapsulado: ao contrário, o *Dasein* (ser-aí), em conformidade com seu modo de ser fundamental, já está sempre *fora*, junto ao ente que lhe vem ao encontro no mundo já descoberto" (*Sein und Zeit*, § 13). Segundo Heidegger, conhecer é um modo de ser do ser-no-mundo, isto é, do transcender do sujeito para o mundo. Ele nunca é apenas um ver ou um contemplar. Diz Heidegger: "O ser no mundo, enquanto ocupar-se, é tomado e obnubilado pelo mundo com que se ocupa" (*ibid.*, § 13). O conhecer é, em primeiro lugar, a abstenção do ocupar-se, isto é, das atividades comuns da via cotidiana, como manusear, comerciar etc. Essa abstenção possibilita o simples "observar, que é, de quando em quando, o deter-se junto a um ente, cujo ser é caracterizado pelo fato de *estar presente*, de estar aqui". Nessa abstenção de todo comércio e utilização, realiza-se a percepção da simples presença. O perceber concretiza-se nas formas de interpelar e discutir algo como algo. Com base nessa interpretação, entendida em sentido latíssimo, a percepção torna-se determinação. O percebido ou o determinado pode ser expresso em proposições, bem como manter-se e preservar-se nessa qualidade de proposto. A retenção perceptiva de uma proposição acerca de... já é, em si mesma, uma maneira de ser no mundo e não pode ser interpretada como um processo em virtude do qual um sujeito receberia imagens de algo, imagens que seriam, em conseqüência, experimentadas como "internas", de tal sorte que suscitariam o problema de sua concordância com a realidade "externa" (*ibid.*, § 13). O "problema do C." e o "problema da realidade" (v. REALIDADE), do modo formulado pela filosofia do século XIX, são, pois, eliminados por Heidegger. Todas as manifestações ou graus do conhecer (observar, perceber, determinar, interpretar, discutir, negar e afirmar) pressupõem a relação do homem com o mundo e só são possíveis com base nessa relação.

Essa convicção hoje é compartilhada por filósofos de procedência diferente, ainda que muitas vezes sob terminologias diversas. O fundamento que a sugere é sempre o mesmo: o abandono do pressuposto de que os "estados internos" (idéias, representações etc.) são os objetos primários de conhecimento, e que só a partir deles podem (se é que podem) ser inferidos objetos de outra natureza. A renúncia a esse pressuposto está explícita, por exemplo, no pragmatismo de Dewey, para quem o C. é simplesmente o resultado de uma operação de investigação ou, mais precisamente, é a asserção válida em que tal operação desemboca. Desse ponto de vista, o objeto do C. não é uma entidade externa a ser alcançada ou inferida, mas é "o grupo de distinções ou características conexas que emerge como constituinte definido de uma situação resolvida e é confirmado na continuação da investigação" (*Logic*, cap. XXV, II; trad. it., p. 666). Visto que, freqüentemente, são usados em certa investigação objetos constituídos em investigações precedentes, estes últimos às vezes são entendidos como objetos existentes ou reais, independentemente da própria investigação. Na realidade, são independentes da investigação em que ora entram, mas são objetos só em virtude de uma outra investigação de que resultam. No entanto, segundo Dewey, esse simples equívoco é a base da concepção "representativa" do conhecimento. "O ato de referir-se a um objeto, que é um objeto conhecido só em virtude de operações totalmente independentes do próprio ato de referência, é considerado, para fins de uma teoria do C., como constituinte por si mesmo de um caso de C. representativo" (*Logic*, p. 667).

Essas idéias influenciaram e continuaram influenciando poderosamente a filosofia contemporânea e são a base da dissolução do problema do C., que é uma de suas características. A dissolução desse problema favoreceu a lógica por um lado, e a metodologia das ciências, por outro. Esta última, especialmente, é a herdeira contemporânea de tudo o que ficou de válido em problemas que eram habitualmente tratados pela teoria do conhecimento. [N.A.]

A partir dos anos 1970, sobretudo depois da publicação de *Groundless Belief* (1977), de Michael Williams, e de *Philosophy and the Mirror of Nature* (1979), de Richardo Rorty, a idéia de que o problema do C. já não pode ser proposto nos termos cartesianos e kantianos de secular tradição é compartilhada por muitos e encontra ampla ressonância com os projetos de "secularização" da filosofia por parte da hermenêutica hodierna. As fontes com base nas quais alguns autores contemporâneos falam literalmente de "morte da epistemologia" e de "dissolução" do problema do C. ainda são o pragmatismo de James e Dewey, além dos escritos de Wittgenstein, Quine, Sellars, Austin e Davidson, de certo historicismo e de algumas sugestões provenientes das filosofias de Nietzsche, Heidegger e Derrida. Rorty afirma que as velhas e insolúveis questões sobre a distinção entre sujeito e objeto do conhecimento, entre formas e conteúdos, entre convenções e verdade de fato, foram geradas pela concepção "representacional" das crenças e por seu fiel aliado que é a concepção "correspondentista" da verdade (segundo Rorty, genealogicamente associável à epistemologia "cartesiano-lockiano-kantiana" e – sobretudo no século XVII – à interposição de um "véu de idéias" entre sujeito e mundo). A idéia de que há uma realidade independente da mente, que o sujeito cognoscente deve procurar "espelhar", é uma idéia metafísica ligada a um conjunto de assunções psicológicas e epistemológicas que, segundo os críticos da epistemologia, estão hoje decisivamente superadas por concepções "pragmáticas" e " comportamentistas" que não demandam nenhuma idéia de "representação" e, afinal, invalidam qualquer esforço, errôneo, de coadunar esquemas conceituais e "fatos".

Ainda que se abebere em grande parte na literatura "continental" – sobretudo em Heidegger, no deconstrucionismo de Derrida e em muita filosofia pós-moderna – o referente polêmico de Rorty, assim como o de Williams e hoje de Stephen Stich *(The Fragmentation of Reason,* 1990), é um tipo de formulação da filosofia do C. pertencente em sentido estrito à tradição analítica anglo-americana. Tal tradição é caracterizada por uma abordagem do C. cujas características principais são: 1) privilégio dos problemas inerentes ao C. *proposicional* ("eu sei que *p*", em que *p* é uma entidade lingüística, e não uma *coisa* no mundo); 2) resposta aos vários desafios lançados pelo ceticismo contra as nossas pretensões de C.; 3) análise dos conceitos epistêmicos comuns, como os de "crença", "verdade", "justificação"; 4) valorização e reforma das práticas comuns de raciocínio. O ponto de partida da "análise do C." por parte dessa tradição foi muitas vezes a assunção de que o C. pode ser definido, nos termos do *Mênon* de Platão, como *crença verdadeira justificada.* O C., portanto, é nesse caso considerado como crença mais alguma coisa; e essa "alguma coisa" é dada sobretudo por uma adequada teoria da justificação, inserida num sistema de regras ou princípios aptos a avaliar que estados cognitivos são epistemicamente justificados e quais não são, ou, nas chamadas acepções "confiabilistas", pela identificação de um processo de aquisição de nossos conhecimentos que possa garanti-los como tais. A tradição analítica, como critica Rorty, levou muito a sério os desafios céticos (cf. B. STROUD, *The Significance of Philosophical Scepticism,* 1984) e, principalmente, dramatizou, buscando caminhos para uma recomposição, aquilo que Wilfrid Sellars (*Science, Perception, and Reality,* 1963) definiu incisivamente como divisão entre "imagem científica" e "imagem manifesta" do mundo. Suas tentativas de resposta freqüentemente giraram em torno de uma *definição* do C. e de seus componentes necessários e suficientes. Embora os problemas que tal formulação privilegia tenham origem histórica precisa – que, por outro lado, seria correto analisar de forma menos genérica do que Rorty (cf. H. PHILIPSE, em "Metaphilosophy", 1994, n. 1) –, não está de fato determinado que tal genealogia os tenha tornado *ipso facto* inatuais nem que as objeções comportamentistas, pragmatistas e deflacionistas avançadas por Rorty (mas também por Quine, Davidson e por outros representantes da filosofia pós-analítica) aos problemas do C. e da verdade sejam, por sua vez, imunes a críticas. O próprio conceito de "representação", por exemplo, central na epistemologia tradicional, mas que Rorty considera criador de equívocos, aparece hoje, ao contrário, como centro de um novo interesse por parte das "ciências cognitivas", enquanto muitos problemas do C. – relativos à distinção entre *inato* e *adquirido,* aos *limites* do C. e também à explicação de muitos conceitos intrinsecamente conexos ao C. –, embora historicamente datados, mantêm uma atualidade que vai além da contingência de suas premissas.

Um modo diferente de considerar os problemas do C. – ainda que, sob muitos aspectos, em consonância com as dissoluções pós-modernas – é o proposto pelas chamadas "epistemologias naturalizadoras", que não os consideram problemas de tratamento filosófico, com abordagem transcendental ou fundacional, mas os vêem como problemas formulados e solucionáveis no âmbito das próprias ciências empíricas (psicologia, biologia, sociologia etc.).

De qualquer modo, se é possível identificar uma tendência difusa à superação da formulação tradicional dos problemas do C. em muitas correntes filosóficas contemporâneas, do existencialismo à hermenêutica e à filosofia pós-analítica, ela é apenas testemunho do reconhecimento geral de que talvez esteja definitivamente superada qualquer filosofia de tipo aristotélico "fundacional" (exemplarmente encontrável nos *Segundos analíticos*), teorizada em parte também por Descartes (ver sobretudo a carta-prefácio à edição francesa dos seus *Principia Philosophiae*), que busque princípios primeiros dos quais deduzir e com os quais justificar as verdades das várias ciências; entrementes não está decretado que outras formas de "fundacionalismo", como as de origem kantiana (ainda que libertas da idéia kantiana dos sintéticos-*a priori* e de princípios necessariamente verdadeiros) e neopositivista, concentradas nos fundamentos teóricos dos nossos *atuais* conhecimentos, já esgotaram sua função de *sistematização* e de *análises* filosóficas do C. (cf. P. PARRINI, *Conoscenza e realtà,* 1995). [A.P.]

CONHECIMENTO, TEORIA DO (in. *Epistemology,* rar. *Gnoseology;* fr. *Gnoséologie,* rar. *Epistémologie;* al. *Erkenntnistheorie,* rar. *Gnoseologie;* it. *Teoria della conoscenza, Gnoseologia, Epistemologia*). Em alemão o termo *Gnoseologie,* cunhado pelo wolffiano Baumgarten, fez pouco sucesso, enquanto o termo *Erkennt-*

nistheorie, usado pelo kantiano Reinhold (*Versuch einer neuen Theorie des menschlichen Vorstellungsvermögens*, 1789) teve aceitação geral. Em inglês o termo *Epistemology* foi introduzido por J. F. Ferrier (*Institutes of Metaphysics*, 1854) e é o único comumente adotado; *Gnoseology* é bastante raro. Em francês, adota-se comumente *Gnoséologie*, mais raramente *Epistémologie*. Todos esses nomes têm o mesmo significado: não indicam, como muitas vezes se acredita ingenuamente, uma disciplina filosófica geral, como a lógica, a ética ou a estética, porém o modo de tratar um problema que nasce de um pressuposto filosófico específico, no âmbito de determinada corrente filosófica. Essa corrente é o idealismo (no sentido 1º, v. IDEALISMO), e o problema que constitui tema específico da teoria do C. é o da realidade das coisas, ou em geral do "mundo externo". A teoria do C. baseia-se em dois pressupostos: 1º o C. é uma "categoria" do espírito, uma "forma" da atividade humana ou do "sujeito", que pode ser indagada de modo universal e abstrato, ou seja, prescindindo-se dos procedimentos cognitivos particulares de que o homem dispõe fora e dentro da ciência; 2º o objeto imediato do conhecer é, como julgara Descartes, apenas a idéia ou representação; e a idéia é uma entidade mental, existe apenas "dentro" da consciência ou do sujeito que a pensa. Trata-se portanto de ver: 1º se a essa idéia corresponde uma coisa qualquer ou entidade "externa" existente "fora" da consciência; 2º se, em caso de resposta negativa a tal indagação, há alguma diferença, e qual, entre idéias irreais ou fantásticas e idéias reais. São os problemas já discutidos por Berkeley e retomados por Fichte em *Doutrina da ciência* (1794) e que constituem o tema dominante de uma rica literatura filosófica, especialmente alemã, da segunda metade do século XIX às primeiras décadas do século XX. Pela própria origem e formulação, a teoria da C. é idealista. Mesmo as chamadas soluções "realistas" são na realidade formas de idealismo, uma vez que as entidades que reconhecem como "reais" são, com grande freqüência, consciências ou conteúdos de consciências. A chamada Escola de Marburgo (Hermann Colien, 1842-1918; Paul Natorp, 1854-1924) identificava a teoria do C. com a lógica e reduzia a três as disciplinas filosóficas fundamentais: lógica, ética e estética. *Philosophie und Wissenschaft der neueren Zeit*, 1922-1923 [O problema do conhecimento na filosofia e na ciência dos novos tempos] (4 vols., 1906-1950), de Ernst Cassirer (1874-1945), é a mais importante obra dedicada ao problema do C. nesse significado tradicional.

A teoria do C. perdeu primado e também significado desde que se começou a duvidar da validade de um dos seus pressupostos, qual seja, de que o dado primitivo do C. é "interno" à consciência ou ao sujeito e que, portanto, a consciência ou o sujeito devem sair de si mesmos (o que é por princípio impossível) para apreender o objeto. Kant, na "Refutação ao idealismo", acrescida à segunda edição de *Crítica da Razão Pura* (1787), já mostrara a falta de fundamento desse pressuposto. Os analistas contemporâneos rejeitam também o primeiro pressuposto da teoria do C., ou seja, que o C. é uma forma ou categoria universal que pode ser indagada como tal: eles tomam como objeto de indagação os procedimentos efetivos ou a linguagem da ciência, não já o "C." em geral. Portanto, a teoria do C. acabou perdendo o significado na filosofia contemporânea e foi substituída por outra disciplina, a *metodologia* (v.), que é a análise das condições e dos limites de validade dos procedimentos de indagação e dos instrumentos lingüísticos do saber científico. [N.A.]

Os motivos do abandono de uma teoria do C. são hoje dados por algumas considerações *internas* e *externas* à própria teoria do C. Entre as segundas, está a tendência geral a considerar esgotadas as razões que levaram a teorizar sobre o C. na modernidade. O problema de saber qual é a *natureza* do C. e de especificar os critérios mais adequados à sua *justificação* (v.), fulcro da teoria do C. do século XVII até hoje, tem sido invalidado por objeções antiessencialistas e historicizantes: o C. não tem uma *natureza*, mas apenas uma *história*, e não é um problema eterno, que se *dá* à reflexão do filósofo, mas um problema *contingente* que, nos termos em que é tratado pela teoria do C. contemporânea, nasce com a divisão entre "imagem manifesta" e "imagem científica" do mundo, perpetrada pela revolução científica do século XVII (cf. R. RORTY, *Philosophy and the Mirror of Nature*, 1979). Entre as primeiras, está a chamada crise dos fundamentos das ciências, na transição entre os séculos XIX e XX, que leva a subverter o imperioso edifício epistemológico construído por Kant, com a sua teoria "antropológica" da possibilidade do C., e, como alternativa, a "pluralizar" e a "relativizar" os nossos C. e as nossas justificações para eles, bem como a interligá-los estreitamente aos valores éticos e à ideologia.

As alternativas a uma teoria do C. de tipo clássico são identificadas: (*a*) na compreensão do motivo pelo qual o conhecimento científico se tornou paradigmático do conhecimento em geral e na assunção *historicista* das razões do domínio da técnica e da sua contraposição ao mundo dos valores, pela superação *hermenêutica* da própria epistemologia; (*b*) na busca de teorias experimentais e genéticas do C., que atuem no mesmo plano da ciência (e que, portanto, utilizem as suas aquisições cognitivas); (*c*) na pluralização das teorias do C. em relação aos diferentes âmbitos do conhecimento (uma teoria do C. biológico, por exemplo, é em muitos aspectos diferente – nas formas de explicação e de previsão, nos modelos matemáticos empregados, na ontologia etc. – de uma teoria física ou psicológica do C.).

À luz da produção filosófica mais recente, de qualquer modo, é indubitável que mesmo uma análise filosófica das nossas possibilidade de C. e das nossas aquisições cognitivas, que seja informada pela historicidade e pela contingência dos muitos problemas que a tradição nos lega, ainda conservam vitalidade intacta e constituem em si uma ambição cognitiva (v. CONHECIMENTO). [A.P.]

De resto, quando se fala em teoria do C., não se entende apenas o problema do C. do modo como ele se configurou historicamente no mundo moderno – ou seja, o problema de como atingir um objeto "externo" a partir de algum dado "interno" – porém, mais em geral, entende-se toda e qualquer forma de reflexão filosófica em torno do C., como quer que seja entendida ou praticada. Aliás, essa acepção, na linguagem filosófica internacional, continua sendo a mais difundida. Segundo tal acepção, o problema do C. não representa o produto contingente de determinada "mentalidade" (de cunho cartesiano-lockiano), mas um aspecto estrutural da reflexão filosófica, a qual, assim como não pode evitar de interrogar-se sobre os problemas relativos aos modos de agir prático-político, também não pode deixar de interrogar-se sobre os problemas relativos aos modos do conhecer. Para essa área de estudiosos (que vai de Popper aos atuais filósofos analíticos), a teoria do C. se configura, para todos os efeitos, como uma seção típica da filosofia, munida da mesma dignidade e consistência de disciplinas como a lógica, a ética, a filosofia política etc. [G.F.]

CONHECIMENTO DE SI (it. *Conoscenza di sé*). É o saber objetivo, isto é, não imediato nem privilegiado, que o homem pode adquirir de si mesmo. Esse termo tem, portanto, um significado diferente de *autoconsciência* (v.), que é a consciência absoluta ou infinita, e também de *consciência* (v.), que sempre implica uma relação imediata e privilegiada do homem consigo mesmo; logo, um C. direto e infalível, embora incomunicável, de si. É como convite ao C. de si mesmo (e não à consciência) que Platão interpreta o lema socrático "Conhece-te a ti mesmo"; em *Cármides*, é interpretado como convite a "saber que se sabe", à determinação e ao inventário do que se sabe. Nós mesmos não nos pomos a fazer o que não sabemos, mas procuramos as pessoas competentes e nos confiamos a elas; tampouco permitimos que quem depende de nós faça o que não saiba fazer bem e de que não tenha ciência" (*Carm.*, 171 c). Kant afirmou que só podemos conhecer-nos a nós mesmos do mesmo modo como conhecemos as outras coisas, isto é, só como fenômeno; segundo Kant, o C. de si requer, como qualquer outra espécie de C., duas condições, a saber: 1º um elemento unificador *a priori* que, nesse caso, é o *eu penso* ou *apercepção pura* (v. APERCEPÇÃO; COGITO); 2º um dado empírico múltiplo que é o do sentido interior (*Crít. R. Pura*, § 24). Os que negam a realidade da consciência reconhecem que o C. de si não se diversifica por modalidade e certeza do C. dos outros ou das outras coisas (RYLE, *Concept of Mind*, cap. VI). [N.A.]

CONJECTURA (gr. εἰκασία; lat. *Conjectura;* in. *Conjecture;* fr. *Conjecture;* al. *Konjektur;* it. *Congettura*). Segundo Platão, o menor grau de conhecimento sensível, aquele que tem por objeto as sombras e as imagens das coisas, assim como a opinião, no mesmo grau sensível, tem por objetos as próprias coisas (*Rep.*, VI, 510 a 511 e). Nicolau de Cusa retomou essa palavra para indicar a natureza de todo o conhecimento humano, que, como C., seria um conhecimento *por alteridade*, isto é, que remete ao que é outro, à verdade como tal, e só por essa razão está em relação com a verdade e dela participa. "A C. é uma asserção positiva que participa por alteridade da verdade como tal" (*De conjecturis*, I, 13). No uso moderno esse termo é sinônimo de *hipótese* (v.). [N.A.]

CONJETURAS E REFUTAÇÕES (in. *Conjectures and refutations*; fr. *Conjectures et réjutations*; al. *Vermutungen und Widerlegungen*; it. *Congetture e confutazioni*). Expressão usada por Popper para indicar o método próprio da ciência. Baseia-se no princípio de falsificabilidade (v.) e consiste em abordar um problema por meio de uma série de "ousadas C." que em seguida devem passar pelo crivo crítico da experiência, ou seja, por "severas tentativas de refutação", tendo em vista um processo de seleção natural das hipóteses: "Toda a minha concepção do método científico pode ser sintetizada dizendo que consiste nas três etapas seguintes: 1) topamos com algum problema; 2) tentamos resolvê-lo, por exemplo propondo alguma teoria nova; 3) aprendemos com nossos erros, em especial com aqueles para os quais nos induz a discussão crítica das nossas tentativas de solução, discussão que tende a conduzir-nos para *novos problemas*. Ou, em três palavras: *problemas-teorias-crítica*" (*Problemi, scopi e responsabilità della scienza*, 1963, agora em *Il mito della cornice*, 1994, trad. it., Il Mulino, Bolonha, 1995, p. 138). Esse método, esclarece Popper, representa uma espécie de prolongamento cultural do mecanismo seletivo que está na base da evolução biológica (v. EPISTEMOLOGIA; FALIBILISMO). [G.F.]

CONJUNÇÃO (lat. *Coniunctio;* in. *Conjunction;* fr. *Conjonction;* al. *Konjunktion;* it. *Congiunzione*). Operação lógica que consiste em unir um par de enunciados, em geral expressa pela partícula "e". Nos diferentes sistemas simbólicos, a C. é representada de várias maneiras: para "p" e "q", enunciados quaisquer, pode ser designada com a simples justaposição ("pq"); com o sinal de produto ("p · q"); com o símbolo "∧" ("p ∧ q") ou (em notação polonesa) com o símbolo "K" anteposto às letras enunciativas que devem ser conjungidas ("Kpq"). Em lógica clássica supõe-se que uma C. é verdadeira quando ambos os enunciados unidos são verdadeiros, e é falsa em caso contrário. Na linguagem comum nem todos os usos de "e" correspondem ao significado padrão que é atribuído à C. na lógica clássica; por exemplo, no enunciado: "Carlos desmaiou e caiu no chão", o "e" não goza da propriedade comutativa (segundo a qual "p e q" equivalem logicamente a "q e p"). Na linguagem comum, além disso, o uso do "e" como C. pode ser substituído por outras partículas (por "mas", por exemplo, como em "Carlos não sabe francês, mas fala alemão"). [M.M.]

CONJUNTO (in. *Set, Aggregate;* fr. *Ensemble;* al. *Menge;* it. *Insieme*). G. Cantor, fundador da teoria do conjunto, definiu o C. como "coleção, em um todo único, de objetos definidos e distintos que se oferecem a nossa intuição ou a nosso pensamento: objetos que são denominados *elementos* do C." (*Beiträge zur Begründung der Transfinite Mengenlehre,* 1895, § 1). Essa noção (já implícita nos trabalhos precedentes de Cantor, a partir de 1878) atribui aos conjuntos as seguintes características: 1ª *existe* C. toda vez que um múltiplo pode ser pensado como *uno,* ou seja, toda vez que um múltiplo pode ser agregado segundo uma regra. 2ª O C. é internamente *determinado,* no sentido de que, em virtude da regra que o constitui e do princípio do terceiro excluído, sempre se pode decidir se um objeto qualquer pertence ou não ao C. 3ª O C. é uma multiplicidade *coerente* no sentido de que seus elementos podem estar juntos (*Zusammensein*) sem contradição. Nesse sentido, a "totalidade de todos os objetos pensáveis" não é um C., porque contraditória. 4ª A existência do C. é *objetiva*: não dependente do pensamento ou da língua que o exprime. 5ª Como unidade, o C. sempre pode constituir o elemento de um outro conjunto.

Baseado em tais características, Cantor comparava o C. à *idéia* de Platão, que também é a unidade objetiva de uma multiplicidade (v. IDÉIA). Cantor utilizou a teoria dos C. como fundamento do conceito de infinito atual (v. INFINITO); a partir dele, foi adotada como axiomatização da matemática.

Enquanto os lógicos em geral não estabeleceram diferença entre C. e *classe* (v.), exceto para ressaltar o caráter abstrato da classe em vista do caráter concreto do C. (como faz, p. ex., QUINE, *From a Logical Point of View,* VI, 3), algumas correntes da axiomática moderna (Von Neumann, Gödel) consideram que o conceito de C. é mais restrito que o de classe, ou seja, que existem classes que não são C. Desse ponto de vista, enquanto os C. são entidades lógicas bem determinadas, as classes são *extensões* de predicados, ou seja, totalidades abertas que podem ser continuamente enriquecidas por operações abstrativas efetuadas no mundo dos C. (Cf. BETH, *Les fondements logiques des mathématiques,* 1955, V.) [N.A.]

CONOTAÇÃO (lat. *Connotatio;* in. *Connotation;* fr. *Connotation;* it. *Connotazione*). O adjetivo *connotativus* aparece na lógica da escolástica tardia, a propósito de uma distinção dos nomes em absolutos e conotativos. Segundo Ockham, são absolutos os nomes que não significam algo de modo primário e algo de modo secundário, como, por exemplo, o nome "animal". São, porém, conotativos, os nomes que significam algo de modo primário e algo de modo secundário, por exemplo: os nomes relativos, pertencentes ao gênero quantidade, e também nomes como "um", "bem", "verdade", "intelecto", "potência" etc. (*Summa log.,* I, 10). Essa distinção tornou-se habitual na lógica posterior. Na modernidade, foi retomada por James Mill, em *Análise dos fenômenos do espírito humano* (1829), que usava a palavra "conotar" todas as vezes em que o nome que indica diretamente uma coisa (e constitui, por isso, o seu significado) também inclui referência a alguma outra coisa. O uso dessa palavra foi radicalmente alterado por Stuart Mill, que a empregou para exprimir "o modo pelo qual um nome concreto geral serve para designar os atributos que estão implícitos no seu significado". Conseqüentemente, Mill distinguiu C. de denotação: "Sempre que os nomes dados aos objetos veiculam alguma informação, ou seja, sempre que têm um significado, o significado não reside naquilo que eles *denotam,* mas naquilo que eles *conotam.* Os únicos nomes de objetos que não conotam nada são os nomes próprios; estes, a rigor, não têm significado" (*Logic,* I, 2, § 5). Nesse sentido, os nomes dos atributos são conotativos, porque a palavra "branco" não denota todos os objetos brancos, mas conota o atributo da brancura. Nomes conotativos são também "o primeiro imperador de Roma" ou "o autor da Ilíada" etc.

Esse conceito de C. correspondia àquele que a *Lógica* de Port-Royal designara com o termo *compreensão* (v.). Ao par *compreensão-extensão* da lógica de Port-Royal corresponde, portanto, o par *conotação-denotação* da *Lógica* de Stuart Mill e ao par *intensão-extensão* (v.) da lógica leibniziana e contemporânea. Algumas vezes, porém, tentou-se distinguir C. de compreensão, adotando ambos os termos. Assim, J. N. Keynes (*Formal Logic*, I, 2) e Goblot (*Traité de logique*, § 72) definiram "C." de forma mais restrita, como aquilo que está compreendido na definição convencional de um termo, e "compreensão" de modo mais amplo, como compreensão total que inclua todas as determinações não excluídas pela própria definição. Tal distinção, porém, não foi seguida, e o termo moderno "intensão" compreende ambos os significados propostos para compreensão e conotação. [N.A.]

CONSCIÊNCIA[1] (in. *Awareness*; it. *Consapevolezza*). Em geral, a possibilidade que tem cada um de dar atenção aos seus próprios modos de ser e às suas próprias ações, bem como de exprimi-los com a linguagem. Essa possibilidade é a única base de fato sobre a qual foi edificada a noção filosófica de CONSCIÊNCIA[2]. Platão e Aristóteles, que não tiveram este segundo conceito, conheceram e descreveram o primeiro (v. CONSCIÊNCIA[2]). [N.A.]

CONSCIÊNCIA[2] (gr. συνείδησις; lat. *Conscientia*; in. *Conscioussness* = C. teórica, *Conscience* = C. moral; fr. *Conscience*; al. *Bewusstsein* = C. teórica, *Gewissen* = C. moral; it. *Coscienza*). O uso filosófico desse termo tem pouco ou nada que ver com o significado comum (v. CONSCIÊNCIA[1]), de estar ciente dos próprios estados, percepções, idéias, sentimentos, volições etc., quando se diz que um homem "está consciente" ou "tem C.", se não está dormindo, desmaiado, nem afastado, por outros acontecimentos, da atenção a seus modos de ser e a suas ações. O significado que esse termo tem na filosofia moderna e contemporânea, embora pressuponha genericamente essa acepção comum, é muito mais complexo: é o de uma relação da alma consigo mesma, de uma relação intrínseca ao homem, "interior" ou "espiritual", pela qual ele pode *conhecer-se* de modo imediato e privilegiado e por isso *julgar-se* de forma segura e infalível. Trata-se, portanto, de uma noção em que o aspecto *moral* – a possibilidade de autojulgar-se – tem conexões estreitas com o aspecto *teórico*, a possibilidade de conhecer-se de modo direto e infalível. Mesmo do ponto de vista histórico, os dois aspectos desse significado foram-se determinando paralelamente. Cristianismo e neoplatonismo elaboraram *pari passu* a noção da relação puramente privada do homem consigo mesmo, na qual o homem se desliga das coisas e dos outros e "retorna para si mesmo", dando testemunho de si para si e criando uma indagação puramente "interior", na qual possa conhecer-se com absoluta verdade e certeza. A determinação histórica do conceito de C., portanto, é correlativa à de *esfera de interioridade*, como um campo específico no qual seja possível realizar indagações ou buscas que digam respeito à realidade última do homem e, com muita freqüência, ao que nela se revela, ou seja, Deus mesmo ou um princípio divino. Portanto, o termo C., nesse sentido, significa não só a qualidade de estar ciente de seus próprios conteúdos psíquicos (percepções externas ou atos autônomos do espírito, cf. CONSCIÊNCIA[1]), mas a atitude de "retorno para si mesmo", de indagação voltada para a esfera de interioridade. O uso filosófico da noção de C. supõe o reconhecimento da realidade dessa esfera e da sua natureza privilegiada. É só por existir uma esfera de interioridade, que é uma realidade privilegiada, de natureza superior ou, de qualquer forma, acessível ou mais indubitável para o homem, que a C. constitui um instrumento importante de conhecimento e de orientação prática.

Ora, não parece que a filosofia clássica da Grécia tenha reconhecido a realidade privilegiada da interioridade espiritual. A noção que, na filosofia de Platão, mais se aproxima da relação da alma consigo mesma é a definição de opinião (ou pensamento em geral) como "diálogo interior da alma consigo mesma" (*Teet.*, 189 e; *Sof.*, 263 e), porém o mais notável nessa definição é o fato de utilizar a linguagem para definir o pensamento, mais precisamente a linguagem para perguntar e responder, portanto como diálogo ou comunicação. Logo, o fato originário e privilegiado é a linguagem, não a interioridade da alma. Além disso, Platão, quando quer refutar em *Filebo* a tese de que o bem consiste no prazer, argumentando que isso reduziria a vida humana a vida de molusco fechado na casca, enumera os elementos ou os aspectos da vida que, nesse caso, faltariam ao homem: *lembrança* do prazer fruído; *opinião verdadeira*, que é saber que se está sentindo prazer; e *raciocínio*, que permite a previsão do prazer futuro (*Fil.*, 21 c). Assim, segundo Platão, o que constitui aquilo que chamamos de C. (no sentido de conhecimento dos nossos estados) nada mais é que lembrança, opinião e raciocínio, ou seja, o conjunto das atividades cognitivas em geral. E é quase supérfluo observar que, quando Platão insiste no fato de que alguns processos (em primeiro lugar o juízo, uma vez que se vale do "é" ou do "não é") não podem ser atribuídos a outro órgão senão à alma, que indaga por si só sobre o que há de comum nas sensações (*Teet.*, 185 ss.), não faz referência a uma esfera de interioridade, mas pretende insistir na independência dos processos racionais em relação aos dados sensíveis. "A alma só, por si" é contraposta à alma que sofre as impressões sensíveis e depende delas. Em Aristóteles, não se encontra uma noção sequer de interioridade espiritual. Por um lado, ele atribui a C., como o estar ciente das próprias percepções sensíveis, aos sentidos, de tal modo que, por exemplo, sentir que se vê pertence ao sentido da visão, assim como sentir que se ouve, ao sentido da audição. Não é possível que o estar cônscio de ver pertença a outro sentido que não o da visão, pois, nesse caso, haveria uma série infinita de órgãos sensíveis: o sentir que se sente que se sente... que se vê (*De an.*, III, 2, 425 b 12). Por outro lado, a noção de "pensamento do pensamento", com que ele define a vida de Deus, nada tem que ver com a interioridade da consciência: exprime somente a exigência de que o pensamento, que, para o homem, pode ter como objeto até as piores coisas, em Deus só tenha por objeto o que há de mais excelente: o próprio pensamento (*Met.*, XII, 9, 1074 b 30 ss.).

O reconhecimento de uma realidade interior privilegiada só existe nas filosofias que assumem como tema a oposição entre "interioridade" e "exterioridade", as que assumem a tarefa de afastar o homem das relações com as coisas e com os outros homens (com a natureza e com o mundo histórico-social) a fim de torná-lo um"sábio" para o qual essa relação é indiferente. Isso ocorre na filosofia pós-aristotélica, a partir do estoicismo. Sabemos que Crisipo já insistia na distinção entre o pensamento e a C. (συνείδησις) do pensamento (GALENO, *Hipp. et Plat. dogm.*, V, 215). Essa distinção, com a qual também começa o uso da palavra C. em sentido específico, passa a ser lugar-comum da pregação moral do estoicismo e depois se torna tema dominante e central da filosofia neoplatônica; esta acentuou a separação entre o homem e o mundo, elaborando, portanto, como fazia o cristianismo paralelamente, a noção de testemunho interior privilegiado. Fílon utiliza a noção de C. (*De virtutibus*, 124; *De special legibus*, II, 49) com o mesmo sentido moral que se observa em *Eclesiastes* (X, 20) e nas *Epístolas* de S. Paulo (*Rm.*, II, 15; XIII, 15; II *Cor.*, IV, 2; V, 11). Nestas, significa testemunho moral autônomo, manifestação direta da lei ou de alguma verdade ao homem. Mas a elaboração decisiva da noção de C. é obra de Plotino. Nele, aparece claramente a diferença e, às vezes, a oposição entre o estar cônscio (v. CONSCIÊNCIA[1]), como certa qualidade dos conteúdos psíquicos, que Plotino chama de co-sensação (συναίσθησις) ou co-seqüência (παρακολούθησις), e o "retorno para si mesmo" ou o "retorno para a interioridade" ou a "reflexão sobre si mesmo", que constituem a C. propriamente dita (*Enn.*, V, 3, 1; IV, 7, 10). Embora o mesmo termo (σύνεσις) às vezes seja empregado para as duas coisas (*Enn.*, V, 8, 11, 23), Plotino deixa evidente a oposição entre os dois sentidos: um é a percepção do que se sente ou se faz, e o outro é o acesso à realidade interior do homem. Afirma que há muitas atividades, visões e ações belíssimas que não são acompanhadas pelo "estar cônscio"; por exemplo, quem lê não está necessariamente cônscio de que está lendo, sobretudo se lê com atenção; quem age com coragem não está cônscio de estar agindo corajosamente enquanto realiza a ação; e assim por diante. Aliás, esse tipo de consciência pode enfraquecer a atividade que acompanha: "Por si sós, essas atividades têm mais pureza, mais força e mais vida; de tal modo que é sem estarem cônscios que aqueles que chegaram à sabedoria têm uma vida mais intensa, que não se dispersa em sensações, mas recolhe-se inteiramente em si mesma" (*ibid.*, I, 4, 10). Precisamente esse "recolher-se em si mesmo" é a C. como atitude ou condição do sábio que prescinde do exterior (das coisas e dos outros homens) e só olha para o *interior*. Contra os estóicos que aconselham o recolhimento em si mesmos (EPICTETO, *Diss.*, III, 22, 38; I, 4, 18 etc.), mas tomam as coisas exteriores como objeto de vontade, Plotino diz que, depois de dirigir sua vontade para si mesmo, o sábio não pode buscar a felicidade nas manifestações exteriores nem procurar nas coisas exteriores o objeto de sua vontade (*Enn.*, I, 4, 11). O que ele deve fazer é "olhar para dentro", e o que é isso? Plotino diz o que é quando trata da procura do Belo inteligível, atrás do qual está o próprio Bem: Deus. É preciso "retornar para si mesmo" e tornar-se aquilo que se quer olhar. "Jamais um olho verá o Sol sem tornar-se semelhante ao Sol, nem uma alma verá o Belo sem ser bela. Portanto, quem quer contemplar Deus e o Belo deve começar por tornar-se semelhante a Deus e ao belo" (*ibid.*, I, 6, 9). Nesse caso, a C. identifica-se com a própria condição do sábio, "que extrai de si mesmo o que revela aos outros e olha para si mesmo, pois não somente tende a unificar-se e a isolar-se das coisas externas, como está voltado para si mesmo e encontra em si todas as coisas"(*ibid.*, III, 8, 6).

Essa atitude de auto-auscultação interior que, para a filosofia pagã, era privilégio do sábio, na filosofia cristã é acessível a qualquer homem como tal. Agostinho é quem traduz para termos cristãos – universalistas – a atitude aristocrática do sábio. O *homem espiritual* de que falava Paulo (*I Cor.*, II, 16) é o verdadeiro protagonista de sua filosofia, cujo tema fundamental foi expresso pelas célebres palavras: "Não saias de ti, retorna para ti mesmo, no interior do homem habita a verdade, e, se achares mutável a tua natureza, transcende-te a ti mesmo" (*De vera rel.*, 39). Agostinho insiste justamente nessa transcendência, que não se dirige ao exterior (as coisas, os homens), mas a Deus enquanto princípio, norma e medida da própria realidade íntima do homem. Deus reflete-se no caráter auto-reflexivo da alma humana que, nas três faculdades – memória, inteligência e vontade – reflete a Trindade divina. Agostinho diz (*De Trin.*, X, 18): "Lembro que tenho memória, inteligência e vontade; *entendo* que entendo, quero e lembro e *quero* querer, lembrar e entender". De tal modo que não só a alma em seu todo, mas cada aspecto ou faculdade da alma olha para si e define-se em sua relação puramente intrínseca consigo. "A mente não conhece nada tão bem quanto aquilo que lhe é mais acessível (*praesto*) e nada está tão próximo da mente quanto ela de si mesma" (*ibid.*, XIV, 7). Este estava destinado a ser um dos temas mais repetidos da filosofia medieval e moderna: a certeza de sua própria existência que a alma, o pensamento, a razão haurem na C. de si, dada a estrutura da C. como relação intrínseca, direta e privilegiada que não pode ser perturbada, destruída ou falsificada por nada. Na Idade Média esse tema reaparece sobretudo na tradição agostiniana: é repetido por Scotus Erigena (*De divis. nat.*, IV, 9), Anselmo (*Mon.*, § 33) e outros. Contudo, sua importância é menor na corrente aristotélica, dado o seu caráter objetivista. A análise que Tomás de Aquino faz do termo C. visa a esclarecer sobretudo seu aspecto moral, em relação com o conceito de *sindérese* (v.); fora desse significado, para Tomás de Aquino a C. é o simples "estar cônscio". "O nome C.", diz ele, "significa a aplicação da ciência a alguma coisa; daí, *conscire* é como *simul scire*. Qualquer ciência pode ser aplicada a alguma coisa, por isso a C. não indica um hábito ou uma potência especial, mas o ato de aplicar um hábito ou uma noção a algum ato particular. Ora, uma noção pode ser aplicada a um ato de dois modos: em primeiro lugar, para considerar se o ato é ou foi e, em segundo lugar, para considerar se o ato é lícito ou não o é. No primeiro modo, dizemos ter C. de um ato quando sabemos que esse ato foi ou não realizado; assim, no uso lingüístico comum se diz: 'Eu não tinha C. desse fato', no sentido de que não sei se ele aconteceu ou não. [...] No segundo modo, a ciência aplica-se a um ato para dirigi-lo, como quando dizemos que a C. nos induz, nos obriga, ou para examinar o ato realizado, como quando dizemos que a C. nos acusa, nos atormenta ao julgarmos que o ato realizado discorda da ciência com a qual é examinado, ou então, que a C. nos defende ou nos desculpa ao julgarmos que a ação se conforma à ciência" (*De ver.*, q. 17, a. 1). O que há de notável nessa análise de Tomás de Aquino é que toda a noção de C., tanto no significado teórico de percepção de si quanto no significado prático de sindérese, ou C. moral, reduz-se quanto à aplicação de conhecimentos objetivos ("ciência"). O caráter privilegiado da relação intrínseca da mente consigo mesma, todavia, é reconhecido por Tomás de Aquino: "Nossa mente conhece-se a si mesma por si mesma enquanto conhece sua própria existência: com efeito, enquanto percebe sua própria atividade, percebe sua própria existência" (*Contra Gent.*, III, 46). Essa certeza privilegiada, no entanto, limita-se ao simples fato da existência da alma, ao passo que a alma não tem nenhum conhecimento privilegiado de si mesma no que se refere à sua essência e aos seus modos de ser.

A relação da alma consigo mesma como condição da relação da alma com as coisas ou, em outros termos, a C. imediata de si como condição da C. das outras coisas, é doutrina defendida, nos primórdios da Idade Moderna, por Telésio e Campanella. Diz Telésio: "O sentido é a *percepção* das ações ou das coisas, dos impulsos do ar, tanto quanto das próprias afeições, das próprias modificações e dos próprios movimentos; sobretudo destes. O sentido percebe essas ações só quando percebe que é influenciado, modificado e comovido por elas" (*De rer. nat.*, VII, 3). Campanella chama de "conhecimento inato de si mesmo" (*Met.*, VI, 8, a. 1) ou "sapiência inata" (*Teol.*, I, 11, a. 1) o conhecimento originário de si que todas as coisas possuem e que serve de intermediário ou de condição para os conhecimentos que adquirem das outras coisas. Mas só com Descartes a noção de C. é esclarecida com as características pelas quais deveria ser universalmente aceita na filosofia ocidental. O *cogito ergo sum* é a auto-evidência existencial do pensamento, a garantia que o pensamento (como C.) tem de sua própria existência. Diz Descartes: "Com o nome de pensamento entendo todas as coisas que acontecem em nós com C., enquanto temos consciência delas. Assim não só entender, querer e imaginar, mas também sentir é o mesmo que pensar. Pois se digo: *vejo ou ando, logo sou*, e pretendo falar da visão e do andar que se faz com o corpo, a conclusão não é absolutamente certa; porque, como muitas vezes ocorre nos sonhos, posso achar que estou vendo ou andando, mas não abri os olhos nem saí do lugar e talvez nem tenha corpo algum. Mas se falo do próprio sentido, isto é, da C. de ver ou de andar, a conclusão é certa porque então se refere à mente, que só sente ou pensa que vê ou anda" (*Princ. phil.*, I, 9). As características fundamentais da doutrina cartesiana podem ser recapituladas do seguinte modo: 1º a C. não é um evento ou um grupo de eventos particulares, nem um aspecto particular ou uma atividade particular da alma, mas é toda a vida espiritual do homem em todas as suas manifestações, desde sentir até raciocinar e querer; 2º sua esfera, portanto, é a mesma do *eu* como sujeito ou substância pensante; 3º ela é auto-evidência existencial do eu ou, se preferir, o eu é, para ela, a evidência de sua própria existência; 4º a auto-evidência existencial do eu é o modelo e o fundamento de qualquer outra evidência, ou seja, de todo conhecimento válido; 5º a auto-evidência do eu torna problemática qualquer outra evidência, ainda que, por fim, consiga fundá-la. Essas bases serviram de ponto de partida para a filosofia moderna, particularmente a que, de certo modo, resume todas os outras, a 2º, que determinou a corrente subjetivista dessa filosofia. Contudo, não se deve esquecer que a fecundidade da filosofia cartesiana não consistiu tanto na única certeza que dava, o *cogito*, mas nas muitas certezas que destruía, ou seja, no fato de que, do ponto de vista do *cogito*, muitas realidades até então não discutidas (e a primeira delas, a do "mundo exterior") adquiriram caráter problemático e deram início a novos tipos ou correntes de indagação. De fato, mesmo o conceito de *experiência* elaborado por Locke coincide *grosso modo* com o de C. (uma vez que todo homem está cônscio de que pensa e uma vez que aquilo que se encontra em seu espírito quando ele pensa são as idéias que o ocupam naquele momento, não há dúvida de que os homens têm muitas idéias em seu espírito etc.", *Ensaio*, II, 1, 1.) É verdade que Locke restringe o uso da palavra C. à certeza absoluta que o homem tem de sua própria existência ("Em todo ato de sensação, raciocínio e pensamento, estamos cônscios, diante de nós mesmos, do nosso ser, e nesse ponto não deixamos de haurir o mais alto grau de certeza", *ibid.*, IV, 9, 3), e que a relação entre a alma e as suas próprias operações é o que ele chama de "reflexão" (*ibid.*, II, 1, 4), mas também é verdade que o que ele chama de experiência em geral nada mais é que a C. no sentido cartesiano, pois a mesma relação com o objeto externo inclui-se inteiramente na esfera da C., que, por isso, não atinge nada além de "idéias". Dessa postura nasce o problema do IV livro do *Ensaio*: justificar a "realidade" do conhecimento depois de tê-la definido como nada mais, nada menos que a percepção da concordância ou discordância entre as idéias. "É evidente", diz Locke, "que o espírito não conhece as coisas imediatamente, mas só mediante a intervenção das idéias que ele tem delas. Por isso, nosso conhecimento só é real quando há *conformidade* entre nossas idéias e a realidade das coisas. Mas qual será o critério? Como poderá a mente, desde que não percebe nada além de suas próprias idéias, saber se estas concordam com as coisas?" (*ibid.*, IV, 4, 3). O fato mesmo de esse problema se apresentar (independente do modo como será resolvido) revela com toda clareza o fundamento consciencialista da filosofia de Locke, fundamento para o qual a filosofia nada mais é que a análise da C., não podendo dar nenhum passo além. É justamente essa expressão que Hume emprega para negar qualquer "existência exterior". Diz Hume: "Como nada está jamais presente na mente além das percepções, e como as idéias derivam daquilo que antes esteve presente na mente, conclui-se que nos é impossível representar ou formar a idéia de algo que seja especificamente diferente das idéias ou das impressões. No entanto, se fixarmos o máximo possível nossa atenção fora de nós, se elevarmos nossa imaginação até os céus e até os limites extremos do universo, na verdade não daremos sequer um passo além de nós mesmos, nem poderemos nunca imaginar espécie alguma de existência que não seja a das percepções que se apresentam em nosso pequeno círculo" (*Treatise*, I, 2, 6). Essa impossibilidade de ultrapassar o círculo da C. é a primeira e mais importante conseqüência do uso da noção de C. para delimitar a esfera de investigação filosófica.

As coisas não são diferentes para o racionalismo pós-cartesiano. Leibniz faz a distinção entre C., que ele identifica com a *apercepção* (v.), e percepção, de que se pode não estar claramente consciente (*Monad.*, § 14); mas considera toda a vida da mônada, isto é, da substância espiritual, como puramente interior a ela e acessível só a partir do interior. As mônadas não têm janelas através das quais possa entrar e sair algo (*ibid.*, § 7); por isso "as mudanças naturais das mônadas vêm de um princípio interno, pois uma causa externa não poderia influir em sua interioridade" (*ibid.*, § 11). Na vasta esfera das percepções da mônada, a reflexão recorta a esfera mais restrita das *apercepções*, que constituem o eu. "Com o conhecimento das verdades necessárias e com as suas abstrações, somos elevados aos atos reflexos que nos fazem pensar no que se chama eu e a considerar que isto ou aquilo está em nós; é assim que, pensando em nós, pensamos no ser, na substância, no simples, no composto, na imaterialidade e em Deus mesmo, concebendo aquilo que é limitado em nós e sem limites nele. Esses atos reflexivos fornecem os objetos principais dos nossos raciocínios" (*ibid.*, § 31). Tais palavras de Leibniz exprimem a tarefa que, a partir dele, toda a filosofia espiritualista assumiu.

Kant distinguiu C. discursiva e C. intuitiva, que são dois outros nomes para indicar, respectivamente, a apercepção pura e a apercepção empírica (v. APERCEPÇÃO). A C. discursiva é "o eu da reflexão", que não contém em si nenhum múltiplo e é sempre o mesmo em todos os juízos porque implica só o lado formal da consciência. A C. intuitiva é, ao contrário, experiência interior, que inclui o material múltiplo da intuição empírica interior (*Antr.*, I, § 7, Anotação). Mas, embora C. pura ou discursiva e C. empírica compreendam tudo o que o homem é ou pode atingir, Kant fez o esforço mais bem-sucedido para romper aquilo que, na filosofia moderna, se pode chamar de círculo mágico da C. e para justificar a relação do homem com o mundo. À observação de que "Tenho somente C. imediata do que está em mim, isto é, da minha representação das coisas externas" e, portanto, "ainda é preciso demonstrar que há ou não algo de correspondente fora de mim", Kant responde que "ter C. de minha representação" significa "ter C. empírica de minha existência", e isso significa "poder ser determinado só em relação a alguma coisa que, mesmo estando ligada à minha existência, está fora de mim". Logo, "a C. de minha existência no tempo" é a "C. de uma relação com alguma coisa fora de mim" (*Crít. R. Pura*, Pref. à 2ª ed., Nota sobre a refutação do idealismo). Paradoxalmente, em Kant o termo C. indica uma relação não interior ou íntima no homem, mas entre o homem e algo de exterior. A apercepção pura ou transcendental (o Eu penso) não é senão a *possibilidade* da relação, constitutiva da C. empírica, entre o eu empírico e o objeto: possibilidade que, como C., nada mais é que a inteligência como espontaneidade (*ibid.*, § 25, nota 1).

É claro que, para ser efetiva e operante, a relação entre o eu e o que não é eu não deve incidir exclusivamente no próprio eu, isto é, na "C.", porque nesse caso seria uma relação interior do eu ou da C., e não uma relação com uma realidade diferente. Em outros termos, para que subsista tal relação, a C. não deve ser considerada como uma relação interior a si mesma, como uma relação entre a C. e ela mesma (ou algum de seus fatos, operações ou feições), mas como uma relação da C. com algo que não é C.: segundo a terminologia em uso na filosofia contemporânea, deve ser uma relação de *transcendência* (v.). Talvez isso possa ser visto, pelo menos de modo implícito, na doutrina de Kant, mas só se torna explícito em algumas correntes da filosofia contemporânea. A filosofia pós-kantiana, especialmente o idealismo romântico, centra-se na imanência total da realidade da consciência. Para Hegel, a C. constitui o ponto de partida da filosofia e fornece-lhe todo o conteúdo: a tarefa da filosofia é a elaboração *conceitual* desse conteúdo, graças à qual esse conteúdo adquire absoluta verdade e realidade, torna-se "Espírito" ou "Conceito". A *Fenomenologia do espírito* é, com efeito, o percurso da C. ao espírito. "A experiência que a C. tem de si não pode, segundo o conceito da própria experiência, compreender em si algo menos que todo o sistema da C., ou seja, o reino todo do espírito. [...] Impelindo-se em direção à sua verdadeira existência, a C. chegará a um ponto em que se libertará da aparência de ser impugnada por algo estranho, que lhe é alheio, ponto em que a aparência será igual à essência (*Phänomen. des Geistes*, I, Intr., final). Hegel censura a filosofia de Kant e a de Fichte por terem permanecido "filosofias da C.", por não terem transformado a C. em ciência objetiva e absoluta. "A filosofia kantiana pode ser considerada mais determinante, por ter concebido o espírito como C. e por conter somente determinações da fenomenologia, e não da filosofia do espírito. Considera o eu como em relação com algo que está além, alguma coisa que, em sua determinação abstrata, se chama coisa-em-si e concebe tanto a inteligência quanto a vontade segundo essa finitude.. [...] Por isso, deve ser considerada justa a interpretação que Reinhold faz dessa filosofia, concebendo-a como teoria da C. sob o nome de faculdade representativa. A filosofia fichtiana tem o mesmo ponto de vista, e o não-eu é determinado só como objeto do eu, só na consciência. Ambas as filosofias mostram assim que não chegaram nem ao conceito nem ao espírito, da forma como ele é em si e por si, mas só ao espírito como ele é em relação com outra coisa" (*Enc.*, § 415). Hegel quer dizer que a noção de C. implica a relação da C. com um objeto que, pelo menos à primeira vista, não é C., mas alguma outra coisa; e que a noção de conceito ou de espírito (Autoconsciência) elimina essa alteridade. Mas erra ao equiparar o ponto de vista de Kant ao de Fichte. Para Fichte o não-eu incide no interior do eu, e por isso a relação com ele é intrínseca ao eu (isto é, à C.). Para Kant, porém, a relação se estabelece entre o eu e algo diferente do eu. Mas Fichte e Hegel têm em comum o conceito da *Autoconsciência* (v.), Princípio absoluto que, autocriando-se, cria a própria realidade em sua totalidade. O que Hegel entende por espírito ou conceito é uma Autoconsciência infinita desse tipo.

A C. e a Autoconsciência tornam-se protagonistas de boa parte da filosofia do século XIX e dos primeiros decênios do século XX. A alternativa entre essas duas noções é a que existe entre espiritualismo e idealismo, à seja, entre a corrente que procura e acredita encontrar na C., considerada como finita e própria do homem, a manifestação, a revelação ou pelo menos o sinal do infinito, e a corrente que considera infinita a C. porque idêntica, mediata ou imediatamente, ao infinito. Todo o movimento romântico de "volta à tradição" lança mão, como único texto e fundamento, da C. como manifestação ou revelação imediata e infalível da Verdade ao homem. Maine de Biran e Lamennais, Galluppi e Cousin, Martineau, Rosmini e Gioberti, todos consideram a C. como ponto de partida e fundamento da filosofia e concebem-na como a manifestação e revelação imediata da verdade e da vontade de Deus ao homem. Esse princípio não se altera substancialmente nas várias formas do espiritualismo contemporâneo, podendo, aliás, ser considerado sua definição. Na mais importante dessas formas, a doutrina de Bergson, a C., como atitude de introspecção ou auscultação interior, de busca dos "dados imediatos", é a própria filosofia; e é também a realidade, a única realidade. "Em todo o reino animal", diz Bergson, "a C. mostra-se proporcional à possibilidade de opção de que o ser vivo dispõe. Ela ilumina a zona de virtualidades que circundam o ato: mede o intervalo entre o que se faz e o que se poderia fazer. Vista de fora, poderia ser tomada por simples auxiliar da ação, por uma luz que ilumina a ação, centelha fugidia que brotaria do atrito entre ação real e ações possíveis. Mas é preciso observar que as coisas se passariam do mesmo modo se a C., em vez de efeito, fosse causa" (*Évol. créatr.*, 11ª ed., 1911, pp. 194-5). E essa é, na realidade, segundo Bergson, a história verdadeira. "A vida, ou seja, a C. lançada através da matéria, fixa a atenção em seu próprio movimento ou na matéria que atravessa, orientando-se assim no sentido da intuição ou no sentido da inteligência". Na primeira direção, a C. encontrou-se comprimida por seu invólucro e limitou-se a ir da intuição ao instinto. Na segunda direção, determinando-se como inteligência, exterioriza-se de si mesma, mas justamente por se adaptar aos objetos externos chega a circular entre eles, a contornar as barreiras que eles lhe opõem e a estender indefinidamente seu domínio. "Uma vez liberta, pode dobrar-se sobre si mesma e despertar as virtualidades de intuição que ainda dormitam nela" (*ibid.*, p. 197). A C. é, portanto, o princípio criativo da realidade e ao mesmo tempo manifesta e revela imediatamente essa realidade no interior do homem.

Observações desse tipo são tão freqüentes e repetidas na filosofia contemporânea que seria supérfluo reproduzi-las. Interessa aqui fixar as etapas relevantes do desenvolvimento dessa noção; na filosofia contemporânea, a etapa mais importante é constituída pela fenomenologia de Husserl. O ponto de partida e o ponto de chegada dessa fenomenologia são os mesmos do espiritualismo, identificam-se com a C. tradicionalmente entendida como atitude de auto-auscultação. Husserl parte do *cogito* cartesiano, isto é, da consideração das vivências (*Erlebnisse*) "em toda a plenitude concreta com que se apresentam em sua conexão concreta – a corrente da C. –, na qual se unificam graças à sua própria essência" (*Ideen*, I, § 34). Mas, para esclarecer a natureza das vivências, isto é, da C. em geral, Husserl vale-se da noção de intencionalidade, já utilizada por Brentano para definir o caráter dos fenômenos psíquicos (*Psychologie vom empirischen Standpunkt*, 1874). Intencionalidade é o ato de C. referir-se ou o reportar-se a *outra coisa*, a alguma coisa que não seja o próprio ato de consciência. Para Husserl, essa noção (v. INTENCIONALIDADE) define a própria natureza da C. em geral, que, por isso, é um *transcender* que constitui uma relação com o objeto "em pessoa" e não com uma imagem ou representação dele. Nesse sentido, a relação com o objeto não é "psicológica", não incide no círculo de uma realidade específica, a alma, mas é de natureza lógico-transcendental, é uma possibilidade que define o modo de ser da consciência. A C. nesse sentido, para Husserl, é aquilo que era para Kant: uma relação com o objeto, mais precisamente, uma relação na qual o objeto *se dá* como tal. Todavia, para Husserl, a intencionalidade não exaure a essência da consciência, que é uma "corrente de vivências" (*Erlebnisse*) e apreende-se a si mesma de forma direta e privilegiada, que nada mais tem que ver com a intencionalidade. Nesse aspecto, Husserl distingue percepção imanente e percepção transcendente. *Percepção transcendente* é a percepção da coisa no espaço, que nunca está presente à consciência em sua plena atualidade. Daí deriva o caráter *em si* do objeto transcendente, caráter que exprime a possibilidade da C. de retornar ao objeto e de identificá-lo. Mas justamente por estar ligada a essa simples possibilidade a existência da coisa nunca é necessária, mas contingente; tudo o que da coisa é dado à percepção transcendente pode também não ser; a percepção transcendente é sempre duvidosa (*Ideen*, I, § 46). A *percepção imanente*, ao contrário, é a percepção do *cogito* cartesiano, que tem por objeto as mesmas vivências (recordar, imaginar, desejar etc.) Estas não são dadas à C. do mesmo modo como a coisa é dada aos fenômenos subjetivos, isto é, através de aparições, sombreamentos, aproximações, que apontam para a unidade transcendente do objeto: ao contrário, caracteriza-se pela imediatez e pela absolutez. "A percepção da vivência", diz Husserl (*ibid.*, § 44), "é a visão direta de alguma coisa que se dá ou que pode dar-se na percepção como *absoluta* e não mais como a identidade das aparências que a sombreiam. [...] Um sentimento não aparece por sombreamentos. Se lanço o olhar sobre ele, tenho algo de absoluto, desprovido de aspectos que poderiam apresentar-se tanto de um modo como de outro". A percepção imanente é, portanto, a esfera da posição absoluta: implica a impossibilidade de negar sua existência. "Embora a minha corrente de C. só seja apreendida de modo restrito, embora seja desconhecida nas partes já transatas ou ainda vindouras, se lanço o olhar sobre seu presente efetivo e se me apreendo a mim mesmo como puro sujeito desta vida, afirmo necessariamente: sou, esse viver é, eu vivo: *cogito*" (*ibid.*, § 46). Daí deriva que, enquanto o ser imanente (isto é, o ser da C. reflexa) é *absoluto* no sentido de que, para existir, não tem necessidade de nada, o ser transcendente (isto é, o mundo das coisas) é relativo à consciência. "Todo o mundo espácio-temporal ao qual o homem e o eu humano pertencem como realidades singulares subordinadas é, segundo o seu sentido, um ser puramente intencional, uma vez que tem o sentido meramente secundário e relativo de um ser *para* uma consciência. É um ser que a C. põe em suas experiências, que é visível e determinável só enquanto permanece idêntico na multiplicidade das aparições, mas fora disso é nada" (*ibid.*, § 49). Daí deriva o caráter absoluto ou "apodítico" da subjetividade, do eu transcendental, que é auto-suficiente no sentido de que "pertence à sua essência a possibilidade de autoapreensão, de autopercepção" (*Ideen*, II, § 22); e daí deriva também a superioridade metafísica do espírito: "O espírito e só o espírito existe em si mesmo e por si mesmo: o espírito é autônomo e só nessa autonomia pode ser tratado de forma verdadeiramente racional e radicalmente científica" (*Krisis*, § 345).

As concepções da C. ligadas à fenomenologia podem ordenar-se segundo duas correntes opostas: a objetivista e a espiritualista. A espiritualista continua adotando como tema o *cogito* cartesiano e acentua a imanência da consciência. A corrente objetivista acentua o caráter objetivo da relação intencional e, por isso, considera o objeto como autenticamente transcendente: em última instância, essa corrente tende a deixar de lado a noção de consciência. Vinculam-se à corrente espiritualista as doutrinas de Jaspers e de Sartre. Para Jaspers, análise existencial é a analise da consciência. "Existir", diz Jaspers, "é C.: eu existo como C., e as coisas existem para mim só como objetos de C. Tudo o que existe para mim deve entrar na C." (*Phil.*, I, p. 7). Sobre a C., Jaspers tem o conceito peculiar à fenomenologia: "A C. não é um ser como o da coisa, mas é um ser cuja essência é *estar voltado para significar o objeto*. Esse fenômeno originário, tão miraculoso quanto em si mesmo compreensível, foi chamado intencionalidade." Mas a C. não está voltada só para o objeto, reflete-se sobre si mesma e também é, portanto, Autoconsciência. "O penso e o penso que penso andam juntos, de tal modo que um não fica sem o outro. O que parece contraditório do ponto de vista lógico aqui é real: um não é um, mas dois, e todavia não se torna dois, mas, graças à sua singularidade, permanece um. Esse é o conceito do eu formal em geral" (*ibid.*, p. 8). Jaspers ressaltou assim o caráter não transcendível e quase místico da C., que, por isso, constitui todo o seu campo de especulação. De modo análogo, Sartre declara explicitamente que o estudo da realidade humana deve começar pelo *cogito* (*L'être et le néant*, p. 127). A C. é, em primeiro lugar, C. *de alguma coisa* e de alguma coisa que não é consciência. Sartre chama esse alguma coisa de *em-si*. O ser em si só pode ser designado analiticamete, como "o ser que é o que é", expressão que designa sua opacidade, seu caráter maciço e estático, pelo que não é nem possível nem necessário: *é*, simplesmente (*ibid.*, pp. 33-4). Diante desse ser em si, a C. é o *para si*, a presença para si mesma (*ibid.*, p. 119). A presença para si mesma implica uma cisão, uma separação interna. Uma crença, por exemplo, é como tal sempre C. da crença; mas para captá-la como crença é necessário separá-la da C. para a qual está presente. Mas *nada* há ou pode haver que separe o sujeito de si mesmo. "A cisão intraconsciencial é um nada fora daquilo que nega, e só pode ter ser na medida em que não é vista. Esse negativo, que é ao mesmo tempo nada de ser e poder nadificante, é o *nada*. Em nenhum lugar poderíamos apreendê-lo com semelhante pureza. Em todos os lugares, de um modo ou de outro, é preciso conferir-lhe o ser-em-si enquanto nada" (*ibid.*, p. 120). Condicionando a estrutura da C., o nada é condição da totalidade do ser que é tal só para a C. e na consciência. Mas ele define o ser da C. que é expresso por Sartre desta forma: "O ser pelo qual o nada vem ao mundo deve ser o seu próprio nada" (*ibid.*, p. 59), o que significa que a C. é o seu próprio nada uma vez que se determina a *não ser* o em-si a que se refere. Paradoxalmente, partindo da mesma premissa de Husserl, Sartre chega a conclusão simetricamente oposta. Para ele, assim como para Husserl, a C. em sua percepção imanente, isto é, em seu ato de auto-reflexão, é tudo, é o absoluto. Mas por sua cisão interna como negação do em-si, ela é o próprio nada. Essa conclusão é tão pouco apta a exprimir ou a compreender os fenômenos relativos à C. quanto a de Husserl.

Por outro lado, Hartmann e Heidegger apresentam a alternativa objetivista da interpretação da C. como intencionalidade. Hartmann julga que a noção de "C. aberta", que penetre sem limites no mundo das coisas, é falsa. A C. é essencialmente fechamento, e as coisas nunca entram nela, mas permanecem além dela, ainda quando conhecidas. "A C. não *tem* coisas, mas representações, concepções, imagens das coisas; e estas podem coincidir ou não com as coisas, ou seja, podem ser verdadeiras ou não verdadeiras. Daí resulta que o conhecimento não é simples ato de C., como representar ou pensar, mas um *ato transcendente*. Um ato semelhante prende-se ao sujeito apenas por um de seus lados e com o outro estende-se para fora dele; com este lado, prende-se ao existente que, por seu intermédio, passa a ser objeto. O conhecimento é relação entre um sujeito e um objeto existente. Nessa relação, o ato transcende a C." (*Systematische Philosophie*, § 11). Desse modo, a C. perde a supremacia e o caráter de círculo encantado, do qual não é possível escapar. Segundo Hartmann, o conhecimento é, para todos os efeitos, a transcendência da C. para um objeto que existe independentemente dela. A C. também perde o caráter de infalibilidade, o mesmo acontecendo com a C. histórica, a C. coletiva. Esta nunca é adequada a si mesma, como seria se fosse de um Espírito Absoluto. O espírito histórico revela, no mais das vezes, sua própria natureza quando já passado. "Não se mostra mais à sua própria C., mas a outra. Esconde-se da sua atrás daquilo que ela sabe dele" (*ibid.*, § 19). Na mesma linha, porém mais radicalmente, Heidegger fez uma análise da existência humana que prescinde completamente do termo e da noção tradicional de C. (*Bewusstsein*), mas utilizou e interpretou a noção de C. moral (*Gewissen*), de "voz da C.". A eliminação da noção tradicional de C. deve-se ao uso que Heidegger fez da noção de *transcendência* na análise da relação do homem com o mundo. A transcendência não é para o homem um comportamento entre os outros possíveis, mas a própria essência de sua subjetividade; e o termo para o qual o homem transcende é o mundo, que nesse caso não designa a totalidade das coisas naturais ou a comunidade dos homens, mas a estrutura relacional que caracteriza a existência humana como transcendência. Transcender para o mundo significa fazer do mundo o *projeto* das atitudes possíveis ou das ações possíveis do homem; mas como projeto, o mundo recompreende em si o homem que se acha "lançado" nele e submetido às suas limitações. "A transcendência", diz Heidegger, "exprime o projeto do mundo de tal modo que *o-que-projeta* é dominado pela realidade que ele transcende e já está conciliado com ela" (*Vom Wesen des Grundes*, III). Simultaneamente a transcendência também constitui o *si-mesmo* do homem, a identidade do homem singular existente. "Na transcendência e através dela é possível distinguir no interior do existente e decidir quem e como se é o Mesmo e o que não o é" (*ibid.*, II). A relação do homem consigo mesmo e com o mundo, descrita em termos de transcendência, deixa de ter as características tradicionais da C. (fechamento em si mesma, imediatez, auto-reflexão etc.), de sorte que Heidegger pode dispensar até mesmo o termo consciência. Em sentido mais tradicional, porém, é utilizada a noção de "voz da C.". Esta é entendida como uma relação intrínseca do *Dasein* (ser-aí) do homem, mais precisamente uma relação pela qual o homem é revocado da exstência anônima e banal do "diz-se", "faz-se" etc., para seu próprio e autêntico "poder-ser", isto é, para a sua possibilidade constitutiva última, o ser-para-a-morte. "Para o que o ser é revocado? Para o seu próprio Si-mesmo. Portanto, não para alguma coisa à qual o *Dasein* (ser-aí), na convivência pública, confira valor e urgência de possibilidade ou de fuga, nem mesmo àquilo que ele tomou, a que se dedicou, de que se assenhoreou. O *Dasein* (ser-aí), relacionado consigo mesmo e com os outros no quadro da mundanidade, é *ultrapassado* nessa conclamação" (*Sein und Zeit*, § 56). Portanto, o *Dasein* (ser-aí) que compreende essa conclamação "obedece à possibilidade mais própria de sua existência. Escolheu-se a si mesmo" (*ibid.*, § 58). Ainda aqui, portanto, onde deveríamos encontrar uma relação intraconsciencial, há uma relação de transcendência.

A análise existencial de Heidegger foi um duro golpe contra o primado metafísico da C., tão tenazmente afirmada pela filosofia moderna e contemporânea. Não só essa análise deixa de utilizar o termo C. ou a noção de C., como também deixa de ter sentido a distinção entre "interior" e "exterior", entre o que está *na* C. e o que está *fora* da C. Todavia, o caso de Heidegger não é o único na filosofia contemporânea. O naturalismo instrumentalista e o positivismo lógico chegam à mesma negação do conceito tradicional de consciência. Dewey chega a ignorar esse significado, que, como se viu, não é de uma qualidade psíquica, mas de uma atitude reflexiva, a atitude da volta para si mesmo ou da reflexão sobre si. Entende por C. o simples estar cônscio de si: "o estar desperto, vigilante e atento ao significado dos acontecimentos presentes, passados ou futuros". Esse estar cônscio não é, como quer o realismo, uma espécie de luz que ilumina ora uma ora outra parte de um campo dado, nem, como quer o idealismo, uma força que modifica os acontecimentos. É "aquela fase de um sistema de significados que, em dado tempo, sofre uma retificação de direção, uma transformação transitiva". O sistema dos significados é o que Dewey chama de *espírito* (v.) e é uma formação social. A C. é o ponto focal em que esse sistema entra em crise ou sofre uma transformação. "O espírito é contextual porque existente; a C. é focal e transitiva. O espírito é, por assim dizer, estrutural e substancial, é o fundo ou o primeiro plano constante; a C. é perceptiva, é um processo, uma série de *aqui* e de *agora*. O espírito é uma constante luminosidade; a C. é intermitente, uma série de jorros de luz de várias intensidades" (*Experience and Nature*, pp. 260 ss.). A condição da C. é a dúvida, o sentido de situação indeterminada, suspensa, que urge a determinação e a readaptação. A idéia, que constitui o objeto da C., que, aliás, é a própria C. em sua clareza e vivacidade, nada mais é que a previsão e o anúncio da direção em que a mudança e a readaptação é possível; por isso, Dewey diz que num mundo que não tivesse instabilidade e incerteza, a chama vacilante da C. se apagaria para sempre (*ibid.*, pp. 351 ss.). A C. é assim reduzida à funcionalidade, isto é, ao surto de idéias e diretrizes que servem para retificar determinada situação. Desse modo, não está ligada à introspecção, à auscultação interna ou, de algum modo, a uma atitude de "retorno para si mesmo". Mas o destino da C. na filosofia contemporânea parece cumprir-se com a análise que Ryle fez dela, ou melhor, das expressões lingüísticas em que o conceito recorre (*The Concept of Mind*, 1949). Segundo a tese de Ryle, nenhum dos usos que os termos "C." e "consciente" têm na linguagem comum autoriza a considerar a C. como uma espécie de autoluminosidade ou fosforescência que acompanha certas operações do homem; portanto, a C. entendida nesse sentido é um mito. Tudo o que se pode dizer é que "habitualmente sabemos aquilo de que nos estamos ocupando, sem que, porém, seja necessário recorrer à história da fosforescência para explicar como o sabemos; que esse saber não implica um ato incessante de censura ou exame do fazer e do sentir, mas só uma propensão *inter alia* a exprimi-los, se e quando nos ocorre fazê-lo; que esse saber não requer que devamos topar com algum evento de natureza espectral" (*ibid.*, trad. it., p. 164), isto é, com aquela realidade "alma" que se supõe imanente ao mecanismo corpóreo (v. ALMA). A C. não é um acesso privilegiado ao conhecimento da alma ou ao conhecimento de si. "De mim mesmo posso descobrir as mesmas coisas que do próximo e com métodos não dessemelhantes. As diferenças existentes no fornecimento dos dados exigidos tornam diferente o grau dos meus conhecimentos, mas nem sempre em favor do conhecimento de si. Por alguns aspectos importantes, é mais fácil verificar as mesmas coisas de ti do que de mim mesmo; por outros, ocorre o contrário. Mas isso só na prática, porque em princípio Fulano acaba sabendo tanto de si quanto de Beltrano. Com a esperança em um acesso privilegiado, vai embora também o isolacionismo teórico-cognitivo, perdemos, ao mesmo tempo, a doçura e o amargor do solipsismo" (*ibid.*, trad. it., pp. 157-8). O fato principal aduzido para sustentar essa tese é que os erros são freqüentes no juízo sobre os próprios estados mentais: o que seria obviamente impossível se a C. fosse aquela relação imediata e infalível consigo mesma que se pretende ser. A conclusão é, evidentemente, a negação da C. em favor de um "conhecimento de si" tão pouco privilegiado, direto e infalível quanto o conhecimento de qualquer outra coisa.

O declínio da noção de C. na filosofia contemporânea é um dos sinais mais evidentes de uma nova colocação do problema do homem. Elaborada pela filosofia alexandrina, essa noção serviu de início para expressar o orgulhoso isolamento do sábio, que, como diz Plotino, extrai tudo de si mesmo e, assim, não tem necessidade das coisas nem dos outros homens para conhecer e viver. Para o sábio da era alexandrina, as relações com o mundo são acidentais e secundárias: ele encontra a verdade e a realidade em si mesmo. O cristianismo valeu-se do mesmo conceito para ressaltar a independência do juízo moral em relação a toda circunstância externa e sua dependência só de um princípio ou realidade que nada recebe das coisas e dos homens, porque é Deus. A filosofia moderna lançou mão do mesmo princípio a partir de Descartes, usando-o como instrumento de dúvida e de libertação. Dele extraiu também "testemunhos" de verdades primeiras, absolutas ou inderiváveis, bem como de "dados últimos" ou originários, usando-os para erigir pesados edifícios dogmáticos, cujo apoio era a fragílima base de uma noção histórica, mas assumida como estrutura real ou originária. Esse, porém, foi só o lado mais visível do uso da noção de C. Não se deve esquecer que, a partir de Descartes, essa noção serviu para introduzir dúvidas, levantar problemas, suscitar oposições ou rebeliões a crenças ou a sistemas de crenças estabelecidos institucionalmente. O recurso à C. serviu com muita freqüência para apresentar ideais ou regras morais ainda não aceitos pela moral corrente e destinados a superá-la, para sustentar a insurreição e a luta contra a autoridade constituída, para mostrar o caráter incerto e problemático de muitas crenças e construções metafísicas. Em Descartes, serviu para pôr em discussão algumas certezas tradicionais, como, por exemplo, a da existência de um "mundo externo", e para iniciar pesquisas científicas e filosóficas de grande importância. O próprio ceticismo de Hume é um dos resultados a que conduziu a noção de C., visto ter nascido do pressuposto de que o homem não dispõe de nada além de impressões e idéias, ou seja, de objetos imediatos de C., e que, por mais que arremeta com o pensamento, "nunca dará um passo além de si mesmo" (*Treatise*, I, 2, 6). Isso posto, o declínio da noção de C. na filosofia contemporânea deve-se às seguintes condições: 1ª formação, em vários campos de pesquisa, de *técnica de verificação e controle*, às quais, mais do que ao testemunho íntimo, são confiadas as instâncias negativas e limitativas da crítica; 2ª conseqüente desconfiança de certezas que se pretendem infalíveis e diretas, mas que são pessoais e incomunicáveis e muitas vezes apresentam oposições mútuas; 3ª abandono definitivo do ideal de isolamento do homem em relação ao mundo, e da crença na estrutura solitária da realidade humana; portanto, renúncia a compreender o homem em seus modos de ser e em seus comportamentos efetivos abstraindo suas relações com as coisas naturais e com os outros homens e considerando-o fechado em si mesmo pelo círculo intransponível da consciência. [N.A.]

A idéia de C. como dado primário e irredutível do nosso ser, juntamente com a identificação, tipicamente moderna, entre sujeito e C., também foram contestadas pelos chamados "mestres da suspeita" (v.), isto é, pelos autores (Marx, Nietzsche e Freud) que refutaram a centralidade explicativa de tal noção, vislumbrando na C. o reflexo secundário e deformado de um conjunto de forças extraconscienciais. Para Marx, como se sabe, a C. é uma "superestrutura" da base econômico-social (v. MATERIALISMO HISTÓRICO). Para Nietzsche, é a imagem disfarçada de uma série de mecanismos instintivos e, como "voz da C." (em sentido ético), nada mais é que "a voz da grei em nós", ou seja, o efeito de uma interiorização das normas comportamentais de determinada sociedade (v. ÉTICA). Para Freud, é a "fração" de uma realidade psíquica predominantemente inconsciente (v. PSICANÁLISE).

Também de corrente anticosciencialista é o behaviorismo (v.), que considera que a única realidade psíquica passível de descrição objetiva (portanto "científica") é o comportamento publicamente observável dos indivíduos (v. PSICOLOGIA). Tanto é que, na opinião de Skinner, os filósofos que especularam sobre a C. teriam substancialmente "perdido tempo" (*About Behaviorism*, 1974, trad. it., *La scienza del comportamento ovvero il Behaviorismo*, Sugar Co., Milão, 1976, pp. 222-3).

Outro ataque radical às várias formas de conscriencialismo cartesiano e fenomenológico provém das filosofias anti-humanistas atuais (v. ANTI-HUMANISMO). *a*) Segundo o estruturalismo, que representa o principal contra-ataque teórico em relação à decisão idealista e espiritualista de reduzir tudo à dimensão abstrata e tautológica da C., o homem é constituído por uma série de estruturas ou sistemas dos quais não só não é "o sujeito soberano" como também nem sempre é consciente. Por exemplo, do ponto de vista do "kantismo sem sujeito transcendental" de Lévi-Strauss, as culturas não são efeito da projeção consciente dos indivíduos, mas resultado de uma combinação anônima de leis e princípios que escapam à jurisdição do pensamento pensante, por habitarem na *profundeza* do inconsciente: "Seguindo o exemplo das ciências físicas, as ciências humanas devem convencer-se de que a realidade do seu objeto de estudo não está totalmente entrincheirada no nível em que o sujeito a perceba" (*L'uomo nudo*, 1971, trad. it., Il Saggiatore, Milão, 1974, p. 601). Analogamente, segundo o freudismo estruturalista de Lacan, a verdadeira dimensão do homem está sempre "alhures" em relação à C. e aos pontos de vista intencionais do eu, de tal modo que se pode afirmar que o indivíduo pensa onde não é e é onde não pensa: "penso onde não sou, logo sou onde não penso (*Je pense où ne suis pas – donc je suis où je ne pense pas*)". Fórmula para dizer que o homem não está predominantemente no cogito (= onde ele se mostra "joguete do próprio pensamento" e onde "o ser está presente para a C."), mas sobretudo no inconsciente (= onde ele não pensa que pensa e onde o ser é subtraído à C.; *Scritti*, 1966, trad. it., Einaudi, Turim, 1974, pp. 512-3). Mesmo Foucault, que contrapõe ao primado idealista do eu uma ontologia do impensado (v. OUTRO), considera que a C. e o sentido manifesto são apenas a vidraça superficial das estruturas que constituem e superam o homem desde sempre: "O ponto de ruptura ocorreu no dia em que Lévi-Strauss, para a sociedade, e Lacan, para o inconsciente, nos mostraram que o sentido provavelmente nada mais é que espécie de efeito de superfície, um brilho, uma espuma, e que aquilo que nos atravessa profundamente, aquilo que nos precedia, aquilo que nos sustentava no tempo e no espaço, era o sistema" ("Entretien con M. Chapsal", em *La quinzaine littéraire*, maio de 1966, nº 5). A negação da prioridade ontológica da C. é acompanhada pela contestação da sua prioridade gnosiológica e metodológica, ou seja, pela sua pretensão de funcionar como via de acesso privilegiada à realidade humana. Por exemplo, Lévi-Strauss, considerando epistemologicamente embaraçosas as noções de C., chega a falar dela como de uma "inimiga secreta das ciências do homem", cabendo ao cientista ideal uma descrição do homem a partir do exterior: "procuro entender os homens e o mundo como se estivesse completamente fora do jogo, como se fosse um observador de outro planeta e tivesse uma perspectiva absolutamente objetiva e completa" (*Conversazioni con Lévi-Strauss, Foucault, Lacan*, org. P. Caruso, Mursia, Milão, 1969, p. 37). Althusser também considera que não se pode fazer um discurso científico sobre o homem, a não ser sob a condição de livrar-se das velhas noções de sujeito e C. Com efeito, quem pretendesse reduzir as relações de produção a relações *humanas* "estaria ofendendo o pensamento de Marx", que sublinha "com a máxima profundidade" que as relações de produção (assim como as sociais, políticas e ideológicas) são "irredutíveis a qualquer subjetividade antropológica" (*Leggere il Capitale*, 1965, trad. it., Feltrinelli, Milão, 1968, 3.ª ed. rev., 1980, p. 189).

b) Também são recorrentes os motivos anticonsciencialistas na hermenêutica de Gadamer, que, em antítese com "o sonho cartesiano da C. como autoconsciência", declara que "muito antes de chegarmos a uma autocompreensão através da reflexão explícita nós nos compreendíamos segundo esquemas não reflexivos na família, na sociedade e no Estado" (*Verità e metodo*, 1960, trad. it., Bompiani, Milão, 1983, pp. 324-5). Mesmo a linguagem (v.), esclarece o filósofo alemão em sintonia com grande parte do pensamento contemporâneo, parece irredutível à vivência consciencial do indivíduo, uma vez que este, mesmo não existindo *sem* a C., não existe *como C.* (*Id.*, p. 113).

Posições radicalmente anticonsciencialistas circulam também na filosofia da mente (v.) e na ciência cognitiva (v.). Emblemática é a posição do chamado materialismo eliminativo professado por autores como Feyerabend (*Materialsm and the Mind Body Problem*, 1963), Rorty (*Mind-Body Identity, Privacy and Categories*, 1970; *Cartesian Epistemology and Changes in Ontology*, 1970; *Philosophy and the Mirror of Nature*, 1979), P. M. Churchland (*Eliminative Materialism and Propositional Attitudes*, 1981; *Matter and Consciousness*, 1988²), P. S. Churchland (*Neurophilosophy*, 1986). Tal doutrina, recorrendo à irredutibilidade dos estados mentais aos estados cerebrais, afirma: *a*) que as chamadas entidades da mente *não* existem, exatamente como não existem o pôr-do-sol ou o flogisto; *b*) que o conceito de C. (assim como de outras entidades cartesianas) é por demais vago e confuso para ser considerado uma realidade científica. Também C. a ciência cognitiva apresenta premissas dissolutivas em relação à C., que, seja na versão funcionalista ou na conexionista, tende a configurar-se como uma ciência da mente baseada na não-necessidade (ou inutilidade programática) da C. (cf. F. J. VARELA, E. THOMPSON, E. ROSCH, *The Embodied Mind. Cognitive Science and Human Experience*, 1991).

Essa invalidação epistemológica da C. (que vem acompanhada de sua descentralização ontológica) não é compartilhada por todos os estudiosos. É típico o caso de Searle que, em antítese com toda e qualquer forma de materialismo, agnosticismo (Nagel) e "neomisterianismo" (MCGINN, *The Problem of Consciousness*, 1991), voltou a insistir na realidade e consistência da C., promovendo uma tentativa explícita de nova proposta da identidade entre mente e C.: "Não é possível estudar os fenômenos mentais sem estudar, implícita ou explicitamente, a C., visto que, se dela não tivermos noção, não teremos noção alguma do mental" (*La riscoperta della mente*, 1992, trad. it., Bollati Boringhieri, Turim, 1994, p. 34). [G.F.]

CONSCIÊNCIA DA DETERMINAÇÃO HISTÓRICA (al. *Wirkungsgeschichte Bewusstsein*; it. *Coscienza della determinazione storica*). Termo usado por Gadamer para indicar a determinação da história sobre a C., assim como a consciência, por parte da C., de tal determinação. Em outras palavras, a "C. da determinação histórica" (como traduz Vattimo) representa um tipo de C. que é, e ao mesmo tempo se *sabe*, exposta aos *efeitos* da história, ou seja, um tipo de C. que, vivendo-se como historicamente determinada, teoricamente levou a sério, em antítese à insuficiente "consciência histórica" dos historiadores, a *influência* que a história exerce sobre ela na forma de tradições e prejulgamentos (v. CÍRCULO HERMENÊUTICO; PREJULGAMENTO; WIRKUNGSGESCHICHTE). [G.F.]

CONSCIÊNCIA EM GERAL (al. *Bewusstsein üeberhaupt*; it. *Coscienza in generale*). Termo empregado pela primeira vez por Kant para indicar o complexo das "funções lógicas" comuns a todas as consciências empíricas, não obstante as diferenças individuais de tais consciências (*Crít. R. Pura*, § 20). A C. em geral, portanto, é idêntica àquilo que Kant chama de apercepção pura, ou simplesmente C., em *Antropologia* (I, § 7, Anotação), também "C. discursiva ou reflexa". Esse termo reaparece com mais freqüência em *Prolegômenos*. "Como fundamento do juízo de experiência está a intuição da qual tenho C., isto é, a percepção (*perceptio*), que é toda oriunda do sentido. Mas em segundo lugar concorre também o juízo (que é só do intelecto). Ora, esse juízo pode ser de duas espécies, conforme eu confronte simplesmente as percepções e as ligue em uma C., na C. de meu estado, ou as una numa C. *em geral*" (*Prol.*, § 20). Na filosofia contemporânea esse termo é usado para indicar a C. em seu significado mais geral, distinto do significado restrito e específico de C. como C. clara e distinta, ou C. reflexa. Assim, para Husserl, a C. em geral é a vivência (*Erlebnis*) (*Ideen*, I, § 42). Para Jaspers, é a subjetividade como condição de todos os objetos possíveis. "Como C. em geral, sou a subjetividade, pela qual os objetos subsistem como realidade dos objetos e como universalmente válidos" (*Phil.*, I, p. 13). [N.A.]

CONSCIÊNCIA INFELIZ (al. *Unglückliches Bewusstsein*; it. *Coscienza infelice*). Uma das mais famosas figuras da *Fenomenologia do espírito* de Hegel. Representa a sua interpretação da filosofia medieval. Nela, Hegel vê o desembocar do ceticismo e do estoicismo, enredados na contradição de afirmar e negar, que querem manter como dois termos exteriores, conseguindo apenas criar uma "briga de crianças teimosas, em que um diz *a* quando o outro diz *b*, para dizer *b* quando o outro diz *a*". A contradição própria do ceticismo torna-se dramática na Idade Média, como oposição entre duas C., uma *imutável*, que é a divina, e outra *mutável*, que é a humana. Esse contraste constitui a C. infeliz, que é "a C. de si como da essência duplicada e ainda totalmente enredada na contradição". A infelicidade da C. consiste, pois, no fato de que a C. não se reconhece como unidade dessas duas C. e, por isso, não se identifica com a C. imutável. A *devoção* é a primeira tentativa de superar a contradição, subordinando a C. mutável à imutável, da qual a primeira pretende receber tudo de presente. O ápice da devoção é o *ascetismo*, em virtude do qual a C. reconhece a infelicidade e a miséria da carne e tende a libertar-se dela, unificando-se com a C. imutável (Deus). Mas com essa unificação termina o ciclo da C. infeliz porque, reconhecendo-se como C. imutável, a C. reconheceu-se por aquilo que é, isto é, como Espírito ou "Sujeito Absoluto" (*Phänomen. des Geistes*, I, IV, B; trad. it., pp. 185 ss.). Essa figura exprime bem o princípio da filosofia hegeliana, segundo o qual a realidade é a C. como substância racional infinita, donde C. "pacificada" ou "feliz" é só aquela que se reconheceu como totalidade da realidade. [N.A.]

CONSCIENCIALISMO (in. *Conscientialism*; fr. *Conscientialisme*; al. *Konscientialisms*; it. *Coscienzialismo*). Esse termo provavelmente foi criado por Külpe (*Die Realisierung*, 1912) para indicar a doutrina que reduz a realidade a objeto de consciência. Nesse sentido, esse termo equivaleria a idealismo. É mais comum falar-se hoje de C. com referência a doutrinas que tomem a consciência como ponto de partida da filosofia, isto é, que considerem como tarefa ou método da filosofia a introspecção, a reflexão sobre si mesmo, a reflexão interna ou a experiência interna: coisas estas que significam toda *consciência* (v.). [N.A.]

CONSCIENTE (lat. *Conscius*; in. *Conscious*; fr. *Conscient*; al. *Bewusst*; it. *Cosciente*). Esse adjetivo é comumente empregado no sentido de *consciência*[1] (v.); seu uso filosófico, porém, correspondente ao do termo "consciência[2]": daí, por exemplo, "espírito consciente" significar a atitude de autoreflexão de busca interior. [N.A.]

CONSENSO UNIVERSAL (lat. *Consensus gentium*; it. *Consenso universale*). Na obra de Aristóteles é comum a referência à "opinião de todos" como prova ou contraprova da verdade; em *Ética a Nicômaco* (X, 2, 1.172 b 36), diz explicitamente: "Aquilo em que todos consentem, dizemos que assim é, visto que rejeitar semelhante crença significa renunciar ao que é mais digno de fé." Os estóicos, por sua vez, insistiram no valor do C. universal, donde a importância que tiveram para eles as "noções comuns", pelo fato de se formarem igualmente em todos os homens, ou naturalmente ou por efeito da educação (DIÓG. L., VII, 51). Todavia, só os ecléticos fizeram do C. comum o critério da verdade; Cícero exprimia o ponto de vista deles quando dizia: "Em todos os assuntos, o C. de todas as gentes deve ser considerado lei natural" (*Tusc.*, I, 13, 30). A filosofia moderna, que tem Descartes como ponto de partida, pretendeu instaurar uma crítica radical do saber comum e, por isso, não viu mais no C. comum, que sustenta esse saber, garantia ou valor de verdade. Portanto, só raramente recorre ao *consensus gentium*. Isso se observa na escola escocesa do senso comum, encabeçada por Tomás Reid (1710-1796). Opõe-se sobretudo ao cetismo de Hume, e para superá-lo recorre ao C. universal, que apoiaria as idéias, criticadas por Hume, de substância, causa etc. (*Indagação sobre o espírito humano segundo os princípios do senso comum*, 1764) (v. SENSO COMUM). O recurso ao C. comum muitas vezes constitui uma prova da existência de Deus (v. DEUS, PROVAS DE). Por outro lado também serviu de fundamento à noção de direito natural (v. DIREITO). Mas estes e outros usos eventuais não modificam a substância da noção, que é a tentativa de colocar ao abrigo da crítica conhecimentos ou prejulgamentos julgados absolutamente válidos, mas cuja efetiva universalidade seria muito difícil provar. [N.A.]

CONSEQÜÊNCIA (gr. ἀκολουθία; lat. *Consequentia*; in. *Consequence*; fr. *Conséquence*; al. *Konsequenz*; it. *Conseguenza*). Embora Aristóteles use o verbo correspondente a esse substantivo para significar que a conclusão *se segue das* premissas do *silogismo* (v.), o termo foi introduzido pelos estóicos para indicar a proposição condicional (v. CONDICIONAL). O latim *consequentia* foi introduzido por Boécio como sinônimo de "proposição hipotética" (condicional). A C. pode ser, segundo Boécio, *acidental*, como quando se diz "Quando o fogo está quente, o céu é redondo", *ou natural*, como quando se diz "Quando há um homem, há um animal" ou "Se a Terra estiver do lado oposto, haverá eclipse da Lua". Neste último exemplo, a C. baseia-se na "posição dos termos" no sentido de que o fato de a Terra estar em oposição é a *causa* do eclipse da Lua (*De Syllogismis Hypotheticis, P. L.*, 64º, 835 B). Abelardo reserva o termo C. às conexões necessárias que são verdadeiras *ab aeterno* como "Se é homem, é animal" (*Dialectica*, ed. De Rijk, 1970, p. 160). Ockham distinguiu a C. entendida nesse sentido, que ele chamava de *formal* e que expressa uma conexão necessária ou *intrínseca*, da C. *material*, que interliga extrinsecamente duas proposições, como quando se diz "Um homem corre, logo Deus existe", que é válida porque o conseqüente é necessário; ou "Um homem é um asno, logo Deus não existe", que é valida porque o antecedente é impossível (*Summ. Log.*, III, III, 1).

O termo é usado com significados semelhantes ou análogos a esses nos tratados dos lógicos nos séculos seguintes; mas o modo de tratá-lo muitas vezes se intricou (ou confundiu) com o de *proposição hipotética* (v. HIPÓTESE; HIPOTÉTICO) ou de *condicional* (v.). [N. A.]

Na lógica contemporânea, uma fórmula fechada (isenta de variáveis livres) p é C. lógica de um conjunto de enunciados M, quando qualquer interpretação que torne verdadeiros todos os enunciados pertencentes a M torna p verdadeira. Esse conceito de C. tem caráter *semântico* e deve ser considerado distinto do conceito de *dedução* (v.), que tem valor sintático. O teorema da *completude* (v.), demonstrado por Gödel em 1930, estabelece a equivalência das noções de dedução e de C. [M.M.]

CONSEQÜENCIALISMO (in. *Consequentialism*; fr. *Conséquencialisme*; al. *Konsequentialismus*; it. *Consequenzialismo*). Vertente peculiar das éticas teológicas, ou seja, das morais que avaliam e prescrevem as ações tendo em vista seus resultados, considerando moralmente bons os comportamentos que produzem conseqüências boas (v. DEONTOLÓGICAS E TELEOLÓGICAS, ÉTICAS). O oposto do C., que encontra expressão emblemática no utilitarismo, é o *deontologismo* (v.). [G.F.]

CONSEQÜENTE (in. *Consequent*; fr. *Conséquent*; al. *Konsequent*; it. *Conseguente*). Dado um enunciado condicional da forma " Se p, então que", sendo "p" e "q" enunciados quaisquer, diz-se que "q" é C. em relação ao antecedente (v.) "p". [M.M.]

CONSEQUENTIA MIRABILIS. Nome com que, na tradição lógica, se costuma indicar a tautologia "$(\neg p \rightarrow p) \rightarrow p$" (ou a regra: "$\neg p, p/p$"), que permite inferir dado enunciado ("p" neste caso) diretamente de sua negação. Embora fosse conhecida antes, é durante os séculos XVII e XVIII que a *C. mirabilis* se torna objeto de discussões acaloradas, exatamente por seu caráter surpreendente. O jesuíta Gerolamo Saccheri a utiliza de modo sistemático em *Lógica demonstrativa* (1695). [M.M.]

CONSEQUENTIS (FALLACIA). É a *falácia* (v.), consistente em supor indevidamente que uma *consequentia* (v.) ou implicação seja reciprocável, o que normalmente não ocorre: "se de *A* se segue *B*, então de *B* se segue *A*" (ARISTÓTELES, *El. sof.*, 5, 167 b 1; PEDRO HISPANO, *Summ. log.*, 7. 58; etc.). [G.P.]

CONSERVAÇÃO. V. CONAÇÃO.

CONSIGNIFICANTE (lat. *Consignificans*). O mesmo que *sincategoremático* (v.). [N.A.]

CONSISTÊNCIA (in. *Consistency*; fr. *Cohérence*; al. *Wiederspruchsfreiheit*; it. *Consistenza*). Em lógica, um conjunto S de enunciados (um sistema formal) é chamado *consistente* se, e somente se, não existe um enunciado p tal que a partir de S (do sistema formal) se demonstra tanto *p* quanto *não-p*. Isto é, o conjunto S (o sistema formal) é *consistente* se, e somente se, está isento de contradição. Essa noção de C. tem caráter *sintático*. Dado conjunto S de enunciados (um sistema formal) é considerado *semanticamente* consistente se, e somente se, admite um *modelo* (V. VERDADE). Gödel (1930) demonstrou a equivalência das duas noções de C. [M.M.]

CONSTANTE (in. *Constant*; fr. *Constant*; al. *Konstante*; it. *Costante*). Termo derivado da matemática, na qual designa a variável dependente cujo valor não varia com a variação da variável independente (v. FUNÇÃO). Em geral, chama-se constante toda uniformidade, de importância relevante, que possa ser verificada em um campo qualquer. Em física, tais uniformidades chamam-se C. quando podem ser expressas por números (cf. B. RUSSELL, *Introduction to Mathematical Phil.*, 18; trad. it., pp. 223 ss.). Na lógica contemporânea, o significado desse termo tem como modelo o significado matemático: a C. é, simplesmente, o nome próprio de um número, assim também em lógica esse termo é empregado para indicar um nome próprio que tenha denotação. A *variável* é um símbolo que, em vez de ter a denotação singular da C., representa a possibilidade de diversos *valores*. Os limites nos quais esses valores podem mudar chamam-se *amplitude* da variável. Carnap observou que, para designar as várias espécies de C. e de variável, pode-se fazer referência a seu valor de expressão, como quando se diz "variável enunciativa" ou "variável predicado" etc.; ou, como ocorre mais freqüentemente, pode-se fazer referência aos seus valores ou designados, como quando se diz "variável proposicional", "variável individual", "variável numérica" etc. (*Introduction to Semantics*, § 37) (v. FUNÇÃO). [N.A.]

CONSTITUIÇÃO. V. CONSTITUTIVO.

CONSTITUTIVO (gr. συστατικός; lat. *Constitutivus;* in. *Constitutive;* fr. *Constitutif;* al. *Konstitutiv;* it. *Costitutivo*). 1. Na lógica antiga e medieval esse adjetivo referia-se à *diferença* (v.) chamada de *constitutiva* em relação à espécie e de *divisiva* em relação ao gênero: por exemplo, a diferença "racional", na definição do homem como "animal racional", constitui a espécie humana, mas divide o gênero animal em duas partes, a racional e a não racional (PORFÍRIO, *Isag.*, 10; PEDRO HISPANO, *Summ. log.*, 2.12; JUNGIUS, *Logica*, I, 2, 45 etc.).

2. Kant empregou esse termo para designar o que condiciona a realidade dos objetos fenomênicos. As intuições puras (espaço e tempo) e as categorias são constitutivas, nesse sentido, porque condicionam todos os objetos possíveis de experiência. As idéias da razão pura têm, ao contrário, apenas um uso *regulativo*, de dirigir o intelecto para certo objetivo, em vista do qual as linhas diretivas de todas as suas regras convergem para um ponto que – embora nada mais seja que uma idéia (*focus imaginarius*), isto é, um ponto do qual na realidade não partem os conceitos do intelecto, por estar fora dos limites da experiência possível – serve, porém, para conferir-lhes a maior unidade com a maior extensão (*Crít. R. Pura*, Apêndice à Dialética Transcendental) (v. IDÉIA). Em sentido análogo, Husserl utiliza a palavra "constituição" quando fala, por exemplo, dos "problemas da constituição da objetividade da consciência". Esses problemas consistem em ver como "as modalidades fundamentais de uma consciência possível" condicionam ou, como diz Husserl, *predeterminam* "todas as possibilidades (e as impossibilidades) do ser que é objeto da própria consciência" (*Ideen*, I, § 86). Por sua vez, Carnap esclareceu o conceito de constituição do ponto de vista lógico-lingüístico com o conceito de reintegrabilidade. Diz-se que um objeto ou conceito é reintegrável num ou mais outros objetos se os enunciados que dizem respeito ao primeiro se deixam transformar em enunciados que dizem respeito ao segundo. Nesse caso, pode-se dizer que o primeiro objeto é "constituído" pelos outros (*Der logische Aufbau der Welt*, § 2). Essa palavra passou a fazer parte da linguagem comum: diz-se que tem caráter ou função C. tudo o que concorre para condicionar de algum modo um objeto qualquer. [N.A.]

CONSTRUTIVISMO (in. *Constructivism, Constructionalism, Constructionism;* fr. *Constructivisme;* al. *Konstruktivismus;* it. *Costruttivismo*). 1. Termo usado não de forma unívoca, às vezes em sentido genérico e definível somente em contexto, que recentemente vem sendo cada vez mais indicativo de uma família de posições contrapostas a formas simples de empirismo e a formas platônicas ou naturalistas de realismo em epistemologia, psicologia, ciências sociais, ética e no debate em torno dos fundamentos da matemática. Na base do C. epistemológico existe a convicção de que todas as características do conhecimento, geralmente reputadas como verdadeiras "descobertas" de elementos "lá fora" no mundo, independentes dos sujeitos cognoscentes, são, na verdade, apenas (ou sobretudo) produtos de uma atividade de "construção" em que o papel construtivo é desempenhado ora pela mente (ou também pelo cérebro), ora pela sociedade (ou por formas específicas de poder institucional), ora pela linguagem. Tal atividade construtiva realiza-se a partir da percepção e da primeira identificação dos fatos e dos objetos pertinentes à indagação, ao passo que, na ética, realiza-se na autonomia por parte de uma humanidade autoconsciente a construir seus próprios valores em vez de extraí-los de uma autoridade qualquer. Os antecedentes teóricos que inspiram o C. podem ser identificados genericamente em Kant e no neokantismo, na forma de idealismo e de historicismo (Vico, Hegel), em alguns aspectos do pragmatismo (I. C. Lewis) e também do neoempirismo lógico (Carnap) e em certos resultados da filosofia matemática do início do século XX (sobretudo nas posições de Hermann Weyl e de Henri Poincaré e no intuicionismo de L. E. J. Brouwer). Mas a identidade atual do C. epistemológico é determinada sobretudo por alguns resultados da psicologia da percepção, da epistemologia genética de Jean Piaget, das ciências cognitivas e da sociologia do conhecimento, manifestando-se na problematização do conceito de "mundo" como correlato aos nossos conhecimentos. Tal mundo torna-se uma pluralidade de mundos na acepção antifisicalista de Nelson Goodman, que os interpreta todos (mesmo o da física) como sistemas simbólicos construídos em conformidade com injunções contextuais e crenças obstinadas (*unyilding*) mas não irrevogáveis; torna-se uma relação indissolúvel de pensamentos, atos e artefatos na visão dos materialistas (como Bruno Latour, Karin Knorr-Cetina, Andrew Pickering, Ian Hacking) que privilegiam uma consideração da realidade construída nos laboratórios científicos através de aparatos e instrumentos que permitem seu levantamento e sua medida, e enfatizam o primado da "razão prática" sobre a razão teórica na validação das nossas teorias; torna-se um mundo por ler como um "texto" – portanto, com o crivo da análise política, sociológica, retórico-literária, antropológica – para quem considera o conhecimento, os seus instrumentos e as suas instituições como uma construção social (entre os defensores mais radicais de tais teses estão aqueles que aderem ao chamado "programa forte" de um conhecido grupo de sociólogos da ciência escocesa, dentre os quais David Bloor e Barry Barnes); torna-se, finalmente, um mundo que deve ser considerado como produto da funcionalidade de certos "esquemas mentais" (unidades de representação de situações, de imagens, de ações, ativas em nível fisiológico e psicológico, mutáveis na evolução individual e coletiva e de sociedade para sociedade, teorizadas pelas hodiernas ciências cognitivas) em algumas abordagens pós-positivistas do empirismo (cf. M. B. ARBIB e M. B. HESSE, *The Construction of Reality*, 1986).

2. Em filosofia da matemática, o C. (cujos maiores expoentes hoje são Dirk van Dalen, Dag Prawitz, Per Martin-Löf, A. S. Troelstra) contrapõe-se, sobretudo, a formas de platonismo ao considerar os entes matemáticos como resultados de processos de constituição, e não de descrição, por parte do sujeito, e em considerar central, no lugar do conceito tradicional de "verdade", o conceito de "demonstrabilidade", que se baseia numa lógica diferente da lógica clássica. Por exemplo, uma vez que para o C. matemático a demonstração de um enunciado disjuntivo consiste em exibir uma demonstração de um dos dois disjuntos, segue-se que o princípio do terceiro excluído, fundamento da lógica clássica, não é "construtivamente" aceitável. As características dessa filosofia da matemática, já amplamente desenvolvida nos anos 1930, despertam hoje um interesse renovado também em virtude das suas aplicações promissoras na ciência da computação e na física quântica. [A.P.]

3. Termo usado por Hayek (e pelos estudiosos das ciências sociais que se reportam a ele) para indicar o pressuposto de que "o homem, tendo criado as instituições da sociedade e da civilização, deve também poder alterá-las de acordo com a sua vontade, de modo que satisfaçam os seus desejos ou as suas aspirações" (*Gli errori del costruttivismo*, 1970, trad. it. em *Nuovi studi di filosofia, politica, economia e storia delle idee*, Armando, Roma, 1988, p. 11). Em outras palavras, o C. seria a atitude daqueles que, por não considerarem as conseqüências *não intencionais* das ações humanas *intencionais*, visam a uma reconstrução racional da sociedade e das instituições. Encarnações emblemáticas da mentalidade construtivista seriam cartesianos, iluministas, positivistas, marxistas ou, mais genericamente, todas as teorias (pseudo-) racionalistas, científicas e utópicas. Seriam exemplos de anti-C. a *Fábula*, de Mandeville, a *mão invisível*, de A. Smith, a idéia de A. Ferguson segundo a qual as instituições humanas derivam da ação humana mas *não do projeto humano*, os benefícios *públicos não devidos a nenhum plano de inventores*, de que fala Hume, *a heterogênese dos fins* de Wundt etc. (cf. D. ANTISERI, "Metodologia delle scienze sociali e teoria della politica nella scuola marginalista austriaca", em N. ABBAGNANO, *Storia della filosofia*, Utet, Turim, 1994, vol. IV, t. 2, cap. XIX, pp. 110-94). [G.F.]

CONSTRUTO (in. *Construct*; it. *Costrutto*). C. ou construção lógica é termo usado freqüentemente por escritores anglo-saxônicos para indicar entidades cuja existência se julga confirmada pela confirmação das hipóteses ou dos sistemas lingüísticos em que se encontram, mas que nunca é observável ou inferida diretamente de fatos observáveis. Esse termo entrou em uso desde que Husserl enunciou seu princípio: "Sempre que for possível, é preciso substituir entidades inferidas por construções lógicas" (*Mysticism and Logic*, 1918, p. 155). Os C. são dotados daquilo que se chamou de existência *sistêmica*, ou seja, o modo de existência próprio de uma entidade cujas descrições são *analíticas* no âmbito de um sistema de proposições, ao passo que as entidades inferidas teriam existência *real*, que é o modo de existência atribuído a uma entidade a que se pode referir uma proposição sintética verdadeira (cf. L. W. BECK, *Constructions and Inferred Entities*, em *Readings in the Philosophy of Science*, 1953, p. 369). Os C. deveriam desempenhar todas as funções das entidades inferidas: 1º resumir os fatos observados; 2º constituir um objeto ideal para a pesquisa, ou seja, promover o progresso da observação; 3º constituir a base para a previsão e a explicação dos fatos (*ibid.*, p. 371). Contudo, é possível a verificação empírica indireta dos C. "A definição de um C. empírico", diz Bergmann, "por exemplo, de um *campo elétrico*, sempre fornece instruções para comprovar, para determinar a verdade ou a falsidade das asserções nas quais se encontra o C.: por exemplo, 'Há um campo elétrico nas vizinhanças do objeto *B*.'" (*Outline of an Empiricist Phil. of Physics*, em *Readings, cit.*, p. 270). [N.A.]

CONSUBSTANCIAÇÃO (lat. *Consubstantiatio*; in. *Consubstantiation*; fr. *Consubstantiation*; al. *Konsubstantiation*; it. *Consustanziazione*). Interpretação do sacramento do altar, segundo a qual a substância do pão e do vinho se une à do corpo e do sangue de Cristo, como sujeito de seus acidentes. Essa doutrina, sempre combatida pela Igreja, foi defendida no início do século XIV por Ockham, nos dois escritos intitulados *De sacramento altaris* e *De corpore Christi*; era aceita por Lutero. [N.A.]

CONTEMPLATIVA, VIDA (gr. θεωρητικὸς βίος; lat. *Vita contemplativa*; in. *Theoretical life*; fr. *Vie théorétique*; al. *Theoretisches Leben*; it. *Vita contemplativa*). Ideal da vida dedicada exclusivamente ao conhecimento. Segundo W. Jaeger (*Genesi e ricorso dell'ideale filosofico della vita*, 1928, em *Aristóteles*, trad. it., pp. 363 ss.), a atribuição de uma vida puramente C. aos filósofos pré-socráticos, por meio de anedotas (como a de Tales que, por andar olhando para as estrelas, cai num poço, enquanto a criadinha de Trácias ri dele) é a projeção, no passado, do ponto de vista platônico-aristotélico, que exaltou a vida C. acima da prática e a considerou a única digna do filósofo e, em geral, do homem. Pode-se duvidar da exatidão dessa tese no que concerne à filosofia platônica, que dificilmente poderia ser chamada de contemplativa, pois tinha deliberadas finalidades políticas. Mas certamente é exata no que diz respeito a Aristóteles (v. FILOSOFIA; SABEDORIA). Uma das conseqüências do ideal contemplativo de vida foi o desprezo pela *"banausia"* (v.), ou seja, pelo trabalho manual; outra conseqüência foi a reconhecida superioridade das ciências chamadas teóricas sobre as chamadas práticas e, em geral, da atividade teórica. "Essa atividade", diz Aristóteles, "é por si mesma a mais elevada, visto que a inteligência é o que há de mais elevado em nós; entre as coisas cognoscíveis, as mais elevadas são aquelas de que se ocupa a inteligência." Portanto, a vida teórica é superior à humana. "O homem não deve, como dizem alguns, conhecer as coisas humanas, como homem, conhecer as coisas mortais, como mortal, mas tornar-se o mais imortal possível e fazer de tudo para viver segundo o que nele há de mais elevado: embora isso seja pouco em quantidade, supera em potência e calor todas as outras coisas" (*Et. nic.*, X, 7, 1177 b 31). Aristóteles contrapunha explicitamente, no capítulo citado da *Ética*, a vida teórica à do político e do guerreiro que, segundo os antigos, eram as mais elevadas. Sobre essa noção deveria basear-se toda a filosofia pós-aristotélica, dos epicuristas aos neoplatônicos, destinada a exaltar a figura do "sábio", do homem cuja vida se resume ou se esgota na contemplação. A filosofia medieval continua essa tradição. Se o *misticismo* (v.) vê na vida C. a finalidade do homem e no caminho que leva a ela a única atividade de valor, para a escolástica, com Tomás de Aquino (*S. Th.*, II, 1, q. 3, a. 5), a vida C. é não só a bem-aventurança última e perfeita que pode ser obtida na outra vida, como também a bem-aventurança menor e imperfeita que se pode alcançar nesta. Uma das características do humanismo e do Renascimento é a ruptura dessa tradição e o reconhecimento do valor da vida prática ou ativa, do trabalho e da atividade mundana. E a Reforma, ao menos nesse ponto, coincide com o Renascimento. Bacon afirmava, nessa linha, o caráter prático e ativo do próprio conhecimento (*scire est posse, Nov. Org.*, I, 3), no sentido de que este visa a estabelecer o domínio humano sobre a natureza. As análises dos empiristas ingleses nos séculos XVII e XVIII mostravam a conexão entre o conhecimento e a experiência vivida do homem e, com Hume, a subordinação da primeira à segunda. No século XVIII, o iluminismo vê no conhecimento essencialmente um instrumento de ação, um meio para agir sobre o mundo e melhorá-lo: o ideal da vida C. parece abandonado. Contudo, retorna e prevalece no romantismo, para o qual o conhecimento é o ponto final de chegada; portanto, a vida C. é ápice do processo cósmico, aquele no qual esse processo alcança a realidade última por meio da consciência (entendida no sentido de CONSCIÊNCIA[1] [v.]). Hegel assim concluía sua *Enciclopédia*: "A Idéia, eterna em si e por si, atualiza-se, produz-se e compraz-se em si mesma eternamente, como Espírito Absoluto"; e acrescentava, como um selo de sua obra, o trecho de Aristóteles (*Met.*, XI, 7), em que se fala da vida divina como "pensamento do pensamento". Esse renascimento do espírito C., que se manifestou em todas as direções nas quais o Romantismo agiu, começou a ser duramente atacado a partir de meados do século XIX. Marx contrapôs à filosofia C. a não-filosofia da práxis, empenhada em transformar, mais do que em conhecer, a realidade (*Teses sobre Feuerbach*, 1845, § 3, 11). Nietzsche insistiu no caráter de renúncia e de enfraquecimento vital da vida C. e do desinteresse teórico (*Die Froeliche Wissenschaft*, § 345). As filosofias da ação e o pragmatismo insistiram na subordinação do conhecimento à ação e às suas exigências. Por fim, o existencialismo considerou as situações chamadas de cognitivas como modos de ser do homem no mundo, tornando sem sentido a distinção entre vida C. e vida prática. O reconhecimento da ilegitimidade dessa distinção talvez seja o traço mais característico da filosofia contemporânea. Por um lado o conhecimento, em todos os seus graus e formas, implica a aplicação de métodos, técnicas ou instrumentos inerentes à situação humana no mundo, podendo ser considerados de natureza prática. Por outro, a própria vida C. não passa de delimitação dos interesses a certa esfera de problemas e não a outra; portanto é uma diretriz de vida prática, escolhida e deliberada. Desse ponto de vista, a exaltação da vida C. aparece sobretudo como distorção profissional do filósofo, que privilegia sua atividade, considerando-a superior a todas as outras. [N.A.]

CONTESTAÇÃO (in. *Revolt*; fr. *Révolte*; al. *Revolte*; it. *Contestazione*). Movimento de caráter revolucionário surgido nos anos 1960 e 1970. Teve origem em 1964, nos Estados Unidos da América, e momentos significativos em maio de 1968, na França, e no outono de 1969, na Itália. A C., que foi predominantemente estudantil e juvenil, teve caráter fortemente crítico: seja em relação ao Estado, seja no tocante aos partidos da esquerda tradicional; ao autoritarismo daquele e ao moderantismo destes contrapunha-se uma ação revolucionária brotada de uma C. global sob a bandeira da denúncia das formas manifestas e ocultas de repressão, de um lado, e da exaltação do anarquismo radical, de outro. Filosoficamente, a C. encontrou seus referentes na chamada Escola de Frankfurt, sobretudo na concepção de H. Marcuse (v. TEORIA CRÍTICA). [G.G.]

CONTEÚDO. V. COMPREENSÃO.

CONTEXTO (in. *Context*; fr. *Contexte*; al. *Kontext*; it. *Contesto*). Conjunto dos elementos que condicionam, de um modo qualquer, o significado de um enunciado. O C. é definido por Ogden e Richards do seguinte modo: "C. é o conjunto de entidades (coisas ou eventos) correlacionadas de certo modo; cada uma dessas entidades tem tal caráter que outros conjuntos de entidades podem ter os mesmos caracteres e estar ligados pela mesma relação; recorrem quase uniformemente" (*The Meaning of the Meaning*, 10ª ed., 1952, p. 58). Essa definição parece obscura, mas fica mais clara graças à explicação que se segue: "Um C. *literário* é um grupo de palavras, incidentes, idéias etc. que em dada ocasião acompanha ou circunda aquilo que dizemos ter um C., enquanto C. *determinante* é um grupo dessa espécie que não só ocorre repetidamente, mas é tal que pelo menos um de seus membros é determinado, quando os outros são dados" (*ibid*., p. 58, n. 1). Em outros autores, é chamado de C. o conjunto de pressupostos que possibilitam apreender o sentido de um enunciado. Diz S. K. Langer: "O nome de uma pessoa, como todos sabem, traz à mente certo número de acontecimentos de que ela tomou parte. Em outros termos, uma palavra mnemônica estabelece um C. no qual ela se nos apresenta; e nós a usamos ingenuamente, esperando que seja compreendida com seu C." (*Philosophy in a New Key*, ed. Penguin Books, cap. V, p. 110). Em todo caso, é o conjunto lingüístico de que o enunciado faz parte e que condiciona seu significado (de modos e em graus que podem ser muito diferentes). [N.A.]

CONTEXTUALISMO (in. *Contextualism*; it. *Contestualismo*). 1. Corrente do pragmatismo que acentua a mobilidade temporal dos eventos e por isso os considera em estreita relação com outros eventos que, no conjunto, pertencem ao mesmo contexto. (Cf. S. C. PEPPER, *Aesthetic Quality: A Contextualistic Theory of Beauty*, Nova York, 1938; L. E. HAHN, *A Contextualistic Theory of Perception*, Berkeley e Los Angeles, 1942). [N. A.]

2. Tendência a limitar a validade dos discursos e das teorias (filosóficas, científicas, éticas, políticas etc.) ao contexto histórico, lingüístico, étnico etc. no qual nascem e atuam. Usado nessa acepção, é sinônimo de relativismo (v.) e caracteriza algumas expressões da cultura do fim do século XX (da epistemologia pós-positivista a certas formas de hermenêutica).

3. Modelo de justificação epistêmica consistente em legitimar as crenças através do contexto ou paradigma de pertença (v. JUSTIFICAÇÃO). Contexto que não funciona como fundamento auto-justificado do conhecimento, mas como sua base não justificada (Wittgenstein).

4. Corrente de filosofia moral que insiste no caráter histórico e, portanto, "perspectivo" e "local" da razão prática, que nunca existe no estado "puro" e "universal", mas somente nas particularidades das diferentes tradições ou comunidades. Em antítese aos "universalistas", que retomam Kant, os contextualistas, que se reportam a Aristóteles e Hegel, insistem no *Ethos* e na *Sittlichkeit* (v. COMUNITARISMO; NEO-ARISTOTELISMO; PÓS-KANTISMO). [G.F.]

CONTIGÜIDADE, ASSOCIAÇÃO POR (in. *Association by contiguity*; fr. *Association par contiguité*; al. *Berührungs-Association*; it. *Associazione per contiguità*). Uma das formas de associação de idéias, conhecidas já por Aristóteles (*De memoria*, 2, 451 b 20) (v. ASSOCIAÇÃO DE IDÉIAS). [N.A.]

CONTINGÊNCIA (in. *Contingency*; fr. *Contingence*; al. *Kontingenz*; it. *Contingenza*). 1. A propriedade da realidade contingente (v. CONTINGENTE).

2. Uma das provas da existência de Deus é chamada de *a contingentia mundi* (v. DEUS, PROVAS DE).

3. Termo usado por Rorty para indicar a recusa a supostas *essências atemporais* (de cunho gnosiológico, metafísico, ético, político etc.) e a quaisquer *metavocabulários universais*. Adotado nesta acepção, o termo remete a uma forma de contextualismo historicista exemplificado pela figura do "liberal irônico" (v. IRONIA; SOLIDARIEDADE). [G.F.]

CONTINGENTE (lat. *Contingens*; in. *Contingent*; fr. *Contingent*; al. *Kontingent*; it. *Contingente*). 1. Os escolásticos latinos traduziram por esse termo o aristotélico ἐνδεχόμενον (*De int*., 12, 20 b 35). Boécio, a quem se deve a determinação de boa parte da terminologia filosófica latina, já observava que *possibile* e *contingens* significam a mesma coisa, salvo talvez pelo fato de não existir o negativo de *contingens*, que deveria ser *incontingens*, assim como existe o negativo de *possibile*, que é *impossibile* (*De interpretatione*, [II], V; P. L., 64º, col. 582-3). Todavia, na tradição escolástica, e sobretudo por influência da filosofia árabe, o termo C. passou a ter significado específico, diferente do que se entende por "possível"; passou a significar aquilo que, embora sendo possível "em si", isto é, em seu conceito, pode ser necessário *em relação a outra coisa*, ou seja, àquilo que o faz ser. Por exemplo, um acontecimento qualquer do mundo é C. no sentido de que: 1º considerado de *per si*, poderia verificar-se ou não; 2º verifica-se necessariamente pela sua causa. Desse ponto de vista, enquanto o possível não só não é necessário em si, mas tampouco é necessariamente determinado a ser, o C. é o possível que pode ser necessariamente determinado e, portanto, pode ser necessário. Por isso, a noção de C. é ambígua e pouco coerente, mas seu uso na filosofia antiga e moderna é bem grande. Esse uso foi introduzido pelo necessitarismo árabe, especialmente por Avicena. "Se uma coisa não é necessária em relação a si mesma", dizia Avicena, "é preciso que seja possível em relação a si mesma, mas necessária em relação a uma coisa diferente" (*Met.*, II, 1, 2). O que é possível permanece sempre possível em relação a si mesmo, mas pode ocorrer que seja de modo necessário em virtude de uma coisa diferente de si (*ibid.*, II, 2, 3). Desse modo, tudo o que existe, de Deus à coisa natural mais ínfima, existe necessariamente, segundo Avicena. Mas, enquanto Deus e as realidades primeiras são necessárias em si, as coisas finitas são necessárias "para outra coisa", pois que em si mesmas são possíveis; e nesse sentido são contingentes. Essa noção não se alterou substancialmente em toda a filosofia escolástica nem na filosofia moderna, que, no entanto, utiliza-a muito menos. Tomás de Aquino, que define o C. como possível, isto é, como "o que pode ser ou não ser", reconhece que nele já podem ser encontrados elementos de necessidade (*S. Th.*, I, q. 86, a. 3). Duns Scot reproduz a noção de Avicena, defendendo-a da acusação de contradição (*Op. Ox.*, 1, d. 8, q. 5, a. 2, n. 7). Essa noção reaparece com a clareza desejável na doutrina de Espinosa: segundo ele uma coisa só pode ser considerada C. devido a uma falha de nosso conhecimento (*Et.*, I, 33, esc. 1), visto que na realidade nada há de C. e tudo é determinado pela natureza divina para ser e para atuar de certo modo (*ibid.*, I, 29). A escolástica falava também de "verdades C.", que são as que se referem a eventos C. (p. ex., OCKHAM, *In Sent.*, prol., q. 1. Z). Leibniz dizia que as verdades C. se distinguem das verdades necessárias assim como os números incomensuráveis se distinguem dos comensuráveis, isto é, no sentido de que, assim como é possível obter resolução dos números incomensuráveis à medida comum, também é possível obter a redução das verdades necessárias a verdades idênticas. Isso, porém, exigiria um progresso infinito para as verdades C. (ou de fato), progresso que pode ser efetuado somente por Deus (*Op.*, ed. Erdmann, p. 83). Em sentido análogo, fala-se hoje de "contingência lógica", no sentido de que não se pode comprovar se as proposições empíricas são verdadeiras ou falsas a partir de qualquer de seus caracteres lógicos: é o que faz C. I. Lewis (*Analysis of Knowledge and Valuation*, p. 340). Carnap usa esse termo no mesmo sentido (*Meaning and Necessity*, § 39) (v. MODALIDADE; POSSÍVEL). Do ponto de vista estritamente lógico, C. é o que é possível e não necessário, ou então o que (de modo equivalente) não é impossível nem necessário; o contrário contraditório de C. é não-C.

2. Na filosofia contemporânea, sobretudo na francesa a partir da obra de Boutroux, *A contingência das leis da natureza* (1874), o termo C. passou a ser sinônimo de "não-determinado", isto é, de livre e imprevisível; designa especialmente o que de livre, nesse sentido, se encontra ou age no mundo natural. Bergson adota esse termo no mesmo sentido: "O papel da contingência é importante na evolução. C., o mais das vezes, são as formas adotadas, ou melhor, inventadas. C., relativamente a obstáculos encontrados em tal lugar e em tal momento, é a dissociação da tendência primordial em diversas tendências complementares que produzem linhas divergentes de evolução. C. são as paradas e os retornos" (*Évol. créatr.*, 11ª ed., 1911, pp. 277). Nesse sentido, contingência identifica-se com liberdade e ambas se opõem a necessidade; ao passo que a possibilidade, segundo Bergson, é só a imagem que a realidade, em sua autocriação C., isto é, "imprevisível e nova, projeta de si mesma em seu próprio passado" (*La pensée et le mouvant*, p. 128). O uso do termo "contingência" nesse significado caracteriza as correntes do chamado *indeterminismo* (v.) contemporâneo: doutrinas filosóficas que interpretam a natureza em termos de liberdade e de finalidade, isto é, em termos de espírito. A esse significado também se reporta o uso desse termo por Sartre, para quem contingência é o fato de a liberdade "não poder não existir". Contingência, portanto, é a liberdade na relação do homem com o mundo (*L'être et le néant*, p. 567). [N.A. – M.M.]

CONTINGENTISMO. Esta palavra não faz referência ao significado tradicional ou clássico de contingência, mas ao significado contemporâneo desse termo como sinônimo de liberdade (no sentido infinito ou incondicionado). Portanto, refere-se sobretudo às várias formas do *espiritualismo* (v.), que afirmam a presença e a ação, no próprio mundo da natureza, de um Princípio Livre (divino). [N.A.]

CONTÍNUO (gr. συνεχές; lat. *Continuum*; in. *Continuous*; fr. *Continu*; al. *Stelig*; it. *Continuo*). A noção de C. é matemática, embora os filósofos tenham contribuído para a sua elaboração e a tenham utilizado muitas vezes. A primeira definição explícita de C. é dada por Aristóteles (que talvez retome um conceito de Anaxágoras, *Fr.* 3, Diels), segundo o qual C. é "o divisível em partes sempre divisíveis"

(*Fís.*, VI, 2, 232 b 24), não podendo, portanto, resultar de elementos indivisíveis, de átomos (*ibid.*, VI, 1, 231 a 24). Em Aristóteles, esse conceito alterna-se com outro, mais intuitivo e menos matemático, segundo o qual C. é uma espécie de "contíguo", no sentido de que são contínuas as coisas cujos limites se tocam e de cujo contato surge certa unidade (*Met.*, XI, 12, 1069 a 5 ss.). Este último conceito encontrava-se em Parmênides (*Fr.* 8, 24, Diels) e não é utilizado pelo pensamento moderno. O único a lembrá-lo é Peirce, que se reporta explicitamente a Aristóteles, declarando que não é totalmente satisfatória a definição de C. dada por Cantor (*Chance, Love and Logic*, II, 3; trad. it., pp. 153 ss.).

A primeira definição dominou a tradição da matemática até Leibniz. Este ressaltou a importância filosófica da "lei de continuidade" e redefiniu C. Segundo a lei de continuidade, o repouso pode ser considerado um movimento que se desvanece depois de ser continuamente diminuído. De modo análogo, a igualdade é uma desigualdade que se desvanece, assim como aconteceria no caso da diminuição contínua do maior de dois corpos desiguais, dos quais o menor conservasse a grandeza (*Théod.*, II, § 348). A lei de continuidade aconselha admitir infinitos graus na constituição e na ação das substâncias que compõem o universo. "Cada uma dessas substâncias", diz Leibniz, "contém em sua natureza uma lei de continuidade da série de suas operações" (*Op.*, ed. Erdmann, p. 107). A lei de continuidade também vale para o mundo das representações, no qual "as percepções notáveis provêm gradualmente daquelas que são pequenas demais para serem notadas" (*Nouv. ess.*, Introd.). Leibniz definiu C. no sentido de que, nele, "a diferença entre dois casos pode ser reduzida a menos de qualquer grandeza dada" (*Mathematische Schriften*, ed. Gerhardt, VI, p. 129). É esse o conceito a que Kant alude: "A propriedade das quantidades, pela qual nelas não há parte que seja a menor possível (uma parte simples) é chamada de continuidade delas" (*Crít. R. Pura*, Antecipações da percepção). Na matemática moderna, duas etapas importantes na definição do C. são as constituídas pelos postulados de Dedekind (*Continuidade e números racionais*, 1872) e de Cantor (nos *Mathematische Annalen*, de 1878 a 1883). O postulado de Dedekind diz: "Dividindo-se todos os pontos de uma reta em duas classes, de tal modo que cada ponto da primeira preceda cada ponto da segunda, existe um ponto, e só um, que assinala a divisão de todos os pontos em duas classes e da reta em dois segmentos". O postulado de Cantor é mais restrito: "Dadas sobre uma reta *r* duas classes C e C′ de pontos, tais que: 1º cada ponto de C esteja à esquerda de cada ponto de C′; 2º tomando-se um segmento qualquer *y*, seja possível achar um segmento menor que *y* do qual um extremo seja um ponto de C e o outro um ponto de C′; existe então sobre a reta *r* um ponto de separação das duas classes." Russell expressou o mesmo conceito a propósito do movimento, afirmando: "O intervalo entre dois instantes quaisquer ou duas posições quaisquer é sempre finito, mas a continuidade do movimento nasce do fato de que, por mais próximas que estejam as duas posições consideradas, ou os dois instantes, há uma infinidade de posições ainda mais próximas, ocupadas por instantes que são igualmente mais próximos" (*Scientific Method in Philosophy*, 1926, V; trad. fr., p. 111). No entanto, essas definições de C. têm caráter paradoxal porquanto parecem querer inferir o C. da imagem do descontínuo, isto é, de um conjunto de instantes, de pontos ou de posições. Nos últimos tempos, deu origem a discussões acaloradas entre os matemáticos, alguns dos quais tendem a voltar à noção "intuitiva" de C., assumido às vezes como conceito originário. Brouwer, por exemplo, vê a estrutura do C. na "aproximação que progride mais ou menos livremente" (Cf. *From Frege to Gödel*, ed. J. von Heijenoort, 1967, p. 342).

O uso filosófico da noção de C. tem, porém, pouco ou nada que ver com essas especulações matemáticas. Entre os pensadores modernos, um dos que mais utilizam essa noção é Mach, que a esclarece do modo seguinte: "Se um intelecto investigante se habituou a reunir no pensamento dois fatos, *a* e *b*, procurará, no que for possível, manter firme esse hábito mesmo em circunstâncias diferentes: em geral, sempre que *a* se apresentar, *b* também será pensado. Esse princípio, que tem raiz na tendência à economia e que se mostra bastante claro aos grandes pensadores, nós chamamos de princípio da continuidade" (*Analyse der Empfindungen*, IV, § 1; trad. it., p. 71). Como se vê, a continuidade aqui é revocada ao princípio do hábito, encontrado em Hume, mas não é esclarecida conceitualmente. Por outro lado, Dewey, que considera a lei de continuidade como "o postulado fundamental da teoria naturalista da lógica", determina a noção de continuidade mais negativamente e por imagens do que de forma rigorosa. Diz que ela "significa exclusão da ruptura completa, por um lado, e da simples repetição ou identidade, por outro; nega a redutibilidade do 'mais alto' ao 'mais baixo', como nega as separações e os cortes nítidos. O crescimento e o desenvolvimento de uma natureza viva, que vai da semente à maturidade, ilustra bem o significado dessa palavra" (*Logic.*, cap. II; trad. it., p. 59). Aqui, como se vê, além do recurso à imagem do organismo vivo só há duas determinações negativas que são: 1º) exclusão de divisão e 2º) exclusão de unidade entre as partes do contínuo. Em sentido ainda mais impreciso, essa palavra é usada quando se fala de continuidade da evolução, do desenvolvimento, do progresso, ou da história. A propósito desta última, a continuidade parece significar, na maioria das vezes, a permanência de certos elementos, motivos ou fatores, portanto certa unidade ou semelhança entre as várias fases. A "continuidade da história da filosofia", por exemplo, é entendida quase sempre como a permanência, através dela, de certas noções, diretrizes ou princípio gerais. Por outro lado, se refletirmos que aquilo que Dewey chama de "postulado naturalista da continuidade" entre biologia e lógica é a ação condicionadora que as situações biológicas exercem sobre a organização e o desenvolvimento das pesquisas, logo veremos que a noção de permanência não é apta a definir o conceito suficientemente generalizado de continuidade. A esse respeito, limitando-nos ao uso que essa palavra tem na linguagem filosófica e comum de hoje, podemos dizer que, em geral, *se fala de continuidade entre duas coisas sempre que é possível reconhecer entre essas duas coisas* uma *relação qualquer*. Portanto, relações de causalidade ou de condicionamento, de contigüidade ou de semelhança, podem ser consideradas sinais, provas ou manifestações de continuidade; assim como, por outro lado, podem ser assim consideradas até mesmo relações de oposição, de contradição, de disparidade ou de conflito, visto que nem mesmo essas formas de relação implicam um corte nítido entre as coisas que opõem, nem a falta de uma relação qualquer. [N.A.]

CONTRAÇÃO (lat. *Contractio;* in. *Contraction;* fr. *Contraction;* al. *Kontraction;* it. *Contrazione*). Termo empregado por Duns Scot para indicar o determinar-se e o restringir-se da "natureza comum" (p. ex., a natureza humana) num indivíduo determinado, *ad esse hanc rem* (*Op. Ox.*, II, d. 3, q. 5, n. 1). Utilizando essa expressão escolástica no mesmo sentido (cf. *De docta ignor.*, II, 4: "A C. é dita em relação a algo, p. ex., a ser isto ou aquilo"), Nicolau de Cusa chamou o mundo de "Deus contraído", no sentido de que ele, como Deus, é o máximo, a unidade, a infinidade, mas *contraídas*, ou seja, determinadas e individualizadas numa multiplicidade de coisas singulares (*ibid.*, II, 4). Na escolástica tardia, certamente por influência do scotismo, essa palavra às vezes foi empregada para indicar o determinar-se do gênero nas espécies e da espécies nos indivíduos. [N.A.]

CONTRADIÇÃO (gr. ἀντίφασις; lat. *Contradictio;* in. *Contradiction;* fr. *Contradiction;* al. *Widerspruch;* it. *Contraddizione*). Aristóteles (*An. post.*, I, 2, 72 a 12-14) define-a como "oposição que, por si só, exclui o caminho do meio"; em *An. pr.*, I, 5, 27 a 29, tal relação é explicada como relação entre proposição universal negativa e particular afirmativa, universal afirmativa e particular negativa. Esses são os pares (*AO, EI*) das *propositiones contradictoriae* no chamado "quadrado de Psello" dos textos medievais de Lógica. O essencial nos pares de proposições contraditórias é que ambas não podem ser verdadeiras (*princípio de C.*) nem falsas (*princípio do terceiro excluído*). [G.P.]

CONTRADIÇÃO, PRINCÍPIO DE (gr. ἀξίωμα τῆς ἀντιφάσεως; lat. *Principium contradictionis;* in. *Principle of contradiction;* fr. *Principe de contradiction;* al. *Satz der Widerspruchs;* it. *Principio di contraddizione*). Tendo nascido como princípio ontológico, o princípio de C. só passou para o campo da lógica no século XVIII, para tornar-se, nesse mesmo século, uma das "leis fundamentais do pensamento". Como princípio ontológico, foi admitido explicitamente, pela primeira vez, por Aristóteles, que o tomou como fundamento da "filosofia primeira", ou metafísica. Segundo Aristóteles, esse princípio serve, em primeiro lugar, para delimitar o domínio próprio dessa ciência, permitindo abstrair o seu objeto, o *ser como tal*, de todas as determinações às quais está ligado, do mesmo modo como os axiomas da matemática e da física permitem abstrair seus objetos (respectivamente a *quantidade* e o *movimento*) de outras determinações às quais estão ligados (*Met.*, IV, 3). Aristóteles, porém, constantemente formula esse princípio de duas maneiras. Uma é estritamente ontológica, e se expressa assim: "Nada pode ser e não ser simultaneamente" (*ibid.*, III, 2, 996 b 30; IV, 2, 1005 b 24); a outra poderia ser chamada de lógica e se expressa assim: "É impossível que a mesma coisa, ao mesmo tempo, seja inerente e não seja inerente a uma mesma coisa sob o mesmo aspecto" (*ibid.*, IV, 2. 1005 b 20), ou então: "É necessário que toda asserção seja afirmativa ou negativa" (*ibid.*, III, 2, 996 b 29). Aristóteles considera esse princípio indemonstrável, mas acha que pode ser defendido de seus opositores, entre os quais os megáricos, os cínicos, os sofistas e os heraclitistas, mostrando-se que, se eles afirmam *algo de determinado*, negam a negação desse algo e assim se valem desse princípio (*ibid.*, IV, 4). Portanto, o valor desse princípio é estabelecido por Aristóteles em relação ao que é determinado (τόδε τι). "Se a verdade", diz Aristóteles, "tem um significado, necessariamente quem diz *homem* diz *animal bípede*, já que isso significa homem. Mas se isso for necessário não será possível que o homem não seja animal bípede, pois a necessidade significa justamente que é impossível que o ser não seja" (*ibid.*, IV, 4, 1006 b 28). Assim, o princípio de C., referindo-se ao ser determinado, permite abstrair desse ser o que há de necessário: a *substância* ou a essência substancial: no exemplo do homem, o *animal bípede* é precisamente a substância, a essência substancial ou a definição do homem. Desse modo, o princípio de C. leva a considerar a filosofia primeira, que é a ciência do ser enquanto ser, como teoria da substância. Diz Aristóteles: "O que há muito tempo, agora e sempre procuramos, o que sempre será um problema para nós, ou seja, 'o que é o ser', significa 'o que é a substância?'" (*ibid.*, VII, 1, 1028 b 2). O significado que o princípio de C. tem na metafísica de Aristóteles realiza-se, pois, nas noções fundamentais dessa metafísica, que são as de *substância* (v.), de essência necessária (v. ESSÊNCIA) e de causa (v. CAUSALIDADE). Mas, para Aristóteles, esse princípio também possui alcance lógico. Ele diz que, embora não assumido expressamente por nenhuma demonstração, o princípio de C. é a base do silogismo, uma vez que, considerando-se a noção de homem ou a de não-homem, desde que se admita que o homem é um animal, sempre será verdadeiro afirmar que Cálias é animal, e não um não-animal; diz que ele é o fundamento da redução ao absurdo (*An. post.*, I, 11, 77 a 10). A estrutura silogística é assim sustentada, tanto na sua forma positiva quanto na negativa, pelo princípio de C.: o que não causa espanto, dado que para Aristóteles a estrutura silogística reproduz a estrutura substancial do ser (v. SILOGISMO).

Na forma dada por Aristóteles, esse princípio permaneceu muito tempo como fundamento da metafísica clássica. As discussões do século XIII sobre o modo de expressá-lo com mais simplicidade e economia redundaram na formulação daquilo que depois se chamou de *princípio de identidade* (v.), mas não abalaram a supremacia do princípio de C. Descartes (*Princ. phil.*, I, 49) e Locke (*Ensaio*, I, 1, 4) ainda o admitiam como verdade indubitável, mas já ignoravam completamente seu valor ontológico, que, para Aristóteles, era primordial. Mas foi Leibniz quem levou o princípio de C. de uma vez por todas para a esfera da lógica: considerou-o exclusivamente fundamento das verdades de razão, enquanto dizia que as verdades de fato baseavam-se no princípio de razão suficiente (*Monad.*, §§ 11-32). Segundo Leibniz, esses dois princípios constituíam a base de todas as verdades e, portanto, de todo o edifício do conhecimento humano (*Nouv. ess.*, IV, 2, 1). Wolff ainda incluía o princípio de C. na ontologia, mas considerava-o como um princípio natural da mente humana (*Ont.*, § 27). E Baumgarten encontrava a sua fórmula clássica: *A* + não-*A* = *0*, chamando-o de princípio absolutamente primeiro e colocando-o à frente de sua ontologia (*Met.*, § 7). Kant preferia exprimi-lo num de seus primeiros textos com a fórmula: "Aquilo cujo oposto é falso é verdadeiro" (*Principiorum Primorum Cognitionis Metaphysicae Nova Dilucidatio*, 1755, I, prop. II, esc.). Mais tarde, em *Crítica da Razão Pura*, dizia: "A coisa nenhuma convém um predicado que a contradiga" e considerava-o "princípio geral plenamente suficiente de todo conhecimento analítico", eliminando dele, porém, a determinação temporal contida na expressão aristotélica; porque, dizia ele, "enquanto princípio simplesmente lógico, não deve limitar suas expressões às relações de tempo" (*Crít. R. Pura*, Analítica dos Princípios, cap. II, séc. I). Esse era substancialmente o ponto de vista de Leibniz. Depois de Kant, o princípio de C. foi considerado uma das "leis fundamentais do pensamento" (KRUG, *Logik*, 1832, p. 45; FRIES, *System der Logik*, 1837, p. 121; HAMILTON, *Lectures on Logic*, I, p. 72), qualificação honrosa que distinguiu durante muito tempo os princípios lógicos e que às vezes ainda é empregada.

Um retorno ao uso metafísico do princípio de C. ocorreu com Fichte e com Hegel. Tratava-se então da metafísica subjetivista do idealismo, para a qual nada existe fora da autoconsciência racional. Fichte chamava o princípio de C. de "princípio da oposição", expressando-o com a fórmula "– *A* não = *A*" (que se lê "não – *A* não igual a *A*"), que julgava exprimir o ato pelo qual o Eu opõe a si mesmo um não-Eu, isto é, uma realidade ou uma coisa (*Wissenschaftslehre*, 1794, § 2). Hegel considerava o princípio de C. (e o de identidade) como "a lei do intelecto abstrato" (*Enc.*, § 115). E contrapunha-lhe a lei da "razão especulativa", que seria: "Todas as coisas se contradizem em si mesmas." Essa lei seria a raiz de qualquer movimento e da vida, servindo de fundamento para a dialética (*Wissenschaft der Logik*, ed. Glockner, I, pp. 545-6). Por outro lado, a *dialética* (v.) é a identidade dos opostos, de tal modo que a C., conquanto seja a raiz da dialética (do movimento e da vida), não é a dialética, que, aliás, procede continuamente, conciliando e resolvendo as C. e estabelecendo para além delas o que o próprio Hegel chama de *identidade ou unidade* (cf. *Wissenschaft der Logik*, I, p. 100). No mesmo sentido, Gentile falava do princípio de identidade como da "lei fundamental do pensamento" no campo da "lógica do abstrato" (*Sistema di logica*, 1922, II, 1, § 6), ao mesmo tempo que falava da unidade do Espírito consigo mesmo e com a realidade. Essas e outras críticas semelhantes ao princípio de C. (assim como aos outros princípios lógicos) são inconcludentes. Por um lado, visam a um uso muito mais dogmático e metafísico desses princípios, pois tendem a utilizá-los para explicar "o movimento e a vida" da realidade inteira. Por outro, o alvo das críticas são moinhos de vento, pois, quando Leibniz e Kant afirmavam que o princípio de C. é o fundamento das verdades idênticas ou analíticas, não pretendiam dizer que ele é o fundamento de verdades do tipo "um planeta é um planeta", "o magnetismo é o magnetismo", "o espírito é o espírito", como julgava Hegel (*Enc.*, § 115), mas aludiam às verdades matemáticas e lógicas redutíveis a tautologias.

No entanto, coube à lógica matemática moderna renunciar a considerar os princípios lógicos como princípios da lógica ou mesmo como "leis fundamentais do pensamento". Já na obra de G. Boole (*Laws of Thought*, 1854), os princípios lógicos desapareceram como axiomas da lógica e foram substituídos, nessa função, pela definição das operações lógicas fundamentais, cujos modelos são as operações da aritmética. Boole considerava o princípio de C. como um teorema derivado de uma expressão lógica mais fundamental (*ibid.*, cap. III, IV, ed. Dover, p. 49). A partir de Boole, os princípios assumidos como fundamento da lógica são simplesmente as definições de funções, constantes lógicas, variáveis lógicas, conectivos e operadores. Os chamados princípios lógicos que ainda são honrados às vezes com o nome de "leis" reduzem-se a tautologias no cálculo das proposições (cf., p. ex., REICHENBACH, *The Theory of Probability*, § 4), ou a teoremas do mesmo cálculo (cf., p. ex., A. CHURCH, *Introduction to Mathematical Logic*, § 26, 13).

Isso não quer dizer que a consistência formal de um discurso, ou seja, a compatibilidade recíproca das asserções que o constituem, tenha perdido importância. Significa apenas que, para cada sistema lingüístico, essa compatibilidade é definida pelas regras de transformação ou de inferência, de implicação ou de sinonímia explicitamente adotadas no próprio sistema ou às quais se faz referência tácita. O princípio de *tolerância* (v.), na forma dada por Carnap, afirma: "Não nos cabe impor proibições, mas só chegar a convenções." Isso significa que "em lógica não há moral e que cada um está livre para construir sua própria lógica, isto é, sua forma de linguagem, como desejar. Tudo o que deve fazer, se quiser discutir o assunto, é declarar claramente seus métodos e, em vez de argumentos filosóficos, dar as regras sintáticas do seu discurso" (CARNAP, *The Logical Syntax of Language*, § 17). [N.A.]

Todavia, essa relativização do princípio de C. não põe em discussão o caráter de fundamento inamovível do raciocínio, confirmando a definição aristotélica que via nele o πασῶν βεβαιοτάτη ἀρχή, do qual todos os outros princípios podem derivar. Verifica-se essa tendência nos defensores contemporâneos desse princípio, que o retomam na antiga acepção, no contexto de reproposta do aristotelismo: Gadamer, Perelman, Toulmin, Natanson, Johnstone, Hennis Ritter e Berti (este na Itália). Por sua vez, pode-se encontrar uma crítica de Aristóteles na reflexão teórica de Severino (*Ritornare a Parmenide*, 1964), que, na autorização aristotélica da negação, identifica a primeira forma radical de niilismo e exige o restabelecimento da concepção parmenidiana do princípio de C.: este, negando o devir, impede-nos de niilificar o ser, compreendendo-o como algo que vem do nada e ao nada retorna.

Na vertente dos estudos lógicos, no artigo fundamental *Über den Satz des Widerspruchs bei Aristoteles* (1910), o lógico polonês Lukasiewicz demonstrou que vários princípios da lógica são independentes do princípio de C., abrindo assim caminho para uma série de lógicas chamadas *não scotianas*, devido à sua negação do princípio do Pseudo-Scot. Nas *In Universam Logicam Quaestiones* demonstra-se que de uma proposição contraditória é possível deduzir qualquer outra proposição. Com base em tal assunção, a lógica clássica e suas extensões negam a contradição, pois, admitida esta, seria possível afirmar, simultaneamente, tudo e o seu contrário, chegando-se ao não-sentido; a presença da contradição banaliza o discurso ou a teoria que a contém (e, com base em tal convicção, Popper condenou a dialética hegeliana em célebre artigo de 1940). No entanto, recentemente foram criadas as lógicas chamadas *não scotianas*, que não são banais, vale dizer, conservam poder dedutivo sem por isso permitir a dedução de qualquer proposição. Tais lógicas, denominadas *paraconsistentes* (o termo surgiu em 1976 por obra de Mirò Quesada), admitem contradições no seu próprio seio, mas não indiscriminadamente: nelas o princípio de C. só vale *em certos casos*. A origem remota dessas lógicas está na elaboração geral das *lógicas desviantes*, sobretudo das polivalentes; mais especificamente, vai-se dos estudos pioneiros de Vasil'ev, Griss, Johansson aos resultados precisos de Jaśkowski (datados de 1948-1949) e, portanto, às tentativas de aprofundar sistematicamente esse âmbito por parte de estudiosos como Alves, Arruda e da Costa (este último a partir de 1963), até a *fuzzy logic* de Peña. Alguns dos sistemas construídos têm o princípio do terceiro excluído entre seus axiomas, enquanto outros se mostram como sistemas de derivação intuicionista. Sua utilização permite organizar de forma dedutiva teorias que contêm contradições (como a teoria dialética do real de origem hegeliano-marxista), explicar teorias empíricas fundadas em contradições (p. ex., alguns problemas suscitados pela mecânica quântica), estudar os paradoxos lógicos e semânticos evitados na lógica clássica e até mesmo construir uma teoria não-scotiana dos conjuntos, desenvolver o conceito de *vago* (v.) que está na base da *fuzzy logic*, aprofundar os significados múltiplos da negação (são aceitos pelo menos dois pelas lógicas paraconsistentes). De qualquer modo, parece aberto o debate sobre o fato de essas lógicas realmente violarem ou não o princípio de C., visto que os estudiosos que as contestam sustentam que elas continuam a respeitá-lo em nível mais profundo, mostrando mais uma vez a validade do ἔλεγχος aristotélico. [M.S.]

CONTRAFACTUAL. V. CONDICIONAL.

CONTRAPARTE (in. *Counterpart*; it. *Controparte*). Se um indivíduo *i* pertence a determinado mundo possível (v.) *w*, suas C. são todos aqueles indivíduos que se lhe assemelham e pertencem a outros mundos possíveis diferentes de *w*. David Lewis desenvolveu a teoria das C. para explicar as modalidades *de re* (v. MODALIDADE) em termos de semântica dos mundos possíveis e dos enunciados contrafactuais (v. CONDICIONAL). Assim, mediante a teoria das C. o enunciado "*i* poderia ganhar na loteria", supondo-se que *i*, no mundo *w*, não ganhou na loteria, é interpretado como se afirmasse: "em qualquer mundo possível *w'* uma C. *i'* de *i* ganhou na loteria". As C. são semelhantes entre si, mas não idênticas: portanto, não pode haver um mesmo indivíduo em mais mundos; todavia, diferentes C. de um mesmo indivíduo podem coexistir em um único mundo. [M.M.]

CONTRAPOSIÇÃO (lat. *Contrapositio*; in. *Contraposition*; fr. *Contraposition*; al. *Kontraposition*; it. *Contrapposizione*). Na silogística aristotélico-escolástica geralmente se indica com esse nome a operação lógica que consiste em transformar um enunciado categórico *p* num enunciado *q* que tem como sujeito a negação (o complemento) do predicado de *p*, e como predicado o sujeito de *p*. A C. dos enunciados universais afirmativos comporta uma mudança na *qualidade* (de afirmativo a negativo): dado um enunciado do tipo "Todos os S são P", este pode ser transformado por C. em "Nenhum não-P é S". A C. de enunciados universais negativos comporta diminuição de quantidade e mudança de qualidade: de "Nenhum S é P" é permitido passar somente a "Algum não-P é S"; dos particulares negativos obtém-se por C. enunciados particulares afirmativos: "Algum S não é P" transforma-se em "Algum não-P é S" (como no caso dos universais negativos). Os particulares afirmativos ("Algum S é P") não admitem C. Tradicionalmente, a forma "Todos os não-P são não-S" também é considerada forma contraposta de "Todos os S são P". No cálculo enunciativo clássico, pretende-se indicar com o nome de "lei de C." a lei lógica que afirma a equivalência entre o condicional "se p, então q" e "se não-q, então não-p". [M.M.]

CONTRARIEDADE (gr. ἐναντιότης; lat. *Contrarietas*; in. *Contrariety*; fr. *Contrariété*; al. *Kontrarietat*; it. *Contrarietà*). 1. Uma das quatro formas da *oposição* (v.), mais precisamente a que ocorre entre "os termos que, dentro do mesmo gênero, distam maximamente entre si" (ARISTÓTELES, *Cat.*, 6, 6 a 17). Estão em oposição contrária o verdadeiro e o falso, o bem e o mal, o calor e o frio etc. Aristóteles observa que os contrários se excluem absolutamente, que não existe entre eles noção intermediária e que ao menos um deles deve pertencer ao objeto: por exemplo, não há termo intermediário entre doença e saúde, porque o organismo animal deve estar necessariamente sadio ou doente. Há, porém, termo intermediário entre branco e preto, entre excelente e péssimo etc., porque nenhum desses caracteres deve necesariamente pertencer a um objeto (*ibid.*, 10, 11 b 32 ss.) (Cf. PEDRO HISPANO, *Summ. log.*, 3. 32.)

2. Em silogística (v.), é a relação que subsiste entre os enunciados universais afirmativos ("Todos os S são P") e os universais negativos ("Nenhum S é P"): sendo contrários, tais enunciados podem ser ambos falsos, mas não ambos verdadeiros. [M.M.]

CONTRATUALISMO (in. *Contractualism*; fr. *Contractualisme*; al. *Kontraktualismus*; it. *Contrattualismo*). Doutrina que reconhece como origem ou fundamento do Estado (ou, em geral, da comunidade civil) uma convenção ou estipulação (contrato) entre seus membros. Essa doutrina é bastante antiga, e, muito provavelmente, os seus primeiros defensores foram os sofistas. Aristóteles atribui a Licofron (discípulo de Górgias) a doutrina de que "a lei é pura convenção (*syntheke*) e garantia dos direitos mútuos", ao que Aristóteles opõe que, nesse caso, ela "não seria capaz de tornar bons e justos os cidadãos" (*Pol.*, III, 9, 1280 b 12). Essa doutrina foi retomada por Epicuro, para quem o Estado e a lei são resultado de um contrato que tem como único objetivo facilitar as relações entre os homens. "Tudo o que, na convenção da lei, mostra ser vantajoso para as necessidades criadas pelas relações recíprocas é justo por sua natureza, mesmo que não seja sempre o mesmo. No caso de se fazer uma lei que demonstre não corresponder às necessidades das relações recíprocas, então essa lei não é justa" (*Mass. cap.*, 37). Carnéades emitiu concepção semelhante no famoso discurso sobre a justiça que proferiu em Roma. "Por que razão teriam sido constituídos tantos e diferentes direitos segundo cada povo, senão pelo fato de que cada nação sanciona para si o que julga vantajoso para si?" (CÍCERO, *De rep.*, III, 20).

Eclipsado na Idade Média pela doutrina da origem divina do Estado e, em geral, da comunidade civil, o C. ressurge na modernidade e, com o jusnaturalismo, transforma-se em poderoso instrumento de luta pela reivindicação dos direitos humanos. As *Vindiciae contra tyrannos*, publicadas pelos calvinistas em 1579, em Genebra, retomam a doutrina do contrato para reivindicar o direito do povo a rebelar-se contra o rei sempre que ele descurar dos compromissos do contrato original. No mesmo espírito, João Altúsio generalizou a doutrina do contrato, utilizando-a para explicar todas as formas de associação humana. O contrato não é só contrato de governo que rege as relações entre o governante e seu povo, mas é também contrato social no sentido mais amplo, como acordo tácito que fundamenta toda comunidade (*consociatio*) e que leva os indivíduos a conviver, isto é, a participar dos bens, dos serviços e das leis vigentes na comunidade (*Politica methodice digesta*, 1603). Hobbes e Espinosa puseram a doutrina do contrato a serviço da defesa do poder absoluto. Assim Hobbes enunciava a fórmula básica do contrato: "Transmito meu direito de governar-me a este homem ou a esta assembléia, contanto que tu cedas o teu direito da mesma maneira" (*Leviath.*, II, 17). Essa, diz Hobbes, é "a origem do grande Leviatã ou, com mais respeito, do Deus mortal a quem, depois de Deus imortal, devemos nossa paz e defesa, pois por essa autoridade conferida pelos indivíduos que o compõem, o Estado tem tanta força e poder que pode disciplinar à vontade todos para a conquista da paz interna e para a ajuda mútua contra os inimigos externos" (*ibid.*, II, 17). Por sua vez, Espinosa julga que o direito do Estado constituído pelo consenso comum só é limitado por sua força, que é o "poder da multidão" (*Tractatus politicus*, 2, 17).

Mais freqüentemente, porém, o C. é empregado para demonstrar a tese de que o poder político é necessariamente limitado. Nesse sentido foi entendido por Grócio, Pufendorf e especialmente por Locke, que o usou para defender a revolução liberal inglesa de 1688. Pufendorf dizia: "Se considerarmos uma multidão de indivíduos que, gozando de liberdade e de igualdade natural, querem proceder à instituição de um Estado, será preciso antes de mais nada que esses futuros cidadãos façam um pacto no qual manifestem a vontade de unir-se em associação perpétua e de prover, com deliberações e ordens comuns, sua própria salvação e segurança. Esse pacto pode ser simples ou condicionado: tem-se o primeiro quando alguém se obriga a participar da associação, seja qual for a forma de governo aprovada pela maioria; o segundo, quando se acrescenta a condição de que a forma de governo será aprovada por ele mesmo" (*De iure naturae*, 1672, VII, 2, 6). Por sua vez, Locke fala do contrato como acordo entre os homens para "unirem-se numa sociedade política"; por isso, define-o como "o pacto que existe e deve necessariamente existir entre indivíduos que se associam ou fundam um Estado" (*Two Treatises of Government*, 1960, II, § 99). Criticado por Hume, o C. encontrou em Rousseau uma interpretação que, substancialmente, equivaleu a sua negação. De fato, o C. pressupõe que os indivíduos como tais têm "direitos naturais" a que renunciam, para adquirirem outros com o contrato social. Rousseau considera que os indivíduos como tais são absolutamente desprovidos de direitos e que só os têm como cidadãos de um Estado. Os homens, diz Rousseau, tornam-se iguais "por convenção e direito legal"; por isso, "o direito de cada indivíduo ao seu estado particular está sempre subordinado ao direito supremo da comunidade" (*Contrato social*, 1762,.I, 9). Para Rousseau, o contrato originário afigurava-se mais como um meio de "legitimar" o vínculo social do que como realidade (*ibid.*, I, 1); a mesma coisa foi nitidamente afirmada por Kant: "O ato pelo qual o próprio povo se constitui em Estado, ou melhor, a simples idéia desse ato, que por si só permite conceber sua legitimidade, é o contrato originário segundo o qual todos (*omnes et singuli*) no povo renunciam à liberdade externa para retomá-la imediatamente como membros de um corpo comum" (*Met. der Sitten*, I, § 47). Hoje, dificilmente a idéia fundamental de C., na forma elaborada pelos escritores do século XVIII, pode ser considerada um instrumento válido para compreender o fundamento do Estado e, em geral, da comunidade civil. Contudo, entre os séculos XVI e XVII, a idéia contratualista teve notável força libertadora em relação aos costumes e às tradições políticas. Hoje, com o uso que as ciências e a filosofia fazem de conceitos como convenção, acordo, compromisso, a noção de contrato talvez pudesse ser retomada para a análise da estrutura das comunidades humanas, com base na noção da reciprocidade de compromissos e do caráter condicional dos acordos dos quais se originam direitos e deveres (v. NEOCONTRATUALISMO).

CONVENÇÃO. V. CONVENCIONALISMO.

CONVENCIONALISMO (in. *Conventionalism*; fr. *Conventionalisme*; al. *Konventionalismus*; it. *Convenzionalismo*). Qualquer doutrina segundo a qual a verdade de algumas proposições válidas em um ou mais campos se deve ao acordo comum ou ao entendimento (tácito ou expresso) daqueles que utilizam essas proposições. A antítese entre o que é válido "por convenção" e o que é válido "por natureza" já era familiar para os gregos. Demócrito diz: "O doce, o amargo, o quente, o frio, a cor são tais por convenção; só os átomos e o vácuo são tais em verdade" (*Fr.* 125, Diels). O seu oposto, aplicado ao campo político, foi tema habitual dos sofistas, sobretudo da última geração, que encontram eco nos *Diálogos* de Platão. Polos, em *Górgias*, Trasímaco, na *República*, sustentam que as leis humanas são pura convenção, cujo objetivo é impedir que os mais fortes tirem proveito do direito natural que lhes dá a força. É da natureza o mais forte dominar o mais fraco; e isso acontece de fato quando um homem dotado de natureza idônea rompe as cadeias da convenção, e de servo se torna senhor (*Gorg.*, 484 A). Para os céticos, a lei moral e jurídica eram convenção (SEXTO EMPÍRICO, *Pirr. hyp.*, I, 146). O contratualismo dos séculos XVII e XVIII tornou familiar a idéia de que o Estado, a comunidade civil em geral e as normas e os valores que desta se originam são produtos de um contrato ou convenção originária. Aludindo a essa doutrina, Hume notava que a convenção, nesse sentido, não deve ser entendida como promessa formal, mas como "um sentimento de interesse comum que cada um encontra em seu coração" (*Inq. Conc. Morals*, Ap. 3); e acrescentava: "Assim, dois homens movem as velas de um barco em comum acordo para o interesse comum, sem nenhuma promessa ou contrato; assim, o ouro e a prata foram adotados como medida para as trocas; assim, o discurso, as palavras, a língua estão fixados pelas convenções e pelo acordo humano" (*ibid.*, Ap. 3). Com tais palavras, talvez pela primeira vez, o conceito de convenção era utilizado fora do campo político.

Mas a extensão do C. para o domínio cognitivo só ocorre na segunda metade do século XIX, quando, com a descoberta das geometrias não euclidianas, o caráter de verdade evidente dos axiomas geométricos foi negado. Diz Poincaré: "Os axiomas geométricos não são juízos sintéticos *a priori* nem fatos experimentais; são convenções. Nossa escolha entre todas as convenções possíveis é guiada por fatos experimentais, mas continua livre e é limitada apenas pela necessidade de evitar a contradição" (*La science et l'hypothèse*, II, cap. III). O mesmo Poincaré recusava-se, porém, a atribuir caráter convencional à ciência toda e contestou Le Roy, no que se refere a essa extensão do C. (*La valeur de la science*, 1905).

Contudo, o desenvolvimento posterior da matemática permitiu estender o ponto de vista de Poincaré a toda essa disciplina. A obra de Hilbert induzia a ver na matemática sistemas hipotético-dedutivos nos quais se deduzem conseqüências implícitas em certas proposições originárias ou axiomas, segundo regras que os próprios axiomas definem, implícita ou explicitamente. A tese fundamental do C. moderno podia ser assim formulada: as proposições originárias, de que parte qualquer sistema dedutivo, são convenções. O que quer dizer: 1º não podem ser consideradas verdadeiras nem falsas; 2º podem ser *escolhidas* com base em determinados critérios que deixam, entretanto, certa liberdade de escolha. Graças ao *Círculo de Viena* (v.) e do empirismo lógico, o C. assumia a forma que tem, atualmente, de tese geral sobre a estrutura lógica da linguagem. A *Visão lógica do mundo* de Rudolf Carnap (1928) constitui a primeira exposição dessa tese, que, no entanto, fora preparada pelo *Tractatus logico-philosophicus* de Wittgenstein. "A lógica", diz Carnap, "incluindo-se nela a matemática, consiste em estipulações convencionadas sobre o uso de signos e tautologias que se baseiam nessas convenções" (*Logische Aufbau der Welt*, § 107). A essa tese Carnap deu depois o nome de "princípio de tolerância das sintaxes", porque se trata de um princípio que, ao mesmo tempo que torna inoperantes todas as proibições, aconselha a estabelecer distinções convencionais. "Em lógica", diz ele, "não há moral. Cada um pode construir como quiser a sua lógica, isto é, a sua forma de linguagem. Se quiser discutir conosco, deverá apenas indicar como quer fazê-lo, dar determinações sintáticas em vez de argumentos filosóficos" (*Logische Syntax der Sprache*, 1934, § 17). Hoje, pode-se dizer que essa tese é amplamente aceita, mesmo fora do empirismo lógico. A segunda obra de Wittgenstein, *Investigações filosóficas* (1953), levou isso ao extremo, afirmando que qualquer linguagem é uma espécie de "jogo" que parte de determinados pressupostos de natureza convencional, reconhecendo a fundamental equivalência dos jogos lingüísticos. Deixando de lado esta última tese e considerando o C. dentro dos limites em que geralmente é mantido, ou seja, o campo da estrutura lógica da linguagem, cabe ressaltar o fato de que ele não implica absolutamente, como às vezes se acredita, a perfeita arbitrariedade das convenções lingüísticas. Podem ser assim resumidos os pontos básicos do C. contemporâneo:

1º a escolha das proposições iniciais de um sistema dedutivo (*axiomas* [v.] ou *postulados* [v.]) deve obedecer a critérios limitativos, cujo objetivo é garantir a *possibilidade de repropor* a escolha com vistas ao desenvolvimento dedutivo;

2º a determinação das regras de dedução, operações e procedimentos também está sujeita a uma escolha limitada, sempre com vistas à *possibilidade de repropor* tais regras, procedimentos ou operações;

3º as escolhas de que se fala nos nºs 1º e 2º constituem: *a*) *objetivamente*, o campo de investigação comum em que os pesquisadores podem mover-se; *b*) *subjetivamente*, o compromisso dos pesquisadores. [N.A.]

A crise cada vez mais marcada das concepções absolutistas do conhecimento e do saber científico conduziu a uma revisão historiográfica e a um aprofundamento teórico das várias formas de C. Num primeiro ponto de vista, as aquisições mais relevantes dizem respeito às origens dessa orientação epistemológica. O trabalho realizado em torno do pensamento de H. Poincaré e de P. Duhem trouxe à luz tanto as divergências entre os dois quanto a impossibilidade de reduzir suas posições a cânones radicalmente convencionalistas. Ambos destacaram, ao lado dos aspectos de convencionalidade presentes no conhecimento científico, também os aspectos empiristas e objetivistas. Polemizando contra o "nominalismo" de E. Le Roy, Poincaré esclarece que sua tese da convencionalidade das afirmações mais genéricas da consciência científica (princípios da geometria, da mecânica, da óptica, da termodinâmica etc.) não pode ser estendida a todas as leis científicas. Ela não comporta as conseqüências que Le Roy delas extraiu, segundo as quais é o cientista que "cria" o fato científico. Sua intervenção limita-se à seleção dos fatos que devem ser observados e à construção da linguagem científica, ou seja, das convenções lingüísticas adequadas (p. ex., as geométricas) por meio das quais se exprimiriam os "fatos brutos" e suas relações empíricas. Mas o cientista não cria arbitrariamente os fatos científicos e as leis a eles relacionadas, porque são justamente os dados brutos que lhe "impõem" tais fatos e relações nomológicas. Embora seja possível tratar cada lei segundo os moldes de uma definição de tipo lingüístico, inatacável pela experiência, não se pode reduzir toda a ciência a pura construção convencional: toda lei empírica pode ser decomposta em um princípio de tipo lingüístico e em uma lei, porém "por mais que se possa ampliar essa decomposição, sempre ficarão leis" (H. POINCARÉ, *La valeur de la science*, trad. it., Florença, 2ª ed., 1952, p. 214), com conteúdo empírico reconhecível e verificável. Assim, não é "adequado" adotar para todas as leis da ciência "a postura nominalista" consistente em encará-las como estipulações lingüísticas, mesmo que, por razões várias, seja conveniente assumir tal postura em relação à geometria e a alguns princípios gerais da física.

Por sua vez, Duhem mantém certa distância da crítica de Poincaré a Le Roy, sustentando que o aspecto criativo da atividade do cientista não se limita à escolha dos fatos que devem ser estudados e à construção de uma linguagem conveniente para enunciá-los juntamente com suas relações nomológicas. Na sua opinião, até mesmo a construção dessa linguagem, caracterizada pela introdução de termos técnicos novos como "carga elétrica" ou "força gravitacional", pressupõe a criação parcialmente convencional da teoria física, ou seja, uma criação não totalmente determinada pela lógica e pela experiência. Em síntese, para Duhem a convencionalidade reveste também os aspectos teóricos do discurso científico, e não apenas os lingüísticos. Mas nem mesmo nesse caso isso redunda em formas de C. radical. Duhem reporta-se à sua crítica de experimentos cruciais (V. CRUCIAL) para afirmar o caráter apenas parcial da subdeterminação empírica dos princípios teóricos, portanto, de sua convencionalidade. Se é verdade que a experiência nunca pode dar um veredicto conclusivo, não ambíguo, sobre a validade ou não de um princípio teórico isoladamente considerado, também é verdade que ela pode confirmar ou infirmar um sistema teórico na sua totalidade e mostrar a validade ou não de um único princípio à luz de assunções auxiliares apropriadas. Portanto, na escolha das hipóteses e das teorias, o *bom senso* é condicionado não só por considerações de adequação (elegância, simplicidade, economia etc.) mas também por restrições impostas pela experiência.

As idéias defendidas por Poincaré e Duhem exerceram profunda influência na filosofia da ciência no século XX, embora muitas vezes isso tenha ocorrido por interpretações pouco adequadas. A lição da C. pode ser encontrada, de diversas formas, em autores muito diferentes entre si como, por exemplo, H. Dingler (que em certo momento deixará de se considerar "convencionalista crítico") e A. Eddington, que levará em conta tal doutrina para transformar a concepção kantiana do *a priori* no seu "subjetivismo seletivo". A ligação entre C. e *a priori* será importante também para a "concepção pragmática do *a priori*" do norte-americano C. I. Lewis, ao qual A. Pap se reportará de forma crítica na monografia *The A Priori in Physical Theory*, de 1946. Mas sem dúvida os autores mais influenciados pelo pensamento convencionalista são os empiristas lógicos. Eles dedicam grande parte de seu trabalho de análise a definir a relação entre experiência e convenções no sistema cognitivo. Os neopositivistas discutem essa questão tanto no caso das chamadas ciências exatas, ou *Formalwissenschaften* (lógica e matemática), quanto no das chamadas ciências empíricas, ou *Materialwissenschaften*. No que se refere às primeiras, também sob o estímulo das suas teses, o tema da C. lingüística será posteriormente muito discutido, sob ângulos diversos, seja pelos chamados filósofos da linguagem comum (em particular por J. L. Austin e por H. P. Grice), seja por alguns pensadores norte-americanos como D. K. Lewis, autor da monografia *Convention. A Philosophical Study* (1969).

Além das suas doutrinas no campo lógico e matemático, os representantes do empirismo lógico (sobretudo M. Schlick, H. Reichenbach e R. Carnap) defendem concepções das ciências empíricas que, embora não coincidentes entre si em todos os aspectos, mostram-se fortemente permeadas pela epistemologia convencionalista. Eles concordam em considerar como um dos principais objetivos da análise epistemológica a distinção, na reconstrução racional das teorias empíricas, entre aquilo que – para usar termos hempelianos – concerne à afirmação dos fatos e aquilo que concerne à especificação dos significados, ou seja, à fixação de regras lingüístico-interpretativas que compreendem tanto as chamadas definições usuais e coordenativas de Schlick e de Reichenbach, quanto os "enunciados (bilaterais) de redução" de Carnap. À parte algumas formulações da juventude de Reichenbach, os empiristas lógicos seguem a lição de Poincaré ao equiparar tais assunções a convenções de natureza lingüística; isso lhes permite fazer a distinção de todos os componentes do discurso cognitivamente significante em analíticos *a priori* e sintéticos *a posteriori*, excluindo a existência de princípios sintéticos *a priori*, como aqueles de que Kant falara. As idéias de origem convencionalista são utilizadas para defender a tese do fundamento empírico de todos os componentes sintéticos e informativos do conhecimento, sem, porém, abandonar a idéia, de cunho kantiano e considerada igualmente válida, da presença, em nosso conhecimento, de componentes abstratos não redutíveis à experiência.

Esse tipo de abordagem continuará a influenciar profundamente os estudos voltados para os aspectos lógicos da física relativista e para a filosofia espaciotemporal, inclusive nos anos posteriores à crítica de W.V. Quine aos dois dogmas do empirismo. Por intermédio da obra *Philosophical Problems of Space and Time* (1963; 1.ª ed. ampliada, 1973), de A. Grünbaum, a discussão sobre a convencionalidade ou não da geometria e de outras noções geocronométricas continuará a ocupar muitos epistemologistas das gerações mais jovens, de C. Glymour a J. Earman, de D. Malament a M. Friedman (v. M. Carrier, *The Completeness of Scientific Theories*, 1994). Quanto às críticas de Quine às concepções convencionalistas em geral e às neo-empiristas em particular, encontram uma primeira formulação, limitada ao âmbito lógico-matemático, no ensaio *Truth by Convention*, de 1935. Na seqüência, tais críticas serão ampliadas e aprofundadas no famoso e bastante discutido ensaio *Two Dogmas of Empiricism*, de 1950. Nessa obra, o filósofo norte-americano critica a distinção entre enunciados analíticos, verdadeiros em virtude unicamente das estipulações lingüísticas, e enunciados sintéticos, verdadeiros em virtude da linguagem e da experiência. Na obra seguinte, *Carnap and Logical Truth* (1954/1963), o autor formula as conseqüências da sua rejeição aos dogmas da analiticidade e do reducionismo, fazendo referência explícita à filosofia convencionalista: "A cultura dos nossos pais é uma rede de enunciados. Ela evolui e se modifica nas nossas mãos através de novas revisões e acréscimos mais ou menos arbitrários e deliberados, ocasionados mais ou menos diretamente pelo estímulo contínuo dos nossos órgãos sensoriais. É uma cultura cinzenta, negra em fatos e branca em convenções. Mas não encontrei nenhuma razão substancial para concluir que nela existam fios totalmente negros ou totalmente brancos" (W. V. Quine, *The Ways of Paradox and Other Essays*, trad. it. da primeira edição, Milão, 1975, p. 196).

Essa idéia exerceu profunda influência na epistemologia pós-neopositivista posterior (a ela se refere, por exemplo, o próprio T. Kuhn no Prefácio a *The Structure of Scientific Revolutions*). Porém, nem todos a aceitaram. Ainda hoje são muitos os epistemólogos que – reavaliando, por vezes, a lição do empirismo lógico – continuam a defender a legitimidade e a utilidade da distinção entre asserções analíticas e sintéticas e entre assunções convencionais e afirmação dos fatos empíricos. A concepção mais amplamente aceita é a de que tais distinções não têm valor absoluto, mas contextual ou histórico-relativo. Isto é, elas seriam relativas aos diferentes contextos de justificação epistêmica das nossas pretensões cognitivas. Isso redundou na elaboração de uma teoria contextual do *a priori* histórico-relativo (seja analítico ou sintético), a qual, oportunamente desenvolvida, permite retomar algumas teses objetivistas e antimetafísicas da tradição convencionalista e neo-empirista (cf. P. Parrini, *Linguaggio e teoria*, 1976; *Empirismo logico e convenzionalismo*, 1983; *Conoscenza e realtà. Saggio di filosofia positiva*, 1995). [P.P.]

CONVENIÊNCIA. V. Acordo.

CONVERGÊNCIA, LEI DE (in. *Convergency law*; it. *Legge di convergenza*). Foi assim denominado por Whitehead o critério usado pelo senso comum e pela ciência para obter generalizações fundadas na observação. "Se *A* e *B* são dois eventos e se *A'* é parte de *A*, *B'* é parte de *B*; então, sob muitos aspectos, as relações entre as partes *A'* e *B'* serão mais simples do que as relações entre *A* e *B*. Esse princípio rege todos os esforços para se chegar à observação exata" (*Organization of Thought*, 1917, pp. 146 ss.; *The Concept of Nature*, 1920; trad. it., p. 73). [N.A.]

CONVERSÃO (gr. ἀντιστροφή; lat. *Conversio*; fr. *Conversion*; al. *Umkehrung*; it. *Conversione*). Na lógica aristotélico-escolástica é a inferência imediata com base na qual, dado um enunciado categórico *p*, é permitido inferir diretamente um enunciado *p'* que tem como sujeito o predicado de *p* e como predicado o sujeito de *p*. A C. divide-se em *simples* ou *per accidens* (com limitação). A C. simples aplica-se aos enunciados categóricos universais negativos (de "Nenhum S é P" é legítimo passar a "Nenhum P é S"); e aos particulares afirmativos (de "Algum S é P" é legítimo passar a "Algum P é S"). A C. *per accidens* consiste na conversão de um enunciado reduzindo sua quantidade (passando do universal ao particular) e aplica-se aos enunciados universais afirmativos (pelo que, de "Todos os S são P" é legítimo concluir somente "Algum P é S" – para P não vazio). Os enunciados particulares negativos *não* admitem C. [M.M.]

CONVICÇÃO (in. *Conviction;* fr. *Conviction;* al. *Überzeugung;* it. *Convinzione*). Termo de origem jurídica, que designa um conjunto de provas suficientes para "convencer" o réu, isto é, para fazê-lo reconhecer-se como tal. No uso comum, esse termo significa uma crença que tem suficiente base objetiva para ser admitida por qualquer pessoa. Nesse sentido, é definida por Kant: "Quando uma crença é válida para todos, seu fundamento, desde que dotado de razão, é objetivamente suficiente e ela se chama C." (*Crít. R. Pura,* Cânon da R. Pura, seç. III). O caráter objetivo da C. contrasta com o caráter subjetivo da *persuasão* (v.). Cf. PERELMANN e OLBRECHTS-TYTECA, *Traité de l'argumentation,* 1958, § 6 e v. ARGUMENTAÇÃO, TEORIA DA. [N.A.]

COORDENAÇÃO (in. *Coordination;* fr. *Coordination;* al. *Koordination;* it. *Coordinazione*). Relação entre objetos situados na mesma ordem, num sistema de classificação; por exemplo, dois gêneros ou duas espécies estão entre si coordenados, mas um gênero e uma espécie não estão coordenados.

Dá-se o nome de *coordenadas* ao conjunto ordenado de números que serve para designar entidades geométricas (pontos, linhas etc.), ou então as características utilizadas para distinguir ou ordenar várias classes de objetos. [N.A.]

COPERNICANA, REVOLUÇÃO (in. *Copernican revolution;* fr. *Révolution copernicienne;* al. *Kopernikanische Revolution;* it. *Rivoluzione copernicana*). Costuma-se dar esse nome à mudança de perspectiva realizada por Kant, que, em vez de supor que as estruturas mentais do homem têm a natureza como modelo, supôs que a ordem da natureza tem as estruturas mentais como modelo. A referência a Copérnico foi feita pelo próprio Kant, no Prefácio à segunda edição (1787) da *Crítica da Razão Pura*. Dewey observou, a propósito, que a revolução de Kant foi mais uma revolução ptolomaica, porque fez do conhecimento humano a medida da realidade. A revolução C. deveria consistir em reconhecer que o objetivo da filosofia não é ser ou descrever a totalidade do real, porém, mais modestamente, buscar os valores que podem ser assegurados e divididos por todos, porque vinculados aos fundamentos da vida social (*The Quest for Certainty,* 1930, p. 295). [N.A.]

A propósito de Kant, alguns estudiosos falaram também de revolução C. *moral*: "A concepção fundamental da ética kantiana equivale a uma outra revolução C. [...] Kant [...] faz do homem o legislador da moralidade, assim como faz dele o legislador da natureza" (K. POPPER, *Congetture e confutazioni,* 1963, trad. it., Il Mulino, Bolonha, 1972, pp. 313-4). Por analogia, isto é, para destacar o fato de Kant ter posto no sujeito, e não no objeto, o centro de gravidade do juízo estético, falou-se também de revolução *C. estética*. Entendida dessa maneira generalizada, revolução C. coincide com a inversão da tradicional relação sujeito-objeto, isto é, com a tendência a buscar no sujeito, e não no objeto, o "fundamento" do conhecimento, da moral e do sentimento. Isso não significa que a revolução C. de Kant se resolva em simples transferência para o sujeito do papel fundamental antes desempenhado pelo objeto. Na realidade, comporta também "uma *revolução do plano categorial* sobre o qual se constituem as relações entre sujeito e objeto", ou seja, uma nova maneira de compreender o modo de ser-fundamento do fundamento (P. CHIODI, *La deduzione nell'opera di Kant,* Taylor, Turim, 1961, pp. 12-3). Maneira que consiste em não relacionar a noção de fundamento ao incondicionado e ao absoluto, mas à *condição* (v.) e ao *limite* (v.), ou seja, ao modo de ser próprio do homem como ser pensante finito (v. CRITICISMO; FUNDAMENTO; DEDUÇÃO TRANSCENDENTAL). [G.F.]

CÓPULA (in. *Copula;* fr. *Copule;* al. *Kopula;* it. *Copula*). O uso predicativo de *ser* (v.). [N.A.]

CORAÇÃO (gr. καρδία; lat. *Cor;* in. *Heart;* fr. *Coeur;* al. *Herz;* it. *Cuore*). Entre os antigos, só o pitagórico Alcmeon de Cróton (séc.VI-V a.C.) considerou o cérebro como sede do pensamento ("Digo que é com o cérebro que entendemos", *Fr.* 17, Diels). Aristóteles considerou o C. como sede das sensações e das emoções (*De part. an.,* II, 10, 656 a; *De anm. mot.,* 11, 703 b), doutrina que, graças à autoridade de Aristóteles, prevaleceu em toda a Antigüidade e na Idade Média, até o século XVI, quando os novos estudos de anatomia puderam mostrar que os nervos partem do cérebro. Mas a importância dessa noção em filosofia não está nessa herança arcaica; na realidade, ela persistiu na história da filosofia para indicar exigências diferentes. No Novo Testamento, significa a relação do homem consigo mesmo, tanto no desejo (*Mat.,* V, 8, 28) quanto no pensamento e na vontade (*I Cor.*, VII, 37), mas na medida em que pensamento e vontade se consumam em si mesmos ou pelo menos antes que se manifestem exteriormente. Mas o uso moderno dessa palavra sem dúvida deriva de Pascal, que frisou a importância das "razões do C." (*Pensées*, 277). Ao C. Pascal atribuiu duas espécies de conhecimentos específicos: 1º o conhecimento das relações humanas e de tudo o que delas nasce, de tal modo que o C. é o guia privilegiado do homem no domínio da moral, da religião, da filosofia e da eloqüência; 2º o conhecimento dos primeiros princípios das ciências e especialmente da matemática. "O C. sente que há só três dimensões no espaço, que os números são infinitos; em seguida, a razão demonstra que não há dois números quadrados dos quais um seja o dobro do outro etc. Os princípios são sentidos, as proposições são fruto da conclusão: uns e outras têm a mesma certeza, mas obtida por vias diferentes" (*ibid.*, 282). Só o primeiro desses dois conhecimentos privilegiados deveria continuar a ser atribuído ao C. na filosofia do século XIX. Entrementes, Kant viu no C. apenas a tendência natural que nos torna mais ou menos capazes de acolher a lei moral (*Religion*, I, 2). Hegel entendia por C. "o complexo da sensação", isto é, da experiência imediata e primordial do homem, como quando se diz que "não basta que os princípios morais e a religião etc. estejam só na cabeça: devem estar no C., na sensação" (*Enc.*, § 400). Por outro lado, ele viu na "lei do C." uma figura de sua *Fenomenologia do espírito*, mais precisamente a que representa a revolta romântica contra a realidade em ato, contra a ordem estabelecida. A lei do C. não propõe uma lei determinada, mas só identifica a lei com as exigências do C., pretendendo que o conteúdo particular do C. valha como tal universalmente. Nisso está a contradição da lei do C., porque a pretensão de fazer valer universalmente o conteúdo de um C. particular choca-se com a mesma pretensão de todos os outros C. "Assim como, antes, o indivíduo achava a lei abominável e rígida, agora acha abomináveis e avessos às suas excelentes intenções os C. dos homens." Na realidade, para Hegel, o que há de rígido e torturante para o C. não é a realidade dos fatos, mas a lei dos outros C., contra a qual o recurso à realidade é uma libertação (*Phänomen. des Geistes*, I, V, B, b). Na filosofia moderna, especialmente no espiritualismo, que recorre com freqüência à noção de C., esta exprime substancialmente exigências de caráter moral e religioso. Foi Lotze quem, em *Microcosmo* (1856), começou a dar ênfase às "aspirações do C.", às necessidades da alma" ou "do sentimento", às "esperanças humanas" como exigências que a filosofia deve impor contra o mecanicismo da ciência; obviamente, tais necessidades e aspirações nada mais são que as exigências metafísicas implícitas nas crenças morais, assim como nas crenças religiosas tradicionais. As necessidades do C. foram incluídas na própria definição de filosofia por Wundt, que viu nela "a recapitulação dos conhecimentos particulares de uma intuição do mundo e da vida, que satisfaça às exigências do intelecto e às necessidades do C." (*System der Phil.*, 4ª ed., 1919, I, p. 1; *Enleitung in die Phil.*, 3ª ed., 1904, p. 5). Nestas e em expressões semelhantes, que se repetem continuamente na filosofia da segunda metade do século XIX e nos primeiros decênios do século XX, o C. é o símbolo das crenças tradicionais que podem ser resumidas no reconhecimento da ordem providencial do mundo, ordem destinada a salvaguardar os valores humanos e o destino do homem. Muitas vezes, na filosofia contemporânea, o termo C. se alterna com *consciência* (v.), para indicar a esfera privilegiada em que o homem pode alcançar as "realidades últimas com certeza absoluta". [N.A.]

CORAGEM (gr. ἀνδρεία; lat. *Fortitudo*; in. *Courage*; fr. *Courage*; al. *Muth*; it. *Coraggio*). Uma das quatro virtudes enumeradas por Platão, chamadas depois de *cardeais* (v.), e uma das virtudes *éticas* (v.) de Aristóteles. Platão define-a como "a opinião reta e conforme à lei sobre o que se deve e sobre o que não se deve temer" (*Rep.*, IV, 430 b). Aristóteles define-a como o meio-termo entre o medo e a temeridade (*Et. nic.*, III, 6, 1.115 a 4). Mas, como virtude que constitui a firmeza de propósitos, a C. é, de certo modo, privilegiada e considerada uma das virtudes principais. Foi o que fez Aristóteles (*ibid.*, III, 7). Cícero afirmava: "Virtude deriva de *vir* (homem), sendo a coragem sobretudo viril, ou seja, própria do homem; seus principais atributos são dois: desprezo pela morte e desprezo pela dor" (*Tusc.*, II, 18, 43). O mesmo é dito por Tomás de Aquino (*S. Th.*, II, II, q. 123, a. 2). Em sentido biológico-filosófico, a coragem foi definida por K. Goldstein: "A C., em sua forma mais profunda, é um *sim* dito à laceração da existência aceita como necessidade, para que possamos realizar plenamente o ser que nos é próprio." Nesse sentido, a C. é o contrário da *angústia* (v.), sendo uma atitude orientada para o possível, ainda não realizada no presente (*Der Aufbau des Organismus*, 1934, p. 198). [N.A.]

CORAGEM DE SER (in. *Courage to be*; it. *Coragio di esistere*). Expressão usada por P. Tillich para indicar o contraponto existencial da angústia (v.). Se esta última exprime a consciência, por parte de um ser, do seu possível não-ser, a C., segundo Tillich, representa "a auto-afirmação do ser não obstante a realidade do não-ser" (*the self-affirmation of* *being in spite of the fact of non-being*) e é semelhante à fé, compreendida como experiência positiva do "poder do ser" (*Il coraggio di esistere*, 1952, trad. it., Ubaldini, Roma, 1968, pp. 113 e 124). [G.F.]

CORNUDO, ARGUMENTO (gr. κερατίνης; lat. *Cornutus*). Assim é chamado o sofisma de Eubúlides: "O que não perdeste, tens; não perdeste os cornos: logo, os tens" (DIÓG. L., VII, 187). [N.A.]

COROLÁRIO (gr. πόρισμα; lat. *Corollarium*; in. *Corollary*; fr. *Corollaire*; al. *Korollar*; it. *Corollario*). O que se deduz de uma demonstração precedente, como uma espécie de acréscimo ou ganho extraordinário (EUCLIDES, *El.*, III, 1); também pode ser uma espécie de proposição intermediária entre o teorema e o problema (PAPO, 648, 18 s.; PROCLO, *In Eucl.*, p. 301 F). Esse termo estendeu-se para a linguagem filosófica graças a Boécio (*Phil. cons.*, III, 10). No primeiro sentido, o C. às vezes foi chamado de *consectarium* (JUNGIUS, *Logica hamburgensis*, IV, 11, 13). A diferença entre teorema e C. é desprezada pela lógica contemporânea. [N.A.]

CORPO[1] (gr. σῶμα; lat. *Corpus*; in. *Body*; fr. *Corps*; al. *Körper*; it. *Corpo*). Objeto natural em geral, qualquer objeto possível da ciência natural. Como já notava Aristóteles (*De cael.*, I, 1, 268 a 1), tudo o que pertence à natureza é constituído por C. e grandezas, por coisas que têm C. e grandeza ou por princípios das coisas que os têm. A definição mais antiga e famosa de C. é a dada pelo próprio Aristóteles: "C. é o que tem extensão em qualquer direção" (*Fís.*, III, 5, 204 b 20); e que "é divisível em qualquer direção" (*De cael.*, I, 1, 268 a 7). Por "qualquer direção", Aristóteles entende altura, largura e profundidade: o C. que possui essas três dimensões é *perfeito* na ordem das grandezas (*ibid.*, I, 1, 268 a 20).

Tal definição permaneceu constante por muitos séculos. Foi aceita pelos estóicos (DIÓG. L., VII, 1, 135), que acrescentaram a solidez, e por Epicuro, que acrescentava a impenetrabilidade (SEXTO EMPÍRICO, *Pirr. hyp.*, III, 39 ss.). A tradição escolástica também a reproduz (p. ex., Tomás de Aquino, *S. Th.*, I, q. 18, a. 2). E Descartes só faz resumir essa tradição com sua definição do C. como substância extensa. Diz: "A natureza da matéria ou do C. em geral não consiste em ser dura, pesada, colorida ou qualquer outra coisa que afete nossos sentidos, mas apenas em ser uma substância extensa em comprimento, largura e profundidade" (*Princ. phil.*, II, 4). Essa definição não tem nada de novo em relação à tradicional, assim como não têm nada de novo as definições de Espinosa, que a reproduz (ESPINOSA, *Et.*, I, 15, escol.), e de Hobbes (*De corp.*, VIII, § 1).

Só Leibniz inova o conceito de C. Ele distingue o "C. matemático", que é o espaço e contém só as três dimensões, do "C. físico", que é a matéria e contém, além de extensão, "resistência, densidade, capacidade de encher o espaço e impenetrabilidade: devido a esta última, um C. é forçado a ceder ou a deter-se quando sobrevém outro corpo" (*Op.*, ed. Erdmann, p. 53). Por essa noção de C., Leibniz é levado a negar que o C. seja "substância": o que nele há de real é apenas a capacidade (*vis*) de agir e de sofrer uma ação (*ibid.*, ed. Erdmann, p. 445). Esta última definição talvez seja a retomada de uma velha definição atribuída por Sexto Empírico a Pitágoras (*Adv. math.*, IX, 366). Mas, com o significado que Leibniz lhe confere, abriu caminho para a elaboração do conceito científico de C. como "massa", como ocorreu na física newtoniana: por ser a relação entre força e aceleração, a massa pode ser expressa em termos de "capacidade de agir e de sofrer uma ação", segundo a definição de Leibniz. Seguindo essa linha de desenvolvimento, que vai da física de Leibniz à física clássica e desta à física da relatividade, através da noção de massa a noção de C. conduz à de *campo* (v.). Para a física contemporânea, um C. é somente "certa intensidade do campo" (EINSTEN-INFELD, *The Evolution of Physics*, III; trad. it., p. 253).

A filosofia, porém, não seguiu de perto essa evolução sofrida pela noção de C. no domínio da física. No mundo moderno e contemporâneo, ela nos oferece as seguintes alternativas: 1ª A alternativa idealista, para a qual os C. são "representações", "percepções", "idéias", ou complexos de tais coisas. Essa alternativa, introduzida por Berkeley e aceita por Hume, foi a mais difundida na filosofia moderna e domina até hoje a filosofia contemporânea. Por maior que seja sua importância nessas filosofias, essa alternativa não é importante do ponto de vista da própria noção de C., por implicar, simplesmente, a inexistência dos C., eliminando assim o problema. 2ª A alternativa que consiste em considerar os C. como *utensílios*, instrumentos ou meios que o homem utiliza no mundo, caracterizando-os, assim, em termos de possibilidades de ação e de reação que oferecem ao homem. Essa alternativa é própria da filosofia contemporânea, na qual foi introduzida pelo existencialismo e pelo instrumentalismo americano. Com esse significado, porém, a noção de C. identifica-se com a de coisa, sendo mais comumente designada com esse termo. V. COISA. [N.A.]

CORPO[2] (gr. σῶμα; lat. *Corpus*; in. *Body*; fr. *Corps*; al. *Leib*; it. *Corpo*). A concepção mais antiga e difundida de C. é a que o considera o instrumento da alma. Ora, todo instrumento pode receber apreço pela função que exerce, sendo por isso elogiado ou exaltado, ou então pode ser criticado por não corresponder a seu objetivo ou por implicar limites e condições. Essas duas possibilidades se alternaram na história da filosofia, que nos mostra tanto a condenação total do C. como túmulo ou prisão da alma, segundo a doutrina dos órficos e de Platão (*Fed.*, 66 b ss.), quanto a exaltação do C. feita por Nietzsche ("Quem está desperto e consciente diz: sou todo C. e nada fora dele", *Also sprach Zarathustra*, I, *Os odiadores do C.*). Na primeira tendência, o mito da queda da alma no C., exposto por Platão em *Fedro*, é retomado pela patrística oriental, especialmente por Orígenes (*De princ.*, II, 9, 2). Foi reproduzido por Scotus Erigena nos primórdios da escolástica (*De divis. nat.*, II, 25). Também essa concepção pressupõe a noção de instrumentalidade do C.: no estado de queda, devido ao pecado, a alma tem necessidade do C., cujos serviços lhe são indispensáveis. Mas, obviamente, a mais completa e típica formulação da doutrina da instrumentalidade é a de Aristóteles, para quem o C. é "certo instrumento natural" da alma, assim como o machado é o instrumento de cortar, ainda que o C. não seja semelhante ao machado, pois "tem em si mesmo o princípio do movimento e do repouso" (*De an.*, II, 1, 412 b 16). O materialismo, assim como não implica necessariamente a negação da substancialidade da *alma* (v.), tampouco implica a negação da instrumentalidade do C.; mesmo que a alma seja corpórea, o C. pode ter função instrumental em relação a ela. Assim pensava Epicuro, que atribuía ao C. a função de preparar a alma para ser causa da sensação (*Ep. a Herod.*, 63 ss.) e assim também pensavam os estóicos, para os quais a alma é aquilo que *domina* ou, de vários modos, utiliza o organismo físico (AÉCIO, *Plac.*, IV, 21). Não é diferente a concepção de C. no materialismo de Hobbes, que, afirmando que "o espírito nada mais é que um movimento em certas partes do C. orgânico" (*III Objections contre les méd. cartésiennes*, 4), reconhece com isso a instrumentalidade do C. em relação a esse "movimento", que é a alma. Nem mesmo o materialismo mais grosseiro do século XIX, para o qual a alma seria um produto do cérebro assim como a bílis é produto do fígado e a urina o é dos rins, obedece a esquema interpretativo diferente: o cérebro, como o fígado e os rins, continua sendo um instrumento para a produção de alguma coisa. No extremo oposto, o espiritualismo, por exemplo, dos neoplatônicos, também admite a doutrina da instrumentalidade: "Se a alma é substância", diz Plotino, "será uma forma separada do C., ou melhor, *aquilo que se serve* do C." (*Enn.*, I, 1, 4). A doutrina da instrumentalidade domina toda a filosofia medieval. Diz Tomás de Aquino: "A finalidade próxima do C. humano é a alma racional e suas operações. Mas a matéria existe em vista da forma, e os instrumentos existem em vista das ações do agente" (*S. Th.*, I, q. 91, a. 3). Exceção a essa doutrina é a teoria da "forma de corporeidade", típica do *agostinismo* (v.) medieval, que consistia em atribuir ao C. orgânico uma forma própria ou substância independente. Mas o abandono definitivo do conceito da instrumentalidade do C. só ocorreu com o dualismo cartesiano. Crê-se comumente que a conseqüência da separação instituída por Descartes entre alma e C., como duas substâncias diferentes, foi o estabelecimento da independência da alma em relação ao C. Na verdade, sua primeira conseqüência foi estabelecer a independência do C. em relação à alma: ponto de vista que, antes de Descartes, nunca se apresentara. Com efeito, a instrumentalidade do C. supõe que este nada pode fazer sem a alma, do mesmo modo como o machado não serve para nada se não é empunhado por alguém. Mas o reconhecimento de que a alma e o C. são duas substâncias independentes implica, como diz Descartes, que "todo o calor e todos os movimentos que existem em nós pertencem só ao C., porquanto não dependem absolutamente do pensamento" (*Pass. de l'âme*, I, 4). Desse novo ponto de vista, o C. é visto como uma máquina que se move por si. "O C. de um homem vivo", diz Descartes, "difere tanto do corpo de um morto quanto um relógio ou outro autômato (p. ex., uma máquina que se mova sozinha) que está carregado e contém em si o princípio corpóreo dos movimentos para os quais foi projetado, juntamente com todos os requisitos para agir, difere do mesmo relógio ou da mesma máquina quando estes estão avariados ou quando o princípio de seu movimento deixa de agir" (*ibid.*, § 6). Essa afirmação da realidade independente do C. como autômato não é tanto uma tese metafísica quanto uma tese metodológica, que prescreve a direção e os instrumentos das indagações voltadas para a realidade do "C.". Foi exatamente nesse sentido que agiu historicamente a tese cartesiana, fornecendo, durante muito tempo, o pressuposto teórico das investigações científicas sobre os corpos vivos. Do ponto de vista filosófico, porém, o dualismo cartesiano tinha a desvantagem de criar um problema desconhecido da concepção clássica de C. como instrumento: o problema da relação entre alma e corpo. A concepção clássica, na verdade, já com a definição do C. como instrumento da alma, e da alma como forma ou razão de ser do corpo, resolvia a seu modo esse problema, pois na realidade essas definições nada mais são que soluções postuladas para o problema. Mas com o dualismo entre alma e C., o problema vinha à tona com toda a sua crueza. Como e por que as duas substâncias independentes se combinam para formar o homem? E como o homem, que, sob certo aspecto, é uma realidade única, pode resultar da combinação de duas realidades independentes? A filosofia moderna e contemporânea elaborou quatro soluções para esse problema.

1ª A primeira delas consiste em negar a diversidade das substâncias e em reduzir a substância corpórea à substância espiritual. Foi o que fez Leibniz, ao conceber o C. vivo como um conjunto de mônadas, substâncias espirituais agrupadas em torno de uma "enteléquia dominante", que é a alma do animal (*Monad.*, § 70). Desse ponto de vista, "o C. é um agregado de substâncias e não é, ele próprio, uma substância" (*Op.*, ed. Erdmann, p. 107). Só a alma é substância. Essa solução de Leibniz serve de modelo para numerosas outras apresentadas pela filosofia moderna e contemporânea, sobretudo pelas correntes do *espiritualismo* (v.). A expressão clássica desse ponto de vista pode ser encontrada em *Microcosmo*, de Lotze.

Podem ser consideradas variantes dessa mesma solução as doutrinas de Schopenhauer e de Bergson. Schopenhauer identifica o C. com a vontade, ou seja, com o que ele julga ser o número ou a substância do mundo, cuja representação é o fenômeno. Diz ele: "Meu C. e minha vontade são uma coisa só. Ou: o que chamo de meu C. como representação intuitiva chamo-o minha vontade enquanto estou cônscio dela, de modo absolutamente diferente, não comparável a nenhum outro. Ou: meu C. é a objetividade de minha vontade. Ou: prescindindo do fato de que meu C. é representação, ele não é senão vontade" (*Die Welt*, I, § 18). Bergson, por sua vez, retomando parcialmente a antiga tese, afirma que "nosso C. é um instrumento de ação e somente de ação"; não contribui diretamente para a representação e em geral para a vida da consciência: serve apenas para selecionar imagens com vistas à ação, para possibilitar a percepção que consiste nessa seleção. Mas a consciência, que é memória, não depende dele (*Matière et mémoire*, espec. Résumé et conclusion; ed. de Genebra, pp. 232 ss.). Naturalmente, o último resultado dessa análise de Bergson é a redução do C. à percepção (assim como da consciência à memória), ou seja, a negação de qualquer realidade própria do C.

Ao lado dessas soluções ao problema do dualismo, registra-se também a atitude contrária, típica do materialismo, que reduz a substância espiritual à corpórea, e isso já em Hobbes: radicais as conseqüências extraídas por La Mettrie (*L'homme machine*, 1748) e por d'Holbach, para quem o homem " é um ser *puramente físico* " (*Le vrai... système...*, 1774, I). [F.Ri.]

2ª A segunda solução, muito próxima da primeira, considera o C. como um *signo* da alma. Essa é realmente a doutrina bastante antiga que Platão (*Crat.*, 400 b) atribuiu aos órficos: mas a sua preponderância ocorreu no romantismo. Hegel diz: "A alma na sua corporalidade, totalmente formada e assumida, está como sujeito único *per se*; e a corporalidade é, de tal modo, a exterioridade como predicado no qual o sujeito se reconhece somente a si mesmo. Essa exterioridade não representa a si mesma, porém a alma; e é o *signo* dela" (*Enc.*, § 411). Desse ponto de vista o C. é a "manifestação exterior" ou a "realização exterior" da alma: exprime a alma na forma de uma exterioridade que, como tal, não é real, mas apenas "simbólica". Resquícios dessa concepção podem ser encontrados em todas as doutrinas que vêem no C. um conjunto de fenômenos expressivos.

3ª A terceira solução consiste em negar a diversidade das substâncias, mas não a diversidade entre alma e C. e, por conseguinte, em considerar a alma e o C. como duas manifestações de uma mesma substância. Espinosa conferiu forma típica a essa solução, considerando a alma e o C. como modos ou manifestações dos dois principais atributos da Substância divina única: pensamento e extensão. "Entendo por C. – disse ele – um modo que, de certa maneira, exprime a essência de Deus considerado como algo extenso" (*Et.*, II, def. 1). Portanto, "a idéia de C. e o C., ou seja, a mente e o C. formam um único e mesmo indivíduo que é concebido ora sob o atributo do pensamento, ora sob o atributo da extensão" (*ibid.*, II, 21, esc.). Obviamente essa doutrina implica que a ordem e a conexão dos fenômenos corpóreos correspondem perfeitamente à ordem e à conexão dos fenômenos mentais e que, portanto, reconstruindo a ordem e a conexão de uns, é possível justificar a ordem e a conexão dos outros. Por essa vantagem que parece oferecer e pelo fato de excluir a possibilidade de mesclar e confundir as duas séries de fenômenos, assumindo, por exemplo, como causa de um fenômeno corpóreo um fenômeno mental ou vice-versa, a doutrina de Espinosa serviu de modelo à doutrina do *paralelismo psicofísico* (v.) que presidiu a formação da psicologia científica moderna e serviu de hipótese de trabalho para a própria psicologia até algumas décadas atrás.

4ª A quarta solução consiste em considerar o C. como uma forma de experiência ou como um modo de ser vivenciado que, todavia, tenha um caráter específico, ao lado de outras experiências ou modos de ser. Os precedentes dessa solução são as doutrinas de Schopenhauer e Bergson, mencionadas a propósito da 1ª solução. Mas enquanto tais doutrinas ainda têm ressonâncias idealistas e implicam a redução do C. a espírito, a hipótese de que ora tratamos não tem significado idealista e evita tais reduções. Essa solução encontrou forma típica na fenomenologia de Husserl, segundo o qual o C. é a experiência que se torna isolada ou idividualizada após sucessivos atos de redução fenomenológica. "Na esfera daquilo *que me pertence* (da qual se eliminou tudo o que remete a uma subjetividade estranha), o que chamamos de *natureza* pura e simples já não possui o caráter de ser objetivo e por isso não deve ser confundido com um estrato abstraído do próprio mundo ou do seu significado imanente. Entre os C. dessa natureza reduzida "ao que me pertence" encontro meu próprio C., que se distingue de todos os outros por uma particularidade única: é o único C. que não é apenas um C., mas é o meu C.; é o único C. no interior do estrato abstraído, recortado por mim no mundo, com o qual coordeno, de acordo com a experiência e de modos diversos, campos de sensação; é o único C. do qual disponho de modo imediato, assim como disponho dos seus órgãos" (*Cart. Med.*, § 44). Dessa maneira, o C. é considerado uma experiência viva, ligada a possibilidades humanas bem determinadas. De maneira análoga, o fisiologista Kurt Goldstein distinguiu espírito, alma e C. como processos distintos mas conexos, que adquirem significado e relevo apenas nessa conexão. Na realidade, tais processos são comportamentos diversos do organismo vivo. O C. é sobretudo "uma imagem física determinada e multiforme" que pode ser descrita como um fenômeno de expressão ou como um conjunto de atitudes ou como fenômenos que dizem respeito a todos os órgãos possíveis. Se o espírito é o *ser* do organismo, mais precisamente o seu ser-no-mundo, conjunto de atitudes vivenciadas, a alma é o seu *ter*, isto é, sua capacidade cognitiva; e o C. é o *devir*, que não temos e não somos, mas que acontece em nós. Esse devir é essencialmente um "debate com o mundo", através do qual o homem acumula experiências e forma capacidades (*Der Aufbau des Organismus*, 1927, pp. 206 ss.). Desse ponto de vista, o C. não passa de comportamento, ou melhor, de elemento ou condição do comportamento humano. Semelhante a essa concepção é a doutrina de Sartre, segundo a qual o C. é a experiência daquilo que é "ultrapassado" e "passado". "Em cada projeto do *Para-si* [ou seja, da consciência], em cada percepção, o C. está presente: ele é o passado imediato a aflorar ainda no presente que lhe foge. Significa que ele é, ao mesmo tempo, ponto de vista e ponto de partida: um ponto de vista, um ponto de partida que *sou* e que ao mesmo tempo *ultrapasso* em direção àquilo que tenho de ser" (*L'être et le néant*, 1945, pp. 391-2). Merleau-Ponty trouxe à tona, com toda a clareza, as teses implícitas nesse ponto de vista. O C. não é um objeto, uma coisa. "Quer se trate do C. alheio, quer se trate do meu, não tenho outro modo de conhecer o C. humano a não ser vivenciando-o, ou seja, assumindo por conta própria o drama que me invade e confundindo-me com ele." Mas essa vivência do próprio C. não tem nenhuma relação com o "pensamento do C." ou com a "idéia de C." que formamos por reflexão, através da distinção entre sujeito e objeto. Essa vivência nos revela um modo de existência "ambíguo": se pensarmos em C. como um feixe de processos em terceira pessoa (por ex., como "visão", "mobilidade", "sexualidade"), perceberemos que essas funções não estão ligadas entre si e com o mundo externo por uma relação de causalidade, mas que se fundem e confundem num único drama. Por outro lado, observa Merleau-Ponty, Descartes já distinguira o C. concebido para os usos da vida do C. concebido pelo intelecto (*Phénoménologie de la perception*, p. 231; cf. DESCARTES, *Opera*, III, p. 690). É de se observar que essa redução, tão característica da filosofia contemporânea, do C. a um comportamento ou a um modo de ser vivenciado, não tem nenhum significado idealista: não implica a negação da realidade objetiva do próprio C. ou sua redução a espírito, idéia ou representação. Ao contrário, essa interpretação da noção de C. acentuou a objetividade da esfera de fenômenos em que o C. consiste: esfera de fenômenos que ela buscou definir em termos de possibilidade de experiência ou de verificação, segundo uma orientação fundamental da filosofia contemporânea em relação à realidade em geral (v. REALIDADE). [N.A.]

Entre outros precedentes que podem ser indicados para a solução do C. vivenciado, recordamos: Feuerbach que, embora com perspectiva diferente, reivindicava a corporeidade e as necessidades concretas do homem; Condillac (*Traité des sensations*, 1754, II,V) e Maine de Biran (*Essai...*, 1812, III), que evidenciaram a particularidade da percepção interior do próprio C., graças à qual o sujeito o reconhece como "seu".

Além disso, contribuíram para o C. como vivência a psicologia da forma, a psicanálise (cf. MERLEAU-PONTY, *Phénoménologie...*, 1945, III e V) e os "progressos da ciência", para o papel central assumido pelo observador (cf. SARTRE, *L'être et le néant*, 1943, III, II).

Marcel criticou a idéia do C. objeto e do C. instrumento. O meu C. não pode ser um objeto porque é constantemente percebido como próprio (cenestesia) por parte do sujeito. Será preciso dizer, então, que "sou meu C." (*Journal métaphysique*, 1927, p. 252) e que existir equivale a "estar encarnado". Meu C. não é sequer um instrumento, mas o "instrumentista", ou seja, o que me permite utilizar qualquer instrumento (*Du refus à l'invocation*, 1940, p. 29).

Por fim, a vivência do C. é importante tanto para o conhecimento dos outros "eus" (cf. HUSSERL, *Ideen*, II, II, IV) quanto para a dialética das relações interpessoais (v. OUTRO, PROBLEMA DO; AMOR). Nessa perspectiva, a ambigüidade do C. exprime com maior razão as possibilidades, positivas e negativas, da existência.

Para o C. fica evidente o involuntário e a alteridade (Ricoeur), a sexualidade (p. ex., Deleuze-Guattari) e a diferença sexual; a relação com o trabalho, o poder (Horkheimer-Adorno, Foucault) e com as fantasias sociais (Bernard); ou, ainda, o nexo com a antropologia (Gehlen) e a pessoa (Melchiorre). Contra a "equivalência" da tradição, Galimberti (*Il corpo*, 1983) retoma a "ambivalência" e o "desafio simbólico" do C.; para Nancy (*Corpus*, 1992) o C. é o último "peso" do Ocidente. [F.Ri.]

CORPOREIDADE, FORMA DE (lat. *Forma corporeitatis*; it. *Forma di corporeità*). Segundo a tradição agostiniana da escolástica (v. AGOSTINISMO), é a realidade que o corpo possui como corpo orgânico, independentemente de sua união com a alma, e que o predispõe a tal união. Essa é a definição dada por Duns Scot (*Op. Ox.*, IV, d. 11, q. 3; *Rep. Par.*, IV, d. 11, q. 3). Trata-se de uma noção característica do agostinismo e usada na polêmica contra o aristotelismo, para o qual o corpo, como matéria, é potência e portanto não tem substancialidade ou forma. [N.A.]

CORRELAÇÃO (gr. τὰ πρός τι ἀντικείμενα; lat. *Correlatio*; in. *Correlation*; fr. *Corrélation*; al. *Korrelation*; it. *Correlazione*). Uma das quatro formas de oposição enumeradas por Aristóteles, mais precisamente a que ocorre entre termos correlativos, como a metade e o dobro. Os opostos correlativos não se excluem mutuamente porque um evoca o outro, no sentido de que o dobro se diz da metade e a metade, do dobro. São termos correlativos também saber e ciência, que se dizem um em relação ao outro (*Cat.*, 10, 11 b 23 ss.). Na lógica escolástica, essa relação foi expressa dizendo-se que, nela, o sujeito e o termo podem permutar-se, de tal sorte que, por exemplo, *Davi* é o *sujeito* da relação de paternidade enquanto é objeto da relação de filiação, cujo sujeito é Salomão; reciprocamente, Salomão é o objeto da paternidade que está em Davi (cf., p. ex., JUNGIUS, *Lógica*, I, 8, 6). Hamelin pretendia substituir a contradição pela C. na dialética hegeliana: para ele, os opostos dessa dialética são opostos correlativos, não opostos contraditórios (*Essai sur les éléments principaux de la répresentation*, 1907, p. 35). [N.A.]

CORRESPONDÊNCIA (lat. *Adaequatio*; in. *Correspondence*; fr. *Correspondance*; al. *Übereinstimmung* ou *Korrespondenz*; it. *Corrispondenza*). Doutrina segundo a qual a verdade consiste na adequação, no acordo ou na C. de termo a termo entre o pensamento ou o conhecimento ou entre as proposições lingüísticas, de um lado, e a realidade ou os fatos, de outro. É esse o critério de verdade pressuposto pela filosofia clássica e expresso pela definição escolástica de verdade como adequação do intelecto e da coisa (v. VERDADE). [N.A.]

CORRETIVA, JUSTIÇA. V. COMUTATIVO.

CORROBORAÇÃO (in. *Corroboration*; fr. *Corroboration*; al. *Bewährung*; it. *Corroborazione*). Termo usado por Popper para indicar que as teorias, mesmo não podendo ser verificadas, mas apenas, eventualmente, falsificadas (v. FALSIFICABILIDADE, PRINCÍPIO DA), podem ser "corroboradas" pela experiência. Mais precisamente, a C. ou "grau de C." é um "balanço avaliativo de *provas passadas*" (*Conoscenza oggettiva*, 1972, trad. it., Armando, Roma, 1975, p. 38), ou seja, é um panorama retrospectivo do modo como uma teoria suportou as severas verificações empíricas às quais foi submetida: "Uma teoria será tanto mais corroborada quanto mais severas forem as verificações por ela superadas (e quanto melhor os tenha superado)" (Posfácio a *Logica della scoperta scientifica*, trad. it., Il Saggiatore, Milão, 1984, vol. I, p. 258). Por certo, o fato de uma teoria apresentar alto grau de C. e, portanto, ser "melhor" que outra, nada nos diz sobre a sua capacidade de sobreviver a verificações futuras. Além disso, o fato de uma teoria ser "mais corroborada" (que outras) não significa que ela seja também "mais verdadeira" (que outras). A C. não é um valor de verdade, isto é, "não pode ser posta no mesmo plano dos conceitos 'verdadeiro' e 'falso' (que são isentos de indicativos temporais)", mas é apenas um instrumento para estabelecer "a preferência em relação à verdade" (*La logica della scoperta scientifica*, § 84, trad. it., Einaudi, Turim, 1970, pp. 304-5; *Conoscenza oggettiva, cit.*, p. 40). Isso significa que a C., mesmo não podendo funcionar como critério (definitivo) de "justificação" das teorias, pode funcionar como critério (temporário) de escolha entre hipótese rivais (v. PROGRESSO CIENTÍFICO). [G.F.]

CORRUPÇÃO (gr. φθορά; lat. *Corruptio*; in. *Corruption*; fr. *Corruption*; al. *Vergehen*; it. *Corruzione*). Segundo Aristóteles, constitui, juntamente com o seu oposto, a geração, a atualidade de uma das quatro espécies de movimento, mais especialmente do movimento substancial, em virtude do qual a substância se gera ou se destrói. "A corrupção", diz Aristóteles, "é uma mudança que vai de algo ao não-ser desse algo; é absoluta quando vai da substância ao não-ser da substância, específica quando vai para a especificação oposta" (*Fís.*, V, 225 a 17).

Para a doutrina da C. do homem, v. QUEDA; PECADO ORIGINAL. [N.A.]

CÓSMICO, CONCEITO (al. *Weltbegriff*). Kant assim denominou "o conceito que versa sobre o que interessa necessariamente a todos", como, p. ex., o conceito de filosofia como guia da vida, em contraposição ao "conceito escolar" (*Schulbegriff*), que só interessa a quem aspira à aquisição de habilidades especiais (*Crít. R. Pura*, Doutrina do método, III, nota). [N.A.]

COSMO (gr. κόσμος; it. *Cosmo*). O mundo como ordem (cf. PLATÃO, *Górg.*, 508 a; ARISTÓTELES, *Met.*, I, 3, 984 b 16). Segundo Diógenes Laércio, os pitagóricos foram os primeiros a chamar o mundo de C.; mas ele mesmo nota que isso era atribuído a Parmênides por Teofrasto e a Hesíodo por Zenão (DIÓG. L., VIII, 48). Essa palavra é usada indiferentemente em lugar de "mundo", e sua noção constitui uma das interpretações fundamentais da noção de mundo. Jaspers, porém, estabeleceu uma distinção entre mundo e C.: o C. é a imagem do mundo que cada um forma, mas por isso mesmo não é o mundo como soma total de todas as coisas e os eus existentes, como totalidade omniabrangente (*Phil.*, I, pp. 79-80) (v. MUNDO). [N.A.]

COSMOGONIA (gr. κοσμογονία; in. *Cosmogony*; fr. *Cosmogonie*; al. *Kosmogonie*; it. *Cosmogonia*). Mito ou doutrina referente à origem do mundo (v. COSMOLOGIA; TEOGONIA). [N.A.]

COSMOLOGIA (lat. *Cosmologia*; in. *Cosmology*; fr. *Cosmologie*; al. *Kosmologie*; it. *Cosmologia*). Foi assim que Wolff e, com ele, a filosofia alemã do século XVIII, chamou a filosofia da natureza. Wolff definiu a C. como "ciência do mundo e do universo em geral, que é um ente composto e modificável"; dividiu-a em uma parte científica e uma parte experimental (*C. generalis*, 1731, § 1, 4), chamadas por Baumgarten de C. racional de C. empírica (*Met.*, § 351). Essa terminologia foi aceita por Kant, que entendeu por "idéia cosmológica" a idéia do mundo como "totalidade absoluta das coisas existentes" (*Crít. R. Pura*, Dial., cap. II, seç. I). A partir de Kant, entendeu-se por C. não mais a ciência da natureza, nem toda a filosofia da natureza, mas só a parte da filosofia ou da ciência da natureza que tem por objeto a idéia do mundo e que procura determinar as características gerais do universo em sua totalidade. Podem-se distinguir quatro fases da C., a partir do momento em que foram abandonadas as tentativas nitidamente míticas das *teogonias* (cf. M. K. MUNITZ, *Theories of the Universe*, Glencoe, I 11, 1957), quais sejam: 1.ª fase de transição do mito para a especulação; 2.ª fase clássica da C. geocêntrica e finitista; 3.ª C. moderna heliocêntrica; 4.ª a fase contemporânea, caracterizada por várias alternativas de interpretação.

1.ª A primeira fase é caracterizada pelo abandono do mito e pela tentativa de encontrar uma explicação racional ou natural do mundo. É a fase representada pela filosofia pré-socrática. Os pitagóricos tiveram maiores méritos porque: *a*) entenderam o universo como um *cosmo* (v.), ou seja, como uma ordem objetiva, exprimível na linguagem matemática, em figuras e números; *b*) com Filolau (séc. V a.C.), foram os primeiros a rejeitar a concepção geocêntrica, acreditando que a Terra e todos os outros corpos celestes se movem em torno de um fogo central chamado *Hestia* e apresentando, assim, a primeira doutrina heliocêntrica, defendida mais tarde por Heráclides de Ponto e Aristarco de Samos (séc. III a.C.).

2.ª A segunda fase é a da astronomia clássica e da filosofia da natureza de Platão e Aristóteles. Caracteriza-se pela consolidação da concepção geocêntrica do mundo através da obra de Eudoxo (séc. IV a.C.), Hiparco (séc. II a.C.) e Ptolomeu (séc. II d.C.), bem como pela concepção finitista e qualitativa da natureza, própria de Aristóteles. Este, com efeito, julgava que o mundo era necessariamente finito porque perfeito; e estabeleceu como sua característica fundamental a divisão em duas partes qualitativamente diferentes: o céu, composto por éter, substância não engendrável e incorruptível, que se move apenas em movimento circular (v. CÉU); e os corpos sublunares, compostos pelos quatro elementos que se movem a partir do centro ou para o centro da Terra (v. FÍSICA). Esta concepção prevaleceu na Idade Média.

3.ª A terceira fase inicia-se no fim da Idade Média, quando a concepção clássica foi posta em dúvida por Ockham, que reconhecia a possibilidade da infinidade do mundo e da existência de mais mundos (*In Sent.*, I, d. 44, q. 1), ao mesmo tempo em que negava a diferença entre a substância celeste e a substância sublunar (*ibid.*, II, q. 22). As possibilidades que Ockham deixou abertas transformaram-se em afirmações categóricas no século seguinte, por Nicolau de Cusa (*De docta ignor.*, 1440), unindo-se (assim como o finitismo aristotélico se unira à astronomia geocêntrica) à astronomia heliocêntrica de Copérnico e de Kepler na nova concepção do mundo que era exposta e defendida por Galileu (séc. XVII). Giordano Bruno reiterava, do ponto de vista filosófico, o nexo mais estreito entre a infinidade do mundo e a nova astronomia heliocêntrica. A física de Newton representa a expressão da estrutura matemática de um mundo assim concebido; e foi precisamente baseando-se nas leis da física de Newton que Kant tentou, pela primeira vez, em *Teoria dos céus* (1755), uma cosmogonia científica que apresentava a hipótese da formação de todo o universo a partir de uma nebulosa primitiva. Mais tarde, Laplace apresentava a mesma hipótese com mais rigor; limitando-se ao sistema solar (*Exposição do sistema do mundo*, 1796), julgava ter demonstrado que o mundo não passa de gigantesca máquina dirigida por rigorosas leis matemáticas. Essa fase cosmológica culmina, pois, com o triunfo do mecanicismo, cujo exemplo mais conspícuo parece estar nos céus.

4ª A quarta fase da C. começou na segunda década do século XX e deveu-se ao uso dos novos instrumentos ópticos e conceituais de que se começa a dispor nesse período. O uso dos grandes telescópios e a teoria da relatividade de Einstein foram os fatores fundamentais dessa transformação. Num texto de 1917, *Considerações sobre o universo como um todo*, Einstein propunha pela primeira vez uma reforma radical da concepção do mundo que se viera formando a partir do Renascimento e que parecia já estabelecida: propunha considerar o universo não mais como infinito, mas como finito e todavia *não limitado* (assim como não é limitado um anel sem engaste, que se pode fazer girar ilimitadamente). Einstein considerava, portanto, que o espaço do universo é curvo, mais precisamente elíptico, e que nele uma linha reta, suficientemente prolongada, voltaria sobre si mesma e acabaria por fechar-se. As propriedades geométricas do espaço seriam, nesse caso, determinadas pela matéria, visto que o grau de curvatura do espaço dependeria da densidade da matéria. Por outro lado, as observações de Hubble, possibilitadas pelo uso do telescópio de cem polegadas, permitiam resolver o problema da natureza das nebulosas e reconhecê-las como sistemas galácticos independentes, e não como partes de nossa própria galáxia. Hubble estabeleceu dois fatos de grande importância. O primeiro é que as nebulosas extragalácticas estão distribuídas pelo espaço de modo uniforme e homogêneo. O segundo é que os espectros dessas galáxias mostram um deslocamento para o vermelho, tanto maior quanto mais longínquas são as galáxias. Esse segundo fato é comumente interpretado no sentido de que as galáxias se afastam de nós e, ao mesmo tempo, umas das outras com uma velocidade tanto maior quanto mais distantes estiverem (EDWIN HUBBLE, *The Realm of the Nebulae*, 1936). Esse fato, ou melhor, essa interpretação do fato do deslocamento do espectro das galáxias para o vermelho levou a abandonar os modelos *estáticos* do universo, como o de Einstein, a que nos referimos, e de De Sitter (cf. deste, *Kosmos*, 1932), em favor de modelos dinâmicos, fundados na noção de "expansão" do espaço. Eddington e Lemaitre contribuíram de forma eminente para o desenvolvimento e a difusão do modelo do *universo em expansão* (A. S. EDDINGTON, *The Expanding Universe*, 1933; G. LEMAITRE, *The Primeval Atom: An Essay on Cosmogony*; trad. in., 1950). A diferença entre os vários modelos de universo é expressa por Eddington nestes termos: "Num extremo temos o universo de Einstein, sem movimento e, portanto, em equilíbrio. Depois, à medida que prosseguimos ao longo da série, temos modelos de universo que mostram uma expansão cada vez mais rápida, até que, no outro extremo da série, tenhamos o universo de De Sitter. A proposição da expansão cresce ao longo da série, ao passo que a densidade diminui; o universo de De Sitter é o limite em que a densidade média da matéria celeste se aproxima de zero. A série dos universos em expansão acaba aí, não porque a expansão se torne demasiado rápida, mas porque já não há nada que possa expandir-se" (*The Expanding Universe*, 2, § 4). Mas o modelo de Einstein não se encaixava totalmente nas observações astronômicas: era pequeno demais para representar o universo real. O modelo de De Sitter satisfazia às equações só a partir do pressuposto de que o espaço fosse vazio e que nele não houvesse matéria nenhuma. Por isso, o modelo de Lemaitre foi, durante alguns decênios, o mais freqüentemente adotado.

Depois da Segunda Guerra Mundial, a C. sofreu nova guinada. Em 1949, os matemáticos ingleses Herman Bondi e Thomas Gold propuseram um novo modelo de universo partindo do paradoxo em que se detivera, mais de um século antes, o astrônomo alemão Olbers: se as estrelas estão distribuídas uniformemente no espaço e se o espaço é infinito, por que a luz delas não nos cega? Não deveria cada ponto do universo infinito receber uma soma infinita de luz? Ao formular esse paradoxo, Olbers partia do pressuposto de que o caráter geral do universo é o mesmo não só em todos os lugares mas também em todos os tempos. É exatamente desse pressuposto que partem Bondi e Gold. Ele implica que a aparência de uma região qualquer do universo foi no passado e será sempre no futuro a mesma do presente. Ora, o único modo de conciliar esse postulado com o movimento de recessão das galáxias (demonstrado pelo deslocamento de seu espectro para o vermelho) é admitir que novas galáxias se formam continuamente para compensar a dispersão das velhas. Mas se novas galáxias se formam continuamente, isso quer dizer que continuamente se cria matéria nova no espaço. Bondi e Gold calcularam que a criação de nova matéria deve ocorrer na proporção de um átomo de hidrogênio para cada litro do espaço intergaláctico a cada bilhão de anos (de BONDI, v. "Theories of Cosmology", em *The Advancement of Science*, 1955, n. 45). Essas idéias foram logo retomadas pelo astrônomo inglês Fred Hoyle, que modificou as equações da relatividade geral de Einstein, de modo que elas permitissem a contínua criação da matéria no espaço (*The Nature of the Universe*, 1950).

No momento em que foi formulado, esse modelo de universo *estacionário*, assim chamado porque admite a existência de uma criação contínua de matéria para compensar a diminuição de densidade em razão da expansão, foi acolhido com grande interesse porque tinha a vantagem de excluir a importância atribuída ao desacordo entre os astrônomos sobre a *idade* do universo, eliminando o próprio problema a que corresponde a determinação da idade. Com efeito, se a criação é contínua e se as novas galáxias nascem continuamente no universo, este deve ser povoado por galáxias de todas as idades. No entanto, na segunda metade dos anos 1960, o modelo de universo estacionário é quase totalmente abandonado após a descoberta da radiação de fundo, que foi prevista pelo modelo do Big Bang. Nos anos 1940, Alpher, Gamow e Herman haviam, de fato, conjeturado que, de acordo com tal modelo, deveria persistir no universo uma radiação, resíduo da primeira explosão, correspondente a uma temperatura de alguns graus absolutos. Em 1965, Arno Penzias e Robert Wilson, dos Laboratórios Bell de New Jersey, revelaram a existência de uma radiação não proveniente de objetos celestes bem definidos, que corresponde à radiação de um corpo em equilíbrio térmico a 3º K (–270º C) e parece permear o universo todo. Tal radiação foi então interpretada por um grupo de cosmologistas de Princeton como confirmação da radiação de fundo que eles, aparentemente desconhecendo os trabalhos de Alpher, Gamow e Herman, haviam teorizado. Pesquisas sucessivas e mais precisas confirmaram os resultados de Penzias e Wilson e a validade do modelo do Big Bang, embora recentemente tenham sido feitas restrições sobre esse modelo, assim como sobre a validade da lei de Hubble e sobre a interpretação-padrão, em termos de efeito Doppler, do deslocamento em direção ao vermelho nas linhas dos espectros das galáxias.

No modelo do Big Bang, a lei de Hubble possibilita avaliar, ainda que com certa aproximação, o momento em que ocorreu a primeira explosão e, por conseguinte, a idade do universo, que a maior parte dos cosmologistas concorda em estimar ao redor de 15 bilhões de anos. Essa estimativa é peculiar para a existência da vida, já que se calcula que o processo evolutivo que deu origem à vida consciente não pode durar menos de 10 bilhões de anos, ao mesmo tempo que para uma idade muito maior do universo poderiam ter faltado condições para a vida. Também peculiar para a existência de formas complexas de vida parecem ser o valor da constante gravitacional universal, como demonstrou em 1974 o astrofísico Brandon Carter, de Cambridge, a densidade do universo e a velocidade de expansão do universo suposta no modelo Big Bang.

Essas considerações levaram alguns cosmologistas e filósofos da ciência a enunciar, de diversas formas, um princípio antrópico que, como observou Stephen Hawking (*Black Holes and Baby Universes*, 1993, p. 151), pode ser parafraseado como "o universo é como é porque, se fosse diferente, nós não estaríamos aqui a observá-lo". Aquele princípio foi criticado por muitos porque parece atribuir demasiada importância à existência humana e introduz na cosmologia um finalismo de caráter metafísico. Por outro lado, uma questão crucial, não apenas para a existência da vida, mas para o futuro do próprio universo, é a da sua densidade média. Se inferior a certo valor crítico, o universo continuará a expandir-se para sempre; se superior, acabará, ao contrário, por entrar em colapso. Portanto, um papel essencial no destino do universo parece ser desempenhado pela chamada "matéria escura" (como, p. ex., o são por definição os "buracos negros") que não emite nem reflete luz de forma detectável em nenhuma região espectral. Existem provas da existência da matéria escura em escala galáctica e extragaláctica relacionada com a evolução estelar. Além disso, observações indiretas parecem indicar a presença de uma quantidade enorme de matéria escura no Universo, a chamada "massa ausente", cuja constituição ainda não se conhece, e muitas das mais recentes pesquisas e das mais audaciosas especulações de cosmologistas e astrofísicos estão voltadas para a identificação da sua natureza e localização. [N.A. – U.B.]

COSMOLÓGICA, PROVA (in. *Cosmological argument*; fr. *Preuve cosmologique*; al. *Kosmologischer Beweis*; it. *Prova cosmologica*). Assim foi chamada pela filosofia alemã do século XVIII a prova da existência de Deus, que Tomás de Aquino chamava *ex parte motus* (*S. Th.*, I, q. 2, a. 3) e que a tradição escolástica extraíra da *Física* (VII, 1) e da *Metafísica* (XII, 7) de Aristóteles (v. DEUS, PROVAS DE). [N.A.]

COSMOPOLITISMO (in. *Cosmopolitism*; fr. *Cosmopolitisme*; al. *Kosmopolitismus*; it. *Cosmopolitismo*). Doutrina que tende a negar a importância das divisões políticas e a ver no homem, ou ao menos no sábio, um "cidadão do mundo". "Cosmopolita" respondeu Diógenes, o Cínico, a quem lhe perguntou de onde era (DIÓG. L., VI, 63). O C. também foi defendido pelos estóicos. "Consideramos todos os homens", dizia Zenão, "compatriotas e concidadãos; que a vida e o mundo sejam unos como uma grei unida, criada com uma lei comum" (PLAUT., *De Alex. virt.*, I, 6, 329). O C. como ideal diferente do universalismo eclesiástico foi compartilhado por Leibniz (*Escritos políticos*; seleção e trad. it. de V. Mathieu, pp. 141-2) e retomado pelo iluminismo. Kant considera-o um *princípio regulador* do progresso da sociedade humana para a integração universal e, portanto, "o destino do gênero humano, justificado por uma tendência natural nesse sentido" (*Antr.*, II e). [N.A.]

COSMOTEOLOGIA. V. TEOLOGIA, 2.

COSTUME (in. *Custom*; fr. *Coutume*; al. *Gewohnheit*; it. *Consuetudine*). 1. O mesmo que *hábito* (v.). 2. No sentido sociológico, qualquer atitude, esquema ou projeto de comportamento que seja compartilhado por vários membros de um grupo. Vico já aplicava essa palavra nesse sentido: "É frase digna de consideração a de Díon Cássio: que o C. se assemelha ao rei e a lei ao tirano; o que deve ser entendido do costume razoável e da lei não animada pela razão natural" (*Scienza nuova*, 1744, dignidade 104). Na linguagem contemporânea, com o termo C. designam-se os usos (*folkways*), as convenções e comportamentos moralmente prescritos (*mores*; v. COSTUMES), que se distinguem pelas diferentes intensidades das sanções que os reforçam. [N.A.]

COSTUMES (lat. *Mores*; in. *Mores*; it. *Costumi*). Atitudes institucionalizadas de um grupo social, às quais se aplicam eminentemente os qualificativos "boas" e "más" e que são reforçadas pelas sanções mais enérgicas porque consideradas condições indispensáveis de qualquer relacionamento humano (v. ÉTICA). [N.A.]

COTIDIANIDADE (al. *Alltäglichkeit*; it. *Quotidianità*). Termo introduzido por Heidegger para indicar "o modo de ser em que o ser-aí (*Dasein*, o homem) se mantém acima de tudo e no mais das vezes". Tal modo de ser é o ponto de partida da interpretação ontológica: o que significa que tal interpretação faz referência às situações em que o homem se encontra mais freqüentemente nos afazeres comuns da vida (*Sein und Zeit*, § 9) (cf. MEDIANIDADE). [N.A.]

CREDO QUIA ABSURDUM. Frase atribuída a Tertuliano (séc. II); embora não se encontre em suas obras, exprime bem o antagonismo que ele estabeleceu entre ciência e fé. Seu significado é igualmente expresso pelas seguintes palavras: "O Filho de Deus foi crucificado; não é vergonhoso porque poderia sê-lo. O Filho de Deus morreu; é crível porque inconcebível. Sepultado, ressuscitou; é indubitável porque impossível" (*De carne Christi*, 5). [N.A.]

CREDO UT INTELLIGAM. É o lema de Anselmo (séc. XI) e de grande parte da escolástica. A fé é o ponto de partida da indagação filosófica e nada se pode entender se não se tem fé. Entretanto, é próprio do preguiçoso não procurar entender e demonstrar aquilo em que crê (*Proslogion*, 1). [N.A.]

CRENÇA (gr. πίστις; lat. *Credere*; in. *Belief*; fr. *Croyance*; al. *Fuerwahrhalten*, *Glaube*; it. *Credenza*). No significado mais geral, atitude de quem reconhece como verdadeira uma proposição: portanto, a adesão à validade de uma noção qualquer. A C. não implica, por si só, a validade objetiva da noção à qual adere nem exclui essa validade. Tampouco tem, necessariamente, alcance religioso nem é, necessariamente, a verdade revelada, a fé; por outro lado, também não exclui essa determinação e, nesse sentido, pode-se dizer que uma C. pode pertencer ao domínio da *fé* (v.). De per si, a C. implica apenas a adesão, a qualquer título dado e para todos os efeitos possíveis, a uma noção qualquer. Portanto, podem ser chamadas de C. as convicções científicas tanto quanto as confissões religiosas, o reconhecimento de um princípio evidente ou de uma demonstração, bem como a aceitação de um preconceito ou de uma superstição. Mas não se pode chamar de C. a *dúvida*, que suspende a adesão à validade de uma noção, nem a *opinião*, no caso de excluir as condições necessárias para uma adesão desse gênero.

Platão chamou de C. a forma ou o grau de conhecimento que tem por objeto as coisas sensíveis, pois que ela contém uma adesão à realidade dessas coisas, ao contrário da *conjetura*, que, tendo por objeto as imagens, as sombras etc., não contém essa adesão (*Rep.*, VI, 510 a). Aristóteles julga que a C. não é eliminável da opinião: "Não é possível", diz ele, "que quem tenha uma opinião não creia no que pensa" (*De an.*, III, 428 a 20). Em sentido análogo, mas com referência à fé, Agostinho definiu a crença como "pensar com assentimento" (*De Predest. Sanct.*, 2), definição que Tomás de Aquino usa como fundamento de sua análise da fé. "Esse ato que é crer", diz Tomás de Aquino, "contém a firme adesão a um dos lados e nisso é semelhante ao ato de quem conhece e entende; todavia, o conhecimento de quem crê não é perfeito pela sua evidência, e nisso a crença está próxima da dúvida, da suspeita e da opinião" (*S. Th.*, II, 2, q. 2, a. 1). Na filosofia moderna, a partir de Locke, a limitação crítica do conhecimento levou a fazer a distinção entre conhecimento indubitável e conhecimento provável, discernindo-se no provável vários graus de adesão, dos quais a C. é o maior (*Ensaio*, IV, 16, 9). Mas foi o ceticismo de Hume que generalizou a noção de C., vendo nela a atitude que consiste em reconhecer a realidade de um objeto. "A C.", disse Hume, "é só uma concepção mais vívida, viva, eficaz, firme e sólida daquilo que a imaginação por si só nunca é capaz de obter." É "o ato da mente que nos torna a realidade – ou o que é tomado por realidade – mais presente que a ficção, fazendo-a pesar mais sobre o pensamento e aumentando sua influência sobre as emoções e a imaginação" (*Inq. Conc. Underst.*, V, 2). Hume considerava a C. inexplicável, entendendo-a simplesmente como experiência ou sentimento (*feeling* ou *sentiment*) natural e irredutível. "Não podemos", disse ele, "ir além da asserção de que a C. é uma experiência do espírito que faz a distinção entre idéias do juízo e ficções da imaginação." Mas um dos resultados dessa análise foi pôr em evidência o caráter específico de adesão que o reconhecimento de uma realidade qualquer possui. Kant não fez mais do que aceitar e convalidar a generalização de Hume com os esclarecimentos metodológicos aduzidos na seção do Cânon da Razão Pura (*Crít. R. Pura*, mas cf. também a *Crít. do Juízo*, § 90) que dedicou à opinião, à ciência e à fé. Entendeu por C. "a validade subjetiva do juízo", ou seja, a validade que o juízo possui "na alma de quem julga". E reconheceu três graus de C.: *opinião*, que é uma C. insuficiente tanto subjetiva quanto objetivamente; *fé*, que é uma C. insuficiente objetivamente, mas considerada subjetivamente suficiente; e *ciência*, que é uma C. suficiente tanto subjetiva quanto objetivamente. Mas esses reparos e distinções, apesar do sucesso que tiveram, são um tanto confusos. Com efeito, Kant considera a opinião como uma espécie de C., reconhecendo que carece de caráter de adesão. Além disso, julga que só a fé tem ou pode ter influência sobre a ação, ao passo que, como Hume percebera, essa é a característica própria da crença. O caráter específico da C. foi ressaltado pelos empiristas ingleses do século XIX, por Brentano e pelos pragmatistas. Stuart Mill identificou "juízo" e "C.". "É necessário fazer a distinção", disse ele, "entre a simples sugestão ao espírito de certa ordem entre as sensações ou idéias – como a do alfabeto e a da tábua pitagórica – e a indicação de que essa ordem é um fato real que está acontecendo, que aconteceu uma ou mais vezes ou que acontece sempre em certas circunstâncias: que são as coisas indicadas como verdadeiras por uma predicação afirmativa ou como falsas pela negativa" (*Analysis of the Phenomena of the Human Mind* [de JAMES MILL], cap. IV, § 4, nota 48; também *System of Log.*, I, 5, 2). De resto, a tese de que o juízo importa C. já fora defendida por Hobbes (*De corp.*, 3, § 8), para quem, no entanto, a C. consistia somente em considerar que sujeito e predicado são dois nomes de uma só coisa. Stuart Mill, criticando Hobbes nesse aspecto, pretende mostrar que a adesão implícita no juízo não é só verbal ou lingüística, mas diz respeito ao objeto do próprio juízo, isto é, à realidade (*Logic*, I, 5, 4). Tese análoga foi sustentada por Franz Brentano do ponto de vista da intencionalidade da consciência. Brentano afirmou que todo objeto julgado existe na consciência em forma dupla: como objeto representado e como objeto reconhecido ou negado, ou seja, "crido". "Afirmamos", disse Brentano, "que, quando o objeto de uma representação se torna objeto de um juízo afirmativo ou negativo, a consciência refere-se a ele numa espécie de relação completamente nova. O objeto está, então, duplamente presente para a consciência, como representado e como aceito ou negado, assim como, quando o desejo recai sobre um objeto, esse objeto está presente na consciência, ao mesmo tempo como representado e como desejado" (*Von der Klassification der psychischen Phänomene*, 1911, II, 1). Brentano, portanto, fazia a distinção entre juízo e representação como faculdades psíquicas diferentes e considerava que o juízo era marcado pelo caráter de adesão da crença. Husserl chama esse mesmo caráter de "tético"; para ele, a C. é um ato que "põe" o ser: ao caráter "tético" da C. corresponde o caráter "real" de seu objeto (*Ideen*, I, § 103). As mesmas características são atribuídas à C. nas análises de Charles S. Peirce, que, ademais, ressaltou na C. o caráter de compromisso com a ação. As características da C., segundo Peirce, são os seguintes: 1º é algo de que tomamos consciência; 2º aquieta a irritação da dúvida; 3º implica estabelecimento de uma *regra de ação*, de um hábito. Desse conceito de C., Peirce extraía a regra que foi depois assumida como princípio fundamental do pragmatismo: "Para desenvolver o significado de uma coisa não devemos fazer mais do que determinar os hábitos que ela produz, pois aquilo que uma coisa significa é simplesmente o hábito que ela implica. A identidade de um hábito depende de como ele nos levará a agir, não só nas circunstâncias que provavelmente surgirão, mas nas circunstâncias que, embora improváveis, *possam* surgir" (*Chance, Love and Logic*, II, 2; *Coll. Pap.*, 5. 397).

Santayana elucidou a ligação entre C. e a parte ativa e prática do homem, ou seja, a fome, o amor, a luta ou, de modo geral, a espera do futuro. Aquilo em que *se crê* não é essência pura (que, como tal, é só objeto de intuição), mas uma coisa existente, e as coisas existentes se dão somente na "experiência animal", ou seja, na relação de ação e reação do organismo com o mundo. Logo, segundo Santayana, a C. na existência é uma "fé animal" (*Scepticism and Animal Faith*, 1923, cap. 15-6). Enfim, outro caráter da crença foi evidenciado por James: a capacidade de provocar, às vezes, sua própria confirmação. James enunciou essa tese a propósito de C. metafísicas, como, por exemplo, das C. na ordem e na bondade final do mundo (*The Will to Believe*, 1897). Ele entendia que a vida *pode* adquirir sentido e valor para quem acredita que ela os tem. Mas fora dessa esfera metafísica, o fenômeno da C. que se autorealiza é hoje amplamente reconhecido e estudado nas ciências sociais, assim como se reconhece e estuda nessas mesmas ciências o fenômeno da "C. suicida", ou seja, da C. que se autodestrói.

Na filosofia contemporânea, a noção de C. é marcada pelas seguintes características: 1ª a C. é a atitude da adesão a uma noção qualquer; 2ª essa adesão pode ser mais ou menos justificada pela validade objetiva da noção, ou não se justificar de modo algum; 3ª a própria adesão transforma a noção em regra de comportamento (o que Peirce chamava de "hábito de ação"); 4ª como regra de comportamento, em alguns campos a C. pode produzir sua própria realização ou seu próprio desmentido. [N.A.]

A filosofia da mente e a epistemologia contemporâneas oferecem variadas versões de como é possível responder aos quesitos em torno da *natureza* da C. e, sobretudo, em torno do *conteúdo* de uma C. Durante muito tempo na filosofia anglo-americana do século XX predominou a idéia, que pode ser encontrada de diversas formas, entre outros, em Peirce, Bain, Ryle e Wittgenstein, de que as crenças são *disposições:* ou seja, tendências a dizer e fazer certas coisas, a comportar-se de certo modo (acredito que chove, se estou disposto a pegar o guarda-chuva, a colocar galochas, a proferir enunciados coerentes com a C. que chove etc.). A concepção disposicional da C., no seu intento behaviorista de substituir o vocabulário dos estados mentais internos pelo dos *padrões* de comportamento, nasceu como reação a uma concepção padrão, cujo defensor mais influente foi Hume, segundo a qual a C. é um estado mental que, como tal, é constituído por um componente *intencional ou representacional* e por um componente *causal.* Segundo essa concepção, a C. consiste numa relação especial entre uma pessoa e um *objeto da C.,* entre um estado de C. (ainda não manifesto) de uma pessoa e um objeto. Acreditar que chove significa estar em certa relação com um objeto particular de C.: expressão lingüística, se a crença é *de dicto,* estado particular de coisas, se a crença é *de re.* A relação especial entre um sujeito e uma C. é definida como uma espécie de *atitude* (v. atitude proposicional). Mas as maiores controvérsias são sobre a natureza do objeto da C. Para alguns (Frege, Russell, Moore, por exemplo) o objeto de uma C. é uma *proposição* (pelo que *atitude proposicional*), ou seja, uma entidade não-física semelhante às entidades matemáticas, existente independentemente de quem a pensa e acessível através de puros atos mentais. Para outros (Carnap e Quine), as C. são, ao contrário, *enunciados: ou ocorrências de enunciados,* ou seja, os enunciados físicos que se proferem ou escrevem em determinado momento, ou *tipos de enunciados,* ou seja, a classe abstrata de todos os proferimentos ou escritas de certo enunciado que têm, aproximadamente, a mesma forma. Para outros ainda (de Descartes e Hume até Chomsky e Fodor, com muitas analogias com Aristóteles e certa escolástica medieval) as C. são *proposições mentais,* diferentes das proposições abstratas porque são os pensamentos que temos continuamente, seja os que expressamos, seja os não são expressos e, portanto, por serem objetos pessoais, pertencentes à vida de um indivíduo, e não terem existência exterior a ele (nesse caso, também é possível distinguir entre *ocorrências* e *tipos* de proposições mentais, portanto reconhecer que os objetos das C. são ocorrências de proposições mentais e que duas pessoas *crêem na mesma coisa* quando os objetos das suas C. pertencem à mesma proposição-tipo). Uma versão extrema dessa acepção da C. é a dada por Jerry Fodor (*The Language of Thought,* 1975), segundo a qual as C. são verdadeiros enunciados internos, inscrições realizadas pelos neurônios que dão lugar a uma "linguagem do pensamento", um "mentalês" em grande parte inato, que é um pré-requisito para a apreensão dos conceitos dos quais fazemos uso.

A noção de C. é central tanto na psicologia do senso comum (*folk psychology*) quanto nas "ciências cognitivas". Alguns (S. P. STICH, *From Folk Psychology to Cognitive Science. The Case against Belief,* 1983), porém, negam que a C. ainda possa ocupar papel central numa teoria psicológica que veja os processos cognitivos como processos de tipo computacional (v. FUNCIONALISMO). Tal teoria deverá considerar essas computações apenas como *sintáticas,* e desistir de referir-se à idéia, controversa e duvidosa, de *conteúdo semântico.* Tal liquidação das C., como de outros estados mentais, pela psicologia é típica também do ponto de vista chamado *eliminacionista* (Paul Churchland, p. ex.), que considera a psicologia do senso comum como teoria incorreta sobre o funcionamento da mente e considera as "entidades" por ela postuladas (C., desejos etc.) como coisas destinadas a ser eliminadas em favor de uma linguagem fisicalista. [A.P.]

CRIAÇÃO (gr. ποίησις; lat. *Creatio*; in. *Creation*; fr. *Création*; al. *Schoepfung*; it. *Creazione*). Em todas as línguas, essa palavra tem sentido muito genérico, indicando qualquer forma de causalidade produtiva: do artífice, do artista ou de Deus. Seu significado específico, porém, como forma particular de causação, é caracterizado: 1º pela ausência de necessidade do efeito em relação à causa que o produz; 2º pela ausência de realidade pressuposta no efeito criado, além da realidade da causa criadora (e nesse sentido diz-se que a C. é "do nada"); 3º pelo menor valor do efeito em relação à causa; e eventualmente 4.º pela possibilidade de que um dos termos da relação, ou ambos, estejam fora do tempo. A 1.ª e a 2.ª características diferenciam a C. da *emanação* (v.) além de diferenciá-la das formas ordinárias de causação. A 3.ª característica é comum à C. e à emanação e diferencia ambas das formas ordinárias da causação. A 4.ª característica, quando se verifica, aproxima a C. da emanação (que é eterna porque necessária), mas nem sempre se verifica.

Considera-se, em geral, que a C. é uma noção de origem bíblica, mas na realidade não é possível colher na Bíblia as determinações acima expostas, que a definem e que são fruto da elaboração a que o pensamento cristão submeteu esse conceito, pondo-o em relação positiva ou negativa com doutrinas próprias da filosofia grega. Assim, na Bíblia, diz-se claramente que Deus criou o céu e a terra (*Gn.*, I, 1; *Sl.* XXXII, 6; CXXXV, 5; *Ecl.*, XVIII; *At.*, XIV, 14; XVII, 24; etc.), mas não fica tão claro que essa C. é do nada; aliás, o livro da *Sabedoria* (XI, 18) fala da C. do orbe da terra a partir de "uma matéria invisível". Por outro lado, na filosofia grega encontrava-se certo conceito de C. que não se mostrou compatível com o conceito de Deus peculiar aos cristãos. O conceito de C. dado por Platão em *Timeu* ajusta-se às condições 1.ª e 3.ª, mas contradiz a 2.ª. A C., para o Deus-artífice, é um ato voluntário de bondade que quer a multiplicação do bem (*Tim.*, 29 E), o que significa que o mundo não é necessário em relação à sua causa. Mas a ação criadora do Demiurgo é limitada: 1.º pelas estruturas do ser, isto é, pelas idéias ou substâncias que ele assume da sua obra como modelos; 2.º pela matriz material que, com sua necessidade, limita a própria obra. Por isso, sua C. não é *ex nihilo*. Por sua vez o Deus de Aristóteles, como primeiro motor imóvel do mundo, é causa do movimento, ou seja, do devir e da ordem do mundo, mas não de seu ser substancial, que é tão eterno quanto o próprio Deus (*Met.*, XII, 6, 1071 b 3 ss.). Quanto ao Deus dos neoplatônicos e de Plotino, sua ação criadora é a da *emanação*, caracterizada pela necessidade do processo criativo (v. EMANAÇÃO). Nesses modelos clássicos, o conceito de C. choca-se com os atributos do Deus judaico e cristão, que não é causa necessária, mas cria o mundo por um ato livre e gratuito, e é infinito e onipotente, não podendo, portanto, encontrar limites à sua ação criadora numa estrutura substancial ou numa matéria que seja independente dele.

Em vista dessas exigências, a primeira elaboração da noção de C. foi feita por Fílon de Alexandria (séc. I). Embora Fílon continue chamando Deus de "Demiurgo" ou de "Alma do mundo", anuncia (se bem que com certa incerteza) a noção de C. afirmando que "Deus, criando todas as coisas, não só as trouxe à luz, mas criou o que antes não havia: não só construtor, mas na verdade *fundador*" (κτίστης, *De somniis*, I, 13). No mesmo sentido, a noção de C. foi elaborada pela patrística e pela escolástica. A elaboração patrística tem mais afinidades com os modelos clássicos. Irineu reivindicava contra os gnósticos o caráter total (*ex nihilo*) da C., sem o qual se atribuiria a Deus a impotência de realizar seus projetos (*Adv. haeres*, II, 1, 1). Mas é sobretudo nos padres da Igreja oriental que se sente a influência do modelo emanacionista, evidente em Orígenes (*De princ.*, I, 2, 10) e, nos primórdios da escolástica, em Scotus Erigena (*De divis. nat.*, IV, 7); este julga insolúvel a conciliação entre a eternidade do mundo e a C. deste por parte de Deus. A escolástica árabe, com Avicena e Averróis, insistira na necessidade e na eternidade do mundo, negando (Averróis) a C., ou reduzindo-a (Avicena) à mera anterioridade do ser necessário ao ser contingente (*Met.*, VI, 2). E nesse aspecto foram de pouca serventia as críticas de Maimônides, que defendera a "novidade" do mundo, insistindo nos seus caracteres arbitrários (*Guide des égarés*, II, 19). A primeira exposição lúcida do conceito de C. deveu-se a Anselmo. "As coisas feitas pela substância criadora", diz ele, "foram feitas do nada, assim como sói dizer-se que alguém que era pobre ficou rico, e outro, que era doente ficou são" (*Monologion*, 8). Logo, nada precede a obra criadora, exceto Deus: "Aquilo que antes não era agora é" (*ibid.*, 8). Com igual lucidez, Tomás de Aquino recapitulava as características que essa noção viera adquirindo na escolástica latina. A C. é "a emanação de todo ente a partir da causa universal, que é Deus". Ela não pressupõe nenhuma realidade, pois então haveria uma realidade não causada por Deus; e nesse sentido é *ex nihilo*. *Ex* não significa a causa material, como se o nada fosse a matéria de que o mundo é composto, mas somente a ordem de sucessão, pela qual o ser criado do mundo segue-se ao não-ser do próprio mundo (*S. Th.*, I, q. 45, a. 1-2). Com isso e com o reconhecimento de que "não é necessário que Deus queira algo senão a si mesmo" (*ibid.*, q. 46, a. 1), que implica o caráter voluntário e gratuito da C., estavam fixadas as características do conceito. Tomás de Aquino, porém, não julgava que o conceito implicava necessariamente o início do mundo no tempo. A C., como causação do mundo por parte de Deus, poderia muito bem ser eterna, no sentido atribuído por Agostinho ao dizer: "Se um pé sempre existiu no pó, desde a eternidade, sob ele sempre terá existido a pegada, indubitavelmente produzida pelo pé que calcava; do mesmo modo, o mundo sempre existiu porque sempre existiu quem o criou" (*De civ. Dei*, X, 31). Nesse caso, obviamente, permaneceriam inalteradas as características fundamentais 1ª, 2ª e 3ª da noção: Tomás de Aquino, portanto, admite que o início do mundo no tempo é pura matéria de fé (*S. Th.*, I, q. 46, a. 2). Essa doutrina seria reproduzida, sem variantes notáveis, por Duns Scot (*Rep. Par.*, II, d. 1, q. 3, n.º 8).

É esse o paradigma do uso dessa noção pela filosofia moderna e contemporânea. Freqüentemente, os filósofos que se serviram dessa noção deram maior ênfase a uma ou a outra de suas características, ou acrescentaram alguma característica equivalente à sua negação. Descartes insistiu na continuidade da C., observando que, se Deus parasse de criar, o mundo deixaria de existir (*Discours*, IV; *Princ. phil.*, I, §.21): observação que não é nova (acha-se em FÍLON, *All. leg.*, I, 5) e reaparece com freqüência na modernidade. Outros, porém, como Hegel, insistem na *necessidade* da C., com o que, porém, o conceito é implicitamente negado (*Philosophie der Religion*, ed. Glockner, II, pp. 51 ss.). Mas Hegel e, em geral, o idealismo romântico substituíram a noção de C. por outro conceito elaborado por Espinosa: a derivação racional e necessária das coisas, como momentos lógicos, a partir de seu princípio, derivação que Espinosa identificara com a inferência de que "da natureza do triângulo segue-se que os três ângulos são iguais a dois ângulos retos", ou seja, com a necessidade geométrica (*Et.*, I, 17, esc.). Desde o início do século XIX, através do idealismo romântico e, depois, do positivismo evolucionista, desenvolve-se outra hipótese a respeito da origem do mundo, muito diferente da hipótese da C. Seu pressuposto é a noção de *progresso* que o iluminismo setecentista elaborara em relação ao mundo humano e que o século XIX estende ao mundo natural. Essa noção deu ensejo à noção de *desenvolvimento dialético*, por um lado, e à de *evolução* ou *desenvolvimento natural*, por outro. A primeira foi utilizada pelo idealismo romântico; a segunda, pelo positivismo. Ambas substituem o *fiat* criador instantâneo pela *formação gradual e progressiva*. Ambas levam a considerar como "mítica" a própria noção de criação. Na realidade, estão em antítese direta com as características fundamentais dessa noção. Desenvolvimento (dialético) e evolução significam causação necessária, mediata, progressiva e, se não temporal, pelo menos coincidente com a sucessão temporal. A C. continuou constituindo a alternativa "mítica", "metafísica" ou "religiosa" da explicação do mundo, embora muitas vezes a hipótese de evolução e de desenvolvimento se mostrasse tão "mítica" ou "metafísica" quanto a da criação.

Apesar de tudo, a noção de C. não foi abandonada. Reaparece sempre que se apresenta uma concepção teísta ou deísta do mundo, como muitas vezes acontece, por obra do espiritualismo moderno (p. ex., com Whitehead, que insiste no caráter finalista da vida [*Nature and Life*, 1934, II]). Também na ciência, nestes últimos tempos, às vezes é apresentada como "fato", independentemente de qualquer crença metafísica ou religiosa. Alguns astrônomos modernos julgam que a expansão do universo (cujo sinal é o deslocamento do espectro das galáxias para o vermelho) exige, para que o estado do universo permaneça uniforme, a C. contínua de nova matéria. Chegou-se a calcular que a proporção de matéria criada é *grosso modo* equivalente à massa de um átomo de hidrogênio para cada litro de volume e para cada bilhão de anos (BONDI, *Cosmology*, 1952; cf. M. K. MUNITZ, *Space, Time and Creation*, 1957, pp. 154 ss.). É certo que se pode pôr em dúvida a oportunidade científica do uso desse conceito nesse caso (v. COSMOLOGIA): de qualquer forma, está claro que o significado dele não tem aqui as características específicas que o identificam como forma de causação, pois não faz referência a uma causa, a um criador. Pela forma como esse termo é usado por esses cosmólogos, significa apenas "aparição sem causa".

Em sentido igualmente genérico, emprega-se essa palavra com muito mais freqüência para corrigir ou retificar o conceito de evolução e para introduzir nesta as características de imprevisibilidade, liberdade e novidade. Nesse sentido, Bergson falou de "evolução criadora", para ressaltar a diferença e a complexidade das linhas evolutivas e das formas orgânicas, bem como "a multiplicidade quase infinita de análises e sínteses entrelaçadas" que pressupõem: diferença e multiplicidade que o homem pode captar diretamente em si mesmo, na experiência da ação. "Que a ação cresce avançando, que ela cria à medida que progride, cada um de nós pode constatar quando se vê agindo" (*Évol. créatr.*, 11ª ed., 1911, pp. 270-1). Outros falaram, em sentido análogo, de "evolução emergente" (p. ex., C. LLOYD MORGAN em *Emergent Evolution*, 1923). Esse sentido da palavra, que dá ênfase às novidades e à imprevisibilidade do resultado de um processo, está implícito nos usos dessa palavra que a relacionam com atividades humanas, como quando se fala, por exemplo, de C. "artística", "literária" ou "científica". Embora Tomás de Aquino excluísse a C. dos processos da natureza e da arte (*S. Th.*, I, q. 45, a. 8), o uso desse termo para qualificar esses processos tornou-se comum tanto em linguagem filosófica quanto corrente. Mas tudo o que esse uso implica é, precisamente, a acentuação do caráter de novidade imprevisível que têm alguns produtos das atividades humanas ou mesmo dos processos naturais, sem que, obviamente, com esse uso o termo faça qualquer referência à significação precisa elaborada pela filosofia medieval. [N.A.]

CRIACIONISMO. V. TRADUCIANISMO.

CRISE (in. *Crisis;* fr. *Crise;* al. *Krisis;* it. *Crisi*). Termo de origem médica que, na medicina hipocrática, indicava a transformação decisiva que ocorre no ponto culminante de uma doença e orienta o seu curso em sentido favorável ou não (HIPÓCRATES, *Prognosticon,* 6, 23-4; *Epidemias,* I, 8, 22). Em época recente, esse termo foi estendido, passando a significar transformações decisivas em qualquer aspecto da vida social. Na *Introdução aos trabalhos científicos do século XIX* (1807), St.-Simon afirmava que o progresso necessário da história é dominado por uma lei geral que determina a sucessão de épocas *orgânicas* e de épocas *críticas.* A época orgânica é a que repousa num sistema de crenças bem estabelecido, desenvolve-se em conformidade com ele e progride dentro dos limites por ele estabelecidos. Mas a certa altura, esse mesmo progresso provoca a mudança da idéia central sobre a qual essa época está apoiada e determina, assim, o início de uma época crítica. Desse modo, por exemplo, a idade orgânica medieval foi posta em C. pela Reforma e, sobretudo, pelo nascimento da ciência moderna. Comte repetiu essa distinção (*Discours sur l'esprit positif,* § 32). Para St.-Simon, assim como para Comte e muitos positivistas, toda a época moderna é de C., no sentido de não ter ainda atingido sua organização definitiva em torno de um princípio único, que deveria ser dado pela ciência moderna, mas, inevitavelmente, encaminha-se para a realização dessa organização. Esse diagnóstico depois foi compartilhado por todos os filósofos e políticos que se portaram como profetas de nosso tempo. Tanto os que acham que a nova e indefectível era orgânica será o comunismo quanto os que acham que essa época será caracterizada pelo misticismo estão de acordo em diagnosticar a "C." da época presente e em indicar seu caráter na falta de "organicidade", ou seja, de uniformidade nos valores e nos modos de vida. A crença de que essa uniformidade existiu e de que deverá inevitavelmente retornar é o pressuposto do sucesso alcançado pela noção de C., como se vê num dos textos em que ela foi analisada com mais brilhantismo, *O esquema das crises* (1933), de Ortega y Gasset. Mas o ideal de uma época orgânica, em que não haja incerteza nem luta, é, por sua vez, um mito consolador que serve de escape para as gerações que perderam o sentido de segurança, visto que nenhuma época chamada orgânica, nem mesmo a Idade Média, foi isenta de conflitos políticos e sociais insolúveis, de lutas ideológicas, de antagonismos filosóficos e religiosos, a testemunharem a fundamental incerteza ou ambigüidade dos valores da época. Quando, de resto, o diagnóstico da C. é acompanhado pelo anúncio do inevitável advento de uma época orgânica qualquer, essa noção revela claramente seu caráter de mito pragmático, ideológico ou político. [N.A.]

CRISTOLOGIA (in. *Christology;* fr. *Christologie;* al. *Christologie;* it. *Cristologia*). Parte da teologia dedicada ao estudo de Jesus Cristo. Elaborada nas suas principais linhas pela patrística, desenvolvida pela escolástica e exposta sobretudo de modo apologético após o Concílio de Trento, foi renovada no século XX, em especial após o Concílio Vaticano II. A C. transformou-se em objeto de estudo também do ponto de vista filosófico, como demonstrou X. Tilliette (*Filosofi davanti a Cristo,* 1989; *Cristo nella filosofia. Prolegomeni ad una C. filosofica,* 1991; *La settimana santa dei filosofi,* 1993). Segundo esse autor, é possível distinguir duas acepções de C. filosófica: uma, em sentido próprio, que é "obra do filósofo crente", uma vez que "não parece possível elaborar uma C. filosófica exterior à fé em Cristo, Deus feito homem"; e outra, de sentido redutivo, que Tilliette denomina C. especulativa (secularizada primeiro e antropologizada depois), que "se forma independentemente, com base apenas na idéia ou símbolo de Cristo", tendo esvaziado o seu conteúdo. Segundo Tilliette, a autêntica C. filosófica "é esclarecida por um núcleo teológico e implica um regime de entendimento entre a filosofia e a teologia"; é assinalada por um duplo movimento: "o primeiro é dado pela destinação da filosofia ou da metafísica" e "liga-se à apologética e à teologia fundamental, à qual pode fornecer uma preparação"; o segundo movimento, conexo ao primeiro, diz respeito à "destinação filosófica da C.", pelo que, "se Cristo é o que é, e se é tudo, o alfa e o ômega, a filosofia deve sentir sua ressonância, seu refluxo, seu contragolpe". Nesse sentido, também C. filosóficas laicizadas – que mostram inadequação, seja por "um excesso de compreensão, que leva enfim à superação da religião na filosofia", seja por "uma desproporção que diminui tanto Jesus, quanto o *logos*" – apresentam um aspecto positivo: "preservaram a *idea Christi,* motivo oculto de toda C. que se pretenda apresentar como metafísica". Entre os pensadores contemporâneos que se interessaram pela problemática cristológica, reivindicando o caráter filosófico de suas reflexões de C., recordamos M. Blondel, P. Teilhard de Chardin, G. Marcel, E. Stein (dos quais X. Tilliette tratou), R. Guardini, J. Guitton e J. Maritain. [G.G.]

CRITÉRIO (gr. κριτήριον; lat. *Criterium;* in. *Criterion;* fr. *Critère;* al. *Kriterium;* it. *Criterio*). Uma regra para decidir o que é verdadeiro ou falso, o que se deve fazer ou não etc. O problema de um C.

capaz de dirigir o homem apresentou-se apenas no período pós-aristotélico da filosofia grega, quando a filosofia assumiu caráter predominantemente prático. Assim, para Epicuro a sensação era o C. da verdade e o prazer sensível, o C. do bem (DIÓG. L., X, 31). Para os estóicos, a representação cataléptica era o C. da verdade (*ibid.*, VII, 54), e o viver segundo a natureza era o C. da conduta (*ibid.*, VII, 87). Por sua vez, os céticos, negando a validade desses C., estabeleceram como seu próprio C. aderir aos fenômenos e viver segundo os costumes, as leis e as instituições tradicionais, bem como segundo suas próprias afeições (SEXTO EMPÍRICO, *Pirr. hyp.*, 21-4). Está claro que toda filosofia, ainda quando não elabora uma doutrina específica a respeito, tende sempre a apresentar ao homem um critério para dirigir suas opções, especialmente as que têm importância decisiva em sua vida. Kant usou, em vez de C., a palavra *cânon* (v.). [N.A.]

CRÍTICA (in. *Critique*; fr. *Critique*; al. *Kritik*; it. *Critica*). Termo introduzido por Kant para designar o processo através do qual a razão empreende o conhecimento de si mesma: "o tribunal que garanta a razão em suas pretensões legítimas, mas condene as que não têm fundamento". A C. não é, pois, "a C. dos livros e dos sistemas filosóficos, mas a C. da faculdade da razão, em geral, com respeito a todos os conhecimentos aos quais ela pode aspirar independentemente da experiência"; portanto, também é "a decisão sobre a possibilidade ou impossibilidade de uma metafísica em geral e a determinação tanto de suas fontes quanto de seu âmbito e de seus limites" (*Crít. R. Pura*, Pref. à 1ª ed.). A tarefa da C., portanto, é ao mesmo tempo negativa e positiva: negativa enquanto restringe o uso da razão; positiva porque, nesses limites, a C. garante à razão o uso legítimo de seus direitos (*ibid.*, Pref. à 2ª ed.). A C. assim entendida afigurava-se a Kant como uma das tarefas de sua época ou, como diz ele habitualmente, da "Idade Moderna"; de fato, constituía a aspiração fundamental do iluminismo, que, decidido a submeter todas as coisas à C. da razão, não se recusava a submeter a própria razão à C., para determinar seus limites e eliminar de seu âmbito os problemas fictícios (v. ILUMINISMO). Pode-se dizer que quem abriu esse caminho para o iluminismo foi um de seus maiores inspiradores, Locke; este, segundo palavras contidas na Epístola ao leitor, que antecede o *Ensaio sobre o entendimento humano*, concebeu o Ensaio com a finalidade de "examinar as capacidades próprias do homem e verificar quais objetos seu intelecto é capaz ou não de considerar". O iluminismo adotou esse ponto de vista (v. COISA-EM-SI). O título que Kant pensara dar à *Crítica da Razão Pura*, ou seja, *Os limites da sensibilidade e da razão* (carta a Marcos Herz, de 7-VI-1771) exprime bem o significado que ficou ligado à palavra "C.". A esse significado, Hegel objetou que "querer conhecer antes de conhecer é absurdo, tanto quanto o é o prudente propósito de quem quer aprender a nadar antes de se arriscar a entrar na água" (*Enc.*, § 10). Mas essa objeção é infundada, pois a C. kantiana não age no vazio nem precede o conhecimento, mas atua sobre os conhecimentos de que o homem efetivamente dispõe, com o fim de determinar as condições de sua validade. Não se trata, portanto, de aprender a nadar fora da água, mas de analisar os movimentos do nado para determinar as possibilidades efetivas que ele oferece, comparando-as às outras, fictícias, que levariam ao afogamento. [N.A.]

CRÍTICA, HISTÓRIA. V. ARQUEOLÓGICA, HISTÓRIA.

CRÍTICA, PSICOLOGIA. V. PSICOLOGIA, *b*.

CRÍTICA, TEORIA. V. TEORIA CRÍTICA.

CRITICISMO (in. *Criticism*; fr. *Criticisme*; al. *Kritizismus*; it. *Criticismo*). Doutrina de Kant, nos pontos básicos pelos quais agiu na filosofia moderna e contemporânea, e que podem ser assim resumidos: 1º Formulação *crítica* (v.) do problema filosófico e, portanto, condenação da metafísica como esfera de problemas que estão além das possibilidades da razão humana. 2º Determinação da tarefa da filosofia como reflexão sobre a ciência e, em geral, sobre as atividades humanas, a fim de determinar as condições que garantem (e limitam) a validade da ciência e, em geral, das atividades humanas. 3º Distinção fundamental, no domínio do conhecimento, entre os problemas relativos à origem e ao desenvolvimento do conhecimento no homem e o problema da validade do próprio conhecimento, isto é, distinção entre o domínio da psicologia (Kant disse "fisiologia", *Crít. R. Pura*, § 10) e o domínio lógico-transcendental ou lógico-objetivo, onde tem lugar a questão *de iure* da validade do conhecimento, insolúvel no terreno *de facto*. Essa distinção equivale à descoberta da dimensão lógico-objetiva do conhecimento que deveria inspirar a filosofia dos valores, a Escola de Marburgo, o logicismo de Frege e, através de Bolzano, a fenomenologia de Husserl. Em geral, pode-se dizer que a polêmica da matemática e da lógica moderna contra o *psicologismo* (v.) tem origem histórica no C. kantiano; 4º Conceito de moralidade fundada no imperativo categórico e conceito de imperativo categórico como forma da razão em seu uso prático.

Esses pontos constituem as características comuns de todas as formas de C. e de neocriticismo. Não constituem, porém, traços característicos ou dominantes do C. os fundamentos da doutrina kantiana de *arte, teleologia* e *religião;* sobre eles, v. verbetes correspondentes. [N.A.]

CROCIANISMO. V. IDEALISMO; NEO-HEGELIANISMO; HISTÓRIA; HISTORICISMO; HISTORIOGRAFIA.

CROCODILO, DILEMA DO. V. DILEMA.

CRONÓTOPO (it. *Cronotopo*). Foi esse o nome dado por Gioberti, em *Protologia* (I, pp. 453-4), à unidade de espaço e tempo puros, isto é, intuídos pelo Pensamento Divino. O C. é Deus mesmo, porque é a própria possibilidade infinita da criação; no pensamento divino, é uma espécie de modelo eterno do tempo e do espaço. [N.A.]

CRUCIAL (lat. *Instantia crucis;* it. *Cruciale*). O uso comum que se faz desse adjetivo em expressões como "experiência C.", "exemplo C.", "período C.", no sentido genérico de decisivo, remonta a Bacon (*Nov. Org.*, II, 36), que deu o nome de instâncias C. (das cruzes que se erigiam nas encruzilhadas para indicar a separação das estradas) aos experimentos que permitem escolher a hipótese verdadeira entre as várias possíveis para a explicação de um fenômeno. [N.A.]

CUIDADO (lat. *Cura;* al. *Sorge;* it. *Cura*). A preocupação, que, segundo Heidegger, é o próprio ser do *Dasein* (ser-aí), da existência. O C. é a totalidade das estruturas ontológicas do *Dasein* (ser-aí) como ser-no-mundo: em outros termos, compreende todas as possibilidades da existência que estejam vinculadas às coisas e aos outros homens e dominadas pela situação. Heidegger lembra a fábula 220 de Higino como "um testemunho pré-ontológico" da sua doutrina do cuidado. Essa fábula termina com estas palavras: "Como foi *cuidado* quem primeiro imaginou o homem, que fique com ele enquanto ele viver" (*Sein und Zeit,* § 42). Todavia, Heidegger adverte: "Essa expressão nada tem que ver com 'aflição', 'tristeza', 'preocupações' da vida como se revelam onticamente em cada *Dasein* (ser-aí). Ao contrário, é onticamente possível algo como 'despreocupação' e 'alegria', justamente porque o *Dasein* (ser-aí), ontologicamente entendido, é cuidado (*cura*); como ao *Dasein* (ser-aí) pertence de modo essencial o ser-no-mundo, seu ser em relação com o mundo é essencialmente ocupação" (*ibid.*, § 12). [N.A.]

CULPA (lat. *Culpa;* in. *Guilt;* fr. *Culpabilité;* al. *Schuld;* it. *Colpa*). Originariamente, termo jurídico para indicar a infração de uma norma cometida "involuntariamente", sem premeditação, em contraposição a delito (*dolus*), que é a transgressão premeditada. Eis como Kant exprime a questão: "Uma transgressão involuntária mas imputável chama-se culpa; uma transgressão voluntária (unida à consciência de que se trata realmente de uma transgressão) chama-se delito" (*Met. der Sitten,* I, Intr. § 4). Para Heidegger, a culpa é "um modo de ser do *Dasein* (ser-aí)", uma determinação essencial da existência humana como tal. Distingue dois significados de ser culpado (correspondentes aos dois significados do al. *Schuld,* que significa dívida e culpa): estar em dívida com alguém e ser causa, autor ou responsável por alguma coisa. "Nessa forma de 'ter culpa' de alguma coisa, pode-se 'ser culpado' sem 'estar em dívida' com alguém ou ser-lhe devedor. E, vice-versa, pode-se dever algo a alguém sem ter C. disso (ser sua causa)" (*Sein und Zeit,* § 58). Em sentido análogo, Jaspers colocou a C. entre as situações-limite da existência humana, isto é, entre as situações a que o homem não pode fugir (*Phil.*, II, pp. 246 ss.). [N.A.]

CULTURA (in. *Culture;* fr. *Culture;* al. *Kultur;* it. *Cultura*). Esse termo tem dois significados básicos. No primeiro e mais antigo, significa a *formação* do homem, sua melhoria e seu refinamento. F. Bacon considerava a C. nesse sentido como "a geórgica do espírito" (*De augm. scient.*, VII, 1), esclarecendo assim a origem metafórica desse termo. No segundo significado, indica o produto dessa formação, ou seja, o conjunto dos modos de viver e de pensar cultivados, civilizados, polidos, que também costumam ser indicados pelo nome de *civilização*. A passagem do primeiro para o segundo significado ocorreu no século XVIII por obra da filosofia iluminista, o que se nota bem neste trecho de Kant: "Num ser racional, cultura é a capacidade de escolher seus fins em geral (e portanto de ser livre). Por isso, só a C. pode ser o fim último que a natureza tem condições de apresentar ao gênero humano" (*Crít. do Juízo,* § 83). Como "fim", a C. é o produto, mais que o produzir-se, da "geórgica da alma". No mesmo sentido, Hegel dizia: "Um povo faz progressos, tem seu desenvolvimento e seu crepúsculo. O que se encontra aqui, sobretudo, é a categoria da C., de sua exageração e de sua degeneração: para um povo, esta última é produto ou fonte de ruína" (*Phil. der Geschichte,* ed. Lasson, p. 43).

1. No significado referente à formação da pessoa humana individual, essa palavra corresponde ainda hoje ao que os gregos chamavam *paidéia* e que os latinos, na época de Cícero e Varrão, indicavam com a palavra *humanitas*: educação do homem como tal, ou seja, educação devida às "boas artes" peculiares do homem, que o distinguem de todos os outros animais (AULO GÉLIO, *Noct. Att.*, XIII, 17). As boas artes eram a poesia, a eloqüência, a filosofia etc., às quais se atribuía valor essencial para aquilo que o homem é e deve ser, portanto para a capacidade de formar o homem verdadeiro, o homem na sua forma genuína e perfeita. Para os gregos, a C. nesse sentido foi a busca e a realização

que o homem faz de si, da verdadeira natureza humana. E teve duas características constitutivas: 1.ª estreita ligação com a filosofia, na qual se incluíam todas as formas da investigação; 2.ª estreita ligação com a vida social. Em primeiro lugar, para os gregos, o homem só podia realizar-se como tal através do conhecimento de si mesmo e de seu mundo, portanto mediante a busca da verdade em todos os domínios que lhe dissessem respeito. Em segundo lugar, o homem só podia realizar-se como tal na vida em comunidade, na *polis*: a *República* de Platão é a expressão máxima da estreita ligação que os gregos estabeleciam entre a formação dos indivíduos e a vida da comunidade; e a afirmação de Aristóteles de que o homem é *por natureza* um animal político tem o mesmo significado. Mas, num e noutro aspecto, a natureza humana de que se fala não é um dado, um fato, uma realidade empírica ou material já existente, independentemente do esforço de realização que é a cultura. Só existe como fim ou termo do processo de formação cultural; é, em outros termos, uma realidade superior às coisas ou aos fatos, é uma *idéia* no sentido platônico, um *ideal*, uma *forma* que os homens devem procurar realizar e encarnar em si mesmos.

Esse conceito clássico de C. como processo de formação especificamente humana excluía qualquer atividade *infra-humana* ou *ultra-humana*. Excluía, em primeiro lugar, as atividades utilitárias: artes, ofícios e, em geral, o trabalho manual que se indicava depreciativamente pelo termo *banausia* (v.), que cabia ao escravo ("instrumento animado") porque não distinguia o homem do animal, que também age no sentido de obter alimento e satisfazer às outras necessidades. Excluía também qualquer atividade *ultra-humana*, que não estivesse voltada para a realização do homem no mundo, mas para um destino ultraterreno. Pelo primeiro aspecto, o ideal clássico de C. foi *aristocrático*; pelo segundo, foi *naturalista*; por ambos, foi *contemplativo* e viu na "vida teórica", inteiramente dedicada à busca da sabedoria superior, o fim último da cultura. Na Idade Média esse conceito foi parcialmente conservado e modificado: manteve-se o caráter aristocrático e contemplativo, mas transformou-se radicalmente seu caráter naturalista. As artes do *Trívio* (gramática, retórica, dialética) e do *Quadrívio* (aritmética, geometria, astronomia, música), que ainda eram chamadas de "liberais" (segundo o conceito grego, as únicas dignas dos homens livres), constituíam a base e o preâmbulo da C. medieval, cujo objetivo foi, porém, a preparação do homem para os deveres religiosos e para a vida ultraterrena. O instrumento principal dessa preparação foi a filosofia, à qual se atribuiu a função específica de tornar acessíveis ao homem as verdades reveladas pela religião, de fazê-lo compreender essas verdades na medida de suas possibilidades intelectuais, de fornecer-lhe as armas para a defesa dessas verdades contra as tentações da heresia e da descrença. Assim, a filosofia acabou exercendo função eminente na C. medieval, mas bem diferente da que exercera no mundo grego: deixou de ser o complexo de investigações autônomas que o homem organiza e disciplina com os instrumentos naturais de que dispõe (sentidos e inteligência) para ter valor subalterno e instrumental (*Philosophia ancilla theologiae*), para a compreensão, a defesa e, sempre que possível, a demonstração da verdade religiosa. Só mais tarde, a partir do século XII, começou a reivindicar, ao lado dessa função instrumental, um campo próprio e específico de investigação, se bem que, também este, submetido às regras da fé. Contudo permaneceram na Idade Média o caráter aristocrático e o caráter contemplativo, típicos do ideal clássico: este último, aliás, acentuou-se e estendeu-se como preparação e prenúncio da contemplação beatífica da alma que se alçou à pátria celeste. O Renascimento, na tentativa de redescobrir o significado genuíno do ideal clássico de C., quis restabelecer seu caráter naturalista: concebeu a C. como formação do homem em seu mundo, como a formação que permite ao homem viver da forma melhor e mais perfeita no mundo que é seu. A própria religião, segundo esse ponto de vista, é elemento integrante da C. não porque prepare para outra vida, mas porque ensina a viver bem nesta. O Renascimento, além disso, modificou o caráter contemplativo do ideal clássico, insistindo no caráter ativo da "sabedoria" humana. Pico della Mirandola e Carlos Bovillus (Charles de Bouvelles) insistiram no conceito de que é através da sabedoria que o homem chega à realização completa e torna-se um *microcosmo* no qual o próprio *macrocosmo* encontra a perfeição. "O sapiente", diz Bovillo (*De sapiente*, 8), "conquista-se, toma posse e continua na posse de si mesmo, ao passo que o insipiente permanece devedor da natureza, oprimido pelo homem substancial [isto é, pelo homem que é simples coisa ou natureza] e jamais pertence a si mesmo." Desse ponto de vista, a vida ativa já não é estranha ao ideal de C.; com a vida ativa, o trabalho passa a fazer parte desse ideal, sendo, pois, resgatado de seu caráter puramente utilitário e servil. O Renascimento, contudo, manteve o caráter aristocrático da C.: ela é "sapiência" e, como tal, reservada a poucos: o sapiente destaca-se do restante da humanidade, tem seu próprio *status* metafísico e moral, diferente dos outros homens.

A primeira tentativa de eliminar o caráter aristocrático da C. coube ao iluminismo. Este teve dois aspectos essenciais: em primeiro lugar, procurou estender a crítica racional a todos os objetos possíveis de investigação e considerou, portanto, como erro ou preconceito tudo o que não passasse pelo crivo dessa crítica. Em segundo lugar, propôs-se a difusão máxima da C., que deixou de ser considerada patrimônio dos doutos para ser instrumento de renovação da vida social e individual. A *Enciclopédia* francesa foi a maior expressão dessa segunda tendência, mas foi somente um dos meios pelos quais o iluminismo procurou difundir a C. entre todos os homens e torná-la universal. Esse ideal de universalidade da C. permaneceu, caracterizando, até nossos dias, um aspecto essencial da C., não obstante a poderosa influência do romantismo; este, por seu caráter reacionário e antiliberal, procurou de várias formas retornar ao conceito aristocrático de cultura. Entretanto, o domínio da C. alargava-se: as novas disciplinas científicas que se formavam e adquiriam autonomia mostravam-se *ipso facto* como novos elementos constitutivos do ideal de cultura, elementos indispensáveis para a formação de uma vida humana equilibrada e rica. "Ser culto" já não significava dominar apenas as artes liberais da tradição clássica, mas conhecer em certa medida matemática, física, ciências naturais, além das disciplinas históricas e filológicas que haviam formado. O conceito de C. começou então a significar "enciclopedismo", isto é, conhecimento geral e sumário de todos os domínios do saber.

A partir do início do século XX percebeu-se a insuficiência desse ideal enciclopedista, que, no entanto, era fruto da multiplicação e da especificação dos campos de pesquisa e de suas respectivas disciplinas. Em 1908, Croce lamentava que nos cinqüenta anos anteriores houvesse prevalecido "o tipo do homem que tem não poucos *conhecimentos*, mas não tem o *conhecimento*, que fica limitado a pequeno círculo de fatos ou se perde em meio a fatos dos mais variados tipos, e que, assim limitado ou perdido, continua privado de uma diretriz ou, como se diz, de uma fé". Croce porém, achava que esse mal não era devido à especificação das disciplinas, mas ao predomínio do positivismo, que privilegiara a C. "naturalista e matemática". E propunha como solução uma C. que fosse "harmoniosa cooperação entre filosofia e história, entendidas no seu significado amplo e verdadeiro". Mas essa solução era sugerida pelo espírito polêmico antipositivista e pela orientação típica da filosofia crociana, na qual a C. científica e o próprio espírito científico não encontram lugar. Na realidade, o problema da C. agravou-se ainda mais nos cinqüenta anos transcorridos após o diagnóstico de Croce. Não só o processo de multiplicação e especificação das correntes de pesquisa e, portanto, das disciplinas (naturalistas e não naturalistas) ampliou-se até assumir proporções gigantescas, como também a crescente industrialização do mundo contemporâneo torna indispensável a formação de *competências* específicas, possíveis apenas por meio de treinamento especializado, que confina o indivíduo num campo extremamente restrito de atividade e estudo. O que a sociedade mais exige de cada um dos seus membros é o *desempenho* na tarefa ou na função que lhe foi confiada; e o desempenho não depende tanto da posse de uma C. geral desinteressada quanto de conhecimentos específicos e aprofundados em algum ramo particularíssimo de determinada disciplina. Ora, essa situação, determinada por condições histórico-sociais cuja mudança ou cujo fim não é possível prever, não pode ser ignorada ou minimizada por aqueles que se ocupam do problema da cultura. Portanto, é perfeitamente inútil insurgir-se contra ela com espírito profético, opondo-lhe o ideal clássico de C. em sua pureza e perfeição, como formação desinteressada do homem aristocrático para a vida contemplativa. Por outro lado, também seria inútil ignorar ou minimizar os defeitos gravíssimos de uma C. reduzida a puro treinamento técnico em determinado campo e restrita ao uso profissional de conhecimentos utilitários. É óbvio que dificilmente uma coisa dessas poderia ser chamada de "C.", porque esta palavra designa, como se viu, um ideal de formação humana *completa*, a realização do homem em sua forma autêntica ou em sua natureza humana. Competências específicas, habilidades particulares, destreza e precisão no uso dos instrumentos, materiais ou conceituais, são coisas úteis, aliás indispensáveis, à vida do homem em sociedade e da sociedade no seu conjunto, mas não podem, nem de longe, substituir a C. entendida como formação equilibrada e harmônica do homem como tal. E, de fato, a experiência revela todos os dias os inconvenientes gravíssimos da educação incompleta e especializada, sobretudo nos países onde, por fortes exigências sociais, ela foi levada mais a fundo. O primeiro inconveniente é o permanente desequilíbrio da personalidade, que pende para uma única direção e fica centrada em torno de poucos interesses, tornando-se incapaz de enfrentar situações ou problemas que se situem um pouco além desses interesses. Esse desequilíbrio, já gravíssimo do ponto de vista individual (pode produzir, como de fato muitas vezes produz, em certos limites, diversas formas de neuroses), também é grave do ponto de vista social, pois impede ou limita muito a comunicação entre os homens, fecha cada um em seu próprio mundo restrito, sem interesse nem tolerância por aqueles que estão fora dele. O segundo inconveniente é que ele não dá armas para enfrentar as exigências que nascem da própria especialização das disciplinas. De fato, quanto mais a fundo é levada essa especialização, tanto mais numerosos se tornam os problemas que surgem nos pontos de contato ou de intersecção entre disciplinas diferentes; e esses problemas não podem ser enfrentados no domínio de uma só delas e apenas com os instrumentos que ela oferece. Em outros termos, a própria especialização, que é por certo uma exigência imprescindível do mundo moderno, requer, em certa altura de seu desenvolvimento, encontros e colaboração entre disciplinas especializadas diversas: encontros e colaboração que vão muito além das competências específicas e exigem capacidade de comparação e de síntese, que a especialização não oferece.

Certamente, esses inconvenientes e problemas não têm a mesma gravidade em todos os países. Em geral, pode-se dizer que onde o desenvolvimento industrial e econômico foi mais rápido esses problemas são mais agudos. Mas mesmo onde isso não ocorreu, esses problemas acabam surgindo mais cedo ou mais tarde (previsivelmente, mais cedo do que tarde) com a mesma gravidade, no momento em que, devido às crescentes exigências do desenvolvimento científico e industrial, a especialização alcançar um estágio adiantado. De qualquer forma, o problema fundamental da C. contemporânea é sempre o mesmo: conciliar as exigências da especialização (inseparáveis do desenvolvimento maduro das atividades culturais) com a exigência de formação humana, total ou, pelo menos, suficientemente equilibrada. É para tentar solucionar esse problema que hoje se discute a noção de "C. geral", que deveria acompanhar todos os graus e as formas de educação, até a mais especializada. Mas está claro que a solução do problema será apenas aparente enquanto não se tiver uma idéia clara do que é "C. geral". Não se trata, obviamente, de contrapor um grupo de disciplinas a outro e de impor, por exemplo, as disciplinas históricas ou humanísticas como "C. geral", em oposição à especialização das disciplinas "naturalistas". Isso seria impróprio principalmente porque mesmo as disciplinas chamadas "humanistas" não escapam à premência da especialização e também exigem treinamento especializado para serem entendidas e proficuamente cultivadas. Também é óbvio que a C. geral não pode ser constituída por noções vazias e superficiais, que não suscitariam interesse e, portanto, não contribuiriam para enriquecer a personalidade do indivíduo e sua capacidade de comunicar-se com os outros. Contudo, é possível indicar de maneira aproximada as características de uma C. geral que, como a clássica *paidéia*, esteja preocupada com a formação total e autêntica do homem. Em primeiro lugar, é uma C. "aberta", ou seja, não fecha o homem num âmbito estreito e circunscrito de idéias e crenças. O homem "culto" é, em primeiro lugar, o homem de espírito aberto e livre, que sabe entender as idéias e as crenças alheias ainda que não possa aceitá-las ou reconhecer sua validade. Em segundo lugar, e por conseqüência, uma C. viva e formativa deve estar aberta para o futuro, mas ancorada no passado. Nesse sentido, o homem culto é aquele que não se desarvora diante do novo nem foge dele, mas sabe considerá-lo em seu justo valor, vinculando-o ao passado e elucidando suas semelhanças e disparidades. Em terceiro lugar, a C. se funda na possibilidade de *abstrações operacionais*, isto é, na capacidade de efetuar escolhas ou abstrações que permitam confrontos, avaliações globais e, portanto, orientações de natureza relativamente estável. Em outros termos: não há C. sem as idéias que comumente chamamos "idéias gerais", mas estas não devem nem podem ser impostas ou aceitas, arbitrária ou passivamente, pelo homem culto na forma de ideologias institucionalizadas; devem poder formar-se de modo autônomo, sendo continuamente comensuradas com as situações reais. É claro que, para a formação de uma C. com essas características formais, são igualmente necessários o enfoque histórico-humanístico do passado e o espírito crítico e experimental da pesquisa científica, assim como é necessário o uso disciplinado e rigoroso das abstrações, próprio da filosofia, além da capacidade de formar projetos de vida a longo prazo, que também é fruto do espírito filosófico. Desse ponto de vista, o problema da C. geral não se coloca como formulação de um *curriculum* de estudos único para todos, que compreenda disciplinas de informação genérica, mas como o problema de encontrar, para cada grupo ou classe de atividades especializadas, e a partir delas, um projeto de trabalho e de estudo coordenado com essas disciplinas ou que as complemente, que enriqueça os horizontes do indivíduo e mantenha ou reintegre o equilíbrio de sua personalidade.

2. No segundo significado, essa palavra hoje é especialmente usada por sociólogos e antropólogos para indicar o conjunto dos modos de vida criados, adquiridos e transmitidos de uma geração para a outra, entre os membros de determinada sociedade. Nesse significado, C. não é a formação do indivíduo em sua humanidade, nem sua maturidade espiritual, mas é a formação coletiva e anônima de um grupo social nas instituições que o definem. Nesse sentido, esse termo talvez tenha sido usado

pela primeira vez por Spengler, que com ele entendeu "consciência pessoal de uma nação inteira"; consciência que, em sua totalidade, ele entendeu como organismo vivo; e, assim como todos os organismos, nasce, cresce e morre. "Cada C., cada surgimento, cada progresso e cada declínio, cada um de seus graus e de seus períodos internamente necessários, tem duração determinada, sempre igual, sempre recorrente com forma de símbolo" (*Untergang des Abendlandes*, I, p. 147). Do conceito de C. assim entendida, Spengler distinguia o conceito de *civilização*, que é o aperfeiçoamento e o fim de uma C., a realização e, portanto, o esgotamento de suas possibilidades constitutivas. "A civilização", diz Spengler, "é o destino inevitável da cultura. Nela se atinge o ápice a partir do qual podem ser resolvidos os problemas últimos e mais difíceis da morfologia histórica. As civilizações são os estados extremos e mais refinados aos quais pode chegar uma espécie humana superior. São um fim: são o devindo que sucede ao devir, a morte que sucede à vida, a cristalização que sucede à evolução. São um termo irrevogável ao qual se chega por necessidade interna" (*ibid.*, Intr., § 12).

Essas observações, cuja validade é comprometida pela analogia falaciosa entre organismo humano e grupo humano, sugerida a Spengler por seu biologismo explícito, só tiveram sucesso entre os representantes do profetismo contemporâneo. Mostraram, porém, a utilidade de um termo como C. para indicar o conjunto dos modos de vida de um grupo humano determinado, sem referência ao sistema de valores para os quais estão orientados esses modos de vida. C., em outras palavras, é um termo com que se pode designar tanto a civilização mais progressista quanto as formas de vida social mais rústicas e primitivas. Nesse significado neutro, esse termo é empregado por filósofos, sociólogos e antropólogos contemporâneos. Tem ainda a vantagem de não privilegiar um modo de vida em relação a outro na descrição de um todo cultural. De fato, para um antropólogo, um modo rústico de cozer um alimento é um produto cultural tanto quanto uma sonata de Beethoven. As muitas definições de C. hoje em dia só dão expressões diversas a esses pontos básicos. Segundo Malinowski, a C. é "um composto integral de instituições parcialmente autônomas e coordenadas" que, em seu conjunto, tende a satisfazer toda a gama de necessidades fundamentais, instrumentais e integrativas do grupo social (*A Scientific Theory of Culture*, 1944). Segundo Kluckhohn e Kelly, a C. é "um sistema histórico de projetos de vida explícitos e implícitos que tendem a ser compartilhados por todos os membros de um grupo ou por membros especialmente designados" (R. LINTON, *The Science of Man in the World Crisis*, 1945). Para Coon, é "a soma total das coisas que as pessoas fazem como resultado do fato de terem sido assim ensinadas" (*The Story of Man*, 1954). Para Linton, é "um grupo organizado de respostas aprendidas, características de determinada sociedade" (*The Tree of Culture*, 1955). O caráter global (mas nem por isso sistemático) de uma C., que corresponde às necessidades fundamentais de um grupo humano, a diversidade dos modos como as várias C. correspondem a essas necessidades e o caráter de aprendizado ou transmissão da C. são traços característicos expressos por essas definições, traços que se repetem em quase todas as definições que hoje podem ser consideradas válidas. [N.A.]

CULTURALISMO (in. *Culturalism*; it. *Culturalismo*). 1. Toda doutrina antropológica, filosófica, psicológica etc. que atribua papel primordial à cultura (v. CULTURA, 2) e aos fatores socioculturais em geral.

2. O mesmo que neofreudismo (v. PSICOLOGIA). [G.V.]

CURIOSIDADE (al. *Neugierde*; it. *Curiosità*). Juntamente com a tagarelice e o equívoco, é, segundo Heidegger, uma das características essenciais da existência cotidiana: caracteriza-se pelo desejo contínuo e sempre renovado de *ver*. A C. nada tem a ver com a admiração de quem inicia a busca nem com a perplexidade de quem não compreende. Caracteriza-se pela impermanência no mundo circundante e pela *dispersão* em possibilidades sempre novas, pelo que a curiosidade nunca está parada (*Sein und Zeit*, § 36). [N.A.]

CURSO DAS NAÇÕES (it. *Corso delle nazioni*). Esse é o nome dado por Vico à "constante uniformidade" demonstrada, apesar da variedade dos costumes, pela história dos diversos povos; a história dos povos pode ser dividida nas "três idades que, segundo os egípcios, haviam antes transcorrido em seu mundo: dos deuses, dos heróis e dos homens" (*Scienza nuova*, IV) (v. RETORNO). [N.A.]

D

D. 1. Na lógica medieval, todos os silogismos indicados por palavras mnemônicas que começam com D são redutíveis ao terceiro modo da primeira figura (*Darii*). Cf. PEDRO HISPANO, *Summ. log.*, 4.20.

2. No algoritmo de Lukasiewicz, indica a não-conjunção (cf. CHURCH, *Introduction to Mathematical Logic*, n. 91). [N.A.]

DABITIS. No âmbito da tradição silogística, aqueles que não aceitavam a quarta figura designavam com esse nome o "silogismo indireto" de primeira figura, que tem como forma: "Todos os A são B, Alguns C são A; logo, Alguns B são C" ("Todos os animais são substâncias, Alguns homens são animais; logo, Algumas substâncias são homem"). [M.M.]

DADO (in. *Given*; fr. *Donné*; al. *Gegeben*; it. *Dato*). Em geral, o ponto de partida ou a base de uma indagação qualquer, o elemento, o antecedente, a situação da qual se parte ou que serve de respaldo para formular um problema, fazer uma inferência, aventar uma hipótese. O D. tem, portanto, caráter funcional: o que se assume como D. para certo tipo ou ordem de indagação pode ser, por sua vez, tomado como problema para outro tipo ou ordem de pesquisa.

A palavra moderna tem provavelmente origem matemática ("um segmento *D.*", "um número *D.*" etc.). Na filosofia moderna, a existência de D. últimos, irredutíveis, foi utilizada como a existência de um limite ao conhecimento, ou seja, de uma condição que ao mesmo tempo restringe e garante a validade do próprio conhecimento. Foi desse modo que Locke utilizou as idéias: sem idéias não é possível o conhecimento, que é percepção de uma relação entre as próprias idéias (*Ensaio*, IV, 3, 1). Para ele, além das idéias, também são dadas (embora ele não lhes dê esse nome) as condições da percepção, do conhecimento racional e do conhecimento sensorial; estas limitam a extensão do conhecimento, que acaba sendo menor do que o das idéias (*ibid.*, IV, III, 6). Para Kant, o D. é a presença do objeto na intuição sensível (*Crít. R. Pura*, § 1): presença que torna a intuição uma faculdade passiva, não criadora, como poderia ser a intuição intelectual de Deus (*ibid.*, IV, § 8). Como é óbvio, nesse sentido o D. é eliminado das filosofias que negam o caráter condicionado e limitado do conhecimento humano e o transformam em atividade criadora. Assim, Fichte de certo modo contrapõe ao conceito de D. o conceito de posição: "Fonte da realidade é o Eu. Só através do Eu e com ele é D. o conceito da realidade. Mas o Eu é porque se põe e põe-se porque é. Portanto, pôr-se e ser são uma e mesma coisa" (*Wissenschaftslehre*, 1794, § 4, C). Por outro lado, não é só o idealismo romântico que elimina a noção e a função do dado. O próprio neocriticismo, que interpreta a doutrina de Kant como idealismo gnosiológico, nega a função do dado. Diz Cohen: "O pensamento não é síntese, mas produção, e o princípio do pensamento não é um D., de algum modo independente dele, mas é a origem (*Ursprung*). A lógica do conhecimento puro é uma lógica da origem" (*Logik der reinen Erkenntnis*, 1902, p. 36). E, para Natorp, o D. não está no início do processo do conhecimento, como a sua matéria bruta, mas no fim do processo como determinação final. Considera-se como *D.* o objeto que se conseguiu determinar completamente (*Philosophie*, 1911, p. 60).

Na filosofia contemporânea, interessada em estabelecer as condições limitativas do conhecimento, a noção de D. volta a ter seus direitos. O espiritualismo francês, de Maine de Biran a Bergson, considerou o D. como um privilégio da experiência interior, isto é, da consciência. O *Ensaio sobre os dados imediatos da consciência*, de Bergson (1889), apresenta-se como a tentativa de rastrear o D. originário da consciência em sua pureza, libertando-o das superestruturas intelectuais. Tal D. originário é, para Bergson, a *duração* da consciência, ou seja, a vida da consciência como autocriação e liberdade. Para grande parte da filosofia contemporânea, o D. é, como para Bergson, um D. da consciência, que só pode ser descoberto e reconhecido na busca da própria interioridade. Para Husserl, porém, o D. assume significado mais geral. Segundo ele, qualquer procedimento rigoroso, seja ele científico ou filosófico, tem o dever de voltar-se para o "dar-se originário" das coisas e fazer as coisas falar. "Julgar as coisas racional ou cientificamente", diz ele, "significa voltar-se para elas, remontar dos discursos e das opiniões às próprias coisas, interrogá-las em seu dar-se (*Selbstgegebenheit*) e eliminar todos os prejulgamentos alheios a elas" (*Ideen*, I, § 19). A pesquisa fenomenológica, da forma como é concebida por Husserl, consiste em pôr-se na condição em que as coisas *se dão*, em que se revelam na sua essência. Dewey entende o dado como situação total da qual são extraídos os elementos para as soluções de um problema. "O que é D., no sentido estrito da palavra, é o campo ou a situação total. O D., no sentido singular, seja de objeto ou qualidade, é o aspecto, o momento ou o elemento especial da presente situação real, e é abstraído desta a fim de localizar e identificar seus traços problemáticos, com referência à indagação que se deve efetuar naquele momento e naquele lugar. Para ser mais exato, o D. singular é mais uma assunção do que um D." (*Logic*, cap. VII; trad. it., p. 181). O uso filosófico estabelece, portanto, dois conceitos diferentes da noção de D.: 1º o D. é o ponto de partida da análise, ou seja, a situação de que se parte para resolver um problema ou as assunções ou os antecedentes de uma inferência ou de um discurso qualquer; 2º o D. é o ponto de chegada da busca porque é o que se obtém quando se retiram do campo de indagação prejulgamentos, opiniões ou superestruturas falsificadoras, permitindo que se mostre e manifeste a realidade como tal. O primeiro sentido foi assumido por Locke, Kant e Dewey; o segundo sentido, por Natorp, Bergson e Husserl. [N.A.]

Na epistemologia do século XX, o conceito de D. sofreu visível processo de corrosão, culminando: *a*) na negação de supostos D. "últimos" capazes de funcionar como base sólida do conhecimento (segundo um modelo de tipo fundacionalista ainda presente no *Aufbau* de Carnap e na sua tentativa de construção lógica da ciência empírica); *b*) na negação de supostos D. "imediatos" existentes para além de cada superestrutura teórica. Nessa obra de demolição crítica destacam-se, entre outros, W. Sellars e N. Goodman. O primeiro contestou "o mito do D." e da factualidade pura, esclarecendo que o mundo existe sempre como dado no interior de determinadas "concepções" dos D., ou seja, dentro de determinados parâmetros lingüísticos e conceituais (*Empirismo e filosofia della mente*, 1956. trad. it. "Iride", 1990, n.os 4/5, pp. 159-222). O segundo contestou os mitos do "olho inocente" e do "D. absoluto", explicando que a recepção e a interpretação *não* são atividades distintas, mas operações "totalmente interdependentes" (*Il linguaggio dell'arte*, 1968, trad. it., Il Saggiatore, Milão, 1976, p. 13). [G.F.]

DARAPTI. Palavra mnemônica usada na lógica aristotélico-escolástica para indicar o modo do silogismo de terceira figura (redutível a *Darii* da primeira) que tem como forma: "Todos os A são B, Todos os A são C; logo, Alguns C são B" ("Todos os animais são substâncias, Todos os homens são animais; logo, Alguns animais são substância"). [M.M.]

DARII. Palavra mnemônica usada na lógica aristotélico-escolástica para indicar o modo do silogismo de primeira figura que tem como forma: "Todos os A são B, Alguns C são A; logo, Alguns C são B" ("Todos os homens são animais, Alguns gregos são homens; logo, Alguns gregos são animais"). [M.M.]

DARWINISMO (in. *Darwinism*; fr. *Darwinisme*; al. *Darwinismus*; it. *Darwinismo*). Doutrina da evolução biológica, segundo os fundamentos enunciados por Darwin: 1º existência de *pequenas variações* orgânicas, que se verificariam nos seres vivos sob a influência das condições ambientais, das quais algumas (pela lei da probabilidade) seriam biologicamente vantajosas; 2º *seleção natural*, graças à qual sobreviveriam, na luta pela vida, os indivíduos nos quais se manifestassem as variações orgânicas favoráveis (*Origem das espécies*, 1859). Também são partes integrantes do D. a hipótese de que o homem descende de animais inferiores (*Descendência do homem*, 1871) e o *agnosticismo* diante dos problemas metafísicos (v. AGNOSTICISMO; EVOLUÇÃO). [N.A.]

DARWINISMO SOCIAL (in. *Social Darwinism*; fr. *Darwinisme social*; al. *Sozialdarwinismus*). 1. Em sentido lato, o conjunto das doutrinas do século XIX (de direita ou de esquerda) que procuraram aplicar a teoria darwiniana da evolução (ou alguns de seus aspectos) ao campo ético-político.

2. Em sentido restrito (e significativo), o conjunto das teorias que, partindo dos conceitos biológicos de "luta pela existência" e de "sobrevivência do mais apto", tentaram dar um (suposto) fundamento "científico" às desigualdades sociais (e raciais). Algumas teses desse tipo de D. social foram retomadas, de formas mais ou menos explícitas, pela chamada "sociobiologia" (v.). [G.F.]

DASEIN (in. *There-being* ou *Beingthereness*; fr. *Réalité-humaine*; al. *Dasein*; it. *Esserci*). Esse termo alemão começa a ser usado no século XVIII. Em italiano, o termo *esserci* é usado por Spaventa (*Princ. di fil.*, 1867, p. 134) para traduzir o correspondente termo hegeliano e, em inglês, *There-being* foi usado por Stirling em *Segredo de Hegel* (1865) para traduzir o mesmo termo. *Beingthereness*, em inglês, e *Realité-humaine*, em francês, são usados hoje para traduzir o significado existencialista do termo. Em português são usados para traduzir o sentido Heideggeriano: *Dasein, ser-aí* e *presença*. Ele significa, na origem, existência real, tanto das coisas finitas quanto a de Deus. Nesse sentido, é empregado por Kant (*Crít. R. Pura*, Anal., II, cap. 2, seção 3, 4): "No simples conceito de uma coisa não se pode encontrar nenhum caráter de sua existência real (*Dasein*). Porque, ainda que ele seja tão completo que nada lhe falte para pensar o objeto com todas as suas determinações internas, a existência real nada tem a ver com isso, mas só com a questão de que uma coisa nos é dada, de tal modo que a percepção dela possa sempre preceder o seu conceito". Nesse sentido, para Kant, a existência real (o ser-aí) é a segunda das categorias da modalidade e opõe-se ao não-ser (*ibid.*, § 10). Usando essa palavra no mesmo sentido, Jacobi dizia que a filosofia tem a tarefa de desvendar e revelar a existência (*Werke*, IV, p. 72). Hegel fazia a distinção entre o *ser-aí* (*Dasein*), como simples determinação do ser, e a existência, que é o ser em relação. Diz: "Etimologicanente, *dasein* é estar em determinado lugar, mas a representação espacial não vem ao caso. O *Dasein*, ou ser determinado, é em geral, em conformidade com seu devir, um ser com um não-ser, de tal modo que esse não-ser está reunido em simples unidade com o ser" (*Wissenschaft der Logik*, I, 1, seção I, cap. 1, A; trad. it., p. 109). Em palavras mais simples, o *Dasein* é o ser com determinado caráter ou qualidade, aquilo que se chama em geral de "alguma coisa" (*Enc.*, § 90). Mas, no uso filosófico contemporâneo, essa palavra ingressou com o significado atribuído pelo existencialismo, sobretudo por Heidegger, que a usou para designar a existência própria do homem. "Esse ente, que nós mesmos sempre somos e que, entre as outras possibilidades de ser, possui a de questionar, designamos com o termo *Dasein*." (*Sein und Zeit*, § 2). Assim entendido, o D. possui um "primado ôntico", no sentido de que deve ser interrogado primeiramente, e um "primado ontológico", porquanto a ele pertence originariamente certa compreensão do ser: por isso, ele é também o fundamento de qualquer ontologia (*ibid.*, § 4). Na filosofia contemporânea, esse termo é habitualmente usado no significado específico estabelecido por Heidegger, como ser do homem no mundo. Jaspers usa-o nesse sentido (*Phil.*, I, 6 ss.). Com significação semelhante, foi usado por Husserl, que com ele designa a existência da consciência, considerada privilegiada porque necessária: "Na essência de um eu puro, em geral, e de uma vivência em geral funda-se a possibilidade ideal de reflexão que tem o caráter de evidente e inextinguível tese do D." (*Ideen*, I, § 46). [N.A.]

DATISI. Palavra mnemônica usada na lógica aristotélico-escolástica para indicar o modo dos silogismos de terceira figura (redutíveis a *Darii* da primeira) que tem como forma: "Todos os A são B, Alguns A são C; logo, Alguns C são B" ("Todos os homens são substâncias, Alguns homens são animais; logo, Alguns animais são substância"). [M.M.]

DECADÊNCIA (al. *Das Verfallen*; it. *Deiezione*). Estado de queda da existência humana no nível da banalidade cotidiana, segundo Heidegger. Isso, porém, não supõe um estado original superior nem é um estado negativo e provisório que possa ser um dia eliminado. O estado de D. é aquele em que a existência se alheia de si, esconde de si mesma sua possibilidade própria (que é a da morte) e entrega-se ao modo de ser impessoal que é caracterizado pela tagarelice, pela curiosidade e pelo equívoco (*Sein und Zeit*, § 38). [N.A.]

DECISÃO (gr. προαίρεσις; in. *Decision*; fr. *Décision*; al. *Entscheidung* ou *Entschlossenheit*; it. *Decisione*). 1. Esse termo corresponde ao que Aristóteles e os escolásticos chamavam de escolha, ou seja, o momento conclusivo da deliberação no qual se adere a uma das alternativas possíveis. Aristóteles definiu a escolha como "um apetite deliberado referente a coisas que dependem de nós" (*Et. nic.*, III, 5, 1113 a 10); em sentido determinista, Espinosa identificou a D. com o desejo ou "determinação do corpo", que pode ser deduzida por meio das leis do movimento e do repouso (*Et.*, III, 2, esc.). Mas, livre ou determinada, a decisão é constantemente entendida pelos filósofos como o ato de discriminação dos possíveis ou de adesão a uma das alternativas possíveis. É, portanto, um ato antecipatório e projetante, no qual o futuro é de certo modo determinado. Essas características são elucidadas por Heidegger, para quem a D. é "o projeto e a determinação clara que, cada vez, abrem as possibilidades efetivas". Mas, para Heidegger, há uma só D. autêntica: não a que orienta para as possibilidades da existência cotidiana (que, em última análise, são *impossibilidades*), mas a que orienta para a possibilidade própria e certa da existência, ou seja, a possibilidade da morte. Essa D. autêntica não é senão "o tácito e angustiante autoprojetar-se sobre o mais próprio ser culpado"; ou ainda "aquilo de que o cuidado se acusa e, enquanto cuidado, a possível autenticidade de si mesmo" (*Sein und Zeit*, § 60). Isso significa que a D. autêntica coincide com a compreensão da existência humana como possibilidade da morte, isto é, como impossibilidade (v. EXISTENCIALISMO; POSSIBILIDADE). [N.A.]

2. Na teoria da computabilidade (v. EFETIVO, PROCEDIMENTO), um conjunto A, subconjunto de um conjunto S, é chamado *decidível* quando existe um procedimento efetivo que, dado um *x* qualquer pertencente a S, permite estabelecer, num número finito de etapas, se *x* pertence ou não a A. Em lógica, o problema da D. diz respeito à possibilidade de dispor de um procedimento efetivo por meio do qual se possa determinar se uma fórmula qualquer bem elaborada por dado sistema formal pertence ou não ao conjunto dos teoremas do sistema. No caso do cálculo dos enunciados a resposta é afirmativa, enquanto o método das *tabelas de verdade* (v.) fornece semelhante procedimento efetivo para estabelecer se uma fórmula qualquer do cálculo enunciativo é ou não um teorema. A respeito do cálculo dos predicados de primeira ordem, Alonzo Church demonstrou, por sua vez (1936), que não dispomos de nenhum procedimento que nos permita estabelecer, num um número finito de etapas, se uma fórmula de cálculo pertence ou não ao conjunto dos teoremas. Assim, o conjunto dos teoremas do cálculo predicativo é *enumerável* (v.) – no sentido de que os teoremas do conjunto podem ser todos arrolados, um após o outro – mas não são *decidíveis.* Contudo, é possível decidir o cálculo predicativo "monádico" (ou seja, que contém apenas símbolos predicativos *unários*). [M.M.]

DECISIONISMO (in. *Decisionism*; fr. *Décisionisme*; al. *Decisionismus*; it. *Decisionismo*). 1. Termo com o qual se indica a concepção filosófico-jurídica elaborada por Schmitt que, em oposição ao normativismo de Kelsen, afirma o primado da decisão em relação a toda regra dada: "O ordenamento jurídico, assim como qualquer outro ordenamento, repousa numa decisão, e não numa norma" ("Teologia politica", trad. it. em *Le categorie del politico,* Il Mulino, Bolonha, 1972, 1984[2], p. 37). Da decisão, que Schmitt apresenta como "baseada no nada" (*auf nichts gestellt*), origina-se a soberania, que por sua vez se define em relação ao "estado de exceção" (v.).

2. Teoria não-cognitivista (v. NÃO-COGNITIVISMO) segundo a qual os princípios éticos não são fruto de um conhecimento lógico-racional, mas de uma escolha extra-racional. Para o D., a razão não consegue justificar os fins e os valores do agir, que ficam "suspensos" por uma espécie de "decisão última", mas limita-se: *a*) a exibir os *meios* necessários para realizar certo objetivo; *b*) a prever as *conseqüências* que tal realização implica. Pressupondo-se a separação entre conhecer e avaliar, o D., que acusa de "falácia naturalista" (v.) todo aquele que pretenda legitimar os juízos éticos pelos juízos de verdade ou razão, implica o divisionismo (v.) e a lei de Hume (v.). Presente em autores díspares como Weber e Sartre, Simmel e Kelsen (que insistiram de diferentes formas no status não cognitivo dos juízos de valor), o D. sofreu reformulações posteriores em Popper, em alguns setores do não-cognitivismo e, no que concerne à Itália, em G. Preti, N. Bobbio e U. Scarpelli. O D. é tachado de "irracionalismo" pelos defensores do cognitivismo (v.) e, em geral, por aqueles que, recusando-se a vislumbrar na racionalidade um predicado dos meios e não dos fins, acreditam na capacidade, por parte da razão, de fixar objetivos e valores do agir (v. ÉTICA; RACIONALIDADE). [G.F.]

DECISÕES, TEORIA DAS. V. ESCOLHA.

DECLINAÇÃO (gr. κλίσις; it. *Declinazione*). No latim, *clinamen*, desvio dos átomos da queda retilínea, admitido por Epicuro para possibilitar o choque entre os átomos, a partir do qual os corpos são gerados. Com efeito, os átomos que, no vácuo, se movem todos com a mesma velocidade nunca se encontrariam sem o *clinamen* (EPICURO, *Ep. a Herod.*, 61; CÍCERO, *De finibus*, I, 6, 18; LUCRÉCIO, *De rer. nat.*, II, 252). Gassendi, que, no século XVI, retomou a física epicurista, negou o desvio dos átomos. [N.A.]

DEDUÇÃO (gr. συλλογισμός; lat. *Deductio*; in. *Deduction*; fr. *Déduction*; al. *Deduction*; it. *Deduzione*). Relação por meio da qual uma conclusão deriva de uma ou mais premissas. Na história da filosofia, essa relação foi interpretada e fundamentada de várias maneiras. Podem-se distinguir três interpretações principais: 1ª a que a considera fundada na *essência necessária* ou *substância* dos objetos a que se referem as proposições; 2ª a que a considera fundada na *evidência sensível* que tais objetos apresentam; 3ª a que nega que essa relação tenha um único fundamento e a considera decorrente de regras cujo uso pode ser objeto de acordo. A interpretação tradicional de D. como "o fato de o particular derivar do universal" ou como "um raciocínio que vai do universal ao particular" etc., refere-se apenas à primeira dessas interpretações e por isso é restrita demais para poder abranger todas as alternativas a que essa noção deu origem.

1ª A definição aristotélica de silogismo coincide com a definição geral de dedução. Diz Aristóteles: "O silogismo é um raciocínio em que, postas algumas coisas, seguem-se necessariamente algumas outras, pelo simples fato de aquelas existirem. Quando digo 'pelo simples fato de aquelas existirem', pretendo dizer que delas deriva alguma coisa, e, por outro lado, quando digo 'delas deriva alguma coisa', pretendo dizer que não é preciso acrescentar nada de exterior para que a D. se siga necessariamente" (*An. pr.*, I, 1, 24 b 17 ss.).

Definido nesses termos, o silogismo nada mais é que a derivação de uma proposição de outra, tendo, pois, o significado generalíssimo que ainda hoje se atribui à palavra dedução. Mas Aristóteles acrescenta que o silogismo perfeito é a D. perfeita, aquela na qual as premissas contêm tudo o que é necessário à D. da conclusão (*ibid.*, 24 b 23). Aristóteles faz a distinção entre D. e demonstração e entre D. e indução. A D. se distingue da *demonstração* porque a demonstração é uma D. particular (*ibid.*, 25 b 26), mais precisamente a D. que tem "premissas verdadeiras, primeiras, imediatas, mais conhecidas do que a conclusão, anteriores a ela e causas dela" (*An. post.*, I, 2, 71 b 18 ss.). E distingue-se de *indução* porque esta se contrapõe àquela por sua estrutura esquemática (*An. pr.*, II, 23, 68 b 30 ss.). Como fundamento da relação entre as premissas e a conclusão, está a relação entre os três termos do silogismo, que Aristóteles exprime com o verbo ὑπάρχειν (*inesse* = inerir): o significado deste é explicitado por Aristóteles, ao determinar o modo como é possível formular silogismos e adquirir "a capacidade de produzi-los". A esse propósito, ele diz que, em primeiro lugar, é necessário considerar o próprio objeto como tal e sua definição, bem como as características que lhe são próprias; depois, é preciso considerar as noções que se seguem do objeto, as noções de que o objeto se segue e, enfim, as que ele exclui. Em outros termos, é preciso contemplar a *essência* ou *substância* do objeto, que é precisamente expressa pela definição, e tudo o que ela implica ou pelo que é implicada. Aristóteles ainda se expressa dizendo que é necessário contemplar a *totalidade* da coisa, não a parte; por exemplo, não o que se segue "de alguns homens", isto é, da essência ou substância "homem" como resulta da definição. E é por isso que Aristóteles introduz uma limitação importante: o silogismo deve ter premissas universais (*ibid.*, I, 27, 43 b 14). A estrutura substancial da realidade, tal como é esclarecida na metafísica, é, portanto, o fundamento da teoria aristotélica da dedução. As características fundamentais da teoria aristotélica da dedução são as seguintes: *a*) multiplicidade das premissas derivadas da função indispensável do termo médio; *b*) universalidade das premissas. Ambas essas características dependem do fundamento substancial da relação dedutiva. Com efeito: 1º o termo médio é indispensável porque a atribuição de um predicado a uma coisa só pode ser feita com referência à substância da própria coisa, e só em virtude dessa referência podem ser determinadas a qualidade (afirmação ou negação), a quantidade (universal ou particular) e a modalidade (essencial ou acidental) da atribuição deduzida. 2º A universalidade das premissas deriva do fato de elas deverem referir-se ao objeto em sua totalidade, ou seja, à substância ou à essência necessária do objeto. Essa teoria da D. dominou a filosofia e a lógica antiga, medieval e moderna (salvo os reflexos da concepção estóica de que falaremos em seguida), e, como identifica a D. com o silogismo, pode ser estudada com este último termo.

2ª Pode-se presumir que, à medida que os pressupostos substancialistas usados por Aristóteles como fundamentos da teoria da D. fossem perdendo prestígio, o mesmo aconteceria com as características da sua teoria, quais sejam, a multiplicidade e a universalidade das premissas. E é exatamente isso o que ocorre na lógica dos estóicos, que, diferentemente de Aristóteles, são sensacionistas. Os estóicos dividiam os raciocínios em demonstrativos ou apodíticos, que concluem por algo de novo, e não demonstrativos ou anapodíticos (v. ANAPODÍTICO), que não concluem por nada de novo. Privilegiavam, porém, estes últimos porque "não têm necessidade de demonstração para serem encontrados, mas são demonstrativos uma vez que concluem também os outros raciocínios" (SEXTO EMPÍRICO, *Pirr. hyp.*, II, 140, 156; *Adv. dogm.*, II, 224 ss.). Ora, nos raciocínios anapodíticos (do tipo "Se é dia, há luz; é dia, logo, há luz"), a conexão que constitui a premissa "Se é dia, há luz" é clara por si mesma e não precisa de demonstração; e é clara, entenda-se, com base em critérios estóicos, pela presença do *fato* que ela exprime para os sentidos ou, pelo menos, pela sua possível presença. Nessa teoria, portanto, muda-se o fundamento da relação dedutiva, que já não é, como para Aristóteles, a estrutura substancial dos objetos, mas o fato sensível ou sensivelmente verificável, ou seja, a evidência da representação cataléptica (DIÓG. L., VII, 45). Portanto, na teoria estóica não há vestígios das características que tornam a teoria da D. de Aristóteles uma teoria do silogismo, ou seja, da necessária multiplicidade e universalidade das premissas. O fato de os estóicos haverem assumido como fundamentais os raciocínios anapodíticos e considerado que os raciocínios demonstrativos são redutíveis a eles significa que o fundamento explícito de sua teoria da D. é o dado sensível. O ponto de vista do *fato* substituiu o ponto de vista racional da teoria aristotélica. Mas, apesar da impossibilidade de conciliar esses dois pontos de vista, a teoria estóica não nos chegou através da história em toda a sua pureza, mas confundida e unida com a teoria de Aristóteles. Os peripatéticos (Teofrasto, Eudemo) acolheram ecleticamente a doutrina estóica da D., pondo-a ao lado da aristotélica. Assim, falaram paralelamente em "silogismo categórico" e "silogismo hipotético", e sob essa denominação, desconhecida de Aristóteles, entenderam os silogismos fundados nos raciocínios anapodíticos dos estóicos. Boécio, que nos transmite esses fatos (*De syllogismus hypotheticis*, I, *P. L.*, 64.º col. 831), transcreveu da mesma forma, ou seja, paralelamente e no mesmo plano, as duas doutrinas díspares. Na idade moderna, Locke baseou a D. na relação de concordância ou de discordância entre as idéias, percebida imediatamente na experiência: "Inferir significa apenas deduzir, em virtude de uma proposição posta como verdadeira, uma outra como verdadeira; ou seja, ver ou supor que exista uma ligação entre as duas idéias da proposição inferida" (*Ensaio*, IV, 17, 4). Stuart Mill interpretou a D. de modo análogo, como a aplicação de regras gerais obtidas por indução a casos particulares. E admitiu, por isso, a possibilidade de raciocinar mesmo sem o uso de proposições gerais (*Logic*, II, 3, 5 ss.).

3.ª A terceira fase, ou melhor, a terceira alternativa que, ao longo da história, se apresentou à teoria da D., é a convencionalista, formulada pela lógica contemporânea. As regras da D. não se baseiam na substância dos objetos a que se refere a D. nem na evidência sensível de tais objetos, mas são escolhidas arbitrária e oportunamente. É esse o ponto de vista introduzido por Carnap na obra *A visão lógica do mundo* (1928). Essa tese admite "a possibilidade de livre escolha das regras de D.", isto é, o caráter convencional de toda a lógica. Diz Carnap: "A lógica, ou seja, as regras da D. (na nossa terminologia, as regras sintáticas de transformação) podem ser escolhidas arbitrariamente e são convencionais sempre que assumidas como base para a construção do sistema lingüístico e sempre que a interpretação do sistema for imposta num segundo momento" (*Foundations of Logic and Mathematics*, 1939, § 12). É claro que, desse ponto de vista, a relação em virtude da qual uma proposição *se segue* de outra não é dada de uma vez por todas, mas pode ser determinada de várias formas por regras ou convenções oportunas. Carnap distinguiu duas formas diferentes de D.: *derivação*, que é mais restrita, e *conseqüencialidade*, que é mais ampla. A derivação é uma série finita de enunciados na qual cada passo é definido sem que se defina a relação "derivável", que é definida pela cadeia inteira das derivações. Numa série de conseqüências, até mesmo cada passo da série (isto é, a relação "conseqüência direta") é indefinido. A derivação é a relação de D. usada em lógica e corresponde ao que comumente se entende quando se diz "este enunciado se segue àquele" (*The Logical Syntax of Language*, § 14).

As várias formas de *implicação* (v.) reconhecidas pela lógica contemporânea podem ser consideradas outros tantos modos possíveis de relação de dedutibilidade. Alguns lógicos restringem hoje a relação de dedutibilidade a certo tipo de implicação, mais precisamente à relação "estrita" ou semântica: é o que faz, por exemplo, Lewis (*Knowledge and Valuation*, 1946, p. 212). Outros, ao contrário, julgam que, para estabelecer a dedutibilidade, basta a implicação material cujo conceito foi esclarecido em *Principia mathematica*: é o que faz Russell (*Intr. to Mathematical Phil.*, cap. XIV; trad. it., p. 173). Na verdade, a menos que não se assuma explicitamente como fundamento da D. a substância das coisas ou sua evidência sensível, segundo a 1.ª ou a 2.ª das alternativas consideradas, todo e qualquer tipo de implicação pode ser considerado relação dedutiva. Do ponto de vista da convencionalidade da lógica, o conceito de D. não pode sofrer restrições e portanto deve estender-se a todas as formas que a relação de derivação ou de conseqüencialidade de uma proposição em relação a outra possa assumir. [N.A.]

É possível a seguinte definição de D. em relação a um sistema formal e a um conjunto muito específico de regras lógicas. Dado um conjunto M de enunciados de um sistema formal e um enunciado p (expresso na linguagem do mesmo sistema), uma dedução de p por M é uma seqüência finita de enunciados que termina com p, tal que cada um dos enunciados pertencente à seqüência ou é um axioma do sistema formal, ou pertence a M, ou é obtido a partir de enunciados anteriores da seqüência pela aplicação de uma regra de inferência. Por fazer referência exclusivamente às regras e aos axiomas, esse conceito de D. concerne à sintaxe: uma D. nesse sentido afigura-se como uma atividade ligada sobretudo à manipulação de símbolos e à aplicação de regras, sem procurar fornecer uma interpretação (semântica) dos enunciados envolvidos na atividade dedutiva. Entendido dessa forma, o conceito de D. deve ser considerado distinto do conceito de *conseqüência* (v.) lógica. Os dois conceitos são interligados pelo chamado "teorema da completude" (V. COMPLETUDE).

Na lógica contemporânea fala-se também de sistemas baseados na "D. natural", pretendendo-se designar com essa expressão uma classe de cálculos lógicos nos quais, operando-se com enunciados por meio de regras para a introdução e eliminação das operações lógicas fundamentais – partindo por vezes de *assunções* em vez de axiomas – procede-se à D. de teoremas de um modo que se presume ser mesmo mais "natural" (com mais afinidade, por exemplo, com a costumeira atividade demonstrativa dos matemáticos) do que o modo dos sistemas formais de base axiomática. [M.M.]

DEDUÇÃO TRANSCENDENTAL (in. *Transcendental deduction*; fr. *Déduction transcendentale*; al. *Transzendentale Deduction*; it. *Deduzione trascenden-*

tale). Kant extraiu o termo D. da linguagem jurídica, na qual significa a demonstração da *legitimidade* da pretensão que se formula. Nesse sentido, falou da "D. da divisão de um sistema" como "prova de sua completude e da sua continuidade" (*Met. der Sitten*, I, intr., § III, nota). Analogamente, para a justificação do uso dos conceitos puros, ou categorias, Kant julgou indispensável uma D. (que, justamente por referir-se a conceitos puros, chamou de *transcendental* [v.]), que tivesse por fim demonstrar "o modo pelo qual os conceitos *a priori* podem referir-se a objetos", e que, por isso, se distinguisse da "D. empírica", que mostra "de que modo um conceito é adquirido por meio da experiência e da reflexão sobre ela". Desse modo, a D. empírica diz respeito à posse de fato de um conceito, e a D. transcendental, ao seu uso legítimo (*Crít. R. Pura*, § 13). A D. transcendental consiste em mostrar como os objetos da experiência não seriam tais, ou seja, não seriam dados como objetos à experiência, se não fossem pensados segundo as categorias; e que o ato ou a função pela qual podem ser originariamente pensados nas categorias é o "eu penso", ou *apercepção pura* (v. APERCEPÇÃO; COGITO).

Diferente da D. transcendental é a D. *metafísica*, que Fichte entendeu como demonstração sistemática de todas as proposições da filosofia. "Todo o demonstrável deve ser demonstrado, todas as proposições devem ser deduzidas, com exceção do princípio primeiro, supremo e fundamental, que é o Eu = Eu" (*Wissenschaftslehre*, 1794, § 7). Hegel atribuía o mérito dessa exigência a Fichte: "À filosofia fichtiana cabe o profundo mérito de haver advertido para que as determinações do pensamento devem ser demonstradas em sua necessidade, que são essencialmente dedutíveis" (*Enc.*, § 42). Nesse sentido, a D. é a demonstração da necessidade de uma determinação; e toda a doutrina de Hegel se organiza em conformidade com essa exigência. [N.A.]

DEDUTIVO (in. *Deductive*; fr. *Déductif*; al. *Deductiv*; it. *Deduttivo*). SISTEMA: indica-se hoje com esse nome o discurso que se inicia com pequeno número de regras assumidas como premissas, e que sempre pode assumir como regra qualquer proposição deduzida daquelas premissas e em conformidade com as regras que elas prescrevem (v. AXIOMATIZAÇÃO; CONVENCIONALISMO). MÉTODO: entende-se hoje por esse termo o método que consiste em procurar a confirmação de uma hipótese através da verificação das conseqüências previsíveis nessa mesma hipótese. Reichenbach mostrou o caráter complexo desse método e sua irredutibilidade à dedução propriamente dita. Admitir que existe uma relação D. entre uma hipótese e os dados observados significaria admitir que a implicação $a \supset b$ nos autoriza a considerar *a* como provável quando *b* é dado (*Theory of Probability*, 1949, § 84). [N.A.]

DEFINIÇÃO (gr. ὅρος, ὁρισμός; lat. *Definitio*; in. *Definition*; fr. *Définition*; al. *Definition*; it. *Definizione*). Declaração da essência. Distinguem-se diversos conceitos de D., que correspondem aos diversos conceitos de *essência* (v.), mais precisamente: 1º conceito de D. como declaração da essência substancial; 2º conceito de D. como declaração da essência nominal; 3º conceito de D. como declaração da essência-significado.

1º A doutrina aristotélica da D. diz respeito à essência substancial. Aristóteles afirma explicitamente que a D. concerne à essência e à substância (*An. post.*, II, 3, 90 b 30). E os vários significados de D. que ele enumera referem-se todos à essência substancial. "A D. pode ser, em um primeiro sentido, a declaração não demonstrável da essência; num segundo sentido, pode ser a dedução da essência e diferir da demonstração só pela disposição das palavras; num terceiro sentido, pode ser a conclusão da demonstração da essência" (*ibid.*, II, 10, 94 a 11). No primeiro significado, a D. refere-se a objetos que são substâncias, como por exemplo ao homem; no segundo e no terceiro caso, refere-se a objetos que não são substâncias, mas fatos, como o trovão, dos quais dizer essência significa dizer causa (*ibid.*, 94 a 1 ss.). Em todos os casos, a D. declara a essência substancial de seu objeto. Diz Aristóteles: "A essência substancial pertence às coisas das quais há definição. E não há D. quando há um termo que se refere a alguma coisa: nesse caso todas as palavras seriam definições porque as palavras indicam sempre alguma coisa e até mesmo 'Ilíada' seria uma definição. Mas só há D. quando o termo significa algo de primário, o que ocorre quando se fala de coisas que não podem ser predicados de outras coisas" (*Met.*, VII, 4, 1030 a 6). É essa a D. constituída pelo gênero próximo e pela diferença específica: entendendo-se por gênero próximo o predicado essencial comum a coisas que diferem em espécie (p. ex., o predicado animal comum a todas as espécies animais) e por diferença o que distingue uma espécie da outra (*Top.*, I, 8, 103 b 15).

Esse conceito aristotélico de D. tornou-se clássico; está sistematicamente ligado ao conceito de essência substancial e de ser como necessidade. Espinosa apenas expressava isso com outras palavras quando dizia: "A verdadeira D. de uma coisa qualquer não implica nem exprime nada além da natureza da coisa definida" (*Et.*, I, 8, esc. II). Depois de Aristóteles e por influência da Lógica estóica, o conceito de D. tornou-se muito mais extenso e flexível; Boécio podia enumerar 15 espécies de D. (v. adiante). A D. substancial, todavia, continuou sendo vista como a única verdadeira e autêntica, como se afigurou ao próprio Boécio (*De diffinitione*, em *P. L.*, 64.º, col. 898). Esse foi o ponto de vista compartilhado por todos os escolásticos e até pelos nominalistas ou terministas que, porém, insistiram na importância da definição nominal. Ockham dizia: "A D. tem dois significados, visto que uma é a D. que exprime o que é o objeto (*quid rei*) e a outra é a D. que exprime o que é o nome (*quid nominis*). A D. que exprime o que é o objeto pode ser assumida em dois sentidos: num sentido lato, caso em que compreende a D. propriamente dita, e a D. descritiva, e em sentido estrito, caso em que é um discurso breve que exprime a natureza toda da coisa e nada contém que seja extrínseco a essa coisa" (*Summa log.*, I, 26). Por outro lado, a D. que exprime o que é o nome é "um discurso que declara explicitamente a que se refere implicitamente com um enunciado" (*ibid.*, I, 26). Ockham exclui da lógica as D. reais porque "o lógico não trata de coisas que não sejam signos" (*ibid.*, I, 26), mas não nega a legitimidade dessas D. fora da lógica. Por outro lado, parece-lhe um embuste (*trufaticum*) admitir que de um mesmo objeto (p. ex., do homem) haja uma D. lógica, uma D. natural, uma D. metafísica. "O lógico, que não trata do homem porque não trata das coisas que não são signos, não tem de definir o homem, mas só ensinar de que modo as outras ciências, que tratam do homem, devem defini-lo. Por isso, o lógico não deve consignar nenhuma D. do homem, a não ser para exemplificar; nesse caso a D. dada como exemplo deve ser natural ou metafísica" (*ibid.*, I, 26). Esse ponto de vista foi adotado pela lógica posterior. Jungius distinguia três espécies de D.: nominal, essencial e científica, que correspondem aos três significados do termo estabelecidos por Aristóteles (*Lógica*, 1638, IV, II, 6-8; II, 15). Leibniz reivindicava, contra Locke, a distinção entre D. nominal e D. real, dizendo que "a essência do ouro é aquilo que o constitui e lhe confere as qualidades sensíveis que lhe permitem ser reconhecido como tal e tornam nominal a sua definição, ao passo que teríamos a D. real e causal se pudéssemos explicar sua estrutura ou constituição interior" (*Nouv. ess.*, III, 3, 19). Mas anteriormente (num ensaio de 1684) distinguira entre "D. nominais, que contêm apenas as notas para discernir uma coisa das outras, e D. reais, das quais consta que a coisa é possível" (*Op.*, ed. Erdmann, p. 80). Wolff valeu-se dessas observações para dizer que "a D. da qual não resulta que a coisa definida é possível se diz nominal; e aquela de que resulta ser possível a coisa definida, se diz real" (*Log.*, § 191); e, para dividir as D. nominais em essenciais e acidentais, acomodava a seu modo – como dizia explicitamente – as noções escolásticas (*ibid.*, § 192). Kant, por sua vez, entendia que definir era "expor originariamente o conceito explícito de uma coisa dentro de seus limites", entendendo por *explícito* a clareza e a suficiência das notas, por *limites* a precisão e por *originariamente* o caráter primitivo da determinação, que não deve precisar de demonstração (*Crít. R. Pura*, Doutrina do método, I, seç. I, § 1).

2.º A possibilidade da D. nominal foi admitida por Aristóteles de modo subordinado e preparatório à D. real: "E como a D. é a declaração da essência, haverá também a declaração daquilo que o nome significa ou outra declaração nominal: por exemplo, o que significa o nome triângulo" (*An. post.*, II, 10, 93 b 28). A distinção entre D. real e D. nominal não despertava o interesse da lógica estóica, que não atribuía à D. a tarefa de declarar a essência substancial, portanto não se encontra nos escritores de inspiração predominantemente estóica, como Cícero (*Top.*, 5, 26 ss.) e Boécio (*De diffinitione, P. L.*, 64.º col. 901-2). Pedro Hispano também a ignora. É utilizada pelos lógicos terministas medievais porque lhes fornece o modo de definir o objeto específico da lógica, como ciência dos signos (v. os trechos de Ockham citados anteriormente).

Mas só se tem uma teoria da D. propriamente dita, como declaração da essência nominal, quando a essência nominal é considerada a única possível, podendo-se, portanto, dizer o mesmo de sua D. Nesse sentido Hobbes dizia: "A D. não pode ser outra coisa senão a explicação de um nome mediante um discurso." Quando o nome se refere a um conceito composto, a D. é a resolução do nome em suas partes mais gerais, de sorte que se pode dizer que a D. é "a proposição cujo predicado é resolutivo do sujeito onde isso é possível; e onde não é possível, exemplificativo deste" (*De corp.*, 6, § 14). Do mesmo modo, Locke diz que "D. outra coisa não é senão dar a conhecer o significado de uma palavra mediante vários outros termos não sinônimos" (*Ensaio*, III, 4, 6); e julga que "o melhor modo de dar uma D. é enumerar as idéias simples que se combinam no significado do termo definido" (*ibid.*, III, 3, 10). Nessa tradição, Stuart Mill afirmava que D. "é uma proposição declaratória do significado de uma palavra" (*Logic*, I, 8, 1). Expressões semelhantes recorrem em filósofos e lógicos mesmo recentes, que não admitem a doutrina da substância e se inclinam para um ponto de vista nominalista. O mais das vezes, todavia, a teoria da D. nominal apóia-se no pressuposto de que um nome não tem nem pode ter mais de uma D.; esse pressuposto distingue a teoria da D. daquela que chamamos teoria da essência-significado.

3º Pode-se dizer que esta última teoria foi proposta pelos estóicos. Crisipo afirmava que a D. é uma resposta (ἀπόδοσις, DIÓG. L., VII, 1, 60), entendendo com isso que qualquer resposta dada à pergunta *"o quê?."* pode ser considerada uma D. da coisa. Foi provavelmente com base nessa noção extremamente generalizada de D. que começaram a surgir numerosas espécies de D., como em Cícero (*Top.*, 5, 26 ss.) e, na sua esteira, em Boécio. Este enumerou 15 espécies de D., privilegiando, como se disse, a primeira, que é a D. *substancial*. As outras 14 espécies são as seguintes: 1ª D. *nocional*, que dá certa concepção do objeto, dizendo mais o que o objeto faz do que o que é; 2ª D. *qualitativa*, que se vale de uma qualidade do objeto; 3ª a D. *descritiva*, feita com caracteres que ilustram a natureza de uma coisa; é peculiar ao orador; 4ª D. *verbal*, que consiste em esclarecer uma palavra com outra palavra; 5ª D. *por diferença*, que consiste em esclarecer a diferença entre dois objetos, por exemplo, entre o rei e o tirano; 6ª D. *por metáfora*, como por exemplo, quando se diz que a juventude é a flor da idade; 7ª a D. *por privação do contrário*, como por exemplo quando se diz que o bem é o que não é mal; 8ª D. *por hipotipose*, que é a elaborada pela fantasia; 9ª D. *por comparação com um tipo*, como quando se diz que o animal é como o homem; 10ª D. *por falta de plenitude no mesmo gênero*, como quando se diz que o plano é aquilo a que falta a profundidade; 11ª D. *laudativa*; 12ª D. *por analogia*; por exemplo: "o homem é um microcosmo"; 13ª D. *relativa*; por exemplo: "pai é quem tem filho"; 14ª D. *causal*, por exemplo: "dia é o sol sobre a terra" (*De deffinitione, P. L.*, 54º, col. 901-7). A disparidade dessa relação de Boécio é tal que qualquer resposta à pergunta *"o quê?"* pode ser considerada definição. Desse ponto de vista, a herança da teoria estóica da D. é o conceito moderno de que D. é a declaração do *significado* de um termo, ou seja, do *uso que o termo pode ter em dado campo de investigação*.

Desse ponto de vista, não existe uma essência privilegiada do termo (nem nominal nem real), mas existem possibilidades diferentes de defini-lo para fins diferentes; todas as possibilidades podem, embora em graus diferentes, ser declaradas essenciais aos seus fins. Assim, pode-se considerar D. qualquer restrição ou limitação do uso de um termo em determinado contexto. E em todos os casos a D. supõe o contexto, ou, como disse M. Black, um conjunto de pressuposições que constituem um *preâmbulo* à D., de sorte que sua forma é "Toda vez que as condições forem assim e assim, o termo *t* será usado assim e assim" (cf. M. BLACK, *Problems of Analysis*, 1954, p. 34). Segundo a natureza do preâmbulo, a D. poderá ter caráter diferente. Se o preâmbulo faz referência a linguagens artificiais (como a lógica e a matemática), a D. será simplesmente uma convenção (proposta ou aceita) sobre o uso da palavra em tal linguagem (D. *estipulativa*). Se o preâmbulo fizer referência a linguagens não artificiais ou só em parte artificiais (como a linguagem comum e as das ciências empíricas), a D. será a declaração do uso corrente do termo em questão (D. *lexical*) ou a proposta ou aceitação de uma modificação oportuna desse uso (*redefinição*) (cf. R. ROBINSON, *Definition*, 1954). A essa terceira espécie pertencem as D. dos termos contidos neste dicionário, que utilizam, simplificam ou retificam os usos de um termo em linguagem filosófica, científica ou corrente. [N.A.]

DEIDADE (gr. θεότης; lat. *Deitas*; in. *Deity*; fr. *Déité*; al. *Gottheit*; it. *Deità*). Em geral, a essência ou natureza divina; e esse é o sentido encontrado em Agostinho (*De Trin.*, IV, 20) e Tomás de Aquino (*S. Th.*, I, q. 39, a. 5 ad 6º). No século XII, porém, Gilbert de la Porrée identificou Deus com a D., distinguindo de D., que seria a forma ou a essência comum, as três pessoas da Trindade. Essa doutrina, que era uma espécie de triteísmo, porque estabelecia entre as três pessoas divinas e a D. a mesma relação que há entre os indivíduos humanos e a humanidade, foi condenada por Bernardo no Concílio de Paris de 1147 e no de Reims de 1148. Desde então os escolásticos evitaram o termo *deitas* (que aparece raramente) e em seu lugar usaram simplesmente *Deus*. Esse termo foi empregado por Alexander para indicar "a qualidade empírica proximamente superior ao espírito, em cujo nascimento o universo está empenhado", ou seja, que será a próxima realização, e sobre cuja evolução emergente nada se sabe (*Space, Time and Deity*, 1920, II, p. 346). [N.A.]

DEIFICAÇÃO (gr. θέωσις; lat. *Deificatio*; in. *Deification*; fr. *Déification*; al. *Vergoettung*; it. *Deificazione*). Identificação do homem com Deus como termo e realização da ascensão mística. Esse termo acha-se em Dionísio Areopagita (*De eccl. hyer.*, 2) e foi retomado por Scotus Erigena (*De div. nat.*, V, 31) e pela mística medieval. Bernardo de Clairvaux diz, a respeito do *êxtase* ou *excessus mentis*, na qual Deus desce à alma humana e esta se une a Deus: "De que modo Deus poderá estar em todas as coisas, se algo de humano permanecer no homem? Permanecerá certamente a substância, mas em outra forma, com outra glória, com outra potência. Isto significa deificar-se" (*De dil. Deo*, 11, 20). E Nicolau de Cusa: "A eliminação da alteridade e da diversidade, a resolução de todas as coisas na Unidade, que também é a transfusão da Unidade em todas as coisas, isso é *theosis*" (*De filiatione Dei*, 67, 1). [N.A.]

DEÍSMO (in. *Deism*; fr. *Déisme*; al. *Deismus*; it. *Deismo*). Doutrina de uma religião natural ou *racional* não fundada na revelação histórica, mas na manifestação natural da divindade à razão do homem. O D. é um aspecto do *iluminismo* (v.), de que faz parte integrante. Mas as discussões em torno do D. foram iniciadas pelos chamados platônicos de Cambridge, especialmente por Herbert de Cherbury em sua obra *De Veritate* (1624). Entre os outros deístas ingleses devem ser lembrados os nomes de John Toland, Mathew Tindal, Anthony Collins, Anthony Shaftesbury. A obra principal do D. inglês foi *Cristianismo sem mistérios* (1696) de John Toland (1670-1722). O D. difundiu-se fora da Inglaterra como elemento do iluminismo: são deístas quase todos os iluministas franceses, alemães e italianos. Nem todos, porém, usam a palavra D. para designar suas crenças religiosas: Voltaire, por exemplo, usa a palavra "teísmo" (*Dictionnaire philosophique*, 1764, art. *Athée, Théiste*). Mas foi Kant que estabeleceu claramente a distinção.

As teses fundamentais do D. podem ser recapituladas assim: 1ª a religião não contém e não pode conter nada de irracional (tomando por critério de racionalidade a razão lockiana e não a cartesiana); 2ª a verdade da religião revela-se, portanto, à própria razão, e a revelação histórica é supérflua; 3ª as crenças da religião natural são poucas e simples: existência de Deus, criação e governo divino do mundo, retribuição do mal e do bem em vida futura.

Note-se, porém, que em relação ao conceito de Deus nem todos os deístas estavam de acordo. Enquanto os deístas ingleses atribuem a Deus não só o governo do mundo físico (a garantia da ordem do mundo), mas também o do mundo moral, os deístas franceses, a começar por Voltaire, negam que Deus se ocupe dos homens e lhe atribuem a mais radical indiferença quanto ao seu destino (*Traité de métaphysique*, 9). Todavia, a "religião natural" de Rousseau é uma forma de D. mais próxima da inglesa porque atribui a Deus também a tarefa de garantir a ordem moral do mundo. Em todo caso, o que há de peculiar ao D., em relação ao *teísmo* (v.), é a negação da revelação e a redução do conceito de Deus às características que lhe podem ser atribuídas pela razão. Essa é a distinção estabelecida entre D. e teísmo por Kant (*Crít. R. Pura*, Dialética, cap. III, seç. VII) (v. DEUS). [N.A.]

DELIBERAÇÃO (gr. βούλευσις; lat. *Consilium*; in. *Deliberation*; fr. *Délibération*; al. *Überlegung*; it. *Deliberazione*). Consideração das alternativas possíveis que certa situação oferece à escolha. É o que Aristóteles quer dizer ao falar dos *limites* da D., excluindo do âmbito dela não só o *necessário* (que não pode não ser), mas também o *fim*. Com efeito, Aristóteles observa que o médico não se pergunta se quer ou não curar o doente, o orador não se pergunta se quer ou não persuadir, nem o político se quer ou não instituir boa legislação. Ao contrário, uma vez posto o fim, examina-se como e por quais meios se poderá atingi-lo; sobre esses meios, portanto, versará a deliberação. A D. conclui-se e culmina na escolha. O objeto de ambas é o mesmo, salvo pelo fato de que o objeto da escolha já está definido pelo processo deliberativo a que a escolha põe termo (*Et. nic.*, III, 3, 1112 a 21 ss.). Essas definições de Aristóteles tornaram-se clássicas. [N.A.]

DEMAGOGIA. V. GOVERNO, FORMAS DE.

DEMARCAÇÃO (in. *Demarcation*; fr. *Démarcation*; al. *Abgrenzung*; it. *Demarcazione*). 1. Termo usado por Popper para indicar a *linha divisória* "entre as asserções, ou os sistemas de asserções, das ciências empíricas e todas as outras asserções, seja de tipo religioso ou metafísico ou, simplesmente, de tipo pseudocientífico" (*Congetture e confutazioni*, 1969, trad. it., Il Mulino, Bolonha, 1972, pp. 70-1). Linha que o filósofo austro-inglês adota no critério de falsificabilidade (v.), ou seja, no princípio segundo o qual "as asserções ou os sistemas de asserções, para serem considerados científicos, devem poder entrar em conflito com observações possíveis ou concebíveis" (*ibid.*, p. 71). Tal princípio, diferentemente do princípio neopositivista de verificabilidade (v. VERIFICAÇÃO), não é um critério de *sentido* voltado a estabelecer a significância das teorias científicas e a insignificância das teorias não científicas, mas um critério epistemológico apto a fazer a distinção, *no interior* das teorias significantes, entre teorias científicas (factualmente desmentíveis) e teorias não científicas (factualmente irrefutáveis): "Note-se que eu proponho a falsificabilidade como critério de D., mas *não de significado* [...]. A falsificabilidade separa dois tipos de asserção perfeitamente significantes: as falsificáveis e as não-falsificáveis, traçando uma linha no interior da linguagem significante, não ao redor dela" (*Logica della scoperta scientifica*, 1934, 1959, trad. it., Einaudi, Turim, 1970, p. 22, nota). Segundo Popper, a superioridade lógica e epistemológica do princípio de falsificabilidade em relação ao de verificabilidade resulta do fato de que este último, por um lado, é demasiadamente *restrito* (por ser obrigado a considerar "desprovidos de sentido" os próprios princípios gerais da ciência) e, por outro lado, é demasiadamente *amplo* (por remeter teorias como a psicanálise e o marxismo a supostas "verificações"). Além disso, tal critério é *incorreto*, visto que inclui a metafísica no âmbito das proposições insignificantes, não se dando conta de que ela, embora não classificável como "empírica" e "científica", não é absolutamente desprovida de sentido (v. METAFÍSICA).

2. O critério de D. foi alvo de críticas e de debates. Houve quem o considerasse "metafísico" e "dogmá-

tico" em virtude do seu caráter "protetor" em relação ao grupo de teorias (O'HEAR, *Karl Popper,* 1980, na esteira de I. LAKATOS, *Falsification and the Methodology of Scientific Research Programmes,* 1970) e quem o contestasse pelo seu caráter demasiadamente "restrito" (GRONBAUM, *Is Freudian PsychoAnalitytic Theory Pseudo-Scientific by Karl Popper's Criterion of Demarcation?,* 1979). Entre os popperianos, Watkins aprofundou alguns de seus aspectos filosóficos (classificando as proposições segundo o seu grau de decidibilidade empírica e analisando a estrutura lógica das asserções "todos-e-alguns") e, através do conceito de "metafísica influente", minimizou a distinção entre ciência e metafísica. Agassi esclareceu que a cada período são escolhidos "os problemas científicos que têm relação com os problemas metafísicos da época" (*The Nature of Scientific Problems and their Roots in Metaphysics,* em *Science in Flux,* DORDRECHT, 1975, cap. IX, p. 208; cf. p. 210). Bartley III afirmou que a questão mais importante não é a relativa à D. entre ciência e não-ciência, mas a relativa à D. entre teorias críticas e teorias não críticas (ou pseudocríticas): "Popper sugeriu aos positivistas que o problema não reside na D. entre o que é dotado de significado e o que é isento dele, mas na D. entre o que é científico e o que não é científico. Eu sugiro que o problema não reside na D. entre o que é científico e o que não o é, mas na D. entre o que é racional e o que é irracional; entre o que é crítico e o que não é crítico" (*Theories of D. between Science and Metaphysics,* 1968, trad. it. em *Come demarcare la scienza dalla metafisica,* Borla, Roma, 1983, p. 35).

3. A teoria neo-empirista e popperiana da D. foi questionada pelas vertentes históricas e holísticas do pensamento epistemológico posterior, que (de Kuhn a Feyerabend, de Toulmin a Laudan, de Quine a Rorty, de Putnam a Hesse etc.) insistiu: 1) na natureza "temporal" da ciência e, portanto, na impossibilidade de deduzir critérios *imutáveis* de D. de uma suposta estrutura geral da racionalidade humana; 2) no caráter interdependente de todos os componentes da cultura e na arbitrariedade de qualquer distinção nítida entre ciência e não-ciência. Tanto é assim que alguns autores, em vez de continuarem a insistir nas *diferenças* entre a ciência e as outras atividades, começaram a se ater às suas possíveis *analogias,* sobretudo às afinidades entre experiência científica e experiência estética (Goodman, Feyerabend). Feyerabend, aliás, convencido de que toda separação entre ciência e não-ciência é "artificial e danosa", chegou a desejar um encontro benéfico e anárquico entre elas: "Existem mitos, existem os dogmas da teologia, existe a metafísica, e há muitos outros modos de construir uma concepção do mundo. É claro que uma troca fértil entre a ciência e tais concepções 'não-científicas' do mundo necessitará do anarquismo ainda mais do que precisou a ciência" (*Contro il metodo,* 1975, trad. it., Feltrinelli, Milão, 1979, pp. 249 e 147). De tal modo, aquilo que Popper chamava "o problema de Kant" – e colocava no centro da reflexão epistemológica – acabou por ser considerado um pseudoproblema "nocivo" ao progresso do conhecimento.

4. Essas conclusões não são compartilhadas por todos os estudiosos. Com efeito, tentativas de identificar critérios até mesmo "fracos" e "parciais" de D. são feitas ainda nos dias de hoje, sobretudo por parte dos autores (de Achinstein a Van Fraassen, de Glymour a Griinbaum, de Giere a Rescher etc.) que não deixaram de se questionar sobre os procedimentos (indução, probabilidade etc.) que legitimam a ciência e a tornam algo único e inconfundível em relação às outras atividades cognitivas. [G.F.]

DEMITOLOGIZAÇÃO (al. *Entmythologisierung;* fr. *Démythisation;* it. *Demitizzazione*). Corrente teológica de Rudolf Bultmann que tende a libertar a mensagem cristã (*kerygma*) do mito cosmológico com que está unida no Novo Testamento. Libertada das imagens e dos símbolos do mito, a mensagem cristã é um diagnóstico da existência humana no mundo, ou seja, do homem existente historicamente nas ocupações, na angústia, no instante de decisão entre passado e futuro. A uma existência assim entendida a salvação apresenta-se como acontecimento que deve ocorrer no futuro e com o qual Deus põe fim ao mundo e à sua história (R. BULTMANN, *Offenbarung und Heilsgeschehen,* 1941; *Geschichte und Escatologie,* 1958; W.AA *Kerygma und Mythos,* 5 vols., 1948-1955). [N.A.]

Ricoeur fez a distinção entre D. e desmitificação, afirmando que, enquanto esta última é útil e necessária, a primeira é impossível e deletéria, visto que comportaria a destruição de um aspecto essencial do fenômeno religioso, que não pode prescindir da dimensão originária do mito. Do mesmo modo, Pareyson, partindo da idéia de que o mito é "uma captação primeira e espontânea da verdade", considera que a tarefa do pensamento não é demitologizar ("visto que caberia desmitificar, se fosse o caso, as demitologizações fáceis"), mas "aprofundar e deslindar a sua infinita significação" (*Verità e interpretazione,* Mursia, Milão, 1971, p. 138; "Filosofia ed esperienza religiosa", em *Annuario filosofico,* 1985, pp. 47-50; v. MITO). [G.F.]

DEMIURGO (gr. δημιουργός; lat. *Demiurgus;* in. *Demiurge;* fr. *Démiurge;* al. *Demiurg;* it. *Demiurgo*). O artífice do mundo. Essa palavra tem origem em *Timeu,* de Platão; nessa obra, a causa criadora do mundo é atribuída a uma divindade artífice que cria o mundo à semelhança da realidade ideal, utilizando uma matéria informe e resistente que Platão chama de "matriz do mundo" (*Tim.*, 51 a). A obra criadora do D. (analogamente à de um artesão humano) não investe mas pressupõe os princípios constitutivos da própria natureza, que são: 1º as formas ideais eternas; 2º a matéria com sua necessidade; 3º o espaço que não admite geração e destruição e que é a sede de tudo o que é gerado (*ibid.*, 52 b). Para Platão o D. também é o criador das outras divindades, que receberam a função de gerar os seres vivos (*Ibid.*, 41 c). A noção de D. foi retomada várias vezes na história da filosofia. No século I, Numênio de Apaméia distinguiu o D. da Inteligência como um Deus que atua sobre a matéria e forma o mundo. O mundo seria o terceiro Deus (EUSÉBIO, *Praep. Ev.*, XIV, 5). No século II, foi retomada pelos gnósticos: Valentim considerou o D. como o último dos éons ou divindades emanadas (CLEMENTE, *Strom.*, IV, 13, 89). Na Idade Moderna a concepção do D. foi retomada por Stuart Mill, que considerou o poder divino limitado pela qualidade da matéria empregada, pela substância ou pelas forças de que se compõe o universo e pela incapacidade de realizar da melhor forma os fins estabelecidos (*Three Essays on Relig.*, 3ª ed., 1885, p. 194). [N.A.]

DEMOCRACIA (in. *Democracy*; fr. *Démocracie*; al. *Demokratie*; it. *Democrazia*). O uso do termo D. (do gr. δῆμος e κράτος: poder do povo) adquiriu hoje uma dimensão que ultrapassa o significado específico de "forma de governo" ("governo do povo, pelo povo e para o povo") para indicar um modo de ser e de pensar.

I. *Desenvolvimento da D.* – No seu significado propriamente político, é preciso distinguir uma acepção tradicional e uma moderna. *Na Antiguidade e na Idade Média* a D. (mesmo com outro nome) era uma das três formas positivas de governo; com efeito, segundo a repartição política clássica (governo de um, de poucos e de muitos), cada forma de governo pode apresentar-se de modo positivo (respectivamente: monarquia, aristocracia e D.) quando quem governa visa ao bem comum, ou de modo negativo (respectivamente: tirania, oligarquia e demagogia), quando quem governa cuida do seu próprio interesse (v. GOVERNO, FORMAS DE). *Na Idade Moderna* a D. pode ser vista como a atitude política que se opõe ao absolutismo: é representada segundo perspectiva liberal ou social. *Na Idade Contemporânea* a D. apresenta-se como alternativa ao totalitarismo seja ideológico, seja tecnológico. No intuito de unificar tal percurso, pode-se dizer que a D. está em antítese com o "maquiavelismo", entendido como política desumana (que visa ao poder, ao qual subordina o homem); em oposição a esta, a D. é posta como política humana (a serviço do homem por uma convivência que permita a sua realização).

A D. poderia então ser definida como a política que tem em vista o homem, em oposição às políticas que o vêem como instrumento, determinando seus objetivos (Bobbio). Na qualidade de política antimaquiavélica, a D. foi primeiramente antiabsolutista e, depois, antitotalitária: mas sempre, ao menos tendencialmente, humanista. Por isso, o desenvolvimento da D. moderna caracteriza-se por uma crescente consciência antropológica até o século XX, quando a D. começa a apresentar um caráter novo em relação ao passado: a universalidade do conceito de homem e da sua participação política. Em outras palavras, na D. do século XX o conceito de povo (do qual, anteriormente, haviam sido excluídas certas parcelas: escravos, mulheres, arraia-miúda, proletariado) compreende todos os homens, chamados a se expressarem politicamente através do sufrágio universal. Tal atitude parte do reconhecimento dos chamados direitos humanos, que devem ser reivindicados, buscados e realizados em sentido universal, conforme se vê ao longo de toda a Idade Moderna, por isso denominada "era dos direitos" (Bobbio). E, ao menos em linha de princípio, pertence à modernidade o novo conceito de D., que poderia, portanto, ser considerada a política fundada nos direitos humanos, cuja tomada de consciência determina o ritmo do desenvolvimento da própria D. Esta, de fato, vai-se afirmando através do reconhecimento dos direitos humanos: primeiramente dos direitos civis, perante o Estado absolutista; depois, dos direitos *políticos* no âmbito do Estado de direito; a seguir, dos direitos *sociais* por meio do Estado Social; finalmente, dos direitos *coletivos* através de estruturas supranacionais.

II. *Justificação da D.* – O conceito de D., em sentido moderno e contemporâneo, teve diferentes fundamentações. A primeira justificação deu-se em presença do absolutismo: inicialmente, com a reivindicação da liberdade (é a linha liberal que passa por Locke, Espinosa, Kant, Tocqueville e J. Stuart Mill) e depois com a reivindicação da igualdade (é a linha social de Rousseau e Marx). A segunda justificação da D. ocorreu em presença do totalitarismo (ideológico e tecnológico) do século XX: em oposição aos Estados totalitários por ideologia, os teóricos da D. a vinculam à ciência ou à religião, no sentido de que a D., segundo alguns, é a aplicação do método científico à vida política (conforme Dewey, Russell e Popper) e, segundo outros, é a manifestação do espírito evangélico na vida política (conforme Bergson, Maritain, Mounier). Diante das sociedades totalitárias por tecnocracia, a D. é reivindicada com base em razões éticas, embora com conotações diversas: por exemplo, personalistas (Maritain, Ricocur) ou comunicativas (Habermas, Apel).

Os defensores da D. têm em comum a sua concepção como política caracterizada por "regras" (sufrágio universal, governo da maioria sobre a minoria, possibilidade de alternância etc.) e distinguem-se no que diz respeito aos "valores": segundo alguns (p. ex., Kelsen), a D. tem caráter meramente procedimental; segundo outros (p. ex., Maritain), a D. não pode deixar de alimentar-se de ideais; considera-se intermediária a posição aquela de quem (p. ex., Bobbio) vê "o futuro da democracia" no respeito às "regras do jogo", evidenciando que, vistas de perto, tais regras são expressões e condições de valores. Além disso, a D. contemporânea é representada como política na qual se conciliam exigências como liberdade e igualdade que, na modernidade, tinham sido apresentadas em alternância, mas que agora se pretende sintetizar por intermédio da fraternidade (Bergson). Outra instância especialmente notada em vista do crescente multiculturalismo é a tolerância: também neste caso pretende-se ir além de certas visões unilaterais do passado, não só superando a intolerância, mas também vendo a tolerância não como resignação (que esconde um resquício de dogmatismo) nem como indiferença (que exprime, em última análise, uma forma de ceticismo), mas como respeito que se realiza através da aceitação do outro visto como riqueza, e não como obstáculo.

Desse modo, a D. é caracterizada pela relatividade, mas não pelo relativismo: rejeita a idéia da posse exclusiva da verdade por parte de qualquer um, sem, todavia, renunciar à verdade, à sua busca, consciente do caráter antiperfeccionista (Rosmini) ou falibilista (Popper) da política. Assim, a D. surge caracterizada pela criticidade (antidogmática e anticética), graças à qual são incessantemente revistas, embora sempre com base no consentimento, as soluções adotadas para tentar melhorá-la. Desse ponto de vista, o caráter popular da D. precisa ser bem compreendido: não se trata de "ir em direção ao povo" ou de "agir pelo povo", mas de tornar o povo protagonista, isto é, sujeito, e não objeto, da política: em D., o apelo ao povo por parte dos governantes não deve ter caráter instrumental; o problema não é (como adverte Popper) "se é o povo que deve governar", pois tal formulação se insere na lógica do "quem deve governar", ao passo que o verdadeiro problema é saber "como governar", e isso significa concretamente: como o povo pode "desfazer-se do governo sem derramamento de sangue, caso esse governo lese seus direitos e deveres; mas também se a sua política for considerada ruim e equivocada". Seja qual for a definição dada pelos diversos pensadores, a D. apresenta-se hoje como sociedade aberta (Popper) ou fraterna (Bergson), caracterizada por três peculiaridades: respeito à pessoa, aceitação do pluralismo e busca da paz, que constituem, respectivamente, o fundamento, o método e o objetivo da D.

III. *Para além das antinomias da D.* – Desse ponto de vista, ficam superadas certas antinomias: D. direta ou indireta, D. política ou social, D. formal ou substancial. Com efeito, o caráter universal da cidadania democrática comporta de ordinário um regime de representação que não exclui a consulta popular direta em caráter extraordinário. E não só: a caracterização técnica da vida social não pode prescindir da sua racionalização ética, no sentido de que a busca dos meios políticos deve ser coerente com as finalidades humanistas da própria política. E ainda: os âmbitos participação e governabilidade devem ser vistas como coessenciais e em interação mútua na co-responsabilidade, que exige a conciliação entre liberdade e autoridade. Nas palavras de Popper: "temos necessidade de liberdade para evitar os abusos de poder do Estado", e também temos "necessidade do Estado para evitar o abuso da liberdade", conscientes, aliás, de que "esse problema jamais será completamente resolvido". Mais uma vez emerge o aspecto humanista como essencial para captar o sentido mais profundo da D., cujo apelo ao povo é, em última análise, o apelo ao homem, como pessoa empenhada em conquistar a própria autonomia, pelo que a política se afigura como lugar de realização pessoal e comunitária.

Tudo isso demanda uma D. como política que remova os obstáculos ao desenvolvimento e o promova em sentido integral; nessa obra de descondicionamento dos condicionamentos negativos e de potenciamento das possibilidades positivas, a D. afigura-se como política que reivindica os direitos invioláveis de liberdade e de justiça (próprios do homem, seja como indivíduo, seja nas formações sociais) e, ao mesmo tempo, os deveres inderrogáveis de solidariedade. Disso decorrem os três princípios da D.: pessoa, pluralismo e paz. Quanto à pessoa humana, deve ser reconhecida sua dignidade, pelo que é afirmada a paridade (que não é igualitarismo) de todos os homens; trata-se, porém, de um reconhecimento não abstrato ou retórico, desde que conjugado com a aceitação do pluralismo (no âmbito das pessoas, das comunidades e das instituições): um pluralismo que, para não degenerar em individualismo e particularismo, produzindo, assim, fragmentação, deve ser situado no horizonte da colaboração, ou seja, deve ter por finalidade a procura do bem comum, historicamente identificado e concretamente buscado. Donde a D. apresentar-se como a política que possibilita o processo de libertação por meio do qual o homem conquista a liberdade: libertação (da necessidade), liberdade (de desenvolvimento) e liberdade (para a autonomia). Justamente por isso a D. é antítese das várias formas de autocracia (do absolutismo ao totalitarismo) e de pseudodemocracia (concional ou oligárquico-partidária), e favorável a uma "poliarquia" (Dahl) que permita respeitar o homem e as comunidades na complexidade crescente da sociedade pós-moderna. Parece claro que o conceito de D. vai além da representação de "forma de governo" para mostrar-se como um verdadeiro estilo de vida individual e social. [G.G.]

DEMONÍACO (lat. *Daemoniacus;* in. *Demoniac;* fr. *Démoniaque;* al. *Teuflisch;* it. *Demoniaco*). No uso corrente, esse adjetivo faz referência exclusivamente aos demônios maus, logo significa o mesmo que diabólico. Segundo Kant, o diabolismo caracteriza-se pela malícia, pela intenção de acatar como motivo das ações o mal enquanto mal (*Religion*, I, 3). Quanto ao próprio diabo, Kant vê nele a personificação de um ensinamento moral que era assim posto ao alcance de todos, ou seja, do ensinamento de que não há salvação para os homens a não ser na aceitação dos princípios morais, e que a essa aceitação não se opõe a sensibilidade, que é disso acusada muitas vezes, mas certa perversidade ou falsidade simbolizada pela astúcia de Satã, graças à qual o mal entrou no mundo (*ibid.*, II, 2). [N.A.]

DEMÔNIO (gr. δαίμων; lat. *Daemon;* in. *Demon;* fr. *Démon;* al. *Daemon;* it. *Demone*). Ser divino em geral, que não o supremo, ao qual é habitualmente reservada a função de mediação. Sócrates atribuía à voz que o chamava para sua tarefa e para o que devia ou não fazer "algo de divino" (δαιμώνιον τι, *Ap.*, 31 D), expressão que significa simplesmente o caráter divino ou transcendente do chamamento. Depois, foram freqüentemente chamadas de D. as divindades inferiores ou subordinadas, que muitas vezes os filósofos identificaram com as admitidas pela religião tradicional. Já Platão admitira essas divindades como criadas pelo Demiurgo (*Tim.*, 41 a). Os estóicos pensavam do mesmo modo (DIÓG. L., VII, 147). Plotino diz que um D. é uma "imagem de Deus" (*Enn.*, VI, 7, 6) e que os D. estão na segunda ordem, logo depois dos deuses, ao passo que depois deles vêm os homens e os animais (*ibid.*, III, 2, 11). O neoplatonismo siríaco, como o de Plutarco, multiplica os D., considerando-os todos emanações, mais ou menos remotas, da divindade suprema. O cristianismo adotou a seu modo a doutrina dos D., chamando de anjos os bons D. e reservando o nome de D. aos anjos maus (v. ANJOS). [N.A.]

DEMONSTRAÇÃO (in. *Demonstration;* fr. *Démonstration;* al. *Demonstration;* it. *Dimostrazione*). O termo D. e seu conceito (ἀπόδειξις, lat. *demonstratio*) foram introduzidos na Lógica por Aristóteles (*Top.*, I, 100 a 27; *An. post.*, I, 2 e *passim*) como silogismo que deduz uma conclusão de princípios primeiros e verdadeiros ou de outras proposições deduzidas silogisticamente de princípios primeiros e evidentes. Sua estrutura formal é a do silogismo; distingue-se, porém, do silogismo dialético porque, como dirão os lógicos medievais, *facit scire,* é demonstrativa da essência das coisas através do conhecimento das suas "causas". Substancialmente é esse o conceito de D. que passou para a filosofia moderna. Mas, enquanto do ponto de vista gnosiológico se acentuaram os caracteres de *necessidade* e *evidência intuitiva* da D. (Descartes, Kant), do ponto de vista lógico evidenciou-se o caráter de *dedução* formal a partir de premissas (Descartes, Leibniz), o que distingue a D. (cujo tipo ou ideal continua sendo a D. matemática) de outros gêneros de prova. Na Lógica contemporânea, o termo D. não é muito usado: em geral designa uma seqüência de enunciados tais que cada um deles é um enunciado primitivo ou então é diretamente derivável de um ou mais enunciados que o precedem na seqüência (CARNAP, *Logical Syntax of Language*, § 10). Durante muito tempo a D. foi considerada a própria essência da *ciência* (v.). [G.P.]

DEMONSTRAÇÃO POR ABSURDO. V. ABSURDO.

DE MORGAN, LEIS DE. Costumam ser indicados com esse nome os dois teoremas do cálculo proposicional a seguir:

$$\neg (p \vee q) \leftrightarrow (\neg p \wedge \neg q); \neg (p \wedge q) \leftrightarrow (\neg p \vee \neg q);$$

e os correspondentes teoremas da álgebra das classes:

$$\overline{A \cup B} = \bar{A} \cap \bar{B} \qquad \overline{A \cap B} = \bar{A} \cup \bar{B}$$

A atribuição ao lógico e matemático inglês Augustus De Morgan (1806-1871) é correta, embora tais leis já fossem conhecidas pelos estóicos e pelos lógicos medievais (p. ex., Ockham). [M.M.]

DENOMINAÇÃO (lat. *Denominatio;* in. *Denomination;* fr. *Dénomination;* al. *Benennung;* it. *Denominazione*). Em relação aos denominativos ou *parônimos* (v.), distinguidos por Aristóteles dos *equívocos* e dos *unívocos* (v.), os nominalistas do século XIV empregaram esse termo para indicar a função das "intenções segundas", isto é, dos conceitos lógicos (como "conceito", "categoria" etc.) que não se referem a coisas, mas servem só para denominá-las. Diz Pedro Auréolo: "A lógica, que considera as intenções segundas, trata das intelecções não como coisas verdadeiras, mas como semelhanças que denominam as coisas" (*In Sent.*, I, d. 23, a. 1). Nesse sentido as intenções segundas são objetos só "denominativamente", do mesmo modo como se pode chamar de "César" um retrato de César. A *Lógica* de Port-Royal usou a expressão "modos externos" ou "D. extrínseca" para indicar os modos em que a substância deriva da ação de outra coisa; por exemplo: ser amado, ser visto, ser desejado etc. (ARNAULD, *Logique*, I, 2). [N.A.]

DENOTAÇÃO. V. CONOTAÇÃO.

DEONTOLOGIA (in. *Deontology*; fr. *Déontologie*; al. *Deontologie*; it. *Deontologia*). Termo criado por Jeremy Bentham (*D. ou Ciência da Moralidade*, publicação póstuma de 1834) para designar uma ciência do "conveniente", ou seja, uma moral fundada na tendência a perseguir o prazer e fugir da dor e que, portanto, não lance mão de apelos à consciência, ao dever etc. "A tarefa do deontólogo", diz Bentham, "é ensinar ao homem como dirigir suas emoções de tal modo que as subordine na medida do possível, a seu próprio bem-estar" (*Deont.*, I, 2). Muito diferente desse uso é o proposto por Rosmini, que entendeu por "deontológicas" as ciências normativas, ou seja, as que indagam "como deve ser o ente para ser perfeito" (*Psicol.*, Pref., § 19). O ápice das ciências deontológicas seria a ética (doutrina da justiça). [N.A.]

Hoje se fala de D. sobretudo com referência à noção de dever ético ou profissional (v. DEVER; DEONTOLÓGICAS E TELEOLÓGICAS, ÉTICAS). [G.F.]

DEONTOLÓGICAS E TELEOLÓGICAS, ÉTICAS (in. *Deontological/teleological Ethics*; fr. *Ethiques déontologiques/téléologiques*; al. *Deontologische/teleologische Ethiken*; it. *Etiche deontologiche/teleologiche*). 1. Na filosofia moral do século XX, sobretudo na metaética analítica, fala-se de éticas deontológicas ou do dever a propósito das teorias que valorizam a moralidade não em termos de resultados, mas de deferência categórica a determinados princípios. Inversamente, fala-se de éticas teleológicas ou conseqüencialistas a propósito das posições que "derivam o justo, o obrigatório e o moralmente bom do não moralmente bom" (Frankena), ou seja, que valorizam as ações humanas com base em determinados fins ou conseqüências extramorais, como felicidade, perfeição, prazer, utilidade etc. (W. K. FRANKENA, *Etica. Una introduzione alla filosofia morale,* trad. it., Comunità, Milão, 1981, pp. 64-6; P. H. NOWELL SMITH, *Etica,* trad. it., La Nuova Italia, Florença, 1974, pp. 241 ss.; R. M. HARE, *Il linguaggio della morale,* trad. it., Ubaldini, Roma, 1968, pp. 59 ss. etc.). Exemplo típico de ética deontológica é a kantiana, que prescreve o dever pelo dever. Exemplo típico de ética teleológica é a utilitarista, que identifica a moralidade com a promoção do bem-estar coletivo. "Simplificando ao máximo, pode-se dizer que os sistemas de orientação deontológica buscam o bem moral a montante, no dever que é superior ao homem, enquanto os sistemas com orientação teleológica buscam-no a jusante, naquilo que a ação produz. Uma versão dessa visão dicotômica das teorias éticas, mais conhecida pela cultura européia, é a proposta por Max Weber como *ética da convicção e ética da responsabilidade*" (S. SPINSANTI, *Bioetica in sanità,* La Nuova Italia Scientifica, Roma, 1993, pp. 45-6).

2. Reportando-se a D. ROSS, que, em *The Right and the Good* (1930) introduzira a noção de "deveres *prima facie*" (isto é, que admitem exceções), as éticas deontológicas podem ser subdivididas em duas categorias; *a*) as éticas deontológicas *prima facie* (baseadas em princípios e deveres que admitem exceções); *b*) as éticas teleológicas *absolutistas* (baseadas num princípio ou num dever – como o da sacralidade da vida – que não admite derrogações).

Segundo alguns estudiosos de bioética (p. ex., Engelhardt e Mori), a ética deontológica *prima facie* aproxima-se mais da ética teleológica de tipo utilitarista que da ética deontológica de tipo absolutista. Com efeito, nas éticas deontológica *prima facie* "em caso de conflito – isto é, quando um dos dois deveres precise, *não obstante*, ser violado – parece razoável seguir o dever que, em circunstâncias específicas, minimize o dano (geral). Portanto, em tais acepções de ética deontológica o dever de benevolência prevalece definitivamente sobre outros deveres" (M. MORI, *La bioetica: la risposta della cultura contemporanea alle questioni morali relative alla vita,* em *Teorie etiche contemporanee,* VV.AA. C. A. Viano (org.), Bollati Boringhieri, Turim 1990, p. 195; v. BIOÉTICA).

3. Rawls distinguiu teorias deontológicas e teorias teleológicas com base nos seus diferentes modos de interpretar as relações entre o justo (*right*) e o bom (*good*). As primeiras são as que antepõem o justo ao bom. As segundas, as que antepõem o bom ao justo (ou que interpretam o justo como algo que maximiza o bom; v. JUSTIÇA).

4. Visto que para alguns parece pouco satisfatória (e, talvez, nem sequer possível) uma alternativa clara entre deontologia e teleologia – ou, para usar termos weberianos, entre ética da convicção e ética da *responsabilidade* (v.) –, no pensamento atual há certa tendência a salvaguardar os princípios morais e, ao mesmo tempo, os fins ou os resultados relacionados à sua aplicação. Donde algumas morais de estrutura mista, das quais a *ética do discurso* (*v.*) é um dos exemplos mais significativos (v. DEVER; RESPONSABILIDADE). [G.F.]

DEONTOLOGISMO (in. *Deontologism*; fr. *Déontologisme*; al. *Deontologismus*; it. *Deontologismo*). Designação própria das éticas deontológicas, ou seja, das morais que prescrevem o respeito categórico a determinados princípios ou deveres, prescindindo da consideração vinculante das suas conseqüências (v. DEONTOLÓGICAS E TELEOLÓGICAS, ÉTICAS). O oposto do D., que encontra a sua expressão emblemática no kantismo, é o conseqüencialismo (v.). [G.F.]

DERIVAÇÕES. V. RESÍDUOS.

DESCENTRAMENTO DO SUJEITO. V. ANTI-HUMANISMO; CONSCIÊNCIA.

DESCOBERTA (al. *Entdeckheit*; it. *Scoprimento*). Segundo Heidegger, "a possibilidade do ser de todos os entes *não* dotados do caráter do *Dasein* (ser-aí)" [isto é, de todas as *coisas* do mundo] de ser procurado e determinado "através de um processo particular que o descobre partindo do ente que pela primeira vez se encontra no mundo". É, segundo Heidegger, um dos caracteres fundamentais das coisas, porque utilizáveis, e portanto da *mundanidade* em geral (*Sein und Zeit*, § 18). [N.A.]

DESCONSTRUÇÃO (in. *Deconstruction*; fr. *Déconstruction*; al. *Destruktion, Abbau*; it. *Decostruzione*). Esse termo indica duas noções em grande parte heterogêneas e unidas por um vínculo de mera derivação histórica: 1) um dos caracteres originais da filosofia de Derrida; 2) a retomada de alguns aspectos desse projeto, aplicado à crítica literária, especialmente no mundo anglo-americano (*Deconstructive Criticism*).

1) Quanto ao primeiro aspecto, as origens da noção de D. estão no projeto de M. Heidegger de uma *Destruktion* ou *Abbau* da metafísica. A metafísica de que se trata é, no conceito que Heidegger vai buscar em Nietzsche, a filosofia platônica e a cristã (donde uma atitude de crítica da filosofia). Mas o projeto de um princípio *ex novo* apóia-se no conceito de refundação da filosofia, primeiramente em Husserl (donde uma atitude de instituição filosófica). É nesse quadro que Heidegger fala, em *Ser e tempo* (1927), da exigência de "destruição" do conceito tradicional de ontologia, propedêutico à possibilidade de "pensar propriamente o ser". Porém, semelhante desmantelamento, nas intenções de Heidegger, teria a função não tanto de apagar a história precedente quanto de dessedimentar as estruturas, fazendo emergir suas linhas autênticas (é o tema que levará Heidegger em *Der Spruch des Anaximander*, 1946, a reabilitar a metafísica como único veículo de transmissão do "conceito de ser"). É por isso que durante o verão de 1927, sobre os *Conceitos fundamentais da fenomenologia*, Heidegger põe a *Destruktion* como terceiro termo que integra os dois tradicionais da fenomenologia, redução e construção, embora se assemelhando mais à primeira que à segunda.

Em *De la grammatologie*, Derrida recupera o termo (ou, mais propriamente, propõe a nova forma *déconstruction*, referindo-se a um vocábulo já utilizado em francês). A referência mais próxima não é heideggeriana, mas estruturalista, ou melhor, relacionada a uma retomada crítica do estruturalismo (v. PÓS-ESTRUTURALISMO). Na visão de Derrida, a D. consiste na introdução de uma problemática histórico-genética no horizonte estruturalista e em recorrer a uma dimensão *positiva* da D. (que Derrida quer nitidamente dissociada da "destruição" ou "demolição" nietzschiana). Assim como Heidegger, Derrida se fixa no nexo fenomenológico construção-D.: a escrita e o processo de retenção em geral (v. GRAMATOLOGIA) tanto têm valor institutivo da lógica e da estética, quanto valor desconstrutivo, porque indica o caráter não-originário, mas já constituído (por obra de uma "síntese originária" paradoxal) da presença, do presente e da própria evidência lógica. Nesse sentido, estaremos diante de uma consecução da "genealogia da lógica" projetada por Husserl com *Experiência e juízo*. No plano das conseqüências de filosofia da história, a principal conquista foi a superação da metafísica sair de cena, a partir do momento em que a metafísica é justamente aquilo que constitui o horizonte do sentido.

2) No caso da crítica literária, o *deconstructive criticism* caracterizou-se como uma hermenêutica isenta de verificação metódica (J. CULLER, *Sobre a desconstrução*, 1982) e caracterizada predominantemente pela recuperação do paradigma do crítico como artista, conforme se registra nas propostas de P. de Man (*O ponto de vista da cegueira*, 1971) ou de H. Bloom (*Angústia da influência*, 1973), a que se referem tanto R. Rorty, quando propõe transformar a filosofia numa prática lúdico-literária (*Conseqüências do pragmatismo*, 1982), quanto J. Habermas, ao estigmatizar essa atitude (*Discurso filosófico da modernidade*, 1985). [M.F.]

DESCRIÇÃO (gr. ὑπογραφή; lat. *Descriptio*; in. *Description*; fr. *Description*; al. *Beschreibung*; it. *Descrizione*). Esse termo foi introduzido pelos estóicos, pois a sua noção fora estranha para Aristóteles. Segundo os estóicos, a D. é "um discurso que conduz à coisa através de suas marcas" (DIÓG. L., VII, 1, 60). Isso estabelece a diferença entre D. e definição, pois enquanto esta declara a essência, que é universal, a D. conduz à coisa singular, faz referência à individualidade da coisa, àquilo que a distingue das outras. A partir de Boécio (*De differentiis topicis*, II, *P. L.*, 64º, col. 1187), a D. começou a ser caracterizada, em relação à definição, pelo uso de caracteres acidentais, muito comum nela. Os lógicos medievais extraíram seu conceito de *Dialectica* (cap. 14) de João Damasceno (séc. VIII): "A D. compõe-se de acidentes, de caracteres próprios e acidentais, como por exemplo: o homem é capaz de rir, anda ereto e tem unhas largas. Esse é o conceito que também se repete em *Lógica* de Pedro Hispano: "A D. é o discurso que significa o que é o ser de uma coisa mediante caracteres acidentais" (*Summ. log.*, 5. 12). Ockham dizia no mesmo sentido: "A D. é um discurso sucinto composto de caracteres acidentais e próprios" (*Summa log.*, I, 27); definição quase idêntica era aceita e difundida pela *Lógica* de Port-Royal (II, 16) e por Jungius (*Logica hamburgensis*, I, 1, 48). [N.A.]

A lógica contemporânea voltou-se para as chamadas *D. definidas* (doravante, D. d.), sintagmas nominais singulares introduzidos por um artigo definido, que desempenham a função (ao lado dos nomes e dos indiciais) de identificar objetos, tal como "a atual rainha da Inglaterra" ou "o autor da Ilíada". Frege considera as D. d. nomes próprios, isto é, expressões que denotam objetos (p. ex., "a atual rainha da Inglaterra" significa, enquanto escrevo, Elisabete II), ao passo que Russell as considera símbolos incompletos, sincategoremáticos, ou seja, expressões que não possuem significado próprio. Graves problemas surgem das D. d., ditas *impróprias,* que não denotam nenhuma entidade (como a famosíssima "o atual rei da França" dita aqui e agora). Visto que para Frege a enunciação de uma D. d. se baseia na admissão tácita de que ela possui uma referência (trata-se da chamada *análise pressuposicional),* se esta exigência não for satisfeita, na sua opinião a D. d., mesmo tendo sentido *(Sinn),* é desprovida de denotação (*Bedeutung*), e a proposição que a contém não é verdadeira nem falsa. Analogamente, Strawson e Austin admitem uma lacuna no valor de verdade, considerando, porém, que ela produz uma insatisfação no âmbito comunicativo. Para Russell, por sua vez, sendo a D. parafraseável num enunciado existencial (p. ex., "O atual rei da França é careca" significa "Existe uma entidade que *é* o atual rei da França e essa entidade é careca"), ela é sensata mas falsa, visto que o primeiro dos dois conjuntos é falso (trata-se da *análise implicativa*). A identificação feita por Russell da forma lógica dos enunciados que contêm D. d. leva-o a deslocar o peso denotativo do termo originário ao quantificador e à variável a ele vinculada. Em outras palavras, Frege afirma que as D. d. não têm um campo de ação definido e se comportam como nomes próprios, enquanto Russell tende a enfatizar a distância entre D. d. e nomes, por serem divergentes na estrutura lógica (têm um campo de ação diferente). A vantagem da posição de Russell é permitir avaliar as D. d. sem hipóteses *ad hoc* sobre cada um dos termos e sem admitir entidades fictícias.

Essas análises clássicas constituem ainda um divisor de águas entre duas concepções opostas de D. d., embora tenham sido depois tecnicamente integradas e modificadas. O teorema existencial $(\exists x)$ $(x = a)$ que levou Russell a não admitir os nomes próprios vazios (reinterpretando-os como descrições disfarçadas) pode ser derrubado, como demonstram as *lógicas livres,* que admitem que o nome próprio em posição referencial está livre de compromissos ontológicos. As distinções de Strawson (*On Referring,* 1950, e *Identiffing Referenee and Truth-Values,* 1964), entre objetivo *referencial* (qualificar o objeto com suas atribuições) e objetivo *informativo* (afirmar a existência do objeto com aquelas atribuições), e de Donnellan (*Reference and Definite Descriptions,* 1966, e *Proper Names and Identiffing Descriptions,* 1970), entre uso *atributivo* (quando se fala de quem satisfaça à D. dada) e uso *referencial* (quando se fala de um indivíduo determinado e já conhecido) de uma D. (Donnellan lamenta o peso excessivo atribuído por Russell ao uso referencial), deram ênfase, de modos diferentes, à intenção comunicativa do falante e ao contexto de uso. Por fim, compreendeu-se que o tratamento das D. d. como nomes próprios é possível exclusivamente nos contextos extensionais (SMULLYAN, *Modality and Description,* 1948, explicou muito bem os paradoxos da substitutividade dos idênticos nos contextos modais) e *é somente* a identificação do campo de ação da D. d. que sugere a correta interpretação nesses âmbitos. Esse problema foi tratado com uma visão geral inédita por Kripke, cuja proposta consiste em abraçar o essencialismo (v. ESSÊNCIA) diferenciando nitidamente nomes próprios e D. d. [M.S.]

DESCRITIVO (in. *Descriptive*; fr. *Descriptif*; al. *Beschreibende*; it. *Descrittivo*). Além do significado genérico, correspondente ao do substantivo, esse adjetivo tem dois significados controversos, quais sejam: 1º o de ciência D., que, a partir do século XVIII, foi contraposta à ciência *explicativa* e ao "espírito de sistema", que pretendia explicar os fenômenos recorrendo às causas da metafísica tradicional (cf. p. ex., D'ALEMBERT, *Discours de l'Encyclopédie, Œuvres*, ed. Condorcet, pp. 156-7); 2º o da terminologia contemporânea, em que D. se contrapõe a *persuasivo* como qualificação de significado, fazendo-se a distinção entre significado descritivo de um signo, que consiste em sua disposição a produzir conhecimento, e significado *persuasivo*, que consistiria em produzir uma resposta de natureza emotiva (cf. C. L. STEVENSON, *Ethics and Language*, 5ª ed., 1950, cap. III, especialmente, p. 59) (v. SIGNIFICADO). [N.A.]

DESEJO (gr. ἐπιθυμία; lat. *Cupiditas*; in. *Desire*; fr. *Désir*; al. *Begehren*; it. *Desiderio*). Esse termo pode ter dois significados: 1º geral, de apetite, de princípio que impele um ser vivo à ação; para tal significado, v. APETITE; 2º mais restrito, de apetite sensível, pelo qual corresponde ao grego ἐπιθυμία e ao latim *cupiditas*. Nesse sentido, segundo Aristóteles, o D. é "o apetite do que é agradável" (*De an.*, II, 3, 414 b 6).

Analogamente, Descartes o definiu como "a agitação da alma causada pelos espíritos que a dispõem a querer no futuro as coisas que a ela se afiguram convenientes" (*Pass. de l'âme*, § 86). Equivalente a esta é a definição de Espinosa: "Tristeza ligada à falta da coisa que amamos" (*Et.*, III, 36, esc.). Esses significados repetem-se ao longo da história da filosofia.

Na literatura contemporânea essa palavra assumiu alguns significados novos. Dewey definiu o D. como "atividade que procura agir no sentido de romper o dique que a retém. O objeto que se apresenta no pensamento como meta do D. é o objeto do ambiente que, se estivesse presente, garantiria a reunificação da atividade e a restauração de sua unidade" (*Human Nature and Conduct*, pp. 249 ss.). Heidegger vinculou o D. à natureza do homem como ser projetante: "O ser para as possibilidades manifesta-se em geral como puro desejo. No D., o *Dasein* (ser-aí) projeta seu ser para possibilidades que não somente não são captadas na ocupação, mas também cuja realização não é examinada seriamente nem efetivamente esperada" (*Sein und Zeit*, § 41). [N.A.]

Lacan relacionou o D. com a vivência de incompletude e privação em razão da saída do ventre materno, vivência que gera a necessidade de reintegrar a unidade perdida (cujo símbolo é o Falo). Visto que tal necessidade, seguida da interdição paterna, é removida, o D. é obrigado a voltar-se para objetos que substituam o objeto primordial, dando ensejo a uma série de derrotas e insatisfações permanentes (*Écrits*, 1966, trad. it., Einaudi, Turim, 1974, p. 513). O discurso "psicanalítico" de Lacan foi desenvolvido de modo "filosófico" pelos chamados "nouveaux philosophes" (Jambet, Lardreau, Némo etc.). Indo além dos aspectos sexuais e freudianos da temática lacaniana e reportando-se de modo criativo à tradição metafísica, tais autores viram no homem um "D. de ser" que não pode encontrar satisfação nas realidades finitas do mundo, mas somente no Absoluto: "o que *excede* o mundo é o que interessa à expectativa de uma alma" (PH. NEMO, *Giobbe e l'eccesso del male*, trad. it., Città Nuova, Roma, 1981, p. 158, grifo nosso). Essa espécie de "platonização" de Lacan é acompanhada de uma reflexão especulativa sobre a antítese entre necessidade e D. Enquanto a necessidade, entendida em sentido restrito, é algo determinado que, uma vez alcançado, produz satisfação, o D. expressa uma ausência de fundo que tem como único objeto possível de satisfação o Infinito. Por isso, dizer que o homem é D. significa dizer que ele está constitutivamente aberto ao Outro e à Transcendência.

A antítese entre necessidade e D., entendendo-se com esse último não uma necessidade egoísta, mas um impulso desinteressado em direção ao próximo e em direção a Deus, está presente também em Lévinas: "E o D é.: arder totalmente no fogo do desejo que, uma vez saciado, se extingue" (*Umanesimo dell'altro uomo*, 1972, trad. it., Il Melangolo, Gênova, 1985, p. 74), "Afora a fome que pode ser fartada, a sede que pode ser saciada e os sentidos que podem ser satisfeitos, a metafísica deseja o Outro para além da satisfação... " (*Totalità e infinito*, 1961, trad. it., Jaca Book, Milão, 1980, p. 32). De cunho "anárquico" e nietzschiano é, por sua vez, a filosofia do D. de Deleuze e Guattari. Em *Nietzsche et la philosophie* (1962) e em *Différence et répétition* (1968), Deleuze, após refutar a interpretação da vontade de poder em termos de domínio, afirma que ela deve ser entendida em termos de transgressão criativa e de libertação dos D. Em *Anti-Edipo* (1972), Deleuze e Guattari acusam a psicanálise de desenvolver uma ação repressiva em relação às "máquinas de desejo" que são os indivíduos e exaltam o valor positivo da esquizofrenia (vista como modelo de criatividade e liberdade). Além disso, em oposição à teoria de Lacan, voltada a separar o D. da realidade e destinada a ler o D. em termos de ausência e privação, os dois autores afirmam: *a)* que o D. "é" realidade e "produz" realidade; *b)* que ele não remete a um vazio do ser, mas a uma plenitude de auto-suficiente de vida: "Se o D. produz, produz o real. Se o D. é o produtor, só pode sê-lo na realidade e de realidade [...] O D. não carece de nada, não carece do seu objeto; é, antes, o sujeito que falta ao D., ou o D. que carece de sujeito, porque só existe sujeito para a repressão" (trad. it., Einaudi, Turim, 1975, p. 29). [G.F.]

DESEMPENHO, PRINCÍPIO DE (in. *Performance Principle*; it. *Principio di prestazione*). Expressão usada por Marcuse para indicar "a forma histórica predominante do *princípio da realidade*" (*Eros e civiltà*, 1955, trad. it., Einaudi, Turim, 1964, p. 80). Tal princípio, que está ligado à chamada "mais-repressão" (v.) sobre a qual se sustentam as sociedades divididas em classes, comporta um sacrifício sistemático do " princípio de prazer", pois implica a completa utilização das energias psicofísicas do indivíduo (sobretudo das energias erótico-sexuais) para fins produtivos e de trabalho. Marcuse considera, porém, que o princípio de D. destina-se a estabelecer as precondições dialéticas de sua própria abolição. Isto porque o desenvolvimento tecnológico e a automação dos processos produtivos acabam por criar as *premissas objetivas para* uma radical diminuição da quantidade de energia pulsional investida no trabalho alienado. E isso para vantagem do eros e do trabalho criativo (v. ALIENAÇÃO; JOGO). [G.F.]

DESENCANTAMENTO DO MUNDO (al. *Entzauberung der Welt*; it. *Disincantamento del mondo*). 1. Termo usado por Weber para indicar o processo de intelectualização e racionalização do mundo, próprio da modernidade. Processo acompanhado pela renúncia aos aspectos mágico-religiosos e metafísico-sagrados da vida e que se equipara à redução do existente a "objeto" cientificamente compreensível e tecnicamente manipulável: "Já não é preciso recorrer à magia para dominar ou para agradar os espíritos, como faz o selvagem, para o qual existem semelhantes poderes. Isso é suprido pela razão e pelos meios técnicos" (*La scienza come professione*, 1919, em *Il lavoro intellettuale come professione*, trad. it., Einaudi, Turim, 1966, p. 20). Tal racionalização, que se identifica com "a consciência ou a fé de que basta apenas querer para poder" (*ibid.*), é efeito de uma mentalidade imbuída da eficiência capitalista, que, privilegiando a dimensão instrumental do agir, identifica na indústria, na administração burocrática e na ciência as suas vigas mestras. Mas desse modo o homem ocidental, o homem-sujeito, acaba por fechar-se numa "gaiola de aço" de resultados duvidosos: "Ninguém sabe ainda quem, no futuro, viverá nessa gaiola e, se ao final desse enorme desenvolvimento surgirão novos profetas ou renascerão os antigos pensamentos e ideais ou, caso não aconteça nem uma coisa nem outra, se haverá alguma espécie de empedernimento na mecanização..." (*L'etica protestante e lo spirito del capitalismo*, 1905, trad. it. em "Sociologia delle religioni", Utet, Turim, 1976, p. 332). De qualquer modo, todos aqueles que, incapazes de viver num mundo "sem Deus e sem profetas", preferirem voltar para os braços das antigas igrejas, deverão preparar-se para um inevitável "sacrifício do intelecto" (*La scienza come professione*, *cit.*, p. 40) (v. MODERNO; SECULARIZAÇÃO).

2. A noção de D. (ou "desencanto") do mundo é uma das mais recorrentes da linguagem filosófica hodierna e costuma funcionar como código da modernidade e das suas tendências profundas (cf. S. GIVONE, *Disincanto del mondo e pensiero tragico*, 1988). [G.F.]

DESENVOLVIMENTO (in. *Development*; fr. *Développement*; al. *Entwicklung*; it. *Sviluppo, Svolgimento*). Movimento em direção ao melhor. Embora essa noção tenha precedentes no conceito aristotélico de *movimento* (v.) como passagem da potência ao ato ou explicação do que está implícito (CÍCERO, *Top.*, 9), seu significado otimista é peculiar à filosofia do século XIX e está estreitamente ligado ao conceito de *progresso* (v.). Seu sinônimo mais próximo é *evolução* (v.), mas este último termo é mais freqüentemente usado para indicar o D. biológico ou um D. cósmico, cujas raízes e analogias estão no D. biológico. Sem referência a esse aspecto particular, esse termo foi usado por Hegel, que o transformou numa das categorias fundamentais de sua filosofia e o exemplificou sobretudo na história. Ao lado do caráter progressista do D., Hegel destacou outro caráter fundamental: o D. pressupõe aquilo de que é D., isto é, o fim para o qual se move e o princípio ou a causa de si mesmo. "O espírito", disse Hegel, "que tem como teatro, domínio e campo de realização a história do mundo, não vagueia nas oscilações extrínsecas do acaso, mas é em si determinante absoluto... O que quer é alcançar seu próprio conceito, mas ele mesmo o obscurece para si, tem orgulho e prazer nesse alhear-se de si mesmo" (*Philosophie der Geschichte*, ed. Lasson, pp. 131-2). Nesse sentido, o Absoluto é D. "O verdadeiro é o integral. Mas o integral é somente a substância que se completa através de seu desenvolvimento. *Do Absoluto deve-se dizer que é essencialmente resultado*, que só no fim é o que é na verdade; e justamente nisso consiste sua natureza, em ser efetividade, sujeito ou D. de si mesmo" (*Phänomen. des Geistes*, Pref., II, 1). O que esse conceito tem de novo em relação ao conceito aristotélico do movimento é a aplicação ao mundo da história e a extensão a todos os aspectos da realidade. Mas o caráter finalista, providencialista e substancialista do D. ilustrado por Hegel tem correspondência com a doutrina aristotélica do movimento, que também é finalista e providencialista, exigindo também que aquilo que se desenvolve seja pressuposto pelo próprio D.: não é outro o significado da superioridade do ato sobre a potência, a que é dedicado um célebre estudo de Aristóteles (*Met.*, IX, 8) (cf. ATO). [N.A.]

DESESPERANÇA (in. *Desperation*; fr. *Désespoir*; al. *Verzweiflung*; it. *Disperazione*). Segundo Kierkegaard, é "a doença mortal", doença própria da personalidade humana que a torna incapaz de realizar-se. Enquanto a angústia se refere à relação do homem com o mundo, a D. refere-se à relação do homem consigo mesmo, em que consiste propriamente o eu. Nessa relação, se o eu quiser ser ele mesmo, pois é finito, logo insuficiente a si mesmo, não chegará jamais ao equilíbrio e ao repouso. E se não quiser ser ele mesmo chocar-se-á também contra uma impossibilidade fundamental. Em um e outro caso tropeçará na D., que é "viver a morte do eu", isto é, a negação da possibilidade do eu na vã tentativa de torná-lo auto-suficiente ou destruí-lo em sua natureza (*A doença mortal*, 1849, esp. parte I, C). Também para Jaspers a D. é um dos aspectos fundamentais da existência (*Phil.*, II, 266 ss.; II, 225 ss.). [N.A.]

DESIGNADOR (in. *Designator*; it. *Designatore*). Termo empregado por Morris para indicar uma espécie de signo, mais precisamente aquela pela qual "o intérprete é disposto para seqüências de respostas determinadas por um objeto que tem certas características" (*Signs, Language and Behavior*, 1946,

III, 3). Carnap empregou esse termo para indicar "todas as expressões às quais se aplica uma análise semântica do significado, de tal modo que a classe dos D. seja mais vasta ou mais restrita conforme o método de análise empregado" (*Meaning and Necessity*, § 1). [N.A.]

DESIGNATUM (lat. *Designatum*; in. *Designate*; it. *Designato*). Na lógica contemporânea entende-se por essa palavra o objeto qualquer, existente ou inexistente, que o signo pode denotar. O *denotatum*, ao contrário, é algo de existente. Entre "designação" e "denotação" estabelece-se distinção análoga, mas ambas significam a referência de um signo ao seu objeto (cf. DEWEY, *Logic*, cap. XVIII; trad. it., p. 473; MORRIS, *Foundations of the Theory of Signs*, § 7; trad. it., p. 69) (v. SEMIÓTICA). [N.A.]

DESORDEM (in. *Disorder*; fr. *Désordre*; al. *Unordnung*; it. *Disordine*). Numa análise célebre (*Évol. créatr.*, cap. III), Bergson mostrou o caráter e a função positiva da noção de desordem. Ela não exprime a ausência absoluta de ordem, mas só a ausência da ordem *procurada* e a presença de uma ordem diferente (do mesmo modo como se diz "Não há versos" quando se procuram versos e se encontra prosa). Bergson reduz a dois os tipos fundamentais de ordem, que, substituindo-se um ao outro, levam a falar de D.; são eles o geométrico e o vital: "Dos fenômenos astronômicos dir-se-á que manifestam uma ordem admirável, entendendo com isso que podemos prevê-los matematicamente. E encontrar-se-á ordem não menos admirável numa sinfonia de Beethoven, que é genialidade, originalidade e, conseqüentemente, a própria imprevisibilidade" (*ibid.*, 8ª ed., 1911, p. 244) (v. ORDEM). [N.A.]

DESPOTISMO. V. GOVERNO, FORMAS DE.

DESSEMELHANÇA (gr. ἀλλοίωσις; lat. *Dissimilitudo*; in. *Dissimilitude*; fr. *Dissimilitude*; al. *Ungleichheit*; it. *Dissimiglianza*). A falta ou a imperfeição da *semelhança* (v. SEMELHANTE). [N.A.]

DESSUBLIMAÇÃO REPRESSIVA (in. *Repressive Desublimation*; it. *Desublimazione repressiva*). Expressão usada por Marcuse para indicar a falsa liberdade existente nas sociedades industrializadas, nas quais, aparentemente, já não existem tabus e repressões (portanto, já não existe sublimação), enquanto, na verdade, tem-se a simples liberalização do eros para fins de adaptação repressiva do indivíduo à lógica do Sistema (H. MARCUSE, *L'obsolescenza della psicoanalisi*, 1963). [G.F.]

DESTERRADO. V. UNHEIMLICH.

DESTINO (gr. εἱμαρμένη; lat. *Fatum*; in. *Destiny*; fr. *Destin*; al. *Geschick*, *Schicksal*; it. *Destino*). Ação necessitante que a ordem do mundo exerce sobre cada um de seus seres singulares. Na sua formulação tradicional, esse conceito implica: 1º necessidade, quase sempre desconhecida e por isso *cega*, que domina cada indivíduo do mundo, por ser ele parte da ordem total; 2º adaptação perfeita de cada indivíduo ao seu lugar, ao seu papel ou à sua função no mundo, visto que, como engrenagem da ordem total, cada ser *é feito* para aquilo que faz.

O conceito de D. é antiquíssimo e bastante difundido, porque compartilhado por todas as filosofias que, de algum modo, admitem uma ordem necessária do mundo. Aqui só faremos alusão às que designam explicitamente essa ordem com o termo em questão. O D. é noção dominante na filosofia estóica. Crisipo, Posidônio, Zenão, Boeto o reconheceram como a "causa necessária" de tudo ou a "razão" pela qual o mundo é dirigido. Identificavam-no com a providência (DIÓG. L., VII, 149). Os estóicos latinos retomam essa noção e apontam seus reflexos morais (SÊNECA, *Natur. quaest.*, II, 36, 45; MARCO AURÉLIO, *Memórias*, IX, 15). Segundo Plotino, ao D. que domina todas as coisas exteriores só escapa a alma que toma como guia "a razão pura e impassível que lhe pertence de pleno direito", que haure em si, e não no exterior, o princípio de sua própria ação (*Enn.*, III, 1, 9). Para Plotino, a providência é uma só: nas coisas inferiores chama-se D.; nas superiores, providência (*ibid.*, III, 3, 5). De modo análogo, para Boécio (que com a *Consolação da filosofia* transmitia esses problemas à escolástica latina), D. e providência só se distinguem porque a providência é a ordem do mundo vista pela inteligência divina, e o D. é essa mesma ordem desdobrada no tempo. Mas no fundo a ordem do D. depende da providência (*Phil. cons.*, IV, 6, 10). O livre-arbítrio humano subtrai-se da providência e do D. só porque as ações a que dá origem se incluem, exatamente em sua liberdade, na ordem do D. (*ibid.*, V, 6). Essa solução inspiraria todas as soluções análogas da escolástica, que conserva o mesmo conceito de D. e de providência (cf., p. ex., Tomás, *S. Th.*, I, q. 116, a. 2). Em sua *Teodicéia*, Leibniz repropunha a mesma solução (*Théod.*, I, § 62).

Na filosofia do romantismo, enquanto Schopenhauer considera o D. como ação determinante, no homem e na história, da Vontade de vida na sua natureza dilacerante e dolorosa (*Die Welt*, II, cap. 38), Hegel limita o D. à necessidade mecânica. "À potência", diz ele, "como universalidade objetiva e violência contra o objeto, dá-se o nome de D.: conceito que se inclui no *mecanicismo* porquanto o D. é chamado de cego, ou seja, sua universalidade objetiva não é conhecida pelo sujeito em sua propriedade ou particularidade específica" (*Wissenschaft der Logik*, III, II, 1, B, b; trad. it., III, p. 199). Nesse sentido, o D. é a própria necessidade racional do mundo, mas enquanto ignorante de si mesma e, portanto, "cega". Mas durante esse mesmo período, do ponto de vista de necessidade "puramente racional", tanto interpretada como dialética, quanto como determinismo causal, a palavra D. começou a parecer fantástica ou mítica demais para designar essa necessidade. Foi então abandonada e substituída por termos que exprimem a natureza objetiva e causal da necessidade, como por exemplo necessidade, dialética, determinismo, causalidade; no domínio da ciência, é regida pelas "leis eternas e imutáveis da natureza".

Quando a palavra D. volta, em Nietzsche e no existencialismo alemão, tem novo significado: exprime a aceitação e a volição da necessidade, o *amor fati*. Nietzsche foi o primeiro a expressar esse conceito tão característico de certa tendência da filosofia contemporânea. Ele interpreta a necessidade do devir cósmico como vontade de reafirmação: desde a eternidade o mundo aceita-se e quer-se a si mesmo, por isso repete-se eternamente. Mas o homem deve fazer algo mais que aceitar esse pensamento: deve ele próprio votar-se ao *anel dos anéis*: "É preciso fazer o voto de retorno de si mesmo com o anel da eterna bênção de si e da eterna afirmação de si; é preciso atingir a vontade de querer retrospectivamente tudo o que aconteceu, de querer para a frente tudo o que acontecerá" (*Wille zur Macht*, ed. 1901, § 385). Esse é o *amor fati*, no qual Nietzsche vê a "fórmula da grandeza do homem". Heidegger exprimiu o mesmo conceito ao falar do D. como decisão autêntica do homem. D. é a decisão de retornar a si mesmo, de transmitir-se a si mesmo e de assumir a herança das possibilidades passadas. "A repetição é a transmissão explícita, ou seja, o retorno a possibilidades do *Dasein* (ser-aí) que já foram" (*Sein und Zeit*, § 74). Nesse sentido, o D. é "a historicidade autêntica": consiste em escolher o que já foi escolhido, em projetar o que já foi projetado, em reapresentar para o futuro possibilidades que já foram apresentadas. É, em outros termos, a vontade da repetição, o reconhecimento e a aceitação da necessidade. Esse conceito volta em Jaspers, que, no entanto, o expressa com referência à identidade estabelecida entre o eu e sua situação no mundo. O D. é a aceitação dessa identidade: "Amo-o como me amo porque só nele estou cônscio de meu existir." Aqui também o D. nada mais é que a aceitação e o reconhecimento da própria natureza da necessidade, que, para Jaspers, é a identidade do homem com sua situação (*Phil.*, II, pp. 218 ss.).

Essa última noção de D. expressa bem certas tendências da filosofia contemporânea. Na origem de sua longa tradição, essa noção implicava: 1º uma ordem total que age sobre o indivíduo, determinando-o; 2º o indivíduo não se apercebe necessariamente da ordem total nem de sua força necessitante: o *D. é cego*. O conceito contemporâneo eliminou ambas as características. Para ele: 1º a determinação necessitante não é a de uma ordem (nem mesmo para Nietzsche), mas a de uma situação, a repetição; e 2º o D. não é cego porque é o reconhecimento e a aceitação deliberada da situação necessitante. [N.A.]

Depois de *Ser e tempo*, Heidegger usa o conceito de D. em sentido *ontológico*, ou seja, como *Geschick des Seins*, entendendo com tal expressão o conjunto (*Ge*) daquilo que é enviado (de *schicken*, enviar) ao homem pelo ser em virtude do seu dar-se histórico-epocal (o *Geschick* como fonte da *Geschichte*; cf. *Lettera sull'"umanismo"*, *Segnavia*, 1967, trad. it., Adelphi, Milão, 1987, p. 284, nota *b*). Tal "D. destinante" (*ibid.*, p. 280) não deve ser interpretado segundo os parâmetros metafísicos tradicionais, isto é, como uma espécie de estrutura necessária ou efetivamente inexorável, mas como uma espécie de *dádiva* ou *apelo* que não exclui, mas subentende, uma *resposta* por parte do homem (v. EREIGNIS). Vattimo também acena para um "D. do ser" que implica um envolvimento básico do homem: "O ser não é mais forte, o ser tem o D. de enfraquecer-se e eu, se quero corresponder a esse D., devo fazer muito, muitíssimo" ("Il pensiero secolarizzato", em *Il Poliedro*, IV, 9-10, 1987, p. 79). No âmbito dessas acepções, o conceito de D. assume valores diferentes dos habituais, visto que remete à idéia de um "evento" a que o homem não é obrigado a submeter-se, mas do qual é co-protagonista ativo. Do D. no sentido de Parmênides quem fala é Severino, que ao tresloucado corcel do Ocidente contrapõe outro, guiado pela "vontade de poder", corcel que se deixa guiar pela "vontade do D.", ou seja, pelo pensamento da necessidade do ser (*Destino della necessità*, 1980). [G.F.]

DETERMINAÇÃO (gr. πρόσθεσις; lat. *Determinatio*; in. *Determination*; fr. *Détermination*; al. *Bestimmung* ou *Bestimmtheit*; it. *Determinazione*). Limitação da extensão de uma noção com o enriquecimento da sua intensão, ou o resultado dessa limitação. Aristóteles já usava esse termo para indicar o novo acréscimo de notas ou características ao objeto considerado. "Falando de D., refiro-me, por exemplo, à passagem da unidade, que é substância desprovida de posição, ao ponto que é substância dotada de posição: essa passagem deriva de uma D." (*An. post.*, I, 27, 87 a 34 ss.). Essa palavra foi entendida do mesmo modo na lógica medieval. Pedro Hispano diz que "a D. restringe o conceito daquilo a que se une, assim como a palavra 'morto' restringe o conceito de homem quando se diz 'homem morto'" (*Summ. log.*,

7.46). Wolff demorou-se nessa noção, entendendo por *determinado* "aquilo sobre o que se deve afirmar alguma coisa" (*Ont.*, § 112) e por *indeterminado* "aquilo sobre o que ainda não se pode afirmar alguma coisa, embora tampouco se possa afirmar que alguma coisa se lhe oponha" (*ibid.*, § 105). Além disso, ligava essa noção à noção de razão suficiente, que o próprio Leibniz chamara, nesse sentido, de *razão determinante* (*ibid.*, § 117).

Espinosa expressou uma implicação importante dessa noção quando disse "*Omnis determinatio est negatio*" (*Epist.*, 59), entendendo que qualquer acréscimo de uma nova nota a um conceito faz que esse conceito seja negado em alguns dos objetos que antes podiam ser seus predicados. Nessa vinculação da D. com a negação, Hegel insistiu em sua doutrina da *dialética* (v.). Para ele, porém, a D. ocorre por desenvolvimento interno e autônomo do conceito, e não por acréscimos. Diz Hegel: "Determina-se o universal e, assim, ele é o particular. A D. é sua diferença. Assim, ele é a totalidade e o princípio de sua diversidade, que é determinada somente por ele mesmo" (*Wissenschaft der Logik*, III, 1, 1, B). Na linguagem filosófica contemporânea essa palavra é usada predominantemente no sentido tradicional, como delimitação do significado. Peirce distingue assim D. de definição: "Um sujeito é determinado em relação a cada caráter inerente a ele ou que é (universal e afirmativamente) predicado dele, e é determinado também em relação aos negativos desses caracteres, no mesmo aspecto. Em todos os outros aspectos, o sujeito é indeterminado. O *definido* deve estar realmente definido" (*Issues of Pragmaticism*, 1905, em *Values in a Universe of Chance*, p. 210). Por outro lado, o uso desse termo em Carnap refere-se ao valor de verdade dos enunciados: "Um enunciado é logicamente determinado se o seu valor de verdade, que é sua extensão, é determinado por regras semânticas" (*Meaning and Necessity*, § 2); isso significa que um enunciado é logicamente determinado se é analítico ou tautológico, e nesse caso sua verdade independe dos fatos; mas é logicamente *indeterminado* se é sintético e se, portanto, sua verdade depende dos fatos. [N.A.]

DETERMINANTE, JUÍZO. V. REFLEXIVO E DETERMINANTE.

DETERMINISMO (in. *Determinism*; fr. *Déterminisme*; al. *Determinismus*; it. *Determinismo*). Esse termo relativamente recente (Kant é um dos primeiros a empregá-lo em *Religion*, I, Obs. ger., nota) compreende dois significados: 1º ação condicionante ou necessitante de uma causa ou de um grupo de causas; 2º a doutrina que reconhece a *universalidade* do princípio causal e portanto admite também a determinação necessária das ações humanas a partir de seus motivos. No primeiro sentido, fala-se, por exemplo, de "D. das leis", "D. sociais" etc., para indicar nexos de natureza causal ou condicional. No segundo sentido, fala-se da disputa entre D. e indeterminismo, entre quem admite e quem nega a necessitação causal no mundo em geral e, em particular, no homem. O estudo dos problemas referentes ao 1º significado de D. deve ser visto nos verbetes CAUSA, CONDIÇÃO e NECESSIDADE. No 2º sentido, a palavra D. foi utilizada para designar o reconhecimento e o alcance universal da necessidade causal, que constitui uma ordem racional, mas não finalista, e portanto não se presta a ser designada pelo velho nome de *destino* (v.). O D. vincula-se, por isso, ao mecanicismo, que é a tendência dominante da ciência do século XIX, assim como da filosofia correspondente a essa fase da ciência. D. é a crença na extensão universal do mecanicismo, ou seja, na extensão do mecanicismo ao homem. Como Kant já viu (na nota citada), o D. autêntico é na verdade um *predeterminismo*, a crença de que o motivo determinante da ação humana está no momento precedente, de tal modo que não está em poder do homem no momento em que se efetua. O D., como mecanicismo, é na realidade predeterminação da ação em seus antecedentes.

A partir da segunda metade do século XVIII, a polêmica entre D. e indeterminismo deu-se entre os filósofos da *ciência*, por um lado, e os filósofos da *consciência*, por outro, parecendo que a ciência não podia deixar de reconhecer a validade do princípio de causa (v. CAUSALIDADE) e que, por outro lado, a consciência era testemunho irrefutável da liberdade do homem (v. INDETERMINISMO). Uma das primeiras dissertações de Kant, *Novos esclarecimentos sobre os primeiros princípios do conhecimento metafísico* (1755), destinada a defender a dimensão universal do princípio de causalidade, pode ser considerada uma das primeiras defesas do D. (cf. especialmente Prop. IX, *Confutatio dubiorum*). Mas talvez muito mais eficaz tenha sido a defesa feita por Priestley no segundo volume de suas *Inquirições sobre a matéria e sobre o espírito* (1777), intitulado *Doutrina da necessidade filosófica*. Nessa obra, Priestley afirmava claramente que os motivos influenciam a vontade com a mesma certeza e necessidade com que a força da gravidade age sobre uma pedra, e que, embora o homem freqüentemente se censure por não ter agido de outro modo, o exame de sua conduta demonstra que isso era impossível e que ele só poderia ter agido daquele modo (*The Doctrine of Philosophical Necessity*, 2ª ed., 1782, pp. 37, 90 ss.). Essas são teses repetidas com freqüência na filosofia positivista do século XIX. O D. científico foi formulado de modo clássico por Claude Bernard, em sua *Introdução ao estudo da medicina experimental* (1865). "O princípio absoluto das ciências experimentais", dizia ele, "é um D. *necessário* e consiste nas condições dos fenômenos. Se um fenômeno natural qualquer é dado, um experimentador nunca poderá admitir que houve uma variação na expressão do fenômeno sem que, ao mesmo tempo, tenham sobrevindo condições novas em sua manifestação. Além disso, ele tem certeza *a priori* de que essas variações são determinadas por relações rigorosas e matemáticas. A experiência mostra-nos apenas a forma dos fenômenos, mas a relação de um fenômeno com uma causa determinada é necessária e independente da experiência, é forçosamente matemática e absoluta. Nós chegamos assim a ver que o princípio do *criterium* das ciências experimentais no fundo é idêntico ao das ciências matemáticas porque, de um lado e de outro, esse princípio é expresso por uma relação de causalidade necessária e absoluta" (*Introduction à l'étude de la médecine expérimentale*, I, 2, 7). Explicitamente, Bernard estendia esse princípio também aos seres vivos (*ibid.*, II, 1, 5), e as próprias palavras com que se exprimia mostram, de um lado, o caráter de axioma racional (mais que de exigência empírica) que ele via no princípio do "D. absoluto", e, de outro lado, o rigor com que esse princípio era aplicado ao campo da pesquisa experimental. Entretanto, foram precisamente os progressos experimentais da ciência – em particular os da ciência experimental mais adiantada e amadurecida, a física – que levaram a abandonar aquilo que Claude Bernard chamava de "princípio do *criterium* experimental". Primeiro a teoria da relatividade e depois a mecânica quântica puseram em xeque a noção de causalidade necessária e, por conseguinte, a de "D. absoluto". Em 1930, Heisenberg, descobridor do princípio de *indeterminação* (v.) e um dos fundadores da moderna física quântica, escrevia: "O conceito de universo que deriva da experiência cotidiana foi abandonado pela primeira vez na teoria da relatividade de Einstein. Por ela, vê-se que os conceitos usuais só podem ser aplicados a acontecimentos nos quais a velocidade de propagação da luz pode ser considerada praticamente infinita. [...] As experiências com o mundo atômico obrigam-nos a uma renúncia ainda mais profunda dos conceitos até agora habituais. Com efeito, nossa descrição usual da natureza e, em especial, a idéia de *causalidade rigorosa* nos eventos da natureza repousam na admissão de que é possível observar um fenômeno sem influenciá-lo de modo perceptível. [...] Na física atômica, porém, a cada observação geralmente está ligada uma perturbação finita e até certo ponto incontrolável, o que era de se esperar desde o princípio na física das menores unidades existentes. Como, por outro lado, toda descrição espácio-temporal de um evento físico está ligada à observação do evento, segue-se que a descrição espácio-temporal dos eventos e a lei causal clássica representam dois aspectos causais que se excluem mutuamente nos acontecimentos físicos" (*Die physikalischen Prinzipien der Quantentheorie*, 1930, IV, § 3). Quase ao mesmo tempo, Max Planck, descobridor do *quantum* de ação, escrevia que, para poder salvar a hipótese do D. rigoroso, era necessário pensar num *Espírito Ideal*, capaz de abranger todos os processos físicos que se desenvolvem simultaneamente e, portanto, de predizer com certeza e em todos os detalhes qualquer processo físico. Naturalmente, do ponto de vista de um espírito desses, o princípio de indeterminação, do fato de o homem precisar intervir nos processos naturais para poder observá-los, não valeria, visto ser ele, por hipótese, independente da natureza (*Der Kausalbegriff in der Physik*, 1932, pp. 24-5). Mas essa hipótese, como é óbvio, não tem nenhum fundamento científico ou filosófico. De Broglie, outro protagonista da física contemporânea, afirmava que os argumentos de Von Neumann (v. CAUSALIDADE) provaram que: "As leis de probabilidade enunciadas pela mecânica ondulatória e quântica sobre os fenômenos elementares, leis bem provadas pela experiência, não têm a forma que deveriam ter se fossem devidas à nossa ignorância dos valores exatos de certas variáveis ocultas. O único caminho que ainda estava aberto ao restabelecimento do D. em escala atômica parece, portanto, fechar-se diante de nós" (*Physique et Microphysique*, X; trad. it., p. 209).

Desse modo, o abandono da causalidade necessária e da doutrina do D. absoluto, que transformara a causalidade necessária em princípio universal do conhecimento científico, parece sancionado pelas maiores autoridades científicas do nosso tempo. Todavia, esse abandono não é, automaticamente, a aceitação do indeterminismo, ou seja, do reconhecimento do acaso e do arbítrio absoluto nos fenômenos naturais. Assim como o abandono da noção de causa coincide com o uso cada vez mais amplo e consciente da noção de *condição* (v.), também o abandono da noção de D. absoluto, paralela à primeira, coincide com a aceitação de uma forma de D. que se vai esclarecendo paralelamente ao esclarecimento do conceito de condição. Ao declarar inutilizável o conceito de causa, a física contemporânea insistiu na possibilidade de previsão provável; e ao declarar, por isso mesmo, a queda do D. absoluto, tende a adotar um D. restrito ou, como diz o próprio De Broglie, "fraco" ou "imperfeito", fundado no reconhecimento de que "nem todas as possibilidades são igualmente prováveis" e de que "todo estado de um sistema microscópico comporta certas tendências que se expressam pelas diferentes probabilidades das diversas possibilidades nele contidas" (*ibid.*, p. 212). Em sentido análogo, no domínio das ciências sociais, Gurvitch falou do D. como de uma simples "contingência coerente" ou "coerência contingente", que nunca é unívoca, mas sempre se caracteriza por constituir uma situação intermediária entre os opostos do contínuo e do descontínuo, do quantitativo e do qualitativo, do heterogêneo e do homogêneo etc. (*Déterminismes sociaux*, 1955, pp. 28 ss.). Portanto, a palavra D. não foi abandonada, mas sofreu uma transformação radical na linguagem científica e filosófica contemporânea. Não designa mais o *ideal* de causalidade necessária e de previsão infalível, mas o *método* de conexão condicional e de previsão provável. [N.A.]

As teorias quânticas e da relatividade mudaram a nossa concepção da realidade física, que passou de um D. intrínseco de causa e efeito no espaço e no tempo absolutos a uma causalidade intrinsecamente probabilística dentro de uma variedade espaço-tempo cuja curvatura é determinada dinamicamente. Se a oscilação semântica do termo "D." é perceptível na filosofia da ciência contemporânea, sobretudo em relação à diferente ontologia pressuposta pela física do século XX (em particular a quântica) em relação à física newtoniana ou em relação aos diferentes níveis de aplicação – físico, social e psíquico –, não é menos verdade que o termo teve diferentes significados também no passado, a ponto de tornar-se extremamente problemático e equívoco (cf. I. HACKING, *The Taming of Chance*, 1990). É evidente que de sua definição dependem, por exemplo, sua compatibilidade ou incompatibilidade com a liberdade moral, assim como com a aleatoriedade *(randomness)* e incerteza do universo quântico. Mas sua definição é, por sua vez, fortemente condicionada pela acepção de diversos outros conceitos (sobretudo os de causalidade e de causação, mas também os de espaço, tempo e espaço-tempo, de teorias e de sistemas formais, de simetrias e invariâncias, de previsão, instabilidade e casualidade, de materialismo e de fisicalismo). Por exemplo, com base na acepção einsteiniana de espaço-tempo, parece mais fácil encontrar casos de puro D. na física relativista do que na física clássica baseada no espaço e tempo absolutos (cf. J. EARMAN, *A Primer on Determinisin*, 1986). Ainda que as análises recentes do conceito de D. tenham estabelecido que algumas implicações da física newtoniana (como no caso das "colisões" entre partículas) não excluem certo indeterminismo, outras nos dizem não ser verdade que toda interpretação da física quântica consagra uma visão indeterminista do universo (a mesma equação de Schrödinger prevê que os estados quânticos evoluem deterministicamente no tempo, ao menos na ausência de mensurações).

Em filosofia moral, o problema do D. está estreitamente relacionado ao do livre arbítrio, que pareceria negado por uma teoria que sustentasse a completa determinação de tudo o que acontece no mundo. As posições clássicas sobre a liberdade das nossas escolhas num mundo determinado ou indeterminado podem ser assim esquematizadas: *a*) *incompatibilismo* (se o D. é verdadeiro, então não somos livres, como sustenta P. VAN INWAGEN, *An Essay on Free Will*, 1983), que também pode assumir a forma do chamado *libertarismo* (cf. C. A. CAMPBELL, *Selfhood and Goodhood*, 1957) caso se afirme como verdadeiros tanto o incompatibilismo quanto a nossa liberdade e se, de tais premissas, for *deduzido* que o D. é falso (entre os atuais incompatibilistas não falta nem mesmo quem sustente a incompatibilidade do livre-arbítrio com o indeterminismo); *b*) *compatibilismo* (se o D. é verdadeiro, isso não exclui a possibilidade de que possamos agir livremente), que às vezes se apresenta com formas imprecisas (que levam em conta, por exemplo, algumas variáveis de comportamentos compulsivos ou em estado de coerção, como nas influentes teses incompatibilistas de Gerald Dworkin), algumas das quais negam o conflito entre livre-arbítrio e D. sem afirmar que ambos são verdadeiros. Por fim, há uma terceira família de posições, geradas sobretudo por um aprofundamento do conceito moral de *responsabilidade* (v.) na tradição moral kantiana (v., p. ex., P. STRAWSON, *Freedom and Resentment*, 1975) e por uma análise conceitual tendente a pôr em relevo uma duplicidade intrínseca ao conceito de liberdade (T. HONDERICH, *A Theory of Determinism*, 1988), que faz parecer menos dramáticas e dicotômicas as contraposições entre compatibilistas e incompatibilistas. [A.P.]

DETERMINISMO ECONÔMICO. V. MATERIALISMO DIALÉTICO.

DEUS (gr. θεός; lat. *Deus*; in. *God*; fr. *Dieu*; al. *Gott*; it. *Dio*). São duas as qualificações fundamentais que os filósofos (e não só eles) atribuíram e atribuem a D.: a de *Causa* e a de *Bem*. Na primeira, D. é o princípio que possibilita o mundo ou o ser em geral. Na segunda, é a fonte ou a garantia de tudo o que há de excelente no mundo, sobretudo no mundo humano. Trata-se, como é óbvio, de qualificações bastante genéricas que só têm sentido preciso no âmbito das filosofias que as empregam. Podemos, por isso, distinguir as várias concepções de D. partindo dos significados específicos que essas qualificações adquirem; portanto: 1º quanto à relação de D. com o mundo, segundo a qual D. é Causa; e 2º quanto à relação de D. com a ordem moral, segundo a qual D. é Bem. Como, ademais, é possível conceber que da divindade podem participar vários entes ou que ela é própria de um só ente, e como, por outro lado, é possível admitir várias vias de acesso do homem a D., também é possível admitir outros dois modos de distinguir as concepções de D.; 3º quanto à relação de D. consigo mesmo, ou seja, com sua divindade; 4º quanto aos acessos possíveis do homem a D. Esses quatro modos de distinguir as concepções de D., que podem ser encontrados ao longo da história da filosofia ocidental, têm a vantagem de seguir com suficiente fidelidade as interações históricas da noção em exame, ou seja, os pontos que serviram de base para as principais disputas filosóficas.

1. Deus e o mundo.

Concepção para a qual D. como *causa* é o aspecto fundamental de D.: as formas do *ateísmo* (v.) são negações da causalidade de D. Mas na história da filosofia essa causalidade foi entendida de maneiras diferentes; segundo essas diferenças é possível distinguir as três concepções seguintes: A) D. como criador da ordem do mundo, como causa *ordenadora;* B) D. como natureza do mundo, como causa *necessitante;* C) D. como criador do mundo, como causa *criadora*.

A) *Deus como criador da ordem do mundo*. Essa concepção é provavelmente a mais antiga da história da filosofia; o primeiro a enunciá-la com clareza foi Anaxágoras, que considerou o Intelecto como divindade que ordena o mundo (Aécio, I, 7, 14). O caráter criador do Intelecto decorre do fato de Anaxágoras negar, como afirma Alexandre (*De fato*, 2), a existência de um destino necessitante; isso significa que considerava o Intelecto como causa livre, portanto criadora (v. Criação). Mas não se tratava certamente de uma criação a partir do nada, assim como não se tratou de criação a partir do nada na doutrina de Platão e de Aristóteles. Para Platão, D. é o Artífice ou Demiurgo do mundo, cujo poder criador é limitado (1) pelo modelo que ele imita e que é o mundo das substâncias ou realidades eternas (*Tim.*, 29 a) e (2) pela matriz material que, com sua necessidade, resiste à obra inteligente do Demiurgo (*ibid.*, 50 d ss.). As características da divindade platônica são, além do poder superior (mas, pelos motivos citados, não ilimitado), a inteligência e a bondade. Graças a esta última, a criação é um ato livre, que tem em vista a multiplicação do bem (*ibid.*, 29 e). A doutrina de Aristóteles não difere substancialmente da platônica. Sobretudo nos últimos diálogos (p. ex., *Pol.*, 269 e), Platão insistira no conceito de D. como primeiro motor ou "guia de todas as coisas que se movem", e é precisamente esse conceito que se torna ponto de partida da teologia aristotélica. Para Aristóteles, D. é o *primeiro motor* ao qual necessariamente se filia a cadeia dos movimentos (*Fís.*, VIII, 7; *Met.*, XII, 6); ou a *primeira causa* de que decorrem séries causais, inclusive a das causas finais (*Met.*, II, 2). Mas justamente no sentido de causa final D. é criador da ordem do universo, e Aristóteles compara este a uma família ou a um exército. "Todas as coisas estão ordenadas, umas em relação às outras, mas nem todas do mesmo modo: os peixes, os pássaros, as plantas têm ordens diferentes. Todavia, uma coisa não está para outra como se nada tivesse com outras, mas tudo está coordenado com um único ser. É isso, por exemplo, o que ocorre numa casa onde os homens livres não podem fazer o que lhes apraz, mas onde todas as coisas, ou pelo menos a maior parte delas, acontece segundo uma ordem, ao passo que os escravos e os animais contribuem com pouco para o bem-estar comum e fazem muito por acaso" (*ibid.*, XII, 10, 1075 a 12). Do mesmo modo, o bem de um exército consiste "ao mesmo tempo em sua ordem e em seu comandante, mas especialmente neste último, que não é resultado da ordem: a ordem depende dele" (*ibid.*, 1075 a 13). D., portanto, é como o comandante de um exército ou o chefe de uma casa: é quem produz e mantém a ordem que constitui a bondade do conjunto. Essa é também a doutrina de Platão; exposta de forma menos mítica, ou seja, fora do mito teogônico. Aristóteles não atribui novas características à divindade, mas esclarece e determina as que Platão já lhe atribuíra. Assim, D. é não só o primeiro motor: é *motor imóvel* e, como tal, eterno e afastado das coisas sensíveis; não tem grandeza (logo, é indivisível, e sem partes) e é dotado da potência necessária para mover o mundo por tempo infinito (*ibid.*, VIII, 7, 1073 a, 3). Não é só intelecto, como já dissera Platão: é inteligência sempre em ato, cujo objeto é o objeto mais alto e excelente, ou seja, ela mesma; é *intelecto do intelecto* ou pensamento do pensamento (*ibid.*, XII, 9, 1074 b 30 ss.). O intelecto na verdade também pode cochilar e ter por objeto coisas inferiores a si mesmo: o intelecto divino deve ficar acima dessas eventualidades. Além disso, a distinção entre a potência e o ato e a reconhecida superioridade do ato em relação à potência permitem que Aristóteles defina D. como *ato puro*, atualidade absolutamente desprovida de matéria ou de potencialidade, dando assim um significado mais rigoroso e filosófico à "incorporeidade" da inteligência divina, já reconhecida a partir de Anaxágoras (*ibid.*, XII, 6, 1071 b, 12 ss.). Aristóteles esclareceu também o conceito da bem-aventurança divina: "D.", diz ele, "experimenta sempre uma felicidade simples e única porque a atividade (que é acompanhado pelo prazer) não consiste só no movimento, mas também na imobilidade, e a felicidade está mais no repouso que no movimento" (*Et. nic.*, VII, 1154 b 26). Enfim, a perfeição de D. torna-o auto-suficiente: ao contrário do homem, não tem necessidade de amigos: "A causa disso é que para nós o bem vem de algo que não somos nós, mas ele é o bem para si mesmo" (*Et. eud.*, VII, 12, 1245 b 17). Embora muitas dessas determinações tenham sido adotadas e utilizadas por doutrinas diferentes, é fácil perceber que estão estreitamente vinculadas ao conceito platônico-aristotélico de criador da ordem do mundo. Tanto para Aristóteles quanto para Platão, a estrutura substancial do universo está além dos limites da criação divina. Certamente, a imagem da divindade que assume como modelo de sua ação criadora o mundo das substâncias eternas não tem mais sentido para Aristóteles (e para o próprio Platão era um "mito", um discurso simplesmente "verossímil"). Mas para Platão, assim como para Aristóteles, a estrutura substancial do universo é eterna, ou seja, não suscetível de princípio ou de fim. De fato, só a coisa individual composta de matéria e forma tem nascimento e morte, segundo Aristóteles, ao passo que a substância que é forma ou razão de ser, ou a que é matéria, não nasce nem perece (*Met.*, VIII, 1, 1042 a 30). D. mesmo participa dessa eternidade da substância, pois ele é substância (*ibid.*, XII, 7, 1073 a 3) e substância no mesmo sentido em que o são as substâncias finitas (*Et. nic.*, I, 6, 1096 a 24). A superioridade de D. consiste apenas na perfeição de sua vida, não em sua realidade ou em seu ser, pois, como diz Aristóteles, "nenhuma substância é mais ou menos substância do que outra" (*Cat.*, V, 2 b 25).

A noção de D. como criador da ordem do mundo, que chegou à plenitude em Aristóteles, não foi proposta novamente nos mesmos termos ao longo da história da filosofia. O panteísmo estóico e neoplatônico, antes, e o criacionismo cristão, depois, impõem outras concepções de D. que se alternam com mais freqüência na história do pensamento. A ela, porém, podem filiar-se as concepções de D. que, no mundo moderno, tendem a reconhecer limitações nos poderes da divindade e a excluir dela os caracteres infinitos e absolutos. Essa é, por exemplo, a concepção de muitos iluministas, concepção que foi bem expressa por Voltaire: "Toda obra que nos mostra os meios e um fim revela um artífice: logo, este universo composto de meios, cada um com seu fim, revela um artífice poderosíssimo e inteligentíssimo" (*Dictionnaire philosophique*, art. D.; *Traité de métaphysique*, 2). Mas a qualificação de artífice é também a única que Voltaire considera atribuível a D. De fato, ele se recusa a admitir qualquer intervenção de D. no homem e no mundo moral. D. é somente o autor da ordem do mundo; o bem e o mal não são mandamentos divinos, mas atributos do que é útil ou prejudicial à sociedade (*Traité*, 9). No século XIX uma concepção análoga foi defendida por Stuart Mill: para este, um D. finito, limitado em seu poder pela matéria e pela forma que utilizou, é tudo o que a experiência do mundo permite concluir acerca de um criador do mundo (*Three Essays on Religion*, 1874). Peirce e James propuseram, mais recentemente, um conceito análogo de D. Peirce recusa-se a considerá-lo em sentido próprio onisciente e onipotente (*Coll. Pap.*, 6. 508-9). James, por sua vez, afirma que "D. não é o absoluto, mas faz parte de um sistema, e que sua função não é inteiramente diferente da função das outras partes menores, portanto da nossa. Tendo um ambiente, existindo no tempo e operando na história como nós, ele deixa de ser diferente de tudo o que é humano, escapa à estática intemporalidade do perfeito absoluto" (*A Pluralistic Universe*, 1909, p. 318). Embora desse modo D. seja investido de mais caracteres humanos do que nas doutrinas de Platão ou Aristóteles, o conceito clássico do D. ordenador, cujo poder é limitado por certas estruturas substanciais, ainda é o traço característico dessas concepções.

B) *Deus como natureza do mundo*. Sob este título podem ser agrupadas todas as concepções de D. que de algum modo admitam uma relação intrínseca, substancial ou essencial dele com o mundo, de tal maneira que o mundo seja entendido como continuação ou prolongamento da vida de D. Deve-se notar que a própria concepção de D. como criador da ordem do mundo, mesmo demarcando uma separação entre o mundo e D., estabelece a semelhança entre eles. Platão chama o mundo de "D. gerado" (*Tim.*, 34 b), e Aristóteles relata com aprovação a crença comum de que os corpos celestes são deuses e de que "o divino abrange toda a natureza" (*Met.*, XII, 8, 1074 b 2). Mas essa conexão torna-se mais estreita e essencial na concepção de que ora nos ocupamos, concepção que pode ser designada genericamente pelo nome de panteísmo. Nesta, um laço *necessário* ata o mundo a D. e D. ao mundo: D. não seria D. sem o mundo, assim como o mundo não seria mundo sem D. Isso não implica, porém, a perfeita identidade e coincidência entre D. e o mundo; ou melhor, essa identidade ou coincidência só se verifica no sentido que vai do mundo para D. e não no que vai de D. para o mundo. Em outros termos, o mundo não é inteiramente D.: está incluído na vida divina como seu elemento necessário, mas não a esgota. A exigência apresentada pelo chamado *panenteísmo* (v.) na realidade é típica de todas as formas do panteísmo histórico, como se poderá facilmente verificar pela digressão que segue. A característica do panteísmo pode ser expressa dizendo-se que ele não estabelece nenhuma diferença entre causalidade divina e causalidade natural. No interior do panteísmo, podem-se distinguir três modos principais de vincular mundo e D., quais sejam: 1º o mundo é a *emanação* de D.; 2º o mundo é a *manifestação* ou *revelação* de D.; 3º o mundo é a *realização* de D. O primeiro e o segundo desses modos unem-se em geral, e o mesmo ocorre com o segundo e o terceiro; não se acham, porém, explicitamente vinculados o primeiro e o terceiro.

Foi no estoicismo que o panteísmo assumiu forma acabada pela primeira vez. Os estóicos "chamavam Deus de mundo, sendo D. a qualidade própria de toda substância, imortal e não gerado, criador da ordem universal, o qual, segundo os ciclos dos tempos, consuma em si toda a realidade e novamente a gera de si" (DIÓG. L., VII, 137). E diziam que "D. impregna todo o universo e toma vários nomes conforme as matérias diferentes em que penetra" (AÉCIO, *Plac.*, I, 7, 33). Os estóicos também afirmavam que D. é corpo (*Stoicorum fragm.*, ed. Arnim, II, pp. 306-11), porque só o corpo pode ser causa, pode agir (DIÓG. L., VII, 56): doutrina que retorna em Tertuliano (*De carne Christi*, 11; *De anima*, 18) e em Hobbes (*Leviath.*, I, 12). O reconhecimento da causalidade de D. no mundo torna-o partícipe da condição geral da causalidade mundana, ou seja, da corporeidade. Os precedentes dessa doutrina foram vistos tanto na doutrina de Heráclito, do *Logos* ou Fogo divino que tudo penetra (*Fr.* 30, 50, Diels), quanto na identificação feita por Xenófanes de Colofão entre D. e o Uno e o Todo (SIMPLÍCIO, *Fís.*, 22). Mas a expressão mais madura do panteísmo deve ser vista no neoplatonismo, particularmente em Plotino. Este elabora, ainda que em forma de imagens, a noção de *emanação* (v.) que se tornaria indispensável ao panteísmo, permitindo entender o modo como de D. deriva um mundo que não se separa dele. A relação entre D. e o mundo é assim esclarecida: 1º o mundo deriva, necessariamente, de D. assim como o perfume emana necessariamente do corpo perfumado, e a luz, de sua fonte; 2º por esse laço de necessidade, o mundo é parte ou aspecto de D., ainda que parte diminuída ou inferior, pois o perfume ou a luz que se afasta de sua fonte é inferior à própria fonte; 3º D. é superior ao mundo, embora idêntico a ele, uma vez que possui ordem, perfeição e beleza. Esses são os caracteres que Plotino atribui a D. D. é o Uno em face dos muitos que dele emanam (*Enn.*, III, 8, 9). "Ele é a potência de tudo; está acima da vida e é causa da vida; a atividade da vida, que é tudo, não é a realidade primeira, mas deriva do Uno como de uma fonte" (*ibid.*, III, 8, 10). Do Uno emana, em primeiro lugar, a Inteligência na qual residem as estruturas substanciais do ser e que, por isso, Plotino identifica com o próprio Ser, e, em segundo lugar, a Alma, que penetra e governa o mundo (*ibid.*, V, 1, 6). O mundo, emanado da Inteligência e governado pela Alma, é cópia perfeita da divindade emanadora, sendo eterno e incorruptível como o modelo (*ibid.*, V, 81, 12); ele "é um D. bem-aventurado que se basta a si mesmo" (*ibid.*, III, 5,5). A noção de emanação, para a qual "o ser gerado existe necessariamente junto com o seu gerador e só é separado dele por sua própria alteridade" (*ibid.*, V, 1, 6), vê o mundo como parte integrante de D., e D. como origem única do processo emanativo, algo superior ao mundo e inexprimível nos termos do mundo. D. propriamente não é nem ser ou substância, nem vida, ou inteligência, por ser superior a essas coisas: elas, porém como emanações suas, fazem parte dele. Proclo cunha as palavras adequadas: "D. é supersubstancial, supervital e superinteligente" (*Inst. theol.*, 115); essas palavras retornam nos primórdios da escolástica cristã com Scotus Erigena: para ele, D. não é substância, mas Supersubstância; não é verdade, mas Superverdade etc. (*De divis. nat.*, I, 14). Mas, ao mesmo tempo, o mundo é D., ou melhor, como diz Scotus Erigena, manifestação de D., *teofania*. O processo da teofania vai de D. ao Verbo, do Verbo ao mundo e do mundo retorna a D. Desse modo, "D. está acima de todas as coisas e em todas elas; é a substância de todas as coisas porque só ele é; e conquanto seja tudo em todas as coisas, não deixa de ser tudo fora de todas as coisas" (*ibid.*, IV, 5).

A característica da divindade nessa concepção é sua "supersubstancialidade", seu ser acima do ser (de qualquer espécie de realidade). Por essa característica, já em Plotino, D. só parece acessível a um arrebatamento excepcional ou sobrenatural, ou seja, ao êxtase místico (*Enn.*, VI, 7, 35). Por esse mesmo caráter, D. não pode ser objeto de uma ciência positiva, que determine sua natureza, mas só de uma "teologia negativa" que ajude a compreendê-lo determinando o que ele *não* é. O conceito de teologia negativa, que está em Proclo (*Theol. plat.*, II, 10-11), difundiu-se na filosofia cristã por obra do pseudo-Dionísio, o Areopagita, com a sua *Theologia mystica*. O conceito de D. como Supersubstância emanante, da ascensão mística que culmina no êxtase e da teologia negativa são os três aspectos fundamentais do conceito panteísta de D. que compreende em si o mundo e é idêntico à sua natureza última. Qualquer dessas determinações, ao aparecer na história da filosofia, tende a reproduzir as outras. Teologia negativa e misticismo foram, ao que sabemos, as características do panteísmo de Amalric de Bène e de Davi de Dinant no século XII: o primeiro via em D. a essência ou forma das coisas; o segundo, a matéria das próprias coisas (Tomás, *In Sent.*, II, d. 17, q. 1, a. 1). Essas mesmas características reaparecem na mística de Mestre Eckhart (séc. XIV), para quem D. é "uma Essência supra-essencial e um Nada supra-essencial" (*Deutsche Mystiker*, edição Pfeiffer, II, pp. 318-9), de tal modo que dele nada se pode dizer senão que é uma "quietude erma", ao mesmo tempo que é preciso reconhecê-lo como a verdadeira essência das criaturas. "Se D. por um momento se retirasse delas, diz Eckhart, "elas se reduziriam ao nada" (*ibid.*, p. 136). No século XV, Nicolau de Cusa retoma a mesma concepção: D. é a essência ou a substância do mundo, e o mundo é um D. *contraído*, no sentido de que é um D. que se determina e se individualiza numa multiplicidade de coisas singulares (*De docta ignor.*, II, 4). D. é tudo em todas as coisas e todas as coisas estão em D., visto que ele é "a essência de todas as essências" e portanto a complicação e a explicação da multiplicidade cósmica: o ponto no qual a multiplicidade se unifica e do qual começa a diversificar-se (*ibid.*, II, 5; I, 2). Giordano Bruno, por sua vez, utiliza a tese neoplatônica e mística da transcendência e da incognoscibilidade de D. para limitar-se a considerar D. como natureza. Como tal, D. é a causa e o princípio do mundo: causa no sentido de determinar as coisas que constituem o mundo, permanecendo distinto delas; princípio no sentido de constituir o próprio ser das coisas naturais (*De la causa*, II, em *Op. ital.*, I, 177). Em nenhum dos casos se distingue da natureza: "A natureza é D. mesmo ou é a virtude divina que se manifesta nas coisas" (*Summa ter. met.*, em *Op. lat.* IV, 101). Quase simultaneamente, Jacob Boehme considerava D. como "um nada eterno" (*Mysterium magnum*, I, 2) e como raiz do mundo natural que não foi criado do nada, mas de D., e nada mais é que a revelação ou a explicação da essência divina (*De tribus principiis*, 7, 23). Não têm significado muito diferente as fórmulas com que, no século XIX, Schelling expressou o conceito de D. do ponto de vista de sua filosofia da natureza. D. é unidade, identidade ou indiferença do espírito e da natureza, da liberdade e da necessidade, da consciência e da inconsciência (*Werke*, I, III, pp. 578 ss.). Essa identidade ou indiferença nada mais é que a identidade panteísta entre o mundo e D. "D e o universo", diz Schelling, "são uma coisa só ou são aspectos distintos de uma única e mesma coisa. D. é o universo considerado pelo lado da identidade e é o todo porque é todo o real, fora do qual nada existe" (*ibid.*, I, IV, 128).

Mas a doutrina de Schelling implica a noção de que o mundo é não só a revelação de D. mas também sua realização. Essa noção tem origem em Espinosa, embora não se encontre nele: deriva do racionalismo geometrizante de Espinosa, pelo qual D. não mais se identifica com o mundo, mas com a *ordem* do mundo, mais precisamente com a ordem racional, geometricamente explicável, do mundo. Diz Espinosa: "Nada há de contingente nas coisas, mas tudo é determinado a existir e a atuar de certo modo pela necessidade da natureza divina" (*Et.*, I, 29). Embora se possa distinguir entre natureza *naturante*, que é D., e natureza "naturada", que são as coisas derivadas de D. (*ibid.*, esc.), na realidade a natureza nada mais é que a ordem necessária das coisas, e essa ordem é D. "De qualquer modo que concebermos a natureza, sob o atributo da extensão, do pensamento ou de qualquer outro, sempre encontraremos uma só e mesma ordem, um só e mesmo nexo de causas, isto é, uma só e mesma realidade" (*ibid.*, II, 7, esc.). Assim, para Espinosa D. não é a Unidade inefável da qual as coisas brotam por emanação, nem a Causa criadora da ordem, mas essa mesma ordem em sua necessidade. Isso implica que a derivação necessária e recíproca das coisas, segundo o ideal da racionalidade geométrica, é a realização de D., pensamento este que foi explicitado no romantismo justamente como referência à doutrina de Espinosa. A concepção de que D. *se revela* e ao mesmo tempo *se realiza* no mundo, mais precisamente na necessidade racional do mundo, é fundamental no romantismo. Sua melhor expressão está em Hegel. Este começa insistindo na necessidade da revelação de D.: se D. não se revelasse, seria um D. invejoso. "Quando, na religião, se toma a sério a palavra D., é também por ele, que é conteúdo e princípio da religião, que pode e deve começar a determinação do pensamento; e se a D. for negada a revelação, não restará outro conteúdo a atribuir-lhe senão a inveja. Mas se a palavra espírito deve ter um sentido, ela significa a revelação de si" (*Enc.*, § 564). Ora, essa revelação não é só revelação, é a *realização* de D. como autoconsciência por ele atingida no homem. "D. é D. só enquanto se sabe: seu saber-se é sua autoconsciência no homem e o saber que o homem tem de D., que progride até o saber-se do homem em D." (*ibid.*, § 564). Desse ponto de vista, a distinção entre "Essência eterna" e sua manifestação é um estágio provisório, superado pelo retorno da manifestação à essência eterna e pela realização da unidade de ambas. Hegel distingue três momentos do conceito de D.: "em cada um deles o conteúdo absoluto é representado *a*) como conteúdo eterno que permanece na posse de si em sua manifestação; *b*) como distinção entre essência eterna e sua manifestação que, mediante essa distinção, torna-se o mundo da aparência onde está o conteúdo; *c*) como infinito retorno e conciliação do mundo alheado da essência, assim como esta retorna do mundo da aparência para a unidade de sua plenitude" (*ibid.*, § 566). A realidade plena de D. consiste em reconhecer-se realizado no mundo e através do mundo.

Essa concepção de que ao mundo está confiada a realização de D. ou pelo menos sua realização última e total, constitui a inspiração (e a característica) dominante do panteísmo contemporâneo. Bergson exprime esse pensamento quando identifica D. com o esforço criador da vida (*Deux sources*, p. 235), ou seja, com o movimento pelo qual a vida vai além de suas formas estáticas e definidas, encaminhando-se para a criação de novas formas mais perfeitas. Do amor místico pela humanidade que é a ponta avançada do elã vital, Bergson espera a renovação da humanidade e a retomada "da função essencial do universo, que é uma máquina de fazer deuses" (*ibid.*, p. 234). A expressão "máquina de fazer deuses" é muito significativa; expressa bem a crença de que o mundo deve ser a realização de D. Em outros filósofos retornam velhas fórmulas, como a do mundo como "corpo de D.", mas com novo significado: só se incorporando D. realiza-se como tal. Alexander diz: "D. é o mundo inteiro porquanto possui a qualidade da deidade. O mundo inteiro é o *corpo* desse ser; a deidade é seu *espírito*. Mas o possuidor da deidade não é real, é ideal: como existente real, D. é o mundo infinito no seu *nisus* para a deidade, ou, para adotar uma frase de Leibniz, enquanto está prenhe de deidade" (*Space, Time and Deity*, II, p. 535). Portanto, cabe ao mundo parir D., ou sem metáforas, é na via de evolução natural que vai aparecer, em certo momento, a qualidade de deidade que encontrará substância em certo número de seres (*ibid.*, p. 365). Essa mesma relação entre D. e o mundo foi expressa por Whitehead com as seguintes antíteses: "É verdade que D. é permanente e que o mundo é fluente, assim como é verdade que o mundo é permanente e D. é fluente. É verdade que D. é uno e que o mundo é múltiplo, assim como é verdade que o mundo é uno e D. é múltiplo. É verdade que o mundo, em face de D., é eminentemente real, e que D., em face do mundo, é eminentemente real. É verdade que o mundo é imanente em D. e que D. é imanente no mundo. É verdade que D. transcende o mundo, e que o mundo transcende D. É verdade que D. cria o mundo, e que o mundo cria D." (*Process and Reality*, pp. 527-8). Essas antíteses significam que, se D. espera do mundo a sua realização, o mundo espera de D. a sua unidade. "O mundo", diz Whitehead, "é a multiplicidade das atualidades finitas que buscam unidade perfeita. Nem D. nem o mundo atingem completude estática. Ambos estão na forja do último fundamento metafísico, o avanço criativo para o novo. Cada um deles, tanto D. quanto o mundo, é instrumento da novidade do outro" (*ibid.*, p. 529). Mesmo para o velho panteísmo, o mundo como emanação ou revelação de D. condicionava, de certo modo, a realidade de D. "D. não existia antes de criar todas as coisas", dizia Scotus Erigena (*De divis. nat.*, I, 72), defendendo a coeternidade do mundo e de D. E, de fato, o que seria um corpo perfumado que não emanasse perfume, ou uma luz que não expandisse raios em torno de si? A própria noção de emanação torna o mundo e, em geral, tudo o que de D. dimana, parte integrante de D. e condição de sua realidade. Todavia, é só no mundo moderno – a partir do romantismo (que teve em grande apreço a lição de Espinosa) – que se passa a afirmar explicitamente que D. é, de algum modo, criação do mundo. Às vezes, como em Hegel, D. já é real no mundo, em todas as determinações do mundo, porque é o próprio espírito, ou seja, a racionalidade autoconsciente, que se realiza nele como tal. Outras vezes, D. é o termo do processo evolutivo, a fase na qual esse processo atinge unidade ou perfeição. Em todos os casos, o panteísmo contemporâneo inverteu o ponto de vista tradicional: não é D. que dá corpo, substância ou realidade ao mundo, mas o mundo que dá corpo, substância ou realidade a D.

C) *Deus como criador*. Segundo a concepção de causa criadora, D. não é somente o primeiro motor e a causa primeira do devir e da ordem do mundo, mas também o autor da estrutura substancial do próprio mundo. Essa estrutura, constituída pelas substâncias, formas ou razões últimas das coisas, não é coeterna com ele (como na concepção clássica), mas produzida por ele. Produzida não por um processo necessário, mas com causalidade *livre*, graças à qual o mundo se separa de D. no próprio ato de nascimento de seu ser. Por outro lado, nessa concepção, D. não é mais o super-ser, mas o ser do qual provêm outros seres. Segundo essa concepção, as características da divindade derivam da noção de criação, em seu significado próprio e específico (v. CRIAÇÃO). Deve-se notar que esse significado só foi elaborado com o intuito de distingui-lo por oposição à ordenação e à emanação. Em hebraico, grego e latim, assim como nas línguas modernas, o verbo "criar" tem sentido genérico, referindo-se, indiferentemente, à obra de um artesão ou à de um criador; é só através da elaboração filosófica que essa noção chega a configurar-se em suas características.

Essa elaboração começa com Fílon de Alexandria (séc. I), que por meio da interpretação alegórica do Velho Testamento definiu o conceito de D. ora em oposição às doutrinas da filosofia grega, ora em consonância com elas. Foi o primeiro a afirmar que D. tirou o mundo "do não-ser para o ser" (*De vita Mosis*, II, 8) e que ele não só foi Demiurgo como também o verdadeiro fundador do mundo (*De somniis*, I, 13). Mas nem mesmo Fílon entendeu esse conceito, em todo o seu rigor, pois às vezes assimila criação e imposição de ordem à matéria desordenada e amorfa (*Quis rer. div. heres.*, 32). A noção de D. criador vai-se determinando com mais clareza na polêmica cristã contra os gnósticos: Irineu, por exemplo, afirma que D. não tem necessidade de intermediários para a criação (*Adv. haer.*, II, 1, 1). Lactâncio, por sua vez, negava que, para a criação, D. tivesse necessidade de matéria preexistente (*Inst. div.*, II, 9). Contra o emanatismo, Orígenes afirmava que D. não pode ser considerado nem como o todo nem como uma parte do todo, porque seu ser é homogêneo, absoluto e indivisível (*Contra Cels.*, I, 23), sendo também superior à própria substância, visto que não participa dela: participa-se de D., mas D. não participa de nada (*De Princ.*, VI, 64). Além disso, a unicidade de D., na qual os filósofos cristãos insistem, tanto para opor-se ao politeísmo pagão quanto para eliminar da noção de Trindade qualquer resíduo de multiplicidade de divindades, leva-os a acentuar a separação entre D. e o mundo, pois se D., de algum modo, participasse do mundo, participaria também da multiplicidade e da diversidade que o constituem (GREGÓRIO DE NISSA, *Or. catech.*, 1). Pelo mesmo motivo, é acentuada a eternidade, ou seja, a imutabilidade de D. em face da mutabilidade e da temporalidade do mundo. Para Agostinho, D., como Ser, é o fundamento de tudo o que é, o criador de tudo. Com efeito, a mutabilidade do mundo que está ao nosso redor demonstra que ele não é o ser e que, portanto, precisou ser criado por um Ser eterno (*Conf.*, XI, 4). Antes da criação não havia tempo e não havia nem mesmo um "antes": não tem sentido, pois, perguntar o que D. fazia "então". A eternidade está acima de todo tempo e em D. o passado e o futuro nada são. O tempo foi criado juntamente com o mundo (*ibid.*, XI, 13). No século XI Anselmo resumia em *Monologion* os resultados de um trabalho já secular, esclarecendo os caracteres da criação a partir do nada como "um salto do nada para alguma coisa" (*Mon.*, 8) e insistindo na impossibilidade de admitir que a matéria ou outra realidade qualquer preexistisse à obra de criação divina. As coisas são tão-somente por participação no ser; isso significa que sua existência provém unicamente de D. (*ibid.*, 7). Anselmo admitia que na mente divina estivesse o modelo ou a idéia das coisas produzidas, mas este também, apesar de preceder à criação do mundo, foi criado por D. (*ibid.*, 11). Contrariando, porém, um dos caracteres de D. criador (a *liberdade* de criar), a doutrina de Abelardo dizia que a criação é um ato necessário de D., ou seja, um ato que não pode não ocorrer, visto que D. não pode não querer o bem e que a criação é um bem (*Theol. christ.*, V, *P. L.*, 178, col. 1325).

A característica fundamental da doutrina da causa criadora é que D. é o ser do qual dependem todos os outros seres. Mas foi só através do neoplatonismo árabe que se desenvolveu o corolário implícito nessa concepção, chegando-se à determinação de um atributo que depois passaria a ser o primeiro e fundamental atributo dessa doutrina: o da *necessidade* do ser divino. De fato, se as coisas do mundo extraem seu ser de D., este só pode extraí-lo de si mesmo, ou seja, D. é o ser por natureza ou por essência, ao passo que as coisas têm o ser por participação ou por derivação de D. Desse modo, determina-se uma cisão no ser: de um lado o ser de D., do outro o das criaturas; de um lado o ser por si, do outro o ser por participação; de um lado o ser *necessário*, do outro o ser *possível*. Essa distinção foi introduzida por Al Farabi (séc. IX), e graças a Avicena (séc. XI) prevaleceu na escolástica árabe e cristã, tornando-se um de seus princípios fundamentais. Avicena interpreta a relação entre necessidade e possibilidade nos termos da relação aristotélica entre forma e matéria. A forma, como existência em ato, é necessidade; a matéria é possibilidade. O que não é necessário por si mesmo é necessariamente composto de potência e ato, portanto não é simples. Tal é o ser das criaturas. Mas o ser que é necessário por si é absolutamente simples, desprovido de possibilidade e de matéria: é D. (*Met.*, II, 1, 3). A distinção entre ser necessário e ser possível e a definição de D. como ser necessário foram introduzidas na escolástica cristã por Guilherme de Alvérnia (*De Trinitate*, 7) e tornaram-se fundamento da teologia de Alberto Magno e de Tomás de Aquino. Este último exprime a necessidade do ser divino como identidade entre essência e existência em D.: D. é o ser cuja essência implica existência. De fato, tudo aquilo que se acha em alguma coisa por participação deve ser necessariamente causado por aquilo em que se acha por essência; por isso, o ser de todas as coisas é criado ou produzido por aquilo que possui o ser por essência própria, isto é, por ser necessário (*S. Th.*, I, q. 2, a. 3; q. 44, a. 1). A necessidade é, em outros termos a definição da própria natureza de D. Pois embora a proposição "D. existe", que expressa essa definição, não seja de per si conhecida no que se refere a nós (que podemos não entender o significado do nome D. e interpretá-lo, por exemplo, como corpo), é todavia conhecida por si, *secundum se*, ou seja, em si mesma necessária (*ibid.*, I, q. 2, a. 1).

A característica de necessidade, à qual o pensamento filosófico chegou relativamente tarde, torna-se fundamental para todas as doutrinas de D. que surgem depois. Nicolau de Cusa define D. como "necessidade absoluta" (*De docta ignor.*, I, 22). Às vezes essa característica é tomada como ponto de partida da prova ontológica, como faz Descartes, para quem "a existência necessária está contida na natureza ou no conceito de D., de tal modo que é verdade dizer que a existência necessária está em D. ou que D. existe" (*Secondes Réponses*, prop. I, Démonstration). Outras vezes nega-se a legitimidade de semelhante prova, mas assume-se igualmente a necessidade como definição de D.; é o que faz por exemplo Leibniz. "É preciso", diz ele, "procurar a razão da existência do mundo, que é a totalidade das coisas contingentes, e é preciso procurá-la na substância que traz consigo a razão de sua existência e que é, portanto, necessária e eterna" (*Théod.*, I, § 7). Portanto, substância necessária, para Leibniz, é D. (*Monad.*, 38). Nesse aspecto, são poucas as novidades apresentadas pelas concepções de D. como causa criadora na filosofia moderna e contemporânea. Limitam-se a repetir as características tradicionais, a começar da necessidade, que na maioria das vezes é assumida como ponto de partida para uma demonstração ontológica. É o que fazem, por exemplo, Lotze (*Microkosmus*, III, p. 457) e, na sua esteira, muitos representantes do espiritualismo contemporâneo. A única exceção a essa tendência é constituída por Kierkegaard e por todos os que se inspiram diretamente em sua concepção de D. Segundo Kierkegaard, a relação entre D. e o mundo é incompreensível e só pode ser esclarecida negativamente com a noção de diferença absoluta, de "salto" entre o mundo e D. (*Diário*, VIII, A, 414). Portanto, Kierkegaard não utiliza a noção de causa para determinar a relação entre o mundo e D., evitando atribuir a D. a categoria de necessidade. D. é "aquele para o qual tudo é possível" (*Die Krankheit zum Tode*, I, c; trad. it., Fabro, p. 247); essa definição de D. torna a fé possível por ser o fundamento da confiança naquele que pode sempre encontrar uma possibilidade de salvação para o homem, mas exclui a certeza fundada na necessidade da natureza divina. É óbvio que, desse ponto de vista, a própria qualificação de D. como criador do mundo torna-se incompreensível, sendo indiferente afirmá-la ou negá-la. O mesmo vale para a doutrina contemporânea que, nesse aspecto, mais se aproxima da inspiração de Kierkegaard: a de Jaspers. Qualificar a transcendência do ser com os atributos tradicionalmente dados a D. ou como D. mesmo é, segundo Jaspers, anular a distância entre a transcendência e o homem, ou seja, anular a transcendência como tal. O único sinal da transcendência é o fracasso do homem quando tenta alcançar a transcendência. Esse fracasso é o único e autêntico sinal da transcendência, que é negada por todas as tentativas de torná-la próxima e acessível, pensando-a com os termos tradicionais da divindade (*Phil.*, III, 3, pp. 166 ss.).

2. Deus e o mundo moral.

A relação entre D. e o mundo moral (ou mundo dos valores) é o segundo aspecto de distinção das várias concepções de D. Sob esse aspecto é possível isolar, em primeiro lugar, as doutrinas que não atribuem a D. nenhuma função de ordem moral. Essas doutrinas, porém, são raríssimas, pois constituem formas de um quase-ateísmo; pode-se mencionar Voltaire. Paradoxalmente, Voltaire disse que a divindade se desinteressa completamente da conduta dos homens. Azar dos cordeiros que se deixam devorar pelos lobos. "Mas se um cordeiro fosse dizer a um lobo: 'Faltas ao bem moral, D. te punirá', o lobo responderia: 'Faço o meu bem físico e parece que D. não está muito preocupado em saber se te como ou não'" (*Traité de mét.*, 9). Contudo, esse ponto de vista, que é compartilhado por outros iluministas, aparece raramente na história da filosofia, em que a relação entre D. e a ordem moral tende a tomar como modelo a relação entre D. e o mundo físico. Nesse aspecto, podem ser distinguidas três concepções fundamentais: *a*) a que considera D. como garante da ordem moral do mundo; *b*) a que o identifica com a ordem moral; *c*) a que o considera criador da ordem moral.

a) *Deus como garante da ordem moral*. Por essa concepção, a ordem *moral*, do mesmo modo que a ordem *substancial* do mundo, é independente de D.; mas D. concorre de modo mais ou menos eficaz para mantê-la ou para realizá-la, acrescentando-lhe sua garantia. É essa a concepção de Platão e Aristóteles, segundo os quais D., apesar de criador da ordem natural, não tem nenhuma responsabilidade sobre a ordem moral que é confiada aos homens, limitando-se a apoiá-la e a encorajá-la com sanções próprias. No mito de Er, Platão atribui à parca Láquesis as seguintes palavras, dirigidas às almas que estão prestes a escolher um novo ciclo de vida: "A virtude não tolera senhores; cada um participará dela mais ou menos, conforme a honre mais ou menos. Cada um é imputável por sua escolha: a divindade não é imputável" (*Rep.*, X, 617 e). E na realidade o Demiurgo predispõe todas as coisas "para não ser causa da maldade futura dos seres individuais" (*Tim.*, 42 d). Para Platão, a virtude, assim como o vício (logo, a totalidade da ordem moral), faz parte da esfera de causalidade dos seres criados. Todavia, ser virtuoso significa também "ser amigo da divindade", e isso significa "ser semelhante" à divindade. "A divindade é para nós a medida de todas as coisas, muito mais do que pode sê-lo um homem, como dizem hoje" (*Leis*, IV, 716 c). Analogamente, segundo Aristóteles, a divindade exerce sua função apenas no mundo natural e só por essa função é possível determinar seus atributos fundamentais (Motor imóvel, Causa primeira, Pensamento do pensamento etc.). Contudo, até Aristóteles admite, conforme as crenças populares, que, "se os deuses se preocupam de algum modo com as obras humanas, como parece, é verossímil que lhes agrade ver nos homens algo de excelente e que com estes tenham a maior afinidade, o que só pode ser inteligência" (*Et. nic.*, X, 9, 1179 a 24). A característica negativa dessa concepção é a ausência da noção de providência, ou seja, de uma ordem racional criada por D. ou que seja D., em que os homens e seus comportamentos encontrem lugar. Sua característica positiva é ser D. garante da ordem moral, conquanto não estabeleça seus caminhos e seus modos de realização. No mundo moderno essas características são encontradas nos defensores da *religião natural* (v.), a religião sem revelação por parte de D., confiada unicamente às forças da razão. Grotius, por exemplo, afirma que os enunciados da religião natural são quatro: "Primeiro: D. existe e é uno; segundo: D. não é coisa nenhuma que se veja, mas é muito superior a elas; terceiro: as coisas humanas são cuidadas por D. e julgadas com perfeita eqüidade; quarto: D. é o artífice de todas as coisas exteriores" (*De iure belli*, II, 20, 45). Crenças semelhantes, que excluem das coisas humanas o plano providencial, embora reconhecendo a ajuda e a garantia divina, são freqüentes nos filósofos dos séculos XVII e XVIII. Talvez sua melhor expressão esteja em Rousseau e em Kant. Segundo Rousseau, D. intervém para pôr em ação "as leis da ordem universal", agindo de tal modo que, nesta vida, quem se comportar corretamente e for infeliz será recompensado na outra. Aliás, para Rousseau, a exigência de ver assim garantida a ordem moral é o único motivo razoável para crer na imortalidade da alma (*Emílio*, IV). Do mesmo modo, para Kant, a existência de D. é um postulado da razão prática pois só Deus torna possível a união de virtude e felicidade em que consiste o sumo bem, que é o objeto da lei moral (*Crít. R. Prática*, I, cap. 2, § 5). "Desse modo", diz Kant, "mediante o conceito do sumo bem, a lei moral conduz à religião, ao conhecimento de todos os deveres na forma de mandamentos divinos; não como sanções, ou seja, como decretos arbitrários e por si mesmo acidentais de uma vontade alheia, mas como leis essenciais de toda vontade livre por si mesma, que, porém, devem ser consideradas mandamentos do Ser supremo, porque só de uma vontade moralmente perfeita (santa e boa) e ao mesmo tempo onipotente podemos esperar o sumo bem, que a lei moral nos obriga a ter como objeto de nossos esforços; portanto, podemos esperar alcançá-lo mediante o acordo com essa vontade perfeita." Conseqüentemente, para Kant D. é "1º criador onipotente do céu e da terra, e, do ponto de vista moral, legislador santo; 2º conservador do gênero humano como seu benévolo governante e curador moral; 3º guarda de suas próprias leis, ou seja, justo juiz" (*Religion*, III, II, Obs. ger.). Essa solução de Kant ficou sendo típica da concepção em exame, que limita o poder moral de D. a uma garantia que não determina de modo algum a ação dos homens, mas, ao contrário, de certo modo é solicitada pela própria autonomia dessa ação.

b) Deus como ordem moral do mundo. Essa concepção, como a outra de D. criador da ordem moral, apóia-se no conceito de *providência*, de ordem racional que compreende não só os eventos do mundo mas também as ações humanas, ordem que é D. mesmo ou que vem de D. Os primeiros a formular o conceito de providência foram os estóicos, que deram esse nome ou o nome de *destino* (v.) ao governo racional do mundo, ou seja, "a razão pela qual as coisas passadas aconteceram, as presentes acontecem e as futuras acontecerão" (Estobeu, *Ecl.*, I, 79). Os estóicos identificaram essa razão, destino ou natureza com D., "presente nas coisas e nos fatos todos, e que assim utiliza todas as coisas segundo sua natureza, para a economia do todo" (ALEXANDRE, *De fato*, 22, pp. 191, 30).

Do ponto de vista dessa identificação não deveria nascer o problema da liberdade humana: essa liberdade deveria ser identificada com a necessidade do desígnio providencial ou ser negada como coisa impossível. A ação do homem só pode adequar-se à ordem racional do todo porque o homem é uma parte desse todo. E com efeito sabemos que os estóicos reconheciam a necessidade do agir humano; só para Crisipo o *assentimento* voluntário do homem intervinha como fator concomitante, sendo comparável à forma do cilindro, que contribui para que ele gire sobre o plano inclinado (CÍCERO, *De fato*, 41-3). Plotino retoma o mesmo conceito de providência: "De todas as coisas forma-se um ser único e uma só providência; se começamos pelas coisas inferiores ela é destino; no alto, é só providência. Tudo no mundo inteligível é ou razão ou, acima da razão, Inteligência e Alma pura. Tudo o que desce de lá é providência, ou seja, tudo o que está na Alma pura e tudo o que vem da Alma para os seres animados" (*Enn.*, III, 3, 5). A ação que emana de D. coincide, em outros termos, com sua ação providencial: os seres haurem de D. não só o ser e a vida, mas também a ordem das ações em que seu ser e sua vida são exercidos. Plotino procura não buscar na ordem providencial a origem do mal, mas o atribui a uma espécie de acréscimo acidental que alguns seres fazem à ordem da providência (*ibid.*, III, 3, 5). Mas, para ele, a providência e D. identificam-se, pois "do Princípio que permanece imóvel em si mesmo provêm os seres individuais, assim como de uma raiz, que permanece fixa em si mesma, provém a planta: é uma floração múltipla que redunda na divisão dos seres, mas na qual cada um carrega a imagem do Princípio" (*ibid.*, III, 3, 7).

Sem dúvida, muitas dessas expressões e imagens poderão ser empregadas, como de fato serão, pelas doutrinas que reconhecem em D. o criador da ordem moral, mas não o identificam com essa ordem, embora só encontrem seu significado literal nessa identificação. A negação da liberdade humana, ou melhor, a interpretação dessa liberdade como necessidade, é um de seus corolários. Giordano Bruno expressou esse corolário com a doutrina de que, embora as orações não possam influir nos decretos do destino, que é inexorável, o próprio destino deseja que lhe supliquem para fazer o que estabelecera fazer. "Quer ainda o fato que, conquanto até Júpiter saiba ser ele imutável, e que outra coisa não pode ser senão aquilo que deve ser e será, não deixe de, por tais meios, correr celeremente para seu destino" (*Op. cit.*, I, 31). Por sua vez, Espinosa nega que D. seja causa livre no sentido de poder agir diferente do modo como age: ele é livre apenas no sentido de que age "só pelas leis de sua natureza" (*Et.*, I, 17).

Assim, em Espinosa, a noção de providência identifica-se com a noção de necessidade: necessidade segundo a qual todas as coisas derivam da natureza de D., como única Causa perfeita e onipotente (*Et.*, I, 33, scol. 22). Fichte só fazia propor de novo a tese de Espinosa quando, num texto que lhe valeu a acusação de ateísmo (*Do fundamento da nossa fé no governo divino do mundo*, 1798), identificava D. com a "ordenação moral viva e atuante", negando que D. fosse "uma substância particular", diferente dessa ordenação. Essa identificação ficou como fundamento do Romantismo. Hegel diz: "O verdadeiro bem, a razão divina e universal, é também potência de realização de si mesmo. Em sua representação mais concreta, esse bem, essa razão, é D. O que a filosofia vê e ensina é que nenhuma força prevalece sobre a força do bem, ou seja, de D., de tal modo que a impeça de atuar: D. prevalece, e a história do mundo não representa outra coisa senão o plano da providência. D. governa o mundo: o conteúdo de seu governo, a execução de seu plano, e a história universal" (*Phil. der Geschichte*, ed. Lasson, p. 55). Não obstante a ambigüidade de certas expressões, o sentido da doutrina hegeliana aqui recapitulada é evidente: D. é a razão que habita o mundo, e a razão que habita o mundo é a própria realidade histórica. De um século a esta parte essa doutrina foi repetida com freqüência, sendo às vezes designada "doutrina da providência imanente". Ainda serve de base para algumas correntes que visam renovar a teologia cristã e a empenhar o cristianismo numa ação mais direta e eficaz no mundo. Assim, por exemplo, Bonhoeffer identifica a realidade com o bem e ambos com Deus. Por um lado, o bem é a realidade porque não é uma fórmula geral: o real é impossível sem o bem. Por outro lado, D. é a "realidade última" não no sentido de ser uma idéia ou a meta final da realidade, mas no sentido de que "todas as coisas se mostram distorcidas se não são vistas nem reconhecidas em D.". Desse ponto de vista, a ética cristã é "a realização, entre as criaturas de D., da realidade reveladora de D. em Cristo" (*Ethik*, 1949, II; trad. in., pp. 55 ss.). A novidade de doutrinas desse tipo consiste, por um lado, no abandono das tradicionais especulações teológicas e, por outro, na ênfase na função do Cristo; "D. e o mundo estão compreendidos em seu nome; portanto, não se pode falar de D. e do mundo sem falar de Cristo" (*ibid.*, p. 61). Mas o pressuposto teórico é sempre o mesmo: a identidade de D. com o mundo moral.

c) Deus como criador da ordem moral. Essa terceira concepção é caracterizada: 1º pela distinção entre D. e sua ação providencial, sendo D. *causa livre* da ordem moral; 2º pela tentativa de salvar a liberdade do homem. O ponto de partida dessa concepção continua sendo a noção de providência, da forma elaborada por estóicos e neoplatônicos. Boécio assim a distingue da concepção de destino: "A providência é a própria razão divina constituída como princípio soberano de tudo, que ordena todas as coisas, ao passo que o destino é a ordem que rege as coisas em seu movimento e por meio do qual a providência as liga, dando a cada uma o lugar que lhe compete" (*Phil. cons.*, IV, 6, 10). Essa distinção não equivale, obviamente, a uma separação: providência e destino em última análise coincidem, visto que o primeiro é a unidade da ordem vista pela inteligência divina, e o segundo é essa mesma ordem enquanto realizada no tempo. O problema a que uma e outro dão origem é o do *livre-arbítrio*, característico dessa concepção de D. Boécio antecipa o esquema de todas as soluções que depois lhe serão dadas, afirmando que as ações humanas estão incluídas, justamente em sua liberdade, na ordem providencial (*ibid.*, V, 6). Com forma mais precisa e circunstanciada, a mesma solução (à qual, em geral, se ativeram os filósofos medievais) foi retomada por Tomás: este afirma, por um lado, o caráter integral ou totalitário da ação providencial, e por outro julga a providência conciliável com a liberdade humana, que se insere, como tal, no quadro da providência. Diz Tomás: "É próprio da providência ordenar as coisas para um fim. Depois da bondade divina, que é um fim separado das coisas, o bem principal, existindo nas próprias coisas, é a perfeição do universo; esta não existiria se não se encontrassem nas coisas todos os graus do ser. Daí se segue que é da divina providência produzir todos os graus do ser e, por isso e para certos efeitos, ela preparou causas necessárias, a fim de que acontecessem necessariamente, mas para outros efeitos preparou causas contingentes a fim de que acontecessem contingentemente em conformidade com a condição das causas próximas". Por isso, "acontece infalível e necessariamente aquilo que a providência divina dispõe que aconteça assim, mas acontece de forma contingente aquilo que a providência divina quer fazer assim acontecer" (*S. Th.*, I, q. 22, a. 2). Não se trata, obviamente, de uma solução isenta de dificuldades, pois não é fácil entender como a realização de um desígnio perfeito e minucioso pode ser confiada, mesmo que em parte, ou em parte mínima, ao comportamento imprevisível de um fator arbitrário. Mas essa é a solução repetida constantemente no âmbito dessa concepção, que tende a ressaltar a liberdade da causalidade divina com vistas à solução do outro problema fundamental da teodicéia, o do mal, expresso pela velha fórmula: "*Si Deus est, unde malum? Si non est, unde bonum?*" Os escritores dos séculos XVII e XVIII (especialmente Bayle, os deístas e Leibniz) discutiram longamente esses problemas, sem encontrar novas soluções (v. MAL). De um lado, Bayle dava destaque à insuficiência das soluções tradicionais e julgava esses problemas insolúveis; de outro, Leibniz propunha as soluções tradicionais inserindo-as no seu conceito de mundo como ordem que se organiza espontaneamente e de D. como princípio dessa organização. Em virtude desse conceito, Leibniz podia admitir um determinismo não necessitante, no que diz respeito à vontade humana na ordem providencial (*Disc. de mét.*, § 30), e reapresentar, com mais plausibilidade, a antiga tese de que o mal não existe, não tem realidade própria, mas é um ingrediente indispensável, embora incômodo, do melhor dos mundos possíveis (*Théod.*, I, § 21). Todavia, o conceito de D. como "substância necessária" continuava em Leibniz (*Monad.*, § 38), e esse conceito é dificilmente compatível com a causalidade livre de D. Como afirmava Avicena, que foi o primeiro a enunciar esse conceito, uma substância só pode ter uma causalidade necessária e comunicar sua necessidade a tudo o que dela provém.

Em sua formulação tradicional, essa concepção de D. revela-se uma composição sincrética, cujos elementos não são todos compatíveis uns com os outros. Com efeito, extrai da concepção (*b*) o conceito de plano providencial, que, na história da filosofia, nasceu da identificação de D. com o mundo ou com sua ordem. E combina essa doutrina com outra, de origem árabe, para a qual D. é substância necessária, bem como com o elemento greco-cristão-judaico, de Deus como causa livre. Não é de estranhar que da composição de elementos conceituais tão heterogêneos tenham nascido conflitos e problemas de extrema dificuldade. Na própria filosofia contemporânea, as soluções oferecidas para tais problemas não são diferentes das citadas; às vezes, tornam-se ainda menos convincentes devido à ênfase dada ao caráter necessário da realidade divina pela influência do imanentismo romântico.

3. DEUS E A DIVINDADE.

O terceiro modo de distinguir as concepções de D. consiste em considerá-las quanto à relação entre D. e ele mesmo, ou, mais precisamente, entre D. e a divindade. Na distinção ou na identificação entre D. e a divindade estão as duas alternativas, politeísmo ou monoteísmo. Se D. se distingue da divindade, tem-se uma relação semelhante à que existe entre a humanidade e o homem, podendo haver muitos deuses, assim como há muitos homens. Se, porém, D. é identificado com a divindade, há um só D., assim como há uma só divindade. A propósito, é oportuno dar pouca importância ou aceitar com muita cautela as qualificações com que os filósofos são comumente caracterizados. Na verdade, muitos filósofos são qualificados de monoteístas, quando não o são (p. ex., Platão, Aristóteles, Plotino, Bergson etc.), e, como se verá a seguir, o politeísmo tem mais difusão entre os filósofos do que o monoteísmo. Em todo caso, para uma distinção rigorosa, cumpre ter em mente apenas o critério indicado (qual seja, a relação entre D. e a divindade), que é o único que não se presta a equívocos.

a) *Politeísmo*. Como vimos, devem ser consideradas politeístas todas as doutrinas que admitem de algum modo a distinção entre divindade e D., porque, para essas doutrinas, a divindade pode ser compartilhada por um número indefinido de entes. Foi essa, sem dúvida, a doutrina de Platão. Em *Timeu*, o Demiurgo delega a outros deuses, criados por ele próprio, parte de suas funções criadoras (*Tim.*, 40 d), e em *Leis* a expressão "Deus" (*o theós*) designa a divindade em geral, que encontra realidade numa multiplicidade de deuses. Ademais, além dos deuses, são reconhecidos outros seres divinos, os demônios. "Depois dos deuses, o homem inteligente honra os demônios; depois destes, os heróis" (*Leis*, 717 b). Aristóteles, por sua vez, julga que a mesma demonstração válida para a existência do primeiro motor vale também para a existência de tantos motores quantos são os movimentos das esferas celestes; e como o número das esferas era 47, segundo Eudóxio, e 55, segundo Calipo (os dois astrônomos a quem Aristóteles se referia), esse filósofo admite 47 ou 55 divindades que, conquanto subordinadas ao primeiro motor, têm o mesmo nível dele. Além disso, ele fala constantemente de "deuses" (*Et. nic.*, X, 9, 1179 a 24; *Met.*, I, 2, 983 a 11; III, 2, 907 b 10 etc.), e, aludindo à convicção popular de que o divino abrange toda a natureza, acha que esse ponto essencial, ou seja, "que as substâncias primeiras são tradicionalmente consideradas deuses", foi "divinamente dito" e é um dos ensinamentos preciosos que a tradição salvou (*Met.*, XII, 8, 1074 a 38). Em outros termos, da substância divina participam muitas divindades; nisso coincidem crença popular e filosofia.

Por outro lado, não se deve confundir a insistência de Plotino e dos neoplatônicos em geral na *unidade* de Deus com o reconhecimento da unicidade de D. D. é uno, aliás é o Uno porque é a unidade do mundo e a fonte de onde brotam ou emanam todas as ordens da realidade. Mas justamente por isso não é único: a unidade não elimina a multiplicidade, mas a contém em si mesma. Aliás, para Plotino, a multiplicidade dos deuses é a manifestação da potência divina; "Não restringir a divindade a um único ser, mostrá-la tão múltipla quanto é em sua manifestação, eis o que significa conhecer a potência da divindade, que é capaz de, mesmo permanecendo o que é, criar uma multiplicidade de deuses que se ligam a ela, existem para ela e vêm dela" (*Enn.*, II, 9, 9). Obviamente, a multiplicidade de deuses em que a divindade se multiplica e se expande, sem realmente se dividir, não exclui uma hierarquia e a função preeminente de um deles (o Demiurgo ou o Motor de Platão, o Primeiro Motor de Aristóteles, o Bem de Plotino); mas o reconhecimento de uma hierarquia e de um chefe da hierarquia não significa absolutamente a coincidência entre divindade e D., não sendo, pois, monoteísmo.

Por outro lado, não seria exato supor que o politeísmo, entendido na forma exposta acima, seja uma alternativa exclusiva da filosofia pagã e que, portanto, não se apresente mais, depois da elaboração cristã do monoteísmo. Essa elaboração não consegue eliminar os repetidos ressurgimentos do politeísmo, seja em doutrinas que, como a das quatro naturezas de Scotus Erigena, reproduzem o esquema neoplatônico, seja nas interpretações trinitárias menos felizes, que às vezes se inclinam para o politeísmo. Foi o que aconteceu, por exemplo, com Gilbert de la Porrée (séc. XII), que tomava por base a distinção entre *deitas* e *Deus* (v. DEIDADE). Por outro lado, toda forma de panteísmo, antigo ou moderno, tende a ser politeísta, visto que tende a difundir o caráter da divindade por certo número de entes, debilitando ao mesmo tempo a separação entre esses entes e mantendo a distinção entre divindade e D. Assim, para Hegel, as instituições históricas nas quais se realiza a razão autoconsciente, em primeiro lugar o Estado, são verdadeiras divindades: "O Estado", diz Hegel, "é a vontade divina enquanto espírito atual que se explicita como *forma real* e como organização de um mundo" (*Fil. do dir.*, § 270). São ainda mais claramente politeístas as formas do panteísmo moderno. Bergson, Alexandre, Whitehead (cf. os trechos citados em 1 B), conferindo ao mundo o poder de realizar a divindade, reconhecem explicitamente que esta, no momento da realização, concretizar-se-á numa multiplicidade de seres divinos. De outro ponto de vista, Hume conferira valor positivo ao politeísmo, quer porque este, ao admitir que os deuses de outras seitas ou nações também participam da divindade, torna as várias deidades compatíveis e obsta à intolerância, quer porque ele é mais racional, pois consiste "apenas numa coleção de histórias que, apesar de não terem fundamento, não implicam nenhum absurdo expresso nem contradição demonstrativa" (*The Natural History of Religion*, seç. XI e XII, em *Essays*, II, pp. 336 e 352). Renouvier defendia explicitamente o politeísmo como único corretivo do fanatismo religioso e do absolutismo filosófico. Dizia: "O progresso da vida e da virtude povoa o universo de pessoas divinas e estaremos sendo fiéis a um sentimento religioso antigo e espontâneo quando chamarmos de deuses aqueles que acreditarmos capazes de honrar a natureza e abençoar as obras" (*Psychologie rationelle*, 1859, cap. XXV, ed. 1912, p. 306). Esse politeísmo não é inconciliável com a unidade de D. porque o D. uno seria, então, a primeira das pessoas super-humanas.

b) Monoteísmo. Como se disse, o monoteísmo não se caracteriza pela presença de uma hierarquia de seres e por um cabeça dessa hierarquia, mas pelo reconhecimento de que só D. possui a divindade e que D. e divindade coincidem. Nesse sentido, na história da filosofia, o monoteísmo comparece em Fílon de Alexandria, que afirma que "D. é solitário, é um em si mesmo e nada é semelhante a D."; portanto, "ele está na ordem do uno e da mônada, ou melhor, é a mônada na ordem do D. uno, visto que todo número é mais recente que o mundo, e assim o tempo, mas D. é mais velho que o mundo e seu Demiurgo" (*All. leg.*, II, 1-3). Nas discussões trinitárias da fase patrística e da Escolástica, a identidade de D. com a divindade foi o critério dirimente para reconhecer e combater as interpretações que se inclinavam para o triteísmo. Por certo, a Trindade é constantemente apresentada como um mistério que a razão mal pode aflorar. Mas o que importa ressaltar é que a unidade divina só é considerada cindida quando, com a distinção entre D. e a divindade, se admite, implícita ou explicitamente, que dela participam dois ou mais seres individualmente distintos. A melhor exposição desse ponto de vista pode ser vista em Tomás de Aquino, que assim resume uma longa tradição (v. também, p. ex., RICARDO DE SÃO VÍTOR, *De Trin.*, I, 17). "É evidente", diz Tomás, "que aquilo pelo que algo singular é *este* singular de modo nenhum é comunicável a outras coisas. Por exemplo, aquilo pelo que Sócrates é homem pode ser comunicado a muitos outros seres, mas aquilo pelo que ele é *este* homem pode ser comunicado a este apenas. Se, portanto, Sócrates fosse homem com fundamento naquilo pelo que é este homem, assim como não pode haver mais de um Sócrates, tampouco poderia haver mais de um homem. Mas esse é precisamente o caso de D., já pois D. é a própria natureza, de tal forma que ele, sob o mesmo aspecto, é D. e *este* D.; é impossível, portanto, que haja mais de um D." (*S. Th.*, I, q. 11 a 3). Esse é o motivo pelo qual os teólogos medievais insistem na *simplicidade* da natureza divina, que na realidade nada mais significa do que a incomunicabilidade dessa natureza e, portanto, a impossibilidade de que ela seja compartilhada por mais de um D. A partir de Tomás, a história da filosofia pouco acrescentou a esses conceitos. A decadência da especulação teológica tornou, aliás, os filósofos menos sensíveis à precisão desses conceitos, de tal modo que, com muita freqüência, as qualificações do monoteísmo e politeísmo são empregadas aleatoriamente, limitando-se o politeísmo a uma manifestação da mentalidade primitiva, conquanto ele seja, como se viu, uma alternativa filosófica em cujo favor está toda a tradição clássica e muitas das tentativas modernas de inovar o conceito de D.

4. A REVELAÇÃO DE DEUS.

O quarto e último modo de distinguir as concepções de D. consiste em considerar a via de acesso a D. que essas concepções concedem, ou não, ao homem. A esse ponto de vista dizem respeito, especialmente, a distinção e a oposição entre deísmo e teísmo, que consistem, *grosso modo*, em considerar a manifestação de D. como iniciativa do homem (deísmo) ou de D. (teísmo). Portanto, é possível distinguir duas concepções principais: *i*) a que atribui à iniciativa do homem e ao uso das capacidades naturais de que dispõe o conhecimento que o homem tem de D.; *ii*) a que atribui à iniciativa de D. e à sua revelação o conhecimento que o homem tem de D. Obviamente, essas duas concepções podem combinar e dar lugar a *iii*), para a qual a revelação só faz concluir e levar a cabo o esforço natural do homem para conhecer D.

Desses três pontos de vista, o primeiro é o mais estritamente filosófico; os outros dois são predominantemente religiosos. A filosofia grega só conheceu o primeiro. O segundo ponto de vista pode ser visto com toda a clareza em Pascal: "É o coração que sente D., não a razão. Eis o que é a fé: D. sensível ao coração, não à razão" (*Pensées*, 278). E Pascal acrescenta logo: "A fé é um dom de D." (*ibid.*, 279). Por isso, a revelação autêntica de D. ao coração do homem é uma iniciativa exclusivamente divina, iniciativa que o homem pode facilitar, é verdade, dominando suas paixões, mas não solicitar ou provocar. O terceiro ponto de vista foi instaurado pela Patrística, que considerou a revelação cristã como o cumprimento da filosofia grega. Esta é produto da razão, do Logos, que é o primogênito de D., e contém verdades ou germes de verdade que o cristianismo leva ao desenvolvimento pleno (JUSTINO, *Apol. séc.*, 13). O princípio de que a revelação não anula e nem inutiliza a razão dominou toda a filosofia escolástica e foi posto em dúvida só pelas últimas manifestações desta, no século XIV. No Renascimento, inverte-se: a revelação não chega no fim, para cumprir a obra da razão, mas a inspira e a sustenta desde o início. A razão só faz transmitir e ilustrar a verdade que D. revelou em tempos remotos. Esse foi, por exemplo, o ponto de vista de Pico della Mirandola e de Giordano Bruno. Em ambos os casos, porém, a obra da razão e a da revelação colaboram, e não são antitéticas.

O deísmo do século XVIII, assim como o seu precedente histórico, a doutrina da religião natural dos séculos XVI e XVII (Thomas Morus, Herbert de Cherbury, Locke), contrapõe à revelação histórica a revelação natural, que ocorre através da razão, chegando a ver no Evangelho (como Matteo Tindall) apenas "uma republicação da lei da natureza" (*O cristianismo antigo como criação*, 1730). Obviamente, uma divindade que se revela à razão só tem e só pode ter caracteres racionais; por isso, o deísmo restringe os atributos da divindade aos que podem ser determinados pela razão a partir da relação entre D. e o mundo. Em face disso, o teísmo, como diz Kant, "crê num D. vivo, num D. cujos atributos podem ser determinados por analogia com a natureza e com fundamento na revelação" (*Crít. R. Pura*, dialética, cap. III, seç. 7). É preciso, porém, ressaltar que, na terminologia filosófica predominante depois do Romantismo, utilizada sobretudo pelo panteísmo, a "revelação de D." não é um fato histórico, mas manifestação progressiva de D. na realidade natural e histórica do mundo. Além de predominar nas filosofias de Hegel e Schelling, esse significado é importante em filosofias do século XIX que obedecem à mesma inspiração. Rosmini apresenta como fundamento da filosofia e, em geral, do saber humano, a *idéia do ser*, que é revelação direta do atributo fundamental de D. à mente do homem (*Novo ensaio*, § 1055); de modo análogo, Gioberti considera como base do conhecimento a *intuição*, que é a revelação imediata de D. ao homem (*Introdução*, II, p. 46, 1).

Essa idéia tem trânsito em doutrinas díspares e também pode ser vista nas que acentuam ao máximo a transcendência de D. e, portanto, vêem sua única revelação possível na inatingibilidade. Essa é a doutrina de Jaspers, para quem o *fracasso* inevitável do homem em sua tentativa de alcançar a Transcendência é a única revelação possível, a *cifra* da própria Transcendência (*Phil.*, III, p. 134). [N.A.]

α) Na segunda metade do século XX, a reflexão filosófica sobre D. foi condicionada: 1) pelo ataque neopositivista à metafísica e pelos desenvolvimentos do pensamento epistemológico; 2) pelo êxito do tema nietzschiano da "morte de D."; 3) pela crítica heideggeriana à ontoteologia ocidental.

1º Reportando-se à teoria neo-empirista da não-cognitividade e insensatez das proposições metafísicas (v. METAFÍSICA), Carnap contestou radicalmente o termo D., considerando que ele, assim como a maior parte dos termos especificamente metafísicos (a Idéia, o Absoluto, o Incondicionado etc.), é sem significado. Para dizer a verdade, esclarece o filósofo, tal palavra teve sentido numa fase histórica passada, ou seja, na fase marcada pelo pensamento mítico, quando os deuses ainda eram concebidos como naturezas físicas existentes no Olimpo, no Céu ou no mundo subterrâneo. Porém, a partir do momento em que a metafísica subtraiu D. de toda e qualquer relação com a realidade física, ela perdeu o seu significado original sem receber outro (*Il superamento della metafisica mediante l'analisi logica del linguaggio*, 1932-1933, trad. it. em *Il neoempirismo*, VV.AA., Utet, Turim, 1969, pp. 512-3). Ayer afirma, por sua vez, que "Não pode haver verdades transcendentes de fé religiosa, visto que os enunciados aos quais o teísta recorre para expressar tais verdades não têm significado literal" (*Linguaggio, verità e logica*, 1936, trad. it., Feltrinelli, Milão, 1961, p. 154). Esse ateísmo semântico, adverte Ayer, distingue-se tanto do ateísmo tradicional ("Porque, se a asserção da existência de D. não tem sentido, então a asserção ateísta da inexistência de D. é igualmente sem sentido"), quanto do agnosticismo corrente, visto que este último não nega que os dois enunciados "Há um D. transcendente" e "Não há um D. transcendente" expressam duas proposições das quais uma é efetivamente verdadeira e a outra falsa, mas limita-se a dizer que "não temos meios para decidir qual delas é a verdadeira" (*ibid.*, p. 152). Disso resulta que, a propósito de D. (*sobretudo* de D.), vale a advertência de Wittgenstein em sua primeira fase, ou seja, "Sobre algo de que não se pode falar, deve-se calar" (*Tractatus*, 7; trad. it., Einaudi, Turim, 1995, p. 109).

Diferentemente de Carnap e de Ayer, Popper considera que o discurso metafísico é dotado de sentido. Todavia, a sua atitude epistemológica não é no global favorável à teologia. De fato, como esclareceram polemicamente Bartley e Albert, a teologia, não pertencendo ao campo das proposições falsificáveis (isto é, que podem ser desmentidas de direito e de fato), é destituída de valor cognitivo e científico. Principalmente porque, na sua tentativa de "salvar" a todo custo a idéia de D., consegue manter-se viva só graças a contínuas "estratégias de imunização". A. Flew ilustra essa tese com um conto extraído de J. Wisdom: "Certa vez, dois exploradores chegaram a uma clareira na floresta. Na clareira cresciam muitas flores e ervas. Um dos exploradores disse: 'Deve haver um jardineiro que cuida desta clareira'. O outro discordou: 'Não há nenhum jardineiro'. Então, armaram tendas e organizam turnos de vigilância. Não apareceu nenhum jardineiro. 'Mas talvez seja um jardineiro invisível'. Então construíram uma cerca de arame farpado eletrificada e vasculharam o recinto com cães de caça (lembravam-se de que o *Homem invisível*, de H. G. Wells, podia ser cheirado e tocado, mesmo não podendo ser visto). Mas nunca ninguém gritou por ter recebido uma descarga elétrica. Nenhum movimento do arame farpado revelou que alguém tivesse tentado transpô-lo. Os cães de caça nunca latiram. Mas o crente ainda não estava convencido. 'Há um jardineiro invisível, impalpável, insensível às descargas elétricas; um jardineiro que não tem cheiro e não faz barulho; um jardineiro que vem escondido para cuidar do jardim que ama'. O cético, no fim, fica irritado: 'Mas o que resta da sua asserção original? Faça o favor de dizer em que o seu jardineiro invisível, impalpável e eternamente fugitivo difere de um jardineiro imaginário ou de um jardineiro inexistente?'" (VV.AA., *Teologia e confutazione*, em *Nuovi saggi di teologia filosofica*, 1955, 1963, trad. it., Delioniane, Bolonha, 1973, p. 132). O significado de tal "parábola ateísta" é claro: se a afirmação da existência de D. (simbolizada pelo jardineiro invisível) se subtrai a qualquer verificação empírica, não é possível atribuir-lhe sentido algum, e D. morre realmente, como diz Flew, "a morte por mil qualificações (*the death by a thousand qualifications*)".

2.º Num trecho famoso passagem de *A gaia ciência* (1882), Nietzsche faz-se porta-voz da "morte de D.", ou seja, do declínio de uma era de todas as "certezas" metafísicas, morais e religiosas excogitadas pela humanidade através dos séculos, para exorcizar o fluir caótico das coisas e para dar uma ordem tranqüilizadora à vida: "Já ouviram falar daquele louco que acendeu uma lanterna à luz do dia, correu ao mercado e pôr-se a gritar sem parar: 'Procuro Deus! Procuro Deus!'? – E, visto que lá se achavam reunidos justamente muitos daqueles que não acreditavam em Deus, provocou gargalhada geral. 'Será que se perdeu?' disse um. 'Perdeu-se como uma criança?', disse o outro. 'Ou será que está bem escondido? Tem medo de nós? Embarcou? Emigrou?', gritavam e riam em grande confusão. O louco pulou para o meio deles e os varou com o olhar: 'Para onde se foi Deus?', gritou, 'Digo eu a vocês! *Nós o matamos* – vocês e eu! Somos todos seus assassinos! Mas como fizemos isso? Como conseguimos esvaziar o mar bebendo-o até a ultima gota? Quem nos deu a esponja para apagar todo o horizonte? Que foi que fizemos para soltar esta terra das cadeias do seu sol? Para onde se move agora? Para onde nos movemos nós? Para longe de todos os sóis? Não estaremos em eterno precipitar? Para trás, para o lado, para a frente, para todos os lados? Existe ainda um alto e um baixo? Será que não estamos vagando através de um nada infinito? Sobre nós não bafeja o espaço vazio? Não está mais frio? Por acaso à noite não se segue mais noite? Não precisamos acender lanternas pela manhã? Do estrépito que os coveiros fazem enquanto sepultam Deus ainda não ouvimos nada? Não sentimos ainda o fedor da divina putrefação? Até os deuses se decompõem! Deus morreu! Deus está morto! E fomos nós que o matamos! Como nos consolaremos, nós, assassinos entre todos os assassinos? O que de mais sagrado e poderoso o mundo possuía até hoje esvaiu-se em sangue sob as nossas facas – quem nos limpará desse sangue? Com que água nos poderemos lavar? Que ritos expiatórios, que representações sacras devemos inventar? Não será excessivo para nós o tamanho dessa ação? Não precisaremos nós, também, virar deuses para, pelo menos, parecermos dignos dela? Nunca houve ação maior – e todos quantos vierem depois de nós, graças a essa ação, pertencerão a uma história mais alta que todas as histórias que jamais existiram.' A essa altura o louco se cala e lança de novo o olhar para os seus ouvintes: eles também calavam e o olhavam estupefatos. Por fim, jogou a lanterna ao chão, que se despedaçou e apagou. 'Vim depressa demais', prosseguiu, 'ainda não é meu tempo. Esse enorme evento ainda está em caminho, fazendo a sua estrada – ainda não chegou aos ouvidos dos homens. Raios e trovões precisam de tempo, a luz das estrelas precisa de tempo, as ações, mesmo depois de realizadas, precisam de tempo para serem vistas e ouvidas. Essa ação ainda está mais distante dos homens do que as estrelas mais distantes – contudo, *foram eles que a consumaram!*". – Conta-se também que o louco, naquele mesmo dia, irrompeu em várias igrejas, entoando o seu *Requiem aeternam Deo.* Expulso delas e interrogado, dizem que se limitou a responder invariavelmente da seguinte maneira: 'Que mais são essas igrejas, senão as covas e os sepulcros de Deus?'" (af. 125, trad. it. em *Opere,* ed. Colli-Montinari, Adelphi, Milão, 1965, n. e. revista 1991, vol. V, t. 2, pp. 150-2).

Nietzsche faz coincidir a morte de D. com o nascimento do super-homem. Só quem teve a coragem de olhar de frente a realidade cruel do mundo tem maturidade para atravessar o abismo que divide o homem do ultra-homem. Daí que a morte de D. constitui, sim, um "trauma", mas só em relação a um homem-ainda-não-super-homem. Inversamente, o *Obermensch* tem *atrás* de si, como condição necessária do seu ser, a morte de D. e a vertigem por ela provocada, tem *diante* de si o "mar aberto" das *possibilidades* relacionadas a uma livre projeção de sua existência para além de qualquer estrutura metafísica dada: "nós, filósofos e "espíritos livres", diante da notícia de que "o velho Deus morreu", sentimo-nos como que iluminados pelo raiar de uma nova aurora; o nosso coração transborda de reconhecimento, de admiração, de presságios, de expectativa – finalmente o horizonte volta a se nos mostrar livre, mesmo admitindo que não é sereno; finalmente podemos de novo desfraldar as velas de nossos navios, ir ao encontro dos perigos; qualquer risco do conhecimento é novamente permitido ao homem; o mar, o nosso mar, está ainda aberto diante de nós e talvez nunca tenha existido um mar assim tão 'aberto'" (af. 343; trad. it. *cit.*, p. 240).

Reportando-se à profecia de Nietzsche e vislumbrando, no declínio dos absolutos metafísicos e axiológicos relacionados com a idéia de D., o evento central onipresente da modernidade, as várias correntes do ateísmo do século XX (existencialistas, marxistas etc.) acharam-se no dever de anunciar também elas, cada uma a seu modo, a morte inequívoca de D. e a mundanização total da existência: "Vê esse vazio sobre as nossas cabeças?", escreve Sartre em *O diabo e o bom D.*, "Esse vazio é D. Vê a abertura na porta? Eu lhe digo: ela é D. Vê esse buraco na terra? D. O silêncio é D. A ausência é D., a solidão do homem é D. [...] Já não há céu! Já não há inferno! Nada além da terra" (Paris, 1951, pp. 267-8, v. ATEÍSMO).

Nos anos 1960, após um longo processo de dessubstancialização do divino, a fórmula nietzschiana tornou-se divisa de um modo de fazer teologia – a chamada "teologia da morte de D." – que, paradoxalmente, não trata de D., mas da sua "ausência". Isso em vista de uma práxis renovada pelo amor, capaz de permitir que o homem seja totalmente homem e que a história seja integralmente humana (W. HAMILTON, *The New Essence of Christianity*, 1961; TH. ALTIZER, *The Gospel of Christian Atheism*, 1966).

Falaram também da "morte de D." os autores que se inspiraram em Auschwitz, vislumbrando, nos seus "campos da morte", o símbolo mais dramático da situação do homem "órfão" de D. Num dos livros-testemunho mais significativos, E. WIESEL, narrando o enforcamento de três prisioneiros, dentre os quais um menino com "olhos tristes", escreve: "Onde está D.? [...] Onde está? Ali está: pendurado naquela forca" (*La notte*, 1958, trad. it., Giuntina, Florença, 1980, pp. 66-7). A idéia de um D. moribundo na forca de Auschwitz também está na base do messianismo desiludido de R. Rubenstein: "A escatologia é uma doença com a qual o homem dissimula para si próprio o semblante trágico e definitivamente desesperado do seu destino. Há somente um messias que nos redime da ironia, do trabalho e das angústias da existência humana. Ele certamente virá. Mas ele é o Anjo da morte" (*After Auschwitz*, Bobbs-Merrill, Nova York, 1966, p. 225). E já anteriormente, num dos documentos mais expressivos da chamada literatura dos escombros (que tinha como subtítulo "drama que nenhum teatro quer apresentar e nenhum público quer ver"), W. Borchet, ao descrever a experiência angustiante do *silêncio de D.*, falara de um "D. no qual ninguém mais crê" (*Draussen vor der Tür*, 1947, Reinbek, 1973[44], pp. 41-3). Daí a tese de Adorno, retomada por Jonas, segundo a qual "nenhuma palavra que vem do alto, *nem mesmo teológica*, tem o direito a permanecer imutável depois de Auschwitz" (*Dialettica negativa*, 1966, trad. it., Einaudi, Turim, 1970, p. 332, grifo nosso; v. AUSCHWITZ).

3º Segundo Heidegger, a ontoteologia (v.) ocidental surge sobre o fundo do esquecimento originário do *ser* (concebido como o Não-ente de cada ente) e mostra a imagem de D. como o mais *essente dos essentes*, ou seja, à representação do Absoluto como de uma *ratio* abstrata do mundo – uma *causa sui* – aparentada ao "pensamento calculante" da técnica (para a imagem de D. como "o ente que é mais que todos os outros" cf. *La dottrina platonica della verità*, 1942, Segnavia, 1967, trad. it., Adelphi, Milão, 1987, p. 190). A esse D., observa Heidegger, "o homem não pode dirigir orações, nem oferecer sacrifícios". Com efeito, "diante da *causa sui*, o homem não pode cair de joelhos cheio de reverência, nem pode fazer música e dançar. Dessa forma, o pensamento desprovido de um D., o pensamento filosófico que deve prescindir de D., do D. como *causa sui*, é talvez o mais próximo ao D. divino" (*Identità e differenza*, 1957, trad. it., "aut-aut", n. 187-8, 1982, pp. 35-6). Com a denúncia da substância irreligiosa da metafísica e com a distinção entre D. *filosofico* e D. *divino*, Heidegger, independentemente do efetivo papel que tais noções revestem em do seu pensamento – razoavelmente reticente sobre o problema de D. – contribuiu para confirmar a hipótese, presente em amplos setores da cultura do século XX, de que D. não é tal como foi filosoficamente representado ao longo dos séculos (ou seja, através dos parâmetros conceituais da ontologia grega e medieval).

β) À luz dessas posições, a teologia *filosófica*, isto é, a indagação racional sobre D. e sobre a sua essência oculta, pareceu radicalmente impossível, ou porque destituída de qualquer valor cognitivo e lingüístico, ou porque desprovida de objeto real, ou porque fundada num equívoco metafísico derivado de uma hipostasiação ôntica do divino. Conclusão que encontrou amplo consenso nas vertentes da teologia do século XX, sobretudo evangélica, que consideram a fé como única via de acesso a D. Em oposição a Fichte, que afirmara que "Deus só se manifesta no labor supremo do pensamento" (*Die Anweisung zum seligen Leben*, 1806, trad. it., Lanciano, 1913, p. 86), Barth sustenta que a razão humana é por si mesma "cega para a verdade de D." (*Nein! Antwort an Emil Brunner*, Munique, 1934, p. 34) e, Buitmann, que "todo discurso humano sobre D., realizado fora da fé, não leva a D., mas ao diabo" (*Glauben und Verstehen in Gesamnielte Aufsätze*, Bd 1, Tübingen, 1933, p. 303). Por conseguinte, os teólogos (Tillich, Rahner, Pannenberg etc.) e os filósofos (v. adiante) que, em detrimento de proclamações de ateísmo e de irracionalismo fideísta, continuaram a crer em alguma forma de teologia filosófica ou de "filosofia de D.", viram-se na necessidade de legitimar suas pesquisas com um confronto crítico com a epistemologia, o ateísmo e o heideggerianismo. Tal confronto expressou-se no imperativo de "falar de D. além de D.", isto é, de forma alternativa em relação a uma tradição filosófica e teológica de dois mil anos centrada em categorias da velha metafísica, tais como "causa ordenante", "causa criadora", "causa imanente" etc. Em particular: a) contra o impasse do verificacionismo e do falsificacionismo afirmou-se que o discurso filosófico sobre D., concebido como um jogo lingüístico significante, dotado de alcance cognitivo específico (e não puramente prático-emotivo, segundo as teses de Hare, Ramsey, Van Buren etc.), possui modalidades peculiares de verificação de suas asserções, que não são elaboradas no vazio, mas em relação a uma realidade (da qual D. constitui a hipótese explicativa) que pode confirmá-las ou desmenti-las, ainda que não de modo seguro e definitivo; b) contra as várias formas de ateísmo afirmou-se que a presumida "morte de D. "coincide, de fato, com a morte das representações tradicionais de D. e com o advento de novas formas pós-metafísicas, pós-niilistas, pós-sexistas etc. de reportar-se ao Absoluto, formas que partem do pressuposto do caráter inevitavelmente histórico e local, isto é, perspectivo e falível, do discurso humano sobre D., o qual se concretiza numa pluralidade não suprimível de vozes, nenhuma das quais, em homenagem ao princípio pós-moderno de "prioridade da democracia sobre a teologia", pode pretender anular as outras (cf. VV.AA. *D. nella filosofia del Novecento,* G. Penzo e R. Gibellini (orgs.), 1993; VV.AA. *Con Dio e contro D.,* A. Negri (org.), 1995); c) contra Heidegger afirmou-se que o ser adquire sentido somente em referência a D. (e não vice-versa), enquanto D. não é *um* ente, mas *o* ser.

γ) A necessidade de "pensar D. de outro modo" concretizou-se nas novas teologias, ou seja, nas correntes teológicas que perseguiram o ideal de um "falar fidedigno de D.", que leve em conta as inquietudes e os quadros mentais do homem contemporâneo (v. TEOLOGIAS, NOVAS), vale dizer, em novos modelos filosóficos que enfrentaram o problema de D. do ponto de vista de determinadas temáticas: 1) D. e o Outro (Lévinas); 2) D. e a injustiça do mundo (Horkheimer); 3) D. e o mal (Pareyson); 4) D. e Auschwitz (Jonas); 5) D. e a pós-modernidade (Marquard, Vattimo); 6) D. e a diferença sexual (pensamento no feminino).

1º Lévinas parte do conceito de transcendência radical do Absoluto e sustenta que D., não entendido como o ser supremo da ontoteologia, mas como inobjetivável rosto de todos os rostos, não se manifesta em algum *Gelassenheit* de tipo místico quietista, mas na *concretude* da relação ética entre *Eu* e o *Outro*: "A dimensão do divino abre-se a partir do rosto humano", "Não pode haver nenhum 'conhecimento' de D. que prescinda da relação com os homens' (*Totalità e infinito,* 1961, trad. it., Jaca Book, Milão, 1980, pp. 73 e 76-7). Essa idéia de divindade que, em vez de ser "tematizada", exige ser "testemunhada", coincide com o maior ensinamento da Bíblia, que Lévinas interpreta em termos de *Keryggma ético*: "Moisés e os profetas não se preocupam com a imortalidade da alma, mas com o pobre, viúva, órfão, estrangeiro" (*Difficile libertà,* 1963, 1976² trad. it. parc., La Scuola, Brescia, 1986, p. 76).

2º Horkheimer, em sua última fase, afirma que D. não é uma *certeza,* mas uma *esperança,* porque se identifica com a nostalgia e o desejo (*Sehnsucht*) de que, apesar de toda a desarmonia que caracteriza o mundo, "a injustiça não tenha a última palavra" e o assassino "não triunfe sobre a vítima" (*La nostalgia del totalmente altro,* 1970, trad. it., Queriniana, Brescia, 1972, p. 7475). Tal esperança, esclarece Horkheimer, deve permanecer assim, pois se D., entendido como dogma positivo e objeto de saber, tem efeito de separação, entendido como nostalgia une e confraterniza (*Studi di filosofia della società 1930-1972,* 1972, trad. it., Einaudi, Turim, 1981, p. 153).

3º Esforçando-se por repensar desde o início o problema do mal, Pareyson afirma que a origem do negativo reside em D. ou, mais precisamente, naquele "D. antes de D." (fórmula com que ele interpreta a liberdade originária do Absoluto) que, no ato de *querer ser,* institui, inevitavelmente, junto com a realidade do bem, a possibilidade do mal (nem que seja a título de possibilidade não escolhida e não desejada). Isso não deveria comportar (ao menos nas intenções de Pareyson) nenhuma demonização ou satanização da divindade. Com efeito, mesmo sendo o pressuposto (ontológico) do mal, D. não é o seu autor (visto que o mal se identifica justamente com o que ele não quer e não faz). O verdadeiro autor do negativo, isto é, o ser que desperta o mal dormente em D., fazendo-o passar da possibilidade à realidade, é o homem: "A negação, que já nasceu vencida pela liberdade (divina), só da liberdade (humana) pode extrair nova vida e vigor renovado." (*Filosofia della libertà,* Il Melangolo, Gênova, 1989, p. 26).

4º Jonas considera que, diante do mal no mundo – e do mal de todos os males que é Auschwitz – já não é possível sustentar simultaneamente a bondade, a compreensibilidade e a onipotência de D. Com efeito, levada ao negativo, uma divindade onipotente "ou é desprovida de bondade ou é totalmente incompreensível" (*Il concetto di D. dopo Auschwitz,* 1984, trad. it., Il Melangolo, Gênova, 1990, p. 34). Mas um D. desprovido de bondade deixa de ser D., enquanto um D. totalmente incompreensível é algo do qual não podemos sequer discorrer. Assim, só resta abandonar o problemático conceito de onipotência (por mais "escandalosa" que possa parecer essa escolha, sobretudo para quem está habituado a pensar D. "com a mão forte e o braço rijo"). Em outras palavras, se quisermos continuar a discorrer sobre D., devemos admitir que Ele não interveio para impedir Auschwitz "não porque não quis, mas porque não tinha condições de fazê-lo" (*ibid,* p. 35). Com efeito, ao conceder liberdade ao homem, D. renunciou ao seu poder (*ibid.*, p. 36). Somente essa concepção finitista de D., segundo Jonas, consegue conciliar a bondade e a compreensibilidade do Absoluto, sem cair na teologia maniqueísta dos "dois Deuses" (*ibid.*).

5º Os pós-modernos estão convencidos de que a mudança de "estatuto do saber" que se verificou nas sociedades pós-industriais (Lyotard) implica uma mudança paralela da forma peculiar de saber que é o saber sobre D. Segundo O. Marquard, o pluralismo pós-moderno tem como inevitável conseqüência teológica a renúncia à idéia tradicional de um D. "único" como "figura agente central". E isso em favor de um "politeísmo desencantado" que equivale à passagem da monomitificação à polimitificação (*Apologia del caso,* 1986, trad. it., Il Mulino, Bolonha, 1987, pp. 52-6). Vattimo identifica o D. da metafísica com um D. violento, isto é, com uma divindade que possui características de onipotência, autoridade e transcendência que lhe foram atribuídas pelas teologias naturais. Contrapõe a essa divindade um D. "não violento e não absoluto", ou seja, um D. pós-metafísico que tem como traço distintivo "a vocação ao enfraquecimento de que fala a filosofia de inspiração heideggeriana" (*Credere di credere,* Garzanti, Milão, 1996, p. 31).

6º Contestando a monopolização masculina da filosofia e a linguagem monossexual e andromórfica da teologia ("que se tornou tão óbvia que custa imaginar outra"), a variegada militância do pensamento no feminino, cujo elemento principal é a corrente feminista, bate-se pela morte de D. "masculino" e "patriarcal" e pelo advento de um D. pós-sexista que, em vez de reduzir as mulheres à condição de "cadáveres agradecidos", funcione como instrumento de libertação das suas potencialidades reprimidas. Enquanto algumas dessas estudiosas atuam no âmbito da tradição cristã (cuja reforma interior propõem), outras chegam a uma filosofia radical pós-cristã. É emblemático o caso de M. Daly, que, considerando o feminismo cristão uma espécie de monstro lógico – em que o adjetivo contradiz o substantivo – elaborou uma imagem de D. como Absoluto em devir, ou seja, como verbo e não como substantivo (*Beyond God the Father,* 1975; *Gin/Ecology,* 1978).

δ) A esses novos modelos filosóficos se contrapõem as *filosofias do ser* de inspiração clássica (v. METAFÍSICA), ou seja, os sistemas de pensamento que, mesmo procurando assimilar algumas instâncias da reflexão do século XX sobre D., continuam a reproduzir os modelos ontológicos de matriz grega e medieval, considerando que, "se D. entra para a filosofia, aliás, para a metafísica, entra [...] como princípio, fundamento, como o próprio sentido do ser" (E. BERTI, *Introduzione alla Metafisica,* Utet, Turim, 1993, p. 113). Diferentemente dos estudiosos para os quais a filosofia pode falar de D. só indiretamente e através de uma hermenêutica do mito e da religião – é característica a posição de L. Pareyson, segundo a qual o D. dos filósofos, propriamente, não existe, porquanto "a filosofia não encontra D. diretamente, mas como centro do mito, de que faz a hermenêutica; como centro da experiência religiosa, da qual é interpretação" ("Filosofia ed esperienza religiosa", em *Annuario filosofico,* 1985, 1, p. 50) – os seguidores da metafísica tradicional sustentam que a filosofia, além de tratar da divindade em seu próprio nome, isto é, de modo argumentativo, tem a tarefa primordial de demonstrar sua existência (por meio das "provas" tradicionais ou de sua reelaboração atualizada).

ε) Essa formulação "clássica" é refutada por aqueles que, mesmo vislumbrando em D. o objeto mais elevado da indagação filosófica – concebido como a indagação radical (*radikales Fragen*) – pretendem contrapor à representação metafísica da filosofia como "ciência de D." uma imagem pós-metafísica, como *guardiã do mistério de D.* (e da sua *diferença* em relação ao homem). Em outras palavras, segundo esses estudiosos, na era do niilismo e do "desencantamento do mundo", a tarefa da filosofia não seria a de "provar" D., mas a de "manter vivo" o problema de D., seja diante das formas de indiferença teórica (que considere "não ser preciso tratar" de D.), seja diante da pretensa solução metafísica ou dogmática (que considere ter "acertado as contas" com D.; cf. W. WEISCHEDEL, *Der Gott der Philosophen,* 1971-1972; e M. RUGGENINI, *Il Dio assente,* 1997). [G.F.]

DEUS, MORTE DE. V. DEUS.

DEUS, PROVAS DE (in. *Arguments for God*; fr. *Preuves de Dieu*; al. *Gottesbeweise*; it. *Prove di Dio*). Entenderemos por essa expressão não só as "demonstrações", mas também os indícios ou as indicações que foram consideradas provas da existência de D. Cada uma dessas provas nasceu de determinada concepção de D. e recorre a certo tipo de causalidade, mas cada concepção também se vale de provas extraídas de concepções diferentes, de modo que, via de regra, há certo sincretismo nesse ramo do pensamento filosófico. No entanto, existe um argumento que não se refere a nenhuma concepção de D. em especial, que enunciaremos em primeiro lugar.

1º O recurso ao consenso comum é uma prova que vez por outra aparece na história da filosofia. Dele se valeu Aristóteles para demonstrar que a divindade reside no primeiro céu, e não tanto que ela existe (*De cael.,* I, 3, 270 b 17). Mas esse argumento foi muito desenvolvido pelos platônicos ecléticos do século I a.C., e é provável que Cícero o tenha extraído deles. "Para demonstrar a existência dos deuses, o argumento mais forte que podem aduzir é que nenhum povo é tão bárbaro, que nenhum homem é em absoluto tão selvagem, a ponto de não ter em sua mente indício da crença nos deuses" (*Tusc.*, I, 30). Pode-se considerar equivalente a esse argumento a crença de que a idéia de D. é uma das idéias inatas ou constitutivas da natureza racional humana. Tal foi a tese dos neoplatônicos de Cambridge no século XVII (Herbert de Cherbury, Cudworth, Moore), que Locke teve presente em sua crítica do inatismo do Livro I do *Ensaio*. E foi essa a tese defendida no século seguinte pela escola escocesa do senso comum (Thomas Reid e Dougald Stwart). A afirmação do caráter inato da idéia de D. equivale ao recurso ao *consensus gentium*, porque a presença da idéia de D. em todos os homens é a única base presumida para admitir o seu caráter inato.

2º O argumento mais antigo e respeitável, e também o mais simples e convincente, é o da ordem ou desígnio do mundo, que, em termos modernos, se chama argumento *teleológico* ou *físico-teológico*. Foi ele que convencera Anaxágoras a admitir a Inteligência como causa ordenadora do mundo. Platão e Aristóteles fazem-lhe referência freqüente. O primeiro diz, por exemplo: "Que a Inteligência ordena todas as coisas é afirmação digna do espetáculo que nos oferecem o mundo, a lua, os astros e todas as revoluções celestes" (*Fil.*, 28 e). E Aristóteles, que repetira esse argumento em seu diálogo juvenil *Sobre a filosofia*, adaptando-lhe o mito platônico da caverna (os homens reconheceriam a existência de D. assim que saíssem da caverna, só com olhar a natureza) (*Fr.* 12, Rose), o pressupõe quando compara D. ao chefe de uma casa bem organizada ou de um exército (*Met.*, XII, 10, 1075 a 14). Podemos ler esse argumento na formulação de Fílon: "Se virmos uma casa construída com cuidado, com vestíbulos, pórticos, apartamentos para homens, mulheres e para outras pessoas, teremos uma idéia do artista: não acharemos que foi feita sem arte e sem artesãos. E o mesmo diremos de uma cidade, de um navio, ou de um objeto qualquer construído, seja ele pequeno ou grande. Do mesmo modo, aquele que entrou nesse mundo como uma casa ou numa enorme cidade e viu o céu que gira em círculo e tudo contém, os planetas e as estrelas fixas movidos por movimento idêntico ao do céu, simétrico, harmonioso e útil ao todo, e a terra que recebeu o lugar central... esse homem concluirá que tudo isso não foi feito sem uma arte perfeita e que o artífice desse universo foi e é D." (*All. leg.*, III, 98-9). Obviamente, como notava Kant, esse argumento conclui pela existência de um Demiurgo, isto é, do criador da ordem do mundo, e não do criador do mundo. Todavia, foi também utilizado por aqueles que admitem a causalidade criadora de D. Sua força probante reside na noção de ordem, mais precisamente no caráter absoluto dessa noção (v. ORDEM). Esse foi, é e continua sendo o argumento mais simples e popular, mas nem por isso o mais frágil. Stuart Mill procurou expressá-lo de forma mais rigorosa em quatro partes, em conformidade com os quatros métodos indutivos: concordância, diferença, resíduos e variações concomitantes (*Three Essays on Religion*, 1875, com o título *Theism*, 1957, p. 27). C. S. Peirce deu-lhe uma forma não muito diferente da tradicional, ao considerar D. como *Ens necessarium*, criador dos três universos de experiência (das idéias puras, das coisas reais e dos signos), cuja existência pode ser demonstrada pela ordem desses três mundos e por sua concordância (*Coll. Pap.*, 6, 452 ss.; o texto é de 1908). Contudo, não se deve esquecer que o conceito de *ordem* (v.) é relativo; como observava Peirce, "um mundo aleatório é simplesmente o nosso mundo real do ponto de vista de um animal com o mínimo absoluto de inteligência"; portanto, a noção de ordem dificilmente se presta a remontar a noção de Espírito Ordenador (*Chance, Love and Logic*, I, 5, 2; trad. it., p. 83).

3º Uma variante ou determinação desse argumento é a prova *causal* que pode ser encontrada em Aristóteles (*Met.*, II, 2) e depois é retomada pelos autores árabes (Avicena) e por Tomás de Aquino. Funda-se no princípio de que é impossível remontar ao infinito na série das causas materiais e das causas eficientes, ou das causas finais ou das conseqüências, e que, portanto, deve haver, em cada série um primeiro princípio do qual depende a série toda. Como a argumentação também vale para as causas finais, leva a ver em D. o fim último, o bem supremo segundo o qual se ordenam todas as coisas do mundo (*ibid.*, XII, 7, 1072 b 2). Essa prova pode ser considerada uma transição entre a prova teológica e a do movimento; na verdade, às vezes é interpretada como uma, às vezes como outra.

4º A prova considerada mais sólida no mundo clássico e medieval é a do movimento. Foi exposta pela primeira vez por Platão (*Leis*, X, 894-5) e reexposta por Aristóteles (*Fís.*, VIII, 1; *Met.*, XII, 7). Na escolástica latina foi introduzida por Adelardo de Bath no século XI (*Quaest. nat.*, 60). Podemos encontrá-la na exposição de Tomás de Aquino, que é a mais clara e sucinta. Parte do princípio de que "tudo o que se move é movido por outra coisa". Ora, "se aquilo pelo qual é movido por sua vez se move é preciso que também ele seja movido por outra coisa e esta por outra. Mas não é possível continuar ao infinito; senão, não haveria um primeiro motor e nem mesmo os outros motores moveriam assim como, por exemplo, o bastão não move se não for movido pela mão. Portanto, é preciso chegar a um primeiro motor que não seja movido por nenhum outro, e por ele todos entendem D." (*S. Th.*, I, q. 2, a. 3). Esse argumento foi criticado já no fim da escolástica: Ockham nega a validade dos dois princípios em que ele se funda. Na verdade, observa ele, pode-se racionalmente afirmar que alguma coisa se move por si, como a alma, o anjo ou o peso que tende para baixo; e que o processo ao infinito se dá freqüentemente na experiência, por exemplo, quando bate numa das extremidades de um comprimento contínuo: a parte atingida movimentará a parte mais próxima, esta movimentará outra, e assim por diante infinitamente (*Cent. theol.*, Concl. I, D). Essa prova também conclui apenas pela existência de um primeiro motor, e não de uma causa criadora, sendo utilizada com esse fim por Platão e por Aristóteles. Kant considerou essa prova idêntica às duas precedentes e observou que é difícil estabelecer uma proporção precisa entre movimento e motor, ou seja, induzir da ordem e do movimento a existência e os caracteres de uma causa infinita. "Espera", disse ele, "que ninguém jamais tenha a presunção de conhecer a relação entre a grandeza do mundo por ele observada (por extensão e conteúdo) e a onipotência, entre a ordem cósmica e a suma sapiência, entre a unidade cósmica e a unidade absoluta do criador etc." (*Crít. R. Pura*, Dialética, c. III, seç. 6).

5º O chamado argumento do *graus* fora exposto por Aristóteles em seu maior diálogo juvenil, *Sobre a filosofia*: "Em geral, nas coisas em que há o melhor, há também o ótimo; e como há o ótimo nas coisas que existem de um modo ou de outro, haverá nelas também o ótimo, que poderia ser divino" (*Fr.* 16, Rose). Era reproduzido por Cícero da seguinte forma: "Não se pode afirmar que em cada ordem de coisas não haja algum termo extremo, uma perfeição absoluta, pois vemos que para uma planta, para um animal, a natureza se não se lhe opõe força alguma, segue seu caminho e chega ao termo último, e que a pintura, a arquitetura e as outras artes alcançam também resultado perfeito em suas obras. O mesmo deve ser dito para toda natureza e com muito maior razão: deve-se necessariamente produzir e realizar uma forma absolutamente perfeita" (*De nat. deor.*, II, 13, 35). Essa prova foi reexposta por S. Agostinho (*De civ. Dei*, VIII, 6) e encontrou forma clássica em *Monologion* de Anselmo. Diz este: "Se não pode negar que algumas naturezas são melhores do que outras, a razão nos convence de que há uma tão excelente que nenhuma outra haverá que lhe seja superior. De fato, se essa distinção de graus presseguisse ao infinito, de modo que não houvesse um grau superior a todos, a razão seria levada a admitir que o número dessas naturezas é infinita. Mas como isso é considerado absurdo por qualquer um que não seja carente de razão, deve haver necessariamente uma natureza superior, que não possa ser subordinada a nenhuma outra como inferior" (*Mon.*, 4). O fundamento dessa prova é o princípio platônico de que tudo o que possui certa qualidade possui-a por participação naquilo a que essa qualidade inere de modo essencial e eminente; por exemplo, tudo o que é quente é quente por participação no fogo, que é quente por essência (*Fed.*, 101 d e ss.). Esse princípio fora admitido também por Aristóteles (*Met.*, II, 1, 993 b 25), ao qual freqüentemente remetem os escritores medievais.

6º A prova chamada por Tomás de Aquino de *ex possibili et necessario*, por Leibniz de *contingentia mundi*, e por Kant, de prova cosmológica, é uma das mais felizes; foi exposta pela primeira vez por Avicena e está intimamente ligada à concepção de D. típica do neoplatonismo árabe. Avicena (*Met.*, II, 1, 2) distinguira o ser em *necessário* e *possível*, definindo o possível como o que não existe por si, mas tem necessidade de alguma coisa para existir. Portanto, se existe um possível, existe algo que o faz existir; mas se esse algo é, por sua vez, possível, remete ainda a um outro que seja causa de sua existência; e assim por diante, até se chegar ao ser necessário, que é o que existe por si. Dessa prova resulta a definição de D. como ser necessário, cujo antecedente pode ser encontrado em Aristóteles (*Met.*, XII, 7, 1072 b 10). Mas seu sentido é diferente na filosofia árabe, em que visa afirmar a necessidade de tudo o que existe, portanto também do possível, que, se existe, existe necessariamente pela ação de uma causa necessária. Apesar de seus vínculos com o necessitarismo árabe, essa prova foi aceita por Maimônides (*Guide des égarés*, II, 1) e pela escolástica latina, na qual foi introduzida por Guilherme de Alvérnia (*De Trinitate*, 7), na primeira metade do século XIII. Desde então, passou a ser uma das provas mais freqüentemente repetidas na história da filosofia, sendo de fato a única aduzida nos séculos XVII e XVIII, ou seja, ainda no período em que muitos conceitos teológicos e metafísicos são criticados e abandonados. Pode ser assim esquematizada: "Se algo existe, deve existir um ser necessário. Mas algo existe (p. ex., eu mesmo), logo existe o ser necessário." Em conformidade com esse esquema, essa prova é exposta por Descartes (*Secondes Réponses*, prop. 3), por Locke (*Ensaio*, IV, 10), por Leibniz (*Théod.*, I, § 7; *Monad.*, § 45) e por Clarke (*Demonstration of the Being and Attributes of God*, 1705). A própria prova que Berkeley extraiu do princípio *esse est percipi* é uma variante da prova cosmológica: "As coisas sensíveis realmente existem; se realmente existem, são necessariamente percebidas por um espírito infinito; logo, há um Espírito infinito, ou D." (*Dialogues Between Hylas and Philonous*, II, *Works*, ed. Jessoup, II, p. 212). Kant considerou a prova cosmológica como "uma prova ontológica mascarada", uma prova que passa da conexão puramente conceitual entre as noções de possível e necessário à afirmação da realidade necessária (*Crít. R. Pura*, Dialética, cap. III, seç. 5). G. Boole, fundador da lógica, transcrevendo em símbolos o argumento de Clarke, mostrava que não há conclusão derivável das premissas que afirmam a verdade ou a falsidade da proposição "algo que é existe pela necessidade de sua natureza", ou da proposição "algo que é existe pela vontade de outro ser", nem da combinação das duas proposições (*Laws of Thought*, 1854, cap. 13). A essa prova se deve a definição de D. como ser necessário, que é das mais comuns, sendo usada mesmo por quem não se vale da prova relativa ou desconhece sua validade.

7º A prova ontológica foi formulada no século XI por Anselmo de Aosta. Sua característica é passar do simples conceito de D. à existência de D. Eis a formulação de Anselmo: "Certamente aquilo de que não se pode pensar nada de maior não pode estar só no intelecto. Porque, se estivesse só no intelecto, poder-se-ia pensar que estivesse também na realidade, ou seja, que fosse maior. Se, portanto, aquilo de que não se pode pensar nada de maior está só no intelecto, aquilo de que não se pode pensar nada de maior é, ao contrário, aquilo de que se pode pensar algo de maior. Mas certamente isso é impossível. Portanto, não há dúvida de que aquilo de que não se pode pensar nada de maior existe tanto no intelecto quanto na realidade" (*Prost.*, 2). Esse argumento consta de dois pontos: 1º o que existe na realidade é "maior" ou mais perfeito do que o que existe só no intelecto; 2º negar que aquilo de que não se pode pensar nada de maior existe na realidade significa contradizer-se. A esse argumento o monge Gaunilão, em seu *Liber pro insipiente* (Anselmo dirigira seu argumento contra o néscio do Salmo XIII, que disse "em seu coração, não há D."), aduziu, em primeiro lugar, que se pode duvidar de que o homem tenha um conceito de D., e, em segundo lugar, que não se pode deduzir do conceito de um ser perfeitíssimo a existência desse ser tanto quanto não se pode deduzir do conceito de uma ilha perfeitíssima a realidade dessa ilha. Em *Liber apologeticus* Anselmo respondeu que se pode pensar D., como demonstra a própria fé que Anselmo e Gaunilão professam, e que, se é possível pensálo, deve-se admiti-lo como existente, sem que isso valha para qualquer outro ser, que, embora perfeito, nunca será aquilo de que não se pode pensar nada de mais perfeito. Rejeitado pela maior parte dos escolásticos (inclusive Tomás, *S. Th.*, I, q. 2, a. 1 ad. 2º), que em geral preferem os argumentos *a posteriori*, ou seja, extraídos da relação de D. com o mundo, o argumento ontológico teve sucesso na filosofia moderna. Foi repetido por Descartes, para quem a existência de D. está implícita no conceito de D., do mesmo modo que está implícito no conceito de triângulo que seus ângulos internos são iguais a dois ângulos retos (*Princ. phil.*, I, 14). Leibniz, por sua vez, aceitou essa prova e formulou-a como identidade de possibilidade e realidade em D. Só D., disse ele, ou seja, o ser necessário, tem o privilégio de precisar existir, se ele é possível. E como nada pode impedir a possibilidade daquilo que não encerra nenhum limite, nenhuma negação e, em conseqüência, nenhuma contradição, só isso basta para conhecer a existência de D. *a priori* (*Monad.*, § 45). Segundo Kant, a própria prova é contraditória ou impossível: será contraditória se, já no conceito de D., se considerar implícita a sua existência, por nesse caso não se tratar de simples conceito; e será impossível se ela for considerada implícita, pois nesse caso a existência deverá ser acrescida ao conceito sinteticamente, ou seja, por via da experiência, ao passo que D. está além de toda experiência possível (*Crít. R. Pura*, Dial., cap. III, seç. 4). Hegel, porém, defendeu essa prova afirmando que só no que é finito a existência é diferente do conceito, e que "D. deve expressamente ser aquilo que pode ser pensado só como existente, cujo conceito implica a existência. Essa unidade de conceito e ser constitui justamente o conceito de D." (*Enc.*, § 51). Por aí se pode ver que a prova ontológica, mais que prova, é a explicitação do próprio conceito de D. como ser necessário: com efeito, o ser necessário existe por essência ou por natureza, isto é, por definição. Contudo, essa prova é repetida com freqüência na filosofia moderna: Lotze, por exemplo, repete-a nos mesmos termos de Anselmo (*Mikrokosmus*, III, 2ª ed., p. 557).

8º Muito semelhante à precedente, porém mais antiga, é a prova extraída da simples presença da idéia de D. no homem. Consiste em julgar impossível explicar essa presença deoutro modo que não pela produção de D. mesmo, que por isso deve ser considerado existente. Assim raciocinavam Justino (*Apologia sec.*, 6), Tertuliano (*De testimonio animae*, 5) e João Damasceno (*De fide orth.*, I, 1). E a essa tradição pertence uma das provas cartesianas da existência de D., mais precisamente a de que o autor da idéia de D. deve possuir pelo menos a mesma perfeição que é representada nessa idéia, e assim não pode ser outro senão D. mesmo (*Discours*, IV,

Méd., II; *Secondes Réponses*, pro. 3). Uma forma abreviada dessa prova (ou da anterior) consiste em julgar a proposição "D. existe" como conhecida de per si, ou seja, conhecida com base nos próprios termos que a compõem. É o que faz, por exemplo, Duns Scot (*Op. Ox.*, I, d. 2, q. 2, n. 3) em polêmica com Tomás. Stuart Mill, que chama essa prova de "argumento da consciência", julga-a inaceitável por "negar ao homem um de seus atributos mais familiares e preciosos, o de idealizar ou, como se diz, de construir com os materiais da experiência uma concepção mais perfeita que a contida na experiência" (*Three Essays on Religion*, 1875, com título *Theism*, 1957, p. 24).

9º A prova *moral* é acompanhada, em geral, por certo ceticismo quanto à validade das demonstrações racionais. Consiste em mostrar que a existência de D. é uma exigência da vida moral, no sentido de que é conveniente ou necessário ao homem crer em D. Mas o adjetivo "moral" aqui não indica só a esfera à qual pertence a prova, mas também uma limitação da validade da prova para essa esfera. Uma prova moral de D. é a *Aposta* de Pascal. Segundo Pascal, não se pode adiar o problema de D. e permanecer neutro diante de suas soluções. O homem deve escolher entre viver *como se* D. existisse ou viver *como se* D. não existisse; se a razão não pode ajudá-lo nessa escolha, que ele considere qual é a escolha mais conveniente como se estivesse diante de um jogo ou de uma aposta em que é preciso considerar, por um lado, o lance e, por outro, a perda ou a vitória eventual. Ora, quem aposta na existência de D., se ganhar, ganhará tudo; se perder, nada perderá: portanto, é preciso apostar sem hesitação. A aposta já é razoável quando se trata de um ganho finito e pouco superior ao lance, quanto mais se o ganho é infinitamente superior ao lance. Nem é preciso dizer que a distância infinita entre a certeza daquilo que se aposta e a incerteza daquilo que se pode ganhar equipara o bem finito, que certamente se arrisca, ao infinito, que é incerto. Todo jogador arrisca a certeza para ganhar a incerteza e arrisca o finito certo para ganhar o infinito incerto sem pecar contra a razão. Num jogo em que houver iguais probabilidades de vencer ou de perder, arriscar o finito para ganhar o infinito é, obviamente, da maior conveniência (*Pensées*, 233). Essa aposta parece falar mais a língua das mesas de jogo que a da vida moral, mas é preciso observar que Pascal a utiliza unicamente para combater a impotência de crer produzida pelas paixões, e que o resultado dessa prova deveria ser o de "concorrer para convencer, não por aumentar as provas da existência de D., mas por diminuir as paixões". De qualquer forma, é óbvio que semelhante prova só tem validade moral em face do comportamento humano: não tem validade teórica. Esse mesmo caráter é absorvido na prova moral da existência de D. formulada por Kant: para ele, D. é um postulado da vida moral: sua existência é requisito para a realização do bem supremo, da união de virtude e felicidade, que não se verifica na atuação das leis naturais. "O bem supremo no mundo só é possível se admitirmos um Ser Supremo cuja causalidade se conforma à intenção moral... Logo, a causa suprema da natureza, porquanto pressuposta para o bem supremo, é um Ser que, mediante o intelecto e a vontade, é causa (portanto, autor) da natureza, ou seja, é D." (*Crít. R. Prática*, I, 1. II, cap. 2, seç. 5). Essa prova, que Kant extraiu das famosas considerações do vigário saboiano, no IV livro de *Emílio* de Rousseau, foi muitas vezes retomada na filosofia contemporânea. Outra forma da prova moral é a apresentada por James, que reformulou a aposta de Pascal (*The Will to Believe*, cap. I), reafirmando a utilidade e a conveniência da crença em D. com vistas a uma vida moral ativa e confiante. Nesse aspecto, D. é "objeto mais adequado do nosso espírito". Num universo sem D., a ação moral parece destinada ao insucesso; por outro lado, a ação moral e a fé em D. podem contribuir para reforçar a existência do mundo invisível. "D. pode tirar força vital e acréscimo de ser da nossa fidelidade" (*Essays on Faith and Morals*, p. 30).

10º Há, por fim, uma prova formulada de vários modos, que parte de alguns tipos de experiência imediata e privilegiada, interpretados como relação direta com D. Diz Fílon: "Mas há uma inteligência mais perfeita e mais purificada, iniciada nos grandes mistérios, que conhece a Causa, não a partir de seus efeitos, assim como se conhece o objeto imóvel a partir de sua sombra, mas que transcendeu o efeito e recebe a aparição clara do ser não gerado detal modo que o compreende em si mesmo e por si mesmo e não em sua sombra, que é a razão e o mundo" (*All. leg.*, III, 100). Plotino e os místicos admitem essa forma de experiência direta de D.; segundo Bergson, ela é a única prova possível da existência de D. A concordância entre os místicos, não só cristãos mas também pertencentes a outras religiões, é "o sinal da identidade de intuição que pode ser explicada do modo mais simples como a existência real do ser com o qual acreditam estar em comunicação" (*Deux sources*, p. 265). De forma atenuada, esse argumento pode ser repetido no que se refere à busca pura e simples de D.: a própria busca, na variedade dos seus procedimentos e resultados, pode ser uma prova intrínseca da existência, sem que seja, porém, definível ou determinável de modo acabado aquilo que se busca (PAUL WEISS, em *Science, Philosophy and Religion*, Nova York, 1941, I, pp. 413 ss.). É o que já Pascal dizia: "É prova de D. não só o desvelo dos que o procuram como também a cegueira dos que não o procuram" (*Pensées*, 200). [N.A.]

DEVER (gr. τὸ καθῆκον; lat. *Officium*; in. *Duty*; fr. *Devoir*; al. *Pflicht*; it. *Dovere*). Ação segundo uma ordem racional ou uma norma. Em seu primeiro significado, essa noção teve origem com os estóicos, para os quais é D. qualquer ação ou comportamento, do homem ou das plantas e animais, que se conforme à ordem racional do todo. "Chamam de dever", diz Diógenes Laércio (VII, 107-9), "aquilo cuja escolha pode ser racionalmente justificada... Entre as ações realizadas por instinto, algumas o são de D., outras contrárias ao D., algumas não estão ligadas a ele nem dele desligadas. De dever são as ações que a razão aconselha a cumprir, como honrar os pais, os irmãos, a pátria e estar de acordo com os amigos. Contra o D. são as que a razão aconselha a não fazer, como negligenciar os pais, não cuidar dos irmãos, não estar de acordo com os amigos etc. Não são de dever nem a ele contrárias as ações que a razão não aconselha nem proíbe, como levantar um graveto, segurar uma pena, uma escova etc." A conformidade com a ordem racional (que é, de resto, o destino, a providência ou Deus) é aquilo que, segundo os estóicos, constitui o caráter próprio do dever. Os estóicos distinguiam, como relata Cícero, o D. "reto", que é perfeito e absoluto, e não pode encontrar-se em ninguém senão no sábio, e os D. "intermediários", que são comuns a todos e muitas vezes realizados graças apenas à boa índole e a certa instrução (*De off.*, III, 14).

A doutrina do D., como se vê, na origem pertence a uma ética fundada na norma do "viver segundo a natureza", que é, de resto, a norma de conformar-se à ordem racional do todo. Portanto, não surgiu da ética aristotélica, que é inteiramente fundada no desejo natural de felicidade e faz referência à ordem racional do todo. A ética medieval, que, por sua vez, toma como modelo a ética aristotélica, também ignora a teoria do D. e concentra-se na teoria das virtudes, dos hábitos racionais adequados à consecução da felicidade e da bem-aventurança ultraterrena. O conceito de D. volta a predominar só na ética kantiana, que é uma ética da normatividade. Ela modifica o conceito estóico de D. como conformidade à ordem racional do todo, transformando-o em conformidade com a lei da razão. Para Kant, D. é a ação cumprida unicamente em vista da lei e por respeito à lei: por isso, é a única ação racional autêntica, determinada exclusivamente pela forma universal da razão. Diz Kant: "Uma ação realizada por D. tem seu valor moral não no fim que deve ser alcançado por ela, mas na máxima que a determina; ela não depende, portanto, da realidade do objeto da ação, mas somente do princípio da vontade segundo o qual essa ação foi determinada, sem relação com nenhum objeto da faculdade de desejar." Em outros termos, "o D. é a necessidade de realizar uma ação unicamente por respeito à lei", indicando a palavra "respeito" a atitude que não leva em conta quaisquer inclinações naturais (*Grundlegung zur Met. der Sitten*, 2). Nesse sentido, Kant chama de D. a ação "objetivamente prática", ou seja, a ação na qual coincidem a *máxima* segundo a qual a vontade se determina e a *lei* moral. "Nisso consiste a diferença entre a consciência de ter agido em conformidade com o D. e a de ter agido por D., ou seja, por respeito à lei." A ação conforme à lei mas não realizada por respeito à lei é a ação *legal*; a realizada por respeito à lei é a ação *moral*. Portanto, moralidade e D. coincidem (*Crít. R. Prática*, I, 1, cap. 3). A doutrina kantiana do D. foi transformada por Fichte numa verdadeira metafísica. "A única base sólida de todo o meu conhecimento", disse ele, "é o meu dever. É ele o inteligível *em si* que, mediante as leis da representação sensível, transforma-se em mundo sensível" (*Sittenlehre*, § 15, em *Werke*, IV, p. 172). Isso no sentido de que o próprio mundo sensível outra função não teria que a de fornecer à atividade moral os limites ou os obstáculos, na luta contra os quais tal atividade teria meios de desempenhar sua função de libertação.

Na ética contemporânea, a doutrina do D. continua ligada à da ordem racional necessária, ou norma (ou conjunto de normas) apta a dirigir o comportamento humano. Isso significa que sempre que o fundamento da ética for a felicidade, individual ou coletiva, a perfeição ou o progresso da vida individual ou coletiva, não haverá lugar para a noção de D. No século XIX Bentham opunha-se ao D. em nome de uma ética fundada exclusivamente no interesse, julgando inútil e sem sentido o apelo ao D. (*Deontology*, 1834, I, 1). No século XX, Bergson também se opôs ao D. em nome de uma ética do amor. Para Bergson, o D., ou "obrigação moral", não passa de hábito de comportamento dos membros de um grupo social. Esses hábitos podem variar, mas seu conjunto, ou seja, o hábito de adquirir hábitos, tem a mesma intensidade e regularidade de um instinto (*Deux sources*, p. 21). Essa é a ética da sociedade fechada, mas também há a ética "absoluta" da sociedade aberta, que diz respeito a toda a humanidade e é a que dá continuidade e faz progredir o esforço criador da vida, tendendo a uma forma de sociedade aperfeiçoada pelo amor. – Entre a persistência com novas roupagens da ética clássica da felicidade, o ressurgimento de éticas misticizantes como a de Bergson, e as tentativas de reduzir a ética a um conjunto de desejos não elaborados ou de preferências sem motivo, a doutrina do D., que transformava Kant em poeta ("Dever! Nome sublime e grande, nada conténs de agradável que possa adular, mas desejas a submissão; contudo nada ameaças etc.", *Crít. R. Prática*, I, 1, cap. 3), perdeu quase todo o prestígio, sem todavia ser substituída por algo de mais racional. [N.A.]

O caráter normativo que serve de base à doutrina kantiana foi objeto de reavaliação por parte das correntes de pensamento (v. NÃO-COGNITIVISMO) que, em antítese com o emotivismo (v.), voltaram a insistir no caráter prescritivo da moral e na sua conexão com as idéias de obrigação e dever: "Dizer que os juízos morais norteiam as ações humanas – escreve Hart – e dizer que eles implicam imperativos vem a ser quase a mesma coisa" (*Il linguaggio della morale*, 1952, trad. it., Ubaldini, Roma, 1968, p. 156). Podemos encontrar uma reavaliação análoga nas correntes de pensamento (v. PÓS-KANTISMO) que contrapõem o caráter deontológico da moral às tradicionais posições eudemonistas e utilitaristas: "A ética do discurso é pós-kantiana e deontológica – uma vez que apresenta a questão daquilo que é 'devido', obrigatório para todos (*deon*), como preliminar no que se refere à questão platônico-aristotélica – e, por outro lado, é utilitarista – no que diz respeito ao *telos* da 'vida boa', por exemplo, em relação à felicidade de cada um ou de uma comunidade" (K. O. APEL, *Limiti dell'etica del discorso?*, trad. it. em *Etiche in dialogo*, vários autores, Marietti, Gênova, 1990, p. 40).

No que concerne à deontologia formalista de Kant, a *Diskursethik* (v. DISCURSO, ÉTICA DO) apresenta, porém, algumas diferenças básicas. Em primeiro lugar, no modelo semiótico e dialógico da ética comunicativa, o ponto de referência já não é a consciência individual, como ocorria no paradigma transcendental e consciencialista de Kant, mas a comunhão da comunicação. Em especial, os teóricos da ética do discurso consideram que a formulação das normas concretas (e o juízo acerca da sua conformidade ao princípio ético fundamental) não é questão que possa ser resolvida individualmente, mas constitui incumbência *coletiva* que precisa ser enfrentada de maneira democrático-consensual: "A ética do discurso supera a formulação puramente interior, monológica, de Kant, que conta com o fato de que cada indivíduo realize no 'foro íntimo' ('na solitária vida da alma', como dizia Husserl) a verificação das suas máximas de ação [...]. Ao contrário, a ética do discurso espera um entendimento sobre a possibilidade de universalização dos interesses apenas como 'resultado' de um 'discurso público' realizado intersubjetivamente" (J. HABERMAS, *Moralità ed eticità*, trad. it. em *Etiche in dialogo, cit.*, p. 67). Em segundo lugar, diferentemente da ética criticista do dever – e da sua deontologia radical e absoluta – a *Diskurs-Ethik* não pretende reduzir-se a uma ética da convicção (no sentido de Weber), mas apresenta-se como uma ética da responsabilidade (v.) capaz de levar em conta as *conseqüências* dos comportamentos, ou seja, como uma doutrina em condições de responder às acusações de formalismo e abstracionismo dirigidas às morais de tipo kantiano. [G.F.]

DEVER-SER (gr. τὸ δέον; in. *Oughtness*; fr. *Devoir être*; al. *Sollen*; it. *Dover essere*). O possível normativo: aquilo que é bom que aconteça ou que se pode prever ou exigir com base em uma norma. Platão dizia que, se é verdadeira a doutrina de Anaxágoras, de uma Inteligência que ordena o mundo do melhor modo, então "o bem e o dever-ser sustentam e agregam todas as coisas" (*Fed.*, 99c). Na filosofia moderna, essa noção foi ilustrada por Kant, que diz: "O D.-ser exprime uma espécie de necessidade e uma relação com princípios que não se verificam absolutamente na natureza. Nesta, o intelecto pode conhecer só o que é, foi ou será. É impossível que alguma coisa deva ser diferente do que foi de fato em suas relações temporais. Quando se observa o curso da natureza, o D.-ser não tem o menor significado. Não podemos perguntar o que deve acontecer na natureza, assim como não podemos procurar saber que propriedades deve ter o círculo, mas apenas o que acontece nela, ou quais propriedades este possui. O D.-ser exprime uma ação possível, cujo princípio é apenas um conceito, ao passo que o princípio de uma ação natural só pode ser um fenômeno. É verdade que a ação deve ser possível nas condições naturais se o D.-ser visar a elas; mas tais condições não atingem a determinação do arbítrio, mas apenas o efeito e a conseqüência dela no fenômeno" (*Crít. R. Pura*, Dial., cap. II, seç. 9, § 3). Essas determinações de Kant deixam claro que a esfera do D.-ser é a ação humana: o D.-ser, que não tem sentido no mundo natural, é o princípio do mundo humano. Mas esse reconhecimento equivale a admitir que, no mundo humano, a distinção entre o que acontece de fato e o que se poderia esperar que acontecesse, a partir das normas que o regulam, deve manter-se constante. Onde é reconhecido ou introduzido o D.-ser obviamente é reconhecida e introduzida a sua diferença possível em relação ao ser de fato, bem como a possibilidade de julgar este em relação àquele. Assim se explica por que Hegel, que põe como princípio de sua filosofia a identidade entre real e racional, nega qualquer função ao D.-ser e considera-o mero fantasma. "À realidade do racional", diz ele, "contrapõe-se, de um lado, a visão de que as idéias e os ideais são apenas quimeras e que a filosofia é um sistema desses fantasmas cerebrais, e, de outro, a visão de que as idéias e os ideais são algo excelente demais para ter realidade ou impotente demais para atingi-la. Mas a separação entre realidade e idéia é muito apreciada pelo intelecto, que considera verazes os sonhos de suas abstrações e tem muito orgulho de seu D.-ser, que apregoa de bom-grado até mesmo no campo político, como se o mundo houvesse esperado esses ditames para aprender como deve ser e não é: pois se fosse como deve ser, aonde iria parar o pedantismo desse D.-ser?" (*Enc.*, § 6). As obras de Hegel demoram-se muitas vezes em observações irônicas e sarcásticas sobre o dever-ser que não é, sobre o ideal que não é real, sobre a razão que se supõe impotente para realizar-se no mundo. Segundo ele, a filosofia não tem a tarefa de considerar o que deve ser, mas o que é "real e presente" (*ibid.*, § 38). É como a coruja de Minerva, que começa a voar no crepúsculo, ou seja, chega sempre tarde demais, quando a realidade já cumpriu o seu processo de formação e está pronta (*Fil. do dir.*, Pref.). Em outras palavras, não cabe à filosofia outra tarefa senão reconhecer, justificar e exaltar como "racionalidade absoluta" o fato consumado. Trata-se, em substância, de uma recusa da filosofia de inserir-se na realidade e de valer como sua força modificadora e diretiva. Essa recusa foi típica da filosofia romântica, que, segundo expressão do próprio Hegel, quis "estar em paz com a realidade" e abdicou da tarefa assumida pela filosofia do Iluminismo, de transformar a realidade.

A atitude em face do D.-ser é, portanto, a pedra de toque das filosofias contemporâneas, porque revela se elas se orientam segundo a tradição iluminista, clássica e renascentista, ou segundo a tradição romântica, helenística e medieval. Mas é necessário lembrar que nem sempre a importância predominante atribuída à noção de D.-ser é sinal do caráter clássico-iluminista de uma filosofia. A chamada filosofia dos valores do século XIX, que conta entre seus representantes principais com Windelband e Rickert, fez do dever-ser o centro da sua especulação, mas o transformou em uma realidade *sui generis*, o *valor* (v.) ou sua consciência, considerada independente de suas manifestações empíricas; por isso, foi substancialmente infiel à noção kantiana do dever-ser, em que declarava inspirar-se. De modo análogo, a interpretação que Nicolau Hartmann faz do D.-ser equivale à sua negação. O D.-ser, segundo Hartmann, só prescreve a realização daquilo que pode e deve necessariamente realizar-se, quando nada falta às condições de sua realização; por isso, é a própria possibilidade *real*, que é sempre uma efetividade, ainda que não pareça (*Möglichkeit und Wirklichkeit*, p. 266). Por outro lado, a noção de D.-ser foi posta como base do *positivismo jurídico*, por Hans Kelsen. Diz Kelsen: "O D.-ser exprime o sentido específico no qual o comportamento humano é determinado por uma norma. Tudo o que podemos fazer para descrever tal sentido é declarar que ele difere do sentido pelo qual dizemos que um indivíduo se comporta efetivamente de certa forma e que algo acontece ou existe efetivamente" (*General Theory of Law and State*, 1945, I, 1, C, a, 5; trad. it., p. 36). Kelsen, todavia, reconhece que a tensão entre norma e existência não deve ser superior a certo máximo, nem inferior a certo mínimo: a conduta efetiva não deve coincidir completamente com a norma que a regula nem discrepar completamente dela (*ibid.*, Apêndice, IV, B, c; p. 444) (v. NORMA). [N.A.]

DEVIR ou VIR-A-SER (gr. γίγνεσθαι; lat. *Fieri*; in. *Becoming*; fr. *Devenir*; al. *Werdent*; it. *Divenire*). 1. O mesmo que mudança (v. MOVIMENTO).

2. Uma forma particular de mudança, a mudança absoluta ou substancial que vai do nada ao ser ou do ser ao nada. Esse é o conceito de Aristóteles e Hegel. Aristóteles afirmava: "Diz-se D. em muitos sentidos: ao lado daquilo que vem a ser absolutamente (ἁπλῶς), há aquilo que vem a ser isto ou aquilo. O D. absoluto é só das substâncias: as outras coisas que vêm a ser precisam necessariamente de um sujeito, visto que a quantidade, a qualidade, a relação, o tempo e o lugar vêm a ser só em referência a certo sujeito; e enquanto a substância não pode ser atribuída como predicado a nenhuma outra coisa, todas as outras coisas podem ser atribuídas como predicado a uma substância" (*Fís.*, I, 7, 190 a 30). Portanto, para Aristóteles, os princípios do D. são os *opostos*, entre os quais está o D., e a *privação* de um deles, já visto que "pode dizer que nada vem absolutamente do nada, mas aquilo que vem a ser, vem a ser do não-ser acidental ou relativo, ou seja, da privação daquilo que é o termo do D." (*ibid.*, I, 8, 191, b 12).

Conceito não muito diferente foi expresso por Hegel ao dizer que o D. é a unidade do ser e do nada. "O D.", disse Hegel, "é a verdadeira expressão do resultado de ser e nada, como unidade destes: não é só a unidade do ser e do nada, mas é a inquietação em si" (*Enc.*, § 88). Na grande *Lógica*, Hegel ilustrou e defendeu longamente o significado dessa definição: "A verdadeira importância da proposição: 'nada vem do nada, o nada é nada', está em sua oposição ao devir em geral e, portanto, também à criação do mundo a partir do nada.

Aqueles que se acaloram defendendo a proposição de que o nada é o nada, não se apercebem de que nisso coincidem com o panteísmo abstrato dos eleatas e substancialmente também com o espinosismo. A visão filosófica para a qual vale o princípio de que o ser é somente ser e o nada somente nada merece o nome de sistemas de identidade. Essa identidade abstrata é a essência do panteísmo" (*Wissenschaft der Logik*, I, livro I, seç. I, cap. I, C; trad. it., p. 76). Na verdade, o "nada" de Aristóteles é, com efeito, um nada *privativo* que, assim como a privação aristotélica, está na constituição do devir. [N.A.]

3. Entendido em sentido lato como sinônimo de mudança e transformação incessante das coisas, o D. representa um dos conceitos-chave do pensamento do século XIX, que se propôs ilustrar sua dinâmica com as noções de *dialética* (v.) e *evolução* (v.). Presente em sínteses filosóficas díspares, do marxismo ao positivismo, das filosofias da vida a Bergson, do historicismo ao neo-idealismo, o D. encontrou uma de suas máximas expressões em Nietzsche, que, depois de isentá-lo de qualquer referência a objetivos ontológicos preestabelecidos, propôs uma sua aceitação jubilosa e incondicionada, exemplificada pela teoria do Eterno Retorno do Igual ("Imprimir no D. o caráter do ser – é essa a suprema vontade de poder"). Somente com a primazia estruturalista da sincronia sobre a diacronia (v. DIACRÔNICO; SINCRÔNICO), a idéia de D. sofreu um primeiro redimensionamento filosófico e epistemológico decisivo (v. ANTI-HISTORICISMO). Outro ataque, ainda mais radical, foi desferido por Emanuele Severino. Segundo o neo-eleatismo (v.), a afirmação de que a realidade é D. não representa um dado da experiência, mas uma interpretação (incorreta) da experiência, visto que esta última atesta somente que algo ainda não surgiu ou já não surge mais, e não que brota do nada e se precipita no nada. A tal interpretação, que se identifica com o niilismo metafísico e o edifício construído pela cultura e pela civilização ocidental para proteger o homem do terror provocado pelo caos do D., contrapõe-se a tese neoparmenidiana, segundo a qual "se não se pode pensar que o ser (cada ser e todo ser) não é, então não é possível pensar que o ser (cada ser, todo ser) venha-a-ser, porque, vindo a ser, não seria – isto é, não seria antes do seu nascimento e depois da sua corrupção. De modo que todo ser é imutável. Não sai do nada e não retorna ao nada. É eterno" (*Essenza del nichilismo*, 1972, n.e., Adelphi, Milão, 1982, p. 69).

4. Contra o neo-eleatismo insurgiram-se não só os defensores da metafísica clássica, que, partindo de uma concepção plurívoca do ser (antitética à visão unívoca de Severino), consideram que o D., entendido como atualização de tudo o que é potencial, representa algo de incontroverso, mas também filósofos neonietzschianos como Vattimo: "Se simplesmente contrapusermos o ser e o nada, e se do ser excluirmos totalmente o nada, qualquer que seja a forma, acabaremos por não compreender a existência" (*Filosofia al presente*, Garzanti, Milão, 1990, p. 31).

5. Mais do que pela admissão ou não da realidade do D. (aqueles que a negam são minoria em relação àqueles que a afirmam), os filósofos se distinguiram historicamente sobretudo pelas diferentes interpretações metafísicas que deram dele. A propósito existem dois modelos básicos: as metafísicas *imanentistas*, para as quais o D. è absoluto (sendo toda a realidade) e auto-suficiente (sendo uma propriedade intrínseca da matéria ou da energia) e as metafísicas *transcendentais*, para as quais o D., por ser contraditório (para usar a terminologia de Bontadini) ou problemático (para usar a terminologia de M. Gentile), não se explica por si, mas remete a uma realidade imutável (= Deus) que é a sua causa (cf. E. BERTI, *Introduzione alla metafisica*, 1993). [G.F.]

DEVOÇÃO (in. *Devotion*; fr. *Dévotion*; al. *Andacht*; it. *Devozione*). Segundo Kant, "a disposição de espíritos que nos torna capazes de sentimentos de dedicação para com Deus", e que se obtém mediante as práticas do culto (expiações, mortificações, peregrinações etc.). Atribuir a essa disposição o mesmo valor de sentimento de dedicação a Deus é, segundo Kant, a *ilusão religiosa*, que confunde os meios com o fim e dá ao meio um valor final (*Religion*, IV, 2, § 1). Essa ilusão por sua vez é a base do falso culto a Deus, visto que o único culto verdadeiro é a boa conduta moral. O conceito de D. como atitude que, embora vinculada à religião, não é a autenticamente religiosa, foi fixado pelas observações de Kant. Hegel viu na D. uma das manifestações da consciência infeliz. "O seu pensar, como D., permanece como um vago tilintar de sinos ou como nebulosidade cálida, um pensar musical que não chega ao conceito, único e imanente modo objetivo" (*Phänomen. des Geistes*, I, IV, 1). [N.A.]

DHARMA. Palavra sânscrita (de raiz *dhr:* suster, manter) que reúne vários significados: lei, dever, doutrina, justiça etc. No hinduísmo, indica o princípio ou a lei que governa o mundo e à qual o homem deve conformar-se por meio de uma série de deveres éticos e religiosos. No budismo, indica a lei e a doutrina de Buda. Mais tarde, o termo assumiu uma dimensão metafísica e passou a indicar a substância última (e não ilusória) das coisas (v. BUDISMO). [G.F.]

DIACRÔNICO/SINCRÔNICO (in. *Diachronic, synchronic*; fr. *Diachronique, synchronique*; al. *Diachronik, synchronik*; it. *Diacronico, sincronico*). Termos introduzidos por Ferdinand de Saussure na lingüística, usados depois em outros campos, especialmente na antropologia cultural. Designam o *eixo da simultaneidade* [sincrônico], do qual se exclui qualquer intervenção de tempo, e o *eixo das sucessões* [diacrônico], no qual é possível considerar apenas uma coisa por vez, mas onde estão situadas todas as coisas do primeiro eixo com suas mudanças (*Cours de linguistique générale*, 1922, p. 115). A dimensão S. constitui o *sistema* ou *estrutura* (v.) de uma língua, sistema este composto por elementos lexicais, gramaticais e fonológicos que têm entre si relações definidas. A dimensão D. é o conjunto de variações sofridas por um sistema lingüístico sob a ação de eventos que não só lhe são estranhos como também não constituem um sistema.

Essa distinção foi aceita pela lingüística estruturalista (Trubetzkoy, Jakobson, v. ESTRUTURALISMO) e por Lévi-Strauss, que fez a distinção entre dimensão D. e história, considerando o tempo de que fala esta última irreversível ou "estatístico", enquanto a dimensão D. considera o tempo como reversível e não cumulativo (*Anthropologie structurale*, 1958, p. 314). [N.A.]

DÍADE (gr. δυάς; lat. *Dualitas;* in. *Dyad;* fr. *Dyade;* al. *Dyas;* it. *Diade*). Segundo os pitagóricos, é "o princípio da diversidade e da desigualdade, de tudo o que é divisível e mutável e ora está de um modo, ora de outro" (PORFÍRIO, *Vita Pith.*, 52). Contrapõe-se à mônada, que é o princípio da unidade, do ser idêntico e igual. Nesse sentido, Aristóteles diz que "o número é derivado da mônada e da D. indefinida" (*Met.*, XIII, 7, 1081 a 14): frase citada por Plotino e interpretada no sentido de que a D. é a Inteligência (*Nous*) porque esta manifesta uma composição na multiplicidade dos seus objetos e na cisão entre o que pensa e o que é pensado (*Enn.*, V, 4, 2). Em sentido análogo, Fílon dissera que "a D. é a imagem da matéria, dividida e fracionada como ela" (*All. leg.*, I, 3; cf. DIÓG. L., VII, 25). No Renascimento essa noção foi retomada em sentido mais genérico. Em *De monade* Giordano Bruno diz que do Uno brota a D. assim como do fluxo do ponto brota a linha; a D. constitui a estrutura de aspectos fundamentais do universo (essência e ser, matéria e forma, potência e ato etc.). Com significado análogo, esse termo foi usado por Schelling (*Werke*, I, X, p. 263). [N.A.]

DIÁDICO (in. *Dyadic*). Esse adjetivo é usado comumente na lógica contemporânea, mas sem referência ao significado do substantivo correspondente. Uma relação D. é um fato relativo a dois indivíduos. Por exemplo, o fato de *a* ser semelhante a *b*, de *a* ser amante de *b*, ou de *a* e *b* serem ambos homens constitui uma relação, ao passo que o fato de *a* dar *b* a c constitui uma relação triádica (cf. PEIRCE, *Coll. Pap.*, 3, 625). [N.A.]

DIALELO. V. CÍRCULO.

DIALÉTICA (gr. διαλεκτικὴ τέχνη; lat. *Dialectica;* in. *Dialectic;* fr. *Dialectique;* al. *Dialektik;* it. *Dialettica*). Esse termo, que deriva de diálogo, não foi empregado, na história da filosofia, com significado unívoco, que possa ser determinado e esclarecido uma vez por todas; recebeu significados diferentes, com diversas inter-relações, não sendo redutíveis uns aos outros ou a um significado comum. Todavia, é possível distinguir quatro significados fundamentais: 1º D. como método da divisão; 2º D. como lógica do provável; 3º D. como lógica; 4º D. como síntese dos opostos. Esses quatro conceitos têm origem nas quatro doutrinas que mais influenciaram a história desse termo, mais precisamente a doutrina platônica, a aristotélica, a estóica e a hegeliana. Com base na documentação histórica correspondente, é possível chegar a uma caracterização bastante genérica da D., que de algum modo resuma todas as outras. Pode-se dizer, por exemplo, que a D. é o processo em que há um adversário a ser combatido ou uma tese a ser refutada, e que supõe, portanto, dois protagonistas ou duas teses em conflito; ou então que é um processo resultante do conflito ou da oposição entre dois princípios, dois momentos ou duas atividades quaisquer. Mas trata-se, como se vê, de uma caracterização tão genérica que não teria nenhum significado histórico ou orientador. O problema histórico é mais de identificar claramente os significados fundamentais e as múltiplas e díspares relações que ocorrem entre eles (cf. VV.AA. *Studi sulla Dialettica*, em *Rivista di Filosofia*, 1958, n. 2).

1º *D. como método de divisão*. Este foi o conceito de Platão. Para ele, a D. é a técnica da investigação conjunta, feita através da colaboração de duas ou mais pessoas, segundo o procedimento socrático de perguntar e responder. De fato, para Platão, a filosofia era tarefa individual e privada, mas obra de homens que "vivem juntamente" e "discutem com benevolência"; é a atividade própria de "uma comunidade da educação livre" (*Leis*, VII, 344 b). A D. é o ponto mais alto a que pode chegar a investigação conjunta e compõe-se de dois momentos: *a*) O primeiro consiste em remeter as coisas dispersas para uma idéia única e em definir essa idéia de tal modo que possa ser comunicada a todos (*Fed.*, 265 c). Em *República*, Platão diz que, ao remontar à idéia, a D. situa-se além das ciências particulares porque considera as hipóteses das ciências (que sempre fazem referência ao múltiplo sensível) como simples ponto de partida para chegar aos princípios, dos quais depois se pode chegar às conclusões últimas (*Rep.*, VI, 511 b-c). Mas esse segundo procedimento que vai dos princípios (por meio das idéias) às conclusões últimas, nos diálogos posteriores, é analisado, explicitamente, como o método da divisão. *b*) O procedimento da divisão consiste "em poder dividir de novo a idéia em suas espécies, seguindo suas interações naturais e evitando fragmentar suas partes como faria um trinchador canhestro" (*Fed.*, 265 d). Nesse aspecto é próprio da D. "dividir segundo gêneros e não assumir como diferente a mesma forma, ou como idêntica uma forma diferente" (*Sof.*, 253 d). Num trecho famoso de *O sofista*, Platão enumera as três alternativas fundamentais que o procedimento D. pode deparar: 1º que uma única idéia permeie e abarque muitas outras, que no entanto permanecem separadas dela e exteriores umas às outras; 2º que uma única idéia reduza à unidade muitas outras idéias, na sua totalidade; 3º que muitas idéias permaneçam inteiramente distintas entre si (*Sof.*, 253 d). Essas três alternativas apresentam dois casos extremos, o da *unidade* de muitas idéias em uma delas e o de sua *heterogeneidade* radical, e um caso intermediário, em que uma idéia que abrange outras sem fundi-las numa unidade.

A D. consiste em reconhecer, nas situações que se apresentam, qual dessas possibilidades é a apropriada em proceder coerentemente. Se observarmos o modo como Platão aplicou o procedimento em *Fedro*, *O sofista* e *O político*, chegaremos a outros esclarecimentos. Uma vez definida a idéia, Platão divide-a em duas partes que chama, respectivamente, de lado esquerdo e lado direito, caracterizadas pela presença e pela ausência de certo caráter; depois, divide o lado direito da divisão, em duas outras partes, que também serão chamadas de esquerda e direita, utilizando um novo caráter; e assim por diante (*Fed.*, 266 a-b). Esse procedimento pode deter-se em certo ponto ou ser retomado a partir de outra idéia. Enfim, será possível reunir ou recapitular as determinações assim obtidas do princípio ao fim (*Sof.*, 268 c). Esse é o procedimento que Platão utiliza em *Fedro* para definir o amor como "mania", dividindo depois a mania em má (esquerda) e boa (direita) e procurando ainda as determinações da boa mania. Em *O sofista*, esse mesmo procedimento serve para definir a figura sofista. A característica desse procedimento é a possibilidade de *escolha* (em cada passo) da característica capaz de determinar a divisão oportuna em direita e esquerda, ou seja, de tal modo que a linha de articulação do conceito seja seguida, e não "cortada". Logo, a D. platônica não é um método dedutivo ou analítico, mas indutivo e sintético, mais semelhante aos procedimentos da pesquisa empírica (não obstante a pretensão platônica de que ele prescinda dos "sentidos") do que aos procedimentos do raciocínio *a priori* ou do silogismo. O que Aristóteles reprova no método da divisão, ou seja, o fato de não ter a capacidade dedutiva do silogismo (*An. pr.*, I, 31, 46 a 31 ss.), não é propriamente uma crítica, porque o método de Platão não tem essa pretensão. Certamente, a partir de "o homem é um animal" e da divisão seguinte "o animal é mortal ou imortal" não se segue que "o homem é mortal", mas só que "o homem é mortal ou imortal", mas o objetivo da divisão D. não é essa dedução, mas a busca, a escolha e o uso das características efetivas de um objeto, com o fim de esclarecer a natureza, ou melhor, as possibilidades (δυνάμεις) desse objeto. O conceito platônico de D. não teve seguidores diretos, embora sejam evidentes as ligações entre ele e as noções de D. elaboradas por Aristóteles, pelos estóicos e pelos neoplatônicos. Entre estas, Plotino marca a passagem da concepção platônica da D. à metafísica triádica de Proclo. Diz ele que a D. "utiliza o método platônico da divisão para distinguir as espécies de um gênero, para defini-las e para chegar aos gêneros primeiros; com o pensamento faz combinações complexas desses gêneros, até percorrer todo o domínio do inteligível; depois, por caminho inverso, da análise, volta ao princípio" (*Enn.*, I, 3, 4). Aqui o método platônico da divisão, que para Platão é o segundo momento da D., tornou-se o primeiro e a ele foi acrescentado, como segundo momento, "o retorno ao princípio", ou seja, à Unidade, acenando assim para aquele que será o esquema de Proclo.

2º *D. como lógica do provável*. Para Aristóteles, a D. é simplesmente o procedimento racional não demonstrativo; dialético é o silogismo que, em vez de partir de premissas verdadeiras, parte de premissas prováveis, geralmente admitidas. "Provável", diz Aristóteles, "é o que parece aceitável a todos, à maioria ou aos sábios, e, entre estes, a todos, à maioria ou aos mais notáveis e ilustres" (*Top.*, I, 1, 100 b 23 ss.). Por extensão, Aristóteles chama de dialético também o silogismo erístico, que parte de premissas que *parecem* prováveis, mas não são (*ibid.*, 100 b 23 ss.). Por esse conceito, Aristóteles atribuía a invenção da D. a Zenão de Eléia (DIÓG. L., VIII, 57), que, em refutação do movimento, parte da tese provável, ou seja, aceita pela maioria, de que o movimento existe. O motivo do uso do termo "D." nesse sentido é explicado pelo próprio Aristóteles, dizendo que, "enquanto a premissa demonstrativa é a assunção de uma das duas partes da contradição, a premissa D. é a pergunta que apresenta a contradição como alternativa" (*An. pr.*, I, 1, 24 a 20 ss.), e assim faz certa referência ao diálogo. Essa noção de D., que permanece secundária e às vezes esquecida no primeiro período da escolástica (na qual prevalece o conceito estóico da D. como lógica), é retomada, embora sem eliminar a outra, a partir do século XII, quando um conhecimento mais completo do *Organon* de Aristóteles, mais especialmente dos *Tópicos* e de *Refutações sofísticas*, chama a atenção para a D., entendida como arte da discussão e da exercitação lógica: arte que se vale de premissas prováveis e é, portanto, D. no sentido aristotélico do termo. Esse significado, portanto, é admitido e ilustrado mesmo por aqueles que continuam a considerar a D. como lógica geral ou ciência das ciências (p. ex., PEDRO HISPANO, *Summ. log.*, 7, 41). Foi somente João de Salisbury que tendeu a restringir o significado de D. à "ciência das coisas prováveis". Mas justamente nesse significado ele descobre novas aplicações da D. (para ele inútil se não se unir a outras disciplinas), pois, dada a dificuldade de obter conhecimentos necessários no domínio das coisas naturais, as premissas prováveis serão as únicas a que se poderá recorrer: e elas são próprias da D. (*Metalogicon*, II, 13). Dante parece referir-se a uma concepção análoga quando compara a D. a Mercúrio, o menor e o mais oculto dos planetas; com efeito, "a D. tem corpo menor do que qualquer outra ciência; é perfeitamente compilada e acabada no que de texto se encontra na *Arte velha* e na *nova*; é mais velada do que qualquer outra ciência porquanto procede com argumentos mais sofísticos e prováveis do que qualquer outra" (*Convívio*, II, 14). À concepção da D. como "arte da discussão" reportam-se, via de regra, os humanistas a partir de Lorenzo Valla (*Dialecticae disputationes*, II, Prol. 693): aproximam-se, pois, da retórica, com a qual Nizolio a identifica explicitamente (*De veris principiis*, II, 5). Por outro lado, Pedro Ramus acentuava na D. o aspecto inventivo que os antigos já tinham reconhecido na Tópica e nela via a arte da invenção e, portanto, "a própria luz da razão" (*Dialectique*, 1555, p. 1, 69-119). Mas oscilando entre a retórica e a doutrina da invenção, a D. mantinha-se no âmbito da noção aristotélica.

Todavia, a mais notável recorrência histórica dessa noção só deveria ocorrer com Kant; este partia, exatamente como Aristóteles, da desvalorização preliminar da D. como instrumento de conhecimento. Para Kant, a D. é uma "lógica da aparência". Isso significa que ela é "uma ilusão natural e inevitável, que se funda em princípios subjetivos e os toma por objetivos", mas que está "inseparavelmente ligada à razão humana, permanecendo mesmo depois de descoberta a sua raiz" (*Crít. R. Pura*, Dialética transcendental, Intr., I). Objeto da D. são as três idéias de Alma, Mundo e Deus: delas, a primeira é fruto de um paralogismo, a segunda mostra sua ilegitimidade ao dar lugar a antinomias insolúveis, a terceira é indemonstrável. Obviamente, o significado kantiano de D. identifica-se com o segundo dos dois significados do termo distinguidos por Aristóteles, ou seja, com aquele segundo o qual a D. é o procedimento sofístico. O próprio Kant estabelece essa conexão: "Embora tenham sido vários os significados com que os antigos usaram essa denominação de ciência ou de arte, pode-se deduzir com segurança do uso que dela fizeram que a D. para eles nada mais era que a *lógica da aparência*, a arte sofística de dar à ignorância, aliás, às ilusões voluntárias, laivos de verdade, imitando o método da fundação que a lógica geral prescreve e servindo-se de sua tópica para colorir qualquer procedimento vazio" (*ibid.*, Lógica transcendental, Intr., III; cf. *Grundlegung zur Met. der Sitten*, I). Por outro lado, a esse mesmo conceito de D. liga-se a noção propriamente kantiana de D. *transcendental* como "crítica do intelecto e da razão ao seu uso hiperfísico, a fim de tirar os véus da aparência falaz de suas infundada presunções" (*Crít. R. Pura*, Lógica transcendental, Intr., § IV) ou, em outros termos, como um *kathartikon* do intelecto (*Logik*, Intr., § II).

3º *D. como lógica*. O terceiro conceito de D. deve-se aos estóicos, que a identificaram com a lógica em geral ou, pelo menos, com a parte da lógica que não é retórica. Considerando a retórica como a ciência do bem falar nos discursos que dizem respeito às "vias de saída", ao passo que a D. é a ciência do discutir corretamente nos discursos que consistem em perguntas e respostas (DIÓG. L., VII, 1, 42). Essa identificação da D. com a lógica geral foi possibilitada pela transformação radical a que os estóicos submeteram a teoria aristotélica do raciocínio. Como, para eles, a demonstração era "utilizar as coisas mais compreensíveis para explicar as menos compreensíveis" (*ibid.*, VII, 1, 45), e como as coisas mais compreensíveis eram as evidentes para os sentidos (*ibid.*, VII, 1, 46), as bases de qualquer demonstração eram os *raciocínios anapodíticos* (v.), que se apóiam diretamente na evidência sensível. De resto, para eles, o raciocínio em geral constava de premissa e conclusão; isso também é o silogismo (*ibid.*, VII, 1, 45). Sua teoria do raciocínio não permitia, pois, a distinção entre premissas necessariamente verdadeiras e premissas prováveis em que, segundo Aristóteles, se fundava a distinção entre silogismo demonstrativo e silogismo dialético. A D. identificou-se assim com a lógica, que, para eles, era uma teoria dos signos e das coisas significadas e se definia como "ciência do verdadeiro e do falso, e do que não é nem verdadeiro nem falso" (*ibid.*, VII, 1, 42). Por "aquilo que não é nem verdadeiro nem falso" entendiam (como resulta do trecho de Cícero citado mais abaixo) a conexão da conclusão com a premissa, cujas condições de verdade a D. estabelece.

Essa interpretação da lógica toda como D. não é um simples retorno à concepção platônica de D. Na verdade, a lógica estóica, tão centrada nas deduções anapodíticas (do tipo "Se é dia, há luz"), não conhece raciocínios que não partam de premissas hipotéticas, e as premissas hipotéticas são as que, mesmo para Aristóteles, dão caráter dialético ao raciocínio. A doutrina estóica da D. foi a mais difundida na Antiguidade e na Idade Média. Foi adotada por Cícero, que entendia por D. "a arte que ensina a dividir uma coisa inteira em suas partes, a explicar uma coisa oculta com uma definição, a esclarecer uma coisa obscura com uma interpretação, a entrever primeiro e a distinguir depois o que é ambíguo e, finalmente, a obter uma regra com a qual se julgue o verdadeiro e o falso e se as conseqüências derivam das premissas assumidas" (*Brut.*, 41, 152; cf. também *De or.*, II, 38, 157; *Tusc.*, V, 25, 72; *Acad.*, II, 28, 91; *Top.*, 2, 6). Quintiliano (*Inst. or.*, XII, 2, 13) e Sêneca (*Ep.*, 1, 1) aceitam esse conceito da D., que se encontra igualmente na patrística oriental, p. ex. em Orígenes e Gregório de Nissa (*De hominis opificio*, 16), bem como na patrística latina, p. ex. em S. Agostinho (*De ordine*, 13, 38). Através da tradição desses escritores e da obra de Boécio (*Ad Cic. Top.*, I, *P. L.*, 64º, col. 1047) a noção da D. como lógica geral, segundo o conceito estóico, persiste por toda a Idade Média, coexistindo com o conceito mais restrito de D. como arte da discussão ou do raciocínio provável, mesmo quando esse conceito se difunde nas escolas a partir do século XII como efeito do melhor conhecimento dos *Tópicos* e de *Refutações sofísticas*. Isidoro de Sevilha retomara o conceito estóico (*Etymol.*, II, 22-4); o mesmo fez Rábano Mauro, que repete as palavras de Agostinho: "A D. é a disciplina das disciplinas: ensina a ensinar, ensina a aprender, e nela a própria razão manifesta o que é, o que quer, o que vê" (*De clericorum institutione*, III, 20). Abelardo, por sua vez, defende a D. com as mesmas palavras de Agostinho (*Ep.*, 13), e Hugo de São Vítor considera-as segundo o modelo estóico, parte da lógica racional ao lado da retórica (*Didascalion*, I, 12). Ainda no século XIII, Pedro Hispano dizia em *Summulae logicales*: "A D. é a arte das artes e a ciência das ciências porque detém o caminho para chegar aos princípios de todos os métodos. Só a D. pode discutir com probabilidade os princípios de todas as outras artes; por isso, no aprendizado das ciências, a D. deve vir antes" (1.01).

Encontra-se analogia no conceito de Santayana, de D. como "ciência ideal" ou formal, que compreende a matemática e procura "esclarecer e desenvolver a essência do que descobrimos, com o foco nas harmonias internas e nas implicações das formas que nossa atenção ou nossas metas definiram inicialmente" (*The Life of Reason*, 1954², p. 436).

4º *D. como síntese dos opostos*. O quarto conceito de D. é formulado pelo idealismo romântico, em particular por Hegel; seu princípio foi apresentado pela primeira vez por Fichte em *Doutrina da ciência*, de 1794, como "síntese dos opostos por meio da determinação recíproca". Os opostos de que falava Fichte eram o Eu e o Não-eu, e a conciliação era dada pela posição do Não-eu por parte do Eu e pela determinação que do Não-eu se reflete sobre o Eu, produzindo neste a representação (*Wissenschaftslehre*, § 4, E). Mas para Hegel a D. é "a própria natureza do pensamento" (*Enc.*, § 11), visto ser a resolução das contradições em que se enreda a realidade finita, que como tal é objeto do intelecto. A D. é "a resolução imanente na qual a unilateralidade e a limitação das determinações intelectuais se expressam como são, ou seja, como sua negação. Todo finito tem a característica de suprimir-se a si mesmo. A D. constitui, pois, a alma do progresso científico e é o único princípio através do qual a conexão imanente e a necessidade entram no conteúdo da ciência; nela também está, sobretudo, a elevação verdadeira e não extrínseca acima do finito" (*ibid.*, § 81). A D. consiste: 1º na colocação de um conceito "abstrato e limitado"; 2º no suprimir-se desse conceito algo "finito" e na passagem para o seu oposto; 3º na síntese das duas determinações precedentes, que conserva "o que há de afirmativo na sua solução e na sua transposição". Hegel dá a esses três momentos os nomes, respectivamente, de intelectual, dialético e especulativo ou positivo racional. Mas a D. não é só o segundo desses momentos: é mais o conjunto do movimento, especialmente em seu resultado positivo e em sua realidade substancial. De fato, pela identidade entre racional e real, a D. é não só a lei do pensamento, mas a lei da realidade, e seus resultados não são conceitos puros ou conceitos abstratos, mas "pensamentos concretos", ou seja, realidades propriamente ditas, necessárias, determinações ou categorias eternas. Toda a realidade move-se dialeticamente e, portanto, a filosofia hegeliana vê em toda parte tríades de teses, antítese e sínteses, nas quais a antítese representa a "negação", "o oposto" ou "outro" da tese, e a síntese constitui a unidade e, ao mesmo tempo, a certificação de ambas. Hegel viu os precedentes remotos dessa D. em Heráclito e Proclo. De fato, Heráclito não só concebeu o absoluto como "unidade dos opostos" como também concebeu essa unidade como objetiva ou imanente ao objeto", ao contrário de Zenão, que considerou puramente subjetivas as contradições, sendo por isso uma espécie de Kant da Antiguidade. "Em Heráclito", diz Hegel, "encontramos pela primeira vez a idéia filosófica em sua forma especulativa... Aqui finalmente vemos terra: não há proposição de Heráclito que eu não tenha acolhido na minha lógica" (*Geschichte der Philosophie*, ed. Glockner, I, p. 343). Por outro lado, Proclo foi quem descobriu o caráter triádico do procedimento dialético, considerando-o como o derivar as coisas do Uno e seu retorno ao Uno. Segundo Proclo, esse movimento duplo consta de três momentos: 1º a permanência imutável da Causa em si mesma; 2º o provir do ser derivado que, pela sua semelhança com a causa, fica ligada a ela ao mesmo tempo em que dela se afasta; 3º o retorno ou a conversão do ser derivado à sua causa originária (*Inst. theol.*, 29-31). Desse modo, diz Hegel, Proclo "não se limita aos momentos abstratos da tríade, mas considera as três determinações abstratas do absoluto, cada uma por si, como totalidade da tríade, obtendo assim uma tríade real" (*Geschichte der Philosophie* III, pp. 73 ss.).

Na filosofia moderna e contemporânea a palavra D. tem, na maioria das vezes, o significado hegeliano. Por um lado, esse significado é conservado pelas numerosas ramificações do Idealismo romântico e por outro é adotado por pontos de vista diferentes, mas que utilizam a noção em que este se baseia. Na primeira direção, pode-se observar que a chamada "reforma" da D. hegeliana, de cuja autoria Gentile se vangloriou, foi simplesmente a distinção entre a D. do "pensado", do objeto do pensamento, e a D. do "ato pensante" da consciência ou do Espírito absoluto. Mas cada uma dessas D. distinguidas por Gentile configura-se como síntese dos opostos: síntese de opostas objetividades objetivamente tais (D. do pensador), síntese do eu e do não-eu (D. do pensante) (*Spirito come atto puro*, VIII, 6). Mas com isso não se inova o conceito de D. Como também não se inova com a distinção, estabelecida por Croce, entre o "nexo dos distintos" (isto é, entre as várias categorias do pensar, do agir e das suas formas) e a "D. dos opostos", que seria a unidade e a oposição entre belo e feio, verdadeiro e falso, bem e mal, útil e inútil, no seio de cada forma espiritual (*Logica*, I, cap. 6). Por outro lado, a noção de D. foi utilizada por Marx, Engels e seus discípulos no mesmo sentido atribuído por Hegel, mas sem o significado idealista que recebera no sistema de Hegel. O que Marx censurava no conceito hegeliano era que a D., para Hegel, é consciência e permanece na consciência, não alcançando nunca o objeto, a realidade, a natureza, a não ser no pensamento e como pensamento. Segundo Marx toda a filosofia hegeliana vive na "abstração" e por isso não descreve a realidade ou a história, mas só uma imagem abstrata desta que, por fim, é colocada como suprema verdade no "Espírito absoluto" (*Manuscritos econômico-filosóficos*, III; trad. it., pp. 168 ss.). Marx afirmava, portanto, a exigência de fazer a D. passar da abstração à realidade, do mundo fechado da "consciência" ao mundo aberto da natureza e da história. "A mistificação", escreveu ele, "que a D. sofre nas mãos de Hegel não impede, de modo algum, o fato de ter sido ele o primeiro a descrever suas formas gerais de movimento de modo abrangente e claro. Em Hegel, a dialética está de cabeça para baixo. É preciso desvirá-la, para descobrir o cerne racional no envoltório místico" (*O capital*, I, 1, *Postscriptum* à 2ª ed.). Retomando a tentativa de Marx, Engels concebia a D. como a síntese das oposições (todavia relativas e parciais) que a natureza realiza em seu devir. "O reconhecimento de que essas oposições e diferenças estão realmente presentes na natureza, mas com validade relativa, e de que a rigidez e a validade absoluta com que são apresentadas são introduzidas na natureza só pela nossa reflexão constitui o ponto central da concepção D. da natureza" (*Antidühring*, Pref. à 2ª ed.). Segundo Engels, pode-se chegar às leis da D. por abstração, tanto da história da natureza quanto da história da sociedade humana. "Elas nada mais são do que as leis mais gerais de ambas essas fases da evolução e do próprio pensamento" (*Dialética da natureza*, Dialética; trad. it., p. 56). Apesar disso, a noção de D. permanecia substancialmente inalterada como ocorre em geral nos escritores modernos que fazem uso dela. Assim, pode-se dizer que o conceito 4º de D. é marcado pelas seguintes características: 1º a D. é a passagem de um oposto ao outro; 2º essa passagem é a conciliação dos dois opostos; 3º essa passagem (portanto a conciliação) é necessária. Essa última característica é a que opõe mais radicalmente a D. hegeliana aos outros três conceitos de D., cuja característica comum é a ausência da necessidade.

A maior parte dos filósofos modernos e de todos os que usam essa palavra fazem referência a essas três teses. Uma exceção é constituída por Kierkegaard, que só aceita a primeira. Para ele, a D. é, em geral, a possibilidade de reconhecer o positivo no negativo (*Diário*, X^4, A, 456): conexão entre os opostos que não elimina nem anula a oposição e não determina uma passagem necessária para a conciliação ou para a síntese, mas permanece estaticamente na própria oposição. Kierkegaard diz: "Estamos sós e termos todos contra nós é, em sentido dialético, ter todos por nós, pois o fato de que todos estão contra nós ajuda a evidenciar que estamos sós" (*ibid.*, VIII, A, 124). E muitas vezes ele dá a essa D. sem conciliações o nome de "D. da inversão" ou "D. dupla" (*ibid.*, VIII, A 84; VIII, A 91). Esse uso de Kierkegaard, embora não se possa dizer em conformidade com o conceito hegeliano de D., tem estreito parentesco com um de seus elementos e, em todo caso, não propõe novo significado do termo. Para indicar a relação de oposição não conciliada, o termo mais adequado é *tensão* (v.). Por outro lado, o caráter oposto da D. hegeliana, o da unidade, foi assumido por Sartre como definição de toda a D.: "A D. é atividade totalizadora; ela não tem outras leis que não as regras produzidas pela totalização em curso e estas se referem evidentemente às relações da unificação com o unificado, ou seja, aos modos da presença *eficaz* do devir totalizante nas partes totalizadas" (*Critique de la raison dialectique*, 1960, pp. 139-40). [N.A.]

Na segunda metade do século XX, a problemática da D. teve três linhas principais de evolução: a) retomada da concepção platônica e/ou aristotélica; b) atualizações e modificações da posição hegeliano-marxista; c) crítica da forma de racionalidade que implica ou pressupõe uma metodologia de tipo dialético. Nos três casos, existe uma tendência dominante e comum que é a recusa da D. como método de um saber total que aspire a captar e definir a totalidade das condições ou como princípio constitutivo de um sistema totalizante dos conhecimentos (v. TOTALIDADE).

a) O retorno ao antigo significado de D. como arte da discussão (do diálogo), ou da argumentação baseada em premissas hipotéticas, foi favorecido e, em alguns casos, promovido pelo debate sobre a procura de novas formas de racionalidade ou sobre a reivindicação de uma racionalidade "filosófica" específica diferente da racionalidade científico-instrumental moderna. Nesse sentido, a retomada de uma noção aristotélica e/ou platônica de D. é um dos motivos que levaram ao movimento do renascimento da "filosofia prática" (v. PRÁTICA, FILOSOFIA) desenvolvido na Alemanha a partir dos anos 1960, e que teve entre os primeiros e principais teóricos Hans Georg Gadamer. Em *Verdade e método* (1960), Gadamer propõe como "lógica" própria da experiência hermenêutica, interpretativa, a "lógica da pergunta e resposta" prevista pela D. platônica: "a D. se realiza no perguntar e responder, ou melhor, na passagem de todo saber através do perguntar" (trad. it. de G. Vattimo, Bompiani, Milão, 1983, p. 420). Com efeito, a "essência da experiência" nos diz que existe um "primado da pergunta", exatamente como previsto pela arte platônica do diálogo: ter experiência significa "chegar a reconhecer que as coisas são diferentes do que se acreditava inicialmente" (p. 418) e, nessa trajetória, a pergunta, que é a abertura do "deste modo ou de outro", desempenha papel essencial.

As duas principais funções da *dialègesthai*, tematizadas por Platão – a D. como arte do *diálogo* e a D. como arte da *divisão*, ou da escolha –, chegam assim a coincidir: a pergunta, que é interlocução e também abertura de uma alternativa, unifica e volta a abranger ambas. Além disso, Gadamer observa que justamente essa natureza da pergunta esclarece a passagem controversa de *Metafísica* (4, 1078 b 25-7), em que Aristóteles diz que a D. indaga os opostos "independentemente da essência". Com efeito, perguntar implica uma abertura para alternativas opostas, independentemente de qual seja o conteúdo do questionamento: saber algo, do ponto de vista de uma lógica da pergunta, também significa sempre saber o contrário. A pergunta eleva-se sobre a parcialidade da opinião para contemplar, simultaneamente, a possibilidade de uma tese e do seu oposto. Gadamer unifica, assim, todos os significados principais da antiga D. e também a idéia hegeliana de D. como arte de compor as oposições, "forma geral da resolução dos conflitos". Aquilo de que fala Gadamer é, porém, uma D. *assintótica*, que se diferencia da dialética hegeliana porque não chega a uma síntese completa, nem pretende dar forma a um sistema total do espírito. Dessa forma, o retorno à D. como diálogo assume o sentido de uma recusa do momento sistemático em Hegel: recusa da concepção da filosofia como saber total, e do sistema como totalidade consumada.

b) Várias modificações, de cunho neo-idealista ou neokantiano, do conceito hegeliano de D. foram desenvolvidas no âmbito do marxismo. Desde *História e consciência de classe*, de Gyorgy Lukács (1923), obra que está na origem do renascimento dos motivos hegelianos no interior do marxismo, o método dialético coloca-se como alternativa ao método das ciências "positivas". A D. é a consideração dos fatos no quadro das suas conexões históricas, na concretude das suas inter-relações: ela se contrapõe à atitude analítico-científica que pensa os próprios dados isoladamente do contexto e da história. O objeto e o resultado da metodologia dialética é, pois, uma "totalidade concreta" na qual os fenômenos sociais surgem numa relação constitutiva e dinâmica com o conjunto da sociedade e da história.

Os dois aspectos, de metodologia da *totalidade* e pensamento da *concretude*, permanecem como requisitos cruciais do pensamento dialético do século XX. É justamente sobre eles que se concentram tanto a interpretação da virada provocada por Marx no método hegeliano quanto a nova imagem da D. daí resultante. Como método da totalidade, a D. contrapõe-se à ordem analítico-classificatória das ciências positivas; mas, uma vez que a totalidade de que se trata é o devir concreto do indivíduo (é o proletariado, diz Lukács, que, realizando em si a unificação concreta de produção e produto, assume de fato, *naturalmente*, o ponto de vista do todo), o pensamento que a expressa não se afigura como uma filosofia abstrata da identidade. Se o primeiro requisito (a defesa da D. como ponto de vista "global", antianalítico) assenta num fundo de marxismo neo-idealista e apresenta-se como um dos requisitos que contrapõem as filosofias anticientíficas, continentais, à tradição neopositivista-analítica (v. ANALÍTICA/CONTINENTAL, FILOSOFIA), o segundo é aquilo para que se voltam todas as tentativas ulteriores de mudança do pensamento dialético, mesmo das realizadas em vista de um maior "rigor" científico da lógica hegelo-marxista.

Em Merleau-Ponty (*As aventuras da dialética*, 1955), em Sartre (*Crítica da razão dialética*, 1960), a instância marxista de concretude une-se à tensão fenomenológico-existencial rumo à *efetividade* da existência, ao *mundo da vida* (v.); em Bloch (*Sujeito-objeto. Comentário a Hegel*, 1949) e em Adorno (*Dialética negativa*, 1966), o totalitarismo da D. hegeliana (como pensamento da totalidade consumada, do sistema) é corrigido através de nova ênfase do *negativo*, que permita a emancipação da diferença (da individualidade, da singularidade) e reflita a "força" utópica imanente à *matéria* (v. DIALÉTICA NEGATIVA). Em outros autores, como Antonio Banfi (*L'uomo copernicano*, 1950) e Giulio Preti (*Praxis ed empirismo*, 1957), a necessidade de adesão mais estrita ao concreto leva, por sua vez, em direção à ciência, e busca uma aproximação do pensamento histórico-dialético ao pensamento científico. Ambos são repensados em termos não dogmáticos, como metodologias da contingência e da transitoriedade, no quadro de uma racionalidade empírico-pragmática. Mesmo em Galvano Della Volpe (*Logica come scienza storica*, Editori Riuniti, Roma 1969), busca-se uma integração entre materialismo científico e materialismo histórico. A hipótese de Della Volpe é de que pode haver em Marx premissas para uma *lógica filosófica* perfeitamente congruente com a lógica materialista da ciência moderna. Todos os princípios da lógica hegeliana sobrevivem em Marx transfigurados e traduzidos em princípios de uma racionalidade "progressista", mas "respeitosa dos fatos históricos, sociais, na sua concretude" (pp. 309-10). A descoberta das contradições dá-se em Marx através de uma indagação histórico-hermenêutica: por exemplo, a antinomia dos valores é entendida ao termo de uma digressão sobre os economistas clássicos, o jogo da antítese e da síntese define-se como "negação do negativo histórico, que nada tem a ver com a mística e mítica negação da negação hegeliana" (p. 310).

As teses de Della Volpe são defendidas radicalmente e, em parte, superadas por Lucio Colletti (*Il marxismo e Hegel*, 1969; "Intervista sul rapporto Hegel-Marx", em *Rinascita*, maio 1971), que dá destaque à natureza inevitavelmente anticientífica da contradição sobre a qual se baseia a D. A ciência não pode prescindir do princípio de não-contradição, pois ele fornece a determinação do objeto e a resolução do discurso. Disso resulta uma duplicação emblemática do marxismo, no seu fundamento epistemológico: em sendo teoria científica da sociedade, não pode ser revolucionário; em sendo doutrina política revolucionária, não pode ser teoria científica.

A elaboração do problema da D. num contexto "científico" leva, todavia, a uma deslegitimação da própria D.: mas isso só é verdade quando há conformidade com uma idéia de ciência e racionalidade científica que alguns desenvolvimentos da epistemologia e da filosofia da ciência do século XX levaram a rever radicalmente. Jean Piaget (*Lo strutturalismo*, 1968, trad. it., Il Saggiatore, Milão, 1994[2]) foi o teórico de *uma epistemologia genética* baseada numa visão dialética das estruturas. O ponto de vista estrutural é constitutivamente orientado em sentido dialético, sustenta Piaget, sobretudo por caracterizar-se como ponto de vista da totalidade e com isso diferenciar-se da racionalidade de tipo analítico, que examina secções específicas de realidade e, portanto, não admite reflexibilidade, circularidade, contradição. Avaliada no plano científico, a D. consiste em "pôr as perspectivas em reciprocidade", na detecção dos "círculos recursivos" que se criam entre os diferentes aspectos da experiência, no reconhecimento da dificuldade de separar os diferentes aspectos de um fenômeno considerando-os como "absolutos". Esse, aliás, é o modo *natural* de proceder de uma racionalidade construtiva, isto é, que admite a tese típica do idealismo e do marxismo: "o pensamento é uma produção, uma prática teórica" (p. 154).

Por fim, é necessário recordar que, mesmo no âmbito da lógica de cunho analítico, a noção de D. teve importantes evoluções e teorizações. Buscou-se, antes de tudo, a via de uma *trascrição formal* da D. hegeliana, operação da qual participaram lógicos e filósofos de origens diversas (cf., com organização de D. MARCONI, *La formalizzazione della dialettica hegeliana*, 1979). No âmbito das teorizações alternativas à lógica clássica, surgiu um fértil movimento de reflexão sobre a possibilidade de uma "lógica paraconsistente", ou seja, que admita a contradição. O ponto de partida universalmente reconhecido por tais pesquisas é um famoso artigo de 1910 de Jan Lukasiewicz "Sobre o princípio da contradição em Aristóteles", no qual o lógico polonês demonstrava que os argumentos aristotélicos contrários à contradição são demasiadamente frágeis e que, efetivamente, não se pode excluir a possibilidade de teorias contraditórias não banais e potencialmente verdadeiras. Entre os principais autores que iniciaram esse tipo de pesquisa (em alguns aspectos com ligações explícitas com a lógica hegeliana) devem ser lembrados os brasileiros N. C. A. da Costa e A. I. Arruda, o polonês S. Jaskowski e a sua escola, R. Routley (Sylvan), G. Priest, outros lógicos americanos, australianos e neozelandeses.

c) As numerosas críticas da D. desenvolvidas durante o século XX também podem ser consideradas "prolongamentos" das principais tendências anti-hegelianas do século XIX. Se o existencialismo dá continuidade à crítica kierkegaardiana e historicista (diltheyana) ao hegelismo, e o marxismo desenvolve de modos variados, come se viu, a crítica de Marx ao caráter abstrato da D. idealista, não faltaram atualizações e reelaborações da perspectiva positivista e da nietzschiana. As mais célebres teorias antidialéticas nesse duplo sentido são, respectivamente, as de Karl Popper (*O que é a dialética?*, 1937) e Gilles Deleuze (*Nietzsche e a filosofia*, 1962, e *Diferença e repetição*, 1968). A parte mais conhecida da crítica popperiana à D. é a propriamente "lógica": admitindo a contradição, a D. condena-se à *irrelevância* e, ao mesmo tempo, à onipotência. Com efeito, segundo um princípio basilar da lógica clássica, provavelmente já identificado por Duns Scot (princípio do "pseudo-Scot"), de uma proposição contraditória pode-se chegar a qualquer outra proposição. Ao mesmo tempo, visto que toda crítica deve ser baseada na detecção das contradições existentes numa teoria, a metodologia dialética (para a qual, por sua vez, as contradições são, além de necessárias, férteis e plausíveis), revela-se totalmente inatacável.

A idéia de que contradição implica necessariamente a irrelevância é hoje discutível não só do ponto de vista das lógicas dialéticas paraconsistentes, das quais já se falou, e cujo objetivo é precisamente a refutação do princípio do pseudo-Scot (ou seja, demonstrar a possibilidade de teorias contraditórias não irrelevantes), mas também do ponto de vista de outras lógicas alternativas à lógica clássica, como a da "relevância", ou a lógica "intuicionista" (Popper considera, porém, esse tipo de lógica destituída de possíveis aplicações no plano científico e úteis apenas como exercícios acadêmicos).

Por sua vez, continuam despertando indubitável interesse as críticas não formais que Popper faz à D. idealista e marxista. Como teoria "empírica", que pretende descrever fatos objetivos, a D. revela os seus limites e as margens do seu cabimento. A descrição do desenvolvimento da razão, ou seja, das doutrinas filosóficas, em termos dialéticos, sustenta Popper, é bastante plausível; mas assim que se propõe explicar os eventos naturais ou o raciocínio científico nos mesmos termos, a operação revela-se possível somente à custa de procedimentos forçados e de mal-entendidos.

Em Gilles Deleuze (e em outros pensadores franceses de formação pré-estruturalista, como Georges Bataille, ou pós-estruturalista, como Michel Foucault e Jacques Derrida) a crítica nietzschiana à D. é restabelecida e desenvolvida. Em *Diferença e repetição*, Deleuze interpreta a dialética hegeliana como um caso de sujeição da diferença às formas da representação. Na lógica idealista, hegeliana (come já observava Trendelenburg), o diferente é pensado como *negativo* e, de tal modo, é posto diante do idêntico na forma da contradição. Mas a contradição revela-se apenas como uma ruptura aparente da identidade: ela "parece levar a diferença até o fundo", mas trata-se de "um caminho sem saída que a reconduz à identidade" (trad. it., Il Mulino, Bolonha, 1971, p. 421). Como se vê, a instância de fundo que guia a análise de Deleuze é muito semelhante à que anima a indagação de Adorno: em ambos os casos está em jogo a tendência totalizante do pensamento dialético de cunho hegeliano; mas, enquanto em Adorno o elemento que garante a emancipação da D. da filosofia da identidade *é o negativo*, no caso de Deleuze, que compartilha as premissas vitalistas da crítica nietzschiana ao platonismo e, portanto, a *afirmatividade* que as anima, é justamente através da negação posta a serviço da identidade que a D. neutraliza as diferenças. [F.D'A.]

DIALÉTICA DO ESCLARECIMENTO (in. *Dialectics of enlightenment*; fr. *Dialectique de l'illuminisme*; al. *Dialektik der Aufklärung*; it. *Dialettica dell'illuminismo*). Expressão usada por Horkheimer e Adorno para indicar a alternância histórica da civilização ocidental. Nos autores de Frankfurt, o conceito de *Aufklärung* (esclarecimento/iluminismo) sofre uma ampliação de significado, porquanto deixa de identificar-se com a filosofia da *Aufklärung* para tornar-se uma categoria típico-ideal apta a designar a linha de pensamento "burguês" que, partindo de Descartes e Bacon, celebra os seus triunfos na cultura do século XVIII e, mais tarde, nas correntes do neopositivismo e do pragmatismo (cf. TH. W. ADORNO, *Terminologia filosofica*, 1973, trad. it., Einaudi, Turim, 1975, vol. 1, p. 60). Mesmo culminando na modernidade, o esclarecimento de que falam Horkheimer e Adorno começa com a saída da cultura grega do estado mítico e, embora encontre expressão teórica em determinados sistemas filosóficos, não se esgota numa simples aventura de idéias, mas identifica-se com a práxis da civilização e da sua lógica do domínio: "história universal e esclarecimento tornam-se a mesma coisa" (*Dialettica dell'illuminismo,* 1947, trad. it., Einaudi, Turim, 1966, ed. integr. 1980, p. 53). E, visto que para os seguidores da teoria crítica da sociedade (v.) dizer esclarecimento é dizer burguesia, o conceito de "sociedade burguesa" sofre, nas suas obras, uma ampliação semântica análoga e correspondente, a ponto de a *Odisséia* ser interpretada como "um dos primeiríssimos documentos representativos da civilização burguesa ocidental" *(ibid.,* p. 8). Geneticamente falando, o esclarecimento burguês, como atitude, nasce da redução do mundo a "presa" e representa a petulante tentativa, por parte do homem, de tornar-se "dono" do ser *(ibid.,* p. 11). Tentativa que termina por dar ensejo a um processo autodestrutivo que coincide com a D. (= inversão, contradição interna) do esclarecimento. De fato, "a terra esclarecida resplandece sob a insígnia de triunfal desventura" (*ibid.*). Isso ocorre porque o domínio do homem sobre o mundo é exercido através do domínio sobre o homem e por meio da renúncia aos reclamos do instinto e do prazer em favor do trabalho e da labuta. Símbolo dessa ética antinatural é Ulisses, que para "resistir" ao canto das sereias e aos seus pungentes convites à felicidade, faz-se atar ao mastro do navio depois de tapar com cera os ouvidos dos seus companheiros de navegação: "Ele ouve, mas impotente, atado ao mastro do navio, e quanto mais forte se torna a tentação mais estreitamente se faz atar, assim como, mais tarde, os burgueses também se privarão mais tenazmente da felicidade quanto mais – aumentando seu poderio – a tiverem ao alcance da mão" (*ibid.,* pp. 41-2). Segundo os autores de Frankfurt, o marxismo também faz parte integrante da lógica do esclarecimento e da D. suicida que a caracteriza. Daí o resultado pessimista do seu discurso em torno dos destinos da civilização. [G.F.]

DIALÉTICA NEGATIVA (in. *Negative dialectics;* fr. *Dialectique négative;* al. *Negative Dialektik;* it. *Dialettica negativa*). Expressão com a qual se indica a interpretação específica da D. feita por Adorno e pelos autores de Frankfurt. Segundo Adorno, Hegel teria o mérito de haver insistido na D. (v.), mas o demérito de tê-la praticado de modo inadequado, isto é, segundo um modelo de pensamento fundado na identidade de sujeito e objeto, conceito e coisa, racional e real etc. Com efeito, embora tenha introduzido na filosofia aquele elemento "irritante" que é a contradição, e embora tenha insistido no "poder do negativo", o autor da *Enciclopédia* acabara por anular o negativo no positivo, ou seja, por resolver a contradição em uma totalidade pacífica e harmônica. Daí o caráter conciliador e otimista da sua filosofia, que se revela substancialmente "em paz" com a realidade.

À D. positiva e idealista de Hegel que, ao implicar uma redução compulsória do diferente ao igual, acaba por apresentar-se como uma versão especulativa da "lógica do domínio" do Ocidente (v. DIALÉTICA DO ESCLARECIMENTO), Adorno contrapõe uma D. negativa e materialista baseada na separação entre sujeito e objeto, conceito e coisa, real e racional: "A D. é a consciência resultante da não-identidade", ou seja, uma "negação da negação que não transpõe em posição" (*Dialettica negativa,* 1966, trad. it., Einaudi, Turim, 1982, pp. 5 e 367). Esse tipo de D. sem síntese, que coincide com um pensamento respeitoso dos direitos do "particular" e do "diferente", é o mesmo que uma filosofia contestadora do existente. Com efeito, Adorno considera que, depois de Auschwitz (v.), a função da filosofia já não é justificar, mas criticar e incomodar (v. TEORIA CRÍTICA DA SOCIEDADE). E isso em virtude de um ideal de integridade humana com valores utópicos (v. UTOPIA). [G.F.]

DIÁLOGO (gr. διάλογος; lat. *Dialogus;* in. *Dialogue;* fr. *Dialogue;* al. *Dialog;* it. *Dialogo*). Para grande parte do pensamento antigo até Aristóteles, o D. não é somente uma das formas pelas quais se pode exprimir o discurso filosófico, mas a sua forma típica e privilegiada, isso porque não se trata de discurso feito pelo filósofo para si mesmo, que o isole em si mesmo, mas de uma conversa, uma discussão, um perguntar e responder entre pessoas unidas pelo interesse comum da busca. O caráter conjunto dessa busca da forma como os gregos a conceberam no período clássico tem expressão natural no diálogo. A falta de confiança de Platão nos discursos escritos, porquanto não respondem a quem interroga e não escolhem seus interlocutores (*Fed.,* 275 c) (o que talvez tenha levado Sócrates a não escrever nada e a concentrar toda a sua atividade na conversação com amigos e discípulos), também consolida a superioridade do diálogo como forma literária, que procura reproduzir o ritmo da conversação e, em geral, da investigação conjunta. Foi por certo esse o motivo que induziu Platão a manter-se fiel à forma dialógica em seus escritos e a esquivar-se à pretensão do tirano Dionísio de reduzir sua filosofia à forma de sumário (*Let.,* VII, 341 b). A exigência do D. está presente, de modo mais ou menos claro, em todas as formas da *dialética* (v.), e não se pode dizer que esteja totalmente ausente da indagação filosófica, que, mais do que qualquer outra, procede através da discussão das teses alheias e da polêmica incessante entre as várias diretrizes de pesquisa. Além disso, o princípio do D. implica a tolerância filosófica e religiosa (v. TOLERÂNCIA), em sentido positivo e ativo, ou seja, não como resignação pela existência de outros pontos de vista, mas como reconhecimento de sua legitimidade e com boa vontade de entendê-los em suas razões. Nesse sentido, o princípio do D. permaneceu como aquisição fundamental transmitida do pensamento grego ao moderno e que, na atualidade, conserva valor eminentemente normativo (cf. G. CALOGERO, *Logo e dialogo*, 1950). [N.A.]

Além de método de coexistência e de pesquisa, o D. foi interpretado como a atividade por meio da qual o homem se faz homem.

Essa doutrina, que encontra precedentes nas especulações feuerbachianas a respeito do "eu que não pode estar sem o tu", inspira não só a chamada "filosofia do D." (ligada aos nomes de F. Rosenzweig, M. Bubler, G. Marcel etc.), mas também todas as correntes de pensamento (da hermenêutica à ética do discurso) que contrapõem ao tradicional paradigma monológico e consciencialista um paradigma dialógico e comunicativo capaz de justificar a realidade social do homem e o caráter intersubjetivo do logos, o qual "não é nem meu nem seu, e [...] por isso está para além de qualquer opinião subjetiva dos interlocutores" (H. G. GADAMER, *Verità e metodo*, 1960, trad. it., Bompiani, Milão, 1983, p. 425). Essa valorização crescente do D. foi acompanhada de uma valorização crescente da linguagem, no âmbito da qual – e graças a ela – o D. vive e subsiste concretamente (v. COMUNICAÇÃO; DISCURSO, ÉTICA DO; HERMENÊUTICA; LINGUAGEM).

Mais particularmente, Gadamer, que considera que a essência do saber consiste platonicamente na arte de perguntar, vislumbrou no D. – e, portanto, na dialética da pergunta e resposta – a forma concreta da experiência hermenêutica. O texto, que nasce como resposta a uma pergunta, formula determinadas perguntas e nós, solicitados pelo seu questionar, fazemos novas interrogações no âmbito de um processo infinito no qual cada resposta afigura-se como uma nova pergunta (*Verdade e método*, 1960, última parte da 2ª seção). [G.F.]

DIANOÉTICO (gr. διανοητικός; in. *Dianoetic*; fr. *Dianoétique*; al. *Dianoëtik*; it. *Dianoetico*). Intelectual. A palavra grega, adaptada às línguas modernas, permaneceu quase exclusivamente na expressão "virtudes dianoéticas", que, para Aristóteles, indica as virtudes próprias da parte intelectual da alma, ao contrário das virtudes éticas ou morais, pertencentes à parte da alma que, embora desprovida de razão, pode em uma certa medida obedecer à razão (*Et. nic.*, I, 13, 1102 b). Para Aristóteles, as virtudes dianoéticas são cinco: *arte, ciência, sabedoria, sapiência, intelecto* (*ibid.*, VI, 3, 1139 b 15); sobre elas, v. os verbetes correspondentes. [N.A.]

DIANÓIA (gr. διάνοια; it. *Dianoia*). Conhecimento discursivo que procede pela inferência de conclusões a partir de premissas. Essa é a definição dada por Platão (*Rep.*, VI, 510 b) e por Aristóteles, que nela vê o conhecimento científico "referente a 'causas e princípios'" (*Met.*, V, 1, 1025 b 25). Essa palavra equivale, aproximadamente, ao que entendemos por *razão*, em sentido objetivo, e, no uso de Platão e de Aristóteles, implica certa discrepância com o sentido específico de *nous* ou intelecto, porquanto este designa a faculdade – considerada superior – de intuir os princípios de que partem os procedimentos racionais (v. DISCURSIVO). [N.A.]

DIANOIOLOGIA (al. *Dianoiologie*; it. *Dianoiologia*). É assim que Lambert denominou a primeira das quatro partes do seu *Novo Organon* (1764), mais precisamente a que estuda as leis formais do pensamento. Só faz reproduzir a lógica formal de Wolff. [N.A.]

DIÁSTEMA (gr. διάστημα; it. *Diastema*). Propriamente, intervalo. Na lógica aristotélica, chama-se de D. a conjunção do sujeito com o predicado, ou seja, a proposição (*An. pr.*, I, 4, 26 b 21; *An. post.*, I, 21, 82 b 7; etc.). [N.A.]

DIATRIBE (gr. διατριβή; lat. *Diatriba*; in. *Diatribe*; fr. *Diatribe*; it. *Diatriba*). Breve tratado ético. Esse termo também aparece como título de obras atribuídas aos estóicos Zenão e Cleantes, bem como a outros filósofos antigos. [N.A.]

DICOTOMIA (gr. διχοτομία; in. *Dichotomy*; fr. *Dichotomie*; al. *Dichotomie*; it. *Dicotomia*). 1. Divisão de um conceito em duas partes segundo o método diairético da dialética platônica (PLATÃO, *Górg.*, 500 d; *Pol.*, 302 e; cf. LEIBNIZ, *Nouv. ess.*, III, 3, 10). (V. DIALÉTICA.)

2. Denominação clássica (cf. ARISTÓTELES, *Fís.*, VI, 9, 239 b 18) do primeiro argumento contra o movimento, de Zenão de Eléia, que pode ser assim exposto: para ir de *A* a *B*, um móvel deve antes percorrer a metade do trajeto *A-B*; e antes ainda a metade dessa metade; e assim sucessivamente, de modo que não chegará nunca a *B* (ARISTÓTELES, *Fís.*, VI, 9, 239 b 10; *ibid.*, VI, 2, 233 a 2). V. AQUILES; FLECHA; ESTÁDIO. [N.A.]

DICTUM. V. SIGNIFICADO.

DICTUM DE OMNI (ET NULLO). Princípio deduzido pelos *Primeiros analíticos* de Aristóteles (*An. pr.* I, c. 1, 24b 28-30) no qual se acreditava basear-se todo o silogismo (v.); isto a partir da escolástica (já é mencionado nas *Summulae logicales* de Pedro Hispano). O princípio aplica-se *diretamente* apenas aos silogismos de primeira figura (aos quais, porém, podem ser reduzidos todos os outros). Uma das numerosas formulações que podem ser encontradas na literatura é a seguinte: "Tudo o que predica afirmativa ou negativamente um termo tomado na sua totalidade, pode também predicar qualquer coisa compreendida em semelhante totalidade" [se todos os A são (não são) C, e se B está incluído em – ou é um elemento de – A, então B também é (não é) C]. [M.M.]

DIDÁTICA MORAL (in. *Ethical didactics*; fr. *Didactique morale*; al. *Ethische Didaktik*; it. *Didattica morale*). Segundo Kant, é uma parte da doutrina moral do método; diz respeito ao aprendizado das virtudes. A exigência de uma D. moral provém do fato de a virtude não ser inata, podendo e devendo ser ensinada (*Met. der Sitten*, II, § 49). [N.A.]

DIFERENÇA (gr. διαφορά; lat. *Differentia*; in. *Difference*; fr. *Différence*; al. *Differenz*; it. *Differenza*). Determinação da alteridade. A alteridade não implica, em si, nenhuma determinação; por exemplo, "*a* é outra coisa que não *b*". A D. implica uma determinação: *a* é diferente de *b* na cor ou na forma etc. Isso significa: as coisas só podem diferir se têm em comum a coisa em que diferem: por exemplo, a cor, a configuração, a forma etc. Segundo Aristóteles, que estabeleceu claramente essas distinções, as coisas diferem em gênero se têm a matéria em comum e não se transformam uma na outra (p. ex., se são coisas que pertencem a diferentes categorias); diferem em espécie se pertencem ao mesmo gênero (*Met.*, X, 3, 1054 a 23).

A D. foi incluída por Porfírio entre as *quinque voces* (lit., cinco palavras) (v.), ou seja, entre os cinco predicáveis maiores. Porfírio chamou de *constitutiva* a D. quanto à espécie, e de *divisiva* a diferença quanto ao gênero: por exemplo, a racionalidade é a diferença que constitui a espécie humana e separa a espécie humana das outras do mesmo gênero. Distinguiu também: D. *comum*, que consiste em um acidente separável e existe, por exemplo, entre Sócrates sentado e Sócrates não sentado; D. *própria*, que existe quando uma coisa difere da outra por um acidente inseparável, como a racionalidade (*Isag.*, 9-10). Essas distinções foram reproduzidas na lógica medieval (PEDRO HISPANO, *Summ. log.*, 2.11, 2.12). São até hoje aceitas comumente, tanto em filosofia quanto fora dela. [N.A.]

DIFERENÇA, MÉTODO DA (in. *Method of difference*; fr. *Méthode de la différence*; al. *Differenz Methode*; it. *Metodo della differenza*). Um dos quatro métodos da pesquisa experimental enumerados por Stuart Mill, mais precisamente o método expresso pela seguinte regra: "Se um caso no qual ocorre o fenômeno investigado e um caso no qual ele não ocorre apresentam todas as circunstâncias em comum, exceto uma única que ocorre só no primeiro, a circunstância na qual os dois casos diferem é o efeito, a causa ou uma parte indispensável da causa do fenômeno" (*Logic*, III, 8, § 2) (v. CONCOMITÂNCIA; CONCORDÂNCIA, MÉTODO DA; RESÍDUOS, MÉTODO DOS). [N.A.]

DIFERENÇA ONTOLÓGICA (in. *Ontological difference*; fr. *Différence ontologique*; al. *Ontologische Differenz*; it. *Differenza ontologica*). É a D., segundo Heidegger, entre o ser e o ente. No conceito de D. ontológica – que no prefácio (1949) à terceira edição de *Vom Wesen des Grundes* (1928) é apresentada como "o *não* entre ente e ser" (trad. it., UTET, Turim, 1969, p. 623) – baseia-se a interpretação heideggeriana da metafísica em termos de esquecimento e olvido: "A diferença entre essente e ser é o âmbito em cujo interior a metafísica, o pensamento ocidental na totalidade da sua essência pode ser aquilo que é" (*Identità e differenza*, 1957, trad. it. em "aut-aut", n. 187-8, 1982, pp. 22-3) (v. SER; METAFÍSICA; ESQUECIMENTO DO SER). À D. *ontológica* Derrida contrapôs a D. *semiológica*, ou seja, um tipo de pensamento que opõe às instâncias metafísicas da filosofia tradicional as instâncias pós-metafísicas da gramatologia (v.) e da desconstrução (v. DIFFÉRANCE; DESCONSTRUÇÃO). Segundo Vattimo, a D. ontológica, em sentido heideggeriano, seria salvaguardada somente por uma leitura de esquerda do seu pensamento: "direita é, no caso de Heidegger, uma interpretação da sua superação da metafísica como esforço, não obstante tudo, de preparar de algum modo um "retorno do ser", talvez na forma de uma ontologia apofática, negativa, mística; esquerda é a leitura que eu proponho da história do ser como história de um longo adeus", de um enfraquecimento interminável do ser [...]. As razões para se preferir a leitura de esquerda de Heidegger – que ele próprio, aliás, não escolheu – resumem-se no propósito de manter-se fiel, mesmo para além das leituras dos seus textos, à D. ontológica, isto é, à questão de não identificar o ser com o ente" (*Oltre l'interpretazione*, Laterza, Roma-Bari, 1994, p. 18). [G.F.]

DIFERENÇA SEXUAL, ÉTICA DA (it. *Etica della differenza sessuale*). Corrente da ética que, partindo da peculiaridade e irredutibilidade dos sexos, pretende desmascarar os preconceitos "masculinos" da moral tradicional, valorizando a especificidade feminina que habita em cada mulher (L. IRIGARAY, *Etica della differenza sessuale*, 1984; v. ÉTICA; FEMINISMO). [G.F.]

DIFERENCIAÇÃO (in. *Differentiation*; fr. *Différentiation*; al. *Differenzierung*; it. *Differenziazione*). Passagem do homogêneo para o heterogêneo, que, segundo Spencer, é a natureza fundamental da evolução (*First Principles*, cap. XV). (V. EVOLUÇÃO.) [N.A.]

DIFFÉRANCE. Termo cunhado por Derrida por meio de uma corruptela da palavra *différence* (que, em vez de ser escrita com *e,* foi escrita com *a).* A noção de D. (em italiano *differanza* ou *dif/ferenza;* em português *diferança, diferência, diferensa* ou mesmo *différance*) tem como ponto de referência a semiologia de Saussure e a ontologia de Heidegger. Derrida descreve-a como "a origem estruturada e diferinte das diferenças" (*Marges de la philosophie,* Paris, 1972, p. 12) e utiliza-a como sustentáculo teórico de um pensamento que (já) não é semiologia nem ontologia, mas gramatologia (v.). Mais particularmente, a D. apresenta um duplo significado: sincrônico e diacrônico. Em sentido sincrônico, apresenta-se como uma radicalização (e uma "desconstrução") do estruturalismo saussuriano, porque expressa o jogo sincrônico das diferenças que dão origem ao significado. Em sentido diacrônico, indica o movimento de "diferimento" temporal (atraso ou antecipação) que desloca continuamente a origem para um lugar e um tempo "outros". Desse ponto de vista, a D. coincide com uma radicalização da diferença ontológica (v.) heideggeriana, que se resolve de forma hiperbólica na sua anulação. O sentido último (o significado transcendental) não é passível de "reapropriação"; a diferença permanece absoluta e, por isso, anulada (Derrida refere-se à noção de diferença teorizada por Hegel em *Ciência da lógica*). Esse *espacement* indica, ao mesmo tempo, um diferimento temporal e espacial. O que é perceptível, inteligível, consciente etc., não passa de *traço* desse movimento, traço da D. De tal modo, Derrida subverte o fonologocentrismo, fazendo do *logos* o traço de uma origem perdida e reportando em primeiro plano esse sistema de traços como *escrita,* entendendo-se por escrita o traço de uma origem ausente (portanto, um traço que anulou a sua proveniência) ou uma diferencialidade pura que se concretiza num jogo de adiamentos sem fim. Daí a noção desconstrucionista de "textualidade geral", que teve grandes desenvolvimentos sobretudo na crítica literária (cf. G. CHIURAZZI, *Scrittura e tecnica. Derrida e la metafisica,* 1992; v. DESCONSTRUÇÃO). [G.F.]

DIGNIDADE[1] (in. *Dignity*; fr. *Dignité*; al. *Würde*; it. *Dignità*). Como "princípio da dignidade humana" entende-se a exigência enunciada por Kant como segunda fórmula do imperativo categórico: "Age de tal forma que trates a humanidade, tanto na tua pessoa como na pessoa de qualquer outro, sempre também como um fim e nunca unicamente com um meio" (*Grundlegung zur Met. der Sitten,* II). Esse imperativo estabelece que todo homem, aliás, todo ser racional, como fim em si mesmo, possui um valor não relativo (como é, p. ex., um preço), mas intrínseco, ou seja, a dignidade. "O que tem preço pode ser substituído por alguma outra coisa *equivalente;* o que é superior a qualquer preço, e por isso não permite nenhuma equivalência, tem *D.*" Substancialmente, a D. de um ser racional consiste no fato de ele "não obedecer a nenhuma lei que não seja também instituída por ele mesmo". A mortalidade, como condição dessa autonomia legislativa é, portanto, a condição da D. do homem, e moralidade e humanidade são as únicas coisas que não têm preço. Esses conceitos kantianos voltam em F. SCHILLER, *Graças e D.* (1793): "A dominação dos instintos pela força moral é a liberdade do espírito e a expressão da liberdade do espírito no fenômeno chama-se D". (*Werke,* ed. Karpeles, XI, p. 207). Na incerteza das valorações morais do mundo contemporâneo, que aumentou com as duas guerras mundiais, pode-se dizer que a exigência da D. do ser humano venceu uma prova, revelando-se como pedra de toque para a aceitação dos ideais ou das formas de vida instauradas ou propostas; isso porque as ideologias, os partidos e os regimes que, implícita ou explicitamente, se opuseram a essa tese mostraram-se desastrosos para si e para os outros. [N.A.]

DIGNIDADE[2] (lat. *Dignitas;* it. *Degnità*). Foi assim que os escolásticos, na esteira de Boécio, traduziram a palavra *axioma* (cf., p. ex., TOMÁS, *In Met.,* III, 5, 390). Vico conservou essa palavra em italiano e suas "D.", expostas na parte da *Scienza Nuova* intitulada "Dos elementos", constituem os fundamentos de sua obra. "Propomos agora aqui os seguintes axiomas ou D. filosóficas e filológicas, algumas poucas perguntas racionais e discretas, com outras tantas definições esclarecidas; estas, assim como o sangue pelo corpo animado, devem fluir por dentro desta ciência e animá-la em tudo o que ela razoa sobre a natureza comum das nações". [N.A.]

DILEMA (gr. δίλημμα; lat. *Dilemmas;* in. *Dilemma;* fr. *Dilemme;* al. *Dilemma;* it. *Dilemma*). 1. Esse termo (que significa "premissa dupla") começa a ser empregado por gramáticos e lógicos do século II (cf. HERMÓGENES, *De inv.,* IV, 6; GALENO, *Inst. log.,* VI, 5) para indicar os raciocínios insolúveis ou conversíveis (ἄποροι, ἀντιστρέφοντα) que, segundo Diógenes Laércio (VII, 82-3), apareciam com freqüência nos livros dos estóicos. Um desses D. se chamava "do crocodilo": um crocodilo que rapta um menino e promete ao pai que vai restituí-lo se adivinhar o que o crocodilo vai fazer, ou seja, se vai restituir o menino ou não. Se o pai responder que o crocodilo não vai restituir, o crocodilo estará diante de um D.: se não restituir, a resposta do pai será verdadeira e, de acordo com o pacto, ele deverá devolver o menino; mas se o devolver, a resposta do pai estará errada e este perderá o direito à restituição (*Schol. ad Hermog.,* ed. Walz, IV, p. 170). D. semelhante contava-se a respeito de Protágoras, que levou a juízo seu discípulo Evatlos, de quem deveria receber honorários quando vencesse a primeira causa. Protágoras achava que Evatlos deveria pagar-lhe em qualquer caso: se vencesse, por causa do pacto, e se perdesse por causa da sentença, que o obrigaria a pagar. Mas Evatlos pôde responder-lhe: "Não te pagarei em caso algum: se perder, por causa do pacto; se vencer, por causa da sentença." O D., nesse caso, era do juiz (AULO GÉLIO, *Noct. Att.*, V, 10).

Na lógica medieval, preferia-se dar a argumentos desse gênero as denominações *Insolubilia* ou *Obligationes* (v. ANTINOMIA). Esse termo reaparece na lógica renascentista (cf., p. ex., L. VALLA, *Dialect. Disput.*, III, 13) e desta passa à lógica de Jungius (*Logica Humburgensis*, 1638, III, 29, 1) e à *Lógica* de Arnauld (III, 16). Nesse sentido, o D. foi chamado por Hamilton de *sophisma heterozeteseos* ou sofisma de contra-interrogação (*Lectures on Logic*, I, p. 466).

2. Mais tarde, deu-se o nome de D. a certa forma de interferência do seguinte tipo: "Toda coisa é *P* ou *M*; *S* não é *M*; logo *S* é *P*" (cf. PEIRCE, *Coll. Pap.*, 3.404). Esse segundo significado de D. já é distinguido do precedente por Jungius (*Log. hamburg.*, III, 29, 10) e é descrito como "silogismo hipotético-disjuntivo" por Kant (*Logik*, § 79), por Hamiltom (*Lectures on Logic*, I, pp. 350 ss.) e por outros escritores posteriores. [N.A.]

DILEMA DO PRISIONEIRO. V. ESCOLHA.

DIMARIS. Palavra mnemônica com a qual, na tradição lógica aristotélico-escolástica, era indicado o silogismo de quarta figura (podendo ser reduzidos a *Darii* da primeira), que tem como forma "Alguns A são B, Todos os B são C; logo, alguns C são A" ("Alguns violinistas são franceses, Todos os franceses são europeus; logo, Alguns europeus são violinistas"). [M.M.]

DIMENSÃO (in. *Dimension*; fr. *Dimension*; al. *Ausdehruung*; it. *Dimensione*). Entende-se por esse termo todo plano, grau ou direção no qual se possa efetuar uma investigação ou realizar uma ação. Fala-se, assim, de "D. de liberdade" para designar os graus da liberdade ou as direções em que ela pode manifestar-se; ou de "D. de uma pesquisa" para designar os vários planos ou níveis nos quais ela pode ser conduzida. [N.A.]

DINHEIRO (in. *Money*; fr. *Argent*; al. *Geld*; it. *Denaro*). Além de ser objeto de estudo da economia e da sociologia, o D. foi considerado do ponto de vista filosófico com uma avaliação substancialmente negativa. A esse respeito podem-se mencionar três autores. Para K. Marx (cf. *Manoscritti economico-filosofici del 1844*, em *Opere filosofiche giovanili*, trad. it., Editori Riuniti, Roma, 1971) o D., visto que possui a qualidade de comprar tudo, a qualidade de apropriar-se de todos os objetos, é objeto por excelência, "A universalidade da sua qualidade é a onipotência do seu ser"; por isso Marx chegou a dizer que "o D. é o rufião entre a necessidade e o objeto, entre a vida e o meio de vida do homem" (p. 252), ou seja, "ele é o *poder* expropriado da *humanidade*. Aquilo que eu não posso como homem, portanto, *aquilo* que não posso apesar de todas as minhas forças substanciais, posso por meio do D. O D. faz de cada uma dessas forças essenciais algo que ela não é, o seu *contrário*" (p. 254). Assim, por "confundir e trocar todas as coisas, ele é, portanto, a confusão geral e a inversão de todas as coisas" (p. 255). Para G. Simmel (cf. *Filosofia del denaro del '900*, trad. it., UTET, Turim, 1984) o D., ao relacionar homens e coisas, leva a uma descrição da realidade dominada pela quantidade mais que pela qualidade. A modernidade acentua tal formulação, na qual os objetos e os valores são transformados em mercadorias pelo D. Simmel enfatiza que o D. "assume a tarefa de realizar a liberdade do homem", mas observa também que "a liberdade proporcionada pelo dinheiro é somente uma liberdade potencial, formal, negativa; o fato de trocar por D. os conteúdos positivos da vida – quando outros valores, provenientes de outras esferas da vida, não ocupam de imediato o lugar que ficou vazio – significa vender os valores da pessoa". Por fim, na obra de C. Péguy intitulada *Il denaro*, de 1906 (trad. it., Lavoro, Roma, 1993), o D. é visto como a expressão da modernidade como civilização do ter, em contraposição, portanto, a uma civilização humanística sob a bandeira do ser. [G.G.]

DIONISÍACO, ESPÍRITO (al. *Dionysisch Geist*; it. *Spirito dionisiaco*). Inicialmente contraposto ao *espírito apolíneo* (v.), foi depois entendido por Nietzsche como atitude própria do super-homem e como o fundamento da "inversão de valores" que Nietzsche propunha. Para Nietzsche, Dionísio é "a afirmação religiosa da vida total, não renegada nem estilhaçada". Em outros termos, é o símbolo da aceitação integral e entusiasta da vida em todos os seus aspectos e da vontade de afirmá-la e repeti-la (*Wille zur Macht*, ed. 1901, § 479). [N.A.]

DIORISMA (gr. διορισμός; in. *Diorism*; fr. *Diorisme*; al. *Diorismus*; it. *Diorisma*). Enunciação de um problema ou delimitação da sua probabilidade. Termo usado pelos matemáticos gregos. [N.A.]

DIREITA/ESQUERDA (it. *Destra/Sinistra*). 1. Termos usados em política para indicar a dicotomia "conservadores/progressistas". Segundo alguns estudiosos, numa sociedade "complexa" como a atual, em que existe um intercâmbio dos partidos políticos, tal distinção não teria mais sentido. Outros a consideram legítima ainda hoje. N. Bobbio, por exemplo, considera que D. e esquerda resultam de duas atitudes antitéticas diante da igualdade. Enquanto a esquerda pensa que "os homens são mais iguais que desiguais", a D. está convencida de que "são mais desiguais que iguais" (*Destra e sinistra,* 1994).

2. Em filosofia, discorre-se sobre D. e esquerda a propósito de duas correntes de pensamento provenientes de uma mesma escola ou matriz teórica, uma das quais parece ancorada na tradição e a outra se debruça sobre o novo. Nesse sentido, fala-se, por exemplo, de D. e esquerda hegeliana, de D. e esquerda cartesiana, de D. e esquerda gentiliana, de D. e esquerda heideggeriana, de D. e esquerda hermenêutica etc. [G.F.]

DIREITA HEGELIANA (in. *Hegelian right;* fr. *Droite hégélienne;* al. *Hegelsche Rechte;* it. *Destra hegeliana*). As denominações "D." e "esquerda" hegeliana foram empregadas pela primeira vez por Davi Strauss (*Streitschriften,* III, Tübingen, 1837); esses dois termos extraídos dos costumes do Parlamento francês designam as duas grandes correntes antagonistas em que estava cindida a numerosa ala dos discípulos de Hegel. A cisão era devida, predominantemente, às posições que tomavam diante da religião. A D. hegeliana tendia a vincular a doutrina do mestre à religião tradicional; a esquerda hegeliana tendia a contrapô-la a qualquer forma de religião.

A D. hegeliana pode ser considerada a *escolástica* do hegelianismo: utiliza a razão hegeliana (ou seja, a sistemática de especulação de Hegel) para justificar as verdades religiosas. Esse é, de fato, o principal intuito dos maiores representantes dessa D. como C. F. Göschel, Bruno Bauer (na primeira fase de sua atividade) e o historiador da filosofia J. E. Erdmann. No centro, Strauss punha C. F. Rosenkranz, que foi o biógrafo entusiasta de Hegel (*Vida de Hegel,* 1844; *Apologia de Hegel,* 1858). [N.A.]

DIREITO (gr. τὸ δίκαιον; lat. *Jus;* in. *Law;* fr. *Droit;* al. *Recht;* it. *Diritto*). Em sentido geral e fundamental, a técnica da coexistência humana, isto é, a técnica que visa a possibilitar a coexistência dos homens. Como técnica, o D. se concretiza em conjunto de *regras* (nesse caso leis ou normas), que têm por objeto o *comportamento inter-subjetivc* ou seja, o comportamento dos homens entre si. Na história do pensamento filosófico e jurídico, sucederam-se ou entrecruzaram-se quatro concepções fundamentais sobre a validade do D. 1ª a que considera que o D. positivo (conjunto dos D. que as várias sociedades humanas reconhecem) baseia-se num D. *natural* eterno, imutável e necessário; 2ª a que julga o D. fundado na moral e o considera, portanto, uma forma diminuída ou imperfeita de moralidade; 3ª a que reduz o D. à *força,* ou seja, a uma realidade histórica politicamente organizada; 4ª a que considera o D. como uma *técnica* social.

1. DIREITO NATURAL.

1º A observação da disparidade e da discrepância entre os D. vigentes nas sociedades humanas, bem como do caráter imperfeito de tais D. logo conduziu à noção de D. *natural* como fundamento ou princípio de todo D. positivo possível, ou seja, como condição de sua validade. O D. natural é a norma constante e invariável que garante infalivelmente a realização da melhor ordenação da sociedade humana: o D. positivo ajusta-se em maior ou menor grau, mas nunca completamente, ao D. natural porque contém elementos variáveis e acidentais que não são redutíveis a este. O D. natural é a perfeita racionalidade da norma, a perfeita adequação da norma ao seu fim de garantir a possibilidade da coexistência. Os D. positivos são realizações imperfeitas ou aproximativas dessa normatividade perfeita. Esse pensamento regeu, por mais de dois mil anos, a história da noção de D. Podemos distinguir duas fases fundamentais dessa longa história: *a*) Fase *antiga,* na qual o D. natural é a participação da comunidade humana na ordem racional do universo. Como, segundo os estóicos (aos quais se deve a primeira formulação dessa doutrina), a participação dos seres vivos na ordem universal se dá por meio do *instinto,* nos animais, e por meio da *razão,* nos homens (DIÓG. L., VII, 85-7), o D. de natureza é às vezes interpretado como instinto e às vezes como razão ou como inclinação racional. Mas, em todos os casos, é entendido como participação na ordem universal que é Deus mesmo ou vem de Deus. *b*) Fase *moderna,* na qual o D. natural é a disciplina racional indispensável às relações humanas, mas independe da ordem cósmica e de Deus. O conceito de técnica que pode e deve regulamentar da forma mais conveniente as relações humanas apresenta-se com toda clareza nessa fase da doutrina.

a) *Fase antiga* – O recurso à natureza e à ordenação que ela prescreve às relações humanas é inicialmente uma instância polêmica contra as leis "convencionais", aquelas que "a maioria" chama de justiça ou que é justiça para "a maioria". Essa instância foi freqüente nos sofistas. Antifontes afirmava que todas as leis são puramente convencionais e por isso contrárias à natureza, e que o melhor modo de viver é seguir a natureza, ou seja, pensar no próprio proveito reservando deferência aparente ou formal às leis dos homens (*Oxirhinchus Papyri,* nº 1364, IX, p. 92). Idéias semelhantes a estas são expressas por algumas personagens dos diálogos de Platão, como Cálicles em *Górgias* (484 a) e Trasímaco e Glauco em *República* (338, 3, 367 c). Mas mesmo nesse caso o D. natural constitui um tribunal de apelação contra as convenções sociais e no fundo é sempre concebido como justiça mais superior e verdadeira. Nessa concepção, acentua-se o caráter utilitário do D. natural, graças ao qual o D. natural não visará à realização de uma ordem, mas à consecução de uma vantagem, tendo por isso caráter prático mais que especulativo. Portanto, nem sempre essa concepção tem o caráter anti-social de que se reveste em Antifontes e nos outros sofistas. Tampouco teria esse caráter naqueles que a retomaram alguns séculos depois, epicuristas e céticos. Epicuro dizia que o D. natural é uma convenção excogitada pelos homens para seu próprio proveito, a fim de não se prejudicarem uns aos outros (DIÓG. L., X, 150). Os céticos, com Carnéades, sustentavam que "os homens sancionaram o D. para seu próprio proveito, visto que ele é mudado de acordo com os costumes e dentro de uma mesma sociedade, de acordo com os tempos: logo, não existe D. natural algum; todos, sejam homens, sejam outros seres vivos, são guiados pelo proveito próprio, sob a direção da natureza; conseqüentemente, ou a justiça não existe em absoluto ou, se existe de algum modo, é o cúmulo da estultice, porque ao defender as vantagens alheias estaria agindo em seu próprio prejuízo (LACTÂNCIO, *Div. Inst.*, V, 16, 2-3; CÍCERO, *De rep.*, III, 21). Nessas doutrinas a polêmica não se volta diretamente contra o D. natural, mas contra sua interpretação racionalista e otimista, segundo a qual ele é a garantia infalível de uma ordem perfeita.

Mas era justamente essa garantia infalível que a outra corrente fundamental, que vai de Platão e Aristóteles aos estóicos, aos juristas romanos e aos escritores medievais, via no D. natural. Na verdade, Platão definiu o D. ao definir a justiça como aquilo que possibilita que um grupo qualquer de homens, mesmo que bandidos ou ladrões, conviva e aja com vistas a um fim comum (*Rep.*, 351 c). Ao que parece, essa seria uma função puramente formal do D., graças à qual ele é simplesmente a técnica da coexistência. Mas Aristóteles já qualifica o D. tomando como referência a coexistência *justa*, racionalmente perfeita. O D., diz ele, é "o que pode criar e conservar, no todo ou em parte, a felicidade da comunidade política" (*Et. nic.*, V, 1, 1129 b 11), devendo-se recordar que a felicidade, como fim próprio do homem, é a realização ou a perfeição da atividade própria do homem, ou seja, a razão (*ibid.*, I, 6, 1098 a 3). "A sanção do D.", diz ele em *Política* (I, 2, 1254 a), "é a ordem da comunidade política, e a sanção do D. é a determinação do que é justo." Mas um D. assim entendido é só o D. natural, que é o melhor e em toda parte o mesmo (*Et. nic.*, V, 16, 1135 a 1). O D. fundado na convenção e na utilidade é análogo às unidades de medida que variam de um lugar para outro; o D. natural, ao contrário, é "aquilo que tem a mesma força em toda parte e independe da diversidade das opiniões" (*ibid.*, V, 6, 1135 a 17). Os estóicos só fizeram explicitar o fundamento dessa doutrina, identificando o D. natural com a justiça e a justiça com a razão (J. Estobeu, *Ecl.*, II, 184; PLUTARCO, *De Stoic. Rep.*, 9); sua melhor expressão está num famoso trecho de Cícero conservado por Lactâncio: "Há certamente uma lei verdadeira, a reta razão conforme à natureza, difundida entre todos, constante, eterna, que, comandando, incita ao dever e, proibindo, afasta da fraude... Nessa lei não é lícito fazer alterações, nem é lícito retirar dela qualquer coisa ou anulá-la como um todo... Ela não será diferente em Roma, em Atenas, hoje ou amanhã, mas, como lei única, eterna e imutável, governará todos os povos e em todos os tempos, e uma só divindade será guia e chefe de todos: a que encontrou, elaborou e sancionou essa lei; e quem não lhe obedecer estará fugindo de si mesmo, e, por haver renegado a própria natureza humana, sofrerá as mais graves penas, mesmo que tenha conseguido escapar daquilo que em geral é considerado suplício" (LACTÂNCIO, *Div. Inst.*, VI, 8, 6-9; CÍCERO, *De rep.*, III, 33). Esse conceito de D., entre outras coisas, induzia a reconhecer a igualdade de todos os homens visto que em todos eles, pela sua natureza racional, revela-se a lei eterna da razão. Em Cícero, encontra-se esse reconhecimento (*De leg.*, I, 28) e também um dos corolários mais importantes da doutrina do D natural: o princípio e o fundamento de qualquer D. devem ser procurados na lei natural dimanada antes que existisse qualquer Estado; portanto, se o povo ou o príncipe podem fazer leis, estas não terão verdadeiro caráter de D. se não derivarem da lei primeira (*ibid.*, I, 19-20, 28, 42, 45). Essas afirmações foram reiteradas por Sêneca, em que também se encontra a teoria do "Estado de natureza", que deveria dominar o pensamento político por muitos séculos. Segundo essa teoria, antes das instituições criadas por convenção pela sociedade, existiu uma idade em que os homens viveram sem lei, unicamente à mercê da inocência da natureza original. Viviam felizes, fruindo sua convivência. Não eram virtuosos, porque a sua inocência era feita mais de ignorância, ao passo que a virtude é própria da alma doutrinada e experiente. Mas a ordem em que viviam era a melhor possível porque ditada pela própria natureza, nela até os chefes se inspiravam, em sua sabedoria (*Ep.*, 90). Assim, o mito da idade de ouro transforma-se em mito filosófico porque se une à noção de D. natural e é caracterizado por ela. Mas, afora esse mito, os juristas romanos elaboraram uma doutrina do D. bastante semelhante à dos estóicos. Em meados do século II, Gaio, nas primeiras palavras das suas *Instituições*, que são citadas inclusive no *Digesto*, afirmava: 1º existe um D. das gentes (*jus gentium*) universal, que compreende princípios reconhecidos por toda a humanidade; 2º tais princípios foram ensinados aos homens pela razão natural e, por isso, são coevos do gênero humano (*Inst.*, I, 1; *Dig.*, I, 1, 9; *ibid.*, XLI, 1, 1). O que Gaio chamava de *jus gentium* era chamado de D. natural por Paulo, mas a definição era a mesma (*Dig.*, I, 1, 11). Mais tarde, no século III, distinguiu-se o D. das gentes do D. natural. Segundo Ulpiano, o D. natural é o que a natureza ensinou a todos os animais e por isso não é próprio apenas do gênero humano, mas é comum a todos os animais que vivem na terra, no mar e no céu. Desse D. provém a união do macho e da fêmea, que nós chamamos de matrimônio, a procriação e a educação dos filhos, coisas essas de que também os animais têm experiência. O D. das gentes, ao contrário, é aquele de que se valem todas as raças humanas, sendo próprio somente dos homens (*Dig.*, I, 1, 1-4). Essa distinção representa o produto de outra instância crítica, qual seja, o reconhecimento de que nem todas as leis universalmente reconhecidas como tais pelos homens se fundam no D. natural; por exemplo: a escravidão, como nota o próprio Ulpiano (*ibid.*, I, 1, 4), embora universalmente admitida, não se funda no D. natural porque o homem é originalmente livre.

Mas, com essa distinção, o conceito de D. natural mudava, perdia-se o vínculo entre D. natural e razão. Por ser comum a todos os animais, portanto também aos desprovidos de razão, o D. natural não podia mais ser considerado como ditado pela razão e coincidente com a racionalidade. Por isso, ele foi remetido seguindo-se o esquema estóico, àquilo que, nesse esquema, constituía o equivalente da razão nos animais, ou seja, o *instinto*. Segundo os Padres da Igreja que, nesse aspecto, continuam a tradição dos juristas romanos, a lei natural está escrita no "coração" dos homens como uma espécie de força inata ou instinto. Diz S. Agostinho: "O D. natural não foi gerado por uma opinião, mas inserido em nós por uma *força inata*, do mesmo modo como, na religião, estão a piedade, a graça, a observância, a verdade" (*De div. quaest.*, 31; cf. S. AMBRÓSIO, *De off.*, 3). E foi justamente esse o conceito legado à filosofia escolástica através das *Etimologias* de Isidoro de Sevilha (séc. VII). Diz Isidoro: "O D. natural é comum a todas as nações, sendo que em todos os lugares deriva do *instinto natural*, e não de uma constituição; por exemplo, a união do macho e da fêmea, a sucessão e a educação dos filhos, a posse comum de todas as coisas e a liberdade de todos, a aquisição das coisas que estão no céu, na terra e no mar etc." (*Etym.*, V, 4). Não causa estranheza, portanto, que os juristas medievais tenham considerado o D. natural exatamente como um instinto ou uma tendência inata, que eles interpretam como sinal ou marca posta no homem por Deus (PIACENTINO, *Summa instit.*, I, 2). No século XII Graciano dividia todas as leis em duas partes, atribuindo a Deus as leis naturais e aos costumes, as leis humanas (*Decretum*, d. I). A identificação da lei natural com a lei divina constitui o fundamento do *D. canônico*. O D. natural, notava Rufino, comendador de Graciano, é "uma força (*vis*) que a natureza imprime na criatura humana para levá-la a fazer o bem e a evitar o mal". Ela *ordena* o que é útil, como "ama o Senhor teu Deus"; *proíbe* o que é nocivo, como "não matarás"; *demonstra* o que convém, como "tende tudo em comum", ou "seja uma só a liberdade de todos" etc. (*Summa decr.*, d. I, Dictat. Grat., ad I). A distinção de Graciano entre lei divina e lei humana é assumida como fundamento da doutrina tomista do direito. Segundo Tomás, há uma *lei eterna*, uma razão que governa todo o universo e que existe na mente divina; a *lei natural* que está nos homens é reflexo ou "participação" dessa lei eterna (*S. Th.*, II, 1, q. 91, a, 1, 2). Além dessa lei eterna, que para o homem é natural, há duas outras espécies de leis: a "inventada pelos homens e segundo a qual se dispõe de determinado modo das coisas a que a lei natural já se refere" (*ibid.*, II, 1, q. 91, a. 3) e a divina, necessária para encaminhar o homem ao seu fim sobrenatural (*ibid.*, a. 4). No que diz respeito ao fundamento de todas as leis feitas pelos homens, Tomás repete a doutrina tradicional, de que não é lei aquela que não é justa, e, portanto, "qualquer lei humana deve derivar da lei natural, que é a primeira regra da razão" (*ibid.*, q. 95, a. 2). Em geral, pertence à lei natural tudo aquilo a que o homem se inclina naturalmente; Tomás distingue três inclinações fundamentais por natureza: 1ª para o bem natural, compartilhada com qualquer substância que, como tal, deseja a própria conservação; 2ª para determinados atos, que foram ensinados pela natureza a todos os animais, como a união do macho e da fêmea, a educação dos filhos e outros semelhantes; 3ª para o bem, segundo a natureza racional própria do homem, como a inclinação para conhecer a verdade, viver em sociedade etc. (*S. Th.*, II, 1, q. 94, a. 2). Assim, Tomás de Aquino considera o D. natural, ao mesmo tempo, instinto e razão, visto que inclui nele tanto a inclinação que o homem tem em comum com todos os seres da natureza e com os animais, quanto a inclinação específica do homem. Quanto a esta última, ele estabelece entre os preceitos do D. natural e a razão prática a mesma relação que há entre os primeiros princípios das demonstrações e a razão especulativa: tanto os preceitos quanto os primeiros princípios são "conhecidos de per si", ou seja, evidentes. Mas em todas as suas determinações, tanto instintivas quanto racionais, o D. natural é sempre a participação na "lei eterna", na ordem providencial ou divina do mundo.

Durante toda a Antiguidade e a Idade Média, o D. natural conservou a função de fundamento e, às vezes platonicamente, de arquétipo ou modelo de todo D. positivo. Já nessa fase de sua história, a noção de D. natural constituiu um limite e uma disciplina para toda forma de autoridade estatal ou política, servindo ao mesmo tempo para justificá-la. Mas caberiam outras funções à teoria do D. natural a partir do início do século XVII. Por um lado, ele viria a ser utilizado na justificação e na reivindicação prática de novos princípios normativos, como os da tolerância religiosa e da limitação do poder do Estado. Por outro, seria utilizado para fundar um novo ramo do D., o D. internacional, exatamente no momento em que o surgimento das monarquias absolutas e a aceitação mais ou menos explícita do maquiavelismo como condutor de suas políticas pareciam fazer da força o único árbitro das relações internacionais. Mas para cumprir essas novas tarefas, a teoria do D. natural devia sofrer uma transformação radical: essa função coube ao jusnaturalismo moderno.

b) Jusnaturalismo moderno – Para o *jusnaturalismo* (v.) moderno, o D. natural não é mais o caminho através do qual as comunidades humanas podem participar da ordem cósmica ou contribuir para ela, e passa a ser uma técnica racional de coexistência. Conquanto Alberico Gentile – que, antes de Grócio, ainda procurou extrair as noções normativas do D. natural da consideração do estado de guerra (*De jure belli*, 1588) – utilizasse o conceito de instinto natural imutável que manteria os homens unidos como membros de um único corpo, todos os conceitos desse gênero foram descartados por Grócio. A teoria do D. natural foi levada por Grócio ao mesmo plano racional da matemática, para o qual o próprio Descartes quis levar a filosofia e todas as outras pesquisas científicas. Como fundamento da obra de Grócio, há o recurso à razão, que é o recurso à razão matemática, à qual os filósofos do século XVII julgam estar confiadas as verdades da ciência. Segundo Grócio, a matriz do D. natural é a própria natureza humana, que conduziria os homens às relações sociais mesmo que eles não tivessem necessidade uns dos outros. Por isso, o D. que se funda na natureza humana "teria lugar mesmo que se admitisse aquilo que não pode ser admitido sem cometer um delito: que Deus não existe ou que não se preocupa com as coisas humanas" (*De jure belli ac pacis*, 1625, Prol., § 11). Porquanto procede por legítima dedução dos princípios da natureza, o D. natural distingue-se do D. das gentes (*jus gentium*), que não nasce da natureza, mas do consenso de todos os povos ou de alguns deles e visa ao proveito de todas as nações. Pela sua própria origem, o D. natural é próprio do homem, único ser racional, ainda que se refira a atos comuns a todos os animais, como a criação da prole (*ibid.*, I, 1, 11). É definido por Grócio como "o mandamento da reta razão que indica a lealdade moral ou a necessidade moral inerente a uma ação qualquer, mediante o acordo ou o desacordo desta com a natureza racional" (*ibid.*, I, 1, 10). As ações sobre as quais versa o mandamento são obrigatórias ou ilícitas de per si, e portanto são entendidas como necessariamente prescritas ou vetadas por Deus. Nisso o D. natural distingue-se não só do D. humano, mas também do D. *voluntário* divino, que não prescreve nem proíbe as ações que pela própria natureza são obrigatórias ou ilícitas, mas torna ilícitas algumas ações, vetando-as, e obrigatórias outras, prescrevendo-as. O D. natural é, portanto, tão imutável que não pode ser mudado nem por Deus. "Assim como Deus não pode fazer que dois mais dois não sejam quatro, tampouco pode fazer que deixe de ser mal aquilo que, por razão intrínseca, é mal" (*ibid.*, I, 1, 10). Logo, a verdadeira prova do D. natural é prova *a priori*, que se obtém mostrando a concordância ou discordância necessária de uma ação com a natureza racional e social. A prova *a posteriori*, obtida a partir daquilo que, em todos os povos ou nos mais civilizados, é tido como legítimo, é apenas provável e funda-se na presunção de que um efeito universal exige uma causa universal (*ibid.*, I, 1, 12). Distingue-se do D. natural o D. *voluntário*, que não se origina da natureza, mas da vontade, e pode ser humano ou divino (*ibid.*, I, 1, 13-5). Mas só o D. natural fornece o critério da justiça e da injustiça: "Por injusto entende-se o que repugna necessariamente à natureza racional e social" (*ibid.*, I, 2, 1).

A doutrina do D. natural teve de Grócio a formulação mais madura e perfeita de sua longa história. Certamente essa formulação é condicionada pelo racionalismo geometrizante do tempo. Técnica racional, nos tempos de Grócio e Descartes, é técnica geométrica; nela, uma proposição só se justifica quando pode derivar, por dedução necessária, de um ou mais princípios evidentes. Mas, já ao mostrar que as normas do D. natural podem ser deduzidas da exigência de existência de uma sociedade ordenada, Grócio estabelece, entre essa exigência e as normas, uma relação *condicional* que exprime bem o caráter de técnica. A concordância necessária entre a norma e a "natureza racional e social", que ele assume como critério para decidir da validade da norma, isto é, de sua naturalidade, significa de fato o juízo sobre o caráter indispensável da norma para a possibilidade de relações entre os homens. Assim, para ele, o respeito à propriedade, o respeito aos pactos, o ressarcimento dos danos e a cominação de penalidades são condições indispensáveis de qualquer coexistência humana, constituindo, por isso mesmo, as normas fundamentais do D. natural. Ademais, o reconhecimento da independência desse D. em relação ao arbítrio humano e divino transformou-o em poderosíssima alavanca na luta pela liberdade do mundo moderno.

Contudo, o jusnaturalismo nem sempre permaneceu fiel às formulações de Grócio. Locke, no *Ensaio sobre a lei natural*, negava que essa lei fosse um ditame da razão, e considerava-a como sancionada e imprimida nos corações humanos por uma potência superior; desse modo, a razão só faz descobri-la, não sendo sua autora, mas sua intérprete (*Law of Nature*, 1ª ed., 1954, p. 110). Nisso, adotava a doutrina de Hooker (*The Laws of the Ecclesiastic Politycs*, 1594-97, I, 8), que, por sua vez, adotava a doutrina tomista. O segundo passo decisivo do jusnaturalismo moderno foi dado por Hobbes, graças a quem são eliminados da noção de D. natural alguns vestígios dogmáticos que ainda persistiam na doutrina de Grócio. Para Hobbes, a lei natural é, sem dúvida, "um ditame da reta razão", mas a razão de que ele fala é a razão humana *falível*. "Por reta razão no estado natural da humanidade entendo, ao contrário da maior parte dos escritores que a consideram uma faculdade infalível, o ato de raciocinar, o raciocínio próprio de cada indivíduo, verdadeiro em termos de ações que podem gerar vantagens ou prejuízos aos outros homens. Digo 'própria de cada indivíduo' porque, ainda que no Estado a razão (ou seja, a lei civil) do Estado deva ser observada por todos os cidadãos, fora do Estado, porém, onde ninguém pode distinguir a razão correta da falsa, a não ser confrontando-a com sua própria razão, cada um deve considerar sua própria razão não só como regra de suas ações, realizadas por sua conta e risco, mas também como medida das razões alheias em relação às coisas. Digo 'verdadeiro', ou seja, derivado de princípios verdadeiros corretamente elaborados, porque toda violação das leis naturais resume-se na falsidade dos raciocínios, na estupidez dos homens que não julgam necessário à sua própria conservação cumprir seu dever para com os outros" (*De cive*, 1642, II, 1, nota). Nesse importantíssimo trecho de Hobbes, além da reafirmação do caráter racional do D. natural, comum a todo o jusnaturalismo moderno, encontra-se o primeiro e decisivo reconhecimento do caráter *falível*, finito ou humano da razão que funda o D. natural. Grócio transferira o D. natural da esfera da razão divina (na qual os escritores antigos e medievais a situavam) para a esfera da razão humana, mas continuara atribuindo a essa razão o caráter de infalibilidade. Hobbes dá mais um passo ao negar esse caráter. Por fim, a razão "própria de cada indivíduo", ou seja, própria de cada um e de todos os indivíduos humanos, é tribunal que julga da legitimidade ou naturalidade de uma lei; e faz esse julgamento em termos de possibilidade de ser inferida ou deduzida de princípios verdadeiros que, de resto, derivam todos de um princípio único, qual seja, "deve-se buscar a paz sempre que ela for possível; quando não, é preciso buscar socorro para a guerra" (*ibid.*, II, 2). Em *De jure naturae et gentium* (1672), Samuel Pufendorf fazia uma síntese feliz das doutrinas de Grócio e de Hobbes ao dizer que "a lei natural deriva dos ditames da reta razão, no sentido de que o intelecto humano é capaz de compreender com clareza, a partir da observação de nossa condição, que é preciso viver necessariamente do acordo com as normas do D. natural e investigar, ao mesmo tempo, o princípio de onde tais normas recebem sua sólida e clara demonstração" (*De jure nat.*, II, 3, 8). Para Pufendorf, assim como para Hobbes, o princípio supremo do D. natural exprime a exigência da coexistência pacífica entre os homens (*ibid.*, II, 3, 8, 10). Graças a Grócio, Hobbes e Pufendorf, a doutrina tradicional do D. natural transformou-se em técnica racional das relações humanas, que, embora estritamente dependente do conceito de racionalidade geométrica predominante na época, constitui uma noção que ainda hoje poderia ser recuperada com vistas a uma "teoria geral do D." (v. mais abaixo). A teoria de Hume não é mais que a reelaboração em linguagem diferente e a retificação empirista dessa doutrina, enquanto a teoria de Espinosa, comparada a ela, representa um retorno à fase clássica da teoria do D. natural.

Quando Espinosa diz: "Cada um existe por supremo D. natural e faz o que decorre da necessidade de sua natureza" (*Et.*, IV, 37, esc. 2), está apenas retornando à concepção dos estóicos, segundo a qual o D. natural nada mais é que a necessidade de todo ser de adequar-se à ordem racional do todo. Por outro lado, Hume nega o estado natural, qualificando-o de "ficção filosófica", mas dificilmente sua crítica pode ser entendida como crítica ao D. natural. Quando ele insiste na subordinação de todas as normas, concernentes ao estado de paz ou ao estado de guerra, à utilidade humana, só faz repetir uma tese apreciada pelos jusnaturalistas modernos, em particular Hobbes. O caráter utilitário, eficiente, das regras que regem todos os tipos de relações humanas, enquanto destinadas a possibilitar essas relações, é ilustrado por Hume com um exemplo que nos parece muito evidente, o das normas de tráfego. "As regras são necessárias sempre que entre os homens haja uma relação qualquer. Sem elas, nem mesmo podem passar uns ao lado dos outros na rua. Os carreteiros, os cocheiros, os postilhões obedecem a princípios para dar passagem, e esses princípios baseiam-se principalmente na comodidade e na conveniência recíprocas. Algumas vezes, são arbitrários ou pelo menos dependentes de alguma espécie de analogia caprichosa, assim como muitos raciocínios dos advogados" (*Inq. Conc. Morals*, IV, ao final). Assim, Hume certamente não admite o caráter de racionalidade necessária que Grócio atribuía às normas que regulam as relações humanas, mas compartilha da noção fundamental do jusnaturalismo moderno, de que tais normas constituem uma técnica *razoável*, ainda que nem sempre racional, das relações humanas.

2. DIREITO COMO MORAL.

A segunda concepção de D., fundado na *moral*, prenuncia-se quando se começa a atribuir à moral caracteres que os autores até aqui examinados atribuíam ao D. Em todas as doutrinas do D. natural, nem chega a nascer o problema da distinção entre moral e direito. O D. natural é constantemente identificado com o que é bem ou justo na ordem das relações humanas, portanto com a verdadeira moralidade; por outro lado, a sua diferença em relação ao que Graciano e Tomás de Aquino chamavam de lei *humana* e que Grócio chamava de lei *voluntária* é a distinção entre o que é justo e bom em si mesmo (verdadeiramente moral) e o que é justo ou bom só por participação, podendo, pois, não ser justo e bom, como de fato às vezes não é. Não há dúvida, portanto, de que nos autores até aqui examinados a esfera do D. natural coincidiu com a esfera que denominamos moral, porém talvez fosse mais exato dizer que eles simplesmente não faziam distinção entre D. natural e moral. O primeiro sinal dessa distinção pode ser visto na tentativa de Leibniz de fazer o D. natural derivar da moral, o que parece supor certa distinção entre as duas esferas. Leibniz diz que o D. é uma "potência moral" e que a obrigação é uma "necessidade moral", entendendo por moral o que é natural no homem bom, ou seja, o amor ao próximo no sentido da alegria pela felicidade alheia. "Dessa fonte", acrescenta, "flui o D. natural, que tem três graus: o D. estrito, que é a justiça comutativa; a eqüidade ou caridade, que é a justiça distributiva; a piedade ou a probidade, que é a justiça universal. Esses graus correspondem aos três preceitos seguintes: 'não prejudicar ninguém', 'atribuir a cada um o que lhe é devido' e 'viver honestamente' (ou piamente)" (*De notionibus juris et justitiae*, 1693, *Op.*, ed. Erdmann, p. 119). Já nessas formulações de Leibniz a esfera da moral é entendida como originária e primária em relação à do D. natural. Mas foi Cristiano Thomasius (1655-1728) o primeiro a expressar com clareza e impor na filosofia jurídica a distinção entre esfera jurídica e esfera moral, marcando assim a passagem da teoria do D. natural à teoria do D. fundado na moralidade. Thomasius distinguiu três "fontes" do bem: a honestidade (*honestum*), o decoro (*decorum*) e a justiça (*justum*). A honestidade é o bem mais alto e o seu oposto é a torpeza. A justiça opõe-se ao mal extremo, que é a injustiça. E o decoro é um bem intermediário e por isso imperfeito, sendo um mal imperfeito a falta de decoro (*Fundamenta juris naturae et gentium ex sensu communi deducta*, 1705, I, 4, § 89). Correspondentemente, "a honestidade dirige as ações internas dos ignorantes; o decoro, as ações externas que visam a angariar a benevolência alheia; a justiça, as ações externas, para que não perturbem a paz ou a restituam quando for perturbada" (*ibid.*, I, 4, § 90). À norma da honestidade pertence uma obrigação *interna* que é a mais perfeita e não obriga em face dos outros homens, mas em face de si mesmo. Pertence à norma da justiça uma obrigação *externa*, segundo a qual "ninguém tem o D. em si mesmo", visto que "todo D. é externo, não interno" (*ibid.*, I, 5, § 16, 17, 24). "Do que se disse", acrescenta Thomasius, "infere-se que tudo o que o homem faz por obrigação interna e em conformidade com as regras da honestidade e do decoro é regido pela virtude em geral, e por isso o homem é dito virtuoso, e não justo; ao passo que o que ele faz segundo as regras da justiça, ou por obrigação externa, é regido pela justiça e faz que possa ser chamado de justo" (*ibid.*, I, 5, § 25). Com essas palavras, a esfera da moralidade e a esfera do D. são claramente distinguidas e contrapostas: a primeira é a esfera privada da interioridade ou, como Thomasius às vezes também diz, do "coração" (*ibid.*, I, 6, § 15, 18 etc.); a segunda é a esfera da exterioridade e das obrigações para com os outros. Por isso, os deveres para consigo mesmo são extraídos por Thomasius do princípio da honestidade mais do que do princípio da justiça (*ibid.*, II, 2, § 2); o mesmo princípio do D. natural, do qual todas as normas de tal D. devem ser dedutíveis, é formulado por Thomasius principalmente em termos de vida moral: "É preciso fazer tudo o que é possível para tornar a vida dos homens mais longa e feliz e evitar tudo o que torna a vida infeliz e apressa a morte" (*ibid.*, I, 6, § 21).

Depois de Thomasius, a distinção entre a esfera do D. e a esfera moral tornou-se lugar-comum da filosofia. Wolff deduzia o primeiro corolário dessa distinção ao identificar o direito natural com a teoria da filosofia prática, ou seja, com a ética, a política e a economia (*Log.*, Discursus prel., § 68). E Kant, que a reexpôs a seu modo, transformou-a num dos fundamentos da filosofia moral e jurídica moderna. Mas com a predominância dessa distinção, a teoria do D. natural tornava-se útil; o fundamento do D. era colocado ou reconhecido na moral e o próprio D. era entendido como uma forma reduzida ou imperfeita de moralidade. Um dos pontos básicos da doutrina de Kant é a distinção entre legalidade e moralidade. "A pura concordância e discordância de uma ação com a lei", diz ele, "sem considerar o móvel da ação, chama-se *legalidade* (conformidade com a lei), ao passo que se tem a moralidade quando a idéia do dever, derivada da lei, é ao mesmo tempo móvel da ação (doutrina moral). Os deveres impostos pela legislação jurídica podem ser apenas deveres *externos* porque essa legislação não exige que a idéia do dever, que é totalmente interna, seja de per si motivo determinante da vontade do agente e, como tem necessidade de móveis apropriados às suas leis, só pode admitir móveis externos. A legislação moral, ao contrário, embora erija em deveres também ações internas, nem por isso exclui as ações externas, mas refere-se em geral a tudo o que é dever" (*Met. der Sitten*, I, Intr., § 3). Portanto, o D. é "o conjunto de condições por meio das quais o arbítrio de um pode ajustar-se ao arbítrio de outro, segundo uma lei universal da liberdade", e pode ser representado como "uma coação geral e recíproca", de tal modo que "D. e faculdade de coagir significam a mesma coisa" (*ibid.*, Intr. à doutrina do dir., § E). Sob esse aspecto, não há diferença entre D. natural e D. positivo, que são distintos só à medida que o D. natural repousa exclusivamente em princípios *a priori*, ao passo que o D. positivo deriva da vontade do legislador (*ibid.*, Div. da doutr. do dir., § B).

Nessa doutrina de Kant há três pontos importantes: 1º o caráter primário e fundamental da norma moral, que é a única lei racional, e portanto dá origem à norma de D.; 2º o caráter "externo", logo imperfeito, da norma de D. e, por conseguinte, o caráter imperfeito e incompleto da ação legal em relação à ação moral; 3º o caráter necessariamente coercitivo do D. Esses três pontos tiveram grande importância no desenvolvimento sucessivo da doutrina do D.; o primeiro deles é, obviamente, resultado da doutrina do D. natural.

E também inspira grande número de correntes da moderna filosofia do D., mais precisamente aquelas que partem da distinção entre a esfera *externa* da ação, como pertencente ao D., e a esfera *interna* da intenção ou da consciência, como pertencente à moralidade. Assim, a teoria do D. como "o *minimum* ético", proposta por Jellinek (*Die sozialethische Bedeutung von Recht, Unrecht, und Strafe*, 1878), implica, ao mesmo tempo, que o D. deriva da moral e que o D. se reduz a uma esfera moral restrita ou diminuta. Concepção análoga foi sustentada por Croce, que a exprimia com a fórmula da identidade entre atividade jurídica e atividade econômica, identidade que servia para fazer a distinção entre D. e moral, ao mesmo tempo em que vinculava os dois, de acordo com a solução geral apresentada por Kant (*Filosofia da prática*, 1909, pp. 370 ss.).

Outro modo de exprimir a mesma noção de D. pode ser visto na doutrina de R. Stammler, de D. como tendência imanente em todo D. positivo e da moralidade como perfeição do D. correto, isto é, como perfeição última deste (*Lehre von richtigen Recht*, 1902, p. 87). Ainda na mesma linha situa-se o russo Leon Petrazycki (*Introdução ao estudo do direito e da moral*, 1905; *Teoria do direito*, 1907), que fez a distinção entre as normas morais que estabelecem "obrigações livres", ou seja, não conferem aos outros nenhum D. ou pretensão, e as normas morais que garantem tais obrigações em relação aos outros, ou seja, dão aos outros o D. de pretender o que a norma garante (*Low and Morality*, trad. in., 1955, pp. 46-7). E recentemente A. L. Goodhart reafirmava, ao menos em relação à *Common Law* anglo-saxônica, o fundamento moral do D., entendendo-o como obrigação ou dever-ser (*oughtness*), que não pode ser reduzido à coerção externa ou à sanção (*English Law and the Moral Law*, 1953, pp. 18 ss.).

3. DIREITO COMO FORÇA.

Da negação do D. natural e da ligação da noção de D. com a de coerção externa ou sanção nasce a terceira concepção fundamental de D., que o identifica com a força. A característica essencial da força é *garantir* a realização da norma, de tal modo que o D. como força é o D. *realizado*, ou seja, D. que ganha corpo e substância em instituições historicamente existentes. O pressuposto dessa corrente é, portanto, a negação do D. como dever-ser, aliás, do próprio dever-ser: é a identificação entre norma e realidade, entre dever-ser e ser. Este último aspecto exclui Hobbes dessa corrente doutrinal, pois, uma vez que ele não identificou o dever-ser com o ser, admitiu um D. natural que é a saída razoável do homem de uma situação hostil que ameaça destruí-lo, e não considerou que essa saída era infalivelmente garantida e plenamente realizada. A concepção do D. como força, com base na identificação entre dever-ser e ser, nasce com Hegel. Segundo ele, o D. é "uma existência em geral que seja existência da vontade livre" (*Fil. do dir.*, § 29). Isso significa que o D. é uma liberdade realizada em instituições historicamente determinadas, que como tais nada têm mais a ver com a liberdade entendida como arbítrio individual. Hegel, como todo o romantismo reacionário do século XIX, via na liberdade do indivíduo o conceito e a inspiração fundamental do iluminismo e da Revolução Francesa, contra os quais entendia assestar sua doutrina. Citando a definição kantiana de D. (v. acima), ele observava: "A citada definição de D. contém a opinião, corrente sobretudo depois de Rousseau, segundo a qual o querer deve ser fundamento substancial e primeiro princípio, não enquanto racional em si e para si, não enquanto espírito e espírito verdadeiro, mas enquanto individualidade particular, enquanto vontade do indivíduo em seu arbítrio particular. Uma vez acolhido esse princípio, o racional certamente só pode aparecer como limitador dessa liberdade; logo, não como racionalidade imanente, mas só como universal externo, formal. Esse ponto de vista é desprovido de qualquer pensamento especulativo, e é rejeitado pelo conceito filosófico, visto ter produzido, nas mentes e na realidade, fenômenos cuja horribilidade só tem paralelo na superficialidade do pensamento em que se fundavam" (*ibid.*, § 29). Assim, os "horrores" da Revolução Francesa constituem um paralelo à "superficialidade" de entender a liberdade não como realidade histórica, mas como o dever-ser de uma norma. Conseqüentemente, Hegel acha que o D. é algo sagrado, só por ser "a existência do conceito absoluto, da liberdade autoconsciente", e que um D. superior, ou seja, mais real, subordina um D. mais abstrato, ou seja, menos real ou imperfeitamente real. Assim, a esfera do "D. abstrato" subordina-se à da "moralidade", e ambas se subordinam à da "eticidade", que é a própria liberdade "transformada em mundo existente" (*ibid.*, § 142). E a eticidade culmina no Estado, que é a realidade histórica máxima e, portanto, a mais elevada, a única verdadeira e definitiva realização do direito. "O ingresso de Deus no mundo", diz Hegel, "é o Estado; seu fundamento é a potência da razão que se realiza como vontade. Como idéia de Estado não se devem ter em mente estados particulares, instituições particulares, mas considerar a Idéia por si, esse Deus real" (*ibid.*, § 258, Zusatz). Embora fale assim do Estado "em si", que conserva caráter divino ainda que, em suas manifestações particulares, se mostre imperfeito, assim como um homem conserva caráter humano mesmo quando é aleijado ou deficiente, Hegel julga que todos os Estados são encarnações do "Espírito do povo", a autoconsciência que um povo tem de sua própria verdade e de seu ser, ou a "cultura" de uma nação (*Phil. der Geschichte*, ed. Lasson, p. 93). O D. não é senão a realização da liberdade no Estado: existe só como lei do Estado. Correspondentemente, a liberdade existe só como obediência às leis do Estado. "Ao Estado pertencem as leis, e isso significa que o costume não subsiste só na forma imediata, mas na forma do universal, como objeto de um saber. O fato de esse universal ser conhecido constitui a espiritualidade do Estado. O Indivíduo obedece às leis, e sabe que nessa obediência está a sua liberdade; nela, portanto, entra em relação com seu próprio querer" (*ibid.*, p. 99).

Durante muito tempo a doutrina do D. natural afirmara que a norma natural é a própria vontade de Deus, ou vice-versa. Hegel afirma que Deus apareceu ou realizou-se na história: é o próprio Estado. A lei positiva é assim imbuída do valor e do prestígio que a tradição atribuía ao D. natural. Ao passo que, ao longo de toda a tradição, sobretudo no mundo moderno, esse D., entendido como lei divina ou como princípio humano de razão, era um tribunal de apelação ao qual o homem podia recorrer, como de fato recorria, contra a injustiça ou a imperfeição do D. positivo, na doutrina de Hegel não existe nenhum tribunal de apelação e, aliás, a própria doutrina não passa de negação desse tribunal, que é entendido como fonte de pensamentos "superficiais" e de acontecimentos "horríveis". O indivíduo não tem defesa contra o Estado ou o D. positivo; não pode desobedecer-lhes e nem mesmo discuti-los; e de fato, discutindo-os, estaria apenas contrapondo as exigências de seu intelecto "finito" à racionalidade "infinita" da história. O Estado tem sempre razão. Desse ponto de vista, ao D. só resta a força.

Algumas dessas características da doutrina hegeliana do D., especialmente a redução do dever-ser ao ser, que é, de resto, o achatamento da norma no fato, são compartilhadas também por escolas que não se inspiram na concepção geral de Hegel. Assim, a escola histórica do D., cujo representante principal é F. von Savigny (1779-1861), ao considerar o Estado como "manifestação orgânica do povo", vê no D. um produto do "espírito do povo", algo que encontra realidade na vontade comum do povo (*Über den Beruf unserer Zeit*, 1814). Como última justificação do caráter histórico, portanto *nacional*, do D., os seguidores dessa escola aduzem a consideração de que o D., visando conservar a ordem nacional, contribui no campo da história para conservar e garantir a ordem cósmica desejada por Deus. J. Stahl diz que o D. é "a ordem vital do povo, especialmente da comunidade dos povos, com vistas à conservação da ordem cósmica estabelecida por Deus. Ele é uma ordem humana, mas a serviço da ordem divina determinada por um mandamento divino e fundada na permissão divina" (*Phil. des Rechts*, 1830, II, 1º, p. 194). Ao contrário de Hegel e da escola hegeliana, a escola histórica não identifica o D. realizado (ou Estado) com Deus, mas vê no D. algo que provém de Deus e cuja justificação consiste em subordinar-se à ordem cósmica estabelecida por Deus.

Pode-se ver a mesma orientação fundamental (cuja melhor expressão ainda é a doutrina de Hegel) em todas as doutrinas do D. que de algum modo relacionem a origem e o fundamento do D. com o "Espírito do povo", com a "Nação" ou com o "Estado", reduzindo, portanto, a obrigatoriedade do D. à força coercitiva de uma instituição histórica qualquer, considerada como instrumento providencial da ordem cósmica ou como essa mesma ordem em sua manifestação. De fato, é de se observar que a ênfase ou mesmo a exaltação do caráter "ético", "racional", "providencial" ou de qualquer forma necessário e necessitante do D. positivo têm como conseqüência simetricamente oposta a atribuição de caracteres idênticos ao D. natural. Se esses caracteres são atribuídos ao D. natural, reconhece-se ao mesmo tempo e com base nisso a possibilidade de discutir, avaliar e julgar o D. positivo, reconhecendo-se, portanto, implícita ou explicitamente, a possibilidade e a autonomia desse juízo. Mas quando esses caracteres são atribuídos apenas ao D. positivo, nega-se qualquer possibilidade de discutir, avaliar e julgar tal D., negando-se portanto a autonomia e a própria possibilidade de qualquer juízo e até mesmo da mais inócua discussão sobre o D. É essa negação que muitas vezes as teorias desse gênero pretendem garantir e justificar.

4. Direito como técnica social.

A concepção de D. como força nega o D. natural por negar qualquer dever-ser, e nega qualquer dever-ser por considerar o D. apenas como força necessariamente realizadora. Não prescinde de considerações de valor e, particularmente, da idéia de justiça, ou seja, de um tipo de coexistência perfeita entre os homens, mas considera o valor ou a justiça já desde sempre realizados: como dizia Hegel, a razão não é tão impotente que não possa realizar-se no mundo. As correntes *formalistas* da moderna filosofia do D. tendem, ao contrário, a prescindir de qualquer ideal valorativo, ou seja, da própria noção de justiça, que é entregue à esfera política e moral, mas considerada estranha à do D. O D. natural, como delineamento normativo de condições perfeitas, desse ponto de vista é mera ficção: o único D. de que se pode legitimamente falar, que pode ser objeto de consideração científica, e não de desejos ou de aspirações idealizadoras, é o D. positivo. Mas o D. positivo nada tem de perfeito ou de transcendente, não inclui nenhum valor último e absoluto. É simplesmente um *instrumento* para alcançar certos fins; e, como todo instrumento, pode ser julgado em termos da *eficiência*, da capacidade de garantir uma ordenação (qualquer) da sociedade humana. Sob esse aspecto, o D. deve ser reconhecido como um *dever-ser*, como uma regulamentação do comportamento humano, com a qual esse comportamento pode até não se ajustar.

Nessa concepção, confluem vários elementos historicamente reconhecíveis: a velha idéia do D. como utilidade, que sofistas, epicuristas e céticos já haviam defendido na Antiguidade e que no mundo moderno foi retomada por Hobbes e Hume; e, em especial, a idéia central do jusnaturalismo moderno de que o D. é a racionalidade das relações humanas (pacíficas ou não) e que, portanto, em sua esfera inclui-se qualquer regulamentação racional de tais relações. Este último também é o conceito de D. aceito pela teoria formal, se bem que a polêmica tradicional de ordem ideal e perfeita da comunidade até agora impediu que essa teoria se identificasse em seu precedente histórico mais ilustre e significativo. Não há dúvida de que a idéia de D. como técnica ou instrumento para possibilitar as relações humanas, tanto na paz quanto na guerra – idéia exprimível na forma de imperativos hipotéticos ou de proposições condicionais do tipo *se... então* –, é comum ao jusnaturalismo clássico de Grócio, Hobbes, Pufendorf e a outros defensores hodiernos da "teoria geral do D."

Pode-se ver um precedente dessa teoria na doutrina de John Austin que definiu o D. como "regra formulada para que um ser inteligente guie outro ser inteligente e tenha poder sobre ele". D. seria, portanto, *mando*: expressão da vontade de um indivíduo, injuntiva para o indivíduo a quem é dirigida, no sentido de obrigá-lo a fazer o que o mandante requer (*Lectures on Jurisprudence*, 1861, 5ª ed., 1885, I, pp. 88 ss.). As características fundamentais da doutrina de Austin são duas: 1ª redução do D. a uma norma injuntiva, enquanto mando; 2ª caráter racional, ou pelo menos *razoável*, desse comando, visto emanar de um ser inteligente e dirigir-se a outro ser inteligente. Essas características também se encontram em doutrinas aparentemente diferentes da de Austin, como, por exemplo, na *doutrina sociológica* de Eugen Ehrlich, para quem "o D. é uma organização, vale dizer uma norma que atribui a cada membro da associação sua posição na comunidade, seja ela de preeminência ou de sujeição, bem como seus deveres" (*Grundlegung der Soziologie des Rechts*, 1913, p. 18). Nessa doutrina, o conceito de ordenação prevalece sobre o de mando, mas a ordenação, assim como o mando de Austin, é uma norma apta a realizar certa forma de convivência. Kelsen, hoje o maior defensor e representante da teoria formal do direito, remete-se a esses predecessores. Distingue-se de Ehrlich por não julgar que o conceito de ordenação baste para constituir o D., porquanto nem sempre a ordenação tem força injuntiva; e distingue-se de Austin por julgar que tal força injuntiva não consiste no mando, mas no *dever-ser* do D., ou seja, na estrutura normativa do próprio D. Mais precisamente, para Kelsen o D. é "a técnica social específica de uma ordenação coercitiva", sendo, pois, caracterizado pela "organização da força" (*General Theory of Law and State*, 1945, I, A, d; trad. it., pp. 19 ss.). A eficiência dessa técnica é condicionada, segundo Kelsen, por sua coerência, que pode ser medida a partir de uma "norma fundamental", que serviu de base para a criação das várias normas de determinada ordem jurídica. "O sistema do positivismo jurídico, diz Kelsen, "exclui a tentativa de deduzir da natureza ou da razão normas substanciais, que, estando além do D. positivo, possam servir-lhe de modelo, tentativa cujo êxito é sempre aparente, e que termina com fórmulas que só têm a pretensão de possuir conteúdo. Ao contrário, examina com senso de responsabilidade os pressupostos hipotéticos de cada D. positivo, ou seja, suas condições meramente *formais*" (*ibid*., Ap., IV, B, c, p. 443). Kelsen está cônscio do parentesco que, sob esse aspecto, seu "positivismo jurídico" tem com o jusnaturalismo clássico, especialmente com a forma assumida na filosofia kantiana (*ibid*., pp. 445, 453), embora continue dizendo que o positivismo rejeita "a ideologia de que a teoria jusnaturalista se vale para justificar o D. positivo" (*ibid*., Apêndice, IV, B, h, p. 453). Na realidade, no jusnaturalimo ele não distingue suficientemente a fase moderna da fase antiga e assim atribui à sua fase moderna a noção da ordem perfeita e providencial da justiça, que caracterizava a fase antiga e entrou em crise com Grócio. Na realidade, a filosofia política e jurídica contemporânea ainda não conseguiu recuperar os ensinamentos fundamentais da teoria do D. natural, especialmente em sua formulação jusnaturalista de Grócio a Hume. O que impediu ou obstou essa recuperação foi a crença de que aquela teoria se fundava num conceito "metafísico" ou "platônico" de justiça, além da exigência de eliminar da consideração "científica" do D. qualquer ideal valorativo. Mas na realidade o jusnaturalismo moderno não se apoiou em determinado ideal de justiça, mas na exigência de que o D., sejam quais forem as normas particulares em que se concretize, seja eficiente no objetivo de possibilitar as relações humanas. Nessa exigência, como se viu, Grócio e Hume estão de acordo, embora possam dissentir quanto ao caráter "necessariamente racional" ou simplesmente "útil", logo razoável, do direito. Ora, o que se espera de uma técnica, qualquer que seja ela, é a eficiência. E o juízo sobre a eficiência de uma técnica não pode fundar-se exclusivamente em sua coerência interna, como pretende Kelsen. É claro que há uma condição fundamental para que a uma técnica qualquer conserve sua eficiência e a aumente: é a *retificabilidade* da própria técnica. De fato, quando uma técnica qualquer pode ser oportunamente modificada e adaptada às circunstâncias, sem mudar substancialmente, conclui-se que é capaz de conservar e de incrementar a sua eficiência. Portanto, toda técnica eficaz deve ser autoretificável; essa é, na verdade, a única vantagem que a técnica da ciência experimental, desde Galileu até hoje, possui sobre as outras. Desse ponto de vista, o juízo técnico sobre determinado sistema de D. é o juízo sobre a sua capacidade de corrigir ou eliminar suas próprias imperfeições, de tornar-se mais ágil e, ao mesmo tempo, mais rigoroso. Não é um juízo que se refira à mera coerência do sistema, nem um juízo de valor resultante do confronto do sistema com um ideal prévio de justiça. É um juízo concreto e diretivo, capaz de influir na evolução histórica do direito.

O quadro acima, sobre as teorias filosóficas do D., mostra definitivamente que não tem sentido nenhuma tentativa de definir as relações entre D. e moral, entendendo tanto o D. quanto a moral como duas categorias "eternas" do espírito. De fato, D. e moral devem ser considerados idênticos tanto do ponto de vista da teoria do D. natural quanto do ponto de vista da teoria do D. como força. Obviamente, a teoria segundo a qual o D. se apóia na moral faz uma distinção entre ambas e, na realidade, é a teoria *de* tal distinção. Quanto à teoria formal do D., provavelmente permite tanto uma quanto outra solução (v. ÉTICA). [N.A.]

Nos últimos anos o. D. vem sendo cada vez mais considerado um fenômeno social. As tendências idealistas passadas, que procuravam reduzir o D. a uma categoria do espírito, foram substituídas por novas diretrizes que buscam analisar as atividades dos juristas e as estruturas normativas que emergem do desenvolvimento histórico efetivo. Além disso, há um interesse especial pela linguagem das leis, pelas questões hermenêutico-interpretativas e pelos problemas do raciocínio deôntico. Na esteira de tal "filosofia do D. dos juristas" situa-se H. L. A. Hart, que, reportando-se a John Langshaw Austin, propõe utilizar "uma consciência apurada das palavras para aguçar a nossa percepção dos fenômenos" (*The Concept of Law*, 1961, p. XXII). De tal modo, a indagação lógico-lingüística dos sistemas jurídico-normativos tende a transformar-se numa indagação de "sociologia descritiva" (*ibid.*, p. XXI). Em todo caso, segundo Hart, a realidade jurídica não pode ser plenamente compreendida se não for feita uma distinção entre um "ponto de vista externo" e um "ponto de vista interno". Coloca-se no primeiro ponto de vista o observador que não aceita as normas jurídicas, mas limita-se a constatar regularidades e a lançar prognósticos relativos aos comportamentos dos cidadãos, procurando, eventualmente, entender o significado que tais comportamentos revestem para os agentes. No ponto de vista interno, por sua vez, situam-se os juristas "que usam as normas como guias de sua conduta na vida social, ou como fundamento de pretensões, reivindicações, concessões, críticas ou sanções"; para eles "a violação de uma norma não é apenas a base para prognósticos de que se seguirá a uma reação hostil, mas é uma *razão* para essa hostilidade" (*ibid.*, p. 108). O problema do D. é, pois, enfrentado de uma perspectiva sociológica "abrangente" e está intimamente ligado ao problema da justificação (J. RAZ, *Practical Reason and Norms*, 1975).

Por outro lado, no final dos anos 1960 já havia começado a entrar em crise a versão metodológica do positivismo jurídico, que julgava possível uma abordagem cientificamente neutra ao D., considerado "como um fato e não como um valor" (N. BOBBIO, *Il positivismo giuridico*, 1961). Demonstrou-se em especial que a "norma fundamental" (*Grundnorm*) de Kelsen estava ligada aos pressupostos da metafísica neokantiana desse autor: tal norma hipotética devia ser entendida como um pressuposto transcendental da juridicidade, sem o qual não teria sido possível um estudo científico do D. De todo modo, a "objetividade" do conhecimento jurídico, contraposta à "subjetividade" das ideologias e da política, não pode ser garantida do alto, *a priori*, como queria Kelsen. No mais, na sua última fase, Kelsen, numa obra póstuma (*Allgemeine Theorie der Normen*, 1979), agravou ainda mais as aporias desse quadro teórico com uma mudança de posição que foi considerada "irracionalista": *a*) nega a extensão, mesmo indireta, da lógica alética às normas e a todas as "proposições" que assumem valores diferentes de "verdadeiro" ou "falso" (*ibid.*, caps. LVI/LVIII); *b*) acentua o aspecto voluntarista e autoritarista do D. com esteio na afirmação de Dubislav de que não há nenhum imperativo sem *imperator* (*ibid.*, cap. LIV); c) admite a possibilidade de que duas normas em conflito sejam ambas válidas; *d*) reduz a norma fundamental a mera "norma fictícia" (*ibid.*, cap. LIX). A tais dificuldades do positivismo reagem duas tendências opostas.

De um lado, houve forte retomada do *realismo jurídico*. Essa corrente, nas suas versões americana e escandinava, reconhece o D. não como um conjunto de normas válidas, mas como um conjunto de decisões efetivas. O D. não é constituído por obrigações misteriosas, mas por aquilo de que os juristas realmente fazem: ele é uma complexa máquina institucional passível de ser descrita de modo isolado. As interpretações jurídicas tornam-se, assim, diretrizes políticas que expõem argumentos *de sententia ferenda*. Elas se traduzem em "pareceres, requerimentos e recomendações encaminhados ao juiz para que ele resolva de certo modo o caso em questão" (A. Ross, *On Law and Justice*, 1958, § 9). A perspectiva jusrealista, por outro lado, nutre a pretensão de desmistificar os discursos dos juristas, que são degradados a pura cobertura ideológica. Essa atitude, porém, vai de encontro a um grave inconveniente: não permite separar o D. válido, tal como deve ser aplicado, dos comportamentos *efetivos* dos órgãos do ordenamento, tornando, desse modo, problemática uma crítica jurídica, e não apenas política, das praxes das autoridades públicas.

Por outro lado, assiste-se ao nascimento de um positivismo que abandona a tradicional neutralidade: se bem que as normas jurídicas continuem passíveis de descrições, reconhece-se que a identificação, por parte dos juristas, do âmbito próprio do D. nos atos e fatos que representam as fontes positivas, pressupõe a aceitação de uma série de compromissos metajurídicos. L. Ferrajoli (*Diritto e ragione*, 1989), em especial, elaborou uma teoria do garantismo penal que faz uma revisão crítica ao juspositivismo. Aliás, discute-se se o requisito de aceitação das normas jurídicas por parte de quem deva usá-las, não podendo limitar-se a descrevê-las, significa um deslizamento para o jusnaturalismo. De qualquer modo, fica evidente que tal formulação se distancia ao menos por dois aspectos, bastante relevantes, dos costumeiros pontos de vista jusnaturalistas, porque: *a*) rechaça qualquer tentativa de fundamentação objetiva dos discursos prescritivos (U. SCARPELLI, *L'etica senza verità*, 1982); *b*) uma vez estabelecidos os critérios de juridicidade por meio de uma definição do termo "D.", mantém firme a distinção entre normas jurídicas e os princípios morais que são derrubadas por todas as análises antipositivistas, mesmo as mais recentes, como a de R. Dworkin (*Taking Rights Seriously*, 1977). [C.L.]

DIREITO SUBJETIVO (gr. τὸ δίκαιον; lat. *Jus*; in. *Right*; fr. *Droit*; al. *Recht*; it. *Diritto soggettivo*). É o significado que a palavra D. assume em expressões como estas: "Declaração dos D. do homem", "A lei garante ao réu o D. de defender-se", "O D. ao ressarcimento dos danos". Pufendorf foi um dos primeiros a expressar com clareza a distinção entre D. em sentido objetivo, como "complexo de leis", e D. em sentido subjetivo, como "faculdade de fazer algo, concedida ou permitida pelas leis". Assim como o homem tem o poder de fazer tudo o que promane de suas faculdades naturais, contanto que não seja proibido expressamente por uma lei, costuma-se dizer que a lei atribui o D. de fazer tudo o que não é proibido por nenhum tipo de lei. Nesse sentido, o D. concerne à nossa liberdade; a lei, ao contrário, implica a obrigação pela qual a liberdade natural é limitada" (*De jure naturae*, 1672, I, 6, 3). Essa distinção manteve-se até hoje nos mesmos termos. [N.A.]

DIREITOS DOS ANIMAIS. V. ANIMAL, QUESTÃO DO.

DIREITOS HUMANOS. V. DEMOCRACIA; LIBERALISMO; NEOCONTRATUALISMO; POLÍTICA.

DISAMIS. Palavra mnemônica com a qual, na tradição escolástica, era indicado o silogismo de terceira figura (podendo ser reduzido a *Darii* da primeira), que tem como forma: "Alguns A são B, Todos os A são C; logo, Alguns C são B" ("Alguns homens são substância, Todos os homens são animais; logo, Alguns animais são substância"). [M. M.]

DISCIPLINA (gr. μάθημα; lat. *Disciplina;* in. *Discipline;* fr. *Discipline;* al. *Disziplin;* it. *Disciplina*). 1. Uma ciência, como objeto de aprendizado ou de ensino (v. MATHEMA).

2. Função negativa ou coercitiva de uma regra ou de um conjunto de regras, que impede a transgressão à regra. Foi assim que Kant a entendeu ao defini-la como "a coerção graças à qual a tendência constante a transgredir certas regras é limitada e, por fim, destruída". Distinguiu-a da cultura, "que só deve conferir uma habilidade, sem abolir outra preexistente". A D. da razão pura é parte importante da doutrina transcendental do método, visto que a razão, em seu uso filosófico, não é limitada ou sustentada pela experiência (como ocorre na física) nem pela intuição pura (como ocorre na matemática) (*Crít. R. Pura*, Doutr. transc. do mét., cap. I). [N.A.]

DISCRETIVA, PROPOSIÇÃO (fr. *Proposition discrétive;* it. *Proposizione discretiva*). A *Lógica* de Port-Royal assim chamou a proposição composta de juízos diferentes, interligados por partículas como "mas", "todavia" etc., tanto expressas quanto subentendidas; por exemplo, "O destino pode tirar as riquezas mas não a coragem" (ARNAULD, *Log.*, II, 9). [N.A]

DISCRETO (gr. διωρισμένος; lat. *Discretus;* in. *Discrete;* fr. *Discret;* al. *Diskret;* it. *Discreto*). Descontínuo (v. CONTÍNUO). [N.A]

DISCURSIVO (lat. *Discursivus;* in. *Discursive;* fr. *Discoursif;* al. *Discursiv;* it. *Discorsivo*). Esse adjetivo corresponde ao sentido da palavra grega *dianóia* (v.) porque designa o procedimento racional que avança inferindo conclusões de premissas, ou seja, através de enunciados negativos ou afirmativos sucessivos e concatenados. Tomás de Aquino contrapõe esse processo, considerado próprio da razão humana, à ciência *intuitiva* de Deus, que entende tudo simultaneamente em si mesmo, com um ato simples e perfeito da inteligência (*S. Th.*, I, q. 14, a. 7 ss.; *Contra Gent.*, I, 57-8). Essa é a contraposição que se acha em Platão e em Aristóteles entre razão (*dianóia*) e intelecto (*nous*). Os modernos utilizaram essa palavra com o mesmo significado (HOBBES, *Leviath.*, I, 3; WOLFF, *Log.*, § 51). Kant acompanhou esse uso. "O conhecimento qualquer intelecto", disse ele, "ao menos do intelecto humano, é um conhecimento por conceitos: não intuitivo, mas D." (*Crít. R. Pura*, Analítica, I, cap. I, seç. 1). Em toda a sua obra Kant contrapõe constantemente o intelecto D. ou humano ao hipotético "intelecto intuitivo" de Deus, que é criador dos seus objetos (*ibid.*, § 21) (v. INTELECTO). [N.A.]

DISCURSO, ÉTICA DO (in. *Discourse ethics;* fr. *Etthique du discours;* al. *Diskursethik;* it. *Etica del discorso*). Expressão que indica a forma particular de ética (cujos principais teóricos são Apel e Habermas) que se propõe fornecer uma base racional e universal dos princípios da ação, partindo da forma lingüística da comunicação humana e da modalidade específica que é a argumentação *(Diskurs)*.

1º Segundo a ética do D., todo aquele que argumenta de modo sensato, pressupõe implicitamente alguns "pretensões universais de validade", tais como: a *compreensibilidade* (visto que todo argumentador é obrigado a dar um significado intersubjetivamente compreensível àquilo que sustenta); a *verdade* (visto que todo argumentador não pode deixar de pressupor a verdade daquilo que diz); a *veracidade* ou *sinceridade* (visto que todo argumentador sério aceita, por essa mesma razão, estar convencido daquilo que afirma); a *justeza* ou *correção normativa* (visto que todo argumentador deve respeitar as normas que presidem à interação comunicativa). Tais regras, que estão inseridas no próprio ato de falar, não têm somente uma dimensão lógico-lingüística, mas também um valor ético-político. Sua observância coincide com a chamada "situação discursiva ideal" (Habermas), ou seja, com aquilo que Apel, para evidenciar que ela é aberta a todos os falantes e isenta de condicionamentos, chama de "comunidade ilimitada da comunicação". Tal comunidade tem valor contrafactual e regulador, ou seja, funciona como antítese ideal à forma real da comunicação cotidiana. Donde a tendência "emancipadora" da ética do D., que se completa com a crítica da ideologia (v.), ou seja, com o desmascaramento dos interesses materiais que se interpõem ao entendimento comunicativo. Enquanto, num primeiro momento, a comunidade ideal de Apel e Habermas apresentava feições de tipo neomarxista, num segundo momento acabou por identificar-se com o Estado democrático de direito, ou seja, com um modelo de sociedade livre, em condições de resolver, através da discussão pública, os conflitos de interesse entre os seus membros (v. AGIR COMUNICATIVO e AGIR INSTRUMENTAL).

2º Em virtude dessas características, a ética do D. qualifica-se como uma moral *cognitivista* (porque persegue uma base cognitiva e racional das normas éticas); *deontológica* (porque antes e além de qualquer consideração teleológica ou utilitarista, defende o caráter vinculador dos princípios éticos); *formalista* (porque não estabelece os conteúdos materiais de uma "vida feliz", mas prescreve apenas os princípios procedimentais do agir comunicativo); *universalista* (uma vez que pretende valer para todos os seres racionais e não só para determinado grupo étnico ou social); *pós-kantiana* (pois, mesmo aceitando a formulação básica da moral criticista, diferencia-se dela pela formulação dialógica e pelo esforço de unir a ética do dever (v.) à ética da responsabilidade (v.)].

3º Embora ambos insistam na relação ética–linguagem, Apel e Habermas divergem entre si pela diferente justificação da ética do D. Enquanto Apel persegue o ideal de uma "fundamentação última" de tipo transcendental (*Letzbegründung*), Habermas, sempre suspeitoso em relação às pretensões fundacionais da filosofia, limita-se a apresentar sua doutrina como uma hipótese teórica com alto nível de generalização. [G.F.]

DISJUNÇÃO (in. *Disjunction*; fr. *Disjonction*; al. *Disjunktion*; it. *Disgiunzione*). Operação lógica que consiste em unir um par de enunciados, expressa pela partícula "ou". Já Leibniz emprega o símbolo "V" (inicial da palavra latina "Vel"), para indicar a disjunção não-exclusiva. Tal símbolo, retomado depois por Peano, é usado ainda hoje com o mesmo significado que lhe fora atribuído por Leibniz: para "p" e "q" enunciados quaisquer, o enunciado composto "$p \vee q$" é falso somente no caso em que tanto "p" quanto "q" sejam falsos, verdadeiro nos demais casos. Em notação polonesa, a operação de disjunção não-exclusiva é representada pela letra "A" anteposta aos enunciados disjuntivos ("Apq"). Todavia, o significado não-exclusivo é somente um dos significados correspondentes ao uso da partícula "ou" na linguagem comum. Também é freqüente o significado *exclusivo*, com base no qual o enunciado composto "p ou q" é falso no caso de p e q serem ambos verdadeiros ou ambos falsos, verdadeiro nos demais casos. [M.M.]

DÍSPAR (lat. *Diparatus*; in. *Disparate*; fr. *Disparate*; al. *Disparat*; it. *Disparato*). Foi assim que Cícero chamou o que está em oposição contraditória com outra coisa, como não saber em relação a saber (*De Invent.*, 28, 42). Boécio restringiu esse termo aos opostos contraditórios que, por serem muito diferentes, não têm entre si nenhuma contrariedade, como terra e roupa (*De syll. hipot.*, I., *P. L.*, 64º, col. 834). O significado proposto por Boécio prevaleceu no uso filosófico e comum: D. são as coisas inconfrontáveis por sua diversidade. O conceito foi reintroduzido na lógica por Rodolfo Agrícola e elaborado pelos lógicos do século XVII, que consideraram os *disparata* e os *opposita* como as duas espécies dos *dissentanea*. Por estes últimos entendiam-se as coisas diferentes entre si, a ponto de não poderem ser atribuídas reciprocamente, e por D. as "realmente diferentes ou tais que uma pudesse existir simplesmente sem a outra" (JUNGIUS, *Log.*, V, 33, 1-3). Leibniz chamou de D. "as proposições que dizem que o objeto de uma idéia não é o objeto de uma outra idéia"; por exemplo, o calor não é a mesma coisa que a cor (*Nouv. ess.*, IV, 2, § 1). [N.A]

DISPOSIÇÃO (gr. διάθεσις; lat. *Dispositio*; in. *Disposition*; fr. *Disposition*; al. *Disposition*; it. *Disposizione*). 1. Distribuição das partes em um todo, devida à ordem do todo. Foi assim que Aristóteles entendeu essa palavra (*Met.*, V, 19, 1022 b 1) (v. ORDEM, 2).

2. Tendência, inclinação ou atitude. Nesse sentido, essa palavra foi entendida também por Aristóteles (*Met.*, V, 20, 1022 b 10), que às vezes a utilizou para indicar a virtude (*Et. nic.*, II, 7, 1107 b 16, 30 etc.). Os estóicos empregaram-na constantemente para definir a virtude: "uma D. de alma coerente e concorde" (ESTOBEU, *Ecl.*, II, 7, 60; CÍCERO, *Tusc.*, IV, 34). Esse significado persiste na filosofia medieval. Às vezes, distingue-se D. de hábito. Pedro Hispano diz: "O hábito difere da D. por ser mais permanente e duradouro, assim como são, por exemplo, as virtudes e as ciências [...] As D., ao contrário, mudam facilmente, como o frio, o calor, a saúde, a doença etc. Os hábitos podem ser chamados de D., mas a recíproca não ocorre. Por isso, pode-se definir hábito como uma qualidade dificilmente movível, e a D. como uma qualidade facilmente movível" (*Summ. log.*, 3.23). O significado dessa palavra não mudou até hoje. Segundo Dewey, "a palavra D. significa predisposição, prontidão para agir abertamente de determinado modo sempre que se apresentar a oportunidade: essa oportunidade consiste na supressão da pressão exercida pelo domínio de algum hábito patente" (*Human Nature and Conduct*, 1922, p. 41).

Já na lógica medieval as qualidades das coisas às vezes eram chamadas de D. (PEDRO HISPANO, *Summ. log.*, 12.08); os lógicos modernos repetem essa doutrina, afirmando às vezes que são D. também qualidades que, como *quebrado* ou *dissolvido*, parecem exprimir um fato. Popper observa a propósito que um químico não diria que o açúcar ou o sal se dissolveram na água se não esperasse poder recuperar o açúcar ou o sal mediante a evaporação da água (*The Logic of Scientific Discovery*, 1959, p. 424). [N.A.]

DISPOSICIONAL. V. POSSIBILIDADE.

DISPUTATIO. Foi um dos métodos fundamentais do ensino universitário na Idade Média. Suas origens provavelmente remontam à filosofia grega, em particular a Aristóteles, mas foi só no século XI que esse método começou a ser regulamentado por uma técnica *ad hoc*, segundo o modelo do *Sic et non* de Abelardo. A dialética, ou seja, a lógica, era habitualmente considerada a técnica desse método, assim definido por João de Salisbury: "A *disputatio* se dá em torno das coisas que sejam duvidosas, apresentadas de forma contraditória ou que nos proponhamos demonstrar ou refutar de um modo ou de outro" (*Metalogicus*, II, 4). [N.A.]

DISSENTÂNEO. V. DÍSPAR.

DISTÂNCIA TEMPORAL (al. *Zeitenabstand*; it. *Lontananza temporale*). Expressão usada por Gadamer para ressaltar que a distância cronológica entre interpretante e interpretado não representa um obstáculo por transpor (segundo a ingênua pretensão historicista de tornar-se "contemporâneo" do autor e da obra estudada), mas uma condição básica da compreensão. Tal D. não representa um precipício vazio, mas um espaço preenchido pela tradição, que funciona como ponte ou cordão umbilical entre os dois termos (ou mundos distantes) da relação interpretativa: "Trata-se de reconhecer na distância temporal uma possibilidade positiva e produtiva de compreender. Essa distância não é um abismo escancarado diante de nós, mas é preenchida pela transmissão e pela tradição, sob cujas luzes se mostra tudo o que é objeto de comunicação histórica" (*Verità e metodo*, 1960, trad. it., Bompiani, Milão, 1972, p. 347) (v. CÍRCULO HERMENÊUTICO; HORIZONTES, FUSÃO DOS; WIRKUNGSGESCHICHTE). [G.F.]

DISTELEOLOGIA (in. *Dysteleology*; fr. *Dystéléologie*; al. *Dysteleologie*; it. *Disteleologia*). Termo criado pelo biólogo materialista Ernesto Haeckel para indicar a parte da biologia que estuda os fatos biológicos (monstruosidade, abortos, atrofias etc.) que contradizem a existência de uma finalidade na formação dos organismos vivos (*Welträtsel*, 1899, cap. 14). [N.A.]

DISTINÇÃO (lat. *Distinctio*; in. *Distinction*; fr. *Distinction*; al. *Unterscheidung*; it. *Distinzione*). 1. A relação ou o aspecto segundo o qual pode ser reconhecida uma alteridade entre objetos quaisquer que sejam. A doutrina da D. foi elaborada pela escolástica com objetivos metafísicos e teológicos. Tomás de Aquino conhece somente a D. *formal* ou *específica*, que ocorre entre duas espécies diferentes, e a *material* ou *numérica*, que ocorre entre duas coisas pertencentes à mesma espécie (*S. Th.*, I, q. 47, a. 2). Mas no século seguinte Francisco Mayron podia enunciar nada menos do que sete espécies de D.: 1º D. *de razão* (*ratione*), por exemplo entre Sócrates como sujeito e Sócrates como predicado da proposição "Sócrates é Sócrates"; 2º D. *ex natura rei*, que é independente da ação do intelecto, como a que existe entre o todo e as partes, o efeito e a causa, o alto e o baixo etc.; 3º D. *formal*, que ocorre entre as coisas que não podem servir de predicado uma à outra, como por exemplo entre o homem e o asno; nesta distinção Duns Scot já insistira longamente, utilizando-a para exprimir a diferença entre o indivíduo e a natureza comum (*Op. Ox.*, II, d. 3, q. 6, n. 15) e entre os atributos divinos (*ibid.*, I, d. 8, q. 4, n. 17); segundo Mayron, esse tipo de D. pode ser formulado por definição, divisão (ou classificação), descrição e demonstração, pois o que é individualizado por qualquer um desses processos distingue-se formalmente das outras coisas; 4º D. *real*, que ocorre entre as "coisas positivas" que são reciprocamente independentes, tais que a existência de uma pode prescindir da existência da outra; 5º D. *essencial*, entre as coisas que podem ser separadas ainda que hipoteticamente (p. ex., da ação de Deus), como matéria e forma, acidente e substrato, precedente e conseqüente; 6º D. *total substancial* (*subjectiva*), entre as coisas que não coincidem em nenhuma realidade substancial; 7º D. *total representativa* (*objectiva*), entre as coisas que não podem ter o mesmo predicado essencial (*quiditativum*) (*Formalitates*, ed. Venetiis, 1517, pp. 23-4). Descartes simplificou muito essa tábua complicada, reduzindo as D. a três: real, modal e de razão. A D. real ocorre entre duas ou mais substâncias, quando se pode pensar numa substância clara e distintamente sem pensar na outra. A D. modal ocorre ou entre a substância e o seu modo (ou manifestação) ou entre dois modos diferentes da mesma substância. A D. de razão é a que se estabelece às vezes entre a substância e um de seus atributos, sem o qual, porém, a substância não poderia subsistir, ou entre dois atributos, igualmente inseparáveis, da mesma substância (*Princ. phil.*, I, 60-2).

2. Grau da evidência (v. CLAREZA e DISTINÇÃO). [N.A.]

DISTRAÇÃO (lat. *Distractie*; in. *Distraction*; fr. *Distraction*; al. *Zerstreutheit*; it. *Distrazione*). 1. Condição em que a atenção é distanciada das idéias ou das ocupações dominantes e voltada para outras coisas. Já Kant, com muito bom senso, notava que é fraqueza, mais do que força do espírito, não poder separar-se de alguma coisa a que se deu grande atenção durante muito tempo: fraqueza que, se habitual e voltada para o mesmo objeto, pode degenerar em loucura. Portanto, a D., como divertimento do espírito, é condição da saúde mental. Por outro lado, a distração constante confere ao homem a aparência de sonhador e o torna inútil à sociedade (*Antr.*, I, 47). Nesse sentido a palavra equivale a *divertimento* (v.).

2. O contrário da *atenção* (v.): atividade seletiva malograda ou deficiente em relação aos objetos de um campo. [N.A.]

DISTRIBUIÇÃO (lat. *Ditributio*; in. *Distribution*; fr. *Distribution*; al. *Aufteilung*; it. *Distribuzione*). Uma das doutrinas típicas da lógica terminista medieval, que entendeu por esse termo "a multiplicação de um termo comum feita por meio de um signo universal: por exemplo, na frase 'todo homem corre', o termo *corre* é distribuído para qualquer termo inferior pelo signo *todo*" (PEDRO HISPANO, *Summ. log.*, 12.01). [N.A.]

Na tradição lógico-escolástica, elaborou-se uma teoria da "D. dos termos" no silogismo (v.), que se tornou padrão para diferenciar os modos válidos dos modos inválidos (está presente na *Lógica* de Arnauld e Nicole, 1662, será usada por Leibniz e, dentre outros, por N. Keynes em *Studies and Exercises of Formal Logic*, 1884). A teoria da D. só admite que um termo seja distribuído se incidir diretamente sob o efeito de um quantificador universal ("Todos", "Nenhum") ou se funcionar como predicado num enunciado negativo. Ao contrário, um termo será não-distribuído (ou parcialmente distribuído) se estiver sob o efeito direto de um quantificador particular ("Algum") ou se ocupar a posição de predicado num enunciado afirmativo. Associada a duas regras – *a*) um termo não pode estar distribuído na conclusão se não estiver distribuído nas premissas; *b*) o termo médio deve estar distribuído em pelo menos uma das premissas –, a teoria da D. forneceu as condições gerais às quais deveriam ser submetidos os termos num silogismo para produzir todos os modos válidos. Foi criticada com argumentações muito fortes por Peter Geach (*Reference and Generality*, 1968). [M.M.]

DISTRIBUTIVO (gr. διανεμητικός; in. *Distributive*; fr. *Distributif*; al. *Distributiv*; it. *Distributivo*). 1. Segundo Aristóteles, justiça D. é a que preside à divisão dos recursos e bens comuns, devendo essa divisão ser feita segundo a contribuição de cada um para a produção desses bens (*Et. nic.*, V, 4, 1131 b 25). Esse tipo de justiça é, portanto, semelhante a uma proporção geométrica de pelo menos quatro termos, na qual as recompensas dadas a duas pessoas estejam entre si como os méritos respectivos (*ibid.*, V, 3,1131 a 15) (v. JUSTIÇA).

2. Lei D. é o nome dado a certo número de leis habitualmente admitidas em aritmética e em lógica. Na aritmética, a lei D. para a multiplicação e para a adição tem a forma seguinte:

$x \times (y + z) = (x \times y) + (x \times z)$.

No cálculo das proposições e no cálculo das classes há leis distributivas análogas. [N.A.]

DIVERSIDADE (in. *Diversity*; fr. *Diversité*; al. *Verschiedenheit*; it. *Diversità*). Toda alteridade, diferença ou dessemelhança. Esse termo é mais genérico que os três acima e pode indicar qualquer um deles ou todos juntos. Pode outrossim indicar a simples distinção numérica quando duas coisas não diferem em nada, exceto por serem numericamente distintas. Nesse sentido, a D. é a negação pura e simples da identidade; Wolff a definia dizendo que "são diversas as coisas que não podem ser substituídas uma pela outra, permanecendo constantes os predicados que se atribuem a uma delas, seja absolutamente, seja em dada condição" (*Ont.*, § 183). [N.A.]

DIVERTIMENTO (in. *Diversion*; fr. *Divertissement*; al. *Abwendung*; it. *Divertimento*). Qualquer atividade que afaste o homem das ocupações ou preocupações habituais. Pascal entendeu o D. como o meio de que o homem dispõe para escapar à consciência de sua própria miséria, e portanto também incluiu no D. os trabalhos e as ocupações habituais. "Como não puderam curar a morte, a miséria, a ignorância, os homens julgaram que, para serem felizes, melhor seria não pensar nelas" (*Pensées*, 168, 131, 139 etc.). Segundo Pascal, a busca de ocupações tanto mais agradáveis quanto mais absorventes, de espetáculos, de entretenimentos etc., é conseqüência dessa atitude, que significa fraqueza e infelicidade porque torna o homem dependente e passível de ser perturbado por mil acidentes (*ibid.*, 170). Opondo-se a Pascal, Voltaire observava: "Nossa condição é precisamente pensar nos objetos externos com os quais temos relações necessárias. É falso achar que se pode levar um homem a deixar de pensar na condição humana, porque, seja qual for a coisa a que ele aplique seu espírito, aplicá-lo-á a alguma coisa que se vincula a tal condição. Pensar em si, fazendo abstração das coisas naturais, é pensar em nada: digo, atente-se bem, absolutamente nada" (*Annotations sur les pensées de Pascal*, § 38). Hume, por sua vez, reconhecia como justas essas considerações porque "o espírito não pode proporcionar sozinho seu próprio D. e naturalmente procura fora de si objetos que lhe possam dar sensação vívida e ponham suas capacidades em ação" (*Treatise*, II, 1, 4). Ponto de vista aceito também pela psicologia moderna. [N.A.]

DÍVIDA (in. *Debt*; fr. *Dette*; al. *Schuld*; it. *Debito*). Segundo Kant, o D. originário é o pecado original ou mal radical: o homem, por ter começado com o mal, contraiu uma D. que já não lhe cabe liqüidar e que é intransmissível por ser a mais pessoal de todas as obrigações (*Religion*, II, 2 C). Heidegger tirou essa noção da esfera moral e estudou-a na esfera ontológica. Considerou o "estar em D." como uma das manifestações do "estar em culpa" (*Schuld* significa tanto culpa quanto D.). Nesse sentido, estar em D. é uma das formas da coexistência "no quadro das ocupações, providenciando, produzindo etc. Outros modos dessa ocupação são subtrair, plagiar, defraudar, tomar, roubar, isto é, não satisfazer o direito de posse de alguém". Mas essas são apenas manifestações de uma culpabilidade essencial e originária da existência, que é a de não ser seu próprio fundamento, de não ter em si o ser, mas de incluir o nada como sua própria determinação. São manifestações dessa culpabilidade ontológica a culpa e a D. (*Sein und Zeit*, § 58). [N.A.]

DIVISÃO (gr. διαίρεσις; lat. *Divisio*; in. *Division*; fr. *Division*; al. *Einteilung*; it. *Divisione*). O processo da D., que Platão considerou como segunda fase da *dialética* (v.) e Aristóteles negligenciou como "silogismo fraco" (*An. pr.*, I, 31, 46 a 31), foi reintroduzido na lógica dos estóicos que foram os primeiros a distinguir a D. da *partição*, a definir a *subdivisão* como "uma D. depois da D." e a distinguir a D. *por espécie* da D. *por contrário* ou *por negação* (DIÓG. L., VII, 61). Essa doutrina, que se encontra reproduzida sem variações na lógica do século XIII (cf., p. ex., PEDRO HISPANO, *Summ. log.*, 5.45), foi notavelmente enriquecida nos séculos seguintes (OCKHAM, *Summa logicae*, I, 34; JUNGIUS, *Logica hamburgensis*, 1638, IV, 5-7) e exposta em último lugar por Hamilton, que ilustrou amplamente seus fundamentos tradicionais.

Em primeiro lugar, a D., como D. lógica, distingue-se da participação, que é a decomposição de um todo em suas partes, porquanto é a distinção de objetos diferentes que podem ser significados pelo mesmo nome. A D. só pode ser feita com base num *princípio* que exprima um caráter essencial do objeto. Se os *membros* que resultam de uma D. são também divididos, tem-se uma *subdivisão*; se um mesmo grupo pode ser dividido com base em princípios diferentes, têm-se *co-divisões*. Enfim, se uma D. tem só dois membros chama-se *dicotomia*; se três, *tricotomia etc.*; se muitos, *politomia*. Hamilton também enunciou as seguintes regras da D.: 1ª toda D. deve ter um princípio; 2ª deve ter só um; 3ª deve ser um caráter real e essencial da noção dividida; 4ª nenhum membro divisor do predicado deve, por si mesmo, exaurir o sujeito; 5ª os membros dividendos, tomados conjuntamente, devem exaurir o sujeito; 6ª os membros divisivos devem ser mutuamente excludentes; 7ª a D. deve proceder continuamente de diferenças imediatas a diferenças mediatas (*Lectures on Logic*, II, 2ª ed., pp. 22 ss.). O estudo da D. desapareceu da lógica contemporânea. Esse conceito foi substituído pelo de *disjunção*, que é um dos conectivos lógicos (v. CONECTIVOS). [N.A.]

DIVISIBILIDADE (gr. διαίρεσις; lat. *Divisibilitas*; in. *Divisibility*; fr. *Divisibilité*; al. *Teilbarkeit*; it. *Divisibilità*). Propriedade de um todo, de poder ser decomposto em suas partes; se o todo é contínuo, essas partes são, por sua vez, divisíveis (ARISTÓTELES, *Fís.*, VI, 1, 231 b 11). Segundo Kant, uma das antinomias cosmológicas consiste em julgar possível e impossível a divisão ao infinito, portanto impossível e possível a existência de partes simples, ou seja, indivisíveis. Segundo ele, a antinomia resolve-se reconhecendo que, embora o todo possa ser dado à intuição, o mesmo não ocorre com a divisão inteira, que consiste só na decomposição progressiva ou no retrocesso (*Crít. R. Pura*, Dialética, cap. II, seç. 9). [N.A.]

DIVISIONISMO (in. *Divisionism*; fr. *Divisionisme*; al. *Divisionismus*; it. *Divisionismo*). Termo que alude à "grande divisão" (*Great Division*) entre proposições descritivas e proposições prescritivas defendida pela sociologia não valorativa de Weber e pela metaética analítica de cunho anglo-saxão. A idéia de uma ruptura entre asserções cognitivas em torno do ser e prescrições éticas em torno do dever-ser (cf. HUME, LEI DE) representou o referencial de grande parte da filosofia moral e jurídica do nosso século e encontrou a sua expressão crítico-polêmica nas várias formas de não-cognitivismo (v.) e de decisionismo (v.). Ao paradigma divisionista – e à sua tese segundo a qual a razão não possui nenhuma competência acerca dos fins e dos valores do agir – contrapõem-se os modos de pensar que, rechaçando qualquer oposição rígida entre o vocabulário descritivo das ciências empíricas e o vocabulário prescritivo das ciências práticas, preconizam uma superação da dicotomia "moderna" entre conhecer e agir (v. ÉTICA; REABILITAÇÃO DA FILOSOFIA PRÁTICA; VALOR etc.). [G.F.]

DOAÇÃO EM PESSOA (al. *Selbstgegebenheit*; it. *Autodatità*). Assim chamou Husserl (*Ideen*, I, § 67) a representação em que o objeto é dado de modo claro e visual: "Para cada essência, assim como para cada momento individual a ela correspondente, há uma proximidade absoluta (por assim dizer) em que o seu dar-se, em relação a uma série de graus de clareza, é absoluta, ou seja, é pura doação em pessoa" (*ibid.*, § 67). Em outros termos, a essência tornou-se tão transparente na representação, que não há mais nenhum anteparo entre ela e ela mesma. [N.A.]

DOENÇA (in. *Illness*; fr. *Maladie*; al. *Krankheit*; it. *Malattia*). Embora a filosofia sempre se tenha preocupado com o *mal* (v.) em geral e com o mal físico em particular, não se pode dizer o mesmo sobre a doença. A situação hoje está mudando, graças sobretudo ao desenvolvimento da bioética, que leva a filosofia a tratar de questões terapêuticas (p. ex., a obstinação terapêutica) e da morte (p. ex., a eutanásia). Mas antes mesmo da ética da vida, a doença teve atenção específica da filosofia hermenêutica: Heidegger, Gadamer e Habermas evidenciaram que a D. deve ser vista não só pelo prisma médico mas também pelo prisma existencial: portanto não é cabível um conceito biológico redutivista da saúde, mas sim uma idéia de D. como expressão significativa da situação existencial do homem. Portanto, como questão filosófica, a D. suscita interrogações no plano antropológico e ético e constitui um dos argumentos mais debatidos da filosofia da medicina (v. MEDICINA, FILOSOFIA DA). [G.G.]

DOGMA (gr. δόγμα; lat. *Dogma*; in. *Dogma*; fr. *Dogme*; al. *Dogma*; it. *Dogma*). 1. Opinião ou crença. Nesse sentido, essa palavra é usada por Platão (*Rep.*, 538 c; *Leis*, 644 d) e contraposta pelos céticos à *epoché*, ou suspensão do assentimento, que consiste em não definir a própria opinião em um sentido ou em outro (DIÓG. L., IX, 74). Kant entendeu por D. "uma proposição diretamente sintética que deriva de conceitos" e como tal distinta de "uma proposição do mesmo gênero, derivada da construção dos conceitos", que é um *matema*. Em outros termos, os D. são "proposições sintéticas *a priori*" de natureza filosófica, ao passo que não poderiam ser chamadas de D. as proposições do cálculo e da geometria (*Crít. R. Pura*, II, Disciplina da Razão Pura, seç. I).

2. Decisão, juízo e, portanto, decreto ou ordem. Nesse sentido, essa palavra foi entendida na Antiguidade (CÍCERO, *Acad.*, IV, 9; SÊNECA, *Ep.*, 94) para indicar as crenças fundamentais das escolas filosóficas, e depois usada para indicar as decisões dos concílios e das autoridades eclesiásticas sobre as matérias fundamentais da fé. [N.A.]

DOGMATISMO (in. *Dogmatism*; fr. *Dogmatisme*; al. *Dogmatismus*; it. *Dogmatismo*). O significado desse termo foi fixado pela contraposição que os céticos estabeleceram entre os filósofos *dogmáticos*, que definem sua opinião sobre todos os assuntos, e os filósofos *céticos*, que não a definem (DIÓG. L., IX, 74). Desse ponto de vista, são dogmáticos todos os filósofos que não são céticos. Um novo significado de D. foi o que Kant atribuiu a essa palavra, ao identificar D. com metafísica tradicional, entendendo por ele "o preconceito de poder progredir na metafísica sem uma crítica da razão" (*Crít. R. Pura*, Pref. à 2ª ed.). Esse D. filosófico, que consiste em aventurar-se a razão em pesquisas que estão fora de sua alçada, por estarem além da esfera da experiência possível, é incentivado pelo "D. comum", que consiste em "raciocinar levianamente sobre coisas das quais não se compreende nada e das quais nunca ninguém no mundo entenderá nada" (*ibid.*). Essa palavra foi usada por Fichte, para indicar o ponto de vista do realismo, segundo o qual a representação é produzida por uma realidade externa, e não pelo eu (*Wissenschaftslehre*, 1794, I, Teorema IV), e por Hegel, para designar o ponto de vista oposto ao da dialética, segundo o qual "de duas afirmações opostas uma deve ser verdadeira e outra, falsa" (*Enc.*, § 32). Esses dois filósofos deram assim início ao péssimo costume de chamar de D. os pontos de vista diferentes dos seus próprios, empregando a palavra sem nenhuma referência ao seu uso histórico. Mais conforme a esse uso é o significado que Husserl lhe atribuiu, que não implica nenhuma condenação da atitude correspondente. "A justa atitude no campo das indagações que chamamos de dogmático, em sentido positivo, ou seja, pré-filosófico, e ao qual pertencem as ciências empíricas (mas não só estas), é deixar honestamente de lado, com toda 'filosofia da natureza' e toda 'teoria do conhecimento', qualquer ceticismo e assumir os dados cognitivos onde eles efetivamente se encontram" (*Ideen*, I, § 26). O D. se contraporia assim à *epoché* fenomenológica, própria da filosofia (v. EPOCHÉ). [N.A.]

No léxico filosófico hodierno fala-se de D. a propósito daqueles que tendem a absolutizar suas próprias teorias, sem se disporem a pô-las em discussão de forma crítica (e muito menos a revê-las ou refutá-las). [G.F.]

DOMINAÇÃO (in. *Domination*; fr. *Domination*; al. *Herrschaft*; it. *Dominio*). Termo com o qual se interpreta a atitude de posse do homem em relação à natureza, aos outros homens e a si mesmo. Presente em diferentes autores (de Bacon a Scheler, de Nietzsche a Heidegger), tornou-se, com a Escola de Frankfurt, uma espécie de categoria geral ("a lógica da dominação") apta a definir a mentalidade do iluminismo burguês que caracteriza a civilização ocidental (v. DIALÉTICA DO ESCLARECIMENTO). Para Severino, a D. (do mundo) deriva da fé niilista do *devir* (v.) e encontra a sua máxima expressão na *técnica* (v.). [G.F.]

DOMINANTE. V. RELAÇÃO, C, 5º.

DOMINANTE, ARGUMENTO. V. VITORIOSO, ARGUMENTO.

DOMINANTES (al. *Dominanten*; it. *Dominanti*). O fisiologista J. Reinke usou esse termo para denominar as forças de natureza espiritual, inconscientes mas que agem de modo finalista, que presidem às funções dos organismos e à vida em geral. Essas forças seriam conhecidas só indiretamente, através de seus efeitos (*Die Welt als Tat*, 1899, 1957, 7ª ed., pp. 273 ss.; *Einleitung in die theoretische Biologie*, 1902, pp. 168 ss.) (v. VIDA; VITALISMO). [N.A.]

DONATISMO (lat. *Donatismus*; in. *Donatism*; fr. *Donatisme*; al. *Donatismus*). A doutrina de Donato de Casas Negras (séc. III), que foi um dos alvos da polêmica de S. Agostinho. Essa doutrina afirmava a absoluta intransigência da Igreja diante do Estado. Como comunidade de perfeitos, a Igreja não deve ter contato com a autoridade civil; as autoridades religiosas que toleram tais contatos cometem traição e perdem a capacidade de administrar os sacramentos. O D. teria tornado impossível a formação da hierarquia religiosa e, subordinando a validade dos sacramentos à pureza de vida do ministro, teria exposto essa validade à dúvida constante (cf. S. AGOSTINHO, *De baptismo contra donatistas*, 401; *Contra litteras Petiliani donatistae*, 401; *Contra donatistas epistola de unitate ecclesiae*, 405 etc.). [N.A.]

DOR (gr. λύπη; lat. *Dolon*; in. *Pain*; fr. *Douleur*; al. *Schmerz*; it. *Dolore*). Uma das tonalidades fundamentais da vida emotiva, mais precisamente a negativa, que costuma ser assumida como sinal ou indicação do caráter hostil ou desfavorável da situação em que se encontra o ser vivo (v. EMOÇÃO). [N.A.]

A D. – representada de diferentes modos, como sofrimento físico, psicológico ou espiritual, ou como D. total, ou seja, abrangendo estes e outros aspectos – sempre foi objeto de reflexão por parte dos filósofos.

No pensamento antigo, a D. era vista como algo natural (fatal), efeito da desarmonia dos elementos que põe a vida em perigo (Platão) ou como algo que contrasta com a felicidade (Aristóteles). Para o estoicismo (Sêneca, Epicteto), a D. é uma atitude nossa diante das coisas que não dependem de nós; donde o imperativo estóico de suportar a D. por meio da apatia. No pensamento cristão (do fim da Antigüidade e da Idade Média), a D. adquire um significado novo, porquanto se caracteriza não só como mal físico, decorrente da desordem introduzida pelo pecado, e mal moral ligado à liberdade do homem, mas também como via privilegiada de purificação, se vivida de forma cristã. Neste caso, não se fala simplesmente em suportar, mas propriamente em aceitar, ou até em buscar a dor como meio de expiação e de elevação: isso ocorre em Agostinho e, na sua esteira, em Tomás de Aquino. O pensamento moderno, alinhado com o processo de secularização, tende, por sua vez, a dessacralizar a dor, que deixa de ser vista como realidade que redime, mas como realidade que deve ser redimida. Daí o reconhecimento da função biológica, vital, natural da D.: isso se dá em Telésio, Hobbes, Espinosa, Leibniz (para o qual nem a D. invalida o otimismo metafísico da possibilidade do mundo melhor possível) e Kant (que considerou impossível eliminá-la da vida, embora fosse possível reduzi-la pelo uso da razão). Duas posições antitéticas são a de Hegel (que, com o seu panlogismo, absorve a D. na positividade da dialética) e a de Schopenhauer (que a considerou conseqüência do desejo em que se expressa a vontade de viver, desejo que, se insatisfeito, gera D. e, se satisfeito, gera o tédio). Com Schopenhauer a D. recebe uma atenção totalmente nova, que inicia o pensamento contemporâneo; de fato, a partir de Schopenhauer à D. se atribui tal importância que ela se torna um (o) problema filosófico fundamental: não uma realidade sensata (que redime ou que deve ser redimida), mas insensata (a dor não tem justificação nem explicação: é o código revelador da existência). Atualmente, a dimensão metafísica da D. tende a ser substituída pela dimensão empírica das dores, com base nas análises das ciências naturais e humanas e da reflexão de caráter bioético. [G.G.]

DOUTA IGNORÂNCIA (lat. *Docta ignorantia*; it. *Dotta ignoranza*). Consciência dos limites do saber, como princípio ou fundamento de um saber positivo. Essa expressão encontra-se, talvez pela primeira vez, em S. Agostinho (*Ep. ad Probam*, 130, 15, § 28). Repete-se algumas vezes na filosofia medieval, sendo usada, por exemplo, por S. Boaventura, para caracterizar o êxtase: "Como por uma douta ignorância, nosso espírito é arrebatado acima de si, na obscuridade e no êxtase" (*Breviloquium*, V, 6). Mas sua difusão deve-se a Nicolau de Cusa, que deu esse título a uma de suas maiores obras (*De docta ignorantia*, 1440). Nicolau de Cusa, como os outros, usou a expressão com referência a Deus: a D. ignorância consiste em saber que nada se pode saber de Deus. Deus é infinito, logo está além de qualquer *proporção* com o finito, ou seja, com o homem: o que faz dele algo de incomensurável em relação aos poderes humanos, podendo ser entendido somente por via de *alteridade*, ou seja, negando ou levando ao extremo os caracteres conhecidos pelo homem (*De docta ignor.*, I, 3; *De coniecturis*, I, 13; *Apologia*, p. 13) (v. IGNORÂNCIA). [N.A.]

DÓXICO (al. *Doxisch*; it. *Dossico*). De *doxa* (opinião). Husserl indica com esse adjetivo todos os caracteres próprios da crença (ou *doxa*) (*Ideen*, I, § 103). [N.A.]

DOXOLOGIA ou PRATICOLOGIA (fr. *Doxologie* ou *practicologie*; it. *Dossologia* ou *Praticologia*). Foi esse o nome dado por Leibniz a certas formas de expressão que se coadunam com o uso popular ou corrente, ainda que não sejam rigorosamente exatos; por exemplo, continua-se dizendo que o sol nasce e se põe, mesmo depois de aceita a teoria de Copérnico (*Disc. de Mét.*, § 27). [N.A.]

DUALIDADE (lat. *Dualitas;* in. *Duality;* fr. *Dualité;* al. *Dualität;* it. *Dualità*). Relação que une dois objetos quaisquer, de tal modo que um pode transformar-se no outro mediante operações oportunas. Esse pelo menos é o conceito definido em geometria, em que são chamadas de duais duas figuras que podem ser obtidas uma da outra, assim como a reta e o ponto, porque traçar uma reta passando por um ponto e marcar um ponto sobre uma reta são ambas operações duais. Em filosofia, a palavra não tem significado tão preciso: indica em geral um par de termos entre os quais haja uma relação essencial: por exemplo, matéria e forma etc. [N.A.]

DUALISMO (in. *Dualism;* fr. *Dualisme;* al. *Dualismus;* it. *Dualismo*). Esse termo foi cunhado no século XVIII (aparece pela primeira vez, provavelmente, em THOMAS HYDE, *Historia religionis veterum persarum,* 1700, cap. IX, p. 164), para indicar a doutrina de Zoroastro, que admite dois princípios ou divindades, um do bem e outro do mal, em luta constante entre si. Bayle e Leibniz empregam essa palavra no mesmo sentido, mas Christian Wolff dá-lhe significado diferente, ao dizer que são "dualistas aqueles que admitem a existência de substâncias materiais e de substâncias espirituais" (*Log.,* § 39). Esse foi o significado que se tornou mais comum e difundido na tradição filosófica. Segundo ele, o fundador do dualismo seria Descartes, que reconheceu a existência de duas espécies diferentes de substâncias: a corpórea e a espiritual. Essa palavra, todavia, muitas vezes foi estendida para indicar outras oposições reais que os filósofos descobriram no universo: por exemplo, a oposição aristotélica entre matéria e forma, a medieval entre existência e essência e uma oposição que ocorre em todos os tempos, entre aparência e realidade. Arthur O. Lovejoy examinou historicamente a revolta contra o D. (*The Revolt Against Dualism,* 1930), insistindo na necessidade de certa forma de D. ou pelo menos de "bifurcação da experiência" que justifique a distinção entre a aparência ilusória e a realidade (v. MONISMO). [N.A.]

DUCTIO PER IMPOSSIBILE. Ou ainda: *per contradictoriam propositionem.* Redução da tese adversária ao absurdo por meio da demonstração da contradição que ela implica. Assume a forma dos silogismos *Baroco* (v.) e *Bocardo* (v.) (JUNGIUS, *Logica,* III, 14; cf. ARISTÓTELES, *An. pr.,* I, 5, 27 a 36 ss.). [N.A.]

DUPLA VERDADE (in. *Double truth;* fr. *Double vérité;* al. *Doppelte Wahrheit;* it. *Doppia verità*). Foi assim que os escolásticos latinos designaram a doutrina de Averróis sobre as relações entre religião e filosofia, sendo assim designadas depois todas as doutrinas semelhantes. Segundo Averróis "a religião dos filósofos consiste em aprofundar o estudo de tudo o que é; não se poderia render a Deus culto melhor do que conhecer suas obras, que leva a conhecê-lo em toda a sua realidade" (MUNK, *Mélanges de phil. juive et arabe,* p. 456). Por outro lado, a pesquisa filosófica não pode ser de todos e a religião do filósofo não pode ser a religião do vulgo. A religião feita para a maioria segue e deve seguir um caminho "simples e narrativo", que ilumine e dirija a ação. Segundo Averróis, cabe à filosofia o mundo da especulação; à religião, o mundo da ação (*Destructio destruitionum,* disp. 6, pp. 56, 79). Como se vê, o ponto de vista de Averróis nada tem em comum com o fideísmo grosseiro que contrapõe a verdade da razão à verdade da fé e se decida por esta num ato de arbítrio ou de deferência à autoridade. Mas depois a expressão dupla verdade serviu justamente para designar esse fideísmo, fosse ele sincero ou insincero. Assim, no último período da escolástica, muitas proposições, consideradas demonstração impossível, são admitidas por fé; e Duns Scot delimita nitidamente a esfera da fé, que diz respeito à ação, e a esfera da filosofia, que diz respeito à especulação (*Op. Ox.,* Prol., q. 3). Com Ockham e seus seguidores, essa posição torna-se ainda mais radical, visto reconhecer-se a impossibilidade de demonstrar todas as proposições fundamentais da fé. Ockham afirmava peremptoriamente que "os artigos de fé não são princípios de demonstração, nem conclusões, nem probabilidades" (*Summa log.,* III, 1), querendo dizer que não são verdades evidentes, nem verdades demonstradas, nem proposições prováveis. Mas nem mesmo em Ockham se observa a atitude desconcertante que foi típica de muitos averroístas dos séculos XIV e XV, consistente em declarar friamente, sem a mínima justificação, que se acredita no contrário daquilo que se demonstrou, pois assim quer a fé ou a religião. Dizia, por exemplo, João de Jandun (séc. XIV): "Conquanto essa opinião de Averróis não possa ser refutada com razões demonstrativas, eu digo o contrário e afirmo que o intelecto não é numericamente uno em todos os lugares... Mas isso não demonstro com nenhuma razão necessária porque não julgo possível; e se alguém sonhar fazê-lo, que se alegre (*gaudeat*). Essa conclusão, afirmo que é verdadeira e julgo indubitável unicamente pela fé" (*De an.,* III, q. 7). E também a propósito de outros pontos fundamentais da fé cristã João de Jandun repete seu convite irônico: "alegre-se quem souber demonstrá-lo". É difícil crer na sinceridade de semelhante atitude, assim como é difícil acreditar na sinceridade de um Pomponazzi, que, depois de demonstrar a inconciliabilidade entre o destino e o livre-arbítrio, declara explicitamente que é preciso crer na Igreja e portanto negar o destino (*De fato,* Perorat.): escapatória a que muitos recorreram entre os séculos XVI e XVII. Na realidade, só esse ponto de vista (se assim se pode chamá-lo) deveria ser chamado de "dupla verdade", ao passo que para o outro, representado por Averróis, a verdade é uma só e a religião e a filosofia simplesmente a expressam de modos diferentes, uma para a especulação e outra para a ação. Numa forma ou noutra, porém, a atitude da dupla verdade continua tendo, ainda hoje, seus defensores tácitos, tanto em filosofia quanto em religião e política. Quando se acha que nem todas as verdades devem ser ditas e proclamadas, que algumas verdades podem ser perigosas para a "maioria", sendo, pois, necessário calar sobre elas ou ignorá-las oficialmente, está-se encarnando, ainda que inconscientemente, a atitude que a tradição filosófica chamou de dupla verdade. Essa atitude pode caracterizar-se como crença no *caráter aristocrático* da verdade, ou seja, de que a verdade realmente se destina a uns poucos e a "maioria" é incapaz de suportá-la. [N.A.]

DURAÇÃO (gr. αἰών; lat. *Aevum*; in. *Duration*; fr. *Durée*; al. *Dawer*; it. *Durata*). Período de vida de uma coisa ou de um acontecimento, limites de sua existência no tempo. Era assim que Aristóteles definia a D.: "Termo que abrange o tempo de cada coisa viva e fora do qual nada dessa coisa incide naturalmente" (*De cael.*, I, 9, 279 a 23). A duração abrange, portanto, todo o período de vida de uma coisa, mas se a coisa de que se trata é o mundo, que abrange a totalidade do tempo, a D. é a própria *eternidade*, no sentido de um permanecer indefinido da existência no tempo (*ibid.*, I, 9, 279 a 25). Entre os antigos, portanto, o conceito de D. tem dois significados: 1º os termos temporais que circunscrevem a existência de uma coisa qualquer; 2º o prolongamento indefinido do tempo, ou seja, a eternidade. Aqui consideraremos só o primeiro desses significados, visto que o outro está incluído no verbete ETERNIDADE (v.).

Descartes distinguiu o tempo, como número do movimento, da D. em geral, vendo nele "certo modo de pensar essa D., de compreender numa medida comum a D. de todas as coisas" (*Princ. phil.*, I, 57). Espinosa só fez repetir o mesmo conceito de Descartes ao definir a D. como "a existência das coisas criadas, enquanto persevera em sua realidade" (*Cogitada metaphysica*, I, 5) ou como "a continuação indefinida do existir" (*Et.*, II, def. 5). Com Locke a noção de D. é explicada a partir da experiência interior. D. seria a generalização dessa experiência, como a extensão é uma generalização da experiência da distância obtida pela visão ou pelo tato. Locke diz "obtemos a idéia de sucessão ou de D. da reflexão em torno da sucessão das idéias que vemos aparecer, uma após a outra, em nosso espírito" (*Ensaio*, II, 14, 4). Diante disso, Leibniz observava que "uma série de percepções desperta em nós a idéia da D., mas não a substitui. Nossas percepções nunca têm uma sucessão tão constante e regular que possa corresponder à do tempo, que é contínuo, uniforme e simples, como uma linha reta". Portanto, pode-se dizer que se conhece "a D. através do número dos movimentos periódicos iguais, dos quais um começa quando acaba o outro, como p. ex. o número de revoluções da terra ou dos astros" (*Nouv. ess.*, II, 14, § 16, 22). Em outros termos, para Leibniz a noção de D. está ligada à de medida do tempo e esta última está ligada aos movimentos periódicos uniformes. E Kant exprimia substancialmente o mesmo conceito de duração ao observar que "só por meio do permanente a existência adquire, nas várias partes da série temporal, uma quantidade que se chama duração" (*Crít. R. Pura*, Anal. dos princ., I. Analogia). A D. é, portanto, uma quantidade mensurável com fundamento na permanência: é um atributo da substância porquanto é o próprio objeto que permanece no tempo (*ibid.*). Donde se conclui que, enquanto os antigos remetiam a idéia de D. à de eternidade, os modernos, ao contrário, remetem-na à idéia de tempo, identificando-as.

Bergson procura separar D. de tempo, pelo menos do tempo mensurável pela ciência, e acaba por transformá-la numa espécie de eternidade. Para Bergson, o tempo da ciência é espacializado, ou seja, reduzido à sucessão de instantes idênticos. O tempo real ou D. é dado pela consciência, despojado de qualquer superestrutura intelectual ou simbólica, ou reconhecido em sua fluidez original. Nessa fluidez não existem estados de consciência relativamente uniformes que se sucedam uns aos outros, como os instantes do tempo espacializado da ciência. Existe uma única corrente fluida, onde não existem cortes nítidos nem separações, e na qual, a cada instante, tudo é novo e tudo é ao mesmo tempo conservado. Bergson diz: "Meu estado d'alma, avançando no caminho do tempo, vai-se dilatando continuamente com a D. que recolhe: pode-se dizer que faz uma avalanche consigo mesmo" (*Évol. créatr.*, p. 2). O conceito de D. assim entendido é o princípio de toda a filosofia de Bergson: é invocado como memória, ou seja, conservação integral, em *Matière et mémoire*, para explicar a relação entre alma e corpo (v. ALMA); como ímpeto vital em *Evolução criadora*, para explicar a evolução da vida e sua divisão nas duas direções fundamentais que são instinto e inteligência; e também como ímpeto vital em *Deux sources de la morale et de la religion*, para explicar o desenvolvimento das sociedades humanas e seu encaminhamento para uma sociedade mística. Finalmente, é o objeto próprio da *intuição*, que é o órgão específico da filosofia, destinada a apreender a espiritualidade como tal, da mesma forma como o intelecto destina-se a apreender a matéria, ou seja, a imobilidade do mecanicismo. Como já se disse, essa noção de D., não obstante apresentar-se caracterizada como mudança incessante, está mais próxima da noção de eternidade que da noção de tempo, visto que, na verdade, conserva tudo, é tudo e nada tem fora de si, precisamente como o *aión* de Aristóteles. [N.A.]

DÚVIDA (gr. ἀπορία; lat. *Dubium*; in. *Doubt*; fr. *Doute*; al. *Zweifel*; it. *Dubbio*). Esse termo costuma designar duas coisas diferentes, porém mais ou menos ligadas: 1º um estado subjetivo de incerteza, ou seja, uma crença ou opinião não suficientemente determinadas, ou a hesitação em escolher entre a asserção da afirmação e a asserção da negação; 2º uma situação objetiva de indeterminação ou a problematicidade de uma situação: seu caráter de indecisão em relação ao possível êxito ou à possível solução. Aristóteles foi o primeiro a reconhecer (pelo menos implicitamente) essa distinção de significados quando negou que a dúvida pudesse reduzir-se à "equivalência dos raciocínios contrários", porque é essa equivalência que pode *produzir* a dúvida. E disse: "Quando raciocinamos em ambas as direções e todos os elementos do discurso parecem desenvolver-se com igual validade em cada um dos dois sentidos, ficamos em D. sobre o que fazer" (*Top.*,VI, 7, 145 b 15). A "equivalência de raciocínios opostos" é a situação objetiva de indeterminação; a D. é a incerteza subjetiva, a incapacidade de decisão que ela comporta. Esses dois aspectos encontram-se, de forma mais ou menos explícita, na história da filosofia, mas com predominância do aspecto subjetivo, que é considerado peculiar ou constitutivo da dúvida. É isso o que se conclui de um comentário de Sexto Empírico (*Pirr. hyp.*, I, 7) para quem a D. é "a hesitação entre afirmar e negar", conquanto os céticos não neguem os bons fundamentos objetivos dessa hesitação. E mesmo não negando seu fundamento objetivo, Tomás insiste no caráter subjetivo da D. como ignorância ou falta de informação, não a considerando, portanto, essencial à escolha voluntária (*S. Th.*, III, 2. 18, a. 4). Aparentemente, o caráter subjetivo da D. também prevalece em Descartes: o cunho autobiográfico da busca cartesiana parece fazer da D. uma fase subjetiva dessa busca. Mas, na verdade, a D. cartesiana não é um elemento da história pessoal de Descartes, mas a fase crítica do tipo de saber próprio do tempo em que Descartes vivia, e que através dele chega a reconhecer a insuficiência e a fragilidade de seus fundamentos. É o que o próprio Descartes reconhecia: "Não concluiremos mal, dizendo que a física, a astronomia, a medicina e todas as outras ciências que dependem do estudo das coisas compostas são dúbias e incertas; mas que a aritmética, a geometria e as outras ciências dessa natureza, que tratam de coisas bastante simples e gerais, sem se preocuparem com sua existência ou inexistência na natureza, contêm algo de certo e de indubitável" (*Méd.*, I). Embora a D. possa ser estendida às ciências matemáticas (aventandose a hipótese de que um gênio maléfico se divertisse enganando os homens), o certo é que, para Descartes, estas escapam, por motivos objetivos, à incerteza subjetiva e permitem que ele extraia justamente delas as regras fundamentais do método (*Discours*, II). O caráter objetivo da D. tem sido freqüentemente evidenciado pela filosofia contemporânea. Por um lado, em Husserl a D., como estado subjetivo, corresponde a um modo de dar-se ou de ser da coisa (*Ideen*, I, § 103). Por outro, para Dewey, a raiz da D. está na "situação problemática", que estimula ou determina a pesquisa, e a própria pesquisa deve levar a uma nova colocação. "Ao sistematizar a relação perturbada entre organismo e ambiente [que determina a D.], a investigação não se limita a afastar a D. restabelecendo a integração primitiva, de boa adaptação. Provoca novas condições ambientais, que são ocasiões de novos problemas" (*Logic*, cap. 2; trad. it., p. 73).

O valor da D. para a pesquisa filosófica foi admitido por todas as doutrinas que vêem na filosofia a procura e a aquisição da verdade, mais que a posse e a revelação desta. Às vezes, também se acreditou que a D. trouxesse em si ou implicasse uma certeza originária superior a toda dúvida. Essa é a corrente de pensamento que Descartes difundiu pelo mundo moderno e no qual baseou a evidência da consciência. Tem origem em S. Agostinho: "Quem sabe que duvida sabe a verdade, e está certo disso que sabe: logo, está certo da verdade. Portanto, quem duvidar de que exista a verdade, já tem em si mesmo uma verdade, a verdade de que não pode duvidar, visto que nenhuma coisa verdadeira é verdadeira sem a verdade. Portanto, não deve duvidar da verdade quem pôde por uma só vez duvidar" (*De vera religione*, 39). E todos recordam a D. total de Descartes, que redunda no *cogito*: "Enquanto assim rejeitamos tudo aquilo de que podemos duvidar e imaginamos até mesmo que seja falso, supomos facilmente que não há Deus, nem céu, nem terra, e que não temos corpo; mas não somos capazes de supor que não existimos enquanto duvidamos da verdade de todas as coisas, pois causanos tanta repugnância conceber que aquilo que pensa não existe realmente enquanto está pensando que, apesar de todas as suposições mais extravagantes, não poderíamos impedirnos de crer que essa conclusão, *penso, logo existo,* seria verdadeira e que, por conseguinte, seja a primeira e mais certa conclusão que se apresenta àquele que conduz seus pensamentos com ordem" (*Princ. phil.*, I, 7). A certeza ligada à D. é a própria certeza do *cogito* e deve ser submetida às mesmas objeções (v. COGITO).

A filosofia contemporânea, conquanto insista no aspecto objetivo da D. e, portanto, na extensão desse aspecto a todas as situações que podem constituir o ponto de partida para a pesquisa, tende a utilizar a D. "hiperbólica" (como se chamou a D. cartesiana) e a considerar a D. circunscrita a uma situação ou problema determinado. Em outros termos, a D. não é vista hoje como início absoluto ou o primeiro princípio da pesquisa filosófica, mas como condição pela qual uma situação suscita ou exige investigação.

DÚVIDA HIPERBÓLICA. V. DÚVIDA.

E

E. 1. Na Lógica formal aristotélica, essa letra é usada como símbolo da proposição universal negativa (PEDRO HISPANO, *Summ. log.*, I.21).

2. Na notação de Lukasiewicz, *E* é usado para indicar a equivalência das proposições (A. CHURCH, *Introduction to Mathematical Logic*, n.º 91). [G.P. – N.A.]

ECLETISMO (gr. ἐκλεκτικὴ αἵρεσις; in. *Eclecticism*; fr. *Éclectisme*; al. *Eklektizismus*; it. *Eclettismo*). A diretriz filosófica que consiste em escolher, dentre as doutrinas de diferentes filósofos, as teses mais apreciadas, sem se preocupar em demasia com a coerência dessas teses entre si e com sua conexão aos sistemas de origem. Esse termo acha-se em Diógenes Laércio (*Proem.*, 21), que o usa com referência a um obscuro filósofo de Alexandria, Potámon, e foi adotado por Brucker (*Historia critica philosophiae*, II, p. 193). É comumente empregado para indicar as seguintes tendências filosóficas: 1.ª a adotada pela escola estóica a partir de Boeto de Síndon (morto em 119 a.C.), da Academia Platônica a partir de Fílon de Arixa (séc. I a.C.) e pela escola aristotélica a partir de Andronico de Rodes (séc. I a.C.), bem como por seus seguidores, dos quais o mais importante foi Cícero; o critério adotado pelos ecléticos dessa linha foi o acordo comum dos homens (*consensus gentium*); 2.ª o espiritualismo romântico de Cousin, que adotou pessoalmente o termo "ecletismo" para indicar seu método que visava a levar ao nível da consciência as verdades implicitamente contidas nela (*Du vrai, du beau et du bien*, 1853, Pref.). [N.A.]

ECOLOGIA (in. *Ecology*; fr. *Écologie*; it. *Ecologia*). 1. Estudo das relações entre o organismo vivo e seu ambiente, que constitui parte fundamental da biologia; ou estudo das relações entre o homem como pessoa e seu ambiente social, que constitui parte da sociologia. Essa palavra é moderna e foi introduzida pelos anglo-saxões. [N.A.]

2. Hoje em dia se fala de E. e de *filosofias ecológicas* a propósito das tendências de pensamento que se propõem defender o ambiente das operações devastadoras do homem. A maior expressão teórica da E. do século XX é representada pelo pensamento de Jonas, que elaborou uma ética ambientalista baseada no novo imperativo categórico da responsabilidade para com as gerações futuras: "Inclui na tua escolha atual a integridade futura do homem como objeto da tua vontade" (*Il principio responsabilità. Un'etica per la civiltà tecnologica*, 1979, trad. it., Einaudi, Turim 1990, p. 16). Tal ética pretende manter-se na esteira do racionalismo ocidental e funcionar como "terceira via" entre o excesso de esperança (v.) simbolizado pelo *Prinzip Hoffnung* de Bloch e o excesso de desespero presente em algumas obras de Anders: "Apesar de tudo, a mia esperança apóia-se em última análises na razão humana, a razão que já demonstrou ser tão extraordinária na obtenção do nosso poder e que agora precisa assumir sua direção, circunscrevendo-o. Duvidar dela seria irresponsável e significaria uma traição a nós mesmos" (*Tecnica, libertà e dovere*, 1987, em *Scienza come esperienza personale*, trad. it., Morcelliana, Brescia 1992, p. 48) (v. ÉTICA; RESPONSABILIDADE). [G.F.]

ECONOMIA (gr. οἰκονομία; lat. *Oeconomia*; in. *Economy*; fr. *Économie*; al. *Oekonomie*; it. *Economia*). Ordem ou regularidade de uma totalidade qualquer, seja esta uma casa, uma cidade, um Estado ou o mundo. No Novo Testamento essa palavra, às vezes, é usada para indicar o plano providencial (PAULO, *Ef.*, I, 10). Orígenes chamou de "E." a encarnação do Verbo, pois ela restituiu providencialmente ao mundo a ordem e a sua verdadeira regra (*Contra Cels.*, 11, 9).

Mas, ao menos no que diz respeito às totalidades finitas, a melhor ordem é a que produz o resultado máximo com o esforço mínimo, de tal modo que mesmo a lei do menor esforço foi entendida na história da filosofia como "princípio de E.". Esse princípio, como regra metodológica, não deve ser confundido com o princípio da *ação mínima* (v.) que, ao contrário, é em primeiro lugar um princípio físico e metafísico e, em segundo, uma lei da mecânica. Pode-se dizer que o princípio de E. é expressa pela primeira vez por Ockham no século XIV com as fórmulas *"Pluralitas non est ponenda sine necessitate"* e *"Frustra fit per plura quod potest fieri per pauciora"*. Ockham utilizou constantemente esse princípio para eliminar muitas das entidades admitidas pela escolástica tradicional: por exemplo, a *specie*, sensível ou inteligível, como intermediária do conhecimento (*In Sent.*, II, q. 14, P). Mais tarde, com o nome de *navalha de Ockham*, esse princípio foi expresso com a fórmula *"Entia non sunt multiplicanda praeter necessitatem"*, forma que se encontra a partir da *Lógica vetus et nova* (1654) de Clauberg. Kant refere-se a esse princípio como expressão da exigência de buscar na natureza (ou melhor, de realizar através de seu conhecimento) a máxima unidade e simplicidade possíveis. E diz: "A existência dessa unidade na natureza é pressuposta pelos filósofos na conhecida regra da escola, segundo a qual os princípios não devem ser multiplicados sem necessidade. Com isso se diz que a natureza das coisas dá azo à racionalidade e que a aparente diversidade infinita não deve impedir-nos de supor que, por trás dela, haja uma unidade das propriedades fundamentais, da qual pode ser extraída a multiplicidade por meio de múltiplas determinações" (*Crít R. Pura*, Dialética, livro II, seç. III, Do uso regulativo das idéias; *Crít. do Juízo*, Intr., I).

A filosofia contemporânea insistiu e ainda hoje insiste muito na importância dessa regra metodológica. Para isso contribuíram sobretudo Avenarius (*Die Phil. als Denken der Welt gemäss dem Princip des kleinsten Kraftmasses*, 1876) e Mach, que disse: "Os métodos pelos quais se constitui o saber são de natureza econômica" (*Die Principien der Wärmenlehre*, 2ª ed., 1900, p. 39). Segundo Mach, é esse princípio que preside, por exemplo, à formação dos conceitos, que nascem da situação de desequilíbrio entre o número das reações *biologicamente importantes*, que é bastante limitado, e a variedade, quase ilimitada, das coisas existentes. Possibilitando classificar adequadamente essa variedade, o conceito permite enfrentá-la do modo mais econômico, ou seja, com o mínimo esforço (*Erkenntniss und Irrtum*, 1905, cap. 8). Essa exigência ainda hoje é considerada válida na construção das hipóteses ou teorias científicas (v. TEORIA). [N.A.]

ECONOMIA POLÍTICA (in. *Political economy, economics*; fr. *Économie politique*; al. *Politische Oekonomie*; it. *Economia politica*). Como nome de uma ciência, esse termo em geral designa a técnica de enfrentar situações de *escassez*. Por situações de escassez são entendidas as situações em que, para realizar objetivos múltiplos e dotados de importância diferente, o homem dispõe de tempo e de meios limitados e passíveis de usos alternativos. A técnica adotada para enfrentar tais situações tem em vista a maior satisfação possível que elas permitem; e as regras que constituem tal técnica definem o *comportamento racional* do homem nas situações de escassez. Esse comportamento é o autêntico objeto da economia política, que muitas vezes reivindica para si um caráter descritivo, visto situar-se diante desse comportamento como qualquer outra ciência diante do seu objeto específico (cf. MENGER, *Grundsätze der Volkswirtschaftslehre*, 1871; trad. it., pp. 51-70; MISES, *Die Gemeinwirtschaft*, pp. 98 ss.; FETTER, *Economic Principles*, 1915, cap. 1; STRIGL, *Die ökonomischen Kategorien und die Organisation der Wirtschaft*, 1923, *passim*; ROBBINS, *An Essay on the Nat. and Significance of Ec. Sc.*, 1935, cap. 1).

A) É possível distinguir três fases da E. política, que correspondem aos três diferentes fundamentos adotados como base ou diretriz da técnica econômica. 1ª O comportamento racional do homem nas situações de escassez é assegurado por uma ordem natural que age automaticamente e que, desde que não perturbada, garante a cada homem e a todos o máximo de utilidade possível. Chamaremos essa concepção de *teoria da ordem natural*; 2ª Não existe uma ordem natural que garanta o comportamento econômico dos indivíduos, mas existe e pode ser determinada em todos os casos uma distribuição dos meios econômicos que realize a satisfação máxima dos indivíduos interessados, constituindo, portanto, um estado de equilíbrio. Chamaremos essa segunda fase de *teoria do equilíbrio*; 3ª Não tem sentido procurar determinar um estado de equilíbrio não compatível com a realidade econômica. O comportamento racional do homem nas situações de escassez só pode ser determinado a partir da condição de ignorância e de falibilidade com que ele entra nessas situações. Essa terceira fase ainda está no início e se encontra delineada apenas na chamada *teoria dos jogos*. Indicá-la-emos, portanto, por esse nome.

1ª *Teoria da ordem natural* – Foi com base nessa teoria que a E. surgiu e se constituiu no mundo moderno. Embora desde a Antigüidade numerosas observações sobre os fenômenos econômicos tenham sido coligidas e expressas em forma de teorias, leis ou conselhos, a E. política é uma ciência recente que só teve origem quando as uniformidades observáveis na esfera dos fenômenos econômicos e exprimíveis como "leis" passaram a ser consideradas exemplos ou casos de uma ordem total e abrangente desses fenômenos. Isso aconteceu no século XVIII, quando, com os fisiocratas, reconheceu-se a existência de uma "ordem natural" nos fenômenos econômicos. A primeira definição de E. política foi dada por Dupont de Nemours, como "ciência da ordem natural", e a doutrina dessa ordem era ilustrada no *Tableau économique* (1758) de François Quesnay e em *Refléxions sur la formation et la distribution des richesses* (1776) de Turgot. Essa doutrina é análoga e correspondente à do *jusnaturalismo* (v.): a ordem natural é *racional*, portanto uma ordem segundo a qual todo indivíduo pode alcançar o maior proveito possível com o mínimo esforço. Graças a esse caráter, essa ordem garante a coincidência entre interesse particular e interesse geral, de tal modo que "o mundo caminha por si mesmo", e o desejo de bem-estar confere à sociedade uma tendência contínua ao progresso. Mas está claro que, se a ordem natural dos fenômenos econômicos é a única possível, qualquer tentativa de intervir nela para modificá-la é, além de inútil, prejudicial; portanto, a máxima fundamental da política econômica deve ser a de deixá-la caminhar por sua própria conta. *Laisser faire, laisser passer* foi o lema que os fisiocratas opuseram aos obstáculos que a ordenação, ainda parcialmente medieval, das atividades econômicas e as doutrinas mercantilistas haviam multiplicado. Adam Smith só fez aceitar o princípio fisiocrático em *An Inquiry into the Nature and Causes of the Wealth of Nations* (1776), que costuma ser considerado o início da fase científica da economia. Segundo Adam Smith, existe uma ordem harmoniosa e benéfica das coisas, que se manifesta sempre que a natureza fica entregue a si mesma. As instituições humanas muitas vezes alteraram ou perturbaram a ordem natural, mas esta ainda pode ser encontrada sob as superestruturas históricas que a ocultam. Deve ser tarefa da ciência descobrir as leis determinantes dessa ordem e prescrever os meios pelos quais ela pode ser integralmente realizada nas sociedades humanas. Abolidos os sistemas de proteção ou de restrição, "o sistema simples e fácil da liberdade natural instaura-se por si mesmo". A única regra que esse sistema comporta é a *liberdade ilimitada* dos sujeitos econômicos. De fato, em virtude dessa liberdade, permite-se a ação da força natural própria da natureza humana, que, com sua ação constante em todos os homens, garante a realização da ordem econômica: a tendência egoísta. Smith acredita que em todas as circunstâncias os homens tendem a agir no sentido de seu verdadeiro interesse e que, assim agindo, não só realizam o seu bem pessoal, mas também o bem coletivo. Em outros termos, como já acreditavam os fisiocratas, a ordem natural age como ordem providencial: a harmonia entre o interesse individual e o interesse público está previamente garantida, e Smith não acha possível o conflito entre os dois interesses. Foi esse o princípio clássico do liberalismo econômico, cujas exigências básicas Smith enuncia: a negação de qualquer função econômica do Estado e a concepção de que a concorrência é a grande força reguladora dos valores econômicos. As análises subseqüentes dos economistas mostraram, todavia, que a ordem econômica não anda sozinha em todos os seus aspectos e que nem sempre a ação das forças que a regem é benéfica. Em *An Essay on the Principles of Population* (1798), Malthus mostrava que o desequilíbrio que tende a ocorrer entre a entidade população e a entidade meios de subsistência (que crescem em proporções muito diferentes, em que a primeira supera de muito a segunda) só é restabelecido à custa de grandes males, como epidemias, guerras e flagelos sociais. E David Ricardo, em seus *Principles of Political Economy* (1817), evidenciava alguns conflitos essenciais entre o interesse geral e o interesse privado. Assim, o fenômeno da renda fundiária mostra que o proprietário de terras tem interesse no crescimento rápido das necessidades e na manutenção de preços altos, para os produtos agrícolas (condições que elevam a renda fundiária): assim, o que é útil para ele empobrece os outros cidadãos. A análise do salário dos operários evidenciava o antagonismo entre salário e lucro, em virtude do qual um só pode crescer em detrimento do outro. Na mesma linha estão as críticas de Sismondi, em *Nouveaux principes d'economie politique* (1819). Explica-se assim o surgimento das primeiras doutrinas socialistas, que, embora reconhecendo a realidade da ordem econômica, pretendem intervir nela e dirigi-la para resultado melhor. Assim, St.-Simon (*L'industrie*, 1817; *L'organisateur*, 1819-20) delineava os princípios de uma ordem econômica ideal, que se baseava no industrialismo, mas era isenta dos defeitos da ordem natural. Na sociedade nova, organizada segundo esse ideal, não deveria haver classes, só trabalhadores, e todas as nações se transformariam numa única associação produtiva cujo fim seria alcançar, através de trabalhos pacíficos, a prosperidade máxima. Outros socialistas como Owen, Fourier e Blanc, distinguem-se de St.-Simon por preconizarem uma organização social em que os indivíduos, reunidos em grupos autônomos (*associação cooperativa*, de Owen, *falanstério* de Fourier, *oficina social* de Blanc), conservem certa independência e não percam o poder de iniciativa, como ocorre na associação única de que fala St.-Simon. Mas o verdadeiro ataque ao fundamento da ordem liberal, a propriedade privada dos meios de produção, foi feito por Proudhon. No texto *Qu'est-ce que la propriété?* (1840), Proudhon afirmava que "a propriedade é roubo", não no sentido de que ela tenha como origem o fruto da apropriação violenta, mas na medida em que dá a quem a detém o direito de fruir e dispor a seu bel-prazer do fruto do trabalho e da capacidade alheia. No entanto, em meados do século XIX, a doutrina da ordem natural tinha como expoentes máximos Bastiat e Stuart Mill. O primeiro a interpretava em sentido *finalista*, dizendo que a ordem natural se organiza com vista à perfeita autonomia social e reafirmando, assim, o princípio da bondade essencial das forças que agem nessa ordem (*Harmonies économiques*, 1849). O segundo, em *Principles of Political Economy* (1848), afirmava o caráter *mecânico* da ordem natural e via a garantia da mecanicidade dessa ordem na natureza da força que a produz: a tendência ao bem-estar individual. Portanto, as leis da E., em particular as da *produção* dos bens, conservam o caráter de necessidade, e em face delas a única atitude possível por parte do Estado é o *laisser-faire*. Com efeito, tudo o que é produzido pelo homem deve obedecer às condições impostas pela natureza. Mesmo que o homem não queira, os produtos que ele cria serão *limitados* pela soma dos produtos acumulados anteriormente (*o capital*) e, em vista dessa soma, serão proporcionais à energia e à habilidade do homem, à perfeição das máquinas empregadas e ao uso judicioso da divisão do trabalho (lei do capital). Mesmo que o homem não queira, uma quantidade dupla de trabalho não produzirá, no mesmo terreno, uma quantidade dupla de produtos (lei das compensações decrescentes). Por outro lado, a *distribuição* da riqueza é uma instituição exclusivamente humana, dependente das leis e dos costumes civis, que variam segundo o tempo e o lugar, podendo variar sempre que os homens queiram. Por isso Stuart Mill, assim como toda a corrente do *utilitarismo* (v.), é partidário de reformas até radicais nesse campo, desde que visem a unir o máximo da liberdade individual à maior justiça na distribuição das riquezas naturais. Essa constatação de Stuart Mill – de que a distribuição da riqueza não é determinada necessariamente pelo mecanismo da ordem econômica – já é uma infração grave ao princípio da ordem mecânica. Todavia, esse princípio e a concepção da E. política que nele se funda resistiram aos dois ataques ferozes lançados contra a E. clássica na segunda metade do século XIX pela *escola histórica* e pelo *marxismo*. A primeira, fundada por Wilhelm Roscher (*Grundriss zu Vorlesungen über die Staatswissenschaft nach geschichtlicher Methode*, 1843), partia do princípio de que a ordem natural não é um mecanismo, mas um *organismo* que carrega em si uma lei de sucessão graças à qual passa por diversos graus de desenvolvimento. A ciência econômica deve, portanto, levar em conta esse desenvolvimento e ser a descrição da natureza econômica e das necessidades de um povo, ou seja, "a anatomia e a fisiologia da ordem econômica". A escola histórica, que é o reflexo mais importante do romantismo no domínio da E., por vezes acentuou (como fez Hildebrand) a diversidade dos organismos econômicos nacionais, negando que a E. clássica tivesse descoberto as leis econômicas naturais válidas em qualquer tempo e país. Contudo, na própria história dos organismos econômicos, a escola procurou justamente encontrar a ordem única ou, como dizia outro representante seu, Karl Knies, a "única lei geral do desenvolvimento da humanidade", que determina a história de cada nação. Portanto, embora o conceito de organismo permitisse acentuar alguns caracteres aos quais o conceito de mecanismo dava pouca importância – o desenvolvimento e a individualidade histórica dos sistemas econômicos – e enfatizasse, assim, a dificuldade de se chegar a delinear uma ordem econômica universal, a exigência dessa ordem e sua descoberta ainda eram, para a escola histórica, o fundamento da E. política. Teve esse significado também para a doutrina que, sob certo aspecto, representou uma guinada na E. clássica: o marxismo. Com efeito, a passagem da sociedade capitalista para a sociedade comunista, que Marx previa como inevitável e necessária, seria produzida precisamente pelo funcionamento do mecanismo econômico: sua necessidade é a necessidade própria das leis desse mecanismo. Assim como o capital (no sentido exato da palavra, ou seja, o meio de proporcionar a mais-valia a partir da força de trabalho do operário) nasceu da destruição do artesanato e do trabalho livre, que obrigou as grandes massas proletárias a vender sua *força de trabalho*, determinando a concentração e o poder do capital, esse mesmo processo de concentração e de fortalecimento do capital, levado ao extremo, transformar-se-ia em sua negação. A concentração industrial afastará o proprietário cada vez mais da empresa e fará que a empresa, portanto sua direção, sua iniciativa e seu trabalho, acabem passando para as mãos dos trabalhadores assalariados. Desse modo, a função social da classe capitalista terá enfraquecido, e sua expropriação poderá ser feita sem que o organismo produtivo se ressinta. Paralelamente, o proletário terá sido treinado pela própria organização das grandes empresas para geri-las e dirigi-las, estando pronto a assumir plenamente sua posse. Desse modo, a socialização dos meios de produção, sua transferência da classe capitalista para a operária, ocorrerá com a mesma fatalidade que rege as metamorfoses da natureza (*Das Kapital*, 1867, 1, 24, § 7).

Num primeiro momento, o caráter mecânico da ordem natural pareceu ser confirmado pela introdução da linguagem matemática na ciência econômica, devido a Augustin Cournot em *Recherches sur les principes mathématiques de la théorie des richesses* (1838), mas que só se tornou definitiva e frutífera alguns decênios mais tarde graças a Jevons e Walras. A roupagem matemática da E. política ressaltava a analogia dela com a física, que Jevons foi um dos primeiros a enfatizar. "A teoria econômica", dizia ele, "tem grande analogia com a ciência da mecânica estática: as leis de troca são semelhantes às do equilíbrio de uma alavanca, determinadas pelo princípio das velocidades virtuais. A natureza da riqueza e do valor mostra-se com clareza sempre que se considerem aportes infinitamente pequenos de prazer e de dor, precisamente como a teoria da estática foi baseada na igualdade de aportes de energia infinitamente pequenos. Acredito que certos ramos dinâmicos da ciência da E. podem prestar-se a desenvolvimentos próprios" (*The Theory of Political Economy*, 1871, Pref. à 1.ª ed.). Mas com Jevons e com Walras já estamos num campo diferente de formulação da teoria econômica.

2.ª *Teoria do equilíbrio* – Segundo essa teoria, que constitui a segunda concepção fundamental de E. política, o objetivo dessa ciência é determinar qual a melhor combinação possível dos elementos econômicos: essa combinação, justamente por ser a melhor, manter-se-á indefinidamente se não for alterada por nenhum motivo, ou tenderá restabelecer-se caso seja alterada, sendo por isso um *estado de equilíbrio* (cf. PARETO, *Man. di E. pol.*, III, § 22). Ora, a melhor combinação possível não é a única possível, mas uma entre muitas. Os pressupostos dessa teoria são dois: *a*) existem possibilidades ou alternativas diferentes na realidade econômica; *b*) entre as várias alternativas possíveis, uma só é a mais conveniente, a econômica; e esta última é necessariamente determinada pelas leis econômicas.

O pressuposto *a*) exprime a mudança decisiva que a E. política sofreu por volta de 1870, em vista do abandono de um dos fundamentos da teoria clássica, a da doutrina do valor-trabalho. A teoria clássica, baseada no princípio de que existe uma ordem econômica natural e necessária, não deixava alternativa à escolha individual; a rigor, não reconhecia nenhuma possibilidade de escolha. Os indivíduos só podem seguir seu instinto econômico, e a ordem econômica é o efeito natural e inevitável desse instinto. Numa ordem assim, o fundamento das relações econômicas, das trocas, ou seja, o *valor*, deve ser tão natural e necessário quanto a própria ordem: por isso a E. clássica, de Smith a Marx, vê a origem ou o princípio do valor no *trabalho*. O trabalho, como notava Marx (*Das Kapital*, I, 1, § 1), possibilita ter a medida exata do valor porque ele mesmo é exatamente mensurável em sua duração temporal. Esse era, entenda-se, o *valor de troca*, uma vez que o *valor de uso* fora constantemente identificado com a utilidade, ou seja, com a capacidade de um objeto de satisfazer a uma necessidade. Essa teoria do valor chocara-se com várias dificuldades, mas só graças a Jevons, Menger e Walras foi superada por uma nova doutrina, da *utilidade marginal*. A característica dessa teoria é que, para ela, o valor é "a importância que nós atribuímos a determinados bens concretos ou quantidades de bens, pelo fato de sabermos que a satisfação de nossas necessidades depende da possibilidade de dispor desses bens" (MENGER, *Grundsätze der Volkswirtschaftslehre*, 1871). O valor, portanto, nasce da limitação dos bens em relação às necessidades, e só essa limitação confere aos bens caráter econômico. Os bens que existem em quantidade ilimitada (p. ex., o ar) não têm valor econômico, pois a disponibilidade de uma fração desses tais bens não tem nenhuma utilidade. Com essas considerações, estabelece-se a condição fundamental para a existência do valor econômico: a *raridade* ou *escassez* dos bens disponíveis. E estabelece-se também uma relação entre escassez e valor, em virtude da qual, à medida que aumenta o número das frações disponíveis de uma mercadoria, diminui o valor de cada uma de suas frações. Nesse sentido, o valor de uma mercadoria consiste no que Jevons chamava de "grau final de utilidade" (*Theory of Political Economy*, 1871, cap. 3), que Walras chamava de "raridade" (*Elements of Pure Political Economy*, 1874; trad. it., p. 103) e Marshall chamará de "utilidade marginal" (*Principles of E.*, 1890): consiste, em resumo, na utilidade da última fração da mercadoria que satisfaz a uma necessidade. Walras definia em termos matemáticos a utilidade marginal como "a utilidade derivada da utilidade efetiva em relação à quantidade possuída" (*Elements*, trad. cit., p. 103), e Pareto, em seu *Curso de E. política* (1896, § 26), dava ao mesmo conceito o nome de "ofelimidade elementar". Os pressupostos dessa teoria eram claramente enunciados por Menger em *Untersuchungen über die Methoden der Sozialwissenschaften und der politischen Oekonomie insbesondere* (1883), que foi uma crítica decisiva à escola histórica da economia. Menger observou que o ponto de partida e o ponto de chegada de toda atividade econômica são rigorosamente determinados pela situação econômica do momento. As *necessidades* econômicas imediatas de qualquer sujeito econômico são determinadas por sua natureza e pela evolução que esta sofreu: os *bens* que esse sujeito tem a sua disposição são igualmente determinados pela situação econômica. Entre esses dois pólos desenvolve-se a atividade econômica do indivíduo. Ora, mesmo que sejam dados os pontos de partida e de chegada da atividade econômica, nem por isso está rigorosamente determinado *a priori* o caminho que, na realidade, o indivíduo seguirá para chegar à satisfação das necessidades. "O arbítrio, o erro e outras causas podem dar (como de fato dão) ao homem a liberdade de seguir rumos diferentes. Contudo, o certo é que, dadas aquelas premissas, um só é o caminho mais conveniente" (*ibid.*, Ap. 6). Portanto, se em qualquer E. são possíveis inúmeras direções da atividade do sujeito econômico, *uma só* é a direção mais conveniente, ou seja, a econômica; e só ela é rigorosamente determinável. À corrente "realista", da escola histórica, que, tomando como objeto de considerações "os fenômenos reais da E. humana", podia chegar a "leis exatas", Menger contrapõe a corrente "exata", "que examina os fenômenos da economicidade, rigorosamente determinados, e assim consegue estabelecer algo que não são as leis exatas dos fenômenos reais – que em parte são absolutamente não econômicas –, mas as leis exatas da economicidade" (*ibid.*). A E. exata de que falava Menger foi chamada "E. pura" por Walras, por Maffeo Pantaleoni (*Principi di E. pura*, 1889) e por Vilfredo Pareto. Este último, assim como Menger, insiste na necessidade de fazer determinadas abstrações para tornar possível a ciência econômica: abstrações que são da mesma natureza das realizadas pelas outras ciências. "Não conhecemos", diz Pareto, "e não conheceremos jamais nenhum fenômeno concreto em todos os seus detalhes; só podemos conhecer fenômenos ideais que se aproximem cada vez mais do fenômeno concreto" (*Corso*, § 35). Assim como a astronomia limita suas pesquisas à forma genérica da terra, e a geografia e a topografia possibilitam aproximações progressivamente maiores, mas nenhuma descrição da terra conseguirá dar conta dos mínimos detalhes, também a "E. pura indica-nos a forma geral do fenômeno e a E. aplicada propicia uma aproximação maior, indicando as perturbações produzidas por causas que tinham passado despercebidas na primeira aproximação, mas nenhuma teoria jamais nos dirá de que modo será regulada a vida econômica de cada indivíduo" (*ibid.*, § 35). Logo, é preciso distinguir os "fenômenos principais" dos "fenômenos secundários", e não se deve confundir "o estado de equilíbrio com o estado de transição de um equilíbrio a outro" (*ibid.*, § 36). Desse modo, *o estado de equilíbrio* torna-se o verdadeiro objeto da ciência econômica. Supõe-se que esta tenha o objetivo de determinar, em cada caso, o *optimum* da situação econômica. Por vezes, distinguiram-se dois métodos fundamentais da teoria econômica do equilíbrio: o geométrico, ou método de Marshall, dos equilíbrios *parciais*, e o algébrico ou método de Losanna, do equilíbrio geral (cf. U. RICCI, *Giornale degli economisti*, 1906). Mas tanto os equilíbrios parciais quanto o equilíbrio geral constituem construções ideais ou soluções-limite de problemas cujos dados são, estes sim, extraídos da experiência, mas que, em conjunto, só reproduzem de modo idealizado e retificado a marcha dos fenômenos empíricos. Desse ponto de vista, Menger expressara com toda a clareza o pressuposto fundamental da teoria do equilíbrio ao observar que "premissa da regularidade dos fenômenos econômicos e, portanto, de uma E. teórica não é só o dogma do interesse individual sempre idêntico, mas também o da infalibilidade e da onisciência do homem nas coisas econômicas" (*Methode*, 1, cap. 7). Como teoria do equilíbrio, ou seja, como determinação do *optimum* econômico mediante leis necessárias, a E. política deve, portanto, pressupor a *infalibilidade* e a *onisciência* do sujeito econômico.

Nesse ponto, mostra-se clara a analogia entre esta fase da ciência econômica e a mecânica clássica (anterior à revolução provocada por Einstein). Esta pressupunha a existência de uma ordem necessária da natureza, determinada por leis imutáveis, e com ela a existência de um sujeito físico, infalível e onisciente, que pudesse obter todas as informações possíveis sobre essa ordem sem nela interferir minimamente. A E. do equilíbrio pressupõe, analogamente, a existência de um equilíbrio econômico determinado por leis necessárias e, com ele, a existência de um sujeito econômico infalível e onisciente, capaz de obter todas as informações possíveis sobre esse equilíbrio sem interferir nele. Mas, exatamente como ocorreu com a física, esses pressupostos chocaram-se com dificuldades de ordem empírica. Os resultados obtidos pela teoria do equilíbrio muitas vezes se mostraram em conflito com a realidade econômica ou, na melhor das hipóteses, aplicáveis só a casos-limite muito circunscritos. A teoria do equilíbrio vangloriou-se da "pureza" ou "exatidão", do "rigor" e da "necessidade" de suas conclusões, mas, ao mesmo tempo, mostrou-se incapaz de descrever os fenômenos econômicos mais complicados e de prevê-los com aproximação suficiente. Essa é uma situação paradoxal numa época como a nossa em que se mede a validade da ciência por sua capacidade de previsão, que, de resto, é a capacidade de agir no respectivo campo de fenômenos.

3ª *Teoria dos jogos* – A primeira investida contra a teoria clássica do equilíbrio foi de autoria de Keynes. Em 1936 ele escrevia: "Embora a doutrina clássica em si mesma nunca tenha sido posta em dúvida por economistas ortodoxos até tempos recentes, a sua patente incapacidade de previsão científica com o passar do tempo reduziu consideravelmente o prestígio de seus seguidores. Pois os economistas de profissão, depois de Malthus, ficaram impassíveis diante da falta de correspondência entre os resultados de sua teoria e os fatos da observação; discordância essa que o homem comum não deixou de observar, provocando crescente relutância em dispensar aos economistas o mesmo respeito que se manifesta em relação a outras categorias de cientistas, cujos resultados teóricos são confirmados pela observação, quando aplicados aos fatos." Em particular, quanto ao problema do emprego, Keynes observava que "a teoria clássica representa o modo como gostaríamos que a nossa E. se comportasse, mas na realidade ignora as verdadeiras dificuldades e é incapaz de enfrentá-las" (*The General Theory of Employment, Interest and Money*, 1936, cap. 3, § 3). O próprio Keynes, porém, utilizava amplamente os procedimentos da teoria clássica, que ele julgava verificáveis em determinadas condições (*ibid.*, cap. 24, § 3). Na realidade, só nos últimos anos começou a delinear-se no campo da E. uma nova tendência que põe de lado definitivamente o pressuposto da teoria do equilíbrio: a infalibilidade e onisciência do sujeito econômico. A chamada "teoria dos jogos" parte do pressuposto de que o indivíduo não controla todas as variáveis de que depende o resultado de seu comportamento. Ele nunca está na situação de Robinson Crusoé, que conhece perfeitamente suas necessidades e os elementos que devem servir para satisfazê-las, controlando, portanto, tudo aquilo de que depende a sua utilidade total. Na realidade econômica a situação é completamente diferente, porque nela vários indivíduos estão em inter-relação, e o resultado do comportamento de cada um deles depende de variáveis diversas, das quais ele controla só uma parte, enquanto as outras dependem de outros indivíduos. O resultado geral, porém, depende simultaneamente de *todas* as variáveis. Ora, "essa situação", nota Morgenstern, "não pode ser de nenhum modo definida como um problema de princípio, quaisquer que sejam as limitações e as condições acessórias em que se possa pensar. Encontramo-nos diante de uma situação lógico-matemática que a matemática não soube representar de algum modo até agora, para não falar da E. teórica. Ela nada tem em comum com o cálculo das variações, com a teoria das funções etc., mas constitui uma novidade de natureza efetivamente conceitual. Portanto, é preciso examinar se é possível resolver o problema de como deveria comportar-se um indivíduo ou uma empresa para que seu comportamento possa ser considerado 'racional'. Por enquanto, a palavra 'racional' não tem nenhum significado nessa construção: só poderá ter significado se for encontrada uma teoria que possa ser empregada em todas essas situações econômicas" ("Teoria dos jogos", em *A indústria*, 1951, p. 319). Em vista dessa situação, a teoria dos jogos rejeita qualquer analogia com os sistemas físicos porque julga não haver nada na física que corresponda às situações tipicamente econômicas, e para elaborar seus procedimentos de cálculo utiliza um modelo completamente diferente, o dos jogos estratégicos. Nesses jogos, a vitória do indivíduo depende não só dos seus movimentos, mas também dos movimentos dos outros e de um componente aleatório. Cada jogador pode escolher entre várias estratégias, ou seja, entre vários modos de jogar a partida. Diremos que ele se comporta "racionalmente" quando, entre todas as estratégias, escolhe "a melhor". A determinação dessa estratégia ocorre através de procedimentos matemáticos especiais de base estatística (NEUMANN e MORGENSTERN, *Theory of Games and Economic Behavior*, 1944). [N.A.]

Do ponto de vista teórico e metodológico a E. política das últimas décadas caracterizou-se: 1) pela utilização cada vez maior da teoria dos jogos e das linguagens formalizadas de tipo matemático; 2) pela assimilação cada vez mais profunda do princípio de ignorância e falibilidade do sujeito econômico; 3) pela recusa a qualquer doutrina conglobadora, graças à admissão da multiplicidade de jogos ou modelos não redutíveis a um único jogo ou modelo de alcance universal; 4) por um processo tendencial de integração entre macroeconomia e microeconomia; 5) por um persistente debate epistemológico acerca do objeto, dos métodos e do estatuto disciplinar que competem à E. (ciência, arte, doutrina ou técnica?). No que se refere aos conteúdos, a derrocada do comunismo, se por um lado produziu o reforço das tendências neoclássicas ou marginalistas e o sucesso de filosofias econômicas de feição neoliberal – em detrimento dos vários "-ismos" (neomarxismo, neokeynesianismo, neo-ricardismo etc.) que, a partir dos anos 1960, procuraram contrapor-se ao paradigma dominante –, por outro lado estabeleceu as premissas para a atenuação dos conflitos ideológicos entre as diferentes escolas econômicas (v. LIBERALISMO; LIBERISMO).

Outra novidade relevante é constituída pelo reencontro entre E. política e ética. Partindo da convicção de que a motivação da atividade econômica não é apenas a renascentista e moderna da "utilidade", e que o problema de fundo das sociedades pós-industriais não é (apenas) a escolha dos meios mais aptos a alcançar determinado objetivo, mas (também) a escolha entre fins alternativos (ou seja, entre idealidade e valores divergentes), um grupo de estudiosos, entre os quais desponta o filósofo-economista A. K. Sen, insistiu na necessidade da reconsideração ética da E., voltada para a responsabilização dos cultores dessa disciplina em relação à globalidade dos problemas humanos (já John Stuart Mill, para evitar a redução da complexidade antropológica ao elemento econômico apenas, afirmara que "não é bom economista quem é só economista").

Um dos resultados mais significativos desse entrecho renovado, ou bem-vinda síntese, entre E., ética e sabedora – em antítese com o critério weberiano da isenção de valores em ciências sociais e com o modelo neopositivista da E. como "ciência pura" – foi o esforço para conferir status teórico aos aspectos morais do discurso econômico, insistindo numa plataforma mínima de valores humanos amplamente comungados (dignidade, solidariedade etc.); é a chamada *business ethics* (v. NEGÓCIOS, ÉTICA DOS). [G.F.]

ECONÔMICA (in. *Economics;* fr. *Économique;* al. *Oekonomik;* it. *Economica*). 1. Com esse nome muitos autores contemporâneos designam a ciência da economia; esse nome evita a ambigüidade do termo "economia", que pode indicar tanto a ciência quanto o seu objeto.

2. Foi assim que Croce chamou a parte da filosofia da prática que tem por objeto as ações utilitárias e econômicas entre as quais Croce coloca não só as ações assim chamadas comumente, mas também o direito, a política, a ciência etc. (*Filosofia della pratica, E. ed etica*, 1909). Mas essa acepção do termo não teve fortuna (v. ECONOMIA). [N.A.]

ECONOMICISMO (in. *Economicism;* fr. *Economicisme;* al. *Ökonomicismus;* it. *Economicismo*). Qualquer doutrina que atribua à economia papel proeminente e determinante em relação às outras atividades humanas, ou que tenda a reduzir a esfera cultural e jurídico-política a simples epifenômeno da esfera econômico-social. Em filosofia, o termo assumiu conotação predominantemente negativa ou polêmica e foi usado sobretudo em referência às correntes marxistas da era da Segunda Internacional (v. MATERIALISMO HISTÓRICO). [G.F.]

ECPIROSE. V. CONFLAGRAÇÃO.

ECTESE (gr. ἔκθεσις; fr. *Ecthèse;* al. *Ekthesis;* it. *Ectesi*). Exposição do significado de um termo (ARISTÓTELES, *An. pr.*, 1, 34, 48 a 25) ou exibição de um exemplo (*ibid.*, I, 6, 28 b 14; CRISIPO, em *Stoic. Fragm.*, II, 7). Leibniz designou com esse termo o enunciado de um teorema geométrico e o traçado da figura, que preparam a demonstração (*Nouv. ess.*, IV, 17. 3). [N.A.]

ÉCTIPO (in. *Ectype;* fr. *Ectype;* al. *Ektypus;* it. *Ectipo*). Termo introduzido pelos platônicos de Cambridge para indicar a natureza como algo diferente e dependente de Deus e como princípio da ordem e da regularidade do mundo. Uma vez que Deus não faz tudo diretamente e nada acontece por acaso, deve haver um princípio (*Plastic Nature, Nature, Spiritus naturae*) que execute a parte da providência divina referente à regularidade dos fenômenos. "A natureza", diz Cudworth, "não é o *Arquétipo* da arte divina, mas só o É. é a marca ou a assinatura viva da sabedoria divina, que, através dela, age exatamente segundo seu arquétipo apesar de não compreender a razão do que faz" (*The True Intellectual System of the Universe*, I, 1, 3). Essa palavra foi empregada com o mesmo significado por Berkeley: "Reconheço um duplo estado de coisas: um, É. e natural; o outro, *arquétipo* e eterno. O primeiro foi criado no tempo; o segundo existia na eternidade no espírito de Deus" (*Dial. Between Hylas and Philonous*, ed. Jessop, III, p. 254). E Kant distingue um intelecto arquétipo, que é o divino, que cria os objetos pensando-os, do intelecto É., que é o humano ou finito, não criativo, mas discursivo (*Crít. do Juízo*, 11, § 77). [N.A.]

EDENTULI. V. PURPÚREA.

EDUCAÇÃO (gr. παιδεία; lat. *Educatio;* in. *Education;* fr. *Éducation;* al. *Erziehung;* it. *Educazione*). Em geral, designa-se com esse termo a transmissão e o aprendizado das técnicas *culturais*, que são as técnicas de uso, produção e comportamento mediante as quais um grupo de homens é capaz de satisfazer suas necessidades, proteger-se contra a hostilidade do ambiente físico e biológico e trabalhar em conjunto, de modo mais ou menos ordenado e pacífico. Como o conjunto dessas técnicas se chama cultura (v. CULTURA, 2), uma sociedade humana não poderá sobreviver se sua cultura não for transmitida de geração para geração; as modalidades ou formas de realizar ou garantir essa transmissão chamam-se educação. Esse é o conceito generalizado de E., que se tornou indispensável graças à consideração do fenômeno não só nas sociedades chamadas civilizadas, mas também nas sociedades primitivas. As formas de E. nesses dois tipos de sociedade não apresentam diferenças de desenvolvimento ou grau (como em geral se crê), mas de atitude ou orientação. A sociedade primitiva caracteriza-se pelo fato de que nela a E. visa a garantir a *imutabilidade* das técnicas de que dispõe; por isso tende a atribuir caráter *sagrado* a tais técnicas, o que leva a proibir como sacrílega qualquer inovação ou correção. Uma sociedade civilizada está, acima de tudo, aparelhada para enfrentar situações novas ou em mudança; logo, tende a tornar flexíveis e corrigíveis as técnicas de que dispõe e a confiar à E. a tarefa não só de transmiti-las, mas também de corrigi-las e aperfeiçoá-las. Sem dúvida, essas duas orientações nunca se acham em estado puro: não existem sociedades absolutamente primitivas, que não permitam – ainda que sub-repticiamente – correções ou modificações lentas em suas técnicas, assim como não existem sociedades absolutamente civilizadas que permitam a rápida e incessante correção das técnicas mais delicadas, que não são as técnicas de uso e produção de objetos, mas as que regulam a conduta dos indivíduos e seus comportamentos recíprocos.

Podem-se, portanto, distinguir duas formas fundamentais de E.: 1.ª a que simplesmente se propõe transmitir as técnicas de trabalho e de comportamento que já estão em poder do grupo social e garantir sua relativa imutabilidade; 2.ª a que, através da transmissão das técnicas já em poder da sociedade, se propõe formar nos indivíduos a capacidade de corrigir e aperfeiçoar essas mesmas técnicas.

1.ª O primeiro conceito de E., como se disse, é posto em prática pelas sociedades primitivas e também, parcialmente, nas sociedades secundárias, sobretudo no que tange à E. moral e religiosa. Consiste na transmissão pura e simples das técnicas consideradas válidas e na transmissão simultânea da crença no caráter sagrado, portanto imutável, de tais técnicas. Na tradição pedagógica do Ocidente, esse conceito de E., por motivos óbvios, foi formulado e defendido poucas vezes. Entre os que o defenderam com maior decisão e nitidez está Hegel: "O indivíduo deve recapitular os graus de formação do Espírito universal, também segundo o conteúdo, mas como figuras já depositadas pelo Espírito [...]. Do ponto de vista do indivíduo, sua formação consiste na conquista do que ele encontra diante de si, consiste em consumar sua natureza inorgânica e em apropriar-se dela" (*Phänomen. des Geistes*, Pref., II, 3). Hegel hipostasia aqui, como "Espírito universal", o sistema cultural da sociedade civilizada, mas o seu conceito de E. é típico da sociedade primitiva.

2.ª No segundo conceito de E., a transmissão das técnicas já adquiridas tem sobretudo a finalidade de possibilitar o aperfeiçoamento dessas técnicas através da iniciativa dos indivíduos. Nesse aspecto, a E. é definida não do ponto de vista da sociedade, mas do ponto de vista do indivíduo: a *formação* (v.) do indivíduo, sua *cultura*, tornam-se o *fim* da educação. A definição de E. na tradição pedagógica do Ocidente obedece inteiramente a essa exigência. A E. é definida como *formação* do homem, *amadurecimento* do indivíduo, consecução da sua *forma* completa ou perfeita etc.: portanto, como passagem gradual – semelhante à de uma planta, mas livre – da potência ao ato dessa forma realizada. Esses conceitos repetem-se com tal uniformidade na tradição pedagógica que não chegam a constituir novidade do ponto de vista filosófico. Segundo esse ponto de vista, a E. é *cultura*, no segundo dos dois significados fundamentais deste termo; os problemas gerais correspondentes podem ser estudados nesse verbete. [N.A.]

Dentro do quadro assim delineado é de se destacar que na pedagogia do século XX, em especial em sua segunda metade, o conceito de E. acentuou a dimensão formadora: a E. passou a ser vista como um processo de humanização, que não diz respeito apenas ao crescimento em termos de desenvolvimento nem atinge apenas a pessoa, considerada individualmente, mas dura toda a vida (motivo pelo qual a pedagogia se apresenta como teoria da E. *permanente* em referência às diferentes idades), e diz respeito ao homem tanto em sua individualidade (donde a pedagogia tender a ser *clínica)*, quanto nas formações sociais em que a pessoa se realiza (donde a pedagogia caracterizar-se como *social)*. A ampliação dos conceitos de E., além de ter valor quantitativo (não só a infância mas também as outras fases do desenvolvimento, não só o indivíduo mas também as comunidades), tem também e sobretudo valor qualitativo, no sentido de que a E. do indivíduo e da infância passa a ser formulada de um modo novo à luz dos conceitos de E. permanente e de sociedade educadora. Daí o imperativo a que pode ser reduzida a E. contemporânea: o de "aprender a ser", de "aprender a aprender": tarefa que dura toda a vida e envolve indivíduos e instituições. Esse imperativo surge do reconhecimento de que a E. (como evidenciaram, entre os outros, M. Montessori e J. Piaget) é um direito fundamental da pessoa, embora muitas pessoas (crianças e adultos) ainda não usufruam dela. A exigência de universalização do direito à E. traz à luz o nexo entre E. e democracia que não poucos pensadores do século XX evidenciaram (tais como J. Dewey, J. Maritain, S. Hessen e R. Dottrens), e que constitui outra peculiaridade do discurso contemporâneo sobre a E., que se configura, assim, em termos decididamente pessoais e idiográficos: na base da E. atual existe a preocupação de respeitar o homem em sua dignidade (universal) e em sua especificidade (individual), e a E. configura-se essencialmente como um processo de remoção dos obstáculos que impedem o desenvolvimento, bem como de promoção das potencialidades próprias de cada pessoa. [G.G.]

EDUÇÃO (lat. *Eductio;* in. *Eduction;* fr. *Éduction;* al. *Eduction;* it. *Eduzione*). Termo usado na escolástica para indicar a emergência da forma a partir da matéria, ou seja, a passagem da potência ao ato (Tomás de Aquino, *S. Th.*, I, q. 90, a. 2). Leibniz emprega esse termo com o mesmo sentido (*Théod.*, I, § 88). [N.A.]

EFEITO (in. *Effect;* fr. *Effet;* al. *Wirkung;* it. *Effetto*). Termo ou o resultado de qualquer tipo ou espécie de causação (v. CAUSALIDADE). [N.A.]

EFEITOS, HISTÓRIA DOS. V. WIRKUNGSGESCHICHTE.

EFÉTICO, EFÉCTICO (gr. ἐφεκτικός; it. *Efettico*). Aquele que pratica a suspensão do juízo, isto é, o cético pirroniano (v. EPOCHÉ; CETICISMO). [N.A.]

EFETIVO (in. *Actual;* fr. *Effectif;* al. *Wirklich;* it. *Effettivo* ou *Effetuale*). O mesmo que real (v. REALIDADE). Em italiano e francês, esse termo ressalta o caráter que a realidade possui diante do que só é imaginado ou desejado; em inglês e alemão, ressalta o caráter que a realidade possui diante do que é somente possível. [N.A.]

EFETIVO, PROCEDIMENTO (in. *Effective procedure;* al. *Effektiver Prozess;* it. *Procedimento effettivo*). Um procedimento E. consiste numa *prescrição* ou lista de instruções que especifica o tipo e a sucessão das operações que, uma depois da outra, devem ser executadas para calcular os valores de uma função num tempo finito e num número finito de etapas. É usado como sinônimo de *algoritmo* (v.). Procedimentos E. são as *tabelas de verdade* (v.) no cálculo enunciativo e as operações de cálculo do máximo divisor comum entre números naturais. Em matemática e em lógica, uma função *f* definida em todo o domínio D é chamada *efetivamente calculável ou computável* desde que exista um procedimento E. (um algoritmo) que, aplicado a cada elemento *d* pertencente a D, dê como resultado *f(d)*. Para o conceito de procedimento E., assim como para o de *algoritmo,* não se possui uma definição rigorosa; no entanto, visto que a partir de 1936 foi elaborada uma definição do conceito de *função recursiva,* e como a base de tal definição é que toda função recursiva é calculável, foi enunciada a conjectura (corroborada pela constatação de que todas as funções computáveis conhecidas também são recursivas) de que a relação entre recursivo e calculável (efetivamente computável) vale também no sentido inverso – ou seja, *toda função efetivamente calculável é recursiva.* Essa conjectura é conhecida como *tese de Church* – do nome do lógico americano Alonzo Church, que a propôs pela primeira vez em 1935. Mais ou menos na mesma época (1936), mas com base em métodos diferentes, Emil Post e Alan M. Turing (v. MÁQUINA DE TURING) chegavam à mesma conclusão. O conceito de procedimento E. (*algoritmo*) também está estreitamente ligado às noções de *decidível* de *enumerável* (v.): uma das conseqüências da tese de Church é que toda relação (conjunto) decidível é recursiva (recursivo), e que toda relação (conjunto) enumerável é recursivamente enumerável. [M.M.]

EFICIÊNCIA (in. *Efficiency;* fr. *Efficience;* al. *Wirksamkeit;* it. *Efficienza*). Em sentido próprio, a ação da causa eficiente. Mas hoje, em todas as línguas, esse termo é empregado com significado diferente, como correspondência ou adequação de um instrumento à sua função ou de uma pessoa à sua tarefa. Diz-se também "E. de uma organização" para indicar a adequação de uma organização às suas funções, e, correspondentemente, fala-se de "ineficiência". Nesse sentido os filósofos também utilizam esse termo com freqüência, embora não se trate de termo especificamente filosófico. [N.A.]

EFLÚVIOS (gr. ἀπορροαί; it. *Effluvi*). Empédocles (séc. V a.C.) explicava o conhecimento com a hipótese dos E., que emanam das coisas e penetram nos sentidos por meio dos poros existentes em todos os órgãos e que são apropriados à espécie de E. que devem recolher (TEOFRASTO, *De sensu,* 7; Fr. 89, Diels). [N.A.]

EGO e SUPEREGO. V. PSICANÁLISE.

EGOCENTRISMO (in. *Egocentrism;* fr. *Égocentrisme;* al. *Egozentrismus;* it. *Egocentrismo*). Scheler designou com esse termo a atitude que consiste em confundir o mundo que nos circunda imediatamente com o "mundo" no sentido próprio do termo, ou seja, em atribuir ao ambiente imediato uma função universal ou cósmica. Com o E. assim entendido Scheler relacionou o solipsismo, o egoísmo e o auto-erotismo. O *solipsismo* é a atitude egocêntrica que preside à concepção dos objetos do mundo real; o *egoísmo* é o E. em seu aspecto prático ou volitivo; o *auto-erotismo* é a atitude egocêntrica na vida amorosa (*Sympathie,* I, cap. 4, § 2). [N.A.]

EGOÍSMO (in. *Egoism;* fr. *Égoisme;* al. *Egoismus;* it. *Egoismo*). 1. Termo criado no século XVIII para indicar a atitude de quem dá importância predominante a si mesmo ou aos seus próprios juízos, sentimentos ou necessidades, e pouco ou nada se preocupa com os outros. Platão já achava que o "amor desmesurado por si mesmo" (que nada tem que ver com a *filáucia* de que falava Aristóteles, v. AMOR DE SI) é a causa de todas as culpas dos homens (*Leis,* V, 731e). Muitas vezes o E. foi considerado atitude natural do homem. Diz Kant: "A partir do dia em que começa a falar em primeira pessoa, o homem passa a pôr seu querido eu adiante de tudo, e o E. progride incessantemente, sub-reptícia ou abertamente (por sofrer a oposição do E. dos outros)" (*Antr.,* I, § 2). Aliás, antes de Kant, Adam Smith

(*Teoria dos sentimentos morais* (1759) e os moralistas franceses tinham visto no E. uma das emoções fundamentais do homem. Vauvenargues, que chama o E. de "amor-próprio", distingue-o do *amor de si* (v.), que é a filáucia de Aristóteles (*De l'esprit humain*, 24). Kant distingue três formas de E.: E. *lógico*, de quem não acha necessário submeter seu próprio juízo ao juízo alheio; E. *estético*, que se satisfaz com seu próprio gosto; E. *moral*, de quem restringe todos os fins a si mesmo e não vê utilidade no que não lhe traga proveito. Além dessas três espécies de E., Kant distingue o E. *metafísico*, que responde negativamente à pergunta: "eu, como ser pensante, tenho razão de admitir, além da minha existência, também a de um todo de outros seres que estão em comunhão comigo?" (*Antr.*, I § 2).

A antítese entre E. e altruísmo e a predição do futuro triunfo do altruísmo são típicas da ética positivista. O positivismo cunhou a palavra *altruísmo* (v.) e, ao lado dos instintos egoísticos, admitiu a existência de instintos altruístas destinados a prevalecer com o progresso moral da humanidade (COMTE, *Catéchisme positiviste*, pp. 48 ss.; SPENCER, *Data of Ethics*, § 46). Por outro lado, Stirner e Nietzsche sustentaram a moral do egoísmo. Stirner chamou seu *anarquismo* (v.) de E. *absoluto*, que consiste na afirmação de que o indivíduo é a única realidade e o único valor (*Der Einzige und sein Eigentum*, 1845). Nietzsche por sua vez dizia: "O E. é parte essencial da alma aristocrática e por egoísmo entendo a fé inquebrantável em que outros seres devem sujeitar-se e sacrificar-se pelo ser que *nós somos*" (*Jenseit von Gut und Böse*, 1886, § 265). Scheler deu a melhor caracterização do E., distinguindo-o do amor de si ou filáucia. O E., segundo diz, não se dirige ao eu individual como objeto de amor desvinculado de todas as relações sociais. O egoísta não se comporta como se estivesse só no mundo, mas está tão absorvido por seu eu social que se apega somente aos seus próprios valores ou àqueles que podem tornar-se seus. Essa atitude é o contrário do amor de si, dirigido principalmente aos valores por si mesmos (*Sympathie*, II. cap. I, § 1).

2. O mesmo que *solipsismo* (v.). [N.A.]

EGOLOGIA (in. *Egology*; fr. *Égologie*; al. *Egologie*; it. *Egologia*). Segundo Husserl, a esfera própria do *ego* obtida mediante a *epoché* egológica, com a qual, no campo da experiência fenomenológica, se abstrai de tudo o que pertence aos outros eus (*Cart. Med.*, § 44). [N.A.]

EGOTISMO (in. *Egotism*; fr. *Égotisme*; al. *Egotismus*; it. *Egotismo*). Termo de origem inglesa, difundido no resto da Europa por Stendhal, que o empregou também no título das suas memórias autobiográficas (*Souvenirs d'égotisme*, 1892, mas escritas em 1832). Essa palavra significa a excessiva importância concedida a si mesmo e às vicissitudes da vida pessoal, bem como a tendência a falar demais de si mesmo (cf. sobre a história da palavra, o prefácio de H. Martineau à edição dos *Souvenirs de Stendhal*, Paris, 1950). No sentido de subjetivismo ou culto do eu, essa palavra foi usada por G. Santayana (*Egotism in German Philosophy*, 1915). [N.A.]

EIDÉTICO (in. *Eidetic*; fr. *Eidétique*; al. *Eidetisch*; it. *Eidetico*). Termo introduzido na filosofia contemporânea por Husserl a partir de *Investigações lógicas* (1900-01) para indicar tudo o que se refere às essências, que são objeto da investigação fenomenológica (v. FENOMENOLOGIA). [N.A.]

EIDOLA. V. ÍDOLOS.

EIDOS. Este, que é um dos termos com que Platão indicava a idéia e Aristóteles a forma, é usado na filosofia contemporânea especialmente por Husserl para indicar a essência que se torna evidente mediante a redução fenomenológica (v. FENOMENOLOGIA). Para os significados clássicos dessa palavra, v. FORMA; IDÉIA; ESPÉCIE. [N.A.]

EJEÇÃO (in. *Ejection*; fr. *Éjection*; it. *Eiezione*). Termo criado por G. Clifford (*Lectures and Essays*, 1879) para indicar as sensações dos seres diferentes de nós, que nunca podem ser diretamente objeto de nossa consciência, sendo portanto projeções da consciência. O termo foi empregado também por Romanes (*The World as an Eject*, 1895) e por alguns outros. [N.A.]

ELÃ VITAL (fr. *Élan vital*; it. *Slancio vitale*). Segundo Bergson, é a consciência que penetra a matéria e a organiza, realizando nela o mundo orgânico. O E. vital passa "de uma geração de germes para a geração seguinte, por intermédio dos organismos desenvolvidos, que funcionam como traço de união entre os germes. Conserva-se nas linhas evolutivas entre as quais se divide e é a causa profunda das variações, pelo menos daquelas que se transmitem regularmente, que se adicionam e que criam espécies novas" (*Évol. créatr.*, 8ª ed., 1911, p. 95). A formação da sociedade, antes fechada e depois aberta, a religião fabuladora e a religião dinâmica, segundo Bergson, são os produtos ulteriores do mesmo E. vital, ou seja, da consciência (*Deux sources*, IV, trad. it., p. 295) (v. DURAÇÃO). [N.A.]

ELEATISMO (in. *Eleaticism*; fr. *Éléatisme*; al. *Eleatismus*; it. *Eleatismo*). Doutrina da escola que floresceu em Eléia (Magna Grécia) entre os séculos VI e V a.C., formulada por Xenófanes de Colofão, elaborada por Parmênides e seguida e defendida por Zenão e Melisso. Os fundamentos dessa doutrina são os seguintes: 1º unidade, imutabilidade e necessidade do ser, expressa pela frase: "Só o ser é e não pode não ser" (*Fr.* 4, Diels); 2º acessibilidade do ser só para o pensamento racional e condenação do mundo sensível e do conhecimento sensível como aparência. Esses dois princípios do E. foram um componente importante da filosofia grega posterior, especialmente de Platão e Aristóteles, e constituíram uma das alternativas que se repetiram com mais freqüência na história da filosofia. [N.A.]

ELECTRA (gr. Ἠλέκτρα; it. *Elettra*). Nome de um sofisma atribuído a Eubúlides (Dióg. L., II, 108) e citado por Luciano (*Vitarum auctio*, 22); segundo ele, Electra conhece e ao mesmo tempo não conhece Orestes: quando Orestes vai ao seu encontro, ela *sabe* que é Orestes, seu irmão, mas não o reconhece como Orestes porque *não* o conhece. É uma versão do sofisma chamado "velado", que também é atribuído a Eubúlides e comentado por Aristóteles (*El. sof.*, 24, 179 a 33). [N.A.]

ELEIÇÃO. V. Escolha.

ELEMENTO (gr. στοιχεῖον; lat. *Elementum*; in. *Element*; fr. *Élément*; al. *Element*; it. *Elemento*). Este conceito recebeu dois significados principais: 1º o de componente primeiro de um todo composto; 2º o de termo ou resultado de um processo de análise ou divisão. O primeiro desses conceitos é o mais antigo.

1º Embora Platão (cf., p. ex.: *Teet.*, 210 e) tenha sido o primeiro a falar em filosofia dos E. (como nos diz Diógenes Laércio, III, 24), Aristóteles é o primeiro a fazer uma análise exaustiva desse conceito. "Por elemento", diz ele, "entende-se o componente primeiro de uma coisa qualquer, que seja de uma espécie irredutível a uma espécie diferente: nesse sentido, por exemplo, os E. das palavras [isto é, as letras] são os elementos de que consistem as palavras, nos quais se dividem em última análise porque não podem dividir-se em partes de espécie diferente. Se um E. for dividido, suas partes serão da mesma espécie; por exemplo: uma parte de água é água, ao passo que a parte de uma sílaba não é uma sílaba" (*Met.*, V, 3, 1014 a 30). Aristóteles esclarece também o sentido em que essa palavra foi usada (como o é ainda) para indicar as partes principais de uma doutrina, no sentido, por exemplo, em que se diz "*E.* de Euclides". Diz ele que os E. das provas geométricas e das demonstrações em geral são aquelas demonstrações primeiras que reaparecem em outras demonstrações diferentes (*ibid.*, V, 3, 1014 a 35). Aristóteles nota também que podem ser metaforicamente chamados de E. as entidades mais universais porque são simples e indivisíveis e podem repetir-se em um número indefinido de casos. E talvez tenha sido justamente contra essa extensão do termo que os estóicos estabeleceram sua própria distinção entre *princípios*, que não podem ser gerados nem se corrompem, e os *E.*, que podem ser destruídos pelas conflagrações periódicas a que o mundo está sujeito (Dióg. L., VII, 134). No século XII, Guilherme de Conches dava o nome de E. aos átomos e de *elementata* à água, ao ar, à terra e ao fogo, que seriam compostos de átomos (*Philosophia*, I, 21).

2º O segundo conceito de E. foi elaborado no século XVII por Robert Boyle, um dos fundadores da química moderna. Em *Chymista Scepticus* (1661), Boyle definiu como E. químico o corpo não composto que não é possível decompor com os meios químicos de que se dispõe. Essa definição tinha a vantagem de não fixar antecipadamente quais são os corpos que devem ser considerados elementos. Pode ser facilmente generalizada para um campo qualquer, podendo-se definir como E., nesse campo, aquilo que não é possível dividir com os instrumentos de análise disponíveis nesse mesmo campo. Desse ponto de vista, o que é "E." num campo pode não ser "E." em outro campo e o conceito é definido em cada caso só em relação aos instrumentos de análise e ao seu alcance.

Do ponto de vista lógico, a noção de E. foi definida por Wittgenstein: "É claro que, ao analisar uma proposição, deve-se chegar a proposições *elementares*, que constam de nomes em união imediata" (*Tractatus*, 4, 221). Nesse sentido, a proposição elementar é o resultado da decomposição das proposições. Segundo Wittgenstein, ela "afirma a existência de um fato atômico" (*ibid.*, 4. 21); sua marca característica é que "nenhuma proposição elementar pode estar em contradição com ela" (*ibid.*, 4. 211). [N.A.]

ELEMENTOS (al. *Elemente*; it. *Elementos*). R. Avenarius deu um significado especial a essa palavra, que, para ele, indica as qualidades sensíveis que formam os "complexos de E." que são as coisas (*Kritik der reine Erfahrung*, I, 16). [N.A.]

ELENCO (gr. ἔλεγχος; lat. *Elenchus*; it. *Elenco*). Refutação. *E. Sofísticos* de Aristóteles: refutações falsas. [N.A.]

ELEUTERONOMIA (al. *Eleutheronomie*; it. *Eleuteronomia*). Palavra usada por Kant para indicar "o princípio da liberdade em que se apóia a legislação interna", isto é, a legislação moral (*Met. der Sitten*, II, Pref.). [N.A.]

ELÍCITO, ATO. V. Ato.

ELIMINATIVISMO. V. Consciência; Materialismo; Mente, filosofia da.

ELITE (it. *Elite*). A teoria da E. ou classe eleita foi elaborada por Vilfredo Pareto em *Trattato di sociologia generale* (1916); consiste na tese de que é uma pequena minoria de pessoas que conta em qualquer ramo ou campo de atividade e de que, mesmo em política, é essa minoria que decide sobre os problemas do governo. Pareto entendia por E. o conjunto "daqueles que têm os padrões mais elevados em seu ramo de atividade" (*Trattato*, § 2031) e chamava de "classe governante eleita" aqueles que, direta ou indiretamente, têm participação importante no governo. Fala também de "circulação da classe eleita" (*ibid.*, § 2042) para indicar o fenômeno da passagem de grupos humanos da classe eleita para a classe não eleita e vice-versa. O próprio Pareto indicava como fonte dessa teoria a tese de doutoramento de M. KOLABINSKA, *La circulation des élites en France*, Lausanne, 1912. Essa teoria foi um dos pontos fundamentais da doutrina política do fascismo e do nazismo. [N.A.]

EMANAÇÃO (gr. προεῖναι, ἀπορρεῖν; lat. *Emanatio*; in. *Emanation*; fr. *Émanation*; al. *Emanation*; it. *Emanazione*). Uma forma de causação com as seguintes características: 1.ª necessidade do efeito em relação à causa ou força que o produz; 2.ª continuidade entre causa e efeito, pela qual o efeito continua a ser parte de sua causa; 3.ª inferioridade de valor do efeito em relação à causa; 4.ª eternidade da relação entre causa emanante e efeito emanado. As características 1.ª, 2.ª e 4.ª diferenciam a E. da criação, ao passo que a característica 3.ª é comum à E. e à criação. As características 2.ª, 3.ª e 4.ª diferenciam a E. das formas comuns da causação.

O conceito de E. foi elaborado pela primeira vez por Plotino: "Todos os seres, enquanto permanecem, produzem necessariamente em torno de si e de sua substância uma realidade que tende para o exterior e provém de sua atualidade presente. Essa realidade é como uma imagem dos arquétipos dos quais nasceu: é assim que do fogo nasce o calor e que a neve não retêm em si o frio. Mas são principalmente os objetos perfumados que provam isso, pois, enquanto existem, algo emana deles e em torno deles, uma realidade de que usufruem todos os que estão próximos. Além disso, todos os seres que chegaram à perfeição geram; por isso, o ser que é sempre perfeito gera sempre: gera um ser eterno, mas inferior a ele" (*Enn.*, V, 1, 6). Esse trecho de Plotino contém a noção clássica de E., que permaneceu inalterada na história da filosofia. De fato, apresenta-se com as mesmas características em Proclo (*Instituições teol.*, pp. 27 ss.), em Scotus Erigena (*De divis. nat.*, III, 17) e em todos os que utilizam essa noção. Em geral, caracteriza a relação que o panteísmo antigo (antes de Espinosa) estabelece entre Deus como força ou princípio animador do mundo e as coisas ou os seres do mundo. Emanatista é, por exemplo, a relação entre o artífice interno, de que fala G. Bruno, e as coisas naturais, que são manifestações suas, necessárias e eternas (*De la causa*, I). Mas não é emanatista, embora conserve algumas características da E. (a 1.ª, a 2.ª e a 4.ª), a relação que Espinosa estabelece entre Deus ou a Natureza e as coisas do mundo: relações por ele identificadas como aquelas graças às quais "da natureza do triângulo resulta que a soma dos ângulos de um triângulo é igual a dois retos", ou seja, com necessidade geométrica (*Et.*, I, 17, esc.); que é, de resto, uma forma de causação ordinária (v. CAUSALIDADE). [N.A.]

EMANATISMO (in. *Emanationism*; fr. *Emanatisme*; al. *Emanatismus*; it. *Emanatismo*). Toda doutrina que reconheça como válida a teoria da emanação. Devem ser considerados como formas de E. o neoplatonismo antigo, o naturalismo de Giordano Bruno, o panteísmo de Schelling e outras formas de panteísmo contemporâneo. [N.A.]

EMANCIPAÇÃO (in. *Emancipation*; fr. *Émancipation*; al. *Emanzipation*; it. *Emancipazione*). 1. Processo de libertação da humanidade em relação a qualquer tipo de vínculo religioso, político, econômico etc. que impeça sua plena realização. O ideal da E. caracteriza movimentos díspares como a iluminismo, o marxismo, o positivismo etc., e é típico da Modernidade e da sua idéia de *progresso* (v.).

2. Marx (*Anais franco-alemães*, 1844) distingue E. *política*, que se limita a igualar formalmente os indivíduos diante da lei, de E. *humana*, que implica a superação das desigualdades reais, ou seja, a idéia de uma democracia substancial em que os homens sejam iguais não só no plano político (democracia formal) mas também no plano econômico (comunismo).

3. Para a escola de Frankfurt, o ideal "iluminista" de E. é parte integrante de uma dialética da razão destinada a gerar, em virtude dos seus próprios pressupostos, os horrores da desrazão (v. AUSCHWITZ; DIALÉTICA DO ESCLARECIMENTO).

4. Na idéia de E. Lyotard e os pós-modernos distinguem a própria essência da capacidade de projeção moderna (v. PROGRESSO) e o símbolo dos seus malogros: "O pensamento e a ação dos séculos XIX e XX são dirigidos por uma idéia (e falo de uma idéia em sentido kantiano): a da E. É argumentada [...] de modos diferentes, de acordo com aquilo que chamamos filosofias da história, ou seja, as grandes narrativas a partir das quais se tenta organizar a multidão de eventos [...] a narrativa *aufklärer* da E. da ignorância e da escravidão através do conhecimento e do igualitarismo, a narrativa especulativa da realização da idéia universal através da dialética do concreto, a narrativa marxista da E. da exploração e da alienação através da socialização do trabalho, a narrativa capitalista da E. da pobreza através do desenvolvimento técnico-industrial" (*Il postmoderno spiegato ai bambini*, 1986, trad. it., Feltrinelli, Milão, 1987, p. 34; v. METANARRATIVAS).

5. Ao contrário dos pós-modernos, Habermas e os neomodernos consideram que o ideal progressista de E. (e o projeto de uma sociedade de sujeitos livres e desalienados) não "malogrou" mas simplesmente ficou "inacabado" (v. MODERNO). [G.F.]

EMERGÊNCIA (in. *Emergence;* fr. *Émergence;* al. *Emergenz;* it. *Emergenza*). Termo empregado pelos anglo-saxões para indicar o caráter criativo da evolução (v. CRIAÇÃO). [N.A.]

EMINÊNCIA (lat. *Eminentia;* in. *Eminence;* fr. *Éminence;* al. *Eminenz;* it. *Eminenza*). Prioridade ontológica, ou seja, a perfeição. Eminente significa "mais perfeito"; e *eminentemente* significa "de modo mais perfeito". Essa noção tem origem na hierarquia dos seres, estabelecida em *Instituições teológicas* de Proclo e repetida nos escritos do Pseudo-Dionísio (cf. especialmente *De div. nom.*, VII). Tomás de Aquino dizia: "Quando se diz 'Deus é bom' ou 'sábio', entende-se não só que ele é causa da sabedoria ou da bondade, mas que essas coisas preexistem nele de modo mais perfeito (*eminentius*)" (*S. Th.*, I, q. 13, a. 6). Na escolástica tardia, começou-se a designar *via Eminentiae* a prova da existência de Deus que, da existência de graus diversos de perfeição no mundo, infere a existência do grau eminente ou mais perfeito de todos (v. DEUS, PROVAS DE): sua expressão se encontra, por exemplo, em Duns Scot (*Op. Ox.*, 1, d. 2, q. 2, a. 1, n. 17), que se preocupa, em outro trecho, em definir essa palavra no sentido de "aquilo que é mais perfeito e mais nobre segundo sua essência e, nesse sentido, precedente" (*De primo principio*, ed. Roche, p. 4).

Descartes emprega esse termo com o mesmo sentido: "A pedra que ainda não existe não pode começar a existir agora, se não for produzida por uma coisa que possui em si, formal ou *eminentemente*, tudo aquilo que entra na composição da pedra, isto é, que contém em si as mesmas coisas ou outras *mais excelentes*, que estão contidas na pedra" (*Méd.*, III, 2; *II Rép.*, def. IV). Por sua vez, Espinosa diz: "Entendo por 'eminentemente' que a causa contém toda a realidade do efeito mais perfeitamente do que o próprio efeito" (*Ren. Cart. Princ. Phil.*, I, ax. 8). Generalizando essa noção e expressando-a em termos negativos, Wolff dizia: "Por E. entende-se o ente que, a rigor, não existe, ao passo que existe algo que faz as vezes dele e que propriamente não lhe pode ser atribuído" (*Ont.*, § 845). [N.A.]

EMOÇÃO (gr. πάθος; lat. *Affectus* ou *Passio;* in. *Emotion;* fr. *Emotion;* al. *Affekt;* it. *Emozione*). Em geral, entende-se por esse nome qualquer estado, movimento ou condição que provoque no animal ou no homem a percepção do valor (alcance ou importância) que determinada situação tem para sua vida, suas necessidades, seus interesses. Nesse sentido, no dizer de Aristóteles (*Et. nic.*, II, 4. 1105 b 21), a E. é toda afeição da alma, acompanhada pelo prazer ou pela dor, sendo o prazer e a dor a percepção do valor que o fato ou a situação a que se refere a afeição tem para a vida ou para as necessidades do animal. Desse modo, as E. podem ser consideradas reações imediatas do ser vivo a uma situação favorável ou desfavorável: imediata, porque condensada e, por assim dizer, resumida no tom (agradável ou doloroso) do sentimento, que basta para pôr o ser vivo em estado de alarme e para dispô-lo a enfrentar a situação com os meios que tem.

A primeira teoria das E. nesse sentido talvez tenha sido a enunciada por Platão em *Filebo*: ocorre a dor quando a proporção ou a harmonia dos elementos que compõem o ser vivo é ameaçada ou comprometida; tem-se o prazer quando essa proporção ou harmonia se restabelece (17, 31 d, 32 a). Aristóteles, por sua vez, ao considerar o prazer vinculado à atuação de um hábito ou de um desejo natural (*Et. nic.*, VII, 13, 1153 a 14), atribuiu-lhe a mesma função de restituição ou restabelecimento de uma condição natural e, conseqüentemente, considerou doloroso o que afasta violentamente da condição natural e é, por isso, contrário à necessidade e aos desejos do ser vivo (*Ret.*, I, 11, 1369 b 33). Foi precisamente desse ponto de vista que no II livro da *Retórica*, Aristóteles fez uma das análises mais interessantes da história da filosofia sobre a E. Veja-se, por exemplo, o que ele diz sobre o medo (*Ret.*, II, 5, 1382 a 20 ss.): "O medo é uma dor ou uma agitação produzida pela perspectiva de um mal futuro que seja capaz de produzir morte ou dor." De fato, observa Aristóteles, nem todos os males são temidos, mas só os que podem produzir grandes dores e destruições, e mesmo estes só no caso de não estarem distantes demais, mas de parecerem próximos e iminentes. De fato, os homens não temem as coisas muito distantes: todos sabem que devem morrer, mas enquanto a morte não se aproxima não se preocupam com ela. O medo também é reduzido ou eliminado por condições que tornam os males menos temíveis ou os fazem parecer inexistentes. Por isso, muitas vezes a riqueza, a força, o poder e a abundância de amigos levam os homens a descuidar-se dos males e a tornar-se audazes e desdenhosos. Dessa análise emerge claramente o conceito de E. como "índice" de uma situação, ou melhor, do valor que ela tem para a existência do homem.

Para Platão e Aristóteles, as E. têm significado porque têm uma função na economia da existência humana no mundo. Para os estóicos, porém, elas não têm significado nem função.

Nesse aspecto, a doutrina estóica é a mais típica e radical entre as que negam o significado das emoções. Seu fundamento é que a natureza proveu de modo perfeito à conservação e ao bem dos seres vivos, dando aos animais o *instinto* e ao homem a *razão*. As E., porém, não são provocadas por nenhuma força natural: são opiniões ou juízos ditados por leviandade, portanto fenômenos de estupidez e de ignorância que consistem em "achar que se sabe o que não se sabe" (CÍCERO, *Tusc.*, IV, 26). Os estóicos distinguiam quatro E. fundamentais, duas das quais tinham origem em bens presumidos (*desejo* de bens futuros e *alegria* pelos bens presentes); e duas, em males presumidos (*temor* de males futuros e *aflição* pelos males presentes). A três dessas E. – mais precisamente ao desejo, à alegria e ao temor – correspondiam três estados normais, próprios do sábio, que são, respectivamente, vontade, alegria e precaução, três estados de calma e de equilíbrio racional. Mas, no sábio, nenhum estado corresponde à aflição do néscio, que é sentida por males presumidos e deve-se à falta de obediência à razão. A essas quatro E. fundamentais os estóicos reduziam as outras, consideradas igualmente doenças ou enfermidades (ou seja, doenças crônicas) e capazes de gerar outras E. de aversão e de desejo (*ibid.*, IV, 24). O pressuposto dessa análise é a tese da perfeita racionalidade do mundo. O homem sábio só pode tomar consciência dela e viver de acordo com ela, "viver segundo a razão". O mundo, como ordenação racional perfeita, nada tem que possa afligir ou ameaçar o sábio, que é o ser racionalmente perfeito; portanto, a aflição ou o temor, assim como o desejo e o prazer, provêm simplesmente de ver no mundo algo que não existe e que não pode existir: um bem que esteja além da razão ou um mal que possa ameaçar a razão. Portanto, as E. não passam de juízos errados, opiniões vazias e desprovidas de sentido. O sábio está imune a elas pelo fato mesmo de ser sábio, de viver segundo a razão; e entre o sábio e o estulto, que é vítima dessas falsas opiniões, não há meio-termo nem transição (CÍCERO, *De finibus*, III, 48).

Para Agostinho, o ideal estóico da apatia parece desumano e irrealizável. "Não sentir a menor perturbação enquanto se vive neste lugar de miséria", diz ele, "só pode ser fruto de grande dureza de alma e de grande entorpecimento do corpo" (*De civ. Dei*, XIV, 9). Agostinho frisa o caráter ativo e responsável das emoções: "A vontade está em todos os movimentos da alma, ou melhor, todos os movimentos da alma não são mais que vontade. O que é, de fato, a cupidez ou o contentamento senão vontade consciente com as coisas desejadas? E o que é o medo e a tristeza senão vontade que repudia coisas não desejadas? Segundo a diversidade das coisas desejadas ou evitadas, a vontade humana, ao permanecer atraída por elas, ou ao rejeitá-las, transforma-se nesta ou naquela E." (*ibid.*, XIV, 6).

Tomás de Aquino restabelece o conceito de E. como afeição, como modificação sofrida, relacionando-a com o aspecto da alma no qual ela é potencialidade e pode receber ou sofrer uma ação (*S. Th.*, II, I, q. 22, a. 1). Em particular, as E. pertencem mais à parte apetitiva da alma do que à apreensiva (embora se achem também nesta); especificamente, mais ao apetite sensível do que ao apetite espiritual, visto que costumam estar unidas a mudanças físicas (*ibid.*, q. 22, a. 2-3). Importante é a distinção que Tomás de Aquino introduz entre as E. referentes à parte concupiscível e as que se referem à parte irascível. A faculdade concupiscível tem por objeto o bem ou o mal sensível enquanto agradável ou doloroso. Mas, assim como às vezes deparamos com dificuldades ou conflitos ao buscarmos o bem ou evitarmos o mal, também o bem ou o mal, quando difíceis de conseguir ou de evitar, são objeto da faculdade irascível. Portanto, as E. que concernem ao bem e ao mal tomados em si pertencem à faculdade concupiscível (p. ex., alegria, tristeza, amor, ódio etc.), enquanto as E. que se referem ao bem ou ao mal como algo difícil de conseguir ou de evitar pertencem à faculdade irascível (p. ex., audácia, temor, esperança, desespero etc.) (*ibid.*, q. 23, a. 1). As E. que pertencem à parte concupiscível referem-se à *ordo executionis*, ou seja, ao movimento com que se realiza a consecução de um bem ou o afastamento de um mal; as pertencentes à parte irascível servem de mediadoras à consecução das emoções concupiscíveis, ou seja, condicionam sua realização (*ibid.*, q. 25, a. 1). O significado dessa distinção é que, em um mundo *sub ratione ardui*, em que é difícil conseguir o bem e evitar o mal, a previsão do bem ou do mal e o esforço para obter o primeiro e evitar o segundo servem de trâmite às outras emoções.

Esses reparos têm o objetivo de garantir o significado e a "seriedade" das E. humanas, evidenciando sua função na economia da vida humana no mundo. É significativo que o mesmo intuito se encontre nas análises naturalistas das E., feitas nos séculos XVI e XVII, que, como é óbvio, partem de formulações metafísicas e metodológicas completamente diferentes. Assim, Telésio reconhece claramente a função biológica do prazer e da dor, os dois pólos da experiência emotiva. Causam dor ao corpo e ao espírito vital as coisas que, dotadas de forças prepotentes e contrárias, afastam-nos de sua disposição e os corrompem; ao contrário, causam prazer as coisas que, dotadas de forças semelhantes e afins, os favorecem, os vivificam e lhes restituem a sua própria disposição, se estiverem afastados dela (*De rer. nat.*, VII, 3). Assim, as E. nascem da difícil situação em que o espírito vital e o corpo se encontram no mundo. O espírito, na verdade, está situado em lugar estranho e em meio a acontecimentos adversos, dos quais o corpo não chega a protegê-lo a ponto de evitar que se canse ou enfraqueça; e o próprio corpo, que lhe serve de revestimento e de proteção, é continuamente modificado e corrompido não só por forças ambientais, mas também por seu próprio calor, de tal modo que em pouco tempo pereceria se não se restaurasse com o alimento. Nessa situação, para poder sobreviver, o espírito vital precisa perceber e entender as forças de todas as outras coisas, desejar e perseguir as coisas que lhe dêem o meio e a faculdade de proteger-se do calor e do frio demasiados, bem como de nutrir-se e refazer-se, e que o comovam e o levem à sua nova atuação. Também é preciso que sinta prazer quando essas coisas estão à sua disposição e que ame e venere as coisas que as proporcionam, ao mesmo tempo que se entristeça quando elas lhe faltem e odeie e deseje destruir aqueles que procurem privá-lo delas (*ibid.*, IX, 3). Desse modo, são geradas as E. fundamentais, amor e ódio, que têm origem, portanto, na situação em que o espírito do homem se encontra no mundo natural. Essa situação explica também as outras E., em virtude das quais o homem está ligado aos seus semelhantes. Com efeito, o homem é levado à convivência não só para atender às necessidades que não poderia satisfazer sozinho, mas também pela tendência a gozar da companhia de seus semelhantes; essa tendência impele-o para as relações sociais e para o desejo de familiaridade e benevolência. Tais relações determinam, portanto, outro grupo de E., como temor, dor, prazer e satisfação, inerentes ao comportamento recíproco dos homens. Enfim, um terceiro grupo de E. nasce da sensação de orgulho e satisfação que o espírito experimenta ao sentir-se íntegro e puro, e ao reconhecer nos outros a integridade e a pureza que deseja para si mesmo. Determina-se assim o sentimento de honra e o seu contrário, o desprezo, bem como outros semelhantes: todos referentes à situação natural do espírito humano no mundo (*ibid.*, IX, 3).

Muito próxima dessa análise de Telésio está a de Hobbes, que situava as E. entre as quatro faculdades humanas fundamentais, ao lado da força física, da experiência e da razão (*De cive*, I, 1). Hobbes relaciona as E. com os "princípios invisíveis do movimento do corpo humano" que precedem as ações visíveis e costumam ser chamados de tendências (*conações, conati*). As tendências chamam-se desejos, apetites ou aversões, em relação aos objetos que as produzem, e como tais são os constituintes de todas as E. humanas. De fato, o que os homens desejam também se diz que amam, e o que evitam se diz que odeiam; de tal modo que desejo e amor, aversão e ódio são a mesma coisa com a diferença de que as palavras "desejo" e "aversão" implicam a ausência do objeto, ao passo que as palavras "ódio" e "amor" implicam sua presença. Aquilo, porém, que não se deseja nem se odeia, diz-se que se desdenha; assim, o desdém é uma espécie de imobilidade do coração, uma refratariedade a sofrer a ação de certas coisas. O tom agradável ou doloroso de uma E. garante sua função vital. "O movimento chamado apetite", diz Hobbes, "e, em sua aparência, deleite ou prazer, parece um reforço e um auxílio ao movimento vital; portanto não é com impropriedade que se chamam de *jucunda* (de *juvando*) as coisas que dão prazer, porque ajudam e fortificam; ao passo que chamamos de molestas as coisas nocivas porque impedem e perturbam o movimento vital" (*Leviath.*, I, 6). O prazer ou deleite, portanto, é o sentido do bem; o enfado ou desprazer, o sentido do mal. E todo apetite, desejo ou amor é acompanhado por um prazer maior ou menor, como todo ódio ou aversão é acompanhado por uma dor maior ou menor. Assim entendidas, as E. controlam toda a conduta do homem: a própria vontade, para Hobbes, não passa de "último apetite ou última aversão aderente à ação ou à omissão", e a deliberação que precede a vontade não passa de "soma de desejos, versões, esperanças ou temores". Essa é a primeira vez que se reconhece a função determinante das E. sobre a totalidade da conduta humana.

Embora Descartes compartilhe do ponto de vista estóico, de que a força da alma consiste em vencer as E. e deter os movimentos do corpo que a acompanham, enquanto a sua fraqueza consiste em deixar-se dominar por elas, de tal modo que é puxada para todos os lados, sendo levada a lutar contra si mesma, a teoria das E. que ele expõe em *Paixões da alma* tem as mesmas características fundamentais das teorias de Telésio e de Hobbes. Segundo Descartes, as E. são as afeições, ou seja, as modificações passivas causadas na alma pelo movimento dos espíritos vitais, das forças mecânicas que agem no corpo (*Pass. de l'âme*, I, 27). Essa ação dos espíritos sobre o corpo é mediada pela glândula pineal, onde, segundo Descartes, reside a alma; ela é, portanto, a sede das E. também (*ibid.*, 34). A função natural das E. é incitar a alma a permitir as ações que servem para conservar o corpo ou para torná-lo mais perfeito, contribuindo com elas. Por isso, a tristeza e a alegria são as duas E. fundamentais. Graças à primeira, a alma adverte das coisas que prejudicam o corpo e por isso sente ódio pelo que lhe causa tristeza e desejo de livrar-se. Graças à alegria, ao contrário, a alma adverte das coisas úteis ao corpo e, assim, sente amor por elas e desejo de adquiri-las e de conservá-las (*ibid.*, 137). Obviamente tudo isso supõe a separação entre alma e corpo, ou seja, a noção de alma como "substância" independente, visto que reduz a E. a uma preocupação da alma em relação ao corpo, à vida e à conservação deste. Segundo Descartes, a diferença entre as E. não provém da diferença entre os objetos, mas dos diferentes modos pelos quais os objetos nos prejudicam, nos ajudam ou, em geral, têm importância para nós. O modo de ação habitual das E. consiste em dispor a alma a desejar as coisas que a natureza nos faz sentir úteis e a persistir nesse desejo, além de produzir a excitação dos espíritos vitais que facilita os movimentos corpóreos úteis à consecução dessas coisas (*ibid.*, 52). Para Descartes, há só seis E. simples e primitivas: admiração, amor, ódio, desejo, alegria e tristeza; todas as outras são compostas por essas seis ou são espécies delas. Ele rejeita a distinção tomista entre paixões pertencentes à parte concupiscível e paixões não pertencentes à parte concupiscível (*ibid.*, 68); o estranho é que nem o medo nem a esperança são admitidos no rol das E. fundamentais. Entretanto, nele está incluída a admiração, "súbita surpresa da alma, que a impele a considerar com atenção os objetos que lhe pareçam raros e extraordinários" (*ibid.*, 70). Essa é a única E. não acompanhada de movimentos corpóreos, porque não tem como objeto o bem e o mal, mas só o conhecimento da coisa que causa admiração. O que não significa que é desprovida de força, pois a surpresa da novidade, típica dessa E., reforça enormemente todas as outras (*ibid.*, 72).

Se para Descartes a E. diz respeito à alma só em termos de sua relação com o corpo, para Espinosa ela é um modo de ser total que envolve alma e corpo, que são dois aspectos de uma única realidade. Segundo Espinosa, as E. derivam do esforço (*conação*) da mente em perseverar no próprio ser por um período indefinido. Esse esforço chama-se *vontade* quando se refere só à mente: chama-se *desejo* (*appetitus*) quando se refere à mente e ao corpo (*Et.*, III, 9 e, esc.). O desejo é assim a E. fundamental. A ele estão ligadas as outras duas E. primárias, alegria e dor; a alegria é a E. graças à qual a mente, sozinha ou unida ao corpo, eleva-se para uma perfeição maior; e a dor é a E. graças à qual a mente desce para uma perfeição menor (*ibid.*, III, 11, esc.). O amor e o ódio são, portanto, apenas alegria e dor acompanhadas da idéia de suas causas externas; assim, quem ama esforça-se necessariamente por manter consigo e conservar a coisa amada, e quem odeia esforça-se por afastar e destruir a coisa odiada (*ibid.*, III, 13, esc.). Nessas observações, as E. são vinculadas ao esforço da mente e do corpo para a perfeição; na verdade, para Espinosa corpo e mente são duas manifestações da Substância, são eternas como a Substância; portanto, não podem ser realmente ameaçados por nada, de tal sorte que as E. não podem ser a advertência dessa ameaça. Donde o pouco peso que o medo e a esperança têm na análise de Espinosa. Ambas as E. são relacionadas com o amor e ódio (*ibid.*, III, 18, esc. 2) e atribuídas a "causas acidentais" (*ibid.*, III, 50). De resto, todas as E., como afeições ou modificações passivas (*passiones*), estão destinadas a desaparecer como tais, pois são idéias confusas destinadas a tornar-se idéias distintas; uma vez idéias distintas, deixam de ser afeições (*ibid.*, V, 3) para tornar-se idéias *sub specie aeternitatis*, na ordem geométrica da Substância divina. São, então, determinações da natureza divina e dela derivam (*ibid.*, V, 29, esc.).

Esse ponto de vista coincide substancialmente com o dos estóicos, visto resolver-se em negar a função das E. na economia da vida humana no mundo. E a mesma negação está implícita na doutrina de Leibniz, que vê nas E. somente sinais de imperfeição que impedem a alma de ser um Deus: "Tem-se razão em chamar, como os antigos, de perturbações ou paixões aquilo que consiste em *pensamentos confusos que têm algo de involuntário e de incógnito* o que, na linguagem comum, atribui-se não sem razão à luta do corpo e do espírito, porque os nossos pensamentos confusos representam o corpo ou a carne e fazem nossa imperfeição" (*Op.*, ed. Erdmann, 1, p. 188). Essa noção das E. como "pensamentos confusos" que, para a alma, derivam de sua relação com o corpo, constituindo, portanto, a *imperfeição* do espírito criado finito, foi adotada por toda a escola de Leibniz e Wolff. Essa noção obviamente implica que as E. não têm caráter próprio e específico se comparadas com as representações cognitivas: portanto, não têm sequer significado, a não ser representar a imperfeição da alma humana.

Uma linha de pensamento que vai de Pascal aos moralistas franceses e ingleses (La Rochefoucauld, Vauvenargues, Shaftesbury, Butler), até Rousseau e Kant, levou ao reconhecimento da categoria "sentimento" como princípio autônomo de E. e à elaboração da noção moderna de "paixão" como E. dominante, capaz de penetrar e controlar toda a personalidade humana. Já se viu que para Hobbes todas as formas da ação voluntária passam pelas E. e são determinadas por elas: a própria vontade é apenas uma E. que consegue prevalecer. Essa tese é compartilhada por toda a corrente a que aludimos. Pascal foi o primeiro a dar primazia "às razões do coração, que a razão não conhece" (*Pensées*, 277); insistiu no valor e na função do "sentimento" como um princípio em si, que também é fonte de conhecimentos específicos (v. SENTIMENTO), e julgou impossível eliminar o conflito entre razão e E., sendo em todo caso impossível solucionar esse conflito eliminando uma das partes dele (*ibid.*, 412-3). Vauvenargues delineou assim a natureza das E.: "Extraímos da experiência do nosso ser a idéia de grandeza, prazer e poder, que gostaríamos de aumentar sempre, e haurimos na imperfeição de nosso ser a idéia de pequenez, sujeição e miséria que procuramos reprimir: aí estão todas as nossas paixões. [...] Desses dois sentimentos unidos, ou seja, o de nossa força e o de nossa miséria, nascem as maiores paixões, pois o sentimento das nossas misérias impele-nos a sair de nós mesmos, e o sentimento dos nossos recursos encoraja-nos a isso e arrebata-nos de esperança. Mas aqueles que sentem apenas sua própria miséria sem a força nunca se apaixonam bastante, porque nada ousam esperar; tampouco se apaixonam aqueles que sentem sua força sem a impotência, pois têm muito pouco a desejar: é preciso, assim, que haja esperança de coragem, de fraqueza, de tristeza e de presunção" (*De l'esprit humain*, 22). O pressuposto dessas observações é que não só é impossível compreender a natureza e o comportamento do homem sem levar em conta as E., mas também que as próprias E. têm função diretiva sobre a totalidade da conduta humana, ou seja, tendem a transformar-se, segundo a expressão de Pascal (*Pensées*, 106), em "E. dominantes". Shaftesbury foi provavelmente quem mais contribuiu para difundir esse ponto de vista em filosofia: "A rigor, não se pode dizer que um animal age, a não ser através das afecções ou das E. próprias dos animais. De fato, nas convulsões em que uma criatura se fere ou fere outra, o que age é um simples mecanismo, uma máquina, uma peça de relojoaria, não o animal. Tudo o que é feito pelo animal como tal é feito só através de certa afecção ou E., como p. ex. o medo, o amor e o ódio que o movem. E assim como é impossível que uma afecção mais fraca prevaleça sobre outra mais forte, também é impossível que, sempre que as afecções ou E. forem mais fortes e formarem, graças a sua força e a seu número, o lado mais poderoso, o animal não se incline nesse mesmo sentido. Segundo essa *balança* das E., ele deve ser governado e conduzido à ação" (*Characteristicks*, 1749, Treatise IV, livro II, parte I, seção 3). Em outros termos, segundo Shaftesbury a presença das E. é o que distingue um animal de um puro e simples mecanismo de tipo cartesiano. A classificação que Shaftesbury dá das emoções (no trecho ora citado) é característica do seu moralismo otimista. Em primeiro lugar, há as afecções *naturais*, que conduzem ao *bem público*; em segundo lugar, as auto-afecções, que conduzem ao *bem pessoal*; em terceiro lugar, as que não tendem nem ao bem público nem ao pessoal, mas aos seus contrários, e, portanto, devem ser chamadas de afecções inaturais. O conceito em que ele insiste é o da *balança* ou do equilíbrio das E., em virtude do qual fala de uma "economia das E." com vistas à conservação das criaturas; assim, por exemplo, uma criatura que não possua fortes meios de ataque e de defesa está sujeita a alto grau de medo, que é a E. que lhe possibilita salvar-se fugindo do perigo.

Kant, que foi o primeiro a introduzir explicitamente a categoria do sentimento como autônoma e mediadora entre as admitidas tradicionalmente (razão e vontade), reconheceu claramente o significado e a função biológica das E., embora fosse levado por sua doutrina moral a simpatizar com a tese dos estóicos, de que elas são doenças da alma. "A E.", disse ele, "é tal predomínio das sensações que se produz a supressão do controle da alma (*animus sui compos*); portanto, é precipitada, ou seja, cresce rapidamente até impossibilitar a reflexão (*Antr.*, § 74). Nisso é diferente da paixão, que, ao contrário, é lenta e reflexiva (v. PAIXÃO). Para Kant o ideal de apatia é "justo e nobre"; mas a natureza foi sábia quando deu ao homem a disposição à simpatia como guia temporário, antes que a razão adquira todas as suas forças, pois assim, ao impulso moral para o bem, acrescentou um estímulo patológico (sensível) como sucedâneo temporário da razão. Portanto, até do ponto de vista moral a E. tem certa função, ainda que subordinada e provisória. Do ponto de vista biológico, não pairam dúvidas quanto à importância da emoção. A alegria e a tristeza estão respectivamente ligadas ao prazer e à dor: estes têm a função de impelir o sujeito a permanecer na condição em que está ou a deixá-la. A alegria excessiva (não atenuada pela preocupação da dor) e a tristeza extrema (não aliviada por nenhuma esperança), a angústia, são E. que ameaçam a existência. Mas na maioria da vezes as E. ajudam e sustentam a existência, e algumas, como o riso e o pranto, ajudam mecanicamente a saúde. A utilidade das E. decorre da função exercida em face da vida por seu tom fundamental, prazer ou dor. "O prazer", diz Kant (*Antr.*, § 60), "é o sentido do crescimento da vida; a dor, do impedimento à vida: a vida do animal, como já notaram os médicos, é o antagonismo contínuo entre prazer e dor." Nesse jogo de antagonismo, a dor tem a primazia. De fato, aquilo que de modo imediato, ou seja, por via do sentido, me impele a abandonar meu modo de ser, é desagradável para mim, aflige-me; o que, ao contrário, me impele a conservá-lo (a permanecer nele) é agradável para mim, apraz-me. Mas como o tempo nos foge, indo sempre do presente para o futuro e não vice-versa, somos obrigados a sair do estado presente sem saber em qual entraremos, sabendo apenas que é um estado diferente. Ora, essa perspectiva é a causa do sentimento agradável, o que significa que ele é precedido e condicionado pelo sentimento de dor vinculado à necessidade de sair do próprio modo de ser. "A dor", nota também Kant, "é o aguilhão da atividade, e é nela que sentimos a vida; sem dor, cessaria a vida." É estranho que essas observações de Kant, que outra pretensão não tinham senão caracterizar uma situação de fato, tenham sido amplificadas por Schopenhauer, fundamentando seu pessimismo romântico. Viver, para Schopenhauer, significa querer; querer significa desejar; e o desejo implica a ausência do que se deseja, ou seja, deficiência e dor. Por isso, a vida é dor, e a vontade de viver é o princípio da dor. Da satisfação do desejo ou da necessidade, surge um novo desejo, outra necessidade ou o tédio da satisfação prolongada. Nessa oscilação, contínua, o prazer representa só um momento de trânsito, negativo e instável: é a simples cessação da dor (*Die Welt*, I, § 57).

A distinção e a especificação dos conceitos de "E.", "sentimento" e "paixão" podem ser vistas no fato de que, na doutrina de Hegel, a paixão recebe tratamento privilegiado, enquanto o sentimento e, sobretudo, a emoção são reduzidos ao nível da "vã opinião" dos estóicos. Hegel fala das E. a propósito da forma do sentimento, que faz parte do espírito subjetivo, mais precisamente do momento dele que é a "psicologia"; esta "indica em forma de narração o que é espírito ou alma, o que lhe acontece, o que faz" (*Enc.*, 387). O sentimento, diz Hegel, tem forma de "particularidade acidental"; nele o espírito encontra sua "forma íntima e pior, em que já não está livre, como universalidade infinita, mas seu conteúdo está como acidental, subjetivo, particular" (*ibid.*, 447). Obviamente, com essas expressões, Hegel pretende referir-se às E., das quais o sentimento constitui a forma ou categoria universal; e às E. cabem portanto as qualificações de "particularidade acidental" e "conteúdo acidental, subjetivo, particular": expressões todas que, na linguagem de Hegel, designam determinações provisórias ou aparentes, que só têm realidade na substância racional. Quanto aos "sentimentos práticos", só podem ser considerados como tais egoísticos e maus, pois só estes pertencem à individualidade que se mantém contra a universalidade; o conteúdo desses sentimentos, portanto, só é determinado em antítese com o dos direitos e dos deveres (*ibid.*, 471). As expressões que Hegel emprega a propósito e que parecem referir-se ao conteúdo da forma do sentimento, ou seja, à esfera das E., são o equivalente exato da "vã opinião" dos estóicos e do "pensamento confuso" de Espinosa e Leibniz: indicam estados ou momentos que não têm significado próprio, mas só o significado negativo de não serem perfeitamente redutíveis ao juízo, ou, em geral, às determinações racionais.

A partir da segunda metade do século XIX, as E. tornam-se objeto de indagação científica e são consideradas em estreita conexão com os movimentos e os estados corpóreos que as acompanham. A primeira tentativa importante nesse sentido foi de Charles Darwin, em *Expressão das E. no homem e nos animais*, de 1872, que também utilizou pesquisas anteriores e assumiu como ponto de partida a distinção de Spencer entre sensações e emoções. Segundo Spencer (*Principles of Psichology*, 1855, § 66), todas as experiências vividas (*feelings*) dividem-se em duas classes: *sensações*, produzidas por um estímulo periférico, e *E.*, produzidas por um estímulo central. Sensações e E. distinguem-se sobretudo porque as primeiras são relativamente simples e as segundas são extremamente complexas. Ambas, porém, são mecanismos de adaptação ou de resposta a conjuntos uniformes de circunstâncias externas (*ibid.*, § 216). Darwin preocupou-se principalmente em estudar os movimentos ou as modificações somáticas que constituem a *expressão* das emoções. E julgou poder explicá-las mediante três princípios. 1º Princípio dos hábitos úteis e associados, que exprimiu assim: "Quando uma sensação, um desejo, tiver produzido, ao longo de toda uma série de gerações, alguns movimentos voluntários úteis a dar satisfação ou alívio, ter-se-á uma tendência a realizar movimentos semelhantes sempre que essa sensação ou desejo voltar a apresentar-se, mesmo que de forma débil e mesmo que o movimento expressivo não tenha mais nenhuma utilidade. Movimentos dessa espécie são, em geral, herdados e pouco diferem de *ações reflexas* (v.)". 2º Princípio da antítese, segundo o qual se tem a tendência a realizar movimentos opostos no caso de E. opostas, ainda que tais movimentos não tenham nenhuma utilidade. 3º Princípio da ação direta do sistema nervoso: quando a sensibilidade é fortemente excitada, o excesso de força nervosa é transmitido em direções definidas que dependem da conexão das células nervosas e, em parte, do hábito, produzindo assim efeitos que reconhecemos como expressões emotivas. Os dois primeiros princípios apelam para a ação do hábito e da associação, à qual recorreu constantemente a psicologia do século XIX. Mas a mesma corrente de investigação psicológica, levada a considerar os fatos psíquicos em conexão estreitíssima com os corpóreos, logo levou a ver nos estados somáticos muito mais que a simples "expressão" das emoções. Em 1884 e 1885, James e Lange, independentemente um do outro, propunham a chamada "teoria somática das E.", que, apesar das críticas logo suscitadas, prevaleceu durante muitos decênios e serviu, como ainda serve em parte, de útil ponto de referência para teorias ulteriores. Eis como James expôs essa teoria: "Minha teoria sustenta que as mudanças corpóreas seguem-se imediatamente à percepção do fato excitante e que o sentimento que temos dessas mudanças, enquanto elas se produzem, é a emoção. O senso comum diz: Perdemos a nossa fortuna, ficamos aflitos e choramos; encontramos um urso, temos medo e fugimos; um rival nos insulta, ficamos encolerizados e batemos. A hipótese que defendemos é que essa ordem de sucessão é inexata: que um estado mental não é imediatamente induzido pelo outro, que as manifestações corpóreas devem interpor-se, entre um e outro, e que a fórmula mais racional consiste em dizer: ficamos aflitos porque choramos, irritados porque batemos, assustados porque trememos, e não que choramos, batemos e trememos porque estamos aflitos, irritados ou assustados conforme o caso. Sem os estados corpóreos que se seguem à percepção, esta teria forma puramente cognitiva, pálida, descorada e desprovida de calor emocional. Poderíamos então ver o urso e julgar oportuno fugir, receber o insulto e decidir reagir, mas não sentiríamos realmente medo nem cólera" (*The Theory of Emotions*, 1884; trad. fr., p. 61). A força dessa teoria está na observação de que, em caso de E. violenta, não havendo todas as sensações de sintomas físicos, não ficará nenhum resíduo, nenhuma "substância mental" emotiva, mas simplesmente um estado de percepção intelectual. "Não consigo imaginar", dizia James, "o que sobraria da E. do medo, se não estivesse presente o sentido de pulsação apressada do coração, de respiração ofegante, de tremor nos lábios, de enfraquecimento das pernas, de arrepio e de estremecimentos viscerais. Poderia alguém imaginar um estado de raiva sem calor no peito, enrubescimento das faces, dilatação das narinas, aperto dos dentes, impulso para a ação violenta, ou seja, um estado de raiva que deixasse os músculos imóveis e relaxados, a respiração tranqüila e o rosto plácido? Nesse caso não restaria da E. mais que um juízo frio e desapaixonado, segundo o qual cada pessoa ou certas pessoas merecem castigo por seus delitos." Por dois ou três decênios sucessivos, pode-se dizer que os estudos experimentais sobre as E. foram inspirados nessa teoria. Mas foi precisamente no domínio dos fatos experimentais que ela encontrou as primeiras objeções decisivas. Sherrington demonstrou que a expressão visceral da E. é posterior à ação cerebral, que ocorre juntamente com o estado psíquico (1908), e Cannon (*Feelings and Emotions*, 1928) observou que as E. viscerais ocorrem em muitos estados orgânicos sem que tenham nenhum significado emocional. A febre e a exposição ao ar frio produzem muitas vezes aceleração do coração, aumento do açúcar no sangue, descarga de adrenalina, ereção dos pêlos. A asfixia age do mesmo modo no estágio da excitação. A redução do sangue através da insulina provoca uma reação hipoglicêmica caracterizada por palidez, aceleração do coração, acréscimo de açúcar no sangue e suores profusos. Por isso é difícil compreender como reações que em si mesmas não têm nenhum valor emotivo na maior parte dos casos em que ocorrem adquiririam, em outros casos, caráter de emoções propriamente ditas. Mas o defeito principal dessa teoria, justamente como "teoria", é que ela não explica absolutamente a função das emoções. Não explica, por exemplo, por que o fato de vermos um urso e de constatarmos que ele não está empalhado nem acorrentado nos faz tremer e empalidecer.

Não explica, em outros termos, o caráter biológico das E., seu finalismo, parcial ou relativo embora, mas bastante evidente em certo número de casos. Precisamente por esse prisma, Dewey e a escola psicológica de Chicago (especialmente Stanley Hall), retomando a tentativa de Darwin, consideraram a E. como a recorrência alterada de certos movimentos teleológicos e a atribuíram a manifestações residuais de instintos ancestrais. Assim, por exemplo, os movimentos de agarrar, morder e arranhar, nos estados de cólera, seriam resquícios de atos próprios de animais selvagens, de que descendemos. O movimento de pôr a cabeça para a frente também seria uma recordação ancestral: encontra-se, com efeito, nos animais com chifres e nos primeiros vertebrados aquáticos ou terrestres que utilizaram a cabeça para afastar obstáculos. Sem dúvida essas teorias reintegram a E. em sua natureza biológica, mas levam a ver nela nada além do *resíduo atualmente não significante de um movimento instintivo originariamente significante*. Esse resíduo seria constituído por aquilo que a hereditariedade deixou sobreviver de movimentos instintivos que tinham significado de ataque ou defesa nos animais que em geral os possuíram, mas que depois deixaram de tê-los. Toda essa teoria está, pois, fundada na hipótese da transmissão hereditária de movimentos instintivos e no postulado de que as E. derivam mais desses movimentos do que da situação em face da qual assumem significado de reações ou respostas.

A referência a essa situação constitui, no entanto, o traço característico das mais importantes teorias contemporâneas. Para elas, a E. não se esgota na subjetividade como simples "estado de espírito" ou complexo de estados de espírito, mas sempre inclui uma relação com circunstâncias objetivas, que lhe conferem o seu significado específico. Desse ponto de vista, a E. é um comportamento ou o elemento de um comportamento que visa a enfrentar a situação ou a fugir dela, resolver o problema que ela apresenta ou a eludi-lo. Pode-se considerar que a psicanálise é o primeiro passo para a interpretação da E. nesse sentido: ela evidenciou o significado dos fatos psíquicos em relação às situações que os determinaram. Na angústia, por exemplo, Freud vê em primeiro lugar a preparação para enfrentar o perigo, que se manifesta pela exaltação da atenção sensorial e da tensão motora. Esse estado de expectativa ou de preparação é biologicamente útil, pois sem ele o indivíduo estaria exposto a conseqüências graves. Dele derivam, por um lado, a ação motora, a fuga e, em grau superior, a defesa ativa; por outro lado, o que se sente como estado de angústia. Se o desenvolvimento da angústia for contido em limites estreitos, ele não passará de apêndice, de simples sinal de perigo, e todo o processo de transformação do estado de preparação angustioso em ação ocorre rápida e racionalmente. Quando, ao contrário, o desenvolvimento do estado de angústia ultrapassa certos limites, torna-se contrário ao objetivo biológico e dá lugar às formas patológicas. Freud também julga que a situação cujo sinal é a angústia e, em geral, um estado afetivo pode não ser um acontecimento presente: pode tratar-se de uma impressão profunda ou oculta, pertencente à pré-história, não do indivíduo, mas da espécie. Assim, pode-se dizer que o estado afetivo apresenta a mesma estrutura de uma crise de histeria, visto ser, como esta última, constituído por uma reminiscência inconsciente. A crise de histeria pode ser comparada a um estado afetivo individual recém-formado, e o estado afetivo normal pode ser considerado a expressão de uma histeria genérica, que se tornou hereditária (*Einführung in die Psychoanalyse*, 1917, cap. 24; trad. fr., pp. 422-3). Em outros termos, tem-se conduta emotiva sempre que a E., em vez de transformar-se rapidamente de preparação em ação, na ação efetiva, desenvolve-se como E., agindo como inibição, recusa ou censura da própria ação. Nesse sentido explica-se a sua analogia com a histeria, que é freqüentemente a recusa a reviver uma recordação desagradável. Assim como o sonho às vezes é uma fuga diante da decisão por tomar, assim como a doença de certas moças às vezes é uma fuga diante do casamento, também a cólera é habitualmente a fuga diante de uma situação desagradável, e o desmaio por medo é a fuga diante de uma perspectiva desfavorável, a procura de um refúgio ilusório.

Em sentido análogo, Janet caracterizou a E. como a "reação do fracasso". Para Janet, a E. é a regressão brutal para uma forma de conduta inferior, menos adaptada à situação e incapaz de enfrentá-la. Como o comportamento psíquico mais elementar é a agitação convulsiva acompanhada por modificações das funções respiratória e circulatória, quando suficientemente profunda a E. dá início a convulsões ou simples modificações viscerais. Não se trata, porém, de uma regressão simplesmente mecânica: um idiota não experimentaria nenhuma E. ao deparar com o urso de que falava James, e muitos doentes em "estado de apatia" deixam de sentir as E. que teriam sentido outrora nas mesmas circunstâncias. Trata-se, portanto, de uma reação ativa, de uma forma de *regulação da ação* cujo ponto de partida é a reação do indivíduo. Mas trata-se também de uma reação inferior e desordenada que denuncia a recusa e a incapacidade de enfrentar uma situação: equivale, por isso, à consciência do fracasso diante de tal situação. Exemplo disso é a jovem que, ouvindo o pai dizer que tem dor no braço, teme uma paralisia e começa a chorar, a gritar e a agitar-se, entrando em convulsões, que se repetem alguns dias depois. Durante o tratamento médico, confessa que a idéia de cuidar do pai e de levar vida de enfermeira doméstica parecera-lhe insuportável. Nesse caso, a E. representa efetivamente uma conduta de fracasso, derivada da incapacidade de enfrentar a situação em perspectiva (*De l'angoisse à l'extase*, 1928, pp. 450 ss.). Por outro lado, os estados afetivos de altivez e alegria constituem, segundo Janet, *reações de êxito*, ainda que não justificadas. A alegria nem sempre é correta e nem sempre corresponde a um aumento real das faculdades, a uma criação real, como os filósofos consideraram. Ela pode ser equivocada e aparece simplesmente quando o homem se comporta como se fosse vitorioso e quando esse comportamento de triunfo, verdadeiro ou falso, liberta forças que são bem ou mal utilizadas. Portanto, é principalmente um *comportamento de esbanjamento*, no qual as forças que tinham sido utilizadas na ação, ou pelo menos seus resíduos, expandem-se pelo organismo e são empregadas em outras ações não solicitadas por estímulos urgentes ou que já se desenvolviam em limites restritos (*ibid.*, p. 408).

Desse ponto de vista, a E. mostra-se nociva porque suprime a ação eficaz e a substitui por convulsões absurdas. Contudo, segundo Janet, tem certa utilidade ou pelo menos certa função, porquanto seu sujeito, na impossibilidade de responder à situação com uma reação de ordem superior, entrega-se a uma reação inferior e primitiva, muito mais grosseira, porém capaz de dar-lhe certa proteção imediata. "Os comportamentos reflexos, as simples convulsões desordenadas, serviram a gerações inteiras de seres para afastar os contatos nocivos e para conseguir alimento. Não será natural que, em certa época, os seres em vias de aperfeiçoamento, mas ainda incapazes de utilizar de modo constante os procedimentos aperfeiçoados, voltem instintivamente a esses atos primitivos?" (*ibid.*, p. 471). Mas, se a E. propriamente dita, ou seja, o choque emocional, é a regressão a uma forma grosseira e primitiva de reação, o sentimento é a forma de E. mais bem organizada e menos violenta que acompanha todo o desenvolvimento da ação sob forma de esforço, fadiga, tristeza, alegria. O sentimento é parte essencial da reação bem organizada. A E. contém confusamente elementos que pertencem aos sentimentos, mas os contém em desordem, não se identificando por isso com nenhum dos comportamentos sentimentais. "São os incidentes insignificantes, as pequenas discordâncias, que conduzem às grandes perturbações emocionais. É provável que o perigo real desperte o instinto vital, o amor pelos seres caros, o amor pela propriedade, e que essas tendências poderosas venham em socorro do ato falho, produzindo a reação do esforço: a presença dessa reação elimina a da E., que não é do mesmo gênero" (*Les obsessions et la psychasténie*, I, p. 5, 578). Todavia, entre as emoções e os sentimentos, que são as suas formas superiores, devem ser admitidos todos os graus intermediários; no fundo, trata-se de uma questão de palavras, visto que "empregamos a palavra E. sempre que há uma mudança brusca da conduta após uma circunstância imprevista, mas todos os sentimentos podem nascer nessas condições" (*De l'angoisse*, p. 474).

A psicologia da forma tornou mais precisa e aperfeiçoada, principalmente com Lewin e Dembo, a teoria das E. nesse sentido. A E. é interpretada como a "ruptura de uma forma" e a reconstituição de uma outra forma que valha como *sucedâneo* da primeira. A forma é certa situação que oferece um problema, cuja solução pode ser encontrada tão-somente em determinada direção. Quando a procura e o esforço voltados para essa solução se interrompem, o indivíduo refugia-se em atos sucedâneos ou então procura evadir-se ou encerrar-se em si mesmo, estabelecendo entre si e o campo hostil uma barreira de proteção. Atos sucedâneos, evasões, fechamento em si mesmo, esses são os comportamentos emotivos. Destroem a estrutura diferencial do problema inerente ao campo situacional e, por isso, produzem o enfraquecimento da distinção entre real e irreal, com a conseqüência de que os objetos do campo perdem o seu valor próprio e adquirem caráter uniformemente negativo. Por exemplo, a cólera é um modo de fugir de um problema que não se sabe resolver, recorrendo a uma ação de natureza inferior: aquele que está encolerizado assemelha-se ao homem que, não podendo desfazer os nós das cordas que o atam, agita-se convulsivamente em seus laços. Na falta de uma solução adequada para o problema que a situação apresenta, a cólera procura um sucedâneo, uma evasão, em movimentos desordenados que mascaram a falta da resposta adequada (GUILLAUME, *Psych. de la forme*, pp. 138 ss.).

As teorias que acabamos de examinar são "psicológicas", no sentido de que se apresentam como generalizações científicas fundadas em uma rica messe de observações de casos normais e patológicos (servindo estes ainda melhor do que os primeiros para ilustrar o fenômeno em questão). Todavia, hoje as teorias filosóficas não se afastam muito das psicológicas, pois umas e outras são levadas a considerar os fenômenos emotivos (como também os outros fenômenos mentais) não como a resultante de elementos atomisticamente considerados, mas na sua totalidade, na forma complexa e concreta, portanto, na situação global em que têm origem. Ademais, as teorias psicológicas e filosóficas concordam em considerar as E. como formas de comportamento específico, que exprimem um modo de ser fundamental do homem. Scheler, que é o filósofo contemporâneo mais interessado na vida emotiva e que procurou fundar, numa análise apropriada desta, toda a sua filosofia, parte da distinção entre *estados* emotivos e *funções* emotivas; essa distinção pode ser expressa dizendo que os estados são afecções (modificações de natureza passiva) e as funções, ao contrário, são atividades, reações aos estados emotivos. Segundo Scheler, os estados emotivos não têm, por si mesmos, caráter intencional, ou seja, não se referem *imediatamente* a objetos ou situações. Essa referência é sempre indireta, mediada por uma associação perceptiva ou representativa. Por exemplo, se me pergunto: "Por que hoje estou com este humor? O que causou em mim esta tristeza ou esta alegria?", a resposta a tal pergunta não é dada pelo estado emocional em que me encontro (humor, tristeza, alegria etc.), mas por um ato diferente e independente, no qual vinculo, com base na experiência ou no raciocínio, a E. com objetos ou situações conhecidas. Em certos casos, o estado emotivo pode tornar-se um *signo* do objeto ou da situação, como quando certas dores anunciam o início de uma doença. Mas a relação simbólica entre o estado emotivo e seus objetos é sempre mediada pela experiência e pelo pensamento. O estado emotivo, em outros termos, pode estar ligado a uma situação de fato ou simbolizá-la, mas não contém em si a referência intencional a um objeto seu (*Der Formalismus in der Ethik*, pp. 262 ss.). A diversidade entre estados emotivos e funções emotivas não impede que eles possam coexistir no mesmo ato ou momento de consciência. Um homem pode ser feliz e, no entanto, sofrer de um mal físico; poderia até acontecer, por exemplo, que para um verdadeiro mártir da fé este sofrimento se tornasse um sofrimento feliz; pode até acontecer que, desesperados no fundo da alma, sintamos um prazer sensível, que, aliás, o gozemos em nosso íntimo. Estados e funções, porém, não se misturam porque são dados e vividos de maneira diferente. Essa é a diferença que muitos psicólogos contemporâneos estabelecem entre *emoções* e *sentimentos*, entendendo por estes últimos os comportamentos emotivos superiores, que acompanham a ação em vez de bloqueá-la e que portanto se diferenciam do choque emocional (que dá ensejo às neuroses). Para Scheler, trata-se sobretudo de uma diferença de *profundidade*; desse ponto de vista, podem distinguir-se quatro graus de E., que correspondem à estrutura da existência humana. São: 1.º E. sensíveis; 2.º E. corpóreas (estados) e sentimentos vitais (funções); 3.º sentimentos psíquicos (sentimentos do eu); 4.º sentimentos espirituais (sentimentos da personalidade). Todas essas E. fazem referência à vivência do eu ou da pessoa, mas a referência é diferente para cada uma das quatro espécies mencionadas, tornando-se mais intrínseca à medida que se consideram sentimentos superiores. As E. sensíveis e as vitais tornam-se estados ou funções do eu só quando penetramos os dados corpóreos e apreendemos o corpo como *nosso*, ou seja, como pertencente ao seu eu psíquico. Os sentimentos psíquicos, ao contrário, já são na origem uma qualidade do eu. "Sentir-se triste" ou, mais ainda, "ser triste" é algo de muito mais intrínseco ao eu do que o sentimento vital de bem-estar ou de mal-estar. Enfim, os sentimentos espirituais identificam-se com o eu no sentido de que não podem constituir estados distintos dele. Na bem-aventurança e no desespero, aliás, já na serenidade e na paz de espírito, qualquer estado particular do eu é como que anulado, pois esses sentimentos parecem brotar da própria fonte do ato espiritual e penetrar tudo o que nesses dados é dado do mundo interno e externo (*ibid.*, pp. 355 ss.). Scheler considera o sentimento assim entendido como um ato intencional (v. INTENÇÃO), cujo objeto específico é o valor, e distingue, portanto, quatro espécies de valores correspondentes aos quatro graus do sentimento (v. VALOR). O importante na doutrina de Scheler é que o valor constitui o objeto próprio da E., ou pelo menos das funções emotivas, e é considerado uma realidade específica, irredutível às realidades percebidas ou conhecidas e de natureza absoluta. Doutrina análoga é exposta por Nicolai Hartmann, segundo a qual os valores se dão a *priori* no sentimento axiológico (*Wertgefühl*), que é o fenômeno autêntico da moralidade (*Ethik*, 1926, 3.ª ed., 1949, pp. 118 ss.) (v. SENTIMENTO). Mas seja qual for a apreciação que se faça de tais lucubrações metafísicas pode-se admitir que a E. consiste na percepção de um valor, ou seja, da *forma* específica que uma situação apresenta em relação às necessidades, aos interesses e aos fins do homem, sem lançar mão de nenhuma metafísica, visto que isso exprime bem os resultados das pesquisas psicológicas a respeito.

A importância do sentimento como característica essencial da existência humana no mundo, como parte da própria substância do homem, é ressaltada por Heidegger. Ele não vê as E. como simples fenômenos que acompanham os atos de conhecimento e de vontade, mas como modos de ser fundamentais da existência que é uma existência no *mundo*, ou, como ele diz, um *Dasein*. Analisa a propósito o fenômeno do medo, que julga constitutivo da existência inautêntica, isto é, da existência "lançada no mundo" e abandonada às vicissitudes deste. Como tal, o medo não é um fenômeno temporal parcial, mas um modo de ser essencial e permanente. "Só um ente no qual, em sendo, está em jogo seu próprio ser pode ter medo. O temer abre esse ente ao risco, ao estar entregue a si mesmo" (*Sein und Zeit*, § 30). Correspondente ao medo, mas no plano da existência autêntica, que não se entrega ao mundo e às suas vicissitudes, mas procura compreendê-lo na totalidade, é a outra situação afetiva fundamental, a *angústia*. Tem-se medo de algo que está dentro do mundo, que se aproxima ameaçadoramente e que pode ser removido, ao passo que a angústia só pode ser sentida diante do mundo como tal. Ela não é provocada, como o medo, por um fato particular ou por um acontecimento ameaçador, mas pelo simples estar no mundo, pela situação originária e fundamental da existência humana. E, como, justamente devido a essa situação, o homem tem de lidar com fatos ou acontecimentos que a qualquer momento podem revelar-se ameaçadores, o medo pode ser considerado "uma angústia caída no mundo, inautêntica e oculta a si mesma". A angústia é, por isso, a situação emotiva fundamental, a que "abre primariamente o mundo enquanto mundo". Como situação emotiva, a angústia não é só angústia em face de... mas é também angústia por... E assim como o em face de... também o por... refere-se ao ser no mundo como tal. Em outros termos, a angústia não é tal em face de determinado modo de ser ou de determinada possibilidade humana. A ameaça que ela anuncia é indeterminada e não pode penetrar, ameaçando, nesta ou naquela possibilidade concreta e efetiva. Ao contrário, é a libertação das possibilidades determinadas e efetivas, porque é compreensão da possibilidade última e própria que compreende todas as possibilidades, que é a possibilidade do estar lançado no mundo. Por isso, ao mesmo tempo que a angústia isola o homem como *solus ipse*, esse isolamento não é o de um ente ou o de um objeto sem mundo, mas, ao contrário, põe o homem perante seu mundo e, com isso, põe o homem diante de si mesmo como ser-no-mundo (*ibid.*, § 40). Heidegger pode afirmar, com base nessas análises, que "toda compreensão é emotiva" e ver no tom emotivo da angústia a compreensão última, decisiva, que a existência pode ter de si mesma (*ibid.*, § 53). Heidegger concentrou a atenção na angústia e considerou-a como a única "E. autêntica" do homem, porque é a única E. que faz o homem compreender sua existência, ou seja, seu estar no mundo. Não negou, porém, as outras emoções. Está bem claro que, para ele, as outras E. humanas pertencem ao nível da existência "inautêntica" ou "impessoal", da existência que não visa a compreender-se e possuir-se nessa compreensão, mas viver quotidianamente no *cuidado*, na preocupação sugerida pelas necessidades próprias e alheias. À utilização das coisas e ao preocupar-se com o mundo, que são os dois aspectos essenciais do ser-no-mundo, estão obviamente ligadas todas as E. e os afetos humanos, que, portanto, são relegados ao plano inautêntico da banalidade cotidiana. Embora Heidegger não trate desses afetos ou E. (nem sequer do amor, donde Sartre ter observado que, para ele, o *Dasein* [ser aí], a realidade humana, não tem sexo), não se deve esquecer que, para Heidegger, a existência inautêntica não é aparência, ilusão ou realidade diminuída ou empobrecida, mas um modo de ser necessário da própria existência.

Na mesma linha da análise de Heidegger situa-se a de Sartre, que, porém, utiliza mais as análises e as teorias da psicologia contemporânea. Para Sartre, a E. é "certa maneira de apreender o mundo"; ela é, portanto, em primeiro lugar, "consciência do mundo", embora se trate de consciência imediata e não reflexa. "O sujeito que procura a solução de um problema prático está no mundo, toca o mundo a cada instante, através de todos os seus atos. Se falha em todas as suas tentativas e se irrita, sua irritação é um modo como o mundo lhe aparece. E não é preciso que o sujeito, entre a ação que falha e a cólera, realize um retorno para si mesmo e intercale a consciência reflexa. Pode haver uma passagem contínua da consciência irreflexa 'mundo-agido' (ação) para a consciência reflexa 'mundo odioso' (cólera). A segunda é uma transformação da outra" (*Esquisse d'une théorie des émotions*, 1947, p. 30). Mas o mundo a que a E. faz referência é um mundo *difícil*. A dificuldade é uma qualidade objetiva do mundo que se oferece à percepção; é ela que determina a natureza das emoções. Esta, para Sartre, é uma transformação do mundo, mais precisamente uma transformação pela *magia*. "Quando os caminhos traçados se tornam difíceis demais ou quando não vemos absolutamente o caminho, não podemos mais ficar num mundo tão urgente e difícil. Todas as vias estão barradas e, no entanto, é preciso agir. Então procuramos mudar o mundo, viver como se as relações das coisas com as suas propriedades não fossem controladas por processos deterministas, mas pela magia" (*ibid.*, p. 33). Por exemplo, o desmaio diante de um perigo iminente não é mais que negação do perigo, vontade de anulá-lo. "A urgência do perigo serviu de motivo para uma intenção aniquilante que ordenou uma conduta mágica. E, de fato, eu aniquilei o perigo da forma como podia. Não se trata, porém, de brincadeira, mas de crença, de uma coisa séria, como demonstram as expressões orgânicas das emoções." Na E. a consciência visa a combater os perigos ou a modificar os objetos, sem distância e sem instrumentos, através de modificações absolutas e maciças do mundo. Esse aspecto do mundo é inteiramente coerente, diz Sartre; trata-se do mundo mágico. "Chamaremos de E. a queda brusca da consciência no mágico. Ou, se preferirem, há E. quando o mundo dos instrumentos se esvai bruscamente e o mundo mágico lhe toma o lugar. Portanto, não se deve ver na E. uma desordem passageira do espírito, que viria perturbar de fora a vida psíquica. Ao contrário, trata-se do retorno da consciência à atitude mágica, uma das grandes atitudes que lhe são essenciais, com a aparição do mundo correlativo, o mundo mágico. A E. não é um acidente, é um modo de existência da consciência, uma das maneiras pelas quais ela *compreende* (no sentido heideggeriano de *verstehen*) o seu ser no mundo" (*ibid.*, p. 49).

É significativo o fato – resultante das exposições anteriores – de as teorias das E. apresentadas pelos cientistas não diferirem radicalmente das apresentadas pelos filósofos, mas apresentarem muitas características substanciais em comum. É também verdade que os filósofos utilizam essas teorias para extrair ilações ou generalizações de natureza ontológico-metafísica; mas, de certo modo, isso é um direito deles. A concordância entre as teorias tem grande significado porque demonstra que, no terreno da análise interpretativa dos modos fundamentais de experiência, é possível que o acordo entre cientista e filósofo não seja menor que o existente entre dois cientistas. Outro exemplo desse acordo é a teoria das E. apresentada por Kurt Goldstein, médico e fisiólogo especialista em lesões cerebrais (cf. *Der Aufbau des Organismus*, 1934; trad. fr. *La structure de l'organisme*, Paris, 1951). Goldstein acredita que a adaptação do organismo ao ambiente acontece através de pequenas "reações de catástrofe" que não podem ser evitadas no embate do organismo com o mundo. Quando essas catástrofes ou choques ultrapassam determinada medida, passam a ter significado de comportamento anômalo do organismo, de perigo para a sua capacidade de agir, para a sua existência. Está-se então diante de reações graves de catástrofe que, do ponto de vista subjetivo, assumem a forma emotiva de angústia. A angústia distingue-se do medo pela falta de objeto determinado: ela não tem objeto. No medo, encontramo-nos diante de um objeto ao qual nos opomos, do qual podemos procurar livrar-nos ou do qual podemos fugir; temos consciência tanto desse objeto como de nós mesmos e podemos examinar o modo como nos devemos comportar diante do objeto, fixar o olhar sobre a causa do medo, que realmente se encontra no espaço diante de nós. Mas na angústia o doente "vive a impossibilidade de relacionar-se com o mundo sem saber por quê. É um sentimento de estremecimento que diz respeito à existência do mundo e à sua própria existência. Não pode tomar consciência do seu eu tanto quanto não pode fazê-lo do objeto, visto que a consciência do eu é apenas o correlato da consciência do objeto. [...] A angústia aparece, portanto, quando a realização de uma tarefa correspondente à essência do organismo foi impossível. Esse é o perigo da angústia" (*ibid.*, trad. fr., pp. 250-1). Em outros termos, a angústia é o sentido de ruptura entre o organismo e o mundo, ou melhor, a perda da possibilidade de relação entre o organismo e o mundo. Desse ponto de vista, o que conduz ao medo é "o sentimento da possibilidade de surgimento da angústia". Assim, pode-se compreender o medo a partir da angústia, e não vice-versa. Quem tem medo compreende, por certas indicações, que um objeto é capaz de colocá-lo em situação de angústia. Ora, a angústia não é só um estado normal. Muitos estados angustiosos de indivíduos normais só não são reconhecidos como tais por serem relativamente insignificantes para a personalidade global e sua existência, mas às vezes basta um insucesso, insignificante em si mesmo, que ocorra numa situação importante para o indivíduo, para que esse estado se transforme em angústia verdadeira, como acontece, por exemplo, com a angústia dos exames. A capacidade de suportar a angústia varia de um indivíduo para outro: o doente de lesões cerebrais suporta menos, a criança suporta mais, e o adulto ativo ainda mais. "Neste último mostra-se a coragem verdadeira, a *coragem*, que é o meio de sair da angústia. Ela é um *sim* dito ao estremecimento da existência, aceito como uma necessidade para a realização do ser que nos é próprio. Implica a capacidade de ordenar uma situação particular num conjunto maior, uma atitude orientada para o possível ainda não realizado. Além disso supõe a liberdade de alguém se decidir por esses possíveis. Justamente por isso, é uma característica do homem; pode-se, pois, compreender que quem sofre uma lesão cerebral, que é precisamente uma perda da categoria do possível, ou seja, uma perda de liberdade, fique completamente desarmado diante da situação da angústia; está condenado a essa situação porque não está protegido contra ela por um empobrecimento enorme do seu mundo, que reduz seu ser humano às formas mais simples" (*ibid.*, pp. 260-1). Assim, a descida do paciente ao nível humano mais baixo é a última defesa do organismo que vive a impossibilidade de relacionar-se com o mundo. Além disso, a coragem não é a certeza de que os possíveis se realizarão, não é a garantia de que se destinam ao êxito, mas só o sentido do possível como tal, como possibilidade de êxito ou insucesso, como procura, esforço, tentativa, trabalho, criação, orientados para as possíveis vias de sucesso.

O exame do conjunto das teorias da E. que se sucederam ao longo da história do pensamento mostra que elas podem ser divididas em duas grandes classes, segundo o modo de considerar as E., como dotadas de significado ou como desprovidas de significado.

1.ª As teorias que atribuem significados às E. consideram-nas manifestações, indicações ou signos de situações objetivas em que o homem se encontra, seja por suas relações com as coisas do mundo, seja por suas relações com os outros homens. Por esse prisma, aparecem como os *valores* das situações, no que se refere às possibilidades de vida, conservação, desenvolvimento, realização de interesses e tarefas que elas oferecem ao homem. Obviamente, o pressuposto desse reconhecimento do significado objetivo das E. é que nem todas as situações são igualmente favoráveis, que muitas delas apresentam características que podem ameaçar a existência e as realizações do homem, ou que, em outros termos, na maioria das vezes o mundo se apresenta *sub ratione ardui* (como diz Tomás de Aquino), ou é um mundo difícil (como diz Sartre). Mas um mundo difícil, um mundo onde o que favorece o homem pode apresentar-se *sub ratione ardui*, não é uma totalidade racional perfeita, não é caracterizado pela plena correspondência de todos os seus aspectos com um princípio único e simples que garanta a vida e os interesses da existência humana. Portanto, o reconhecimento do significado das E. está sistematicamente ligado à negação implícita ou explícita da natureza necessariamente racional do mundo em que o homem vive.

2.ª Por outro lado, tem-se a negação do significado das E. em todas as teorias que as consideram "vãs opiniões", entre as quais é típica a teoria estóica. Esse ponto de vista implica que o mundo é uma totalidade perfeita que assegura de modo absoluto a existência do homem e a realização dos seus interesses legítimos, ou seja, da parte racional e dos interesses racionais do homem. Nesse caso, prazer e afeição, medo e esperança etc. são absolutamente isentos de sentido, pois qualquer situação em que o homem venha a achar-se será exatamente aquilo que deve ser em relação à entidade racional "homem" e, portanto, nada haverá nela de que as E. possam servir de advertência ou sinal. A teoria que considera as E. como "pensamentos confusos" (Espinosa, Leibniz, Wolff etc.) não se distingue substancialmente da dos estóicos e tem os mesmos vínculos sistemáticos. Um pensamento confuso não é um verdadeiro pensamento (não seria claro e distinto); portanto, está destinado a desaparecer, assim como uma opinião falaz ou um erro temporário diante da verdade. O pensamento confuso é o equivalente da "opinião vã" dos estóicos, e o pressuposto da teoria relativa é o mesmo dos estóicos, ou seja, a racionalidade absoluta e perfeita do mundo, que, não contendo nenhuma ameaça para o homem, não justifica a percepção dessa ameaça nem a satisfação ou a alegria de superá-la nem a coragem ou as outras manifestações emotivas que levam a essa superação. O mesmo valor negativo é observado nas teorias que reduzem as E. a acidentalidades empíricas, a particularidades insignificantes (Hegel e os hegelianos): expressões equivalentes a "vãs opiniões" ou "pensamentos confusos", que partem da mesma noção de mundo desprovido de ameaças reais para o homem. O defeito dessas teorias não consiste tanto em deixar de justificar as E., mas em não poder explicar essas "vãs opiniões", esses "pensamentos confusos" ou essas "acidentalidades insignificantes" a que as E. são reduzidas. E de fato não se compreende como, num mundo racionalmente perfeito, possam nascer no homem, que é a parte mais racionalmente perfeita dele, erros, preconceitos ou determinações capazes de perturbar e ameaçar justamente essa racionalidade perfeita e a imperturbabilidade necessária que deveria acompanhá-la.

Portanto, não é de surpreender que na indagação contemporânea, bem mais atenta aos dados e aos elementos de fato da condição humana, as teorias das E. sejam concordes em atribuir-lhes significado próprio e objetivo. Essas teorias, e especialmente as apresentadas por médicos e psicólogos, também levam em conta os fenômenos patológicos, o que significa o abandono do preconceito de que só os chamados fenômenos normais permitem entender a condição humana, e de que subsiste uma separação precisa e radical entre fenômenos normais e fenômenos patológicos, de tal modo que estes últimos possam ser circunscritos num domínio à parte e declarados sem interesse para a investigação científica e filosófica do homem. As teorias científicas e filosóficas contemporâneas partem da convicção de que não é possível compreender a existência do homem, seja como organismo, seja como eu ou pessoa, sem levar em conta a experiência emocional. Também concordam quando consideram essa experiência como reação normal e global do homem às situações em que se encontra, ou seja, como um comportamento ou conduta. Parece, todavia, haver uma distinção que nem todas fazem explicitamente e que, por isso, convém evidenciar: a distinção entre *conduta emotiva* e *emoção-controle*. Ocorre conduta emotiva quando a E. constitui a totalidade da reação do homem à situação; é a chamada "reação de fracasso", "reação mágica" ou "reação de desastre". Por isso, é sempre patológica ou semipatológica porquanto impede ou diminui a resposta correta do homem à situação, sua adaptação a ela. Mas é lógico que a conduta emotiva assim entendida não esgota o domínio das emoções. A E. também é parte integrante da conduta não emotiva, que constitui uma resposta adequada e normal à situação, e que pode ser definida como "racional". As E. de coragem, esforço, fadiga, esperança ou temor, satisfação ou insatisfação etc. condicionam e controlam as formas de conduta mais eficazes, livres e criativas. Foi justamente por isso que Pierre Janet distinguiu a *E.-choque*, que define a reação de fracasso, da *E.-sentimento*, que controla a reação adequada, e Goldstein viu na coragem, como "sentimento do possível", o meio de sair da angústia, que é o sentimento de inadequação do organismo à sua função vital, à sua relação com o mundo. Nesse outro aspecto ou função, a E. pode ser considerada uma *modalidade de controle* do comportamento, um índice ou condição da eficácia do comportamento ajustado e normal. Certamente a distinção entre conduta emotiva e E.-controle não equivale a uma separação entre esferas diferentes, pois sempre existe a possibilidade de que, a qualquer momento, uma se transforme na outra: contudo, suas respectivas funções são diferentes e sua diferenciação é a mesma que existe entre doença e normalidade. [N.A.]

Atualmente se tende a reforçar a relação entre E. e razão, evitando-se encará-las como simples inimigas. Entre elas instaura-se uma relação que é simultaneamente de colaboração e antagonismo, cumplicidade e conflito. Nenhuma das duas pode prescindir da outra ou sobrepujar impunemente a outra. Assim, afirmam-se tanto a idéia de "inteligência emocional" (não perturbada nem desviada pelas paixões, mas, ao contrário, potencializada por algumas delas), quanto a de "E. clarividente" (não mais cega ou apenas capaz de inverter a realidade). Popularmente, encontram maior plausibilidade graças à teoria dos dois hemisférios cerebrais, que são sedes, respectivamente, dos processos cognitivos e afetivos. No plano filosófico e científico, insiste-se em pelo menos dois aspectos. Em primeiro lugar, no fato de que a E. não constitui uma alteração, um acréscimo estranho a um suposto grau zero da alma. Não existe uma indiferença básica, um fundo neutro sobre o qual se destacariam as E. Cada estado de consciência – tanto perceptivo quanto cognitivo – é constitutivamente acompanhado por uma tonalidade emotiva. A "percepção imaculada" é um ente imaginário do mesmo modo que o pensamento puro. Em segundo lugar, uma vez estabelecido que a E. também contém elementos de crença e de valoração, explicam-se os seus "excessos" (que sempre provocaram desconfiança) como resultado de uma outra lógica, diferente da lógica da inteligência. Enquanto a razão distingue e divide, a E. agrega e convoca instantaneamente. Estimula, por exemplo, porque condensa explosivamente em pouco tempo, como no caso da ira, todas as frustrações e expectativas desenganadas e reprimidas de vários anos ou de uma vida. [R. B.]

EMOTIVISMO (in. *Emotivism*; fr. *Émotivisme*; al. *Emotionalismus*; it. *Emotivismo*). Teoria ética segundo a qual os preceitos morais não têm matriz cognitiva e racional, porém prática e emotiva. Na base do E., que se desenvolveu sobretudo nos anos 1930-1940, estão as teorias de Wittgenstein, em sua primeira fase, de Russell e do neopositivismo lógico. Wittgenstein afirmava que "a ética não pode formular-se" (*Tractatus*, 1921, 6. 421); Schlick, que "quando recomendo como boa uma ação a alguém, exprimo o fato de que a desejo" (*Fragen der Ethik*, 1930. 1, § 6). Carnap afirmava que as proposições da ética são pseudoproposições que não têm conteúdo lógico, não passando de "expressões de sentimentos que tendem, por sua vez, a suscitar sentimentos e volições naqueles que as ouvem" (*Logical Syntax of Language*, 1934, § 72). Ponto de vista análogo era expresso por Russell (*Religion and Science*, 1936, cap. IX). Essas teses, presentes também em I. A. Richards e K. R. Ogden (*The meaning of the Meaning*, 1923), foram defendidas e divulgadas por Ayer, segundo quem a ética, não sendo redutível a um conjunto de asserções empíricas ou tautológicas, é cognitivamente "isenta de significado", ou seja, composta por enunciados que "não incidem na categoria do verdadeiro e do falso" (*Language, Truth and Logic*, 1936, trad. it., Feltrinelli, Milão, 1961, p. 139; cf. pp. 133-6 e 142). Em *Ethics and Language* (1944), Stevenson procurou atenuar certas asperezas do E. radical, reconhecendo que os termos éticos têm um significado peculiar, que consiste nas "atitudes" de aprovação ou desaprovação de quem fala (com o fim de suscitar, em quem ouve, atitudes análogas). Além disso, esclareceu que os enunciados éticos não têm unicamente um significado expressivo, mas também um significado descritivo (p. ex., dizer que um indivíduo é corajoso não significa apenas manifestar uma atitude de aprovação em relação a ele, mas também exibir uma informação factualmente verificável a respeito de seu modo de ser e de comportar-se). Depois da Segunda Guerra Mundial, a metaética emotivista (inclusive a moderada, de Stevenson) entrou em crise e foi suplantada pelo chamado não-cognitivismo ético, que, recusando-se a reduzir o discurso moral a uma espécie de estratagema retórico destinado a persuadir os outros a fazer o que emotivamente preferimos, procurou reconhecer nos juízos éticos uma logicidade e uma racionalidade específica (v. NÃO-COGNITIVISMO). [G.F.]

EMOTIVO (in. *Emotive*; fr. *Émotif*; al. *Affektif*; it. *Emotivo*). Em geral, o mesmo que *afetivo* (v.). Stevenson (*Ethics and Language*, 1945) chamou de "significado E." a disposição que um signo lingüístico tem para produzir uma *atitude* (v.), uma disposição a agir, a desejar etc., e não uma crença, um conhecimento em geral. Por isso, especialmente na filosofia contemporânea anglo-americana, prevaleceu o costume de atribuir o nome "proposições E." às proposições que não descrevem um estado de fato (v. DESCRIÇÃO), mas contêm uma prescrição, uma ordem etc., como, por exemplo, as proposições morais. Esse uso, porém, é extremamente impróprio e nos últimos anos foi quase totalmente abandonado.

Na linguagem comum e na filosófica, é freqüente atribuir à palavra E. um significado puramente negativo, indicando-se com ela as coisas às quais não se saberia nem poderia atribuir um motivo suficiente e que, portanto, não parecem suficientemente "razoáveis". Nesse sentido, acaba-se qualificando de emotivas todas as escolhas (ou deliberações) que não obedeçam ao critério vigente no campo em que incidem. Por exemplo, dizemos que tem valor E. ou emocional um objeto que não é útil nem bonito, mas preferimos conservar; ou que somos "emocionalmente apegados" a certas crenças que, subentendemos, não são sustentáveis do ponto de vista racional. Aqui também o uso desse termo não faz referência a nenhuma teoria positiva da emoção. [N.A.]

EMPATIA (in. *Empathy;* fr. *Empathie;* al. *Einfühlung;* it. *Empatia*). União ou fusão emotiva com outros seres ou objetos (considerados animados). O termo alemão encontra-se em Herder (*Vom Erkennenn und Empfinden, Werke,* ed. Suphan, VIII, p. 165) e em Novalis, *Discípulos em Saís* (*Werke,* ed. Friedemann, II, p. 49). Foi retomado por Robert Vischer (*Das optische Formgefühl. Ein Beitrag zur Ästhetik,* 1873; reimpresso em *Drei Abhandlungen zum ästhetischen Formproblem,* 1927, pp. 1-44), mas sua difusão se deve especialmente a Lipps, que o empregou para esclarecer a natureza da experiência estética (*Ästhetik,* 2 vols., 1903, 2ª ed., 1914). Segundo Lipps, essa experiência, assim como o conhecimento dos outros eus, ocorreria mediante um ato de imitação e de projeção. A reprodução das manifestações corpóreas alheias (devida ao instinto de imitação) reproduziria em nós mesmos as emoções que costumam acompanhá-las, colocando-nos assim no estado emotivo da pessoa a quem essas manifestações pertencem. É justamente essa projeção em outro ser de um estado emotivo despertado em nós pela reprodução imitativa da expressão corpórea dos outros (p. ex., quadro somático do medo ou do ódio etc.) que seria o modo de comunicação entre as pessoas. Analogamente, a experiência estética consistiria em projetar no objeto estético emoções propriamente humanas, ou seja, em atribuir "sentido e paixão às coisas insensatas", como dizia Vico.

O conceito de E. foi abandonado por estar em conflito com certo número de fatos, sobretudo com o fato evidenciado por Scheler, de que os fenômenos de compreensão ou de simpatia nada têm que ver com a E. ou fusão emotiva (cf. SCHELER, *Sympathie,* I, cap. I). Quanto à função estética atribuída à E., v. ESTÉTICA (Cf. OUTRO, PROBLEMA DO). [N.A.]

EMPIRIA. V. EXPERIÊNCIA.

EMPÍRICO (gr. ἐμπειρικός; in. *Empirical;* fr. *Empirique;* al. *Empirisch;* it. *Empirico*). Esse adjetivo tem os seguintes significados principais, nem todos redutíveis aos significados do substantivo correspondente, *experiência* (v.).

1º Designa, em primeiro lugar, a espécie de saber que se adquire através da prática, através da repetição e da memória. Nesse sentido, corresponde ao significado 1º de experiência e opõe-se a *racional,* assim como a experiência se opõe à arte e à ciência.

2º E. significa *intuitivo* ou *sensível* e são chamados de E. os elementos sensíveis de que é constituído o conhecimento intuitivo ou sensível. Esse significado corresponde ao significado 2º, *a*) de experiência e seu oposto é *intelectual.* Nesse sentido Kant chama de E. o material da experiência constituído pelas sensações, ao passo que chama *a priori ou intelectuais* as formas ou condições da experiência.

3º E. é o atributo do conhecimento válido, do conhecimento que pode ser posto à prova ou verificado, e opõe-se a *metafísico,* enquanto atributo de uma pretensão cognitiva infundada, não verificável. Nesse sentido, esse adjetivo corresponde ao significado 2º, *b*) da palavra "experiência".

4º E. contrapõe-se a *experimental* quando indica a experiência bruta ou a observação não verificada, confrontada ao experimento, que é a observação verificada e provocada.

5º E. significa *factual,* e "enunciado E." é um enunciado que diz respeito a estados de fato. Nesse sentido, esse adjetivo contrapõe-se a *analítico,* que qualifica os enunciados que exprimem simples relações conceituais ou lingüísticas. [N.A.]

EMPIRIOCRITICISMO (al. *Empiriokriticismus;* it. *Empiriocriticismo*). Foi assim que R. Avenarius chamou sua "filosofia da experiência pura", que ele concebeu como ciência rigorosa, análoga às ciências naturais positivas, portanto excludente de qualquer metafísica. A tese fundamental do E. é que a experiência pura precede a distinção entre físico e psíquico e, portanto, não pode ser interpretada em bases materialistas nem idealistas. Os *elementos* da experiência pura são as sensações, que são acompanhadas pelos *caracteres,* qualificações várias que as sensações recebem em suas diversas relações: por exemplo, prazer e dor, aparência e realidade, certo e incerto, conhecido e desconhecido etc. O que chamamos de "coisa" e de "pensamento" não passam de diversas formas de posição dos mesmos conjuntos de elementos, no sentido de que a sua diferença só depende de uma diversidade de "caracteres" e que essa diversidade depende da relação biológica com o ambiente circundante (*Kritik der reinen Erfahrung,* 1888-1890, 2 vols.). Algumas dessas teses, especialmente a tese de que todas as coisas ou pensamentos se compõem de um complexo de sensações que não são entidades físicas nem entidades psíquicas, são aceitas e defendidas por Mach (*Analyse der Empfindungen,* 1900). [N.A.]

EMPIRISMO (in. *Empiricism;* fr. *Empirisme;* al. *Empirismus;* it. *Empirismo*). Corrente filosófica para a qual a experiência é critério ou norma da verdade, considerando-se a palavra "experiência" no significado 2º. Em geral, essa corrente caracteriza-se pelo seguinte: 1) negação do caráter absoluto da verdade ou, ao menos, da verdade acessível ao homem; 2) reconhecimento de que toda verdade pode e deve ser posta à prova, logo eventualmente modificada, corrigida ou abandonada. Portanto, o E. não se opõe à razão ou não a nega, a não ser quando a razão pretende estabelecer verdades necessárias, que valham em absoluto, de tal forma que seria inútil ou contraditório submetê-las à prova. Foi desse modo que Sexto Empírico caracterizou o E., e, com base nessas características, reconhecia o seu parentesco com o ceticismo; essas características continuaram sendo fundamentais em todas as doutrinas posteriormente denominadas empíricas, quaisquer que fossem suas determinações peculiares. Sexto Empírico diz que o médico empírico, ou melhor, *metódico*, "nada afirma temerariamente acerca dos fatos obscuros, mas, sem pretender dizer se são compreensíveis ou não, acompanha os fenômenos e destes toma aquele que lhe parece útil, assim como fazem os céticos". E acrescenta: o que a medicina metódica e o ceticismo têm em comum é a ausência de dogmas e a indiferença no uso das palavras, sendo comum também a regra de seguir as indicações da natureza e as fornecidas pelas necessidades do corpo (*Pirr. hyp.*, I, 236-41). Depois de vários séculos, Leibniz apresentava o mesmo conceito de E., mas contrapondo nitidamente o procedimento empírico ao racional: "Os homens agem como os animais porquanto o concatenamento de suas percepções só é realizado pela memória, assemelhando-se assim aos médicos empíricos, que só têm prática e nenhuma teoria. Em três quartos de nossas ações nós somos apenas empíricos: p. ex., quando prevemos que vai amanhecer, estamos agindo empiricamente, pois estamos esperando que aconteça o que sempre aconteceu. Só o astrônomo julga esse fenômeno com a razão. Mas é o conhecimento das verdades necessárias e eternas que nos distingue dos simples animais e nos faz ter razão e ciência, elevando-nos ao conhecimento de nós mesmos e de Deus" (*Monad.*, §§ 28-9). A razão, nesse sentido, é infalível. Se como faculdade humana pode enganar-se, como "concatenação das verdades e das objeções em boa forma, é impossível que a razão nos engane" (*Théod.*, Disc., § 65). É muito provável que dessas observações de Leibniz nos tenha chegado o conceito de E., de racionalismo e da oposição entre ambos. O *racionalismo* (v.) defende a tese da necessidade da razão como "concatenação das verdades", e não como faculdade, no sentido de que ela não pode ser diferente do que é e, portanto, não pode sofrer desmentidos e não exige confirmações. A tese do E. é de que essa necessidade não existe e, portanto, toda e qualquer "concatenação de verdades" deve poder ser posta à prova, verificada e eventualmente modificada ou abandonada.

A essa característica fundamental do E. e com base nela acrescentam-se outras, com as quais ele foi associado em cada fase de sua história:

1ª Negação de qualquer conhecimento ou princípio *inato*, que deva ser necessariamente reconhecido como válido, sem nenhuma confirmação ou verificação. Essa característica, estabelecida por Locke no primeiro livro de *Ensaio*, foi das que mais sobressaíram no século XVIII e às vezes serviu para definir o E., embora não passe de conseqüência derivada dele.

2ª Negação do "supra-sensível", entendido como qualquer realidade não passível de verificação e aferição de qualquer tipo. Ora, os melhores e mais diretos instrumentos de que o homem dispõe para a verificação de si mesmo e das realidades em que está mais diretamente interessado são os órgãos dos sentidos; desse modo, o E. apresenta-se na maioria das vezes como o recurso à evidência sensível enquanto método para decidir o que deve ser considerado real. Essa característica foi quase sempre usada para definir a natureza do E., sendo considerada fundamental. Na verdade, por mais importante que seja, não é fundamental, mas secundária e derivada de outra, segundo a qual o E. é a exigência de que qualquer verdade só seja aceita se puder ser devidamente verificada e confirmada.

3ª Ênfase na importância da realidade *atual* ou imediatamente presente aos órgãos de verificação e comprovação, ou seja, no *fato*: essa ênfase é conseqüência do recurso à evidência sensível. Essa é a característica que Hegel reconhecia como mérito do E.: o princípio de que "o que é verdade deve estar na realidade e estar lá para a percepção" e, portanto, "aquilo que o homem quiser admitir em seu saber deverá ir ver pessoalmente, confirmar pessoalmente sua presença" (*Enc.*, § 38). Desse ponto de vista, a atitude empírica consiste em ressaltar a importância dos *fatos*, dos *dados*, das *condições* que possibilitam a verificação de uma verdade qualquer, pois a verdade só é verdade quando verificada como tal, e o único meio de verificá-la, se ela se refere a coisas reais, é confrontá-la com os fatos nos quais essas coisas se apresentam, por assim dizer, em pessoa.

4ª Reconhecimento do caráter *humano*, logo limitado, parcial ou imperfeito, dos instrumentos de que o homem dispõe para verificar e comprovar a verdade, além da aplicação e do uso desses instrumentos em todos os campos de pesquisa acessíveis ao homem e só neles. Essa é a característica limitativa ou *crítica* do E., que é tradicionalmente associado ao reconhecimento da limitação das possibilidades humanas e, portanto, da restrição da investigação aos limites impostos por essas possibilidades, ao mesmo tempo em que é associado à decisão de prosseguir as investigações até onde tais possibilidades o permitam e em qualquer campo que o permitam. Nesse aspecto, o E. é substancialmente uma instância cética, que de dúvida geral transformou-se em dúvida organizada e metódica para experimentar, em todos os campos, o alcance da verdade que o homem pode obter. O E. alija da filosofia e de qualquer pesquisa legítima os problemas referentes a coisas que não sejam acessíveis aos instrumentos de que o homem dispõe. Hume entendia o E. nesse sentido. Donde a constante polêmica do E. moderno contra a "metafísica", que é precisamente o campo desses problemas ou ao menos é assim considerada pelas correntes empíricas. Mas no próprio domínio das realidades acessíveis ao homem, o E. freqüentemente encontra limites que lhe parecem intransponíveis, como, por exemplo, a "substância" de que fala Locke ou a "coisa em si" de que falam os empiristas do século XVIII e o próprio Kant.

Essas características são típicas do E. moderno que se inicia com Locke. Não incluem, como se vê, nenhuma renúncia ao uso de instrumentos racionais ou lógicos, se adequados às possibilidades humanas. Não incluem sequer a renúncia a qualquer tipo de generalização, hipótese ou teorização, em qualquer escala ou grau, implicando só a exigência de que qualquer generalização, hipótese ou teorização possa ser posta à prova e, portanto, confirmada ou refutada. A mais recente forma de E., qual seja, o E. lógico do *Círculo de Viena* (v.) e de algumas correntes inglesas e americanas, ajusta-se às características acima expostas. Com efeito, "a exigência fundamental do E. lógico é que qualquer enunciado, para ter sentido, deve ser de certo modo verificado, confirmado ou submetido à prova" (CARNAP, *Testability and Meaning*, em *Phil. of Science*, 1953, p. 73), e esse princípio leva a restringir a investigação apenas ao domínio dos significados lingüísticos que satisfaçam à tradicional exigência empirista de verificação e comprovação e a declarar "desprovidos de sentido" todos os outros. No que concerne ao pensamento antigo e medieval, não se pode dizer que apresente formas completas de empirismo. Nele podem ser facilmente encontrados aspectos ou tendências de E., mas não se observa o conhecimento nem a aceitação da exigência fundamental de que qualquer verdade seja verificada ou comprovada por um método adequado. Mas encontra-se freqüentemente a característica 2.ª, o sensacionismo, que foi de fato compartilhado por cirenaicos, estóicos e epicuristas. Entre Platão e Aristóteles, o mais próximo do E. é Platão, apesar do interesse que Aristóteles demonstrou pelo mundo natural e da extensão de suas pesquisas nesse campo. De fato, o que Aristóteles considerava como objeto de investigação em qualquer campo é a *substância*, a razão de ser das coisas, da qual são dedutíveis, por via silogística, todas as propriedades da coisa; e a substância, embora empiricamente seja aquilo que se apresenta sempre do mesmo modo, não é suscetível de verificação ou comprovação pela experiência, mas a ela se chega por meio da dedução dos princípios evidentes comuns a todas as ciências e dos princípios próprios de cada ciência (v. SUBSTÂNCIA). O método dialético de Platão (v. DIALÉTICA), no entanto, parece consistir justamente na verificação e na comprovação das determinações atribuídas a determinada realidade; assim, essas determinações podem ser abandonadas, corrigidas ou modificadas pelos empregos sucessivos do método. Mas o E. de Platão só pode ser reconhecido pelos modernos, já que Platão contrapunha o seu método precisamente à experiência e nele evidenciava as características contrárias: como aparece claramente no trecho de *Leis* (citado no verbete EXPERIÊNCIA) em que à experiência do médico de escravos se contrapõe o procedimento racional do médico de homens livres (*Leis*, IV, 720 c-d). Na Idade Média, a tendência empirista manifesta-se na negação freqüente da realidade do universal, implicando sempre o recurso à experiência, e no reconhecimento da experiência como processo que permite verificar e comprovar a realidade atual das coisas; por exemplo, como conhecimento *intuitivo*. Nesse sentido, a doutrina de Ockham é a principal manifestação do E. medieval. Finalmente, a antítese estabelecida por Francis Bacon entre a *antecipação* da natureza, que, sem verificação nem comprovação, salta dos casos particulares para os axiomas generalíssimos, e a *interpretação* da natureza, que consiste em ir, "sem saltos e por graus", das coisas particulares aos axiomas (*Nov. Org.*, I, 24), representa a certidão de nascimento do E. moderno e de sua oposição a qualquer forma de racionalismo dogmático. [N.A.]

Mesmo compreendendo uma vasta e heterogênea família de teorias filosóficas não rotuláveis de modo unívoco, o E., no sentido moderno do termo, implica que a experiência é: *a*) a *fonte privilegiada* "dos nossos conhecimentos; *b*) o elemento que decide de sua validade. Essas duas teses, sem as quais não se pode falar, a rigor, de E. – ou seja, de uma doutrina "que recorre à experiência como critério ou norma de verdade" –, foram retomadas pelo movimento que foi e continua sendo o mais importante projeto epistemológico de inspiração empirista do século XX, ou seja, pelo neopositivismo, que as corroborou por meio do *verificacionismo* (segundo o qual um enunciado sintético será provido de significado cognitivo somente se o seu valor de verdade for verificável ou constatável por via empírica) e do *reducionismo* (segundo o qual os conceitos válidos exprimem ou conceitos observacionais simples ou conceitos complexos "redutíveis" aos primeiros). Estas teses foram postas em discussão pelos desenvolvimentos subseqüentes da epistemologia. De fato, a partir dos anos 1950, começou a afirmar-se uma ampla frente de oposição ao neoempirismo, que culminou numa autêntica "cruzada antiempirista".

A tese *a*, relativa à experiência como fonte privilegiada de conhecimento, foi contraditada pela revalorização do momento teórico e contra-indutivo da ciência. "Revalorização" que teve em Popper – e na sua inversão da relação baconiana entre observação e teoria – o expoente mais conhecido, mas que está presente não só nos pós-positivistas como em todos os autores e em todas as correntes (pensemos em Bachelard e no estruturalismo) que contestaram a pretensão indutivista de fazer brotar teorias a partir da experiência, considerando que a ciência não procede de baixo para cima (dos fatos para as teorias ou do concreto para o abstrato), mas de cima para baixo (das teorias aos fatos ou do abstrato ao concreto). Pretensão sobre a qual Feyerabend ironizou, ao afirmar que "a exigência de admitir apenas as teorias que derivem dos fatos nos deixaria sem teoria alguma" (*Contro il metodo,* 1975, trad. it., Feltrinelli, Milão, 1979, p. 55).

A tese *b*, relativa à experiência como elemento que *decide* da *validade* dos conhecimentos, foi confirmada, mais que desmentida, por Popper. De fato, a sua confiança em enunciados observacionais (os "falsificadores potenciais") aptos a contradizer determinadas hipóteses ou teorias nada mais é, como foi elucidado por várias partes, que uma formulação "refinada" (ou seja, depurada das dificuldades do verificacionismo) do princípio clássico da tradição empirista, segundo a qual "somente a experiência pode decidir da verdade ou da falsidade das assunções da ciência" (*Logica della scoperta scientifica,* 1934, 1959, trad. it., Einaudi, Turim, 1970, p. 24; cf. M. SCIUTO, *Empirismo* in *La filosofia,* VV.AA., org. Paolo Rossi, Utet, Turim, 1995, vol. IV, pp. 11-38). O verdadeiro ataque à noção de experiência como norma do saber (e como suprema instância de confirmação) não brotou de Popper, mas dos pós-positivistas, ou seja, dos autores que, refutando os postulados empiristas presentes na imagem neopositivista e popperiana de ciência, demoliram o sonho epistemológico de um saber empiricamente "fundamentado", em condições de garantir um confronto direto entre o mundo teórico das hipóteses e o mundo extrateórico dos fatos. De fato, à idéia de que toda proposição seria constituída por um conteúdo empírico específico, passível de "verificação", "falsificação" ou "confirmação" – esquema que pressupõe o caráter neutro da experiência e a existência de uma "linguagem observacional" capaz de funcionar como "banco de prova" objetivo das teorias –, tais estudiosos contrapuseram a tese do caráter teórico (*theory laden*) da experiência, ou seja, a inexistência de dados observacionais "puros" capazes de funcionar como critério de escolha entre teorias rivais (v. TEÓRICO-OBSERVACIONAL). Além disso, ao conceito de experiência como sustentáculo pontual (através da verificação ou da corroboração) de cada hipótese ou teoria, os defensores da concepção holística ou circular da ciência contrapuseram a tese segundo a qual o que deveria ser posto em causa pela experiência não seriam asserções e teorias individuais, mas sim o conjunto organizado das asserções e das teorias (v. HOLISMO).

Esse processo, acompanhado por uma série de ataques concêntricos a outras posições típicas do E. – como a rejeição preconceituosa da metafísica ou a imagem cumulativa do progresso científico (v.) –, acabou por gerar a persuasão do "fim" do E. Tanto é verdade que, se Quine, nos anos 1950, se limitara a prever o advento de um "E. sem dogmas", alguns autores dos anos 1980 e 1990, como R. Rorty (*Philosophy and The Mirror of Nature,* 1979), H. Putnam (*After Empiricism,* 1985) e D. Davidson (*The Mith of the Subjective,* 1989), não hesitaram em falar de "época pós-empirista". Afirmações desse tipo, que em alguns casos têm a grave limitação de identificar o fim do E. *lógico* com o fim do E. *tout court,* mesmo denunciando uma efetiva situação de "crise", não devem autorizar apressados diagnósticos de desaparecimento. Com efeito, mesmo nesse intervalo de fim de século, os ideais filosóficos e epistemológicos do empirismo – ainda que sofrendo radical revisão em relação ao modelo neopositivista – continuam a ser operacionais para alguns estudiosos que, mesmo não constituindo uma corrente unitária, são ligados pelo objetivo comum de salvaguardar os direitos da experiência. [G.F.]

Três epistemólogos são especialmente significativos nesse sentido, e todos denominaram suas posições utilizando o próprio termo E.: Hesse, com seu "novo E.", Shapere, com seu "E. contingente", e van Fraassen, com seu "E. construtivo".

Hesse (*The Structure of Cientific Inference,* 1974, e *Is There an Independent Observation Language?,* 1980) parte de dois pressupostos: *a*) nenhum predicado, nem que observacional, pode operar com base exclusivamente em associações empíricas diretas, porque em todos os casos age sobre um fundo de conhecimentos já presentes (assumidos conscientemente ou não) e no entanto *b*) a introdução de alguns predicados deve ter sido efetuada por via empírica (ainda que não seja possível especificar qual). A teoria torna-se assim uma rede em que os conteúdos estão estreitamente vinculados (aqui está clara a influência do holismo quiniano) e em que não é possível estabelecer prioridades, como a que se estabelece entre teórico e observacional (v. TEÓRICO-OBSERVACIONAL), podendo cada predicado ser introduzido como primitivo ou a partir dos precedentes; no entanto, atribui-se à experiência uma função fundamental no desencadeamento do conhecimento.

Para Shapere (*Reason and the Search for Knowledge*, 1984), a análise epistemológica baseia-se em *domínios* científicos, conjuntos de informações que originam os problemas, muitas vezes em conexão com uma informação de fundo, mas que, diferentemente dos paradigmas (v.) de Kuhn, mesmo sendo historicamente variáveis, apresentam uma conexão racional entre as informações, independentemente das opiniões da comunidade dos cientistas; eles pretendem substituir a antiga oposição observacional/teórico sem, porém, desfazer a distinção entre fatos e teoria. Shapere reconhece decerto que em tais domínios não existe uma linguagem observacional imune à teoria, e que a observação é constituída com base no conhecimento de fundo e nas expectativas, ou seja, naquilo que consideramos relevante para resolver determinado problema; mas, mesmo reforçando isso, inverte a posição dos defensores da tese forte do teorismo. A partir do momento em que são formulados na linguagem da teoria, os relatórios observacionais podem tirar proveito dela: mesmo a descrição tem diferentes níveis, e existe "uma *mútua* interdependência entre'-observações' e "teoria'" (*idem*, p. 282). Contudo, os próprios padrões de verificação empírica mudam, portanto não pode existir um modelo único absoluto de experiência e de verdade, mas apenas variadas formas contingentes.

Por fim, na abordagem semântica baseada na teoria dos modelos de van Fraassen (*The Cientific Image*, 1980), a teoria é entendida como uma série de *modelos*, uma classe de estruturas que satisfazem aos seus axiomas (está claro que podem ser construídos modelos diversos com os mesmos axiomas). Uma parte desses modelos, chamada *subestruturas empíricas*, está apta a representar lingüisticamente (isto é, a descrever) os fenômenos observáveis, cuja classe constitui as *aparências*, e "a teoria será empiricamente adequada se tiver algum modelo, tal que todas as aparências sejam isomorfas às subestruturas empíricas daquele modelo" (*ibid.*, trad. it., CLUEB, Bolonha, 1985, p. 95), ou seja, se "salvar os fenômenos". Van Fraassen sabe muito bem que a noção de observabilidade é bastante vaga (tese já defendida por muitos outros), mas, se a aceitação decorre da adequação empírica, esta última por sua vez é definida exatamente pelo conceito de observabilidade: "observável significa observável-para-nós, e o referente de "nós" é a comunidade dos pesquisadores racionais... Os limites da observabilidade, que evitam que seja vazio esse conceito vago, derivam das limitações dessa comunidade" (*idem*, p. 19): trata-se, portanto, de uma questão factual, empírica, mas em todo caso estranha à formulação das teorias e anterior a ela; além disso, é preciso ter em mente a distinção entre *ver* e *ver que*, e só no segundo caso está em ação um conjunto de pressupostos interpretativos. Uma vez eliminada a distinção *semântica* entre teórico e observacional, a discriminação entre teoria e observação é de tipo *pragmático*, ou seja, de acordo com as tarefas que sejam atribuídas às teorias, e a aceitação de entidades não observáveis não possui nenhum valor ontológico, pois elas são admitidas apenas como instrumentos de justificação do observável.

Reportam-se de modo mais geral a uma atitude empirista *lato sensu* os epistemólogos para os quais ainda têm sentido conceitos como evidência, probabilidade, indução e experimento, reavaliados nos textos de Franklin. Em todos esses casos há em suma o desejo de reportar-se ainda ao E. porque só desse modo seria possível justificar a concorrência de teorias rivais e sobretudo o veredicto emitido sobre elas pela experiência, que freqüentemente as desmente. [M.S.]

EMPIRISMO LÓGICO (in. *Logical empiricism*; fr. *Empirisme logique*; al. *Logischer Empirismus*; it. *Empirismo logico*). Com esse nome ou com o nome de positivismo lógico indica-se a orientação instaurada pelo *Círculo de Viena* (v.) e depois seguida e desenvolvida por outros pensadores, especialmente na América do Norte e na Inglaterra. A característica fundamental dessa corrente é a redução da filosofia à análise da linguagem. Nela, porém, podem ser distinguidas duas tendências fundamentais, segundo se entenda linguagem como linguagem *científica* ou linguagem *comum*. Essas duas tendências têm em comum um arsenal negativo e polêmico (a negação de qualquer "metafísica"), que elas compartilham com todo o E. moderno e que justificam com a tese de que todos os enunciados metafísicos são desprovidos de sentido, porque não verificáveis empiricamente. Têm também em comum as duas teses propostas pela primeira vez por Ludwig Wittgenstein, em seu *Tratado lógico-filosófico* (1922): 1.ª os enunciados factuais, isto é, que se referem a coisas existentes, só têm significado se forem empiricamente verificáveis; 2.ª existem enunciados não verificáveis, mas verdadeiros com base nos próprios termos que os compõem; tais enunciados são *tautologias*, ou seja, não afirmam nada a respeito da realidade; a matemática e a lógica são conjuntos de tautologias.

O E. lógico, que atribui à filosofia a função de analisar a linguagem científica, conta sobretudo com os nomes de Rudolf Carnap e Hans Reichenbach. As obras deste último pertencem à metodologia da ciência. Ele estudou os *Fundamentos filosóficos da mecânica quântica* (1944) e a *Teoria da probabilidade* (1949) como fundamento da indução, considerando que a própria probabilidade baseia-se exclusivamente na freqüência estatística. Por sua vez, Rudolf Carnap deu mais atenção à matemática e à física (*A visão lógica do mundo*, 1928; *A sintaxe lógica da linguagem*, 1934; *Fundamentos da lógica e da matemática*, 1939; *Introdução à semântica*, 1942; *Formalização da lógica*, 1943; *Significado e necessidade*, 1947; *Fundamentos lógicos da probabilidade*, 1950; *O contínuo dos métodos indutivos*, 1952). Para a filosofia de Carnap, assim como para a de Reichenbach, conflui a corrente matemática da lógica contemporânea, especialmente o formalismo de Hilbert, de acordo o qual o trabalho da matemática consiste em fazer deduções segundo regras determinadas, a partir de outras proposições assumidas como fundamentais por convenção e chamadas de *axiomas* (v.). Carnap estendeu esse princípio a toda a lógica considerando-a um conjunto de convenções sobre o uso dos signos, bem como de tautologias que se fundam nessas convenções (*Logische Aufbau der Welt*, § 107), e dando ensejo assim ao *convencionalismo* (v.) típico da filosofia contemporânea. Sobre as contribuições que essa corrente filosófica tem dado a noções filosóficas e científicas fundamentais, como conceito, causa, número, probabilidade, assim como à metodologia das ciências e à lógica, ver os verbetes correspondentes, além do verbete ENCICLOPÉDIA. [N.A.]

A pesquisa historiográfica mais recente pôde evidenciar o caráter mormente complexo do movimento, corrigindo inúmeros estereótipos divulgados por algumas reconstruções tradicionais. 1) Para o E. lógico o caráter da experiência é bastante sofisticado, porque não confia na imediatez nem pode dizer-se inspirado no reducionismo a não ser em momentos limitados e bem definidos. De fato, o E. lógico nunca sustentou como tese sua característica a derivação de todo o conhecimento da experiência, mas sim a recusa de uma necessidade sintética, ou seja, da existência de princípios do conhecimento científico apoditicamente válidos (JACOB, *L'empirisme logique*, 1980; PARRINI, *Una filosofia senza dogmi*, 1980). 2) No E. lógico está presente uma exigência fundamental que na verdade não considera pacífico o fato da ciência. Reconhece que a identificação do fundamento do conhecimento científico exige contribuição subjetiva do pesquisador, portanto apresenta condicionamentos sociais: nessa direção Neurath antecipa temas de sociologia do conhecimento que encontraremos mais tarde em Kuhn (TOULMIN, *From Logical Analysis to Conceptual History*, 1969; HALLER, *Zwei Arten der Erfarungsbegründung*, 1982; WARTOFSKY, *Positivism and Politics*, 1982). 3) No E. lógico a recusa do kantismo não é decisivo e maciço, pois numerosos expoentes, até de primeira plana, do movimento reconheceram princípios contingentemente *a priori* (não meras convenções lingüísticas) que servem para conferir forma ao material oferecido pela experiência. Nessa direção revestem capital importância as posições de Reichenbach: ele, até boa parte dos anos 1920, considerava caber papel fundamental a princípios cognitivos que, mesmo sendo contingentes, desempenham um papel constitutivo na experiência (PARRINI, *Empirismo logico e convenzionalismo*, 1983; COFFA, *The Semantic Tradition from Kant to Carnap*, 1991; FRIEDMAN, *Geometry, Convention, and the Relativized A Priori*, 1993). 4) A recusa da metafísica e, mais em geral, do conhecimento de tipo intuitivo (Bergson e Husserl) não se deu de modo indiferenciado e maciço, porque, se a exeqüibilidade de uma metafísica transcendente como pesquisa cognitiva é decisivamente negada, admitem-se espaços para outras acepções de metafísica. Feigl reconhece que, além da *metafísica intuitiva* e da *metafísica dedutiva*, errônea a primeira, estéril (tautológica) a segunda, há espaço para a *metafísica indutiva*, arriscada ainda que produtiva e que, sendo composta também por uma parte empírica (p. ex., as cosmologias pré-socráticas), produz as generalizações. O programa de Neurath, o mais extremado do ponto de vista da exclusão da metafísica do discurso científico, não crê definitivamente na possibilidade de realizar completamente tal expulsão. Para Carnap, muitas questões metafísicas tradicionais não são insensatas, mas conservam significado se reinterpretadas como questões de tipo pragmático sobre a modalidade de formulação das teorias, e a metafísica em geral conserva, se não outro valor, pelo menos o de expressão do sentido da vida (HEGSELMANN, *The Criticism of Metaphysics of the Vienna Circle and Its Consequences for Ethics*, 1984; SOULEZ, *"Que reste-t-il de la philosophie après le dépassement de "toute la métaphysique"? Carnap et Heidegger,* 1984). 5) As posições antimetafísicas do E. lógico não levam (nem o pretendem) ao abandono da filosofia. Schlick admite tanto a ciência quanto a filosofia: a primeira para produzir asserções verdadeiras, a segunda como ato de esclarecimento conceitual. Para Carnap, a filosofia é entendida como análise lógica, mesmo que apenas do discurso científico. Tal análise é chamada *explicativa:* mas a *explicação* não é apenas uma explanação que recupera o sentido originário correto (como se ele já estivesse desde sempre presente na linguagem); a linguagem comum tem em si, estruturalmente, imprecisões, ambigüidades etc., que a explicação elimina. Ela é, portanto, também *corretiva* (BOUVERESSE, *Wittgenstein, la Rime et la Raison,* 1973; ETTELT, *Die Erkenntniskritik der Positivismus und die Möglichkeit der Metaphysik,* 1979; MEYER, *Métaphysique et Néopositivisme,* 1983). 6) A superação da chamada *concepção padrão* das teorias científicas (devida a críticas epistemológicas todas já definitivas) mostrou, porém, que em muitas posições filosóficas (portanto, não só, ou estritamente, epistemológicas) algo do espírito analítico e positivo do E. lógico ainda está vivo e se encontra em formas atualizadas de EMPIRISMO (v.), entre as quais as de Van Fraassen, Shapere, Hesse, Glymour, Stegmüller, de epistemólogos, enfim, que procuraram produzir uma combinação significativa de relativismo e racionalismo, ou seja, que continuam a conceber a epistemologia como disciplina de certo modo normativa, e não só descritiva, que mantêm uma confiança de fundo no formalismo e que, sobretudo, ainda estão dispostos a conferir à evidência empírica – seja lá o que se entenda com essa expressão – um papel capital na verificação das teorias científicas (HANSON, *Logical Positivism and the Interpretation of Scientific Theories,* 1969; HESSE, *Logical Positivism and the Logic of Scientific Theories,* 1969; SHAPERE, *Notes Toward a Post-Positivistic Interpretation of Science,* 1969; SUPPE, *The Structure of Scientific Theories,* 1977²; PARRINI, *Conoscenza e realtà,* 1995). [M.S.]

EM SI (gr. αὐτό; lat. *In se*; in. *In itself*; fr. *En soi*; al. *An sich*; it. *In sè*). O que se considera sem referência a outra coisa, ou seja: 1º indepentemente das relações com outros objetos; 2º independentemente da relação com o sujeito que considera.

1º) Platão e Aristóteles utilizam essa expressão no primeiro sentido. Platão fala do "próprio belo", da "própria semelhança" etc. (expressões que, em geral, foram traduzidas nas línguas modernas como "belo em si", "semelhança em si" etc.), para indicar o belo, a semelhança etc., sem as relações com as coisas que deles participam (*Fed.*, 65d, 75c; *Parm.*, 130b, 150e etc.). Aristóteles emprega essa expressão no mesmo sentido, para indicar uma qualidade ou uma substância, como "animal", que se considere independentemente das relações com sua espécie (cf., p. ex., *Met.* VII, 14, 1039 b 9). Esse significado também explica a acepção dada por Hegel a essa expressão, ao usá-la para designar o que é abstrato e imediato, desprovido de desenvolvimento, reflexão, relação. "Em si", portanto, é o conceito em sua imediatez, da forma como é considerado pela primeira parte da lógica, a Doutrina do Ser (*Enc.*, § 83), no sentido de não ser *para si* (v.), de não ser resolvido na consciência. Nesse sentido Hegel diz: "As coisas são chamadas ser em si quando se abstrai do ser para outro, o que geralmente significa: quando são pensadas sem nenhuma determinação, ou como nadas" (*Wissenschaft der Logik*, I, I, seç. I, cap. II, B, a; trad. it., p. 124).

Com referência a esse significado, Hegel utilizou a expressão para designar o que está em potência, que ainda não se desenvolveu e que só por isso pode ser considerado independentemente das relações com as outras coisas. O contrário de *em si*, neste sentido, é *para si*, que é a atualidade ou a efetividade de uma coisa, o enriquecer-se da coisa em seu desenvolvimento, graças às suas relações com as outras (cf. *Geschichte der Philosophie*, I, Intr. A, 2).

2º) Na idade moderna, a partir de Descartes, essa expressão passou a ter com mais freqüência o significado de "independentemente da relação com o sujeito cognoscente", sobretudo na expressão *coisa em si* (v).

De modo análogo, Sartre entendeu por "ser em si" o ser objetivo, externo e independente da consciência, designando a consciência como ser para si (*L'être et le néant*, pp. 30, 115 ss.). Em sentido mais restrito, N. Hartmann entendeu o ser em si dos valores como sua "independência da opinião do sujeito" (*Ethik*, 2ª ed., 1935, p. 149). Esse significado é bastante freqüente no uso filosófico: Bolzano falara de uma "proposição em si", entendendo "em si" nessas expressões como o significado lógico-objetivo puro da proposição, da representação ou da verdade, independentemente de serem pensadas ou expressas (*Wissenschaftslehre*, 1837, § 19, 25, 48). [N.A.]

ENCARNAÇÃO (lat. *Incarnatio*; in. *Incarnation*; fr. *Incarnation*; al. *Menschuerdung*; it. *Incarnazione*). A unidade da natureza divina e da natureza humana na pessoa de Cristo. Esse é um dos dois dogmas fundamentais do cristianismo, sendo o outro o da Trindade. Depois das discussões patrísticas que, no século V, levaram a algumas interpretações condenadas pela Igreja como heréticas, na escolástica esse dogma foi uma das pedras de toque da capacidade das filosofias de servir à interpretação e à defesa das crenças religiosas. Desse ponto de vista, não há dúvida de que a maior capacidade nesse sentido foi do tomismo, que deu a mais simples e elegante interpretação do dogma. Tomás de Aquino toma como motivo justamente as duas heresias simetricamente opostas do século V. A interpretação de Eutíquio, que insistia na unidade da pessoa de Cristo, também reduzia as duas naturezas a uma só, mais precisamente à divina, considerando simplesmente aparente a natureza humana revestida por Cristo. A interpretação de Nestório, ao contrário, que insistia na dualidade das naturezas, também admitia em Cristo a coexistência de duas pessoas, sendo a pessoa humana instrumento ou revestimento da divina.

A distinção real entre essência e existência nas criaturas e a sua unidade em Deus oferecem a Tomás de Aquino a chave da interpretação. Em Deus, a essência ou natureza divina é idêntica ao ser; logo, Cristo, que tem natureza divina, subsiste como Deus, como pessoa divina, e é uma só pessoa, a divina. Por outro lado, a possibilidade de separar a natureza humana da existência faz que Cristo possa assumir a natureza humana (que é alma racional e corpo), sem ser pessoa humana (*Contra Gent.*, IV, 49; *S. Th.*, III. 2. II, a. 6). Essa interpretação tomista constitui a doutrina oficial da Igreja católica. [N.A.]

ENCICLOPÉDIA (in. *Encyclopedia*; fr. *Encyclopédie*; al. *Enzyklopädie*; it. *Enciclopedia*). Esse termo, que significa propriamente ciclo educativo, educação completa em suas fases, portanto nas disciplinas que lhe servem de fundamento, agora é usado para designar o sistema das ciências, o conjunto total das ciências em suas relações imutáveis de coordenação e subordinação (na sua hierarquia), tais como podem ser reconhecidas ou estabelecidas pela *metafísica* (v.) ou por outra ciência predominante. Como investigação racional autônoma, a filosofia foi a matriz da qual as disciplinas isoladas foram-se separando pouco a pouco, até alcançar autonomia; como metafísica, ou "ciência primeira", muitas vezes se reservou o direito de julgar essas disciplinas em termos de alcance ou importância e de prescrever-lhes limites e condições. Portanto, a tendência a ser ou a valer como E., ou pelo menos a estabelecer ou reconhecer uma E., foi um dos aspectos fundamentais do pensamento filosófico. O primeiro projeto de E. pode ser visto nos quatro graus do conhecimento, estabelecidos por Platão no VII livro de *A República.* Aos dois graus da opinião (conjectura e crença) pertencem as artes e os ofícios que lidam com as coisas sensíveis e com as suas imagens, portanto também a poesia e a arte imitativa. Ao primeiro dos dois graus racionais, a razão discursiva ou *dianóia*, pertencem a geometria, a aritmética, a música e a astronomia, ou seja, as disciplinas que partem de hipóteses e utilizam imagens, ainda que tenham por objeto conceitos puros. Ao quarto e último grau pertence tão-somente a dialética, que é a ciência do filósofo (*Rep.*, VI 510). Aristóteles baseava sua E. na distinção entre necessário e possível. *O necessário* (o que não pode ser diferente do que é) é objeto das ciências teóricas: filosofia, física e matemática. O possível é objeto das ciências *práticas* (ética e política) e das disciplinas *poéticas* (ou produtivas), as artes (*Et. nic.*, VI, 3-4). Enquanto estóicos e epicuristas concordaram em reduzir a sua E. a três ciências fundamentais – lógica, física e ética –, a Idade Média permaneceu substancialmente fiel ao sistema enciclopédico de Aristóteles, que culminou na *teologia*, a que todas as outras ciências se subordinavam (Tomás de Aquino, *S. Th.*, I, q. 1, a. 5). No século XVII, Francis Bacon apresentou o projeto de uma E. fundada na tripartição entre ciências da *memória*, ciências da *fantasia* e ciências da *razão* (*De augm. scient.*, II, 1). Essa distinção foi aceita por D'Alembert e serviu de base para a *Encyclopédie.* Diz D'Alembert: "A memória, a razão e a imaginação são as três maneiras diferentes pelas quais nossa alma atua sobre os objetos dos seus pensamentos. [...] Essas três faculdades constituem as três divisões gerais do nosso sistema e os três objetos gerais dos conhecimentos humanos: a *história*, relacionada com a memória, a *filosofia*, que é o fruto da razão, as *belas-artes*, que nascem da imaginação" (*Discours préliminaire de l'Encyclopédie*, em *Œuvres*, ed. Condorcet, p. 112). Todavia, a E. francesa, cujo espírito iluminista se inspirava predominantemente no empirismo, não insistiu no caráter total e definitivo do sistema das ciências, mas entendeu a E. sobretudo como a tentativa de abranger, numa síntese rápida e completa, os resultados do saber positivo. E foi essa justamente a principal função da E. à qual se deveu a enorme difusão, no século XVIII, por toda a Europa, dos resultados das ciências e da crítica racionalista da tradição. Esse mesmo conceito foi assumido no século seguinte pelo positivismo como fundamento para a definição da filosofia; com Comte, porém, foi reduzido a sistema, com base naquilo que ele julgava ser sua descoberta fundamental, a lei dos três estados. Comte atribuiu graus às ciências segundo sua ordem cronológica de entrada na fase positiva, mostrando que essa ordem é também a que vai do grau máximo ao grau mínimo de simplicidade e generalidade. Começa dividindo a física em inorgânica e orgânica e observa que a primeira estuda fenômenos muito mais simples, pois, enquanto os fenômenos orgânicos dependem dos inorgânicos, estes últimos não dependem dos primeiros. A física inorgânica, por sua vez, será primeiro física celeste (ou astronomia) e depois física terrestre, ou seja, física propriamente dita, e química. Divisão análoga será feita para a física orgânica: haverá uma física orgânica ou fisiológica, que concerne ao indivíduo, e uma física social (ou sociologia), que diz respeito à espécie. A E. das ciências será, portanto, constituída por cinco disciplinas fundamentais: *astronomia, física, química, biologia* e *sociologia.* De tal E. não fazem parte nem a *matemática* nem a *psicologia*: a *matemática* porque é a base de todas as ciências e portanto não pode ocupar um lugar à parte; a *psicologia* porque não é uma ciência, já que se funda numa pretensa "observação interior", que é impossível, pois pressuporia o indivíduo dividido em duas partes, uma observadora, a outra observada (*Cours de phil. positive,* I, pp. 75 ss.). Essa E. de Comte foi amplamente aceita pela cultura moderna e contemporânea mesmo fora do positivismo, porque levava em conta a situação e as funções reais das ciências, ainda que Comte às vezes tenha pretendido impor restrições ou limitações insustentáveis a tais ciências. A ela foi contraposta a E. das ciências de Hegel, que é a maior expressão do romantismo idealista. Para Hegel só existem três disciplinas fundamentais, que são a *lógica,* a *filosofia da natureza* e a *filosofia do espírito.* As três ciências têm por objeto a Idéia, ou seja, a Autoconsciência infinita: a primeira considera a Idéia em si e por si, antes de seu desenvolvimento no mundo; a segunda considera a Idéia no seu "ser outro", no seu exteriorizar-se e alienar-se no mundo da natureza; a terceira, enfim, considera a Idéia que "retorna a si mesma", que toma consciência de si como princípio criador de tudo (*Enc.,* § 18). Mas nessa E. não havia lugar para as ciências positivas, que se vinham constituindo autonomamente. Para Hegel, essas ciências não tinham valor de verdade, porque fundadas em elementos que ele chama de "acidentais", não pertencentes à substância racional do mundo, que é a Idéia (*ibid.,* § 16). Hegel utiliza-as somente para extrair um material que depois elabora a seu modo no esquema enciclopédico descrito, mas sem nenhuma consideração pelos métodos de pesquisa e verificação de que cada disciplina se serviu para elaborá-lo.

Na segunda metade do século XIX e nos primeiros anos do século XX, a E. positivista de Comte e a E. idealista de Hegel constituíram os dois modelos fundamentais a que os filósofos fizeram referência. Deve-se observar, porém, que, enquanto a E. de Comte procura abranger as ciências e as disciplinas efetivas, que se haviam constituído com autonomia de métodos, complexidade e riqueza de resultados, a E. de Hegel alija esse conjunto de ciências e o rebaixa a simples fase preparatória ou temporária, substituindo-o por um conjunto de especulações metafísicas que só têm sentido a partir de determinados pressupostos. A esse segundo tipo de E. pertence também a E. enunciada por Croce, fundamentada na distinção de duas formas de espírito, a teórica e a prática, e na subdivisão de cada uma delas em dois graus, conhecimento do individual e conhecimento do universal, volição do individual e volição do universal. Croce distingue a *estética,* que tem por objeto o conhecimento individual, ou seja, a arte; a *lógica,* que tem por objeto o conhecimento do universal, ou seja, a filosofia; a ciência *econômica,* que tem por objeto a volição do individual e por isso compreende o estudo de tudo o que é útil, logo do direito, da economia etc.; e a *ética,* que tem por objeto a volição do universal (*Fil. da prática,* 1909, II, cap. 1). Essa E. também alija as ciências da natureza e as reduz a simples instrumentos práticos que, mediante "pseudoconceitos", fornecem meios de economizar energia para a ação (*Lógica,* II, cap. 6). A E. de Hegel e a de Croce foram simplesmente iniciativas filosóficas unilaterais, que os filósofos de certas tendências aproveitaram. Não foram verdadeiras E. no sentido de exercer alguma ação de coordenação efetiva entre as pesquisas de cada ciência e da integração de seus resultados em um sistema de conhecimento. É justamente essa a tendência de alguns filósofos e cientistas contemporâneos de orientação neopositivista e neo-empirista que, para isso, trabalharam e trabalham numa *E. internacional da ciência unificada,* cujos primeiros volumes começaram a ser publicados em 1938; cada um deles era dedicado aos fundamentos de determinada disciplina. É preciso, porém, observar que essa tentativa não demonstra acordo suficiente no modo de entender a unidade da ciência: alguns, como por exemplo Neurath, entendem-na como combinação dos resultados das várias ciências e tentam axiomatizá-los num sistema único; outros, como unificação no campo da lógica ou no campo da semiótica (Morris) ou do ponto de vista do próprio método da ciência (Dewey) (cf. *Encyclopedia of Unified Science,* I, 1, 1938). Na verdade, hoje parece utópico querer reencontrar e expor de modo definitivo, como sempre fez a metafísica, a unidade das ciências, visto que as próprias ciências não toleram durante muito tempo uma disciplina determinada, e cada uma se reserva ampla liberdade de pesquisa, organização e linguagem. Portanto, a exigência enciclopédica da filosofia mostra-se hoje realizável, não tanto na forma tradicional de uma "unificação" das ciências, porém na forma mais livre e menos compromissiva que consiste no reconhecimento geral da possibilidade de relações múltiplas entre as ciências, bem como da pesquisa e da determinação de tais relações em campo. [N.A.]

ENERGIA (in. *Energy*; fr. *Energie*; al. *Energie*; it. *Energia*). 1. Qualquer capacidade ou força capaz de produzir um efeito ou de realizar um trabalho. Nesse sentido E. é sinônimo de *atividade* (v.) e de *força* (v.); fala-se de "E. espiritual", "E. material", "E. nervosa", "E. física" etc.

2. Como conceito físico, entende-se por E. a capacidade de realizar um trabalho; por trabalho, entende-se o deslocamento do ponto de aplicação de uma força. Esses conceitos só foram claramente formulados na primeira metade do século XIX. No entanto, a distinção entre E. *potencial* (ou de posição) e E. *cinética* (ou de movimento) deve-se a Leibniz, que em 1686 a exprimia numa dissertação intitulada *Demonstratio erroris memorabilis Cartesii*, como a distinção entre *força viva* e *força morta*. Leibniz considerava a força viva igual ao produto do "corpo" (massa) pelo quadrado da velocidade: fórmula que depois foi corrigida, passando-se a considerar a força viva igual ao semiproduto da massa pelo quadrado da velocidade.

A segunda guinada conceitual importante na evolução da noção de E. ocorre em meados do século XIX, com a descoberta do princípio de *conservação da E.* (ou primeiro princípio da termodinâmica) por Mayer (1842) e Joule (1843), que estabelece a equivalência entre E. mecânica e calor. Essa equivalência demonstrava que o calor é uma forma de E.; por conseguinte, o conceito de E. extrapolava o domínio mecânico. A generalização foi feita por Helmholtz na sua famosa dissertação *Sobre a conservação da força* (1847). A ele se deve o uso do termo E., que antes se confundia com força; considerou também como E. qualquer entidade que possa ser convertida em outra forma e caracterizou a E. como indestrutível, pois comporta-se como qualquer outra substância: não pode ser criada nem destruída. Deste ponto de vista, os cientistas começaram a falar de numerosas formas de E.: magnética, elétrica, química, acústica etc., e a E. passou a ser a segunda substância da física, visto que a primeira é a *matéria*. Todavia, tanto em ciência quanto em filosofia tentou-se reduzir também a matéria a E., constituindo-se o *energismo* (v.).

A terceira guinada conceitual importante dessa noção ocorreu com a teoria da relatividade e com a mecânica quântica. Com a redução da *matéria* (v.) à *densidade de campo* (v.), o dualismo entre as duas substâncias tradicionais da física clássica perdeu sentido. Por um lado, portanto, parece que a ciência acolheu o princípio do energismo, pois a matéria deixou de ser uma substância em si mesma, mas, por outro lado, pode-se dizer que o próprio energismo foi descartado, pois o conceito fundamental já não é de E., mas de *campo* (v.), e qualquer distinção *qualitativa* entre matéria e E. ou matéria e campo perdeu importância (cf. A. EINSTEIN-L. INFELD, *The Evolution of Physics*, III; trad. it., pp. 251 ss.). [N.A.]

ENERGISMO (in. *Energetism*; fr. *Énergétisme*; al. *Energetik*; it. *Energetismo*). Monismo da energia, ou seja, redução de toda substância a energia. O E. foi defendido pelo próprio Helmholtz, que o apresentava como um ideal da ciência (v. ENERGIA), mas difundiu-se sobretudo na Inglaterra, graças a William Rankine (1820-1872). Entre o fim do século passado e o início do século XX, foi defendido pelo fundador da químico-física, Wilhelm Ostwald (1853-1932), cujas obras principais são: *A energia e suas transformações*, 1888; *A crise do materialismo científico*, 1895; *As energias*, 1908; *O imperativo energético*, 1912. Ostwald considerava como especificação do conceito de energia o próprio conceito de vida; para ele, no campo das ciências formais, o conceito de energia correspondia ao conceito de função (*Grundriss der Naturphilosophie*, 1908) (v. CIÊNCIAS, CLASSIFICAÇÃO DAS). [N.A.]

ENGAJAMENTO. V. COMPROMISSO.

ENGENHO (lat. *Ingenium*; in. *Ingenuity*; *Wit*; fr. *Génie*; al. *Witz*; it. *Ingegno*). Retomando um dos significados tradicionais desse termo, Giambattista Vico chamou de E. a faculdade inventiva da mente humana. Contrapôs, portanto, o E. à razão cartesiana; analogamente, contrapôs à arte cartesiana da *crítica*, fundada na razão, a *tópica* como arte que disciplina e dirige o procedimento inventivo do E. O E. tem tanta força produtiva quanto a razão, porém menor capacidade demonstrativa (*De nostri temporis studiorum ratione*, § 5). Kant, por sua vez, entendia por E. o talento, ou seja, "a superioridade do poder cognitivo proveniente da disposição natural do indivíduo, e não do ensino", e o distinguia em E. comparativo e E. logicizante (*Antr.*, I, § 54). [N.A.]

ENIGMAS (in. *Riddles*; fr. *Énigme*; al. *Rätsel*; it. *Enigmi*). Na literatura filosófica dos últimos decênios do século XIX deu-se o nome de E. do mundo aos problemas que, não tendo sido resolvidos pela ciência, eram considerados insolúveis. Em 1880, o fisiologista alemão E. Du Bois-Reymond enumerava *Sete E. do mundo*: 1º origem da matéria e da força; 2º origem do movimento; 3º surgimento da vida; 4º ordem finalista da natureza; 5º surgimento da sensibilidade e da consciência; 6º origem do pensamento racional e da linguagem; 7º liberdade da vontade. Diante desses E., Du Bois-Reymond achava ser preciso dizer não só *ignoramus* [ignoramos], mas também *ignorabimus* [ignoraremos]. Alguns anos depois, o biólogo Ernst Haeckel, numa obra de enorme difusão, intitulada *Os E. do mundo* (1899), proclamava que aqueles E. tinham sido resolvidos pelo materialismo evolucionista (v. MATERIALISMO).

Embora essa palavra até hoje seja empregada com fins retóricos, tornou-se imprópria para exprimir a atitude do homem moderno em face das limitações ou da imperfeição do seu conhecimento do mundo. E. significa propriamente "adivinhação", e a expressão E. do mundo parece indicar que o mundo, como uma gigantesco jogo de adivinha, só tem uma solução que, uma vez encontrada, eliminaria todos os problemas. O que, por certo, é uma visão bastante pueril, pois o mundo não tem E., nem no plural nem no singular, mas só *problemas* para os quais existem soluções mais ou menos adequadas, nunca definitivas e sempre sujeitas a revisões. [N.A.]

ENOEMÁTICA (in. *Ennoematic*; it. *Ennoematica*). Termo empregado por Hamilton para indicar a doutrina do conceito (*Lectures on Logic*, I, 1886, p. 130). [N.A.]

ENSOMATOSE (gr. ἐνσωμάτωσις; it. *Ensomatosi*). Doutrina segundo a qual a alma é infundida no corpo diretamente por Deus; Orígenes a contrapõe à metensomatose ou *metempsicose* (v.) (*In Joan*, VI, 14 [86]). [N.A.]

ENTE (in. *Being*; fr. *Être*; al. *Selentes*; it. *Ente*). O que é, em qualquer dos significados existenciais de ser. Às vezes, mas raramente, essa palavra é usada para designar somente Deus: é o que faz Gioberti, em sua fórmula ideal: "o E. cria o existente" (*Introduzione allo studio della fil.*, II, p. 183): onde "E." equivale a Deus, como ser necessário, e "existente" equivale às coisas criadas. Habitualmente essa palavra é usada em sentido mais geral. Diz Heidegger: "Chamamos de E. muitas coisas, em sentidos diferentes. E. é tudo aquilo de que falamos, aquilo a que, de um modo ou de outro, nos referimos; E. é também o que e como nós mesmos somos" (*Sein und Zeit*, § 2). Mas nesse sentido generalíssimo prefere-se hoje a palavra *entidade* (v.). [N.A.]

ENTELÉQUIA (gr. ἐντελέχεια; lat. *Entelechia*; in *Entelechy*; fr. *Entéléchie*; al. *Enteleckie*; it. *Entelechia*). Termo criado por Aristóteles para indicar o ato final ou perfeito, isto é, a realização acabada da potência (*Met.*, IX, 8, 1050 a 23). Nesse sentido Aristóteles definiu a alma como "a E. de um corpo orgânico" (*De an.*, II, 1, 412 a 27). O termo que Hermolau, o Bárbaro traduzia para o latim como *perfectihabia* (LEIBNIZ, *Théod.*, I, § 87) foi retomado por Leibniz para indicar as substâncias simples ou *mônadas* criadas, pois elas têm certa perfeição ou auto-suficiência que as torna origens das suas ações internas e, por assim dizer, "autômatos incorpóreos" (*Monad.*, § 18). Na filosofia contemporânea, esse termo foi retomado pelo biólogo Hans Driesch, que nele centrou o seu *vitalismo* (v.). Para Hans Driesch, a E. é o princípio da vida nos seres animados: fator espiritual, irredutível a agentes físico-químicos (*A alma como fator elementar da natureza*, 1903; *O vitalismo*, 1906). [N.A.]

ENTENDIMENTO. O mesmo que inteligência (v. INTELECTO, 2º, *c*).

ENTIDADE (lat. *Entitas*; in. *Entity*; fr. *Entité*; al. *Entität*; it. *Entità*). Objeto existente no sentido 1º da palavra existência, provido de um modo de ser especificamente definível. Esse termo foi introduzido por Duns Scot, que o utilizou para distinguir o modo de ser do indivíduo, que ele chama de *entitas positiva* (o mesmo que *haecceitas*), do modo de ser da natureza ou da espécie, que ele chama de *entitas quidditativa* (*Op. Ox.*, II, d. 3, q. 6). E. positiva seria, por exemplo, Sócrates; E. quiditativa, a espécie homem. Essa terminologia foi incorporada pela escola scotista, sendo comumente empregada nas discussões sobre individuação, no século XIV. Leibniz aludiu a essas discussões numa de suas primeiras obras, *De principio individui* (1663), na qual usa o termo com o mesmo objetivo.

Na lógica contemporânea esse termo é empregado para indicar todo objeto cujo *status* existencial possa ser definido, ou então, como também se diz, todo objeto a respeito do qual o uso lingüístico comporte um "compromisso ontológico". Carnap defendeu o uso desse termo, insistindo ao mesmo tempo no fato de que as E. de que se fala na lógica não são redutíveis a dados sensíveis, portanto não são entidades reais (*Meaning and Necessity*, A. 4). [N.A.]

ENTIMEMA (gr. ἐνθύμημα; lat. *Enthymema*; in. *Enthymeme*; fr. *Enthymème*; al. *Enthymem*; it. *Entimema*). Segundo Aristóteles, silogismo fundado em premissas prováveis ou em signos (*An. pr.*, 70 a 10); é o silogismo da retórica. O E. fundado em premissas prováveis nunca conclui necessariamente, pois as premissas prováveis valem *na maioria das vezes*, mas nem sempre. O E. fundado em signos às vezes conclui necessariamente. Assim, quando se diz que alguém está doente porque tem febre, ou que uma mulher deu à luz porque tem leite, cria-se um silogismo do qual simplesmente se omite a premissa maior, ou seja, que quem tem febre está doente, ou que toda mulher que deu à luz tem leite (*Ret.*, I, 1357 a, pp. 33 ss.). Quando o signo é uma prova segura, vale como termo médio de um silogismo demonstrativo do qual se omitiu uma premissa considerada já conhecida (*An. pr.*, 70 b 1 ss.). Este segundo significado de E. foi acolhido pela lógica medieval, que o considerou um "silogismo imperfeito", em que se deixa de expor uma premissa, como quando se diz "Todo animal corre, logo todo homem corre, omitindo a premissa 'todo homem é animal'" (PEDRO HISPANO, *Summ. log.*, 5.04; ABELARDO, *Dialectica*, edição de Rijk, p. 463). [N.A.]

ENTLASTUNG. V. ALÍVIO.

ENTREGA. V. GELASSENHEIT.

ENTROPIA (in. *Entropy;* fr. *Entropie;* al. *Entropie;* it. *Entropia*). A noção de E. está vinculada ao segundo princípio da termodinâmica, formulada por Sadi Carnot em 1824 e enunciada em termos matemáticos por Clausius (1850). Esse princípio afirma que o calor só passa do corpo mais quente para o corpo mais frio, e que em toda transformação de energia num sistema fechado ocorre a degradação da energia, ou seja, a perda da energia total disponível no sistema. Chama-se degradação a passagem de uma forma de energia para outra forma que não possa ser acompanhada pela transformação inversa completa. Assim, é sempre possível a transformação completa de energia mecânica em calor, mas a transformação inversa nunca é completa porque só uma parte do calor pode ser transformada em energia mecânica. O calor, portanto, é considerado uma forma inferior ou "degradada" de energia; por isso, o segundo princípio da termodinâmica é chamado de "princípio de degradação da energia". E. é a função matemática que exprime a degradação da energia que infalivelmente ocorre em toda transformação. O princípio da E. chamou sempre a atenção dos filósofos, porque estabeleceu, em nível científico, a *irreversibilidade* dos fenômenos naturais. De fato, para a mecânica clássica ou newtoniana, todos os fenômenos são reversíveis: para eles, o tempo pode transcorrer indiferentemente em uma ou outra direção, do passado para o futuro ou do futuro para o passado. O *t* das equações que exprimem o comportamento dos fenômenos mecânicos é uma variável contínua, que não tem sentido determinado. O princípio da E., ao contrário, estabelece um sentido para os fenômenos, qual seja, a sua irreversibilidade no tempo. Cientistas e filósofos do fim do século XIX algumas vezes se dedicaram à previsão da morte do universo pela degradação total da energia, ou seja, pelo alcance do máximo de E., ou a excogitar possíveis meios de salvar o universo dessa morte (cf., p. ex., S. ARRHENIUS, *L'évolution des mondes;* trad. fr., Seyrig, 1910). Outros deram uso mais filosófico à noção, entrevendo nela a estrutura fundamental do tempo, ou seja, a sua irreversibilidade. Reichenbach utilizou a E. para a determinação da direção do tempo. "A direção do tempo expressa-se para nós nas direções dos processos dados pelos sistemas parciais, que são numerosos no nosso ambiente. Todos esses processos vão na mesma direção, a direção da E. crescente. Esse fato está estreitamente ligado ao crescimento geral da E. do universo, e é através da reiteração desse fato nos sistemas parciais que o desenvolvimento da E. no universo nos indica a direção do tempo" (*The Direction of Time,* 1956, p. 131). Na verdade, a ciência hoje não parece autorizar a transposição dos sistemas fechados ou parciais, nos quais vale a E., para o sistema geral do universo. Assim, não é fácil dizer qual o valor das especulações filosóficas em torno dessa noção. Na teoria da *informação* (v.), a partir das obras de Shannon e Wiener, utilizou-se o conceito de E. para medir a falta de informação sobre os detalhes da natureza de um sistema. Como a E. é constituída pela equivalência entre as possibilidades de desenvolvimento de um sistema, a informação, ao eliminar algumas dessas possibilidades, é uma *E. negativa* (*neguentropia*). Estabelece-se, assim, a equivalência entre E. e falta de informação e entre informação e E. negativa. Mas, como, na transmissão de qualquer informação, tem-se uma perda de informação, admite-se que, assim como nos sistemas físicos, a E. tende a crescer também no campo da informação; por isso, a medida da informação pode ser definida pelo crescimento correspondente da E. negativa. [N.A.]

ENTUSIASMO (gr. ἐνθουσιασμός; in. *Enthusiasm;* fr. *Enthousiasme;* al. *Enthusiasmus;* it. *Entusiasmo*). Em sentido próprio, inspiração divina; donde o estado de exaltação que ela produz, com a certeza de possuir a verdade e o bem. A primeira crítica ao E. do ponto de vista da filosofia é de Platão, em *Ion*: este pretende demonstrar que a arte do rapsodo, assim como qualquer outra atividade que dependa exclusivamente de inspiração divina, não é realmente uma arte, porque não dá nada a conhecer (*Ion,* 538; cf. *Men.,* 99 c). Com o predomínio da concepção religiosa em filosofia, ou seja, com o Neoplatonismo, o juízo sobre o E. muda: para Plotino, é o meio de alcançar o estado final da visão perfeita, o êxtase (*Enn.,* VI, 9, 11, 13). Os neoplatônicos do Renascimento (Ficino e Pico della Mirandola) retomaram o conceito de E. no mesmo sentido. É um dos conceitos centrais da filosofia de G. Bruno, que concebeu a filosofia como religião da natureza, cujo instrumento principal é o E., que ele designava com vários nomes ("furor heróico", *raptus mentis, contractio mentis* etc.). A Bruno deve-se também a distinção entre E. intelectual ou natural e E. religioso: este é próprio daqueles que "por se terem feito habitação de deuses ou espíritos divinos, dizem e operam coisas maravilhosas sem que destas eles ou outros entendam a razão". Graças ao E. intelectual, ao contrário, ocorre que alguns homens, "por terem inato espírito lúcido e intelectual, por um estímulo interno e fervor natural, suscitado pelo amor à divindade, à justiça, à verdade, à glória, pelo fogo do desejo e pelo sopro da intenção, aguçam os sentidos, e no enxofre da faculdade cogitativa acendem o lume racional com que vêem mais que de ordinário; estes, ao fim, não falam nem operam como vasos e instrumentos, mas como artífices principais e eficientes" (*Degli eroici furori*, III). Mas esse E. natural e intelectual, como se vê, tem o mesmo caráter do outro: dá aos sentidos e ao pensamento um poder sobre-humano, elimina os limites em que o homem se acha "ordinariamente" encerrado e é assumido como justificação da infalibilidade ou da impecabilidade do homem. Quando, a partir da segunda metade do século XVII, com o empirismo e o iluminismo, esses limites são claramente reconhecidos, o E. também é reconhecido pelo que é: uma justificação do dogmatismo e da intolerância; é o que faz Locke, em famoso capítulo de *Ensaio* (IV, 19). O E., que não se funda nem na razão nem na revelação divina, não é senão uma presunção de infalibilidade: a luz a que os entusiastas fazem menção é "um *ignis fatuus* que os fará girar continuamente dentro desse círculo: é uma revelação, porque eles acreditam nisso firmemente; e acreditam firmemente porque é uma revelação" (*ibid.*, IV, 19, 10). Segundo Locke, esse círculo é tudo o que o E. consegue encontrar como apoio. Leibniz concordava com Locke aduzindo certo número de exemplos de E. fanático e observava: "As dissensões dessas pessoas entre si deveriam convencê-las de que seu pretenso *testemunho interno* não é absolutamente divino e que precisa de outros sinais para justificar-se" (*Nouv. ess.*, IV, 29, § 16). Mais tarde, Leibniz aderia às idéias expressas por Shaftesbury (*Recueil de diverses pièces sur la philosophie, la religion naturelle, l'histoire, les mathématiques* etc., de Leibniz, Clarke, Newton etc., Lausanne, 3.ª ed., 1759, II, pp. 311-34).

A *Carta sobre o E.* (1708) de Shaftesbury estabelece pela primeira vez a oposição entre E. e ironia, que foi um dos temas preferidos do iluminismo setecentista e é um dos temas do iluminismo de todos os tempos. Shaftesbury insistiu na capacidade libertadora do riso: "Estou seguro de que só existe um caminho para salvaguardar os homens e preservar o tino do mundo: a liberdade espiritual. Ora, o espírito nunca será livre se não houver ironia livre, porque contra as grandes extravagâncias e os humores biliosos outro remédio não há senão esse" (*A Letter Concerning Enthusiasm*, 2; trad. it., Garin, p. 44). A razão e o que nela se apóia nada têm a temer do ridículo, mas o ridículo é uma arma poderosa contra a aparência que não é substância, logo contra o saber ilusório e a virtude hipócrita. A obra de Voltaire inspirou-se nessa concepção fundamental. O próprio Voltaire afirmava que o E. "é sobretudo a herança da devoção mal-entendida" e só concedia aos poetas o "entusiasmo razoável" (*Dictionnaire philosophique*, art. Enthousiasme, 1765). As *Cartas persas* de Montesquieu são outra manifestação da mesma tendência. Em Kant a crítica do E. era crítica do fanatismo, e a luta contra o fanatismo era o objetivo fundamental de sua atividade filosófica (v. FANATISMO). Mas, por uma das não raras ironias da história, essa luta deveria prenunciar uma das maiores explosões de E. fanático conhecidas pela filosofia: o romantismo. Por isso, não é de surpreender a defesa do E. num dos manifestos do romantismo europeu, *De l'Allemagne*, de Madame de Staël (ed. de 1813, p. 603).

Na filosofia contemporânea, Jaspers definiu o E. de acordo com o conceito tradicional e apreciou-o positivamente. "Na atitude entusiástica", disse ele, "o homem se sente tocado em sua substância mais íntima, em sua essencialidade ou – o que dá no mesmo – sente-se arrebatado e comovido pela totalidade, pela substancialidade, pela essencialidade do mundo" (*Psychologie der Weltanschauungen*, I, C; trad. it., pp. 138 ss.). Contudo, Jaspers distinguiu o E. do fanatismo, no sentido de que, enquanto o entusiasta "se obstina em manter firmes suas idéias, mas tem vivacidade e vitalidade para aperceber-se do novo", o fanático "fica fechado em determinada fórmula ou numa idéia fixa" (*ibid.*, p. 162). [N.A.]

ENUMERAÇÃO (in. *Enumeration*; fr. *Énumération*; al. *Aufzählung*; it. *Enumerazione*). A quarta regra do método enunciada por Descartes na segunda parte do *Discurso*: "Fazer em tudo E. tão completas e revisões tão gerais que se esteja seguro de nada omitir." Assim expressa, essa regra refere-se mais à verificação dos resultados do procedimento racional do que à descoberta desses resultados. Tem maior alcance a regra correspondente (a VII) de *Regulae ad directionem ingenii*, em que a E. é identificada com a indução: "Essa E. ou indução é, portanto, a investigação de tudo o que se refere a dada questão, tão diligente e cuidadosa que a partir dela concluímos com certeza e evidência de que nada negligenciamos. [...] Por enumeração suficiente ou indução entendemos somente aquela da qual se conclui uma verdade com mais certeza do que com qualquer outro gênero de prova, salvo pela simples intuição." Com isso parece que Descartes faz referência ao procedimento que Bacon chamara de "E. simples", em que via uma forma imperfeita de indução. Com efeito, para Bacon, essa indução é "um expediente pueril, que leva a conclusões precárias, expõe ao perigo dos casos contrários e conclui como pode de um número menor de provas do que as necessárias". A essa indução Bacon contrapõe a verdadeira, que precede por eliminação e exclusão e é semelhante ao procedimento dairético de Platão (*Nov. Org.*, I, 105). A crítica da indução por E. simples foi depois repetida por Stuart Mill (*Logic*, III, 3, § 2). A E. simples, nesse sentido, parece ser a indução de que falava Aristóteles (v. INDUÇÃO). [N.A.]

ENUMERÁVEL (in. *Enumerable*; fr. *Énumerable*; al. *Aufählbar*; it. *Enumerabile*). Diz-se que um conjunto S de objetos é E. se existir uma função *computável* cujo co-domínio coincida com S – ou seja, se existir um procedimento que permita relacionar, um depois do outro, os elementos de S. O conjunto dos teoremas do cálculo predicativo da primeira ordem é E. mas não *decidível* (v. DECISÃO, 2). [M.M.]

ENUNCIADO (gr. ἀξίωμα; lat. *Enuntiatum*, *Enuntiatio*; in. *Sentence*; fr. *Enonce*; al. *Aussage*; it. *Enunciato*). 1. Expressão lingüística de sentido completo, que é verdadeira ou falsa. Nesse sentido, também se costuma falar de E. *indicativo* ou *declarativo*, ou de *asserção* (v.).

Conquanto corresponda ao *logos apophantikós* de Aristóteles (*De interpr.*, 4, 17 a 2), essa noção foi formulada claramente pelos estóicos, que definiram o E. (*axioma*) como aquilo que pode ser verdadeiro ou falso e o distinguiram da interrogação, do comando, do juramento, da apóstrofe e da expressão dubitativa (DIÓG. L. VII, 65-8). Nos gramáticos latinos ao termo estóico corresponde o termo *effatum* ou *proloquium* (AULO GÉLIO, *Noct. Att.*, XVI, 18, 2-8; APULEIO, *De interpr.*, p. 205), e Cícero preferiu *enunciatum* (*De fato*, I, 1). Na lógica medieval, esse termo foi usado alternadamente com *proposição*. Pedro Hispano diz que "proposição", "questão", "conclusão" e "enunciação" são termos substancialmente idênticos que só se distinguem porque a questão é aquilo de que se duvida, a conclusão é aquilo que se demonstra com um argumento, a proposição é aquilo que se põe na premissa e a enunciação é aquilo que se pronuncia sem condições (*absolute*) (*Summ. log.*, 5.06). Esta identificação continua na lógica posterior (cf., p. ex., JUNGIUS, *Logica hamburgensis*, 1638, II, I, 2).

Na lógica contemporânea esse termo é usado freqüentemente com o significado acima definindo (cf. CARNAP, *Introduction to Semantics*, § 37; CHURCH, *Introduction to Mathematical Logic*, § 04). Na lógica, E. não equivale à simples emissão de voz (*utterance*), mas a uma fórmula ou esquema repetível, uma norma aproximável. QUINE considera-o uma *seqüência* (em sentido matemático) dos seus sucessivos caracteres ou fonemas (*Word and Object*, § 40). Quando, conforme ocorre com freqüência, se distingue E. de proposição, diz-se que o E. é verdadeiro quando exprime uma proposição verdadeira (KNEALE E KNEALE, *The Development of Logic*, 1962, p. 53). Sobre a relação entre E. e proposição, v. PROPOSIÇÃO.

2. Qualquer expressão lingüística de sentido completo. Nesse sentido, mais estritamente gramatical, o termo indica não só a expressão declarativa (asserção ou proposição), como também as dúvidas, os comandos, as exortações, as apóstrofes etc., frases que não podem ser declaradas verdadeiras ou falsas.

3. Mais raramente, quaisquer expressões lingüísticas, também de sentido não completo; por exemplo, uma palavra isolada como "vermelho" ou "quadrado". QUINE também considera E. uma interjeição como "ai" (*Word and Object*, 1960, § 3). [N.A.]

ENVOLVER (lat. *Involvere*; in. *involu*; al. *Involvieren*; it. *Involgere*). Implicar, conter. Espinosa dizia, com referência à Causa Primeira, que "sua essência envolve a existência" (*Et.*, I, Def. 1). Esse termo corresponde ao inglês *to entail*, usado para indicar a implicação estrita ou forma. V. IMPLICAÇÃO. [N.A.]

ÉONS (gr. αἰῶνες; it. *Eoni*). Termo empregado pelos gnósticos (séc. II), especialmente por Valentino, para designar Deus e os seres "eternos" que dele emanam (CLEMENTE, *Strom.*, IV, 13.89). [N.A.]

EPAGÓGICO (gr. ἐπαγωγικός; in. *Epagogic*; fr. *Épagogique*; al. *Epagogik*; it. *Epagogico*). Indutivo (v. INDUÇÃO). [N.A.]

EPICURISMO (in. *Epicureanism*; fr. *Épicuréisme*; al. *Epikureismus*; it. *Epicureismo*). Escola filosófica fundada por Epicuro de Samos no ano 306 a.C. em Atenas. Suas características, que têm em comum com as demais correntes filosóficas do período alexandrino a preocupação de subordinar a investigação filosófica à exigência de garantir a tranqüilidade do espírito ao homem, são as seguintes: 1º *sensacionismo*, princípio segundo o qual a sensação é o critério da verdade e do bem (este último identificado, portanto, com o prazer); 2º *atomismo*, com que Epicuro explicava a formação e a transformação das coisas por meio da união e da separação dos átomos, e o nascimento das sensações como ação dos estratos de átomos provenientes das coisas sobre os átomos da alma; 3º *semiateísmo*, pelo qual Epicuro acreditava na existência dos deuses, que, no entanto, não desempenham papel nenhum na formação e no governo do mundo. [N.A.]

EPIFENÔMENO (in. *Epiphenomenon*; fr. *Épiphénomène*; al. *Epiphänomenon*; it. *Epifenomeno*). Em alguns positivistas ingleses do século XIX (Huxley, Clifford etc.), essa palavra designou a consciência, considerada fenômeno secundário ou acessório que acompanha os fenômenos corpóreos, mas é incapaz de reagir sobre eles (V. MATERIALISMO). [N.A.]

EPIGÊNESE (in. *Epigenesis*; fr. *Épigénèse*; al. *Epigenese*; it. *Epigenesi*). Com esse nome Kaspar Friedrich Wolff designou sua teoria sobre a geração dos organismos animais, segundo a qual os órgãos de um ser vivo não estão pré-formados no óvulo ou no embrião, mas se originam *ex novo* de uma matéria indiferenciada (*Teoria da geração*, 1759). Essa teoria, que Wolff baseava em observação microscópica dos órgãos das plantas e do embrião do pintainho, foi um golpe rude na teoria da *pré-formação,* que tinha sido defendida no mesmo século por Malpighi e Bonnet. Kant observava, a propósito dessa teoria, que ela tem a vantagem de atribuir à natureza uma ação própria que difere do simples desenvolvimento; desse modo, "lançando mão o menos possível do sobrenatural, deixa por conta da natureza tudo o que se segue ao primeiro começo" (*Crít. do Juízo*, § 81). Kant deu à sua própria doutrina o nome de "E. da razão pura", ao admitir que as categorias do intelecto são o fundamento da possibilidade de experiência, ao contrário da doutrina tradicional, segundo a qual é a experiência que possibilita as categorias (*Crít. R. Pura*, § 27) (v. PRÉ-FORMAÇÃO).

EPIQUÉIA. V. EQÜIDADE.

EPIQUIREMA (gr. ἐπιχείρημα; lat. *Epichirema*; in. *Epicheirema*; fr. *Épichérème*; al. *Epicheirem*; it. *Epicherema*). Esse termo, que significa empresa ou "tentativa", foi definido por Aristóteles como "raciocínio dialético" (*Top.*, VIII, 11, 162 a 16) (v. DIALÉTICA). Na realidade, esse termo também é usado por Aristóteles para indicar o artifício que consiste em esconder ou expor só imperfeitamente algumas premissas da argumentação. Por isso, na Lógica moderna, o termo *E.* passou a indicar um *prossilogismo* (v.) cujas premissas são expressas de forma incompleta. [G.P.]

EPISSILOGISMO (in. *Episyllogism*; fr. *Épisyllogism*; al. *Episyllogismus*; it. *Episillogismo*). Silogismo que assume como uma das suas premissas a conclusão de outro silogismo. Este último será então chamado de *prossilogismo* (v.). Kant usou a expressão *per episyllogismos* para indicar, numa cadeia polissilogística, o sentido em direção ao condicionado, e a expressão *per prosyllogismos* para indicar o sentido em direção às condições. As duas expressões são usadas na dialética transcendental para esclarecer o procedimento mediante o qual a razão chega às idéias transcendentais, obtidas com o procedimento *per prosyllogismos*, quando se considera como dada e completa a série de condições, ou seja, a totalidade das premissas (*Crít. R. Pura*, Dialética, 1, seç. 2) (v. POLISSILOGISMO). [N.A.]

EPISTEME (it. *Episteme*). 1. Termo grego (ἐπιστήμη) usado por alguns estudiosos (p. ex., por Popper) para indicar um tipo de saber que, diferentemente da opinião (*doxa*), é certo, estável e fundamentado, ou seja, dotado de garantias incontroversas de validade. Defendido pela filosofia clássica e por grande parte do pensamento filosófico-científico moderno, o ideal epistêmico do saber (v. CIÊNCIA) foi posto em dúvida pelas várias formas de falibilismo (v.) e antifundacionalismo do século XX (v. FUNDACIONALISMO).

2. Termo adotado por Foucault em *Les mots et les choses* (1966) para aludir ao conjunto de grades conceituais, inconscientes e anônimas, que constituem a base dos conhecimentos (e das práticas) de certa época, cujo fundo comum constituem. As E., diferentemente das categorias de Kant e das formas invariantes do espírito humano de Lévi-Strauss, são "*a priori* históricas", ou seja, condições que duram apenas um período limitado de tempo. A passagem de uma E. para outra ocorre através de uma série de "descontinuidades enigmáticas", ou seja, de rupturas radicais e inexplicáveis, que agem de tal modo que "de repente as coisas deixam de ser percebidas, descritas, enunciadas, caracterizadas, classificadas e sabidas do mesmo modo" (trad. it., Rizzoli, Milão, 1967, p. 235). Donde sua semelhança com os "paradigmas" (v.) de Kuhn, mantida a diferença, que consiste sobretudo no fato de que estes últimos "não são por definição ignorados pelo cientista, como as E. de Foucault" (L.G. Merquior). Ao caráter contingente das relações interepistêmicas corresponde o caráter necessário das relações subepistêmicas, ou seja, entre E. geral e saberes particulares de uma época. De fato, "numa cultura e num momento preciso, não existe apenas uma E. que defina as condições de possibilidade de todo saber, seja o que se manifesta numa teoria, seja o que é silenciosamente investido numa prática" (*ibid.*, p. 185). As três unidades epocais que Foucault toma em consideração, definindo o modo como a cada uma delas subjaz determinada semiologia, ou seja, determinado modo de entender a relação palavras-coisas, são a "renascentista", a "clássica" e a "moderna". Ele insiste sobretudo nesta última. Pois é exatamente em seu âmbito que encontramos o evento decisivo do "nascimento" e da "morte" do homem (v. ANTI-HUMANISMO). [G.F.]

EPISTÊMICO (in. *Epistemic*; fr. *Épistémique*; al. *Epistemisch*; it. *Epistemico*). Adjetivo usado em vários sentidos.

1º O que se refere a *episteme* (v.), em uma das duas acepções indicadas. No primeiro sentido fala-se, por exemplo, de "concepção E. da ciência". No segundo, de "morte E. do homem".

2º O que concerne a conhecimento ou a justificação das crenças. Como quando se fala de "contexto E.", "justificação E.", "lógica E." etc.

3º O que *depende* do conhecimento. Como quando se discorre sobre a "concepção E. da verdade" ou sobre a "concepção E. do realismo", ou seja, de doutrinas que se recusam a considerar a verdade e o mundo independentemente do nosso possível conhecimento deles. [G.F.]

EPISTEMOLOGIA (in. *Epistemology*; fr. *Épistémologie*; al. *Epistemologie*; it. *Epistemologia*). Termo de origem grega que apresenta duas acepções de fundo. Num primeiro sentido (como o inglês *Epistemology*), é sinônimo de gnosiologia ou de teoria do conhecimento.

Num segundo sentido, é sinônimo de filosofia da ciência. Os dois significados estão estreitamente interligados, pois o problema do conhecimento, na filosofia moderna e contemporânea, entrelaça-se (e às vezes se confunde) com o da ciência (v. CONHECIMENTO, TEORIA DO; CIÊNCIA, FILOSOFIA DA). [G.F.]

EPISTEMOLOGIA EVOLUCIONISTA (in. *Evolutionary epistemology*; fr. *Epistémologie évolutionniste*; al. *Evolutionistische Epistemologie*; it. *Epistemologia evolucionistica*). Essa expressão indica o ramo da teoria gnosiológica que interpreta o crescimento do conhecimento (científico ou não) como algo similar à evolução biológica, ou seja, com base na lei darwiniana da seleção natural; teve origem no evolucionismo filosófico americano da segunda metade do século XIX. A E. evolucionista pode distinguir-se, conforme se interprete a analogia com a biologia em sentido 1) *literal* ou 2) *metafórico* (ou, como diz Popper, *homólogo).* 1) No primeiro caso, a posição de Darwin foi assumida como modelo efetivo do crescimento do conhecimento por Bradie (*Assessing Evolutionary Epistemology,* 1986) e Ruse (*Taking Darwin Seriously,* 1986). O conhecimento é aqui interpretado como conseqüência da própria evolução biológica e das mudanças ambientais, não no sentido de a cultura ser mero epifenômeno da organização biológica do homem, algo de biologicamente congênito nos indivíduos (ou todos deveríamos nascer mais ou menos com as mesmas idéias assim como nascemos com aparência física análoga), mas no sentido de que ela só pode derivar da base biológica. 2) Segundo essa abordagem (uma de cujas primeiras formulações é detectável em T. H. Huxley), o conhecimento é governado por regras próprias que são o análogo das regras da biologia. Segundo Campbell (*Evolutionary Epistemology,* 1974) e Popper, que não começa a reformular a sua metodologia em termos evolucionistas antes dos anos 1960, o análogo da seleção natural é, no campo do conhecimento, o método por tentativa e erro. Neste caso não basta que a teoria darwiniana seja efetivamente verdadeira, pois não fornece o fundamento concreto da E. evolucionista, mas apenas um modelo conceitual. Há enfim outras versões que procuram combinar as duas anteriores.

As teses fundamentais da E. evolucionista são: *a*) as conquistas cognitivas são sempre formuladas de forma hipotética (são proposições sintéticas) e não têm nenhuma garantia no momento de sua descoberta, ou seja, as mutações epistemológicas, no momento em que ocorrem, são cegas, não induzidas nem instruídas pelo ambiente (o que foi contestado por muitos, inclusive por Toulmin, que também produziu uma formulação própria de E. evolucionista); isso não significa, porém, que sejam casuais: Campbell adverte explicitamente que a variação social é cega apenas por não ser consciente. *b*) A sucessão cronológica das teorias científicas ocorre por uma espécie de eliminação seletiva: o pesquisador deverá manter uma aptidão seletiva análoga, ou seja, estar pronto para a falsificação empírica de sua teoria. Ambas as abordagens mostram propensão ao realismo metafísico porque, mesmo não crendo num decurso teleológico do desenvolvimento biológico, estão dispostas a reconhecer certa noção de progresso (v. PROGRESSO CIENTÍFICO) no âmbito do conhecimento. Diante disso se objetou em primeiro lugar que essa noção parece ser válida apenas "no sentido de uma adaptação de pequeno porte ao ambiente" (Ackermann), enquanto a longo prazo, na falta de uma diretriz superior, como a divina, não se pode estabelecer uma direção unívoca do desenvolvimento; em segundo lugar, que este entendimento do evolucionismo como correlato da verdade das teorias não parece legítimo, pois adequação não é sinônimo de verdade, nem estamos certos de que os nossos sistemas cognitivos têm como fim precisamente a verdade (Plantiga). [M.S.]

EPISTEMOLOGIA GENÉTICA (in. *Genetic epistemology*; fr. *Épistémologie génétique*; al. *Genetische Epistemologie, Erkenntnistheorie*; it. *Epistemologia genetica*). Método de estudo do conhecimento elaborado por J. Piaget a partir dos anos 1950 (a fundação do Centro de E. genética em Genebra remonta a 1955). O problema específico da E. genética – que não se apresenta nem como uma forma de apriorismo, pois reconhece tanto a influência das circunstâncias externas quanto o caráter de elaboração contínua das nossas noções, nem como uma forma de empirismo, pois admite que os objetos, sendo conhecidos, também são ativamente plasmados por nossa mente – é o "do acréscimo dos conhecimentos, portanto da passagem por um conhecimento menos bom ou mais pobre a um saber mais rico" (*L'epistemologia genetica,* 1970, trad. it., Laterza, Bari, 1983[3], p. 7). Tal estudo parte da "hipótese" de paralelismo entre o organização lógica do conhecimento e os correspondentes processos psicológicos e implica uma fecunda interação entre lógica, história e psicologia. Essa estrutura compósita da E. genética emerge de modo explícito da caracterização global que dela fez o próprio Piaget: "Pesquisa essencialmente interdisciplinar que se propõe estudar o significado do conhecimento, das estruturas operacionais ou das noções, recorrendo por um lado à sua história e ao seu funcionamento real numa ciência determinada (e estas informações são dadas por especialistas dessa ciência e da sua E.), por outro lado ao seu aspecto lógico (dados fornecidos por lógicos), e finalmente à sua formação psicogenética ou às suas relações com as estruturas mentais (este último aspecto é examinado experimentalmente por psicólogos profissionais também interessados por E.). Assim concebida, a E. já não é tarefa apenas da reflexão, mas, propondo-se acolher o conhecimento em seu desenvolvimento (visto que a própria formação também é um mecanismo de desenvolvimento, que nunca comporta um início absoluto) e supondo que esse desenvolvimento sempre depende simultaneamente de questões de fatos e de normas, ela se esforça por conciliar as únicas técnicas que têm condições de decidir sobre tais questões: a lógica [...], a história das idéias e a psicologia do desenvolvimento destas" (*Saggezza e illusioni della filosofia,* 1965, trad. it., Einaudi, Turim, 1969, p. 89). Juntamente com a *psicogênese,* a E. genética implica a *biogênese,* ou seja, a identificação dos mecanismos pressupostos na psicogênese mas não derivantes da experiência nem de uma rígida base filosófica (inatismo), mas sim de processos estruturais de *auto-regulação* (v. ESTRUTRURA). [G.F.]

EPISTEMOLOGIA NATURALIZADA (in. *Naturalized Epistemology*; fr. *Épistémologie naturalisée*; al. *Naturalisierte Erkenntnistheorie*; it. *Epistemologia naturalizzata*). Essa expressão, devida a Quine (*Ontological Relativity and Other Essays,* 1969), indica a intenção de considerar o sujeito humano como ser natural, reduzindo a teoria do conhecimento a "capítulo da psicologia e por isso da ciência natural", e de instituir portanto um elo estreito entre a teorização epistemológica e a científica. Quine parte da convicção de que as epistemologias fundacionalistas falharam em sua tentativa de legitimar filosoficamente a ciência: elas, em sendo *prescritivas,* partem da postulação do método científico ideal e prevêem que só depois de sua formulação a ciência efetiva pode desenvolver-se em relação àquele modelo teórico prévio; típico nesse sentido é o discurso sobre o método de Descartes, que prepara para a atuação do conhecimento propriamente dito. Para Quine, ao contrário, a epistemologia não é *externa* e *antecedente* à ciência, mas é simplesmente um setor da ciência natural que estuda a relação entre seres humanos e ambiente, sobretudo com respeito ao problema de como os homens chegam às suas crenças com base nos estímulos sensíveis (seu único contato com o mundo externo, fonte única das suas crenças). Essa abordagem resolve o problema do ceticismo, pois será possível recorrer sem circularidade à conceitualidade científica para explicar seu sucesso e poderão ser descartadas as dúvidas sobre a correspondência entre pensamento e realidade justamente indicando os sucessos da ciência.

A partir do momento em que a E. naturalizada nega a clássica distinção entre origem subjetiva e validade objetiva do conhecimento, não deveria ter alcance normativo, mas apenas descritivo; esta conclusão aparentemente implícita foi, porém, rejeitada por Quine: "A naturalização da epistemologia não joga fora o normativo e não determina a indiscriminada descrição dos procedimentos correntes" (*Reply to Morton White,* 1986, p. 664). No entanto, o próprio Quine explicita que o normativo é questão apenas da eficácia, e que ele se transforma em descritivo assim que se realiza: a idéia darwiniana de adaptação ao ambiente é o modelo para o sucesso das teorias científicas. Assim se desenvolveram inúmeros e díspares programas de E. naturalizada, que confiam na correspondência entre o ser e o dever-ser do conhecimento, seja essa correspondência plena (CAMPBELL, *Evolutionary Epistemology,* 1966; SOBER, *Psycologism,* 1978) ou parcial (GOLDMAN, *Epistemology and Cognition,* 1986; RESCHER, *A Useful Inheritance,* 1990), que tendem a abreviar as distâncias entre epistemologia e psicologia (HARMAN, *Change in View,* 1986; STICH, *The Fragmentation of Reason,* 1990), ou, enfim, que reduzem o conhecimento a informação transmitida por instrumentos físicos (DRETSKE, *Knowledge and the Flow of Information,* 1981). As formas de naturalismo desenvolveram-se, portanto, em várias direções, sobretudo no sentido de se inspirarem em ciências diferentes da psicologia, referência privilegiada de Quine, como a biologia, as neurociências, as ciências cognitivas, a história, a sociologia, a economia, a etologia, e em suas várias e divergentes versões. [M.S.]

EPISTEMOLOGIA PÓS-POSITIVISTA (in. *Post-positivistic Philosophy of Science*; fr. *Épistémologie post-positiviste*; al. *Postipositivistische Wissenschaftstheorie*; it. *Epistemologia postpositivistica*). Expressão com que se indica a corrente de filosofia da ciência que se afastou radicalmente da concepção neopositivista e popperiana de ciência. Entre as características marcantes de tal E. – representada de forma emblemática (ainda que não exclusiva) por Kuhn, Lakatos e Feyerabend – encontramos: 1) consciência do caráter humano e histórico-temporal da ciência; 2) atenção aos aspectos concretos (e não simplesmente lógico-abstratos) do saber científico e 3) idéia segundo a qual a filosofia da ciência, sem a história da ciência, é "vazia"; 4) tendência a enraizar as teorias nas estruturas conceituais mais amplas, que são os "paradigmas" (v.) ou os "programas de pesquisa" (v.); 5) mentalidade holística e rejeição às dicotomias entre ciência e metafísica, contexto de justificação e contexto de descoberta, linguagem teórica e linguagem observacional (v.) etc.; 6) negação de um suposto "método" (fixo) do saber e de qualquer "demarcação" (rígida) entre a ciência e as outras atividades humanas; 7) interpretação "forte" do caráter teórico (*theory ladeness*) e da exclusão de uma base empírica neutra capaz de funcionar como critério de "verificabilidade" ou "falsificabilidade" das teorias; 8) propensão a considerar as teorias não em termos de "verdade", mas de "consenso"; 9) tendência a insistir na "incomensurabilidade" (v.) dos paradigmas; 10) rejeição à tradicional idéia de progresso científico (v.), seja na forma positivista de acúmulo de certezas, seja na forma popperiana de aproximação gradual da verdade.

Alguns estudiosos, considerando equívoca a expressão E. *pós-positivista* (que pressupõe um uso generalizado do termo "positivismo", que tem valores historicamente mais circunscritos), preferem falar de E. *pós-neopositivista.* Na realidade, mesmo a E. de Popper é, a seu modo, pós-neopositivista, enquanto a E. pós-positivista pretende ser, além de pós-neopositivista, também pós-popperiana. Como sinônimo de E. pós-positivista (expressão que já entrou para o uso filosófico internacional) usa-se na maioria das vezes E. pós-empirista (v.). [G.F.]

EPISTEMOLÓGICA, RUPTURA (fr. *Rupture/coupure épistémologique*; it. *Rottura epistemologica*). Expressão introduzida por Bachelard para evidenciar que a história da ciência não avança de modo "continuísta", ou seja, de maneira unilinear e cumulativa, mas segundo saltos e fraturas, através de verdadeiras "revoluções" teóricas, que anulam ou retificam radicalmente (pensemos em Galileu, Darwin, Einstein etc.) os quadros conceituais precedentes. O conceito de *rupture* E. foi retomado por Althusser (que fala de *coupure,* ou seja, de corte ou cesura E.) para designar "o fato histórico-teórico do nascimento de uma ciência, incluindo-se aí, apesar de toda a sua singularidade, a ciência revolucionária marxista" (*Elementi de autocritica,* 1974, trad. it., Feltrinelli, Milão, 1975, p. 17). Althusser deu duas interpretações da *coupure.* A primeira, a propósito da qual fala, de forma autocrítica, de "erro teoricista", define a ruptura "nos termos racionalistas da ciência e da não-ciência" (*ibid.*, p. 18), ou seja, "na forma de oposição especulativa entre a ciência e a ideologia em geral" (*ibid.*, p. 7). A segunda, em vez de conceber a *coupure* como "luz por si mesma", explica-a de modo marxista através do concurso das condições materiais, técnicas, sociais, políticas e ideológicas que a governam (*ibid.*, p. 41). [G.F.]

EPISTEMOLÓGICO, OBSTÁCULO (fr. *Obstacle épistémologique*; it. *Ostacolo epistemologico*). Expressão introduzida por Bachelard para designar o conjunto de crenças (populares, filosóficas, científicas etc.) que bloqueiam o caminho do saber, obstando à exploração de novos continentes científicos: "Quando buscamos as condições psicológicas dos progressos da ciência, logo nos convencemos de que é *em termos de obstáculos que se deve formular o problema do conhecimento científico.* E não se trata de considerar obstáculos externos, como a complexidade e a fugacidade dos fenômenos, ou mesmo de culpar a fraqueza dos sentidos e do espírito humano, porque é no próprio ato de conhecer que, por uma espécie de necessidade funcional, aparecem lentidões e confusões. É aí que mostraremos algumas causas de estagnação e até de regresso da ciência; aí revelaremos as causas de sua inércia; e daremos a todas essas causas o nome de obstáculos epistemológicos" (*La filosofia del non,* 1940, trad. it., Cortina, Milão, 1995, 1, I, p. 11). [G.F.]

ÉPOCA (gr. ἐποχή; in. *Epoch*; fr. *Époque*; al. *Epoche*; it. *Epoca*). Em relação com o antigo significado astronômico de É. como ponto do tempo em relação ao qual são definidas as posições dos astros e contados seus movimentos (cf. PTOLOMEU, *Alm.*, III, 9), essa palavra às vezes é usada para indicar um acontecimento de especial importância, que estabelece ou permite reconhecer o caráter de um período histórico. Nesse sentido, diz-se que certo acontecimento "faz É.". Essa palavra passa a significar o período histórico caracterizado pelo acontecimento. Essa noção distingue-se de *idade* (v.) porque, enquanto esta última é o conceito de uma lei de sucessão dos períodos históricos, a É. é o conceito do caráter central e determinante de certo acontecimento histórico. Nesse sentido, no início do século XIX, Saint-Simon distinguia as É. "críticas" e as "orgânicas" (v. CRISE). Hegel falava das É. da história do mundo como de vários *graus* (*Stufen*) do desenvolvimento unitário dessa história, distinguindo a É. caracterizada pela unidade do espírito com a natureza, que é o mundo oriental, a É. caracterizada pela separação dos dois termos, que se realizou no mundo grego como ideal de liberdade individual e no mundo romano como subordinação do indivíduo ao Estado, e É. germânica, que se realizou no mundo cristão, na qual "o espírito divino veio ao mundo e assumiu seu lugar no indivíduo, que agora está completamente livre, tendo em si a liberdade substancial" (*Philosophie der Geschichte*, ed. Lasson, pp. 136-7).

Mas foi Dilthey quem introduziu a noção de É. na metodologia historiográfica. Segundo ele, É. é uma estrutura que tem centro em si mesma e por isso interliga num todo único todas as suas manifestações. Cada pessoa que nela vive tem em comum a medida das suas ações, de seus sentimentos e sua compreensão. A tarefa da análise histórica é rastrear a coincidência de objetivos, valores e modos de pensar que constituem É., pois é só em relação com a estrutura total da É. que se pode calcular a importância da contribuição de um indivíduo (*Der Aufbau der geschichtlichen Welt*, em *Gesammelte Schriften*, VII, p. 155). Adotando esses conceitos, Spengler acrescentava o caráter de necessidade: "Um acontecimento faz É. quando marca uma virada necessária, uma guinada do destino no desenvolvimento de uma cultura. Um acontecimento fortuito, que é a imagem cristalizada da superfície histórica, poderia ser representado por outros casos correspondentes; a É. é necessária e predeterminada" (*Der Untergang des Abendlandes*, I, 2, 17). A esse uso está ligado o significado que Heidegger dá a esse termo: "Toda É. da história universal é uma É. do ser. A essência epocal do Ser entra no caráter temporal íntimo e oculto do Ser e caracteriza a essência do tempo pensada no Ser" (*Holzwege*, p. 311; cf. Chiodi, *L'ultimo Heidegger*, 1952, p. 29; ID., *L'esistenzialismo di Heidegger*, 2ª ed., 1955, pp. 191-2): Jaspers fala de uma *É. axial*, que corresponderia à idade histórica que vai do século VIII ao século II a.C., na qual ocorreram alguns acontecimentos de relevo na história do mundo (período clássico da Grécia; Confúcio e Lao-Tse na China; *Upanishad* e Buda na Índia; Zaratustra na Pérsia; os profetas na Palestina etc.). A novidade dessa É. é que nela "o homem tomou consciência do ser em geral, de si mesmo e dos seus limites; tomou consciência de que o mundo é temível, de sua própria fraqueza. Fez perguntas fundamentais, partiu do abismo para a libertação e para a redenção" (*Einführung* in *die Philosophie*, 1950, cap. IX; trad. it., p. 154). [N.A.]

EPOCHÉ (gr. ἐποχή). Suspensão do juízo, que caracteriza a atitude dos céticos antigos, particularmente de Pírron; consiste em não aceitar nem refutar, em não afirmar nem negar. O contrário dessa atitude é o *dogmatismo*, em que se dá assentimento a alguma coisa obscura, que constitui objeto de pesquisa científica (SEXTO EMPÍRICO, *Pirr. hyp.*, I, 10, 13). Segundo o ceticismo, essa atitude era a única possível para se atingir a imperturbabilidade. Com efeito, "quem duvida de que algo seja bom ou mau por natureza não evita nem persegue coisa alguma com desejo: por isso, é imperturbável" (*ibid.*, I, 28). Na filosofia contemporânea, com Husserl e a filosofia fenomenológica em geral, a E. tem finalidade diferente: *a contemplação desinteressada*, ou seja, uma atitude desvinculada de qualquer interesse natural ou psicológico na existência das coisas do mundo ou do próprio mundo na sua totalidade. Com a E., diz Husserl, "pomos fora de ação a tese geral própria da atitude natural e colocamos entre parênteses tudo o que ela compreende; com isso, a totalidade do mundo natural que está sempre 'aqui para nós', 'ao alcance da mão' e que continuará a permanecer como 'realidade' para a consciência, ainda que nos agrade colocá-la entre parênteses. Ao fazê-lo, como é de minha plena liberdade fazer, não nego o mundo, como se fosse um sofista, não ponho em dúvida o seu existir, como se fosse um cético, mas exerço a E. fenomenológica, que me veta absolutamente qualquer juízo sobre o existente espácio-temporal" (*Ideen*, I, § 32). A E. fenomenológica distingue nitidamente a filosofia de todas as outras ciências que estão interessadas na existência do mundo e dos objetos nele compreendidos; por isso, faz do filosofar uma atitude puramente *contemplativa*, à qual pode revelar-se, em sua genuinidade, a própria essência das coisas (*ibid.*, § 90; *Cart. Med.*, § 8). Husserl vale-se da E. em vários níveis da sua investigação: para efetuar a redução da experiência à "esfera de propriedade" que pertence ao meu eu e da qual é eliminada qualquer remissão às outras subjetividades (*Cart. Med.*, § 44); para atingir o chamado "mundo da vida" com a suspensão da validade de todas as ciências objetivas (*Krisis*, § 35); para alcançar "o eu constitutivamente operante na intersubjetividade" (*ibid.*, § 50); enfim, para alcançar "o *ego* absoluto, o *ego* como centro funcional último de qualquer constituição" (*ibid.*, § 55). Com este último ato ruma-se para o ponto final da E., pois com o ego absoluto se está "na esfera da evidência apodítica" (*ibid.*, § 55). [N.A.]

Com o termo E. Heidegger entende o ausentar-se do ser por ocasião do evento do ente, ou seja, o "auto-ocultamento da luz do ser" em virtude do qual este último, enquanto unidade articulada de revelação e ocultamento, se subtrai a si mesmo ao mesmo tempo que se descobre no ente. "Esse iluminante manter-se em si com a verdade da própria essência pode ser chamado de ἐποχή do ser. Este termo, de origem estóica, não significa aqui, como em Husserl, o método de suspensão do ato tético da consciência na objetivação. A 'época' do ser pertence ao ser mesmo. Ela é pensada a partir do esquecimento do ser" (*Sentieri interrotti*, 1950, trad. it., La Nuova Italia, Florença, 1968, 1984, p.

314). Da E. do ser, que para "deixar-ser" a verdade do ente, deve retirar-se e suspender-se, deriva o caráter epocalmente auto-revelador do ser, ou seja, a natureza histórica do seu destino. De fato, adverte Heidegger, há "história", ou seja, há "épocas", uma vez que a E. é parte integrante do próprio ser (v. DESTINO; ÉPOCA; SER). [G.F.]

EQUAÇÃO LÓGICA (in. *Logical equation;* fr. *Équation logique;* al. *Logische Gleichung;* it. *Equazione logica*). Na *Algebra da lógica* (v.) designa-se com esse termo uma fórmula que contém o sinal "=", à esquerda do qual se situam letras (termos) ligadas por operações lógicas, à direita o símbolo "0" ou então "1". A solução consiste em eliminar incógnitas, segundo técnicas elaboradas por vários algebristas lógicos. [G.P.]

EQÜIDADE (gr. ἐπιείκεια; lat. *Aequitas;* in. *Equity;* fr. *Équité;* al. *Billigkeit;* it. *Equità*). Apelo à justiça com o objetivo de corrigir a lei em que a justiça se expressa. Esse é o conceito clássico de E., esclarecido por Aristóteles e reconhecido pelos juristas romanos. Diz Aristóteles: "A própria natureza da E. é a retificação da lei no que esta se revele insuficiente pelo seu caráter universal" (*Et. nic.*, V, 14, 1137 b 26). A lei tem necessariamente caráter geral; por isso às vezes sua aplicação é imperfeita ou difícil, em certos casos. Nesses casos, a E. intervém para julgar, não com base na lei, mas com base na justiça que a própria lei deve realizar. Portanto, nota Aristóteles, o justo e o eqüitativo são a mesma coisa; o eqüitativo é superior, não ao justo em si, mas ao justo formulado em uma lei que, em virtude da sua universalidade, está sujeita ao erro. Fundamentando-se em conceito análogo, Kant considerava, porém, que a E. não se presta a uma autêntica reivindicação jurídica e que, portanto, não cabe aos tribunais, mas ao tribunal da consciência (*Met. der Sitten*, Ap. à Intr., 1). [N.A.]

No léxico atual fala-se de E. sobretudo com referência ao neocontratualismo de Rawls, que usa o termo *fairness* para definir a essência da justiça (v.) [G.F.]

EQÜIPOLÊNCIA (gr. ἰσοδυναμία; lat. *Aequipollentia;* in. *Equipollence;* fr. *Équipollence;* al. *Aequipollenz;* it. *Equipollenza*). Relação entre enunciados diversos que têm o mesmo valor de verdade. A doutrina da E. foi exposta pela primeira vez por Galeno na obra *Sobre as Proposições Eqüipolentes*, retomada em latim por Apuleio (no seu comentário a *De interpretatione*), do qual passou à lógica medieval (cf. PEDRO HISPANO, *Summ. log.*, 1.24-1.27). Jungius distinguia a E. *gramatical*, que existe entre frases de igual significado, embora compostas de palavras diferentes, da E. *lógica*, que ocorre entre enunciados simultaneamente verdadeiros ou falsos que correspondam ao mesmo objeto não mental: como no caso dos dois enunciados: "Alguns homens não são amantes da sabedoria" e "É falso que todos os homens sejam amantes da sabedoria" (*Log.*, II, 10, 2-3).

No lógica contemporânea a E. (que se chama também equivalência) é simbolizada pelo signo ≡ e definida, de acordo com a tradição, como coincidência de dois enunciados em seu valor de verdade (W. V. O. QUINE, *Methods of Logic;* § 9; CARNAP, *Meaning and Necessity*, 3). [N.A.]

EQÜIPROBABILISMO. V. INDIFERENÇA, PRINCÍPIO DE.

EQUIVALÊNCIA (in. *Equivalency;* fr. *Équivalence;* al. *Aequivalenz;* it. *Equivalenza*). 1. Relação entre dois objetos que tenham o mesmo valor: por exemplo, entre duas figuras planas que tenham a mesma área ou duas figuras sólidas que tenham o mesmo volume.

2. O mesmo que *eqüipolência* (v.). [N.A.]

EQUIVOCAÇÃO (in. *Equivocation;* fr. *Équivocation;* al. *Aequivokation;* it. *Equivocazione*). No latim medieval, usava-se *aequivocatio* para traduzir a ὁμωνυμία de Aristóteles (v. HOMONÍMIA). [G.P.]

EQUÍVOCO[1] (in. *Equivocation;* fr. *Equivoque;* al. *Aequivok;* it. *Equivoco*). Segundo Heidegger, uma das manifestações essenciais, juntamente com a *tagarelice* (v.) e a *curiosidade* (v.) da existência impessoal cotidiana. No E. "tudo parece ser compreendido, apreendido e expresso com pureza, e no entanto não é; ou então não parece, mas é". Ele "oferece à curiosidade o que ela está procurando e à tagarelice a ilusão de que com ela tudo se resolve" (*Sein und Zeit*, § 37).

EQUÍVOCO[2]. Adj. V. UNÍVOCO.

EREIGNIS. E. ou *Er-eignis* (evento/acontecimento) – que numa anotação manuscrita da *Carta sobre o "humanismo"* Heidegger define como "a palavra-chave" do seu pensamento (*Segnavia*, 1967, trad. it., Adelphi, Milão, 1987, p. 270, nota *a*), considerando-a "tão difícil de traduzir quanto a palavra-guia grega λόγος e a chinesa *Tao*" (*Identità e differenza*, 1957, trad. it., "aut-aut", n. 187-8, 1982, p. 12) – é um termo que o filósofo alemão utiliza para pensar o *ser* (v.), entendido não como uma presença estática, mas como um *acontecer* histórico, ou seja, como um evento de tipo lingüístico (v. LINGUAGEM) que coincide com o abrir-se das aberturas nas quais os entes vêm ao ser e vêm a ser visíveis (v. LICHTUNG). Como tal o E. não pode ser objetivado, mas apenas experimentado como "o Doante" (*In cammino verso il Linguaggio*, 1959, trad. it., Mursia, Milão, 1973, 1990, p. 203). Mais em particular o E. implica o fenômeno da recíproca "transpropriação" (E. de *eigen*, "próprio") entre homem e ser em virtude da qual eles, sendo "entregues" um ao outro, manifestam-se para aquilo que são intrinsecamente. Em *Identidade e diferença* Heidegger afirma que se tem um "primeiro bruxuleio insistente" do E. no *Gestell* (v.), ou seja, na universal organização técnico-científica do mundo que, subentendendo uma "provocação" circular entre homem e ser, produz uma espécie de "sacudida" recíproca, graças à qual *Sein* e *Dasein* perdem suas habituais determinações ontológicas: "O E. é o âmbito – âmbito dotado de oscilações suas próprias – através do qual homem e ser se pertencem mutuamente na sua essência, obtêm aquilo que lhes é essencial e perdem, assim, as determinações que a metafísica lhes conferiu" (*Identità e differenza, cit.*, p. 13). Heidegger observa, porém, que o E. (de que o *Gestell* é apenas prelúdio) é "difícil de pensar", porquanto continuamos a confundi-lo com "o ser" (da ontologia tradicional), ao passo que ele "é por essência outro, porque mais rico do que qualquer possível determinação metafísica do ser" (*In cammino verso il Linguaggio, cit.*, p. 205, nota). [G.F.]

ERETRÍACOS (gr. Ἐρετρικοί; it. *Eretriaci*). Assim foram chamados, devido à origem de um dos fundadores, Menedemos de Erétria, os seguidores da escola socrática fundada por Fédon, o discípulo de Sócrates que dá nome a um diálogo de Platão (DIÓG. L., II, 17, 126). Mas das doutrinas dessa escola nada se sabe. [N.A.]

ERÍSTICA (gr. ἐριστικὴ τέχνη; in. *Eristic*; fr. *Éristique*; al. *Eristik*; it. *Eristica*). Arte de combater com palavras, ou seja, vencer nas discussões. Foi cultivada na Antigüidade pelos sofistas e pela escola megárica, cujos membros foram chamados, por antonomásia, de "erísticos" (DIÓG. L., II, 106). Em *Eutidemo*, Platão dá um exemplo vivo do modo como essa arte era exercida em seu tempo. Os interlocutores do diálogo, os irmãos Eutidemo e Dionisodoro, divertem-se em demonstrar, por exemplo, que só o ignorante pode aprender, e logo depois que só o sábio aprende; que se aprende só o que não se sabe e depois que se aprende só o que se sabe etc. O fundamento de semelhantes exercícios é a doutrina compartilhada por megáricos, sofistas e cínicos, de que o erro não é possível porque, não se podendo dizer o que não é (que equivale a não dizer), sempre se diz o que é, logo a verdade. [N.A.]

ERLEBNIS. Termo alemão que pode ser traduzido por "experiência viva" "experiência vivida" ou "vivência". Designa toda atitude ou expressão da consciência. Dilthey utilizou bastante essa noção assumindo-a como instrumento fundamental da compreensão histórica e, em geral, da compreensão inter-humana. Caracterizou-a do seguinte modo: "E. é, antes de mais nada, a unidade estrutural entre formas de atitude e conteúdos. Minha atitude de observação, juntamente com sua relação com o objeto, é uma E., assim como meu sentimento de alguma coisa ou meu querer alguma coisa. A E. é sempre consciente de si mesma" (*Grundlegung der Geisteswissenschaften*, II, 1, 2). Do mesmo modo, Husserl considerou a E. como um fato de consciência, logo, como qualquer dos conteúdos do cogito. "Consideramos as E. de consciência em toda a plenitude concreta com que se apresentam em sua conexão concreta – o fluxo da consciência – e na qual se unificam graças à sua própria existência. Portanto, é evidente que toda E. do fluxo que o olhar reflexivo consegue apreender tem uma essência própria, a ser captada intuitivamente, em conteúdo que pode ser considerado em sua característica intrínseca" (*Ideen*, 1, § 34). Carnap falou de E. elementares (*Elementarerlebnissen*) como elementos originários de que se vale a construção lógica do mundo, juntamente com as relações (*Der logische Aufbau der Welt*, 1928, § 65). [N.A.]

EROS. V. AMOR.

EROTEMÁTICO. V. CATECISMO.

ERÓTICA (fr. *Érotique*; al. *Erotik*; it. *Erotica*). Algumas vezes, utilizou-se esse termo para designar uma desejada (mas não realizada) ciência do amor, da felicidade (RICKERT, *System der Philosophie*, 1921) ou da vida emocional em geral. [N.A.]

ERRO (gr. ψεῦδος; lat. *Error*; in. *Error*; fr. *Erreur*; al. *Irrtum*; it. *Errore*). O E. não pertence à esfera das proposições (ou dos enunciados), mas à do *juízo* (v.), das atitudes valorativas. Com efeito, não consiste em uma proposição falsa, embora uma proposição falsa seja um elemento do E. consistente em acreditá-la ou julgá-la verdadeira. Elemento do E. também podem ser uma proposição verdadeira, se considerada falsa, e qualquer declaração de valor – moral, estética, política, econômica etc. – se acreditada ou assumida como exata e desmentida por critérios ou regras reconhecidamente válidos. Por exemplo, é um E. acreditar que pode haver duas moedas correntes simultaneamente no mesmo mercado, pois sabe-se que "a moeda ruim expulsa a boa". O erro pode consistir também em julgar um objeto com base num critério estranho ao próprio objeto, ou melhor, ao campo de objetos a que ele pertence, ou então em julgar com base num critério apropriado um objeto não discriminável por tal critério. Tem-se um E. da primeira espécie quando se quer decidir da realidade de um fato com base num critério moral ("não deve, não pode, ter acontecido assim"). Tem-se um E. da segunda espécie quando se quer decidir das verdades ou falsidades dos postulados ou proposições iniciais das ciências ou de enunciados não significativos. Em geral, pode-se chamar de E. todo juízo ou valoração que contrarie critério reconhecido como válido no campo a que se refere o juízo, ou aos limites de aplicabilidade do próprio critério. Portanto, o contrário de um juízo errado não é um juízo "verdadeiro", como se costuma acreditar, mas um juízo "correto", "exato" ou "regular"; o oposto de E. poderia ser a correção. A possibilidade de E. supõe duas condições: *a*) que haja um critério válido de juízo aplicável na situação dada; *b*) que tal critério não seja necessário e infalível. Sem a condição *a*) não haveria a possibilidade de distinguir o E. do que não é E. Sem a condição *b*) o E. seria impossível em princípio.

Platão procurou satisfazer essas condições com a doutrina do E. exposta em *O sofista*. Observou corretamente que o E. é impossível do ponto de vista dos eleatas e seus discípulos, segundo os quais "o ser é" e que o não-ser não pode ser nem pensado nem expresso. Nesse caso, efetivamente, qualquer coisa que se diga diz-se o que é, por isso diz-se a verdade. Mas se assim é, entre o sofista e o filósofo, entre o charlatão e o investigador honesto, não haverá nenhuma diferença, e a própria investigação será inútil. A possibilidade do E. condiciona, em outros termos, a investigação da verdade, e não pode ser negada sem que se negue a própria verdade.

Por isso, Platão abandona a tese eleática da necessidade do ser e define o ser como possibilidade (*dynamis*, *Sof.*, 247 e). Como possibilidade, o ser não é nem um nem muitos, nem movimento nem repouso etc., mas pode ser uma coisa ou outra, e tudo está em ver quais são as determinações dele que *podem* unir-se e permanecer juntas, e quais, ao contrário, são as não suscetíveis disso. A ciência que estuda as combinações possíveis das formas (ou gêneros) do ser – ciência análoga à gramática, que estuda as combinações possíveis das letras, e à música, que estuda as combinações possíveis dos sons – é a *dialética* (v.). Em vista disso, o E. é simplesmente uma combinação de determinações do ser e de palavras que exprimam tais determinações, combinação que não se conforme às regras da dialética; em outros termos, uma combinação que combine ou una o que, com base em tais regras, não pode ser combinado ou unido. Portanto, quem diz o falso não diz "o que não é" (o que seria impossível), mas diz algo *diferente* do que é: exprime uma combinação de formas (gêneros e espécies) não conforme às possibilidades objetivas de relação entre essas formas. O E. é como um conjunto de letras sem sentido ou um conjunto de sons sem harmonia (*Sof.*, 263). Essa doutrina platônica do E. é adaptada por Aristóteles aos princípios da sua filosofia. Aristóteles parte de uma definição do E. que repete a definição encontrada em *O sofista*: "O E. é a negação do que é ou a afirmação do que não é" (*Met.*, IV, 7, 1011 b 26). Mas "o que é" não é o mesmo para Aristóteles e para Platão: para este, é a "possibilidade"; para Aristóteles, é a "substância" ou realidade necessária. Aristóteles procura, portanto, definir a possibilidade do E. justamente em relação à substância, neste caso em seu aspecto de essência necessária (*Quod quid erat esse*). Aristóteles reafirma a tese platônica de que o E. é possível só onde há "combinação", "síntese" de elementos diferentes. Onde há intelecção de indivisíveis não há possibilidade de E.; este sempre se verifica na síntese (ou, o que dá na mesma, numa divisão), e o princípio que realiza essa síntese é o intelecto (*De an.*, III, 6, 430 b 2). Ora, nessas sínteses o intelecto estará na verdade "se enunciar a essência segundo a essência substancial", mas não estará na verdade "se enunciar uma coisa qualquer segundo uma coisa qualquer". Com efeito, para o intelecto a essência substancial ou necessária é o que o branco é para o olho: assim como ninguém se engana ao perceber o branco, mas alguém se pode enganar ao achar que o branco percebido é um homem, ninguém se pode enganar ao pensar o homem "segundo a sua essência necessária", ou seja, como "animal racional", mas alguém pode enganar-se ao afirmar que "este é um homem" ou que "este homem é músico", ou seja, realizando sínteses ou divisões que não são guiadas pela essência necessária do objeto (*ibid.*, 430 b 26 ss.). Com isso, Aristóteles restringe a possibilidade do E. à esfera das intelecções que não se referem à estrutura substancial do ser, já que essa estrutura é apreendida nos seus princípios com um ato análogo à percepção das qualidades corpóreas, ato que, como "intelecção do indivisível", subtrai-se à possibilidade de erro. Em outros termos, a estrutura necessária do ser exclui a possibilidade de E. no que diz respeito ao pensamento do ser. O E. fica então circunscrito à esfera das afirmações acidentais, ou seja, que não têm lugar na ciência. Mas, na realidade, mesmo na esfera das afirmações acidentais, é difícil entender, do ponto de vista aristotélico, a possibilidade do E., visto que a necessidade da ciência silogística, constituindo a medida e a verificação também da parte do conhecimento que não tem tal necessidade, elimina, mesmo dessa parte, a possibilidade de erro. Na verdade, a partir de Aristóteles, o problema que a filosofia deve enfrentar não é o da verdade, mas o do E., no sentido de que os princípios a que habitualmente a filosofia recorre implicam que o homem está "necessariamente" em verdade e excluem, assim, a possibilidade de erro. Portanto, as soluções mais comuns do problema do E. são as seguintes: 1ª) o E. não existe; 2ª) o E. deve-se a uma força que intervém para perturbar o funcionamento normal do intelecto, precisamente A) na vontade ou B) na sensibilidade.

1.ª Ambas essas soluções do problema do E. estão em Agostinho, mas a primeira acaba predominando. Para Agostinho o E. consiste "em julgar e acatar como supremo o que, de per si, é ínfimo" (*De vera rel.*, 21), ou seja, em afastar-se "da ordem estabelecida por Deus, apesar de iludir-se achando que a conserva intacta" (*ibid.*, 20). O E. é, portanto, devido à "vontade maléfica", ou seja, ao propósito deliberado de prescindir da ordem divina do mundo e da hierarquia dos valores que ela implica. Mas qual é a causa dessa vontade maléfica e como ela é possível na ordem divina do mundo? Agostinho nega que possa tratar-se de uma causa positiva e eficiente; trata-se de uma causa defeituosa ou deficiente. E querer encontrar a causa dessas defecções seria como querer ver as trevas ou ouvir o silêncio. "As coisas que não são conhecidas em sua forma positiva, mas como privação de algo, são de algum modo apreendidas, por assim dizer, em não sendo conhecidas, tanto que, se as conhecêssemos, não conheceríamos. Quando a acuidade da visão sensível percorre as espécies corpóreas, não vê trevas em lugar algum, a não ser no lugar onde começa a não ver as coisas. Assim, não cabe a nenhum outro sentido perceber o silêncio; a não ser ao ouvido, que, todavia, adverte-o quando não ouve nada. Assim, nossa mente vê com o intelecto as espécies inteligíveis, mas onde elas se acham em forma negativa conhece-as não as conhecendo" (*De civ. Dei*, XII, 7). Assim, para Agostinho E. é o conhecimento de um não-conhecimento: como ouvir o silêncio. Em sentido próprio e rigoroso, é um não-conhecimento e um não-ser: não existe. Essa redução do E. ao nada é característica de grande parte das doutrinas filosóficas tradicionais. Espinosa expressa-o com a costumeira nitidez: "A falsidade consiste na privação de consciência que está implícita nas idéias inadequadas, falhas ou confusas." Por exemplo, os homens erram ao se acreditarem livres, porque estão cônscios de suas ações, mas desconhecem as causas que as determinam. Assim também erram quando acham que o Sol está próximo, porque são ativados pela ação do Sol, mas ignoram sua distância real (*Et.*, II, 35, esc.). O E., portanto, não consiste na simples imaginação (que é a faculdade das idéias inadequadas e confusas), mas na falta de conhecimento, na falta da idéia que excluiria a existência dos objetos que a imaginação crê presentes (*ibid*, II, 17, esc.). Com outra terminologia, tradicional, Leibniz afirmava a mesma coisa, reconhecendo como causa do E. uma causa "deficiente", ou seja, a limitação ou a imperfeição da natureza humana (*Théod.*, I, § 20). Para o idealismo romântico, o E. é o "finito", o "negativo", o "acidental": o que se destina a ser eliminado e a encontrar sua "verdade" no Infinito, no Necessário e no Positivo da Autoconsciência absoluta. Assim, a rigor, não existe erro. Como dizia Gentile, exprimindo bem a posição do idealismo romântico, "o E. é o superado: aquilo que, em outros termos, está em face do nosso conceito, como seu não-ser. Portanto, assim como a dor, não é uma realidade que se oponha à realidade espírito (*Conceptus Sui*), mas é a própria realidade aquém de sua realização, num momento ideal" (*Teoria do espírito*, cap. 16, § 8). Essa é a solução tipicamente dialética (no sentido hegeliano do termo) do problema do E.: o E. é o momento negativo, destinado a ser "superado" ou a "ser transformado em verdade" pelo momento positivo e concreto: como E., não existe.

2.ª A segunda solução típica do problema do E. consiste em atribuí-lo a uma faculdade diferente do intelecto, mas capaz de agir sobre ele e de desviá-lo do seu funcionamento correto.

A) A primeira alternativa nesse sentido é a que o atribui à vontade. Já se viu que Agostinho começou julgando o E. como o afastamento voluntário da ordem das coisas estabelecida por Deus. A idéia do caráter voluntário do E. acaba prevalecendo na última fase da escolástica: é defendida por Duns Scot e Ockham. De fato, ambos entendem a vontade como a faculdade de executar atos opostos porquanto é absolutamente livre. A ela se deve o assentimento dado a uma proposição e, portanto, também a faculdade de dar assentimento a proposições falsas ou de dissentir de proposições verdadeiras (OCKHAM, *In Sent.*, II, q. 25, L). Para Ockham, o assentimento da vontade deve necessariamente seguir-se à evidência intuitiva dos primeiros princípios da demonstração, ou das verdades empíricas ou conclusões das demonstrações; por outro lado, pode se dar assentimento ao que é desprovido de qualquer evidência (*ibid.*, II, q. 25, Y); nesses casos, determina-se a possibilidade de erro. Essa doutrina foi substancialmente reproduzida por Descartes, em sua tese de que "a vontade é maior que o intelecto, podendo, pois, dar assentimento ao que não tem clareza e distinção suficientes para o intelecto. A vontade", diz Descartes, "pode parecer de certo modo infinita porque nada percebemos que possa ser o objeto de outra vontade, nem mesmo da vontade imensa de Deus, até a qual a nossa não pode estender-se. Essa é a causa de ordinariamente levarmos a vontade além daquilo que conhecemos clara e distintamente; e quando assim abusamos dela não é de surpreender que aconteça enganarnos" (*Princ. phil.*, I, 35). De modo análogo, Locke dizia que "o E. não é uma falha do nosso conhecimento, mas um engano do nosso juízo, que dá assentimento ao que não é verdadeiro". E enunciava quatro razões do assentimento errado: 1º falta de provas; 2º falta de capacidade de usá-las; 3º falta de vontade de vê-las; 4º cálculo errado de probabilidades (*Ensaio*, IV, 20, § 1). Rosmini também atribui o E. à vontade, considerando-o decorrente da ausência do elemento ideal (Idéia do ser) ou do elemento real (sentimento ou sensação) da percepção intelectiva (*Novo ensaio*, §§ 1356-9). Mas, dada a formulação geral da teoria de Rosmini, que identifica a idéia do ser com a "forma da razão", a primeira espécie de E. pareceria implicar o poder da vontade de dissociar a razão da "forma". Finalmente, o próprio Croce aceitou essa teoria do E.: "Quem comete um erro não tem nenhum poder de distorcer, desvirtuar ou macular a verdade, que é seu próprio pensamento, o pensamento que opera nele como em todos; aliás, assim que toca o pensamento, é tocado por ele: pensa e não erra. Tem apenas o poder *prático* de passar do pensamento ao fazer; e o fazer, e não o pensar, é abrir a boca e emitir sons aos quais não corresponda o pensamento, ou, o que dá no mesmo, um pensamento que tenha valor, precisão, coerência, verdade" (*Logica*, 4ª ed., 1920, pp. 254-5).

B) A outra alternativa dessa solução é que o E. se deve à sensibilidade ou, pelo menos, à ação da sensibilidade do intelecto. Essa é a doutrina de Kant a respeito. Um juízo errôneo – e o E., assim como a verdade, só pode existir no juízo – é o que confunde a aparência da verdade com a verdade. Essa confusão não seria possível se o homem não tivesse outra faculdade além do intelecto. Mas como o homem, além do intelecto, tem sensibilidade, não pode evitar a influência oculta da sensibilidade sobre o intelecto, e dessa influência nasce a possibilidade de confundir o subjetivo com o objetivo, ou seja, a aparência da realidade com a própria realidade (*Logik*, Einleitung, VII). Essa teoria kantiana retorna em alguns filósofos contemporâneos. Por exemplo, para C. I. Lewis o E. é devido à combinação dos dados mediados pela experiência com as suas interpretações ou integrações habituais, de natureza intelectual (*Analysis of Knowledge and Valuation*, p. 26).

Algumas correntes não elaboram uma teoria do E. pelo mesmo motivo por que Hegel não a elaborou: não admitem a possibilidade do erro. Para outras correntes, porém, o motivo é diferente: elas reconheceram a intrínseca *falibilidade* (v. FALIBILISMO) dos procedimentos cognitivos de que o homem dispõe e, portanto, a possibilidade do E. não se distingue da possibilidade do conhecimento. [N.A.]

Foi sobretudo Popper que insistiu na importância epistemológica e pedagógica do E.: recusando a concepção de ciência como *episteme* (v.), ou seja, como um sistema infalível de verdades certas, elaborou a teoria da ciência como *doxa*, ou seja, como conjunto de conjecturas passíveis de retificação e refutação (v. CONJECTURAS E REFUTAÇÕES): "O que poderemos chamar de método das ciências consiste em aprender com os próprios E. de modo sistemático: em primeiro lugar, correndo riscos, ousando cometer E. – ou seja, propondo novas e audazes teorias; em segundo lugar, procurando sistematicamente os E. cometidos – ou seja, analisando e examinando criticamente as nossas teorias" (*Science: Problems, Aims, Responsibilities*, 1963, em *Il mito della cornice*, 1994, trad. it., Il Mulino, Bolonha, 1995, p. 128). Também convergente com a doutrina da ciência como processo de retificação dos erros passados é a concepção de Bachelard: "O E. é uma das fases da dialética que compete necessariamente atravessar. Ele dá origem a indagações mais precisas e é o elemento motor do conhecimento" (Essai *sur la connassaince approchée*, 1928, Vrin, Paris 1973[4], p. 249). [G.F.]

ES ou ID. V. PSICANÁLISE.

ESCÂNDALO (in. *Scandal*; fr. *Scandale*; al. *Skandal*; it. *Scandalo*). Kierkegaard transformou o E. numa categoria religiosa, definindo-o como "o pecado de desesperar da remissão dos pecados". Para o intelecto humano, o perdão do pecado é a mais impossível de todas as coisas: desse ponto de vista, a religião é a "possibilidade do escândalo" (*Die Krankheit zum Tode*, II, B, *B*; trad. it., Fabro, p. 347; cf. Diário, X[1]A, 133). [N.A.]

ESCATOLOGIA (in. *Eschatology*; fr. *Eschatologie*; *Eschatologie*; it. *Escatologia*). Termo moderno que indica a parte da teologia que considera as fases "finais" ou "extremas" da vida humana ou do mundo: morte, juízo universal, pena ou castigo extraterrenos e fim do mundo. Os filósofos usam às vezes esse termo para indicar a consideração dos estágios finais do mundo ou do gênero humano (cf. RENOUVIER, *Nouvelle monadologie*, 1899, VII, 139-40). [N.A.]

ESCLARECIMENTO, DIALÉTICA DO. V. DIALÉTICA DO ESCLARECIMENTO.

ESCOCESA, ESCOLA (in. *Scottish school*; fr. *École écossaise*; al. *Schottische Schule*; it. *Scuola scozzese*). Grupo de filósofos escoceses que compreende Thomas Reid (1710-1796), Dugald Stewart (1753-1828), Thomas Brown (1778-1820), William Hamilton (1788-1856) e Henri Mansel (1820-1871), cujas doutrinas fundamentais são: 1º recurso ao *senso comum* para garantir algumas verdades teóricas e morais consideradas fundamentais para o homem (v. SENSO COMUM); 2º *realismo natural*, teoria de que o objeto imediato do conhecimento não é a idéia (como se julgara desde Descartes até Hume), mas a coisa externa (v. REALISMO). [N.A.]

ESCOLÁSTICA (in. *Scholasticism*; fr. *Scolastique*; al. *Scholastik*; it. *Scolastica*). 1. Em sentido próprio, a filosofia cristã da Idade Média. Nos primeiros séculos da Idade Média, era chamado de *scholasticus* o professor de artes liberais e, depois, o docente de filosofia ou teologia que lecionava primeiramente na escola do convento ou da catedral, depois na Universidade. Portanto, literalmente, E. significa filosofia da escola. Como as formas de ensino medieval eram duas (*lectio*, que consistia no comentário de um texto, e *disputatio*, que consistia no exame de um problema através da discussão dos argumentos favoráveis e contrários), na E. a atividade literária assumiu predominantemente a forma de *Comentários* ou de coletâneas de questões (v. QUESTÃO).

O problema fundamental da E. é levar o homem a compreender a verdade revelada. A E. é o exercício da atividade racional (ou, na prática, o uso de alguma filosofia determinada, neoplatônica ou aristotélica) com vistas ao acesso à verdade religiosa, à sua demonstração ou ao seu esclarecimento nos limites em que isso é possível, aprestando um arsenal defensivo contra a incredulidade e as heresias. A E., portanto, não é uma filosofia autônoma, como, por exemplo, a filosofia grega: seu dado ou sua limitação é o ensinamento religioso, o dogma. Para exercer essa tarefa, não confia apenas nas forças da razão, mas chama em seu socorro a tradição religiosa ou filosófica, recorrendo às chamadas *auctoritates*. *Auctoritas* é a decisão de um concílio, uma máxima bíblica, a *sententia* de um Padre da Igreja ou mesmo de um grande filósofo pagão, árabe ou judaico. O recurso à autoridade é a manifestação típica do caráter comum e supra-individual da investigação E., em que cada pensador quer sentir-se apoiado pela responsabilidade coletiva da tradição eclesiástica.

A E. medieval costuma ser distinguida em três grandes períodos: 1.º a alta E., que vai do século IX ao fim do século XII, caracterizada pela confiança na harmonia intrínseca e substancial entre fé e razão e na coincidência de seus resultados; 2.º o florescimento da E., que vai de 1200 aos primeiros anos do século XIV, época dos grandes sistemas, em que a harmonia entre fé e razão é considerada parcial, apesar de não se considerar possível a oposição entre ambas; 3.º dissolução da E., que vai dos primeiros decênios do século XIV até o Renascimento, período em que o tema básico é a oposição entre fé e razão.

Esse conceito da E. foi extraído da obra fundamental de M. Grabman, *Die Geschichte der scholastichen Methode* (1909, reimpr. 1956). Não faltaram tentativas de considerar a E. como uma síntese doutrinária completa, na qual confluíam e fundiam-se contribuições individuais (p. ex., por parte de De Wulf, *Histoire de la philosophie médiévale*, 1900, e ed. seguintes), mas essas tentativas não têm base histórica e reduzem-se a alijar da E. grande número de autores e a estabelecer concordâncias e uniformidades fictícias entre os outros (cf. Abbagnano, *Storia della fil.*, 2.ª ed., 1958, 1, § 171, e a bibliografia correspondente).

2. Por extensão, pode-se chamar de E. qualquer filosofia que assuma a tarefa de ilustrar e defender racionalmente determinada tradição ou revelação religiosa. Para isso, via de regra, essa E. lança mão de uma filosofia já estabelecida e famosa; de tal sorte que, nesse sentido, a E. é a utilização de determinada filosofia para a defesa e a ilustração de determinada tradição religiosa (v. FILOSOFIA). Nesse sentido genérico são muitas as E., tanto na Antiguidade quanto no mundo moderno: na Antiguidade o neoplatonismo, o neopitagorismo etc.; na Idade Média, a filosofia dos árabes e dos judeus; no mundo moderno, são escolásticas as filosofias de Malebranche, de Berkeley, da direita hegeliana, de Rosmini, de muitos espiritualistas etc. [N.A.]

ESCOLHA (gr. αἵρεσις, προαίρεσις; lat. *Electio*; in. *Choice*; fr. *Choix*; al. *Wahl*; it. *Scelta*). Procedimento pelo qual determinada possibilidade é assumida, adotada, decidida ou realizada de um modo qualquer, de preferência a outras. O conceito de E. está estreitamente vinculado ao de *possibilidade* (v.), de tal modo que não só não há E. onde não há possibilidade (visto ser justamente a possibilidade o que se oferece à E.), como tampouco há possibilidade onde não há E., visto que a antecipação, a projeção ou a simples previsão das possibilidades são escolhas. Por outro lado, o conceito de E. é uma das determinações fundamentais do conceito de *liberdade* (v.).

O conceito de E. é constante em Platão, que, usando o mito de Er, mostra que o destino do homem depende da E. que ele faz do modelo de vida: "Não havia nada de necessariamente preestabelecido para a alma porque cada uma devia mudar segundo a E. que fizesse" (*Rep.*, X, 618 b). Mas foi Aristóteles quem fez a primeira análise exaustiva da E., distinguindo-a: 1.º do *desejo*, que é comum também aos seres irracionais, ao passo que a E. não é (*Et. nic.*, III, 2, 1111 b 3); 2.º da *vontade*, porque também se podem querer as coisas impossíveis (p. ex., a imortalidade), mas não escolher (*ibid.*, 1111 b 19); 3.º da *opinião*, que também pode referir-se às coisas impossíveis (p. ex., as eternas) que não dependem de nós (*ibid.*, 1111 b 30). A essas determinações negativas Aristóteles acrescentou a determinação positiva de que a E. "é sempre acompanhada por razão e pensamento" (*ibid.*, 1112 a 15). A essa determinação pode-se acrescentar outra, fundamental, extraída das determinações negativas: a E. diz respeito só às coisas possíveis. Essa última determinação, que é a fundamental, era ressaltada de modo explícito por Tomás de Aquino, que repetia substancialmente a análise aristotélica (*S. Th.*, II, 1, q. 13, a. 5).

A noção de E. sempre foi amplamente utilizada pelos filósofos, em especial na discussão do problema da *liberdade* (v.), mas não foi analisada com freqüência. A partir de Kierkegaard, a filosofia da existência enfatizou o valor da E. no que concerne à própria personalidade do homem ou à sua existência, considerando a E. sobretudo sob o ângulo da sua própria possibilidade, ou seja, como *E. da escolha.* Diz Kierkegaard: "A E. é decisiva para o conteúdo da personalidade: com a E. ela se aprofunda na coisa escolhida, mas se não escolher definhará" (*Werke*, II, p. 148). Desse ponto de vista, a E. importante não é entre o bem e o mal, mas entre escolher e não escolher. "Com essa E., não escolho entre o bem e o mal, mas escolho o bem; mas, porquanto escolho o bem, escolho a escolha entre o bem e o mal. A E. original está sempre presente em toda E. ulterior" (*ibid.*, II, p. 196). Esse conceito foi freqüentemente repetido no existencialismo contemporâneo. Segundo Heidegger, a E. autêntica é a E. do que já foi escolhido, a E. das possibilidades que já são do homem. "Repetição da E. significa escolhimento dessa E., opção por uma possibilidade que tem raiz no si-mesmo. Ao escolher a E., o *Dasein* (ser-aí) possibilita pela primeira vez o seu autêntico poder-ser" (*Sein und Zeit*, § 54). Mas nesse sentido a "E. da E." é simplesmente a aceitação ou o reconhecimento daquilo que se é, renunciando-se a qualquer pretensão de mudança ou libertação. No mesmo sentido, Jaspers diz: "Não posso recomeçar e escolher entre ser eu mesmo e não ser eu mesmo, como se a liberdade fosse apenas um instrumento. Mas, quando escolho, sou, e, se não sou, não escolho" (*Phil.*, II, p. 182). Quer dizer: o que posso escolher é apenas meu eu-mesmo: o eu-mesmo que é idêntico à *situação*, ao *lugar* da realidade em que me encontro (*ibid.*, I, p. 245). A E. da E. na verdade é a E. do que já se é e não se pode não ser. Esse conceito de E. da E. acaba eliminando a própria E., que, como Aristóteles reconhecera, está sempre ligada ao possível. Por outro lado, Sartre insistiu na perfeita arbitrariedade da E., identificou E. e consciência e viu, por isso, um ato de E. em todo ato de consciência (*L'être et le néant*, pp. 539 ss.). Isso pode ser verdade, mas de certo modo é oportuno sair em busca de um sentido mais específico de E., segundo o qual nem todos os atos sejam escolhas. Esse sentido pode ser precisamente o de E. da E., não como E. do que já foi escolhido, mas como E. do que *pode ainda ser escolhido.* Nesse sentido, a "E. possível" é não só a E. que se oferece como possibilidade, mas a E. que, uma vez feita, afigura-se ainda possível. Entendido nesse sentido, o conceito de E. torna-se suscetível de tratamento objetivo e capaz de orientar a análise das técnicas de E. Desse ponto de vista, é indispensável determinar em primeiro lugar o *contexto* das E., ou seja, o campo *de possibilidades* (v.) objetivas em que a E. deve atuar. Por exemplo, para o homem que sofreu uma afronta, as opções de vingança pela força ou pela violência são diferentes das que lhe são oferecidas pelo sistema jurídico em que vive. Além disso, sempre com referência a um contexto determinado, pode-se fazer a distinção entre *grau* de E., que é o número de possibilidades oferecidas por determinado contexto, e *extensão* da E., que é o número de indivíduos que têm acesso a determinada E. em dado contexto. Entre extensão e grau pode haver todas as relações possíveis, pois o aumento no grau pode influir na extensão e vice-versa. O critério da repetibilidade das E., com base nas considerações acima, especialmente com base nas normas técnicas do contexto, é adotado por todas as disciplinas (conquanto implicitamente): por exemplo, um axioma matemático ou lógico continuará sendo admitido (ou seja, sua E. se repete) enquanto não levar a uma contradição; uma técnica científica ou produtiva continuará em uso (ou seja, será sempre escolhida) enquanto não der ensejo a inconvenientes ou não for encontrada outra melhor; e assim por diante.

Hoje, em todas as ciências, especialmente na matemática, na lógica, na psicologia e na sociologia, é grande o uso da noção de E. Mas, como se disse, raramente ela é submetida à análise por essas ciências, que pressupõem seu significado corrente. Por outro lado, as análises feitas pelos filósofos nem sempre dão conta das características fundamentais da E. Bergson, por exemplo, considerou as alternativas diante das quais se encontra situada toda E. como falsas "espacializações" dos estados interiores de hesitação; portanto, concebeu a E. como algo que, "à maneira de um fruto maduro, separa-se dos estados consecutivos do eu" (*Les données immédiates de la conscience*, 1889, p. 134). Mas está claro que, se as alternativas são fictícias, fictícia é a própria E. que vive só no possível, que é constituído por alternativas. Característica mais autêntica da E. humana foi evidenciada por Dewey: "A E. não é uma preferência que emerge da indiferença: é a emergência de uma preferência unificada a partir de um conjunto de preferências competitivas". Portanto, a E. racional é apenas aquela que unifica e harmoniza diferentes tendências concorrentes (*Human Nature and Conduct*, 1929, p. 193). Assim, Dewey alija da E. o critério de racionalidade, pondo-se num plano em que é possível sugerir inúmeros critérios. Tem, contudo, o mérito de ter ressaltado a importância da E. e sua onipresença. "A operação de E.", disse ele, "é inevitável em qualquer empreendimento que exija reflexão. Em si mesma, não é falsificadora. A ilusão reside no fato de que a sua presença é oculta, camuflada, negada. Um método empírico descobre e põe a nu a operação de E., como faz com qualquer outro acontecimento" (*Experience and Nature*, 1926, p. 35). [N.A.]

A filosofia analítica constituiu um poderoso instrumento para indagar de forma rigorosa o modo como são feitas ou deveriam ser feitas as E. por parte de um sujeito racional individual ou coletivo: essa disciplina tem o nome de *teoria das decisões* (doravante t.d.d.), cujas bases foram lançadas sobretudo por VON NEUMANN – MORGENSTERN, *Theory of Games and Economic Behavior,* 1944.

A utilidade da t.d.d. foi avaliada num primeiro momento no campo da economia, da estatística e do administração; só mais recentemente foi evidenciado também o seu alcance filosófico (RESNIK, *Choices,* 1987; HARGREAVES HEAP *ET ALII*, *The Theory of Choice,* 1992), sobretudo para a ética (a fim de maximizar a coerência das E. entre hipóteses), para a filosofia política (para descrever o nascimento da sociedade civil) e para a epistemologia (a fim de fazer E. racionais entre as teorias, na aceitação das hipóteses e nos métodos indutivos). A t.d.d. procura identificar a lógica com que a E. é feita por agentes idealmente racionais e não por sujeitos concretos, portanto delineia um modelo que pode funcionar concretamente como idéia reguladora; no entanto, o seu objetivo é simplesmente a consecução racional do fim, não a racionalidade intrínseca ou eticidade do próprio fim, enquanto a tradição filosófica, a começar de Sócrates, quase sempre pretendeu demonstrar a racionalidade intrínseca das E. morais.

Os elementos da t.d.d. são: 1) *especificação do problema.* Os elementos em jogo em cada E. são três: atos, estados e resultados. A tarefa do analista, que pode ser o próprio agente, é identificar seu conjunto relevante: considerando os resultados que no estado presente derivam dos atos possíveis, ele decide sobre o ato *mais* conveniente a tomar (t.d.d. aplicada).

2) *Decisões em condições de ignorância* (LUCE-RAIFFA, *Games and Decision,* 1957). Se os resultados de meus atos me são totalmente claros, é suficiente que eu identifique o objetivo, e a E. do meio se seguirá automaticamente; nesse caso, tem-se uma E. *em condições de certeza.* Mas se eles são incertos, no sentido de que é possível atribuir probabilidades a todos os resultados derivados de um ato, ou de que é impossível atribuí-las (ou seja, se não é definida uma *ordem de preferência*), podemos procurar racionalizar a nossa E. usando *funções de utilidade* definíveis de modo matematicamente rigoroso: (i) a *regra de minimax,* que sugere confrontar o mínimo de utilidade previsto para cada ato e portanto escolher o ato cujo mínimo seja o máximo entre todos os mínimos; (ii) a *regra de Otimismo-Pessimismo,* que fornece uma média entre o máximo e o mínimo (a regra oposta a (i), a de *maximax,* é pouco realista), (iii) o *princípio de Razão Insuficiente,* segundo o qual, considerando-se também os valores intermediários ignorados por (i) e por (ii), se não houver razão para considerar um estado *mais* provável que outro, prescreve calcular *a utilidade esperada* de cada ato para escolher o ato cuja utilidade esperada seja máxima. Esse conjunto teve uma célebre aplicação na filosofia social e constitui o fundo teórico da controvérsia entre Rawls (*A Theory of Justice*, 1971) e Harsanyi *(Essays on Ethics,* 1976) acerca do modelo da sociedade melhor, seguindo Rawls (i) e Harsanyi (iii).

3) *Decisões tomadas em condições de risco.* Quando os atos são equiprováveis, vale a norma de maximizar *a utilidade esperada,* que se pode obter mediante o cálculo das PROBABILIDADES (v.). Mas o que é a utilidade? Segundo a clássica definição de von Neumann-Morgenstern ela é medida (também numericamente) nos termos da preferência de um indivíduo por algo com base no risco que ele está disposto a correr para obtê-la. A teoria da utilidade esperada foi submetida a importantes críticas e foram identificados paradoxos que ela gera: de Allais, de Ellsberg, de São Petersburgo, de Newcomb (NOZICK, *Newcomb's Problem and Two Principles of Choice,* 1969).

4) *Teoria dos jogos.* As situações em que as E. do agente já não são individuais, pois as E. de outros indivíduos desempenham papel ativo na determinação dos resultados, são chamadas *jogos.* Nesse caso, ocorrem dinâmicas diferentes em jogos com dois ou em jogos com três ou mais jogadores (estes últimos apresentam fortes analogias com as situações econômicas e políticas, mas o seu tratamento rigoroso ainda é insatisfatório; cf. BUCHANAN-TULLOCK, *The Calculus of Consent,* 1962), portanto em jogos competitivos ou não, e os primeiros por sua vez cooperativos ou não. O objetivo da teoria é determinar o resultado de cada jogo, dada uma série

de assunções relativas aos jogadores. Um exemplo típico de E. no âmbito de um jogo é dado pelo *dilema do prisioneiro:* dois prisioneiros, que não podem comunicar-se, cometeram um crime menor, mas o juiz considera que também são co-responsáveis num crime bem mais grave. Propõe a ambos um abrandamento na pena a quem confessar o crime mais grave (um ano de prisão) e um aumento para o outro (vinte e cinco anos); se ambos confessarem terão uma pena média (dez anos), mas se nenhum dos dois confessar poderão ser condenados apenas pelo crime menor (dois anos); cada prisioneiro, sabendo que o outro pode confessar seu crime mais grave, avalia a E. mais conveniente. A teoria dos jogos indica que é cada um confessar, o que, no entanto, produz um resultado não ótimo; foram ideadas E. apropriadas para evitar que semelhantes dilemas se apresentem (no caso específico trata-se da *omertà*). Mais em geral, viu-se que um excesso de egoísmo é de per si irracional: Hobbes, prevendo uma autoridade, o Leviatã, que pune o logro, e, bem mais recentemente, Gauthier (*Morals by Agreement,* 1985) mostrando que o logro pune sobretudo quem o realiza.

5) *Teoria das E. sociais.* Serve para determinar a utilidade coletiva das decisões estudando as propriedades das várias soluções para um problema específico (SEN, *Collective Choice and Social Welfare,* 1970). Propõe e utiliza regras tais como as chamadas *funções de bem-estar social,* que determinam ordenamentos sociais que maximizam o bem-estar. Mas houve vários modos de entender o que é bem-estar: Bentham e Mill, por exemplo, identificaram-no com a felicidade, que por sua vez consiste no prazer; o utilitarismo contemporâneo (SMART-WILLIAMS, *Utilitarianism: For and Against,* 1973) procurou criar um algoritmo que identifique a utilidade sem as graves imprecisões do algoritmo oitocentista, com instrumentos lógicos como o *teorema de Harsanyi* (HARSANYI, *Essays on Ethics, Social Behavior, and Scientific Explanation,* 1976). Um recorte totalmente diferente é detectável no marxismo analítico (ROEMER, *A General Theory of Exploitation and Class,* 1982 e *Free to Lose,* 1988). Não se deve, porém, esquecer que o critério da utilidade não pode omitir os *confrontos interpessoais de utilidade,* para os quais, porém, não existe (ainda) uma medida rigorosa, nem está claro quanto eles podem e devem efetivamente contar na E. coletiva. [M.S.]

ESCOLHAS, AXIOMA DAS (in. *Axiom of choice*; fr. *Axiome des choix;* al. *Auswahlprinzip;* it. *Assioma delle scelte*). Tem esse nome um princípio enunciado por Zermelo em 1904, segundo o qual, dada uma classe *K* cujos membros são classes não vazias *a, b, c,...* existe uma função *f* que estabelece a correspondência entre cada classe *a, b, c,* e um elemento e um só da classe *f* (*a*), *f* (*b*), *f* (*c*)... Esse postulado, na forma de um *axioma multiplicativo,* foi retomado por Russell da seguinte forma: dada uma classe *K,* cujos membros são classes não vazias, que não têm nenhum membro em comum, existe uma classe *A* cujos membros são todos membros dos membros de *K* e que tem só um membro em comum com cada membro de *K*. Zermelo demonstrou que os dois axiomas são equivalentes. Os matemáticos utilizavam com freqüência uma assunção desse gênero, mas a sua enunciação explícita suscitou dúvidas e discussões, substancialmente quanto ao conceito de "existência" dos membros de um conjunto. O postulado de Zermelo, se aplicado aos conjuntos infinitos, significa simplesmente que se pode falar da existência de um membro do conjunto, mesmo não apresentando uma regra precisa que permita construir ou reconhecer esse membro (cf. K. GÖDEL, *The Consistency of the Axiom of Choice and of the Generalized Continuum Hypothesis with the Axioms of Set Theory,* 1940; L. GEYMONAT, *Storia e filosofia dell'analisi infinitesimale,* 1948). [N.A.]

ESCOPO[1] (in. *Range*; fr. *Rang*; al. *Rang;* it. *Rango*). Termo às vezes adotado pelos lógicos para indicar o conjunto das entidades cujos nomes podem substituir a variável de uma fórmula. O E. de uma proposição é o conjunto dos estados de coisas em relação aos quais a proposição é verdadeira. O E. do significado de um predicado P é o conjunto dos valores de *x* para os quais "*Px*" é verdadeiro ou falso (cf. especialmente para este uso, A. PAP, *Semantics and Necessary Truth,* 1958, *passim*). [N.A.]

ESCOPO[2]. V. FIM.

ESCOTISMO. V. SCOTISMO.

ESCRAVIDÃO (gr. δουλεία; lat. *Servitus*; in. *Slavery*; fr. *Esclavage*; al. *Sklaverei*; it. *Schiavitù*). Entre os filósofos, a justificação da E. sempre teve a mesma forma: a E. é útil não só ao senhor como também ao escravo. Por esse motivo, Aristóteles considera a E. uma das divisões naturais da sociedade, semelhante à divisão entre homem e mulher: como há "quem é naturalmente disposto ao comando" e "quem é naturalmente disposto a ser mandado", é graças à união que "ambos podem sobreviver". Portanto, A E. é "vantajosa tanto para o senhor quanto para o escravo" (*Pol.*, I, 2, 1552 a). Citando Aristóteles, Tomás de Aquino dizia: "Que um homem seja escravo e não outro é coisa que, de um ponto de vista absoluto, não tem razão natural, mas só razão de utilidade, porquanto é útil ao escravo ser governado por um homem mais prudente, e é útil a este último ser ajudado pelo escravo" (*S. Th.*, II, 2, q. 57, a. 3, ad 2º). O modo como Hegel comenta a figura servo-senhor em *Fenomenologia do espírito* obedece ao mesmo espírito de justificação. O senhor é a autoconsciência do escravo, e o escravo é o instrumento que elabora os objetos, a fim de que o senhor os usufrua e, desse modo, ele próprio participe, por mediação, da fruição do objeto, assim como, por mediação, o senhor participa da produção dele (*Phänomen. des Geistes*, I, IV, A; trad. it., pp. 168 ss.).

Por outro lado, o cristianismo tornara insignificante a E. e, em um certo sentido, a sua condenação. Uma vez que tanto o judeu quanto o grego, tanto o servo quanto o homem livre, tanto o homem quanto a mulher "são todos um só em Jesus Cristo" (*Gal.*, III, 28), não é importante ser escravo ou livre, mas ser "liberto do Senhor" (*I Cor.*, VII, 21-2). No mundo antigo, só os estóicos condenaram sem reservas a E.: "Só o sábio é livre, os maus são escravos, visto que a liberdade não é senão autodeterminação, e a E. é a ausência de autodeterminação. Há, então, outra E., que consiste na sujeição ou na compra e na sujeição, à qual se contrapõe a senhoria, que é também maléfica" (DIÓG. L., VII, 121). Ao lado da negação da E. como instituição social, os estóicos fizeram prevalecer o conceito da E. como estado ou situação moral. Dizia Sêneca: "'São escravos'. Sim, mas também homens. 'São escravos'. Sim, mas também companheiros de habitação. 'São escravos'. Sim, mas também amigos humildes. 'São escravos'. Sim, mas também companheiros de escravidão, se refletires que uns e outros estão sujeitos aos caprichos da sorte" (*Ep.*, 47): conceitos que se repetiram de várias formas na literatura romana, embora nada tivessem de correspondente no direito romano codificado, para o qual o escravo era a "coisa" do patrão. No mundo moderno, foi a filosofia iluminista que mostrou a noção de E. como absurda e repugnante: sua defesa da noção de igualdade significa a condenação da E. em todas as suas formas e graus (cf., p. ex., VOLTAIRE, *Dictionnaire Philosophique*, 1764, artigo "Égalité"). [N.A.]

ESCRITA, ESCRITURA. V. GRAMATOLOGIA.

ESCRÚPULO (in. *Scruple*; fr. *Scrupule*; al. *Skrupel*; it. *Scrupolo*). Hesitação em agir, por incerteza na avaliação da situação, por não se saber se a ação projetada é correta ou não. Esse é o significado dessa palavra em frases como "Ter E." ou "Agir sem E.". *Escrupulosidade*, por outro lado, significa a atitude de quem procede com E., a fim de executar melhor um trabalho ou de desenvolver com mais precisão uma atividade qualquer. [N.A.]

ESFERA (gr. σφαῖρα, σφαῖρος; lat. *Gobus*; in. *Globe*; fr. *Globe*; al. *Sphare*; it. *Sfera*). Segundo os antigos, a figura perfeita, que compreende em si todas as outras figuras e é a imagem da homogeneidade e da perfeição (cf. PLATÃO, *Tim.*, 33 b). Parmênides comparava o ser a uma "E. perfeitamente redonda", porquanto ele é definido por todos os aspectos, sendo igual a si mesmo, de tal modo que em nenhum de seus aspectos é maior ou menor que ele mesmo (*Fr.* 8, 41, Diels). Empédocles chamava de *esfero* a fase perfeita do ser, em que predomina a amizade: "Mas em todos os aspectos era igual e inteiramente infinito, o *esfero* redondo que goza da sua solidão envolvente" (*Fr.* 28, Diels). No Renascimento, Nicolau de Cusa retomou essas especulações, insistindo na perfeição da figura circular (*De docta ignor.*, I, 21) e atribuindo à alma a forma esférica (*De ludo globi*, I). [N.A.]

ESFORÇO (in. *Effort*; fr. *Effort*; al. *Streben*; it. *Sforzo*). Atividade tendente a vencer um obstáculo ou uma resistência qualquer. Essa noção foi introduzida em filosofia por Fichte, que a utilizou para mostrar que a realidade deriva do Eu: "A atividade pura do eu, reentrando em si mesma, em relação a um objeto possível é um E.; aliás, um E. infinito. Esse E. infinito é ao infinito a possibilidade de todo objeto: sem E., não há objeto" (*Wissenschaftslehre*, 1794, § 5, II; trad. it., pp. 213-4). Maine de Biran valeu-se dessa noção e identificou com a experiência imediata do E. tanto o princípio metafísico de causalidade quanto a liberdade do eu. Tomado na origem, E. é liberdade, ou seja, o eu como liberdade; em face da resistência que se lhe opõe, é necessidade (*Fondements de la psychologie*, em *Œuvres*, ed. Naville, II, p. 284). Pode-se considerar esse conceito como uma continuação do conceito mais antigo de *conação, conatus* (v.). [N.A.]

ESLEGE V. SEM-LEI.

ESOTÉRICO, EXOTÉRICO (gr. ἐσωτερικός, ἐξωτερικός; in. *Esoteric, exoteric*; fr. *Ésotérique, éxotérique*; al. *Esoterisch, exoterisch*; it. *Esoterico, essoterico*). O primeiro destes termos encontra-se nos últimos escritores gregos para indicar doutrinas ou ensinamentos reservados aos discípulos de uma escola, que não podiam ser comunicados a estranhos (GALENO, 5, 513; JÂMBLICO, *Comm. math.*, 18). O segundo termo é muitas vezes empregado por Aristóteles (*Pol.*, 1278 b 31; *Met.*, 1076 a 28; *Et. nic.*, 1102 a 26 etc.) para designar suas obras populares, destinadas ao público (em forma de diálogos, dos quais só temos fragmentos), em contraposição aos escritos *acroamáticos*, destinados aos ouvintes, que eram os apontamentos das lições que chegaram até nós (v. ACROAMÁTICO).

O adjetivo esotérico é usado na linguagem comum para designar obras que tratam de ciências ocultas, como magia, astrologia etc. [N.A.]

ESPAÇO (gr. χώρα, τόπος; lat. *Spatium*; in. *Space*; fr. *Espace*; al. *Raum*; it. *Spazio*). A noção de E. deu origem a três problemas diferentes, ou melhor, a três ordens de problemas: 1.ª a respeito da natureza do E.; 2.ª a respeito da realidade do E.; 3.ª a respeito da estrutura métrica do E. A resposta a este último problema só pode ser uma geometria, e as diversas respostas a ele dadas constituem as diferentes geometrias. Para tais respostas, cf. GEOMETRIA.

1.º O primeiro problema concerne ao verdadeiro conceito de E. e é o problema da natureza da exterioridade em geral, ou seja, daquilo que torna possível a relação extrínseca entre os objetos. Einstein, no prefácio a um livro histórico sobre o conceito de E. (MAX JAMMER, *Concepts of Space*, 1954), distinguiu duas teorias fundamentais de E.: *a*) E. como qualidade posicional dos objetos materiais no mundo; *b*) E. como continente de todos os objetos materiais. A esses dois conceitos pode-se acrescentar outro, fundado pelo próprio Einstein: *c*) E. como campo.

a) A primeira concepção é de E. como *lugar* (v.), como posição de um corpo entre outros corpos. Nesse sentido, o E. é definido por Aristóteles como "o limite imóvel que abarca um corpo" (*Fís.*, IV, 4, 212 a 20), definição que Aristóteles reconhece idêntica ao conceito platônico que identificava E. e matéria (*Tim.*, 52 b, 51 a). Segundo esse conceito, não haverá E. onde não houver objeto material; por isso, a tese principal dessa teoria do E. é a inexistência do vazio (cf. ARISTÓTELES, *Fís.*, IV, 8, 214 b 11).

Essa é a teoria que prevalece na Antigüidade e é aceita durante toda a Idade Média até mesmo pelos adversários de Aristóteles (cf. OCKHAM, *Summulae physicorum*, IV, 20; Quodl., I, 4). No Renascimento era defendida por Campanella (*De sensu rerum*, I, 12), sendo aceita e retomada por Descartes nos termos da sua geometria. Entre lugar e E. Descartes estabelecia uma diferença apenas nominal, porquanto "o lugar assinala mais expressamente a situação do que a grandeza ou a figura, e pensamos mais nestas quando falamos do E.". Mas as duas coisas são idênticas: "Se dizemos que uma coisa está em tal lugar, entendemos somente que está situada de tal modo em relação a outras coisas; mas se acrescentamos que ocupa tal E. ou tal lugar, entendemos ademais que ela é de tal grandeza e de tal forma que pode preenchê-lo exatamente" (*Princ. phil.*, II, 14). Descartes negava, portanto, a existência do vazio (*ibid.*, II, 16); assim como a negava Espinosa, que compartilhava da mesma concepção de E. (*Et.*, I, 15, esc.). Leibniz, por sua vez, defendia essa concepção contra Newton e seus seguidores. "Se o E. é uma propriedade ou um atributo, deve ser a propriedade de alguma substância. O E. vazio e limitado, que seus defensores supõem entre os dois corpos, seria propriedade ou afecção de que substância?" (*IVe Lettre à Clarke*, 8; *Op.*, ed. Erdmann, p. 756). Mas a velha concepção encontrava em Leibniz expressão nova e feliz, em termos de noção de ordem, que deveria tornar-se clássica: "Considero o E. (opondo-se a Newton e seus seguidores) como algo puramente relativo, do mesmo modo que o tempo, ou seja, como uma *ordem de coexistências*, assim como o tempo é uma ordem das sucessões. Isso porque o E. caracteriza, em termos de possibilidade, uma ordem de coisas que existem ao mesmo tempo, porquanto existem juntamente, sem entrar em seus modos de existir" (*IIIe Lettre à Clarke*, 4; *Op.*, ed. Erdmann, p. 752). A definição de Leibniz foi retomada por Wolff (*Ont.*, § 589) e por Baumgarten (*Met.*, § 239). O próprio Kant defende-a nas primeiras obras e só resolve abandoná-la em 1768, em *Sobre o primeiro fundamento da distinção das regiões no espaço*. Nessa obra ele declara insuficiente a concepção do E. como ordem de coexistências: "As posições das partes do E. em relação entre si pressupõem a região segundo a qual elas estão ordenadas nessa relação; entendida do modo mais abstrato, a região não consiste na relação que uma coisa tem com outra no E. (o que, propriamente, constitui o conceito de *posição*), mas na relação do sistema dessas posições com o E. cósmico absoluto." Todavia, a concepção posicional do E. nunca é de todo abandonada pelo pensamento filosófico posterior: parece pressuposta nas teorias idealistas do E. (v. a seguir), pelo que se pode extrair do caráter genérico e confuso dos conceitos empregados, e foi defendida com energia e lucidez por Heidegger. Este afirmou que "nem o E. está no sujeito nem o mundo está no E.", mas que o próprio sujeito, ou seja, a realidade humana, o *Dasein*, é espacial em sua natureza. E é espacial porque, como ser-no-mundo, em sua relação com as coisas, é dominado pela proximidade ou pela distância das coisas utilizáveis, por um conjunto de relações possíveis que "a intuição formal" do E. só faz evidenciar nas várias disciplinas geométricas (*Sein und Zeit*, §§ 23-4).

b) A segunda concepção de E. considera-o como o *recipiente* que contém os objetos materiais. Essa concepção nasceu com o atomismo antigo, e sua tese fundamental é a existência do E. vazio e de sua infinidade. Demócrito já expressara essas idéias; afirmava que os átomos se movem no E. vazio e que esse E. é infinito (*Fr.*, 38-40, Diels). Epicuro herdou essa concepção (*Carta a Heródoto*; cf. Diόg. L., X, 67), que era defendida por Lucrécio Caro (*De rer. nat.*, I, pp. 950 ss.). A mesma concepção de E. era compartilhada pelos estóicos, em particular por Zenão (DIÓG. L., VII, 140).

Obliterada durante muito tempo pela concepção aristotélica, essa doutrina volta a apresentar-se no Renascimento. Telésio afirma que o E. deve poder ser receptáculo de qualquer coisa, de tal modo que, estejam as coisas dentro dele ou distantes dele, ele permaneça idêntico e acolha prontamente todas as coisas que se sucedem nele, sendo ao mesmo tempo tão grande quanto as coisas que nele acham lugar. O E., portanto, é infinito e incorpóreo: a existência do vazio é um fato de experiência (*De rer. nat.*, I, 25). A infinidade do E. era definida por Giordano Bruno no mesmo sentido (*De l'infinito, universo e mondi*, I).

Essa concepção de E. prevaleceu na ciência graças a Newton, que dizia: "O E. absoluto, por sua própria natureza, sem relação com algo exterior, é sempre semelhante e imóvel. O E. relativo é a dimensão móvel ou a medida do E. absoluto; nossos sentidos o determinam por sua posição em relação aos corpos, sendo muitas vezes confundido com o E. imóvel; essa é a dimensão de um subterrâneo, de um E. aéreo celeste, determinado pela sua posição em relação à terra. O E. absoluto e o relativo são idênticos em forma e grandeza, mas não permanecem sempre numericamente os mesmos. Porque, por exemplo, se a terra se move, um E. do nosso ar, que, relativamente à terra, continua o mesmo, em certo momento fará parte do E. absoluto que o ar atravessa e, em um outro, será uma outra parte do mesmo E." (*Philosophiae naturalis principia mathematica*, 1687, I, def. 8 esc.). A polêmica de Leibniz contra essa doutrina não conseguiu impedir seu êxito. Quase um século depois, Euler dizia: "Suponhamos que todos os corpos que se acham agora no meu quarto, inclusive o ar, sejam aniquilados pela onipotência divina. Obteremos então um E. que, apesar de ter o mesmo comprimento, a mesma largura e a mesma profundidade de antes, já não contém nenhum corpo. Portanto, aí está, no mínimo, a possibilidade de uma extensão que não é um corpo. Semelhante E. sem corpo é denominado vácuo; o vácuo, portanto, é uma extensão sem corpo" (*Lettres à une princesse d'Allemagne*, 69, de 21-X-1760; trad. it., p. 228). Já se viu que a noção newtoniana de E. acabou prevalecendo (talvez por influência do próprio Euler) na doutrina de Kant. Também prevaleceu em toda a física do século XIX, apesar das freqüentes críticas à parte referente ao E. absoluto. Clerk Maxwell afirmava que "todo o nosso conhecimento tanto do tempo quanto do E. é essencialmente relativo" (*Matter and Motion*, Dover publ., p. 12). Mach falava da "monstruosidade conceitual do E. absoluto" (*Die Mechanik in ihrer Entwicklung*, 1883; 7.ª ed., 1921, p. X). Essa teoria do E. foi, porém, assumida ou pressuposta pela física até Einstein.

c) A terceira concepção fundamental do E. é a de Einstein, que prevalece na física contemporânea. À primeira vista, principalmente ao se considerar só a relatividade restrita, a concepção de Einstein constitui um retorno à teoria clássica do E. como posição ou lugar. Diz Einstein a respeito: "Nosso E. físico, do modo como o concebemos por meio dos objetos e de seu movimento, tem três dimensões, e as posições são caracterizadas por três números. O instante em que se verifica o evento é o quarto número. A cada evento correspondem quatro números determinados e um grupo de quatro números corresponde a um evento determinado. Portanto, o mundo dos eventos constitui um *contínuo quadridimensional*" (EINSTEIN e INFELD, *The Evolution of Physics*, III; trad. it., p. 217). Nesse conceito de E., a novidade parece ser constituída exclusivamente pelo acréscimo da coordenada temporal às coordenadas com que Descartes definia o E. Mas, na relatividade geral, o afastamento dos conceitos tradicionais é mais radical. Aí não tem mais sentido falar de E. sem considerar o *campo*, que é usado para representar os fenômenos físicos. Tanto os fenômenos inerciais quanto os gravitacionais são explicados por mudanças na estrutura métrica do campo: "Em vez de um sistema de referência rígido e fixo (observou-se com justeza), agora se tem a oportunidade de constatar as variações na curvatura do E. ou, o que dá no mesmo, o uso de critérios não euclidianos de medida e de cálculo em diferentes partes do campo como um todo, segundo as variações na densidade da matéria e da energia. Portanto, sem levar em conta o campo, não há nada e, contrariando até mesmo a relatividade restrita, nem sequer o E. vazio. Nesse sentido, o campo, segundo Einstein, substitui como concepção unitária tanto a matéria (ponderável ou imponderável) quanto o E." (M. K. MUNITZ, *Space, Time and Creation*, 1957, VII, I; trad. it., pp. 112-3). Paradoxalmente, portanto, a concepção mais atualizada do E. não é senão a renúncia implícita ao conceito de E. e o encaminhamento para o uso de outros conceitos, menos vinculados a abstrações tradicionais e mais capazes de descrever os resultados da observação.

2.º O problema da realidade do E. deu lugar a três diferentes teses: *a*) da realidade física ou teológica do E.; *b*) da subjetividade do E.; *c*) de que o E. é indiferente ao problema da realidade ou irrealidade.

a) A tese da *realidade* física ou teológica do E. é típica da filosofia antiga. Concebendo o E. como lugar ou posição ou como recipiente, os antigos acreditavam na realidade do E. e consideravam-no um elemento ou uma condição do mundo ou mesmo um atributo de Deus. Enquanto para Platão, para Aristóteles e para os epicuristas o E. é constituinte do mundo, para os neoplatônicos é Deus. Essa concepção é atribuída por Sexto Empírico aos peripatéticos: "Parece que, para os peripatéticos, o primeiro Deus é o lugar de todas as coisas. De fato, segundo Aristóteles, o primeiro Deus é o limite dos céus. [...] E uma vez que o limite dos céus é o lugar de todas as coisas dentro dos céus, Deus será o lugar de todas as coisas" (*Adv. math.*, II, 33). A filosofia judaico-alexandrina adota essa concepção, que reaparece nos livros da Cabala. No século XVII, foi aceita por Campanella (*De sensu rerum*, I, 12), por Henry More (*Enchiridion metaphysicum*, I, 8) e por Espinosa, que concebeu a extensão como um atributo de Deus e afirmou, portanto, que "tudo o que é, é em Deus" (*Et.*, I, 15). O próprio Newton falou do E. como *sensorium*, órgão mediante o qual Deus move as coisas (*Opticks*, III, q. 31; Dover publ., p. 403), conceito criticado longamente por Leibniz em suas cartas a Clarke, mas aceito no século XVIII por vários escritores, inclusive o próprio Clarke. Como última manifestação desse ponto de vista pode-se considerar a doutrina de S. Alexander, segundo a qual o E. e o tempo são a *substância* do universo e de Deus, estando entre si na mesma relação em que o corpo está com o espírito. Desse ponto de vista, o E. seria o "corpo" da realidade, logo de Deus, que está no ápice da realidade (*Space, Time and Deity*, 1920).

b) A tese da subjetividade do E. foi apresentada pela primeira vez por Hobbes, que definiu o E. como "a imagem da coisa existente enquanto existente, ou seja, não se considerando dela outro acidente que não seu aparecer fora do sujeito imaginante" (*De corp.*, VII, § 2). A análise que Locke fez do E. como idéia complexa de *modo* também tem como pressuposto a redução do E. a uma idéia (*Ensaio*, II, 13, 2); essa redução é ainda mais radical em Berkeley, pela sua oposição ao conceito newtoniano de E.: "A consideração filosófica do movimento não implica a existência de um E. absoluto distinto do que é percebido pelos sentidos e relativo aos corpos: está claro que tal coisa não pode existir sem o espírito, considerando os mesmos princípios que demonstram tese semelhante sobre todos os outros objetos dos sentidos" (*Principles of Human Knowledge*, I, 116). Com base no mesmo pressuposto, Hume afirmava que "a idéia de E. ou extensão não é mais que a idéia de pontos visíveis ou tangíveis, distribuídos em certa ordem" e que, portanto, "não podemos fazer idéia do E. ou do vácuo onde nada haja de visível ou tangível" (*Treatise*, I, II, 5, ed. Selby-Bigge, p. 53).

O empirismo havia, assim, afirmado a subjetividade do E., reduzindo-o a um conceito *empírico*, a uma idéia derivada de sensações. Leibniz e seus seguidores, por outro lado, considerando o E. como "a ordem das coexistências", faziam a mesma redução subjetivista, mas chegavam a considerar o E. como um conceito *discursivo*, universal, que exprime as relações das coisas entre si. A essas duas formas de subjetividade, Kant contrapôs a subjetividade *transcendental* do E., segundo a qual ele é a condição da percepção sensível. "O E. é uma representação necessária *a priori*, que serve de fundamento para todas as intuições externas. Nunca se pode formar a representação da inexistência do E., ainda que se possa perfeitamente pensar que no E. não há objeto algum. O E. deve ser, portanto, considerado como a condição da possibilidade dos fenômenos, e não como uma determinação dependente deles; é uma representação *a priori* que está necessariamente no fundamento dos fenômenos externos" (*Crít. R. Pura*, § 2). Nesse sentido, o E. não é nem conceito nem percepção, mas "intuição *a priori*" ou "intuição pura", ou seja, condição de qualquer intuição externa possível. Assim entendido, corresponde exatamente ao "E. absoluto" de Newton, que este entendia como *sensorium* de Deus; para Kant é como o *sensorium* do sujeito cognoscente, isto é, a condição absoluta da possibilidade dos objetos externos.

Na filosofia moderna e contemporânea a tese da subjetividade do E. assume a forma do caráter aparente ou ilusório do E. Idealismo e espiritualismo insistem nessa tese. Hegel afirmava que "o E. é mera forma, uma abstração, uma abstração da exterioridade imediata" (*Enc.*, § 254): o que, todavia, não o impedia de procurar uma demonstração racional da necessidade das três dimensões do E. (*ibid.*, § 255). O idealismo de inspiração hegeliana considera o E. simples, aparência (cf. BRADLEY, *Appearance and Reality*, 1893; GENTILE, *Teoria generale dello spirito*, 1916, cap. IX). E o espiritualismo segue o mesmo caminho quando, com Bergson, vê o E. como a decadência, a dispersão ou a exteriorização da duração real da consciência (*Essai sur les données immédiates de la conscience*, 1889; *Évol. créatr.*, 3.ª ed., 1934, pp. 219 ss.). Teses análogas a essas foram e são freqüentemente repetidas na filosofia contemporânea.

c) A terceira alternativa que o problema da realidade do E. deixou aberta é a rejeição do problema e a afirmação de que o E. não é real nem irreal, embora possa, em alguma das suas determinações métricas, ser empregado na descrição da realidade. Esse ponto de vista começou a amadurecer com a descoberta das geometrias não euclidianas, quando se percebeu a dificuldade de saber se uma dessas geometrias está incorporada na estrutura física do mundo. Embora os matemáticos se tenham pronunciado algumas vezes em favor da resposta positiva a essa questão, optando em sua maioria pela geometria euclidiana, o caráter provisório e parcial dessas respostas mostra, mais do que qualquer outra coisa, a impossibilidade de resolver a questão e induz à adoção do ponto de vista que prescinde dela. Pode-se então afirmar que só motivos de oportunidade científica sugerem o uso de um esquema geométrico particular para a descrição de determinado campo de fenômenos. A esse respeito M. K. Munitz diz o seguinte: "Poderá ser mais conveniente e fecundo usar um esquema métrico e não outro, mas não podemos dizer que são os fatos que nos levam a fazer isso. O problema é o seguinte: a adoção de um valor particular para a curvatura, tomado em conjunção com o resto da teoria, permite-nos fazer inferências corretas a partir de dados fatos para outros fatos? Se a exatidão dos fatos observáveis inferidos for maior quando estabelecidos por uma teoria com sua métrica própria e não por outra, poderemos dizer que 'a métrica do universo é assim e assim'. Esta última expressão não passa de um modo sumário de aludir à superioridade relativa de dada teoria ou modelo do universo" (*Space, Time and Creation*, VII, § 4; trad. it., p. 133). [N.A.]

O problema da realidade do E. parece ser tratado na reflexão mais recente, ainda que com diferentes orientações, com uma predileção pelas soluções objetivistas. É o que ocorre com a teoria da constituição de Husserl (*Ideen zu einer reinen Phänomenologie und phänomenologischen Philosophie*, II, 1952) e com o transcendentalismo de Heidegger, que pode ser interpretado como uma crítica ao subjetivismo (p. ex., o dos espiritualistas): se em *Sein und Zeit* (1927) o E. tem papel deuteragonista em relação ao tempo e aparece como o instrumento do realismo ingênuo, porquanto comprometido com o mito do que é simplesmente dado e da sua utilizabilidade, em *Der Ursprung des Kunstwerk* (1935-1936) a verdade é um E., um "lugar aberto no meio do ente", *Lichtung* (v.), que aparece como disponibilidade ao aparecer dos entes como uma clareira iluminada. Nesse ensaio o E. é essencial em direção à verdade, possibilitando uma presença que não é a da mera *Vorhandenheit*. As investigações de Cassirer pretendem salvar o salvável do transcendentalismo kantiano fazendo a distinção entre o E. da nossa intuição dos objetos e o da sua construção científica, mas reconhecem também a apreensão do E. em geral como "modo primário da experiência", na esteira de uma análise fenomenológica que tem origem em Husserl e no próprio Heidegger. Esse E. mostra-se condição essencial para toda objetivação do espírito numa forma simbólica qualquer: "Não há nenhuma função, nenhuma criação do espírito – escreve Cassirer – que de algum modo não venha a estar em relação com o mundo do E." (*Philosophie der symbolischen Formen*, III, 1923; trad. it., La Nuova Italia, Florença, 1966, p. 200). Mesmo a análise dos estruturalistas, vista como uma topologia, parece ter privilegiado o E. sobre o tempo.

Na reflexão epistemológica, o problema da natureza do E. pareceu cada vez menos separável do problema de sua estrutura métrica, como se evidenciou no debate iniciado depois da formulação da relatividade restrita, que anulara noções como o éter de Maxwell. O E. matemático existe como mero construto intelectual, e, quanto ao E. físico, parece insensato querer explicá-lo sem levar em conta os modelos efetivos de sua realização. Mas a história recente da geometria mostra que o reconhecimento de componentes convencionais na determinação do E. não implica a renúncia ao reconhecimento da realidade desse conceito. A estrutura métrica do E. não pode ser definida por meio da experiência (independentemente das nossas capacidades de visualizar mais ou menos um E. não euclidiano); e a noção de que o E. matemático não é produto do espaço físico emergira já do insucesso das tentativas oitocentistas e do início do século XX de realizar medições (geodésicas, como em Gauss, ou astronômicas, como em Lobachevski) do segundo para calcular sua eventual curvatura. Como, porém, a discussão aberta logo depois da formulação da relatividade geral contribuiu para esclarecer, isso não equivalia a um convencionalismo extremo. Segundo Poincaré (cf. os textos da polêmica com Russell em 1898, na *Revue de Métaphysique et de Morale*), as leis da geometria eram convenções cuja escolha era de todo independente da experiência e levavam a constituir a estrutura métrica do E. que em si é um *continuum* intrinsecamente amorfo; isso, porém, só podia ser afirmado com base em fatos empíricos antecedentes, que subsistiam independentemente da obra do cientista (ou se chegaria ao convencionalismo extremo de Le Roy). No entanto, foi o próprio Einstein (*Geometrie und Erfahrung*, 1921) que afirmou a existência de uma correlação entre o objeto geométrico e o corpo físico, por conseguinte a possibilidade de chegar a escolher com base empírica a própria geometria, determinando de modo satisfatório o corpo rígido. Essa tese, em última análise anticonvencionalista, é reforçada pela interpretação empirista feita por Reichenbach em *Der gegenwärtigen Stand der Relativitätsdiskussion* (1921), em que se afirma que, embora a experiência não possa determinar, no sentido de impor, o modelo de geometria métrica, limita o campo dos modelos admissíveis. Em *Philosophie der Raum-Zeit-Lehre* (1928), Reichenbach adotou, como instrumento para ligar o sistema geométrico matemático ao geométrico físico, a chamada *definição coordenativa de congruência* (nada mais distante do ponto de vista de Newton, para quem o E. absoluto é uma entidade totalmente independente dos corpos materiais usados para medi-lo). Uma vez admitida a definição em questão, a experiência impõe o tipo de geometria métrica adequada: antes dessa admissão não tem nenhum significado a questão sobre o tipo de geometria mais adequada, como não teria sentido perguntar, em sentido absoluto, se Milão é à direita ou à esquerda de Turim. Logo, não se trata tanto de entender se o E. existe ou não, mas sim se possui uma estrutura métrica intrínseca, e a resposta (pelo menos a partir dos estudos de Riemann, que no entanto não aduziu a propósito motivos totalmente corretos) é negativa.

Posição sob alguns aspectos de derivação neoempirista, mas em parcial oposição às teses de Reichenbach, é a de Grünbaum, que em *Philosophical Problems of Space and Time* (1973[2]) ressalta o caráter de convencionalismo lingüístico da adoção de certa teoria do E.; no seu convencionalismo geocronométrico ("não banal"), a convenção que estabelece a congruência no *continuum* espacial não é uma definição de algum modo operacional, e sim uma regra semântica que não liga os termos à base observacional, mas determina por vias hipotéticas o seu significado. Rejeição parcial do convencionalismo encontra-se em Glymour (*The Epistemology of Geometry*, 1977), para quem, entre duas teorias rivais empiricamente equivalentes, a escolha deve voltar-se para a mais bem testada. No entanto, enquanto Glymour admite certa margem de convencionalismo na determinação da evidência e trata os princípios de *preferência* como predominantemente pragmáticos, os realistas extraem dessa argumentação a conclusão de que a teoria assim caracterizada não só é preferível como verdadeira.

Outro mérito de Grünbaum (*The Philosophical Retention of Absolute Space in Einsteins General Theory of Relativity*, 1957) é ter mostrado a duradoura validade da distinção entre relacionismo e absolutismo, defendida com veemência por Earman no influente *Who's Afraid of Absolute Space* (1970) e depois em *Word Enough and Space-Time* (1989), bem como por Sklar em *Absolute Space and the Metaphysics of Theories* (1972), de tal modo que a discussão sobre a ontologia do E. é retomada, dividindo os estudiosos em torno da questão de saber se a topologia e a métrica são ou não noções que podem ser atribuídas significativamente aos objetos individuais separados de qualquer sistema de relações (entre os relacionistas HINKFUSS, *The Existence of Space and Time*, 1975, e BUNGE, *The Furniture of the World*, 1977. Entre os absolutistas, HOOKER, *The Relational Doctrines of Space and Time*, 1971, e NERLICH, *Hands, Knees, and Absolute Space*, 1973. Este último desenvolveu, por sua vez, na esteira das posições kantianas, a teoria dos *objetos enantiomórficos*, que gozam das propriedade espaciais de que gozam independentemente da existência de uma contraparte incôngrua, ou seja, de algum outro objeto físico, mas apenas em relação com as características topológicas do E. continente).

Com a relatividade geral, teve-se a formulação precisa e poderosíssima de uma idéia presente já em Faraday: de que o E., assim como o tempo, não é independente dos objetos corpóreos. A oposição entre espaço-tempo e matéria desvaneceu-se, assim como a oposição entre E. e tempo (v.), essencialmente integrados na explicação do mundo físico (cf. SKLAR, *Philosophy of Physics*, 1992) e, aliás, identificados sem resíduos na teoria do tempo imaginário. Na física relativista, o espaço-tempo é um *continuum* quadridimensional que conjuga as três dimensões do E. com o tempo, a fim de representar geometricamente o movimento. A idéia dessa composição quadridimensional já está presente em Kant (*Dissertação inaugural*, 1770) e em Lagrange, mas a mecânica clássica, assumindo um padrão universal de simultaneidade, pode tratar o E. separadamente do tempo, ao passo que eles estão necessariamente integrados na teoria da relatividade, que critica a noção absoluta de simultaneidade e faz da velocidade da luz uma constante universal. No entanto, a física quântica tende a afirmar a queda do próprio conceito de espaço-tempo: para ela, só a medida determina um estado, e portanto não tem significado o próprio conceito de realidade; como disse Finkelstein (*Cosmological Choices*, 1982), o estado quântico não tem nenhuma característica ontológica, não está correlacionado com nenhum sistema físico individual, e a dependência da realidade em relação à teoria torna-se absoluta.

Nas recentes "teorias de unificação", como a relatividade quântica, em que vale o princípio de indeterminação, nas escalas subatômicas não há nenhum modo de predeterminar, como na própria relatividade geral, o tipo de E. Enquanto nas escalas maiores que a indicada, o E. é de uma variedade (pseudo-)riemanniana, no nosso caso ele assume a sua forma graças aos campos, ou seja, à massa e à energia: por conseguinte poderá ser identificado apenas estatisticamente, dando origem à *geometria flutuante*. Diferentes modelos desta última estão atualmente em vias de elaboração por parte de estudiosos como Ambiorn, Bialas e Jurkiewicz, que aprofundaram o chamado modelo "do polímero ramificado" (1995), além de Kownacki, Krzywicki, Renken e outros. [M.S.]

ESPAÇO VITAL. V. CAMPO.

ESPÉCIE (gr. εἶδος; lat. *Species;* in. *Kind, Species;* fr. *Espèce;* al. *Art, Species;* it. *Specie*). 1. Conceito que é parte ou elemento de outro conceito. Essa palavra foi empregada com tal sentido por Platão (cf. *Sof.*, 235 d, *Teet.*, 178 a etc.), por Aristóteles (*Met.*, X, 7, 1057 b 7; *Cat.* 2 b 7 etc.) e ilustrada em *Isagoge* de Porfírio, que lhe dá a seguinte definição: "A E. é aquilo que se situa sob o gênero e a que o gênero é atribuído essencialmente." E acrescenta: "A E. é o atributo que se aplica essencialmente a uma pluralidade de termos que diferem especificamente entre si", observando-se, porém, que esta última definição só se aplica à "E. especialíssima", que precede imediatamente o indivíduo, como, por exemplo, o conceito de homem (*Isag.*, 4, 10 ss.). Nesse sentido o conceito de E. permaneceu inalterado em toda a lógica tradicional, até que, com a afirmação da lógica matemática, foi substituído pelo conceito de *classe* (v.).

No domínio da biologia, durante algum tempo esse termo teve um significado correspondente ao descrito, entendendo-se por E. um tipo biológico bem definido por características hereditárias e subordinado a um outro tipo mais amplo (*gênero*). Mas na biologia contemporânea os conceitos de gênero e espécie deixaram de referir-se aos significados tradicionais, e por E. entende-se simplesmente uma classe de indivíduos cujos acasalamentos produzem indivíduos férteis, o que não ocorre com híbridos nascidos de acasalamentos entre indivíduos pertencentes a E. diferentes (C. PINCHER, *Evolution*, 1950, p. 21; KALMUS, *Variation and Heredity*, 1957, p. 29).

2. O mesmo que *idéia* no sentido platônico (v. IDÉIA).

3. O mesmo que *forma* no sentido aristotélico (v. FORMA).

4. Em relação ao significado 3 e na linguagem da escolástica medieval, a E. é intermediária do conhecimento, ou seja, o objeto próprio da sensibilidade ou do intelecto, como *forma* que a sensibilidade ou o intelecto abstrai das coisas. Essa doutrina foi expressa com toda a clareza por Tomás de Aquino, que, comentando o trecho do *De anima* (III, 8, 431 b 21), em que Aristóteles diz que "a alma é de certo modo todas as coisas", observa: "Se a alma é todas as coisas, é necessário que ela seja as *próprias coisas,* sensíveis ou inteligíveis – no sentido da afirmação de Empédocles, de que conhecemos a terra com a terra, a água com a água etc. – ou então que ela seja as *espécies.* Mas por certo a alma não é a coisa, pois, por exemplo, na alma não há as pedras, mas a E. da pedra." Ora, a E. é a forma da coisa. Logo, "o intelecto é a potência receptiva de todas as formas inteligíveis, e o sentido é a potência receptiva de todas as formas sensíveis" (cf. também *S. Th.*, I, 2. 84 a, 2). A doutrina da E. ou, como também se diz, da *similitude*, como intermediária entre o objeto e a potência cognitiva humana, predomina durante o período clássico da escolástica: é aceita por Boaventura (*In Sent.*, II, d. 39, a. 1, q. 2) e por Duns Scot (*Op. Ox.*, I, d. 3, q. 7, n. 2, 3, 20), mas é posta de lado pela escolástica do século XIV. Durand de Pourçain (*In Sent.*, II, d. 3, q. 6, n. 10) e Pedro Auréolo (*In Sent.*, I, d. 9, a. 1) negam peremptoriamente a existência da E. e afirmam que o objeto do conhecimento é a própria coisa. Essa doutrina é veementemente ratificada por Ockham com o argumento de que, se a E. fosse o objeto imediato do conhecimento, o conhecimento não seria conhecimento do objeto, mas da sua imagem, assim como a estátua de Hércules não levaria a conhecer Hércules, nem permitiria julgar da sua semelhança com ele se não se conhecesse o próprio Hércules (*In Sent.*, II, q. 14, T). O ponto de vista que permitiu que esses escolásticos abandonassem a noção de E. foi o da *intencionalidade* (v.) do conhecimento, segundo a qual o ato de conhecer é uma relação com o objeto em pessoa. Todavia, a doutrina cartesiana da idéia como objeto imediato do conhecimento pode ser considerada, sob certos aspectos, a retomada da noção escolástica da E. (v. IDÉIA). [N.A.]

ESPECIFICAÇÃO (in. *Specification;* fr. *Spécification;* al. *Spezifikation;* it. *Specificazione*). Kant chamou de "lei transcendental de E." a regra que "impõe ao intelecto procurar sob todas as espécies que se nos deparam certo número de subespécies e, para cada diferença, certo número de diferenças menores" (*Crít. R. Pura,* Apêndice à Dialética transcendental). Essa lei tem o seu correspondente simétrico na *lei da homogeneidade* (v.), segundo a qual o múltiplo deve ser continuamente posto sob gêneros superiores; ambas as leis confluem na lei da *afinidade* (v.) de todos os conceitos, que permite a passagem de um conceito para o outro (*ibid.*). O princípio da E. foi chamado por Hamilton de "Lei de heterogeneidade" (v. HOMOGENEIDADE).

Kant falou também de uma "lei da E. da natureza", segundo a qual a natureza especifica suas leis gerais segundo o princípio de finalidade relativa à nossa faculdade de conhecer. Mas essa lei pertence à esfera do juízo reflexivo, ou seja, não faz parte da natureza, mas simplesmente prescreve uma regra para a sua interpretação (*Crít. do Juízo*, Intr., § V). [N.A.]

ESPECISMO (in. *Speciesism;* it. *Specismo*). Termo polêmico usado por P. Singer (*Animal Liberation,* 1975) e pelos filósofos animalistas para indicar a discriminação dos seres vivos com base na espécie a que pertençam. Discriminação que seria tão grave quanto a distinção dos seres humanos com base na raça (racismo) e no sexo (sexismo) (v. ANIMAL, QUESTÃO; ÉTICA). [G.F.]

ESPECULAÇÃO (gr. θεωρία; lat. *Speculatio;* in. *Speculation;* fr. *Spéculation;* al. *Spekulation;* it. *Speculazione*). O termo tem dois significados: 1º contemplação ou conhecimento desinteressado; 2º conhecimento ultra-empírico ou sem base na experiência. No primeiro significado, a E. se contrapõe à ação; no segundo, à experiência, ou ao conhecimento "natural".

1º Os antigos entenderam por E. a atividade cognitiva não utilizada para um fim qualquer, mas como fim em si mesma. O conceito de E., nesse sentido, foi fixado por Aristóteles, que qualificou de *especulativas* (ou *teóricas*) as ciências naturais, porquanto "consideram a substância que tem em si mesma o princípio do movimento e do repouso". Com efeito, uma ciência desse gênero não é prática nem produtiva. A atividade produtiva tem princípio na mente ou na habilidade do artista, e a atividade prática, na decisão de quem age. "Logo, se todo pensamento é prático, produtivo ou teórico, as ciências naturais são especulativas e consideram o que tem em si capacidade de mover-se" (*Met.*, VI, I, 1025 b 18). O objeto das ciências especulativas é o necessário, visto que só o necessário, que não pode ser diferente do que é, não dá o que fazer ao homem. E só na E. o homem encontra felicidade. "Quanto maior a E., maior também a felicidade, e encontra-se mais felicidade naquilo em que há maior especulação. Isso não acontece por acaso, mas pela própria natureza da E., que tem valor em si mesma, de sorte que a felicidade é uma espécie de E." (*Et. nic.*, X, 8, 1178 b 28).

Essa exaltação da E., que constitui um dos modos fundamentais de entender a função da *filosofia* (v.), foi herdada sobretudo pelo misticismo neoplatônico. Plotino reduziu todas as atividades à E. e afirmou que a própria geração das coisas naturais é E.: E. de Deus (*Enn.*, III, 8, 5). O misticismo medieval identifica E. com contemplação, que é o grau mais alto da ascensão mística antes do êxtase (cf. RICARDO de S. VÍTOR, *De contemplatione,* I, 3), mas Tomás de Aquino a identifica com a meditação, que é o grau anterior (*S. Th.*, II, 2, q. 180, a. 3, ad 2º). Em todos esses usos, todavia, o significado de contemplação desinteressada é predominante e fundamental.

2º Kant introduziu um novo significado do termo, que é o predominante no uso moderno: "O conhecimento teórico é especulativo quando se refere a um objeto ou ao conceito de um objeto a que não se pode chegar com nenhuma experiência. A E. contrapõe-se, por isso, ao conhecimento natural, que só se refere a objetos ou predicados que podem ser dados em uma experiência possível" (*Crít. R. Pura,* O ideal da razão pura, seç.VII). Esse significado permaneceu inalterado na tradição, mesmo porque Hegel o adotou, modificando seu sinal, ou seja, considerando autêntico apenas o conhecimento especulativo. Chamou de *especulativo* ou *positivo racional* o terceiro momento da dialética, o da síntese, em que se tem "a unidade das determinações na sua oposição". Essa unidade significa que "a filosofia nada tem que ver com meras abstrações ou pensamentos formais, mas apenas com pensamentos concretos", ou seja, com pensamentos que são ao mesmo tempo realidades (*ibid.*, § 82). Além disso, é da filosofia especulativa a demonstração da *necessidade* de seus objetos (*Enc.*, § 9). Assim, em Hegel, o adjetivo especulativo indica o ponto de vista que considera a realidade como racionalidade, a racionalidade como real, e ambas como necessidade. O adjetivo que Kant empregava para designar o que está além da experiência possível, portanto do conhecimento efetivo, é usado por Hegel para designar o conhecimento efetivo que, como tal, está além da experiência e das separações que nesta aparecem.

Os significados de E. e de especulativo fixaram-se nessa alternativa. Entende-se por E. um conhecimento que não encontra fundamento ou justificação na experiência ou na observação; por um lado, esse é um motivo para declarar ilusório ou quimérico tal conhecimento, por outro (mas cada vez menos), motivo para julgá-lo superior. [N.A.]

ESPERANÇA (in. *Hope;* fr. *Espérance;* al. *Hoffnung;* it. *Speranza*). 1. Uma das emoções fundamentais (v. EMOÇÃO).

2. Uma das virtudes teologais (v. VIRTUDE). [N.A.]

3. No pensamento de Bloch, o princípio ou a determinação fundamental do homem e da realidade. Bloch viu na E. o impulso primordial da vida, ou seja, a mola que leva o ser humano a transcender o presente em direção ao futuro. Tal impulso, que nasce da incompletude, não é algo puramente humano, mas concerne à própria estrutura do ser: "Expectativa, esperança, intenção em direção a uma possibilidade que ainda não veio a ser são não só uma característica fundamental da consciência humana mas [...] uma determinação fundamental interna à realidade objetiva no seu conjunto" (*Il principio speranza,* 1953-1959, trad. it., Garzanti, Milão, 1994, vol. I, p. 10). Enquanto Bloch fez da E. a categoria básica da filosofia ("a filosofia terá consciência do amanhã, tomará partido pelo futuro, saberá da E., ou não sabe-

rá mais nada", *ibid*.), Moltmann fez dela o princípio inspirador da teologia (*Teologia da esperança*, 1964) (v. TEOLOGIAS, NOVAS). [G.F.]

ESPINOSISMO (in. *Spinozism*; fr. *Spinozisme*; al. *Spinozismus*; it. *Spinozismo*). Doutrina de Baruch Espinosa (1632-1677), nos principais aspectos reconhecidos pela tradição filosófica, que podem ser assim resumidos: 1º unicidade da substância do mundo e sua identificação com Deus, em virtude da qual Espinosa indica a substância com a expressão "*Deus sive natura.*"; 2º *ateísmo* ou, como também se diz (com Hegel), *acosmismo* (v.), segundo o qual Deus é o princípio e a ordem do mundo; 3º o *necessitarismo*, segundo o qual todas as coisas derivam por absoluta necessidade da substância divina; 4º o *geometrismo*, afirmação do caráter geométrico da necessidade cósmica que é o modelo do método geométrico da filosofia; 5º redução da liberdade humana ao reconhecimento e à aceitação da necessidade da ordem cósmica; 6º defesa da liberdade filosófica e religiosa do homem, fundada na redução da fé religiosa à obediência (v. FÉ). [N.A.]

ESPIRITISMO (in. *Spiritism*; fr. *Spiritisme*; al. *Spiritismus*; it. *Spiritismo*). Crença em fenômenos mentais ou naturais não explicáveis por métodos comuns ou científicos e que devem ser atribuídos à ação de *espíritos*, sejam estes almas de pessoas mortas ou potências angélicas ou demoníacas (v. METAPSÍQUICA). [N.A.]

ESPÍRITO (in. *Mind, Spirit*; fr. *Esprit*; al. *Geist*; it. *Spirito*). Podem-se distinguir os seguintes significados:

1º *Alma racional* ou *intelecto* (v.) em geral; esse é o significado predominante na filosofia moderna e contemporânea, bem como na linguagem comum.

2º *Pneuma* (v.) ou sopro animador, admitido pela física estóica, passando desta a várias doutrinas antigas e modernas. É o significado originário do termo, do qual derivaram todos os outros. Esse significado ainda permanece nas expressões em que E. significa "aquilo que vivifica". Kant usou o termo nesse sentido em sua teoria estética: "No significado estético, E. é o princípio vivificante do sentimento. Mas aquilo com que esse princípio vivifica a alma, a matéria de que se serve, é o que confere impulso finalista à faculdade do sentimento e a insere num jogo que se alimenta de si mesmo e fortifica as faculdades de que resulta" (*Crít. do Juízo*, § 49; *Antr.*, § 71 b). Foi com esse sentido que a palavra E. permaneceu no uso corrente, em que às vezes se contrapõe a "letra", para indicar o que vivifica ou, sem metáfora, o significado autêntico de alguma coisa. Nesse sentido, foi também empregada por Montesquieu no título da sua obra, *O E. das leis*.

3º Substâncias incorpóreas, ou seja, anjos, demônios e almas dos mortos. Era nesse sentido que Locke empregava a palavra *spirit* (reservando *mind* a E. no significado 1º) e dizia: "Com exceção de algumas pouquíssimas idéias que obtemos mediante a reflexão e tudo o que, a partir delas, podemos reunir a respeito do Pai de todos os E., o eterno e independente autor deles, de nós e de todas as coisas, até mesmo da existência de outros E., não temos informação segura a não ser por via de revelação" (*Ensaio*, IV, 3, 27). E Kant, em *Sonhos de um visionário esclarecidos por sonhos da metafísica* (1766), entendia *Geist* no mesmo sentido: "E. é um ser dotado de razão. Não é, pois, um dom maravilhoso ver E., já que quem vê homens vê seres dotados de razão. Mas prossigamos: esse ser que no homem é dotado de razão é apenas uma parte do homem; e essa parte, que o vivifica, é um E." (*Träume eines Geistersehers*, I, 1). Como Locke, Kant é cético sobre a existência do E. nesse sentido e, em todo caso, julga impossível demonstrá-la. Também com esse sentido, a palavra E. permaneceu no uso corrente (v. ANJOS; DEMÔNIO; ESPIRITISMO).

4º Matéria sutil ou impalpável que é a força animadora das coisas. Esse significado, derivado do estoicismo, encontra-se com freqüência nos magos do Renascimento, sobretudo em Agripa (*De occulta philosophia*, I, 14) e em Paracelso (*Meteor.*, pp. 79 ss.).

5º Em relação mais estreita com o significado 1º, esse termo às vezes significa *disposição* (v.) ou *atitude* (v.), como nas célebres expressões de Pascal "E. de geometria" e "E. de finura" e em expressões correntes como "E. religioso", "E. esportivo" etc.

Desses cinco significados, o único estritamente vinculado à problemática da filosofia moderna é o primeiro. Foi Descartes quem introduziu e impôs esse significado. "Portanto, a rigor, não sou mais que uma coisa que pensa, um E., um intelecto ou uma razão, termos cujo significado antes me era desconhecido" (*Méd.*, II). E na resposta às segundas objeções ele esclarece, em forma de definição, o significado do termo: "A substância na qual reside imediatamente o pensamento aqui é chamada de *espírito*. Embora esse nome seja equívoco, porque às vezes é atribuído também ao vento e a humores sutilíssimos, não conheço nenhum outro mais apropriado" (*II Rép.*, def. VI). Embora nessa expressão de Descartes a noção de substância sirva de intermediária entre o significado novo e o antigo (substância incorpórea) do termo, seu uso em Descartes acaba por torná-la equivalente a consciência. Substância pensante, consciência, intelecto ou razão são, portanto, sinônimos de espírito. Locke, como se disse, usava o termo *mind* no mesmo sentido (cf., p. ex., *Ensaio*, II, 1, 5). Leibniz dizia: "O conhecimento das verdades necessárias e eternas é o que nos distingue dos simples animais e nos dota de razão e ciência, elevando-nos ao conhecimento de nós mesmos e de Deus. É isso o que em nós se chama alma racional ou E." (*Monad.*, § 29). Berkeley, por sua vez, adotou esse termo e estabeleceu suas equivalências: "Esse ser ativo e perceptivo é o que chamo de *mind, spirit, soul* (alma) ou *myself* (eu)" (*Principles of Human Knowledge*, I, § 2). Hume entendia esse termo como alma, intelecto ou eu (*Treatise*, I, 4, 2, ed. Selby-Bigge, p. 207). Essas equivalências mantêm-se constantes no uso posterior do termo: assim, os problemas a que ele dá origem são os vinculados às noções de *alma, consciência, intelecto, razão* e *eu*. Nesses verbetes, encontrar-se-á a indicação dos problemas que tiveram origem na noção de E. em suas diversas especificações. Aqui basta recordar que alguns dos empregos paradoxais às vezes encontrados na filosofia contemporânea se referem na realidade ao significado tradicional instituído por Descartes. Assim, quando L. Klages contrapôs E. a alma, entendeu por E. o conjunto de atividades racionais, confrontadas com as tendências instintivas representadas pela alma (*Der Geist als Widersacher der Seele*, 1929). Por outro lado, G. Santayana entendeu E. no sentido – também cartesiano – de consciência: "Por E. entendo não só a intuição passiva implícita em ser dado de essência, mas também o entendimento e a crença que pode acompanhar a presença da essência" (*Scepticism and Animal Faith*, cap. 26, Dover Publ., p. 272). De resto, chega a ser supérfluo advertir que, na expressão "ciências do E.", difundida por Dilthey, entende-se por E. a atividade racional do homem (v. CIÊNCIAS, CLASSIFICAÇÃO DAS).

Foi só com Hegel que se teve uma especificação diferente da noção de E., com as noções de E. *objetivo* e E. *absoluto*. Se por E. *subjetivo* ele entende o E. finito, ou seja, alma, intelecto ou razão (E. no significado cartesiano do termo) (*Enc.*, § 386), por E. *objetivo* ele entende as *instituições* fundamentais do mundo humano, quais sejam, direito, moralidade e eticidade, e por E. *absoluto* entende o mundo da arte, da religião e da filosofia. Nessas duas concepções, o E. deixou de ser atividade subjetiva para tornar-se realidade histórica, mundo de valores. Enquanto E. objetivo é o mundo das instituições jurídicas, sociais e históricas que culmina na *eticidade* (que compreende as três principais instituições históricas: família, sociedade civil e Estado), E. absoluto é o mundo da Autoconsciência, que se revela a si mesma nas produções superiores, que são a arte, a religião e a filosofia (*ibid.*, §§ 486, 553). Para Hegel, as três formas de E. são manifestações da Idéia, da Razão infinita, mas é só no E. objetivo e no E. absoluto que a Idéia ou Razão se realiza plenamente ou chega à manifestação acabada ou adequada. Essas noções caracterizam o idealismo romântico de inspiração hegeliana, que identificou E. com sujeito absoluto ou eu universal, como o fez Gentile (*Teoria generale dello S.*, 1920), ou com Conceito, em sua universalidade ou concretude, que é a Razão absoluta, como o fez Croce (*Logica*, 1920, pp. 26 ss.).

Mesmo fora do idealismo, todavia, a noção do E. objetivo, como mundo de instituições histórico-sociais, de valores institucionalizados ou de formas de vida, foi acolhida e estudada. De fato, foi aceita por Dilthey, que por ela entendeu "a conexão estrutural das unidades vivas, que continua nas comunidades" e criticou o caráter absoluto e dogmático dessa noção em Hegel (*Gesammelte Schriften*, VII, p. 150; cf. P. ROSSE, *Lo storicismo tedesco contemporaneo* 1956, pp. 104-5). Nesse sentido limitado, a noção foi aceita por E. Spranger, que entendeu como ciência do E. a disciplina que cuida das formações ultrapessoais ou coletivas da vida histórica (*Lebensformen*, 1914, p. 7). Foi aceita igualmente por N. Hartmann, que considerou o E. objetivo como uma *superestrutura* que se eleva acima do mundo orgânico. Ao E. objetivo pertenceriam todas as produções espirituais: letras, artes, técnicas, religiões, mitos, ciências, filosofias etc. Ele é o verdadeiro protagonista da história, segundo Hartmann (*Das Problem des geistigen Seins*, 1931, p. 262). Acima do E. Objetivo, Hartmann situa o E. *vivo*, que seria a unidade do E. objetivo e da consciência pessoal (*ibid.*, p. 259). Por certo Hartmann ainda está muito próximo da inspiração hegeliana. Mas o caráter impessoal e objetivo do E. também é ressaltado por Dewey, que parte de pressupostos filosóficos diferentes: "Toda a história da ciência, da arte e da moral demonstra que o E. que aparece nos indivíduos não é, como tal, E. individual. É em si mesmo um sistema de crenças, de reconhecimentos e de ignorâncias, de aceitações e de recusas, de expectativas e de apreciações de significados, e foi instituído sob a influência do costume e da tradição" (*Experience and Nature*, 1926, p. 218). [N.A.]

Lévi-Strauss usa o conceito de "E. humano" para designar o conjunto de formas ou categorias invariantes que, desde a noite dos tempos, regem os trabalhos e os dias do homem, constituindo, em seu todo, a estrutura inconsciente de todas as culturas (*Le strutture elementari della parentela*, 1949, trad. it., Feltrinelli, Milão, 1969, pp. 150 e 160; cf. *Antropologia strutturale*, 1958, trad. it., Il Saggiatore, Milão, 1966, p. 87). [G.F.]

ESPÍRITO NACIONAL (in. *National spirit*; fr. *Esprit d'une nation*; al. *Volksgeist*; it. *Spirito nazionale*). Conceito introduzido por Montesquieu, que exprime o caráter fundamental da nação como resultante de uma multiplicidade de fatores. Diz Montesquieu: "Muitas coisas conduzem os homens: o clima, a religião, as leis, os princípios de governo, as tradições, os costumes, os usos; a partir daí se forma o *E. geral*, que é seu resultado" (*Esprit des lois*, 1748, XIX, 4). Em outro trecho, Montesquieu chama o E. nacional de "alma universal" (*Mélanges inédits*, p. 160), mas, em todo caso, estava bem longe de transformar esse conceito numa realidade em si. Esse passo foi dado por Hegel, que concebeu o E. nacional como o verdadeiro sujeito da história: "O E. da história é um indivíduo de natureza universal mas determinado: em geral, uma nação; o E. de que tratamos é o E. da nação. Os E. das nações distinguem-se conforme a idéia que fazem de si mesmos, conforme a superficialidade ou a profundidade com que compreenderam e aprofundaram o que é o E." (*Philosophie der Geschichte*, ed. Lasson, p. 36; trad. it., I, p. 43). Periodicamente, determinado E. nacional assume o papel de "E. do mundo" (*Weltgeist*), de guia e sujeito único da história. "O *Weltgeist* é o E. do mundo, tal como ocorre na consciência humana; os homens estão para ele como as realidades singulares estão para a totalidade que as consubstancia. E esse E. do mundo conforma-se ao E. divino, que é o E. absoluto. Assim como Deus é onipresente, está em todos os homens, aparece na consciência de cada um, isso é o E. do mundo" (*ibid.*, p. 37; trad. it., p. 44). A noção de E. do mundo foi muito repetida e em geral se encontra em todas as concepções providencialistas de *história* (v.). [N.A.]

ESPIRITUALISMO (in. *Spiritualism, Personalism*; fr. *Spiritualisme*; al. *Spiritualismus*; it. *Spiritualismo*). Entende-se por esse termo toda doutrina que pratique a filosofia como análise da *consciência* (v.) ou que, em geral, pretenda extrair da consciência os dados da pesquisa filosófica ou científica. Essa palavra começou a ser utilizada no século passado por V. Cousin que, no prefácio à edição de 1853 de sua obra *Du vrai, du beau et du bien*, assim escrevia: "Nossa verdadeira doutrina, nossa verdadeira bandeira é o E., essa filosofia tão sólida quanto generosa, que começa em Sócrates e Platão, que o Evangelho difundiu pelo mundo, que Descartes colocou nas formas severas do pensamento moderno, que no século XVII foi uma das glórias e das forças da pátria, que pereceu com a grandeza nacional no século XVIII e que no início deste século Royer Collard reabilitou no ensino público, enquanto Chateaubriand e Madame de Staël a transportavam para a literatura e para a arte. [...] Essa filosofia ensina a espiritualidade da alma, a liberdade e a responsabilidade das ações humanas, as obrigações morais, a virtude desinteressada, a dignidade da justiça, a beleza da caridade; e além dos limites deste mundo mostra um Deus, autor e modelo da humanidade, que, depois de tê-la criado evidentemente para um propósito excelente, não a abandonará no desenrolar misterioso de seu destino. Essa filosofia é a aliada natural de todas as causas justas. Sustenta o sentimento religioso, favorece a verdadeira arte, a poesia digna desse nome, a grande literatura; é o apoio do direito; rejeita igualmente a demagogia e a tirania etc." Esse programa do E., magistralmente delineado por Cousin, foi adotado por todas as numerosíssimas formas assumidas por essa corrente filosófica na filosofia moderna e contemporânea. O apoio às "boas causas", isto é, aos valores morais, políticos, sociais e religiosos da tradição, continuou sendo preocupação constante do E., que, sob esse aspecto, tem o comportamento e a natureza de uma *escolástica* (v.). O meio de realizar seu programa foi também indicado por Cousin: o recurso à consciência, à reflexão interior ou introspecção para o inventário dos dados indispensáveis à especulação. O recurso à consciência, como o próprio Cousin observava, vincula o E. ao idealismo romântico, mas este não compartilha com o idealismo romântico a identificação entre consciência finita (humana) e Consciência infinita (divina). Como defensor da teologia cristã tradicional (a principal das suas "boas causas"), o E. não admite essa identificação, que lembra *panteísmo* ou *ateísmo* (v.).

A figura principal do E. do século XIX é Maine de Biran (1766-1824); a figura principal do E. do século XX é Henri Bergson (1859-1941). O E. tem congenialidade com a filosofia francesa, que hauriu em Montaigne e Pascal a prática de filosofar como interrogação da consciência. Mas em todos os países suas manifestações são numerosas, conquanto não muito diferentes. As grandes figuras da filosofia do *risorgimento* italiano, Galluppi, Rosmini, Gioberti e Mazzini, inspiraram-se na tradição espiritualista. Na Alemanha, a obra de Hermann Lotze inspirou e conduziu a retomada do E., e a obra *Microcosmo*, desse autor, pode-se dizer que constitui o epítome do E. oitocentista, defendido de forma inteligente contra o cientificismo positivista. No mundo contemporâneo, a obra de Bergson renovou o E. ao ir ao encontro, na medida do possível, das exigências da ciência e ao reapresentar suas teses fundamentais sobre problemas específicos, como liberdade, alma, vida, moralidade, religião etc. Em todas as suas formas, porém, o E. tem em comum algumas teses fundamentais, que derivam do seu conceito da filosofia como análise da consciência e podem ser assim resumidas:

1ª negação da realidade do mundo externo, ou seja, o idealismo gnosiológico. Essa negação pode ser mais ou menos condicionada ou indireta, mas em última análise é inevitável, porque uma realidade exterior à consciência seria, por definição, inacessível a esta e contradiria o compromisso metodológico do espiritualismo. Logo, direta ou indiretamente, essa doutrina reduz a realidade a objeto imediato da consciência;

2.ª conseqüente redução da ciência a conhecimento falso, imperfeito ou preparatório. Os espiritualistas mais avisados, como Lotze e Bergson, reduziram a ciência a conhecimento preparatório;

3.ª inventário, na consciência, de dados aptos a construir o mundo da natureza e o mundo da história em seu caráter finalista ou providencial;

4.ª inventário, na consciência – e, portanto, no mundo da natureza e da história –, de dados que remontariam a Deus ou a um princípio divino em alguma de suas especificações que se ajustasse à tradição teológica do cristianismo;

5.ª defesa da tradição e das instituições em que a tradição se encarna, porquanto a tradição é interpretada como manifestação no mundo humano do mesmo princípio divino que se revela na consciência. A defesa das "boas causas", de que falava Cousin, na maioria das vezes se traduz em conservadorismo político. [N.A.]

A partir da década de 1930, o E. teve nova difusão na França (onde, com a obra de L. Lavelle e R. Le Senne, encontrou-se/chocou-se com o existencialismo) e na Itália (onde, com o chamado "espiritualismo cristão" de A. Carlini, L. Stefanini, M. F. Sciacca, A. Guzzo, R. Lazzarini etc., encontrou-se/chocou-se com o neo-idealismo, diferenciando-se ao mesmo tempo do realismo neo-escolástico). L. Pareyson, pelo menos em certo período, também acreditou que o existencialismo estava destinado a negar-se como existencialismo e a resolver-se necessariamente num E. "intimamente renovado ou modernizado". No entanto, depois esclarece que a sua problemática nunca foi "realmente atualista nem espiritualista, mas sempre nitidamente existencialista" (*Esistenza e persona*, 4.ª ed., Il Melangolo, Gênova, 1985, pp. 276-7). [G.F.]

ESPONTANEIDADE (lat. *Spontaneitas*; in. *Spontaneity*; fr. *Spontanéité*; al. *Spontaneität*; it. *Spontaneità*). O adjetivo *spontaneus* não passa da tradução latina de ἑκούσιος, que significa livre. Leibniz, que introduziu esse termo na linguagem filosófica moderna, indica corretamente sua origem e significado: "Aristóteles definiu bem a espontaneidade ao dizer que uma ação é espontânea quando seu princípio está no agente. *Spontaneum est, cuius principium est in agente* (*Et. nic.*, III, 1, 1110 a 17). É assim que nossas ações e nossas vontades dependem inteiramente de nós" (*Théod.*, III, § 301). Em certo trecho, ele distingue liberdade de E., dizendo que "a liberdade é a E. de quem é inteligente, de tal modo que o espontâneo no animal ou em outra substância desprovida de inteligência eleva-se no homem ou em outra substância inteligente e chama-se livre" (*Op.*, ed. Erdmann, p. 669). Mas, levando em conta ou não essa distinção, a E. não é mais que o conceito clássico da liberdade como *causa sui*: o que também deixa clara a definição de Wolff, segundo a qual ela é "o princípio intrínseco para determinar-se a agir" (*Psychol. empirica*, § 933). No mesmo significado, Kant falou do intelecto como "E. do conhecimento" enquanto "faculdade de *produzir por si* representações" (*Crít. R. Pura*, Lógica transcendental, Intr., I). Nesse sentido, opõe-se a *receptividade* (v.) ou *passividade* (v.) sendo sinônimo de *atividade*, termo hoje mais freqüentemente empregado para indicar um processo ou uma mudança que é *causa sui*, ou seja, que não tem causa fora de si. Também Heidegger entendeu a E. como liberdade; para isso, identificou-a com a transcendência em que consiste a liberdade finita do homem: "A essência do si-mesmo (a *ipseidade*), a essência daquele si-mesmo que jaz no fundo de toda E., consiste na transcendência. [...] Só porque constitui a transcendência, a liberdade pode revelar-se, no *Dasein* (ser aí) existente, como modo particular de causalidade, isto é, como autocausalidade" (*Vom Wesen des Grundes*, 1929, III; trad. it., p. 65). [N.A.]

ESQUECIMENTO DO SER (al. *Seinsvergessenheit*; it. *Oblio dell'essere*). Expressão usada por Heidegger para indicar "o evento da metafísica", ou seja, "O E. da diferença entre o ser e o ente" (*Sentieri interrotti*, 1950, trad. it., La Nuova Italia, Florença, 1968, 1984, p. 340). Tal E. "em que tem lugar e se decide a história ocidental do mundo" (*ib.*) brota do próprio Destino do ser, que enquanto se revela (no ente) se esconde (em si mesmo), dando assim lugar às várias épocas históricas (v. DESTINO; EPOCHÉ). Segue-se que a *Seinsvergessenheit* não é devida a uma espécie de "erro" ou de negligência do homem – como se o ser fosse comparável a "um guarda-chuva que um desmemoriado professor de filosofia deixou em algum lugar" – mas faz parte da "coisa" mesma do ser e "domina como destino da sua essência" (*La questione dell'essere*, 1955, em *Segnavia*, 1967, trad. it., Adelphi, Milão, 1987, p. 364). Em outros termos, o E. do ser (e o E. desse E.) é algo que "acontece" a partir do ser e *em virtude* do ser (v. SER; LICHTUNG; METAFÍSICA; NIILISMO; VERWINDUNG). [G.F.]

ESQUEMA (gr. σχῆμα; in. *Scheme*; fr. *Schéma*; al. *Schema*; it. *Schema*). 1. Essa palavra costuma ser empregada pelos filósofos com o significado simples de forma ou figura. Foi Kant quem deu sentido específico a esse termo, entendendo-o como intermediário entre as categorias e o dado sensível; esse intermediário teria a função de eliminar a heterogeneidade dos dois elementos da síntese, sendo geral como a categoria e temporal como o conteúdo da experiência. Nesse sentido o E. ou, mais precisamente, o *E. transcendental*, é "a representação de um procedimento geral graças ao qual a imaginação oferece sua imagem a um conceito" (*Crít. R. Pura*, Anal. dos princ., cap. I). Kant distingue vários tipos de E., segundo os quatro grupos de categorias, e inclui neles o número (E. da quantidade) e a coisalidade (E. da qualidade). Em geral, os E. são determinações do tempo e constituem, por isso, fenômenos ou conceitos sensíveis de objetos de acordo com uma categoria determinada (*ibid.*, Anal. dos princ., cap. I). O E. foi entendido por Schelling de modo semelhante, distinguindo-se de imagem (em relação à qual é mais geral) e de símbolo; para Schelling, E. era a "a intuição da regra segundo a qual o objeto pode ser produzido", esclarecendo-se essa noção com o exemplo do artífice que deve criar um objeto de forma determinada e em conformidade com um conceito (*System des transzendentalen Idealismus*, 1800, III, cap. II, 3ª época; trad. it., p. 183). Esse significado atribuído por Kant e Schelling é o único significado técnico dessa palavra, que às vezes ainda reaparece (cf., p. ex., LEWIS, *An Analysis of Knowledge and Valuation*, p. 134). Fora dele, esse termo significa simplesmente modelo, imagem geral, forma (como ocorre, p. ex., em BERGSON, *Matière et mémoire*, pp. 130 ss.; *Énergie spirituelle*, p. 161; *La pensée et le mouvant*, p. 216) ou projeto geral. [N.A.]

O conceito de E. como instrumento formal apto à elaboração da experiência foi utilizado na filosofia analítica para indicar todas as filosofias para as quais o conhecimento surge do sincretismo entre forma e conteúdo. Entre estas últimas podem ser arroladas o neokantismo nas suas várias versões, as próprias teorias lingüísticas de Whorf que atribuem à linguagem uma categorização da experiência, a gnosiologia neo-empirista e, mais recentemente, a epistemologia de Kuhn ou a teoria das modalidades de Hintikka. Contra essa atitude, Davidson *a)* contestou a possibilidade de separar forma e conteúdo, *b)* refutou a tese da intraduzibilidade de E. diferentes (*On the Very Idea of a Conceptual Scheme*, 1974). Isto porque: *a)* a idéia de que é possível receber um conteúdo "neutro", "uma fonte não interpretada de evidências" por se integrar numa forma previamente constituída constitui o "terceiro dogma do empirismo" e é insustentável à luz do holismo, que Davidson comunga com Quine, para o qual é impossível separar a contribuição da linguagem da contribuição da experiência. *b)* Se duas visões diferentes do mundo, que são sempre veiculadas por uma linguagem, fossem deveras absolutamente intraduzíveis uma pela outra, então, estando numa delas, não nos daríamos sequer conta de que a outra é uma visão do mundo caracterizada lingüisticamente. Portanto, não são possíveis E. conceituais radicalmente alternativos porque inconcebíveis. Contestando o conceito davidsoniano de traduzibilidade, Rescher (*Conceptual Schemes*, 1980) reabilita a noção de E. a favor de um pluralismo de pontos de vista cognitivos que não levem nem ao relativismo temido por Davidson, nem à "perda do mundo" que, segundo Rorty, ocorre porque continua a existir sempre um ponto de vista ou E. privilegiado, não no sentido de ser o melhor, mas por ser imprescindível: o nosso.

2. Em lógica, entende-se por E. uma fórmula em que as variáveis são substituídas por letras "esquemáticas" ou, menos freqüentemente, por espaços vazios. Amplo estudo do assunto encontra-se em *Methods of Logic* (1959), de Quine. [M.S.]

ESQUEMA L. V. OUTRO.

ESQUEMATISMO (gr. σχηματισμός; in. *Schematism*; fr. *Schématisme*; al. *Schematismus*; it. *Schematismo*). 1. Configuração ou estrutura. Esse é o significado comum do termo grego, a que Bacon se referiu quando falou do *E. latente* como de um dos dois aspectos fundamentais dos fenômenos naturais (o outro é o *processo latente* ou processo para a forma). Por latente Bacon entendeu a configuração ou estrutura dos corpos considerados estaticamente (*De augm. scient.*, II, 1), de sorte que o estudo do E. foi comparado por ele ao que é a anatomia para os corpos orgânicos (*Nov. Org.*, 11, 7).

2. Kant entendeu por E. "comportamento intelectual por esquemas" (*Crít. R. Pura*, Anal. dos princ., cap. I), e Schelling usava essa palavra em sentido análogo (*System des transzendentalen Idealismus*, III, cap. II, 3ª época). [N.A.]

ESQUERDA HEGELIANA (in. *Hegelian left*; fr. *Gauche hegélienne*; al. *Hegelsche Linke*; it. *Sinistra hegeliana*). Enquanto a *direita hegeliana* (v.) é a escolástica do hegelianismo, a E. hegeliana tende a contrapor à doutrina de Hegel os traços ou as características do homem que nela não foram adequadamente reconhecidos. No plano religioso, essa tendência abre caminho para a crítica radical dos textos bíblicos e para a tentativa de reduzir a mito toda a doutrina da religião (David Strauss, 1808-1874). A religião era considerada por Ludwig Feuerbach (1804-1872) como "a autoconsciência do homem, ou seja, como a projeção na divindade do que o homem quer ser". No plano histórico-político, a E. hegeliana contrapôs à concepção hegeliana da história como racionalidade absoluta a interpretação materialista, que considera a história em função das necessidades humanas (K. MARX, 1818-1883; F. ENGELS, 1820-1895) (v. MATERIALISMO HISTÓRICO). [N.A.]

ESSÊNCIA (gr. τί ἐστιν; lat. *Essentia*; in. *Essence*; fr. *Essence*; al. *Wesen*; it. *Essenza*). Por este termo, entende-se em geral qualquer resposta à pergunta: *o quê?* Por exemplo, nas expressões "Quem foi Sócrates? Um filósofo", "O que é o açúcar? Uma coisa branca e doce", "O que é o homem? Um animal racional", as palavras "um filósofo", "uma coisa branca e doce", "um animal racional" exprimem a E. das coisas a que se faz referência nas respectivas perguntas. Algumas dessas respostas limitam-se a indicar uma qualidade do objeto (p. ex., a de ser branco e doce), ou um caráter (como o de ser filósofo) que o objeto também poderia não ter. Outras, como, por exemplo, a que afirma que o homem é um animal racional, parecem indicar algo a mais, um caráter que qualquer coisa chamada "homem" não pode não possuir e que, por isso, é um caráter *necessário* do objeto definido. Nesse último caso, a resposta à pergunta "o quê?" não enunciou simplesmente a E. da coisa, mas sua E. *necessária* ou sua *substância* e pode ser assumida como sua *definição.* Portanto, deve-se distinguir: 1º a E. de uma coisa, que é qualquer resposta que se possa dar à pergunta "o quê?" 2º a *E. necessária ou substância,* que é a resposta (à mesma pergunta) que enuncia o que a coisa não pode não ser e que é o *porquê* da coisa, como quando se diz que o homem é um animal racional, pretendendo-se dizer que o homem é homem porque é racional.

Os fundamentos que expusemos foram estabelecidos pela primeira vez por Aristóteles, que é o fundador da teoria da E., assim como é fundador da teoria da substância. É verdade que Aristóteles encontrava os precedentes dessa teoria em Platão, que por sua vez a atribuía a Sócrates. "Enquanto eu te pedia que me definisses a virtude inteira", censura Sócrates a Mênon, "tu evitas dizer-me *o que* ela é e afirmas que toda ação é virtude, se realizada com uma parte de virtude, como se tu já houvesses dito *o que* é a virtude na sua inteireza e eu devesse reconhecê-la mesmo depois de a reduzires a cacos" (*Men.*, 79 b). Nessas palavras, exigir que Mênon diga o que é a virtude em sua inteireza é exigir que ele enuncie a *E. necessária,* ou o que a virtude não pode não ser em qualquer circunstância. É a isso, exatamente, que Aristóteles dará o nome de substância. Mas nem toda E., ou seja, nem toda resposta à pergunta "o quê?" é uma definição desse tipo. Diz Aristóteles: "Quem indica a E. ora indica a substância, ora uma qualidade, ora uma de outras categorias. Quando, referindo-se a um homem, se diz que ele é um homem ou um animal, entende-se sua E. como substância. Mas, quando, referindo-se à cor branca, diz-se que é branca ou é uma cor, entende-se a E. como qualidade. Igualmente, quando se faz referência à grandeza de um côvado, afirmando que ela é a grandeza de um côvado, entende-se que sua E. é quantidade. O mesmo se diga nos outros casos" (*Top.*, I, 9, 103 b 27). Em outro trecho, Aristóteles contrapõe nitidamente a E. substancial à E.: "O enunciado sempre se refere a alguma coisa, assim como a afirmação, e é sempre verdadeiro ou falso; mas o intelecto não é assim, sendo verdadeiro quando enuncia a *E.* segundo a *E. substancial,* e não verdadeiro quando a enuncia relativamente a alguma coisa" (*De an.*, III, 6, 430 b 26). Com isso, ele não põe no mesmo plano todas as respostas que podem ser dadas à pergunta *"o quê?"* Se à pergunta "O que és?" um homem responde "músico", sua resposta não exprime realmente o que ele é por si mesmo, sempre e necessariamente, ou seja, na sua substância. De fato, ele poderia muitíssimo bem não ser músico, e, havendo começado a sê-lo, pode deixar de sê-lo. Mas, se responder que é "um animal racional", então estará expressando o que não pode não ser ou o que é necessariamente como homem. Exprime, portanto, o que Aristóteles chama de *to ti en einai* (*quod quid erat esse*), que é a substância considerada à parte de seu aspecto material (*Met.*, VII, 7, 1032 b 14). Esta segunda resposta é a única que pode valer como *definição* da E. do homem, ao passo que todas as outras possíveis determinações de E. não valem como definição porque não dizem o que o homem é de per si ou necessariamente (*ibid.*, VII, 4, 1029 b 13). Também por isso só a E. necessária ou substância é o verdadeiro objeto do saber ou da ciência. Sobre estes fundamentos Aristóteles assenta a estrutura necessária da realidade, que é o objeto específico da teoria da *substância* (v.).

As considerações precedentes mostram que a teoria da E., embora diferente da teoria da substância, pode conduzir a ela e ser considerada uma propedêutica dela. Portanto, não é de estranhar que, na evolução histórica do termo, seu significado muitas vezes tenha sido idêntico ao de E. substancial ou substância. Mesmo a linguagem comum, na qual freqüentemente se sedimenta o significado filosófico de uma longa tradição, emprega esse termo quase exclusivamente no sentido de E. necessária. Deveremos então ter em mente a distinção entre os dois significados já enunciados, que Aristóteles ilustrou perfeitamente: 1º a E. como resposta à pergunta *"o quê?"*; 2º a E. como substância.

1º O significado geral e fundamental desse termo pode ser admitido também por filósofos que não compartilham a teoria da substância. Mas os estóicos, que não admitiram a teoria da substância, evitaram (ao que saibamos) o termo "essência". Para eles, a definição não manifesta a E. de uma coisa, mas foi definida (por Crisipo) como "resposta" (*apódosis*). Com isso, deram a entender que qualquer resposta à pergunta *"o quê?"* pode ser considerada definição da coisa sobre a qual se faz a pergunta. Com efeito, diziam que a descrição "é um discurso que conduz à coisa através de suas pegadas" (DIÓG. L., VII, 1, 60), vendo assim nos enunciados lingüísticos um modo de orientar-se em relação às coisas, e não a expressão da substância das coisas. Desse ponto de vista, nem sequer se apresenta a possibilidade de passar da teoria da E. para a teoria da substância. Uma proposição ou um enunciado qualquer nada exprime que possa referir-se à substância e, portanto, declarar-se essencial ou acidental em relação a ela, dedutível ou não dedutível dela, mas exprime simplesmente um estado de fato, que, se é como se diz, verifica a proposição ou, se não é, torna-a falsa. Por exemplo, a proposição "é dia" é verdadeira se é dia; falsa, se não é dia (DIÓG. L., VII, 65). Em outros termos, a relação predicativa (ou o significado predicativo de *ser* [v.]) deve ser entendida, desse ponto de vista, como uma relação *de fato* que remete à identidade verificável entre o objeto significado pelo sujeito e o objeto significado pelo predicado, e não como uma relação de *inerência* ou pertinência, ou como uma relação qualquer que implique conexão substancial ou necessária. Quando, a partir do século XIII, começou a prevalecer a orientação estóica da lógica, até então quase obliterada pela orientação aristotélica, aparecendo o que se chamou de *via moderna*, ou terminista (em oposição à *via antiga*, aristotélica), o significado da cópula foi explicitamente definido em oposição ao significado que fora atribuído à cópula com base na teoria da substância. Assim, Alberto da Saxônia, depois de fazer a distinção entre significado existencial e significado predicativo do verbo *é*, diz a propósito deste último: "Quando o verbo aparece como terceiro constituinte [da proposição, isto é, como cópula dos outros dois], significa certa composição do predicado em relação ao sujeito, graças à qual sujeito e predicado representam o mesmo objeto" (*Log.*, I, 6). Essa doutrina será repetida com freqüência durante o século XIV (cf., p. ex., BURIDAN, *Sophismata*, cap. 2, concl. 10), mas é Ockham que mostra claramente seu significado, ao mesmo tempo polêmico e positivo: "Proposições como 'Sócrates é homem' ou 'Sócrates é animal' não significam que Sócrates tem humanidade ou animalidade, nem significam que a humanidade ou a animalidade está em Sócrates, nem que Sócrates é homem ou animal, nem que o homem ou o animal é uma parte da substância ou da essência de Sócrates, ou uma parte do conceito ou da substância de Sócrates. Significam apenas que Sócrates é na realidade um homem e é na realidade animal, não no sentido de que Sócrates é esse predicado 'homem' e esse predicado 'animal', mas no sentido de que existe alguma que é representada pelo predicado homem e pelo predicado animal: como quando acontece que esses dois predicados estão no lugar de Sócrates" (*Summa log.*, II, 2). Essa contraposição da teoria da suposição à teoria da inerência é apenas um aspecto da contraposição da teoria da E. à teoria da substância. E tal contraposição na realidade é a mesma entre a formulação da lógica estóica e a da lógica aristotélica: a primeira fundada na enunciabilidade das situações de fato ("É dia" é verdadeiro se for dia); a segunda fundada na enunciabilidade da substância ("O homem é animal racional" *porque* a racionalidade é a essência necessária do homem).

Depois disso, é fácil seguir as etapas principais dessa linha de interpretação da noção de E. na filosofia moderna e contemporânea. O problema criado pela desvinculação entre teoria da E. e teoria da substância é o da possibilidade de certa hierarquia entre as determinações se atribuídas a uma entidade qualquer, visto que nenhuma dessas determinações pode ser considerada necessária. Parece, por exemplo, que no significado da palavra "homem" está muito mais implícita a "racionalidade" do que a determinação de "bípede". Mas como pode isso acontecer se não existem determinações necessárias ou substanciais, se não se pode dizer que a racionalidade é "inerente" ao homem? A resposta que a teoria da E. dá a este problema está contida na noção de *E. nominal*. Hobbes, por exemplo, diz que a E. é simplesmente "o caráter (*accidens*) graças ao qual damos nome ao objeto" (*De corp.*, 8, § 23). Essa doutrina é exposta e defendida por Locke, graças a quem se torna predominante na filosofia do iluminismo. Locke diz que a E. "nada mais é que a idéia abstrata à qual é associado o nome de uma espécie; por isso, tudo o que está contido nessa idéia é essencial à espécie". E acrescenta: "Embora esta seja toda a E. das substâncias naturais que conhecemos ou com a qual as distinguimos em tantas espécies eu lhe darei o nome particular de *E. nominal*, para distingui-la da constituição real das substâncias, de que depende essa E. nominal juntamente com todas as propriedades da espécie dada; por isso [a constituição das substâncias] poderá ser chamada de *E. real*" (*Ensaio*, III, 6, 2). A E. real é a substância no genuíno sentido aristotélico, como constituição ou forma que deveria *explicar* todas as qualidades ou caracteres de uma realidade e mostrá-los em suas inter-relações necessárias (*ibid.*, 4, 9), mas, segundo Locke, tal E. real é inacessível ao homem. A doutrina da E. nominal foi a base da lógica moderna. Stuart Mill repete-a dizendo: "Proposição essencial é a proposição puramente verbal que afirma de uma coisa, sob um nome particular, só o que é afirmado sobre ela pelo próprio fato de chamá-lo por esse nome, e que, por isso, não dá nenhuma informação ou só a dá em relação ao nome, não à coisa" (*Log.*, I, VI, § 4). Com poucas variantes, essa doutrina é repetida na lógica contemporânea. C. I. Lewis diz: "Tradicionalmente, diz-se que todo atributo exigido para a aplicação de um termo pertence à E. da coisa nomeada. Sem dúvida, não tem significado falar da E. de uma coisa, a não ser relativamente ao fato de ela ser denominada por um termo particular" (*Analysis of Knowledge and Valuation*, p. 41). E Quine, sublinhando a diferença entre a doutrina aristotélica da E. como substância e a "doutrina do significado", observa: "Deste último ponto de vista, pode-se concordar (ainda que só para discutir) que no significado da palavra 'homem' está implícita a racionalidade, mas não o fato de ter duas pernas; contudo, pode-se considerar que ter duas pernas está implícito no significado de 'bípede', ao passo que a racionalidade não. Do ponto de vista da doutrina do significado, não faz sentido dizer de um indivíduo real, que é ao mesmo tempo homem e bípede, que sua racionalidade é essencial e que o fato de ter duas pernas é acidental ou vice-versa. Para Aristóteles, as coisas têm E., mas só as formas lingüísticas têm significado. Significado é aquilo que a E. se torna quando se divorcia do objeto de referência e se casa com a palavra" (*From a Logical Point of View*, II, 1). Por outro lado, mesmo utilizando amplamente a noção de essência em sua obra *A visão lógica do mundo* (onde, aliás, fala em "E. constitutivas"), Carnap reduz o significado de E. de um objeto ao critério de verdade das proposições das quais os signos desse objeto possam fazer parte (*Aufbau*, § 161). Pode-se dizer, portanto, que a teoria da E. se resolve inteiramente na teoria do *significado* (v.).

Embora não tenha em mira uma teoria do significado, o uso que Santayana fez desse termo E. vincula-se a este seu significado. As E. são os objetos da atividade cognitiva: constituem um reino infinito de que faz parte tudo o que pode ser percebido, imaginado, pensado ou, de algum modo, experimentado; não existem em nenhum espaço ou tempo, não têm substância nem lados ocultos, mas seu ser resolve-se em seu aparecer (*The Realm of Essences*, 1927). As E. constituem um dos termos do dualismo metafísico de Santayana: o outro é a existência, que ele identifica com a matéria. Mas justamente por se distinguirem da existência e, portanto, de qualquer forma de ação ou de energia, as E. não se concatenam entre si e não implicam nenhuma necessidade nem nenhuma forma de ser, mas permanecem puros objetos de intuição. Esta doutrina das E. de Santayana pode ser considerada a última utilização metafísica da teoria da essência.

2º A teoria da E. como substância pode ser caracterizada como a que restringe o uso da palavra E. para indicar a E. necessária ou substancial. Aristóteles, como se viu, não identificara as duas coisas, embora se possa dizer que para ele a "verdadeira" E. de uma coisa, que a define em seu modo de ser, é a E. necessária. A identificação de E. com substância encontra-se já em Plotino, que a relaciona com o estado das coisas no mundo inteligível, ou seja, no *Nous* divino, mas não só com esse estado. Diz: "Aqui, tudo está na unidade, de tal modo que são idênticos a coisa e o porquê da coisa. [...] Na verdade, o que poderia impedir esta identidade e impedir que ela constitua a substância de cada ser? Assim é necessariamente, como vê quem procura compreender a E. necessária" (*Enn.*, VI, 7, 2). No século XIII, ao procurar esclarecer a confusa terminologia com que a filosofia medieval até aquele momento traduzira os termos aristotélicos, Tomás de Aquino fixava os significados seguintes, que implicam a redução da doutrina da E. à da substância: "E. significa algo que é comum a todas as naturezas em virtude das quais entes diferentes são colocados em diferentes gêneros e espécies, assim como a humanidade é a E. do homem, e assim por diante. Mas, como aquilo em virtude do que a coisa se constitui no gênero e na espécie é o que se entende como a definição que indica o que a coisa é, os filósofos substituíram a palavra E. por *qüididade*; esse é o motivo pelo qual o Filósofo, no VII da *Metafísica*, freqüentemente fala do *quod quid erat esse*, vale dizer, aquilo em virtude do que alguma coisa é o que é." A qüididade, acrescenta Tomás de Aquino, também é chamada de *forma* ou *natureza*, entendendo-se por este último termo "a E. da coisa segundo a ordem ou a ordenação que ela tem para a sua própria atuação, porquanto coisa nenhuma há desprovida de uma atuação própria. O termo qüididade, porém, é assumido como aquilo que é significado pela definição; o termo E. significa que por ela e nela a coisa tem ser" (*De ente et essentia*, 1). Esta última distinção não se mantém inalterada em Tomás de Aquino, que, em outro trecho, entende por E. "propriamente o que é significado pela definição" (*S. Th.*, I, q. 29, a. 2). Mas durante muitos séculos essas determinações tomistas serviram de fundamento para todas as teorias da substância, que devem ser estudadas em seu lugar próprio, o verbete SUBSTÂNCIA.

Embora não conduza para uma teoria da substância, a acepção que Husserl atribui ao termo E. tem conexão com este seu segundo significado: "E. caracterizou sobretudo o que se encontra no ser próprio de um indivíduo como seu *quid*. Mas cada *quid* pode ser 'posto em idéia'. Uma visão empírica ou individual pode ser transformada em visão da E. (ideação), possibilidade que, esta sim, não deve ser entendida como empírica, mas como essencial. O objeto intuído consistirá, portanto, na correspondente E. pura ou *eidos*, que pode ser tanto uma categoria superior quanto uma particularização, até à concretude completa" (*Ideen*, I, § 3). Para Husserl, E. é a E. necessária ou substancial de Aristóteles; é captada por um ato de intuição, análogo à percepção sensível (*ibid.*, § 23). Esta talvez seja a utilização mais moderna do antigo conceito aristotélico de E. substancial (v. DEFINIÇÃO; SER). [N.A.]

O *essencialismo*, ou seja, a posição para a qual é possível distinguir, nos indivíduos, propriedades essenciais de acidentais, independentemente do conhecimento que tenhamos deles, está no centro de ampla discussão em filosofia analítica. Foi peremptoriamente negado por Wittgenstein, para quem o sentido não é conferido por propriedades, mas pelas regras do jogo lingüístico, e por Quine, que em *From a Logical Point of View* (1953) ressaltou que na lógica modal quantificada se violam as leis da quantificação e da identidade e a comparou aos contextos opacos (não verifuncionais) que ele não admite. Mas, a partir dos estudos de Kanger (*A Note on Quantification and Modality*, 1957) e Kripke (*Semantical Consideration on Modal Logic*, 1963; *Semantical Analysis of Modal Logic*, I, 1963 e II, 1965) sobre a lógica modal quantificada – o problema central é o da reidentificação do mesmo indivíduo em mundos possíveis diferentes –, viu-se que a conexão entre E. e fórmulas modais quantificadas *de re* não é estrita como julgava Quine e que havia a possibilidade de aplicar mesmo nesse âmbito leis quantificacionais e substitucionais.

Para Kripke (*Naming and Necessity*, 1972), todo ser possui propriedades necessárias que o caracterizam e em cujas bases ele se define (no homem, p. ex., trata-se do patrimônio genético); sua identificação é condição essencial para determinar um conceito. Aprendemos por via empírica tais propriedades necessárias, pelo que todos os enunciados verdadeiros de identidade são metafisicamente necessários, mesmo que alguns sejam cognoscíveis apenas *a posteriori*. São assim sancionados os contextos modais *de re* (do tipo: todos os x são necessariamente φ), mostrando que, diferentemente dos contextos modais *de dicto* (do tipo: necessariamente todos os x são φ), não pertencem a modelos axiomáticos, mas se aplicam a variáveis ligadas pela quantificação, ou seja, não falam de propriedades atribuídas pelo conhecimento, mas referentes à coisa mesma: a necessidade estaria, portanto, nesta última. O caráter *de re* da necessidade é demonstrada pelo fato de que as propriedades essenciais dos sujeitos devem permanecer as mesmas mesmo em hipóteses contrafactuais, pois o objeto da referência é identificado de modo demonstrativo e não qualitativo (assim também Parsons contra D. Lewis): se indico Nixon descrevendo-o como aquele que poderia ter perdido as eleições, estou-me referindo a um mundo possível em que exatamente ele, Nixon, teria perdido as eleições, e não um indivíduo que se assemelhe a ele. Uma forma ainda mais acentuada de E. é detectável em Plantiga, *Word and Essence* (1970), que define o indivíduo exigindo justamente uma indexação das propriedades.

A posição de Kripke decorre da confiança na possibilidade de separar rigorosamente analítico e sintético, pois faria parte dos significados da palavra só o que nela está implicado analiticamente (se descobríssemos que aquilo que até agora chamamos de gato, considerando-o animal, na verdade é robô, poderíamos continuar a chamá-lo assim, mas teríamos percebido que o ser animal não está analiticamente incluído nele). Mas nem todas as modalidade *de re* exprimem a atribuição de propriedades essenciais, e é possível desfazer ou mesmo atenuar esse vínculo com várias estratégias (Von WRIGHT, *An Essay in Modal Logic*, 1951; BARCAN MARCUS, *Essentialism in Modal Logic*, 1967 e *Essential Atribution*, 1971; PARSONS, *Grades of Essentialism in Quantified Modal Logic*, 1967, e *Essentialism and Quantified Modal Logic*, 1969). O problema da E. e o da *referência* (v.), estreitamente ligados, continuam sendo objeto de interesse por parte de lógicos e filósofos da linguagem, que defendem versões diferentes e sofisticadas: Wiggin, Loux, Forbes, Van Cleve, N. Salmon e Lycan, para citar apenas alguns. [M.S.]

ESSÊNCIA e EXISTÊNCIA (lat. *Essentia et esse, essentia et existentia*; in. *Essence and existence*; fr. *Essence et existence*; al. *Wesen und Existenz*; it. *Essenza ed esistenza*). A distinção real entre E. e existência é uma das doutrinas típicas da escolástica do século XIII. Foi exposta pela primeira vez por Guilherme de Alvérnia, em *De Trinitate* (composto entre 1223 e 1228). Seus criadores foram os neoplatônicos árabes, especialmente Avicena (séc. XI), que a expusera em *Metafísica* (II, 5, 1). Foi adotada por Maimônides, que a modificou no sentido de reduzir a existência a um simples acidente da essência (*Guide des égarés*, trad. fr., Munk, pp. 230-3). Mas quem deu à doutrina sua melhor expressão foi Tomás de Aquino, que também a remeteu ao significado que recebera de Avicena, negando que a existência seja um simples acidente (*Quodl.*, q. 12, a. 5). Por isso, é oportuno expor a doutrina na forma emprestada por Tomás de Aquino.

Tomás de Aquino entende a essência no significado 2.º, como E. necessária ou substancial. Ela é a "qüididade" ou "natureza" que compreende tudo o que está expresso na definição da coisa; logo, não só a forma, mas também a matéria. Por exemplo, a E. do homem, definido como "animal racional", compreende não só a racionalidade (que é forma), mas também a animalidade (que é matéria). Da E. assim entendida distingue-se o ser ou a existência da coisa definida: ser ou existência que é algo diferente da E. porque se pode, por exemplo, saber o que (*quid*) é o homem ou a fênix sem saber se existe homem ou fênix, ou seja, sem saber nada acerca do ser ou da existência da coisa definida (*De ente et essentia*, 3). Portanto, substâncias como o homem ou a fênix são compostas de E. (matéria e forma) e existência, separáveis entre si; nelas, E. e existência estão entre si assim como potência e ato: a E. é potência em relação à existência; a existência é o ato da essência. Somente em Deus, porém, a E. é a própria existência, porque Deus "não só é a sua E. como também o seu próprio ser"; se assim não fosse, ele existiria por participação, como as coisas finitas, e não seria o ser primeiro e a causa primeira (*S. Th.*, I, q. 3, a. 4).

Esta doutrina da distinção real foi muitas vezes considerada de origem aristotélica. Na realidade, nada tem de aristotélico; aliás, contradiz um dos cânones fundamentais da filosofia de Aristóteles, o que identifica o ser ou a existência com o ato e o ato com a forma; de sorte que não há forma que não seja ato, isto é, que não exista (a forma é a existência: v. ATO; FORMA). Na realidade, a doutrina foi introduzida e utilizada com propósitos diferentes, que nada têm com o aristotelismo. Avicena introduziu-a como elemento da doutrina da necessidade universal. Deus é necessário "em si mesmo" porque nele E. implica existência; as coisas finitas são necessárias "por outra coisa", porque, como sua E. não implica existência, elas existem apenas em virtude da necessidade divina. Assim, tudo é necessário (cf. A. M. GOLCHON, *La distinction de l'essence et de l'existence d'après Ibn-Sina*, 1937). Tomás de Aquino, porém, lança mão da mesma distinção para ressaltar a diferença entre o ser de Deus e o ser das criaturas, diferença que ele expressou com o princípio da analogicidade do ser (v. ANALOGIA), e para fazer que o próprio ser das criaturas, por resultar estranho à sua E., exija a intervenção criadora de Deus. Em outros termos, Avicena viu na distinção entre E. e existência um instrumento para a defesa do princípio de que "tudo o que existe, existe por necessidade, e essa necessidade é Deus". Tomás de Aquino utiliza a mesma distinção para defender o princípio de que "tudo o que existe, existe por participação no ser, e esse ser é Deus". A doutrina da distinção real inclui duas teses diferentes, mas conexas: *a*) ser e E. estão separados nas criaturas; *b*) ser e E. são idênticos em Deus. Ora, mesmo aqueles que não aceitam a distinção real e, portanto, negam a proposição *a*), admitem a proposição *b*) como definição de Deus. Foi o que fez Averróis contra Avicena (*Met.*, IV, 3); o que fez Duns Scot contra Tomás de Aquino (*Rep. Par.*, IV, d. 7, q. 2, n. 7). Ockham, ao contrário, negou ambas as proposições. Sobre a primeira afirma: "A E. não é indiferente ao ser ou ao não-ser, assim como não o é a existência; pois assim como a E. pode ser ou não ser, também a existência pode ser ou não ser. Os dois termos significam, portanto, absolutamente, a mesma coisa" (*Quodl.*, II, 7). Sobre a segunda, afirma que a existência não pode ser contida analiticamente na E. de Deus porque seu predicado está não só em Deus, mas também em todas as outras coisas reais; portanto, é muito mais ampla do que a E. de Deus e não pode ser-lhe intrínseca (*In Sent.*, I, d. 3, q. 4, G).

A distinção entre E. e existência é peculiar à doutrina escolástica tradicional, e mesmo na filosofia moderna e contemporânea só é retomada por doutrinas a ela ligadas, sobretudo na elaboração dos conceitos teológicos. Fora do uso teológico, essa distinção foi retomada na filosofia contemporânea por Hartmann, como um dos fundamentos da sua ontologia. "Em cada ente", diz ele, "há um momento de existência (*Dasein*). Com isso deve-se entender o fato puro e simples de que, em geral, ele está aí. E em cada ente há também um momento de E. (*Sosein*). A este pertence tudo o que constitui a determinação específica ou a particularidade do ente, tudo o que este último possui em comum com um outro ou em virtude do que se distingue do outro, em resumo, tudo 'aquilo que ele é'" (*Zur Grundlegung der Ontologie*, 2.ª ed., 1941, p. 92). Embora Hartmann pretenda distinguir o significado do termo que ele emprega, *Sosein*, do tradicional, *essentia*, esse significado coincide com o que a tradição escolástica e especialmente o tomismo atribuía à qüididade (*quod quid erat esse*) expressa pela definição. Hartmann também admite a distinção real entre E. e existência e considera a E. como *possibilidade* e a existência como a *atualidade* dela (*ibid.*, p. 95). Com um sentido que nada tem que ver com a distinção real do neoplatonismo árabe e do tomismo, a relação E.-existência foi utilizada na filosofia contemporânea para definir a natureza do homem. Diz Heidegger: "A natureza desse ente (do ser-aí [*Dasein*], do homem) consiste no seu ser-para. A E. (*essentia*) deste ente, no que em geral é possível falar dela, deve ser entendida a partir do seu ser (*existentia*)" (*Sein und Zeit*, § 9). Esse "primado da existência sobre a E." não significa, para Heidegger, nem a separação real dos dois elementos, que para a escolástica era própria das criaturas, nem sua identidade real, que para a escolástica era própria de Deus; significa apenas que o modo de ser do homem, ou seja, a existência, só pode ser esclarecida e compreendida a partir do fato de que o homem está aí (existe), ou seja, existe no mundo e entre os outros entes (v. EXISTÊNCIA). [N.A.]

ESSENCIAL (in. *Essential;* fr. *Essentiel;* al. *Wesentlich;* it. *Essenziale*). Além dos significados relativos à essência, este adjetivo tem o significado mais comum e genérico de "importante". Esse é o significado desse termo em expressões como "caráter E.", "qualidade E." etc., que na maioria das vezes não fazem referência aos significados específicos de "essência", mas só pretendem ressaltar a importância de um caráter, uma quantidade etc., a partir de certo ponto de vista. [N.A.]

ESSENCIALISMO (in. *Essentialism;* fr. *Essentialisme;* al. *Essentialismus;* it. *Essenzialismo*). 1. Qualquer teoria que se proponha explicar a realidade em termos de "essências" (de qualquer modo que sejam entendidas ou concebidas).

2. Doutrina epistemológica de matriz galileana para a qual o cientista, nas palavras de Popper, não se limita a procurar "uma teoria ou uma descrição *verdadeira* do mundo", mas se compromete a estabelecer *definitivamente* a verdade de tal teoria, ou seja, a delinear uma "explicação última" do mundo em condições de apreender a essência para além das aparências" (*Congetture e confutazioni*, 1963, trad. it., Il Mulino, Bolonha, 1972, pp. 179-80 ss.). Popper opõe E. a instrumentalismo (v.), que é a teoria segundo a qual a ciência não é explicação ou descrição, mas conjunto de hipóteses ou de formalismos matemáticos aptos a prever os fenômenos (*ibid.*, pp. 186 ss.). A estas duas concepções, tachadas de "obscurantistas" e "inadequadas", Popper contrapõe o seu "E. modificado", ou seja, a doutrina segundo a qual a ciência, mesmo tendo como objetivo a explicação e a descrição da realidade, é constituída por hipóteses ou conjecturas passíveis de desmentimento (v. FALSIFICABILIDADE).

3. Doutrina que, em metafísica e em semântica, afirma a possibilidade de distinguir, nos indivíduos, propriedades essenciais de propriedades acidentais (v. ESSÊNCIA). [G.F.]

ESSÊNIOS. V. JUDAICA, FILOSOFIA.

ESTÁDIO (gr. στάδιον; lat. *Stadium;* in. *Stadium;* fr. *Stade;* al. *Stadium;* it. *Stadio*) O último dos quatro argumentos de Zenão de Eléia contra o movimento. Pode ser expresso da seguinte forma: duas massas iguais, dotadas de velocidades iguais, deveriam percorrer espaços iguais em tempos iguais. Mas, se duas massas se movem, uma de encontro à outra, a partir das extremidades opostas do E., cada uma delas gasta, para percorrer a extensão da outra, a metade do tempo que elas gastariam se uma delas estivesse parada: disso Zenão concluía que a metade do tempo é igual ao dobro (ARISTÓTELES, *Fís.*, VI, 9, 239 b 33). O argumento volta a dizer que, ao se admitir a realidade do movimento, admite-se a equivalência entre metade do tempo e dobro do tempo. V. AQUILES; DICOTOMIA; FLECHA. [N.A.]

ESTADO[1] (gr. πολιτεία; lat. *Respublica;* in. *State;* fr. *État;* al. *Staat;* it. *Stato*). Em geral, a organização jurídica coercitiva de determinada comunidade. O uso da palavra E. deve-se a Maquiavel (*O príncipe*, 1513, § 1). Podem ser distinguidas três concepções fundamentais: 1.ª a concepção *organicista*, segundo a qual o E. é independente dos indivíduos e anterior a eles; 2.ª a concepção *atomista* ou *contratualista*, segundo a qual o E. é criação dos indivíduos; 3.ª a concepção *formalista*, segundo a qual o E. é uma formação jurídica. As duas primeiras concepções alternaram-se na história do pensamento ocidental; a terceira é moderna e, na sua forma pura, foi formulada só nos últimos tempos.

1.ª A concepção *organicista* funda-se na analogia entre o E. e um organismo vivo. O E. é um homem em grandes dimensões; suas partes ou membros não podem ser separados da totalidade. A totalidade precede portanto as partes (os indivíduos ou grupos de indivíduos) de que resulta; a unidade, a dignidade e o caráter que possui não podem derivar de nenhuma de suas partes nem do seu conjunto. Essa concepção do E. foi elaborada pelos gregos. Platão considera que no E. as partes e os caracteres que constituem o indivíduo estão "escritos em tamanho maior" e, portanto, são mais visíveis (*Rep.*, II, 368 d); assim, começa a determinar quais são as partes e as funções do E. para proceder depois à determinação das partes e das funções do indivíduo (*ibid.*, IV, 434 e). Este é um modo de exprimir a prioridade do E.: a estrutura do E. é a mesma estrutura do homem, porém mais evidente. Aristóteles, por sua vez, afirmava: "O E. existe por natureza e é anterior ao indivíduo, porque, se o indivíduo de per si não é auto-suficiente, estará, em relação ao todo, na mesma relação em que estão as outras partes. Por isso, quem não pode fazer parte de uma comunidade ou quem não tem necessidade de nada porquanto se basta a si mesmo não é membro de um E., mas fera ou Deus" (*Pol.*, I, 2, 1253 a 18). Essas considerações foram repetidas muitas vezes na história da filosofia (cf., p. ex., Tomás de Aquino, *De regimine principium*, I; DANTE, *De monarchia*, I, 3), mas no mundo moderno só foram revigoradas pelo romantismo, que insistiu no caráter superior e divino do E. Fichte dizia: "Na nossa época, mais do que em qualquer outra que a precedeu, todo cidadão, com todas as suas forças, está submetido à finalidade do E., está completamente compenetrado dele e tornou-se seu instrumento" (*Grundzüge des gegenwärtigen Zeitalters*, 1806, X). Mas esta concepção foi formulada de modo mais simples e extremo por Hegel, que identificou o E. com Deus: "O ingresso de Deus no mundo é o E.: seu fundamento é a potência da razão que se realiza como vontade. Na idéia do E. não se devem ter em mente estados particulares, instituições particulares, mas considerar a idéia por si mesma, este Deus real" (*Fil. do dir.*, § 258, Zusatz). O E. é um "Deus no mundo", ou seja, um Deus imanente: constitui a existência racional do homem. "Só no E. o homem tem existência racional. A educação tende a fazer que o indivíduo não permaneça como algo de subjetivo, mas se torne objetivo de si mesmo no Estado. [...] Tudo o que o homem é, deve-o ao E. Só nele tem sua essência. O homem só tem valor e realidade espiritual por meio do E." (*Philosophie der Geschichte*, ed. Lasson, p. 90). Na realidade, as características que a concepção organicista sempre atribuiu ao E. – racionalidade perfeita, auto-suficiência e supremacia absoluta – têm sua melhor expressão na tese de Hegel, de que o E. é Deus. Nem sempre, porém, a tese organicista foi formulada de modo tão rigoroso e extremo: o primado atribuído ao E. em relação aos indivíduos e a auto-suficiência do E. nem sempre convenceram de que o E. é Deus, mas sempre levaram a considerá-lo como algo divino, que justificasse a sujeição dos indivíduos. O fim que as concepções organicistas sempre propuseram foi bem expresso por O. Gierke: "Somente do valor superior do todo em confronto com o das partes é que pode derivar a obrigação do cidadão de viver e, se necessário, morrer pelo todo. Se o povo fosse apenas a soma de seus membros e se o E. fosse apenas uma instituição para o bem-estar dos cidadãos, nascidos e nascituros, então realmente o indivíduo poderia ser coagido a dar sua energia e sua vida pelo E., mas não teria nenhuma obrigação moral de fazê-lo" (*Das Wesen der menschlichen Verhänden*, 1902, pp. 34 ss.).

2ª Para a concepção atomista ou *contratualista*, o E. é obra humana: não tem dignidade nem caracteres que não lhe tenham sido conferidos pelos indivíduos que o produziram. Foi essa a concepção dos estóicos, que consideravam o E. como *res populi*. Diz Cícero: "O E. (*res publica*) é coisa do povo, e o povo não é qualquer aglomerado de homens reunido de uma forma qualquer, mas uma reunião de pessoas associadas pelo acordo em observar a justiça e por comunidade de interesses" (*De rep.*, I, 25, 39). Na história medieval e moderna essa concepção mesclou-se com a precedente. A partir do século IX constituiu o princípio teórico a que se recorreu freqüentemente nas lutas políticas (cf. R. e A. Carlyle, *History of Mediaeval Political Theory*, I, seç. I, parte IV, cap. V; trad. it., I, pp. 269 ss.). Suas principais manifestações podem ser vistas no verbete Contratualismo. Em geral, essa concepção é simetricamente oposta à anterior: para ela, o E. não tem dignidade ou poderes que os indivíduos não tenham conferido ou reconhecido, e sua unidade não é substancial ou orgânica, não precede nem domina seus membros ou suas partes, mas é unidade de pacto ou de convenção e só vale nos limites de validade do pacto ou da convenção. Às vezes, porém, no próprio tronco do contratualismo enxertam-se as exigências peculiares ao organicismo: é o que acontece, por exemplo, em Rousseau, quando ele afirma que "a vontade geral não pode errar". Rousseau, com efeito, distingue entre a vontade de todos e a vontade geral: "Aquela visa somente ao interesse comum; esta visa ao interesse pessoal e é a soma das vontades particulares; mas retire-se dessa vontade o mais e o menos que se destroem mutuamente e ficará, como soma das diferenças, a vontade geral" (*Contrato social*, II, 3). Embora justificada como simples soma algébrica das vontades particulares, a "vontade geral" de Rousseau, com sua infalibilidade, assemelha-se à racionalidade perfeita do E. orgânico.

3ª As duas concepções precedentes de E. têm em comum o reconhecimento do que os juristas hoje chamam de aspecto *sociológico* do E., ou seja, sua realidade social; o E. é considerado, em primeiro lugar, como comunidade, como um grupo social residente em determinado território. Essa concepção fundamentou a descrição de E. formulada por juristas e filósofos do século XIX (qualquer que fosse seu conceito filosófico de E.), de que o E. tem três elementos ou propriedades características: *soberania* ou poder preponderante ou supremo, *povo* e *território*. Desses três aspectos ou elementos eram feitas descrições estanques e independentes do conceito filosófico de E. a que se fazia referência implícita ou explicitamente. A melhor definição, nesse aspecto, foi dada por Jellinek (*Allgemeine Staatslehre*, 1900), sendo repetida e exemplificada inúmeras vezes (cf., p. ex., W. W. Willoughby, *The Fundamental Concepts of Public Law*, 1924). O aspecto sociológico do E., porém, é negado por Kelsen, e essa negação é a característica básica de seu formalismo. Para Kelsen, o E. é simplesmente a ordenação jurídica em seu caráter normativo ou coercitivo: "Há um único conceito jurídico de E., que é o de ordenação jurídica (centralizada). O conceito sociológico de modelo efetivo de comportamento orientado para a ordenação jurídica não é um conceito de E., mas pressupõe o conceito de E., que é o conceito jurídico" (*General Theory of Law and State*, 1945; trad. it., p. 192). Em outros termos, o E. "é uma sociedade politicamente organizada porque é uma comunidade constituída por uma ordenação coercitiva, e essa ordenação coercitiva é o direito" (*ibid.*, p. 194). Kelsen não nega, naturalmente, que existam fatos, ações ou comportamentos mais ou menos ligados à ordenação jurídica estatal, mas afirma que tais fatos, ações ou comportamentos são manifestações do E. só enquanto interpretados "segundo uma ordenação normativa, cuja validade deve ser pressuposta" (*ibid.*, p. 193). Essa doutrina presta-se a definir de modo simples e elegante os elementos tradicionalmente reconhecidos como próprios do Estado. O *território* nada mais é que "a esfera territorial de validade da ordenação jurídica chamada E." (*ibid.*, p. 212). O *povo* nada mais é que a "esfera pessoal de validade da ordenação", ou seja, os limites do grupo de indivíduos aos quais se estende a validade da ordenação jurídica (*ibid.*, pp. 237 ss.). Quanto à soberania, Kelsen afirma que atribuí-la ao E. depende da escolha que se faz quanto às hipóteses de primado do direito estatal ou do direito internacional. Na primeira hipótese, o E. é soberano só em sentido relativo, pois nenhuma outra ordenação, que não a internacional, é superior à sua ordenação jurídica. Na segunda hipótese, o E. é soberano no sentido absoluto e original do termo (*ibid.*, p. 391). Essa doutrina representa uma notável simplificação do conceito descritivo tradicional de E., reunindo todos os elementos deste na noção fundamental de ordenação jurídica. Por outro lado, porém, estabelece a equivalência de todas as ordenações jurídicas enquanto tais, ou seja, de todas as formas de Estado. O formalismo de Kelsen não permite, com efeito, estabelecer qualquer diferença entre E. absolutista e E. liberal, entre E. democrático e E. totalitário, entre E. coletivista e E. liberalista etc. Inclusive a expressão *E. de direito*, com que se designa o E. que respeita ou garante os chamados "direitos inalienáveis" do indivíduo, do ponto de vista de Kelsen é desprovida de sentido, visto que, para ele, E. e direito coincidem. Contudo, justamente por seu caráter formalista, a doutrina de Kelsen sobre o E., assim como a sua doutrina do *direito* (v.), abre caminho para a consideração da eficácia (e portanto dos limites) da técnica coercitiva em cada uma de suas fases ou manifestações, ou seja, das *ordenações* em que se concretiza. Quando Humboldt falava dos "limites da ação do E." (*Die Grenzen der Wirksamkeit des Staates*, 1851) explicava esses limites justamente pela impossibilidade de o E. atingir certos fins com o único meio de que dispõe, ou seja, a técnica coercitiva. Por esse motivo, Humboldt colocava além dos limites da ação do E. a religião, o aperfeiçoamento dos costumes e a educação moral, coisas que dependem de uma disposição não controlável pelos instrumentos de que o E. dispõe. Por outro lado, o E. como ordenação jurídica dificilmente poderia evitar o juízo (propriamente jurídico) sobre a compatibilidade recíproca das normas que constituem tal ordenação, o juízo (este também jurídico) sobre a eficácia de tais normas em alcançar seus objetivos, que é o juízo dado pela chamada ciência da *legislação*, nem o juízo (político) sobre a oportunidade de incluir, excluir ou modificar normas ou grupos de normas da ordenação em que ele consiste (v. POLÍTICA). [N.A.]

ESTADO[2] (lat. *Status*; in. *State*; fr. *État*; al. *Zustand*; it. *Stato*). Condição, modo de ser ou situação. Desta última noção aproxima-se especialmente o significado desse termo na expressão E. de coisas, pela qual se pode traduzir o alemão *Sachverhalto* e o inglês *state of affairs*. A expressão alemã foi introduzida por Husserl em *Logische Untersuchungen* (1901, II, 1, pp. 472 ss.) e por ele definida como o correlato objetivo de juízo (cf. *Ideen*, I, § 6). Essa noção foi aceita por Wittgenstein, que por ela entendia "uma combinação de objetos (entidades, coisas)" (*Tractatus*, 2). É essa expressão que às vezes se traduz por "fato atômico". Mas, embora o E. de coisas de que fala Wittgenstein seja um elemento inseparável do mundo, a expressão "fato atômico" não traduz literalmente a expressão original.

A crítica de Bergson à concepção que a psicologia do século XIX fazia da vida psíquica em seu conjunto repousa no conceito de E., considerado por Bergson como uma *forma* ou um *instantâneo* imóvel tomado do vir-a-ser (cf. especialmente *Évol. créatr.*, cap. IV, e a análise do "mecanismo cinematográfico do pensamento"). Na verdade, a noção de E. não inclui absolutamente a de repouso ou imobilidade, mas a de relação de objetos entre si no conjunto de uma situação. Por *Estado de natureza*, v. NATUREZA, ESTADO DE. [N.A.]

ESTÁTICA. V. MECANICISMO, I, *a*.

ESTATISMO (fr. *Étatisme*; it. *Statalismo*). Em sentido próprio, a doutrina que considera o Estado como única fonte do direito. Em sentido genérico, toda orientação política que atribua ao Estado funções ou poderes preponderantes em qualquer campo da atividade humana. [N.A.]

ESTATÍSTICA (in. *Statistics*; fr. *Statistique*; al. *Statistik*; it. *Statistica*). Coleta e interpretação de dados numéricos em determinado campo; ou então, em geral, ciência que tem por objeto os métodos para a coleta e a interpretação dos dados numéricos. Nascida no terreno da observação dos fatos sociais, a E. estendeu-se já a numerosos campos de investigação e, em primeiro lugar, ao domínio da física, inicialmente para a formulação de teorias especiais (a teoria cinética dos gases), depois para a formulação das leis da mecânica quântica. O conceito de *lei E.*, ou seja, da uniformidade relativa da freqüência de certo acontecimento, considerado numa escala numérica suficientemente extensa, foi formulado pela primeira vez pelo astrônomo e matemático belga A. J. Quetelet (*Physique sociale*, 1869). A corrente probabilista da ciência moderna levou esse conceito a muitos campos de indagação (v. CAUSALIDADE; CONDIÇÃO; FÍSICA; CIÊNCIA). [N.A.]

ESTÁTUA (in. *Statue*; fr. *Statue*; al. *Statue*; it. *Statua*). Hipótese imaginada por Condillac para demonstrar que todas as atividades psicológicas derivam da sensação. "Imaginemos", diz Condillac, "uma estátua organizada inteiramente como nós e animada por um espírito desprovido de qualquer espécie de idéia. Suponhamos também que o exterior, todo de mármore, não lhe permitisse o uso dos sentidos, cabendo-nos a liberdade de abri-los, à nossa escolha, às diversas impressões de que são capazes" (*Traité des sensations*, 1754, Pref.). [N.A.]

ESTATUTO (in. *Statute*; fr. *Statut*; al. *Statut*; it. *Statuto*). Conjunto de normas que definem o estado, ou seja, a condição ou o modo de ser de um grupo social. [N.A.]

ESTÉTICA (in. *Aesthetics*; fr. *Esthétique*; al. *Aesthetik*; it. *Estetica*). Com esse termo designa-se a ciência (filosófica) da arte e do belo. O substantivo foi introduzido por Baumgarten, por volta de 1750, num livro (*Aesthetica*) em que defendia a tese de que são objeto da arte as representações *confusas*, mas *claras*, isto é, sensíveis mas "perfeitas", enquanto são objeto do conhecimento racional as representações *distintas* (os conceitos). Esse substantivo significa propriamente "doutrina do conhecimento sensível". Kant, que também fala (*Crítica do Juízo*) de um juízo estético, que é o juízo sobre a arte e sobre o belo, chama de "E. transcendental" (*Crítica da Razão Pura*) a doutrina das formas *a priori* do conhecimento sensível. Mas em Kant o substantivo E., alusivo à arte e ao belo, já não se referia à doutrina de Baumgarten; hoje, esse substantivo designa qualquer análise, investigação ou especulação que tenha por objeto a arte e o belo, independentemente de doutrinas ou escolas.

Dissemos "arte e belo" porque as investigações em torno desses dois objetos coincidem ou, pelo menos, estão estreitamente mescladas na filosofia moderna e contemporânea. Isso não ocorria, porém, na filosofia antiga, em que as noções de arte e de belo eram consideradas diferentes e reciprocamente independentes. A doutrina da arte era designada pelos antigos segundo o nome de seu próprio objeto, *poetica*, ou seja, arte produtiva, produtiva de imagens (PLATÃO, *Sof.*, 265 a; ARISTÓTELES, *Ret.*, I, 11, 1371 b 7), enquanto o belo (não incluído no número dos objetos produtíveis) não se incluía na poética e era considerado à parte (v. BELO). Assim, para Platão, o belo é a manifestação evidente das Idéias (isto é, dos valores), sendo, por isso, a via de acesso mais fácil e óbvia a tais valores (*Fed.*, 250 e), ao passo que a arte é a imitação das coisas sensíveis ou dos acontecimentos que se desenrolam no mundo sensível, constituindo, antes, a recusa de ultrapassar a aparência sensível em direção à realidade e aos valores (*Rep.*, X, 598 c). Para Aristóteles, o belo consiste na ordem, na simetria e numa grandeza que se preste a ser facilmente abarcada pela visão em seu conjunto (*Poét.*, 7, 1450 b 35 ss.; *Met.*, XIII, 3, 1078 b 1), ao mesmo tempo que retoma e adota a teoria da arte como imitação, apesar de, com a noção de *catarse*, retirá-la daquela espécie de confinamento à esfera sensível a que fora condenada por Platão (v. a seguir).

A partir do século XVIII, as noções de arte e belo mostram-se vinculadas, como objetos de uma única investigação; essa conexão foi fruto do conceito de *gosto*, entendido como faculdade de discernir o belo, tanto dentro quanto fora da arte. A investigação de Hume, *Sobre a norma do gosto* (1741), já supõe essa identificação, assim como a de Burke, *Sobre a origem das idéias do sublime e do belo* (1756; cf. V, I), e o ensaio de G. SPALLETTI, *Sopra la bellezza* (1765; cf. §§ 19-20). Mas foi sobretudo Kant quem estabeleceu a identidade entre artístico e belo, ao afirmar que "a natureza é bela quando tem a aparência da arte"; e que "a arte só pode ser chamada de bela quando nós, conquanto conscientes de que é arte, a consideramos como natureza" (*Crít. do Juízo*, § 45). Finalmente, Schelling invertia a relação tradicional entre arte e natureza, fazendo da arte a norma da natureza, e não o contrário. Para Schelling, a arte é a realização necessária e perfeita da beleza a que a natureza só chega de modo parcial e casual (*System des transzendentalen Idealismus*, 1800, VI, § 2; cf. "As artes figurativas e a natureza", 1807, em *Werke*, VII, pp. 289 ss.).

Todavia, a tentativa de separar a ciência da arte da doutrina do belo ocorreu mais recentemente na Alemanha, com vistas a instituir uma "ciência geral da arte" em bases positivas (E. UTITZ, *Grundlegung der allgemeinen Kunstwissenschaft*, 2 vols., Stuttgart, 1914 e 1920; M. DESSOIR, *Ästhetik und allgemeine Kunstwissenschaft*, Stuttgart, 1923). Essa ciência deveria ter como objeto a arte em seus aspectos técnicos, psicológicos, morais e sociais, cabendo à E. a consideração do belo, que para ela é tradicional e insuficiente para explicar todos os fenômenos artísticos, porquanto a arte dos primitivos, por exemplo, e grande parte da arte moderna parecem fugir à categoria do belo. Essas considerações, porém, não parecem decisivas. No uso comum e mesmo no erudito (próprio dos críticos de arte e dos filósofos), a noção de "belo" é suficientemente ampla para qualificar qualquer obra de arte bem realizada, ainda que represente coisas ou pessoas que, por si mesmas, não poderiam ser chamadas de "belas" com base nos cânones correntes. Portanto, não se afigurou oportuno separar a E., como ciência filosófica do belo, da ciência da arte como tal (cf. B. C. HEYL, *New Bearings in Esthetics and Art Criticism*, 1943, pp. 20 ss.). Por outro lado, no próprio domínio da E. são cada vez mais discutidos problemas de ordem psicológica, social, moral etc., o que não parece exigir um lugar à parte. A proposta em questão, portanto, só serviu para ressaltar a exigência de que esses problemas sejam cada vez mais debatidos no âmbito da E. Teve mais sucesso a proposta de Paul Valéry de distinguir da E. uma *poética* que deveria consistir "na análise comparada do mecanismo do ato do escritor e das outras condições menos definidas que esse ato parece exigir" (*Variété*, 1944, V, p. 292). Pelo nome de poética, hoje se indica freqüentemente o conjunto de reflexões que um artista faz sobre sua própria atividade ou sobre a arte em geral; e se, com o uso dessa palavra, não se pretender aludir a uma forma de E. menor, debilitada ou provisória, seu uso não suscita objeções.

A história da E. apresenta uma grande variedade de definições da arte e do belo. Embora cada uma dessas definições tenha, via de regra, a pretensão de expressar de forma absoluta a essência da arte, hoje vai ganhando corpo a idéia de que a maioria delas só expressa tal essência do ponto de vista de um problema particular ou de um grupo de problemas. Por exemplo, está bastante claro que a definição de arte como imitação é a solução de um problema totalmente diferente do problema cuja solução é a definição da arte como prazer: de fato, a primeira refere-se à relação entre arte e natureza; a segunda, à relação entre arte e homem. Por isso, as teorias E. só podem ser apresentadas com referência aos problemas fundamentais cuja solução constituem (ou pretendem constituir), sendo necessário, preliminarmente, expor tais problemas para poder apontar, a propósito de cada um, as soluções mais importantes que já foram ou estão sendo propostas. Ora, os problemas fundamentais em torno dos quais podem ser agrupados todos os problemas discutidos no domínio da E., permitindo orientar-se em meio à variedade de tendências dessa ciência, são três: 1º a relação entre a arte e a natureza; 2º a relação entre a arte e o homem; 3º a função da arte.

1º Muitas definições de arte são determinações da relação entre a arte e a natureza (ou, em geral, a realidade). Como se pode entender a arte como algo dependente da natureza, independente dela ou condicionada por ela, é possível distinguir três diferentes concepções de arte, sob esta perspectiva: *a*) arte como *imitação*; *b*) arte como *criação*; *c*) arte como *construção*.

a) A definição mais antiga de arte na filosofia ocidental, a de imitação, pretende subordinar a arte à natureza ou à realidade em geral. Platão insiste na passividade da imitação artística: o pintor só faz reproduzir a aparência do objeto construído pelo artesão (*Rep.*, 598 b); o poeta só faz copiar a aparência dos homens e de suas atividades, sem aperceber-se realmente das coisas que imita e sem a capacidade de realizá-las (*ibid.*, 599 b). Para Aristóteles, o valor da arte deriva do valor do objeto imitado: por exemplo, devem pertencer ao objeto que a tragédia imita, ou seja, ao mito, os caracteres que asseguram a produção da boa tragédia. "Assim como para serem belos os corpos dos seres vivos devem ter uma grandeza que, em seu conjunto, possa ser facilmente abarcada pelo olhar, também o mito deve ter uma extensão que possa ser facilmente abarcada, em seu conjunto, pela mente" (*Poét.*, VII, 1451 a 2). Desse ponto de vista, ao artista cabe, quando muito, o mérito da escolha oportuna do objeto imitado, mas, uma vez escolhido o objeto, não pode fazer mais do que reproduzi-lo em suas características próprias. Pouco importa se o objeto imitado é uma coisa natural ou uma entidade transcendente ou inteligível: a passividade da imitação permanece. Assim, Sêneca diz que, quando o artista mantém o olhar voltado para um exemplar concebido por ele mesmo, esse exemplar na realidade está contido na mente divina (*Ep.*, 65), isto é, não é criado. Do mesmo modo, observa Plotino: "Se alguém despreza as artes porque só fazem imitar as coisas naturais, é preciso dizer, em primeiro lugar, que as mesmas coisas naturais imitam outras coisas e, em segundo lugar, é preciso saber que as artes não imitam diretamente os objetos visíveis, mas contemplam as regiões de que estes provêm e, assim, são capazes de fazer muitas coisas por sua própria conta e de acrescentar o que falta às coisas naturais" (*Enn.*, V, 8, 2). Portanto, segundo Plotino, o que a arte acrescenta à natureza é por ela haurida da realidade superior (inteligível) para a qual seu olhar se volta. Hoje a teoria da imitação é defendida e praticada pelos partidários do realismo em arte, sobretudo nos países comunistas e em quem se inspira na ideologia comunista. Mas muitas vezes a interpretação que se faz da imitação elimina exatamente o caráter passivo que a caracterizava na formulação clássica. Assim, Lukács, que define a arte como "reflexo da realidade", entende que essa realidade é resultado da interação entre natureza e homem, interação mediada pelo trabalho e pela sociedade, em seu momento histórico. Por isso, vê na arte "o modo de expressão mais adequado e mais elevado da autoconsciência da humanidade" (*Ästhetik* I, 1963, cap. VII, § III, trad. it., p. 575). Desse ponto de vista, imitação não se distingue de criação.

b) O conceito de arte como *criação* é peculiar ao romantismo e foi posto em prática por Schelling. "É fácil entender no que o produto E. se distingue do produto de artesanato comum, porque toda *criação* E. é, em princípio, absolutamente *livre*, porquanto o artista só pode ser impelido a ela por uma contradição que se ache na parte mais elevada da sua natureza, ao passo que qualquer outra criação é ocasionada por uma contradição exterior a quem cria e tem, por isso, objetivo fora de si" (*System, cit.*, VI, § 2). Para Schelling, a arte é a mesma atividade criadora do Absoluto porque o mundo é um "poema" (*ibid.*, VI, § 3), e a arte humana é uma continuação, especialmente através do gênio, da atividade criadora de Deus. Esse conceito foi retomado por Fichte nas obras do segundo período, *Caracteres do tempo presente* (1806), *Essência do sábio* (1805) e *Destinação do sábio* (1811) (cf. Pareysol, *L'E. dell'idealismo tedesco*, 1950, pp. 388 ss.). Como se vê, a tese romântica da arte como criação compõe-se de duas teses diferentes: I, a arte é originalidade absoluta, e os seus produtos não são referíveis à realidade natural; II, como originalidade absoluta, a arte é parte (continuação ou manifestação) da atividade criadora de Deus. Foram essas as teses fundamentais de Hegel em *Lições de estética:* "Poder-se-ia imaginar que o artista recolhe no mundo exterior as melhores formas e as reúne, ou que faz uma escolha de fisionomias, situações etc., para encontrar as formas mais adaptadas ao seu conteúdo. Mas quando assim recolhe e escolhe ainda não fez nada, pois o artista deve ser *criador* e, em sua fantasia, com o conhecimento das formas verdadeiras, com sentido profundo e sensibilidade viva, deve formar e exprimir o significado que o inspira de modo espontâneo e com ímpeto" (*Vorlesungen über die Ästhetik*, ed. Glockner, I, p. 240). Por outro lado, justamente por esse seu caráter de criação, a arte pertence à esfera do Espírito absoluto e, ao lado da religião e da filosofia, é uma das suas manifestações ou realizações no mundo. "A arte", diz Hegel, "por ocupar-se do verdadeiro como objeto absoluto da consciência, pertence à esfera absoluta do espírito e graças a seu conteúdo situa-se no mesmo plano da religião e da filosofia. Pois também a filosofia não tem outro objeto a não ser Deus, sendo assim essencialmente uma teologia racional e um perpétuo culto divino a serviço da verdade" (*ibid.*, I, pp. 147-8). Nesse aspecto, Croce praticamente só fez repetir a doutrina de Hegel. "Como posição e resolução de problemas (da fantasia ou estéticos), a arte não reproduz nada de existente, mas produz sempre algo de novo, forma uma nova situação espiritual e, portanto, não é imitação, mas criação. Do mesmo modo, criação é pensamento que também consiste em posição e resolução de problemas (lógicos, filosóficos ou especulativos, como se preferir chamá-los), e nunca em reprodução de objetos ou de idéias" (*Nuovi saggi di E.*, 1920, p. 156). No mesmo sentido, Gentile escreveu: "É difícil renunciar a ver no artista um espírito criador livre. O pensamento comum encontra dificuldade em aperceber-se claramente dessa criatividade do homem, mas, embora obscura, essa idéia do artista que cria um mundo seu está profundamente arraigada em todo homem que se aproxima da obra de arte" (*Fil. dell'arte*, 1931, 11, § 4). No âmbito da concepção romântica de arte, o princípio de arte como criação aparece como verdade evidente.

O corolário principal dessa concepção é a pouca importância atribuída aos meios técnicos de expressão e a insistência na natureza "espiritual", consciencial da arte. A esse respeito Hegel dizia: "A obra de arte só superficialmente tem a aparência da vida, pois no fundo é pedra, madeira, tela ou, no caso da poesia, letras e palavras. Mas esse aspecto da existência externa não é o que constitui a obra de arte; esta tem origem no espírito, pertence ao domínio do espírito, recebeu o batismo do espírito e exprime tão-somente o que se formou sob a inspiração do espírito" (*Vorlesungen über die Ästhetik*, ed. Glockner, I, p. 55). Croce, por sua vez, confinou a técnica expressiva da arte ao domínio da "prática" e considerou-a como simples expediente de comunicação: "O artista, que deixamos vibrando em imagens expressas a prorromperem de todo o seu ser por infinitos canais, é homem integral e, portanto, também homem prático; como tal, está atento aos meios que evitem a dispersão dos resultados de seu trabalho espiritual, ao mesmo tempo que possibilitam e facilitam a reprodução de suas imagens para ele e para os outros; por isso, realiza atos práticos que servem à obra de reprodução. Esses atos, como todo ato prático, são guiados por conhecimentos e por isso são chamados de *técnicos;* e, por serem práticos, distinguem-se da intuição, que é teórica, e parecem exteriores a esta, sendo então chamados de *físicos*, e, quanto mais são fixados e abstraídos pelo intelecto, mais facilmente são assim designados" (*Breviario di E.*, em *Nuovi saggi di E.*, II, pp. 39-40). E Gentile confirmava: "Admitindo-se que o elemento estético consiste na subjetividade sentimental que conforma um pensamento, a representação na qual esse pensamento se desenvolve e atua refere-se unicamente aos meios técnicos de expressão. Alfieri é o mesmo poeta nos sonetos e nas tragédias etc." (*Fil. dell'arte*, VII, § 8).

c) Tem-se o conceito de arte como construção quando não se considera a atividade E. como receptividade ou criatividade puras, mas como um encontro entre a natureza e o homem ou como um produto complexo em que a obra do homem se acrescenta à da natureza sem destruí-la. Esse foi o conceito de arte de Kant, que concebeu a atividade E. como uma forma de *juízo* reflexivo, ou seja, uma das formas da faculdade que leva a ver a subordinação das leis naturais à liberdade humana ou o finalismo da natureza em relação ao homem. Para Kant, o finalismo da natureza não é "um conceito da natureza" nem "um conceito da liberdade", ou seja, não pertence só à natureza nem só ao homem, mas ao encontro entre a natureza e o homem, pelo fato de que é na natureza que o homem deve realizar seus fins, experimentando um sentimento de prazer (libertação de uma necessidade) quando essa realização se lhe afigura possível, quando a natureza se mostra capaz de servir aos fins humanos (*Crít. do Juízo*, Intr., V). No mesmo conceito de atividade E., Kant incluía assim o de encontro entre o mecanismo natural e a liberdade humana: encontro no qual a arte não prescinde da natureza, mas a subordina a si, e o homem frui dessa subordinação como de uma necessidade aplacada. O conceito pelo qual Kant exprimiu com mais freqüência o caráter construtivo (nem imitativo nem criativo) da arte foi a atividade lúdica. Como atividade liberal ou não mercenária, a arte é "um simples divertimento, ou seja, uma ocupação de per si agradável, que não necessita de outro objetivo" (*ibid.*, § 43). Depois, a noção de atividade lúdica foi empregada para definir algumas artes em particular, especialmente a eloqüência, a poesia e a música (*ibid.*, § 51). Tem esse mesmo significado o conceito de atividade lúdica na doutrina de Schiller. O homem, sendo ao mesmo tempo natureza e razão, é dominado por duas tendências contrastantes: a tendência *material* e a tendência *formal*; essas tendências são conciliadas pela tendência ao divertimento, que visa a realizar a forma viva, isto é, a beleza (*Über die ästhetische Erziehung des Menschen*, 1793-1795, XV; trad. it., p. 71). A tendência à atividade lúdica harmoniza a liberdade humana com a necessidade natural. "Com liberdade ilimitada", diz Schiller, "o homem pode reunir as coisas que a natureza separou e pode separar as que a natureza uniu. [...] Mas só tem esse direito de soberania no mundo das aparências, no reino irreal da imaginação e só enquanto se abstém escrupulosamente de afirmar sua existência no campo da teoria e de querer produzir sua existência efetiva" (*ibid.*, XXVI, p. 134).

Portanto, a aparência E. (ou atividade lúdica) é o domínio em que o homem e a natureza colaboram, a natureza limitando e condicionando a liberdade humana e esta, por sua vez, compondo e unificando os dados naturais. Esse é o conceito construtivo, que não deixou de aparecer esporadicamente mesmo na E. romântica do século XIX. O mais volumoso (senão o maior) tratado sobre essa E., *E. ou ciência do belo* (1846-1857) de F. T. Vischer, apesar de aceitar a Idéia hegeliana, isto é, a Razão autoconsciente como princípio do mundo da arte, dizia que a Idéia estava em luta incessante contra obstáculos e influências que Vischer chamava de "reino do acaso". Segundo Vischer, toda a vida do espírito é "a história da anulação e da assimilação do acaso" (*Ästhetik oder Wissenschaft des Schönen*, § 41), mas é só na beleza que o acaso não é destruído, porém assimilado e organizado. Isso equivalia a ver na arte não uma obra de criação, como a concebera Hegel, mas de construção condicionada.

Na E. contemporânea, predomina o conceito de arte como construção. Foi explicitamente defendido por Valéry, que, com base nele, afirmou a excelência da arquitetura sobre todas as outras artes. "Aquele que constrói ou cria", escreveu Valéry, "comprometido que está com o restante do mundo e com o movimento da natureza, que tendem perpetuamente a dissolver, corromper ou destruir o que ele faz, deve entrever um terceiro princípio e tentar comunicá-lo às suas obras, princípio que expressa a resistência que ele deseja ver oposta ao seu destino de ser mortal. Cria, em suma, a solidez e a duração" (*Eupalinos*, trad. it., p. 142). O mesmo conceito encontra-se repetido de várias formas nas considerações estéticas de muitos poetas contemporâneos (v. POESIA) e é expresso por Dewey na forma mais apropriada de colaboração ou oposição entre fazer e receber: "A arte, em sua forma, associa numa mesma relação o fazer e o receber, a energia que sai e entra, que faz com que uma experiência seja experiência. O produto é uma obra de arte E., graças à eliminação de tudo o que não contribui para a organização mútua dos fatores da ação e da recepção e graças à seleção dos aspectos e das características que contribuem para a sua interpretação" (*Art as Experience*, 1934, cap. III; trad. it., p.

60). L. Pareyson, ao estudar a *formação* da obra de arte e ao propor a sua teoria, delineou os caracteres da construção artística. "Fazer, inventando ao mesmo tempo o modo de fazer; considerar a realização bem-sucedida como critério em si mesma; produzir a obra inventando suas próprias normas; fazer que a invenção coincida com a produção, a ideação com a realização, a concepção com a execução; agir de tal modo que a obra de arte seja ao mesmo tempo a lei e o resultado de sua própria formação: são essas as muitas expressões equivalentes para designar o processo de formação da arte e para indicar a coincidência entre ensaio e organização no processo artístico" (*Estética*, 1954, p. 126). A tese fundamental dessa concepção de arte é a identidade entre produção artística e técnica, assim como a distinção radical entre técnica e produção é a tese característica da concepção de arte como criação. A chamada arte *abstrata*, que, mais do que as outras, insiste na identidade entre técnica e produção é, em seu conjunto, uma manifestação desse modo de entender a arte.

2º O segundo problema fundamental da E. é o da relação entre a arte e o homem, ou seja, da situação ou posição da arte no sistema de faculdades ou categorias espirituais. Podem-se distinguir a respeito três concepções fundamentais: *A*) a que considera a arte como conhecimento; *B*) a que a considera como atividade prática; *C*) a que a considera como sensibilidade.

A) A concepção da arte como conhecimento parece ser sugerida pela doutrina de Aristóteles, ainda que este tenha explicitamente atribuído a arte à esfera da atividade prática, como veremos. Mas ele observa que a arte tem origem na tendência à imitação, que é um aspecto do desejo de conhecer (*Poet.*, IV, 1448b 5), afirmando sobre a poesia, em uma passagem célebre, que ela é mais filosófica do que a história (*ibid.*, 9, 1451 b 5), o que parece querer dizer que ela tem maior valor teórico do que a história, por estar mais próxima da primeira ciência teórica. Mas foi sobretudo o romantismo que insistiu no valor cognitivo da arte, vendo nela (Schelling) "o órgão geral da filosofia", porquanto a arte permite apreender a "identidade entre a atividade consciente e a inconsciente", que é Deus ou o Absoluto (*System*, cit., VI, 1). Hegel atribuía à arte um grau a menos, situando-a abaixo da filosofia e da religião, mas reafirmava seu valor teórico ao incluí-la na esfera do "Espírito absoluto", que é o mais alto conhecimento (ou "autoconsciência") que o Absoluto pode alcançar de si mesmo (*Enc.*, § 556). A E. de Croce e todas as que a tomam por modelo adotam essa inclusão. Desde a primeira formulação de sua doutrina, Croce insistiu na definição da arte como primeiro grau do conhecimento, ou seja, como "conhecimento intuitivo ou do particular" (*E.*, 1902, cap. I). E sempre insistiu na tese de que a arte é "uma teorese, um conhecer", que religa o particular ao universal e portanto tem sempre a marca da universalidade e da totalidade (*La poesia*, 1936). Essa mesma tese também é o pressuposto da E. de Gentile, em que a definição da arte como sentimento significa apenas a redução da arte a pensamento "inatual", ou seja, que ainda não se realizou em um objeto (*La filosofia dell'arte*, 1931, cap. IV). Mesmo a doutrina bergsoniana da arte, formulada a propósito da função da comicidade, reduz a arte à *intuição*, que é o órgão do conhecimento filosófico (*Le rire*, 1908, p. 160). Finalmente, a corrente crítica que, em artes plásticas, foi chamada de corrente da "visibilidade pura", por ver nas formas e nos graus das artes plásticas formas e graus da visão, algumas vezes adotou essa noção da arte como conhecimento. Assim, por exemplo, K. Fiedler disse: "Só a verdade e o conhecimento parecem ser ocupações dignas do homem, e, se quisermos dar à arte um lugar entre as mais elevadas tendências do espírito, será preciso indicar como objetivo seu apenas o impulso para a verdade, o impulso para o conhecimento" (*Aphorismen*, em *Schriften über Kunst*, 1914, II, 8, pp. 147 ss.).

B) A inclusão da arte na esfera da atividade prática é a tese explícita de Aristóteles. Dada a grande divisão entre ciências *teóricas* ou cognitivas, que têm por objeto o necessário, e ciências *práticas*, que têm por objeto o possível, para Aristóteles a arte pertence ao domínio prático e constitui o objeto da *poética*, ou seja, da ciência da produção, enquanto a outra subdivisão da prática é a ciência da ação (*Et. nic.*, VI, 4, 1140 a 1). Não obstante a forte influência de Aristóteles (ou talvez porque essa influência tenha sido anulada pela outra a que já nos referimos), a concepção da arte como atividade prática raramente voltou na história da estética. Pode ser incluída nesse tópico a concepção da arte como atividade lúdica, exposta pela primeira vez por H. Spencer, que considerou a arte como uma atividade que se desvinculou de sua finalidade de adestramento biológico e tornou-se fim em si mesmo (*Principles of Psychology*, 1855, §§ 535-6). Com algumas variantes, essa teoria foi retomada por K. Groos, que associou a arte à "experiência sensorial lúdica" (*Spiele des Menschen*, 1889), mas foi sobretudo Nietzsche quem insistiu no caráter prático da arte, vendo nela uma manifestação da vontade de potência. Segundo Nietzsche, a arte está condicionada por um sentimento de força e de plenitude como o que se verifica na embriaguez. A beleza é a expressão de uma vontade vitoriosa, de uma coordenação mais intensa, de uma harmonia de todas as vontades violentas, de um equilíbrio perpendicular infalível: "A arte corresponde aos estados de vigor animal. É, por um lado, um excesso de constituição vigorosa que transborda para o mundo das imagens e dos desejos; por outro, é a excitação das funções animais, por meio das imagens e dos desejos de uma vida intensa; é a exaltação do sentimento da vida e um estimulante à vida" (*Wille zur Macht*, ed. 1901, § 361). É essencial à arte a perfeição do ser, o encaminhamento do ser para a plenitude; a arte é essencialmente a afirmação, a divinização da existência. O estado *apolíneo* (v.) nada mais é que a resultante extrema da embriaguez *dionisíaca*: é o repouso de certas sensações extremas de embriaguez.

C) A inclusão da arte na esfera da sensibilidade é uma tese platônica que reaparece no século XVIII com inversão de sinal. Platão confinara a arte à esfera da aparência sensível e a caracterizara pela recusa de sair dessa esfera com o uso do cálculo e da medida (*Rep.* X, 602 c-d). Mas, no século XVIII, a noção de arte como sensibilidade não é mais diminuição ou condenação: a arte aparece como a *perfeição* da sensibilidade. O nascimento e a elaboração do conceito de *gosto* (v.), paralelamente ao nascimento e à elaboração da categoria *sentimento* (v.), condiciona a nova apreciação da esfera da sensibilidade, própria da filosofia dos setecentistas, e a inclusão das artes nessa esfera. Baumgarten achava que "o objetivo da E. é a perfeição do conhecimento sensível como tal" e que essa perfeição é a beleza (*Aesthetica*, 1750-58, § 14). É bem verdade que ele considerava as representações E. como representações *claras*, mas *confusas*, e assim estabelecia uma diferença só de grau entre estas e as representações racionais (que são *claras* e *distintas*): o que – como Kant deveria observar freqüentemente – não é uma distinção suficiente entre sensibilidade e inteligência (*Crít. R. Pura*, § 8; cf. *Crít. do Juízo*, Intr., § III). Mas é também verdade que, muito embora com conceitos imperfeitos, Baumgarten tinha em mira reivindicar a autonomia da esfera sensível. Vico incluía a poesia nessa esfera, em oposição a tudo o que "sobre a origem da poesia se disse, primeiro por Platão, depois por Aristóteles, até os nossos Patrizi, Scaligeri, Castelvetri" (*Sc. nuova*, 1744, II, Della metafisica poetica). Segundo Vico, a tese desses autores era da poesia como "sabedoria oculta", ou seja, "metafísica raciocinada e abstraída", ao passo que a tese de Vico era de que a poesia fora metafísica "sentida e imaginada", tal como podia ocorrer em homens "que eram de nulo raciocínio, mas de sentidos robustos e vigorosíssimas fantasias" (*ibid.*, 1744, II, Della metafisica poetica). Ora, segundo Vico, metafísica (isto é, conhecimento) e poesia opõem-se totalmente: aquela purifica a mente dos preconceitos da infância, esta neles imerge e derrama a mente; aquela resiste ao juízo dos sentidos, esta faz deles a sua norma principal; aquela debilita a fantasia, esta a requer robusta; enfim, aquela só confere pensamentos abstratos e isentos de paixão, esta só confere pensamentos concretos e corpulentos, que movem com extraordinária violência os espíritos humanos (*Sc. nuova prima*, 1725, III, 26, em *Opere*, ed. Ferrari, IV, p. 227). A fantasia, que é o órgão da poesia, é definida por Vico como a faculdade que "altera e contrafaz" as coisas (*Sc. nuova*, 1744, III, Dell' inarrivabile facoltà poetica d'Omero); em geral, a fantasia é tanto mais robusta quanto mais débil o raciocínio (*ibid.*, I, Elementi, 36). Com Kant, oficializava-se o nascimento da "faculdade do sentimento", e a tal faculdade atribuía-se o juízo E., procurando-se determinar, por conseguinte, as suas características (*Crít. do Juízo*, Intr., § III). Na E. contemporânea, foi a essa faculdade que se atribuiu a arte com mais freqüência. Segundo Santayana, "a beleza é um prazer considerado como a qualidade de uma coisa", sendo por isso sempre "uma emoção, um afeto da nossa natureza volitiva e valorativa" (*The Sense of Beauty*, 1896, § 11). Para Dewey, igualmente, a arte é "uma forma de sentimento" (*Art as Experience*, 1934, cap. IV).

3º O terceiro ponto de vista do qual se podem considerar as teorias estéticas é o da *função* atribuída à arte. Todas as teorias incidem em dois grupos fundamentais, que consideram a arte α) como educação ou β) como expressão. Como educação, a arte é instrumental; como expressão, é final.

α) A teoria da arte como educação é muitíssimo mais antiga e mais difundida. Platão condenou a arte imitativa por reputá-la não educativa e, mais, antieducativa (*Rep.*, X, 605 a-c), mas aceitou e defendeu as formas artísticas nas quais entreviu instrumentos educacionais úteis (*ibid.*, III, 395 c). Aristóteles afirmava que "a música não deve ser praticada só por um tipo de benefício que dela possa derivar, mas por usos múltiplos, já que pode servir à educação, à catarse e, em terceiro lugar, ao repouso, à elevação da alma e à suspensão dos afazeres" (*Pol.*, VIII, 7, 1341 b, 35). O que ele diz sobre a música obviamente vale para todas as artes; além disso, a *catarse* (v.) e o divertimento são procedimentos educativos. O conceito de arte como educação persistiu por toda a Idade Média e não foi sensivelmente alterado ou inovado pelas discussões estéticas do Renascimento. A tônica no caráter *catártico* da arte nada mais é que a ênfase em sua instrumentalidade educativa. Disso nem Vico duvidava, ao insistir nos "três trabalhos que a grande poesia deve realizar, quais sejam, encontrar fábulas sublimes condizentes com o entendimento popular e que o perturbe ao extremo, para atingir o fim a que se propõe, que é ensinar o vulgo a agir virtuosamente, assim como eles [os poetas] ensinaram a si mesmos" (*Sc. nuova*, II, Della metafisica poetica). Esse é ainda o ponto de vista tradicional, para o qual a arte é um instrumento de aperfeiçoamento moral. Mas a própria teoria da arte como conhecimento pertence ao âmbito da concepção instrumental ou educativa da arte. Hegel expressou-a com toda a clareza possível. Procurando determinar o *objetivo* da arte na introdução de *Lições de E.*, ele elimina as teorias para as quais a finalidade da arte é a imitação, a expressão (neste caso, seria verdadeira a fórmula da *arte pela arte*) ou o aperfeiçoamento moral, para insistir no seguinte: a finalidade da arte é a educação para a verdade através da forma sensível que esta reveste na arte, e o aperfeiçoamento moral é uma conseqüência inevitável da educação teórica. "É preciso admitir", diz Hegel, "que a arte deve revelar a verdade na forma da representação sensível, que deve representar a oposição reconciliada [entre forma sensível e conteúdo de verdade] e que, portanto, tem objetivo em si mesma, nessa representação e manifestação" (*Vorlesungen über Ästhetik*, ed. Glockner, I, p. 89). Mas a educação na verdade nada mais é que educação moral, e para Hegel a tarefa da arte é produzir a morte da arte, ou seja, passar para as formas superiores de revelação da Verdade absoluta, que são a religião e a filosofia (*ibid.*, III, pp. 579 ss.). Com certa atenuação ou confusão, esse ponto de vista foi repetido por Croce, que reconhece que o conhecimento E. se conserva no conhecimento filosófico assim como na arte se conserva a exigência moral ou a consciência do dever (*Breviario di E.*, III). Às teorias que vêem na arte um instrumento educativo voltado para a moral e o conhecimento ultimamente se somaram as que nela vêem um instrumento de educação *política*. Essas são as doutrinas que falam do engajamento político em arte e que exigem do artista uma orientação política precisa, uma obra harmonizada com as classes ou os grupos sociais majoritários menos favorecidos (ou com os partidos que os representam ou pretendem representá-los), que os ajude no esforço de libertação e, portanto, de conquista e de conservação do poder político. Do ponto de vista filosófico essa tese, própria das doutrinas estéticas inspiradas na ideologia comunista, não é mais absurda que as doutrinas tradicionais que estabelecem como tarefa da arte a educação moral ou cognitiva. É verdade que a política tem exigências mais mutáveis e mais arbitrárias que a moral ou o conhecimento: desse modo, o *engajamento* político apresenta o risco de limitar de modo muito mais drástico que o engajamento moral ou cognitivo as direções em que podem ser realizadas ou desenvolvidas as experiências artísticas e, portanto, bloquear antecipadamente experiências que poderiam mostrar-se fecundas. Mas a autonomia, ou seja, o caráter final e não instrumental da arte, tampouco é garantida pela doutrina que vê na arte um engajamento cognitivo ou moral.

β) A teoria da expressão consiste em ver na arte uma forma *final* das experiências, das atividades ou, em geral, das atitudes humanas (v. EXPRESSÃO). O que caracteriza a atitude expressiva é apresentar como fim aquilo que para outras atitudes vale como meio. Por exemplo, ver, que é um meio para orientar-se no mundo e para utilizar as coisas, torna-se um fim em arte, de tal modo que o pintor outra coisa não quer senão *ver* e *fazer ver*. Por isso, também se diz que a expressão aclara e transporta para outro plano o mundo comum da vida: as emoções, as necessidades e também as idéias ou os conceitos que dirigem a existência humana. Dewey disse: "A emoção que foi elaborada por Tennyson, na composição *In memoriam*, não era idêntica ao sentimento de dor que se manifesta no pranto e no abatimento: a primeira é um ato de expressão, a segunda de desabafo. Todavia, é evidente a continuidade das duas noções, ou seja, o fato de a emoção estética ser a emoção originária, transformada através do material objetivo ao qual foi confiado o seu desenvolvimento e a sua realização" (*Art as Experience*, 1934, cap. IV; trad. it., pp. 94-5). Desse ponto de vista, a arte não é natureza, mas, como diz Dewey, "natureza transformada pelo seu ingresso em novas relações" (*ibid.*, 1934, cap. IV; trad. it., pp. 94-5), ou, como ainda se poderia dizer, *retorno à natureza*. E não causa estranheza se, freqüentemente, do Renascimento ao impressionismo, o retorno à natureza serviu para renovar profundamente e com êxito o estilo e o gosto da arte.

A concepção da arte como expressão talvez esteja dissimulada nas afirmações de quem insiste no caráter teórico ou contemplativo da arte, mas está mal dissimulada quando (como faz CROCE, *Breviario di E.*, III) se ironiza ao mesmo tempo sobre a fórmula da arte pela arte, que é a melhor definição do caráter expressivo da arte. Nessa fórmula insistiram poetas e artistas modernos, que dela se valeram para defender a arte das tentativas de escravização ou manipulação para fins que acarretariam a sua completa subordinação e lhe tolheriam toda liberdade de movimento. Os textos correspondentes estão citados no verbete POESIA. A fórmula que defendem deve ser considerada ainda hoje a melhor, a mais eficiente defesa da atividade E. e das condições da sua fecundidade. De fato, visto que essa atividade, como qualquer outra, procede por tentativas – e bem pouco se pode dizer antecipadamente sobre o valor de uma tentativa –, prescrever algumas e proscrever outras, em nome de uma função moral, cognitiva ou política da arte, significaria aumentar enormemente o risco de insucesso, pois nada garante que a tentativa mais promissora não esteja entre as eliminadas ou condenadas antecipadamente. O caráter expressivo da arte também significa que as possibilidades de ver, contemplar e fruir que a arte realiza, as novas aberturas para o mundo que ela revela, quando expressas na obra, estão à disposição de qualquer um que tenha condições de entender a obra. A expressão é, por natureza, sua comunicação. A capacidade de julgar as obras de arte de certo estilo chama-se *gosto*, e o gosto tende a difundir-se e a tornar-se uniforme em determinados períodos ou em determinados grupos de indivíduos. Mas, sem dúvida, as possibilidades comunicativas de uma obra de arte bem realizada são praticamente ilimitadas e também até certo ponto independentes do gosto dominante. Isso significa que nem todos verão a mesma coisa numa obra de arte, ou que nem todos vão fruí-la do mesmo modo. As respostas individuais diante dela podem ser inumeráveis e apresentar ou não uniformidade de gostos. Mas o importante não é essa uniformidade, mas a possibilidade que se abre a novas interpretações, a novos modos de fruir a obra. Aqueles que fruem uma mesma obra de arte (p. ex., os ouvintes de Beethoven) não são como os membros de uma seita ou os adeptos de uma mesma crença. Constituem, todavia, uma comunidade vinculada por um interesse comum e aberta no tempo e no espaço. [N.A.]

As orientações predominantes na E. da segunda metade do século XX podem ser resumidas em quatro vertentes fundamentais. Nas três primeiras se mantém a identificação entre E. e filosofia da arte, que a quarta contesta.

1º Uma primeira orientação, que no geral se poderá chamar de *pragmatista*, visa à valorização do alcance prático da arte e se especifica de modos diversos como utilidade política, sociológica ou psicológica. No primeiro caso (E. marxista), a arte é concebida ou como um espelho da realidade, capaz de produzir diretamente uma transformação prática, ou como configuração de um mundo possível que é utilizado como termo de confronto crítico com o estado de coisas existente. A doutrina da arte como espelho foi muito valorizada por G. Lukács, sobretudo na segunda parte da sua reflexão (*História e consciência de classe*, 1923; *Goethe e seu tempo*, 1947; *Contribuições à história da estética*, 1954; *Estética*, 1963, inacabada), e configura-se como uma renovação da proposta da doutrina da arte como imitação, em que se pressupõe que a *mimese*, ilustrando o universal através do particular (ou melhor, de acordo com a perspectiva aristotélica, universalizando o particular), traga à tona as contradições sociais, de tal modo que lance as bases para um processo de transformação. Se, no caso de Lukács (cujas teses serão amplamente aceitas nos anos 1950 e 1960), o fenômeno das vanguardas é censurável precisamente pela concepção antimimética da arte que elas normalmente propõem, são justamente as vanguardas que constituem o paradigma de referência tanto para o marxismo utópico de E. Bloch, quanto para a E. da chamada "Escola de Frankfurt", representada por T. W. Adorno e W. Benjamin. Para a perspectiva de Bloch, sobretudo na primeira parte da sua reflexão (*Espírito da utopia*, 1918 e 1923), a arte apontaria para um futuro ainda não realizado na sociedade, configurando-se – segundo um paradigma compartilhado pelo Romantismo – como um sucedâneo da escatologia messiânica (*O princípio esperança*, 1954-1959). A identificação da arte com uma religião secularizada, ou como uma reconsagração da história, está ausente da perspectiva de Adorno. Este mantém como paradigma estético a experiência de incomunicabilidade que, dos últimos quartetos de Beethoven, se prolonga e desenvolve até a dodecafonia de Schönberg, cujo equivalente literário é oferecido pelo teatro de Beckett (*Filosofia da música moderna*, 1949; *Notas sobre a literatura*, 4 vols., 1958-1974; *Teoria estética*, póstumo, 1970). Diferentemente da perspectiva de Bloch, a função utópica da arte não se realiza de modo positivo, ou seja, através da prefiguração de mundos possíveis, mas de modo negativo, ou seja, através da ilustração da insuportabilidade deste mundo, que é o único; recusando-se a qualquer concessão hedonística e a qualquer amabilidade, a arte moderna não se apresenta assim como antecipação nem como consolação, mas como recusa absoluta de pactuar com um mundo histórico inaceitável e substancialmente irredimível. Benjamin difere em parte da posição de Adorno; para ele, a arte não representaria tanto uma utopia negativa mas – com motivos parcialmente afins aos de Bloch – uma escatologia, que Benjamin também consubstancia por meio de uma referência explícita à tradição judaica: a tarefa da arte é apontar para o eterno através do transitório, o que – em contraste com o negativismo adorniano – se resolve numa reabilitação da arte efêmera, reprodutível e de consumo, exatamente porque qualquer detalhe pode ser um aceno do eterno (*A obra de arte na época da sua reprodutibilida-*

de técnica, 1936). Os limites que, sem exceção, caracterizam as perspectivas até agora examinadas estão nos pressupostos dogmáticos, segundo os quais a E. tem a ver com a história, e não com a natureza, e a categorização genérica de um âmbito de "obras de arte" que cumpririam, de formas diferentes, a função de uma religião mundana. Se, descartada a E. marxista, nos voltarmos para a reabilitação da função geralmente social da arte (ou seja, fora do horizonte, pelo menos tendencial, da luta de classes), encontraremos a E. pragmatista, já formulada por Dewey e amplamente retomada por R. Rorty (*Conseqüências do pragmatismo*, 1982; *Contingência, ironia e solidariedade*, 1989). Neste caso, a arte não equivale à descrição de um ser ou de um dever-ser, mas apresenta-se mais como um meio de aumentar as possibilidades de desenvolvimento dos indivíduos e das coletividades. Ao contrário de Dewey, Rorty propõe-se reverter a bancarrota da filosofia da arte, da metafísica e da própria filosofia como ciência rigorosa. Quanto ao primeiro aspecto, a crítica à filosofia da arte, acusada de indeterminação por Carnap (*Filosofia e sintaxe lógica*, 1935) e Ayer (*Linguagem, verdade e lógica*, 1936), seria passível de uma inversão positiva: exatamente o fato de a arte e sua filosofia não possuírem critérios seguros de avaliação e conhecimento deveria iluminar o caminho para um mundo não conflituoso, em que fique claro que o aglutinante da sociedade não é constituído por assunções sobre verdadeiro ou falso, mas por uma solidariedade governada por uma ampla retórica (v.) social guiada por um conceito esteticista da poesia (v.) que rege uma ontologia imaterialista. Os pressupostos dessa orientação devem ser buscados na crítica da verdade feita por Nietzsche (*O crepúsculo dos ídolos*, 1889), que se resolvera numa redução do mundo à pura aparência artística. As limitações da perspectiva assim delineada consistem no fato de que ela se apóia em dois pressupostos não demonstrados: a arte – problematicamente entendida como um domínio distinto e categorizável – é o domínio da mera aparência, e a história constitui um fluxo unitário e universal, reconhecível como tal nos seus momentos singulares, assim como no momento presente, que seria univocamente caracterizado por uma desrealização. A vocação terapêutica da arte, já mencionada na E. pragmatista, está programaticamente presente na E. psicanalítica, que utilizou a referência à arte pelo menos em três sentidos: adoção de modelos literários para a definição de patologias (como no caso das freqüentes menções à arte em Freud), estudo da psicologia do artista como exemplo de uma individualidade criativa (ainda em Freud, e segundo a psicologia romântica do gênio, como se vê, p. ex., em *O poeta e a fantasia*, 1907), e proposta de uma terapia na qual a recuperação de uma individualidade autêntica seria permitida pela transferência, na vida cotidiana, de uma criatividade artística. Este último aspecto, ausente em Freud, foi amplamente proposto (também pela adoção de paradigmas compartilhados por Schiller e, mais recentemente, por uma junção de psicanálise e marxismo) por H. Marcuse (*Eros e civilização*, 1955; *Ideologia da sociedade industrial* [*O homem unidimensional*], 1964).

2º Afasta-se dessa perspectiva a referência – não mais conteudística, porém formalista – à arte como linguagem, na reflexão psicanalítica de J. Lacan (*Escritos*, 1966), que se enquadra mais nas perspectivas estéticas que poderiam ser chamadas, resumidamente, de *estruturalistas*. Esta segunda orientação, também baseada na identificação entre E. e filosofia da arte, dedicou-se à justificação da E. não por meio de um exame do valor (de verdade ou de utilidade) das obras de arte, mas sim da tematização da validade científica autônoma dos métodos da indagação estética. Tal método pode ser especificado de dois modos: ou como metodologia historiográfica e genética, segundo a formulação característica das ciências do espírito do século XIX, ou como metodologia sincrônica, voltada para a detecção de leis gerais, e não de fenômenos particulares, nos moldes de constantes de tipo matemático. As fronteiras entre essas duas abordagens não são nítidas, e é bem freqüente a dialética em virtude da qual o método sincrônico, nascido como polêmica ao diacrônico, acabe por voltar a este, no todo ou em parte. Visto que a abordagem diacrônica não pode ser considerada propriamente um método (visando à detecção de individualidades, em vez de leis), trataremos dela como de um aspecto distinto no item 3º., concentrando-nos aqui no método sincrônico, cujo pressuposto é, pelo menos programaticamente, diferente do da metodologia das ciências do espírito de cunho historiográfico, considerada insubsistente e demasiado imprecisa (ou seja, idiográfica, voltada à detecção de indivíduos, e não de leis). Difundida em toda a esfera das ciências do espírito, e geralmente caracterizada como a busca de um tratamento nomotético (voltado à detecção de leis e de constantes) da idiografia, essa metodologia teve curso na psicologia (J. Piaget), na antropologia (C. Lévi-Strauss) e, de modo paradigmático, na lingüística, e está ligada às tentativas de uma filosofia analítica da história, a partir das pesquisas de C. G. Hempel e de W. Dray. No âmbito específico da filosofia da arte, os seus pressupostos devem ser buscados na lingüística semiológica de F. de Saussure (*Curso de lingüística geral*, 1913), assim como no formalismo de Praga (V. Mathesius, P.

Bogatyrëv, J. Mukarovky) e no formalismo russo (J. Tynjanov, R. Jakobson), mas teve difusão máxima, sobretudo no âmbito da abordagem semiológica da arte, a partir dos anos 1960 (principalmente graças à divulgação, no Ocidente, dos formalistas russos, através da publicação da antologia *Os formalistas russos,* organizada em 1965 por T. Todorov, e da atividade de R. Jakobson, em especial das contribuições coligidas em *Ensaios de lingüística geral,* 1963). O pressuposto é geralmente o de que a obra de arte não deve ser considerada por seu conteúdo, mas por sua forma, reconhecível através de um sistema de signos. Nesse sentido, há uma aproximação das pesquisas sobre a característica e a semiótica que atravessaram a cultura antiga e medieval, com um desenvolvimento particularmente marcante no século XVII, com Locke e Leibniz. Ao contrário daquelas pesquisas, porém, o método estrutural atua – como já a perspectiva pragmatista – com a persuasão da plena reconhecibilidade do fato artístico, decorrente da constituição setecentista e oitocentista de um sistema das artes. As limitações dessa abordagem são quatro. Em primeiro lugar, da que se pretenda não valorativo (não se trata de julgar a beleza ou a fealdade das obras), o método estrutural *pressupõe* uma valoração categorial, justamente a que as define como obras. Em segundo lugar, é fácil reconhecer a heterogeneidade do método em relação ao objeto. Max Bense, por exemplo, propôs (sem menção ao estruturalismo, mas com uma referência prioritária à teoria da informação e à semiótica de C. S. Peirce) uma E. exata de base matemática (*Teoria do texto,* 1962), e a exatidão é em geral o único mérito que essas pesquisas se atribuem; mas se o caráter da obra está na individualidade (até para além da adoção de uma definição de gênero, que de qualquer modo pressupõe individualidades exemplares), segue-se que o único objeto da indagação está por definição excluído do campo. Em terceiro lugar, o objeto, que é identificado com a forma, confunde-se com o instrumento de indagação, ou seja, com a linguagem, de tal sorte que se institui uma circularidade perniciosa: exatamente a associação da E. com a lingüística, que pretende ser, como se viu, polêmica em relação ao tratamento historicista, volta a propor de fato a tese que identifica a E. com uma lingüística geral formulada na *Estética* de Croce. Identificar a E. com uma lingüística significa admitir que ela não tem relação nem com a intuição nem com o conceito, mas com a expressão (portanto, nos termos em que é proposta, que equivale ao estatuto da retórica). As dificuldades encontradas por essa justificação lingüística são que, por um lado, se a lingüística for tomada como lingüística histórica, não se dará uma dimensão específica da E., que seja distinguível das práticas científicas específicas da filologia e da história literária. Por outro lado, se a lingüística for tomada como lingüística estrutural, não se conseguirá justificar em que sentido o tratamento de uma "mensagem estética" (difícil de determinar como tal, a não ser segundo o perfil de intenções e convenções manifestadas historicamente) pode ser distinguido e especificado em relação às características de um tratamento da lingüística geral. Por fim (e é questão que abrange o estatuto do estruturalismo em geral) em última instância não se justifica a constituição genética da estrutura, que se mostra por isso arbitrária ou irracional (v. PÓS-ESTRUTURALISMO). Um quarto problema, encontrado e apontado principalmente pelas pesquisas de U. Eco (*Trattato di semiotica generale,* 1975; *I limiti della interpretazione,* 1990) está na dificuldade – além do fato de tratar de mensagens não lingüísticas – na vagueza da noção de "código": mesmo admitindo que o código não seja, como é óbvio, apenas lingüístico, mas que diga respeito a toda e qualquer dimensão expressiva, falta estabelecer o que se aprende com ele e quanto conhecimento é necessário para compreendê-lo. Aqui se encontra uma dificuldade semelhante à ressaltada pela crítica de Kant à característica leibniziana: um código – por exemplo, o sistema dos números naturais – pode ser exclusivamente formal, e então, para ser compreendido, só exige o conhecimento do sistema de numeração, mas por outro lado não ensina nada (ou seja, não constitui um verdadeiro conhecimento, visto que este último decorre do encontro com um real objeto de experiência, que não está incluído no método); caso o código não seja apenas formal, mas também substancial, então precisará de uma competência que, além do caráter ou do signo utilizado, se estenda também à classe de referência. Mas isso significa que da indagação formalista se volta à indagação histórica, que do código se vai ao dicionário e deste à enciclopédia, exatamente como ocorreu nas pesquisas de Eco e nas da semiótica de J. Lotman e de B. A. Uspenkij (*Tipologia da cultura,* 1975).

3.º A terceira orientação mais importante, que, de modo geral, poderá ser chamada de *hermenêutica,* compartilha com os aspectos do item 1.º a convicção do alcance prático da arte, e, do item 2.º, a busca de uma base de verdade da E., entendida, porém, não como confirmação metódica, mas como afirmação da validade de um conhecimento E. que deve ser considerado autônomo em relação à experiência, que é objeto das ciências, bem como histórica e existencialmente mais decisivo. Os principais caminhos seguidos pela E. hermenêutica são prioritariamente reconhecidos nas perspectivas de H. G. Gadamer, P. Ricoeur e L. Pareyson, mas só pode ser considerada propriamente hermenêutica a perspectiva de Gadamer (*Verdade e método*, 1960), que retoma a indicação de M. Heidegger (*A origem da obra de arte*, 1935) acerca do caráter de abertura e de instituição da arte, que se realiza através da linguagem considerada (segundo a doutrina cristã do *verbum* encarnado) como autonomamente dotada de ser, inserindo essas considerações no sistema categorial do historicismo e das ciências do espírito proposto no século XIX por W. Dilthey. A perspectiva gadameriana julga – por um procedimento circular – a arte como uma via eminente da afirmação da linguagem como manifestação do ser, e, por outro lado, utiliza a história para ilustrar essa tese. Visto que os pressupostos subjacentes a essa perspectiva são que toda arte é linguagem, e que a linguagem é o único ser de que se pode ter conhecimento, os resultados dessa orientação foram de dois tipos: em primeiro lugar, uma reabilitação global da metodologia do conhecimento histórico na compreensão das obras (p. ex., na "E. da recepção" de H. R. Jaup; cf. *Esperienza estetica ed ermeneutica letteraria*, 3 vols., 1977-1982), que no entanto se mantém no plano da pura indicação de intenções, por outro lado coerentemente desenvolvidas por qualquer historiografia literária filologicamente equipada; em segundo lugar, uma valorização do modelo da irrealidade da arte, para chegar a uma tese geral sobre a insubsistência da realidade, em Vattimo (*Poesia e ontologia*, 1967; *La fine della modernidade*, 1985), nos termos de uma apologia do niilismo e de uma visão da história como atenuação imaterialista do ser, que se vincula, como se disse, aos resultados do pragmatismo delineados no item 1º. No que se refere à perspectiva de P. Ricoeur, pode-se falar mais corretamente da tentativa de mediação entre a hermenêutica nascida da tradição das ciências do espírito e os critérios de validação sincrônica propostos pelas ciências estruturais (*O conflito das interpretações*, 1969), conquanto o resultado, também nesse caso, tenha sido a tendencial identificação entre realidade, linguagem e narrativa (*Tempo e narrativa*, 3 vols., 1983-1985). Finamente, quanto à perspectiva de L. Pareyson, sua *Estetica* (1954) insere-se na visão da arte como construção da tradição kantiana reativada por P. Valéry e, na Itália, por L. Stefanini; o desenvolvimento hermenêutico dessa perspectiva (*Verità e interpretazione*) caracterizou-se pelo introdução de uma validade da obra em termos de "abertura", que em vários aspectos se aproxima dos resultados extrametódicos do desconstrucionismo literário (v. DESCONSTRUÇÃO).

4º Somente a quarta atitude poderá ser chamada propriamente de estética, uma vez que rompe com o nexo dogmático entre E. e filosofia da arte e (com uma menção mais ou menos consciente ou temática) aproxima-se da noção baumgarteniana da E. como conhecimento sensível perfeito (cujo objeto prioritário não é o domínio da arte nem do belo, mas o da sensação como *aisthesis* e, de forma mais abrangente, de toda a esfera do aparecer como âmbito ao mesmo tempo complementar e distinto do âmbito lógico) e da E. transcendental kantiana, como disciplina caracterizada em termos gnosiológicos e distinta assim do âmbito subjetivo do juízo de gosto, bem como do âmbito (histórico e empírico) dos objetos de tal juízo. Nesse sentido, o momento kantiano extraiu grande força da retomada das pesquisas da fenomenologia de Husserl e, em especial, da definição da especificidade do objeto estético, bem como das pesquisas sobre a genealogia da lógica (*Experiência e juízo*, 1938), ou seja, sobre a intervenção de dados sensíveis na constituição do raciocínio. Essas pesquisas também são corroboradas pelas perspectivas de Merleau-Ponty (*O visível e o invisível*, 1964, póstumo) sobre o caráter estético da ontologia (ou seja, sobre a definição do ser sobretudo como ser sensível), bem como pelas pesquisas de Wittgenstein sobre a relação entre sensação e pensamento (*Investigações filosóficas*, 1953), e se entrelaçam com as pesquisas, de extração psicológica e fenomenológica, que desde o fim do século XIX focalizaram as características da percepção pura e a psicologia da forma (E. MACH, *Análise das sensações*, 1886, cuja perspectiva associacionista foi criticada por C. von Ehrenfels no artigo sobre as qualidades gestaltistas, 1890, em que se indica o ato instituidor da *Gestaltpsychologie*). As correntes mais relevantes nesse setor podem ser distinguidas em três núcleos. Em primeiro lugar, as pesquisas sobre a E. como filosofia "não especial", através de um nexo entre E. e esquematismo: N. Goodman e, na Itália, E. Garroni. Goodman tratou do problema da construção E. no quadro mais abrangente dos caminhos pelos quais assunções simbólicas orientam o conhecimento do mundo (*Languages of Art*, 1968, *Ways of Worldmaking*, 1978), com uma perspectiva que no entanto se prende à identificação tradicional entre E. e filosofia da arte. Para Garroni, inversamente, não prevalece o interesse pela determinação de uma filosofia da arte, mas sim daquilo que de especificamente estético (ou seja, sensível e distinto do lógico) se dá no conhecimento, tanto no sentido de experiência cotidiana do mundo da vida, quanto de formalização especializada e científica (*Senso e paradosso*, 1986; *Estetica. Uno sguardo-attraverso*, 1992). Um fruto dessa atitude analítica, que se inspira tanto na perspectiva de Kant quanto no ensinamento de Wittgenstein, é o renovado interesse pelo valor ontológico da ficção, não no sentido (descrito no item 3º) da redução do ser à linguagem, mas naquilo que interessa à definição da diferença específica entre realidade e imaginação; nessa direção se situam, por exemplo, as pesquisas de K. Walton (*Mimesis as Make-Believe*, 1990). Em segundo lugar, e num nível mais marcadamente científico, devem ser assinaladas as pesquisas sobre as relações entre percepção e pensamento (ou seja, entre E. e lógica), desenvolvidas pelas ciências cognitivas, e a retomada contemporânea da Gestalt. Se R. Arnheim (*Arte e percepção visual*, 1969) procurara explicar as aquisições da Gestalt numa perspectiva compartilhada pela iconologia de A. Warburg e de E. Gombrich, G. Kanisza (*Grammatica del vedere*, 1980; *Vedere e pensare*, 1991) e P. Bozzi (*Fisica ingenua*, 1990) propuseram uma psicologia de que se pode nutrir tanto uma E. racional (de cunho baumgarteniano ou kantiano) quanto uma E. experimental (que se religue, com maior consciência metodológica, às propostas de C. G. Fechner e de W. Wundt), indagando as relações entre percepção e pensamento, assim como as vias de constituição da experiência através da sensação. Em terceiro lugar, uma teorização perfeita (transcendental e não experimental) das relações entre E. e lógica foi a proposta, com bases fenomenológicas e kantianas, pela gramatologia (v.) de Derrida, que, retomando o problema do esquematismo, se interroga sobre as inter-relações entre momento estético e momento lógico no ato de conhecer. [M.F.]

ESTETICISMO (in. *Aestheticism*; fr. *Esthétisme*; al. *Ästhetizismus*; it. *Estetismo*). Qualquer doutrina ou atitude que considere fundamentais e primordiais os valores estéticos e reduza ou subordine a eles todos os outros (mesmo e sobretudo os morais). Nesse sentido, pode-se chamar de E. tanto uma doutrina como a de Novalis ou de Schelling, que vê na arte a revelação do Absoluto, quanto a de Oscar Wilde ou de D'Annunzio, para quem prevalecem os valores estéticos na literatura e na vida.

O E. foi caracterizado por Kierkegaard como a atitude de quem vive no instante, ou seja, vive para colher o que há de interessante na vida, desprezando tudo o que é banal, insignificante e mesquinho. O homem estetizante, por isso, evita a *repetição*, que sempre implica monotonia e anula o atrativo das experiências mais promissoras. O símbolo ou a encarnação do E. é, portanto, Don Juan, o sedutor. Para Kierkegaard, a vida estetizante desemboca no tédio e, portanto, no desespero (*Werke*, II, p. 162). [N.A.]

ESTILO (in. *Style*; fr. *Style*; al. *Stil*; it. *Stile*). Conjunto de características que distinguem determinada forma de expressão. Em sua origem, no século XVIII, a noção de estilo foi expressa pelo lema francês *le style c'est l'homme même* e considerada a manifestação na forma expressiva das características do sujeito em sua relação com o material empregado. Hegel considerou demasiado restrita essa concepção e incluiu no E. também as determinações que as condições da arte em questão produzem na forma expressiva; nesse sentido, pode-se distinguir, por exemplo, na música o E. *gregoriano* do E. *operístico*; na pintura, o E. *histórico* do E. *genérico* etc. (*Vorlesungen über die Ästhetik*, ed. Glockner, I, pp. 394-5). Desse modo, o E. não seria o homem, mas a própria *coisa*. Em todo caso, porém, o E. seria uma certa uniformidade de características em determinado domínio do mundo expressivo. "O E. se nos revela como uma unidade de formas, de tônicas e de atitudes dominantes, numa complexa variedade de formas e conteúdos", escreveu Lucian Blaga, que insistiu em estender o fenômeno E. a todo o mundo da cultura (*Orizzonte e stile*, 1936; trad. it., 1946, p. 45). Às vezes, porém, viu-se no E. "o momento de invenção, que não é invenção formalista de palavras ou de signos, mas de idéias" (G. MORPURGO TAGLIABUE, *Il concetto dello stile*, 1951, p. 352). [N.A.]

ESTÍMULO (in. *Stimulus*; fr. *Stimulus*; al. *Reiz*; it. *Stimolo*). Qualquer objeto capaz de excitar um receptor, ou seja, de provocar resposta num organismo vivo (v. AÇÃO REFLEXA; PERCEPÇÃO; RESPOSTA). [N.A.]

ESTIPULAÇÃO (in. *Stipulation*; fr. *Stipulation*; al. *Übereinhunft*; it. *Stipulazione*). O ato de estabelecer uma convenção, ou a própria convenção. [N.A.]

ESTOICISMO (in. *Stoicism*; fr. *Stoicisme*; al. *Stoizismus*; it. *Stoicismo*). Uma das grandes escolas filosóficas do período helenista, assim chamada pelo pórtico pintado (*Stoá poikíle*) onde foi fundada, por volta de 300 a.C., por Zenão de Cício. Os principais mestres dessa escola foram, além de Zenão, Cleante de Axo e Crisipo de Soles. Com as escolas da mesma época, epicurismo e ceticismo, o E. compartilhou a afirmação do primado da questão moral sobre as teorias e o conceito de filosofia como *vida contemplativa* acima das ocupações, das preocupações e das emoções da vida comum. Seu ideal, portanto, é de *ataraxia* ou *apatia* (v.). Os fundamentos do ensinamento estóico podem ser resumidos da seguinte forma:

1º divisão da filosofia em três partes: lógica, física e ética (v. FILOSOFIA);

2º concepção da lógica como *dialética*, ou seja, como ciência de raciocínios hipotéticos cuja premissa expressa um estado de fato, imediatamente percebido (v. ANAPODÍTICO; DIALÉTICA);

3º teoria dos signos, que constituiria o modelo da lógica terminista medieval e o antecedente da semiótica moderna (v. SEMIÓTICA; SIGNIFICADO);

4º conceito de uma Razão divina que rege o mundo e todas as coisas no mundo, segundo uma ordem necessária e perfeita (v. DESTINO; LIBERDADE; NECESSITARISMO);

5º doutrina segundo a qual, assim como o animal é guiado infalivelmente pelo instinto, o homem é guiado infalivelmente pela razão, e a razão lhe fornece normas infalíveis de ação que constituem o direito natural (v. DIREITO; INSTINTO);

6º condenação total de todas as emoções e exaltação da apatia como ideal do sábio (v. APATIA; EMOÇÃO);

7º *cosmopolitismo* (v.), ou seja, doutrina de que o homem não é cidadão de um país, mas do mundo;

8º exaltação da figura do sábio e de seu isolamento dos outros, com a distinção entre loucos e sábios (v. SABEDORIA).

Ao lado do aristotelismo, o estoicismo foi a doutrina que maior influência exerceu na história do pensamento ocidental. Muitos dos fundamentos enunciados ainda integram doutrinas modernas e contemporâneas. [N.A.]

ESTOIQUIOLOGIA (in. *Stoicheiology*; it. *Stoicheiologia*). Foi esse o nome dado por Hamilton à parte da lógica que estuda os aspectos elementares ou constitutivos dos processos do pensamento. Dividiu a E. em noética, enoemática, apofântica e doutrina do raciocínio (*Lectures on Logic*, I, p. 72). [N.A.]

ESTRITO (in. *Strict*; fr. *Strict*; al. *Streng*; it. *Stretto*). Esse adjetivo às vezes se aplica ao direito ou ao dever, para indicar seu caráter mais rigorosamente obrigatório. Kant diz: "Há ações de tal modo conformadas que seu princípio básico não pode sequer ser *concebido* sem contradições como lei universal da natureza. [...] Outras há em que não se encontra essa impossibilidade interna, mas que são tais que é impossível querer que seu princípio básico seja elevado à universalidade de uma lei da natureza, porque semelhante vontade se contradiria em si mesma. Vê-se facilmente que o princípio básico das primeiras é contrário ao dever E. ou *rígido* (rigoroso), ao passo que o das segundas é contrário apenas ao dever em sentido lato (meritório)" (*Grundlegung zur Metaphysik der Sitten*, II). Em outro techo, Kant chama de direito E. o que "também pode ser representado como uma possibilidade de coação geral recíproca, de acordo com a liberdade de cada um e segundo leis universais" (*Met. der Sitten*, Introdução à doutrina do direito, § E). Essas considerações kantianas estão entre as mais precisas nessa matéria e, todavia, estão bem longe de ser convincentes. [N.A.]

ESTRUTURA (in. *Structure*; fr. *Structure*; al. *Strukture*; it. *Struttura*). 1. Em sentido lógico, mapa ou plano de uma relação: assim, diz-se que duas relações têm a mesma E. quando o mesmo plano vale para ambas, ou seja, quando são análogas tanto quanto uma carta geográfica tem analogia com a região que representa. Nesse sentido, a E. é o "número-relação", conceito generalíssimo que equivale a *plano, construção, constituição* etc. (RUSSELL, *Introduction to Mathematical Philosophy*, VI; trad. it., pp. 74-5; *Human Knowledge*, IV, 3; trad. it., pp. 362 ss.). A descrição formal de Russell molda-se ao uso corrente do termo: por exemplo, ao uso encontrado na terminologia de Marx e dos marxistas. Nessa terminologia, E. é a constituição econômica da sociedade em que se incluem as relações de produção e as relações de trabalho, ao passo que *superestrutura* (v.) é a constituição jurídica, estatal, ideológica da própria sociedade (MARX, *Zur Kritik der politischen Ökonomie*, 1859, Pref.; *Deutsche Ideologie*, I; v. também SUPERESTRUTURAS e MATERIALISMO HISTÓRICO).

Nesse sentido, a palavra E. é, por um lado, sinônimo de *forma*, no sentido presente no gestaltismo, que, aliás, é também chamado estruturalismo ou psicologia estrutural (v. PSICOLOGIA); por outro lado, é sinônimo de *sistema* (no significado 2) como conjunto ou totalidade de relações. Foi nesse último sentido que essa palavra passou para a lingüística, para a estética e para os outros campos em que é hoje costumeiramente usada. O próprio Saussure falara de sistema: "A língua é um sistema cujas partes todas devem ser consideradas em sua solidariedade sincrônica" (*Cours de linguistique générale*, III, § 3). Esse termo, enfim, tem o significado genérico de sistema e poderia ser substituído por ele sempre que se fala de estrutura como "um conjunto de elementos quaisquer, portanto abstratos, entre os quais (ou entre alguns de seus subconjuntos) tiverem sido definidas relações igualmente abstratas" (Granger), ou como "um conjunto de elementos submetidos a determinadas relações" (Mouloud) ("La notion de structure" em *Revue Intern. de Phil.*, 1965, pp. 254, 315) ou de modos análogos (*Sens et usage du terme Structure dans les sciences humaines et sociales*, aos cuidados de R. Bastide, 1962, *passim*; *The Structure of Language*, org. por Fodor e Katz, 1964, pp. 33, *passim*).

O mesmo se pode dizer do uso desse termo em antropologia, sobretudo por Lévi-Strauss; este define a E. explicitamente como um sistema de elementos tal que uma modificação qualquer de um implica uma modificação de todos os outros, considerando-a como um modelo conceitual que deve dar conta dos fatos observados e permitir que se preveja de que modo reagirá o conjunto no caso da modificação de um dos elementos (*Anthropologie structurale*, 1958, XV, I, pp. 306 ss.).

2. Em sentido restrito e específico, a E. não é um plano qualquer ou qualquer sistema de relações, mas um plano *hierarquicamente ordenado*, ou seja, uma ordem finalista intrínseca destinada a conservar o máximo possível seu plano. Neste sentido específico, essa palavra foi usada por Dilthey, que com ela designou o instrumento explicativo fundamental do mundo humano e histórico. Ele falou de uma "E. psíquica", entendida como "a ordem segundo a qual, na vida psíquica desenvolvida, os fatos psíquicos de qualidade diferente estão interligados por uma relação interna que pode ser imediatamente vivenciada" (*Gesammelte Schriften*, VII, pp. 3 ss.; cf. *Critica della ragione storica*, trad. it., p. 63). E utilizou esse termo sobretudo para indicar as unidades elementares do mundo histórico, quais sejam, indivíduos, épocas, comunidades, instituições, sistemas culturais, entendendo por ele, nesse sentido, um nexo dinâmico centrado em si mesmo, "vale dizer, que tem finalidade e critérios de avaliação em si mesmo" (*Der Aufbau der geschichtlichen Welt in den Geisteswissenschaften*, 1910, VI, 2; trad. it. em *Critica della ragione storica*, VI, 1, 2, pp. 243 ss.). O nexo dinâmico ou vital em que Dilthey viu o caráter básico da E. foi traduzido por Spengler pelo conceito de *organismo*, do qual se serviu para descrever as *épocas* históricas que nascem, declinam e morrem (v. ÉPOCA). Nesse sentido, esse termo é usualmente empregado em biologia. Segundo explicitação recente de um biólogo, E. seria "a forma relativa à função", assim como função seria a "E. que muda no tempo" (A. C. MOULYN, *Structure, Function and Purpose*, 1957, pp. 22-3). No behaviorismo, que hoje procura utilizar, com as devidas correções, a experiência da cibernética, fala-se de "E. hierárquica", ou de "plano", como de "processo hierárquico do organismo, que pode controlar a ordem na qual uma seqüência de operações deve ser executada (MILLER, GALANTER, PRIBRAM, *Plans and the Structure of Behavior*, 1967, p. 16). Nesse sentido, a E. não é constituída simplesmente por um conjunto de elementos em relação, mas por uma ordem hierárquica que tem o objetivo de garantir o êxito de sua função e sua própria conservação. Pode-se dizer que a E. é caracterizada pelo fato de propor como fim sua própria possibilidade de ser (cf. ABBAGNANO, *La struttura dell'esistenza*, 1939).

Este significado, que parece o mais sutil, é, no entanto, o que mais corresponde ao uso desse termo na linguagem comum. A E. de um edifício é a correlação entre suas partes, que assegura a estabilidade do edifício e lhe permite corresponder ao uso a que é destinado. Em uma organização qualquer, E. é o plano de atividades ou de órgãos que mantém em pé a organização e lhe permite realizar seus objetivos. Não é semelhante a uma máquina pré-cibernética ou a um organismo no sentido pré-evolucionista, mas é um plano articulado de elementos que, dentro de certos limites, são suscetíveis de variações mais ou menos autônomas. Tanto no significado 1 quanto no 2, a E. pode ser concebida de dois modos: I) Como algo que constitui a *ordem* ou a *substância* da realidade em exame e, portanto, determina necessariamente todas as suas determinações, de tal modo que as torna infalivelmente previsíveis (Lévi-Strauss, Sapir. V. verbete seguinte); II) como *modelo* (v.) ou *construto* (v.) hipotético, passível de interpretações diversas, que exerça condicionamentos não necessitantes e possibilite apenas previsões prováveis (estruturalistas russos, cibernéticos). [N.A.]

Na "família" de noções de E., a mais prestigiosa – e historicamente decisiva – é a de Lévi-Strauss. Segundo o mestre do estruturalismo francês, a E., mesmo implicando a idéia de sistema, portanto de coesão entre partes, não é o sistema manifesto "sic et simpliciter", porém, mais precisamente, *a ordem interna do sistema e o grupo de transformações possíveis* que o caracterizam. Para compreender adequadamente o conceito de E. de Lévi-Strauss, entendida como condição da inteligibilidade e dizibilidade dos fenômenos, é, pois, indispensável não perder de vista o conceito de "transformação", que não tem valor histórico, mas sim lógico-matemático, visto que não alude a mudanças no tempo, mas às variantes possíveis de certo fenômeno. Perceber a E. de um sistema, ou seja, o grupo de suas transformações, significa explicitar o quadro global das permutações logicamente possíveis que podem ser ensejadas pelas relações entre os termos que a compõem, para depois explicar, com base nisso, a realização histórico-efetiva (portanto, contingente) de algumas dessas variantes. Para usar as palavras de Lévi-Strauss, a análise estrutural articula-se em três momentos sucessivos, que consistem em: "1) definir o fenômeno estudado como uma relação entre dois ou vários termos reais ou virtuais; 2) construir o quadro das permutações possíveis entre esses termos; 3) considerar esse quadro como objeto geral de uma análise que, somente nesse nível, pode atingir conexões necessárias, uma vez que o fenômeno empírico em princípio é apenas uma combinação possível entre outras, cujo sistema total deve ser reconstruído antes de mais nada" (*Il totemismo oggi*, 1962, trad. it., Feltrinelli, Milão, 1964, p. 25).

Segue-se que a noção de E. não pode ser unilateralmente identificada com a de totalidade ou sistema. De fato, como observou Boudon, se o estruturalismo consistisse apenas em reconhecer um sistema ou uma totalidade (numa língua, numa sociedade ou numa personalidade), cujos elementos fossem analisáveis sem referência a essa totalidade, deveríamos perguntar "como foi possível uma idéia tão banal ter provocado uma revolução científica" (*Strutturalismo e scienze umane*, trad. it., Einaudi, Turim, 1970, p. 9). Ao contrário, como vimos, a E. coincide com a sintaxe de transformação do sistema, ou seja, com o conjunto de regras de relação, combinação e permutação que interligam os seus termos. Uma das mais eloqüentes exemplificações da noção de E. – e do seu uso antropológico por parte de Lévi-Strauss – é representada pela indagação sobre os sistemas de parentesco: "ao invés de investigar as razões específicas e concretas pelas quais certa população apresenta determinado tipo de relação de parentesco, Lévi-Strauss expõe todas as relações elementares tendenciais de parentesco como tais (ou seja, separando-as de seus contextos histórico-culturais particulares). A seguir, lança mão de refinados instrumentos lógico-matemáticos para analisar e classificar todas essas relações. Aos poucos, o leitor vai vendo a infinita desordem de tais relações simplificar-se e reduzir-se a uma ordem relativamente simples. Examinado com meios apropriados, o caos das relações elementares de parentesco revela-se subordinado a uma lógica límpida e profunda. Lévi-Strauss mostra que essas relações se dispõem numa estrutura invariante, em relação à qual os vários sistemas particulares e concretos de parentesco não passam de "transformações em sentido algébrico" (S. MORAVIA, *Lévi-Strauss e l'antropologia strutturale*, Sansoni, Florença, 1973, pp. 8-9).

Uma apresentação eficaz do conceito estruturalista de E., freqüentemente citada em virtude de seu caráter formal e definitório, é a de Piaget: "Numa primeira abordagem, uma E. é um sistema de transformações, que comporta leis como sistema (em oposição às propriedade dos elementos) e que se conserva ou se enriquece graças ao jogo de suas transformações, sem que estas conduzam para fora de suas fronteiras ou recorram a elementos externos. Em suma, uma E. compreende estes três caracteres: totalidade, transformações e auto-regulação. Numa segunda abordagem [...] essa E. deve poder dar lugar a uma formalização" (*Lo struturalismo*, 1968, trad. it., Il Saggiatore, Milão, 1971, p. 39) (v. ESTRUTURALISMO; TRANSFORMAÇÃO). [G.F.]

ESTRUTURALISMO (in. *Structuralism*; fr. *Structuralisme*; al. *Strukturalismus*; it. *Strutturalismo*). Entende-se por este termo todo método ou processo de pesquisa que, em qualquer campo, faça uso do conceito de *estrutura* em um dos sentidos esclarecidos. Esse termo nasceu na Gestalt e na lingüística, em que o E. foi defendido pelos russos R. Jakobson, N. Trubetzkoy e inúmeros outros. Em antropologia, o ponto de vista estruturalista foi introduzido por Radcliffe-Brown, no prefácio à obra *African Systems of Kinship and Mariage* (1950), tendo sido difundido na antropologia moderna por Lévi-Strauss (*Anthropologie Structurale*, 1958, espec. cap. XV). Também houve tentativas de estendê-lo a todas as ciências humanas. Em sua exigência mais geral, o E. não só tende a interpretar um campo específico de indagação em termos de sistema, como também a mostrar que os diversos sistemas específicos, verificados em diversos campos (p. ex., antropologia, economia, lingüística), correspondem-se ou têm características análogas. Lévi-Strauss, por exemplo, julga possível que uma mesma estrutura possa ser encontrada em três níveis da sociedade: no sentido de que as normas de parentesco e de casamento servem para assegurar a comunicação das mulheres entre os grupos, assim como as normas econômicas servem para assegurar a comunicação dos bens e dos serviços, e as normas lingüísticas, a comunicação das mensagens (*Anthropologie structurale*, cap. III, p. 95).

O E. manifestou sua oposição a três frentes: historicismo, idealismo e humanismo. Contra o historicismo, que é substancialmente uma consideração *longitudinal* da realidade, vale dizer, uma interpretação da realidade em termos de devir, desenvolvimento e progresso, afirma o primado da concepção *transversal* (*cross-section*), ou seja, da concepção que considera a realidade como um sistema relativamente constante e uniforme de relações. O sistema não é, por certo, considerado estático ou imóvel pelo E., porque se admite o estudo *diacrônico*, além de *sincrônico*, do sistema, mas o estudo diacrônico está subordinado ao sincrônico, considerando as mudanças temporais como transformações nas relações constitutivas de um sistema ou como oscilações dessas transformações em torno do limite constituído pelo próprio sistema.

Contra o idealismo, o E. afirma a *objetividade* dos sistemas de relações, que, mesmo quando concebidos como modelos conceituais, ou seja, como construções científicas, não se reduzem a um ato ou a uma função subjetiva, mas têm como função fundamental explicar o maior número de fatos constatados.

Enfim, contra o humanismo o E. afirma a *prioridade do sistema em relação ao homem*, das estruturas sociais em relação às escolhas individuais, da língua em relação ao falante individual e, em geral, da organização econômica ou política em relação às atitudes individuais. Sapir escreveu: "Para nós, as línguas são mais que sistemas de comunicação intelectual. São hábitos invisíveis que envolvem nosso espírito e predeterminam a forma de todas as suas expressões simbólicas (*Language*, 1922, cap. XI, trad. it., p. 218). Segundo Althusser, a estrutura global da sociedade determina todas as suas manifestações do mesmo modo que a Substância de Espinosa determina todos os seus modos (*Lire Le*

Capital, 1965, IX, trad. it., pp. 196 ss.). Esse determinismo é uma conseqüência da interpretação realista do conceito de estrutura, não se encontrando em sua interpretação como *modelo* (v.) ou construto hipotético, passível de interpretações diferentes. Contudo, como historicismo, idealismo e humanismo indeterminista foram os traços característicos do clima idealista da primeira metade do século XX, o E., em suas várias formas, denuncia o dissolver-se desse clima na cultura contemporânea. [N.A.]

Nascido fundamentalmente como método e como prática científica, o E. bem cedo se organizou também como doutrina. Por isso, "embora se tenha às vezes insistido na necessidade de separar o E. como conjunto de métodos científicos em ação nas ciências humanas – sobretudo em lingüística e etnologia – do E. como filosofia geral, essa distinção é difícil, mesmo em autores como Lévi-Strauss; os dois planos estão solidamente imbricados, e isso é característico de uma orientação de pensamento que vê a filosofia como reflexão à margem das ciências" (C. Pianciola). Em outros termos, o E., globalmente considerado, é ao mesmo tempo método de investigação, análise epistemológica e posicionamento filosófico. Se bem que haja autores no quais o E. é sobretudo prática científica (p. ex., Lévi-Strauss) e outros no quais é sobretudo reflexão epistemológica e filosófica (p. ex., Foucault e Althusser), o E., como tal, tende sempre a ser as três coisas juntas e a assumir a fisionomia de um "método que se tornou doutrina" (M. F. Canonico), aliás, de uma autêntica "atmosfera" cultural (cf. G. FORNERO, *Filosofia e scienze umane: lo struturalismo*, em N. ABBAGNANO, *Storia della filosofia*, Utet, Turim, 1991, vol. IV, pp. 315-483). [G.F.]

ÉTER (gr. αἰθήρ; lat. *Aether*; in. *Ether*; fr. *Éther*; al. *Ether*; it. *Etere*). Este termo, que Empédocles usou (*Fr.*, 100.5, Diels) como equivalente a ar e Anaxágoras (*Fr.*, 15, Diels) como equivalente a fogo, foi empregado por Aristóteles para indicar a substância que compõe os céus e que, por não ser gerada, por ser incorruptível e inalterável, distingue-se dos quatro elementos que constituem as coisas sublunares. Aristóteles atribui o uso desse termo, que considera o mais adequado para indicar os céus como sede da divindade, a uma tradição muito antiga: "Os homens, querendo indicar que o primeiro corpo é algo diferente da terra, do fogo, do ar e da água, chamaram a região superior pelo nome de É., pelo fato de 'sempre correr' para a eternidade do tempo. Anaxágoras, porém, entendeu mal o nome, confundindo o É. com o fogo" (*De cael.*, I, 3, 270 b 20). Posteriormente o É. foi chamado de "quinto corpo", "quinta substância" ou "quinto elemento" (*Placit.*, I, 3, 22; 2, 25, 7; 2, 6, 2). Com o mesmo sentido atribuído por Aristóteles, essa palavra é mencionada em *Epinômides*, atribuído a Platão (981 c, 984 b). Os estóicos identificaram o É. com o fogo de Heráclito, dando-lhe, porém, a mesma função e a mesma dignidade atribuída por Aristóteles. "Acima de todos está o fogo, que chamam de É., que constitui tanto a primeira esfera imóvel dos céus como as outras esferas móveis" (DIÓG. L., VII, 137). Cícero ilustrava da seguinte maneira essa teoria estóica: "Do É. surgem inumeráveis astros chamejantes dos quais o primeiro é o Sol, que tudo ilumina com sua luz esplendorosa e é muitas vezes maior e mais extenso do que a Terra inteira, e depois os outros astros de incomensurável grandeza" (*De nat. deor.*, II, 36, 92; *Acad.*, I, 7, 25). Essa noção não foi alterada na tradição medieval, enquanto se acreditou na diferença de natureza entre substância celeste e substância sublunar, o que foi negado, pela primeira vez, por Nicolau de Cusa (*De docta ignor.*, II, 12).

No início do século XIX, Fresnel restaurou o uso desse substantivo para designar um hipotético meio elástico que daria sustentação às ondas luminosas. A hipótese do É. foi mantida em física até ser superada pela teoria da relatividade geral. [N.A.]

ETERNIDADE (gr. ἀϊδιότης, αἰών; lat. *Aeternitas*; in. *Eternity*; fr. *Éternité*; al. *Ewigheit*; it. *Eternità*). Esse termo tem dois significados fundamentais: 1º duração indefinida no tempo; 2º intemporalidade como contemporaneidade. A filosofia grega conheceu ambos os significados. Heráclito expressou o primeiro ao afirmar que o mundo "foi desde sempre, é e será fogo sempre vivo que se acende a intervalos e a intervalos se apaga" (*Fr.* 30, Diels). Parmênides, por sua vez, exprimiu o segundo: "O ser não foi, nem será, mas é no presente simultaneamente uno, contínuo" (*Fr.* 8, Diels). Platão contrapôs explicitamente os dois significados: "Da substância eterna dizemos erroneamente que era, que é e que será, mas na verdade só lhe cabe o *é*, ao passo que o *era* e o *será* devem ser predicados apenas da geração que procede no tempo" (*Tim.*, 37 e). Aristóteles utilizou ambos os conceitos. Por um lado o mundo fora do qual não há espaço vazio, nem tempo, abrange toda a extensão do tempo e é eterno (*De cael.*, I, 9, 279 a 25). Nesse sentido, E. é *duração* (αἰών). Por outro lado, as substâncias imóveis, motores dos céus, são eternas em outro sentido: no sentido de estarem *fora* do tempo. "Os entes eternos (τὰ ἀεὶ ὄντα), porquanto eternos", diz Aristóteles, "não estão no tempo: não são abarcados pelo tempo nem por ele são medidos; o sinal disso é que eles não sofrem a ação do tempo, não estando no tempo" (*Fís.*, IV, 12, 221, b 3).

Essa distinção aristotélica tornou-se clássica. Plotino identificou a E. (αἰών) com o modo de ser do mundo inteligível, ou seja, com "o que persiste na sua identidade, que está sempre presente para si mesmo em sua totalidade, que não é ora um, ora outro, mas é, simultaneamente, perfeição indivisível, assim como a do ponto onde se unem todas as linhas sem se expandirem, ponto que persiste em si mesmo na sua identidade e não sofre modificações, que existe sempre no presente, sem passado nem futuro, mas é o que é e é sempre" (*Enn.*, III, 7, 3). A esse respeito, Plotino repete a concepção de Parmênides e de Platão: eterno é o que não *era* nem *será*, mas apenas *é*. Agostinho analisou o tempo com base na contraposição entre tempo e E. (*Conf.*, XI, 11; *De civ. Dei*, XI, 4, 6), e Boécio exprimia corretamente a distinção entre os dois conceitos de E.: "Não se pode legitimamente considerar eterno o que é condicionado pelo tempo, ainda que, como Aristóteles pensou do mundo, não tenha princípio nem fim, e ainda que sua vida se prolongue na infinidade do tempo. Pois, mesmo sendo infinita, sua vida não compreende nem abrange sua própria duração inteira, visto que ainda não compreende nem abrange o futuro e já não abrange o passado. Portanto, só o que abrange e possui igualmente, em sua totalidade, a plenitude de uma vida sem limites, de tal sorte que nada lhe falte do futuro e nada lhe haja escapado do passado, só esse é o ser que deve ser considerado eterno: ele se possui necessariamente por inteiro no presente e possui no presente a infinidade do tempo" (*Phil. cons.*, V, 6, 6-8). Depois de Boécio essa distinção tornou-se lugar-comum em filosofia. Tomás de Aquino fixou com precisão a terminologia correspondente. A E., como "posse total, simultânea e perfeita de uma vida sem limites", caracteriza-se por: 1º ausência de princípio e fim; 2º ausência de sucessão, porquanto é um presente eterno. A duração (*aevum*), porém, é peculiar às coisas que estão sujeitas ao movimento local e para o resto são imutáveis, como ocorre com o céu, que é, por isso, algo de intermediário entre a E. e o tempo (*S. Th.*, I, q. 10, a. 1, 5). Esse conceito de E. também foi adotado pelo racionalismo moderno. Espinosa identifica a E. com a existência da Substância, porque implícita em sua essência e, portanto, necessária. Esclarece: "Tal existência, como verdade eterna, é concebida como a essência da coisa; no entanto, não pode ser explicada por meio da duração ou do tempo, mesmo que se conceba a duração sem princípio e sem fim" (*Et.*, I, def. 8, clar.). Portanto, conceber as coisas sob o aspecto da E. (*sub specie aeternitatis*) significa concebê-las como manifestações da essência divina e necessariamente derivadas de sua natureza (*ibid.*, V, 30). Leibniz afirma, em oposição a Locke, a precedência de uma "idéia do absoluto", que serviria de fundamento à noção da E. (*Nouv. ess.*, II, 14, 27). Toda a filosofia hegeliana é concebida do ponto de vista da E. assim entendida. Hegel nega que a E. possa ser entendida negativamente como abstração ou negação do tempo, ou como se viesse depois do tempo (*Enc.*, § 258). Para ele, a E. é o *totum simul* das determinações da Idéia. "A Idéia, eterna em si e por si, atualiza-se, produz-se e frui-se a si mesma eternamente como espírito absoluto" (*ibid.*, § 577).

"Intemporalidade" e "presente eterno" são as expressões mais repetidas também na filosofia contemporânea, sempre que se utiliza a noção de eternidade. É a última expressão que aparece, por exemplo, na obra de Lavelle, *O tempo e a E.* (1945), assim como em muitos outros idealistas e espiritualistas contemporâneos. McTaggart, porém, observara que conceber a E. como "eterno presente" é uma metáfora não de todo apropriada porque com ela se faz referência ao tempo, já que o presente é uma parte do tempo e supõe passado e futuro; propôs considerar o eterno situado no futuro, no fim ou na consumação dos tempos (em *Mind*, 1909, p. 355). Hoje, de fato, está bem claro que a concepção 2 de E., tal como foi expressa, com uma uniformidade impressionante, de Parmênides até nós, não passa de imagem reduzida do tempo: é o tempo reduzido a uma de suas determinações, a simultaneidade (o *totum simul*), que, como hoje todos sabem, é não só temporalidade, mas temporalidade mensurável. Quanto à concepção da E. como *aevum*, ou seja, como duração temporal indefinida, choca-se com as objeções já expostas por Kant em sua crítica à cosmologia racional do século XVIII (v. COSMOLOGIA). [N.A.]

ETERNO RETORNO. V. CICLO DO MUNDO

ÉTICA (gr. τὰ ἠθικά; lat. *Ethica*; in. *Ethics*; fr. *Éthique*; al. *Ethik*; it. *Etica*). Em geral, ciência da conduta. Existem duas concepções fundamentais dessa ciência: 1ª a que a considera como ciência do *fim* para o qual a conduta dos homens deve ser orientada e dos *meios* para atingir tal *fim*, deduzindo tanto o fim quanto os meios da *natureza* do homem; 2ª a que a considera como a ciência do *móvel* da conduta humana e procura determinar tal móvel com vistas a dirigir ou disciplinar essa conduta. Essas duas concepções, que se entremesclaram de várias maneiras na Antigüidade e no mundo moderno, são profundamente diferentes e falam duas línguas diversas. A primeira fala a língua do ideal para o qual o homem se dirige por sua natureza e, por conseguinte, da "natureza", "essência" ou "substância" do homem. Já a segunda fala dos "motivos" ou "causas" da conduta humana, ou das "forças" que a determinam, pretendendo ater-se ao conhecimento dos fatos. A confusão entre ambos os pontos de vista heterogêneos foi possibilitada pelo fato de que ambas costumam apresentar-se com definições aparentemente idênticas do *bem*. Mas a análise da noção de *bem* (v.) logo mostra a ambigüidade que ela oculta, visto que *bem* pode significar ou o que é (pelo fato de que é) ou o que é objeto de desejo, de aspiração etc., e estes dois significados correspondem exatamente às duas concepções de É. acima distintas. De fato, é característica da concepção 1.ª a noção de bem como realidade perfeita ou perfeição real, ao passo que na concepção 2.ª encontra-se a noção de bem como objeto de apetite. Por isso, quando se afirma que "o bem é a felicidade", a palavra "bem" tem um significado completamente diferente daquele que se encontra na afirmação "o bem é o prazer". A primeira asserção (no sentido em que é feita, p. ex., por Aristóteles e por Tomás de Aquino), significa: "a felicidade é o fim da conduta humana, dedutível da natureza racional do homem", ao passo que a segunda asserção significa "o prazer é o móvel habitual e constante da conduta humana". Como o significado e o alcance das duas asserções são, portanto, completamente diferentes, sempre se deve ter em mente a distinção entre ética do fim e ética do móvel, nas discussões sobre ética. Tal distinção, ao mesmo tempo que divide a história da É., permite ver como são irrelevantes muitas das discussões a que deu ensejo e que outra causa não têm senão a confusão entre os dois significados propostos.

1.º Ambas as doutrinas éticas elaboradas por Platão, quais sejam, a que se encontra expressa em *A República* e a que está expressa em *Filebo*, pertencem à primeira das concepções que distinguimos. A É. exposta em *A República* é uma É. das virtudes, e as virtudes são funções da alma (*Rep.*, I, 353 b) determinadas pela natureza da alma e pela divisão das suas partes (*ibid.*, IV, 434 e). O paralelismo entre as partes do Estado e as partes da alma permite a Platão determinar e definir as virtudes particulares, bem como a virtude que compreende todas elas: a justiça como correspondência de cada parte à sua função (*ibid.*, 443 d). Analogamente, a É. de *Filebo* começa definindo o bem como forma de vida que mescla inteligência e prazer e sabe determinar a medida dessa mistura (*Fil.*, 27 d). A É. de Aristóteles é, aliás, o protótipo dessa concepção. Aristóteles determina o propósito da conduta humana (a felicidade), a partir da natureza racional do homem (*Et. nic.*, I, 7), e depois determina as virtudes que são condição da felicidade. Por sua vez, a É. dos estóicos, com a sua máxima fundamental de "viver segundo a razão", deduz as normas de conduta da natureza racional e perfeita da realidade (J. ESTOBEU, *Ecl.*, II, 76, 3; DIÓG. L., VII, 87). O misticismo neoplatônico colocou como propósito da conduta humana o retorno do homem ao seu princípio criador e sua integração com ele. Segundo Plotino, esse retorno é "o fim da viagem" do homem, é o afastamento de todas as coisas exteriores, "a fuga de um só para um só", ou seja, do homem em seu isolamento para a Unidade divina (*Enn.*, VI, 9,11).

Por mais diferentes que sejam as doutrinas mencionadas, em suas articulações internas as formulações são idênticas, pois: *a*) determinam a *natureza* necessária do homem, *b*) deduzem de tal natureza o *fim* para o qual sua conduta deve orientar-se. Toda a É. medieval mantém-se fiel a esse esquema. Assim, p. ex., toda a É. de Tomás de Aquino é deduzida do princípio de que "Deus é o último fim do homem" (*S. Th.*, II, 2, q. 1, a. 8), do qual se infere a doutrina da felicidade e a da virtude. Pode-se entrever uma crítica contra essa formulação em Duns Scot e em muitos escolásticos do século XIV: as normas morais fundam-se pura e simplesmente no mandamento divino, com exceção da norma que impõe obedecer a Deus, que seria a única "natural" (*Op. Ox.*, III, d. 37, q. 1; cf. OCKHAM, *In Sent.*, II, q. 5 H). Com efeito, esse recurso ao arbítrio divino é resultado do reconhecimento da impossibilidade de deduzir da natureza do homem o fim último de sua conduta (*Op. Ox.*, IV, d. 43, q. 2, n. 27, 32). Mas nem por isso se abriu uma alternativa à indagação ética.

Na filosofia moderna, os neoplatônicos de Cambridge retomam a concepção estóica de ordem do universo que também vale para dirigir a conduta do homem; portanto, insistem no *caráter inato* das idéias morais, bem como, em geral, de todas as idéias gerais ou diretivas de que o homem dispõe (CUDWORTH, *The True Intell. System*, 1678, I, 4; MORE, *Enchiridion*, 1679, III). A filosofia romântica deu forma mais radical a essa concepção ética. Fichte exige que toda a doutrina moral seja deduzida da "autodeterminação do Eu" (*Sittenlehre*, Intr., § 9). Por isso, vê como objetivo da moral a adequação do eu empírico ao Eu infinito; essa adequação nunca é completa e por isso provoca um progresso *ad infinitum*, a liberação progressiva do eu empírico de suas limitações (*ibid.*, em *Werke*, II, p. 149). Segundo Hegel, o objetivo da conduta humana, que é ao mesmo tempo a realidade em que tal conduta encontra integração e perfeição, é o Estado. Por isso, para Hegel, a É. é filosofia do direito. O Estado é "a totalidade ética", Deus que se realizou no mundo (*Fil. do dir.*, § 258, Zusatz). O Estado é o ápice daquilo que Hegel chama de "eticidade" (*Sittlichkeit*), isto é, a moralidade que ganha corpo e substância nas instituições históricas que a garantem; ao passo que a "moralidade" (*Moralität*) por si mesma é simplesmente intenção ou vontade subjetiva do bem. Mas, por sua vez, o bem é "a essência da vontade em sua substancialidade e universalidade", ou então, "a liberdade realizada, o objetivo final e absoluto do mundo" (*ibid.*, §§ 139-42), ou seja, o próprio Estado. Assim, pode-se dizer que, para Hegel, a moralidade é a intenção ou a vontade subjetiva de realizar o que se acha realizado no Estado. O conceito de Estado é o ponto de partida e o ponto de chegada da É. de Hegel. A É. de Rosmini conforma-se à É. tradicional; segundo ele, o bem identifica-se com o ser, de tal modo que a máxima fundamental da conduta pode ser assim formulada: "Querer ou amar o ser onde quer que seja este conhecido, segundo a ordem que ele apresenta à inteligência" (*Princ. della scienza morale*, ed. nacional, p. 78). Mas, quer se defina a realidade como Ser, quer se defina como Espírito ou Consciência, a estrutura das doutrinas morais que entendem inferir a moral de seu objetivo mostram grande uniformidade de procedimentos e conclusões. Consideremos, por exemplo, na filosofia contemporânea, a É. de Green e a de Croce. Segundo Green, a Consciência infinita, Deus, é *ab aeterno* tudo o que o homem tem a possibilidade de vir a ser, ou seja, o Bem ou Fim supremo, que é o objeto da boa vontade humana; à razão cabe a tarefa de concebê-lo e de usá-lo como fundamento de sua lei (*Prolegomena to Ethics*, 3.ª ed., 1890, pp. 198, 214). Querer o bem significa, portanto, querer a Consciência absoluta, procurar realizar o que está presente nela. Do mesmo modo, para Croce a atividade ética é "volição do universal", mas o universal "é o Espírito, é a Realidade como algo verdadeiramente real, como unidade de pensamento e vontade; é a Vida apreendida em sua profundidade como unidade; é a Liberdade, se uma realidade assim concebida for perpétuo desenvolvimento, criação, progresso" (*Filosofia della pratica*, 1909, p. 310). Agir moralmente significa, portanto, querer o Espírito infinito, assumi-lo como um Fim: formulação essa que (assim como a de Fichte, Hegel, Green) não se distingue da É. tradicional que (como a de Platão, Aristóteles, Tomás de Aquino e Rosmini) recorre à Realidade ou ao Ser.

Uma forma mais complexa e moderna da É. do fim pode ser vista na doutrina de Bergson, que distinguiu a moral *fechada* da moral *aberta*. Moral fechada é aquilo que se costuma entender por esse termo. No mundo humano, corresponde ao que é o instinto em certas sociedades animais, pois seu propósito é conservar a sociedade. "Suponhamos por um instante", diz Bergson, "que, na outra ponta da linha [na ponta da linha evolutiva da inteligência, diferente da linha do instinto], a natureza tenha desejado obter sociedades em que fosse permitida certa amplitude à opção individual: nessas sociedades, agiria de tal modo que, em termos de regularidade, a inteligência obteria resultados comparáveis aos do instinto na outra ponta da linha: teria recorrido a hábitos. Cada um desses hábitos, que podem ser chamados de 'morais', será contingente, mas seu conjunto, ou seja, o hábito de contrair hábitos, por estar na base das sociedades, terá uma força comparável à do instinto tanto em intensidade quanto em regularidade" (*Deux sources*, I; trad. it., p. 23). Do outro lado, porém, está a moral dos profetas e dos inovadores, dos místicos e dos santos. Essa é a moral em movimento, fundada na emoção, no instinto, no entusiasmo: moral que é impulso de renovação coincidente com o próprio impulso criador da vida. Segundo Bergson, essa dualidade de forças fundamenta a moral: "*Pressão social* e *impulso de amor* são duas manifestações complementares da vida, normalmente dedicadas à conservação, em linhas gerais, da forma social característica da espécie humana desde a origem, mas excepcionalmente capazes de transfigurá-la graças a indivíduos que, assim como o surgimento de uma nova espécie, representam um esforço de evolução criadora" (*ibid.*, p. 101). Assim, do ideal de renovação moral, Bergson deduziu a existência de uma força destinada a promover essa renovação, assim como do conceito de "sociedade fechada" deduziu a noção de moral corrente. Sua É., portanto, obedece à clássica formulação da É. do fim.

Quando, na filosofia contemporânea, a noção de *valor* (v.) começou a substituir a de bem, a antiga alternativa entre É. do fim e É. da motivação assumiu nova forma. Com efeito, o valor subtrai-se à alternativa própria da noção de bem, que pode ser interpretada ou em sentido objetivo (como realidade) ou em sentido subjetivo (como termo de apetite). O valor possui modo de ser objetivo, no sentido de que pode ser entendido ou apreendido independentemente do apetite; mas, ao mesmo tempo, é *dado* em certa forma de experiência específica. O valor, portanto, é constantemente reconhecido como dotado de três caracteres: *a*) objetividade; *b*) simplicidade, graças à qual é indefinível e indescritível, do mesmo modo que uma qualidade sensível elementar; *c*) necessidade *ou* problematicidade. Esta última é a alternativa que, no âmbito da noção de valor, substitui a alternativa entre subjetividade e objetividade, típica da noção de bem. Ora, as doutrinas que reconhecem a *necessidade* do valor, ou seja, sua absolutez, sua eternidade etc., têm estreito parentesco com as doutrinas éticas tradicionais do fim, ao passo que as doutrinas que reconhecem a *problematicidade* do valor são estreitamente aparentadas com as doutrinas éticas da motivação. As doutrinas de Scheler e Hartmann estão entre as que afirmam a necessidade do valor. Scheler elaborou sua "É. material dos valores" justamente com o fim de imunizar a É. contra o relativismo a que conduz a É. material do bem, que vê no bem simples objeto de apetite. Segundo Scheler, os apetites (aspirações, impulsos ou desejos) têm seus *fins* em si mesmos, ou seja, "no sentimento, contemporâneo ou anterior, dos seus componentes axiológicos". Os fins do apetite podem tornar-se *propósitos* da vontade quando representados e escolhidos, tornando-se assim um dever-ser real, vale dizer, termos de uma experiência objetiva. Mas os valores são dados anterior e independentemente tanto em relação aos fins quanto em relação aos propósitos, sendo também dadas independentemente de tais fins e propósitos as *preferências* dos valores, isto é, sua hierarquia. Scheler diz: "De fato, podemos sentir os valores, mesmo os morais, na compreensão dos outros, sem que eles se transformem em objeto de aspiração ou sejam imanentes a uma aspiração. De modo semelhante, podemos preferir ou pospor um valor a outro, sem com isso optar entre aspirações voltadas para esses valores. Todos os valores podem ser dados e preferidos sem nenhuma aspiração" (*Formalismus*, p. 32). Em outros termos, a É. não se funda na noção de bem nem na de fins imediatamente presentes à aspiração ou em propósitos deliberadamente almejados, mas na *intuição* emotiva, imediata e infalível dos valores e das suas relações hierárquicas; intuição é base de qualquer aspiração, desejo e deliberação voluntária. Hartmann expressou de forma mais didática, clara e eficaz essa mesma concepção de ética: "Existe um reino de valores subsistente em si mesmo, um autêntico 'mundo inteligível' que está além da realidade e além da consciência, uma esfera ideal ética, não construída, inventada ou sonhada, mas efetivamente existente e apreensível no fenômeno do sentimento axiológico, subsistindo ao lado da esfera ôntica real e da esfera gnosiológica atual" (*Ethik*, 1926, p. 156). O "ser em si" dos valores ressalta que eles não dependem da mesma intuição axiológica em que são dados e, portanto, são necessários e absolutos, o que, como pretendia Hartmann, deveria conter o avanço do "relativismo axiológico de Nietzsche" (*ibid.*, p. 139).

No entanto, o "relativismo axiológico de Nietzsche" tem a mesma estrutura formal, ou seja, a mesma elaboração da É. de Hartmann e, em geral, da É. tradicional do fim, porque também se funda em uma *hierarquia absoluta* de valores. Para Scheler e Hartmann, essa hierarquia, assim como os próprios valores, é de todo independente da escolha humana e toda escolha, aliás, a pressupõe, conformando-se ou não a ela. Essa também é a crença de Nietzsche. Só que, para Nietzsche, essa hierarquia é diferente: é a hierarquia dos valores vitais, dos valores em que se encarna a Vontade de Poder: "Até hoje os valores morais ocuparam posição superior; quem poderia duvidar deles? Mas retiremos esses valores de sua posição e mudaremos todos os valores: inverteremos o princípio da sua hierarquia precedente" (*Wille zur Macht*; trad. fr., *Bianquis*, III, 503). O imoralismo de Nietzsche, seu "relativismo axiológico", que o leva a criticar a moral corrente e ver nela formas camufladas de egoísmo e hipocrisia, é simplesmente a proposta de uma nova tabela de valores, fundada no princípio de aceitação entusiástica da vida, na preeminência do espírito dionisíaco. É por esse motivo que Nietzsche pretende substituir as virtudes da moral tradicional pelas novas virtudes em que se exprime a vontade de poder. É virtude toda paixão que diz sim à vida e ao mundo: "a altivez, a alegria e a saúde; o amor sexual, a inimizade e a guerra; a veneração, as belas aptidões, as boas maneiras, a vontade forte, a disciplina da intelectualidade superior, a vontade de poder, o reconhecimento para com a terra e para com a vida: tudo o que é rico e quer dar, quer recompensar a vida, dourá-la, eternizá-la e divinizá-la" (*ibid.*, § 479). Assim, daquilo que considerou a *natureza* do homem, a vontade de poder, Nietzsche deduziu a tabela de valores morais que deveriam dirigir o homem para a realização da vontade de poder num mundo de super-homens. A estrutura de sua doutrina não é, portanto, diferente da estrutura de muitas outras que, utilizando o mesmo processo, tendem a conservar e justificar as tabelas de valores tradicionais, deduzindo-as da natureza do homem ou da estrutura do ser.

2º A segunda concepção fundamental da É. é a que se configura como uma doutrina do móvel da conduta. A característica dessa concepção é que nela o bem não é definido com base na sua realidade ou perfeição, mas só como objeto da vontade humana ou das regras que a dirigem. Assim, enquanto na primeira concepção as normas derivam do ideal que se assume como próprio do homem (a perfeição da vida racional, segundo Aristóteles, o Estado, segundo Hegel, a sociedade fechada ou aberta, segundo Bergson etc.), na segunda concepção procura-se em primeiro lugar determinar o *móvel* do homem, ou seja, a *norma* a que ele de fato obedece; portanto, define-se como bem aquilo a que se tende em virtude desse móvel, ou aquilo que se conforma à norma em que ele se exprime. Assim, quando Pródico formulava sua moral em proposições condicionais ou imperativos hipotéticos, estava criando uma das primeiras É. do móvel. Dizia: "Se quiseres que os deuses te sejam benévolos, deves venerar os deuses. Se quiseres ser amado pelos amigos, deves beneficiar os amigos. Se desejares ser honrado por uma cidade deves ser útil à cidade. Se aspiras a ser admirado por toda a Grécia, deves esforçar-te por fazer bem à Grécia" etc. (XENOFONTE, *Memor.* II, i, 28). Do mesmo modo, Protágoras aspira a uma É. do móvel quando reconhece que o respeito mútuo e a justiça são as condições para a sobrevivência do homem. Esse é o sentido do mito de Prometeu, que Protágoras expõe no diálogo homônimo de Platão (*Prot.*, 322 c). E a obra conhecida com o nome de *Anônimo de Jâmblico* reafirma esse ponto de vista. "Mesmo que houvesse (mas não há) um homem invulnerável, insensível, com corpo e alma de aço, só aliando-se às leis e ao direito, fortalecendo-os e utilizando sua força por eles e em favor deles, poderia salvar-se, pois de outro modo não poderia resistir" (*Anôn. Jâmbl.*, 6, 3). Nessas formulações, o que se costuma evidenciar é o mecanismo dos móveis que fundam as normas do direito e da moral: para sobreviver, o homem conforma-se a tais regras e não pode agir de outro modo. Em tais formulações, o móvel da conduta humana é o desejo ou a vontade de sobreviver. Em outras formulações do mesmo gênero, esse móvel é o prazer. Aristipo afirmava que só o prazer é desejado por si mesmo, e via a confirmação disso no fato de que, desde a infância, os homens procuram o prazer sem vontade deliberada e, quando o alcançam, não procuram outra coisa, ao passo que evitam a dor, que é o seu oposto (DIÓG. L., II, 88). O princípio da É. de Epicuro tem o mesmo significado de reconhecimento daquilo que, de fato, é o móvel da conduta humana: "Prazer e dor são as duas afeições que se encontram em todo animal, uma favorável e outra contrária, através das quais se julga o que se deve escolher e o que se deve evitar" (DIÓG. L., X, 34).

Essa concepção de É. esteve ausente durante toda a Idade Média e só é retomada no Renascimento. Lorenzo Valla foi o primeiro a reapresentá-la em *De voluptate*, afirmando que o prazer é o único fim da atividade humana e que a virtude consiste em escolher o prazer (*De vol.*, II, 40). Telésio retoma a outra alternativa tradicional da mesma concepção (*De rer. nat.*, IX, 2), extraindo as normas da É. do desejo de conservação que existe em cada ser. Com rigor e sistematização, Hobbes via nesse mesmo princípio o fundamento da moral e do direito: "O primeiro dos bens é a autoconservação. Com efeito, a natureza proveu a que todos desejem o próprio bem, mas para que possam ser capazes disso é necessário que desejem a vida, a saúde e a maior segurança possível dessas coisas para o futuro. De todos os males, porém, o primeiro é a morte, especialmente se acompanhada de sofrimento; mas, como os males da vida podem ser tantos, se não for previsto seu fim próximo, levarão a incluir a morte entre os bens" (*De hom.*, XI, 6). Nessa tendência à autoconservação e, em geral, à consecução de tudo o que é útil, Espinosa viu a ação necessitante da Substância divina: "A razão nada exige contra a natureza, mas exige por si mesma, acima de tudo, que cada um ame a si mesmo, que procure aquilo que seja realmente útil para si, que deseje tudo o que conduz o homem à perfeição maior e, de modo absoluto, que cada um se esforce, no que estiver a seu alcance, para conservar o próprio ser. O que é necessariamente tão verdadeiro quanto é verdadeiro que o todo é maior que a parte" (*Et.*, IV, 18, esc.). Locke e Leibniz concordavam quanto ao fundamento da ética. Locke dizia: "Uma vez que Deus estabeleceu um laço entre a virtude e a felicidade pública, tornando a prática da virtude necessária à conservação da sociedade humana e visivelmente vantajosa para todos os que precisam tratar com as pessoas de bem, não é de surpreender que todos não só queiram aprovar essas normas, mas também recomendá-las aos outros, visto estarem convencidos de que, se as observarem, auferirão vantagens para si mesmos" (*Ensaio*, I, 2, 6). E Leibniz, por sua vez, reconhecia como fundamento da moral o princípio de "adotar a alegria e evitar a tristeza", considerando-o, porém, mais relacionado com o instinto do que com a razão (*Nouv. ess.*, I, 2, 1). Como se vê, a É. dos séculos XVII e XVIII tem alto grau de uniformidade: não só é uma doutrina do móvel como também a oscilação que apresenta entre "tendência à conservação" e "tendência ao prazer" como base da moral não implica uma diferença radical, visto que o próprio prazer não passa de indicador emocional das situações favoráveis à conservação (v. EMOÇÃO). Semelhante É. opõe-se radicalmente à É. do fim, ou seja, à É. em sua formulação tradicional que se encontra em Platão, em Aristóteles e na escolástica. A característica fundamental da filosofia moral inglesa do século XVIII, que tem importância particular na história da É., consiste em evidenciar e assumir como tema principal de discussão precisamente a oposição entre a É. do móvel e a É. do fim, que pareceu idêntica à oposição existente entre razão e sentimento. Hume diz: "Há uma controvérsia surgida recentemente, que é muito mais digna de exame e que gira em torno dos fundamentos gerais da moral, ou seja, saber se eles derivam da *razão* ou do *sentimento*, se chegamos ao conhecimento deles por meio de uma seqüência de argumentos e de induções ou por meio de um sentimento imediato e de um sutil sentido interno" (*Inq. Conc. Morals*, I). Hume afirma que o primeiro a aperceber-se dessa distinção foi Lord Shaftesbury; na verdade, Shaftesbury falou de um *sentido moral*, que é uma espécie de instinto natural ou divino, especificação no homem do princípio de harmonia que regula o universo (*Características de homens, maneiras, opiniões e tempos*, 1711). Já Hutchinson interpretava o sentido moral como tendência a realizar "a maior felicidade possível do maior número possível de homens" (*Indagação sobre as idéias de beleza e de virtude*, 1725, III, 8), fórmula que será adotada por Beccaria e por Bentham. Foi Hume quem encontrou a palavra que exprimia essa nova tendência: o fundamento da moral é a *utilidade*. Em outros termos, é boa a ação que proporciona "felicidade e satisfação" à sociedade, e a utilidade agrada porque corresponde a uma necessidade ou tendência natural: a que inclina o homem a promover a felicidade dos seus semelhantes (*Inq. Conc. Morals*, V, 2). Portanto, razão e sentimento constituem igualmente a moral; segundo Hume, "a razão nos instrui sobre as diversas direções da ação, a *humanidade* nos faz estabelecer a distinção em favor daquelas que são úteis e benéficas" (*ibid.*, Ap. I). Para Hume, o sentimento de humanidade, ou seja, a tendência a ter prazer pela felicidade do próximo, é o fundamento da moral, o móvel fundamental da conduta humana. Alguns anos mais tarde, Adam Smith chamará de *simpatia* esse sentimento do espectador imparcial que olha e julga a sua conduta e a dos outros (*The Theory of Moral Sentiments*, 1759, III, 1).

Do fato de que a concepção moral de Kant corresponde às características fundamentais da doutrina do móvel resulta claramente que ela deve ser inserida nessa tradição. Em primeiro lugar, Kant julga que "o conceito de bem e de mal não deve ser determinado antes da lei moral (cujo fundamento aparentemente deveria ser), mas depois dela e através dela" (*Crít. R. Prática*, I, 1, 3). Isto quer dizer que Kant compartilha a concepção 2 de bem que corresponde à É. do móvel. Em segundo lugar, é justamente com base nos móveis (*Bestimmungsgründe*) que Kant classifica as diferentes concepções fundamentais do princípio da moralidade (*ibid.*, I, 1, § 8, nota 2). Em terceiro lugar, Kant considera a lei moral como um fato (*Factum*), porque "não pode ser deduzida de dados precedentes da razão, como, por exemplo da consciência da liberdade", mas se impõe por si mesma como um *sic volo, sic iubeo* (*ibid.*, § 7). Desse modo, Kant transferiu o móvel da conduta do "sentimento" para a "razão", utilizando o outro lado do dilema proposto pelos moralistas ingleses. Com isso, quis garantir a categoricidade da norma moral, ou seja, o caráter absoluto de comando graças ao qual ela se distingue dos imperativos hipotéticos de técnicas e prudência. Em vista dessa exigência, a É. kantiana sem dúvida compartilha com a concepção 1 da É. a preocupação básica de ancorar a norma de conduta na substância racional do homem. Mas, deixando de lado essa preocupação absolutista (que deve ser explicada pelo "rigorismo" kantiano), a É. de Kant tem grande afinidade com a É. dos moralistas ingleses do século XVIII (pelos quais, aliás, nas obras iniciais Kant não escondeu sua simpatia), não só na formulação fundamental como também nos resultados. Se o *sentimento*, ao qual recorriam os moralistas ingleses, era a tendência à felicidade do próximo, a *razão* à qual Kant recorre é a exigência de agir segundo princípios que os outros podem adotar. Conquanto essa fórmula possa parecer mais rigorosa e mais abstrata que as empregadas pelos filósofos ingleses, seu significado é o mesmo. O que ambas pretendem sugerir como princípio ou móvel da conduta é o reconhecimento da existência de *outros* homens (ou, como queria Kant, de outros seres racionais") e a exigência de comportar-se em face deles com base nesse reconhecimento. O imperativo kantiano de tratar a humanidade, tanto na primeira pessoa quanto na pessoa do próximo, sempre como fim e nunca como meio, não passa de outra expressão dessa mesma exigência, que os moralistas ingleses chamavam de "sentido moral" ou "sentido de humanidade". Infelizmente, a evolução sofrida pela filosofia moral de Kant a partir de Fichte teve como ponto de partida mais freqüente o seu arsenal dogmático e absolutista do que suas ponderações fundamentais e a substância de seus ensinamentos morais. Tanto esses ensinamentos quanto a postura de que dependem estão de acordo com a É. setecentista, com a diretriz moral do iluminismo, mas com esta não se coaduna a contraposição estabelecida por Kant entre o mundo moral e o mundo natural e, portanto, entre a É. e a ciência da natureza. Essa oposição ingressa na doutrina de Kant a partir do arsenal absolutista de sua É., ou seja, a partir do aspecto que a transformou em menina dos olhos dos metafísicos moralistas do século XIX, em pretexto para inumeráveis (e inoperantes) perquirições a respeito do caráter absoluto do dever, bem como do acesso que ele permitiria a uma Realidade superior e incondicionada (a do "número"), sem nenhuma relação com a realidade fenomênica e condicionada da natureza. Ainda hoje, muitas vezes amigos e adversários da É. de Kant vêem nela exclusivamente esse aspecto; os primeiros para exaltá-la como ancoradouro seguro de todas as certezas referentes à vida moral, os últimos para condená-la como baluarte das ilusões metafísicas no campo moral. Mas uma consideração dessa É. que se subtraia a tais alternativas e a veja no quadro da É. setecentista, cuja postura compartilhou, ao mesmo tempo que pretendeu fundamentá-la com necessidade rigorosa, talvez permita apreciá-la mais adequadamente. Pode, de fato, abrir caminho para a utilização das análises kantianas com vistas à formulação da É. como *técnica da conduta,* independente de pressupostos metafísicos.

Nesse ínterim, em clima positivista, a É. do móvel tinha a pretensão de valer como ciência exata da conduta. Helvétius dizia: "Acredito que se deve tratar a moral como todas as outras ciências e fazer uma moral como se faz uma física experimental" (*De l'esprit,* 1758, 1, p. 4). Mas essa pretensão caracteriza sobretudo o utilitarismo do século XIX, encabeçado por Bentham. Segundo ele, os únicos fatos de que se pode partir no domínio moral são os prazeres e as dores. A conduta do homem é determinada pela expectativa de prazer ou de dor, e esse é o único motivo possível de ação. Com estes fundamentos a ciência da moral torna-se tão exata quanto a matemática, embora seja muito mais intricada e ampla (*Introduction to the Principles of Morals and Legislation,* 1789, em *Works,* I, p.V). Desse ponto de vista, consciência, sentido moral, obrigação moral, são conceitos fictícios ou "não-entidades". A realidade que tais conceitos ocultam é o *cálculo* dos prazeres e das dores em que repousa o comportamento moral do homem, cálculo cujos princípios Bentham quis estabelecer fornecendo a tabela completa dos móveis de ação, que deveria servir de guia para as legislações futuras. Na realidade, a obra de Bentham inspirou a ação reformadora do liberalismo inglês e ainda hoje seus princípios estão incorporados na doutrina do liberalismo político. O utilitarismo de James Mill e de John Stuart Mill não passa de defesa e ilustração das teses fundamentais de Bentham. O positivismo inspirou-se no mesmo ponto de vista: a realização da moral do altruísmo, cujo arauto é Comte e cujo princípio é: "viver para os outros", também fica por conta de *instintos* simpáticos que, segundo Comte, podem ser gradualmente desenvolvidos pela educação, até que dominem os instintos egoístas (*Catéchisme positiviste,* 1852, p. 48). A É. biológica de Spencer adota essas teses. Spencer vê na moral a adaptação progressiva do homem às suas condições de vida. O que o indivíduo enxerga como dever ou obrigação moral é resultado de experiências repetidas e acumuladas através de inúmeras gerações: é o ensinamento que essas experiências propiciaram ao homem em sua tentativa de adaptar-se cada vez mais às suas condições vitais. Spencer prevê ainda uma fase em que as ações mais elevadas, necessárias ao desenvolvimento harmônico da vida, serão tão comuns quanto hoje o são as ações inferiores a que somos impelidos pelo desejo; nessa fase, portanto, a antítese entre egoísmo e altruísmo não terá mais sentido (*Data of Ethics,* § 46). Pode-se dizer que a É. do evolucionismo não passa da expressão, em termos de otimismo positivista, da É. fundada no princípio da autoconservação que Telésio e Hobbes reintroduziram no mundo moderno.

Na filosofia contemporânea, essa concepção de É. não sofreu mudanças nem apresentou progressos substanciais. Bertrand Russell limitou-se a propô-la na forma mais simples e grosseira, afirmando que "a É. não contém afirmações verdadeiras ou falsas, mas consiste em desejos de certa espécie geral" (*Religion and Science,* 1936). Dizer que alguma coisa é um bem ou um valor positivo é outro modo de dizer "agrada-me", e dizer que algo é mau significa exprimir igualmente uma atitude pessoal e subjetiva. Contudo, Russell acha que é possível influir nos próprios desejos, reforçando alguns e reprimindo ou destruindo outros. E julga também que isso deve ser feito por quem almejar a felicidade ou o equilíbrio da vida. Mas está claro que essa posição é contraditória: se a É. nada tem a ver com desejos, faltam motivos ou critérios para que um deles prevaleça sobre os outros. Na É. de Russell, perdeu-se um dos aspectos fundamentais da É. inglesa tradicional: a exigência do *cálculo* de tipo benthamiano, ou seja, da disciplina na escolha dos desejos, ou melhor, das alternativas possíveis de conduta.

No entanto, foi justamente a esse ponto de vista tão mutilado que se filiou a concepção de É. predominante no positivismo lógico, segundo a qual os juízos éticos expressam tão-somente "os sentimentos de quem fala, sendo portanto impossível encontrar um critério para determinar a sua validade" (AYER, *Language, Truth and Logic,* p. 108; cf. STEVENSON, *Ethics and Language,* p. 20). O que, obviamente, é o ponto de vista de Russell, para quem a É. trata de desejos e não de asserções verdadeiras ou falsas; é um ponto de vista que marca a renúncia à compreensão dos fenômenos morais, e não um avanço em sua compreensão. Mostra-se mais frutífero o ponto de vista de Dewey, cuja É. se vincula à noção de valor. Dewey tem em comum com boa parte da filosofia do *valor* (v.) a crença de que os valores são não só objetivos, mas também simples e, portanto, indefiníveis, mas não a crença de que eles são absolutos ou necessários. Para Dewey, os valores são qualidades imediatas sobre as quais, portanto, nada há que dizer; só em virtude de um procedimento crítico e reflexivo é que podem ser preferidos ou preteridos (*Theory of Valuation,* 1939, p 13). Mas eles são fugazes e precários, negativos e positivos, além de infinitamente diferentes em suas qualidades. Daí a importância da filosofia, que, como "crítica das críticas", em primeiro lugar tem o objetivo de interpretar acontecimentos para deles fazer instrumentos e meios da realização dos valores, e em segundo lugar, o de renovar o significado dos valores (*Experience and Nature*, pp. 394 ss.). Essa tarefa da filosofia é condicionada pela renúncia à crença na realidade necessária e no valor absoluto. "Abandonar a busca da realidade e do valor absoluto e imutável pode parecer um sacrifício. Mas essa renúncia é a condição para o empenho numa vocação mais vital. Na busca dos valores que podem ser garantidos e compartilhados por todos, porque vinculados aos fundamentos da vida social, a filosofia não encontrará rivais, mas coadjutores, nos homens de boa vontade" (*The Quest for Certainty*, p. 295). Essas considerações de Dewey certamente circunscrevem o quadro em que a investigação ética contemporânea deve mover-se, mas não lhe oferecem instrumentos eficazes. Ainda falta na É. contemporânea uma teoria geral da moral que corresponda à teoria geral do *direito* (v.), ou seja, uma teoria que considere a moral como técnica de conduta e se dedique a considerar as características dessa técnica e as modalidades com que ela se realiza em grupos sociais diferentes. [N.A.]

Os desenvolvimentos subseqüentes do discurso moral situam-se no âmbito do "renascimento da É." que representa uma forma de reação à "crise" vivida por tal disciplina a partir da segunda metade do século XIX. Crise da qual são expressões emblemáticas os "mestres da suspeita" (v.), o "emotivismo" (v.), o "divisionismo" (v.) e a "metaética" (v.). Interpretando os ideais morais à guisa de "máscaras" da vontade de poder (Nietzsche), de "sublimações" dos mecanismos pulsionais (Freud) e de "superestruturas" das necessidades econômicas (Marx), os mestres da suspeita acabaram por questionar a tradicional "consistência" da É. e a própria noção de "sujeito" moral. Comparando as proposições comportamentais a juízos de gosto, ou seja, a simples expressões de desejos ou emoções, o emotivismo decretou a impossibilidade de uma É. racional universalmente válida, abrindo as portas ao subjetivismo e ao irracionalismo, ou seja, a formas de pensamento que representam a paradoxal virada da medalha da "concepção científica do mundo" buscada pelo empirismo lógico. Insistindo na fratura, sancionada pela lei de Hume (v.), entre fatos e valores, ser e dever ser, descrições e prescrições, o divisionismo negou à razão qualquer competência no mérito dos fins e dos valores do agir, reduzindo o discurso ético a uma questão de "fé", e não de "ciência" (v. DECISIONISMO). Ressaltando o caráter lingüístico e o alcance não valorativo do discurso moral, a metaética analítica depois contribuiu para afastar os filósofos das problemáticas axiológicas e normativas (e para aproximá-los, eventualmente, das técnicas descritivas das ciências sociais e antropológicas).

A partir dos anos 1960, essas posições de pensamento foram alvo de acusações. Aos mestres da suspeita (e à tese nietzschiana de que "a última forma de Deus, a moral, deve desaparecer") replicou-se que a É. não é redutível a uma projeção de impulsos ou interesses, e que ela representa um jogo que de algum modo precisa ser jogado, estando em risco a própria sobrevivência da humanidade. Contra a pretensão emotivista de encerrar a É. no âmbito das proposições isentas de significado e contra a equiparação dos juízos morais a simples "preferências" dos sujeitos falantes, declarou-se, mesmo entre não-cognitivistas (v. NÃO-COGNITIVISMO), que os imperativos éticos possuem racionalidade, consistência e universalidade próprias. Por fim, contra o divisionismo e contra a redução da É. a metaética reivindicou-se o papel da razão em moral e o dever, por parte dos filósofos, de fazer não só análises descritivas, mas também indicações normativas: "Não nego – escreve Singer contestando a pretensão da metaética de ser a única forma de É. criticamente fundamentada – que a falta de clareza sobre o significado das palavras é uma importante fonte de erro em filosofia [...] meu desapontamento nasce do fato de que aquilo que deveria ser apresentado apenas como uma espécie de introdução a um trabalho de filosofia moral tenha se tornado o único argumento de quase toda a filosofia do mundo inglês" ("The Triviality of the Debate over "Is-Ought" and the Definition of Moral", em *American Philosophical Quarterly*, X, 1973, p. 56). A recusa da neutralidade ética e o problema da justificabilidade e da objetividade do juízo moral já se delineavam, por força das circunstâncias, desde o fim da segunda guerra mundial, quando ficou claro, como escreve Russell em oposição ao subjetivismo emotivista, que não era possível pôr no mesmo plano um discurso sobre a boa qualidade ou não das ostras e um discurso sobre a legitimidade ou não de torturar judeus (*Human Society in Ethics and Politics*, 1954, trad. it. em *Un'etica per la politica*, Laterza, Roma-Bari 1985, pp. 20 ss.). No entanto, só houve uma verdadeira exigência de soluções normativas a partir dos anos 1960, sobretudo por obra dos defensores do chamado movimento de "reabilitação da filosofia prática" (v.). Preparado por autores como Leo Strauss e Eric Voegelin, ou seja, por estudiosos atentos aos significados propositivos da filosofia política clássica, tal movimento percebeu no divisionismo ético uma conseqüência lógica do cientificismo moderno e contribuiu para fazer renascer a necessidade de uma autêntica filosofia prática, ou seja, de "um saber que não seja apenas descritivo, que não se limite a conhecer fatos e a estabelecer, no máximo, as leis constantes que os regulam, mas tenha condições de indicar também valores, de julgar a realidade existente em termos de bem e mal, justo e injusto" (E. BERTI, *Soggetti di responsabilità*, Diabasis, Reggio Emilia, 1993, p. 163). É óbvio – afirmam os seguidores da *praktische Philosophie* – que, *se* a razão for identificada com a ciência, e a ciência for identificada com um saber de tipo matemático-experimental, a É. ficará inteiramente *fora* do domínio da razão. Por outro lado, se *não* se fizer a razão coincidir totalmente com a ciência, será possível imaginar que a razão prática, mesmo sendo distinta da razão científica, possui uma forma peculiar de racionalidade. A "virada normativa" dos anos 1960 e a recuperação da vocação ética da filosofia sofreram novo fomento nos anos 1970, quando os estudiosos, superando qualquer forma de ceticismo anticognitivista em relação à ética filosófica, convenceram-se definitivamente de que "uma É. filosófica tem sentido apenas nos limites em que seja [...] relevante para os problemas práticos das pessoas" (E. LECALDANO, *Etica*, Utet, Turim, 1995, p. 1), e que uma reflexão sobre os costumes que "não sirva na prática deve ter alguém defeito teórico, uma vez que a tarefa da É. é exatamente guiar a vida prática" (P. SINGER, *Practical Ethics*, 1979, trad. it., Liguori, Nápoles, 1989, p. 14).

O atual "renascimento da É." ganhou corpo numa série díspar de modelos teóricos.

a) Lévinas concebe a É. como "filosofia primeira" e identifica a moralidade das ações com a abertura para o Outro, que se manifesta ao eu "excedendo-o", ou seja, pondo em crise a sua subjetividade autocêntrica e egoística (v. OUTRO; METAFÍSICA; RESPONSABILIDADE).

b) O neo-aristotelismo (Arendt, Gadamer, Ritter, Bubner etc.) afirma a autonomia da práxis em relação à *theoria* e à *poiesis* e faz do exercício concreto da virtude, entendida como um tipo de sabedoria que vive apenas num mundo de costumes já dados, o baricentro da moral (v. NEO-ARISTOTELISMO; REABILITAÇÃO DA FILOSOFIA PRÁTICA; SABEDORIA; VIRTUDE).

c) O pós-kantismo ligado à Escola de Frankfurt (Apel, Habermas) reporta-se às instâncias formalistas e deontológicas da razão prática de Kant e baseia a moral em estruturas universais e necessárias da comunicação lingüística. Estruturas que são identificadas com uma série de regras lógicas e éticas capazes de delinear um tipo de sociedade baseada no confronto democrático entre os seus membros (v. DISCURSO, ÉTICA DO; DEVER; PÓS-KANTISMO etc.).

d) Jonas insiste no princípio de responsabilidade para com as gerações futuras, delineando um tipo de É. ecológica e tecnológica que discerne na salvaguarda do ambiente o novo "imperativo categórico" da humanidade (v. ECOLOGIA; RESPONSABILIDADE).

e) O neocontratualismo igualitário e procedimentalista de Rawls insiste na teoria da "justiça como eqüidade", chegando a uma perspectiva deontológica e antiutilitarista segundo a qual a pergunta básica da É. não é "o que convém (é útil) fazer?", mas "o que é justo (devido) fazer?". E isso em vista de uma "sociedade bem organizada", inclinada a equilibrar de modo harmônico os dois aspectos básicos de todo consórcio humano: justiça e liberdade (v. JUSTIÇA; NEOCONTRATUALISMO).

f) O neo-utilitarismo (Hare, Harsany etc.) insiste na noção, reelaborada de diversas formas, de "utilidade social", procurando impor, em seu quadro teórico, as instâncias universalistas e deontológicas presentes nos vários contra-ataques "kantianos" ao utilitarismo (v.).

g) O comunitarismo (Mac Intyre, Sandel, Tylor etc.) polemiza contra o caráter abstrato e individualista da É. racionalista de cunho iluminista e discerne o espaço da moral no *ethos* concreto dos povos, ou seja, nas tradições e nas relações interpessoais que constituem a trama de vida das comunidades históricas (v. COMUNITARISMO; VIRTUDE).

h) Os pós-modernos preconizam o advento de uma "É. da interpretação" (Vattimo) ou da "solidariedade" (Rorty), coadunada com o desaparecimento das estruturas autoritárias e absolutistas da tradição metafísica. Na último fase de Vattimo, essa É. assume a fisionomia de uma "É. da caridade" secularizada, voltada para a redução da violência em todas as suas formas (v. FRACO, PENSAMENTO; PÓS-MODERNO; VIOLÊNCIA).

i) As feministas insistem na necessidade de uma É. que, deixando de ser sub-repticiamente modelada pela *forma mentis* dos homens, tenha condições de levar em conta a realidade da diferença sexual (v. FEMINISMO; DIFERENÇA SEXUAL, ÉTICA DA).

Estas diferentes correntes, que se posicionam além de qualquer esquematização rígida entre É. dos fins e É. dos móbeis, seguem uma orientação tendencialmente normativa e atuam todas no âmbito de um paradigma dialógico, e não monológico, ou seja, num horizonte teórico que não considera o homem em sua individualidade isolada, mas no tecido de relações que o constituem. Além disso, a maioria delas atua numa atmosfera de pensamento hostil às pretensões fortes da racionalidade tradicional e ao ideal "metafísico", revigorado por Apel, de uma fundamentação "última" das normas éticas. Ideal a que reportam as *filosofias de tendência clássica e neoclássica*, ou seja, os sistemas de pensamento, de cunho ontoteológico, que partem do princípio "operari sequitur esse" (v.), enraizando a filosofia do bem na filosofia do ser, chegando assim a uma fundamentação antiantropocêntrica da ética, baseada na convicção de que "sem Deus não existe autêntica fundamentação da moral". Convicção que, nas filosofias de inspiração neotomista, é acompanhada da idéia de que os nossos deveres são extraíveis de estruturas de valor ontologicamente presentes na realidade (v. BEM; NEO-ESCOLÁSTICA; NEOTOMISMO).

A moral é uma das seções da filosofia que hoje em dia desperta o maior interesse e as maiores discussões. As razões subjacentes a essa "demanda de É.", que representa uma espécie de desafio às perplexidades daqueles (B. Williams, J. Mackie, T. Nagel etc.) para os quais a filosofia moral não conseguiria fornecer motivos plausíveis para suas pretensões legiferantes, são múltiplas. Um primeiro motivo decorre da crise das crenças morais comuns (a confirmação do fato de que a É. se desenvolve sobretudo nos momentos em que falta ou se atenua um *ethos* comum, ou seja, quando o patrimônio dos costumes e dos valores tradicionais perde o caráter de "evidência", e os costumeiros critérios de bem e mal são postos em discussão). Um segundo motivo decorre da carência de grandes visões totalizadoras da realidade e da história (e do cabedal associado de ideais e certezas). Um terceiro motivo decorre dos desenvolvimentos da ciência e da técnica, ou seja, da descoberta de novas tecnologias capazes de intervir não só nos mecanismos ambientais, como também na própria constituição biológica e psíquica do homem. Um quarto motivo decorre da complexidade estrutural da vida atual, que implica a detecção de novos códigos de comportamento que sejam mais adequados. Um quinto motivo decorre da maior sensibilidade ao "outro" (seja humano ou não). Um sexto motivo, ligado ao anterior, decorre da necessidade de garantir a coexistência entre raças, culturas e formas de vida diferentes.

O conjunto combinado desses motivos (e de outros que poderiam ser acrescentados) explica a atual irrupção da É. aplicada, ou seja, a proliferação, a partir dos anos 1970, de uma série de indagações éticas interessadas na solução de questões morais específicas. Entre as expressões mais significativas de tal forma de É., de que é manifestação concreta a nova figura profissional do "eticista", cabe lembrar a bioética (v.), a É. dos negócios (v.) e as várias formas de É. ecológica e animal (v. ANIMAL, QUESTÃO). Estas últimas situam-se no debate mais amplo acerca dos "novos sujeitos" morais (e jurídicos). De fato, paralelamente à atribuição de novos direitos ao homem, tradicionalmente considerado o único detentor da subjetividade moral (e jurídica), afirmou-se a tendência a "ampliar" a idéia de sujeito (ou de pessoa) moral, até incluir nela seres antes excluídos, ou seja, alteridades distantes, como os indivíduos humanos futuros, os animais, os vegetais etc. Nesse quadro também caberia o quesito futurista, levantado por Putnam, sobre os eventuais direitos das "máquinas pensantes" e de uma futura raça eletrônica inteligente (v. INTELIGÊNCIA ARTIFICIAL). Essa *extensão* da idéia de sujeito moral e a conseqüente ampliação da noção de *responsabilidade* (v.) constituem uma das características mais originais da É. do fim do século XX. [G.F.]

ÉTICA DA DIFERENÇA SEXUAL. V. DIFERENÇA SEXUAL, ÉTICA DA.

ÉTICA DO DISCURSO. V. DISCURSO, ÉTICA DO.

ÉTICA DOS NEGÓCIOS. V. NEGÓCIOS, ÉTICA DOS.

ÉTICA PLANETÁRIA. V. MACROÉTICA PLANETÁRIA.

ÉTICAS, VIRTUDES (gr. ἠθικαὶ ἀρεταί; lat. *Virtutes morales*; in. *Ethical Virtues*; fr. *Vertus morales*; al. *Ethische Tugenden*; it. *Virtù etiche*). Segundo Aristóteles, são as virtudes que correspondem à parte apetitiva da alma, quando esta é moderada ou guiada pela razão (*Et. nic.*, I, 13, 1102 b 16); consistem no meio-termo (v. MEIO) entre dois extremos, dos quais um é vicioso por excesso e o outro o é por deficiência (*ibid.*, II, 6, 1107 a 1). As virtudes É. são: coragem, temperança, liberalidade, magnanimidade, mansidão, franqueza e justiça; esta última é a maior de todas (*ibid.*, III-V); cf. os verbetes respectivos. [N.A.]

ÉTICAS DEONTOLÓGICAS, TELEOLÓGICAS. V. DEONTOLÓGICAS E TELEOLÓGICAS, ÉTICAS.

ETICIDADE (al. *Sittlichkeit*; it. *Eticità*). Hegel fez uma distinção entre moralidade, que é a vontade subjetiva, individual ou pessoal, do bem, e a E., que é a realização do bem em realidades históricas ou institucionais, que são a família, a sociedade civil e o Estado. "A E.", diz Hegel, "é o conceito de liberdade, que se tornou mundo existente e natureza da autoconsciência" (*Fil. do dir.*, § 142). As instituições éticas têm uma realidade superior à da natureza, porque constituem uma realidade "necessária e interna" (*ibid.*, § 146). A mais elevada manifestação da E., o Estado, é Deus, que ingressou no mundo, um "Deus real" (*ibid.*, § 258, Zusatz). Essa distinção entre moralidade e E. só foi repetida entre os seguidores da escola hegeliana. [N.A.]

ÉTICO, COGNITIVISMO. V. COGNITIVISMO ÉTICO.

ÉTICO, INTUICIONISMO. V. INTUICIONISMO.

ÉTICO, NÃO-COGNITIVISMO. V. NÃO-COGNITIVISMO ÉTICO.

ÉTICO, NATURALISMO. V. NATURALISMO.

ÉTICO, OBJETIVISMO (in. *Ethical objectivism;* fr. *Objectivisme éthique;* al. *Ethischer Objektivismus;* it. *Oggettivismo etico*). 1. Teoria segundo a qual existem princípios e valores morais intersubjetivamente válidos. Contrapõe-se a subjetivismo ético (v. ÉTICO, SUBJETIVISMO).

2. Sinônimo (impróprio) de realismo ético (v. ÉTICO, REALISMO). [G.F.]

ÉTICO, REALISMO (in. *Ethical realism;* fr. *Réalisme éthique;* al. *Ethischer Realismus;* it. *Realismo etico*). Teoria que afirma a existência *real* de valores, normas, deveres etc., ou seja, que considera as entidade do discurso ético segundo os moldes de propriedades ou leis existentes em *rerum natura.* Se o R. ético implica necessariamente o objetivismo ético (no primeiro significado), o objetivismo ético não implica necessariamente o R. ético. Em outros termos, não se pode ser realista ético sem ser, ao mesmo tempo, objetivista ético (v. o caso de Platão ou de Tomás de Aquino). Inversamente, é possível ser objetivista ético sem ser, ao mesmo tempo, realista ético (v. o caso de Kant ou dos teóricos da ética do discurso). [G.F.]

ÉTICO, RELATIVISMO. V. RELATIVISMO.

ÉTICO, SUBJETIVISMO (in. *Ethical subjectivism;* fr. *Subjectivisme éthique;* al. *Ethischer Subjektivismus;* it. *Soggettivismo etico*). Atitude oposto ao objetivismo ético (v. ÉTICO, OBJETIVISMO), ou seja, a teoria de quem não acredita na existência de normas ou leis morais intersubjetivamente válidas. Às vezes à usado como sinônimo de relativismo ético (v. RELATIVISMO). [G.F.]

ÉTICO-RELIGIOSAS, ANTINOMIAS (al. *Etisch-religiose Antinomien;* it. *Antinomia etico-religiose*). Antíteses em que se expressa o conflito entre o ponto de vista ético e o ponto de vista religioso. Foram enunciadas por Nicolai Hartmann do seguinte modo: 1º a ética está radicada nesta existência, enquanto a religião tende a uma existência radicada além desta; 2º a ética está voltada para o homem, a religião para Deus; 3º a ética afirma a autonomia dos valores, a religião os subordina à vontade de Deus; 4º a ética funda-se na liberdade humana, a religião transfere toda iniciativa a Deus (*Ethik,* 1926, 3ª ed., 1949, pp. 811-7). [N.A.]

ETIOLOGIA (in. *Etiology;* fr. *Étiologies;* al. *Aetiologie;* it. *Etiologia*). Pesquisa ou determinação das causas de um fenômeno. Esse termo é usado quase exclusivamente em medicina. [N.A.]

ETNOCENTRISMO (in. *Ethnocentrism;* fr. *Etnocentrisme;* al. *Ethnozentrismus;* it. *Etnocentrismo*). Tese de quem afirma a centralidade e superioridade de sua própria cultura. Mesmo representando uma das convicções mais enraizadas e difundidas da humanidade, o E. foi objeto de contestação por parte da antropologia cultural (v.) do século XX. É emblemática a posição de Lévi-Strauss. Contra a perspectiva etnocêntrica, equiparada a uma espécie de "canibalismo intelectual" baseado no preconceito segundo o qual o que não pertence à nossa cultura não passa de barbárie, o antropólogo francês aduz o argumento principal: esse é precisamente o ponto de vista dos bárbaros. De fato, quando pretendemos estabelecer uma discriminação de valor entre as culturas, identificamo-nos completamente com o que procuramos negar: "O bárbaro é acima de tudo o homem que acredita na barbárie " (*Razza e storia,* 1952, trad. it., Einaudi, Turim, 1967, p. 106).

Mesmo tendo um inegável valor teórico, metodológico e prático (a fim de evitar o fenômeno da prepotência entre culturas), o antietnocentrismo não é imune a críticas. De fato, o E. expõe ao perigo da intolerância e do fanatismo, mas o antietnocentrismo expõe ao perigo do relativismo e dos seus paradoxos auto-refutadores (v. RELATIVISMO). Por exemplo, admitindo-se que não existam modelos culturais superiores a outros e verificado que os valores da justiça procedimental e da igualdade dos direitos representam uma "excentricidade do Ocidente", para não se incidir no E., seria preciso desistir de defender a validade transcultural de tais valores. Essas dificuldades do antietnocentrismo geraram o antiantietnocentrismo dos filósofos (Rorty, Putriani etc.) que, distinguindo o que é culturalmente constatável do que é humanamente desejável, consideram que determinados valores, mesmo tendo uma origem local, são universalmente válidos: "O antiantietnocentrismo convida [...] a aceitar com absoluta seriedade o fato de que os ideais da justiça procedimental e da igualdade humana são desenvolvimentos culturais provinciais, recentes e excêntricos e a perceber que nem por isso vale menos a pena lutar por eles; insiste no fato de que os ideais podem ser locais e ligados a uma cultura e apesar disso constituírem a maior esperança da espécie" (R. RORTY, *Sullo etnocentrismo – uma risposta a Clifford Geertz,* 1986, trad. it. em *Scritti filosofici,* vol. 1, Laterza, Roma-Bari, 1994, p. 280). [G.F.]

ETNOGRAFIA (in. *Ethnograph;* fr. *Ethnografie;* al. *Ethnographie;* it. *Etnografia*). O mesmo que ETNOLOGIA. Às vezes, o primeiro estágio da pesquisa antropológica: observação e descrição, trabalho de campo (LÉVI-STRAUSS, *Anthropologie structurale,* 1958, cap. XVII). [N.A.]

ETNOLOGIA. V. ANTROPOLOGIA CULTURAL.

ETOLOGIA (do gr. ἔθος; in. *Ethology;* fr. *Éthologie;* al. *Ethologie;* it. *Etologia*). Termo cunhado por Wundt para designar o estudo histórico descritivo dos costumes e das representações morais (*Logik,* 11, 2, 369). *E. comparada* é o estudo comparativo dos comportamentos animais tanto em seu aspecto ontogenético quanto no filogenético (K. LORENZ, em *Phisiological Mechanism in Animal Behaviour*, 1950, N. TINBERGEN, *The Study of Instinct*, 1951). [N.A.]

EU (lat. *Ego*; in. *I, Self*; fr. *Moi*; al. *Ich*; it. *Io*). Este pronome, com que o homem se designa, passou a ser objeto de investigação filosófica a partir do momento em que a referência do homem a si mesmo, em termos de reflexão ou consciência, foi assumida como definição do próprio homem. Foi o que aconteceu com Descartes, que foi o primeiro a formular em termos explícitos o problema do eu. "O que sou eu então?", perguntava Descartes. "Uma coisa que pensa. Mas o que é uma coisa que pensa? É uma coisa que duvida, concebe, afirma, nega, quer ou não quer, imagina e sente. Certamente não é pouco que todas essas coisas pertençam à minha natureza. Mas por que não lhe pertenceriam? [...] É de per si evidente que sou eu quem duvida, entende e deseja, e que não é preciso acrescentar nada para explicá-lo" (*Méd.*, II). Como se vê, aqui o problema do eu é imediatamente acompanhado pela sua solução: o eu é consciência, relação consigo mesmo, subjetividade. Esta é a primeira das interpretações historicamente dadas do eu. Podem ser enumeradas as outras interpretações seguintes: eu como autoconsciência; eu como unidade; eu como relação.

1ª A definição cartesiana do eu como consciência foi imediatamente acolhida e incorporada à tradição filosófica. Locke adotou-a e a reelaborou com o fim de justificar uma característica formal do eu: unidade ou identidade. Dizia: "Quando vemos, ouvimos, cheiramos, provamos, tocamos, meditamos ou queremos uma coisa, percebemos que a fazemos. O mesmo ocorre com nossas sensações e percepções atuais, e nesse caso cada um é para si mesmo o que ele chama de *si mesmo*, não se levando aqui em conta o fato de que o mesmo eu continue nas mesmas substâncias ou em substâncias diferentes. E como o pensamento é sempre acompanhado pela consciência do pensamento, sendo ela que faz que cada um seja aquilo que cada um chama de si-mesmo, distinguindo-se assim de todas as outras coisas pensantes, nisso apenas consiste a identidade pessoal" (*Ensaio*, II, 27, 11). Em outros termos, segundo Locke, a identidade do eu não se funda na unidade ou na simplicidade da substância-alma, mas unicamente na consciência, e é, aliás, essa consciência que se reconhece na diversidade das suas manifestações. Leibniz, embora insistisse na importância daquilo que ele chamava de consciência ou sentimento do eu, não acreditava que ela apenas constituísse a identidade pessoal, e lhe acrescentava "a identidade física e real" (*Nouv. ess.*, II, 27, 10). Este ponto de vista encontra-se freqüentemente expresso na filosofia moderna e contemporânea, que às vezes acentuou o caráter ativo ou volitivo da consciência. Foi o que fez, por exemplo, Maine de Biran: "A causalidade ou a força (ou seja, o eu), que se manifesta para si mesma só por meio de seu efeito ou do sentimento imediato do esforço que acompanha todo movimento ou ato voluntário, é precisamente como o primeiro raio, a primeira luz captada pela visão interior da mente" (*Nouv. ess. d'anthropologie*, II, 1). Assim, para Maine de Biran, o eu é a consciência originária do esforço. Mas a melhor expressão da doutrina do eu como consciência foi dada por Kant, que dizia: "Eu, como pensante, sou um objeto do sentido interno e me chamo alma. O que é objeto do sentido externo se chama corpo. Portanto, a expressão eu, como ser pensante, designa já o objeto da psicologia que se pode chamar de doutrina racional da alma, quando eu não quero saber mais da alma do que aquilo que, independentemente da experiência (que me determina mais de perto e concretamente), se pode concluir a partir desse conceito do eu, presente em cada pensamento" (*Crít. R. Pura*, Dialética, II, cap. 1). Ao lado desse eu como "objeto do sentido interno", ou seja, consciência (cf. *Prol.*, § 46), Kant admite uma outra espécie de eu, que marca a transição para uma segunda interpretação desse conceito. A interpretação do eu como consciência foi freqüente na filosofia moderna e contemporânea. Rosmini dizia: "A palavra eu une ao conceito geral de alma a relação da alma consigo mesma, relação de identidade; contém, portanto, um segundo elemento, distinto do conceito de alma: é uma alma que se apercebe de si mesma, se pronuncia, se exprime" (*Psicol.*, § 6).

2ª A interpretação do eu como Autoconsciência nasce da distinção que Kant fizera entre o eu como objeto da percepção ou do sentido interno e o eu como sujeito do pensamento ou da apercepção pura, isto é, o eu da reflexão (*Antr.*, I, § 4, nota; cf. AUTOCONSCIÊNCIA). Esta distinção, que, em Kant, jamais teria conduzido à substancialização metafísica do eu, dada a funcionalidade que Kant atribui ao eu, deveria ser assumida por Fichte como ponto de partida para a doutrina do Eu absoluto. Segundo Kant, o eu da reflexão ou da apercepção pura é a condição última do conhecer; Fichte faz dele o criador da realidade. "Por ser absoluto", diz ele, "o Eu é infinito e ilimitado. Ele dispõe tudo o que é; e o que ele não dispõe não é (para ele; mas fora dele nada existe). Mas tudo o que dispõe, ele dispõe como Eu; e dispõe o eu como tudo o que dispõe. Portanto, nesse aspecto, o Eu abarca em si toda a realidade, uma realidade infinita e ilimitada" (*Wis-

senschaftslehre, 1794, III, § 5, II; trad. it., p. 207). Essas teses foram adotadas e ampliadas por Schelling, graças a quem se tornaram expressões características do romantismo. Na obra *O eu como princípio da filosofia ou o incondicionado no saber humano* (1795), ele identifica o Eu de Fichte com a Substância de Espinosa. "Nessa época", Schelling escreveu a Hegel, "tornei-me adepto de Espinosa. Quer saber como? Para Espinosa o mundo é tudo, para mim tudo é o Eu." E embora Hegel negasse essa tese, considerando como saber absoluto (e, portanto, também como realidade absoluta) o saber em que desapareceu a distinção entre Eu e não-Eu, entre subjetivo e objetivo, também ele compartilha da tese do caráter infinito do Eu. Disse: "O Eu, essa consciência imediata de si, aparece em primeiro lugar, por um lado, como imediato, por outro como conhecido em sentido muito mais elevado do que qualquer outra representação. Todas as outras coisas conhecidas pertencem de fato e certamente ao Eu, mas ao mesmo tempo são diferentes dele e, portanto, ganharam conteúdo acidental; o Eu, porém, é a simples certeza de si. Mas o Eu em geral é também, ao mesmo tempo, um concreto, ou melhor, o Eu é o concretíssimo, a consciência de si como de um mundo infinitamente múltiplo" (*Wissenschaft der Logik,* I, livro I; trad. it., I, pp. 65-6). Gentile apenas repetia a postura fichtiana e romântica quando dizia: "O eu é certamente o indivíduo, mas o indivíduo como sujeito que nada tem a contrapor a si mesmo e que encontra tudo em si; por isso, é o concreto atual e universal. Ora, esse Eu, que é o próprio absoluto, é enquanto se põe; é *causa sui*" (*Teoria generale dello spirito,* XVII, § 7).

3.ª Já na interpretação do eu como consciência e como autoconsciência insiste-se às vezes no caráter formal do eu, ou seja, em sua *unidade* ou identidade. Viu-se que, para Locke, o eu é a consciência que funda a identidade pessoal, e para Kant o eu da reflexão é "a unidade da apercepção pura" (*Crít. R. Pura,* § 16; v. APERCEPÇÃO). O próprio Hume vira em certa forma de unidade, ainda que fictícia, o caráter fundamental do eu, que ele comparara a uma república em que podem ocorrer mudanças nos homens que a governam, em sua constituição e em suas leis, sem que por isso ela perca a identidade. O homem, do mesmo modo, pode mudar suas impressões e suas idéias, permanecendo o mesmo eu (*Treatise,* I, 4, 6). Todavia, para Hume, como se vê por essa mesma imagem, a unidade não é absoluta nem rigorosa: é formal e aproximativa, fundada na constância relativa de certas relações entre as partes ou momentos do eu. Esse ponto de vista, talvez mais do que o outro que afirma a rigorosa unidade do eu, evidencia os limites e os perigos aos quais o eu está sujeito na experiência efetiva.

4.ª o conceito do eu como *inter-relação* nasce do reconhecimento do caráter mais evidente com que o eu se apresenta nessa experiência: o caráter de problematicidade, em virtude do qual ele é uma formação instável que pode estar sujeita à doença e à morte. A noção de inter-relação é, de fato, mais genérica e menos comprometedora do que a noção de unidade. A unidade é uma forma de inter-relação necessária, imutável e absoluta, uma inter-relação pode ser mais ou menos firme e romper-se. Foi sob o ângulo da "doença mortal" do eu, a desesperança, que Kierkegaard definiu o eu como "relação que se relaciona consigo mesma". O homem é uma síntese de alma e corpo, de infinito e finito, de liberdade e necessidade etc. Síntese é inter-relação, e a reversão dessa inter-relação, ou seja, a relação da relação consigo mesma, é o eu do homem (*Die Krankheit zum Tode,* 1849, cap. I). Kierkegaard acrescentava que precisamente por relacionar-se consigo mesmo, o eu é relacionar-se com outro: com o mundo, com os outros homens e com Deus. É nesta segunda inter-relação que por vezes os filósofos contemporâneos insistem. Santayana dizia: "Quando digo eu, esse termo sugere um homem, um entre os muitos que vivem em um mundo que está em conflito com o seu pensamento, mas que o domina" (*Scepticism and Animal Faith,* 1923, ed. 1955, p. 22). De um ponto de vista diferente, Scheler chega a um conceito análogo do eu: "À palavra eu está associada a alusão ao tu, por um lado, e a um mundo externo, por outro. Deus, por exemplo, pode ser uma pessoa, mas não um eu, já que para ele não há tu nem mundo externo" (*Formalismus* etc., p. 405). É precisamente da inter-relação que Heidegger lança mão para definir o eu. "A assunção 'Eu penso alguma coisa' não pode ser adequadamente determinada se o 'alguma coisa' ficar indeterminado. Se, porém, o 'alguma coisa' for entendido como ente intramundano, então trará em si, não expressa, a pressuposição do mundo. E é justamente esse o fenômeno que determina a constituição do ser do eu, quando pelo menos ele deve poder ser algo, como em 'Eu penso alguma coisa'. Dizer eu refere-se ao ente que eu sou enquanto sou-no-mundo" (*Sein und Zeit,* § 64). De forma só aparentemente paradoxal, Sartre afirmava, num ensaio de 1937, que "o eu não está, nem formal nem materialmente, na consciência; está fora, no mundo. É um ser do mundo, assim como o eu de um outro" (*Recherches Philosophiques,* 1936-37; trad. in., *The Transcendence of the Ego,* Nova York, 1958, p. 32). No mesmo sentido, afirma Merleau-Ponty: "A primeira verdade é, sem dúvida, 'eu penso', mas com a condição de que desse modo se entenda 'eu sou para mim mesmo' sendo no mundo"

(*Phenoménologie de la perception*, 1945, p. 466). Considerado em sua relação com o mundo, o eu às vezes é determinado a partir do seu caráter ativo, da sua capacidade de iniciativa, do seu poder projetante ou antecipador. Dewey diz: "Dizer de modo significante '*Eu* penso, creio, desejo', em vez de dizer somente 'Pensa-se, crê-se, deseja-se', significa aceitar e afirmar responsabilidades e expressar pretensões. Não significa que o eu é a origem ou o autor do pensamento ou da afirmação nem que é sua sede exclusiva. Significa que o eu, como organização concentrada de energias, identifica-se (no sentido de aceitar as conseqüências) com uma crença ou sentimento de origem exterior e independente" (*Experience and Nature*, p. 233). São exatamente esses caracteres que constituem hoje o esquema geral para o estudo experimental da personalidade, que é um dos principais objetos da psicologia. O eu só se distingue da personalidade (que é a organização dos modos como o indivíduo inteligente projeta seus comportamentos no mundo) por ser a parte da personalidade conhecida pelo indivíduo interessado e à qual, portanto, ele faz referência ao dizer "eu". A personalidade, por outro lado, é mais vasta: inclui também as zonas escuras ou de penumbra, as esferas de ignorância mais ou menos voluntária ou involuntária, que caracterizam o projeto total das relações do indivíduo com o mundo (v. PERSONALIDADE). [N.A.]

EUBULIA (gr. εὐβουλία; lat. *Eubulia*; it. *Eubulia*). Segundo Aristóteles, é a boa deliberação, o juízo correto sobre a correspondência entre meios e fim. O bem deliberar é dos sábios, e sabedoria consiste no juízo verdadeiro sobre a correspondência entre meios e fim (*Et. nic.*, VI, 9, 1142 b 5). No mesmo sentido, esse termo é definido por Tomás de Aquino (*S. Th.*, I, II, q. 57, a. 6). [N.A.]

EUCOSMIA (gr. εὐκοσμία; it. *Eucosmia*). Comportamento regrado, boa conduta (cf. ARISTÓTELES, *Pol.* IV, 1299 b 16). [N.A.]

EUCRASIA (gr. εὐκρασία; it. *Eucrasia*). Temperamento. Propriamente, justa mescla dos elementos que compõem o corpo (ARISTÓTELES, *De part. an.*, 673 b 25; GALENO, VI, 31 etc.). [N.A.]

EUDEMONIA. V. FELICIDADE.

EUDEMONISMO (in. *Eudemonism*; fr. *Eudémonism*; al. *Eudämonismus*; it. *Eudemonismo*). Qualquer doutrina que assuma a felicidade como princípio e fundamento da vida moral. São eudemonistas, nesse sentido, a ética de Aristóteles, a ética dos estóicos e dos neoplatônicos, a ética do empirismo inglês e do iluminismo. Kant acredita que o E. seja o ponto de vista do *egoísmo* (v.) moral, ou seja, da doutrina "de quem restringe todos os fins a si mesmo e nada vê de útil fora do que lhe interessa" (*Antr.*, I, § 2). Mas esse conceito de E. é demasiado restrito, pois no mundo moderno, a partir de Hume, a noção de felicidade tem significado social, não coincidindo portanto com egoísmo ou egocentrismo (v. FELICIDADE). [N.A.]

EUNOMIA (gr. εὐνομία; it. *Eunomia*). A "boa ordem humana" contraposta à *hybris*, que é a atitude de quem desconhece os limites dos homens e a situação de subordinação que eles têm no mundo (PLATÃO, *Sof.*, 216 b). [N.A.]

EU PENSO. V. COGITO.

EUPRAXIA (gr. εὐπραξία; it. *Euprassia*). Bom comportamento, ou seja, comportamento regrado, ou segundo as leis. Xenofonte designa com essa palavra o ideal moral de Sócrates (*Mem.*, III, 9, 14). Aristóteles emprega a mesma palavra em oposição a *dispraxia*, que indica a conduta desregrada; *Et. nic.*, VI, 5, 1140 b 7). [N.A.]

EUTAXIA (gr. εὐταξία; it. *Eutassia*). A conduta bem regrada ou conforme à ordem cósmica. É um conceito estóico (*Stoicorum fragmenta*, III, 64), que Cícero se deteve a ilustrar (*De officiis*, I, 40, 142). [N.A.]

EUTIMIA (gr. εὐθυμία; lat. *Tranquillitas*; it. *Eutimia*). Era o título de uma das obras de Demócrito; significava a satisfação tranqüila, diferente do prazer, que consiste na ausência de temores, superstições e emoções (DIÓG. L., IX, 45). Os latinos traduziram o termo por *tranquillitas* (SÊNECA, *De tranquillitate animi*, II, 3). [N.A.]

EU TRANSCENDENTAL (in. *Transcendental Ego*; fr. *Moi transcendental*; al. *Transzendentales Ich*; it. *Io trascendentale*). O mesmo que Eu absoluto (v. EU). [N.A.]

EVANGELHO ETERNO (lat. *Evangelium aeternum*; it. *Evangelo eterno*). Orígenes empregou essa expressão para designar a revelação das verdades superiores que Deus faz aos sábios em todas as épocas do mundo, capaz de integrar e corrigir a revelação contida no E. histórico (*De princ.*, IV, 1; *In Johann.*, I, 7). [N.A.]

EVEMERISMO (in. *Euhemerism*; fr. *Évhémérisme*; al. *Evhemerismus*; it. *Evemerismo*). Doutrina de Euevêmero ou Evêmero de Messina (sécs. IV-III a.C.), autor de uma *Sagrada Escritura* traduzida para o latim por Ênio, na qual se queria demonstrar que os deuses são homens corajosos, ilustres ou poderosos, divinizados depois da morte (CÍCERO, *De nat. deor.*, I, 119). [N.A.]

EVENTO (in. *Event*; fr. *Événement*; al. *Geschehen*; it. *Evento*). 1. Na física contemporânea, uma porção do contínuo espácio-temporal. Nesse sentido, uma coisa, por exemplo, um corpo, é um evento. Esse conceito foi esclarecido por Einstein em 1916 (*Teoria restrita e geral da relatividade*, § 27). Desde então, é conceito fundamental da física: o E. é, propriamente dito, o objeto específico da física, aquele a que se referem os seus meios de observação: caracteriza-se pelas três coordenadas espaciais e pela temporal. "O mundo dos E. pode ser descrito dinamicamente por uma imagem que mude com o tempo, observada sobre o fundo do espaço tridimensional. Mas também pode ser descrito por meio de uma imagem estática, projetada sobre o fundo do contínuo espácio-temporal em quatro dimensões. Do ponto de vista da física clássica, as duas imagens, a dinâmica e a estática, são equivalentes. Mas, do ponto de vista da relatividade, a imagem estática é mais conveniente e mais objetiva (EINSTEIN e INFELD, *Evolution of Physics*, III; trad. it., p. 218). Generalizando o conceito de Einstein, Whitehead falou de "E. puntiformes", que possuem posição, um em relação ao outro. Tais E. constituiriam os *pontos* de um sistema espácio-temporal. Todo sistema teria um grupo particular de pontos, ou seja, uma definição própria da "posição absoluta" (*Concept of Nature*, 1920, cap. 5). Essas notas constituem uma tentativa de Whitehead de traduzir a física contemporânea para uma metafísica evolucionista. Por sua vez, P. W. Bridgmann pôs em dúvida a importância da noção de E., por não achar que todos os resultados das medidas físicas pudessem ser expressos em termos de coincidências espácio-temporais. Nesse sentido observa, por exemplo, que a diferença entre um elétron negativo e um positivo não é contemplada na especificação das coordenadas (*Logic of Modern Physics*, 1927, cap. III; trad. it., p. 153). Mas, apesar dessas reservas, o conceito de evento continua tendo importância fundamental na física contemporânea e continua sendo considerado pelos físicos como a melhor caracterização do seu objeto. [N.A.]

2. Tudo o que acontece em certo lugar em determinado momento. Essa acepção, que poderia ser imediatamente identificada com o significado comum do termo, só recentemente foi objeto de aprofundamento na reflexão analítica. Antes, a filosofia a acolhera como idéia de acontecimento singular (na cultura grega, τὸ τυγχᾶνον), não regular, não governado por leis e sobretudo contingente (τὰ τυχόντα), ao contrário do caráter consumado do *fato:* ela apresentava, portanto, indubitável sugestão antideterminista. Visceralmente ligado ao conceito do devir e mudança, o conceito de E. foi tematizado de forma explícita nos trabalhos de McTaggart (*The Nature of Existence*, 1927), Whitehead (*The Principle of Natural Knowledge*, 1919, e *Process and Reality*, 1929) e Broad (*An Examination of McTaggarts Philosophy*, 1933). *a) A existência dos E.* foi admitida ou por simples constatação empírica ou por meio de um processo dedutivo que, partindo da afirmação de um fato, infere o E. correspondente (se eu passeio, devem existir passeios). Tal é a estratégia de Davidson (*Essays on Actions and Events*, 1980), que interpreta as proposições causais como proposições que contêm quantificação sobre eventos: por exemplo, "Jones mata Smith" é organizada como "∃x (assassinato (Smith, Jones, x))", em que "assassinato", o termo sobre o qual se quantifica, deve por isso existir. É diferente a perspectiva daqueles que desenvolveram uma semântica dos termos singular para os eventos (VENDLER, *Linguistics in Philosophy*, 1967; BENNETT, *Events and Their Names*, 1988) que, ao contrário da proposta de Davidson e de outras, permite distinguir E. e *fatos* (estes últimos não parecem implicar a mudança). (i) Grande número de estudiosos *associa evento a mudança*, mas outros distinguem as duas noções (Bennett) e há mesmo quem negue categoricamente o nexo (KIM, *Causation, Nomic Subsumption, and the Concept of Event*, 1973; LEWIS, *Events*, 1986), incluindo também *estados* no conceito de E., ou seja, coisas que possuem propriedades. (ii) Os E. são geralmente considerados *particulares*, no sentido de não serem repetíveis, e são colocados em determinado espaço, mas Chisholm discorda (*Events and Propositions*, 1970, e *States of Affairs Again*, 1971), vendo-os como *universais*. (iii) Alguns acham que os E. são *abstratos* (no sentido de que no mesmo lugar e no mesmo instante pode ocorrer mais de um) porque coincidem com as coisas que sediam a mudança, as únicas realmente concretas, ou seria violada a impenetrabilidade dos corpos (L. B. LOMBARD, *Events: A Metaphysical Study*, e outros os consideram *concretos* porque homólogos aos objetos (WHITEHEAD; QUINE, *Things and Their Place in Theories*, 1981, e *Events and Reification*, 1985). (iv) São vistos como *compostos* (THOMSON, *Acts and Other Events*, 1977) ou, ao menos em certos casos, como *unitários* (Lombard). *b)* A indagação sobre a *natureza dos E.* leva a perguntar o que são e de quais propriedades gozam. Quem os considera entidades físicas (Quine; ou o Davidson de *Reply to Quine on Events*, 1985) é levado a identificá-los com as partes temporais dos objetos, com as quais coincidem por situação espaço-temporal; outros, defendendo uma posição menos materialista, o definem mais como exemplificações de uma propriedade por parte de um objeto em certo momento (KIM, *Events as Property Exemplification*, 1976); quem, enfim, faz uma opção reducionista, reportando o conceito de E. ao de causalidade, considera-os propriedades intensionais (Lewis) ou extensionais (BRAND, *Particulars, Events, and Actions*, 1976, e *Identity Conditions for Events*, 1977) de uma região espaço-temporal. [M.S.]

3. Para a concepção eventual do ser professada por Heidegger e pelos filósofos a ele ligados, v. EREIGNIS; SER; METAFÍSICA; VERDADE. [G.F.]

EVIDÊNCIA (gr. ἐνάργεια; lat. *Evidentia;* in. *Evidence;* fr. *Evidence;* al. *Evidenz;* it. *Evidenza*). Apresentação ou manifestação de um objeto qualquer como tal. Era assim que os antigos entendiam a E., especialmente epicuristas e estóicos, que a assumiam como critério de verdade. Os epicuristas identificavam a E. com a própria ação dos objetos sobre os órgãos dos sentidos (DIÓG. L., X, 52). Os estóicos entendiam por E. o apresentar-se ou dar-se das coisas aos sentidos ou à inteligência, de tal modo que estas sejam "compreendidas" (SEXTO EMPÍRICO, *Pirr. hyp.*, II, 7). A *representação cataléptica* (v.) é justamente a representação evidente. Desse ponto de vista, a E. não é um fato subjetivo, mas objetivo: não está ligada à clareza e distinção das idéias, mas ao apresentar-se e manifestar-se do objeto (qualquer que seja). Assim, nem mesmo os céticos recusam o que se apresenta como evidente, embora evitem a asserção correspondente (SEXTO EMPÍRICO, *Pirr. hyp.*, II, 10).

Descartes, porém, apresentou um conceito *subjetivo* de evidência. A "norma da E.", que ele expõe no *Discurso*, prescreve "nunca aceitar alguma coisa como verdadeira a menos que seja reconhecida evidentemente como tal; isso significa evitar diligentemente a precipitação e a prevenção e só incluir nos juízos o que se apresenta tão clara e distintamente ao espírito que não haja motivo algum para ser posto em dúvida" (*Discours*, II). Nessa regra a E. foi reduzida a *clareza e distinção* (v.) das idéias, e os problemas correlativos se deslocaram do domínio do objeto para o da idéia, apresentando-se neste último como problemas objetivos. O próprio Descartes (sobretudo em *Regras para a direção do espírito*) vinculara a E. à faculdade da *intuição*, não entendendo com essa palavra o testemunho dos sentidos ou o juízo da imaginação, mas "a concepção firme de um espírito puro e atento que nasce apenas da luz da razão e que, sendo mais simples, é também mais segura que a dedução" (*Regulae ad directionem ingenii*, III). A E. seria, assim, o caráter da intuição e constituiria a certeza própria desta última, assim como a necessidade racional constitui a certeza da dedução. Esses conceitos dominaram grande parte da filosofia moderna, mesmo porque foram aceitos tanto por Locke, para quem "a certeza e a E. do nosso conhecimento provêm da intuição da concordância ou da discordância entre as idéias" (*Ensaio*, IV, 2, 1), quanto por Leibniz (*Nouv. ess.*, IV, 11, 10). O caráter subjetivo da E. e sua conexão com uma faculdade humana mais ou menos misteriosa chamada intuição permaneceram em toda a filosofia moderna; só a filosofia contemporânea pretendeu retornar ao antigo conceito de E. objetiva.

A crítica da E. como "uma voz mística que de um mundo melhor nos grite: aqui está a verdade!" foi feita por Husserl, que encontrou para a E. a definição de "preenchimento da intenção". Significa que há E. quando a intenção da consciência, voltada para um objeto, é preenchida pelas determinações graças às quais o objeto se individualiza, se define e finalmente se apresenta à consciência *em carne e osso* (*Logische Untersuchungen*, II, § 39; *Ideen*, I, § 145; *Erfahrung und Urteil*, p. 12). Portanto, em toda a filosofia contemporânea que se inspira na fenomenologia, a E. readquiriu caráter objetivo, voltando a designar a apresentação ou manifestação de um objeto como tal, qualquer que seja o objeto e quaisquer que sejam os métodos com os quais se pretende certificar ou garantir sua presença ou manifestação. Nesse sentido, Scheler falou de "E. preferencial" para indicar as inter-relações hierárquicas e objetivas dos valores que guiam e sugerem as escolhas humanas (*Formalismus*, p. 87). No mesmo sentido, às vezes são qualificadas de evidentes as proposições analíticas ou tautológicas cuja verdade resulta dos seus próprios termos, como, por exemplo, "O triângulo tem três lados". [N.A.]

A reflexão epistemológica de tipo analítico retomou ambas acepções tradicionais, a objetiva e a subjetiva, no primeiro caso 1) no âmbito da *reflexão sobre os fundamentos epistemológicos das ciências empíricas*, no segundo 2) na forma de uma *teoria da justificação epistêmica*.

1) Acredita-se numa hipótese ou numa teoria científica à luz da quantidade e do caráter da E. em seu favor: ou seja, deve existir uma relação entre a hipótese ou a teoria por verificar e os dados experimentais e observacionais. Carnap, em *Logical Foundations of Probability* (1962[2]), distinguiu três conceitos de E.: (i) *classificatório*, (ii) *comparativo* e (iii) *quantitativo;* determinamos com (i) se certa informação pode ou não valer como E. para uma hipótese dada; com (ii) se certa informação respalda certa hipótese mais ou menos do que outra informação respalda uma outra; com (iii) o nível em que certa informação confirma ou respalda uma hipótese. Houve *a*) quem seguiu uma estratégia eliminatória, reportando as asserções cujo vocabulário transcende o permitido para a descrição das evidências a asserções internas a este último; *b*) quem procurou reduzir o problema da E. aos conceitos fundamentais da lógica dedutiva, reportando-o ao conceito de *confirmação* (v.); *c*) quem pretendeu reportá-lo ao conceito de *probabilidade* (v.). *d*) Constituíram novas tentativas de livrar-se da rígida alternativa exposta, entre outras, a abordagem *bootstrap* (autosuficiente) de Glymour (*Theory and Evidence*, 1980), que defendeu um conceito classificatório de E. que

não precisa recorrer a noções como a probabilidade ou o nível de confirmação: para ela, algo confirma uma teoria só em relação a essa teoria, e por isso determinado relato observacional pode funcionar como E. para a hipótese relativa a uma teoria sem o ser para a hipótese relativa a outra; além disso, permite que uma E. confirme apenas uma parte (uma hipótese específica) de uma teoria, não a teoria em seu conjunto. Todas essas posições compartilham a idéia de que os critérios de E. e de confirmação podem ser padrões aplicados a várias teorias.

2) Parte-se da idéia de que uma teoria é justificada somente quando há E. para ela; esta E. constitui uma propriedade do sujeito que conhece, e não do objeto conhecido. Para isso tendem Chisholm (*Theory of Knowledge,* 1989[3]), Feldman-Conee (*Evidentialism,* 1985), originando o chamado *evidencialismo,* que pretende responder às seguintes questões: *a) Que estados são evidentes?* Aqui a E. é constituída ou pelos estados internos, como as crenças, ou pelas próprias proposições em que se crê; neste caso, porém, a E. não pode estender-se aos estados mentais diferentes das crenças (como as experiências perceptivas), porque só as crenças podem conferir E. aos conteúdos, e os próprios conteúdos só são evidentes para o sujeito quando ele crê neles (tem esse ponto de vista BonJour, ao contrário de Van Cleve e Sosa, que atribuem a algumas crenças a característica da *superveniência,* visto que alguns estados não-doxásticos se justificam por si sós). *b) Qual o respaldo evidencial para a E.?* O elo entre experiência e crença é de todo problemático, pois apenas a crença não autoriza a considerar imediatamente a realidade tal como nos aparece, e, inversamente, a constituição da realidade nem sempre produz em nós a justa crença (Sosa contra Van Cleve e Moser): com efeito, problemas análogos a esses são suscitados pelas indagações sobre o nosso conhecimento do mundo externo e sobre o conhecimento das outras mentes, e Feldman ressaltou que considerar a E. fundamentada quando um sujeito tem uma crença porque percebe o elo entre a E. e a proposição em que crê é excessivamente intelectualístico. *c) Qual o respaldo epistêmico para a E.?* As propostas vão desde as mais restritas (aquilo que se tem ora em mente) às mais concessivas (tudo o que se tem à disposição na memória), e uma tentativa de mediação é constituída por Feldman, *Having Evidence* (1988); em todo caso, para o evidencialismo, a E. desempenha um papel quase exclusivo na justificação epistêmica. [M.S.]

O evidencialismo foi alvo de crítica por parte dos estudiosos que vêem na E. (para usar uma expressão de G. E. Moore) o que de menos evidente há no mundo. Aliás, a partir dos mestres da suspeita (v.) tem-se afirmado que devemos duvidar exatamente daquilo que nos parece muitíssimo evidente (a começar dos dados da consciência) e que a E., como sinal ou critério de verdade (v.), é apenas uma ilusão produzida por interesses, convenções sociais, equívocos lingüísticos, racionalizações secundárias etc. A rejeição de pretensas "E. primeiras" (às quais Apel se reporta, no esforço de detectar leis e estruturas *a priori* capazes de funcionar como pontos "arquimedianos" do conhecimento e da ação) é parte integrante da mentalidade antifundacionalista contemporânea e da sua polêmica contra a filosofia justificacionista tradicional (*Begründungsphilosophie;* v. FUNDACIONALISMO). Mentalidade esta encarnada emblematicamente pelos pensadores da área pós-moderna (v.) que negam a existência de verdades (objetivamente) evidentes, compreensíveis de modo (subjetivamente) evidente: "para poder pensar o pensamento como fundação é preciso julgar que há um princípio primeiro (de tipo objetivo, como em Aristóteles, ou crítico-epistemológico como em Kant)", e que "o ato que o apreende é também primeiro, ou último [...], vale dizer, um ato de que não se deve duvidar". Circunstância esta filosoficamente improvável (G. VATTIMO, "Il pensiero secolarizzato", em *Il Poliedro,* IV, 9-10, 1985, p. 76). Também a filosofia da ciência de orientação pós-positivista deixa de lado o ideal de acesso "direto" à verdade das coisas e, em polêmica com certo evidencialismo neo-empirista, nega (v. Feyerabend) tanto a possibilidade de critérios unívocos de E. quanto a existência de teorias capazes de exibir provas irretorquíveis de sua própria validade lógica ou empírica (v. CIÊNCIA; OBJETIVO; TEÓRICO-OBSERVACIONAL). Ao evidencialismo e ao seu recurso a E. de que o sujeito dispõe *conscientemente* opõem-se também as tendências de pensamento empenhadas em enfatizar condições epistêmicas (nômicas, contrafactuais, causais) diferentes das condições "internamente" acessíveis ao sujeito cognoscente (v. JUSTIFICAÇÃO). A. I. Goldman, por exemplo, afirma um confiabilismo baseado numa teoria causal da justificação, para a qual a E. não é nem suficiente nem necessária (cf. *Epistemology and Cognition,* 1986). [G.F.]

EVOLUÇÃO (in. *Evolution;* fr. *Évolution;* al. *Evolution;* it. *Evoluzione*). Essa palavra ainda conserva o sentido genérico de *desenvolvimento* (v.), mas, com mais freqüência, é usada para designar uma doutrina particular que se chama "teoria da E.". Ora, por essa expressão podem ser entendidas duas coisas diferentes: 1.ª teoria biológica da transformação das espécies vivas umas nas outras, que é a hipótese fundamental adotada pelas disciplinas biológicas a partir da segunda metade do século XIX; 2.ª teoria metafísica do desenvolvimento progressivo do universo em sua totalidade, que é uma hipótese admitida ou pressuposta por muitas doutrinas filosóficas modernas e contemporâneas. Embora esses dois significados tenham interagido ao longo da história da filosofia, é oportuno mantê-los separados. (Para o segundo, v. EVOLUCIONISMO.)

O termo E. foi introduzido provavelmente por Spencer no seu ensaio sobre o *Progresso*, de 1857, mas essa palavra, assim como o conceito, não teriam gozado de tanto sucesso sem o êxito do transformismo biológico, que teve início com *Origem das espécies*, de Charles Darwin (1859). A obra de Darwin era, de um certo ponto de vista, mais uma conclusão que um princípio (o que é demonstrado pelo êxito sem precedente): conclusão de um longo trabalho de pesquisas e de várias tentativas de generalização. A doutrina tradicional da imutabilidade (ou fixidez) das espécies vivas fora reflexo, no domínio biológico, da doutrina da *substância* (v.), ou seja, da necessidade da estrutura ontológica do mundo, que prevalecera graças a Aristóteles na filosofia e na ciência antiga e medieval; isso explica por que a hipótese de transformação das espécies apresentada por Anaximandro (Ps. PLUT., *Strom.*, 2) e por Empédocles (*Fr.* 56-61, Diels), ainda que de forma fantástica, não deixou vestígios. Segundo a metafísica aristotélica, todas as formas substanciais são imutáveis porque necessárias; isso significa que não podem ser criadas nem destruídas. Como formas substanciais, as espécies vivas compartilham de tais características. Esse princípio aristotélico, cuja única exceção é a criação de Deus, durante muitos séculos constituiu o arcabouço da pesquisa filosófica e científica. Foi só a partir do início do século XVIII que alguns naturalistas começaram a considerar a possibilidade da transformação das espécies biológicas. Buffon admitia essa hipótese, mas declarava-se explicitamente partidário da fixidez das espécies (*Histoire naturelle*, 1749-1804). É provável que Kant se tenha inspirado nele quando, em 1790, levantou a hipótese de "parentesco real" entre as formas vivas, que proviriam de uma "mãe comum", e de desenvolvimento contínuo da natureza desde a nebulosa primitiva até os homens (*Crít. do Juízo*, § 80). Mas essas eram apenas intuições genéricas, não confirmadas por nenhum sistema coordenado de observações. O primeiro a apresentar cientificamente a doutrina do transformismo biológico foi Jean-Baptiste Lamarck, em *Philosophie zoologique* (1809), para quem todavia a E. dos organismos devia-se às diferenças neles produzidas pelo maior ou menor uso dos órgãos, e que depois teriam sido fixadas pela hereditariedade. Sabe-se hoje que as mudanças nascidas dos hábitos não podem ser herdadas; portanto, o mérito de Lamarck não é o de ter descoberto o princípio da E., mas o de ter insistido na doutrina geral e em alguns aspectos importantes dela, como o da adaptação ao ambiente. Foi só com *Origem das espécies* (1859), de Charles Darwin, que se iniciou a moderna teoria da E. biológica. A teoria de Darwin admite duas ordens de fatos: 1.ª existência de pequenas variações orgânicas que se verificam nos seres vivos em intervalos irregulares de tempo e que, pela lei da probabilidade, podem ser vantajosas para os indivíduos que as apresentam; 2.ª luta pela vida entre os indivíduos vivos, que se deve à tendência de cada espécie a multiplicar-se segundo uma progressão geométrica. Este último pressuposto foi sugerido a Darwin pela doutrina de Malthus (*Essay on Population*, 1798). Dessas duas ordens de fatos resulta que os indivíduos nos quais se manifestem mudanças orgânicas vantajosas têm maiores probabilidades de sobreviver na luta pela vida, e, em virtude do princípio de hereditariedade, haverá neles acentuada tendência a deixar os caracteres acidentais como herança aos seus descendentes. Essa é a *lei da seleção natural*, que Darwin considerou o esteio da doutrina da E. (*Or. das espécies*, IV, 18).

Enquanto a doutrina de Darwin sofria, por um lado, os ataques dos partidários da velha metafísica e, por outro, era estendida e generalizada como teoria da E. cósmica, surgiram novas hipóteses, em conflito com o princípio da seleção natural, que procuravam esclarecer *como* ocorreria a E. Por um lado, os neolamarckianos (entre os quais, especialmente, o francês Giard [1846-1908] e o americano Cope [1840-1897]) insistiam na relação do organismo com o ambiente, atribuindo a essa relação a capacidade de produzir as novidades orgânicas que depois seriam transmitidas por herança. Por outro lado, os neodarwinianos, que se agruparam especialmente em torno do biólogo alemão Weissmann (1834-1914), insistiam na importância da seleção natural como único princípio da evolução. Ambas essas correntes, no esforço de demonstrar suas próprias teses, produziram fatos e observações novos em favor da teoria geral da E., mas pode-se dizer que nenhuma delas logrou demonstrar a falsidade das teses da outra. Hoje se sabe que tanto a adaptação ao ambiente (tese dos lamarckianos) quanto a seleção natural (tese dos darwinianos) exercem funções importantíssimas na E. da vida e que uma coisa não exclui a outra. Nessa incerteza, inseriram-se as novas formas do *vitalismo* (v.), doutrina que, considerando que a vida não é explicável, em princípio, por fatores físico-químicos, reconhece como fundamento dela um princípio espiritual que age de modo finalista. O vitalismo dá ênfase àquilo que parece ser um dos caracteres fundamentais da E.

biológica: o finalismo. Este, que está estreitamente vinculado à doutrina da estrutura substancial do mundo, ou seja, à metafísica aristotélica, é a parte dessa metafísica que mais resiste à morte. Como já notava Kant, seu campo privilegiado é o dos fenômenos vitais. Esses fenômenos não parecem ocorrer por acaso. Ainda que De Vries tenha observado o súbito e casual surgimento de novas variedades de plantas e tenha assumido esse fato como base real da E. (*Teoria das mutações*, 1901), sempre pareceu difícil defender o caráter casual e arbitrário de todo o processo evolutivo. Foi graças a essa dificuldade que as teorias vitalistas ganharam força. A mais famosa delas, no mundo contemporâneo, é a de Bergson, que atribui a E. ao *élan vital*, isto é, a uma grande corrente de consciência que é lançada na matéria e tende a dominá-la, tendo mais sucesso numa direção, menos em outra, e progredindo sobretudo nas duas direções fundamentais: do instinto nos artrópodes e da inteligência no homem (*Évol. créatr.*, 1907). Mas, mesmo rejeitando a idéia de um plano total previamente disposto ou predeterminado (que, segundo Bergson, seria "um mecanicismo às avessas"), a teoria bergsoniana da E. ainda é finalista e passível das mesmas objeções que Bergson faz ao vitalismo: assumir como princípio de explicação a ignorância da explicação. Como observou Huxley, atribuir a E. a um *élan vital* explica a história da vida tanto quanto atribuir o movimento de uma máquina a vapor a um *élan locomotif* explica o funcionamento dessa máquina. O recurso a um termo metafísico, que só faz cobrir uma zona de ignorância, mascarando-a como saber e, portanto, afastando ou desencorajando a pesquisa positiva tendente a diminuí-la, também é evidente nas outras formas de vitalismo contemporâneo. Assim, Driesch recorre à *enteléquia*, velho conceito aristotélico, à qual atribui a função diretiva na construção do organismo (*Philosophie des Organischen*, 1908-1909).

Os estudos de *genética* (v.) encaminharam a teoria da E. para um terreno positivo de pesquisas, transformando-a num quadro que abrange os instrumentos e as possíveis direções da pesquisa biológica e evitando a dogmatização de princípios parcialmente provados, que fora a característica da fase precedente. Os fundamentos da moderna teoria da E. podem ser assim resumidos:

1º Separação da idéia de E. da idéia de progresso. E. não é necessariamente progresso e muito menos progresso unilinear, necessário e constante. Seja qual for o critério escolhido para julgar o curso da E., ver-se-á que a história da vida oferece exemplos não só de progressos, em relação a esse critério, mas também de retrocessos e degenerações. Huxley sugeriu como critério objetivo de progresso o da dominação sucessiva de um grupo biológico: critério que levaria a constituir uma sucessão de idades: "Idade dos invertebrados", "Idade dos peixes", "Idade dos anfíbios", "Idade dos répteis", "Idade dos mamíferos" e "Idade do homem" (*E., The Modern Synthesis*, 1942). Mas também essa sucessão de idades tampouco é objetiva, porque obviamente é sugerida pelo critério de aproximação ao homem. Podem ser definidas outras linhas de progresso com base na expansão vital ou na adaptação ao ambiente, critérios que sugerem a organização das espécies animais segundo o grau de sucesso na realização de alguma dessas duas coisas. Outro critério que os biólogos utilizam com freqüência é a chamada *lei de Willinston*, segundo a qual "o número de partes de um organismo tende a reduzir-se e sua função tende a especializar-se", ou seja, há uma tendência à simplificação mais do que à complicação. Outros indicam como critério a energia geral do organismo ou o nível do processo vital (SEWERTZOFF, *Morphologische Gesetzmassigleeiten der E.*, 1931). Cada um desses critérios leva a organizar as espécies vivas ou seus maiores grupos de um modo que coincide apenas parcial e ocasionalmente com a organização resultante dos outros critérios.

2º Exigência de que os fatores invocados para explicar a E. não só expliquem o que ocorre segundo um plano na organização da vida, mas também o que ocorre por acaso; não só a adaptação, mas também a falta de adaptação; não só os aspectos favoráveis e progressistas das transformações vitais, mas também os desfavoráveis e negativos. A primeira conseqüência desse ponto de vista é o reconhecimento de que é inútil e cientificamente ilegítimo privilegiar *um* fator evolutivo (p. ex., a seleção natural) e considerá-lo único e fundamental, como fizeram os neodarwinistas. A segunda conseqüência é o abandono completo do ponto de vista finalista, que exige a presença de um objetivo final na E. (cf., p. ex., B. S. HALDANE, *The Causes of E.*, 1932).

3º Eliminação de qualquer preconceito necessitarista na consideração do ciclo vital das espécies biológicas: nascimento, desenvolvimento e morte não obedecem a esquemas preestabelecidos e muito menos têm como modelo o ciclo de cada organismo. Normalmente, um tipo de organização persiste enquanto as suas relações de adaptação ao ambiente *continuam sendo possíveis*. Às vezes, a própria especificidade da adaptação produz a extinção, pois torna o organismo incapaz de enfrentar as mudanças de maior magnitude no ambiente. Nesse caso, obviamente, a extinção do grupo é provocada pela própria tendência à adaptação, que é um fator de sobrevivência.

4º Finalmente – e é a característica mais importante da teoria geral da E. –, o uso da noção de *possibilidade* permite evitar as dogmatizações apresentadas pelas alternativas ordem-desordem, fim-acaso e assim por diante. A vida tende a explorar as possibilidades que lhe são oferecidas. Alguns cientistas consideraram o aumento da soma total de matéria viva no mundo como a principal lei da E. (A. J. LOTKA, em *Human Biology*, 1945, pp. 167 ss.). Isso quer dizer que a vida parece apegar-se a todas as possibilidades disponíveis. Quanto a esse aspecto, Simpson fala da "natureza essencialmente oportunista do processo da E." (*The Meaning of Evolution*, 1949, cap. 12). Todavia, nem na exploração das oportunidades que se lhe oferecem esse processo aparece perfeitamente sistemático. Oportunidades evidentes não foram aproveitadas, e os intervalos entre as espécies vivas nem sempre foram preenchidos. "A regra de que todas as oportunidades da vida tendem a ser utilizadas não deixa de ter exceções. A extinção dos dinossauros precedeu de muito a ocupação de muitos dos seus modos de vida pelos mamíferos e não parece que todos tenham sido ainda ocupados. Os ictiossauros foram extintos muitos milhões de anos antes que os delfins e seus parentes aproveitassem essa oportunidade. Não há razão evidente para que o modo de vida dos amonites, outrora tão numerosos, não possa ser agora adotado por grupos igualmente abundantes, mas que seriam procurados em vão nos mares de hoje. Extinguiram-se muitos tipos que deixaram aberto um modo de vida, uma oportunidade que não foi imediatamente aproveitada porque nenhum outro grupo tem base estrutural ou reserva de mutações apropriadas para a mudança" (*ibid.*, pp. 185-6). Todavia, o número altíssimo das possibilidades utilizadas explica os produtos mais felizes e complexos da E.: por exemplo, entre as inúmeras soluções para o problema da fotorrecepção, são duas as melhores: o olho do polvo (que é um molusco) e o do homem. Mas os outros também funcionam muito bem em seu próprio nível. Isso demonstra que a complexidade de um órgão não foi projetada antecipadamente como um plano a ser realizado, mas é produto da exploração de possibilidades favoráveis que se apresentaram.

5º As características específicas dos fenômenos vitais não são ignoradas nem negligenciadas pela teoria da E., mas não são assumidas como fundamento para afirmar a tese da "irredutibilidade" ou da "originalidade" da vida. Tal tese, com efeito, desaconselharia a continuar submetendo os fenômenos da vida aos instrumentos objetivos de investigação de que a ciência dispõe e, por conseguinte, deteria a pesquisa biológica. Esta, para tanto, utiliza os instrumentos à sua disposição e só considera "explicado" aquilo a que pode chegar com a ajuda desses instrumentos. Trata-se de um *materialismo metódico* que pouco ou nada tem que ver com o materialismo doutrinal do século XIX (v. VIDA; VITALISMO). [N.A.]

Ao longo de sua difusão, as idéias de Darwin sofreram muitíssimas contaminações com elementos provindos de Spencer, Haeckel e Lamarck. Além disso, pelo menos até os anos 1930, precisaram dividir a cena com uma proliferação de teorias rivais: ortogenéticas, finalistas, vitalistas, antigradualistas (v. FINALISMO; LAMARCKISMO; ORTOGÊNESE; VITALISMO). Mesmo as relações com a genética foram não raro conflituosas: alguns geneticistas levantaram dúvidas sobre a eficácia da seleção natural e sobre o gradualismo do processo evolutivo. Foi só com a afirmação, por volta de 1940, da "teoria sintética da E." (assim chamada porque unificava num quadro coerente a contribuição de disciplinas como genética, paleontologia, morfologia, embriologia, sistemática, ecologia e biogeografia) que o darwinismo se impôs como o paradigma geralmente aceito. Afirmou-se que o processo evolutivo é gradual e baseia-se em mutações casuais e de pequena monta; que a unidade da E. é a população; que a luta pela existência deve ser entendida no sentido de reprodução diferencial, em conseqüência da qual os organismos mais aptos difundem seus genes na população em medida maior que os outros; que a seleção natural é o único fator organizativo e "criativo" da E. Assim modificada, a teoria darwiniana é ainda o quadro teórico global dentro do qual é feito o estudo dos seres vivos. Não faltam, claro, formas contemporâneas de antidarwinismo científico (além das manifestações do fundamentalismo religioso), nem críticas a aspectos específicos da nova síntese, porém as discussões mais importantes são realizadas, no mais das vezes, dentro do paradigma darwiniano. Os problemas mais discutidos são: os ritmos do processo evolutivo em seus diversos níveis hierárquicos; a possibilidade de a seleção natural exercer sua ação em mais níveis; o problema de saber se a E. acima da espécie (macroevolução) ocorre pelos mesmos mecanismos responsáveis pela E. abaixo desse nível (microevolução); a reinterpretação, à luz da genética e da biologia molecular, das leis da morfogênese e dos vínculos e condicionamentos do desenvolvimento embrionário em relação às possibilidades evolutivas. Os paleontólogos S. J. Gould e N. Eldredge criticaram a concepção gradualista da E. e propuseram a teoria dos "equilíbrios pontuados" ou intermitentes (*punctuated equilibria*), segundo a qual o processo evolutivo seria caracterizado por longos períodos de relativa estase pontuados por breves (em sentido geológico) períodos de aceleração do ritmo de produção de novas formas; mas reafirmaram com veemência sua fidelidade à teoria da seleção natural. [A.L.V.]

EVOLUCIONISMO (in. *Evolutionism*; fr. *Évolutionnisme*; al. *Evolutionismus*; it. *Evoluzionismo*). Por esse termo não se deve entender a teoria geral da evolução, como quadro fundamental das pesquisas biológicas (v. EVOLUÇÃO), mas o conjunto de doutrinas filosóficas que vêem na evolução a característica fundamental de todos tipos ou formas de realidade e, por isso, o princípio adequado para explicar a realidade em seu conjunto. Em outros termos, o E. é uma doutrina metafísica que se refere à realidade como um todo, e sua tese, embora se valha das hipóteses e dos resultados da teoria biológica da evolução, vai muito além de tudo o que qualquer possível teoria científica possa legitimamente atestar. Nesse sentido, o E. foi assumido como esquema fundamental de muitas metafísicas, tanto materialistas quanto espiritualistas. A característica fundamental que essas metafísicas distinguem na evolução é o *progresso*. Para elas, evolução significa essencialmente progresso. Certamente essa foi a visão de Spencer, que deu início à série de metafísicas evolucionistas com um ensaio publicado em 1857 e intitulado *Progresso*. Segundo Spencer, o progresso reveste todos os aspectos da realidade. No ensaio citado, escreve "Quer se trate do desenvolvimento da Terra, quer se trate do desenvolvimento da vida sobre sua superfície, do desenvolvimento da sociedade, do governo, da indústria, do comércio, da língua, da literatura, da ciência, da arte, no fundo de todo progresso está sempre a mesma evolução que vai do simples ao complexo, através de diferenciações sucessivas." Em *Primeiros princípios*, Spencer definia assim a evolução: "é uma integração de matéria e a dissipação concomitante de movimento, durante a qual a matéria passa da homogeneidade indefinida e incoerente à heterogeneidade definida e coerente, e o movimento conservado sofre transformação paralela" (*First Principles*, § 145). Essa determinação da evolução como passagem do homogêneo indiferenciado para o heterogêneo diferenciado sem dúvida era sugerida a Spencer pela evolução biológica, que parece ir da ameba aos organismos superiores. Segundo Spencer, o sentido geral da evolução é otimista. A evolução é progresso e, ademais, progresso necessário, que, no que se refere ao homem, só terminará com "a máxima perfeição e a mais completa felicidade" (*ibid.*, § 176). Ao contrário do que ocorreu na teoria da evolução biológica, que logo desvinculou a noção de evolução da de progresso, no E. filosófico o sentido otimista e necessarista da noção de progresso continua constituindo por muito tempo a característica fundamental da evolução. O E. materialista e o E. espiritualista têm isso em comum.

Nenhuma dessas correntes chega a reelaborar o conceito em exame. Quando Ardigó define a evolução como "a passagem do indistinto ao distinto" (*Opere*, 1884, II, p. 350), assumindo portanto como modelo evolutivo o desenvolvimento psíquico, e não o biológico, as características formais da evolução não mudam: continua sendo apenas progresso universal necessário. O maior representante do E. materialista foi o biólogo alemão Ernst Haeckel. Sua obra *Enigmas do mundo* (1899), nos primeiros decênios do século XX, foi o catecismo desse materialismo, que via em todas as formas da realidade graus de evolução da matéria, organizados de modo progressista. Por outro lado, o E. espiritualista, que vê nas várias formas da realidade graus de desenvolvimento de um princípio espiritual, teve início com Wilhelm Wundt, que reconheceu esse princípio espiritual na vontade (*System der Phil.*, 1889). Pensamento análogo inspirava a obra do francês Alfred Fouillée, que via na *idéia-força* o substrato da evolução (*L'É. des idées-forces*, 1890). Mas sem dúvida a mais notável manifestação do E. espiritualista é a doutrina de Bergson, que viu na evolução o produto de um *elã vital*, que é consciência, liberdade e criação (*Évol. créatr.*, 1907). Em sentido análogo, C. Lloyd Morgan falou de *Evolução emergente* (1923), entendendo que as fases da evolução não são simples resultantes mecânicas das fases precedentes, mas contêm um elemento novo que denuncia o caráter progressista e criativo da evolução.

Mas o conceito de evolução como progresso constitui ainda o fundo ou o pressuposto de outras doutrinas que, no entanto, não tomam a evolução por tema fundamental das suas elaborações. Assim a noção de evolução emergente é assumida por Alexander em seu livro *Espaço, tempo e deidade* (1920) para explicar o desenvolvimento global da realidade, cuja substância seriam espaço e tempo (que estão entre si como matéria e espírito). Outrossim, o conceito de processo, considerado fundamental por Whitehead (*Process and Reality*, 1929), outra coisa não é senão o mesmo conceito de evolução contaminado pelo conceito hegeliano de devir, ao mesmo tempo que a evolução em sentido naturalista fundamenta toda a obra de Santayana (cf. especialmente o *Realm of Mind*, 1940). Essas citações devem ser consideradas apenas exemplos da vastíssima difusão do E. na filosofia contemporânea e, portanto, em todas as formas da vida intelectual. A crença de que a realidade é um processo único, contínuo e necessariamente progressista está nas entrelinhas de doutrinas filosóficas díspares e influenciou poderosamente a postura de certas pesquisas históricas, sociológicas, morais etc. Essa crença, porém, não é corroborada por nada, e no único domínio em que a teoria da evolução é corroborada por provas de fato, o biológico, a evolução perdeu justamente as características que os filósofos mais demonstraram apreciar: unidade, continuidade, necessidade e progresso. Nenhuma dessas características é hoje aceita no contexto da evolução biológica. Portanto, a hipótese de que a realidade constitui um processo integrado por essas características não é confirmada pelos conhecimentos científicos e deve ser considerada simples hipótese metafísica, não passível de verificação, ainda que indireta. No entanto, essa hipótese continua a gozar de certo prestígio junto a cientistas-filósofos. Assim, Teilhard de Chardin reconheceu na evolução o postulado geral ao qual devem adequar-se teorias, hipóteses ou sistemas; conseqüentemente, considerou a evolução da substância viva espalhada pela terra como a de um único organismo gigantesco. O termo final da evolução seria um "Ponto Ômega", uma "Superconsciência Universal" formada pela pluralidade unificada de pensamentos individuais que se combinam e reforçam no ato do Pensamento unânime (*Le phenomène humain*, 1955). Em especulações semelhantes é evidente o caráter metafísico da evolução [N.A.]

EXATO (in. *Exact*; fr. *Exact*; al. *Exakt*; it. *Esatto*). Assim é qualificado o procedimento (ou operação) no qual se reduza ao mínimo a probabilidade ou margem de erro que a situação comporta. Nesse sentido, diz-se que é E. a medida que tem um grau suficiente de aproximação (isto é, um mínimo de erro) ou uma previsão que tenha sido suficientemente verificada pelos fatos. Em geral, a exatidão nesse sentido é garantida pela observância das normas técnicas que orientam o uso dos procedimentos válidos em dado campo: assim, diz-se que é E. todo procedimento realizado em conformidade com sua própria técnica. As ciências "E." são as que se valem exclusivamente de tais procedimentos. [N.A.]

EXCEÇÃO (in. *Exception*; fr. *Exception*; al. *Ausnahme*; it. *Eccezione*). 1. Apesar de se encontrarem na Antigüidade alguns vestígios de uma ética da E., como a expressa por Cálicles em *Górgias* e por Trasímaco em *A República* de Platão, ou seja, de uma ética que não vale para "a maioria" (*oi polloi*), é só na filosofia contemporânea que o caráter da "excepcionalidade" assume não só importância moral ou religiosa, mas também ontológica e metafísica. Esse foi um tema introduzido por Kierkegaard e por Nietzsche; em *Temor e tremor*, o primeiro insistiu no caráter de "E. justificada" que o eleito de Deus representa em relação à lei moral (como é o caso de Abraão); o segundo insistiu no caráter de excepcionalidade do super-homem, a quem a "vontade de poder" confere um destino que foge a qualquer regra. Dos existencialistas, foi Jaspers quem insistiu na "excepcionalidade da existência", que é sempre individual, singular, inconfundível e, por isso, não pode tornar-se objetiva e submeter-se a limites ou normas (*Phil.*, II, 1932, p. 360).

2. Em significado lógico, v. QUANTIFICAÇÃO DO PREDICADO. [N.A.]

3. Inspirando-se na valorização existencialista das situações-limite (v. SITUAÇÃO), Schmitt insiste no alcance metodológico e epistemológico do chamado "estado de E." (*Ausnahmezustand*), vendo nele a chave de compreensão da normalidade: "A E. é mais interessante que a normalidade. Esta última não prova nada, a E. prova tudo; não só confirma a regula: a própria regra vive só da E. " (*Teologia política*, trad. it. em *Le categorie del 'politico'*, Il Mulino, Bolonha, 1972, 1984[2], p. 41). Com base nessa teoria, Schmitt afirma que é apenas no estado de E. que se manifesta a natureza da soberania e a essência dos direitos. De fato, o soberano é precisamente aquele que tem a prerrogativa de *decidir* sobre o estado de E.: "a decisão distingue-se da norma jurídica, e [...] a autoridade mostra que não precisa de direito para criar direito" (*ibid.*, p. 40) (v. DECISIONISMO). [G.F.]

EXCEPTIVA, PROPOSIÇÃO (fr. *Proposition exceptive*; it. *Proposizione eccettuativa*). A *Lógica* de Port-Royal deu esse nome à proposição "que afirma uma coisa sobre um sujeito, salvo de uma parte dele"; por exemplo: "Segundo os estóicos, todos os homens são loucos, salvo os sábios" (ARNAULD, *Log.*, II, 10, 2). [N.A.]

EXCLUSIVA, PROPOSIÇÃO (fr. *Proposition exclusive*; it. *Proposizione esclusiva*). A *Lógica* de Port-Royal deu esse nome à proposição que afirma que um atributo convém a um e a um só sujeito; por exemplo: "A virtude é a única nobreza" (ARNAULD, *Log.*, II, 10, 1). [N.A.]

EXEMPLAR (in. *Exemplary*; fr. *Exemplaire*; al. *Exemplarisch*; it. *Esemplare*). O que funciona como modelo ou arquétipo, no sentido de ser objeto de imitação e, portanto, causa formal ou ideal daquilo que a imitação produz. Algumas vezes as idéias de Platão foram chamadas de causas exemplares, pela forma de causalidade que lhes é atribuída enquanto modelos. Kant observou que alguns produtos do gosto valem como exemplares. "Por aí se vê que o modelo supremo, o protótipo do gosto, é uma simples idéia que cada um deve extrair de si mesmo e segundo a qual deve julgar tudo o que é objeto de gosto" (*Crit. do Juízo*, § 17). [N.A.]

EXEMPLARISMO (in. *Exemplarism*; fr. *Exemplarisme*; al. *Exemplarismus*; it. *Esemplarismo*). Doutrina segundo a qual as coisas e os seres do mundo são imagens ou cópias de exemplares ou arquétipos que constituem o "mundo inteligível" ou que subsistem na mente divina. É uma doutrina que se acha no platonismo, no neoplatonismo, em Agostinho e na escolástica. [N.A.]

EXEMPLIFICAÇÃO (in. *Exemplification*; al. *Exemplifizierung*; it. *Esemplificazione*). Em geral, a referência de um objeto qualquer a um conceito (significado, essência, classe etc.). [N.A.]

EXEMPLO (in. *Example*; fr. *Exemple*; al. *Beispiel*; it. *Esempio*). Em Aristóteles o παράδειγμα é uma indução aparente ou retórica, que parte de um enunciado particular passando por um enunciado geral em que a primeira premissa é generalizada. Na Lógica medieval, por simetria com o *entimema* (v.), "E." é usado para designar uma generalização indutiva que parte do particular e termina no particular omitindo a premissa universal. [G.P.]

EXISTÊNCIA (gr. τὸὑπάρχειν; lat. *Existentia*; in. *Existence*; fr. *Existence*; al. *Existenz*; it. *Esistenza*). Em geral, qualquer delimitação ou definição do ser, ou seja, um modo de ser de algum modo delimitado e definido. Este, que é o significado mais geral, também pode ser considerado um dos significados particulares do termo, do qual é possível, então, enunciar três significados: 1º o modo de ser determinado ou determinável; 2º o modo de ser real ou de fato; 3º o modo de ser próprio do homem.

1º Como modo de ser determinado ou definido de certo modo, esse termo costuma ser usado na linguagem comum e nas diversas linguagens científicas. Fala-se, com efeito, da E. de entes matemáticos e há, em matemática, um "teorema de E.". Analogamente, fala-se de E. "lógica" ou "conceitual" ou ainda de E. "fantástica", do mesmo modo que os escolásticos falavam da E. "no intelecto" ou da E. "na realidade"; fala-se também de E. "em si" (da substância) ou de E. "em outra coisa" (das qualidades ou acidentes da substância). Todos esses casos só não têm em comum certa delimitação do significado de ser que, nas ciências exatas, baseia-se em definições precisas. Assim, no campo da *matemática*, a partir de Hilbert, E. é entendida como ausência de contradição; quando se afirma que a solução de um problema existe, pretende-se dizer simplesmente que nenhuma contradição impede admitir a E. da solução. Um teorema de E. é a prova rigorosa de que a solução existe (nesse sentido), mesmo que ainda não tenha sido descoberta. Esse é, pelo menos, o critério ao qual continua ligada certa escola de matemáticos contemporâneos, a dos formalistas, encabeçados por Hilbert. A outra escola, a dos intuicionistas, que tem à frente Brouwer e Heyting, assume como critério de E. em matemática a *possibilidade da construção* e julga que não se pode falar de entes matemáticos que não possam ser construídos. Num sentido ou noutro, porém, o conceito de E. é definido com precisão em matemática, e não se fala de E. em sentido diferente, nessa disciplina. Por outro lado, é fácil ver que esse mesmo conceito de E. não tem sentido fora da matemática e, portanto, não pode ser estendido a campos diferentes. Se passarmos da matemática à física logo veremos que a E. dos entes de que ela fala é sempre implicitamente definida pelas operações de medida ou verificação que servem para estabelecer a observação desses entes. Analogamente, ainda, a E. de que se pode falar no domínio da *lógica* é a definida pelas operações a que o objeto lógico pode ser submetido e se reduz, em última análise, à ausência de contradição. As chamadas ciências "morais" também se fundam em definições implícitas ou explícitas da E. Em direito, uma lei "existe" se foi formulada, aprovada e promulgada nos modos e nas formas previstos na Constituição do Estado. E um fato existe do ponto de vista jurídico se pode ser "provado" nas formas ou nos modos de lei e qualificado em conformidade com as próprias leis. De forma semelhante, em economia, a E. de um evento consiste na possibilidade de ser ele observado como uniformidade estatística ou quase estatística. Em geral, toda ciência ou disciplina define de algum modo, explícita ou implicitamente, o significado a ser dado à palavra "existência" em seu âmbito.

Carnap distinguiu o problema *interno* da E. (interno a determinado campo, por exemplo, à matemática, à física ou à lógica) e o problema *externo* da mesma E. O problema interno sempre pode ser resolvido empiricamente (quando se refere à realidade de fato) ou logicamente, quando se refere a proposições analíticas. O problema externo é, ao contrário, o que se refere à "E. ou realidade do sistema total das entidades". Assim, por exemplo, existir ou não dado número primo é um problema interno da aritmética. Mas se existe ou não o sistema dos números ou qual é a realidade dos números em seu conjunto são problemas externos que não têm resposta, sendo, por isso, pseudo-problemas, semelhantes ao da realidade do mundo externo ou à disputa entre nominalismo e realismo, que o Círculo de Viena já declarara desprovidos de sentido (*Meaning and Necessity*, A 3). O caráter inevitável do compromisso *ontológico*, ou seja, da decisão acerca do significado ou dos significados que devem ser atribuídos à E. nos diferentes campos de indagação, foi evidenciado por Quine, que também ressaltou o fato de esse compromisso ontológico não ser meramente lingüístico, mas se assemelhar à aceitação de uma teoria científica (*From a Logical Point of View*, 1). A exigência desse compromisso obviamente é maior no domínio da pesquisa científica. A linguagem comum é muito menos precisa ao definir o modo de ser dos objetos aos quais atribui alguma espécie de existência. Seria por certo embaraçoso explicar com precisão o que se pretende dizer quando se afirma, por exemplo, que o objeto *x* tem E. "puramente fantástica" ou "puramente ideal", assim como é difícil dizer que tipo de E. cabe a um valor qualquer, como à beleza. Mas o que interessa aqui destacar é que, mesmo quando falta determinação precisa, como muitas vezes ocorre na linguagem comum, sempre está presente no uso da palavra "E." a referência a uma esfera limitada do ser ou à possibilidade de delimitá-la. Em geral, podemos dizer: *a*) a palavra "E." possui significado próprio no âmbito de cada disciplina, que é explicitamente expresso ou implicitamente definido pelas operações ou pelos procedimentos peculiares à disciplina; *b*) tal significado em geral só é válido no âmbito a que se estendem os instrumentos ou procedimentos da disciplina, ou seja, no *campo* específico dos objetos dessa disciplina, mas não tem significado fora desse campo e não pode ser estendido a campos diferentes, que não tenham relações definíveis com o campo em questão.

2º O significado de E. como E. *de fato*, vale dizer, aquilo que na realidade é ou subsiste, é o mais freqüente na história da filosofia. Aristóteles usava essa palavra com esse sentido ao dizer: "A ciência dá a razão de ser tanto de uma coisa quanto da sua privação, embora de modo diferente; a razão de ser é de ambas as coisas, mas especialmente daquilo que existe" (*Met.*, IX, 2, 1046 b 6; cf. *De cael.*, II, 14, 247 b 22). Do mesmo modo, a palavra é usada por Tomás de Aquino com o fim de definir a subsistência (*subsistentia*) própria da substância, porquanto esta "existe não em outra coisa, mas em si mesma" (*S. Th.*, I, q. 29, a. 2), ou de definir "o que é existente por si", quer dizer, o que é real sem ser qualidade ou acidente de outro real (*ibid.*, I, q. 75, a. 2). Obviamente, para Tomás de Aquino, mesmo aquilo que não é "por si" pode ser considerado existente, por exemplo, um acidente real. A esfera da E. como realidade de fato é definida mais explicitamente por Henrique de Gand, que introduz a distinção entre *esse essentiae* e *esse existentiae.* O ser da essência é o grau ou modo de ser que cabe à essência como tal, independentemente do ser da E.; o ser da E. é a realidade efetiva que pode sobrevir ou não ao ser da essência. Uso análogo dessa palavra encontra-se em Espinosa (*Et.*, I, 7), e em Leibniz (*Nouv. ess.*, II, 7), além de Locke, que, para evitar equívocos, fala de "E. real" (*Ensaio*, II, 3, 21). E. também é realidade para Berkeley (*Principles of Knowledge*, 3) e Hume (*Treatise*, I, 3, 7). Justamente por considerar a E. como realidade de fato, Kant nega que ela possa ser reduzida a um predicado conceitual (*Crít. R. Pura*, Analítica, II, cap. 2, seç. 3, 4). Na filosofia contemporânea, a palavra é usada no mesmo sentido. Quando Dewey define a metafísica como "conhecimento das características genéricas da E." e fala da pretensão dos filósofos "de lidar com o conhecimento da E. e não com a imaginação", entende por esse termo a realidade de fato, independentemente do embelezamento e da deformação que ela sofre na descrição dos filósofos (*Experience and Nature*, cap. II). Para mais detalhes sobre esse significado, v. SER; FATO; REALIDADE.

3º O terceiro significado específico desse termo é o que restringe ao modo de ser do homem no mundo. Esse significado encontra-se no *existencialismo* (v.) como filosofia, cujo tema é a análise desse modo de ser. Já nos séculos XVIII e XIX a alguns filósofos ocorreu insistir no significado específico da E. como modo de ser das criaturas finitas, dos entes criados. Vico observou que Descartes não deveria ter dito "Penso, logo *sou*", mas "Penso, logo *existo*"; a E. é o modo de ser próprio da criatura, porquanto significa estar embaixo ou em cima, e supõe substância, ou seja, o Ser divino que a sustém e a cria (*Prima risp. al giorn. dei lett.*, § 3). Essa distinção foi aceita e adotada por Gioberti (*Intr. allo studio della fil.*, 1840, II, cap. 4), mas não era suficiente para fazer da E. o tema de uma nova especulação. Outro passo nessa direção pode ser visto na chamada "filosofia da fé" de Hamann e Jacobi, que insistiu na irredutibilidade da E. à razão. Para Jacobi, a filosofia de Espinosa era o protótipo de toda filosofia que identifica E. com razão e, portanto, não deixa lugar à fé. Opõe-se a Espinosa recorrendo a Hume, que identificou E. com fé, ou melhor, com crença (*Hume, über den Glauben*, 1787). Schelling aderiu a essa tese na última fase de sua filosofia, que ele chamou de filosofia positiva e expôs nas obras intituladas *Filosofia da mitologia* e *Filosofia da revelação.* Para Schelling, a razão só consegue determinar as condições negativas da E., as condições que determinam o modo em que a E. deve ser pensada, dado que o seja. Mas a condição positiva, graças à qual o ser existe, extrapola a filosofia negativa ou racional porque é criação, vontade de Deus de revelar-se; só essa diz respeito ao *quod sit*, à E. (*Werke*, II, III, pp. 57 ss.). A polêmica de Schelling dirigia-se contra Hegel, assim como a de Jacobi visava a Espinosa. Mas, mesmo nessas polêmicas, a E., conquanto não fosse considerada solúvel pela razão ou pelo conceito, não é identificada com o modo de ser específico do homem e própria dele apenas. Esse passo foi dado por Kierkegaard, que também preparou o instrumento fundamental para a análise da E.: o conceito de possibilidade. Kierkegaard remete-se explicitamente à polêmica, a que já aludimos, contra a redução de E. a conceito: "A E. corresponde à realidade individual, ao indivíduo (o que Aristóteles já ensinou); está fora do conceito, que, de qualquer forma, não coincide com ela. Para um animal, uma planta, um homem, a E. (ser ou não ser) é algo de muito decisivo; o indivíduo por certo não tem uma E. conceitual" (*Diário*, X^2, A 328). Mas a E. como individualidade é apenas a E. humana. No mundo animal, é mais importante a espécie do que o indivíduo; no mundo humano o indivíduo não pode ser sacrificado à espécie. Nesse sentido, a singularidade da E. torna-a o modo de ser fundamental do homem. Tal modo de ser foi analisado por Kierkegaard no seu tríplice aspecto de relacionar-se com o mundo, consigo mesmo e com Deus. Mas nesses três aspectos o relacionar-se nada tem de necessário: é instável e precário. Em todo caso, não é constituído por laços fortes e imutáveis, mas por simples *possibilidades* que até podem ser perdidas. Aos olhos de Kierkegaard, portanto, a E., como modo de ser constituído pelas relações do homem consigo mesmo, com o mundo e com Deus, é analisável em um conjunto de possibilidades cujo caráter é justamente não possuir, por si mesmo, nenhuma garantia de realização. Certamente Deus pode conferir segurança e infalibilidade a tais possibilidades (porque para Ele "tudo é possível"), mas até mesmo o relacionar-se do homem com Deus é apenas possível, e não necessário. Dessa interpretação da E. em termos de possibilidade nascem as características fundamentais da E., que são a *angústia,* como relacionamento do homem com o mundo, *desesperança,* como relacionamento do homem consigo mesmo, e *paradoxo,* como relacionamento do homem com Deus (v. EXISTENCIALISMO).

Com isso, são estabelecidas as características da noção de E., no significado em que geralmente é empregada pela corrente existencialista da filosofia contemporânea. A E. é: 1º) o modo de ser próprio do homem; 2º) o relacionamento do homem consigo mesmo e com o outro (mundo e Deus); 3º) relacionamento que se resolve em termos de possibilidade. Essas características constituem a inspiração fundamental e comum das teorias da E. na filosofia contemporânea. Em virtude da segunda delas, diz-se que a E. é um modo de ser *em situação,* entendendo-se por situação o conjunto de relações analisáveis que vinculam o homem às coisas do mundo e aos outros homens. Na filosofia contemporânea, foi Heidegger quem primeiro formulou uma análise da E. com base nessas características. Em primeiro lugar, ele restringiu rigorosamente o significado de E. ao modo de ser do homem, empregando, para indicar o ser dos outros entes finitos, o termo "presença" (*Vorhandenheit*): "A natureza do *Dasein* (ser-aí) consiste na sua E. As características que podem ser extraídas desse ente nada têm que ver, portanto, com as 'propriedades' de um ente presente 'que tem este ou aquele aspecto', mas são sempre e somente possíveis modos de ser. Toda modalidade de ser desse ente é primordialmente ser. Por isso, o termo *Dasein* (ser aí), pelo qual indicamos tal ente, exprime o ser, e não a qüididade, como ocorre quando se diz pão, casa, árvore" (*Sein und Zeit,* § 9). Heidegger afirmava com igual clareza a resolubilidade da E., assim entendida em suas possibilidades. "O *Dasein*", diz ele, "é sempre a sua possibilidade, e ele não a 'tem' do mesmo modo como um ente presente [isto é, uma coisa] possui uma propriedade. Por ser essencialmente possibilidade, o *Dasein* pode, em sendo, 'escolher-se' e conquistar-se, ou então perder-se, ou seja, não se conquistar, ou só se conquistar aparentemente. Ele só pode perder-se ou não se ter ainda conquistado porque, em seu modo de ser, comporta uma possibilidade de autenticidade, ou seja, de apropriar-se de si mesmo" (*ibid.,* § 9). Da natureza possível da E. deriva, portanto, para a E. a alternativa entre o modo de ser *inautêntico,* que é o da E. cotidiana e impessoal, dominada pela *tagarelice,* pela *curiosidade* e pelo *equívoco* (v.), e a E. *autêntica,* que é a de quem reconhece e escolhe a possibilidade mais própria do seu ser. Essa possibilidade própria é a da morte: essa conclusão constitui a característica da filosofia de Heidegger (v. EXISTENCIALISMO). Mas as análises de Heidegger evidenciaram algumas características da E. que se mostraram válidas para compreendê-la e interpretá-la mesmo fora dos compromissos ontológicos ou metafísicos de que partiam aquelas análises. A E. como possibilidade é transcendência para o mundo e, como tal, é ato de projetar. Mas o ato de projetar é, ao mesmo tempo, inclusão do *Dasein* projetante no mundo e sua submissão às condições do mundo. "O projeto de possibilidades, em conformidade com sua essência, vai ficando cada vez mais rico do que a posse em que o projetante se achava anteriormente. Mas semelhante posse só pode pertencer ao *Dasein* porque este, como projetante, sente-se imerso no meio do ente. Mas, com isso, e em conseqüência de sua efetividade, o *Dasein* já perde outras possibilidades. Mas é justamente essa perda de determinadas possibilidades do poder-ser-no-mundo, implícita na inclusão no ente, que põe adiante do *Dasein* com seu mundo as possibilidades *realmente* alcançáveis no projeto do mundo"

(*Wesen des Grundes*, III; trad. it., p. 68). Para quem observa não só outras formas de existencialismo, mas também outras doutrinas contemporâneas (instrumentalismo, naturalismo, neo-empirismo) e a postura das ciências modernas em suas pesquisas sobre o homem (biologia, psicologia, sociologia), parece extremamente importante e fecunda essa interpretação da E. como ato de projetar, em que o projetante já está condicionado pelas coisas ou pelos entes de cujas relações parte seu projeto, encontrando-se por isso diante de possibilidades limitadas. Essa interpretação também serve de base para entender a liberdade finita do homem. Heidegger diz: "prova transcendental da finitude da liberdade do *Dasein* é que o projeto concreto do mundo, em seu impulso, ganha força e só se torna posse com a perda [de possibilidades determinadas]. Será que nisso não se mostra com clareza a essência finita da liberdade em geral?" (*ibid.*, III; trad. it., p. 69).

Essas características da E. são reconhecidas, ainda que com tônicas diferentes, pelas outras formas do existencialismo contemporâneo. Para Jaspers, também a E. é E. possível, definida pelas relações consigo mesma e com a Transcendência (*Phil.*, I, p. 13). Mas são as relações com a Transcendência que dominam a E. na filosofia de Jaspers: as relações do homem consigo mesmo e com o mundo são consideradas apenas formas imperfeitas, aproximadas e, em última análise, ilusórias e desastrosas do relacionamento do homem com a Transcendência. Mas o relacionamento com a Transcendência não se inclui entre as possibilidades humanas: desse modo, essas possibilidades são examinadas e avaliadas com base naquilo que, para o homem, é uma impossibilidade efetiva e suprema (*ibid.*, III, pp. 4 ss.). Possibilidade, transcendência, projeto são também os termos com que a E. é analisada por Sartre, que, romanticamente, vê nela a aspiração para o infinito, definindo o homem como 'o ser que projeta ser Deus" (*L'être et le néant*, 1943, p. 653). Embora a possibilidade existencial tenha sido o tema dominante do existencialismo contemporâneo, com muita freqüência suas características específicas foram esquecidas ou negadas. Tais características podem ser assim expostas: 1ª Uma possibilidade sempre tem dois aspectos inseparáveis, em virtude dos quais é, simultaneamente, *possibilidade-de-sim* e *possibilidade-de-não.* Nada garante a realização infalível de uma possibilidade, mas tampouco nada exclui infalivelmente a sua realização. Reduzir uma possibilidade ao seu aspecto positivo significa transformá-la em determinação necessitante, em alguma coisa que *não pode não* ser. Reduzir a possibilidade ao seu aspecto negativo significa transformá-la em uma determinação negativa igualmente necessitante, ou seja, em alguma coisa que *não pode ser.* Em ambos os casos, abandona-se o terreno da possibilidade para entrar no da *necessidade* (v.). 2ª A possibilidade é uma determinação *finita*, sujeita a limites e condições que, ao mesmo tempo em que a efetivam e validam, delimitam seu âmbito. Portanto, a frase "possibilidade infinita" deve ser considerada contraditória: uma possibilidade infinita é, na verdade, possibilidade de nada porque não comporta definição nem delimitação. Analogamente, a frase "todas as possibilidades" deve ser considerada sem sentido, se tomada sem outras determinações (do tipo, p. ex., "de que *x* dispõe" ou "que a situação *y* comporta"), visto que a totalidade absoluta das possibilidades constituiria a garantia infalível da realização de cada uma delas, privando-as precisamente do caráter de possibilidade. 3ª Com os procedimentos disponíveis identifica-se um *campo* de possibilidades para estabelecer a distinção entre as possibilidades efetivas ou autênticas e as fictícias. Os domínios da indagação científica e da atividade humana em geral podem ser considerados campos de possibilidades nesse sentido (cf. ABBAGNANO, *Struttura dell'E.*, 1939; *Introduzione all'esistenzialismo*, 1942, 4ª ed., 1956; *Possibilità e libertà*, 1957). [N.A.]

EXISTENCIAL e EXISTENCIÁRIO (al. *Existential, existentiell*; it. *Esistenziale, Esistentivo*). A diferença entre esses dois termos foi estabelecida por Heidegger, no sentido de que o primeiro significa uma determinação constitutiva da existência, uma característica ou um caráter essencial dela (correspondente à *categoria* para as coisas), cuja determinação cabe à ontologia, ao passo que o segundo designa a compreensão que cada homem tem de sua própria existência ao decidir sobre as possibilidades que a constituem ou escolhê-las (*Sein und Zeit*, §§ 4, 9). A análise de Heidegger é *existencial* porque tende a traçar as características essenciais e peculiares à existência, ou seja, a construir uma ontologia cujo objeto é o ser da existência. A análise de Jaspers, ao contrário, mantém-se, e quer manter-se, no plano *existenciário.* Jaspers, com efeito, repudia a ontologia no sentido de ciência objetiva que considera os caracteres essenciais da existência (*Phil.*, I, 24) e julga que a única análise possível da existência é ao mesmo tempo escolha e decisão, ou seja, pensamento existenciário (*ibid.*, I, 13 ss.; II, 1 ss. etc.). [N.A.]

Nos textos subseqüentes a *Ser e tempo*, paralelamente à retranscrição da analítica existencial em termos ontológicos, assistimos a um processo de "eventualização dos existenciais", pois estes últimos deixam de configurar-se como os caracteres ou as estruturas constitutivas do *Dasein* para tornar-se eventos do revelar-se–ocultar-se do ser: "Toda a existência humana torna-se um evento eventualizado do ser, ou seja, um fato da sua história" (G. VATTIMO, *Essere, storia e linguaggio Heidegger*, ed. de "Filosofia", Turim, 1963, p. 108). [G.F.]

EXISTENCIALISMO (in. *Existentialism*; fr. *Existentialisme*; al. *Existentialismus*; it. *Esistenzialismo*). Costuma-se indicar por esse termo, desde 1930 aproximadamente, um conjunto de filosofias ou de correntes filosóficas cuja marca comum não são os pressupostos e as conclusões (que são diferentes), mas o instrumento de que se valem: a análise da existência. Essas correntes entendem a palavra *existência* (v.) no significado 3º, vale dizer, como o modo de ser próprio do homem enquanto é um modo de ser no mundo, em determinada *situação*, analisável em termos de *possibilidade*. A análise existencial é, portanto, a análise das situações mais comuns ou fundamentais em que o homem vem a encontrar-se. Nessas situações, obviamente, o homem nunca é e nunca encerra em si a totalidade infinita, o mundo, o ser ou a natureza. Portanto, para o E., o termo existência tem significado completamente diferente do de outros termos como consciência, espírito, pensamento etc., que servem para interiorizar ou, como se diz, tornar "imanente" no homem a realidade ou o mundo em sua totalidade. Existir significa *relacionar-se com* o mundo, ou seja, com as coisas e com os outros homens, e, como se trata de relações não-necessárias em suas várias modalidades, as situações em que elas se configuram só podem ser analisadas em termos de *possibilidades* (v.). Esse tipo de análise foi possibilitada pela *fenomenologia* (v.) de Husserl, que elaborou o conceito de *transcendência* (v.). Segundo esse conceito, nas relações entre sujeito cognoscente e objeto conhecido ou, em geral, entre sujeito e objeto (não só no conhecimento, mas também no desejo, na volição etc.), o objeto não está *dentro* do sujeito, mas permanece fora, e dá-se a ele "em carne e osso" (*Ideen*, I, § 43). Esse conceito manteve-se com rigor na filosofia de Husserl, mas exerceu grande influência no E., para o qual as relações entre o *Dasein* (isto é, o ente que existe, o homem) e o mundo sempre se configuraram como transcendência.

Essa formulação do problema filosófico opõe o E. a todas as formas, positivistas ou idealistas, do romantismo oitocentista. O romantismo afirma que no homem age uma força infinita (Humanidade, Razão, Absoluto, Espírito etc.) de que ele é apenas manifestação. O E. afirma que o homem é uma realidade finita, que existe e age por sua própria conta e risco. O romantismo afirma que o mundo em que o homem se encontra, como manifestação da força infinita que age no homem, tem uma ordem que garante necessariamente o êxito final das ações humanas. O E. afirma que o homem está "lançado no mundo", ou seja, entregue ao determinismo do mundo, que pode tornar vãs ou impossíveis as suas iniciativas. O romantismo afirma que a liberdade, como ação do princípio infinito, é infinita, absoluta, criadora e capaz de produções novas e originais a cada momento. O E. afirma que a liberdade do homem é condicionada, finita e obstada por muitas limitações que a todo momento podem torná-la estéril e fazê-la reincidir no que já foi ou já foi feito. O romantismo afirma o progresso contínuo e fatal da humanidade. O E. desconhece ou ignora a noção de progresso porque não pode entrever nenhuma garantia dele. O romantismo tem sempre certa tendência espiritualista, tende a exaltar a importância da interioridade, da espiritualidade e dos valores ditos espirituais, em detrimento do que é terrestre, material, mundano etc. O E. reconhece, sem pudores, a importância e o peso que têm para o homem a exterioridade, a materialidade, a "mundanidade" em geral, donde as condições da realidade humana que estão compreendidas nesses termos: necessidades, uso e produção das coisas, sexo etc. O romantismo considera insignificantes certos aspectos negativos da experiência humana, como a dor, o fracasso, a doença, a morte, porque não dizem respeito ao princípio infinito que se manifesta no homem e, portanto, "não existem" para ele. O E. considera tais aspectos particularmente significativos para a realidade humana e insiste neles ao interpretá-la.

A antítese entre os temas fundamentais do E. e os do romantismo é índice das diferentes *categorias* de que as duas correntes lançam mão para interpretar a realidade, entendendo-se por categoria um *instrumento* de análise, ou seja, um instrumento de descrição e interpretação da realidade. Dissemos que a análise existencial é análise de relações: estas se acentuam em torno do homem, mas imediatamente vão *para além* dele, porque o vinculam (de diversos modos, que é preciso determinar) à realidade e ao mundo de que faz parte ou, em outras palavras, aos outros homens ou às coisas. Ora, essas relações não têm natureza estática, não são, por exemplo, apenas relações de identidade, semelhança etc. As relações do homem com as coisas são constituídas pelas *possibilidades* de que o homem dispõe (em maior medida ou menor grau, conforme as diversas situações naturais e históricas) para usar as coisas e manipulá-las (com o trabalho), a fim de prover as suas necessidades. E as relações com os outros homens consistem em possibilidades de colaboração, solidariedade, comunicação, amizade etc., que têm também graus e formas diferentes, conforme as diversas condições naturais, sociais e históricas. Ora, dizer que alguma coisa é possível significa prever e projetar ativamente. Portanto, as possibilidades humanas geralmente têm mesmo um caráter *de antecipação* (porque voltado para o futuro) das expectativas ou dos projetos, e as normas que as disciplinam – desde as normas da ciência e da técnica até as dos costumes, da moral, do direito, da religião etc. – servem para conferir certo fundamento e certa garantia de êxito às expectativas e aos projetos. Assim, por exemplo, as normas técnicas servem para garantir que certo objeto (uma casa, uma máquina) possa ser construído ou produzido de modo a satisfazer determinada necessidade; as normas morais servem para garantir que as relações humanas possam desenrolar-se da forma mais pacífica e ordenada possível etc. As expectativas ou projetos, porém, continuam sendo o que são: possibilidades cuja realização é mais ou menos segura, mas nunca infalível (uma casa pode cair, sua comodidade pode ser maior ou menor; uma máquina pode sair com defeito ou inútil; as relações humanas podem passar da ordem à desordem, da paz à hostilidade etc.). Por isso, a categoria descritiva e interpretativa fundamental de que o E. se vale é a da possibilidade.

As várias tendências do E. podem ser reconhecidas e distinguidas a partir do significado que dão à categoria da possibilidade e do uso que dela fazem. Assim, é possível distinguir três tendências principais, cujos fundamentos são, respectivamente: 1º impossibilidade do possível; 2º necessidade do possível; 3º possibilidade do possível.

1º Já em meados do século XIX, Kierkegaard insistira na importância da categoria da possibilidade, e por isso é a ele que os filósofos da existência costumam reportar-se. Mas Kierkegaard também insistira no aspecto nadificante do possível, que torna problemáticas e negativas tanto as relações do homem com o mundo quanto as relações do homem consigo mesmo e com Deus. De fato, segundo Kierkegaard, as relações do homem com o mundo são dominadas pela *angústia*, que leva o homem a perceber que a possibilidade corrói e destrói as expectativas ou capacidades humanas além de destroçar cálculos e habilidades com a ação do acaso e das possibilidades insuspeitas (*Conceito de angústia*, 1844). A relação do homem consigo mesmo, que constitui o eu, é dominada pela *desesperança*, ou seja, pela condição na qual o homem se encontra porque percorreu uma possibilidade após outra sem se deter ou porque esgotou suas limitadas possibilidades, e o futuro se fecha diante dele (*A doença mortal*, 1849). A própria relação com Deus – que parece oferecer ao homem um caminho de salvação da angústia e do desespero (porque "para Deus tudo é possível") –, por não ter garantias absolutas e por ser dominada pelo *paradoxo*, não pode oferecer certeza nem repouso (*Temor e tremor*, 1843; *Diário, passim*). Desse modo, ao analisar a existência humana com base na categoria do possível, Kierkegaard entendia o possível exclusivamente em seu aspecto ameaçador e negativo, vendo nele "aquilo que é impossível realizar-se", mais do que "aquilo que pode não se realizar". A filosofia de Heidegger adota essa mesma interpretação. Não há dúvida de que, em análises que se tornaram clássicas, Heidegger deixou claro que a existência é transcendência e projeto, mas também mostrou que transcendência e projeto são, afinal, impossíveis, porque a transcendência fica aquém do que deveria transcender, e o projeto é dominado e anulado por aquilo que já é ou já não é mais. O caráter da existência que acaba prevalecendo na filosofia de Heidegger é a *efetividade* ou factualidade do *Dasein lançado* no mundo, em meio aos outros entes, no mesmo nível deles e por isso à mercê de ser o que de fato é. Desse modo, a existência só pode ser aquilo que já passou. Suas possibilidades não são aberturas para o futuro, mas reincidência no passado, e só fazem reapresentar o passado como futuro. Por isso, o transcender, o projetar, é uma impossibilidade radical, um nada nadificante. Não resta outra alternativa autêntica a não ser antecipar ou projetar esse mesmo nada. Isso é o "viver-para-a-morte", ou seja, para "a possibilidade da impossibilidade da existência" (*Sein und Zeit*, § 53). A "possibilidade da impossibilidade" seria uma contradição em termos, se possibilidade não significasse aqui "compreensão". A existência é essencial e radicalmente impossível; o que é possível é a compreensão dessa impossibilidade. Viver para a morte é, precisamente, tal compreensão.

Como se viu, a característica da filosofia de Heidegger (ao menos na sua primeira fase, a única que pode ser chamada de existencialista) é a transformação do conceito de possibilidade, como instrumento de análise da existência, no de impossibilidade. O mesmo fato verifica-se na filosofia de Jaspers. De um extremo a outro de sua *Filosofia*, Jaspers fala da existência possível, e sua análise é, explicitamente, análise das possibilidades da existência. Mas, assim como para Heidegger, no fundo tais possibilidades não são mais do que outras tantas impossibilidades. Eu não posso ser senão o que sou (*Phil.*, II, p. 182), não posso tornar-me senão o que sou; não posso querer senão o que sou; e o que sou é a situação em que me encontro e sobre a qual nada posso (*ibid.*, I, p. 145). Jaspers diz explicitamente que as expressões "eu escolho", "eu quero" significam na realidade "eu devo" (*Ich muss; Phil.*, II, p. 186), o que significa que a possibilidade de ser, de agir, de querer, de escolher na realidade é a impossibilidade de agir, escolher e querer de modo diferente daquilo que se é, isto é, das condições de fato implícitas na situação que nos constitui.

O mesmo predomínio do conceito de possibilidade e a mesma transformação final em impossibilidade podem ser encontrados no E. de Sartre. Para esse E., a *possibilidade última* da realidade humana, a sua escolha originária, é o *projeto fundamental* em que se inserem todos os atos e as volições de um ser humano. Tal projeto é fruto de uma liberdade sem limites, absoluta e incondicionada: de uma liberdade que faz do homem uma espécie de Deus criador do seu mundo e o torna responsável pelo mundo. O homem é, de fato, definido por Sartre como "o ser que projeta ser Deus" (*L'être et le néant*, p. 653), mas trata-se de um Deus falido, seu projeto resolve-se em fracasso. Aquilo que na doutrina de Heidegger e de Jaspers é obra da necessidade factual que limita e destrói qualquer possibilidade de transcender o fato, na doutrina de Sartre é obra da infinidade de possibilidades que se eliminam e se destroem reciprocamente, num jogo fútil e vão que provoca náusea: pois nenhuma delas possui maior validade ou solidez que a outra, sendo, pois, impossível escolher uma ou outra, a não ser cegamente. Uma escolha absoluta ou "absolutamente livre", como a que Sartre atribui ao homem, é perfeitamente idêntica à "não-escolha" ou à "escolha da escolha" de Heidegger e Jaspers, no sentido de que não é uma escolha, mas a própria impossibilidade de escolher. Mais uma vez, o conceito do possível se transformou sub-repticiamente no de impossível.

Dessa tendência deriva a noção de existencialismo como "filosofia negativa", "filosofia da angústia" ou "do fracasso", o que não é de todo exato, pois refere-se a apenas uma das correntes existencialistas e, ainda assim, apenas a alguns de seus aspectos. Dessa noção comum derivou o uso generalizado desse termo não só para designar certas correntes literárias e artísticas, mas também certos costumes, atitudes e até modos de vestir. Esse uso generalizado, apesar de ser ainda mais impróprio do que a noção comum que lhe deu origem, pode ser explicado observando que, na maior parte dos casos, serve para chamar a atenção sobre os aspectos mais desfavoráveis, negativos e desconcertantes da vida humana, ou seja, sobre os aspectos da vida humana enquanto é um simples *poder ser*, completamente desprovido de qualquer garantia de estabilidade e certeza. A chamada literatura existencialista tende, de fato, a dar destaque às vicissitudes humanas menos respeitáveis e mais tristes, pecaminosas e dolorosas, bem como à incerteza dos empreendimentos bons ou maus e à ambigüidade do bem, que pode dar origem ao seu contrário. De modo semelhante, atitudes, costumes e modas eram qualificados de "existencialistas" quando pretendiam ser formas de protesto contra o otimismo superficial e a respeitabilidade burguesa da sociedade contemporânea. Seja qual for o julgamento que se faça sobre essas manifestações, cujo caráter superficial e grotesco muitas vezes é evidente, mas cuja responsabilidade não deve recair sobre a corrente filosófica de que estamos falando, está claro que, dessa forma, o E. representou uma poderosa força de destruição do dogmatismo absolutista do século XIX, dos seus mitos otimistas e do seu falso sentimento de segurança, aliás tão duramente desmentidos pelas vicissitudes dos últimos decênios. Não pairam dúvidas, pois, quanto à função resolutiva e libertadora que essa forma de E. exerceu nos últimos vinte anos, mas tampouco pairam dúvidas quanto à sua incapacidade de preparar instrumentos válidos que contribuam para a solução positiva dos problemas humanos.

2º Se a primeira interpretação reduz as possibilidades humanas a reais *impossibilidades*, a segunda interpretação as considera, no extremo oposto, como *potencialidades*, no sentido aristotélico do termo. Assim entendido, o possível perde seu aspecto negativo e preocupante, já que uma potencialidade está sempre "destinada a realizar-se" (LAVELLE, *Du temps et de l'éternité*, 1945, p. 261). Essa transformação do possível, de categoria de instabilidade e incerteza problemática para categoria de estabilidade e certeza, é obtida graças à vinculação das possibilidades existenciais a uma Realidade absoluta da qual elas aufeririam garantia de realização infalível. Para Lavelle, essa realidade absoluta é o Ser (*De l'être*, 1928; *De l'acte*, 1937; *Du temps et de l'éternité*, 1945), para Le Senne (*Obstacle et valeur*, 1934), a realidade absoluta é entendida como valor infinito. A realidade absoluta também como Ser é entendida por Marcel, para o qual, porém, o ser só se revela no *mistério* de que se circunda e, por isso, a única atitude possível do homem diante dele é a de amor e fidelidade (*Journal Métaphysique*, 1927; *Être et avoir*, 1935; *Du refus à l'invocation*, 1940). Mas, qualquer que seja o modo de entender a realidade absoluta, por se fundarem nela, as possibilidades existenciais transformam-se em róseas perspectivas de sucesso, e assim nada do que o homem realmente é e nenhum dos seus valores fundamentais podem perder-se, visto terem elas garantia absoluta e transcendente. Essa corrente do E., que tem caráter e finalidade religiosa, do ponto de vista filosófico tem o defeito de constituir um panegírico da realidade humana, e não uma tentativa de compreendê-la e de propiciar uma justificação *post factum* da experiência humana, muito semelhante à tentada pelas filosofias românticas. A se admitir que *todas* as possibilidades existenciais estão destinadas a realizar-se, porquanto fundadas no Ser ou no Valor, só se estarão encobrindo os insucessos e as misérias do homem com um manto verbal. A se admitir, ao contrário, que *nem* todas as possibilidades humanas estão fundadas no Ser e no Valor, e que nem todas estão destinadas a realizar-se, propor-se-á o embaraçoso problema de fornecer um critério para reconhecer *quais* são as possibilidades realmente fundadas: problemas para cuja solução o pressuposto do fundamento transcendente dessas possibilidades em nada contribui.

3º Por fim, para uma terceira interpretação, própria do E. italiano, as possibilidades existenciais devem ser assumidas e mantidas como tais, sem serem transformadas em impossibilidades nem em potencialidades. Nesse caso, a perspectiva aberta por uma possibilidade não é nem a realização infalível nem a impossibilidade radical, mas a busca tendente a estabelecer os limites e as condições da própria possibilidade e, portanto, o grau de garantia relativa ou parcial que ela pode oferecer. Essa corrente do E. acentua a tendência naturalista e empirista já presente – ainda que de forma disfarçada ou imperfeita – nas outras correntes (N. ABBAGNANO, *Struttura dell'esistenza*, 1939; *Introduzione all'esistenzialismo*, 1942; *Filosofia, religione, scienza*, 1948; *Possibilità e libertà*, 1956; E. PACI, *Principi di una filosofia dell'essere*, 1939; *Pensiero, esistenza, valore*, 1940; *Tempo e relazione*, 1954). Segundo essa tendência, a investigação dos limites e das condições a que as possibilidades humanas estão submetidas só pode ser feita com a utilização de técnicas de verificação e controle de que a indagação positiva ou científica dispõe em todos os campos. Se uma hipótese, uma teoria ou uma proposição não passam de um "poder-ser" que abre perspectiva para o futuro, sua validade consiste não só em poderem ser postas à prova, mas também em poderem ser propostas novamente depois da prova, ainda como um "poder-ser" para o futuro. Por isso, os critérios utilizados pelas ciências em geral e disciplinas em particular, com o fim de decidir sobre a validade das suas proposições e da realidade dos seus objetos, podem ser assumidos como determinações ou especificações do critério da possibilidade; ou, reciprocamente, este último pode ser assumido como a generalização de critérios específicos. Desse ponto de vista, o homem nem é lançado sem defesas contra a falência e o fracasso, nem está destinado ao triunfo final; contudo, possui as garantias parciais e limitadas que lhe são oferecidas por suas técnicas, por seus modos de vida experimentados e pelas possibilidades, que elas lhe abrem, de encontrar e experimentar novas possibilidades. Cf. A. SANTUCCI, *E. e filosofia italiana*, 1959. [N.A.]

Outra figura de relevo do E. italiano é L. Pareyson (1918-1991), que atuou tanto no plano historiográfico (*La filosofia dell'esistenza di K. Jaspers*, 1940; *Studi sull'E.*, 1943) quanto no teórico (*Esistenza e persona*, 1950, 4.ª ed. 1985; *Verità e interpretazione*, 1971), configurando-se como o principal expoente de uma forma de personalismo ontológico (ou de E. personalista) de orientação hermenêutica. O ponto focal do E. de Pareyson, que insiste na ontologicidade constitutiva do homem e na inseparabilidade de existência e transcendência, é a interpretação do nexo existencial como coincidência de auto-relação e heterorrelação, de relação consigo e relação com o ser. *Ser* que Pareyson identifica com a *Verdade*: "A relação ser-homem, relação que esgota a própria essência do homem, só pode apresentar-se como relação verdade-pessoa, ou seja, como interpretação pessoal: dizer que o homem é relação com o ser é como dizer que o homem é interpretação da verdade, que cada homem é *uma* interpretação da verdade" (*Esistenza e persona*, Il Melangolo, Gênova 1985, Intr., p. 20). Em seguida, tal E. personalista desemboca numa "ontologia da liberdade" baseada numa nova maneira de conceber Deus e a sua relação com os abismos do mal e do sofrimento (*Ontologia della libertà*, 1995, post.; v. DEUS; VERDADE). [G.F.]

EXOTÉRICO. V. ESOTÉRICO.

EXPECTATIVA (in. *Expectation*; fr. *Attente*; al. *Erwartung*; it. *Aspettazione*). Antecipação de um acontecimento futuro (v. FUTURO). Uma das formas da atenção ou atenção expectante, que é o preparo para a ação e a disposição das condições mentais capazes de enfrentá-la (v. ATENÇÃO). Quando a E. é mantida no estágio de excitação, com inibição das disposições à realização da ação, torna-se um estado semipatológico ou patológico, devido à exaltação das emoções (P. JANET, *De l'angoisse à l'extase*, pp. 168 ss.). [N.A.]

EXPERIÊNCIA (gr. ἐμπειρία; lat. *Experientia*; in. *Experience*; fr. *Experience*; al. *Erfahrung*; it. *Esperienza*). Este termo tem dois significados fundamentais: 1º a participação pessoal em situações repetíveis, como quando se diz: "x tem E. de *S*.", em que S é entendido como uma situação ou estado de coisas qualquer que se repita com suficiente uniformidade para dar a *x* a capacidade de resolver alguns problemas; 2.º recurso à possibilidade de repetir certas situações como meio de verificar as soluções que elas permitem: como quando se diz "a E. confirmou *x*.", ou então: "a proposição *p* pode ser confirmada pela E.". No primeiro desses dois significados, a E. tem sempre caráter pessoal, e não há E. onde falta a participação da pessoa que fala nas situações de que se fala. No segundo significado, a E. tem caráter objetivo ou impessoal: o fato de a proposição *p* ser verificável não implica que todos os que fazem tal afirmação devam participar pessoalmente da situação que permite confirmar a proposição *p*. O elemento comum dos dois significados é a possibilidade de repetir as situações, e isso deve ser considerado fundamental na significação geral do termo. Essa determinação implica que: *a*) esse termo não é usado com propriedade quando se fala de uma E. "excepcional" ou até mesmo "única", a menos que esses adjetivos sejam (como de fato muitas vezes são na linguagem comum) exageros retóricos para indicar a pouca freqüência com que certa situação se repete ou a improbabilidade de que ela se repita para o mesmo indivíduo; *b*) esse termo não se restringe necessariamente a indicar situações "sensíveis", mas pode indicar situações de qualquer natureza em que se possa contar com suficiente repetibilidade. Além disso, o uso desse termo no significado 2.º supõe uma condição fundamental, sem a qual a E. não pode exercer nenhuma ação de verificação; qual seja: *c*) a E. a que se recorre para a verificação deve ser *independente das crenças que é chamada a verificar*, de tal modo que as crenças não acabem por determinar a verificação. Sem essa importante limitação, uma ilusão repetida ou repetível poderia ser assumida como prova de validade. Portanto, pode-se falar (como muitas vezes se faz na linguagem contemporânea) de "E. religiosa" ou "E. mística" etc., só no significado 1.º do termo, mas essas formas de E. não podem ser utilizadas para verificar as crenças de que partem, pelo fato de que são inteiramente dependentes de tais crenças e não podem ocorrer sem elas. Dos dois significados enunciados, o 2.º é o comum a todas as correntes do *empirismo* (v.), ao passo que o 1.º é historicamente anterior e ainda hoje é compartilhado por algumas correntes da filosofia.

1.º A primeira e mais evidente característica da primeira noção de E. é constituída pela oposição entre arte e ciência, ou conhecimento racional. Essa contraposição foi claramente enunciada por Platão a propósito da medicina. Platão diz que os médicos dos escravos "não averiguam as doenças" e "prescrevem o que lhes parece melhor pela E. como se tivessem uma ciência perfeita", comportando-se "como um tirano soberbo". O médico dos homens livres, ao contrário, "estuda as doenças, mantém os doentes desde o princípio em observação, procura a natureza do mal, estabelece relações estreitas com o doente e com seus familiares e, ao mesmo tempo, aprende com os doentes e ensina-lhes o que é possível" (*Leis*, IV, 720 c-d). O empirismo moderno consideraria compatível com a E. precisamente o comportamento que, nesse trecho, Platão contrapõe à própria E. Mas essa observação mostra a diferença que separa os dois significados de E. aqui enunciados. Aristóteles deu forma clássica a essa doutrina no primeiro capítulo de *Metafísica* e no último de *Segundos analíticos*. Sua tese fundamental é a redução da E. à memória. Aristóteles diz que todos os animais têm "uma capacidade seletiva inata", que é a sensação. Em alguns deles, a sensação não persiste; para estes, não há conhecimento fora da sensação. Outros, porém, finda a sensação, podem conservar alguns vestígios dela na alma. Nesse caso, depois de muitas sensações dessa natureza, determina-se em alguns animais uma espécie diferente de conhecimento, que é o conhecimento racional. De fato, "a partir da sensação desenvolve-se aquilo que chamamos de lembrança, e da lembrança repetida de um mesmo objeto nasce a E.; desse modo, lembranças que são numericamente múltiplas constituem uma experiência. Dessa E. ou do conceito universal que se fixou na alma como uma unidade que, estando além da multiplicidade, é una e idêntica em todas as coisas múltiplas, nasce o princípio da arte e da ciência: da arte, em relação ao devir; da ciência, em relação ao ser" (*An. post.*, II, 19, 100 a 4). Assim entendida, a E. contrapõe-se à arte e à ciência, ao mesmo tempo que é condição delas. É condição delas porquanto é ela que suscita a *inteligência* dos primeiros princípios da arte, da ciência. "Esses hábitos", diz Aristóteles, "não subsistem em nós separadamente, nem são produzidos por outros hábitos mais cognitivos, mas pela própria sensação, do mesmo modo como, por exemplo, se um exército está fugindo e um soldado pára, pára também o soldado que o segue e depois o outro, e assim por diante, até o princípio da fila" (*An. post.*, II, 19, 100 a 9). Nessa comparação, a parada do primeiro soldado é a permanência de certa sensação na memória (p. ex., do homem Cálias), a parada de outro soldado depois de várias filas já é um conceito (p. ex., homem), e a parada do princípio da fileira corresponde aos conceitos últimos e simples, que são os princípios da arte e da ciência e intuições pelo *intelecto* (*ibid.*, II, 19, 100 a 9). Note-se que o próprio uso do verbo "parar" com que Aristóteles expressa a persistência ou a estabilidade da lembrança – que constitui a E. e por fim leva à inteligência dos princípios – corresponde àquilo que é a característica objetiva da E.: a possibilidade de repetir as situações. Pela ação condicionante que a E. exerce sobre a inteligência dos princípios, Aristóteles chega a dizer que "conseguimos reconhecer os princípios primeiros com a *indução*; e, com efeito, a sensação produz desse modo o universal" (*ibid.*, 100 b 3 ss.). Mas é claro que entre a parada de um soldado qualquer e a parada da primeira fila de soldados há uma diferença radical: a parada da primeira fila é a inteligência dos primeiros princípios, que são necessariamente verdadeiros, independentemente de qualquer confirmação que a E. possa dar. Eles são, aliás, indiferentes à confirmação ou à refutação e por isso mesmo são objeto de um órgão específico, que é o intelecto. O reconhecimento desse órgão obviamente é sugerido a Aristóteles pela exigência de fundar a validade necessária dos primeiros princípios, ou seja, de tornar esses princípios independentes de qualquer confirmação ou refutação empírica. Esta estabelece o *quase sempre*, não o *sempre*. Portanto, em face da inteligência, que apreende os princípios, o processo preparatório que vai das sensações à E. é puramente acidental e só apresenta a vantagem de ser o mais cômodo e óbvio para o homem. Mas para Aristóteles a E. continua sendo o que era para Platão: consiste em conhecer o fato que ocorre repetidas vezes, mas não a razão pela qual ocorre: assim, é conhecimento do particular, e não do universal, de tal modo que saber e conhecer cabem à arte e à ciência, não à E. (*Met.*, I, 1, 981 a 24). Portanto, em Aristóteles está totalmente ausente a noção (própria do significado 2.º, de E. como possibilidade de confirmação e de verificação das verdades alcançáveis pelo homem). Aristóteles não pode, portanto, ser chamado de empirista. Para ele, a E. se reduz à repetição freqüente, mas não absolutamente constante de certas situações memorizáveis.

Ao longo da história da filosofia, esse conceito de E. permanece como uma das alternativas possíveis, cujas características às vezes também influenciam o outro conceito. Os escritores medievais, em geral, o repetem (Tomás de Aquino, *S. Th.*, I, q. 54, a. 5; II, I, q. 40, a. 5 etc.); como o repetem Espinosa (*Et.*, II, 40, esc. 2) e Leibniz (*Théod.*, Disc., § 65; *Monad.*, §§ 28-9).

2.º O recurso à E. como critério ou cânone da validade do conhecimento é característico do empirismo, distinguindo-o do *sensacionismo* (v.). Este consiste simplesmente em asserir a natureza intuitiva, portanto privilegiada, do conhecimento sensível, mas sem que tal conhecimento se constitua em guia e verificação do conhecimento em geral. Os estóicos, por exemplo, foram sensacionistas, mas não empiristas; os epicuristas, que, ao contrário, elaboraram e defenderam uma teoria da *indução*, foram também empiristas. No âmbito desse significado da palavra, é possível distinguir duas interpretações fundamentais, quais sejam: *a*) teoria da E. como *intuição*; *b*) teoria da E. como *método*.

a) A teoria da E. como intuição considera a E. como o relacionar-se *imediato* com o objeto individual, usando como modelo de E. o sentido da visão. Desse ponto de vista um objeto "conhecido por E." é um objeto presente em pessoa e na sua individualidade. A tese fundamental dessa concepção é a seguinte: *existem unidades empíricas elementares*. A concepção leva a admitir que existem dados elementares originários aos quais é confiada em última análise a função de verificação do conhecimento. Por sua vez, a existência das unidades empíricas elementares permite estabelecer uma classe privilegiada de proposições, que são as que exprimem diretamente essas unidades.

O recurso à E., quando formulado pela primeira vez no plano filosófico, no século XIII, foi um recurso à intuição. "Sem a E.", dizia Roger Bacon, "nada se pode conhecer suficientemente. Os modos de conhecer são dois: a argumentação (*argumentum*) e a experiência. A demonstração conclui e nos faz concluir a questão, mas não dá certezas e não elimina a dúvida, visto que a alma não se aquieta na intuição da verdade se não a encontrar por via da E." (*Opus maius*, VI, 1). Essas palavras de Bacon já incluem o recurso à E. como verificação e norma da verdade humana. Mas também incluem o conceito intuitivo de experiência. É verdade que, para Bacon, a intuição não é somente sensível: ao lado da E. sensível, que é fonte ou critério das verdades naturais, Bacon admite uma E. "interna" ou sobrenatural, devida à iluminação divina e que é a fonte das virtudes sobrenaturais. Mas o caráter intuitivo da E. permaneceria mesmo depois que a E. sobrenatural foi posta de lado pelo desenvolvimento ulterior do empirismo. Segundo Ockham, a E., que é "o princípio da arte e da ciência", é o *conhecimento intuitivo perfeito*, que tem por objeto as coisas presentes, diferenciando-se por isso do *imperfeito*, que tem por objeto as coisas passadas (*In Sent.*, II, q. 15, H; Prol., q. 1, Z). Intuitivo é o conhecimento "em virtude do qual se pode saber se uma coisa existe ou não. Se existe, imediatamente o intelecto julga que existe. Além disso, intuitivo é o conhecimento mediante o qual se sabe que uma coisa inere em outra, que um lugar dista de outro, que uma coisa tem certa relação com a outra ou, em geral, uma verdade contingente qualquer, especialmente a respeito do que está presente" (*ibid.*,

Prol., q. 1, Z). Ockham considera que se pode ter conhecimento intuitivo não só das coisas exteriores, mas também dos estados internos do homem, como as'intelecções, as volições, a alegria, a tristeza e semelhantes, de que o homem pode ter E. em si mesmo, mas que não são sensíveis para nós" (*ibid.*, Prol. q. 1, HH). Essa segunda espécie de conhecimento intuitivo corresponde exatamente à *reflexão* de Locke. No espírito do ockhamismo, Jean Buridan declarava imperfeita a arte "doutrinal", ou seja, a que despreza a E.; essa arte, notava ele, não conhece o significado dos seus princípios, nem das suas conclusões, sendo perfeita apenas a arte que conhece pela E. tanto os princípios, que a arte doutrinal se limita a pressupor, quanto as conclusões particulares a que eles conduzem (*In Met.*, I, q. 8). A limitação da E. à intuição sensível foi reforçada, a partir do Renascimento, pelo anti-racionalismo. Como as verdades pretensamente válidas, sem confirmação ou verificação, eram atribuídas à "razão", a exigência de verificação implícita no recurso à E. parecia só poder voltar-se para a intuição sensível. Esta aparecia como fonte de verdades ou de procedimentos *independentes* da razão, logo capaz de exercer uma ação de freio ou limite sobre as pretensões da razão. A partir do século XVI, o recurso à E. passa a ter significado claro de limite ou negação das pretensões da razão. Telésio justificava o sensacionismo identificando "o que a natureza revela" com "o que os sentidos testemunham" (*De rer. nat.*, proêmio), com o argumento de que a natureza se revela à parte do homem que é natureza, ou seja, à sensibilidade. E Leonardo da Vinci afirmava que "a sabedoria é filha da E." e que a E. nunca engana, apesar de poder enganar-se o juízo sobre ela (*Cod. Atl.*, fol. 154 r). Mas, tanto em Leonardo da Vinci quanto em Galileu, ao lado da E. sensível aparece outro fundamento ou cânon do conhecimento humano: o raciocínio matemático. Ao lado da "sensata E.", Galileu põe explicitamente as "demonstrações necessárias" da matemática como outra via através da qual a natureza se revela ao homem (*Carta à Grand. Cristina,* em *Op.*, V, p. 316). Essa já era uma limitação importante à interpretação da E. como intuição sensível, pois as demonstrações matemáticas não transcendem o domínio da natureza (que, segundo Galileu e Kepler, está escrita inteiramente em caracteres matemáticos), sendo portanto constitutivas da E. natural. Aliás, é significativo que o verdadeiro fundador do empirismo moderno, Francis Bacon, não seja de modo algum sensacionista e que, para ele, o guia do conhecimento humano não é a simples E., que procede ao acaso e sem diretrizes, mas o *experimento,* que é a E. guiada e disciplinada pelo intelecto (*Nov. Org.*, I, 82). A interpretação intuitiva da E. deveria, porém, prevalecer no empirismo setecentista graças a Locke e Hume. A teoria da E. de Locke pode ser resumida nos seguintes pontos: 1º redução da E. à intuição das coisas externas (sensação) ou dos atos internos (reflexão); 2º resolução da sensação e da intuição em elementos simples, entendidos cartesianamente como *idéias,* 3º uso da noção de E. como critério ao mesmo tempo limitativo e fundante do conhecimento humano, visto que este não pode ir além da E. que lhe fornece as idéias e, ao mesmo tempo, recebe da E., com o material indispensável e com os nexos que esse material apresenta, o critério da sua validade (*Ensaio,* IV, cap. 3-4). Esse último aspecto é enfatizado por Locke também como norma limitativa das pretensões cognitivas do homem porque assumido como *limite* da possível extensão do conhecimento humano. Na realidade, se considerarmos o fato de Locke ter imposto esse limite não só ao domínio do conhecimento, mas também ao da política, da moral e da religião, campos em que o conceito de relação direta com o objeto não tem sentido, deveremos concluir que, no conjunto de sua filosofia, ele realizou uma atitude empirista que vai além de sua teoria da experiência. Com Locke, delineou-se a concepção de E. como totalidade do mundo humano, ou seja, como conjunto de sistemas de verificação instituíveis nele, que é a característica da concepção metódica da experiência. Mas está claro que em Locke também se encontra, pela primeira vez, a definição das unidades empíricas elementares, que são as idéias e as relações imediatas entre as idéias. A mesma assunção, com outras palavras, encontra-se na teoria de Hume. O ponto de vista deste filósofo está expresso com toda clareza nas últimas frases de *Investigação sobre o intelecto humano*: "Se tomarmos um volume qualquer, como, por exemplo, de teologia ou de metafísica escolástica, perguntaremos: contém algum raciocínio abstrato sobre quantidades ou números? Não. Contém algum raciocínio experimental sobre questões de fato ou de existência? Não. Então, ponha-o no fogo, pois só contém sofismas e ilusões." De fato, para Hume, todos os objetos da investigação humana dividem-se em duas grandes classes: *as relações entre as idéias* e as *coisas de fato.* As relações entre idéias "podem ser descobertas com uma operação pura do pensamento, sem depender de coisas que existem em algum lugar do universo. Ainda que não existisse nem sequer um círculo ou um triângulo na natureza, as verdades demonstradas por Euclides conservariam certeza e evidência" (*Inq. Conc. Underst.*, IV, 1). Portanto, as verdades dessa natureza (que constituem a geometria, a álgebra, a aritmética e, em geral, a matemática) não precisam de verificação, mas sua verificação está à disposição do homem a qualquer momento e sem recurso a confirmações experimentais. No que concerne aos conhecimentos da realidade de fato, ao contrário, o seu único fundamento é a relação entre causa e efeito. Mas, por sua vez, o fundamento dessa relação é a E., e se perguntarmos qual é o fundamento das conclusões tiradas da E., a resposta a ser dada, segundo Hume, é que esse fundamento nada tem de racional, mas é simples *instinto*. De fato, "todas as nossas conclusões experimentais fundam-se na suposição de que o futuro será conforme ao passado. Mas buscar a prova desta última suposição com argumentos prováveis ou referentes à existência deve ser, evidentemente, um círculo vicioso, consistindo em tomar por admitido o que é duvidoso" (*Inq.*, cit., IV, 2). Portanto, o que nos resta é apenas o instinto, a aconselhar-nos a aceitar como boa uma inferência – do passado para o futuro – que não pode ter justificação racional nem empírica. O fundamento dessa crítica é a redução da E. às impressões e à relação entre as impressões, relação que também é intuída, ou seja, percebida aqui e agora, portanto desprovida de qualquer significado ou referência que transcenda a instantaneidade das impressões. Hume operou a mais radical redução da E. à intuição, porque reduziu a intuição a intuição instantânea, que nada significa fora de si. Desse ponto de vista, a construção de procedimentos ou de esquemas de previsão é impossível: como censurou Kant, Hume tornava impossível a formação de uma ciência qualquer.

Todavia, foi justamente a teoria da E. de Hume que, através de Mach, se tornou o pressuposto do neo-empirismo contemporâneo. Mach resolvera o fato empírico em elementos considerados últimos e originários: as *sensações*. Um fato físico ou um fato psíquico não passa de um conjunto relativamente constante de elementos simples: cores, sons, calor, pressão, espaço, tempo etc. Desse ponto de vista, a diferença substancial entre o físico e o psíquico desaparece. "Uma cor", diz Mach, "é um objeto físico enquanto consideramos, por exemplo, sua dependência das fontes luminosas (outras cores, calor, espaço etc.), mas se a consideramos em sua dependência da retina é um objeto psíquico, uma sensação" (*Die Analyse der Empfindungen*, 9ª ed., 1922, p. 14). Essa doutrina conferia à noção de *unidade empírica elementar* a forma com a qual ela exerceu e ainda exerce função central no neo-empirismo contemporâneo. Wittgenstein valeu-se dela em *Tractatus logico-philosophicus* (1922). Nessa obra, aceitava-se a distinção de Hume entre verdades de razão e verdades de fato, exprimindo-a na forma da oposição entre as proposições da matemática e da lógica, que são "analíticas", "tautológicas", "não dizem nada" (*Tractatus*, 6, 1; 6, 11), e as proposições *elementares* das ciências naturais que representam os "estados de coisas" (*Sachverhalte*) ou "fatos atômicos" (*ibid.*, 4, 1), os quais nada mais são do que as impressões de Hume ou as sensações de Mach: unidades empíricas elementares. Por sua vez, em *Visão lógica do mundo* (1928), Carnap tentava reduzir todo o conhecimento científico aos termos da E. intuitiva, e a unidade empírica elementar a que recorria era a "Vivência elementar" (*Elementarerlebnis*), considerada como um elemento neutro, anterior à distinção entre objetivo e subjetivo (*Aufbau*, § 67), segundo o modelo da "sensação" de Mach. Mas essa concepção de E., precisamente como a de Hume (que, no fundo, era idêntica), impossibilitava a ciência ao impossibilitar a formulação de regras para a previsão dos fenômenos. Foi essa, justamente, a crítica dirigida a Carnap pelo próprio Círculo de Viena (cf. K. Popper, *Logik der Forschung*, 1934; cf. a edição inglesa, *The Logic of Scientific Discovery*, 1959). Conseqüentemente, Carnap modificou seu conceito de verificabilidade empírica. No texto *Testability and Meaning* (1936), diz ele: "Os positivistas acreditavam que todo termo descritivo da ciência podia ser definido por termos de percepção e, portanto, que todo enunciado da linguagem pudesse ser traduzido em um enunciado sobre as percepções. Essa opinião foi expressa nas primeiras publicações do Círculo de Viena, inclusive na minha, de 1928, mas hoje penso que não era de todo adequada: a redutibilidade pode ser afirmada, mas não a ilimitada possibilidade de eliminação e retradução" ("Testability and Meaning", em *Readings in the Phil. of Science*, 1953, p. 67). Esse reconhecimento equivale a uma restrição da tese da verificabilidade empírica dos enunciados científicos, tese que Carnap exprime dizendo: "Todo predicado descritivo da linguagem da ciência é confirmável com base em predicados-coisa observáveis" (*ibid.*, p. 70). A confirmabilidade, com efeito, é uma exigência mais fraca e menos rigorosa do que a experimentabilidade: um enunciado pode ser confirmável sem ser experimentável: isso ocorre, por exemplo, quando sabemos que uma observação x nos daria condições de confirmar ou invalidar o enunciado, mas não estamos em condições de efetuar a observação x. Mas essa restrição, que sem dúvida amplia o domínio dos enunciados significativos e dá à ciência o direito de empregar enunciados que não tem condições de pôr à prova, não constitui uma retificação do conceito de experiência. O complexo aparato que Carnap propõe como instrumento de redução de qualquer enunciado científico a enunciado experimentável ou, pelo menos, confirmável, apóia-se na crença de que existe correspondência estreita entre um enunciado verdadeiro e determinada E. intuitiva. O modo como ele define o predicado observável realmente faz referência à E. imediata, visto que Carnap declara, por exemplo, que um campo elétrico não é absolutamente observável (*ibid.*, pp. 63-4). Em outros termos, nessa segunda fase do pensamento de Carnap, os "predicados observáveis" constituem as unidades empíricas elementares que servem de fundamento aos enunciados sintéticos. Portanto, nessa segunda fase, com a distinção entre enunciados analíticos e enunciados sintéticos, permanece ainda a noção intuitiva de E. e, com isso, a crença na existência de unidades empíricas elementares. O que mudou foi apenas a qualificação de tais unidades elementares, que deixam de ser experiências subjetivas ou percepções, mas determinações objetivas ou qualidades sensíveis. Essa fase do pensamento de Carnap pode ser considerada como o desenvolvimento máximo da noção de E. como intuição. De fato, o reconhecimento, por parte de Quine, dos "dois dogmas do empirismo" (natureza intuitiva da E. e distinção entre enunciados analíticos e enunciados sintéticos) constitui a passagem para uma concepção diferente da experiência. Entrementes, é significativo o fato de a teoria da E. como intuição ser compartilhada não só por empiristas, mas também por seus adversários, como Husserl, que censura no empirismo a ignorância ou o desconhecimento das "essências" e julga, portanto, que o verdadeiro procedimento cognitivo é a "visão essencial" do matemático. Segundo Husserl, a E. do naturalista, que, para ele, é "um ato fundante, que não pode ser substituído pela simples imaginação", é apenas visão, intuição do individual (*Ideen*, I, §§ 7, 20). Esse conceito é confirmado por ele nas obras póstumas, onde se lê que a E., "no seu significado primeiro e mais pregnante", deve ser considerada "relação direta com o individual" (*Erfahrung und Urteil*, 1954, § 6).

b) A teoria da E. como método considera-a operação (mais ou menos complexa, nunca elementarmente simples) capaz de pôr à prova um conhecimento e capaz de orientar sua retificação. Uma operação que atinge esse objetivo é repetível ou recorre a situações repetíveis, portanto nunca é: 1º uma atividade pessoal ou incomunicável (p. ex., subjetiva ou mental), que não possa ser repetida por qualquer pessoa; 2º intenção, imaginação ou anúncio de operação, mas a operação efetiva. Nesse sentido, "perceber" não é operação empírica quando se refere à sensação que *x* tem do vermelho, mas sim quando é operação tendente a confirmar ou verificar se, por exemplo, há um objeto vermelho nesta sala, desde que essa operação possa ser realizada por qualquer pessoa nas condições adequadas. Portanto, o objeto empírico não é a "sensação" ou a "impressão" de vermelho (como Carnap parece crer), mas a coisa vermelha, como, por exemplo, o livro ou a luz cuja presença pode ser confirmada nesta sala, seja com operações perceptivas normais (que podem ser praticadas por qualquer pessoa que tenha visão normal), seja com instrumentos (p. ex., um espectroscópio etc.). A sensação "vermelho" não é levada em conta; isto porque, mesmo não sendo diretamente acessível a alguns indivíduos (os daltônicos), um objeto vermelho não deixa de ser um objeto empírico para todos, inclusive para os daltônicos. A empiricidade de um objeto consiste no fato de ele poder ser confirmado ou verificado por quem esteja na posse dos meios adequados; e o fato de existirem certos meios capazes de propiciar essa verificação significa que eles podem ser utilizados tanto por quem crê quanto por quem não crê na existência do objeto, e que a eficácia dos meios não depende de uma ou de outra crença. Em sentido negativo, essa noção de E. é caracterizada por: 1º ausência de distinção entre verdades de razão e verdades de fato, ou entre enunciados analíticos e enunciados sintéticos, 2º pela ausência de postulação de uma unidade empírica elementar.

Pode-se dizer que essa noção de E. foi delineada pela própria prática da pesquisa científica desde seus primórdios. A "sensata E." de Galileu, que nunca estava separada do raciocínio matemático, tem esse caráter prático de verificação e não pode ser interpretada como recurso à intuição imediata. O próprio fundador do empirismo moderno, Francis Bacon, entendeu a E. como campo das confirmações e das verificações intencionalmente executadas. Dizia Bacon: "Quando a E. vem ao nosso encontro espontaneamente, chama-se acaso; se procurada deliberadamente, tem o nome de experimento. Mas a E. vulgar outra coisa não é senão um proceder às apalpadelas como quem vaga à noite de lá para cá na esperança de topar com o caminho certo, quando seria muito mais útil e prudente esperar o dia ou acender um candeeiro para achar o caminho. A ordem verdadeira da E. começa com acender o candeeiro, com o que se ilumina o caminho, começando-se com a E. organizada e madura, e não com uma E. irregular e às avessas; primeiro, deduz os axiomas, depois procede a novos experimentos" (*Nov. Org.*, I, 82). Em outros termos, para valer como fonte de aferição dos conhecimentos, a E. deve incluir uma ordem, que, para Bacon, é de natureza intelectual, embora depois deva servir de freio e norma ao próprio intelecto (*ibid.*, I, 101). A característica fundamental dessa concepção é a ausência de distinção entre verdades de razão e verdades de fato, ou seja, entre verdades que se fundam unicamente nas inter-relações de idéias e verdades que derivam da experiência. A ciência moderna, a partir de Galileu, ignora essa distinção, que tampouco é reproduzida pela distinção kantiana entre juízos analíticos e sintéticos, porque tal distinção não concerne à validade dos juízos, mas à diferença entre juízos *explicativos* e juízos *extensivos,* entre juízos que nada acrescentam ao conhecimento do sujeito e juízos que lhe acrescentam novas notas (*Crít. R. Pura,* Intr., 4). De fato, Kant elabora um conceito de E. segundo o qual a E. é irredutível à simples intuição sensível. Para Kant, a E. é o conhecimento efetivo e, por isso, inclui a totalidade das suas condições. Kant diz: "Toda E. encerra, além da intuição dos sentidos para a qual algo é dado, o conceito de um objeto que é dado ou aparece na intuição; por isso, na base de todo conhecimento experimental há conceitos de objetos em geral como condições *a priori;* por conseguinte, a validade objetiva das categorias, como conceitos *a priori,* será devida ao fato de que só graças a elas é possível a E. (segundo a forma do pensamento)" (*ibid.,* Analítica, § 14). E ainda: "A E. apóia-se na unidade sintética dos fenômenos, numa síntese, segundo conceitos, do objeto dos fenômenos em geral, sem a qual nunca seria um conhecimento, mas uma rapsódia de percepções que nunca poderiam adaptar-se umas às outras, no contexto regular de uma (possível) consciência inteiramente unificada, portanto, nem à unidade transcendental necessária da percepção. A E. tem, pois, como fundamento os princípios da sua forma *a priori,* ou seja, as normas universais da unidade da síntese dos fenômenos, normas cuja realidade objetiva sempre pode ser encontrada na E., como condições necessárias dela, aliás, da sua própria possibilidade" (*ibid.,* Analítica, II, 2, seç. 2). A E. não é, portanto, a "rapsódia" de percepções sensíveis, mas a ordem e a regularidade do conhecimento que constituem a contrapartida subjetiva (ou "formal") da ordem e da regularidade da natureza. Justamente como tal, a E., ou melhor, a *possibilidade* da E., é o critério último da legitimidade de qualquer conhecimento possível. Para Kant, um conhecimento que não seja uma E. possível não é um conhecimento objetivo, ou seja, autêntico (*ibid.,* Analítica, II, 2, seç. 2). Mas, se esse é o conceito de E. que Kant elabora, nem sempre é o que utiliza ao longo de sua obra. Se, de fato, esse significado fosse rigorosamente observado, Kant não poderia dizer, como o faz bem no início da *Razão Pura* (Intr., 1): "Se bem que todos os nossos conhecimentos comecem com a E., nem por isso derivam todos da E." O conhecimento não pode derivar nem deixar de derivar da E., se ele *é* a experiência. Donde resulta que todo o conceito kantiano do *a priori* como o que é "independente da E." deriva do uso ambíguo desse termo, que, ao contrário da definição explícita que Kant lhe dá, às vezes se limita a indicar a intuição sensível, de tal modo que a ordem, a regularidade, as categorias e os princípios não se incluem em seu âmbito e devem ser considerados *a priori.* Está bem claro que, se a E. inclui ordem, regularidade etc., os princípios que garantem tal ordem, ou seja, a *forma* da E., não podem ser chamados de *a priori,* "independentes da E.", tampouco sendo possível assim designar o conteúdo da E., isto é, o seu material sensível.

O significado dessa doutrina está na tese de que o conhecimento efetivo é o que se organiza segundo o princípio de causalidade, ou seja, segundo uma ordem necessária. Fichte exprimia com exatidão essa tese kantiana ao dizer: "O sistema das representações acompanhadas pelo sentimento da necessidade chama-se também E., seja ela interna ou externa. Por isso, a filosofia tem a função de explicar toda E." (*Erste Einleitung in die Wissenschaftslehre,* 1797, § 1, em *Werke,* I, 1, pp. 419 ss.). Desse ponto de vista, o método de explicação causal é, por excelência, o método empírico. Por isso, a concepção da E. como método tem sentido restrito em Kant: a E. como método identifica-se com a explicação causal. Na filosofia contemporânea, o conceito de E. como método foi defendido pelo pragmatismo e pelo instrumentalismo. Peirce dizia: "cuidamos somente da E. possível, E. na plena acepção do termo, como algo que não só afete os sentidos, mas seja também o sujeito do pensamento" (*Chance, Love and Logic,* II, 2; trad. it., p. 131). Dewey, por sua vez, nega que a E. seja "um conteúdo objetivo" ou que se identifique com um objeto singular. "Na E. efetiva, nunca se dá tal objeto singular ou evento isolado; *um* objeto ou evento é sempre uma parte, um momento ou um aspecto especial de um mundo ambiental experimentado, isto é, de uma situação. O objeto singular tem grande destaque devido à posição focal e crucial que ocupa em dado momento, quando se visa a determinar alguns problemas de uso e fruição que o ambiente global apresenta. É sempre em certo *campo* que se verifica a observação deste ou daquele objeto." Por conseguinte, "os juízos de E. e os juízos formais acerca de objetos ou de eventos não se dão para nós quando isolados, mas só quando vinculados a um contexto abrangente, que se chama situação" (*Logic,* III; trad. it., p. 111). As características que Dewey atribui à E. podem ser assim resumidas: 1ª a E. não é consciência, logo não pode ser reduzida à intuição

(*Experience and Nature*, 1925, cap. I); 2.ª a E. não é somente conhecimento, embora inclua o conhecimento, mas compreende tudo o que, a qualquer título, pode ser experimentado pelo homem (essa extensão já fora feita por Peirce, que entendera por E. "o curso da vida" [*Coll. Pap.*, 3, 435] ou "a história pessoal" [*ibid.*, 4, 91]); 3.ª a E. é o campo de toda pesquisa possível e da projeção racional do futuro: nela, por isso, "a razão tem necessariamente função construtiva" (*Phil. and Civilization*, 1931, pp. 24-5). Por importantes que sejam esses pontos, que exprimem algumas das exigências para uma teoria metodológica, constituem uma abordagem genérica demais dessa teoria. Para isso, por outro lado, constitui condição preliminar a crítica feita por Quine aos dois "dogmas" fundamentais do empirismo, quais sejam, à distinção entre enunciados analíticos e enunciados sintéticos e reducionismo sensacionista. Quanto ao primeiro, Quine distinguiu os enunciados *lógicos* (p. ex., "Nenhum homem não casado é casado"), cuja verdade permanece inalterada enquanto permanecer inalterado o uso das partículas lógicas (*não, se, então* etc.), e as outras verdades chamadas analíticas (p. ex., "Nenhum solteiro é casado"), que têm esse nome porque certas palavras são assumidas como sinônimos (nesse caso: "solteiro" e "não casado"). Ora, os procedimentos para estabelecer a sinonímia são dois: 1.º definição: mas esta, salvo no caso de novas notações introduzidas com convenções explícitas, não faz mais que esclarecer relações precedentes de sinonímia; 2.º intercambialidade *salva veritate* (que é o critério proposto por Leibniz): mas "nada garante que a coincidência extensiva entre 'solteiro' e 'não casado' se baseie no significado e não em um estado de fato acidental, como ocorre na coincidência extensiva de 'criatura com um coração' e 'criatura com rins'." (*From a Logical Point of View*, II, 3). A intercambiabilidacle pressupõe a sinonímia, mas não a funda, assim como a analiticidade não pode fundar-se nas regras semânticas de uma linguagem artificial, já que tais regras definem o que é analítico *para* a linguagem em questão, mas não o significado de analiticidade, que está pressuposto. A conclusão de Quine é que não foi demarcado "um limite entre enunciados analíticos e enunciados sintéticos. Que tal distinção deva ser feita é dogma não empírico dos empiristas, artigo metafísico de fé" (*ibid.*, II, 5). O segundo dogma dos empiristas é a redução dos enunciados empíricos a termos de E. imediata, ou seja, a dados sensíveis. Quine mostra a relação dessa tese, tanto na forma mais ampla quanto na mais restrita, correspondentes às duas fases do pensamento de Carnap, com a distinção entre analítico e sintético. "Os dois dogmas", diz ele, "são idênticos na raiz. Vemos que, em geral, a verdade dos enunciados depende obviamente tanto da linguagem quanto do fato extralingüístico, e notamos que essa circunstância óbvia acaba produzindo, não lógica mas naturalmente, o sentimento de que a verdade de um enunciado é analisável em um componente lingüístico e um componente factual. Se formos empiristas, o componente factual deverá conduzir-nos a um conjunto de E. verificadoras. No outro extremo, onde o componente lingüístico é o único que interessa, será verdadeiro o enunciado analítico. Minha opinião é que isso é uma tolice e que a raiz dessa tolice consiste em falar de um componente lingüístico e de um componente factual na verdade de todos os enunciados individuais. Tomada coletivamente, a ciência tem dupla dependência, da linguagem e da E., mas essa dualidade não pode ser estendida aos enunciados isolados da ciência" (*ibid.*, II, 5). Desse ponto de vista, o saber pode ser comparado a um tecido cinzento, que é preto para os fatos e branco para as convenções lingüísticas nele entrelaçadas, mas no qual não há fios totalmente brancos nem fios totalmente pretos ("Carnap e a verdade lógica", em *Riv. di Fil.*, 1957, n.º 1); ou então a um campo de força cujas condições limítrofes são a experiência. "Um conflito com a E. na periferia", diz Quine, "ocasiona uma reacomodação no interior do campo. Os valores de verdade devem ser redistribuídos sobre algumas das nossas asserções. A reavaliação de umas asserções implica a reavaliação de outras, em virtude das suas conexões lógicas, ao mesmo tempo que as leis lógicas são outras tantas asserções do sistema, outros tantos elementos do campo. [...] Mas o campo total é tão subdeterminado pelas condições limítrofes, ou seja, pela E., que há grande amplitude na escolha das asserções a serem reavaliadas à luz de uma E. contrária isolada" (*From a Logical Point of View*, II, 6). Portanto, mesmo uma afirmação muito próxima da periferia pode ser considerada verdadeira se comparada a uma E. recalcitrante, considerando esta como ilusória ou reformando algumas das asserções chamadas de leis lógicas (como ocorreu, p. ex., com o princípio do terceiro excluído). Mas nenhuma asserção está imune à revisão. É significativo que justamente um dos maiores lógicos contemporâneos tenha liquidado o pressuposto lógico da doutrina da E. como intuição, e que um dos maiores expoentes do neo-empirismo contemporâneo tenha procurado liqüidar esse mesmo conceito de experiência. Na realidade, este segundo intento não foi levado a cabo por Quine. Admitir para o campo total do saber a composição de conceito e sensação que se nega aos componentes individuais do saber só pode ser considerada uma posição provisória. Quine fala ainda do "fluxo de E." (*ibid.*, II, 6) no mesmo sentido em que Hume podia falar do fluxo das impressões, e afirma que os objetos físicos, destacados desse fluxo, por seu caráter mítico, não são diferentes dos deuses de Homero. Nesse aspecto, ele sofre a influência da obra de Duhem (*La théorie physique*, 1906). Mas pelas mesmas observações feitas por Quine o fluxo da E. deve ser considerado um conceito mítico, pois seria uma sucessão ou corrente de intuições instantâneas, um suceder-se de unidades empíricas elementares, e suporia, portanto, a existência de tais unidades elementares que a crítica de Quine contribuiu para eliminar.

Em conclusão, hoje se entrevê a exigência de passar da teoria *gnosiológica* da E. para uma teoria *metodológica*. Para a teoria gnosiológica, a E., como forma, elemento ou categoria em si, é formada por elementos próprios, característicos e irredutíveis, aos quais, portanto, deve ser reduzido, direta ou indiretamente, todo enunciado empírico. Uma teoria desse gênero tem como pressuposto uma classificação preliminar e rígida das formas de conhecimento e também, portanto, das formas de atividade humana (teoria-prática; lógica/linguagem/razão-E.; enunciados empíricos-unidades empíricas elementares; lógica centro-E. periferia). Uma teoria metodológica da E. deveria, ao contrário, prescindir de qualquer classificação preliminar e, em todo caso, de qualquer rigidez classificatória das atividades humanas em seu conjunto. Suas análises deveriam ser aplicadas aos procedimentos efetivos de confirmação e verificação de que o homem dispõe, seja como organismo, seja como cientista. A análise desses procedimentos deveria determinar as condições e os limites de validade de cada um. Só desse modo, o exame dos componentes lógico-lingüísticos nunca se separaria do exame dos componentes factuais, segundo a exigência de Quine. A própria distinção entre tais componentes deveria ser supérflua em qualquer nível. [N.A.]

Com a crise do neoempirismo e do popperismo e com o advento da epistemologia pós-positivista (que também é denominada epistemologia pós-empirista), a idéia da E. como operação "apta a pôr à prova um conhecimento e a orientar sua retificação" tornou-se obsoleta. Somente com autores como Mary Hesse, Shapere e Van Fraassen foi que se assistiu a certa recuperação dela (para esses desenvolvimentos, v. EMPIRISMO). [G.F.]

EXPERIÊNCIA PURA. V. EMPIRIOCRITICISMO.

EXPERIMENTAL (in. *Experimental;* fr. *Expérimental;* al. *Experimentell;* it. *Sperimentale*). O adjetivo tem significados análogos aos do substantivo correspondente, designando: 1º o que faz uso do experimento, da observação controlada. Nesse sentido, costuma-se dizer: "ciências E.", "medicina E." (cf. o título da famosa obra de C. BERNARD, *Introduction à l'étude de la médecine expérimentale,* 1865) etc.; 2º o que faz uso da experiência, e nesse caso o adjetivo é equivalente a *empírico.* [N.A.]

EXPERIMENTALISMO (in. *Experimentalism;* fr. *Expérimentalisme;* al. *Experimentalismus;* it. *Sperimentalismo*). Outro nome do pragmatismo ou do instrumentalismo. Na Itália, este termo foi adotado por A. Aliotta para designar a seguinte doutrina: "O único fato concreto, verificável, de que podemos falar é a experiência mais ou menos consciente que um indivíduo tem do mundo. Não tem sentido discutir sobre elementos de dados, antes ou fora dessa síntese" ("Il mio sperimentalismo", 1929, em *Il nuovo positivismo e lo sperimentalismo,* 1954). [N. A.]

EXPERIMENTO (lat. *Experimentum;* in. *Experiment;* fr. *Expériment;* al. *Experiment;* it. *Esperimento*). Embora essa palavra às vezes seja usada para indicar a experiência em geral, seu valor específico é o de experiência controlada ou dirigida, ou seja, de *observação* (v.). Já na Idade Média o termo foi usado com esse sentido (cf., p. ex., OCKHAM, *In Sent.*, Prol., q. 2, G), mas esse significado só foi fixado por Bacon, que contrapôs o E. como *experientia litterata, ou* seja, guiada e sustentada por uma hipótese, à experiência que vai espontaneamente ao encontro do homem e é casual (*Nov. Org.*, I, 83, 110). Wolff, por sua vez, dizia: "O E. é uma experiência que diz respeito a fatos naturais que só acontecem quando intervém nossa ação" (*Psychol. Empir.*, § 456). Kant falava no mesmo sentido de um "E. da razão pura", que consistia em ver se a hipótese da existência do incondicionado conduz ou não a contradição; se conduz a contradição, o E. demonstra que a razão não pode superar os limites da experiência (*Crít. R. Pura,* Pref. à 2ª ed.). Ainda aqui se trata de uma experiência verificada. Claude Bernard, porém, às vezes chamava o *E.* de experiência, entendendo com isso "uma observação provocada com o fim de dar origem a uma idéia" (*Introduction à l'étude de la médecine expérimentale,* 1865, I, § 6). [N.A.]

EXPERIMENTO CRUCIAL. V. CRUCIAL.

EXPIAÇÃO (gr. δίκη; lat. *Expiatio;* in. *Atonement;* fr. *Expiation;* al. *Sühne;* it. *Espiazione*). Efeito salutar da pena. Platão considerou a E. como o meio de curar as doenças da alma e acreditou que, assim como a economia liberta da pobreza e a medicina liberta da doença, também a justiça liberta da intemperança e da injustiça (*Górg.*, 478 a) (v. PENA). [N.A.]

EXPLICAÇÃO (in. *Explanation, Explication;* fr. *Explication;* al. *Erklärung;* it. *Spiegazione*). Em geral, todo processo tendente a determinar o *porquê* de um objeto, a tornar um discurso ou uma situação clara e acessível ao entendimento ou a eliminar dificuldades e conflitos de uma situação. Esse termo, já usado por Cícero nesse sentido (*De finibus*, III, 4, 14; *De nat. deor.*, III, 24, 62 etc.), foi retomado por Nicolau de Cusa no sentido de manifestação: "Deus é a *complicação* de todas as coisas, porque todas as coisas estão nele; e é a *explicação* de todas as coisas porquanto ele está em todas as coisas" (*De docta ignor.*, II, 3). Sob a metáfora do "aplainar", "entender", "tornar explícito", esse termo oculta uma multiplicidade de significados que podem ser distinguidos segundo as situações a que fazem referência. Temos, então, que:

1.º em face de um termo, explicar significa determinar seu significado, interpretá-lo (v. INTERPRETAÇÃO);

2.º em face de um enunciado analítico, explicar significa substituir o enunciado em questão por um enunciado menos vago, mais exato ou, se possível, próprio de uma linguagem formal (CARNAP, *Meaning and Necessity*, § 2).

3.º em face de uma situação humana de conflito, explicar significa eliminar as causas ou os motivos do conflito;

4.º em face de um objeto em geral, seja ele coisa, evento ou pessoa, explicar significa fornecer o *porquê* de ele ser ou acontecer.

Desses quatro significados, é ao quarto que se refere o problema específico da natureza da E. As várias doutrinas que a filosofia e a metodologia da ciência apresentaram sobre a natureza da E. versam todas sobre o significado do *porquê* e sobre as possíveis respostas que ele pode ter. Desse ponto de vista, podem ser distinguidas duas espécies fundamentais de técnicas explicativas: *A*) técnica explicativa causal; *B*) técnicas explicativas condicionais.

A) Existem dois tipos de E. causal, correspondentes aos dois conceitos fundamentais de causalidade que se alternaram na tradição filosófica e científica (v. CAUSALIDADE): *a*) o conceito de causalidade como dedutibilidade, *b*) o conceito de causalidade como *uniformidade*. Como esses dois conceitos de causalidade têm a pretensão de possibilitar uma previsão infalível, por E. causal pode-se entender, em geral, toda técnica que permita a previsão infalível de um objeto. Mas como a previsão infalível só é possível quando se trata de objetos *necessários*, ou seja, que não podem não ser ou não podem ser diferentemente do que são, a E. causal é, em todos os casos, a demonstração da *necessidade* do seu objeto. Desse ponto de vista, afirmar que "*x* foi explicado" significa afirmar "*x* foi demonstrado em sua necessidade" e portanto "*x* era infalivelmente previsível". Sobre essa base comum, é possível distinguir: *a*) técnica explicativa causal que recorre à dedutibilidade; *b*) técnica explicativa causal que recorre à uniformidade.

a) A técnica explicativa que recorre à dedutibilidade é a da metafísica clássica, sobretudo de Aristóteles. Embora tenha distinguido quatro espécies de causas, Aristóteles reconhece, para efeito de E., o primado da causa *final* como razão de ser, substância ou forma do objeto (*De part. an.*, I, 1, 639 b, 14; 642 a, 17; cf. CAUSALIDADE). Desse ponto de vista, a E. finalista é primordial e fundamental, coincidindo com aquela que, em termos modernos, se chama E. *genética*, por recorrer à causa eficiente, que, em última análise, coincide com a causa final. Nesse sentido, a E. causal identifica-se com a *demonstração* (v.), porquanto é demonstração da necessidade. Nesse aspecto, Hegel só fazia repetir o ensinamento de Aristóteles, quando afirmava ser tarefa da filosofia especulativa "a demonstração da necessidade", vendo só nela a satisfação da necessidade própria da razão. Mas esse conceito de E. não se encontra apenas na metafísica: foi freqüentemente estendido para a ciência. Quando, opondo-se à análise positivista da ciência, E. Meyerson afirmava que a ciência não procura só a previsão, mas a E. dos fenômenos, estava reduzindo E. a *identificação*, porque só a identificação permite a dedução do fenômeno. E diz: "Em virtude da causa ou da razão e com a ajuda de operação pura de raciocínio, devemos poder concluir no fenômeno. É o que se chama de dedução. A causa, então, pode ser definida como ponto de partida de uma dedução cujo ponto de chegada é o fenômeno" (*De l'explication dans les sciences*, 1927, p. 66; cf. *Identité et réalité*, 1908). Por outro lado, o próprio positivismo remetera a E. ao domínio da dedução. Stuart Mill escreve: "Diz-se que determinado fato está explicado quando se indica a sua causa, ou seja, a lei ou as leis de causação cujo exemplo é sua produção. [...] De modo semelhante, diz-se que uma lei ou uniformidade de natureza está explicada quando se indica outra lei, ou outras leis, de que aquela lei é um caso e das quais ela pode ser deduzida" (*Logic*, III, 12, 1). Além disso, uma das tentativas mais conhecidas da "lógica da E.", no âmbito do positivismo lógico, que é a de C. G. Hempel e P. Oppenheim, obedece à mesma inspiração. Dando o nome de *explanandum* ao enunciado que descreve o fenômeno a ser explicado e de *explanans* à classe dos enunciados aduzidos na consideração do fenômeno (a preferência dada ao termo *explanation* e seus derivados, na literatura anglo-saxônica atual, é determinada pela exigência de reservar o termo *explication* à análise dos enunciados), Hempel e Oppenheim assim descrevem as "condições lógicas da adequação": "(R 1) O *explanandum* deve ser conseqüência lógica do *explanans*, em outras palavras, deve ser logicamente *dedutível* da informação contida no *explanans*, senão este não constituirá o fundamento adequado para o *explanandum*. (R 2) O *explanans* deve conter leis gerais, e estas devem ser realmente necessárias à derivação do *explanandum*. (R 3) O *explanans* deve ter um conteúdo empírico, ou seja, pelo menos em princípio deve ser suscetível de comprovação por experimento ou observação." A essas condições lógicas Hempel e Oppenheim acrescentam uma "condição empírica", que é a seguinte: "(R 4) Os enunciados que constituem o *explanans* devem ser verdadeiros" ("The Logic of Explanation", 1948, em *Readings in the Philosophy of Science*, orgs. Feigl e Brodbek, 1953, pp. 321-2). Essa doutrina da E. está em oposição à concepção que reduz a E. a princípios ou elementos *familiares*, à qual recorrem os adeptos do segundo tipo de E. causal (*ibid.*, p. 330). Essa mesma doutrina foi estendida por Hempel ao campo da história ("The Function of General Laws in History", em *Journal of Philosophy*, 1942, pp. 35-48), com a exigência de que a E. causal seja acompanhada pelo prognóstico infalível do fenômeno explicado (*ibid.*, p. 38). Observou-se com justiça que toda a sua teoria da E. pode ser adaptada à física newtoniana, mas é completamente incapaz de dar conta daquilo que se deve entender por E. na física quântica (N. R. HANSON, "On the Symmetry between Explanation and Prediction", em *The Philosophical Review*, 1959, pp. 349-58). Com maior razão, esse tipo de E. não pode ser considerado adequado no domínio da história e, em geral, das ciências (v. mais adiante).

b) O segundo tipo de E. causal é o que recorre ao conceito de causa como uniformidade de interligação dos fenômenos. Esse é o conceito introduzido por Hume e utilizado por Comte como fundamento da E. "positiva" dos fenômenos. Comte contrapôs à tentativa metafísica de descobrir "os modos essenciais de produção" dos fenômenos a tarefa puramente descritiva da ciência positiva, que se limita a descobrir as *leis* dos fenômenos, ou seja, suas relações constantes (*Cours de phil. positive*, 4.ª ed., 1887, II, pp. 169, 268, 312 etc.). No estágio positivo, dizia Comte, "a E. dos fatos, reduzida aos seus termos reais, não é mais do que o nexo estabelecido entre os diversos fenômenos particulares e alguns fatos gerais cujo número o progresso da ciência tende cada vez mais a diminuir" (*ibid.*, I, p. 5). Esse ponto de vista herdava a contraposição estabelecida pelos iluministas, especialmente D'Alembert, entre o espírito de sistema e a descrição científica da natureza. Este é muito menos ambicioso do que o outro, pois não lança mão da dedutibilidade de um fenômeno (ou da sua descrição) a partir de sua causa (ou de um conjunto de leis gerais), mas recorre à uniformidade ou constância das relações entre fenômenos e, portanto, à redução do fenômeno a ser explicado a tais relações constantes. É esse o valor dado, por exemplo, à técnica explicativa causal por P. W. Bridgman: "A essência de uma E. causal consiste em reduzir uma situação a elementos de tal modo familiares que possamos aceitá-los como coisa óbvia e satisfazer a nossa curiosidade. Reduzir uma situação a elementos significa, do ponto de vista operacional, descobrir correlações familiares entre os fenômenos de que a situação se compõe" (*The Logic of Modern Physics*, 1927, cap. II; trad. it., p. 50). Em sentido análogo, R. B. Braithwaite disse: "Quando se pergunta a causa de determinado evento, o que se quer é a especificação do evento precedente ou simultâneo que, conjugado a alguns fatores causais que têm natureza de condições permanentes, seja suficiente para determinar a ocorrência do evento por ser explicado, de acordo com uma lei causal, num dos significados habituais de lei causal" (*Scientific Explanation*, 1953, p. 320). Como, por leis causais, Braithwaite entende as generalizações empíricas que afirmam concomitâncias de sucessão ou simultaneidade (*ibid.*, cap. IX), uma E. que "esteja de acordo com uma lei causal" é uma E. que faz referência a uma uniformidade empiricamente constatada. Esse ponto de vista é repetido de várias formas na filosofia contemporânea, ainda que nem sempre nitidamente separado do precedente.

B) *As* técnicas explicativas causais, tanto a fundada na dedução quanto a fundada na conexão uniforme, pretendem conferir à E. causal um caráter infalível e global que corresponde ao caráter de previsão certa atribuído ao nexo causal. A técnica explicativa que pode ser chamada de *condicional* elimina do esquema explicativo justamente essas características. Os primórdios desse conceito podem ser encontrados na doutrina de Kant, que também empregou em sentido próprio o conceito de *condição* (v.). Kant contrapõe a E. científica dos fenômenos à "hipótese transcendental" da metafísica. Diz: "Para a E. dos fenômenos dados, não podem aduzir coisas e princípios que não se relacionem com os fenômenos dados, segundo as já conhecidas leis dos fenômenos. Uma hipótese transcendental em que, para a E. das coisas naturais, se empregasse uma simples idéia da razão não seria absolutamente uma E., porque aquilo que não é suficientemente entendido com princípios empíricos seria explicado com algo de que não se entende coisa alguma" (*Crít. R. Pura,* Doutr. do método, cap. I, seç. 3). Mas foi sobretudo no campo da metodologia histórica que esse tipo de E. foi elaborado; quem o introduziu de modo explícito foi Max Weber: "A consideração do significado causal de um fato histórico começará, antes de mais nada, com a seguinte questão: excluindo esse fato do conjunto de fatores assumidos como condicionantes, ou mudando-o em determinado sentido, o curso dos acontecimentos, tomando como base as regras gerais da experiência, poderia ter assumido uma direção de algum modo diferente, nos pontos decisivos para o nosso interesse?" Se pudermos responder afirmativamente, o fato em questão deverá ser considerado um dos fatores condicionantes do processo histórico; se a resposta for negativa, deverá ser excluído de tais fatores (*Kritische Studien auf dem Gebiet der kulturwissenschaftlichen Logik,* 1906, II; trad. it., em *Il metodo delle scienze storico-sociali,* p. 223). A moderna metodologia da história é unânime em abandonar os esquemas de E. causal e em aceitar um esquema condicional que se configura de maneiras diferentes, segundo o metodologista. Quando, na doutrina de S. Mill sobre a natureza da E., K. Popper observa que "Mill e seus companheiros historicistas não consideram que as tendências gerais dependem das condições iniciais e tratam tais tendências como se fossem leis absolutas", ao passo que a explicação deve dar conta, se possível, das "condições nas quais elas persistem" (*The Poverty of Historicism,* 1944, § 28), está procurando transformar o esquema causal em um esquema condicional. Mas talvez a melhor formulação do esquema condicional, no que se refere ao seu possível uso nas disciplinas históricas, seja a de W. Dray. "Em alguns contextos, a exigência de E. estará suficientemente satisfeita se mostrarmos que o ocorrido foi *possivel,* não havendo necessidade de mostrar, além disso, que era *necessário.* Embora explicar uma coisa, como diz o professor Toulmin, signifique muitas vezes 'mostrar que ela podia ser esperada' [*The Place of Reason in Ethics,* 1950, p. 96], o critério apropriado para um importante domínio de casos é mais amplo do que este; para explicar uma coisa às vezes basta mostrar que ela não devia causar surpresa" (*Laws and Explanation in History,* 1957, p. 157). Dray contrapõe esse esquema explicativo, que ele chama de *como-possivelmente* (*how-possibly*) ao causal, do *por-que-necessariamente* (*why-necessarily*), porquanto os dois esquemas são logicamente diferentes e respondem a duas espécies diferentes de perguntas, de sorte que, "no caso da explicação *como-possivelmente,* exigir um conjunto de condições suficientes seria mudar a questão" (*ibid.,* p. 169). Esse ponto de vista, apesar de elaborado para as disciplinas históricas, está igualmente apto a entender a natureza da E. que se verifica agora no âmbito das ciências naturais, especialmente da mais avançada delas, que é a física quântica. Uma vez que nela também falta, além da condição de previsibilidade infalível, o nexo causal necessitante, o único esquema possível de E. é a E. condicional, que se limita a determinar a *possibilidade* do *explanandum.* Nesse sentido, pode-se dizer que a E. é a determinação da possibilidade determinada e verificável do objeto; onde *determinada* significa individualizada e reconhecível com um método ou procedimento apropriado e, às vezes, mensurável segundo um esquema de probabilidade, e *verificável* significa repetível em condições adequadas (ABBAGNANO, *Possibilità e libertà,* 1957, VI, §§ 4-5; *Problemi di sociologia,* 1959, VIII, §§ 1-5).

Deve-se observar, por fim, que o próprio procedimento da E. lógica, na forma descrita por Carnap e Reichenbach, inclui-se na categoria de E. condicional. Segundo Carnap, a E. consiste em substituir um termo originário chamado *explicandum,* que é um conceito vago ou familiar, por um novo conceito *exato,* que Carnap chama de *explicatum* e Reichenbach de *explicans.* Isso posto, a E. consiste, segundo Reichenbach, em determinar o significado do termo, e o significado se reduz a uma *possibilidade* lógica, física ou técnica, mas, em todo caso, a uma possibilidade (REICHENBACH, "Verifiability Theory of Meaning", em *Proceedings of the American Academy of Arts and Sciences,* 1951, pp. 46 ss.; CARNAP, *Meaning and Necessity,* § 2) (v. POSSÍVEL; SIGNIFICADO; VERIFICAÇÃO). [N.A.]

Depois das objeções de Scriven e Hanson ao modelo *nomológico-dedutivo* (ND) e dos numerosos contra-exemplos ideados por mais de um estudioso, encontra-se uma formulação totalmente nova em Bromberger, que, analisando os significados do termo "E." com base nos instrumentos da lingüística e em sintonia com a lógica erotética, mostrou que havia requisitos de E. não incluídos no modelo ND e sobretudo esclareceu a importância da *relevância explicativa,* antecipando os subseqüentes estudos de cunho pragmático. A abordagem constituída pelo modelo ND, elaborado por Hempel e Braithwaite (e depois defendido e ampliado por Nagel, Popper, pelo popperiano Watkins, por Brodbeck, Stegmüller, Von Wright e muitos outros), trouxe à tona uma série de problemas abertos (alguns já previstos pelos seus próprios defensores). 1) Admitia também a existência de modelos de E. *estatístico-indutiva* reconhecidos já por Hempel, que por isso não é um dedutivista radical (o modelo *estatístico-dedutivo* pode ser considerado interno ao nomológico-dedutivo). 2) Não estava em condições de apresentar uma elucidação adequada de tipo ND para as leis. 3) Reconhecia o único conceito inferencial para a E. científica, ou seja, afirmava que todas as E. científicas aceitáveis são argumentos (é a primeira condição de adequação lógica exigida por Hempel). 4) Reivindicava uma lei de cobertura (é a segunda condição de adequação lógica exigida por Hempel). 5) Postulava uma simetria entre E. e previsão. 6) Não se reportava à causalidade. 7) Não levava em conta o comportamento teleológico e as E. funcionais, cuja relação com o citado modelo permanece obscura. 8) Reconhecia que o conhecimento explicativo é uma parte do conhecimento descritivo.

1) Rescher (*The Stochastic Revolution and the Nature of Scientific Explanation,* 1962) propõe estender o conceito de E. científica a contextos não dedutivos, abrindo explicitamente caminho para a fase da E. estatística. Tal modelo estatístico-indutivo (desenvolvido por Hempel em *Deductive-Nomological* vs. *Statistical Explanation,* 1962) pressupõe que, no caso de fatos particulares, se chegue a uma E. de tipo ND caso se conheçam desde logo os fatos explicativos; na falta desta condição, a previsão só é possível com probabilidade indutiva. Mas Kyburg, Scriven e Salmon – Jeffrey – Grecno (estes últimos em *Statistical Explanation and Statistical Relevance,* 1971) contestam a identificação hempeliana entre relevância estatística e altos valores de probabilidade, enquanto Coffa (*Hempel's Ambiguity,* 1974) mostra que os casos de E. estatístico-indutiva não podem ser considerados casos incompletos de ND. A partir do fim da década de 1970 esses temas foram muito trabalhados, chegando-se a teorias bem construídas sobre a relação entre E. estatística e S. causal: uma conclusão difundida (SALMON, *Probabilistic Causality,* 1980, e *Scientific Explanation and the Causal Structure of the World,* 1984) é que a noção de relevância estatística não tem de per si nenhuma força explicativa, mas serve apenas para fornecer evidências a favor das relações causais.

2) Friedman (*Explanation and Scientific Understanding,* 1974), alinhado com a chamada abordagem mecânico-causal, exige que se faça a distinção entre os casos de efetiva derivação de uma lei de regularidades mais gerais e os casos em que a lei é simplesmente derivada da conjunção da própria lei com uma outra lei irrelevante; sustenta (com Kitcher) que a E. consiste na unificação em virtude da qual a nossa compreensão melhora quanto mais é reduzido o número de assunções independentes por aceitar.

3) Jeffrey (*Statistical Explanation vs. Statistical Inference,* 1969) afirma que muitas E. estatísticas não são argumentos, com base no fato de que as premissas irrelevantes, que na dedução são inócuas, produzem danos gravíssimos na E.; com bases diferentes Salmon, Railton e Van Fraassen chegam a conclusões semelhantes.

4) Apesar de Hempel e Oppenheimer terem procurado definir o conceito de enunciados com aspecto de lei, por meio da definição mais ampla que lhes foi possível, foram levantados argumentos indutivos que, partindo de alguns fatos particulares para chegar a outros, não contêm leis (de cobertura): a E. científica deve então recorrer de preferência ao conceito de *regularidade nômica* (Rescher); isso contradiz a tese hempeliana da simetria, contra a qual se expressaram Scriven, Van Fraassen, Kuhn, Salmon e a maior parte dos que se interessaram pela lógica da E. histórica.

5) Depois de Scheffler (*Explanation, Prediction, and Abstraction,* 1957), Rescher (*On Prediction and Explanation,* 1958) também contesta a simetria entre E. e previsão, pois a primeira deve garantir a verificação da conclusão, enquanto a segunda se contenta com graus de probabilidade bem mais baixos. Ainda que por motivos diferentes, Hanson, Scheffler, Van Fraassen e Salmon chegam a conclusões análogas.

6) Ao modelo DN Scriven objeta que uma E. deve atribuir papel fundamental à causalidade: a mesma relação de relevância estatística pode ser devida a fatores distintos, e só a intervenção da relação causal determina univocamente a E. (também pensam assim Railton, Fetzer, Humphreys, Salmon). O debate sobre o tema ainda não produziu teses convincentes em torno da E. na mecânica quântica.

7) Depois das questões levantadas por Braithwaite (*Scientific Explanation,* 1953) e outros, entre os quais Scheffler e Hempel, e sobretudo em decorrência do desenvolvimento da filosofia da biologia a partir de fins dos anos 1970, L. Wright (*Teleological Explanation,* 1976) formula a teoria da *etiologia da conseqüência,* segundo a qual as explicações teleológicas são causais no sentido comum do termo, ou seja, de que não se deve achar que os efeitos precedem as causas, mas se seguem ao já ocorrido aprendizado da funcionalidade das causas para obter certo efeito.

8) Segundo Salmon (*Why Ask, "Why?"?,* 1978), os conhecimentos explicativos acrescentam aos descritivos um "algo mais" constituído pelas relações causais. Por outro lado, Van Fraassen (*The Scientific Image,* 1980) nega que subsista uma diferença fundamental entre E. e descrição: a primeira é simplesmente uma descrição *contextualizada,* ou seja, dada para responder a um problema particular em certo contexto. Ele considera que a ciência

não explica os fatos com base na teoria, que é uma relação objetiva (como considera Coffa), mas sim uma construção que institui uma relação entre teoria, fato e contexto, e isso vale para todo tipo de E. Achinstein (*The Nature of Explanation,* 1983) também defende uma abordagem pragmática. [M.S.]

EXPLICATIO. V. COMPLICATIO.

EXPLÍCITO (in. *Explicit;* fr. *Explicite;* al. *Explicit;* it. *Esplicito*). Expresso ou claramente expresso. "Tornar E." ou "explicitar" o significado de um termo ou de uma proposição é expressá-lo ou reexpressá-lo com mais clareza. O termo oposto, "implícito", significa portanto o que não é expresso, mas somente sugerido ou não expresso claramente. [N.A.]

EXPONÍVEL (in. *Exponible;* fr. *Exponible;* al. *Exponibel;* it. *Esponibile*). Na Lógica medieval *exponibilia* eram proposições obscuras porque, embora tivessem forma gramatical de proposições simples, na realidade ocultavam uma composição cuja análise (*expositio*) resolvia sua obscuridade. Em Kant, "E." tem sentido análogo, porém mais específico, de proposição constituída por uma afirmação com uma negação disfarçada, que a exposição evidencia (*Logik,* § 31). [G.P.]

EXPOSIÇÃO (lat. *Expositio;* in. *Exposition;* fr. *Exposition;* al. *Erörterung;* it. *Esposizione*). 1. Análise de um conceito ou seu esclarecimento. Kant chama de *E. transcendental* "a definição de um conceito como princípio a partir do qual se possa ver a possibilidade de conhecimentos sintéticos *a priori*" (*Crít. R. Pura,* § 3). Nesse sentido, a E. transcendental do conceito de espaço mostrará a possibilidade dos conhecimentos *a priori* que podem provir desse conceito, isto é, a possibilidade da geometria.

2. Na lógica terminista medieval, é a prova de um silogismo de terceira figura por meio de um silogismo da mesma figura, no qual um termo médio singular exerce a função que, no primeiro, era exercida por um termo médio comum. Por exemplo, o silogismo "Alguns homens são dotados de virtudes, Todo homem é animal, Alguns animais são dotados de virtudes" pode ser exposto assim: "Sócrates é dotado de virtude, Sócrates é animal, Alguns animais são dotados de virtude" (OCKHAM, *Summa log.,* III, 1, 13; JUNGIUS, *Log.,* III, 15). [N.A.]

EX PRAECOGNITIS ET PRAECONCESSIS. Fórmula com que se abrevia o princípio exposto por Aristóteles no início de *Segundos analíticos*: "Toda doutrina e toda disciplina discursiva nascem de um conhecimento preexistente" (*An. post,* I, 1, 71 a 1). Boécio ressaltava a importância dessa máxima (*P. L.,* 64.ª col. 741), que se tornara lugar-comum da escolástica. Locke julgava-a falaz, pois estava convicto de que o fundamento do conhecimento é o conhecimento intuitivo (*Ensaio,* IV, 2, 8). Mas, opondo-se a Locke, Leibniz reivindicava a validade da máxima, porquanto expressa o procedimento da matemática (*Nouv. ess.,* IV, 2, 8). [N.A.]

EXPRESSÃO (lat. *Expressio;* in. *Expression;* fr. *Expression;* al. *Ausdruck;* it. *Espressione*). Em sentido geral e moderno, manifestação por meio de símbolos ou comportamentos simbólicos. Esse termo foi introduzido no uso filosófico na segunda metade do século XVII, quando começou a substituir o termo *aparência* para indicar a relação entre Deus e mundo, graças à qual o mundo é "manifestação" de Deus. Espinosa e Leibniz usam o termo nesse sentido. Espinosa diz que um modo da extensão e a idéia desse modo são "uma só e mesma coisa *expressa* de duas maneiras; o que parece ter sido vagamente entrevisto, por alguns judeus, que apresentam Deus, o intelecto divino e as coisas por ele percebidas como uma e mesma coisa" (*Et.,* II, 7, escólio). Leibniz, por sua vez, considera as substâncias espirituais ou mônadas como "E. ou manifestações" de Deus (*Disc. de mét.,* § 9, 14; *Monad.,* § 60). Mas com Leibniz começa também a história moderna desse termo, que do domínio metafísico passa para o domínio antropológico, onde é empregado para designar o comportamento tipicamente humano de falar por símbolos ou utilizá-los. Leibniz diz: "O modelo de uma máquina expressa a máquina e, assim, um desenho plano em perspectiva expressa um corpo com três dimensões, uma proposição expressa um pensamento, um sinal expressa um número e uma equação algébrica expressa um círculo ou outra figura geométrica: todas essas E. têm em comum o fato de que da simples consideração das relações da E. pode-se chegar ao conhecimento das propriedades correspondentes da coisa que se quer expressar. Disso resulta que não é necessário pensar numa semelhança recíproca entre E. e coisa, contanto que seja mantida certa analogia de todas as relações" (*Quid sit Idea, Op.,* ed. Gerhardt, VII, p. 263). Essas considerações de Leibniz marcam a extensão do termo E. a toda espécie ou forma da relação entre o símbolo e o que ele designa, e constituem, portanto, também o início do uso desse termo para significar "frase", "enunciado", "fórmula" etc. No trecho citado, Leibniz continua observando que "algumas E. possuem fundamento natural, ao passo que outras, como as palavras da linguagem e os sinais de qualquer gênero, dependem, ao menos em parte, de uma convenção arbitrária". E acrescenta que a idéia é uma E. nesse sentido: "Embora a idéia da circunferência não seja semelhante à circunferência tal como esta é, da natureza da primeira podem ser deduzidas verdades que serão, sem dúvida, confirmadas pela experiência referente à circunferência real" (*ibid.*, p. 263). Começava a história moderna desse termo; com Kant ele entraria no domínio da estética. Com efeito, Kant utilizou o conceito de E. para classificar as belas-artes. "Em geral, pode-se dizer que a beleza (da natureza ou da arte) é a E. das idéias estéticas; a diferença entre natureza e arte é que na arte a idéia pode ser ocasionada por um conceito, ao passo que na bela natureza basta a reflexão sobre uma intuição dada, sem o conceito do que deve ser o objeto, para suscitar e comunicar a idéia, cuja E. o objeto é considerado." Portanto, para classificar as belas-artes, podemos utilizar "a mesma espécie de E. que os homens utilizam para falar, para comunicar do melhor modo possível não só seus conceitos, mas também suas sensações". E como essa espécie de E. consiste na palavra, no gesto e no tom, Kant distingue as artes da palavra, as artes figurativas e as artes musicais. E acrescenta: "Poder-se-ia também conduzir essa divisão dicotomicamente, distinguindo as belas-artes nas que exprimem o pensamento e nas que exprimem a intuição; e estas últimas, segundo a forma ou a matéria" (*Crít. do Juízo*, § 51). Desse modo, a noção de E. servia a Kant para interligar arte e linguagem, o que se manteria e reforçaria na estética contemporânea.

Por outro lado, o conceito de E. era cada vez mais empregado para designar a relação entre as manifestações corpóreas das emoções e as próprias emoções: relação que, a partir da obra de Darwin (*A E. das emoções no homem e nos animais*, 1872), mostrou-se essencial à teoria das emoções (v. EMOÇÃO). Mas nem esse uso do termo nem o uso ainda mais amplo que dele se fez em estética contribuíram muito para determinar o seu significado, que na maioria das vezes é pressuposto pelas investigações estéticas ou psicológicas, mas não é questionado nem esclarecido em suas possibilidades constitutivas. Por exemplo, não esclarece muito o significado de E. a identidade estabelecida por Benedetto Croce, como fundamento da sua estética, entre intuição e E. (*Estética*, cap. I). Veremos, aliás, que a tendência a identificar essas duas coisas constitui a fase primitiva do comportamento expressivo. Tampouco são esclarecedoras as determinações de Dewey, segundo as quais a E. é "o aclaramento de uma emoção turva", sendo, pois, a "objetivação da emoção" (*Art as Experience*, 1934, cap. IV). É provável que essas características possam ser atribuídas legitimamente à E. estética, mas ainda não a descrevem suficientemente. Sem dúvida, é fonte de confusão a observação de Wölfflin, de que "a arte é E., a história da arte é história da alma" (*Das Erklären von Kunstwerken*, 1921, § 3). Mais profícua foi a investigação sobre o conceito de E. feita em campo estritamente filosófico. Dilthey já ressaltava em *Construção do mundo histórico* (1910) a função da E. e, em primeiro lugar, da linguagem em relação ao pensamento discursivo do juízo (*Aufbau*, III, 1). E Husserl via na E. a consecução perfeita dos atos significativos próprios da consciência teórica. Como tal, a E. não é meio nem instrumento, mas um estado final, uma conclusão. "O estado da E.", diz Husserl, "sem considerarmos o fato de que fornece E. a todos os outros elementos intencionais, é – e isso constitui a sua peculiaridade – *improdutivo.* Ou, se desejarem, sua produtividade, sua ação normativa, esgota-se no expressar e na forma do conceitual, que sobrevém nova com ele" (*Ideen*, I, § 124). Desse modo, Husserl acolhia em sua filosofia uma das características que hoje são consideradas próprias da E.: ela não se limita a provir daquilo que expressa, mas, de certo modo, realiza-o e aperfeiçoa-o. Heidegger insistiu nesse caráter ao afirmar que, "ao falar, o *Dasein* se expressa, mas não porque esteja antes de tudo envolto num *dentro* oposto a um *fora*, mas porque, como ser-no-mundo, já está fora, na sua compreensão". Isso equivale a definir o homem com base em sua possibilidade de expressar-se, o que os gregos entreviram ao definir o homem como "animal racional" (onde razão equivale a "discurso") (*Sein und Zeit*, § 34). Mas os esclarecimentos mais importantes sobre o conceito de E. foram dados por Cassirer. Ele mostrou a função constitutiva que as formas simbólicas exercem na construção da vida espiritual, de que não são aspectos acidentais e derivados, mas fatores condicionantes. Cassirer também foi quem mais contribuiu para esclarecer os caracteres e as condições da expressão. Distinguiu no desenvolvimento das formas lingüísticas três estágios, que designou, respectivamente, E. mimética, E. analógica e E. simbólica. Na E. mimética ainda não há tensão entre o signo lingüístico e o conteúdo intuitivo ao qual se refere: as duas coisas tendem a resolver-se uma na outra e a coincidir. "Só gradualmente encontramos uma *distância*, uma diferenciação crescente entre signo e conteúdo, e só então se realiza o fenômeno característico e fundamental da linguagem, a separação entre som e significado. Só quando essa separação ocorre, a esfera do significado lingüístico constitui-se como tal. No início, a palavra pertence à esfera da mera existência: o que se aprende não é um significado, mas um ser substancial ou uma força sua" (*Phil. der symbolischen Formen*; trad. in., I, pp. 186 ss.; II, p. 237). Do mesmo modo, o mito não aparece, no início, como imagem ou "E. espiritual", mas como uma realidade objetiva ou arte essencial dessa realidade. Essa característica da E. certamente é fundamental e constitui a confirmação, no plano antropológico, da diversidade entre a E. e seu conteúdo, já evidenciada por Leibniz.

Podemos então resumir do seguinte modo as características fundamentais da E., tais como esclarecidas pela investigação moderna:

1.ª a E. é uma consecução, um termo final, mais do que um instrumento ou um meio;

2.ª a E. consiste em manifestar-se por meio de símbolos, sendo, por isso, um comportamento característico e próprio do homem;

3.ª a E., ao menos em sua forma madura, implica diversidade, "distância", ou seja, alteridade entre símbolo e conteúdo simbólico (ou, como também se diz, entre símbolo e intuição correspondente).

Pela primeira característica, a E. se diferencia da comunicação, que tem valor instrumental: a linguagem como E. não é um simples meio de comunicação, mas um modo de ser ou de realizar-se do homem. Nesse sentido, diz-se que a arte é E.: nela, com efeito, os instrumentos de comunicação assumem valor final. Nesse sentido, Scheler afirma que o ato sexual é "um movimento de E., não um movimento com vistas a um objetivo". De fato, não se *quer*, no amor, o ato sexual (querê-lo significa inibi-lo), mas é o ato que exprime o amor, que é o seu modo de realização (*Sympathie*, I, cap. 7; trad. fr., p. 182). Pela segunda característica, a E. é própria de qualquer espécie de comportamento que consista na produção ou no uso dos símbolos, estando, pois, ligada ao conceito geral de *linguagem* (v.). Pela terceira característica, a E. é diferente da intuição e de todas as relações de identificação. [N.A.]

ÊXTASE (gr. ἔκστασις; lat. *Extasis*; in. *Ecstasy*; fr. *Extase*; al. *Ekstase*; it. *Estasi*). 1. Fase supra-intelectual da ascensão mística para Deus, fase em que a busca intelectual de Deus cede lugar a um sentimento de estreita comunhão ou mesmo de identificação com ele. Essa palavra (que na linguagem comum significa, além de arrebatamento, torpor ou exaltação) foi empregada no sentido acima enunciado por várias correntes religiosas da filosofia alexandrina e especialmente pelos neoplatônicos. Fílon caracterizava o Ê. como "transformação da inteligência", uma transformação que não é realizada pela própria inteligência, mas diretamente por Deus (*All. leg.*, II, 31-2). Plotino caracteriza o Ê. como a supressão da alteridade entre aquele que vê e a coisa vista, e como identificação total e entusiástica da alma com Deus. "Não é mais uma visão", diz ele, "mas um modo diferente de ver: Ê. é simplificação e doação de si mesmo, desejo de contato, repouso e compreensão de conjunção" (*Enn.*, VI, 9, 11). A linguagem do amor, especialmente do amor entendido como unidade (v. AMOR), é freqüentemente empregada pelos místicos para descrever o estado de êxtase. É o que muitas vezes faz Plotino (p. ex., *Enn.*, VI, 7, 34), e o que farão os místicos medievais, para quem essa noção foi transmitida sobretudo graças às obras do Pseudo-Dionísio, o Areopagita. Para ele, o grau mais elevado da ascensão mística é a *deificação* (v.), ou seja, a transformação do homem em Deus (*De mystica theol.*, I, 1). É desse modo que Bernardo de Claraval (séc. XI) entende o Ê., chamando-o também de *excessus mentis* e considerando-o supremo grau da contemplação, em que a alma se une a Deus assim como uma gota d'água que cai no vinho se dissolve e adquire o sabor e a cor do vinho (*De diligendo Deo*, 11, 28). É também dessa maneira que os místicos de S. Vítor consideram o Ê. Segundo Ricardo de S. Vítor, Ê. é o ápice do último grau da ascensão a Deus, ou seja, da *alienação* da mente de si mesma (*De praeparatione ad contemplationem*, V, 2). E S. Boaventura, por sua vez, vê no Ê. a elevação acima de si mesmo, até a fonte do amor supra-intelectual. É um estado de *douta ignorância*, no qual a obscuridade dos poderes cognitivos se transforma em luz sobrenatural (*Breviloquium*, V, 6). Essa noção passou sem mudanças para os místicos alemães do século XIV (Eckhart, Suso, Tauler). Giordano Bruno utilizou a terminologia mística do Ê. (*raptus mentis*, *excessus mentis*) no seu diálogo *Degli eroici furori* para indicar a conjunção do intelecto "heróico" com "o seu objeto, que é a primeira verdade ou a verdade absoluta" (I, 4), aliás, a própria natureza.

Na Idade Moderna, o Ê. nesse sentido atraiu sobretudo a atenção dos psicólogos e dos psiquiatras, que não conseguiram perceber nenhuma diferença, a não ser no conteúdo intelectual, entre o Ê. religioso e o Ê. produzido por condições anormais da vida psíquica ou por drogas (cf. J. H. LEUBA, *The Psychology of Religious Mysticism*, 1925, especialmente cap. IX). Segundo Pierre Janet, em todos os casos o Ê. caracteriza-se por: 1.º supressão quase completa da atividade motora e disposição à imobilidade; 2.º atividade mais ou menos intensa do pensamento interno; 3.º grande sentimento de alegria (*De l'angoisse à l'extase*, 1928, p. 497).

2. Heidegger e Sartre chamaram de E. (no sentido literal do termo, de "estar fora" ou "sair") as três determinações do tempo: passado, presente ou futuro, visto que cada uma delas parte de outra ou se encaminha para outra – o presente para o passado, o presente para o futuro, o futuro para o presente. Diz Heidegger: "A temporalidade é o originário *fora de si* em si e para si. Chamamos os fenôme-

nos caracterizados como porvir, passado e presente de E. da temporalidade" (*Sein und Zeit*, § 65). Em seguida Heidegger viu nas E. temporais as manifestações do Ser (*Was ist Metaphysik?*, 6ª ed., 1951, p. 14). Analogamente, Sartre fala da "relação extático-interna" como "fonte da temporalidade" (*L'être et be néant*, p. 256) (v. TEMPO, 3). [N.A.]

EXTENSÃO (gr. σιάστασις; lat. *Extensio*; in. *Extension*; fr. *Extension*; al. *Ausdehnung*; it. *Estensione*). Caráter fundamental dos corpos físicos dotados das três dimensões do espaço. Com base nesse caráter, Aristóteles definiu o corpo (*Fís.*, III, 5, 204 b 20). Descartes nada mais fez do que exprimir esse mesmo conceito quando viu na E. "a natureza da substância material, assim como o pensamento constitui a natureza da substância pensante" (*Princ. phil.*, I, 53). Para Espinosa, E. era um dos atributos fundamentais de Deus, da Natureza (*Et.*, II, 2). Mas Ockham, no século XIV, evidenciava o caráter fundamental da E. como atributo dos corpos: "É impossível que a matéria não tenha E.: não há matéria que não tenha uma parte distante da outra, donde resulta que, embora as partes da matéria possam interligar-se como as da água ou do ar, nunca poderão existir no mesmo lugar. Ora, a distância recíproca das partes da matéria é a E." (*Summulae physicorum*, I, 19). Precisamente como característica do corpo, para Hobbes a E. é o espaço real, ou seja, a *grandeza* do corpo, diferente do espaço imaginário, que é o espaço puro e simples, ou espaço vazio (*De corp.*, 8, 4). As considerações de Leibniz não são muito diferentes. Ao lado da *antitipia* (v.), a E. é uma das características fundamentais da matéria. É a continuidade no espaço, graças à qual suas modificações constituem a variedade das dimensões e das configurações (*Op.*, ed. Erdmann, p . 463). Locke identificava, como já Descartes, a E. com o espaço (*Ensaio*, II, 13, 3).

Com Berkeley, a E. começa a reduzir-se a fenômeno subjetivo. É definida por ele como uma *idéia*, que existe enquanto é percebida (*Principles of Knowledge*, I, § 9): afirmação que Hume reforçou dizendo que a E. nada mais é que uma cópia de alguma impressão (*Treatise*, I, 2, 3). Essa subjetivação da E., realizada pelo empirismo setecentista do ponto de vista da intuição sensível, no idealismo romântico parte do ponto de vista da razão especulativa. Schelling pretende demonstrar *a priori* por que "se deve considerar necessariamente que a matéria se estende segundo três dimensões", e faz essa suposta demonstração deduzindo as três dimensões do espaço do modo de operar da força de atração e de repulsão (*System des transzendentale Idealismus*, 1800, III, 2, Dedução da matéria, Cor.). De modo análogo, Maine de Biran julgava poder deduzir "necessariamente" a idéia de E. da idéia de esforço e resistência que ele implica, no sentido de que a E. seria uma "continuidade de resistência" (*Fond. de la Psychologie, Œuvres*, ed. Naville, II, p. 272). Tentativa semelhante é a de Bergson, que procura entender a E. como o movimento oposto ao da vida, ou seja, como o movimento em que o eu, entregando-se à fantasia caprichosa, espalha-se numa multiplicidade de sensações externas umas às outras. A E. seria a *distensão* do esforço do eu (*Évol. créatr.*, 8ª ed., 1911, p. 220). Conceitos semelhantes aos expostos por Schelling, Maine de Biran e Bergson são muito comuns na filosofia da segunda metade do século passado e dos primeiros decênios do século XX. Mas esse tipo de especulação perdeu interesse filosófico ou científico nos últimos decênios, devido às mudanças na noção de *corpo* (v.) produzidas pela física relativista. A noção de corpo como intensidade particular de um campo de energia não precisa mais ser definida em termos de E.; em outras palavras, a E. pode ser entendida só como possibilidade de medir a intensidade de energia em dado campo. [N.A.]

EXTENSÃO e INTENSÃO. V. INTENSÃO E EXTENSÃO.

EXTENSIONALIDADE, TESE DA (in. *Thesis of extensionality*; fr. *Thèse d'extensionalité*; it. *Tesi della estensionalità*). Assim foi chamada por Russell (*Principia mathematica*, I², XIV, pp. 659 ss.) e por Carnap (*Logische Syntax der Sprache*, 1937, § 67, trad. in., pp. 245 ss.) a tese segundo a qual "para cada sistema não extensional há um sistema extensional no qual o primeiro pode ser traduzido". Como os enunciados intensionais mais importantes são os modais, a tese em questão afirma a tradutibilidade dos enunciados modais em enunciados não-modais. Por exemplo, os enunciados "A é possível", "A = não A é impossível", "A ou não A é necessário", "A é contingente" equivaleriam respectivamente aos seguintes enunciados: "'A' não é contraditório", "'A = não A' é contraditório", "'A ou não A' é analítico", "'A' é sintético" (*Logische Syntax der Sprache*, § 69; trad. in., pp. 250 ss.) O próprio Carnap, todavia, apresentava a tese da E. como simples suposição, embora plausível, e a exprimia paradoxalmente, com um enunciado modal: "Uma linguagem universal da ciência *pode ser* extensional (*ibid.*, § 67; trad. in., p. 245). Mesmo depois Carnap não se pronunciou sobre a validade da tese (*Meaning and Necessity*, 1957, § 32). [N.A.]

EXTENSIONALISMO SEMÂNTICO (in. *Semantical extensionalism*; fr. *Extensionalisme sémantique*; al. *Semantischer Extensionalismus*; it. *Estensio-*

nalismo semantico). Atitude que, ao construir uma semântica filosófica das linguagens naturais, tende a identificar forma lógica e significado dos enunciados. O pressuposto ontológico fundamental de todo E. semântico é que a extensão é a referência objetal da expressão lingüística, compreensível sem nenhuma referência a conceitos ou entidades intensionais (v. INTENSIONALISMO SEMÂNTICO), pelo que o referente extensional de um termo individual é o indivíduo por ele indicado, o de uma propriedade é a classe que essa propriedade possui, o de uma proposição é o seu valor de verdade, ou seja, a sua correspondência com a realidade. A teoria do significado torna-se desse modo uma teoria da referência, em que se faz o significado das proposições coincidir com seu valor de verdade, e as proposições com o mesmo valor de verdade são eqüiextensionais (no plano lógico), ou seja, possuem o mesmo significado (no plano semântico); nesse âmbito valem princípios como o de *substituibilidade*, que é fundamental.

Existem diversas perspectivas do E. semântico: vai-se *a*) do *antiintensionalismo*, como em Quine, para quem o próprio conceito de significado é uma noção totalmente inútil, *b*) ao *reducionismo*, como em Davidson, que tende a identificar significado e referência, ou melhor, a reportar o segundo ao primeiro. *a*) Quine (*The Problems of Meaning in Linguistics*, 1953, e *Word and Object*, 1960) afirma que um estudo científico do comportamento verbal deve limitar-se a uma explicação baseada no binômio estímulo-resposta, sem recorrer a noções inverificáveis como os de significado ou de sinonímia. O que se preserva quando se traduz um enunciado de uma língua para outra não é o significado, mas apenas uma aproximação a partir dos significados-estímulo para os significados menos imediatos, mas não subsiste a possibilidade de traduzir *integralmente* uma linguagem, no sentido de que cada linguagem veicula um esquema cultural diferente. *b*) Davidson (*Essays on Truth and Interpretation*, 1984) pretende desenvolver uma semântica baseada na teoria tarskiana da verdade e a considera centrada nas noções de *significado* e *sinonímia*. Traduzindo extensionalmente a atribuição do significado, chega ao chamado "Critério T", exemplificado na conhecida fórmula "'A neve é branca' será verdadeiro se e somente se a neve for branca", com base no qual se postula um conjunto finito de axiomas que, para cada frase da linguagem L, dá um teorema (ou T-frase) em que a frase de L é designada por meio de uma descrição estrutural e está como antecedente do bicondicional, enquanto como conseqüente está a sua condição de verdade expressa na metalinguagem e em que a expressão "será verdadeiro se e somente se" substitui "significa que". Davidson não prescreve, portanto, o ostracismo quiniano aos fatos semânticos, mas continua a reportá-los aos termos da teoria da referência. A compreensão lingüística ocorre quando se realiza uma *interpretação radical*, ou seja, quando se esclarecem os mecanismos recursivos que constituem a base do entendimento de todo enunciado sem pressupor conceitos lingüísticos intensionais.

A vantagem do E. semântico é certa "naturalidade" do modo de pensar extensional, devida também à sua proximidade dos procedimentos matemáticos, de tal modo que houve quem produzisse outras versões de semântica extensional (como Putnam) ou críticas à semântica intensional, que defendem indiretamente o E. semântico (p. ex., Kripke e D. Lewis), e quem continuasse trabalhando no projeto de Davidson, que já conta copiosa literatura. As desvantagem residem no fato de que muitos aspectos das línguas naturais parecem escapar a um regime desse tipo, que se vale de um aparato lógico de primeira ordem: basta pensar nos contextos opacos, nos indexicais, nos contrafactuais, nos enunciados com valor de verdade indefinido. De um ponto de vista mais geral, em tal semântica não se considera que, para estabelecer as condições de verdade de certo estado de coisas, não se deve considerar apenas aquele estado particular de coisas, mas também outros: vários mundos possíveis, com o que se passa já a uma semântica ainda modelista, porém de tipo intensional. [M.S.]

EXTENSIVO e INTENSIVO (in. *Extensive and intensive*; fr. *Extensif et intensif*; al. *Extensiv und intensiv*; it. *Estensivo ed intensivo*). A distinção entre grandeza E. e grandeza intensiva foi feita por Kant, para quem E. é "a quantidade na qual a representação das partes possibilita a representação do todo (portanto, precede-a necessariamente)"; por exemplo, as partes do espaço ou do tempo são quantidades E. nesse sentido, porque as quantidades espaciais ou temporais são sempre intuídas como agregados ou multiplicidade de partes dadas previamente. A quantidade intensiva, ao contrário, é a "que se apreende somente como unidade e em que a multiplicidade só pode ser representada por aproximação à negação = O". Quer dizer: a quantidade intensiva é a que sempre tem graus; por exemplo, o vermelho tem um grau que, por pequeno que seja, nunca é mínimo, o mesmo ocorrendo com o calor, o peso etc. Essas são as qualidades contínuas ou, como diz Kant com termo newtoniano, fluentes (*Crít. R. Pura*, II, 2, seç. 3, Axiomas da intuição). [N.A.]

EXTERIORIDADE, INTERIORIDADE (in. *Exteriority, interiority*; fr. *Extériorité, intériorité*; al. *Aeusserlichkeit, Innerlichkeit*; it. *Esteriorità, interiori-*

tà). O tema filosófico da oposição entre interioridade e E. nasce juntamente com a noção de *consciência* (v.) e expressa a oposição entre o que é alheio à consciência e o que lhe é próprio. Foi a pregação popular estóica que explorou pela primeira vez esse tema, o que se repete com freqüência nas páginas de Epicteto, Marco Aurélio e Sêneca. Epicteto diz: "É estado e marca do homem comum nunca esperar benefício ou prejuízo de si mesmo, mas das coisas de fora. Estado e marca do filósofo é esperar ou temer de si mesmo toda e qualquer utilidade ou dano" (*Manual*, 48). E Marco Aurélio: "As coisas por si mesmas não chegam a tocar a alma, a ela não têm acesso nem podem mudá-la ou demovê-la. Mas é a alma que por si muda e modifica-se, e, em conformidade com os juízos que ela considerar digno fazer acerca das coisas externas, serão por ela feitas essas ditas coisas" (*Memórias*, V, 19). Sêneca contrapõe "a alegria que nasce do interior" à que deriva das coisas exteriores (*Ep.*, 23). Neoplatonismo e cristianismo são responsáveis pela identificação da interioridade com a esfera da consciência e da E. com a esfera do mundo a que pertencem as coisas naturais e os outros seres. O tema da oposição entre interioridade e E. tornou-se, assim, um tema clássico de toda filosofia que recorre à consciência como esfera de realidade privilegiada tanto pela sua certeza quanto pelo seu valor. A linguagem comum acolheu os significados filosóficos das duas palavras, com a significação de contraposição entre o que é consciência e o que não é. A metafísica do *espiritualismo* (v.) e o método da *introspecção* (v.) utilizam igualmente esse lema tradicional. Seria muito fácil mostrar o caráter puramente metafórico (portanto, a ausência de significado preciso) das expressões em que aparecem esses termos ou os adjetivos correspondentes. "Realidade interna" e "realidade externa", "mundo interior" e "mundo exterior", "objetos internos" e "objetos externos" são expressões que, a rigor, não têm sentido, seja porque não se faz referência ao âmbito fechado em relação ao qual um "externo" e um "interno" possam ser determinados, seja porque tal âmbito fechado, quando determinado, não é espacial, pois é a própria consciência. Hegel utilizou abundantemente esses termos que, justamente por meio de sua obra, penetraram na terminologia filosófica. Ele identificava o interior com a "razão de ser", e o exterior, com sua manifestação (*Enc.*, §§ 138-9). Mas tinha o bom senso de acrescentar: "Assim como o homem é externamente, ou seja, em suas ações (por certo não na sua E. somente corpórea), também é interno; e quando ele é só interno – virtuoso, moral, só em intenções, disposições etc. – e o seu exterior não é idêntico a tudo isso, então um é tão vazio quanto o outro" (*ibid.*, § 140). [N.A.]

EXTERNALISMO/INTERNALISMO COGNITIVO (in. *Cognitive externalism/Internalism*; fr. *Externalisme/internalisme gnoséologique*; al. *Erkenntnistheoretischer Externalismus/Internalismus*; it. *Esternismo/internismo gnoseologico*). Por *internalismo cognitivo* (1) entende-se, no âmbito das teorias da *justificação* (v.), a posição segundo a qual uma crença por parte de um sujeito será epistemicamente justificada se todos os elementos pertinentes forem cognitivamente acessíveis ao sujeito (FOLEY, *What's Wrong with Reliabilism*, 1985); por outro lado, a expressão *externalismo cognitivo* (2) refere-se ao fato de que alguns desses elementos não lhe são acessíveis (no duplo sentido de que podem ser desconhecidos para o sujeito e de que podem ser condições estranhas a uma perspectiva cognitiva) e mesmo assim a crença é autorizada (GOLDMAN, *Epistemology and Cognition*, 1986). As duas versões, mais que alternativas, são formuladas num *continuum*, uma vez que estabelecer quais fatores são funcionais para a justificação é discricional e uma exigência julgada externa em (1) pode ser interna vista por (2); assim, alguns propuseram visões sincretistas (ALSTON, *Epistemic Justification*, 1989; SWAIN, *Reason and Knowledge*, 1981). Em todo caso, ambas as posições podem ser dóxicas ou não-dóxicas (POLLOCK, *Contemporary Theories of Knowledge*, 1986), exigindo outras condições além das crenças (por exemplo, as percepções ou outros processos cognitivos).

Para (1) – o mais amplamente representado na tradição filosófica, por exemplo em Descartes, e submetido a várias utilizações dentro de diferentes perspectivas epistêmicas, do fundacionalismo ao coerentismo –, uma crença só subsistirá se subsistirem razões de fato, conhecidas pelo sujeito, para sustentá-la; a acessibilidade exigida pode ser efetiva ou apenas parcial. Além disso, o que deve estar presente no sujeito pode ser tanto um estado mental quanto – para os realistas – um objeto externo.

A favor de (2) – posição típica do confiabilismo – pode-se afirmar que, no plano imediato, muitas crenças são assumidas de forma acrítica, só "por ouvir dizer" (no *Tractatus de intellectus emendatione* mesmo Espinosa reconhecera isso como o grau mais baixo do conhecimento) ou com base em alguma autoridade, ou seja, mesmo quando falta uma justificação epistêmica das crenças; só assim se explica o conhecimento de pessoas incultas, das crianças etc. Além disso (2) ganha força do fato de que inúmeros problemas tradicionais do conhecimento não encontraram soluções satisfatórias na atitude internalista (por exemplo, o da indução), o que depõe a favor da alternativa esternalista. Mas, se a exigência fundamental para a justificação epistêmica é que a aceitação das crenças seja *responsável*, vale dizer, assumida em relação à finalidade do conhecimento, a verdade – o que falta em (2), como mostraram alguns contra-exemplos criados *ad hoc* –, ele não pode ser candidato a uma teoria da justificação epistêmica. Foram então desenvolvidas formas mais perspicazes de (2) – como por exemplo por BonJour (*The Structure of Empirical Knowledge*, 1985) –, que procuram transpor a etapa da justificação, considerando diretamente verdadeiro o conhecimento que satisfaça às condições externalistas. [M.S.]

Partindo da idéia da inadmissibilidade (gnosiológica) de uma realidade preconceitual – portanto de um dado da experiência que não seja preliminarmente enquadrado nos nossos esquemas –, Putnam equiparou o externalismo ao realismo metafísico, ou seja, à teoria segundo a qual: 1) o mundo consiste na totalidade dos objetos que subsistem *independentemente* da nossa mente; 2) existe *uma única* descrição verdadeira de "como é o mundo"; 3) a verdade reside em alguma *correspondência* entre as palavras e as coisas externas. Tal perspectiva, explicita Putnam, é chamada de externalista "porque o seu ponto de vista preferido é o do Olho de Deus" (*Ragione, verità e storia*, 1981, trad. it., Il Saggiatore, Milão, 1985, p. 57). Inversamente, equiparou o internalismo à teoria segundo a qual: 1) a realidade nos é sempre dada *no interior* de teorias ou descrições específicas dela, ou seja, no âmbito de determinados esquemas conceituais; 2) são possíveis *múltiplas* teorias ou descrições "verdadeiras" do mundo; 3) a verdade é uma forma de *aceitabilidade racional idealizada*, ou seja, "uma espécie de coerência ideal das nossas crenças as une com as outras e com experiências desde que tais experiências sejam representadas no nosso sistema de crenças – ao invés de uma correspondência com um "estado das coisas" independente do discurso e da mente". Com efeito, "Não há nenhum ponto de vista do Olho de Deus que se possa conhecer ou imaginar verossimilmente: ao contrário, há apenas vários pontos de vista de pessoas reais, que refletem diversos interesses e objetivos, subjacentes às suas descrições e teorias" (*ibid.*, pp. 57-8; v. REALISMO; RELATIVISMO CONCEITUAL; VERDADE). [G.F.]

EXTERNALISMO/INTERNALISMO HISTORIOGRÁFICO (in. *Historiographic externalism/internalism*; fr. *Externalisme/internalisme historiographique*; al. *Historiographischer Externalismus/Internalismus*; it. *Esternismo/Internismo storiografico*). Essa expressão define as duas modalidades com que podemos nos referir hoje à reflexão epistemológica que privilegia a situação histórica dos modelos científicos (paradigmas), ou então sua estrutura lógica. Os neopositivistas haviam conferido às suas análises um recorte lógico, vale dizer, de substancial internalismo, interessados que estavam em identificar a estrutura atemporal da ciência (ainda que se encontrem algumas aberturas para o E. na produção sociológica de Neurath e na produção histórico-divulgadora de Reichenbach). Popper também negou que a história ou a sociologia da ciência pudessem legitimar seus resultados, se bem que adote uma abordagem histórica para esclarecer a influência da metafísica sobre a ciência. Numerosos autores do período pós-empirista, a começar por Agassi, com a polêmica de *Towards an Historiography of Science* (1963), abraçaram, porém, o E., reavaliando de modo sistemático o peso da consideração histórica e julgando estruturalmente necessário lançar mão de contínuas referências a episódios concretos do fazer ciência. Com efeito, a categórica abstenção de considerações não meramente acidentais e documentárias de natureza histórica, por parte dos neopositivistas, evidenciou em muitos casos a impossibilidade de produzir uma reconstrução historiograficamente adequada dos procedimentos da ciência, mas o recurso maciço a critérios puramente históricos corre o risco oposto: pôr a perder a unidade ou pelo menos o denominador comum que nos permite falar de ciência, reduzindo-a a uma coleção de casos particulares, a "consolações para o especialista".

Há quem vise a um equilíbrio entre os dois modelos: para Lakatos (*History of Science and Its Rational Reconstructions*, 1971), uma metodologia historiográfica mostra-se adequada desde que suas análises correspondam ao efetivo processo de pesquisa científica. Ele continua, assim, acreditando na complementaridade entre história externa, ou conjunto objetivo de todos os fatos, e história interna, ou reconstrução produzida pelo historiador, que deve dar destaque à lógica da ciência no acúmulo dos acontecimentos. Kuhn (*The Structure of Cientific Revolutions*, 1962, 1970[2]), definindo a história interna como intelectual, e a externa como social, acredita que a aceitação social das teorias científicas desempenhe algum papel em seu sucesso epistemológico. Ele confirmou, também na esteira das posições de Polanyi, a autonomia do dado histórico em relação às suas reconstruções racionais, buscando um fundamento objetivo, uma verificação factual para a construção teórica. Por outro lado, Feyerabend (*Against Method*, 1975), nega qualquer contribuição histórica ou teórica na aceitação das teorias e qualquer diferença entre internalismo e E. Uma conciliação entre as duas tendências parece ter sido tentada, através de novos caminhos, por Stegmüller (*The Structure and Dynamics of Theories*, 1976, e *Accidental ["Non-Substantial"] Theory Change and Theory Dislogement*, 1976). [M.S.]

EXTRAPOLAÇÃO (in. *Extrapolation*; fr. *Extrapolation*; al. *Extrapolation*; it. *Estrapolazione*). 1. Cálculo dos valores de uma função com argumentos que estão além daqueles para os quais já se conhecem os valores da função.

2. O mesmo que *analogia* (v.). [N.A.]

EXTREMO (gr. τὸ ἔσχατον; lat. *Extremum*; in. *Extreme*; fr. *Extrême*; al. *Aeusserste*; it. *Estremo*). O que é primeiro ou último em qualquer série. Foi assim que Aristóteles entendeu esse termo, notando que os E. não são substâncias, mas limites (*Met.*, XIV, 3, 1090 b 9). Nesse sentido, diz-se que o ponto é o E. da linha, a linha é o E. do plano e o plano é o E. do sólido. No mesmo sentido, fala-se de uma espécie E. (última), que é a mais próxima do indivíduo (*ibid.*, III, 3, 998 b 15). E. (último) é também o motor imóvel, porque é o primeiro na série dos movimentos (*Fís.*, VIII, 2, 244 b 4). E. são também os dois termos do silogismo que aparecem na conclusão e cuja relação é estabelecida pelo termo médio (*An. pr.*, I, 4, 25 b 30). Pode-se dizer que essa palavra conserva o mesmo significado até hoje (v. ÚLTIMO). [N.A.]

EXTRÍNSECO, INTRÍNSECO (in. *Extrinsical, intrinsical*; fr. *Extrinsèque, intrinsèque*; al. *Aeusserlich, innerlich*; it. *Estrinseco, intrinseco*). Em geral, diz-se que é intrínseco o que pertence à essência ou à natureza de uma coisa e E. o que lhe é estranho. Segundo a lógica tradicional, é intrínseco a um objeto o caráter que faz parte da definição desse objeto; por exemplo, a racionalidade, se o homem é definido como "animal racional". Do ponto de vista de uma lógica que não se funde na noção de essência necessária ou de *substância* (v.), as determinações E. ou intrínseco têm um significado muito mais flexível, porque relativas aos vários significados de um objeto qualquer (v. SIGNIFICADO). [N.A.]

F

F. Na lógica medieval, os silogismos cujos nomes mnemônicos começam com essa letra são redutíveis ao quarto modo da primeira figura (cf. PEDRO HISPANO, *Summ. log.*, 4. 20). [N.A.]

FABRICAÇÃO (fr. *Fabrication;* it. *Fabbricazione*). A atividade própria da inteligência, segundo Bergson. Essa é, com efeito, "a faculdade de fabricar objetos artificiais, especialmente utensílios para fazer outros utensílios, e de variar indefinidamente sua F.". Desse ponto de vista, a verdadeira definição do homem não é *Homo sapiens,* mas *Homo faber* (*Évol. créatr.*, 11.ª ed., 1911, p. 151; *La pensée et le mouvant,* 3.ª ed., 1934, p. 97). [N.A.]

FÁBULA (lat. *Fabula;* in. *Fable;* fr. *Fable;* al. *Fabel;* it. *Favola*). A partir do Renascimento, a convicção de que as "F. antigas" tinham valor de sintoma ou revelação indireta da verdade levou a reinterpretar os mitos antigos, emprestando-lhes por vezes (como se vê nas obras de Bruno) significados filosóficos. Quanto ao valor das F., Bacon e Vico representam atitudes fundamentais. Bacon achava que as F. estão entre o silêncio e o esquecimento das idades perdidas e a memória e a evidência das idades mais próximas, de que possuímos documentos escritos. "As F.", escreveu ele, "não são produto das suas épocas nem fruto da invenção poética, mas uma espécie de relíquia sagrada e tênue aura de tempos melhores, que da tradição das nações mais antigas chegaram até as trompas e as flautas dos gregos" (*De sapientia veterum,* 1609, Pref.). Portanto, Bacon propendia a entrever nas F. um significado alegórico intencional. Essa tese é negada e combatida um século depois por Vico, para quem as F. são tais só do ponto de vista dos doutos, ao passo que para os povos primitivos que as criaram eram narrações verdadeiras. "Os filósofos", diz Vico, "atribuíram às F. interpretações físicas, morais, metafísicas ou de outras ciências, segundo a fantasia lhes fosse animada pelo ouro, pelos deveres ou pelo capricho; assim, com o auxílio das suas alegorias eruditas supuseram-nas como fábulas. Sentidos doutos que os primeiros autores dessas F. não entenderam nem, devido à sua natureza rústica e ignorante, podiam entender: antes, graças a essa mesma natureza, conceberam as F. como narrações verdadeiras [...] das suas coisas divinas e humanas" (*Sc. nuova,* II, Della metafisica poetica). Essa idéia de Vico ficou como fundamento da moderna filosofia das formas simbólicas (v. MITO). [N.A.]

FABULAÇÃO (fr. *Fabulation;* it. *Fabulazione*). Bergson designou desse modo a faculdade ou o ato criador de ficções ou superstições, em que consiste essencialmente a *religião estática,* que, mediante ficções mais ou menos consoladoras, procura defender a vida contra o poder desagregador da inteligência (*Deux sources,* cap. II). [N.A.]

FACTICIDADE (in. *Facticity;* fr. *Facticité;* al. *Faktizität;* it. *Effettività*). Segundo Heidegger, o que caracteriza a existência como *lançada* no mundo, ou seja, à mercê dos fatos, ou no nível dos fatos e entregue ao determinismo dos fatos. O "fato", que é simplesmente a presença das coisas utilizáveis, é objeto de "constatação intuitiva". A F. da existência, ao contrário, só é acessível através da "compreensão emotiva" (*Sein und Zeit,* § 29). Nesse sentido, a F. é um modo de ser próprio do homem e diferente da *factualidade* (v.), que é o modo de ser das coisas. De modo análogo, Sartre deu o nome de F. ao fato da liberdade, ou seja, ao fato de que a liberdade não pode não ser livre e não pode não existir: nesse caso, liberdade identifica-se com necessidade do fracasso (*L'être et le néant,* p. 567). [N.A.]

FACTÍCIO (in. *Factitious;* fr. *Factice;* al. *Gemacht;* it. *Fattizio*). Termo que se emprega quase exclusivamente com referência à classificação cartesiana das idéias em inatas, adventícias e factícias; as últimas são as idéias "feitas e inventadas" por nós (*Méd.,* III). [N.A.]

FACTUALIDADE (in. *Factuality;* al. *Tatsächlichkeit;* it. *Fatticità*). Husserl deu esse nome ao modo de ser do fato, como essencialmente "casual", ou seja, porquanto pode ser diferente do que é (*Ideen*, I, § 2). Heidegger fez a distinção entre a "F. do *factum brutum* de uma simples presença", de uma coisa, e a *facticidade* (v.) da existência (*Sein und Zeit*, § 29). [N.A.]

FACULDADE (gr. ψυχῆς εἶδος ou μόριον; lat. *Facultas*; in. *Faculty*; fr. *Faculte*; al. *Vermögen*; it. *Facoltà*). 1. Entendem-se por esse nome os *poderes* da alma, ou seja, as espécies ou partes em que é possível classificar e dividir suas atividades ou princípios aos quais são atribuídas tais atividades. A distinção entre os poderes da alma, bem como a própria noção de um poder que se refere à alma, nasce da óbvia consideração da diferença entre as operações atribuídas à alma e do fato de que essas operações podem opor-se entre si. Com esse fundamento, Platão distinguiu três poderes, que ele chamava de *espécies* (εἴδη, *Rep.*, IV, 440 e) da alma: poder *racional*, graças ao qual a alma raciocina e domina os impulsos corpóreos; poder *concupiscível* ou irracional, que preside aos impulsos, aos desejos, às necessidades e concerne ao corpo; poder *irascível*, que é auxiliar do princípio racional e indigna-se e luta por aquilo que a razão julga justo (*Rep.*, IV, 439-40). Já Aristóteles distinguiu: *a*) parte (μόριον) *vegetativa*, que é a potência nutritiva e reprodutiva própria dos seres vivos, a começar pelo homem; *b*) parte *sensitiva*, que compreende a sensibilidade e o movimento e é própria do animal; *c*) parte *intelectiva* (*dianoética*), que é própria do homem. O princípio mais elevado pode fazer as vezes dos inferiores, mas não vice-versa. Assim, no homem a alma intelectiva também cumpre as funções que nos animais são realizadas pela alma sensitiva e nas plantas pela vegetativa (*De an.*, II, 2, 413 a 30 ss.). Por sua vez, o princípio dianoético ou alma intelectiva divide-se em duas partes que são, respectivamente, a parte *apetitiva* ou prática (a vontade) e a parte *intelectiva* ou contemplativa (o intelecto) (*ibid.*, III, X, 433 a 14; *Et. nic.* VI, 1, 1139 a 3; *Pol.*, 1133 a). Essa divisão seria aceita e difundida durante muitos séculos. Os estóicos, todavia, haviam proposto outra, consistente em quatro princípios: *a*) princípio diretivo ou hegemônico, que é a razão; *b*) sentidos; *c*) princípio seminal ou espermático; *d*) linguagem (DIÓG. L., VII, 157; SEXTO EMPÍRICO, *Adv. math.*, IX, 102). Na filosofia medieval, a divisão aristotélica, que acaba por prevalecer no fim da escolástica e é repetida por muitos pensadores (p. ex., Alberto Magno, Tomás de Aquino, Duns Scot, Ockham), entrelaça-se com o tipo de divisão que fora inaugurado por Agostinho e que consiste em julgar que as partes da alma têm como modelo a Trindade divina. Agostinho distinguira, com efeito, três faculdades da alma: memória, inteligência e vontade, correspondentes às três pessoas da Trindade, definidas respectivamente como Ser, Verdade e Amor (*De Trin.*, X, 18). Essa divisão e outras análogas encontram-se freqüentemente na escolástica (é repetida, p. ex., por S. ANSELMO, *Monol.*, 67). A partir de Descartes, a única divisão admitida foi a que Aristóteles considerara própria da alma intelectiva ou dianoética, entre *vontade* (apetite ou desejo) e *intelecto* propriamente dito, ou seja, a divisão fundada no uso prático e no uso teórico da razão. Para Descartes, a alma é apenas a alma "racional", já que as funções vegetativa e sensitiva não pertencem à alma racional nem a outra espécie de alma, porquanto são funções mecânicas, explicadas pelo mecanismo corpóreo (*Discours*, V). A divisão entre intelecto e vontade é enunciada por Descartes (*Pass. de l'âme*, I, 17) como entre as *ações* da alma, que compreendem todos os desejos, entre os quais Descartes inclui a vontade (*ibid.*, 18), e as *paixões*, que compreendem "todas as espécies de percepções ou formas de conhecimento". Essa divisão é elucidada pelo modo como Descartes a utiliza na sua teoria do erro: este depende do concurso de duas causas, do intelecto e da vontade. Com o intelecto o homem não afirma nem nega nada, mas concebe tão-somente as idéias que pode afirmar ou negar. O ato de afirmar ou negar é próprio da vontade. Ora, a vontade é livre e como tal é muito mais ampla que o intelecto e pode, portanto, afirmar ou negar até o que o intelecto não consegue perceber clara e distintamente (*Méd.*, IV; *Princ. phil.*, I, 34). Com isso, estabelecia-se a distinção entre intelecto e vontade, o que seria aceito até Kant. É bem verdade que Espinosa negou a existência de F. separadas na alma, aduzindo que elas "são fictícias, entidades metafísicas ou universais que formamos a partir das coisas particulares" (*Et.*, II, 48). Mas isso significa que para ele "vontade e intelecto são a mesma coisa" (*ibid.*, 49, corol.), sendo a distinção pressuposta com fins polêmicos. O próprio Locke a reconhece quando, a propósito da idéia de força, afirma que a vontade e o intelecto são as duas forças que explicam as transformações que ocorrem no nosso espírito (*Ensaio*, II, 21, §§ 5-6). Leibniz diz que os dois princípios agentes na mônada são a *percepção* e a *apetite* (*Monad.*, §§ 14-5). Wolff, por sua vez, reconhecia no conhecimento e no apetite as duas funções fundamentais do espírito humano e, com base nessa divisão, modelava a divisão da filosofia nos dois ramos fundamentais, filosofia teórica ou metafísica e filosofia prática (*Log.*, Disc. Prael., §§ 60-2).

Kant, somando as análises dos empiristas ingleses, interpunha entre o intelecto e a vontade uma terceira F., que chamava de "sentimento de prazer e desprazer". Com isso, as F. da alma elevaram-se a três (F. de conhecer, F. de sentir, F. de desejar) (*Crít. do Juízo*, Intr., IX), numa divisão que se tornaria clássica e freqüentemente seria apoiada por um suposto testemunho da consciência (v. EMOÇÃO; SENTIMENTO).

Entretanto, nenhuma dessas doutrinas implicava que as F. da alma fossem poderes distintos e independentes. Como já os antigos, tanto Descartes (*Regulae*, XII, 79) quanto Locke (*Ensaio*, II, 21, 6) e Leibniz (*Nouv. ess.*, II, 21, 6) reconhecem explicitamente que a divisão das F. é uma abstração que não destrói a unidade da atividade mental. Assim, não representam grandes novidades a crítica de Herbart à doutrina das F. e a sua tese de que essas F. (intelecto, sentimento e vontade) são simples "conceitos de classe" mediante os quais se ordenam os fenômenos psíquicos (*Einleitung in die Phil.*, § 159). A psicologia associacionista compartilhava esse ponto de vista, mas mantinha a mesma tripartição (p. ex., BAIN, *Mental and Moral Science*, 1868, p. 2; *Logic*, II, 275), e o Neocriticismo da Escola de Marburgo (Cohen, Natorp) reconhecia só três ciências filosóficas (lógica, estética e ética), correspondentes às três atividades do espírito.

Foi só na psicologia e na filosofia contemporâneas, especialmente por influência do behaviorismo e da Gestalt, que a doutrina das partes da alma, qualquer que fosse o modo de entendê-la, perdeu importância, deixando de constituir tema de investigação e debates. Como objeto de indagações, de fato, o comportamento implica a prática e a fusão simultâneas de todos os princípios ou partes distintas ou distinguíveis da atividade da alma, da consciência ou do organismo, de tal modo que tais distinções deixam de ter interesse.

2. No significado mais geral, o mesmo que *Poder* (v.). [N.A.]

FALA. V. PAROLE.

FALÁCIA (gr. σόφισμα; lat. *Fallacia*; in. *Fallacy*; fr. *Sophisme*; al. *Fallacie*; it. *Fallacia*). Termo com que os escolásticos indicaram o "silogismo sofístico" de Aristóteles. Pedro Hispano disse: "F. é a idoneidade fazendo crer que é aquilo que não é, mediante alguma visão fantástica, ou seja, aparência sem existência" (*Summ. log.*, 7.03). Aristóteles dividira os raciocínios sofísticos em duas grandes classes: os atinentes ao modo de expressar-se, ou, como dizem os escolásticos, *in dictione*, e os independentes do modo de expressar-se, ou *extra dictionem*. Os primeiros são seis, a saber: *equivocação, anfibologia, composição, divisão, acentuação, figura dictionis*. Os outros são sete: *acidente, secundum quid, ignorantia elenchi, petição de princípio, non causa pro causa, conseqüente, interrogação múltipla* (*El. sof.*, 4). A doutrina das F. foi uma das partes mais cultivadas da lógica medieval, mas perdeu quase toda importância na lógica moderna. Cerca de metade das *Summulae logicales* (séc. XIII) de Pedro Hispano é dedicada à refutação das falácias. Mas já na *Lógica* de Port-Royal a ela é dedicado um único capítulo (o XIX da parte III), que constitui cerca da vigésima parte do tratado. Na lógica contemporânea esse assunto desapareceu de todo, visto não poderem ser reduzidas a sofismas as *antinomias* (v.) de que ela trata. Nos verbetes referentes a cada um dos sofismas encontrar-se-á o que a lógica antiga e medieval entendia por eles. [G.P. – N.A.]

FALÁCIA NATURALÍSTICA (in. *Naturalistic fallacy*; it. *Fallacia naturalistica*). l. Expressão usada por G. E. Moore para indicar o típico "erro" filosófico que consistiria em fazer do bem um objeto de natureza definível em termos cognitivos (*Principia Ethica*, 1903, trad. it., Bompiani, Milão, 1964, pp. 91-120). À F. naturalística, acusada de aplainar a dimensão extranatural do dever-ser sobre a dimensão natural do ser, ou seja, de tirar conclusões éticas de premissas não éticas, Moore contrapõe o seu intuicionismo (v.) axiológico, ou seja, a convicção segundo a qual o bem pode ser entendido apenas por meio da intuição (v.).

2. Nas várias formas de não-cognitivismo ético (v.) o conceito de F. naturalística sofre uma ampliação de significado e vem a denotar toda e qualquer tentativa de extrair juízos de valor dos juízos de fato, ou seja, toda infração à lei de Hume (v.). [G.F.]

FALANSTÉRIO (in. *Phalanstery*; fr. *Phalanstère*; it. *Falansterio*). Termo empregado por Charles Fourier para designar a organização social utópica por ele prevista: um grupo de cerca de 1.600 pessoas vivendo em regime comunista, com liberdade de relações sexuais e regulamentação da produção e do consumo dos bens (*Tratado de associação doméstica e agrícola ou teoria da unidade universal*, 1822). [N.A.]

FALATÓRIO (al. *Gerede*; it. *Chiacchiera*). Segundo Heidegger, um dos modos de ser do homem na vida cotidiana e anônima (ao lado da *curiosidade* [v.] e do *equívoco* [v.]). O F. não é um termo pejorativo, mas indica um fenômeno positivo que constitui um dos modos (o inautêntico) de compreender o mundo e de viver nele. O F. rompe a relação entre a linguagem e os fatos. De tal modo que aquilo que é dito adquire um caráter de autoridade, implicando que "a coisa é justamente assim como *se diz*" (*Sein und Zeit*, § 35). [N.A.]

FALIBILISMO (in. *Fallibilism*; it. *Fallibilismo*). Termo criado por Peirce para indicar a atitude do pesquisador que julga possível o erro a cada instante da sua pesquisa e, portanto, procura melhorar os seus instrumentos de investigação e de verificação (*Coll. Pap.*, 1.13; 1.141-52). Dewey ressaltou a importância dessa atitude (*Logic*, cap. II; trad. it., p. 79).

K. R. Popper adotou-o, em contraposição ao "verificacionismo", definindo-o como o procedimento que consiste em formular *conjecturas* e submeter a *refutações,* mesmo com base em observações empíricas, renunciando-se a qualquer pretensão de certeza no campo da ciência (*Conjectures and Refutations,* 1965, p. 228 ss.). [N.A.]

FALSIFICABILIDADE, PRINCÍPIO DE (in. *Principle of falsificability;* fr. *Principe de falsificabilité;* al. *Falsifizierbarkeitsprinzip/Falsifizierbarkeitskriterium;* it. *Principio di falsificabilità*). 1. É o critério de demarcação (v.) proposto por Popper, com o objetivo de distinguir as teorias empírico-científicas das teorias que não o são. O princípio de F. substitui o princípio neopositivista de verificabilidade (v.), considerado epistemologicamente inadequado e incapaz de justificar as generalizações da ciência. De fato, visto que de uma soma – que, embora ampla, é sempre finita – de casos particulares não pode brotar uma lei universal, segue-se que "as teorias *nunca* são verificáveis empiricamente" (*Logica della scoperta scientifica,* 1934, 1959, § 6, trad. it., Einaudi, Turim, 1970, p. 22). Inversamente, segundo o princípio de F., uma teoria será empírica (portanto, para Popper, científica) se puder ser desmentida, em princípio, pela experiência, ou seja, se os seus enunciados puderem entrar em conflito com eventuais observações: *"Um sistema empírico deve poder ser refutado pela experiência"* (*ibid.*). Por exemplo, a asserção "Amanhã choverá ou não choverá aqui" não deve ser considerada empírica, pois não pode ser refutada, enquanto a asserção "Amanhã choverá aqui" é considerada empírica (*ibid.*). Mais em particular, uma teoria deve ser classificada como científica desde que disponha de uma série de verificações empíricas, ou seja, quando, dividindo o conjunto dos seus enunciados nas duas subclasses das asserções que indicam o que ela *permite* (ou torna previsível) e das que indicam o que ela *veta* (ou exclui), mesmo este segundo grupo não é *vazio,* mas contém pelo menos *uma* asserção capaz de funcionar como falsificador potencial: "Uma asserção ou teoria é [...] falsificável se e somente se existir pelo menos um falsificador potencial, pelo menos uma possível asserção básica que entre logicamente em conflito com ela" (*Poscritto alla lógica della scoperta scientifica,* vol. I: *Il realismo e lo scopo della scienza,* trad. it., Il Saggiatore, Milão, 1984, p. 35; v. ASSERÇÕES BÁSICAS).

2. A "superioridade" epistemológica do princípio de F., que insiste no valor do desmentido em relação ao da confirmação, deriva, segundo Popper, da *assimetria lógica entre verificabilidade e F.,* ou seja, do fato de que milhares e milhares de confirmações não tornam indubitável uma teoria, enquanto basta um único fato negativo para refutá-la (por exemplo, nenhuma observação particular de cisnes brancos, apenas, jamais será capaz de justificar a validade da tese geral "todos os cisnes são brancos", ao passo que basta a observação de um único cisne negro para desmenti-la). Isso significa que o que se pode aprender da experiência não é a "verdade" de uma teoria, mas apenas a falsidade de uma hipótese, ou seja, que a ciência não é o mundo das verdades indubitáveis e definitivamente "verificadas", mas o universo das hipóteses que, no momento, ainda não foram falsificadas, mas apenas, eventualmente, corroboradas (v. CORROBORAÇÃO).

3. E importante distinguir F. e falsificação. A primeira é uma nota puramente lógica, apta a estabelecer o grau de cientificidade de uma teoria. A segunda é um procedimento real, que torna efetivamente falsificada uma teoria. *A ciência, portanto, vive de teorias falsificáveis, não ainda falsificadas.* No entanto, se do ponto de vista lógico ou ideal o desmentido for algo definitivo (se for verdade que existe pelo menos *um* cisne negro, então é falso que *todos os cisnes* são brancos), do ponto metodológico ou factual, ou seja, da práxis concreta da pesquisa, nenhum desmentido poderá jamais ser considerado *conclusivo,* porquanto não se pode afirmar, de uma vez por todas, que as asserções básicas aceitas *hic et nunc* são efetiva e definitivamente verdadeiras. Por conseguinte, para ser coerente consigo, o falsificacionismo, além de excluir "estratagemas de salvação", com o fim de subtrair a teoria a possíveis refutações, deve estar pronto a considerar falsificáveis as mais creditadas falsificações.

4. Reportando-se à história concreta da ciência (que demonstraria que "a natureza pode gritar Não, mas o engenhosidade humana [...] sempre pode gritar mais alto"), Kuhn e Lakatos afirmaram que uma teoria científica entra em crise e é substituída não em virtude de experimentos cruciais que a falsificam, mas depois do aparecimento de teorias rivais: "Os cientistas têm couro duro. Não largam uma teoria só porque alguns fatos a contradizem. Habitualmente, ou inventam alguma hipótese de salvação para explicar aquilo que depois chamam de mera anomalia ou [...] a ignoram [...] Os cientistas falam de anomalias, de casos recalcitrantes, nunca de refutações. Naturalmente a história da ciência está cheia de relatos do modo como certos supostos experimentos cruciais demoliram certas teorias. Mas esses relatos são fabricados muito tempo depois que a teoria foi abandonada" (I. LAKATOS, *La metodologia dei programmi di ricerca cientifici,* 1978, trad. it., Il Saggiatore, Milão 1985, vol. I, pp. 6-7). Tendo em mente esse tipo de crítica – e outras análogas, formuladas por Hanson, Toulmin etc. – Popper, partindo de um modelo monoteórico inicial baseado no confronto bipolar teoria-experiência, chegou a um modelo pluralista ou pluriteórico, centrado no

confronto entre teorias rivais e a experiência. Além disso, para tornar mais elástico o conceito de falsificação, evitando que "uma teoria seja refutada depressa demais", ele reconheceu o oportunidade de certo dogmatismo na manutenção das teorias. E isso por pelo menos duas ordens de razões: *a*) mesmo uma teoria correta pode ser falsificada (como indicou Stegmüller); *b*) uma teoria falsificada deve ser mantida enquanto não estiver disponível uma alternativa melhor, a tal ponto que, entre duas teorias, ambas falsificadas, mas que no momento representem as únicas disponíveis, deve-se avaliar em termos de verossimilhança qual é a mais adequada (v. PROGRESSO CIENTÍFICO). De tal modo, ele acabou por introduzir uma consideração *diacrônica* das teorias, mesmo sem oferecer indicações precisas sobre o teto de admissibilidade do dogmatismo.

5. Como se pode notar, as idéias de Popper em torno do princípio de F. passaram por certo desenvolvimento. O que, no entanto, permaneceu constante no seu pensamento é o recurso à experiência como critério de validade das teorias. De fato, contra o modelo de "ciência sem a experiência", encarnada pelo panteorismo de Feyerabend, ele manteve a primitiva convicção empirista, essencial para a própria sobrevivência do seu falsificacionismo, segundo a qual "apenas a experiência pode decidir da verdade ou da falsidade das asserções da ciência" (*Lógica*, § 6, *cit.*, p. 24). Convicção que o levou a ver no realismo (v.) a doutrina que mais se concilia com o falsificacionismo e com o teorema segundo o qual as "nossas teorias podem chocar-se contra a realidade" (*Scienza e filosofia*, trad. it., Einaudi, Turim, 1991, p. 43).

6. Nesse ponto, o princípio de F. encontra-se diante de uma dificuldade de fundo. Com efeito, se é verdade, conforme afirma Popper, que não existem observações "puras", e que os fatos estão sempre "carregados de teoria" (v. FATO; OBSERVAÇÃO), parece que falta o conceito de uma possível falsificação das teorias por meio da experiência, ou seja, dos enunciados observacionais. Em outros termos, uma vez aceita a tese do caráter teórico (*theory laden*) da observação e faltando a confiança positivístico-indutivista num "mundo de fatos" não teórico, parece que não há mais sentido em dizer que as teorias podem ser "contraditas" pelas nossas observações. Para resolver essa dificuldade e para escapar a uma espetacular falsificação do seu falsificacionismo, Popper recorreu à noção de "conhecimento de fundo" (*background knowledge*), ou seja, à tese segundo a qual as nossas observações, mesmo sendo dependentes de um "background" de pressuposições gerais (assumidas como não-problemáticas), configuram-se ao mesmo tempo como independentes em relação às hipótese teóricas específicas que são submetidas à verificação. No entanto, com essa doutrina, que implica a possibilidade lógica de isolar as teorias submetidas à verificação empírica em relação ao conhecimento de fundo que está a montante das observações, Popper é obrigado a opor-se ao holismo (v.), ou seja, à concepção epistemológica atualmente majoritária, segundo a qual não é possível falsificar hipóteses particulares, mas apenas sistemas de teorias. Tudo isso, aliado à recusa pós-positivista de qualquer critério universal de cientificidade (v. DEMARCAÇÃO), contribuiu para redimensionar a aceitação do princípio de F., que hoje em dia parece sobreviver apenas na configuração mais geral (e menos filosoficamente controversa), ou seja, na forma falibilista de um convite crítico a considerar as teorias (não só científicas, mas também políticas, éticas etc.) à guisa de hipóteses ou *conjecturas* passíveis de abandono ou retificação. [G.F.]

FALSIFICACIONISMO (in. *Falsificationism*; fr. *Falsificationisme*; al. *Falsificationismus*; it. *Falsificazionismo*). 1. Doutrina epistemológica que vê na falsificabilidade (v.) a principal marca das teorias científicas. O maior teórico do F. é Popper, que o converteu na plataforma teórica da sua concepção falibilista do saber (v. FALIBILISMO).

Em *Falsification and the Methodology of Scientific Research Programmes* (1970) Lakatos distinguiu três tipos de F.: 1) dogmático; 2) metodológico (ingênuo); 3) (metodológico) sofisticado. O primeiro, mesmo admitindo a falsificabilidade de todas as teorias, considera infalível a base empírica. O segundo acha que a aceitabilidade das asserções básicas é convencional, e que não existem falsificações incontrovertíveis. O terceiro só aprova uma teoria nova se ela manifestar "um aumento de conteúdo empírico corroborado em relação às teorias anteriores (ou rivais)" (trad. it. em *Critica e crescita della conoscenza*, VV.AA., Feltrinelli, Milão, 1976, pp. 164-276, p. 191). Segundo Lakatos, o primeiro tipo de F. é insustentável, porquanto considera que ocorrem falsificações incontrovertíveis e imediatas. Também insustentável é o segundo, porquanto considera a verificação empírica segundo os moldes de um confronto entre teoria e experimento, ao invés de entre duas ou mais teorias rivais, e por acreditar que o único resultado relevante desse confronto é a falsificação, ou seja, a eliminação da teoria pior, em vez da conservação da melhor. O único tipo de F. aceitável e coerente com a metodologia dos programas de pesquisa (v.) é o terceiro, ou seja, um tipo de F. segundo o qual o critério de falsificabilidade não deve ser abandonado, mas apenas "reformado", no sentido de que, para poder falsificar um programa de pesquisa, cabe demonstrar que ele já não é capaz de prever fatos novos, e que, inversamente, um outro programa de pesquisa possui tal capacidade heurística. Lakatos vê no F. metodológico ingênuo a posição específica de Popper, ainda que detecte no seu pensamento vestígios de F. "sofisticado", ou seja, a tentativa, nunca levada plenamente a efeito, de passar do segundo ao terceiro tipo de F. Em outros termos, segundo Lakatos, haveria três Popper: o $Popper_0$, que é o Popper falsificacionista dogmático ("invenção" dos seus críticos), o $Popper_1$, que é o Popper falsificacionista metodológico ingênuo, e o $Popper_2$, que é o Popper falsificacionista sofisticado: "O Popper real consiste em $Popper_1$ com alguns elementos de $Popper_2$" (*ibid.*, p. 259).

2. Em sentido geral, a teoria segundo a qual toda hipótese ou teoria (não só científica, mas também política, ética etc.) se configura como uma conjectura passível de refutação. [G.F.]

FALSO (gr. ψευδής; lat. *Falsum*; in. *False*; fr. *Faux*; al. *Falsch*; it. *Falso*). V. FALIBILISMO; VERDADE.

FAMÍLIA (in. *Family*; fr. *Famille*; al. *Familie*; it. *Famiglia*). Aqui só nos interessa registrar o uso lógico e metodológico desse conceito, que é recentíssimo. Uma "F. de conceitos" é um conjunto de conceitos entre os quais se estabelecem relações diversas que não sejam redutíveis a um só conceito ou princípio. É precisamente o que ocorre entre os membros de uma F. humana, os quais nem sempre têm uma única propriedade comum, e, mesmo quando têm, ela não resume nem esgota toda a semelhança familiar. O uso dessa noção implica, portanto, o esforço de procurar sempre novas relações entre os conceitos, sem que seja necessário reduzir essas relações a um só tipo. O primeiro a propor e a empregar essa noção foi WITTGENSTEIN (*Philosophical Investigations*, § 110). Essa obra foi publicada em 1953, mas alguns anos antes seus conceitos fundamentais já eram conhecidos; o conceito de F. foi utilizado por Weismann em *Introdução ao pensamento matemático* (*Einführung in das mathematische Denken*, 1936; trad. it., 1939). Cf. sobre o mesmo conceito: ABBAGNANO, *Possibilità e libertà*, 1956, *passim*. [N.A.]

FANATISMO (in. *Fanaticism*; fr. *Fanatisme*; al. *Fanatismus*; it. *Fanatismo*). Esta palavra (de *fanum* = templo) foi empregada a partir do século XVIII com o mesmo valor de *entusiasmo* (v.) para indicar o estado de exaltação de quem se crê possuído por Deus e, portanto, imune ao erro e ao mal. No uso moderno e contemporâneo, "F." acabou prevalecendo sobre "entusiasmo" para indicar a certeza de quem fala em nome de um princípio absoluto e, portanto, pretende que suas palavras também sejam absolutas. Já Shaftesbury dizia: "E é esse [entusiasmo] que dá origem à denominação F. no sentido inicial, usado pelos antigos, de aparição que arrebata o espírito" (*Letter on Enthusiasm*, 7; trad. it., Garin, pp. 78-9). Na verdade, Cícero já fala de "filósofos supersticiosos e quase fanáticos" (*De divin.*, 2, 57, 118). Leibniz chamava de fanática a filosofia que atribui todos os fenômenos a Deus "imediatamente, por milagre" (*Nouv. ess.*, Avant-propos, *Op.*, ed. Erdmann, p. 204). Mas certamente a melhor definição filosófica do F. foi dada por Kant. No sentido mais geral, F. "é uma transgressão, em nome de princípios, dos limites da razão humana". Há, além disso, o F. *moral*, que é "ultrapassar os limites que a razão pura e prática impõe à humanidade, que impede de atribuir o motivo determinante e subjetivo das ações ditadas pelo dever, ou seja, o móvel moral delas, a qualquer outra coisa que não seja a própria lei". O F. moral consiste na pretensão de fazer o bem por inspiração, por entusiasmo, por um impulso benéfico da própria natureza, portanto em substituir a virtude, que é "a intenção moral em luta", pela "pretensa santidade de quem acredita possuir perfeita pureza de intenções da vontade" (*Crít. R. Prática*, I, 1, 3). O fanatismo, nesse sentido, sempre foi objeto de polêmica na obra de Kant, que identificou e combateu suas principais manifestações no esforço de determinar os limites dos poderes humanos e a validade desses poderes nos seus limites. Num texto de 1786, *O que significa orientar-se no pensar*, Kant advertia contra a pretensão de superar os limites da razão recorrendo a faculdades ou poderes supostamente "superiores". Sua polêmica referia-se a Jacobi e a Mendelssohn, mas ele via a mesma pretensão no espinosismo, e, contra este e o fanatismo, reafirmava a exigência de determinar com precisão os limites da razão. Essas observações de Kant, para quem as considere hoje, parecem uma crítica antecipada ao romantismo, que, nesse aspecto, foi o grande retorno ao espinosismo. Todavia, o próprio Hegel falou de F., restringindo-o, porém, ao campo político e religioso. No campo político, "o F. quer uma coisa abstrata, não uma organização": seu exemplo é a Revolução Francesa (*Fil. do dir.*, § 5, Zusatz). No campo religioso, o F. consiste em subordinar o Estado à religião, de tal modo que seu lema é: "Aos religiosos não se imponha nenhuma lei" (*ibid.*, § 270, Zusatz). Mas Hegel não se dá conta de que a onipotência do Estado, que ele teorizou, é um fanatismo.

A palavra F. conserva hoje o significado de atitude, ponto de vista ou doutrina que, em qualquer campo ou domínio, despreze ou ignore as limitações humanas. Nossa época conheceu outra forma de F. mais sinistra: o F. político, que, embora não sendo uma novidade do ponto de vista doutrinal, aboliu os limites humanos em política e, conseqüentemente, exaltou ou divinizou certas concepções políticas e os indivíduos que as encarnavam. A própria palavra F., na terminologia de alguns movimentos políticos, perdeu a conotação negativa que recebera desde a Antigüidade, passando a ter o valor de fidelidade a toda prova, que ignora objeções ou limites. A experiência mostrou que essa fidelidade é a mais frágil de todas e, na primeira oportunidade, transforma-se em seu contrário. Como já dizia Kant, a racionalidade, com o reconhecimento dos limites que ela implica, é a única garantia de compromisso autêntico, seja ele teórico ou prático. [N.A.]

FANTASIA (in. *Fancy*; fr. *Fantaisie*; al. *Phantasie*; it. *Fantasia*). 1. O mesmo que imaginação.

2. A partir do século XVIII o uso simultâneo dos termos F. e imaginação favoreceu a distinção dos significados, e F. começou a indicar a imaginação desregrada ou desenfreada. Já na *Lógica* de Port-Royal diz-se que a imaginação é "a maneira de conceber as coisas mediante a aplicação do nosso espírito às imagens que estão pintadas no nosso cérebro" (o que é um conceito cartesiano exposto na *Regula* XII), e essas imagens, que são as *idéias* das coisas, distinguem-se das imagens "pintadas na fantasia" (I, 1). Em outros termos, contrapõem-se as imagens que são idéias, próprias da imaginação, às imagens fictícias, próprias da fantasia. Analogamente, Kant dizia que a F. é "a imaginação que produz imagens sem querer", donde "fantasista" é a pessoa que se habituou a julgar tais imagens como experiências internas ou externas (*Antr.*, I, § 28). E observava: "Muitas vezes gostamos de brincar com a imaginação, mas a imaginação, que é F., freqüentemente também brinca conosco, e às vezes com mau gosto" (*ibid.*, § 31, a). Nesse sentido, a F. é a imaginação desregrada e desenfreada. Este é um dos significados dessa palavra até hoje, sobretudo na linguagem comum.

3. Ao lado desse significado, o romantismo elaborou um outro, segundo o qual a F. é entendida como imaginação *criadora*, diferente, em qualidade mais do que em grau, da imaginação reprodutora comum. Nesse sentido, Hegel via a F. como "imaginação simbolizadora, alegorizadora e poetante", logo "criadora" (*Enc.*, §§ 456-7). Os românticos exaltaram a F. assim entendida. Para Novalis, ela é "o máximo bem" (*Fragmente*, 535). "A F.", dizia ele, "é o sentido maravilhoso que em nós pode substituir todos os sentidos. Se os sentidos externos parecem submeter-se a leis mecânicas, a F. evidentemente não está ligada ao presente nem ao contato de estímulos anteriores" (*ibid.*, 537). Desse modo, o caráter desordenado ou rebelde da imaginação fantasiosa, em virtude do qual essa forma de imaginação parecia inferior às outras no século XVIII, no século XIX passa a ser elemento positivo, um mérito, uma característica da liberdade criadora. A estética romântica ateve-se a essa valorização da fantasia. Croce diz: "A estética do século XIX forjou a distinção, encontrada em não poucos dos seus filósofos, entre F. (que seria a faculdade artística peculiar) e imaginação (que seria faculdade extra-artística). Acumular imagens, selecioná-las, esmiuçá-las, combiná-las pressupõe a produção e a posse de cada uma das imagens pelo espírito; a F. é produtora, enquanto a imaginação é estéril, apta a combinações extrínsecas, mas não a gerar o organismo e a vida" (*Breviario di estetica*, 1913, pp. 35-6). Em sentido análogo, Gentile chamava de F. a atividade artística como puro sentimento ou "forma subjetiva inatual" do espírito (*Fil. dell'arte*, § 5). Mas, nesse significado romântico, a F. deixa de ser uma atividade ou uma operação humana, definível ou descritível nas suas possibilidades e nos seus limites, para, como manifestação de atividade infinita, tornar-se ela também infinita, situando-se portanto além de qualquer possibilidade de análise e de verificação. [N.A.]

FANTASMA. V. IMAGEM.

FAPESMO. Palavra mnemônica com a qual, na tradição da lógica escolástica, aqueles que não reconheciam a quarta figura como autônoma indicavam o silogismo (considerado de primeira figura) que tinha a forma: "Todos os A são B, Nenhum C é A; logo, Algum B não é C" ("Todos os animais são substância, Nenhuma pedra é animal; logo Alguma substância não é pedra"). [M.M.]

FATALIDADE ou FATUM (in. *Fate*; fr. *Fatalité*; al. *Fatum*; it. *Fato*). Destino, no significado 1º do termo, como necessidade desconhecida, portanto cega, que domina os seres do mundo como partes da ordem total. A noção de fatalidade foi distinguida da noção de destino quando, entre as causas que constituem este último, se quis incluir a vontade e a ação humana. Nesse sentido, Leibniz contrapôs *fatum mahometanum*, que considera os acontecimentos futuros que não dependem do que o homem pode querer ou fazer, à noção de destino (ou de providência), segundo a qual o que acontecerá no futuro também é determinado, pelo menos em parte, pela ação humana (*Théod.*, I, § 55). Em sentido análogo, Kant contrapõe a F. à necessidade condicional, logo inteligível, da natureza (*Crít. R. Pura*, Postulados do pensamento empírico). Na filosofia moderna, a noção de F. é polêmica, pois quem a emprega não a considera válida; por isso, pode-se dizer que é espúria em filosofia. Mas não tem esse significado pejorativo na expressão *amor fati*, que é a definição moderna de *destino* (v.). Peirce também procurou isentá-la do significado pejorativo dizendo: "F. significa simplesmente aquilo que com certeza acontecerá e que não pode ser absolutamente evitado. É superstição supor que certa espécie de acontecimentos está submetida à F., assim como é superstição supor que a palavra F. nunca possa livrar-se do caráter supersticioso. É F. que todos nós morreremos" (*Chance, Love and Logic*, I, cap. 2, § 4, nota; trad. it., p. 41). [N.A.]

FATALISMO (in. *Fatalism*; fr. *Fatalisme*; al. *Fatalismus*; it. *Fatalismo*). Leibniz já distinguira do *fatum* estóico e cristão o "*fatum mahometanum*" ou "fatalidade maometana", segundo a qual "os efeitos aconteceriam mesmo se a causa fosse evitada, pois são dotados de necessidade absoluta" (*Op.*, ed. Erdmann, pp. 660, 764). Wolff empregava, para indicar essa doutrina, por ele atribuída a Espinosa, o termo F. no texto *De differentia nexus rerum sapientis et fatalis necessitatis* (1723), que é justamente dirigido contra Espinosa. Na verdade, porém, todas as concepções de fatalidade (destino) elaboradas pelos filósofos admitem que dela fazem parte outras causas determinantes, mas que estas são, por sua vez, determinadas pelas antecedentes, que são as próprias ações humanas que visam a evitar ou a alcançar certos resultados. E é, portanto, um termo polêmico com o qual os filósofos em geral designam a forma de necessitarismo de que não compartilham. Com mais rigor, esse termo pode ser adotado não para designar uma doutrina filosófica, mas a atitude de quem se entrega aos acontecimentos sem procurar alterá-los nem reagir. [N.A.]

FATO (in. *Fact*; fr. *Fait*; al. *Talsache*; it. *Fatto*). Em geral, uma possibilidade objetiva de confirmação, constatação ou verificação, portanto também de descrição ou previsão – objetiva no sentido de que todos podem adotá-la nas condições adequadas. "É F. que *x*" significa que *x* pode ser verificado ou confirmado por qualquer um que disponha dos meios adequados, e que pode ser descrito ou previsto de forma passível de aferição. A noção de F. é moderna, sendo mais restrita e específica que a de realidade; nasceu sobretudo para indicar os objetos da pesquisa científica, que devem poder ser reconhecidos por qualquer pesquisador competente. Portanto, no que se refere à sua validade, o F. é independente de opiniões, prejulgamentos e mesmo de juízos e valorações que não sejam inerentes ao uso dos instrumentos capazes de confirmá-lo. Assim, tem duas características fundamentais: *a*) referência a um método apropriado de confirmação ou verificação; *b*) independência em relação a crenças subjetivas ou pessoais de quem emprega o método. Precisamente em vista dessas duas características, a capacidade de "olhar os fatos", de "considerar os fatos" ou de "aceitar os fatos" hoje é considerada um dos requisitos fundamentais não só do cientista e do pesquisador em geral, mas de qualquer cidadão.

Não obstante a importância que assumiu na cultura moderna, essa noção raramente foi alvo da atenção dos filósofos. A história das análises dessa noção é parca, podendo-se dizer que começa no século XVII, quando, com a distinção entre "verdade de razão" e "verdade de F.", também se começa a distinguir – ao menos implicitamente – a esfera própria do fato. O primeiro que fez essa distinção foi Hobbes: "Há duas espécies de conhecimento, das quais uma é o conhecimento de F. e outra é o conhecimento da conseqüência de uma afirmação relativamente a outra. A primeira é apenas sentido e memória, sendo conhecimento *absoluto*, como quando vemos um F. acontecer ou o lembramos; esse é o conhecimento exigido de uma testemunha. A outra tem o nome de ciência e é *condicional*..." (*Leviath.*, I, 9). Assim como Hobbes, Leibniz e Hume concordam em considerar que essa esfera é a experiência. Segundo Leibniz, as verdades de F. são contingentes, ao passo que as de razão são necessárias porque baseadas no princípio de contradição, de tal modo que seu contrário é impossível (*Nouv. ess.*, IV, 2, 1). Para Hume, é sempre possível o contrário das verdades de F., pois nunca implica contradição, sendo concebido pelo espírito com a mesma facilidade e clareza que há na conformidade à realidade (*Inq. Conc. Underst.*, IV, 1). Tanto Leibniz quanto Hume concordam em julgar que o fundamento da verdade de F. é o princípio da causalidade. Dessa análise resulta portanto que o fato é: *a*) uma realidade contingente, atingida ou testemunhada pela experiência; *b*) uma realidade fundada em certo nexo causal. Uma noção de fato assim configurada é a que hoje se chamaria de noção de *acontecimento*, ou seja, de realidade contingente que pertence à ordem da natureza. Essa última qualificação é a que se expressa quando se julga que a verdade de F. baseia-se no princípio causal. Portanto, essa ainda não é uma noção de F. suficientemente ampla, que possa valer em toda a extensão da pesquisa científica: para ela, as verdades matemáticas não seriam verdades de fato. A extensão dessa noção foi realizada por Kant, para quem "os fatos são os objetos dos conceitos cuja realidade objetiva pode ser provada tanto pela razão quanto pela experiência: no primeiro caso, com base em dados teóricos ou práticos; em qualquer caso, por meio de uma intuição correspondente" (*Crít. do Juízo*, § 91). Nesse sentido, segundo Kant, são fatos:

as propriedades geométricas das grandezas, por poderem ser demonstradas *a priori*; as coisas ou as qualidades das coisas que possam ser provadas pela experiência ou por testemunhas; a idéia da liberdade, cuja realidade, como uma espécie particular de causalidade, pode ser mostrada a partir da experiência moral (*ibid.*, § 91). Essa análise de Kant é importante porque: *a*) permite distinguir nitidamente a noção de F. da noção de acontecimento como noção mais geral, correlativa à possibilidade de uso de qualquer instrumento de verificação; desse ponto de vista, o acontecimento é uma espécie particular de F., mais precisamente um F. *natural*; *b*) permite reconhecer o caráter empírico do F. como algo diferente do seu confinamento à esfera da sensibilidade: a própria razão deve tratar com fatos que não são externos a ela nem impostos de fora, mas que encontra em si mesma, como condições do seu funcionamento.

A partir daí, a noção de F. às vezes se aproxima da noção de fenômeno e outras vezes de um elemento ou condição da razão. Aproxima-se do fenômeno quando se fala de "F. puro", "cru" ou de "simples F.", pois nesse caso se alude ao dado imediato, à aparência simples ou grosseira, da forma como ela se apresenta à primeira vista. Mas está claro que não se pode ir muito longe nessa identificação. F. não é fenômeno: por exemplo, o desvio da imagem de uma vareta na água é um fenômeno, mas não um fato. Também é fenômeno o movimento aparente dos céus, que desde o princípio a astronomia procurou, de vários modos, reduzir a "F". O F. implica uma disposição ou uma interpretação do fenômeno que provoque uma mudança capaz de tornar o fenômeno descritível, previsível e verificável. O próprio Comte, que na maioria das vezes emprega as duas palavras indiferentemente, parece aludir a uma distinção, como no seguinte trecho: "Esse F. geral (a gravitação) nos é apresentado como simples extensão de um *fenômeno* eminentemente familiar, que portanto consideramos perfeitamente conhecido: o peso dos corpos na superfície da terra" (*Phil. Pos.*, I, § 4). Mas no próprio âmbito do positivismo Claude Bernard acentuou a subordinação dos fatos à razão: "Sem dúvida, admito que os fatos são as únicas realidades que podem dar fórmulas à idéia experimental e, ao mesmo tempo, servir para verificá-la, mas isso desde que a razão os aceite. [...] No método experimental, como em tudo, o único critério real é a razão. Um F. não é nada por si mesmo, mas vale apenas pela idéia a ele ligada ou pela prova que fornece" (*Intr. à l'étude de la médecine expérimentale*, I, 2, 7). Essa interpretação do fato pareceu confirmada quando se notou o papel preponderante desempenhado pela teoria na construção do "F. científico" (P. DUHEM, *La théorie physique: son objet et sa structure*, 1906).

A estreita ligação entre F. e atividade racional, expressa de vários modos, em geral é reconhecida pela filosofia contemporânea. A fenomenologia elaborou a noção de estado de coisas (*Sachverhalt*) como objeto correspondente de cada juízo válido e considerou como fato o estado de coisas em que está envolvida uma existência individual. Nesse sentido, uma coisa não é um F., mas é F. que essa coisa existe e que tem este ou aquele caráter etc. (HUSSERL, *Ideen*, I, § 6). A noção de estado de coisas foi retomada por Wittgenstein em *Tractatus logico-philosophicus*, mas com uma concepção diferente sobre a relação deste com o fato, porque viu no "estado de coisas" o elemento simples que entra na composição do fato. O estado de coisas seria, portanto, o "F. atômico", o componente elementar dos fatos (*Tractatus*, 2). O que há de característico nessas concepções é a definição de fato (ou dos seus componentes) como objeto do juízo ou da proposição válida. Segundo Wittgenstein, o estado de coisas ou F. atômico não é senão o objeto de uma proposição elementar (*ibid.*, 4, 21). Entende-se então por que, na linha de desenvolvimento dessa concepção, os fatos chegaram a ser identificados com proposições. A identificação foi proposta por Ducasse (em *Journal of Philosophy*, 1940, pp. 701-11) e aceita por Carnap, no sentido de que F. seria uma proposição: 1º verdadeira, 2º dotada de certo grau de completude, ou seja, de determinação (*Meaning and Necessity*, § 6, 1). É preciso notar que, para Carnap, o termo proposição não significa expressão lingüística nem acontecimento mental ou subjetivo, mas algo de objetivo que pode ou não encontrar exemplo na natureza, sendo portanto comparável a "propriedade" (*ibid.*, § 6). Portanto, a "proposição verdadeira", que Carnap identifica com o F., significa simplesmente "objeto válido" ou um "estado de F." real. O esclarecimento que deriva dessas reduções lingüísticas é puramente verbal e, se chega a ter alguma utilidade num tratamento lógico, pouco ou nada diz sobre a natureza ou os caracteres do fato. Denuncia, no máximo, a tendência a reportar o F. a condições conceituais ou lingüísticas. Por outro lado, com Dewey, o pragmatismo insistiu no caráter "operacional" do F., no sentido de que os F. "são apenas *resultados* de operações e de observações efetuadas com a ajuda dos órgãos sensoriais e de instrumentos auxiliares produzidos pela técnica, sendo portanto escolhidos e organizados no intuito expresso de utilizá-los como dados para uma pesquisa ordenada" (*Logic*, VI, 5, § 4).

Portanto, a análise que hoje se faz dessa noção ignora a antítese entre fato e razão. A eliminação dessa antítese sem dúvida também se faz sentir na elaboração do conceito de *razão* (v.). No que tange à noção de F. em relação à noção de razão, o F. configura-se como *condição limitativa* das escolhas racionais. Por exemplo, em física F. é todo objeto passível de observação, ou seja, todo estado ou situação que pode ser verificada e examinada com os instrumentos de que a física dispõe. Mas os fatos físicos, nesse sentido, são os limites ou as condições da atividade racional no campo da física, ou seja, de qualquer construção teórica ou hipótese. Do mesmo modo, no campo da lógica, as implicações analíticas ou tautológicas valem como fatos, ou seja, como condições ou limites da investigação lógica (ABBAGNANO, *Possibilità e libertà*, VI, 7). [N.A.]

O pensamento contemporâneo tem insistido cada vez mais no caráter "teórico" dos F., ou seja, em sua dependência das nossas compreensões prévias e dos nossos esquemas conceituais. Isso ocorre sobretudo graças à hermenêutica (v. INTERPRETAÇÃO) e à filosofia da ciência. A primeira, afirmando a impossibilidade de uma abordagem objetiva e neutra das coisas e valorizando a obra dos prejulgamentos (v.), contestou a concepção do conhecimento como olhar de lugar nenhum, desenvolvendo o tema nietzschiano da natureza *interpretativa* da existência humana e do mundo em geral: "Contra o positivismo, que se fecha nos fenômenos – 'há apenas fatos' – direi: não, o que não há são fatos, justamente, mas apenas interpretações (*Gerade Tatsache gibt es nicht, nur Interpretationen*) (*Fragmentos póstumos*, 7, [60], VIII, 1, p. 299). A segunda, partindo da consciência de que os F. estão sempre "carregados de teoria" (Popper) e de que eles, em vez de se apresentarem em sua imediatez e nudez – ou seja, à guisa de "informações íntegras que recebemos do mundo" –, nos são sempre dados *apenas através* das teorias, chegou por meio de Kuhn à tese de Feyerabend sobre o caráter *completamente* teórico dos enunciados factuais: "a experiência nasce *junto com as* assunções teóricas, não antes delas [...]. Tentem eliminar uma parte do conhecimento teórico de um sujeito senciente e terão uma pessoa completamente desorientada [...]. Eliminem outra parte do conhecimento e o seu mundo sensível (a sua 'linguagem observacional') começará a desintegrar-se" (*Contro il metodo*, 1970, trad. it., Lampugnani Nigri, Milão, 1973, p. 121). Desse modo, a noção de F. (e de "recurso aos F.") acabou por ser privada de sua tradicional "autoridade" gnosiológica e epistemológica. Daí a paradoxal inversão das relações entre observação e teoria: "Assim como um povo escolhe seus governantes, a teoria confere autoridade à observação para que governe a justificação das teorias" (P. Kosso, *Leggere il libro della natura*, 1992, trad. it., Il Mulino, Bolonha, 1955, p. 131). Isso não significa que a última palavra da epistemologia do século XX seja um radical subjetivismo e irrealismo. De fato, diante de certas declarações extremistas de Feyerabend estão as doutrinas dos autores (como Putnam e Van Fraassen) que, mesmo rejeitando a idéia de uma linguagem observacional pura e de um "neutral set of facts", se recusam a considerar os F. como "invenções" ou "criações" da teoria. Em outros termos, afirmando que nunca podemos falar de "fatos como fatos", ou seja, de entidades *independentes* das linguagens e das teorias que os descrevem, mas apenas de "fatos kantianos", ou seja, de dados já elaborados pela nossa mente (como vimos), tais estudiosos não pretendem negar a existência dos F. ou de alguma forma de objetividade (v. OBJETIVO). Excluindo a possibilidade de sair dos nossos quadros mentais, pretendem evidenciar que os F. e os critérios de objetividade vivem sempre – e somente – *dentro* das teorias: "Podemos e devemos repetir que alguns F. estão aí para serem descobertos, e não construídos, por nós. Mas isso só pode ser dito depois de se ter adotado um modo de falar, uma linguagem, um 'esquema conceitual'. Falar de 'F.' sem especificar a linguagem que deve ser usada é falar de nada; o uso da palavra 'F.' não é fixado pelo próprio mundo..." (H. PUTNAM, *Representação e realidade*, 1988, trad. it., Garzanti, Milão, 1993, p. 149) (v. DATO; TEÓRICO-OBSERVACIONAL). [G.F.]

FAUSTISMO (al. *Faustismus*; it. *Faustismo*). Segundo Spengler, o caráter da cultura ocidental, em contraposição ao apolinismo da cultura antiga. A alma *fáustica* tem como símbolo o espaço puro ilimitado. Fáusticos são, segundo Spengler, a dinâmica de Galileu, a dogmática católica e a protestante, as grandes dinastias com sua política de gabinete, o destino de Lear e o ideal de Nossa Senhora, que vai desde a Beatriz de Dante até o fim do segundo Fausto de Goethe (*Untergang des Abendlandes*, I, 3, 2, § 6). [N.A.]

FÉ (gr. πίστις; lat. *Fides*; in. *Faith*; fr. *Foi*; al. *Glaube*; it. *Fede*). Crença religiosa, como confiança na palavra revelada. Enquanto a crença, em geral, é o compromisso com uma noção qualquer, a F. é o compromisso com uma noção que se considera revelada ou testemunhada pela divindade. Nesse sentido, essa palavra já era utilizada por Sexto Empírico, ao falar dos raciocínios que parecem provir "da F. e da memória", tais como o seguinte: "Se um Deus te disse que esse homem ficará rico, ele ficará rico. Mas este Deus aqui (e indico, suponhamos, Zeus) te disse que esse homem ficará rico. Logo, ficará rico." Nesses casos, nota Sexto, damos assentimento à conclusão não pela necessidade das premissas, mas porquanto temos F. na declaração da divindade (*Pirr. hyp.*, II, 141). S. Paulo resumiu as características fundamentais da F. religiosa nas célebres palavras: "F. é a garantia das coisas esperadas e a prova das que não se vêem" (*Hebr.*, II, I). Tomás de Aquino esclareceu da seguinte forma as palavras de S. Paulo: "Quando se fala de *prova*, distingue-se F. de opinião, suspeita e dúvida, coisas em que falta a firme adesão do intelecto ao seu objeto. Quando se fala de *coisas que não se vêem*, distingue-se fé de ciência e intelecto, nos quais alguma coisa se faz aparente. E quando se diz *garantia das coisas esperadas* faz-se a distinção entre a virtude da F. e a F. no significado comum [isto é, crença em geral], que visa à bem-aventurança esperada" (*S. Th*, II, 2, q. 4, a. 1). Os escolásticos ativeram-se, com poucas variantes, a essa descrição da fé. Com o misticismo alemão do século XIV, começou a tomar corpo a doutrina do caráter privilegiado da F. como via de acesso original, direta e imediata às realidades supremas, especialmente a Deus. Mestre Eckhart vê na F. o meio pelo qual o homem atinge a realidade última de si e de Deus: a F., diz ele, é o nascimento de Deus no homem. Esse tema retornou na chamada "filosofia da F." do século XVIII: Hamann e Jacobi atribuem à F. o mesmo *status* privilegiado, a mesma capacidade de colocar o homem diretamente em contato com as realidades últimas e especialmente com Deus, transpondo os limites e as incertezas da razão. Embora Jacobi inclua na fé religiosa também a parte que mais propriamente diz respeito à crença ("Nós cremos que temos corpo; cremos na existência das coisas sensíveis", *Werke*, IV, 211; III, 411), para ele é no caráter religioso que se funda a certeza da F.: toda F. é necessariamente F. da revelação, e esta é necessariamente F. em Deus, religião (*ibid.*, II, 274, 284, ss.). Os românticos reafirmaram amiúde esse *status* privilegiado da fé. Foi o que fez Fichte, que exaltou a F. nas obras populares do segundo período, como em *Missão do homem* (1800), em que afirma que "a F., dando realidade às coisas, impede-as de ser vãs ilusões: é a sanção da ciência", repetindo as palavras de Jacobi: "Todos nascemos na F." (*Werke*, II, pp. 254-5). Nos textos de Schelling muitas vezes o tom é análogo (*Werke*, I, 10, 183), enquanto Novalis diz que a ciência é somente uma das metades e que a F. é a outra metade (*Fragmente*, 391).

No último período da escolástica começou a acentuar-se outro aspecto da F.: seu caráter *prático*, que não consiste na dependência da vontade, mas na capacidade de dirigir a ação. Duns Scot foi quem primeiro insistiu nesse caráter: "A F. não é um hábito especulativo, assim como crer não é um ato especulativo, e a visão que segue a crença não é uma visão especulativa, mas prática" (*Op. Ox.*, prol., q. 3). Por "prático" Duns Scot entende o que serve para dirigir a conduta; portanto para ele a teologia é prática, pois as verdades que ela ensina não são teóricas, ou seja, necessárias e demonstráveis, mas servem unicamente para dirigir o homem para a bem-aventurança (*ibid.*, prol., q. 4, n. 42). A mesma antítese entre o *habitus* da F. e o *habitus* da ciência era admitida por Ockham, que reputava os dois hábitos incompatíveis entre si, observando que não se pode dizer que quem crê em alguma coisa cuja demonstração esqueceu realmente tem "F.", porque o objeto de sua crença continua sendo a demonstração (*In Sent.*, III, q. 8 R). No mundo moderno, o caráter prático da F. foi defendido por Espinosa: "A F. consiste em ter, em relação a Deus, os sentimentos que são eliminados quando se elimina a obediência a Deus, e que estão presentes necessariamente quando está presente tal obediência" (*Tract. theol.-pol.*, 14). Portanto, a F. é o conjunto de crenças que condicionam a obediência à divindade, segundo Espinosa. Esse conceito seria retomado por Kant, para quem a crença teoricamente insuficiente pode, sobretudo em seu aspecto prático, ser chamada de F. Kant generaliza o conceito prático da F., reconhecendo nela a atitude compromissada que pode dirigir tanto a habilidade, ou seja, a atividade que tem em vista fins arbitrários e acidentais, quanto a moralidade, que visa a fins absolutamente necessários. A F. que dirige a habilidade é a F. *pragmática*, cujo interesse raramente enfrenta desafios. Ao contrário, a F. *doutrinal* é mais compromissada, mas tampouco chega à certeza da F. *moral*. Esta última espécie de fé dá uma certeza que não pode ser comunicada; não é, pois, de natureza lógica, mas constitui uma "certeza moral" que se baseia em fundamentos subjetivos. "Assim, nunca devo dizer: é moralmente certo que Deus existe etc., mas: estou moralmente certo etc. Ou seja, a fé em Deus e em outro mundo está tão profundamente entrelaçada com meu sentimento moral que, assim como não corro o risco de perder este, tampouco temo que aquela me seja retirada" (*Crít. R. Pura*, Cânone da Razão Pura, seç. 3). Segundo Kant, a F. religiosa pode ser "F. religiosa pura", que é a própria F. moral, ou "F. histórica", que é fé nas leis *estatutárias*, as que indicam o modo como Deus quer ser honrado e obedecido (*Religion*, III, I, § 6).

Aquilo que os escolásticos chamavam de caráter prático da F., para Kant (e para os modernos) tornou-se o caráter compromissivo da F., ou seja, o caráter graças ao qual a F. é antes de mais nada um ato existencial, uma orientação dada à vida do indivíduo, capaz de transformá-la e não isenta de riscos. Estes traços aparecem claros na última grande teoria da fé que a filosofia elaborou: a de Kierkegaard. Para ele, o cristianismo inverteu a relação entre F. e ciência. Na Antiguidade clássica, a F. é algo inferior à ciência porque se refere ao verossímil; no cristianismo, a F. é superior à ciência porque indica a certeza mais elevada, certeza que se refere ao paradoxo, portanto ao inverossímil: ela é "a consciência da eternidade, a certeza mais apaixonada que impele o homem a sacrificar tudo, mesmo a vida" (*Diário*, X⁴, A 635). O caráter compromissivo da F. consiste em seus laços com a existência: ter fé significa existir de certo modo: "Para ter F., é preciso que haja uma situação que deve ser produzida com um passo existencial do indivíduo" (*ibid.*, X⁴, A 114). "Esse passo marca a ruptura com o mundo e com seu ideal de inteligibilidade. O que é crer? É querer (o que se deve e por que se deve), em obediência reverente e absoluta, defender-se do vão pensamento de querer compreender e da vã imaginação de poder compreender" (*ibid.*, X¹, A 368). Desse ponto de vista, a F. não é feita de certezas, mas de decisão e risco. A F., diz Kierkegaard em *Temor e tremor*, é a certeza angustiante, a angústia que se torna segura de si e de uma relação oculta com Deus. O homem pode rogar a Deus que lhe conceda a F., mas a possibilidade de rogar não é em si mesma um dom divino? Assim, há na fé uma inegável contradição, que a torna paradoxal. O homem é posto num dilema: crer ou não crer. Por um lado, a ele cabe escolher e, por outro, qualquer iniciativa é impossível, porque Deus é tudo, e dele deriva inclusive a fé. Esse conceito foi substancialmente retomado por Karl Barth, que interpretou a F. como inserção da Eternidade no tempo, da Transcendência na existência (*Comentário à Epístola aos romanos*, 1919). Rudolf Bultmann também atribui a fé à iniciativa divina, apesar de afirmar a exigência de libertar a F., sobretudo cristã, dos mitos cosmológicos com que ela tradicionalmente aparece unida, procedendo à sua *desmitificação* (v.). Indo mais longe, Dietrich Bonhoeffer contrapôs F. a *religião* (v.), considerada como expressão mítica e contingente da F., inaceitável nesta época dominada pelo racionalismo, pela ciência e pela tecnologia. Desse ponto de vista, acentua-se o caráter prático da F., que se transforma em moral *natural* e humana, fundada na unidade entre mundo e Deus, entre humanidade e Cristo (*Ética*, 1949; *Resistência e rendição*, 1951). É nesse conceito de F., entendida como ação renovadora do mundo humano, que se inspira o panteísmo humanista dos chamados "novos teólogos" (v. DEUS e DEUS, MORTE DE). Karl Jaspers insistiu na identidade entre existência e fé sob o aspecto filosófico, mas, na esteira de Kierkegaard, continuou reconhecendo na F. uma relação direta com a Transcendência (*Der philosophische Glaube*, 1948). [N.A.]

FÉ, FILOSOFIA DA (al. *Glaubensphilosophie*; it. *Filosofia della fede*). Com este nome ou com o de "filosofia do conhecimento imediato" indica-se a filosofia de um grupo de filósofos alemães da segunda metade do século XVIII, que fizeram parte do *Sturm und Drang* (v.). As principais figuras desta filosofia foram J. J. Hamann (1730-88), chamado "o mago do Norte", J. G. Herder (1744-1803) e F. E. Jacobi (1743-1819), a quem se deve a expressão "filosofia da F.". De Kant, essa filosofia aceitava a doutrina dos limites da razão somente para afirmar a superioridade da fé sobre a razão. Considerava a F. como uma relação *imediata* – portanto não sujeita a incertezas ou dúvidas – com as realidades superiores e especialmente com Deus. Jacobi expressou essas idéias em *Cartas sobre a doutrina de Espinosa a Moisés Mendelssohn* (1785) e no ensaio *David Hume e a F.* (1787). Na lógica da *Enciclopédia*, Hegel considerou a doutrina de Jacobi como "Terceira posição do pensamento sobre a objetividade" e criticou o imediatismo, que considerou o caráter fundamental da F. de que falava Jacobi (*Enc.*, §§ 61-74). [N.A.]

FÉ ANIMAL (in. *Animal faith*; it. *Fede animale*). Assim Santayana chamou a crença na realidade produzida no homem pelas experiências animais: fome, sexo, luta etc. (*Scepticism and Animal Faith*, 1923) (v. CRENÇA). [N.A.]

FÉ E CIÊNCIA. V. ESCOLÁSTICA.

FEIO (in. *Ugly*; fr. *Laid*; al. *Hässlich*; it. *Brutto*). Conquanto não faltem motivos para uma reflexão sobre o F. desde Platão e Aristóteles, o problema ganha importância estética específica apenas na segunda metade do século XVIII. Podemos distinguir três diferentes acepções do termo: 1º F. como mero desvalor estético; 2º F. como ingrediente necessário à produção de diferentes qualidades estéticas; 3º F. como categoria estética positiva.

1º O F. não pode ter realidade nem valor no plano estético-artístico. Assim como o mal para Plotino e Agostinho, ele é mera ausência, não ser. Na modernidade, teorias classicistas ao modo de Winckelmann, ou estéticas de fundo formalista, ao modo de Hanslick, negam-lhe qualquer possibilidade de presença na arte. Para Croce (*Estetica*, 1902), exemplarmente, o F. é apenas o malogrado, a não-arte; e como tal não pode sequer ser objeto de consideração propriamente estética.

2º O F. não se limita a exprimir uma mera negatividade, mas reivindica um direito próprio de existência na arte, desde que venha a ser funcional para outro. Correlativamente, a estética o transforma em problema digno de consideração por si mesmo. A maior parte das posições modernas acerca do F. encontra-se nesse caso.

Para G. E. Lessing (*Laocoonte*, 1766) o F. é inadmissível nas artes figurativas, mas é útil em poesia para a produção do cômico e do trágico. Com F. Schlegel (*Do estudo da poesia grega*, 1795) – primeiro a pensar na necessidade de a estética não ser apenas teoria do belo, mas também do F. – a reflexão sobre o F. converte-se em reflexão sobre a situação da literatura na modernidade. Ao F. anexou-se aquilo que é interessante, característico, sensacional, fragmentário, efêmero, novo, submetido às modas, tendente à busca do efeito; e, também, a intromissão do reflexivo e a contaminação dos gêneros, exibidas por muita literatura contemporânea.

Apaixonada reivindicação dos direitos do F. está contida no célebre *Prefácio a Cromwell* (1827) de V. Hugo: o F. ingressa na arte de pleno direito com o Cristianismo e marca nela a irrupção da vida em todos os seus aspectos, sejam eles belos, insólitos ou vulgares. Ele tem "mil tipos", que se resumem no grotesco (a que se somam o riso e a deformidade), mas precisa aliar-se ao sublime para produzir efeitos positivos na arte. Tem residência privilegiada no drama, e exprime-se numa poética do excesso, na mistura dos estilos, na variedade das linguagens e das situações.

É no âmbito hegeliano, porém, que o problema ganha contornos teóricos mais apropriados. Negatividade, certo, mas necessária à positividade que lhe é oposta e também correlata, o F. não sucumbe diante do belo, mas lhe é indispensável e o estimula, produzindo nele modificações inéditas. Hegel identifica (*Lições de estética*, 1818-1829) aspectos por certo inconciliáveis do F. com a arte (como o diabólico, as atrocidades estremas, um mal não resgatável), mas também outros admissíveis e até necessários (com finalidades religioso-edificantes ou éticas), em especial na arte romântica, que tem por fundo um mundo cristão e cristão-burguês. Para Ch. H. Weisse (*Sistema da estética como ciência da idéia de beleza*, 1830) o F. nos seus vários aspectos (entre os quais o espectral, o perturbador, o terrível) tem a ver com a arte dos seus tempos e pode resgatar-se no humorismo. A. Ruge (*Nova propedêutica à estética. O cômico com um apêndice cômico*, 1837) denuncia no F. uma feição típica da realidade burguesa industrial que o circunda e dos tipos humanos que a caracterizam (comerciante, operário, judeu); associa-lhe o realístico, o irônico, o picante. O F. nega o belo, mas essa negação pode ser, por sua vez, negada na dinâmica da produção de uma nova e sublime beleza; essa sua possibilidade de auto-superação é confiada ao cômico.

A contribuição sem dúvida mais relevante à teorização do F. é ainda a de Karl Rosenkranz (*Estética do feio*, 1853). Ao F. é reservado um âmbito descritivo totalmente autônomo; à confiança geral (não isenta de traços éticos) na sua resgatabilidade soma-se um empenho zeloso em avaliar o limite que separa a sua admissibilidade da sua inaceitabilidade nas artes. Segundo a coerente tipologia que nos oferece, o F. é A) defeito de forma; B) incorreção nas relações entre conteúdos e formas; C) irrupção na deformação de uma multidão de realidades díspares: *a*) o vulgar, que inclui o banal, o casual (excêntrico, artificioso, grotesco, burlesco) e o grosseiro (obsceno, brutal, frívolo); *b*) o repugnante: desajeitado, vazio, horrendo (que por sua vez inclui o insulso, o nauseante; e o mal: criminoso, espectral, diabólico, assim como o demoníaco, a bruxaria, o satânico); *c*) a caricatura, que realiza a superação do F. no cômico, e com isso a sua recuperação para a beleza. Em contexto semelhante e no mesmo período na Itália F. De Sanctis voltou sua atenção teórica para o F.; G. Racioppi (*Del brutto nell'arte ovvero del deforme, del male e del ridicolo*, 1854) vê no F. um ingrediente necessário à produção do cômico.

Os grandes sistemas da estética alemã do início século, dedicando ao F. capítulos que se justificam por si sós, dão testemunho do ingresso que já ocorrera do F. no céu da estética: para Th. Lipps (*Estética. Psicologia do belo e da arte*, 1903-1906) o F. continua sendo algo negativo, mas pode contribuir para o despertar de uma beleza espiritual (como fundo que lhe dá destaque, ou como objeto de um desafio em que se exaltam as virtudes do belo). J. Volkelt (*Sistema da estética*, 1905-1914) traça um rápido perfil do F. como algo que pode contradizer princípios estéticos gerais ou contestar normas particulares; de per si ele não pode desempenhar nenhum papel na arte: se executa alguma função, nesta se resgata e já não é F. H. Cohen (*Estética do sentimento puro*, 1912) vê o F. na perspectiva da libertação do homem dos limites de sua natureza, o que, por meio do riso, ocorreria de novo no cômico.

3º Ao F. não só é atribuída plena realidade artística, como também nele se identificam qualidades estéticas inéditas. M. Dessoir (*Estética e ciência geral da arte*, 1906) resgata com lúcida consciência o direito do F. a fazer parte do reino das formas estéticas positivas, direitos idênticos aos do belo, do sublime, do trágico, do cômico. O F. decerto pode dar maior destaque ao belo, transmudar-se em cômico, reforçar o trágico e o sublime; mas, sobretudo, pode produzir valores estéticos de per si. Nas violentas rupturas, nos traços surpreendentes e nos tons desagradáveis que o percorrem, o F. pode revelar abissais profundidades, tocar intensidade expressivas insólitas, produzir densidades artístico-significativas insuspeitas.

O F. supre assim a eclipse do belo e a incapacidade das habituais categorias estéticas em dar conta de tudo o que de inconciliável com os contornos estéticos tradicionais foi posto em jogo por grande parte da arte dos séculos XIX e XX (tais como Baudelaire, Dostoiévski e as vanguardas históricas). Não por acaso o canto do cisne da estética do F. pode ser visto em Th. W. Adorno, último a dedicar um espaço autônomo a essa categoria num tratado de grande fôlego (*Teoria estética*, 1970). [G.S.]

FELAPTON. Palavra mnemônica com a qual, na lógica escolástica, se indicava o modo do silogismo de terceira figura (redutível a *Ferio* da primeira) com a forma: "Nenhum A é B, Todos os A são C, portanto Algum C não é B" ("Nenhum homem é pedra, Todos os homens são animais; logo Algum animal não é pedra"). [M.M.]

FELICIDADE (gr. εὐδαιμονία; lat. *Felicitas;* in. *Happiness;* fr. *Bonheur;* al. *Glückseligkeit;* it. *Felicità*). Em geral, estado de satisfação de alguém com sua situação no mundo. Por esta relação com a situação, a noção de F. difere de *bem-aventurança* (v.), que é o ideal de satisfação independente da relação do homem com o mundo, por isso limitada à esfera contemplativa ou religiosa. O conceito de F. é humano e mundano. Nasceu na Grécia antiga, onde Tales julgava feliz "quem tem corpo são e forte, boa sorte e alma bem formada" (DIÓG. L., I, 1, 37). A boa saúde, a boa sorte na vida e o sucesso da formação individual, que constituem os elementos da F., são inerentes à situação do homem no mundo e entre os outros homens. Demócrito, de maneira quase análoga, definia a F. como "a medida do prazer e a proporção da vida", que era manter-se afastado dos defeitos e dos excessos (*Fr.* 191, Diels). De qualquer maneira, F. e infelicidade pertencem à alma (*Fr.*, 170, Diels), uma vez que somente a alma "é morada do nosso destino" (*Fr.* 171, Diels). A relação que muitas vezes se estabeleceu entre F. e prazer tem o mesmo significado, ou seja, é o vínculo entre o estado definido como F. e a relação com o próprio corpo, com as coisas e com os homens. A tese segundo a qual a F. é o sistema dos prazeres foi expressa com toda a clareza por Aristipo, que fez a distinção entre prazer e felicidade. Somente o prazer é bem, porque só ele é desejado por si mesmo, sendo portanto fim em si. "O fim é o prazer particular, a F. é o sistema dos prazeres particulares, em que se somam também os passados e os futuros" (DIÓG. L., II, 8, 87). Egesias, que negava a possibilidade de F., negava-a justamente pelo fato de que os prazeres são demasiado raros e passageiros (*ibid.*, II, 8, 94). Por outro lado, Platão negava que a felicidade consistisse no prazer e a julgava, ao contrário, relacionada com a virtude. "Os felizes são felizes por possuírem a justiça e a temperança; os infelizes são infelizes por possuírem a maldade", diz ele em *Górgias* (508 b); no *Banquete* (202 c) são chamados de felizes "aqueles que possuem bondade e beleza". Mas justiça e temperança são virtudes; "possuir bondade e beleza" significa ainda ser virtuoso; e a virtude outra coisa não é, segundo Platão, senão a capacidade da alma de cumprir seu próprio dever, ou seja, de dirigir o homem da melhor maneira (*Rep.*, I, 353 d. ss.). Portanto, também a noção platônica de F. é relativa à situação do homem no mundo e aos deveres que aqui lhe cabem. Quanto a Aristóteles, insistiu no caráter contemplativo da F. em seu grau superior, a *bem-aventurança* (v.), mas apresentou uma noção mais ampla de F., definindo-a como "certa atividade da alma, realizada em conformidade com a virtude" (*Et. nic.*, I, 13, 1102 b); ela não exclui, mas inclui a satisfação das necessidades e das aspirações mundanas. As pessoas felizes, segundo Aristóteles, devem possuir as três espécies de bens que se podem distinguir, quais sejam, os exteriores, os do corpo e os da alma (*ibid.*, 1153 b, 17 ss.; *Pol.*, VII, 1, 1323 a 22). É verdade que "os bens exteriores, assim como qualquer instrumento, têm um limite dentro do qual desempenham sua função utilitária de instrumentos, mas além do qual se tornam prejudiciais ou inúteis para quem os possui. Os bens espirituais, ao contrário, quanto mais abundantes, mais úteis". Mas em geral pode-se dizer que "cada qual merece a F. na medida da virtude, do tino e da capacidade de bem agir que possui, podendo se tomar como exemplo a divindade, que é feliz e bem-aventurada não graças aos bens exteriores, mas por si mesma, por aquilo que ela é, por natureza" (*Pol.*, VII, 1, 1323 b 8). A F. é portanto mais acessível ao sábio que mais facilmente se basta a si mesmo (*Et. nic.*, X, 7, 1777, a 25), e é a isso que devem tender todos os homens e as cidades.

A ética pós-aristotélica, ao contrário, trata exclusivamente da F. do sábio; a nítida distinção feita pelos estóicos entre sábios e loucos torna obviamente inútil preocupar-se com estes últimos. O sábio é aquele que se basta e que acha a F. em si mesmo, o que melhor se chamaria bem-aventurança. Plotino censura na noção aristotélica de F. o fato de preconizar que cada ser desempenhe sua função e atinja seus próprios objetivos, podendo ser perfeitamente aplicada não só aos homens, mas também aos animais e às plantas (*Enn.*, I, 4, 1 ss.). Nos estóicos Plotino critica a incoerência que consiste em considerar a F. independente das coisas externas ao mesmo tempo que aponta essas mesmas coisas como objeto da razão. Para Plotino, a F. é a própria vida; por isso, ao mesmo tempo que pertence a todos os seres vivos, pertence eminentemente à vida mais completa e perfeita, que é a da inteligência pura. O sábio, em quem tal vida se realiza, é um bem para si mesmo: só tem necessidade de si para ser feliz e não busca as outras coisas ou então as busca somente porque são indispensáveis às coisas que lhe pertencem (p. ex., ao corpo), e não a ele mesmo. A F. do sábio não pode ser destruída pela má sorte, pelas doenças físicas ou mentais, nem por nenhuma circunstância desfavorável, assim como não pode ser aumentada pelas circunstâncias favoráveis (*ibid.*, I, 4, 5 ss.): por isso, é a própria bem-aventurança de que gozam os deuses. A filosofia medieval adotou e enfatizou esses conceitos, adaptando a eles por vezes (como fez Tomás de Aquino) a própria doutrina aristotélica, mas estendendo-os à totalidade dos homens.

A partir do humanismo, a noção de F. começa a ser estritamente ligada à de prazer, como já havia ocorrido com os cirenaicos e com os epicuristas. A obra *De voluptate* de Lourenço Valla gira em torno desse nexo, que se acentua no mundo moderno. Locke e Leibniz concordam nesse aspecto. Locke diz que a F. "é o maior prazer de que somos capazes, e a infelicidade, o maior sofrimento; o grau ínfimo daquilo que pode ser chamado de F. é estar tão livre de sofrimentos e ter tanto prazer presente que não é possível contentar-se com menos" (*Ensaio*, II, 21, 43). E Leibniz: "Creio que a F. é um prazer durável, o que não poderia acontecer sem o progresso contínuo em direção a novos prazeres" (*Nouv. ess.*, II, 21, 42). A noção de F. como prazer ou como soma, ou melhor, "sistema" de prazeres, segundo a expressão do velho Aristipo, começa a adquirir significado social com Hume: a F. torna-se um prazer que pode ser difundido, o prazer da maioria, e dessa forma a noção de F. torna-se a base do movimento reformador inglês do século XIX. Entrementes, Kant, que julgava impossível considerar a F. como fundamento da vida moral, esclarecia eficazmente a noção de F. sem recorrer à de prazer: "A F. é a condição do ser racional no mundo, para quem, ao longo da vida, tudo acontece de acordo com seu desejo e vontade" (*Crít. R. Prática*, Dialética, seç. 5). Trata-se, portanto, de um conceito que o homem não haure dos instintos e que não deriva daquilo que nele é animalidade, mas que ele constrói para si de maneiras diferentes, que ele pode alterar com freqüência, muitas vezes arbitrariamente (*Crít. do Juízo*, § 83). Kant julga que a F. é parte integrante do bem supremo, que para o homem é a síntese de virtude e felicidade. Mas, como tal, o bem supremo não é realizável no mundo natural, seja porque nada garante neste mundo a perfeita proporção entre moralidade e F., em que consiste o bem supremo, seja porque nada garante a satisfação plena de todos os desejos e tendências do ser racional, em que consiste a F. Portanto, para Kant, a F. é impossível no mundo natural, sendo transferida para um mundo inteligível, que é "o reino da graça" (*Crít. R. Pura*, Doutrina do Método, cap. II, seç. 2). Em primeiro lugar, Kant teve o mérito de enunciar com rigor a noção de F. e, em segundo lugar, de mostrar que essa noção é empiricamente impossível, irrealizável. De fato, não é possível que sejam satisfeitas *todas* as tendências, inclinações e volições do homem, porque de um lado a natureza não se preocupa em vir ao encontro do homem, com vistas a essa satisfação total, e de outro porque as próprias necessidades e inclinações nunca se aquietam no repouso da satisfação (*Crít. do Juízo*, § 83). Associada ao conceito de satisfação absoluta e total – em que Hegel também insiste (*Enc.*, §§ 479-80) –, a F. torna-se o ideal de um estado ou condição inatingível, a não ser no mundo sobrenatural e por intervenção de um princípio onipotente. Não é de admirar, portanto, que toda a parte da filosofia moderna que passou pelo filtro do kantismo tenha desprezado a noção de F. e não a tenha utilizado na análise daquilo que a existência humana é ou deve ser. Todavia, com Hume, o empirismo inglês havia iniciado (como já foi dito) um novo desenvolvimento dessa noção em sentido social, o que é próprio do utilitarismo. Hume observara que, "quando se elogia alguma pessoa bondosa e humana", nunca se deixa de dar destaque "à F. e à satisfação da sociedade humana em poder contar com sua ação e com seus bons serviços" (*Inc. Conc. Morals*, II, 2). Portanto, identificara o que é moralmente bom com o que é útil e benéfico. Depois dele, Bentham retomava como fundamento da moral a fórmula de Beccaria: "A maior felicidade possível, no maior número de pessoas", fórmula em que também se inspiraram James Mill e Stuart Mill, acentuando cada vez mais o seu caráter social. Nesses autores não se encontra um conceito rigoroso de F., tampouco se encontra neles a rigidez e o absolutismo a que essa noção fora submetida por Kant, o que a tornara impraticável. Eles sabem que a F., por depender de condições e circunstâncias objetivas além das atitudes do homem, não pode pertencer ao homem em sua individualidade, mas só ao homem como membro de um mundo social.

E, embora relacionem F. com prazer, distinguem os vários tipos de prazer, admitindo a identificação apenas com os prazeres socialmente partilháveis. Na tradição cultural inglesa e americana, a noção de F. permaneceu viva com essa forma e inspirou o pensamento social e político, além do pensamento filosófico. O princípio da maior felicidade continuou por muito tempo sendo a base do liberalismo moderno de cunho anglo-saxônico. A Constituição americana incluiu entre os direitos naturais e inalienáveis do homem "a busca da F.". A esta tradição liga-se Bertrand Russell, que foi um dos poucos a defender a noção de F., ainda que numa obra de caráter popular (*A conquista da F.*, 1930). O que Russell acrescenta de novo à noção tradicional de F. (além de uma convincente análise das situações atuais de "infelicidade") é uma condição que ele julga indispensável: a multiplicidade dos interesses, das relações do homem com as coisas e com os outros homens, portanto a eliminação do "egocentrismo", do fechamento em si mesmo e nas paixões pessoais. Trata-se de uma condição que coloca a F. em posição diametralmente oposta à da auto-suficiência do sábio, que os antigos consideravam o grau mais elevado de F.

Por outro lado, não conseguindo mais utilizar a noção de F. como fundamento ou princípio da vida moral, os filósofos se desinteressaram dessa noção. [N.A.]

Depois da reabilitação da filosofia prática (v.) e do renascimento da ética normativa (v. ÉTICA) a F. voltou a chamar a atenção dos filósofos (analíticos e continentais), também na consciência comum do caráter "extremamente complexo e pluridimensional" de tal conceito (R. NOZICK, *La vita pensata*, 1989, trad. it., Mondadori, Milão, 1990, p. 105). Essa situação fez que, paralelamente aos vários tratamentos do tema (W. Tatarkiewcz, J. Marías, R. Nozick, S. Natoli etc.) e à retomada criativa dos modelos tradicionais (eudemonismo, hedonismo, utilitarismo etc.), se repropusesse a divisão entre:

1º aqueles para quem a F. coincide com uma situação de satisfação *parcial* de exigências humanas que são consideradas fundamentais ou imprescindíveis (significado *fraco* de F.);

2º aqueles para quem a F. ("verdadeira") não se esgota no nível 1, mas coincide, na sua plenitude, com uma (hipotética) situação de satisfação *total* (significado *forte* de F.).

Os defensores do significado "forte" de F. costumam chegar a uma solução de tipo metafísico-religioso baseada na tese, presente nos clássicos da filosofia cristã, segundo a qual "nada pode saciar a vontade humana, a não ser o bem universal (total, infinito)" que "não se encontra em um bem criado, mas apenas em Deus" (*S. Th*, 1-11, q. 2, a. 8), ou então chegam à conclusão pessimista de que o desejoso humano de F. completa está destinado a chocar-se contra "o silêncio irracional do mundo" (Camus) e portanto a permanecer insaciado. Uma posição intermediária entre 1º e 2º é representada por aqueles que, mesmo constatando a presença, no homem, de um desejo estrutural de plenitude (ou seja, de "anseio de infinito"), não acreditam na existência (ou na cognoscibilidade) de um referente objetivo dele, portanto se contentam (conscientemente) com a noção de F. relativa (ou "fraca"), considerada a única que se pode sentir e sobre a qual se pode discutir filosoficamente, tanto em termos éticos quanto sociopolíticos. [G.F.]

FEMINISMO (in. *Feminism*; fr. *Féminisme*; al. *Feminismus*; it. *Femminismo*). Com este termo entendem-se no debate cultural das últimas décadas: *a*) o movimento de emancipação e de libertação das mulheres ocorrido em diversos países desde o árduo início no fim do século XVIII (concomitante à Revolução Francesa) até hoje; *b*) o pensamento sobre os problemas da condição e da natureza da mulher, na história em geral e nos nossos tempos em particular, que, iniciado também na época da Revolução Francesa, continuou de maneira intermitente e muito articulada, sobretudo nas últimas décadas, quase exclusivamente nas áreas culturais de língua inglesa e na parte continental da Europa.

1) *Da diferença à igualdade* (1790-1920). O pensamento feminista nasce por volta de 1790, em território francês e inglês (Olympe de Gouges e Mary Wollstonecraft), reivindicando a igualdade de condições entre homens e mulheres sobretudo no plano da educação e dos direitos civis fundamentais (solenemente proclamados pelas revoluções americana e francesa), previstos em geral para a homem. O pressuposto de tais reivindicações é a constatação e a denúncia de condições intoleráveis e injustificadas de diferença entre os homens e as mulheres. As motivações teóricas com base nas quais são feitas as reivindicações igualitárias são as do pensamento liberal e democrático que se afirmara em âmbito filosófico por obra de Locke, Rousseau, Bentham e, em geral, nos setores mais avançados do Iluminismo. A obra que formula tais teses com maior consciência e organicidade é *Reivindicação dos direitos das mulheres*, de M. Wollstonecraft, de 1792. Essa corrente de pensamento é continuada e aprofundada durante o século XIX, sobretudo por obra de Harriet Taylor (cuja filha Helen estará entre as iniciadoras do movimento pela conquista do voto para as mulheres na Inglaterra) e do marido John Stuart Mill. Harriet Taylor estende o discurso também aos direitos relativos ao trabalho, porquanto

considera que a independência política (direito de voto) da mulher não deve ser separada da sua independência econômica (direito ao trabalho). A obra que melhor documenta essa fase mais madura e concreta do pensamento sobre a mulher é *A sujeição das mulheres,* de John Stuart Mill (fortemente influenciado pela esposa), de 1869, que com sua grande difusão contribuirá de maneira notável para demolir as teses correntes sobre a inferioridade natural da mulher em relação ao homem. Essa corrente de pensamento é a base do grande movimento que se firmou tanto na Inglaterra quanto nos Estados Unidos, também conhecido como "primeira onda" feminista, que, depois de duras batalhas (como a das sufragistas pelo direito de voto), levará às primeiras grandes conquistas por volta de 1920 (voto para as mulheres, acesso às profissões liberais).

Uma segunda corrente de pensamento sobre os problemas das mulheres afirma-se nos movimentos e nas filosofias ligadas ao socialismo, tanto na chamada fase utópica quanto na mais madura, ligada ao pensamento de Marx. A presença da temática na fase utópica nem sempre é caracterizada por abertura para as exigências das mulheres na sociedade moderna; substancial avanço no que tange a tais exigências ocorre na obra de Friedrich Engels, de 1884, *A origem da família, da propriedade privada e do Estado,* que dará ensejo a desenvolvimentos nas décadas seguintes por parte de pensadoras marxistas como Clara Zetkin e Alessandra Kollontai. O discurso marxista e engelsiano não se limita à reivindicação dos direitos civis, liberal-burgueses, mas trata do problema da condição material das mulheres desde a origem da história humana aos nossos tempos. Refutada a tese da inferioridade biológica, natural, da mulher em relação ao homem, afirma-se, ao contrário, que, além da diferença de papel biológico entre os dois sexos, originariamente a sociedade humana foi caracterizada por uma igualdade social dos papéis, igualdade que entrou em crise com o surgimento da propriedade privada; a mulher também se tornou "mercadoria" submetida às leis do mercado impostas pela propriedade privada. Uma reconquista integral da igualdade dos papéis, que não se limite à esfera dos direitos civis, será possível, portanto, com a revolução socialista que ponha fim ao sistema da sociedade privada e restitua às mulheres a condição de igualdade em todos os campos da vida social.

2) *Reflexões sobre as teses liberais e marxistas: V. Woolf e S. de Beauvoir* (1920-1960). Os quarenta anos seguintes às primeiras grandes conquistas do movimento das mulheres caracterizam-se pela crise desse movimento como organização de proposta e luta. A crise atinge não só os países em que ele mais se afirmara, mas também, e em maior grau, os países que instauram regimes totalitários. Na própria União Soviética a igualdade formalmente alcançada e institucionalizada não eliminou de modo algum as enormes diferenças de papel social entre homens e mulheres. Na falta de um movimento organizado assiste-se, porém, na Inglaterra e depois na França, a uma retomada original e parcialmente crítica em relação às correntes de pensamento que se haviam afirmado na décadas anteriores.

Virginia Woolf, a grande romancista, também é autora de dois textos que tratam diretamente da temática da condição feminina no passado e no presente: *A Room of One's Own,* de 1929, e *Three Guineas,* de 1938. São ensaios que refletem sobre as conquistas realizadas pelo movimento das mulheres e fazem indagações sobre os seus limites, formulando idéias e tópicos teóricos de grande importância para o desenvolvimento subseqüente do pensamento feminista. A autora faz referência às "filhas dos homens cultos" para indicar os limites sociais das conquistas do movimento liberal-feminista e – sobretudo – introduz, além da temática da igualdade de direitos, a da "diferença". O risco e o perigo do pensamento e do movimento feministas que se afirmara até então devem ser identificados no nivelamento das reivindicações das mulheres com o sistema de valores praticado pelos homens: sistema de valores que produz hierarquias sociais, injustiça, guerra. Da igualdade à diferença: essa é a nova mensagem implícita nos textos de V. Woolf. As mulheres, que obtiveram – ainda com muitas limitações – a igualdade de direitos na instrução, no voto, nas profissões liberais, agora precisam afirmar e reivindicar a diferença (e a superioridade?) entre seu sistema de valores éticos, culturais e econômicos e os sistemas dos homens, que se mostraram historicamente desastrosos (Woolf vive no período dos totalitarismos e das guerras, e se suicidará em 1941).

Simone de Beauvoir publica em 1949, depois de um romance e antes de importantes textos autobiográficos, um livro monumental intitulado *O segundo sexo,* de inspiração existencialista sartriana. No livro, a reflexão sobre as teses liberais, marxistas e psicanalíticas relativas às condições e à natureza das mulheres é inserida num contexto que apresenta tanto uma história geral da condição da mulher quanto uma história das experiências cruciais da mulher, como indivíduo, numa sociedade moderna. A tese geral, muito provocatória na época, mesmo para as mulheres às quais se dirigia, dá uma resposta ao porquê de a mulher viver historicamente subordinada ao homem em todos os planos da convivência social. Descartadas com fortes argumentos as respostas liberais, marxistas e psicanalíticas, S. de Beauvoir afirma que a mulher, na sua condição de subordinação ao homem, é, sim, vítima da vontade dominadora do homem, mas é também cúmplice: todo indivíduo humano – afirma S. de Beauvoir com referência explícita às teses de fundo do existencialismo que comunga com Sartre – é livre, e ninguém pode privá-lo da liberdade. Se, portanto, a mulher é vítima, se é "outro" em relação ao homem, significa que de algum modo aceitou essa sua condição. Mas é possível sair dela, visto que não se trata de uma condição biológica, mas do fruto da relação homem–mulher: pode-se sair parcialmente em termos individuais (a mulher com uma carreira independente, possível agora depois das conquistas "igualitárias"), e totalmente em termos coletivos. A libertação da mulher, para S. de Beauvoir, pode e deve ser resultado de uma luta coletiva, que ponha em discussão a condição existente e leve a um "novo pacto", depois do qual se possa instaurar uma relação harmônica e igualitária entre a mulher e o homem. S. de Beauvoir indica, nas suas propostas teóricas, não uma separação entre mulher e homem, mas uma harmonização das relações, que seja fruto de uma relação livre entre pares. Desta última tese de S. de Beauvoir discordará uma parte considerável do pensamento feminista subseqüente.

3) *Da diferença às diferenças (1960-1995).* No período iniciado nos anos 1960, também conhecido como "segunda onda" do F., assiste-se ao reaparecimento, com maior riqueza e diversificação, tanto do movimento das mulheres como organização de luta para a conquista de objetivos concretos (aborto, divórcio, contracepção, auxílio à maternidade, reconhecimento da homossexualidade, eliminação da discriminação em todos os campos da vida social, igualdade de oportunidades, ação positiva e outros) quanto do pensamento especificamente feminista sobre os problemas e a natureza da mulher. As regiões em que mais se desenvolveu o debate teórico e político ligado a esse pensamento foram – e são ainda – Inglaterra, Estados Unidos, França e Itália.

A área anglo-estadunidense é a de maior vivacidade e diversificação do pensamento feminista, que passou a articular-se numa série de posições bem definidas no plano teórico e freqüentemente bem organizadas no plano prático. Tal riqueza de posições teóricas e de práticas feministas se deve à maior complexidade dessa área, no que diz respeito, por exemplo, ao caráter multirracial que nos últimos anos complicou e inovou o debate teórico. As orientações teóricas que mais caracterizaram essa área, a partir do começo dos anos 1970, foram a psicanalítica (alternativa às teses consideradas geralmente antifeministas de Freud) e a radical (que enfatiza a diferença e a necessidade de separação em relação aos homens). Comum a estas e a outras orientações é a reivindicação e a exaltação da diferença entre mulher e homem, com argumentos diferentes, porém no mais das vezes convergentes para a tese da necessidade de práticas de vida específicas, porquanto decorrentes dessa diferença. Estão já distantes os tempos do movimento emancipacionista, tendente à reivindicação da igualdade e paridade. Cabe, porém, acrescentar que essa teorização difundida da diferença, com justificações diversas no plano teórico, sofreu objeções por parte de outros setores do movimento feminista radicados nas diferentes etnias presentes, por exemplo nos Estados Unidos, no sentido de que há diferenças dentro da diferença, ou seja, as teorizações da parte "branca" do F. norte-americano não são aceitáveis pelas partes "étnicas" cujos problemas se referem a condições sociais e econômicas radicalmente diferentes, em muitos casos, das condições da população feminina branca ou anglo-saxônica do país. Entre os conceitos hoje mais comuns no debate feminista estão os de "sexo" e "gênero": o primeiro, que determina a diferença biológica entre mulher e homem, é fortemente distinguido do segundo, que indica os papéis sociais impostos pelo domínio masculino ou patriarcal, respectivamente, à mulher (subordinação em todos os campos) e ao homem (domínio em todos os campos). Em todo o pensamento feminista mais recente (nisso influiu o pensamento de L. Irigaray) é também muito forte a ênfase na linguagem e nas ciências, cuja pretensa objetividade ou neutralidade se nega, revelando-se, ao contrário, sua formulação machista e antifeminista. Entre as obras que mais marcaram o debate teórico no pensamento feminista de língua inglesa podemos indicar *Sexual Politics*, de Kate Millett (1970), *The Dialectics of Sex*, de Shulamith Firestone (1970), *The Female Eunuch*, de Germaine Greer (1971), *Psychoanalysis and Feminism*, de Juliet Mitchell (1974), *Amazon Odissey*, de Ti-Grace Atkinson (1974), *Of Woman Born*, de Adrienne Rich (1976), *Gyn/Ecology*, de Mary Daly (1978) (a autora, além de ter contribuído para fundar uma teologia feminista que demonstra o machismo da tradição das Escrituras judaico-cristãs, tornou-se uma das mais fortes teóricas do lesbianismo como alternativa teórica e prática ao machismo), *Pornography: Men Possessing Women*, de Andrea Dworkin (1981).

No área francesa assistiu-se ao debate teórico feminista num âmbito filosófico condicionado pelo pensamento do psicanalista Jacques Lacan e do teórico pós-estruturalista Jacques Derrida. A ênfase nas temáticas psicanalíticas e da linguagem, com intenções desmistificadoras em ambos os campos, é muito forte nas obras das três principais teóricas do feminismo francês das últimas décadas: Luce Irigaray, muito traduzida também na Itália, sobretudo com a obra de 1974, *Speculum. De l'autre femme*, em que se afirma a temática da diferença, em contraposição a Freud, Platão e outros filósofos; Julia Kristeva e Hélène Cixous, que, respectivamente, no plano teórico e no prático, afirmaram a necessidade de uma linguagem das mulheres que se afirme como alternativa à masculina.

Estes últimos temas estiveram e estão presentes sobretudo na Europa continental, e também na Itália despertaram grande interesse e importantes integrações teóricas, em torno de 1990, por parte de filósofas ligadas ao movimento feminista: Luisa Muraro (*L'ordine simbolico della madre*, de 1991, alternativa à ordem simbólica do pai, teorizada por Lacan) e Adriana Cavarero (ensaio em *Diotima. Il pensiero della differenza sessuale*, de 1987, e *Nonostante Platone*, de 1990). [F.Re.]

FENOMÊNICO, FENOMENOLÓGICO (in. *Phenomenal, phenomenological*; fr. *Phénoménal, phénoménologique*; al. *Phänomenal, Phänomenologisch*; it. *Fenomenico, fenomenologico*). A distinção entre os dois adjetivos, que não devem ser confundidos, foi bem exposta por Heidegger: "Por fenomênico entende-se aquilo que é dado e pode ser explicitado segundo o modo de encontro com os fenômenos, daí falar-se em estruturas fenomênicas. Fenomenológico é tudo aquilo que é inerente ao modo de demonstrar e de explicitar e tudo aquilo que exprime a conceituação implícita na presente investigação" (*Sein und Zeit*, § 7). Em outros termos, pode-se falar de um "objeto fenomênico" ou "realidade fenomênica", mas deve-se falar em "investigação fenomenológica", em "*epoché* fenomenológica" etc. O adjetivo fenomênico qualifica o objeto que se revela no fenômeno, o adjetivo fenomenológico qualifica a manifestação do objeto em sua "essência", bem como a busca que possibilita essa manifestação. [N.A.]

FENOMENISMO (in. *Phenomenalism*; fr. *Phénoménisme*; al. *Phänomenalismus*; it. *Fenomenismo*). Doutrina segundo a qual o conhecimento humano limita-se aos fenômenos, no segundo sentido do termo. Essa palavra designa tanto as filosofias que também admitem a existência de uma realidade diferente do fenômeno (como as de Kant ou Spencer) quanto as filosofias que negam qualquer realidade que não seja fenômeno (Renouvier, Hodgson). Esse termo foi cunhado no século XIX, mas a filosofia fenomenista nasceu no século XVIII; é a filosofia do iluminismo. [N.A.]

FENÔMENO (gr. τὰ φαινόμενα; in. *Phenomenon*; fr. *Phénomene*; al. *Phänomen*; it. *Fenomeno*). 1. O mesmo que *aparência* (v.). Nesse sentido o F. é a aparência sensível que se contrapõe à realidade, podendo ser considerado manifestação desta, ou que se contrapõe ao fato, do qual pode ser considerado idêntico (v. FATO). É este o sentido que essa palavra normalmente assume na linguagem comum (mesmo quando esta faz alusão a uma aparência paradoxal e insólita, como por exemplo a monstruosa), sendo também o significado encontrado em Bacon (em *De interpretatione naturae proemium*, 1603), em Descartes (*Princ. phil.*, III, 4), em Hobbes (*De corp.*, 25, § 1) e em Wolff (*Cosm.*, § 225).

2. A partir do século XVIII, em virtude da reabilitação da aparência como manifestação da realidade aos sentidos e ao intelecto do homem, a palavra F. começa a designar o objeto específico do conhecimento humano que *aparece* em condições particulares, características da estrutura cognitiva do homem. Nesse sentido, a noção de F. é correlativa com a de *coisa em si* (v.), a ela remetendo por oposição contrária. À medida que se reconhece que os objetos do conhecimento se revelam segundo os modos e as formas próprias da estrutura cognitiva do homem, e que por isso eles não são as "coisas em si mesmas", ou seja, as coisas como são ou poderiam ser fora da relação cognitiva com o homem, o objeto do conhecimento humano configura-se como F., ou seja, como coisa aparente nessas condições, o que obviamente não significa coisa enganosa ou ilusória. É na filosofia do século XVIII que se dá este passo. Hobbes, que em princípio reavaliou o F. como aparência geral (*De corp.* 25, § 1; v. APARÊNCIA), não atribuiu nenhuma significação limitativa ou corretiva à palavra F., com a qual designa qualquer objeto possível do conhecimento humano. Maupertuis, que nas *Cartas* de 1752 afirma que a extensão é um fenômeno como todas as coisas corpóreas (*Œuvres*, 1756, II, 198 ss.), exprime contudo a convicção, bastante comum em seu tempo, da limitação do conhecimento humano, e foi desta convicção que Kant partiu para sua distinção entre F. e númeno. Segundo Kant, o F. é, em geral, o objeto do conhecimento enquanto condicionado pelas formas da intuição (tempo e espaço) e pelas categorias do intelecto. Diz: "F. é o que não pertence ao objeto em si mesmo, mas se encontra sempre na relação entre ele e o sujeito, sendo inseparável da representação que este tem dele. Por isso mesmo, os predicados do espaço e do tempo são atribuídos aos objetos dos sentidos como tais, e nisso não há ilusão. Ao contrário, se atribuo à rosa em si a cor vermelha, a Saturno os anéis ou a todos os objetos externos em si a extensão, sem levar em conta a relação desses objetos com o sujeito e sem limitar meu juízo a essa relação, então nasce a ilusão"

(*Crít. R. Pura*, Estética Transcendental, § 8, Obs. ger., nota). Tal significado, no qual se estabelecia um filosofema muito difundido no século XVIII, permaneceu como um dos significados fundamentais desse termo, mais precisamente aquele com relação ao qual se fala de fenomenismo. Esse significado caracteriza-se pela limitação de validade do conhecimento humano. Nesse sentido, F. não é o objeto que se manifesta, mas o objeto que se manifesta *ao homem* nas condições limitativas específicas que essa relação implica.

3. Todavia, na filosofia contemporânea, a partir das *Investigações lógicas* (1900-1901) de Husserl, F. começou a indicar não só o que aparece ou se manifesta ao homem em condições particulares, mas aquilo que aparece ou se manifesta *em si mesmo*, como é em si, na sua essência. É verdade que para Husserl o fenômeno neste sentido não é uma manifestação natural ou espontânea da coisa: exige outras condições, que são impostas pela investigação filosófica como *fenomenologia* (v.). O sentido fenomenológico de F. como revelação de essência (HUSSERL, *Ideen*, I, Intr.) soma-se portanto ao significado crítico de F., sem contudo eliminá-lo. Foi nele que Heidegger insistiu, considerando o F. como o aparecer puro e simples do ser em si e distinguindo-o assim da simples aparência (*Erscheinung* ou *blosse Erscheinung*), que é indício do ser ou alusão ao ser (que contudo permanece escondido) e que, por isso, é o não manifestar-se ou o esconder-se do ser (*Sein und Zeit*, § 7, A). Obviamente, nesse sentido a noção de F. não se opõe mais à de coisa em si: o F. é o em-si da coisa em sua manifestação, não constituindo, pois, uma aparência da coisa, mas identificando-se com seu ser.

Podemos agora resumir da seguinte maneira os três significados atualmente em uso da palavra F.: 1) aparência pura e simples (ou fato puro e simples), considerada ou não como manifestação da realidade ou fato real; 2) objeto do conhecimento humano, qualificado e delimitado pela relação com o homem; 3) revelação do objeto em si. [N.A.]

FENOMENOLOGIA (in. *Phenomenology*; fr. *Phénoménologie*; al. *Phänomenologie*; it. *Fenomenologia*). Descrição daquilo que aparece ou ciência que tem como objetivo ou projeto essa descrição. É provável que esse termo tenha sido cunhado pela escola de Wolff. Lambert utiliza-o como título da 4ª parte do seu *Novo Organon* (1764) e com ele entende o estudo das fontes de erro. Aqui, a aparência, cuja descrição é a F., é entendida como aparência ilusória. Kant, porém, utiliza esse termo para indicar a parte da teoria do movimento que considera o movimento ou o repouso da matéria somente em relação com as modalidades em que eles aparecem ao sentido externo (*Metaphysische Aufangsgründe der Natur wissenschaft*, 1786, Pref.). Por sua vez, Hegel chamou de "F. do espírito" a história romanceada da consciência, que, desde suas primeiras aparências sensíveis, consegue aparecer para si mesma em sua verdadeira natureza, como Consciência Infinita ou Universal. Nesse sentido, identifica a F. do espírito com o "devir da ciência ou do saber", e nela descobre o caminho através do qual o indivíduo percorre os graus de formação do Espírito Universal, como figuras já abandonadas ou etapas de um caminho já traçado e aplanado (*Phänomen. des Geistes*, Pref., ed. Glockner, p. 31). Hamilton atribuiu outro significado a esse termo (*Lectures on Logic*, 1859-1860, I, p. 17), o de psicologia descritiva; foi com tal significado, de pura descrição da aparência psíquica, preliminar à explicação dos fatos psíquicos, que esse termo foi usado com freqüência pela cultura filosófica alemã da segunda metade do século XIX e nos primeiros anos do século XX. Hartmann intitulou *F. da consciência moral* (*Phänomenologie des sittliche Bewusstseins*, 1879) a coletânea de dados empíricos da consciência moral, independentemente de sua interpretação especulativa.

Mas a única noção hoje viva de F. é a anunciada por Husserl em *Investigações lógicas* (1900-1901, II, pp. 3 ss.), correlativa ao 3º significado de fenômeno e depois desenvolvida por ele mesmo nas obras seguintes. O próprio Husserl preocupou-se em eliminar a confusão entre psicologia e fenomenologia. Esclareceu que psicologia é a ciência dos dados de fato; os fenômenos que ela considera são acontecimentos reais que, juntamente com os sujeitos a que pertencem, inserem-se no mundo espaciotemporal. A F. (que ele chama de "pura" ou "transcendental") é uma ciência de essências (portanto, "eidética"), e não de dados de fato, possibilitada apenas pela *redução eidética*, cuja tarefa é expurgar os fenômenos psicológicos de suas características reais ou empíricas e levá-los para o plano da generalidade essencial. A redução eidética, vale dizer, a transformação dos fenômenos em essências, também é redução fenomenológica em sentido estrito, porque transforma esses fenômenos em *irrealidades* (*Ideen*, I, Intr.). Com esse significado, a F. constitui uma corrente filosófica particular, que pratica a filosofia como investigação fenomenológica, ou seja, valendo-se da redução fenomenológica e da *epoché* (v.). Os resultados fundamentais a que esta investigação levou, em Husserl, podem ser resumidos da maneira seguinte: 1º O reconhecimento do caráter *intencional da consciência* (v.), em virtude do qual a consciência é um movimento de *trans-*

cendência em direção ao objeto e o objeto se dá ou se apresenta à consciência "em carne e osso" ou "pessoalmente"; 2º evidência da visão (intuição) do objeto devida à presença efetiva do objeto; 3º generalização da noção de objeto, que compreende não somente as coisas materiais, mas também as formas de categorias, as essências e os "objetos ideais" em geral (*Ideen*, I, § 15); 4º caráter privilegiado da "percepção imanente", ou seja, da consciência que o eu tem das suas próprias experiências, porquanto nessa percepção aparecer e ser coincidem perfeitamente, ao passo que não coincidem na intuição do objeto externo, que nunca se identifica com suas aparições à consciência, mas permanece além delas (*ibid.*, § 38).

Nem todos estes princípios são aceitos pelos pensadores contemporâneos que se valem da investigação fenomenológica: apenas o primeiro deles (caráter intencional da consciência, em virtude do qual o objeto é transcendente em relação a ela e todavia presente "em carne e osso") tem crédito não só entre esses pensadores como também junto a grande número de filósofos contemporâneos. Foi com base na investigação fenomenológica que Nicolai Hartmann fundou seu *realismo* (v.) metafísico; o mesmo fizeram Scheler para a análise das *emoções* (v.) e Heidegger (como método para sua ontologia). Este último expressa com toda a clareza o caráter próprio da F. quando afirma: "A palavra 'F.' significa antes de mais nada um conceito de método. Ela não caracteriza a consistência de fato do objeto da indagação filosófica, mas seu *como.* [...] Esse termo expressa um lema que poderia ser assim formulado: às coisas mesmas! – por oposição às construções soltas no ar e aos achados casuais; em oposição à admissão de conceitos apenas aparentemente verificados e aos falsos problemas que se impõem de geração em geração como problemas verdadeiros" (*Sein und Zeit*, § 7). Portanto, o que a F. mostra é aquilo que, acima de tudo e na maior parte dos casos, não se manifesta, o que está escondido, mas que é capaz de expressar o sentido e o fundamento daquilo que, acima de tudo e na maior parte dos casos, se manifesta. Nesse sentido, a F. é a única ontologia possível (*ibid.*, § 7 C). A F. é entendida de maneira análoga por Sartre (*L'être et le néant*, Intr., §§ 1-2) e por Merleau-Ponty (*Phénoménologie de la perception*, Pref.). A formulação fenomenológica da filosofia não implica, portanto, a redução da existência à aparência e não pode ser confundida de maneira nenhuma com o *fenomenismo* (v.). O próprio conceito de fenômeno a que se faz referência é diferente neste caso. Por outro lado, tampouco implica a eliminação da diferença entre parecer e ser, embora esse antigo dualismo seja eliminado. Sartre diz: "O fenômeno de ser exige a transfenomenalidade do ser. Isto não quer dizer que o ser está escondido *atrás* dos fenômenos (vimos que o fenômeno não pode mascarar o ser), nem que o fenômeno é uma aparência que remete a um ser distinto (só como aparência o fenômeno é, ou seja, ele se indica sobre o fundamento do ser). Segue-se que o ser do fenômeno, conquanto coextensivo ao fenômeno, deve escapar à condição fenomênica – de só existir na medida em que se nos revela – e, por conseguinte, excede e fundamenta o conhecimento que se tem dele" (*L'être et le néant*, Intr., § 2). A relação entre aparência e ser, na ontologia fenomenológica, pode ser definida ou analisada de maneiras diferentes, mas não se amolda à tradição que relaciona aparência e realidade. [N.A.]

FENÔMENO ORIGINÁRIO. V. URPHAENOMENON.

FERIO. Palavra mnemônica com a qual, na lógica escolástica, era indicado o silogismo de primeira figura com a forma: "Nenhum A é B, Alguns C são A; logo Alguns C não são B" ("Nenhum animal è pedra, Alguns homens são animal; logo, Alguns homem não são pedra"). [M.M.]

FERISON. Palavra mnemônica com a qual, na lógica escolástica, era indicado o silogismo de terceira figura (redutível a *Ferio*), com a forma "Nenhum A é B, Alguns A são C; logo, Alguns C não são B" ("Nenhum homem é pedra, Alguns homens são animais; logo, Alguns animais não são pedra"). [M.M.]

FESAPO. Palavra mnemônica com a qual, na tradição lógica aristotélico-escolástica, era indicado o silogismo de quarta figura (redutível a *Ferio* da primeira) com a forma "Nenhum A é B, Todos os B são C; logo, Alguns C não são A" ("Nenhum homem é marreco, Todos os marrecos são palmípedes; logo, Alguns palmípedes não são homem"). [M.M.]

FESTINO. Palavra mnemônica com a qual, na lógica escolástica, era indicado o silogismo da segunda figura (redutível a *Ferio*), com a forma "Nenhum A é B, Alguns C são B; logo Alguns C não são A" ("Nenhuma pedra é animal, Alguns homens são animal; logo Alguns homens não são pedra"). [M.M.]

FETICHISMO (in. *Fetishism*; fr. *Fétichisme*; al. *Fetichismus*; it. *Feticismo*). Crença no poder sobrenatural ou mágico de certos objetos materiais (it. *feticci*; v. port. *feitiço* = artificial). Mais geralmente, atitude de quem considera animados os objetos materiais, e os tipos de religião ou de filosofia baseados nesta crença. Neste segundo sentido, esse termo não é mais usado, por ter sido substituído por *animismo* (v.). Em geral, os filósofos empregam essa palavra em sentido depreciativo; por exemplo, Mach chamou de F. a crença nos conceitos de causa e de vontade (*Populärwissenschaftliche Vorlesungen*, 1896,

p. 269). Comte exaltara o F., por encontrar nele alguma afinidade com o positivismo, porquanto ambos vêem em todos os seres uma atividade análoga ou semelhante à humana, e assim estabelecem a unidade fundamental do mundo que se expressa na teoria do Grande Ser (*Politique positive*, III, p. 87; IV, p. 44). Kant, por outro lado, chamou F. a religião *mágica*, de quem realiza certas ações que por si nada contêm de agradável a Deus, nada têm de moral, com o fim de obter favores divinos e satisfazer desejos pessoais. Nesse sentido, o sacerdócio é "a constituição de uma Igreja em que reina o culto fetichista, onde o fundamento e a essência do culto não são constituídos por princípios de moralidade, mas por disposições estatutárias, regras de fé e observâncias" (*Religion*, IV, seç. 2, § 3). [N.A.]

FICÇÃO (in. *Fiction*; fr. *Fiction*; al. *Fiktion*; it. *Finzione*). Uma filosofia da F., ou *ficcionismo* (*Fiktionalismus*), é a "Filosofia do como se" (1911) de Vaihinger, que se propõe demonstrar que todos os conceitos, as categorias, os princípios e as hipóteses de que lançam mão o saber comum, as ciências e a filosofia são F. destituídas de qualquer validade teórica, freqüentemente contraditórias, que são aceitas e conservadas enquanto úteis. Vaihinger não acha que essa situação seja patológica, mas normal, e que a única alternativa viável é utilizar as F. conscienciosamente. Está claro que, nesse sentido, a F. não é uma hipótese, pois não exige verificação; aproxima-se mais do conceito de *mito* (v). A filosofia da F. é um dos desdobramentos do conceito kantiano do *como se* (v.) na filosofia contemporânea. [N.A.]

FICHTISMO. V. ROMANTISMO.

FIDEÍSMO (in *Fideism*; fr. *Fidéisme*; al. *Fideismus*; it. *Fideismo*). Designou-se com este termo a concepção filosófica e religiosa defendida nas primeiras décadas do século XIX pelo abade Bautain, por Huet, por Lamennais (este último especialmente na obra *Essais sur l'indifférence en matière de religion*, 1817-1823); essa concepção consiste em opor à razão "individual" uma razão "comum", que seria uma espécie de intuição das verdades fundamentais, comum a todos os homens. Esta intuição teria origem numa revelação primitiva que se transmitiria através da tradição eclesiástica; assim, serviria de fundamento da fé católica. Essa doutrina visava justificar o primado da tradição eclesiástica. Na realidade, negava à Igreja a prerrogativa de ser a única depositária da tradição autêntica e negava à tradição o apoio da razão. Depois da condenação da Igreja (1834), entre os escritores católicos esse termo assumiu conotação pejorativa, mas continua sendo usado até hoje para indicar, em geral, quaisquer atitudes que considerem a fé como instrumento de conhecimento superior à razão e independente dela. [N.A.]

FIGURA (gr. σχῆμα; lat. *Figura;* in. *Figure;* fr. *Figure;* al. *Figur;* it. *Figura*). 1. É assim tradicionalmente chamada cada uma das quatro formas geradas pela posição dos termos (em particular do termo médio) de uma inferência silogística (v. SILOGISMO). [M.M.]

2. Com esse mesmo termo, que traduz o alemão *Gestalt*, indicam-se as determinações da fenomenologia do espírito de Hegel. Tais determinações são "figuras da consciência" (*Phänomen. des Geistes*, pref., ed. Glockner, pp. 36, *passim*) ou "graus do caminho já traçado e batido" pelo Espírito Universal, ou seja, etapas através das quais a consciência chegou à consciência de si como Consciência Infinita e Absoluta. Como se sabe, entre as F. da fenomenologia Hegel inclui também criações fantasistas, o que estabelece uma diferença entre essas F. e as *categorias*, que são objeto da *Enciclopédia*. Com efeito, as categorias são determinações necessárias e necessariamente reais. [N.A.]

FIGURAE DICTIONIS (FALÁCIA). Paralogismo *in dictione* (v. FALÁCIA), que consiste no uso gramatical errôneo nas premissas, gerando conseqüências paradoxais ou gramaticalmente impossíveis (*"Omnis homo est albus, mulier est homo, ergo mulier est albus"*). Cf. ARISTÓTELES, *El. sof.*, 4, 166 b 10; PEDRO HISPANO, *Summ. log.*, 7.34 ss.; JUNGIUS, *Logica hamb.*, VI, 7 etc. [G.P.]

FILANTROPIA (gr. φιλανθροπία; lat. *Philanthropia*; in. *Philanthropy*; fr. *Philanthropie*; al. *Philanthropie;* it. *Filantropia*). Amizade do homem para com outro homem. Essa palavra foi assim entendida por ARISTÓTELES (*Et. nic.*, VIII, 1, 1155, a. 20) e pelos estóicos, que atribuíram essa amizade ao vínculo natural, graças ao qual toda a humanidade constitui um único organismo. "Daí deriva", diz Cícero, "que também é natural a solidariedade recíproca entre os homens, graças à qual, necessariamente, um homem não pode ser alheio a outro homem, pelo próprio fato de ser homem" (*De finibus*, III, 63). Diógenes Laércio atribui o conceito de F. também a Platão, que o teria dividido em três aspectos: saudação, ajuda, hospitalidade (DIÓG. L., III, 98). Na linguagem moderna, a significação desse termo restringiu-se ao segundo dos aspectos distinguidos por Platão. A atitude geral de benevolência para com os outros homens hoje é freqüentemente chamada de *altruísmo* (v.). [N.A.]

FILÁUCIA. V. AMOR SUI.

FILODOXIA (gr. φιλοδοξία; lat. *Philodoxia, Philodoxy*; fr. *Philodoxie*; al. *Philodoxie*; it. *Filodossia*). Essa palavra (que significa mais exatamente "amor pela glória") foi usada por Platão para indicar os "amantes da opinião", em oposição aos "amantes da ciência", que são os filósofos. Os amantes da opinião são aqueles que gostam de ouvir belas vozes, olhar belas cores etc., mas que não consideram o belo como um ser em si (*Rep.*, V, 480 a). Kant chamou de F. a atitude daqueles que rejeitam não só o método da crítica, por ele proposto, mas também o método da fundamentação de Wolff, que consiste em proceder estabelecendo princípios, definindo conceitos e buscando o rigor das demonstrações (*Crít. R. Pura*, Pref. da 2ª ed.). [N.A.]

FILOGÊNESE. V. BIOGENÉTICA, LEI.

FILOLOGIA (gr. φιλολογία; lat. *Philologia*; in. *Philology*; fr. *Philologie*; al. *Philologie*; it. *Filologia*). Para Platão, essa palavra significava amor aos discursos (*Teet.*, 161 a); na idade moderna, passou a designar a ciência da palavra, ou melhor, o estudo histórico da língua. Vico opôs F. e filosofia: "A filosofia contempla a razão de onde parte a ciência do verdadeiro; a F. observa a autoridade, o arbítrio humano, de onde parte a consciência do certo" (*Scienza nuova*, dign. 10). Seria tarefa dos filólogos o "conhecimento das línguas e dos feitos dos povos". F. e filosofia completam-se no sentido de que os filósofos deveriam "conferir" suas razões com a autoridade dos filólogos, e os filólogos deveriam "confirmar" sua autoridade com a razão dos filósofos. No conceito moderno, F. é a ciência que tem por objetivo a reconstituição histórica da vida do passado através da língua, portanto dos seus documentos literários. Por conseguinte, os projetos e os resultados dessa ciência, do modo como ela se formou, sobretudo no século XIX, vão muito além da humilde tarefa à qual desejaram limitá-la os filósofos do idealismo romântico. Hegel já se opunha aos "filólogos", historiadores que faziam seu trabalho em nome da história filosófica, única história capaz de descobrir *a priori* o plano providencial do mundo (*Philosophie der Geschichte*, ed. Lasson, pp. 8 ss.). No mesmo sentido, Croce chamava de história *filológica* a história dos historiadores, à qual contrapunha a história "especulativa", que identificava com a filosofia (CROCE, *Teoria e storia della storiografia*, 1917; *La storia come pensiero e come azione*, 1938).

Na realidade, a história filológica é a história dos historiadores, ao passo que a história especulativa nada mais é que a concepção providencialista do mundo histórico, que nada tem que ver com a historiografia científica (v. HISTORIOGRAFIA). O adjetivo *filológico* não pode sequer ser usado para designar formas monótonas e mal realizadas de historiografia, pois a F. não é em nada responsável por elas. Tampouco a função de conservação e reconstituição do material documentário e das fontes, que Nietzsche chamou de *história arqueológica* (v.), é um tipo inferior de história, porque só é possível quando um interesse inteligente guia as escolhas oportunas e as torna úteis à tarefa da crítica e da reconstituição históricas. [N.A.]

FILOSOFEMA (gr. φιλοσόφημα; lat. *Philosophema*; in. *Philosopheme*; fr. *Philosophème*; al. *Philosophem*; it. *Filosofema*). Em geral, discurso filosófico. Na lógica de ARISTÓTELES (*Top.*, VIII, 11, 162 a 15) é o "raciocínio demonstrativo". Fora da lógica: conceito ou lugar-comum filosófico. Nesse segundo sentido é usado pelo próprio ARISTÓTELES (*De cael.*, II, 13, 294 a 19) e pela tradição posterior. [G.P. – N.A.]

FILOSOFIA (gr. φιλοσοφία; lat. *Philosophia*; in. *Philosophy*; fr. *Philosophie*; al. *Philosophie*; it. *Filosofia*). A disparidade das F. tem por reflexo, obviamente, a disparidade de significações de "F.", o que não impede reconhecer nelas algumas *constantes*. Destas, a que mais se presta a relacionar e articular os diferentes significados desse termo é a definição contida no *Eutidemo* de Platão: F. é o uso do saber em proveito do homem. Platão observa que de nada serviria possuir a capacidade de transformar pedras em ouro a quem não soubesse utilizar o ouro, de nada serviria uma ciência que tornasse imortal a quem não soubesse utilizar a imortalidade, e assim por diante. É necessário, portanto, uma ciência em que coincidam fazer e saber utilizar o que é feito, e essa ciência é a F. (*Eutid.*, 288 e 290 d). Segundo esse conceito, a F. implica: 1º posse ou aquisição de um conhecimento que seja, ao mesmo tempo, o mais válido e o mais amplo possível; 2º uso desse conhecimento em benefício do homem. Esses dois elementos recorrem freqüentemente nas definições de F. em épocas diversas e sob diferentes pontos de vista. São reconhecíveis, por exemplo, na definição de Descartes, segundo a qual "essa palavra significa o estudo da sabedoria, e por sabedoria não se entende somente a prudência nas coisas, mas um perfeito conhecimento de todas as coisas que o homem pode conhecer, tanto para a conduta de sua vida quanto para a conservação de sua saúde e a invenção de todas as artes" (*Princ. phil.*, Pref.). Encontram-se igualmente na definição de Hobbes, segundo a qual a F. é, por um lado, o conhecimento causal e, por outro, a utilização desse conhecimento em benefício do homem (*De corp.*, I, § 2, 6), bem como na de Kant, que define o conceito *cósmico* da F. (o conceito que interessa necessariamente a todos os homens) como o de "ciência da relação do conhecimento à finalidade essencial da razão humana" (*Crít. R. Pura*, Doutr. transc. do método, cap. III). Essa finalidade essencial é a "felicidade universal"; portanto, a F. "relaciona tudo com a sabedoria, mas através da ciência" (*ibid.*, *in fine*). Não tem significação diferente a definição de F. dada por Dewey, como "crítica dos valores", no sentido de "crítica das crenças, das instituições, dos costumes, das políticas, no que se refere seu alcance sobre os bens" (*Experience and Nature*, p. 407). Essas definições (aqui citadas apenas como exemplos) podem ser remetidas à fórmula de Platão, citada no início, cuja vantagem é nada estabelecer sobre a natureza e os limites do saber acessível ao homem ou sobre os objetivos para os quais ele pode ser dirigido. Portanto, pode-se entender esse saber tanto como revelação ou posse quanto como aquisição ou busca, podendo-se entender que seu uso deva orientar-se para a salvação ultraterrena ou terrena do homem, para a aquisição de bens espirituais ou materiais, ou para a realização de retificações ou mudanças no mundo. Portanto, essa fórmula revela-se igualmente apta a exprimir as diferentes tarefas que a F. foi assumindo ao longo de sua história. Por exemplo, exprime igualmente bem tanto a tarefa das F. positivas ou dogmáticas quanto a das F. negativas ou céticas. Quando o ceticismo antigo se propõe realizar a imperturbabilidade da alma pela suspensão do assentimento (SEXTO EMPÍRICO, *Pirr. hyp.*, I, 25-7), não faz senão entender a F. como uso de determinado conhecimento para conseguir uma vantagem. Analogamente, quando, na F. contemporânea, Wittgenstein afirma que o propósito da F. é levar ao desaparecimento dos problemas filosóficos, eliminar a própria F. ou se "curar" dela (*Philosophical Investigations*, § 133), não está recorrendo a conceito diferente de F.: libertar da F. é a utilidade que o uso do saber (neste caso a retificação lingüística deste) pode proporcionar.

Os dois elementos encontrados na definição de F. considerada apta a constituir o quadro das principais articulações dos significados desse termo constituem por si mesmos a primeira dessas articulações. Em outras palavras, é possível distinguir os significados historicamente dados desse termo: 1º com relação à natureza e validade do conhecimento ao qual a F. se refere; 2º com relação à natureza do alvo para o qual a F. pretende dirigir o uso desse saber; 3º com relação à natureza do procedimento que se considera próprio da filosofia.

I. *A filosofia e o saber* – O uso do saber ao qual o homem tem acesso de algum modo é, em primeiro lugar, um juízo sobre a origem ou a validade desse saber. E a propósito do juízo sobre a validade do saber surgem imediatamente duas alternativas fundamentais, que estabelecem a distinção entre dois tipos diferentes e opostos de filosofia. A primeira alternativa estabelece a origem divina do saber: para o homem, ele é uma revelação ou um dom. A segunda alternativa estabelece a origem humana do saber: ele é uma conquista ou uma produção do homem. A primeira alternativa é a mais antiga e a mais freqüente no mundo, prevalecendo de há muito nas filosofias orientais. A segunda alternativa surgiu na Grécia e foi herdada pela civilização ocidental.

A) De acordo com a primeira alternativa, o saber é uma revelação ou iluminação divina, com que foi privilegiado um homem ou mais, transmitida por tradição num grupo também privilegiado de homens (casta, seita ou igreja). Portanto, não é acessível aos mortais comuns, a não ser através daqueles que são seus depositários; tampouco é possível aos mortais, comuns ou não, aumentar seu patrimônio ou julgar de sua validade. Faz parte integrante dessa interpretação da origem do saber a crença de que seu uso em benefício do homem – neste caso a "salvação" – também é ditado ou prescrito pela revelação ou iluminação divina. Portanto, esta interpretação parece eliminar ou tornar supérfluo o "trabalho" filosófico, que versa precisamente sobre esse uso. Mas na prática isso é raro. A exigência de aproximar a verdade revelada da compreensão humana comum, de adaptá-la às circunstâncias e de fazê-la atender aos problemas novos ou modificados que os homens se propõem, de defendê-la de negações, desvios, incredulidades declaradas ou ocultas, faz que o trabalho filosófico encontre nesse conceito do saber um vasto campo para desenvolver-se e tarefas multiformes para enfrentar. Contudo, esse trabalho é subalterno e ancilar: não é nem pode ser decisivo quando se trata de interpretações fundamentais e de instâncias últimas. Na revelação e na tradição, encontra limites intransponíveis que vedam qualquer possibilidade de desenvolvimento em direções diferentes das já determinadas. Não pode combater e destruir as crenças estabelecidas, opor-se frontalmente à tradição, promover ou planejar transformações radicais. Sua função é conservar as crenças estabelecidas, e não renová-las ou aperfeiçoá-las, portanto, sua função é subordinada e instrumental, destituída de autonomia e da dignidade de força diretiva.

Já se disse que quase todas as F. orientais são dessa natureza, o que por vezes levou a duvidar de que pudessem ser chamadas de filosofias. Mas, na verdade, mesmo o mundo ocidental muitas vezes oferece exemplos de F. desse tipo, ainda que nenhuma delas apresente as características ora expostas em todo o seu rigor. A partir do nome do mais importante desses exemplos, as formas que esse tipo de F. assumiu no mundo ocidental podem ser chamadas de *escolásticas*. Uma escolástica, ao contrário de uma filosofia de puro tipo oriental, pressupõe uma F. autônoma e vale-se dela para a defesa e a ilustração de uma verdade religiosa para confirmar ou defender crenças cuja validade se julga estabelecida de antemão, independentemente de confirmações ou defesas. Uma escolástica, como a própria palavra diz, é essencialmente um instrumento de educação: serve para aproximar o homem, na medida do possível, de um saber considerado imutável em suas linhas fundamentais, portanto não suscetível de aperfeiçoamento ou renovação. Entre as tarefas – aliás, múltiplas, assim como são múltiplos os caminhos de acesso do homem à verdade, bem como os obstáculos encontrados nesse caminho – assumidas por uma F. escolástica, não está o eventual abandono das crenças de que ela é intérprete. As seitas filosófico-religiosas do século II a.C. (p. ex., os essênios), as doutrinas de Fílon de Alexandria (séc. I d.C.) e de muitos neoplatônicos, a F. islâmica e judaica, a patrística e a escolástica, bem como, no mundo moderno, o ocasionalismo, o imaterialismo, a direita hegeliana e boa parte do espiritualismo contemporâneo são escolásticos no sentido ora esclarecido: F. que consistem em utilizar determinada doutrina (platonismo, aristotelismo, cartesianismo, empirismo, idealismo etc.) para a defesa e a interpretação de crenças que não podem ser postas em dúvida, corrigidas ou negadas por esse trabalho. Certamente, essas diferentes escolásticas possuem graus diferentes de liberdade, e esses graus às vezes variam, em cada uma delas, de uma época para outra. Por exemplo, Tomás de Aquino, apesar de conferir certa autonomia à "F. humana", uma vez que lhe atribui a consideração e o estudo das coisas criadas como tais, ou seja, sua natureza e suas próprias causas (*Contra Gent.*, II, 4), considera impossível que ela possa contradizer as afirmações da fé cristã, que deve ser tomada como norma do procedimento correto da razão (*ibid.*, I, 7). Ainda que as F. desse tipo possam conseguir resultados importantes, que passam a fazer parte do patrimônio filosófico comum, seu campo é rigidamente limitado pelo problema em torno do qual elas giram, de defesa de crenças tradicionais: suas possibilidades não se estendem à correção e renovação de tais crenças.

B) Para a segunda alternativa, o saber é uma conquista ou uma produção do homem. O fundamento desta concepção é que o homem é um "animal racional" e, portanto, como diz Aristóteles no início da *Metafísica* (980 a 21), "todos os homens tendem, por natureza, ao saber": "tendem" significa que não somente desejam o saber, mas também podem obtê-lo. O saber, desse ponto de vista, não é privilégio ou patrimônio reservado a poucos; qualquer um pode contribuir para sua aquisição e para seu enriquecimento, tendo, por isso, direito de julgá-lo, aprová-lo ou rejeitá-lo. Desse ponto de vista, a tarefa fundamental da F. é a busca e a organização do saber. Quando Tucídides (II, 40) atribui a Péricles a frase "Amamos o belo com moderação e filosofamos sem timidez", certamente está expressando a atitude e o espírito grego, do qual nasceu a F. nesta segunda acepção do termo. Péricles não fazia alusão a uma disciplina específica, mas à busca do saber realizada sem compromissos preconcebidos ou com o único compromisso de experimentar e pôr à prova toda crença possível. Neste sentido, a F. é uma criação original do espírito grego e uma condição permanente da cultura ocidental. É um compromisso no sentido de que qualquer investigação, em qualquer campo, deve obedecer somente às limitações ou às normas que ela mesma reconheça como válidas em função de suas possibilidades ou de sua eficácia em descobrir ou confirmar. Nesse sentido, F. opõe-se a tradição, preconceito, mito e, em geral, à crença infundada que os gregos chamavam de *opinião*. É na diferença entre opinião e ciência, entre amor à opinião e amor à sabedoria, que Platão mais insiste ao esclarecer o conceito de F. (*Rep.*, V, 480 a). A F. como investigação é contraposta por Platão, por um lado, à ignorância e, por outro, à sabedoria. A ignorância é ilusão de sabedoria e destrói o incentivo à investigação (*O Banq.*, 204 a). Por outro lado, a sabedoria, que é a posse da ciência, torna inútil a investigação: os Deuses não filosofam (*ibid.* 204 a; *Teet.*, 278 d). A investigação é o que define o *status* de F. Já Heráclito dissera: "É necessário que os homens filósofos sejam bons investigadores de muitas coisas" (*Fr.* 35, Diels). Como investigação, a F. é "conquista", como dizia Platão (*Eutid.*, 288 d), ou esforço, como diziam os estóicos (SEXTO EMPÍRICO, *Adv. math.*, IX, 13), ou "atividade", como diziam os epicuristas (*ibid.*, XI, 169).

Mas, sendo o empenho que faz do saber investigação, a F. condiciona o saber efetivo, que é "conhecimento" ou "ciência". No juízo que a própria filosofia emite sobre ele, esse condicionamento pode assumir três formas que definem três concepções fundamentais de F.: a metafísica, a positivista e a crítica. 1ª Para a primeira delas, a F. é o único saber possível, e as outras ciências, enquanto tais, coincidem com ela, são partes dela ou preparam para ela. 2ª Para a segunda delas, o conhecimento cabe às ciências particulares, e à F. cabe coordenar e unificar seus resultados. 3ª Para a terceira delas, F. é juízo sobre o saber, ou seja, avaliação de suas possibilidades e de seus limites, em vista de seu uso pelo homem.

1ª A primeira concepção da F. é a metafísica; dominou na Antiguidade e na Idade Média, distinguindo ainda hoje muitas correntes filosóficas. Sua característica principal é a negação de qualquer possibilidade de investigação autônoma fora da F. Um conhecimento é filosófico ou não é conhecimento. Admite-se muitas vezes que, fora da F., existe um saber imperfeito, provisório e preparatório, mas nega-se que tal saber possua validade cognitiva própria. Assim, Platão, por um lado, chama a geometria e as outras ciências de F., referindo-se em especial à sua função educativa (*Teet.*, 143 d; *Tim.*, 88 c), e por outro lado considera tais ciências (aritmética e geometria, astronomia e música) simplesmente propedêuticas para a F. propriamente dita, ou seja, para a dialética, que teria, entre outras, a tarefa de "descobrir a comunhão e o parentesco entre as ciências e de demonstrar as razões pelas quais estão interligadas" (*Rep.*, VII, 531 d). Aristóteles define a F. como "ciência da verdade" (*Met.*, II, 1, 993 b 20), no sentido de que ela compreende todas as ciências teóricas, ou seja, a F. primeira, a matemática e a física, e exclui somente a atividade prática: mas também esta deve recorrer à F. para esclarecer sua natureza e seus fundamentos. Tanto Platão quanto Aristóteles admitem como ciência primeira uma disciplina determinada, que para Platão é a dialética e para Aristóteles a F. primeira ou teologia, mas para eles essa disciplina determinada também é a mais geral. Com efeito, conforme já se viu, a dialética permitia compreender a ligação e a natureza comum das ciências, e a F. primeira, como ciência do ser como ser, tem por objetivo específico a essência necessária ou *substância* que a cada ciência cabe indagar em seu campo particular (*De part. an.*, I, 5, 645 a 1). Outras vezes, ao contrário, a F. resolve-se nas disciplinas particulares, sem privilégio de nenhuma delas. Era o que faziam os epicuristas, que a dividiam em canônica, física e ética (DIÓG. L., X, 29-30), e os estóicos, que a dividiam em lógica, física e ética (AÉCIO, *Plac.*, I, 2), considerando que essas três partes eram interligadas como os membros de um animal (DIÓG. L., VII, 40).

Esta concepção, que identifica o saber integral com a F. e se recusa a reconhecer que haja ou possa haver um saber autêntico fora dela, sobreviveu à constituição das ciências particulares como disciplinas autônomas e conservou-se substancialmente inalterada em certas correntes filosóficas até nossos dias. A definição que Fichte deu da F. como uma "ciência da ciência em geral" (*Über den Begriff der Wissenschaftslehre oder der sogernannten Philosophie*, 1794, § 1) não deixa nenhuma autonomia às ciências particulares, uma vez que, segundo essa definição, a doutrina da ciência "deve conferir forma não só a si mesma, mas também a todas as outras ciências possíveis", e constituir assim o "sistema acabado e único do espírito humano" (*ibid.*, § 2). Essa pretensão manteve-se inalterada em todas as definições que o idealismo romântico apresentou de filosofia. Não é outro o significado das observações de Schelling, para quem a tarefa da F. é aclarar a concordância (que finalmente é identidade) entre objetivo e subjetivo, ou seja, entre natureza e espírito, cumprindo, assim, a "tendência necessária de todas as ciências naturais" (*System des transzendentalen Idealismus*, 1800, Intr., § 1). Hegel afirmaria explicitamente que "as ciências particulares se ocupam dos objetos finitos e do mundo dos fenômenos" (*Geschichte der Philosophie*, Intr., A, § 2; trad. it., I, p. 69), e que "uma coisa são o processo de origem e os trabalhos preparatórios de uma ciência e outra coisa é a própria ciência", na qual eles desaparecem para serem substituídos pela "necessidade do conceito" (*Enc.*, § 246). Isso significa que só a F. é ciência, porque só ela demonstra "a necessidade do conceito", utilizando e manipulando a seu modo (como Hegel realmente fez) o material preparado pelas chamadas ciências empíricas. Portanto, Hegel reservava para a F. o privilégio de ser a "consideração pensante dos objetos" (*ibid.*, § 2). O conhecimento preliminar ou preparatório assenta em representações; tem-se conhecimento propriamente dito quando, com a F., "o espírito pensante através das representações e trabalhando sobre elas progride para o conhecimento pensante e o conceito" (*ibid.*, § 1). Está claro que, expresso desta maneira, o conceito de F. como totalidade do saber é uma manifestação de arrogância filosófica, inexistente nesse mesmo conceito no período clássico. Naquela época, com efeito, esse conceito agia como compromisso específico das disciplinas científicas, que graças a ele ingressavam na esfera da investigação desinteressada, recebendo dele incentivo e sustentação em sua constituição conceitual. Mas, na concepção do idealismo romântico, as ciências específicas eram rebaixadas à função de trabalho braçal destituído de validade intrínseca. A essa mesma função a ciência é reduzida tanto pelo idealismo quanto pelo espiritualismo. A definição de F. como "teoria geral do espírito" leva Gentile a considerá-la como a consciência que o Eu absoluto tem de si mesmo: dessa consciência, os conhecimentos empíricos, baseados na distinção entre objeto e sujeito e entre os próprios objetos, são uma falsa abstração (*Teoria generale dello spirito*, 1916, cap. 15, § 2). Outrossim, apesar da formulação menos berrante, a definição dada por Croce de F. como "metodologia da historiografia" implica a mesma arrogância filosófica. Para Croce, o conhecimento histórico é o único possível, visto que a história é a única realidade: portanto, a redução da F. a metodologia desse conhecimento equivale a negar que o saber científico seja conhecimento; de fato, para Croce, ele não é um saber, mas um conjunto de expedientes práticos (*La storia*, 1938, p. 144; *Lógica*, 1908, I, cap. 2). Por outro lado, o espiritualismo contemporâneo segue, em sua maior parte, esse mesmo caminho. Para Bergson, a intuição é o órgão da F. por ser a intuição a "visão direta do espírito por parte do espírito" (*La pensée et le mouvant*, 3ª ed., 1934, p. 51), ou seja, o instrumento para atingir, imediata e infalivelmente, a "duração real" que é a realidade absoluta. Seu reconhecimento da ciência como conhecimento adequado ao mundo material ou das "coisas" é puramente fictício: para Bergson, nem a matéria nem as coisas têm realidade como tais, porque não são senão consciência, e a consciência só pode ser autenticamente conhecida pela própria consciência: "Ao sondar sua própria profundidade, a consciência não estaria penetrando também no íntimo da matéria, da vida, da realidade em geral? Isso só poderia ser contestado se a consciência se acrescentasse à matéria como um acidente, mas nós acreditamos ter demonstrado que essa hipótese é absurda ou falsa, conforme o lado pelo qual é considerada, contraditória em si mesma e desmentida pelos fatos" (*ibid.*, pp. 156-7). O conceito de F. como conhecimento privilegiado (seja qual for o aspecto em que assente o privilégio) nada mais é que uma das tantas expressões do antigo conceito de F. como saber único e absoluto. As tendências do pensamento moderno que costumam ser chamadas de "metafísicas" caracterizam-se precisamente por esse conceito de filosofia. Husserl expõe assim o ideal cartesiano da F. que ele declara adotar: "Lembremos a idéia diretiva das *Meditações* de Descartes. Ela visa a uma reforma total da F., para torná-la uma ciência de fundamentos absolutos. Isto implica, para Descartes, uma reforma paralela de todas as ciências, visto serem estas membros de uma ciência universal que outra não é senão a própria F. É só na unidade sistemática desta que elas realmente podem tornar-se ciências" (*Cart. Med.*, 1931, § 1). Em sua última obra, Husserl estabelecia como primeira condição da F. "uma '*epoché*' de qualquer pressuposto das ciências objetivas, de qualquer tomada de posição crítica em torno da verdade ou da falsidade da ciência, uma '*epoché*' até da idéia diretiva da ciência, da idéia do conhecimento objetivo do mundo" (*Krisis*, § 35).

Não obstante o amplo reconhecimento da validade do método científico, as considerações de Jaspers sobre a natureza da F. redundam na mesma negação da ciência, uma vez que negam autonomia estrutural e validade às ciências específicas (*Phil.*, § 1, pp. 53 ss.; *Existenzphil.*, 1938, Intr.). Uma desvalorização ainda mais radical das ciências específicas é realizada por Heidegger, para quem os pressupostos da ciência moderna são o esquecimento do ser, a redução do homem a sujeito e do mundo a representação (*Brief über den "Humanismus"*, em *Platos Lehre von der Wahrheit*, 1947, p. 88).

2ª A segunda concepção de F. como juízo sobre o saber é a que tende a resolvê-la nas ciências específicas, atribuindo-lhe às vezes a função de unificar as ciências ou de reunir seus resultados numa "visão de mundo". A origem desta concepção pode ser vista em Bacon, que concebeu a F. como uma ciência que, em primeiro lugar, dividiria e classificaria as ciências particulares e depois conferiria a tais ciências a posse de seus métodos, do material de que elas disporiam e das técnicas para a utilização desse material em proveito do homem. Em *De dignitate et augmentis scientiarum* (1623), esboçando o plano de uma enciclopédia das ciências em bases experimentais, Bacon atribuía à "F. primeira", por ele considerada como "ciência universal e mãe das outras ciências", a tarefa de reunir "os axiomas que não são próprios das ciências particulares, mas comuns a várias ciências" (*De augm. scient.*, III , 1). Hobbes, por sua vez, identificava a F. com o conhecimento científico: "A F. é o conhecimento adquirido através do raciocínio correto, dos efeitos ou fenômenos, a partir de suas causas ou origens; ou, reciprocamente, o conhecimento adquirido sobre as origens possíveis a partir dos efeitos conhecidos" (*De corp.*, 1, § 2). Deste conceito de F. coincidente com o conhecimento científico, no esforço de esclarecê-la e estendê-la, proveio o sentido do termo em inglês, para o qual Hegel já chamava a atenção (*Enc.*, § 7 e nota; *Geschichte der Phil.*, Intr., A, 2; trad. it., I, p. 70): segundo ele, esse termo não se aplicava somente à ciência da natureza, mas ainda a certos instrumentos, como termômetros, barômetros etc., além dos princípios gerais da política; este último uso conservou-se nos países anglo-saxões. Para o próprio Descartes, a F. compreendia "tudo aquilo que o espírito humano pode saber", e assim coincidia em grande medida com as pesquisas científicas, que, aliás, para Descartes deveriam ser remetidas a certos princípios fundamentais (*Princ. phil.*, Pref.). Todo o iluminismo participou do conceito de filosofia como conhecimento científico. "Filósofo, amante da sabedoria, da verdade", dizia Voltaire (*Dict. Phil.*, art. Philosophe). E Wolff mesmo admitia, ao lado das ciências "racionais" em que dividia a F., ciências empíricas correspondentes, dotadas de um método autônomo, que é o experimental. Por exemplo, ao lado da cosmologia geral ou científica, Wolff admite uma cosmologia *experimental* "que haure das observações a teoria que é estabelecida ou que deve ser estabelecida na cosmologia científica" (*Cosm.*, § 4), e reconhece que é possível, embora difícil, que toda a teoria da cosmologia geral derive dessas observações (*ibid.*, § 5).

Dentro desse significado, o positivismo deu destaque à função da filosofia de reunir e coordenar os resultados das ciências específicas com vistas a criar um conhecimento unificado e generalíssimo. Esta é a tarefa atribuída à F. por Comte e Spencer. Comte acha que, ao lado das ciências particulares, deve haver um "estudo das generalidades científicas", que, para ele, corresponde à "F. primeira" de Bacon. Esse estudo deveria "determinar exatamente o espírito de cada ciência, descobrir as relações e a concatenação entre as ciências, resumir talvez todos os princípios dessas ciências no menor número possível de princípios comuns, sempre em conformidade com as máximas fundamentais do método positivo" (*Cours de phil. positive*, 1ª lição, § 7; 2ª lição, § 3). O conceito de F. como ciência generalizadora e unificadora dos resultados das outras ciências foi e continua sendo corrente na filosofia moderna e contemporânea. Foi aceito não só por correntes positivistas, mas também por doutrinas espiritualistas; estas últimas acrescentaram-lhe em certos casos uma determinação ou condição limitadora: a generalização e a unificação devem corresponder a uma imagem do mundo *que satisfaça às necessidades do coração.* Essa é precisamente a definição de F. dada por Wundt, que reconheceu como função sua a "síntese dos conhecimentos específicos em uma intuição do mundo e da vida que satisfaça às exigências do intelecto e às necessidades do coração" (*Syst. der Phil.*, 4ª ed., 1919, 1. p. 1; *Einleitung in die Phil.*, 3ª ed., 1904, p. 5). Desse ponto de vista, a F. "é a ciência universal que deve unificar num sistema coerente os conhecimentos universais fornecidos pelas ciências particulares": conceito muito freqüente na literatura filosófica das últimas décadas do século XIX e das primeiras do século XX, porquanto permite que a F. aproveite amplamente os resultados obtidos pela investigação positiva tanto no campo das ciências naturais quanto no das ciências do espírito. Por vezes, tende-se a acentuar, nesse sentido, o caráter unitário e totalitário desta ciência universal; nesse caso, assim como na definição de Wundt, ela é considerada *intuição* ou *visão* do mundo. Tal conceito é uma determinação ulterior do conceito de F. como "ciência universal", unificadora e generalizadora. Mach diz: "O filósofo tenta orientar-se no conjunto de fatos de um modo universal, o mais completo possível... Somente a fusão das ciências especiais mostrará a *concepção do mundo* para a qual tendem todas as especializações" (*Erkenntniss und Irrtum*, cap. I, trad. fr., pp. 14-5). Dilthey demonstrou bem esta conexão entre F. e ciências especiais quando escreveu: "A história da F. transmite ao trabalho filosófico sistemático os três problemas da fundamentação, justificação e conexão das ciências específicas, juntamente com a tarefa de enfrentar a necessidade inexaurível de reflexão última sobre o ser, o fundamento, o valor, a finalidade e suas interconexões na intuição do mundo, sejam quais forem a forma e a direção em que tal tarefa é realizada" (*Das Wesen der Philosophie*, ao fim; trad. it., em *Critica della ragione storica*, p. 487). Para Simmel, a relação entre fundamentação/unificação das ciências e intuição do mundo (em que consiste propriamente a metafísica) configura-se como a distinção entre os dois limites que definem o campo da investigação filosófica. "Um deles compreende as condições, os conceitos fundamentais, os pressupostos da pesquisa específica, que não podem ser satisfeitos nesta porque, de certo modo, já constituem a sua base; no outro, essa pesquisa específica é levada a cabo em conexão e em relação com questões e conceitos que não têm lugar na experiência e no saber objetivo imediato. Aquela é a teoria do conhecimento, esta é a metafísica do campo específico em questão" (*Soziologie*, 1910, p. 25; cf. P. ROSSI, *Lo storicismo tedesco contemporaneo*, Turim, 1956, pp. 242 ss.). Ora, a primeira dessas tarefas é a que a filosofia crítica havia atribuído à F. (v. adiante); a segunda delas é a que havia sido atribuída à F. pela corrente positivista que remonta a Bacon. A última manifestação desse conceito de F. no pensamento contemporâneo é a noção de "ciência unificada", própria do neo-empirismo, à qual é dedicada a *Enciclopédia internacional da ciência unificada* (de 1938 em diante). Contudo, nessa obra o próprio conceito de unificação é dúbio, sendo defendido de maneiras diversas pelos diferentes adeptos. Neurath entende-a como a combinação dos resultados das várias ciências e a axiomatização deles num sistema único; Dewey, como exigência de estender a posição e a função da ciência à vida humana; Russell, como unidade de método; Carnap, como unidade formal ou lingüística; Morris, como doutrina geral dos signos (*Intern. Encycl. of Unified Science*, I, 1, pp. 20, 33, 61, 70). Apesar de tudo, o conceito de filosofia como unificação e generalização do saber científico continua sendo proposto no mundo contemporâneo; é defendido, por exemplo, por Whitehead (*Adventures of Ideas*, 1933, IX, § 2).

3ª A terceira concepção de F. como juízo do saber pode ser chamada de *crítica* e consiste em reduzir a F., desse ponto de vista, a doutrina do conhecimento ou a metodologia. Segundo essa concepção, a filosofia não aumenta a quantidade do saber, portanto, não pode ser chamada propriamente de "conhecimento". Sua tarefa é verificar a validade do saber, determinando seus limites e condições, suas *possibilidades* efetivas. O iniciador desse conceito de F. foi Locke. Todo o *Ensaio* nasceu – como ele adverte na "Epístola ao Leitor", que o precede – da necessidade de "examinar a capacidade da mente humana e ver que objetos estão ao seu alcance e quais os que estão acima de sua compreensão". Mais exatamente ainda, a F. tende a descobrir quais são as possibilidades da inteligência, qual a magnitude dessas possibilidades, a que tipo de coisas elas se ajustam e onde nos falta seu socorro (*Ensaio*, Intr., § 4). Os limites das capacidades humanas são resumidos claramente por Locke no terceiro capítulo do IV livro do *Ensaio*. Mas é no último capítulo da obra, dedicado à divisão das ciências, que esses limites ficam mais claros. Distinguem-se três ciências principais: a F. natural ou *física*, cuja tarefa é "o conhecimento das coisas como elas são em seu ser próprio, sua constituição, suas propriedades e operações"; a F. prática ou *ética*, que é "a arte de bem dirigir nossos poderes e nossos atos para a consecução das coisas boas e úteis"; e a doutrina dos sinais, semiótica ou *lógica*, cuja tarefa é "considerar a natureza dos signos utilizados pelo espírito para o entendimento das coisas ou para transmitir a outrem seu conhecimento" (*ibid.*, IV, 21, §§ 2-4). Nesta divisão das ciências falta a F.: isto quer dizer que, para Locke, a F. não é uma ciência no mesmo sentido da física, da ética ou da lógica, ou seja, conhecimento de objetos, mas é juízo sobre a ciência, é crítica. Esse ponto de vista constitui um dos filões principais da filosofia moderna e contemporânea. Hume identificava a tarefa da F. acadêmica ou cética, por ele professada, com a "limitação de nossas investigações às matérias que mais se adaptam à limitada capacidade da inteligência humana" (*Inq. Conc. Underst.*, XII, 3). Em Kant, a limitação do conhecimento é considerada fundamento da validade do próprio conhecimento, segundo conceito já utilizado por Locke. Com efeito, para Kant, tanto as condições *a priori* do conhecimento (intuições puras, categorias) quanto suas condições *a posteriori* (dado empírico ou intuição) determinam e limitam as possibilidades cognitivas no sentido de que não só excluem certos campos de indagação, mas também fundamentam a validade ou a efetividade das próprias possibilidades. Kant expressava o campo da F. com as seguintes perguntas: 1.ª o que posso saber?; 2.ª que devo fazer?; 3.ª o que posso esperar?; 4.ª o que é o homem? E acrescenta: "A metafísica responde à primeira questão; a moral, à segunda; a religião, à terceira; a antropologia, à quarta. Mas, no fundo, poder-se-ia reduzir tudo à antropologia, uma vez que as três primeiras questões remetem à última. Conseqüentemente, o filósofo deve poder determinar: 1.º a fonte do saber humano; 2.º o campo de aplicação possível e útil do saber; 3.º os limites da razão" (*Logik*, Intr., III). A objeção de Hegel a esse ponto de vista – "querer conhecer antes de conhecer é tão absurdo quanto o prudente propósito de certo aluno, que queria aprender a nadar antes de entrar na água" (*Enc.*, § 10) – é pura *boutade*, uma vez que a F. como crítica supõe que já se saiba nadar, que já exista um saber constituído (o da ciência), a partir do qual se podem investigar as possibilidades de conhecer e determinar seus limites. Na doutrina kantiana, o neocriticismo contemporâneo modificou o tópico referente à religião e, mantendo inalterado o conceito de F. como crítica do saber, reconheceu três disciplinas filosóficas, quais sejam, lógica, ética e estética; entendeu por lógica, na maioria das vezes, a teoria do conhecimento. Essa doutrina foi defendida pela chamada Escola de Marburgo (Cohen, Natorp, Cassirer) e também pelo criticismo francês (Renouvier, Brunschvicg). A posição de destaque de que a gnosiologia ou teoria do conhecimento tem gozado na filosofia contemporânea (e não só entre as correntes neocriticistas) é conseqüência do conceito de filosofia como crítica do conhecimento. A gnosiologia ou *teoria do conhecimento* (v.), todavia, é caracterizada por pressupostos e problemas particulares; portanto, o conceito de F. como crítica do saber não implica a identificação da F. com a doutrina do conhecimento ou gnosiologia. De fato, mesmo depois da crise e do abandono da gnosiologia oitocentista, esse conceito continua na forma da análise dos procedimentos efetivos do conhecimento científico e de determinação de seus limites e de sua validade. Essa análise é tema característico da *metodologia* (v.). Portanto, a metodologia pode ser considerada a última encarnação da F. como crítica do saber. Como parte da metodologia, ou como restrição de seu objetivo, pode-se entender a definição de F. como "análise da linguagem", proposta pela primeira vez por Wittgenstein, em *Tractatus logico-philosophicus* (1922). Atribuindo "a totalidade das proposições verdadeiras" à ciência natural, Wittgenstein nega que a F. seja uma ciência natural: esta palavra, diz ele, "deve significar alguma coisa que está acima ou abaixo das ciências da natureza, não ao lado delas" (*Tractatus*, § 4, 111). Torna-se então tarefa da F. o aclaramento lógico da linguagem. "A F. não é uma doutrina, mas uma atividade. Uma obra filosófica consiste essencialmente em elucidações. Os frutos da F. não são proposições filosóficas, mas o aclaramento das proposições. A F. deve aclarar e delimitar com precisão as idéias que, de outro modo, seriam turvas e confusas" (*ibid.*, 4, 112).

II. *A filosofia e o uso do saber* – O segundo ponto de vista a partir do qual é possível buscar constantes nos significados historicamente atribuídos à F., para em seguida realizar divisões ou articulações de tais significados, é o que ficou expresso na 2ª parte da definição usada como ponto de partida deste artigo, qual seja, a F. como *uso* do saber pelo ser humano. Ao longo da história têm sido dadas duas interpretações fundamentais desse conceito de F. *a*) a F. é *contemplativa* e constitui uma forma de vida que é fim em si mesma; *b*) a F. é ativa e constitui o instrumento de modificação ou de correção do mundo natural ou humano. Segundo a primeira interpretação, a F. exaure-se no indivíduo que filosofa; para a segunda interpretação, a F. transcende o indivíduo e concerne às relações com a natureza e com os homens, portanto à vida humana social. Para usar um termo de clara significação histórica, pode-se chamar de "iluminista" esta segunda interpretação da filosofia.

a) O conceito de F. como contemplação é típico, em primeiro lugar, das F. de tipo oriental, que estabelecem como objetivo da F. a salvação do homem. Com efeito, a salvação é a libertação de qualquer relação com o mundo, portanto a realização de um estado em que qualquer atividade é impossível ou sem sentido. No Ocidente, o conceito de F. como contemplação não foi a primeira forma assumida pelo trabalho filosófico (que foi, ao contrário, o da "sabedoria", da F. ativa e militante), mas foi a primeira caracterização explícita desse trabalho. Seu fundamento é a natureza "desinteressada" da investigação filosófica. Quando em Heródoto (I, 30) o rei Creso diz a Sólon: "Ouvi falar das viagens que, *filosofando*, tens empreendido a fim de ver muitos países", obviamente está aludindo ao caráter desinteressado dessas viagens, que não foram realizadas com objetivos lucrativos ou políticos, mas visando apenas ao conhecimento. O próprio Platão contrapõe o espírito científico dos gregos ao amor e ao lucro, típico dos egípcios e dos fenícios (*Rep.*, IV, 435 e). E que a busca do saber não pode ser subordinada ou submetida a finalidades alheias a ela é fato que resulta da própria noção dessa busca, a maneira como ela se foi configurando na Grécia antiga (cf. I, B). Mas já na narração atribuída a Pitágoras, que provém de um texto de Heráclides de Ponto (DIÓG. L., Proemium, 12) com que se pretende justificar o nome de F., há algo mais que a simples exigência de desinteresse na investigação. Segundo essa tradição, transmitida por Cícero em *Tusculanae* (V, 9), Pitágoras comparava a vida com as grandes festas de Olímpia, aonde alguns se dirigem a negócio, outros para participar das competições, outros para divertir-se e, finalmente, alguns somente para *ver* o que acontece: estes últimos são os filósofos. Aqui se evidencia a distinção entre o filósofo, interessado apenas em ver, e o comum dos homens, dedicado a suas ocupações. Portanto, a superioridade da contemplação sobre a ação está implícita nessa narração, que, provavelmente, tinha o objetivo de enobrecer, pela alusão a Pitágoras, o conceito de F. que se ia formando na escola de Aristóteles. O caráter contemplativo da F. (que nada tem que ver com o caráter desinteressado da investigação em geral), como uma das possíveis respostas ao problema do uso do saber pelo ser humano, foi afirmado e justificado pela primeira vez por Aristóteles. Esse caráter funda-se na natureza *necessária* do objeto da F., aquilo que "não pode ser senão o que é" (*Et. nic.*, VI, 3, 1139 b 19). Desse ponto de vista, a F. é saber e não sabedoria, visto que a sabedoria consiste em bem deliberar, porém nada há que deliberar a respeito de coisas que não podem ser de outra maneira (*ibid.*, VI, 5, 1140 a 30). Com base nisso, Aristóteles estabelece uma oposição entre sabedoria e *sapiência* (v.). Homens como Anaxágoras e Tales são sapientes, mas não sábios: não indagam acerca do bem humano, não conhecem o que é útil a eles mesmos, mas apenas coisas excepcionais, maravilhosas, raras e divinas. "Ninguém", diz Aristóteles, "delibera sobre aquilo que não pode ser de outra maneira ou sobre coisas que não têm um fim ou cujo fim não é um bem realizável" (*ibid.*, VI, 7, 1041 b 10). Mas, desse ponto de vista, qual é o uso possível do saber? Somente um: a realização de uma vida contemplativa, dedicada ao conhecimento do necessário. Portanto, para Aristóteles, a atividade contemplativa é a mais alta e beatífica das atividades: faz do homem algo superior ao próprio homem porque se conforma ao que de divino existe nele (*ibid.*, X, 7, 1177 b 26). Assim, a doutrina de Aristóteles fixou os seguintes pontos no que se refere ao uso do saber pelo ser humano: 1º a F., tendo como objeto o necessário, não propicia ao homem nada para fazer; portanto, é contemplação; 2º a contemplação é uma forma de vida individual privilegiada, pois é a bem-aventurança. As duas teses são típicas dessa concepção da F., que aparece com freqüência na história do pensamento ocidental e domina em toda a F. grega pós-aristotélica, que cultiva o ideal do "sapiente", ou seja, daquele em quem se realiza a vida contemplativa. Epicuristas, estóicos, cépticos e neoplatônicos concordam em julgar que só o sapiente pode ser feliz, porque só ele, como contemplador puro, é auto-suficiente.

A finalidade que esses filósofos atribuem à F. é individual e pessoal: a realização de uma forma de vida que fecha o sapiente em si mesmo e na sua contemplação solitária. Também desse ponto de vista obviamente a F. é um esforço de transformação ou de retificação da vida humana; portanto, não se deve tomar ao pé da letra a afirmação de Aristóteles de que ela não dá o que fazer. Essa afirmação significa apenas que ela não modifica a estrutura do mundo, do conhecimento concernente ao mundo e das formas de vida social, mas pode modificar a vida do indivíduo, tornando-o sapiente e bem-aventurado.

A partir dessas características, é fácil conhecer a atitude contemplativa em filosofia. Quando Espinosa diz: "O homem forte considera principalmente que todas as coisas procedem da necessidade da natureza divina e que, portanto, tudo o que ele julga molesto e ruim e tudo aquilo que aparenta ser ímpio, horrível, injusto e torpe nasce do fato de ele conceber as coisas de maneira obscura, parcial e confusa" (*Et.*, XIV, 73, esc.), está expressando o conceito contemplativo da F. em sua forma clássica. E quando Hegel afirma que a F., assim como a coruja de Minerva que começa a voar ao cair da noite, sempre chega quando tudo já está feito, portanto demasiado tarde para dizer como *deve* ser o mundo, está expressando o mesmo conceito (*Fil. do dir.*, Pref.). Com efeito, para Hegel, assim como para Aristóteles e Espinosa, o objetivo da F. é o necessário; sua tarefa é precisamente mostrar a necessidade do que existe, ou seja, a racionalidade do real (*Enc.*, § 12). Desse ponto de vista, a F. é a justificação racional da realidade, entendendo-se por realidade não só a da natureza, mas também a das instituições histórico-sociais, a do mundo humano. Por esse prisma, não era muito diferente o conceito que Schopenhauer tinha de F.: "Espelhar em conceitos, de modo abstrato, universal e límpido toda a essência do mundo e assim, qual imagem reflexa, depositá-la nos conceitos da razão, permanentes e sempre assentados: isso é F., não outra coisa" (*Die Welt*, I, § 68).

Na F. contemporânea, o conceito de F. como contemplação permanece na fenomenologia e no espiritualismo. A fenomenologia é o esforço de realizar, por meio da "*epoché*", o ponto de vista do "espectador desinteressado", do sujeito que não esteja submetido às mesmas condições limitativas que toma em consideração. Husserl diz: "O eu da meditação fenomenológica pode tornar-se o espectador imparcial de si mesmo, não só nos casos particulares, mas em geral; esse 'si-mesmo' compreende qualquer objetividade que exista para ele, tal qual existe para ele" (*Cart. Med.*, § 15). E na última obra Husserl vê a filosofia como "movimento histórico da revelação da razão universal, inata como tal na humanidade" (*Krisis*, § 6), atribuindo-lhe a tarefa de levar a razão "à autocompreensão, a uma razão que se compreenda concretamente a si mesma, que compreenda que é um mundo, um mundo que é, em sua própria verdade, universal" (*ibid.*, § 73). Por outro lado Bergson, ao distinguir a F. como intuição ou consciência da *duração* temporal (do devir da consciência) da ciência como conhecimento dos fatos, vê a ciência como "auxiliar da ação" e a F. como atividade contemplativa. "A norma da ciência", diz ele, "é a que foi proposta por Bacon: obedecer para comandar. O filósofo não obedece nem comanda: procura simpatizar" (*La pensée et le mouvant*, 3ª ed., 1934, p. 158). A idolatria do "sapiente", como condição humana privilegiada ou perfeita, e da F. como forma final e conclusiva do ser são dois traços característicos para se conhecer a concepção da F. como contemplação. A essa concepção pertencem as formas do ceticismo antigo e moderno. Quando Sexto Empírico aponta como finalidade da F. cética a imperturbabilidade que ela permite realizar (*Pirr. hyp.*, I, 25), ou quando Hume reduz o motivo de seu filosofar – que ele julga incapaz de agir sobre as crenças mais arraigadas no homem – ao prazer que dele extrai (*Treatise*, I, 4, 7; *Inq. Conc. Underst.*, XII, 3), ambos estão atribuindo à F. uma função contemplativa que se exaure no âmbito da vida individual. E nesse mesmo âmbito exaure-se a função da F. como "terapia" da F., isto é, como libertação das dúvidas filosóficas, de que falam Wittgenstein (*Philosophical Investigations*, § 133) e alguns filósofos ingleses, seus seguidores (cf. *Revolution in Phil.*, 1956, pp. 106, 112 ss.). De fato, não parece que esses filósofos atribuam à terapia filosófica outra função a não ser a de libertar o indivíduo de suas dúvidas filosóficas, permitindo que ele se "sinta melhor", do mesmo modo que Hume se sentia melhor com suas dúvidas céticas.

b) O conceito de F. como atividade diretiva ou transformadora já está presente na lenda dos Sete Sábios, que foi citada pela primeira vez por Platão (*Prot.*, 343 a). Os Sete Sábios foram moralistas e políticos, e seus ditados referem-se à conduta de vida e às relações com os homens (v. SÁBIOS, SETE). Mas o primeiro grande exemplo de F. explicitamente concebida com a finalidade de transformar o mundo humano é a de Platão, destinada a modificar a forma da vida social e a baseá-la na justiça. Para ela, a educação do filósofo não culmina na visão do bem, mas no "retorno à caverna", porquanto o filósofo deve pôr à disposição da comunidade os resultados de sua especulação e utilizá-los para a direção e a orientação dela. "Cada um de vós", diz Platão, "deve descer para a habitação comum e acostumar-se a contemplar os objetos nas trevas: porque, acostumando-se a elas, verá bem melhor que aqueles que sempre estiveram lá e reconhecerá os caracteres e o objeto de cada imagem, porque viu os verdadeiros exemplares da beleza, da justiça e do bem. Assim, nós e vós constituiremos e governaremos a cidade despertos, e não sonhando, como acontece agora na maior parte das cidades por culpa daqueles que guerreiam por causa de sombras e disputam o poder como se fosse um bem" (*Rep.*, VII, 520 c). A F. platônica é totalmente dominada por esse compromisso educativo e político: para Platão, a tarefa da F. não é dar a certo número de homens a bem-aventurança da contemplação, mas dar a todos a possibilidade de viver segundo a justiça (*ibid.*, 519 e). Essa concepção ativa da F. permaneceu inoperante por muito tempo. Foi só no Renascimento que os humanistas a retomaram, entendendo F. como sabedoria. Em *De nobilitate legum et medicinae*, Coluccio Salutati (1331-1406) dizia: "Muito me admira afirmares que a sabedoria consiste na contemplação, cuja serva seria a prudência, havendo entre elas a mesma relação que há entre o administrador e o senhor, e dizeres que a sapiência é a maior das virtudes, pertencente à melhor parte da alma, que é do intelecto, e que a felicidade consiste em agir conforme a sapiência. E acrescentas que, sendo a metafísica a única ciência livre, o filósofo quer que a especulação preceda em tudo a ação. [...] Mas a verdadeira sapiência não consiste, como crês, na especulação pura. Se tirares a prudência, não acharás nem sapiente nem sapiência. [...] Chamarias porventura de sapiente a quem houvesse conhecido coisas celestes e divinas, sem que houvesse provido a si mesmo, sem que houvesse sido útil aos amigos, à família, aos parentes e à pátria?" No mesmo espírito, Leonardo Bruni, em *Isagogicon moralis disciplinae* (1424), afirmava a superioridade da F. moral sobre a F. teórica.

Posteriormente, a consolidação desta concepção ativa da F. caracteriza o início dos tempos modernos. Os humanistas acreditavam que só a F. moral era ativa; para Bacon também é ativa a F. que tem por objeto a natureza, porque se destina a dominar a natureza. E Bacon não hesitou em chamar de "pastoral" a F. de Telésio que ele muito apreciava e em parte seguia, por parecer-lhe que "contemplava o mundo placidamente e quase por ócio" (*Works*, III, p. 118). Hobbes insistia na mesma função da F. (*De corp.*, I, § 6). Descartes, por sua vez, considerava que ela era apta a obter sabedoria e ciência de tudo o que é útil e vantajoso para o homem (*Princ. phil*, Pref.) A mesma finalidade diretiva e corretiva foi atribuída à F. por Locke e pelos iluministas. Com Locke, a F. torna-se crítica do conhecimento e esforço de libertação do homem da ignorância e dos preconceitos. A mesma concepção se mantém no iluminismo do século XVIII, que vê a F. como esforço da razão para assenhorear-se do mundo humano, libertá-lo dos erros e fazê-lo progredir. D'Alembert descrevia assim a ação que a F. exercia em seu tempo: "Dos princípios das ciências profanas aos fundamentos da revelação, da metafísica às questões de gosto, da música à moral, das disputas escolásticas dos teólogos aos objetos de comércio do direito dos príncipes e ao direito dos povos, da lei natural às leis arbitrárias das nações, numa palavra, das questões que mais nos preocupam às que menos nos interessam, tudo foi discutido e analisado, ou pelo menos cogitado. Nova luz sobre alguns objetos, nova obscuridade sobre outros foram os frutos ou o resultado dessa efervescência geral dos espíritos, assim como o efeito do fluxo e do refluxo do oceano é levar para a margem alguns objetos e dela afastar outros" (*Œuvres*, ed. Condorcet, p. 218). O conceito iluminista de F. era compartilhado por Kant, para quem a F., determinando as possibilidades efetivas do homem em todos os campos, deve iluminar e dirigir o gênero humano em seu obrigatório progresso rumo à felicidade universal (*Recensão de "Idéias sobre a F. da história"* de Herder, 1784-1785; cf. *Crít. R. Pura*, Doutrina transcendental do método, cap. III, final).

Ao insistir no caráter necessário, porque racional, do ser, o romantismo constituiu, em seu conjunto, um retorno à concepção contemplativa da F. O próprio positivismo, que pretendia explicitamente remeter-se à doutrina de Bacon, do saber como possibilidade de domínio da natureza, nem sempre se mantém fiel ao reconhecimento do caráter ativo da F. Se para o *positivismo* (v.) de cunho social (St.-Simon, Proudhon, Comte, Stuart Mill) a F. é principalmente um meio de transformação da sociedade humana, para o positivismo evolucionista a F. tem mais caráter contemplativo do que ativo. A defesa do mistério, que Spencer situa entre as tarefas da F., ou seja, o reconhecimento da insolubilidade dos chamados problemas últimos, põe a F. no mesmo plano contemplativo da religião. A discussão sobre a solubilidade ou insolubilidade dos chamados "enigmas do mundo" incide inteiramente no plano da F. contemplativa. O positivismo de Ardigò, o monismo materialista (Haeckel) e o evolucionismo espiritualista (Wundt, Morgan etc.) são igualmente contemplativos. Na realidade, o clima romântico está presente tanto no positivismo quanto no idealismo e orienta tanto aquele como este para o conceito de F. como contemplação de uma realidade necessária. Contra tal conceito insurge-se o "novo materialismo" de Marx, que, ao mesmo tempo, se opõe ao materialismo teórico de Feuerbach. "Os filósofos", dizia ele, "até agora só fizeram *interpretar* o mundo de diversas maneiras: trata-se agora de *transformá-lo*" (*Tese sobre Feuerbach*, 11). No entanto, por mais que Marx insistisse no esforço de transformação que deve caracterizar a F. como tal, o próprio fundamento da F. como contemplação continua firme em sua doutrina. Esse fundamento é, com efeito, a *necessidade* do real; para Marx, a transformação da sociedade, ou seja, a passagem da sociedade capitalista para a sociedade sem classes, acontecerá "com a mesma fatalidade que caracteriza os fenômenos da natureza" (*Capit.*, I, 24, § 7). Desse ponto de vista, a tarefa da F. apresenta-se como a de uma profética Cassandra, e não de promover e orientar a transformação. Nesse aspecto, é o neocriticismo que por vezes escapa ao clima romântico. Em *Uchronie*, Renouvier propôs-se eliminar "a ilusão da necessidade preliminar, segundo a qual o fato consumado seria o único, entre todos os outros imagináveis, que poderia realmente acontecer" (*Uchronie*, 2ª ed., 1901, p. 411). Segundo ele, a "F. analítica da história" tem a tarefa de determinar as concatenações gerais dos fatos históricos para dirigir o desenvolvimento da história (*Intr. à la phil. analytique de l'histoire*, 1864, pp. 551-2). Por outro lado, a determinação de "visão do mundo", imposta à F. na segunda metade do século XIX por pensadores de procedência neocriticista ou positivista, tem claro significado contemplativo. Foi contra a interpretação contemplativa da F. que o pragmatismo, desde a origem, assestou suas armas, como se pode ver no ensaio *Como tornar claras nossas idéias* (1878) de C. S. Peirce. Nesse ensaio, Peirce afirmava que toda a função do pensamento é produzir hábitos de ação (ou crenças) e que, portanto, o significado de um conceito consiste exclusivamente nas possibilidades de ação que ele define. Mas essas afirmações de Peirce são importantes também de outro ponto de vista. Peirce negava explicitamente o pressuposto da F. como contemplação, vale dizer, o caráter *necessário* do real. Mostrava que a regularidade e a ordem dos acontecimentos, bem como suas inter-relações condicionais, nada têm que ver com a necessidade, o que implicaria a possibilidade de previsão infalível (*Chance, Love and Logic*, II, cap. 2). A definição dada por Dewey de F. como "crítica dos valores" (*Experience and Nature*, p. 407) expressa, precisamente sobre pressupostos estabelecidos por Peirce, a função diretiva da filosofia. Segundo Dewey, a tarefa da F. é a antiga, que está inscrita no próprio significado etimológico da palavra: procura da sabedoria, em que sabedoria difere de conhecimento por ser "a aplicação daquilo que é conhecido pela conduta inteligente das ações da vida humana" (*Problems of Man*, 1946, p. 7). Não tem significado diferente a definição dada por Morris: "Uma F. é uma organização sistemática que compreende as crenças fundamentais: crenças sobre a natureza do mundo e do homem, sobre o que é bem, sobre os métodos a seguir no conhecimento, sobre o modo como a vida deve ser vivida" (*Signs, Language and Behavior*, 1946, VIII, § 6; trad. it., p. 314). Para Morris, assim como para todo o pragmatismo, crença não passa de norma de comportamento: a F., como organização das crenças fundamentais, constitui assim aquilo que Sartre chamou de "projeto fundamental de vida". Na própria obra de Sartre pode-se perceber a passagem da concepção contemplativa de F., expressa em *L'être et le néant* (1943), para a concepção ativa ou iluminista, expressa em *Critique de la raison dialectique* (1960). Na primeira obra, Sartre projetava uma investigação chamada "psicanálise existencial", cuja finalidade era "evidenciar, de maneira rigorosamente objetiva, a escolha subjetiva graças à qual cada pessoa se faz pessoa, ou seja, se faz anunciar a si mesma aquilo que é" (*L'être et le néant*, p. 662). O resultado de uma investigação desse gênero deveria ter sido, segundo Sartre, a classificação e a comparação dos vários tipos possíveis de conduta, portanto o esclarecimento definitivo da realidade humana como tal (*ibid.*, p. 663). É evidente o caráter contemplativo de semelhante disciplina. Mas em sua segunda obra Sartre entende a F. como "totalização do saber, método, idéia reguladora, arma ofensiva e comunidade de linguagem", e também como instrumento que age sobre as sociedades decadentes para transformá-las, podendo constituir a cultura e até mesmo a natureza de uma classe inteira (*Critique de la raison dialectique*, p. 17). No primeiro caso, a F. não dava o que fazer ao homem, porque o homem nada podia fazer: Sartre definia o homem como "paixão inútil" como paixão impossível de ser Deus (*L'être et le néant*, p. 708). No segundo caso, a F. insere-se no mundo como força humana finita mas eficaz, e tende a transformá-lo. Subtraída ao destino de fracasso e de sucesso, a noção de projeto presta-se a expressar o caráter diretivo e operante atribuído à F. pelas correntes neo-iluministas contemporâneas. Com efeito, um projeto parte dos conhecimentos disponíveis e determina seu uso possível, a fim de garantir a existência e a coexistência dos homens. Uma F. que projete nesse sentido (aliás, já esclarecido por Platão) o uso humano do saber obviamente é a determinação de técnicas de vida que podem ser postas à prova, corrigidas ou rejeitadas.

III. *A filosofia e seus procedimentos* – O terceiro ponto de vista para identificar constantes de significado que permitam reconhecer articulações fundamentais nas interpretações do conceito de F., ao longo da história, é o que se refere ao *procedimento* ou *método* atribuído à F. Desse ponto ele vista, as F. podem ser divididas em *a*) F. *sintéticas* ou *criativas*, que produzem conceitualmente seu objeto, sem impor limites ou condições a esse trabalho de construção; e *b*) F. *analíticas*, que reconhecem a existência de *dados*, que elas descrevem ou analisam. A característica das F. analíticas é a *limitação* a que elas se julgam submetidas por parte do dado, seja qual for a maneira como o concebem. A característica das F. sintéticas, ao contrário, consiste em não reconhecer essa limitação e em pretender que seu método seja inteiramente construtivo, capaz de exaurir todo o objeto da filosofia.

α) O procedimento sintético não pode lançar mão da verificação de situações, fatos ou elementos que sejam independentes dele; sua característica, portanto, é valer como verificação de si mesmo. Sempre que uma filosofia pressupõe que a validade de seus resultados depende exclusivamente de sua própria organização interna, podendo, pois, ser reconhecida e estabelecida de uma vez por todas, sem necessidade de que esses resultados sejam postos à prova e confirmados por técnicas ou procedimentos independentes dela, seu método pode ser considerado sintético. Com efeito, neste caso, seu modo de proceder equivale à criação ou composição *ex novo* de seu objeto, de forma que não exige confirmações nem teme desmentidos. A F. de Hegel constitui a encarnação mais pura desse tipo. Quando Hegel diz: "A F. não tem a vantagem de que gozam as outras ciências, de poder pressupor seus objetos como dados imediatamente pela representação e (de poder pressupor) como já admitido no ponto de partida e no procedimento seguinte o seu método de conhecer" (*Enc.*, § 1), está afirmando precisamente a exigência de que a F. construa seu objeto e seu método por si mesma e inteiramente. Mas, produzindo por si mesma tanto o objeto quanto o método, ela não tem de prestar contas de seus resultados, quaisquer que sejam, a outras ciências ou a outros pontos de vista eventuais. Hegel insiste no caráter absolutamente independente ou incondicionado de seu método. "O método", diz ele, por exemplo, "assim como o conceito na ciência, desenvolve-se por si mesmo e é apenas uma progressão imanente e uma produção de suas determinações" (*Fil. do dir.*, § 31). E ainda: "A mais elevada dialética do conceito é produzir e entender a determinação não só como limite ou posição, mas haurindo dela conteúdo e resultado positivos, pois unicamente com isso ela é desenvolvimento e progresso imanente. Essa dialética não é um fazer externo do pensamento objetivo, mas a própria alma do conteúdo, que faz brotar seus ramos e seus frutos organicamente" (*ibid.*, § 31). A diferença entre esse método produtor, ou melhor, criador de seu objeto e o método analítico, que Hegel identifica nas ciências depois de Descartes, é expressa por ele da seguinte maneira: "O método iniciado por Descartes rejeita todos os métodos interessados em conhecer aquilo que, por natureza, é infinito; entrega-se, portanto, ao desenfreado arbítrio das imaginações e asserções, à presunção de moralidade, ao orgulho de sentimentos ou ao excesso de opiniões e raciocínios, veementemente assestados contra a F. e os filosofemas" (*Enc.*, § 77).

Essa concepção atribui ao procedimento filosófico a produção de seu objeto, tomando como objeto o infinito, o Absoluto ou Deus, que resolve ou anula em si todos os fatos ou todas as coisas finitas. Antes de encontrar em Hegel sua forma típica, essa concepção havia sido exposta por Fichte como exigência de que a F., como doutrina da ciência, confira forma sistemática não só a si mesma, mas também a todas as outras ciências possíveis e garanta para todas a validade dessa forma (*Über den Begriff der Wissenschaftslehre* [Sobre o conceito da teoria da ciência], 1794, § 1). Com efeito, Fichte considerava que, juntamente com a forma, a doutrina da ciência deveria produzir também o conteúdo, e que o conteúdo da doutrina da ciência deveria encerrar qualquer possível conteúdo, que seria portanto "o conteúdo absoluto" (*ibid.*, § 1). Retrocedendo um pouco mais, vemos que a concepção do método sintético pode ser encontrada em Espinosa, para quem o procedimento filosófico (que denomina conhecimento intuitivo, terceiro gênero de conhecimento ou amor intelectual por Deus) é o que tem por objeto a *necessidade* com que todas as coisas resultam da natureza divina. O amor intelectual por Deus é o mesmo amor com que Deus se ama a si mesmo (*Et.*, V, 36), e isso significa que o conhecimento da necessidade com que as coisas provêm de Deus é o conhecimento mesmo que Deus tem de si. Desse ponto de vista, o procedimento matemático da *Ética* assume importância fundamental na filosofia de Espinosa: não é um artifício expositivo, mas a adequação do método da F. ao procedimento necessário com que as coisas provêm de Deus. Assim considerado, o método sintético revela-se em sua característica mais evidente: a pretensão de valer como uma vista d'olhos *divina* sobre o mundo, como o conhecimento que Deus tem de si e dos seus efeitos criados. É fácil perceber, então, por que essa pretensão foi tão freqüente em F. Aristóteles dizia: "Somente esta ciência é divina, e em sentido duplo, porque própria de Deus e porque concernente ao divino. Só a ela couberam esses dois privilégios; Deus aparece como a causa e o princípio de todas as coisas e só uma ciência semelhante, ou sobretudo ela, pode ser própria de Deus" (*Met.*, I, 2, 983 a 5). Aristóteles chamava de *teologia* a F. primeira. Verdade é que a F. primeira é tal por sua universalidade e que ela é universal somente porque ciência do ser como ser (*ibid.*, VI, I, 1026 a 30). Mas a ciência do ser enquanto ser é teologia porque é a ciência da causa ou razão de ser, e essa causa ou razão de ser é Deus. Por isso, a F. aristotélica possui caráter declaradamente sintético e, aliás, pode ser considerada o primeiro e clássico exemplo do procedimento sintético. Obviamente, não é sintética só porque tem Deus como objeto de sua investigação, mas também porque se considera coincidente com o conhecimento que Deus tem de si. E por essa característica pode-se reconhecer facilmente uma F. sintética.

β) O procedimento analítico da F. reconhece-se *negativamente* pela ausência de pretensão de valer como conhecimento divino do mundo e, *positivamente*, pelo reconhecimento de limites para suas possibilidades e de verificação de seus resultados. O procedimento analítico não é, por conseguinte, a construção *ex novo* do seu objeto, mas a resolução dele nos elementos que permitem sua compreensão, ou seja, em suas condições. Nestes termos, a determinação do procedimento filosófico por Kant foi feita primeiramente num texto de 1764, *Sobre a distinção dos princípios da teologia natural e da moral*, e depois na segunda parte principal da *Crítica da Razão Pura*. No primeiro texto, Kant contrapunha o método analítico da F. ao método sintético da matemática: "Aos conceitos gerais pode-se chegar por dois caminhos: pela *ligação arbitrária* dos conceitos ou *isolando* os conhecimentos que foram esclarecidos por subdivisão. A matemática sempre chega às definições seguindo o primeiro caminho. [...] As definições filosóficas, ao contrário, são completamente diferentes. Nelas, o conceito das coisas já foi dado, mas de maneira confusa e não suficientemente determinada. É preciso subdividi-lo, comparar nos vários casos as notas que foram separadas com o conceito dado, para depois determinar e levar a termo a idéia abstrata" (*Untersuchung über die Deutlichkeit der Grundsätze der natürlichen Theologie und der Moral*, I, I, § 1). Na *Crítica da Razão Pura*, Kant distinguiu o conhecimento filosófico, como conhecimento por conceitos, do conhecimento matemático, que consiste na *construção de conceitos*. Kant diz que a matemática pode construir conceitos porque dispõe de uma intuição pura que é a do espaço-tempo. A F., porém, não dispõe de uma intuição pura, mas somente de uma intuição sensível: os objetos da F. devem, pois, ser *dados* e por isso só podem ser analisados, e não construídos, pelo procedimento filosófico (*Crít. R. Pura*, Doutrina do método, cap. I, seç. 1). Kant, portanto, acautela os filósofos contra a pretensão de querer organizar sua ciência segundo o modelo matemático. Em F., não há propriamente definições (que sejam construções de conceitos), nem axiomas, que são verdades evidentes, nem demonstrações, que são provas apodíticas. Em relação a estas últimas Kant diz: "A experiência nos ensina o que existe, mas não que isso não pode ser de outra maneira. Princípios empíricos de prova não podem dar-nos nenhuma prova apodítica. De conceitos *a priori* (no conhecimento discursivo) nunca pode nascer uma certeza intuitiva, uma evidência, mesmo que o juízo possa ser apoditicamente certo" (*ibid.*, Doutrina do método, cap. 1, seç. 1). Desse ponto de vista, o procedimento da F. está bem longe da possibilidade de dar ao homem um conhecimento comparável ao possuído por Deus. "A determinação dos limites de nossa razão só pode ser feita segundo princípios *a priori*, mas a limitação da razão, que vem a ser o conhecimento, mesmo que indeterminado, da ignorância que nunca pode ser completamente eliminada, também pode ser conhecida *a posteriori*; vale dizer que, em todo conhecer, sempre nos resta o que conhecer" (*ibid.*, Da impossibilidade da satisfação cética). A F. nunca é uma ciência perfeita, que se possa ensinar ou aprender. "Pode-se apenas aprender a filosofar, a exercitar o talento da razão na aplicação dos seus princípios universais a determinadas investigações, mas sempre com a ressalva de que é direito da razão investigar esses princípios em suas fontes, para confirmá-los ou recusá-los" (*ibid.*, Doutrina do método, cap. III).

Essas considerações de Kant constituem um conceito relativamente acabado ou maduro do procedimento analítico em filosofia. Seu precedente imediato é Locke, que disse: "Não nos cabe neste mundo conhecer todas as coisas, mas sim as que concernem à nossa conduta de vida. Se pudermos então achar as normas graças às quais um ser racional como o homem, considerado no estado em que se encontra neste mundo, possa e deva conduzir suas opiniões e as ações que dela dependam, se pudermos chegar a tanto, não devemos ficar aflitos se outras coisas escapam ao nosso conhecimento" (*Ensaio*, Intr., § 6). O conceito de F. como procedimento analítico, com vistas a determinar as condições e, assim, os limites das atividades humanas, inspirou todo o iluminismo setecentista. Mas nesse aspecto, ressalvadas as diferenças devidas aos meios culturais disponíveis, o iluminismo setecentista retomava o ideal do iluminismo antigo dos sofistas e de Sócrates, para os quais a F. visava à formação do homem na comunidade. O próprio conceito que Platão tem da F. pode ser considerado manifestação desse iluminismo, segundo o qual a F. é instrumento do homem. Platão de fato negava que a F. pudesse pertencer à divindade. Tanto quanto o amor, ela é falta, porque desejo de sabedoria por parte de quem não possui a sabedoria pela própria natureza. O homem é filósofo porque "está no meio, entre aquele que sabe e aquele que ignora", ao passo que a divindade, que já possui o saber, não precisa filosofar (*O banq.*, 204 a-b). Por outro lado, a dialética, método da F., é concebida por Platão como análise, como um procedimento que permite distinguir o discurso verdadeiro do falso, mostrando as coisas que podem combinar-se e as que não podem combinar-se (*Sof.*, 252 d-e). Para mostrar quais são as coisas que podem e quais não podem combinar-se, a dialética procede *compondo* várias determinações em um único conceito e depois *dividindo* esse conceito nas suas articulações como faz um hábil trinchador (*Fed.*, 265 e). Portanto, a cada passo, supõe a escolha oportuna das determinações que serão compostas num único conceito, bem como dos aspectos segundo os quais dividir esse conceito; essa escolha, como qualquer outra, supõe uma utilização de *elementos*, pelo que o método platônico foi, com justiça, considerado empírico (Taylor, *Plato*, 4.ª ed., 1937, p. 377).

A concepção analítica de F. tem como características fundamentais: a F. é atividade *humana*, ou seja, limitada em termos de alcance e validade, e consiste em fazer *escolhas*, e não em construir *in toto* seu objeto. Destas duas características provém a terceira, talvez a mais óbvia e visível: esse método, entre outras coisas e em primeiro lugar, é reconhecimento e utilização de *dados*, ou seja, de fatos, elementos ou condições, que *não* são produzidos pelo próprio método. A escolha dos dados e sua elaboração com vistas a uma solução possível constitui o *problema* (v.). As F. analíticas são, em geral, marcadas pelo fato de que nelas a noção de problema é fundamental, ao passo que não existe ou é considerada secundária e negligenciável nas F. sintéticas (como acontece nas de Aristóteles e Hegel). Outra determinação dessa concepção (que ela só adquire no mundo contemporâneo) é a que concerne ao *campo* do qual a F. pode ou deve tirar seus dados e com o qual a interpretação desses elementos pode e deve ser confrontada. É recente a idéia de que os resultados da F., assim como os de qualquer outra investigação, não são definitivos, mas precisam ser provados e experimentados. Devido a isso, Dewey chamou a F. de *crítica das críticas*. Disse: "A alguns pode parecer uma traição conceber a F. como o método crítico para desenvolver os métodos da crítica. Mas até esse conceito de F. espera ser provado, e a prova que o confirmará ou condenará consiste no resultado final. A importância do conhecimento que adquirimos e da experiência que foi revivificada pelo pensamento consiste em evocar e justificar a prova" (*Experience and Nature*, p. 437).

Entretanto, essa exigência torna-se operante só quando se determina o campo do qual a F. extrai seus dados e no qual encontra possibilidades de confirmação. A determinação deste campo constitui a característica da F. analítica dos nossos tempos. Ora, os campos aos quais podemos referir-nos são apenas dois: 1.º existência individual; 2.º existência em sociedade.

1.º As F. que recorrem à existência individual para a busca de dados e eventual prova das soluções consideram habitualmente a existência individual como *consciência* e vêem a consciência como domínio da filosofia. No mundo contemporâneo, a mais conhecida e típica F. desse tipo é a de Bergson, que se organiza explicitamente como busca dos "dados imediatos da consciência" e utiliza esses dados para soluções que, por sua vez, só podem ser postas à prova no âmbito da consciência. A esse tipo de F. liga-se também a fenomenologia concebida por Husserl como "um retorno radical ao *ego cogito* puro, para fazer reviverem os valores eternos que dele procedem" (*Cart. Med.*, § 2). O defeito metodológico desse tipo de F. consiste em que nelas o dado, que deve servir como limitação ou verificação do procedimento analítico, na verdade não é independente desse procedimento, porque só pode ser descoberto ou assumido com base nos pressupostos que o inspiram.

2.º F. que recorrem à existência em sociedade têm como precursora a F. de Platão, que pretendia provar os resultados da F. na vida em sociedade. Ao mesmo gênero pertence a F. de Kant, segundo a qual os resultados da F. devem ser provados no domínio moral e político, ou seja, no campo das relações humanas em geral, e devem constituir um instrumento de progresso nesse campo [cf. os textos *Se o gênero humano está progredindo constantemente para o melhor*, de 1798, *Sobre o iluminismo*, 1784, bem como os citados antes neste verbete, II, b]. É também à experiência inter-humana que Dewey se refere para submeter à prova resultados da F., ou seja, propostas que ela formula para a conduta de vida inteligente (*Experience and Nature*, cap. X). Por outro lado, o existencialismo de Heidegger, embora não planeje pôr à prova os resultados de suas análises, toma os dados dessa análise na existência cotidiana comum, naquilo que acontece entre os homens "acima de tudo e na maioria das vezes" (*Sein und Zeit*, § 9). Finalmente, podemos inserir nesse mesmo panorama a F. considerada como análise da linguagem, que discerne nesta o fato intersubjetivo fundamental e, portanto, na aclaração e na retificação da linguagem o instrumento mais apto a eliminar equívocos e a retificar relações intersubjetivas. Esta pelo menos pareceria a significação mais importante de tal F. Mas não se tem essa significação quando ela é entendida simplesmente como "terapia", cujo objetivo é livrar das dúvidas (consideradas fictícias) produzidas pela filosofia. Neste caso, uma vez que ninguém, salvo o interessado, pode julgar se está suficientemente "curado", a prova a que se submeteria a F. teria como campo a vida privada do indivíduo. [N.A.]

A "filosofia da filosofia" – A F. do século XX realizou um questionamento radical de si mesma. Partindo do pressuposto de que não é possível filosofar sem interrogar-se, ao mesmo tempo, sobre a natureza e o destino da F., ela falou antes de tudo e sobretudo de si mesma. Já Dilthey advertira: "Precisamos fazer da própria F. objeto da F. (*"Wir müssen die Philosophie selbst zum Gegenstand der Philosophie machen": Gesam. Schr.*, vol. VIII, 1960, p. 234). Sem dúvida, é da própria essência da F., como saber crítico, indagar sobre suas próprias tarefas e seus próprios limites. Por esse motivo, a F. sempre foi, de algum modo, um discurso sobre a F. Contudo, no século XX, tal esforço de autocompreensão reflexiva e problematizante acabou por tornar-se a sua característica mais marcante e por concretizar-se tanto na necessidade metafilosófica de definir o caráter e o papel da F. quanto na necessidade de "saber se o que antes era F. ainda tem lugar no conjunto da vida presente" (H. G. GADAMER, *I fondamenti filosofici del XX secolo*, 1973, trad. it. em *Filosofia '86*, VV.AA., Laterza, Roma-Bari, 1987, p. 191). A resposta a tal pergunta – e a outras análogas, formuladas por exemplo por J. Habermas ("Para que ainda serve a F?") e por J. P. Revel ("Pourquoi des philosophes?") – especificou-se, por sua vez, num processo dúplice e contraditório de *auto-refutação* e de *auto-reabilitação*. Segue-se que "um discurso sobre a F. deste século não pode deixar de partir de sua suposta dissolução, para ressaltar [...] o contínuo processo de reproposição da exigência da 'F.'" (E. Garin). Dissolução e reproposição que têm por assunto a própria F. (visto que só a F., na qualidade de saber primeiro e radical, pode estabelecer, de direito, seu próprio desaparecimento ou sua própria sobrevivência).

A) *Da "crítica" da filosofia às teorias do "fim" da filosofia.* – O processo de auto-refutação da F. ocorrido no século XX assumiu duas formas: uma "fraca" e outra "forte". A primeira consiste numa crítica cerrada da F. (clássica e tradicional); a segunda, numa declaração do fim da F. Essas duas variantes, ainda que distintas de direito, estão de fato estreitamente interligadas (pois a crítica tende, mesmo não necessariamente, a resvalar para a crise). Isso já está claro na F. do século XIX. Por exemplo, da rejeição ao hegelianismo, identificado com a expressão mais elevada do logos filosófico, Marx chega à negação "da F. como F." (*Werke* I, 495 ss.). Negação que, por um lado, equivale a uma substituição da F. pela "ciência real, positiva" (ou por sua redução a "síntese dos resultados mais gerais extraíveis da observação histórica dos homens") e, por outro lado, a uma resolução-dissolução da F. na práxis. Também insistem no conceito de fim da F. alguns trechos de Engels em sua última fase: "Com Hegel a F., de modo geral, chega ao fim: por um lado porque ele resume em seu sistema toda a sua evolução do modo mais grandioso; por outro porque ele, mesmo inconscientemente, nos mostra o caminho que nos leva desse labirinto dos sistemas ao verdadeiro conhecimento positivo do mundo" (*Ludwig Feuerbach e il punto di approdo della filosofia classica tedesca*, 1886, trad. it., Editori Riuniti, Roma, 1950, pp. 18 ss). A idéia (marxista) de que a vocação da F. é suprimir-se por meio de sua realização na sociedade comunista, será retomada pelo marxismo subseqüente e adotada também por Adorno: "A F., que certa vez pareceu superada, mantém-se viva porque não ocorreu o momento da sua realização" (*Dialettica negativa*, 1966, trad. it., Einaudi, Turim, 1982[3], p. 3). No século XX, o processo de autocrítica e autolimitação da F. é representado emblematicamente: 1) por Wittgenstein; 2) pelos neopositivistas; 3) pelos estruturalistas.

1º Wittgenstein chega a pôr em dúvida a própria *sensatez da* F. e das questões de que ela tratou ao longo dos séculos, levantando a hipótese de que os problemas filosóficos – comparados a "calombos" ou "câimbras mentais" que o intelecto ganha ao se chocar contra os limites da linguagem – mais se dissolvem que se resolvem: "As proposições e as indagações já escritas sobre coisas filosóficas não são falsas na maioria, porém insensatas. Por isso, a perguntas dessa espécie não podemos de modo algum responder, mas [...] só constatar sua insensatez" (*Tractatus*, 4003; trad. it., Einaudi, Turim, 1995, n., p. 43). Esse potencial antifilosófico, que rechaça qualquer pretensão da F. de autofundamentar-se como discurso verdadeiro, atinge o ápice em algumas famosas proposições (*Sätze*) do *Tractatus*, das quais se infere que o único objetivo da F. seria sua própria auto-supressão terapêutica: "Minhas proposições esclarecem assim: quem me compreende as reconhece enfim como insensatas, desde que tenha se elevado por elas – acima delas – além delas (deve, por assim dizer, jogar fora a escada depois de subir acima dela)" (*ibid.*, 6.54; p. 109), "Sobre o que não se pode falar deve-se calar" (*Wovon man nicht sprechen kann, darüber muß man schweigen; ibid.*, 7, p. 109).

2º Os neopositivistas também criticam "o caos dos sistemas e das metafísicas", e inspiram-se num ideal de "concepção científica do mundo" na qual não haja mais lugar para "enigmas insolúveis", fazendo-se porta-voz de uma "reviravolta da F." que seja capaz de romper com o passado. No entanto, mesmo manifestando uma atitude de eliminação do modo tradicional (considerado "poética e místico") de fazer F. e mesmo comungando o conceito de função autoprofilática da F., o rigorismo neopositivista não desemboca na recusa da F., mas apenas numa autolimitação sua para análise lógica da linguagem científica: "O conjunto de todas as ciências, com inclusão dos enunciados da vida cotidiana, é o sistema dos conhecimentos. Não existe, afora isso, nenhum domínio de verdades 'filosóficas' especiais: a F. não é um sistema de proposições, portanto não é uma ciência. Mas então o que é F? [...] Reconhecemos nela [...] mais que um sistema de conhecimentos, um sistema de atos. A F. é, em suma, a atividade mediante a qual se esclarece ou se determina o sentido dos enunciados" (M. SCHLICK, *Die Wende der Philosophie*, 1930, trad. it., VV.AA., *Il neoempirismo*, Utet, Turim, 1969, p. 259). Quando a F. for "purificada" de todos os elementos não científicos – escreve Carnap –, "só ficará a lógica da ciência", que "assume o lugar do inextricável emaranhado de problemas que é conhecido com o nome de F." (*Sintassi logica del linguaggio*, 1934, trad. it., Silva, Milão, 1961, p. 378).

3º Atitudes reducionistas análogas são encontradas nos estruturalistas, que, partindo do pressuposto de que a F. não tem um objeto e um método próprios, chegam a uma espécie de positivismo das ciências humanas, que atribui à F. a tarefa puramente residual de sustentáculo analítico do saber socioantropológico. Típica disso é a posição de Lévi-Strauss, que define a F. como "*ancilla scientiarum*, serva e auxiliar da exploração científica", considerando que ela está "condenada a vegetar, a menos que admita tornar-se reflexão sobre o saber científico, o que já seria muito" (*Tristi tropici*, 1955, trad. it., Il Saggiatore, Milão, 1960, p. 50; *L'uomo nudo*, 1971, Il Saggiatore, Milão, 1974, p. 605).

Nos anos 1960-1970, a idéia de que a F. poderia ser "substituída" pelas ciências humanas, conjugando-se com certo cientificismo de cunho analítico-neopositivista e com certo praxismo de derivação marxista, contribuiu para difundir a tese de uma (iminente) "morte" da F. Tese que, em vários países, funcionou mais como *slogan* polêmico de algumas retaguardas que se consideravam vanguardas do que como doutrina criticamente desenvolvida. Posições análogas são encontradas em certa "cultura do fim" *(endism)* do crepúsculo do modernismo ou do pós-modernismo, que continuou proclamando "o fim da história, o fim da luta de classes, o fim da F., a morte de Deus, o fim das religiões, o fim do cristianismo e da moral [...] o fim do sujeito, o fim do homem, o fim do Ocidente, o fim de Édipo, o fim do mundo [...] o fim do falocentrismo e do falologocentrismo [...] (*Su um tono apocalittico adottato di recente in Filosofia*, 1983, trad. it. em *Di-Segno*, Jaca Book, Milão, 1983, pp. 58 ss.).

B) *Da filosofia à "pós-filosofia"* – Teórica e historicamente é mais consistente a posição de três autores que, convictos de viverem num momento de "guinada de uma época", teorizaram explicitamente o fim da F. e o advento de uma cultura pós-filosófica: Heidegger, Derrida e Rorty.

1º Se já Rosenzweig, insistindo na trajetória "suicida" do intelecto filosófico, profetizara o advento de um "novo pensamento" *(neue Denken)* alternativo à filosofia e à teologia ocidental, Heidegger discorre sem meios termos sobre o fim da F., identificando-a com o fim da metafísica (v.), ou seja, da maneira de pensar (ou melhor: de *não* pensar) o ser, que consiste em confundir ser com ente, em virtude de uma obra de presentificação objetivante que se esquece da diferença ontológica: "O pensamento por vir já não é F., porque ele pensa de modo mais originário que a metafísica, termo que indica a mesma e idêntica coisa" (*Lettera sullo "umanismo"*, 1947, 1949, em *Segnavia*, 1967, trad. it., Adelphi, Milão, 1987, p. 314); "Com a metafísica de Nietzsche a F. se conclui. Isso significa que ela percorreu todo o arco das possibilidades que lhe eram cabíveis" (*Saggi e discorsi*, 1954, trad. it., Mursia, Milão, 1976, p. 54). Mais, em especial, Heidegger, pensando a metafísica à luz de sua necessária superação, faz coincidir o fim da F. com o advento de um *pensamento essencial* antitético ao *pensamento calculador* da ciência e da técnica: "O pensar cujos pensamentos não só não calculam como em geral são determinados por outra relação com o ente, deve ser chamado de pensamento essencial. Ele, em vez de fazer as contas com o ente contando com o ente, empenha-se no ser pela verdade do ser" (Posfácio a "*Che cos'è metafisica?*", 1943, 1949, em *Segnavia, cit.*, p. 263). Tal pensamento, como reforça o ensaio *O fim da F. e a tarefa do pensamento* (1966), que trata da realização-dissolução da F. nas várias ciências e técnicas, tem a finalidade de manter vivo o problema do ser, para além do longo esquecimento que caracterizou a metafísica durante vinte e cinco séculos. E isso sob a insígnia de um "pensamento recordador" (*Andenken*) capaz de avançar além da conceitualidade lógica da F. e de conjugar pensar e poetar: "Todo meditante pensar é poetar, todo poetar é um pensar. Pensamento e poesia pertencem-se mutuamente graças ao dizer, que já se fadou ao Não-dito, porque é o pensamento como ato de agradecimento" (*In cammino verso il linguaggio,* 1959, trad. it., Mursia, Milão, 1973, 1990, p. 211).

2º Derrida também discorre sobre o "fim da F.", entendendo, com essa expressão, o término da tradição fonologocêntrica que dominou a metafísica ocidental, em virtude da teoria do primado da escrita sobre a voz. No entanto, consciente dos paradoxos auto-referenciais e auto-refutatórios implícitos nas declarações de fim da F. (como é possível *falar do fim* da F., sem, ao tempo mesmo, *desmenti-lo?*), ele recusa a idéia pura e simples de uma cessação da F., considerando-a apressada e superficial demais: "Procuro manter-me no *limite* do discurso filosófico. Digo limite, e não morte, porque não acredito naquilo que hoje se costuma chamar de morte da F. (ou morte de qualquer outra coisa: livro, homem, Deus)" (*Posizioni,* 1972, trad. it., Bertani, Verona 1975, p. 45). Segue-se que o fim da F. mais coincide com um "longo adeus" – nunca completamente levado a termo – à metafísica. Um adeus que se concretiza na tarefa nunca realizada da desconstrução dos textos da tradição: "A passagem para além da F. não consiste em virar a página da F. (o que equivale no mais das vezes a filosofar mal), mas em continuar a ler os filósofos *de certo modo"* (*La scrittura e la differenza,* 1967, trad. it., Einaudi, Turim, 1971, 1990, p. 370). Daí a duplicidade constitutiva da perspectiva gramatológica, sempre oscilante entre prosseguimento e superação (v. DECOSTRUÇÃO; GRAMATOLOGIA).

3º Rorty também considera que a F., entendida como o tipo de saber autofundamentado que pretende arvorar-se de juiz da ciência e da cultura no seu conjunto, acabou ("Os pragmatistas acham que com a tradição platônica exauriu sua função [...], que a maior aspiração da filosofia [é] a de não praticar Filosofia"). Tanto mais que a busca de uma "visão fixa e total das coisas", ou seja, de uma Verdade ou de um Vocabulário metatemporalmente válidos seria acompanhada de uma vocação absolutista que discrepa da democracia e do pluralismo: "Quando entram em conflito, a democracia tem precedência sobre a F." (*La priorità della democrazia sulla F.*, vários autores, *Filosofia '86,* Laterza, Roma-Bari 1987, p. 44). O discurso de Rorty em todo caso é coerente. Por um lado, declara o fim da F., comparando-a a uma "doença cultural" da qual compete libertar-se, em vista de uma nova idade pós-metafísica e pós-filosófica: "Pode ser que a imagem do filósofo, proposta por Kant, esteja para desaparecer, assim como desapareceu a imagem medieval do padre. Se isso acontece, os próprios filósofos também não levam a sério a idéia de que a F. tem condições de oferecer 'fundamentações' ou 'justificações' para o resto da cultura [...]" (*La F. e lo specchio della natura,* 1979, trad. it., Bompiani, Milão, 1986, p. 303); "Uma cultura pós-metafísica não me parece mais impossível do que uma cultura pós-religiosa, e igualmente desejável" (*Contingenza, ironia e solidarietà,* em *La F. dopo la F.,* 1989, trad. it., Laterza, Roma-Bari, 1989, p. 4). Por outro lato, ele esclarece que depois da F. ainda haverá F., porquanto o que termina não é a F. *como tal,* mas a F. destinada a ser fundamento sistemático do Ser e do conhecimento: "Não há perigo de a F. 'se esgotar'. A religião não terminou com o Iluminismo, nem a pintura com o Impressionismo [...] mesmo que a F. do século XX tenda a mostrar-se como um confuso estágio de transição [...] certamente haverá algo chamado 'F.' depois da transição." (*A Filosofia e o espelho da natureza, cit.*, p. 304). Convicção reafirmada num pronunciamento de 1990: "Muitas vezes sou acusado de ser um pensador do 'fim da F.' e gostaria de aproveitar esta oportunidade para ressaltar mais uma vez [...] que, simplesmente, a F. não é um tipo de coisa que possa ter um fim: é um termo vago e amorfo demais para suportar o peso de predicados como 'início' ou 'fim'. Aquilo que tem um início, e que poderia agora acabar, são três séculos de tentativas de lançar uma ponte sobre um abismo em cuja realidade a imagem representacionalista do conhecimento e da pesquisa, criada por Descartes, nos levara a acreditar" (*Venticinque anni dopo,* em *La svolta linguistica,* 1967, 1992, trad. it., Garzanti, Milão, 1994, p. 147).

O pensamento de Heidegger representa a mais explícita e coerente teoria do fim da F. Menos radical é a perspectiva de Derrida e Rorty. Ainda mais indefinida é a óptica de Lyotard, que, mesmo tendo proclamado o fim das metanarrativas (v.) legitimadoras da modernidade (influindo sobre as várias formas da cultura pós-moderna do fim), não exclui a existência de formas alternativas de racionalidade filosófica, baseada na pluralização e na fragmentação dos saberes e na ausência de um "metajogo" lingüístico de alcance universal.

C) *A "reabilitação" da filosofia* – 1º No século XX, crise e renovação, morte e ressurreição, desmentido e confirmação da F. andam juntos. Isto porque a variegada vertente do *fim* da F. é acompanhada pelo não menos compósito exército da *reabilitação* da F. Tal reabilitação alimenta-se de algumas considerações de fundo: *a*) as teorias do desmantelamento da F. são teoricamente frágeis, ou mesmo enigmáticas (Heidegger) e ambíguas (Derrida, Rorty). No melhor dos casos, não atestam o fim da F. em geral, mas apenas o esgotamento de determinadas tradições de pesquisa ou de determinados modelos de filosofar; *b*) qualquer negação da F., como evidenciou Apel, reportando-se a Aristóteles, está obrigada a mover-se numa manifesta autocontradição performativa (v.), devida ao fato de que não é possível fazer um discurso sobre a F. que não seja, ele mesmo, F. *c*) qualquer pretensão de carregar a F. atrás de si ou fora de si é puramente ilusória. Isto porque, uma vez que a F. "sempre enterra seus próprios coveiros" (E. GILSON, *The Unity of Philosophical Experience*, Scribner, Nova York, 1965, p. 306), as autodenominadas posições transfilosóficas tendem, mais cedo ou mais tarde, a mostrar-se como ingenuidades filosóficas: "A ida para 'fora da F.' é muito mais difícil de pensar do que imaginam os que acreditam já terem feito isso há muito tempo com desenvolta facilidade, enquanto em geral ainda estão afundados na metafísica com todo o corpo do discurso que eles pretendem ter libertado" (J. DERRIDA, *La scrittura e la differenza, cit.*, p. 366); *d)* as atividades extrafilosóficas (ciência, política, religião, arte etc.) que deveriam "suceder" à F. na realidade continuam a formular indagações filosóficas prementes. Daí o paradoxo de uma disciplina – a F. – que é mantida viva por aquelas mesmas atividades que deveriam encarnar sua morte e sua superação (p. ex., ao contrário do que julgam as teorias da "eliminação" da F. por obra das várias ciências, existe um mecanismo recursivo-holográmático pelo qual cada ciência, em certa fase de seu desenvolvimento, tende a regenerar a F. em seu âmbito, ou seja, o saber crítico e problemático do qual provém).

2º Tudo isso, aliado à convicção, de origem grega, de que o homem não pode viver e pensar sem, por essa mesma razão, filosofar, ou seja, sem assumir uma série de atitudes críticas acerca de si mesmo, dos outros, do mundo e de Deus, tornou problemática (e, em certos aspectos, obsoleta) a idéia de "fim" da F. Vattimo mesmo, embora partindo de premissas heideggerianas e pós-modernas, rechaçou tal hipótese, limitando-se a discorrer sobre um prosseguimento irônico e distorcedor da tradição. E já antes Popper, reagindo a certo antifilosofismo de vertente wittgensteiniana e positivista (cf. *Unended Quest*, 1976), insistira no fato de que, assim como existem teorias científicas ou políticas porque existem problemas científicos ou políticos, também existem teorias filosóficas porque existem problemas de natureza especificamente filosófica (do tipo: pode-se falar – e em que sentido – de verdade e progresso do conhecimento?; existe indução?; por que o realismo é uma hipótese mais convincente do que o idealismo?; que relação existe entre mente e corpo?; a história obedece a leis necessárias ou só tem o sentido que lhe atribuímos?; o que é democracia e por que ela é preferível à ditadura?; que validade têm as normas morais? etc.).

Entre os estudiosos contemporâneos, que se opuseram às múltiplas expressões da cultura do fim (inclusive às suas versões "fracas"), desponta Alain Badiou, um dos mais típicos representantes da reabilitação da F. do fim do século XX. Convencido de que a F. deve falar de si mesma, mas não pode limitar-se a falar apenas de si mesma, e de que o tempo do "*pathos* do fim" já passou, Badiou afirma que chegou o momento de proclamar *o fim do fim*: "De minha parte, acredito que se deva anunciar, ou enunciar, o fim desse Fim" (*La fin de la fin*, em *Confini della Filosofia*, VV.AA., Ibis., Pavia, 1994, pp. 20 e 30). De fato, como se afirma no *Manifesto pela filosofia* (1989), é bom que a F. se livre da contemplação narcisista e masoquista de seu (suposto) fim e tome consciência do fato de que ela, ao invés de estar "acabada" ainda é – apesar de tudo – possível (trad. it., Feltrinelli, Milão, 1991, pp. 12 e 46). Possível como saber autônomo, e não como "lacaio" positivista das atividades e dos saberes constituídos. Com efeito, mesmo se alimentando de uma série de elementos não filosóficos, que constituem a base pré-filosófica do filosofar, a F. "se perderá caso de torne auxiliar desta ou daquela condição [...] Ela só existe na autonomia do seu lugar de pensamento" (*ibid.*, p. 12). Possível (tal é o sentido da mensagem de Badiou) não como "escombro petrificado de um tempo que já não existe", ou seja, como uma forma de indagação arcaica ou epigonística, dedicada exclusivamente ao cuidado histórico-arqueológico de sua própria identidade, mas (para adotar uma imagem do jovem Marx) como "alva viva da cultura ".

3º Independentemente das reflexões metafilosóficas deste ou daquele autor, a F. do fim do século XX, indo ao encontro da difundida "necessidade de F." que caracteriza a cultura contemporânea – propensa a ver no filósofo não "um mago das palavras, iludido por seus próprios truques", mas um guardião da racionalidade crítica que é parte integrante do Ocidente –, ganhou nova legitimação em vários níveis (ontológico, lógico, epistemológico, ético, estético etc.) e em várias direções (das F. gerais às chamadas F.-no-genitivo: F. da ciência, da política, da linguagem, da religião, da medicina etc.), concretizando-se numa série de correntes e propostas teóricas (da hermenêutica à

F. analítica) voltadas a impor os direitos da F. Uma F. – entenda-se – programaticamente consciente da inelutável historicidade e pluralidade dos discursos humanos – sempre situados e passíveis de revisão – e das diferenças de cultura, tradição, sexo etc. que estão em sua base. Revestiram especial relevância metafilosófica tanto o processo de "reabilitação da metafísica", com que a F., por meio das várias formas ("analíticas" ou "continentais", de pensamento neo-ontológico), voltou a ser proposta como discurso geral sobre o ser (v. METAFÍSICA; ONTOLOGIA), quanto o movimento de "reabilitação da F. prática" (v.), com que a F. voltou a enunciar a pretensão de possuir uma competência específica numa série de âmbitos – a começar dos "projetos de vida" – que não dizem respeito à área do saber científico e da razão matemática e técnica.

Esse renascimento da instância crítica e ético-normativa, que encontrou uma encarnação peculiar nas discussões de bioética (v.) e ecologia (v.) e na recuperação das noções de responsabilidade (v.) e sabedoria (v.), coincidiu, de fato, com a renovação do conceito de F. como uso do saber em proveito do homem. [G.F.]

FILOSOFIA PRÁTICA, REABILITAÇÃO DA. V. REABILITAÇÃO DA FILOSOFIA PRÁTICA.

FILOSOFIA PRIMEIRA (gr. πρότη φιλοσοφία; lat. *Prima philosophia;* in. *First philosophy*; fr. *Philosophie première*; al. *Ersten Philosophie*; it. *Filosofia prima*). Foi esse o nome que por vezes Aristóteles deu à F. como ciência do ser (ou teologia), para distingui-la da física (F. segunda) e da matemática (*Fís.*, I, 9, 191 a 36; *Met.*, VI, 1, 1026 a 16; etc.). Bacon usou esse termo para indicar a "ciência universal", que seria uma árvore da qual partem, como tantos ramos, as ciências específicas, que tem por objeto os princípios comuns às ciências (*De augm. scient.*, III, 1) (v. FILOSOFIA). Na significação aristotélica, esse vocábulo foi substituído por *metafísica* (v.). [N.A.]

FIM (gr. τέλος, οὗ ἕνεκα; lat. *Finis;* in. *End, Purpose*; fr. *Fin, But*; al. *Zweck*; it. *Fine*). Esta palavra tem as seguintes significações principais:

1ª termo, no sentido com que Aristóteles diz: "a natureza procura sempre o F.", ou seja, "foge do infinito" (*De gen. an.*, I, 1, 715 b, 16, 15). Dewey usou essa palavra no mesmo sentido: "Podemos conceber o F. como algo devido ao cumprimento, à consecução perfeita, à saciedade, à exaustão, à dissolução, a alguma coisa que diminuiu ou retirou-se"; em outras palavras, os F. são só "termos ou conclusões de episódios temporais" favoráveis ou desfavoráveis, bons ou maus (*Experience and Nature*, pp. 97 ss.);

2ª término ou consecução, com o sentido que freqüentemente tem a palavra grega *télos*. Nesse sentido diz-se que uma coisa "chegou ao F." sobre uma coisa que foi terminada;

3ª motivo ou causa final, no sentido da quarta das quatro causas aristotélicas (v. CAUSALIDADE). Nesse sentido a palavra italiana *scopo*, a francesa *but*, a inglesa *purpose* são mais bem empregadas, pois têm caráter objetivo, quer se entenda o F. como imanente à natureza, quer se entenda como motivo de um comportamento humano: é o termo final do projeto ou do plano ao qual se refere;

4ª intuito ou alvo, ou seja, F. em seu aspecto subjetivo, como aquilo que tem em mira certa intenção, mas que pode ser diferente do alvo atingido na realidade. [N.A.]

FINALIDADE (in. *Purposiveness, Finality*; fr. *Finalité*; al. *Zweckmässigkeit*; it. *Finalità*). Correspondência entre um conjunto de coisas ou de acontecimentos e um fim. Assim, por exemplo, a F. de um plano ou de um projeto é a correspondência ou a adequação desse plano ao fim a que visa. A F. da natureza é a correspondência da natureza com os seus supostos fins etc. Essa palavra não se aplica, pois, exclusivamente à causalidade dos fins da natureza (à qual se aplica a palavra finalismo), mas em geral designa certa forma de organização ou ordem. [N.A.]

FINALISMO (in. *Finalism*; fr. *Finalisme*; al. *Finalismus*; it. *Finalismo*). Doutrina que admite a causalidade do fim, no sentido de que o fim é a causa total da organização do mundo e a causa dos acontecimentos isolados. Essa doutrina implica duas teses: 1ª o mundo está organizado com vistas a um fim; 2ª a explicação de qualquer evento do mundo consiste em aduzir o fim para o qual esse evento se dirige. Essas duas teses freqüentemente estão unidas ou confundidas, mas às vezes são diferentes, e procura-se admitir uma sem admitir a outra. Segundo relato de Platão e de Aristóteles, Anaxágoras foi o primeiro dos antigos a admitir a causalidade do fim (PLATÃO, *Fed.*, 97C; ARISTÓTELES, *Met.*, I, 3, 984 b 18). Platão apresenta sua própria doutrina como uma conseqüência do princípio de Anaxágoras de que a inteligência é a causa ordenadora do mundo. "Se a inteligência ordena todas as coisas e dispõe cada coisa do modo melhor", diz ele, "achar a causa em virtude da qual cada coisa é gerada, destruída ou existe significa descobrir qual é a sua melhor maneira de existir, modificar-se ou agir" (*Fed.*, 97C). Desse ponto de vista o "melhor" ou o "excelente" é a "verdadeira" causa das coisas, ao passo que são causas secundárias ou concausas as de natureza física habitualmente aduzidas (*Tim.*, 46 d; *Fil.*, 54 c). Mas a doutrina graças à qual prevaleceu a concepção finalista na metafísica antiga e recente é a aristotélica. As duas teses próprias do F. são partes integrantes da metafísica aristotélica. Por um lado, Aristóteles afirma que "tudo aquilo que é por natureza existe para um fim" (*De an.*, III, 12,

434 a 31) e identifica o fim com a mesma substância, "forma ou razão de ser da coisa" (*Met.*, VIII, 4, 1044 a 31). Por outro lado, julga que o universo inteiro está subordinado a um único fim, que é Deus, do qual depende a ordem e o movimento do universo (*ibid.*, XII, 7, 1072 b). Com base nisso, Aristóteles defende a causalidade do fim contra a tese que ele chama de "necessidade", consistente em admitir que as coisas não acontecem com vistas ao seu resultado melhor, mas que, às vezes, o resultado melhor é o efeito acidental da necessidade. De fato, assim como se diz que, dadas certas causas, necessariamente choveu, e que a chuva provocou acidentalmente a perda da colheita, sem que esta fosse a finalidade da chuva, poder-se-ia tentar explicar do mesmo modo a forma dos organismos animais (*Fís.*, II, 8, 198 b 17). Contra esse modo de raciocinar, Aristóteles observa que aquilo que acontece *sempre ou geralmente* não pode ser explicado com o acaso, mas supõe a necessidade da ação do fim (*ibid.*, II, 9, 200 a 5). Não encontramos, porém, em Aristóteles a forma popular de teleologia iniciada pelos estóicos, que consiste em demonstrar que as coisas do mundo são feitas pela natureza em proveito do homem. O fundamento desta teleologia foi expresso por Cícero: "Para quem então poderíamos dizer que o mundo foi realizado? Evidentemente para os seres vivos dotados de razão, ou seja, para os deuses e para os homens; nada há de fato que seja mais excelente que eles, uma vez que a razão é superior a tudo: assim, é de se acreditar que o mundo e tudo o que no mundo existe foi feito para os deuses e para os homens" (*De nat. deor.*, II, 133). Em vista de seu estreito vínculo com a teologia, entende-se por que o F. sempre serviu de fundamento para a metafísica teológica. Os escolásticos insistem na superioridade causal do fim, que chamam de "causa das causas". Tomás de Aquino, na esteira de Aristóteles, resolve na causalidade do fim a necessidade própria dos movimentos naturais. "A necessidade natural que inere nas coisas e as dirige"; escreve ele, "chega às coisas infundida por Deus, que destina essas coisas a um fim, do mesmo modo como a necessidade com que a flecha se desloca e se dirige para o alvo foi-lhe infundida por quem a lançou, e não pertence à flecha" (*S. Th.*, I, q. 103, a. 1). É esse o pensamento fundamental que domina e torna extraordinariamente uniformes todas as teorias finalistas, tão abundantes na história da filosofia até os nossos dias. Hegel considerou uma grande inovação a sua doutrina do fim como do "próprio conceito em sua existência", e da finalidade como determinação imanente à natureza; contrapôs essa doutrina a outra que considerava tradicional, segundo a qual um intelecto "terreno" impõe, de fora, seus fins à natureza (*Wissenschaft der Logik*, III, seç. II, cap. III; trad. it., pp. 216 ss.). Mas na realidade, como os textos até agora citados provam na história da filosofia, não existe doutrina de finalidade extrínseca e imposta por um intelecto extraterreno, visto que, por finalidade do mundo, tanto Aristóteles quanto os estóicos e Tomás de Aquino entendem a razão de ser do mundo, sua necessidade imanente: Tomás de Aquino identifica explicitamente a *impressio* de Deus sobre a natureza com a "necessidade inerente às coisas". Como tal, a necessidade é sempre imanente à totalidade cuja organização constitui. E, como já observava Aristóteles, sob esse aspecto o F. não muda, quer se trate de totalidades naturais, quer se trate de totalidades artificiais; na construção de uma casa o fim penetra o material utilizado e não inere a ele de maneira diferente daquele com que inere às partes de um organismo (*Fís.*, II, 9, 200 a 34). Em todos os casos, para usar a expressão de Hegel, o F. é o próprio conceito na sua existência: a realização de um conceito que desde o início dirige e governa essa mesma realização. Portanto, a polêmica de Hegel contra "o intelecto extraterreno" é teológica – contraposição de uma tese panteísta a uma tese teísta –, mas não concerne ao finalismo. Significação diferente tem a distinção entre finalidade interna e finalidade externa feita por Schopenhauer, que no entanto mantém inalterado o conceito tradicional de F., apesar de sua tese sobre o caráter irracional e desordenado da força que rege o mundo. Para Schopenhauer, finalidade interna é "a harmonia de todas as partes de um organismo, de tal modo que a conservação deste e de sua espécie seja objetivo desta harmonia". Finalidade externa é, pelo contrário, a "relação da natureza inorgânica com a orgânica ou de partes da natureza orgânica entre si, o que possibilita a conservação da natureza orgânica toda e das espécies individuais" (*Die Welt*, I, § 28). Por outro lado, nesse aspecto a doutrina de Bergson não constitui uma inovação do F. tradicional. No que se refere à finalidade orgânica, Bergson declarou-se contrário ao "mecanismo radical" e ao "F. radical", reconhecendo em ambos a negação do caráter "imprevisível" ou "criador" da evolução vital. A harmonia – diz ele – deve encontrar-se atrás e não à frente dessa evolução. "O futuro não está contido no presente na forma de um fim representado. Entretanto, uma vez realizado, explicará o presente assim como o presente o explicava, e ainda melhor; deverá ser considerado fim, mais que resultado. Nossa inteligência tem o direito de considerá-lo abstratamente do seu ponto de vista habitual, visto que ela mesma é uma abstra-

ção realizada sobre a causa da qual emana" (*Évol. créatr.*, 8ª ed., 1911, cap. I, p. 57). Tampouco essa determinação feita por Bergson inova muito o conceito clássico de F., cuja natureza não consiste, como julga Bergson, em negar os caracteres imprevisíveis ou novos que emergem durante a realização do fim, mas unicamente em admitir a causalidade do fim e em considerar essa causalidade como princípio de explicação. A doutrina de Bergson não contribui para inovar esses dois aspectos, podendo, pois, ser reintegrada na concepção clássica de F., assim como podem ser reintegradas nessa concepção as doutrinas que, apesar de admitir o mecanismo, consideram-no compreendido no F. geral da natureza e a ele subordinado, como fazem Leibniz (*Op.*, ed. Gerhardt, III, p. 607; IV, p. 284), Lotze (*Mikrokosmus*, 1856, I) e, com eles, muitos espiritualistas contemporâneos.

Inovação significativa, só com a interpretação de Kant. Essa interpretação nega a 2ª tese do F., segundo a qual explicar um fenômeno significa aduzir o objetivo. Para Kant, a explicação dos fenômenos só pode ser causal, e o juízo teleológico é *reflexivo*, não determinante, ou seja, não apreende um elemento constitutivo das coisas, mas um modo subjetivo de representá-las: subjetivo porque inevitável para o homem. "Há uma diferença absoluta entre dizer que a produção de certas coisas da natureza, ou mesmo de toda a natureza, só é possível por meio de uma causa que se determina a agir segundo certos fins, e dizer que, *segundo a natureza particular de minha faculdade cognitiva,* só posso julgar da possibilidade das coisas e de sua produção concebendo uma causa que aja segundo certos fins, portanto um ser que produza de modo análogo à causalidade de um intelecto. No primeiro caso quero afirmar alguma coisa do objeto, e sou obrigado a demonstrar a realidade objetiva do conceito que admito; no segundo caso a razão só faz determinar o uso de minhas faculdades cognitivas, de acordo com sua natureza e com as condições essenciais de seu alcance e de seus limites" (*Crít. do Juízo*, § 75). Do segundo ponto de vista, que é o proposto por Kant, o F. não passa de conceito regulador do uso do intelecto humano: uso oportuno e necessário pelo fato de que o intelecto humano encontra limites bem precisos na explicação mecânica do mundo, sendo, pois, levado a recorrer a uma consideração complementar. Esta, contudo, nunca pode valer como explicação, e sua única função é ajudar a procurar as leis particulares da natureza (*ibid.*, § 78). Esse ponto de vista kantiano (recentemente renovado por N. HARTMANN, *Philosophie der Natur*, 1950), enquanto nega ao F. qualquer valor cognitivo e científico, atribuiu-lhe uma espécie de validade subjetiva, entre estética e moral, que se deve à limitação inevitável do conhecimento humano.

Obviamente, a interpretação kantiana do F. repousa na tese dos adversários do F., que nega poder explicativo ao F. Só esta negação constitui, na realidade, o abandono do F., e só as razões que a apóiam constituem uma autêntica crítica a ele. Na realidade, o F. não é uma generalização empírica a partir da consideração de certo número de exemplos teleológicos; assim como uma "disteleologia", ou seja, uma lista de casos contrários ao F., é uma crítica decisiva ao F. A doutrina de Platão e de Aristóteles a respeito, particularmente a deste último, mostra claramente o fundamento do F.: a crença em que a única explicação possível dos acontecimentos é a que aduz o objetivo para qual aconteceram. Para Platão e Aristóteles, o objetivo é a forma ou a razão de ser da coisa, e a determinação do objetivo é a explicação causal da coisa. Começou-se a duvidar desse princípio só na Idade Moderna. O epicurismo, que, com Lucrécio, negava o F. aduzindo que ele põe antes o que vem depois (p. ex., a visão antes do olho [LUCRÉCIO, *De rer. nat.*, IV, 829 ss.]), não constitui a negação desse princípio. A primeira crítica a ele pode ser encontrada na escolástica do século XIV, em G. Ockham, que mostrar em primeiro lugar que a ação do fim só pode consistir em impelir a causa eficiente a agir e, em segundo lugar, que essa ação é puramente metafórica (*In Sent.*, II, q. 3 G). Ockham observa que a ação do fim só poderia consistir em ser desejado ou amado, e isso demonstra o caráter metafórico dessa ação. Não tem sentido perguntar a causa final das ações naturais, que se verificam com uniformidade; por exemplo, não tem sentido perguntar com que fim o fogo é gerado, pois não é preciso que haja um fim para que o efeito se produza (*Quodl.*, IV, q. 1). Esta talvez tenha sido a primeira crítica feita ao valor explicativo do F. Alguns séculos depois, a causa final era completamente desprezada na explicação que Telésio tentava dar do mundo natural (*De rer. nat.*, 1565). E Bacon excluía explicitamente da investigação experimental a consideração do fim (*Nov. Org.*, II, 2). Dizia: "A investigação das causas finais é estéril: assim como uma virgem, consagrada a Deus, nada gera" (*De augm. scient.*, III, 5). Por sua vez, Galileu (*Op.*, VII, p. 80) e Descartes (*Princ. phil.*, III, 3) eliminaram da ciência a consideração da causa final, e Espinosa contrapôs ao F. a necessidade com que as coisas provêm da natureza divina, considerando-o um preconceito, contrário à ordem do mundo e à perfeição de Deus (*Et.*, I, 36, Ap.). A partir dessa época, que marca a origem da ciência moderna, o F. deixou de valer como procedimento de explicação científica.

Verdade é que ele sempre se insinuou nas lacunas deixadas pela explicação mecanicista do mundo e sempre foi considerado complemento dessa explicação, ultrapassando os limites por ela alcançados. Isso aconteceu principalmente no domínio das ciências biológicas ou na especulação filosófica sobre os resultados dessas ciências. Apesar dos sucessos obtidos nesse campo pelo estudo físico-químico dos fenômenos biológicos, freqüentemente se reconheceu o malogro ou mesmo a impossibilidade de se reduzirem esses fenômenos a princípios mecanicistas. As várias formas de *vitalismo* (v.) são caracterizadas por esse reconhecimento, portanto pelo recurso de uma explicação teleológica dos fenômenos vitais. Esse recurso, todavia, pareceu inevitável só quando cientistas e filósofos formularam hipóteses globais sobre a origem e a natureza da vida, uma vez que o trabalho propriamente científico, ao qual se devem os sucessos da biologia e da medicina contemporânea, não empregou outros instrumentos, materiais ou conceituais, que não pertencessem às ciências naturais. Esse trabalho, portanto, nunca precisou da hipótese finalista. Por outro lado, a situação hodierna é caracterizada por: 1º reconhecimento da originalidade dos fenômenos orgânicos em relação aos fenômenos físico-químicos, sem que tal originalidade represente um caráter finalista (v. EVOLUÇÃO; VITALISMO); 2º abandono do ideal da explicação mecânica, de tal modo que deixou de existir a diferença radical que, com base no êxito dessa explicação, vinha-se estabelecendo entre fenômenos físicos de um lado e fenômenos biológicos e antropológicos de outro (v. CAUSALIDADE; EXPLICAÇÃO). Em virtude dessa situação, por um lado alijou-se a causalidade do fim do domínio da evolução orgânica, e por outro a ação dessa causalidade, tal qual se admite no homem, pode não ser considerada diferente da ação da causalidade natural. Sobre a primeira questão, Simpson afirma: "Objetivo e plano não são características da evolução orgânica e não constituem a chave para nenhuma de suas operações, mas são características da nova evolução [social ou histórica] porque o homem tem objetivos e planos. Aqui objetivo e plano entram definitivamente na evolução, como resultado, e não como causa, dos processos que a longa história da vida nos mostra. Os objetivos e os planos são nossos, não do universo, que nos apresenta indícios convincentes da ausência deles" (*The Meaning of Evolution*, 1952, p. 292). Mas, por outro lado, os objetivos e os planos não constituem uma forma de causalidade à parte, que faça do mundo no qual se verificam um domínio privilegiado ou especial do ser. No mundo humano a causalidade do fim foi reintegrada na *motivação* (v.), que não difere formalmente da explicação causal (C. G. HEMPEL e P. OPPENHEIM, "The Logic of Explanation", em *Readings in the Phil. of Science*, 1953, pp. 327-8); ou foi descrita em termos de comportamento que implicam ainda menos referência a um tipo de explicação específica (Roseblueth-Wiener-Bigelow, em *Philosophy of Science*, 1943, pp. 18 ss.). [N.A.]

Os destinos atuais do F. em epistemologia e ciência estão ligados ao tipo de interpretação dada às explicações funcionais, hoje reconhecidas em seu caráter *sui generis* em psicologia e nas ciências da vida em geral. Alguns filósofos procuraram analisar o F. nos termos dos mecanismos causais convencionais. Tentativa bastante conhecida é a de Ernest Nagel (*The Structure of Science*, 1961), que decompôs sistemas aparentemente "dirigidos a um fim" (*goal-directed*) em componentes que não são dirigidos a um fim, mas que interagem em cadeias causais retrógadas e anterógradas (*feed-back* e *feed-forward*) tais que produzem o aparência de direcionalidade.

Alguns, porém, voltam a afirmar que uma forma teleológica das explicações funcionais ainda é recomendável (no caso da explicação dos processos de fermentação em biologia, por exemplo, e em recentes acepções do mental nas "ciências cognitivas"). Ela consiste em dar ênfase à "organização" de um sistema; perspectiva que nos leva a reconhecer uma hierarquia de níveis de organização na natureza e a usar a informação disponível tanto em relação à constituição dos componentes do sistema quanto ao que o sistema está realizando no momento em que se determina o que faz um componente. Em tais leituras teleológicas das explicações funcionais não há nenhum retorno a algum tipo de F. "aristotélico", que contempla fins na natureza, nem de tipo "teológico" (a não ser no caso de algumas interpretações da teoria cosmológica que recorre ao chamado "princípio antrópico", segundo o qual é a própria presença da vida que "explica" as condições iniciais favoráveis a seu surgimento na terra, e não o inverso), nem há uma negação da natureza causal dos fenômenos por indagar. [A.P.]

FINITISMO (in. *Finitism*; fr. *Finitisme*; al. *Finitismus*; it. *Finitismo*). Em filosofia indica as doutrinas que consideram o homem como uma entidade autônoma, desvinculada de qualquer relação de dependência (ontológica, ética etc.) do Infinito e de Deus. Nesse sentido fala-se, por exemplo, de finitismo feuerbachiano, marxista, existencialista etc. [G.F.]

FINITO (gr. πεπερασμένον; lat. *Finitus*; in. *Finite*; fr. *Fini*; al. *Endlich*; it. *Finito*). Esse termo tem as seguintes significações principais, das quais as duas primeiras correspondem aos sentidos de infinito:

1ª Como disposição ou qualidade de uma grandeza em sentido matemático, F. é: *a*) o que está completo ou é exaurível, ou seja, não tem partes fora de si: o contrário de infinito potencial; *b*) o conjunto não auto-reflexivo, ou seja, não equipotente a uma de suas partes ou subconjuntos (no sentido estabelecido pela teoria dos conjuntos de Cantor e Dedekind).

2ª No sentido teológico, aquilo que encontra limites ou obstáculos à sua possibilidade de ser, à sua potência. Esse conceito de F. remonta a Plotino, que foi o primeiro a entender o infinito como não-limitação da potência (*Enn.*, IV, 3, 8; VI, 6, 18). Mas foi principalmente nesse conceito que o romantismo se baseou para afirmar a realidade do infinito. Para Hegel, o infinito é a própria realidade como potência ilimitada de realização, como Absoluto. F. é aquilo que não tem potência suficiente para realizar-se, o ideal, o dever-ser (*Enc.*, § 95; *Wissenschaft der Logik*, cap. II, seç. I; trad. it., I, p. 163). Deste ponto de vista, F. é "irreal" e encontra realidade só no infinito e como infinito.

3ª Aquilo que pode ser ou agir em determinadas condições. Esse é o sentido com o qual essa palavra foi entendida por Kant. Ele chama o homem de "ser pensante F.", porquanto suas possibilidades cognitivas são limitadas pela intuição sensível, ou seja, por uma intuição que depende de objetos dados (*Crít. R. Pura*, § 8, IV). Do ponto de vista moral, o homem é um ser F. porque sua vontade não se identifica com a razão, e a lei desta vale para a vontade só como imperativo (*Crít. R. Prática*, § 1, scol.). Enfim, a faculdade de juízo estético e teleológico funda-se na natureza F. do homem, na limitação de suas possibilidades cognitivas, porquanto não determinam completamente seu objeto, mas apenas a forma deste (*Crít. do Juízo*, § 77). Essa significação da palavra permaneceu em expressões como "intelecto F.", "ser F.", "natureza F." etc.: nas quais F. não expressa uma limitação espacial ou temporal, mas o caráter condicional de certas possibilidades que não são aptas a garantir a onisciência, a onipotência e a infalibilidade. Com esta significação, esse termo foi aceito pelo existencialismo contemporâneo. Heidegger vê o caráter F. do homem no fato de que qualquer projeto seu de mundo já está dominado pelo próprio mundo, que limita as possibilidades projetáveis. Heidegger diz: "O projeto de possibilidades, em conformidade com sua essência, está cada vez mais rico da posse na qual o projetante se encontrava anteriormente. Mas uma posse assim só pode pertencer ao *Dasein* (ser-aí) porque ele, como projetante, sente-se imerso no meio do ente. Mas, com isso, já estão sendo *subtraídas* ao *Dasein* (ser-aí) certas outras possibilidades, e isso em conseqüência de sua facticidade. [...] Prova transcendental da finitude da liberdade do *Dasein* (ser-aí) é que o projeto concreto do mundo só adquire força e se torna posse na subtração. Será que nisso não se evidencia a essência F. da liberdade em geral?" (*Vom Wesen des Grundes*, III; trad. it., pp. 68-9). Nesse sentido, "F." é qualidade própria só do homem ou das possibilidades humanas, e *finitude* é o termo abstrato correspondente. Toda filosofia da existência é uma filosofia do F. porque interpretação da existência em termos de possibilidades condicionadas (v. EXISTÊNCIA, 3º). [N.A.]

Em Heidegger e na hermenêutica, o conceito de finitude está estreitamente ligado ao de historicidade: "Finitude significa temporalidade, portanto a 'essência' do *Dasein* é a sua historicidade" (H. G. GADAMER, *I fondamenti filosofici del XX secolo*, 1973, trad. it. em *Filosofia '86*, VV.AA., Laterza, Roma-Bari, 1987, p. 206). Tanto é verdade que Gadamer freqüentemente usa termos combinados como "finitude histórica", "ser histórico-finito" etc., reconhecendo, na estrutura ontológica por eles designada, a inelutável realidade de fundo da nossa condição. De fato, apurado que "toda expectativa e todo projeto dos seres finitos são finitos e limitados", segue-se que "não pode haver nenhuma atividade histórico-finita do homem que consiga apagar completamente os vestígios dessa finitude humana" (*Verità e metodo*, 1960. trad. it., Bompiani, Milão, 1972, 1983[3], pp. 413 e 332). Daí a polêmica anti-hegeliana e a recusa de qualquer suposto saber absoluto, que pretenda pensar fora do tempo e da história (ou seja, para além dos limites da condição humana). [G.F.]

FINS, REINO DOS (al. *Reich der Zwecke*; it. *Regno dei fini*). Segundo Kant, é a comunidade ideal dos seres racionais que obedecem unicamente às leis da razão. O reino dos F. – diz Kant – é "o conceito em virtude do qual todo ser racional deve considerar-se fundador de uma legislação universal por meio de todas as máximas de sua vontade, de tal modo que possa julgar-se a si mesmo e às suas ações desse ponto de vista" (*Grundlegung zur Met. der Sitten*, II). Nesse reino, entendido como "a união sistemática de vários seres racionais sob leis comuns", cada membro é, ao mesmo tempo, legislador e súdito, valendo, portanto, como "fim em si mesmo" (*ibid.*, II). V. DIGNIDADE. [N.A.]

FÍSICA (gr. φυσική; lat. *Physica*; in. *Physics*; fr. *Physique*; al. *Physik*; it. *Fisica*). Disciplina que tem por objeto o estudo da *natureza*; portanto, suas características e seus métodos estão em relação com aquilo que entendemos por *natureza* (v.). Como disciplina específica, pode-se dizer que nasceu com Aristóteles, que a considerou a "filosofia segunda" e, no grupo das ciências teóricas, distinguiu-a da *teologia* e da *matemática* (*Met.*, XI, 7, 1064 b 1). Podemos distinguir três conceitos fundamentais dessa ciência, que se sucederam ao longo da história: 1º F. como teoria do movimento; 2º F. como teoria da ordem necessária; 3º F. como previsão do observável.

1º Quando nasceu, com Aristóteles, a F. era a teoria do movimento e como tal se manteve até as origens da ciência moderna. Para Aristóteles, a F. tem por objeto "a substância que tem em si mesma a causa de seu movimento" (*Met.*, VI, 1, 1025 b 18); portanto, o modo como a F. considera as substâncias depende da natureza dos movimentos dos quais elas são dotadas. Dos quatro movimentos distinguidos por Aristóteles (*substancial*: geração e corrupção; *qualitativo*: mudança; *quantitativo*: aumento ou diminuição; *local*: translação [*Fís.*, VIII, 7, 261 a 26]), o de translação é o primeiro e fundamental: todos os outros podem ser explicados pela translação dos corpos (*ibid.*, VIII, 7, 260a-b). A determinação das várias substâncias físicas deve, por isso, ser feita com base no movimento de translação que é próprio de cada uma delas. O movimento de translação é de três espécies: do alto para o centro do mundo, do centro para o alto, em torno do centro ou circular. Os primeiros dois movimentos são contrários entre si e (como a geração e a corrupção consistem na passagem de um contrário ao outro) próprios dos corpos sujeitos à geração e à corrupção, ou seja, dos corpos terrestres ou sublunares, compostos por quatro elementos: água, ar, terra e fogo. O movimento circular não tem contrários, porque mover-se da direita para a esquerda ou da esquerda para a direita circularmente não modifica a atividade circular do movimento (*De cael.*, I, 4); esse movimento é próprio da substância que compõe os corpos não-geráveis e incorruptíveis, que são os corpos celestes, e essa substância é o éter. Dos quatro elementos que compõem o mundo sublunar, dois (ar e fogo) movem-se de baixo para cima; dois (água e terra), de cima para baixo. A F. aristotélica, portanto, é *qualitativa* por considerar que determinado movimento é próprio de determinado elemento, estabelecendo assim nítida divisão qualitativa entre os elementos e entre estes e o éter. Desta postura segue-se o princípio geral da F. aristotélica, que é: "Todo elemento move-se para a sua esfera, se não for impedido" (*Fís.*, IV, 1, 208 b 10); esse princípio implica ou estabelece a existência de *lugares absolutos*, que são sedes naturais dos elementos para as quais os elementos retornam quando delas são afastados. Esses lugares, segundo Aristóteles, são determinados pelo *peso* dos elementos. No centro do mundo está a terra, que é o elemento mais pesado (como se conclui, p. ex., do fato de a pedra cair na água ou afundar na água). Em torno da terra está a esfera da água, e em torno da esfera da água está a do ar, que é mais leve ainda, como demonstra o fato de a bolha de ar que se rompe na água subir à superfície. Em torno da esfera do ar está a do fogo, que é elemento mais leve, como prova o fato de as chamas que estão na superfície da terra tenderem para o alto, para a esfera que está acima do ar. Com base nisso, Aristóteles determina os caracteres do mundo: *único* porque os elementos se condensam cada um em sua esfera; *finito* porque acabado e perfeito; como tal, *ordenado* para um único fim, que é Deus. Esta doutrina, que se baseia em pequeno número de experiências comuns e é admirável por sua elegância e simplicidade, foi a maior expressão, no pensamento antigo, da síntese dos conhecimentos naturais. Diante dela, a F. atomista dos epicuristas e a F. panteística dos estóicos têm mais caráter de especulação que de conhecimento científico. Foi realmente isso que os cientistas antigos pensaram, pois deixaram-nas completamente de lado remetendo-se constantemente à F. aristotélica; com ela Ptolomeu (séc. II) elaborou sua astronomia. A F. aristotélica dominou sem rival durante muitos séculos, e, apesar das dúvidas levantadas por alguns escolásticos no século XIV, só foi abandonada com Leonardo da Vinci, Copérnico, Kepler e Galileu, aos quais se deve a primeira organização da ciência moderna.

2º O segundo conceito fundamental da F. considera-a como estudo da ordem experimentável da natureza. Para esse conceito contribuíram os aristotélicos do Renascimento, com a defesa da *necessidade* da ordem natural, os platônicos do Renascimento, em especial Nicolau de Cusa, com a afirmação do caráter matemático da ordem natural, e a magia, com a pretensão de atingir e exercer domínio efetivo sobre a natureza. O conceito da natureza, que já está claro em Galileu, é de ordem objetiva, escrita em caracteres matemáticos, necessária e destituída de finalidade, atingível por meio do experimento. Sobre este conceito de ordem fundava-se a noção de *harmonia*, que para Kepler era a base da ciência da natureza (*Harmonices mundi*, 1619, IV, I). A obra de Newton conduzia à maturidade o conceito correspondente de F. Passava a ser tarefa da F., explícita e unicamente, a *descrição* da ordem natural. A F. aristotélica, como teoria do movimento, era dirigida ao estudo das causas do movimento, que coincidiam com as substâncias (formas ou causas finais) das coisas. Newton esclarecia em que sentido a determinação da ordem natural deve ser objeto da ciência, chegando a negar, em oposição à ciência aristotélica, que a F. fosse ciência das causas (*Optice*, 1740, III, q. 31). Em 1764 Kant assim descrevia o conceito newtoniano de ciência: "Com experiências seguras e, no caso, com o auxílio da geometria também, devem ser procuradas as regras segundo as quais ocorrem certos fenômenos da natureza" (*Untersuchung über die Deutlichkeit der Grundsätze der natürlichen Theologie und der Moral*, 1763, II). Estas regras são as leis naturais, que traçam a ordem dos fenômenos naturais, ou seja, o modo necessário, portanto uniforme e constante, de interconexão entre eles. Descrever esses nexos é tarefa da F. O iluminismo e o positivismo aplicaram esse conceito de F., que foi enfatizado por D'Alembert (*Élements de phil.*, 1759, § 4) e serve de base para a noção de ciência expressa por Comte: "O caráter fundamental da F. positiva é considerar todos os fenômenos como submetidos a *leis* naturais invariáveis, cuja descoberta exata e cuja redução ao mínimo número possível constituem os objetivos de todos os nossos esforços, considerando-se absolutamente inacessível e sem sentido a busca daquilo a que se dá o nome de causas, sejam estas primárias ou finais" (*Cours de phil. positive*, liç. I, § 4). As leis nada mais são que expressões da ordem necessária da natureza.

O conceito de F. como teoria da ordem natural contrapõe-se ao conceito de F. como teoria do movimento por pretender limitar-se a *descrever* a natureza em sua ordem, em vez de *explicá-la* em suas causas. A partir de Newton a descrição opõe-se à explicação, como tarefa própria da F. Ou então – o que dá no mesmo – considera-se que a explicação à qual a F. deve aspirar legitimamente é a determinação da relação entre dois fenômenos, de acordo com uma lei, o que, de outro aspecto, é simples descrição. Portanto, a característica desse conceito de F. é o reconhecimento dos nexos necessários entre os fenômenos, nexos nos quais se concretiza ou ganha corpo a ordem natural, bem como a crença na experimentação, na verificação empírica desse nexo. O conceito de ordem natural coincide com o da causalidade necessária (v. CAUSALIDADE) e portanto com o de previsibilidade infalível dos fenômenos naturais. Se a natureza é a ordem necessária, a F. como estudo dessa ordem pode estabelecer regras que permitam a previsão infalível dos fenômenos. Essa é a crença que serviu de base para a F. clássica até os primeiros decênios do século XX e que também sustentou sua hipótese fundamental: o *mecanicismo* (v.). Essa hipótese tinha, entre outras, a vantagem de possibilitar a descrição *visual* do curso dos fenômenos, descrição que recorria a imagens visuais com as quais pretendia representar (por meio de partículas em movimento) a estrutura efetiva dos fenômenos. Mas foi exatamente essa pretensão que deu origem às primeiras dificuldades, quando, com a F. relativista, o conceito de *campo* (v.) começou a substituir a representação visual das partículas em movimento. "Era necessária uma corajosa imaginação científica", observam Einstein e Infeld, "para reconhecer que o essencial para a ordenação e a compreensão dos acontecimentos pode não ser o comportamento dos corpos, mas o comportamento de alguma coisa que se interpõe entre eles, vale dizer, o campo" (*The Evolution of Physics*, IV; trad. it., p. 302). A F. quântica representava mais um passo para a destruição da possibilidade de uma descrição visualizante. Bohr notava: "Na adaptação da exigência relativista ao postulado do *quantum* devemos preparar-nos para uma renúncia à visualização (no sentido comum do termo) ainda mais radical que a encontrada na formulação das leis quânticas consideradas até hoje. Encontramo-nos no caminho encetado por Einstein ao adaptarmos nossos modos de percepção, derivados das sensações, ao conhecimento cada vez mais profundo das leis naturais" (*Atomic Theory and the Description of Nature*, 1934, p. 90). A renúncia à visualização na realidade também era renúncia à descrição, uma vez que a impossibilidade de visualizar o curso completo dos fenômenos é impossibilidade de descrever sua ordem necessária em sua integridade. De fato, essa impossibilidade foi reconhecida na F. com a introdução do chamado "princípio de indeterminação" de Heisenberg (1927), com o qual a causalidade rigorosa dos fenômenos físicos era negada pela primeira vez, em virtude da impossibilidade de prever com exatidão o comportamento das partículas atômicas (v. CAUSALIDADE; INDETERMINAÇÃO). Com a queda da pretensão à causalidade rigorosa e, por conseguinte, da descrição da ordem total dos fenômenos, a F. não podia mais ser entendida como teoria da ordem necessária da natureza.

3º O terceiro conceito de F., que começou a ser traçado a partir de 1930, parte de uma determinação já considerada fundamental pela noção de F. que a precedeu. Na esteira de Bacon, Comte já insistira na exigência de a ciência estabelecer previsões que permitissem o domínio sobre a natureza: "Ciência, donde previsão; previsão, donde ação" (*Cours de phil. positive*, liç. II, § 3). Em 1894, Hertz, em *Princípios de mecânica*, dá ênfase ao mesmo conceito: "O mais imediato e, em certo sentido, o mais importante problema que o nosso conhecimento da natureza deve capacitar-nos a resolver é a previsão dos acontecimentos futuros, graças à qual poderemos organizar nossas ocupações presentes". À medida que a tarefa da descrição total da ordem dos acontecimentos ia sendo considerada fora das possibilidades da F., a tarefa da previsão ia adquirindo maior relevância. A limitação a essa tarefa aumentou enormemente o poder de ação ou de transformação da F. O princípio de complementaridade expresso por Bohr em 1927 marca o abandono definitivo da pretensão de que a F. pudesse valer como teoria da ordem necessária. Segundo esse princípio, "não é possível realizar simultaneamente a descrição espácio-temporal rigorosa e o nexo causal rigoroso dos processos individuais: um dos dois deve ser sacrificado". Isso significa que a cadeia de causas e efeitos só poderia ser quantitativamente verificada se o universo inteiro fosse considerado como um sistema único, mas neste caso a F. desapareceria e ficaria apenas um esquema matemático (HEISENBERG, *Die physikalischen Prinzipien der Quantentheorie*, 1930, IV, § 1). Deste ponto de vista, embora não se possa descrever todo o curso de um fenômeno, pode-se calcular com exatidão o resultado de uma observação futura. Heisenberg diz: "Meçam-se, em certo instante, certas grandezas físicas com a máxima exatidão possível, e em cada instante seguinte serão obtidas grandezas cujo valor pode ser calculado exatamente, ou seja, para as quais o resultado de uma medição pode ser previsto com exatidão, contanto que o sistema observado não seja submetido a nenhuma perturbação, exceto à própria medição" (*ibid.*, IV, § 1). Dirac enunciou o mesmo conceito dizendo: "O único objeto da F. teórica é o de calcular resultados que possam ser comparados com a experimentação, sendo completamente inútil fazer uma descrição satisfatória de todo o desenvolvimento do fenômeno" (*Principles of Quantum Mechanics*, 1930, p. 7).

Assim, a F. transforma-se em teoria da previsão dos eventos observáveis e abandona as exigências descritivas de sua segunda fase, além das explicativas de sua fase anterior. Do ponto de vista filosófico, esse caráter fundamental da F. contemporânea foi perfeitamente expresso por Heisenberg quando disse que a F. do nosso tempo não nos fornece mais "uma imagem da natureza, mas uma imagem das nossas relações com a natureza" (*Das Naturbild der heutigen Physik*, 1955, p. 21). [N.A.]

FISICALISMO (in. *Physicalism*; fr. *Physicalisme*; al. *Physikalismus*; it. *Fisicalismo*). Nome proposto por Neurath (em *Erkenntnis*, 1931, p. 393) como denominação do Círculo de Viena, que via na linguagem o campo de indagação da filosofia, para acentuar o caráter físico da linguagem. Esse termo foi aceito por Carnap, para indicar o primado da linguagem física e sua capacidade de valer como linguagem universal: "A linguagem da física", diz Carnap, "é uma linguagem universal, pois abrange os conteúdos de todas as outras linguagens científicas. Em outras palavras, cada proposição de um ramo da linguagem científica é eqüipolente a algumas proposições da língua fisicalista e pode, portanto, ser traduzida para ela sem mudar seu conteúdo" (*Philosophy and Logical Syntax*, 1935, p. 89). Essa tradutibilidade das proposições significantes para uma proposição da física foi chamada F., que constituiu a idéia diretiva da *Enciclopédia da ciência unificada* (v. EMPIRISMO LÓGICO; ENCICLOPÉDIA). Contudo, num segundo momento, Carnap interpretou o F. como a redutibilidade de todas as expressões lingüísticas à linguagem *coisal* (v.), e não à forma particular de linguagem coisal, que é linguagem física ("Testability and Meaning", em *Readings in the Phil. of Science*, 1953, pp. 69-70). [N.A.]

Nos debates filosóficos atuais sobre a mente, F. é um termo usado para designar qualquer forma de materialismo. Uma versão forte e ontológica dele, associável a uma fase do neopositivismo, afirma que tudo o que existe ou ocorre é constituído por entidades físicas; uma versão lingüística afirma que tudo o que existe ou ocorre pode ser descrito completamente pelo vocabulário da física. Esta segunda versão é compatível também com o chamado "eliminativismo" (Paul Churchland, por exemplo), segundo o qual os termos das explicações psicológicas não têm nenhum referente e, por isso, serão aos poucos substituídos pelos termos das explicações físicas, que, estes sim, são referenciais. Também pode ser considerada fisicalista a teoria segundo a qual o mental *sobrevém* ao físico, mesmo não sendo redutível a ele, visto que não comporta leis psicofísicas, mas é de algum modo dependente e derivado do físico (Donald Davidson). [A.P.]

FÍSICA SOCIAL (in. *Social physics*; fr. *Physique sociale*; al. *Sozial Physik*; it. *Fisica sociale*). Com este nome, Comte designou o estudo dos fenômenos sociais, a sociologia, cuja autonomia científica ele foi o primeiro a afirmar (*Cours de phil. positive*, liç. 46) (v. SOCIOLOGIA). [N.A.]

FÍSICO-TEOLÓGICA, PROVA. V. DEUS, PROVAS DE.

FISIOCRACIA. V. ECONOMIA POLÍTICA.

FISIOGNOMONIA (gr. φυσιογνωμία; in. *Physiognomonics*; fr. *Physiognomonie*; al. *Physiognomik*; it. *Fisiognomica*). Arte de julgar o caráter do homem, seu modo de sentir e de pensar, a partir de sua aparência visível, especialmente a partir dos traços fisionômicos. Aristóteles (seguido por muitos escritores antigos e medievais) já admitira a possibilidade de julgar a natureza de uma coisa com base em sua forma corpórea (*An. pr.*, II, 27, 70 b 7). Cícero falava de um fisiognomonista, Zopiro, que se vangloriava de conhecer a natureza e o caráter dos homens pelo exame de seu corpo, ou seja, de seus olhos, seu rosto e sua testa (*De fato*, V, 10). Mas foi principalmente no Renascimento que essa arte foi cultivada, a começar por Giambattista della Porta, que, em 1580, publicou o livro *Sulla F. umana.* Esse tipo de estudo foi muito difundido no século XVIII por Lavater (*Fragmentos F.*, 1775-78). O próprio Kant reconheceu o valor da F. (*Antr.*, 11, cap. III). Hegel distingue-a das más artes e dos estudos inúteis porque ela afirma a unidade entre interior e exterior (*Phänomen. des Geistes*, I, parte 1, cap. V; trad. it., p. 281). Nos tempos modernos a F. também tem defensores não só entre os psicólogos e caracterologistas, mas também entre filósofos. [N.A.]

FISIOGNOSE (in. *Physiognosy;* it. *Fisiognosi*). Termo usado por Peirce para indicar o conjunto das ciências físicas (*Coll. Pap.*, 1.242). [N.A.]

FISIOLOGIA (in. *Physiology;* fr. *Physiologie;* al. *Physiologie;* it. *Fisiologia*). No sentido com que Aristóteles e outros escritores antigos empregam essa palavra, estudo da natureza: o mesmo que física. Algumas vezes Kant também a usou com essa significação (*Crít. R. Pura*, Doutr. transc. do mét., cap. III). [N.A.]

FISIOLOGIA PSICOLÓGICA ou PSICOFISIOLOGIA. V. PSICOLOGIA, *b*.

FIXISMO (it. *Fissismo*). Termo que designa a doutrina da imutabilidade das espécies vivas, em contraposição a evolucionismo (v. EVOLUÇÃO). [N.A.]

FLECHA (gr. ὀϊστός; in. *Arrow;* fr. *Flèche;* al. *Pfeil;* it. *Freccia*). O terceiro dos quatro argumentos aduzidos por Zenão de Eléia em oposição ao movimento. O argumento baseia-se em dois pressupostos: 1º o tempo é formado de instantes; 2º em cada instante a F. só pode ocupar um espaço igual ao seu comprimento. Por esta segunda tese, a F. é imóvel no instante, e como todo tempo é formado por instantes, durante todo tempo em que se move a F. está imóvel (ARISTÓTELES, *Fís.*, VI, 9, 239 b 29). Aristóteles também indicou corretamente o pressuposto desse argumento, ou seja, a tese de que o tempo é constituído de instantes. V. DICOTOMIA; AQUILES; ESTÁDIO. [N.A.]

FOGO (gr. πύρ; lat. *Ignis;* in. *Fire;* fr. *Feu;* al. *Fuer;* it. *Fuoco*). Substância que compõe o mundo, segundo Heráclito. Este considerava o F. dotado de inteligência e causa primeira do governo do universo (Fr. 65, Diels). Parmênides, nos discursos "segundo a opinião", assumia a dualidade F.-trevas (equivalente à dualidade *quente-frio* [v.]) como princípio de explicação da aparência sensível (Fr. 8, Diels). Os estóicos identificaram o F., situado na extremidade do universo, com o éter, que constitui a primeira esfera imóvel e as esferas móveis dos céus (DIÓG. L., VII, 137). [N.A.]

FONOCENTRISMO. V. GRAMATOLOGIA.

FONOLOGIA (in. *Phonology;* fr. *Phonologie;* al. *Phonologie;* it. *Fonologia*). 1º Setor da lingüística que estuda os sons em relação à função diferenciadora de significados que exercem na língua, como ocorre, por exemplo, no caso de *canta* e *tanta, teto* e *reto, calo* e *galo, pão* e *cão* etc. Em outros termos, enquanto a fonética, segundo a definição de Trubetzkoi, é "a ciência do lado material (dos sons) da linguagem humana", a F. estuda "que diferenças de *som*, em dada língua, estão ligadas a diferenças de significado, que relação esses elementos de distinção (ou signos) mantêm entre si e segundo quais regras eles podem combinar-se entre si em palavras (ou frases)" (*Fondamenti di fonologia*, 1939, trad. it., Einaudi, Turim, 1971, pp. 16 ss.).

2º Lévi-Strauss viu na F. uma espécie de *ciência-modelo* que, em relação às ciências antropológicas, teria exercido "a mesmo tarefa inovadora que a física nuclear [...] exerceu para o conjunto das ciências exatas". Em especial, as implicações metodológica e epistemologicamente mais significativas da lingüística estrutural, como as que se encontram concretizadas na obra do "mestre da F.", Trubetzkoi, seriam fundamentalmente quatro: *a*) passagem do estudo dos fenômenos lingüísticos conscientes ao estudo de sua infra-estrutura inconsciente; *b*) recusa em considerar os termos como entidades independentes e correlativa busca das relações entre eles; *c*) introdução do conceito de sistema e evidenciação da estrutura subjacente aos sistemas; *d*) descoberta simultânea de leis gerais, em bases indutivas e dedutivas (*Antropologia strutturale*, 1958, trad. it., Il Saggiatore, Milão, 1966, p. 47; cf. *Da vicino e da distante*, 1988, trad. it., Rizzoli, Milão, 1988, p. 161). [G.F.]

FORÇA (lat. *Vis;* in. *Force;* fr. *Force;* al. *Kraft;* it. *Forza*). Precisamente a ação causal, não no sentido de explicar ou justificar (como razão de ser), mas de produzir *infalivelmente* um efeito. Portanto, de forma mais geral, toda técnica apta a garantir infalivelmente um efeito ou que pretenda garanti-lo. Nesse sentido, diz-se "o direito como F." ou "o Estado como F." para destacar a infalibilidade da realização do direito ou da vontade do Estado. Em tal sentido Kant dizia que há quatro espécies de combinações da F. com a liberdade e a lei: *a*) lei e liberdade sem F.: anarquia; *b*) lei e F. sem liberdade: despotismo; *c*) F. sem liberdade e sem lei: barbárie; *d*) F. com liberdade e lei: república (*Antr.*, II, Delineação do caráter do gênero humano, 2). Em sentido análogo Hegel falou de "F. da existência" no domínio das relações jurídicas entre os Estados, aludindo à frase de Napoleão: "A república francesa não tem necessidade de reconhecimento" (*Fil. do dir.*, 331, Apênd.).

A noção de F. deve ser considerada segundo dois aspectos fundamentais, a saber: 1º no seu uso pela ciência; 2º na interpretação dada pela filosofia.

1º Consideramos aqui a noção de F. exclusivamente da forma como se veio configurando desde os primórdios da ciência moderna, excluindo de seu âmbito as noções de potência, de causa eficiente ou formal, de qualidade oculta etc., todas de caráter metafísico ou teológico às quais se pode referir, retrospectiva e grosseiramente, o termo F. Todos esses termos têm uma amplitude histórica e problemática completamente diferente do termo em questão, de tal maneira que não podem lançar luzes sobre seu significado ou aos problemas a ele atinentes. Portanto, entenderemos com o termo F. a ação causal infalível considerada como algo: *a*) diferente ou independente de qualquer agente ou forma metafísica; *b*) diferente ou independente de qualquer forma ou agente psíquico; *c*) suscetível de tratamento matemático. A noção de F. também deve ser distinguida da noção de energia, apesar de os próprios cientistas terem por vezes confundido os dois termos, ao falarem (p. ex., Mayer e Helmholtz) de conservação da F., quando se trata da conservação da energia.

Neste sentido, pode-se discernir o nascimento da noção de F. nas observações de Kepler, que considerou a virtude (*virtus*), à qual se devem os movimentos gravitacionais, como sujeita a todas as "necessidades matemáticas" (*Astronomia nova*, III, p. 241), negando que ela pudesse ser identificada com a alma (*Mysterium cosmographicum*, 1621, em *Opera*, ed. Frisch, I, p. 176). Mas essa noção só foi definida quando se definiu com precisão o princípio da inércia como princípio fundamental da física, com Descartes. Galileu utilizou-a com freqüência (p. ex., nos *Disc. sulle nuove scienze*, em *Op.*, VIII, pp. 155, 344, 345, 442, 447 etc.), mas não a define, como tampouco define a noção de inércia, que também utiliza. Em relação direta com esta última, a F. é definida por Descartes, que diz: "A F. com que um corpo age contra outro corpo ou resiste à sua ação consiste apenas em que toda a coisa persiste, enquanto pode, no mesmo estado em que se encontra, de acordo com a primeira lei já exposta [lei da inércia]. De tal maneira, um corpo unido a outro corpo possui F. para impedir que seja dele separado e, quando é separado, há uma F. que impede a união; assim, quando se encontra em repouso, tem F. para permanecer em repouso e para resistir àquilo que poderia fazê-lo mudar; assim, ao mover-se, há uma F. para continuar movendo-se com a mesma velocidade e para o mesmo lado" (*Princ. phil.*, II, 43). Mas foi Newton quem generalizou a noção de F., dando-lhe expressão matemática precisa. O segundo princípio da dinâmica newtoniana, ou seja, a proporcionalidade entre F. e aceleração imprimida ($F = ma$), faz da F. uma relação entre duas grandezas, sem nenhuma referência às essências ou qualidades ocultas, cuja inutilidade para a física era declarada pelo próprio Newton: "Pretendo dar somente uma noção matemática das forças, sem considerar suas causas ou suas sedes físicas" (*Philosophiae naturalis principia mathematica*, 1760, p. 5). A generalização newtoniana permitia falar de F. da gravidade, de F. elétrica ou de F. magnética, de tal modo que, na segunda metade do século XVIII, o conceito de F. tornou-se um dos mais populares e difundidos. Contudo, despertou a desconfiança dos cientistas, que muitas vezes se recusavam a ver nele algo mais que simples relação causal. D'Alembert observou que, se a relação entre causa e efeito não for considerada de natureza lógica, mas apenas baseada na experiência, a F. a distância (gravidade) não representa um enigma maior do que a transmissão do movimento através do choque, e de fato nada mais faz que expressar, assim como esta última, uma relação confirmada pela experiência (*Éléments de phil.*, 1759, § 17). Pelos mesmos motivos Maupertuis queria que o conceito de F. como "causa da aceleração" fosse eliminado da mecânica e substituído pelas simples determinações da medida da aceleração (*Examen philosophique de la preuve de l'existence de Dieu*, 1756, II, §§ 23, 26). Kant apenas expressou o mesmo conceito ao dizer que "F. nada mais é que a relação entre a substância *A* e qualquer outra coisa *B*" e que tal relação só pode ser dada pela experiência (*De mundi sensibilis et inteligibilis forma et principiis*, § 28), ou que a F. não é mais que "a causalidade da substância", ou seja, "a relação do sujeito da causalidade com o efeito" (*Crít. R. Pura*, Anál. dos princípios, cap. II, seç. III, Segunda analogia da experiência). Desse ponto de vista, a interpretação da F. como agente causal misterioso e inacessível, tal como se encontra, por exemplo, em Spencer (*First Principles*, § 26), é alijada de ciência.

Contudo, com os significados atribuídos por Galileu ou Newton, a noção de F. também não predominou por muito tempo na ciência. Leibniz já descobrira e esclarecera o conceito de *F. viva*, que é o produto da massa pelo quadrado da velocidade, conceito que constitui o ponto de partida para a moderna noção de energia (*Mathematische Schriften*, ed. Gerhardt, VI, pp. 218 ss.). Sua doutrina acerca da superioridade da F. sobre a matéria, que serve de termo médio para a resolução da matéria em energia espiritual (v. adiante), baseia-se precisamente nesse conceito de energia. Porém, no século seguinte, a descoberta da conservação da energia (1842) por Robert Mayer e a obra de Helmholtz e de Hertz conduziram à formulação daquilo que se chamou *energismo* da mecânica (cf. POINCARÉ, *La science et l'hypothèse*, p. 148). O energismo nega que a F. seja a "causa" do movimento e que, portanto, esteja presente *antes* do movimento, e considera a idéia de energia anterior à de F. Esta última é introduzida através de simples definição, e suas propriedades são deduzidas a partir da definição e das leis fundamentais. Portanto, no energismo a idéia de F. já não implica dificuldade alguma: é um simples conceito convencional. Na mesma linha encontram-se os *Princípios de mecânica* (1894) de Hertz, que só consideram como fundamentais as idéias de tempo, espaço e massa, considerando derivadas as idéias de F. e de energia. Contudo, o conceito de energia continuava sendo importante em física, sobretudo com referência ao conceito de *campo* (v.), enquanto o conceito de F. continuava sendo o mesmo demonstrado pelo energismo: um nome para definir certas relações entre algumas grandezas físicas. A respeito, Russell disse: "Supõe-se que a F. seja causa da aceleração. [...] Mas a aceleração é uma simples ficção matemática, um número, não um fato físico. [...] Portanto, se a F. é causa, é causa de um efeito que não se produz" (*Principles of Mathematics*, 1903, p. 474)

2º As interpretações filosóficas do conceito de F. seguem a certa distância e com pouca fidelidade o desenvolvimento científico do seu conceito. Todas elas obedecem a um esquema uniforme e consistem em integrar a noção de F. na experiência humana. Essa redução pode ter duplo significado. Pode: *a*) ser entendida como justificação da noção e transformá-la em conceito metafísico; *b*) ser entendida como crítica à noção e mostrar, com o caráter antropomórfico, a falta de fundamento. Leibniz é o iniciador das tentativas no primeiro sentido, e Locke, no segundo sentido.

a) Em *Système nouveau de la nature* (1695) Leibniz narra que, depois de se libertar do jugo de Aristóteles, acreditara no vácuo e nos átomos, mas que, depois de muitas meditações, concluíra que as unidades últimas não podem ser materiais e que, portanto, não podem ser átomos de matéria, mas de espírito. E acrescenta: "Era necessário, portanto, reabilitar as *formas substanciais* tão desacreditadas hoje em dia, mas de tal maneira que fossem inteligíveis e permitissem uma separação entre o uso que delas se deve fazer e o abuso que delas se tem feito. Descobri, então, que a natureza delas consiste na F. e que disto resulta algo análogo à consciência e ao apetite, sendo, assim, necessário concebê-las à imitação da noção que temos das almas" (*Système* etc., § 3). Isso mostra as bases do primado que Leibniz sempre concedeu à noção de F. em suas interpretações físicas e metafísicas: a F. é algo análogo à consciência (*sentiment*) e ao apetite, ou seja, a experiências internas do homem. É certo que Leibniz entendeu por F. a *vis activa* que, como se disse, é energia. Mas isso não faz diferença do ponto de vista de sua metafísica, que é uma metafísica da F. espiritual (cf. *Nouv. ess.*, II, 21, § 1). Essa doutrina torna-se arquétipo de toda a corrente filosófica cujo segundo fundador foi Maine de Biran, no início do século XIX. Este considera a percepção interna e imediata, vale dizer, a consciência que o eu tem de si, como F. volitiva e ativa, como revelação do mesmo caráter originário da realidade, que, por isso, seria F. Diz: "A percepção interna ou imediata é a consciência de uma F. que é meu próprio eu e que serve de exemplo para todas as noções gerais e universais de causa e de F." (*Nouveaux essais d'anthropologie*, 1823-1824, em *Œuvres*, ed. Naville, III, p. 5). Praticamente na mesma época Schopenhauer realizava a mesma passagem da psicologia para a metafísica, reconhecendo como única F. constitutiva da essência do mundo a que o homem percebe imediatamente em si mesmo, ou seja, a vontade (*Die Welt als Wille und Vorstellung*, 1819). Isso deve ser entendido no sentido de que ao homem se mostra como vontade a mesma potência ativa que nas outras partes da natureza se manifesta como F.: "Se, portanto, eu disser que a F. que faz a pedra cair no chão, em sua essência, em si e fora de qualquer representação, é vontade, não se deverá atribuir a essa afirmação o insensato significado de que a pedra se move segundo um motivo conhecido, pelo simples fato de que no homem a vontade se manifesta desse modo" (*ibid.*, I, § 19). Essa identificação da F. que o homem conhece pela experiência interior com a F. que age no mundo continua constituindo a base das filosofias espiritualistas. A doutrina de Bergson, segundo a qual um *elã vital*, que se revela à consciência humana como *duração real*, dá origem à vida penetrando e organizando a matéria (*Évol. créatr.*, cap. I), obedece ao mesmo critério fundamental. Mas essa postura também é assumida pelas doutrinas materialistas: admitir, a exemplo de Haeckel (*Die Welträtsel*, 1899), uma única F. que explique todo devir do universo e é análoga à que se revela na consciência do homem significa obedecer à mesma interpretação da noção de F.

b) Por outro lado, a redução dessa noção a experiência interna por vezes significou uma crítica à própria noção, porque considerada como sinal do seu caráter arbitrário. A respeito, Locke evidenciara que a idéia de poder (*Power*) derivara da reflexão do espírito sobre suas operações (*Ensaio*, II, 21, 4). Com o fim de defender sua concepção do universo como linguagem ou manifestação de Deus, Berkeley foi levado a retirar o caráter realista dos conceitos da ciência: "F., gravidade, atração e termos semelhantes convêm ao fim de raciocinar e de fazer cálculos sobre o movimento e sobre todos os corpos que se movem, mas não ao fim de compreender a natureza do próprio movimento" (*De motu*, § 17; *Siris*, § 234). Hume por sua vez demonstrou que nem da experiência interna nem de qualquer outra fonte o espírito pode extrair uma idéia clara e real de F.: "É certo que ignoramos a maneira como os corpos agem um sobre o outro, e que sua F. ou energia nos é de todo incompreensível, porém somos igualmente ignorantes sobre a maneira ou F. com que uma mente, conquanto suprema, age sobre si mesma e sobre os corpos. De qual dessas coisas, pergunto, conseguimos fazer uma idéia? [...] O que é mais difícil conceber: que o movimento nasce de um choque ou que nasce de um ato de vontade? Tudo o que conhecemos é nossa ignorância profunda em ambos os casos" (*Inq. Conc. Underst*, VII, 1). Essa crítica de Hume é clássica e, sob certo aspecto, definitiva. Mach considerou "fetichismo" o uso do conceito de F., aliás tanto quanto o de causa, que desejava substituir pelo conceito de função (*Analyse der Empfindungen*, 9ª ed., 1922, p. 74; *Populäwissenschaftlichen Vorlossugen*, 1896, p. 259; trad. in., 1943, p. 254). Por outro lado, pelo fato de ter deixado de despertar o interesse da ciência, esse conceito também deixou de ter interesse para a crítica metodológica. [N.A.]

FORMA (gr. μορφή, εἶδος; lat. *Forma*; in. *Form*; fr. *Forme*; al. *Form*; it. *Forma*). Esse termo tem as seguintes significações principais:

1ª Essência necessária ou substância das coisas que têm matéria. Nesse sentido, que está presente em Aristóteles, F. não só se opõe a matéria, mas a pressupõe. Aristóteles usa, portanto, esse termo com referência às coisas naturais que são compostas de matéria e F., observando que a F. é mais "natureza" que a matéria, uma vez que de uma coisa se diz aquilo que ela é em ato (a F.), e não o que é em potência (*Fís.*, II, 1, 193 b 28; *Met.*, IV, 1015 a 11). Desse ponto de vista, não se pode dizer que são F. as substâncias imóveis (*Deus e as inteligências motrizes*), que são isentas de matéria, mas são F. as substâncias naturais em movimento. Donde a polêmica de Aristóteles contra o platonismo, com o objetivo de afirmar a inseparabilidade entre F. e matéria. Os escolásticos não se ativeram rigorosamente a essa terminologia aristotélica e estenderam o termo F. a qualquer substância, falando de "F. separadas" para indicar as idéias existentes na mente de Deus (ALBERTO MAGNO, *S. Th.*, I, q. 6; TOMÁS DE AQUINO, *S. Th.*, I, q. 15 a. 1) e de "F. subsistentes" para indicar os anjos que não têm corpo e, portanto, não têm matéria (TOMÁS DE AQUINO, *S. Th.*, I, q. 50 a. 2). Além disso, falavam de "F. substanciais ou de F. acidentais" (*ibid.*, I, q. 76 a. 1), sendo esta última expressão, do ponto de vista aristotélico, no mínimo contraditória. Gilbert de la Porrhée (séc. XII), em *De sex principiis*, separara as F. *inerentes*, correspondentes às primeiras quatro categorias de Aristóteles (substância, qualidade, quantidade, relação) das F. *assistentes*, correspondentes às outras categorias aristotélicas, de caracteres que não constituem a substância das coisas. Em todos os casos, a F. conserva os caracteres que Aristóteles lhe havia atribuído: é causa ou razão de ser da coisa, aquilo em virtude do que uma coisa é o que é; é ato ou atualidade da coisa, por isso o princípio e o fim do seu devir.

O conceito de F. assim entendido foi e continua sendo empregado também fora do aristotelismo e de seus derivados. Não possui determinações diferentes das aqui apontadas a F. de que Bacon fala como objeto da ciência natural: essa F. é ato e causa eficiente, tanto quanto a F. aristotélica (*Nov. Org.* II, 17), e distingue-se desta apenas porque, como pensava Aristóteles, não pode ser apreendida pelo procedimento dedutivo ou pelo intelecto intuitivo, mas só pela indução experimental. Descartes refere-se à significação tradicional da palavra quando nega que existam "as F. ou qualidades sobre as quais se discute nas escolas" (*Discours*, V). E é com o mesmo significado que essa palavra é usada por Bergson, ao afirmar que "F. é um instantâneo de uma transição", ou seja, uma espécie de *imagem intermediária* da qual se aproximam as imagens reais em sua mudança e que é pressuposta como "a essência da coisa ou a coisa mesma" (*Évol. créatr.*, IV ed., 1911, p. 327).

Desse conceito de F. aproxima-se o sentido com que essa palavra é usada por Hegel, como "totalidade das determinações", que é a essência no seu manifestar-se como fenômeno (*Enc.*, § 129). Nesse sentido, F. é o modo de manifestar-se da essência ou substância de uma coisa, à medida que esse modo de manifestar-se coincide com a própria essência. É nesse sentido que Hegel empregava habitualmente essa palavra, por exemplo, quando dizia: "O conteúdo humano da consciência, produzido pelo pensamento, não aparece primeiro em F. de pensamento, mas como sentimento, intuição, representação, F. que devem ser distinguidas do pensamento como F." (*Enc.*, § 2). Foi exatamente com esse sentido que Croce e Gentile falaram de "formas do espírito", seja para estabelecer, seja para negar sua diversidade.

2ª Uma relação ou um conjunto de relações (ordem) que pode conservar-se constante com a variação dos termos entre os quais se situa. Por exemplo, a relação "Se *p*, então *q*" pode ser assumida como a F. da inferência, porque permanece constante quaisquer que sejam as proposições *p* e *q* entre as quais se situa. Assim, diz-se habitualmente que a matemática é uma ciência *formal* porque o que ela ensina não vale apenas para certos conjuntos de coisas, mas para todos os conjuntos possíveis, pois versa sobre certas relações gerais que constituem o aspecto formal das coisas. Nesse sentido, a palavra F. foi usada pela primeira vez por Tetens, para indicar as relações estabelecidas pelo pensamento entre as representações sensíveis que, por sua vez, constituiriam a "matéria" do conhecer (*Philosophische Versuche über die menschliche Natur*, 1776, I, p. 336). Kant fez distinção análoga na dissertação de 1770: "À representação pertence, em primeiro lugar, alguma coisa que se pode chamar de *matéria*, que é a sensação, e, em segundo lugar, aquilo que se pode chamar de F. ou espécie das coisas sensíveis, que serve para coordenar, por meio de certa lei natural da alma, as várias coisas que impressionam os sentidos" (*De mundi sensibilis et intelligibilis forma et ratione*, § 4). Essa distinção entre matéria e F. foi o ponto de partida de toda a filosofia kantiana, mas Kant nunca alterou o significado de F., que continuou sendo relação ou conjunto de relações, isto é, *ordem*. Escreveu em *Prolegômenos* (§ 17): "O elemento formal da natureza é a regularidade de todos os objetos da experiência." Analogamente, a F. dos princípios morais é a simples relação na qual uma lei se encontra com os seres racionais, ou seja, sua validade para todos esses seres, sua universalidade (*Crít. R. Prática*, § 4). A partir de Kant o sentido dessa palavra nunca deixou de ser o de relação generalizável, ordem, coordenação ou, mais simplesmente, universalidade. Nesse sentido, Kant distinguiu matéria e F. no conceito: "A matéria do conceito é o objeto; a F. dele é a universalidade" (*Logik.*, Elementarlehre, § 2). É nesse sentido que hoje os lógicos utilizam essa palavra para caracterizar o objeto de sua ciência. Era a ele que Peirce se referia (*Coll. Pap.*, 4.611), e é a ele que, mais recentemente, se referem Strawson (*Intr. to Logical Theory*, 1952, p. 41), Prior (*Formal Logic*, 1955, § 1) e Church (*Introduction to Mathematical Logic*, 1956). Carnap disse: "Uma teoria, uma regra, uma definição ou coisas semelhantes devem ser chamadas de formais quando não fazem nenhuma referência ao significado dos símbolos (p. ex., das palavras) ou ao sentido das expressões (p. ex., dos enunciados), mas unicamente às espécies e à ordem dos símbolos com os quais as expressões são construídas" (*Logische Syntax der Sprache*, 1934, § 1).

É a esse significado de ordem ou relação que está ligado o uso da palavra F. (*Gestalt*) na psicologia contemporânea, ao se ressaltar o fato experimental de que impressões simultâneas não são independentes umas das outras, como se fossem pedaços de um mosaico, mas constituem uma unidade com ordem definível (v. PSICOLOGIA). No mesmo sentido, Born propôs que sejam consideradas como "F. das coisas físicas as invariantes das equações, que têm a mesma realidade objetiva das coisas que nos são familiares" (*Experiments and Theory in Physics*, 1943, pp. 12-3). Na própria estética há pelo menos uma significação na qual a palavra F. pode ser reintegrada na significação de ordem ou organização das partes; é a significação esclarecida por Dewey: "Só quando as partes constitutivas de um todo têm o fim único de contribuir para a perfeição de uma experiência consciente é que o desenho e a imagem perdem o caráter sobreposto e tornam-se F." (*Art as Experience*, cap. VI; trad. it., p. 140). Aproxima-se dessa mesma significação o uso que Focillon faz dessa palavra: "As *relações* formais em uma obra e entre as várias obras constituem uma ordem, uma metáfora do universo" (*Vie des formes*, 1934, trad. it., p. 53). Em geral, pode-se dizer que, no âmbito desse significado, passa-se à consideração da F. todas as vezes em que certa relação é generalizada, vale dizer, considerada válida para certo número de termos ou de casos possíveis, ou quando não são considerados os termos entre os quais está uma ordem, para atribuir importância ou significado somente a essa ordem.

3ª Uma norma de procedimento. Nesse sentido, fala-se de F. em direito, no sentido de que uma "questão de F." diz respeito à relação entre o caso em exame e as normas de procedimento, e não ao problema que constitui a substância ou o mérito do caso. Às vezes o recurso à "F." expressa a exigência de autonomia num procedimento ou numa técnica. Esta é, freqüentemente, a significação da insistência no caráter formal da arte. Quando, em arte, o recurso à F. não expressa exigência de organização e ordem (que diz respeito ao significado 2º), expressa a exigência de que os procedimentos ou as técnicas da arte sejam independentes dos procedimentos ou das técnicas de outras atividades, como o conhecimento, a moral etc. (cf. CROCE, *Breviário de estética*, p. 53). Nesse sentido, passa-se a considerações formais, em certo campo, quando se reconhece a independência entre as técnicas utilizáveis nesse campo e as empregadas em outros campos. [N.A.]

Nas famosas aulas de Londres, intituladas *Forma e conteúdo* (*Form and Content*, 1932), Moritz Schlick retomava uma tese central em *Aufbau* de Carnap, assim como em muitas afirmações de Neurath, e encontrável em vasta literatura gnosiológica entre os séculos XIX e XX (em Eddington, p. ex.), segundo a qual o único objeto do conhecimento e da comunicação são os relações formais, estruturais, que vigem entre os conteúdos de consciência, e não os conteúdos em si. Estes últimos são puramente subjetivos e, como tais, podem ser sentidos, mas não são cognoscíveis nem comunicáveis. A tese da "inexprimibilidade do conteúdo", de Schlick, afirmada contra o intuicionismo de Bergson e de certa parte de Husserl, é hoje freqüentemente reformulada e discutida no âmbito de uma retomada mais geral de perspectivas kantianas na epistemologia "pós-empirista". Deve-se notar que, no debate epistemológico contemporâneo, F. é usado com freqüência como equivalente de "esquema", e que, portanto, a contraposição entre F. e conteúdo está expressa também nos termos de um dualismo entre esquema (ou linguagem) e conteúdo não interpretado, ou entre esquema conceitual e conteúdo empírico, ou entre esquema e dado (*given*), como se deduz da seguinte enunciação de Clarence U.

Lewis (*Mind and World Order*, 1929): "Na nossa experiência cognitiva estão presentes dois componentes: os dados imediatos, como os dos sentidos, que estão presentes para a mente ou são por ela fornecidos, e uma F., construção ou interpretação, que representa a atividade do pensamento".

Quando, por fim, falamos de "F. lógica" de um enunciado, ou da proposição expressa por um enunciado, referimo-nos à sua estrutura, não evidenciada e, aliás, freqüentemente deformada pela sintaxe da linguagem natural, mas representável por meio de uma análise lógica. Aqueles que, de vários modos, recorreram a uma linguagem ideal para dar conta do significado dos enunciados (Russell, Wittgenstein em sua primeira fase, Davidson), entendem em geral que compreendemos um enunciado quando compreendemos o que pode ser dele inferido e o modo como se determina o seu valor-de-verdade. [A.P.]

FORMA, PSICOLOGIA DA. V. PSICOLOGIA, *c.*

FORMAÇÃO (al. *Bildung*; it. *Formazione*). No sentido específico que esta palavra assume em filosofia e em pedagogia, em relação com o termo alemão correspondente, indica o processo de educação ou de civilização, que se expressa nas duas significações de *cultura*, entendida como educação e como sistema de valores simbólicos (v. CULTURA). [N.A.]

FORMAIS, CIÊNCIAS. V. CIÊNCIAS, CLASSIFICAÇÃO DAS.

FORMAL (in. *Formal*; fr. *Formel*; al. *Formal*; it. *Formale*). 1. Em correspondência com o 1º significado de forma: aquilo que pertence à essência ou substância da coisa, por isso essencial, substancial, atual. Nesse sentido essa palavra foi empregada pelos escolásticos, por Descartes (*Méd.*, III, *II Réponses*, def. IV) e por Espinosa (*Et.*, II, 8). A essa significação refere-se também o uso que Duns Scot faz do termo nas expressões "distinção F." ou "razão F.". Distinção F. é uma distinção de essência ou natureza, mas sem implicar separação numérica: ela intercede, por exemplo, entre a natureza comum e a individualidade das coisas ou entre as várias perfeições de Deus (*Op. Ox.*, I, d. 8, q. 4, n. 17).

2. Em correspondência com o 2º significado de forma: o que pertence a uma relação generalizável ou então à ordem ou coordenação das partes. Nesse sentido, essa palavra é empregada em lógica, matemática moderna e estética.

Em lógica esse termo foi amplamente utilizado num sentido intuitivamente claro, mas nunca determinado completamente. Na lógica medieval, *formalis* tem a significação fundamental de "inerente à forma", portanto "essencial", mas também – por conseguinte – "universal", "válido para todo conteúdo empírico relativo a certa forma"; por essa razão, como última significação, "independente da natureza empírica dos conteúdos". Foi com esse sentido que esse termo passou para a lógica moderna e contemporânea: a partir de Leibniz, os termos "forma" (p. ex., os *arguments en forme* na terminologia leibniziana) e "F." indicam certos esquemas, fórmulas etc., em que os termos descritivos são substituídos por símbolos ("variáveis"), e portanto as propriedades, as relações, as conseqüências etc. do esquema ou da fórmula vigoram independentemente de qualquer possível designação dos termos significativos nela presentes.

3. Em correspondência com o 3º significado da palavra "forma": aquilo que pertence ao procedimento, seja legal, de etiqueta etc. [G.P. – N.A.]

FORMALISMO (in. *Formalism*; fr. *Formalisme*; al. *Formalismus*; it. *Formalismo*). Toda doutrina que recorra à forma, em qualquer das significações do termo. No fim do século XIV, foram chamados de "formalistas" os partidários da metafísica de Duns Scot, que se opunham aos "terministas", partidários de Ockham (GERSON, *De conceptibus*, p. 806). Foi qualificado de F. o ponto de vista kantiano em ética, por recorrer às formas gerais das máximas, sem considerar os fins a que se destinam. Em matemática foi chamado de F. o procedimento que pretende prescindir dos significados dos símbolos matemáticos, especialmente a corrente de Hilbert. Também é considerada F. a grande importância atribuída aos procedimentos legais ou a certas normas de comportamento nas relações entre os homens. [N.A.]

Foi chamado de F. o ponto de vista segundo o qual a matemática consiste essencialmente em manipular sucessões finitas de símbolos com base em regras precisas de combinação. O F. entendido nesse sentido comporta um "afastamento" em relação aos conteúdos específicos do raciocínio matemático, concentrando a atenção no desenvolvimento concreto (entendido como manipulação de símbolos) da argumentação, de tal modo que torna esta última mais rigorosa e facilmente verificável. Em geral, costuma-se indicar em Hilbert o principal representante dessa corrente. Hilbert considerava que todas as teorias da matemática clássica deveriam ser substituídas pelas suas versões formalizadas, e que, para demonstrar que tais teorias possuem certas propriedades fundamentais, como a não-contradição, seria suficiente demonstrar que os sistemas formais correspondentes são não-contraditórios. Nesse caso, a demonstração seria dada manipulando-se "objetos concretos" como os símbolos, as fórmulas e as regras dos sistemas formais. [M.M.]

FORMALIZAÇÃO (in. *Formalization*; fr. *Formalisation*; al. *Formalisierung*; it. *Formalizzazione*). Termo característico da lógica e da filosofia da ciência contemporâneas. Com "formalização de uma teoria" entende-se a explicitação rigorosa da linguagem, da base axiomática e das regras de inferência próprias dessa teoria. O alfabeto com base no qual é construída a linguagem deve ser especificado claramente e devem ser dadas as regras para a formação das expressões lingüísticas admitidas: a decisão quanto às expressões (quais são bem formadas e quais não) deverá concernir apenas à sua forma ou estrutura "exterior", sem implicar nenhuma consideração de conteúdo (ou significado). Os axiomas serão um subconjunto próprio das expressões admitidas e, por sua vez, deverão ser distinguíveis das outras expressões (e entre si) apenas com base em critérios ligados à "forma exterior". O mesmo deve valer para as regras de inferência, que deverão ter caráter mecânico – ou seja, precisarão poder ser aplicadas de modo padrão às expressões admitidas, sem nenhuma contribuição "criativa" por parte de quem faz a demonstração. Church e Turing deram uma contribuição fundamental à caracterização do tipo de procedimento efetivo (v.), ou mecânico, no qual deveria consistir a atividade demonstrativa num sistema formal. A formalização deve ser distinguida da axiomatização de uma teoria. Gödel (1931) (v. LÓGICA) elucidou determinadas limitações intrínsecas à F. de teorias. [M.M.]

FORMALIZADA, LINGUAGEM. V. SISTEMA LOGÍSTICO.

FORMAS, PLURALIDADE DAS. V. AGOSTINISMO.

FÓRMULA (in. *Formula*; fr. *Formule*; al. *Formel*; it. *Formula*). 1. Elemento de um *cálculo* (v.). Nesse sentido, a F. distingue-se da proposição, que é o elemento de um sistema semântico (CARNAP, *Foundations of Logic and Mathematics*, § 9).

2. O mesmo que enunciado ou proposição.

3. Mais em geral: uma seqüência finita linear de símbolos primitivos. Foi assim que A. Church definiu a F., chamando de "F. bem formada" a F. que atende a certas regras fundamentais de uma linguagem (*Intr. to Mathematical Logic*, 1956, § 7). [N.A.]

FÓRMULA IDEAL (it. *Formula ideale*). Foi essa denominação dada por Gioberti à "proposição que expressa a *Idéia* de modo claro, simples e preciso", como a seguinte: "O Ente cria o existente, o existente retorna ao Ente" (*Intr. ao estudo da filosofia*, 1840, II, pp. 147, 174; III, p. 3). A F. I. expressa o conceito neoplatônico de que o mundo provém de Deus e voltará a Deus através do homem. [N.A.]

FORO ÍNTIMO (fr. *For intérieur*; it. *Foro interiore*). Esta expressão origina-se da antiga locução francesa, ainda usada, e significa o tribunal da *consciência* (v.). [N.A.]

FORONOMIA (in. *Phoronomics*; fr. *Phoronomie*; al. *Phoronomie*; it. *Foronomia*). Palavra criada por Lambert para indicar a doutrina que estuda as leis do movimento (*Neues Organon*, 1764), e retomada por Kant com sentido análogo (*Metaphysische Anfangsgründe der Naturwissenschaft*, 1786). [N.A.]

FORTALEZA. V. CORAGEM.

FORTUITO. O que é devido à sorte ou ao *acaso* (v.).

FORTUNA (gr. τύχη; lat. *Fortuna*; in. *Fortune*; fr. *Fortune*; al. *Glück*; it. *Fortuna*). Segundo Aristóteles, distingue-se do *acaso* (v.) porque se verifica no domínio das ações humanas e por isso não podem ser favorecidos ou desfavorecidos pela F. os seres que não podem agir livremente. "Os seres inanimados, os animais, as crianças, não fazem nada graças à F. porque não têm escolha; e a boa ou a má F. só lhes é atribuída por semelhança, da mesma maneira como Protarco disse que as pedras do altar têm sorte porque são homenageadas, enquanto suas companheiras são pisadas" (*Fís.*, II, 6, 197b 1). Essa significação manteve-se no uso moderno da palavra. Seu conceito filosófico é, portanto, o mesmo de *acaso* (v.). [N.A.]

FRACASSO (fr. *Échec*; al. *Scheitern*; it. *Scacco*). Segundo Jaspers, é a experiência da impossibilidade de existência, nos seus aspectos particulares e em seu todo; especialmente, a experiência da impossibilidade de superar as *situações-limite* (v. SITUAÇÃO). O valor positivo do F. consiste no fato de que ele manifesta ou revela (negativamente) a transcendência do ser; e é portanto uma *cifra* (v.) dessa transcendência (*Philosophie*, III, pp. 219 ss.) (v. EXISTENCIALISMO). [N.A.]

FRACO, PENSAMENTO (in. *Weak thought*; fr. *Pensée faible*; al. *Schwaches Denken*; it. *Pensiero debole*). Denominação filosófica de tendência pós-metafísica e pós-moderna (v.) cujo maior teórico é G. Vattimo (cf. VV.AA., *Il pensiero debole*, Feltrinelli, Milão, 1983). O pensamento F., que traz em si elementos (neo-)heideggerianos e (neo-)nietzschianos, apresenta-se como uma versão italiana da hermenêutica (v.) caracterizada:

1) pelas teses segundo as quais "não se dá uma fundação única, última, normativa" (*ibid.*, p. 7) (v. FUNDACIONISMO);

2) por uma ontologia "fraca" que despoja o ser de todos os atributos "fortes" (unidade, totalidade, presencialidade, evidência etc.) que a tradição metafísica lhe conferiu desde sempre (v. SER; METAFÍSICA);

3) por uma interpretação da história do Ocidente que identifica, como fio condutor, a passagem de estruturas fortes a estruturas fracas (v. METANARRAÇÕES; PÓS-MODERNO);

4) por uma concepção positiva do niilismo (v. adiante);

5) por um modo de se reportar ao passado que recorre às noções de *pietas* e de *Verwindung* (v.), ou seja, a atitudes conformes à consciência adquirida pela radical eventualidade e finitude do ser;

6) por uma ética da interpretação e da não-violência (v.) que vislumbra na ontologia fraca uma transcrição secularizada da mensagem cristã (v. SECULARIZAÇÃO).

Na base do pensamento F. está a noção de niilismo (v.), que Vattimo considera "palavra-chave da nossa cultura, uma espécie de destino do qual não podemos nos libertar sem nos privarmos também de aspectos fundamentais da nossa espiritualidade" (*Le mezze verità,* La Stampa, Turim, 1988, p. 9). Reportando-se a Nietzsche, entende por niilismo "a situação na qual o homem gira para fora do centro em direção a *X*: em direção à ausência de fundamentos, à falta de certeza, valores e verdades estáveis" (*La filosofia al presente,* Garzanti, Milão, 1990, p. 25) e vislumbra, no pós-moderno (v.), o mundo do niilismo em ato, ou seja, a era do niilismo que atingiu seu êxito pleno e consciente. Tal niilismo "consumado" não é um niilismo ressentido ou nostálgico, ou seja, um niilismo obcecado pelo desmoronamento dos absolutos e pelo *pathos* do não-sentido. Tampouco é um niilismo "forte", tendente a edificar novos absolutos sobre as ruínas da metafísica, ou seja, um niilismo que, no lugar da vontade criadora de Deus, põe a vontade criadora do homem. O niilismo de Vattimo é muito mais um niilismo da "leveza", ou seja, um tipo de niilismo que, levando "ao extremo" a experiência da morte de Deus, não tem saudades das antigas certezas nem anseios pelas novas totalidades. Por conseguinte, segundo Vattimo, não se trata de ansiar por uma era hipotética "pós-niilista", mas de "assumir" o niilismo como nossa única chance (positiva), habituando-nos a "conviver com o 'nada' [...] a existir sem neuroses numa situação em que não há garantias nem certezas absolutas, apenas acordos, convenções ou, preferindo-se, respeito e 'piedade' humana para com os semelhantes" (*Le mezze verità, cit.*, pp. 11-2). Daí a tese-programa segundo a qual "hoje estamos incomodados não por sermos niilistas, mas por ainda sermos pouquíssimo niilistas, por não sabermos viver profundamente a experiência da dissolução do ser", ou seja, a passagem do metafísico ser forte da tradição ao pós-metafísico ser fraco da contemporaneidade (*Filosofia al presente, cit.*, p. 26). As novidades da posição de Vattimo são muitas: *a)* ele não usa o termo niilismo de maneira depreciativa e negativa ("como se fosse um insulto"), mas de maneira positiva e propositiva; *b)* não raciocina sobre o niilismo de um ponto de vista *externo*, mas *interno* ao próprio niilismo; *c)* diferentemente de alguns autores que, embora recebendo influências niilistas, não usam o conceito de niilismo (por exemplo, o Sartre existencialista) ou se distanciam abertamente dele (p. ex., Camus), Vattimo declara-se abertamente "niilista" e, em vez de contestar Nietzsche, procura levar ao ato o seu programa de niilismo "consumado"; *d)* em vez de supor (ou esperar) uma "superação" hipotética do niilismo (por obra do homem ou do ser), ele propõe *assumir* plenamente todas as suas implicações. Por essas razões, o pensamento F. Pode ser considerado uma das maiores (e mais coerentes) manifestações filosóficas do niilismo do fim do século XX. [G.F.]

FRANKFURT, ESCOLA DE. V. TEORIA CRÍTICA.

FRENOLOGLA (in. *Phrenology;* fr. *Phrénologie;* al. *Phrenologie;* it. *Frenologia*). Doutrina que estuda as correspondências entre as disposições espirituais e a forma do crânio, especialmente suas protuberâncias. Essa doutrina foi sistematizada por F. J. Gall num livro intitulado *Anatomia e fisiologia do sistema nervoso* (*Anatomie et physiologie du système nerveux*, 1810). Hegel deu muita importância a esta pretensa ciência, enquanto dava muito menos importância a ciências mais sérias, discutindo-a longamente em *Fenomenologia do espírito* (I, parte 1, cap. V). Na verdade, essa obra (1807) é anterior à publicação da obra de Gall, mas o conteúdo desta última era conhecido graças às exposições que Gall fazia durante suas viagens à Europa. [N.A.]

FRESISON. Palavra mnemônica com a qual, na tradição lógica aristotélico-escolástica, era indicado o silogismo de quarta figura (redutível a *Ferio* da primeira) com a forma "Nenhum A é B, Alguns B são C; logo, Alguns C não são A" ("Nenhum americano é europeu, Alguns europeus são violinistas; logo Alguns violinistas não são americanos"). [M.M.]

FRISESOMORUM. Palavra mnemônica usada por aqueles que não aceitavam a quarta figura silogística, para designar o silogismo (considerado de primeira figura) que tem a forma "Alguns A são B, Nenhum C é A; logo Alguns B não são C" ("Alguns animais são substância, Nenhuma pedra é animal; logo, Algumas substâncias não são pedra"). [M.M.]

FRUIÇÃO (lat. *Fruitio;* in. *Fruition;* fr. *Fruition;* al. *Genus;* it. *Fruizione*). Na escolástica medieval foi assim chamado o usufruto de Deus por parte do homem ou, em geral, por parte das criaturas racionais, visto que Ele constitui o fim último delas (cf. Tomás de Aquino, *S. Th.*, II, 1, q. 11, a. 3). A distinção entre a F. de Deus e *uso* das coisas já fora considerada fundamental por Pedro Lombardo, servindo de base as seções de seu *Livro das sentenças* (séc. XII). Também encontramos a distinção entre uso e F. em Hobbes: "Do bem que desejamos por si mesmo não fazemos uso, visto que o uso é das coisas que servem de meios e de instrumentos, mas a *fruitio* é como o fim da coisa proposta" (*De hom.*, XI, § 5). Às vezes essa palavra é usada em sentido análogo na filosofia contemporânea, por exemplo por Dewey (*Experience and Nature*, 1926, cap. 3), outras vezes com significação diferente como em S. Alexander (*Space, Time and Deity*, 1920), indicando a percepção imediata que a consciência tem de si mesma (percepção imanente no sentido de Husserl) (v. CONSCIÊNCIA). Whitehead falou de autofruição (*Autofruition*) como característica da vida, porquanto esta se apropria dos processos físicos da natureza (*Nature and Life*, 1934, II). [N.A.]

FUGA (al. *Flucht*; it. *Fuga*). Heidegger chamou de F. de si mesmo o homem entregar-se à banalidade da existência cotidiana. O retorno dessa F. é a *angústia* (v.), na qual o homem enfrenta sua maior possibilidade, que é a da morte (*Sein und Zeit*, §§ 40, 41). Para o conceito de "F. do mundo", cf. ABBAGNANO, *Introdução ao existencialismo*, 1942, IV, § 4. [N.A.]

FULGURAÇÃO (in. *Fulguration*; fr. *Fulguration*; it. *Fulgurazione*). Termo com o qual Leibniz indicou o modo como as mônadas dimanam de Deus, porquanto nascem "por assim dizer por meio de F. contínuas da divindade de momento em momento" (*Monad.*, § 47). Esse termo pretende ressaltar a continuidade da criação divina. [N.A.]

FUNÇÃO (in. *Function*; fr. *Fonction*; al. *Funktion*; it. *Funzione*). Esse termo tem duas significações fundamentais:

1ª Operação. Neste significado o termo corresponde à palavra grega *ergon*, do modo como é empregada por Platão, quando diz que a F. dos olhos é ver, a F. dos ouvidos é ouvir, que cada virtude é uma F. de determinada parte da alma e que a F. da alma, em seu conjunto, é comandar e dirigir (*Rep.*, I, 352 ss.). F., nesse sentido, é a operação *própria* da coisa, no sentido de ser aquilo que a coisa faz melhor do que as outras coisas (*ibid.*, 353 a). Aristóteles emprega esse termo com o mesmo sentido, quando, em *Ética a Nicômaco*, procura descobrir qual é a F. ou a operação própria do homem como ser racional (*Et. nic.*, I, 7). Além disso, insiste no caráter finalista e realizador da F.: "a F. é o fim, e o ato é a F." (*Met.*, IX, I, 1050 a 21). Essa palavra é usada freqüentemente com tal significação tanto na linguagem científica quanto na comum. Em filosofia, Kant chamou de F. os conceitos que "se baseiam na espontaneidade do pensamento, assim como as intuições sensíveis se baseiam na receptividade das impressões". Em outras palavras, os conceitos são F. porque são atividade, operações, e não modificações passivas como as impressões sensíveis. A F. conceptual é definida por Kant como "unidade do ato de ordenar diversas representações sob uma representação comum" (*Crít. R. Pura*, Anál. transc., cap. I, seç. 1). Com sentido análogo, Husserl entende por F. a atividade da consciência que tenha um fim, de tal modo que a consideração funcional põe no lugar da descrição e da classificação das vivências a consideração "do ponto de vista teleológico da F. delas, que é a de possibilitar uma unidade sintética" (*Ideen*, I, § 86). A distinção introduzida por C. Stumpf entre aparições e F. psíquicas tem o mesmo fundamento: as F. são operações, enquanto as aparições são modificações passivas (*Erscheinungen und psychische Funktionen*, 1907). Scheler introduziu a mesma distinção entre estados e F. emotivas: em relação ao estado emotivo, a F. é a reação ativa no sentido, por exemplo, de que a simpatia é uma F. que não pressupõe uma modificação emotiva passiva na pessoa que a sente (*Sympathie*, I, cap. 3; trad. fr., p. 69). O conceito de operação para um fim ou capaz de realizar um fim também está implícito no uso dessa noção pelas ciências biológicas e sociais. Em biologia, F. é a operação por meio da qual uma parte ou um processo do organismo contribui para a conservação do organismo total (cf., p. ex., BERTALANFFY, *Modern Theories of Development*, Nova York, 1933, pp. 9 ss., 184 ss.). Em sociologia a F. foi definida por Durkheim (*Règles de la méthode sociologique*, 1895) como a correspondência entre uma instituição e as necessidades de um organismo social, vale dizer, como a atividade pela qual uma instituição contribui para a manutenção do organismo. Com o mesmo espírito, Radcliffe-Brown define a F. de uma atividade social recorrente (p. ex., a punição dos crimes ou uma cerimônia funerária) como "o papel que ela desempenha na vida social como um todo e, por isso, a contribuição que ela dá para a manutenção da continuidade estrutural" (*Structure and Function in Primitive Society*, 1952, p. 180). A significação de operação ou de ação dirigida para um fim e capaz de realizá-lo predomina em todas essas noções.

2ª Relação. No final do século XVI, o grupo de matemáticos ao qual pertencia Leibniz – e talvez por iniciativa pessoal deste último (v. *Mathematische Schriften*, ed. Gerhardt, I, p. 268) – inferiu do significado acima o conceito matemático de F., mas a primeira tentativa de defini-lo foi feita por Johann Bernouilli em 1718 (cf. *Opera*, 1742, II, p. 241). Hoje em dia, as definições que os matemáticos dão desse conceito de F. variam muito, mas em geral podemos dizer que se trata de uma regra que une as variações de certo termo ou de um grupo de termos com as variações de outro termo ou grupo de termos. Na F. distingue-se a *variável dependente*, que é a própria F., e as *variáveis independentes* ou *argumentos* (v.), cujas variações são consideradas dadas ou determináveis arbitrariamente. Peirce afirma: "Dizer que uma quantidade é a F. dada de certas quantidades que valem como argumentos significa dizer simplesmente que os valores deles estão em dada relação com os valores dos argumentos, ou que uma proposição dada é verdadeira em todo o conjunto de valores de sua ordem. Dizer simplesmente que uma quantidade é *uma* F. de certas outras significa nada dizer, visto poder-se dizer o mesmo de cada conjunto de valores. Isso todavia não torna inútil a palavra F., assim como dizer que um conjunto de coisas que têm entre si alguma relação não torna inútil a palavra relação." Desse ponto de vista, F. é a operação de aplicar efetivamente a regra que interliga as variações de dois conjuntos de quantidades de tal modo que se encontrem os valores de algumas dessas quantidades quando os outros são dados (*Coll. Pap.*, 4, 253). A lógica contemporânea adotou o conceito matemático de função; emprega o símbolo matemático de F., $f(x)$, para indicar proposições da forma "a baleia é um mamífero", em que o símbolo x representa o argumento, o sujeito do qual se fala (a baleia ou outro mamífero qualquer), e f corresponde à propriedade que se lhe atribui (mamífero). O sinal f também é chamado de *F. proporcional* ou *predicado.* O objeto ao qual ele corresponde, ou seja, a propriedade denotada, chama-se também *F. situacional.* Ser mamífero é, por exemplo, a propriedade ou F. situacional denotada pelo predicado ou F. proposicional "mamífero".

O uso do conceito de F. nas ciências tende a suplantar o do conceito de causa, podendo ser considerado eqüipolente ao uso do conceito de condição. Expressa a interdependência dos fenômenos e permite a determinação quantitativa dessa interdependência sem pressupor ou assumir nada sobre a produção de um fenômeno por parte de outro. Já em 1886 Mach teria sugerido que o conceito de F. deveria suplantar o conceito tradicional de causalidade, por entender a dependência recíproca dos fenômenos (*Analyse der Empfindungen*, 9ª ed., 1922, p. 74). Num estudo de 1910 (*Substanzbegriff und Funktionsbegriff*) Cassirer mostrava a redutibilidade de boa parte das noções científicas ao conceito de função. Mais recentemente, Dewey insistiu na diferença de significado que esse conceito tem em física e em matemática. Quando se diz "o volume de um gás é F. da temperatura e da pressão", descobre-se e verifica-se essa fórmula com operações de observação experimental: portanto, a fórmula é contingente, assim como é contingente a relação que ela determina. Contudo, no caso da proposição $y = x^2$, cada operação que confira um valor a x ou a y institui necessariamente uma modificação correspondente no valor do outro membro da equação, e a operação de atribuir um valor é inteiramente determinada pelo sistema do qual a equação faz parte (*Logic*, cap. XX, § 5; trad. it., p. 539). Mas obviamente essa diferença não modifica o próprio conceito de F., cujas características permanecem constantes em todas as ciências contemporâneas que o utilizam amplamente. [N.A.]

FUNÇÃO PROPOSICIONAL (in. *Propositional Function*; fr. *Fonction propositionnelle*; al. *Aussagenfunktion*; it. *Funzione proposizionale*). Segundo Russell (*The Principles of Mathematics*, § 13), *proposição* é algo sobre que se pode dizer que é verdadeiro ou falso. De uma expressão como "x é homem" não se pode dizer que é verdadeira ou falsa, por isso não pode ser considerada uma proposição em sentido próprio; no entanto, passa a sê-lo assim que se atribui determinado valor a "x". A "x é homem" corresponde uma *classe* de proposições, e "x", nesse contexto, é uma variável *real* (segundo a terminologia introduzida por Peano). Por outro lado, a expressão "para todos os valores de x, se x é homem então x é mortal", é uma proposição, pois tem sentido dizer que é verdadeira ou falsa; e nela "x" é uma variável *aparente* (porquanto a proposição não depende da variável). Russell chama de *proposições* os enunciados que não contêm variáveis *reais* e chama de F. proposicional qualquer expressão que contenha uma variável *real,* ou mais, que, depois das devidas substituições, dê lugar a uma proposição. Em *Principia Mathematica,* Russell considera *ambíguo* o "x" de enunciados como "x é homem" (em símbolos: "Φx") e propõe designar com a expressão "é *homem*" (em símbolos: "Φ") a F. proposicional correspondente. Uma F. proposicional nesse sentido será *monádica, diádica* etc., conforme contenha uma, duas ou mais variáveis reais, e assumirá como valores *proposições,* quando as variáveis forem substituídas pelos devidos argumentos. A expressão "F. proposicional" é usada também para designar qualquer tipo de expressão funcional que tenha *valores de verdade* como valores. Por exemplo: a F. proposicional *ser homem* tem como valor o verdadeiro, se aplicada ao argumento *Sócrates;* a expressão "não" tem como valor o falso, se aplicada a um enunciado verdadeiro etc. Em geral, tende-se a chamar de "F. proposicional" qualquer fórmula com variáveis livres – ou seja, que exprima propriedades e relações. [M.M.]

FUNCIONAL (in. *Functional*; fr. *Fonctionnel*; al. *Funktional*; it. *Funzionale*). As significações deste adjetivo correspondem às significações fundamentais do substantivo correspondente. Ao 1º significado correspondem os das expressões "psicologia F." ou "análise sociológica F.". Ao 2º significado correspondem os significados das expressões "correlação F." ou "cálculo F.". A psicologia F., cujos fundamentos foram defendidos especialmente por Peirce, James, Mead e Dewey, considera os processos mentais como operações através das quais o organismo biológico se adapta ao ambiente e o domina (cf. MORRIS, *Six Theories of Mind*, Chicago, 1932, cap. VI). A análise F. em sociologia tende a mostrar "o papel que as instituições desempenham na totalidade de um sistema cultural", como afirma Malinowski, ou, em outros termos, a contribuição que uma instituição dá para a manutenção do conjunto social de que faz parte (MERTON, *Social Theory and Social Structure*, 1957, pp. 20 ss.). Por outro lado, "correlação F." é uma relação de dependência recíproca, de acordo com o 2º significado de função. "Cálculo F." é aquela parte da lógica que analisa a estrutura interna das proposições, indicadas pelo símbolo f (x). [N.A.]

FUNCIONALISMO (in. *Functionalism*; fr. *Fonctionnalisme*; al. *Funktionalismus*; it. *Funzionalismo*). 1. Termo adotado nas ciências humanas para indicar doutrinas e métodos de pesquisa que fazem uso do conceito, diversamente entendido e definido, de função (v.). Nesse sentido, fala-se por exemplo de F. psicológico (W. James, J. Dewey, H. Carr etc.), antropológico (A. Radcliffe-Brown, B. Malinowski), sociológico (T. Parsons, R. K. Merton etc.), lingüístico (R. Jakobson, A. Martinet etc.), pedagógico (E. Claparède) etc.

2. Termo adotado em filosofia da mente (v.) para indicar a doutrina (de que Putnam foi um dos maiores teóricos) segundo a qual os eventos mentais seriam qualificados por *funções*, ou seja, por papéis *operacionais ou causais*, e não por uma constituição *material* específica. Parte integrante desse tipo de F. é a *analogia mente-computador*, ou seja, a tese segundo a qual a mente, na qualidade de instrumento de manipulação formal de símbolos, estaria para o cérebro assim como o software está para o hardware (F. *computacional*). Daí a imagem da mente como programa que pode "rodar" sobre materiais físicos diversos (biológico-neuronais no caso do cérebro, eletrônicos no caso dos computadores; v. COGNITIVA, CIÊNCIA; INTELIGÊNCIA ARTIFICIAL; MENTE, FILOSOFIA DA).

3. Teoria segundo a qual o significado de um símbolo é constituído inteiramente por sua *função* num sistema complexo (F. *semântico*). [G.F.]

FUNCTOR (in. *Functor*; fr. *Functor*; al. *Funktor*; it. *Funtore*). Em lógica, costuma-se chamar de F. um símbolo da linguagem que se aplica a certo número *n* de argumentos, ao qual corresponde, no domínio de interpretação, uma função (uma operação) definida no domínio e com valores no domínio. O símbolo "+" na linguagem da aritmética, por exemplo, é um functor binário, ao qual corresponde a operação de soma que, aplicada a um par de números naturais, dá como resultado um outro número natural. A expressão "F. proposicional" é um modo de designar os *conectivos* (v.). [M.M.]

FUNDACIONALISMO (in. *Foundationalism*; fr. *Fondationalisme*; al. *Fundationalismus*; it. *Fondazionalismo*). 1. Em sentido tradicional, toda doutrina que persiga um ideal (qualquer que sejam seu entendimento e sua prática) de "fundamento último". As várias formas de F. (não só gnosiológico ou epistemológico, mas também ético, jurídico, político etc.) são caracterizadas pelo fato de se conceber a estrutura das crenças justificadas de modo "piramidal", ou seja, na forma de árvore invertida com ramificações múltiplas (cf. E. SOSA, *Knowledge in Perspective*, Cambridge University Press, Cambridge, 1991, pp. 165-91). Tal árvore subentende uma divisão das nossas crenças em duas categorias: as que precisam de justificação por parte de outras crenças e as que podem fornecer tal justificação sem precisar de justificação. Estas últimas crenças são as crenças *básicas*, ou seja, o "fundamento" (racional, empírico, intuitivo etc.) das nossas afirmações, enquanto as primeiras representam as crenças *derivadas ou superestruturais*. O privilégio das crenças básicas, que constituem o âmbito específico de competência do filósofo, deriva do fato de que, sem elas, as outras crenças ficariam "suspensas no vazio", ou seja, isentas de adequada legitimação (cf. A. PAGNINI, *Teoria della conoscenza*, em *La filosofia*, org. P. Rossi, Utet, Turim, 1995, vol. III, pp. 132 ss.).

A) A "mentalidade" fundacionalista e o ideal de saber "primeiro", tanto em sentido *metafísico-ontológico* (a filosofia como saber da substância e busca do *ontos on*), quanto em sentido *gnosiológico-epistemológico* (a filosofia como saber do saber e legitimação reflexa do conhecimento e da ciência), caracterizam grande parte do pensamento ocidental. De fato, podem ser considerados "fundacionalistas" autores díspares como Platão e Aristóteles, Agostinho e Tomás de Aquino, Descartes e Espinosa, Fichte e Hegel etc., ou seja, todos os pensadores que acreditaram na capacidade da filosofia de apresentar-se como saber básico, capaz de ter acesso aos "fundamentos últimos" do ser, do conhecer e do agir. Podem ser consideradas exemplos de teorias fundacionalistas certas correntes do pensamento moderno como o racionalismo (que põe o fundamento do saber nas idéias inatas da razão), o empirismo (que põe o fundamento do saber na experiência), o criticismo (que põe o fundamento do saber nas formas *a priori* da mente), o idealismo (que põe o fundamento do saber na consciência que o espírito tem de si mesmo), o espiritualismo (que põe o fundamento do saber nos dados incontrovertíveis da consciência) etc.

B) O F. está presente também em grande parte da filosofia do século XX: da tentativa russelliana de reconstruir a arquitetura lógica do mundo físico a partir dos dados elementares de sentido ao programa fenomenológico de ciência rigorosa "provida de fundamentos absolutos"; da tentativa de Carnap de encontrar uma área de princípios indubitáveis sobre os quais basear a ciência ao projeto de Apel de "fundamentação última" dos princípios do agir comunicativo; do programa neotomista de "filosofia do ser", capaz de funcionar como plataforma teórica de uma nova enciclopédia do saber, aos autores de filiação analítica que trataram dos problemas ligados à justificação do saber (cf. C. I. LEWIS, *An Analysis of Knowledge and Justification,* 1946; I. SCHEFFLER, *Conditions of Knowledge,* 1965; W. P. ALSTON, *Epistemic Justification,* 1989, P. K. MOSER, *Knowledge and Evidence,* 1989 etc.) (v. JUSTIFICAÇÃO).

C) Ao heterogêneo *front* dos fundacionalistas contrapõe-se o variegado exército dos antifundacionalistas. Este vai de Nietzsche (que nas teorias fundacionais sobre o homem, o mundo e Deus vê simples mecanismos de defesa da insensatez caótica da realidade) a Heidegger (que polemiza contra a noção "metafísica" de fundamento, insistindo no caráter eventual do ser); de Wittgenstein (que contesta as formas clássicas de fundacionalismo epistemológico, considerando que o conhecimento depende de um fundo opaco e não justificado de hábitos mentais) a Gadamer (que rechaça o historicismo fundacionalista de filiação romântica e hegeliana); de Popper (que concebe a ciência como um conjunto de hipóteses "falsificáveis" que não podem ser legitimadas de uma vez por todas) a Feyerabend (que às pretensões fundacionais da tradição "positivista" opõe a idéia de que a ciência é uma atividade que se justifica *por si* e não por meio de alguma superciência de tipo filosófico).

D) Especialmente ativos na polêmica contra o F. tradicional são os pensadores das correntes "pós-modernas". Rorty fala de filosofia "fundacional" ou "epistemológica" a propósito da imagem (kantiana) da filosofia como atividade metacientífica que "julga as pretensões da ciência e da religião, da matemática e da poesia, da razão e dos sentimentos, atribuindo a cada uma o lugar apropriado", e vê no fim do F. o fim da Filosofia (como foi praticada até agora) (*La filosofia e lo specchio della natura,* 1979, trad. it., Bompiani, Milão, 1986, p. 160). Para Lyotard há coincidência entre, de um lado, o fim da mentalidade fundacionalista e a ausência das metanarrativas (v. METANARRATIVAS) que unificam a modernidade (iluminismo, idealismo, marxismo) e, de outro, a falência de todo saber conglobador capaz de ligar, através de um único dispositivo legitimador, os vários setores do conhecimento e da ação (*La condizione postmoderna,* 1979, trad. it., Feltrinelli, Milão, 1981, pp. 59 ss.). Vattimo, recusando a idéia de estrutura "verdadeira", fonte de certezas incontrovertíveis sobre o plano cognitivo e moral, afirma que "não se dá uma fundamentação única, última, normativa" (*Il pensiero debole,* VV.AA., Feltrinelli, Milão, 1983, p. 7) e afirma que o declínio do F. constitui a premissa indispensável de um "pensamento fraco" (v.) capaz de viver profundamente a experiência nietzschiana da 'morte' de Deus: "Enquanto o homem e o ser forem pensados, metafisicamente, platonicamente, em termos de estruturas estáveis que impõem ao pensamento e à existência a tarefa de 'fundamentar-se' [...] refletindo-se em toda uma mitificação das estruturas fortes em todo e qualquer campo da experiência, não será possível ao pensamento viver positivamente a verdadeira era pós-metafísica que é a pós-modernidade" (*La fine della modernità,* Garzanti, Milão, 1985, p. 20). Vattimo acredita que essa passagem do F. ao antifundacionalismo se deve a algumas circunstâncias de fundo. Uma primeira razão reside na maior complexidade do mundo do saber, que "torna cada vez mais inverossímil a existência de um saber que sustente todos os outros saberes de maneira unitária, fundamentadora"; uma segunda razão, na especialização das esferas da existência, descrita por Max Weber, "o sociólogo da modernidade", observando que ela impõe "lógicas específicas nos vários setores da vida"; uma terceira razão, na presença de culturas outras, que "também se mostram como esferas de existência pouco comensuráveis". Em outros termos, seria exatamente a experiência da multiplicidade que torna cada vez mais difícil a redução de tudo a um único fundamento, de tal modo que, "se há metafísica, já não há sujeito em condições de praticá-la, porque não há ninguém que possa saber tudo" (*Il pensiero secolarizzato,* em "Il Poliedro", IV, 9-10, 1987, pp. 75-6).

E) Outros estudiosos atacaram o F. de um ponto de vista estritamente epistemológico. Por exemplo, o popperiano Hans Albert considera que a busca de "um ponto de apoio arquimediano" do conhecimento se destina a enredar seus defensores no chamado "trilema de Münchausen", ou seja, na aporética situação de precisar escolher entre o retrocesso *ao infinito* (necessário por ser preciso remontar cada vez mais atrás, na busca dos fundamentos, visto que toda fundamentação exige ser fundamentada por sua vez); a *circularidade lógica* (que ocorre porque, no processo de fundamentação nos reportamos a enunciados que por sua vez precisam ser fundamentados); *a interrupção do procedimento* (representado pela escolha arbitrária de uma asserção "que não venha a ser justificada, mas que, sendo apresentada como indubitável, [...] consegue fundamentar todas as outras") (*Traktat über Kritische Vernunft,* 1969, trad. it., *Per un razionalismo critico,* Il Mulino, Bolonha, 1973, pp. 23-4). Como se sabe, temendo o retrocesso ao infinito e a circularidade lógica, os filósofos tendem a preferir a terceira possibilidade, ou seja, a reportar-se a um princípio arbitrariamente apresentado como *evidente por si só.* Mas semelhante autofundamentação "é propriamente um dogma" (*ibid.*), pois, como nos ensina o racionalismo crítico, "nenhuma convicção, em princípio, é indubitável" (*Transzendental Träumereien. Karl-Otto Apels Sprachspiele und sein hermeneutischer Gott,* Hoffmann und Campe, Hamburgo, 1975, p. 122). Por sua vez, os seguidores das epistemologias holísticas e coerentistas, partindo do pressuposto de que o conhecimento se parece mais a um campo de força do que a uma estrutura arquitetônica, rechaçam, desde o início, o conceito de crenças "básicas", afirmando que o processo cognitivo não é representável como uma espécie de edifício de dois andares, ou seja, segundo o modelo estrutura-superestrutura, mas como um todo integrado, composto de elementos interagentes, em cujo interior não faz sentido distinguir (supostos) conhecimentos "fundadores" e (supostos) conhecimentos "fundados" (v. HOLISMO).

2. Diante dessas críticas generalizadas ao F. (que teve uma de suas últimas encarnações no neoeleatismo de Severino e em sua teoria da eternidade do ser como fundamento inconcusso do saber), alguns estudiosos começaram a fazer distinções, ou seja, a contrapor um F. "fraco" ao F. "forte". Enquanto este último tipo de F. seria o que se discutiu e contra o qual os antifundacionalistas dirigiram seus ataques – ou seja, o F. que se inspira no ideal metafísico da *Letztbegründung* ou fundamentação última – aquele seria um tipo de F. que, mesmo se propondo apresentar alguma legitimação do saber (capaz de evitar o retrocesso ao infinito), não chega a certezas básicas absolutas, mas (apenas) a plataformas teóricas relativamente (= contextualmente) fixas, como podem ser, por exemplo, as crenças de determinada cultura ou comunidade de pesquisa. Daí a hipótese de um F. "falibilista" ou "reidiano" que, mesmo dando por certa a impraticabilidade de um saber forte e infalível, parte do princípio de que ter boas razões para crer em algo "além de qualquer dúvida razoável" – segundo uma das definições paradigmáticas de certeza (v.) – não significa que tais razões sejam conclusivas e irrefutáveis (cf. K. LEHRER, *Theory of Knowledge,* 1990 e A. PLANTINGA, *Warrant and Proper Function,* 1993).

Os que atuam com essa perspectiva acusam os antifundacionalistas (p. ex., RORTY) de apresentar uma visão distorcida do pensamento moderno e de ver formas de F. (em sentido forte) até onde (v. o caso do neo-empirismo) não existiam ou existiam de um modo diferente do F. de filiação aristotélica ou cartesiana (cf. H. PHILIPSE, "Metaphilosophy" 1994, n. 1; P. PARRINI, *Conoscenza e realtà,* 1995; A. PAGNINI, *op. cit.*). [G.F.]

FUNDAMENTALISMO (in. *Fundamentalism;* fr. *Fondamentalisme;* al. *Fundamentalismus;* it. *Fondamentalismo*). Historicamente, é um movimento religioso que se desenvolveu no protestantismo norte-americano no início do século XX; mais em geral, é um posicionamento religioso que se caracteriza pela referência intransigente aos fundamentos da confissão professada; comporta uma interpretação literária dos textos sagrados, a recusa global à inovação e a ênfase no sentimento de pertencer ao grupo religioso a que se adere. O F. aparece ligado às religiões abraâmicas (hebraísmo, cristianismo e islamismo), baseadas na revelação escrita (Bíblia, Evangelho, Alcorão). É possível encontrá-lo de fato no hebraísmo, no cristianismo (protestante e católico) e no islamismo (sunita e xiita).

O F. protestante nasceu no fim do século XIX nos Estados Unidos como crítica ao protestantismo liberal; o seu manifesto foi elaborado em 1889 na Conferência de Niagara, mas só entre 1910 e 1912 as idéias fundamentalistas penetraram a fundo na sociedade americana. A partir de então o termo F. passou a indicar o cristão empenhado na luta pelos fundamentos religiosos. O F. islâmico, nascido no fim dos anos 1920, no Egito, estendeu-se depois aos países islâmicos da Ásia e da África nos anos 1980 e 1990, depois da proclamação, no Irã, da república islâmica em 1979; caracteriza-se pela atitude antiocidental e pela vontade de concretizar uma sociedade baseada do rigorismo religioso, que extraia suas regras direta e literalmente do Alcorão; a interpretação deste ou é considerada fechada ou é reservada à comunidade dos doutos.

A especificidade do F. hebraico reside principalmente em sua dimensão étnica: afirma o princípio – irrenunciável porque bíblico – da identidade do judeu como alguém que faz parte de um povo que tem uma missão para cumprir: a de tornar-se nação de Deus.

Para além das diversificações confessionais, o F. mostra-se marcado por algumas características comuns, resumíveis numa substancial intolerância religiosa, ainda que interpretada de diversas maneiras pelos estudiosos; sobretudo em relação à modernidade, no sentido de que a antimodernidade típica dos vários F. pode ser interpretada ou como alternativa à modernidade ou como seu produto (cf. S. N. EISENSTADT, *Fondamentalismo e modernità*, trad. it., Laterza, Roma-Bari, 1993). [G.G.]

FUNDAMENTO (gr. αἰτία, λόγος; lat. *Ratio*; in. *Foundation*; fr. *Fondement*; al. *Grund*; it. *Fondamento*). Causa, no sentido de razão de ser. Esta é uma das significações principais do termo "causa", graças à qual contém a explicação e justificação racional da coisa da qual é causa. Aristóteles diz: "Acreditamos conhecer um objeto de maneira absoluta – não acidentalmente ou de modo sofístico – quando acreditamos conhecer a causa por que a coisa é e acreditamos conhecer que ela é causa da coisa e que esta não pode ser de outra maneira" (*An. post.*, I, 2, 71b 8). Nesse sentido, causa é razão, *logos* (*De part. an.*, I, 1, 639 b 15), pois não só permite compreender a ocorrência de fato da coisa, mas também o seu "não poder ser de outra maneira", sua necessidade racional. Na doutrina aristotélica, portanto, assim como em todas as que dela provêm, a causa-razão é um conceito ontológico que expressa a necessidade do ser como substância. É nesse sentido que Hegel usa esse conceito: "O F. é a essência que é em si e esta é essencialmente F.; e F. só é como F. de alguma coisa, de um outro" (*Enc.*, § 121). De fato, nesse sentido F. é "a essência posta como totalidade" (*ibid.*, § 121), a razão da necessidade de uma coisa, como julgava Aristóteles.

Graças a Leibniz, porém, essa noção adquiriu sentido diferente e específico, distinguindo-se nitidamente da noção de causa essencial ou substância necessária: passa a designar um nexo isento de necessidade, mas capaz de possibilitar o entendimento ou a justificação da coisa; o princípio desse nexo é chamado de *princípio de razão suficiente* (*Principium rationis sufficientis, Satz vom zureichenden Grunde*). Leibniz chega à formulação desse princípio através da contraposição entre o nexo livre, porém determinante, e o nexo necessitante. Diz: "O nexo ou concatenação é de duas espécies: uma é absolutamente necessária, de tal modo que seu contrário implica contradição, e tal nexo verifica-se nas verdades eternas, como as da geometria; o segundo só é necessário *ex hypothesi* e, por assim dizer, por acidente, sendo contingente em si mesmo, uma vez que o seu contrário não implica contradição." Este segundo nexo verifica-se na relação entre uma substância individual e suas ações: por exemplo, o fundamento do fato de César ter atravessado o Rubicão está, sem dúvida, na própria natureza de César, mas isso não indica que esse acontecimento seja necessário em si mesmo ou que o seu contrário implique contradição. Da mesma maneira, Deus sempre escolhe o melhor, mas escolhe-o livremente, e o contrário do que escolhe não implica contradição. "Toda verdade fundada nesses tipos de decretos é contingente, conquanto certa, porque esses decretos não mudam a possibilidade das coisas; e apesar de Deus, como já disse, sempre escolher indubitavelmente o melhor, isso não impede que o que é menos perfeito não seja e continue possível em si mesmo, ainda que não aconteça, porque não é sua impossibilidade que o leva a ser repelido, mas sua imperfeição. Ora, nada, cujo oposto seja possível, é necessário" (*Discours de métaphysique*, 1686, § 13). Como mostram os textos de Leibniz, o F. ou razão suficiente tem uma capacidade explicativa diferente da causa ou razão de ser de Aristóteles. Esta última explica a *necessidade* das coisas, por que a coisa não pode ser diferente do que é. O fundamento ou razão suficiente explica a *possibilidade* da coisa, explica por que a coisa pode ser ou comportar-se de certa maneira. Foi exatamente por isso que Leibniz destinou o princípio de razão suficiente a servir de fundamento das verdades contingentes, continuando a admitir, como fizera Aristóteles, o princípio de contradição como base das verdades necessárias (*De scientia universali*, em *Opera*, ed. Erdmann, p. 83). Todavia, só Christian Wolff atribuiu ao princípio do F. (ou princípio da razão suficiente) a condição de princípio de toda a filosofia e do seu método. Foi exatamente com base nele que Wolff definiu a filosofia como "ciência das coisas possíveis porquanto podem existir" (*Log.*, Disc. prael., § 29) e considerou como sua tarefa fundamental apresentar a "razão pela qual as coisas possíveis podem chegar a ser" (*ibid.*, § 31). Desse ponto de vista, toda a atividade filosófica consiste na determinação do F. (*ratio, Grund*), entendendo por F. "a razão pela qual alguma coisa é ou acontece" (*ibid.*, § 4). Wolff, todavia, reintegrava o princípio de razão suficiente na significação necessarista. Distinguia o *principium essendi*, que contém a razão da *possibilidade* da coisa, do *principium fiendi* (ou do acontecer) que contém a razão da *realidade* (*Ont.*, § 874), bem como o *principium cognoscendi*, com o qual entendia "a proposição por meio da qual se conhece a verdade de outra proposição" (*ibid.*, § 876). Está claro que tanto o *principium fiendi* (que é o princípio da causalidade) quanto o *principium cognoscendi* (que é a demonstração) têm caráter necessitante, aliás também presente na obra de Baumgarten, que tende a integrá-lo no de contradição (*Met.*, § 20). Essa tendência era predominante na escola wolffiana (cf. CASSIRER, *Erkenntnissproblem*, VII, cap. 3; trad. it., II, pp. 596 ss.) e só sofreu a oposição de Crusius, que insistia em distinguir princípio de razão suficiente e princípio de causalidade, justamente para excluir do primeiro o caráter necessitante (*De usu et limitibus principii rationis determinantis*, 1743, § 4), correção que Kant aceitou numa de suas primeiras obras (*Principiorum primorum cognitionis metaphysicae nova dilucidatio*, 1755). Depois de Crusius, todavia, o caráter não necessitante do princípio de razão suficiente – caráter que convencera Leibniz a admiti-lo como um princípio em si – desapareceu completamente. A mesma distinção estabelecida por Crusius entre princípio de razão suficiente e princípio de causalidade serviu para considerar os dois princípios como duas expressões do princípio de necessidade. Esse foi justamente o caminho seguido por Schopenhauer em sua obra *Die vierfache Wurzel des Satzes vom zureichenden Grunde* (1813). Schopenhauer enumerava quatro formas do princípio de razão suficiente, ou seja, ao lado das duas distinguidas por Crusius, punha o princípio de razão suficiente do *ser*, que rege as relações entre os entes matemáticos, e o princípio de razão suficiente do *agir*, que rege as relações entre as ações e seus motivos. Contudo, o caráter não necessitante do F. é confusamente reconhecido nos seus usos metafísicos. Schelling, em *Untersuchungen über das Wesen der menschlichen Freiheit* (1809), entendeu por F. o desejo ou a vontade de viver, de que depende tanto a existência do homem quanto a de Deus. Nesse sentido, F. não é, obviamente, uma causa necessitante. Com sentido análogo, Heidegger disse: "a liberdade é o F. do F.". Explica: "A liberdade, por ser o fundo desse F., também é o abismo (sem fundo) do *Dasein*. Não que seja infundado o relacionamento individual e livre, mas no sentido de que a liberdade, em sua natureza essencial de transcendência, põe o *Dasein*, como poder-ser em possibilidades que se estendem diante de sua escolha finita, ou seja, em seu destino" (*Vom Wesen des Grundes*, 1928, III; trad. it., pp. 77-8). Em outras palavras, para a existência humana o F. é o enraizamento no mundo, em virtude do qual possibilidades projetadas são limitadas e comandadas pelo próprio mundo. O F. expressa o condicionamento que o mundo exerce sobre o homem em virtude do seu enraizamento no mundo.

Emerge claramente desses textos o traço característico da noção em exame, que é expressar um condicionamento não necessitante. Essa é de fato a significação mais comum e geral do termo tanto na linguagem comum quanto na filosófica. F. é o que explica uma preferência, uma escolha, a realização de uma alternativa e não de outra. Fala-se em F. todas as vezes em que a preferência ou a escolha é justificada ou quando a realização da alternativa é explicável. Do mesmo modo, princípio "fundamental" é o que estabelece a condição primeira e mais geral pela qual alguma coisa possa existir, e ciência fundamental é a que contém as condições que possibilitam as outras ciências (nesse sentido Wolff chamava a ontologia de *Grundwissenschaft*). Pode-se dizer, portanto, que no uso moderno essa palavra não tem significação diferente de *condição* (v.).

O iluminismo alemão do século XVIII, que elaborou o conceito de F., também elaborou a noção de método do F. (al. *Grundlichkeit*), cujas regras foram ditadas por Wolff no IV capítulo do Discurso preliminar de *Philosophia rationalis* e assim resumidas por Kant no prefácio da segunda edição da *Crítica da Razão Pura*: "Algum dia, no sistema futuro da metafísica, cumprirá seguir o método do célebre Wolff, o maior dos filósofos dogmáticos, o primeiro a dar exemplo (graças ao qual se tornou, na Alemanha, o criador do espírito de *Grundlichkeit* que ainda persiste) de como se pode tomar o caminho seguro da ciência estabelecendo os princípios com regularidade, determinando os conceitos com clareza, procurando o rigor das demonstrações e negando-se a dar saltos na dedução das conseqüências." O método da fundamentação consiste em aduzir o F., ou seja, a razão justificativa, a cada passo do filosofar, e dele a filosofia ainda pode esperar uma salvaguarda contra o arbítrio. [N.A.]

Com a crise do fundacionalismo (v.), as noções de "F.", "método da fundamentação" etc. deixaram de funcionar como palavras-chave do pensamento filosófico, e, sobretudo em suas versões "fortes" (tanto ontológicas quanto crítico-gnosiológicas), foram objeto de contestação por parte dos autores da filosofia do século XX (Heidegger, Wittgenstein, Feyerabend, Rorty) que insistiram na necessidade de afastar-se de qualquer forma de "pensamento fundador" (qualquer que seja a forma entendida e praticada). Menos hostis à idéia de F. são os estudiosos que, mesmo recusando o fundacionalismo em sentido "forte", são favoráveis a um fundacionalismo fraco ou falibilista (v. FUNDACIONALISMO). [G.F.]

FUROR HERÓICO. V. ENTUSIASMO.

FUSÃO (in. *Fusion*; fr. *Fusion*; al. *Fusion*; it. *Fusione*). Termo usado em psicologia para indicar uma forma de associação. Scheler vê na F. afetiva uma indicação da unidade metafísica do mundo da vida; essa unidade, porém, não elimina a diversidade das pessoas; ao contrário, exige-as (*Sympathie*, I, cap. 4, §§ 3-5; trad. fr., pp. 108 ss.). [N.A.]

FUTURIÇÃO (in. *Futurition*; fr. *Futurition*; it. *Futurizione*). Leibniz designa assim a determinação dos acontecimentos futuros, possibilitando a Deus a sua previsão infalível (*Théod.*, I, § 37) (v. PREDETERMINAÇÃO). Ortega y Gasset usa esse termo para indicar a orientação da vida humana em direção ao futuro. [N.A.]

FUTURO (in. *Future*; fr. *Avenir*; al. *Zukunft*; it. *Avvenire*). Quanto ao primado do F. sobre as outras determinações do tempo em algumas formas de filosofia contemporânea, v. TEMPO. [N.A.]

FUTUROLOGIA (in. *Futurology*; fr. *Futurologie*; al. *Futurumlogie*; it. *Futurologia*). Termo empregado por O. K. Flechtheim, a partir de 1943, para designar a ciência das perspectivas prováveis do futuro destino do homem, da sociedade e da cultura. Essa ciência não pretende tomar como base apenas os dados das ciências exatas, mas introduzir "hipóteses de grande alcance e teorias referentes às perspectivas do universo, à futura evolução da Terra e do clima, da flora e da fauna" (*History and Futurology*, 1966). [N.A.]

G

GARANTIA (in. *Security*; fr. *Assurance*; al. *Assecuranz*; it. *Assicurazione*). Royce sugeriu um sistema de G. para realizar o que ele chamava a "Grande comunidade" humana. A G. é, com efeito, uma associação baseada no princípio triádico da interpretação: assim como nesta há o intérprete que interpreta alguma coisa para alguém, assim na G. existem, na relação, o que é garantido, o garantidor e o beneficiário (*A esperança na Grande comunidade*, 1916). Royce também sugeriu a G. contra a guerra (*Guerra e G.*, 1914). [N.A.]

GEGENSTANDSTHEORIE. Teoria dos objetos, especialmente na forma que assumiu na obra de A. Meinong (v. OBJETO). [N.A.]

GELASSENHEIT. Termo-chave da mística especulativa cristã, com que se indica o estado do *sichlassen*, ou seja, da completa "entrega" a Deus, estado que se consegue com o desapego das coisas do mundo e com o domínio das paixões. Presente em autores díspares (de Eckhart a Lutero, de Müntzer a Böhme, de Silesius aos pietistas), no século XIX foi retomado do ponto de vista filosófico por Schelling (que se vincula aos motivos da mística eckhartiana), por Schopenhauer (que o usa para exprimir o desapego do mundo circunstante e a consciência de que tudo o que acontece, acontece necessariamente), por Nietzsche (que o utiliza para exprimir a situação de quem consegue ter domínio sobre si mesmo e sobre seu tempo). No século XX foi adotado por Jaspers e Weischedel para exprimir a relação do homem com a Transcendência e o Mistério (K. JASPERS, *Filosofia*, trad. it., Utet, Turim, 1978, pp. 1012 ss.; W. WEISCHEDEL, *Von der Gelassenheit*, em *Philosophische Grenzgänge*, Kohlnammer, Stuttgart 1967, pp. 111-5). Heidegger, que em *Von Wesen der Wahrheit* (1930) caracteriza o pensamento filosófico como "G. der Milde" ("entrega à mansuetude", em *Segnavia*, 1967, trad. it., Adelphi, Milão, 1987, p. 154), fez dele um dos vocábulos característicos do seu jargão especulativo, apto a exprimir a atitude de *entrega ao ser* que, como *lassen* ("deixar ser"), se contrapõe ao arrogante *wollen* ("querer") da subjetividade moderna. A G. heideggeriana representa portanto a antítese do conceito nietzschiano de *Wille zur Macht* e configura-se como "o caminho que leva a mais universal das formas do saber produzidas pelo homem, a filosofia, a abandonar sua vontade de domínio da realidade, para colocar-se no limiar da *Diferença*, além do qual se abre o território [...] do Ser" (C. ANGELINO, Introduz. a *Gelassenheit*, 1959, trad. it. e notas de A. Fabris, Il Melangolo, Gênova, 1983, pp. 20-1). [G.F.]

GENEALOGIA DA MORAL (in. *Genealogy of moral*; fr. *Généalogie de la morale*; al. *Genealogie der Moral*; it. *Genealogia della morale*). 1. Expressão usada por Nietzsche para indicar o seu programa de desconstrução, desmistificação e redução da M. Tal programa concretiza-se substancialmente em dois pontos. O primeiro consiste em mostrar que os supostos valores "eternos" e "imutáveis" da ética na realidade têm caráter "histórico" ou de "devir", sendo portanto produto de circunstâncias específicas. O segundo consiste em mostrar que os denominados valores "absolutos" e "transcendentes" da M. têm na realidade motivações "humanas, demasiado humanas", ou seja, têm raízes na esfera instintiva e pulsional do ser humano. Esfera que a "filosofia histórica" de Nietzsche, através de uma espécie de análise "química" das idéias e dos sentimentos, ou seja, de um trabalho de "redução" dos elementos complexos nos elementos simples, propõe-se evidenciar, revelando os motivos (nada "límpidos" ou "honestos") que impelem os homens a agir. O resultado é verificar que "as cores mais magníficas" da M. (por exemplo, os princípios desinteressados da humildade e do amor ao próximo) são obtidas com "materiais baixos e até sem valor", ou seja, com materiais que demonstram como a ética é uma construção social, um instrumento de domínio de certos homens sobre outros homens (*Genealogia da moral*, 1887).

2. Esse critério genealógico, que erige a "suspeita" em princípio hermenêutico, é aplicado não só à ética, mas também a qualquer doutrina ou semântica cultural: tanto de tipo metafísico quanto artístico ou religioso. Característica, a propósito, é a interpretação nietzschiana da metafísica ocidental (v. METAFÍSICA e NIILISMO).

3. Nos anos 1970 o "método genealógico" de Nietzsche (como foi definido) tornou-se um dos pontos de referência do chamado pós-estruturalismo (v.) francês e um dos motivos de inspiração da G. do poder (v.) de Foucault. "No caso de Nietzsche – especifica Deleuze – devemos partir do fato de que a filosofia dos valores, da maneira como ele a institui e entende, é [...] o único modo de realizar a crítica total, ou seja, de fazer filosofia a 'marteladas' [...] O problema crítico está no valor dos valores"; "G. significa elemento diferencial dos valores de que deriva seu próprio valor" (*Nietzsche e la filosofia*, 1962, trad. it., Feltrinelli, Milão, 1992, pp. 31-2). [G.F.]

GENERALIZAÇÃO (in. *Generalization*; fr. *Généralisation*; al. *Verallgemeinerung*; it. *Generalizzazione*). Operação de abstração que dá ensejo a um termo ou uma proposição geral. Algumas vezes também se dá o nome de G. à *indução* (v.) ou à construção de uma *hipótese* (v.) que com mais propriedade deveriam ser chamadas de operações de universalização. Fala-se de G. principalmente em matemática. "Ampliar um domínio com a introdução de novos símbolos, de tal modo que as leis válidas no domínio originário continuem valendo no domínio mais amplo, é um dos aspectos do característico procedimento matemático de G. A G. a partir dos números naturais para os racionais satisfaz tanto a necessidade teórica de remover as restrições para a subtração e a divisão, quanto a necessidade prática de que os números expressem os resultados de certas medidas. Essa ampliação do conceito de número tornou-se possível com a criação de novos números na forma de símbolos abstratos, como 0, – 2, 3/4" (COURANT-ROBBINS, *What is Mathematics?*, II, § 2; trad. it., p. 109). [N.A.]

GÊNERO (gr. γένος; lat. *Genus*; in. *Genus*; fr. *Genre*; al. *Gattung*; it. *Genere*). Aristóteles distinguiu três significações desse termo: 1ª geração, particularmente "a geração contínua de seres que têm a mesma espécie", e nesse sentido diz-se "G. humano"; 2ª estirpe ou raça como "primeiro motor" ou "aquilo que deu ser às coisas de uma mesma espécie"; neste sentido, fala-se do G. dos helenos porque descendem de Heleno ou do G. dos jônios porque descendem de Jônio; 3ª o sujeito ao qual se atribuem as oposições ou as diferenças específicas, e nesse sentido o G. é o primeiro constituinte da definição (*Met.*, V, 28, 1024 a 30 ss.). Essas três significações já haviam sido usadas ocasionalmente por Platão (para a primeira delas, v., p. ex., *O banq.*, 190 c; para a segunda, *O banq.*, 191 c; *Alc. I.*, 120 e). Platão deu mais explicações sobre o terceiro sentido, que é o mais estritamente filosófico, dizendo: "Cada figura é semelhante a outra figura porque no gênero todas as figuras formam um todo. No entanto, as partes do gênero ou são contrárias umas às outras ou são diferentíssimas entre si" (*Fil.*, 12 e). Para Aristóteles essa significação também é a mais importante e, em vista disso, pode-se dizer que o G. (juntamente com a espécie) é *substância segunda*. Aristóteles diz: "Só as espécies e os G., além das substâncias primeiras, são chamadas substâncias segundas: só eles manifestam a substância primeira das coisas às quais se atribuem predicados. Será possível explicar o que é um homem só aduzindo a espécie ou o G.; e, dizendo que é um homem, estaremos explicando melhor do que se o chamássemos simplesmente animal? No caso de se aduzir algum outro predicado, dizendo, por exemplo, que ele é branco ou que corre, estar-se-á dizendo alguma coisa que é alheia ao objeto em questão" (*Cat.*, 5, 2 b 28 ss.). Em outros termos, os G. e as espécies são "substâncias segundas" porque entram na composição da definição da "substância primeira", ou seja, da essência necessária (v. SUBSTÂNCIA). "Como a substância é a essência necessária, e a expressão desta é a definição [...], e como a definição é um discurso, e um discurso tem partes, foi necessário distinguir quais são as partes da substância e quais não são, e se estas também são partes da definição; assim vemos que nem o universal nem o G. é substância" (*Met.*, VIII, I, 1042 a 16 ss.). O G. não é substância, mas componente necessário da essência necessária, que é a substância.

Dessa formulação de Aristóteles nasceu a querela medieval dos *universais* (v.). Os universais são de fato o G. e a espécie. A outra alternativa fundamental para a solução da discussão foi proposta pelos estóicos, que definiram o G., de modo nominalista, como "a conjunção de noções diferentes e permanentes, como, por exemplo, animal, que abrange como suas espécies todos os animais" (DIÓG. L. VII, 60). Na filosofia moderna e contemporânea a palavra G., assim como a palavra espécie, ainda é esporadicamente empregada, mas sem as implicações ontológicas que possuía em Platão e Aristóteles. Além disso, em lógica, foi completamente suplantada pelo conceito de *classe* (v.). [N.A.]

GÊNERO – DIFERENÇA. V. FEMINISMO.

GENÉTICA (in. *Genetics*; fr. *Génétique*; al. *Genetik*; it. *Genetica*). Uma das ciências biológicas mais recentes e mais bem organizadas, que contribuiu decisivamente para o progresso dos estudos biológicos. Seu objeto específico é a transmissão das características hereditárias dos organismos de uma geração para outra e, por conseguinte, a mutação que os organismos sofrem em suas características hereditárias. O fundador da G. moderna foi o abade austríaco Gregor Mendel, que em 1866 publicou os resultados de algumas de suas experiências sobre a hibridação de diferentes espécies de ervilhas e formulou as leis que até hoje recebem seu nome. Essas leis exprimem um fato experimental que desmentia as crenças universalmente aceitas até aquele momento. Acreditava-se, por exemplo, que dois indivíduos, um de pele branca e outro de pele negra, gerassem filhos de pele morena, e que estes últimos, unidos com outros de pele morena, gerassem filhos morenos, como se os dois caracteres ou tipos de "sangue" se houvessem misturado para sempre, assim como o leite se mistura ao café e não podem mais ser separados. As leis de Mendel afirmam que os filhos provenientes da união de indivíduos que têm caracteres diferentes apresentam uma mistura de tais caracteres, mas não os transmitem a seus descendentes, nos quais esses caracteres vão-se separando em proporções estatísticas bem definidas. A G. moderna indica com o nome de *gene* o corpúsculo germinal portador de determinada característica física. O gene é uma unidade, ou seja, não se mescla. As características herdadas de um organismo representam o resultado da ação recíproca de seus genes. Habitualmente um ou dois pares de genes são os principais responsáveis pelas variações que se observam em determinados caracteres do organismo. Os genes dispõem-se em ordem definida nas partes da célula chamadas cromossomos.

Nem todas as características de um organismo apto são determinadas pelos genes; por outro lado, em decorrência da ação recíproca entre os genes alguns caracteres tendem a desaparecer (são chamados *recessivos*) e outros a fortalecer-se (são chamados *dominantes*). Portanto, um único gene pode exercer efeitos díspares sobre o organismo, e o mesmo efeito pode ser produzido por combinações díspares de genes. Estas duas verificações privam a transmissão das características orgânicas do caráter de necessidade. Os geneticistas usam a palavra *expressividade* para indicar a medida em que o efeito de determinado gene se manifesta no indivíduo que o possui, e a palavra *penetração* do gene para indicar a porcentagem de indivíduos que, possuindo o gene, manifestam seus efeitos. O emprego desses termos demonstra que, entre a posse do gene e seu efeito (uma característica física), não há relação de necessidade, mas só uma relação estatística, cujas condições podem ser determinadas em cada caso. O gene não age como causa infalível, como força que produz necessariamente determinados efeitos. As condições que delimitam seus efeitos são: 1.ª interação de todos os genes; 2.ª ambiente.

Esses conceitos da G. foram confirmados e desenvolvidos decisivamente pela bioquímica. Hoje se sabe que o principal componente dos cromossomos é o *ácido desoxirribonucléico* (ADN), cuja estrutura molecular foi definida por Watson e Crick em 1953 como um par de espirais que, quando separadas, podem, individualmente, reunir em torno de si os resíduos moleculares necessários à reconstrução da espiral dupla original. O ADN é composto por quatro bases nucleotídicas que costumam ser indicadas com as letras C, T, G e A, consideradas um alfabeto genético. Assim como as formas, poucas das quais constituem palavras e frases significantes (capazes de comunicar informações), os elementos do alfabeto genético podem combinar-se em numerosas formas, algumas das quais transmitem a mensagem genética, ou seja, determinam com certa probabilidade a transmissão de caráter hereditário. Portanto, o material genético é semelhante a uma mensagem escrita que, uma vez recebida pelo organismo, dirige e controla seu desenvolvimento. Viu-se também que cada palavra do código genético é constituída por uma série de três de suas bases (*tripleto*); o gene é então concebido como uma seqüência de tripletos no ADN, e a mutação consiste na substituição de uma das letras do tripleto por outra. Essas substituições ocorrem aleatoriamente e constituem a única origem possível das modificações do texto genético e, portanto, das estruturas hereditárias do organismo. Quando tais modificações são nocivas à adaptação do organismo ao ambiente, produzem em escala macroscópica a senescência ou a morte do organismo.

Contra a disseminação da G. moderna, um grupo de cientistas russos sustentou durante certo tempo a doutrina de Michurin, que, graças ao apoio de Lysenko, teve aprovação oficial da ciência soviética durante os anos de estalinismo. A doutrina de Michurin é uma forma de lamarckismo, pois parte da crença no poder criativo do ambiente biológico. "A herança", diz Lysenko, "é efeito da concentração das condições externas, assimiladas pelo organismo durante uma série de gerações anteriores." Isso nada mais é que o postulado da rigorosa causalidade do ambiente. A doutrina de Michurin nega, portanto, todos os instrumentos conceptuais do probabilismo mendeliano: a não-hereditariedade dos caracteres adquiridos e até a existência do gene. Contra a tese fundamental de Michurin,

J. Huxley observou: "Os lamarckianos e os partidários de Michurin têm razão quando sustentam que há uma relação entre o ambiente e os caracteres da adaptação do organismo. Enganam-se, porém, quando supõem que essa relação é simples e direta. Ela é complexa e indireta: as mutações ocorrem aleatoriamente, e a seleção conserva as poucas mutações que favorecem os indivíduos naquele ambiente específico. Este é um dado de fato científico, que nenhuma consideração *a priori* pode alterar" (*Soviet Genetics and World Science*, trad. it., p. 151). Os conceitos de *mutação aleatória* e de *seleção* continuam sendo fundamentais na G. moderna. Monod escreveu: "As alterações genéticas são acidentais, ocorrem aleatoriamente. E como constituem a *única* origem possível das modificações do texto genético, que, por sua vez, é o *único* depositário das estruturas hereditárias do organismo, segue-se necessariamente que o acaso é a *única* origem de qualquer novidade e de qualquer criação na biosfera" (*Le hasard et la nécessité*, 1970, p. 127). [N.A.]

A primeira e acidentada fase da história da G. costuma ser indicada como fase da G. *formal*: o gene (termo introduzido por Johannsen em 1909, mas que só pegou depois de certo tempo; Mendel falara de "fatores") foi no mais considerado uma entidade hipotética, convencionalmente usada como unidade de cálculo, sem consideração das teorias sobre a estrutura do material hereditário. Foi só na segunda fase, nos anos 1910-1920, que se afirmou, em meio a muitas oposições, a idéia de que a base da hereditariedade eram os cromossomos. A G. *cromossômica* foi mérito sobretudo do chamado "grupo da *Drosophila*" (do nome da mosca usada nas pesquisas), dirigido por T. H. Morgan. O conceito de gene surgido do trabalho desse grupo e do trabalho de geneticistas como H. J. Muller (uma estrutura extraordinariamente estável, no entanto capaz de mudar) constitui a base de todas as pesquisas subseqüentes. Ao mesmo tempo, a especificação do conceito de mutação como alteração de um único gene permitia interligar com clareza G. e teoria da evolução (ao contrário do que se pode acreditar, as duas não tiveram relações fáceis, sobretudo no início): a mutação é o único material sobre o qual atua a seleção natural. O tratamento matemático da transmissão e da distribuição dos caracteres pôde transformar-se no estudo das freqüências gênicas no interior das populações: a G. *das populações* desenvolveu-se por vota de 1930 sobretudo graças a R. A. Fisher, Sewall Wright e J. B. S. Haldane. Nos anos 1980 foi lançado o projeto internacional "Genoma Humano", com a intenção de localizar todos os genes que compõem o patrimônio genético da humanidade e de estabelecer as seqüências das bases do seu DNA. Tal empresa suscita problemas epistemológicos e éticos (em especial acerca do uso dos dados colhidos). Problemas ainda mais candentes são os provocados pelo extraordinário desenvolvimento das técnicas de manipulação genética. A importância recentemente assumida pela bioética (v.) consiste em inter-relacionar as enormes possibilidades abertas e as preocupações suscitadas pela engenharia genética e pelas biotecnologias em geral: estas, segundo alguns, subvertem equilíbrios naturais, com conseqüências imprevisíveis. [A.L.V.]

GENÉTICO (in. *Genetic*; fr. *Génétique*; al. *Genetisch*; it. *Genetico*). Aquilo que pertence à geração ou efetua-se através da geração. Neste último sentido, Hobbes falou de definição genética ou *per generationem*: "A razão pela qual as coisas que têm causa e geração devem ser definidas através da causa e da geração é esta: o fim da demonstração é a ciência das causas e da geração das coisas, e, se não se tiver essa ciência na definição, não se poderá tê-la tampouco na conclusão do silogismo que dela parte" (*De corp.*, VI, § 13). Essa noção passou mais tarde para a lógica de Wolff, que entendeu por definição genética "a definição que expõe a gênese de uma coisa, ou seja, a maneira como ela pode realizar-se" (*Log.*, § 195). O conceito desta definição está ligado ao princípio exposto por Hobbes em *De homine* (X, § 5), qual seja: só se pode ter ciência demonstrativa das coisas que podem ser produzidas (como os entes matemáticos e os entes morais ou jurídicos), porque delas se conhece seguramente a causa. A partir da segunda metade do século XIX esse adjetivo, particularmente quando se referia a ciências ou a partes de ciências, passou a ter significado ligado ao de *evolução* (v.); uma teoria genética geralmente é a consideração do desenvolvimento evolutivo da coisa à qual a teoria se refere (p. ex., "psicologia genética" = estudo da evolução psíquica). [N.A.]

GÊNIO (in. *Genius*; fr. *Génie*; al. *Genie*; it. *Genio*). A partir da segunda metade do século XVII passou-se a indicar com esse termo (que, segundo Varrão, na origem indicava "a divindade que é preposta a cada uma das coisas geradas e que tem a capacidade de gerá-las", AGOSTINHO, *De civ. Dei*, VII, 13) o talento inventivo ou criativo nas suas manifestações superiores. Pascal já usa essa palavra com esse sentido: "Os grandes gênios têm seu império, seu esplendor, sua grandeza e suas vitórias, e não precisam das grandezas carnais, que não têm relação com o que eles procuram" (*Pensées*, 793). E La Bruyère dizia: "É menos difícil para os grandes gênios topar com coisas grandes e sublimes do que evitar qualquer espécie de erro"

(*Caractères*, 1687, cap. 1). A estética do século XVIII reduziu a noção de G. ao domínio da arte. Kant (provavelmente inspirado numa obra inglesa de GERARD, *Essay on Genius*, 1774) defende este ponto de vista: "O talento de descobrir chama-se gênio. Mas esse nome só se dá ao artista, àquele que sabe *fazer* alguma coisa, não àquele que conhece e sabe muito; e não se dá ao artista que imita apenas, mas àquele que é capaz de produzir sua obra com originalidade; enfim, só se dá quando seu produto é *magistral*, quando, por mérito, merece ser imitado" (*Antr.*, § 57). Esse é o sentido da definição de G. que Kant dá na *Crítica do Juízo* como de "talento (dom natural) que dita regras à arte". Como talento, o G. foge a qualquer regra; mas como criador de exemplares distingue-se de qualquer extravagância. É natureza porque não age racionalmente; e é natureza que dita regras à arte. Kant observa que, justamente devido a estas últimas características, "a palavra G. derivou de *genius*, que significa o próprio espírito do homem, o que lhe foi dado ao nascer, que o protege e o dirige, de cuja sugestões provêm as idéias originais" (*Crítica do Juízo*, § 46). Esse ponto de vista era aceito por Schopenhauer, que, considerando a arte como a visão das idéias platônicas, que são a primeira "objetivação" da vontade de viver, vê na arte a "contemplação pura" e, por isso, a essência do G. na preponderante aptidão para tal contemplação. "Visto que esta", diz ele, "requer esquecimento total de si mesmo e de suas relações, decorre daí que a genialidade é a mais completa objetividade, ou seja, a direção objetiva do espírito, que se opõe à direção subjetiva tendente à própria pessoa, à vontade." Por conseguinte, enquanto para o homem comum o patrimônio cognitivo é "a lanterna que ilumina o caminho", para o G. ele é "o sol que revela o mundo" (*Die Welt*, I, § 36). Essas observações de Schopenhauer constituem uma contribuição para aquilo que poderíamos chamar de culto romântico do gênio. Obviamente, esse culto não se limita ao G. artístico. Fichte mostrava já a conexão do G. com a filosofia. A inventividade do filósofo requer "um obscuro sentimento da verdade" e esse sentimento é exatamente o gênio. Para Fichte, mesmo que um dia a filosofia progredisse a ponto de conter uma "teoria da invenção, não seria possível chegar a isso a não ser por meio do G." (*Werke*, ed. Medicus, I, p. 203). Fichte reconheceu no G. as mesmas características que Kant lhe atribuíra: inventividade e naturalidade. O G. "é um favor especial da natureza, que não se pode explicar ulteriormente" (*ibid.*, ed. Medicus, III, p. 92; cf. PAREYSON, *A estética do idealismo alemão*, I, pp. 333 ss.). O obscuro sentimento da verdade, que Fichte atribui ao G., transforma-o naquilo que Schlegel chamava de "mediador entre o Infinito e o finito", aquele que "percebe em si o divino e, anulando-se, dedica-se a anunciar esse divino a todos os homens, a participar dele e a representá-lo nos costumes e nas ações, nas palavras e nas obras" (*Ideen*, 1800, § 44). É verdade que, assim como Kant, Schelling afirmava que o G. é sempre e somente estético, mas ao mesmo tempo considerava a intuição estética o órgão da filosofia e, em geral, da ciência. O G. é, pois, o absoluto que se revela no homem e não pertence só a uma parte do homem (*Werke*, I, III, pp. 618 ss.). Hegel, por sua vez, dizia que a palavra G. era empregada para designar não só os artistas, mas também os grandes líderes e os heróis da ciência (*Vorlesungen über die Ästhetik*, ed. Glockner, I, p. 378), mas pessoalmente reservava esse vocábulo para os artistas, definindo o G. como "a capacidade geral de produzir autênticas obras de arte, acompanhada pela energia necessária à sua realização" (*ibid.*, p. 381). Na realidade, aqueles que Fichte chamava de "doutos" ou de "videntes" (cf. *Vorlesungen über die Bestimmung des Gelehrten*, 1794), Hegel de "indivíduos da história cósmica" e outros de *heróis* (v.) são simplesmente expressões diferentes do mesmo conceito que, no domínio da arte, o Romantismo designou com o termo G., ou seja, encarnação do Infinito no mundo, mediadores entre o finito e o Infinito (como dizia Schlegel), instrumentos da realização ou da revelação do Absoluto. O próprio Kierkegaard, que por muitos aspectos pode ser considerado antagonista do Romantismo, partilhou esse conceito de G. Disse: "O G. é um *An-sich* onipotente que, como tal, gostaria de sacudir o mundo inteiro. Por isso, para salvar a ordem, nasce com ele outra figura: o destino. Mas o destino é nulo, porque é ele mesmo que o descobre, e quanto mais profundo for o G., mais profundamente o descobre; porque o destino nada mais é que a antecipação da providência" (*Der Begriff der Angst*, III, § 2; trad. Fabro, p. 123).

Na cultura contemporânea, o conceito do G. se manteve com essas características românticas, que não desapareceram nem com a aproximação entre G. e loucura, tentada por alguns antropólogos, particularmente por Cesare Lombroso. Essa aproximação baseava-se na consideração dos chamados "fenômenos regressivos da evolução", em virtude dos quais os grandes avanços em certa direção são acompanhados, na maioria das vezes, por uma parada nas outras direções. Por isso, Lombroso julgava encontrar formas mais ou menos atenuadas de loucura ou perversão nos indivíduos geniais (*G. e degeneração*, 1897), mas com isso não punha em dúvida a realidade do conceito, sem dúvida pressuposta. Por outro lado, quando, no fim de *Duas fontes da mo-*

ral e da religião (1932), Bergson auspicia o advento de um "G. místico", que possa "arrastar atrás de si uma humanidade imensamente encorpada", vê nesse G. a encarnação ou a realização do *elã vital* que é o princípio do mundo (*Deux sources*, IV; trad. it., pp. 343 ss.). Como todo G. romântico, o G. preconizado por Bergson também é a encarnação do Absoluto e destina-se a realizar o Absoluto no mundo. Todavia, Kant já havia advertido para o perigo inerente ao uso desse conceito, que parece dispensar alguns homens da aprendizagem, da pesquisa e dos deveres comuns, e propusera a questão sobre quem contribui mais para o progresso efetivo do homem: os grandes gênios ou "os cérebros mecânicos" que se apóiam na bengala da experiência (*Antr.*, § 58). [N.A.]

GENTES, DIREITO DAS (lat. *Ius gentium*; in. *Law of nations*; fr. *Droit des gens*; al. *Völkerrecht*; it. *Diritto delle genti*). 1. Identificado por Gaio (séc. II) com o direito natural, o direito das G. foi distinguido deste por Ulpiano (séc. III); para ele, o direito das gentes é "aquele que todos os seres humanos utilizam e só estes", enquanto o direito natural é aquele que a natureza ensinou a todos os animais e por isso não é próprio só do gênero humano (*Digesto*, I, 1, 1-4). Essa distinção permaneceu substancialmente a mesma até o jusnaturalismo moderno.

2. A partir de Grócio, entende-se por direito das G. a norma não escrita que regulamenta as relações entre os Estados ou entre cidadãos de Estados diferentes, ou seja, o direito natural internacional (v. DIREITO). [N.A.]

GEOMETRIA (gr. γεωμετρία; lat. *Geometria*; in. *Geometry*; fr. *Géométrie*; al. *Geometrie*; it. *Geometria*). Em geral, a ciência que estuda as possibilidades métricas dos conjuntos. A estrutura métrica dos conjuntos pode ser considerada: 1º única e necessária, como foi considerada até a descoberta das geometrias não euclidianas: nesse caso, a G. será a descrição das determinações necessárias de tal estrutura (o espaço euclidiano) e assumirá a forma de sistema dedutivo único e perfeito; 2º multíplice ou indefinidamente variável: nesse caso serão possíveis G. diferentes, cujo objeto serão estruturas métricas espaciais diferentes ou dotadas de graus diferentes de generalidade. A primeira forma da G. iniciou-se com Pitágoras e com Platão, tornando-se modelo das ciências dedutivas. A segunda iniciou-se com a descoberta das G. não euclidianas, e sua expressão mais clara foi o "programa de Erlangen".

Em geral, G. é a ciência que estuda as relações entre pontos, retas, planos e espaços (com três ou mais dimensões). Na origem a G. desenvolveu-se sobre bases amplamente empíricas, como confirmam os testemunhos deixados pelos povos dos vales do Nilo e do Eufrates. No entanto, nos papiros egípcios e nas tabuinhas de argila dos babilônios, junto à resolução de problemas práticos, encontramos enunciados teóricos, como as primeiras abordagens das relação entre a circunferência e seu diâmetro ou as primeiras formulações do "teorema de Pitágoras". Com Pitágoras e a sua "escola" a G. começa a libertar-se dos seus conteúdos empíricos para constituir-se como uma ciência abstrata, que será durante séculos o modelo das ciências dedutivas. Segundo um testemunho de Proclo (*In Eucl.*, 65, 11, Friedlein), foi Pitágoras quem "deu forma de educação liberal ao estudo da G., procurando seus princípios primeiros e investigando seus teoremas do ponto de vista conceptual e teórico". Mas sabemos que é sobretudo a Platão que se deve a guinada conceptual e teórica da geometria. Platão contrapõe explicitamente ao uso prático da G., ou seja, ao uso que a subordina às necessidades cotidianas e portanto às exigências de construtores, estrategistas etc., seu fim *teórico*, em virtude do qual ela tende a conhecer "aquilo que sempre é e não o que nasce e perece" (*Rep.*, VII, 527b). Como todas as outras ciências propedêuticas, pertencentes à esfera do conhecimento racional ou *dianóia*, a G. vale-se de "hipóteses" que sabe justificar; tudo o que ela faz é entrelaçar coerentemente "conclusões e proposições intermediárias" (*ibid.*, VII, 533c). Aristóteles também insistiu no procedimento abstrativo utilizado pela geometria. Disse: "O matemático constrói sua teoria eliminando todos os caracteres sensíveis, como o peso e a leveza, a dureza e seu contrário, o calor e o frio, bem como os outros contrários sensíveis, e fica apenas com a quantidade e a continuidade, às vezes em uma só dimensão, às vezes em duas, outras em três, bem como com os atributos dessas entidades que sejam quantitativos e contínuos; e não os considera sob nenhum outro aspecto" (*Met.*, XI, 1061 a 29). Mas foi também graças a Aristóteles que a G. ganhou organização lógica; de fato, essa organização, que se realizou plenamente nos *Elementos* de Euclides, no século III a.C., tem como modelo a ordem que, no *Organon*, Aristóteles considerara própria de toda ciência, qual seja: o ponto de partida são os primeiros princípios (definições, axiomas e postulados), passando-se à dedução rigorosa a partir desses princípios, sem recorrer à experiência ou a qualquer intuição. Mas essa mesma formulação lógica da G. antiga esclarece a natureza de seu *objeto*. Como dizia Aristóteles, esse objeto é a quantidade contínua; e como dissera Platão, é "alguma coisa que é sempre", ou, na terminologia de Aristóteles, é uma substância ou essência substancial que, justamente por ser tal, pode ser definida, e cujas propriedades fundamentais o intelecto pode intuir, expressando-as nos *axiomas.* É preciso lembrar que, segundo Aristóteles, o procedimento dedutivo ou silogístico deve partir de premissas evidentes, intuídas pelo intelecto, e que essa intuição só pode existir com relação a propriedades ou a determinações necessárias da substância. O caráter substancial do objeto da G., no sentido exato e técnico que a palavra "substancial" tem em Aristóteles (v. SUBSTÂNCIA), é o pressuposto fundamental dessa fase conceptual da geometria. Isto quer dizer que o contínuo espacial, que é o objeto da G., é pressuposto, em seu modo de existência específica e em suas determinações necessárias, a partir das operações geométricas que a tomam como objeto. Esse contínuo é independente de tais operações porque é uma substância, porque é necessariamente o que é e não pode ser diferente. A necessidade intrínseca das definições e dos axiomas e o caráter indispensável dos postulados (que tampouco podem ser mudados) expressam, no âmbito dessa fase conceptual, a necessidade própria do objeto da G., ou seja, do espaço. Este tem essência necessária, cujos princípios expressam as determinações imutáveis e cuja dedução silogística põe em evidência as determinações implícitas (mas igualmente necessárias). A interpretação do espaço feita por Kant, como "forma da intuição" ou "intuição pura", não constitui (nem Kant teve essa intenção) uma inovação do conceito de geometria. Segundo Kant, o espaço como intuição pura devia exatamente servir para garantir à G. seu papel de ciência que determina as propriedades do espaço *a priori,* ou seja, independentemente da experiência, e para garantir a tais propriedades seu caráter apodítico, ou seja, sua necessidade (*Crít. R. Pura,* § 3).

Uma nova fase da concepção do espaço e da G. ocorreu com a descoberta das G. não euclidianas. O V postulado de Euclides provocara discussões desde a Antiguidade. No século XVIII, especialmente graças a Saccheri e Lambert, e nas primeiras décadas do século XIX, graças a Legendre, essas discussões se acirraram, mas não levaram a conclusões, porque se achou absurdo admitir a possibilidade de uma G. diferente da de Euclides. Essa possibilidade, considerada (mas não comunicada publicamente) por Gauss, foi abertamente reconhecida de maneira independente por Lobacevskij e Bolyai por volta de 1830. Enquanto o V postulado de Euclides afirma que só há uma paralela para uma reta data, na G. de Lobacevskij e Bolyai há infinitas paralelas para uma reta dada. Alguns anos depois, em 1854, na dissertação *Sobre as hipóteses que fundamentam a G.,* que marca uma guinada no desenvolvimento da moderna G. diferencial (v. adiante), Riemann estendeu o conceito de espaço ao conceito mais geral de variedades de *n*-dimensões para as quais definiu conceitos como distância e curvatura como extensão dos conceitos análogos definidos no espaço tridimensional. A G. euclidiana vale para espaços de curvatura constante nula, enquanto a G. de Lobacevskij e Bolyai vale para espaços de curvatura constante negativa. Para variedades com curvatura constante positiva Riemann prefigurava a possibilidade de uma G. não-euclidiana diferente da G. de Lobacevskij e Bolyai. Na G. de Riemann não há nenhuma paralela para uma reta dada, e para termos uma idéia intuitiva podemos pensar, por exemplo, na G. sobre a superfície esférica.

As resistências à afirmação das novas G. começaram a cair depois que Beltrami propôs em 1868 um modelo interpretativo euclidiano da G. não euclidiana de Lobacevskij e Bolyai. Depois disso foram propostos modelos análogos por Klein e Poincaré. Klein mostrou que as G. não euclidianas podiam ser interpretadas no quadro mais geral da G. *projetiva,* que estuda as propriedades das figuras que são invariantes para projeções e seções. Os primeiros teoremas de G. projetiva foram enunciados no século XVII por Pascal e Desargues. A G. projetiva foi desenvolvida de maneira sistemática por Monge e, sobretudo, pelo seu aluno Poncelet no *Tratado sobre as propriedades projetivas das figuras* (1822), antes de encontrar tratamento rigoroso na *Geometria de posição* (1847) de Von Staudt. Segundo o ponto de vista que Klein expôs numa célebre aula inaugural dada na Universidade de Erlangen (*Programa de Erlangen*), a G. nada mais é que o estudo das propriedades invariantes em relação a um grupo de transformações. Nas palavras de Klein, dada uma variedade e dado, nesta, um grupo de transformações, trata-se de "estudar as formas pertencentes à variedade no que concerne às propriedades que não se alteram com as transformações do grupo dado". As várias geometrias, inclusive a euclidiana, passam assim a ser classificadas em relação aos seus grupos de transformações, considerados como subgrupos do grupo mais geral de transformações projetivas.

No mesmo espírito, ocorre outra ampliação que passa da G. projetiva à topologia (ou *analysis situs* [v.]), que estuda as propriedades invariantes em relação ao grupo generalíssimo das transformações contínuas.

O programa Erlangen marcou uma profunda guinada conceitual em relação à G. clássica. Ao contrário desta última a G. depois de Klein não pressupõe o objeto do seu estudo (ou seja, o espaço) e não pressupõe que tal objeto tem propriedades *necessárias,* exprimíveis em definições unívocas, em axiomas evidentes e em postulados inevitáveis. A própria G. euclidiana encontrou nova formulação axiomática nos *Fundamentos da geometria* (1899) de Hilbert, volume que exerceu enorme influência sobre o desenvolvimento das modernas teorias axiomatizadas.

Ao lado das G. *não-euclidianas* e da G. *projetiva,* durante o século XIX foram-se afirmando novos campos da G., como a G. *diferencial* e a G. *algébrica.* Distante dos princípios enunciados no programa de Erlangen, que implicavam a homogeneidade do espaço, e utilizando os instrumentos do cálculo diferencial e integral, a G. diferencial (local ou "em miniatura") considera o estudo das propriedades das figuras nas proximidades de um ponto (propriedades que podem variar ao passar de um ponto a outro). O modo como propriedades locais se interligam em propriedades que se referem à estrutura global da figura é objeto da G. diferencial global. Depois de algumas contribuições iniciais de Euler, a G. diferencial desenvolveu-se sobretudo graças a Gauss (teoria das superfícies) e de Riemann (teoria das variedades com várias dimensões). O ponto de vista de Gauss, adotado por Riemann, foi o de estudar as propriedades métricas de maneira intrínseca, ou seja, sem considerar as superfícies (e, com Riemann, mais em geral as variedades) imersas num espaço euclidiano. O instrumento "natural" para as investigações sobre variedades riemannianas é o cálculo tensorial, como hoje é chamado o "cálculo diferencial absoluto" criado em fins do século XIX por Gregorio Ricci Curbastro para tornar os procedimentos do cálculo diferencial independentes do sistema de referência adotado. Tal cálculo mostrou-se de importância fundamental nas mãos de Einstein para formular as leis da relatividade geral. A teoria da relatividade deu grande impulso às pesquisas de G. diferencial que, graças a Levi-Civita, H. Weyl e, sobretudo, E. Cartan, levaram à moderna noção de variedade diferenciável e de conexão sobre tais variedades. A síntese dos resultados de Cartan, a que C. Ehresmann chegou com base na fundamental noção de espaço fibrado, representou o ponto de partida das modernas pesquisas de G. diferencial.

Se numa acepção muito geral a G. *algébrica* teve origem com a idéia de Descartes de aplicar os métodos da álgebra aos problemas geométricos, a G. algébrica em sentido próprio desenvolve-se na segunda metade do século XIX na Alemanha com trabalhos de Alfred Clebsch e Max Noether, dedicados à teoria das curvas algébricas e inspirados nas pesquisas de Riemann sobre as funções de variável complexa e os integrais de Abel. O legado da escola alemã foi aproveitado na Itália por Corrado Segre e depois por G. Castelnuovo, F. Enriques e F. Severi, que desenvolveram a teoria das superfícies algébricas e de sua classificação em relação a transformações birracionais. Nos trabalhos dos geômetras da escola italiana as superfície algébricas são pensadas imersas no espaço projetivo complexo. A partir dos anos 1930, sob a influência dos trabalhos de álgebra abstrata de Emmy Noether e de sua escola (de B. L. van der Waerden em particular), os resultados dos geômetras italianos são generalizados na G. algébrica abstrata (ou seja, a G. algébrica sobre um campo de base qualquer, algebricamente fechado e com característica qualquer), desenvolvida por obra de O. Zariski e depois por A. Weil, C. Chevalley e outros. Depois da segunda guerra mundial, com a criação de novos e mais potentes instrumentos algébricos, a G. algébrica passou por novo e enorme desenvolvimento, graças sobretudo a J. P. Serre e A. Grothendieck, o que fez dela um dos ramos mais fecundos da matemática moderna.

[N.A. – U.B.]

GERAÇÃO (gr. γένεσις; lat. *Generatio;* in. *Generation;* fr. *Génération;* al. *Erzeugung;* it. *Generazione*). Segundo Aristóteles, "a mudança que vai do não-ser ao ser do sujeito, segundo a contradição", ou seja, a passagem da negação da coisa à coisa. A G. pode ser absoluta, e nesse caso é a passagem do não-ser ao ser da substância, ou qualificada, e nesse caso é a passagem do não-ser ao ser de uma qualidade da substância (*Fís.*, V, I 225 a 12 ss.). O oposto de G. é *corrupção* (v.). G. e corrupção constituem a primeira das quatro espécies de mudança, mais precisamente a mudança substancial (*ibid.*, 225 a 1) (v. DEVIR). [N.A.]

GERAL (in. *General;* fr. *Général;* al. *Gemeingültig;* it. *Generale*). Essa palavra foi introduzida no uso moderno pelo empirismo inglês que, por meio dela, designou o resultado de uma operação de abstração; por isso, é algo diferente de *universal,* interpretado como natureza originária ou forma substancial. "As palavras", diz Locke, "tornam-se G. pelo fato de fazermos delas signos de idéias G.; e as idéias tornam-se G. quando delas são afastadas as circunstâncias de tempo e de lugar, bem como de qualquer outra idéia que possa determiná-las no sentido desta ou daquela existência particular. Com esse meio da abstração, elas adquirem a capacidade de representar vários indivíduos, cada um dos quais, tendo em si conformidade com aquela idéia abstrata, é (como dizemos) daquela espécie" (*Ensaio,* III, 3, § 6). A idéia é G., então, quando resultado da abstração; a generalidade é obra do intelecto, embora a ela corresponda a semelhança das coisas naturais. Como não existem naturezas ou formas universais, o universal reduz-se ao G., e às vezes Locke emprega os dois termos como sinônimos (*ibid.*, III, 3, § 11). Esse termo era aceito com este sentido por Berkeley (*Principles of Knowledge*, Intr., § 12) e por Hume (*Treatise*, I, 1, 7). Leibniz aceitava essa palavra e seu conceito, apesar de afirmar que desse conceito não derivava a negação das essências universais. Dizia: "A generalidade consiste na semelhança das coisas individuais entre si, e essa semelhança é uma realidade" (*Nouv. ess.*, III, 3, 11). Stuart Mill aceitava essa terminologia, distinguindo substantivos individuais ou singulares e substantivos G.: estes últimos possibilitariam afirmar proposições G., ou seja, "afirmar ou negar alguns predicados de um número indefinido de coisas ao mesmo tempo" (*Logic*, I, 2, § 3). Essa significação não prevaleceu na lógica contemporânea, que considera singular o termo cuja conotação impede sua aplicação a mais de uma coisa real, sendo G. o termo que não é singular nesse sentido. Lewis diz: "Saber se um termo concreto é singular ou geral é questão de conotação, não de denotação, ainda que um termo singular não possa denotar mais de uma coisa. 'O objeto vermelho da minha mesa' é um termo singular, e 'Objeto vermelho sobre minha mesa' é um termo G., independentemente dos objetos vermelhos que se encontram em cima da minha mesa" (*Analysis of Knowledge and Valuation*, p. 45). Nesse sentido, o G. nada tem que ver com universal: este é obtido com o uso do operador *todos* e refere-se à denotação, não à conotação de um termo. Por conseguinte, proposição G. é a que se chama função proposicional (v. FUNÇÃO), na qual o sujeito fica indeterminado. Dewey também insistiu na diferença entre G. e universal, negando que a proposição "se humano, então mortal" seja equivalente à proposição "todo homem é mortal". "São coisas radicalmente diferentes", disse Dewey, "formular proposições sobre traços ou características que descrevem uma espécie fazendo abstração de cada exemplar da espécie e formular proposições abstratas sobre abstrações" (*Logic*, XIX, § 2, trad. it., pp. 497-8). [N.A.]

GESTALTPSYCHOLOGIE. V. PSICOLOGIA.

GESTELL. Termo usado por Heidegger para descrever "a essência" da técnica moderna. Em alemão a palavra G. indica habitualmente um dispositivo como um cavalete, pedestal, armação ou estante. Nos moldes de outras palavras (*Ge-birg* = maciço montanhoso) Heidegger a decompõe no prefixo *Ge* ("junto") e no verbo *stellen* ("pôr em pé"), atribuindo-lhe o significado de *totalidade do pôr técnico.* Mais em particular o G. (ou *Ge-stell*), que Volpi traduz como "impianto" (= instalação, aparelho, aparelhagem) e Vattimo como "im-posizione" (= im-posição, termo que une a realidade do pôr com a de obrigar), consiste em reduzir a natureza a "fundo", ou seja, a reserva de energia pronta para uso. Reserva que assume a forma de um gigantesca máquina a serviço da vontade de poder. Pondo as coisas como objeto de manipulação, o homem, por sua vez, acaba sendo instigado a novos serviços, numa espécie de "provocação" contínua (*Heraus-forderung*) entre ele e o ser: "Chamaremos de G. a interpelação pro-vocadora que exige que o homem empregue como "fundo" aquilo que se desvenda" (*Saggi e discorsi*, 1954, trad. it., Mursia, Milão, 1976, p. 14). Reduzindo o ser a ente e o ente a simples fundo, o homem da era da técnica acaba por perder a *si mesmo*, junto ao ser: "O homem veste-se orgulhosamente da figura de senhor da terra. Assim se vem difundindo a aparência de que tudo o que se encontra só subsiste como produto do homem. Essa aparência faz amadurecer mais uma ilusão enganosa. É a ilusão pela qual parece que o homem, em toda parte, não encontra mais ninguém senão a si mesmo [...] *Na realidade, porém, nem a si mesmo o homem de hoje encontra mais em lugar algum: ou seja, já não encontra a sua própria essência*" (*ibid.*, p. 21). Não sendo obra do homem, mas um "modo do desvendamento", o G. constitui um evento que pertence à história do ser. Donde sua natureza bifronte, que por um lado faz dele o auge da metafísica e do niilismo e por outro um primeiro anúncio do *Ereignis* (*Identidade e diferença*, 1957; v. TÉCNICA). [G.F.]

GEVIERT. Termo heideggeriano – traduzível por "quadrado" ou "quadratura", ou então, com acentuação do prefixo coletivo *Ge*, "reunião dos Quatro" – com que se alude (pois se trata sempre e apenas de alusões metafóricas) à abertura do mundo nas quatro direções de terra e céu, divinos e mortais. Direções de que o filósofo alemão ressalta a *conexão unitária*, ou seja, o complexo círculo de remissões através do qual cada uma é ela mesma apenas no ato de remeter-se às outras: "Nenhum dos Quatro se enrijece naquilo que tem de especificamente seu. Ao contrário, cada um dos quatro, dentro de sua transpropriação, é expropriado de tal modo que se torna algo de próprio. Esse expropriante expropriar é o jogo de espelhos da Quadratura" (*Saggi e discorsi*, 1954, trad. it., Mursia, Milão, 1976, p. 99). A concepção do G. como conjunto das "direções" do mundo, dentro do qual a palavra poética, denominando as coisas, as faz aparecer, é confirmada num trecho de *Zur Seinsfrage* (1955), em que Heidegger explica que a riscadura em forma de cruz do termo ser (*Sein*) não aluda apenas à necessidade negativa de "defender-se" do modo de pensar metafísico, mas também denota, positivamente, *das Sein als G.* (o ser como G.), vale dizer, "as quatro regiões do conjunto dos Quatro" e a "sua reunião no lugar do cruzamento" (*Segnavia,* 1967, trad. it., Adelphi, Milão, 1987, p. 360). [G.F.]

GIMNOSOFISTAS (gr. γυμνοσοφισταί; lat. *Gymnosophistae;* in. *Gymnosophists;* fr. *Gymnosophistes;* al. *Gymnosophisten;* it. *Gimnosofisti*). Os "sábios nus" da Índia; assim foram chamados os faquires pelos escritores gregos (ARISTÓTELES, *Fragm.*, 35; ESTRABÃO, 16, 2, 39; PLUTARCO, *Alex.*, 64 etc.). Pírron, o fundador do ceticismo, visitou os G. na Índia e imitou seus costumes (DIÓG. L., IX, 61). [N.A.]

GIOBERTISMO. V. ONTOLOGISMO.

GLÓRIA (lat. *Gloria;* in. *Glory;* fr. *Gloire;* al. *Glorie;* it. *Gloria*). Na terminologia bíblica e escolástica, G. é, por um lado, a homenagem que o homem faz a Deus e, por outro, a recompensa que Deus dá ao homem, acolhendo-o em Sua fruição. Com esta última significação Tomás de Aquino diz que a G. é "a perfeita fruição de Deus" (*S. Th.*, III, q. 53, a. 3). Foi com esse sentido que Espinosa identificou o amor intelectual de Deus com a G. da qual fala a Bíblia: "Esse amor ou bem-aventurança é chamado de G. nos livros sagrados, não sem razão. Pois tal amor, refira-se ele a Deus ou à mente, pode ser chamado de satisfação da alma, que na realidade não se distingue da G." (*Et.*, V, 36, esc.). Descartes atribuíra significado puramente mundano a esse termo, considerando a G. como "uma espécie de G. fundada no amor que se sente por si mesmo e deriva da impressão da esperança de louvor por parte dos outros" (*Pass. de l'âme,* art. 204). [N.A.]

GLOSSEMÁTICA (in. *Glossematics;* fr. *Glossématique;* al. *Glossematik;* it. *Glossematica*). Estudo dos elementos últimos a que chega a análise lingüística. Estudo que, nos autores do Círculo de Copenhague, tende a configurar-se como "uma álgebra da linguagem", voltada a evidenciar os aspectos sistemáticos e formais do fato de fala e os "feixes relacionais" por meio dos quais atua (v. LINGUAGEM). [G.F.]

GNÔMICO (in. *Gnomical;* fr. *Gnomique;* al. *Gnomisch;* it. *Gnomico*). Quem se expressa por meio de breves sentenças morais, como fizeram os Sete Sábios (v. SÁBIOS), que, por isso, foram chamados de G. [N.A.]

GNOSIOLOGIA. V. CONHECIMENTO, TEORIA DO.

GNOSTICISMO (gr. γνῶσις; in. *Gnosticism;* fr. *Gnosticisme;* al. *Gnosticismus;* it. *Gnosticismo*). Foram assim designadas algumas correntes filosóficas que se difundiram nos primeiros séculos depois de Cristo no Oriente e no Ocidente. A literatura que produziram era rica e variada, mas perdeu-se, à exceção de poucos textos conservados em traduções coptas, chegando até nós apenas através dos trechos mencionados e, ao mesmo tempo, refutados pelos Padres Apologistas. O G. é uma primeira tentativa de filosofia cristã, feita sem rigor sistemático, com a mistura de elementos cristãos míticos, neoplatônicos e orientais. Em geral, para os gnósticos o conhecimento era condição para a salvação, donde esse nome, que foi adotado pela primeira vez pelos ofitas ou Sociedade da Serpente, que mais tarde se dividiram em numerosas seitas. Estas utilizavam textos religiosos atribuídos a personalidades bíblicas, tal como o *Evangelho de Judas,* mencionado por Irineu (*Adv. haer.*, I, 31, I). Outros textos dessa espécie foram encontrados em traduções coptas; entre eles, o mais importante é *Pistis Sophia* (publicado em 1851), que expõe em forma de diálogo entre o Salvador ressuscitado e seus discípulos, especialmente Maria Madalena, a queda e a redenção de Pistis Sophia, ser pertencente ao mundo dos *Eons* (v.), bem como o caminho da purificação do homem por meio da penitência. Os principais gnósticos dos quais temos notícia são: Basílides, Carpócrates, Valentim e Bardesane, cujas doutrinas são conhecidas pelas refutações feitas por Clemente de Alexandria, Irineu e Hipólito. Uma das teorias mais típicas do G. é o *dualismo* dos princípios supremos (admitido, p. ex., por Basílides), ligado a concepções orientais. A tentativa de união entre os dois princípios, bem e mal, tem como resultado o *mundo,* no qual as trevas e a luz se unem, mas com predomínio das trevas. [N.A.]

Jonas elaborou uma leitura "existencialista" do G., identificando seu elemento básico no motivo da "vida estrangeira", ou seja, de achar-se *lançado* para viver num mundo pelo qual se sente "estranheza" ou "não-em-casa" (*unheimlich*), tanto por obrigação de residir numa habitação "exígua" e cheia demais quanto pela distância da transcendência e da nossa verdadeira origem (*Gnosis und spätantiker Geist,* I, *Die mytologische Gnosis,* 1934, Vandenhoeck & Ruprecht, Göttingen, 1964[3], pp. 96 ss.). Da leitura existencialista do G. Jonas depois passou a uma leitura gnóstica do existencialismo, que acabou por comparar a uma forma de neognosticismo. Em outros termos, Jonas considera que, assim como o niilismo moderno pode ser útil para se entender o niilismo antigo, também o niilismo antigo pode ser útil para se entender o niilismo moderno, ou seja, a condição espiritual, típica da modernidade, que parte do sentimento de solidão do homem no universo. Isso não significa que Jonas tenha pretendido minimizar as diferenças entre os dois tipos de niilismo: "o homem gnóstico está lançado numa natureza antagonista, antidivina e por isso anti-humana; o homem moderno, numa natureza indiferente. Mas o segundo caso representa o vazio absoluto, o abismo sem fundo..." (*The Gnostic Religion*, 1958, trad. it., *Lo gnosticismo*, SEI, Turim, 1958, 1991[2], p. 353). Hoje se fala de neognosticismo também a propósito das posições filosóficas que insistem no vínculo de necessidade, seja lá como for entendido e interpretado, que liga Deus ao mal (v. DEUS). [G.F.]

GNOSTOLOGIA (lat. *Gnostologia*; it. *Gnostologia*). Termo cunhado por Calov em *Scripta Philosophica* (1650), para designar uma das duas disciplinas auxiliares da metafísica (a outra é a *Noologia*, [v.]), mais precisamente a que tem por objeto "o cognoscível como tal". Foram chamados de gnostólogos alguns aristotélicos protestantes que ensinaram nas universidades alemãs na primeira metade do século XVII. Sobre eles, cf. PETERSEN, *Geschichte der aristotelischen Philosophie im protestantischen Deutschland*, Leipzig, 1921; CAMPO, *Cristiano Wolff*, Milão, 1939, I, pp. 144 ss. [N.A.]

GÖDEL, TEOREMA DE. V. MATEMÁTICA.

GOSTO (in. *Taste*; fr. *Goût*; al. *Geschmack*; it. *Gusto*). Critério ou cânon para julgar os objetos do sentimento. Visto que só a partir do século XVIII o *sentimento* (v.) começou a ser reconhecido como faculdade autônoma, distinta da faculdade teórica e da prática, a noção de G. foi-se determinando, no mesmo período, em correlação com a noção do critério ao qual essa faculdade, em suas valorações, está adequada ou deve adequar-se. A faculdade do sentimento logo recebeu como atribuição a atividade estética: assim, entende-se por G. sobretudo o critério do juízo estético, e foi com esse sentido que essa palavra se incorporou no uso corrente. Em seu sentido mais geral, o G. é definido por Vauvenargues como "disposição para julgar corretamente os objetos do sentimento" (*Intr. à la connaissance de l'esprit humain*, 1746, 12); e por Kant, que declara, em *Antropologia* (§ 69): "O G. (como uma espécie de sentido formal) leva a compartilhar com outros os sentimentos de prazer e dor e implica a capacidade – agradável, graças a esse mesmo compartilhar – de sentir satisfação (*complacentia*) em comum com outrem". Em alguns de seus *Ensaios morais e políticos* (1741), Hume entendeu o G. em sentido mais estritamente estético, conquanto também ligue o G. estreitamente com o sentimento em geral. A beleza é de fato um sentimento, e, como todo sentimento é justo, não se referindo a nada além de si mesmo, cada espírito percebe uma beleza diferente. Isso, porém, não impede que haja um critério do G., pois existe uma espécie de *senso comum* que restringe o valor do velho ditado "Gosto não se discute". Pode-se determinar um critério do G. recorrendo às experiências e às observações dos sentimentos comuns da natureza humana, sem pretender que em todas as ocasiões os sentimentos dos homens se conformem a esse critério. "Em cada criatura", diz Hume, "há um estado são e um estado de doença; só o primeiro nos dá o verdadeiro critério de G. e de sentimento. Se no estado de saúde do organismo houver uniformidade completa ou considerável de sentimentos entre os homens, poderemos daí inferir uma idéia da beleza perfeita, do mesmo modo como a aparência dos objetos, à luz do dia e aos olhos de um homem em bom estado de saúde, é considerada a cor verdadeira e real dos objetos, ainda que tanto durante o dia quanto durante a noite a cor seja apenas um fantasma dos sentidos" (*Essays*, I, p. 272). Por sua vez, E. Burke dizia: "Pela palavra G. entendo apenas a faculdade, ou faculdades, da mente que são impressionadas pelas obras da imaginação e pelas belas-artes, formulando um juízo sobre elas" (*A Philosophical Inquiry into the Origin of Our Ideas of the Sublime and Beautiful*, 1756, Intr.; trad. it., p. 47). Para Kant, o G. é uma espécie de *senso comum* (v.); é, aliás, o senso comum em seu significado mais exato, porque pode ser definido como "a faculdade de julgar aquilo que torna universalmente comunicável o sentimento suscitado por dada representação, sem a mediação do conceito" (*Crít. do Juízo*, § 40). Portanto, a universalidade do juízo de G. não é a mesma do juízo intelectual, pois não se baseia no objeto, mas na possibilidade de comunicação com os outros. Em outros termos, o juízo de G. só é universal porque se fundamenta na comunicabilidade do sentimento (*Crít. do Juízo*, § 39). Kant também fez a distinção entre o G. como faculdade de julgar e o gênio como faculdade de produzir (*ibid.*, § 48). Croce identifica essas duas faculdades, considerando idênticos o processo de criação e o de reprodução de uma obra de arte (*Estética*, cap. 16). Mas com isso o conceito de G. não muda; na realidade, a estética moderna e contemporânea conservou ou reproduziu, com modificações irrelevantes (do ponto de vista conceptual), a noção de G. elaborada pelos tratadistas do século XVIII, cujas características fundamentais expusemos. [N.A.]

GOVERNO, FORMAS DE (gr. σχήματα πολιτείας; lat. *Reipublicae formae*; in. *Forms of government*; fr. *Formes de gouvernement*; al. *Staatsverfassung*; it. *Forme di governo*). Uma das mais antigas doutrinas políticas, talvez a mais antiga, é a distinção das três formas de G. (de um só, de poucos, de todos), enunciadas por Heródoto por meio da discussão de sete personagens persas, mas na realidade expondo noções populares de sabedoria grega. Heródoto pergunta: "Como o domínio de um só homem poderia ser um G. bem instituído, se esse homem pode fazer o que quer sem dar satisfação a ninguém? O monarca tende a tornar-se tirano. Por outro lado, o G. do povo é com certeza o melhor, porque nele todos são iguais, mas também tende a degenerar e a tornar-se desenfreada demagogia. Por isso, a melhor forma de G. é uma boa monarquia" (III, 80-2). Em *República*, Platão punha acima dessa classificação o Estado idealmente perfeito, a *aristocracia* ou G. dos filósofos. A primeira degeneração da aristocracia é a *timocracia*, ou seja, o G. fundado na honra que nasce quando os governantes se apropriam de terras e de casas. A segunda é a *oligarquia*, governo baseado no patrimônio, no qual os ricos mandam. A terceira forma é a *democracia*, na qual a todo cidadão é lícito fazer o que quer. Finalmente, a forma extrema de degeneração política é a *tirania*, que muitas vezes nasce da excessiva liberdade da democracia (*Rep.*, VIII-IX). De modo mais sistemático, em *O Político*, Platão distinguiu três formas de regime político: G. de um só, G. de poucos e G. de muitos; essas formas, segundo sejam regidas por leis ou desprovidas de leis, motivam respectivamente o G. régio ou tirania, a aristocracia ou oligarquia e as duas formas da democracia, a regida por leis e a demagógica (*Pol.*, 291 d-e). Essa classificação foi repetida por Aristóteles (*Pol.*, III, 7, 1279 a 27), que, no entanto, alude a outra divisão, na qual as formas fundamentais seriam duas: "democracia, quando os livres governam, e oligarquia, quando os ricos governam e, em geral, os livres são muitos e os ricos poucos" (*ibid.*, IV, 4, 1290b, I): classificação que seria simétrica a outras classificações diádicas, cuja autoria Aristóteles não declara. Contudo, a classificação triádica tornou-se tradicional, e a ela os escritores políticos da Idade Média, do Renascimento e dos tempos modernos se referem constantemente. A Bodin deve-se a observação de que as diversas formas de ordenamento estatal são diversas formas de G., não formas diferentes de *Estado* (donde a permanência da expressão "formas de G." em francês, italiano e inglês). A soberania, que é o caráter fundamental do Estado, é una e indivisível: o Estado consiste na posse da soberania. O G., ao contrário, consiste no aparato por meio do qual esse poder é exercido. Na monarquia, a soberania reside no rei, mas este pode delegar amplamente seu poder e governar de modo democrático, ao mesmo tempo que, numa democracia, o governo pode ser despótico (*Six livres de la République*, 1576). Hobbes parte do mesmo princípio: a diferença das formas de G. depende da diversidade das pessoas às quais é confiado o poder soberano. Têm-se democracia, aristocracia ou monarquia, segundo o poder soberano seja confiado ao povo, aos nobres ou ao rei. Quanto às chamadas degenerações das formas de G., são apenas "três denominações diferentes dadas por quem odiava o governo ou os governantes" (*De cive*, 7, §§ 1-2). Montesquieu modificou a divisão tradicional, afirmando que o G. pode ser republicano (um conjunto de democracia e aristocracia), monárquico e despótico. Cada uma dessas três formas é regida por um "princípio" que, portanto, condiciona sua conservação e seu funcionamento. O G. popular baseia-se na virtude cívica e no espírito público do povo; a monarquia, no sentimento de honra da classe militar; o despotismo, no temor (*Esprit des lois*, 1748, III). Com base nessa mesma doutrina de Montesquieu, a antiga tripartição das formas de G. começa a perder importância. Montesquieu viu claramente que a liberdade da qual os cidadãos gozam num Estado não depende da forma de G. desse Estado, mas da limitação dos poderes garantida pela ordenação do Estado. Disse: "A democracia e a aristocracia não são Estados livres por natureza. A liberdade política encontra-se nos G. moderados. Mas nem sempre existe nos Estados moderados: persiste só enquanto não há abuso de poder. [...] Para que não seja possível abusar do poder, é preciso que, pela disposição das coisas, o poder refreie o poder. Uma constituição pode ter tal forma que ninguém seja obrigado a cumprir as ações às quais a lei não obrigue, nem a deixar de cumprir as que a lei permite" (*ibid.*, XI, 6). Essas palavras são verdadeiras ainda hoje, assim como eram verdadeiras no tempo de Montesquieu. A experiência histórica do mundo moderno e contemporâneo mostrou que a liberdade e o bem-estar dos cidadãos não dependem da forma de G., mas da participação que os G. oferecem aos cidadãos na formação da vontade estatal e da presteza com que eles são capazes de modificar e de retificar suas diretrizes políticas e suas técnicas administrativas. Por esses motivos, na moderna teoria política geral, a distinção ou classificação das formas de G. não tem grande relevância; pode-se dizer que é a mesma de Heródoto, mas que deixou de expressar um problema efetivo da teoria e da prática da política. [N.A.]

GOZO. V. FRUIÇÃO.

GRAÇA[1] (in. *Grace*; fr. *Grâce*; al. *Anmut*; it. *Grazia*). Uma espécie particular de beleza distinguida pela estética do século XVIII: a beleza em movimento. Edmund Burke dizia: "A G. é uma idéia não muito diferente da beleza, constituída pelos mesmos elementos. A G. é uma idéia relativa à postura e ao movimento: para serem graciosos, não devem dar a impressão de dificuldade; bastam a leve flexão do corpo e a harmonia das partes, de tal maneira que não se estorvem reciprocamente e que não se mostrem separadas por ângulos bruscos e distintos.

Nessa facilidade, na harmonia e na delicadeza de postura e de movimento consiste todo o encanto da G., o seu 'não-sei-quê'" (*A Philosophical Inquiry into the Origin of our Ideas of the Sublime and Beautiful*, 1756, II, 22). Essas idéias eram repetidas com freqüência pelos tratadistas do século XVIII. Num *Ensaio sobre a beleza* (1765), ao caráter da G. descrito por Burke, Giuseppe Spalletti acrescentava outro: a expressividade. "Já grandes autores observaram que essas qualidades (agilidade e robustez) consistem nas flexões, nas curvas e na mistura delas, que, se forem acompanhadas por *transparência* que indique a conformidade com os movimentos internos causados pelos afetos da alma, parecerão graciosas: prerrogativa cuja importância o feliz possuidor do gosto natural entende com tanta facilidade quanto lhe parece difícil explicar" (*op. cit.*, 37). Mas o maior teórico da G. foi certamente Schiller, que viu nesse conceito a mais consumada harmonia entre a liberdade moral e a necessidade natural. Schiller começa distinguindo a beleza imóvel ou *arquitetônica*, que é produzida pelas forças plásticas da natureza por meio da lei da necessidade, da beleza *em movimento*, que é produzida por um espírito segundo condições de liberdade. A beleza arquitetônica honra o criador da natureza; a beleza em movimento honra quem a possui. A beleza em movimento assim é chamada porque uma modificação da alma só pode manifestar-se como movimento no mundo sensível (*Über Anmut und Würde*, 1793; *Werke*, ed. Karpeles, XI, p. 183). Esta segunda espécie de beleza é justamente a G., definida por Schiller como "a beleza de uma figura movida pela liberdade" (*ibid.*, XI, p. 184; cf. L. PAREYSON, *L'estetica dell'idealismo tedesco*, Turim, 1950, 1, pp. 227 ss.). Essas observações tornaram-se clássicas e até hoje são repetidas, mesmo fora do contexto filosófico em que Schiller as inseria, o qual caiu completamente em desuso. [N.A.]

GRAÇA[2] (gr. χάρις; lat. *Gratia*; in. *Grace*; fr. *Grâce*; al. *Gnade*; it. *Grazia*). Em geral, *dádiva gratuita*, sem retribuição; mais especificamente, em sentido teológico, o dom da salvação ou de alguma condição essencial da salvação que Deus oferece ao homem, independentemente dos méritos (se existirem) do próprio homem. Nesses termos, a G. foi descrita na *Epístola aos romanos*, de Paulo. O problema da magnitude e dos limites da G. sempre foi fundamental no cristianismo. Marcou o ponto culminante da atividade filosófica e teológica de Agostinho e, depois de inúmeras discussões medievais, representou um dos maiores conflitos entre a Reforma e o catolicismo pós-tridentino. Reduzido a seus termos essenciais, o problema pode ser expresso da seguinte maneira. É doutrina fundamental do cristianismo que a salvação não é possibilidade humana. A revelação e a encarnação de Cristo são os instrumentos indispensáveis que, suprindo a deficiência da natureza humana, reduzida ou corrompida pelo pecado original, lhe restituem a possibilidade de salvação. Mas a revelação e a participação nos méritos de Cristo podem ser concedidas e, em princípio, o são a todos os homens como tais; por isso, a admitir-se (como fazem muitos padres da Igreja oriental) que no fim dos tempos todos os homem serão salvos (doutrina da *apocatástase* [v.]), a noção de G. não dá origem a graves problemas. Mas surge o problema quando se admite que nem todos os homens se salvarão e que no fim dos tempos ainda haverá justos e perversos, portanto, eleitos e condenados. Nesse caso, surge a pergunta: quem determina a salvação de cada homem, o próprio homem ou Deus? Diante desse problema só há duas respostas possíveis e, na realidade, são duas as doutrinas típicas da G.: 1ª a G. é determinante, ou seja, é Deus mesmo que, conferindo-a a uns e negando-a a outros, determina os hábitos e as disposições que tornarão o homem justo e o levarão à salvação; 2ª a G. não é determinante, no sentido de que sua concessão por parte de Deus, mesmo sendo condição necessária da salvação, não determina a própria salvação, que exige a contribuição do homem. Essas duas soluções, ou melhor, esses dois tipos de solução permaneceram substancialmente inalterados ao longo da história dessa controvérsia, apesar da variedade das expressões, atenuações ou nuanças que receberam durante esse tempo.

1º A primeira solução é apresentada por Agostinho na polêmica contra Pelágio, pela Reforma protestante e pelo jansenismo. Consiste em julgar que a humanidade toda pecou com Adão e em Adão e que, portanto, o gênero humano é uma só "massa condenada", a cuja punição nenhum membro pode escapar, a não ser pela misericórdia e pela G. não obrigatória de Deus (AGOSTINHO, *De civ. Dei*, XIII, 14). O fundamento dessa solução é que a *verdadeira* liberdade do homem coincide com a ação agraciadora de Deus. Segundo Agostinho, a vontade só é livre quando não dominada pelo vício e pelo pecado, e é essa a liberdade que só pode ser devolvida ao homem pela G. de Deus (*ibid.*, XIV, 11). Desse ponto de vista, o homem não possui méritos próprios, válidos perante Deus: seus méritos são dons divinos que devem ser atribuídos a Deus, e não a si mesmo (*De gratia et libero arbitrio*, 6). O *De servo arbitrio* (1525) de Lutero, admitindo esse ponto de vista agostiniano, nega que o homem seja livre. Segundo Lutero, não se pode admitir ao mesmo tempo a liberdade divina e a humana. A presciência e a predestinação divina implicam que nada acontece sem a vontade de Deus, e isso exclui que no homem ou em qualquer outra criatura haja livre-arbítrio. À óbvia objeção de que, nesse caso, Deus é o autor do mal, Lutero responde com a doutrina já defendida na última fase da escolástica (p. ex., por OCKHAM, *In Sent.*, I, d. 17, q. 1 *M*): Deus não se submete a normas; não deve querer uma coisa ou outra porque é justa, mas o que ele quer é justo por si mesmo (*De servo arb.*, 152). Calvino expressava mais cruamente o mesmo conceito quando afirmava: "Digamos que o Senhor decidiu, em seu parecer eterno e imutável, a quais homens conceder salvação e quais deixar em ruína. Digamos que os chamados à salvação são recebidos por sua misericórdia gratuita, sem nenhuma consideração pela dignidade deles. Ao contrário, o ingresso na vida está fechado para todos os que ele quer entregar à condenação, e isso acontece em virtude de seu juízo oculto e incompreensível, embora justo e equânime" (*Institution de la religion chrétienne,* 1541, 7). *Augustinus* (1641) de Jansênio contém tese idêntica a esta sobre a G. (v. JANSENISMO).

2º O segundo ponto de vista foi formulado durante a Idade Média e está exposto, por exemplo, na obra de Anselmo, *Concordância da presciência da predestinação e da G. de Deus com o livre-arbítrio* (1109). Anselmo afirma que a predestinação de Deus leva em conta a liberdade humana, visto que Deus não predestina ninguém violentando sua vontade, mas deixa sempre a salvação em poder do predestinado. Todavia, em virtude de sua presciência, ele predestina só aqueles cuja boa vontade conhece antecipadamente (*De concordia prescientiae* etc. q. 2, 3). Solução análoga é dada por Tomás de Aquino: "A preparação do homem para a G. tem Deus como móbil, o livre-arbítrio como movimento. Ela pode ser considerada sob dois aspectos: no primeiro, depende do livre-arbítrio e não implica a necessidade de obter a G. porque o dom da G. excede qualquer preparação da virtude humana; no segundo aspecto, tem Deus como móbil e implica a necessidade de obter a G. que é determinada por Deus, embora não se trate de uma necessidade proveniente de coação, mas da infalibilidade, porquanto a intenção de Deus não pode deixar de ter efeito" (*S. Th.*, III, q. 112, a 3). No período da Contra-Reforma, Luís de Molina, no texto *Liberi arbitri cum gratiae donis, divina praescientia, providentia, praedestinatione et reprobatione concordia,* voltou a propor a solução tomista, distinguindo a G. *suficiente,* dada a todos os homens como condição necessária da salvação, da G. *eficaz,* que é infalível e segue a boa vontade humana. Em realidade esta e análogas distinções só servem para justificar o caráter não rigorosamente determinante da G., no sentido de que, em todo caso, ela deixa a salvo a liberdade humana e, com isso, também deixa aos réprobos (e somente a eles) a responsabilidade de sua condenação. Toda a disputa gira em torno do significado de *liberdade* (v.), e, visto que ambas as partes consideram a liberdade como autocausalidade, mas nenhuma delas considera tal causalidade primária ou absoluta, a substância da disputa reduz-se a bem pouco do ponto de vista conceptual. Para uma ou outra doutrina, a causa primeira de tudo e, portanto, também da liberdade ou da salvação humana, é Deus. Contudo, essa disputa não é realmente conceptual, mas religiosa ou eclesiástica. A defesa de certo grau de liberdade humana em relação à G. tende a acentuar a importância da ação mediadora da Igreja, na qual o homem sempre pode achar, desse ponto de vista, a concessão compreensiva da G., ou seja, a ajuda sobrenatural para a salvação. Por outro lado, a acentuação do caráter determinante ou necessitante da G. tende a colocar o homem diretamente diante de Deus e de sua vontade inescrutável, uma vez que o pecado, desse ponto de vista, não pode ser remido por ação mediadora, mas, ao contrário, é sinal evidente de não-concessão da G., portanto, da futura condenação. Entende-se por que este segundo ponto de vista, assim como ocorreu com o jansenismo, surge no próprio seio do catolicismo quando, em nome de certo rigorismo moral, se deseja insistir na gravidade do pecado e não se está disposto a considerá-lo um obstáculo fácil à salvação. [N.A.]

GRAMÁTICA (gr. γραμματικὴ τέχνη; lat. *Grammatica;* in. *Grammar;* fr. *Grammaire;* al. *Grammatik;* it. *Grammatica*). Segundo uma tradição registrada por Diógenes Laércio (III, 25), Platão foi o primeiro a "teorizar a possibilidade da G.". De fato, é freqüente nos textos de Platão a referência à G., cuja natureza é definida com mais precisão no *Crátilo.* O fundamento dessa definição é a analogia entre a G. e a arte figurativa. Assim como um artista procura reproduzir os traços dos objetos com o desenho e as cores, o gramático procura fazer a mesma coisa com as sílabas e as letras. Seu objetivo é "imitar a substância das coisas". Se ele chegar a reproduzir tudo o que pertence a essa substância, sua imagem será bela, mas, se deixar alguma coisa fora ou se acrescentar algo não pertinente, sua imagem não será bela. Nesse aspecto, o gramático é um "artífice de nomes, portanto um legislador que pode ser bom ou mau" (*Crat.*, 431 b ss.). Esse é o primeiro conceito de G. formulado, e é *normativo* porque, segundo ele, o gramático não descreve, mas *prescreve*: é um "legislador". Parece ser análogo o conceito de Aristóteles, que define a G. como "ciência do ler e do escrever" (*Top.*, VI, 5, 142 b 31). Esse conceito praticamente não foi alterado até os tempos modernos. No fim da escolástica começou-se a falar de uma "G. especulativa" (Tomaseu de Erfurt compôs uma que foi atribuída a Duns Scot), e Campanella incluiu uma G. semelhante em sua *Philosophia rationalis* (1638), que compreende Poética, Retórica e Dialética. No século seguinte, Wolff pôs entre as outras ciências a G. especulativa ou filosofia da G., "na qual se explicam as regras gerais pertencentes à G. em geral, sem levar em conta os particularismos das línguas especiais" (*Log.*, Disc. prael., 1735, § 72).

Foi só com Humboldt que surgiu um novo conceito de G., no famoso texto *Sobre a diversidade da constituição da linguagem humana* (1836), a partir do qual a G. começou a ser concebida como uma disciplina não normativa ou legislativa, mas *descritiva*, sendo seu objetivo investigar, na língua, as uniformidades que constituem *regras* ou *leis*. Por esse conceito moldaram-se todos os estudos modernos da G., que passaram a utilizar cada vez mais as considerações estatísticas (cf., p. ex., G. HERDAN, *Language as Choice and Chance*, Gröningen, 1956). No campo filosófico, Heidegger encarou a exigência de libertar a G. da lógica que toma as coisas como modelo, ou seja, o "instrumental intramundano": "A tarefa de libertar a gramática da lógica exige uma compreensão preliminar e positiva da estrutura *a priori* do discurso como existencial. Essa tarefa não pode ser cumprida subsidiariamente por meio de correções e complementações do que foi legado pela tradição. Nesse propósito, devem-se questionar as formas fundamentais em que se funda a possibilidade semântica de articulação do que é suscetível de compreensão, e não apenas dos entes intramundanos conhecidos teoricamente e expressos em frases" (*Sein und Zeit*, § 34). Desse ponto de vista, não basta realizar uma "G. geral" baseada na generalização das regras de todas as línguas, visto que mesmo essa G. geral pode ser restrita demais no que diz respeito às formas lógicas em que se molda. Heidegger acrescenta: "A semântica tem raízes na ontologia do *Dasein* (ser-aí): sua sorte está ligada ao destino deste" (*ibid.*, § 34). Em outros termos, Heidegger desejaria uma G. que levasse em conta não só e não tanto a estrutura das *coisas*, em que se molda a estrutura da oração, mas também e sobretudo a estrutura da existência humana, que é específica e diferente da estrutura das coisas. Esse também parece ser o pressuposto da G. *gerativa* e *transformacional* de que fala Chomsky; com efeito, este se refere freqüentemente a Descartes e, em geral, aos filósofos do século XVII, que ressaltaram o caráter especificamente humano e criativo da linguagem. Essa G. gerativa deveria solucionar o problema de "construir uma teoria da aquisição lingüística e de explicar as habilidades inatas específicas que possibilitam essa aquisição" (*Aspects of the Theory of Syntax*, 1956, I, § 4). Uma G. desse tipo, por um lado, seria "um modelo explicativo, ou seja, uma teoria da intuição lingüística do falante nato" e, por outro, mostraria que "as estruturas profundas são muito semelhantes de uma língua para outra, e as regras que as manipulam e interpretam também parecem derivar de uma classe muito restrita de operações formais concebíveis" (*Ensaios lingüísticos*, trad. it., III, 1969, pp. 19 e 272). Essa G. seria, assim, a *matriz* de qualquer G. possível e também apresentaria os critérios para a escolha de determinada G. na constituição de uma linguagem. [N.A.]

GRAMÁTICA DE MONTAGUE (in. *Montague grammar*; fr. *Grammaire de Montague*; al. *Montagues Grammatik*; it. *Grammatica di Montague*). Com essa expressão indica-se aquilo que continua sendo ainda hoje a mais avançada tentativa de semântica formal, devida ao filósofo e lógico americano R. Montague e exposto em *Formal Philosophy* (1974): trata-se de uma formalização das línguas naturais que, realizada com os recursos oferecidos pela lógica matemática, respeita muitas das suas características. A G. de Montague parte da convicção de que uma língua natural pode ser tratada de modo pleno e perfeito como uma linguagem formal e que, portanto, a competência semântica de um falante competente pode ser explicitada e formalizada por inteiro. Uma das novidades em relação a outras abordagens está no fato de que a formalização dos enunciados de partida não é efetuada de modo intuitivo e por isso aproximativo, mas com base em regras contidas na própria teoria semântica (naturalmente, a linguagem lógica com que se fala da linguagem por traduzir deve ser de ordem superior à primeira). Além disso, recorre-se aos instrumentos da lógica modal para obviar às limitações *do extensionalismo semântico* (v.) e, como o valor de verdade dos enunciados não depende apenas dos próprios enunciados, mas (como ensina a pragmática) da referência a índices devidos, o significado acaba por ser uma intensão, isto é, uma função que atribui uma denotação a um par constituído por um mundo possível e por um contexto de uso (v. INTENSIONALISMO SEMÂNTICO).

A G. de Montague apresenta não obstante dois tipos de problema: internos e externos. Os primeiros consistem nas dificuldades típicas de toda abordagem à semântica que parta de modelos, seja de tipo extensional ou intensional, a começar das atitudes proposicionais (v.), para cuja solução foram concebidas a semântica situacional (*situational semantics*) de Perry e Barwise (para a qual a referência de um enunciado declarativo não é um valor de verdade, mas uma situação) e a teoria da representação do discurso (*discourse-representation theory*) de Kamp (que, formalizando adequadamente a anáfora interenunciativa, consegue explicar não só enunciados, mas também textos inteiros nas suas inter-relações). Entre os problemas externos, o principal é o da semântica lexical, ou seja, o significado dos símbolos primitivos extralógicos da linguagem: nem a semântica tarskiana nem as suas extensões têm realmente o que dizer sobre a intensão dos componentes primitivos não lógicos das expressões. Em outras palavras, elas interpretam tais símbolos de modo puramente extensional, associando o símbolo a um modelo (p. ex., posso associar Sócrates a filósofo, grego, homem, mamífero etc.), mas não esclarecem as motivações pelas quais associaram esse determinado símbolo a um modelo específico e não a outro. Na G. de Montague a distinção entre semântica estrutural e semântica lexical e o recurso aos postulados de significado não constituem solução adequada. Em segundo lugar, a G. de Montague não possui conteúdo cognitivo, ou seja, não tem nem pretende ter correspondência com a compreensão: problema para o qual pareceu necessário abandonar o ostracismo (de marca fregiana) em relação ao psicologismo e fundar a semântica cognitiva (v. COGNITIVISMO). [M.S.]

GRAMÁTICA GERATIVO-TRANSFORMACIONAL. V. GRAMÁTICA; LINGUAGEM.

GRAMATOLOGIA (in. *Gramatology;* fr. *Grammatologie;* al. *Grammatologie;* it. *Grammatologia*). Estudo da escrita. O termo foi enunciado pela primeira vez em *Foundations of Grammatology* de I. J. Gelb (1952), ainda que tenha sido tratado de forma plena em *De la grammatologie* de J. Derrida (1967). Nos termos de Gelb, a G. seria uma ciência empírica da escrita considerada como apêndice de uma lingüística geral; nos de Derrida, apresenta-se, ao contrário, como uma doutrina transcendental: a escrita de que se fala na G. de Derrida não é de fato a transcrição da voz, mas uma arquiescrita entendida como processo de inscrição do traço em geral, ou seja, como retenção de uma impressão (sensível, intuitiva ou lógica). A reflexão de Derrida toma como ponto de partida (*Introduction à Edmund* Husserl, *L'origine de la géométrie,* 1962) as considerações de Husserl sobre a constituição da presença através da retenção: aquilo que consideramos presente não é simplesmente um dado, mas é o resultado de um conjunto de memórias (retenções) e de expectativas (protensões). Esse sistema se constitui como uma arquiescrita de que a escrita empírica não passaria de imagem ou modificação possível. Estas considerações, porém, estão radicadas, de forma reflexiva ou não, nas grandes assunções teóricas da tradição, e em especial na tradição aristotélica e kantiana. O dado fenomenológico primário é dado pela doutrina tradicional da mente como tábula rasa, na qual o percepto se inscreve numa dimensão que já não é estética (trata-se de uma forma sem matéria) e ainda não é lógica (o que se deposita não é um conceito, mas um indivíduo). Nestes termos, a noção de traço coincide com o esquema kantiano, definido, na *Crítica da razão pura,* como uma moeda, que numa face tem afinidade com a estética (o percepto desmaterializado, o *eîdos* sem *hyle*), e por outro tem afinidade com a lógica (o percepto idealizado, embora não ainda universalizado). Que esse processo deva ser entendido em termos de escrita já está de resto evidente no fato de que a tradição (*Teeteto* de Platão, *De anima* de Aristóteles, *Ensaio* de Locke e, substancialmente, até a neurofisiologia contemporânea, que fala de engramas cerebrais) se refere a uma *tabula scriptoria,* muito mais que a uma câmara escura (ou seja, um suporte para imagens, que se invoca principalmente para esclarecer o fenômeno específico da visão). O que se escreve, na verdade, não é necessariamente uma imagem, mas pode ser também um som, um odor ou um sabor, ou a associação de múltiplos dados sensoriais, ou seja, justamente um traço que se assemelha mais à abreviação escritural que a uma representação realística. É nesse sentido que em *Filebo* Sócrates descreve a percepção e o raciocínio como atividade de um escrivão interior que escreve discursos na alma, secundado apenas num momento subseqüente pela atividade de um pintor. Essa inscrição de traços configura-se como uma lógica transcendental em dois sentidos. Em primeiro lugar, é a possibilidade da lógica, uma vez que a retenção não é um processo exterior e secundário em relação à constituição do raciocínio (p. ex., sem lembrar as premissas de um silogismo, não se pode concluir); nesse sentido, a retenção do traço é justamente o requisito prioritário de uma lógica formal ou, nos termos kantianos, geral (ou seja, sem relação com a efetiva existência dos conteúdos do raciocínio). Mas a retenção funciona como lógica transcendental também em sentido especificamente kantiano, ou seja, como lógica aplicada a um conhecimento efetivo; o traço, na verdade, não nasce do nada, mas é a intervenção de um exterior existente sobre o interior (também no caso da alucinação a falsa sensação reagrega dados sensoriais pregressos). Neste segundo sentido, observa-se o papel do traço na constituição de uma estética transcendental. Já no quarto livro da *Física* de Aristóteles, a constituição do espaço e do tempo procede da possibilidade de reter, e ilustra-se através da imagem de uma linha (*grammè*) composta de pontos coexistentes no espaço e sucessivos no tempo; de tal modo, uma gramatologia não define as condições de possibilidade do ser (que é dado e não pode ser criado), mas sim das suas duas determinações estéticas fundamentais, a presença espacial e o presente temporal (J. DERRIDA, *Ousìa et grammè*, em *Marges de la philosophie*, 1972). Segue-se que tal G. é entendida como uma ontologia fundamental e uma reflexão sobre as possibilidades da ciência, e configura-se como uma crítica do logocentrismo (ou seja, da referência prioritária ao *logos* como linguagem, entendido como único veículo do conhecimento identificado com a consciência) que caracterizou a cultura ocidental, e mais proximamente a tradução do esquematismo em linguagem que caracterizou a tradição pós-kantiana, para culminar com a redução do próprio ser em linguagem em M. Heidegger e em H. G. Gadamer. [M.F.]

GRANDE ANO. V. CICLO CÓSMICO.

GRANDE SER (fr. *Grand Être*; it. *Essere grande*). Modo como Comte chamou a humanidade, na qualidade de primeira pessoa da trindade positivista, da qual o Grande Feitiço – a Terra – e o Grande Meio – o Espaço – seriam a segunda e a terceira pessoa (*Synthèse ou système universel des conceptions propres à l'humanité*, 1856). [N.A.]

GRANDEZA (gr. μέγεθος; lat. *Magnitudo*; in. *Size, Magnitude*; fr. *Grandeur*; al. *Grösse*; it. *Grandezza*). Segundo Aristóteles, quantidade *mensurável*, distinta da multiplicidade, que é a quantidade *numerável*, e a ela correspondente. Aristóteles acrescenta que, enquanto a multiplicidade é potencialmente divisível em partes não contínuas, a G. é divisível em partes contínuas. Portanto, são G. o comprimento, a largura, a profundidade (*Met.*, V, 13, 1020 a 7). Kant fez da G. um princípio da Razão Pura, mais precisamente um "axioma da intuição", mas não mantém imutável esse conceito. "A percepção de um objeto como fenômeno", diz Kant, "só é possível por meio da unidade sintética da multiplicidade da intuição sensível dada, graças à qual a unidade da composição da multiplicidade homogênea é pensada no conceito de uma G.; os fenômenos são todos G., aliás G. extensivas porque devem ser representados como intuições no espaço e no tempo". Segundo Kant, dizer G. extensivas significa que "a representação das partes possibilita a representação do todo e por isso a precede"; conceito que torna a matemática aplicável aos objetos da experiência (*Crít. R. Pura*, Anal. dos princ., cap. II, seç. III, 1). Tudo isso significa que a G. é uma quantidade empírica que pode ser aplicada à matemática, ou seja, que é mensurável. No pensamento matemático moderno a relação entre a noção de G. e a de mensurabilidade se mantém, mas às vezes se inverte. É o que ocorre em Russell, para quem G. é a "propriedade que várias coisas mensuráveis podem possuir em comum". E acrescenta: "A crença de que há semelhante propriedade, pertencente a cada um dos termos de dado grupo, equivale logicamente à crença de que há uma relação simétrica e transitiva entre os componentes de cada par de termos desse grupo" (*Human Knowledge*, IV, 6; trad. it., p. 411) (v. QUANTIDADE). [N.A.]

GRAU (lat. *Gradus*; in. *Degree, Grade*; fr. *Degré*; al. *Grad*; it. *Grado*). A importância desta noção se deve à sua relação com a noção de infinitésimo e, por isso, só começa com Leibniz, que utiliza essa palavra com sentido metafísico, e não matemático ou físico. Os escolásticos, porém, usavam essa palavra ao falarem de "G. de perfeição" do universo e, portanto, da "prova dos G." da existência de Deus (v. DEUS, PROVAS DE). Bacon falava de uma "tabela dos G." (v. TÁBUA), Locke aludia aos G. das idéias simples (*Ensaio*, IV, 2, 11) e, em sentido mais preciso e moderno, Galileu observava: "Segue-se que, diminuindo sempre nessa razão a velocidade antecedente, não haverá G. de velocidade tão pequeno, ou melhor, de lentidão tão grande, no qual não se tenha constituído o mesmo móvel depois da partida da infinita lentidão, ou seja, do repouso etc." (*Disc. delle nuove scienze*, III; *Op.*, VIII, p. 199). Mas foi só com a *lex continui*, estabelecida por Leibniz, que a noção de G. passou a ser conceito fundamental da matemática, da física e da metafísica. Segundo a lei da continuidade, passa-se por G. do grande ao pequeno, do repouso ao movimento ou vice-versa, assim como se passa por G. das percepções evidentes às que são pequenas demais para serem observadas (*Nouv. ess.*, 1703, pref.). A partir de Leibniz o G. passa a ser noção fundamental da metafísica. Definida por Wolff como "quantidade das quantidades" (*Ont.*, § 747) e por Baumgarten nos mesmos termos (*Met.*, § 246), Kant erigiu essa noção em "princípio da razão pura", expressando-a do seguinte modo: "Em todos os fenômenos o real, que é objeto da sensação, tem uma grandeza intensiva, ou seja, um G.". Para Kant, é nesse princípio, que serve de base às "antecipações" da percepção, que se funda o conceito de continuidade tanto em física quanto em matemática (*Crít. R. Pura*, Anal. dos princípios, seç. 3, 2º). Na realidade, a noção de contínuo e a de G. não são diferentes. Como observava Leibniz, a *lex continui* leva a considerar, por exemplo, o repouso como um G. do movimento e, em geral, qualquer qualidade como um G. da qualidade oposta. Hegel expressou essa idéia ao falar da transformação da quantidade em qualidade ou vice-versa: "À primeira vista, a quantidade aparece como tal contrapondo-se à qualidade; mas a quantidade também é uma qualidade, uma determinação que, em geral, se refere a si, distinta de sua outra determinação, a qualidade como tal. Contudo, ela não é apenas qualidade, mas a verdade da qualidade é a quantidade; aquela mostra-se em transposição nesta [...]. Para chegar-se à totalidade, é necessária a transição dupla, não só a transição de uma determinação para a sua outra determinação, mas também a transição desta outra, o seu retorno, para a primeira" (*Wissenschaft der Logik*, I, I, seç. II, cap. III, C; trad. it., I, p. 391). Engels enumera essa tese de Hegel como a primeira lei fundamental da dialética (v. DIALÉTICO, MATERIALISMO), interpretando-a em sentido materialista: "Lei da conversão da quantidade em qualidade e vice-versa. No que se refere aos nossos objetivos, podemos expressá-la no fato de que, na natureza, só podem ocorrer variações qualitativas acrescentando-se ou subtraindo-se matéria ou movimento (a chamada energia), e isso de modo rigorosamente válido para qualquer caso" (*Dialektik der Natur, Dialética*; trad. it., p. 57).

Na filosofia contemporânea, a noção de G. foi absorvida pela noção de contínuo. [N.A.]

GRUPO (in. *Group*; fr. *Groupe*; al. *Gruppe*; it. *Gruppo*). 1. No significado matemático, a palavra foi usada pela primeira vez por Evariste Galois, em 1830. O conceito elaborado posteriormente pela matemática serviu poderosamente para a unificação das matemáticas e para a sua elucidação conceitual. Um G. é uma classe ou um conjunto dotado das seguintes características: *a*) seus elementos podem ser entidades aritméticas, geométricas, físicas ou indefinidas; *b*) o número de tais entidades pode ser finito ou infinito; *c*) as regras de combinação de tais entidades podem ser as aritméticas ou geométricas ou podem não ser definidas; *d*) a regra de combinação deve ser associativa, mas pode ser tanto comutativa ou não comutativa; *e*) todo elemento do conjunto deve ter o seu *inverso*. A classe dos números inteiros positivos e negativos, inclusive o zero, constitui um G. nesse sentido. Os dois conceitos fundamentais da teoria dos G. são os de *transformação* (v.), que é entendido no sentido mais lato, e o de invariância (v. INVARIANTE), em virtude do qual se chamam invariantes as propriedades de um objeto que permanecem as mesmas, por meio da transformação.

2. No significado sociológico, um conjunto de pessoas caracterizadas por uma atitude comum ou recorrente. É esse o termo mais geral para indicar um objeto qualquer da pesquisa sociológica: de fato, o grupo pode ser definido dos modos mais diversos, e a diversidade desses modos garante as dimensões de liberdade da própria pesquisa; cf. R. K. MERTON, *Social Theory and Social Structure*, 3ª ed., 1957, cap. VIII-IX; ABBAGNANO, *Problemi di sociologia*, 1959, III, 8. [N.A.]

GUERRA (gr. πόλεμος; lat. *Bellum*; in. *War*; fr. *Guerre*; al. *Krieg*; it. *Guerra*). Alguns filósofos da Antiguidade atribuíram valor cósmico à G., uma função dominante na economia do universo. Foi o que fez Heráclito, que chamou a G. de "mãe e rainha de todas as coisas" (*Fr.* 53, Diels), afirmando que "a G. e a justiça são conflitos e, por meio do conflito, todas as coisas são geradas e chegam à morte" (*Fr.* 80, Diels). Foi o que fez também Empédocles, que, ao lado da Amizade (ou Amor), como força que une os elementos constitutivos do mundo, pôs o Ódio ou a Discórdia que tende a desuni-los (*Fr.* 17, Diels). Outros filósofos, como Hobbes, afirmaram que o estado de G. é o estado "natural" da humanidade, no sentido de que é o estado a que ela seria reduzida sem as normas do direito, ou do qual procura sair mediante essas regras (*Leviath.*, I, 13). Mas, não obstante essas idéias ou semelhantes, os filósofos esforçaram-se constantemente por evidenciar e encorajar os esforços dos homens para evitar as G. ou para diminuir as situações que lhes dão origem. Por vezes, ocuparam-se em formular projetos nesse sentido (v. PAZ). A exceção a essa regra é representada por Hegel, que considerou a G. como uma espécie de "juízo de Deus", do qual a providência histórica se vale para dar a vitória à melhor encarnação do Espírito do mundo. Hegel afirma, por um lado, que, "assim como o movimento dos ventos preserva o mar da putrefação à qual o reduziria a quietude duradoura, a isso reduziria os povos a paz duradoura ou perpétua" (*Fil. do dir.*, § 324), e por outro lado julga que, no plano providencial da história do mundo, um povo sucede ao outro no encarnar, realizar ou manifestar o Espírito do mundo, dominando, em nome e por meio dessa superioridade, todos os outros povos. A G. pode ser um episódio dessa alternância, desse juízo de Deus proferido pelo "Espírito do mundo". [N.A.]

As posições em relação à G., observadas ao longo da história da filosofia, podem ser distribuídas (recorrendo a N. Bobbio) em quatro grupos: exaltação, aceitação, justificação e rejeição.

a) *A exaltação da* G. é observável em quem a considera uma dimensão própria do homem, seja apenas no estado natural (T. Hobbes, como vimos acima), seja também no estado social (C. Schmitt). *b*) *A aceitação da* G. é observada em quem a considera inevitável e, em última análise, um bem; nessa óptica, a G. é vista ou como um mal aparente, porquanto esconde uma positividade (de maneiras diferentes, I. Kant e J. De Maîstre), ou como um mal necessário do qual deriva o progresso (de maneiras diferentes, G. W. F. Hegel, v. acima, e H. Spencer). *c*) *A justificação da* G., desde que legítima, caracteriza a posição de quem aceita o conceito de "guerra justa": Agostinho, Tomás de Aquino e H. Kelsen em geral condenam a G., mas fazem exceção para a chamada G. justa. A G. será justa se (como definem Agostinho em *A cidade de Deus* e Tomás de Aquino em *Suma teológica*): for declarada pela autoridade legítima à qual cabe a tutela do Estado; for travada por uma causa justa, ou seja, por ofensa ou danos sofridos aos quais o ofensor não oferece reparação; for guiada pela intenção honesta, em quem a trava, de visar ao bem e evitar o mal; e for realizada de modo devido, com respeito à correção moral. Para Kelsen (*Peace Through Law*, 1944), "é princípio fundamental do direito internacional geral que a G. é permitida somente como reação a uma agressão sofrida, vale dizer, como sanção". N. Bobbio (*Una guerra giusta?*, 1991), sempre com posições pacifistas (*Il problema della guerra e le vie della pace*, 1979; *Il terzo assente*, 1989), afirmou que "o conceito limitado de G. justa" pode ainda ser empregado, mas não em termos éticos, e sim jurídicos, ou seja, no sentido de "conformidade com a lei" ou "legal", em que legalidade quer dizer que não é moral nem juridicamente proibida e, portanto, não "configura exceção a uma norma proibitiva"; tal conceito de G. justa não deve ser confundido com o de G. necessária, que é "uma guerra não somente não proibida mas também prescrita": essa é, por exemplo, a chamada "G. santa", que "não tem nada a ver, diga-se de uma vez por todas, com a doutrina da guerra justa". *d*) *A rejeição à* G., a qualquer G., é peculiar às múltiplas formas de pacifismo, seja a adotada pelos utopistas, de um lado, seja a dos teóricos da não-violência, por outro (v. PAZ.). [G.G.]

GUIA, PRINCÍPIO. V. PRINCÍPIO.

H

HÁBITO[1] (gr. ἔθος; lat. *Consuetudo*; in. *Habit, Custom*; fr. *Habitude*; al. *Gewohnheit*; it. *Abitudine*). Em geral, a repetição constante de um acontecimento ou de um comportamento, devida a um mecanismo de qualquer gênero (físico, fisiológico, biológico, social etc.). Na maioria das vezes, esse mecanismo se forma por meio da repetição dos atos ou dos comportamentos e, portanto, no caso de acontecimentos humanos, por meio do exercício. Diz-se que "as coisas *habitualmente* acontecem assim" para indicar qualquer uniformidade nos acontecimentos, mesmo não humanos, conquanto não seja uma uniformidade rigorosa e absoluta, mas apenas aproximada e relativa, porém capaz de permitir uma previsão provável. Nesse sentido Aristóteles disse (*Ret.*, I, 10, 1369b 6): "Faz-se por hábito aquilo que se faz por se ter feito muitas vezes", e acrescenta que "O hábito é, de certa forma, muito semelhante à natureza, pois 'freqüentemente' e 'sempre' são próximos: a natureza é daquilo que é sempre; o hábito é daquilo que é freqüentemente" (*ibid.*, I, 11, 1 370a 7). Com isso Aristóteles viu no hábito uma espécie de mecanismo análogo aos mecanismos naturais, que garante, de certa forma, a repetição uniforme dos fatos, atos ou comportamentos, eliminando ou reduzindo nestes últimos o esforço e o trabalho e tornando-os, assim, agradáveis.

Com esse significado esse termo foi e é constantemente usado em várias disciplinas (biologia, psicologia, sociologia); em filosofia moderna, tem sido tomado freqüentemente como princípio de explicação de problemas gnosiológicos ou metafísicos. O primeiro a usar esse conceito com essa finalidade foi Pascal, que insistiu na influência do hábito na crença: "É o costume (*coutume*) que torna as nossas provas mais sólidas e dignas de crédito: ele redobra o automatismo, que arrasta o intelecto sem que este se aperceba. É preciso conquistar uma crença mais fácil, que é a do hábito (*habitude*) e que, sem violência, sem arte, sem provas, faz-nos crer nas coisas e inclina todas as nossas forças para essa crença, de tal forma que nossa alma nela incide naturalmente" (*Pensées*, nº 252). Foi esse o ponto de vista que, um século depois, serviu de base à filosofia de Hume. Ele definiu o hábito como a disposição, produzida pela repetição de um ato, a renovar o mesmo ato, sem a intervenção do raciocínio (*Inq. Conc. Underst.*, V, 1). E valeu-se desse conceito para explicar a função das idéias abstratas, que considerou idéias particulares assumidas como signos de outras idéias particulares semelhantes. O hábito de considerar interligadas idéias designadas por um único nome não faz que o nome desperte em nós uma dessas idéias ou todas, mas sim o costume de considerá-las juntas, portanto uma ou outra, de acordo com as ocasiões (*Treatise*, I, 1, 7). Hume recorre ao hábito para explicar o nexo causal: por termos visto várias vezes juntos dois fatos ou objetos, como por exemplo a chama e o calor, o peso e a solidez, somos levados pelo hábito a prever um quando o outro se apresenta. O conjunto de nossa vida diária funda-se no hábito. "Sem o hábito" – diz Hume (*Inquiry*, cit., V, I) – "ignoraríamos inteiramente quaisquer questões de fato, além daquelas que se nos apresentam imediatamente à memória ou aos sentidos. Não saberíamos adaptar os meios aos fins nem empregar nossos poderes naturais para produzir qualquer efeito. As ações terminariam, terminando também a parte principal da especulação."

De modo análogo, mas em campo diferente, Bergson (talvez retomando uma idéia de Renouvier, *Nouvelle monadologie*, p. 298) utilizou a noção de hábito para explicar as obrigações morais, que não seriam exigências da razão, mas costumes sociais que garantem a vida e a solidez do corpo social (*Deux sources*, p. 21).

A interpretação do hábito como ação originariamente espontânea ou livre que depois se fixa com o exercício, de tal forma que pode ser repetida sem a intervenção do raciocínio e da consciência, portanto mecanicamente, possibilitou o *uso metafísico* dessa noção: uso que aparece com bastante freqüência na filosofia moderna e contemporânea, especialmente no idealismo e no espiritualismo. O primeiro a tirar proveito desse uso para a construção de uma metafísica da experiência interior foi Maine de Biran, em sua obra *Influência do hábito sobre a faculdade de pensar* (1803) . Enquanto os hábitos *passivos* – que dizem respeito às sensações – reduzem a consciência, os hábitos *ativos* – que dizem respeito às operações – facilitam e aperfeiçoam a consciência, constituindo, por isso, um instrumento para que o espírito se liberte dos mecanismos que tendem a formar-se mediante a repetição dos seus esforços.

Essa noção de hábito, que, mesmo sendo expressa nos termos da denominada "experiência interior" ou "sentido interior", já tem alcance metafísico (pois Maine de Biran acredita que os dados dessa experiência revelam a própria realidade), encontra correspondência na doutrina de Hegel, que lhe dedicou alguns parágrafos da sua seção sobre o espírito subjetivo, na parte dedicada à alma senciente (*Enc.*, §§ 409-10). Hegel diz que, graças ao hábito, a alma "toma posse do seu conteúdo e conserva-o de tal forma que, nessas determinações, ela não está como sensitiva, não está em relação com elas, mas distingue-se delas, nem está nelas imersa, mas as possui sem sensação e sem consciência, movendo-se dentro delas. A alma, portanto, está livre delas, porquanto por elas não se interessa e com elas não se preocupa; e existindo nessas formas como em poder de si, está concomitantemente aberta a qualquer outra atividade e ocupação (tanto da sensação quanto de consciência espiritual em geral)". Por essa função do hábito, de oferecer à alma a *posse* de certo conteúdo, de tal forma que ela possa utilizar esse conteúdo "sem sensação e sem consciência" (de modo que sensação e consciência tornam-se livres novamente disponíveis para outras operações), Hegel ressaltou a importância do hábito para a vida espiritual. "O hábito" – disse ele – "é mais essencial para a *existência* do que qualquer espiritualidade no indivíduo, para que o sujeito exista como sujeito concreto, como idealidade da alma; para que o conteúdo religioso, moral etc. pertença a ele como ele mesmo, a ele como a essa alma; para que não esteja nele apenas em si (como disposição), nem como sensação e como representação transitória, nem como interioridade abstrata separada do fazer e da realidade, mas no seu ser." Isto quer dizer que o hábito incorpora certo conteúdo no próprio ser da alma individual, como uma posse efetiva, que se traduz em ação real.

Na esteira de Maine de Biran, Ravaisson propôs uma metafísica do hábito, que expõe num famoso trabalho (*Sobre o hábito*, 1838). No hábito, Ravaisson viu uma idéia *substancial*, ou seja, uma idéia que se transformou em substância, em realidade, e que age como tal. O hábito não é um mecanismo puro, mas uma "lei de graça", porquanto indica o predomínio da causa final sobre a causa eficiente. Permite, pois, que se entenda a própria natureza como espírito e como atividade espiritual, uma vez que demonstra que o espírito pode tornar-se natureza e a natureza, espírito. Permite organizar todos os seres numa série cujos limites extremos são representados pela natureza e pelo espírito. "O limite inferior é a necessidade, o destino, se quisermos, mas na espontaneidade da natureza; o limite superior é a liberdade do intelecto. O hábito desce de um para outro, reaproxima esses contrários e, reaproximando-os, revela a essência íntima deles e o nexo necessário entre ambos." A partir de Bergson, esses conceitos foram retomados com freqüência no espiritualismo contemporâneo, para explicar de certa forma o "mecanismo da matéria" e reintegrá-lo na espontaneidade espiritual. [N.A.]

Na antropologia filosófica de Gehlen (v. ANTROPOLOGIA), o conceito de H. está vinculado ao de *alívio* (v.) e identifica-se com o mecanismo positivo que, criando esquemas comportamentais fixos, alivia o indivíduo (cf. a tese de Hegel) de contínuas e reiteradas respostas aos estímulos ambientais, permitindo-lhe economizar energias em vista de desempenhos mais elevados e complexos (A. GEHLEN, *L'uomo. La sua natura e il suo posto nel mondo,* 1940, 1950, 1978; trad. it., Feltrinelli, Milão, 1990, pp. 89-94). [G.F.]

HÁBITO[2] (gr. ἕξις; lat. *Habitus*; in. *Habit*; fr. *Disposition*; al. *Fertigkeit*; it. *Abito*). É preciso distinguir o significado deste termo do significado de costume (v. HÁBITO[1]), com o qual é freqüentemente confundido. Significa uma disposição constante ou relativamente constante para ser ou agir de certo modo. Por exemplo, o "hábito de dizer a verdade" é a disposição deliberada, neste caso um compromisso moral de dizer a verdade. É coisa bem diferente do "costume de dizer a verdade", que implicaria o mecanismo de repetir freqüentemente essa ação. Assim, "o hábito de levantar-se cedo pela manhã" é uma espécie de compromisso que pode representar esforço e sofrimento; "o costume de levantar-se cedo pela manhã" não representa esforço algum, porque é um mecanismo rotineiro.

Essa palavra foi introduzida na linguagem filosófica por Aristóteles (*Met.*, V, 20, 1022b, 10), que a definiu como "uma disposição para estar bem ou mal disposto em relação a alguma coisa, tanto em relação a si mesmo quanto a outra coisa; por exemplo, a saúde é um hábito, porque é uma dessas disposições". Nesse sentido, Aristóteles julga que a virtude é um hábito, por não ser "emoção" (como a cupidez, a ira, o medo etc.), nem "potência", como seria a tendência à ira, do sofrimento, à piedade etc. A virtude é, antes, a disposição para enfrentar, bem ou mal, emoções e potências; por exemplo, dobrar-se aos impulsos da ira ou moderá-los (*Et. nic.*, II, 5). O mesmo significado é retomado por Tomás de Aquino, que o expõe da seguinte maneira (*Contra Gent.*, IV, 77): "O hábito difere da potência porque não nos capacita a fazer alguma coisa, mas torna-nos hábeis ou inábeis para agir bem ou mal."

Esse conceito manteve-se praticamente inalterado até nossos dias. Dewey assim o expõe: "A espécie de atividade humana que é influenciada pela atividade precedente e, neste sentido, é adquirida; que contém em si certa ordem ou certa sistematização dos menores elementos da ação; que é projetante, dinâmica em qualidade, pronta para a manifestação aberta; e que é atuante em qualquer forma subordinada e oculta, mesmo quando não é atividade obviamente dominante. Hábito, mesmo em seu emprego ordinário, é o termo que denota mais esses fatos do que qualquer outra palavra" (*Human Nature and Conduct*, 1921, pp. 40-1). Dewey achava que os termos "atitude" e "disposição" também eram apropriados a esse conceito; na verdade, estes dois últimos termos são usados com mais freqüência que hábito e com significados muito semelhantes.

HARMONIA (gr. ἁρμονία; lat. *Harmonia*; in. *Harmony*; fr. *Harmonie*; al. *Harmonie*; it. *Armonia*). A ordem ou a disposição finalista das partes de um todo, como por exemplo do mundo, ou da alma, foi denominada "Harmonia", pelos pitagóricos, por ser proporção ou mescla dos elementos corpóreos (cf. PLATÃO, *Fed.*, 86 c). Empédocles valeu-se desse conceito para definir a natureza do esfero (*Fr.* 122, Diels). Esse termo foi usado por Leibniz na expressão *Harmonia preestabelecida*, para designar determinado sistema de comunicação entre as substâncias espirituais (*mônadas*) que compõem o mundo. Leibniz acredita que tais substâncias não podem influenciar-se reciprocamente, já que cada uma está "fechada em si mesma", e assim exclui a doutrina comumente aceita, da influência recíproca. Exclui também a doutrina por ele denominada *assistência*, que é própria do sistema das causas ocasionais de Guelincx e Malebranche, segundo a qual a comunicação entre as várias mônadas seria estabelecida cada uma por sua vez diretamente por Deus. A Harmonia preestabelecida é a doutrina segundo a qual as várias mônadas, como muitos relógios perfeitamente construídos, estão sempre de acordo entre si, mesmo seguindo cada uma sua própria lei. Assim, a alma e o corpo vivem cada um por conta própria, contudo em harmonia, porque Deus coordenou as leis de ambos. O corpo segue a lei mecânica, a alma segue sua própria espontaneidade: a H. entre eles foi predisposta por Deus no ato da criação (*Phil. Schriften*, ed. Gerhardt, IV, p. 500).

Esse termo encontra-se com freqüência no espiritualismo, especialmente em Ravaisson. Whitehead utilizou-o para explicar a beleza, a verdade, o bem, assim como a liberdade, a paz e toda "a grande aventura cósmica". "A grande H." – diz ele (*Adv. of Ideas*, p. 362) – "é a H. de individualidades duradouras conexas na unidade do fundamento. É por essa razão que a noção de liberdade nunca abandona as civilizações mais avançadas; a liberdade, em cada um de seus muitos sentidos, é a exigência de vigorosa auto-afirmação." [N.A.]

HEBRAICA, FILOSOFIA (in. *Hebrew philosophy*; fr. *Philosophie hébraïque*; al. *Hebräische Philosophie*; it. *Filosofia ebraica*). Modo de fazer filosofia inspirado pela mentalidade e pela tradição hebraica. A filosofia H. compreende autores díspares e articula-se em experiências especulativas diferentes. Na Antiguidade e na Idade Média concretizou-se no fenômeno complexo conhecido com o nome de filosofia judaica (v. JUDAICA, FILOSOFIA). No período humanístico-renascentista foi representada sobretudo por Judah Abravanel ou Abarbanel, conhecido com o cognome de Leão Hebreu (1470-1530). Na Modernidade conheceu um período de estase (Espinosa, como se sabe, pensa fora e além do hebraísmo). Somente a partir do neokantiano Hermann Cohen (1842-1918) o hebraísmo volta a ser assunto e fonte de reflexão filosófica. A expressão mais significativa do encontro ocorrido no século XX entre hebraísmo e filosofia é representada por autores como F. Rosenzweig (1886-1929), M. Buber (1878-1965) e E. Lévinas (1905-1995). Elementos importantes encontram-se em A. J. Heschel (1907-1972).

Para além das várias matrizes culturais (greco-helenísticas, árabes e modernas) que a sustentaram e dos vários problemas contingentes para os quais procurou respostas, a filosofia H. – que também sofreu a influência das doutrinas esotéricas e místicas da Cabala (v.) – é caracterizada por algumas constantes conceituais. As mais notáveis, são: 1) a afirmação da absoluta unidade e transcendência de Deus; 2) a idéia da contingência (e relativa autonomia) do mundo; 3) a imagem do homem como parceiro de Deus e a concepção da história como trama de vontade divina e liberdade humana.

A primeira tese reflete o credo monoteísta contido no célebre *Shema'* (*Ouve*) da Bíblia ("Ouve, Israel, o Senhor é nosso Deus, o Senhor é Um..."). A segunda tese reflete o motivo bíblico da criação (v.) do mundo a partir do nada. A terceira, o tema da Aliança. A filosofia H. do século XX focalizou sobretudo os temas do diálogo (v.) e do primado da ética. De fato, no seu esforço de "mostrar ao mundo [...] que o hebraísmo existe como atualidade de vida e pensamento" (Lévinas), ela chamou a atenção para o estreito vínculo entre ética e religião, ou seja, para o fato de que o autêntico lugar de encontro entre o homem e o Absoluto é constituído pelo próximo: "o núcleo do hebraísmo está onde o absoluto é um rosto velado de Deus que quer ser descoberto na ação humana", "A verdadeira religiosidade não tem [...] nada em comum com os sonhos dos corações exaltados nem com a autosatisfação das almas estetizantes, nem com os jogos profundos de uma intelectualidade exercitada. A verdadeira religiosidade é *ação*" (M. BUBER, *Sette discorsi sull' ebraismo*, Israel, Florença 1923, pp. 104 e 109; v. DEUS; ÉTICA; RESPONSABILIDADE; ROSTO). [G.F.]

HECEIDADE (lat. *Haecceitas;* in. *Haecceity;* fr. *Heccéité;* it. *Ecceità*). Termo criado por Duns Scot a partir do adjetivo demonstrativo *haec*, para designar a *individualidade;* esta consiste na "realidade última do ente", que determina e "*contrai*" a natureza comum (composta de matéria e forma) numa coisa particular, *ad esse hanc rem*. Esse princípio é invocado por Duns Scot para explicar de que maneira a coisa individual se origina da "natureza comum", que é indiferente tanto à universalidade quanto à individualidade. Esse termo não se encontra em *Opus Oxoniense*, que é o maior comentário de Duns Scot às *Sentenças*, de Pedro Lombardo, mas em *Reportata parisiensia* (II, d. 12, q. 5, n. 1, 8, 13, 14); foi muito usado pela escola scotista (v. INDIVIDUAÇÃO). [N.A.]

HEDONISMO (in. *Hedonism;* fr. *Hédonisme;* al. *Hedonismus;* it. *Edonismo*). Termo que indica tanto a procura indiscriminada do prazer quanto a doutrina filosófica que considera o prazer como o único bem possível, portanto como o fundamento de vida moral. Essa doutrina foi sustentada por uma das escolas socráticas, a Cirenaica, fundada por Aristipo, e retomada por Epicuro, segundo o qual "o prazer é o princípio e o fim da vida feliz" (DIÓG. L., X, 129). O hedonismo distingue-se do utilitarismo do século XVIII porque, para este último, o bem não está no prazer individual, mas no prazer do "maior número possível de pessoas", ou seja, na utilidade social. [N.A.]

HEGELIANISMO (in. *Hegelianism;* fr. *Hégélianisme;* al. *Hegelianismus;* it. *Hegelismo*). Doutrina de Hegel (1770-1831), na forma como agiu na cultura contemporânea, com maior difusão e profundidade. Pode ser assim resumida:

1º Identidade entre racional e real, em virtude da qual a realidade é tudo aquilo que deve ser, ou seja, justifica-se absolutamente em todas as suas manifestações, que, portanto, são "necessárias" no sentido de não poderem ser diferentes daquilo que são. Desse ponto de vista, contrapor à realidade o "dever ser", uma norma ou um ideal à qual ela não se adequaria, significa simplesmente erigir em juiz da realidade o intelecto *finito* (o interesse ou o arbítrio do indivíduo humano), e não a razão.

2º Interpretação da necessidade racional em termos de processo dialético, entendendo-se por *dialética* (v.) a síntese dos opostos.

3º Reconhecimento, como termo último desse processo, de uma autoconsciência absoluta, que também será chamada pelos partidários de Hegel de Espírito, Conceito Puro, Consciência Absoluta, Superalma etc.

4º Interpretação da história como realização de um plano providencial no qual os povos vencedores encarnam, alternadamente, o Espírito do mundo, ou seja, a Autoconsciência ou Deus.

5º Interpretação do Estado como encarnação ou manifestação do Espírito do mundo ou, em outros termos, como realização de Deus no mundo.

Apesar de tais pontos básicos constituírem o espírito da filosofia hegeliana, nem todos entraram na constituição do patrimônio das correntes filosóficas que se inspiraram no hegelianismo. A direita hegeliana insistiu sobretudo nas teses 2º, 3º e 5º; a esquerda, nas teses 1º e 2º. O neo-hegelianismo italiano, nas teses 1º, 2º e 4º (v. ABSOLUTO; DIREITA HEGELIANA; IDEALISMO; ESQUERDA HEGELIANA) [N.A.]

HEGEMONIA (in. *Hegemony;* fr. *Hégémonie;* al. *Hegemonie;* it. *Egemonia*). Termo usado pelo marxismo russo e adotado por Gramsci de modo original. Segundo Gramsci, a supremacia de uma classe não se manifesta apenas pela dominação e pela força, mas também pelo consentimento e pela capacidade de direção ideal em relação às classes aliadas e subalternas; "a supremacia de um grupo social manifesta-se de dois modos, como 'dominação' e como 'direção intelectual e moral'" (*Quaderni del carcere*, Einaudi, Turim, 1975, vol. III, q. 19, p. 2010). Enquanto a dominação é exercida através dos aparatos coercitivos da política, a direção é exercida por meio dos "aparatos hegemônicos" da sociedade civil, como a escola, a Igreja, os partidos, os sindicatos, a imprensa, o cinema etc. Entendida como *capacidade de direção intelectual e moral*, a H. não se configura apenas como necessária modalidade de exercício do poder (funcionalmente distinguível da modalidade da dominação), mas também como um indispensável pré-requisito estratégico das classes em ascensão, que precisam esforçar-se para tornar-se dirigentes já antes de conquistarem o poder. Com essa teoria, Gramsci, em antítese com certo economicismo da tradição marxista "ortodoxa", reavaliou a importância do momento ideal e superestrutural da luta de classe. [G.F.]

HEGEMÔNICO (gr. ἡγεμονικόν; lat. *Principatus;* it. *Egemonico*). Segundo os estóicos, a razão que anima e governa o mundo. "Chamo de parte regedora ou governo aquilo que os gregos denominam H., da qual pode e deve estar o mais excelente em cada gênero de coisas. Assim, é preciso que também a parte em que está o governo de toda a natureza seja entre todas a melhor e a mais digna do poder e do domínio sobre todas as coisas" (CICERO, *De nat. deor.*, II, 29). [N.A.]

HEIDEGGERISMO. V. EXISTENCIALISMO, SER, FILOSOFIA, METAFÍSICA etc., e termos específicos da linguagem heideggeriana como DIFERENÇA ONTOLÓGICA, EREIGNIS, DASEIN, GELASSENHEIT, GESTELL, GEVIERT, LICHTTUNG, ESQUECIMENTO DO SER, PROJETO, VERWINDUNG etc.

HELENÍSTICA, FILOSOFIA. Entende-se, com esta expressão, a filosofia da época alexandrina – período seguinte à morte de Alexandre Magno (323 a.C.) –, que compreende as três grandes linhas mestras: estoicismo, epicurismo e ceticismo – v. os respectivos termos, bem como ALEXANDRINISMO. [N.A.]

HENOTEÍSMO (al. *Henotheismus*; it. *Enoteismo*). Termo cunhado por Max Müller (*Lect. on the Origin and Growth of Religion*, 1878) para indicar a crença segundo a qual, mesmo havendo uma única divindade para o povo ou nação a que se pertence, existem outras divindades para os outros povos e as outras nações. [N.A.]

HERACLITISMO (in. *Heracliteanism*; fr. *Héraclitisme*; al. *Heraklitismus*; it. *Eraclitismo*). Indica-se, com este termo, o ponto mais relevante da doutrina de Heráclito de Éfeso (séc.V a.C.), ou seja, o princípio do devir incessante das coisas, expresso no famoso fragmento: "Não é possível entrar duas vezes no mesmo rio, nem tocar duas vezes uma substância mortal no mesmo estado; graças à velocidade do movimento, tudo se dispersa e se recompõe novamente, tudo vem e vai." (*Fr.* 91, Diels). Heráclito, todavia, admitia um princípio único, subjacente ao movimento, que era o fogo; admitia, outrossim, uma ordem rigorosa nas mudanças, que garantia um retorno constante e periódico. [N.A.]

HERANÇA SOCIAL. V. TRADIÇÃO.

HERMENÊUTICA. V. INTERPRETAÇÃO.

HERMETISMO (in. *Hermetism*; fr. *Hermétisme*; al. *Hermetismus*; it. *Ermetismo*). Indica-se com este termo a doutrina filosófica contida em alguns textos místicos que apareceram no século I d.C. e chegaram até nós com o nome de Hermes Trismegisto. Esses escritos tendem a reintegrar a filosofia grega na religião egípcia. Hermes é identificado com o deus egípcio Theut ou Thot. Trata-se de textos de tom místico que, em oposição ao cristianismo, defendem o paganismo e as religiões orientais. No século XV, foram traduzidos para o latim por Marsílio Ficino e impressos pela primeira vez em 1471 (*Mercuri trismegisti liber de potestate et sapientia Dei*, Treviso, 1471). H. e o adjetivo "hermético" passam, pois, a designar qualquer doutrina abstrusa, difícil ou acessível apenas a quem possua uma chave para interpretá-la. [N.A.]

HERÓI (gr. ἥρως; lat. *Heros*; in. *Hero*; fr. *Héros*; al. *Heros*; it. *Eroe*). Segundo Platão, os H. são semideuses nascidos de um deus que se apaixonou por uma mulher mortal ou de um homem mortal que se apaixonou por uma deusa (*Crat.*, 398c). Obviamente, com essa definição Platão relegava a noção de H. à esfera do mito, assim como pertence ao mito a "idade dos H." de que falavam Hesíodo e o próprio Platão (v. IDADE); com isso, expungia essa noção, pelo menos implicitamente, do campo da filosofia. Aristóteles admitia essa expunção, quando observava: "Se houvesse duas categorias de homens tais que a primeira diferisse da segunda tanto quanto se julgava que os deuses e os heróis diferiam dos homens, sobretudo pela valentia física e pelas qualidades da alma, então sem dúvida ficaria evidente a superioridade dos governantes sobre os governados etc." (*Pol.*, VII, 14, 1332b 17). Foi só com o romantismo que se começou a acreditar na existência de indivíduos excepcionais, nos quais se encarna a Providência Histórica, indivíduos, portanto, destinados a cumprir tarefas predominantes. Hegel vê nos heróis, ou "indivíduos da história do mundo", os instrumentos das mais altas realizações da história. São videntes; sabem qual é a verdade do seu mundo e do seu tempo, qual é o conceito, o universal próximo por surgir; os outros reúnem-se em torno da bandeira deles, porque eles exprimem aquilo cuja hora é chegada. Aparentemente, tais indivíduos (Alexandre, César, Napoleão) nada mais fazem que seguir sua própria paixão, sua própria ambição; mas, segundo Hegel, trata-se de *astúcia da Razão*: esta utiliza os indivíduos e suas paixões como meios para realizar seus próprios fins. O indivíduo, em certo ponto, perece ou é levado à ruína pelo sucesso: a Idéia Universal, que provocara esse sucesso, já alcançou seu fim (*Phil. der Geschichte*, ed. Lasson, p. 83). Nos heróis, age a mesma necessidade da história, e por isso resistir a eles é inútil. "Eles são levados irresistivelmente a cumprir sua obra" (*ibid.*, p. 77). Em conceito análogo inspirava-se T. Carlyle em sua obra *Os heróis e o culto dos heróis e o heróico na história* (1841): "A história universal, a história daquilo que o homem realizou neste mundo, substancialmente outra coisa não é senão a história dos grandes homens que aqui agiram. Foram estes grandes homens os líderes da humanidade, os inspiradores, os campeões, e, *lato sensu*, os artífices de tudo aquilo que a multidão coletiva dos homens cumpriu e conseguiu" (*Heroes*, liç. 1). Esse "culto dos Heróis", como Carlyle denominava, tem dois pressupostos: 1º o caráter providencial da história, que, segundo se crê, destina-se a realizar um plano perfeito e infalível em cada uma de suas partes; 2º o privilégio, concedido a alguns homens, de serem os principais instrumentos da realização desse plano. Estas duas crenças constituem as características da concepção romântica da história; subsistem e caducam com ela (v. HISTÓRIA). [N.A.]

HERÓICA, IDADE. V. IDADE.

HERÓICO, FUROR. V. ENTUSIASMO.

HETEROGENEIDADE, LEI DE. V. HOMOGENEIDADE.

HETEROGONIA DOS FINS (al. *Heterogonie der Zwecke*; it. *Eterogenesi dei fini*). Wundt deu esse nome solene, de "lei da H. dos fins", à observação não muito original de que os fins realizados pela história não são os que os indivíduos ou as comunidade se propõem, porém mais a resultante da combinação, da relação e da oposição das vontades humanas entre si e com as condições objetivas (*Ethik*, 1886, p. 266; *System der Phil.*, 1889, I, p. 326; II, pp. 221 ss.). Pode-se lembrar que Vico expressara o mesmo conceito numa página famosa: "Porque também os homens fizeram este mundo de nações (que foi o primeiro princípio inconteste dessa Ciência, e depois disso perdemos a esperança de encontrá-la em filósofos e filólogos); mas este mundo, sem dúvida, saiu de uma mente amiúde diferente e às vezes de todo contrária e sempre superior aos fins particulares que esses homens se haviam proposto; como fins restritos, transformados em meios para servir a fins mais amplos, foram sempre usados para conservar a geração humana nesta Terra" (*Sc. Nuova*, 1744, Concl. dell'opera). [N.A.]

Conceitos análogos encontram-se em Mandeville (que os exemplificou com a famosa "fábula das abelhas"), Hume e Ferguson. A. Smith fala de uma "mão invisível" (*invisible hand*) que faz os sujeitos econômicos produzir efeitos diferentes dos intencionalmente buscados (p. ex., o rico, procurando o luxo, cria oportunidades de trabalho e ganho para os pobres). Hegel estava convicto de que "das ações dos homens resulta algo diferente, em geral, daquilo eles se propõem e [...] imediatamente sabem e querem". De fato, eles "põem em ação aquilo que lhes interessa, mas disso também vem à tona outra coisa, que ali está implícita, mas que não está na sua consciência e intenção" (*Lezioni sulla filosofia della storia*, trad. it., La Nuova Italia, Florença, 1941, rest. 1967, vol. 1, p. 77). O princípio da H. dos fins foi retomado de diversas maneiras pelos estudiosos de ciências sociais. Hayek transformou-o numa das bases de seu pensamento e o contrapôs ao "construtivismo" racionalista e cientificista (v. CONSTRUTIVISMO). [G.F.]

HETEROLÓGICO. V. AUTOLÓGICO.

HETERONOMIA. V. AUTONOMIA.

HETEROZETESE (lat. *Heterozetesis*; it. *Eterozetesi*). O mesmo que *Ignoratio Elenchi* (v.).

HEURÍSTICA (it. *Euristica*). Palavra moderna originada do verbo grego εὑρίσκω = acho: pesquisa ou arte de pesquisa. Diferente de *Erística* (v.). [N.A.]

HIERARQUIA (gr. ἱεραρχία; lat. *Hyerarchia*; in. *Hierarchy*; fr. *Hiérarchie*; al. *Hierarchie*; it. *Gerarchia*). Em sentido próprio, ordem das coisas sagradas, dos entes e dos valores supremos. O conceito (se não o termo) é neoplatônico (v., p. ex., PLOTINO, *Enn.*, III, 2, 17), mas foi introduzido na filosofia ocidental através dos dois textos do Pseudo-Dionísio, o Areopagita, que apareceram no começo do século VI, intitulados *Sobre a H. celeste* e *Sobre a H. eclesiástica*. O primeiro desses textos contém a organização das inteligências angélicas (v. ANGELOLOGIA); o segundo estabelece a correspondência entre a H. angélica e a eclesiástica, que também se divide em três ordens. A primeira é constituída pelos mistérios: Batismo, Eucaristia, Ordem Sacra. A segunda é constituída pelos órgãos que administram os mistérios: bispo, sacerdote, diácono. A terceira é constituída por aqueles que, através desses órgãos, são levados ao estado de Graça: catecúmenos, energúmenos, penitentes. Mais genericamente, nos dias de hoje indica-se com esse termo qualquer organização de valores ou de autoridade: por exemplo, "H. de valores", "H. burocrática", "H. partidária" etc. [N.A.]

HILÉTICOS, DADOS (al. *Hyletische Data*; it. *Dati iletici*). Na terminologia de Husserl, dados constituídos pelos conteúdos sensíveis, que compreendem, além das sensações denominadas externas, também os sentimentos, impulsos etc. Nesse sentido, as considerações e as análises fenomenológicas voltadas para esse elemento material são chamadas de hilético-fenomenológicas, assim como as relativas aos correspondentes momentos noéticos são denominadas noético-fenomenológicas (*Ideen*, I, § 85). [N.A.]

HILOMORFISMO (in. *Hylomorphism*; fr. *Hylomorphisme*; al. *Hylomorphismus*; it. *Ilomorfismo*). Termo moderno, usado para indicar a doutrina do filósofo judeu Avicebron (Ibn-Gebirol, 1020-1069), em *Fons vitae*. Segundo essa doutrina, aliás haurida em *Liber de causis*, de inspiração neoplatônica, tudo o que é compõe-se de matéria e forma. Donde se deduz que a substância espiritual, por exemplo, a alma, também não é forma pura, mas um composto de matéria e forma. Avicebron, portanto, identificava matéria com *substância*, ou seja, com a primeira das categorias aristotélicas, que sustém (*sustinet*) as outras nove categorias (*Fons vitae*, II, 6). [N.A.]

HILOPATIA (in. *Hylopathy*; it. *Ilopatia*). Foi assim que C. S. Peirce denominou o "monismo idealista", doutrina segundo a qual a matéria é "espírito que se tornou estéril" (*Chance, Love and Logic*, II, cap. I; trad. it., p. 121) . [N.A.]

HILOZOÍSMO (in. *Hylozoism*; fr. *Hylozoisme*; al. *Hylozoismus*; it. *Ilozoismo*). Crença ou doutrina segundo a qual a matéria vive por si mesma, ou seja, possui originariamente animação, movimento, sensibilidade ou qualquer grau de consciência. Essa doutrina não equivale à negação da matéria e à sua resolução em forças ou elementos espirituais (como faz o *pampsiquismo* [v.]); ao contrário, costuma ser uma expressão do materialismo, doutrina que reconhece a matéria como única realidade. A expressão "H." já se encontra em Cudworth. Kant definiu o H. como a forma de "realismo da finalidade da natureza", para o qual "os fins da natureza se fundam no análogo de uma faculdade que age com intenção, a *vida da matéria* (que existe na própria natureza, ou é produzida por um princípio animador interno, uma alma do mundo)" (*Kritik der Urteilskraft*, § 72; *Metaphysische Anfangsgründe der Naturwissenschaft*, Teor. 3, nota).

Nesse sentido, são hilozoístas todos os físicos pré-socráticos (Tales, Anaximandro, Anaximenes, Parmênides, Heráclito, Empédocles), para os quais no princípio ou nos princípios materiais que admitem há alma e sensibilidade. Hilozoístas são os estóicos, para os quais o princípio constitutivo corpóreo do universo, ou seja, o fogo, é um sopro ou espírito animador e ordenador (DIÓG. L., VII, 156; CÍCERO, *De nat. deor.*, II, 24). O H. antigo foi retomado pela filosofia da natureza e pela magia do Renascimento. Segundo Telésio, o calor e o frio, que são os dois princípios que agem na "massa corpórea" inerte, devem ser providos de sensibilidade porque, se não percebessem suas próprias impressões e as ações do princípio oposto, não poderiam combater-se; conseqüentemente, todas as coisas da natureza são dotadas de sensibilidade. Essa doutrina é repetida nos mesmos termos por Campanella (*Del senso delle cose*, I, 1) e por G. Bruno, em cujos *Diálogos latinos*, porém, a tônica recai no sentido pampsíquico do H. O H. é, pois, o pressuposto da magia, como tentativa direta para dominar as forças animadas da natureza através de encantos (v. MAGIA).

As últimas manifestações do H. são observadas no materialismo oitocentista: Haeckel, por exemplo, acredita que os átomos são animados e que a matéria e o éter são dotados de sensibilidade e vontade (*Die Welträtsel*, 1899). Na filosofia contemporânea pode-se dizer que o H. desapareceu, permanecendo o *pampsiquismo* (v.), que é a metafísica do *espiritualismo* (v.). [N.A.]

HIPERBÓLICA. V. DÚVIDA.

HIPERORGÂNICO (fr. *Hyperorganique*; it. *Iperorganico*). Termo com que os escritores positivistas caracterizaram o mundo propriamente humano, ou seja, psíquico e social. [N.A.]

HIPERURÂNIO (gr. ὑπερουράνιος; it. *Iperuranio*). A região "além do céu", na qual, segundo o mito encontrado em *Fedro* (247 ss.), residem as substâncias imutáveis que são objeto da ciência. Trata-se de uma região não espacial, pois para os antigos o céu encerrava todo o espaço, e além do céu não haveria espaço. Essa expressão, portanto, é puramente metafórica; em *República*, o próprio Platão zomba dos que se iludem achando que, olhando para cima, verão os entes Inteligíveis: "Não posso atribuir a outra ciência o poder de fazer a alma olhar para cima, senão à ciência que trata do ser e do invisível; mas se alguém procurar aprender alguma coisa sensível olhando para cima, com a boca aberta ou fechada, digo que não aprenderá nada porque não há ciência das coisas sensíveis, e sua alma não está olhando para cima, mas para baixo, ainda que ele esteja deitado de costas na terra ou no mar" (*Rep.*, VII, 529 b-c). [N.A.]

HIPOLEMA (in. *Hypolemma*; it. *Ipolemma*). Foi esse o nome dado por W. Hamilton à premissa menor do silogismo, porquanto está subsumida na premissa maior ou tema (*Lectures on Logic*, I, p. 283). [N.A.]

HIPÓSTASE (gr. ὑπόστασις; in. *Hypostasis*; fr. *Hypostase*; al. *Hypostase*; it. *Ipostasi*). Com este termo Plotino denominou as três substâncias principais do mundo inteligível: o Uno, a Inteligência e a Alma (*Enn.*, III, 4, 1; V, 1, 10), que ele comparava, respectivamente, à luz, ao sol e à lua (*ibid.*, V, VI, 4). A transcrição latina desse substantivo é "substância", que, todavia, foi usada pela tradição filosófica com significado totalmente diferente (v. SUBSTÂNCIA). Nas discussões trinitárias dos primeiros séculos, esse termo foi preferido a pessoa (πρόσωπον), que, por significar propriamente máscara, parecia evocar a imagem de algo fictício. A partir dessas discussões, o substantivo H. passou a designar a substância individual, a pessoa. Tomás de Aquino diz: "Para alguns, a substância, na definição de pessoa, equivale a substância primeira, que é a H.; todavia, não é supérfluo acrescentar individual, uma vez que com as palavras H. ou substância primeira se exclui a relação entre o universal e a parte. De fato, não se diz que o conceito de homem ou a mão são H." (*S. Th.*, I, q. 29, a. 1).

Na linguagem moderna e contemporânea, esse termo é usado (mas raramente) em sentido pejorativo, para indicar a transformação falaz e sub-reptícia de uma palavra ou um conceito em substância, ou seja, numa coisa ou num ente. Nesse sentido fala-se também de hipostasiar (fr. *hypostasier*). [N.A.]

HIPÓTESE (gr. ὑπόθεσις; in. *Hypothesis;* fr. *Hypothèse;* al. *Hypothese;* it. *Ipotesi*). Em geral, um enunciado (ou conjunto de enunciados) que só pode ser comprovado, examinado e verificado indiretamente, através das suas conseqüências. Portanto, a característica da H. é que ela não inclui garantia de verdade nem a possibilidade de verificação direta. Uma premissa evidente não é uma H., mas, no sentido clássico do termo, um axioma. Um enunciado verificável é uma lei ou uma proposição empírica, não uma hipótese. Uma H. *pode* ser verdadeira, mas sua verdade só pode resultar da verificação de suas conseqüências. Era nesse sentido que Aristóteles entendia a H., pois mesmo usando vez por outra esse termo em sentido muito amplo, como premissa de demonstração (compare, p. ex., *Met.*, V, 1, 1013 a 16; 1913 b 20; *Fís.*, II, 3, 195 a 18), define-a em seu significado específico, excluindo-a do campo das premissas necessárias: "Aquilo que é necessário que seja e que é necessário que pareça necessário, não é hipótese nem postulado" (*An. post.*, I, 10, 76 b 23). Axiomas e definições constituem as premissas necessárias do silogismo; H. e postulados são as premissas não necessárias. Em particular, as H. estabelecem a existência das coisas definidas. As definições – diz ele – devem apenas levar-nos a compreender aquilo de que se fala; as H. estabelecem sua existência, para deduzir as conclusões (*ibid.*, I, 10, 76b 35 ss.). Conseqüentemente, os raciocínios fundados em H. pressupõem uma espécie de convenção ou acordo preliminar (*An. pr.*, I, 44, 50 a 33) e não têm o valor probatório dos que se fundam em definições (*ibid.*, I, 23, 40b 22).

Essa determinação da H. como premissa de grau ou qualidade inferior, isenta da necessidade própria das premissas autênticas, é característica da posição de Aristóteles. Não se encontra em Platão, para quem as premissas devem ser escolhidas com base no juízo comparativo, que se orienta para aquela que é "a mais forte" ou "a melhor" entre elas (*Fed.*, 100a; 101d). Platão observa que a matemática e, em geral, as disciplinas propedêuticas não partem de H., mas que "as deixam intocadas por não serem capazes de explicá-las" (*Rep.*, VII, 533c). Em *Parmênides* são chamadas de H. todas as possíveis vias de investigação, não se privilegiando nenhuma com nome diferente (*Parm.*, 135 e). Platão declara às vezes que "investiga através da H.", como fazem os geômetras, ou seja, raciocinando assim: "Em certas condições, obter-se-á determinado resultado, mas se as condições forem outras, o resultado será diferente" (*Men.*, 87a). O uso das H. em filosofia estabelece uma diferença importante entre a filosofia de Platão e a de Aristóteles, no que concerne ao procedimento da própria filosofia e, em geral, do saber científico. Essa diferença, porém, incide nos termos da noção geral de H., como expressa. No âmbito dessa noção, é possível distinguir os seguintes significados específicos:

1º O antecedente de uma proposição hipotética ou condicional, de um raciocínio anapodítico ou de um silogismo hipotético. A lógica estóica, ao contrário da aristotélica, privilegiou as proposições hipotéticas e os raciocínios anapodíticos, em conformidade com a formulação geral da lógica como dialética (v. LÓGICA; DIALÉTICA; CONDICIONAL; CONSEQÜÊNCIA).

2º Uma proposição originária assumida como fundamento de um discurso científico, como, por exemplo, um postulado ou um axioma de matemática. Realmente, não se afirma nem se nega a verdade desses postulados ou axiomas, mas reconhece-se sua validade se e à medida que possibilitam o discurso matemático. Nesse sentido, a matemática é denominada "sistema hipotético-dedutivo". Mas é possível encontrar proposições análogas aos postulados ou axiomas da matemática – e como eles assumidos por H. – em todas as ciências que alcançaram certo grau de elaboração conceitual.

3º Uma condição qualquer. Este é o significado do termo na expressão *ex hipothesi*: Aristóteles fala daquilo que é "necessário por H.", ou seja, em virtude de determinada condição (*Fís.*, II, 9, 199b 34 ss.).

4º A explicação causal dos fenômenos. Nesse sentido, essa palavra foi usada freqüentemente nos séculos XVII e XVIII. Locke advertia "para que a palavra princípio não nos engane nem se nos imponha, fazendo-nos aceitar como verdade incontestável, aquilo que, no melhor dos casos, nada mais é que uma conjectura muito duvidosa, como ocorre com a maioria das H. da filosofia natural, para não dizer todas" (*Ensaio*, IV, 12, 13). É óbvio que, para Locke, H. é o que anuncia os "princípios", as causas dos fenômenos. Ainda mais explicitamente Leibniz dizia: "A arte de descobrir as causas dos fenômenos, ou as H. verdadeiras, é como a arte de decifrar, na qual muitas vezes uma conjectura engenhosa abrevia em muito o caminho" (*Nouv. ess.*, IV, 12, 13), onde "H. verdadeiras" e "causas dos fenômenos" são identificadas. A renúncia de Newton ("*hypotheses non fingo*" [não formulo hipóteses]) refere-se exatamente a esse significado de hipótese. O texto de Newton é o seguinte: "Até agora, não pude deduzir dos fenômenos as razões dessas propriedades da gravidade, e não formulo hipóteses. Tudo o que não se deduz dos fenômenos deve ser chamado de H., e as H., tanto metafísicas quanto físicas, sejam elas de qualidades ocultas ou mecânicas, não têm lugar na filosofia experimental." A essas H. ele contrapõe as causas verdadeiras, que são as "necessárias para explicar os fenômenos" (*Philosophiae naturalis principia mathematica*, 1687, ao final). Em *Óptica* (1704), Newton dizia que formular H. é recorrer às qualidades ocultas, assumidas como causas da metafísica aristotélica, às quais ele contrapunha os *princípios* (gravidade, fermentação, coesão), "que não considero qualidades ocultas, supostamente resultantes das formas específicas das coisas, mas leis naturais gerais, pelas quais as coisas são formadas e cuja verdade se nos manifesta pelos fenômenos, mesmo que suas causas não tenham sido descobertas" (*Opticks*, III, 1 q. 31). Portanto, a renúncia de Newton às H. nada mais é que a renúncia à explicação em favor da descrição. Em meados do século XIX, a oposição entre descrição e explicação hipotética era reforçada pelo físico inglês J. Macquorn Rankine: "Segundo o método abstrato, uma classe de objetos e de fenômenos é definida por descrição, ou seja, mostrando-se que determinado conjunto de propriedades é comum a todos os objetos ou fenômenos da classe, e considerando-os tais como os sentidos no-los dão a perceber, sem nada introduzir de hipotético e só lhes atribuindo um nome ou símbolo. Pelo método *hipotético*, a definição de uma classe de objetos ou de fenômenos é deduzida de uma concepção conjetural acerca de sua natureza." E Rankine previa o abandono gradativo das teorias hipotéticas e sua substituição pelas teorias abstratas (*Outlines of the Science of Energetics*, 1865, em *Miscellaneous Scientifics Papers*, p. 210; cf. P. DUHEM, *La théorie physique*, 1906, pp. 80-1) .

5º Um procedimento especial que substitui a indução, para a formulação de princípios que devem ser verificados experimentalmente. Para Stuart Mill, o procedimento científico é composto por três partes: indução, raciocínio e verificação. Ora, "o método hipotético suprime o primeiro desses três passos, a indução, para comprovar a lei, e limita-se às outras duas operações, raciocínio e verificação: a lei sobre a qual se raciocina é presumida, em vez de ser provada" (*Logic*, III, 14, 4). No mesmo sentido, Peirce põe a H. ao lado da dedução e da indução, como um tipo de raciocínio válido que se distingue da indução porque, enquanto esta "procede como se todos os objetos que têm determinados caracteres fossem conhecidos", a H. é "a inferência que procede como se todos os caracteres necessários à determinação de certo objeto ou classe fossem conhecidos". Enquanto a indução pode ser considerada como a inferência da premissa maior do silogismo, a hipótese pode ser considerada como a inferência da premissa menor a partir das outras duas ("Some Consequences of Four Incapacities", em *Values in a Universe of Chance*, pp. 44 ss.). Este significado do termo tornou-se raro.

6º O argumento de um discurso, enquanto proposto ou enunciado no início do discurso (ARISTÓTELES, *Ret. ad Al.*, 30, 1436 a 36; *Ret.*, II, 18, 1391 b 13).

7º Uma teoria científica ou parte de uma teoria científica. Nesse sentido, Mach diz: "Chamemos de H. uma explicação provisória que tem por objetivo fazer compreender mais facilmente os fatos, que foge à prova dos fatos" (*Erkenntniss und Irrtum*, cap. 14; trad. fr., p. 240). Para este significado, v. TEORIA. [N.A.]

HIPOTÉTICO (gr. ὑποθετικός; lat. *Hypotheticus*; in. *Hypothetical*; fr. *Hypothétique*; al. *Hypothetisch*; it. *Ipotetico*). Este termo tem significado correspondente ao do substantivo. Para proposição hipotética, v. CATEGÓRICO; para silogismo hipotético, v. SILOGISMO. V. também ANAPODÍTICO; RACIOCÍNIO; CONDICIONAL; CONSEQÜÊNCIA. [N.A.]

HIPOTIPOSE (gr. ὑποτύπωσις; al. *Hypotypose*; it. *Ipotiposi*). Este termo, que significa bosquejo ou esboço (neste sentido é encontrado no título da obra de SEXTO EMPÍRICO, *Pirr. hyp.*), foi usado pelos retóricos para indicar a figura em virtude da qual um assunto é vividamente descrito em palavras (QUINTILIANO, *Inst.*, IX, 2, 40). Kant utilizou essa palavra em sentido análogo, para expressar a relação entre beleza e moralidade: a beleza, como símbolo da moralidade, é a H. dela, ou seja, sua vigorosa manifestação intuitiva. Enquanto as palavras e os outros signos são simples expressões dos conceitos, as H. são exibições ou manifestações do conceito em forma intuitiva (*Crít. do Juízo*, § 59). [N.A.]

HISTÓRIA (gr. ἱστορία; lat. *Historia*; in. *History*; fr. *Histoire*; al. *Geschichte*; it. *Storia*). Esse termo, que em geral significa pesquisa, informação ou narração e que já em grego era usado para indicar a resenha ou a narração dos fatos humanos, apresenta hoje uma ambigüidade fundamental: significa, por um lado, o conhecimento de tais fatos ou a ciência que disciplina e dirige esse conhecimento (*historia rerum gestarum*) e, por outro, os próprios fatos ou um conjunto ou a totalidade deles (*res gestae*). Essa ambigüidade está presente em todas as atuais línguas cultas (cf. H. I. MARROU, *De la connaissance historique*, 1954, pp. 38-9). Mas, em vista do maior uso do termo historiografia para indicar o conhecimento histórico em geral, ou ciência da H. (e não a arte de escrever H.), pode-se colocar no verbete historiografia o tratamento dos significados atribuídos à H. ao longo do tempo (como conhecimento) e incluir neste verbete só os significados que foram dados à *realidade histórica* como tal. Tais significados são os seguintes: 1º H. como passado; 2º H. como tradição; 3º H. como mundo histórico; 4º H. como objeto da historiografia.

1º A H. interpretada como *passado* pode, com boas razões, ser considerada uma tautologia, mas o sentido com que Heidegger entendeu essa interpretação (*Sein und Zeit*, § 73) não parece puramente tautológico. Quando se diz: "Isto pertence à H.", entende-se que pertence ao passado, a um passado que tem pouca eficácia sobre o presente. Por outro lado, quando se diz: "Não podemos subtrair-nos à H.", entende-se ainda a H. como passado, mas como um passado que age inevitavelmente sobre o presente. Assim também, dizer que "algo tem H." significa afirmar que tem passado e que é fruto desse passado. Nestas e em semelhantes expressões, o significado desse termo permanece estritamente genérico: remete a uma dimensão do tempo e às relações que podem ser estabelecidas entre ela e as outras dimensões.

2º Em segundo lugar, a H. pode ser entendida como *tradição*, em que crenças e técnicas são transmitidas e conservadas através do tempo, seja tal legado verificável pela historiografia, seja considerado como "evidente", mesmo permanecendo obscuro e não verificável. Ao conceito de tradição pode vincular-se o conceito de Heidegger sobre a *historicidade autêntica*: a escolha, para o futuro, das possibilidades que *já foram*; portanto, a *transmissão* que a existência faz para si mesma de tais possibilidades, uma *repetição* decidida, que Heidegger chama também de *destino*. "A decisão constitui a fidelidade da existência a si mesma. Por ser decisão permeada de angústia, a fidelidade é ao mesmo tempo o possível respeito em face da única autoridade que um existir livre pode reconhecer, ou seja, em face das possibilidades repetíveis da existência" (*Sein und Zeit*, § 75). "Se o *Dasein* (ser-aí) só é autenticamente real na existência, sua factualidade constitui-se justamente no decidido autoprojetar-se para um *poder-ser* que já foi escolhido. Mas então o que foi autenticamente um fato é a possibilidade existenciária em que se determinam efetivamente o destino, a destinação comum e mundanamente histórica" (*ibid.*, § 76). Às vezes, porém, a tradição é entendida como conservação infalível e progressiva de todos os resultados ou conquistas do homem; nesse caso, o conceito identifica-se com o de H. como plano providencial (v. TRADIÇÃO).

3º O terceiro significado de H. é o mais relevante filosoficamente; para ele, H. é o *mundo histórico*, a totalidade dos modos de ser e das criações humanas no mundo, ou a totalidade da "vida espiritual" ou das culturas. Nesse sentido, H. contrapõe-se a "natureza", que é a totalidade do que é independente do homem ou que não pode ser considerado produção ou criação sua, mas permanece aparentado com a natureza pelo seu caráter de totalidade, de mundo. É no âmbito desse conceito que se podem distinguir as interpretações "filosóficas" da H., que constituem a chamada "filosofia da H.". Entre essas interpretações podem-se considerar principais as seguintes: *a*) H. como decadência; *b*) H. como ciclo; *c*) H. como reino do acaso; *d*) H. como progresso; *e*) H. como ordem providencial.

a) A interpretação da H. como *decadência* é própria da Antiguidade, que a expressou com a doutrina das *idades* (v.) do gênero humano. A sucessão das cinco idades, descrita por Hesíodo, vai da *idade de ouro*, na qual os homens "viviam como deuses", à *idade dos homens*, na qual estes estão sujeitos a toda espécie de males, passando pela idade de *prata*, de *bronze* e dos *heróis*, que assinalam a decadência gradual do estado do gênero humano (*Op.*, 109-79). Platão reduziu a três as idades, enumerando somente a idade dos *deuses*, dos *heróis* e dos *homens*, mas conservando o caráter de decadência sucessiva que as idades apresentam quanto às condições materiais e morais dos homens (*Crítias*, 109b ss.). Retomada no mundo moderno (Vico, Fichte e outros), essa doutrina perdeu o significado pessimista e tornou-se otimista: as idades estão em ordem de progresso e não de decadência. Mas não há dúvida de que, para os gregos, essa doutrina constitui uma interpretação da H. como decadência (v. IDADE).

b) A noção da H. como *ciclo* está ligada à de *ciclo cósmico* (v.), bastante difundida na Antiguidade grega. Para os estóicos, a repetição do ciclo cósmico incluía a repetição da H. humana no seu conjunto. Segundo eles, de fato, em cada novo ciclo do mundo, "haverá de novo Sócrates, de novo Platão e de novo cada um dos homens com os mesmos amigos e concidadãos, as mesmas crenças, os mesmos assuntos discutidos, e toda cidade, vilarejo ou campo igualmente retornarão" (NEMÉSIO, *De nat. hom.*, 38). Pode-se ver na obra de Spengler uma revivescência moderna desse conceito de H. Para ele, os ciclos históricos, as *culturas*, não se repetem de modo idêntico, como julgavam os estóicos, mas a sua *forma* repete-se identicamente: nascimento, crescimento e morte. "Toda cultura, todo surgimento, progresso e declínio, bem como cada um dos seus graus e dos seus períodos inteiramente necessários têm duração determinada, sempre igual, sempre recorrente, com forma de símbolo" (*Der Untergang des Abendlandes*, 1932, I, p. 147) (v. CICLO CÓSMICO).

c) O conceito da H. como reino do *acaso* não é freqüente na interpretação filosófica da história. Parece, contudo, que Aristóteles não estava muito longe dele quando contrapôs o historiador ao poeta, dizendo que a este último cabia representar o *universal*, "as coisas tais quais poderiam acontecer segundo a verossimilhança e a necessidade", ao passo que caberia ao historiador representar as coisas "realmente acontecidas", "o particular", como, por exemplo, "o que Aquiles fez e o que lhe aconteceu" (*Poet.*, IX, 1451b 2-10). Não se deve esquecer que, para Aristóteles, só o universal é objeto de conhecimento científico e que o particular não pertence à ciência (*Met.*, III, 6, 1003 a 15). Mais explicitamente, Schopenhauer dizia: "A H. do gênero humano, a intimidade de acontecimentos, a mudança dos tempos, os múltiplos aspectos da vida humana em países e séculos diferentes, tudo isso é apenas a forma *casual* assumida pela manifestação da Idéia; não pertence a esta, na qual está apenas a objetividade adequada da vontade, mas ao fenômeno que fica sendo conhecido pelo indivíduo; e é tão estranha, tão inessencial e indiferente à Idéia quanto são estranhas às nuvens as figuras que representam, ao rio a forma dos seus sorvedouros e das suas espumas, e ao gelo suas figuras de árvores e flores" (*Die Welt*, I, § 35). Não se pode considerar, porém, neste tópico, o conceito da H. expresso por Maquiavel ao dizer que "a fortuna pode ser árbitro da metade das nossas ações, contanto que nos deixe ainda governar a outra metade, ou quase"; comparando a fortuna a um rio que, quando irado, arrasta tudo, mas cujo ímpeto não é prejudicial, ou causa menos danos quando o homem faz a tempo reparos e diques (*Princ.*, 25). De fato, para Maquiavel, a fortuna é o conjunto de condições que limitam, impedem ou frustram a ação do homem na H., mas não é a totalidade da H. No entanto, para A. Cournot o acaso servia para definir o domínio da H., que ele contrapôs ao da natureza, que é o domínio da ordem e da lei (*Essai sur les fondements de la connaissance*, 1851).

d) O conceito de H. como *progresso* tem a característica de afirmar o caráter problemático e não inevitável do progresso, pois, se o progresso é necessário, a H. é sobretudo uma ordem providencial cujos momentos são todos igualmente perfeitos, porque indispensáveis à perfeição ou ao aperfeiçoamento do conjunto. A H. como progresso problemático é uma idéia iluminista que supõe a *medida* do progresso, ou seja, uma norma ou um ideal de que a H. procura aproximar-se, ou que ela procura realizar, mas não encontrando jamais em si uma adequação perfeita. G. B. Vico expressou esse ideal no conceito de *H. ideal eterna* "sobre a qual transcorrem no tempo as H. de todas as nações, com surgimentos, progressos, estados, decadências e fins" (*Sc. nuova*, De'principi). A H. ideal eterna é a ordem universal e eterna à qual a H. temporal, ou melhor, as várias H. temporais dos vários tempos e nações tendem a adequar-se, sem nunca o conseguirem por completo, aliás, às vezes precipitando-se na confusão e na ruína (*ibid.*, Conclusão da obra). Vico entendia a *H. ideal eterna* como sucessão progressiva de três idades (dos deuses, dos heróis, dos homens) e a permanência indefinida na última, que é a conclusão do ciclo. Voltaire, ao contrário, considerou como norma e medida do progresso histórico a *ilustração*; a libertação da razão humana dos preconceitos e a sua posição de guia da vida individual e social do homem (cf. esp. *Essai sur les moeurs*, 1740; *Philosophie de l'histoire*, 1765). Kant seguiu o mesmo critério, sugerindo-o, porém, apenas como "fio condutor" para orientar-se filosoficamente na H. dos povos. Escreveu: "À medida que as limitações à atividade pessoal forem sendo abolidas e a liberdade religiosa for concedida a todos, produzir-se-á gradualmente, ainda que com intervalos de ilusões e fantasias, a ilustração como um grande bem que a espécie humana poderá fazer derivar até dos objetivos ambiciosos de poder dos seus dominadores" (*Idee zu einer allgemeinen Geschichte*, 1784, tese VIII). Segundo Jaspers, o único fim projetável da H. é a *unidade da humanidade*, não alcançável por meio da ciência ou da uniformidade lingüística ou cultural, mas da "ilimitada comunicação daquilo que é diferente historicamente, tal como se pode realizar num diálogo incessante, numa luta amorável" (*Vom Ursprung und Ziel der Geschichte*, 1949). Certamente é possível propor outros critérios ou normas como medida do progresso na H., mas as características dessa noção não mudam enquanto se admite a inevitabilidade do progresso.

e) Com a afirmação da inevitabilidade do progresso, o próprio progresso torna-se inconcebível (como viu Hegel), porque, se a H. é necessária, cada momento dela é tudo o que deve ser e não pode ser melhor nem pior do que os outros. A concepção da necessidade da H. é a concepção da H. como *plano providencial*. A noção de plano providencial está implícita em todas as formas de *milenarismo* ou *quiliasmo* (v.): toda doutrina desse tipo inclui a idéia de desenvolvimento necessário dos feitos humanos até a consecução de um estado definitivo de perfeição. Foi esse, por exemplo, o conceito de H. em Orígenes: para ele, os mundos sucedem-se no tempo como *escolas* nas quais os seres decaídos se reeducam (*De princ.*, III, 6, 3), e o ciclo total da H. é o retorno do mundo a Deus, que culmina na *apocatástase*, na restituição de todos os seres à sua perfeição originária (*In Johann.*, XX, 7). Mas o primeiro a formular claramente o conceito de plano providencial foi Agostinho, que viu na H. a luta entre a *cidade celeste* e a *cidade terrena*: luta destinada a acabar com o triunfo da cidade celeste. Para esse triunfo, segundo Agostinho, Deus faz que também contribuam o mal e a malevolência (*De civ. Dei*, XI, 17). Os três períodos em que a H. se divide, segundo Agostinho, não são mais que o desenvolvimento do plano providencial. No primeiro, os homens vivem *sem leis* e ainda não há luta contra os bens do mundo. No segundo, os homens vivem *sob a lei* e por isso combatem contra o mundo, mas são vencidos. O terceiro período é o tempo da *graça*, em que os homens combatem e vencem (*ibid.*, XIX, 15-26). No século XII, a profecia de Gioacchino da Fiore parte do mesmo conceito de H. e tem como modelo a divisão das idades feita por Agostinho. Gioacchino acredita que, depois da idade do Pai, que é a da lei, e da idade do Filho, que é a do Evangelho, virá a idade do Espírito, que é a da Graça, da inteligência plena da verdade divina (*Concordia novi et veteris testamento*, V, 84, 112).

Todavia, o plano providencial da H., embora infalível e necessário, é, do ponto de vista religioso, imperscrutável em seus detalhes. O homem religioso crê nele e na sua perfeição, mas sabe que não pode compreender os caminhos pelos quais se vai realizando. Posto diante do mal, confia que, em última instância, o mal não triunfará, mas sabe que não pode dizer como isso acontecerá. Quando, no romantismo, a doutrina do plano providencial da H. se transforma em doutrina filosófica, o não-saber religioso transforma-se em certeza racional. Hegel afirmou muitas vezes que a diferença entre religião e filosofia é que a segunda demonstra, na sua determinação, essa relação entre Deus e o mundo, esse plano providencial, e a primeira se limita a reconhecê-los (*Enc.*, § 573; *Philosophie der Geschichte*, ed. Lasson, I, p. 55). Entretanto, o ingresso dessa noção em filosofia deve-se sobretudo a Fichte. Em *Caracteres da Idade Contemporânea* (1806), Fichte afirmava energicamente a necessidade da H. e a sua redução a um plano providencial: "Qualquer coisa que realmente exista existe por absoluta necessidade: existe necessariamente na forma precisa em que existe" (*ibid.*, IX). E distinguia dois elementos no processo de civilização da espécie humana: um elemento *a priori*, que é o *plano do mundo* ou ordem providencial, e um elemento *a posteriori*, temporal ou empírico, constituído pelos fatos. A resultante dessa concepção é que "Nada é como é porque Deus assim queira arbitrariamente, mas porque Deus não pode manifestar-se de outro modo. Reconhecer isso, submeter-se humildemente e ser feliz, na consciência da nossa identidade com a força divina, é tarefa de todo homem" (*ibid.*, IX; trad. it., Cantoni, p. 67). Com essa distinção, Fichte parece atribuir certa autonomia (embora fictícia) aos "fatos" da H., em face do plano providencial de que devem participar. Mas mesmo essa autonomia fictícia dos fatos desaparece na doutrina de Hegel: "Deus prevalece, e a H. do mundo não representa nada além do plano da providência. Deus governa o mundo: o conteúdo do seu governo, a execução do seu plano é a H. universal. [...] A filosofia quer conhecer o conteúdo, a realidade da idéia divina e justificar a realidade vilipendiada. Com efeito, a razão é a percepção da obra de Deus" (*Philosophie der Geschichte*, ed. Lasson, I, p. 55). Foi esse conceito de H. que Croce retomou e defendeu nos primeiros decênios do século XX. Para ele, o sujeito da H. é o Espírito do Mundo ou a Razão, não o homem (*Teoria e storia della storiografia*, 1917, p. 87). A H. é uma ordem progressiva que não conhece decadência, interrupção ou morte (*La storia come pensiero e come azione*, 1938, p. 38). Ela é sempre *justificadora*, nunca *justiceira*; e "só poderia tornar-se justiceira tornando-se injusta, ou seja, confundindo o pensamento com a vida" (*Teoria e storia della storiografia*, p. 77). Para Hegel e para Croce o caráter necessário e providencial da H. deriva da crença de que a H. é obra de uma Razão Absoluta cuja perfeição e cuja potência não conhecem limites.

Uma forma levemente atenuada dessa concepção é a que considera a H. como *revelação* de Deus. Esse conceito não é estranho ao próprio Hegel, para quem há coincidência entre revelação de Deus no mundo e realização de Deus. Mas ele assinala a atenuação da relação entre os dois conceitos de revelação e realização. Essa atenuação já estava em Schelling, que definia a H. como "a revelação do Absoluto que se desenrola contínua e gradualmente", distinguindo três períodos: o primeiro, em que a providência aparece como *destino* ou *força cega*; o segundo, em que ela aparece como *natureza*; o terceiro, em que ela aparece como *providência* (*System des transzendentalen Idealismus*, seç. IV, Adendos, III, C; trad. it., pp. 283 ss.). O conceito de revelação foi usado freqüentemente no fim do romantismo do século XIX, bem como no espiritualismo e no idealismo do século XX. Nestas suas manifestações, conservou o vínculo com a idéia de progresso que Schelling lhe atribuíra. Tal vínculo, porém, não é indispensável. A revelação de Deus na H. pode não ser gradual, mas total e completa em cada ponto da H. Cada época, cada momento seu é, nesse caso, uma revelação completa de Deus, segundo as palavras de Goethe: "O instante é a eternidade", e, segundo a frase do historiador Ranke, "Cada época está em relação imediata com Deus". Nesta forma, o conceito romântico da H. como ordem providencial também foi aceito por alguns historicistas alemães como E. Troeltsch (*Der Historismus und seine Probleme*, 1922) e F. Meinecke (*Die Entstehung der Historismus*, 1936; *Vom geschichtlichen Sinn und vom Sinn der Geschichte*, 1939), preocupados em salvar da mobilidade e da relatividade da H. o caráter absoluto dos valores e o caráter divino do cristianismo (cf. PIETRO ROSSI, *Lo storicismo tedesco contemporaneo*, 1956, parte VI).

Por outro lado, não é indispensável que o conceito de H. como ordem providencial se baseie na crença de uma providência de natureza divina, imanente ou transcendente. "Ordem providencial" significa "ordem necessária e perfeita": e uma ordem semelhante também é atribuída à H. por doutrinas que negam o conceito religioso de providência, como o positivismo social e o marxismo. Comte considerava a H. como o desenvolvimento progressivo da Humanidade ou Grande Ser, que é "o conjunto dos seres passados, futuros e presentes que concorrem livremente para aperfeiçoar a ordem universal" (*Politique positive*, 1854. IV, p. 30), e reconhecia que De Maistre tivera o mérito de contribuir para preparar a verdadeira teoria do progresso com a sua revalorização da Idade Média, já que só depois dessa revalorização a continuidade da tradição providencial foi restabelecida (*ibid.*, I, p. 64). Por outro lado, o marxismo considera a H. como um processo unilinear e progressivo que, por meio da luta de classes, necessariamente desembocará na sociedade sem classes, que é a sociedade perfeita. Marx diz, a propósito, que a passagem para a nova sociedade ocorrerá "com a mesma fatalidade que preside aos fenômenos da natureza" (*Das Kapital*, I, 24, § 7). Mas fatalidade significa necessidade, e trata-se de uma necessidade providencial porque dela advirá o modo de vida definitivo e perfeito do gênero humano.

4º As interpretações filosóficas da H. gravitam quase todas em torno da noção de H. como totalidade ou mundo histórico. Na verdade, só essa noção permite falar da H. como objeto único e simples, avaliável em seu conjunto uma vez por todas. A noção de mundo histórico, como todas as noções totalitárias e a própria noção de *mundo* (v.), está além das capacidades efetivas de investigação e compreensão de que o homem dispõe. A H. como *objeto da historiografia* nunca é um mundo nesse sentido, isto é, a totalidade absoluta dos acontecimentos humanos. Por vezes, um período histórico ou um conjunto de instituições é chamado de mundo (p. ex., "mundo antigo", "mundo oriental" etc.) apenas no sentido de totalidade relativamente homogênea de culturas, e não em sentido absoluto. A própria expressão "mundo histórico", se tiver o significado de "objeto geral das disciplinas historiográficas", não designa uma totalidade absoluta, mas o campo relativamente homogêneo no qual atuam e se encontram as técnicas das disciplinas historiográficas. Por isso, quando se entender por "realidade histórica" simplesmente o objeto do conhecimento histórico, estar-se-á renunciando *ipso facto* ao conceito de mundo histórico como totalidade absoluta e a qualquer juízo sobre essa totalidade; renunciando, também, a considerar *todos* os fatos como fatos históricos, visto que a afirmação de que todos os fatos são históricos (presente, p. ex., em CROCE, *La storia come pensiero e come azione*, 1938, p. 19) é apenas outro modo de expressar a noção de H. como totalidade absoluta. Por outro lado, se a H. não é o mundo histórico, não existe a história. Toda H., desse ponto de vista, é a H. de alguma coisa (um período, uma instituição, uma personalidade), mas não é um processo ou uma substância única ou universal que compreenda tudo dentro de si (cf. J. H. RANDAL JR., *Nature and Historical Experience*, 1958, p. 28). Desse ponto de vista, as expressões "objeto histórico" ou "realidade histórica" são apenas nomes comuns para indicar qualquer tema de investigação historiográfica. A metodologia historiográfica contemporânea, que historiadores e filósofos (em acordo fundamental) fizeram avançar notavelmente nestes últimos tempos, permite atribuir no objeto histórico os seguintes caracteres:

1º *Individualidade* ou *unicidade*, em virtude da qual o fato histórico se apresenta como algo único e não repetível. O reconhecimento explícito deste caráter deve-se ao historicismo alemão. Já afirmado por Dilthey (*Gesammelte Schriften*, V, p. 236), foi ressaltado por Windelband (*Präludien*, II^5, p. 145) e por Rickert (*Die Grenzen der naturwissenschaftlichen Begriffsbildung*, 1896-1902, pp. 251, 420 etc.) como conseqüência da distinção entre o procedimento generalizador das ciências da natureza e o procedimento *individualizador* das ciências do espírito. Este caráter da H. às vezes suscitou desconfiança nos metodizadores porque pareceu um caráter "metafísico" (cf., p. ex., C. G. HEMPEL, em *Readings in Philosophical Analysis*, orgs. Feigl e Sellars, 1949, p. 461; GARDINER, *The Nature of Historical Explanation*, 1952, p. 43). Por outro lado, ninguém nega que um acontecimento histórico seja único no sentido de estar individualizado pelos dois parâmetros fundamentais, a cronologia e a geografia (cf. o mesmo GARDINER, *loc. cit.*), e além disso muitos reconhecem unicidade no acontecimento histórico, no sentido "de ser diferente dos outros, com os quais seria naturalmente agrupado sob um termo classificador, sendo também diferente quanto aos modos pelos quais desperta o interesse dos historiadores que procuram explicá-lo" (W. DRAY, *Laws and Explanation in History*, 1956, p. 46). O caráter de unicidade do acontecimento provém das próprias técnicas historiográficas que servem para verificá-lo e ilustrá-lo, sendo reflexo dessas técnicas. O acontecimento histórico só se mostra único e não repetível quando sua abordagem historiográfica é conduzida a bom termo, de tal modo que o ditado "a H. não se repete" exprime mais o ideal historiográfico (aliás, difícil de ser alcançado) do que um suposto caráter do processo histórico.

2º A *correlação* do fato com os outros fatos, graças à qual o fato é "explicado" ou "compreendido". Também quanto a este segundo caráter, a metodologia histórica contemporânea chegou a um ponto de concordância satisfatória. Ainda que não falte quem queira interpretar o vínculo entre os fatos históricos como nexo causal (cf., p. ex., HEMPEL, *loc. cit.*, pp. 462 ss.) no intuito de mostrar que tanto a H. quanto as ciências naturais fazem uso de um único tipo de explicação, hoje já está bem claro que os historiadores rejeitaram a explicação causal tanto quanto os estudiosos da física (cf., sobre esse ponto, HISTORIOGRAFIA, e também CAUSALIDADE; CONDIÇÃO; EXPLICAÇÃO). Com a recusa do esquema causal elimina-se também da H. a noção de lei que está ligada a ele, visto que uma lei só expressa uma sucessão causal de fatos. E com a eliminação do conceito de lei também se eliminou o conceito de *necessidade* da história. Nesse aspecto, é preciso lembrar que Kierkegaard foi o primeiro a reconhecer na H. a categoria da possibilidade: "O passado não é necessário no momento em que vem a ser; não se tornou necessário *vindo a ser* (o que seria uma contradição); e vem a sê-lo ainda menos através do entendimento que se tem dele. [...] Se o passado viesse a ser necessário através do entendimento, ganharia aquilo que o entendimento perderia, pois então este último entenderia uma coisa diferente e seria um mal-entendido" (*Philosophische Brocken*, 1844, IV, § 4).

3º O *significado* ou a *importância* que o acontecimento possui como opção historiográfica. Também esse caráter é quase universalmente reconhecido na metodologia contemporânea. Pode ser considerado conseqüência do caráter precedente, visto que a importância de um acontecimento consiste na capacidade por ele demonstrada de condicionar de um modo qualquer os outros acontecimentos, isto é, de produzir, no seu decorrer, variações que podem ser atribuídas ao acontecimento em questão. Fica suficientemente claro, porém, que o significado de um acontecimento (no sentido agora esclarecido) não é uma qualidade que lhe seja inerente de modo absoluto e que o acompanhe em qualquer contexto historiográfico, mas pode variar segundo os contextos ou as escolhas que os regem: de tal modo que um acontecimento importante em um deles terá menos ou nenhuma importância em outro.

O primeiro dos caracteres acima arrolados, a individualidade, pode ser utilizado para fazer a distinção entre objeto historiográfico e objeto sociológico ou, em geral, objeto das ciências sociais, que possui o caráter oposto de *repetibilidade* (cf. ABBAGNANO, *Problemi di sociologia*, 1959, II, 5). E o conjunto dos três caracteres serve para distinguir o fato histórico do *fato* jornalístico comum, que não é individualizado, não tem vínculos suficientes com outros fatos e não é significativo (Cf. também HISTORIOGRAFIA e ANTI-HISTORICISMO). [N.A.]

HISTÓRIA IDEAL ETERNA. V. HISTÓRIA.

HISTÓRIA UNIVERSAL. V. HISTORIOGRAFIA.

HISTÓRICAS, FONTES (in. *Historical sources*; fr. *Sources historiques*; al. *Historische Quellen*; it. *Fonti storiche*). Com esta expressão indica-se comumente o material da pesquisa historiográfica. As fontes H. costumam ser divididas em *remanescentes* e *tradições*. Os remanescentes são: 1) o que ficou das obras produzidas pelo homem (casas, pontes, teatros, utensílios etc.); 2) os modos de vida das comunidades (usos, costumes, ordenações jurídicas, políticas etc.); 3) as obras literárias e filosóficas; 4) os documentos em geral.

Os remanescentes da produção humana cujo objetivo seria transmitir a memória de um acontecimento chamam-se monumento. O mesmo se diz dos *documentos*, cuja finalidade é transmitir para o futuro a conclusão de um fato, bem como das inscrições, medalhas, moedas etc.

Fontes de tradição são aquelas através das quais se transmitiu a memória dos fatos passados; podem ser orais e escritas (cf. G. G. DROYSEN, *Grundzüge der Historik*, 1882, §§ 20-4). [N.A.]

HISTORICIDADE (in. *Historicity*; fr. *Historicitè*; al. *Geschichtlichkeit*; it. *Storicità*). 1. O modo de ser do mundo histórico ou de qualquer realidade histórica.

2. A existência de fato no passado; nesse sentido se diz, por exemplo, "a H. de Jesus", para indicar que Jesus foi uma pessoa real, não um mito.

3. A importância histórica que, às vezes, se atribui também a fatos presentes e contemporâneos. [N.A.]

HISTORICISMO (in. *Historicism*; fr. *Historicisme*; al. *Historismus*; it. *Storicismo*). Por esse termo, empregado pela primeira vez por Novalis (*Werke*, III, p. 173), podem ser entendidas três linhas de pensamento diferentes, a saber:

1ª Doutrina segundo a qual a realidade é história (desenvolvimento, racionalidade e necessidade) e todo conhecimento é conhecimento histórico; foi expressa por Hegel (cf. especialmente *Geschichte der Philosophie*, I, intr.) e por Croce (*La storia come pensiero e come azione*, 1938, p. 51). Essa é a tese fundamental do idealismo *romântico* (v.), que supõe a coincidência entre finito e infinito, entre mundo e Deus, e considera a história como realização de Deus. Pode chamar-se *H. absoluto*.

2ª Uma variante da doutrina precedente, que vê na história a revelação de Deus no sentido de considerar que cada momento da história está em relação direta com Deus e é permeado dos valores transcendentes que Ele incluiu na história. Foi o ponto de vista defendido por E. Troeltsch e F. Meinecke (cf. o verbete HISTÓRIA, 3, *e*). Pode-se chamar essa doutrina de *H. fideísta* porque a revelação de Deus no H. ocorre substancialmente por meio da fé.

3ª A doutrina para a qual as unidades cuja sucessão a história constitui (Épocas ou Civilizações) são organismos globais cujos elementos, necessariamente vinculados, podem viver apenas no conjunto; afirma, portanto, a relatividade entre os valores (que são alguns desses elementos) e a unidade histórica a que pertencem, sendo inevitável a morte desses elementos com a morte dessa unidade. Esse é o ponto de vista de Spengler e de outros, e pode chamar-se *H. relativista*. Existe também, pelo menos em polêmica, uma noção vulgar desse H., segundo a qual a história seria um movimento incessante que empolga tudo, mesmo a verdade e os valores, imediatamente depois do instante em que florescem. A doutrina mais próxima dessa concepção é defendida por G. Simmel; para ele, a vida é um fluir incessante que resolve e concilia todas as coisas dentro de si: "O bem e o mal que fazemos e que recebemos, o belo que nos deleita e o feio de que fugimos, as séries acabadas e as que foram interrompidas na nossa vida, todas estas coisas, por mais díspares que sejam, constituem elementos da vida, como cenas de um destino, na interligação das experiências vividas que continuam incansável e ininterruptamente em *uma* vida, cujo sentido, justamente como vida, supera todas as oposições que seus conteúdos possam apresentar, segundo outros critérios" (*Hauptprobleme der Philosophie*, 1910, IV; trad. it., p. 201) . O mesmo Simmel, porém, admitia alguma coisa que é *mais que vida* (v.), é a forma da própria vida que dela emerge e para ela retorna (*Lebensanschauung*, 1918, pp. 22-3).

4ª A corrente da filosofia alemã que, nos últimos decênios do século XIX e nos primeiros do século XX, debateu o *problema crítico* da história. O fato de, no século XIX, as disciplinas históricas terem sido alçadas ao nível de ciência criava um problema análogo ao que Kant se propusera a respeito das ciências naturais: o problema da possibilidade da ciência histórica, ou seja, da sua validade. Esse problema foi debatido na Alemanha a partir dos textos de Dilthey, especialmente *Einleitung in die Geisteswissenschaften* (1883), em que ele procura estabelecer a diferença entre as disciplinas historiográficas e as ciências naturais, indicando como instrumento principal das disciplinas históricas a "psicologia analítica e descritiva", cujo instrumento fundamental é a *experiência vivida* (ERLEBNIS). Windelband e Rickert contribuíram, por sua vez, para delimitar conceitualmente o domínio das disciplinas historiográficas, distinguindo entre as ciências *nomotéticas* ou generalizantes, que são as naturais, e as ciências *idiográficas* ou individualizantes, que são as históricas (v. CIÊNCIAS, CLASSIFICAÇÃO DAS). Os problemas da *explicação* (v.) e da *compreensão* (v.) da realidade histórica eram também debatidos nessas escolas não só por Dilthey, Windelband e Rickert, mas também por Simmel, Troeltsch e Meinecke; contudo, a sua contribuição mais substancial veio de Max Weber, que encarou sobretudo o problema da explicação histórica e da causalidade da história. A herança dessa escola, que iniciou a elaboração da metodologia histórica, foi recolhida pelos modernos metodizadores da história (sobre os quais, v. HISTORIOGRAFIA) (cf. R. ARON, *La philosophie critique de l'histoire, Essais sur une théorie allemande de l'histoire*, 2ª ed., 1950; P. ROSSI, *Lo storicismo tedesco contemporaneo*, 1956). [N.A.]

A literatura crítica sobre o H., nas últimas décadas, enriqueceu-se ainda mais e também se ampliou notavelmente nas suas complexas formulações histórico-culturais e conceituais. A "questão do H." hoje pode ser resumida em dois níveis essenciais de discurso: o da relevância filosófica, que o H. pode ou não assumir, e o das possibilidades que ele ainda pode ou não ter no que se refere aos novos conteúdos metodológicos e cognitivos da ciência histórica.

Quanto ao primeiro aspecto, as posições dos intérpretes mais autorizados (limitando-nos ao cenário italiano) não são unânimes. Se, para Rossi (*Lo storicismo tedesco contemporaneo,* "Postscriptum 1994", Milão, 1994, p. XXXII), "o debate filosófico contemporâneo situa-se além – e em grande medida fora – do H.", para Tessitore, ao contrário, o que ainda possibilita uma função crítica da filosofia nas suas ligações com os saberes positivos (*Introduzione allo storicismo,* Roma-Bari, 1991, pp. 8 ss.) são exatamente os efeitos da "revolução historicista como revolução gnosiológica" e o fato de o H. se propor sobretudo como compreensão ética e hermenêutica da individualidade histórica e da experiência do outro. Quanto ao segundo aspecto, se, por um lado, não parece de todo infundada a convicção dos que consideram "pouco plausíveis os programas de atualização" de algumas formulações clássicas do H. contemporâneo com respeito às novas e inéditas perspectivas da ciência histórica do século XX (cf. Rossi, *ibidem),* por outro, porém, não se pode esquecer o fato de existirem importantes tentativas que, partindo exatamente da consciência da parcial indefensabilidade e inaplicabilidade das tradicionais dicotomias epistemológicas (ciências da natureza – ciências do espírito; explicação – compreensão; causalidade – motivação) aos conteúdos atuais do conhecimento histórico, propõem a possibilidade de repensar o H. como "paradigma", como "matriz disciplinar" dos estudos históricos (J. ROSEN, *Grundzüge einer Historik*, 1983-1989). Trata-se de uma reconsideração, porém, inspirada no reconhecimento da definitiva transição do caráter individualizante e abrangente da historiografia para a sua constituição como "ciência social histórica". Aliás, no âmbito dessa linha de interpretação, podem ser encontradas indicações ainda mais radicais que tendem a considerar o H. como uma verdadeira forma de "ciência histórica" (cf. H. W. BLANKE, *Historiographiegeschichte als Historik*, 1991; H. MUHLACK, *Geschichtswissenschaft im Humanismus und in der Aufklärung. Die Vorgeschichte des Historismus*, 1991, que, em relação aos autores acima citados, ressalta também que entre os aspectos mais relevantes do H. é preciso arrolar a descoberta da significativa relação entre pensamento político moderno e fundação da ciência histórica).

Exatamente à luz dessas duas grandes vertentes que caracterizam a atual discussão sobre os âmbitos semânticos e disciplinares do H., é possível utilizar algumas recentes tentativas de definição e de articulação das suas formas (cf. F. SCHNADELBACH, *A filosofia da história depois de Hegel*, 1974; O. G. OEXLE, *Die Geschichtswissenschaft im Zeichen des Historismus; "Historismus". Uberlegungen zur Geschichte des Phänomens und des Begriffs;* os dois ensaios, o primeiro de 1984 e o segundo de 1986, estão no volume *Geschichtswissenschaft im Zeichen des Historismus*, 1996). Por um lado, encara-se o H. de um ponto de vista filosófico, cujo momento de maior expansão e concentração pode paradoxalmente encontrar-se nos bojo de sua "crise", ou seja, no intenso confronto ocorrido, nas últimas décadas do século XIX e nas primeiras do século XX, entre as reiteradas tentativas de fundamentação crítico-epistemológica das formas da ciência histórica e o reconhecimento da inelutável relatividade das experiências da vida (nesse aspecto específico, cf. A. WITTKAU, *Historismus. Zur Geschichte des Begriffs und des Problems*, 1992; Ch. R. BAMBACH, *Heidegger, Dilthey, and the Crisis of Historicism*, 1995). Na opinião de Wittkau, o elemento, por assim dizer, positivo que deriva da tradição historicistica é a capacidade de manter juntos o aspecto concreto-disciplinar e o teórico-formal da ciência histórica. Isso também explicaria por que o fenômeno do H. permeia não só a ciência histórica, mas também toda a gama das ciências humanas, da economia ao direito, da sociologia à antropologia, nas quais se volta a propor, constantemente, a questão teórica de fundo levantada pelo H., ou seja, a relação entre "método empírico-científico do conhecimento" e o experiência da "relativização dos valores".

Por outro lado, a discussão concentrou-se essencialmente nos nexos entre o H. e o estatuto metódico e disciplinar da ciência histórica. Nos últimos anos, seus pontos de maior difusão foram a Alemanha (cf., além dos já citados ensaios de Oexle, Rüsen, Muhlack, também TH. NIPPERDEY, *Historismus und Historismuskritik heute*, em *Gesellschaft, Theorie, Kultur*, Göttingen, 1976, pp. 59-73; E. SCHULIN, *Traditionskritik und Rekonstruktionsversuch. Studien zur Entwicklung von Geschichtswissenschaft und historischen Denken*, 1979; W. HARDTWIG, *Geschichtskultur und Wissenschaft*, 1990; *Geschichtsreligion. Wissenschaft als Arbeit. Objektivität*, em "Historische Zeitschrift", 252, 1991, pp. 1-32) e os Estados Unidos (além do já citado Bambach, cf. G. G. IGGERS, *The German Conception of History. The National Tradition of Historical Thought from Herder to the Present*, 1983[2]; D. A. J. TELMAN, *Clio Ascendant: The Historical Profession in Ninteenth-Century Germany*, 1993). Mas também na Itália o debate não cessou: cf. P. Rossi (org.), *La storiografia contemporanea. Indirizzi e problemi*, 1987; G. CACCIATORE. *La lancia de Odino. Teorie e metodi della scienza storica tra Ottocento e Novecento*, 1995; e, nesse volume, cf. Prefácio de G. GALASSO, *Storicismo tra "crisi" e "fine" della storia.* Nesta última versão, o debate sobre o H. há tempo superou as cada vez mais surradas e repetitivas controvérsias sobre os nexos entre práxis política e ciência histórica (ainda que o problema dos limites da utilização política da história não se tenha atenuado) e concentrou-se fortemente na plausibilidade de um nexo entre o H. e as formas assumidas pela ciência histórica moderna. Boa parte da recente literatura alemã sobre o assunto (Muhlack, Rüsen, Blanke etc.), com maior ou menor adesão ao modelo clássico do H. herdado de Droyseri e de Memecke, considera que, no processo de modernização e cientização da historiografia, o H. teve papel decisivo, a tal ponto que pode ser considerado "a forma especificamente moderna do pensamento histórico", forma que, mais que qualquer outra, consegue conjugar a avaliação mais objetiva possível do passado e o "progresso do conhecimento" (cf. F. JAEGER e J. RÜSEN, *Geschichte des Historismus*, Munique, 1992, pp. 7 e 41). Mais indefinida e problemática parece, porém, a posição de outros estudiosos (Iggers, Hardtwig e Oexle), que põem a tônica na coexistência, no H., de dois registros: a indubitável tentativa de dar vida a uma forma científico-objetiva específica de pesquisa histórica, por um lado, e a permanência, por outro lado, de fortes tendências filosófico-hermenêuticas, éticas e ideológicas.

Naturalmente, o debate contemporâneo sobre o H., ainda que retomado com força sobretudo na cultura histórica e filosófica alemã, não está ausente de outros contextos culturais. Utilizando a distinção proposta no início (entre um H. "filosófico" e um H. "historiográfico"), é possível ressaltar as mais recentes tentativas de pôr em confronto a tradição do H. com as teorias mais recentes do narrativismo contemporâneo, por um lado, e, por outro, com as problemáticas éticas e hermenêutico-filosóficas hoje em pauta.

No que se refere ao primeiro dos aspectos mencionados, cabe lembrar a notável presença, nos últimos anos (especialmente nos Estados Unidos), do "New Historicism" (cf. H. A. VEESER, org., *The New Historicism*, 1989, com ensaios, entre outros, de J. Fineman, C. Gallagher, S. Greenblatt, L. A. Montrose, B. Thomas; B. THOMAS, *The New Historicism and Other Old-Fashioned Topics*, 1991; M. BASSLER, org., *New Historicism. Literaturgeschichte als Poetik der Kultur*, 1995, com ensaios de Greenblatt, Montrose e outros). A tônica posta numa dimensão "nova" do H. está significando a rejeição dos tradicionais modelos historicistas (idealistas ou marxistas) baseados na ênfase em visões lineares e teleológicas da história, mas, ao mesmo tempo, a proposição da insopitável relevância da individualidade dos dados histórico-culturais. Em contexto análogo de pesquisa de relações entre as teorias narrativistas e um H. depurado de teorias "metafísicas" das idéias, assim como de pretensões a objetivismo iluminístico, situa-se a contribuição do estudioso holandês F. R. Ankersmit (*Historism: An Attempt at Synthesis*, em "History and Theory", 34, 1995). Só uma versão "narrativista" do H. que, mesmo não renunciando a emprestar coerência ao passado, abandone compromissos substancialistas, tem condições de, com base na relação imediata e determinada entre linguagem e coisa e na função metafórica da linguagem, conferir um papel revitalizado à ciência histórica. Assim, para Ankersmit, assim como para alguns autores do "New Historicism", a forma talvez mais adequada de H. na atual situação intelectual só pode ser a da história literária e da história da cultura.

Foram formuladas tentativas de redefinição do H. – não mais apenas no plano da teoria da historiografia e da ciência histórica, mas também no plano teórico-filosófico – na versão do H. definido como "crítico-problemático", elaborada na Itália entre meados da década de 1960 e fins da de 1970 (cf. P. PIOVANI, *Filosofia e storia delle idee*, 1962; F. TESSITORE, *Dimensioni dello storicismo*, 1971; *Comprensione storica e cultura*, 1979). A locução "crítico-problemático" põe imediatamente em destaque o itinerário diferente de um H. que se despede em definitivo dos H. metafísicos e absolutos e procura delinear uma perspectiva filosófica e cognitiva baseada numa concepção do mundo histórico-humano caracterizada pela dialética aberta entre individualidade e historicidade, vida e formas, ética normativa e ação prático-política. Essa tendência do H. foi desenvolvida, nas suas articulações filosóficas, metodológicas e historiográficas, também durante as décadas de 1980 e 1990 (cf. F. TESSITORE, *Introduzione allo storicismo, cit.*; *Contributi alla storia e alla teoria dello storicismo*, 1995; *La questione dello storicismo, oggi*, 1997; G. CACCIATORE, *Storicismo problematico e metodo critico*, 1993; G. CANTILLO. *L'eccedenza del passato. Per uno storicismo esistenziale*, 1993; G. CACCIATORE-G. CANTILLO-G. LISSA, orgs., *Lo storicismo e la sua storia. Temi, problemi, prospettive*, 1997). Para as críticas ao H. no século XX, v. ANTI-HISTORICISMO. [G.C.]

HISTORIOGRAFIA (lat. *Historiographia*; in. *History*; fr. *Histoire*; al. *Geschichte*, às vezes *Historie*; it. *Storiografia*). O termo *historiographus* aparece em Cornélio Agripa (*De incertitude et vanitate scientiarum*, 1527, cap. V, em *Opera*, II, p. 2,27), e o termo *historiographie* é encontrado num idílio em prosa do poeta inglês Nicholas Breton (*Wits Trenchmour*, 1597). Foi adotado por T. Campanella para indicar "a arte de escrever corretamente a história" (*Philosophiae Rationalis partes quinque, videlicet Grammatica, Dialectica, Rethorica, Poetica, Historiographia, iuxta propria principia*, 1638, p. 243). Permaneceu com esse significado em inglês e em francês (o alemão usa *Historik*), ao passo que em italiano passou a significar, na esteira de Croce, o conhecimento histórico em geral ou o conjunto das ciências históricas. Dada a ambigüidade do termo *história*, é oportuno dispor de um termo adequado para indicar o conhecimento histórico, na sua distinção da realidade histórica.

As interpretações dadas sobre esse conhecimento são fundamentalmente duas, que podem ser qualificadas como *A*) historiografia universal; *B*) historiografia pluralista. A interpretação do conhecimento histórico como história universal corresponde à interpretação da realidade histórica como mundo. A interpretação dela como história pluralista corresponde à interpretação da realidade histórica como objeto definível ou verificável só através dos instrumentos de pesquisa de que se dispõe.

A) A história *universal*, ou melhor, *cósmica* (al. *Weltgeschichte*), é o conhecimento do plano providencial do mundo histórico (cf. HEGEL, *Phil. der Geschichte*, ed. Lasson, p. 52). Tem duas características fundamentais:

1ª É tarefa do filósofo, e não do historiador, e a obra do historiador pode servir-lhe apenas como auxílio não indispensável. Fichte, que a chama "história *a priori*", afirma: "Compreender com clara inteligência o universal, o absoluto, o eterno e o imutável que guia a espécie humana é tarefa do filósofo. Fixar de fato a esfera sempre cambiante e mutável dos fenômenos através dos quais marcha em passo firme a espécie humana é tarefa do historiador, cujas descobertas são só casualmente recordadas pelo filósofo" (*Grundzüge des gegenwärtigen Zeitalters*, 1806, IX; trad. it., Cantoni, p. 67). Hegel, em oposição aos grandes historiadores do seu tempo, degradados a "filólogos" (v. FILOLOGIA), afirmava: "Para conhecer o substancial, é preciso ter acesso a ele por meio da razão [...] A filosofia, na certeza de que o que impera é a razão, ficará convencida de que o ocorrido encontrará lugar no conceito e não alterará a verdade, como hoje é moda particularmente entre os filólogos que, usando aquilo que chamam de acuidade, introduzem na história elementos francamente apriorísticos" (*op. cit.*, p. 8). Era isso que tinham em mente Croce, ao identificar filosofia e história (*Teoria e storia della storiografia*, 1917, pp. 71 ss.), e Gentile, ao identificar história e história da filosofia (*Teoria generale dello spirito*, 1920, XIII, 14).

2ª É independente das limitações do material historiográfico e dos instrumentos de pesquisa, podendo, pois, prescindir de qualquer história que tenha sido escrita ou que possa sê-lo. Fichte considerava a história *a priori* completamente independente da história *a posteriori*, que é do historiador (*op. cit.*). Hegel afirmava que, para reconhecer a realidade substancial da história, é preciso "trazer consigo a consciência da razão: não olhos físicos, não um intelecto finito, mas o olho do conceito, da razão", portanto confiar no modo de proceder rigorosamente apriorístico" (*Phil. der Geschichte*, I, p. 8). Croce falava de uma "anamnese" do Espírito Universal que teceu a história e para o qual as fontes da história servem apenas como motivos de recordação (*Teoria e storia della storiografia*, p. 16). O próprio Heidegger compartilha dessa concepção da história cósmica; adverte que "história cósmica" significa em primeiro lugar "o historicizar-se do mundo na sua essencial unidade existencial com o *Dasein* (ser-aí)"; em segundo lugar, "o historicizar-se intramundano dos instrumentos e das coisas"; em ambos os sentidos, a história cósmica é independente do conhecimento historiográfico (*Sein und Zeit*, § 75), de tal sorte que é a escolha implícita na historicidade do *Dasein* (ser-aí) que determina a escolha historiográfica (*ibid.*, § 76).

B) A H. *pluralista* caracteriza-se, em primeiro lugar, pelo abandono de conceitos como "mundo histórico" ou "história universal" e pelo reconhecimento da pluralidade das formas do conhecimento histórico e da sua dependência em relação ao material documentário disponível e aos princípios que orientam a escolha historiográfica. Desse ponto de vista, o conhecimento histórico autêntico versa sempre sobre objetos delimitados ou delimitáveis, nunca sobre a totalidade da história; e nunca é juízo sobre essa totalidade, de sorte que exclui, como desprovidos de sentido, os conceitos de progresso, decadência etc., entendidos em sentido absoluto. Embora a Antiguidade grega nos tenha legado exemplos excelentes de H. nesse sentido (p. ex., a obra de Tucídides e de Políbio), os fundamentos do que hoje se chama metodologia historiográfica começaram a aclarar-se só a partir do *Renascimento* e a ser definidos por historiadores e filósofos só nos últimos anos. Tais fundamentos podem ser resumidos do seguinte modo:

1º O conhecimento histórico é *perspectivista*: mantém afastamento em relação ao passado e quer entendê-lo no seu tempo e lugar, sem assimilá-lo ou reduzi-lo ao presente. O reconhecimento da *alteridade* entre a experiência histórica e a realidade histórica, entre o sujeito histórico e o objeto histórico, ou entre o presente e o passado, é uma das condições fundamentais da pesquisa histórica. Constitui a contribuição do humanismo para a metodologia histórica. Pois, enquanto a Idade Média ignorava a perspectiva histórica, transformando os fatos e os acontecimentos mais heterogêneos e distantes em fatos e acontecimentos contemporâneos, o Humanismo procurou entender o passado como passado, a Antiguidade como Antiguidade, o outro como outro (cf. E. GARIN, *Medioevo e Rinascimento*, 1954, II, 5). A exigência de "reviver" o passado, de fazê-lo "voltar", seria falsificadora da história, se tomada ao pé da letra (cf. H. 1. MARROU, *De la connaissance historique*, 1954, pp. 43 ss.), assim como seria falsificadora da história, se tomada ao pé da letra, a exigência apresentada por Croce (*Teoria e storia della storiografia*, pp. 3 ss.; *La storia come pensiero e come azione*, 1938, p. 5), de que toda história seja entendida como "história contemporânea". Um corolário da exigência da perspectiva histórica é o afastamento em relação ao *passado*, que Nietzsche atribuía à história *crítica* (ao lado da história *arqueológica*, que "conserva e venera", e da história *monumental*, que exalta e encoraja, *Unzeitgemässe Betrachtungen*, 1873, II), afastamento que Nietzsche entendia como abandono do passado e encaminhamento do presente para novos rumos, o que certamente é um dos ensinamentos da historiografia. Mas há também um afastamento em relação ao *presente*, inerente à atitude historiográfica preconizada sobretudo pelo iluminismo e expressa por P. Bayle em palavras que ficaram famosas: "O historiador deve esquecer que pertence a certo país, que foi criado em certa comunidade, que seu destino se deve a isto ou àquilo e que fulano e sicrano são seus parentes ou seus amigos. Um historiador, como tal, assim como Melquisedeque, não tem pai, mãe nem genealogia" (*Dictionnaire*, art. Usson, rem. F.). O ideal proposto por Bayle é difícil, para não dizer impossível, porque, como os historiadores hoje reconhecem (cf., p. ex., MARROU, *op. cit.*, cap. II), a interferência ativa dos interesses e das tendências do historiador sempre condiciona, em certa medida, os resultados da sua investigação e até mesmo a descoberta dos fatos. Entretanto, a técnica da investigação historiográfica não tende mais a descarnar ou desumanizar o historiador, como queria Bayle, mas a limitar e a disciplinar a interferência dos seus interesses na pesquisa.

2º O conhecimento histórico é *individualizante*, porque individualizantes são os instrumentos de que se vale. A individualidade ou unicidade (não-repetibilidade), amiúde atribuída aos fatos históricos, na verdade é reflexo dos instrumentos que os examinam (v. HISTÓRIA). Em primeiro lugar, todo acontecimento histórico é individualizado pelos dois parâmetros fundamentais: cronologia e geografia. Em segundo lugar, a documentação da H. tem caráter individualizante. Um documento, uma moeda, uma inscrição sempre se referem a um único fato; o mesmo ocorre com o relato. Em terceiro lugar, têm caráter individualizante os critérios de escolha historiográfica, porque tendem a pôr em evidência um fato entre outros, a ressaltar seu *significado* ou sua *importância*, portanto o seu caráter de algum modo "singular" ou "único". A unicidade do fato histórico às vezes foi criticada como caráter supostamente metafísico da realidade histórica (cf. os textos citados no verbete HISTÓRIA, 4, 1), mas não poderá suscitar objeções se for entendida como resultado do caráter individualizante dos instrumentos historiográficos. Pode-se dizer que o grau de individualidade do fato histórico deriva do grau de *êxito* que a investigação historiográfica logra obter. Um fato se mostra não-repetível quando a investigação historiográfica consegue reconstruí-lo em sua individualidade completa, mas essa individualidade é ideal historiográfico, mais que fato.

3º O conhecimento histórico é *seletivo*. Este é um dos pontos pacíficos na metodologia historiográfica (R. ARON, *Introduction à la philosophie de l'histoire*, 1948; ed. 1952, pp. 131 ss.; P. GARDINER, *The Nature of Historical Explanation*, 1952, pp. 104 ss.; M. BLOCH, *Apologie pour l'histoire*, 1952, p. 2; H. I. MARROU, *De la connaissance historique*, 1954, pp. 209 ss.; W. DRAY, *Laws and Explanation in History*, 1957, pp. 98 ss.; J. H. RANDALL, *Nature and Historical Experience*, 1958, pp. 25, 45 etc.). O caráter seletivo da H. também é reconhecido por K. POPPER, *The Poverty of Historicism*, 1944, § 31, e pelo marxista L. GOLDMANN, *Sciences humaines et philosophie*, 1952, p. 4. J. H. Randall ilustrou deste modo a função seletiva da H.: "O historiador *deve* fazer uma escolha. Na infinita variedade de relações revelada pelos acontecimentos passados, deve escolher o que é *importante* ou *fundamental* para a sua história. Para que a seleção não seja apenas aquilo que parece importante para ele, para não ser subjetiva e arbitrária, deve ter um *foco objetivo* em alguma coisa que deve ser feita, em alguma coisa que ele considere obrigatória ou imposta aos homens, em algum *Aufgabe* ou *faciendum*, em algum trabalho que deve ser feito" (*op. cit.*, p. 60). A possibilidade da escolha não implica a possibilidade de que o passado mude. "Não que o passado em si mesmo possa mudar; o que pode mudar é a seleção que o presente faz do passado. O que é *significante* e *relevante* no passado de cada coisa muda à medida que a própria coisa muda e se desenvolve" (*op. cit.*, p. 36). A escolha historiográfica é feita, em primeiro lugar, em relação aos fatos, mas também, simultaneamente, em relação às *hipóteses* que estão incorporadas na própria verificação dos fatos. A escolha de uma hipótese não é necessariamente sugerida ao historiador por suas próprias simpatias ou tendências; às vezes, como ocorre no caso de Tucídides, a hipótese que ele apresenta e acha comprovada pelos fatos é contrária a todos os seus desejos. O *pluralismo das escolhas*, isto é, a possibilidade de efetuar opções historiográficas diferentes e de mudar e corrigir as já efetuadas, é uma das condições do conhecimento histórico. Por vezes, os filósofos tentaram limitar, por princípio, a pluralidade das escolhas, ou seja, estabelecer um princípio que orientasse unilateralmente, em cada caso, a seleção historiográfica. Foi o que fez Hegel, ao afirmar que a história é "história do espírito", obrigando assim a escolha do historiógrafo a deter-se nas idéias e a declarar historicamente inexistente todo o resto. Foi o que fez também o *materialismo histórico* (v.), ao afirmar que a história é, em primeiro lugar, história das "relações de produção de trabalho", e que todo o resto é "superestrutura", que não determina, mas decorre. Não há dúvida de que essas tentativas de limitação da escolha historiográfica, especialmente a marxista, chamaram a atenção para fatos que podiam ser ou que eram negligenciados, aguçando, por assim dizer, o olhar do historiador para caminhos menos trilhados. Em última análise, porém, se assumidos como princípios absolutos para a limitação das escolhas, negariam a pluralidade das escolhas, impediriam a sua retificação e acabariam por falsear a história, ocultando esferas de fatos que não são os privilegiados por essa tendência.

4º O conhecimento histórico não visa à explicação causal, mas à *explicação condicional*. Embora não falte quem ainda insista no caráter causal da explicação histórica (cf., p. ex., HEMPEL, em *Readings in Philosophical Analysis*, ed. Feigl. e Sellars, 1949, pp. 459 ss.; GARDINER, *op. cit.*, pp. 65 ss.), tende a prevalecer entre os metodizadores da história a opinião de que as noções de causa e de lei têm pouca possibilidade de aplicação no domínio historiográfico (como também, aliás, no domínio da física). Nesse sentido, a obra citada de W. Dray é particularmente significativa (v. EXPLICAÇÃO). A preferência pela explicação condicional reduz a importância da oposição entre *explicação* e *compreensão*, que por certo tempo pareceu expressar a oposição entre ciências da natureza e ciências do espírito. De fato, tanto a explicação quanto a compreensão consistem na determinação da possibilidade do objeto (v. COMPREENSÃO).

5º O conhecimento histórico visa à determinação de *possibilidades retrospectivas*. Esta é uma conseqüência da renúncia da H. ao esquema causal (que supõe a necessidade do objeto histórico) e do seu recurso ao esquema condicional. Tal esquema consiste na determinação de possibilidades, ou melhor, de *probabilidades* retrospectivas. Essa característica já foi atribuída ao conhecimento histórico por Max Weber: "A consideração do significado causal de um fato histórico começará com a seguinte pergunta: excluindo os acontecimentos do conjunto de fatores considerados condicionantes, ou mudando-os para determinado sentido, e tomando como base regras gerais da experiência, seu curso teria podido tomar direção de algum modo diferente, nos aspectos decisivos para o nosso interesse?" (*Kritische Studien auf dem Geliet der kulturwissenschaftlichen Logik*, 1906; trad. it. em *Il metodo delle scienze storico-sociali*, p. 223). Por certo, qualquer historiador julgaria sem sentido a tentativa feita por Renouvier, em *Uchronie*, de imaginar "o desenvolvimento da civilização européia tal como poderia ter sido, mas não foi". Contudo, como diz R. Aron: "Todo historiador, para explicar o que foi, pergunta-se o que poderia ter sido. A teoria limita-se a dar forma lógica a essa prática espontânea do homem comum" (*op. cit.*, p. 164; cf. MARROU, *op. cit.*, p. 181). Por mais que os historiadores e os metodizadores da história continuem a falar de "causa", o sentido que dão a essa palavra nada tem que ver com seu significado tradicional: por isso, seria interessante que, à mudança conceitual já ocorrida, se seguisse a mudança terminológica (Cf. uma bibliografia selecionada sobre a metodologia historiográfica em *Theory and Practice in Historical Study: a Report of the Committee on Historiography*, 1942, e cf. sobre os autores tratados neste verbete: P. ROSSI, *Storia e storicismo nella filosofia contemporanea*, 1960). [N.A.]

Nas últimas décadas, admitida a clássica distinção entre história e H. (v. HISTÓRIA) e consolidada a já geralmente reconhecida definição da história como "realidade histórica", entendida tanto em sua dimensão temporal (a história como passado e como tradição, mas também a história como "memória"), quanto em sua dimensão material (a história como generalidade das culturas e das experiências históricas encerradas no conceito de mundo histórico), ganhou cada vez mais terreno a convicção de que o trabalho dos historiadores e a sua reflexão epistemológica e metodológica sobre a pesquisa histórica finalmente escaparam a compromissos com as filosofias da história e, em particular, se desenvolveram "em clima de crítica e desencanto com a ideologia do progresso" (cf. J. LE GOFF, *Storia e memoria*, trad. it., Turim, 1986, p. 112). Desse ponto de vista, a possibilidade de que hoje o conceito de história possa manter significatividade filosófica continua ligada ao processo de elucidação metodológica e epistemológica das ciências históricas (portanto à multiplicidade das histórias) e ao abandono da pesquisa de sistemas de explicação total dos fatos históricos.

Permanece, porém, totalmente em aberto a constante relação entre as modificações do pensamento filosófico (entendido na sua acepção restrita de reflexão crítica sobre a realidade e as suas múltiplos dimensões), as imagens e os modelos da história. Pensemos – apenas para dar um exemplo – na íntima relação que as concepções filosóficas relativas ao tempo (o tempo como "duração", o tempo como *Erlebnis*, a relatividade do tempo, a sua simbologia, o tempo como memória etc.) estreitaram, somente no século XX, com os principais modelos de H. contemporânea. Um dos maiores teóricos do século XX da H., por exemplo, observou que até os modos mais formalizados de experiência do tempo (a irreversibilidade dos eventos, sua repetibilidade e, por fim, a contemporaneidade do não-contemporâneo) e suas combinações constituem a base de conceituações – não só filosóficas, mas também lógicas, psicológicas, antropológico-culturais – como o progresso, a decadência, a situação, a duração, a aceleração, o antes, o ainda-não, o depois-que etc., em suma, de todas as possíveis "determinações diferenciadoras" que servem para "tornar visível a concreta dinâmica histórica" (cf. R. KOSELLECK, *Futuro passato. Per una semantica dei tempi storici*, trad. it., 1979, Gênova, 1986, pp. 112 ss.). Por outro lado, é notório que exatamente a "crucialidade" do tempo histórico constitui a base das teorias elaboradas a partir da segunda metade do século XX. Mesmo quando – por exemplo com Braudel (*Scritti sulla storia*, trad. it., Milão, 1973, pp. 278 ss.) – se falou de "história global", isso foi entendido não mais no sentido de uma nova proposta de visão totalizadora do conhecimento histórico, mas no de reconhecimento de que cada um dos âmbitos do saber humano (da sociologia à antropologia, da economia à psicologia) revela no fim o seu enraizamento numa intranscendível dimensão de historicidade e temporalidade, por um lado, e de socialidade, por outro, que apenas a H. pode ajudar a perceber, graças às capacidades de síntese e de orientação que não podem estar ao alcance da disciplina em si e do âmbito isolado de pesquisa. Não é então por acaso que, exatamente a partir dessa chave de acesso e em especial na área da H. francesa das *Annales*, tenha sido redefinida e redesenhada a relação entre H. e ciências sociais.

O debate sobre a natureza e o significado da H. manteve-se vivo também nas décadas finais do século XX. O reinício da discussão sobre a forma científica ou narrativa da H., sobre a predominância do modelo da explicação sobre o da compreensão e vice-versa tornaram de novo problemático o nexo entre H. e ciências sociais que parecia ter-se tornado dominante. Mesmo as tentativas da epistemologia neopositivista, de fundar um modelo de explicação hipotético-dedutiva (cf. a utilíssima coletânea de Hempel, Dray, Gardiner e outros organizada por V. PREDAVAL MAGRINI, *Filosofia analitica e conoscenza storica*, 1979), foram sendo, ao longo dos anos, problematizados com a introdução de variantes funcionalistas e probabilísticas. Nem cabe esquecer a permanência da herança metodológica weberiana que ficou fermentando em algumas tendências da H. social contemporânea (cf., entre todos, os ensaios de H. U. WEHLER e J. KOCKA, *Sobre a ciência da história. Historiografia e ciências sociais*, 1983). Por fim – o testemunho da persistência de um debate que ainda põe no centro a questão da natureza filosófico-cognitiva da H. e dos seus procedimentos metodológicos –, não se pode deixar de destacar o retorno de posições que trazem à baila a especificidade do caráter narrativo da H. e a peculiaridade do papel do historiador que nas formas da sua reconstrução narrativa consegue formular a explicação do dado empírico (cf., entre outros, H. WHITE, *Rhetoric and History*, 1973; L. STONE, "The Revival of Narrative: Reflections on a New Old History", *Past and Present*, n. 85, 1979).

Constatada a distância que a maior parte das tendências historiográficas contemporâneas tem demonstrado em relação a esquemas teóricos e a modelos filosóficos e ideológicos preconcebidos, nada impede que possa e deva ainda valer a uso de "modelos" teóricos, de "paradigmas", de conceituações (cf., a propósito, algumas das intervenções, por exemplo, de Pietro Rossi e Salvatore Veca, que podem ser lidas nos três tomos do vol. X – *Gli strumenti della ricerca* – da coletânea dirigida por N. TRANFAGLIA, *Il mondo contemporaneo*, 1983). Exatamente a partir do momento talvez mais radical de crítica aos pressupostos da filosofia universalista da história, inaugurado por Max Weber, delineiam-se alguns paradigmas fundamentais para a compreensão da história (a isenção de valores, o tipo ideal, as formas de definição do agir social, a influência do agir comunicativo etc.) que ainda hoje estão no centro do debate teórico e metodológico. Desse ângulo visual específico pode-se considerar – adotando uma fórmula do Veyne – que uma possível atribuição de cunho filosófico à H. (que é também garantia de uma perspectiva) só pode coincidir com a constatação de sua perene capacidade de "conceitualização" – de que a própria obra de Weber continua sendo modelo paradigmático. "Expressões como: história não factual (não *événementielle*), história em profundidade, história comparada, generalizante, tipológica, ou ainda sociologia histórica, aliás tópica histórica, são modos de designar esse trabalho de conceitualização do caos que é acima de tudo o espetáculo do devir. Desse ponto de vista, o esforço do historiador assemelha-se mais ao esforço filosófico do que ao científico" (cf. P. VEYNE, *La storia concettualizzante*, em J. LE GOFF-P. NORA, orgs., *Fare Storia. Temi e metodi della nuova storiografia*, Turim, 1981, p. 25). [G.C.]

HOLISMO (in. *Holism*; fr. *Totalisme*; al. *Holismys*; it. *Olismo*). 1. Uma variante da doutrina da *evolução emergente* (v. EMERGÊNCIA), que consiste na inversão da hipótese mecanicista e em considerar que os fenômenos biológicos não dependem dos fenômenos físico-químicos, mas o contrário. Esta hipótese nada mais é que uma forma mal disfarçada de vitalismo. Cf. J. C. SMUTS, *Holism and Evolution*, 1927; J. S. HALDANE, *The Philosophical Basis of Biology*, 1931; DRIESCH, *Zur Kritik des Holismus*, 1936 (v. ORGANICISMO).

2. K. Popper denominou H. a tendência dos historicistas em sustentar que o organismo social, assim como o biológico, é algo mais que a simples soma dos seus membros e é também algo mais que a simples soma das relações existentes entre os membros (*The Poverty of Historicism*, 1944, § 7). [N.A.]

3. O termo, na sua acepção epistemológica, é usado nas teorias que recorrem ao conceito de sistema: para elas também o todo não corresponde à mera soma das partes, mas estas extraem um significado novo e diferente da participação no conjunto (o que já estava na filosofia idealística, de cujo intuito sis-

temático a *Enciclopédia* hegeliana é a mais clara expressão). A cibernética, na qualidade de teoria dos sistemas, ampliou enormemente os campos que devem ser analisados com base na noção de *complexidade* (v.), mantendo porém intacta a irredutibilidade do conjunto aos seus componentes e aventando a hipótese de um sistema interno de auto-regulação e desenvolvimento.

Na tradição analítica podemos distinguir *a*) um H. *metodológico* e *b*) um H. *semântico*. *a*) Para o primeiro as proposições que compõem uma teoria científica não são confrontáveis *individualmente* com a experiência, mas todas em conjunto. A idéia de Duhem é que "tentar separar cada hipótese da física teórica das outras suposições nas quais se baseia essa ciência a fim de submetê-la sozinha à verificação da observação equivale a seguir uma quimera porque a realização e a interpretação de qualquer experiência de física implicam a adesão a todo um conjunto de proposições teóricas. A única verificação experimental da teoria física que não é ilógica consiste em confrontar *todo o sistema da teoria física com todo o conjunto das leis experimentais*" (*La théorie physique*, 1910, VI, § 5; trad. it., Il Mulino, Bolonha, 1978, p. 225). Não são portanto exeqüíveis experimentos que falsificam definitivamente uma teoria, porque todo experimento implica a adesão a um complexo de outras asserções teóricas, está intimamente ligado a todas as outras suposições nas quais a ciência se baseia. É mais forte a versão de H. apresentada por Quine (*Two Dogmas of Empiricism*, § 5): aqui a possibilidade de revisão das asserções não tem limites e se aplica também às asserções lógico-matemáticas. Além disso, Quine afirma que é possível manter a validade de uma asserção independentemente da sorte das nossas observações, mediante uma modificação de algumas partes mais ou menos extensas do sistema científico (a confiança na existência de enunciados verdadeiros "aconteça o que acontecer" é inseparável de outros aspectos da concepção quiniana, antes de mais nada a negação da dicotomia analítico/sintético).

b) Para o H. semântico todo enunciado tem um significado determinado quando tomado não isoladamente, mas sim no interior de todo um sistema lingüístico. Lêem-se formulações ainda parciais em Frege, *Ober Sinn und Bedeutung* ("Somente no contexto de uma proposição uma palavra tem significado") e em Wittgenstein, *Philosophische Untersuchungen* ("Compreender uma proposição significa compreender uma linguagem", I, 199). A formulação mais ampla está presente, entre outros, em Quine e Davidson (mas também em Harman, Field e Searle), nos teóricos da inteligência artificial e da psicologia cognitiva (cf. FODOR e LEPORE, *Holism*, 1992). Essa forma de H., ademais, aproxima-se do modelo de *compreensão* da hermenêutica teórica de Gadamer, em que o entendimento da linguagem é possível apenas pressupondo uma totalidade não expressa (e concretamente inexprimível) de sentido chamada *não dito* e é (virtualmente) holístico, pois o jogo das remissões para entender o dito ou o texto se amplia indefectivelmente até abranger a totalidade. [M.S.]

HOLOMERIANOS (in. *Holomerians*; al. *Holomerianer*; it. *Olomeriani*). Henri Moore denominou assim os que acreditam que a alma reside na totalidade do corpo, e não em parte dele (*Enchiridion metaphysicum*, I, 27, 1). [N.A.]

HOMEM (gr. ἄνθρωπος; lat. *Homo*; in. *Man*; fr. *Homme*; al. *Mench*; it. *Uomo*). As definições de H. podem ser agrupadas sob os seguintes títulos: 1º definições que se valem do confronto entre o H. e Deus; 2º definições que expressam uma característica ou uma capacidade própria do H.; 3º definições que expressam a capacidade de autoprojetar-se como algo próprio do H.

1º As definições do primeiro grupo são de natureza religiosa e teológica, mas também podem ser encontradas em doutrinas que nada têm de religioso e teológico. Qualquer definição desse gênero baseia-se na expressão do *Gênese*: "E Deus disse: façamos o H. à nossa imagem e semelhança" (*Gên.*, I, 26). Esta expressão servia freqüentemente de ponto de partida para especulações sobre a alma, especialmente sobre suas divisões (v. ALMA): na realidade, ela é a definição explícita do H. e, como tal, foi considerada pelos teólogos da Reforma. Por outro lado, Aristóteles, ao tratar da vida contemplativa, falou de um "elemento divino" do H., que, na mesma medida em que excede no todo que constitui o H., torna o H. virtuoso e bem-aventurado (*Et. nic.*, X, 6, 1177b 26). Mas esse tipo de definição do H. na tradição filosófica teve como inspiração constante a Bíblia. Viram o H. como imagem de Deus: CALVINO (*Institutie*, I, 15, 8) e ZWÍNGLIO (*Deutsche Schrifter*, I, 56). Através das ricas amplificações de JACOB BOEHME (cf., p. ex., *Aurora oder die Morgenröthe im Aufgang*, VI, I), esse conceito passou para a filosofia romântica alemã. Espinosa dizia que "a essência do H. é constituída por certas modificações dos atributos de Deus" (*Et.*, II, 10. Corol.). Nas lições sobre a *Destinação do douto*, em 1794, Fichte apontava como tarefa do H. adequar-se à unidade e à imutabilidade do Eu absoluto, segundo a máxima "age de tal forma que possas considerar a máxima da tua vontade uma lei eterna para ti" (*Über die Bestimmung des Gelehrten*, 1794, I). Mas o Eu absoluto é o princípio ou a substância do H., e sua unidade e sua imutabilidade são apenas a unidade e a imutabilidade de Deus, de tal forma que a melhor maneira de expressar a doutrina de Fichte a esse respeito é que o H., em seu princípio ideal, é Deus e deve esforçar-se por tornar-se tal. Analogamente, para Hegel o H. é essencialmente Espírito, e o Espírito é Deus. Diz: "Conquanto considerado finito por si mesmo, o H. é também imagem de Deus e fonte da infinidade em si mesmo, pois é o fim de si mesmo e tem em si mesmo o valor infinito e a destinação para a eternidade" (*Philosophie der Geschichte*, ed. Gloekner, p. 427). Hegel define o cristianismo como a posição de "unidade do H. e de Deus" (*ibid.*, p. 416). Nessas definições de H., a relação do H. com Deus é vista de forma positiva.

Mas essa mesma relação pode ser assumida de modo negativo ou invertido, permanecendo substancialmente idêntica. Feuerbach, por exemplo, diz que o H. se revela e se define no seu conceito de Deus. "O ser absoluto, o Deus do H., é o ser do H.", diz ele (*Wesen des Christentum*, § 1). Aquilo que o H. pensa de Deus é a definição de H.: "Pensas o infinito? Então pensas e afirmas a infinidade do poder do pensamento. Sentes o infinito? Sentes e afirmas a infinidade do poder do sentimento" (*ibid.*). As teses de existência ou inexistência de Deus não influem nessas definições de H., que se ancoram ao confronto entre o H. e Deus. Assim, em Nietzsche, após a proclamação de que "Deus morreu", Zaratustra anuncia o *Super H.*, como aquilo que está além do H. "A grandeza do H. está no fato de que ele é ponte, e não fim: o que pode fazê-lo amar é o fato de ser ele uma passagem e um ocaso" (*Also sprach Zarathustra*, Prol., § 4). Em sentido análogo ao de Feuerbach e Nietzsche, mas acrescido do conceito de fracasso ao qual o H. está destinado, Sartre disse: "Se o H. possui uma compreensão pré-ontológica do ser de Deus, ela não lhe foi conferida pelos grandes espetáculos da natureza nem pelo poderio da sociedade: mas Deus, valor e objetivo supremo da transcendência, representa o limite permanente a partir do qual o H. anuncia para si mesmo aquilo que ele é. Ser H. é tender para Deus; ou, se assim preferirem, o H. é fundamentalmente desejo de ser Deus" (*L'être et le néant*, pp. 653-4).

2º As definições que exprimem uma característica ou uma capacidade atribuída ao H. são numerosas; a primeira e mais famosa é a definição de H. como "animal racional". Essa definição expressa bem o ponto de vista do iluminismo grego e o espírito das filosofias de Platão e Aristóteles. Mas não se encontra explicitamente em Platão, que teria dito somente que o H. é animal "capaz de ciência" (*Def.*, 415a), determinação que Aristóteles repete, considerando-a como peculiaridade do H. (*Top.*, V, 4, 133 a 20). Mas em *Política* Aristóteles afirma que "o H. é o único animal que possui razão", e que a razão serve para indicar-lhe o útil e o pernicioso, portanto também o justo e o injusto (*Pol.*, I, 2, 1253a 9; cf. VII, 13, 1382b, 5). Aceita pelos estóicos (SEXTO EMPÍRICO, *Pirr. hyp.*, II, 26; J. ESTOBEU, *Ecl.*, II, 132), essa definição tornou-se clássica e a ela recorrem habitualmente os escritores medievais (cf., p. ex., Tomás de Aquino, *S. Th.*, II, 1, q. 71, a. 2; II, 2, q. 34, a. 5). É essa a única definição que penetrou na cultura comum, e os filósofos também se referem a ela para introduzir variações que se coadunem com o sentido específico que dêem à palavra razão. Por exemplo, a definição de Rosmini, "o H. é um sujeito animal dotado da intuição do ser ideal indeterminado" (*Antropologia*, § 23), expressa a mesma coisa que a definição tradicional, porque, para Rosmini, a "percepção do ser ideal indeterminado" é a razão (*Nuovo saggio*, § 396). A definição de De Bonald, famosa por algum tempo, "o H. é uma inteligência servida por órgãos" (*Œuvres*, 1864, I, p. 41; III, p. 149), também nada mais é que uma paráfrase da definição tradicional, porquanto nela o "serviço dos órgãos" é equivalente a "animalidade". É ainda mais famosa a definição de Pascal, "o H. nada mais é que um junco, o mais frágil da natureza, mas é um junco pensante" (*Pensées*, 347), que também pode ser considerada variante da definição tradicional, em que a conotação da fragilidade natural do H. tomou o lugar da "animalidade". Por outro lado, Descartes dispensara a animalidade e reduzira o H. a pensamento, como consciência imediata: "Para falar com precisão, sou apenas *uma coisa que pensa*, um espírito, um intelecto ou uma razão" (*Méd.*, II). Mas, na definição tradicional, a animalidade servia, por um lado, para explicar a óbvia limitação da atividade pensante do H. e, por outro, para reconhecer no H. um ser terrestre ou mundano, que necessita de órgãos. Em sentido cartesiano, Husserl disse: "Se o H. é um ser racional (*animal rationale*), só o é à medida que toda a sua humanidade é uma humanidade racional, à medida que é orientado de modo latente para a razão ou orientado abertamente para a enteléquia que se revelou a si mesma e agora guia, conscientemente e por necessidade essencial, o devir humano" (*Krisis*, 1954, § 6). A última e mais atualizada versão da antiga definição diz que o H. é um *animal simbólico*, ou seja, um animal que fala (CASSIRER, *Essay on Man*, cap. II). Esta característica, na verdade, estava presente no mesmo termo grego que significa razão: *logos*, que é o discurso racional ou a razão que se faz discurso. Na filosofia contemporânea, essa definição serve para expressar o poder condicionante da linguagem, do comportamento sígnico em todas as atividades do homem. Nunca é demais enfatizar esse poder, e a definição em pauta está, com justiça, entre as mais difundidas e aceitas na filosofia contemporânea. Contudo, não pode ser compreendida sem levar em conta a característica da autoprojetabilidade, que o terceiro grupo de definições atribui ao homem.

Uma segunda determinação, mais específica, que tem servido freqüentemente para definir o H., é sua natureza política, sociável. Já mencionada por Platão (*Def.*, 415a), esta determinação é estreitamente vinculada por Aristóteles à natureza racional do homem. "Quem não pode fazer parte de uma comunidade ou quem não precisa de nada, bastando-se a si mesmo, não é parte de uma cidade, mas é fera ou Deus" (*Pol.*, I, 2, 1253 a 27). Obviamente, para Aristóteles, é estreita a relação entre racionalidade e política, podendo-se dizer o mesmo de todos aqueles que, depois dele, adotarem a mesma definição. Hobbes, que combatia essa definição, interpretava-a como se significasse: "O H. está apto, desde o nascimento, a viver em sociedade"; afirmava que, nesse sentido, ela é falsa, porque o H. só se torna apto para a vida social graças à educação (*De cive*, I, 2, e nota). Mas o significado mais óbvio dessa definição é que o H. não pode deixar de viver em sociedade; nesse sentido, nem mesmo Hobbes duvida de sua fundamental exatidão. No entanto, essa definição não foi proposta para determinar a natureza do H. em sua totalidade.

A definição que tem, porém, a pretensão de expressar a totalidade do H. é a de Bergson: "Se pudéssemos despir-nos do nosso orgulho, se, para definir nossa espécie, nos ativéssemos estritamente àquilo que a história e a pré-história nos apresentam como característica constante do H. e da inteligência, talvez não disséssemos *Homo sapiens*, mas *Homo faber*. Em conclusão, a inteligência, considerada naquilo que parece ser a sua tarefa original, é a faculdade de fabricar objetos artificiais, particularmente utensílios para fazer utensílios, e de variar indefinidamente a fabricação deles" (*Évol. créatr.*, 8ª ed., 1911, p. 151). Na realidade, porém, o próprio Bergson admite que em torno da inteligência há um "halo de instinto", considerando possível o retorno da inteligência ao instinto, por meio da *intuição*: isso deveria significar que o H. não é apenas *Homo faber*.

3º O terceiro grupo de definições compreende as que interpretam o homem como possibilidade de *autoprojeção*. Quase todas as definições do segundo grupo, mesmo partindo de uma única determinação do H., considerada própria e fundamental, interpretam-na, explícita ou implicitamente, como possibilidade, como capacidade ou disposição. Ao defender a definição do H. como animal racional, Leibniz observa que o fato de os idiotas carecerem da razão não é uma objeção contra ela: basta que eles, nem que seja apenas com a aparência física, mostrem um indício de racionalidade (*Nouv. ess.*, III, 6, 22). Mas, na realidade, já em Aristóteles está suficientemente claro que a razão é uma possibilidade ou capacidade de juízo, não uma determinação necessitante, que somente a esse título constitui a definição do homem. O caráter *indeterminado* do H. talvez estivesse disfarçado na expressão de Demócrito: "O H. é aquilo que todos nós sabemos" (*Fr.* 165, Diels), mas está claramente expresso nas especulações dos neoplatônicos da Antigüidade e do Renascimento sobre a "natureza média" ou "central" do homem. Plotino já afirmava a propósito: "O lugar do H. é no meio, entre os deuses e os animais; às vezes tende para uns, às vezes para outros; alguns homens assemelham-se aos deuses; outros, às feras; a maioria fica no meio" (*Enn.*, III, 2, 8). Esse pensamento foi ilustrado no século IX por Scotus Erigena: "Não sem razão o H. foi denominado *oficina de todas as criaturas*: de fato, todas as criaturas estão nele contidas. Ele entende como o anjo, raciocina como o H., sente como o animal irracional, vive como um germe, constitui-se de alma e corpo e não está isento de coisa alguma criada" (*De divis. nat.*, III, 37). Esses pensamentos são repetidos no Renascimento por Nicolau de Cusa (*De visione Dei*, 6; *Excitationes*, V; *De ludo globi*, II) e por Marsilio Ficino (*Theol. Plat.*, III, 2), e ambos transferem-nos para a alma do H.; Ficino chama a alma de *cópula do mundo*. Mas estão expressos de maneira clássica na oração *De hominis dignitate*, de Pico della Mirandola, em que Deus diz: "Não te dei, Adão, um lugar determinado, um aspecto próprio, nem prerrogativa alguma, porque esse lugar, esse aspecto e essas prerrogativas que venhas a desejar, tudo segundo tua vontade e teu discernimento, deves obter e conservar. A natureza limitada dos outros está contida em leis por mim prescritas. Tu determinarás as tuas sem seres impedido por barreiras, segundo o teu arbítrio, a cujo poder te confiei. – Pus-te no meio do mundo, para que de lá avistasses tudo o que nele existe. Não te fiz celeste nem terreno, mortal nem imortal, para que, como livre e soberano artífice de ti mesmo, te plasmasses e esculpisses na forma que melhor te aprouvesse. Poderás degenerar para as coisas inferiores; poderás, segundo o teu desejo, regenerar-te nas coisas superiores, que são divinas" (*De hom. dign.*, f. 131 r). Com certeza, a ilimitada capacidade de autoprojeção do H. nunca mais foi exaltada com tanta eloqüência e com otimismo tão confiante quanto nesta página de Pico della Mirandola. Todavia, o conceito iluminista de H. como razão projetante, limitada e impedida, mas eficaz, pode ser considerado decorrente do conceito renascentista de homem. Kant dizia: "Numa criatura, a razão é o poder de entender além dos instintos naturais as normas e os fins de uso de todas as suas atividades; ela não conhece limites para os seus desígnios. No entanto, a razão não age instintivamente, mas por tentativas, com o exercício e aprendendo, para elevar-se pouco a pouco e passar de um grau de conhecimento a outro" (*Idee zu einer allgemeinen Geschichte in Weltbürgerlicher Absicht*, 1784, tese II). Kant julga, portanto, que só através da história da espécie humana na terra o homem realiza a sua natureza, que é a liberdade de autoprojetar-se com a razão, especialmente de projetar para si uma sociedade civilizada alicerçada totalmente no direito. Essas idéias expressam bem o ponto de vista do iluminismo, ao qual o próprio Kant as atribuía. Com maior clareza ainda, Kant assim descrevia o caráter da espécie humana: "Para poder atribuir ao H. o seu lugar no sistema da natureza viva e assim caracterizá-lo, só resta dizer que ele tem o caráter que ele mesmo faz, porquanto sabe aperfeiçoar-se segundo os fins por ele mesmo criados; por isso, de animal capaz de raciocinar (*animal rationabile*), pode tornar-se sozinho animal que raciocina (*animal rationale*)" (*Antr.*, II, e).

Na filosofia contemporânea, esse conceito de homem foi herdado pelo existencialismo e pelo instrumentalismo americano. Por um lado, eles frisam que o H. é aquilo que ele mesmo pode e quer tornar-se, e por isso é constantemente problema para si mesmo e solução para esse problema, que projeta continuamente seu modo de ser ou de viver, e este projeto passa a constituir, em algum grau ou medida, seu modo de ser ou de viver efetivo. Por outro lado, ambas as correntes reconhecem as limitações dessa possibilidade de projetar, que agem especialmente no fato de que, em certa medida, cada projeto já encontra como *dados* (como relativamente não modificáveis) os elementos que utiliza, que tudo o que ele pode projetar para o futuro *já foi*, de qualquer modo ou forma, no passado, e que, portanto, o passado condiciona, em certos limites (considerados mais ou menos amplos), o futuro do homem. É neste sentido que Heidegger disse que o *projeto* é o modo de ser fundamental do H. (*Sein und Zeit*, § 31), e Sartre falou de um projeto fundamental do mundo (*L'être et le néant*, p. 540). No mesmo sentido, John Dewey falou da mutabilidade da natureza humana e dos seus chamados instintos ou impulsos fundamentais (*Human Nature and Conduct*, pp. 95 ss.; 106 ss.). Heidegger insistiu também na limitação da possibilidade de projetar, uma vez que todo projeto incidiria e se achataria naquilo que já foi, nisso consistindo a *facticidade* do H. (v. PROJETO). Sartre insistiu na liberdade absoluta da possibilidade de projetar e considerou puramente arbitrária ou gratuita a escolha de um projeto qualquer (*L'être et le néant*, p. 721). Por outro lado, Dewey retomou o conceito iluminista de racionalidade (que é ao mesmo tempo condicionamento e liberdade) dos projetos humanos, e o existencialismo positivo deu ênfase aos mesmos caracteres de autoprojeção (cf. ABBAGNANO, *Possibilità e libertà*, 1956, I, 7; II, 3 etc.). Aliás, hoje parece que até os biólogos compartilham dessa concepção. G. G. Simpson diz: "O H. pode optar por desenvolver suas capacidades como animal superior e tentar erguer-se ainda mais, ou sua escolha pode ser outra. A escolha é responsabilidade sua e apenas sua. Não existe automatismo que o eleve sem escolha ou esforço, nem existe uma tendência unilateral na direção certa. A evolução não tem objetivos; o H. deve dar objetivos a si mesmo" (*The Meaning of Evolution*, 6ª ed., 1952, p. 310). [N.A.]

A concepção do H. como autoprojeto foi contestada pelas filosofias anti-humanistas e anticonsciencialistas, ou seja, pelos sistemas de pensamento (heideggerismo, estruturalismo, hermenêutica, funcionalismo etc.) que, em lugar do H., focalizam entidades como o Ser, a Linguagem, a Estrutura, a Função etc. (v. ANTI-HUMANISMO; CONSCIÊNCIA; OUTRO etc.). Menos críticos em relação ao H. são os filósofos que, reagindo a qualquer hipótese de "morte do H.", tendem à parcial reabilitação do sujeito (v.). [G.F.]

HOMEM, MORTE DO. V. ANTI-HUMANISMO.

HOMEOMERIAS (gr. ὁμοιομέρειαι; in. *Homeomeries*; fr. *Homéoméries*; al. *Homoiomerien*; it. *Omeomerie*). Com esta palavra, que significa "partes semelhantes", Aristóteles denominou as partículas, ou seja, as partes (que não são elementos, porque sempre divisíveis) que, segundo Anaxágoras, compõem um corpo e que são semelhantes a esse corpo. Assim, mesmo que em cada corpo existam partículas ou grãos de todos os outros corpos, em cada um predomina certa espécie de partículas, que dá nome ao corpo (ARISTÓTELES, *De cael.*, III, 3, 302b 3; *Met.*, I, 3, 984a 14; cf. DIÓG. L., II, 8; LUCRÉCIO, *De rer. nat.*, I, 830; SEXTO EMPÍRICO, *Adv. math.*, X, 25). [N.A.]

HOMINISMO (al. *Hominismus*; it. *Ominismo*). Termo criado por Windelband para designar o relativismo, doutrina em que o homem é a medida de todas as coisas (v. RELATIVISMO). [N.A.]

HOMO FABER. É a definição de homem feita por Bergson, que viu na inteligência, característica fundamental do homem, a faculdade de fabricar instrumentos inorganizados (*La pensée et le mouvant*, 1934, p. 105) (v. INTELIGÊNCIA). [N.A.]

HOMOGENEIDADE (in. *Homogeneity*; fr. *Homogénéité*; al. *Homogeneität*; it. *Omogeneità*). Relação entre coisas que pertencem ao mesmo gênero (p. ex., branco e preto), ou que têm a mesma composição (p. ex., as partes de um objeto composto do mesmo material), ou que têm entre si partes semelhantes, que se correspondem termo a termo (p. ex., dois relógios construídos da mesma maneira). Spencer usou esse termo no sentido de não diferenciação e definiu a evolução como a passagem do homogêneo para o heterogêneo, ou seja, do que não é diferenciado para o que é diferenciado em partes entre si diferentes (*First Principles*, § 145).

Kant denominou "princípio da H." a norma da razão de procurar unificações conceptuais cada vez mais amplas, gêneros cada vez mais elevados; essa norma seria a contraposição simétrica da norma de *especificação* (v.), com esta confluindo na lei de *afinidade* (v.) (*Crít. R. Pura*, Apêndice à dialética transcendental). Hamilton repetiu substancialmente essas noções de Kant e denominou "lei de H." o enunciado segundo o qual "dois conceitos, por mais diferentes que sejam um do outro, sempre podem subordinar-se a um conceito superior; em outros termos, as coisas mais dessemelhantes devem, em alguns aspectos, ser semelhantes". Ao lado desta, Hamilton enunciou também "a lei de heterogeneidade", segundo a qual "todo conceito contém abaixo de si outros conceitos e por isso, quando dividido, desce sempre para outros conceitos, nunca para indivíduos; em outros termos, as coisas mais homogêneas ou semelhantes devem, sob certos aspectos, ser heterogêneas ou dessemelhantes". Segundo Hamilton, essas duas leis governam toda a classificação das coisas em gêneros e espécies (HAMILTON, *Lectures on Logic*, § 40; vol. I, 2.ª ed., 1865, pp. 209-10). [N.A.]

HOMO HOMO. É a definição de sábio feita pelo humanista francês Charles de Bouelles (1470 ou 1475-1553 aproximadamente) em seu livro *De sapiente*. O sábio é a perfeição do homem porque é o homem que se formou com a sua inteligência e adquiriu consciência de si mesmo e do mundo (*De sapiente*, 22). [N.A.]

HOMOIUSIA ou HOMUSIA (gr. ὁμοιουσία, ὁμουσία; it. *Omoiusia, Omusia*). Diz-se que toda a disputa teológica, que culminou com o Concílio de Nicéia (325), girava em torno de uma semivogal, ou seja, da diferença entre *homoiusia*, doutrina de Ário que admitia apenas a semelhança entre a substância de Deus-Pai e a do Logos, e a *homusia*, doutrina de Atanásio, que admitia a identidade da substância de Deus-Pai com a do Logos. A decisão do Concílio a favor da *homusia* estabeleceu a principal base dogmática da teologia cristã. [N.A.]

HOMOLOGIA (gr. ὁμολογία; in. *Homology*; fr. *Homologie*; al. *Homologie*; it. *Omologia*). 1. Para os estóicos, este era o termo técnico para designar a conformidade com a natureza como norma fundamental de conduta (J. ESTOBEU, *Ecl.*, II, 76, 3); termo que Cícero traduziu por *convenientia* (*De finibus*, III, 6, 21).

2. Hoje, H. é um conceito científico que tem várias definições nas diferentes disciplinas. Em geometria denominam-se homólogos os elementos de duas figuras semelhantes que se correspondem. Em biologia são chamados homólogos os órgãos que se correspondem pela sua situação em relação ao organismo todo, mesmo não exercendo a mesma função, como se verifica com os órgãos análogos (v. ANALOGIA). [N.A.]

HOMONÍMIA (in. *Homonymy*; fr. *Homonymie*; al. *Homonymie*; it. *Omonimia*). Aristóteles designa assim a ambigüidade de um termo, ou seja, o fato de um mesmo termo ser usado para denotar coisas diferentes. A H. de frase denomina-se *anfibolia* (v.) (v. EQUÍVOCO; UNÍVOCO). [G.P.]

HOMOTEÍSMO (in. *Homotheism*; al. *Homotheismus*; it. *Omoteismo*). O mesmo que *antropomorfismo* (v.). Termo criado por Ernest Haeckel. [N.A.]

HONRA (gr. τιμή; in. *Honor*; fr. *Honneur*; al. *Ehre*; it. *Onore*). Toda manifestação de consideração e estima tributada a um homem por outros homens, assim como a autoridade, o prestígio ou o cargo de que o reconheçam investido. Os antigos consideravam a H. como um dos bens fundamentais da vida social; Aristóteles reconheceu que há uma virtude em relação à H. assim como há uma virtude (liberalidade) em relação ao dinheiro. Essa virtude é a *magnanimidade* (v.), cujo excesso é a ambição e cuja deficiência é a pusilanimidade (*Et. nic.*, II, 7, 1107b 20). Essa grande importância atribuída à H., considerada "o prêmio da virtude e do bem fazer" (*ibid.*, VIII, 14, 1163 b 3), provém da ética grega, da qual passou para os costumes e o direito da tradição ocidental, em sua formulação aristocrática. No mundo moderno, a "respeitabilidade" é o análogo desse antigo conceito. É óbvio, todavia, que "o bem fazer" (ευεργεσια) – cujo prêmio, segundo Aristóteles, deveria ser a H., além de sê-lo para a virtude – inclui boa dose de conformismo aos preconceitos dominantes no grupo ou na classe social que confere a H. e ao análogo moderno da H. a respeitabilidade, não incluída uma dose menor de conformismo. Portanto, não é de surpreender que a H. tenha freqüentemente sugerido e continue sugerindo ações imorais, maléficas, ou verdadeiros delitos, tanto na vida privada quanto nas relações entre os povos, em que a H. muitas vezes desempenha papel predominante no nascimento e na perpetuação de conflitos. [N.A.]

HORIZONTE (gr. περιέχον; lat. *Horizon*; in. *Horizon*; fr. *Horizon*; al. *Horizont*; it. *Orizzonte*). Limite que circunscreve as possibilidades de uma investigação, de um pensamento ou de uma atividade qualquer: limite que pode deslocar-se, mas que volta a mostrar-se após cada deslocamento. Esse termo foi introduzido na filosofia por Anaximandro (séc. VI a.C.), que considerou o Princípio (infinito ou *apeiron*) como aquilo que "abarca todas as coisas e as dirige" (ARISTÓTELES, *Fís.*, III, 4, 203b 11).

No sentido moderno, esse conceito foi elucidado por Kant, que entendeu por horizonte o limite ou a medida de extensão do conhecimento e distinguiu o horizonte *lógico*, referente aos poderes cognitivos em relação ao interesse do intelecto, o horizonte *estético*, referente ao gosto em relação ao interesse do sentimento, e o horizonte *prático*, referente ao útil em relação ao interesse da vontade. Em geral, "o horizonte concerne ao juízo e à determinação daquilo que o homem *pode* saber, *consegue* saber e *deve* saber"; pode ser *objetivo*, sendo então histórico ou racional, ou *subjetivo*, sendo então universal ou absoluto, particular ou privado (*Logik*, Einleitung, § VI, A).

Essa noção foi retomada na filosofia contemporânea primeiramente por Husserl, que entendeu o H. como limite temporal (compreendido como presente ou *agora*), no qual estão todas as vivências (*Ideen*, I, § 82), e depois por Jaspers, graças a quem passou para o atual uso filosófico. Jaspers diz: "Sempre vivemos e pensamos num H. circunscrito. Pelo fato mesmo de tratar-se de um H., temos o pressentimento de um H. mais vasto, que compreenda, por sua vez, o H. alcançado: surge assim o problema de um H. que abarque qualquer outro H. (H. conglobante, *das Umgreifende*). No H. conglobante têm-se todos os tipos de realidade e de verdade, mas é também aquilo em que cada H. está compreendido, como naquele H. que tudo engloba e que não é mais pensável como H." (*Vernunft und Existenz*, 1935, p. 29). Enquanto o conceito de H. conglobante, que é o H. de todos os horizontes possíveis, é típico da filosofia de Jaspers, o conceito de H. pode ser utilmente empregado por qualquer corrente filosófica para designar os limites de validade de determinada investigação ou o tipo de validade a que aspiram os instrumentos utilizados (cf. C. D. BURNS, *The Horizon of Experience*, 1934; ABBAGNANO, *Possibilità e libertà*, 1956, pp. 95 ss.). [N.A.]

HORIZONTES, FUSÃO DOS (al. *Horizontverschmelzung*; it. *Fusione degli orizzonti*). Expressão usada por Gadamer para indicar que a arte da compreensão não implica um impossível e infecundo "auto-esquecimento" (segundo a ingênua pretensão do historicismo objetivista tradicional), mas uma transposição de *si mesmo* para o alhures temporal do passado, sob a insígnia de uma fusão de H. "que se consideram independentes entre si" (*Verità e metodo*, 1960, trad. it., Bompiani, Milão, 1983, p. 356). Tal fusão (que não é propriamente fusão, porquanto não existem dois H. distintos, mas um *único* e grande H. "dentro do qual a vida humana vive, H. que a define como provir e transmitir-se", *ibid.*, p. 355) implica que o dado hermenêutico é estranho e familiar ao tempo mesmo. Estranho porque irredutivelmente *outro* em relação ao intérprete. Familiar porque pertencente à *tradição*, que funciona como ponte ou cordão umbilical entre os dois termos da relação hermenêutica (v. DISTÂNCIA TEMPORAL). Pelo que, segundo observa Vattimo, a fusão de H. "é assim chamado com certa impropriedade: o H. de significado do texto e o H. de compreensão do intérprete não são realmente dois H. distintos. No entanto, mesmo dentro de um âmbito fundamentalmente unitário, subsistem a distinção e a alteridade [...] que impedem que a interpretação seja pura articulação de prejulgamentos subjetivos" (*Intr.* a *Verità e metodo*, *cit.*, p. XXII). O mesmo parecer se encontra em Ricoeur: "Não existimos nem em H. fechados nem num H. único. Não tem sentido falar de H. fechado, visto que podemos nos transferir para outros pontos de vista e para outras culturas [...] Mas não tem sentido tampouco falar de H. único, pois a tensão outro-mesmo é insuperável" (*Hermèneutique et critique des idéologies*, 1973, em *Tradizione o alternativa*, Morcelliana, Brescia, 1980, p. 104). [G.F.]

HÓRMICA, TEORIA (in. *Hormic theory*; it. *Teoria ormica*). Assim costuma ser denominada, na literatura anglo-saxônica, a teoria segundo a qual as emoções dependem de certos instintos fundamentais (ὁρμή = instinto), que estariam na base de toda a atividade psíquica. Essa teoria foi defendida por G. F. Stout, J. Dewey, S. Alexander, T. P. Nunn (o primeiro a empregar essa expressão) e, principalmente, por W. McDougall. Sobre ela, v. J. C. FLUGEL, *Studies in Feeling and Desire*, Londres, 1955 (v. EMOÇÃO). [N.A.]

HUMANIDADE (lat. *Humanitas*; in. *Humanity*; fr. *Humanité*; al. *Humanität*, *Menschheit*; it. *Umanità*). Esse termo tem os seguintes significados principais:

1º Forma acabada, ideal ou espírito do homem. Era nesse sentido que os antigos usavam a palavra *humanitas*, correspondente ao grego *paidéia*, da qual derivou o substantivo *humanismo* (v.) e seu conceito. Em sentido análogo, Humboldt considerava como fim da história "a realização da idéia de H." (*Schriften*, IV, p. 55).

2º Substância ou essência do homem, no significado aristotélico adotado pela metafísica clássica. Nesse sentido, Tomás de Aquino dizia: "H. significa os princípios essenciais da espécie, tanto formais quanto materiais, não levando em conta os princípios individuais. A H. é aquilo em virtude do que o homem é homem; e em homem é homem não porque tem os princípios individuais, mas porque tem os princípios essenciais da espécie" (*Contra Gent.*, IV, 81).

3º Gênero humano, espécie humana como entidade biológica. Nesse sentido fala-se, por exemplo, da história ou dos feitos da H. na terra, ou da evolução biológica da humanidade.

4º Síntese hipostasiada da história ou da tradição do homem, segundo o conceito de Comte, que com esse termo expressa "o conjunto dos seres passados, futuros e presentes, que concorrem livremente para o aperfeiçoamento da ordem universal" (*Politique positive*, IV, p. 30). Nesse sentido, para Comte, a H. constitui um *Grande Ser*, uma espécie de divindade que nada mais é que o mundo histórico hipostasiado. Comte pretendeu instituir o culto deste grande ser (v. SER, GRANDE).

5º *Natureza racional* do homem, dotada de dignidade e, portanto, fim para si mesma. Esse é o significado que essa palavra assume na segunda fórmula do imperativo categórico de Kant: "Age de tal maneira que trates a H. (*Menschheit*), tanto na tua pessoa quanto na pessoa de qualquer outro, sempre também como fim, nunca somente como meio" (*Grundlegung der Met. der Sitten*, II). A H. na pessoa dos homens é objeto do *respeito* (v.), que, para Kant, é o único sentimento moral (*Met. der Sitten*, II, § 11).

6º Disposição à compreensão dos outros ou à simpatia para com eles. Nesse sentido, a melhor definição desse termo foi dada por Kant: "H. (*Humanität*) significa, por um lado, o sentimento universal da simpatia e, por outro, a faculdade de poder comunicar pessoal e universalmente; essas são duas propriedades que, juntas, constituem a sociabilidade própria da H. (*Menschheit*), graças à qual ela se diferencia do isolamento animal" (*Crít. do Juízo*, § 60; cf. *Antr.*, § 88). [N.A.]

HUMANISMO (in. *Humanism*; fr. *Humanisme*; al. *Humanismus*; it. *Umanesimo*). Esse termo é usado para indicar duas coisas diferentes: I) o movimento literário e filosófico que nasceu na Itália na segunda metade do século XIV, difundindo-se para os demais países da Europa e constituindo a origem da cultura moderna; II) qualquer movimento filosófico que tome como fundamento a natureza humana ou os limites e interesses do homem.

I) Em seu primeiro significado, que é o histórico, o H. é um aspecto fundamental do *Renascimento* (v.), mais precisamente o aspecto em virtude do qual o Renascimento é o reconhecimento do valor do homem em sua totalidade e a tentativa de compreendê-lo em seu mundo, que é o da natureza e da história. Nesse sentido, costuma-se dizer que o H. se inicia com a obra de Francesco Petrarca (1304-1374). Os principais humanistas italianos são: Coluccio Salutati (1331-1406), Leonardo Bruni (1374-1444), Lorenzo Valla (1407-1457), Giannozzo Manetti (1396-1459), Leonbattista Alberti (1404-1472), Mario Nizolio (1498-1576). Entre os humanistas franceses: Charles de Bouelles (1470 ou 1475-1553), Petrus Ramus (1515-1572), Michel E. de Montaigne (1533-1592), Pierre Charron (1541-1603), Francisco Sanchez (1562-1632), Justo Lipsio (1547-1606). Entre os espanhóis, lembramos Ludovico Vives (1492-1540) e, entre os alemães, Rodolfo Agrícola (1442-1485). As bases fundamentais do H. podem ser assim expostas:

1ª Reconhecimento da *totalidade* do homem como ser formado de alma e corpo e destinado a viver no mundo e a dominá-lo. O *curriculum* de estudos medieval era elaborado para um anjo ou uma alma desencarnada. O H. reivindica para o homem o valor do prazer (Raimondi, Filelfo, Valla); afirma a importância do estudo das leis, da medicina e da ética contra a metafísica (Salutati, Bruni, Valla); nega a superioridade da vida contemplativa sobre a vida ativa (Valla); exalta a dignidade e a liberdade do homem, reconhece seu lugar central na natureza e o seu destino de dominador desta (Manetti, Pico della Mirandola, Ficino).

2ª Reconhecimento da *historicidade* do homem, dos vínculos do homem com o seu passado, que, por um lado, servem para uni-lo a esse passado e, por outro, para distingui-lo dele. Desse ponto de vista, é parte fundamental do H. a exigência *filológica*, que não é apenas a necessidade de descobrir os textos antigos e restituir-lhes a forma autêntica, estudando e colecionando os códices, mas também é a necessidade de encontrar neles o autêntico significado de poesia ou de verdade filosófica ou religiosa que contenham. A admiração pela Antiguidade e seu estudo nunca faltaram na Idade Média; o que caracteriza o H. é a exigência de descobrir a verdadeira cara da Antiguidade, libertando-a dos sedimentos acumulados durante a Idade Média.

3ª Reconhecimento do valor *humano* das letras clássicas. É por esse aspecto que o H. tem esse nome. Já na época de Cícero e Varrão, a palavra *humanitas* significava a educação do homem como tal, que os gregos chamavam de *paidéia*; eram chamadas de "boas artes" as disciplinas que formam o homem, por serem próprias do homem e o diferenciarem dos outros animais (AULO GÉLIO, *Noct. Att.*, XIII, 17). As boas artes, que ainda hoje são denominadas disciplinas humanísticas, não tinham para o H. valor de fim, mas de meio, para a "formação de uma consciência realmente humana, aberta em todas as direções, por meio da consciência histórico-crítica da tradição cultural" (GARIN, *L'educazione umanistica in Italia*, p. 7) (v. CULTURA).

4ª Reconhecimento da *naturalidade* do homem, do fato de o homem ser um ser natural, para o qual o conhecimento da natureza não é uma distração imperdoável ou um pecado, mas um elemento indispensável de vida e de sucesso. O reflorescimento do aristotelismo, da magia e das especulações naturalistas (graças a Telésio, G. Bruno e Campanella) constituem o prelúdio da ciência moderna.

II) O segundo significado dessa palavra nem sempre tem vínculos estreitos com o primeiro. Pode-se dizer que, com esse sentido, o H. é toda filosofia que tome o homem como "medida das coisas", segundo antigas palavras de Protágoras. Exatamente nesse sentido, e com referência à frase de Protágoras, F. C. S. Schiller deu o nome de H. ao seu pragmatismo (*Studies in Humanism*, 1902). Foi com o mesmo sentido que Heidegger entendeu o H., mas para rejeitá-lo; viu nele a tendência filosófica a tomar o homem como medida do ser e a subordinar o ser ao homem, em vez de subordinar, como deveria, o homem ao ser, e a ver no homem apenas "o pastor do ser" (*Holzwege*, 1950, pp. 101-2). Referindo-se a um sentido análogo, Sartre aceitou a qualificação de H. para o seu existencialismo (*L'existencialisme est un humanisme*, 1949).

Em sentido mais geral, pode-se entender por H. qualquer tendência filosófica que leve em consideração as possibilidades e, portanto, as limitações do homem, e que, com base nisso, redimensione os problemas filosóficos. [N.A.]

No léxico filosófico atual fala-se de H. a propósito: a) das doutrinas que vêem no homem – e não fora do homem – o centro da realidade e do saber; b) das teorias que visam a salvaguardar a "dignidade" do homem diante das forças que a ameaçam (nesta acepção, costuma-se falar em H. existencialista, cristão, marxista etc.). Quanto às contestações do século XX ao H. (sentido *a*), v. ANTI-HUMANISMO. [G.F.]

HUMANITARISMO (in. *Humanitarianism*; fr. *Humanitarisme*; al. *Humanität*; it. *Umanitarismo*). V. FILANTROPIA.

HUME, LEI DE (in. *Hume Law*; fr. *Loi de Hume*; al. *Humes Gesetzt*; it. *Legge di Hume*). 1. Expressão usada pelos estudiosos de ética para indicar o princípio crítico que veta o *salto* lógico entre fatos e valores, descrições e prescrições. Princípio convencionalmente atribuído a Hume, que, em célebre parágrafo do *Treatise*, escreve: "Em todo sistema moral que até agora deparei, sempre encontrei que o autor vai adiante durante certo tempo raciocinando do modo mais costumeiro [...] depois, de repente, descubro com surpresa que em lugar das habituais cópulas *é* e *não é* encontro apenas proposições com um *deve* ou um *não deve*; trata-se de uma mudança imperceptível, mas da maior importância. Porque, visto que tais *deve* ou *não deve* exprimem uma nova relação ou uma nova afirmação, é necessário que sejam observados e explicados: e que ao mesmo tempo se dê uma razão para aquilo que parece de todo inconcebível, ou seja, que essa nova relação possa constituir uma dedução de outras relações completamente diferentes delas. Mas, como os autores não costumam observar essa precaução, tomo a liberdade de recomendá-la aos leitores" (*Opere filosofiche*, trad. it., Laterza, Bari, 1987, I, pp. 496-7).

2. O veto de inferir conclusões morais de premissas factuais, ou seja, o dever-ser (*ought*) do ser (*is*), representou um dos fundamentos da filosofia moral de tendência analítica e, ao lado da tese segundo a qual a ética não pode de modo algum basear-se no conhecimento, constitui uma das matrizes teóricas do *divisionismo* (v.) e das várias formas em que ele se exprime (v. NÃO-COGNITIVISMO; EMOTIVISMO; DECISIONISMO). Foi só com a recusa das dicotomias de cunho neopositivista e com a diminuição da confiança na possibilidade de traçar uma linha nítida entre o factual e o valorativo (v. VALORES, ISENÇÃO DE) que tal guilhotina crítica começou a ser contestada ou abertamente recusada. Especial aversão por ela têm alguns pensadores atuais de tendência neo-aristotélica, segundo os quais, em conhecendo, não colhemos meros fatos, mas também estruturas teleológicas: "De uma premissa descritiva de tipo teleológico, que exprime um ser que é ao mesmo tempo um dever-ser, é perfeitamente legítimo, mesmo de um ponto de vista lógico, deduzir uma conclusão prescritiva ou normativa, fundando de tal modo a ética e a política" (E. BERTI, *Le vie della ragione*, Il Mulino, Bolonha, 1987, pp. 63-4). Jonas, por exemplo, que vê no ser a condição preliminar do dever-ser, afirma que no mundo existem objetivos e valores ontologicamente fundamentados, ou seja, não redutíveis às nossas subjetivas atribuições de sentido: "A natureza custodia valores ao custodiar objetivos, razão pela qual ela é tudo, menos isenta de valores" (*Il principio responsabilità*, 1979, trad. it., Einaudi, Turim, 1990, p. 97).

Restrições explícitas sobre o princípio de Hume também são expressas por aqueles que, mesmo não comungando os pressupostos finalistas da metafísica tradicional – e a sua teoria de uma natureza que é também lei –, acreditam na possibilidade de uma ética normativa racionalmente fundamentada (v. ÉTICA). [G.F.]

HUMILDADE (gr. ταπεινοφροσύνη; lat. *Humilitas*; in. *Humility*; fr. *Humilité*; al. *Demut*; it. *Umiltà*). Atitude de abjeção voluntária, típica da religiosidade medieval, sugerida pela crença na natureza miserável e pecaminosa do homem. Nesse sentido, a H. é ilustrada e exaltada por Bernard de Clairvaux: "A H. é a virtude graças à qual o homem se avilta com verdadeiro reconhecimento de si mesmo" (*De gradibus humilitatis et superbiae*, em *P. L.*, 182º, col. 942). Nesse sentido, a H. era desconhecida do mundo antigo. Paulo, que foi o primeiro a empregar essa palavra, entendeu-a como falta de espírito de competição e de vanglória (*Philipp.*, II), vendo seu modelo em Cristo, que, com a encarnação, rebaixou-se até o homem (*ibid.*, II, 3-11). Da mesma forma, Agostinho fala da H. sobretudo a propósito da *via humilitatis*, que é a encarnação do Verbo para a redenção dos homens: nesse sentido, contrapõe a H. cristã à soberba dos platônicos, que sabiam tantas coisas, mas ignoravam a encarnação (*Conf.*, VII, 9). Tomás de Aquino considerava a H. como a parte da virtude "que tempera e freia o ânimo, a fim de que ele não tenda desmesuradamente às coisas mais altas" e veja nelas o complemento da magnanimidade que "fortalece o ânimo contra o desespero e impele-o a perseguir as grandes coisas, de acordo com a reta razão" (*S. Th.*, II, 2, q. 161, a. 1). Mas é óbvio que, nesse sentido, a H. nada mais é que a magnanimidade em significado aristotélico (v. MAGNANIMIDADE) e nada tem que ver com a H. no sentido atribuído por Bernardo.

É freqüente a oposição dos filósofos ao significado medieval de H.; outras vezes procuram reduzi-la a um significado compatível com a ética clássica. Espinosa negava que a H. fosse uma virtude e julgava-a uma emoção passiva, por nascer do fato de "o homem contemplar sua própria impotência". Entretanto, se ele pensa nessa impotência em relação a um ser mais perfeito, esse pensamento favorece sua potência de ação e por isso não é H., mas virtude (*Et.*, IV, 53). Kant distingue a H. *moral*, que é "o sentimento da pequenez do nosso valor, comparado com a lei", da H. *espúria*, que é "a pretensão de, por meio da renúncia, adquirir algum valor moral, valor moral oculto". A pretensão de superar os outros rebaixando-se é uma ambição oposta ao dever para com os outros; utilizar esse meio para obter o favor dos outros (Deus ou homem que seja) é hipocrisia e adulação (*Met. der Sitten*, II, § 11). Hegel afirmava que a H. "é a consciência de Deus e da sua essência como amor" (*Philosophische Propädeutik*, § 207, cf. *Philosophie der Religion*, ed. Glockner, II, p. 553). Entretanto, por outro lado, o protesto de Nietzsche, que vê na H. simplesmente um aspecto da "moral dos escravos", obviamente é dirigido ao típico conceito medieval de H. (cf. *Werke*, VII, pp. 348 ss.). [N.A.]

HUMOR (in. *Mood*; fr. *Humeur*; al. *Stimmung*; it. *Umore*). Estado emotivo que não tem objeto, ou cujo objeto é indeterminável, distinguindo-se, assim, da emoção propriamente dita. Esta distinção foi proposta por W. Cerf. ("H. e emoções na arte", em *Rivista di Filosofia*, 1954, pp. 363 ss.) e parece oportuna para identificar, na vasta gama dos estados emocionais, os que recebem o nome de humor. O H. não tem objeto intencional no sentido de que não existe um *H.* de..., assim como existe um medo de... ou alegria de... etc. Tem causa ou razão, mas não se refere a um objeto em particular e não constitui advertência quanto ao valor biológico de uma situação. Nesse sentido, Cerf afirmou que na arte não existem emoções, mas apenas H.

Heidegger chamou a atenção para o significado existencial dos H.: "O fato de os H. poderem transformar-se ou deteriorar-se significa somente que o *Dasein* (ser-aí) está sempre num estado emocional." O H. fundamental é o tédio, "o peso do ser". Mas, em qualquer caso, o H. é aquilo que torna manifesto "como alguém é e se torna" (*Sein und Zeit*, § 29). [N.A.]

HYBRIS (gr. ὕβρις). Com este termo, intraduzível para as línguas modernas, os gregos entenderam qualquer violação da *norma da medida*, ou seja, dos limites que o homem deve encontrar em suas relações com os outros homens, com a divindade e com a ordem das coisas. A injustiça nada mais é que uma forma de H., porque é a transgressão dos justos limites em relação aos outros homens. Nesse sentido, Hesíodo dizia: "Quando levada a cabo, a justiça triunfa sobre a H.: o néscio só entende quando sofre" (*Op.*, 216-7). Para Platão, há H. sempre que é superada "a medida do justo"; portanto, a H. tem muitas faces, muitos lados e muitos nomes (*Fed.*, 238 a). Aristóteles deu a esse termo um significado mais restrito: entendeu tratar-se de ofensa gratuita feita aos outros apenas pelo prazer de sentir-se superior: o que é insolência (*Ret.*, II, 2, 1378 b 23).

HYLE SENSORIAL (al. *Sensuelle Hyle*; it. *Yle sensuale*). Husserl indicou com esse termo os conteúdos sensíveis (cores, sons ou mesmo prazeres, dores, impulsos etc.) que, desprovidos em si de referência intencional, ganham tal referência na vivência; assim, distinguem-se de sua forma intencional e ao mesmo tempo estão unidos a ela (*Ideen*, I, § 85) (v. HILÉTICOS, DADOS). [N.A.]

HYSTERON PROTERON. Estes termos, assim como *Hysterologia* e *Protysteron*, começaram a ser empregados no século IV a.C. pelos gramáticos gregos e latinos (p. ex., QUEROBOSCO, *Trop.*, 27; SÉRVIO, *Ad Vergilium*, A, 9, 816) para indicar a figura retórica que consiste em dizer antes o que deveria ser dito depois, como quando dizemos: "Está bem e está vivo." Leibniz emprega esse termo no mesmo sentido, considerando-o equivalente a *rebours* e contrapondo-o a "círculo vicioso" (*Nouv. ess.*, IV, 2, 1). Mas depois essa expressão foi freqüentemente usada como sinônimo de círculo vicioso ou de petição de princípio, para indicar uma argumentação que toma como premissa a própria conclusão, ou que utiliza como elemento de prova aquilo que deveria ser provado.

I

I. 1. Na lógica formal "aristotélica" esta letra é usada como símbolo da proposição particular afirmativa (PEDRO HISPANO, *Summ. log.*, 1.21).

[G.P. – N.A.]

ID ou ISSO. V. PSICANÁLISE.

IDADE (gr. γένος; lat. *Aetas*; in. *Age*; fr. *Âge*; al. *Zeitalter*; it. *Età*). A noção da sucessão de I. diferentes na história dos homens sobre a Terra foi utilizada pelos filósofos com freqüência. O seu primeiro documento literário, no mundo ocidental, foi provavelmente o deixado por Hesíodo em *Trabalhos e dias*. Hesíodo distinguia cinco I. do mundo: 1º a *I. de ouro*, na qual os homens viviam como divindades, sem preocupações, livres do trabalho e da miséria e na abundância de todos os bens; 2º a *I. de prata*, inferior à primeira, na qual os homens careciam sobretudo de sabedoria e se recusavam a honrar os deuses; 3º a *I. de bronze*, na qual os homens foram sobretudo guerreiros, violentos e brutais; 4º a *I. dos heróis*, que foram sábios e fortes, por isso chamados semideuses; e por fim 5º a *I. dos homens*, sujeitos a todo tipo de males e inquietações, mas que também gozam de bens (*Op.*, 109-79). Essas cinco I. foram reduzidas a três por Platão. Em *Crítias*, contando a história da guerra entre a Atlântida e a Ática, Platão narra que os deuses uma vez repartiram entre si toda a terra e colonizaram assim as diferentes regiões, apascentando os homens como os pastores apascentam hoje seus rebanhos. Mas Hefesto e Atená, que haviam ficado com o governo da Ática, ou seja, da região "naturalmente dada à virtude e ao pensamento", lá fizeram nascer, como autóctones, homens excelentes nos quais instilaram a noção de constituição política organizada. Desses homens ficaram apenas os nomes, enquanto os feitos, "devido à extinção daqueles que lhes haviam herdado a lembrança e à extensão dos tempos, caíram no esquecimento". E entre esses nomes Platão enumera Cécrops, Erecteu, Erictônio, Erisícton, como heróis lembrados, anteriores a Teseu. Quando, a essa *I. dos heróis*, sucedeu *a I. dos homens*, daquela só restou obscura tradição, uma vez que os homens, ficando durante muitas gerações desprovidos das coisas necessárias à vida, passaram longo tempo dominados pela preocupação com as necessidades e negligenciaram os acontecimentos anteriores e remotos (*Crítias*, 109 b ss.). Nessa narrativa as três I., dos Deuses, dos Heróis e dos Homens, são claramente distintas. Vico, retomando no século XVIII essa divisão das I. humanas, a atribuirá (*Sc. Nuova*, Idea dell'opera) ao erudito romano Marco Terêncio Varrão, que a teria exposto na sua grande obra *Rerum divinarum et humanarum libri*, perdida; mas provavelmente extraía a informação de Diodoro Siculo (*Bibliotheca Historica*, 1, 44).

Na antiguidade grega, a doutrina das I. constitui uma autêntica interpretação da história na sua totalidade, mais precisamente uma interpretação da história como decadência (v. HISTÓRIA). Retomada por Vico na filosofia moderna, perde o caráter pessimista para assumir um caráter otimista e progressista. Além disso, o fundamento da divisão das I. muda: não é mais histórico-mítico, como ainda na narrativa de Platão, mas antropológico: cada I. marcaria a primazia de determinada faculdade humana sobre as outras. Segundo Vico, a sucessão das I. é determinada pelo fato de que "os homens antes sentem sem advertir, depois advertem com o espírito perturbado e agitado, finalmente refletem com mente pura" (*Sc. Nuova*, 1744, degn. 53). Com base nesse princípio distinguem-se e sucedem-se as várias idades. Cada uma é marcada por uma natureza humana específica: a divina é robusta de sentidos e fraca de raciocínio; a heróica é nobre e sábia; a humana é inteligente e modesta, benigna e razoável, "e reconhece por leis a consciência, a razão, o dever". A estas três espécies de natureza correspondem três espécies de costumes, de direitos naturais, de governos, de línguas etc. (v. HISTÓRIA, 3 d). No romantismo, Fichte retomou a concepção das I. do mundo. No texto intitulado *Caracteres fundamentais da I. contemporânea* (1806), Fichte distinguiu cinco I. da história humana. A primeira seria a do instinto, em que a razão governa a vida sem a participação da vontade. A segunda é a I. da autoridade (ou dos heróis), em que o instinto da razão se exprime em personalidades poderosas que impõem a razão com a força. Na terceira o homem se livra do instinto e se revolta contra a autoridade. A quarta é aquela em que a razão reconhece sua própria lei no livre-arbítrio e aceita uma disciplina universal. A quinta é aquela em que a lei da razão deixa de ser simples ideal para tornar-se plenamente real no mundo justificado e santo, no autêntico reino de Deus (*Werke,* VII, pp. 7 ss.). De maneira mais simples, Hegel distinguia três I. correspondentes ao progressivo despertar do espírito para a consciência do seu poder criador. Na primeira I. o espírito "ainda está mergulhado na naturalidade", pelo que "um só é livre". É essa a I. representada pelo *mundo oriental.* A segunda I. é aquela em que o espírito chega ao conhecimento – mas só imperfeita e parcialmente – da sua liberdade, pelo que nela "alguns são livres". Esta segunda I. é representada pelo *mundo greco-romano.* Na terceira I. o espírito se eleva "da liberdade particular à pura universalidade (o homem como tal é livre), à autoconsciência e ao auto-sentimento da essência da espiritualidade". Essa I. é representada pelo mundo *cristão-germânico* (*Phil. der Geschichte,* ed. Lasson, p. 136-7). Pode-se ver uma divisão das I. também na "lei dos três estados", enunciada por Auguste Comte no *Curso de filosofia positiva* (1830): lei segundo a qual "cada uma das nossas concepções principais, cada ramo dos nossos conhecimentos, passa sucessivamente por três estados teóricos diferentes: o estado teológico ou fictício; o estado metafísico ou abstrato; o estado científico ou positivo". Esses estados recorreriam, igualmente, segundo Comte, no desenvolvimento do indivíduo, que seria "teólogo na infância, metafísico na juventude e físico na virilidade" (*Phil. pos.,* I, liç. 1, § 2). Com o progresso do conhecimento histórico no mundo moderno e contemporâneo a noção de I. caracterizável com poucos traços míticos ou antropológicos, e sucedendo-se segundo uma regra constante, caiu em desuso: contrasta com a orientação individualizadora da moderna indagação histórica. Faz-se, ao contrário, freqüente referência à noção de *era* ou *época* (v.), que é a noção de um período histórico caracterizado por um acontecimento imanente e fundamental. Na noção de I., o que importa é a lei segundo a qual as I. se sucedem. Na noção de era, ou época, o que importa é o acontecimento que caracteriza o período. As duas noções deveriam ser consideradas distintas. Nem sempre, porém, o são no uso corrente, e fala-se de "I." da técnica enquanto se deveria falar de "era" da técnica. [N.A.]

IDEAÇÃO (in. *Ideation;* fr. *Idéation;* al. *Ideation;* it. *Ideazione*). Termo usado por Husserl em *Investigações lógicas* (1900-1901) para designar aquilo que chamou de "intuição eidética" ou "visão das essências" (*Ideen,* I, § 3) (v. FENOMENOLOGIA). [N.A.]

IDEADO (lat. *Ideatum;* it. *Ideato*). O objeto da idéia (no 2º sentido). Espinosa, que entende por idéia adequada aquela que tem "as notas intrínsecas da idéia verdadeira", adverte: "Digo intrínsecas para excluir a nota que é extrínseca, ou seja, a correspondência da idéia com o seu I." (*Et.,* II, def. 4). [N.A.]

IDEAL[1] (in. *Ideal;* fr. *Idéal;* al. *Ideal;* it. *Ideale*). É a noção de origem setecentista de encarnação acabada, mas não real, da perfeição em determinado campo. Essa noção foi claramente expressa por Kant, que a distinguiu da noção de idéia: "A virtude e, com ela, o saber humano em toda a sua pureza são idéias. Mas o sapiente (do estóico) é um ideal, ou seja, um homem que só existe no pensamento, mas corresponde plenamente à idéia de sapiência. Assim como a idéia dita a regra, o I. serve de modelo [...]. Embora não se possa atribuir realidade objetiva (existência) aos I., nem por isso eles devem ser considerados quimeras; ao contrário, oferecem um critério à razão, que precisa do conceito do que é perfeito em seu gênero para, tomando-o como medida, avaliar e estimar o grau e a falta de perfeição" (*Crít. R. Pura,* Dialética, cap. III, seç. I). No domínio da estética o I. é a figura humana (*Crít. do Juízo,* § 17). Esse conceito de I. como perfeição concretizada num tipo ou numa forma de vida, mas não realizada, passou a ser comum, verificando-se toda vez que se acentua a separação entre o dever-ser e o ser. Hegel, que negou essa separação, empregou a noção de I. só no domínio da estética, visto ter concebido a arte como a "intuição concreta e a representação do Espírito Absoluto em si como do I." (*Enc.,* § 556). A distância da realidade, que é a característica do I., é limitada por Hegel ao mundo da arte, porque nele a Idéia ou Razão autoconsciente não chega a realizar-se na sua forma própria, mas transparece, nas formas sensíveis da natureza, como o I. que está de algum modo além dessas formas (*Vorlesungen über die Ästhetik,* ed. Glokner, I, pp. 112 ss.). Na religião e na filosofia, entretanto, que são as formas espirituais em que a Idéia tem realização mais elevada, a noção de I. não tem lugar. Na filosofia contemporânea, que, mesmo restabelecendo a distinção entre dever-ser e ser, própria da filosofia setecentista, recusa-se a considerar o dever-ser como já encarnado numa forma perfeita e como inatingível na realidade, a noção de I., caracterizada por esses dois aspectos, deixou de ser usada e foi substituída pela noção de *valor* (v.). Dewey disse a propósito: "Essa noção da natureza e da função dos ideais combina num todo contraditório o que há de vicioso na separação entre desejo e pensamento [...] Segue o curso natural da inteligência ao pedir um objeto que unifique e satisfaça o desejo, e depois anula a obra do pensamento, ao considerar o objeto inefável e sem relação com a ação e a experiência presente" (*Human Nature and Conduct*, II, 8, p. 260). [N.A.]

IDEAL[2] (in. *Ideal*; fr. *Idéal*; al. *Ideal, Ideelle*; it. *Ideale*). Esse adjetivo tem três significados fundamentais, correspondentes: 1º ao primeiro significado de Idéia, designando o que é formal ou perfeito no sentido de pertencer à Idéia como forma, espécie ou perfeição; 2º ao segundo significado de Idéia, significando o que não é real porque pertence à representação ou ao pensamento; o próprio Hegel emprega este significado do termo quando afirma que o idealismo consiste em afirmar que "o infinito é I.", ou seja, não real (*Wissenschaft der Logik*, I, I, seç. I, cap. II, nota 2); 3º ao termo ideal, designando o que é perfeito, mas irreal. [N.A.]

IDEALIDADE (in. *Ideality*; fr. *Idéalité*; al. *Idealität*; it. *Idealità*). Termo introduzido por Kant para designar a *subjetividade* das formas da intuição e das categorias; neste caso se trata de I. *transcendental*, no sentido de que tais formas são condições da consciência (*Crít. R. Pura*, § 3). Na primeira edição da *Crítica*, Kant dissera: "A existência de todos os objetos dos sentidos externos é duvidosa. A essa incerteza dou o nome de I. dos fenômenos externos, e a doutrina dessa idealidade denomina-se I." (*ibid.*, 1ª ed., Paralogismos da Razão Pura, IV). Hegel inverteu esse conceito de I., afirmando que ela não deve ser entendida como negação do que é real, mas como sua conservação (*Enc.*, § 403): "A I. pode ser chamada de qualidade da infinidade", ou seja, a qualidade do real porque, segundo Hegel, só o infinito é real, e o finito não é real (*Wissenschaft der Logik*, I, 1, cap. 2, A Passagem). Nicolai Hartmann empregou esse termo num sentido mais próximo ao de Kant. Fez a distinção entre: I. *independente*, pertencente a objetos irreais, mas subsistentes em si, como os objetos da Lógica e da Matemática, bem como os valores; e I. *aderente*, pertencente às formas ideais que constituem a essência do real (as leis ou relações ideais que o constituem) (*Metaphysik der Erkenntniss*, 1921, cap. 62). [N.A.]

IDEALISMO (in. *Idealism*; fr. *Idéalisme*; al. *Idealismus*; it. *Idealismo*). Este termo foi introduzido na linguagem filosófica em meados do século XVII, inicialmente com referência à doutrina platônica das idéias. Leibniz diz: "O que há de bom nas hipóteses de Epicuro e de Platão, dos maiores materialistas e dos maiores idealistas, reúne-se aqui [na doutrina da harmonia preestabelecida]" (*Op.*, ed. Erdmann, p. 186). Contudo, esse significado do termo, que por vezes é indicado como "I. metafísico", no sentido de ser uma hipótese acerca da natureza da realidade (que consiste em afirmar o caráter espiritual da própria realidade) não teve longa vida. Essa palavra foi usada principalmente nos dois significados seguintes: 1º I. gnosiológico ou epistemológico, por várias correntes da filosofia moderna e contemporânea. 2º I. romântico, que é uma corrente bem determinada da filosofia moderna e contemporânea.

1º No sentido gnosiológico (ou epistemológico) esse termo foi empregado pela primeira vez por Wolff: "Denomina-se idealista quem admite que os corpos têm somente existência ideal em nosso espírito, negando assim a existência real dos próprios corpos e do mundo" (*Psychol. rationalis*, § 36). No mesmo sentido, Baumgartem diz: "Aquele que admite neste mundo somente espíritos é um idealista" (*Met.*, § 402). Kant introduziu definitivamente em filosofia esse significado do termo: "I. é a teoria que declara que os objetos existem fora do espaço ou simplesmente que sua existência é duvidosa e indemonstrável, ou falsa e impossível; o primeiro é o I. *problemático* de Descartes, que declara indubitável somente uma afirmação (*assertio*) empírica, 'Eu sou', o segundo é o I. *dogmático* de Berkeley, que considera o espaço, com todas as coisas a que ele adere como condição imprescindível, como algo em si mesmo impossível e declara por isso que as coisas no espaço são simples imaginações" (*Crít. R. Pura*, Analítica dos princípios, refutação do I.). Kant denomina esse I. de material, para distinguilo do I. *transcendental* ou *formal* (*Prol.*, § 49), que é a sua própria doutrina da "idealidade transcendental" do espaço, do tempo e das categorias; essa doutrina permite justificar o realismo e refutar o idealismo. Mas, apesar dessa tomada de posição (mais explícita na segunda edição da *Crítica* do que na primeira, na qual falta a "Refutação"), a própria doutrina kantiana foi orientada para um significado idealista, sobretudo graças à interpretação de Reinhold, em *Cartas sobre a filosofia kantiana* (1786-1787), nas quais o fenômeno, ou seja, o objeto do conhecimento empírico, era visto como representação. Schopenhauer acreditava expressar a essência do kantismo ao iniciar sua obra *O mundo como vontade e representação* (1819) com a tese: "O mundo é a minha representação." Essa tese, aceita como um princípio evidente do I. romântico, foi compartilhada na filosofia moderna e contemporânea não só pelas formas desse I. como também pelas várias correntes do criticismo e por algumas correntes do espiritualismo. São idealistas, neste sentido, as doutrinas de Renouvier, Cohen, Natorp, Windelband, Rickert, assim como as de Lotze, Eduard Hartmann, Ravaisson, Hamelin, Martinetti e outros: pensadores que, mesmo se opondo ao I. romântico, têm em comum com ele o pressuposto gnosiológico fundamental – a redução do objeto de conhecimento a representação ou idéia.

2º No segundo sentido, o I. constitui o nome da grande corrente filosófica romântica que se originou na Alemanha no período pós-kantiano e que teve numerosas ramificações na filosofia moderna e contemporânea de todos os países. Por seus próprios fundadores, Fichte e Schelling, esse I. foi denominado "transcendental", "subjetivo" ou "absoluto". O adjetivo *transcendental* tende a ligá-lo ao ponto de vista kantiano, que fizera do "eu penso" o princípio fundamental do conhecimento. A qualificação *subjetivo* tende a contrapor esse I. ao ponto de vista de Espinosa, que reduzira toda a realidade a um único princípio, a Substância, mas entendera a própria substância como objeto. Por fim, o adjetivo *absoluto* tem por finalidade frisar a tese de que o Eu ou Espírito é o princípio único de tudo, e que fora dele não existe nada. Schelling diz, ao traçar a gênese histórica do I. romântico: "Fichte libertou o eu dos revestimentos que em parte ainda o obscureciam em Kant, e colocou-o como único princípio à testa da filosofia; tornou-se assim o criador do I. transcendental. [...] O I. de Fichte é o oposto perfeito do espinosismo ou um espinosismo invertido, pois Fichte opôs ao objeto absoluto de Espinosa, que aniquilava qualquer sujeito, o *Sujeito* em sua absolutez, o *Ato* ao ser absolutamente imóvel de Espinosa; para Fichte, o eu não é, como para Descartes, um eu admitido só com o objetivo de poder filosofar, mas é o eu real, o verdadeiro princípio, o *prius* absoluto de tudo" (*Münchener Vorlesungen: zur Geschichte der neueren Philosophie*, 1834, Kant, Fichte; trad. it., pp. 108-9). Hegel, que também chama de subjetivo ou absoluto o seu I., esclarece seu princípio desta forma: "A proposição de que o finito é o ideal constitui o idealismo. O I. da filosofia consiste apenas nisto: em não reconhecer o finito como verdadeiro ser. Toda filosofia é essencialmente I., ou pelo menos tem o I. como princípio; trata-se apenas de saber até que ponto esse princípio está efetivamente realizado. A filosofia é I. tanto quanto religião" (*Wissenschaft der Logik*, I, seç. I, cap. III, nota 2, trad. it., pp. 169-70). Também receberam os nomes de I. subjetivo ou I. absoluto as derivações contemporâneas do I. romântico, que são substancialmente duas: a anglo-americana (Green, Bradley, McTaggart, Royce, etc.) e a italiana (Gentile, Croce). Ambas as derivações mantiveram aquilo que, para Hegel, era a principal característica do I.: a não-realidade do finito e a sua resolução no infinito. Mas, enquanto o I. italiano seguiu mais de perto a corrente hegeliana, procurando estabelecer essa identidade por via *positiva*, mostrando na estrutura do finito, na sua intrínseca e necessária racionalidade, a presença e a realidade do infinito, o I. anglo-americano tratou de demonstrar a identidade por via *negativa*, mostrando que o finito, devido à sua intrínseca irracionalidade, não é real, ou é real à medida que revela e manifesta o infinito. O título de uma das obras fundamentais do I. inglês, *Aparência e realidade* (1893), de F. H. Bradley, revela já o tema dominante do I. anglo-saxão, enquanto o título da obra fundamental de Gentile, *Teoria do espírito como ato puro* (1916), revela a inspiração fichtiana e a trilha subjetivista do I. italiano. Quanto às principais características de todas as formas do I. romântico, v. ABSOLUTO; ROMANTISMO. [N.A.]

IDEALISMO DA LIBERDADE (al. *Idealismus der Freiheit*; it. *Idealismo della libertà*). Um dos três tipos fundamentais de filosofia, isto é, de intuição do mundo, segundo Dilthey, mais precisamente o que é representado por Platão, pela filosofia helenístico-romana, por Cícero, pela especulação cristã, por Kant, Fichte, Maine de Biran, pelos pensadores franceses a este ligados e por Carlyle (*Das Wesen der Philosophie*, 1907, III, 2; trad. it. em *Critica della ragione storica*, p. 469). [N.A.]

IDÉIA (gr. ἰδέα; lat. *Idea*; in. *Idea*; fr. *Idée*; al. *Idee*; it. *Idea*). Este termo foi empregado com dois significados fundamentais diferentes: 1º como a espécie única intuível numa multiplicidade de objetos; 2º como um objeto qualquer do pensamento humano, ou seja, como representação em geral. No primeiro significado, essa palavra é empregada por Platão e Aristóteles, pelos escolásticos, por Kant e outros. No segundo significado, foi empregada por Descartes, pelos empiristas, por boa parte dos filósofos modernos e costuma ser usada nas línguas modernas.

1º No primeiro significado, a I., como unidade visível na multiplicidade, tem caráter privilegiado em relação à multiplicidade, pelo que é freqüentemente considerada a essência ou a substância do que é multíplice e, por vezes, como o ideal ou o modelo dele. Este é, claramente, o ponto de vista de Platão, que, em *Parmênides*, atribui a Sócrates o conceito de que a I. é a unidade visível na multiplicidade dos objetos e, por isso, também a sua espécie (*eidos*). "Creio que acreditas haver uma espécie única toda vez que muitas coisas te parecem, por exemplo, grandes e tu podes abrangê-las com um só olhar: parece-te então que uma única e mesma I. está em todas aquelas coisas e por isso julgas que o grande é uno" (*Parm.*, 132 a). Como unidade, a I. se mostra, em Platão, o exemplar das coisas naturais: "Essas espécies" – diz ele – "estão como exemplares na natureza, e as outras coisas se assemelham a elas e são imagens delas; a participação dessas outras coisas na espécie consiste apenas em serem imagens da espécie" (*ibid.*, 132 d). No mesmo diálogo, Platão diz quais as coisas de que admitia I., quais as coisas de que não admitia e quais as coisas de que tinha dúvida quanto a admiti-las. "Parece-te que há uma *semelhança* em si, separada da semelhança que nós temos, bem como um *uno* e *muitos* em si, e outras coisas desse tipo? – Parece-me que sim, disse Sócrates. – E admites que haja – continuou Parmênides – a espécie do *justo* em si, do *belo* em si, do *bem* em si e outras coisas assim? – Sim, respondeu Sócrates. – E admites que haja uma espécie do *homem* separada de nós e de todos os nossos semelhantes, uma espécie em si do homem, do *fogo*, da *água*? – Sempre tive dúvida – respondeu Sócrates – se convinha ou não reconhecer essas espécies assim como as outras. – E das coisas que pareceriam até ridículas, como *chapéu*, *lama*, *imundície* e todas as outras destituídas de valor ou vis, também duvidas que haja ou não uma espécie de cada uma delas, separada das coisas correspondentes que podemos manipular? – Certamente não – respondeu Sócrates –, essas coisas são tais e quais nós as vemos, e seria absurdo acreditar que há uma espécie delas" (*ibid.*, 130 b-d). Deste trecho do *Parmênides* resulta que existem três classes de objetos: 1º Objetos dos quais com certeza existem idéias, que são: *a*) os *objetos matemáticos*: igualdade, um, muitos etc.; *b*) os *valores*: o belo, o justo, o bem etc.; 2º Objetos dos quais é duvidoso que existam I.: as coisas naturais, o fogo, a água ou o homem; 3º Objetos dos quais com certeza não há I., que são as coisas vis ou geralmente as que não têm valor. Ora, pode-se tomar ao pé da letra essa espécie de confissão platônica, pois um olhar nos demais diálogos demonstra que ele sempre falou de I. nos sentidos constantes das letras *a*) e *b*), que ele admitiu, ou melhor, introduziu, com o fim de chegar a certas demonstrações, formas naturais como o calor, o frio, a doença e a febre (*Fed.*, 105 b ss.) ou formas artificiais, como a da cama (*Rep.*, X, 597 b), mas nunca falou, a não ser para excluí-las, de formas correspondentes à terceira classe de objetos. Disso pode-se deduzir o que Platão entendia ao afirmar (como ainda o fazia na fase crítica [*Parm.*, 135 b]) a *existência* das I. "em separado das demais coisas", da multiplicidade das coisas. Existem I. de conceitos matemáticos ou de valores: portanto, como já reconhecera Natorp (*Platos Ideenlehre*, 1903), as I. não são *supracoisas*, ou seja, objetos transcendentes cuja existência tem como modelo a existência das coisas, mesmo constituindo uma esfera à parte, mas normas, regras ou leis. Desse ponto de vista, o fato de estarem "separadas" das outras coisas significa simplesmente a independência da regra em relação às coisas que ela serve para julgar. E por regra entende-se: 1º que são *critérios* para julgar as outras coisas no sentido de que, por exemplo, a igualdade permite julgar se duas coisas são iguais ou não, e assim o belo por meio das coisas belas etc. (*Fed.*, 74 ss.); 2º que são *causas* das coisas no sentido de serem as *razões* pelas quais as coisas "são geradas, destruídas e existem", porquanto constituem "a melhor maneira de existir, de modificar-se ou de agir" (*ibid.*, 97 c). Por fim, em correspondência com as duas classes de I. (as I. matemáticas e as I.-valores), Platão admitia duas ordens de conhecimento científico: o conhecimento *dianoético*, próprio das ciências propedêuticas (ciências matemáticas), e o conhecimento *intelectual* ou filosófico, próprio da dialética (*Rep.*, VII, 531 ss.).

A reiterada crítica de Aristóteles a essa doutrina (*Met.*, I, 9, 990 b ss.; XIII e XIV, *passim*) tem como alvo o ponto central dela: as I. não são princípios de explicação nem causas. Só a *substância* ou *essência necessária* é causa e princípio de explicação, e isso vale para o bem e para aquilo que Platão denominava I., assim como para todas as outras coisas. Aristóteles diz: "A ciência de uma coisa consiste em conhecer a essência necessária da coisa. Isso é verdadeiro no que se refere ao bem, assim como a todas as outras coisas, de tal modo que, se o bem não tivesse a essência necessária do bem, não teria ser e não seria uno. O mesmo pode ser dito sobre todas as outras coisas, que são o que são com base em sua essência necessária ou não são nada; portanto, se a sua essência não é, nada delas é" (*ibid.*, VII, 6, 1031 b 6). Em outros termos, o *status* ontológico das I., se é que possuem algum, é o de todas as outras coisas: são reais porque são substâncias, não porque são unidades ou valores. Portanto, as I., como formas ou espécies, são certamente reais, segundo Aristóteles, mas são reais apenas na medida em que as formas ou espécies são a substância das coisas compostas (v. FORMA). A teoria da *substância* (v.) possibilitou a Aristóteles retirar das duas determinações, unidade e valor, o primado ontológico que Platão lhes atribuíra nas primeiras fases de sua filosofia. A teoria das I. não tem mais validade para Aristóteles, no sentido de que as idéias não constituem substâncias privilegiadas e muito menos exemplares ou modelos das coisas. Contudo, atribui à palavra I. o mesmo significado que Platão lhe dera: unidade que é ao mesmo tempo perfeição ou valor.

Em seguida, ao longo de sua história, acabam prevalecendo as determinações míticas ou popularescas que esse termo recebera na filosofia platônica: modelo, arquétipo, perfeição etc. Na escolástica judaica e neoplatônica, as I. são consideradas objetos da Inteligência divina e identificadas com essa Inteligência. Fílon já as considerava como "potências incorpóreas", das quais Deus se serve para formar a matéria (*De sacrif.*, II, 126), e Plotino as identificava com a própria Inteligência, mais precisamente com a inteligência "em estado de repouso, unidade e calma, que é distinta mas não separada da Inteligência que contempla e pensa" (*Enn.*, III, 9, 1). Nesse sentido a I. é o objeto "interno" da inteligência divina, e como a inteligência não se distingue do ser e do ato do ser, a I., a forma do ser e o ato do ser são a mesma coisa (*ibid.*, V, 9, 8). Essa doutrina tornou-se lugar-comum da patrística e da escolástica. Agostinho reproduziu-a ao afirmar que o Logos ou Filho tem em si as I., ou seja, as *formas* ou razões imutáveis das coisas, que são eternas, assim como ele mesmo é eterno; em conformidade com tais razões ou formas, são formadas todas as coisas que nascem e morrem (*De diversis quaest.*, 83, q. 46). A partir de Agostinho, inúmeras vezes os escolásticos repetem essa doutrina quase nos mesmos termos. Anselmo considera a I. como uma espécie de "palavra interior": Deus exprime-se nas I. como o artífice em seu conceito, mas essa expressão não é uma palavra externa, um enunciado; é a coisa para a qual se volta a acuidade da mente criadora (*Monol.*, 10). Tomás dizia: "O termo grego *idea* diz-se em latim *forma*: por idéia entendem-se as formas de algumas coisas, existentes fora das próprias coisas. Essa forma pode servir para duas coisas: ou como exemplar daquilo cuja forma é, ou como princípio de conhecimento, e, neste segundo sentido, diz-se que a forma das coisas cognoscíveis está no cognoscente" (*S. Th.*, I, q. 15, a. 1). Ockham, que nega o caráter universal das I., não nega, todavia, que as I. existem em Deus, como "as coisas produzíveis por Deus" (*In Sent.*, I, d, 35, q. 5). O emprego desse conceito continuou mesmo fora da tradição platônica (NICOLAU DE CUSA, *De coniecturis*, II, 14; FICINO, em *Parmenid.*, 23) O Renascimento repete-o sem variantes: por exemplo, Bacon (*Nov. org.*, I, 23). E quando o segundo significado desse termo já havia sido introduzido por Descartes e difundido por cartesianos e empiristas, Kant restituiu-lhe o significado platônico, entendendo por I. uma perfeição não real, "que supera a possibilidade da experiência". "As I." – diz Kant – "são conceitos racionais dos quais não pode existir na experiência nenhum objeto adequado. Não são intuições (como espaço e tempo) nem sentimentos (que pertencem à sensibilidade), mas conceitos de perfeições, dos quais é sempre possível aproximar-se, mas que nunca se alcança completamente" (*Antr.*, § 4.3). As três I. que Kant enumera como "objetos necessários da razão" (alma, mundo e Deus) são desprovidas de realidade exatamente porque estão além da experiência possível; no entanto, são *regras* para estender e unificar a experiência. Assim, para Kant, a I. conserva de alguma forma o caráter regulativo que Platão lhes atribuíra. Em todo caso, Kant julga "intolerável ouvir chamar de I. algo como a representação da cor vermelha" (*Crít. R. Pura*, Dialética, seç. I). No idealismo pós-romântico a noção de I. recuperou todo o alcance metafísico e teológico que já tivera no neoplatonismo tradicional. Schelling considera as I., por um lado, como as determinações da razão de Deus e, por outro, como as formas da objetivação corpórea: em outros termos, são o ponto de encontro e de identificação entre a infinidade divina e o finito corpóreo (*Werke*, I, II, p. 187). Para Goethe, a I. é a força divina formadora da natureza (*Werke*, ed. Hempel, XIX, pp. 63, 158). Schopenhauer considera a I. como a primeira e imediata objetivação da vontade de viver, portanto como "forma eterna" ou "o modelo" das coisas (*Die Welt*, I, § 25). Hegel, por fim, vê na I. "o verdadeiro em-si e para-si, a unidade absoluta do conceito e da objetividade". Nesse sentido, ela não é representação nem conceito determinado. "O absoluto é a I. universal e única que, com o julgar, se especifica no sistema das I. determinadas, que no entanto voltam para a I. única, sua verdade. Por força desse juízo, a I. é, em primeiro lugar, apenas a única e universal substância, mas, na forma verdadeira e desenvolvida, ela é como sujeito, por isso como espírito" (*Enc.*, § 213). Nesta forma verdadeira e desenvolvida ela é I. absoluta, ou seja, Razão Autoconsciente, que se manifesta nas três determinações do espírito absoluto (arte, religião, filosofia) e se realiza no estado, também denominado por Hegel "realidade da I." (*Fil. do dir.*, § 258, comentário). Isso não passava de uma tradução para termos modernos da identidade que o antigo platonismo estabelecera entre a I. como objeto inteligível e a Inteligência. O idealismo contemporâneo, mesmo se inspirando em Hegel, não adotou a terminologia hegeliana nesse aspecto: deu à razão autoconsciente os nomes de Espírito, Absoluto ou Consciência, e não o de Idéia. Em todos os demais aspectos, a noção de I. permanece ligada à noção platônica de exemplar ou arquétipo eterno, e isso tanto para os que a aceitam quanto para os que a negam.

2º No segundo significado, I. significa representação em geral. Esse significado já se encontra na tradição literária (p. ex., em MONTAIGNE, *Essais*, II, 4), mas Descartes introduziu-o na linguagem filosófica, entendendo por I. o *objeto interno* do pensamento em geral. Nesse sentido, afirma que por I. se entende "a forma de um pensamento, por meio de cuja imediata percepção estou ciente desse pensamento" (*Resp*. II, def. 2). Isso significa que a I. expressa aquele caráter fundamental do pensamento graças ao qual ele se torna imediatamente ciente de si mesmo. Para Descartes, toda I. tem, em primeiro lugar, uma realidade como ato do pensamento, e essa realidade é puramente subjetiva ou mental. Mas, em segundo lugar, tem também uma realidade que Descartes denominou escolasticamente de *objetiva*, porquanto representa um objeto: neste sentido as I. são "quadros" ou "imagens" das coisas (*Méd.*, III). Essa terminologia era amplamente aceita pela filosofia pós-cartesiana. A *Lógica* de Port-Royal adotou-a, entendendo por I. "tudo o que está em nosso espírito quando podemos dizer com verdade que concebemos uma coisa, seja qual for a maneira como a concebemos" (ARNAULD, *Log.*, I, 1). Também foi aceita por Malebranche (*Rech. de la ver.*, II, 1) e Leibniz, que considera as I. como "os objetos internos" da alma (*Nouv. ess.* II, 10, § 2). Este último, porém, pretendia reservar o termo I. apenas para o conhecimento claro, distinto e adequado, passível de ser analisado em seus constituintes últimos e isento de contradições (*Phil. Schriften*, ed. Gerhardt, IV, pp. 422 ss.). Espinosa, por sua vez, entendia por I. "o conceito formado pela mente enquanto pensa", e preferia a palavra "conceito" a "percepção" porque a percepção parece indicar a passividade da mente diante do objeto, enquanto o conceito exprime sua atividade (*Et.*, II, def. 3). Por outro lado, Hobbes já definira a I. como "a memória e a imaginação das grandezas, dos movimentos, dos sons etc., bem como da ordem e das partes deles, coisas estas que, apesar de serem apenas I. ou imagens, ou seja, qualidades internas da alma, aparecem como externas e independentes da alma" (*De corp.*, 7, § 1). Mas, sem dúvida, foi Locke quem difundiu esse significado (*Ensaio*, I, 1, 8) e o impôs ao empirismo inglês e ao Iluminismo, através dos quais entrou a fazer parte do uso comum. Para Locke, assim como para Descartes, a I. é o objeto imediato do pensamento: I. é "aquilo que o homem encontra em seu espírito quando pensa" (*ibid.*, II, 1, 1). No prefácio da 4ª edição do *Ensaio*, Locke insistia no vínculo entre I. e palavra. "Escolhi esse termo" – dizia ele – "para designar, em primeiro lugar, todo objeto imediato do espírito, que ele percebe, tem à sua frente e é distinto do som que ele emprega para servir-lhe de signo; em segundo lugar, para mostrar que essa I. assim determinada, que o espírito tem em si mesmo, conhece e vê em si mesmo, deve estar ligada sem mudanças àquele nome, e aquele nome deve estar ligado exatamente àquela idéia" (*ibid.*, trad. it., I, p. 23). Tais observações permaneceram como fundamento dessa noção que, nesse aspecto, acabou por identificar-se com a noção de representação. Wolff dizia: "A representação de uma coisa denomina-se I. quando se refere à coisa, ou seja, quando é considerada objetivamente (*Psychol. empirica*, § 48). O iluminismo alemão aceitou esse significado atribuído por Wolff ao termo, mas este, como dissemos, depois seria impugnado por Kant. Neste segundo significado, tal termo não se distingue de representação, e os problemas a ele relativos são os mesmos relativos à consciência em geral. Contudo, há um significado no qual a palavra I. (aliás, a única usada na linguagem comum) continua distinguindo-se de "representação": é aquele graças ao qual, tanto na linguagem comum quanto na filosófica, ela indica o aspecto de antecipação e projeção da atividade humana, ou, como diz Dewey, uma *possibilidade*: "Uma I. é, acima de tudo, uma antecipação de alguma coisa que pode acontecer: ela marca uma possibilidade" (*Logic*, II, 6; trad. it., p. 164). [N.A.]

IDÉIA GERAL. V. GERAL.

IDÉIAS, VARIEDADE DE (in. *Variety of ideas*; fr. *Varieté d'idées*; al. *Ideensmanmigfältigkeit*; it. *Varietà di idee*). Só se admite variedade de I. no âmbito do 2º significado de idéia, entendida como representação. Descartes distingue três espécies de I.: *inatas*, que parecem congênitas no sujeito pensante, *adventícias*, que lhe parecem estranhas ou vindas de fora; e *factícias*, que são formadas ou encontradas por ele mesmo. À primeira classe de I. pertencem a capacidade de pensar e de compreender as essências verdadeiras, imutáveis e eternas das coisas; à segunda classe pertencem as I. das coisas naturais; à terceira, as I. das coisas quiméricas ou inventadas (*Méd.*, III; *Lettres à Mersenne*, 16 de junho de 1641, em *Œuvres*, III, 383). Essa classificação parece moldada à que Bacon fizera sobre os ídolos, dividindo-os em *adventícios* (*adscititia*) e *inatos*: "Os ídolos adventícios são introduzidos na mente humana por meio das doutrinas das seitas filosóficas ou através de demonstrações feitas com método errado. Os ídolos inatos pertencem à própria natureza do intelecto, que é propenso ao erro muito mais do que o sentido" (*Nov. Org.*, Pref.). Os cartesianos e os wolffianos denominaram I. *materiais* os movimentos que, segundo Descartes, são levados para o cérebro pelos nervos estimulados pela ação dos objetos externos que sensibilizam as diferentes partes do corpo (cf. Descartes, *Princ. phil.*, IV, 196). Essa doutrina foi acatada pelos ocasionalistas, mas também por Wolff (*Psychol. rationalis*, § 118, 374), por Baumgarten (*Met.*, § 560) e por Kant (*Träume eines Geistersehers, erläutert durch Träume der Metaphysik*, 1766, I, 3). Fouillée deu o nome de *Idéia-força* "ao encontro do interno e do externo, uma forma que o interno toma pela ação do externo e pela reação própria da consciência" (*L'evolutionisme des idées-forces*, 1890, p. XV), ou seja a unidade psicofísica que realiza o postulado do monismo psicofísico (v. MONISMO). [N.A.]

IDENTIAL (al. *Idential*; it. *Identiale*). Adjetivo criado por Avenarius para designar o conjunto de dois dos *caracteres* (v.), a mesmidade e a alteridade (*Kritik der reinen Erfahrung*, 1890, II, pp. 28 ss.). [N.A.]

IDENTIDADE (gr. ταὐτότης; lat. *Identitas*; in. *Identity*; fr. *Identité*; al. *Identität*; it. *Identità*). Este conceito tem três definições fundamentais: 1ª I. como unidade de substância; 2ª I. como possibilidade de substituição; 3ª I. como convenção.

1ª A primeira definição é de Aristóteles, que diz: "Em sentido essencial, as coisas são idênticas no mesmo sentido em que são unas, já que são idênticas quando é uma só sua matéria (em espécie ou em número) ou quando sua substância é una. Portanto, é evidente que a I. é, de algum modo, uma unidade, quer a unidade se refira a mais de uma coisa, quer se refira a uma única coisa, considerada como duas, como acontece quando se diz que a coisa é idêntica a si mesma" (*Met.*, V, 9,1018 a 7). Em outros termos, como diz ainda Aristóteles, as coisas só são idênticas "se é idêntica a definição da substância delas" (*ibid.*, X, 3, 1054 a 34). A unidade da substância, portanto da definição que a expressa é, desse ponto de vista, o significado da identidade. Como nota Aristóteles, pode haver uma I. *acidental*, como quando dois atributos acidentais ("branco" e "músico", p. ex.) se referem à mesma coisa, ao mesmo homem; contudo, essa I. acidental não significa de modo algum que o homem (em geral) seja branco ou músico (*ibid.*, V, 9, 1017 b 27). Esse conceito de I. como unidade de substância ou (o que dá no mesmo) de definição da substância foi conservado e ainda está presente em muitas doutrinas. Foi adotado por Hegel, que definiu a essência como "I. consigo mesma" e, conseqüentemente, I. como coincidência ou unidade da essência consigo mesma (*Enc.*, §§ 115-6). Tal conceito de I. é, pois, análogo e correspondente à interpretação do ser predicativo como inerência (v. SER) e da essência como essência necessária (v. ESSÊNCIA).

2ª A segunda definição é de Leibniz, que aproxima o conceito de I. ao de *igualdade* (v.): "Idênticas são as coisas que se podem substituir uma à outra *salva veritate*. Se *A* estiver contido numa proposição verdadeira e se, pondo-se *B* no lugar de *A*, a proposição resultante continuar sendo verdadeira, e se o mesmo acontecer em qualquer outra proposição, diz-se que *A* e *B* são idênticos; reciprocamente, se *A* e *B* são idênticos, a substituição a que nos referimos pode acontecer" (*Specimen Demonstrandi*, *Op.*, ed. Erdmann, p. 94). Definição análoga foi aceita por Wolff, que definia como idênticas "as coisas que se podem substituir uma à outra, salvaguardando quaisquer de seus predicados" (*Ont.*, § 181). Com base neste sentido da palavra, começou-se a falar de proposições idênticas, que Leibniz distinguiu em: *afirmativas*, do tipo "Cada coisa é aquilo que é"; *negativas*, que são regidas pelo princípio de *contradição* (v.); *díspares*, que afirmam que "o objeto de uma idéia não é o objeto de outra idéia" (*Nouv. ess.*, IV, 2, § 1). Estas observações de Leibniz são repetidas com poucas alterações pela lógica contemporânea (CARNAP, *Der Logische Aufbau der Welt*, § 159; QUINE, *From a Logical Point of View*, 1953, VIII, 1).

3ª A terceira concepção diz que a I. pode ser estabelecida ou reconhecida com base em qualquer critério convencional. De acordo com essa concepção, não é possível estabelecer em definitivo o significado da I. ou o critério para reconhecê-la, mas, dentro de determinado sistema lingüístico, é possível determinar esse critério de forma convencional porém oportuna. Essa concepção foi apresentada por F. Waismann num artigo de 1936 ("Über den Begriff der Identität", em *Erkenntniss*, VI, pp. 56 ss.), em polêmica aberta contra a definição carnapiana de I.; foi representada por P. T. Geach (em oposição a Quine), segundo o qual, quando se diz "*x* é idêntico a *y*", tem-se uma expressão incompleta, abreviativa de "*x* é o mesmo *A* de *y*", onde "*A*" é um nome cujo significado resulta do contexto ("Identity", em *Rev. of Met.*, 1967, pp. 2-12). Esta é a concepção menos dogmática e mais ajustada às exigências do pensamento lógico-filosófico. [N.A.]

IDENTIDADE, FILOSOFIA DA (in. *Identity-philosophy*; fr. *Philosophie de l'identité*; al. *Identitätsphilosophie*; it. *Filosofia dell'identità*). Assim Schelling denominou sua filosofia, porquanto define o Absoluto como I. do objeto com o sujeito, da natureza com o espírito, do inconsciente com o consciente (*Werke*, II, pp. 371 ss.) (v. NATUREZA, FILOSOFIA DA). [N.A.]

IDENTIDADE, PRINCÍPIO DE (lat. *Principium identitatis*; in. *Law of identity*; fr. *Principe d'identité*; al. *Satz der Identität*; it. *Principio di identità*). O reconhecimento explícito desse princípio como um dos princípios lógicos ou ontológicos fundamentais, ao lado dos princípios de contradição e do terceiro excluído, é coisa recente, pois não remonta além da época de Wolff. Aristóteles ignora o princípio de I., e o mesmo ocorre com toda a tradição medieval. O próprio Leibniz considera o enunciado: "Toda coisa é aquilo que é" como tipo das verdades idênticas afirmativas, sem lhe conferir a posição de princípio, que atribui apenas ao de contradição e ao de razão suficiente (*Théod.*, I, § 44; *Monad.*, §§ 31-2, 35). Ele afirma: "As verdades primitivas de razão são aquelas a que dou o nome geral de *idênticas* porque parece que elas apenas repetem a mesma coisa sem dizer nada de novo. As verdades idênticas podem ser afirmativas ou negativas. As afirmativas são como as seguintes: *Cada coisa é aquilo que é*, e outros tantos exemplos nos quais *A* é *A*, *B* é *B*" (*Nouv. ess*, IV, 2, § 1). Por outro lado, o reconhecimento da certeza das proposições idênticas era muito antigo: encontrando-se já em Tomás de Aquino, que dizia: "Devem ser notórias por si mesmas as proposições nas quais se afirma a identidade de uma coisa consigo mesma, como em *homem é homem* ou nas quais o predicado está incluído na definição do sujeito como em *homem é animal*" (*Contra Gent.*, I, 10).

Por outro lado, Leibniz também conhecia a fórmula geral das I., como ocorria com Locke, que a enumerava entre as máximas cujo caráter inato se reconhece, graças ao consenso universal que suscitam: "Aí estão dois dos célebres princípios, aos quais, mais que a qualquer outro, se atribui a qualidade dos princípios inatos: *Tudo aquilo que é é*; e: *É impossível que uma coisa seja e não seja ao mesmo tempo*" (*Ensaio*, I, 1, 4). Tanto Locke quanto Leibniz parecem referir-se à fórmula da I. como máxima bem conhecida e reconhecida, mas que ainda não foi alçada ao nível de princípio ontológico ou lógico.

Ora, essa fórmula começara a circular na escolástica do século XIV, sobretudo entre os partidários de Scot e Ockham, na tentativa de reduzir o princípio de contradição (que continuava sendo reconhecido como o primeiro princípio ontológico) à sua expressão mais simples e econômica. Essa tentativa é uma manifestação característica do uso do princípio de *economia* (v.), que era considerado guia metodológico por Ockham e por muitos scotistas. Antonio Andrea (morto em 1320) diz: "Digo que o princípio 'É impossível que a mesma coisa simultaneamente seja e não seja' não é absolutamente primário, ou seja, primariamente primeiro [...] Se perguntarem qual é absolutamente o primeiro complexo e o primariamente primeiro, direi que é este: 'O ente é ente.' Este princípio de fato tem termos primariamente primeiros e ultimamente últimos, que não são portanto resolúveis em termos precedentes; aliás, toda resolução de conceitos diz respeito ao conceito do ente, como conceito absolutamente primeiro entre os conceitos essenciais" (*In Met.*, IV, q. 5). Buridan aludia a essa tentativa ou a outras semelhantes, de reduzir o princípio de contradição a uma fórmula mais simples, que seria a da I.: "Alguns, entendendo que tem mais prioridade a simplicidade que a evidência e a certeza, dizem que as proposições categóricas precedem as hipotéticas e que as assertórias precedem as modais etc.; conseqüentemente, propõem uma única grande ordem de princípios indemonstráveis. O primeiro princípio seria 'O ente é', donde se seguiria que 'o não-ente não é'. Depois viria 'O ente é ente', donde 'o não-ente não é ente' etc." (*In Met.*, IV, q. 13). Do ponto de vista da simplicidade e da economia, a fórmula da I. parecia então mais primitiva que a da contradição; assim, os lógicos do século XIV começaram a atribuir a essa fórmula a posição tradicionalmente atribuída apenas ao princípio de contradição.

Contudo, como dissemos, foi só com Wolff que se começou a reconhecer explicitamente no enunciado da I. o valor de princípio. Wolff o expôs com a denominação de "Princípio da certeza", que derivava do princípio de contradição. Em *Ontologia* (1729), disse: "Como é impossível que uma mesma coisa seja e não seja ao mesmo tempo, *toda coisa, enquanto é, é*; ou seja: *se A é, também é verdadeiro que A é*. Se negares que *A* é, em sendo, deverás então concordar que *A* é e não é ao mesmo tempo: o que se opõe ao princípio de contradição e por isso não pode ser admitido, por força desse princípio" (*Ont.*, § 55). Wolff ligava o princípio à noção de necessidade (*ibid.*, § 288) e não lhe atribuía o caráter originário que atribuía ao princípio de contradição e ao de razão suficiente. Em Baumgarten, o princípio de I. deu mais um passo ao ser posto após o de contradição (que para ele continuava sendo "o absolutamente primeiro"), mas no mesmo nível dele, como "Princípio de oposição ou de I.". Expressou-o da seguinte forma: "Todo possível *A* é *A*; ou seja, tudo o que é, é; ou então, todo sujeito é predicado de si mesmo" (*Met.*, § 11). Por sua vez Kant, em *Nova elucidação dos primeiros princípios do conhecimento metafísico* (1755), dizia: "Dois são os princípios absolutamente primeiros de todas as verdades: um das verdades afirmativas, a proposição 'O que é, é'; o outro das verdades negativas, a proposição 'aquilo que não é não é'. Ambas essas proposições costumam ser denominadas princípio de I. (*Nova dilucidatio*, prop. II).

Com isto, o princípio de I. ingressava oficialmente no rol dos princípios fundamentais da lógica (apesar de na origem, com Wolff e Baumgarten, ele ter sido um princípio ontológico). Fichte valia-se dele como de uma proposição absolutamente "certa e indubitável" (*Wissenschaftslehre*, 1794, § 1). E como princípio indubitável do pensamento também era visto por Schelling (*Werke*, I, IV, p. 116). Tudo isso dava a Hegel o direito de dizer que "o princípio de I., em vez de ser uma verdadeira lei do pensamento, nada mais é que a lei do intelecto abstrato. A forma da proposição a contradiz, até porque uma proposição também promete uma distinção entre sujeito e predicado, e essa proposição não cumpre o que sua forma promete. Mas deve-se notar, em especial, que ela é negada pelas outras chamadas leis do pensamento, para as quais é lei o contrário dessa lei" (*Enc.*, § 115). Hegel, naturalmente, tinha razão, mas lutava contra um moinho de vento, pois os filósofos haviam admitido explicitamente esse princípio com o objetivo de dar fundamento de necessidade às verdades idênticas. A lógica filosófica do século XIX continuou incluindo o princípio de I. entre as leis universais do pensamento (cf. HAMILTON, *Lectures on Logic*, I, pp. 79 ss.; DROBISCH, *Logik*, § 58; ÜBERWEG, *System der Logik*, p. 183; WUNDT, *Logik*, I, pp. 504 ss.; B. HERDMANN, *Logik*, I, pp. 172 ss. etc.), embora não faltasse quem lhe negasse qualquer significado (cf. P. HERMANT e A. VAN DE WAELE, *Les principales théories de la logique contemporaine*, Paris, 1909, pp. 116 ss.). Para Boutroux, no princípio de I. estava expresso o ideal da necessidade racional (*L'idée de loi naturelle*, 1895, cap. 2). Meyerson, obedecendo a conceito análogo, reduzia a *identificação* qualquer processo racional, ou seja, qualquer processo que consiga compreender ou explicar um objeto qualquer (*Identité et realité*, 1908; *L'explication dans les sciences*, 1927). Por outro lado, a lógica matemática logo percebeu a inutilidade desse princípio para a validade de um raciocínio qualquer, e Peirce podia reduzir o significado dele ao dizer que "continuamos a crer naquilo que acreditamos até hoje, na ausência de qualquer razão em contrário" (*Coll. Pap.*, 3, 182). Na lógica contemporânea, esse princípio não existe, pelo menos na forma de "princípio". Por vezes os lógicos fazem-no coincidir com este ou aquele teorema que expresse um dos significados da cópula (v. SER, 1). Outras vezes, fora da lógica, consideram-no um postulado semântico, segundo o qual todo símbolo deve ter sempre o mesmo termo de referência, sempre que ocorrer no mesmo contexto (DEWEY, *Logic*, XVII, § 3). Nesse sentido, obviamente, o princípio de I. não é lógico nem ontológico, e a rigor nem princípio é, mas apenas uma regra para o uso dos símbolos. [N.A.]

IDENTIDADE DOS INDISCERNÍVEIS (lat. *Identitas indiscernibilium*; in. *Identity of indiscernibles*; fr. *Identité des indiscernibles*; al. *Identität der Ununterscheidbaren*; it. *Identità degli indiscernibili*). Esse princípio assevera literalmente – numa enunciação de aspecto paradoxal – que "coisas" não discerníveis, ou seja, que têm todas as propriedade iguais, são idênticas (em última análise, são a mesma "coisa"). Como princípio metafísico, nega que na natureza possa haver objetos diferentes apenas no número, ou seja, pelo fato de se tratar de mais de um. Já conhecido pelos estóicos (cf. Cícero, *Acad.*, III, 17, 18), retomado no Renascimento ("Duas coisas no universo não podem ser absolutamente iguais"; Nicolau de Cusa, *De Docta Ignor.*, II, 11), foi considerado por Leibniz um princípio basilar da própria metafísica (ao lado do princípio de razão suficiente (v.). Segundo Leibniz, não ocorre o caso de dois objetos serem idênticos no que diz respeito a todas as propriedade e que difiram apenas na posição no tempo ou no espaço: a diferença puramente espacial ou temporal é sempre baseada numa diferença *interna* (que nos escapa por simples ignorância), transferida para as qualidade não espaciais e não temporais (em geral: para as qualidades não relacionais) dos objetos em exame. Esse princípio vincula-se assim, em Leibniz, ao princípio de *razão suficiente:* se entre dois objetos reais subsiste uma diferença espacial ou temporal, deve haver uma razão ou motivo *intrínseco* a cada um dos dois objetos que determina sua diferença. Desse ponto de vista, uma mera diferença espaciotemporal é portanto suficiente para levar a considerar *discerníveis*, logo não idênticos, dois objetos. Também Kant, de modo semelhante a Leibniz, considerará suficiente, para fins de discriminação de objetos reais, a subsistência de uma diferença espaciotemporal. Enquanto Leibniz, porém, considerará possível (em princípio, no caso do conhecimento dos homens) dar conta de uma diferença entre objetos por via puramente descritivo-conceitual, Kant afirmará que ocorrem casos nos quais apenas a descrição analítica – portanto a capacidade discursiva do intelecto – não tem condições de explicar diferenças que só a intuição do espaço e do tempo permite perceber. Uma classe de tais casos, para Kant, é dada pelos chamados *objetos incongruentes* (mão esquerda e mão direita, p. ex.). Do ponto de vista lógico, o princípio – que pode ser expresso formalmente nos termos seguintes: $\forall x \forall y(\forall P(Px \leftrightarrow Py) \leftrightarrow (x = y))$ – é parte da definição da identidade e deve ser considerado distinto do princípio de *indiscernibilidade dos idênticos* (v.). [M.M.]

IDEOLOGIA (in. *Ideology;* fr. *Idéologie;* al. *Ideologie;* it. *Ideologia*). Esse termo foi criado por Destut de Tracy (*Idéologie,* 1801) para designar "a análise das sensações e das idéias", segundo o modelo de Condillac. A I. constituiu a corrente filosófica que marca a transição do empirismo iluminista para o espiritualismo tradicionalista e que floresceu na primeira metade do século XIX (v. ESPIRITUALISMO). Como alguns ideólogos franceses foram hostis a Napoleão, este empregou o termo em sentido depreciativo, pretendendo com isso identificá-los com "sectários" ou "dogmáticos", pessoas isentas de senso político e, em geral, sem contato com a realidade (PICAVET, *Les idéologues,* Paris, 1891). Aí começa a história do significado moderno desse termo, não mais empregado para indicar uma espécie de análise filosófica, mas uma doutrina mais ou menos destituída de validade objetiva, porém mantida pelos interesses claros ou ocultos daqueles que a utilizam.

Nesse sentido, em meados do século XIX, a noção de I. passou a ser fundamental no marxismo, sendo um dos seus maiores instrumentos na luta contra a chamada cultura "burguesa". Marx de fato (cf. *Sagrada família,* 1845; *Miséria da filosofia,* 1847) afirmara que as crenças religiosas, filosóficas, políticas e morais dependiam das relações de produção e de trabalho, na forma como estas se constituem em cada fase da história econômica. Essa era a tese que posteriormente foi denominada *materialismo histórico* (v.). Hoje, por I. entende-se o conjunto dessas crenças, porquanto só têm a validade de expressar certa fase das relações econômicas e, portanto, de servir à defesa dos interesses que prevalecem em cada fase dessa relação. Foi exatamente com esse sentido que a I. foi estudada pela primeira vez em *Trattato di sociologia generale* (1916) de Vilfredo Pareto, apesar de, nessa obra, não ser usado o termo I. (que fora empregado em *Sistemi socialisti,* 1902, pp. 525-6). Em Pareto, a noção de I. corresponde à noção de teoria não científica, entendendo-se por esta última qualquer teoria que *não* seja lógico-experimental. Segundo Pareto, uma teoria pode ser considerada: 1º em seu aspecto *objetivo,* em confronto com a experiência; 2º em seu aspecto *subjetivo,* em sua força de *persuasão;* 3º em sua *utilidade* social, para quem a produz ou a acata (*Trattato,* § 14). As teorias científicas ou lógico-experimentais são avaliáveis objetivamente, mas não nos outros modos, porque seu objetivo não é o de persuadir (*ibid.,* § 76). Portanto, só as teorias não científicas são avaliáveis com base nos outros dois aspectos. Ciência e I. pertencem, assim, a dois campos separados, que nada têm em comum: a primeira ao campo da observação e do raciocínio; a segunda ao campo do sentimento e da fé (*ibid.,* § 43). Com justeza foi frisada a importância dessa distinção, que, por um lado, torna impossível considerar verdadeira uma teoria persuasiva (ou útil) ou considerar persuasiva (ou útil) uma teoria verdadeira e, por outro, permite "compreender antes de condenar e fazer a distinção entre o estudioso dos fatos sociais e o propagandista ou apóstolo" (BOBBIO, "Vilfredo Pareto e la critica delle I.", *Riv. di Fil.,* 1957, p. 374). Do ponto de vista da análise da I., a doutrina de Pareto estabeleceu um ponto importante: a função da I. é em primeiro lugar *persuadir,* dirigir a ação. Esse aspecto foi desprezado pelo outro teórico da ideologia, Mannheim. Este distinguiu um conceito particular e um conceito universal de ideologia. Em sentido particular, entende-se por I. "o conjunto de contrafações mais ou menos deliberadas de uma situação real cujo exato conhecimento contraria os interesses de quem sustenta a I.". Em sentido mais geral, entende-se por I. a "visão do mundo" de um grupo humano, p. ex., de uma classe social. Segundo Mannheim, a análise da I. no primeiro sentido deve ser feita no plano psicológico; a análise da I. no segundo sentido deve ser feita no plano sociológico (*Ideology and Utopia,* 1953 [1ª ed. 1929], II, 1). Num e noutro caso a I. é a idéia incapaz de inserir-se na situação, dominá-la e adequá-la a si mesma. Mannheim diz: "As I. são idéias situacionalmente transcendentes que nunca conseguem *de fato* atualizar os projetos nelas implícitos. Apesar de freqüentemente se apresentarem como justas aspirações da conduta pessoal do indivíduo, quando levadas à prática, seu significado muitas vezes é deformado. A idéia do amor fraterno cristão, por exemplo numa sociedade fundada na servidão, é irrealizável e por isso ideológica, mesmo quando, para quem o entenda em boa fé, seu significado constitui um fim para a conduta individual" (*ibid.,* IV, 1). Nisto a I. seria diferente da utopia, que chega a realizar-se. Como foi freqüentemente observado (cf. MERTON, *Social Theory and Social Structure,* 1957, pp. 489 ss.), o critério assim sugerido por Mannheim para a distinção (a ser estabelecida somente *post factum*) entre I. e utopia, ou seja, a realização, inclui um círculo vicioso, pois o juízo sobre a adequação da realização, a avaliação dessa adequação, só poderia ser feito com base numa distinção prévia entre I. e utopia.

A característica de ambas as doutrinas lembradas é a contraposição entre a I. e as teorias positivas, entre I. e ciência, segundo Pareto, e entre I. e utopia (a teoria que se realiza), segundo Mannheim. Conquanto Pareto tenha feito a distinção entre juízo sobre a validade objetiva de uma teoria de juízo sobre sua força de persuasão e sobre sua utilidade social, a contraposição feita entre I. e teoria científica levou-o a constituir duas classes nitidamente distintas de teorias. Hoje está bem claro que, se uma teoria cientificamente verdadeira não tem, por isso mesmo, força persuasiva (fora do campo dos cientistas competentes), também está claro que uma teoria evidentemente falsa do ponto de vista científico não pode ter força de persuasão por muito tempo. Hoje, por exemplo, ninguém faria qualquer forma de propaganda com base na inexistência dos antípodas. A força de persuasão de uma teoria não está presa de modo imutável à própria teoria, mas depende do contexto social em que ela atua ou é utilizada. A verdade ou não-verdade científica da teoria certamente é um elemento do contexto, que, assim como os demais elementos, entra na constituição da força de persuasão da teoria. Portanto, deve-se frisar que o significado de uma I. não consiste, como achavam os escritores marxistas, no fato de ela expressar os interesses ou as necessidades de um grupo social, nem na sua verificabilidade empírica, nem em sua validade ou ausência de validade objetiva, mas simplesmente em sua capacidade de controlar e dirigir o comportamento dos homens em determinada situação. O alcance ideológico do princípio citado por Mannheim como exemplo, o amor fraterno, não reside no fato negativo de que esse princípio não se realize numa sociedade fundada na escravidão, mas no fato de, mesmo numa sociedade fundada na escravidão, esse princípio permitir controlar e dirigir a conduta de grande número de pessoas.

Em geral, portanto, pode-se denominar I. toda crença usada para o controle dos comportamentos coletivos, entendendo-se o termo *crença* (v.), em seu significado mais amplo, como noção compromissiva da conduta, que pode ter ou não validade objetiva. Entendido nesse sentido, o conceito de I. é puramente formal, uma vez que pode ser vista como I. tanto uma crença fundada em elementos objetivos quanto uma crença totalmente infundada, tanto uma crença realizável quanto uma crença irrealizável. O que transforma uma crença em I. não é sua validade ou falta de validade, mas unicamente sua capacidade de controlar os comportamentos em determinada situação. [N.A.]

No âmbito do chamado debate sobre o "fim" ou o "declínio" das I. – que caracterizou os anos 1950 e 1960 e que, em certos aspectos, ainda perdura – tende-se a contrapor "ideológico" a "pragmático" e a ver na I. um sistema de idéias eivado de dogmatismo, doutrinarismo, extremismo etc., ou seja, um modo de pensar caracterizado de fortes componentes emocionais e irracionais.

Ao predominante significado "fraco" ou "neutro", especificado por Abbagnano e reiterado por Bobbio com a definição da I. como "sistema de crenças ou valores que é utilizado na luta política para influir sobre o comportamento das massas, para orientá-las numa direção e não em outra, para obter consenso, enfim para fundamentar a legitimidade do poder" (*Saggi sulla scienza politica in Italia*, Laterza, Bari, 1968, 1969, p. 114), contrapõe-se o tradicional significado "forte" ou "negativo" de Marx e dos marxistas, ao qual se reportam os defensores da chamada "crítica do I." (v.). [G.F.]

IDEOLOGIA, CRÍTICA DA (in. *Critique of ideology*; fr. *Critique de l'idéologie*; al. *Ideologiekritik*; it. *Critica della ideologia*). Expressão com que se entende o programa de um "filosofar crítico" voltado a libertar a humanidade de quaisquer formas de mistificação ideológica e de dominação econômico-política. Surgindo como antítese a uma comunicação social "distorcida", ou seja, baseada na mentira, na falsa consciência e na prepotência, a crítica da I. (que tem suas matrizes na Escola de Frankfurt e os seus credos mais eminentes em Apel e Habermas) valoriza a "vida honesta", ou seja, uma "comunidade ideal" baseada em valores como a verdade, a liberdade e a igualdade (v. DISCURSO, ÉTICA DO). Donde sua natureza de "psicanálise dialética", orientada para a construção de um tipo de convivência isenta da cegueira ideológica e das condições *materiais* que impedem uma autêntica comunicação interpessoal: "Só quando a filosofia descobre [...] os vestígios da violência, que deforma o diálogo continuamente tentado [...], leva a cabo o processo cuja estase de outro modo determina: o progresso do gênero humano para a emancipação" (J. HABERMAS, *Teoria e prassi nella società tecnologica*, Laterza, Roma-Bari, 1969, p. 16). Em virtude dessas características "emancipadoras", a crítica da I. põe-se em posição polêmica em relação à hermenêutica, que é tachada de "idealismo lingüístico" (ou seja, de não levar em devida consideração os *Realfaktoren* da história) e de "conservadorismo" (ou seja, de transformar em realidade já existente o ideal de igualdade e paridade dos participantes do diálogo social; cf. o debate coligido em VV.AA. *Hermeneutik und Ideologiekritik*, 1971, trad. it., Queriniana, Brescia, 1979). Os seguidores da hermenêutica denunciam, por sua vez, a postura dogmática (e as pretensões "fortes") da crítica da I., que parece funcionar "apenas assumindo como critério um *Grund* de algum modo absoluto, declarado isento de qualquer limitação ideológica" (G. VATTIMO, *Postilla 1983* à 2ª ed. da trad. it. de H. G. GADAMER, *Verità e método*, 1960, Bompiani, Milão, 1983, pp. XXXIV-V). [G.F.]

IDEOSCOPIA (in. *Ideoscopy*; it. *Ideoscopia*). Foi assim que Peirce denominou "a descrição e a classificação das idéias que pertencem à experiência comum ou surgem naturalmente em conexão com a vida comum, independentemente de sua validade ou não-validade, ou de sua psicologia" (*Coll. Pap.*, 8.328). [N.A.]

IDOLOLOGIA (al. *Eidologie*; it. *Idolologia*). Doutrina que estuda os ídolos, ou seja, as aparições na consciência: uma parte da metafísica, juntamente com a metodologia, a ontologia e a sinecologia, segundo Herbart (*Allgemeine Metaphysik*, 1828, 1, 71). [N.A.]

ÍDOLOS (gr. εἴδωλα; lat. *Idola, Simulacra*; in. *Idols*; fr. *Idoles*; al. *Idole*; it. *Idoli*). A doutrina dos I. foi exposta na Antiguidade por Demócrito; segundo ela, a sensação e o pensamento são produzidos por imagens corpóreas provenientes de fora (J. ESTOBEU, IV, 233). Essa doutrina foi retomada e adotada pelos epicuristas (*Ep. a Herod.*, 46-50; cf. LUCRÉCIO, *De rer. nat.*, IV, 99 etc.). Em sentido diferente, foi retomada por Francis Bacon, para quem os I. não são instrumentos de conhecimento, mas obstáculos ao conhecimento; são "falsas noções" ou "antecipações", ou seja, preconceitos. Para Bacon, são quatro as espécies de ídolos. Duas delas têm raízes na natureza humana e Bacon denomina-as *idola tribus* e *idola specus*. Os I. *tribus* (da tribo) são comuns a todo o gênero humano e consistem, por exemplo, em supor que na natureza há uma harmonia muito maior que a existente, em dar importância a determinados conceitos mais que a outros etc. Os I. *specus* (da caverna) provêm da educação, dos costumes e dos acasos fortuitos em que cada um venha a encontrar-se. Assim, a importância que Aristóteles atribuiu à lógica, após havê-la inventado, é um I. dessa espécie. Os I. provenientes do exterior também são de duas espécies: *idola fori* e *idola theatri*. Os I. *fori* (da praça) derivam da linguagem freqüentemente usada ou de nomes de coisas que não existem (como sorte, primeiro móvel, órbitas dos planetas etc.) ou de nomes de coisas que existem, mas são confusas (como gerar, corromper, grave, leve etc.). Os I. *theatri* (do teatro) derivam das doutrinas filosóficas ou de demonstrações errôneas, e Bacon as denomina assim porque compara os sistemas filosóficos a fábulas que são como mundos fictícios ou cenas de teatro. A propósito, distingue três falsas filosofias: a sofística, cujo maior exemplo é Aristóteles; a empírica, cujo maior exemplo é a alquimia; a supersticiosa, que se mistura à teologia e cujo maior exemplo é Platão (*Nov. Org.*, I, 38-45). Recentemente, essa teoria de Bacon sobre os I. foi considerada a antecessora do conceito moderno de ideologia (MANNHEIM, *Ideology and Utopia*, 1929, II, 2). [N.A.]

IGNAVA RATIO. V. RAZÃO PREGUIÇOSA.

IGNORABIMUS. V. ENIGMAS.

IGNORÂNCIA (lat. *Ignorantia*; in. *Ignorance*; fr. *Ignorance*; al. *Unwissenheit*; it. *Ignoranza*). Imperfeição do conhecimento, mais precisamente a imperfeição da deficiência, inseparável do saber humano e decorrente das limitações do homem. Kant distinguiu a I. em objetiva e subjetiva. A I. *objetiva* consiste na deficiência de conhecimentos *de fato* (I. *material*) ou na deficiência de conhecimentos *racionais* (I. *formal*). A I. *subjetiva* é I. *douta* ou científica (de quem conhece os limites do conhecimento) [v. DOUTA IGNORÂNCIA] ou I. comum, que é a I. do ignorante. Kant acrescenta que a I. é *inculpável* nas coisas cujo conhecimento ultrapassa o horizonte comum, mas é *culpável* nas coisas cujo saber é necessário e atingível (*Logik*, Intr., VI). Esta observação de Kant ainda hoje é válida. [N.A.]

IGNORATIO ELENCHI (gr. ἐλέγχου ἄγνοια). Uma das falácias *extra dictionem* enumeradas por Aristóteles (*El. sof.*, 6, 168 a 18), mais precisamente a que consiste na ignorância daquilo que se deve provar contra o adversário (cf. também PEDRO HISPANO, *Summ. log.*, 7. 54; e ARNAULD, *Log.*, III, 19, I) (V. FALÁCIA). [N.A.]

IGUALDADE (gr. ἰσότης; lat. *Aequalitas*; in. *Equality*; fr. *Égalité*; al. *Gleichheit*; it. *Eguaglianza*). Relação entre dois *termos*, em que um pode substituir o outro. Geralmente, dois termos são considerados iguais quando podem ser substituídos um pelo outro no mesmo contexto, sem que mude o valor do contexto. Esse significado foi estabelecido por Leibniz (*Op.*, ed. Gerhardt, VII, p. 228), mas Aristóteles limitava o significado dessa palavra ao âmbito da categoria de quantidade, e que dizia eram iguais as coisas "que têm em comum a quantidade" (*Met.*, IV, 15, 1021 a 11).

A noção de I. assim generalizada (como possibilidade de substituição) presta-se tanto para as relações puramente formais de equivalência ou de equipolência quanto às relações políticas, morais e jurídicas que se denominam de igualdade. Por exemplo, a I. dos cidadãos perante a lei pode ser reduzida à possibilidade de substituição dos cidadãos nas situações previstas pela lei sem que mude o procedimento da lei, de tal forma que, por exemplo, o réu por um crime *d* nas circunstâncias *c* pode ser substituído por qualquer outro réu do mesmo crime na mesma circunstância, sem que o procedimento legal seja alterado. Do mesmo modo, pode-se descrever a I. moral ou jurídica dizendo que nela um *x* que se encontre em determinadas condições possui prerrogativas ou possibilidades não diferentes das possuídas por qualquer outro *x* nas mesmas condições. Está claro que o juízo de I. só pode ser pronunciado com base em determinado contexto, com base na determinação das condições às quais os termos devem satisfazer para serem considerados substituíveis (cf. PEIRCE, *Coll. Pap.*, 3 42-4). [N.A.]

ILAÇÃO (lat. *Illatio;* in. *Illation;* fr. *Illation;* it. *Illazione*). Em Apuleio e Boécio, esse termo traduz o estóico ἐπιφορά; indica a proposição na qual se conclui um silogismo. Esse termo desaparece na lógica medieval, sendo substituído por *conclusio*, para reaparecer na Idade Moderna indicando a complexa operação mental-discursiva graças à qual se chega a estabelecer determinada proposição, ou essa mesma proposição. [G.P.]

ILIACE. V. PURPUREA.

ILIMITADO (in. *Boundless;* fr. *Illimité;* al. *Unbegrenzi;* it. *Illimitato*). A distinção entre infinito e ilimitado foi feita por Aristóteles, que denominava o ilimitado de "infinito por semelhança". Enquanto no infinito é sempre possível tomar uma nova parte, mas essa parte é sempre nova, no I. a parte que se pode tomar nem sempre é nova. Um anel sem engaste é um exemplo de I.: é possível ir sempre além, ao longo de sua circunferência, mas passando sempre pelos mesmos pontos (*Fís.*, III, 6, 207 a 2). Essa distinção, que ficou esquecida durante séculos, foi retomada por Einstein quando este afirmou que o mundo é finito e ao mesmo tempo I., exatamente no sentido aristotélico (*Über die spezielle und die allgemeine Relativitätstheorie*, 1921, § 31; cf. EDDINGTON, *The Nature of the Physical World*, 1928, pp. 80-1). [N.A.]

ILOCUÇÃO. V. ATOS DA FALA, TEORIA DOS.

ILOCUTÓRIO-PERLOCUTÓRIO. V. ATOS DA FALA, TEORIA DOS.

ILUMINATISMO (in. *Illuminism;* fr. *Illuminisme;* al. *Illuminatism;* it. *Illuminatismo*). Pretensão de ter visão pessoal e direta de Deus ou das realidades transcendentes. Esse termo foi definido por Kant como "uma espécie de democracia baseada em inspirações pessoais que podem diferir, de acordo com a cabeça de cada um" (*Religion*, III, V; B 143). [N.A.]

ILUMINISMO (in. *Enlightenment;* fr. *Philosophie des lumières;* al. *Aufklärung;* it. *Illuminismo*). Linha filosófica caracterizada pelo empenho em estender a razão como crítica e guia a todos os campos da experiência humana. Nesse sentido, Kant escreveu: "O I. é a saída dos homens do estado de *minoridade* devido a eles mesmos. *Minoridade* é a incapacidade de utilizar o próprio intelecto sem a orientação de outro. Essa minoridade será devida a eles mesmos se não for causada por deficiência intelectual, mas por falta de decisão e coragem para utilizar o intelecto como guia. *'Sapere aude!* Ousa usar teu intelecto!' é o lema do I." (*Was ist Aufklärung?*, em *Op.*, ed. Cassirer, IV, p. 169). O I. compreende três aspectos diferentes e interligados: 1º extensão da crítica a toda e qualquer crença e conhecimento, sem exceção; 2º realização de um conhecimento que, por estar aberto à crítica, inclua e organize os instrumentos para sua própria correção; 3º uso efetivo, em todos os campos, do conhecimento assim atingido, com o fim de melhorar a vida pessoal e social dos homens. Esses três aspectos, ou melhor, compromissos fundamentais, constituem um dos modos recorrentes de entender e praticar a filosofia, cuja expressão já se encontra no período clássico da Grécia antiga (v. FILOSOFIA). O discurso de Péricles em Tucídides (II, 35-46) é a melhor e mais autêntica descrição do I. antigo. Por I. moderno costuma-se entender o período que vai dos últimos decênios do século XVII aos últimos decênios do século XVIII: esse período muitas vezes é designado simplesmente I. ou século das luzes.

1º O I., por um lado, adota a *fé* cartesiana na razão e, por outro lado, acha que é bem mais limitado o *poder* da razão. A lição da modéstia que o empirismo inglês, sobretudo em Locke, dera às pretensões cognitivas do homem não é esquecida: o empirismo, aliás, passa a fazer parte integrante do I. A expressão típica desta limitação dos poderes da razão é a doutrina da *coisa em si* (v.), lugar-comum do I. e como tal compartilhado por Kant. Essa doutrina significa que os poderes cognitivos humanos, tanto sensíveis quanto racionais, vão até onde vai o fenômeno, mas não além. Assim, o I. é caracterizado, em primeiro lugar, pela extensão da crítica racional aos poderes cognitivos, portanto pelo reconhecimento dos limites entre a validade efetiva desses poderes e suas pretensões fictícias. O criticismo kantiano, que, como Kant afirma, pretende levar a razão ao tribunal da razão (*Crít. R. Pura*, Pref. à 1ª ed.), nada mais é que a realização sistemática de uma tarefa que todo o I. assumiu.

Ao lado desta limitação dos poderes cognitivos, primeira característica do I. por ser o primeiro efeito do compromisso de estender a crítica racional a qualquer campo, há outro aspecto fundamental desse mesmo compromisso: não existem campos privilegiados, dos quais a crítica racional deva ser excluída. Nesse segundo aspecto, o I., mais que extensão, é correção fundamental do cartesianismo. De fato, para Descartes a crítica racional não tinha direitos fora do campo da ciência e da metafísica. Os campos da política e da religião deveriam continuar sendo tabus, e no próprio campo da moral Descartes acha que a razão não deve sugerir coisa alguma a não ser a reverência às normas tradicionais. O I. não aceita essas renúncias cartesianas; seu primeiro ato, aliás, foi estender a indagação racional ao domínio da religião e da política. O *deísmo* (v.) inglês é de fato a primeira manifestação do I.; consiste na tentativa de determinar a validade da religião "nos limites da razão" (como dirá Kant), mas de uma razão cujas possibilidades já foram delimitadas previamente pela experiência. Por outro lado, os *Tratados sobre o governo* de Locke iniciam a crítica política iluminista, depois retomada e levada a termo por Montesquieu, Turgot, Voltaire e pelos escritores da Revolução Francesa. No domínio moral, a *Teoria dos sentimentos morais* (1759) de Adam Smith, as obras dos moralistas franceses (La Rochefoucauld, La Bruyère, Vauvenargues), que punham em evidência a importância do sentimento e das paixões na conduta do homem, bem como as doutrinas morais de Hume, marcam a abertura desse campo de indagação à crítica racional e à busca de novos fundamentos para a vida moral do homem. Ao mesmo tempo, a obra de BECCARIA, *Dos delitos e das penas* (1764), abria à indagação racional o domínio do direito penal. Obviamente, os resultados obtidos em todos esses campos são diferentes, e sua importância varia. Mas o significado do I. não consiste na soma de seus resultados, porém no fato de haver aberto à crítica domínios até então fechados e por haver iniciado em tais domínios um trabalho eficaz que desde então não foi interrompido.

A atitude crítica própria do I. está bem expressa em sua resoluta hostilidade à *tradição*. Na tradição, o I. vê uma força hostil que mantém vivas crenças e preconceitos os quais é obrigação sua destruir. Aquilo que impropriamente se tem denominado *anti-historicismo* iluminista na realidade é antitradicionalismo: a recusa a aceitar a autoridade de tradição e a reconhecer nela qualquer valor independente da razão. O *Dicionário histórico e crítico* (1697) de Bayle, concebido como coletânea e refutação dos erros da tradição, é o maior documento da atitude constante dos iluministas de todos os países. Tradição e erro para eles coincidiam. E embora hoje essa tese possa parecer extremista e tão dogmática quanto a tese que identifica tradição e verdade, não se deve esquecer que só ela, graças a um esforço hercúleo, possibilitou a libertação dos fortes entraves que a tradição impunha à livre pesquisa, permitindo chegar aos novos conceitos (de que ainda hoje dispomos) de história e de historiografia. Esta última vinha constituindo, nesse período, os cânones que lhe garantiam, na medida do possível, a independência em relação a crenças e preconceitos no reconhecimento e na avaliação dos fatos. Por outro lado, a história vinha-se configurando como o progresso possível (v. adiante).

2º Já se disse que o empirismo fez parte do I. De fato, só a atitude empirista garante a abertura do domínio da ciência e, em geral, do conhecimento, à crítica da razão, pois consiste em admitir que toda verdade pode e deve ser posta à prova, eventualmente modificada, corrigida ou abandonada (v. EMPIRISMO). Isso explica por que o I. sempre esteve estritamente unido à atitude empirista. O empirismo é o ponto de partida e o pressuposto de muitos deístas; é a filosofia defendida por Voltaire, Diderot e D'Alembert; filosofia que, através da obra de Wolff, domina os rumos do I. alemão até Kant. Em estreita ligação com essa atitude está a importância que o I. atribui à ciência. Com o I., a ciência, filha mais nova da cultura ocidental, candidata-se ao primeiro lugar na hierarquia das atividades humanas. A física, cuja primeira sistematização se encontra na obra de NEWTON (*Princípios matemáticos de filosofia natural*, 1687), é acatada pelos iluministas como a ciência mãe ou como a "verdadeira" filosofia. As pesquisas de Boyle encaminham a química para a guinada decisiva, que levou à sua organização como ciência positiva; a obra de Buffon e de outros naturalistas assinala, também para as ciências biológicas, etapas fundamentais de desenvolvimento. Mas, também aí, o mais importante não são os resultados obtidos, porém a direção do caminho tomado. Tudo o que esses resultados têm de dogmático, incompleto, provisório, pode ser corrigido pelo próprio compromisso fundamental do I., de não bloquear a obra da razão em nenhum campo e em nenhum nível.

3º O I. não é somente uso crítico da razão; é também o compromisso de utilizar a razão e os resultados que ela pode obter nos vários campos de pesquisa para melhorar a vida individual e social do homem. Esse compromisso não é compartilhado igualmente por todos os iluministas. Alguns deles, que contribuíram de forma eminente para o desenvolvimento da crítica racional do mundo humano, não o aceitam. Isso ocorre, por exemplo, com Hume, que declara filosofar para seu próprio deleite. Por outro lado, ele constitui a substância da personalidade de muitos pensadores iluministas e também de empreendimentos como a *Enciclopédia*, que assumiram a tarefa de lutar contra o preconceito e a ignorância. Essa luta, assim como a luta contra os privilégios empreendida pela Revolução Francesa com base nos compromissos e nas concepções iluministas, tem como objetivo declarado a felicidade ou o bem-estar do gênero humano. Nesse aspecto, o I. é responsável por duas concepções de fundamental importância para a cultura moderna e contemporânea: a concepção de tolerância e a de progresso. O princípio da tolerância religiosa, que não só exige a convivência pacífica das várias confissões religiosas, mas também impede que a religião se torne um instrumento de governo, encontra no I. a primeira defesa no sentido de defini-lo como elemento da cultura ocidental, não suscetível de negação no âmbito dessa mesma cultura

(v. TOLERÂNCIA). Por outro lado, o compromisso de transformação, próprio do I., leva à concepção da história como progresso, ou seja, como possibilidade de melhoria do ponto de vista do saber e dos modos de vida do homem. Voltaire, Condorcet e Turgot são os que mais contribuem para formular a noção de um devir histórico aberto à obra do homem, suscetível de receber as marcas que o homem lhe quer imprimir. Essa noção serviu para apagar o sentimento de fatalidade histórica que impedia qualquer iniciativa de transformação. Mais tarde, o romantismo dirá que a história é a própria Razão Absoluta; que nela, em cada um de seus momentos, tudo aquilo que deve ser é, e o progresso é fatal ou inevitável; e verá no I., que contrapôs a história à tradição e negou esta última, uma concepção "abstrata" ou "anti-histórica". Mas na realidade o que o romantismo tinha em vista era apenas declarar inútil ou impossível o compromisso de transformação: confiando na força da Razão Histórica, pretendia imprimir o selo da eternidade nas instituições em que a via encarnada. Isso confirma que, se e quando a filosofia quiser assumir a tarefa (que Platão já lhe atribuía) de transformar o mundo humano, a atitude iluminista e seus pressupostos fundamentais serão as primeiras condições dessa tarefa. [N.A.]

ILUMINISMO, NOVO. V. NEO-ILUMINISMO.

ILUSÃO (in. *Illusion*; fr. *Illusion*; al. *Illusion*; it. *Illusione*). Aparência errônea, que não cessa mesmo quando reconhecida como tal; por exemplo, ver como quebrada a vareta imersa na água. É doutrina antiga, que remonta aos epicuristas (DIÓG. L., X, 51) e se repete com freqüência em tempos recentes, que as I. não pertencem aos sentidos, mas ao juízo feito sobre o dado sensível. Contudo, essas considerações hoje têm menos importância, pois nem a filosofia nem a psicologia acham útil fazer uma distinção nítida entre dados sensíveis e funções intelectuais. Kant definiu a I. como "o jogo que persiste mesmo quando se sabe que o objeto pressuposto não é real" (*Antr.*, § 13). E nesse sentido considerou a atividade *dialética* da razão como I. "Em nossa razão (considerada subjetivamente como faculdade cognitiva humana) existem normas e princípios de uso que têm todo o aspecto de princípios objetivos: por isso, a necessidade subjetiva de que haja certo nexo nos nossos conceitos, em virtude do intelecto, acaba sendo considerada necessidade objetiva de determinar as coisas em si mesmas. I. que não pode ser evitada, assim como não é possível evitar que o alto-mar pareça mais alto que a praia porque nós o vemos lá por meio de raios mais elevados que os daqui; assim como o astrônomo não pode impedir que a lua lhe pareça maior ao surgir, ainda que não se deixe enganar por essa aparência" (*Crít. R. Pura*, Dialética, Intr., I). As qualificações "natural" e "inevitável" que Kant atribui à I. transcendental, mas que são atribuíveis a qualquer ilusão, só fazem expressar o caráter fundamental da I.: ao contrário do erro, não deixa de existir mesmo ao ser identificada como I. [N.A.]

IMAGEM (gr. φάντασμα, φαντασία; lat. *Imago*; in. *Image*; fr. *Image*; al. *Einbildung*; it. *Immagine*). Semelhança ou signo das coisas, que pode conservar-se independentemente das coisas. Aristóteles dizia que as I. são como as coisas sensíveis, só que não têm matéria (*De an.*, III, 8, 432 a 9). Nesse sentido a I. é: 1º produto da *imaginação* (v.); 2º sensação ou percepção, vista por quem a recebe. Neste segundo significado, esse termo é usado constantemente tanto pelos antigos quanto pelos modernos. Os estóicos distinguiam os dois significados empregando duas palavras diferentes: denominavam imaginação (φάντασμα) a I. que o pensamento forma por sua conta, como acontece nos sonhos, e I. (φαντασία) a marca que a coisa deixa na alma, marca que é uma mudança da própria alma. A I. propriamente dita é "aquilo que é impresso e formado pelo objeto, sendo distinto dele; conforma-se à sua existência deste, e por isso existiria se o objeto não existisse" (DIÓG. L., VII, 50). Desse ponto de vista, as I. podem ser sensíveis e não sensíveis (como as das coisas incorpóreas); racionais ou irracionais (como as dos animais) e artificiais ou não artificiais (DIÓG. L., VII, 51). Conceito igualmente geral da I. era o dos epicuristas, que admitiam a verdade de todas as I. porquanto produzidas pelas coisas: pois o que não existe não pode produzir nada (DIÓG. L., X 32).

Esses conceitos passaram para a Idade Média e foram utilizados com fins teológicos, para esclarecer a relação entre a natureza divina e a humana (cf., p. ex., Tomás de Aquino, *S. Th.*, I. q. 95). Na filosofia moderna, foram retomados por Bacon (*De augm. scient.*, II, 1, § 5) e Hobbes; para este, a I. "é ato de sentir e só difere da sensação assim como o fazer difere do fato" (*De corp.*, 25, § 3). Mas, em filosofia, o termo I., em seu significado geral, começou a perder terreno para *idéia* (v.), em Descartes, e *representação* (v.), em Wolff. A preferência por estes dois termos persiste na filosofia contemporânea, que só lança mão do termo I., em seu 2º significado, quando quer acentuar o caráter ou a origem sensível das idéias ou representações de que o homem dispõe. [N.A.]

IMAGINAÇÃO (gr. φαντασία; lat. *Imaginatio, Phantasia*; in. *Imagination*; fr. *Imagination*; al. *Einbildungskraft*; it. *Immaginazione*). Em geral, a possibilidade de evocar ou produzir imagens, independentemente da presença do objeto a que se referem. Aristóteles definiu a I. nesses termos, sendo o primeiro a analisá-la, em *De anima* (III, 3). Aristóteles distinguiu a I. em primeiro lugar da sensação, em segundo lugar da opinião. I. não é *sensação* porque uma imagem pode existir mesmo quando não há sensação; por exemplo, no sono. I. não é opinião porque a opinião exige que se acredite naquilo que se opina, enquanto isso não acontece com a I., que, portanto, também pode pertencer aos animais. O caráter que aproxima a I. da opinião é que ela, assim como a opinião, também pode ser falaz. Aristóteles considerou a imaginação como uma mudança (*kinésis*) gerada pela sensação, semelhante a esta, embora não ligada a ela (*De an.*, III, 428 b 26). Nesse sentido, a I. é condição do apetite, que tende para alguma coisa que não está presente e da qual não se tem sensação atual (*ibid.*, 433 b 29). Esse conceito de I. permaneceu inalterado por muito tempo. Como Aristóteles já observara, a I. confere à alma possibilidades várias, ativas ou passivas, que são enfatizadas por muitos filósofos. Agostinho diz: "As imagens são originadas por coisas corpóreas e por meio das sensações: estas, uma vez recebidas, podem ser facilmente lembradas, distinguidas, multiplicadas, reduzidas, ampliadas, organizadas, invertidas, recompostas do modo que mais agrade ao pensamento" (*De vera rel.*, 10, § 18). Todas essas são possibilidades próprias da imaginação. E Tomás de Aquino, que pouca ou nenhuma importância atribui à I., que, assim como a sensibilidade, se limita a captar a semelhança, e não a essência, das coisas (*S. Th.*, I, q. 57, a. I), atribui entretanto múltiplas funções ao seu produto, que é a imagem (*ibid.*, q. 93, a. 9). A definição de I. não muda muito nas fases posteriores da história desse termo, mas as funções a ela atribuídas tendem a ser cada vez mais numerosas e complexas. Francis Bacon, em *De augmentis scientiarum* (1623), ao elaborar o plano de uma nova enciclopédia das ciências, colocava a I. ao lado da memória e da razão, como uma das faculdades fundamentais, a que serve de base para a poesia. Ainda mais radicalmente, Descartes, em *Regulae ad directionen ingenii*, reconhecia na I. a condição de atividades espirituais diversas: "Essa mesma força, se aplicada com a I. ao senso comum, denomina-se ver, tocar etc.; se aplicada à I. apenas, coberta de figuras diversas, denomina-se lembrança; se aplicada à I. para criar novas figuras, denomina-se I. ou representação; se por fim age sozinha, chama-se compreender" (*Regulae*, XII). Hobbes também via na I. uma condição fundamental das atividades mentais. Ele a vinculava estreitamente à sensação: "Na realidade, a I. nada mais é que uma sensação enfraquecida ou lânguida por estar distante do seu objeto" (*De corp.*, 25, § 7). E via na I. a inércia do espírito. Assim como um corpo em movimento se moverá eternamente se não surgir obstáculo, nós conservamos a imagem, ainda que mais confusa, de um objeto que já não está presente ou diante do qual fechamos os olhos. É isso que os latinos chamavam de I., e os gregos, de fantasia. Trata-se de uma sensação atenuada, comum aos homens e a outras criaturas, no sono e na vigília" (*Leviath.*, I, 2). Hobbes relaciona com a I. a memória, a experiência e, por intermédio destas, também o intelecto e o juízo (*ibid.*, I, 2).

Essa função da I. na organização geral das faculdades humanas torna-se dado comum da filosofia dos séculos XVII e XVIII. Espinosa, que é propenso a atribuir à I. todos os erros da mente humana, diz que a mente não erra porque imagina, mas apenas porque acredita na presença das coisas imaginadas, que, por definição, não estão presentes. (*Et.*, II, 17, esc.). Hume, que concorda com Hobbes quanto à função fundamental da I., acredita que o que distingue a I. propriamente dita da memória e portanto está na base da crença, que acompanha a própria memória assim como acompanha a sensibilidade, é unicamente o fato de as idéias da memória serem mais fortes e vivas que as da I. (*Treatise*, I, III, § 5). Obviamente, a função geral atribuída à I. em relação às outras atividades do espírito implica que se diferenciem essas funções da outra específica, que leva o nome de I.; e isso leva à distinção de vários tipos de I., que foram enumerados no século XVIII. Wolff distinguia a I. ("faculdade de produzir as percepções das coisas sensíveis ausentes" [*Psychol. empirica*, § 92]) da *facultas fingendi*, que consiste "em, através da divisão e da composição das imagens, produzir a imagem de uma coisa nunca percebida pelos sentidos" (*ibid.*, § 138). Análoga a esta foi a distinção estabelecida por Kant, que vê na I. "a faculdade das intuições, mesmo sem a presença do objeto", dividindo-a em *produtiva*, que é "o poder de representação originária do objeto (*exhibitio originaria*) e precede a experiência", e *reprodutiva* (*exhibitio derivativa*), que "traz de volta ao espírito uma intuição empírica anterior". Só as intuições puras de espaço e de tempo são produtos da I. produtiva. A I. reprodutiva, mesmo quando é denominada *poética*, nunca é criadora, porque não pode criar uma representação sensível que não tenha sido nunca antes dada à sensibilidade, mas dela sempre extrai seu material (*Antr.*, I, § 28). O conceito de I. produtiva – que para Kant é puramente formal, pois só produz as condições da intuição (espaço-tempo) – fora utilizado mais amplamente na primeira edição de *Crítica da Razão Pura*, em que se falava de uma "síntese da produção na I.", considerada como a condição da síntese conceitual da apercepção. A partir de Fichte, o idealismo romântico atribui à I. um alcance bem maior que o atribuído por Kant, que a confinara aos limites das condições formais. Para Fichte, a I. é a ação recíproca e a luta entre o aspecto finito e o aspecto infinito do Eu, ou seja, o aspecto graças ao qual o Eu impõe um limite à sua atividade produtiva e o aspecto graças ao qual o supera e o distancia. A oscilação desse limite (que é a representação) do produto faz da I. algo flutuante entre realidade e irrealidade. Fichte diz: "A I. produz a realidade, mas nela não há realidade; só depois de concebida e compreendida no intelecto, seu produto se torna algo de real" (*Wissenschaftslehre*, 1794, II. Dedução da representação, III). Essa função criadora da I. tornou-se lugar-comum do romantismo. Sobre ela, Hegel implantou a distinção entre I. e fantasia. Ambas são determinações da inteligência, mas a inteligência como I. é simplesmente reprodutiva, ao passo que como fantasia é criadora, é "I. simbolizante, alegorizante ou poetante" (*Enc.*, §§ 455-7). Sobre o poder criador da fantasia, Hegel fundou seu conceito de gênio (*Vorlesungen über die Ästhetik*, ed. Glockner, I, pp. 378 ss.). Tais observações constituíram o ponto de partida para a distinção entre fantasia e I., utilizada sobretudo pela estética romântica e por suas ramificações, até Croce (v. FANTASIA). Afora essa estética, hoje nem a filosofia nem a psicologia estabelecem mais, entre I. e fantasia ou entre I. reprodutiva e I. produtiva, a mesma diferença radical (de qualidade mais que de grau) que a estética romântica supunha. A fenomenologia, em particular, atribuiu uma função especial à I., pois a ela é confiada a representação das vivências como puros objetos de contemplação, o que constitui a própria possibilidade da fenomenologia. Por isso, Husserl diz: "Na fenomenologia, como em todas as ciências eidéticas, as representações, mais precisamente as fantasias livres, têm posição privilegiada em relação às percepções" (*Ideen*, I, § 70). Isso acontece porque, ao representarem-se como "livres fantasias", as experiências humanas revelam sua verdadeira natureza, porquanto se tornam puros objetos de contemplação desinteressada. Desse ponto de vista Husserl afirma paradoxalmente que "a *ficção* é o elemento vital da fenomenologia" (*ibid.*, § 70). Mas, sem levar em conta essa função vital que a I. reprodutiva desempenha na fenomenologia, as tarefas que ela parece cumprir nas análises filosóficas e psicológicas contemporâneas não são diferentes das que ela parecia cumprir nas análises dos filósofos do século XVIII. Por vezes se põe em relevo a função que a I. desempenha nas ciências, especialmente na matemática (cf. p. ex., PEIRCE, *Coll. Pap.*, 4232), mas nem por isso se lhe atribui o poder criativo mágico que a estética romântica via nela. [N.A.]

A função imaginativa encontrou uma reabilitação original na obra de Sartre, que, no ensaio *L'imaginaire* (1940), distingue entre percepção e I., especificando que a primeira é consciência "realizante", porquanto dirigida para um objeto "real", enquanto a segunda é consciência "desrealizante", porquanto dirigida para um objeto "não real". Essa capacidade de transcender o existente em direção ao ausente e de elaborar um mundo alternativo ao mundo concreto – prerrogativa que subentende a possibilidade de um "recuo" em relação ao ser – está integrado no fenômeno da liberdade existencial: "Para formar imagens, a consciência deve ser livre em relação a toda e qualquer realidade particular, e essa liberdade deve poder ser definida como um *ser no mundo* que é ao mesmo tempo constituição e aniquilação do mundo" (trad. it., Einaudi, Turim, 1948, pp. 273-4). Insistência análoga na função liberadora da I., que se vinculou a algumas posições da vanguarda artística, encontra-se em *Das Prinzip Hoffnung* (1959). Segundo Bloch, o sentido genuíno de tal faculdade, que se mostra atuante em todas as circunstâncias da vida humana, reside na sua prerrogativa de avançar *além do* presente em direção ao futuro, ou seja, na capacidade de manter firme a exigência do *dever-ser* no âmbito do ser. E é exatamente em virtude de tal prerrogativa crítico-utópica que a esperança, "lugar do mundo tão habitado quanto o país mais civilizado e tão inexplorado quanto a Antártida", pode funcionar como motor do processo humano e cósmico (trad. it., Garzanti, Milão 1994, pp. 9 ss.). Conceitos afins reaparecem em Marcuse, para quem, sem I. ou fantasia, todo conhecimento filosófico ficaria "sempre e apenas ligado ao presente ou ao passado e talhado fora do futuro, único que reúne a filosofia com a história real da humanidade" (*Filosofia e teoria critica,* 1937, em *Cultura e società,* 1965, trad. it., Einaudi, Turim, 1969, pp. 106; v. UTOPIA). Para Bachelard a I., ou melhor, o *imaginário* – entendendo com esse termo não a faculdade ou a função da I., mas o mundo dos seus produtos concretos (mitos, sonhos, criações poéticas etc.) – representa algo de distinto, e, ao tempo mesmo, de complementar em relação ao "logos conceitual" da ciência, testemunhando que o homem, antes de ser cientista, é poeta, ou seja, atividade onírica e mitopoiética (*A psicanálise do fogo,* 1938; *A água e os sonhos,* 1943; *A poética do espaço,* 1957; *A poética do devaneio,* 1960).

Atuando na psicanálise, Lacan interpretou o Imaginário como um dos três "registros" em que se estrutura a psique (os outros dois são o Simbólico e o Real), fazendo-o coincidir com o conjunto das identificações fictícias do ego, a começar do primeiro esboço de subjetividade, que é a chamada "fase do espelho" (*Le stade du mirroir* etc., 1936, 1949, agora em *Écrits*, 1966). Reagiram contra a tendência lacaniana a submeter a I. ao "domínio do simbólico" (portanto, à ordem cultural e social) os filósofos (Bataille, Deleuze, Guattari, Baudrillard etc.) que, como antítese a toda e qualquer ordem constituída, exaltaram os direitos da I. e da liberdade transgressora. Quem insistiu no papel criativo da I. foi também Ricoeur, que ressaltou, entre outras coisas, a sua função de estímulo para que o pensamento conceitual "pense mais" e "fale de outro modo" (*A metáfora viva*, 1975). [G.F.]

IMAGINAÇÃO TRANSCENDENTAL. V. IMAGINAÇÃO.

IMANÊNCIA (in. *Immanence*; fr. *Immanence*; al. *Immanenz*; it. *Immanenza*). Esse termo pode significar: 1º presença da finalidade da ação na ação ou do resultado de uma operação qualquer na operação; 2º limitação do uso de certos princípios à experiência possível e recusa em admitir conhecimentos autênticos que superem os limites de semelhante experiência; 3º resolução da realidade na consciência.

1º Era com o primeiro significado que os escolásticos falavam de ação imanente, que "permanece no agente", como entender, sentir, querer, porquanto distinta da ação transitiva (*transiens*), que passa para uma matéria externa, como serrar, esquentar etc. (cf. por todos TOMÁS DE AQUINO, *S. Th.*, I, q. 14, a. 2; q. 18, a. 3; q. 23, a. 2; q. 27, a. I etc.). Essa distinção só fazia expressar a distinção feita por Aristóteles entre *movimento* (κίνησις) e *atividade* (ἐνέργεια) no IX livro da *Metafísica* (6, 1048 b 18), considerando como movimento a ação que tem fim fora de si, e atividade as ações que têm fim em si mesmas. Aristóteles empregara a esse propósito o verbo ἐνυπάρχειν, que significa inerir como parte essencial ou constitutiva. Espinosa empregou o adjetivo no mesmo sentido, afirmando que "Deus é causa imanente, não transitiva, de todas as coisas" querendo com isso dizer que "Deus é causa das coisas que estão nele", e que nada há fora de Deus (*Et.*, I, 18). A distinção aristotélica foi retomada pelos wolffianos (cf. BAUMGARTEN, *Met.*, § 211). É evidente que, neste sentido, I. significa permanência do fim, do resultado ou do efeito de uma ação no seu agente.

2º O segundo significado desse termo corresponde ao emprego que Kant faz do adjetivo, chamando de imanentes "os princípios cuja aplicação se tem em tudo e por tudo dentro dos limites da experiência possível", contrapondo-se, portanto, aos princípios "transcendentes", que ultrapassam esses limites (*Crít. R. Pura*, Dialética, Intr., I; *Prol.*, § 40). Nesse sentido, I. significa limitação do emprego de certos princípios ao domínio da experiência possível, e renúncia a estendê-los além dele.

3º O terceiro significado de I. foi estabelecido pelo idealismo pós-kantiano. Fichte diz: "No sistema crítico, a coisa é aquilo que está posto no Eu; no dogmático, aquilo em que o Eu é posto; assim, o criticismo é *imanente* porque põe tudo no Eu; o dogmatismo é transcendente porque vai além do Eu" (*Wissenschaftslehre*, 1794, I, § 3, D; trad. it., p. 77). Essa terminologia, que é seguida por Schelling, atribui ao adjetivo "imanente" a característica do idealismo absoluto, para o qual nada existe fora do Eu. Contudo, é evidente a analogia desse significado com o de Espinosa, para quem a ação de Deus é imanente porque não vai além de Deus. Nesse sentido, a I. é a inclusão de toda a realidade no Eu (ou Absoluto ou Consciência) e a negação de qualquer realidade fora do Eu. No mesmo sentido, Gioberti falava de "pensamento imanente" (*Protologia*, I, p. 173), e o idealismo italiano entre as duas guerras insistia na imanência.

Comum a esses três significados do termo é o conceito de imanente como tudo que, fazendo parte da substância de uma coisa, não subsiste fora dessa coisa. Nesse sentido se diz comumente "justiça imanente" para indicar aquela espécie de justiça que é inerente à sucessão própria dos eventos; ou "perigo imanente" para indicar o perigo próprio de certa situação. [N.A.]

IMANÊNCIA, FILOSOFIA DA (In. *Immanence Philosophy*; fr. *Philosophie de l'immanence*; al. *Immanenzphilosophie*; it. *Filosofia dell'immanenza*). Com esta expressão Guilherme Shuppe (1836-1913) designou o ponto de vista fundamental de sua filosofia, segundo o qual "o mundo está na consciência", porém não na consciência individual, mas na "consciência em geral", que é o conteúdo comum das consciências individuais (*Grundriss der Erkenntnistheorie und Logik*, 1894, 2ª ed., 1910, § 31). [N.A.]

IMANÊNCIA, MÉTODO DA (in. *Method of Immanence*; fr. *Méthode d'immanence*; al. *Immanenzmethode*; it. *Metodo dell'immanenza*). Assim foi denominado por Blondel, Laberthonnière e outros o método de *apologética* religiosa, que tende a mostrar que o divino é, de alguma maneira, imanente no homem, pelo menos sob forma de necessidade, aspiração ou exigência (BLONDEL, *Lettre sur les exigences de la pensée contemporaine en matière d'Apologétique*, 1896; LABERTHONNIÈRE, *Essais de philosophie religeuse*, 1903). Le Roy deu a esse método uma expressão ainda mais generalizada, denominando-o "princípio de I." e expressando-o da seguinte forma: "tudo é interno a tudo, e no mínimo detalhe da natureza ou da ciência a análise encontra toda a natureza e toda a ciência" (*Dogme et critique*, 1907, p. 9) (v. AÇÃO, FILOSOFIA DA). [N.A.]

IMANENTISMO (in. *Immanentism;* fr. *Immanentisme;* al. *Immanentismus;* it. *Immanentismo*). 1. Indica-se com esse termo a doutrina que admite a imanência no 3º significado, negando qualquer realidade ou ser fora da consciência ou da autoconsciência. Neste sentido são doutrinas imanentistas o idealismo romântico, o idealismo gnosiológico e todas as formas do consciencialismo.

2. Esse termo também é usado para indicar a doutrina da imanência no 1º significado, em que equivale a *panteísmo* (v.).

3. Algumas vezes, especialmente em francês, esse termo é empregado para designar o *método da imanência* (v.). [N.A.]

IMATERIALISMO (in. *Immaterialism;* fr. *Immatérialisme;* al. *Immaterialismus;* it. *Immaterialismo*). Termo criado por Berkeley para indicar a doutrina da negação de existência da realidade corpórea e da redução desta a *idéias* impressas nos espíritos finitos diretamente por Deus (*Dialogues between Hylas and Philonous,* III; *Works,* ed. Jessop, II, pp. 259 ss.). Essa doutrina foi denominada e denomina-se mais freqüentemente idealismo (no 1º sentido). O argumento fundamental adotado por Berkeley em favor do I. é que as coisas e suas propriedades não são mais que *idéias* que, para existirem, precisam ser percebidas (*esse est percipi*), portanto pensar coisas que não sejam percebidas equivale a defini-las como "não pensadas" mesmo enquanto são pensadas. A diferença entre as idéias *reais,* que são as coisas, e as idéias simplesmente *imaginadas,* que são comumente chamadas de idéias, consiste, segundo Berkeley, no fato de que as primeiras são produzidas no nosso espírito por Deus e as outras são produzidas por nós mesmos. Portanto, a mais simples percepção de uma coisa na realidade é a percepção de uma ação de Deus sobre nós e implica a existência de Deus, ao passo que, a admitir-se a matéria, deve-se atribuir a ela a causalidade das próprias idéias e pode-se dispensar Deus. O materialismo é por isso o fundamento do ateísmo e da irreligião, assim como o I. é o fundamento da religião (*Principles of Human Knowledge,* I, 92 ss.). [N.A.]

IMEDIATO (gr. ἄμεσος; in. *Immediate;* fr. *Immédiat;* al. *Unmittelbar;* it. *Immediato*). Qualifica-se geralmente com este termo todo objeto que pode ser reconhecido ou proposto sem a ajuda de qualquer outro objeto: por exemplo, uma idéia que pode ser percebida sem ajuda de outra idéia, um fato que pode ser constatado sem ajuda de outros fatos, uma proposição que pode ser considerada verdadeira sem recorrer a outras proposições etc. Assim, Aristóteles chamava de I. a premissa "à qual nenhuma outra é anterior" (*An. post.,* I, 2, 72 a 7), ou seja, a premissa cuja verdade é obtida sem recorrer à verdade de outras premissas. Em sentido análogo, Descartes afirmava entender por pensamento "tudo aquilo que está de tal forma em nós que nós o percebemos *imediatamente* em nós mesmos" (*II Rép.,* def. 1), em que *imediatamente* lhe servia "para excluir as coisas que se seguem e provêm do nosso pensamento". Ainda analogamente Locke entendia por conhecimento intuitivo a percepção da concordância e da discordância entre as idéias *por si mesmas e imediatamente,* ou seja, sem ajuda de idéias intermediárias (*Ensaio,* IV, 2, 1).

Faz parte do conceito de imediação, assim entendido, a pretensão de que o I. não precisa de outra coisa para exigir o reconhecimento de sua validade. Assim, para Descartes a imediação do pensamento constitui a própria validade da proposição *Eu sou,* e para Locke a imediação da relação entre as idéias torna essa relação mais segura do que a relação mediata, ou seja, demonstrativa (*ibid.,* IV, 2, 4). É, pois, supérfluo lembrar que as premissas imediatas de Aristóteles têm validade necessária como princípios primeiros da demonstração. Privilégio análogo geralmente é atribuído às formas de conhecimento I., como, por exemplo, a intuição. Kant atribuía à intuição o privilégio de ser "a presença I. do objeto" (*Prol.,* § 8), mas ao mesmo tempo negava que existisse uma intuição "não sensível", algo mais que uma modificação passiva, que uma *afecção.* Mas a filosofia moderna e contemporânea falou com freqüência de intuição não sensível: basta lembrar, por um lado, a intuição *eidética* de que fala Husserl e, por outro, a intuição *simpática* de que fala Bergson: a primeira tem por objeto as essências; a segunda tem por objeto a consciência em sua duração (v. INTUIÇÃO). Ambas são caracterizadas pelo caráter I.: captam os respectivos objetos sem necessidade de intermediários.

Hegel, provavelmente o crítico mais radical do privilégio da imediação, denominou "filosofia do saber I." a filosofia da fé de Jacobi. Kant já se manifestara contrário a essa filosofia, recusando-se a admitir que a fé ou qualquer outra atividade sentimental ou I. do homem pudesse ir além dos limites da razão, que são enfim os mesmos da experiência possível (*Was heisst: Sich in Denken orientieren?,* 1786). Mas a crítica de Kant é especialmente dirigida contra o *fanatismo* (v.) que ele vê implícito nessa posição, ao passo que a crítica de Hegel é dirigida contra a imediação. Para Hegel, a forma da imediação "dá ao universal a unilateralidade de uma abstração, de tal forma que Deus se torna a essência indeterminada, mas Deus só pode ser chamado de espírito na medida em que se sabe, mediando-se em si consigo mesmo. Só assim é concreto, vivo, espírito: o saber de Deus, como espírito, exatamente por isso contém em si a mediação" (*Enc.*, § 74). Para Hegel, a *mediação* (v.) é o retorno da consciência sobre si mesma, a autoconsciência, que é a forma última e suprema da realidade e, por isso, identificada por Hegel com Deus. Negar a mediação significa, portanto, negar a superioridade da autoconsciência sobre a consciência. O I. é a forma mais simples da consciência, é "o intuir abstrato", que é o intuir no qual aquilo que intui (a consciência) se considera diferente daquilo que é intuído (o objeto da consciência). Essa crítica, como se vê, é típica da filosofia hegeliana: faz parte integrante dela, mas não é utilizável fora dela. No mundo contemporâneo, em que o domínio do saber tende a ser coberto pelas várias disciplinas científicas, o I. perdeu seus privilégios, mas por razões que nada têm com as aduzidas por Hegel. O objeto de uma investigação científica nunca é I., pois sua validade só pode ser estabelecida com o auxílio de instrumentos ou procedimentos mais ou menos complicados, portanto de forma indireta e mediata. Até os objetos da visão, que tradicionalmente constituíam o modelo dos objetos I., perderam esse caráter para a psicologia contemporânea, que tende a evidenciar as complexas estruturas e os procedimentos mediatos da *percepção* (v.). [N.A.]

IMITAÇÃO. V. ESTÉTICA.

IMORALISMO (in. *Immoralism*; fr. *Immoralisme*; al. *Immoralismus*; it. *Immoralismo*). Expressão adotada por Nietzsche para expressar sua posição de antagonismo à moral tradicional e sua tentativa de efetuar uma "reviravolta dos valores". Nietzsche dizia: "Sabe-se qual é a palavra que preparei para esta luta, a palavra *imoralista*; minha fórmula também é conhecida: além do bem e do mal" (*Wille zur Macht*, 1901, § 167, c). [N.A.]

IMORTALIDADE (in. *Immortality*; fr. *Immortalité*; al. *Unsterblichkeit*; it. *Immortalità*). Uma das crenças mais difundidas nas filosofias e nas religiões do Oriente e do Ocidente. Do ponto de vista filosófico, pode assumir duas formas diferentes: 1.ª a crença na I. da pessoa individual, ou seja, da alma humana em sua totalidade; 2.ª a crença na I. daquilo que a pessoa individual tem em comum com um princípio eterno e divino, só da parte impessoal da alma. É necessário, pois, considerar em terceiro lugar as provas aduzidas pelos filósofos em favor da imortalidade.

1.ª A I. da alma individual foi admitida por órficos, pitagóricos e por Platão. Os ecléticos (v., p. ex., CÍCERO, *Tusc.*, I, 26-35) também a admitiram, bem como Plotino (*Enn.*, III, 4, 6). Na literatura patrística e na escolástica, a I. da alma individual é lugar-comum, e fora das disputas dos aristotélicos ela também se mantém como lugar-comum no Renascimento. Os naturalistas do Renascimento admitem a I. (CAMPANELLA, *De sensu rerum*, II, 24; BRUNO, *De triplici minimo*, I, 3). Ao lado da alma material, que é a única que preside às operações humanas (inclusive a moralidade) e é mortal, Telésio admite uma alma divina, que é o sujeito da aspiração do homem à transcendência e é imortal (*De rer. nat.*, V, 2). A demonstração da I. é uma das finalidades declaradas da filosofia de Descartes e um aspecto importante da filosofia de Leibniz (*Teod.*, I, 89) e da filosofia alemã pré-kantiana (BAUMGARTEN, *Met.*, § 776). A I. da alma continua fazendo parte de todas as formas monadológicas do espiritualismo moderno e contemporâneo, visto estar claro que a mônada, seja ela criada ou incriada, é em qualquer caso imortal.

2.ª A teoria da I. parcial tem origem em Aristóteles. Após distinguir o intelecto ativo do passivo, Aristóteles diz que "o intelecto ativo" é separável, impassível e sem mistura porque, por sua substância, é ato; e que só ele "é imortal e eterno" (*De an.*, III, 5. 430 a 17). Por sua "impassibilidade", o intelecto ativo não conserva as determinações particulares, por isso não se identifica com a totalidade da alma humana, que também compreende o intelecto passivo. Essa doutrina foi incorporada pelos estóicos em sua metafísica, segundo a qual a alma do homem é uma parte do Espírito Cósmico e, como este, é imortal (DIÓG. L., VII. 156). Cleantes afirmava que todas as almas durarão até a conflagração final; Crisipo acreditava que somente as almas dos sábios durarão até esse momento (DIÓG. L., VII, 157).

Na Idade Média, o aristotelismo árabe retomou doutrina semelhante a essa. Averróis dava um passo a mais que Aristóteles no que se refere à relação entre o intelecto e o restante da alma humana: não só o intelecto ativo, como julgava Aristóteles, mas também o intelecto passivo (ou *material* ou *illico*) estão separados da alma humana, à qual só pertence o intelecto *aquisitivo* ou *especulativo*, que é a disposição essencial para participar das operações do intelecto. Este é, portanto, único, separado e divino, e a alma humana nada tem de verdadeiramente imortal (*De an.*, III, 1). Esse ponto de vista, seguido pelos averroístas latinos, que reduziam a I. da alma a pura questão de fé (p. ex., MANDONNET, *Siger de Brabante*, II, p. 167), também foi adotado pelos averroístas e pelos alexandristas do Renascimento. Pomponazzi afirmava a respeito que a diferença entre intelecto ativo ou separado e o intelecto humano consiste no fato de o intelecto humano necessitar do órgão físico (*De immortalitate animae*, 9). I. parcial ou impessoal também é a que Espinosa atribui à alma humana, ao dizer que "a mente humana não pode ser destruída totalmente com o corpo, mas que dela fica alguma coisa que é eterna" (*Et.*,V, 23); em outros termos, a alma é eterna enquanto modo ou manifestação da Substância Divina. O romantismo não esteve mais interessado que Espinosa na I. da alma individual. Hegel dizia: "Para nós, o essencial da crença na I. é que a alma tem em si um fim eterno, totalmente diferente de seu objetivo finito, portanto um valor infinito. É essa superioridade que confere interesse à fé na sobrevivência da alma" (*Phil. der Geschichte*, ed. Lasson, p. 494; trad. it., II, pp. 267-8). Realmente, para Hegel o que é imortal, aliás eterno, é o Espírito do Mundo, que se encarna nos povos e nos Estados, que se alternam como seus portadores. Por outro lado, todas as formas de *panteísmo* (v.), antigas ou modernas, admitiram uma I. parcial ou partilhada, que na realidade significa a eternidade de um princípio que só parcial ou temporariamente se encarna no homem. O próprio Bergson parece sugerir tal forma de I., ao considerar o corpo como um simples "instrumento de ação" e ao identificar a alma com a corrente da "lembrança pura", que não tem mais individualidade alguma (*Matière et mémoire*, Résumé et conclusion).

3ª A maior parte das provas aduzidas pelos filósofos em favor da I. não são suficientemente precisas para poderem ser invocadas em apoio a qualquer uma das crenças acima. As provas mais concludentes, pelo menos à primeira vista, são as que partem dos dois conceitos que tradicionalmente definem a natureza da alma: a causalidade e a substancialidade. Mas estas também são as provas mais radicalmente criticadas.

I. Uma das provas mais antigas é a deduzida do *movimento*. Aristóteles relata que Alcméon de Cróton julgava a alma imortal e divina porque ela está sempre em movimento, assim como as coisas divinas, ou seja, a Lua, o Sol etc. (*De an.*, I, 2, 405 a 30). Platão adotava essa argumentação: "Toda alma é imortal porque o que se move incessantemente é imortal. Aquilo que move outra coisa e é movido por outra coisa, ao parar de mover-se, pára de viver. Só o que se move por si, pelo que nunca falta a si mesmo, nunca deixa de mover-se, mas é também fonte e princípio de movimento para todas as coisas que se movem" (*Fed.*, 245 d). A crítica a esse argumento foi feita por Aristóteles, para quem era impossível que a alma se movesse, portanto que pudesse ser movida por outra coisa ou por si mesma (*De an.*, I, 3).

II. O segundo argumento é deduzido da definição de alma como *substância*; como substância, a alma é ser em ato e, como ser em ato, é imorredoura (ARISTÓTELES, *De an.*, III, 5, 430 a 17). Platão expôs este argumento no *Fédon*, em sua forma mais popular, asseverando que a alma, por participar necessariamente da idéia de vida, não pode deixar de viver, do mesmo modo como o número três, que participa necessariamente da idéia de ímpar, não pode deixar de ser ímpar (*Fed.*, 104-7). Tomás de Aquino expressou o argumento de Aristóteles ao afirmar que "aquilo que tem ser por si não pode ser gerado e corrompido", pois "o ser por si é próprio da forma enquanto ato" (*S. Th.*, I. q. 75, a. 6). Esse argumento foi criticado por Duns Scot: para este, a alma não tem ser por si no sentido de subsistir por conta própria e de não poder ser de modo algum separada do ser: isto significaria que nem Deus pode criá-la e destruí-la, o que é falso (*Rep. Par.*, IV, d. 43, q. 2, n.ºs 18-9); foi ainda mais radicalmente criticado por Kant, que demonstrou o caráter sofista da afirmação da substancialidade da alma, porquanto tal afirmação só faz transformar sub-repticiamente em substância a simples relação funcional que o sujeito pensante tem consigo mesmo, ou seja, o *Eu penso* (*Crít. R. Pura*, Dialética, cap. I).

III. O terceiro argumento é deduzido de um corolário da tese de substancialidade da alma, ou seja, da *simplicidade* da substância alma. Em vista dessa simplicidade, a alma não pode corromper-se, pois que a corrupção (como passagem de um contrário a outro) implica composição, donde os corpos, também se forem simples (como os celestes), serão incorruptíveis. Platão afirmava que a alma, por ser invisível como as idéias, deve ser imutável e indecomponível com elas (*Fed.*, 78c ss.). Tomás de Aquino expõe argumento análogo com outra forma (cf. especialmente *Contra Gent.*, II, 55). Uma variante dele foi dada por Mendelssohn, em *Fédon* (1766), com a tese de que a alma, em vista de sua simplicidade, não pode morrer por *decomposição*, mas nem por extinção. De fato, não podendo ela ser diminuída pouco a pouco e depois reduzida ao nada (já que não tem partes), não deveria haver espaço de tempo entre o instante em que ela é e aquele em que ela já não é. Kant notava a propósito que, mesmo não tendo quantidade extensiva, a alma poderia e deveria ter, assim como a consciência, uma quantidade intensiva, ou seja, um grau (*Crít. R. Pura*, Refutação do argumento de Mendelssohn).

IV. O quarto argumento é deduzido da presença da verdade na alma (PLATÃO, *Mên.*, 86a). Agostinho diz: "Se aquilo que está num sujeito (*subiectum*) dura para sempre, necessariamente o sujeito também dura para sempre. Ora, toda ciência (*disciplina*) existe na alma como em seu sujeito; conclui-se necessariamente que a alma dura para sempre, se a ciência dura para sempre. Mas a ciência é verdade, e a verdade dura para sempre; portanto, a alma dura para sempre também e nunca pode ser considerada morta" (*Solil.*, II, 13). Esse argumento foi repetido por Tomás de Aquino (*Contra Gent.*, II, 55): "Sendo incorruptível o objeto do intelecto, o próprio intelecto será incorruptível." Foi criticado pelos alexandristas do Renascimento, particularmente por Pomponazzi. "Para o intelecto é essencial entender, através de imagens, como resulta claro da definição de alma como ato de um corpo físico-orgânico. Por isso o intelecto, em cada uma de suas funções, necessita de um órgão. Mas aquilo que assim entende é necessariamente inseparável do corpo. Portanto o intelecto humano é mortal" (*De imm. animae*, 9). Argumento semelhante ao de Agostinho algumas vezes foi repetido por filósofos modernos com referência à presença de valores ideais na alma humana, ou seja, da Verdade, da Beleza e do Bem (p. ex., C. H. HOWISON, *The Limits of Evolution*, 1901, cap. 6).

V. Argumento análogo a este foi deduzido por Sto. Anselmo da presença do amor a Deus na alma. A alma humana, como criatura racional, "foi criada para amar sem cessar a Substância Suprema. Mas não poderia fazê-lo se não vivesse para sempre; portanto, a alma é feita para viver sempre, conquanto queira fazer sempre aquilo para que foi feita. Além disso, não estaria de acordo com a suprema bondade, sabedoria e onipotência do Criador reduzir a nada uma criatura por ele criada para amá-lo, enquanto ela o amar" (*Monologion*, 69).

VI. O sexto argumento é extraído do *desejo natural* de imortalidade. Tomás de Aquino diz: "Qualquer um que tenha inteligência naturalmente deseja existir para sempre. Mas um desejo natural não pode ser vão. Portanto, toda substância intelectual é incorruptível" (*S. Th.*, I. q. 75, a. 6). Embora Tomás de Aquino aduza esse argumento como simples *signum* da I., ele foi repetido com freqüência.

VII. O sétimo argumento apresenta a I. como exigência da *vida moral* do homem. Esse argumento não teve muita aceitação na Antiguidade: valeu mais como motivo, freqüentemente inconfesso, para que os filósofos procurassem provas demonstrativas da imortalidade. Duns Scot negava que fossem conclusivas as razões extraídas da aspiração da alma à bem-aventurança eterna e à justiça capaz de retribuir o bem e o mal. A razão natural deveria pelo menos dar-nos a conhecer que a bem-aventurança eterna é o fim adequado à nossa natureza, o que não acontece; quanto à necessidade de prêmio ou de castigo, pode-se dizer que cada um encontra retribuição suficiente em sua própria ação boa e que o primeiro castigo do pecado é o próprio pecado (*Op. Ox.*, IV, d. 43, q. 2, n.os 27, 32). Portanto, para Duns Scot, a I. da alma era pura verdade de fé, não suscetível de tratamento demonstrativo. Pomponazzi retomou esse ponto de vista em sua crítica ao argumento moral (*De imm. animae*, 14). Na filosofia moderna, contudo, esse foi o argumento que obteve maior receptividade, o que se explica com facilidade pelo fato de que, com o declínio da metafísica antiga, as provas deduzidas da causalidade e da substancialidade da alma perderam valor. Na "Profissão de fé do Vigário saboiano" (*Emílio*, IV), Rousseau chegava a afirmar a imaterialidade, portanto a I. da alma, exatamente com base na exigência de uma justiça que nem sempre se vê realizada no mundo: "Mesmo que não houvesse outra prova da imaterialidade da alma, além do triunfo do mau e da opressão do justo neste mundo, só isso bastaria para que eu não duvidasse dela. Contradição tão manifesta, dissonância tão estridente na harmonia do universo, levar-me-ia a refletir que nem tudo termina para nós na vida, mas que, com a morte, tudo retorna à ordem." Nesse aspecto, Rousseau constituía a voz eloqüente de grande parte do iluminismo e do deísmo do século XVIII, ainda que outra parte desse iluminismo pensasse, com Voltaire, que "a mortalidade da alma não é contrária ao bem da sociedade, como provam os antigos hebreus, que acreditavam na alma material e mortal" (*Traité de métaphysique*, 6). Kant retomou a tese de Rousseau, pressupondo a I. como um dos *postulados* da razão prática. Segundo Kant, a I. da alma e a existência de Deus são condições para a realização do bem supremo, que é a união de virtude e felicidade. Sem a continuação indefinida da vida humana além da morte, a realização da santidade mediante o progresso ao infinito não seria possível, portanto o homem nunca se tornaria digno de felicidade. Mas para Kant esse postulado não é uma verdade teórica, mas uma *necessidade* do ser moral finito: as considerações morais, em outros termos, não demonstram a I., mas mostram que ela é uma aspiração legítima de quem age moralmente (cf. Postulados da Razão Prática).

VIII. Por fim um argumento antigo, mas que sempre reaparece, é extraído do *consensus gentium*. Cícero assim o expressava: "Se o consenso universal é voz natural e se todos, em todos os lugares, estão de acordo em julgar que existe algo no que se refere aos que já morreram, também nós devemos ser do mesmo parecer, e, se julgarmos que os dotados de espírito superior por engenho ou virtude estão em melhores condições para reconhecer a força da natureza porque são perfeitos por natureza, é verossímil – visto que os melhores se preocupam muitíssimo com a posteridade – que exista algo cuja sensação estão destinados a ter depois da morte" (*Tusc.*, I, 15, 35).

O problema da I. há muito deixou de existir em filosofia. Isto nem tanto porque a solução positiva dele estivesse ligada a determinada filosofia, que é a metafísica da substância, mas também e sobretudo por outras duas razões. A primeira delas é que a ética moderna desvinculou a moral de qualquer sanção ultraterrena, eliminando assim o primeiro e mais imediato interesse na solução positiva do problema da imortalidade. A segunda é que a moderna tendência da filosofia, que considera ilegítimo ou sem significado estender a análise filosófica além da espera de existência ou da experiência detectável com os instrumentos que o homem possui, negou, em princípio, a legitimidade e a conclusividade do próprio debate sobre a imortalidade. Não causa portanto estranheza o fato de serem escassos e pobres os trabalhos sobre esse problema na filosofia moderna e contemporânea, principalmente depois de Kant. Seu interesse por ele acabou por limitar-se à esfera da religião e da apologética religiosa. [N.A.]

IMPENETRABILIDADE. V. ANTITIPIA.

IMPERATIVO (in. *Imperative*; fr. *Impératif*; al. *Imperativ*; it. *Imperativo*). Termo criado por Kant, talvez por analogia com o termo bíblico "mandamento", para indicar a fórmula que expressa uma norma da razão. Kant diz: "A representação de um princípio objetivo, porquanto coage a vontade, denomina-se comando da razão, e a fórmula do comando denomina-se I." (*Grundlegung zur Met. der Sitten*, II). Para o homem, norma da razão é uma ordem, pois a vontade humana não é a faculdade de escolher *apenas* o que a razão reconhece como praticamente necessário, ou seja, como bom. Se assim fosse, a norma da razão não teria caráter coativo e não seria uma ordem. Isso acontece com os seres dotados de vontade *santa*, de uma vontade que está necessariamente de acordo com a razão e que só pode escolher o que é racional. Mas, como o homem pode escolher também segundo a inclinação sensível, a lei da razão assume para ele a forma de ordem e por isso sua expressão é um I. (*Crít. R. Prática*, I, cap. III). Portanto, a palavra I. não passa de outro nome para a palavra *dever* (v.). Kant distinguiu os I. em hipotéticos e categóricos. O I. *hipotético* ordena uma ação que é boa relativamente a um objetivo possível ou real. No primeiro caso, ele é um princípio *problematicamente* prático; no segundo caso, é um princípio *assertivamente* prático. O I. *categórico* ordena uma ação que é boa em si mesma, por si mesma objetivamente necessária, sendo portanto um princípio *apoditicamente* prático. Os I. problematicamente práticos são os de *habilidade* (p. ex., as prescrições de um médico). Os I. assertivamente práticos são os da prudência: seu objetivo é a felicidade. Os I. categóricos são os da moralidade. Os primeiros poderiam denominar-se I. *técnicos* ou *regras*; os segundos, I. *pragmáticos* ou *conselhos*; os terceiros são I. *morais* ou *leis* da moralidade (*Grundlegung*, cit., II).

Essas observações de Kant foram sobejamente aceitas na filosofia moderna e contemporânea. Isso não quer dizer que a ética kantiana do dever também tenha sido tão aceita, sobretudo na forma proposta por Kant (v. ÉTICA). O problema de poder ou não considerar as normas morais como imperativos é fundamental e muitas vezes teve resposta negativa. Toda a tradição utilitarista constitui um exemplo de semelhante solução negativa. A ética de Bergson é outro exemplo. Conceber a norma moral como I. (ou dever) significa julgar, como Kant, que ela é um "fato da razão" um *sic volo sic iubeo* (*Crít. R. Prática*, cap. I, § 7, esc.): coisa que nem todos se mostram dispostos a admitir.

A partir da obra de Ogden e Richards, *The Meaning of Meaning* (1923), o I., sobretudo o I. moral, foi freqüentemente considerado uma "proposição emotiva", ou seja, destinada a produzir ação, mas desprovida de significado cognitivo. Essa teoria, cuja melhor forma se encontra em Ayer (*Language Truth and Logic*, 2ª ed., 1948) e Stevenson (*Ethics and Language*, 1944), após breve sucesso deixou de ter defensores (STROLL, *The Emotive Theory of Ethics*, Berkeley, 1954). [N.A.]

Aliás, o caráter I. da moral foi objeto de reavaliação explícita tanto por parte do não-cognitivismo (v.) racionalista de Hare – que, opondo-se ao emotivismo (v.), insistiu no caráter constitutivamente *prescritivo* dos juízos éticos (cf. *Il linguaggio della morale*, 1952, trad. it., Ubaldini, Roma, 1968, p. 156) – quanto por parte do cognitivismo (v.) semiótico e comunicativo de Apel e Habermas – que, em oposição ao heudemonismo e ao utilitarismo, insistiram no caráter *deontológico* da experiência moral (v. DEVER; DISCURSO, ÉTICA DO; DEONTOLÓGICAS E TELEOLÓGICAS, ÉTICAS). [G.F.]

IMPERSONALISMO (in. *Impersonalism*). Termo muito pouco usado, é oposto de *personalismo* (v): significa simplesmente *materialismo* (v.). [N.A.]

IMPERTURBABILIDADE. V. ATARAXIA.

ÍMPETO. V. INÉRCIA.

IMPLICAÇÃO (in. *Implication*; fr. *Implication*; al. *Implikation*; it. *Implicazione*). Em lógica e em filosofia da lógica é usado por muitos autores como sinônimo de condicional (v.) A proposta de Willard V. O. Quine é de manter a distinção entre os dois conceitos, chamando propriamente de I. a relação que subsiste entre dois enunciados p e q, quando o correspondente condicional é logicamente válido (a I., substancialmente, vale entre nomes de enunciados ou esquemas de enunciados, não entre os próprios enunciados – enquanto o condicional é uma operação entre estes últimos). Tradicionalmente se costuma designar com o nome de "paradoxos da implicação material" os seguintes esquemas tautológicos do cálculo predicativo: *a*) $p \rightarrow (q \rightarrow p)$; *b*) $\neg p \rightarrow (p \rightarrow q)$. O aspecto paradoxal dessas leis lógicas é devido ao fato de que, se interpretarmos o símbolo "→" como I., então (*a*) afirma que um enunciado verdadeiro é implicado por qualquer outro, enquanto (*b*) afirma que um enunciado falso implica qualquer enunciado. Se, porém, interpretarmos o símbolo "→" como condicional ("se... então..."), desaparecerá o caráter paradoxal das duas leis: (*a*) equivalerá a afirmar que um condicional é verdadeiro se o conseqüente (v.) for verdadeiro; enquanto (*b*) equivalerá a afirmar que um condicional é verdadeiro se o seu antecedente (v.) for falso. Em geral, enquanto para a verdade de um condicional material não se exige que haja um nexo entre os enunciados que o compõem, o conceito de I. sugere a existência de um nexo mais forte do que o nexo determinado pelos simples valores de verdade. Analogamente, tem emprego bastante difundido a expressão "I. estrita", para indicar aquilo que, mais propriamente, se deveria chamar de "condicional estrito" (v. CONDICIONAL). [M.M.]

IMPLÍCITO (in. *Implicit*; fr. *Implicite*; al. *Verflechten*; it. *Implicito*). Esse adjetivo tem três significados principais: 1º I., no sentido lógico de *implicação* (v.), referindo-se exclusivamente a enunciados, proposições ou asserções; 2º não explícito, ou seja, sugerido por certo contexto do discurso, como quando se diz "*x* implicitamente admitiu que..."; 3º potencial ou virtual. Este último emprego é impróprio. [N.A.]

IMPOSIÇÃO (lat. *Impositio*; in. *Imposition*; fr. *Imposition*; it. *Imposizione*). Na lógica medieval é o ato pelo qual um nome é destinado a significar uma coisa (cf. PEDRO HISPANO, *Summ. log.*, 6.03). [N.A.]

IMPOSSÍVEL. V. POSSÍVEL.

IMPREDICATIVA, DEFINIÇÃO (in. *Impredicative definition*; fr. *Definition imprédicative*; it. *Definizione impredicativa*). Poincaré indicou com esta expressão a definição do membro de uma classe que faz referência à totalidade dos membros da classe e que, portanto, contém um *círculo vicioso*. Destas definições surgem as antinomias lógicas que Poincaré queria evitar estabelecendo o princípio que não permite tais definições (POINCARÉ, em *Revue de Métaphysique et de Morale*, 1906, pp. 294-317; cf. também *Dernières Pensées*, 1913, IV) (v. ANTINOMIA). [N.A.]

IMPRESSÃO (gr. τύπωσις; lat. *Impressio*; in. *Impression*; fr. *Impression*; al. *Eindruck*; it. *Impressione*). A teoria segundo a qual o conhecimento consiste numa marca ou impressão feita pelas coisas sobre a alma nasce com os estóicos. Estes diziam que "a imagem é um *sinete* na alma", tomando o nome da figura que o selo imprime na cera (DIÓG. L., VII, 45). Cícero procurou eliminar o caráter físico da I. (*Tusc.*, I, 61). Esse termo foi difundido na filosofia e na linguagem moderna por Hume, que entendeu por I. "todas as nossas sensações, paixões e emoções, em sua primeira aparição na alma" (*Treatise*, I, 1, 1). E distinguiu as I. das *idéias*, que são cópias empalidecidas delas (*ibid.*, I, 1, 2). [N.A.]

IMPRÓPRIO, SÍMBOLO. V. SINCATEGOREMÁTICO.

IMPULSO (in. *Impulse, Urge*; fr. *Impulsion*; al. *Impuls*; it. *Impulso*). Incitamento súbito, momentâneo e difícil de controlar para determinada ação. Chama-se de "impulsivo" quem está sujeito a freqüentes ímpetos desse tipo. Esse termo não deve ser confundido com "*instinto*" (v.) nem com "tendência", que corresponde ao termo tradicional *apetite* (v.). [N.A.]

IMPUTABILIDADE (gr. αἰτία; lat. *Imputatio*; in. *Imputability*; fr. *Imputabilité*; al. *Zurechenbarkeit*; it. *Imputabilità*). Possibilidade de atribuir uma ação a um agente, como causador; é diferente da *responsabilidade* (v.). [N.A.]

INATISMO (in. *Innatism*; fr. *Innatisme*; al. *Nativismus*; it. *Innatismo*). Doutrina segundo a qual no homem existem conhecimentos ou princípios práticos inatos, ou seja, não adquiridos com a experiência ou pela experiência e anteriores a ela. O modelo de todo I. é a doutrina platônica da *anamnese* (v.): "Como a alma é imortal e nasceu muitas vezes e viu todas as coisas, tanto aqui como no Hades, nada há que ela não tenha aprendido: de modo que não espanta o fato de que possa recordar, seja em relação à virtude, seja em relação a outras coisas, o que antes sabia" (*Men.*, 81 c). Mas a forma com que o I. passou para a tradição filosófica foi dada pelos estóicos. Estes admitiam como critério de verdade, ao lado da representação cataléptica, a *antecipação*, que é "a noção natural do universal" (DIÓG. L., VII, 54). Cícero assim expunha o ponto de vista estóico: "A Natureza deu-nos minúsculas centelhas, e nós, cedo estragados por maus costumes e por falsas opiniões, apagamo-las todas, de tal modo que fazemos desaparecer a luz da natureza. Na verdade, em nossa índole, são inatas as sementes da virtude, e se lhes fosse possível desenvolver-se, a própria natureza nos guiaria para uma vida feliz" (*Tusc.*, III, 1, 2). Essa espécie de I. vincula-se à teoria do *instinto* (v.), própria dos estóicos, que é retomada por doutrinas cuja intenção é proteger da dúvida certas crenças fundamentais de natureza teórica ou prática.

Nesse sentido, o I. foi retomado pelo platonismo renascentista, cuja continuação pode ser vista no platonismo inglês do século XVII, contra cujas teses fundamentais se dirige a crítica do primeiro livro do *Ensaio* de Locke. O I. é depois retomado na Inglaterra, no século seguinte pela escola escocesa do *senso comum* (v.), ou seja, por Reid e Dugald Stewart. Mas já Descartes e Leibniz tinham dado ao I. um significado novo. Para Descartes algumas idéias são inatas como "capacidade de pensar e de compreender as essências verdadeiras, imutáveis e eternas das coisas" (*Méd.*, III; *Lettre à Mersenne*, 16-VI-1641; *Œuvr.*, III, 383). E Leibniz, de modo semelhante, considerava inatas as verdades que se revelam imediatamente como tais à luz natural, sem ter necessidade de outra verificação (*Nouv. ess.*, I, 1, 21). Neste sentido, o inatismo não era mais uma espécie de escultura que a alma traz consigo ao nascer, segundo a imagem que Cícero empregara (*De nat. deor.*, II, 4, 12). Ao velho adágio escolástico, "*Nihil est in intellectu, quod prius non fuerit in sensu*", Leibniz acrescentava a restrição "*nisi ipse intellectus*", entendendo dizer com isso que a alma dispõe, por sua conta, de categorias como o ser, a substância, o uno, o mesmo, a causa, a percepção, o raciocínio etc., que os sentidos não poderiam fornecer-lhe (*Nouv. ess.* II, 1, § 2). Não é grande a distância entre essa forma de inatismo e a doutrina kantiana (que, todavia, não se costuma designar com esse termo), segundo a qual as formas *a priori* do conhecimento não derivam da experiência. O inatismo pertence, hoje, ao número das doutrinas não mais discutidas, porque já não são mais discutidos os problemas cujas soluções elas constituiriam. Na filosofia moderna, quando se admite que alguma coisa precede a experiência (como o faz, p. ex., o idealismo hegeliano), esse algo não é um complexo de idéias ou de virtualidades, mas toda a razão ou todo o espírito (cf. A PRIORI, A POSTERIORI). [N.A.]

O debate sobre o I. foi reativado em tempos recentes pelas hipóteses presentes na gramática gerativa de Chomsky. Os empiristas lógicos haviam evitado a menção ao I. construindo todas as verdades necessárias como analíticas. Chomsky (não sem analogias com a *IV Investigação lógica* de Husserl) postulou o existência, na mente humana, da teoria geral da linguagem, presente de forma inconsciente como pré-requisito para a aquisição da língua particular e chamada *gramática universal*, apresentando também uma genealogia histórica dela em *Cartesian Linguistics* (1966). A experiência sensível é o *input*, a crença é o *output*: se a crença é mais rica ou contém mas informações que a experiência, o "a mais" deve ser contribuição da mente. O I. tem portanto o objetivo de explicar a "enorme disparidade entre o conhecimento e a experiência e, no caso da linguagem, entre a gramática gerativa, que exprime a competência lingüística do falante nativo, e os dadas escassos e degenerados com base nos quais o falante construiu essa gramática" (*Language and Mind*, 1968; trad. it. em *Saggi linguistici*, vol. 3º, Boringhieri, Turim, 1969, p. 221). Mas também está claro que as formas inatas não poderiam desempenhar sua função sem a interação com a experiência. A conclusão está na identificação dos mecanismos básicos da linguagem por uma necessidade de tipo *biológico*, e não lógico. Chomsky estendeu, portanto, a tese originariamente relativa ao âmbito lingüístico a âmbitos epistêmicos e epistemológicos (*Reflections on Language*, 1975, texto que se baseia na teoria padrão ampliada; *Rules and Representations*, 1980, e *Language and the Problem of Knowledge*, 1988).

Assim foi fácil distinguir duas acepções de I., que percorrem toda a tradição filosófica: 1) idéias conscientemente presentes na mente antes de qualquer experiência sensível (*acepção não disposicional*); 2) idéias para cuja formação temos disposição inata, mas da qual podemos não estar conscientes em determinado momento (*acepção disposicional*). O modelo chomskiano de I. é diferente do tradicional modelo disposicional, o que é provado pela relação entre experiência e crença, simétrica no primeiro, necessariamente desequilibrada a favor das crenças no segundo. Mas em Chomsky está presente um sentido disposicional tão forte das idéias inatas que não fica clara a distância entre esse I. e o empirismo. Por conseguinte, Quine não vê nenhum conflito com a sua versão do behaviorismo (*Linguistic and Philosophy*, 1969), se bem que entre as duas haja diferenças importantes no tema da aprendizagem.

Um modo diferente de recorrer ao I. é encontrável no ESTRUTURALISMO (v.): uma vez que, segundo Lévi-Strauss (*Anthropologie structurale*, 1958), as *estruturas* (v.) residem num inconsciente entendido como receptáculo de formas anistóricas e universais, este se assemelha ao *a priori* kantiano e, como ele, poderia ser considerado dote inato. O mesmo se pode dizer das *epistemes* (v.) de Foucault (*Les mots et les choses*, 1966), códigos inconscientes que regulam as formações culturais e que necessariamente as antecedem. Mas os estruturalistas, diferentemente de Chomsky, que formula a alternativa exclusiva entre formas adquiridas e inatas, admitem também "processos de equilibração interna ou de auto-regulação" das estruturas (Piaget, *Le structuralisme*, 1968; trad. it., Il Saggiatore, Milão, 1978, p. 121), que apresentam um surgimento progressivo que não exclui o crescimento e a modificação diacrônica; eles, porém, em geral não fazem uso explícito da perspectiva inatista.

Foram usadas formas de I. para explicar a presença em nós de idéias como as verdades matemáticas ou certas fés morais e religiosas, caracteres estruturais de mitos ou tabus (ainda Lévi-Strauss), taxonomias de mitos e fábulas (Propp); em psicologia recorrem ao I. a teoria dos instintos específicos de MacDougall, a tipologia de Sheldon e a etologia de Lorenz; reportam-se a ele, pelo menos em parte, entre outros, Freud, Piaget e a etologia pós-lorenziana. [M.S.]

INAUTÊNTICO. V. AUTÊNTICO.

INCEPTIVA, PROPOSIÇÃO (fr. *Proposition inceptive ou désistive*; it. *Proposizione incettiva*). A *Lógica* de Port-Royal denominou assim a proposição que afirma que uma coisa começou a ser ou deixou de ser; por exemplo: "A língua latina deixou de ser vulgar na Itália há muitos séculos" (ARNAULD, *Lóg.*, II, 10, 4). [N.A.]

INCLINAÇÃO. V. TENDÊNCIA.

INCLUSÃO (in. *Inclusion*; fr. *Inclusion*; al. *Einschliessung*; it. *Inclusione*). Na Lógica das classes, a relação de I. entre duas classes α e β (símbolo "$\alpha \supset \beta$") subsiste quando todos os elementos da classe α pertencem também à classe β, mas não necessariamente o inverso (a I. é reflexiva e transitiva, mas não simétrica). À relação de I. corresponde a relação de implicação entre os conceitos-classe correspondentes. Por exemplo, a classe *homem* está incluída na classe *mortal* porque todos os homens são mortais. [G.P.]

INCOERÊNCIA. V. COERÊNCIA.

INCOGNOSCÍVEL (in. *Unknowable, Incognizable*; fr. *Inconnaissable*; al. *Unerkennbar*; it. *Inconoscibile*). Termo empregado por Hamilton para designar o Absoluto ou Infinito, considerado além de qualquer possibilidade de conhecimento e objeto somente de *fé*. "Pensar é condicionar" – dizia Hamilton (*Discussions on Philosophy*, 1852, p. 13) – "e a limitação condicional é lei fundamental das possibilidades do pensamento... O absoluto só é concebível como negação da conceptibilidade". Contudo, a esfera da crença é mais ampla que a do conhecimento: assim, conquanto não se possa *conhecer* o Infinito, pode-se e deve-se crer nele. (*Lectures on Metaph.*, II, pp. 530-1). Essa noção foi retomada por Spencer, que também afirmou a incognoscibilidade do absoluto e, ao mesmo tempo, a necessidade de admiti-lo para tornar possível o relativo (*First Principles*, 1862, § 26). A noção do I. tornou-se então correlativa de *agnosticismo* (v.) e, assim como esta última, foi estendida até designar a doutrina de Kant da coisa em si e da sua incognoscibilidade. Kant todavia não admitia a inconceptibilidade da coisa em si, como fazia Hamilton relativamente ao Absoluto, assim como não admitia aquela espécie de correspondência hipotética entre o I. e o fenômeno que Spencer denominava *realismo transfigurado* (*ibid.*, § 50). O conceito de I. nunca ultrapassou os limites do positivismo evolucionista de cunho spenceriano (v. COISA EM SI). [N.A.]

INCOMENSURABILIDADE (in. *Incommensurability*; fr. *Incommensurabilité*; al. *Incommensurabilität*; it. *Incommensurabilità*). 1. Termo usado pelos epistemólogos pós-positivistas para indicar a falta de critérios de confronto entre teorias científicas rivais, ou seja, a inexistência de padrões objetivos (lógicos ou empíricos) por meio dos quais se possa avaliar comparativamente doutrinas diferentes e estabelecer a eventual "superioridade" de algumas delas.

O conceito de I. das teorias (que tem precursores em Le Roy e Wittgenstein) é uma conseqüência da atitude antiempirista e holística da nova filosofia da ciência. De fato, admitido o caráter teórico *(theory-laden)* da base empírica e apurando-se (conforme Hanson) que não existem observações ou conceitos *neutros*, ou seja, independentes do contexto específico em que são inseridos (v. TEÓRICO-OBSERVACIONAL), somos obrigados a admitir o princípio da variação de significados (*meaning variance*), vale dizer, a tese de que o significado dos termos extralógicos depende do contexto teórico em que sejam usados, a tal ponto que não se pode considerar que certos termos de determinada teoria tem o mesmo significado dos termos correspondentes de outra teoria, como demonstra o caso de termos homófonos (pensemos no vocábulo "massa" em Newton e em Einstein) que assumem valores diferentes em programas de pesquisa diferentes. Kuhn trouxe à tona a I. das teorias a partir da existência de *paradigmas* (v.) historicamente sucessivos assemelhados a mundos fechados, possuindo cada um seu próprio universo de discurso, sem que haja pontos de contato entre eles, quer no plano das questões tratadas, quer no plano das observações realizadas.

Essa circunstância, excluindo a idéia de um metaparadigma neutro em condições de exibir "algoritmos de escolha" entre as teorias, justifica a hipótese de uma série de estratégias teóricas não confrontáveis, ou seja, de uma série de paradigmas não correlatos que se sucedem um ao outro de modo descontínuo, dando ensejo a diferentes e incomensuráveis modos de ver o mundo: "Exercendo sua atividade em mundos diferentes [...] dois grupos de cientistas vêem coisas diferentes quando olham do mesmo ponto na mesma direção" (*La struttura delle rivoluzioni scientifiche*, 1962, trad. it., Einaudi, Turim, 1969, p. 182).

Feyerabend distinguiu três significados básicos da I., que podem ser assim sintetizados:

a) Num primeiro sentido, diz-se que duas ou mais teorias são I. porque adotam conceitos para os quais não funcionam as costumeiras relações entre conjuntos: inclusão, exclusão e sobreposição. Essa é a O. devida à variação de significados.

b) Num segundo sentido, duas ou mais teorias são I. porque, além de implicarem conceitos diferentes, subentendem percepções ou experiência diferentes.

c) Num terceiro sentido, duas ou mais teorias são I. porque usam métodos diferentes de praticar a pesquisa e de avaliar seus resultados (para essa posição de Feyerabend, cf. "Changing Patterns of Reconstruction", em *British Journal for the Philosophy of Science*, 28, 1977, pp. 363 ss.).

2. Embora Kuhn tenha procurado atenuar os aspectos mais radicais da sua posição, admitindo a existência de uma multiplicidade de critérios, ou melhor, de "valores" (precisão, coerência, perspectiva, simplicidade, rentabilidade) com base nos quais é possível preferir uma teoria a outra (*Oggettività, giudizio di valore e scelta della teoria*, 1973, em *La tensione essenziale*, 1977, trad. it., Einaudi, Turim, 1985, p. 353), a doutrina da I. foi acusada de irracionalismo e relativismo (v.). Mais particularmente, alguns autores insistiram no seu caráter *auto-refutador*, observando que, se duas teorias não têm nada em comum, não é possível considerá-las rivais. De fato, como objetaram de maneira circunstanciada Kordig (*The Justification of Scientific Change*, 1971), Scheffler (*Science and Subjectivity*, 1967), Shapere, Leplin, Dorling, Burian, Worral, Devitt, Moberg, Brown e outros, para que duas teorias possam ser consideradas alternativas é preciso que uma seja a contradição da outra. Mas, para que isso ocorra, elas precisam compartilhar algum núcleo de significado. E isso em clara oposição ao princípio da variação de significados (*meaning variance*). Putnam tem posição análoga: "Um *confronto* pressupõe que haja certas comensurabilidades" (*Razão, verdade e história*, 1981, trad. it., Il Saggiatore, Milão, 1985, p. 28). Também segundo Davidson – que vinculou a problemática da I. à da pluralidade de esquemas conceituais intraduzíveis –, a tese da I. é *falsa ou autocontraditória*. De fato, "Se ocorrer a tradução [...] não haverá razão para falar de dois esquemas conceituais, ao passo que, se a tradução malograr, não haverá sentido em falar de dois [...]" (*Psychology as Philosophy*, 1974, agora em *Essays on Action and Events*, 1980, trad. it., Il Mulino, Bolonha, 1992, p. 243). Num primeiro momento, Feyerabend respondeu às objeções dos seus opositores com a tese do caráter "irracional" (ou puramente "estético") da escolha entre teorias rivais. Num segundo momento, mesmo lembrando aos seus adversários que a I. não deve ser comparada a um "Grande Monstro", terminou por atenuar as suas posições iniciais, afirmando por exemplo: 1) que a I. é um fato "raro", que diz respeito apenas a "teorias globais" ou, em última análise, aos grandes sistemas cosmológicos; 2) que a I. por ele admitida diz respeito apenas à impossibilidade de estabelecer relações dedutivas entre teorias em conflito: "ao usar o termo 'incomensurável' sempre pretendi referir-me à disjuntividade dedutiva, *e a nada mais*" (*Changing Patterns, cit.*, p. 365). Além disso, explicou que nunca excluiu a existência de critérios formais ou pragmáticos de comparação, mas apenas de supostos métodos objetivos de confronto.

3. A rejeição à doutrina epistemológica da I. das teorias *científicas* costuma ser acompanhada, na filosofia contemporânea, da rejeição a *qualquer* forma ou tipo de I. (não só científica ou lingüística, mas também cultural, moral, política etc.). Segundo Putnam, isso se deve ao fato de que a doutrina da I. se choca não só contra a nossa capacidade de fazer traduções satisfatórias (e perfectíveis), mas também contra o próprio fato de sermos homens. Isto porque, reduzindo os termos e as culturas a mônadas semânticas isentas de qualquer "fixidez referencial" e de qualquer "elemento comum", ela acaba por destruir a intersubjetividade comunicativa e dialógica em que reside nossa realidade de seres pensantes e falantes: "Uma característica constitutiva da experiência humana num mundo de diferentes culturas [...] é o fato de que, por fazermos parte da experiência humana universal, estamos efetivamente em condições de interpretar mutuamente os nossos pensamentos, os nossos desejos, as nossas enunciações e assim por diante, de tal modo que tudo acaba por ter algum *sentido*" (*Ragione, verità e storia, cit.*, p. 128). [G.F.]

INCOMPATIBILIDADE. V. Consistência.

INCOMPLETO, SÍMBOLO (in. *Incomplete symbol*; it. *Simbolo incompleto*). Em lógica matemática dá-se esse nome ao símbolo que não tem significado próprio, mas só num contexto, para cujo significado por sua vez contribui. [N.A.]

INCOMPLEXUM. V. Complexo.

INCONCEPTIBILIDADE (in. *Inconceivability*; fr. *Inconcevabilité*; al. *Unbegreiflichkeit*; it. *Inconcepibilità*). O critério cartesiano de aceitar como verdadeiro tudo o que é evidente para a razão tem como correlativo negativo o critério de rejeitar o que não parece evidente para a razão ou o que, em geral, é *incompatível com a razão*. Esse é propriamente o critério das inconceptibilidades. Foi utilizado sobretudo por Leibniz, que o defendeu explicitamente: "Em verdade reconheço que não é lícito negar o que não se entende, mas acrescento que se tem o direito de negar (pelo menos na ordem natural) aquilo que não é absolutamente inteligível nem explicável. [...] A concepção das criaturas não é a medida do poder de Deus, mas a conceptibilidade ou força de concepção delas é a medida do poder da natureza, pois que tudo o que se conforma à ordem natural pode ser concebido ou entendido por alguma criatura" (*Nouv. ess.*, Avant-propos., *Op.*, ed. Erdmann, p. 202). Em outros termos, pode-se admitir ser real na natureza aquilo que não se entende (que não se saiba explicar), mas não o que é inconcebível, ou seja, "incompatível com a razão". Mas Leibniz não explicou o que deve ser entendido por incompatibilidade com a razão, o que tampouco fizeram todos os (muitíssimos) que se referiram a esse critério; a primeira crítica a esse critério encontra-se em *Lógica* de Stuart Mill, com referência ao emprego que dele fizeram Hamilton (*Lectures on Metaphysics and Logic*, 1859-1860) e Spencer (*Principles of Psychology*, 1855). Stuart Mill notava que os antípodas eram declarados impossíveis pelos antigos, que achavam inconcebível existirem pessoas cuja cabeça estivesse na direção dos nossos pés, e que um dos argumentos mais difundidos contra o sistema copernicano havia sido a I. do imenso espaço vazio que aquele sistema pressupunha (*Lóg.*, V, 3, § 3; cf. II, 5, § 6; 7, §§ 1-3).

Na realidade, a incompatibilidade com a razão, que é a definição de I., não pode ter outro significado exato senão o de incompatibilidade com o sistema de crenças a que se faz referência. Obviamente semelhante incompatibilidade não pode valer como critério de juízo para a fidedignidade de uma noção qualquer. Se porém por I. se entende a *contraditoriedade* (como por vezes acontece), é preciso lembrar que o juízo sobre a contraditoriedade ou não de duas asserções deve referir-se a um campo determinado, no qual estejam implícita ou explicitamente definidas as regras da coerência ou da compatibilidade. Pode acontecer, por exemplo, que não seja contraditório em física aquilo que seria contraditório em matemática ou vice-versa; por exemplo, a física não julga contraditório conceber os fenômenos eletromagnéticos ao mesmo tempo como corpusculares e como ondulatórios. Mas para estes significados restritos e específicos de contraditoriedade, a palavra I., em seu significado absoluto, é totalmente imprópria. Portanto, a filosofia contemporânea deixou de usá-la, não insistindo mais na antítese racional-inconcebível, mas na antítese significância-insignificância (v. SIGNIFICADO). [N.A.]

INCONDICIONADO (in. *Unconditioned*; fr. *Inconditionné*; al. *Unbedingt*; it. *Incondizionato*). Hamilton (*Discussions on Philosophy*, 1852) e Mansel (*The Philosophy of the Conditioned*, 1866) denominaram I. o Infinito ou o Absoluto, ou seja, Deus, porquanto escapa a todas as limitações do pensamento humano e por isso é inconcebível.

Para o significado genérico do termo, v. CONDIÇÃO. [N.A.]

INCONSCIENTE (in. *Unconscious*; fr. *Inconscient*; al. *Unbewusst*; it. *Inconscio*). O ingresso dessa noção em filosofia deve-se a Leibniz, que frisou a importância das "percepções insensíveis" ou "pequenas percepções", de que não se toma ciência e sobre as quais não se reflete. Para Leibniz, são essas percepções que "formam o não-sei-quê, os gostos, as imagens das qualidades sensíveis, claras no conjunto mas confusas nos detalhes, as impressões que os corpos que nos rodeiam exercem sobre nós e que envolvem o infinito, os vínculos que cada ser tem com o restante do universo" (*Nouv. ess.*, Avant-propos, *Op.*, ed. Erdmann, p. 197). A existência dessa zona inconsciente tornou-se lugar-comum na escola wolffiana (cf. WOLFF, *Psychol. Rationalis*, §§ 58 ss.) e foi admitida por Kant, que respondeu à objeção de Locke de que não se pode ter representações das quais não se tenha consciência, porque as ter significa exatamente estar conscientes delas (*Ensaio*, I, 1, 5), afirmando que "podemos estar conscientes *mediatamente* de uma representação da qual não estejamos conscientes *imediatamente*" (*Antr.*, § 5). Mas foi só com Schelling que o I. tornou-se elemento fundamental das concepções metafísicas, ou seja, um dos aspectos essenciais do Absoluto como Identidade entre natureza e espírito (entre I. e consciência). "Esse eterno I.", dizia Schelling, "que, como o sol eterno do reino dos espíritos, esconde-se em sua própria luz serena e, apesar de nunca se tornar objeto, imprime sua identidade nas ações livres, é o mesmo para toda a inteligência e é ao mesmo tempo a raiz invisível de que todas as inteligências são apenas potências; é o eterno intermediário entre o subjetivo, que se autodetermina em nós, e o objetivo ou intuicionante e é o fundamento da uniformidade na liberdade e da liberdade na uniformidade objetiva" (*System der transzendentalen Idealismus*, IV, F; trad. it., p. 280). Ainda mais radicalmente, Schopenhauer considerava I. a vontade que constitui o númeno do mundo: "A vontade considerada em si mesma é I.: é um impulso cego e irresistível o qual vemos aparecer na natureza inorgânica e vegetal, bem como na parte vegetativa da nossa vida" (*Die Welt*, I, § 54). E como síntese do Espírito Absoluto de Hegel, da Vontade de Schopenhauer e do I. de Schelling, Edward Hartmann apresentava o princípio de sua filosofia: um princípio que ele denominava precisamente I. e do qual o espírito e a matéria teriam sido duas diferentes manifestações (*Philosophie des Unbewussten*, 1869). Pode-se considerar que a filosofia de Bergson pertence a essa mesma linha; ele defendia o I. ao observar que a repugnância em conceber estados psicológicos inconscientes vem do fato de se considerar a consciência como propriedade essencial dos estados psíquicos. "Mas" – observava ele – "se a consciência é somente o sinal característico do *presente*, daquilo que está sendo vivido, daquilo que está *agindo*, então o que não está agindo poderá deixar de pertencer à consciência sem deixar necessariamente de existir de qualquer modo" (*Matière et mémoire*, cap. III, p. 147). Para Bergson, o I. assim entendido identifica-se com a *recordação pura*, ou seja, a corrente da consciência que é o próprio elã vital.

Mas enquanto o I. era assim utilizado pela metafísica e enquanto a psicologia o admitia, mesmo a contragosto, como um dado de fato, seu conteúdo era completamente renovado por Freud, que apresentava as duas teses fundamentais da psicanálise da seguinte forma: "A primeira dessas premissas é que os processos psíquicos são em si mesmos inconscientes e que os processos conscientes são apenas atos isolados, frações da vida psíquica total." A segunda proposição que a psicanálise proclama como uma de suas descobertas é a afirmação de que "tendências que podem ser classificadas apenas como sexuais, em sentido estrito ou amplo da palavra, agem como causas determinantes de doenças nervosas ou psíquicas e que essas emoções sexuais desempenham papel importante nas criações do espírito humano nos campos da cultura, da arte e da vida social" (*Einführung in die Psychoanalyse*, 1917, Intr., trad. fr., pp. 32-3). Desta forma, na psicanálise o I. deixava de ter o caráter indeterminado ou amorfo que tivera até aquele momento nas interpretações dos filósofos e dos psicólogos, para adquirir um conteúdo preciso e identificar-se com as tendências sexuais inibidas, negadas, camufladas ou ocultas. O grande sucesso inicial da psicanálise e a importância científica de que ela se revestiu no mundo contemporâneo (v. PSICANÁLISE) relegaram para segundo plano a dificuldade teórica associada ao próprio reconhecimento da existência do inconsciente. Obviamente, a objeção de Locke, tantas vezes repetida, de que "existir", para um estado mental, significa "ser percebido" ou "ser objeto de consciência", e que portanto um estado mental inconsciente é uma contradição em seus próprios termos, deixou de ter valor. Um estado mental (p. ex. uma emoção, uma tendência, uma volição) pode "existir" mesmo sem ser "percebido", no sentido de que oportunamente pode ser evidenciado e reconhecido, com procedimentos apropriados (que são os empregados pela psicanálise), como condição de uma situação psíquica normal ou patológica. O próprio Freud insistiu na noção de *sintoma*: "Um sintoma forma-se para substituir alguma coisa que não conseguiu manifestar-se exteriormente. Certos processos psíquicos, não podendo desenvolver-se normalmente, e chegar até a consciência, dão origem a um sintoma neurótico" (*ibid.*, trad. fr., p. 303). Portanto, o I. existe em primeiro lugar como sintoma. Trata-se da mesma solução teórica que Kant vira ao dizer que o I., mesmo não sendo percebido imediatamente, pode ser percebido mediatamente, mas esta solução teórica foi bem melhorada, pois em Freud o I., como sintoma, nem precisa ser "percebido": é um fato que a observação clínica pode constatar. [N.A.]

INCONSEQÜÊNCIA (in. *Inconsistency*; fr. *Inconséquence*; al. *Folgewidrigkeit*; it. *Inconseguenza*). Ausência de *compatibilidade* das proposições que constituem um sistema simbólico. Por exemplo, um conjunto de proposições é inconseqüente quando implica uma contradição, quando dele deriva formalmente certa proposição *p* ou a negação de *p*. Em geral, pode-se dizer que a I. de um sistema qualquer é a possibilidade de contradição no próprio sistema. [N.A.]

INCONSISTÊNCIA. V. CONSISTÊNCIA.

INDAGAÇÃO. V. INVESTIGAÇÃO.

INDEFINIDO (in. *Indefinite*; fr. *Indéfini*; al. *Unbegrenzi*; it. *Indefinito*). Aquilo que não tem limite no espaço ou no tempo, que portanto é infinito no sentido negativo do termo. Este pelo menos é o significado da palavra estabelecido por Descartes, que assim fazia a distinção entre a indefinição das coisas e a infinidade de Deus, que "não tem limites em suas perfeições" e é por isso o único ser infinito (*Princ. phil.*, I, 27; *I Rép.*, § X). Portanto, essa palavra equivale a *ilimitado* (v.), mas não é usada com o sentido de "não definido", ou seja, não expresso por uma definição. [N.A.]

INDEMONSTRÁVEL (in. *Undemonstrable*; fr. *Indémontrable*; al. *Unerweislich*; it. *Indimostrabile*). 1. Aquilo que não precisa de demonstração porque sua verdade é evidente. Neste sentido, são I. os primeiros princípios da lógica de Aristóteles (v. AXIOMAS) e os anapodíticos dos estóicos (v. ANAPODÍTICO).

2. As proposições primitivas ou em geral os antecedentes de um sistema simbólico qualquer que sirvam de fundamento das regras de demonstração próprias do sistema. Nesse sentido, são indemonstráveis os axiomas, as definições e as regras de transformação de todo sistema simbólico.

3. As proposições *indecidíveis*, isto é, as proposições que não podem ser consideradas verdadeiras ou falsas em dado sistema simbólico, mas que podem ser decididas num sistema mais amplo, onde porém se apresentam com outra forma. Nesse senti-

do, são indemonstráveis as proposições que constituem as *antinomias lógicas* (v.); é I. a não-contradição em matemática e em geral dos sistemas simbólicos (v. ANTINOMIA; MATEMÁTICA; SISTEMA).

4. Toda crença ou pretensão que não possa ser apoiada por provas. Este é o significado mais geral e indeterminado com que esse termo é usado freqüentemente na linguagem comum. Assim, denominam-se I. certas crenças religiosas, bem como a pretensão de crédito não apoiada em documentos ou testemunhas. Asserções concernentes a fatos muitas vezes são declaradas I. pela mesma razão. [N.A.]

INDEPENDENTE (in. *Independent;* fr. *Indépendant;* al. *Unabhängig;* it. *Indipendente*). Aquilo cujo ser, cuja validade ou cuja capacidade de ação não derivem de outro. Assim, diz-se que um homem ou um Estado é I. quando sua vida ou sua conduta não depende da vida ou da conduta de outro homem ou de outro Estado. Diz-se que um acontecimento é I. de outro quando não mantém relação de causalidade com ele. Uma proposição qualquer é I. de uma outra proposição ou de um sistema de proposições se entre eles não houver relação de derivação.

A determinação dos axiomas de um sistema simbólico tem como requisito a independência recíproca. De fato, seria inútil aceitar como axioma uma proposição que pudesse ser derivada dos outros axiomas do sistema (v. AXIOMA). [N.A.]

INDETERMINAÇÃO (in. *Indetermination;* fr. *Indétermination;* al. *Unbestimmtheit;* it. *Indeterminazione*). 1. Ausência da determinação lógica (v. DETERMINAÇÃO). Às vezes, o mesmo que indecisão (v. VAGO).

2. Ausência da determinação causal (v. INDETERMINISMO). [N.A.]

INDETERMINAÇÃO, RELAÇÕES DE (in. *Uncertainty relations;* fr. *Relations d'indétermination;* al. *Unbestimmtheitsrelationen;* it. *Relazioni di indeterminazione*). Em física subatômica essa expressão ou a expressão "princípio de I." designa desde 1927 o reconhecimento da ação recíproca entre o objeto e o observador, portanto a perturbação que a observação produz sobre o objeto observado. Foi Heisenberg quem mostrou esse aspecto essencial da física quântica, expressando-o assim: "Nas teorias clássicas a interação entre o objeto e o observador era considerada desprezível ou controlável, de tal modo que se poderia eliminar a influência por meio de cálculos. Na física atômica, essa admissão não é possível porque, em vista da descontinuidade dos acontecimentos atômicos, qualquer interação pode produzir variações parcialmente incontroláveis e relativamente grandes. Essa circunstância tem como conseqüência o fato de que, em geral, as experiências realizadas com o fim de determinar uma grandeza física tornam ilusório o conhecimento de outras grandezas obtidas antes; na verdade, influenciam de maneira incontrolável o sistema sobre o qual se opera, portanto os valores das grandezas anteriormente conhecidas são por elas alterados. Se tratarmos essa perturbação de modo quantitativo, veremos que em muitos casos o conhecimento simultâneo de diversas variáveis tem um limite de exatidão finito, que não pode ser ultrapassado" (*Die physikalischen Prinzipien der Quantentheorie,* 1930, I, § 1). Quanto à influência que a descoberta das relações de I. exerceu no campo científico-filosófico, v. CAUSALIDADE; CONDIÇÃO). [N.A.]

INDETERMINAÇÃO DA REFERÊNCIA. V. INESCRUTABILIDADE DA REFERÊNCIA.

INDETERMINAÇÃO DA TRADUÇÃO (in. *Indeterminacy of translation;* fr. *Indétermination de la traduction;* al. *Übersetzungsunbestimmtheit;* it. *Indeterminazione della traduzione*). Na filosofia de Quine, a possibilidade de traduzir a linguagem do falante na linguagem do intérprete de vários modos incompatíveis entre si, mas sempre compatíveis com os relatos observacionais à disposição. Tal possibilidade é descrita em *World and Object* (1960) mediante um experimento mental de *tradução radical,* tentativa de um intérprete de compreender uma linguagem de todo desconhecida exclusivamente com base no comportamento de seus falantes. A determinação da tradução é atingível somente quando se recorre não só ao comportamento mas também a uma "teoria de fundo" (especificável em outra linguagem compartilhada que funcione por assim dizer como metalinguagem na qual se fala da linguagem por traduzir e daquela para a qual traduzir). A I. da tradução também é admitida por Davidson, que no entanto a supera pelo menos em parte ao rejeitar o dualismo entre esquema conceitual e conteúdo, pois, em sua opinião, não nos é dado saber quando a divergência com nosso interlocutor é devida a diferentes crenças e quando há um uso lingüístico diferente. [M.S.]

INDETERMINADO. V. DETERMINAÇÃO.

INDETERMINISMO (in. *Indeterminism;* fr. *Indéterminisme;* al. *Indeterminismus;* it. *Indeterminismo*). Termo introduzido na linguagem filosófica na segunda metade do século XVIII para designar a doutrina que nega o determinismo dos motivos, ou seja, a determinação da vontade humana por parte dos motivos (v. DETERMINISMO). Leibniz dizia: "Quando se afirma que um acontecimento livre não pode ser previsto, confunde-se liberdade com indeterminação ou com indiferença plena ou de equilíbrio; e, quando se quer dizer que a falta de liberdade impediria que o homem fosse culpado, faz-se referência a uma liberdade destituída de necessidade e de coação, e não de determinação ou certeza" (*Théod.*, III, 369). Kant afirmava: "Não há dificuldade em conciliar o conceito de liberdade com a idéia de Deus como ser necessário, porque a liberdade não consiste na contingência da ação (no fato de a ação não ser determinada por nenhum motivo, ou seja, no I.), mas na absoluta espontaneidade que só é ameaçada pelo predeterminismo, uma vez que para ele o motivo determinante da ação é antecedente no tempo; portanto, a ação não está mais atualmente em meu poder, mas nas mãos da natureza e, por esse motivo, sou irresistivelmente determinado" (*Religion*, I. Observação geral, nota). O I. compreendido nesse sentido, como negação do determinismo dos motivos, é uma das características do espiritualismo francês (Ravaisson, Lachelier, Boutroux, Hamelin, Bergson etc. Cf. A. LEVI, *L'indeterminismo nella filosofia francese contemporanea*, Florença, 1904) (v. LIBERDADE). [N.A.]

INDICIAL (in. *Indexical;* it. *Indicale*). Expressão lingüística cujo valor semântico depende do contexto em que é emitida. Típicas expressões I. são: "eu", "tu", "aqui", "agora", "anteontem", "este", "aquele", etc. Uma primeira investigação sistemática dos I. é feita por Y. Bar Hillel no início dos anos 1950, se bem que Husserl, Russell, Reichenbach e outros autores já tivessem procedido antes a sua análise. David Kaplan (*Demonstratives,* 1977) foi quem até agora discutiu de forma mais exaustiva os I. Segundo Kaplan, os termos I. singulares fazem referência direta (designam diretamente, sem intermediação de conceitos ou descrições, o objeto a que eventualmente se referem) e são *designadores* (v.) *rígidos* (designam o mesmo objeto que eventualmente designam, em todos os mundos possíveis). Kaplan faz a distinção entre *conteúdo* e *caráter* de um I. *Conteúdo* é a contribuição que dado termo I. dá à determinação daquilo que se afirma em dado contexto. "Eu estou cansado", por exemplo, contribuirá para determinar diferentes significados de tal expressão, de acordo com quem enuncia. *Caráter* é o significado lingüístico de uma expressão I., pelo qual quem é competente em português, por exemplo, sabe que "eu", num enunciado, designa a primeira pessoa do singular. O caráter pode ser considerado uma função que em diferentes contextos atribui diferentes conteúdos a cada expressão I. [M.M.]

INDIFERENÇA, LIBERDADE DE. V. LIBERDADE.

INDIFERENÇA, PRINCÍPIO DE (in. *Principle of indifference;* fr. *Principe d'indifférence;* al. *Indifferenzprinzip;* it. *Principio di indifferenza*). Com este nome ou com os nomes de "princípio de eqüiprobabilidade" ou "princípio de nenhuma razão em contrário" indica-se o enunciado de que os acontecimentos têm a mesma probabilidade quando não há razão para se presumir que um deles deva acontecer preferivelmente ao outro. Esse princípio foi exposto em *Essai philosophique sur les probabilités* (1814) de Laplace como segundo princípio do cálculo das probabilidades (cap. 2); fundamenta a teoria *a priori* da probabilidade, que procura definir a probabilidade independentemente da freqüência dos acontecimentos aos quais se refere. Esse princípio foi abandonado por algumas teorias modernas sobre a probabilidade (LEWIS, *Analysis of Knowledge*, 1946, cap. X; REICHENBACH, *Theory of Probability*, 1949, § 68) (v. PROBABILIDADE). [N.A.]

INDIFERENTES. V. ADIÁFORA.

INDISCERNIBILIDADE DOS IDÊNTICOS (it. *Indiscernibilità degli identici*). Expresso nos termos da linguagem comum, este princípio, assim como a *identidade dos indiscerníveis* (v.), assume uma forma aparentemente paradoxal: se dois objetos x e y são idênticos, então têm as mesmas propriedades. Exprime uma condição necessária para a identidade de dois objetos; formalmente: $\forall x \forall y((x = y) \rightarrow \forall P(Px \leftrightarrow Py))$. Às vezes é chamado de *lei de Leibniz,* se bem que com esse nome seja indicado com mais freqüência o princípio que caracteriza a *identidade* (v.), formado por este mesmo princípio e pelo seu inverso, o princípio da *identidade dos indiscerníveis.* [M.M.]

INDISCERNÍVEIS. V. IDENTIDADE DOS.

INDISTINTO (it. *Indistinto*). Termo usado por Ardigó para definir a evolução, em substituição ao "homogêneo" de Spencer. A evolução seria a passagem do I. ao distinto: termos extraídos da experiência psíquica, enquanto os de Spencer foram extraídos da biologia (ARDIGÓ, *Opere*, II, pp. 189, *passim*). [N.A.]

INDIVIDUAÇÃO (lat. *Individuatio*; in. *Individuation*; fr. *Individuation*; al. *Individuation*; it. *Individuazione*). Problema da constituição da individualidade a partir de uma substância ou natureza comum: por exemplo, constituição *deste* homem ou *deste* animal a partir da substância "homem" ou substância "animal". O primeiro a formular esse problema foi Avicena (v. ÁRABE, FILOSOFIA), por quem foi transmitido à escolástica cristã. O pressuposto de origem é o princípio da necessidade da substância, que Avicena expressa dizendo: "Tudo o que é tem uma substância graças à qual é o que é e graças à qual é a necessidade e o ser daquilo que é" (*Lógica*, I. ed. Veneza, 1508, fl. 3) (v.). Com base nesse princípio, "o animal é em si alguma coisa e é a mesma coisa, quer seja percebido, quer seja apreendido pelo intelecto; e em si não é nem universal nem particular" (*ibid.*, III. fl. 12 r.). Mas se é assim, o que o torna individual, o que faz da substância "animal" este ou aquele animal? Segundo Avicena, esse é o problema da individuação. E Avicena encontrava em Aristóteles a resposta ao problema: a individualidade depende da matéria. Aristóteles de fato dissera: "Todas as coisas que são numericamente muitas têm matéria, visto que o conceito dessas coisas, como, por exemplo, homem, é uno e idêntico para todas, ao passo que Sócrates (que tem matéria) é único" (*Met.*, XII, 8, 1074 a 33). Essa solução é aceita por Avicena (*In Met.*, XI, 1) e, através deste, por Alberto Magno (*In Met.*, III, 3, 10) e por muitos outros escolásticos. Tomás de Aquino apresentou uma variante dessa solução ao afirmar que o princípio de I. não é a matéria *comum* (já que todos os homens têm carne e rosto e portanto não se diversificam nisso), mas a matéria *signata* ou, como ele diz, "a matéria considerada sob determinadas dimensões" (*De ente et essentia*, 2). Em outros termos, um homem é diferente de outro porque unido a determinado corpo, diferente pelas dimensões, ou seja, por sua situação no espaço e no tempo, dos corpos dos demais homens (*S. Th.*, III, q. 77, a. 2). Esse mesmo tipo de solução é reproduzido na modernidade por Schopenhauer, que, considerando a vontade como a substância única e comum de todos os seres, viu o princípio da I. no espaço e no tempo: "De fato, por meio do espaço e do tempo, aquilo que é uno na essência e no conceito mostra-se diversificado, como pluralidade justaposta e sucessiva" (*Die Welt*, I, § 23).

Por outro lado, a corrente agostiniana da escolástica foi levada a reconhecer o princípio da I. na *forma* das coisas, mais que na matéria. Boaventura julgava que a forma é a essência que restringe e define a matéria em determinado ser, e situava o princípio da I. na comunicação (*communicatio*) entre a matéria e a forma, porquanto o indivíduo é um *hoc aliquid*, em que o *hoc* é constituído pela matéria, e o *aliquid*, pela forma (*In Sent.*, III, d, 10, a 1, q. 3). Ao mesmo tipo de solução pertence a interpretação que muitos discípulos de Duns Scot deram à *haecceitas* [heceidade] como de uma forma final que completa e integra uma série de formas constitutivas do objeto natural (cf. HERVEUS NATALIS, *De pluralitate formarum*, 5).

Finalmente, uma terceira solução do problema é autenticamente scotista. Duns Scot nega que a matéria ou a forma possam valer como princípios de individuação. A matéria, que é o sujeito indistinto, não pode ser o princípio da distinção e da diversidade (*Op. Ox.*, II, d. 3, q. 5, n. 1). A forma é a própria substância ou natureza comum, que é antecedente (e indiferente) tanto à universalidade quanto à individualidade. A individualidade consiste numa "última realidade do ente" que determina e restringe a natureza comum à individualidade, *ad esse hanc rem*. Esta última realidade ou, como ele também chama, "entidade positiva" (*ibid.*, II, d. 3, q. 2) é a determinação última e acabada da matéria, da forma e do composto delas. Desse ponto de vista, o indivíduo não é caracterizado pela simplicidade de sua constituição, mas pela complexidade e riqueza de suas determinações.

Como já dissemos, o problema da I. nasce do caráter privilegiado atribuído à *substância comum*, que existiria de qualquer maneira antes e independentemente dos indivíduos. Portanto, desaparece quando se nega o caráter privilegiado da substância comum, o que acontece com o nominalismo empirista da última escolástica. Ockham reconhece na substância comum uma forma do universal, e a implica na negação resoluta de toda realidade universal: "Nada que esteja fora da alma, nem por si, nem por algo real ou mental que se lhe acrescente, seja de que forma se considere ou compreenda, é universal, pois é tão grande a impossibilidade de que algo fora da alma seja de qualquer maneira universal (a não ser por convenção arbitrária, do mesmo modo como a palavra 'homem', que é particular, se torna universal) quão grande é a impossibilidade de que o homem, por qualquer consideração ou segundo qualquer ser, seja asno" (*In Sent.*, I, d. 2, q. 7, S-T). Desse ponto de vista o problema da I. desaparece. Ockham diz ainda: "Deve-se ter em mente, sem sombra de dúvida, que qualquer coisa existente imaginável, por si, sem que nada lhe seja acrescentado, é uma coisa singular e una numericamente: pois nada que se imagine é singular por se lhe acrescentar algo, mas a singularidade é uma propriedade que pertence imediatamente a cada coisa, porque cada coisa é, por si, idêntica ou diferente de outra" (*Expositio aurea, liber predicabilium*, Proemium). Quando, numa de suas primeiras obras, Leibniz afirmou que "cada indivíduo é individualizado por sua entidade total", só fazia expressar em termos scotistas a mesma posição de Ockham, como ele mesmo reconhecia. (*De principio individui*, 1663, § 4), pois a entidade total não passa da coisa existente como tal. A mesma negação implícita do problema da individuação pode ser vista na solução aparente dada por Wolff: "O princípio da I. é a determinação completa de todas as coisas inerentes a um ente em ato" (*Ont.*, § 229). Por outro lado, Locke dissera: "Do que se disse é fácil descobrir o que é *principium individuationis*, sobre o qual tanto se indagou; está claro que ele é a própria existência, que determina um ser de qualquer espécie, num tempo particular e num lugar particular, incomunicáveis a dois seres da mesma espécie" (*Essay*, II, 27, 4).

Estas supostas "soluções" na realidade são negações do problema, que desaparece completamente (salvo raras exceções) da filosofia moderna, devido à dissolução do seu pressuposto: a prioridade ontológica da substância comum. [N.A.]

INDIVIDUAL, PSICOLOGIA. V. PSICOLOGIA, *e*).

INDIVIDUALIDADE (lat. *Individualitas*; in. *Individuality*; fr. *Individualité*; al. *Individualität*; it. *Individualità*). Termo de origem medieval: o modo de ser do indivíduo. [N.A.]

INDIVIDUALISMO (in. *Individualism*; fr. *Individualisme*; al. *Individualismus*; it. *Individualismo*). Toda doutrina moral ou política que atribua ao indivíduo humano preponderante valor de fim em relação às comunidades de que faz parte. O extremo desta doutrina é, obviamente, a tese de que o indivíduo tem valor infinito, e a comunidade tem valor nulo; essa é a tese do *anarquismo* (v.). Contudo, o termo I. é habitualmente utilizado na acepção mais moderada, tendo sido, nesse sentido, o fundamento teórico assumido pelo liberalismo assim que surgiu no mundo moderno. É de fato pressuposto comum ao jusnaturalismo, ao contratualismo, ao liberalismo econômico e à luta contra o Estado, que constituem os aspectos fundamentais da primeira fase do *liberalismo* (v.).

1º O jusnaturalismo consiste em atribuir ao indivíduo direitos originários e inalienáveis que ele conserva, mesmo que de maneira diferente ou limitada, em todos os corpos sociais de que faz parte (v. JUSNATURALISMO).

2º O contratualismo consiste em considerar que a sociedade humana e o Estado são resultantes de convenção entre os indivíduos; na Idade Moderna a partir de *Vindiciae contra tyrannos* (1579) dos calvinistas de Genebra, essa doutrina foi freqüentemente usada como negação do absolutismo estatal ou como instrumento para limitá-lo (v. CONTRATUALISMO).

3º O liberalismo econômico, próprio dos fisiocratas e da escola clássica de economia política, é a luta contra a ingerência do Estado nos assuntos econômicos e a reivindicação da iniciativa econômica para o indivíduo. Este é um aspecto característico do liberalismo individualista (v. ECONOMIA; LIBERALISMO).

4º A luta contra o Estado e a tendência a estabelecer limites à sua ação é o caráter global do individualismo. Nesse sentido, um dos mais significativos documentos do liberalismo moderno é a obra de SPENCER, *O homem contra o Estado* (1884), na qual se combate a ingerência do Estado (portanto também do Parlamento) até no campo da saúde e do ensino público, além do campo econômico.

O postulado subjacente a todos esses diferentes aspectos do I. é a coincidência entre o interesse do indivíduo e o interesse comum ou coletivo. A ordem natural que, em *Riqueza das nações* (1776), Adam Smith considerava característica dos fatos econômicos, servia como garantia dessa coincidência. Nisso também acreditavam Bentham e James Mill. Quando foram observadas as anomalias da ordem econômica e se reconheceu que a simples limitação dos poderes do Estado não elimina essas anomalias nem a desordem ou as desigualdades sociais, essa crença começou a ser abalada, a fase individualista do liberalismo chegou ao fim e teve início a fase que recorria à ação do Estado e tendia a exaltar seu papel. Esse novo ponto de vista tachou o I. de: "atomismo", por pretender que a sociedade nasça de um conjunto de átomos sociais, os indivíduos; de "anarquismo", por pretender que o indivíduo não se submeta à ação do Estado; de "egoísmo", por desejar que as atividades econômicas se desenvolvam segundo as diretrizes do interesse privado. Desse modo, porém, eram negligenciados os motivos históricos que haviam provocado o surgimento da corrente individualista no liberalismo, preparando-se assim, inadvertidamente, o caminho para novas vitórias do absolutismo estatal. [N.A.]

INDIVIDUALISMO METODOLÓGICO (in. *Methodological individualism*; fr. *Individualisme méthodologique*; al. *Methodologischer Individualismus*; it. *Individualismo metodologico*). Doutrina que afirma a prioridade *explicativa* dos indivíduos sobre os conjuntos de cuja constituição participam. Defendido sobretudo pela escola marginalista austríaca e por Karl Popper, o I. metodológico subentende um I. *ontológico* centrado na tese de que no mundo existem exclusivamente indivíduos: "Só o indivíduo pensa. Só o indivíduo raciocina. Só o indivíduo age" (L. VON MISES, *Socialismo*, trad. it., Rusconi, Milão, 1990, p. 139). O erro do coletivismo metodológico (v.), para o I. metodológico, é atribuir substância e consistência a conceitos abstratos como Estado, Nação, Classe etc., sem se dar conta de que tais entes não possuem "existência e realidade fora das ações dos membros individuais" (*ibid.*, *L'azione umana*, trad. it., Utet, Turim, 1959, p. 41). O I. metodológico representa também um dos pressupostos do nominalismo antiplatônico de Goodman, que se recusa "a admitir entidades que não sejam indivíduos" (*La struttura dell'apparenza*, 1959, trad. it., Il Mulino, Bolonha, 1985, p. 100). Funciona também como postulado do neocontratualismo (v.) de Rawls, segundo o qual "uma pluralidade de pessoas diferentes com diferentes sistemas e fins é uma característica essencial das sociedades humanas" (*Una teoria della justizia*, 1971, trad. it., Feltrinelli, Milão, 1984, pp. 40-1). [G.F.]

INDIVÍDUO (gr. ἄτομον; lat. *Individuum*; in. *Individual*; fr. *Individu*; al. *Individuum*; it. *Individuo*; *Singolo*). 1. Em sentido físico: o indivisível, o que não pode ser mais reduzido pelo procedimento de análise. Em sentido lógico: o que não pode servir de predicado. Para Aristóteles, o I., no primeiro sentido, é a *espécie*, porquanto, sendo resultado da divisão do gênero, não pode ser dividida (*An. post.*, II, 13, 96b 15; *Met.*, V, 10, 1018 b 5). À determinação da indivisibilidade os lógicos do século V acrescentaram a impossibilidade de servir de predicado. Boécio diz: "Chama-se de I. aquilo que não pode ser dividido por nada, assim como a unidade ou a mente, ou o que não pode ser dividido devido à sua solidez, como o diamante; ou o que não pode servir de predicado a outras coisas semelhantes, como Sócrates" (*Ad Isag.*, II, em *P. L.*, 64, col. 97). Esse reparo tornou-se fundamental na lógica medieval, que o utilizou para definir o I.: "I. é aquilo de que se diz uma única coisa, como Sócrates e Platão" (Pedro Hispano, *Summ. log.*, 209). Tomás de Aquino fala de um I. *vago* (*vagum*), que corresponde à individualidade da espécie e de um I. único: "O I. vago, por exemplo o homem, significa uma natureza comum com determinado modo de ser que compete às coisas singulares, que subsistem por si e são distintas das demais. Mas o I. único significa algo determinado que distingue; assim, o nome Sócrates significa este corpo e este rosto" (*S. Th.*, I, q. 30, a. 4). O I. vago obviamente é apenas a unidade só numericamente distinguível de outras unidades. Era assim definido por Duns Scot: "Chama-se de I., ou seja, o que é numericamente uno, aquilo que não é divisível em muitas coisas e se distingue numericamente de qualquer outra" (*In Met.*, VII, q. 13, n. 17).

Contudo, em Duns Scot mesmo se encontram as premissas de um conceito diferente de indivíduo: este, em seu modo de ser, em sua singularidade, é caracterizado por uma determinação última ou "realidade última" da natureza que o constitui (v. INDIVIDUAÇÃO), de tal forma que inclui um conjunto ilimitado de determinações, em virtude das quais a natureza comum se restringe até se tornar *este* determinado ente. Desse ponto de vista, o I. não é caracterizado pela indivisibilidade, mas pela infinidade de suas determinações. Esse conceito foi expresso claramente por Leibniz: "Embora possa parecer paradoxal, é impossível ter conhecimento dos I. e encontrar o meio de determinar exatamente a individualidade de uma coisa, a menos que ela não seja considerada em si mesma. De fato, todas as circunstâncias podem repetir-se; as diferenças mínimas são imperceptíveis; o lugar e o tempo, em vez de serem determinantes, precisam eles mesmos ser determinados pelas coisas que contêm. O que existe de mais considerável nisto é que a individualidade envolve o infinito, e só quem é capaz de compreendê-lo pode ter conhecimento do princípio de individuação desta ou daquela coisa; se entendermos isso corretamente, veremos que se deve à influência que todas as coisas do universo exercem umas sobre as outras. É verdade que não seria assim se existissem os átomos de Demócrito, mas nesse caso não existiria sequer diferença entre dois I. diferentes de mesmo aspecto e mesmas dimensões" (*Nouv. ess.*, III, 3, § 6). O pressuposto dessa doutrina é que, na natureza, só existem I., ou seja, coisas singulares: pressuposto que, juntamente com os outros pontos principais, foi expresso com toda a clareza por Wolff. Este começa por afirmar que o I. é "aquilo que percebemos com o sentido interno ou com o sentido externo ou o que podemos imaginar como coisa única" (*Log.*, § 43), e continua definindo o I. como "o ente que é determinado sob todos os aspectos (*ens omnimode determinatum*), no qual são determinadas todas as coisas que lhe são inerentes" (*ibid.*, § 74). Essa noção do I. como o que é absoluta ou infinitamente determinado foi utilizada com freqüência pela metafísica moderna. Foi essa noção que permitiu a Hegel (e a muitos que seguiram seu exemplo) falar de "I. universal" sem incidir numa contradição de termos: "A tarefa de acompanhar o I. desse seu estado inculto até o saber devia ser entendida em seu sentido geral e consistia em considerar o I. *universal*, o Espírito autoconsciente, em seu processo de formação. No que concerne à relação desses dois modos de individualidade, no I. universal cada momento se mostra no ato em que ganha a forma concreta e seu aspecto próprio. O I. particular é o espírito não acabado: uma figura concreta em tudo, cujo ser determinado domina uma só determinação, estando as demais presentes apenas em escorço" (*Phänomen. des Geistes*, Pref., II, § 3; trad. it., p. 24). Do ponto de vista do conceito de I. como infinidade de determinações, Hegel certamente podia falar de I. universal, pois uma infinidade de determinações só pode ser atribuída a um I. absoluto ou infinito. Diante disso, como diz Hegel, o I. finito caracteriza-se por uma única determinação, estando as demais presentes apenas acessoriamente. Bergson faz referência ao mesmo conceito de I. quando afirma que "a individualidade comporta uma infinidade de graus, e em parte alguma, nem mesmo no homem, ela se realiza plenamente" (*Évol. créatr.*, cap. I, ed. 1911, p. 13). Obviamente, esse conceito de indivíduo leva a hipostasiar a individualidade de um I. absoluto, como fez Hegel, ou a declará-la inatingível, como fez Bergson. Mas exatamente isso demonstra que se trata de um conceito inservível.

Na filosofia contemporânea, o I. (assim como a noção análoga de *elemento* [v.]) é definido em relação com as exigências predominantes nos vários campos de indagação, ou melhor, em relação com as várias exigências analíticas. No campo moral ou político, o I. é a pessoa. No campo biológico, o I. pode ser, para certos fins, o organismo; para outros, a célula. Mas foi sobretudo no campo das ciências históricas que a filosofia e a metodologia contemporâneas utilizaram a noção de I. Windelband (*Präludien*, II, p. 145) e Rickert (*Grenzen der naturwissenschaftlichen Begriffsbildung*, p. 420) evidenciaram o caráter *individualizante* das ciências do espírito, diante do caráter *generalizante* das ciências naturais. O conhecimento histórico visa a representar o I. em seu caráter singular e irrepetível, ou seja, não como o caso particular de uma lei, mas como irredutível aos outros I. com os quais está em conexão causal. O I., neste caso o *evento* histórico (fato, pessoa, instituição etc.), tem duas características: a singularidade e a não-repetibilidade (v. HISTÓRIA).

2. O indivíduo, considerado como valor metafísico, religioso, moral e político supremo. Neste sentido, é o tema preferido de algumas filosofias modernas e contemporâneas. Kierkegaard, polemizando com Hegel, afirmava o valor existencial do I. "A existência corresponde à realidade singular, ao I. (o que já foi ensinado por Aristóteles): fica fora do conceito e, de qualquer modo, não coincide com ele" (*Diário*, X2 A, 328). O I. é superior ao universal, ao contrário do que julgava Hegel. "Nos gêneros animais sempre vale o princípio de que 'o I. é inferior ao gênero'. O gênero humano, justamente porque cada indivíduo é criado à imagem de Deus, tem a característica de ser o I. superior ao gênero" (*ibid.*, X^2, A, 426). Em Kierkegaard, essa exaltação do I. é acompanhada pela desvalorização da categoria "público", em que o I. desaparece; mas o público não é a comunidade na qual, ao contrário, o I. é reconhecido como tal (*ibid.*, X2, A, 390). O *único* (v.), de Stirner, e o *super-homem* (v.), de Nietzsche, são concepções análogas à que Kierkegaard indicou como I. No mesmo sentido, Jaspers insiste no caráter *excepcional* do I. (*Phil.*, II, p. 360).

[N.A.]

INDUÇÃO (gr. ἐπαγωγή; lat. *Inductio*; in. *Induction*; fr. *Induction*; al. *Induktion*; it. *Induzione*). "A I. é o procedimento que leva do particular ao universal": com esta definição de Aristóteles (*Top.*, I, 12, 105 a 11) todos os filósofos concordaram. O próprio Aristóteles vê na I. um dos dois caminhos pelos quais conseguimos formar nossas crenças; a outra é a dedução (*silogismo*) (*An. pr.*, II, 23, 68 b 30). Além disso, atribuiu a Sócrates o mérito de haver descoberto os "raciocínios indutivos" (*Met.*, XIII, 4, 1078 b 28). Entre a I. e o silogismo, Aristóteles estabelece todavia uma grande diferença de valor. No silogismo dedutivo ("Todos os homens são animais; todos os animais são mortais; logo, todos os homens são mortais") o termo médio (animal) constitui a *substância* ou a *razão de ser* do nexo necessário entre os dois extremos: os homens são mortais *porque* são *substancialmente* animais. No raciocínio indutivo, entretanto ("O homem, o cavalo e o mulo são duradouros; o homem, o cavalo e o mulo são animais sem fel; logo, os animais sem fel são duradouros"), o termo médio (ser sem fel) aparece na conclusão, o que significa que ele não é um *porquê* substancial, mas um simples fato (*An. pr.*, II, 23, 68 b 15). Portanto, a I. não tem valor necessário ou demonstrativo, conquanto seja mais clara que o silogismo; seu âmbito de validade é o mesmo do fato, ou seja, da totalidade dos casos em que sua validade foi efetivamente constatada. Pode, portanto, ser usada para fins de exercício, em dialética, ou com objetivos persuasivos em retórica (*Rhet.*, I, 2, 1356 b 13), mas não constitui ciência porque a ciência é necessariamente demonstrativa (*An. post.*, I, 2, 71 b 19). Na filosofia pós-aristotélica, os epicuristas julgaram que a I. era o único procedimento de inferência legítima, enquanto os estóicos negaram esse valor. Em *De signis*, de Filodemo, encontramos um relato preciso da polêmica que esse assunto provocou entre as duas escolas. Os estóicos diziam que não basta constatar que os homens que estão ao nosso redor são mortais para dizer que em qualquer lugar os homens são mortais; seria necessário estabelecer que os homens são mortais exatamente por serem homens, para conferir necessidade a essa inferência (*De signis*, III, 35; IV, 10; DE LACY, *Philodemus on Methods of Inference*, 1941, p. 31). O problema da I. já se apresentava nessa dificuldade proposta pelos estóicos. A eles os epicuristas objetavam que, desde que nada se oponha à conclusão, a generalização indutiva é válida (*ibid.*, VI, 1-14; XIX, 25-36; DE LACY, *op. cit.* pp. 34, 66). Sexto Empírico apenas retomou de forma mais radical a crítica dos estóicos, partindo da distinção entre I. completa e I. incompleta. "Uma vez que, partindo do particular, desejam confirmar o universal por meio da I., farão isso percorrendo todos os particulares ou apenas alguns. Se alguns somente, a I. será incerta, sendo possível que ao universal se oponha algum dos particulares omitidos na indução. Se todos, estarão empreendendo um trabalho impossível, porque os particulares são infinitos e ilimitados" (*Pirr. hyp.*, II, 204). Aristóteles afirmara que a I. era feita a partir de todos os casos particulares possíveis (*An. pr.*, II, 23, 68 b 29), enquanto os epicuristas haviam afirmado o valor da I. incompleta. Bacon, portanto, retomou a alternativa epicurista quando declarou pueril a I. completa ou *per enumerationem simplicem*: "Esta I. pode ser derrubada por qualquer instância contrária; além disso, considera sempre as mesmas coisas e não atinge seu fim. Para as ciências, entretanto, é necessária uma forma de I. que escolha bem as experiências e conclua necessariamente, após as devidas exclusões e eliminações" (*Nov. Org.*, Distrib. Op.). Esta forma de I., que Bacon (embora com dúvidas) atribui a Platão (*ibid.*, 105), deve inverter a ordem da demonstração. Bacon diz: "Até agora era costume passar de chofre dos dados do sentido e das coisas particulares para as coisas gerais, como a pólos fixos da disputa, inferindo depois todas as outras coisas destas, através das coisas intermédias. Esse é um atalho excessivamente íngreme, pelo qual nunca se encontra a natureza, mas apenas problemas. Ao contrário, os axiomas devem ser derivados por graus sucessivos, chegando só no fim aos axiomas generalíssimos, que não são simples noções mas fatos bem determinados, sendo tais que a natureza os reconhece realmente como seus e inerentes à essência das coisas" (*ibid.*, Distrib. Op.). Em outros termos, para Bacon a certeza da I. consiste no fato de que, por fim, a I. redunda na determinação da *forma* da coisa natural, entendendo-se por forma "a *diferença* verdadeira, a *natureza naturante* ou *fonte de emanação*" que explique o *processo latente* e o *esquematismo oculto* dos corpos (*ibid.*, II, 1). Nesse sentido, a forma não passa da "substância" aristotélica: princípio ou razão de ser da coisa. Aristóteles achava que essa substância podia ser apreendida pelo procedimento silogístico, intuitivo-demonstrativo; Bacon acha que ela pode ser apreendida pelo procedimento indutivo que selecione e organize as experiências. Portanto, a verdadeira diferença entre Bacon e Aristóteles é que, para Bacon, a nova disciplina do procedimento indutivo por ele proposta (disciplina que consiste na formação de tabelas que selecionem e classifiquem as experiências e na instituição de experiências de verificação) permite atingir com certeza a substância, de que, segundo Aristóteles, a I. só pode aproximar-se de maneira incerta ou imprecisa e cuja necessidade só pode ser atingida pelo processo dedutivo. Graças a essa interpretação do procedimento empirista nos termos da metafísica aristotélica, Bacon pôde atribuir à I. incompleta a mesma "necessidade" que Aristóteles atribuía ao procedimento silogístico. Desse ponto de vista, o problema da I., nos termos formulados pela crítica dos estóicos e de Sexto Empírico, nem sequer se apresentava. Por outro lado, o cartesianismo não estava interessado em propor o problema da I., vendo nela a mesma função preparatória e subordinada que Aristóteles lhe atribuíra. A *Lógica* de Port-Royal diz: "A indução apenas nunca é um meio certo para se chegar à ciência perfeita porque a consideração das coisas particulares é apenas uma oportunidade para o nosso espírito prestar atenção às suas idéias naturais, segundo as quais julga sobre a verdade das coisas em geral. Assim, é verdade, por exemplo, que eu nunca teria tomado em consideração a natureza do triângulo se não houvesse visto um triângulo que me deu ensejo de pensar no assunto; todavia, não foi o exame particular desses triângulos que me levou a concluir de modo geral e certo que a área de todos os triângulos é igual à área do retângulo construído sobre sua base dividida por dois (visto que este exame é impossível), mas apenas a consideração do que está incluído na idéia de triângulo, que encontro no meu espírito" (ARNAULD, *Log.*, III, 19, § 9). Portanto, foi só depois que as ciências começaram a usar amplamente o procedimento indutivo, como aconteceu na segunda metade do século XVII, que o problema da I. como problema da validade do procedimento indutivo e do direito de usá-lo voltou a apresentar-se, sendo claramente exposto pela dúvida cética de Hume: "Todas as inferências extraídas da experiência supõem, como fundamento, que o futuro se assemelhará ao passado e que poderes semelhantes estarão unidos a qualidades sensíveis semelhantes. Se houvesse alguma suspeita de que o curso da natureza poderia mudar e o passado não serviria de regra para o futuro, toda a experiência se tornaria inútil e não poderia dar origem a nenhuma inferência ou conclusão. É impossível, portanto, que argumentos extraídos da experiência possam provar a semelhança entre o passado e o futuro, visto que todos os argumentos desse tipo fundam-se na suposição dessa semelhança. Mesmo se admitíssemos que o curso das coisas sempre foi regular, isso apenas, sem argumento ou inferência nova, não provaria que no futuro tudo continuaria igual" (*Inq. Conc. Underst.*, IV, 2).

Foi nesses termos que se propôs com freqüência o problema da I. no mundo moderno. Foram-lhe dadas três soluções fundamentais: 1ª objetivista; 2ª subjetivista; 3ª pragmática. Esta última marca a passagem da concepção necessitarista (pressuposta pelas outras duas) para a concepção probabilista da indução.

1ª A solução objetivista consiste em considerar a existência de uma *uniformidade* da natureza que admite a generalização das experiências uniformes. Essa solução é muito antiga, tendo sido sustentada por Filodemo em sua polêmica contra os estóicos: "Do fato de todos os homens que conhecemos serem semelhantes também no que se refere à mortalidade, inferimos que todos os homens, universalmente, estão sujeitos à morte, visto que nada se opõe a essa inferência ou nos mostra que os homens não são suscetíveis de morrer. Recorrendo a essa semelhança, declaramos que, com relação à mortalidade, os homens que não conhecemos pessoalmente são semelhantes aos que conhecemos por experiência" (*De signis*, XVI, 16-29; DE LACY, *ibid.*, pp. 58 ss.). Nesse trecho, obviamente o direito à inferência indutiva fundamenta-se na uniformidade revelada pelas semelhanças. De modo análogo, no fim da escolástica, Duns Scot e Ockham baseavam a I. no princípio de causalidade. Duns Scot dizia: "Das coisas conhecidas por experiência digo que, embora não se tenha sempre experiência de todas as coisas particulares, mas apenas na maioria das vezes, quem experimenta sabe infalivelmente que assim é, sempre e em todos os casos, com base na seguinte proposição existente na alma: tudo o que deriva na maioria das vezes de uma causa não livre é o efeito *natural* dessa causa" (*Op. Ox.*, I, d. 3, q. 4, n. 9); nesse trecho, efeito *natural* significa efeito *uniforme* porque necessário. Para Ockham, o fundamento da I. era o princípio: "Causas da mesma natureza (*ratio*) têm efeitos da mesma natureza" (*In Sent.*, Pról., q. 2 G), e essa mesma solução era proposta no século XIX por Stuart Mill. O fundamento da I. é o princípio das uniformidades das leis naturais, e esse princípio é o mesmo de causalidade. Este, por sua vez, não podendo ser reduzido a um instinto infalível do gênero humano ou a uma intuição imediata, só pode ser produto de indução. "Chegamos a essa lei geral" – diz Stuart Mill – "através da generalização das muitas leis de generalidade inferior. Nunca teríamos chegado à noção de causação (no significado filosófico do termo) como condição de todos os fenômenos, se muitos casos de causação ou, em outras palavras, muitas uniformidades parciais de sucessão não se tivessem tornado familiares antes. A mais óbvia das uniformidades particulares sugere e torna evidente a uniformidade geral, e a uniformidade geral, uma vez estabelecida, permite-nos demonstrar as outras uniformidades particulares das quais resulta" (*Logic*, III, 21, § 2). A uniformidade da natureza, portanto, é uma simples I. *per enumerationem simplicem*. O círculo vicioso é evidente, e nele incide qualquer solução análoga para esse problema.

2ª A segunda solução do problema da I. é subjetivista ou crítica, encontrando-se no kantismo. Foi proposta pelo próprio Kant como resposta à dúvida de Hume sobre a possibilidade da generalização científica; consiste em admitir a *uniformidade da estrutura categorial do intelecto* e, por isso, da forma geral da natureza que dele depende. Kant diz: "Toda percepção possível, portanto tudo aquilo que pode chegar à consciência empírica – isto é, todos os fenômenos da natureza quanto à sua unificação –, está sotoposta às categorias, das quais depende a natureza, considerada simplesmente como natureza em geral, assim como ao princípio originário de sua necessária conformidade a leis (como *natura formaliter spectata*). Mas nem a faculdade pura do intelecto chega a prescrever, apenas mediante categorias, mais leis do que aquelas sobre as quais repousa uma natureza em geral, como regularidade dos fenômenos no espaço e no tempo." Portanto, as leis particulares devem ser extraídas da experiência (*Crít. da R. Pura*, § 26). Isso significa que, em sua conformidade às leis, em sua uniformidade, a natureza depende das categorias, ou seja, da estrutura uniforme do intelecto, e, portanto, a uniformidade ou leis que podem ser encontradas na experiência estão garantidas pela uniformidade da forma comum (intelecto-natureza). Essa doutrina é simetricamente oposta à da uniformidade natural, mas seu significado é o mesmo. Em Lachelier encontra-se uma transcrição em termos espiritualistas da mesma tese fundamental (*Fundamento da I.*, 1871): a possibilidade da I. apóia-se na organização finalista do universo, ou seja, no fato de que a ordem da natureza é estabelecida pelo espírito (*Fondement de l'induction*, Paris, 1907, p. 12). A esse tipo de solução reduzem-se todas as justificativas espiritualistas ou idealistas.

3ª A justificação pragmática foi proposta na filosofia contemporânea quando se reconheceu a impossibilidade de uma justificação teórica, mas não se chegou a negar a legitimidade do problema, ou seja, da procura de justificação. A justificação foi buscada na interpretação *probabilista* da I. A mais simples expressão da regra da I. probabilista talvez seja a de Kneale: "Depois de observarmos certo número de coisas α e de descobrirmos que a freqüência das coisas β entre elas é f, concluímos que $P(\alpha, \beta) = f$, ou seja, que a probabilidade de uma coisa α ser β deve ser f" (*Probability and Induction*, Oxford, 1949, p. 230). Expressões mais complicadas que a própria regra são encontradas em Lewis (*Analysis of Knowledge*, 1946, p. 272) e em Reichenbach (*Theory of Probability*, 1949, p. 446; cf. *Experience and Prediction*, Chicago, 1938, pp. 339 ss.). Mas todos equivalem a dizer que, quando determinado caráter recorre em certa *proporção* das amostras examinadas, pode-se supor que essa proporção vale para todos os outros exemplos do caso, salvo prova em contrário. Quando a proporção é igual a cem por cento das amostras examinadas, quando o caráter em questão ocorre em *todas*, tem-se a generalização *uniforme* ou *completa*. É o que acontece quando se afirma que "todos os homens são mortais" porque o fato de ser mortal esteve constantemente unido ao fato de ser homem. Por outro lado, quando o valor numérico dessa proporção é tomado como medida da *possibilidade* de que o caráter em questão reapareça em novo exemplo, tem-se um juízo de *probabilidade* (v.). Obviamente, a generalização completa e o juízo de probabilidade são aspectos da generalização estatística. Em vista disso, a justificação da I., do ponto de vista pragmático, pode ser feita asseverando-se: *a*) que a I. é o único meio de obter previsões; *b*) que ela é o único meio suscetível de autocorreção.

a) Kneale diz: "A I. primária é uma diretriz racional não por ser certo que ela leve ao sucesso, mas porque é a única maneira de tentarmos fazer aquilo de que necessitamos: previsões exatas" (*op. cit.*, p. 235). Contra esse argumento, que é aceito por muitos (cf., p. ex., REICHENBACH, *op. cit.*, p. 475), Black observa que, se a I. é o único meio de obter previsões, o sucesso dessas mesmas previsões não a confirma, assim como o seu insucesso não a refuta (*Problems of Analysis*, 1954, pp. 174 ss.). E Black observa que esse argumento, assim como o outro análogo, de que a I. é o único método para verificar os outros métodos de previsão, tem a pretensão de justificar *dedutivamente* a I., de justificá-la com base em argumentos que, como seus próprios proponentes reconhecem (REICHENBACH, *op. cit.*, p. 479; J. O. WISDOM, *Foundations of Inference in Natural Science*, 1953, p. 229), têm caráter analítico ou tautológico. Os argumentos genuinamente práticos – observa ainda Black – não são dedutivos. Na vida cotidiana, numa situação que exige decisão, os indícios determinam com certo grau de segurança a ação que será mais adequada, mas ela não é dedutível daquela indicação e tampouco a conduta contrária implica contradição (*Problems of Analysis*, p. 185). Portanto, esse tipo de argumentação não tem valor como justificativa do procedimento indutivo.

b) O segundo argumento fundamental para a justificação prática da I. é sua capacidade de autocorreção. Peirce foi o primeiro a falar nesse caráter, discernindo nele a própria essência da I. (*Coll. Pap.*, 2729). E Reichenbach disse: "O procedimento indutivo tem o caráter de um método de tentativa e erro projetado de tal forma que, nas séries que tenham um limite de freqüências, ele leva automaticamente ao sucesso num número finito de etapas. Pode ser denominado um método *autocorretivo* ou *assintótico*" (*op. cit.*, p. 446, § 87; cf. KNEALE, *op. cit.*, p. 235). Contra esse argumento Black observou que o termo autocorretivo não é exato, visto ser verdadeiro que a I. inclui a possibilidade constante de revisão, mas, para dizer que as revisões são correções, seria necessário que elas fossem *progressivas*, ou seja, dirigidas para uma única direção e na direção apropriada. Mas é exatamente essa segurança que falta (*Problems of Analysis*, p. 170). Pode-se admitir, com Black, que nem esse argumento é realmente uma "justificação" da I. no sentido universal ou dedutivo da palavra "justificação", mas não se pode pôr em dúvida que a possibilidade de autocorreção é caráter do procedimento indutivo, assim como de todo procedimento científico; ademais, é o caráter a que o próprio Black recorre para caracterizar o método científico (*op. cit.*, p. 23). A revisão que a I. possibilita e à qual, aliás, todo o seu procedimento está intrinsecamente subordinado é correção no sentido preciso do termo, ou seja, eliminação dos erros revelados pelo próprio procedimento. Uma modificação que não fosse revisão ou correção nesse sentido não seria exigida e realizada pela indução.

Com tudo isso, o estado atual do problema da I. parece bem expresso pela conclusão de Black, de que não só é impossível justificar a I., mas também que seu problema carece de sentido, se por justificação se entende a demonstração da validade infalível do procedimento indutivo. "Insistir em que deve haver uma conclusão seria como dizer que, se um bom jogador de xadrez conhece os movimentos que devem ser feitos numa partida de xadrez, ele também deve ser capaz de conhecer os movimentos que devem ser feitos num tabuleiro com uma só peça. Mas esse não é um problema de xadrez, e nada há que o jogador de xadrez possa resolver. O problema daquilo que devemos inferir quando sabemos *apenas* que alguns *A* são *B* não é um problema indutivo genuíno e não há modo de resolvê-lo a não ser reconhecendo que seria inoportuno tentá-lo" (*op. cit.*, pp. 188-9; cf. *Language and Philosophy*, 1952, cap. II). Em outros termos, o problema da I. *em geral*, assim como o problema de inferir o futuro do passado ou os casos não observados dos casos observados, não tem sentido por falta de dados. Se esses dados forem fornecidos, não haverá mais problema de I., mas problemas pertencentes aos domínios de cada ciência. Deve-se acrescentar, todavia, que a eliminação do problema da I. em sua forma clássica não exime o filósofo de analisar os procedimentos indutivos empregados por cada ciência, de confrontar tais procedimentos e de fazer as generalizações que possam surgir desse confronto. Está claro, porém, que essa ordem de investigação, não empreendida até hoje, nunca levará à justificação da indução, que, se fosse alcançada, teria como efeito imediato a eliminação de todos os riscos dos procedimentos indutivos e a redução destes procedimentos à certeza e à necessidade dos procedimentos dedutivos. Na realidade, os procedimentos científicos e, em geral, os comportamentos e as diretrizes *racionais* do homem consistem em limitar o risco, em torná-lo calculável, não em eliminá-lo. Portanto, os problemas filosóficos não podem ser propostos de tal forma que sua solução signifique a eliminação do risco. O caráter quimérico de tal postura evidencia, mais que qualquer outra coisa, a ilegitimidade do problema da justificação da indução. Essa tese foi expressa por Popper de forma extremada, pois este considerou a I. um simples *mito*, que não é um fato psicológico, nem um fato da vida comum, muito menos um procedimento científico; e considerou que a ciência procede pelo método de tentativa e erro, ou seja, dá saltos bruscos, indo de uma observação única a uma conjectura ou uma hipótese que depois procura *refutar* e que é mantida enquanto a refutação não ocorre (*Conjectures and Refutations*, 1965, pp. 51 ss.). [N.A.]

Popper tinha em vista a I. como procedimento justificador de nossos conhecimentos e como critério de demarcação entre conhecimentos autênticos e conhecimentos fictícios (pseudoconhecimentos). Por outro lado, deve-se observar (cf. A. GRÜNBAUM, *The Foundations of Psychoanalysis*, 1984, parte I, cap. 1) que a imagem apresentada por Popper do método indutivo é fortemente caricatural e não correspondente às efetivas teorizações dos indutivistas clássicos, como Bacon, Mill e os neopositivistas. Popper reduz a I. a I. por *enumeração* simples (para verificar se todos os corvos são pretos, procedo à enumeração: este é um corvo preto, aquele é um corvo preto etc., e considero tais observações como instâncias probatórias relativamente à generalização empírica de partida), ao passo que há uma forma de I., a chamada *eliminatória* (muitas vezes considerada como interpretação alternativa às interpretações probabilísticas da I., ainda que não incompatível com elas em princípio), que engloba também exigências de tipo falsificacionista como as recomendadas por Popper, e que contempla severas restrições para se classificarem como *positivas* as instâncias de confirmação. Segundo a I. eliminatória, uma prova respalda uma hipótese desde que não só a confirme mas também refute ou pelo menos não confirme (ou respalde bem menos) hipóteses rivais ou alternativas no mesmo domínio.

Nas últimas décadas, a I. constituiu um problema central da filosofia da ciência, em cujo âmbito – sobretudo com a formulação de conhecidos "paradoxos" – foi posta em dúvida a sua utilidade para uma lógica da confirmação. Nelson Goodman (*Fact, Fiction, and Forecast*, 1955), por exemplo, formulou o seguinte "enigma": para cada argumento indutivo aceitável A é possível excogitar um número indefinido de outros argumentos, análogos e aparentemente também aceitáveis ainda que intuitivamente implausíveis, que levam a conclusões contraditórias em relação a A. À hipótese (1) de que todas as esmeraldas são verdes, posso contrapor a hipótese (2) de que todas as esmeraldas são "verduis", em que o predicado "verdul" é introduzido para significar que há objetos verdes se examinados antes de certo tempo T e azuis se examinados apenas depois desse tempo. A hipótese (2) nos diz, portanto, que todas as esmeraldas *não* examinadas antes de certo tempo são azuis; o que contradiz a mais intuitiva hipótese (1) de que todas as esmeraldas são verdes. Paradoxalmente, toda observação efetiva, tendo sido realizada antes de T, confirma ambas as hipóteses indistintamente. Segundo Goodman, são portanto necessárias algumas *restrições* à I. com as quais *justificamos* nossa preferência por certas induções intuitivamente aceitáveis. Tais restrições podem ser detectadas na preferência por "hipóteses projetáveis" e por predicados "consolidados" (como "verde" em relação a "verdul"), o que traz à baila a *história* do nosso modo de nos reportar à experiência, bem como a indispensabilidade de uma informação adjuntiva quando é preciso dirimir casos como o formulado. O paradoxo de Goodman é claramente dirigido contra as análises exclusivamente sintáticas da confirmação propostas pelos neopositivistas, e, segundo muitos defensores da "nova filosofia da ciência" pós-kuhniana, o que "Goodman propõe não é uma nova solução para o problema da I., mas um novo programa de pesquisa [...] Um filósofo que aceite a nova perspectiva de Goodman e deseje trabalhar com problemas por ela suscitados não pode limitar-se a uma análise lógica, mas deve dedicar-se em grande medida a uma indagação histórica; perceberá então como os critérios de adequação formal são absolutamente irrelevantes para decidir se uma solução proposta para um desses novos problemas é aceitável em maior ou menor grau" (H. I. BROWN, *Perception, Theory, and Commitment*, 1977, trad. it., pp. 33-4). No entanto, apesar da aparência devastadora dos paradoxos da I., sobretudo dos de Hempel (que formulava o problema de se saber se qualquer objeto não-preto e não-corvo observado seria uma instância de confirmação da hipótese de que todos os corvos são pretos) e de Goodman, em relação ao modo codificado pelo neopositivismo de examinar as conexões entre hipóteses e evidências, a lógica indutiva (v.) continua a produzir frutos interessantes, justamente com a aplicação do teorema de Bayes, a oferecer soluções "tradicionais" para esses mesmos paradoxos. [A.P.]

INDUÇÃO MATEMÁTICA (in. *Mathematical induction;* fr. *Induction mathématique;* al. *Mathema-*

tische Induktion; it. *Induzione matematica*). Essa expressão designa o princípio que serve para estabelecer a verdade de um teorema matemático em um número indefinido de casos. Denomina-se também princípio de recorrência ou raciocínio por recorrência (POINCARÉ, *La science et l'hipothèse*, I, § 3). Peano assim definiu esse princípio: "Seja *S* uma classe, suponhamos que *O* pertença a essa classe e que todas as vezes que um indivíduo pertença a essa classe o seguinte também pertence a ela; então todos os números pertencerão a essa classe. Essa proposição denomina-se princípio de I." (*Formul. mat.*, § 10). Esse princípio nada tem em comum com a I. científica, a não ser o caráter de generalização (cf. MORRIS R. COHEN-ERNEST NAGEL, *The Nature of a Logical or Mathematical System*, § 6, em *Readings in the Phil. of Science*, 1953, p. 144). [N.A.]

INDÚSTRIA CULTURAL (in. *Cultural industry*; fr. *Industrie culturelle; Culture de masse*; al. *Kulturindustrie*; it. *Industria culturale*). Expressão usada pela Escola de Frankfurt para aludir à manipulação das consciências pelos meios de comunicação. Inicialmente – explica Adorno em "Resumé über Kulturindustrie" contido em *Ohne Leitbild. Parva Aesthetica* (1967) – ele e Horkheimer haviam usado o termo "cultura de massa " (*Massenkultur*). Dando-se conta do caráter "ideológico" de tal expressão, que poderia levar a pensar numa cultura que brote espontaneamente das massas, cunharam a locução "I. cultural" (*Kulturindustrie*), considerada mais pertinente porque, aludindo à "integração previamente organizada dos seus consumidores a partir de cima", logo chama a atenção para o fato de que o usuário não é, como se gostaria de dar a entender, o "soberano" ou o "sujeito" de tal I., mas sim o seu *objeto*. Também a expressão "mass media" fora considerada inadequada e mistificadora, porque acusada de pôr entre parênteses o elemento "pernicioso" do fenômeno a que se refere, ou seja, o fato de que na I. cultural "não se trata em primeiro lugar das massas nem das técnicas da comunicação como tal, mas do espírito insuflado nessas técnicas: a voz do dono" (trad. it., Feltrinelli, Milão, 1979, pp. 58-9). Com efeito – argumenta Adorno – os atuais veículos de comunicação não são instrumentos *neutros*, preenchidos, em seguida, por conteúdos ideológicos, mas instrumentos ideológicos já de saída. Tanto é verdade que a I. cultural é qualificada não tanto pelos conteúdos, ou seja, por aquilo que diz, porém mais pelas técnicas expressivas usadas, ou seja, pelo modo como diz o que diz. Técnicas que visam substancialmente a produzir, nos indivíduos, estados de paralisia mental acompanhados da aceitação passiva do existente. De resto – observa Adorno –, "o imperativo categórico" da atual I. cultural, diferentemente do kantiano, nada mais tem em comum com a liberdade, pois soa simplesmente: "Você precisa adaptar-se, sem especificar a quê; adaptar-se àquilo que imediatamente é, e ao que, sem reflexão sua, como reflexo do poder e da onipresença do existente, constitui a mentalidade comum" (*ibid.*, p. 65). Tudo isso é eloqüentemente exemplificado por fenômenos-chave como o cinema, o entretenimento e a publicidade, nos quais se demoram algumas das páginas mais conhecidas da *Dialética do esclarecimento* (1947). As análises de Adorno e Horkheirner sobre o caráter serializado e homogeneizador da I. cultural – que outros proporão denominar "I. das consciências" – tiveram notável difusão e foram "papagueadas" por grande parte da cultura contemporânea. Foi só nos anos 1980, depois da afirmação do paradigma pós-moderno (v.), que se assistiu a uma mudança de perspectiva em relação aos meios de comunicação (v. MEIOS DE COMUNICAÇÃO DE MASSA; COMUNICAÇÃO). [G.F.]

INEFÁVEL ou INEXPRIMÍVEL (lat. *Ineffabilis*; in. *Inexpressible*; fr. *Inexprimable*; al. *Unaussprechlich*; it. *Inesprimibile*). Na teologia mística, a partir das antigas religiões ocultistas, I. é aquilo que se revela no ponto culminante da experiência mística, o entusiasmo ou êxtase (cf. PLOTINO, *Enn.*, VI, 9, 11; PSEUDO-DIONÍSIO, *Myst. Theol.*, I, 1; S. BOAVENTURA, *Itinerarium mentis in Deum*, VII, 5 etc.). Na filosofia contemporânea Wittgenstein, na conclusão de *Tractatus logico-philosophicus* (1922), admite a existência do I.: "Realmente, o inexprimível existe. Ele se mostra, é aquilo que é místico" (*Tractatus*, 6.522); "sentimos que, se todas as possíveis perguntas da ciência tivessem resposta, os problemas de nossa vida não seriam sequer aflorados. Certamente não ficaria então pergunta alguma; e esta é justamente a resposta" (*ibid.*, 6, 52). E o *Tractatus* encerrava-se com a afirmação: "Sobre o que não se pode falar, deve-se calar" (*ibid.*, 7). Por outro lado, Carnap falava de uma "mitologia do I." e considerava essa palavra perigosa, porque apta a produzir confusões e incertezas. O enunciado "Existem objetos inexprimíveis", traduzido para a linguagem formal, soa para Carnap simplesmente "Existem designações de objetos que não são designações de objetos" ou "Existem enunciados que não são enunciados" (*Logische Syntax der Sprache*, 1934, § 81; trad. in., p. 314). [N.A.]

INÉRCIA (in. *Inertia*; fr. *Inertie*; al. *Thägheit*; it. *Inerzia*). A história deste conceito fundamental da mecânica moderna deve muito à filosofia. Era estranho à física de Aristóteles porque nela se julgava válida uma tese que o exclui: "tudo o que se move é movido necessariamente por alguma coisa" (*Fís.*,

VII, 1, 241b 24). É óbvio que, a ser verdadeiro esse princípio, um corpo não pode persistir em seu estado de movimento sem a ação de outro corpo. A teoria do *impetus*, exposta pelos escolásticos do século XIV, constitui a primeira crítica a esse princípio de Aristóteles e a primeira manifestação da noção de inércia. Ao princípio de Aristóteles, Ockham opôs o exemplo da flecha, ou de qualquer outro projétil, que recebe um impulso e o conserva, mesmo sem ser acompanhado em sua trajetória pelo corpo que lhe transmitiu o impulso (*In Sent.*, II, q. 18, 26). Um discípulo de Ockham, Buridan (séc. XIV) retoma essa doutrina e a aplica ao movimento dos céus: estes podem ser perfeitamente movidos por um impulso transmitido pela potência divina, que se conserva porque não é reduzido ou destruído por forças contrárias (*In Phys.*, VIII, q. 12). Nicolau de Oresme e Alberto da Saxônia, que também pertenceram à corrente ockhamista do século XIV, na Universidade de Paris, retomam e defendem essa teoria. Dessa tradição escolástica a noção de I. passou para os fundadores da ciência moderna, Leonardo da Vinci e Galileu. Este último utiliza constantemente essa noção e a apóia numa espécie de experimento mental. Falando do movimento de uma esfera perfeita sobre um plano bem liso, ele pergunta: "Agora, digam-me o que aconteceria ao mesmo movimento sobre uma superfície que não fosse aclive nem declive"? E responde: "ele seria perpétuo" (*Op.*, VII, 273; cf. VIII, p. 243). Mas, embora utilizasse corretamente a noção de I., Galileu não formulou de modo explícito o princípio correspondente; o primeiro a formulá-lo foi Descartes, que estabeleceu como "primeira lei da natureza" o princípio de que "cada coisa continua no mesmo estado enquanto pode e só o muda quando se encontra com outras coisas" (*Princ. phil.*, II, § 37). Alguns decênios depois, ao ser aceito por Newton como primeiro princípio da dinâmica em *Princípios matemáticos da filosofia natural* (1687), o princípio da I. ingressava definitivamente na ciência moderna, onde foi e continua sendo, mais que uma "lei natural" (no sentido cartesiano do termo) ou uma verdade experimental, um postulado ou princípio instrumental que permite o cálculo da *força* (v.) ou da *energia* (v.). Sobre a teoria do *impetus*, cf. DUHEM, *Études sur Léonard de Vinci*, Paris, 1909. [N.A.]

INERÊNCIA. V. SER, I, *A*.

INESCRUTABILIDADE DA REFERÊNCIA (in. *Inscrutability of reference*; fr. *Indétermination de la référence*; al. *Unerforschlichkeit der Referenz*; it. *Indeterminazione del riferimento*). Na filosofia de Quine, a impossibilidade de explicar de modo determinado e direto o significado de uma expressão lingüística explicitando as suas conexões com a realidade extralingüística, ou seja, indicando sua referência. A idéia nasce de uma crítica ao programa reducionista perseguido na primeira fase do neopositivismo (sobretudo em *Aufbau* de Carnap), que pretendia reportar os significados a uma base puramente empírica: para Quine essa redutibilidade é um dos dois "dogmas do empirismo" e baseia-se na pressuposição de que é possível distinguir nitidamente na verdade a contribuição da linguagem da contribuição da experiência. [M.S.]

INEXPRIMÍVEL. V. INEFÁVEL.

INFERÊNCIA (in. *Inference*; fr. *Inférence*; al. *Inferiren*; it. *Inferenza*). No latim medieval encontra-se em muitos lógicos o termo *inferre* para indicar o fato de que, numa conexão (ou *consequentia*) de dois enunciados, do primeiro (antecedente) se segue o segundo (conseqüente). Na filosofia moderna o termo "I." costuma ser usado como sinônimo de "ilação", com um sentido muito elástico, que vai desde *implicação* (v.) a até o processo mental operativo mediante o qual, partindo-se de certos dados, chega-se por implicação, ou também por indução, a uma conclusão (Stebbing, Dewey). John Stuart Mill, por exemplo, diz: "Inferir uma proposição de uma proposição antecedente (ou mais de uma); assentir ou crer nela como conclusão de alguma outra coisa, isso é raciocinar no mais amplo significado do termo" (*Logic*, II, 1, 1). No mesmo sentido generalíssimo a palavra é adotada por Peirce (*Chance, Love and Logic*, cap. VI) e por muitos lógicos do século XX. [G.P. – M.M.]

INFINITESIMAL (lat. *Infinitesimus*; in. *Infinitesimal*; fr. *Infinitésimal*; al. *Infinitesimal*; it. *Infinitesimale*). Uma grandeza que pode vir a ser menor que qualquer grandeza determinável, ou, em termos menos apropriados, uma grandeza tendente a zero. Este conceito foi conhecido pelos gregos, que o empregaram com freqüência; é pressuposto nas argumentações de Zenão de Eléia contra o movimento (v. AQUILES; DICOTOMIA; FLECHA; ESTÁDIO) e foi claramente expresso por Anaxágoras, que disse: "Com relação ao pequeno, não há mínimo, mas há sempre um menor, porque o que existe não pode ser anulado" (*Fr.* 3, Diels). Esse conceito foi exposto por Aristóteles (*Fís.*, III, 7, 207b 35), retomado pelos últimos escolásticos (cf. por todos OCKHAM, *In Sent.*, I, d. 17, q. 8) e utilizado por Leibniz como fundamento do cálculo I., cujo primeiro documento importante é o texto *Novo método para os máximos e os mínimos* (1682). [N.A.]

INFINITO (gr. ἄπειρον; lat. *Infinitum*; in. *Infinite*; fr. *Infini*; al. *Unendlich*; it. *Infinito*). Este termo tem os seguintes significados principais, entre os quais existem algumas semelhanças: 1º I. matemático, que é a disposição ou a qualidade de uma grandeza; 2º I. teológico, que é a não-limitação da potência; 3º I. metafísico, que é a não-completude.

1º A concepção matemática do I. elaborou dois conceitos diferentes: *a*) I. *potencial* como limite de certas operações sobre as grandezas; *b*) I. *atual* como uma espécie particular de grandeza.

a) O conceito de I. potencial foi elaborado por Aristóteles, que negava que o I. pudesse ser *atual*, ou seja, real, tanto como realidade em si (substância) quanto como atributo de uma realidade (*Fís.*, III, 5, 204 a 7 ss.). Isto quer dizer que o I. não é substância nem propriedade ou determinação substancial, mas que "existe somente de modo acidental" (*ibid.*, 204a 28), como disposição de grandezas. Que disposição? Aristóteles dá dois significados fundamentais de I.: no primeiro, I. é "aquilo que, por natureza, não pode ser percorrido", no sentido de que não pode ser visto. No segundo, I. é aquilo que pode ser percorrido, mas não todo, pois não tem fim; nesse sentido, é I. por composição, por divisão ou por ambas (*ibid.*, III, 4, 204 a 3). Ora, o I. em sentido matemático é só este último, ou seja, o I. que pode ser percorrido, mas nunca de modo exaustivo ou completo. Nesse sentido, o I. é tal "que sempre se pode tomar algo de novo, e o que se toma é sempre finito, mas sempre diferente. Assim, não se deve tomar o I. como um ser singular, como por exemplo um homem ou uma coisa, mas no sentido em que se fala de um dia ou de uma luta, cujo modo de ser não é uma substância, mas um processo que, apesar de finito, é sempre diferente" (*ibid.*, III, 6, 206 a 27). Portanto, não é I. aquilo fora do qual não há nada, como se costuma acreditar, mas sim aquilo fora do qual sempre há alguma coisa; conseqüentemente o I. participa mais do conceito de parte que do conceito de todo (*ibid.*, III, 6, 206 b 32; 207 a 27). Esse conceito aristotélico era utilizado por Lucrécio para defender a doutrina epicurista da infinidade do espaço, expresso com a imagem de uma flecha lançada a partir do limite extremo do universo, admitido por hipótese; quer a flecha encontre um obstáculo, quer continue além, o limite extremo do universo não é mais o mesmo porque é apenas o ponto de partida da flecha (*De rer. nat.*, I, 967-82). Também nesta imagem I. é aquilo de que se pode sempre tomar uma parte, e aquilo que se toma é sempre finito mas sempre diferente. Este conceito de I. é essencialmente negativo: consiste na não-exauribilidade de determinadas grandezas submetidas a certas operações, que são a *composição* (acréscimo de partes sempre novas) e a *divisão* em partes sempre novas. A primeira operação tende ao infinitamente grande; a segunda, ao infinitamente pequeno (*infinitésimo* [v.]): ambas definem o conceito de I. como inexauribilidade de partes dentro de partes. Mas assim entendido o conceito é obviamente negativo: caracteriza a inexauribilidade ou incompletude de uma série. Justamente a esse respeito Plotino observou que I. é aquilo que não pode ser exaurido em termos de grandeza ou de número de partes (*Enn.*, VI, 9, 6). E Kant, do mesmo ponto de vista, dizia: "O conceito verdadeiro (transcendental) de infinidade é que a síntese seqüencial da unidade na medição de um *quantum* nunca pode ser acabada" (*Crít. R. Pura*, Dialética, cap. 2, seç. 2). Essa espécie de I. foi denominada pelos lógicos da Idade Média I. sincategoremático (*syncategorematicum*), que é o I. entendido como *disposição* (não qualidade) de um sujeito, distinto do I. *categoremático*, que seria o I. como qualidade ou como substância (PEDRO HISPANO, *Summ. log.*, 12, 57; OCKHAM, *In Sent.*, I, d. 17, q. 8). Esse mesmo I. foi definido pela matemática do século XVIII e da primeira metade do século XIX mediante o conceito de *limite* (como o campo das séries, das sucessões etc.), mas os matemáticos daquela época não lhe atribuíram a posição de tipo de grandeza em si. Gauss dizia numa carta de 1831: "Protesto contra o emprego de grandeza I. como algo completo, emprego que nunca foi admitido em matemática. O I. é só uma *façon de parler*; a rigor, fala-se de limites, dos quais algumas relações são aproximadas quando se quer, enquanto a outras relações é permitido crescer além de qualquer medida" (cf. GEYMONAT, *História e filosofia da análise infinitesimal*, 1947, pp. 174-5). *I paradossi dell'I.* (1851) de Bernardo Bolzano é uma obra que marca a primeira abordagem decisiva de um novo conceito do infinito.

b) O segundo é o de I. categórico ou (menos propriamente) atual, ao qual só a matemática moderna deu forma rigorosa. Contudo, a matemática chegou a esse conceito através das discussões tradicionais sobre os denominados paradoxos do infinito. Já R. Bacon, para refutar a infinidade do mundo, fazia notar que, a admitir-se o I., deve-se concluir que a parte é maior que o todo a que pertence (*Opus tertium*, ed. Brewer, 41, pp. 141-2). Argumentos semelhantes foram repetidos freqüentemente na escolástica do século XIV, que no entanto, com Ockham, deu a tais argumentos uma resposta que indica o caminho depois seguido pela matemática da segunda metade do século XIX. De fato Ockham afirma: "Não é incompatível que a parte seja igual e não menor que seu todo porque isso acontece toda vez que uma parte do todo é I. [...] Isso também acontece na quantidade discreta ou em qualquer multiplicidade, em que uma das partes tenha unidades não menores que as contidas no todo. Assim, em todo o universo não existe um número maior de partes que numa fava, porque numa fava há infinitas partes. Portanto, o princípio de que o todo é maior que a parte vale somente para todos os compostos de partes integrantes finitas" (*Cent. Theol.*, 17 C; *Quodl.*, I, q. 9). Essa corajosa limitação do valor de um axioma, que então parecia evidente, não teve seguidores durante muito tempo. O próprio Galileu, para evitar a possibilidade de igualdade entre a parte e o todo (a propósito da relação entre os quadrados e a série natural dos números), afirmou que "os atributos 'igual', 'maior' e 'menor' não têm lugar nos I., mas só nas quantidades finitas" (*Scienze nuove, op.*, VIII, p. 79), deixando assim inalterada a verdade do pretenso axioma. Este acabaria por ser derrubado, sendo declarado fruto de uma generalização falaz (cf. RUSSELL, *Principles of Mathematics*, 1903, p. 360), só quando G. Cantor (*Mathematische Annalen*, entre 1878 e 1883) e Dedekind (*Continuidade e números irracionais*, 1872; *O que são e o que devem ser os números*, 1888) enunciaram um novo conceito de infinito, que consiste em tomar como definição de I. o que até então parecera ser o "paradoxo" do próprio I.: a equivalência da parte e do todo. Pode-se ilustrar essa concepção recorrendo ao exemplo dado por Royce (*The World and the Individual*, 1900-1901; cf. o Ensaio complementar "O um, os muitos e o I." anexo ao vol. l da obra). Suponhamos que exista um mapa idealmente perfeito, de tal forma que, se *A* é o objeto reproduzido e *A'* o mapa, este esteja em correspondência com *A* de tal modo que para cada elemento particular de *A* (*a*, *b*, *c*) possa ser determinado em *A'* algum elemento correspondente (*a'*, *b'*, *c'*), em conformidade com o sistema de projeção escolhido. Suponhamos além disso que esse mapa seja desenhado dentro e em cima de uma parte da superfície da região reproduzida, como por exemplo a Inglaterra. Se este mapa é – como deve ser por hipótese – idealmente perfeito, deve representar tudo o que existe sobre a superfície da Inglaterra, logo o próprio mapa. A representação deste último, sendo por sua vez perfeita, deverá conter a representação dele mesmo, e assim por diante, sem limite. Um sistema dessa espécie é claramente I., não por ser inexaurível, mas por ser auto-representativo, ou melhor, *auto-reflexivo*. Em termos matemáticos, um conjunto auto-reflexivo é aquele que pode ser posto em correspondência biunívoca com algum subconjunto seu. Esse é o caso da série natural dos números, que pode ser posta em correspondência biunívoca com seus subconjuntos, como por exemplo os quadrados, os números primos etc.

Segundo Cantor, a potência comum de dois conjuntos entre os quais exista uma correspondência biunívoca é o "número cardinal" dos dois conjuntos. Esse número é chamado de *transfinito* quando o conjunto é eqüipotente a uma de suas partes ou de seus subconjuntos. Dessa forma, o conceito de número cardinal I., que fora sempre negado como contraditório, ingressava na matemática. Mas logo deveria revelar-se fonte de novas dificuldades e problemas, que constituem os "paradoxos" da lógica moderna, conquanto não fossem de todo desconhecidos da lógica antiga (v. ANTINOMIAS). Mas o conceito de I. matemático não foi modificado pelo estudo desses paradoxos e pelas soluções para eles propostas.

2º O segundo conceito de I. é de natureza teológica e surgiu no último período da filosofia grega, com Fílon e Plotino. Este último distinguira a infinidade do número, que é "inexauribilidade" (*Enn.*, VI, 6, 17), da infinidade do Uno, que é entretanto "a não-limitação da potência" (*ibid.*, VI. 9, 6). Com menor precisão de linguagem, esse conceito é expresso freqüentemente pela escolástica da Idade Média. Tomás de Aquino, após observar que os primeiros filósofos tiveram razão em julgar I. o princípio das coisas, "considerando que as coisas derivam do primeiro princípio ao I.", distingue o I. da matéria, que é imperfeição porque a matéria sem forma é incompleta, e o I. da forma, que é perfeição porque é da forma que não recebe o ser de outrem, mas de si mesmo, ou seja, de Deus (*S. Th.*, I, q. 7, a. 1). Chamar a forma subsistente por si só de I. parece querer significar que o I. é aquilo que, para ser, não precisa de outra coisa, sendo portanto a ilimitada potência de ser. Não muito diferente é o sentido que parece ter a tese de Duns Scot sobre a infinidade como modo de ser de Deus. Duns observa que, se dissermos que Deus é supremo, estaremos conferindo a ele uma determinação que lhe cabe em relação às coisas que são diferentes dele: é supremo entre todas as coisas existentes. Mas, se dissermos que é I., diremos que é supremo em sua natureza intrínseca, isto é, que transcende todo e qualquer grau possível de perfeição (*Op. Ox.*, I, d. 2, q. 2, n. 17). A infinidade parece expressar aqui o "*quo maius cogitari nequit*" de Anselmo, ou seja, as perfeições de Deus estão além de qualquer grau alcançável pelas perfeições finitas. A distinção cartesiana entre I. e *indefinido* (v.), que atribui apenas a Deus o atributo da infinidade, parece coincidir mais com a distinção entre o I. teológico e o I. matemático: distinção também encontrada em Locke (*Ensaio*, II, 17, 1) e Leibniz (*Nouv. ess.*, II, 17, 2). Mas na filosofia moderna o conceito de I. como não-limitação da potência é realmente introduzido por Fichte, para quem o Eu é I. "suposto a partir de sua absoluta atividade", porquanto sua atividade não encontra limites ou obstáculos. Supondo-se, ao mesmo tempo, um não-Eu, o Eu limita-se e torna-se finito. Mas por fim "a finidade deve ser anulada: todos os limites devem desaparecer e ficar apenas o Eu I., como Um e como Todo" (*Wissenschaftslehre*, 1794, 11, § 4, D). A contraposição hegeliana entre "falso I." e "verdadeiro I." constitui a melhor ilustração dessa noção de I. na filosofia moderna. A falsa infinidade é a infinidade matemática do progresso ao I., pois este "pára na declaração da contradição, contida no finito, de que este é tanto uma coisa quanto a outra coisa" (*Enc.*, § 94). O progresso ao I. remete ao *além* do finito, mas nunca alcança esse além; por isso, sua negação do finito é um "dever-ser" que nunca é um "ser". O verdadeiro I. desfaz essa contradição: nega a realidade do finito como tal e resolve-o em si. O verdadeiro I., em outros termos, é aquilo que é, é a realidade. Ele "é e é determinadamente, existe, está presente. Só o falso I. está no além, sendo apenas a negação do finito como tal. [...] A verdadeira infinidade tomada assim em geral, qual um existir colocado como afirmativo contra a abstrata negação, é a realidade em sentido mais elevado, não aquela anteriormente determinada como simples realidade. A realidade adquiriu aqui um conteúdo concreto. Real não é o finito, mas o I." (*Wissenschaft der Logik*, I, I, seç. I, cap. II, C, trad. it., pp. 161-2). Nesse sentido, para usar uma frase do próprio Hegel, o I. é a "força da existência" (*Fil. do direito*, § 331, Zusatz), ou seja, a força graças à qual a razão habita o mundo e domina-o, sendo, portanto, não-limitação de potência (*Enc.*, § 6). É bem conhecido o emprego que o próprio Hegel e toda a filosofia romântica do século XIX fizeram desse conceito de I.: ele serviu para justificar a realidade como tal, o fato, e a repelir a pretensão de o intelecto "abstrato" julgar a realidade, de opor-se a ela e de nela inserir-se com o compromisso de transformação. Segundo a noção de infinidade de potência, a realidade, toda a realidade em qualquer momento, é tudo aquilo que deve ser, uma vez que ao princípio que a rege não falta a potência necessária para a realização integral.

3º O terceiro conceito de I. é o correspondente metafísico do conceito matemático tradicional. Já vimos que, para Aristóteles, o I. nunca pode ser acabado, portanto nunca pode ser um *todo*; ele é parte, incompletude e inexauribilidade. Aristóteles, portanto, não concordava com Melisso, que denominara o todo de I., e concordava com o pensamento de Parmênides, que o considerara finito (*Fís.*, 6, 207 a 15). Mas essas determinações já haviam sido atribuídas ao I. por Platão: I. é aquilo que carece de número ou de medida, que é suscetível ao mais ou ao menos e portanto exclui a ordem e a determinação (*Fil.*, 24 a 25 b). É este o conceito metafísico de I., encontrado entre os gregos porque estreitamente ligado ao seu ideal moral de ordem e de medida. Historicamente falando, esse conceito não ultrapassou os limites da Grécia da idade clássica. [N.A.]

INFINITO, JUÍZO (al. *Unendliches Urteil*; it. *Giudizio infinito*). Kant – referindo-se provavelmente a Wolff – deu esse nome aos enunciados cujo predicado é negado, como em "a alma é não-mortal" (*Logik*, § 22; *Crít. R. Pura*, § 9). Na lógica medieval, eram chamados de *infinitos* os termos negados, como "não-pedra", "não-homem" etc. [M.M.]

INFLUXO (lat. *Influxus, Influentia*; in. *Influx*; fr. *Influence*; al. *Einfluss*; it. *Influsso*). Ação exercida por aquilo que é incorpóreo sobre o que é corpóreo. Nesse sentido, Cardano distinguia o I. da *mudança*, que é a ação de um corpo sobre um outro corpo, e do *alento*, que é a ação do incorpóreo sobre o incorpóreo e dá-se exclusivamente na alma (*De subtilitate*, XXI, em *Opera*, 1663, III, p. 669 b-670 a). Esse termo tem sido empregado para indicar:

1º A ação determinante dos astros sobre o destino e a vida dos homens, como mediadora da ação divina (cf., p. ex.: NICOLAU DE CUSA, *De docta ignor.*, II, 12; PICO DELLA MIRANDOLA, *Adv. astralogiam*, VI, 2 e *passim*);

2º A ação do governo de Deus sobre o mundo. Neste sentido, Campannela fala dos três "grandes I." nos quais se concretiza a ação de Deus, que são a necessidade, o destino e a harmonia (*Met.*, IX, I; *Theol.*, I, 17, a. 1);

3º A ação da alma sobre o corpo. Neste sentido, essa palavra foi empregada nos séculos XVII e XVIII. Leibniz diz: "ao se querer fundamentar a opinião vulgar do I. da alma sobre o corpo com o exemplo de Deus, que atua de fora de si mesmo, tem-se uma semelhança excessiva de Deus com a alma do mundo" (*IV Lettre à Clarke*, § 34). Baumgarten chama essa doutrina de "Sistema do I. físico" (*Met.*, § 761). Kant cita essa mesma "opinião vulgar," rejeitando-a (*De mundi sensibilis* etc., IV, § 17). [N.A.]

INFORMAÇÃO. V. CIBERNÉTICA.

INFRA-ESTRUTURA-SUPERESTRUTURA. V. MATERIALISMO HISTÓRICO; SUPERESTRUTURA; ESTRUTURA.

INGENUIDADE (in. *Naivety*; fr. *Naïveté*; al. *Naivetät*; it. *Ingenuità*). No século XVIII, este termo começou a ser empregado para indicar certo modo de expressão estética. Kant dizia: "A I. é a expressão da originária sinceridade natural da humanidade contra a arte de fingir, que se tornou uma segunda natureza" (*Crít. do Juízo*, § 54). A I. não deve ser confundida com a simplicidade franca, que não dissimula a natureza só porque não compreende o que é a arte de viver em sociedade. É antes uma natureza que se faz presente ou se revela na própria arte (*ibid.*, § 54). Schiller inspirou-se nesses conceitos no ensaio *Sobre a poesia ingênua e sentimental* (1795-1796): "O ingênuo é a representação da nossa infância perdida, que fica em nós como o que há de mais querido, e por isso nos enche de certa tristeza e é, ao mesmo tempo, a representação da suprema perfeição do ideal, que suscita em nós sublime emoção" (*Werke*, ed. Karpeles, XII, p. 108). A poesia ingênua nesse sentido contrapõe-se à poesia sentimental: o poeta ingênuo é natureza; o poeta sentimental procura a natureza (*ibid.*, p. 125).

Fora do domínio da estética, esse termo por vezes é usado para caracterizar as crenças filosóficas do homem comum. Deu-se o nome de "Realismo ingênuo" à crença comum na realidade das coisas. Embora, assim usado, esse adjetivo tenha certo tom depreciativo, a crítica mais recente tem demonstrado que nem sempre as crenças ingênuas são as mais fracas (v. REALISMO). [N.A.]

INÍCIO (gr. ἀρχή; lat. *Principium*; in. *Principle*; fr. *Principe*; al. *Prinzip, Grundsatz*; *Anfang, Ansatz*; it. *Inizio*). No livro V da *Metafísica* Aristóteles examina os modos como o I. ou princípio (*arquê*; v. PRINCÍPIO) pode ser entendido e predicado. Parece de fato que nesse trecho Aristóteles traça o caminho do pensamento filosófico e científico ocidental. Domina no seu desenvolvimento a idéia de I. como algo que dá *início*, que *inicia*, como uma *natureza definida* que é causa de um processo (ou seu *fundamento* ou seu *princípio explicativo*). Em suma, filosofia e ciência pensam o I. como um *Iniciador*. Ainda em Hegel, exatamente no capítulo introdutório do primeiro livro de *Ciência da lógica*, que se intitula *O que deve constituir o início da ciência?*, o tema da *arquê* será tratado segundo essa perspectiva. Mas entre os diversos significados que Aristóteles atribui à *arquê* falta o que ecoara nas próprias origens do logos filosófico: o *ápeiron*, a *arquê* como *infinito* e indeterminável. Aristóteles cita essa interpretação (*Fís.* III, 203 b 4-15; 207 b 34 – 208 a 4), mas muda imediatamente o caráter do problema e entende *ápeiron* como matéria (*hyle*). Parece evidente, porém, no mesmo fragmento de Anaximandro (*DK* 12, B 1) que *ápeiron*, imortal, indestrutível e divino, não é nem a totalidade das coisas que existem nem aquilo de que são feitas, e que em tal sentido compreende todas, mas uma outra natureza, da qual provêm todos os céus, portanto todos os mundos que neles se encontram, e deles provêm as coisas sujeitas a geração e destruição. Afirma-se na palavra de Anaximandro uma exigência do pensamento que será esquecida na acepção dominante de I. como causa, fundamento ou princípio lógico: aquilo a partir do que todos os entes são não pode ser concebido como ente por sua vez. Se há I., o I. só poderá ser concebido como algo além de qualquer determinação. É essa exigência do pensar que, combinando-se com os desenvolvimentos da idéia platônica de Bem, se afirmara em Plotino e em Proclo, para reaparecer, poderosamente, em Nicola de Cusa e, na filosofia contemporânea, nas pesquisas de Schelling subseqüentes a *Filosofia e Religião* (1804).

"Im Anfang war der Unsinn", no I. era o Não-sentido, disse Nietzsche. Podemos assim entender: o I. não estabelece um sentido, não determina um horizonte e uma perspectiva; o I. *deixa* que o possível se dê. [M.C.]

ININTELIGÍVEL (lat. *Inexplicabilis*; in. *Unintelligible*; fr. *Ininteligible*; al. *Unverständlich*; it. *Inintelligibile*). 1. Propriamente, aquilo de que não se consegue apreender o porquê e o como, ou seja, aquilo cuja causa, condição ou significado é inapreensível, o inexplicável (cf. CÍCERO, *Acad.*, III, 29, 95). Este termo, portanto, tem significado diferente e mais preciso que *inconcebível* (v.), que indica apenas uma incompatibilidade genérica com a razão. O próprio Leibniz estabelecia a diferença entre o que não se entende e o que é inconcebível (*Nouv. ess.*, Avant propos, *Op.*, ed. Erdmann, p. 202). Diferença análoga é estabelecida entre esses dois termos por Peirce (*Chance, Love and Logic*, II, 2, trad. it., p. 137).

2. A propósito de discursos escritos ou falados: obscuro, confuso, mal exposto, incapaz de comunicar. [N.A.]

INQUIETUDE (in. *Uneasiness*; fr. *Inquiétude*; al. *Unruhe*; it. *Inquietudine*). Locke definiu esse termo dizendo que é o mal-estar da necessidade insatisfeita (*Ensaio*, II, 20, 6). Na segunda edição de *Ensaio*, Locke viu na I. assim entendida o móvel principal da vontade humana. Locke dizia: "Depois de refletir, sou levado a pensar que, ao contrário do que se acredita, o que determina a vontade não é ter os olhos voltados para um bem superior, mas sim algum mal-estar (geralmente, o mais grave dos que atualmente afligem o homem) [...]. Esse mal-estar também pode ser denominado desejo, que é um mal-estar do espírito pela falta de algum bem" (*ibid.*, II, 21, 31). Leibniz acatava com bons olhos essa tese de Locke (*Nouv. ess.*, II, 20, § 6), que também foi acolhida e utilizada por Condillac (*Traité des sensations*, I, 3, § 2). [N.A.]

INSOLUBILIA. Na lógica medieval, a partir do século XIV, receberam este nome e o nome de *Impossibilia* os raciocínios que a lógica megárico-estóica chamava de ambíguos ou conversíveis, também chamados de *dilemas* (v.) e, mais tarde, de *antinomias* (v.). [N.A.]

INSTABILIDADE (in. *Instability*; it. *Instabilità*). Precariedade. Um dos traços fundamentais da existência, segundo algumas correntes contemporâneas. Dewey diz: "O homem vive num mundo aleatório; pode-se dizer, cruamente, que sua existência implica risco. O mundo é o palco do risco: incerto, instável, terrivelmente instável. Seus perigos são irregulares, inconstantes, não podem ser associados a um tempo ou a uma situação determinada" (*Experience and Nature*, cap. 2). [N.A.]

INSTÂNCIA (gr. ἔνστασις; lat. *Instantia*; in. *Instance*; fr. *Instance*; al. *Instanz*; it. *Istanza*). 1. Na lógica aristotélica, I. é "uma premissa contrária a outra premissa" (*An. pr.*, II, 26, 69 a 36). Aristóteles enumera quatro I. fundamentais: o ataque à premissa do adversário; uma nova premissa; uma premissa contrária à do adversário; recurso a decisões precedentes (*Top.*, VIII, 10, 161a 1; *Ret.*, II, 25, 1402 a 34).

2. Bacon chamou de I. os casos experimentais particulares de determinado fenômeno, como por exemplo do calor; denominou "tabelas das I." a relação de tais casos (*Nov. Org.*, II, pp. 10 ss.) (v. TABELAS). Stuart Mill por vezes adotou essa terminologia (*Logic.*, III, 9, 1, *passim*). [N.A.]

INSTANTE (gr. τὸ ἐξαίφνης; lat. *Momentum*; in. *Instant*; fr. *Instant*; al. *Augenblick*; it. *Attimo, Instante*) 1. De acordo com o significado específico, próprio de certa tradição filosófica, o I. é diferente do *agora* (v.), sendo o limite ou a condição do tempo, porque representa uma espécie de encontro ou de compromisso entre o tempo e a eternidade. Essa noção remonta a Platão, que dizia: "O I. parece indicar o que serve de transição entre duas mudanças inversas. A passagem do movimento ao repouso e vice-versa não ocorre a partir da imobilidade que ainda está imota nem do movimento que ainda se está movendo. A natureza um pouco estranha do I. está no fato de ser o ponto médio entre repouso e movimento, mesmo não estando ele no tempo, o que o torna ponto de chegada e de partida do que se está movendo em direção ao estar parado, e do que está parado em direção ao mover-se" (*Parm.*, 156 d). Em outros termos, para Platão o I. não é nem o tempo nem a eternidade, nem o movimento nem o repouso, mas está entre eles e constitui o seu ponto de encontro. Essa noção foi retomada por Kierkegaard, que viu no I. a inserção subitânea da eternidade no tempo e, portanto, a inserção subitânea da verdade divina no homem, isto é, o nascimento da fé (*Philosophische Brocken*, cap. IV; cf. *Werke*, II, pp. 108, 116 ss.). O caráter instantâneo da fé exclui que ela possa ser suscitada ou produzida por processos de demonstração ou de persuasão. Daí a polêmica de Kierkegaard contra a Igreja oficial dinamarquesa, travada no jornal intitulado precisamente *O Instante*. O conceito de I. volta no existencialismo alemão, mas sem a ressonância religiosa que tinha em Kierkegaard. Jaspers diz: "O I. vivido é o fato supremo, calor de sangue, imediação, vida, presente corpóreo, totalidade do real, única coisa verdadeira e concreta. Em vez de partir do presente para perder-se no passado ou no futuro, o homem encontra a existência e o absoluto no I., único que os pode proporcionar. Passado e futuro são abismos obscuros informes, tempo indefinido, ao passo que o I. pode ser a abolição do tempo, a presença do eterno" (*Psychologie der Weltanschauungen*, 1925, I, 3; trad. it., p. 132). O mesmo Jaspers relaciona a noção de I. com a atitude ética caracterizada pela máxima "vive o I.", expressa na Antiguidade por Aristipo (séc. IV a.C.). Este prescrevia "ter a mente no hoje, ou melhor, naquele I. em que cada um faz e pensa alguma coisa, pois só o presente é nosso, não o I. que passou nem o que está sendo esperado: um já está destruído, o outro não sabemos se há de vir" (ELIANO, *Var. historiae*, XIV, 6). Essa atitude, que Kierkegaard chamava de "vida estética", às vezes é contraposta à outra que, sacrificando continuamente o presente em favor do futuro, acaba tornando insignificante e instrumental toda a duração da vida. No século XVIII, Lessing e Rousseau discordaram dessa última atitude, convidando a dar a cada período da vida, a cada dia e a cada instante um valor autônomo e acabado. Essa atitude não coincide, porém, com a chamada atitude estética, pois, ao contrário, supõe que aos instantes da vida não se atribua o valor que por acaso tenham, mas o valor atribuído a todo um projeto de vida. Heidegger retomou ainda, em sentido análogo, a noção de I., considerando-o como "o presente autêntico" e contrapondo-o ao *agora*, que é o presente inautêntico da vida cotidiana. O agora é a *apresentação* das coisas para as quais se voltam os cuidados cotidianos do homem; o I. é a decisão antecipadora da morte, isto é, do nada da existência: a mesma situação que, do ponto de vista emocional, é a angústia (*Sein und Zeit*, § 68, 81).

2. O mesmo que já ou *agora* (v.). [N.A.]

INSTINTO (gr. ὁρμή; lat. *Instinctus*; in. *Instinct*; al. *Instinkt*; it. *Istinto*). Um guia natural da conduta animal e humana não é adquirido, não é escolhido e é pouco modificável. O I. distingue-se da *tendência* (v.) pelo caráter biológico, porquanto se destina à conservação do indivíduo e da espécie e vincula-se a uma estrutura orgânica determinada; distingue-se do *impulso* por seu caráter estável. Existem duas concepções fundamentais de I.: 1ª a metafísica, segundo a qual o I. é a força que assegura a concordância entre a conduta animal e a ordem do mundo; 2ª a científica, segundo a qual o I. é um tipo de disposição biológica.

1ª A teoria metafísica dos I. foi fundada pelos estóicos. Para eles, a ordem providencial do mundo, que todos os seres estão destinados a manter, dirige a conduta animal por meio do instinto. Crisipo diz: "O I. primário do animal, por ser este desde o princípio dirigido pela natureza, é de cuidar de si mesmo (*Dos fins*, Livro I). Diz também que o que está no mais íntimo de cada animal é a sua própria constituição e a consciência dessa constituição. Não é verossímil que o animal se alheie de si ou que de algum modo aja de tal forma que se alheie de si ou não cuide de si mesmo. É preciso, pois, que a própria natureza o constitua de tal modo que ele cuide de si, fugindo às coisas nocivas e perseguindo as favoráveis. Donde se evidencia como falso o que dizem alguns, de o prazer ser o I. primário dos animais" (DIÓG. L., VII, 85). Através do I. a natureza leva o animal a cuidar de si e a conservar-se, contribuindo para manter a ordem do todo. Cícero exprimia o conceito estóico nos seguintes termos: "Para conservar-se, para conservar sua vida e seu corpo, toda espécie animal evita por natureza tudo o que parece nocivo, deseja e trata de arranjar tudo o que é necessário à vida, como alimento, abrigo e todo o resto. Também é comum a todos os seres animais o I. sexual com vistas à procriação e certo cuidado para com suas crias" (*Tusc.*, I, 4, 11; *De finibus.*, III, 7, 23; *De off.*, I, 28, 101). Algumas vezes o direito natural foi equiparado ao instinto assim entendido, por ser comum não só aos homens mas também aos animais. No século III, Ulpiano fazia a distinção entre o direito das gentes, que é só dos homens, e o direito natural, que "a natureza ensinou a todos os animais e por isso pertence não só ao gênero humano, mas é comum a todos os animais que vivem na terra, no mar e no céu. Desse direito decorrem o casamento, a procriação e a educação dos filhos, coisas estas de que os animais também têm experiência" (*Dig.*, I, 1, 1-4). Essa concepção sempre esteve ligada ao pressuposto metafísico da existência de uma ordem providencial cuja manifestação nos animais e nos homens seria o I. Tomás de Aquino aduzia como prova dessa tese que a providência se ocupa também das coisas individuais contingentes, o I. natural de que os animais são dotados e que se manifesta nas abelhas e em muitos outros animais (*Contra Gent.*, III, 75). Dante expressava perfeitamente essa concepção de I.: "Em nós, semeado e infundido pelo princípio da nossa geração, nasce um rebento, que os gregos chamavam de *hormen*, ou seja, *apetite natural do espírito* [...]. E assim parece que é, pois todo animal, logo que nasce, seja ele racional ou bruto, ama-se a si mesmo e teme e evita as coisas que lhe são contrárias e que ele detesta" (*Conv.*, IV, 22; cf. *Par.*, I, 112-14). Kant ainda falava do I. como da "voz de Deus à qual todos os animais obedecem" e que "na origem deve ter guiado os primeiros tempos do homem primitivo" (*Mutmasslicher Anfang der Menschengeschichte*, 1786).

Segundo essa concepção, as características do I. são as seguintes: 1º *providencialidade*; 2º *infalibilidade*, que deriva do caráter anterior e graças à qual o I. estaria sempre apto a garantir a vida do animal e a continuação da espécie; 3º *imutabilidade*, que deriva das duas características precedentes e que consiste na imperfectibilidade do I.; 4º *cegueira*, no sentido de que o I. foge ao controle do animal e o guia sem nenhuma iniciativa direta de sua parte. Algumas dessas características por vezes foram pressupostas e mantidas na concepção científica do I. Contudo, são típicas da concepção metafísica, sendo caracteres presumidos, deduzidos da função atribuída ao I. no cosmo, todos em oposição aos dados da observação. Essas características também são admitidas e defendidas habitualmente pelos filósofos que têm uma concepção providencialista do mundo biológico, como por exemplo os espiritualistas. Hegel também falou de um "I. da razão" (*Phänom. des Geistes*, I, cap. V, "A observação da natureza"; trad. it., I, pp. 222, 225 etc.), atribuindo a esse I. as características gerais mencionadas antes.

Também é metafísica a teoria freudiana do I., especialmente do modo como é formulada em seus últimos textos. Os instintos são "a última causa de toda atividade, e sua natureza é conservadora: de cada estado atingido por um ser surge a tendência a restabelecer esse estado quando ele foi abandonado." Os I. podem ser múltiplos, podem mudar de alvo e uns podem substituir os outros, mas em última análise é possível reconhecer dois instintos fundamentais em luta: *Eros*, ou I. de vida, e *Thanatos*, ou I. de destruição (*Abriss der Psychoanalyse*, 1940, cap. II). V. PSICANÁLISE.

2ª As teorias científicas do I. são de duas espécies: *A*) explicativas; *B*) descritivas.

A) Existem três teorias explicativas fundamentais, que recorrem respectivamente: *a*) à ação reflexa; *b*) ao intelecto; *c*) ao sentimento (simpatia).

a) A doutrina que explica o I. recorrendo à ação reflexa é a mais antiga. Foi defendida por SPENCER em *Princípios de psicologia* (1855): "Enquanto nas formas primitivas da ação reflexa uma única impressão é seguida por uma única contração, e enquanto nas formas mais desenvolvidas da ação reflexa uma única impressão é seguida por uma combinação de contrações, nesta, que distinguimos como I., uma combinação de impressões é seguida por uma combinação de contrações; e quanto mais superior for o I., tanto mais complexas serão as coordenações de direção e de execução" (*Princ. of Psychology*, § 194). Essa tese foi substancialmente aceita por Darwin, que a modificou no sentido de que o desenvolvimento dos I. seria devido à seleção natural dos atos reflexos que constituem os I. mais simples. Darwin diz: "A maior parte dos I. mais complexos parece ter sido adquirida mediante a seleção natural das variações de atos mais simples. Tais variações parecem resultar das mesmas causas desconhecidas que ocasionam as variações ligeiras ou as diferenças individuais nas outras partes do corpo, que agem sobre a organização cerebral e determinam mudanças que, na nossa ignorância, consideramos espontâneas" (*Descent of Man*, 1871, I, cap. 3; trad. fr., p. 69). Essa explicação do I. foi aceita não só por darwinistas e neodarwinistas, mas também pelos que elaboraram a teoria dos reflexos condicionados, que consideraram o I. como um reflexo condicionado complexo (cf. PAVLOV, *Os reflexos condicionados*; trad. it., p. 273). O defeito dessa teoria é que as variações casuais dificilmente poderiam explicar a formação de I. tão aperfeiçoados e complexos como os dos insetos.

b) A segunda teoria explicativa tem em vista justamente a formação desses I. mais complexos e considera o I. como inteligência degradada ou mecanizada. Essa doutrina, apresentada por Romanes (*Mental Evolution in Animals*, 1883), foi amplamente aceita pela psicologia do fim do século XIX. Equivale a ver o I. como um hábito que se formou e se aperfeiçoou através do desenvolvimento de uma espécie animal. Wundt, especialmente, contribuiu para a difusão dessa doutrina. Diz: "Os I. são movimentos oriundos de atos de vontade simples ou compostos que depois, durante a vida individual ou ao longo de um desenvolvimento geral, acabam mecanizados no todo ou em parte" (*Grundzüge der physiologischen Psych.*, 4.ª ed., 1893, II, pp. 510 ss.; cf. *System der Phil.*, 2.ª ed., 1897, p. 590). Essa concepção algumas vezes foi utilizada pelos filósofos, com vistas a uma metafísica espiritualista (cf., p. ex., RENOUVIER, *Nouvelle monadologie*, 1899, p. 83), mas contra ela existe o fato bem verificado de que os hábitos adquiridos não são transmissíveis por herança (v. HEREDITARIEDADE SOCIAL), constatando-se ademais que, para explicar a formação de I. aperfeiçoados, não basta a hereditariedade da disposição para contrair hábitos mais facilmente, que parece provada em alguns casos (MacDougall).

c) A terceira teoria explicativa é a que relaciona o I. com os sentimentos, em particular com a simpatia. "I. é simpatia", diz Bergson. "Nos fenômenos do sentimento, nas simpatias e antipatias irrefletidas, sentimos em nós mesmos, de forma bem mais vaga e ainda demasiado penetrada de inteligência, algo do que deve acontecer na consciência de um inseto que age por instinto. Para desenvolvê-los em profundidade, a evolução distanciou elementos que na origem se interpenetravam" (*Évol. créatr.*, 1911, 8.ª ed., pp. 190-1). A evolução vital distanciou a inteligência do I., especializando o I. na tarefa de utilizar ou mesmo de construir instrumentos organizados, e a inteligência, na de fabricar e utilizar instrumentos inorganizados (*ibid.*, p. 152). Segundo Bergson, a especialização do I. depende do fato de ser o I. utilização de um instrumento determinado para um fim determinado: de um instrumento que, além do mais, é de enorme complexidade de detalhes, embora de funcionamento simplíssimo. Os instrumentos fabricados pela inteligência, ao contrário, são muito menos perfeitos, mas podem mudar continuamente de forma e adaptar-se às novas circunstâncias. Isso explica também por que o I. não é consciente ou o é minimamente: a consciência mede a distância entre a representação e a ação (entre as diversas possibilidades de agir e a ação efetiva); no I. essa distância é mínima porque é mínima a parte passível de escolha (*ibid.*, p. 157). Scheler, fazendo referência a essa doutrina de Bergson, como capaz de explicar os I. mais complicados (p. ex., o dos himenópteros, que paralisam, mas não matam, escaravelhos ou aranhas para pôr seus ovos, cf. FABRE, *Souvenirs entomologiques*, I, 3.ª ed., 1894, pp. 93 ss.), declara considerar provável que "nos atos instintivos dessa espécie, que nos põem em presença de uma concatenação finalista, lógica, das fases de atividade de muitos seres, estejamos apenas diante de um exagero anormal daquilo que é a verdadeira fusão afetiva na esfera da atividade humana" (*Sympathie*, cap. I; trad. fr., p. 50). Essa é uma aceitação substancial do ponto de vista de Bergson, mas com a substituição do que se chama simpatia em Bergson por fusão afetiva (quanto à diferença entre as duas, v. SIMPATIA). A doutrina de Bergson foi amplamente aceita pelos filósofos, mas encontrou pouca acolhida junto aos fisiologistas e psicólogos. Continua sendo uma das alternativas possíveis para uma explicação do instinto. Este, com efeito, pode ser relacionado com qualquer uma das duas atividades que supostamente dirigirem a conduta humana: a inteligência e o sentimento. A interpretação (*b*) procura vincular o I. à inteligência; a interpretação (*c*), ao sentimento.

B) Na psicologia contemporânea, a influência do gestaltismo, em sua concepção de abandono definitivo da teoria dos reflexos que tendia a resolver o I. em atividades elementares (as ações reflexas), favoreceu também o abandono de qualquer teoria explicativa e o recurso a teorias descritivas, fundadas em ampla base de observações. Desse ponto de vista, a descrição do I. mais freqüentemente adotada é a de G. E. Müller, que modificou uma definição de MacDougall: "O I. é uma disposição psicofísica, dependente da hereditariedade, muitas vezes completamente formada logo depois do nascimento, outras vezes só depois de certo período de desenvolvimento, que orienta o animal a dar atenção especial a objetos de certa espécie ou de certo modo, e a sentir, depois de perceber esses objetos, um impulso para determinada atividade, em conexão com eles" (cf. D. KATZ, *Mensch und Tier*, 1948; trad. in., p. 171). Definições desse tipo tornam inútil até mesmo o nome I., que, de fato, alguns psicólogos tendem a substituir por outros termos, menos comprometidos pelo uso secular (propensão, tendência). Às vezes, insiste-se no caráter totalitário da disposição instintiva, considerando-a como um "esquema unitário" que cresce e diminui como um todo (cf. R. B. CATTELL, *Personality*, Nova York, 1950, p. 195). A etologia comparada distingue no I. aquilo que Konrad Lorenz chamou de *mecanismo desencadeante*, conjunto de condições que servem de estímulo para a conduta instintiva, e o *ato consumador*, constituído por um esquema ou *plano* de movimentos, hierarquicamente organizado, que é o comportamento instintivo propriamente dito. Essa organização hierárquica do comportamento instintivo torna-se menos flexível à medida que nos aproximamos da conduta em ato. Para Tinbergen, essa flexibilidade depende das mudanças no mundo externo (*The Study of Instinct*, 1951, p. 110). Para Lorenz, o desencadeamento da conduta instintiva também pode ser provocado por um acúmulo de energia endógena (de natureza predominantemente físico-química) que, tanto no animal quanto no homem, constitui um *I. de agressão*; este instinto, se entregue a si mesmo, leva os homens à destruição recíproca, mas pode ser disciplinado e canalizado para alvos que não ponham em risco a convivência humana. A descarga da agressão sobre objetos constituídos seria o privilégio do homem, que pode mudar a direção de seu impulso instintivo (*Das sogenannte Böse*, 1963, cap. XII).

Essa doutrina continua atribuindo ao I. o papel principal na determinação do comportamento humano e animal, mas, por outro lado, chegou-se a duvidar de que, para explicar esse comportamento, fosse possível utilizar o conceito de I. (cf. o simpósio sobre esse assunto no *British Journal of Educational Psychol.*, nov. 1941). Também se propõe uma concepção "estatística" do I., segundo a qual ele é apenas "o fator de um grupo inato e conativo" (BURT, "The Case for Human Instincts" na *Rev., cit.*, 3ª parte; cf. J. FLUGEL, *Studies in Feeling and Desire*, Londres, 1955). Essa negação do I. diz respeito sobretudo ao homem. Katz dissera: "No homem, os I. determinam apenas a força de um impulso à ação e seu esquema geral. Esse esquema é indefinido e varia segundo a ocasião e o indivíduo. Por exemplo, em todas as crianças o I. lúdico desenvolve-se e floresce em certo período e depois morre. Mas o modo como as crianças realmente brincam varia muito. Além isso, é na infância que o homem está mais sujeito à influência dos instintos. Mais tarde, a conduta de vida é tão controlada pelas forças externas que é difícil distinguir sua base instintiva. Ao contrário dos animais, ele não passa a vida dentro da segurança dos I., mas tem a capacidade de formá-los" (*Animals and Men, cit.*, p. 173). Em sociologia, às vezes se fala em I. como fator dominante da cultura ou dos seus aspectos fundamentais. Pareto atribuía ao I. as ações "não lógicas" (*Sociologia generale*, 1923, § 157). Thorstein Veblen, em suas explicações sociológicas, freqüentemente recorria ao I.: I. de eficiência, ao I. animista etc. (cf. *The Instinct of Workmanship and the State of Business Enterprise*, 1904). Hoje em dia esse ponto de vista é freqüentemente contestado. "A cultura não é instintiva sob nenhum aspecto: ela é exclusivamente aprendida. A partir da publicação de *I.*, de Bernard, em 1924, foi impossível aceitar qualquer teoria do I. como a explicação do esquema cultural universal ou como a solução de certos problemas culturais" (G. P. MURDOCK, em R. LINTON, *The Science of Man in the World Crisis*, Nova York, 7ª ed., 1952, pp. 126-7). [N.A.]

INSTITUIÇÃO (lat. *Institutio*; in. *Institution*; fr. *Institution*; al. *Anstalt*; it. *Istituzione*). 1. Na lógica terminista medieval, é a adoção de um novo vocábulo durante a discussão, pelo tempo que ela dura (cf. OCKHAM, *Summa log.*, III, 3, 38). A finalidade dessa adoção é tornar a linguagem mais concisa, discutir uma coisa desconhecida ou enganar o interlocutor ou permitir-lhe responder mais facilmente às objeções. Neste último sentido é uma das *obrigações* (v.).

2. Na sociologia contemporânea, esse termo é de uso freqüente e foi empregado, por exemplo, por Durkheim como objeto específico da sociologia, definida precisamente como "ciências das instituições" (*Règles de la méthode sociologique*, 2ª ed., p. XXIII). A instituição por vezes foi entendida como um conjunto de normas que regulam a ação social (exatamente como faz Durkheim); outras vezes, em sentido mais geral, como "qualquer atitude suficientemente recorrente num grupo social" (cf. ABBAGNANO, *Problemi di sociologia*, 1959, IV, 2). [N.A.]

INSTRUMENTALISMO (in. *Instrumentalism*; fr. *Instrumentalisme*; al. *Instrumentalismus*; it. *Strumentalismo*). Na epistemologia contemporânea o I.

aparece como atitude marcadamente anti-realista de descompromisso ontológico, em virtude do qual as entidades não observáveis de que fala o discurso científico não precisam existir, mas apenas permitir que este dê conta adequadamente daquilo de que deve dar conta, ou seja, dos fenômenos observáveis; a teoria em questão não precisa ser verdadeira e não serve para descobrir as características da realidade. O I. mais recente descende dos fortes aspectos pragmatistas presentes em Dewey e em Quine (v. RELATIVIDADE ONTOLÓGICA), e depois especificados e, em certos aspectos, reiterados por Putnam, Davidson e Rorty, para quem a assunção de uma ontologia é interna ao sistema de referência e justifica-se com base nos objetivos para os quais esse sistema está voltado.

Algumas razões que tornam "atraente" o I. na teoria do conhecimento são: *a*) ele é compatível com as novidades imprevistas; *b*) parece justificar melhor alguns traços da ciência, como as generalizações universais; graças a ele *c*) podemos escolher a teoria mais funcional sem nos comprometermos com a defesa de sua verdade; *d*) podemos admitir um progresso entre teorias que o realista julgaria inconsistentes entre si; *e*) temos condições de justificar o fato de que a ciência não nos fornece uma imagem estável da realidade. Com efeito, os enunciados do I. que contêm termos teóricos não falam da realidade, não são assertivos, não denotam nada, mas geram disposições experimentais apropriadas ("Esse objeto é frágil" significa "Trate-o com delicadeza") e valem somente como instrumentos lingüísticos de cálculo ou previsão.

Duas variantes são, segundo a expressão de Newton-Smith, 1) o I. *semântico*, para o qual não vale pensar que as teorias são verdadeiras ou falsas, não surgindo questões de verdade ou referência; e 2) o I. *epistemológico*, para o qual as teorias são verdadeiras ou falsas, mas isso não desempenha nenhum papel na sua compreensão e no papel que elas exercem (LAUDAN, *Progress and Its Problem*, 1977; VAN FRAASSEN, *The Scientific Image*, 1980). V. também PRAGMATISMO. [M.S.]

INSTRUMENTO (in. *Instrument*; fr. *Instrument*; al. *Werkzeug*; it. *Strumento*). Dewey estendeu os sentidos dessa palavra, designando com ela todos os meios capazes de obter um resultado em qualquer campo da atividade humana, prático ou teórico. Dewey diz: "Como termo geral, *instrumental* significa a relação meios-resultados como categoria fundamental para a interpretação das formas lógicas, enquanto *operacional* exprime as condições graças às quais a matéria: 1º se torna apta a servir como meio e 2º efetivamente funciona como meio para a transformação objetiva, que é o objetivo da indagação" (*Logic*, I, § 2, nota; trad. it., pp. 47-8). [N.A.]

INTEGRAÇÃO (in. *Integration*; fr. *Intégration*; al. *Integration*; it. *Integrazione*). Este termo tem significados diversos em diferentes ramos do saber. Em matemática, é o processo com o qual se determina o valor de uma grandeza como soma de partes infinitesimais tomadas em número sempre crescente. Em biologia, significa o grau de unidade ou de solidariedade entre as várias partes de um organismo, ou seja, o grau de interdependência dessas partes. Analogamente, em psicologia significa o grau de unidade ou de organização da personalidade; em sociologia, o grau de organização de um grupo social.

Spencer, em *Primeiros princípios* (1862), via na I. uma das características fundamentais da evolução cósmica como passagem de um estado indiferenciado, amorfo e indistinto para um estado diferenciado, formado e unificado (*First Principles*, § 94). [N.A.]

INTELECTÍVEL (lat. *Intellectibilis*; it. *Intellettibile*). O que não é sensível e não tem relação com o que é sensível; nisto, é diferente de *inteligível* (v.), que pode assemelhar-se ao sensível ou ser compreendido nele (*In Porphirium*, I, P. L., 64, col. II). Essa distinção, estabelecida por Boécio, foi retomada por Hugo de São Vítor. O I. é o divino ou aquilo que de divino há no homem, por exemplo, a alma (*Didascalion*, II, 3, 4). [N.A.]

INTELECTO (gr. νοῦς; lat. *Intellectus*; in. *Understanding*; fr. *Intelligence*; al. *Verstand*; it. *Intelletto*). Este termo foi constantemente usado pelos filósofos com dois sentidos: 1º *genérico*, como faculdade de pensar em geral e 2º *específico*, como uma atividade ou técnica particular de pensar. Com este segundo significado, esse termo é entendido de três maneiras diferentes: *a*) como I. *intuitivo*; *b*) como I. *operante*; *c*) como *entendimento*, inteligência ou intelecção.

1º Platão e Aristóteles definem em geral o I. como faculdade de pensar. Platão de fato dá o nome de I. à atividade que pensa (*Sof.*, 248e-249a) e, portanto, confere limites, ordem e medida às coisas (*Fil.*, 30c; *Tim.*, 48a); denomina pensamento (νόησις) o conjunto da ciência e da dianóia, ou seja, as atividades superiores da alma contrapostas à conjectura e à crença, reunidas sob o nome de opinião (*Rep.*, VII, 534a). Por sua vez, Aristóteles declara entender por I. "aquilo graças a que a alma raciocina e compreende" (*De an.*, III, 4, 429a 23), significado genérico que já fora dado por Parmênides (*Fr.* 16, Diels) e por Anaxágoras (*Fr.* 12, Diels). É óbvio que todos aqueles que, como Anaxágoras, Platão e Aristóteles, atribuíram ao I. a função de ordenar o universo não o entenderam como atividade ou técnica específica, mas no significado mais genérico de atividade pensante, capaz de escolher, coordenar e subordinar. Mesmo a contraposição – tão freqüente nos antigos e já presente em sua forma extrema em Parmênides (*Fr.* 8, Diels) – entre I. e sentidos implica atribuir ao I. o significado genérico de faculdade de pensar. Analogamente, a substancialização que o I. sofre no neoplatonismo é a da faculdade de pensar em geral, em todas as suas múltiplas formas (cf., p. ex., PLOTINO, *Enn.* III, 8, 9-10).

Esse significado genérico foi conservado na tradição filosófica até o romantismo. Tomás de Aquino expressava-o contrapondo o I. aos sentidos: "O substantivo I. implica certo conhecimento íntimo; *intelligere* é como 'ler dentro' (*intus legere*). Isso é evidente a quem considera a diferença entre o I. e os sentidos: o conhecimento sensível concerne às qualidades sensíveis externas; o conhecimento intelectivo penetra até a essência da coisa" (*S. Th.*, II, 2, q. 8, a. 1). Por outro lado, tem-se o mesmo significado genérico quando esse termo é contraposto à vontade, como acontece, por exemplo, em Locke: "A capacidade de pensar é que se denomina I., e a capacidade de querer é o que se denomina vontade: duas capacidades ou disposições da alma às quais se dá o nome de faculdade" (*Ensaio*, II, 6, 2). Leibniz, por sua vez, entendia por I. "a percepção distinta unida à faculdade de refletir, que não existe na alma dos animais" (*Nouv. ess.*, II, 21, 5). Essa noção foi depois tomada por Wolff (*Psychol. empirica*, § 275). A definição de I. como "faculdade de pensar" é lugar comum no século XVIII; Kant só faz repeti-lo: "I. é a faculdade de pensar o objeto da intuição sensível" (*Crít. R. Pura*, Lógica, Intr., I) ou "o poder de conhecer em geral" (*Antr.*, I, § 6, 40).

Mas de repente, com o romantismo, o I. deixa de ter valor de faculdade de conhecer em geral e descobre-se a "imobilidade" do intelecto. Essa descoberta é feita por Fichte: "O I. é I. só quando alguma coisa está fixada nele; e tudo o que se fixa fixa-se apenas no intelecto. O I. pode ser definido como a imaginação fixada pela razão, ou como a razão provida de objetos da imaginação. O I. é uma faculdade espiritual em repouso, inativa, é o puro receptáculo do que foi produzido pela imaginação e que a razão determinou ou ainda está para determinar" (*Wissenschaftslehre*, 1794, II, Dedução da representação, III, trad. it., p. 184). Mas foi por meio de Hegel que acabou prevalecendo em filosofia a noção de I. "imóvel", "rígido", "abstrato": "Como I., o pensamento detém-se na determinação rígida e na diferença entre ela e as outras; para o I., esse produto abstrato e limitado é autônomo e existente" (*Enc.*, § 80). O I. é caracterizado pela imobilidade de suas determinações: ele "determina e fixa suas determinações" (*Wissenschaft der Logik*, Pref. à 1ª ed., trad. it., p. 5). Essa imobilização é uma falsificação, o que se vê pela forma como o I. entende a relação entre infinito e finito, originando o "mau infinito". "A falsificação em que o I. incorre em relação ao finito e o infinito, que consiste em fixar como diversidade qualitativa a relação entre ambos, em afirmar, ao determiná-los, que são separados, e separados em absoluto, tem como base o esquecimento daquilo que para o próprio I. é o conceito desses momentos" (*ibid.*, I, I, seç. I, cap. 2, C, c, trad. it., I, p. 157). Dessa forma, "fixar" "imobilizar", "determinar em absoluto" são as operações que descrevem a atividade do I., em contraposição à razão, atividade autêntica do pensamento que elimina a fixidez e a rigidez das determinações intelectuais, sendo capaz de fluidificá-las e relativizá-las. Essa contraposição torna-se lugar-comum em grande parte da filosofia do século XIX: o I., portanto, desce de sua posição de faculdade de pensar e passa para a situação secundária ou subordinada de faculdade de pensamento *abstrato*, ou seja, de *falso* pensamento. A persistência desse lugar-comum, sem qualquer justificação séria, pode ser verificada pelo fato de que, no início do século XX, Bergson propôs (*Évol. créatr.*, 1907) a crítica do I. considerado, segundo o esquema hegeliano, faculdade que tem por objeto específico o que é imóvel, inerte, rígido e morto, sendo, portanto, radicalmente incapaz de compreender o movimento e a vida. Dessa forma, substituía-se a contraposição hegeliana I.-razão pela contraposição I.-vida ou I.-consciência, que inspirou e ainda hoje inspira algumas manifestações da filosofia contemporânea. Todavia, mesmo fora dessas antíteses estereotipadas, a noção do I. como faculdade de pensar em geral não está presente na filosofia contemporânea, tendo sido substituída pela noção de pensamento ou *razão* (v.).

2º O reconhecimento do significado genérico de I. pode ocorrer ou não em conjunto com o reconhecimento de um significado específico. Podem ser distinguidas três interpretações fundamentais da função específica do I.: *a*) *intuitiva*; *b*) *operante*; *c*) de *entendimento* ou inteligência.

a) A noção de I. intuitivo foi elaborada por Aristóteles. Para ele, além de ser geralmente a faculdade "graças à qual a alma raciocina e compreende", o I. é também uma virtude dianoética, ou seja, um hábito racional específico. Como tal, é a faculdade de intuir os princípios das demonstrações, que não podem ser apreendidos pela ciência – que é apenas um hábito demonstrativo – nem pela arte e pela sabedoria, que dizem respeito "às coisas que podem ser de outra forma", desprovidas de necessidade (*Et. nic.*, VI, 6, 1140b 31 ss.). Além dessas "definições primeiras", o I. também tem a tarefa de intuir "os termos últimos", ou seja, os fins aos quais deve subordinar-se a ação (*ibid.*, VI, 11, 1143b). Ao lado da ciência, o I. constitui a sabedoria, "que é ao mesmo tempo ciência e intuição das coisas mais excelsas por natureza" (*ibid.*, VI, 7, 1151b 2), sendo por isso a mais alta realização do homem.

Essa função específica do I., de intuir os princípios comuns do raciocínio, foi admitida por Tomás de Aquino (*S. Th.*, I, q. 8, a. 1) e por muitos outros escolásticos, ao lado da função genérica de "pensar". Kant, por sua vez, fazia a distinção explícita entre I. no sentido genérico e I. como faculdade específica que está ao lado do juízo e da razão. Dizia: "A palavra I. também é entendida em sentido mais particular quando o I. é subordinado, como membro de uma divisão, ao I. entendido em sentido mais geral, como faculdade superior de conhecer constituída por I., juízo e razão" (*Antr.*, I, § 40). Nesse sentido específico, o I. é a faculdade de julgar, e o juízo que lhe compete é o juízo *determinante*, cujas leis constituem o objeto natural em geral (mais precisamente, a forma de tal objeto). Essas leis são "prescritas *a priori*" ao I., ou seja, dadas em seu funcionamento (*Crít. R. Pura*, Analítica dos conceitos, seç. I; *Crít. do Juízo*, Intr., § IV). Nesse sentido específico, como faculdade de julgar, o I. não é intuitivo no sentido de estar em relação direta com o objeto; aliás, é uma relação mediata com o objeto porque, enquanto juízo sobre uma representação, é, segundo a expressão de Kant, "a representação de uma representação". Mas é intuitivo no mesmo sentido em que é intuitivo o I. específico de Aristóteles: está em relação imediata com leis ou princípios fundamentais que entram na constituição e na organização da ciência e da estrutura de seus objetos. A diferença entre o ponto de vista de Aristóteles e o de Kant é que, para Aristóteles, o I. tem a função de formular os princípios primeiros utilizados pela ciência demonstrativa e de perceber a evidência deles; para Kant, ao cumprir a função de julgar, o I. põe em funcionamento os princípios que o constituem, mesmo sem necessidade de formulá-los explicitamente. Essas duas alternativas são as únicas historicamente presentes na interpretação do I. como faculdade intuitiva específica.

b) A concepção operante do I. foi apresentada por Bergson, que a enxertou no conceito romântico do I. entendido como faculdade do *imóvel*. Deste ponto de vista, o I. é "a faculdade de fabricar objetos artificiais, em especial para fazer utensílios, e de variar indefinidamente sua fabricação" (*Évol. créatr.*, 1911, 8ª ed., p. 151). Portanto, é a solução de um problema que, numa outra linha evolutiva, levou ao instinto entendido como faculdade de utilizar instrumentos organizados. Devido à sua função operante, a inteligência tende a captar as relações entre as coisas, e não as próprias coisas; portanto, sua forma, e não a sua matéria; tem por objeto principal o sólido inorgânico, imóvel, e é caracterizada por uma incompreensão natural do movimento e da vida (*ibid.*, p. 179). Essa análise de Bergson influenciou muito a filosofia contemporânea, cujas correntes espiritualistas e idealistas utilizaram freqüentemente suas conclusões para afirmar que "o I. abstrato" é, quando muito, eficaz no domínio da ciência, que também é conhecimento "abstrato", mas que pouco ou nada vale no domínio do conhecimento efetivo, que seria o filosófico. Mas também fora do âmbito dessas intenções denegridoras que envolvem o I. e a ciência, a função operante do I., graças à qual ele é a capacidade de enfrentar com sucesso as situações biológicas, sociais etc. nas quais o homem se encontre, acabou caracterizando o próprio I., sendo, portanto, difícil ver nele, hoje, um órgão de funções puramente teóricas. O pragmatismo certamente contribuiu para a formação deste ponto de vista, que se tornou lugar-comum da filosofia contemporânea.

c) No terceiro significado específico de I., ele significa entendimento, compreensão, sendo mais apropriada a palavra *inteligência* (como é mais apropriado em italiano, *intelligenza*; em francês, *entendement*; em alemão, *Verstehen*). Essa acepção do termo, por sua vez, pode ser articulada em dois significados:

α) Um significado comum e genérico, em que "entender" significa apreender o significado de um símbolo, a força de um argumento, o valor de uma ação etc. Em todos esses casos, a palavra exprime a possibilidade de efetuar corretamente determinada operação. Por exemplo, o entendimento/a inteligência de um signo consiste na possibilidade de estabelecer corretamente (com base no uso ou em regras devidas) a referência entre o sinal e seu referente. O entendimento/a inteligência de um argumento consiste na possibilidade de interligar suas partes de tal forma que o argumento se torne probante etc. Nestes casos, há tanta diversidade entre os vários significados de inteligência quanto entre os objetos e as situações às quais se faz referência. Em geral, tudo o que pode ser dito desse ponto é que a inteligência designa certa capacidade de inserir-se no contexto de tais situações e de orientar-se nele.

β) Um significado mais restrito e específico, no qual entendimento ou inteligência significa a compreensão de certo tipo de objetos, como, por exemplo, de um homem ou de uma situação histórica. Para tal significado do termo, v. COMPREENDER. [N.A.]

INTELECTO ATIVO (gr. νοῦς ποιητικός; lat. *Intellectus agens*; in. *Active intellect*; fr. *Intellect actif*; al. *Active Intellekt*; it. *Intelletto attivo*). Noção de origem aristotélica que deu lugar a um problema longamente debatido pelos antigos comentadores de

Aristóteles, pela escolástica árabe, pela escolástica cristã e pelo aristotelismo renascentista. O problema nasce da distinção feita entre I. potencial e I. atual. "Assim como, em toda a natureza" – diz Aristóteles –, "existe alguma coisa que serve de matéria a cada gênero e alguma coisa que é causalidade e atividade, também na alma deve necessariamente haver estas duas coisas diferentes. De fato, de um lado está o I. que tem a potencialidade de ser todos os objetos, e do outro lado está o I. que os produz, que se comporta como a luz: esta também permite que passem ao ato as cores que estão apenas em potência. Esse I. é isolado, impassível e sem mescla, pois sua substância é a própria ação" (*De an.*, III, 5, 430 a 10). Aristóteles acrescenta que só esse I. atual e ativo é "imortal e eterno". Donde o problema: ele pertenceria à alma humana ou, graças à sua incorruptibilidade, faria parte da eternidade e da atualidade perfeita, da divindade? Foram três as principais soluções para esse problema:

1ª Separação entre I. ativo e alma humana. Essa é a solução defendida na Antiguidade pelo comentador de Aristóteles, Alexandre de Afrodísia (séc. II), que identificou o I. ativo com a causa primeira, com Deus. Assim, pertenceriam à alma humana: *a)* I. físico ou material (*illico*), que é o I. potencial, semelhante ao homem que é capaz de aprender uma arte mas que ainda não a domina; *b)* I. adquirido (ἐπικτητιτός, *adeptus*), que é o aperfeiçoamento ou a realização do anterior, o conjunto das habilidades próprias no homem educado, semelhante ao artista que chegou a dominar sua arte (*De an.*, I, ed. Bruns., pp. 138-9). Essa solução, negando à alma humana o único I. imortal e eterno que é o ativo, por um lado nega a imortalidade da alma e por outro acentua a dependência da atividade intelectual humana em relação aos sentidos. Reaparece com freqüência na história da filosofia. É retomada pelo neoplatonismo árabe, com Al Kindi (séc. IX), Al Farabi (séc. IX) e Avicena (séc. XI); este último, todavia, não achava que essa solução contrariasse a imortalidade da alma, pois admitia que a dependência da alma em relação ao I. ativo, logo em relação a Deus, se mantivesse mesmo depois da separação entre alma e corpo, bastando isso para conferir a imortalidade à alma (*De an.*, 10). Essa doutrina também era aceita por Ib Bagia (séc. XII), Moisés Ben Maimon (Maimônides, séc. XII), o mais famoso dos filósofos judaicos da Idade Média (*Guide des égarés*, I, 50-2) e por Roger Bacon (*Opus maius*, ed. Bridges, p. 143). No Renascimento, essa solução foi defendida por Pietro Pomponazzi, que insistia nas condições sensíveis do funcionamento do I. humano e considerava impossível a demonstração da imortalidade (*De immortalitate animae*, 9).

2ª A separação entre I. ativo e I. passivo na alma humana. Essa foi a solução proposta por Averróis. O I. material ou *illico*, que os defensores da solução anterior atribuíam ao homem, também é considerado por Averróis separado da alma humana. Na alma humana, o I. material nada mais é que uma simples *disposição* transmitida pelo I. ativo, mais exatamente uma disposição a abstrair conceitos e verdades universais de imagens sensíveis. Portanto, ao homem só resta o I. adquirido, que Averróis denomina também especulativo e que consiste no conhecimento das verdades universais (*De an.*, fol. 165a). Essa doutrina é típica do averroísmo medieval: foi defendida por Siger de Brabante (séc. XIII) na obra *De anima intellectiva* (editado em Mandonnet, *Siger de Brabant et l'averroïsme latin au XIII*e *siècle*, II, Lovaina, 1908). Essa solução teve numerosos seguidores no aristotelismo do Renascimento (cf. BRUNO NARDI, *Sigieri di Brabante nel pensiero del Rinascimento italiano*, 1945).

3ª Unidade do I. ativo e passivo com a alma humana. Essa tese foi sustentada no séc. IV pelo comentador de Aristóteles Temístio (*De an.*, 103, 6; trad. it., p. 233), em polêmica com Alexandre, e mais tarde (séc. IV) pelo outro comentador Simplício, também neoplatônico. Foi retomada no século XIII, durante a polêmica contra o averroísmo que se deu na escolástica latina daquele tempo. Alberto Magno e Tomás de Aquino opõem-se à separação entre I. e alma, defendida por Averróis e Alexandre. Admitem que, acima da alma humana, está o I. separado de Deus, mas acham que o homem participa desse I. e que o I. ativo faz parte da sua alma como uma luz acesa pelo I. divino (ALBERTO, *De intellectu et intelligibili*, II, 1-2; TOMÁS DE AQUINO, *S. Th.*, I, q. 79, a. 4). Provavelmente foi contra uma obra de Siger de Brabante que Tomás de Aquino escreveu *De unitate intellectus contra Averroistas*, cuja resposta se encontra em *De anima intellectiva*, de Siger de Brabante. A principal objeção de Tomás de Aquino é que, se o I. fosse uma substância separada, quem entenderia não seria o homem, mas essa substância, ao que Siger de Brabante responde que o I. não age no homem como um motor, mas *operans in operando*, ou seja, como princípio diretivo de sua atividade. No Renascimento, foi sobretudo Marsilio Ficino quem defendeu a unidade do I. com a alma humana (*Theologia platonica*, XV, 14).

O problema do I. ativo é específico do aristotelismo e não tem sentido fora dele. Portanto, deixa de ser debatido quando o aristotelismo deixa de determinar os rumos gerais da filosofia. Já entre o fim do século XIII e o início do século XIV existem filósofos que negam explicitamente o I. ativo e evitam, portanto, propor-se esse problema. Durand de S.

Pourçain diz que, assim como não se supõe um "sentido ativo", é inútil supor um I. ativo (*In Sent.*, I, d. 3, q. 5 26), e Ockham afirma que a função de abstrair, atribuída ao I. ativo, desenrola-se *naturaliter*, como efeito das noções sensíveis, e não exige o I. ativo, cuja noção, portanto, só tem apoio na autoridade de santos e filósofos (*In Sent.*, II, q. 25). Esse ponto de vista prevaleceu desde os primórdios da filosofia moderna, que abandona completamente essa questão. [N.A.]

INTELECTUALISMO (in. *Intellectualism*; fr. *Intellectualisme*; al. *Intellektualismus*; it. *Intellettualismo*). Com este termo Hegel designava a filosofia de Plotino, interpretando o êxtase como ato de sair da consciência sensível e "puro pensar". "A idéia da filosofia plotiniana" – dizia ele – "é portanto um I. ou um idealismo superior que, certamente do lado do conceito, não é ainda idealismo perfeito" (*Geschichte der Philosophie*, I, seç. III, Plotino; trad. it., p. 41). Esse termo agora é usado pelas filosofias da vida e da ação para tachar a corrente contrária, para a qual o intelecto (ou pensamento ou razão) tem função dominante na consciência e na conduta do homem. Esse termo foi freqüentemente empregado pelo intuicionismo bergsoniano, pela filosofia da ação, pelo modernismo, pelo pragmatismo, ou seja, por todas as filosofias que tendem a depreciar o valor do intelecto como via de acesso à verdade e como guia da conduta e a julgar muito mais importante a intuição, a simpatia, o instinto, a vida, a vontade etc. Por vezes esse termo foi contraposto a *voluntarismo* (v.) para indicar a primazia atribuída ao intelecto sobre a vontade; nesse sentido, também foi empregado com a finalidade de caracterizar historicamente certos pontos de vista. Assim, falou-se do I. de Tomás de Aquino e do voluntarismo de Duns Scot, aludindo ao peso diferente que nesses filósofos têm as duas atividades humanas fundamentais. Trata-se, porém, de significados e caracterizações pouco precisos. [N.A.]

INTELIGÊNCIA ARTIFICIAL (in. *Artificial intelligence*; fr. *Intelligence artificielle*; al. *Künstliche Intelligenz*; it. *Inteliggenza artificiale*). A expressão *Artificial intelligence* (IA, ou sigla inglesa AI) foi cunhada por John McCarthy, que, juntamente com M. Minsky, N. Rochester e C. Shannon, promoveu um histórico seminário interdisciplinar no ano de 1956 em New Hampshire. Tal simpósio, que marca o nascimento oficial da IA – tanto como termo quanto como disciplina –, tinha o objetivo, nas palavras de Minsky, de "fazer as máquinas fazer coisas que exigiriam inteligência se fossem feitas por homens" (*Semantic Information Processing*, VV.AA., Mit Press, Massachusetts, 1968, p. V).

Sobre a natureza e as tarefas da IA os pareceres são contrastantes. Alguns a consideram uma "disciplina científica"; outros, uma simples "área da pesquisa tecnológica" possibilitada pelo encontro entre disciplinas diferentes (informática, psicologia, lógica, lingüística, filosofia da mente etc.). Alguns privilegiam uma definição *forte* ("a IA como tentativa de reproduzir, por meio de computadores eletrônicos, comportamentos não distinguíveis dos comportamentos humanos"); outros, uma definição *fraca* ("a IA como tentativa de usar os computadores para fazerem coisas que os homens sabem fazer e melhor") etc.

Apesar do entusiasmo inicial e da ousadia de certas realizações, a IA obteve resultados inferiores às expectativas. Em especial, para limitar-nos a alguns exemplos, deparou com graves dificuldades não só na robótica (ou seja, na construção de máquinas inteligentes, capazes de interagir com o mundo exterior), mas também no reconhecimento da língua falada (ou seja, na capacidade de reconhecer as palavras das frases pronunciadas) e na compreensão da linguagem natural (ou seja, na capacidade de dominar os significados variáveis e contextuais de uma língua). A tal ponto que "A IA produziu diversos programas que sabem demonstrar teoremas e jogar xadrez, mas nenhum capaz de manter uma conversa digna de uma criança de cinco anos" (R. SCHANK, *Perché le macchine saranno gli educatori del futuro*, em *L'automa spirituale*, Laterza, Roma-Bari, 1991, p. 178). Além disso, viu-se diante da dificuldade – que se tornou o autêntico "bicho-papão" da IA – de introduzir no computador o "senso comum", ou seja, o fundo de compreensões prévias e crenças em que se encarna a nossa relação concreta com o mundo. O emaranhado de dificuldades em que veio a encontrar-se a IA, às quais se procurou dar solução passando do paradigma funcionalista (v.) ao conexionista (v.), estimulou a necessidade de um reexame abrangente das suas bases conceituais e dos seus horizontes teóricos. A filosofia não poderia ser alheia a essa reflexão. De fato, vendo-se obrigada a definir e a redefinir continuamente o conceito de inteligência, a IA não pôde deixar de deparar com a filosofia e seus problemas, a começar do problema da "natureza" da mente. Ademais, a sua hipótese das "máquinas pensantes" e a sua teoria do isomorfismo mente-computador representou objetivamente um *desafio* para a filosofia: "A idéia de que fragmentos indiscutivelmente inanimados de silício e cobre podem ser comparados a pessoas [...] parece ter semeado o pânico entre as fileiras dos filósofos. É interessante que vários séculos de indagação científica sobre o cérebro humano não conseguiram despertar o interesse dos filósofos (exceto, naturalmente, poucas exceções), ao passo que poucas décadas de pesquisa sobre a possibilidade de construir máquinas pensantes provocou um verdadeiro furacão filosófico" (C. BLAKEMORE, *Per una teoria meccanicistica della mente e della percezion*, em *Mente umana e mente artificiale*, VV.AA., Feltrinelli, Milão, 1989, p. 135).

À parte o caso de Putnam, que foi um dos principais teóricos da analogia mente-computador (v. FUNCIONALISMO), os filósofos geralmente assumiram uma atitude *negativa* em relação às pretensões "fortes" da IA. Um dos núcleos de fundo de sua crítica é que a inteligência artificial não é uma verdadeira "inteligência", quer por ser puramente sintática e isenta de intencionalidade (Scarle), quer por ser descontínua e assituacional, ou seja, desvinculada da vivência cotidiana dos indivíduos e do ambiente natural e social que é típico do homem (Dreyfus e Winograd-Flores). Em outros termos, visto que a inteligência, fenomenológica e hermeneuticamente considerada, não é uma entidade abstrata e lógico-formal, mas sim um ser-no-mundo, concreto e histórico, de que fazem parte também a corporeidade e a emotividade, segue-se: a) que os computadores, não tendo o Ser-aí e a compreensão contextual prévia que o caracteriza (compreensão esta que não pode ser traduzida num conjunto finito de regras comportamentais), não possuem a forma específica de inteligência que se manifesta no "senso comum" e nas suas inobjetiváveis crenças; b) que a palavra "inteligência", mesmo sendo convencionalmente adotada tanto em referência aos sistemas naturais quanto aos artificiais, exprime mais uma homonímia que uma real analogia, ou seja c) que a IA, tomada em sentido forte, "é um abuso de termos e uma ideologia" (K. POPPER, *Meccanismi contro invenzione creativa* etc., em *L'autonoma spirituale, cit.*, p. 16).

No início, os filósofos que tentaram redimensionar as pretensões da IA foram vistos com exasperação e desconfiança. Num segundo momento, até pelo aguçamento das dificuldades internas do setor, suas observações encontraram melhor acolhida. Aliás, em alguns casos, assistiu-se a certa convergência de posições. Isso vale sobretudo para os pesquisadores (cada vez mais numerosos) que, tendo abandonado as ambições originárias da IA e a ilusão de ter encontrado nos computadores a "chave da mente", consideram que o objetivo primordial da IA não é a formulação de uma teoria geral do pensamento ou a criação – nos moldes da ficção científica – de uma "mente sintética", capaz de funcionar como dublê perfeito do nosso cérebro, mas sim a invenção de máquinas *úteis*, ou seja, de dispositivos inteligentes capazes de funcionar como instrumentos eficazes tanto para o estudo da mente quanto para a execução das várias atividades sociais e laborais. Para ressaltar essa mudança de orientação em relação à IA clássica, alguns estudiosos distinguiram e contrapuseram os conceitos de "simulação" e "emulação". Simular a inteligência significa construir máquinas explicitamente destinadas a reproduzir os poderes cognitivos do homem (modelo antropomórfico). Emular a inteligência significa construir máquinas também inteligentes, mas sem se preocupar com sua semelhança direta com o homem (modelo não-antropomórfico). Em outros termos, segundo um conceito mais recente e "pragmático" de IA, voltado a evidenciar sobretudo os aspectos tecnológicos e aplicativos de tal setor de pesquisa, o objetivo da IA não é a simulação literal dos processos cognitivos, mas apenas a sua emulação, ou seja, a criação de sistemas capazes de realizar determinadas tarefas de modo eficiente. No entanto, como essa distinção não é feita – ou não é aceita – por todos, não é tão estranho que a IA continue a ser tratada sobre um pano de fundo ambíguo, pelo que nunca se entende bem "se o desejo é apenas construir máquinas úteis ou reproduzir a inteligência humana" (D. PARISI, *Intervista sulle reti neurali. Cervello e macchine intelligenti*, Il Mulino, Bolonha, 1989, pp. 241-2).

Em vez de reduzir-se a uma espécie de autodefesa psicológica e ideológica da superioridade da espécie humana ou a uma canhestra tentativa de decretar *a priori* a impossibilidade das máquinas pensantes, a reflexão filosófica sobre a IA serviu para facilitar a passagem, ainda em andamento, de uma IA de tipo "forte" a uma IA de tipo "fraco". Ao lado do problema do isomorfismo ou não entre inteligência "humana" e inteligência "artificial" há numerosos outros problemas teóricos e éticos que servem de articulação entre a IA e a reflexão filosófica. Alguns deles (como os relativos à natureza "lingüística" ou não da mente ou os relativos à "simbiose" entre homem e máquinas) já se verificam hoje, enquanto outros poderão verificar-se no futuro. Por exemplo, além da pergunta, feita por Dreyfus, sobre o que os computadores podem ou não fazer, impõe-se a indagação, formulada por Weizenbaum, sobre o que eles devem ou não fazer (os computadores devem fazer o que fazem juízes e psiquiatras?), ou então a interrogação, levantada por Putnam, sobre os "direitos" de uma futura raça eletrônica inteligente (*I robot: macchine o vita creata artificialmente?*, 1964, em *Mente, linguaggio e realtà*, 1975, trad. it., Adelphi, Milão, 1987, pp. 425-6 e 437-8). Daí o alcance filosófico-humanístico, e não puramente matemático-tecnológico, da IA. De fato, se por um lado está claro que os problemas da IA são "de natureza demasiado científica para ficarem a cargo apenas dos filósofos", por outro é evidente que eles, pelo menos em certos níveis de problematização teórica, são "de natureza demasiado filosófica para ficarem a cargo apenas dos cientistas" (A. G. OETTINGER, Prefácio a H. L. DREYFUS, *What Computers Can Do,* 1972, 1979², 1993³, trad. it., Armando, Roma, 1988, p. 33). [G.F.]

INTELIGÍVEL (gr. νοητός; lat. *Intelligibilis;* in. *Intelligible;* fr. *Intelligible;* al. *Intelligibel;* it. *Intelligibile*). Em geral, o objeto do intelecto. Aristóteles dissera: "todos os entes são sensíveis ou I." (*De an.*, III, 8, 431b 21). O I. é o objeto do intelecto assim como o sensível é o objeto dos sentidos. Essa simetria é mantida por todos os filósofos que admitem a distinção entre sensibilidade e intelecto. Platão denominou I. a esfera do conhecimento que compreende a *dianóia* e a *ciência,* distinta da esfera da opinião, que compreende a conjectura e a crença (*Rep.*, VII, 534a). Para o neoplatonismo, o mundo I. compreende as três primeiras hipóstases: o Uno, o Intelecto e a Alma do Mundo (PLOTINO, *Enn.*, II, 9, 1). Para Kant, o mundo I. é o mundo de que o homem faz parte como "atividade pura", ou seja, não sendo influenciado pela sensibilidade, mas agindo com base na espontaneidade da razão. "Por um lado" – diz Kant –, "o homem, por pertencer ao mundo sensível, está submetido às leis da natureza; por outro, por pertencer ao mundo I., está submetido às leis que não dependem da natureza, portanto não empíricas, mas fundadas unicamente na razão" (*Grundlegung zur Metaphysik der Sitten,* III). Nesse sentido, o mundo I. é o mundo moral.

Em sentido mais específico, diz-se que é I. o que pode ser entendido ou compreendido, em correspondência com os significados 2º, *c,* de *Intelecto* (v.). [N.A.]

INTENÇÃO (lat. *Intentio;* in. *Intention;* fr. *Intention;* al. *Gesinnung;* it. *Intenzione*). Propriamente, a intencionalidade no domínio prático, ou seja, a referência de uma atividade prática (desejo, aspiração, vontade) ao seu próprio objeto. Nesse significado, a intencionalidade do ato moral pode ser reconhecida por qualquer doutrina moral. Todavia, a insistência no valor da I. como condição da moral é uma das características da ética do fim, distinta da ética do móbil (v. ÉTICA). Na ética do móbil, a moralidade da ação é julgada em termos de eficiência em produzir o bem-estar, a felicidade etc. Na ética do fim, entretanto, a ação é julgada em termos da direção que o sujeito imprime à ação, que é exatamente a intenção. A esse respeito, Tomás de Aquino diz com justiça que "a I. é o nome do ato da vontade, estando pressuposto o ordenamento da razão, que ordena alguma coisa para um fim"; é que "a I. pertence primordial e principalmente àquilo que se move para um fim", sendo por isso "o ato da vontade" (*S. Th.*, II, 1, q. 12, a. 1). Nesse sentido, a I. é própria da ética do fim. Portanto, sua noção não se encontra na ética aristotélica, em que a análise do ato moral é feita com base na ética do móbil; e não se encontra em nenhuma ética do mesmo gênero, como por exemplo o utilitarismo. Por outro lado, a moral teológica tende a insistir no valor da intenção. Abelardo dizia: "Deus não toma em consideração as coisas feitas, mas o espírito com que são feitas, e o mérito e o valor de quem age não consiste na ação, mas na I." (*Scito te ipsum,* 3). A própria moral kantiana, sobretudo em seus aspectos de pregação leiga e edificante, insiste muito no valor da I.: a exaltação da "boa vontade" com a qual se inicia a *Fundamentação da metafísica dos costumes* na realidade é uma exaltação da intenção. E a primeira parte da *Crítica da Razão Prática* conclui-se com a exaltação da "I. realmente moral e consagrada à lei". Ao contrário, a diferença entre a ética da I. e a ética objetiva foi bem expressa por Max Weber: "Na esfera da conduta pessoal existem problemas éticos específicos que a ética não pode resolver com base em seus próprios pressupostos. Antes de mais nada há a questão fundamental de saber se: *a*) o valor intrínseco da conduta ética – a 'vontade pura' ou a 'I.', como se costuma denominar – basta para a sua justificação, segundo a máxima cristã: 'o cristão age bem e deixa por conta de Deus as conseqüências de sua ação' ou *b*) a responsabilidade das conseqüências previsíveis da ação deve ser tomada em consideração. Toda atitude politicamente revolucionária, em especial o sindicalismo revolucionário, parte do primeiro postulado; toda política realista, do segundo. Ambas invocam princípios éticos. Mas esses princípios estão em eterno conflito, o que não pode ser resolvido só por meio da ética" ("Der Sinn der Wertfreiheit der soziologischen und ökonomischen Wissenschaften", 1917; trad. in. em *The Methodology of the Social Sciences,* p. 16). A ética moderna e contemporânea, por ser predominantemente uma ética do móbil (v. ÉTICA), dá primazia àquilo que Weber denominou segundo postulado. Por outro lado, o ceticismo tão difundido na filosofia contemporânea, quanto à possibilidade de conhecer com probabilidade suficiente o que acontece no âmago da consciência individual, levou o behaviorismo a considerar a I. como operação (ou como parte de uma operação) que constitui a execução de um plano ou projeto de conduta. Nesse caso, a frase "tenho a intenção de ver João" significa simplesmente que estou empenhado na execução de um plano de que faz parte o encontro com João (MILLER, GALANTER, PRIBBAN, *Plans and the Structure of Behavior*, 1960, p. 61). [N.A.]

INTENCIONALIDADE (lat. *Intentionalitas*; in. *Intentionality*; fr. *Intentionnalité*; al. *Intentionalität*; it. *Intenzionalità*). Referência de qualquer ato humano a um objeto diferente dele: por exemplo, de uma idéia ou representação à coisa pensada ou representada, de um ato de vontade ou de amor à coisa querida ou amada etc. Essa noção foi inicialmente empregada com relação à atividade prática, donde o significado, ainda hoje predominante, da palavra *intenção* (v.) que designa exatamente a referência da atividade prática ao seu objeto. O neoplatonismo árabe estendeu pela primeira vez seu sentido, para designar a relação entre o conhecimento e seu objeto, chamando os conceitos de intenções. Ao determinar a diferença entre a lógica e as ciências reais, Avicena afirmou que, enquanto estas últimas têm por objeto as primeiras intenções (*intensiones primo intellectae*), ou seja, conceitos que se referem a coisas reais, a lógica tem por objeto as segundas intenções (*intensiones secundo intellectae*), ou seja, conceitos que se referem a outros conceitos (*Met.*, I, 2). Alberto Magno reproduziu esta distinção (*In Met.*, I, 1, 1), que se tornaria familiar aos filósofos do século XIII. Tomás de Aquino, por sua vez, considerava a intenção como "a semelhança da coisa pensada" (*Contra Gent.*, IV, 11), distinguindo-a por vezes da espécie inteligível pela sua indiferença à ausência ou à presença do objeto e pelo fato de abstrair das condições materiais sem as quais esta última não existe na natureza (*ibid.*, I, 53), e outras vezes identificando-a com a espécie inteligível (*S. Th.*, I, q. 85, a. 1, ad 4º). Mas o conceito de I. só ganhou destaque quando, entre o fim do século XIII e o começo do século XIV, começou-se a duvidar da doutrina da *espécie* (v.) como intermediária do conhecimento, e deixou-se de ver no ato cognitivo uma "semelhança", uma cópia ou imagem da coisa. Durand de S. Pourçain afirmava que é o próprio objeto, e não a espécie, que se apresenta ao sentido e ao intelecto (*In Sent.*, II, d. 3, q. 6, n. 10), e Pedro Auréolo observava, a respeito, que, se a espécie fosse o objeto do conhecimento, este não diria respeito à realidade, mas apenas à imagem dela. Auréolo, portanto, julgava que o objeto do conhecimento era a coisa em seu *ser intencional* ou *objetivo*, ou seja, assumida como termo da I. do conhecimento (*ibid.*, I, d. 23, a. 2). O *esse intentionale* ou *esse apparens*, como também o denominava Auréolo, é a manifestação da coisa à I. cognitiva da mente (*ibid.*, I, d. 9, a. 1). Para Ockham, isso se afigurava como um anteparo inútil entre o intelecto e a coisa (*ibid.*, I, d. 27, q. 3 CC). Para ele, o ato cognitivo é uma *intentio*, no sentido de referir-se diretamente à coisa significada. Como intenção, o conceito não passa de signo que está no lugar de uma classe de objetos, qualquer um dos quais pode substituir o conceito nos juízos e raciocínios em que aparece (*ibid.*, I, d. 23, q. 1, D; *Quodl.*, IV, q. 35; *Summa log.*, I, 12).

A I., como referência ao objeto, fora assim reduzida pela escolástica medieval à referência do signo ao seu designato, e por muito tempo deixa de ser utilizada como noção autônoma. Foi só no século XIX que Brentano redescobriu essa noção para tomá-la como característica dos fenômenos psíquicos (*Psichologie vom empirischen Standpunkt*, 1874). Estes podem ser classificados, segundo as características de sua I., de sua referência ao objeto, em representação (o objeto está simplesmente presente), em juízo (é afirmado ou negado), em sentimento (é amado ou odiado). Esses três atos se referem a um "objeto imanente" e são atos intencionais, mas sua I., ou seja, sua referência ao objeto, é diferente para cada um deles. Inicialmente Brentano julgou que o objeto da I. pudesse ser indiferentemente real ou irreal; depois, em *Klassification der psychischen Phänomene* (1911), afirmou que o objeto da I. é sempre real e que a referência a um objeto irreal é indireta, ocorrendo através de um sujeito que afirme ou negue o objeto. Husserl inspirou-se nessas idéias de Brentano ao assumir a noção de I. não mais como característica dos fenômenos psíquicos entendidos como um grupo de fenômenos que coexistam com outros fenômenos chamados físicos, mas como a definição da própria relação entre o sujeito e o objeto da consciência em geral. Husserl diz a propósito: "A característica das vivências (*Erlebnisse*), que pode ser indicada como o tema geral da fenomenologia orientada objetivamente, é a intencionalidade. Representa uma característica essencial da esfera das vivências, porquanto todas as experiências, de uma forma ou de outra, têm intencionalidade. [...] A I. é aquilo que caracteriza a consciência em sentido pregnante, permitindo indicar a corrente da vivência como corrente de consciência e como unidade de consciência" (*Ideen*, I, § 84). Posteriormente, o próprio Husserl falou de "intencionalidade *operante*", no sentido de que a vivência não se refere somente ao seu objeto, mas também a si mesma e é por isso ciência de si (v. OPERANTE). Seja como for, no âmbito da fenomenologia a I. era assumida como característica fundamental da consciência, e como tal ficou em boa parte na filosofia contemporânea, especialmente na fenomenologia e no existencialismo (v. CONSCIÊNCIA). O conceito de *transcendência* (v.), mediante o qual Heidegger definiu a relação entre o homem e o mundo, outra coisa não é senão uma generalização da intencionalidade. Heidegger diz: "Se considerarmos qualquer relação com o ente como intencional, então a I. é possível apenas com base na transcendência, mas é preciso atentar: I. e transcendência não se identificam, e esta não se funda naquela" (*Vom Wesen des Grundes*, I; trad. it., p. 24). [N.A.]

A dificuldade extrema no entendimento do *status* ontológico dos objetos intencionais no âmbito da proposta inicial de Brentano levou Meinong (*Über Gegenstandstheorie*, 1904) a estabelecer a distinção entre o subsistir (*Sosein*) e o existir (*Sein*): os objetos intencionais que se referem a objetos inexistentes na realidade empírica, mesmo não existindo, subsistem. Mas desse modo omite a diferença essencial entre objetos reais e irreais, pois a referência de todos os nossos discursos seria então sempre e somente o estado mental, e teríamos de tratar exclusivamente com representações não mais intencionais. Church (*Introduction to Mathematical Logic*, 1956) continua, por outro lado, a identificar, de modo mais medieval que brentaniano, o ser intencional em entes de razão.

A "virada lingüística" no tema da I. foi devida aos filósofos analíticos (entre os quais Chisholm, Sellars e Anscombe), que, em vez de dirigirem a atenção aos objetos intencionais, voltaram-na para a linguagem por meio da qual fazemos afirmações sobre esses mesmos objetos; desse modo se evita encalhar na discussão do *status* ontológico. Já Carnap, em *Logical Syntax of Language* (1937), afirmara que as entidade lingüísticas (asserções, crenças etc.) são objeto das nossas aptidões intencionais, transformando todos os objetos intencionais em palavras. Segundo a célebre análise de Chisholm (*Perceiving: A Philosophical Study*, 1957; *Sentence about Believing*, 1958, e *Intentionality*, 1967), os enunciados intencionais não são nem vericondicionais nem intensionais nem se conformam ao princípio da generalização existencial e são enquadrados com base em três condições: 1) não precisamos deles quando descrevemos fenômenos não psíquicos (ou seja, físicos), 2) precisamos deles quando descrevemos fenômenos psíquicos (não físicos), 3) neste último caso precisamos recorrer a um vocabulário que não nos serve para descrever fenômenos não psíquicos. Embora para alguns essas condições tenham parecido não rigorosas, ou porque demasiado restritas (para Cornman e Margolis há enunciados intencionais que não incidem nessa tipologia) ou porque demasiado amplas (para Quine os enunciados modais correspondem à mesma definição), muitos se esforçaram para conferir marca propriamente lingüística à I.: entre outros Lycan (*On "Intentionality"*, 1969), Dennett (*Beyond Belief*, 1982), Rosenberg (*Sociobiology and the Preemption of Social Science*, 1980). Outros, ao contrário, tentaram caminhos diferentes: Searle (*Intentionality and the Method*, 1981), Richardson (*Internal Representation: Prologue to a Theory of Intentionality*, 1981) e Stalnaker (*Inquiry*, 1984), por exemplo, tendem ao definitivo abandono da via lingüística. Uma solução ainda mais radical deve-se a Quine (e de modo análogo a Scheffler), que, considerando o modo como os estados mentais foram representados através das atitudes proposicionais e comungando algumas teses de Brentano sobre a especificidade das locuções intencionais, chega à conclusão oposta e propõe eliminá-las a favor de uma análise puramente behaviorista do comportamento humano.

Uma contribuição de todo nova e positivamente dirigida para uma explicação científica da I. é a da reflexão sobre inteligência artificial, que considera no mais das vezes intencionais os sistemas cognitivos. *a)* A teoria computacional da mente de Fodor (*The Language of Thought*, 1975) admite que os conteúdos intencionais são interiores à mente, elaborados de modo sintaticamente feliz no mentalês, mas, ao simplesmente postular sem justificar a capacidade intencional, não parece realmente esclarecer a referência aos objetos externos. *b)* A teoria representacional da mente produziu outras soluções: 1) na versão informática de Dretske (*The Intentionality of Cognitive States*, 1980, e *Knowledge and the Flow of Information*, 1981) a I. é uma característica geral de todos os conteúdos cognitivos e refere-se corretamente aos objetos na qualidade de relação causal originária; é assim invertida a abordagem tradicionalmente mais difundida, considerando-se agora ser preciso justificar o erro, concebido como distorção de uma crença que de outro modo seria verdadeira. 2) Na versão reducionista de Searle (*Intentionality*, 1983), a I. intrínseca é característica possuída exclusivamente por certos sistemas biológicos, como por exemplo o cérebro humano, diferentemente do computador: a identificação do fundamento fisiológico dessa característica, porém, é diferida para futuros e eventuais conhecimentos fisiológicos. 3) Na versão do "comportamento intencional" de Dennett (*Brainstorms*, 1981) nenhum estado é considerado por sua natureza intencional, e a I. é apenas um meio para adquirir informações referentes a determinados objetos, para que seja possível comportar-se de modo feliz; há portanto objetos em relação aos quais a atribuição intencional é inútil (os objetos físicos em geral porquanto inanimados), outros em relação aos quais é indispensável (os seres humanos). [M.S.]

INTENSÃO e EXTENSÃO (in. *Intension and extension*; fr. *Intension et extension*; al. *Sinn und Bedeutung*; it. *Intensione e estensione*). Este par de termos foi introduzido por Leibniz, para expressar a distinção que a *Lógica* de Port-Royal expressara com o par *compreensão-extensão* (v.) e a lógica de Stuart Mill expressara com o par *conotação-denotação* (v.). Leibniz diz: "Animal compreende mais indivíduos que homem, mas homem compreende mais idéias e mais formas; um tem mais exemplos, o outro mais graus de realidade; um tem mais extensão, o outro tem mais I." (*Nouv. ess.*, IV, 17, § 9). O emprego destes dois termos foi adotado por Hamilton: "A quantidade interna de uma noção, sua I. ou *compreensão*, é constituída por diferentes atributos cuja soma é o conceito, no sentido de que este reúne os vários caracteres conexos num todo pensado. A quantidade externa de uma noção, ou a sua *extensão*, é constituída pelo número de objetos que são pensados mediatamente através do conceito" (*Lectures on Logic*, 2ª ed., 1866, 1, p. 142). O uso desses dois termos ainda prevalece na lógica contemporânea, que os associou à distinção estabelecida por Frege entre sentido e significado. Frege disse: "Ao pensarmos num signo, deveremos ligar a ele duas coisas distintas: não só o objeto designado, que será denominado *significado* daquele signo, mas também o *sentido* do signo, que denota a maneira como esse objeto nos é dado" ("Über Sinn und Bedeutung", 1892, § 1, trad. it. em *Aritmética e lógica*, p. 218). Obviamente, o objeto é a extensão; o sentido é a intensão. Essa distinção é repetida ou pressuposta por quase toda a lógica contemporânea.

A I. de um termo é definida por Lewis como "a conjunção de todos os outros termos, cada um dos quais deve ser aplicável àquilo a que o termo é corretamente aplicável". Nesse sentido, a I. (ou conotação) é delimitada por toda definição correta do termo e representa a *intenção* de quem o emprega, por isso o significado primeiro de "significado". A extensão ou denotação de um termo, porém, é a classe das coisas *reais* às quais o termo se aplica (LEWIS, *Analysis of Knowledge and Valuation*, 1950, pp. 39-41). As mesmas determinações são feitas por Quine: a I. é o significado; a extensão é a classe das entidades às quais o termo pode ser atribuído com verdade (*From a Logical Point of View*, II, 1).

Analogamente são usados os adjetivos *intensional* e *extensional*: este último é aplicado a pontos de vista que tomam em consideração a denotação das proposições, sem levar em conta, sempre que possível, seus significados intensionais. Por outro lado, o adjetivo intensional, sobretudo se aplicado ao cálculo das proposições ou das *funções proposicionais* (v.), significa que se toma em consideração a modalidade das proposições, que não são levadas em conta pela consideração *extensional*, que se limita a examinar as funções de verdade das próprias proposições (CARNAP, *Logical Syntax of Language*, § 67; RUSSELL, *Inquiry into Meaning and Truth*, 1940, cap. 19) (v. ESTENSIONALIDADE, TESE DA). [N.A.]

INTENSIONALISMO SEMÂNTICO (in. *Semantical intensionalism*; fr. *Intensionalisme sémantique*; al. *Semantischer Intensionalismus*; it. *Intensionalismo semantico*). Essa expressão indica uma série de correntes da semântica filosófica que, ao elaborarem uma teoria do significado para as linguagens naturais, recorrem a entidades não físicas como conceito, representação, significado, estado de coisas etc. *O extensionalismo semântico* (v.), ao constituir-se como teoria da referência, depara com sérias dificuldades para dar conta dos contextos oblíquos, uma vez que em tais situações não se pode levar em conta apenas a referência, mas outros elementos extralingüísticos. O limite fundamental da teoria do significado de tipo denotacional consiste no fato de que ela leva em consideração um só estado de coisas (modelo) por vez como relevante para a determinação do significado. Isso aparece com evidência nos contextos que não falam do mundo real: nos modais ("é necessário que p", "é possível que p"), nos proposicionais (as modalidades epistêmicas, doxásticas, bulomaicas etc., respectivamente como "S sabe que p", "S acredita que p", "S espera que p"), nos temporais (estudados, entre outros, por Prior e Van Benthem, por exemplo: "Em 1861 Turim era capital da Itália"), cuja verdade é independente do modo como as coisas estão no mundo real (ou seja, em contextos contrafactuais). Teve-se o tratamento formal dessa exigência com a semântica dos mundos possíveis, que estende a teoria tarskiana dos modelos aos contextos oblíquos. Essa semântica desenvolveu-se a partir de *Meaning and Necessity* (1947), de Carnap, dedicado ao tratamento das modalidades aléticas, e de *Semantical Consideration on Modal Logic* (1963), de Kripke, e depois foi estendida a outros contextos específicos. Na semântica kripkiana a formalização é feita com o auxílio da teoria dos conjuntos; "é necessário que *p*" significa que no mundo *w* e em todos os mundos acessíveis a partir de *w* (ou seja, que podem ser imaginados pelos habitantes de *w*) deve ser verdade que *p*; e "é possível que *p*" significa que deve ser verdade que *p* em *w* ou em um dos mundos acessíveis a partir de *w*; deixamos aqui de mostrar a *relação de acessibilidade R*, ou seja, a regra que estabelece quais mundos são imagináveis a partir de *w*. Note-se que, em relação à noção leibniziana de mundo possível, aqui se acrescenta a exigência de que tais mundos sejam considerados possíveis *relativamente a um* *mundo dado.* Em suma, a intensão é uma função de mundos possíveis para extensões e permite identificar a referência de uma expressão, dado certo estado de coisas (a intensão de um enunciado nada mais é que a classe dos mundos possíveis em que ele é verdadeiro): esta última idéia tem sua realização mais ampla na *gramática de Montague* (v.). [M.S.]

INTERAÇÃO. V. AÇÃO RECÍPROCA; TRANSAÇÃO.

INTERESSANTE (in. *Interesting;* fr. *Intéressant;* al. *Interessant;* it. *Interessante*). Kierkegaard frisou a importância desse conceito, que ele considerou "uma categoria situada no limite entre a estética e a ética, portanto a categoria do ponto crítico". Sócrates foi, por exemplo, o mais I. dos homens que já viveram, e sua vida foi a mais I. das vidas vividas. Mas aquela existência foi-lhe destinada pela divindade e, à medida que precisou conquistá-la por si, precisou conhecer dificuldades e dores (*Furcht und Zittern,* em *Werke,* III, 131). [N.A.]

INTERESSE (in. *Interest;* fr. *Intérêt;* al. *Interesse;* it. *Interesse*). Participação pessoal numa situação qualquer e a dependência que dela resulta para a pessoa interessada. Trata-se de um conceito moderno que Kant utiliza no domínio da estética, com a finalidade de afirmar o caráter "desinteressado" do prazer estético: "Chama-se de I. o prazer que associamos à representação da existência de um objeto. Esse prazer tem sempre relação com a faculdade de desejar, seja como causa determinante dele, seja como necessariamente atinente a tal causa. Mas quando se trata de julgar se uma coisa é bela, não queremos saber se sua existência importa ou pode vir a importar para nós ou para qualquer pessoa; só queremos saber como julgá-la ao contemplá-la" (*Crít. do Juízo,* § 2). Hegel, por sua vez, ao definir o I. como "o momento da individualidade subjetiva e de sua atividade", entendia com isso a presença do sujeito na ação (*Enc.,* § 475). A noção de I. foi utilizada sobretudo em pedagogia, como participação do educando no saber, graças à qual o saber se lhe afigura útil. Essa foi uma das regras propostas para a educação em *Emílio* de Rousseau. Mas foi Herbart quem utilizou sistematicamente a noção de I., indicando como fim da educação a *plurilateralidade* dos interesses. Segundo Herbart, o I. está no meio, entre ser espectador dos fatos e neles intervir; em outros termos, é uma participação ainda não totalmente ativa ou engajada. O I. também se distingue do desejo porque, enquanto o objeto deste último ainda não existe, o objeto do I. já está presente e real (*Allgemeine Pädagogik,* 1873, II, 1, 2, § 3). Dos pedagogos contemporâneos foi Dewey quem mais insistiu no valor do I., definindo-o como "o acompanhamento da identificação, através da ação, do eu com algum objeto ou idéia, através da necessidade de tal objeto ou idéia para a manutenção da auto-expressão" (*Educational Essays,* ed. por J. J. Findlay, p. 89). [N.A.]

Habermas lançou mão do conceito de I. como elo entre teoria e prática. Contra o ideal positivista da "teoria pura", ou seja, contra o mito (comungado por grande parte da tradição filosófica) de um saber objetivo e totalmente neutro, Habermas evidenciou as raízes antropológico-sociais de toda forma de saber, insistindo na inexistência de um sujeito teoricamente puro e nos vínculos entre conhecimento e I.: "À abordagem das ciências empírico-analíticas inere um I. cognitivo *teórico;* à das ciências histórico-hermenêuticas, um I. *prático;* e ao das ciências de orientação crítica, o I. cognitivo *emancipador*" (*Teoria e prassi della società tecnologica,* trad. it., Laterza, Roma-Bari, 1974, p. 9). Mais em particular, na base das ciências empírico-analíticas encontram-se I. cognitivos condicionados por I. técnicos, ou seja, obedientes à lógica do "agir instrumental". Na base das ciências histórico-hermenêuticas estão I. práticos condicionados pelo ideal de um possível entendimento comunicativo entre os parceiros do diálogo interpessoal (v. AGIR COMUNICATIVO/AGIR INSTRUMENTAL). Na base das ciências de orientação crítica estão I. emancipadores voltados a construir uma sociedade livre da dominação (v. IDEOLOGIA, CRÍTICA DA; DISCURSO, ÉTICA DO). [G.F.]

INTERFENÔMENO (in. *Interphenomenon;* it. *Interfenomeno*). Termo criado por H. Reichenbach para indicar os eventos subatômicos não observáveis, ou seja, não imediatamente inferíveis pela observação, como por exemplo o movimento de um elétron ou de um raio luminoso da fonte até o encontro com outra matéria. "Eventos dessa espécie são apresentados por meio de cadeias de inferências de tipo muito mais complicado. São construídos na forma de *interpolação* dentro do mundo dos fenômenos, e na mecânica quântica a distinção entre fenômenos e I. é análoga à distinção entre coisas observadas e não observadas" (*Philosophic Foundations of Quantum Mechanics,* I, 6). [N.A.]

INTERIORIDADE. V. EXTERIORIDADE.

INTERMUNDOS (gr. μετακόσμια; lat. *Intermundia;* it. *Intermundi*). Espaços entre os mundos, onde, segundo Epicuro, habitam os deuses (DIÓG. L., X, 89; CÍCERO, *De divin.,* II, 17, 40; *De nat. deor.,* 16-9). [N.A.]

INTERPRETAÇÃO (gr. ἑρμηνεία; lat. *Interpretatio;* in. *Interpretation;* fr. *Interprétation;* al. *Interpretation, Auslegung;* it. *Interpretazione*). Em geral, remontar de um signo ao seu significado. O termo latino *interpretatio* (que, em conjunto com o verbo *interpretari,* tem desde a idade clássica todos os significados do verbo correspondente em português) traduz o grego ἑρμηνεία, que tinha um significado mais restrito. Platão fala de ἑρμηνεία num contexto em que faz a distinção entre objetos que não suscitam problemas para a inteligência e objetos que, ao contrário, apresentam problema porque "afetam o sentido com impressões opostas entre si"; chamam-se "interpretações" justamente essas impressões opostas (*Rep.*, 523b ss.), e não o trabalho do intelecto voltado a eliminar suas contradições. "Interpretar" parece portanto indicar (aqui como também em *Teet.*, 209a) o modo de perceber, de entender algo apresentado pelo mundo externo. Mais próximo do sentido moderno mostra-se o uso do verbo ἑρμηνεύειν em *Íon* (535a), em que se diz que os poetas são para nós intérpretes dos deuses; e em *Político* (260d), em que se fala de uma arte interpretativa, daqueles que explicam os oráculos. Outro sentido, ligado a estes, que prevalece em Aristóteles, é o que identifica a ἑρμηνεία com a expressão: a língua é "intérprete" dos pensamentos porquanto o exprime para o exterior (*De part. an.*, 660a 35; e *De an.*, 420b 19); nesse sentido, Aristóteles usa o termo como título de um dos tratados que constituem o *Organon,* o Περί ἑρμηνείας. Esse uso técnico do termo passa para a Idade Média por intermédio de Boécio, que comenta o tratado de Aristóteles, e encontra-se em Tomás de Aquino, também autor de um comentário à obra de Aristóteles.

1. *Interpretação e sentido oculto. A exegese medieval* – Em Tomás de Aquino, porém, está presente também o significado de I. como elucidação dos significados obscuros de um texto (*S. Th.*, II-II ae, q. 120, art. 1, ad 3; e q. 176, art. 2, ad 4). É sobretudo nessa acepção que o termo passará para o uso moderno. Foi sem dúvida decisiva, na ênfase desse componente do significado da palavra, a longa elaboração que, na patrística e na Idade Média, ocorreu acerca do problema dos sentidos da Sagrada Escritura (exegese). Essa elaboração parte dos textos de Paulo em que (p. ex., 1 *Coríntios* X, 1-11) se fala dos eventos do Antigo Testamento como figuras e alegorias proféticas dos fatos do Novo Testamento; nesse sentido é que Agostinho fala de I. (p. ex., *Enarrationes in psalmos* 89, n. 1; 47, n. 1; 78, n. 26). A reflexão exegética medieval irá além desse ponto, quer estendendo a I. figural também ao Novo Testamento (visto que ele também narra fatos que têm um sentido secreto, ou seja, a salvação do gênero humano por meio da Igreja), quer reconhecendo que se pode fazer uma I. figural também de textos não bíblicos, como por exemplo dos filósofos antigos (assim ABELARDO, *Introductio ad theologiam*). Enquanto o tema da leitura figural da Escritura está vivo em todos os autores medievais, é comparativamente raro o uso do termo "I" e seus correlatos; são preferidas palavras como *intelligentia* (compreensão), *expositio* (explicação) e semelhantes. "Interpretar", aplicado à Escritura, vem a significar sempre mais especificamente "trazer a lume" um sentido oculto; este significado se acentua mais no humanismo, por obra de pensadores como Marsilio Ficino e Pico della Mirandola, nos quais a doutrina dos vários sentidos da Escritura se complica com a inserção de um simbolismo natural de derivação neoplatônica e de elementos cabalísticos (a própria cabala é entendida no sentido literal de "tradição recebida", portanto também como repertório interpretativo). Por meio de uma leitura figural da Escritura e da utilização da cabala, destinada sobretudo a abrir os olhos dos judeus para a divindade de Jesus, Pico propõe-se realizar o seu grande projeto de unificação religiosa do gênero humano. Especulações como as de Pico e, na sua esteira, de G. Reuchlin (*De verbo mirifico*) confluem em textos sistemáticos como *De Sacra Scriptura recte interpretanda* de Pedro Galatino (1526). Tais orientações hermenêuticas sofrerão oposição (do ponto de vista de uma leitura espiritual e ascética da Escritura) de Erasmo de Rotterdam e, sobretudo, da Reforma protestante, que vê no acúmulo de leituras figurais da Bíblia uma sobreposição indevida à clareza da palavra de Deus, que deve ser acessível a todos os homens.

2. *A interpretação como saber histórico* – A Idade Moderna, tanto do lado protestante como do católico, inicia-se sob a insígnia da busca de um critério que sirva para limitar os arbítrios da I. figural, que chegara ao extremo na especulação renascentista. Em âmbito católico, com o Concílio de Trento, o critério passa a identificar-se cada vez mais com a autoridade da Igreja (a ela cabe "julgar do verdadeiro sentido e da I. das santas Escrituras", *De editione et usu sanctorum librorum,* Concílio de Trento, 8 de abril de 1546). Para os protestantes, a clareza do sentido da Escritura deve ser reconhecida também por meio de um estudo filológico e histórico mais preciso do texto, guiado apenas pelo esforço de manter-se fiel ao "espírito" e não à "letra" dos textos sagrados. O racionalismo seiscentista se inserirá nessas premissas, reservando o trabalho interpretativo aos textos e trechos da Escritura que, obviamente, não admitem compreensão literal: é esse o princípio que se encontra exposto sistematicamente no *Tractatus theologico-politicus* (cap. VII) de Espinosa.

Através da recusa aos exageros figurais e da insistência no significado literal e histórico dos textos, assim como através da polêmica racionalista, a doutrina da I. estava pronta para passar do campo restrito da exegese bíblica a qualquer tipo de texto: é esse o sentido do desenvolvimento que a hermenêutica sofre no século XVIII, graças primeiramente a J. M. Chladenius (*Einleitung zur richtigen Auslegung vernünftiger Reden und Schriften*, 1742) e, sobretudo, a F. D. Schleiermacher. I. vem assim a significar compreensão de qualquer texto cujo sentido não seja imediatamente claro, do qual estejamos separados por alguma distância (lingüística, histórica, psicológica etc.). Também nesse sentido mais amplo, não mais ligado aos textos sagrados, a I. tem a ver com a revelação de um sentido oculto, que no entanto assim se mostra não por ser expressão da transcendente sabedoria divina, mas apenas por razões lingüísticas, históricas, culturais. Também com respeito a esse sentido oculto, porém, parece poder valer o preceito expresso por Schleiermacher (*Ermeneutica*, ed. Kimmerle, p. 87): "Entender o discurso tão bem e até melhor do que o próprio a autor o entende." Embora a hermenêutica subseqüente não tenha mais formulado explicitamente esse preceito, pode-se dizer que o debate sobre a I. girou em torno do problema que ele propunha, enunciável nestes termos: até que ponto a I. visa simplesmente a reconstruir o sentido entendido pelo autor, e até que ponto ela traz conhecimentos novos acerca dos textos, conhecimentos ligados, por exemplo, ao quadro histórico-cultural que é possível delinear em relação a cada texto e a cada autor. Com a formulação do problema por parte de Schleiermacher, na qual o caráter obscuro dos textos, que exige I., é ligado à própria distância histórica que os separa de nós, a I. se define como saber histórico, e, inversamente, todo o conhecimento histórico é posto sob a insígnia da I. Essa identificação de âmbitos realiza-se explicitamente em W. Dilthey, para quem todo "entendimento intencional de manifestações da vida fixadas de maneira durável se chama I."; mas, "como a vida espiritual só encontra na língua a sua expressão cabal, [....] a I. atinge seu ápice em relação ao restante da existência humana contido no texto" (Plano para o prosseguimento da construção do mundo histórico nas ciências do espírito, parte 1, 2, par. 6). Uma vez identificado o produto histórico por excelência no texto, a I. pode tornar-se a forma de conhecimento típica de todas as ciências históricas, mesmo mantendo a sua constitutiva referência aos textos.

3. *Hermenêutica e pensamento do século XX* – Na linha inaugurada por Schleiermacher e Dilthey situa-se grande parte das teorias da interpretação elaboradas no século XX: elas ressaltam um ou outro dos elementos que se acumularam na noção ao longo da história (essencialmente: a referência à linguagem, à historicidade, ao desvendamento de sentidos obscuros e misteriosos, o "saber mais que o próprio autor" etc.). Assim, o aspecto de historicidade (pelo qual exige interpretação aquilo que é historicamente remoto) e o elo com a linguagem e os textos estão no centro da noção de I. dada por Heidegger, para quem o homem está "lançado" no mundo, no sentido de que sua existência é já sempre qualificada por certa pré-compreensão do mundo que está encarnada na linguagem de que cada dispõe; I. é então "a articulação da compreensão" que nos constitui como existentes (*Sein und Zeit*, § 32). Essa generalização da I., que se torna a dimensão constitutiva de toda a existência, é retomada e prosseguida por H. G. Gadamer, que propôs uma verdadeira ontologia hermenêutica (v. PERTENÇA; APLICAÇÃO; CÍRCULO HERMENÊUTICO; CONSCIÊNCIA DA DETERMINAÇÃO HISTÓRICA; SER; LINGUAGEM; DISTÂNCIA TEMPORAL; HORIZONTES, FUSÃO DOS; PREJULGAMENTO; TRADIÇÃO; VERDADE; WIRKUNGSGESCHICHTE). Outros aspectos do fenômeno interpretativo são acentuados nas outras principais formulações contemporâneas: P. Ricoeur ressalta especialmente o conceito de I. como desvendamento de sentidos ocultos, porquanto concebe a I. como algo reservado à compreensão dos símbolos (ou seja, dos signos que têm significados equívocos), ligando-se desse modo também ao sentido que o termo tem no fundador da psicanálise, S. Freud (RICOEUR, *Da interpretação. Ensaio sobre Freud*, livro I, 1). L. Pareyson, por sua vez, definindo a I. como conhecimento de formas por parte de pessoas" (*Esistenza e persona*, seç. II, cap. 6), elabora sobretudo as suas características peculiares de inexauribilidade, retomando de algum modo o preceito de Schleiermacher sobre o "saber mais que o próprio autor". Uma teoria da I. não respaldada no modelo do diálogo interpessoal, mas no da relação com o texto como interlocutor mudo e potencialmente exposto ao mal-entendido, foi elaborada, na esteira da reflexão heideggeriana, por J. Derrida (*Da gramatologia*, 1967).

A generalização do conceito de I. realizada pelo historicismo do fim do século XIX e depois por Heidegger não tocou de modo relevante a cultura anglo-saxônica: nesta o termo continua restrito à designação da compreensão de discursos e de textos literários, e o estudo dos problemas relativos é objeto da retórica e da teoria da crítica (L. A. RICHARDS, *Philosophy of Rhetoric*, 1937, e *Principles of Literary Criticism*, 1924). Essa tradição anglo-saxônica caracteriza-se em geral por uma preocupação metodológica mais marcante, que tem como critério diretivo da I. a atribuição aos textos do sentido que lhes seriam atribuídos pelo autor se pudesse ser também leitor dos seus próprios textos (*Philosophy of Rhetoric*, cap. 1). Maior consistência filosófica, ainda em âmbito anglo-saxônico, foi conferida à noção de I. por Ch. S. Peirce, que, na perspectiva de uma teoria pragmatista do signo, faz coincidir o âmbito da I. com o dos "efeitos veiculados pelos signos" (*Writings*, 5.475); esses efeitos, que Peirce chama de "interpretantes", são de três tipos: emotivos (as reações sentimentais a um signo), energéticos (os atos que o signo faz acontecer) e lógicos. O interpretante lógico pode ser identificado com um conceito na mente de quem recebe o signo; mas o conceito é por sua vez um signo que precisa de mais um interpretante. Também a outra definição, mais francamente pragmatista, que entende o interpretante lógico não só como um conceito, mas como um mudança nas orientações de ação de quem recebe o signo, comporta uma abertura indefinida para o futuro, que dificulta uma descrição conclusiva. Parece, portanto, que, para além das leituras comportamentistas um tanto redutoras feitas de seu pensamento, Peirce também confere à I. certo caráter de abertura e de infinitude.

Fora do âmbito da reflexão sobre as ciências históricas e sobre a exegese, bem como do âmbito da ontologia existencialista e do pragmatismo, o termo "I." é também utilizado pela lógica formal contemporânea: nesta, designa a operação com que, dado um sistema de relações formais (puramente sintático), mostra-se sua aplicabilidade a um campo de objetos, mediante a elaboração de devidas regras semânticas e de específicas condições de verdade. [G.V.]

INTERPRETANTE e INTÉRPRETE (in. *Interpretant, Interpreter*; it. *Interpretante, Interprete*). Na semiótica contemporânea, os dois termos significam respectivamente: a disposição em responder a um signo e aquele (em geral o organismo) que emprega o signo ou se expressa com ele (MORRIS, *Foundations of a Theory of Signs*, § 3) (v. SEMIÓTICA). [N.A.]

INTERROGAÇÃO MÚLTIPLA (gr. τό τὰπλείω ἐρωτήματα ἕν ποιεῖν; πολυζητήσις; lat. *Plurium interrogationum fallacia*; al. *Heterozetesis*; it. *Interrogazione multipla*). Uma das falácias *extra dictionem* enumeradas por Aristóteles, mais precisamente a que consiste na redução de várias perguntas a uma só, apostando assim na unicidade da resposta que o adversário é tentado a dar (ARISTÓTELES, *El. Sof.*, 30, 181 a 30; PEDRO HISPANO, *Summ. log.*, 7. 62-7. 64; JUNGIUS, *Logica hamburgensis*, VI, 12, 16; GENOVESI, *Ars logico-critica*, V, 11, 12; etc.) (v. FALÁCIA). [N.A.]

INTERSUBJETIVO (in. *Intersubjective*; fr. *Intersubjectif*; al. *Intersubjektiv*; it. *Intersoggettivo*). Termo usado na filosofia contemporânea para designar: 1º o que se refere às relações entre os vários sujeitos humanos, como quando se diz "experiência I."; 2º o que é válido para um sujeito qualquer, como quando se diz "conceito I." ou "verificação I." (v. UNIVERSAL, 2). [N.A.]

INTIMISMO (fr. *Intimisme*; it. *Intimismo*; it. *Intimismo*). Atitude que consiste em concentrar-se nas experiências interiores. Diz-se especialmente de poetas e literatos; em sentido ligeiramente depreciativo, de correntes que entendem a filosofia como uma espécie de autobiografia mascarada (v. EGOCENTRISMO; EGOTISMO). [N.A.]

INTOLERÂNCIA (in. *Intolerance*; fr. *Intolérance*; al. *Intoleranz*; it. *Intolleranza*). I. é a certeza de estar de posse de uma verdade absoluta, que se procura impor por anuência ou repressão. Desse ponto de vista a I. caracterizou toda a história européia religiosa e laica. Com suspeita e I. sempre agiu na Europa a razão de Estado – religiosa, política e social – para obter anuência ou para eliminar a oposição; desse modo a história do poder sempre justificou e justifica a violência legal, opondo-a à ilegal. Na maioria das vezes a tolerância se verificou na Europa por necessidades históricas, ou seja, quando não era possível eliminar pessoas ou idéias com a força do poder (cf. I. MEREO, *Storia dell'intolleranza in Europa*, 1988). Isso, porém, não deve dissuadir de formular um problema antigo e atual, que é o problema dos limites da tolerância (v.).

Já Locke, o grande defensor da tolerância, foi o primeiro a demarcar seus limites, relacionando quatro casos em que era necessário ser intolerante. O filósofo inglês recusava em primeiro lugar a tolerância aos que ensinavam princípios que ameaçavam as bases da convivência humana e dos bons costumes: "O magistrado não deve tolerar nenhum dogma adverso e contrário à sociedade humana e aos bons costumes que são necessários à conservação da sociedade civil" (*Lettera sulla tolleranza*, 1689, trad. it., Paravia, Turim, 1990, p. 79). Estavam também excluídos da tolerância os que reservavam à sua própria seita "uma prerrogativa contrária ao direito civil" (*ibidem*) e os católicos aos quais não se deviam permitir a reunião nem a difusão de suas doutrinas, porquanto para Locke elas representavam uma ameaça à paz e à segurança do reino, visto que eram súditos de um soberano estrangeiro e de um poder que consideravam superior a qualquer outro. Locke recusava também a tolerância aos ateus, uma vez que considerava ser Deus o avalista da validade dos pactos, e a falta de uma crença religiosa tornava impossível uma referência normativa estável entre os homens.

O problema dos limites da tolerância foi tratado também por outros filósofos, tanto no século XIX quanto no XX. J. S. Mill, por exemplo, no *Ensaio sobre a liberdade* (1859, trad. it., Il Saggiatore, Milão, 1981) afirma que o único limite que cabe impor à tolerância é o dano: quando um comportamento prejudica outros indivíduos, não pode ser tolerado (é o conhecido *harm principle*, princípio do dano). Entre os contemporâneos a questão foi formulada por H. Marcuse, que escreve referindo-se aos nazistas: "Se a tolerância democrática tivesse sido retirada quando os futuros chefes começaram sua campanha, a humanidade teria tido a possibilidade de evitar Auschwitz e uma guerra mundial". Aludindo depois à história, afirma que tratar as cruzadas contra a humanidade, como a que combateu os albigenses, "com a mesma imparcialidade das lutas desesperadas pela humanidade significa anular sua diferente função histórica, reconciliando os carrascos com suas vítimas" (*La tolleranza repressiva*, em *Critica alla tolleranza*, 1965, trad. it., Einaudi, Turim, 1968, pp. 100, 102-3). Os limites da tolerância podem ser resumidos no único princípio de que a I. não pode ser tolerada na medida em que, prevalecendo ela, não seria mais possível a tolerância.

Locke e Voltaire, procurando apresentar um fundamento racional para a tolerância, evidenciaram ao mesmo tempo a irracionalidade da I. Para Locke, a I. no campo religioso é fundamentalmente irracional, pois os homens não podem ser obrigados a aceitar crenças religiosas diferentes das que têm; a opção religiosa é uma questão da consciência pessoal que não suporta a intervenção de outras pessoas. Por sua vez, Voltaire ressalta o absurdo da I. a partir da condição do homem, da sua fraqueza ontológica. Retomando a análises de Pascal sobre a condição do homem, escreve no *Tratado sobre a tolerância* (1763) que o homem é um átomo no universo, um pequeno ser fraco e cheio de defeitos; caberá então a um átomo julgar? "Somos todos feitos de fraquezas e erros", escreve ele no *Dicionário filosófico* (1764, trad. it., Fabbri, Milão, 1996, p. 408), pelo que a conseqüência lógica é o perdão recíproco; essa "é a primeira lei da natureza" (*ibidem*). A I., para Voltaire, é fruto do fanatismo; o único remédio para superá-la está na filosofia.

Posição semelhante em alguns aspectos à de Voltaire é defendida hoje por alguns teóricos do pós-modernismo (v.) e do pensamento fraco (v.). O pós-modernismo filosófico significa o fim das certezas absolutas, da objetividade e da metafísica; no passado, a pretensão de estar de posse de verdades absolutas coincidiu com a história da violência e da I., ao passo que a proposta de "uma ontologia fraca" significa tolerância, e não violência. O homem pós-moderno aprendeu a aceitar sua própria fraqueza para além dos absolutos do passado, motivo pelo qual não tem sentido para ele uma imposição despótica ou uma ação violenta. Assim escreve G. Vattimo: "Se agora digo que, ao pensar a história do ser como história guiada pelo fio condutor da redução das estruturas fortes, sou orientado para uma ética da não-violência, não estou procurando legitimar objetivamente certos princípios de ação [...] Se alguém me dissesse que não preciso falar da história do ser para explicar a preferência por um mundo no qual prevaleçam a solidariedade e o respeito pelos outros, e não a guerra de todos contra todos, poderia sempre objetar que é importante e útil dar-nos conta das raízes dessas nossas preferências" (*Credere di credere*, Garzanti, Milão, 1996, p. 37, 38; cf. também G. Vattimo, P. A. Rovam, *Il pensiero debole*, 1983; G. Vatimo, *Il pensiero secolarizzato*, in *Il Poliedro*, IV, 1987). As recentes ondas migratórias, a crescente difusão no mundo islâmico de concepções cada vez mais integralistas e teocráticas, o renascimento dos vários particularismos políticos, as guerras de religião ressurgidas dos fantasmas do passado, os racismos e as xenofobias que se insinuam por toda a Europa e pelo mundo, voltam a propor, ainda hoje, também de um ponto de vista filosófico, a perene atualidade do problema da I. [E.A.]

INTRÍNSECO. V. Extrínseco.

INTROJEÇÃO (in. *Introjection*; al. *Introjektion*; it. *Introiezione*). Termo introduzido por Avenarius (*Kritik der reinen Erfahrung*, 1888-1890) para designar o processo de falsificar a experiência e reduzir o objeto a uma representação interna do eu, admitindo-se que os outros indivíduos também possuem semelhante representação interna. Dito processo, que é uma interiorização do objeto, dá origem à divisão ilusória entre experiência interna e experiência externa, enquanto a experiência, segundo Avenarius, é uma só, sendo sempre uma relação direta entre um objeto e um organismo. [N.A.]

INTROSPECÇÃO (in. *Introspection*; fr. *Introspection*; al. *Introspektion*; it. *Introspezione*). Auto-observação interior, observação que o eu faz dos próprios estados internos. Esse termo foi introduzido pela psicologia do século XIX para designar o método psicológico fundamental, considerado insubstituível até o advento do *behaviorismo* (v.). Contra a I. Comte opôs uma objeção de princípio: "O indivíduo pensante não pode dividir-se em dois, um que raciocina e outro que o vê raciocinar. Nesse caso, sendo idênticos o órgão observado e o órgão observador, como poderá ocorrer a observação?" (*Cours de phil. positive*, 1830, I, seç. 1, § 8). Comte concluíra, por isso, pela impossibilidade da psicologia e a suprimira da sua enciclopédia das ciências. Em 1868, Peirce respondia negativamente à pergunta "possuímos uma faculdade de I.?" e concluía que "a única maneira de investigar uma questão psicológica é a inferência a partir de fatos externos" (*Coll. Pap.*,

5.244-249; 7.418 ss.). Essa conclusão de Peirce é o primeiro indicador do encaminhamento da indagação psicológica para o *behaviorismo* (v.). [N.A.]

INTUIÇÃO (gr. ἐπιβολή; lat. *Intuitus, Intuitio*; in. *Intuition*; fr. *Intuition*; al. *Anschauung*; it. *Intuizione*). Relação direta (sem intermediários) com um objeto qualquer; por isso, implica a presença efetiva do objeto. A intuição foi entendida desse modo ao longo da história da filosofia, a começar por Plotino, que emprega esse termo para designar o conhecimento imediato e total que o Intelecto Divino tem de si e de seus próprios objetos (*Enn.*, IV, 4, 1; IV, 4, 2). Nesse sentido, a I. é uma forma de conhecimento superior e privilegiado, pois para ela, assim como para a visão sensível em que se molda, o objeto está imediatamente presente. Boécio falava da "intuição divina", que é o golpe de vista com que Deus abrange as coisas sem mudá-las (*Phil. cons.*, V, 6). E Tomás de Aquino dizia, referindo-se a Deus: "A sua intuição versa sobre todas as coisas que estão diante dele em sua presencialidade" (*S. Th.*, I. q. 14, a. 13, cf. q. 14, a. 9). Por esse caráter, o conhecimento divino distingue-se do humano, que age compondo e dividindo, por meio de atos sucessivos de afirmação e de negação (*ibid.*, I, q. 85, a. 5). O caráter intuitivo do conhecimento divino contrapõe-se aqui ao caráter de discurso do conhecimento humano (v. DIANÓIA; DISCURSIVO).

Mas a filosofia medieval empregou esse termo para indicar uma forma particular e privilegiada da consciência humana, em primeiro lugar o conhecimento empírico. Bacon dizia que "a alma não se acalma na *intuição* da verdade se não a encontrar por força da experiência" (*Opus maius*, VI, 1). Duns Scot privilegiava como intuitivo (*cognitio intuitiva*) o conhecimento que "se refere àquilo que existe ou àquilo que está presente em determinada existência atual", distinguindo-o do conhecimento abstrativo (v. ABSTRATIVO), que abstrai da existência atual (*Op. Ox.*, II, d. 3, q. 9, n. 6). Essa noção foi aceita por Durand de S. Pourçain (*In Sent.*, Prol., q. 3 F) e por Ockham, que, tal como Bacon, identificava o conhecimento intuitivo com a experiência (*In Sent.*, Prol., q. 1 Z). A partir de então, até Kant, o significado específico desse termo é *experiência* (v.).

Mas, ao mesmo tempo, conserva-se o significado genérico de relação imediata com um objeto qualquer. Nesse sentido, Descartes falava da intuição evidente (*evidens intuitus*), como um dos dois caminhos que levam ao conhecimento certo (o outro é o da "dedução necessária"), entendendo com ela a apreensão de qualquer objeto mental: "A intuição da mente estende-se às coisas, ao conhecimento de suas interconexões necessárias e a tudo o que o intelecto experimenta com precisão em si mesmo ou na imaginação" (*Regulae ad directionem ingenii*, 12). No mesmo sentido, Locke chamava de intuitivo o conhecimento que percebe a concordância ou a discordância entre duas idéias imediatamente, ou seja, sem a intervenção de outras idéias (*Ensaio*, IV, 2, 1), e chamava de I., exatamente pela sua imediação, o conhecimento que temos de nossa própria existência (*ibid.*, IV, 9, 3). Ainda no mesmo sentido, Leibniz dizia que são conhecidas por I. as "verdades primitivas" tanto de razão quanto de fato (*Nouv. ess.*, IV, 2, 1), ou seja, as verdades que o intelecto apreende ou possui sem a mediação de outras. Este significado era aceito por Stuart Mill: "As verdades são conhecidas de duas maneiras: algumas diretamente ou por si mesmas, outras através da mediação de outras verdades. As primeiras são objeto da I. ou consciência; as segundas, da inferência" (*Logic*, Intr., § 4). Kant, por sua vez, referia-se ao sentido tradicional desse termo ao afirmar que "a I. é a representação tal qual seria pela sua decorrência da imediata presença do objeto" (*Prol.*, § 8). Por isso, para Kant, a I. geralmente é o conhecimento para o qual o objeto apresenta-se diretamente. Mas Kant distingue a I. *sensível* e a I. *intelectual*. Sensível é a I. de todo ser pensante finito, ao qual o objeto é dado: ela é, portanto, passividade, afecção (*Crít. R. Pura*, Anal. dos conceitos, seç. 1). A I. intelectual é originária e criativa: nela o objeto é posto ou criado, portanto só se encontra no Ser criador, de Deus (*ibid.*, § 8, final; *passim*). Em outros termos, intelectual é a intuição divina da filosofia tradicional: a presença do objeto a esta intuição é inevitável e necessária porque o objeto é criado pela própria intuição.

Essa distinção kantiana foi conservada pelo romantismo, mas só com a finalidade de reivindicar para o homem a I. intelectual ou criativa que Kant e os antigos reservavam para Deus. Isso é compreensível, visto que, para os românticos, o conhecimento humano é o mesmo conhecimento com que o Espírito Absoluto ou criador se conhece a si mesmo, ou pelo menos é um aspecto ou um momento dela. Assim, Fichte entende por I. intelectual "a consciência imediata de que eu ajo e daquilo que faço, sendo aquilo graças a que o Eu sabe enquanto faz" (*Werke*, I, p. 463). Por sua vez, Schelling afirma que "a filosofia transcendental deve ser constantemente acompanhada pela I. intelectual", e o eu é "uma I. intelectual contínua", porquanto "se autoproduz". E acrescenta: "Assim como, sem a I. do espaço, a geometria seria absolutamente incompreensível, porque todas as suas construções são apenas formas e maneiras variadas de limitar essa I., também sem a I. intelectual a filosofia seria impossível porque todos os seus conceitos não passam de limitações diversas do *produzir que tem a si mesmo por objeto, em outras palavras,* a I. intelectual" (*System ler transzendentalen Idealismus,* seç. I, cap. I, trad. it., p. 39). Hegel, por sua vez, identificava I. e pensamento: "O puro intuir é o mesmo que o puro pensar. [...] Fé e I. devem ser tomadas em sentido mais elevado, como fé em Deus, como I. intelectual de Deus: vale dizer que se deve abstrair exatamente daquilo que constitui a diferença entre I. e fé, de um lado, e pensamento, de outro. Não se pode afirmar que fé e I., transportadas para essa região mais alta, ainda sejam diferentes de pensamento" (*Enc.,* § 63). A mesma tese é sustentada por Schopenhauer, que identifica intelecto e I., e pretende que até os nexos lógicos sejam reduzidos a elementos intuitivos (*Die Welt,* I, § 15). À mesma linha de conceitos pertence a noção de I. encontrada em Rosmini: como apreensão imediata da idéia do ser em geral (*Nuovo saggio,* § 1.159; *Antropologia,* § 40, 505; *Psicologia,* § 13). E, apesar de opor-se a Rosmini quanto ao caráter indeterminado e vazio da idéia de ser, Gioberti aceitava a noção de intuição como relação imediata, total e necessária da mente humana com Deus e com sua ação criadora (*Intr. allo studio della fil.,* II, p. 46). Esta continuava sendo uma "I. intelectual", mas também é intelectual a I. de que fala Bergson, conquanto carregada de polêmica antiintelectualista ou anti-racionalista. De fato, como órgão próprio da filosofia, ela possui as características da I. intelectual romântica: relação imediata ou direta com a realidade absoluta, ou seja, com a duração da consciência ou com o impulso criativo da vida. Bergson afirma: "A I. é a visão do espírito por parte do espírito." "I. significa principalmente consciência, mas consciência imediata, visão que mal se distingue do objeto visto, conhecimento que é contato e até coincidência" (*La pensée et le mouvant,* 3.ª ed., 1934, pp. 35-6). As mesmas características formais encontram-se na I. eidética ou I. da essência da qual fala Husserl: "A essência é um objeto de nova espécie. Assim como o dado da I. individual empírica é um objeto individual, também o dado da I. eidética é uma essência pura. Não se trata de uma analogia externa, mas sim de uma afinidade radical. Também a I. eidética é uma I., assim como o objeto eidético é um objeto. A generalização dos conceitos correlativos 'I.' e 'objeto' não é arbitrária, mas exigida necessariamente pela natureza das coisas" (*Ideen,* I, § 3). Por fim, a I. que Croce identifica com a arte tem as mesmas características formais: é conhecimento originário e imediato, que por isso não distingue entre real e irreal; tem caráter ou fisionomia individual e expressa diretamente o objeto (*Estética,* cap. 1).

Recapitulando as características comuns e as diferenciais da I. ao longo da história da filosofia, podemos dizer sobre as primeiras que a I. é uma relação com o objeto, caracterizada: 1.º pela imediação e 2.º pela presença efetiva do objeto. Constantemente, com base nessas características, a I. é considerada uma forma de conhecimento privilegiado. Por outro lado, suas características diferenciais podem ser assim distintas: 1.º a I. pode ser exclusiva de Deus e considerada o conhecimento que o criador tem das coisas criadas; 2.º pode ser atribuída ao homem e considerada a experiência como conhecimento de um objeto presente, sendo, nesse sentido, *percepção* (v.); 3.º pode ser atribuída ao homem e considerada conhecimento originário e criativo no sentido romântico. As três alternativas deixaram, em grande parte, de despertar o interesse da filosofia contemporânea. A primeira de fato pertence à esfera das especulações teológicas. A segunda tende a ser substituída pelo conceito de experiência como método ou como conjunto de métodos (v. EXPERIÊNCIA). A terceira está estritamente ligada à metafísica do romantismo (antigo e novo): ascende e declina com ele.

Em 1868 Peirce fez uma crítica do conceito de I., negando: 1.º que ela pudesse servir para garantir a referência imediata de um conhecimento ao seu objeto; 2.º que ela pudesse constituir o conhecimento evidente que o Eu tem de si mesmo; 3.º que pudesse capacitar a distinguir os elementos subjetivos de conhecimentos diferentes. Ao mesmo tempo, Peirce afirmava a impossibilidade de pensar sem signos e de conhecer sem recorrer ao vínculo recíproco dos conhecimentos (*Coll. Pap.,* 5.213-63). Essas negações e afirmações de Peirce foram e são amplamente aceitas pela filosofia contemporânea.

Hoje, mais que aos filósofos, a I. serve aos cientistas, particularmente a matemáticos e lógicos, quando estes querem frisar o caráter inventivo de sua ciência. Claude Bernard dizia: "A I. ou sentimento gera a idéia ou a hipótese experimental, ou seja, a interpretação antecipada dos fenômenos da natureza. Toda a iniciativa experimental está na idéia, pois só ela provoca a experiência. A razão ou o raciocínio servem apenas para deduzir as conseqüências dessa idéia e para submetê-las à experiência" (*Intr. à l'étude de la médecine expérimentale,* 1865, I, 2, § 2). Poincaré repetia, com referência à matemática, o que Bernard dissera a propósito das ciências experimentais: "Demonstra-se com a lógica, mas só se inventa com a I. [...] A faculdade que nos ensina a ver é a intuição. Sem ela, o geômetra seria como o escritor bom de gramática, mas vazio de idéias" (*Science et méthode,* 1909, p. 137). Ainda segundo Poincaré, na matemática a exigência lógica leva à formulação analítica; a exigência intuitiva, à formulação geométrica. "Assim, a lógica e a I. têm cada uma sua missão. Ambas são indispensáveis. A lógica, a única que pode dar certezas, é o instrumento da demonstração: a I. é o instrumento da invenção" (*La valeur de la science*, 1905, p. 29). Nesse sentido, como já se observou algumas vezes, a I. tem caráter mais negativo que positivo: ela antecipa o que *não* decorre da observação empírica ou *não* pode ser deduzido dos conhecimentos já possuídos. Portanto, parece designar apenas certo grau de liberdade do pesquisador e nada tem que ver com o significado filosófico tradicional do termo, no qual se insere o emprego que dele fazem os matemáticos intuicionistas (v. INTUICIONISMO, 4.º). [N.A.]

INTUIÇÃO DO MUNDO (al. *Weltanschauung*; it. *Intuizione del mondo*). Sobre a filosofia como "I." ou "visão do mundo", v. FILOSOFIA. K. Jaspers escreveu *Psicologia da cosmovisão*, distinguindo a imagem espácio-sensorial do mundo, a psicocultural e a metafísica (*Psychologie der Weltanschauungen*, 1925; trad. it., Roma, 1950). [N.A.]

INTUICIONISMO (in. *Intuitionism*; fr. *Intuitionnisme*; al. *Intuitionismus*; it. *Intuizionismo*). Com este termo são indicadas atitudes filosóficas ou científicas diversas, que têm em comum o recurso à intuição no sentido mais geral do termo. Em particular, relacionam-se sob o nome de I. as seguintes correntes:

1.º a filosofia escocesa do senso comum, por admitir que a filosofia se fundamenta em certas verdades primitivas e indubitáveis, conhecidas por intuição (v. SENSO COMUM);

2.º a doutrina de Bergson, segundo a qual a intuição é o órgão próprio da filosofia;

3.º a doutrina de N. Hartmann e de Scheler, segundo a qual os valores são objeto de uma intuição que se identifica com o sentimento (v. VALOR); [N.A.]

4.º Concepção da matemática proposta por L. E. J. Brouwer. Segundo tal concepção, os objetos da matemática – por exemplo, os números naturais – são construções mentais e têm caráter objetivo apenas por ser possível descrever e comunicar a outros seres racionais as modalidade com as quais foram construídos. Sobre o pano de fundo de uma epistemologia de cunho idealista, H. de Brouwer recupera alguns aspectos do pensamento kantiano: embora espaço e tempo não sejam considerados as formas *a priori* da sensibilidade, a intuição do fluir dos instantes no tempo constitui a base da idéia matemática de número. Avesso à perspectiva logicista (v. LOGICISMO), Brouwer considerava que a lógica não pode dar nenhum fundamento à matemática. Para Brouwer a lógica clássica é uma abstração extraída pela matemática de conjuntos finitos de objetos com propriedades decidíveis. No momento em que passa a considerar conjuntos infinitos, o matemático não-intuicionista pretende tratar esse novo objeto recorrendo a um instrumento que se aplica com sucesso apenas ao finito. Consideramos de fato o princípio do terceiro excluído (v.), um dos princípios que a tradição considera basilar para a lógica. Supomos que seja dado um conjunto A composto de um número finito, conquanto grande, de elementos e suponhamos ser preciso determinar se existe um elemento de A que tenha a propriedade P. Chamamos "p" o enunciado: "Existe um elemento de A que tem P"; "não-p" equivalerá a: "Nenhum elemento de A tem P"; "p ou não-p" equivalerá, portanto, a: "Existe um elemento de A que tem P ou nenhum elemento de A tem P". Dado que A é finito, é sempre possível, em princípio, proceder a um exame direto de cada elemento de A, terminado o qual estamos em condições de estabelecer se é verdadeiro p ou se é verdadeiro não-p (admitido que P seja uma propriedade tal que esteja em nosso poder constatar sua posse por parte de cada elemento de A). Se A è infinito, porém, o exame não é possível, nem em princípio (não é possível considerar *todos* os seus elementos). Isso mostra, segundo Brouwer, que o terceiro excluído não é aplicável no caso de enunciados que fazem referência a grandezas infinitas. Na matemática "clássica", não-intuicionista, um conjunto infinito é considerado algo realizado e independente de qualquer atividade humana de geração ou construção; na matemática I., porém, o infinito tem os caracteres de *potencialidade* e devir, e está ligado à atividade construtiva da mente. Demonstrar que existe um elemento de um conjunto infinito A que goza de uma propriedade P significa, para o matemático intuicionista, produzir um exemplo de um elemento de A que goza de P ou então especificar um método com base no qual tal exemplo é produzível, pelo menos em princípio. O matemático não-intuicionista, ao contrário, pode aplicar o raciocínio *por absurdo,* negando que exista um elemento de A que tem P, afirmando portanto que *nenhum elemento* de A tem P, para deduzir desta afirmação uma contradição e argumentar que, portanto, deve ser verdade que existe um elemento de A que tem P. O matemático "clássico", no entanto, pode fazer isso mesmo porque pensa em totalidades infinitas, como a totalidade dos números, nos termos de totalidades realizadas: se numa totalidade como a representada por A existe um elemento que tem P, isso não é mostrado nem se dá um método geral para demonstrá-lo. Em comparação com o matemático "clássico", o matemático intuicionista recusa, portanto, o princípio do *terceiro excluído* (aplicado a casos que impliquem o infinito), recusa as demonstrações por absurdo, e a lei que de "não-não-p" possibilita passar a afirmar "p" ("$\neg\neg p \rightarrow p$") (essa lei, assim como o *terceiro excluído*, aparece nas demonstrações por absurdo). Apesar da atitude hostil de Brouwer em relação ao formalismo em geral e ao uso da formalização lógica em particular, em 1930 Arend Heyting procedeu à formalização da lógica intuicionista. Uma importante diferença entre a lógica clássica não intuicionista e a intuicionista refere-se à noção de *verdade*. Na lógica intuicionista não se adota um conceito de verdade como correspondência, mas se considera verdadeiro um enunciado apenas se for possível construir uma demonstração sua. Kurt Gödel demonstrou (1932) que a lógica intuicionista elaborada por Heyting não pode coincidir com uma lógica que tenha um número *finito* de valores de verdade e que pode ser relacionada com o sistema S4 de lógica modal (v. MODALIDADE) (1933). Nos primeiros anos da década de 1960, Saul Kripke propôs uma interpretação para a lógica intuicionistica, baseada na semântica de *mundos possíveis* (v.). A concepção intuicionista do significado das constantes lógicas delineada nos sistemas formais propostos por Heyting influenciou as concepções anti-realistas de Michael Dummett. [M.M.]

5º Corrente ética representada por autores como G. E. Moore, H. A. Prichard, W. D. Ross e A. C. Ewing, segundo a qual o bem, sendo um conceito simples, portanto não decomponível, não pode ser definido, mas apenas intuído: "O que afirmo é que 'bom' é uma noção simples, exatamente como '-amarelo' é uma noção simples, e que, como não há nenhum meio de explicar a alguém que já não o saiba o que é amarelo, também não há modo de explicar-lhe o que coisa é bem" (G. E. MOORE, *Principia ethica*, cap. 1, § 7, trad. it., Bompiani, Milão, 1972, p. 51). [G.F.]

INVARIANTE (in. *Invariant*; fr. *Invariant*; al. *Invariante*; it. *Invariante*). Uma propriedade constante, mais precisamente, na teoria dos grupos, uma propriedade que permanece a mesma sob um grupo de transformações (v. GRUPO; TRANSFORMAÇÃO). [N.A.]

INVENÇÃO (in. *Invention*; fr. *Invention*; al. *Erfindung*; it. *Invenzione*). "Inventar alguma coisa" – disse Kant – "é totalmente diferente de descobrir. A coisa que se descobre admite-se como já preexistente, apesar de ainda não conhecida, como a América antes de Colombo; contudo, o que se inventa, como a pólvora, não existia em absoluto antes de quem a inventou" (*Antr.*, I, § 57). Tradicionalmente, a capacidade inventiva denomina-se *gênio* (v.). Os problemas relativos à I. assumem aspectos diferentes nos vários campos: na lógica, têm sido por vezes debatidos a propósito da *tópica* (v.) ou da *intuição* (v.); na arte, a propósito do *gênio* (v.). [N.A.]

INVESTIGAÇÃO (gr. ζήτησις; lat. *Investigatio*; *Inquisitio*; in. *Inquiry*; fr. *Recherche*; al. *Untersuchung*; it. *Ricerca*). Ainda que o conceito de I. se ligue estreitamente ao de filosofia (como acontece em PLATÃO, cf., p. ex., *Teet.*, 196 d; *Men.*, 81 e), dificilmente a própria I. foi objeto da indagação filosófica. No mundo moderno, Dewey considerou a lógica como teoria da I.: "Todas as formas lógicas, com suas propriedades características, nascem através do trabalho de I. e admitem a verificação da I. com vistas à confiabilidade das asserções produzidas." Nesse sentido, "a I. da I. é *causa cognoscendi* das formas lógicas, ao passo que a indagação primitiva é *causa essendi* das formas reveladas por essa indagação" (*Logic*, 1939, 1: trad. it., p. 34). A I. é definida por Dewey como "a transformação controlada ou dirigida de uma situação indeterminada em outra, determinada, nas distinções e relações que a constituem, de tal maneira que os elementos da situação originária sejam convertidos numa totalidade unificada" (*Logic*, VI, trad. it., p. 157). [N.A.]

INVOLUÇÃO (lat. *Involutio*; in. *Involution*; fr. *Involution*; al. *Involution*; it. *Involuzione*). 1. O oposto de evolução. Essa palavra foi empregada por Kant para indicar a teoria biológica oposta à teoria da pré-formação individual, que ele denominava evolução (*Crít. do Juízo*, § 81). Hoje, com o nome de I. designam-se os fenômenos opostos aos da evolução, ou seja, os fenômenos regressivos da evolução. A. Lalande defendeu a tese de que o progresso em qualquer campo não depende da passagem do homogêneo para o heterogêneo, como queria Spencer, mas da passagem do heterogêneo para o homogêneo, que é a dissolução ou I. (*L'idée directrice de la dissolution opposée à celle de l'évolution dans la méthode des sciences physiques et morales*, 1898, 2ª ed., com o título *Les illusions évolutionnistes*, 1931).

2. Na lógica simbólica, o procedimento que corresponde à pontenciação aritmética (cf. PEIRCE, *Coll. Pap.*, 3.614-5). [N.A.]

IOGA. Um dos principais sistemas filosóficos indianos, que consiste essencialmente numa técnica de ascetismo. O texto fundamental deste sistema são os *Iogassutra* de Patanjali, obra provavelmente composta entre o século V e o VI d.C., talvez com base em fragmentos ou documentos mais antigos. A I., cujas doutrinas coincidem substancialmente com as do sistema *sanquia*, mas com tônica teísta, consiste essencialmente na descrição de exercícios graduais para obter a perfeita libertação da alma. Os graus fundamentais são oito: 1º restrição moral; 2º cultura da alma com o estudo dos textos sagrados; 3º posições convenientes à meditação; 4º controle da respiração; 5º controle dos sentidos; 6º concentração; 7º atenção contínua; 8º recolhimento absoluto (*samádi*), no qual desaparece a dualidade entre quem contempla e o objeto contemplado. Da I. distingue-se a *Hatha-ioga* ou I. violenta, que sugere os exercícios voltados para afrouxar os vínculos entre alma e corpo (v. G. TUCCI, *Storia della filosofia indiana*, pp. 98 ss.). [N.A.]

IPSE DIXIT (gr. αὐτός ἔφα). Frase com que os pitagóricos costumavam responder aos pedidos de elucidações sobre sua doutrina: "Ele disse." Ele era Pitágoras. Cícero aduz esse costume como exemplo do predomínio da autoridade sobre a razão (*De nat. deor.*, I, 5, 10). [N.A.]

IPSEIDADE (lat. *Ipseitas*; fr. *Ipséité*; it. *Ipsità*). Termo usado por Duns Scot para indicar a singularidade da coisa individual (v. HECEIDADE). [N.A.]

IRASCÍVEL. V. FACULDADE.

IRONIA (gr. εἰρωνεία; lat. *Ironia*; in. *Irony*; fr. *Ironie*; al. *Ironie*; it. *Ironia*). Em geral, a atitude de quem dá importância muito menor que a devida (ou que se julga devida) a si mesmo, à sua própria condição ou a situações, coisas ou pessoas com que tenha estreitas relações. A história da filosofia conhece duas formas fundamentais de I.: 1ª socrática; 2ª romântica.

1ª A I. socrática é o modo como Sócrates se subestima em relação aos adversários com quem discute. Quando, na discussão sobre a justiça, Sócrates declara: "Acho que essa investigação está além das nossas possibilidades, e vós, que sois inteligentes, deveis ter piedade de nós, em vez de zangar-vos conosco." Trasímaco responde: "Eis a costumeira I. de Sócrates" (*Rep.*, I, 336 e 337 a). Aristóteles apenas enuncia genericamente esta atitude socrática quando vê na I. um dos extremos na atitude diante da verdade. O verdadeiro está no meio; quem exagera a verdade é jactancioso, e quem procura diminuí-la é irônico. E diz que, nesse aspecto, I. é simulação (*Et. nic.*, II, 7, 1108 a 22). Cícero referia-se a esse conceito ao afirmar que "Na discussão, Sócrates freqüentemente se diminuía e elevava aqueles que desejava refutar; assim, dizendo o contrário do que pensava, empregava de bom grado a simulação que os gregos denominam I." (*Acad.*, IV, 5, 15). Tomás de Aquino referia-se a esse conceito do termo, como uma forma (lícita) de mentira (*S. Th.*, II, 2, q. 113, a. 1).

2ª A I. romântica baseia-se no pressuposto da atividade criadora do Eu absoluto. Identificando-se com o Eu absoluto, o filósofo ou o poeta (que com muita freqüência coincidem, para os românticos) é levado a considerar a realidade mais concreta como uma sombra ou um jogo do Eu, a subestimar a importância da realidade, a não a tomar a sério. Segundo Schlegel, a I. é a liberdade absoluta diante de qualquer realidade ou fato. "Transferir-se arbitrariamente ora para esta, ora para aquela esfera, como para outro mundo, não só com o intelecto e com a imaginação, mas com toda a alma; renunciar livremente ora a esta, ora àquela parte do próprio ser, e limitar-se completamente a uma outra; procurar e encontrar a sua unidade e o todo, ora neste, ora naquele indivíduo, e esquecer voluntariamente todos os demais: de tudo isso só é capaz um espírito que contenha em si como que uma pluralidade de espíritos e todo um sistema de pessoas, e em cujo íntimo o universo, que – como se diz – está em germe em todos os mundos, desabrochou, amadureceu" (*Fragm.*, 1798, § 121). Essas observações sobre a I. foram conceitualmente sistematizadas na obra de C. G. F. Solger, *Erwin* (1815), na qual a I. era interpretada do ponto de vista da subjetividade, que se compreende como coisa suprema e que, por isso, rebaixa a zero todas as demais coisas, mesmo o que há de mais elevado. Apesar de se opor a alguns pormenores da doutrina de Solger, que definiu como "platônicos", Hegel a adotava ao descrever a I. da seguinte maneira: "Considerem uma lei, singelamente tal qual é em si e por si: eu estou além dela e posso fazer isto e aquilo. Não é a coisa que é superior: eu sou superior e senhor; acima da lei e da coisa, brinco com elas a meu bel-prazer e, nessa consciência irônica, em que permito que o supremo pereça, fruo somente de mim" (*Fil. do dir.*, § 140). Assim entendida como consciência da Subjetividade Absoluta que, como tal, é tudo, e diante da qual todas as outras coisas são nada, portanto como consciência do absoluto arbítrio de tal subjetividade, a I. é para Hegel resultado da filosofia de Fichte, tal como foi entendida e interpretada por Schlegel (*Fil. do dir.*, § 140, Zusatz). "Aqui o sujeito sabe-se em si mesmo como o Absoluto e não dá peso algum ao resto: sabe destruir constantemente todas as sua próprias determinações do justo e do bem. Pode dar a entender a si mesmo todas as coisas, mas só demonstra vaidade, hipocrisia, imprudência. A I. sabe que domina qualquer conteúdo: não toma nada a sério, brinca com todas as formas" (*Geschichte der Phil.*, III, seç. 3, C, 3; trad. it., III, 2, pp. 370-1).

Esse conceito caracterizou um dos aspectos fundamentais do romantismo alemão. Kierkegaard deu-lhe uma interpretação atenuada ou metafórica, concebendo por um lado a I. socrática como superioridade de Sócrates à iniqüidade do mundo (*Diário*, X³, A, 254), por outro lado entendendo a I. em geral como "a infinitização da interioridade do eu", mas como infinitização "interior", num significado que não tem mais a magnitude que Fichte atribuía à infinidade. "O que é a I.?" escreve ele. "A unidade de paixão ética, que acentua o eu infinitamente em interioridade, e a unidade de educação que, em seu exterior (no comércio com os homens) abstrai infinitamente do próprio eu. Graças à abstração, ninguém se apercebe da primeira unidade vivida, e nisto está a arte da verdadeira infinitização da interioridade" (*Diário*, VI, A, 38, trad. Fabro). Como aqui a infinidade do eu é somente uma infinidade "interior", ou seja, a acentuação ao infinito do valor do eu *na* consciência, mas não é a infinidade efetiva e criadora do Eu absoluto dos românticos, a I. não tem mais o significado romântico: é apenas a oposição entre a consciência exaltada que o eu tem de si e a modéstia das suas manifestações externas. [N.A.]

V. Jankélévitch – em sintonia com a tese platônica segundo a qual "as coisas humanas não são dignas em si de grande preocupação, por outro lado é necessário cuidar delas seriamente" (*Leis* VII, 803 B) – vê na I. uma espécie de seriedade séria que nos faz tomar a vida com sabedoria e finura indulgente, ou seja, com o senso de medida e equilíbrio que constitui o mais válido antídoto contra a intolerância e o fanatismo: "A I., em si mesma, não é um parêntese nem um espaço isolado destacável no contexto geral da vivência que chamamos de Seriedade" (*L'Ironia*, 1936, 1950, 1964, trad. it., Il melangolo, Gênova, 1987, p. 55). Rorty adota o termo I. para designar a atitude intelectual que consiste em afirmar resolutamente as próprias convicções, reconhecendo ao tempo mesmo sua validade *contingente*: "Uso o termo 'irônico' para designar um indivíduo que encara de peito aberto a contingência das suas crenças e dos seus desejos fundamentais, alguém que é historicista e nominalista o quanto basta por ter abandonado a idéia de que tais crenças e desejos remetem a algo que escape ao tempo e ao acaso" (*Contingency, Irony and Solidarity*, 1989, trad. it., *La filosofia dopo la filosofia*, Laterza, Roma-Bari, 1989, p. 3). Em outras palavras, irônico é aquele que, negando a existência de um vocabulário universal e metatemporal, reconhece a particularidade e a transitoriedade de todos os vocabulários possíveis (inclusive o seu: que deve ser "historicizado" e "finitizado" tanto quanto o dos outros). A prática da I., em Rorty, é acompanhada pela prática da solidariedade (v.). [G.F.]

IRRACIONALISMO (in. *Irrationalism*; fr. *Irrationalisme*; al. *Irrationalismus*; it. *Irrazionalismo*). 1. Toda atitude de desconfiança nos poderes cognitivos e práticos da razão (I. *gnosiológico* ou *metodológico*). Mesmo tendo precedentes na Sofística, no ceticismo antigo e no misticismo neoplatônico e cristão, essa espécie de I. se configura como uma atitude tipicamente moderna. Sua característica básica consiste: *a*) em negar que a razão represente uma via de acesso privilegiada à realidade; *b*) em apresentar, como alternativas, a "fé", "o sentimento", "a intuição", a "ação" etc. Historicamente falando, o I. gnosiológico assumiu várias formas, manifestando-se como uma reação ao racionalismo cartesiano (Pascal, Huet), iluminista (os românticos), kantiano (os filósofos da fé), hegeliano (Kierkegaard), positivista (os filósofos da vida, Bergson, os pragmatistas) etc.

2. Qualquer teoria que afirme o caráter alógico e arracional do mundo (I. *metafísico* ou *ontológico*), considerando que o ser não representa a realização harmônica de um projeto racional, mas o desdobramento caótico de princípios irracionais: a Vontade de viver (Schopenhauer), a Vontade de poder (Nietzsche), a Vida (Simmel, Spengler etc.), o Elã vital (Bergson), a Ação (os pragmatistas), o Inconsciente (Freud), o Demoníaco (Th. Mann) etc. Se o racionalismo metafísico tem sua formula emblemática no aforismo de Hegel ("o que é racional é real, o que é real é racional"), o I. ontológico tem sua expressão polêmica no contra-aforismo de Rensi sobre a *irracionalidade do real* e a *irrealidade do racional*: "A célebre sentença de Hegel é, portanto, verdadeira se invertida: 'was wirklich ist, das ist unvernünftig' [...] 'und was vernünftig ist, das ist unwirklich'" (*Autobiografia intellettuale*, Corbaccio, Milão, 1993, pp. 39-40).

3. Alguns estudiosos falam de I. não só a propósito dos (declarados) defensores do I. gnosiológico e ontológico, mas também a propósito dos filósofos que não comungam seu modelo específico de razão. Por exemplo, Lukács, identificando a "razão" com a razão hegeliano-marxista, tende a classificar como "irracionalistas" todos os que dela se afastam de alguma maneira (*A destruição da razão*, 1954). Esse uso polêmico está presente também em certos debates do fim do século XX entre "modernos" e "pós-modernos" (v.). [G.F.]

IRREVERSÍVEL (in. *Irreversible*; fr. *Irréversible*; al. *Irreversibel*; it. *Irreversibile*). Caráter das relações não simétricas e dos processos que têm sentido determinado. Platão, no mito do *Político*, afirmou a reversibilidade do devir cósmico, declarando que o mundo, uma vez atingindo o termo do tempo que lhe foi designado, "recomeça a girar em sentido contrário", ou seja, inverte a ordem do tempo. Isto acontece porque o mundo é, por um lado, a coisa mais perfeita possível, mas, por outro, é um corpo e, como tal, sujeito a mudanças. "Por isso, seu destino é refazer seu giro em sentido inverso, sendo essa 'a mínima mudança possível do seu movimento'" (*Pol.*, 269 c-e). Esse conceito, de que a reversibilidade do processo cósmico se deve à exigência de realizar a maior identidade possível consigo mesmo, era expresso por Leibniz nos termos da ciência do seu tempo. Leibniz dizia: "A sabedoria suprema de Deus levou-o escolher sobretudo as leis do movimento mais aptas e mais convenientes às razões abstratas ou metafísicas. No universo, conserva-se a mesma quantidade de força total absoluta ou de ação, a mesma quantidade de força respectiva ou de reação; a mesma quantidade de força diretiva. Além disso, a ação é sempre igual à reação, e o efeito inteiro é sempre equivalente à sua causa plena" (*Princ. de la nature et de la grâce*, 1714, *Op.*, ed. Erdmann, p. 716). Essa equivalência perfeita entre a causa e o efeito significa a reversibilidade do processo causal. A mecânica clássica admite essa reversibilidade. As equações que exprimem o comportamento dos fenômenos mecânicos não dão indicação alguma sobre o sentido em que o tempo transcorre. O *t* dessas equações é uma variável contínua que não tem sentido determinado, e isso significa que todo fenômeno mecânico é reversível. A irreversibilidade dos fenômenos foi introduzida com a descoberta do segundo princípio da termodinâmica (chamado de Princípio de Carnot, 1824), segundo o qual o calor passa apenas do corpo mais quente para o corpo mais frio. Nesse caso, quando com essa passagem se alcança o equilíbrio da temperatura, é impossível voltar atrás. Do sistema em equilíbrio não é possível voltar ao sistema do desequilíbrio térmico, que só possibilita a passagem do calor e, portanto, o trabalho mecânico. Um sistema em equilíbrio térmico não pode fornecer trabalho mecânico. Com isso se estabelece a irreversibilidade dos fenômenos naturais que, sob certo aspecto, são todos fenômenos térmicos. O Princípio de Carnot excluiu, assim, a imagem do devir do mundo que os antigos acreditavam realizar-se ciclicamente, retornando sobre si mesmo.

A irreversibilidade dos fenômenos naturais levou a pensar na morte inevitável do universo, quando fosse atingido o equilíbrio térmico que impossibilitasse qualquer transformação e, portanto, a vida. Foram numerosas as doutrinas que aventaram hipóteses que tentavam entrever sorte diferente para o nosso universo (cf. sobre elas MEYERSON, *De l'explication dans les sciences*, 1927, pp. 203 ss.). Mas na verdade tanto a previsão da catástrofe quanto a das possíveis vias de salvação vão muito além do que é permitido pelo alcance do princípio de Carnot e, em geral, por um princípio científico. Este de fato vale somente para sistemas fechados ou pelo menos relativamente isolados, sendo um instrumento de previsão para esses sistemas, e não para o universo ou o mundo, que são uma totalidade aberta ou infinita. Em sentido diferente e positivo, o significado filosófico de irreversibilidade foi ilustrado por E. PACI, *Tempo e relazione*, 1954, cap. VI, *passim* (v. ENTROPIA). [N.A.]

ISLÂMICA, FILOSOFIA. V. ÁRABE, FILOSOFIA.

ISOLAR (al. *Isolieren;* it. *Isolare*). No sentido de abstrair, como empregado por Kant, v. ABSTRAÇÃO. Wundt distingue a abstração *isolante*, que consiste em separar determinada parte de uma aparência complexa, da abstração *generalizante*, que consiste em pôr de lado, intencionalmente, algumas notas conceituais (*Logik*, II, pp. 11 ss.). [N.A.]

ISOMORFISMO (in. *Isomorphism*; fr. *Isomorphisme*; al. *Isomorphie*; it. *Isomofismo*). Termo empregado em lógica e em matemática para indicar a relação entre relações homogêneas de dois ou mais termos, que consiste na correspondência de termo a termo entre os termos das relações (cf. R. CARNAP, *Logical Syntax of Language*, § 71 c; A. CHURCH, *Introduction to Mathematical Logic*, § 55). [N.A.]

ISONOMIA (gr. ἰσονομία; lat. *Isonomia*). Segundo Alcméon de Cróton, é o perfeito equilíbrio das propriedades que constituem o corpo: a saúde; seu contrário é a *monarquia*, que é o predomínio de uma propriedade sobre a outra, o que constitui a doença (*Fr.* 4, Diels). Segundo Epicuro, o perfeito equilíbrio e a perfeita correspondência de todas as partes ou os elementos do todo no infinito. "Conseqüentemente, apesar de ser tão grande a multidão dos mortais, não menor é a dos imortais, e se os elementos de distribuição são inúmeros, os de conservação devem ser infinitos" (CÍCERO, *De nat. deor.*, I, 19, 50). [N.A.]

IS-OUGHT. Binômio que resume a teoria da inderivabilidade dos enunciados prescritivos de tipo moral, expressos pelo verbo *ought* ("deve"), pelos enunciados descritivos de tipo factual, expressos pelo verbo *is* ("é") (v. HUME, LEI DE). [G.F.]

ISSO. V. ID; PSICANÁLISE.

J

JAINISMO (in. *Jainism;* it. *Jainismo*). Uma das seitas filosóficas da antiga Índia, cujo nome provém de seu fundador Mahavira (séc. V a.C.), denominado Jaina, que significa "o Vitorioso". Admite uma pluralidade de realidades ou substâncias, divididas em dois grupos antagonistas: as substâncias vivas e as materiais (cf. TUCCI, *Storia della fil. indiana*, 1957, pp. 55 ss.). [N.A.]

JANSENISMO (in. *Jansenism;* fr. *Jansénisme;* al. *Jansenismus;* it. *Giansenismo*). Doutrina do bispo Cornélio Jansênio (1585-1638), exposta na obra *Augustinus*. Trata-se de uma tentativa de reforma católica através do retorno às teses de Agostinho sobre a graça. Segundo Jansênio, a doutrina agostiniana implica que o pecado original tirou do homem a liberdade de querer, tornou-o incapaz para o bem e inclinado necessariamente ao mal. Deus só concede aos eleitos, pelos merecimentos de Cristo, a graça da salvação. Jansênio confrontava essas teses com o relaxamento da moral eclesiástica, especialmente jesuítica, segundo a qual a salvação está sempre ao alcance do homem que, vivendo no seio da Igreja, possui uma *graça suficiente*, que o salvará se for favorecida pela boa vontade. Esta era a tese do jesuíta espanhol Molina (1535-1600), em que os jesuítas basearam o seu proselitismo, que visava a conservar no seio da Igreja o maior número possível de pessoas. No dia 31 de maio de 1653 uma bula do Papa Inocêncio X condenou cinco proposições nas quais a Faculdade Teológica de Paris condensara a doutrina do *Augustinus* de Jansênio. A favor de Jansênio estavam Antoine Arnauld e os denominados "solitários de Port-Royal". Estes julgaram que as cinco proposições condenadas não expressavam o pensamento de Jansênio e que, portanto, condenação não dizia respeito ao jansenismo. Em favor disto Pascal publicou, em 1656, as *Cartas provinciais*. O J. continuou circulando por algum tempo em ambientes religiosos italianos e franceses (cf. F. RUFFINI, *Studi sul giansenismo*, Florença, 1947). [N.A.]

JOGO (gr. παιδιά; lat. *Jocus;* in. *Play, Game;* fr. *Jeu;* al. *Spiel;* it. *Gioco*). Atividade ou operação que se exerce ou se executa por si mesma, e não pela finalidade à qual tende ou pelo resultado que produz. Por este caráter Aristóteles aproximou o J. à felicidade e à virtude, pois essas atividades também são escolhidas por si mesmas, e não são "necessárias", como as que constituem o trabalho (*Et. nic.*, X, 6, 1176 b 6). Esse conceito permaneceu substancialmente inalterado. O próprio Kant não faz outra coisa senão reproduzi-lo ao dizer que o J. é "uma ocupação por si só agradável e não necessita de outro objetivo", contrapondo-o ao trabalho, que é "uma ocupação por si desagradável (penosa) que atrai apenas pelo resultado que promete (p. ex., a remuneração)" (*Crít. do Juízo*, § 43). Mas Kant foi também o primeiro a empregar filosoficamente o conceito de J. nesse sentido, ligando-o estreitamente à atividade estética. Escreveu: "Todo J. variado e livre das sensações (que não vise a um objetivo) produz prazer porque favorece a sensação de saúde, haja ou não em nosso juízo racional prazer pelo objeto ou mesmo fruição" (*ibid.*, § 54). Os J. podem ser divididos em J. *de azar*, que exige um interesse, J. *musical*, que supõe apenas a variação das sensações, e J. de *pensamentos*, que é o J. propriamente estético (*ibid.*, § 54). Kant ressaltou a função biológica do J., que serve para manter desperta e reforçar a energia vital na competição com as demais energias do mundo. Diz: "Dois jogadores pensam estar jogando um com o outro; na realidade, é a natureza que joga com ambos; e a razão pode convencer-se quando refletimos em como os meios escolhidos dificilmente se adaptam ao objetivo" (*Antr.*, § 86). Essas observações foram freqüentemente difundidas e ampliadas pelo pensamento moderno. Schiller diz: "O animal trabalha se o móbil de sua atividade é a falta de alguma coisa; e brinca se o móbil é a plenitude de sua força, se é estimulado à atividade pela exuberância de vida" (*Über die aesthetische Erziehung des Menschen*,

27). O jogo não é estranho sequer à natureza inanimada: a superabundância de raízes, ramos, folhas, flores e frutos de uma árvore, em comparação com o que é necessário para a conservação da própria árvore e de sua espécie, é o J. da natureza vegetal. "Da pressão da necessidade ou da importância física a natureza passa ao J. estético através da pressão da exuberância, ou seja, do J. físico, e, antes de elevar-se à sublime liberdade do belo, acima dos vínculos das finalidades, aproxima-se pelo menos um pouco dessa independência no livre movimento, que é fim e meio para si mesmo" (*ibid.*, 27). O conceito, já expresso por Kant, de que o J. tem a função biológica de adestrar para as atividades vitais, que garantem a conservação do organismo, torna-se lugar-comum na filosofia e na pedagogia do século XIX. Para a formação desse lugar-comum contribuiu muito aquela espécie de metafísica do J. de inspiração romântica, mais precisamente em Schelling, que Froebel usou como base para a sua teoria da educação. Para Froebel, o J. (ludismo) está para a criança assim como o trabalho está para o homem e a criação está para Deus: é a manifestação necessária da atividade da criança assim como o trabalho o é para o homem e a criação, para Deus (*Die Menschenerziehung*, 1826, § 23). Portanto, a brincadeira infantil não é um passatempo: as disposições futuras do homem, tanto com relação às coisas quanto com relação aos outros homens, formam-se na primeira infância, através do ludismo. E Froebel propõe que toda a educação da primeira infância se desenvolva através dele, apresentando para tanto minuciosa regulamentação. Mesmo sem levar em conta os pressupostos metafísicos da doutrina de Froebel, a pedagogia moderna e contemporânea atribuiu ao ludismo um caráter privilegiado de condição ou instrumento da formação humana básica, enquanto a psicologia e a antropologia lhe atribuíram função biológica e social, ou seja, utilidade para a conservação do homem e da sua adaptação à sociedade, ao mesmo tempo que a estética reconheceu nele analogia com a atividade artística. As análises de Groos sobre o assunto basearam-se nesses conceitos (*Die Spiele der Menschen*, 1889; *Die Spiele der Tiere*, 1896). Groos também utilizou esse conceito para definir a atividade estética (*Einleitung in die Aesthetik*, 1892), mas a definição continuava sendo a de Aristóteles: atividade que tem em vista apenas o prazer pela atividade (*Spiele der Menschen*, p. 7). Desse ponto de vista, o J. foi freqüentemente considerado uma espécie de tendência inata ou de instinto vital, que é outra maneira de expressar a função por ele exercida de adestrar o homem ou, em geral, o organismo vivo, para as atividades que garantam sua conservação no mundo. Ao reconhecimento da função biológica, educativa e estética do J., acresce nos últimos tempos o reconhecimento da sua função social. Tanto o J. como atividade direta quanto o J. como espetáculo constituem hoje duas das principais maneiras de emprego do tempo livre para grandes massas de trabalhadores, exercendo, portanto, a função de corrigir e equilibrar as atividades sociais, o que ainda precisa ser mais bem estudado.

Como já se disse, a importância crescente atribuída ao J. e a multiplicidade de funções a ele atribuídas em vários campos não modificaram seu conceito, que continuou sendo substancialmente o mesmo formulado por Aristóteles: atividade que tem fim em si mesma e que é procurada e exercida pelo prazer intrínseco, e não pelo efeito ou pelo resultado que dela deriva. Contudo, mesmo esse conceito hoje deve sofrer algumas retificações. Em primeiro lugar, deve ser retificada a contraposição, que ele implica, entre J. e trabalho. Essa contraposição nem sempre se verifica e nunca é tão radical. Muitos trabalhos podem ser (ou tornar-se) *interessantes*, e, se isso acontece, passam a ser fins em si mesmos e adquirem, no todo ou em parte, o caráter de J. É certamente difícil supor que todas as infinitas formas que o trabalho assumiu ou assumirá possam vir a tornar-se interessantes e lúdicas, mas o fato de algumas deles o serem ou poderem vir a sê-lo elimina em princípio essa contraposição, definindo o J. como uma possibilidade em algumas atividades humanas, mais que como expressão da natureza de um grupo de atividades. Em muitos autores, porém, o J. continua sendo contraposto ao trabalho, especialmente ao trabalho *alienado* da sociedade industrial, como "expansividade livre" ou "atividade improdutiva e inútil", porque anula as características repressivas e exploradoras do trabalho e da riqueza e "simplesmente *brinca* com a realidade". Desse ponto de vista, o próprio trabalho deveria tornar-se lúdico, ou seja, subordinar-se ao livre desenvolvimento das potencialidades do homem e da natureza (MARCUSE, *Eros and Civilization*, 1954, cap. IX).

Na realidade, hoje não se pode aceitar sem restrições a definição tradicional de J., que evidencia o seu caráter de absoluta espontaneidade e liberdade, contrapondo-o, pois, ao caráter coativo do trabalho que é determinado pelo fim ou pelo resultado que deve atingir. Esse caráter de espontaneidade não pode ser entendido em sentido absoluto: de fato, todos os jogos têm restrições ou regras que delimitam suas possibilidades. Mesmo em J. simples e individuais existem tais restrições: não se pode, por exemplo, lidar do mesmo modo com um cubo e com uma bola. Nos J. coletivos, as regras definem e regulamentam, sendo impossível ignorá-las. Na cultura contemporânea, quando se lança mão do conceito de J., como por vezes fazem filósofos e economistas, está-se acentuando exatamente esse caráter de ser guiado por regras cabíveis, escolhidas e estabelecidas para possibilitar a realização do J. e a alternativa entre sucesso e malogro. Wittgenstein alude a isso quando fala em "J. lingüísticos", ou seja, linguagens diferentes, cada uma das quais é regida por regras próprias (*Philosophical Investigations*, I, § 81). Assim, também considera a linguagem matemática como J. e entende que jogar é "agir de acordo com certas regras" (*Remarks on the Foundations of Mathematics*, IV, 1). Em *economia* (v.), a chamada "teoria dos J." considera que o J. é uma atividade limitada por regras, graças às quais o jogador pode escolher, entre as várias estratégias possíveis, a que lhe assegure mais vantagens (NEUMANN-MORGENSTERN, *Theory of Games and Economic Behavior*, 1944). Nestes empregos, o significado dessa palavra compreende: 1º limitação das escolhas, impostas à atividade do jogador pelas regras; 2º caráter não rigorosamente determinante dessas regras, que possibilitam escolher entre várias táticas e, eventualmente, determinar a melhor tática caso por caso (que assegure sucesso ou o melhor resultado do J.). Obviamente essas características não eliminam as tradicionais, já expressas por Aristóteles, mas a elas se somam, corrigem-nas e às vezes as sobrepujam, como acontece no caso da teoria da linguagem como J. e da teoria dos J. na economia política. Recorreu-se a conceito análogo de J. na elaboração de uma teoria do comportamento individual que permitisse explicar as alterações psíquicas como conflitos de J.: confusão entre antigas e novas normas para as interações sociais, recusa em participar de um J. comandado por outros, não-aceitação da importância do J. (T. S. SZASZ, *The Myth of Mental Illness*, 1961). [N.A.]

Na cultura das últimas décadas o problema do J. foi tratado de pontos de vista díspares (psicológicos, antropológicos, semióticos etc.). No que concerne à filosofia, do tradicional conceito de J. como *modelo de liberdade* (que teve eco predominante no pensamento revolucionário e marxista dos anos 1970 e no seu ideal utópico de sociedade lúdica) passou-se gradualmente, como se viu, ao conceito de J. como *modelo de racionalidade* (segundo o qual a essência dos J. seria a de ter determinadas regras). Conceito que, entre outras coisas, pareceu mais adequado do que o precedente para descrever a fisionomia e os mecanismos de uma sociedade, como a pós-moderna, constituída por uma multiplicidade de setores distintos, regulados cada um por formas específicas de racionalidade – sem que haja uma razão central ou um "J. de todos os J." de que dependam todas as racionalidade ou todos os J.

Uma outra teoria que apresenta relevantes traços filosóficos é a do J. como *modelo hermenêutico e metáfora do mundo.* Seus principais representantes são Gadamer e Fink. O autor de *Verdade e método* (1960) desenvolve uma análise anti-subjetivista e anti-humanista, insistindo no fato de que o protagonista efetivo do J. não é o jogador, mas o próprio J. que se produz por meio dos jogadores. Circunstância que estabelece uma espécie de "primado" do J. sobre os jogadores, de tal modo que jogar é, no fundo, ser jogado: "é mais o J. que joga, incluindo em si os jogadores e fazendo-se ele mesmo o autêntico *subjectum* do J." (trad. it., Bompiani, Milão, 1983, p. 558). A noção de J. serve a Gadamer para pensar as múltiplas determinações da arte (a começar do primado da obra em relação aos seus autores e fruidores) e para caracterizar a essência da linguagem, que, na sua concreta execução, implica sempre uma espécie de "arrebatamento" lúdico, em cujo âmbito deixa de ser determinante "a vontade do indivíduo" (*ibid.*, p. 115). Donde a idéia do J. como metáfora das nossas relações com o mundo, aliás como a própria metáfora do mundo, concebido como *J. infinito,* ou seja, como inexaurível auto-representação ou automanifestação (*Selbstdarstellung*) do ser. Quem também fala do J. como símbolo cósmico é E. Fink (*Spiel als Weltsymbol,* 1960), que, partindo da imagem heraclitiana do mundo como criança a brincar (Αἰὼν παῖς ἐστι παίζων, fr. 52 Diels) afirma o "valor universal" do J., ou seja, sua capacidade de simbolizar a essência lúdica do universo, entendido como um J. sem jogador, ou seja, um processo que não pode ser referido a nenhum ente pessoal divino (trad. it., Lerici, Roma, 1969, p. 300).

Uma valorização filosófica do J., visto como metáfora de um modo pós-metafísico de reportar-se ao mundo em termos de "leveza", também se encontra, mesmo que como simples esboço, em alguns pensadores pós-modernos: "Na história recente a vontade de ver as coisas esteticamente, de condescender com aquilo que Schiller chamava de 'J.' e descartar o que Nietzsche chamava de 'espírito de verdade', foi um veículo importante de progresso moral" (R. RORTY, *La priorittà della democrazia sulla filosofia,* trad. it., em *Filosofia '86,* VV.AA., Laterza, Roma-Bari, p. 46). Convicção que Vattimo declara comungar, exaltando sua função libertadora em relação à seriedade do pensamento "forte" (*ibid.*, pp. VIII-IX). [G.F.]

JÚBILO (gr. εὐφροσύνη; lat. *Laetitia;* it. *Letizia*). V. ALEGRIA.

JUDAICA, FILOSOFIA (in. *Jewish philosophy;* fr. *Philosophy judaïque;* al. *Jüdischen Philosophie;* it. *Fi-*

losofia giudaica). A filosofia J. é de tipo escolástico (v. FILOSOFIA; ESCOLÁSTICA); consiste essencialmente na tentativa de interpretar a tradição religiosa J. em termos de filosofia grega, mais precisamente de neoplatonismo ou de aristotelismo. A filosofia J. nasceu, portanto, quando o judaísmo entrou em contato com o helenismo no século II a.C. Uma de suas primeiras manifestações é a seita dos essênios, dos quais nos falam Fílon, Josefo e Plínio, à qual parecem pertencer os documentos encontrados nas proximidades do Mar Morto em 1947, que costumam ser chamados de "manuscritos do Mar Morto", (cf. BURROWS, *The Dead Sea Scrolls*, Nova York, 1956). Essa seita mostra profunda afinidade com o neopitagorismo, supondo-se que se tenha desenvolvido sob a influência dos mistérios órfico-pitagóricos. Era constituída por várias comunidades submetidas a disciplina severa, com certo número de regras ascéticas. Do ponto de vista doutrinal, os essênios interpretavam alegoricamente o Antigo Testamento, segundo tradição que atribuíam a Moisés; acreditavam na preexistência da alma e na vida depois da morte, admitiam divindades intermediárias ou demônios, bem como a possibilidade de profetizar o futuro. Fílon de Alexandria (que viveu na primeira metade do séc. I d.C.) é a maior personalidade desse período da filosofia J.: sua intenção é interpretar alegoricamente as doutrinas do Antigo Testamento mediante conceitos da filosofia grega. O resultado dessa interpretação é uma forma de neoplatonismo muito semelhante àquela que se desenvolverá em Alexandria por obra do *neoplatonismo* (v.).

A segunda fase ocidental da filosofia J. desenvolveu-se na Idade Média, principalmente na Espanha, durante o domínio árabe. A essa fase pertencem Isaac (que viveu no Egito entre os séc. IX e X); Saadja (séc. X); Ibn-Gebirol, que os escolásticos latinos conheceram com o nome de Avicebron, autor de uma obra famosa intitulada *Fonte da vida* (séc. XI), e Moisés Ben Maimoun, denominado Maimônides (séc. XII), autor do *Guia dos perplexos*. Os temas fundamentais dessa segunda fase da escolástica J. são os seguintes: 1º utilização do neoplatonismo árabe, especialmente da filosofia de Avicena, para a demonstração da existência de Deus; 2º negação do necessitarismo característico da filosofia árabe e, portanto, crítica das duas doutrinas decorrentes desse necessitarismo: *a*) da eternidade do mundo e conseqüente defesa da criação como início das coisas no tempo por obra de Deus; *b*) do rigoroso determinismo astrológico, com a reafirmação da liberdade humana. Estas teses aproximam muito a escolástica J. da escolástica cristã, que defende filosoficamente crenças religiosas análogas. Portanto, a escolástica cristã empregou muito a filosofia J., e especialmente a de Maimônides (cf. J. GUTTMANN, *Die Phil. des Judentums*, Munique, 1933).

[N.A.]

JUÍZO (gr. τὸ κριτικόν, κρίσις; lat. *Judicium*; in. *Judgment*; fr. *Jugement*; al. *Urteilskraft*, *Urteil*; it. *Giudizio*). Este termo, oriundo da linguagem jurídica, possui quatro significados principais: 1º faculdade de distinguir e avaliar ou o produto ou o ato dessa faculdade, bem como sua expressão; 2º uma parte da lógica; 3º em relação a uma proposição, ato de assentir, discordar, afirmar ou negar; 4º operação intelectual de síntese que se expressa na proposição.

1º No sentido mais geral, entende-se por J. a faculdade de avaliar e escolher, própria de todos os seres animados. Aristóteles dizia que o J. é uma das faculdades da alma dos animais (a outra é a faculdade motriz), sendo obra do pensamento e da sensação (*De an.*, III, 9, 432 a 15). Em especial, atribuía ao intelecto a capacidade de julgar as qualidades sensíveis com o sensório e a substância das coisas com um meio diferente (*ibid.*, III, 4, 429, b 10). O significado geral conservou-se constante na tradição filosófica e na linguagem comum. A faculdade de julgar consiste em avaliar, escolher, decidir. "Ter J." significa saber ser comedido nas escolhas, ou fazê-las de acordo com as melhores regras. Nesse sentido, o J. é qualificado segundo os campos específicos em que age, falando-se de "J. moral", "estético", "histórico", "político" etc. Esse termo ainda indica, em todas as línguas, o resultado ou o produto da atividade judicativa e a expressão lingüística desta: por isso, chama-se de J. tanto a decisão ou a escolha que elimine uma incerteza, dirima uma controvérsia ou elimine um conflito quanto a formulação verbal de alguns desses atos. Nesse sentido, a faculdade judicativa não se reduz ao intelecto, conquanto compreenda também o intelecto. Tomás de Aquino observava que "a palavra 'J.', que segundo a primeira imposição significa a correta determinação do que é justo, foi ampliada para significar a correta determinação em todas as coisas, tanto nas especulativas quanto nas práticas" (*S. Th.*, II, 11, q. 60 a. 2 ad 1º). Kant, que definia o intelecto como "a faculdade de julgar" (*Crít. R. Pura*, Anal. transc., I, cap. I, seç. I; *Prol.*, § 22), em *Antropologia* conceituava de modo mais geral o J., entendendo-o como "a capacidade intelectual de distinguir se cabe ou não uma regra", e afirmava que o J. não pode ser ensinado, mas só exercitado, e que o seu desenvolvimento se chama "maturidade" (*Antr.*, 1, § 42). Locke havia restringido o J. à faculdade de utilizar os conhecimentos prováveis na falta do conhecimento seguro (*Jud.*, IV, 14, 3), mas

Leibniz observava que "outros chamam de julgar a ação realizada todas as vezes em que alguém se pronuncia com algum conhecimento de causa" (*Nouv. ess.*, IV, 14).

Nesse sentido, o J. é uma atividade valorativa, embora possa expressar-se (como de fato o fez com freqüência) por fórmulas verbais diversas, como regras, normas, exortações, imperativos, pareceres, conselhos, conclusões e, em geral, fórmulas que expressam uma escolha ou um critério de escolha. Peirce diz: "O hábito cerebral da mais alta espécie, que determinará o que faremos, tanto em imaginação quanto em ação, chama-se *crença*. Chama-se J. a representação, que fazemos para nós mesmos, de que temos um hábito dessa espécie" (*Coll. Pap.* 3, 160).

Na mesma linha, Dewey considerou o J. como a conclusão de uma busca e a sistematização efetiva da situação que a provocou, segundo o modelo do procedimento judiciário (*Logic*, 1939, cap. VII).

2º Cícero deu o nome de "J." à *dialética* (v.) dos estóicos, que "foi inventada quase como árbitro e juiz do verdadeiro e do falso" (*Acad.*, II, 28, 91). Disse ele: "Todo tratamento completo da argumentação possui duas partes, uma que se ocupa da invenção a outra do J." Aristóteles foi o fundador de ambas; os estóicos seguiram diligentemente apenas o caminho do J. (*Judicandi vias*) na ciência que chamaram de dialética, mas descuidaram da arte da invenção, que é a *tópica* (v.) (*Top.*, 2, 6). Boécio aceitou a divisão de Cícero (*P. L.*, 64; col. 73 a 1046). Essa doutrina passou para algumas correntes da lógica do século XVI. Petrus Ramus considerava que a divisão da lógica em invenção e J. baseava-se na distinção natural dos poderes da razão, graças à qual antes se pensa algo, para depois julgá-lo. Portanto, considerava que essa divisão estava presente na própria obra de Aristóteles e identificava J. com método (*Scholae dialecticae*, I, cap. 8; ed., 1594, pp. 54-5; *Dialectique*, 1555, p. 4). Jungius fazia referência a essa distinção (*Logica hamburgensis*, 1638, Prol. 24).

3º Na lógica terminista medieval entendeu-se por "J." ou "ato judicativo" o mesmo que os estóicos chamavam de *assentimento* (v.). Ockham, por exemplo, distinguia dois atos do intelecto, o apreensivo (*apprehensivus*) e o judicativo (*judicativus*). Através deste último "o intelecto não só apreende o objeto, mas também assente a ele e dissente dele, sendo um ato que só diz respeito a noções complexas, visto que só assentimos com o intelecto naquilo que acreditamos ser verdadeiro e só dissentimos daquilo que acreditamos ser falso" (*In Sent.*, Prol., q. I o, *Quodl.*, III, q. 8). Nesse sentido, o ato judicativo é a aceitação ou a recusa de uma proposição (ou de uma demonstração); em outros termos, é a *crença* (v.). Vestígios ou repetições dessa doutrina podem ser encontrados em autores mais recentes. Na *Psychologie vom empirischen Standpunkt* (1874) Franz Brentano dividia a atividade psíquica em duas classes: a da representação, que é a manifestação de um objeto, e a do J., que é a aceitação do verdadeiro e a recusa do falso.

Frege julgava oportuno introduzir o uso do sinal para fazer a distinção entre o J. como reconhecimento ou não-reconhecimento de uma verdade e um mero complexo de idéias (*Begriffsschrift*, 1879, § 2, trad. in., Geach, pp. 1-2). Para Meinong, um J. distingue-se de uma representação pura porque contém o momento da convicção e porque essa convicção consiste em adotar a atitude de aceitação ou de recusa (*Über Annalimen*, 1902, p. 2). Pode-se dizer que a doutrina de Russell trilha esse mesmo caminho, por considerar a proposição como uma atitude psicológica (v. PROPOSIÇÃO).

4º A partir de Descartes, entende-se por J. de preferência um ato ou uma operação mental de síntese que encontra expressão na proposição. Descartes afirmara que, além dos pensamentos, que são quase "imagens das coisas", existem na alma outros pensamentos que têm forma diferente: "Quando desejo, temo, afirmo ou nego é verdade que concebo algo como o sujeito da ação do meu espírito, mas, com essa ação, acrescento mais alguma coisa à idéia que faço dessa coisa; alguns dos pensamentos desse gênero são chamados de vontade ou afecções; outros, de *juízo*" (*Méd.*, III). A *Lógica* de Port-Royal definia o J. como a operação que consiste "em unir e desunir as idéias, segundo convenham ou não" (ARNAULD, *Log.*, Discours, I): o que Locke considerou definição do conhecimento em geral (*Saggio*, IV, I, 2). Para Kant, J. é "a representação da unidade da consciência de representações distintas; ou a representação das relações entre estas representações, visto que constituem um único conceito" (*Logik*, § 17). Kant, porém, considera que a unidade entre as representações estabelecida pelo J. é *objetiva*, ou seja, não se baseia na associação psicológica das representações, mas na *apercepção*, que é a função lógica unificadora da consciência em geral, comum a todos os seres pensantes. Este é o sentido da definição que se encontra expressa de várias maneiras na *Crítica da Razão Pura*; por exemplo, quando se diz que "o J. outra coisa não é senão o modo de reintegrar conhecimentos dados na unidade objetiva da apercepção" (*Crít. R. Pura*, § 19). Desse modo, uma operação subjetiva (por pertencer ao sujeito), mas objetiva por ser universal ou comum, em Kant é fundamento do J. e de sua validade.

A doutrina de Kant determinou o predomínio da concepção do J. como ato intelectual de síntese em toda a lógica filosófica do século XIX. Essa doutrina é repetida em quase todos os tratados de lógica, e o monumental *Geschichte der Logik im Abendlande* (4 volumes, 1855-1870) de K. Prantl, adota constantemente a palavra J. nesse sentido, algumas vezes com estranhos efeitos anacrônicos. As especulações lógicas do idealismo de Hegel e dos hegelianos tomam como ponto de partida o conceito kantiano e vêem no J. a atividade que medeia entre o sujeito (particular) e o predicado (universal), que distingue e ao mesmo tempo unifica o universal e o particular (HEGEL, *Wissenschaft der Logik*, III, *i*, 2; *Enc.*, § 166; GENTILE, *Sistema di logica*, I, 1922², pp. 192 ss.). Para Bradley e Bosanquet, o sujeito autêntico do J., ao qual se referem as qualificações ou a idéia que o constituem, é a realidade total, ou seja, o Absoluto ou Consciência (BRADLEY, *Appearance and Reality*, 1902², p. 370; BOSANQUET, *Logic*, I, 1888, p. 294). Por outro lado, os próprios lógicos matemáticos usaram freqüentemente a palavra "J.", porém em sentido diferente, passando então a prevalecer o termo *proposição* (v.).

Contudo, foi no próprio campo da lógica filosófica que se esboçou a reação contra a noção de J. como operação mental. Husserl estabeleceu inicialmente a distinção entre o ato judicativo e sua essência "intencional" ou "cognitiva", que seria seu conteúdo objetivo (*Logische Untersuchungen*, 1900, II, V, § 21), e mais tarde fez a distinção entre o J. como *noese* (v.), que é o "julgar", e o J. como *noema* (v.), que é o "julgado", o "juízo formulado" que possibilita a consideração lógico-formal do próprio J. Ambos os aspectos são dados na vivência (*Erlebnis*) do julgar (*Ideen*, I, § 94). [N.A.]

JUÍZOS, CLASSIFICAÇÃO DOS (in. *Classification of judgments*; fr. *Classification des jugements*; al. *Einteilung der Urteile*; it. *Classificazione dei giudizi*). 1. Com esta expressão entende-se a classificação das proposições, ou seja, sua divisão em afirmativas e negativas, universais e particulares, categóricas e hipotéticas etc. Para tal significado, v. PROPOSIÇÕES, CLASSIFICAÇÃO DAS.

2. Mais propriamente, entende-se por esta expressão a divisão das atividades valorativas. Nesse sentido, Kant distinguiu o juízo *determinante* (propriamente intelectual) do juízo *reflexivo* (teleológico ou estético). Definindo em geral o juízo como "faculdade de pensar o particular como contido no geral", Kant considera que no juízo determinante é dado o geral (a regra, o princípio, a lei), cabendo subsumir-lhe o particular (o múltiplo sensível), enquanto no juízo reflexivo é dado o particular (as coisas naturais) cabendo encontrar o geral ao qual ele está subsumido, ou seja, o fim no qual as coisas são reintegráveis mediante um conceito (juízo teleológico) ou imediatamente, sem conceito (juízo estético) (*Crít. do Juízo*, Intr., § IV). Essas distinções pertencem efetivamente ao plano de divisão dos juízos, como atividades valorativas, enquanto as demais distinções que Kant faz, como entre juízos analíticos e sintéticos ou as que se encontram na tabela dos juízos que ele dá no § 9 da *Crítica da Razão Pura*, pertencem ao plano das proposições. A relutância do pensamento contemporâneo em estabelecer distinções rígidas entre as atividades humanas impede que se estabeleçam distinções nítidas entre as diversas atividades judicativas. Fala-se certamente de um juízo estético, que é diferente do juízo intelectual ou do juízo moral, mas fala-se analogamente de juízo econômico, jurídico etc., sem que isso implique a diversidade ou a respectiva autonomia de diferentes faculdades de juízo. Em geral, pode-se dizer que uma atividade judicativa assume o nome do campo específico a que ela se refere, de tal forma que é possível falar de juízos atinentes a campos especialíssimos, que obviamente se recusam a ser considerados "formas" ou "categorias" espirituais. [N.A.]

JUSNATURALISMO (it. *Giusnaturalismo*). Teoria do direito natural configurada nos séculos XVII e XVIII a partir de Hugo Grócio (1583-1645), também representada por Hobbes (1588-1679) e por Pufendorf (1632-1694). Essa doutrina, cujos defensores formam um grande contingente de autores dedicados às ciências políticas, serviu de fundamento à reivindicação das duas conquistas fundamentais do mundo moderno no campo político: o princípio da tolerância religiosa e o da limitação dos poderes do Estado. Desses princípios nasceu de fato o Estado liberal moderno (v. LIBERALISMO). O J. distingue-se da teoria tradicional do direito natural por não considerar que o direito natural representa a participação humana numa ordem universal perfeita, que seria Deus (como os antigos julgavam, p. ex., os estóicos) ou viria de Deus (como julgaram os escritores medievais), mas que é a regulamentação necessária das relações humanas, a que se chega através da razão, sendo, pois, independente da vontade de Deus. Assim, o J. representa, no campo moral e político, reivindicação da autonomia da razão que o cartesianismo afirmava no campo filosófico e científico (v. DIREITO). [N.A.]

JUSTIÇA (gr. δικαιοσύνη; lat. *Justitia*; in. *Justice*; fr. *Justice*; al. *Gerechtigkeit*; it. *Giustizia*). Em geral, a ordem das relações humanas ou a conduta de quem se ajusta a essa ordem. Podem-se distinguir dois significados principais: 1º J. como conformidade da conduta a uma norma; 2º J. como *eficiência* de uma norma (ou de um sistema de normas), entendendo-se por eficiência de uma norma certa capacidade de possibilitar as relações entre os homens. No primeiro significado, esse conceito é empregado para julgar o comportamento humano ou a pessoa humana (esta última, com base em seu comportamento). No segundo significado, é empregado para julgar as normas que regulam o próprio comportamento. A problemática histórica dos dois conceitos, ainda que freqüentemente interligada e confundida, é completamente diferente.

1º No primeiro significado, a J. é a conformidade de um comportamento (ou de uma pessoa em seu comportamento) a uma norma; no âmbito deste significado, a polêmica filosófica, jurídica e política versa apenas sobre a natureza da norma que é tomada em exame. Esta pode ser de fato a norma natural, a norma divina ou a norma positiva. Aristóteles diz: "Uma vez que o transgressor da lei é injusto, enquanto é justo quem se conforma à lei, é evidente que tudo aquilo que se conforma à lei é de alguma forma justo: de fato, as coisas estabelecidas pelo poder legislativo conformam-se à lei, e dizemos que cada uma delas é justa" (*Et. nic.*, V, 1, 1129 b 11). Neste sentido, segundo Aristóteles, a J. é a virtude integral e perfeita: integral porque compreende todas as outras; perfeita porque quem a possui pode utilizá-la não só em relação a si mesmo, mas também em relação aos outros (*ibid.*, 1129 b 30). Mas também as duas formas da J. particular que Aristóteles enumera, que são a distributiva (v. DISTRIBUTIVO) e a corretiva ou comutativa (v. COMUTATIVO), consistem em conformar-se a normas, mais precisamente às que prescrevem a igualdade entre os méritos e as vantagens ou entre as vantagens e as desvantagens de cada um. A definição de J. feita por Ulpiano, adotada pelos jurisconsultos romanos (*Dig.*, I, 1, 10) como "vontade constante e perpétua de dar a cada um o que é seu", é outra maneira de expressar a noção de justiça como conformidade à lei, visto pressupor que o que cabe a cada um já está determinado por uma lei. Kelsen tachou essa definição de tautológica por não conter indicação alguma sobre o que é o "seu" de cada um (*General Theory of Law and State*, 1945, I, I, A, c, 2); na realidade, prescreve apenas a conformidade a uma lei ou regra que estabeleça exatamente aquilo que cabe a cada um. A noção de conformidade à lei como definição de J. é uma constante mesmo naqueles que se opõem ao conceito tradicional de justiça. Assim, Hobbes afirma que a J. consiste simplesmente na manutenção dos pactos e que, portanto, onde não há Estado como poder coercitivo que assegure a manutenção dos pactos, não existe J. nem injustiça (*Leviath.*, I, 15). Mas também neste caso a J. não passa de conformidade a uma regra, ainda que se trate de uma regra simplesmente pactuada. Mesmo a interpretação feita por Kant da definição romana reduz a J. ao respeito a uma norma já estabelecida: "Se aquela fórmula fosse traduzida por 'dar a cada um o que é seu', estaria dizendo um absurdo, pois não é possível dar a alguém o que já tem. Para ter sentido deve ser assim expressa: inclui-se numa sociedade em que a cada um possa ser garantido o que é seu contra qualquer outro" (*Lex justitiae*) (*Met. der Sitten*, I, Divisão da doutr. do Dir., A). Por outro lado, também aqueles que não vêem no conceito de J. nada mais que a tentativa de justificar determinado sistema de valores, pretendendo expungi-lo da teoria científica do direito, utilizam ou adaptam a mesma noção de justiça. Kelsen diz: "J. significa a manutenção de uma ordenação positiva mediante sua conscienciosa aplicação. Ela é J. *segundo o direito*. A proposição segundo a qual o comportamento de um indivíduo é justo ou injusto no sentido de ser jurídico ou antijurídico significa que seu comportamento corresponde ou não à norma jurídica que é pressuposta como válida pelo sujeito judicante por pertencer a uma ordenação jurídica positiva" (*General Theory*, cit., I, I, A, c, 5, trad. it., p. 14). Esse conceito de J. não está submetido às conseqüências resultantes das diferenças, mesmo as mais substanciais, entre as doutrinas do direito. Quer se entenda a norma como norma de direito natural, quer como norma moral ou de direito positivo, a J. é sempre considerada conformidade do comportamento à norma.

2º No segundo conceito, a J. não se refere ao comportamento ou à pessoa, mas à norma; expressa a eficiência da norma, sua capacidade de possibilitar as relações humanas. Neste caso, obviamente, o objeto do juízo é a própria norma, e desse ponto de vista as diferentes teorias da J. são os diferentes conceitos do *fim* em relação ao qual se pretende medir a eficiência da norma como regra para o comportamento intersubjetivo. Platão foi o primeiro a insistir na J. como instrumento. Sócrates pergunta a Trasímaco: "Acreditas por acaso que uma cidade, um exército, um grupo de bandidos ou de ladrões, ou qualquer outro amontoado de pessoas que se ponha de acordo para fazer algo de injusto, poderia chegar a fazer alguma coisa se os seus integrantes cometessem injustiça uns para com os outros? – Não, de certo, respondeu Trasímaco. – E se não cometessem injustiça, não seria melhor? – Seguramente. – A razão disto, Trasímaco, é que a injustiça dá origem a ódios e lutas entre os homens, enquanto a J. produz acordo e amizade" (*Rep.*, 351 c-d). Neste trecho a J. é desvinculada de qualquer objetivo que tenha valor privilegiado: ela não passa de condição para possibilitar a convivência e a ação conjunta dos homens: condição que vale para qualquer comunidade humana, mesmo para um grupo de bandidos. Da mesma forma, no mito exposto a Protágoras no diálogo homônimo, Platão diz que, enquanto os homens não tiveram a arte da política, que consiste no *respeito* recíproco e na J., não puderam reunir-se em cidades e eram destruídos pelas feras. "Apesar de ajudá-los a obter alimento, a arte mecânica não lhes era suficiente para combater as feras porque eles não possuíam a arte política, de que faz parte a arte da guerra" (*Prot.*, 322 b-c). Com mais freqüência, porém, filósofos e juristas não mediram a J. das leis tomando como referência a sua eficiência geral no que diz respeito às possibilidades de relações humanas, mas a sua eficiência em garantir este ou aquele objetivo considerado fundamental, ou seja, como valor absoluto. Não faltou portanto quem julgasse impossível definir a J. nesse sentido, limitando-se a propor a exigência genérica de que, para ser justa, uma norma deve adequar-se a um sistema de valores qualquer (CH. PERELMAN, *De la justice*, 1945, trad. it., 1959). Todavia, os fins aos quais se recorreu com mais freqüência são: *a*) felicidade; *b*) utilidade; *c*) liberdade; *d*) paz.

a) Foram os filósofos que mais recorreram à felicidade. Aristóteles diz: "As leis promulgadas sobre qualquer coisa visam à utilidade comum a todos ou à utilidade de quem se destaca pela virtude ou por outra forma; desse modo, com uma só expressão definimos como justas as coisas que propiciam ou mantêm a felicidade ou parte dela na comunidade política" (*Et. nic.*, V. 1, 1129 b 4). A identificação do bem comum com a bem-aventurança eterna é um caso particular dessa doutrina (TOMÁS DE AQUINO, *De regimine principum*, III, 3).

b) Já na Antiguidade (p. ex., para os sofistas e para Carnéades) a J. foi identificada com a utilidade. No mundo moderno, Hume impôs eficazmente esse ponto de vista: "A utilidade e o fim da J. é propiciar a felicidade e a segurança, mantendo a ordem na sociedade" (*Inq. Conc. Morals*, III, 1). A redução da J. à utilidade, e não à felicidade, tem a característica de eliminar o caráter de fim último ou valor absoluto, levando a considerá-la como solução (às vezes a menos pior) de determinadas situações humanas. É o que pensa Hume, corrigindo nesse aspecto o jusnaturalismo racionalista de Grócio, que à J. atribuía valor absoluto, e às normas que a garantem, absoluta racionalidade, pois para ele "as relações mútuas de sociedade" possibilitadas por tais normas eram fins em si mesmas, porque objeto último de desejo (*De jure belli ac pacis*, Intr., § 16).

c) Foi Kant quem identificou J. e *liberdade*: "A tarefa suprema da natureza em relação à espécie humana" é uma sociedade em que a liberdade sob leis externas esteja unida, no mais alto grau possível, a um poder irresistível, o que é uma constituição civil perfeitamente *justa* (*Idee zu einer allgemeinen Geschichte in weltbürgerlicher Absicht*, 1784, Tese V). Segundo esse ponto de vista, o *iluminismo* é a condição que derivará da progressiva eliminação dos obstáculos opostos à liberdade da espécie humana (*ibid.*, Tese VIII).

d) Por fim, além da felicidade, da utilidade e da liberdade, os filósofos tomaram freqüentemente a *paz* como medida ou critério da J. de uma ordenação normativa. Esse parâmetro foi introduzido por Hobbes: para ele, é justa a ordenação que garanta a paz, afastando os homens do estado de guerra de todos contra todos, em que vivem no "estado natural". De fato, para Hobbes a primeira lei da natureza, a primeira das normas que permite afastar o homem do estado de guerra é a que prescreve perseguir a paz. "Para a igualdade de forças e de todas as outras faculdades humanas, os homens que vivem no estado natural, isto é, no estado de guerra, não podem pretender que sua conservação seja duradoura. Por isso, tender para a paz enquanto brilhar alguma esperança de obtê-la, e só recorrer à guerra quando isso não for possível, é o primeiro ditame da boa razão, a primeira lei da natureza" (*De cive*, I, § 15). No século XX, Kelsen contrapôs à J. como "ideal irracional" a paz como medida empírica da eficiência das leis: "Uma teoria pode fazer uma afirmação com base na experiência: só uma ordenação jurídica que não satisfaça aos interesses de uns em detrimento de outros, mas que chegue a uma conciliação entre os interesses opostos, que reduza ao mínimo seus possíveis atritos, pode contar com uma existência relativamente duradoura. Só uma ordenação dessa espécie estará em condições de assegurar a paz social em bases relativamente permanentes a todos os que se lhe submetem. Embora o ideal de J. em seu significado originário seja totalmente diferente do ideal de paz, existe nítida tendência a identificar os dois ideais ou ao menos a substituir o ideal de J. pelo de paz" (*General Theory*, cit., I, I, A, c, 4; trad. it., p. 14).

Essa tendência, compartilhada por muitos que julgam irrealizável o ideal de J. como felicidade ou liberdade, tende a julgar a eficiência das normas com base em sua funcionalidade negativa, ou seja, em sua capacidade de evitar conflitos. Sem dúvida, conforma-se mais ao espírito positivo de uma teoria do direito que pretenda ter como objeto nada mais do que a técnica da coexistência humana. Mas na realidade o jusnaturalismo moderno, a partir de Grócio, já havia alcançado, pelo menos nesse aspecto, uma generalização maior, exigindo que as normas do direito natural servissem tanto para a paz quanto para a guerra, e que pudessem, pelo menos em parte, valer para qualquer condição ou situação humana. Portanto, do ponto de vista da teoria geral do direito, mesmo a paz pode mostrar-se como objetivo restrito demais para julgar da eficiência (isto é, da J.) das normas do direito. A guerra, assim como os conflitos individuais e sociais, as competições etc., constituem situações humanas recorrentes, ainda que indesejáveis; portanto, um juízo objetivo e sem preconceitos sobre as normas de direito deve medir sua eficiência também com relação a tais situações e às possibilidades de superá-las. Na realidade, é possível aduzir apenas dois critérios como fundamento de um juízo objetivo sobre ordenações normativas, visto que só eles valem não como fins, absolutos ou relativos, mas como *condições de validade* de uma ordenação *qualquer*. O primeiro, já bastante conhecido na tradição filosófica, é o de igualdade como *reciprocidade*, segundo o qual cada um deve esperar dos outros tanto quanto os outros esperam dele. Na maioria das vezes em que a tradição filosófica definiu a J. como *igualdade* (o que fez com freqüência a partir dos pitagóricos), pretendeu ressaltar esse mesmo caráter da J., o de reciprocidade (cf., p. ex., HOBBES, *Leviath.*, I. 14; *De cive*, III, § 6). O segundo critério pode ser deduzido do caráter fundamental que garante a validade do saber científico no mundo moderno: a autocorrigibilidade. Assim como o conhecimento científico se define como tal só quando organizado com vistas à sua própria verificação e, portanto, à sua autocorrigibilidade, também uma ordenação normativa define-se como tal (ou seja, consegue ser eficiente como ordenação) só quando é organizada com vistas à sua eventual autocorreção. Os dois critérios citados, com as variações devidas, também podem integrar-se. Podem conferir à palavra J. um significado tão distante do ideal transcendente e da aspiração sentimental quanto da justificação interessada das ordenações em vigor. Não se deve esquecer também que a mais eficaz e radical defesa de determinada ordenação *ne varietur* não foi feita pela demonstração, ou tentativa de demonstração da J. de tal ordenação, mas simplesmente ignorando-se e eliminando-se a própria noção de justiça. De fato, é isso o que acontece na filosofia do direito de Hegel, que considera o Estado como Deus realizado no mundo e nega até a possibilidade de discutir a ordenação jurídica sob qualquer aspecto. Hegel dizia: "O direito é algo *sagrado* em geral porque é a existência do Conceito Absoluto" (*Fil. do dir.*, § 30). O emprego do conceito de J. no segundo significado é o exercício do juízo, que deve ser possível para todos os homens livres, sobre as ordenações normativas que os regem.

Para a distinção das várias espécies de J., v. ATRIBUTIVA, JUSTIÇA; COMUTATIVO; DISTRIBUTIVO. [N.A.]

O tema da J. entendida como "o primeiro requisito das instituições sociais, assim como a verdade o é dos sistemas de pensamento", foi aprofundado de modo original por John Rawls. Em *A Theory of Justice* (1971), que leva em conta não só as doutrinas tradicionais, mas também a visão marxista da "J. social", ou seja, de uma distribuição igualitária dos bens por parte dos poderes públicos, ele identifica a J. com a realização dos "princípios de J.", relativos à "estrutura fundamental de uma sociedade bem organizada", que seriam escolhidos e acordados por pessoas "racionais, livres e iguais", ou seja, por indivíduos que se encontrassem numa situação kantiana de "autonomia" (v. NEOCONTRATUALISMO). Situação que Rawls, mediante uma eficaz ficção heurística, situa numa hipotética "posição originária" (*original position*) caracterizada por um "véu de ignorância", por parte de cada um dos indivíduos que a compõem, acerca "de seu lugar na sociedade, de sua posição de classe ou status social, do papel que o acaso lhes atribui na subdivisão dos dotes naturais, da sua inteligência, força etc." (*Una teoria della giustizia*, trad. it., Feltrinelli, Milão, 1984, pp. 27-8). Somente uma circunstância "numênica" desse tipo tem condições de garantir o requisito da imparcialidade, ou seja, de fazer que a escolha não seja condicionada por motivações egoísticas ou utilitaristas, mas por considerações *universais*. Graças a esse "experimento mental", Rawls extrai dois princípios de J., que considera munidos da mesma incondicionalidade do imperativo categórico kantiano: "Primeiro: toda pessoa tem igual direito à mais ampla liberdade fundamental de modo compatível com liberdade semelhante para os outros. Segundo: as desigualdades sociais e econômicas precisam ser combinadas de tal modo que: *a*) sejam razoavelmente previstas para proveito de todos; *b*) estejam ligadas a cargos e posições abertos a todos" (*ibid.*, p. 66). A liberdade fundamental de que fala o primeiro princípio é inviolável e prioritária, a tal ponto que nenhum aumento de bem-estar econômico poderia justificar uma diminuição dela, que seria permitida apenas com a condição de correlativo aumento da liberdade de todos. Por sua vez, as desigualdades de que fala o segundo princípio são admitidas somente com a condição de favorecer a todos, em especial aos menos favorecidos. Para evitar a injustiça, Rawls prevê a intervenção de outros dois critérios de inspiração solidarista. O primeiro é o chamado princípio *de reparação* e consiste em "reparar" as desvantagens naturais ou sociais dos grupos menos favorecidos. O segundo é o chamado *princípio de diferença* e consiste em não desejar maiores vantagens para os mais favorecidos, a menos que sirva de beneficio aos que vivem menos bem. Critério que Rawls, reportando-se à economia e à teoria dos jogos, vincula ao princípio do *maximin* (abreviação de "maximum minimorum"), vale dizer, à regra que prescreve a maximização dos ganhos mínimos (que neste caso são os benefícios dos menos aquinhoados). Com esse procedimento, Rawls considera ter conseguido vincular sua teoria deontológica e antiutilitarista da J. (que antepõe o justo ao bem) aos princípios imortais da Revolução Francesa: "a liberdade corresponde ao primeiro princípio; a igualdade, à idéia de igualdade do primeiro princípio unida à igualdade de oportunidades iguais; e a fraternidade, ao princípio de diferença" (*ibid.*, p. 102).

A doutrina de Rawls estimulou um rico debate ainda em curso. Entre os opositores cabe lembrar a perspectiva comunitária de McIntyre (*After Virtue*, 1981), segundo a qual a J. não é, acima de tudo, uma regra formal e procedimental que preside à distribuição das vantagens sociais, mas uma propriedade ética do sujeito agente; e a de M. Walzer (*Spheres of justice*, 1983), segundo a qual não existe um critério único de J. distributiva, mas uma multiplicidade de princípios, de acordo com os bens que precisam ser distribuídos. Em *Political Liberalism* (1993) Rawls reelaborou a sua teoria da J. na direção de um liberalismo político atento ao desafio do *pluralismo* (v.), ou seja, empenhado em resolver a questão: "Como é possível que exista e dure no tempo uma sociedade estável e justa de cidadãos livres e iguais profundamente divididos por doutrinas religiosas, filosóficas e morais incompatíveis, ainda que racionais?" (trad. it., Edizioni di Comunità, Milão, 1994, pp. 6-7). Em *A Theory of Justice*, a comunhão de princípios de J. era apresentada como a comunhão de uma espécie de doutrina moral. Em *Political Liberalism* afirma-se, ao contrário, que a teoria da J. como equidade é uma doutrina *autônoma* em relação a qualquer doutrina religiosa, filosófica e moral (pois caso contrário perderia a sua universalidade), mesmo que procure, nelas, um "consenso por intersecção" (*overlapping consensus*). No âmbito dessa revisão teórica, Rawls reformulou os dois princípios de J. do seguinte modo: "*a*) Todas as pessoas têm igual direito a um sistema plenamente adequado de idênticos direitos e liberdade fundamentais; a atribuição desse sistema a uma pessoa é compatível com a sua atribuição a todos, e deve garantir o idêntico valor das idênticas liberdades políticas, e somente destas. *b*) As desigualdades sociais e econômicas devem satisfazer a duas condições: primeiro, estar associadas a posições e cargos abertos a todos, em condições de idêntica igualdade de oportunidades; segundo, dar o máximo benefício aos membros menos favorecidos da sociedade" (*ibid.*, p. 25). Estes desenvolvimentos, adverte Rawls numa nota, não eliminam (e eventualmente confirmam) a substância do seu liberalismo igualitário: "Houve quem pensasse que, desenvolvendo as idéias do liberalismo político, eu pretendesse renunciar à concepção igualitária da *Teoria*. Nenhuma das minhas revisões implica [...] semelhante mudança, e acho que essa desconfiança é infundada" (*ibid.*, p. 313, n. 6). [G.F.]

JUSTIFICAÇÃO (in. *Justification*; fr. *Justification*; al. *Rechtfertigung*; it. *Giustificazione*). Este termo, de origem teológica, foi introduzido na filosofia como sinônimo da dedução kantiana (v. DEDUÇÃO TRANSCENDENTAL). A J. concerne à questão do *direito* de usar certos conceitos. Essa questão é fundamento da postura crítica da filosofia kantiana. Kant dizia: "Todos os metafísicos estão solene e legitimamente suspensos das suas funções enquanto não responderem satisfatoriamente à pergunta: 'como são possíveis os conhecimentos sintéticos *a priori*?', pois só essa resposta pode autorizá-los a falar em nome da razão pura" (*Prol.*, § 5). Autorização e legitimação são os termos que Kant emprega para exprimir a exigência de J. Segundo Kant, o fato de um conceito ser empregado não é J. do direito de empregá-lo. Em face dos conceitos é preciso distinguir, como fazem os juristas, uma questão de fato e uma questão de direito (*quid iuris*). A última é, precisamente, o objeto da J. ou dedução. A propósito, Kant distingue uma J. empírica, uma J. transcendental e uma J. metafísica. A dedução empírica consiste em mostrar de que modo se chega a um conceito por meio da experiência e da reflexão sobre ela. A dedução transcendental consiste em mostrar de que modo os conceitos *a priori* podem referir-se aos objetos. A dedução metafísica consiste em mostrar "a origem *a priori* das categorias em geral, mediante seu perfeito acordo com as funções lógicas do pensamento" (*Crít. R. Pura*, § 13, 26). Para Kant, a verdadeira J. de um conceito é a dedução transcendental, que consiste em mostrar a *possibilidade* da referência do conceito a um objeto empírico. Assim sendo, Hegel mudou o conceito de J. quando a identificou com a exigência de mostrar a *necessidade* do conceito. "A razão subjetiva" – disse ele – "exige a sua satisfação ulterior no que diz respeito à forma, e essa forma é, em geral, a *necessidade*" (*Enc.*, § 9). E acrescenta: "Esse pensamento do modo de conhecimento, que é conhecimento filosófico, considerado tanto sob o aspecto de sua necessidade quanto de sua capacidade de conhecer os objetos absolutos, precisa ser justificado. Mas a própria J. é um conhecer filosófico que, por isso, se realiza só dentro da filosofia" (*ibid.*, § 10). Portanto, o conceito de J. dá lugar a duas alternativas, segundo a modalidade que se exija dela: 1º a demonstração da *necessidade* de um conceito, ou seja, a demonstração de que ele não pode não ser e de que só pode ser do modo como é; 2º o esclarecimento da *possibilidade* de um conceito em relação a um campo determinado, ou seja, a determinação da possibilidade de uso do conceito. A filosofia contemporânea inclina-se a admitir e a usar esse segundo significado do termo, o único que não depende de um ponto de vista idealista, considerando que um conceito é justificado nos dois casos seguintes: *a*) quando seu uso em contexto formal (matemático ou lógico) não comporte contradição; *b*) quando o conceito possa referir-se a um objeto verificável (como ocorre nos contextos reais, isto é, nos campos dos conhecimentos empíricos). [N.A.]

Os desenvolvimentos subseqüentes do pensamento filosófico coincidiram com o abandono dos modelos tradicionais de J. epistêmica e, mais em geral, com a crise da "mentalidade" justificacionista, ou seja, da tendência a ver no conhecimento uma atividade que precisa de "legitimações filosóficas", portanto de "fundamentos" teóricos seguros e indubitáveis. A recusa de tal mentalidade – e de sua expressão emblemática que é o fundacionalismo (v.) em sentido forte – é parte integrante da epistemologia popperiana e da sua concepção da ciência como *doxa,* e não como *episteme* (v.): "Todas as filosofias foram *até agora filosofias justificacionistas,* no sentido de que todos presumiam ser tarefa *prima facie* da teoria do conhecimento demonstrar que podemos *justificar* as nossas teorias ou as nossas crenças e como podemos fazê-lo. Essa asserção não era comungada apenas por racionalistas, empiristas e kantianos, mas também por céticos e irracionalistas. Os céticos, obrigados a admitir que não podemos justificar nossas teorias ou crenças, denunciam o malogro da busca do conhecimento; enquanto os irracionalistas (por exemplo os fideístas), devido à mesma admissão fundamental [...], procuram justificar nosso conhecimento, ou melhor, nossas crenças, recorrendo a [...] fontes irracionais" (*Poscritto alla Logica della scoperta scientifica,* trad. it., Il Saggiatore, Milão, 1984, vol. I, p. 50). Na realidade, rebate Popper, o problema clássico de como podemos justificar nosso conhecimento é "isento de sentido" (*ibid.*), porquanto a ciência não é um corpo orgânico de verdades imutáveis, mas um conjunto de hipóteses falsificáveis que não podem ser legitimadas, em princípio, uma vez por todas (*Logica della scoperta scientifica,* 1934, 1959, trad. it., Einaudi, Turim, 1970, p. 351). Inspirando-se em Popper, W. W. Bartley III, depois de contestar "a estrutura autoritária do pensamento ocidental" e a sua busca de autoridades gnosiológicas (o intelecto, os sentidos, a linguagem etc.) capazes de fundamentar em definitivo o nosso saber, afirmou que, visto que não se dão fontes infalíveis de conhecimento, é inútil continuar a buscá-las: "Nada pode ser justificado; tudo pode ser criticado" (*To Retreat to Commitment,* 1964, 1984², trad. it., *Ecologia della razionalità,* Armando, Roma, 1990, p. 160). O equívoco da filosofia tradicional consistiria em haver identificado o conceito de *crítica* com o de J., ou seja, em ter considerado (pensemos em Hume ou em Kant) que "criticar" uma noção significa estabelecer se ela pode "ser logicamente derivada – ou seja, 'justificada' – de um critério ou de uma autoridade racional" (*ibid.*, p. 163).

Os pós-positivistas inspiram-se em formas ainda mais radicais de antijustificacionismo, ou seja, os epistemólogos que, reportando-se ao princípio da subdeterminação das teorias por parte da lógica e da experiência, rechaçam qualquer J. "formal" ou "empírica" (não só de tipo verificacionista, mas também de tipo falsificacionista), considerando que as afirmações e os procedimentos da ciência *"não podem* ser justificados e *não precisam disso"* (P. FEYERABEND, "Imre Lakatos", *The British Journal for the Philosophy of Science,* 26, 1975, p. 9). E isso com base numa imagem da ciência como construção complexa em que entram em jogo, a título de fatores validantes, não só os princípios da não-contradição lógica e da confirmabilidade empírica, mas também elementos de tipo metafísico, pragmático, psicológico etc. Quem tem também orientação radicalmente antijustificazionista é Richard Rorty, que não hesita em falar da necessidade de uma cultura "pós-epistemológica" capaz de deixar definitivamente para trás o mito "filosófico" da justificação do saber, ou seja, a imagem (kantiana) da filosofia como "juiz das outras áreas da cultura, com base em seu especial conhecimento dos 'fundamentos' dessas áreas" (*La filosofia e lo specchio della natura,* 1979, trad. it., Bompiani, Milão 1968, p. 11).

Estas conclusões não são comungadas por todos os estudiosos atuais. De fato, à corrente antijustificacionista predominante contrapõe-se a dos estudiosos para os quais – usando uma expressão de P. Kosso – "o interesse pela J. representa uma exigência de responsabilidade que todo fornecedor de conhecimentos deve ter" (*Leggere il libro della natura,* 1992, trad. it., Il Mulino, Bolonha, 1995, pp. 7-8).

Essa corrente, que coincide com uma retomada do problema do conhecimento *em geral* (não mais reduzido apenas ao conhecimento *científico*), tem como seguidores sobretudo alguns filósofos de filiação analítica. Retomando o antigo problema, já presente no *Teeteto* de Platão, da legitimação do conhecimento e trabalhando (por consenso ou dissenso) em torno da clássica definição dela como "crença verdadeira justificada", tais estudiosos elaboraram diferentes *modelos de J. epistêmica:*

1) *Teorias fundacionalistas da J.* Os fundacionalistas (C. I. Lewis, I. Scheffier, W. P. Alston, P. K. Moser etc.) fazem distinção entre conhecimentos "básicos" (em sentido forte ou fraco) e conhecimentos "superestruturais", ou seja, entre conhecimentos justificados de modo imediato e conhecimentos justificados por meio dos primeiros (v. FUNDACIONALISMO). Também pertencem a essa corrente as teorias *evidencialistas,* doutrinas que consideram que uma crença é epistemicamente justificada se, e somente se, existir uma evidência (v.) em condições de funcionar como respaldo daquela crença (R. CHISHOLM, *Theory of Knowledge,* 1966, 1983[3]; R. FELDMAN-E. CONEE, *Evidentialism,* 1985).

2) *Teorias contextualistas da J.* Alguns autores (a começar de J. Dewey e L. Wittgenstein) afirmam que as crenças justificadas dependem, para respaldo evidencial, de crenças não justificadas, ou justificadas apenas por seu caráter contextualmente básico, ou seja, em virtude de pertencerem ao mutável corpo de crenças de certa cultura ou comunidade de pesquisa (T. KUHN, *A tensão essencial,* 1977; L. LAUDAN, *Progress And Its Problems,* 1977; R. RORTY, *A filosofia e o espeho da natureza,* 1979).

3) *Teorias coerentistas da J.* Segundo os coerentistas (W. Sellars, N. Rescher, K. Lehrer, W.V. O. Quine etc.), uma crença pode ser considerada justificada quando está de acordo com o sistema das crenças de que faz parte ou é membro, ou seja, quando é coerente com o conjunto das asserções já incorporadas no nosso patrimônio lingüístico e cognitivo (v. COERÊNCIA). Para as teorias "fracas" da coerência, esta não passa de um dos critérios da J. e pode ser acompanhada de outros critérios, como a percepção, a memória e a intuição (elas são, portanto, teorias não dóxicas, como afirma M. WILLIAMS, *Groundless Belief,* 1977). Para as teorias "fortes" da coerência, esta representa o único critério que deve ser respeitado (trata-se portanto de teorias dóxicas, como afirma J. L. POLLOCK, *Contemporary Theories of Knowledge,* 1986). No entanto, visto que um conjunto qualquer de crenças não pode ser considerado conhecimento verdadeiro apenas em virtude da coerência interna das suas proposições, foram acrescentadas outras marcas, que implicam alguma forma de verificação através da realidade externa (K. LEHRER, *Theory of Knowledge,* 1990). Tudo isso comporta uma passagem do internalismo (v.) ao externalismo gnosiológico. Passagem sobre o qual também influíram os reparos de E. L. Gettier sobre a insuficiência das três cláusulas tradicionais de crença, verdade e justificação (*Is Justified True Belief Knowledge?,* 1963).

4) *Teorias confiabilistas da J.* Partindo de uma perspectiva externalista, alguns autores (D. Armstrong, R. Nozick, F. Dretzke, M. Swaim, A. Goldman etc.) procuraram identificar condições gnosiológicas que não sejam (apenas) as da perspectiva de quem possui o conhecimento e não sejam (apenas) as diretamente (ou privilegiadamente) acessíveis ao sujeito, chegando a um modelo que, segundo alguns, representaria uma *descrição,* mais que uma J. propriamente dita, do conhecimento (cf. A. PAGNINI, *Teoria della conoscenza,* em *La filosofia,* org. P. Rossi, Utet, Turim, 1995, vol. III). [G.F.]

JUSTIFICACIONISMO (it. *Giustificazionismo*). 1. Atitude de quem procura justificar a qualquer custo determinados aspectos da realidade (J. político, histórico etc.) ou a realidade no seu conjunto (J. metafísico ou teológico). A mentalidade justificacionistica é parte integrante da maneira tradicional (edulcorante e canonizadora) de referir-se ao mundo. Maneira que, no século XX, foi duramente contestada pelas filosofias que assumem uma atitude crítica e polêmica em relação ao que existe (pensemos na Escola de Frankfurt).

2. Atitude de quem persegue o ideal da "fundamentação" do saber e de sua modalidade típica, que é a ciência (v. JUSTIFICAÇÃO; FUNDACIONALISMO; OTIMISMO). [G.F.]

K

K. No simbolismo polonês, anteposto a um par de variáveis enunciativas: "Kpq", indica a operação lógica de conjunção (v.). [M.M.]

KALOKAGATIA (gr. καλοκαγαθία). Ideal grego da perfeita personalidade humana. É possível encontrar duas definições desse ideal: 1º como virtude integral, e nesse sentido é o ideal platônico. Platão não usa o termo ou o usa (talvez em conformidade com o significado corrente), para indicar os ricos *(Rep.*, 569 a); mas o seu ponto de vista é exposto em *Ética a Eudemo* (VIII, 15) e em *Magna Moralia* em que se diz: "Não erroneamente se chama K. o que é perfeitamente bom. Bom e belo é chamado quem é de todo bravo, ou seja, corajoso e tem todas as outras virtudes [...] O homem belo e bom não é corrompido pelos outros bens, como por exemplo a riqueza e o poder" (*Magna Mor.*, 11, 9, 1207 b); 2º como virtude magnânima (v. MAGNANIMIDADE). Aristóteles diz: "É difícil ser magnânimo: isso não é possível sem K." (*Et. nic.*, IV, 3, 1124 a 4). [N.A.]

KANTISMO. V. CRITICISMO.

KANTISMO, TRANSFORMAÇÃO SEMIÓTICA DO (in. *Semiotic Transformation of Kantianism*; fr. *Transformation sémiotique du kantisme*; al. *Semiotische Transformation des kantianismus*; it. *Trasformazione semiotica del kantismo*). Expressão usada por Apel para indicar a transformação do transcendentalismo kantiano em sentido lingüístico-pragmático. Transformação que prevê um modo diferente de conceber o sujeito transcendental, que já não é identificado com uma abstrata realidade consciencial, mas com a intersubjetividade viva ("humano-social-histórica") que é a comunidade dos falantes (*Transformation der Philosophie*, 1973, trad. it. parc. em *Comunità e comunicazione*, Rosenberg & Sellier, Turim, 1977). Comunidade que é dotada de um patrimônio específico de regras lógico-éticas (v. DISCURSO, ÉTICA DO). Por meio dessa transformação Apel propôs-se promover o "encontro" entre a tradição europeu-continental e a anglo-americana, ou melhor, entre os dois pólos emblemáticos da cultura do século XX, que são a "filosofia analítica" (termo com que Apel indica a corrente de pensamento anglo-saxônico que vai de Wittgenstein a Peirce) e "o existencialismo" (termo com que entende não só o existencialismo em sentido estrito, mas também a fenomenologia e a hermenêutica). [G.F.]

KARMAN. V. CARMA.

KEHRE. Termo com que se indica a "guinada" feita por Heidegger depois de *Ser e Tempo*. Guinada que o filósofo, numa anotação manuscrita (posterior) em *Sobre a essência da verdade* (1930), coloca entre o 5º e o 6º parágrafo de tal obra (*Segnavia*, 1967, trad. it., Adelphi, Milão 1987, p. 148, nota a). Em que consiste realmente a K. e se é possível, a propósito de Heidegger, falar de verdadeira "guinada" ainda é objeto de interpretações divergentes. Em geral, quem fala de K. (como, em certo ponto, fez o próprio Heidegger) não pretende aludir a uma mudança do problema de fundo do pensamento heideggeriano – que antes e depois permaneceu substancialmente o mesmo: ou seja, o problema do ser –, mas ao modo diferente com que, depois de *Ser e Tempo*, o filósofo, inaugurando uma nova fase de pensamento, se reportou a ele. Modo que não consiste (mais) em remontar ao ser partindo da existência, mas em situar-se diretamente do ponto de vista do ser. E isso por meio de um decidido deslocamento do centro de gravidade, que sai da busca da verdade (derivada) da existência e passa à verdade (originária) do ser. [G.F.]

KENNÉTICO (*Kennetic*). Neologismo cunhado por A. F. Bentley e extraído do escocês *ken* ou *kenning*, que significa "conhecer", para marcar a indagação transacional (*Inquiry into Inquiries*, 1954) (v. TRANSAÇÃO). [N.A.]

KENOSIS. Termo grego (do verbo *kenoo*, esvazio) com o qual Paulo alude ao "esvaziamento de si mesmo" realizado pelo Verbo Divino, que se humilhou e rebaixou ao nível humano, morrendo na cruz como um escravo (*Fil.*, II, 7). O tema da K. foi retomado e reelaborado de vários modos ao longo dos séculos: pelos Padres da Igreja, por Schelling, por Lutero e pelos novos teólogos (Altizer, Moltmann etc.). Vattimo vê na K. um momento crucial da transformação do ser de forte em fraco: "a K. de Deus deverá ser interpretada como sinal de que o Deus não violento e não absoluto da época pós-metafísica tem como traço distintivo a mesma vocação ao enfraquecimento de que fala a filosofia de inspiração heideggeriana" (*Credere di credere*, Garzanti, Milão 1996, p. 31). [G.F.]

KERYGMA. V. Querigma.

L

L. Posposto ou anteposto a termos como conceito, verdade etc., significa *lógico*. Em geral, como diz Carnap, um L-termo, por exemplo, "L-verdadeiro", aplica-se toda vez que o termo radical correspondente, por exemplo, "verdadeiro", se aplique com base em razões simplesmente lógicas, em oposição a razões de fato (*Introduction to Semantics*, § 14). [N.A.]

LAICISMO (in. *Laicism*; fr. *Laicisme*; it. *Laicismo*). Com este termo entende-se o princípio da *autonomia* das atividades humanas, ou seja, a exigência de que tais atividades se desenvolvam segundo regras próprias, e não impostas de fora, com fins ou interesses diferentes dos que as inspiram. Esse princípio é universal e pode ser legitimamente invocado em nome de qualquer atividade humana legítima, entendendo-se por "legítima" toda atividade que não obste, destrua ou impossibilite as outras. Portanto, o L. não pode ser entendido apenas como reivindicação de autonomia do Estado perante a Igreja, ou melhor, perante o clero, pois, como sua história demonstra, já serviu à defesa da atividade religiosa contra a política e ainda hoje, em muitos países, tem essa finalidade; também tem o fim de subtrair a ciência ou, em geral, a esfera do saber às influências estranhas e deformantes das ideologias políticas, dos preconceitos de classe ou de raça etc.

O Papa Gelásio I, que, no fim do século V, expunha num tratado e em algumas cartas a teoria denominada "duas espadas", foi provavelmente o primeiro a recorrer explicitamente ao princípio do L., desconhecido na Antiguidade clássica porque esta não conheceu conflitos de princípios entre as várias atividades humanas. A teoria das duas espadas, ou seja, de dois poderes distintos, ambos derivados de Deus (o do papa e o do imperador), servia a Gelásio I para reivindicar a autonomia da esfera religiosa em relação à política. Durante muitos séculos foi doutrina oficial da Igreja, e ainda no século XII o canonista Estêvão de Tournai expressava-a com extrema clareza (*Summa decretorum*, Intr.). O princípio expresso nessa doutrina continua o mesmo quando os papéis se invertem ou essa doutrina é invocada para defender o poder político contra o eclesiástico, como faz João de Paris em seu tratado *Sobre o poder régio e papal* (1302-1303), como fez Dante alguns anos mais tarde, em *De monarchia*; e como fizeram Marcílio de Pádua em *Defensor pacis* (1324) e Guilherme de Ockham em suas obras políticas. Certamente as doutrinas políticas e eclesiásticas desses escritores eram diferentes e vez por outra opostas, mas está claro que a teoria dos dois poderes nada mais é que um apelo à autonomia das respectivas esferas de atividade e que a força do L. não está no particularismo das doutrinas, mas no reconhecimento de sua autonomia, que é o princípio do L. Esse princípio tornou-se exigência fundamental na vida civil nas comunas italianas, francesas, belgas e alemãs (cf. SALVEMINI, *Studi storici*, Florença, 1901; PIRENNE, *Les villes du Moyen Âge*, Bruxelas, 1927; DE LAGARDE, *La naissance de l'esprit laïque, ou déclin du Moyen Âge*, Lovaina-Paris, 3ª ed., 1956); o Renascimento e o iluminismo não passam de duas etapas sucessivas de seu predomínio crescente na vida política e civil do Ocidente.

Mas, como se disse, o princípio do L. não vale somente nas relações entre a atividade política e a religiosa. Na primeira metade do século XIV, Ockham reivindicava com energia a autonomia da atividade filosófica. A propósito da condenação de algumas proposições de Tomás de Aquino feitas pelo Bispo de Paris, em 1277, ele dizia: "As asserções, principalmente filosóficas, que não concernem à teologia não devem ser condenadas ou proibidas, pois nelas qualquer um deve ser livre para dizer livremente o que lhe apraz" (*Dialogus inter magistrum et discipulum de imperatorum et pontificum potestate*, I, II, 22). Essa foi a primeira e certamente uma das mais enérgicas afirmações do princípio do L. em filosofia e deve-se a um frade franciscano do século XIV. No século XVII Galileu afirmava o mesmo princípio em relação à ciência, opondo-se aos limites e obstáculos que a autoridade eclesiástica pudesse impor à ciência. As Sagradas Escrituras e a natureza – dizia ele – procedem ambas do Verbo Divino, mas, enquanto a palavra de Deus teve de adaptar-se ao limitado entendimento dos homens, a natureza é inexorável e imutável, e nunca transgride os termos das leis que lhe foram impostas, pois pouco lhe importa se as suas razões recônditas são compreendidas ou não pelos homens: por isso, "os efeitos naturais que a sensata experiência nos puser diante dos olhos ou que as necessárias demonstrações nos levarem a concluir não devem por razão alguma ser postos em dúvida nem condenados, em nome de trechos das Escrituras cujas palavras tenham aparência diferentes" (*Lett. alla Grand. Cristina*, em *Op.*, V, p. 316). Galileu reivindicava assim a autonomia da ciência, nos mesmos termos em que Ockham reivindicara a autonomia da filosofia. O princípio do L. foi fundamento da cultura moderna e é indispensável à vida e ao desenvolvimento de todos os seus aspectos. Os únicos adversários autênticos do L. são as correntes políticas *totalitárias*, que pretendem apoderar-se do poder político e exercê-lo *com o único objetivo de conservá-lo para sempre*. Tais correntes pretendem de fato assenhorear-se do corpo e da alma do homem, para impedir qualquer crítica ou rebeldia. Embora o romantismo do século XIX haja encorajado sua persistência ou revivescência, hoje essas correntes sofrem a oposição da mesma situação objetiva que exige, em qualquer campo, o desenvolvimento do saber positivo: esse saber, por sua vez, exige a autonomia de suas regras, o que é L. Por outro lado, uma corrente política totalitária pode ser facilmente reconhecida exatamente por sua atitude em relação ao princípio do L.: quer se apóie numa confissão religiosa, quer se apóie numa ideologia racista, classista ou de qualquer outra espécie, tende, em primeiro lugar, a diminuir e em última instância a destruir a autonomia das esferas espirituais, assim como tende a diminuir e a destruir os direitos de liberdade dos cidadãos. No plano das inter-relações das atividades humanas, o L. desempenha o mesmo papel da liberdade no plano das inter-relações humanas: é o limite ou a medida que garante a essas atividades a possibilidade de organizar-se e desenvolver-se, assim como a liberdade é o limite e a medida que garante às relações humanas a possibilidade de manter-se e desenvolver-se.

Considerado em sua estrutura conceitual e histórica, o princípio do L. não tem nenhum caráter de antagonismo a qualquer forma de religiosidade, nem mesmo ao catolicismo. Em primeiro lugar, ele freqüentemente foi útil aos católicos na defesa da autonomia de sua atividade, constituindo ainda hoje a política oficial do catolicismo nos países em que ele não tem partido político à disposição, como nos países anglo-saxões. Em segundo lugar, é interesse dos católicos, como de todos, que a administração do Estado, as ciências, a cultura, a educação e, em geral, as esferas da atividade humana sejam organizadas e regidas por princípios que possam ser reconhecidos por todos, que sejam independentes da inevitável disparidade de crenças e ideologias e que, por isso, tornem eficazes e fecundas as atividades que neles se fundem. É bastante óbvio que as administrações políticas que favorecem certos grupos de cidadãos em prejuízo de outros, em vista de suas crenças religiosas, são simplesmente ineficientes e corruptas, não podendo reivindicar méritos "religiosos". Da mesma forma, os poderes judiciários que não aplicam com escrúpulo e eqüidade a lei vigente do Estado não oferecem garantias a ninguém, porque também são ineficientes e corruptos. A ciência que serve a interesses de partidos, crenças e ideologias não pode ter méritos de nenhum tipo, não é uma ciência. Poderia ser comparada a uma medicina que tomasse como critério de diagnóstico, prognóstico e cura os desejos do paciente ou de outras pessoas; uma medicina assim estruturada seria um caso de ciência "não laica", clerical ou partidária. O L. não atende ao interesse deste ou daquele grupo político, religioso ou ideológico, mas ao interesse de todos. [N.A.]

Na linguagem atual o termo L. continua a revestir significados múltiplos e contrastantes, redutíveis a duas acepções básicas, uma "fraca" e outra "forte".

A) Em sentido fraco L. indica uma atitude crítica e antidogmática, que, partindo do pressuposto de que "não podemos pretender possuir a verdade mais do que qualquer outra pessoa possa pretender", inspiramo-nos nos valores do pluralismo (v.), da liberdade (v.) e da tolerância (v.), portanto no princípio da autonomia recíproca entre todas as atividades humanas (N. Abbagnano). Desse ponto de vista, o L. não se identifica com uma filosofia ou teoria em particular, mas com o método de coexistência de todas as filosofias e teorias possíveis (G. Calogero). Como tal, ele não representa uma nova cultura, mas a condição de sobrevivência de todas as culturas (N. Bobbio). No âmbito dessa acepção, que interpreta o L. em termos de método, e não de conteúdos, fala-se por exemplo de "Estado laico", ou seja, de um tipo de ordenamento que, constatando a variedade das opiniões e crenças, considera que o Estado deve praticar uma rigorosa neutralidade em matéria de ideologia e de fé (A. Passerin d'Entrèves), a fim de garantir a existência de uma "sociedade aberta" (K. Popper).

B) Em sentido forte indica a doutrina daqueles que não se limitam a uma adesão genérica aos valores do espírito crítico e da tolerância (no sentido de A), mas raciocinam independentemente da hipótese de Deus (*etsi Deus não daretur*) e de qualquer credo religioso (U. Scarpelli). No âmbito dessa acepção, fala-se por exemplo em "cultura laica" ou em "bioética laica".

Esses dois significados, ainda que interligados, apresentam características diferentes. A é mais universal, mas também mais genérico, que B. B é mais circunscrito, mas também menos abrangente, que A. Exatamente por isso são *irredutíveis* entre si. De fato, A não pode ser confundido com B, assim como B, mesmo pressupondo A (pois em caso contrário o L. se identificaria com uma fé dogmática) não pode ser confundido com A. Por conseguinte, contrariando o desejo de certos laicistas de tipo B (ansiosos por possuir o monopólio da laicidade) e de certos católicos pluralistas (ansiosos por isentar o conceito de L. de qualquer conotação anti-religiosa), não é possível "sacrificar" A em favor de B ou B em favor de A. Na verdade, dizer que laicidade é "sinônimo de atitude racional, crítica, isenta de preconceitos dogmáticos, aberta para o pluralismo, inclusive para o respeito pelas crenças religiosas", significa focalizar corretamente A, mas ignorar de fato B. Inversamente, dizer que o L. é "sinônimo de uma visão não religiosa do mundo" significa focalizar corretamente B, mas ignorar, de fato, A. De resto, não é possível desembaraçar-se do termo L. substituindo-o por outros que sejam considerados equivalentes (como pluralismo, secularismo etc.) mas que na realidade não possuem a mesma pregnância histórica e lexical. Por isso, em vez de apostar numa improvável abolição do termo L. ou de jogar com suas ambigüidades semânticas (como ocorre em certos debates de bioética), caberia especificar preliminarmente em que sentido alguém se define como "laico", ou seja, se com esse vocábulo se pretende aludir a um simples método de coexistência e de pesquisa (que pode aliar crentes e não-crentes) ou se a um método e, ao mesmo tempo, a uma atitude doutrinária *não* religiosa (que na Itália equivale no mais das vezes a *não* católica), ficando claro que não-religioso (ou não-católico) não significa necessariamente anti-religioso (ou anticatólico). Aliás, a rigor, não podem ser definidas propriamente como laicas nem "as correntes de radicalismo irreligioso que levam ao ateísmo de Estado" (v. ZANONE) nem "certas formas de anticlericalismo grosseiro" que, se vistos de perto, são na realidade formas de clericalismo pelo avesso" (P. Quaglieni) (v. LAICO; LAICISTA). [G.F.]

LAICISTA. 1. Em sentido geral e neutro: quem segue os princípios do laicismo (v.).

2. Em sentido valorativo e pejorativo: um tipo de laico dogmático e intolerante (portanto, do ponto de vista do método, pouco "laico"). [G.F.]

LAICO (in. *Laic*; fr. *Laïque*; it. *Laico*). Quem se inspira nos princípios do laicismo (v.). É sinônimo de laicista se este termo for usado de modo neutro. Distingue-se de laicista se este último for usado de modo valorativo e pejorativo (v. LAICISTA). [G.F.]

LAMARCKISMO. V. EVOLUÇÃO.

LANGUE – PAROLE. V. PALAVRA.

LATENTE (lat. *Latens*; it. *Latente*). F. Bacon chamava de L. o processo natural que vai da causa eficiente da matéria sensível à forma, ou seja, o processo de constituição da forma (*Nov. Org.*, II, 1). Os processos psíquicos latentes dos quais falava a psicologia do século passado hoje são denominados inconscientes ou subconscientes. [N.A.]

LATITUDINÁRIO (in *Latitudinarian*; fr. *Latitudinaire*; al. *Latitudinarier*; it. *Latitudinario*). Kant denominou com este termo todo aquele que, em alguns casos, admite a neutralidade moral, ou seja, a existência de atos ou caracteres humanos indiferentes do ponto de vista moral: "Estes são os L. da neutralidade, para quem o homem não é bom nem mau: podem ser denominados indiferentistas; ou L. da coalizão, para quem o homem é ao mesmo tempo bom e mau: podem ser denominados sincretistas." O oposto de L. é rigorista, ou seja, aquele que não admite neutralidade moral alguma (*Religion*, I, Observação). Na Igreja inglesa do século XVII, o substantivo indicará os defensores de uma interpretação mais aberta dos dogmas tradicionais. [N.A.]

LAXISMO. V. RIGORISMO.

LEGALIDADE (in *Legality*; fr. *Légalité*; al. *Legalität, Gesetzlichkeit*; it. *Legalità*). Conformidade de uma ação à lei. Kant distinguiu a L. assim entendida da moralidade propriamente dita: "A conformidade ou desconformidade pura de uma ação em relação à lei, sem referência ao móbil da ação, denomina-se L. (conformidade à lei); quando, porém, a idéia do dever derivada da lei é ao mesmo tempo móbil da ação, tem-se a moralidade (doutrina moral)" (*Met. der Sitten*, Intr., § III; cf. *Crít. R. Prát.*, I, cap. III). Com forma mais atenuada, essa distinção fora introduzida por Tomás de Aquino, para distinguir a norma jurídica da norma moral (v. DIREITO); Kant utiliza-a com a mesma finalidade em *Metafísica dos costumes*. [N.A.]

LEGALISMO (in *Legalism*; fr. *Légalisme*; al. *Legalismus*; it. *Legalismo*). Atitude de observância literal da lei. Na moral, é o mesmo que *rigorismo* (v.). Fora da moral, consiste em dar valor excessivo às prescrições ou aos procedimentos formais. [N.A.]

LEI (gr. νόμος; lat. *Lex*; in. *Law*; fr. *Loi*; al. *Gesetz*; it. *Legge*). Uma regra dotada de necessidade, entendendo-se por necessidade: 1º impossibilidade (ou improbabilidade) de que a coisa aconteça de outra forma; ou 2º uma força que garanta a realização da regra. A noção de L. é distinta da noção de regra e de norma. A regra (que é termo generalíssimo) pode ser isenta de necessidade; são regras não só as L. naturais ou as normas jurídicas, mas também as prescrições da arte ou da técnica. Norma é uma regra que concerne apenas às ações humanas e não tem por si valor necessitante: portanto não são normas as leis naturais e as regras técnicas, e as normas, por exemplo de natureza moral, não são coercitivas como as leis jurídicas. Desse ponto de vista, há apenas duas espécies de L.: as L. naturais e as L. jurídicas. Como a noção de L. jurídica foi analisada no verbete DIREITO, resta-nos analisar a noção de L. natural. Podemos distinguir as seguintes interpretações fundamentais: 1º L. como razão; 2º L. como uniformidade; 3º L. como convenção; 4º L. como relação simbólica.

1º A noção de L. como razão surgiu na Grécia antiga, com a transposição para o mundo natural do conceito de justiça ou de ordem que havia sido elaborado para o mundo humano (cf. JAEGER, *Paidéia*, I, cap. 6; trad. it., I, pp. 212 ss.). Anaximandro foi o primeiro a transpor a noção de *dike* do mundo da *polis* para o mundo da natureza, entendendo o vínculo causal de nascimento e morte das coisas como uma L. que rege uma demanda judiciária, em que todos os seres – diz ele – "devem sofrer as conseqüências de sua injustiça na ordem do tempo" (*Fr.* 9, Diels). Heráclito, por sua vez, concebia essa L. como a própria razão ou Logos: dela "se alimentam todas as L. humanas" (*Fr.* 114, Diels). Conquanto Platão (cf. *Tim.*, 83 e) e Aristóteles (*De cael.*, I, 1, 268 a 13) usem só excepcionalmente a expressão "L. natural", foi graças a eles que o conceito de racionalidade da natureza e de exprimibilidade dessa racionalidade em proposições universais e necessárias acabou prevalecendo na história da filosofia. Lucrécio utilizou a expressão "pacto da natureza" (*foedus naturae*: *De rer. nat.*, V, 57, 924; VI, 906), e o conceito estóico de destino ou providência é expressão do mesmo ponto de vista (DIÓG. L., VII, 149). Plotino admitia, inclusive para as coisas que escapam ao destino, uma lei que dimana diretamente do Intelecto Divino (*Enn.*, IV, 3, 15). A subjetivação das L. da natureza, realizada por Kant na tentativa de ver a "fonte" delas no intelecto, mais precisamente nas formas *a priori* do intelecto (categorias), não muda muito o conceito de L. natural que, também ele, continua sendo expressão da racionalidade da natureza, ainda que de uma racionalidade introduzida na natureza (como fenômeno) pelo próprio intelecto. Kant diz: "As L. naturais, se consideradas como princípios do uso empírico do intelecto, possuem ao mesmo tempo cunho de necessidade e, portanto, pelo menos a presunção de uma determinação que derive de princípios válidos em si, *a priori* e anteriormente a qualquer experiência. Todas as L. da natureza, sem distinção, estão sujeitas aos princípios superiores do intelecto e aplicam tais princípios a casos particulares do fenômeno. Só esses princípios dão o conceito que contém a condição e, por assim dizer, o expoente de uma regra geral, mas a experiência dá o caso que está submetido à regra" (*Crít. R. Pura*, Anal. dos princ., cap. II, sec. 3). Schelling interpretava a formulação das L. naturais como a transfiguração progressiva da natureza em racionalidade: "A ciência da natureza chegaria ao auge da perfeição se conseguisse espiritualizar perfeitamente todas as L. naturais em L. da intuição e do pensamento. Os fenômenos (o material) devem desaparecer inteiramente, ficando apenas as L. (o formal). Assim, acontece que, quanto mais a L. extrapola o campo da natureza, tanto mais se dissipa o véu que a envolve, os fenômenos tornam-se mais espirituais e por fim desaparecem totalmente. Os fenômenos ópticos nada mais são que uma geometria cujas linhas são traçadas por meio da luz, e mesmo essa luz já tem materialidade duvidosa" (*System des transzendentalen Idealismus*, 1800, Intr. § l, trad. it., pp. 8-9). Pode-se dizer que toda interpretação racionalista da ciência adota até certo ponto essa tese de Schelling. Desse ponto de vista, a L. é apenas expressão da racionalidade da natureza, e sua formulação por parte da ciência tem o objetivo de reduzir a natureza à razão.

2º A concepção de L. natural como relação constante entre os fenômenos foi proposta pela primeira vez por Hume. Para ele, a L. natural é resultado de "uma experiência fixa e inalterável" (*Inq. Conc. Underst.*, X, 1): a experiência da "conjunção constante de objetos semelhantes", à qual se reduz a relação causal. O nexo habitual e constante entre eventos diversos autoriza a falar de causalidade, permite a previsão de eventos futuros e exclui o milagre (*ibid.*, VII, 2). Essa concepção era adotada por Comte e, com ele, pela ciência positivista. "O caráter fundamental da filosofia positiva" – dizia Comte – "é considerar todos os fenômenos como sujeitos a L. naturais invariáveis, cuja descoberta precisa e cuja redução ao mínimo número possível constituem o objetivo de todos os nossos esforços." Essas L. não consistem em expor "as causas geradoras dos fenômenos", mas só expressam aquilo que interliga os fenômenos mediante "relações normais de sucessão e de semelhança" (*Cours de phil. positive*, I, liç. I, § II). Do mesmo ponto de vista Stuart Mill considerava as L. como casos especiais da uniformidade da natureza. "As várias uniformidades, quando verificadas por aquilo que se considera uma indução suficiente, são denominadas, na linguagem comum, L. da natureza. Cientificamente falando, essa expressão é empregada em sentido mais restrito para designar as uniformidades que foram reduzidas à sua expressão mais simples" (*Logic*, III, 4, § 1). Essa concepção dominou todo o positivismo clássico e só entrou em crise com o reconhecimento do caráter econômico das L. naturais, efetuado por Mach.

3º O conceito de L. natural como convenção nasce da função econômica que Mach atribuíra ao conhecimento científico, ao afirmar o caráter subjetivo das L. naturais. Só os nossos conceitos e a nossa intuição – diz ele – prescrevem L. à natureza; "as L. naturais são as restrições que nós, guiados pela experiência, prescrevemos à nossa expectativa dos fenômenos" (*Erkenntniss und Irrtum*, cap. 23; trad. fr., p. 368). O progresso da ciência leva à crescente restrição das possibilidades de previsão, ou seja, à sua crescente determinação e precisão. Esse reconhecimento do caráter econômico ou utilitário da ciência foi sobejamente encorajado pela filosofia de Bergson e pelo pragmatismo. A primeira, atribuindo à inteligência apenas a função vital de fabricar objetos e de orientar-se no mundo natural, transformava a ciência, que é a criação da inteligência, em "auxiliar da ação" (BERGSON, *La penseé et le mouvant*, 3ª ed., 1934, p. 158) e não podia atribuir às L. científicas nenhuma validade teórica. O pragmatismo, por sua vez, generalizando a tese da instrumentalidade da consciência, encorajava a interpretação das L. científicas como simples instrumentos da orientação prática do homem no mundo. Algumas formas de espiritualismo e de idealismo interpretaram essa função econômica da ciência como sinal de sua inferioridade teórica (e por vezes de todo o pensamento discursivo) em relação à filosofia e aos seus órgãos específicos.

Le Roy, levando ao extremo a crítica de Bergson, afirmou o caráter convencional da ciência e por isso a natureza arbitrária de suas L. Para Le Roy, a tarefa da ciência é encontrar constantes úteis; e encontra-as porque a ação humana não comporta precisão absoluta, mas exige apenas que a realidade seja aproximativamente representada, em suas relações conosco, por um sistema de constantes simbólicas denominadas L. (*Science et philosophie*, 1899-1900). A mesma tese, num exagero quase caricatural, pode ser encontrada em Croce: "Como essas L. são construções nossas e apresentam o móvel como fixo, além de não serem irrepreensíveis nem isentas de exceções, definitivamente não existe fato real que não constitua exceção à sua L. naturalista." Isso acontece porque não existem uniformidades rigorosas, e um ursinho nunca é totalmente semelhante aos seus pais. "Donde se poderia definir: as L. inexoráveis da natureza são L. violadas a todo instante; ao contrário, L. filosóficas são as observadas o tempo todo. [...] As ciências naturais, que não propiciam conhecimentos verdadeiros, têm ainda menos direito (se é lícito expressar-se assim) de falar em previsão" (*Logica*, II, cap. 5; 4ª ed., 1920, p. 218). Poincaré pronunciou-se contra a natureza convencional das L., em polêmica com Le Roy. A L. não é uma criação arbitrária do cientista, mas a expressão aproximativa ou provisória de uma constância de ação que permite a previsão. É bem verdade que por vezes algumas L. são erigidas em princípio, escapando assim à verificação da experiência e à incessante revisão que esta comporta, mas nesse caso a L. deixa de ser verdadeira ou falsa para tornar-se apenas cômoda, e a verificação continua sendo feita sobre as relações que expressem "o fato bruto da experiência" (*La valeur de la science*, p. 239). Poincaré observa também que "o cientista cria no fato apenas a linguagem na qual o enuncia", mas que, uma vez enunciada uma previsão em determinada linguagem, "não depende evidentemente dele que ela se realize ou não" (*ibid.*, p. 233). A mesma crítica era dirigida à tese do caráter convencional das L. científicas por Moritz Schilick. Utilizando a distinção entre enunciado e proposição, que é um enunciado dotado de significado (à medida que realmente cumpre a função de comunicar), Schilick julgou que "o conteúdo próprio de uma lei natural consiste no fato de que a certas leis gramaticais (p. ex., de uma geometria) correspondem algumas proposições definidas como descrições verdadeiras da realidade". Uma vez que esse fato é completamente invariante com relação a qualquer mudança arbitrária das regras gramaticais, não se pode reduzir as L. da natureza a meras convenções lingüísticas. "Só as proposições são verdadeiras ou falsas, não os enunciados. Os enunciados realmente estão sujeitos a modificações arbitrárias, mas isto não diz respeito a quem se preocupa com o conhecimento dos fatos. Com a ajuda das regras dos símbolos (cuja gramática deve ser conhecida porque sem ela os enunciados não teriam sentido), é possível chegar a proposições genuínas, cuja verdade não depende da predileção por símbolos" (*Gesetz Kausalität, und Wahrscheinlichkeit*, Viena, 1948; agora em *Readings in Phil. of Science*, 1953, pp. 181 ss.).

4º As críticas de Poincaré e Schilick à tese da natureza convencional da L. científica partem daquilo que se pode denominar quarta concepção fundamental da L., que a vê como relação simbólica entre os fatos. Essa tese foi expressa pela primeira vez por Duhem, no livro sobre *Teoria física*, que assim a resumiu: "Uma L. de física é uma relação simbólica cuja aplicação à realidade concreta exige que se conheça e se aceite todo um conjunto de teorias" (*Théorie physique*, 1906, p. 274). Isto quer dizer que os termos simbólicos que uma lei inter-relaciona são abstrações produzidas pelo trabalho lento, complicado e cônscio que serviu para elaborar as teorias físicas, e que esse trabalho nunca está definitivamente acabado. "Toda L. física" – diz Duhem – "é aproximada; conseqüentemente, para o lógico rigoroso, ela não pode ser verdadeira nem falsa; qualquer outra L. que represente as mesmas experiências com a mesma aproximação pode pretender, com o mesmo direito da primeira, o título de L. verdadeira ou, para falar com mais rigor, de L. aceitável" (*ibid.*, p. 280). Esses conceitos permaneceram substancialmente inalterados na filosofia contemporânea. As observações de Schilick contra a convencionalidade das L. naturais e em favor do seu caráter simbólico constituem uma confirmação substancial do ponto de vista de Duhem. Uma L. é sempre um enunciado gramatical e sempre pressupõe a gramática da linguagem em que é expressa; mas, embora essa gramática possa ser considerada convencional, o mesmo não pode ser dito do significado da L., pois ele se refere a relações entre fatos verificavelmente constantes e capazes de possibilitar uma previsão provável. Conquanto a teoria de Duhem tenha sido formulada antes do reconhecimento do caráter probabilista da ciência, aquilo que ele chamava de "aproximação das L. da natureza" abria caminho para o que hoje se denomina caráter probabilista das L. Ou melhor, a função que a metodologia das ciências tende hoje a atribuir cada vez mais à L. científica é a capacidade de previsão. Peirce disse: "Uma proposição não pode ser denominada 'lei da natureza' enquanto sua capacidade de previsão não for submetida a prova confirmada de tal forma que não persista dúvida sobre ela" (*Values in a Universe of Chance*, p. 290). [N.A.]

LEI BIOGENÉTICA. V. BIOGENÉTICA

LEIBNIZIANISMO. V. CARACTERÍSTICA; ESPIRITUALISMO.

LEI DA MÍNIMA AÇÃO. V. AÇÃO MÍNIMA.

LEI DAS TRÊS ETAPAS. V. POSITIVISMO.

LEI MODAL. V. MODAL.

LEI PSICOFÍSICA. V. PSICOLOGIA, *b*.

LEITURA SINTOMÁTICA. V. SINTOMÁTICA, LEITURA.

LEKTON. V. SIGNIFICADO.

LEMA (gr. λῆμμα; in. *Lemma*; fr. *Lemme*; al. *Lemma*; it. *Lemma*). 1. Proposição assumida como primeira premissa de um raciocínio (ARISTÓTELES., *Top.*, VIII, 1, 156 a, 21; DIÓG. L., VII, 76; CICERO, *De divin.* II, 53, 108). Nesse sentido, Kant, chamava de L. a proposição que uma ciência extrai de outra e aceita sem demonstração (*Crít. do Juízo*, § 68; *Logik*, § 39).

2. Teorema matemático lateral ou subordinado, fora de sua cadeia dedutiva (LEIBNIZ, *Nouv. ess.*, IV, 2, 8). [N.A.]

LENINISMO. V. COMUNISMO.

LEVIATÃ (in. *Leviathan*; it. *Leviatano*). Com esse nome, de um monstro bíblico (Jacó, XL, 20), Hobbes denominou "o Estado – em latim *civitas* –, que é um homem artificial, ainda que de maior estatura e força que o homem natural, para cuja proteção e defesa foi idealizado" (*Leviath.*, Intr.); e deu esse título à sua obra política fundamental (1561). [N.A.]

LIBERALISMO (in. *Liberalism*; fr. *Libéralisme*; al. *Liberalismus*; it. *Liberalismo*). Doutrina que tomou para si a defesa e a realização da liberdade no campo político. Nasceu e afirmou-se na modernidade e pode ser dividida em duas fases: 1.ª do século XVIII, caracterizada pelo individualismo; 2.ª do século XIX, caracterizada pelo estatismo.

1.ª A primeira fase é caracterizada pelas seguintes linhas doutrinárias, que constituem os instrumentos das primeiras afirmações políticas do L.: *a*) *jusnaturalismo* (v.), que consiste em atribuir ao indivíduo direitos originários e inalienáveis; *b*) *contratualismo* (v.), que consiste em considerar a sociedade humana e o Estado como fruto de convenção entre indivíduos; *c*) *L. econômico*, próprio da escola fisiocrática, que combate a intervenção do Estado nos assuntos econômicos e quer que estes sigam exclusivamente seu curso natural (v. ECONOMIA); *d*) como conseqüência global das doutrinas precedentes, negação do absolutismo estatal e redução da ação do Estado a limites definidos, mediante a divisão dos poderes (v. ESTADO). O postulado fundamental dessa fase do L. é a coincidência entre interesse privado e público. Jusnaturalistas e moralistas, como Bentham, acreditavam que bastava ao indivíduo buscar inteligentemente sua própria felicidade para estar buscando, simultaneamente, a felicidade dos demais. A doutrina econômica de Adam Smith baseia-se no pressuposto análogo da coincidência entre o interesse econômico do indivíduo e o interesse econômico da sociedade (v. INDIVIDUALISMO).

2.ª A segunda fase do L. começa quando esse postulado entra numa crise cujos precedentes se encontram nas doutrinas políticas de Rousseau, Burke e Hegel, bem como no fato de que, no terreno político e econômico, o L. individualista parecia defender uma classe determinada de cidadãos (a burguesia), e não a totalidade dos cidadãos. O *Contrato social* (1762) de Rousseau já constitui uma guinada no individualismo. Para Rousseau, os direitos que o jusnaturalismo atribuíra aos indivíduos pertencem apenas ao cidadão. "O que o homem perde com o contrato social é sua liberdade e o direito ilimitado a tudo o que o tenta e que ele pode obter; o que ganha é a liberdade civil e a propriedade de tudo o que possui". Mas, na realidade, só "a obediência à lei que ele mesmo se prescreveu é liberdade", de tal forma que só no Estado o homem é livre (*Contrat social*, I, 8). A afirmada infalibilidade da "vontade geral", resultante da "alienação total de cada associado com todos os seus direitos a toda a comunidade" (*ibid.*, I, 6), transforma aquilo que para o individualismo é a coincidência do interesse individual com o interesse comum na coincidência – preliminar e garantida – do interesse estatal com o interesse individual. Dessa forma, ia-se afirmando a superioridade do Estado sobre o indivíduo, contra a qual o L. se insurgira em sua primeira fase. Tal superioridade também é reconfirmada por Burke: "A sociedade é um contrato, mas, embora os contratos sobre objetos de interesse ocasional possam ser desfeitos a bel-prazer, não se pode considerar que o Estado tenha o mesmo valor de um acordo entre partes num comércio de especiarias e café. [...] Deve ser considerado com reverência porque não é a participação em coisas que servem somente à existência animal [...]: é uma sociedade em todas as ciências, em todas as artes, em todas as virtudes e em toda a perfeição" (*Reflection on the Revolution in France*, 1790; *Works*, II, p. 368). Mas o ponto alto dessa nova concepção de Estado encontra-se na doutrina de Hegel, para quem ele é "o ingresso de Deus no mundo", razão pela qual seu fundamento é a potência da razão que se realiza como vontade" (*Fil. do dir.*, § 258, Zusatz). Com essa exaltação do Estado concordava outro ramo do romantismo do século XIX, o positivismo: Comte preconizava um estatismo tão absolutista quanto o hegeliano (*Système de politique positive*, 1851-54; IV, p. 65), e Stuart Mill, mesmo sem fazer concessões às concepções absolutistas, deixava grande margem à ação do Estado, mesmo no domínio que, para o liberalismo clássico, deveria ficar reservado exclusivamente para a iniciativa individual: o econômico (*Principles of Political Economy*, 1848). O ensaio *Sobre a liberdade* (1859), de Stuart Mill, tendia, ao mesmo tempo, a retirar a liberdade do rol de condições indispensáveis para o exercício da atividade moral, jurídica, econômica etc. (segundo a concepção do L. clássico), e a transformá-la num ideal ou valor em si (independente das possibilidades que oferece). Isso não impede que essa obra seja uma das mais nobres e apaixonadas defesas da liberdade.

Nas primeiras décadas do século XX assistiu-se à continuação desse L. estatista. Tanto o idealismo inglês quanto o italiano insistiram no caráter divino do Estado. Foi o que fizeram Bosanquet (*The Philosophical Theory of the State*, 1899) e Gentile, que identificou o Estado com o Eu Absoluto (*Genesi e struttura della società*, póstuma, 1946). A inspiração hegeliana prevalecia também na doutrina de Croce, que no entanto permaneceria fiel ao ideal clássico de liberdade, demonstrando-o na prática, durante o fascismo. Para Croce, L. é a doutrina do desenvolvimento dialético da história, que tudo absolve e justifica, mesmo o absolutismo e a negação da liberdade (*Etica e politica*, 1931, p. 290). O socialismo marxista pode ser considerado uma das manifestações dessa mesma forma de L. (ao qual se liga diretamente através de Hegel) (v. MATERIALISMO).

Os partidos políticos que, a partir do início do século XIX, desfraldaram a bandeira liberal inspiraram-se em uma e em outra das diretrizes fundamentais ora expressas: individualismo ou estatismo. Portanto, um grande número de correntes políticas díspares e por vezes opostas puderam falar em nome do L. (DE RUGGIERO, *Storia del L. europeo*, 1925): partidos que negaram o valor do Estado (como o radicalismo inglês do século passado), partidos que exaltaram o valor do Estado (como a chamada "direita histórica" da Itália após o *risorgimento*), partidos que recusaram qualquer ingerência do Estado em assuntos econômicos (como fazem ainda hoje alguns partidos liberais europeus), partidos que defendem a intervenção do Estado na iniciativa e na direção dos negócios econômicos, partidos que consideraram a liberdade como condição para a prática de qualquer atividade humana e partidos que a relegaram para o empíreo dos "valores" puros. Esses contrastes são a manifestação evidente do caráter compósito da doutrina liberal, caráter este que decorre do modo aproximativo e confuso como foi tratada a noção que deveria ser fundamental para o L.: a de liberdade. O recurso casual ou sub-reptício a um ou outro dos conceitos de liberdade elaborados na história do pensamento filosófico tornou a idéia liberal em política confusa e oscilante, conduzindo-a por vezes à defesa e à aceitação da não-liberdade (v. LIBERDADE). [N.A.]

Os desenvolvimentos filosoficamente mais significativos do L., no século XIX e no seu período final – que foi aprofundando cada vez mais as razões de encontro e de desencontro em relação àquilo que Croce chamava de "fés religiosas opostas" na democracia e no socialismo –, representam outras tantas "respostas" a outros tantos "desafios" da história: *a*) o primeira é o proveniente do totalitarismo, que impôs a exigência de renovação das salvaguardas da "sociedade aberta"; *b*) o segundo é o proveniente da planificação socialista e do Estado de bem-estar social, que impôs a exigência de salvaguarda não só das liberdades políticas, mas também das econômicas; *c*) o terceira é o proveniente dos desenvolvimentos da sociedade avançada, que impôs a exigência de uma organização que, para ser "justa", não pode não ser "livre". À primeira exigência quem respondeu foi sobretudo Popper. À segunda, sobretudo von Hayek. À terceira, sobretudo Rawls.

a) A contraposição popperiana ao totalitarismo nazista e comunista concretiza-se na conhecida antítese entre sociedade "fechada" e sociedade "aberta". A primeira brota de uma atitude mítico-irracional diante do mundo e sustenta-se numa organização de cunho coletivista (ou "tribal"), tendo por base normas rígidas de comportamento, impostas por autoridade aos indivíduos que a compõem. A segunda brota de uma atitude crítico-racional e sustenta-se num tipo de organização que tende a salvaguardar os espaços de liberdade e de discussão dos cidadãos (*La società aperta e i suoi nemici*, 1945, trad. it., Armando, Roma, 1973-1974, vol. I, pp. 244-5 e 284). Popper considera que as instituições liberal-democráticas, sendo inspiradas nos critérios da racionalidade e da autocorrigibilidade, representam o análogo político dos procedimentos metodológicos que encontramos no campo científico. Embora a filosofia democrática de Popper seja compatível com um espectro bastante amplo de posições políticas concretas (desde as liberais até as social-democráticas), é indubitável que ele acabou por considerar-se uma espécie de neoliberal progressista que viu suas próprias convicções políticas "corroboradas" pelos últimos acontecimentos da história (cf. G. FORNERO, *Storicismo, tolleranza e democrazia*, em N. ABBAGNANO, *Storia della filosofia*, Utet, Turim, 1991, vol. IV, t. 1º, pp. 639-75).

b) Contra a economia planificada e centralizadora do comunismo e contra o excesso de intervencionismo do Estado de bem-estar social, Hayek defende as razões do mercado e da livre iniciativa, vendo na liberdade econômica o pressuposto de qualquer outra forma de liberdade: "Ninguém [...] mais do que Friedrich von Hayek insistiu na indissolubilidade entre liberdade econômica e liberdade sem outros adjetivos" (N. Bobbio). De fato, sua aversão ao socialismo e sua confiança no L. não decorrem apenas de razões econômicas ou da persuasão da inexistência de um cérebro coletivo central capaz de possuir todos os conhecimentos indispensáveis à "planificação" de uma sociedade complexa, mas também de razões políticas, éticas e existenciais: "O controle econômico não é o simples controle de um setor da vida humana que possa ser separado do restante; é o controle dos meios para todos os nossos fins. E quem tem o controle exclusivo dos meios precisa também determinar quais fins devem ser alimentados, quais valores devem ser estimados [...] em suma, aquilo em que os homens devem crer e aquilo pelo que devem lutar" (*Verso la schiavitù*, 1994, trad. it., Rizzoli, Milão, 1948, p. 81). Donde a defesa antimonopolista do fracionamento do poder econômico: "É só porque o controle dos meios de produção é dividido entre muitas pessoas, que agem independentemente umas da outras, que ninguém tem poder completo sobre nós" (*ibid.*, p. 12; cf. D. ANTISERI, *Metodologia delle scienze sociali e teoria della politica nella scuola marginalista austriaca*, em N. ABBAGNANO, *Storia della filosofia*, Utet, Turim, 1994, vol. IV, t. 2º, pp. 110-94). Embora considere que o Estado não deve apropriar-se de atividades que podem ser exercidas de modo eficaz pelo mercado, Hayek acha que existem algumas esferas (p. ex., a ordem pública e a tutela dos mais fracos) nas quais a intervenção estatal é desejável. Também concorda com essa função (residual) de suplência do mercado atribuída ao Estado uma das principais correntes do L. atual: o de cunho econômico neoclássico representado por autores como Friedman, Lucas, Becker, Buchanam, Coase, Stigler, Posner etc. Forma extrema de antiestatismo encontra-se, porém, no libertarismo radical de Nozick (que alguns hesitam em situar na tradição propriamente liberal, enquanto outros continuam a considerá-lo um dos autores mais significativos do L. do fim do séc. XX). Fazendo-se porta-voz dos direitos invioláveis dos indivíduos, Nozick identificou no chamado Estado mínimo – ou seja, num tipo de Estado "reduzido estritamente às funções de proteção contra a força, o furto e a fraude, e de execução dos contratos" – o único Estado legítimo (*Anarchia, stato e utopia*, 1974, trad. it., Le Monnier, Florença, 1981, pp. XIII e 353). Completamente diferente é o L. "de esquerda" de Dahrendorf, que fala de um "novo L. "sensível ao tema das *oportunidades de vida*, mesmo advertindo que "não se trata de neoliberalismo no sentido corrente" (*Per un nuovo Liberalismo*, 1987, trad. it., Laterza, Bari, 1988, p. VI).

c) Em *A Theory of Justice* (1971) Rawls faz-se defensor de uma forma de L. igualitário baseado em dois princípios de justiça (v.), o primeiro dos quais prescreve a tutela das liberdades fundamentais que devem ser iguais para todos, enquanto o segundo prescreve atentar, como critério de distribuição dos recursos, para a condição dos menos favorecidos. Em *Political Liberalism* (1993), depois de formular o problema: "Como pode perdurar no tempo uma sociedade estável e justa de cidadãos livres e iguais, profundamente divididos por doutrinas religiosas, filosóficas e morais racionais?" (trad. it., Ed. di Comunità, Milão, 1994, p. 13), Rawls afirma que o L. é uma concepção política que, mesmo sendo independente de qualquer doutrina abrangente e racional – portanto de qualquer concepção metafísica e epistemológica –, procura um "consenso por intersecção" (*overlapping consensus*) por parte destas, ou seja, uma base pública de justificação universalmente aceitável pelos cidadãos, seja qual for seu credo religioso, filosófico, moral etc. Por essas características, o L. (igualitário) parece a Rawls a resposta mais funcional à exigência atual de uma "sociedade bem organizada", baseada na justiça e no pluralismo.

Quem também se deteve em alguns temas de fundo da tradição teórica do L. foi I. Berlin, que, além de insistir na já clássica distinção entre liberdade "negativa" (liberdade *em relação a)* e liberdade "positiva" (liberdade *de*), também insistiu na superioridade do pluralismo a qualquer forma de "monismo", focalizando o tema da (ineliminável) *multiplicidade* e *historicidade* dos valores: "Pode ser que o ideal de liberdade de escolher os próprios fins, sem pretender para eles uma validade eterna, e o pluralismo de valores a isso ligado sejam apenas o fruto tardio da nossa civilização capitalista em declínio: um ideal desconhecido das épocas remotas e das sociedade primitivas, um ideal que talvez seja observado com curiosidade ou até simpatia, mas com pouca compreensão, pela posteridade. Pode ser que assim seja, mas não me parece que daí se possam extrair conclusões céticas. Os princípios não são menos sagrados só porque sua duração não pode ser garantida. Na realidade, o próprio desejoso de algo que garanta eternidade e segurança aos nossos valores em algum paraíso objetivo talvez só seja uma forma de saudade das certezas da infância e dos valores absolutos do nosso passado primitivo" (*Quattro saggi sulla libertà*, 1969, trad. it., Feltrinelli, Milão, 1989, p. 236).

Com a crise do marxismo e a queda dos regimes comunistas, os estudiosos que tendem a definir-se como liberais aumentam cada vez mais. Isso contribuiu para tornar ainda mais elástico o conceito de L. (que hoje em dia também desperta a simpatia de um setor consistente da direita e da esquerda). Na realidade, se o L. – como fica cada vez mais claro – é a teoria que se propõe defender a "liberdade" dos indivíduos, não só no campo político, mas também no econômico e no social, segue-se que podem ser considerados "liberais" apenas aqueles que oferecem (adequadas) garantias de salvaguarda das várias formas de liberdade. [G.F.]

LIBERDADE (gr. ἐλευθερία; lat. *Libertas*; in. *Freedom, Liberty*; fr. *Liberté*; al. *Freiheit*; it. *Libertà*). Esse termo tem três significados fundamentais, correspondentes a três concepções que se sobrepuseram ao longo de sua história e que podem ser caracterizadas da seguinte maneira: 1ª L. como autodeterminação ou autocausalidade, segundo a qual a L. é ausência de condições e de limites; 2ª L. como necessidade, que se baseia no mesmo conceito da precedente, a autodeterminação, mas atribuindo-a à totalidade a que o homem pertence (Mundo, Substância, Estado); 3ª L. como possibilidade ou escolha, segundo a qual a L. é limitada e condicionada, isto é, *finita*. Não constituem conceitos diferentes as formas que a L. assume nos vários campos, como por exemplo L. metafísica, L. moral, L. política, L. econômica etc. As disputas metafísicas, morais, políticas, econômicas etc., em torno da L. são dominadas pelos três conceitos em questão, aos quais, portanto, podem ser remetidas as formas específicas de L. sobre as quais essas disputas versam.

1ª Para a primeira concepção, de L. absoluta, incondicional e, portanto, sem limitações nem graus, é livre aquilo que é *causa de si mesmo*. Sua primeira expressão encontra-se em Aristóteles. Embora a análise aristotélica do voluntarismo das ações pareça recorrer ao conceito de L. finita, a definição de voluntário é a mesma de L. infinita: voluntário é aquilo que é "princípio de si mesmo". Aristóteles começa afirmando que a virtude e o vício dependem de nós; e prossegue: "Nas coisas em que a ação depende de nós a não-ação também depende; e nas coisas em que podemos dizer não também podemos dizer sim. De tal forma que, se realizar uma boa ação depende de nós, também dependerá de nós não realizar má ação" (*Et. nic.*, III, 5, 1113 b 10). Isso já fora dito por Platão no mito de Er. Mas para Aristóteles significa que "o homem é o princípio e o pai de seus atos, assim como de seus filhos" (*ibid.*). De fato, "só para quem tem em si mesmo seu próprio princípio, o agir ou o não agir depende de si mesmo" (*ibid.*, III, 1, 1110 a 17); assim o homem "é o princípio de seus atos" (*ibid.*, III, 3, 1112 b 15-16). Essa noção de "princípio de si mesmo" é a definição da lei incondicionada, encontrada, por exemplo, em Cícero: "Para os movimentos voluntários da alma não se deve procurar uma causa alheia, pois o movimento está em nosso poder e depende de nós: nem por isso é sem causa, visto que sua causa é sua própria natureza" (*De fato*, II). Em Epicuro, a noção de L. tinha o mesmo significado de autodeterminação absoluta, que para ele começava nos átomos, aos quais atribuía o poder de desviar-se da própria trajetória. Lucrécio diz: "Podemos desviar nossos movimentos sem sermos determinados pelo tempo nem pelo lugar, mas pelo que nos inspira nosso espírito; pois sem dúvida a vontade é o *princípio* desses atos, e através dela o movimento se expande por todos os membros" (*De rer. nat.*, II, 260). A noção de L. como autocausalidade ou autodeterminação (αὐτοπραγία) também é o fundamento do conceito de L. como necessidade. Os estóicos admitiam que são livres as ações que têm em si mesmas causa ou princípio: "Só o sábio é livre, e todos os malvados são escravos, pois L. é autodeterminação, enquanto escravidão é falta da autodeterminação" (DIÓG. L., VII, 121). Epicteto, conseqüentemente, dizia que eram "livres" as coisas que estão "em nosso poder", ou seja, os atos do homem que têm princípio no próprio homem (*Dis.*, I, 1).

Esse conceito foi transmitido durante toda a Idade Média. Orígenes foi o primeiro a defendê-lo no mundo cristão, esclarecendo-o no sentido de que a L. consiste não só em ter em si a causa dos próprios movimentos, mas também em ser tal causa. Essa definição, que se aplica a todos os seres vivos, privilegia o homem porque a causa dos movimentos humanos é aquilo que o próprio homem escolhe como móbil, enquanto juiz e árbitro das circunstâncias externas (*De princ.*, III, 5). Considerações análogas ocorrem em *De libero arbitrio* de Agostinho (cf., p. ex., I, 12; III, 3; III, 25). Em outro trecho ele diz: "Sente que a alma se movimenta por si só quem sente em si a vontade" (*De div. quaest.*, 83, 8). Alberto Magno dizia ser livre o homem que é *causa de si* e que não é coagido pelo poder de outro (*S. Th.*, II, 16, 1). E, para Tomás de Aquino, "o livre-arbítrio é a causa do movimento porque pelo livre-arbítrio o homem determina-se a agir". Tomás de Aquino acrescenta que, para existir L., não é necessário que o homem seja a *primeira* causa de si mesmo, como de fato não é, pois a primeira causa é Deus. Mas a Primeira Causa não impede a autocausalidade do homem (*ibid.*, I, q. 83, a. 1; cf. *Contra Gent.*, II, 48). A última escolástica manteve esse conceito de L., aliás acentuando a indiferença da vontade com relação aos seus possíveis determinantes. Duns Scot afirma que "a L. da nossa vontade consiste em podermos decidirnos por atos opostos, seja depois, seja no mesmo instante" (*Op. Ox.*, I, d. 39, q. 5, n. 16). Essa possibilidade de decidir-se por atos opostos expressa a perfeita indiferença da vontade com relação a todas as motivações possíveis. Ockham, mesmo negando a possibilidade simultânea de atos opostos, também frisa a indiferença absoluta da vontade: "Por L. entende-se o poder de, indiferente e contingentemente, propor coisas diferentes, de tal forma que posso causar ou não o mesmo efeito, sem que haja diversidade alguma, a não ser nesse poder" (*Quodl.*, I, q. 16). Mas Ockham não julga que seja possível *demonstrar* que a vontade é livre nesse sentido. A L. só pode ser conhecida por experiência, pois "o homem sente que, embora a razão lhe dite alguma coisa, a vontade pode querê-la ou não" (*ibid.*, I, q. 16). Buridan observava a esse respeito que a L. não consiste em poder deixar de seguir o juízo do intelecto, porque, se o intelecto reconhecesse com evidência que dois bens são perfeitamente iguais, não poderia decidir-se por nenhum dos dois; consiste, sim, em poder suspender ou impedir o juízo do intelecto (*In Eth.*, III, q. 1-4). E assim propunha as premissas do caso que se denominou *O asno de Buridan* (v.): este, por não ter L., morre de fome na mesma condição em que o homem pode suspender o juízo e fazer arbitrariamente a escolha.

O conceito de autopraguia ou *causa sui* ocorre com freqüência na filosofia moderna e contemporânea. "A substância livre" – diz Leibniz – "determina-se por si mesma, seguindo o motivo do bem que é percebido pela inteligência, que a inclina sem necessitá-la: todas as condições da L. estão compreendidas nestas poucas palavras" (*Théod.*, III, § 288). Esse mesmo conceito levou Kant a admitir o caráter "numênico" da liberdade: "Se tivermos de admitir a L. como propriedade de certas causas dos fenômenos, ela deve, em relação aos fenômenos como eventos, ter a faculdade de *iniciar por si* (*sponte*) a série de seus efeitos, sem que a atividade da causa precise ter início e sem que seja necessária outra causa que determine tal início" (*Prol.*, § 53). A "faculdade de iniciar por si um evento" é exatamente a *causa sui* do conceito tradicional de liberdade. Esta é também denominada, no mesmo sentido, "espontaneidade absoluta", ou seja, atividade que não recebe outra determinação senão de si mesma (*Crít. R. Pura*, I, livro I, cap. III, Elucidação crítica). Mas, mesmo como *causa sui* ou espontaneidade absoluta, "a causa livre, em seus estados, não pode ser submetida a determinações de tempo, não deve ser um fenômeno; deve ser uma coisa em si, e só os seus efeitos devem ser julgados fenômenos" (*Prol.*, § 53). Kant quis conciliar a L. humana, como poder de autodeterminação, com o determinismo natural que, para ele, constitui a racionalidade da natureza; por isso considerou a L. como número, pois aquilo que, de um ponto de vista (dos fenômenos), pode ser considerado necessidade, de outro ponto de vista (do número), pode ser considerado L. Mas o conceito de L. não sofreu inovação alguma com esse artifício kantiano. Esse mesmo conceito é expresso por Fichte: "A absoluta atividade também é denominada L. A L. é a representação sensível da auto-atividade" (*Sittenlehre*, Intr., 7, em *Werke*, IV, p. 9).

Recorrem hoje a esse mesmo conceito todas as formas de *indeterminismo* (v.). Nas formas espiritualistas do indeterminismo (que são as mais difundidas), a autodeterminação é considerada uma experiência interior fundamental, uma espécie de criação "interior"; torna-se a "autocriação do eu". Maine de Biran afirma: "A L. ou a idéia de L., tomada em sua fonte real, nada mais é que o sentimento que temos de nossa atividade ou desse poder de agir, de criar o esforço constitutivo do eu" (*Essai sur les fondements de la psychologie*, 1812, em *Œuvres*, ed. Naville, I, p. 284). Concepção análoga pode ser encontrada em *Mikrokosmus* de Lotze (I, pp. 283 ss.) e, com alguma atenuação, em *Nouvelle monadologie*, de Renouvier (pp. 24 ss.). O espiritualismo francês, com Sécretan, Ravaisson, Lachelier, Boutroux, Hamelin, atém-se estritamente a esse mesmo conceito. "O conhecimento das leis das coisas" – diz Boutroux – "permite-nos dominá-las, e assim, em vez de prejudicar nossa L., o mecanismo torna-a eficaz." Portanto, não somente as coisas internas, como queria Epicteto, mas também as externas dependem de nós (*De l'idée de loi naturelle*, 1895, pp. 133, 143). Desse ponto de vista, o motivo não é a causa necessitante da ação humana: a vontade dá preferência a um motivo mais que a outro, e o motivo mais forte não o é independentemente da vontade, mas sim em virtude dela (*La contingence de lois de la nature*, 1874, p. 124). O conceito bergsoniano de L. apenas volta a expor essa mesma tese. Bergson afirma que o conceito de L. por ele defendido situa-se entre a noção de L. moral, isto é, da "independência da pessoa perante tudo o que não é ela mesma", e a noção de livre-arbítrio, segundo o qual aquilo que é livre "depende de si mesmo assim como um efeito depende da causa que o determina necessariamente". Contra esta última concepção, Bergson objeta que os atos livres são imprevisíveis e, portanto, não se lhes pode aplicar a causalidade, segundo a qual causas iguais têm efeitos iguais. Por isso, a L. continua indefinível; e deve ser identificada com o processo da vida consciente, ou seja, com a duração real (*Essais sur les données immédiates de la conscience*, 1899, pp. 131 ss.). Mas na realidade o conceito de livre-arbítrio partia precisamente da imprevisibilidade dos fatos humanos (os chamados "futuros contingentes") e da autocausalidade da vontade. A doutrina bergsoniana nega a indiferença da vontade aos motivos, somente para sustentar que a vontade cria ou constitui os motivos e confere-lhes a força determinante de que dispõem. Mas dessa forma a autodeterminação continua sendo definição de liberdade; como tal permanece também no conceito (proposto por F. LOMBARDI, *La libertà del volere e l'individuo*, 1941, p. 192) de ato ou movimento que "se reproduz ou se produz continuamente", levando consigo, nessa autoprodução, "todo o mundo em que atua". Não tem sentido diferente a doutrina de Sartre, para quem a L. é a escolha que o homem faz de seu próprio ser e do mundo. "Mas exatamente por se tratar de uma *escolha*, à medida que é feita, essa escolha geralmente indica outras tantas como possíveis. A possibilidade dessas outras escolhas não é explicitada nem proposta, mas é vivida no sentimento de injustificabilidade e expressa na absurdidade da minha escolha, conseqüentemente do meu ser. Assim, minha L. devora a minha L. Sendo livre, projeto o meu possível total, mas com isto proponho que sou livre e que posso aniquilar esse meu primeiro projeto e relegá-lo ao passado" (*L'être et le néant*, p. 560). Mas uma escolha que não tem nada que escolher, que não é limitada por determinadas condições, de escolha só tem o nome; na realidade, é uma autocriação gratuita. A doutrina de Sartre só faz levar ao extremo o antigo conceito de L. como autocausalidade.

Recorrem a este conceito tanto o indeterminismo quanto o determinismo. O que o determinismo nega é o mesmo que o indeterminismo afirma: a possibilidade de uma *causa sui*. Vimos que o próprio Kant considerava-a impossível no domínio dos fenômenos e a confiava ao domínio do número: foi o que fez também Schopenhauer, que considerou válidas as razões apresentadas por Priestley em sua *Doutrina da necessidade filosófica* (v. DETERMINISMO) e afirmou que a L. como autocausalidade é apenas da vontade como força numênica ou metafísica, da vontade como princípio cósmico (*Die Welt*, I, § 55). Em geral o determinismo consiste em julgar universal o alcance do princípio de causalidade em sua força empírica e portanto em negar a causalidade autônoma. Neste sentido, Claude Bernard afirmava a *inércia* dos corpos vivos tanto quanto dos inorgânicos, que é a incapacidade de entrar em movimento por si mesmos: e nessa inércia percebia a condição para o reconhecimento do determinismo absoluto (*Intr. à l'étude de la médecine expérimentale*, 1865, II, 8).

O equivalente político da concepção de L. como autocausalidade é a noção de L. como ausência de condições ou de regras e recusa de obrigações; numa palavra, *anarquia*. Na maioria das vezes, esse conceito é utilizado como instrumento de polêmica, para negar a própria L. Platão foi o primeiro a fazer isso quando pretendeu demonstrar que da demasiada L. concedida pelo regime democrático nascem a tirania e a escravidão. De fato, a recusa constante de limites e restrições "torna os cidadãos tão suscetíveis que, tão logo se lhes proponha algo que pareça ameaçar sua liberdade, eles se melindram, rebelam-se e acabam por ridicularizar as leis escritas e não escritas, porque não querem de forma alguma submeter-se a nenhum comando" (*Rep.*, VIII, 563 d). A L. aqui é entendida (não por Platão, como veremos mais adiante) como ausência de medida, recusa de normas. O ilimitado poder sobre todas as coisas, que, para Hobbes, constitui a L. em estado natural (*De cive*, I, § 7), tem o mesmo significado. Filmer acreditava estar expressando o significado da doutrina de Hobbes quando dizia: "A L. consiste em cada um fazer o que lhe aprouver, em viver como quiser, sem estar vinculado a lei nenhuma" (*Observations upon Mr. Hobbes's Leviathan*, 1652, p. 55). Mas talvez a melhor e mais coerente expressão dessa noção de L. seja o *Único* de Max Stirner: o indivíduo que não tem causa fora de si, que é sua própria causa e causa de tudo. Nessa forma extrema a tese da L. anárquica raramente é defendida: na maioria das vezes é pressuposta como termo de polêmica, reduzindo-se a ela (em boa ou má-fé) as demais concepções de L. política.

2ª A segunda concepção fundamental identifica L. com necessidade. Esta concepção tem estreito parentesco com a primeira. O conceito de L. a que se refere é ainda o de *causa sui*; contudo, como tal, a L. não é atribuída à parte, mas ao todo: não ao indivíduo, mas à ordem cósmica ou divina, à Substância, ao Absoluto, ao Estado. A origem dessa concepção está nos estóicos, para os quais, como vimos, "a L. consiste na autodeterminação e portanto só o sábio é livre" (DIÓG. L., VII, 121). Mas por que o sábio é livre? Porque só ele vive em conformidade com a natureza, só ele se conforma à ordem do mundo, ao destino (DIÓG. L., VII, 88; J. ESTOBEU, *Flor.*, VI, 19; CÍCERO, *De fato*, 17). A L. do sábio coincide, portanto, com a necessidade da ordem cósmica. Crisipo, porém, procura fugir a essa conseqüência distinguindo as causas perfeitas e principais das causas auxiliares e próximas; o destino age sobretudo através das primeiras, mas entre as últimas está o assentimento que o homem dá às coisas e, conseqüentemente, sua ação. É como acontece com o cilindro: basta dar um empurrãozinho para que ele role por um plano inclinado, e, graças à natureza do cilindro e do plano, ele continuará rolando uma vez empurrado, mas para que isso aconteça é necessário o empurrão. Da mesma forma, a ordem das coisas é tal que, uma vez iniciadas, as ações continuam de determinado modo, mas, para que sejam iniciadas, é necessário o assentimento do homem, e esse assentimento permanece em poder dele (CÍCERO, *De fato*, 18-9). Todavia, para Crisipo, também a L. é apenas adequação entre assentimento humano e ordem cósmica: as causas auxiliares pertencem à ordem necessária do mundo tanto quanto as causas principais, e o empurrão que faz o cilindro rolar pertence a essa ordem tanto quanto a forma do cilindro e o plano sobre o qual ele rola. Desse ponto de vista, negar que o homem como tal é livre e afirmar que ele é livre enquanto manifestação da autodeterminação cósmica ou divina são a mesma coisa. Tudo fica muito claro na formulação de Espinosa: "diz-se que é livre o que existe só pela necessidade de sua natureza e é determinado a agir por si só, enquanto é necessário ou coagido aquilo que é induzido a existir e a agir por uma outra coisa, segundo uma razão exata e determinada" (*Et.*, I, def. 7). Nesse sentido, só Deus é livre, pois só Ele age com base nas leis de sua natureza e sem ser obrigado por ninguém (*ibid.*, I, 17, corol. II), ao passo que o homem, como qualquer outra coisa, é determinado pela necessidade da natureza divina e pode julgar-se livre somente por ignorar as causas de suas volições e de seus desejos (*ibid.*, I, ap.; II, 48). Contudo, poderá tornar-se livre se for guiado pela razão (*ibid.*, IV, 66, esc.), se agir e pensar como parte da Substância Infinita e reconhecer em si a necessidade universal dela (*ibid.*, V, VI, esc.). Em outros termos, o homem torna-se livre através do amor intelectual por Deus (que é exatamente o conhecimento da necessidade divina): amor que é idêntico ao amor com que Deus se ama (*ibid.*, V, 36, esc.). Nenhuma inovação foi introduzida nesse ponto de vista pela elaboração e ampliação feitas pela filosofia romântica. Schelling afirma explicitamente a coincidência entre liberdade e necessidade: "O Absoluto age por meio de cada inteligência, ou seja, sua ação é absoluta porquanto não é livre nem desprovida de L., mas as duas coisas ao mesmo tempo: *absolutamente* livre e por isso também necessária" (*System des transzendentalen Idealismus*, IV, E). Em *Investigações filosóficas sobre a essência da L. humana* (1809), Schelling transfere para Deus, ou melhor, para a natureza ou fundamento de Deus, o ato com que o homem escolhe essa natureza ou fundamento, pelo qual todas as suas inclinações ou ações serão determinadas. A tendência a atribuir a L. ao Absoluto e a identificá-la com a necessidade explicita-se assim como característica típica da concepção romântica. Hegel contrapõe "o conceito abstrato de L.", isto é, a L. como exigência ou possibilidade, à "L. concreta", que é a "L. real" ou "a própria realidade" do espírito ou dos homens (*Enc.*, § 482; *Fil. do dir.*, § 33, Zusatz). Essa L. real, realidade mesma do homem, é o Estado, que, exatamente por isso, é considerado "Deus real" (*Fil. do dir.*, § 258, Zusatz). O Estado é "a realidade da L. concreta" (*ibid.*, § 260). Isso significa que ele "é a realidade em que o indivíduo tem L. e a usufrui, mas só quando o indivíduo é ciência, fé e vontade do universal. Assim, o Estado é o centro dos outros aspectos concretos da vida: direito, arte, costumes, bem-estar. No Estado, a L. é realizada objetiva e positivamente". Isto não significa que a vontade subjetiva do indivíduo se realize através da vontade universal, que seria, portanto, um meio para ela; significa que a vontade universal se realiza através dos cidadãos, que, nesse aspecto, são seus instrumentos. "O direito, a moral e o Estado, e somente eles, são positiva realidade e satisfação da L. O arbítrio do indivíduo não é L. A L. que é limitada é o arbítrio referente ao momento particular das necessidades" (*Philosophie der Geschichte*, ed. Lasson, I, p. 90). Essa coincidência entre L. e necessidade, que leva a atribuir a L. apenas ao Absoluto ou à sua realização no mundo (o Estado), por um lado passou a caracterizar todas as doutrinas de cunho romântico e por outro foi utilizada, fora do âmbito de tais doutrinas, na defesa do absolutismo estatal e na recusa do liberalismo político. Foi aceita por Gentile e por Croce: o primeiro identifica a L. com a necessidade dialética do Absoluto (*Teoria generale dello spirito*, XII, § 20), o segundo identifica a L. com "a criatividade das forças que se denominam individuais e coincidem com a unidade do Universal" (*Storiografia e idealità morale*, p. 58). Mas também foi aceita por Martinetti, para quem a L. é espontaneidade da razão, e a espontaneidade da razão é a própria necessidade, de tal forma que, em qualquer caso, identificam-se L. e espontaneidade, espontaneidade e concatenação necessária (*La libertà*, 1928, p. 349). Com forma diferente, essa doutrina retorna em algumas manifestações da filosofia contemporânea, como por exemplo no realismo de Nicolai Hartmann e no existencialismo de Jaspers. Segundo Hartmann, a L. consiste no fato de que, em cada plano do ser, acrescenta-se ao determinismo dos planos inferiores o determinismo daquele plano. Os planos, em outros termos, são contingentes, um em relação ao outro, porquanto cada um tem uma forma específica de determinismo não redutível à forma dos planos inferiores; a L. seria então o supradeterminismo de um plano do ser em relação aos outros. Hartmann diz: "A L. em sentido positivo não é um *minus*, mas um *plus* na determinação. O nexo causal não permite um *minus* porque sua lei afirma que uma série de efeitos, uma vez em movimento, não pode ser detida de modo algum. Mas admite um *plus* – se ele existir – porque sua lei não afirma que aos elementos de determinação causal de um processo não se podem acrescentar outros elementos de determinação" (*Ethik*, p. 649). No plano do espírito, esse *plus* de determinação é constituído pela teleologia própria do homem, que impõe aos processos causais fins extraídos da esfera dos valores. Mas é óbvio que, nesse sentido, a L. outra coisa não é senão o acréscimo de um determinismo "superior" aos determinismos "inferiores": é portanto a autodeterminação dos planos, que se acrescenta à determinação externa. No mesmo sentido Jaspers afirma a unidade de L. e necessidade, expressa na forma "posso porque devo" (no sentido da necessidade de fato, *Ich muss*: *Phil.*, II, pp. 186, 195). Nesse caso a L., autodeterminação, pertence à situação existencial total, cuja expressão é o eu. Continuamos no âmbito da concepção que identifica L. com autocausalidade de uma totalidade metafísica (política, social etc.), ou seja, com a necessidade com que essa totalidade se realiza. Essa doutrina algumas vezes foi defendida por filósofos ou escritores de tendências liberais, mas na realidade é a insígnia do antiliberalismo moderno. De fato, no plano metafísico, reconhece como sujeito de L. apenas o ser, a substância, o mundo; no plano político, apenas o Estado, a Igreja, a raça, o partido etc.; atribui à totalidade assim privilegiada um poder de autocausalidade ou autocriação que é um outro poder igualmente absoluto de coerção sobre os indivíduos, considerados manifestações ou partes dele.

3ª Enquanto as duas primeiras concepções de L. possuem um núcleo conceitual comum, a terceira não recorre a esse núcleo porque entende a L. como medida de possibilidade, portanto escolha motivada ou condicionada. Nesse sentido, a L. não é autodeterminação absoluta e não é, portanto, um todo ou um nada, mas um problema aberto: determinar a medida, a condição ou a modalidade de escolha que pode garanti-la. Livre, nesse sentido, não é quem é *causa sui* ou quem se identifica com uma totalidade que é *causa sui*, mas quem possui, em determinado grau ou medida, determinadas possibilidades. Platão foi o primeiro a enunciar o conceito segundo o qual a L. consiste na "justa medida" (*Leis*, 693 e); ilustrou esse conceito com o mito de Er. Segundo esse mito, as almas, antes de encarnar, são levadas a escolher o modelo de vida a que posteriormente ficarão presas. "Para a virtude, anuncia a parca Láquesis, não existem padrões: cada um terá mais ou menos, conforme a honre ou a negligencie. Cada um é autor de sua escolha; a divindade está fora de questão" (*Rep.*, X, 617 e). Mas o importante é que essa escolha, cujo autor é cada indivíduo e cuja causalidade, portanto, não pode ser atribuída à divindade, é limitada, em um sentido, pelas possibilidades objetivas e pelos modelos de vida disponíveis, e, em outro, pela motivação, pois – como afirma Platão – "a maior parte das almas escolhe de acordo com os costumes da vida anterior" (*ibid.*, 620 a). A situação mítica aqui ilustrada é de L. *finita*, de escolha entre possibilidades determinadas e condicionadas por motivos determinantes. Semelhante L. é delimitada: 1º pelo grau das possibilidades objetivas, sempre em número mais ou menos restrito; 2º pela ordem dos motivos da escolha, que podem restringir ainda mais, até a unidade, a ordem das possibilidades objetivas. Portanto, esse conceito de L. é uma forma de determinismo, ainda que não de necessitarismo: admite a determinação do homem por parte das condições a que sua atividade corresponde, sem admitir que a partir de tais condições a escolha seja infalivelmente previsível.

Esse conceito de L. foi completamente esquecido na Antiguidade e na Idade Média devido ao predomínio do conceito de L. como *causa sui*. Quando reapareceu, nos primórdios dos tempos modernos, assumiu, em oposição à noção de livre-arbítrio, a forma de negação da L. de *querer* e de afirmação da L. de *fazer*. Nessa forma é expressa por Hobbes. Este, identificando vontade com apetite, afirma que não se pode não querer aquilo que se quer (não se pode não ter fome quando se tem fome, não ter sede quando se tem sede etc.), mas que é possível fazer ou não *fazer* aquilo que se quer (comer ou não comer quando se tem fome etc.). Existe, pois, uma L. de fazer, não uma L. de querer (*De hom.*, II, § 2; *De corp.*, 25, § 13).

Essa doutrina foi substancialmente aceita por Locke, que definia a L. como "o fato de se estar em condições de agir ou de não agir segundo se escolha ou se queira" (*Ensaio*, II, 21, 27). Mas em Locke essa doutrina se complica e confunde, pois por um lado ele distingue apetite de vontade, que julga constituída por um poder de escolha, preferência ou inibição (suspensão do desejo, *ibid.*, II, 21, 48), e por outro admite que tal escolha, preferência ou inibição é necessariamente determinada pelo motivo (que inicialmente ele identifica com o desejo do bem e depois com o mal-estar próprio do desejo, *ibid.*, II, 21, 31). Portanto, é difícil saber como, desse ponto de vista, se poderia falar em L. de fazer ou de não fazer, visto que a escolha ou a preferência dada a uma ou a outra dessas alternativas é necessariamente determinada. De qualquer forma, a intenção da doutrina de Locke é clara: tende, por um lado, a garantir o determinismo dos motivos, negando o livre-arbítrio como autocausalidade da vontade, e por outro a garantir a L. do homem contra o determinismo rigoroso. Locke conseguiu expressar muito melhor esse conceito no terreno político ao negar, em oposição a Filmer, que a L. consiste em cada um fazer o que bem entende; e afirmou: "A L. *natural* do homem consiste em estar livre de poderes superiores sobre a terra, em não estar submetido à vontade ou à autoridade legislativa de ninguém e em possuir como norma própria apenas a lei natural. A L. do homem *em sociedade* consiste em não estar sujeito a outro poder legislativo além do estabelecido *por consenso* no Estado, nem ao domínio de outra vontade ou à limitação de outra lei além da que esse poder legislativo tiver estabelecido de acordo com a confiança nele depositada" (*Two Treatises of Government*, II, 4, 22). No Estado natural a L. consiste na possibilidade de escolha limitada pela norma natural, que é uma norma de reciprocidade, segundo a qual deve-se atribuir aos outros as mesmas possibilidades atribuídas a si mesmo (*ibid.*, II, 2, 4). Em sociedade, a L. consiste na possibilidade de escolhas delimitadas por leis estabelecidas por um poder para isso designado pelo consenso dos cidadãos. Em outros termos, a L. política supõe duas condições: 1ª existência de normas que circunscrevam as possibilidades de escolha dos cidadãos; 2ª possibilidade de os próprios cidadãos fiscalizarem, em determinada medida, o estabelecimento dessas normas. Desse ponto de vista, o problema da L. política é um problema de medida: a medida na qual os cidadãos devem participar da fiscalização das leis e a medida na qual tais leis devem restringir as possibilidades de escolha dos cidadãos. Esse sempre foi o problema do liberalismo clássico, ou seja, de qualquer liberalismo autêntico, seja ele antigo ou moderno. Montesquieu repropôs a doutrina da L. política de Locke em *L'esprit des lois* (1748, XI, 3-4). Hume e o iluminismo retomaram a doutrina da L. filosófica. O primeiro afirmava: "Por L. só podemos entender um poder de agir ou de não agir, segundo a determinação da vontade; isso significa que, se decidirmos ficar parados, poderemos ficar, e se decidirmos andar, também poderemos andar" (*Inq. Conc. Underst.*, VIII, 1); ao mesmo tempo, ressaltava o determinismo dos motivos, sem o qual as leis e sanções seriam inoperantes. O iluminismo, através de Voltaire, retomou essa mesma doutrina: L. de indiferença é "uma expressão sem sentido", pois significaria que no homem há "um efeito sem causa". Somos livres para *fazer* quando temos o *poder* de fazer (*Dictionnaire philosophique*, "Liberté"). Kant utilizou o conceito de L. finita para definir a L. jurídica ou política: ela é "a faculdade de não obedecer a outras leis externas a não ser as leis às quais eu possa dar meu assentimento" (*Zum ewigen Frieden*, II, art. 1, nº 1). A concepção de determinismo não necessitarista consolidou-se na orientação empirista. Stuart Mill mostrou que o fatalismo brota de um conceito de necessidade que não se reduz ao de determinação. Ela significa apenas "uniformidade de ordem e capacidade de previsão". Mas para os defensores da necessidade "é como se houvesse um vínculo mais forte entre as volições e suas causas: como se, ao dizerem que a vontade é governada pelo equilíbrio dos motivos, estivessem dizendo algo além da afirmação de que, conhecendo-se os motivos e nossa habitual suscetibilidade a eles, fosse possível predizer a maneira como iremos agir" (*Logic*, VI, 2, § 2). Dewey traduz essa doutrina para os termos do pragmatismo, ou seja, do empirismo orientado para o futuro: "Às vezes se afirma que, se é possível demonstrar que a deliberação determina a escolha e é determinada pelo caráter e pelas condições, é porque não existe liberdade. É como dizer que uma flor não pode produzir fruto porque provém da raiz e do caule. A questão não diz respeito aos antecedentes da deliberação da escolha, mas às suas conseqüências. Qual é sua característica? Dar-nos o controle das possibilidades futuras que se abrem para nós. Esse controle é o núcleo da nossa liberdade. Sem ele, somos empurrados de trás, com ele caminhamos na luz" (*Human Nature and Conduct*, 1922, p. 311). A L. de que Heidegger fala como "transcendência" e "projeção" do homem no mundo também é uma L. finita, porque condicionada e limitada pelo mundo em que se projeta (*Vom Wesen des Grundes*, 1949, III, trad. it., pp. 64 ss.).

Essa doutrina da L. fortaleceu-se e tornou-se mais clara e coerente quando, a partir da década de 40, a ciência desistiu do ideal de causalidade necessária e de previsão infalível. O predomínio do conceito de condição sobre o de causa, da explicação probabilista sobre a explicação necessitarista, que se delineou na física atômica como efeito do princípio de indeterminação (v. CAUSALIDADE; CONDIÇÃO), tornou obviamente anacrônica a conservação do esquema necessitarista para a explicação dos acontecimentos humanos. Ao mesmo tempo, deixou de ter sentido a oposição entre ciência e consciência, entre a exigência de causalidade própria da primeira e o testemunho de L. dada pela segunda. Por um lado, vimos que a consciência não dá demonstrações de L. absoluta e que tampouco pode mostrar ser válida qualquer demonstração nesse sentido; por outro lado, vimos que a ciência não exige a causalidade necessária que autorizaria a previsão infalível dos eventos, mas um determinismo condicionante que autorize a previsão provável dos eventos. A conclusão é que o conceito de L. como autocausação (que ainda aparece em Bergson e Sartre) é tão pouco sustentável quanto o conceito de determinismo como necessidade. Correspondentemente, no plano político o conceito de L. como poder de fazer o que apraz e o conceito de L. como poder absoluto da totalidade a que o homem pertence (Estado, Igreja, raça, partido etc.) são igualmente mistificadores. Hoje, assim como nos tempos em que a noção no mundo moderno foi formulada pela primeira vez, a L. é uma questão de medida, de condições e de limites; e isso em qualquer campo, desde metafísico e psicológico ao até econômico e político. Hoje se destaca o fato de que a L. humana é "situada, enquadrada no real, uma L. sob condição, uma L. relativa" (GURVITCH, *Déterminismes sociaux et liberté humaine*, 1955, p. 81). Expressa-se por vezes esse conceito dizendo que a L. não é uma escolha, mas uma "possibilidade de escolha", ou seja, uma escolha que, se feita, poderá ser sempre repetida em determinada situação (ABBAGNANO, *Possibilità e libertà*, 1956, *passim*). Dessa forma, pode-se dizer que a L. está presente em todas as atividades humanas organizadas e eficazes, notadamente nos procedimentos científicos cujas técnicas de verificação consistem exatamente em possibilidades de escolha no sentido acima. Válido é o procedimento que pode ser eficazmente empregado por qualquer um, nas circunstâncias apropriadas: é uma "possibilidade de escolha" sempre ao alcance de qualquer um que se encontre nas condições oportunas. Analogamente, as L. políticas são possibilidades de escolha que asseguram aos cidadãos a possibilidade de escolher sempre. Um tipo de governo não é livre simplesmente por ter sido escolhido pelos cidadãos, mas se, em certos limites, permitir que os cidadãos exerçam contínua possibilidade de escolha, no sentido da possibilidade de mantê-lo, modificá-lo ou eliminá-lo. As chamadas "instituições estratégicas da L.", como a L. de pensamento, de consciência, de imprensa, de reunião etc., têm o objetivo de garantir aos cidadãos a possibilidade de escolha no domínio científico, religioso, político, social etc. Portanto, os problemas da L. no mundo moderno não podem ser resolvidos por fórmulas simples e totalitárias (como seriam as sugeridas pelos conceitos anárquicos ou necessitaristas), mas pelo estudo dos limites e das condições que, num campo e numa situação determinada, podem tornar efetiva e eficaz a possibilidade de escolha do homem. [N.A.]

LIBERDADE, ONTOLOGIA DA (it. *Ontologia della libertà*). Expressão usada por L. Pareyson para indicar a convicção, que caracteriza a sua última fase de pensamento, de que a L. não é L. sem o ser, assim como o ser não é ser sem L.: "Só a L. precede e pode preceder a L., portanto o próprio ser é L.; e é por isso que aquilo que está na origem da L., ou seja, o ser como L., não só não limita, mas, ao contrário, estende e estimula a L." (*Esistenza e persona*, Il Melangolo, Gênova, 1985, p. 268). Com efeito, se o ser, como ensinou Heidegger, não é estrutura mas evento, deve ser caracterizado como uma liberdade primigênia capaz de explicar o drama cosmogônico (cf. *Ontologia della libertà*, 1995; v. DEUS). [G.F.]

LIBERISMO (in. *Free Trade*; fr. *Libérisme*; al. *Freihandeln*; it. *Liberismo*). Doutrina contrária à intervenção do Estado na esfera das relações econômicas; sinônimo de *laissez-faire* (a conhecida expressão cunhada no séc. XVIII pelo economista francês V. de Gournay). Como parte integrante da história do liberalismo econômico (v. ECONOMIA), o L. conheceu uma espécie de revivescência com a afirmação das doutrinas antiestatistas hostis à ingerência do Estado de bem-estar social. No plano teórico existe uma antiga divisão entre os que consideram o L. um pressuposto necessário do liberalismo e os que o consideram uma espécie de variável contingente (portanto não indispensável) do liberalismo (cf. G. BEDESCHI, *Storia del pensiero liberale,* 1996). Emblemática, a propósito, é a polêmica entre Croce e Einaudi. Croce, partindo da sua concepção metapolítica do liberalismo, propensa a considerar este último como uma visão do mundo que não se baseia em nenhuma teoria política particular nem em nenhuma doutrina econômica particular, considera que o liberalismo não pressupõe nenhuma ordem econômico-social particular. E escrevia que sobre uma medida social "não se deve perguntar se é liberista (mera ou abstratamente econômica), mas se é 'liberal'", ou seja, se contribui para ampliar a liberdade e a dignidade dos homens. Inversamente, Einaudi, contestando a tese de que a liberdade "pode afirmar-se seja qual for o ordenamento econômico e também na economia baseada na escravidão ou na servidão", afirma que o elo entre liberalismo e L. não é extrínseco e transitório, mas intrínseco e permanente (B. CROCE e L. EINAUDI, *Liberismo e liberalismo,* Ricciardi, Nápoles, 1957). Von Hayek tem opinião análoga; segundo ele, liberalismo político e liberalismo econômico constituem uma unidade orgânica incindível (v. LIBERALISMO). [G.F.]

LIBERTARISMO (in. *Libertarianism*). 1. O mesmo que anarquismo. [N.A.]

2. Qualquer teoria (não só anárquica, mas também liberal, socialista, radical etc.) que exalte ou privilegie o valor liberdade em relação a tudo o que pareça sufocá-la.

3. Corrente política neoliberal que insiste na exigência de limitar a intervenção do Estado na vida pública (Hayek, Nozick), de modo que salvaguarde os direitos individuais de liberdade (v. LIBERALISMO). [G.F.]

LIBERTINISMO (fr. *Libertinisme;* it. *Libertinismo*). Corrente anti-religiosa que se difundiu sobretudo em ambientes eruditos da França e da Itália na primeira metade do século XVII; constitui a reação – em grande parte subterrânea – ao predomínio político do catolicismo naquele período. Não tem idéias filosóficas bem determinadas, e a ela pertenceram: católicos sinceramente ligados à Igreja, mas que achavam impossível aceitar integralmente sua estrutura doutrinária, como Gassendi, Gaffarel, Boulliau, Launoy, Marolles, Monconys; protestantes emancipados de preconceitos religiosos, como Diodati, Prioleau, Sorbière e Lapeyrère; e céticos declarados que se remetem a doutrinas do paganismo clássico ou pelo menos à forma por elas assumida no humanismo renascentista, como Guyet, Luillier, Bouchard, Naudé, Quillet, Trouiller, Bourdelot, Le Vayer. Portanto, a propósito do L., não é possível falar em corpo doutrinal coerente, mas sim de certo número de temas comuns, que podem ser resumidos da seguinte forma:

1º Negação da validade das provas da existência de Deus e da possibilidade de entender e defender os dogmas fundamentais do cristianismo.

2º Negação da moral eclesiástica e, em geral, da moral tradicional, e aceitação do prazer como guia ou ideal para a conduta da vida. O significado da palavra libertino no uso corrente deriva exatamente desse aspecto.

3º Aceitação da doutrina da ordem necessária do mundo, na forma como havia sido elaborada e defendida pelos aristotélicos do Renascimento; por conseguinte: *a*) negação da liberdade humana; *b*) negação da imortalidade da alma; *c*) negação da possibilidade do milagre, interpretado como fruto da imaginação ou como fato natural fora do comum. Estes aspectos doutrinais ligam o L. ao aristotelismo do Renascimento.

4º Tese de que a religião é, em geral, um produto do embuste das classes sacerdotais.

5º Aceitação do princípio da "razão de Estado", isto é, do maquiavelismo político.

6º Destruição de crenças e práticas religiosas, sua ridicularização e, por vezes, sua tradução em imagens obscenas.

7º Fideísmo, que é a aceitação declarada, sincera ou não, das crenças tradicionais, em oposição às conclusões da razão, segundo o princípio da "dupla verdade" do aristotelismo renascentista (e do averroísmo medieval).

8º Caráter aristocrático atribuído ao saber, em particular à reflexão filosófica, e limites impostos à sua difusão e ao seu uso, para evitar o choque com os interesses do Estado e das instituições a ele ligadas.

Este último aspecto, mais que qualquer outro, marca a diferença radical entre L. e *iluminismo* (v.), que consiste em romper os freios da crítica racional, em praticá-la em todos os campos (portanto também no campo político, além do religioso), na vontade de comunicar os resultados dela a todos os homens e de utilizá-los para a melhoria da vida humana. Contudo não há dúvida de que o L. é um elo importante entre o espírito do humanismo e o espírito do iluminismo. Seu melhor historiador, R.

Pintard, assim resume o que pensa dele: "A se acreditar – como tudo leva a crer – que o surto do espírito filosófico do fim do século XVII seja em grande parte continuação do Renascimento do século XVI, também será preciso concluir que o L. *triunfante* de Fontenelle e Bayle não teria existido sem o L. *militante* de Le Vayer, Gassendi e Naudé, que também foi o L. sofredor, combatido, embaraçado por escrúpulos e temores, que só chegou a expressar-se renegando-se" (*Le libertinage érudit dans la première moitié du XVII*[e] *siècle*, 1943, I, p. 576). [N.A.]

LIBERTISMO (fr. *Libertisme*; it. *Libertismo*). Este termo foi empregado por Bergson (em *Revue de Métaph. et de Morale*, 1900, p. 661) em lugar da expressão mais comum "Filosofia da liberdade" para indicar o espiritualismo francês do século XIX, no qual se insere a própria doutrina de Bergson. [N.A.]

LIBIDO. Termo que, em Freud e nos psicanalistas, serviu para designar a tendência sexual em sua forma mais geral e indeterminada. Freud diz: "Análoga à fome em geral, a L. designa a força com que o instinto sexual se manifesta, assim como a fome designa a força com que se manifesta o instinto de absorção de alimentos" (*Einführung in die Psychoanalyse*, cap. 21; trad. fr., p. 336). Nesse sentido, as primeiras manifestações da L. ligam-se a outras funções vitais: no lactente, por exemplo, o ato de sugar provoca um prazer diferente do prazer provocado pela absorção do alimento, e esse prazer passa a ser buscado por si mesmo. Freud afirma que a zona buco-labial é "erógena", e considera que o prazer propiciado pelo ato de sugar é sexual. Nesse sentido, a L. pode nada ter em comum com a esfera genital. Por isso, Freud acha que nada se ganha ao chamar a L. de instinto, como fez Jung (*ibid.*, pp. 442 ss.; cf. C. G. JUNG, *Wandlungen und Symbole der Libido*, 1925). [N.A.]

LICEU (gr. Λύκειον; it. *Liceo*). Esse foi o nome dado à escola de Aristóteles, ou Perípato, devido ao território em que estava situada, consagrado a Apolo Lício. Depois da morte de Aristóteles, a escola foi dirigida por Teofrasto de Êreso, até a morte deste (288 ou 286 a.C.), que a orientou principalmente para a organização do trabalho científico e para as investigações pessoais. Teofrasto foi sucedido por Estráton de Lâmpsaco, que a dirigiu por 18 anos; a seguir, a escola continuou seu trabalho através de numerosos outros representantes dos quais nos chegaram poucas notícias e fragmentos. No primeiro século antes de Cristo, Andronico de Rodes publica as obras exotéricas de Aristóteles e dá início a uma nova forma de atividade filosófica: o comentário aos textos do mestre. Nessa atividade salientou-se especialmente Alexandre de Afrodísia, que viveu aproximadamente no ano 200 d.C. (cf. WEHRLI, *Die Schule des Aristoteles, Texte und Kommentar*, Basiléia, pp. 1944 ss.). [N.A.]

LICHTUNG. Um dos termos-chave do léxico heideggeriano. Em alemão L. significa, numa primeira abordagem, "clareira/abertura" ou "ponto de alargamento", ou seja, um lugar que foi aberto à luz por uma operação de desbastamento (donde certa associação morfológica, se não semântica e etimológica, entre L. e *Licht*, luz). Em *Ser e tempo* L. remete à abertura do *Dasein*, que "como ser-no-mundo, é luminoso em si mesmo, não recebe a luz de outro ente, é ele mesmo iluminação" (trad. it., Utet, Turim, 1969, p. 224). Nos textos subseqüentes alude ao jogo de luz e de escuridão, presença e ausência, distância e proximidade que qualifica o ser no seu dar-se–subtrair-se epocal e na sua vizinhança originária ao *Dasein:* "O ser é o destino da abertura" (*Lettura sull'"umanismo"*, em *Segnavia*, 1967, trad. it., Adelphi, Milão, 1987, 1994, p. 289; v. EREIGNIS). Como horizonte de visibilidade dos entes e raiz do "Aí" do "Ser-aí" (*Dasein* = ser-na-L.) esta última não é, ela mesma, *um* ente, mas está integrada com o modo de ser do ser como *luminoso esconder-se*, ou seja, como fonte de luz a que pertence um fundo escuro que nunca pode ser iluminado (*Saggi e discorsi*, 1954, trad. it., Mursia, Milão, 1976, p. 164; *Tempo ed essere*, 1962, trad. it., Guida, Nápoles, 1980, p. 179). Por isso, junto à nota da luminosidade, a L. heideggeriana, ao contrário do que ocorria na tradicional metafísica da luz, hospeda em si mesma a nota complementar da escuridão (cf. L. AMOROSO, *La Lichtung di Heidegger come lucus a (non) lucendo*, em *Il pensiero debole*, Feltrinelli, Milão, 1983, pp. 137-63). Da dificuldade de "dizer a L.", ou seja, de focalizar os múltiplos valores filosóficos de um termo inusitado, que remete ao inaparente aparecer do ser – dificuldade que Heidegger é o primeiro a reconhecer e ressaltar – dão testemunho também as numerosas e igualmente insatisfatórias propostas de tradução: "iluminação", "clareira", "clareira luminosa", "abertura", "abertura iluminada", "alargamento", "luco", "claro" etc. [G.F.]

LIMITAÇÃO (lat. *Limitatio*; in. *Limitation*; fr. *Limitation*; al. *Limitation, Begrenzung*; it. *Limitazione*). Na lógica do século XVII, começou-se a chamar desse modo aquilo que na lógica medieval era chamado de restrição (*restrictio*, cf. PEDRO HISPANO, *Summ. log.*, 11.01): a redução de um enunciado a um significado mais restrito. Segundo Jungius: "Diz-se que um enunciado sofre L. quando é substituído por outro enunciado que declare que o predicado convém ao sujeito mediante uma de suas partes ou acidente, e não imediatamente. Por exemplo: 'o etíope é branco' é limitado por 'o etíope é branco nos dentes'" (*Logica hamburguensis*, 1638, II, 8, 8).

Wolff expressa-se no mesmo sentido, mas faz a distinção entre proposição restritiva e limitada, porquanto a L. é assumida *ab intrinseco*, isto é, no próprio sujeito, como no caso do enunciado sobre o etíope, ao passo que a restrição é assumida *ab extrinseco*, como no enunciado "o ar é leve no que diz respeito aos fluidos" (*Log.*, § 1106). Kant deu o nome de L. à terceira categoria da qualidade, que é "a realidade unida à negação" (*Crít. R. Pura*, § 11) e corresponde ao juízo *infinito*, proposição que afirma um predicado negativo (*ibid.*, § 9) (v. INFINITO, JUÍZO).

Em todos estes casos a L. era considerada uma restrição aplicada ao sujeito da proposição. Para W. Hamilton, entretanto, a restrição é aplicável ao predicado e tem o nome de L. *somente* em expressões como "A virtude é a única nobreza" (*Lectures on Logic*, 2.ª ed., p. 262). [N.A.]

LIMITE (gr. πέρας; lat. *Limes*; in. *Limit*; fr. *Limite*; al. *Grenze*; it. *Limite*). Aristóteles distinguiu e enumerou perfeitamente os diferentes significados desse termo (*Met.*, V, 17, 1022 a 4 ss.), que são os seguintes:

1.º O último ponto de uma coisa, ou seja, o primeiro ponto além do qual não existe parte alguma da coisa e aquém do qual estão todas as partes dela. Hoje esse conceito é expresso dizendo-se que o L. é um ponto que não pode ser atingido; ou que é uma grandeza tal que a diferença entre ela e os elementos da série infinita a que pertence é ou permanece inferior a qualquer grandeza atribuível (cf. PEIRCE, *Coll. Pap.*, 4.117; JORGENSEN, *A Treatise of Formal Logic*, III, pp. 87 ss.).

2.º A forma de uma grandeza ou de uma coisa que possui grandeza.

3.º O término: tanto o *terminus ad quem*, ou ponto de chegada, quanto, por vezes, o *terminus a quo*, ou ponto de partida.

4.º A substância ou essência substancial de uma coisa, visto ser esse o L. de conhecimento da coisa, portanto da própria coisa. Nesse sentido, L. significa condição. Para Aristóteles, a condição do conhecimento e do ser da coisa é a substância ou essência necessária (v. ESSÊNCIA; SUBSTÂNCIA).

O primeiro significado do termo está ligado ao uso que Kant fez dessa palavra: "Nos seres extensos, L. sempre pressupõe um espaço que está além de certa superfície determinada e que a inclui em si; a fronteira, porém, não precisa disso, mas é a negação pura que qualifica uma grandeza, porquanto não é uma totalidade absoluta e perfeita. Ora, de algum modo nossa razão vê em torno de si um espaço para o conhecimento das coisas em si, ainda que nunca possa ter conceitos determinados sobre elas e se limite puramente aos fenômenos" (*Prol.*, § 57). Nesse sentido, Kant denominou *conceito-limite* o conceito de númeno, que serve "para circunscrever as pretensões da sensibilidade, sendo, pois, de emprego puramente negativo" (*Crít. R. Pura*; Anal. dos princ., cap. 3; cf. COISA EM SI). O que possui L., nesse sentido, é *finito* no significado 4 do termo. [N.A.]

LÍNGUA (lat. *Lingua*; in. *Language, Tongue*; fr. *Langue*; al. *Sprache*; it. *Lingua*). Um conjunto organizado de signos lingüísticos. A distinção entre L. e linguagem foi estabelecida por Saussure, que definiu a L. como "conjunto dos costumes lingüísticos que permitem a um sujeito compreender e fazer-se compreender" (*Cours de linguistique générale*, 1916, p. 114). Neste sentido, L., por um lado, é sistema ou *estrutura* (v.) e, por outro, supõe uma "massa falante" que a constitui como realidade social. Podem-se distinguir duas espécies de L.: 1.ª *históricas*, cuja massa falante é uma comunidade histórica: por exemplo, italiano, inglês, francês etc.; 2.ª *artificiais*, cuja massa falante é um grupo que se distingue por uma competência específica; são as L. das técnicas específicas (às vezes chamadas impropriamente de linguagens); por exemplo: L. matemática, L. jurídica etc. [N.A.]

LÍNGUA DE SINAIS. V. LÍNGUA GESTUAL.

LINGUAGEM (gr. λόγος; lat. *Sermo*; in. *Language, Speech*; fr. *Language*; al. *Sprache*; it. *Linguaggio*). Em geral, o uso de signos intersubjetivos, que são os que possibilitam a comunicação. Por uso entende-se: 1.º possibilidade de escolha (instituição, mutação, correção) dos signos; 2.º possibilidade de combinação de tais signos de maneiras limitadas e repetíveis. Este segundo aspecto diz respeito às estruturas sintáticas da L., enquanto o primeiro se refere ao dicionário da L. A moderna ciência da L. tem cada vez mais insistido (como veremos) na importância das estruturas lingüísticas, ou seja, das possibilidades de combinações delimitadas pela L. Elementos como "Sócrates", "homem", "é", "e", "todos", "não" etc., são todos palavras, isto é, signos intersubjetivos, mas só podem fazer parte de um discurso com uma função determinada: só podem combinar-se com os outros signos em modos limitados e reconhecíveis.

A L. distingue-se da *língua*, que é um conjunto particular organizado de signos intersubjetivos. A distinção entre L. e língua foi estabelecida por Ferdinand de Saussure, que a definia da seguinte forma: "A língua é um produto social da faculdade de L. e ao mesmo tempo um conjunto de convenções necessárias adotadas pelo corpo social para permitir o exercício dessa faculdade nos indivíduos. Tomada em conjunto, a L. é multiforme e heteróclita; sobreposta a domínios diversos – físico, fisiológico e psíquico – também pertence ao domínio individual e ao domínio social; não se deixa classificar em categoria alguma de fatos humanos porque não se sabe como determinar a unidade" (*Cours de linguistique générale*, 1916, p. 15). Do ponto de vista geral ou filosófico, o problema da L. é o problema da intersubjetividade dos signos, do fundamento desta intersubjetividade. O problema da "origem" da L., discutido nos séculos XVII e XIX, é uma de suas formas; as duas soluções típicas são apenas dois modos de garantir a intersubjetividade dos signos lingüísticos. Dizer que a L. tem origem em convenções significa simplesmente que essa intersubjetividade é fruto de um acordo, de um contrato entre homens, e dizer que a L. se origina da natureza significa simplesmente que essa intersubjetividade é garantida pela relação entre o signo lingüístico e a coisa ou com o estado subjetivo a que ele se refere. É possível distinguir quatro soluções fundamentais para o problema da intersubjetividade da L. e, portanto, quatro interpretações de L.: 1.ª L. como *convenção;* 2.ª L. como *natureza;* 3.ª L. como *escolha;* 4.ª L. como *acaso*. As três primeiras interpretações já haviam sido distinguidas e caracterizadas por Platão.

As primeiras duas têm em comum a afirmação do caráter necessário da relação entre o signo lingüístico e seu objeto (qualquer que seja). A tese convencionalista, ao afirmar a perfeita arbitrariedade de todos os usos lingüísticos, portanto a impossibilidade de confrontá-los e corrigi-los, reconhece em todos a mesma validade. A tese do caráter natural da L. é levada, por outro lado, a admitir as mesmas conclusões. Uma vez que todos os signos lingüísticos são tais por natureza e cada um é suscitado ou produzido pelo objeto que expressa, todos são igualmente válidos, e é impossível confrontá-los, modificá-los ou corrigi-los. Ambas as teses levam à conseqüência de que é impossível dizer o que não é, porque dizer o que não é significa não dizer. Megáricos e cínicos, que, na filosofia grega dos tempos de Platão, representavam as duas teses em questão, tinham em comum um pressuposto fundamental extraído (como relata Aristóteles) do princípio segundo o qual "nada pode ser predicado de uma coisa salvo seu próprio nome", princípio que não exprime a necessidade da relação entre o signo lingüístico e seu objeto (*Met.*, V, 29, 1024 b 33; para os megáricos, em particular Estílpon; cf. PLUTARCO, *Ad Colot.*, 23, 1120 a). Será fácil mostrar que essas características das duas doutrinas necessitaristas da L. também são encontradas nas formas assumidas por tais doutrinas no mundo moderno.

1.ª A interpretação da L. como convenção teve origem com os eleatas. A inefabilidade do Ser (como necessário e único) devia levá-los a ver nas palavras nada mais do que "etiquetas das coisas ilusórias", como diz Parmênides (*Fr.* 19, Diels). Esta concepção parece ser compartilhada por Empédocles (*Fr.* 8-9, Diels), mas foi só Demócrito que a justificou com argumentos empíricos. Demócrito de fato fundamenta a tese da convencionalidade em quatro argumentos: homonímia, em virtude da qual coisas diferentes são designadas pelo mesmo nome; diversidade de nomes para uma mesma coisa; possibilidade de mudar os nomes; e a falta de analogias na derivação dos nomes (*Fr.* 26, Diels). Os sofistas, com Górgias, insistiam na diversidade entre os nomes e as coisas e na conseqüente impossibilidade de se comunicar o conhecimento das coisas através dos nomes. "A L." – dizia Górgias – "não manifesta as coisas existentes, da mesma forma que uma das coisas existentes não manifesta sua natureza a outra" (*Fr.* 3, 153, Diels). Já dissemos que Estílpon afirmava a tese da impossibilidade de uma coisa ser predicado de outra, o que expressa a necessidade de referência do signo lingüístico ao objeto. Platão aludia aos megáricos quando dizia: "Será que preferes a maneira como Hermógenes e muitos outros falam quando dizem que os nomes são convenções e que são claros para aqueles que os estipularam e que conhecem as coisas às quais correspondem, e que essa é a justeza dos nomes, de tal forma que não importa se a convenção é feita segundo o que já se tenha estabelecido ou o contrário, como chamar de grande o que hoje chamamos de pequeno ou de pequeno o que hoje chamamos de grande?" (*Crat.*, 433 e.)

Este convencionalismo puro, que afirma a pura arbitrariedade da referência lingüística, desapareceu a partir de Aristóteles e só reaparece no pensamento contemporâneo. Aristóteles foi o primeiro a inserir entre o nome e o seu designado a *afecção da alma*, a representação ou conceito mental (idéia ou palavra interior ou qualquer outra denominação que venha a ter em seguida) que cinde e articula a relação entre o nome e o seu *designatum*. A inserção desse termo permite reconhecer, ao mesmo tempo, o convencionalismo da L. e a necessidade dos seus significados. Aristóteles de fato afirma que "um nome é um vocábulo semântico segundo convenção", entendendo com "por convenção" que "nada é nome por natureza, mas apenas depois de se tornar símbolo" (*De interpr.*, 2, 16 a 18; 26-8). As palavras, como sons vocais ou sinais escritos, não são as mesmas para todos; no entanto, referem-se às "afecções da alma que são as mesmas para todos e constituem imagens de objetos que são os mesmos para todos" (*ibid.*, I, 16 a 3-8). Tem-se portanto que: 1.º os objetos são os mesmos para todos; 2.º as afecções da alma, como imagens dos objetos, são as mesmas para todos; 3º as palavras escritas ou faladas não são as mesmas para todos. Desta forma a relação palavra-imagem mental é convencional, ao passo que a relação imagem mental-coisa é natural. A primeira pode mudar sem que mude a segunda, e é apenas a imutabilidade ou necessidade da segunda que determina a estrutura geral da L., que depende da "união e separação" dos signos, da forma como eles se unem e se separam, e não do convencionalismo dos sinais. Segundo Aristóteles, isso estabelece o caráter privilegiado da L. *apofântica*, em que têm lugar as determinações de verdadeiro e falso, segundo a união ou a separação dos signos reproduza ou não a união ou a separação das coisas. Aristóteles não nega que existam discursos não apofânticos, como por exemplo a prece (*ibid.*, 4, 17 a 2), mas, privilegiando o discurso apofântico, faz dele a verdadeira L., pela qual as outras se moldam mais ou menos ou a partir da qual devem ser julgadas. De fato, a poética e a retórica, que se ocupam da L. não apofântica, são tratadas por Aristóteles em conexão com a analítica. Ora, a L. apofântica nada mais tem de convencional: suas estruturas são naturais e necessárias porque são as mesmas do ser, que ela revela.

Esse convencionalismo aparente ou coxo que se pode combinar com a tese do caráter apofântico da L. é a forma assumida na Idade Média e nos tempos modernos. O nominalismo medieval retoma exatamente nessa forma a tese convencionalista. Ockham, por exemplo, distingue os signos "instituídos arbitrariamente para significar várias coisas", ou seja, as palavras, dos signos naturais, que são os conceitos (*Summa log.*, I, 14), e essa posição só faz reproduzir substancialmente a de Aristóteles. É idêntica a posição de Hobbes, que, ao mesmo tempo em que insiste na arbitrariedade do signo lingüístico, diz que ele é "uma nota com a qual se pode revocar para a alma um pensamento semelhante a um pensamento passado" (*De corp.*, 2, 4). Essa correspondência entre palavras e pensamentos é tomada por Locke como definição da função sígnica da L.: "As palavras que, por natureza, se ajustavam a esse objetivo foram empregadas pelos homens como signos de suas idéias: não por alguma conexão natural que exista entre determinados sons articulados e certas idéias, pois nesse caso haveria uma só L. entre os homens, mas por uma imposição voluntária, mediante a qual determinada palavra é aceita arbitrariamente como marca de certa idéia" (*Ensaio*, III, 2, 1). A inserção do "signo natural", "pensamento" ou "idéia" entre a palavra e seu *designatum* descaracteriza a tese convencionalista e, como vimos, aproxima-a da tese oposta, chegando a confundi-las. Essa tese reduz-se de fato à afirmação de arbitrariedade do signo lingüístico isolado, da palavra entendida como som, mas não se estende ao uso propriamente dito das palavras (no qual consiste a L.), portanto às regras desse uso. Equivale a dizer, por exemplo, que no jogo de xadrez é indiferente chamar torre de peão ou peão de torre, mas que é necessário que certa peça (peão ou torre) seja usada de uma forma e que outra peça (torre ou peão) seja usada de outra maneira. A L. é o jogo de xadrez que, nesse caso, é declarado necessário: o convencionalismo das palavras, ou seja, dos simples sons articulados, não diminui essa necessidade.

Portanto, o restabelecimento da tese clássica do convencionalismo só ocorre com a eliminação de qualquer intermediário entre o sinal lingüístico e seu *designatum*; em outras palavras, com a declaração de arbitrariedade, não dos sons isolados, mas do uso dos sons, ou seja, das regras que o limitam. Essa foi a posição de Wittgenstein, em sua segunda forma (*Philosophische Untersuchungen*). Wittgenstein admitiu a arbitrariedade, portanto a equivalência, de todos os "jogos lingüísticos" em uso, admitindo que tais jogos podem ter caracteres e regras muito diferentes, de tal modo que chamá-los em conjunto de "L." significa apenas que eles têm inter-relações diferentes (*Philosophical Investigations*, I, 65). Desse ponto de vista, há um retorno das teses clássicas do convencionalismo; em primeiro lugar, a impossibilidade de retificar a L., razão pela qual ela deve ser sempre declarada verdadeira e perfeita ou, como Wittgenstein prefere, *em ordem*: "Está claro que todo enunciado da nossa L. está em ordem assim como é. Isso quer dizer que não estamos perseguindo um ideal como se os nossos enunciados ordinariamente vagos ainda não tivessem atingido um sentido irrepreensível e como se uma L. perfeita ainda estivesse para ser construída. Por outro lado, parece claro que onde há sentido deve haver ordem perfeita. Assim, deve haver ordem perfeita na mais vaga das proposições" (*ibid.*, I, 98). Desse ponto de vista, o ideal lingüístico, a língua perfeita é algo já existente no uso. "O ideal" – diz Wittgenstein – "deve ser encontrado na realidade. Enquanto não virmos *como* se encontra nela, não entenderemos a natureza desse *deve*. Achamos que deve estar na realidade porque achamos que já o vimos" (*ibid.*, 101). Pode-se dizer que esse ponto de vista coincide com o de Carnap. O "princípio de tolerância" ou "de convencionalidade", estabelecido por Carnap, expressa a perfeita equivalência dos sistemas lingüísticos. "Em lógica" – afirma Carnap – "não existe moral. Cada um pode construir como quiser a sua lógica, isto é, a sua forma de linguagem. Se quiser discutir conosco, deverá apenas indicar como quer fazê-lo e apresentar regras sintáticas, em vez de argumentos filosóficos" (*Logical Syntax of Language*, § 17). Desse ponto de vista, a construção de uma L. ideal ou perfeita é feita com base naquilo que certo tipo de L. é de fato. Carnap diz: "Os fatos não determinam se o emprego de certa expressão está correto ou errado, mas apenas a freqüência com que leva ao efeito para o qual tende e coisas desse gênero. Uma questão sobre o que está certo ou errado deve sempre referir-se a um sistema de regras. A rigor, as regras que relacionaremos não são as regras da L. *B*, como ela é de fato, mas constituem antes um sistema lingüístico em correspondência com *B*, que denominaremos *sistema semântico B-S*. A L. *B* pertence ao mundo dos fatos [...], mas o sistema lingüístico *B-S* é algo construído por nós; tem todas as propriedades que estabelecemos por meio de regras e somente elas. Todavia, não construímos *B-S* arbitrariamente, mas levando em consideração os fatos de *B*. Portanto, podemos formular a afirmação empírica de que a L. *B* está, em certa medida, em harmonia com o sistema *B-S*" (*Foundations of Logic and Mathematics*, I, 4). Por isso, segundo Carnap, o sistema semântico *B-S* tem as seguintes propriedades: 1º constitui o critério com base no qual se pode julgar sobre a correção ou não da L. *B*; 2ª as regras de *B-S* não são convencionais, pois são escolhidas com base nos dados de fato fornecidos por *B*. Carnap, portanto, admite simultaneamente a tese do convencionalismo das L. e a tese da naturalidade dos sistemas semânticos, isto é, das L. perfeitas.

2ª A doutrina segundo a qual a L. existe "por natureza", e que a relação entre a L. e o seu objeto (seja qual for) é estabelecida pela ação causal deste último, também se caracteriza pelo reconhecimento da necessidade da relação semântica. Enquanto a doutrina anterior afirmava que a relação semântica é sempre exata porque em qualquer caso é instituída arbitrariamente, a doutrina em exame afirma que é sempre exata porque escapa ao arbítrio e é instituída pela ação causal do objeto. Pode-se dizer que essa tese remonta a Heráclito (*Fr.* 23, Diels; 114, Diels), mas foi exposta explicitamente pelos cínicos, especialmente por Antístenes, cujo ponto de vista é expresso por Crátilo no diálogo homônimo de Platão: "As coisas têm nomes por natureza, e artífice de nomes não é qualquer um, mas só quem olha para o nome que por natureza é próprio de cada coisa e que é capaz de expressar sua espécie em letras e sílabas" (*Crat.*, 390 d-e). Sabemos outrossim que Antístenes definira a L. dizendo ser ela "aquilo que manifesta o que era ou é" (DIÓG. L., VI, 1, 3), e que extraía dessa doutrina as mesmas conseqüências que eram extraídas da tese do convencionalismo pelos megáricos, com Estílpon: "é impossível contradizer ou mesmo dizer o falso" (ARISTÓTELES, *Met.*, V, 29, 1024 b 33). Esta forma de Antístenes é apenas uma das formas que a doutrina em exame pode assumir e assumiu ao longo de sua história. Essas formas são distinguíveis com base no tipo de objeto que se toma como designado pela L. Todas as formas dessa doutrina asseveram que a L. é apofântica, ou seja, que de certa forma revela seu objeto; diferem ao determinar o tipo de objeto que a L. revelaria de forma primordial ou privilegiada. Assim, é possível distinguir: *a*) a teoria da *interjeição*; *b*) a teoria da *onomatopéia*; *c*) a teoria da *metáfora*; *d*) a teoria da *imagem lógica*.

a) A teoria da interjeição, que Max Müller (*Lectures on the Science of Language*, 1861, cap. 9, trad. it., p. 363) chamou de teoria do *puh-puh*, foi exposta pela primeira vez por Epicuro: "As palavras não são em princípio criadas por convenção, mas é a própria natureza humana que, influenciada por determinadas emoções e visando a determinadas imagens, leva os homens a emitir o ar da forma apropriada a cada emoção e imagem. As palavras são inicialmente diferentes devido à diversidade dos povos e dos lugares, mas depois tornam-se comuns, para que seus significados sejam menos ambíguos e mais rapidamente compreensíveis" (DIÓG. L., X, 75-6). Lucrécio expressava mais sucintamente o mesmo conceito: "A natureza obrigou os homens a emitir os vários sons da L., e a utilidade levou a dar a cada coisa o seu nome" (*De rer. nat.*, V, 1027-28). Em tempos modernos essa doutrina foi retomada por Condillac (*Sur l'origine des connaissances humaines*, 1746, 1, §§ 1 ss.) e exposta de forma mais brilhante por Rousseau: "A primeira L. do homem, a L. mais universal e mais enérgica, a única da qual ele necessitava antes que fosse preciso convencer homens reunidos, era o grito natural. Por ser arrancado por uma espécie de instinto nas ocasiões prementes, para implorar socorro nos grandes perigos ou alívio nos males violentos, esse grito não tinha grande utilidade na vida comum, em que reinam sentimentos mais moderados. Quando as idéias dos homens começaram a estender-se e multiplicar-se, estabelecendo-se comunicação mais estreita entre elas, quando foram buscados sinais mais numerosos e uma L. mais ampla, multiplicaram-se as inflexões da voz e acrescentaram-se os gestos, que, por natureza, são mais expressivos e cujo sentido depende menos de determinações anteriores" (*De l'inégalité parmi les hommes*, I; cf. também o ensaio "Sobre a origem das línguas", em *Œuvres*, 1877, vol. I). Mas o problema que se opõe a essa doutrina é o da passagem de uma língua constituída por gritos simples ou interjeições para uma língua objetiva, constituída por termos gerais ou abstratos. Mesmo no mundo moderno não faltou quem visse na interjeição a origem dos sons que, gradualmente purificados, se transformaram em verdadeira linguagem. Era o que pensava, por exemplo, O. Jespersen (*Language, its Nature, Development and Origin*, 1923, pp. 418 ss.); a mesma tese foi apresentada com mais rigor por Grace de Laguna, que procurou definir melhor a passagem da interjeição para a L. como um processo de *objetivação*, graças ao qual as expressões emotivas vão sendo pouco a pouco substituídas por aspectos percebidos das situações efetivas (*Speech, its Function and Development*, 1927, pp. 260 ss.). Mais difícil de compreender é exatamente esse processo de objetivação e purificação dos gritos emotivos: mesmo porque até as doutrinas que a eles recorrem evidenciaram e reconheceram explicitamente a diferença entre as palavras e as interjeições (que não se distinguem dos gritos animais), além do fato de as palavras se afirmarem em prejuízo das interjeições.

b) A teoria da onomatopéia, que Max Müller (*Lectures on the Science of Language*, 1861, cap. 9) denominou teoria do *bau-bau*, afirma serem as raízes lingüísticas imitações dos sons naturais. Essa teoria era conhecida por Platão, que a critica observando que, "neste caso, aqueles que imitam o balido das ovelhas, os cantos dos galos e as vozes dos demais animais dariam nome aos animais cuja voz imitam" (*Crat.*, 423 c). Essa teoria foi defendida por Herder, em *Tratado sobre a origem da linguagem* (1772): ele considerou os sons naturais (p. ex., o balir de um cordeiro) como os sinais que a alma utiliza para reconhecer o objeto em questão. "O balido, notado como sinal distintivo, passa a ser o nome do cordeiro. O sinal compreendido, graças ao qual a alma se reflete claramente numa idéia, é a palavra. E o que é a L. humana, senão o conjunto de tais palavras?" (*Werke*, ed. Suphan, V, pp. 36-7). A principal objeção a essa doutrina foi levantada pelos glossologistas: não é verdade que a origem de todas as raízes lingüísticas seja onomatopaica. Nem na formação dos nomes dos animais, em que se poderia presumir maior eficácia do princípio onomatopaico, ele tem realmente função dominante. Contra ele encontramos ainda a objeção filosófica, oposta por Platão, de que uma coisa é a imitação de um som e outra coisa é a imposição de um nome. Contudo, o princípio da onomatopéia foi muitas vezes utilizado pelos glossologistas para explicar a formação das palavras originais nesta ou naquela língua e sua distribuição em grupos distintos. O próprio Cassirer admite como primeira fase da expressão lingüística uma etapa *mimética*, na qual "os sons parecem aproximar-se da impressão sensorial e reproduzir sua diversidade com a maior fidelidade possível" (*Phil. der symbolischen Formen*, 1923, 1, cap. 2, § 2).

c) A terceira forma da doutrina da naturalidade da L. considera-a como metáfora. As teses características em que se expressa essa doutrina são as seguintes: 1.ª a L. não é imitação, mas criação (o que distingue esta teoria da onomatopaica); 2.ª a criação lingüística não leva a conceitos ou a termos gerais, mas a imagens, que são sempre individuais ou particulares; 3.ª o que a criação lingüística expressa não é um fato objetivo ou racional, mas subjetivo ou sentimental; e este é propriamente o objeto da linguagem. Com tais características, essa teoria foi expressa pela primeira vez por Vico, para quem "o primeiro falar" não foi "um falar segundo a natureza das coisas", mas "um falar fantástico para substâncias animadas, na maior parte imaginadas divinas" (*Scienza nuova*, II, *Da lógica poética*). Os primeiros poetas, segundo Vico, deram "os nomes às coisas a partir das idéias mais particulares e sensíveis, que são as duas fontes, esta da metonímia e aquela da sinédoque" (*ibid.*, Corolários acerca dos tropos, 2). Conseqüentemente, os primeiros homens conceberam a idéia das coisas "por caracteres fantásticos e mudos de substâncias animadas" e entenderam-se "com atos ou gestos que tivessem relações naturais com as idéias (p. ex., ceifar três vezes ou mostrar três espigas para significar três anos)". Segundo Vico, isso é facilmente observado na língua latina, "que formou quase todas as palavras por transferências de naturezas, por propriedades naturais ou por efeitos sensíveis", mas "geralmente a metáfora constitui o maior corpo das línguas em todas as nações" (*ibid.*, Corolários acerca dos tropos, 2). Essa teoria é expressa de modo bem mais imaginoso por Hamann, para quem a L., que é "o órgão e o critério da razão", não é uma simples coleção de signos, mas "o símbolo e a revelação da própria vida divina" (*Schriften*, II, 19, 207, 216). No século XIX a teoria da metáfora, mesmo sem a postura metafísica ou teológica com que aparece em Hamann, é a característica comum das doutrinas que foram chamadas do *din-don*, pelo caráter *ressonante* da natureza humana. Assim, Max Müller afirmava que a L. é o produto de uma "faculdade criativa que dá a cada impressão, na maneira como penetra pela primeira vez no cérebro, uma expressão fonética", e que os fonemas assim criados são depois selecionados e combinados naturalmente através do processo histórico de formação da L. (*Lecture*, *cit.*, 9). O caráter metafórico da L., consistindo no recurso a termos ambíguos ou equívocos, favorece (de acordo com esta teoria) a origem e a formação do mito. Müller disse: "Na L. humana é impossível exprimir idéias abstratas a não ser metaforicamente, e não é exagero afirmar que todo o dicionário da religião antiga era composto por metáforas [...], sendo pois uma fonte contínua de equívocos, muitos dos quais consagrados na mitologia e na religião do mundo antigo" (*Contributions on the Science of Mythology*, 1897, I, 68 ss.). Esta conexão da L. com o mito já fora feita por Vico, que, ademais, não equiparara a formação do mito a uma doença da L. As doutrinas modernas do *mito* (v.) negam essa equiparação, mas mantêm a conexão do mito com a L. Em sentido análogo, Croce estabeleceu a conexão da L. com a arte em geral. Para ele, a L. tem natureza fantástica ou metafórica, estando, pois, mais estreitamente ligada à poesia do que à lógica. "O homem" – afirma Croce – "fala a todo instante como o poeta, porque, assim como o poeta, exprime suas impressões e seus sentimentos na forma que chamamos de conversação ou familiar, e que não está separada por um abismo das outras formas que denominamos prosaicas, prosaico-poéticas, narrativas, épicas, dialogadas, dramáticas, líricas, musicais, cantadas, e assim por diante" (*Breviario di estetica*, 1913, II). Contudo, há um abismo (e Croce afirma-o mais tarde) entre a expressão *poética*, que aplaca e transfigura o sentimento (sendo por isso um conhecer), e os outros tipos de expressão (sentimental ou prosaica), que, estreitamente vinculados ao sentimento e à idéia, não realizam a transfiguração própria da expressão autêntica e, portanto, nem podem chamar-se L. Para Croce, são apenas "sons articulados" (*La poesia*, 1936, pp. 9 ss.). Essa conclusão, à qual Croce – não sem coerência – levou a teoria em exame, mostra os limites dessa mesma teoria, que é incapaz de explicar a passagem da L. metáfora para a L. conceitual, da L. que é grito, gesto ou outro "caráter poético" (segundo a expressão de Vico) para a L. que é estrutura, organização e regra.

d) A quarta forma é a da naturalidade da L., que a considera como expressão ou imagem da essência ou do ser das coisas. Essa doutrina é bem antiga, pois sua primeira manifestação é a teoria de Antístenes, segundo a qual "L. é aquilo que manifesta o que era ou é" (DIÓG. L., VI, 1, 3). Os estóicos, por sua vez, afirmaram que "falar significa pronunciar um som que significa o objeto pensado" (SEXTO EMPÍRICO, *Adv. math.*, VIII, 80). A característica dessa doutrina é que a atenção não se volta tanto para signos ou palavras, mas para seus nexos sintáticos, para as regras de seu uso nas proposições e nos raciocínios, portanto para as estruturas formais da L. A esta linha pertence propriamente a teoria que denominamos de convencionalismo aparente ou coxo, segundo a qual os signos lingüísticos são escolhidos arbitrariamente, mas seus modos de combinação não são arbitrários: são naturais e necessários porque correspondem aos modos de combinação dos conceitos mentais, que, por sua vez, correspondem aos modos de combinação das coisas. Essa teoria, desenvolvida por Aristóteles, foi reproduzida várias vezes pelo empirismo moderno e contemporâneo (v. acima). Nesta forma, caracteriza-se pela inserção, entre o signo lingüístico e a coisa, do conceito mental através do qual o signo lingüístico, em seus modos de combinação, passa a participar da necessidade objetiva das coisas. Fundamento análogo tem a afirmação da naturalidade da L., feita por Fichte em *Discursos à nação alemã* (1808), em que se afirma que "existe uma lei fundamental segundo a qual todo conceito assume um som através dos órgãos; um som que é aquele e não outro" (IV, trad. it., Allason, p. 78), ou a afirmação de Hegel de que "a L. confere às sensações, intuições ou representações uma segunda existência superior à existência imediata; uma existência universal, que tem vigor no domínio da representação" (*Enc.*, § 459).

Mas a tese da naturalidade da L. só foi retomada em sua forma rigorosa e, portanto, em seus princípios clássicos, pela lógica matemática contemporânea. Esta de fato reafirmou o princípio da correspondência termo a termo entre os signos lingüísticos e as coisas, princípio que os cínicos expressaram dizendo que a L. é aquilo que manifesta o que uma coisa era ou é. Este princípio, que faz da L. a reprodução pictórica da realidade ou, em geral, do ser, foi inicialmente defendido por Russell, mas sua formulação mais rigorosa está em *Tractatus logico-philosophicus* (1922), de Wittgenstein. O princípio era exposto por Russell da seguinte forma: "Em toda proposição que podemos apreender (ou seja, não só aquelas cuja verdade ou falsidade podemos julgar, mas todas as que pudermos imaginar), todos os constituintes são realmente entidades das quais temos conhecimento direto" ("On Denoting", 1905, agora em *Logic and Knowledge*, 1956, p. 56; cf. *Mysticism and Logic*, 1918, pp. 219, 221; *The Problems of Philosophy*, 1912, p. 91). Isso significa que a cada termo empregado nas proposições deve corresponder um termo ou entidade objetiva da qual se tenha conhecimento direto (*acquaintance*), ou que deve existir uma correspondência termo a termo entre os elementos que entram na composição das proposições e as entidades de que se tem conhecimento direto. Russell observa a propósito que "devemos atribuir um significado às palavras que usamos se desejamos falar com algum significado e não por simples tagarelice, e o significado que atribuímos às palavras deve ser algo do qual já tenhamos conhecimento" (*Problems of Phil.*, p. 91). Esta é simplesmente a reexposição da tese de Antístenes, segundo a qual falar significa dizer algo, mais precisamente algo que é, de tal forma que não é possível dizer o que não é; acrescenta-se a isso que o que é, ou seja, as entidades correspondentes aos termos da L., deve ser "diretamente conhecido". Russell baseava sua teoria da *denotação* nesse princípio: segundo ela, "quando existe alguma coisa de que não temos conhecimento imediato, mas apenas uma definição com frases denotantes, as proposições nas quais essa coisa é introduzida por meio de uma frase denotante não contêm realmente a coisa como constituinte, mas os constituintes expressos pelas diversas palavras da frase denotante" ("On Denoting", *ibid.*, pp. 55-6). Assim, por exemplo, como não temos experiência direta do espírito dos outros, se *A* é um desses espíritos, não sabemos que "*A* possui esta e aquela propriedade", mas sabemos apenas que "Fulano de Tal tem um espírito com esta ou aquela propriedade". Todavia, se pudesse haver uma L. ideal, ela deveria conter unicamente elementos constitutivos últimos, de tal forma que nela "só haveria uma palavra, e não mais de uma, para cada objeto simples, e as coisas que não fossem simples seriam expressas por uma combinação de palavras, cada uma das quais ali representaria uma coisa simples" ("The Phil. of Logical Atomism", *Logic and Knowledge*, pp. 197-8). Segundo Russell, a L. de *Principia mathematica* visa a ser a L. dessa espécie: nela só existe sintaxe, sem vocabulário (*ibid.*, p. 198). E isso a equipara à linguagem proposta pelos doutos da Academia de Lagado, de que fala Swift em *Viagens de Gulliver*: a proposta era abolir as palavras porque, "desde que as palavras são apenas nomes para as coisas, seria mais cômodo as pessoas levarem consigo as coisas necessárias para expressar os diversos assuntos sobre os quais pretendessem conversar". Por isso, aqueles sábios carregavam sacos repletos de objetos e conversavam mostrando os objetos (*Gulliver's Travels*, III, cap. 5).

O mesmo ideal foi expresso por Wittgenstein (primeira maneira) com fórmulas simples e precisas. Eis algumas: "O nome significa o objeto: o objeto é o seu significado" (*Tractatus*, 3.203). "À configuração dos signos simples na proposição corresponde a configuração dos objetos na situação" (*ibid.*, 3.21). "O nome é o representante do objeto na proposição" (*ibid.*, 3.22). Wittgenstein expressou com toda a clareza desejável o conceito de linguagem (que outro não é senão "a totalidade das proposições", *ibid.*, 4.001) como representação pictórica do mundo. "À primeira vista" – diz ele – "não parece que a proposição, assim como está, por exemplo, impressa no papel, seja uma imagem da realidade de que trata. Mas a notação musical, à primeira vista, tampouco parece uma imagem da música, assim como nossa escritura fonética (em letras) não parece uma imagem da nossa L. falada. No entanto, esses símbolos demonstram ser – inclusive no sentido comum do termo – imagens daquilo que representam" (*ibid.*, 4.001). Boa parte do empirismo lógico e, em geral, da filosofia contemporânea compartilha ou compartilhou dessa doutrina da L. como imagem lógica do mundo. A objeção fundamental a ela foi bem expressa por Max Black: "Não há motivo para a L. 'corresponder' ou 'assemelhar-se' ao 'mundo', assim como não há motivo para assemelhar-se ao mundo o telescópio com que o astrônomo o estuda" (*Language and Philosophy*, V, 4; trad. it., p. 173).

É interessante constatar que no outro extremo da filosofia contemporânea, o metafísico ou ultrametafísico, tem-se conceito análogo da linguagem. Heidegger certamente não admite a correspondência termo a termo entre os elementos da L. e os elementos do ser, mas afirma com a mesma veemência de Wittgenstein o caráter apofântico da L. em relação à totalidade do ser. Nesse sentido, denominou a L. de "casa do ser". E acrescentou: "Falar em casa do ser não significa absolutamente transferir a imagem da casa para o ser; um dia, partindo de um pensamento adequado da essência do ser, será possível chegar a compreender o que significam casa e habitar ("Brief über den Humanismus", em *Platos Lehre von der Wahrheit*, 1947, p. 112). Em outros termos, a L. é a revelação imediata do ser, e o homem tem acesso ao ser através da L.

3ª A terceira doutrina fundamental da L. interpreta-a como um *instrumento*, como produto de *escolhas* repetidas e repetíveis. Essa doutrina foi exposta pela primeira vez por Platão. Diante das duas teses opostas – convencionalidade e naturalidade da L. –, Platão evita decidir-se em favor de uma das duas. Em *Crátilo* afirma: "Gostaria que, na medida do possível, os nomes fossem semelhantes às coisas, mas temo que – como diz Hermógenes – essa atração da semelhança nos leve para um terreno escorregadio e, assim, seja necessário lançar mão também de um meio mais grosseiro, que é a convenção, para certificar-nos da exatidão dos nomes" (*Crat.*, 435 c). Para Platão, os nomes dos números, por exemplo, dificilmente poderiam ser considerados naturais no sentido de serem semelhantes ao que indicam. Mas se nem a convenção nem a natureza, ou seja, se nem a dessemelhança nem a semelhança entre a palavra e a coisa constituem o significado, o que então o constitui? O uso. Platão diz: "Se o uso não é uma convenção, seria melhor dizer que não é a semelhança a maneira como as palavras significam, mas antes o uso: este, ao que parece, pode significar tanto por meio da semelhança quando da dessemelhança" (*Crat.*, 435 a-b). Platão expressou aqui uma tese fundamental da lingüística moderna: é somente o emprego que estabelece, ou melhor, constitui o significado das palavras. Mas essa tese pressupõe outra, do caráter instrumental da L., que Platão expressou ao dizer que a L. é um instrumento e que, como todo instrumento, deve ajustar-se ao seu objetivo (*Crat.*, 387 a). Desse ponto de vista, o uso é a escolha repetida ou convalidada que levou a forjar determinado instrumento lingüístico; e, assim como todos os outros instrumentos, os lingüísticos também podem ser mais ou menos perfeitos e adequados à sua finalidade. Justifica-se assim aquilo que, para Platão, é a tese filosófica fundamental acerca da L.: a falibilidade da L., a possibilidade de dizer o que não é (*Sof.*, 261 b). A característica comum das duas doutrinas precedentes, como vimos, é a negação dessa tese. A tese do convencionalismo nega que a L. possa incluir o erro porque uma convenção só pode ter o mesmo valor de uma outra. A tese da naturalidade nega que a L. possa incluir o erro porque deve reconhecer que a L. representa, de qualquer forma, aquilo que é, estando portanto sempre no campo da verdade. Ambas as teses excluem que a L. possa ser julgada ou que o juízo sobre a correção tenha sentido. Ao contrário, a tese da L. como operação, uso, escolha, inclui essa possibilidade, pois que vê nela o produto de operações destinadas a constituir um instrumento eficaz e não considera infalível o sucesso dessas operações. O fundamento objetivo dessa possibilidade é que "o discurso nasce da união recíproca das espécies" (*Sof.*, 259 d), e as espécies não estão todas unidas nem todas desunidas, mas algumas *podem* juntar-se e outras não. As possibilidades da L., portanto, são limitadas pelas possibilidades de combinação das espécies ou formas do ser (*Sof.*, 262 c).

Essa posição de Platão foi reproduzida por Leibniz: "Sei que se costuma dizer nas escolas e em todo lugar que os significados das palavras são arbitrários (*ex instituto*), e é verdade que não são determinados por uma necessidade natural, mas o são por força de razões naturais, nas quais o acaso desempenha algum papel, e às vezes por razões morais, nas quais se inclui a escolha" (*Nouv. ess.*, III, 2, 1). Herder partia da mesma consideração preliminar e definia como abstração a escolha que se faz de uma qualidade do objeto com a finalidade de dar-lhe um nome. "O homem põe em ação a reflexão não só quando percebe vívida e claramente todas as qualidades de um objeto, mas também quando pode reconhecer uma ou mais delas como qualidades distintivas. [...] E com que meios efetua tal reconhecimento? Através da sua capacidade de abstração" (*Werke*, ed. Suphan, V, p. 35). Foi a partir dessa tradição que Humboldt formulou a doutrina que depois exerceria tanta influência sobre a moderna ciência da L. Desse ponto de vista, a formação dos instrumentos lingüísticos é a formação de conexões, de *symploké* (como dizia Platão); portanto, a L. não é um complexo atomístico de palavras, mas é discurso organizado. Humboldt expressava claramente este conceito: "Não podemos conceber que a L. tenha início na designação dos objetos por meio de palavras e que proceda, num segundo momento, à organização dessas palavras. Na realidade, o discurso não é composto por palavras que o precedem, mas, ao contrário, as palavras se originam do discurso" ("Einleitung zum Kawi-Werk", *Werke*, VII, 1, pp. 72 ss.). Portanto, a comunicação não se realiza a partir da palavra, mas das frases, e só estas são os instrumentos particulares que formam a L. (*ibid.*, pp. 169 ss.). Essas idéias dominaram e continuam dominando a ciência da L. Encontram-se incorporadas nos conceitos utilizados por essa ciência, como por exemplo o de *fonema*. Fonema é "a unidade mínima dotada de características sonoras distintivas"; é, portanto, uma unidade de significado, não de som (BLOOMFIELD, *Language*, 1933, 5. 4). Cada língua escolhe seus fonemas, mas essa escolha não pode ser qualificada de "casual" ou "arbitrária", nem de "natural" ou "necessária", porque uma escolha condiciona ou limita as outras, e cada grupo ou série delas é condicionada pela exigência de eficácia comunicativa da L. Portanto, os fonemas podem ser reduzidos a *tipos*, que a ciência da L. se propõe determinar. A determinação desses tipos fornece o fundamento das escolhas que constituem as estruturas fundamentais da L. e assim explica, até certo ponto, essas estruturas, sem justificar sua perfeição ou sua infalibilidade. Na lingüística contemporânea, a concepção de L. como instrumento é defendida principalmente pelos funcionalistas, que consideram a L. como "instrumento de comunicação", através do qual a experiência humana se analisa em *monemas* que têm um conteúdo semântico ou uma forma fônica: "esta, por sua vez, articula-se em unidades distintas e sucessivas, os *fonemas*, cuja natureza e cujas relações variam de uma língua para outra" (MARTINET, *A Functional View of Language*, 1962, cap. I).

4ª A quarta concepção da L., que denominamos de *acaso*, na realidade é uma especificação da terceira, ou melhor, é uma perspectiva de estudo aberta pela terceira concepção. Essa perspectiva é constituída pelo estudo estatístico da L. Sabe-se que as ações individualmente mutáveis e imprevisíveis apresentam uniformidade e constância se consideradas em grande número. Certamente não se pode prever se certa pessoa vai casar-se o ano que vem, mas é possível prever com suficiente aproximação o número de pessoas que casarão no próximo ano, em determinada comunidade, com base em estatísticas dos últimos anos. Da mesma forma, podem ser estudadas as freqüências estatísticas com que determinadas expressões ocorrem numa comunidade suficientemente ampla para que possam ser fixadas certas constantes estatísticas da L. e tomá-las como base para o estudo das estruturas lingüísticas. Com certeza tal pesquisa estatística não é indispensável para o estudo global da L. Também há outro método, de observação sociológica, no qual o observador lingüístico, participando da vida de uma comunidade, pode descrever os usos lingüísticos. Esse, aliás, é o método até agora mais adotado pelos glossologistas, que em raras ocasiões, quase exclusivamente ao tratarem com obras literárias, recorreram ao método estatístico. A propósito, pode-se lembrar a obra de Lutoslawski sobre o estilo de Platão (*The Origin and Growth of Plato's Logic*, 1897), que conseguiu pôr em bases novas e mais seguras a cronologia dos textos do filósofo. Mas hoje não faltam propostas para o uso sistemático do método estatístico com vistas à solução de todos os problemas da lingüística estrutural. G. Herdan diz a propósito: "Se considerarmos a língua como a soma dos signos lingüísticos com a probabilidade de que eles se repitam no discurso individual, portanto nos vários modos como o evento sígnico pode ocorrer em conjunto com as relativas freqüências dos diferentes signos no uso efetivo, a concepção corresponderá a todas as exigências daquilo que se chama população estatística de tais eventos, ou seu universo estatístico. Cada enunciado individual (*parole*, na terminologia de Saussure) serve de *amostra* dessa população" (*Language as Choice and Change*, 1956, 1.3). Desse ponto de vista, se examinarmos textos diferentes de uma mesma língua, descobriremos, por exemplo, que as freqüências relativas com que determinado fonema foi empregado pelos escritores são mais ou menos as mesmas. Isso autoriza a considerá-las como flutuações da probabilidade constante desse fonema naquela L. Isso significa que o falante ou escritor obedece a leis aleatórias, e que só quando se consideram grandes massas de formas lingüísticas é que se tem a impressão de determinação causal em seu uso. Em outros termos, aqui estaria ocorrendo o que acontece na física, para a qual o determinismo macroscópico é apenas o efeito de uma consideração em massa dos eventos microscópicos. Para os defensores dessa concepção de L., portanto, aquilo que, do ponto de vista intuitivo, aparece na L. como relação de causa e efeito (a determinação das escolhas lingüísticas), do ponto de vista quantitativo é apenas acaso. Assim, segundo essa teoria, as diferenças entre os textos não são explicadas pela intenção dos falantes ou pelo determinismo causal, mas pelas leis estatísticas aleatórias (HERDAN, *op. cit.*, 1.4; C. E. SHANNON e W. WEAVER, *The Mathematical Theory of Communication*, Urbana, 1949).

Esse ponto de vista, por um lado, possibilitou as pesquisas da *gramática gerativa*, que é "um sistema de regras que, de modo explícito e bem definido, atribuam descrições estruturais aos enunciados" (CHOMSKY, *Aspects of Theory of Syntax*, 1965, p. 8). Por outro lado, possibilitou o uso de modelos (v. MODELO) que algumas vezes são considerados constituintes da própria realidade sistemática da L. (SAPIR, *Language*, 1921) e outras vezes *construtos*, ou seja, estruturas hipotéticas oportunamente construídas (REVZIN, *Models of Language*, 1966, § 2). V. ESTRUTURAS; ESTRUTURALISMO. [N.A.]

O interesse pela L. é uma característica da filosofia contemporânea que reúne escolas e orientações profundamente diferentes entre si: da hermenêutica filosófica à filosofia analítica; do estruturalismo à pragmática transcendental. Sobre as razões e o significado dessa atenção intensa e difundida à L. foram expressas, porém, opiniões diferentes e opostas. Por um lado, há quem negue que o interesse pela L., facilmente explicável pela importância que ela tem na vida dos indivíduos e das comunidades, autorize as filosofias da chamada "virada lingüística" a considerar a filosofia da L. como a parte fundamental, a base ou, até, o centro de toda a filosofia. É essa a posição, por exemplo, de M. Devitt e K. Sterelny, que, proclamando-se defensores de uma "concepção deflacionista do significado do estudo da L.", declararam erradas e capazes de induzir em erro tanto as tentativas de buscar na L. uma resposta para os problemas epistemológicos, metafísicos e éticos que a filosofia tradicionalmente formulou, quanto qualquer pretensão de derivar uma concepção do mundo de uma concepção da L. (*Language and Reality. An Introduction to the Philosophy of Language*, Oxford, 1987, p. X, 3, 196). Por outro lado, porém, afirmou-se e argumentou-se de vários modos que a filosofia tem com a L. um elo intrínseco e fundamental, que não pode ser afrouxado e muito menos evitado. É essa a posição que caracteriza, com diferentes motivações e ênfases, todos os movimentos filosóficos do século XX que contribuíram para a conversão lingüística da filosofia. Em particular, é essa a posição que distingue: *a*) a *hermenêutica filosófica* de H. G. Gadamer, que, na esteira das filosofias da L. do Romantismo alemão, mas sobretudo na de Heidegger, atribui à lingüisticidade o primado que a filosofia moderna atribuíra à autoconsciência na nossa experiência do mundo e reconhece na L. e na compreensão os "caracteres que definem, em geral e fundamentalmente, qualquer relação do homem com o mundo" (*Verità e metodo*, trad. it., Bompiani, Milão, 1983, p. 543); *b*) *a filosofia analítica* ou, pelo menos, alguns dos seus expoentes mais influentes; M. Dummett, em especial, afirmou diversas vezes que são dois os traços constitutivos da filosofia analítica: 1) a convicção, herdada de G. Frege, de que uma explicação filosófica abrangente do pensamento pode ser obtida apenas e exclusivamente por meio de uma explicação filosófica da L. (DUMMETT, *Alle origini della filosofia analitica*, trad. it., Il Mulino, Bolonha, 1990, p. 11); 2) a atribuição à filosofia da L. do papel fundamental que Descartes e, mais em geral, a filosofia moderna haviam erroneamente atribuído à teoria do conhecimento (DUMMETT, *La filosofia del linguaggio. Saggio su Frege*, trad. it., Marietti, Gênova, 1983, p. 20); D. Davidson, por sua vez, afirmou que "O estudo da estrutura geral da L. é um modo [ainda que não o único] de praticar a indagação metafísica": pôr em evidência "as características gerais da nossa L." equivale, de fato, a pôr em evidência "as características gerais da realidade" (*Verità e interpretazione*, trad. it., Il Mulino, Bolonha, 1994, p. 283); c) *a filosofia pragmático-transcendental*, que, com K. O. Apel considera (mas considerações bem parecidas também se encontram em J. Habermas) que "a conquista efetiva da filosofia deste século" consiste na "idéia [...] do valor transcendental da posição da L. e, portanto, da comunidade lingüística" (APEL, *Comunità e comunicazione*, trad. it., Rosenberg & Sellier, Turim, 1977, p. 168), ou seja, no reconhecimento – que marca a superação da filosofia da consciência e do solipsismo metódico que haviam dominado o pensamento desde Descartes até pelo menos Husserl – de que a L. é o "meio da comunicação intersubjetiva e, ao mesmo tempo, da interpretação do mundo" (*ibid.*, 1977, p. 94).

São quatro, portanto, as orientações que, na segunda metade do nosso século, caracterizaram a consideração filosófica da L.: *a*) hermenêutico-filosófica; *b*) estruturalista; *c*) analítica; *d*) pragmático-transcendental. Cada uma dessas quatro orientações pode ser vista como um modo diferente – ora alternativo, ora complementar – de entender e explicar a relação L.-homem-mundo.

a) A orientação *hermêneutico-filosófica*, que tem em Gadamer o seu mais conhecido expoente, liga-se às idéias sobre a L. elaboradas pelo Romantismo alemão, mas tem seu antecedente mais relevante em Heidegger, a quem Gadamer atribui explicitamente o mérito de ter granjeado para a L. a posição central que Husserl e, em geral, a fenomenologia não haviam sabido reconhecer. De Heidegger provêm algumas das idéias fundamentais que Gadamer incorpora na sua hermenêutica filosófica: 1) recusa em considerar a L. como um instrumento de que o homem dispõe e de que se serve para exprimir e comunicar (para manifestar) sua interioridade: "A L. na sua essência não é nem expressão nem atividade do homem. A L. fala" (HEIDEGGER, *In cammino verso il linguaggio*, trad. it., Mursia, Milão, 1973, p. 33); 2) a insistência no caráter revelador da L.: "Onde não há L. de nenhuma espécie, como no ser da pedra, da planta e do animal, não há também nenhuma abertura do ente e, portanto, nenhuma abertura do não-essente e do Vazio" (HEIDEGGER, *Sentieri interrotti*, trad. it., La Nuova Italia, Florença, 1968, p. 57); 3) a afirmação de que "o falar é, por si mesmo, um ouvir. E o prestar atenção à L. que fala. Por isso o falar é um ouvir, não ao mesmo tempo, mas *antes*. Este ouvir da L. também precede – do modo menos perceptível – qualquer outro possível ouvir. Nós não só falamos *a* L., mas falamos *a partir da* L." (*Saggi e discorsi*, trad. it., Mursia, Milão, 1976, pp. 199-200). Por sua vez, Gadamer insistiu especialmente nos seguintes pontos: 1) "a L. tem seu verdadeiro ser [e não simplesmente o seu fim] apenas no diálogo, ou seja, no exercício do entendimento" (*Verità e metodo*, p. 510). No diálogo o que é determinante não é a vontade do indivíduo: "O que 'resulta' de um diálogo nunca se pode saber antes. O entendimento ou o malogro são eventos que se realizam em nós" (*ibid.*, p. 441); 2) L., homem e mundo se co-pertencem: "O caráter humano originário da L. significa [...], ao mesmo tempo, a lingüisticidade originária do humano ser-no-mundo" (p. 507); 3); "A L. é o verdadeiro traço de nossa finitude"; "Somos sempre já antecipados, em todo o nosso pensar e conhecer, pela interpretação lingüística do mundo, e crescer nela significa *crescer* no mundo" (*Verità e metodo 2. Integrazioni*, trad. it., Bompiani, Milão, 1995, p. 119); e, no entanto, 4) não estamos fechados no nosso mundo lingüístico: "Porquanto constituído lingüisticamente, cada um desses mundos é aberto [...] para qualquer possível ampliação da sua própria concepção do mundo, e conseqüentemente também acessível aos outros" (*Verità e metodo*, p. 511).

b) A orientação estruturalista extraiu suas teses mais características do *Curso de lingüística geral* de F. de Saussure (ou de sua interpretação particular). Entre estas: 1) o primado atribuído à língua (*langue*) no estudo (científico) da L., com base na consideração de que somente a língua pode ser objeto de uma ciência única e unitária; enquanto, "Tomada na sua totalidade, a L. é multiforme e heteróclita, a língua, intermediando diversos campos, ao mesmo tempo físico, fisiológico, psíquico, [...] individual e [...] social", "é um objeto bem definido [...] que pode ser estudado separadamente [...] de natureza homogênea (*Corso di linguistica generale*, trad. it., Laterza, Bari, 1978², pp. 19 e 24); 2) a idéia de que "a língua é uma forma, e não uma substância" (pp. 147-148), ou seja, a idéia de que a língua outra coisa não é senão um sistema de relações e, portanto, de diferenças: "Na língua só há diferenças. Ademais: uma diferença supõe em geral termos positivos entre os quais ela se estabelece; mas na língua só há diferenças sem termos positivos" (p. 145); 3) a concepção radicalmente holística da língua: "A língua não comporta nem idéias nem sons preexistentes ao sistema lingüístico, mas apenas diferenças conceituais e diferenças fônicas saídas desse sistema" (p. 145); 4) a exclusão, do estudo científico da língua, de "tudo o que é estranho ao seu organismo, ao seu sistema" (p. 31): "A língua é um sistema que conhece apenas a ordem que lhe é própria" (p. 33); é este último o aspecto – que sobrevive também no chamado pós-estruturalismo – que atraiu as maiores críticas ao estruturalismo, tanto dos setores da filosofia analítica que consideram inadequado qualquer estudo da L. que evite levar em consideração a referência dos nomes e dos enunciados (ou seja, que negligencie aquilo que Frege chamou de *Bedeutung*), quanto dos filósofos hermenêuticos como P. Ricoeur que consideram fantasiosa a idéia de que a L. é "um sistema fechado em que as palavras remeteriam apenas a outras palavras" (*Filosofia e linguaggio*, trad. it., Guerini e Associati, Milão, 1994, p. 105). Diante da tendência do estruturalismo (e do pós-estruturalismo) a alijar de seu âmbito tudo o que não seja L., a filosofia deve, segundo Ricoeur, propor-se cumprir estas três tarefas: "Abrir de novo o caminho da L. para a realidade, uma vez que as ciências da L. tendem a afrouxar, senão a abolir, o elo entre signo e coisa [...]; abrir de novo o caminho da L. para o sujeito vivo, a pessoa concreta, uma vez que as ciências da L. privilegiam, em detrimento da palavra viva, os sistemas, as estruturas, os códigos independentes de qualquer sujeito falante [...]; abrir de novo [...] o caminho da L. para a comunidade humana, uma vez que a perda do sujeito falante é acompanhada pela perda da dimensão intersubjetiva da L." (pp. 1-2).

c) A atenção à L. foi uma constante da filosofia analítica que há muito tempo vem considerando que "Os problemas filosóficos são problemas que podem ser resolvidos (ou dissolvidos) reformando-se a L. ou ampliando-se o conhecimento da L. que usamos" (RORTY, *La svolta linguistica*, trad. it., Garzanti, Milão, 1994, p. 29). Hoje essa concepção da filosofia, para a qual foi cunhado o nome de "filosofia lingüística", já não é unanimemente aceita por aqueles que se declaram filósofos analíticos. No entanto, o interesse pela L. continua sendo uma das características mais evidentes dessa orientação. No centro da filosofia analítica da L. está o problema do significado, e os seus vários expoentes se diferenciam tanto pelas diferentes respostas que dão a esse problema quanto pelas diferentes opções de fundo que orientam e condicionam sua investigação. Uma primeira divergência importante é a que divide aqueles que, como Dummett, consideram ser "altamente irrelevante, no que se refere à nossa capacidade de falar uma L. como a que temos, o fato de sermos capazes de nos empenhar em atividades não lingüísticas", daqueles que, como Wittgenstein, consideram "essencial para a nossa L. que seu emprego seja entrelaçado às nossas atividades não lingüísticas" (*La verità e altri enigmi*, trad. it., Il Saggiatore, Milão, 1986, p. 55). Uma segunda diferença básica ocorre entre aqueles que excluem a possibilidade de uma teoria sistemática da L. e do significado e os que, ao contrário, vêem na construção de tal teoria a principal tarefa da filosofia. Entre os primeiros estão seguramente J. L. Austin e Wittgenstem. Este último, por exemplo, sempre negou que caiba à filosofia dar explicações gerais ou construir teorias sistemáticas da L. Entre os segundos estão dois dos filósofos analíticos atualmente mais conhecidos e influentes: Dummett e Davidson. Para Dummett, por exemplo, "A tarefa mais urgente a que os filósofos são [...] chamados é [...] idealizar uma 'teoria sistemática do significado'", ou seja, uma explicação sistemática [e não circular] do funcionamento da L." (*ibid.*, p. 62). Entre os que consideram que uma teoria sistemática do significado é desejável e possível existem, de qualquer modo, diferenças de grande relevo. Enquanto Davidson acha que na explicação do significado a noção de verdade desempenha papel fundamental (dar as condições de verdade de um enunciado é, segundo a perspectiva davidsoniana, um modo de dar o seu significado), Dummett acha que o sentido de um enunciado deve ser identificado com as suas condições de assertividade (a tese de Dummett, de fato, é que conhecer o sentido de um enunciado é conhecer em quais casos ou em que condições estaríamos dispostos a asseri-lo). Ademais, enquanto Davidson, na esteira de W. V. O. Quine, adere a uma concepção holística de L., Dummett recusa-se peremptoriamente a admitir que a compreensão de um único enunciado repouse na compreensão de toda a L. Ainda no âmbito da filosofia analítica desempenhou papel de grande importância nas últimas décadas a chamada "nova teoria da referência" que tem em S. Kripke e em H. Putnarn os seus expoentes máximos. As teses dessa "nova teoria", que se opõe à idéia de Frege segundo a qual a referência de um nome é sempre mediada por um sentido (que é a modalidade cognitiva em que o objeto nos é dado), são: 1) que o valor semântico dos nomes próprios ("Aristóteles"), mas também dos nomes de espécie ("tigre") e de substância natural ("água"), se identifica com sua referência; 2) que um nome adquire a sua referência mediante uma espécie de batismo inicial; 3) que a referência de um nome é transmitida de falante a falante através daquilo que Kripke chama de cadeia causal.

d) A orientação *pragmático-transcendental* tem em Apel e Habermas os seus maiores expoentes. Tanto Habermas quanto Apel consideram que a "virada lingüística" é um acontecimento sem retorno para a filosofia. Mas ambos também pretendem resistir às tendências relativistas às quais nem os promotores dessa virada (Heidegger e Wittgenstein, em particular) nem seus epígonos (R. Rorty, J. Derrida, J. F. Lyotard) quiseram ou souberam resistir. Nestes tanto Apel quanto Habermas – se bem que com ênfases diferentes – reprovam o fato de não terem reconhecido o "momento de incondicionalidade" que faz parte das condições de todo agir comunicativo orientado para o entendimento (ou seja, não baseado em formas mais ou menos violentas de influência), que permite: 1) distinguir "a validade por nós pretendida para as nossas convicções do valor puramente social de uma práxis costumeira" (Habermas, *Etica del discorso,* trad. it., Laterza, Roma-Bari, 1985, p. 23); 2) exercer, com base na idéia reguladora de uma comunicação sem limites e coerções, uma crítica às modalidades distorcidas e violentas de intercâmbio comunicativo. [I.P.]

LINGUAGEM, ANÁLISE DA. V. Empirismo lógico.

LINGUAGEM COMUM, FILOSOFIA DA (in. *Ordinary language philosophy*; fr. *Philosophie du langage ordinaire*; al. *Philosophie der normalen Sprache*; it. *Filosofia del linguaggio ordinario*). Tendência que reconhece como tarefa da filosofia a análise da L. comum e tem como ponto de partida a segunda obra de Wittgenstein, *Investigações filosóficas,* que, antes de ser publicada (1953), circulara na Inglaterra em caráter privado e começara a inspirar o trabalho filosófico de um grupo de pensadores. A tese dessa obra é que toda L. é uma espécie de jogo que segue determinadas regras, e todos os jogos lingüísticos têm o mesmo valor. Portanto, a única regra para a interpretação de um desses jogos é, segundo Wittgenstein, o uso que dela se faz; e como a filosofia não tem outra tarefa senão a análise da L., o esclarecimento das expressões lingüísticas em seu uso corrente é tarefa própria da filosofia. Contribuíram de maneira importante para essa tendência Alfred Ayer, que já em 1936, no livro *Linguagem, verdade e lógica,* apresentava ao público inglês as teses fundamentais do Círculo de Viena, e Gilbert Ryle, que em *Conceito da mente* (1949), analisou com esse critério a noção de mente, mostrando que, para entender e esclarecer as expressões da L. comum em que ela aparece, não é preciso postular a realidade substancial da alma nem admitir que a consciência constitui um acesso privilegiado a tal realidade. A importância dessa corrente consiste no fato de, por meio da análise da L. comum, procurar elucidar as situações mais comuns e recorrentes em que o homem vem a encontrar-se, mesmo que considerado apenas como "animal falante". Nesse aspecto ela é autenticamente uma forma de empirismo que identifica o mundo da experiência com o mundo dos significados próprios da L. comum. [N. A.]

À luz dos desenvolvimentos subseqüentes, hoje é possível definir a filosofia da L. comum como uma corrente que: 1) considerando a L. comum *como objeto, a*) coloca-a no centro da análise filosófica e *b*) pretende fazer essa análise com pleno respeito às características da L. comum; e que 2) considerando-a como *método* julga que sua análise é o instrumento mais apropriado para resolver importantes problemas filosóficos. De um ponto de vista histórico, a filosofia da L. comum nasce depois da Segunda Guerra Mundial em Oxford e compreende, entre outros, Austin, Grice, Hampshire, Pears, Strawson, Urmson, Warnock. Segundo a descrição do método, feita por Austin em *A Plea for Excuses* (1956) e depois em *Three Ways of Spilling Ink* (1966), pressuposto um problema filosófico, devemos examinar *"o que diríamos quando"* (trad. it. em *Saggi filosofici*, Guerini, Milão, 1990, p. 175), ou seja, produzir uma dissecação exaustiva dos usos lingüísticos nas diferentes situações, partindo de uma lista, que é possível compor recorrendo ao vocabulário. Isto porque a L. comum diz muito, se adequadamente interrogada; é resultado da experiência coletiva, que coincide com a história do homem e da sua cultura (portanto, se inclui distinções e especificações, isso já significa que elas são oportunas, úteis) e apresenta uma multiplicidade de matizes que podem escapar a uma análise filosófica abstrata. Se o problema surgir de um mero equívoco lingüístico, o nosso método o desfará, ou então teremos o melhor ponto de partida para estudá-lo: a sua solução não será lingüística (contra as conhecidas acusações de Russell aos filósofos da linguagem comum, os problemas factuais são, portanto, admitidos).

Em nítida oposição com os empiristas lógicos, os filósofos da L. comum consideram que a língua natural é um instrumento bem mais rico e maleável que as artificiais e recusam, portanto, a formalização. Em segundo lugar, recusam-se a privilegiar a L. científica, como haviam feito os empiristas lógicos, e, seguindo a lição do "segundo" Wittgenstein, procuram estudar a L. na variedade infinita dos seus usos (que não coincidem com o uso cotidiano, mas incluem também os jargões técnicos), dos seus conteúdos e na ocorrência concreta da interação social, de que ela é o principal instrumento.

Com base na atenção à L. comum, seus filósofos trataram de numerosos campos: moral, político, religioso, da lógica do saber histórico. Outrossim, produziram significativas contribuições para a solução de problemas tradicionais, como a percepção (Grice), a ação (Austin e Hampshire), a metafísica (Strawson), o direito (Hart), a ética (Hare), a filosofia da mente (Ryle). No entanto, é impossível identificar teses realmente comuns a todos esses autores, que não apresentam um conjunto unitário de doutrinas nem um acordo unânime sobre os resultados obtidos aos poucos. No âmbito mais especificamente lingüístico, os principais resultados da filosofia da L. comum são: *a)* a concepção da L. como uma forma de ação e *b)* uma nova teoria do significado, alternativa às teorias clássicas. O resultado *a)* é devido a Austin, que faz a distinção entre enunciados *performativos* (que não são verdadeiros nem falsos, mas exigem apenas as chamadas *condições de felicidade do performativo*) e enunciados *constativos* (que, sendo descritivos, têm a propriedade de ser verdadeiros ou falsos). A generalização dessa tese deu origem à teoria dos *atos de fala* (v.), com que ocorria um distanciamento da clássica teoria referencial do significado em favor de uma teoria baseada na distinção entre atos locutórios e ilocutórios, programa este, porém, que só foi concretizado por Austin numa parte mínima e agora está sendo executado pela *pragmática* (v.). O resultado *b)* é devido a Grice (*Meaning*, 1957), que propõe reduzir a noção de significado não natural à de *intenção*, uma vez que a enunciação do enunciado é efetuada pelo falante em vista de um efeito que ele deseja intencionalmente produzir. Por conseguinte, a análise da comunicação lingüística em termos de condições de verdade deve ser integrada pela consideração do contexto da *conversação* (*Logic and Conversation*, 1967), cuja regra geral ele enuncia: o *princípio de cooperação*, que vê o diálogo como uma atividade racional cooperativa. [M.S.]

LINGUAGEM FECHADA. V. LINGUAGEM-OBJETO.

LINGUAGEM FORMALIZADA. V. SISTEMA LOGÍSTICO.

LINGUAGEM-OBJETO (in. *Object-language*; it. *Linguaggio-oggetto*). Esta noção surge em correspondência com a de *metalinguagem* (v.) toda vez que uma linguagem é considerada "semanticamente fechada", por não conter, além de suas expressões, os nomes dessas expressões ou termos (como "verdadeiro" e "falso") que a elas se referam. Neste caso, é necessário distinguir a linguagem *da qual se fala*, que é o assunto da discussão, e a linguagem *com a qual se fala*, com a qual desejamos construir a definição de verdade para a primeira linguagem. Esta última é a *metalinguagem*; a primeira é a *L.* A distinção entre L. e metalinguagem foi introduzida pelos lógicos poloneses por volta de 1919 e difundida por Tarski (cf. "The Semantic Conception of Truth", 1944, em *Readings in Philosophical Analysis*, 1949, p. 60). Essa distinção foi aceita por Carnap (*Foundations of Logic and Mathematics*, 1939, § 3). Por vezes, todavia, a L. e a metalinguagem coincidem, como quando se fala em italiano sobre o italiano. A distinção vale sobretudo para as *linguagens formalizadas* (v.). [N.A.]

LÍNGUA GESTUAL (in. *Sign language*; it. *Lingua segnica*). Com este termo entende-se a linguagem constituída por gestos; segundo as chamadas teorias psicológicas da linguagem, constitui a primeira fase de todas as linguagens. Wundt distinguiu duas espécies de gestos: *indicativo* e *imitativo*. O gesto indicativo derivaria biologicamente do movimento de agarrar (*Die Sprache*, *Völkspsychologie*, I, 2ª ed., p. 129). Também foram estudadas determinadas L. gestuais, como a dos napolitanos de classe baixa, a dos monges trapistas (que fazem voto de silêncio), a dos índios da América e de alguns grupos de surdos-mudos. [N.A.]

LINGÜÍSTICA (in. *Linguistics*; fr. *Linguistique*; al. *Linguistik*; it. *Linguistica*). O desenvolvimento intenso e exuberante da lingüística é uma das manifestações mais evidentes do interesse pela linguagem que caracteriza grande parte da cultura contemporânea e que marcou tão profundamente a filosofia do século XX. Não surpreende, por conseguinte, que a questão das relações entre lingüística, filosofia e filosofia da linguagem seja uma questão debatida e controversa, que não pode ser simplesmente integrada ou reduzida a um caso particular do debate geral sobre as relações entre filosofia e ciência.

A posição mais radical a respeito é a de quem nega que a lingüística, na qualidade de estudo científico da linguagem e das línguas, tenha relação com a filosofia e possa ou deva de algum modo interagir com ela. Heidegger é o expoente mais conhecido dessa atitude negativa: "Ter a experiência da linguagem é coisa diferente de obter noções sobre a linguagem. Ciência da linguagem, lingüística e filologia das diferentes línguas, psicologia e filosofia da linguagem são as disciplinas que nos fornecem tais noções, ampliando continuamente seu campo, a tal ponto que é impossível dominá-lo". Heidegger esclarece que com essas observações não pretende "subestimar a pesquisa científica e filosófica das línguas. Tal pesquisa tem sua legitimidade, e é inegável a sua importância. [...] Não obstante, outra coisa são as noções científicas e filosóficas sobre a linguagem e outra coisa é uma experiência que tenhamos com a linguagem" (*In cammino verso il linguaggio*, trad. it., Mursia, Milão, 1973, p. 128). A atitude de Heidegger em todo caso não é a predominante nem entre os lingüistas nem entre os filósofos da linguagem nem entre os filósofos. A tendência mais comum é reconhecer (*a*) que entre lingüística e filosofia da linguagem há amplas zonas de contato, de convergência e de intercâmbio, motivadas e definidas pela necessidade comum de compreender a linguagem (sua organização seu funcionamento; suas relações com o mundo, a sociedade, etc.); (*b*) que os interesses que justificam a atenção da filosofia à linguagem são no mais das vezes diferentes e distintos dos interesses que estimulam e orientam a lingüística (mas que entre eles não há conflito nem antítese). Exemplificando: o filósofo pode estar interessado no problema (geral) do significado lingüístico porque interessado na questão de qual é e de como deve ser determinado o significado de determinadas palavras, ou seja, das palavras que desempenham papel importante, por exemplo, no campo ético ou no estético.

Essa atitude com respeito às relações entre lingüística, filosofia e filosofia da linguagem, que pode ser detectada entre os expoentes da filosofia analítica, mas também entre os representantes da hermenêutica filosófica, tem, de resto, algumas justificações históricas. De fato não há dúvida de que muitas indagações sobre a linguagem, realizadas no âmbito da filosofia da linguagem, foram importantes, direta ou indiretamente, para a lingüística. Isso vale, antes de mais nada, para as pesquisas feitas pelos filósofos, no último século, sobre o problema do significado lingüístico, que às vezes precederam e freqüentemente orientaram as pesquisas sobre o significado realizadas em âmbito propriamente lingüístico. Vale também – dando um exemplo mais determinado – para a noção de ato de fala elaborada por J. L. Austin, que foi amplamente aceita e desenvolvida pela lingüística das últimas décadas. Mas também é indubitável que os lingüistas e as escolas lingüísticas do século XX constituíram tanto para a filosofia da linguagem quanto para a filosofia como tal uma fonte importante de estímulos e interrogações. Isso vale, obviamente e antes de mais nada, para o lingüista que foi origem de grande parte da lingüística contemporânea, Ferdinand de Saussure, interlocutor essencial para grande parcela da filosofia francesa contemporânea, de M. Merleau-Ponty a J. Derrida, passando por M. Foucault, que durante muito tempo trataram de alguns dos princípios de sua orientação lingüística e da série de distinções na qual ela se baseava: *langue* e *parole;* substância e forma da *langue;* significante e significado, lingüística sincrônica e lingüística diacrônica etc. E vale para muitos dos expoentes da chamada lingüística estrutural, que se reportaram de várias maneiras a Saussure, desenvolvendo, modificando e integrando alguns dos caracteres essenciais da sua formulação: desde as escolas de Praga (com N. S. Trubetskoy e R. Jakobson) e de Copenhague (com L. Hjelmslev) até os desenvolvimentos da orientação saussuriana que podem ser encontrados em E. Benveniste, cujas pesquisas de lingüística geral foram valorizadas – em polêmica com o estruturalismo filosófico e com a idéia de que a linguagem seria "um sistema fechado", sem relações com a realidade, com o sujeito vivo e com a comunidade humana – por P. Ricoeur (*Filosofia e linguaggio*, trad. it., Guerini e Associati, Milão, 1994, pp. 104-5). O auge da influência da lingüística sobre a filosofia (e sobre a cultura em geral) sem dúvida foi atingido nos anos 1960 com o estruturalismo, cuja idéia era de que a lingüística estrutural (e, em particular, a abordagem estrutural à fonologia realizada pela Escola de Praga, no âmbito da qual assume específica relevância o conceito de fonema) deveria assumir o papel de protagonista no desenvolvimento das ciências humanas, da antropologia à teoria da literatura. Outrossim, a orientação lingüística que nas últimas décadas dominou a lingüística, ou seja, a gramática gerativa e transformacional de N. Chomsky, também constituiu um ponto de referência constante para a filosofia, seja pelo que essa gramática rejeita (qualquer concepção empirista e behaviorista da linguagem; essencial a esse propósito é a polêmica de Chomsky com a orientação radicalmente behaviorista de W.V. O. Quine), seja pelo que ela retoma da tradição filosófico-lingüística (a chamada "lingüística cartesiana" e a tradição racionalista seiscentista da "gramática universal"; alguns aspectos da filosofia romântica da linguagem de W. von Humboldt), seja pela orientação metodológica (isto é, pela idéia de ciência) que guia a sua investigação. [L.P.]

LINGÜÍSTICA, VIRADA. V. LINGUAGEM.

LÍRICO (in. *Lyric;* fr. *Lyrique;* al. *Lyrisch;* it. *Lirico*). Adjetivo empregado por Croce para especificar a expressão artística como expressão do sentimento: "O que confere coerência e unidade à intuição é o sentimento: a intuição só é intuição porque representa um sentimento e só pode surgir dele e sobre ele. [...] Ética e lírica, ou drama e lírica, são divisões didáticas do indivisível: a arte é sempre lírica, ou seja, expressão ética e dramática do sentimento" (*Breviario di estetica*, 1912, em *Nuovi saggi di estetica*, p. 28). Para Croce, o lirismo constitui o caráter subjetivo ou romântico da arte. [N.A.]

LITIGIOSUS. Assim foi denominado o dilema de Protágoras e de seu aluno Evatlos (AULO GÉLIO, *Noct. Att.*, V, 10) (v. DILEMA). [N.A.]

LIVRE-ARBÍTRIO. V. LIBERDADE.

LOCKIANISMO (in. *Lockianism*; it. *Lockismo*). A doutrina de Locke assumida como expressão típica do empirismo (v.). [N.A.]

LÓGICA (in. *Logic*; fr. *Logique*; al. *Logik*; it. *Logica*). Do grego λόγος, que significa "palavra", "discurso", mas também "pensamento". Embora durante o desenvolvimento da L. tenham surgido numerosas definições (às vezes bem diferentes entre si e com vários graus de adequação no que diz respeito aos objetos e aos fins que lhe são próprios), a L. pode ser definida, com boa aproximação, como a disciplina que privilegia o estudo de conjuntos coerentes de enunciados (diz-se que um conjunto de enunciados é *coerente*, se existe alguma situação possível que torne verdadeiros simultaneamente todos os enunciados do conjunto). Um modo equivalente de definir a L. consiste em considerá-la o estudo das inferências válidas (v. VALIDADE). Trata-se em todo caso de definições parciais, se considerarmos o rico conteúdo e a multiplicidade de aspectos e formas que caracterizam a disciplina. Cabe esclarecer, ademais, que as definições propostas se adaptam à L. *dedutiva*, que é distinguida, segundo tradição já consolidada, da L. *indutiva* (v.).

Aristóteles é unanimemente considerado o fundador da L. na cultura ocidental: diferentemente de tudo o que sabemos sobre o caso dos *Elementos* de Euclides, os textos lógicos de Aristóteles parece que não foram precedidos por elaborações e tentativas análogas, e por isso são resultado de uma indagação e de uma reflexão que devem ser imputadas exclusivamente ao seu autor. Coligidos no século I a. C. com o nome de *Organon*, que depois se tornará consagrado, os textos de Aristóteles dedicados a assuntos lógicos são: *Categoria, De interpretatione, Primeiros analíticos, Segundos analíticos, Tópicos, Refutações sofísticas.* O conteúdo de cada obra pode ser caracterizado brevemente como segue: as *Categorias* propõem uma classificação geral em dez classes de tudo o que existe; o *De interpretatione* (o título latino foi transmitido pela tradição escolástica e corresponde ao grego περί ἑρμενείας) diz respeito, mesmo na sua brevidade, a uma vasta gama de temas: reflexões sobre a linguagem (o que é um nome ou um verbo etc.), uma análise do papel da negação e das relações entre enunciados categóricos, a discussão de problemas ligados ao conceito de necessidade (cap. IX); os *Primeiros analíticos* contêm a doutrina das inferência silogísticas (V. SILOGISMO) e representam a parte teórica mais madura da doutrina lógica aristotélica; os *Segundos analíticos* dizem respeito sobretudo a problemas de filosofia da lógica e de metodologia; os *Tópicos* contêm prescrições sobre como argumentar no caso de disputas ou numa polêmica; por fim, as *Refutações sofísticas* são uma discussão e uma análise de argumentações falazes. Aristóteles, porém, não emprega a palavra "L." para designar a disciplina que ele mesmo inventou. Nos *Primeiros analíticos* (1, 24a 10), limita-se a indicar na *demonstração* o objeto da sua indagação e, a propósito, fala de "ciência demonstrativa". Mesmo indicando no silogismo o mecanismo lógico por excelência, Aristóteles reconhece como legítimos – se bem que menos perfeitos que o silogismo – também certos tipos de inferência como o raciocínio *ex hypothesi*, que tem a forma: "Se p, então q; mas p é verdadeiro (demonstrado mediante silogismo); portanto q". Aristóteles distingue dois tipos fundamentais de argumentação: a *dialética* e a *demonstrativa*. A primeira parte de premissas prováveis, enquanto a segunda parte de premissas certas e verdadeiras: também as conclusões serão portanto ou meramente prováveis ou certas e verdadeiras, de acordo com o tipo de premissas das quais se seguem. Há o fato, porém, de que ambas as formas argumentativas se baseiam no silogismo como mecanismo para produzir inferências. Uma das conquistas mais importantes de Aristóteles é constituída pela idéia de usar letras do alfabeto grego para designar os termos que fazem parte no silogismo, em tal modo que se constroem esquemas das inferências silogísticas e se estudam suas propriedades estruturais.

A outra grande tradição lógica da Antiguidade, além da aristotélica, é constituída pela escola megárico-estóica. Nos textos dos estóicos está presente o termo "L." (λογιχή, ou seja: λογιχή τέχνη), usado para indicar a arte do discurso persuasivo em geral. A L. divide-se portanto em *retórica* e *dialética*, contendo esta última a doutrina do discurso argumentativo e dos objetos que a ele se vinculam: proposição, termos, inferência em sentido próprio etc. Enquanto Aristóteles privilegia o estudo do silogismo, que substancialmente versa sobre as relações que ocorrem entre três termos (o que equivale a dizer: entre três classes de objetos), a lógica megárico-estóica volta sua atenção para os enunciados, e desenvolve uma refinada análise dos conectivos (v.) lógicos. Os megárico-estóicos distinguem com clareza o duplo papel da negação – aplicada a todo o enunciado ou a um único termo – e têm em mente o princípio geral segundo o qual o valor de verdade de um enunciado complexo depende do valor de verdade dos enunciados componentes. Assim, por exemplo, consideram verdadeira uma conjunção (v.) entre dois enunciados ("p e q") somente se ambos os elementos conjugados são verdadeiros; e uma disjunção (v.) (não exclusiva), somente se pelo menos um dos dois elementos disjungidos é verdadeiro (reconhecem, entre outras coisas, a existência de uma disjunção exclusiva). Quanto ao condicional (v.), tornou-se célebre a disputa ocorrida na escola sobre qual seria sua justa interpretação em termos de condições de verdade. Os megárico-estóicos, ademais, focalizam tanto a distinção entre válido (do ponto de vista lógico) (v. VALIDADE) e verdadeiro, quanto a distinção entre argumento e enunciado; e isolam cinco argumentos válidos, chamados "indemonstráveis", dos quais todos os outros podem ser derivados. A tradição indica no estóico Crisipo (séc. III a.C.) o mais importante lógico da escola.

Com a aproximação do fim da Antiguidade e o predomínio de um estilo eclético em filosofia, as duas tradições, megárico-estóica e aristotélica, tendem a mesclar-se. O próprio uso dos termos "L." para indicar tanto a dialética dos megárico-estóicos quanto as doutrinas lógicas peripatéticas é um claro sintoma desse fato. Na transição da Antiguidade para a Idade Média, Boécio desenvolve uma função determinante, não só para a atividade de tradução dos textos aristotélicos, mas também para a elaboração de uma doutrina lógica que, mesmo mantendo uma base predominantemente aristotélica, enxerta sobre esta última elementos extraídos da tradição megárico-estóica. Na Idade Média – fundamentalmente do século XI até o fim do século XIV – a L. tem um desenvolvimento extraordinário. Os megárico-estóicos já haviam dado forma de manual às doutrinas lógicas que vinham elaborando: com a Idade Média, não só a L., chamada também de dialética – como se a reiterar a influência estóica – é cabalmente reconhecida como disciplina autônoma, como também passa a ser ensinada em manuais (*summae* ou *summulae*). Isso mostra que a L., mesmo tendo nascido no âmbito das disciplinas filosóficas, mantém desde as origens uma afinidade com as ciências exatas, como a matemática e a geometria. Se for feito um confronto entre dois manuais de lógica, escritos por autores pertencentes a correntes filosóficas ou teológicas opostas, as divergências doutrinárias serão menores do que se fossem confrontados dois textos de conteúdo puramente filosófico ou teológico dos mesmos dois autores. Além de manuais, os medievais apreciavam também monografias com apresentação de importantes argumentos de L.

Os lógicos medievais aplicam-se ao estudo da lógica tomando como linguagem de referência o latim culto da época; dividem as expressões lingüísticas em categoremáticas e sincategoremáticas (ou seja, em expressões que têm um significado de per si e expressões que têm significado apenas na medida em que são aplicadas a expressões significantes de per si) e imputam aos sincategoremas (conectivos [v.] lógicos) a constituição da forma lógica dos enunciados e dos argumentos. Distinguem também, como faziam os estóicos, entre enunciados verdadeiros e argumentos válidos ("bons"). Desenvolvem uma rica análise do significado dos termos (v.) (*significatio terminorum*) e dão vida a uma doutrina especial – a chamada teoria da "suposição" (*suppositio terminorum*) – que diz respeito aos diferentes modos como o significado dos termos dentro do enunciado determina o valor de verdade deste último. A teoria da suposição implica também um tratamento, no mais das vezes implícito, da quantificação (v.). Além do estudo sistemático dos termos, os lógicos medievais desenvolvem uma análise aprofundada da lógica dos enunciados e dos argumentos válidos ("conseqüências"); tratam de paradoxos (v.) e de sofismas (v.). Uma idéia da amplidão e da profundidade atingidas pela doutrina lógica dos medievais é dada pela monumental *Lógica magna* de Paolo Veneziano, com a qual virtualmente se encerra a grande fase da L. escolástica.

Durante o período que vai do século XV ao fim do século XVI, com a reação ao pensamento escolástico promovida pelo Humanismo e pelo Renascimento, a L. sofre substancial empobrecimento. À L. tradicional das escolas contrapõe-se uma L. retórica, de inspiração ciceroniana, como busca dos meios de persuasão mediante o discurso e ao mesmo tempo disciplina heurística capaz de guiar para a descoberta de verdades no campo das coisas naturais e humanas. E é sobretudo a tônica na parte *inventiva* da L. que caracteriza a doutrina peculiar chamada "ramismo", do seu principal promotor, Petrus Ramus (Pierre de la Ramée). O ensinamento tradicional, porém, não desaparece de todo, e ainda se publicam textos inspirados na doutrina escolástica, ainda que empobrecida e reduzida, em grande parte, ao silogismo. Exatamente no século XVI assiste-se ao notável desenvolvimento da escola aristotélica de Pádua, que tem em Fracastoro e Zabarella seus expoentes máximos. Esses autores, porém, por um lado centram seu interesse na parte indutiva da L., tradicionalmente negligenciada, e por outro favorecem uma concepção pragmática e metodológica da ciência da L. Com a redescoberta de textos e comentários da Antiguidade, em particular com as edições dos *Elementos* de Euclides, são redescobertos modelos esquecidos de rigor demonstrativo. Surge assim o problema de estabelecer se o arsenal lógico herdado da tradição, com o silogismo em posição predominante, é ou não adequado para exprimir as inferências e as demonstrações dos *Elementos.* A partir da segunda metade do século XVI, verificam-se tentativas de mostrar a adequação nesse sentido da L. tradicional: em geral há um empenho em defender que o silogismo é suficiente para exprimir as demonstrações euclidianas (Christian Herlinus, Conradus Dasypodius, Cristophorus Clavius etc.). Ao mesmo tempo, com a afirmação da álgebra de Viète (fundamentalmente a partir do século XVII), começam a ser percebidas analogias entre as operações lógicas e as algébricas. Nasce desse modo um movimento duplo: por um lado é a L. que se aproxima da matemática, no sentido de que a L. se configura como o instrumento essencial para a realização e normatização das demonstrações matemáticas; por outro, é a matemática que se aproxima da lógica, no sentido de que é o cálculo algébrico que se constitui em modelo do cálculo lógico. Tudo isso é completamente novo em relação à tradição lógica escolástico-medieval. Em geral, tende-se a considerar o período que vai mais ou menos do século XV à primeira metade do XIX como um período de decadência e empobrecimento da L. em comparação com a rica fase medieval. Se atentarmos para a complexidade da doutrina lógica, sem dúvida essa avaliação é verdadeira, mas fica esquecido que é exatamente nesse período que se formula pela primeira vez o problema das relações entre matemática e lógica; e isso parece especialmente relevante, sobretudo na perspectiva dos desenvolvimentos que depois caracterizarão a L. Isto porque, embora no período medieval os lógicos às vezes fossem chamados de "calculadores", à L. escolástica é do todo estranha a idéia de estabelecer uma relação estreita com a matemática: L. e matemática são ensinadas em momentos diferentes do currículo universitário.

Durante o século XVII, Leibniz concebe um projeto coerente para a matematização da lógica. Aprofundando, em direção à álgebra, a idéia de Hobbes, de que todo pensamento nosso outra coisa não é senão um cálculo, Leibniz exprime nos termos de equação cada enunciado categórico tradicional. Faz um uso sistemático e consciente das primeiras letras do alfabeto para indicar termos, e emprega as últimas letras do alfabeto como variáveis para designar termos quaisquer. Explicita também leis sobre o uso das variáveis no cálculo – pelas quais veda, por exemplo, o reemprego de variáveis antes usadas – e define claramente as condições de substituibilidade de um termo por outro. Procura conferir estrutura axiomática ao cálculo literal – com o fim de identificar um conjunto primitivo de enunciados dos quais fosse possível derivar, com base nas operações admitidas, todas as possíveis conseqüências. Distingue o cálculo lógico propriamente dito das suas possíveis interpretações e preconiza que o cálculo lógico seja o máximo possível geral, de modo que seja interpretável nos mais diversos domínios de objetos. Pensa numa codificação de todo o cálculo em termos de números naturais, tirando proveito do chamado teorema *fundamental da aritmética,* que permite decompor univocamente qualquer número em números primos; e sugere que se use a representação binária para levar a termo tal codificação. Propõe integrar em casos particulares de um cálculo entre classes tanto a lógica dos termos (a silogística aristotélica) quanto a lógica dos enunciados. Infelizmente, porém, os projetos e os resultados de Leibniz no âmbito da L. só se tornarão conhecidos no início do século XX, graças sobretudo a Peano e à sua escola, que chamarão a atenção para eles. Na segunda metade do século XVIII, Christian Wolff se propõe a tarefa sistemática de conferir roupagem lógica rigorosa às demonstrações geométricas e matemáticas; e depois de ter especificado as regras lógicas fundamentais (na parte teórica da sua Lógica), formula o problema (na parte prática) da adequação de tais regras. Enuncia assim dois importantes teoremas: "Toda proposição que se pode demonstrar é verdadeira" (*Philosophia naturalis sive logica,* § 544); "As regras lógicas [do sistema escolhido] são suficientes para discernir o verdadeiro do falso" (*idem,* § 545). Mais ou menos no mesmo período, outros autores procuram, porém, usar instrumentos matemáticos para desenvolver a L. (Jacob e Johann Bernoulli, Lambert, Ploucquet, Segner etc.): na esteira de Leibniz – alguns deles estão a par, se não dos resultados concretos, pelo menos do seu programa geral de matematização da L. –, empenham-se em exprimir as operações lógicas de forma algébrica. Mas tais tentativas ainda são sustentadas por uma álgebra não suficientemente desenvolvida. É só em 1847, com a obra de George Boole, que uma parte do sonho leibniziano começa a realizar-se. Boole, munido dos resultados atingidos pela álgebra do seu tempo, muda o foco da atenção: das operações lógicas para as propriedades das próprias operações; e constrói uma estrutura algébrica capaz de dupla interpretação: numérica (para os números 0 e 1) e lógica (para classes de objetos quaisquer). Ao mesmo tempo, De Morgan propõe um tratamento lógico rigoroso das relações, em bases algébricas. Nasce e desenvolve-se assim a corrente da *álgebra da lógica* (v.), que, contando entre os principais representantes Jevons, Peirce, Schröder, continuará a ser influente até mais ou menos 1930.

Se na base da descoberta de Boole estão os progressos realizados pela álgebra no Reino Unido (fundamentalmente pelos matemáticos de Cambridge e pelo irlandês Rowan Hamilton), por trás da por vezes chamada "segunda fundação" da L. matemática por parte de Gottlob Frege estão os desenvolvimentos da análise matemática no Continente e, em especial, na Alemanha. Em 1872 Georg Cantor e Richard Dedekind, desenvolvendo mais o processo de "aritmetização da análise" que tivera como um dos promotores Karl Weierstrass, haviam mostrado que a teoria dos números reais é integrável na teoria dos números naturais. Frege, levando às últimas conseqüências esse processo, pensará em integrar os conceitos e os princípios da aritmética – em especial o conceito central de *número* – em conceitos e princípios puramente lógicos. É assim que tem início o chamado programa "logicista" (v. LOGICISMO) em L. A fim de dar início a tal programa, Frege considerará oportuno dotar-se de um poderoso instrumento de análise para verificar as demonstrações, constituído por um aparato simbólico e um rigoroso sistema dedutivo, baseado em axiomas e regras claras de inferência. Em 1879, Frege apresentará uma amostra dos resultados por ele obtidos nesse sentido publicando *Begriffsschrift* (*Ideografia para conceitos*). Ainda que o simbolismo usado se mostrasse desde o início pouco manuseável, a obra de Frege, do ponto de vista lógico, constitui um marco na história da L. ocidental. Nela está claramente exposto o conceito de *linguagem lógica* e – pela primeira vez, desde os primórdios da disciplina – são definidas as regras para tratar a *quantificação* (v.), também no caso de quantificadores reiterados que envolvem relações. Embora o desenvolvimento paralelo da álgebra da L. se mostre capaz de tratar os mesmos problemas – em particular também a quantificação reiterada e outros aspectos da L. da quantificação – é só com Frege que se tem uma clara teorização, explícita e geral, desse aspecto tão delicado da L.

Não obstante os notáveis resultados obtidos por Frege, suas obras não tiveram o sucesso e a difusão que mereciam no meio científico. A fundação da forma contemporânea de L. matemática, entre o fim do século XIX e o início do século XX, deve-se sobretudo aos trabalhos de Giuseppe Peano, Bertrand Russell e David Hilbert. A Peano deve-se sobretudo a construção de um simbolismo adequado para exprimir conceitos e asserções matemáticas numa linguagem unívoca e de fácil manipulação; Peano desenvolve ademais um sistema formal de tipo axiomático, no qual apresenta, independentemente de Frege, elementos de cálculo dos enunciados e de cálculo predicativo, mesmo sem distinguir claramente as regras de inferência (ao contrário do que fizera Frege). Hilbert, com *Fundamentos da geometria,* dá um exemplo de sistema axiomático rigoroso e propõe o problema das relações entre a estrutura do sistema e a sua interpretação. Russell, utilizando as contribuições de Peano e certos resultados de Frege (compartilhando, entre outras coisas, a orientação "logicista" deste), publica, em colaboração com Whitehead (de 1910 a 1913), os três volumes de *Principia Mathematica,* que constituem o verdadeiro ato fundador da L. matemática.

O sistema formal dos *Principia* revela-se poderoso instrumento de investigação das teorias matemáticas. Tal sistema comporta um desenvolvimento da L. *enunciativa,* vale dizer, da parte da lógica que estuda as relações de conexão entre enunciados não analisados (representados, respectivamente, por *letras enunciativas,* como P_1, P_2...), e da *L. predicativa,* vale dizer, da parte da L. que constitui a verdadeira inovação introduzida pela L. matemática, em comparação com as formas anteriores de L., e que concerne à teoria da quantificação (v.). Segundo a óptica russelliana, os *Principia* deveriam ter constituído o fundamento de toda a matemática: essa perspectiva, porém, já se mostrava enfraquecida pela descoberta (mais ou menos em 1902) do célebre paradoxo (v.) – por parte do próprio Russell – referente à "classe de todas as classes que não se contêm a si mesmas" (se $K = \{x: x \notin x\}$, K contém ou não a si mesmo? Se contém a si mesmo, então não se contém, e inversamente). O paradoxo é especialmente relevante porque implica o conceito de classe, vale dizer, um conceito central da reflexão lógica fundacionalista, e parece portanto solapar pela raiz qualquer tentativa de fundamentação da matemática na lógica.

Também Hilbert e sua escola pensam em tirar proveito dos sistemas lógico-formais para fins fundacionais. Dado um sistema formal SF no qual seja formulável um setor da matemática (p. ex., a teoria dos números), a *fundamentação* de tal setor se realiza no momento em que se demonstra que SF possui certas propriedades essenciais, como a não-contraditoriedade. Como as demonstrações, em geral, não são opugnáveis, Hilbert propõe recorrer a métodos estritamente finitistas, ou seja, que versem sobre objetos "concretamente" produtíveis e admitam apenas procedimentos *finitos* (que se esgotam num número finito de etapas). Nessa perspectiva, o sistema formal torna-se um elemento essencial da investigação, porquanto, mesmo representando uma teoria que faz referência a uma totalidade infinita de entes, considerado como o conjunto das demonstrações, é uma totalidade de sucessões finitas de fórmulas, ligadas umas às outras pelas regras admitidas, e é portanto passível de uma análise finitista. Para realizar seu programa, Hilbert demonstra antes de mais nada a não-contraditoriedade do cálculo enunciativo e do cálculo dos predicados da primeira ordem, procurando depois demonstrar a *consistência* (v.) da aritmética. Em 1931, porém, Gödel demonstrava o célebre teorema que leva seu nome, no qual se chega a dois resultados de alcance geral: *a*) dado um sistema formal qualquer equivalente ao dos *Principia,* existe um enunciado verdadeiro, expresso na linguagem do sistema formal, que não pode ser demonstrado no sistema formal; *b*) não pode ser demonstrado um enunciado expresso na linguagem do sistema formal que afirma a *consistência* do próprio sistema. Com estes dois resultados, Gödel demonstrava que o programa hilbertiano não era realizável nos termos em que fora concebido. G. Gentzen, porém, também procurará agir na perspectiva hilbertiana, desenvolvendo investigações (não mais com base rigorosamente finitista) relativas à não-contraditoriedade da teoria dos números. Deve-se a Gentzen em particular o desenvolvimento da *teoria da demonstração,* que já se tornou um ramo autônomo da lógica contemporânea.

A fase dos fundamentos em todo caso tivera extraordinária repercussão no desenvolvimento da lógica, que era enriquecida pela aquisição de novas técnicas e de conhecimentos sobre a estrutura dos sistemas formais (também sobre as limitações intrínsecas a tais estruturas, como no caso dos resultados de Gödel). De 1918 a 1936 são demonstrados fundamentais *metateoremas:* a *consistência* (v.) do cálculo dos enunciados; a *validade* (v.) e a *completude* (v.), assim como a não-decidibilidade (v. DECISÃO, 2.) do cálculo predicativo da primeira ordem. Em 1935, Tarski dota os sistemas formais de um aparato rigoroso para interpretar os símbolos descritivos da linguagem e para tratar a noção de *verdade* (v.) dos enunciados. É desse resultado no campo semântico que parte um ramo extremamente importante da lógica contemporânea: a *teoria dos modelos.* A discussão sobre os fundamentos da matemática determina ademais a constituição da lógica *intuicionista* (v. INTUICIONISMO). Em 1977, o *Handbook of Mathematical Logic* (editado por J. Barwise, North-Holland, Amsterdam–Nova York–Oxford), resumindo os resultados de mais de meio século de estudos, indicava na teoria dos *modelos,* na teoria dos *conjuntos* (v.), na teoria da *recursividade* (v.) e na teoria da *demonstração* os principais ramos de uma disciplina que, passando através das indagações sobre os fundamentos, definira e consolidara sua própria estrutura.

Na segunda metade do século XX, a L. configura-se cada vez mais como uma disciplina de caráter "pluralístico"; são inúmeras as lógicas estudadas: lógicas modais e temporais, lógicas *paraconsistentes* (que desenvolvem cálculos compatíveis com contradições); lógicas com vários valores de verdade (a primeira é descoberta por Lukasiewicz em 1918); lógicas *livres* (sistemas de lógica quantificada nos quais aparecem termos singulares não denotantes); sistemas de lógica *deôntica* (relativos ao que é obrigatório e ao que é permitido); sistemas de lógica quântica (para o estudo da estrutura lógica da mecânica quântica); lógicas dialógicas, lógicas da relevância, *fuzzy logics* (= lógicas da vagueza, que operam com predicados vagos, no sentido de que os conjuntos correspondentes não têm limites bem definidos), etc. Mais que estudar nos detalhes cada lógica, tende-se já a caracterizar *classes inteiras* de lógicas, com o fim de determinar suas propriedades estruturais. Para além da multiplicidade das abordagens e das diferentes finalidades que orientam o estudo da L., constitui um ponto sem retorno o nexo intrínseco que, a partir de Boole e Frege, se estabeleceu entre L. e matemática. Independentemente do interesse pelos fundamentos (dominante entre o fim do séc. XIX e as primeiros décadas do séc. XX), a L. adotou definitivamente linguagens e métodos característicos da matemática: isso vale também para o vastíssimo conjunto de indagações internas à chamada *lógica filosófica* (à qual pertence a maior parte das lógicas mencionadas. Para ter uma idéia da expansão de tais lógicas, vejam-se os volumes do *Handbook of Philosophical Logic,* org. por D. M. Gabbay, Reidel, Dordrecht, 1983-1989).

A partir dos anos 1960, mais ou menos, a L. desenvolveu intensas relações com a *filosofia da linguagem* (um dos exemplos mais relevantes é constituído pelas contribuições de Richard M. Montague) e, sobretudo, com a *informática.* Instrumentos extraídos dos várias ramos da L. (p. ex., o λ–cálculo) mostraram-se indispensáveis para a descrição abstrata de programas de computador e para a simulação de técnicas de raciocínio humano. Especial atenção foi dada à chamada *demonstração automática,* ou seja, à tentativa de construir máquinas capazes de demonstrar teoremas. Nesse sentido, o emprego essencial do computador para realizar complexas demonstrações matemáticas que um ser humano não pode verificar determinou um debate relativo ao próprio conceito de *demonstração* e a uma suposta modificação dele. De fato, se apenas computadores podem verificar as demonstrações (que se situam além de certo nível de complexidade) produzidas por outros computadores, o *rigor* que se presume dever encontrar-se numa demonstração matemática acaba por depender da estrutura física das máquinas. Além disso, a exigência de que as máquinas sejam capazes de reproduzir os mecanismos "naturais" do raciocínio humano induziu, por um lado, a um deslocamento do interesse para lógicas não clássicas e, por outro, à exigência de encontrar novas estruturas lógicas capazes de dar conta dos chamados raciocínios "em paralelo" – ou seja, dos raciocínios que não se desenvolvem apenas *em série*, por sucessão de etapas, um depois do outro, mas que se desenrolam por processos simultâneos. No campo da informática buscaram-se aplicações para quase todas as lógicas não clássicas, e para muitas delas foram elaborados ou aperfeiçoados métodos de demonstração automática. Mostrou-se muito interessante a chamada L. *linear*.

Por meio da relação com a informática e a ciência da computação, a L. tem uma notável interação com o complexo conjunto de disciplinas constituído pelas *ciências cognitivas:* isso determinou, entre outras coisas, a retomada de um problema filosófico que estivera no cerne das discussões na segunda metade do século XIX, concernente à natureza das leis lógicas. Enquanto para Boole a L. tinha a ver com o modo como os seres humanos pensam (descrevia as *leis do pensamento*), para Frege a L. tinha caráter rigorosamente prescritivo e era independente de qualquer forma de psicologismo. [M.M.]

LÓGICA INDUTIVA (in. *Inductive Logic*; fr. *Logique inductive*; al. *Induktive Logik*; it. *Logica induttiva*). De modo geral, é a teoria da avaliação da inferência *ampliativa*, não demonstrativa, ou seja, da inferência cujas conclusões afirmam mais do que está contido nas premissas e cuja validade é geralmente estabelecida em termos de probabilidade (donde a estreita ligação da L. indutiva com a lógica probabilística). Embora prefigurada já na obra de Aristóteles, a L. indutiva tem suas expressões mais cabais a partir do século XIX, com a obra de Mill, De Morgan e Boole, e depois, no século XX, com a de Keynes, Carnap, Hintikka e dos atuais "bayesianos". Tal lógica, sobretudo por mérito dos neopositivistas, sempre foi mais diretamente destinada à elaboração de uma teoria da confirmação empírica e, portanto, a atribuir um valor *objetivo* às relações que Carnap definia como "quantitativas" (voltadas a estabelecer o grau em que um corpo de informações confirma ou sustenta uma hipótese) entre evidência e hipótese. Em *Logical Foundations of Probability* (1950), Carnap pretendeu construir um sistema de L. indutiva que deveria constituir uma generalização rigorosa da lógica dedutiva de Russell. A idéia básica é que a asserção de uma lei L, "Todos os cisnes são brancos", implica dedutivamente a asserção (que aqui simbolizamos com *e)* "Se x é cisne, x é branco". O que se busca é um sistema lógico no qual asserções observacionais evidenciais como "x é um cisne branco" "impliquem parcialmente" a lei. Carnap, como Keynes antes dele, achava que a implicação parcial deveria ser representada por uma função de probabilidade, de tal modo que a sustentação indutiva devia ter uma forma lógica representada pela asserção de probabilidade $p(L/e) = r$ (que se lê: a probabilidade de *L*, dada a evidência *e*, tem valor *r*).

As mais recentes teorias bayesianas da confirmação, baseadas num teorema formulado por Bayes e publicado em 1763, que o próprio Carnap leva em conta na elaboração da sua L. indutiva, servem para determinar as probabilidades finais de uma hipótese tendo em consideração as suas probabilidades iniciais (hoje diferentemente interpretadas). Tais teorias, mesmo com certa variedade de formulação e mesmo encontrando diversos problemas na indicação das probabilidades implicadas, têm o grande mérito de propiciar um esquema coerente nos termos do qual é possível compreender os papéis da confirmação, da falsificação, da corroboração e da plausibilidade; em outras palavras, têm o mérito de propiciar uma teoria da inferência científica que unifique as perspectivas aparentemente inconciliáveis da teoria hipotético-dedutiva padrão, do dedutivismo de Popper e da acepção da "escolha teórica" na filosofia da ciência pós-kuhniana (cf. W. C. SALMON, *The Foundations of Scientific Inference*, 1967, e J.EARMAN, *Bayes or Bust?*, 1992). [A.P.]

LOGICISMO (in. *Logicism*; fr. *Logicisme*; al. *Logicismus*; it. *Logicismo*). Com este nome costuma-se designar uma corrente de pensamento lógico-matemático que floresceu no fim do século XIX e no início do século XX, e cujos principais representantes foram R. Dedekind, G. Frege e B. Russell. Os pensadores dessa corrente sustentam que a *matemática* (pura) *é um ramo da lógica*, ou seja, que todas as proposições das matemáticas puras (particularmente da aritmética, portanto da análise) só podem ser enunciadas com o vocabulário e a sintaxe da lógica matemática, que assim se torna a disciplina matemática por excelência. Com essa convicção, Dedekind, Frege e Russell realizaram suas famosas análises do conceito de "número" (inteiro), exatamente para defini-lo apenas através de noções (símbolos) da lógica matemática. Ao L. opõem-se o *formalismo* e o *intuicionismo* (v. MATEMÁTICA). [G.P.]

LÓGICO (in. *Logical;* fr. *Logique*; al. *Loisch*; it. *Logico*). 1. O mesmo que racional.

2. Em conformidade com as regras da lógica; bem argumentado. [N.A. – M.M.]

LÓGICOS, PRINCÍPIOS. V. CONTRADIÇÃO, PRINCÍPIO DE; FUNDAMENTO; IDENTIDADE, PRINCÍPIO DE; TERCEIRO EXCLUÍDO, PRINCÍPIO DO.

LOGÍSTICA (in. *Logistic*; fr. *Logistique*; al. *Logistik*; it. *Logistica*). Na Antiguidade (p. ex., nos fragmentos do pitagórico Arquitas de Tarento) o termo "L." às vezes era empregado para indicar a aritmética pura. Leibniz empregou esse termo como sinônimo de "cálculo lógico" ou "lógica matemática": com este significado de "lógica simbólica" ou "matemática" foi proposto por Couturat e Lalande ao Congresso Internacional de Filosofia de Paris em 1904. Mas, depois de ter algum sucesso, o termo "L." passou a ser raramente empregado. [G.P.]

LOGÍSTICO, SISTEMA. V. SISTEMA LOGÍSTICO.

LOGOCENTRISMO. V. GRAMATOLOGIA.

LOGOS (gr. λόγος; lat. *Verbum*). A razão como 1º substância ou causa do mundo; 2º pessoa divina.

1º A doutrina do L. como substância ou causa do mundo foi defendida pela primeira vez por Heráclito: "Os homens são obtusos com relação ao ser do L., tanto antes quanto depois que ouviram falar dele; e não parecem conhecê-lo, ainda que tudo aconteça segundo o L." (*Fr.* 1, Diels). O L. é concebido por Heráclito como sendo a própria lei cósmica: "Todas as leis humanas alimentam-se de uma só lei divina: porque esta domina tudo o que quer, e basta para tudo e prevalece a tudo" (*Fr.* 114, Diels). Esta concepção foi tomada pelos estóicos, que viram na razão o "princípio ativo" do mundo, que anima, organiza e guia seu princípio passivo, que é a matéria. "O princípio ativo" – diziam – "é o L. que está na matéria, é Deus: ele é eterno e, através da matéria, é artífice de todas as coisas" (DIÓG. L., VII, 134). O L. assim entendido, como princípio formador do mundo, é identificado pelos estóicos com o destino (*ibid.*, VII, 149). No mesmo sentido, Plotino afirma: "O L. que age na matéria é um princípio ativo natural: não é pensamento nem visão, mas potência capaz de modificar a matéria, potência que não conhece, mas age como o selo que imprime sua forma ou como o objeto que reproduz o seu reflexo na água; assim como o círculo vem do centro, também a potência vegetativa ou geradora recebe de outro lugar sua potência produtiva, isto é, da parte principal da alma, a qual lhe comunica essa potência modificando a alma geradora que reside no todo" (*Enn.*, II, 3, 17). Nesse sentido, o L. é o próprio Intelecto Divino ordenador do mundo: "Da inteligência emana o L. e emana sempre, enquanto o Intelecto está presente em todos os seres" (*ibid.*, III, 2, 2). Essa concepção serviu de modelo para todas as formas do panteísmo moderno (v. DEUS).

2º A doutrina do L. como hipóstase ou pessoa divina encontra a primeira formulação em Fílon de Alexandria. Nessa doutrina, o L. é um ente intermediário entre Deus e o mundo, o instrumento da criação divina. Diz Fílon: "A sombra de Deus é o seu L.; servindo-se dele como instrumento, Deus criou o mundo. Essa sombra é quase a imagem derivada e o modelo das outras coisas. Pois assim como Deus é o modelo dessa sua imagem ou sombra, que é o L., o L. é o modelo das outras coisas" (*All. leg.*, III, 31). No cristianismo, o L. é identificado com Cristo. O prólogo do Evangelho de S. João, ao lado das funções que Fílon já atribuía ao L., acrescenta a determinação propriamente cristã: "O L. fez-se carne e viveu entre nós" (*João*, I, 14). Em sua elaboração da teologia cristã, os Padres da Igreja insistiram nos dois pontos seguintes: 1º a perfeita paridade do L.-Filho com Deus-Pai; 2º a participação do gênero humano no L., enquanto razão. Justino, por exemplo, diz: "Apreendemos que Cristo é o primogênito de Deus e que é o L., do qual participa todo o gênero humano" (*Apol. prima*, 46). Contra os gnósticos seguidores de Valentino, para os quais o L. é o último dos *Éons*, que, por estar mais próximo do mundo, destina-se a formá-lo, Irineu afirma a igualdade de essência e dignidade entre Deus-pai e o L., e entre ambos e o Espírito Santo (*Adv. haeres.*, II, 13, 8). Nesses conceitos deveriam fundamentar-se as formulações dogmáticas do século IV, especialmente as decisões do Concílio de Nicéia (325) sobre os dogmas fundamentais do cristianismo: Trindade e Encarnação. Mas entrementes a noção de L. continuou oscilando entre a interpretação de perfeita paridade entre L. com Deus e a que estabelece certa diferença hierárquica entre as duas hipóstases. A doutrina de Orígenes, que foi o primeiro grande sistema de filosofia cristã (séc. III), inclina-se para a segunda interpretação. Orígenes afirma que se pode dizer do L., mas não de Deus, que é o ser dos seres, a substância das substâncias, a idéia das idéias: Deus está além de todas essas coisas (*De princ.*, VI, 64). Portanto, o L. é coeterno com o Pai, que tal não seria se não gerasse o filho, mas não é eterno no mesmo sentido. Deus é a vida, e o Filho recebe a vida do Pai. O Pai é *Deus-pai*, o filho é *Deus* (*In Joann.*, II, 1-2). Como já se disse, a Igreja, em suas sessões conciliares, pronunciou-se contra essa interpretação, que ficou sendo o apanágio das tentativas heréticas, várias vezes renovadas ao longo da história.

A doutrina do L. foi sempre religiosa. Os filósofos só recorreram a ela quando quiseram dar caráter religioso à sua doutrina. Foi o que fez Fichte na segunda fase de seu pensamento. Na *Introdução à vida bem-aventurada* (1806), Fichte utiliza o prólogo ao Evangelho de S. João para demonstrar a concordância do seu idealismo com o cristianismo; portanto, reconhece no L. aquilo que ele chama de a Existência ou Revelação de Deus (além do qual fica o Ser de Deus), ou seja, o Saber, o Eu, a Imagem, cujo fundamento é a vida divina (*Werke*, V, p. 475). [N.A.]

LOQUACIDADE (gr. ἀδολεσχία; lat. *Loquacitas*; in. *Loquacity*; fr. *Loquacité*; al. *Redseligkeit*; it. *Loquacità*). Segundo Aristóteles, um dos caracteres das pessoas idosas, que estão mais interessadas no passado que no futuro (que já lhes promete pouco); por isso, gostam de falar para rememorá-lo (*Ret.*, II, 13, 1390 a 6). [N.A.]

LOUCURA (gr. μορία; lat. *Stultitia*; in. *Madness*; fr. *Folie*; al. *Wahn*; it. *Pazzia*). 1. O que Platão chamava de boa L., que não é doença ou perdição, foi interpretada de dois modos diferentes: 1º como inspiração ou dom divino; 2º como amor à vida e tendência a vivê-la em sua simplicidade.

1º O primeiro significado encontra-se em *Fedro*, onde Platão afirma que "os maiores bens nos são ofertados através de uma L. que é um dom divino" (*Fed.*, 244 a). Essa L. manifesta-se em quatro formas: *a*) L. *profética*, base da *adivinhação*, arte de predizer o futuro; *b*) L. *purificadora*, que permite afastar os males por meio de purificações e de iniciações no presente e no futuro; *c*) L. *poética*, que é inspirada pelas musas (*ibid.*, 244a, 245a); *d*) L. *amorosa*, a forma superior, à qual o homem é predisposto pela lembrança da beleza ideal, despertada nele pela beleza das coisas do mundo (*ibid.*, 249e). Obviamente, as três primeiras formas de L. têm inspiração divina e são atribuíveis ao *entusiasmo* (v.). O amor, entretanto, é L. em sentido diferente, como aspiração ao ser autêntico, despertada por sua manifestação "mais amável e mais evidente", que é a beleza. Ora, este já é o segundo significado de L.

2º No segundo significado, a L. é de fato amor à vida em sua simplicidade, contraposta à sabedoria artificiosa e sombria, bem como à ciência de quem sabe tudo menos viver e amar. O *Elogio da loucura* (*Stultiae laus*, 1509), de Erasmo de Roterdã, é a mais famosa defesa desse segundo significado do termo. Eis como Erasmo traça o retrato do sábio estóico: "Ele é surdo à voz dos sentidos, não sente emoção nenhuma, o amor e a piedade não impressionam seu coração duro como diamante, nada lhe escapa, nunca deixa de duvidar, sua visão é de lince, tudo pesa com a máxima exatidão, nada perdoa; encontra em si mesmo sua felicidade, julga-se o único rico da terra, o único sábio, o único rei, o único liberto: numa palavra, julga-se o todo; e o mais interessante é que ele é o único a julgar-se assim." Ora, pergunta-se Erasmo, quem não preferiria a este sábio "um homem qualquer, retirado da multidão dos homens loucos, que, conquanto louco, soubesse comandar os loucos e obedecer a eles e fazer-se amar por todos; e que fosse complacente com a esposa, bom para os filhos, alegre nos banquetes, sociável com todos com quem convive, e por fim que não se considerasse alheio a tudo o que pertence à humanidade?" (*El.*, 30). A L. de que fala Erasmo é a simplicidade da vida, que se satisfaz nutrindo ilusões e esperanças; ou, no campo da religião, é a fé e a caridade contrapostas às cerimônias exteriores, aos ritos mecanizados e à hipocrisia dos grandes banquetes (*ibid.*, 54). Essa forma de L. nada tem, obviamente, com a inspiração divina, mas é humana, laica, e por isso seu elogio é um dos documentos mais significativos do Renascimento.

2. O mesmo que *psicose* (v.). [N.A.]

LUDISMO. V. JOGO.

LUGAR (gr. τόπος; lat. *Locus*; in. *Place*; fr. *Lieu*; al. *Ort*; it. *Luogo*). Situação de um corpo no espaço. Há duas doutrinas do L.: 1ª de Aristóteles, para quem o L. é o limite que circunda o corpo, sendo portanto uma realidade autônoma; 2ª moderna, para a qual o L. é certa relação de um corpo com os outros.

1ª Segundo Aristóteles, o L. é "o primeiro limite imóvel que encerra um corpo" (*Fís.*, IV, 4, 212 a 20); em outros termos, é aquilo que abarca ou circunda imediatamente o corpo. Nesse sentido, diz-se que o corpo está no ar porque o ar circunda o corpo e está em contato imediato com ele. Essa concepção persistiu durante toda a filosofia medieval e também é repetida substancialmente pelos críticos da física aristotélica, como por exemplo Ockham (*Summulae in libros phys.*, IV, 20; *Quodl.*, I, 4). Com base nessa concepção, existem "lugares naturais", nos quais um corpo naturalmente está ou aos quais volta quando deles é afastado: "Uma coisa" – afirma Aristóteles – "move-se naturalmente ou não, e os dois movimentos são determinados pelos lugares próprios ou pelos lugares estranhos. O L. no qual uma coisa permanece ou para o qual se movimenta não por natureza deve ser o L. natural de alguma outra coisa, como demonstra a experiência" (*De cael.*, I, 7, 276 a 11). Toda a física aristotélica está baseada nesse teorema (v. FÍSICA).

2ª A teoria aristotélica dos lugares foi alvo da crítica acerba de Galileu em *Dialoghi dei massimi sistemi* (1632, Giornata seconda). Alguns anos depois, Descartes expressaria com toda a clareza o conceito de L. que emergia da nova postura da ciência: "As palavras 'L.' e 'espaço' nada significam de realmente diferente dos corpos que afirmamos estarem em algum lugar, e indicam apenas seu tamanho e forma, e como estão situados entre os outros corpos. Para determinar essa situação, é necessário referir-se a outros corpos que consideramos imóveis, mas, como tais corpos podem ser diferentes, podemos dizer que uma mesma coisa, ao mesmo tempo, muda e não muda de L." (*Princ. phil.*, II, 13). E Descartes cita o exemplo do homem que está sentado num barco que se afasta da margem: o L. desse homem não muda em relação ao barco, mas muda em relação à margem. Com essas observações, que exprimem a relatividade do movimento (relatividade de Galileu), chega-se ao conceito moderno de L. como relação entre um corpo e outro, tomado como referência. [N.A.]

LUGARES (gr. τόποι; lat. *Loci*; in. *Topics*; fr. *Lieux*; al. *Örter*; it. *Luoghi*). Segundo Aristóteles, são os objetos dos raciocínios dialéticos e retóricos, "argumentos comuns à ética, à política, à física e a muitas outras disciplinas, como o argumento do mais e do menos" (*Ret.*, I, 2, 1358 a 10). Estes seriam os L.-*comuns*. Mas existem também, segundo Aristóteles, L. especiais ou *próprios*, que são os artigos constituídos por proposições pertencentes, por exemplo, à física, mas nos quais é impossível fundar proposições concernentes à ética, ou reciprocamente. Os L.-comuns não têm objeto específico, por isso não aumentam o conhecimento das coisas; os L.-próprios, entretanto, especialmente se utilizam proposições oportunamente escolhidas, contribuem para o conhecimento das ciências especiais (*Ret.*, I, 2, 1358 a 21). Os retores latinos salientaram a importância desse tipo de estudo, sobretudo dos L.-comuns, para a arte oratória, pois não aumentam o saber, mas são instrumentos de persuasão (CÍCERO, *Top.*, 2, 7; *De orat.*, II, 36, 152; QUINTILIANO, *Inst.*, V, 10, 20). Através das obras lógicas de Boécio (*De diff. topicis*, I; *P. L.*, 64º, col. 1174), essa noção passou para a lógica medieval. Pedro Hispano define os L. como "a sede de um argumento ou daquilo de que se extrai um argumento conveniente à questão proposta" (*Summ. log.*, 5. 06).

Como se disse, a parte da lógica que estuda os L. é a *Tópica*. Para Cícero, era a parte *inventiva* da lógica, a que excogita os argumentos úteis ao convencimento, mais do que ao juízo sobre sua validade. E repreendeu os estóicos por haverem cultivado somente a dialética, negligenciando a Tópica (*Top.*, 2, 6). Mas, na realidade, Aristóteles não alude à capacidade inventiva da Tópica, entendendo-a mais como um estudo voltado a reunir sob um número restrito de tópicos (que são exatamente os *L.*) os argumentos que estejam presentes em várias ciências ou em várias partes de uma mesma ciência. De qualquer forma, a crença no caráter inventivo da Tópica passou para a tradição (através de BOÉCIO, *De diff. top.*, I; *P. L.*, 64º, col. 1173); aliás, quando se começou a reconhecer o caráter improdutivo da lógica aristotélica, a ela foi contraposta a importância da Tópica como arte de invenção. Foi o que fizeram Petrus Ramus (*Dialecticae institutiones*, 1543) e Vico (*De antiquissima italorum sapientia* 1710), que considerou a Tópica como a arte do engenho, que é a faculdade da invenção. Ainda, em *Logica hamburgensis* (1638), de Jungius, há um vasto estudo sobre os L. lógicos, sob o título de Dialética (livro V). Mas a *Lógica* de Port-Royal (1662) já afirmava a escassa utilidade do estudo dos Tópicos. Arnauld disse: "Para formar os homens numa eloqüência judiciosa e sólida, seria útil ensinar-lhes a calar mais que a falar, ou seja, a suprimir e eliminar os pensamentos baixos, comuns e falsos mais que a produzir, como fazem, um amontoado confuso de raciocínios bons e maus, com os quais se enchem livros e discursos" (*Log.*, cap. 17). O estudo dos L. desse gênero serve, portanto, apenas para reconhecê-los e evitá-los. A *Lógica* de Port-Royal enumerava três espécies deles: gramaticais, lógicos e metafísicos (*ibid.*, cap. 18). Posteriormente, o estudo dos L. deixou de fazer parte integrante da lógica. Kant generaliza o conceito de lugar lógico entendendo por ele "qualquer conceito, qualquer título sob o qual se agrupem muitos conhecimentos", e fala de uma "Tópica transcendental", cujo objeto é "a determinação do lugar que cabe a cada conceito na sensibilidade ou no conceito puro, segundo a diversidade do seu uso" (*Crít. R. Pura*, Anal. dos princ., Nota às anfibolias dos conceitos da reflexão). Nesse sentido, a Tópica coincide com a "doutrina dos elementos" da *Crítica da Razão Pura*. [N.A.]

LULIANA, ARTE (lat. *Ars lulliana*; in. *Lullic art*; fr. *Art lullien*; al. *Lullische Kunst*; it. *Arte lulliana*). *Ars magna* de Raimundo Lúlio (1235-1315), ciência universal que ensina a combinar os termos para a descoberta sintética dos princípios das ciências. Diferentemente da lógica aristotélica, a *ars magna* pretende ser um procedimento inventivo que não se limita a resolver as verdades conhecidas, mas passa à descoberta de novas. A noção dessa arte, que no Renascimento teve seguidores entusiastas, entre os quais Agripa, Charles de Bovelles e Bruno, foi retomada por Leibniz, que a denominou Característica Geral (v. CARACTERÍSTICA). [N.A.]

LUTA PELA VIDA. V. SELEÇÃO.

LUZ[1] (lat. *Lux*; in. *Light*; fr. *Lumière*; al. *Licht*; it. *Luce*). Para certa tradição filosófica, cuja origem remota e provável estaria na religião persa que adorou Mitra como "Espírito da L." (cf. CUMONT, *Oriental Religions in Roman Paganism*; trad. in., p. 155), a L. é uma realidade privilegiada de natureza incorpórea, via de comunicação entre as regiões superiores do mundo e do homem. As características mais evidentes dessa doutrina são as seguintes: 1ª a L. é uma realidade superior privilegiada: é Deus ou de Deus; 2ª a L. é incorpórea e serve de ligação entre o mundo incorpóreo e o mundo corpóreo; 3ª a L. é a forma geral (essência ou natureza) das coisas corpóreas. As primeiras duas teses são de caráter religioso e de claríssima origem oriental. A terceira é propriamente filosófica e caracteriza o agostinismo medieval.

Na filosofia ocidental, a metafísica da L. é introduzida por Parmênides: "E como se diz que todas as coisas são L. e noite, e como L. e noite estão presentes nisto e naquilo, segundo suas possibilidades, o todo é pleno de L. e ao mesmo tempo de invisível treva; L. e trevas são iguais, pois nenhuma prevalece sobre a outra" (*Fr.* 9). A substancialização da L. é freqüente em *Enéadas* de Plotino, em que às vezes não é fácil distinguir a L. como metáfora da L. como substância (p. ex., *Enn.*, V, 3, 9; IV, 3, 17). Aparece com toda a clareza nas especulações dos gnósticos, de direta proveniência maniqueísta: "Antes que o universo visível tivesse origem subsistiam dois princípios supremos: um bom e o outro perverso. A morada do primeiro, Pai de Grandeza, era na região da L. Ele multiplicava-se em cinco hipóstases: Intelecto, Razão, Pensamento, Reflexão, Vontade" (BUONAIUTI, *Frammenti gnostici*, 1923, p. 55). Num dos livros da Cabala, o *Zohar*, a L. é entendida como substância primitiva que às vezes aparece como céu, portanto como elemento no qual os outros se dissolverão no fim dos tempos (cf. SÉROUYA, *La Kabbale*, Paris, 1957, pp. 346 ss.). Essa doutrina passou para a filosofia hebraica da Idade Média e, dela, para a escolástica cristã. Nesta, foi característica da corrente agostiniana, defendida especialmente pelos franciscanos. No século XIII, Robert Grosseteste afirmava que todos os corpos têm uma forma comum que se une à matéria-prima antes de sua especificação nos vários elementos. Esta forma primeira é a L. "A L." – diz ele – "difunde-se por si em todas as direções, de tal modo que de um ponto luminoso é imediatamente gerada uma esfera de L. tão grande quanto se queira, a menos que encontre o obstáculo de algum corpo opaco. Por outro lado, a corporeidade é aquilo que tem por conseqüência necessária a extensão da matéria nas três dimensões" (*De inchoatione formarum*, ed. Baur, 51-2). Grosseteste identificava assim a difusão instantânea da L. em todas as direções com a tridimensionalidade do espaço, portanto L. com espaço. Quase nos mesmos termos Bonaventura de Bagnorea afirmava que a L. não é um corpo, mas a forma de todos os corpos: "A L. é a forma substancial de todo corpo natural." Todos os corpos dela participam em maior ou menor grau; segundo essa participação têm maior ou menor dignidade e valor na hierarquia dos seres. Ela é o princípio da formação geral dos corpos; a sua formação especial é devida à superveniência de outras formas, elementares ou mistas (*In Sent.*, II, d. 13 d. 2 q. 1-2). Na segunda metade do mesmo século XIII a *Perspectiva* de Witel expõe idéias muito semelhantes. "A ação divina expande-se no mundo através da L. As substâncias inferiores recebem das substâncias superiores a L. proveniente da fonte da divina bondade; em geral o ser de cada coisa provém do ser divino, toda intelegibilidade provém do intelecto divino e toda vitalidade, da vida divina. O princípio, o meio e o fim de todas essas influências é a L. divina, pela qual, através da qual e para a qual todas as coisas estão dispostas" (*Perspectiva*, ed. Baeumker, pp. 127-8). A óptica, que estuda as leis da difusão da L., constitui inteiramente a física, porquanto todo o mundo físico é determinado pela difusão da L. (*ibid.*, p. 131). A última manifestação dessa física ou metafísica da L. talvez seja o projeto de Descartes de descrever o mundo do ponto de vista da L. "Assim como os pintores, não podendo representar no quadro todas as diversas faces de um corpo, escolhem uma das faces principais que voltam para a L. e, deixando as outras na sombra, permitem que delas apareça só o que se pode ver, também eu, temendo não poder pôr no meu discurso [no projetado livro sobre o *Mundo*, que depois não publicou] tudo que tinha em mente, projetei expor amplamente apenas aquilo que pensava sobre a L. Depois, na ocasião, projetei acrescentar algo sobre o sol e as estrelas fixas, porque é dessas fontes que ela deriva quase inteiramente; sobre os céus, porque a transmitem; sobre os planetas, os cometas e a terra, porque a refletem; em particular sobre todos os corpos que estão na terra, porque são coloridos, transparentes ou luminosos; por fim, sobre o homem, porque é seu espectador" (*Discours*, V). [N.A.]

A metáfora da L. está presente também na ontologia de Heidegger, ainda que com significados diferentes dos tradicionais (v. LICHTUNG). [G.F.]

LUZ[2] (gr. φέγγος; lat. *Lumen*; in. *Light*; fr. *Lumière*; al. *Licht*; it. *Lume*). Critério diretivo do pensamento e da conduta do homem, comparado à L. procedente do alto ou de fora. Para Aristóteles, a ação do intelecto ativo sobre a alma humana era comparável à L. que passa ao ato as cores que no escuro estão somente em potência (*De an.*, III, 5, 430 a 15). Os estóicos falavam da faculdade sensível e da representação cataléptica como de uma "L. natural": "Como uma L. natural para o reconhecimento das verdades, foram-nos dadas a faculdade sensível e a representação gerada através dela" (SEXTO EMPÍRICO, *Adv. math.*, VII, 259). E Cícero dizia: "A natureza deu-nos minúsculas centelhas que nós, estragados pelos maus costumes e pelas falsas opiniões, apagamos, levando ao total desaparecimento da L. natural" (*Tusc.*, III, 1, 2). Plotino fala do Bem como "L. que ilumina o intelecto" (*Enn.*, VI, 7, 24). Mas foi só com Agostinho que a noção de L. se tornou fundamental, difundindo-se através de sua obra e permanecendo viva na tradição ocidental. Agostinho atribui aos estóicos o mérito de ter visto em Deus "a L. das mentes" (*De civ. Dei*, VIII, 7). Essa L. é a condição para o verdadeiro conhecimento e para a comunicação de verdades. A luz da verdade que, partindo de Deus, ilumina diretamente a alma e a guia é o conceito central da filosofia agostiniana. "Mesmo os ignorantes" – diz Agostinho – "quando bem interrogados, respondem corretamente acerca de algumas disciplinas, pois neles está presente, uma vez que podem recebê-la, a L. da razão eterna, na qual vêem as verdades imutáveis" (*Retractiones*, I, 4, 4). Isso significa que o funcionamento natural do intelecto humano exige a presença da L. divina e que, para o homem, o conhecimento da verdade é a visão da verdade em Deus, possível graças à direta iluminação divina. Nos primórdios da escolástica essa doutrina foi reproduzida por Scotus Erigena (*De divis. nat.*, II, 23), mas nas suas fases posteriores passou a ser um dos maiores pontos de divergência entre a corrente agostiniana e a aristotélica. Essa divergência é tipicamente expressa pelas posições de S. Boaventura e de Tomás de Aquino. S. Boaventura refere-se às palavras de Agostinho, "que, com letras claras e razões, demonstra que a mente, em seu conhecimento certo, deve ser dirigida por regras imutáveis e eternas; não através de uma de suas disposições (*habitus*), mas diretamente por essas regras, que estão acima dela, na Verdade eterna" (*De sciencia Christi*, q. 4). Tomás de Aquino admite que "tudo aquilo que se sabe com certeza deriva da L. da razão que, por obra divina, é inata interiormente no homem" (*De ver.*, q. 11, a. 1, ad 13). Mas interpreta aristotelicamente essa L. como o conhecimento inato dos primeiros princípios indemonstráveis "conhecidos graças à L. do intelecto agente" (*Contra Gent.*, III, 46). Em outros termos, o conhecimento humano da verdade não é visão em Deus, ou iluminação direta por parte de Deus: é o uso de uma "forma" que Deus comunicou à mente humana e que constitui, portanto, a "L. natural" dela (*S. Th.*, I, q. 106, a. 1). Dessa L. natural Tomás de Aquino distingue a L. da glória (*lumen gloriae*), que torna a criatura racional "deiforme", capaz de ver a essência divina; nega que a L. da glória possa ser uma disposição natural do homem (*ibid.*, I q. 12, a. 5); diz o mesmo sobre o *lumen gratiae*, a graça justificante (*ibid.*, I, q. 106, a. 1).

O significado do conceito de L. em Agostinho, que é de iluminação contínua por parte de Deus, conserva-se nas doutrinas de inspiração agostiniana no mundo moderno e contemporâneo. Para elas, o conhecimento é uma "visão em Deus": Malebranche (*Recherche de la vérité*, III, 2, 6), Rosmini (*Nuovo saggio*, § 396) e Gioberti (*Introd. allo studio della fil.*, II, p. 175). Por outro lado, de acordo com a segunda interpretação, a L. natural acaba perdendo qualquer conexão teológica. O título que Descartes deu a um diálogo inacabado, que deveria sintetizar sua filosofia, demonstra o modo como ele entendia essa noção: "Busca da verdade com a L. natural que, por si só, sem o auxílio da religião e da filosofia, determina as opiniões que um homem honesto deve ter sobre todas as coisas que possam ocupar seu pensamento, L. que penetra até os segredos das ciências mais curiosas." Assim entendida, a L. natural é o "bom senso ou razão" que, nas primeiras linhas do *Discurso do método*, é considerada "a coisa mais bem distribuída do mundo"; sobre ela se diz, em *Princípios de filosofia* (I, 30): "A faculdade de conhecer, que nos foi dada e que nós denominamos L. natural, só percebe objetos verdadeiros, porquanto os *apercebe*, ou seja, conhece-os clara e distintamente." Leibniz, por sua vez, afirma que "a L. natural supõe um conhecimento distinto" (*Nouv. ess.*, I, 1, 21) e Wolff entendia por "L. da alma" a "clareza das percepções" (*Psychol. empirica*, § 35). Nestes empregos, essa palavra não tem mais nada do significado tradicional, de L. que, proveniente de fora ou do alto, penetre na mente humana para guiá-la. A L. natural aqui é somente a clareza do pensamento humano. Ao falar da máxima "É preciso seguir a alegria e evitar a tristeza", Leibniz afirma: "Trata-se de um princípio inato, mas que não faz parte da L. natural, pois não fica sendo conhecido de maneira luminosa" (*Nouv. ess.*, I, 2, 1). O significado que a expressão "as L." assumiu no período iluminista é esclarecido por Leibniz. As L. são a clareza da crítica racional aplicada a todos os campos possíveis do saber e usada como critério diretivo do pensamento e da conduta do homem. [N.A.]

M

MACROCOSMO. V. MICROCOSMO.

MACROÉTICA PLANETÁRIA (in. *Planetary Macroethics;* fr. *Macroéthique planétaire;* al. *Planetare Makroethik;* it. *Macroetica planetaria).* Expressão adotada por Apel para indicar o programa de uma ética que, procedendo do microâmbito da família e do mesoâmbito da política nacional, seja capaz de elevar-se ao macroâmbito das relações planetárias. Tal ética é contraposta às morais convencionais tradicionais, que, ligadas a específicas visões metafísico-religiosas do mundo e a contextos geográfico-culturais específicos, representam simples "morais de grupo", isentas de valor universal (cf. K. O. APEL, *Pode o ponto de vista pós-kantiano sobre a moralidade ser "superado" mais uma vez na eticidade substancial?*, em *Moralität und Sittlichkeit,* vários autores, Suhrkamp, Frankfurt, 1986, pp. 217-64; v. PÓS-CONVENCIONAL). [G.F.]

MÃE (gr. μήτηρ; it. *Madre*). Segundo Platão, a mãe do universo é a matéria amorfa, assim como o pai é o modelo eterno segundo o qual o Demiurgo o cria. "Essa mãe e receptora de tudo, de tudo o que de visível e sensível é criado, não deve ser chamada de terra, nem de ar, nem de fogo, nem de água, nem de outra coisa que destas nasça ou da qual estas nasçam; é uma espécie invisível e amorfa, capaz de tudo acolher, partícipe do inteligível e difícil de se conceber" (*Tim.*, 51 a-b). [N.A.]

MAGIA (gr. μαγικὴ τέχνη; lat. *Magia;* in. *Magic;* fr. *Magie;* al. *Magie;* it. *Magia*). Ciência que pretende dominar as forças naturais com os mesmos procedimentos com que se sujeitam os seres animados. O pressuposto fundamental da M. é, portanto, o *animismo;* sua melhor definição, dada por Reinach, é de "estratégia do animismo" (*Mythes, cultes et religions,* II, Intr., p. XV). Instrumentos dessa estratégia são: encantamento, exorcismo, filtros e talismãs, por meio dos quais o mago se comunica com as forças naturais celestiais ou infernais, convencendo-as a obedecer-lhe. O caráter violento ou matreiro das operações com que se produz a obediência das forças naturais é outra característica da M., estratégia de assalto, que quer conquistar de vez, do contrário da estratégia da ciência moderna, que tende à conquista gradativa da natureza, sem lançar mão de meios violentos ou sub-reptícios.

A M. é de origem oriental e difundiu-se no Ocidente no período greco-romano (cf. F. CUMONT, *Oriental Religions in Roman Paganism,* cap. VII). Circulou mais ou menos ocultamente durante a Idade Média e voltou a agir às claras durante o Renascimento, período em que muitas vezes foi considerada complemento da filosofia natural, ou seja, como a parte desta que possibilita agir sobre a natureza e dominá-la. Era assim considerada por Pico della Mirandola (*De hominis dignitate,* fl. 136 v.) e por todos os naturalistas do Renascimento. Johannes Reuchlin, Cornélio Agripa, Teofrasto Paracelso, Gerolamo Fracastoro, Gerolamo Cardano, Giovambattista della Porta, todos visam a eliminar o caráter diabólico atribuído durante a Idade Média à M., transformando-a na parte prática da filosofia. Della Porta distinguiu nitidamente a M. *diabólica,* que se vale das ações dos espíritos imundos, da M. *natural,* que não ultrapassa os limites das causas naturais e cuja prática parece maravilhosa apenas porque seus procedimentos permanecem ocultos (*Magia naturalis,* 1558, I, 1). Essa distinção foi repetida por Campanella, que também distinguia uma M. *divina* que opera por virtude da graça divina, como a de Moisés e dos outros profetas (*Del senso delle cose e della magia.*, 1604, IV, 12). A respeito da M. no Renascimento, cf. GARIN, *Medioevo e Rinascimento,* 1954, cap. III.

Com o progresso da ciência, elimina-se o pressuposto da M., que é animismo, retirando-se as bases da estratégia de assalto em que ela consistia. Francis Bacon, apesar de ser o maior herdeiro dessa exigência prática que a M. representava, compara-a às novelas de cavalaria do ciclo do rei Artur, considerando-a proveniente da metafísica que indaga as formas, ao passo que da física, que é a investigação das causas eficientes e materiais, nasce a mecânica como ciência prática (*De augm. scient.*, III, 5). Portanto, no mundo moderno a M. desapareceu completamente dos horizontes da ciência e da filosofia. No que concerne a esta última, constitui exceção a obra de Novalis, que no período romântico defendeu um 'idealismo mágico', segundo o qual boa parte das atividades humanas mais comuns é M. Novalis diz: 'O uso ativo dos órgãos nada mais é que pensamento mágico, taumatúrgico, ou uso arbitrário do mundo dos corpos; de fato, a vontade outra coisa não é senão magia, enérgica capacidade de pensamento" (*Fragmente*, § 1731). E exprimia assim o princípio de seu idealismo mágico: "O maior mago seria aquele que soubesse também encantar-se a tal ponto que suas próprias magias lhe parecessem fenômenos alheios e autônomos. E não poderia ser esse o nosso caso?" (*ibid.*, § 1744).

Mas, desaparecendo do mundo da filosofia e da ciência, a M. permanece como uma das categorias interpretativas da sociologia e da psicologia. Sobre a função da M. no homem primitivo, Malinowski assim se expressa: "A M. fornece ao homem primitivo um número de atos e de crenças rituais já feitos, uma técnica mental e prática definida que serve para superar os obstáculos perigosos em cada empreendimento importante e em cada situação crítica. [...] Sua função é ritualizar o otimismo do homem, reforçar sua fé na vitória da esperança sobre o medo" (*Magic Science and Religion*, Anchor Book, p. 90). Mas a atitude primitiva não se encontra só no homem primitivo: o homem civilizado nela reincide em determinadas circunstâncias, que vão desde a falta de técnicas aptas a enfrentar situações difíceis até a incapacidade de descobrir como utilizar essas técnicas. Crenças mágicas são, portanto, freqüentes na vida diária, ainda que muitas vezes não confessadas. Não sem razão, Sartre chamou de comportamento mágico a reação emotiva patológica que às vezes está na base de distúrbios mentais (v. EMOÇÃO). Além disso, para Jung, a origem da M. é a idéia de uma energia universal, latente no inconsciente de todo o gênero humano e identificada com a idéia de Deus (*Psicologia do inconsciente*, 1942, cap. 5). Lévi-Strauss fez uma analogia entre a terapêutica mágica e a *psicanálise* (v.) porque, através da conscientização dos conflitos internos do paciente, ambas possibilitam uma experiência específica na qual os conflitos podem desenvolver-se e manifestar-se livremente (*Anthropologie structurale*, 1958, pp. 217 ss.). [N.A.]

MAGNANIMIDADE (gr. μεγαλοψυχία; lat. *Magnanimitas*; in. *Magnanimity*; fr. *Magnanimité*; al. *Grossmuth*; it. *Magnanimità*). Segundo Aristóteles, a virtude que consiste em desejar grandes honras e em ser digno delas. Aristóteles dá muito relevo a essa virtude, porquanto ela acompanha e "engrandece" todas as outras: "Quem é digno de pequenas coisas e se considera digno delas é moderado, mas não magnânimo; a M. é inseparável da grandeza, assim como a beleza é inseparável de um corpo grande, já que os corpos pequenos serão graciosos e proporcionais, mas não belos" (*Et. nic.*, IV, 3, 1123 b 7). A insistência nessa virtude é o sinal da persistência em Aristóteles da ética aristocrática arcaica (cf. JAEGER, *Paidéia*, I; cap. I; trad. it., I, pp. 43 ss.). Para Descartes, M. é o mesmo que generosidade; identifica-se com a virtude de avaliar-se de acordo com seu próprio valor e não sentir ciúme ou inveja (*Pass. de l'âme*, arts. 156-61). [N.A.]

MAIÊUTICA (gr. μαιευτιχὴ τέχνη; in. *Maieutics*; fr. *Maïeutique*; al. *Mäeutik*; it. *Maieutica*). Arte da parteira; em *Teeteto* de Platão, Sócrates compara seus ensinamentos a essa arte, porquanto consistem em trazer à luz conhecimentos que se formam na mente de seus discípulos: "Tenho isto em comum com as parteiras: sou estéril de sabedoria; e aquilo que há anos muitos censuram em mim, que interrogo os outros, mas nunca respondo por mim porque não tenho pensamentos sábios a expor, é censura justa" (*Teet.*, 15c). [N.A.]

MAIORIA DAS VEZES, NA (gr. ἐπὶ τὸ πολύ; in. *Mostly*; al. *Zumeist*; it. *Per lo più*). Esta expressão é empregada por Aristóteles para indicar o que acontece de modo uniforme e constante, mas nem sempre nem necessariamente; acidental é o que não acontece sempre nem na maioria das vezes (*Met.*, VI, 2, 1026 b 30). O que é sempre ou necessariamente constitui objeto das ciências teóricas; o que é na maioria das vezes constitui objeto das ciências praxi-poiéticas; o acidental não pode ser objeto de ciência. Heidegger empregou essa expressão para indicar o conjunto dos modos de ser que constituem a "medianidade" (*Sein und Zeit*, § 9). V. MEDIANIDADE. [N.A.]

MAIS-REPRESSÃO (in. *Surplus-repression*; it. *Repressione addizionale*). Expressão usada por Marcuse para indicar "as restrições impostas pelo poder social", ou seja, o *excedente* de repressão exigido pela forma histórica específica de civilização que se delineou no Ocidente (*Eros e Civiltà*, 1955, trad. it., Einaudi, Turim, 1964, p. 79). Mesmo aceitando a tese freudiana de que a civilização se teria desenvolvido em decorrência da repressão dos instintos, ou seja, em virtude de uma drástica submissão do "princípio do prazer" ao "princípio de realidade", Marcuse distingue-se do fundador da psicanálise por considerar que não é repressiva a civilização *como tal*, mas apenas o *tipo* particular dela que é a sociedade autoritária e de classes. Contestando a equiparação entre civilização e repressão, Marcuse distingue a repressão necessária ou básica (*basic repression*), ou seja, uma dose mínima de controle das pulsões (indispensável à vida em comunidade) e o excedente contingente de repressão, exigido por uma forma histórica particular de organização econômico-política. Em outros termos, historicizando o princípio de realidade, que Freud assumia de maneira não historicizada, Marcuse afirma que, na nossa cultura, ele se concretizou num acréscimo de repressão que vai muito além das necessidade de sobrevivência da espécie, sendo funcional para um tipo de sociedade governado pelo chamado "princípio de desempenho" (v. DESEMPENHO, PRINCÍPIO DE). [G.F.]

MAIS-VALIA (in. *Surplus value*; fr. *Plus-value*; al. *Mehrwert*; it. *Plusvalore*). Um dos conceitos fundamentais da economia de Marx. Como o valor é gerado pelo trabalho e nada mais é que trabalho materializado, se o capitalista pagasse ao assalariado o valor total produzido pelo seu trabalho, não ocorreria o fenômeno, eminentemente capitalista, do dinheiro que gera dinheiro. Mas como o capitalista não paga ao assalariado o correspondente ao valor por ele produzido, mas apenas o custo da sua força de trabalho (vale dizer, o que basta para produzi-la, o mínimo vital), tem-se o fenômeno da M. [N.A.]

A M. decorre portanto do trabalho excedente do operário e identifica-se com o conjunto do valor por ele gratuitamente oferecido ao capitalista (cf. *O capital*, I, seç. 3). Com essa teoria Marx quis dar uma explicação "científica" da "exploração" capitalista, que ele identifica com a possibilidade de o capitalista utilizar a força trabalho alheia em proveito próprio. Isso ocorre porque este dispõe dos meios de produção, enquanto o trabalhador dispõe unicamente de sua própria energia de trabalho e é obrigado a "vender-se" no mercado, em troca do salário, para sobreviver. Da M. deriva o lucro. M. e lucro, porém, não são a mesma coisa, como às vezes se afirma impropriamente, porquanto o lucro, mesmo pressupondo a M., não coincide totalmente com ela. Para entender a razão dessa tese é indispensável ter em mente a distinção marxista entre capital variável (assim chamado porque coincide com o capital móvel investido em salários) e capital constante (que coincide com o capital investido nas máquinas e em tudo aquilo de que a fábrica precisa para funcionar eficientemente). Como a M. nasce apenas em relação aos salários, ou seja, ao capital variável (pois quanto mais aumenta o trabalho excedente, mais cresce a M.), a taxa da M. está na relação, expressa em percentual, entre a própria M. e o capital variável

$$\text{taxa de mais-valia} = \frac{\textit{mais-valia}}{\textit{capital variável}}$$

Para esclarecer com um exemplo: se o capital variável é 6, e a M. é 4, a taxa da M. será $\frac{4}{6}$, ou seja, $\frac{2}{3}$. Multiplicando essa fração por 100, teremos 66,6% ($\frac{2}{3} \times 100 = \frac{200}{3} = 66{,}6\%$), número que exprime percentualmente a taxa de M. obtida em relação ao capital variável antecipado. O capitalista, para poder dirigir a empresa, é obrigado a investir não só em salários (capital variável), mas também em instalações (capital constante). Por esse motivo, a taxa de lucro não coincide com a taxa de M., mas brota da relação, expressa em percentual, entre a M., por um lado, e a soma do capital variável com o capital fixo, por outro.

$$\text{taxa de lucro} = \frac{\textit{mais-valia}}{\textit{capital fixo + capital variável}}$$

Por exemplo, se a M. é 4, o capital constante 1 e o capital variável 6, a taxa de lucro será $\frac{4}{1+6} = \frac{4}{7} = 57{,}1\%$. Por conseguinte, a taxa de lucro é sempre menor (como se vê do denominador maior) que a taxa de M. e exprime de modo mais preciso o ganho do capitalista. [G.F.]

O conceito de M. não podia deixar de ressentir-se das objeções que foram feitas bem cedo à teoria do valor-trabalho de que ele depende. Muitos puseram em discussão a tese marxista de que o valor de troca de uma mercadoria derivaria exclusivamente do trabalho operário nela incorporado e, por conseguinte, a tese de que a M. seria trabalho não pago pelo capitalista ao assalariado foi questionada. Além disso, à luz de um exame empírico bem feito, tem deparado graves dificuldades a tese marxista de que a M. seria sempre muito elevada, estando o salário necessariamente fixado no nível da mera subsistência; com mais razão perdeu crédito a previsão, presente no *Manifesto*, de que o capitalismo acabaria por não ser capaz de garantir aos seus *escravos* nem mesmo a subsistência. A taxa de M. representava para Marx a taxa de exploração do proletariado, que ele considerava ter demonstrado cientificamente, mas os próprios economistas ligados ao marxismo atualmente se orientam para teorias da exploração capitalista que estão de algum modo desvinculadas do conceito de M. Afirma-se (p. ex., P. GAREGNANI, *Marx e gli economisti classici*, 1981) que a exploração do operário pelo capitalista decorre do fato de que o ordenamento econômico não permite que a coletividade dos trabalhadores se aproprie de todo o produto social; ou então, recorre-se (p. ex., J. ROEMER, *Analytical Foundation of Marxian Economic Theory*, 1981) à formulação metodológica da teoria dos jogos para concluir que são explorados os sujeitos sociais que têm à disposição alternativas preferíveis para a alocação existente dos recursos. Em todo caso, permanece substancialmente nessas teorias o pressuposto marxista (cada vez mais difícil de sustentar) de que o capital não desempenha função produtiva própria. [N.T.]

MAIS-VIDA, MAIS-QUE-VIDA (al. *Mehr-Leben, Mehr-als-Leben*; it. *Più-vita, Più-che-vita*). Expressões cunhadas por G. Simmel para indicar, respectivamente, o processo da vida e as formas às quais ele dá ensejo. Como "M.-vida", a vida é o processo que supera continuamente os limites que impõe a si mesma. Como "M.-que-vida", a vida é o conjunto das formas finitas que emergem do processo vital e a ele se contrapõem (*Lebensanschauung*, 1918, pp. 22-3). [N.A.]

MAL (gr. τὸ κακόν; lat. *Malum*; in. *Evil*; fr. *Mal*; al. *Böse*; it. *Male*). Este termo tem uma variedade de significados tão extensa quanto a do termo *bem* (v.), do qual é correlativo. Do ponto de vista filosófico, entretanto, é possível resumir essa variedade em duas interpretações fundamentais dadas a essa noção ao longo da história da filosofia: 1.ª noção metafísica do M., segundo a qual este é *a*) o não-ser, ou *b*) uma *dualidade* no ser; 2.ª noção subjetivista, segundo a qual o M. é o objeto de aptidão negativa ou de um juízo negativo.

1.ª A concepção metafísica do M. consiste em considerá-lo como o *não-ser* diante do ser, que é o bem, ou em considerá-lo como uma dualidade do ser, como uma dissensão ou um conflito interno do próprio ser.

a) A concepção do M. como não-ser aparece nos estóicos e é claramente formulada pelos neoplatônicos. Por considerarem que a existência dos males condiciona a dos bens, de tal modo que, por exemplo, não haveria justiça se não houvesse ofensas, não haveria trabalho se não houvesse indolência, não haveria verdade se não houvesse mentira etc., os estóicos, em particular Crisipo, achavam que os chamados males não são realmente males, porque necessários à ordem e à economia do universo (AULO GÉLIO, *Noct. Att.*, 1). Marco Aurélio exprimia perfeitamente este ponto de vista dizendo: "Toda vez que arrancas uma partícula qualquer da ordem e da continuidade do universo a integridade do todo fica mutilada e comprometida. [...] E realmente extirpas, na medida do teu poder, alguma coisa do universo toda vez que te queixas do que aconteceu; em certo sentido, em assim fazendo, estás condenando à morte o universo inteiro em teu desejo" (*Ric.*, V, 8). Uma vez que não se pode amar uma coisa e considerá-la má, o ponto de vista estóico equivale a considerar bom tudo o que existe e a reduzir o M. ao não-ser. Essa redução torna-se explícita no neoplatonismo. Plotino diz: "Se tais são os entes e se tal é o que está além dos entes [isto é, Deus], então o M. não existe nem naqueles nem neste, visto que tanto um quanto o outro são bem. Conclui-se, portanto, que, se existir, existe no que não é, e que é uma espécie de não-ser, encontrando-se, pois, nas coisas mescladas de não-ser ou partícipes do não-ser" (*Enn.*, I, 8, 3). Nesse sentido, Plotino identifica o M. com a matéria: a matéria é o não-ser. "O M. não consiste na deficiência parcial, mas na deficiência total: o que carece parcialmente de bem não é mau e pode até ser perfeito em seu gênero. Mas quando há deficiência total, como na matéria, tem-se o verdadeiro M., que não tem parte alguma de bem. A matéria não tem sequer o ser que lhe possibilitaria participar do bem: pode-se dizer que ela *é* apenas em sentido equívoco; na verdade, a matéria é o próprio não-ser" (*ibid.*, I, 8, 5).

A identificação do M. com o não-ser torna-se tradicional na filosofia cristã. É retomada por Clemente de Alexandria (*Strom.*, IV, 13), por Orígenes (*De princ.*, I, 109) e por Agostinho, que a difunde no mundo ocidental. Agostinho diz: "Nenhuma natureza é M., e esse nome indica apenas a privação do bem" (*De civ. Dei*, XI, 22). Portanto, "todas as coisas são boas, e o M. não é substância porque se fosse substância seria bem" (*Conf.*, VII, 12). Boécio afirmava: "O mal é nada, porque não o pode fazer Aquele que pode todas as coisas" (*Phil. cons.*, III, 12). A escolástica é igualmente unânime nesse aspecto. Anselmo reiterou a doutrina do M. como não-ser nos mesmos termos de Agostinho (*De casu diaboli*, 12-16). Com Maimônides, a escolástica hebraica repete a mesma tese (*Guia dos perplexos*, III, 10); na escolástica cristã, é repetida por agostinianos, como Alexandre de Hales (*S. Th.*, I, q. 18, 9), por aristotélicos, como Alberto Magno (*S. Th.*, I, q. 27, 1), e por Tomás de Aquino. Este último diz: "Uma vez que bem é tudo o que é apetecível e uma vez que a cada natureza apetece seu ser e sua perfeição, cumpre dizer que o ser e a perfeição de qualquer natureza são essencialmente bem. Portanto, não pode acontecer que 'M.' signifique algum ser, alguma forma ou natureza; conclui-se, pois, que significa apenas a ausência do bem" (*S. Th.*, I, q. 48, a. 1) O verbo ser pode referir-se ao M. somente no sentido "da verdade da proposição", como quando se diz que "a cegueira é do olho", sentido que não implica de modo algum a realidade (*entitas rei*) (*ibid.*, I, q. 48, a 2).

Após as observações céticas de Pierre Bayle sobre a compatibilidade do M. (em todas as suas formas) com a onipotência divina e com a perfeição do universo, a teodicéia de Leibniz está fundamentada na doutrina tradicional do M. como negação do bem. "Os platônicos, Agostinho e os escolásticos", diz Leibniz, "tiveram razão em dizer que Deus é a causa material do M., que consiste em sua parte positiva, e não da forma dele, que consiste na privação, assim como se pode dizer que a corrente é a causa material do atraso na velocidade de um barco, sem ser a causa da forma do próprio atraso, ou seja, dos limites dessa velocidade" (*Théod.*, I, 30). Essas considerações de Leibniz fundamentaram todas as tentativas ulteriores de *teodicéia* (v.). Por outro lado, a nulidade do M. continuou sendo a tese adotada pelas doutrinas que identificam o ser com o bem ou, em termos modernos, com a racionalidade ou o dever-ser; isso acontece em Hegel, para quem o M., entendido como vontade malévola, é "a nulidade absoluta" dessa vontade (*Enc.*, § 512). Do ponto de vista dos idealismos absolutos, como o de Hegel e de sua escola, apresenta-se novamente o problema tradicional da teodicéia: o da possibilidade do M.; a única solução disponível é ainda a tradicional: a nulidade do M. Gentile dizia: "Não é erro e verdade, mas erro *na* verdade, como seu conteúdo que se resolve na forma; nem M. e bem, mas M. do qual o bem se nutre no seu absoluto formalismo" (*Teoria generale dello spirito*, XVI, 10). Croce por sua vez afirmava: "O M., quando real, não existe senão no bem, que se lhe opõe e o vence; portanto, não existe como fato positivo: quando, porém, existe como fato positivo, já não é um M., mas um bem (e por sua vez tem como sombra o M., contra o qual luta e vence)" (*Fil. della pratica*, 1909, p. 139). Não-ser, nulidade ou irrealidade do M. é tese redescoberta toda vez que, de qualquer forma, se propõe a identidade entre ser e bem.

b) A segunda concepção metafísica do M. considera-o como um conflito interno do ser, como a luta entre dois princípios. Segundo essa concepção, o domínio do ser divide-se em dois campos opostos, dominados por dois princípios antagônicos. O modelo dessa concepção é a religião persa, de Zaratustra ou Zoroastro, que contrapunha à divindade (*Ahura Masda* ou *Ormazd*) uma antidivindade (*Arimã*), que é o princípio do M. (cf. PETTAZZONI, *La religione di Zaratustra*, Bolonha, 1921; DUCHESNE-GUILLEMIN, *Ormazd et Ahriman*, Paris, 1953). Essa doutrina constitui uma solução extremamente simples para o problema do M., pois, ao mesmo tempo que limita o poder das divindades, não trai o monoteísmo porque concebe a potência limitante como antidivindade. Segundo essa solução, o M. é real tanto quanto o bem, e, como tal, tem causa própria, antitética à do bem. Essa doutrina evita a redução do M. ao nada, tão pouco convincente para o homem comum, e decorre do mesmo tipo de justificação de que lança mão a negação metafísica da realidade do M. O dualismo persa retornou no culto de Mitra: personagem que, segundo relato de Plutarco, ocupava posição intermediária entre o domínio da luz, pertencente a Ahura Masda, e o domínio das trevas, pertencente a Arimã (*De Iside et Osiride*, 46-7; cf. F. CUMONT, *The Mysteries of Mithra*, cap. I). Retornou também, com algumas atenuações, em algumas seitas gnósticas dos primeiros séculos da era vulgar, especialmente na de Basilides (cf. BUONAIUTI, *Frammenti gnostici*, 1923, pp. 42 ss.), bem como na seita dos maniqueus, contra os quais Agostinho assesta uma de suas principais polêmicas (v. MANIQUEÍSMO). Mas a filosofia nunca aceitou essa solução para o problema do M. na forma simples como foi originariamente formulada pela religião persa; nunca admitiu a separação dos dois princípios. Quando aceitou essa solução, modificou-a no sentido de incluir ambos os princípios em Deus, considerando o princípio do bem e o do M. unidos em Deus, justamente em virtude de seu conflito. No século XVII, Jacob Böhme, insistindo na presença, em todos os aspectos da realidade, de dois princípios em luta, que são o bem e o M., atribuía a causa dessa luta à presença em Deus dos dois princípios antagonistas, que ele indicava com vários nomes: espírito e natureza, amor e ira, ser e fundamento etc. Em Deus, esses dois princípios estariam fortemente ligados, numa espécie de luta amorosa. Böhme dizia: "A divindade não repousa tranqüila, mas suas potências trabalham sem trégua e lutam amorosamente; movem-se e combatem: como acontece com duas criaturas que brincam uma com a outra, com amor abraçam-se e estreitam-se; ora uma é vencida, ora a outra, mas o vencedor logo se detém e deixa que a outra retome seu jogo" (*Aurora oder die Morgenröte im Aufgang*, 1634, cap. XI, § 49). Em outras palavras, o dualismo do bem e do M. está em Deus mesmo, e nele os dois princípios travam um combate "amoroso", no qual nenhum é definitivamente derrotado. A subcorrente do pensamento filosófico chamada *teosofia* (v.) sempre adotou essa solução para o problema do M.: no período romântico, retornou em *Indagações sobre a essência da liberdade humana* (1809), de Schelling, em que este sustentava, assim como Böhme, que em Deus está não só o *ser*, mas, como fundamento desse ser, há um *substrato* ou *natureza* que se distingue dele e é um anseio obscuro, um desejo inconsciente de ser, de sair da escuridão e alcançar a luz divina (*Werke*, I, VIII, p. 359). No entanto, Schelling afirmava que, estando esses dois princípios estreitamente unidos em Deus, não há nele distinção entre bem e M.; com a separação desses princípios no homem, nasce a possibilidade do bem e do M., e de seu conflito (*ibid.*, p. 364). Ainda em tempos relativamente recentes, em relação mais direta com a religião persa, solução semelhante para esse problema foi proposta por G. T. Fechner, que admitia haver em Deus a mesma dualidade entre vontade racional e instintos obscuros encontrada no homem (*Zend Avesta*, 5ª ed., 1922, pp. 244-5). É possível entrever soluções análogas, porém menos explícitas, em algumas formas de espiritualismo e na *psicanálise* (v.).

2ª A segunda concepção fundamental do M. não o considera realidade ou irrealidade, mas objeto negativo do desejo ou, em geral, do juízo de valores. Essa concepção é admitida por todos os que defendem a chamada teoria subjetivista do bem. Hobbes, Espinosa e Locke compartilham essa teoria (para os respectivos textos, v. BEM), à qual Kant deu forma mais geral. Segundo Kant, "os únicos objetos da razão prática são o bem e o M. Pelo primeiro entende-se um objeto necessário da faculdade de desejar; pelo segundo, um objeto necessário da faculdade de repelir; mas ambos somente segundo o princípio da razão" (*Crít. R. Prática*, cap. 2). Kant insistia sobretudo em retirar as determinações de bem e M. (em alemão, *Gut e Böse*) "da esfera da faculdade inferior de desejar", à qual pertencem o agradável e o doloroso (em alemão, *Wohl* e *Übel*). "O que devemos chamar de bem" – dizia ele – "é o objeto da faculdade de desejar segundo o juízo dos homens dotados de razão; o M. deve ser objeto de aversão aos olhos de todos, de tal modo que para tais juízos, além dos sentidos, também há necessidade da razão" (*ibid.*). Contudo, Kant concordava com a teoria subjetivista, ao julgar que o bem e o M. não podem ser determinados independentemente da faculdade de desejar do homem, o que significa que eles não são realidade ou irrealidade por si mesmos. A filosofia moderna e contemporânea compartilha essa visão. Para ela, M. é simplesmente um *desvalor*, objeto de um juízo negativo de valor, e implica, portanto, referência à regra ou norma na qual se fundamenta o juízo de valor (v. VALOR). Assim, por exemplo, o terremoto é um M. quando destrói vidas humanas ou fontes de subsistência e bem-estar humano, mas não é um M. quando não provoca esse tipo de destruição, pois nesse caso não contraria o desejo ou a exigência humana de sobrevivência e bem-estar. Seja qual for o ponto de vista de que se considere essa exigência, ela se expressa em regras ou normas que podem entrar em conflito com acontecimentos naturais ou com comportamentos humanos. Esses acontecimentos ou comportamentos são chamados de males, com base nesse conflito, e não porque tenham um *status* metafísico especial.

Era desse ponto de vista que Kant interpretava o "M. radical" da natureza humana como um princípio que alicerça o comportamento de todos os seres racionais finitos: afastar-se, ocasionalmente, da lei moral (*Religion*, I, 3). Esse princípio nada mais expressa que a possibilidade de transgredir as normas morais próprias do homem, definindo-se, então, o M. radical como a possibilidade geral de desvalor na conduta do homem. [N.A.]

Na filosofia do fim do século XX, algumas das intervenções mais significativas dizem respeito à realidade do M. em relação a Deus. As soluções principais são a de H. Jonas, segundo a qual Deus, sendo bom mas não onipotente, não tem condições de impedir o M. (*O conceito de Deus depois de Auschwitz*, 1984), e a de L. Pareyson, segundo a qual Deus contém em si mesmo, nem que a título de possibilidade já sempre vencida, traços de M. (*Filosofia da liberdade*, 1989; v. DEUS). [G.F.]

MAL RADICAL. V. MAL.

MALTHUSIANISMO (in. *Malthusianism*; fr. *Malthusianisme*; al. *Malthusianismus*; it. *Malthusianesimo*). 1. Doutrina econômica de Thomas Robert Malthus (1766-1834), exposta em *Ensaio sobre a população* (1798), que parte do princípio de que a população e os meios de subsistência crescem em proporções diferentes, passando-se a considerar os meios para evitar o desequilíbrio entre ambos. Malthus baseava-se no desenvolvimento da América do Norte, observando que ali a população tendia a crescer em progressão geométrica, duplicando a cada vinte e cinco anos, enquanto os meios de subsistência tendiam a crescer em progressão aritmética. Segundo Malthus, o desequilíbrio assim determinado provoca a intervenção dos meios *repressivos* (miséria, vício e outros flagelos sociais) que dizimam a população, e não há outra maneira de evitar a ação de tais meios a não ser substituindo-os por meios *preventivos*, que consistem no controle da natalidade. Para Malthus, portanto, o único remédio para os males sociais seria a abstenção de casar-se por parte das pessoas que não estejam em condições de prover ao sustento dos filhos, recomendando-se ao mesmo tempo "a conduta estritamente moral durante esse período de abstenção". Essa doutrina propôs um problema que continua vivo e atual na sociedade contemporânea, levando-se em conta os enormes índices de crescimento da população mundial.

2. Em geral, a teoria e a prática do controle voluntário da natalidade. [N.A.]

MANEIRISMO (in. *Manner*; fr. *Manière*; al. *Manier*; it. *Maniera*). A partir do século XVIII essa palavra foi usada para designar uma forma menor de expressão artística, produto da busca malsucedida de originalidade. Kant diz "O M. é uma espécie de contrafação, que consiste em imitar a originalidade e, portanto, em afastar-se o máximo possível dos imitadores, sem, porém, possuir o talento de ser exemplar por si mesmo. [...] O precioso, o rebuscado e afetado que querem distinguir-se do comum mas carecem de talento lembram os modos de quem se escuta ou se movimenta como se estivesse em cena" (*Crít. do Juízo*, § 49). No mesmo sentido, Hegel definia o M. como a forma de arte em que o artista, em vez de conservar a "objetividade" da arte, procura absorvê-la em sua individualidade "particular e acidental", contrapondo-a, portanto, à *originalidade*, que é a "verdadeira objetividade" da obra de arte (*Vorlesungen über die Ästhetik*, ed. Glockner, I, pp. 391 ss.). [N.A.]

MANIFESTAÇÃO (in. *Manifestation*; fr. *Manifestation*; al. *Manifestation*; it. *Manifestazione*). O mesmo que expressão, revelação ou *fenômeno* (v.), no sentido positivo deste último termo. [N.A.]

MANIQUEÍSMO (in. *Manicheism*; fr. *Manichéisme*; al. *Manichäismus*; it. *Manicheismo*). Doutrina do sacerdote persa Mani (lat. *Manichaeus*), que viveu no século III e proclamou-se o Paracleto, aquele que devia conduzir a doutrina cristã à perfeição. O M. é uma mistura imaginosa de elementos gnósticos, cristãos e orientais, sobre as bases do dualismo da religião de Zoroastro. Admite dois princípios: um do bem, ou princípio da luz, e outro do mal, ou princípio das trevas. No homem, esses dois princípios são representados por duas almas: a corpórea, que é a do mal, e a luminosa, que é a do bem. Pode-se chegar ao predomínio da alma luminosa através de uma ascese particular, que consiste em três selos: abstenção de alimentar-se de carne e de manter conversas impuras (*signaculum oris*); abstenção da propriedade e do trabalho (*signaculum manus*); abster-se do casamento e do concubinato (*signaculum sinus*). O M. foi muito difundido no Oriente e no Ocidente; aqui durou até o século VII. O grande adversário do M. foi Agostinho, que dedicou grande número de obras à sua refutação. Cf. H. C. PUECH, *Le manichéisme: son fondateur, sa doctrine*, Paris, 1949. [N.A.]

MANTIKÉ (gr. μαντική τέχνη; in. *Mantic*; fr. *Mantique*; al. *Mantica*; it. *Mantica*). Visão antecipada ou ciência das coisas futuras. É assim que Cícero define a M. (*De divin.*, I, 1), ao citar e discutir o modo como essa ciência era entendida pelos estóicos. Para estes, a M. fundamenta-se na ordem necessária do mundo, no destino: ao se interpretar essa ordem é possível antecipar os acontecimentos que ela determina. "Os estóicos" – diz Cícero – "afirmam que só o sábio pode ser adivinho." Crisipo define a M. com estas palavras: "faculdade de conhecer, ver e explicar os sinais por meio dos quais os Deuses manifestam sua vontade aos homens" (*Ibid.*, II, 63, 130). [N.A.]

MAQUIAVELISMO (in. *Machiavelianism*; fr. *Machiavélisme*; al. *Machiavelismus*; it. *Machiavellismo*). Doutrina política de Maquiavel ou o princípio no qual ela é convencionalmente resumida.

A doutrina política do M. tem explicitamente o objetivo de indicar o caminho por meio do qual as comunidades políticas em geral (e a italiana em particular) podem renovar-se conservando-se, ou conservar-se renovando-se. Tal caminho é o retorno *aos princípios*, conforme a concepção que o *Renascimento* (v.) tem da renovação do homem em todos os campos. O retorno aos princípios de uma comunidade política supõe duas condições: 1ª que suas origens históricas sejam claramente reconhecidas, o que só pode ser feito por meio de uma investigação histórica objetiva; 2ª que sejam reconhecidas, em sua *verdade afetiva*, as condições a partir das quais ou através das quais o retorno deve ser realizado. A *objetividade* historiográfica e o *realismo* político constituem, assim, os dois pontos básicos do M. original. Graças a este segundo aspecto, Maquiavel foi considerado fundador da ciência empírica da política, ou seja, disciplina empírica que estuda as regras da arte de governar sem outra preocupação além da *eficácia* dessas regras. Constituem parte integrante da doutrina de Maquiavel o conceito de acaso, que com sua imprevisibilidade é sempre condição da atividade política, e o conceito conexo do *empenho* político, em virtude do qual os homens "nunca devem desistir", no sentido de que não devem desesperar nem renunciar à ação, mas participar ativamente dos acontecimentos, pois o resultado deles, dada a presença do acaso, nunca é predeterminado. (Sobre a doutrina de Maquiavel e suas interpretações, v. G. SASSO, *N. M., storia del suo pensiero politico*, Nápoles, 1958.)

Por M. entende-se também o princípio no qual, a partir do século XVII, a doutrina de Maquiavel passou a ser convencionalmente resumida: de que "o fim justifica os meios". Tal máxima, porém, não foi formulada por Maquiavel, que não considera o Estado como fim absoluto e não o julga dotado de existência superior à do indivíduo (no sentido atribuído, p. ex., por HEGEL, *Fil. do dir.*, § 337). Além disso, Maquiavel tinha grande simpatia pela honestidade e pela lealdade na vida civil e política; portanto, admirava os Estados regidos por essas virtudes, como, por exemplo, o dos romanos e dos suíços. Entretanto, como dissemos, seu objetivo era formular regras eficazes de governo, tendo como base a experiência política antiga e nova, considerando que essa eficácia era independente do caráter moral ou imoral das regras. Por outro lado, percebeu que a moral e a religião podem ser – como às vezes são – forças políticas que, como todas as outras, condicionam a atividade política e seu êxito; percebeu também que às vezes isso não acontece e que a ação política se mostra eficaz mesmo quando exercida em sentido contrário ao das leis da moral. Como essa era a realidade mais freqüente nas sociedades de seu tempo (especialmente a italiana e a francesa) – que ele chama de "corruptas" – e como Maquiavel tem sobretudo em vista a aplicação de suas regras políticas à sociedade italiana para a constituição de um Estado unificado, explica-se sua insistência em certos preceitos imorais de conduta política, o que acabou sendo mal expresso ou generalizado na máxima de que "o fim justifica os meios". Esta, na realidade, foi a máxima da moral jesuíta: Hegel cita-a na forma dada pelo padre jesuíta Busenbaum (1602-68): "Quando o fim é lícito, os meios também são lícitos" (*Medulla theologiae moralis*, IV, 3, 2), e justifica-a do ponto de vista formal (como expressão tautológica) e substancial (como "consciência indeterminada da dialética do elemento positivo") (*Fil. do dir.*, § 140, *d*); cf., sobre o M., F. MEINECKE, *Die Idee der Staatsräson in der neueren Geschichte*, 1925; trad. in., *Machiavellianism*, 1957). [N.A.]

MÁQUINA DE TURING (in. *Turing Machine*; fr. *Machine de Turing*; al. *Turing-Maschine*; it. *Macchina di Turing*). Idealização de uma máquina pelo lógico e matemático inglês Alan M. Turing (1936) para subdividir até o mais simples processo de cálculo em operações elementares. A M. é assim estruturada: consta de uma fita de comprimento finito, mas extensível à vontade em ambas as direções, dividida em quadrados, ou células, de iguais dimensões, e de uma "caixa móvel" que corre ao longo da fita – pode-se imaginar uma espécie de carrinho que se move em ambas as direções sobre a fita como se fosse um trilho – e é dotada de um aparelho capaz de realizar algumas operações simples. Cada quadrado da fita tem impresso um símbolo extraído de um alfabeto composto por um número finito de símbolos S_0, S_1,... S_n – em geral convém fazer coincidir o símbolo S_0 com o quadrado vazio. Sobre a fita aparece apenas um número finito de símbolos da seqüência $S_1,...,S_n$. (diferentes quadrados podem conter os mesmos símbolos). Além disso, a M. encontra-se num determinado "estado interno" $q_0,...q_n$ (o *estado* pode corresponder a uma situação física particular da M., como a posição de um interruptor ou de um dispositivo elétrico etc.). As operações consistem em: 1) ler o quadrado em exame, apagar o símbolo do quadrado e imprimir outro em seu lugar; 2) ler o símbolo e deslocar-se para o quadrado da direita; 3) ler e deslocar-se para o quadrado da esquerda; 4) ler e parar. Por conseguinte, a M. é determinada por uma tabela finita de quádruplos, ou matriz, em cada linha cujo estado inicial é especificado como q_i, o sinal observado S_j, a operação conseqüente (p. ex.: R = passar para a direita; L = passar para a esquerda; S_k = escrever S_k) e, finalmente, o estado seguinte q_l. Uma vez que nenhum quádruplo se inicia com a mesma combinação $q_i\ S_j$, o comportamento da máquina é descrito de maneira unívoca pela tabela e é portanto determinístico. Pode-se pensar na tabela como programa da M. Uma função *f* cujo argumento é uma n-upla de expressões num alfabeto finito (o alfabeto pode constar também de um único símbolo, por exemplo "I") é chamada de *Turing-computável* se existir uma M. tal que, aplicada a uma n-pla inicial qualquer de expressões escritas sobre a fita, parar depois de ter produzido – num número finito de passos – a expressão que é o valor da função para aquela n-pla de argumentos. A M. de Turing decompõe o processo de cálculo em unidades mínimas – em "passos" que, para serem executados, devem satisfazer a certas condições univocamente especificadas: os mesmos passos, nas mesmas condições, são os executados com um ser humano. Nesse sentido, uma M. de Turing fornece uma representação fiel de qualquer método mecânico ou *efetivo* (v.) de cálculo que pode ser executado por calculadores humanos. Visto que uma *função recursiva* é uma função *efetivamente calculável ou computável*, e como a referência a uma M. de Turing torna evidente o significado de *efetivamente calculável*, segue-se que uma *função recursiva* é *Turing-computável*. Portanto, a "tese de Church" (v. EFETIVO, PROCEDIMENTO) equivale a afirmar que toda função computável é *Turing-computável*. [M.M.]

MARGINALISTA, ESCOLA. V. ECONOMIA POLÍTICA.

MARXISMO. V. COMUNISMO; MATERIALISMO DIALÉTICO; MATERIALISMO HISTÓRICO; MAIS-VALIA.

MARXISMO OCIDENTAL (in. *Western marxism*; fr. *Marxisme occidental*; al. *Westlicher Marxismus*; it. *Marxismo occidentale*). Termo usado em duas acepções distintas, que se diferenciam entre si segundo a menor ou maior amplitude de significado.

1º Numa primeira acepção – cunhada ou simplesmente posta em circulação por Merleau-Ponty em *Les aventures de la dialectique* (1955) – entende-se por M. ocidental a leitura de Marx desenvolvida por volta dos anos 1920 por autores como Lukács e Korsch. Leitura caracterizada por alguns elementos comuns, como: *a*) recuperação da dimensão filosófica do M.; *b*) esforço de "pensar Marx através de Marx"; *c*) abandono dos esquemas materialistas, mecanicistas e evolucionistas com origem no fim do século XIX; *d*) desconfiança da dialética da natureza de cunho engelsiano e privilégio conferido à dialética de tipo hegeliano, com ênfase especial na categoria de totalidade; *e*) interpretação do materialismo histórico nos termos de uma filosofia da práxis baseada na recusa do economicismo vulgar e na valorização das superestruturas; *f*) a maneira aberta e "heterodoxa" de referir-se a Marx e ao M.

2º Numa segunda acepção, não se entende por M. ocidental apenas o pensamento de Lukács e Korsch, na forma exposta em *História e consciência de classe* (1923) e em M. *e filosofia* (1923), mas todas as experiências filosóficas (do austromarxismo a Bloch, do M. italiano à Escola de Frankfurt) que se desenvolveram de maneira autônoma em relação ao M. "ortodoxo" da Segunda e da Terceira Internacional.

Nas suas várias manifestações e correntes, o M. ocidental apresenta uma fisionomia diferente do M. oriental ou soviético. De fato, enquanto este último tem um rosto predominantemente absolutista e dogmático, o M. ocidental tem uma tendência crítica e antidogmática que se exprime em formas teoricamente refinadas, para as quais confluem algumas das expressões mais elevadas da cultura "burguesa" do início do século XX: de Weber a Croce, das vanguardas artísticas à psicanálise. [G.F.]

MASSA (in. *Mass*; fr. *Masse*; al. *Masse*; it. *Massa*). Esse termo tem múltiplos significados e sofre diferentes valorações, de acordo com o ponto de vista disciplinar (psicológico, sociológico, filosófico, político etc.) e ideológico (tradicionalista ou inovador) de que é considerado, ou também de acordo com a conotação (a M. ou as massas) com que é empregado. Literalmente, significa grande quantidade de coisas ou pessoas, mas tem uma configuração totalmente contemporânea: a sociedade, a cultura, a comunicação são hoje definidas como de M. O conceito de M. pode ser em certos aspectos aproximado a outros conceitos que indicam grande quantidade: ao de multidão, se forem ressaltadas as características de agrupamento impessoal e elementar, ou ao de classe se a tônica recair nas massas em contraposição às elites; a sua especificidade está no fato de que se configura em sentido não propriamente social, como o conceito de grupo (v.), ou psicológico, como o de multidão, nem especificamente patriótico como o de povo (v.) ou ideológico como o de classe (v.).

No século XX o conceito de M. foi considerado de diferentes perspectivas: *a*) do ponto de vista psicanalítico (cf. S. FREUD, *Psicopatologia das massas e análise do ego,* 1921), segundo o qual cada indivíduo está libidinalmente ligado tanto ao chefe quanto aos outros indivíduos da M.; *b*) do ponto de vista antropológico (cf. J. ORTEGA Y GASSET, *A rebelião das massas,* 1930), segundo o qual o homem contemporâneo caracteriza-se como "homem-massa" em sentido tanto coletivo quanto individual: o indivíduo quando perde a sua individualidade, a multidão quando se caracteriza pelo conformismo; *c*) do ponto de vista sociológico (cfr. H. MARCUSE, *L'Homme unidimensionel,* 1964), segundo o qual a sociedade contemporânea é uma sociedade de M. porquanto opulenta e caracterizada pela racionalidade instrumental; a sociedade de M., fruto do capitalismo avançado, é uma sociedade totalitária, uma vez que a vistosa liberdade que a caracteriza é apenas aparente, sendo, quando vista de perto, uma sociedade condicionada e condicionante. Dos três pontos de vista resulta a associação entre M. e totalitarismo (v.): o totalitarismo ideológico e o tecnológico aparecem, de modo possível ou necessário, ligados ao conceito de M.: num e noutro caso assumem grande importância as comunicações de M. como veículo da cultura de M., marcada por um caráter manipulatório. [G.G.]

MASS MEDIA. V. MEIOS DE COMUNICAÇÃO DE MASSA.

MATEMÁTICA (gr. Μαθηματική; lat. *Mathematica*; in. *Mathematics*; fr. *Mathématiques*; al. *Mathematik*; it. *Matematica*). As definições filosóficas de M. por um lado expressam orientações diferentes da investigação nessa área e, por outro, modos diferentes de justificar a validade e a função da M. no conjunto das ciências. Tais definições refletem concepções filosóficas sobre os fundamentos e a natureza da M. que só ocasionalmente (sobretudo nos primeiros décadas do séc. XX) tiveram efetiva influência sobre o desenvolvimento propriamente dito da pesquisa. Podem ser distinguidas quatro definições fundamentais: 1ª M. como ciência da quantidade: 2ª M. como ciência das relações; 3ª M. como ciência do possível; 4ª M. como ciência das construções possíveis.

1ª "Ciência da quantidade" foi a primeira definição filosófica da M. Essa definição foi claramente formulada por Aristóteles, mas já estava implícita nas considerações de Platão sobre a aritmética e a geometria, que tendiam sobretudo a evidenciar a diferença entre as grandezas percebidas pelos sentidos e as grandezas ideais, que são objeto da M. (*Rep.,* VII, 525-27). Aristóteles dizia: "O matemático constrói sua teoria por meio da abstração; prescinde de todas as qualidades sensíveis, como peso e leveza, dureza e seu contrário, calor e frio, e das outras qualidades opostas, limitando-se a considerar apenas a *quantidade* e a *continuidade*, ora em uma só dimensão, ora em duas, ora em três, bem como as características dessas entidades, uma vez que são quantitativas e contínuas, deixando de lado qualquer outro aspecto delas. Conseqüentemente, estuda as posições relativas e o que é inerente a elas: comensurabilidade ou incomensurabilidade e proporções" (*Met.*, XI, 3, 1601 a 28; cf. *Fís.*, II, 193 b 25). Esse conceito de M. persistiu por muito tempo e só no século XIX, com a descoberta das geometrias não euclidianas e com o desenvolvimento da análise complexa, começou a parecer insuficiente para exprimir todos os aspectos desse campo de estudos. O próprio Kant traduzia-o para a linguagem de sua filosofia. Para ele, a M. distinguia-se da filosofia porque, enquanto esta procede *por meio de* conceitos, a M. procede por meio da *construção* de conceitos; mas a construção de conceitos só é possível em M. com base na intuição *a priori* do espaço, que é a forma da quantidade em geral. E diz: "Quem pensou distinguir a filosofia da M. dizendo que esta tem como objeto apenas a quantidade tomou o efeito pela causa. É graças à forma do conhecimento da M. que ela poder referir-se unicamente a quantidades. Na verdade, só o conceito de quantidade pode ser *construído*, ou seja, exposto *a priori* na intuição do espaço" (*Crít. R. Pura*, Dout. do mét., cap. I, seç. 1). O conceito de M. como *construção* – portanto, de algum modo como *intuição* – retornou na M. contemporânea (v. mais adiante, n. 4). Mas o conceito de M. como ciência da quantidade foi repetido numerosas vezes pelos filósofos. As longas e fantásticas disquisições de Hegel sobre os conceitos fundamentais da M., na grande *Lógica*, baseiam-se nele (*Wissenschaft der Logik*, I, I, seç. II). E mesmo muito mais tarde, apesar de evidentemente inadequado para descrever os desenvolvimentos da M., Croce referia-se destemidamente a esse conceito: "As M. fornecem conceitos abstratos que possibilitam o juízo numérico; constroem os instrumentos para contar e calcular e para realizar aquela espécie de falsa síntese *a priori*, que é a numeração dos objetos individuais" (*Logica*, 1920, p. 238).

2ª A segunda concepção fundamental da M. considera-a como ciência das relações, portanto estreitamente ligada à lógica ou parte desta. Os antecedentes dessa concepção podem ser encontrados em Descartes, que afirmava: "Embora as ciências comumente chamadas de matemáticas tenham objetos diferentes, estão de acordo quanto a considerarem apenas as diversas relações ou proporções neles encontradas" (*Discours*, II). O conceito leibniziano de *ars combinatoria* (v.) ou M. universal sem dúvida pode ser considerado o início do conceito da M. como lógica, mas não impedia que o próprio Leibniz aderisse ainda ao conceito tradicional de M. como arte da quantidade (*De arte combinatoria*, 1666, Proemium, 7, em *Op.*, ed. Erdmann, p. 8). Obviamente, o estreito vínculo da M. com a lógica começou a evidenciar-se como característica da M. só quando a lógica assumiu a forma de cálculo matemático. Segundo Boole, uma vez que "as últimas leis da lógica têm forma matemática", a apresentação da lógica em forma de cálculo não é arbitrária, mas representa algo que decorre das próprias leis do pensamento (*Laws of Thought*, 1854, cap. I, § 10). Mas quem mais contribuiu para inscrever a M. no domínio da lógica foi Frege e sua polêmica contra o psicologismo. Num ensaio de 1884, Frege mostrava a importância do conceito de relação para a definição do número natural; dizia: "O conceito de relação pertence – tanto quanto o conceito simples – ao campo da lógica pura. Aqui não interessa o conteúdo especial da relação, mas exclusivamente sua forma lógica. Se algo pode ser afirmado sobre ela, a verdade desse algo é analítica e reconhecida *a priori*" (*Eine logisch-mathematische Untersuchung über den Begriff der Zahl*, 1884, § 70, trad. it., em *Aritmetica e logica*, p. 139). O ponto de vista de Frege foi comungado por Russel, que via a coincidência entre M. e lógica exatamente no âmbito da teoria das relações e considerava que o tema comum das duas ciências é a forma dos enunciados, definida como "aquilo que não varia quando qualquer componente do enunciado é substituído por outro", isto é, quando o enunciado é transformado em pura relação (*Intr. to Mathematical Philosophy*, 1918, cap. XVIII).

Por outro lado, Peirce, mesmo admitindo a conexão entre M. e lógica, procurara distinguir ambas, afirmando que, enquanto a M. é a ciência que infere conclusões necessárias, a lógica é a ciência do *modo de inferir* conclusões necessárias. "O lógico não está muito preocupado com esta ou aquela hipótese ou com suas conseqüências exceto quando isso pode lançar luzes sobre a natureza do raciocínio. O matemático interessa-se muito pelos métodos eficientes de raciocinar, visando à sua possível extensão para novos problemas, mas, como matemático, não se preocupa em analisar as partes de seu método cuja correção é dada como óbvia" (*Coll. Pap.*, 4.239). Essa distinção, porém, baseava-se na noção de lógica como ciência categórica e normativa (*ibid.*, 4.240), o que não fez carreira na lógica contemporânea, cujo caráter convencional se acentuou cada vez mais (v. CONVENCIONALISMO; LÓGICA). Portanto, a melhor definição de M., desse ponto de vista, é dada por Wittgenstein: "A M. é um método lógico. As proposições da M. são equações, portanto pseudoproposições. A proposição matemática não exprime pensamento algum. De fato, nunca precisamos de proposições matemáticas na vida, mas as empregamos apenas com o fim de, a partir de proposições que não pertencem à M., tirar conclusões que se expressam em proposições que tampouco lhe pertencem" (*Tractatus*, 1922, 6.2; 6.21; 6.211). As equações da M. correspondem às tautologias da lógica (*ibid.*, 6.22) e, como estas, nada dizem. Ponto de vista análogo foi expresso por Carnap: "Os cálculos constituem um gênero particular de cálculos lógicos, distinguindo-se deles pela maior complexidade. Os cálculos geométricos são um gênero particular de cálculos físicos" (*Foundations of Logic and Mathematics*, 1939, § 13).

Esta é a melhor formulação da tese do *logicismo* (v.), que considera a M. como parte da lógica. Segundo esse ponto de vista, deve-se derivar a M. da lógica do seguinte modo: 1º definindo todos os conceitos da M. (vale dizer, da aritmética, da álgebra e da análise) em termos de conceitos de lógica; 2º deduzindo todos os teoremas da M. a partir dessas definições e por meio dos princípios da própria lógica (inclusive os axiomas de infinidade e de escolha) (cf. C. G. HEMPEL, "On the Nature of Mathematical Truth", 1925, em *Readings in the Philosophy of Science*, 1953, p. 59).

3ª A terceira concepção fundamental de M. pertence à corrente *formalista* e pode ser assim expressa: a M. é "a ciência do possível", em que por possível se entende aquilo que não implica contradição (v. POSSÍVEL, 1). Desse ponto de vista, a M. não é parte da lógica e não a pressupõe. Do modo como foi concebida por Hilbert e por sua escola durante os anos 1920, a M. pode ser construída como simples *cálculo*, sem exigir interpretação alguma. Torna-se, então, um sistema axiomático (v. AXIOMATIZAÇÃO), no qual: 1º todos os conceitos básicos e todas as relações básicas devem ser completamente enumerados, integrando-se neles, por meio de definição, quaisquer conceitos ulteriores; 2º os axiomas devem ser completamente enumerados, e destes devem ser deduzidos todos os outros enunciados em conformidade com as relações básicas. Num sistema desse tipo, a demonstração matemática é um *procedimento puramente mecânico* de inferência de fórmulas, mas ao mesmo tempo acrescenta-se à M. formal uma *metamatemática* constituída por raciocínios não formais em torno da M. "Desse modo" – disse Hilbert – "realiza-se, por meio de trocas contínuas, o desenvolvimento da totalidade da ciência matemática, de duas maneiras: inferindo dos axiomas novas fórmulas demonstráveis por meio de deduções formais e acrescentando novos axiomas e a prova de não-contradição, por meio de raciocínios que tenham conteúdo." A M. constitui, então, um sistema perfeitamente autônomo, ou seja, não pressupõe um limite ou um guia fora de si mesma e desenvolve-se em todas as direções possíveis, entendendo-se por direções *possíveis* as que não levem a contradições.

Portanto, é essencial para esse conceito de M. a possibilidade de determinar a *possibilidade* (ou seja, não-contraditoriedade) dos sistemas axiomáticos. Mas foi justamente essa possibilidade que o teorema descoberto por Gödel em 1931 pôs em dúvida: segundo ele, não é possível demonstrar a não-contradição de um sistema *S* com os meios (axiomas, definições, regras de dedução etc.) pertencentes ao mesmo sistema *S*; para efetuar tal demonstração, é preciso recorrer a um sistema S_1, mais rico em meios lógicos que *S* ("Über formal unentscheidbare Sätze der Principia Mathematica und verwandter Systeme", em *Monatschrifte für Mathematik und Physik*, 1931, pp. 173-98). Esse teorema de Gödel tem exercido grande influência sobre a M. e a filosofia da M. modernas. Levando em conta as limitações impostas pelo teorema de Gödel e recorrendo a métodos mais poderosos que os finitistas previstos pelo programa de Hilbert, em 1936 Gentzen conseguiu demonstrar a não-contraditoriedade da aritmética. Quanto à demonstração da não-contraditoriedade de toda a matemática, foi obviamente excluída pela formulação do teorema de Gödel, que também mostrou os limites da axiomática ao demonstrar que nenhum sistema axiomático contém "todos" os axiomas possíveis. Outra conseqüência do teorema de Gödel é uma limitação das capacidades das máquinas calculadoras, cuja construção foi enormemente facilitada pelo conceito formalista da M. De fato, pode-se construir uma máquina para resolver determinado problema, mas não uma máquina que seja capaz de resolver *todos* os problemas (cf. E. NAGEL e G. R. NEWMANN, *Gödel's Proof*, 1958, pp. 98 ss.).

4ª Segundo a quarta concepção fundamental, a M. a considera uma ciência que tem por objeto a *possibilidade de construção*. Trata-se, como se vê, da noção kantiana da M. como "construção de conceitos". Essa corrente costuma ser chamada de *intuicionismo*, mas seus precedentes podem ser percebidos na polêmica antiformalista de Poincaré, na obra de Kronecker (*Über den Zahlbegriff*, 1887), na tendência empirista de alguns matemáticos franceses (Borel, Lebegue, Baire), no filósofo vienense F. Kaufmann, e em outros. Kaufmann etc. Segundo Brouwer, que foi o principal expoente do intuicionismo, a M. é criada de maneira independente da experiência, a partir de uma intuição fundamental *a priori*, na qual podem ser integrados os números naturais. A M. por isso não pressupõe nenhuma ciência, nem a lógica, mas exige, ao contrário, uma intuição que permita perceber a evidência dos conceitos e das conclusões. As conclusões, portanto, não devem ser extraídas em virtude de regras fixas contidas num sistema formalizado, mas cada conclusão deve ser diretamente verificada com base na sua própria evidência. Desse ponto de vista, o procedimento de demonstração matemática não tem em vista a dedução lógica, mas a construção de um sistema matemático. Brouwer insiste no fato de que, mesmo no caso de uma demonstração de impossibilidade através da evidência de uma contradição, o uso do princípio de contradição é apenas aparente: na realidade, trata-se da afirmação de que uma construção matemática, que deveria satisfazer a certas condições, não é realizável (cf. A. HEYTING, *Mathematische Grundlagenforschung. Intuitionismus und Beweistheorie*, 1934 [trad. fr., 1955], I, 5, 1). Na esteira de Brouwer, Heyting demostrou que, apesar de o princípio de contradição poder ser utilizado, o mesmo não acontece com o princípio do *terceiro excluído* (v.) (*Die formalen Regeln der intuitionistischen Logik*, em *L. B. Preusz. Akad. Wiss.*, 1930). Para Brouwer, a existência dos objetos matemáticos era confiada a procedimentos construtivos que excluíam tanto o infinito atual quanto o recurso às demonstrações por absurdo (baseadas no princípio do terceiro excluído).

Reportando-se à formalização da lógica intuicionista, proposta por Heyting, Gödel demonstrou que com a devida interpretação o cálculo proposicional intuicionista se apresenta como subsistema do cálculo proposicional clássico e, com uma diferente associação de conceitos, ocorre o contrário, o segundo cálculo é um subsistema do primeiro. Algo de análogo também ocorre com a aritmética intuicionistica e com a clássica, de tal modo que o intuicionismo se apresenta como uma genuína restrição de conceitos clássicos apenas para a análise ou a teoria dos conjuntos. Também numa perspectiva inspirada no intuicionismo situa-se o trabalho de Errett Bishop, que em 1967 mostrou que em bases construtivas é possível reobter uma grande parte da análise matemática clássica.

O intuicionismo, apesar de definir a M. como a ciência das construções possíveis, não recorre, como Kant, à intuição *a priori* do espaço, nem a forma alguma de intuição empírica ou mística. A construção de que o intuicionismo fala é conceitual e não se refere a fatos empíricos. Heyting resumiu desta forma o ponto de vista de Brouwer: 1º a M. pura é uma criação livre do espírito e não tem relação alguma com os fatos de experiência; 2º a simples constatação de um fato de experiências sempre contém a identificação de um sistema matemático; 3º o método da ciência da natureza consiste em reunir os sistemas matemáticos contidos nas experiências isoladas em um sistema puramente matemático construído com este fim (cf. HEYTING, *op. cit.*, IV, 3).

Se considerarmos essas conclusões, veremos que a distinção entre formalismo e intuicionismo (entre a terceira e a quarta concepção da M.) não é tão radical quanto poderia parecer. Em primeiro lugar, a construção que os intuicionistas vêem como objeto do procedimento matemático é formal e sua possibilidade é determinada por regras formais. Por outro lado, os limites do formalismo evidenciados pelo teorema de Gödel ressaltam o valor de algumas exigências apresentadas pelo conceito intuicionista da matemática. E como é difícil ignorar a importância do aspecto *lingüístico* da M., no qual se fundamenta especialmente o *logicismo*, o pensamento matemático dominado por certo ecletismo até os anos 1950 (cf., p. ex., E. W. BETH, *Les fondements logiques des mathématiques*, 2ª ed., 1955). Ainda que importante do ponto de vista filosófico, a diferença entre as definições enunciadas neste verbete acabou por ter pouca relevância nas orientações gerais da investigação matemática. [N.A. – U.B.]

MATÉRIA[1] Em sentido gnosiológico v. FORMA, 2.

MATÉRIA[2] (gr. ὕλη; lat. *Materia*; in. *Matter*; fr. *Matière*; al. *Materie*; it. *Materia*). Um dos princípios que constituem a realidade natural, isto é, os corpos. São as seguintes as principais definições dadas da M.: 1ª M. como sujeito; 2ª M. como potência; 3ª M. como extensão; 4ª M. como força; 5ª M. como lei; 6ª M. como massa; 7ª M. como densidade de campo. As quatro primeiras definições são filosóficas; as três últimas, científicas.

1ª Em Platão e Aristóteles a definição de M. como sujeito alterna-se com a de M. como potência. Segundo esse conceito, M. é receptividade ou passividade; nesse sentido, Platão chama-a de *mãe* das coisas naturais, já que ela "acolhe em si todas as coisas sem nunca assumir forma alguma que se assemelhe às coisas, pois é como a cera que recebe a marca" (*Tim.*, 50 b-d). Nesse sentido, M. é o material bruto, amorfo, passivo e receptivo, do qual as coisas naturais são compostas. Aristóteles chama esse material de sujeito (ὑποκείμενον): "Chamo de M. o sujeito primeiro de uma coisa, a partir do qual a coisa é gerada de modo não acidental" (*Fís.*, I, 9, 192 a 31). Como sujeito, a M. é "aquilo que permanece através das mudanças opostas; assim, por exemplo, no movimento o móvel permanece o mesmo, apesar de estar ora aqui, ora lá; na mudança quantitativa permanece o mesmo aquilo que se torna menor ou maior; e na mudança qualitativa permanece o mesmo aquilo que uma vez está com boa saúde e outra vez não" (*Met.*, VIII, 1, 1042 a 27). Em seu aspecto de sujeito, a M. é desprovida de forma, é indeterminada, portanto incognoscível por si mesma (*ibid.*, VII, 11, 1037 a 27; VII, 10, 1036 a 8): características estas eminentes na "M. primeira", que não é a que constitui o material (p. ex., o bronze ou a madeira) de que uma coisa é feita, mas que é o sujeito comum e incognoscível de todos os materiais (*ibid.*, IX, 7, 1049 a 18 ss.). O conceito de M. como sujeito passivo foi retomado pelos estóicos, que a designaram precisamente por esse seu caráter (DIÓG. L., VII, 134). Em virtude dessa passividade, que dispõe a M. a receber a ação criadora da Razão Divina (que é o princípio ativo), os estóicos chamaram a M. de "substância primeira" (DIÓG. L., VII, 150; cf. SÊNECA, *Ep.*, 65, 2). Plotino levou ao extremo essa concepção de M. ao afirmar que ela não é "alma intelecto, vida, forma, razão, limite (visto ser ausência de limite), nem potência (pois o que poderia criar?). Desprovida como é de todos os caracteres, nem sequer é possível atribuir-lhe o ser, no sentido, por exemplo, em que se diz que existe movimento ou repouso; ela é realmente o não-ser, uma imagem ilusória da massa corpórea e uma aspiração à existência" (*Enn.*, III, 6, 7). Esse conceito da M. foi constantemente empregado com fins teológicos. Na patrística, foi repetido por Orígenes (*Contra Cels.*, III, 41; *De princ.*, II, 1) e por Agostinho. Este considera a M., segundo o conceito clássico, como "absolutamente informe e desprovida de qualidade", estando "próxima do nada", conquanto existente como algo dotado da capacidade de ser conformado (*Conf.*, XII, 8; *De natura boni*, 18). Tomás de Aquino, por sua vez, nega que a M. seja "potência operante" (*S. Th.*, I, q. 44, ad. 3.º) e insiste em sua imperfeição ou incompletude relativamente à forma (*ibid.*, I, q. 4, a. 1). Mesmo atribuindo à M. certa realidade atual e negando, pois, que ela seja um "quase-nada" ou pura "possibilidade de ser", a escolástica agostiniana não renova o conceito de M. Duns Scot, por exemplo, atribui certa realidade (*entitas*) à M., mas, apesar disso, considera-a "receptiva de todas as formas substanciais e acidentais", segundo o conceito aristotélico (*Op. Ox.*, II, d. 12, q. 1, n. 11), e nega-lhe potência ativa ao negar que nela estejam presentes razões seminais (*ibid.*, d. 18, q. 1, n. 3). Desse ponto de vista, a passividade ou receptividade continua sendo característica fundamental da M., à qual recorreram alguns naturalistas do Renascimento, como por exemplo Paracelso (*Meteor.*, 72) e Telésio. Este último considerou a M. como a "massa corpórea" destinada a sofrer a ação das duas "naturezas agentes", o calor e o frio (*De rer. nat.*, I, 4). Essa concepção foi compartilhada por Locke, para quem a M. é "morta e inativa" (*Ensaio*, IV, 10, 10), concepção esta freqüente ainda hoje na filosofia e no pensamento comum. Está presente, por exemplo, em Bergson, para quem a M. é cessação potencial do movimento da vida, definindo-se pela "inércia", em contraposição ao que é "vivo" (*Évol. créatr.*, 8.ª ed., 1911, pp. 216 ss.).

2.ª Em Platão e Aristóteles o conceito de M. como potência mescla-se ao conceito de M. como sujeito. Platão diz que a M. "nunca perde a potência" (*Tim.*, 50 b). Aristóteles identifica a M. com a potência: "Todas as coisas produzidas, seja pela natureza, seja pela arte, têm M., pois a possibilidade que cada uma tem de ser ou não ser é a M. de cada uma" (*Met.*, VII, 7, 1032 a 20). Mas, segundo Aristóteles, a potência não é apenas essa possibilidade pura de ser ou não ser; é uma potência operante e ativa; "Uma casa existe potencialmente se nada houver em seu material que a impeça de tornar-se casa e se nada mais houver que deva ser acrescentado, retirado ou mudado. [...] E as coisas que têm em si próprias o princípio de sua gênese existirão por si mesmas quando nada de externo o impedir" (*Met.*, IX, 7, 1049 a 9 ss.). Essa auto-suficiência da potência para produzir, graças à qual a M. não é apenas material bruto, mas capacidade efetiva de produção, exprime um conceito que não é mais de M. como passividade ou receptividade. Como potência operante, a M. não é um princípio necessariamente corpóreo. Plotino, que, como se viu, reduz a M. ao não-ser, por outro lado identifica-a, como potência, com o infinito (*Enn.*, II, 4, 15), e, ao lado da M. sensível, admite uma M. inteligível que permanece sempre idêntica a si mesma e possui todas as formas, de tal modo que lhe falta a razão de transformar-se (*ibid.*, II, 4, 3). Nessa doutrina encontra-se a origem da tradição que insiste na atividade da M.: tradição que passa por Scotus Erigena (*De divis. nat.*, III, 14) e encontra nova fase na doutrina de Avicebrón (Ibn Gabirol) sobre a composição hilomórfica universal. Segundo Avicebrón, as coisas espirituais também são compostas por M. e forma, e a M. identifica-se com a primeira das categorias aristotélicas, sendo substância porque "sustenta" as outras nove categorias (*Fons vitae*, II, 6). Foi só com base no caráter ativo ou inativo da M. que David de Dinant pôde identificar Deus com M. (ALBERTO MAGNO, *S. Th.*, I, 4, q. 20; TOMÁS DE AQUINO, *S. Th.*, I, q. 4, a. 8). Contudo, a M. mantém o caráter de atividade mesmo na escolástica agostiniana, que simultaneamente insistia em atribuir-lhe realidade positiva, detectando sua presença também nos seres espirituais, segundo o conceito de Avicebrón. S. Boaventura diz por exemplo: "A razão seminal é a potência ativa ínsita à M., e essa potência ativa é a essência da forma, visto que a partir dela gera-se a forma através do procedimento da natureza que nada produz a partir do nada" (*In Sent.*, II, d. 18, a. 1, q. 3). Esse conceito de M. foi transmitido ao Renascimento por Nicolau de Cusa, que a considera como "possibilidade indeterminada", na qual existem, *contraídas*, todas as coisas do universo. "A disposição da possibilidade" – dizia N. de Cusa – "tem de ser contracta, e não absoluta, uma vez que, se a terra, o sol e as outras coisas não estivessem ocultas na M. como possibilidades contractas, não haveria razão para passarem ao ato, em vez de não passarem" (*De docta ignor.*, II, 8). Em outras palavras, é só por estarem presentes em estado contraído na M. que determinadas possibilidades vêm à tona com a criação. É nesse conceito que Giordano Bruno basearia seu conceito de M. como princípio ativo e criador da natureza: "Para ser realmente tudo o que pode ser, essa M. tem todas as medidas, todas as espécies de configurações e dimensões, e porque as tem todas não tem nenhuma, pois é preciso que aquilo que é tantas e diversas coisas não seja nenhuma delas em particular." Nesse sentido, M. coincide com forma (*De la causa*, IV).

Na filosofia do século XX esse conceito de M. foi originalmente retomado pela filosofia da esperança de Bloch, que, reportando-se ao chamado aristotelismo de esquerda, viu no universo, uma "matéria em fermento" capaz de produzir as próprias formas. [G.F.]

3ª O conceito de M. como extensão foi defendido por Descartes: "A natureza da M. ou dos corpos em geral não consiste em ser uma coisa dura, pesada, colorida ou capaz de afetar nossos sentidos de qualquer outro modo, mas apenas em ser uma substância extensa, em comprimento, largura e profundidade" (*Princ. phil.*, II, 4). Esse conceito tem grande aceitação no século XVII. Hobbes, por exemplo, identifica a M. primeira dos aristotélicos com o corpo em geral, ou seja, com o "corpo considerado sem levar em conta qualquer acidente, exceto a grandeza ou extensão e a capacidade de receber formas e acidentes" (*De corp.*, VIII, 24). O mesmo conceito de corpo em geral como M. é aceito por Espinosa, que também o identifica com a extensão (*Et.*, II, def. 1).

Há motivos para acreditar que essa definição de M. esteja implícita na hipótese atomista. Como se sabe, o termo "M." aparece pela primeira vez em Aristóteles com significado filosófico, mas o próprio Aristóteles fala, referindo-se a Demócrito, do "corpo comum de todas as coisas", e afirma que, segundo Demócrito, as partes de tal corpo diferem em grandeza e configuração (*Fís.*, III, 4, 203 a 33-203 b 1). Ora, "grandeza e configuração" nada mais são que extensão. Em outro trecho, Aristóteles enumera três diferenças entre os átomos: configuração, ordem e posição (*Met.*, I, 4, 985 b 15), mas configuração, ordem e posição nada mais são que extensão. Extensão também é a configuração à qual, segundo Epicuro, se reduzem todas as qualidades do átomo (DIÓG. L., X, 54). Assim, a hipótese atomista implica o conceito de M. como extensão, o que foi ressaltado por Guilheme de Ockham no século XIV: "É impossível haver M. sem extensão porque não é possível haver M. que não tenha as partes distantes umas das outras; por isso, ainda que as partes da M. possam unir-se, como se unem as partes da água e do ar, não podem estar no mesmo lugar" (*Summ. phys.*, I, 19; *Quodl.*, IV, q. 23).

4ª O conceito de M. como força ou energia é defendido pela primeira vez pelos platônicos de Cambridge no século XVII, sendo depois aceito por Leibniz e por muitos filósofos do século XVIII. Segundo Cudworth, a M. é uma *natureza plástica*, uma força viva que é emanação direta de Deus (*The True Intellectual System of the Universe*, I, 1, 3). H. More, assim como Descartes, reduz a M. a extensão, mas identifica a extensão com o espírito, resolvendo-a em partículas indivisíveis que ele chama de *mônadas físicas* e que nada mais têm de material (*Enchiridion metaphysicum*, I, 8, 8; I, 9, 3). Essas considerações metafísicas ganharam significado mais preciso em Newton e Leibniz. Newton julgava impossível admitir que "a M. fosse isenta de qualquer tenacidade e atrito de partes, bem como de comunicação de movimento"; considerava, portanto, que ela tem estreitíssima relação com as "forças" ou "princípios" que se manifestam na experiência (*Optickis*, 1704, III, 1. q. 31). Para Leibniz, a M., além da extensão, é constituída por uma força passiva de resistência, que é a impenetrabilidade ou *antitipia* (v.) (*Op.*, ed. Erdmann, pp. 157, 463, 466. 691). A mesma doutrina foi aceita por Wolff, que definia a M. como "um ente extenso provido de força de inércia", e acreditava que ela possuísse força ativa por si (*Cosm.*, §§ 141-2). Essa interpretação da M. tornou-se um dos temas comuns do iluminismo e da polêmica dos iluministas contra Descartes. Diderot dizia: "Não sei em que sentido os filósofos supuseram que a M. é indiferente ao movimento e ao repouso. É certo, porém, que todos os corpos gravitam uns em torno dos outros, que todas as partículas dos corpos gravitam umas em torno das outras, que neste universo tudo está em translação ou *in nisu*, ou em translação e *in nisu* ao mesmo tempo" (*Principes phil. sur la matière et le mouvement*, em *Œuvre phil.*, ed. Vernière, p. 393). Essa concepção também foi aceita por Kant, que dizia: "A M. enche um espaço, não através de sua existência pura, mas por meio de uma força motriz particular": a força repulsiva de todas as suas partes (*Metaphysische Anfangsgründe der Naturwissenschaft*, II, Lehrsatz, 2, 3). O conceito romântico de M. como força ou atividade, expresso por Schelling, por exemplo, é apenas uma ampliação dessa doutrina. Segundo Schelling, as três dimensões da M. são determinadas pelas três forças que a constituem: força expansiva, força atrativa e uma terceira força sintética, que correspondem, em sua natureza, ao magnetismo, à eletricidade e ao quimismo, respectivamente (*System der transzendentalen Idealismus*, III, cap. II, Dedução da matéria; trad. it., pp. 109 ss.). Mais genericamente, Schopenhauer identificava M. com atividade (*Die Welt*, I, § 4). No domínio científico, esse ponto de vista foi realizado como *energismo* (v.). G. Ostwald sustentou, no fim do século passado, que o conceito de M. era perfeitamente inútil para a ciência da natureza, propondo a sua substituição pelo conceito de energia (*Die Überwindung des wissenschaftlichen Materialismus*, 1895).

5ª Embora não se possa chamar de conceito de M. a redução de M. a percepções ou idéias, proposta por Berkeley, porque isso é simplesmente negá-la, é possível aceitar a definição dada por Mach, de que a M. é uma "conexão determinada de elementos sensíveis em conformidade com uma lei" (*Analyse der Empfindungen*, XIV, 14). Essa definição não tende, de fato, a negar a matéria ou a reduzi-la a elementos subjetivos e psíquicos, mas a substituir a rigidez e inércia tradicionalmente atribuídas à M. pela estabilidade relativa de uma lei. Nessa definição, o conceito fundamental é de lei, entendida como expressão de um nexo constante. A M. seria precisamente a conexão constante na qual se apresentam agrupados os elementos últimos das coisas, ou seja, as sensações.

6ª Os usos anteriores são todos de natureza filosófica, apesar de algumas vezes terem sido propostos ou sustentados por cientistas. No domínio da ciência, mais precisamente da mecânica, a noção de M. se identifica com a de *massa* (definida pelo segundo princípio da dinâmica como relação entre a força e a aceleração imprimida). A massa pode ser entendida como massa inercial ou como peso. O princípio da "conservação da M.", que a ciência do século XIX considerava como um de seus pilares, ao lado do princípio da "conservação da energia", refere-se à M. entendida como peso, uma vez que seu significado específico foi-lhe dado somente pelas célebres experiências com as quais Lavoisier demonstrou (1772) que nas reações químicas (entre as quais a combustão) o peso do composto é a soma dos pesos dos componentes.

7ª Na ciência contemporânea, o conceito de M. tende a ser reduzido ao de densidade de campo. "Uma vez reconhecida a equivalência entre massa e energia, a divisão entre M. e campo parece artificiosa e não claramente definida. Não poderíamos então renunciar ao conceito de M. e edificar uma física do campo puro? O que impressiona nossos sentidos como M. na realidade é uma grande concentração de energia em espaço relativamente limitado. Portanto, parece lícito equiparar a M. a regiões espaciais nas quais o campo é extremamente forte" (EINSTEIN e INFELD, *The Evolution of Physics*, cap. III; trad. it., p. 253). Esta tendência da física contemporânea não pode ser confundida com o energismo, porque não implica a redução da M. à energia, mas a redução dos conceitos de M. e de energia ao de *campo* (v.). [N.A.]

MATERIALISMO (in. *Materialism*; fr. *Matérialisme*; al. *Materialismus*; it. *Materialismo*). Este termo foi usado pela primeira vez por Robert Boyle em sua obra de 1674 intitulada *The Excellence and Grounds of the Mechanical Philosophy* (cf. EUCKEN, *Geistige Strömungen der Gegenwart*, 5ª ed., 1916, p. 168). Designa, em geral, toda doutrina que atribua causalidade apenas à matéria. Em todas as suas formas historicamente identificáveis (em que esse termo não seja empregado com fins polêmicos), o M. consiste em afirmar que a única causa das coisas é a matéria. A antiga definição de Wolff, segundo a qual são materialistas "os filósofos que admitem apenas a existência dos entes materiais, ou seja, dos corpos" (*Psychol. rationalis*, § 33), não é suficiente para apontar as formas históricas do M., porque levaria a incluir nessa corrente doutrinas que a repudiam (v. mais adiante). A partir daí é possível distinguir: 1º o M. *metafísico* ou *cosmológico*, que se identifica com o atomismo filosófico; 2º o M. *metodológico*, segundo o qual a única explicação possível dos fenômenos é a que recorre aos corpos e aos seus movimentos; 3º o M. *prático*, que reconhece no prazer o único guia da vida; 4º o M. *psicofísico*, para o qual os fenômenos psíquicos são causados estritamente por fenômenos fisiológicos. Estas são as formas historicamente reconhecíveis do M., além das formas conhecidas como *M. dialético* e *M. histórico* (v.), consideradas à parte. Não se pode aceitar, porém, como historicamente legítimo o significado que Berkeley atribui ao termo, entendendo por materialistas todos aqueles que de qualquer maneira reconheçam a existência da matéria (*Principles of Human Knowledge*, § 74), porque nesse sentido Aristóteles e os aristotélicos também seriam materialistas; tampouco é possível chamar os estóicos de materialistas, ainda que, para eles, tudo o que existe na natureza é corpo (DIÓG. L., VII, 1, 56; PLUTARCO, *De Com. Not.*), uma vez que admitiam um princípio racional divino como causa do mundo; por motivos análogos, não se pode julgar que Tertuliano seja materialista por ter afirmado que "tudo o que existe é corpo" (*De an.*, 7; *De carne Christi*, 11).

1º O M. cosmológico é caracterizado pelas seguintes teses: *a*) caráter originário ou inderivável da matéria, que precede todos os outros seres e é causa deles (portanto, não é M. a doutrina de Gassendi, para quem os átomos que constituem o universo foram criados por Deus); *b*) estrutura atômica da matéria; *c*) presença na matéria, portanto nos átomos, de uma força capaz de pô-los em movimento e de levá-los a se combinarem de tal modo que dão origem às coisas (Demócrito admitia que os átomos se movem por conta própria desde a eternidade [ARISTÓTELES, *Fís.*, VIII, 1, 252 a 32], e esse pressuposto permaneceu em todas as formas do atomismo; a última forma histórica assumida pelo M., difundida nos últimos decênios do séc. XIX pelo biólogo alemão Ernst Haeckel, admitia até mesmo que os átomos fossem dotados de vida e sensibilidade, além de movimento [*Die Welträtsel*, 1899]); *d*) negação do finalismo do universo e, em geral, de qualquer ordem que não consista na simples distribuição das partes materiais no espaço; *e*) redução dos poderes espirituais humanos à sensibilidade, ou seja, sensacionismo (sob esse aspecto, na Antiguidade o M. é representado pelas doutrinas de Demócrito e de Epicuro; nos tempos modernos, pelas doutrinas de alguns iluministas e de numerosos positivistas do séc. XIX).

2º O M. metodológico foi defendido primeiramente por Hobbes; sua tese fundamental consiste em julgar que a noção de matéria, ou seja, de corpo e de movimento, é o único instrumento disponível para a explicação dos fenômenos. Hobbes afirmava de fato que o conhecimento de uma coisa é sempre conhecimento de sua *gênese*, e que a gênese é movimento. Portanto, todo conhecimento é conhecimento do movimento, e movimento implica corpo. Por isso, chamou *De corpore* (1655) o seu tratado de filosofia primeira. Desse ponto de vista, a explicação materialista também é a única possível para as coisas que dizem respeito ao espírito e às coisas espirituais. Assim, Hobbes objetava a Descartes: "O que diremos se o raciocínio não passar de um conjunto e uma conexão de nomes por meio da palavra 'é'? Segue-se dessa tese que, por meio da razão, não podemos concluir nada que diga respeito à natureza das coisas, mas somente algo que diga respeito a seus apelativos; vale dizer: com ela vemos apenas se os nomes das coisas se agrupam bem ou mal, segundo as convenções que estabelecemos arbitrariamente para os seus significados. Se assim for, como pode perfeitamente ser, o raciocínio dependerá dos nomes, os nomes dependerão da imaginação, e a imaginação talvez (isto segundo a minha opinião) dependa do movimento dos órgãos do corpo, e assim o espírito nada mais será que um movimento em certas partes do corpo orgânico" (III, *Objections*, 4). Portanto, segundo Hobbes, o corpo é o único objeto possível do saber humano, e a filosofia divide-se em duas partes, a filosofia *natural* e a filosofia *civil*, segundo estude o corpo natural (a natureza) ou o corpo artificial (a sociedade) (*De corp.*, I, 9).

Recentemente, o M. metodológico foi defendido pelos filósofos do círculo de Viena, especialmente por Carnap, mas em sentido diferente do de Hobbes e referindo-se à linguagem: tal M. é a exigência de traduzir para os termos da linguagem física os dados protocolares, a fim de construir com eles uma linguagem inter-subjetiva. Esse M. identifica-se, portanto, com o *fisicalismo* (v.) e não implica nenhuma afirmação sobre a existência da matéria (cf. *Erkenntnis*, 1931, p. 477), nem a dedutibilidade das leis biológicas e psicológicas a partir das leis físicas. Sem dúvida, segundo esse ponto de vista, a unificação das leis da ciência é meta da própria ciência, mas não se pode excluir nem prever que essa meta seja alcançada (CARNAP, *Logical Foundations of the Unity of Science*, 1938, p. 61).

3º Em seu significado prático ou moral, o M. é termo que pertence mais à linguagem comum do que à filosófica. Fala-se de "época materialista", de "tendências materialistas" ou do "materialismo" de grupos ou classes, para indicar a tendência ao conforto ou, mais precisamente, uma ética que adote o prazer como único guia do comportamento. O termo filosófico para isso é *hedonismo* (v.); este muitas vezes é acompanhado pelo M., mas não necessariamente. A ética de Epicuro e dos materialistas do século XIX é hedonista, mas não a ética de Demócrito. Por outro lado, o hedonismo pode estar presente em filosofias não materialistas; foi aceito, por exemplo, pelos cirenaicos e pelos empiristas do século XVIII. Em sua forma extrema, porém, o hedonismo constituiu uma manifestação característica do M. psicofísico setecentista, que, desse ponto de vista, foi uma continuação do *libertinismo* (v.). A obra de HELVÉTIUS, *De l'esprit* (1758), é particularmente significativa a esse respeito porque contém uma exaltação indiscriminada do prazer, assim como outra obra de alguns anos antes, *L'art de jouir ou l'école de la volupté* (1751), de LA METTRIE.

4º O M. psicofísico consiste em afirmar que a atividade espiritual humana é efeito estrito da matéria, ou seja, do organismo, do sistema nervoso ou do cérebro. Essa tese apresentou-se sob diversas formas nos séculos XVIII e XIX; uma delas é a concepção do *homem-máquina*. Essa expressão foi usada pelo francês La Mettrie, como título de uma obra sua famosa (1748), mas o conceito também é expresso na obra de DAVID HARTLEY, *Observations of*

Man (1749), e na de JOSEPH PRIESTLEY, *Disquisitions Relating to Matter and Spirit* (1777). O *Système de la nature*, de Holbach, talvez seja a melhor expressão desse ponto de vista; segundo ele, todas as faculdades humanas são modos de ser e de agir que resultam do organismo físico do homem, que, por sua vez, é determinado pela máquina do universo. Uma forma mais restrita e específica desse M. está presente na obra do médico francês PIERRE CABANIS, *Rapports du physique et du moral de l' homme* (1802), para quem as atividades psíquicas provêm do sistema nervoso. Em meados do século XIX, essa dependência causal dos poderes espirituais humanos em relação ao sistema nervoso pareceu a muitos filósofos e cientistas um fato estabelecido. O M. daquela época parte desse pressuposto. Numa obra de 1854, *Köhlerglaube und Wissenschaft*, o naturalista Karl Vogt afirmava que "o pensamento está para o cérebro assim como a bílis está para o fígado ou a urina para os rins", afirmação que ia ao encontro de outra, feita pelo historiador e literato francês Hyppolite Taine, de que "o vício e a virtude são produzidos como o vitríolo ou o açúcar, e cada dado complexo nasce do encontro de outros dados mais simples, dos quais depende" (*Histoire de la littérature anglaise*, 1863, Intr.). Outra forma mais atenuada ou, se quisermos, mais "nobre" da mesma doutrina diz que a consciência é o *epifenômeno* dos processos nervosos, no sentido de que, sendo por eles produzida, não reage sobre eles mais do que a sombra reage sobre o objeto que a produz (Huxley, Clifford, Ribot). Em *História do M.* (*Geschichte des Materialismus*, 1866), de F. A. Lange, a exposição do M. está centrada precisamente na sua forma psicofísica, na qual ele vê um salutar lembrete contra a pretensão de estender o saber humano além de certos limites. Segundo Lange, o M. renasce sempre que o homem esquece esses limites e pretende dar valor objetivo a construções metafísicas que só têm valor de fantasia.

Tanto em sua forma metafísica quanto na psicofísica, o M. da metade do século XIX tem caráter romântico, pois não se limita a ser uma tese filosófica dotada de maiores ou menores possibilidades de confirmação, mas pretende ser doutrina de vida, destinada a vencer a religião e a suplantá-la. Essa pretensão confere a tais doutrinas um tom violentamente polêmico e profético, transformado a "Ciência" na nova tábua da verdade absoluta. Essa atitude recebeu o nome de *cientificismo* (v.) e constitui a vanguarda romântica da ciência do século XIX; o M. foi seu credo: credo que a própria ciência contribuiu para destruir, em virtude da crise de sua concepção mecanicista nos últimos decênios do século XIX. [N.A.]

Rejeitado como concepção geral do mundo, decaindo como forma de interpretação da história (v. MATERIALISMO HISTÓRICO), na filosofia do século XX e atual, o M. está presente tanto em certos resultados do fisicalismo (v.) e do behaviorismo (v.), quanto – e mais precisamente – em certas posições de filosofia da mente, como por exemplo o M. reducionista (que visa a traduzir, ou melhor, a reduzir, os eventos mentais em estados físicos do cérebro) e o M. eliminativista (que, contestando tal redução, afirma que os estados ou os processos mentais, a rigor, os não existem; v. CONSCIÊNCIA; MENTE, FILOSOFIA DA; REDUÇÃO). [G.F.]

MATERIALISMO DIALÉTICO (in. *Dialectical materialism*; fr. *Matérialisme dialectique*; al. *Dialektischer Materialismus*; it. *Materialismo dialettico*). 1. Entende-se por essa expressão a filosofia oficial do comunismo como teoria dialética da realidade (natural e histórica). Mais que de *materialismo* (v.), trata-se na realidade de um dialetismo naturalista, cujos princípios foram propostos por Marx (v. DIALÉTICA), desenvolvidos por Engels e depois, mais ou menos servilmente, seguidos pelos filósofos do mundo comunista, que são os únicos seguidores dessa filosofia. Segundo Engels, Hegel reconheceu perfeitamente as leis da dialética, mas considerou-as "puras leis do pensamento", visto que não foram extraídas da natureza e da história, mas "concedidas a estas do alto, como leis do pensamento". Porém, "se invertermos as coisas, tudo se tornará simples: as leis da dialética que, na filosofia idealista, parecem extremamente misteriosas, tornam-se logo simples e claras como o sol" (*Anti-Dühring*, pref.). Segundo Engels, são três as leis: 1.ª lei da conversão da quantidade em qualidade e vice-versa; 2.ª lei da interpenetração dos opostos; 3.ª lei da negação da negação. A primeira significa que na natureza as variações qualitativas só podem ser obtidas somando-se ou subtraindo-se matéria ou movimento, ou seja, por meio de variações quantitativas. A segunda lei garante a unidade e a continuidade da mudança incessante da natureza. A terceira significa que cada síntese é por sua vez a tese de uma nova antítese que dará lugar a uma nova síntese (ENGELS, *Dialektik der Natur, passim*). Segundo Engels, esse conjunto de leis determina a evolução necessária – e necessariamente progressiva – do mundo natural. A evolução histórica continua, com as mesmas leis, a evolução natural. O sentido global do processo é otimista. A organização da produção segundo um plano, como se realizará na sociedade comunista, destina-se a elevar os homens acima do mundo animal, em termos sociais, tanto quanto o uso de instrumentos de produção o elevou em termos de espécie. Como se vê, o M. dialético de Engels nada mais é que a teoria da evolução (que nos tempos de Engels festejava seus primeiros triunfos), interpretada em termos de fórmulas dialéticas hegelianas, com prognósticos extremamente otimistas.

Costuma-se considerar que o materialismo histórico e o materialismo metafísico são partes integrantes do M. dialético. Sobre o primeiro, v. capítulo à parte. Quanto ao segundo, foi mais enfatizado por Lênin e pelos comunistas russos do que Marx e Engels. Lênin assim resumia as teses do materialismo: "1.ª Há coisas que existem independentemente de nossa consciência, independentemente de nossas sensações, fora de nós. 2.ª Não existe e não pode existir diferença alguma de princípio entre o fenômeno e a coisa em si. A única diferença efetiva é a que existe entre o que é conhecido e o que ainda não o é. 3.ª Sobre a teoria do conhecimento, como em todos os outros campos da ciência, deve-se raciocinar sempre dialeticamente, ou seja, nunca supor que nosso conhecimento seja invariável e acabado, mas analisar o processo graças ao qual o conhecimento nasce da ignorância ou o conhecimento vago e incompleto torna-se mais justo e preciso" (*Materialismus und Empiriokritizismus*, 1909; trad. it., p. 75). Como se vê, tampouco essas teses expressam uma concepção materialista, mas constituem uma reivindicação do realismo gnosiológico. [N.A.]

No marxismo ocidental (v.) o M. dialético não teve muito sucesso. Aliás, salvo raras exceções (v. o caso de Geymonat na Itália), ele foi no mais das vezes contestado (e rejeitado).

2. Em sentido lato, fala-se às vezes de M. dialético a propósito do materialismo (histórico) de Marx, porquanto baseado na noção de dialética (v. DIALÉTICA; MATERIALISMO HISTÓRICO). [G.F.]

MATERIALISMO HISTÓRICO (in. *Historical materialism*; fr. *Matérialisme historique*; al. *Historischer Materialismus*; it. *Materialismo storico*). Com este nome Engels designou o cânon de interpretação histórica proposta por Marx, mais precisamente o que consiste em atribuir aos fatores econômicos (técnicas de trabalho e de produção, relações de trabalho e de produção) peso preponderante na determinação dos acontecimentos históricos. O pressuposto desse cânon é o ponto de vista antropológico defendido por Marx, segundo o qual a personalidade humana é constituída *intrinsecamente* (em sua própria natureza) por relações de trabalho e de produção de que o homem participa para prover às suas necessidades. A "consciência" do homem (suas crenças religiosas, morais, políticas etc.) é resultado dessas relações, e não seu pressuposto. Esse ponto de vista foi defendido por Marx sobretudo na obra *Ideologia alemã* (*Deutsche Ideologie*, 1845-46). Em vista disso, a tese do M. histórico é de que as formas assumidas pela sociedade ao longo de sua história dependem das relações econômicas predominantes em certas fases dela. Marx diz: "Em sua vida produtiva em sociedade, os homens participam de determinadas relações necessárias e independentes de sua vontade: relações de produção que correspondem a certa fase de desenvolvimento de suas forças produtivas materiais. Esse conjunto de relações de produção constitui a *estrutura* econômica da sociedade, que é a base real sobre a qual se erige uma *superestrutura* jurídica e política e à qual correspondem determinadas formas sociais de consciência. [...] Portanto, o modo de produção da vida material em geral condiciona o processo da vida social, política e espiritual" (*Zur Kritik der politischen Ökonomie*, 1859, Pref.; trad. it., p. 17). Marx elaborou essa teoria sobretudo em oposição ao ponto de vista de Hegel, para quem é a consciência que determina o ser social do homem; para Marx, pelo contrário, é o ser social do homem que determina a sua consciência.

Contudo, não se deve achar que Marx desejou tornar-se defensor de um fatalismo econômico segundo o qual as condições econômicas necessariamente levariam o homem a determinadas formas de vida social. Nessas relações econômicas, que dependem de técnicas de trabalho, produção, troca etc., o homem é elemento ativo e condicionante. Portanto, a condicionalidade que a estrutura econômica exerce sobre as superestruturas sociais é – pelo menos em parte – uma autocondicionalidade do homem em relação a si próprio (*Deutsche Ideologie*, I, C; trad. it., pp. 69 ss.). Engels falou em seguida da "inversão da práxis histórica", ou seja, de uma reação de oposição da consciência humana à ação das condições materiais sobre ela. Mas do ponto de vista de Marx essa inversão não é necessária, visto não ser a superestrutura que reage à estrutura, mas o homem que, intervindo com suas técnicas para mudar ou para melhorar a estrutura econômica, se autocondiciona por meio dela.

O M. histórico chamou a atenção dos historiadores para um cânon interpretativo ao qual muitas vezes é indispensável recorrer para explicar acontecimentos e instituições histórico-sociais. A ele de fato recorrem, em maior ou menor grau, historiadores de todos os campos de atividade humana, porquanto algumas vezes o caminho aberto por esse tipo de explicação histórica é o único possível. No entanto, nem *sempre* é o único possível. Hoje a tendência é interpretar o M. histórico como uma possibilidade explicativa, à qual se recorre em circunstâncias apropriadas, e não como um princípio dogmático (sobretudo na forma proposta por Engels). Em outras palavras, afirmar que acontecimentos ou situações histórico-sociais sempre devem ser explicados pelo determinismo dos fatores econômicos é tese tão dogmática quanto qualquer outra que quisesse excluir absolutamente e em todos os casos o determinismo de tais fatores. O historiador, diante de uma situação, deve verificar o *peso* relativo dos fatores determinantes, estabelecendo-o caso a caso, considerando as situações particulares, e não decidindo de antemão e em definitivo. Isento dessa postura dogmática, o M. histórico representa, para a técnica de explicação historiográfica, uma das possibilidades mais fecundas e um novo grau de liberdade à escolha historiográfica (v. HISTORIOGRAFIA). [N.A.]

Forças produtivas (F.P.) e relações de produção (R.P.), além de representarem a chave de leitura da análise sincrônica da sociedade, configuram-se também como o instrumento interpretativo da sua dinâmica, visto que se identificam com a mola propulsora do seu devir, ou seja, com a própria lei da história. Por F.P. Marx entende os elementos necessários ao processo de produção, ou seja: 1) os homens que produzem (= força trabalho); 2) os meios (terra, máquinas etc.) que eles utilizam para produzir (= meios de produção); 3) os conhecimentos técnicos e científicos que utilizam para organizar e melhorar sua produção. Por R.P. Marx entende as relações que se instauram entre os homens durante a produção. Tais relações regulam a posse e o emprego dos meios de trabalho, bem como a repartição daquilo que se produz com eles. As R.P. têm expressão jurídica nas relações de propriedade. F.P. e R.P. constituem, no conjunto, o "modo de produção" de certo período.

Marx considera que em determinado grau de desenvolvimento das F.P. tendem a corresponder determinadas R.P. (p. ex., R.P. de tipo feudal correspondem a F.P. de tipo agrícola). No entanto, as R.P. se mantêm enquanto favorecerem as F.P. e são destruídas quando se convertem em obstáculos ou empecilhos para elas. E como as F.P., em conexão com o progresso técnico, se desenvolvem mais rapidamente que as R.P., que, exprimindo-se nas relações de propriedade, tendem a permanecer estáticas, segue-se periodicamente uma fase de atrito ou de oposição dialética entre os dois elementos, que "gera uma época de revolução social". De fato, as novas F.P. são sempre encarnadas por uma classe em ascensão, enquanto as velhas R.P. são sempre encarnadas por uma classe dominante em declínio. Por isso, é inevitável o choque entre elas, que ocorre não só no nível social, mas também no político e no cultural (neste último caso, na forma de "luta de idéias"). No fim triunfa quase sempre a classe que seja expressão das novas F.P., que consegue impor sua própria maneira de produzir e distribuir a riqueza, bem como sua visão de mundo específica. Assim, visto que "as idéias da classe dominante são em cada época as idéias dominantes [...] a classe que constitui o poder material dominante constitui na mesma época o seu poder espiritual dominante" (*Ideologia tedesca*, I, 3, trad. it., Editori Riuniti, Roma 1969, p. 35).

Esse modelo teórico, segundo Marx, tem exemplificação típica, no passado, na França do século XVIII, onde, em certo momento, houve um choque aberto entre a burguesia (expressão das novas F.P. de cunho capitalista) e a aristocracia (expressão das velhas R.P. agrícolas e feudais). Venceu no fim a burguesia, que conseguiu impor suas R.P. e sua visão de mundo. Analogamente, na idade contemporânea, delineia-se uma contradição cada vez mais "explosiva" entre F.P. sociais e R.P. privatistas. Com efeito, a fábrica moderna, mesmo sendo propriedade de um capitalista (ou de um grupo de acionistas), produz apenas graças ao trabalho coletivo de operários, técnicos, empregados, dirigentes etc. Mas se é social a produção da riqueza, social deve ser, segundo Marx, a sua distribuição. Isso significa que o capitalismo carrega o socialismo em si, como exigência dialética interna. Marx afirma que o capitalismo instaura as bases do socialismo, visto que, pela primeira vez na história, gera as "condições objetivas" favoráveis a uma revolução comunista mundial.

A lei da "correspondência" e da "contradição" entre F.P. e R.P. permite então que Marx delineie um quadro geral da história passada e presente, e que trace o caminho da humanidade segundo algumas grandes formações econômico-sociais, qualificadas por determinados modos de produzir e distribuir a propriedade, por instituições jurídico-políticas peculiares e por formas correspondentes de consciência. No *Prefácio* a *Crítica da economia política*, em que aparece a expressão *ökonomische Gesellschaftsformation* (ao passo que em *Ideologia alemã* se fala simplesmente em "formas de propriedade"), Marx distingue quatro "épocas" da formação econômica da sociedade: a asiática (baseada em formas comunitárias de propriedade), a *antiga* (de tipo escravagista), a *feudal* e a *burguesa*. No entanto, como tanto Marx quanto Engels mencionam às vezes uma "comunidade primitiva" (*Urgemeinschaft*) de cunho comunista (entendida ora como tipo geral, de que a sociedade asiática seria um subtipo, ora como tipo distinto e autônomo), pode-se dizer que as grandes formações econômico-sociais identificadas pelos "clássicos do marxismo" são a comunidade primitiva, a sociedade asiática, a sociedade antiga, a sociedade feudal, a sociedade burguesa e a sociedade socialista.

Embora essas épocas não constituam, a rigor, etapas necessárias, porquanto algumas sociedades saltaram uma ou outra fase, não há dúvida de que constituem, do ponto de vista de Marx, degraus de uma seqüência que procede de baixo para cima. Também indubitável é que a história, segundo os clássicos do marxismo, procede do comunismo primitivo (como quer que seja entendido) ao comunismo do futuro, através do momento intermediário da sociedade de classes, que se baseia na divisão do trabalho e na propriedade privada (dois conceitos que para Marx são idênticos, porquanto "com a primeira se exprime em relação à atividade exatamente aquilo que com a outra se exprime em relação ao produto da atividade"). Também indubitável é que esse diagrama histórico do desenvolvimento da civilização (que tanto fascínio exerceu sobre os intelectos) se baseia na tese do socialismo como resultado *inevitável* da dialética histórica: "O comunismo para nós não é *um estado de coisas* que deva ser instaurado, um *ideal* ao qual a realidade deverá conformar-se. Chamamos de comunismo o movimento *real* que abole o estado de coisas presente" (*Ideologia alemã, cit.* 1, 2, p. 25).

O caráter "dialético" do M. histórico de Marx e o seu persistente vínculo com Hegel são evidentes. Também para Marx, assim como para Hegel, a história se configura, formalmente, como um processo total que avança em virtude da contradição e está destinado a desembocar num "resultado final". Isso não exclui as profundas diferenças entre marxismo e hegelianismo, devidas ao fato de que Marx se propôs fazer a dialética de Hegel andar "sobre os pés", e não "sobre a cabeça", uma vez que: 1) o sujeito da dialética histórica já não é o espírito, mas a estrutura econômica e as classes; 2) o caráter dialético do processo histórico é concebido como "observável" de modo "empírico" e científico nos fatos; 3) as oposições que movimentam a história já não são abstratas e genéricas, mas concretas e determinadas, ainda que sejam todas integráveis na oposição interna entre F.P. e R.P., que constitui o cerne teórico e o centro estratégico da ciência marxista da sociedade (entenda-se: do marxismo originário). [G.F.]

Na época da I Internacional o M. histórico é entendido sobretudo como a nova ciência capaz de explicar as leis do movimento real da História, com uma precisão semelhante à da física, da astronomia e das ciências naturais em geral. Autor emblemático dessa tendência é Karl Kautsky, de formação positivista, para quem o marxismo integra e completa o darwinismo porque, assim como Darwin descobriu as leis da evolução das espécies, também Marx descobriu as leis da evolução da sociedade. Numa das obras mais famosas, significativamente intitulada *Ética e concepção materialista da história* (1906), ele faz questão de ressaltar que a ciência está *acima da moral* e os seus resultados são *tão pouco morais ou imorais, quanto é moral ou imoral a necessidade:* o ideal ético não tem nada a ver com o socialismo científico, que é a busca científica das leis de movimento e de desenvolvimento do organismo social. Contra a cientificidade do M. histórico voltaram-se as objeções de Eduard Bernstein, que se tornou líder do *revisionismo* com sua obra *Pressupostos do socialismo e as tarefas da social-democracia* (1899). Substancialmente, contra aqueles que, como Kautsky, reivindicam a cientificidade do M. histórico, ele objeta que na realidade sua orientação científica e não valorativa é prejudicada pela influência idealístico-hegeliana, que leva Marx a extrair deduções arbitrárias com base em esquemas dialéticos apriorísticos. Bernstein considera que as previsões de Marx quanto à proletarização dos estratos médios e à derrocada do capitalismo, desmentidas pela experiência histórica, estão entre os exemplos mais eloqüentes dos limites da cientificidade da teoria de Marx. Se Bernstein propõe uma revisão científica do marxismo, o chamado austromarxismo propõe, ao contrário, uma integração filosófica dele. Max Adler, por exemplo, nos textos coligidos em *Kant e o marxismo* (1925), afirma que o M. histórico indica a direção evolutiva causalmente necessária da História, mas isso de per si não basta para se poder considerar o comunismo como um valor positivo. A necessária justificação filosófica é indicada por Adler no imperativo categórico kantiano de tratar a humanidade sempre também como fim e nunca somente como meio.

Uma interpretação original do M. histórico, porquanto fortemente crítica em relação à interpretação cientificista, tanto na versão ortodoxa quanto na versão revisionista, é a de Gyorgy Lukács em *História e consciência de classe* (1923). Ele considera errado atribuir a Marx a intenção de elaborar uma ciência da História com base no modelo das ciências naturais, uma vez que considera mistificador o modelo que apresenta como dados naturais o que na realidade é produto da práxis humana. Portanto, o M. histórico não deve ser entendido como determinismo economicista, mas sim como um historicismo humanístico, em que a economia perde a sua aparência de estrutura objetiva dominante e é integrada na práxis humana. Por outro lado, é preciso acrescentar que depois Lukács fez uma clamorosa autocrítica, solicitada pela III Internacional, acusando-se de ter distorcido o pensamento de Marx em sentido idealístico-hegeliano. Quem concorda substancialmente com Lukács é Karl Korsch, que também se empenha em denunciar a subestimação do aspecto filosófico do marxismo, ou seja, da importância que tem, nele, o princípio dialético, erro a que corresponde não por acaso uma práxis não mais revolucionária. Korsch encontra a confirmação disso na perspectiva de Kautsky, analisada em *O materialismo histórico. AntiKautsky* (1929), em que contesta o seu M. naturalístico em nome do M. histórico-dialético-revolucionário, reportando-se à crítica feita por Marx a Feuerbach. Outro autor representativo do chamado marxismo ocidental (v.) é Ernst Bloch, que concebe a inversão materialista do idealismo hegeliano realizado por Marx não como mera substituição do Espírito pela Matéria (econômica), o que não incidiria sobre o esquema determinista do sistema hegeliano, mas sim como fundação de uma teoria que demonstra ao homem as potencialidades inerentes ao devir histórico para a realização da utopia há tempos sonhada (cf. *O princípio esperança,* 1938-1947). Daí a definição blochiana do marxismo como utopia concreta.

Também os primeiros teóricos do marxismo na Itália, apesar de algumas diferenças por certo não desprezíveis, tendem em uníssono a separar a filosofia de Marx daquelas que Gramsci definiu como incrustações *positivísticas e naturalísticas.* Antonio Labriola escreve que o miolo do M. histórico consiste numa filosofia da práxis que vai além do idealismo e do M. mecanicista, portanto, à diferença do primeiro, não ignora a realidade objetiva com as suas leis imanentes, enquanto, à diferença do segundo, não reduz o homem a marionete, mas sabe que ele se produz a si mesmo (cf. *Scritti varii di filosofia* e *politica,* 1906). Rodolfo Mondolfo, não por acaso, desaconselha a expressão M. histórico – que lhe parece enganosa – e prefere a expressão realismo histórico, que melhor exprime a idéia de Marx e – apesar das aparências – também a de Engels, de que o homem é ao mesmo tempo objeto e sujeito da História, porquanto perenemente empenhado num processo de interação com a natureza e o ambiente em que vive (cf. *Il materialismo storico in Federico Engels,* 1912). Analogamente aos autores do marxismo ocidental, Antonio Gramsci ressalta sobretudo aquilo que ao mesmo tempo distingue Marx do positivismo e o liga ao hegelianismo. Especialmente significativa é a polêmica com Nikolai Bukharin e a sua obra *Teoria do materialismo histórico. Manual popular de sociologia marxista.* Em *Cadernos do cárcere,* Gramsci contesta em Bukharin sua aceitação acrítica da idéia positivista-naturalística de ciência, ignorando a dialética e portanto a originalidade do materialismo histórico, para o qual objetivo significa sempre subjetivo, por reconhecer a centralidade da práxis humana. Por isso Gramsci recomenda que na expressão M. histórico a *ênfase recaia* no adjetivo histórico, e não no substantivo M., que se presta a equívocos. O resgate, ou pelo menos a tentativa de resgate, da dimensão científica do M. histórico é realizado na Itália por Galvano Della Volpe, para quem Marx deve ser considerado o *Galileu do mundo moral.* Em *Logica come scienza positiva* (1950), valoriza as críticas de Marx à dialética idealista hegeliana e atribui a ele o mérito de ter fundado uma ciência materialista da sociedade e da História, alheia ao dedutivismo apriorístico hegeliano, ou seja, articulada em torno do círculo metódico concreto-abstrato-concreto: detecção de um elemento factual determinado, elaboração de uma hipótese geral e por fim verificação da hipótese com base nos elementos factuais e determinados.

Nos anos 1960 e 1970 tem notável ressonância a releitura do marxismo feita por Louis Althusser, cheia de sugestões freudianas e estruturalistas. Nas obras *Pour Marx* e *Ler O capital* ele afirma que o M. histórico nasce quando Marx deixa para trás a filosofia humanística de Feuerbach, de tal modo que os conceitos filosóficos e idealistas de essência humana e alienação dão lugar aos conceitos científicos e materialistas de forças produtivas e relações de produção. Althusser interpreta a relação estrutura-superestrutura como relação de *sobredeterminação,* em que a instância econômica é *determinante,* mas também *determinada* pelas outras duas instância, a política e a ideologia, que compõem a *totalidade complexa.* Essa reavaliação da superestrutura não tem, porém, significado humanístico, porque, segundo Althusser, Marx ensinou que a História é um *processo sem Sujeito nem Fim(ns),* uma vez que os homens com os seus valores não são realmente os autores da História, que é uma estrutura impessoal e ateleológica. É verdade que Althusser publica depois uma autocrítica, mas confirma substancialmente suas teses sobre o M. histórico, limitando-se a denunciar o erro de ter subestimado a influência decisiva da luta de classes sobre a formação da teoria marxista e de ter flertado com a terminologia estruturalista.

Uma nova reflexão sobre o marxismo que recebe grande atenção em concomitância com as revoltas estudantis de 1968 é a feita pela chamada Escola de Frankfurt. Autores como Horkheimer, Adorno e Marcuse em geral valorizam a relação Hegel-Marx especialmente no que diz respeito à dialética e à alienação, e rechaçam a versão determinística e economicista do marxismo, em sintonia com o marxismo ocidental. Max Horkheimer, ademais, assume uma atitude cada vez mais crítica em relação ao marxismo: expõe a convicção de que Marx comungou a idéia iluminista-positivista de progresso, em que este se identifica com a dominação da natureza e o desenvolvimento ilimitado das forças produtivas, que porém não leva à libertação do homem, mas à destruição da natureza e à dominação do próprio homem, também na sociedade comunista. Analogamente, Theodor Adorno, em conjunto com Horkheimer (cf. *Dialética do esclarecimento*, 1947), contesta o uso capitalista da ciência em conformidade com a lógica do domínio, mas tende a condenar a ciência de per si por estar estruturalmente orientada para a manipulação da natureza e do homem. A filosofia marxista, voltando a atenção para a questão da propriedade dos meios de produção, não constitui, segundo Adorno, uma teoria radicalmente crítica do que existe: não é tanto a propriedade privada que produz a tendência à dominação, mas é a tendência à dominação que produz a propriedade privada. Orientado para uma síntese de freudismo e marxismo (cf. *Eros e civilização*, 1955), Herbert Marcuse valoriza a dimensão utópica do pensamento marxista, ou seja, o projeto da completa emancipação de todos os sentidos humanos e de todas as qualidades humanas, o projeto de uma sociedade em que a existência seja mais jogo que trabalho, em que Eros se imponha sobre Tanatos. O M. histórico das obras da maturidade de Marx manifesta ao contrário, segundo Marcuse, uma inclinação economicista e produtivista que substancialmente trai a postura revolucionária originária. Jürgen Habermas, herdeiro original da Escola de Frankfurt, que considera o marxismo ocidental seu ponto de referência mais importante, propôs-se rever o pensamento de Marx adequando-o à realidade da época contemporânea. Segundo Habermas, é preciso constatar que sociedade e Estado já não estão numa relação de estrutura e superestrutura, visto que a política não é apenas um fenômeno superestrutural; portanto, uma teoria crítica da sociedade não pode consistir exclusivamente numa crítica da economia política (cf. *Conhecimento e interesse*, 1968). O problema principal do nosso tempo é o da colonização da vida por parte do sistema político-econômico (capitalista ou coletivista que seja), com a redefinição consumista das relações sociais e a burocratização das condições de vida, e para resolver esse novo problema é preciso ir além de Marx e recorrer a novas categorias interpretativas.

Nesse debate interno à área filosófica marxista é útil levar em conta também as considerações de um historiador como Eric J. Hobsbawm, que analisa a influência do M. histórico sobre a historiografia (cf. *A contribuição de Karl Marx para a historiografia*, 1970). Hobsbawm afirma que por muito tempo a pesquisa histórica foi influenciada por um marxismo vulgar, caracterizado por uma orientação rigidamente economicista e determinista, mas que apesar disso exerceu imensa força libertadora, contribuindo para a modernização da historiografia. O *marxismo vulgar* interpretou o pensamento de Marx sob a influência do positivismo naturalístico, mas esgotou sua função positiva, e até no autêntico M. histórico há aspectos, fundamentados em provas insuficientes ou enganosas, que inevitavelmente serão abandonados. No entanto, Hobsbawm ainda atribui vitalidade ao M. histórico porque ele nos ajuda a reconhecer na História as estruturas sociais e sobretudo o caráter histórico destas, ao contrário de outras teorias que, ainda que de maneiras diferentes, minimizam, ignoram ou negam o valor da historicidade, portanto a dinâmica das transformações sociais. [N.T.]

MATHEMA (gr. μάθημα). Tudo o que é objeto de aprendizagem. Nesse sentido, Platão diz que a idéia do bem é "o maior M." (*Rep.*, VI, 505 a). Para Sexto Empírico, M. implicava, além da coisa apreendida, quem a aprende e o modo de aprender (*Adv. math.*, I, 9), entendendo por "matemáticos" todos os cultores de ciências, além dos filósofos. Kant restringiu essa palavra, designando com ela as proposições da matemática que são obtidas por meio da "construção de conceitos" (*Crít. R. Pura*, II, cap. 1, seç. 1). A palavra mais próxima ao uso clássico desse termo é *disciplina* (v.): ciência aprendida ou ensinada. [N.A.]

MATHESIS UNIVERSALIS. Foi assim que Leibniz (*Op.*, ed. Erdmann, p. 8) chamou a arte combinatória ou *característica universal* (v.). Husserl retomou esse termo para designar a lógica formal ou pura como "ciência eidética do objeto em geral", que ele assim caracteriza: "Objeto é para ela tudo e cada coisa; portanto podem ser constituídas as verdades infinitamente múltiplas que se distribuem nas inúmeras disciplinas da *mathesis*. Estas últimas, por outro lado, remetem a um pequeno patrimônio de verdades imediatas ou fundamentais, que nas disciplinas puramente lógicas funcionam como axiomas" (*Ideen*, I, § 10; *Logische Untersuchungen*, I, último cap.). [N.A.]

MATRIMÔNIO. V. CASAMENTO.

MATRIZ DISCIPLINAR. V. PARADIGMA.

MATRIZES, MÉTODO DAS (in. *Method of matrices*; fr. *Méthode des matrices*; it. *Metodo delle matrici*). Método de construção de *tabelas de verdade* (v. TABELA); consiste na enumeração sistemática das possibilidades de verdades para certo número de proposições simples, ou seja, na enumeração das combinações possíveis dos valores de verdade dessas proposições. [N.A.]

MÁXIMA (lat. *Maxima propositio*; in. *Maxim*; fr. *Maxime*; al. *Maxime*; it. *Massima*). Este termo tem dois significados diferentes: 1º proposição evidente; 2º regra de conduta.

1º O significado de proposição evidente é o mais antigo e se encontra estabelecido a propósito da teoria dos lugares lógicos. Boécio chamou de "proposição máxima" a proposição indemonstrável mas evidente (*In top. Cicer.*, I; *De diff. topicis*, II; em *P. L.*, 64º, col. 1151, 1185), e esse significado permaneceu na lógica medieval. "A proposição máxima" – diz Pedro Hispano – "é a proposição mais conhecida ou mais primitiva possível, como, por exemplo, 'O todo é maior que sua parte'" (*Summ. log.*, 5.07). Mais tarde, acentuou-se algumas vezes o caráter de probabilidade da máxima: por máxima Jungius entende "um enunciado universal maximamente provável" (*Log. hamburgensis*, 1638, V, 3, 5). Nesse significado, que é sinônimo de axioma, essa palavra era utilizada por Locke (*Ensaio*, IV, 12, 1) e por Leibniz (*Nouv. ess.*, IV, 126). Agora não é usada, tendo sido substituída pelo termo axioma.

2º Foram os moralistas franceses da segunda metade do século XVII os primeiros a empregar esse termo para designar uma regra moral. La Rochefoucauld intitulou sua coletânea de pensamentos *Réflexions ou sentences et maximes morales*, (1665); Kant aceitou esse uso, entendendo por M. uma regra de comportamento em geral. Distinguia a M., como "princípio subjetivo da vontade", da *lei*, que é o princípio objetivo, universal de conduta. O indivíduo pode assumir como M. a lei, outra regra ou mesmo afastar-se da lei (*Grundlegung zur Met. der Sitten*, I, 1, nota; *Crít. R. Prática*, § 1, Def.; *Religion*, I, Obs.). Este segundo significado é o único que ficou. [N.A.]

MECANICISMO (in. *Mechanism*; fr. *Mécanisme*; al. *Mecanismus*; it. *Meccanicismo*). Toda doutrina que recorra à explicação mecanicista. Entende-se por explicação mecanicista a que utiliza exclusivamente o movimento dos corpos, entendido no sentido restrito de movimento espacial. Nesse sentido, é mecanicista a teoria da natureza que não admite outra explicação possível para os fatos naturais, seja qual for o domínio a que eles pertençam, além daquela que os interpreta como movimentos ou combinações de movimentos de corpos no espaço. O M. pode ser considerado: 1º uma concepção filosófica do mundo; 2º um método ou princípio diretivo da pesquisa científica.

1º Como concepção filosófica do mundo, o M. apresentou-se desde a Antiguidade como *atomismo* (v.). A concepção do mundo como sistema de corpos em movimento, como uma grande máquina, é típica do atomismo antigo. O materialismo dos séculos XVIII e XIX retomou essa concepção, que tem as seguintes características: *a*) negação de qualquer ordem finalista; a polêmica entre M. e finalismo começou a partir de século XVII, quando o M. se firmou com o surgimento da ciência moderna; atualmente muitas vezes o termo M. é interpretado apenas como negação do *finalismo* (v.); *b*) determinismo rigoroso, representado pelo conceito de causalidade necessária infiltrada em todos os fenômenos da natureza; hoje é considerada como não mecanicista qualquer concepção do mundo que negue o determinismo rigoroso.

As duas características acima são tipicamente expressas pela filosofia de Hobbes, que constitui um dos melhores exemplos de M. filosófico (v. MATERIALISMO). Por outro lado, a visão mais perspicaz que as filosofias antimecanicistas do século XIX assumiram perante o M. foi expressa por Lotze, em *Microcosmo* (1856): "a tarefa que cabe ao M. na ordenação do universo é universal, sem exceções no que se refere à extensão, mas absolutamente secundário no que se refere à importância" (*Mikrokosmus*, I, Intr.; trad. it., p. 10); ou, em outros termos, o M. não passa de instrumento utilizado pelo Princípio Racional ou Divino do universo para cumprir seus objetivos. Na filosofia espiritualista contemporânea, esse ponto de vista mesclou-se à crítica *ab extrinseco* dos princípios científicos do M. A partir das últimas décadas do século XIX, o M. como concepção filosófica geral deixou de ter seguidores pelos motivos a seguir expostos.

2º O M. científico pode ser considerado: *a*) na física; *b*) nas outras ciências.

a) Na física, o M. consiste na tese de que todos os fenômenos da natureza devem ser explicados pelas leis da mecânica e que, portanto, a própria mecânica deve ter um *status* privilegiado entre as outras ciências, porquanto lhes fornece os princípios explicativos. Ora, a mecânica como ciência é criação relativamente recente. Arquimedes conhecia os elementos da *estática*, que é a parte da mecânica que trata do equilíbrio das forças, mas a *dinâmica*, que é o estudo dos movimentos dos corpos sob a ação das forças, era desconhecida dos antigos e foi inaugurada por Galileu e Newton. Depois, o princípio de D'Alembert unificou a estática e a dinâmica, mostrando que um problema de dinâmica pode ser transformado num problema de equilíbrio de forças, portanto de estática, tomando em consideração forças fictícias chamadas "forças inerciais"; assim, por exemplo, a órbita de um planeta em torno do sol pode ser interpretada como equilíbrio entre a força de gravitação e uma força centrífuga igual e oposta. Com essa concepção, a mecânica estava de algum modo concluída em termos de teoremas fundamentais, e a partir de então sofreu transformações conceituais e lingüísticas que visavam a torná-la mais coerente e simples. Desse ponto de vista, pode-se dizer que em meados do século XIX teve início uma segunda fase do desenvolvimento da mecânica, graças sobretudo a Hamilton, com a substituição da idéia de força pela idéia de energia. A primeira fase da mecânica foi caracterizada pela tentativa de explicar os fenômenos naturais reduzindo-os a inúmeras ações a distância entre os átomos da matéria. A segunda fase inspira-se na importância adquirida pelo princípio de conservação da energia (enunciado por Helmholtz em 1847) e pela expressão das leis fundamentais da mecânica, em termos de energia cinética e potencial. Uma terceira fase foi iniciada quase no fim do século XIX por Hertz, que procurou reduzir a dinâmica à cinemática, admitindo como fundamental a lei do princípio mínimo: cada sistema livre persiste em seu estado de repouso e de movimento uniforme pelo caminho mais curto.

O M. em física é relativamente independente dessas mudanças da mecânica. Como já foi dito, a característica das teorias mecanicistas em física é utilizar exclusivamente as grandezas próprias da mecânica (força, massa, energia etc.). Podemos distinguir: a teoria mecanicista da *descontinuidade* e a teoria mecanicista do *contínuo*.

A teoria mecanicista do descontínuo é a teoria atômica utilizada para explicar, além da luz (teoria corpuscular), vários fenômenos físicos como a adesão, a coesão, a capilaridade; deu lugar à teoria cinética dos gases e às primeiras teorias dos fenômenos elétricos. As teorias mecanicistas fundamentadas na continuidade só foram possíveis com a descoberta de instrumentos de cálculo diferencial mais complexos; seu exemplar é a hipótese de Fresnel sobre o éter elástico como meio de propagação das ondas luminosas. Ambas as teorias foram eliminadas da física pela teoria do *campo* (v.), em virtude da qual os conceitos da mecânica deixaram de ter validade como princípios explicativos gerais da física. Simultaneamente, a outra característica fundamental do M., o determinismo rigoroso ou necessitarista, foi eliminada em virtude da consolidação da teoria quântica (v. CAUSALIDADE). Einstein e Infeld dizem a respeito: "As leis da física quântica não governam o comportamento de objetos particulares no tempo, mas as variações da probabilidade no tempo" (*The Evolution of Physic*, IV; trad. it., p. 298). Com essa transformação, a física saiu de sua fase mecanicista e constituiu-se como ciência da previsão provável (v. FÍSICA).

b) O M. não foi apenas um princípio diretivo da física: a partir do século XVIII também foi o princípio diretivo de todas as outras ciências naturais, inclusive da biologia, da psicologia e da sociologia. Obviamente, fora da física, o M. teve um caráter bem menos rigoroso: nem para a explicação dos fenômenos biológicos, psicológicos ou sociológicos mais simples chegou-se à exatidão quantitativa dos modelos mecânicos empregados para explicar, por exemplo, o fenômeno da capilaridade ou o da interferência da luz. Fora da física, portanto, o M. foi uma aspiração genérica, uma tese filosófica ou, na melhor das hipóteses, uma exigência genérica de método, mais que instrumento efetivo de explicação. Como instrumento de polêmica, defendeu a necessidade causal contra o finalismo; em termos positivos, afirmou em todos os campos a exigência da análise quantitativa. Afora isso, as teses do M. nos vários campos da ciência são *reducionistas*: em biologia, consiste em reduzir as leis biológicas a leis físico-químicas; em psicologia, consiste em reduzir as leis psicológicas a leis biológicas; em sociologia, consiste em reduzir as leis sociológicas a leis biológicas e psicológicas. A utilidade dessas tendências reducionistas foi desvencilhar o campo das respectivas ciências de estruturas conceituais antiquadas, de pressupostos metafísicos ou teológicos que atrapalhavam a pesquisa ou até mesmo a bloqueavam. Contudo, a ciência do século XX, sobretudo a partir do terceiro decênio, abandonou a postura reducionista e, portanto, o M., sem voltar às posições às quais o M. se opunha. A biologia, por exemplo, abandonou o pressuposto de que os fenômenos vitais são regidos apenas por leis físico-químicas, mas não admitiu qualquer forma de vitalismo (v. EVOLUÇÃO; VITALISMO). Pode-se dizer, portanto, que o M. foi abandonado, mas é preciso acrescentar que com ele também foram abandonadas as tendências conceptuais às quais ele se contrapunha e cuja correção representava. [N.A.]

MEDIAÇÃO (in. *Mediation*; fr. *Médiation*; al. *Vermittelung*; it. *Mediazione*). Função que relaciona dois termos ou dois objetos em geral. Essa função foi identificada: 1º no termo médio no silogismo; 2º nas provas na demonstração; 3º na reflexão; 4º nos demônios na religião.

1º Segundo Aristóteles, o silogismo é determinado pela função mediadora do termo médio, que contém um termo e é contido pelo outro termo (*An. pr.*, I, 4, 25 b 35) (v. SILOGISMO).

2º Segundo a *Lógica* de Port-Royal, a M. é indispensável em qualquer raciocínio. "Quando apenas a consideração de duas idéias não é suficiente para se julgar se o que se deve fazer é afirmar ou negar uma idéia com a outra, é preciso recorrer a uma terceira idéia, simples ou complexa, e esta terceira idéia chama-se intermediária" (ARNAULD, *Log.*, III, 1). Locke dizia: "As idéias intermediárias, que servem para demonstrar a concordância entre outras duas, são chamadas de provas; quando, com esse meio, se percebe com clareza ou evidência a concordância ou discordância, elas são chamadas de demonstração"

(*Ensaio*, IV, 2, 3). No mesmo sentido D'Alembert afirmava: "Toda a lógica se reduz a uma regra muito simples: para confrontar dois ou mais objetos distantes uns dos outros utilizamos objetos intermediários. O mesmo acontece quando queremos confrontar duas ou mais idéias; a arte do raciocínio nada mais é que o desenvolvimento desse princípio e as conseqüências dele resultantes" (*Œuvres*, ed. Condorcet, 1853, p. 224).

3º Segundo Hegel, a M. é a reflexão em geral (*Werke*, ed. Glockner, II, p. 25; IV, p. 553 etc.): "Um conteúdo pode ser conhecido como verdade só quando não é mediado por outro, quando não é finito, quando, portanto, se medeia consigo mesmo, sendo, assim, o todo em um, M. e relação imediata consigo mesmo." Em outras palavras, a reflexão exclui não só a imediação, que é a intuição abstrata, o saber imediato, mas também a "relação abstrata", a M. de um conceito com um conceito diferente (as provas de Locke), que Hegel considera típica (e com razão) do século do iluminismo (*Enc.*, § 74).

4º Na Antiguidade, aos demônios cabia uma função mediadora entre os deuses e os homens. O Demiurgo de Platão encarrega as divindades inferiores ou demônios de criar as gerações mortais e completar a obra da criação (*Tim.*, 41 a-c). Plotino diz que os demônios são eternos, em relação a nós, servindo de "intermediários entre os deuses e nossa espécie" (*Enn.*, III, 5, 6). Mitra era concebido como mediador, mais precisamente como mediador entre a divindade inatingível das esferas etéreas e o gênero humano (CUMONT, *The Mysteries of Mithra*, pp. 127 ss.). Enfim, segundo a doutrina cristã, "somente a Cristo compete ser mediador de modo simples e perfeito", enquanto anjos e sacerdotes são instrumentos de M. (TOMÁS DE AQUINO, *S. Th.*, III, q. 26 a 1). [N.A.]

MEDIADOR PLÁSTICO (fr. *Médiateur plastique*; it. *Mediatore plastico*). Assim foi chamada por alguns filósofos do século XIX a "natureza plástica" de que falava Cudworth como *éctipo* (v.), que é intermediário entre Deus e o mundo (*The True Intellectual System of the Universe*, I, 1, 3). Essa expressão é usada por Laromiguière (*Leçons de phil.*, 1815-1818, II, 9) e por Galluppi (*Lezioni di logica e metafisica*, 1832-1836, II, p. 273). [N.A.]

MEDIANIDADE (al. *Durchschnittlichkeit*; it. *Medianità*). Segundo Heidegger, aquilo que o homem é em média, *grosso modo*, em sua existência quotidiana e indiferente: determinação fundamental da existência, de que a análise existencial deve partir (*Sein und Zeit*, § 9). [N.A.]

MEDICINA, FILOSOFIA DA (in. *Medical philosophy*; fr. *Philosophie de la médecine*; al. *Medizinphilosophie*; it. *Filosofia della medicina*). Embora M. e filosofia estejam ligadas desde a Antiguidade e se tenha falado de filosofia ou "lógica" da M. já no início do século XIX (cf. G. BLANE, *Elements of Medical Logic*, 1819; E. BARTLETT, *Essay on Philosophy of Medical Science*, 1844), só se pode falar de uma filosofia da M. propriamente dita, entendida como conjunto de investigações específicas, a partir da segunda metade do século XX. Entre os problemas de fundo da filosofia da M. temos: 1) o tipo de cientificidade que compete ao saber médico; 2) a noção de doença; 3) relação médico-paciente; 4) as implicações éticas da M.

1º Sobre o estatuto epistemológico da ciência médica existem dois modelos teóricos contrapostos. O primeiro, de tipo objetivista-naturalístico, insiste no caráter biológico da M. O segundo, de tipo antropológico-cultural ou humanístico, insiste no fato de que "a M. é *algo mais* que um ramo da ciência natural", pois lida com um ser (o homem) que não é apenas corporeidade.

2º Também sobre a natureza da doença existem dois modelos explicativos básicos. O primeiro, de tipo mecanicista-reducionista, compara o ser vivo a uma máquina e concebe a doença como um processo que diz respeito essencialmente à esfera orgânica. O segundo, de tipo holístico-humanístico, concebe a doença como um modo de ser que envolve a *totalidade* ("biopsicossocial", como define G. Engel) do indivíduo.

3º Sobre a relação médico-paciente deparamos três modelos distintos. O primeiro, de tipo paternalista-autoritário, focaliza sobretudo o papel do médico e põe o doente numa posição passiva e subalterna. O segundo, que parte do princípio de autonomia, acentua, por contraposição, o papel do paciente. O terceiro, que se inspira no princípio do "caráter benéfico da confiança" (E. Pellegrino, D. Thomasma), mesmo aceitando o conceito da dignidade do doente, volta a focalizar o papel do médico, a cuja autoridade científica e profissional o paciente é obrigado a recorrer "com confiança" (atitude à qual corresponde o compromisso, por parte do médico, de lutar pelo bem do próprio paciente).

4º Os problemas da ética médica concernem tanto à deontologia profissional específica do médico quanto às questões atinentes à *bioética* (v.). [G.F.]

MEDIDA (gr. μέτρον; lat. *Mensura*; in. *Measure*; fr. *Mesure*; al. *Mass*; it. *Misura*). Já Platão havia dividido a arte da M. em duas partes, situando na primeira as artes "que medem o número, o comprimento, a altura, a largura e a velocidade em relação a seus contrários" e na segunda "as artes que medem a relação ao justo meio, ao conveniente, ao oportuno, ao obrigatório, enfim às determinações que estão no meio entre dois extremos" (*Pol.*, 284 e).

Conseqüentemente pode-se entender por medida:

1º Relação entre uma grandeza e a unidade. A este propósito Aristóteles observava que a unidade pode ser entendida de dois modos: como unidade convencional ou aparente e como unidade absolutamente indivisível (*Met.*, X, 1, 1053 a 22); nesse sentido, reconhecia as condições da M. na homogeneidade entre aquilo que se mede e aquilo com que se mede (*ibid.*, X, 1, 1053 a 22).

2º Critério ou o cânon daquilo que é verdadeiro ou bem. Nesse sentido, Cleóbulo, um dos Sete Sábios, dizia: "O melhor é a M." (DIÓG. L., I, 93). Platão via na justa M. a ordem e a harmonia das coisas (*Fil.*, 24 c-d) e para Aristóteles o *meio-termo* (v.) era o cânon da virtude ética. No mesmo sentido essa palavra foi usada por Protágoras, em seu famoso princípio de que o homem é a M. das coisas, e por Aristóteles, quando via no homem virtuoso "o cânon e a M. das coisas" (*Et. nic.*, III, 4, 1113 a 33). Nesse sentido, a M. é um dos conceitos fundamentais da cultura clássica grega. [N.A.]

MEDITAÇÃO. V. MISTICISMO.

MEDO. V. EMOÇÃO.

MEGARISMO (in. *Megarism*; fr. *Mégarisme*; al. *Megarismus*; it. *Megarismo*). Escola socrática de Mégara, fundada no século V a.C. por Euclides (não confundir com o matemático Euclides, que viveu e ensinou em Alexandria quase um século mais tarde). Outros representantes dessa escola são Eubulides de Mileto, Diodoro Cronos e Estílpon, que ensinou em Atenas mais ou menos em 320 a.C. Sua característica é unir o ensinamento de Sócrates à doutrina eleata. Para Euclides, o bem é um só, a Unidade, chamada por vários nomes: Sabedoria, Deus, Intelecto etc. Portanto, assim como os eleatas, os megáricos contestavam a realidade do movimento, da mudança e da multiplicidade. Para isso, adotavam vários argumentos de natureza sofística, como o do *sorites* (v.) ou do calvo, bem como acatavam a negação da possibilidade formulada por Diodoro Cronos (para esta última, v. POSSÍVEL). Alguns desses argumentos foram retomados pelos estóicos, nos raciocínios "ambíguos" ou "conversíveis", depois chamados de *dilemas* (v.) e hoje chamados de paradoxos ou *antinomias* (v.). [N.A.]

MEIO[1] (gr. μεσότης; lat. *Medietas*; in. *Mean*; fr. *Milieu*; al. *Mittel*; it. *Medietà*). Justo meio, meio-termo, entre os extremos, que, segundo Aristóteles, pode ser definido em relação às coisas ou em relação a nós: "Se cada ciência cumpre bem o seu papel quando visa ao justo meio e orienta suas obras para ele (donde se costuma dizer que nas boas obras nada se tem que tirar nem acrescentar, porquanto o excesso e a falta arruínam o bom, enquanto o justo meio o salva), se os bons artistas trabalham com vistas a esse meio-termo, a virtude, que, assim como a natureza, é mais acurada e melhor que qualquer arte, deverá tender precisamente para o justo meio" (*Et. nic.*, II, 6, 1106 b 8). Contudo, o justo meio é definição apenas da *virtude ética* (v. ÉTICAS, VIRTUDES) ou moral, porque só ela diz respeito a paixões ou ações suscetíveis de excesso ou deficiência (cf. também TOMÁS DE AQUINO, *S. Th.*, I, II, q. 59, a. 1) (v. VIRTUDE). [N.A.]

MEIO[2] (in. *Means*; fr. *Moyen*; al. *Mittel*; it. *Mezzo*). 1. Tudo o que possibilita alcançar um fim, cumprir um objetivo ou realizar um projeto. Sobre a relação entre M. e fim, v. VALOR.

2. Ambiente, especialmente o biológico. Nesse sentido, essa palavra corresponde ao francês *milieu*, que começou a ser usada com esse significado em meados do século XIX (v. AMBIENTE). [N.A.]

MEIOS DE COMUNICAÇÃO DE MASSA (it. *Mass media*). 1. Jornais, rádio, televisão etc.. Em relação aos M. a filosofia do século XX apresenta duas atitudes básicas:

a) A primeira tem sua expressão mais conhecida na crítica da Escola de Frankfurt à indústria cultural e na doutrina de Baudrillard sobre "o terrorismo do código" (*Pour une critique de l'économie politique du signe*, 1972; v. INDÚSTRIA CULTURAL).

b) O segundo tem expressão típica na exaltação "pós-moderna" (v.) da sociedade da comunicação. É emblemática, nesse aspecto, a posição de G. Vattimo, que, de uma atitude inicial crítica em relação à "tecnicização do mundo", passou a assumir uma atitude cada vez mais "amigável" para com a sociedade avançada e os seus dispositivos tecnológicos e informáticos, a ponto de identificar a sociedade pós-moderna com a sociedade dos M.: "Considero [...] que o termo pós-moderno tem um sentido; e que esse sentido está ligado ao fato de que a sociedade em que vivemos é uma sociedade da comunicação generalizada, a sociedade dos M." (*La società trasparente*, Garzanti, Milão, 1989, p. 7). Os M., define Vattimo, não são o instrumento diabólico de uma inelutável escravidão totalitária (à maneira do "Grande Irmão" de Orwell), mas o pressuposto em ato do possível advento de uma humanidade "desterritorializada", capaz de viver num "mundo de culturas plurais". Em outros termos, rejeitando a equação da Escola de Frankfurt, M. = sociedade uniformizada e padronizada, e insistindo no nexo entre os M. e a ordem pluralista da "sociedade complexa", Vattimo acabou por afirmar, não sem alguma ênfase otimística (de que depois se retratou), que, graças ao "mundo fantasmagórico" dos M., teve-se uma multiplicação dos centros de obtenção e interpretação dos acontecimentos, a tal ponto que a "realidade", para os pós-modernos, agora coincide com as "imagens" do mundo que tais meios distribuem: "A história já não é um fio condutor unitário, mas sim uma quantidade de informações, de notícias, de televisores que temos em casa, muitos televisores numa casa" (*Filosofia al presente,* Garzanti, Milão, 1990, p. 17); "Talvez se concretize, no mundo dos M., uma 'profecia' de Nietzsche: o mundo verdadeiro no fim se transforma em fábula. Se temos uma idéia da realidade, na nossa condição de existência pós-moderna ela não pode ser entendida como o dado objetivo que está por trás ou além das imagens que dela nos dão os M. Como e onde poderíamos atingir tal realidade 'em si'? Realidade, para nós, é mais o resultado do cruzamento, da 'contaminação' (no sentido latino) das múltiplas imagens, interpretações, reconstruções que os M. distribuem, competindo entre si ou sem nenhuma coordenação 'central'" (*La sociedade trasparente, cit.*, pp. 14-5).

Popper, porém, voltou a insistir nas potencialidades negativas dos M. (em especial da televisão). Mesmo ressaltando a importância do meio televisivo como instrumento de difusão cultural, Popper acusa a televisão de bombardear a mente dos mais jovens com imagens e programas excessivamente violentos. Donde a proposta de um instituto para a televisão. E isso não seria feito contra a democracia, mas a favor dela. Porque, conforme raciocina o filósofo, quem controla a televisão detém um poder enorme e deve ser, portanto, democraticamente controlado (cf. K. POPPER, J. CONDRY, *Cattiva maestra televisione,* Reset, Milão, 1994; v. COMUNICAÇÃO). [G.F.]

MELANCOLIA (gr. μέλας χολή; in. *Melancholia;* fr. *Mélancolie;* al. *Melancholie;* it. *Melanconia*). Literalmente, ânimo negro (v. TEMPERAMENTO). Em linguagem comum, tristeza sem motivo. [N.A.]

MELIORISMO (in. *Meliorism;* fr. *Méliorisme;* al. *Meliorismus;* it. *Megliorismo*). Palavra recente, usada sobretudo pelos escritores anglo-saxões para indicar uma visão de mundo que não é pessimista nem otimista, mas guiada pela esperança do melhor e pela vontade de realizá-lo. [N.A.]

MEMÓRIA (gr. μνήμη; lat. *Memoria;* in. *Memory;* fr. *Mémoire;* al. *Gedächtnis;* it. *Memoria*). Possibilidade de dispor dos conhecimentos passados. Por conhecimentos passados é preciso entender os conhecimentos que, de qualquer modo, já estiveram disponíveis, e não já simplesmente conhecimentos *do* passado. O conhecimento do passado também pode ter formação nova: por exemplo, dispomos agora de informações acerca do passado de nosso planeta ou de nosso universo que não são recordações. Conhecimento passado também não é simplesmente marca, vestígio, pois estas são coisas presentes, não passadas. A tristeza ou a imperfeição física causadas por um acidente não são a M. desse acidente, apesar de serem vestígios dele, ao passo que a recordação pode estar disponível e pronta, sem precisar da ajuda de nenhum vestígio, como no caso da fórmula para o matemático e, em geral, das lembranças decorrentes da formação ou de hábitos profissionais.

A M. parece ser constituída por duas condições ou momentos distintos: 1º conservação ou persistência de conhecimentos passados que, por serem passados, não estão mais à vista: é a *retentiva;* 2º possibilidade de evocar, quando necessário, o conhecimento passado e de torná-lo atual ou presente: é propriamente a recordação. Esses dois momentos já foram distinguidos por Platão, que os chamou respectivamente de "conservação de sensações" e "reminiscência" (*Fil.*, 34 a-c), e por Aristóteles, que utiliza esses mesmos termos. Aristóteles também propõe claramente o problema decorrente da conservação da representação como marca (impressão) de um conhecimento passado: "Se em nós permanecer algo semelhante a uma marca ou a uma pintura, como pode a percepção dessa marca ser M. de alguma outra coisa e não apenas de si? De fato, quem lembra vê apenas a marca e só dela tem sensação; como pode então lembrar o que não está presente?" (*De Mem.*, 1, 450 b 17). A resposta de Aristóteles a essa questão é que a marca na alma é como um quadro que pode ser considerado por si ou pelo objeto que representa. E diz: "Assim como um animal pintado num quadro é animal e imagem, sendo ao mesmo tempo ambas as coisas, ainda que o ser dessas coisas não seja o mesmo, podendo ele ser considerado como animal ou como imagem, também a imagem mnemônica que está em nós deve ser considerada como objeto por si mesmo e, ao mesmo tempo, como representação de alguma outra coisa" (*ibid.*, 450 b 21). Segundo Aristóteles, a explicação do processo da M., tanto como retentiva quanto como recordação, é inteiramente física: a retentiva e a produção de impressão decorrem de um *movimento*, assim como é um movimento que produz a recordação. Contudo, a recordação, ao contrário da retentiva, é uma espécie de *dedução* (silogismo), pois "quem recorda deduz que já ouviu ou percebeu aquilo de que se lembra; isso é uma espécie de busca" (*ibid.*, 453 a 11). Portanto, a recordação é própria apenas dos homens. Com isso, Aristóteles evidenciava outra característica fundamental da M. como recordação: seu caráter ativo de deliberação ou de escolha. A análise platônico-aristotélica da M. trouxe à baila os seguintes aspectos: *a)* distinção entre retentiva e recordação; *b)* o reconhecimento do caráter ativo ou voluntário da recordação, diante do caráter natural ou passivo da retentiva; *c*) base física da recordação como conservação de movimento ou movimento conservado. Pode-se dizer que esses aspectos não mudaram ao longo da história desse conceito. Todavia, as doutrinas posteriores podem ser subdivididas em dois grupos, segundo o ponto de partida para a interpretação da M.: M. como retentiva ou conservação ou M. como recordação.

A) A psicologia antiga ressaltou aspecto de M. como conservação, persistência, de conhecimentos adquiridos. O modo místico como Plotino trata o assunto, além de negar a base física da M. e considerar o corpo mais como obstáculo do que como ajuda (*Enn.*, IV, 3, 26), afirma a proporção entre M. e força ou persistência de conservação: "Se a imagem persiste na ausência do objeto, já há M., mesmo que persista por pouco; se persiste por pouco, a M. é curta; se dura mais, a M. aumenta porque a força da imaginação é maior; e, se dificilmente falha, a M. é indestrutível" (*ibid.*, IV, 3, 29). De maneira análoga, a lista feita por Agostinho dos "milagres" da M. baseia-se no conceito de M. como receptáculo dos conhecimentos ou, segundo sua expressão, "ventre da alma" (*Conf.*, X, 14). Esse é também o conceito dos filósofos medievais. Tomás de Aquino dá-lhe o nome de "tesouro e local de conservação das espécies" (*S. Th.*, I, q. 29, a. 7), repetindo um lugar-comum da filosofia medieval. Isso equivalia a insistir na M. como retentiva.

Mas as concepções modernas e contemporâneas também vêem a M. como conservação; retomando a concepção agostiniana do tempo como *distensio animi* ou duração de consciência, vêem na M. a conservação integral do espírito por parte de si próprio, ou seja, a persistência nele de todas as suas ações e afecções, de todas as suas manifestações ou modos de ser. Essa concepção já foi exposta por Leibniz, que concebia a M. como conservação integral em forma de virtualidade ou de "pequenas percepções" das idéias que não têm mais forma de pensamentos ou de "apercepções"; donde observar, em oposição a Locke: "Se as idéias não fossem mais que formas ou modos de pensamentos, cessariam com eles; contudo o senhor mesmo reconheceu que elas são os objetos internos dos pensamentos e que, como tais, podem subsistir. Surpreende-me que possa, então, subestimar essas potências ou faculdades puras, deixando-as, ao que parece, sob os cuidados dos filósofos da escola" (*Nouv. ess.*, II, 10, 2). Em virtualidade ou faculdade pode e deve conservar-se integralmente todo ato ou manifestação do espírito, já que o espírito é justamente essa autoconservação. Tal é a concepção de M. por parte da filosofia espiritualista ou consciencialista. A melhor exposição dessa concepção encontra-se em Bergson (*Matéria e M.*, 1896), que a contrapôs à concepção de M. baseada na recordação. Bergson disse: "A M. não consiste na regressão do presente para o passado, mas, ao contrário, no progresso do passado ao presente. É no passado que nós nos situamos de chofre. Partimos de um *estado virtual*, que pouco a pouco, através de uma série de planos de consciência diferentes, vamos conduzindo até o termo em que ele se materializa em apercepção atual, ou seja, até o ponto em que se transforma em estado presente e agente, enfim, até o plano extremo de nossa consciência sobre o qual se desenha nosso corpo. A recordação pura consiste nesse estado virtual" (*Matière et mémoire*, 7ª ed., p. 245). A M. pura (ou recordação pura) é a corrente de consciência em que tudo é conservado no estado de virtualidade. A limitação do lembrar efetivo não pertence à M., mas à recordação *atual*, que Bergson identifica com a percepção e que é uma escolha realizada na M. pura, para as exigências da ação. Portanto, as lesões cerebrais não afetam a M. propriamente dita, mas apenas a reminiscência das lembranças na percepção, ou seja, o mecanismo pelo qual a M. se insere no corpo e transforma-se em ação. Essa teoria, que Bergson apoiava na análise dos distúrbios das funções mnemônicas, caracteriza-se por dois pontos fundamentais: 1º distinção entre M. pura e recordação, entendendo-se por M. pura a conservação integral, independente de qualquer circunstância, do espírito por parte do espírito; ora, é evidente que essa M. nada tem que ver com a memória observável; 2º negação de qualquer base fisiológica para a M. pura e limitação da base fisiológica ao fenômeno da percepção. Essa negação tampouco é confirmada por fatos; seu precedente histórico é a teoria de Plotino. A partir de Descartes (*Princ. phil.*, IV, 196), a base fisiológica da M. não é negada. A mesma conservação integral do espírito por parte do espírito é a "corrente da consciência", de que fala Husserl, pois ele também recorre ao conceito empregado por Leibniz e Bergson, de virtualidade ou potencialidade como marca da M. Husserl diz: "As coisas podem ser vivenciadas não só na apercepção, mas também na recordação e nas representações afins à recordação. [...] À essência dessas vivências pertence a importante modificação que, do modo de atualidade, transporta a consciência para o modo de inatualidade e vice-versa. Num caso, a vivência é consciência *explícita* de seu objeto; em outro, é consciência *implícita*, apenas potencial" (*Ideen*, I, § 35). O pressuposto é sempre o da total conservação do conteúdo da consciência: o fenômeno da recordação é ligado à passagem do conteúdo do estado atual para o potencial, ou vice-versa.

B) Pertencem a um segundo grupo as teorias da M. cujo ponto de partida é principalmente o fenômeno da recordação. Hobbes, por exemplo, definiu a M. como "a sensação de já ter sentido" (*De corp.*, 25, 1), o que significa defini-la em relação ao ato de reconhecer, naquilo que é percebido, o que já foi percebido de outra vez. A partir desse ponto de vista, Wolff definiu a M. como "faculdade de reconhecer as idéias reproduzidas e as coisas por elas representadas" (*Psychol. rationalis*, § 278): conceito que também se encontra em Baumgarten (*Met.*, § 579). Desse ponto de vista, tende-se algumas vezes a reconhecer o caráter ativo da M., ou seja, a função da vontade ou da escolha deliberada ao evocar as recordações. Locke dizia: "Nessa evocação das idéias depositadas na M., o espírito não é puramente passivo, porque a representação desses quadros adormecidos às vezes depende da vontade" (*Ensaio*, II, 10, 7). Kant ressaltava igualmente esse caráter ativo: "A M. difere da simples imaginação reprodutiva porque, podendo reproduzir *voluntariamente* a representação precedente, a alma não está à mercê dela" (*Antr.*, I, § 34). A esse mesmo grupo de doutrinas pertencem: *a*) as que interpretam a M. como inteligência; *b*) as que interpretam a M. como mecanismo associativo.

a) Hegel interpretou a M. como inteligência ou pensamento (sempre em seu aspecto de recordação), vendo nela "o modo extrínseco, o momento unilateral da existência do pensamento". E nota que a língua alemã confere à M. "a elevada posição de parentesco imediato com o pensamento" (*Enc.*, § 464). Segundo Hegel, a M. é o pensamento exteriorizado, pensamento que acredita encontrar algo de externo, a coisa que é lembrada ou recordada, mas que na realidade encontra-se a si mesmo, porque a coisa lembrada ou recordada também é pensamento. Por isso, Hegel diz que, "como M., o espírito torna-se, em si mesmo, algo de externo, de tal modo que o que é seu aparece como algo que é encontrado" (*ibid.*, § 463). Aqui a M. é interpretada sobretudo como recordação; é evidente o parentesco dessa doutrina com as espiritualistas ou consciencialistas: a identificação da M. com o pensamento tem o mesmo sentido da unificação da M. com a consciência ou com sua duração.

b) O conceito de M. como mecanismo associativo foi expresso pela primeira vez por Espinosa do seguinte modo: "A M. nada mais é que certa concatenação de idéias que implicam a natureza das coisas que estão fora do corpo humano; essa concatenação se produz na mente segundo a ordem e a concatenação das afecções do corpo humano". Espinosa faz a distinção entre a concatenação da M. e a das idéias, "que ocorre segundo a ordem do intelecto, igual em todos os homens" (*Et.*, II, 18, esc.). Não há dúvida, portanto, de que Espinosa fazia alusão a um mecanismo associativo semelhante ao que mais tarde foi teorizado por Hume: "É evidente que existe um princípio de conexão entre os diversos pensamentos ou idéias do espírito e que, ao surgirem na M. ou na imaginação, apresentam-se sucessivamente com certo grau de método e regularidade" (*Inq. Conc. Underst.*, III). Como se sabe, Hume enunciava três leis de associação: semelhança, contigüidade e causalidade; mas só as duas primeiras foram empregadas pela psicologia associacionista para explicar os fenômenos psíquicos (v. ASSOCIACIONISMO).

Grande parte da psicologia moderna baseou-se na hipótese associacionista ao estudar os fenômenos da M., até que a psicanálise, por um lado, e a *gestalt*, por outro, mostrassem a importância dos interesses e das atitudes volitivas na recordação, bem como a importância de toda a personalidade no reconhecimento do já visto. O estudo experimental da M. confirmou as palavras de Nietzsche: "Fiz isto – diz-me a memória. Não posso ter feito – sustenta meu orgulho, que é inexorável. Finalmente, quem cede é a M." (*Jenseit von Gut und Böse*, 1886, § 68). Assim, as análises psicológicas modernas continuam girando em torno do fato da recordação, mais do que em torno da retentiva, que continua sendo preferida pelas teorias filosóficas da memória. [N.A.]

MENTALIDADE (in. *Mentality*; fr. *Mentalité*; al. *Mentalität*; it. *Mentalità*). 1. Termo empregado pelos sociólogos para indicar atitudes, disposições e comportamentos institucionalizados em um grupo e capazes de caracterizá-lo. Por exemplo: "M. dos primitivos", "M. burguesa" etc.

2. Spaventa chamou "M. pura" o pensamento reflexo ou consciente, que, para ele, deve acompanhar também as primeiras categorias da lógica hegeliana (ser e essência) (*Scritti filosofici*, 1901, *passim*). [N.A.]

MENTALISMO (in. *Mentalism*; it. *Mentalismo*). 1. Vocábulo usado na maioria das vezes por escritores filosóficos anglo-saxões para indicar coisas bem diferentes: ou como sinônimo de "subjetivismo" e "idealismo subjetivo" (do tipo de Berkeley) ou como sinônimo de *psicologismo* (v.), ou seja, a tendência combatida pela lógica hodierna, mas ainda tenazmente persistente, de considerar as formas, as figuras e as estruturas da lógica como formações, representações e operações mentais (psicológicas), e de considerar as regras da lógica como "leis do pensamento".

2. Nos textos dos seguidores da metodologia operacionalista e dos pragmatistas (p. ex., Dewey)

"M." deve ser usado com uma acepção levemente diferente, ou seja, para designar a tendência empirista a resolver a experiência e os conceitos empíricos em meros "estados mentais", desprezando seus aspectos objetivos (fisiológicos, operacional-manuais, lingüísticos, históricos etc.).

3. Na filosofia analítica o M. assume duplo valor: *a*) tese *psicológica*, segundo a qual os termos psicológicos ou mentais denotam efetivamente estados ou processos psicológicos ou mentais; *b*) tese *semântica*, segundo a qual os significados são entes mentais. *a*) e *b*) são independentes e *b*) é mais ampla que *a*), visto que para ela todos os termos, mesmo os que não indicam estados mentais, são estados mentais.

a) Essa tese foi amplamente criticada por Wittgenstein em sua segunda fase. Por meio da análise de numerosos casos particulares, ele mostra que os fenômenos psicológicos não correspondem a processos mentais. Mais recentemente, porém, Fodor (*The Language of Thought*, 1975) e Putnam (*Philosophy and Our Mental Life*, 1975) argumentaram, no campo do *funcionalismo* (v.), contra a identificação ou a redução das teorias psicológicas às teorias neurocientíficas, visto que os mesmos termos psicológicos são usados para descrever também o comportamento dos computadores, que não têm os nossos processos neuronais. Em geral o funcionalismo não passa de uma das tantas versões de M.

b) A tese *b*) foi do mesmo modo estigmatizada por Wittgenstein, com sua argumentação contra a linguagem *privada* (v.): a conexão entre um significado e uma entidade mental não fornece nenhuma garantia da correção do uso por parte do sujeito e da compreensão por parte do interlocutor (que pode ser o próprio sujeito visto nesse outro papel). Se a compreensão fosse a correlação entre palavras e estado mental, sempre careceríamos de qualquer critério de verificação do estado mental. Contra essa tese também está a tradição logicista ligada a Frege, que ressaltara o caráter *objetivo* dos significados, opondo-o à representação mental subjetiva e asseverando que a compreensão da linguagem não é um processo psíquico. Esse ostracismo manifestou-se depois na rejeição de Quine ao conceito de proposição (contra aquilo que em *Ontological Relativity* ele chama de "mito do museu"), na indiferença de Putnarn ao problema da acessibilidade das condições de verdade e na concepção de Dummett do significado como compreensão determinada univocamente por todos os falantes. Mas o M. menos ingênuo, mesmo reconhecendo nos significados entes mentais, não identifica o significado com a experiência interior, com específicos estados emotivos: são exemplares nessa direção as posições da semântica cognitiva (v. COGNITIVISMO), que, contra o paradigma modelístico, desenvolveu, a partir da metade dos anos 1970, várias teorias semânticas: a das redes de Allen, a dos esquemas de Minski, a procedimental de Johnson-Laird, Winograd e Woods, a dos espaços mentais de Fauconnier, até a teoria dos "modelos cognitivos idealizados" do lingüista Lakoff. Uma forma de M. não radicalmente contrária, mas complementar, ao reducionismo, é a propugnada por Pylyshyn, Darden e Maull, e por Bechtel. [M.S.]

MENTE (lat. *Mens*; it. *Mente*). 1. O mesmo que *intelecto* (v.).

2. O mesmo que espírito: conjunto das funções superiores da alma, intelecto e vontade (v. ESPÍRITO).

3. O mesmo que doutrina. Nesse sentido, diz-se (ou melhor, dizia-se, porque esse significado é antiquado) "M. de Aristóteles" para designar a doutrina de Aristóteles sobre um assunto qualquer. [N.A.]

MENTE, FILOSOFIA DA (in. *Philosophy of mind*; it. *Filosofia della mente*). A reflexão acerca da natureza e das propriedade essenciais da M. humana, assim como a análise das principais capacidades cognitivas do sujeito pensante, é tão antiga quanto a filosofia, pelo menos no sentido de que tanto Platão e Demócrito, quanto Aristóteles, os estóicos ou os Padres da Igreja tinham idéias precisas e teorias aprofundadas sobre M., alma, espírito (expressões estas de modo algum sinônimas e cuja articulação semântica varia conforme varia o quadro teórico global em que estão inseridas). A expressão "filosofia da M.", propriamente dita, parece, porém, caracterizar um âmbito específico de discussão, que veio a configurar-se sobretudo no contexto da filosofia analítica contemporânea, com base na reflexão sobre uma série de questões, como a da relação entre M. e cérebro, da natureza e da arquitetura cognitiva do sujeito, da análise da capacidade representativa da M. humana, do papel de intencionalidade e consciência no pensamento, do estatuto da psicologia do senso comum, das relações entre razão e emoção etc.

Do ponto de vista histórico, o horizonte conceitual em que se podem situar essas temáticas remete principalmente à virada imposta por Descartes à filosofia moderna. É de fato no pensador francês que podemos reconhecer tanto o ponto de chegada de uma tradição secular de *interiorização* do sujeito – que de Platão passa por Agostinho e chega à caracterização do pensamento consciente como essência do mental que distingue o *cogito* – quanto o ponto de partida para a subseqüente discussão das relações entre *res cogitans* e *res extensa* e sobre a investigação das relações cognitivas subsistentes entre o sujeito cognoscente e a realidade conhecida. Se para Aristóteles a *psique* é a forma do corpo, o que permite à matéria dos corpos vivos exercer suas funções vitais, Descartes, movido também pelo objetivo de garantir a liberdade e a autonomia do sujeito interior em relação ao universo mecanicista e determinista desvendado pela física de Galileu e Newton, considera a M. como uma substância imaterial, que no entanto, de um modo misterioso, interage com o corpo; ele inaugura assim o chamado *dualismo interacionista* em filosofia da M., posição cuja principal dificuldade consiste exatamente na explicação da interação entre M. e corpo; a solução de tais dificuldades pode ser buscada tanto na negação da interação (com o *paralelismo psicofísico* de Leibniz, segundo o qual eventos mentais e físicos ocorrem paralelamente, sem interagirem de fato), quanto na negação ou no enfraquecimento do próprio dualismo. Isso pode ser obtido de dois modos: *a)* apontando para um *anti-substancialismo* – moderado, como em Locke (que considera essencial a *função* desempenhada pela consciência, independentemente da *substância* que a realiza), ou radical, como em Hume (que dissolve num feixe de percepções o sujeito de experiência), ou enfim transcendental, com a teoria do "eu puro" de Kant; *b)* renunciando ao caráter originário de uma das duas *res* cartesianas, como ocorre em várias formas de idealismo e materialismo que tentam reduzir toda a realidade a um único tipo de substância, respectivamente espiritual e material. Se bem que na origem da moderna reflexão sobre a M. haja posições mais ou menos diretamente ligadas ao ponto de vista dualista, como a de F. Brentano, W. Wundt ou W. James, em sua primeira fase, no século XX a filosofia da M. logo assume conotações materialistas e naturalistas, também graças ao sucesso do behaviorismo como metodologia dominante na psicologia de língua inglesa. O *behaviorismo me*todológico versa sobre a idéia de aceitar como únicos dados para a elaboração teórica os comportamentos observáveis dos sujeitos, excluindo qualquer recurso à introspecção, qualquer referência a eventos internos inobserváveis e qualquer uso de um vocabulário mentalista; o *behaviorismo* lógico (ou filosófico) acrescenta a isso a tese de que as asserções psicológicas *significam* (estão por) comportamentos ou disposições ao comportamento. Encontram-se ecos ou defesas explícitas dessa abordagem nos maiores filósofos ou movimentos analíticos da primeira metade do século XX, como no empirismo lógico, em Quine, Ryle, Wittgenstein e, de modo mais geral, num clima "antimentalista" difuso que dominou até o início dos anos 1960. A gênese da ciência cognitiva que se afirmou como setor disciplinar autônomo por volta dos anos 1970 marca, porém, uma virada (v. COGNITIVA, CIÊNCIA) porque impõe *a)* a idéia de que a ciência da M. não pode ignorar o *arquitetura interna* dos processos cognitivos; *b)* o uso generalizado de *modelos computacionais* das atividades cognitivas. Este último ponto está na origem do *funcionalismo computacional,* tese – introduzida por Hilary Putnam – segundo a qual estados ou processos mentais seriam idênticos a estados ou processos computacionais da "mente-cérebro", ou seja, com uma metáfora, a M. é o *software* que "roda" no nosso *hardware* cerebral. Ao lado dessa visão computacional assiste-se a um renascimento do materialismo da identidade entre M. e cérebro, já presente na obra de Herbert Feigl e sobretudo na escola australiana de filosofia da M. (J. J. C. Smart, U. T. Place, D. M. Armstrong). Essa doutrina assume pelo menos duas formas principais: 1) o materialismo da *identidade de tipo* entre eventos mentais e cerebrais, segundo o qual a cada classe de eventos mentais corresponde uma classe de eventos cerebrais (e portanto a psicologia é idealmente redutível à neurobiologia, computacional ou não); 2) o materialismo da *identidade de ocorrência,* que afirma que cada evento mental (individual) é idêntico a um evento cerebral, mas nega que a taxonomia da psicologia possa ser traduzida na taxonomia neurobiológica. Reportam-se à tese da identidade de ocorrência tanto a tese da autonomia metodológica e taxonômica da psicologia em relação às ciências neurobiológicas, defendida por Jerry Fodor, quanto o *monismo anômalo* de Donald Davidson, que julga poder conciliar a eficácia causal e a autonomia do mental (autonomia desta vez entendida como a tese de que os processos psicológicos resistem à subsunção sob leis físicas) com a tese de que existem apenas causas "materiais".

Uma forma mais extrema de materialismo é o *eliminativismo,* que concorda com o dualismo sobre a impossibilidade de reduzir a linguagem mentalista à linguagem fisicalista, mas daí extrai como conseqüência a vacuidade semântica da primeira: as expressões mentalistas são carentes de referência; a rigor não existem entidades mentais. Paul e Patricia Churchland estão entre os principais proponentes desse ponto de vista, e dele se aproxima o instrumentalismo de Daniel Dennett, segundo o qual a linguagem mentalista é um instrumento indispensável para nos interpretarmos e interpretarmos os outros, mas não designa nenhuma realidade subsistente em si mesma.

Se não há dúvida de que uma atitude geralmente naturalista domina a reflexão analítica sobre a M., por outro lado as várias formas de fisicalismo (a tese de que uma descrição física do mundo seria completa, esgotando o campo daquilo que existe) são vistas com cautela crítica por numerosos autores, como

Thomas Nagel e John Scarle, que por vários motivos ressaltam a dificuldade do fisicalismo (tanto na versão funcionalista quanto na identitarista) de explicar a experiência subjetiva em primeira pessoa. O debate sobre a natureza da consciência e de estados qualitativos (*qualia*) é o lugar privilegiado da disputa, à qual se liga a noção de *superveniência,* proposta – em especial por Jaegwon Kim – como chave da compreensão das relações entre físico e mental.

Ao lado das discussões sobre o estatuto ontológico das entidades mentais, o atual debate filosófico sobre a M. propõe outras análises (pelas quais na realidade é caracterizado) sobre temas como a intencionalidade (D. Dennett, F. Dretzke, J. Fodor, J. Searle), os modelos neurobiológicos sobre a consciência (elaborados por neurocientistas como F. Crick e G. Edelman e discutidos por filósofos como Dennett, D. Chalmers, N.Block), sobre as relações entre racionalidade e emoções (A. Damasio, R. De Sousa), a modularidade da mente (Fodor) e a sua decomponibilidade numa série de agentes cognitivos relativamente autônomos (M. Minsky), o inatismo (Fodor, N. Chomsky), o estatuto da psicologia do senso comum (S. Stich), a análise da percepção, da imaginação e da representação. O objetivo dessas reflexões é tanto contribuir para o desenvolvimento da pesquisa empírica, quanto adaptar a imagem tradicional do homem aos resultados da pesquisa científica, tentando obter uma imagem unitária do sujeito humano. [M.D.F.]

MENTE – CORPO. V. CORPO; MENTE, FILOSOFIA DA.

MENTIRA (gr. ψεῦδος; lat. *Mendacium;* in. *Lie;* fr. *Mensonge;* al. *Lüge;* it. *Menzogna*). Aristóteles distingue duas espécies fundamentais de M.: a *jactância,* que consiste em exagerar a verdade, e a *ironia* (v.), que consiste em diminuí-la. Estas são M. que não dizem respeito às relações de negócios nem à justiça; nesses casos não se trata de simples M., mas de vícios mais graves (fraude, traição etc.) (*Et. nic.,* IV, 7, 1127 a 13). Tomás de Aquino deu minuciosa classificação da M. do ponto de vista da moral teológica (*S. Th.,* II, 2, q. 110). [N.A.]

MENTIROSO (gr. ψευδόμενος; lat. *Mentiens;* in. *Liar;* fr. *Menteur;* al. *Lügner* it. *Mentitore*). Um dos argumentos que os antigos chamavam de ambíguos ou conversíveis, e os modernos chamam de antinomias ou paradoxos: consiste em afirmar que se está mentindo; assim, quando se diz a verdade, mente-se, e quando se mente, diz-se a verdade. A conclusão é impossível. Atribuído a Eubúlides de Mégara (DIÓG. L., II, 108), esse argumento é encontrado em muitos escritores antigos (ARISTÓTELES, *El. sof.,* 25, 180 b 2; CÍCERO, *Acad.,* II, 95; *De divin.,* II, 4; AULO GÉLIO, *Noct. Att.,* 18, 2). Retomado no último período da escolástica, esse argumento ainda é discutido pela lógica como uma das antinomias lógicas (v. ANTINOMIAS). [N.A.]

MEONTOLOGIA. Termo (do gr. με ον = não ser) que indica a reflexão sobre o não-ser, sobre seus significados (absoluto e relativo), sobre suas relações (com o ser e com os entes), sobre sua semanticidade e predicabilidade. I. Mancini a define como "a construção da indagação em torno do não-ser" (*Ontologia fondamentale,* La Scuola, Brescia, 1958, pp. 249-275) e L. Pareyson esclarece que não há ontologia sem M. (*Ontologia della libertà. Il male e la sofferenza,* Einaudi, Turim, 1995, pp. 336 e 451). [G.F.]

MÉRITO (lat. *Meritum;* in. *Merit;* fr. *Mérite;* al. *Verdienst;* it. *Merito*). Título para obter aprovação, recompensa ou prêmio. Diz-se não só de pessoas, mas também de obras, como por exemplo "o M. deste livro é...". O M. é diferente da virtude e do valor moral, constituindo a avaliação da virtude ou do valor moral, com fins de recompensa, ainda que apenas uma aprovação. [N.A.]

MESOLOGIA. V. ECOLOGIA.

MESSIANISMO (in. *Messianism;* fr. *Messianisme;* al. *Messianismus;* it. *Messianismo*). Em filosofia fala-se de M. a propósito das posições de pensamento que apregoam o advento de uma futura era de felicidade (entendida e interpretada de vários modos). No mundo moderno o M. caracteriza doutrinas filosóficas e políticas díspares (do marxismo ao nazismo) e apresenta-se no mais das vezes em formas laicas e secularizadas. Emblemática é a posição de Adorno, que tende a identificar "socialismo" e "redenção", perspectiva filosófica e perspectiva messiânica: "A filosofia, como só se poderia justificar diante da desesperação, é a; tentativa de considerar todas as coisas tais como se apresentariam do ponto de vista da redenção (*Minima moralia,* 1951, trad. it., Einaudi, Turim, 1974, 153, p. 304). [G.F.]

METÁBASE (gr. μετάβασίς εἰς ἄλλο γένος; it. *Metabasi*). Passagem, legítima ou não, para outro assunto ou para outro campo. Aristóteles diz: "Não podemos ultrapassar o corpo e ir para outro gênero como passamos do comprimento para a superfície e desta para o corpo" (*De cael.,* I, 1, 268 b 1). Quintiliano considera essa passagem como figura retórica (*Inst. or.,* IX, 3, 25). [N.A.]

METABIOLOGIA (in. *Metabiology;* fr. *Métabiologie;* al. *Metabiologie;* it. *Metabiologia*). Especulações metafísicas a partir de fenômenos biológicos. Ou então: a análise da estrutura lingüístico-conceitual da biologia. [N.A.]

METACIÊNCIA (in. *Metascience;* fr. *Métascience;* al. *Metawissenschaft;* it. *Metascienza*). Termo introduzido recentemente no âmbito da reflexão sobre o conhecimento científico.

1º No seu uso geral, M. indica qualquer investigação que se ocupe da estrutura, dos métodos, dos significados, dos objetivos ou dos valores das ciências. Estreitamente ligada à noção de *metalinguagem* (v.) – desenvolvida nos anos 1930 pelo lógico polonês Alfred Tarski –, a M. pretende distinguir o âmbito dos juízos internos à ciência (definíveis como conjunto das proposições da "teoria objeto") do horizonte geral das considerações concernentes ao desenrolar do empreendimento científico (que constituem a "metateoria"). Como inclui qualquer consideração tanto de ordem metodológica quanto de caráter ontológico sobre a investigação científica, a M. é uma noção correlata às noções tradicionais de teoria do conhecimento, filosofia da ciência, epistemologia; pode ser distinguida destas com a especificação de seus aspectos e os objetivos.

A M. cuida do problema do conhecimento não considerado "em si", mas sempre em estreita referência às modalidades efetivas com que o empreendimento científico se desenvolve. As conjecturas que a M. formula desempenham um papel que muitas vezes ultrapassa o objetivo de pura análise das condições que possibilitam o saber científico: refletindo sobre as conjecturas referentes à estrutura do mundo (constitutivas das teorias científicas), a M. consegue elaborar suas próprias conjecturas sobre a estrutura do mundo (p. ex., sobre a "beleza" intrínseca de um cosmo inteligível através da linguagem da matemática). Ao tratar da prática científica, a M. elabora temas extracientíficos de caráter não somente teórico, mas também normativo (relativos, por exemplo, aos problemas do agir ético no interior do sistema científico e tecnológico, da responsabilidade e da autonomia da pesquisa, dos dilemas morais – bem como da fragmentação dos valores – produzidos pelos resultados aos quais o trabalho de uma comunidade científica conduz). Entre horizonte científico e âmbito metacientífico vem a instaurar-se toda uma interação dinâmica, que pode ser evidenciada comparando-se o conjunto das áreas disciplinares à totalidade dos elementos componentes de um sistema complexo, e comparando-se a M. à unidade global do sistema (unidade que constitui, justamente, um metadomínio em relação à soma dos elementos componentes do sistema): em presença de alguma variação significativa em determinado âmbito disciplinar, a M. sofre alterações e reajustes nas concepções expressas; além disso – numa típica ação de *feedback* própria dos sistemas complexos – qualquer mudança na perspectiva metacientífica vem a influir, de modo direto ou indireto, nos desenvolvimentos da própria ciência.

2º Uma acepção mais específica do termo M. identifica um âmbito de indagação que tem *a*) objetivos e *b*) instrumentos conceituais que possibilitam sua demarcação em relação tanto às análises científicas quanto a qualquer outro tipo de heurística extracientífica.

a) As indagações metacientíficas constituem autênticas explicações "de segundo nível" da natureza, que pretendem organizar e unificar os resultados pertencentes às diferentes áreas científicas (com a consciência de que nenhuma disciplina científica – estruturada com base em regras circunscritas – é capaz de perseguir o ideal de unidade substancial do saber). Fornecendo específicos "esquemas hermenêuticos de significado", as análises metacientíficas permitem organizar os resultados científicos numa estrutura global de sentido.

b) O método de reflexão metacientífico, utilizando cânones não pertencentes às explicações científicas ("de primeiro nível"), permite elaborar discursos caracterizados por uma peculiar complementaridade entre causalidade e finalismo parcial. Os cânones metodológicos de referência das argumentações metacientíficas – assim como o "princípio de relevância antrópica" (por meio do qual se podem correlacionar as múltiplas conjecturas científicas com as condições que permitem a presença do homem e o desenrolar de sua atividade cognitiva) e o "critério de interdisciplinaridade" (mediante o qual se podem unificar organicamente hipóteses e noções referentes a uma pluralidade de domínios científicios) – têm origem "interna" ao discurso científico, pois constituem os elementos legitimamente introduzíveis numa "metalinguagem": as relações semânticas em cujos termos se interpreta a linguagem-objeto", composta pelo conjunto dos resultados científicos. E possuem um domínio de aplicabilidade que é "externo" ao de uma estrutura científica específica, pois envolvem várias áreas disciplinares numa avaliação unitária. A M. diferencia-se portanto de qualquer forma de metafísica, cujos princípios, tendo origem externa e aplicabilidade interna ao âmbito científico, introduzem na metarreflexão elementos estranhos à "linguagem-objeto" dos resultados do empreendimento científico. [A.R.]

METACRÍTICA (al. *Metakritik*; it. *Metacritica*). Esse termo aparece como título de duas obras alemãs dedicadas à crítica do kantismo: na obra de HAMANN, *Metacrítica do purismo da razão* (1788), e na de HERDER, *M. da crítica da razão pura* (1799). Esse termo significa "crítica da crítica". [N.A.]

METAÉTICA (in. *Metaethics*; fr. *Métaéthique*; al. *Metaethik*; it. *Metaetica*). 1. Termo de origem anglo-saxônica com que se designa o discurso sobre os discursos éticos, ou seja, um tipo de abordagem teórica que, deixando de lado os problemas morais concretos e as questões clássicas da ética normativa (como devemos agir? o que é felicidade? etc.), propõe-se analisar e esclarecer os procedimentos do discurso ético, interrogando-se sobre problemas deste tipo: "(1) Qual é o significado ou a definição de termos ou conceitos éticos como 'certo', 'errado', 'bom', 'ruim'? Qual é a natureza, o significado ou a função dos juízos em que ocorrem esses termos ou conceitos ou outros análogos? Quais são as regras para o uso desses termos e enunciados? (2) Como devem ser distinguidos os usos morais desses termos dos usos não morais, os juízos morais dos outros juízos normativos? Qual é o significado de 'moral' contraposto a 'não-moral'? (3) Qual é a análise ou o significado de termos ou conceitos correlatos como 'ação', 'consciência', 'livre arbítrio', 'intenção', 'promessa', 'desculpa', 'motivo', 'responsabilidade', 'razão', 'voluntário'? (4) É possível proceder à verificação, justificação ou demonstração da validade dos juízos éticos ou de valor? Se sim, como e em que sentido? [...] Qual é a lógica do raciocínio moral e do raciocínio sobre o valor?" (W. K. FRANKENA, *Etica. Un'introduzione alla filosofia morale,* 1973, trad. it., Edizioni di Comunità, 1981, 1996, pp. 187-8).

Embora em toda forma histórica de ética esteja implicitamente presente uma M. e embora em alguns autores (pensemos em Aristóteles, Hume e Kant) se encontrem explícitas observações metamorais, a M. entendida como disciplina filosófica autônoma é um típico produto da cultura do século XX, com notável sucesso sobretudo nos filósofos analíticos de língua inglesa (Stevenson, Hare, Toulmin, Nowell-Smith etc.). Aliás, por certo período pareceu que a análise lógica e avaliadora da gramática e da sintaxe do *moral discourse* era a única forma possível (e fundamentada) em ética filosófica. Foi só nos anos 1960-1970, paralelamente ao processo de *reabilitação da filosofia prática* (v.), que se voltou a dar atenção à ética normativa, assistindo-se a um declínio no interesse pela M. descritiva e a uma discussão da sua suposta neutralidade e objetividade (v. ÉTICA).

2. Em homenagem a uma concepção mais "liberal" da análise filosófica, alguns autores propuseram considerar, como objeto próprio da M., não só a linguagem, mas todo o campo da experiência moral (cf. B. WILLIAMS, *Ethics and the Limits of Philosophy,* 1987; E. LECALDANO, *Etica,* 1995). [G.F.]

METAFILOSOFIA (in. *Metaphilosophy*; fr. *Métaphilosophie*; al. *Metaphilosophie*; it. *Metafilosofia*). 1. Reflexão sobre o conceito de filosofia, ou seja, a filosofia da filosofia ou a metateoria da filosofia. O sucesso desse termo está ligado à fundação da revista norte-americana *Metaphilosophy* (1970), na qual colaborou M. Lazerowitz, que reivindicou a autoria da palavra. Sobre a natureza e as tarefas da M. o debate ainda está aberto. N. Rescher distingue entre M. *descritiva* (que diz respeito ao "modo como a filosofia foi feita") e M. *normativa* (que se refere ao modo "como a filosofia *deveria* ser feita") e afirma que "o que a filosofia poderia 'realmente' ser só pode ser solucionado dentro do quadro de uma posição filosófica, e não pode ser estabelecido extrafilosoficamente" (*La lotta dei sistemi. Fondamenti e implicazioni della pluralità filosofica,* 1985, trad. it., Marietti, Turim, 1993, p. 319). Anulando qualquer pretensão, por parte da M., de apresentar-se como uma espécie de ponto de vista *neutro,* Nozick escreve: "Uma M. fará parte de um ponto de vista filosófico total, e não de uma teoria neutra separada, acima da batalha" (*Philosophical Explanations,* Cambridge, Massachusetts 1981, p. 19).

2. Mais em geral, hoje se fala de M. a propósito dos diversos modos de posicionar-se diante da filosofia e do seu destino na atualidade (v. FILOSOFIA). [G.F.]

METAFÍSICA (gr. τὰ μετὰ τὰ φυσικά; lat. *Metaphysica*; in. *Methaphysik*; fr. *Métaphysique*; al. *Metaphysik*; it. *Metafisica*). Ciência *primeira,* por ter como objeto o objeto de todas as outras ciências, e como princípio um princípio que condiciona a validade de todos os outros. Por essa pretensão de prioridade (que a define), a M. pressupõe uma situação cultural determinada, em que o saber já se organizou e se dividiu em diversas ciências, relativamente independentes e capazes de exigir a determinação de suas inter-relações e sua integração com base num fundamento comum. Essa era precisamente a situação que se verificava em Atenas em meados do século IV a.C. graças à obra de Platão e de seus discípulos, que contribuíram poderosamente para o desenvolvimento da matemática, da física, da ética e da política. O próprio nome dessa ciência, que costuma ser atribuído ao lugar que coube ao textos relativos de Aristóteles na coletânea de Andronico de Rodes (séc. I a.C.), mas que Jaeger atribui a um peripatético anterior a Andronico (*Aristoteles*; trad. it., p. 517), presta-se a expressar bem a sua natureza, porquanto ela vai além da física, que é a primeira das ciências particulares, para chegar ao fundamento comum em que todas se baseiam e determinar o lugar que cabe a cada uma na hierarquia do saber; isso explica, senão a origem, pelo menos o sucesso que esse nome teve.

Platão apresentou a exigência da formação dessa ciência suprema depois de esclarecer a natureza das ciências particulares que constituem o currículo do filósofo: aritmética, geometria, astronomia e música: "Penso que, se o estudo de todas essas ciências que arrolamos for feito de tal modo que nos leve a entender seus pontos comuns e seu parentesco, percebendo-se as razões pelas quais estão intimamente interligadas, o seu desenvolvimento nos levará ao objetivo que temos em mira e nosso trabalho não será debalde; caso contrário, será" (*Rep.*, 531 c-d). Nessa ciência das ciências, Platão reconhecia a *dialética* (v.), cuja tarefa fundamental seria criticar e joeirar as *hipóteses* que cada ciência adota como fundamento, mas que "não ousam tocar porque não estão em condições de explicá-las" (*Rep.*, 533 c).

A semelhante filosofia Aristóteles dava o nome de "filosofia primeira" ou "ciência que estamos procurando" e apresentava seu projeto nos treze problemas enumerados no terceiro (B) livro da *Metafísica.*

Esses problemas versam todos, direta ou indiretamente, sobre as relações entre as ciências e seus objetos ou princípios relativos: sobre a possibilidade de uma ciência que estude *todas* as causas (996 a 18) ou *todos* os princípios primeiros (996 a 26) ou *todas* as substâncias (997 a 15) ou também as substâncias *e* seus atributos (997 a 25) e as substâncias não sensíveis (997 a 34) e sobre outros problemas (como os das partes que constituem todas as coisas, da possível diversidade de natureza entre os princípios, da unidade do ser etc.), todos situados na zona de intersecção e de encontro das disciplinas científicas particulares e de interesse comum para elas. Portanto, a M., como foi entendida e projetada por Aristóteles, é a ciência primeira no sentido de fornecer a todas as outras o fundamento comum, ou seja, o objeto a que todas elas se referem e os princípios dos quais todas dependem. A M. implica, assim, uma *enciclopédia* das ciências, um inventário completo e exaustivo de todas as ciências, em suas relações de coordenação e subordinação, nas tarefas e nos limites atribuídos a cada uma, de modo definitivo (v. ENCICLOPÉDIA). A M. apresentou-se ao longo da história com três formas fundamentais diferentes: 1.ª como teologia; 2.ª como ontologia; 3.ª como gnosiologia. A caracterização hoje corrente de M. como "ciência daquilo que está além da experiência" pode referir-se apenas à primeira dessas formas históricas, ou seja, à M. teológica; trata-se também de uma caracterização imperfeita, porquanto leva em conta uma característica subordinada, por isso inconstante, dessa metafísica.

1.ª O conceito de M. como teologia consiste em reconhecer como objeto da M. o ser mais elevado e perfeito, do qual provêm todos os outros seres e coisas do mundo. O privilégio de prioridade atribuído à M. decorre, neste caso, do caráter privilegiado do ser que é seu objeto: é o ser superior a todos e do qual todos os outros provêm.

Na obra de Aristóteles esse conceito mescla-se com o outro, de M. como ontologia, que é a ciência do ser enquanto ser. Isso é expresso da seguinte forma por Aristóteles: "Se há algo de eterno, imóvel e separado, o conhecimento disso deve pertencer a uma ciência teórica, porém certamente não à física (que se ocupa das coisas em movimento), nem à matemática, mas sim a uma ciência que está antes de ambas. [...] Somente a ciência primeira tem por objeto as coisas separadas e imóveis. Embora todas as causas primeiras sejam eternas, essas coisas são eternas de modo especial porque são as causas daquilo a que, do divino, temos acesso. Conseqüentemente, há três ciências teóricas: matemática, física e teologia; visto que o divino está em todos os lugares, está especialmente na natureza mais elevada, e a ciência mais elevada deve ter por objeto o ser mais elevado. [...] Se não existissem outras substâncias além das físicas, a física seria a ciência primeira; mas se há uma substância imóvel, esta será a substância primeira e sua filosofia, a ciência primeira e, por ser primeira, também a mais universal porque será a teoria do ser enquanto ser e daquilo que o ser enquanto ser é ou implica" (*Met.*, VI, 1, 1026 a 10). Esta última frase permite ver como Aristóteles entrelaça o conceito de M. como ontologia ao conceito de M. como teologia. Este último, porém, é completamente diferente do outro. Com base nisso, o objeto da M. é propriamente o divino, e a prioridade da M. consiste na prioridade que o ser divino tem sobre todas as outras formas ou modos de ser. Desse ponto de vista, as ciências se hierarquizam segundo a excelência ou perfeição de seus respectivos objetos, e a excelência e perfeição de tais objetos são medidas no confronto entre eles e o ser divino. Este fora o critério adotado por Platão na ordenação das ciências, privilegiando a ciência que tem por objeto "aquilo que é ótimo e excelente", ou seja, a própria perfeição (*Fed.*, 97 d), e hierarquizando todas as outras a partir desta, que é usada como referência (*Rep.*, VII, 525 a ss.). Contudo, essa concepção relegava todas as ciências diferentes da M. a um nível de irremediável inferioridade, e o objeto que alcançava não era justificar as outras ciências, fundamentando sua validade e enobrecendo sua investigação, mas desvalorizá-las em confronto com a ciência primeira e com o caráter sublime de seu objeto. Provavelmente esse foi o motivo por que, a certa altura, Aristóteles começou a insistir no outro conceito da M. como ontologia, mesmo sem nunca renegar ou abandonar o primeiro.

Entretanto, a M. teológica reaparece sempre que se estabelece a correspondência entre um ser primeiro e perfeito e uma ciência igualmente primeira e perfeita. É teológica, portanto, a M. de Plotino, que, às ciências que têm o sensível por objeto, contrapõe as que têm por objeto o inteligível, ou seja, a realidade suprema: "Entre as ciências que estão na alma racional, algumas têm por objeto as coisas sensíveis, se é que podem ser chamadas ciências, visto que melhor lhes caberia o nome de opiniões; elas vêm depois das coisas e são imagens delas. As outras, as verdadeiras ciências, têm por objeto o inteligível, chegam à alma provindas do intelecto divino e nada têm de sensível" (*Enn.*, V, 9, 7). Essa bipartição da realidade em um domínio superior e privilegiado e outro inferior e derivado é o pressuposto característico da M. teológica, que pretende ter como objeto a realidade primária e privilegiada. É M. teológica, portanto, a doutrina de Espinosa, porquanto seu objeto é a ordem necessária do mundo, vale dizer, Deus (*Et.*, II, 46-7). É também M. teológica a filosofia de Hegel, que afirma ter Deus como objeto: "A filosofia tem objetos em comum com a religião porque o objeto de ambas é a Verdade, no sentido altíssimo da palavra, porquanto Deus e somente Deus é a Verdade" (*Enc.*, § 1). Portanto, diante da filosofia todas as outras ciências ficam em condição de inferioridade: seu objeto é o finito, o irreal, ao passo que o objeto da filosofia é Deus, o infinito. Hegel diz: "As ciências particulares, a exemplo da filosofia, têm como elementos conhecimento e pensamento, mas ocupam-se dos objetos finitos e do mundo dos fenômenos. O conjunto de conhecimentos relativos a essa matéria está, de per si, excluído da filosofia, com a qual não condizem nem esse conteúdo nem sua forma" (*Geschichte der Philosophie*, Einleitung, B, 2, a; trad. it., I, p. 69). É evidente que, não obstante os protestos antimetafísicos explícitos, a filosofia do espírito de Croce também é uma M. teológica, pois tem por objeto a História eterna do Espírito Universal: realidade sublime, diante da qual os objetos de todas as outras ciências são rebaixados à posição de aparências particulares ou de acidentalidade empírica (*Teoria e storia della storiografia*, 1917; *La storia come pensiero e come azione*, 1938). Finalmente, é M. teológica a filosofia de Bergson, que pretende "prescindir dos símbolos" e entrar diretamente em contato com uma realidade privilegiada, de natureza divina, que é a corrente da consciência ("Introduction à la métaphysique", em *La pensée et le mouvant*, 3ª ed., 1934, pp. 206 ss.) e, como tal, se contrapõe à ciência, chamada de simples "auxiliar da ação" (*ibid.*, p. 158). Todas as formas de espiritualismo ou consciencialismo tendem, mais ou menos claramente, para uma metafísica teológica dessa espécie.

2ª A segunda concepção fundamental é a da M. como ontologia ou doutrina que estuda os caracteres fundamentais do ser: os que todo ser tem e não pode deixar de ter. As principais proposições da M. ontológica são as seguintes: 1ª Existem determinações *necessárias* do ser, ou seja, determinações que nenhuma forma ou maneira de ser pode deixar de ter. 2ª Tais determinações estão presentes em todas as formas e modos de ser particulares. 3ª Existem ciências que têm por objeto um modo de ser particular, isolado em virtude de princípios cabíveis. 4ª Deve existir uma ciência que tenha por objeto as determinações necessárias do ser, estas também reconhecíveis em virtude de um princípio cabível. 5ª Essa ciência precede todas as outras e é, por isso, ciência primeira, porquanto seu objeto está implícito nos objetos de todas as outras ciências e, conseqüentemente, seu princípio condiciona a validade de todos os outros princípios. A M. expressa nessas proposições via de regra implica: *a*) determinada teoria da essência, mais precisamente da essência necessária (v. ESSÊNCIA); *b*) determinada teoria do ser predicativo, mais precisamente da inerência (v. SER, 1); *c*) determinada teoria do ser existencial, mais precisamente da necessidade (v. SER, 2).

As proposições acima expressam a forma mais madura que a M. assumiu na obra de Aristóteles, precisamente nos livros VII, VIII, IX de *Metafísica*, ou seja, M. como teoria da substância, entendendo-se por substância "aquilo que um ser não pode não ser", a essência necessária ou a necessidade de ser (v. SUBSTÂNCIA). Nesse sentido, o princípio da M. é o de contradição, porque só ele permite delimitar e reconhecer o ser substancial. Aristóteles disse: "Quem nega esse princípio destrói completamente a substância e a essência necessária, pois é obrigado a dizer que tudo é acidental e que não há algo como ser homem ou ser animal. Se de fato há algo como ser homem, isto não será ser não-homem ou não ser homem, mas estas serão negações daquele. Um só é o significado do ser, e este é a substância dele. Indicar a substância de uma coisa nada mais é que indicar o ser próprio dela" (*Met.*, IV, 4, 1007 a 21). Desse ponto de vista, a substância é objeto da M. por constituir o princípio de explicação de todas as coisas existentes. Aristóteles diz: "A substância de cada coisa é a causa primeira do ser dessa coisa. Algumas coisas não são substâncias, mas as que são substâncias são naturais e postas pela natureza, estando, pois, claro que a substância é a própria natureza e que não é elemento, mas princípio" (*ibid.*, VII, 17, 1041 b 27). A substância nesse sentido não é uma realidade privilegiada ou sublime, que confira dignidade superior à ciência que a tem como objeto. Como substâncias, Deus e o intelecto (como diz ARISTÓTELES, *Et. nic.*, I, 6, 1096 a 24), ou mesmo Deus e um talo de capim (como se poderia dizer), têm o mesmo valor, e as ciências que os tomam como objeto têm a mesma dignidade. Em uma passagem famosa de *Partes dos animais*, Aristóteles reconheceu, explicitamente, a mesma dignidade em todas as ciências que tenham a substância como objeto: "As substâncias inferiores, por serem mais acessíveis ao conhecimento, acabam tendo vantagem no campo científico, e por estarem mais próximas de nós e mais em conformidade com nossa natureza, a ciência delas acaba sendo equivalente à filosofia que tem por objeto as coisas divinas. [...] De fato, mesmo no caso das menos favorecidas do ponto de vista da aparência sensível, a natureza que as produziu proporciona alegrias indizíveis a quem sabe compreender suas causas e é filósofo por natureza" (*De part. an.*, I, 5, 645 a 1). É óbvio que, desse ponto de vista, a prioridade da M. não consiste na excelência de seu objeto (como no caso da M. teológica), mas no fato de que a M., por ter a substância como objeto específico, permite entender os objetos de todas as ciências tanto em seus caracteres comuns e fundamentais quanto em seus caracteres específicos: sem a substância e, por exemplo, sem o *ser* e a *unidade* que lhe pertencem, "todas as coisas seriam destruídas, já que cada coisa é e é uma" (*Met.*, XI, 1, 1059 b 31). Em outras palavras: toda ciência, como tal, é o estudo da substância em qualquer de suas determinações; por exemplo: em movimento, a física; como quantidade, a matemática. A M. é a teoria da substância como tal.

Desse ponto de vista, a prioridade da M. sobre as outras ciências é lógica, não de valor. Trata-se de uma prioridade lógica decorrente da prioridade ontológica de seu objeto específico. Consiste no fato de todas as outras ciências pressuporem a M. do mesmo modo como todas as determinações da substância pressupõem a substância; ora, a reforma feita por Tomás de Aquino na M. aristotélica, no século XIII, visa a restringir a superioridade lógica da M. Segundo Tomás de Aquino, a M. como teoria da substância não inclui Deus entre seus objetos possíveis, porquanto Deus não é substância (*S. Th.*, I, q. 1, a. 5, ad 1º). A identidade entre essência e existência em Deus distingue nitidamente o ser de Deus do ser das criaturas, nas quais essência e existência são separáveis (*ibid.*, I, q. 3, a. 4). Portanto, a determinação dos caracteres substanciais do ser em geral não diz respeito a Deus, mas apenas às coisas criadas ou finitas. Com isso, a M. perde a prioridade em favor da teologia, considerada como ciência autônoma, originária, cujos princípios são ditados diretamente por Deus. "E assim a teologia nada recebe das outras ciências, como se estas fossem superiores a ela, mas delas tira proveito, em sendo elas inferiores ancilares, assim como as ciências arquitetônicas tiram proveito de outras que lhe propiciam os materiais e assim como a ciência civil tira proveito da militar" (*ibid.*, I, q. 1, a. 5, ad 2º). Com a negação do caráter analógico do ser, realizada por Duns Scot, volta-se a reconhecer a prioridade da M. Duns Scot define a M. como "a ciência primeira do saber primeiro", isto é, do ser (*In Met.*, VII, q. 4, n. 3). Segundo ele, o ser que é objeto da M. é o ser *comum*: comum a todas as criaturas e a Deus, embora não se trate de um *gênero*, que teria extensão restrita demais. A comunidade do ser compreende todo o domínio do inteligível: a ciência do ser, a M., é, portanto, a ciência primeira e mais extensa (*Op. Ox.*, I, d. 3, q. 3, a. 2, n. 14). A característica desse ponto de vista de Scot é fazer a distinção nítida entre a prioridade de valor, que pertence à teologia, e a prioridade lógica, que pertence à M.

Essa distinção manteve-se ao longo da história ulterior da M. ontológica. No século XVII, tal M. começou a ser designada pelo nome de *ontologia*, que aparece em *Schediasma historicum* (1655), de Jacobus Thomasius (pai de Cristiano), e é justificada por Clauberg do seguinte modo: "Assim como se chama de *teosofia* ou *teologia* a ciência que trata de Deus, não parece impróprio que se chame de *ontosofia* ou *ontologia* a ciência que verse sobre o ente em geral, e não sobre este ou aquele ente designado por um nome especial ou distinto dos outros por certa propriedade" (*Op. Phil.*, 1691, I, p. 281). Uma ontologia assim entendida, nitidamente distinta da teologia, não implicava nenhum antagonismo, franco ou disfarçado, contra os dados da experiência. Ao contrário, essa ontologia começa a ser considerada como a exposição organizada e sistemática dos caracteres fundamentais do ser que a experiência revela de modo repetido ou constante. Esse é o conceito de Wolff, que conferiu a essa disciplina a força sistemática que lhe garantiu sucesso por algum tempo. Segundo Wolff, o pensamento comum já possui de forma confusa as noções que a ontologia expõe de forma distinta e sistemática, ou seja, existe uma "ontologia natural" constituída das "confusas noções ontológicas vulgares". Esta pode ser definida como "o conjunto de noções confusas, correspondentes aos termos abstratos com que expressamos os juízos gerais sobre o ser e adquiridas com o uso comum das faculdades da mente" (*Ont.*, § 21). Essa ontologia natural, que os escolásticos completaram sem tornar menos confusa, distingue-se da ontologia artificial ou científica, assim como a lógica se distingue dos procedimentos naturais do intelecto (*ibid.*, § 23; *Log.*, § 11). Não é um simples dicionário filosófico, mas uma ciência demonstrativa, cujo objeto é constituído pelas determinações que pertencem a todos os entes, seja de modo absoluto, seja sob determinadas condições (*Ont.*, § 25). Assim, graças a Wolff, introduziase no organismo tradicional da M. ontológica uma exigência descritiva e empirista que tendia a eliminar o conflito entre apriorismo dedutivo da M. e experiência. Com base nessa mesma exigência, Wolff faz a distinção entre psicologia empírica, "na qual, a partir da experiência, se estabelecem princípios que expliquem as causas do que pode acontecer na alma humana" (*Log.*, Disc. prel., § 111), e psicologia racional, que é a "ciência de todas as coisas possíveis na alma humana" (*ibid.*, § 58). Por outro lado, Wolff fazia a distinção entre ontologia e as três disciplinas M. especiais: teologia, psicologia e física (da qual faz parte a cosmologia), cujos objetos respectivos seriam Deus, a alma humana e as coisas naturais (*ibid.*, §§ 55-9).

A ontologia wolffiana possibilitava a interpretação empírica dessa ciência, razão pela qual ela foi algumas vezes defendida pelos próprios iluministas. D'Alembert, por exemplo, dizia: "Visto que tanto os seres espirituais quanto os materiais têm propriedades gerais em comum, como existência, possibilidade, duração, é certo que esse ramo da filosofia, no qual todos os outros ramos haurem em parte seus princípios, seja denominado ontologia, vale dizer, ciência do ser ou M. geral" (*Discours préliminaire*, § 7, em *Œuvres*, ed. Condorcet, p. 115). Neste sentido, D'Alembert defende uma nova M., "que seja criada mais para nós, que fique mais próxima e presa à terra, uma M. cujas aplicações se estendam às ciências naturais e aos diversos ramos da matemática. De fato, em sentido estrito não há ciência que não tenha sua M., se com isso entendermos os princípios gerais sobre os quais se constrói determinada doutrina, que são, por assim dizer, os germes de todas as verdades particulares" (*Éclaircissement*, § 16). Foi em sentido muito próximo que Crusius (*Entwurf der notwendigen Vernunftwahrheiten*, 1745, § 1) e Lambert (*Architetonik*, 1771, § 43) entenderam a ontologia. Com uma renúncia mais radical ao caráter sistemático da ciência, ainda hoje é defendida uma ontologia descritiva ou "denotativa" que, ao mesmo tempo em que se limite "a observar e a registrar os traços da existência", também leve em consideração o instrumento dessa observação: a reflexão humana e as condições que a solicitam (DEWEY, *Experience and Nature, and Historical Experience*, 1958, cap. 5).

3ª O terceiro conceito de M. como gnosiologia é expresso por Kant. Na verdade, a origem desse conceito deve ser identificada na noção de *filosofia primeira* de Bacon: "Uma ciência universal, que seja mãe de todas as outras e que, no progresso das doutrinas, constitua a parte comum do caminho, antes que as sendas se separem e se desunam." Segundo Bacon, tal ciência deveria ser "o receptáculo dos axiomas que não pertençam às ciências particulares, mas sejam comuns a numerosas ciências" (*De augm. scient.*, III, 1). Esse conceito de filosofia primeira tem uma história, que é a do conceito positivista da filosofia, que tem em comum com o conceito kantiano de M. a maior ênfase nos princípios dos que nos objetos da ciência. Segundo Kant, M. é o estudo da formas ou princípios cognitivos que, por serem constituintes da razão humana – aliás de toda razão finita em geral –, condicionam todo saber e toda ciência, e de cujo exame, portanto, é possível extrair os princípios gerais de cada ciência. Kant expunha esse conceito da M. nas últimas páginas de *Crítica da Razão Pura*, mais precisamente no capítulo sobre a arquitetura. Kant diz que a M. pode ser entendida de duas formas: como a segunda parte da "filosofia da razão pura", ou seja, como "sistema da razão pura (ciência), conhecimento filosófico total (seja verdadeiro, seja aparente) que deriva da razão pura em conexão sistemática" (e, nesse sentido, dela é alijada a parte preliminar ou propedêutica da filosofia da razão pura, que é a crítica), ou então pode ser entendida como a filosofia *total* da razão pura, incluindo a crítica. É neste segundo sentido que Kant chamava a M. de ontologia no documento de 1793, com o qual respondia a ao tema proposto pela Academia de Berlim: "Quais são os progressos reais da M. desde o tempo de Leibniz e Wolff?". Ontologia, M. e crítica coincidem do seguinte ponto de vista: "A crítica e só a crítica" – dizia Kant em *Prolegômenos* – "contém o plano bem verificado e provado de uma M. científica, bem como o material necessário a realizá-lo. Por qualquer outro caminho ou meio, ela é impossível" (*Prol.*, A, 190). Assim, como M. "científica" ou "crítica", a M. kantiana contrapunha-se à M. dogmática tradicional, que Kant submetia à crítica nas três partes distinguidas por Wolff: teologia, psicologia e cosmologia. Mas nem na dialética transcendental, nem em outro lugar, Kant criticou a primeira parte fun-damental da M. wolffiana, que é a ontologia. Na realidade, o conceito fundamental de ontologia continuava válido para Kant, com a correção do caráter crítico ou gnosiológico desta, ou seja, com a passagem do significado realista para o significado subjetivista da disciplina em questão. Segundo Kant, da M. crítica ou ontológica fazem parte a M. da natureza e a M. dos costumes. A M. da natureza compreende "todos os princípios racionais puros decorrentes de simples conceitos (portanto, com exclusão da matemática) da ciência teórica de todas as coisas". A M. dos costumes compreende "os princípios que determinam a *priori* e tornam necessário o fazer ou o não fazer", sendo, portanto, a "moral pura" (*Crít. R. Pura*, Doutr. do método, cap. 3).

A característica da M. kantiana é sua pretensão a ser "uma ciência de conceitos puros", ou seja, uma ciência que abarque os conhecimentos que podem ser obtidos independentemente da experiência, com base nas estruturas racionais da mente humana. Desse ponto de vista, sua continuação histórica na filosofia contemporânea é a ontologia fenomenológica de Husserl. Diferentemente de Kant, Husserl não considera os princípios muito gerais que seriam constituintes da razão em geral, mas os princípios que constituem o fundamento de determinados campos do saber, de uma ciência ou de um grupo de ciências, chamados, portanto, de *materiais*. Husserl diz: "Cada objeto empírico concreto insere-se com sua essência material em uma espécie material superior, em uma *região* de objetos empíricos. À essência regional corresponde uma ciência eidética regional ou, como podemos dizer também, uma *ontologia regional.*" Portanto, "toda ciência de dados de fato ou de experiência tem seus fundamentos teóricos essenciais em ontologias regionais. [...] Assim, por exemplo, a todas as disciplinas naturalistas corresponde a ciência eidética da natureza física em geral (*a ontologia da natureza*), porquanto à natureza factícia corresponde um *eidos* puramente apreensível, a 'essência' da natureza em geral, juntamente com uma massa infinita de relações essenciais" (*Ideen*, I, § 9). A afirmação do caráter "material" (determinado ou específico) dos princípios ontológicos, que sempre se referem a determinado gênero de essências ou campo do saber, leva Husserl a estabelecer o caráter "regional" da ontologia. De seu ponto de vista, a ontologia geral ou formal nada mais é que a lógica pura, que é "a ciência eidética do objeto em geral" (*ibid.*, § 10) (v. MATHESIS UNIVERSALIS). No entanto, N. Hartmann, que tem em comum com Husserl o pressuposto fenomenológico, retornou à ontologia geral. Para ele, o objeto da ontologia é o *ente*, não o ser, visto que o ser é unicamente "aquilo que há de comum em cada ente". O ser e o ente distinguem-se como a verdade e o verdadeiro, a realidade e o real, e assim por diante: há muitas coisas verdadeiras, mas o ser da verdade é um só. Analogamente, o ser do ente é um só, ainda que o ente possa ser vário, e as diferenciações do ser pertençam ao desenvolvimento da ontologia, e não a seu início, que versa sobre aquilo que é comum e universal (*Grundlegung der Ontologie*, 1935, p. 42). A postura francamente realista da ontologia de Hartmann parece aproximá-la da tradicional, especialmente de Wolff, mas na realidade o que para Hartmann constitui o objeto da ontologia é o modo como o ser é dado (*ibid.*, p. 48) à experiência fenomenológica: de tal forma que sua ontologia é parte integrante da corrente fenomenológica. A essa mesma corrente pertence a ontologia de Heidegger, entendida só como a determinação do *sentido do ser* a partir do ser do ente que faz as perguntas e dá as respostas: o homem. Heidegger reafirma o caráter primário ou privilegiado da ontologia. "O problema do ser tende não só à determinação das condições *a priori* da possibilidade das ciências que estudam o ente como ente, e que portanto, ao fazê-lo, sempre já se movem numa compreensão do ser, mas também à determinação das condições de possibilidade das ontologias que precedem e fundam as ciências ônticas [isto é, empíricas]" (*Sein und Zeit*, § 3).

Todas as doutrinas às quais nos referimos até agora (exceto as de Dewey e Randall) admitem o pressuposto em torno do qual a M. tradicionalmente girou, situando, portanto, nos limites do conceito de M. Tal pressuposto é o caráter necessário e primário da M.: necessário por ter como objeto o objeto necessário de todas as outras ciências; primário porque, como tal, é fundamento de todas as ciências. O que resta da M. na filosofia contemporânea – e não resta como mera sobrevivência, mas como parte viva da investigação – não possui mais esses caracteres tradicionais. A M. está de fato presente e atuante na filosofia contemporânea na forma de dois problemas conexos: 1º o problema do significado ou dos significados de *existência* na linguagem das diversas ciências; 2º o problema das relações entre as diversas ciências e das investigações sobre objetos que incidem nos pontos de intersecção ou de encontro entre elas.

A) *O ataque à metafísica: Nietzsche, os neopositivistas, Heidegger* – A concepção de M. no século XX foi profundamente influenciada por algumas maneiras polêmicas de reportar-se a ela.

1º *A metafísica como ficção de um mundo "verdadeiro"*. Nietzsche identifica a M. com o platonismo – ou seja, com a crença dualística num mundo verdadeiro que, na sua eternidade e perfeição, representa a antítese ontológica do nosso mundo "aparente, mutável, cheio de contradições" – e chama de metafísicos os habitantes desse evanescente "mundo atrás do mundo". Tal mundo, que encontra em Deus (v.) a sua expressão resumida, é efeito de uma reduplicação ilusória do mundo real, ou seja, fruto de uma mentira de sobrevivência elaborada pela humanidade a fim de exorcizar o vulto caótico e medúseo do ser: "Há um só mundo, e ele é falso, cruel, contraditório, corruptor, sem sentido [...] Um mundo assim é o verdadeiro mundo [...] Nós *precisamos da mentira* para vencer essa realidade, essa verdade, ou seja, para *viver* [...] A M., a moral, a ciência [...] são levadas em consideração apenas como diferentes formas de mentira: com sua ajuda se acredita na vida" (*Fr. Post,* 11 [415], VIII, 2, p. 396). Em outros termos, como esquematização de caos, a M. se configura como uma ficção ditada por necessidades psicológicas e vitais, ou seja, como um auto-engodo derivado do fato de que "projetamos *nossas* condições de conservação como *predicados do ser* em geral" (*ibid.*, 9[38], p. 14). Por essas características, a M. está impregnada de niilismo e é a causa última do pessimismo moderno. Com efeito, quanto mais o homem se *iludiu* – sobre uma suposta ordem racional do mundo – tanto mais se *desiludiu* com sua ausência concreta: "O *niilismo* como *estado psicológico* necessariamente se seguirá, *em primeiro lugar,* se tivermos procurado em tudo o que acontece um 'sentido' que não há", "em *segundo lugar,* ao se postular uma *totalidade,* uma *sistematização* e *uma organização* em tudo o que acontece", "Em suma, as categorias 'objetivo, 'unidade', 'ser', com as quais havíamos introduzido um valor no mundo, são depois por nós novamente *extraídas* – e então o mundo se mostra *carente de valor*" (*ibid.*, 11 [99], pp. 256-8). Visto que o niilismo é a outra face do platonismo, a superação do niilismo coincide portanto com a superação do platonismo (e dos auto-engodos da M.), ou seja, para Nietzsche, com a aceitação de uma perspectiva super-humana capaz de dar um sentido plausível ao caos do mundo depois da morte das antigas certezas.

2º *A metafísica como discurso sem sentido.* Os neoempiristas consideram que têm sentido, ou seja, são *cognitivamente* significantes, somente: *a*) as tautologias lógico-matemáticas; *b*) as proposições passíveis de verificação factual. E como as afirmações da M. não são nem tautológicas nem empíricas, segue-se que são sem sentido, ou seja, que a M. é um conjunto de pseudoquestões baseadas num acúmulo de pseudoproposições constituídas por um amontoado de pseudoconceitos (*Scheinbegriffe*). A esse respeito, as declarações dos neopositivistas são inequivocamente claras. Segundo M. Schlick, a M. cai "não porque a solução do seu problema seja uma empresa que ultrapasse as capacidades da razão humana (como, por exemplo, considera Kant), mas porque não subsiste o próprio problema". De fato, "o empirista não diz ao metafísico 'tuas palavras afirmam o falso', mas: 'tuas palavras não afirmam absolutamente nada!' Não o contradiz; diz-lhe apenas: 'Não te entendo' (*La svolta della filosofia,* 1930, trad. it., *Il neoempirismo,* VV.AA. Utet, Turim, 1969, pp. 260-1; *Positivismo e realismo,* 1932-1933, *ibid.*, p. 298). Tese esta que se reporta à de Wittgenstein, quando observa que diante dos problemas metafísicos "podemos apenas constatar sua insensatez", sem nos surpreendermos com o fato de que "os problemas mais profundos *não* são propriamente problemas" (*Tractatus,* 4.003, trad. it., Einaudi, Turim, 1995, n. p. 43). Também segundo Carnap, "As supostas proposições da M. revelam-se à análise lógica como pseudoproposições"; porque nelas ou estão presentes palavras que, erroneamente, se acredita terem significado (como "Princípio", "Deus", "Idéia", "Absoluto", "não-ente", "coisa em si" etc.), ou então todas as palavras nela presentes têm, sim, um significado, mas são combinadas de um modo tão contrário à sintaxe que não resulta nenhum sentido (*Il superamento della M. mediante l'analisi logica del linguaggio,* 1932, trad. it., em *Il neoempirismo,* VV.AA., *cit.*, pp. 505-6). Carnap identifica certa quantidade de tais não-sentidos em *Was ist Metaphysik?* de Heidegger (v. NADA) e conclui que "não há Deus nem diabo que nos possa propiciar um conhecimento metafísico" (*ibid.*, p. 521). A M., como *poesia por conceitos,* serve no máximo para exprimir o "sentimento da vida". Mas para esse fim a arte funciona melhor, em especial a música: "Os metafísicos não passam de músicos sem capacidade musical" (*ibid.*, p. 531). De resto, já no manifesto programático do Círculo de Viena se lê que "O metafísico e o teólogo acreditam, erroneamente, que afirmam algo, que representam estados de coisas, por meio de suas proposições. Inversamente, a análise mostra que semelhantes proposições não dizem nada, exprimindo apenas atitudes emotivas" (*La concezione scientifica del mondo. Il circolo di Vienna,* 1929, Laterza, Bari, 1979, pp. 75-6). Tese esta que concorda de fato com a tese expressa por Dilthey, quando escreve que "todo sistema metafísico é representativo somente da situação em que uma alma percebeu o enigma do mundo" (*Introduzione alle scienze dello spirito,* 1883, trad. it., La Nuova Italia, Florença, 1974, p. 520). Afirmações análogas estão presentes nos outros representantes (Neurath) e divulgadores (Ayer) das idéias do Círculo, unanimemente convictos que a M. não é uma ciência, mas sim o *oposto* da ciência, ou seja, um "erro" ou uma "doença" derivada de um uso incorreto da linguagem. Por esse motivo, embora alguns estudiosos ulteriores tenham procurado articular e atenuar o discurso neopositivista sobre a M. (v. EMPIRISMO LÓGICO), não há dúvida de que é exatamente esse conceito depreciativo de M. que caracterizou o neopositivismo inicial (e influiu historicamente sobre o pensamento contemporâneo).

3º *A metafísica como esquecimento do ser.* Inicialmente, sobretudo em *Was ist Metaphysik?* (1929), Heidegger adota o termo M. em sentido positivo. A M., entendida como o indagar *além* do ente, é descrita como "o acontecer fundamental do *Dasein*", ou seja, como algo de estruturalmente radicado no homem: "Não podemos de modo algum transferir-nos para a M., porque, existindo, já estamos para sempre nela [...] O que chamamos de filosofia nada mais é que pôr a M. em movimento, e através desta a filosofia chega a si mesma e às suas tarefas explícitas" (em *Segnavia*, 1967, trad. it., Adelphi, Milão, 1987, pp. 74 e 77). Em seguida, sobretudo a partir de *Einführung in die Metaphysik* (publicado em 1953, mas oriundo de um curso universitário de 1935), o termo M. vem a assumir uma conotação explicitamente negativa. M. é o pensamento que, mesmo se propondo o problema do ser (*Seinsfrage*), logo o elude, limitando-se a uma indagação redutora em torno do ente como ente: "Ela pronuncia necessária e portanto constantemente o ser. No entanto, a M. não leva o ser à linguagem, porque não pensa o ser na sua verdade" (*Einleitung zu "Was ist Metaphysik?"*, 1949, em *Segnavia, cit.*, p. 321). Por assim ir errando de ente em ente, a M. se configura, mais propriamente, como uma "física", ou seja, como um tipo de pensamento caracterizado por um esquecimento constitutivo do ser (v. ESQUECIMENTO DO SER): "À M., durante toda a sua história, de Anaximandro a Nietzsche, a verdade do ser permanece oculta" (*ibid.*). Tal esquecimento concretiza-se na concepção da M. como ontoteologia (v.), ou seja, como um discurso sobre o ente que leva à idéia de Deus como ente fundador supremo (v. DEUS). Donde a equiparação entre M. e *niilismo:* "A M. é a história na qual, por essência, do ser mesmo não há nada: a *M. é como tal o niilismo autêntico*" (*Nietzsche*, Pfullingen, 1961, vol. II, p. 350; trad. it., Adelphi, Milão, 1994, p. 822). Tal niilismo, que se apresenta nas roupagens do humanismo e do antropologismo, tem sua encarnação emblemática em Nietzsche. De fato, a suposta superação nietzschiana da M. (sob a insígnia do conceito de vontade de poder) representa a realização extrema da M. – assim como a técnica, que é a M. realizada em nível planetário (v. TÉCNICA). Como a essência do niilismo não é realmente uma questão (*Sache*) do homem, mas sim do ser, uma vez que "o ser está posto na história em que dele mesmo não há nada" (*ibid.*, p. 833), segue-se que o esquecimento do ser se configura, mais profundamente, como um ser-abandonado pelo ser. Mas se a M. não se identifica com um "erro" do homem, mas sim com a história ou o destino do ser no seu dar-se e subtrair-se epocal, segue-se que a superação da M., que Heidegger apresenta não em termos de negação, mas de aceitação-distorção (v. *Verwindung*), não é efeito de uma escolha humana, mas um evento onto-histórico que ocorre a partir do próprio ser: "Superar e querer superar o niilismo [...] significaria que o homem vai por si contra o ser no seu permanecer ausente. Mas quem, ou o que, seria suficientemente poderoso para ir contra o ser [...] e levá-lo a submeter-se ao homem?" (*ibid.*, p. 834). Nessa situação, ao homem só resta confiar-se a um pensamento memorante e poetante capaz de prepará-lo para o acolhimento da realidade pós-metafísica do *Ereignis* (v.), entendido como evento que não está em nosso poder, mas que se nos dá de modo imprevisível e gratuito (v. SER; NIILISMO).

B) A *"reabilitação" da metafísica* – 1) Popper, Agassi e Watkins; 2) a filosofia analítica; 3) o epistemologia pós-positivista; 4) a filosofia analítica pós-empiristica.

1º Com Popper assistimos a uma (parcial) reabilitação epistemológica da M. A M., sendo infalsificável, não pertence à área da ciência. Isso não significa que ela não tenha sentido. De fato, entendemos o que os metafísicos querem dizer, e suas teses, mesmo não sendo empiricamente refutáveis, são sempre racionalmente criticáveis. Ademais, a M. funcionou como sustentáculo psicológico e estímulo histórico do trabalho científico. Se, do ponto de vista psicológico, não há ciência "sem a fé em idéias que têm uma natureza puramente especulativa" (*Logica della scoperta scientifica*, trad. it., Einaudi, Turim, 1970, p. 19), ou seja, em idéias que "determinam não só quais problemas explicativos escolheremos enfrentar, mas também quais tipos de resposta consideraremos adequados, satisfatórios ou aceitáveis" (*Poscritto alla lógica della scoperta scientifica*, trad. it., Il Saggiatore, Milão, 1984, vol. III, p. 169), do ponto de vista histórico ela representa "a fonte de que brotam as teorias das ciências empíricas" (*Logica, cit.*, p. 348). Por exemplo, no que se refere à cosmologia, "de Tales a Einstein, do atomismo antigo à especulação de Gilbert, Newton, Leibniz e Boscovich sobre as forças e às de Faraday e Einstein sobre os campos de força, foram as idéias metafísicas que indicaram o caminho" (*ibid.*, p. XXVII). Aliás, em alguns casos, "idéias que antes flutuavam nas regiões da M." transformaram-se em doutrinas científicas. Agassi e Watkins também tratam da concepção da M. como matriz de ciência. J. Agassi insiste na teoria da M. como "arcabouço para a ciência" (*framework for science*), contrapondo à imagem positivista da M. como "física do passado" a nova concepção de M. como "física do futuro", ou seja, como força propulsora do saber científico: "A interação entre física e M. é com a M. que prescreve programas para o futuro desenvolvimento científico" (*Confusion between Physics and Metaphysics*, em *Science in Flux*, Dordrecht, 1975, p. 272). Watkins classifica as proposições segundo o grau da sua decidibilidade empírica (distinguindo entre proposições falsificáveis e verificáveis; falsificáveis mas não verificáveis; infalsificáveis mas verificáveis; infalsificáveis mas confirmáveis) e cria a noção de M. *influente*, ou seja, o conceito da M. como conjunto de doutrinas capazes de *influir* sobre os desenvolvimentos concretos da ciência (v. METAFÍSICA INFLUENTE).

2º Também alguns filósofos analíticos (segundo os quais "não tem sentido afirmar que a M. não tem sentido") insistem no caráter significativo e produtivo da M. No entanto, enquanto Popper, Agassi e Watkins se debruçam sobretudo sobre o nexo da M. com a ciência, os filósofos analíticos se concentram sobretudo nos usos e nas funções gerais do discurso metafísico. Além disso, se o pressuposto do qual partem os poperianos é o falsificacionismo, o pressuposto de que partem os filósofos de Oxford é a concepção da linguagem como conjunto de jogos lingüísticos diversificados, no âmbito dos quais vale o princípio, teorizado por Wittgenstein em sua segunda fase, segundo o qual o significado de um enunciado não é constituído pelo método da sua verificação, mas pelo uso que se faz dele. J. Wisdom afirma, por exemplo, que a M., mesmo não sendo uma descrição científica do universo, é um *Blik* (v.), ou seja, uma visão do mundo (*new way of seeing*) capaz de evidenciar aspectos inéditos da realidade: "Houve descobertas não só por parte de Cristóvão Colombo e Pasteur, mas também por Tolstoi, Dostoiévski e Freud. Não só os cientistas com os microscópios nos revelam coisas, mas também os poetas, os profetas e os pintores" (*Goods*, 1944-1945, em *Philosophy and Psychoanalysis*, Oxford, 1953, p. 167; cf. D. ANTISERI, *Perché la M. é necessaria per la scienza e dannosa per la fede*, Queriniana, Brescia, 1980). Em especial, em seu esforço de dizer o indizível, as M. têm a tarefa de "forçar" a rede semântica em que se manifesta a linguagem comum e de esquivar-se dos empecilhos das tradições consolidadas, a fim de explorar novas possibilidades teóricas e de oferecer "uma visão nova e mais pujante das coisas" (E WAISSMANN, *Analisi linguistica e filosofica*, Armando, Roma, 1970, p. 40). Esse processo de "reabilitação" prossegue com o esboço de "M. descritiva" elaborado por P. F. Strawson, ou seja, com o conceito-programa de uma M. empenhada em descrever os esquemas conceituais *efetivos* utilizados pelo nosso pensamento no seu trato com o mundo – sem pretender revisá-los ou reformulá-los (*Individuals*, 1959) (v. METAFÍSICA DESCRITIVA).

3º A obra de reabilitação da M. iniciada por Popper e pelos filósofos analíticos aprofunda-se mais com a epistemologia pós-positivista (v.) de Kuhn, Lakatos e Feyerabend. Os dois primeiros consideram que na ciência, ou seja, nos paradigmas (v.) e nos programas de pesquisa que a constituem, atuam determinados pressupostos teóricos de natureza metafísica e metodológica, que informam os cientistas sobre os elementos que constituem (ou não constituem) a realidade, sobre os problemas que devem ser tratados (ou evitados), sobre as heurísticas que devem ser seguidas (ou descartadas). Por exemplo, escreve Kuhn, a partir de 1630 "a maior parte dos físicos pressupôs que o universo era composto de corpúsculos microscópicos, e que todos os fenômenos naturais podiam ser explicados em termos de forma, dimensão, movimento e interação de corpúsculos. Em seu conjunto, esses pressupostos eram ao mesmo tempo metafísicos e metodológicos; metafísicos porque diziam ao cientista quais espécies de entidades o universo continha e quais não continha [...] metodológicos porque determinavam as características que deviam ter as leis últimas e as explicações fundamentais" (*La struttura delle rivoluzioni scientifiche*, 1962, 1970, trad. it. Einaudi, Turim, 1969, 1978[2], pp. 62-3). Mais radicais e engajadas são as teses de Feyerabend. Ao contrário de Popper, segundo quem a M. de ontem pode transformar-se na ciência de amanhã, Feyerabend considera que a ciência de hoje pode existir e conservar-se como tal só com a condição de incorporar em si mesma a M., ou seja, a disponibilidade a *contradizer* a si mesma e suas próprias teorias. Partindo do pluralismo (v.) teórico, Feyerabend afirma que a ciência, ao invés de anular a M., dela extrai benefício contínuo: "A justificação metodológica de uma pluralidade de *teorias* é de que tal pluralidade permite uma crítica muito mais aprofundada das idéias aceitas do que o confronto com o reino dos 'fatos' [...] Por conseguinte, é definida também a função de idéias *metafísicas* insólitas, criadas de modo não dogmático e depois desenvolvidas com suficiente precisão, com o fim de dar uma versão (alternativa) também das situações experimentais e observacionais mais comuns: sua função é de desempenhar um papel decisivo na crítica e no desenvolvimento daquilo que geralmente se crê e considera 'sobejamente provado'" (*I problemi dell'empirismo*, 1965, trad. it., Lampugnani Nigri, Milão, 1971, pp. 8-9). Em outros termos, para ser bom cientista é preciso saber ser bom metafísico, pois "Uma ciência que esteja livre da M. nas melhores condições está para tornar-se um sistema metafísico dogmático" (*ibid.*).

4º A abertura para a M. caracteriza também a corrente de filosofia analítica pós-empirista que, ao invés de "livrar-se" dela ou de reduzi-la a simples *Blik*, tende a interpretá-la nos moldes de uma ontologia geral, ou seja, como uma indagação voltada ao estudo dos conceitos (essência, identidade, necessidade, contingência etc.) que constituem a base do nosso pensamento e são pressupostos pelas mais variadas disciplinas científicas (cf. *Studies in Metaphysics*, VV.AA., 1979). No âmbito anglo-saxônico, além de outras contribuições específicas de D. Wiggins (*Sameness and Substance*, 1980), C. S. F. Williams (*What is Existence?*, 1981), T. Parsons (*Non existent Objects*, 1980) etc. encontramos outras, gerais, de L. Stevenson (*The Metaphysics of Experience*, 1982), D. W. Hamlyn (*Metaphysics*, 1984), S. Körner (*Metaphysics: Its Structure and Function*, 1984), P. Suppes (*Probabilistic Metaphysics*, 1984), A. R. White (*Methods of Metaphysics*, 1987; cf. também J. Kim e E. Sosa, orgs., *A Companion to Metaphysics*, 1994). Em âmbito alemão ressalta a posição de E. Tugendhat, para quem as questões levantadas por Heidegger e pelos metafísicos podem ser tratadas no campo de uma semântica formal "capaz de assumir o legado da ontologia e da filosofia transcendental" (*Vorlesungen zur Einführung in die Sprachanalytische Philosophie*, 1976, trad. it. parc., *Introduzione alla filosofia analitica*, Marietti, Gênova, 1989, p. 55; cf. W. Konne, *Abstrakte Gegenstände. Ontologie und Semantik*, 1983; V. Wolf, org., *Eigennamen*, 1985).

C) *A "retomada" da metafísica clássica* – É possível falar de uma "retomada" propriamente dita da M. – mais que de simples "reabilitação" – com referência aos movimentos (neotomistas, neo-escolásticos, neoclássicos etc.) que vêem na indagação em torno do ser (v.) a questão essencial da filosofia, e na M. tradicional, de tipo greco-tomista, a resposta mais adequada e milenarmente válida para ela. Tal "retomada", cujos expoentes podem ser vistos nas grandes figuras do *neotomismo* e da *neoescolástica* (v.) do século XX (E. Gilson e J. Maritain), teve defensores destacados também na Itália (F. Olgiati, C. Fabro, S. Vanni-Rovighi, A. Masnovo, G. Bontadini, M. Gentile etc.), onde atuam também alguns dos estudiosos atualmente mais empenhados na obra de defesa da M. clássica (G. Real, E. Berti; V. Melchiorre e V. Possenti).

D) O *pensamento "pós-metafísico"* – Compreende os estudiosos de algum modo influenciados por Heidegger, para os quais a filosofia está "no fim de sua aventura metafísica", e hoje só há lugar para um pensamento pós-metafísico. A atuação dos pós-metafísicos consiste em associar a M. a alguma atitude considerada negativa, para depois declarar a exigência de uma maneira nova e pós-metafísica de filosofar.

1. Lévinas considera a M. tradicional, que ele denomina "ontologia", como uma forma de pensamento violento (v. Adorno), baseado numa "prevaricação" do ser em relação aos entes, e identifica a pós-M. (que ele chama simplesmente de M.) com a abertura para o Outro e para o diferente (*Totalidade* e *infinito*, 1961; v. Outro; Ser; Violência).

2º Derrida concebe a M. como um *pensamento da presença*, que, assimilando o ser a uma plenitude manifestada, é parte integrante do fonologocentrismo ocidental e identifica a pós-M. com as instâncias do desconstrucionismo e da gramatologia (*De la Grammatologie*, 1967; v. Desconstrucionismo; Gramatologia).

3º Rorty vê na M. um pensamento justificacionista e essencialista e identifica a pós-M. com um pensamento antifundacionalista consciente da radical contingência e historicidade das linguagens humanas (*A filosofia e o espelho da natureza*, 1979; v. Fundacionalismo; Contingência; Ironia).

4º Vattimo vê na M. um pensamento forte com traços autoritários e violentos, e preconiza, para se sair da M., um pensamento fraco de orientação hermenêutica e niilista (*Il pensiero debole*, VV.AA., 1983; v. Fraco, pensamento; Ser).

5º Habermas identifica na M. uma forma de platonismo e de idealismo, ou seja, um *pensamento onívoro e totalizador*, baseado na redução do ser ao pensamento e no privilégio da teoria sobre a práxis, vendo a pós-M. como um pensamento dialógico e comunicativo capaz de sintetizar em si as instância do contextualismo e do universalismo (*Pensamento pós-metafísico*, 1988).

6º Severino interpreta a M. como um pensamento do *devir* baseado na epocal loucura niilista, que consiste em reduzir o ente ao nada, e identifica a pós-M. com uma filosofia do ser de cunho neoparmenidiano (*Essenza del nichilismo*, 1972, 1982², v. Neo-eleatismo).

Alguns desses autores, reportando-se a Heidegger, insistem na impossibilidade da superação total da M. São típicos os casos de Derrida e Vattimo. O primeiro considera que não é possível um verdadeiro salto fora da M., pois "não dispomos de nenhuma linguagem – de nenhuma sintaxe e de nenhum léxico – que seja estranho a essa história" (*La scrittura e la differenza*, 1967, trad. it., Einaudi, Turim, 1971, p. 362). O segundo afirma em várias ocasiões que a M. não pode ser posta de lado como um erro ou uma roupa velha, e que o pensamento pós-metafísico é obrigado a entrar numa relação de aceitação-distorção com a M.: "O pensamento ultrametafísico só pode trabalhar com as noções da M., declamando-as, distorcendo-as, remetendo-se a elas e delas" (*Il pensiero debole*, VV.AA., Feltrinelli, Milão, 1983, p. 22).

E) *O "agnosticismo" metafísico* – Uma posição duradoura de pensamento, que, apesar de ter manifestado claras simpatias pelo neopositivismo durante certo tempo, possui uma configuração teórica autônoma, é a agnóstica. Compreende autores de várias origens, que, opondo-se a qualquer discurso metafísico e pós-metafísico sobre o ser – e em sintonia com a tradição empirista e cética da modernidade –, continuam a considerar, de modo neo-iluminístico, que a razão filosófica *não* possui instrumentos cognitivos capazes de responder às indagações últimas da M. (cf. N. BOBBIO, em *Che cosa fanno oggi i filosofi?*, VV.AA., Bompiani, Milão, 1982, p. 166).

No universo de discurso dos filósofos do século XX o polissêmico termo M. oscila portanto entre uma acepção *negativa* (neopositivistas, Heidegger, pós-metafísicos, os agnósticos) e uma acepção parcialmente (Popper, pós-positivistas, filósofos analíticos) ou totalmente (seguidores da M. clássica) *positiva*. Diante dessa situação, alguns estudiosos preferem recorrer ao termo *ontologia* (v.), considerado mais neutro e menos comprometido com o passado. Outros, ao contrário, acham que o termo M. possui uma insubstituível pregnância históricoteórica e, de fato, continuam a usá-la – tanto de forma positiva quanto em negativa (v. SER; ONTOLOGIA; ONTOTEOLOGIA). [G.F.]

METAFÍSICA DESCRITIVA (in. *Descriptive metaphysics*; it. *Metafisica descrittiva*). Termo adotado por P. F. Srawson para designar um tipo de M. que se preocupa com o modo como *efetivamente* pensamos (e falamos) sem se preocupar com o modo como *deveríamos* pensar (e falar): "A M. foi mais vezes corretiva e menos vezes descritiva. A M. descritiva contenta-se em descrever a efetiva estrutura do nosso pensamento sobre o mundo; a M. corretiva interessa-se em produzir uma estrutura melhor [...] Descartes, Leibniz, Berkeley são corretivos; Aristóteles e Kant, descritivos" (*Individuals. An Essay of Descriptive Metaphysics*, 1959, trad. it., Feltrinelli-Bocca, Milão, 1978, p. 9). [G.F.]

METAFÍSICA INFLUENTE (in. *Influential metaphysics*; it. *Metafisica influente*). Termo adotado por J. Watkins para aludir à doutrina segundo a qual as afirmações da M., mesmo não pertencendo ao domínio da ciência empírica, influíram, segundo as teses de Popper, sobre os desenvolvimentos concretos do saber positivo (v. METAFÍSICA). Tal influência, explica Watkins, não deve ser entendida de modo necessitarista e unidirecional, pois se é verdade que a M. pode influir sobre a ciência, também é verdade que a ciência pode influir sobre a M. Mais em especial, enquanto o pensamento científico influenciou a M. sobretudo durante os períodos de consolidação da ciência, a M. influenciou o pensamento científico sobretudo durante os períodos de mudança e de tensão da ciência. Por exemplo, "qualquer um que tenha indagado sobre a revolução científica do século XVII não pode ter deixado de ficar impressionado com o papel então desempenhado por um grupo de doutrinas metafísicas, como o determinismo, o mecanicismo, as doutrinas sobre a conservação do *momentum*, a simplicidade, a ordem e a estrutura matemática da natureza" ("Confirmable and Influential Metaphysics", em *Mind*, 1957, n. 67, p. 355). Isso aconteceu porque muitas doutrinas metafísicas, como observou Popper, nada mais são que sistemas de regras metodológicas, ou seja, "modos de ver o mundo que, por sua vez, sugerem modos de explorá-lo" (*ibid.*, p. 356). [G.F.]

METÁFORA (gr. μεταφορά; in. *Metaphor*; fr. *Métaphore*; al. *Metapher*; it. *Metafora*). Transferência de significado. Aristóteles diz: "A M. consiste em dar a uma coisa um nome que pertence a outra coisa; essa transferência pode realizar-se do gênero para a espécie, da espécie para o gênero, de uma espécie para outra ou com base numa analogia" (*Poet.*, 21, 1457 b 7). A noção de M. algumas vezes foi empregada para determinar a natureza da linguagem em geral (v. LINGUAGEM). Quanto à M. *mítica* dos povos primitivos, que é substancialmente a identificação da expressão metafórica com o objeto, cf. CASSIRER, *Language and Myth*, 1946. [N.A.]

O tratamento aristotélico não é substancialmente modificado durante toda a Antiguidade e a Idade Média, embora Cícero (*De or.*, III, 38-39) dele se afaste, considerando a M. como uma forma particular de comparação, ao passo que para Aristóteles ela é o tipo principal, e Quintiliano (*Inst. Or.*, VIII, 6.8-9) lhes atribua um papel ainda mais secundário. A Idade Média mostra duas atitudes opostas: por um lado, há quem olhe com certa desconfiança todos os ornatos retóricos, e assim Beda (*De schematibus et tropis*), que opõe a lógica à retórica, vê a M. como algo contrário à argumentação séria, e Alberico de Monte Cassino (*Flores rhetorici*) gostaria de eliminá-la totalmente da escrita, por ser supérflua. Por outro lato, há quem a reconheça como técnica argumentativa amplamente praticada nas próprias Escrituras: para Tomás de Aquino (*S. Th.*, I, 9 *ad.* 1-2) ela é instrumento necessário, pois às vezes os conceitos espirituais só podem ser expressos por meio de imagens sensíveis. No *Leviathan* (I, IV-V) de Hobbes é feito o mais radical ataque da modernidade à M., porque, se a linguagem não passa de registro verbal das experiências, não pode subverter sua ordem e sua relação, enquanto Hobbes entende a M. – no fundo aristotelicamente – como a indevida transferência do nome de uma coisa para outra coisa. Seguem na mesma linha os pensadores empiristas subseqüentes: Locke adverte genericamente contra a retórica (*Ensaio*, III, X) e Berkeley afirma alto e bom som que "um filósofo deve abster-se da M." (*De motu*, 3). Se em Aristóteles se assistia a uma duplicidade de abordagens (pois o tratamento da M. na *Retórica* também se detinha em seus aspectos cognitivos, enquanto a *Poética* insistia na mimese e na teoria do *eikós*), na cultura do Barroco (entre os muitos tratadistas arrolamos Du Marsais, Fontanier, Peregrini, Pallavicino e Tesauro) há uma correspondência entre o estreitamento do âmbito concedido à retórica (transformada em pouco mais que uma lista de *tópoi*) e uma ampliação do âmbito da M., agora entendida como autêntico instrumento cognitivo. A *Scienza Nuova*, de Vico, e as *Ricerche intorno alla natura dello stile* (1770), de Beccaria, reportam a M. a uma função mais moderada de animadora de sensações e sentimentos, de enriquecimento predominantemente sentimental da linguagem. Em Vico, de maneira coerente com seu modo de entender a poesia, a M. é a primeira forma da linguagem, o jargão imagético de primitivos e ingênuos, que precede o uso literal. O século XIX dedica um espaço mínimo à M., enquanto no século XX ela se tornou objeto de renovada atenção em inúmeros planos. Se o neopositivismo, com a sua distinção entre o cognitivo e o emotivo, relega a M. a este último âmbito, acusando-a de irrelevância cognitiva, Richards e Black opõem a concepção verificacionistica do significado com importantes resultados. O primeiro (*The Philosophy of Rhetoric*, 1936) eleva a M. a operação geral do pensamento e da linguagem, pois ela constitui uma sinergia de dois pensamentos expressos com uma única formula, e o segundo, com seu ensaio *Metaphor* (1954-1955), dá início a uma nova fase na consideração filosófica do problema. Ele insiste no fato de que a M. deve ser considerada pelo menos em parte como um problema semântico, e não pragmático, e que, por isso, em alguns casos não pode reduzir-se ao significado cognitivo de uma expressão literal equivalente; observa ademais que muitas vezes as metáforas *criam* semelhanças entre as coisas, em vez de se limitarem a revelá-las.

A subseqüente ampliação do debate leva à formulação de três questões fundamentais: 1) *O que é M.?* 2) *Como funciona*? 3) *Qual é o seu estatuto cognitivo?* 1) O traço peculiar para a identificação rigorosa da M. pode ser indicado: a) em algum desvio sintático ou semântico da frase que a contém (nessa linha Black, Beardsley, Matthews e Henle); b) na violação das regras de enunciação em relação ao contexto não lingüístico e extraproposicional (Loewenberg): assim se reporta a identificação da M. à pragmática; c) Nem todos concordam com esse caráter transgressor da M., quer negando que a M. se caracterize sempre por uma parcial falsidade literal (Binkley e Cohen) ou que seja sempre possível separar o significado metafórico do significado literal (Black): em outras palavras, o entendimento da M. exige que se vá além do mero conhecimento lingüístico, mas isso não implica que a M. seja falsa ou transgressora.

2) As posições a esse respeito são substancialmente três: *a) visão substitutiva, b) visão comparativa, c) visão interativa.* A visão *a*) é a mais direta: nela a M. é simplesmente um modo artístico de apresentar um significado literal com forma "poética", e não possui nenhum conteúdo cognitivo. A visão *b*) é dominante na tradição, pois considera a M. como mera detecção de semelhanças preexistentes, cujo conteúdo cognitivo pode ser transferido para uma formulação literal sem perdas. A visão *c*) afirma que o significado literal e o metafórico interagem, ou melhor, que a M. é produto da interação específica de significados heterogêneos mas comuns. A noção de *interação* é provavelmente a contribuição fundamental de Black ao entendimento da M.: não se trata apenas de confrontar objetos diferentes para estabelecer se alguma característica de um pode ser atribuído ao outro, mas de fazer uso de todo o nosso sistema de lugares-comuns para filtrar ou dispor um outro sistema, gerando assim uma nova organização conceitual; emerge desse modo a insubstituibilidade cognitiva da M. Nessa linha Beardsley, Hester, Ricoeur, Lakoff-Johnson, Goodman (*Languages of Art*, 1968) e Scheffler (*Beyond the Letter*, 1979) produziram numerosos aprofundamentos. Duas abordagens opostas são a pragmática de Searle (que, na esteira de Grice, faz a distinção entre o significado da palavra ou da frase e o significado da enunciação por parte do falante, e concebe a M. como ato de fala não literal) e a literal de Davidson (que, contestando que haja um significado metafórico, propõe entender a M. no sentido mais literal possível, e atribui sua força expressiva não ao significado das palavras, mas ao uso que delas fazemos, para fins exclusivamente expressivos).

3) Os dois problemas capitais nesse aspecto são *a*) se a enunciação metafórica possui valor de verdade e *b*) se nesse caso as suas afirmações podem ser expressas numa linguagem não metafórica. A visão comparativa responde afirmativamente a ambos os quesitos, enquanto o entendimento puramente emocional da M., por parte dos neopositivistas, comporta duas respostas negativas. Black porém, à luz de sua visão interativa, afirma que a reorganização dos campos do saber devida à M. é uma clara operação intelectual que possui inegável valor cognitivo; este, porém, em vista de sua especificidade, é irredutível a qualquer outro e, portanto, não é formulável de modo não metafórico; esse parece ser o ponto de vista hoje mais aceito. A consideração maciça do papel cognitivo da M. vem atualmente

sobretudo da epistemologia (Hesse, Barbour, MacCormac, Boyd, Kuhn, Pylyshyn): os modelos científicos devem ser entendidos como metáforas em que o âmbito do *explanandum* é modificado e redescrito mediante a aplicação do *explanans*, permitindo um enriquecimento na descrição-compreensão do objeto indagado. Naturalmente, as M. da ciência não somente são mais rigorosas, como também se prestam a verificações empíricas, o que não ocorre com as literárias. A limitação do discurso permite entender, ademais, que nem todas as explicações são M., mas apenas as que se constituem como explicações teóricas, ou seja, apenas os modelos. Essa posição, ao contrário do modelo nomológico-dedutivo, não se atém à relação dedutiva entre *explanandum* e *explanans*, permitindo elasticidade bem maior; em segundo lugar, dá destaque à necessidade de regras de correspondência entre os dois. A variação de significado não gera, portanto, nesse contexto os problemas que produz em outras concepções da mudança científico.

Mas, exatamente por causa do caráter problemático e transversal da M., hoje se verifica em vários âmbitos a exigência de construir uma explicação sistemática que integre a abordagem filosófica e a de outras disciplinas, em primeiro lugar a psicologia (Winner, Miller, Ortony, Glucksberg, Keysar) e a lingüística (Lakoff, Kittay, A. Lehrer, Carbonell, Minton). [M.S.]

METAFOROLOGIA (al. *Metaphorologie*; it. *Metaforologia*). Com este termo é designado o itinerário de pesquisa inicialmente percorrido pelo filósofo alemão Hans Blumenberg (1920-1996) com a publicação de *Paradigmas para uma metaforologia* (1960) e depois desenvolvido em outras pesquisas suas, como *A queda do protofilósofo* (1976), *Naufrágio com espectador* (1979), *A legibilidade do mundo* (1981), *A realidade em que vivemos* (1981), *O riso da mulher da Trácia* (1987) e *O anseio se espelha no fundo* (1987). Com o dispositivo historiográfico da *Begriffsgeschichte* de filiação historicista-hermenêutica, Blumenberg montou seu projeto de uma paradigmática metaforológica que, com método conjetural e arqueológico-cultural, se destina à identificação e definição tipológica de metáforas absolutas ("revolução copernicana", "livro do mundo", "*navigatio vitae*", "verdade nua e crua" etc.). Essas metáforas, entendidas como "*tropoi*", são enunciados que, embora não redutíveis em termos lógicos, não resolvíveis de forma conceitual e não deriváveis da translação de modos literais de dizer ou de outras metáforas e formas de pensamento já em uso, revelam horizontes de significação capazes de tornar compreensível a realidade em que vivemos (como atores e/ou espectadores); realidade que de per si é metafórica: diferida, transfigurada, mediada. Com maior compromisso teórico para com a mais tradicional *Toposforschung* (investigação tópica das grandes metáforas e dos lugares-comuns histórico-estruturais da tradição literária européia) de E. R. Curtius (cf. *Europäische Literatur und latemisches Mittelalter*, 1948), as pesquisas metaforológicas de Blumenberg se inscrevem na mais geral "redescoberta da metáfora" por parte de quase todos os ramos do saber e das especialidades disciplinares (v. METÁFORA). [A.D.S.]

METAGEOMETRIA (in. *Metageometry*; fr. *Métagéometrie*; al. *Metageometria*; it. *Metageometria*). Geometria não euclidiana, ou seja, qualquer geometria que parta de axiomas diferentes dos de Euclides (v. GEOMETRIA). [N.A.]

META-HISTÓRICO (it. *Metastorico*). Indicam-se com este termo os valores eternos que a história tende a realizar e que constituiriam sua estrutura ou plano providencial que a rege (v. HISTÓRIA). [N.A.]

METALINGUAGEM (in. *Metalanguage*; fr. *Métalanguage*; it. *Metalinguaggio*). Quando D. Hilbert introduziu a concepção de matemática como sistema meramente sintático-dedutivo (sistema arbitrário de símbolos no qual, dados certos axiomas fundamentais e certas regras operacionais, procede-se por meios meramente simbólicos, ou seja, operando com as fórmulas que constituem os axiomas e segundo as regras operacionais dadas, à inferência das "conseqüências", independentemente dos possíveis ou eventuais significados extra-simbólicos, intuitivos ou outros desses mesmos símbolos), colocou-se o problema de verificar a não-contradição dos sistemas de axiomas das disciplinas matemáticas assim formalizadas, bem como de verificar a correção das inferências (deduções). Visto que, segundo conhecido teorema (de Gödel), não se pode provar a não-contradição de um sistema matemático formalizado dentro desse mesmo sistema, D. Hilbert e sua escola recorreram à criação de sistemas particulares para a verificação dos sistemas simbólicos (ou seja, de cada disciplina da matemática: álgebra, geometria etc.). Tais sistemas de verificação foram denominados *metamatemáticos*. Por analogia, ou melhor, por extensão do termo, os lógicos poloneses e Carnap chamaram de M. qualquer sistema lingüístico (p. ex., a linguagem da Lógica, da gramática etc.) que não conduza a *denotata* extralingüísticos, mas que, semanticamente, conduza a símbolos e fatos de fala, e de *metalingüística* qualquer expressão não que fale de coisas (reais ou ideais), mas de palavras ou discursos (p. ex.: "'Mário' é um nome próprio de pessoa, masculino e singular"; "'aceleração' é um termo da Física"). A distinção entre linguagem e M. assume grande importância na análise filosófica neopositivista, sendo um dos fundamentos da crítica à metafísica especulativa, na qual expressões metalingüísticas são sistematicamente confundidas com expressões lingüísticas (v. LINGUAGEM-OBJETO). [G.P.]

METALÓGICO (in. *Metalogical;* fr. *Métalogique;* al. *Metalogisch;* it. *Metalogico*). 1. A partir de Carnap (*Logische Syntax der Sprache,* 1934; trad. in., 1937, § 2), este termo passou a ter o mesmo significado de "sintático": caracteriza o estudo sistemático das regras formais de uma língua (v. SINTAXE).

2. Schopenhauer chamou de metalógica a verdade dos quatro princípios do pensamento: Identidade, Contradição, Terceiro Excluído e Razão Suficiente (*Über die vierfache Wurzel des Satzen von zureichenden Grunde,* 1813, § 33).

3. *Metalogicon* é o título de uma obra de João de Salisbury (séc. XII): significaria "defesa da lógica". [N.A.]

METAMATEMÁTICO (in. *Metamathematic;* fr. *Métamathématique;* al. *Metamathematisch;* it. *Metamatematico*). O mesmo que sintático ou metalógico. No sentido de Hilbert, teoria da prova, ou seja, formalização da prova matemática por meio de um sistema logístico. [N.A.]

METANARRATIVAS (fr. *Métarécits;* it. *Metaracconti/Metanarrazioni*). Termo adotado por Lyogard para indicar as grandes sínteses teóricas por meio das quais a modernidade procurou conferir legitimação filosófico-política ao saber. As M. modernas (o *meta* alude ao seu caráter universal e reflexo) podem ser reduzidas a dois arquétipos fundamentais: o modelo *iluminista* (segundo o qual o saber é legítimo desde que favoreça a emancipação e a liberdade dos povos) e o *idealista* (segundo o qual o saber é legítimo desde que não persiga finalidades específicas, mas se configure como o conhecimento desinteressado ou especulativo que o espírito tem de si mesmo). O *marxismo* representa um meio-termo híbrido entre essas duas modalidades de legitimação, porquanto pode assumir a forma "stalinista" de um materialismo dialético que reduz as ciências a "citações" de si mesma ou a forma "crítica" de um saber multidisciplinar (v. a Escola de Frankfurt) que identifica o socialismo com a constituição de um sujeito autônomo, e as ciências com o conjunto dos meios oferecidos ao proletariado para a sua emancipação (*La condizione postmoderna,* 1979, trad. it., Feltrinelli, Milão, 1981, 1985[2], pp. 52-69). O declínio dessas M., às quais Lyotard acrescentará a *cristã,* de salvação das criaturas por meio do amor crístico, e a *capitalista,* da emancipação da pobreza por meio do desenvolvimento técnico-industrial, coincide com o advento do *pós-modernismo* (v.) e de sua concepção antitotalizadora do saber: "Simplificando ao máximo, podemos considerar 'pós-moderna' a incredulidade nas M." (*ibid.*, p. 6). Também para Vattimo as M. modernas acabaram. Mas ele está convencido de que, no lugar delas, não há o vazio, mas sim a narrativa pós-moderna do fim das narrativas: "Constatar o fim das 'M.' não significa, como no niilismo reativo e vingador descrito por Nietzsche, ficar sem nenhum critério de escolha, sem nenhum fio condutor. O fim das 'M.', pensado no horizonte da história da metafísica e da sua dissolução (portanto, dentro de uma paradoxal 'M.'), é o dar-se do ser na forma da dissolução, do enfraquecimento, da mortalidade" (*Etica dell'interpretazione,* Rosenberg & Sellier, Turim, 1989, p. 25). [G.F.]

METAPSÍQUICA. V. PARAPSICOLOGIA.

METATEORIA (in. *Metatheory;* fr. *Métathéorie;* al. *Metatheorie;* it. *Metateoria*). Teoria que tem como objeto de estudo uma teoria dada (definida como *teoria-objeto*). A M. de certa teoria-objeto pode ser por sua vez objeto de estudo. Desse modo, tem-se uma metaM., que pode ser, por sua vez, objeto de análise, e assim por diante. Além de estar ligada às temáticas de Hilbert (v. METALINGUAGEM), a noção de M. apresenta conexões com os estudos semânticos de Tarsky (v. SEMÂNTICA; VERDADE, CONCEPÇÃO TARSKIANA DA). [G.F.]

METEMPÍRICO (in. *Metempirical;* fr. *Métempirique;* al. *Metempirisch;* it. *Metempirico*). O que está além dos limites da experiência possível (LEWES, *Problems of Life and Mind,* 1874, I, p. 17). [N.A.]

METEMPSICOSE (in. *Metempsychosis;* fr. *Métempsychose;* al. *Metempsychose;* it. *Metempsicosi*). Crença na transmigração da alma de corpo em corpo. Essa crença é muito antiga e de origem oriental, mas o termo só aparece nos escritores dos primórdios da era cristã. Plotino às vezes usa o termo metensomatose (*Enn.*, II, 9, 6, 13), que seria mais exato. A crença, difundida pelas seitas órficas e pelos pitagóricos, foi aceita por Empédocles (*Fr.* 115, 117, 119), por Platão (*Tim.*, 49 ss.; *Rep.*, X, 614 ss.), por Plotino, pelos neoplatônicos e pelo gnóstico Basilides (BUONAIUTI, *Frammenti gnostici,* pp. 63 ss.). Cf. E. ROHDE, *Psyche,* 1890-1894; trad. it., Bari, 1916. [N.A.]

METENSOMATOSE. V. METEMPSICOSE.

METÉXIS (gr. μέθεξις; it. *Metessi*). Participação. Essa palavra foi usada por Platão para indicar um dos modos possíveis de relação entre as coisas sensíveis e as idéias (*Parm.*, 132 d). Os outros modos em que Platão concebeu essa mesma relação são: *mimese* ou imitação (*Rep.*, 597 a; *Tim.*, 50 c) e *presença* da idéia nas coisas (*Fed.*, 100 d). Esse termo foi usado nessa forma por Gioberti, em *Protologia,* para designar o ciclo de retorno do mundo a Deus, que culmina numa renovação final, ou palingenesia (*Prot.*, II, p. 107). Gioberti usa esse mesmo termo (assim como o termo mimese, com o qual indica o afastamento do mundo de Deus) para caracterizar um termo de vários pares de coisas ou entes do mundo: por exemplo, o corpo é a mimese, a alma é a M.; a fêmea é a mimese, o macho é a M. etc. (*ibid.*, p. 319). [N.A.]

METÓDICA. Assim é chamada algumas vezes a doutrina do método pedagógico: por exemplo, RAYNERI, *Primi princìpi di metodica* (1850); ROSMINI, *Del principio supremo della metodica* (1857) etc. [N.A.]

MÉTODO (gr. μέθοδος; lat. *Methodus*; in. *Method*; fr. *Méthode*; al. *Methode*; it. *Metodo*). Este termo tem dois significados fundamentais: 1º qualquer pesquisa ou orientação de pesquisa; 2º uma técnica particular de pesquisa. No primeiro significado, não se distingue de "investigação" ou "doutrina". O segundo significado é mais restrito e indica um procedimento de investigação organizado, repetível e autocorrigível, que garanta a obtenção de resultados válidos. Ao primeiro significado referem-se expressões como "M. hegeliano", "M. dialético" etc., ou mesmo "M. geométrico", "M. experimental" etc. Ao segundo significado referem-se expressões como "M. silogístico", "M. residual" e, em geral, os que designam procedimentos específicos de investigação e verificação. Tanto Platão (*Sof.*, 218 d; *Fed.*, 270 c) quanto Aristóteles (*Pol.*, 1289 a 26; *Et. nic.*, 1129 a 6) empregam esse termo em ambos os significados; no moderno e contemporâneo, prevalece o segundo. Contudo, é preciso observar que não há doutrina ou teoria, quer científica, quer filosófica, que não possa ser considerada sob o aspecto de sua ordem de procedimentos, sendo, pois, chamada de M. O próprio Descartes, por exemplo, expôs o mesmo conteúdo do *Discurso do método* na forma de *Meditações metafísicas* e de *Princípios de filosofia*: o que por um lado era M., por outro era doutrina. De modo geral, não há doutrina que não possa ser considerada e chamada de M., se encarada como ordem ou procedimento de pesquisa. Portanto, a classificação dos M. filosóficos e científicos sem dúvida seria uma classificação das respectivas doutrinas. Quanto às doutrinas que com mais freqüência ou razão são chamadas de M., v. os verbetes respectivos: ANÁLISE; AXIOMÁTICA; CONCOMITÂNCIA; CONCORDÂNCIA, MÉTODO DA; DEDUÇÃO; DIALÉTICA; DIFERENÇA; DEMONSTRAÇÃO; INDUÇÃO; PROVA; RESÍDUOS, MÉTODO DOS; SILOGISMO; SÍNTESE; bem como os verbetes dedicados a cada disciplina: FILOSOFIA; FÍSICA; GEOMETRIA; LÓGICA; MATEMÁTICA; CIÊNCIA etc. [N.A.]

Nas últimas décadas a atenção dos filósofos concentrou-se sobretudo no problema da existência ou não de um M. "científico". Depois de festejar seus triunfos nas epistemologias de inspiração empirista – seja na forma verificacionista do empirismo lógico, seja na forma falsificacionista de Popper –, a idéia (tradicional) de M. sofreu uma verdadeira demolição por obra das epistemologias de tendência pós-positivista (v. EPISTEMOLOGIA PÓS-POSITIVISTA). O ataque foi desferido sobretudo por Feyerabend, que, contestando a idéia de um M. científico único e universal, fez-se porta-voz de um *anarquismo metodológico* (v.) baseado no princípio de que *vale tudo*: "A idéia de um 'M.' universal e estável e a idéia correspondente de uma 'racionalidade' universal e estável são tão moralistas quanto a idéia de um instrumento de medição que meça qualquer grandeza [...]. No decorrer de sua pesquisa, os cientistas modificam seus métodos, seus procedimentos, seus critérios de racionalidade do mesmo modo como modificam seus instrumentos de medição e suas teorias" (*La scienza in una società libera*, 1978, trad. it., Feltrinelli, Milão 1981, p. 150). As polêmicas antimetodológicas de Feyerabend suscitaram amplo debate, ainda em curso, do qual nasceu a rejeição, quase unânime, a "um prontuário mecânico de regras para a solução dos problemas" (I. LAKATOS, *La storia della scienza e le sue ricostruzioni razionali*, 1971, trad. it., em *Critica e crescita della conoscenza*, VV.AA., Feltrinelli, Milão, 1976, p. 367). A rejeição a procedimentos padrão válidos para todas as circunstâncias e a qualquer metodologia de tipo "apriorístico" ou "euclidiano" (como Lakatos a chama) não equivale porém, nos filósofos que a propugnam (a começar do próprio Feyerabend), à negação de *toda e qualquer* regra ou procedimento de investigação (dos quais não é possível prescindir). Mais cautelosamente, afirma-se que tais regras e procedimentos não podem ser deduzidos *uma vez por todas* de uma suposta estrutura (metatemporal) da racionalidade humana, mas devem ser "inventados" a cada vez em relação a cada situação e a cada objetivo. De resto, nem mesmo o "problema" do M. "desapareceu" definitivamente. É mais exato dizer que parece ter confluído para o problema – menos vago e mais específico – da legitimação de determinadas estratégias eurísticas (indução, dedução etc.). [G.F.]

METODOLOGIA (in. *Methodology*; fr. *Méthodologie*; al. *Methodologye*, *Methodenlehre*; it. *Metodologia*). Com este termo podem ser designadas quatro coisas diferentes: 1ª lógica ou parte da lógica que estuda os métodos; 2ª lógica transcendental aplicada; 3ª conjunto de procedimentos metódicos de uma ou mais ciências; 4ª a análise filosófica de tais procedimentos.

1ª A lógica foi interpretada como M. na fase pós-cartesiana. Segundo a *Lógica* de Port-Royal, "a lógica é a arte de bem conduzir a própria razão no conhecimento das coisas, tanto para instruir-se quanto para instruir aos outros". No mesmo sentido, Wolff definia a lógica como "a ciência de dirigir a faculdade cognitiva no conhecimento da verdade" (*Log.*, § 1). Esse conceito de lógica pode ser encontrado também na definição de Stuart Mill, como "ciência das operações do intelecto que servem para a avaliação da prova" (*Logic*, Intr., § 7). Por outro lado, a M. também foi considerada uma parte da lógica. Petrus Ramus dividia a lógica em quatro partes: doutrina do conceito, do juízo, do raciocínio e do método (*Dialecticae institutiones*, 1543); essa divisão, aceita pela *Lógica* de Port-Royal, tornou-se tradicional e foi constantemente adotada pela lógica filosófica do século XIX (v. para todos BENNO ERDMANN, *Logick*, 1892, I, § 7). A partir de Wolff (*Log.*, §§ 505 ss.), a doutrina do método foi freqüentemente chamada de lógica *prática*.

2ª A M. foi entendida por Kant como lógica transcendental aplicada ou "prática". Constitui a segunda parte principal da *Crítica da Razão Pura*, cujo objetivo é "determinar as condições formais de um sistema completo da razão pura"; compreende uma disciplina, um cânon, uma arquitetura e, finalmente, uma história da razão pura. O próprio Kant confronta essa parte de sua obra com a lógica formal aplicada ou prática: "Do ponto de vista transcendental, faremos o que se procurou fazer nas escolas com o nome de lógica prática em relação ao uso do intelecto em geral, mas que se fez mal, porque, não se limitando a um modo especial de conhecimento intelectual (p. ex., o puro), nem a certos objetos, a lógica geral nada mais pode fazer senão propor títulos de métodos possíveis e de expressões técnicas" (*Crít. R. Pura*, Doutr. transc. do método, Intr.).

3ª Com o nome de M. hoje é freqüentemente indicado o conjunto de procedimentos técnicos de averiguação ou verificação à disposição de determinada disciplina ou grupo de disciplinas. Nesse sentido fala-se, por exemplo, de "M. das ciências naturais" ou de "M. historiográfica". Nesse aspecto, a M. é elaborada no interior de uma disciplina científica ou de um grupo de disciplinas, e não tem outro objetivo além de garantir às disciplinas em questão o uso cada vez mais eficaz das técnicas de procedimento de que dispõem.

4ª Por outro lado, em estreita relação com o sentido acima, a M. vem-se constituindo como disciplina filosófica relativamente autônoma e destinada à análise das técnicas de investigação empregadas em uma ou mais ciências. Nesse sentido, não são objetos da M. os "métodos" das ciências, ou seja, as classificações amplas e aproximativas (análise, síntese, indução, dedução, experimentação etc.), nas quais se inserem as *técnicas* da pesquisa científica, mas tão-somente essas técnicas, consideradas em suas estruturas específicas e nas condições que possibilitam o seu uso. Tais técnicas compreedem, obviamente, qualquer procedimento lingüístico ou operacional, qualquer conceito e qualquer instrumento que uma ou mais disciplinas utilizem na aquisição e na verificação de seus resultados. Nesse sentido, a M. é sucessora *a*) da metafísica, porque a ela cabem os problemas que concernem às relações entre as ciências e as zonas de interferência (e algumas vezes de conflito) entre ciências diferentes; *b*) da gnosiologia, porquanto substitui a consideração do "conhecimento", entendido como forma global da atividade humana ou do Espírito em geral, pela consideração dos procedimentos cognitivos utilizados por um ou mais campos da investigação científica. Essa M. chama-se também "crítica das ciências". Embora o trabalho realizado por ela nessa direção e iniciado nas primeiras décadas do século XX já seja considerável, está faltando até agora uma determinação precisa da tarefa e das orientações dessa disciplina. Cf. todavia VV.AA., *Fondamenti logici della scienza*, Turim, 1947; *id.*, *Saggi di critica delle scienze*, Turim, 1950: ambos organizados pelo Centro di Studi Metodologici di Torino. [N.A.]

O termo "M. das ciências", que teve algum sucesso no pós-guerra, agora é raro. Hoje em dia, tanto na Itália quanto fora dela, fala-se sobretudo de epistemologia (v.) e de filosofia da ciência (v.). Ademais, os filósofos, se por um lado não desdenham as grandes classificações (indução, dedução, experimento etc.) em que incidem as técnicas da pesquisa científica, por outro lado preferem deixar a cargo dos cientistas ou dos estudiosos que atuam no campo a análise específica dessas técnicas. [G.F.]

MICHURINISMO. V. GENÉTICA.

MICROCOSMO (gr. μικρὸς κόσμος; lat. *Microcosmus*; in. *Microcosm*; fr. *Microcosme*; al. *Mikrokosmos*; it. *Microcosmo*). A correspondência entre o macrocosmo, que é o mundo, e o M., que é o animal e por vezes o homem, é tema filosófico antigo, que nasceu da tendência a interpretar todo o universo com fundamento no universo menor, que é o homem para si mesmo. Aristóteles expunha da seguinte maneira esse princípio de interpretação, a propósito da possibilidade do movimento autônomo: "Se isso é possível no animal, o que pode impedir que aconteça no mundo também? Se ocorre no M., pode acontecer também no cosmo grande; e, se ocorre no cosmo, pode acontecer também no infinito, se é possível que o infinito se mova e esteja em repouso em sua totalidade." (*Fís.*, VIII, 2, 252 b 25). Ora, essa é a objeção que Aristóteles faz a si mesmo, refutando-a ao negar a possibilidade de movimento autônomo do universo e ao admitir, por isso, o primeiro motor. A correspondência entre M. e macrocosmo não é, pois, um princípio adotado por Aristóteles. Mas já em sua época era um princípio antigo, visto fundamentar a cosmogonia dos órficos, mais precisamente a doutrina de que o mundo nasceu de um ovo: e nasceu de um ovo porque é animal (cf. A. OLIVIERI, *Civiltà greca nell'Italia meridionale*, Nápoles, 1931, pp. 23 ss.). Platão mesmo chamou o mundo de "grande animal" (*Tim.*, 30 b), provido de alma e inteligência, assumindo, assim, como realidade literal, uma correspondência metodológica; esse foi o sentido atribuído, depois dele, por estóicos, neopitagóricos e, em geral, por todos os que insistiram no caráter animado do universo.

A correspondência entre M. e macrocosmo foi um dos temas preferidos da literatura mágica. A magia pretende dominar o mundo natural encantando-o ou domesticando-o como se faz com um animal; seu pressuposto é exatamente de que o mundo é um animal e de que todos os seus aspectos são controláveis com procedimentos que se dirigem a eles como a atividades vivas. A correspondência M.-macrocosmo foi, portanto, um dos temas obrigatórios da magia renascentista. Cornélio Agripa afirmava que o homem reúne em si tudo o que está disseminado nas coisas, e que isso lhe permite conhecer a força que mantém o mundo integrado e utilizá-la para realizar ações miraculosas (*De occulta philosophia*, I, 33). Observações análogas repetem-se em todos os escritores renascentistas que admitem a magia (p. ex., CAMPANELLA, *De sensu rerum*, I, 10). Paracelso baseava toda a ciência médica na correspondência entre macrocosmo e M.; por isso, exigia que ela se fundamentasse em todas as ciências que estudam a natureza do universo, quais sejam: teologia, filosofia, astronomia e alquimia (*De philosophia occulta*, II, p. 289). Quando a ciência deixou de lado o princípio antropomórfico na interpretação da natureza, a correspondência entre M. e macrocosmo deixou de ser um guia útil de pesquisa e passou a ter aspecto de preconceito. Lotze, que deu o título de M. à sua obra fundamental, só admite essa correspondência na forma do condicionamento que o mundo exerce sobre o homem, procurando reduzir o alcance desse termo a limites estreitíssimos (*Mikrokosmus*, VI, K, 1; trad. it., II, pp. 312 ss.). [N.A.]

MILAGRE (gr. τέρας; lat. *Miraculum*; in. *Miracle*; fr. *Miracle*; al. *Wunder*; it. *Miracolo*). Fato excepcional ou inexplicável, considerado como sinal ou manifestação de uma vontade divina. Esta era a noção de M. na Antiguidade clássica (p. ex., *Ilíada*, II, 234; *Odisséia*, III, 173; XII, 394 etc.) e a que predominou na Idade Média, sendo assim expressa por Tomás de Aquino: "No M. podem ser notadas duas coisas: uma é o que acontece, que é certamente algo que excede a faculdade da natureza, e neste sentido os M. são chamados de *potências* (*virtudes*); a segunda é a razão pela qual os M. acontecem, ou seja, a manifestação de algo de sobrenatural; neste sentido, os M. costumam ser chamados de *sinais*, enquanto são chamados de *portentos* por serem excelentes e de *prodígios* porque mostram algo de distante" (*S. Th.*, II, 2, q. 178, a. 1, ad 3º).

Quando se começou a insistir na ordem necessária da natureza – como ocorreu com o averroísmo medieval, com o aristotelismo renascentista e, principalmente, com a primeira afirmação da ciência moderna –, o M. começou a ser considerado "exceção" a essa ordem, portanto negado como tal ou reduzido a acontecimento incomum, mas concorde com a ordem natural. No livro *Sugli incantesimi*, Pomponazzi, por exemplo, negava que os M. fossem acontecimentos contrários à natureza e estranhos à ordem do mundo, admitindo-os apenas como fatos insólitos e raríssimos, que não acontecem segundo o ritmo habitual da natureza, mas a intervalos muito longos; esses fatos, porém pertencem à ordem natural, pela qual são determinados (*De incantationibus*, 12). Espinosa, por sua vez, afirmava que, "contra a natureza ou acima da natureza, M. não passa de absurdo, e que, na Sagrada Escritura, só é possível entender por M. a obra da natureza que supera a inteligência dos homens ou que acredita superar" (*Tractatus theologico-politicus*, cap. 6). Para Espinosa, Deus era mais bem conhecido graças à ordem e à necessidade da natureza do que por pretensos M. Mas Hume, que parte de uma concepção completamente diferente, também nega a possibilidade do M.: "O M. é uma violação das leis da natureza, e, como essas leis foram estabelecidas por uma experiência fixa e inalterável, a prova contra o M., extraída da própria natureza do fato, é tão completa quanto se pode imaginar que o seja um argumento extraído da experiência" (*Inq. Conc. Underst.*, X, 1). Todas as limitações que o conceito de lei natural sofreu a partir de Hume não facilitaram a noção de M. do ponto de vista da ciência e da filosofia.

Mas talvez se trate de uma noção que, do ponto de vista religioso, não oferece menor dificuldade. Kierkegaard diz: "No fundo, usar toda a sagacidade (como faz Lessing ao publicar os *Fragmentos de Wolfenbütteln*) na comprovação do absurdo e da *inverossimilhança* do M. para depois concluir a partir do fato de ser inverossímil 'logo, não é M.' (mas seria mesmo M. se fosse verossímil?), é tão insensato quanto (e é esta a sabedoria da especulação) esforçar-se por compreender o M. ou por torná-lo compreensível, concluindo finalmente 'logo, é M.'. Um M. compreensível não é mais um M. Não, o M.

continua sendo o que é: artigo de fé" (*Diário*, X¹, A, 373). Desse ponto de vista obviamente ruem as objeções contra o M., mas ele deixa de ser, a qualquer título, objeto da pesquisa científica e filosófica. [N.A.]

MILENARISMO. V. QUILIASMO.

MIMANSA. Um dos grandes sistemas filosóficos da Índia antiga, cuja fundação é atribuída a Jaimini. É substancialmente uma interpretação da doutrina dos *vedantas* (v.) e pretende ser uma técnica de libertação. Opõe-se ao conceito de Deus criador e admite a realidade da matéria e das almas (cf. G. TUCCI, *Storia della filosofia indiana*, 1957, pp. 127 ss.). [N.A.]

MIMESE. V. METÉXIS.

MINIMUM. Assim Lucrécio chamou o átomo (*De rer. nat.*, I, 620). Nicolau de Cusa insistia na coincidência do máximo e do mínimo em Deus (*De docta ignor.*, I, 4), e Giordano Bruno usou a palavra no sentido usado por Cusa (*De minimo triplici et mensura*, I, 7) (v. ÁTOMO). [N.A.]

MISOLOGIA (gr. μισολογία; in. *Misology*; fr. *Misologie*; al. *Misologie*; it. *Misologia*). Termo criado por Platão para indicar o ódio aos raciocínios. Segundo Platão, "a M. nasce da mesma forma que a misantropia". Assim como a misantropia nasce de se ter confiado em alguém sem discernimento, a M. nasce de se ter acreditado, sem possuir a arte do raciocínio, na verdade de raciocínios que depois se mostraram falsos (*Fed.*, 89 d-90 b). Segundo Kant, a M. nasce quando se confia à razão a tarefa de obter "a fruição da vida e a felicidade", tarefa para a qual ela não está apta, uma vez que seu destino, como faculdade prática, é conduzir à moralidade (*Grundlegung der Metaphysik der Sitten*, I). Segundo Hegel, o saber imediato é uma forma de M. (*Enc.*, § 11). [N.A.]

MISTÉRIO (gr. μυστήριον; lat. *Mysterium*; in. *Mystery*; fr. *Mystère*; al. *Mysterium*; it. *Mistero*). No sentido em que a palavra começou a ser usada pelos escritores herméticos da Antiguidade (p. ex., *Corpus hermeticum*, I, 16), significa uma verdade revelada por Deus, que deve permanecer secreta. No cristianismo, essa palavra passou a indicar algo incompreensível ou cujo significado é obscuro ou oculto. Nesse sentido, Jacob Böhme designava Deus como *Mysterium magnum* (título de uma de suas obras de 1623). A palavra é usada pelos modernos:

1º no sentido de verdade de fé indemonstrável, portanto em certo sentido incompreensível: por exemplo, "os M. da Trindade e da Encarnação";

2º no sentido de problema considerado insolúvel ou cuja solução se atribui ao domínio religioso ou místico: por exemplo, "o M. do ser"; ainda hoje não faltam filósofos que, como Spencer (*First Princ.*, § 14), acham que o M. é o domínio da religião;

3º no sentido de qualquer problema cuja solução seja difícil ou não imediata; nesse sentido, um problema policial também é um mistério. [N.A.]

MISTICISMO (in. *Mysticism*; fr. *Mysticisme*; al. *Mysticismus*; it. *Misticismo*). Toda doutrina que admita a comunicação direta entre o homem e Deus. A palavra *mística* começou a ser usada nesse sentido nas obras de Dionísio, o Areopagita, pertencentes à segunda metade do século V e inspiradas no neoplatônico Proclo. Em tais obras é acentuado o caráter místico do neoplatonismo original, que é a doutrina de Plotino. Para isso, insiste-se na impossibilidade de chegar até Deus ou de realizar qualquer comunicação com ele através dos procedimentos comuns do saber humano, de cujo ponto de vista só se pode definir Deus negativamente (*teologia negativa*). Por outro lado, insiste-se também numa relação originária, íntima e pessoal entre o homem e Deus, em virtude da qual o homem pode retornar a Deus e unir-se finalmente a ele num ato supremo. Este é o *êxtase*, que Dionísio considera a *deificação* do homem.

Esse é o esquema de toda doutrina mística que foi extraído pelo pseudo-Dionísio dos textos neoplatônicos; contém muitos vestígios das crenças orientais, às quais deviam boa parte de sua inspiração. O M. medieval colocou-se algumas vezes como alternativa que excluía o caminho da busca racional: esse foi o caso de Bernard de Clairvaux (séc. XII), em quem a defesa da via mística é acompanhada pela polêmica contra a filosofia e, em geral, o uso da razão. Outras vezes a via mística e a da especulação escolástica são admitidas e reconhecidas, como fizeram Hugo e Ricardo de S. Vítor, também no século XII. O M. conserva os mesmos caracteres em S. Boaventura, que cultiva igualmente a especulação filosófica e a mística. Por outro lado, a grande corrente do M. especulativo alemão do século XIV (Mestre Eckhart, Tauler, Suso e outros) opõe-se também a qualquer tentativa de empregar a razão no campo da religião, mas sua característica é ser uma especulação sobre a *fé*, considerada como via de comunicação direta entre o homem e Deus. Não pertencem ao domínio da filosofia, mas ao do M., os místicos práticos do cristianismo, como Santa Teresa, Santa Catarina de Siena, São Francisco, Joana D'Arc e outros (cf. H. DELACROIX, *Étude d'histoire et de psychologie du mysticisme*, Paris, 1908; J. H. LEUBA, *The Psychology of Religious Mysticism*, 1925).

O estudo místico consiste essencialmente em definir os graus progressivos da ascensão do homem até Deus, em ilustrar com metáforas o estado de êxtase e em procurar promover essa ascensão com discursos edificantes. Os graus da ascensão mística são habitualmente três: *pensamento* (*cogitatio*), que tem por objeto as imagens provenientes do exterior e destina-se a considerar as marcas de Deus nas coisas; a *meditação* (*meditatio*), que é o recolhimento da alma em si mesma e que tem por objeto a *imagem* de Deus; e a *contemplação* (*contemplatio*), que visa a Deus mesmo. Esses graus estão ilustrados e subdivididos de vários modos pelos místicos, que habitualmente dividem cada um desses graus em outros dois, enumerando assim, no êxtase, sete graus de ascensão. Por exemplo, segundo Boaventura, o pensamento pode considerar as coisas em sua ordem objetiva (I grau) ou na apreensão que a alma humana tem delas (II grau). A meditação pode contemplar a imagem de Deus nos poderes naturais da alma (memória, intelecto e vontade [III grau]) ou ainda nos poderes que a alma conquista graças às três virtudes teologais (IV grau). A contemplação pode considerar Deus em seu primeiro atributo, ou seja, em seu ser (V grau), ou ainda em sua máxima potência, que é o bem (VI grau) (*Itinerarium mentis in Deum*, 1259). Para todos os místicos, acima de todos os graus está o *êxtase* (v.), ou *excessus mentis*, definido às vezes como "*douta ignorância*" (v.) e, em todos os caso, considerado como a "deificação do homem", ou seja, a sua união com Deus.

Do ponto de vista filosófico-religioso, é importante a apreciação de Kierkegaard sobre o misticismo: o místico é "aquele que se escolhe em isolamento completo", ou seja, isolado do mundo e dos contatos humanos (*Aut Aut*, em *Werke*, II, p. 215), mas, assim agindo, comete certa indiscrição em relação a Deus. Isto porque, em primeiro lugar, desdenha a existência, a realidade na qual Deus o colocou, e, em segundo lugar, degrada Deus e a si mesmo. "Degrada-se porque é sempre degradação ser essencialmente diferente dos outros graças a simples acidentalidade, e degrada Deus porque faz dele um ídolo e faz de si mesmo um favorito em sua corte" (*ibid.*, *Werke*, II, p. 219).

Na filosofia contemporânea o M. foi defendido por Bergson, que nele viu a "religião dinâmica", a religião que continua o elã criador da vida e tende a criar formas de vida mais perfeitas para o homem. "O amor místico" – diz Bergson – "identifica-se com o amor de Deus por sua obra, amor que criou todas as coisas e é capaz de revelar a quem souber interrogá-lo o mistério da criação. É composto de essência mais metafísica que moral. Com a ajuda de Deus, ele gostaria de aperfeiçoar a criação da espécie humana e fazer da humanidade aquilo que ela logo poderia ter sido, se tivesse podido constituir-se definitivamente sem a ajuda do homem." Em outras palavras, é ao elã místico que se pode atribuir o restabelecimento da "função essencial do universo, que é uma máquina destinada a criar divindades" (*Deux sources*; trad. it., pp. 256, 349). Essa interpretação do M., feita por Bergson, não se diferencia do *panteísmo* comum (v.). [N.A.]

MISTIFICAÇÃO (in. *Mystification*; fr. *Mystification*; al. *Mystification*; it. *Mistificazione*). Interpretação de um conceito de modo obscuro, falaz ou tendencioso. Marx, por exemplo, dizia: "A M. que a dialética sofre nas mãos de Hegel não exclui em absoluto que ele tenha sido o primeiro a expor de maneira ampla e consciente as formas gerais do movimento da dialética" (*Correspondência Marx-Engels*; trad. it., V, p. 28). Segundo Marx, a dialética de Hegel era "mistificada" porque interpretada do ponto de vista idealista, e não materialista. De maneira análoga, chama-se de M. o conceito de liberdade segundo o qual ela coincide com necessidade, o que, implicitamente, nega a liberdade etc. [N.A.]

MITEMA. V. MITO.

MITO (gr. μύθος; lat. *Mythus*; in. *Myth*; fr. *Mythe*; al. *Mythos*; it. *Mito*). Além da acepção geral de "narrativa", na qual essa palavra é usada, por exemplo, na *Poética* (I, 1451 b 24) de Aristóteles, do ponto de vista histórico é possível distinguir três significados do termo: 1º M. como forma atenuada de intelectualidade; 2º M. como forma autônoma de pensamento ou de vida; 3º M. como instrumento de estudo social.

1º Na Antiguidade clássica, o M. é considerado um produto inferior ou deformado da atividade intelectual. A ele era atribuída, no máximo, "verossimilhança", enquanto a "verdade" pertencia aos produtos genuínos do intelecto. Esse foi o ponto de vista de Platão e de Aristóteles. Platão contrapõe o M. à verdade ou à narrativa verdadeira (*Górg.*, 523 a), mas ao mesmo tempo atribui-lhe verossimilhança, o que, em certos campos, é a única validade a que o discurso humano pode aspirar (*Tim.*, 29 d) e, em outros, expressa o que de melhor e mais verdadeiro se pode encontrar (*Górg.*, 527 a). Também para Platão o M. constitui a "via humana mais curta" para a persuasão; em conjunto, seu domínio é representado pela zona que fica além do círculo estrito do pensamento racional, na qual só é lícito aventurar-se com suposições verossímeis. Substancialmente, Aristóteles assume a mesma atitude em relação ao M.: este às vezes é oposto à verdade (*Hist. An.*, VIII, 12, 597 a 7), mas outras vezes é a forma aproximativa e imperfeita que a verdade assume, quando, por exemplo, se explica "a razão de uma coisa em forma de M." (*ibid.*, VI, 35, 580 a 18). A esse conceito de M. como verdade imperfeita ou diminuída freqüentemente se une a atribuição de validade moral ou religiosa ao M. O que o M. diz – supõe-se – não é demonstrável nem claramente concebível, mas sempre é claro o seu significado moral ou religioso, ou seja o que ele ensina sobre a conduta do homem em relação aos outros homens ou em relação à divindade. Assim, a respeito dos M. morais expostos em *Górgias*, Platão diz: "Talvez estas coisas pareçam M. de mulheres velhas, e as considerareis com desprezo. E não seria descabido desprezá-las se, com a investigação, pudéssemos encontrar outras coisas melhores e mais verdadeiras. Mas vós também, tu, Polos e Górgias, que sois os gregos mais sábios de nossos dias, não conseguis demonstrar que convém viver outra vida que não esta" (*Górg.*, 527 a-b). Analogamente, atribui-se significado religioso ao M. sempre que, com esse nome, são designadas determinadas crenças, como quando se diz "M. cosmogônico", "M. soteriológico", ou "M. escatológico" etc. Na linguagem comum prevalece essa acepção do significado em sua forma extrema, ou seja, como de crença dotada de validade mínima e de pouca verossimilhança; nesse sentido, chama-se de mítico o que é inatingível ou contrário aos critérios do bom senso, como "perfeição mítica".

A essa esfera de interpretação do M. pertencem as chamadas teorias naturalistas, que prevaleceram no século XIX na Alemanha. Segundo elas, o M. é produto da mesma atitude teórica ou contemplativa que dará origem à ciência; consiste em tomar determinado fenômeno natural como chave para a explicação de todos os outros fenômenos. Os fenômenos astronômicos, os meteorológicos e outros foram invocados com esse fim. Mais recentemente, outra escola sociológica viu no M. sobretudo a lembrança dos acontecimentos passados. Em ambos os casos essas "explicações naturalistas" do M. nada mais fazem que reduzi-lo a uma forma imperfeita de atividade intelectual.

2º Para a segunda concepção de M., este é uma forma autônoma de pensamento e de vida. Nesse sentido, a validade e a função do M. não são secundárias e subordinadas em relação ao conhecimento racional, mas originárias e primárias, situando-se num plano diferente do plano do intelecto, porém dotado de igual dignidade. Foi Vico o primeiro a expressar esse conceito de M.: "As fábulas, ao nascerem, eram narrações verdadeiras e graves (donde ter a fábula sido definida como *vera narratio*) que no mais das vezes nasceram obscenas, e por isso depois se tornaram impróprias, a seguir alteradas, então inverossímeis, adiante obscuras, daí escandalosas, e finalmente incríveis, que são as sete fontes da dificuldade das fábulas" (*Sc. n.*, II, Pruove filos, per la discoverta del vero Omero, IV). Portanto, a verdade do M. não é uma verdade intelectual corrompida ou degenerada, mas uma verdade autêntica, embora com forma diferente da verdade intelectual, com forma fantástica ou poética: "Os caracteres poéticos nos quais consiste a essência das fábulas nasceram, por necessidade natural, da incapacidade de extrair as formas e as propriedades dos fatos; por conseguinte, devia ser maneira de pensar de povos inteiros que se encontravam em tal necessidade natural, que ocorreu nos tempos de sua maior barbárie" (*ibid.*, VI). Desse ponto de vista "os poetas devem ter sido os primeiros historiadores das nações" (*ibid.*, X), e os caracteres poéticos contêm significados históricos que, nos primeiros tempos, foram transmitidos de memória pelos povos (*ibid.*, IX).

O romantismo adotou esse conceito de M. e o ampliou em uma metafísica teológica. A *Filosofia da mitologia* de Schelling vê no M., considerado como religião natural do gênero humano, uma das fases da auto-revelação do Absoluto. O M. faz parte integrante do processo de teofania; este nada tem que ver com a natureza, ou melhor, tem que ver com ela só indiretamente, e à medida que a natureza é revelação de Deus. O M. é uma fase da teogonia que está além e acima da natureza porque é a manifestação de Deus como consciência da natureza ou relação desta com o eu (*Werke*, II, I, pp. 216 ss.). Fora dessas especulações, típicas do idealismo romântico, a doutrina do M. como forma autônoma de expressão e de vida encontrou ampla acolhida na filosofia e na sociologia contemporâneas. Na filosofia, a melhor expressão dessa interpretação do M. é o segundo volume de *Filosofia das formas simbólicas* (1925), de Cassirer, no qual a característica do pensamento mítico é avistada na distinção malograda ou imperfeita entre símbolo e objeto do símbolo, ou seja, na compreensão falha ou imperfeita do símbolo como tal. Cassirer diz: "O M. surge espiritualmente acima do mundo das coisas, mas, nas figuras e nas imagens com que ele substitui este mundo, vê outra forma de materialidade e de ligação com as coisas" (*Philosophie der symbolischen Formen*, II, 1925; trad. in., 1955, p. 24).

Mais tarde, em *Ensaio sobre o homem*, Cassirer viu o caráter distintivo do M. em seu fundamento emotivo. "O substrato real do M. não é de pensamento, mas de sentimento. O M. e a religião primitiva não são por certo de todo incoerentes, não são totalmente desprovidos de senso ou razão. Mas sua coerência provém muito mais da unidade sentimental que de regras lógicas. Essa unidade é um dos impulsos mais fortes e mais profundos do pensamento primitivo" (*Essay on Man*, cap. 7; trad. it., pp. 124-5). Contudo, essa concepção também pertence ao tipo de interpretação para a qual o M. é uma forma espiritual autônoma em relação ao intelecto.

Também é desse tipo a interpretação sociológica, para a qual o M. é produto de uma mentalidade *pré-lógica*. Esta foi a tese dos sociólogos franceses Durkheim e Lévy-Bruhl. O primeiro afirmou que o verdadeiro modelo do M. não é a natureza, mas a sociedade, e que, em todos os casos, ele é a projeção da vida social do homem: projeção que reflete as características fundamentais dessa vida social (*Les formes élémentaires de sa vie religieuse*, 1912). O segundo definiu o pensamento mítico como pensamento *pré-lógico*, no sentido que este prescindiria completamente da ordem necessária que, para o pensamento lógico, constitui a natureza, e veria a própria natureza como "uma rede de participações e de exclusões místicas, na qual nada valem a lei de contradição e as outras leis do pensamento lógico" (*La mentalité primitive*, 1922; *L'âme primitive*, 1928).

3º A terceira concepção de M. consiste na moderna teoria sociológica que se pode atribuir principalmente a Fraser (*The Golden Bough*, 1911-15) e a Malinowski. Este último vê no M. a justificação retrospectiva dos elementos fundamentais que constituem a cultura de um grupo. "O M. não é simples narrativa, nem forma de ciência, nem ramo de arte ou de história, nem narração explicativa. Cumpre uma função *sui generis*, intimamente ligada à natureza da tradição, à continuidade da cultura, à relação entre maturidade e juventude e à atitude humana em relação ao passado. A função do M. é, em resumo, reforçar a tradição e dar-lhe maior valor e prestígio, vinculando-a à mais elevada, melhor e mais sobrenatural realidade dos acontecimentos iniciais." Nesse sentido, o M. não se limita ao mundo ou à mentalidade dos primitivos. É indispensável a qualquer cultura. "Cada mudança histórica cria sua mitologia, que, no entanto, tem relação indireta com o fato histórico. O M. é acompanhamento constante da fé viva, que precisa de milagres, do *status* sociológico que pede precedentes, da norma moral que exige sanção" ("Myth in Primitive Psychology", 1926, em *Magic, Science and Religion*, 1955, p. 146). Por outro lado, Lévi-Strauss estudou a *estrutura* (v.) do M. nas sociedades primitivas, analisando alguns em seus elementos mais simples (*mitemas*) e estudando suas combinações possíveis, que explicam também as semelhanças e diferenças entre M. vigentes em grupos humanos diversos (*Anthropologie structurale*, 1958, cap. XI). Além disso, mostrou que o M. não é uma narrativa histórica, mas a representação generalizada de fatos que recorrem com uniformidade na vida dos homens: nascimento e morte, luta contra a fome e as forças da natureza, derrota e vitória, relacionamento entre os sexos. Por isso, o M. nunca reproduz a situação real, mas opõe-se a ela, no sentido de que a representação é embelezada, corrigida e aperfeiçoada, expressando assim as aspirações a que a situação real dá origem. Para caracterizar a relação entre o M. e a realidade que o inspira é adotada a palavra *dialética* (v.) ("The Story of Asdiwal", em *The Structural Study of Myth and Totemism*, Leach, 1969, pp. 29 ss.). Outros autores preferem falar em retroalimentação (*feedback*), visto que o M. reage sobre a situação que o provocou, tendendo a modificar o universo social do qual surgiu; este, uma vez modificado, provoca uma resposta no campo do M., e assim por diante (DOUGLAS, no mesmo volume, pp. 57 ss.). Em todos os casos, o M. apresenta-se como "filosofia nativa", segundo a expressão de Lévi-Strauss, que é a forma como o grupo social expressa sua própria atitude em relação ao mundo ou como procura resolver o problema da sua existência.

Desse ponto de vista, o M. não é definido segundo determinada forma do espírito, como por exemplo o intelecto ou o sentimento, o que acontece nas duas interpretações precedentes, mas em relação à função que desempenha nas sociedades humanas: função que pode ser esclarecida e descrita com base em fatos observáveis. A desvalorização do M., presente na primeira concepção, e a sua supervalorização, presente na segunda, não têm lugar nesse terceiro ponto de vista, o que certamente é uma vantagem. Outra vantagem é que ele explica a função exercida pelo M. nas sociedades mais avançadas e as características díspares que ele pode assumir nessas sociedades; nelas, podem constituir M. não só narrativas fabulosas, históricas ou pseudo-históricas, mas também figuras humanas (heróis, líderes etc.), conceitos e noções abstratas (nação, liberdade, pátria, proletariado), ou projetos de ação que nunca se realizarão (a "greve geral" de que falava Sorel como M. do proletariado; cf. *Réfléxions sur la violence*, 1906). A disparidade de conteúdo do M. demonstra a impossibilidade de relacioná-lo, com base em seu teor, com esta ou aquela forma espiritual, indicando que, ao contrário, é preciso estudá-lo em relação à função que exerce na sociedade humana.

O mito voltou, desvinculado de qualquer interdição política, ao centro da discussão filosófica das últimas décadas, sobretudo a partir de duas antologias alemãs de grande sucesso: *Terror und Spiel Probleme der Mythenrezeption*, 1971, e *Philosophie und Mythos*, 1979. No cerne desse "renascimento" (o primeiro realmente significativo, depois daquele do começo do século XX, de autores aliás diversificadíssimos, como Klages, Baeumler, George, Bloch, Jung, Cassirer, Jaspers) encontramos sobretudo significativas reinterpretações de célebres teorias do mito do passado, principalmente do projeto utópico do início do romantismo contido no fragmento anônimo (provavelmente de Hegel ou Schelling) que foi definido com certa arbitrariedade como *O mais antigo programa sistemático do idealismo alemão* (1796-1797) e que pretendia criar as condições para uma "nova mitologia" ou "mitologia da razão", entendida como uma democratização e sensibilização integral dos saberes. Se são inegáveis os resultados obtidos nos diversos âmbitos disciplinares em que o mito pode ser enquadrado (psicologia e psicanálise, etnologia e antropologia, sociologia e ciência das religiões, filologia clássica, arqueologia e história da arte), foi a filosofia que impôs a chave hermenêutica mais original, resumível no fato de que o que interessa não é tanto a essência originaria do mito, porém mais a sua "história dos efeitos". Se for excluída a fascinante porém atrasada pesquisa dos chamados neo-olímpicos, eminentemente representados por Walter Friedrich Otto (*Die Gestalt und des Sein,* 1955; *Theophania,* 1956; *Das Wort der Antike,* 1962; *Mythos und Welt,* 1962), que identifica na essência do mito a originária palavra verdadeira do divino, que apreende a existência humana em todos os aspectos, permanecendo estranha à própria distinção entre verdadeiro e falso, será legítimo afirmar que para todos os outros estudiosos o mito é já sempre mais uma conquista que um dado originário, resultado de interpretações pregressas (portanto mais mitologia que mito propriamente dito) e por isso resultado de um constante entrelaçamento com a sua própria desmitologização, única que permitiria sua reconhecibilidade.

Foi exatamente à mitopoiese como entrelaçamento diacrônico de desmitologizações e remitologizações que se decidou o mais imponente dos estudos recentes, devido a Hans Blumenberg (*Wirklichkeitsbegriff und Wirkungspotential des Mythos,* 1971; *Arbeit am Mythos,* 1979): o que atrai sua atenção é a produtividade histórica inerente à recepção em que o mito se resolve, ou seja, o indissolúvel entrelaçamento entre a narrativa mítica e a sua interpretação. Para Blumenberg o mito não é nem terror, como pretende todo e qualquer iluminismo aparentemente satisfeito com a universal manifestação da racionalidade, nem culto das origens arcaicas e do potencial de remitologização que daí poderia emanar (e de cuja malograda reativação, exatamente no séc. XX, brotaram conhecidíssimos catástrofes no plano político e cultural); mas tampouco é jogo ou poesia, como deseja o neo-romantismo, que nele procura uma espécie de utópica reserva de sentido, incorrupta porque não realizada, nem um ideal regulador vivo com que se possa obviar à crise de legitimação da sociedade contemporânea e, antes ainda, da razão incapaz de autofundamentação (essa é a posição, p. ex., de Manfred Frank em *Der konimende Gott,* 1982; *Gott im Exil,* 1988). A razão mítica, para Blumenberg, é mais uma forma autônoma da razão, que justamente por uma narratividade diversiva interior, que é imanente também à tradição hebraico-cristã, contém por assim dizer todas as perguntas sem responder definitivamente a nenhuma, exercendo assim uma função distanciadora, portanto crítica antes de mais nada em relação a si mesma.

Mas a convicção neomítica e antidogmática da impossibilidade de uma desmitologização integral (mito do fim de todos os mitos) também teve outros resultados. Limitando-nos aos mais influentes, podemos lembrar quem, como Odo Marquard, no caráter narrativo e intimamente pluralístico de uma eventual polimiticidade reesclarecida, acreditou ver em ação uma função compensadora das devastações da aceleração moderna, à qual, evidentemente, se considera que o monomito cristão, mais dogmático, já não pode fazer frente; ou quem, como Leszek Kolakowski, considera a mitopoiese, já de per si tendente a um "natural expansionismo" na esfera cognitiva e até afetiva, como um inelutável apelo metafísico a critérios, tão essenciais para o homem quanto indemonstráveis (continuidade física e axiológica, origem incondicionada da nossa existência), que em seu transcender a experiência finita se sobreponham a qualquer fundação e até a qualquer simples descrição lógica. Mas talvez a mais relevante alternativa a Blumenberg seja representada pela ampla investigação de Kurt Hübner (*Die Wahrheit des Mythos,* 1985), para quem o mito, não menos que a ciência, funda-se em pressupostos lógicos e ontológicos (histórias do princípio em vez de identificação de causas, tempo cíclico em vez de linear, experiência do numinoso livre de qualquer dualismo), tanto que a distinção entre as duas formas de saber seria somente histórica, e não teórica. Essa reabilitação do mito, ou melhor, do confronto mais objetivo possível com o seu potencial fascinador, não implica em todo caso em Hübner nenhum impulso regressivo, mas eventualmente a esperança numa futura convivência pacífica e até numa inter-relação fecunda entre paradigmas científicos e mitológicos.

Ainda que circunscrito de modo classicístico ao mito grego e, como qualquer outra análise do mito, sempre prestes a dissolver racionalisticamente sua estranheza, o chamado *Mythos-Debatte* iniciado no fim dos anos 1960 sem dúvida teve o mérito de derrubar a influente tese (cf. M. HORKHEIMER – TH. W. ADORNO, *Dialética do esclarecimento,* 1947) de que a racionalidade instrumental moderna incide no horror mítico, salvando porém seu arcabouço estrutural: se o iluminismo descobre que tem uma alma mítica, é de fato inegável que o mito não pode deixar de implicar uma potencialidade racional e portanto emancipadora. Fugindo à banal apologia do pós-moderno como idade da remitologização (confundida quase sempre com a reviviscência do refugo da racionalidade), o *Mythos-Debatte* superou definitivamente a clássica contraposição vigente no período romântico entre regresso à sacralidade originária e excesso puramente estético, tornando uma vez por todas obsoleta a hipótese evolucionista da passagem do mito ao logos (que se revelou funcional apenas como autolegitimação da racionalidade ocidental) e favorecendo assim uma reconsideração da própria noção de racionalidade e do monopólio que nela exerce a categoria de sujeito. Nem sempre, porém, os resultados estiveram à altura das premissas, sobretudo porque o interesse quase exclusivo pelo desempenho pragmático, pela "função", do mito mostra-se guiado paradoxalmente por aquela instância iluminista-instrumental de que ilusoriamente é a alternativa. [T.G.]

MITO DA CAVERNA. V. CAVERNA.

MITOLÓGICO (al. *Mythologisch;* it. *Mitologico*). Na obra de Rudolf Bultmann este termo recebeu um significado especial, importante para a interpretação que esse autor faz do cristianismo: "M. é a forma de representação em que aquilo que não é mundano, que é divino, é representado como mundano, humano, o além como o aquém, em que, por exemplo, a transcendência de Deus é pensada como distância espacial. Em conseqüência dessa representação, o culto é entendido como uma ação na qual os meios materiais transmitem forças imateriais." Nesse sentido, é óbvio que a palavra mito não tem o sentido moderno, "em que não significa nada mais do que ideologia" (*Kerygma und Mythos,* I, 1951, p. 22, n. 2). Cf. MIEGGE, *L'Evangelo e il mito,* Milão, 1956. [N.A.]

MNEMÔNICA, MNEMOTÉCNICA (lat. *Ars memoriae;* in. *Mnemonics;* fr. *Mnémonique;* al. *Mnemonik, Mnemotechnik;* it. *Mnemonica, Mnemotecnica*). A arte de cultivar a memória. Trata-se de uma arte antiquíssima, que Cícero atribui a Simonides (*De or.,* II, 86, 351). Essa arte foi cultivada pelos sofistas; Hípias vangloriava-se de ser seu mestre (*Hípias menor,* 368 d; *Hípias maior,* 286 a). O gosto por essa arte ressurgiu no Renascimento e foi cultivada especialmente por Giordano Bruno, que lhe dedicou um grupo de obras (*De umbris idearum,* 1582; *Ars memoriae,* 1582; *Cantus circaeus,* 1582; *Triginta sigillorum explicatio,* 1583 etc.) (v. CLAVIS UNIVERSALIS). A psicologia contemporânea voltou a tratar desse assunto com meios experimentais. [N.A.]

MOBILISMO (fr. *Mobilisme;* it. *Mobilismo*). A palavra é moderna (cf. CHIDE, *Le mobilisme moderne,* 1908); é pouco usada em italiano e em francês, mas serve para exprimir a atitude filosófica daqueles que Platão chamava de "fluentes" (*Teet.,* 181 a), para quem tudo muda e nada está parado: como faziam na Antiguidade os seguidores de Heráclito e como fazem, na filosofia moderna, os filósofos do *devir*. [N.A.]

MODA (in. *Fashion;* fr. *Mode;* al. *Mode;* it. *Moda*). Kant interpretou a M. como uma forma de imitação baseada na vaidade, porquanto "ninguém quer parecer inferior aos outros, mesmo nas coisas que não têm utilidade alguma". Desse ponto de vista, "estar na M. é questão de gosto; quem está fora de M. e adere a um uso passado é chamado de antiquado; quem não dá valor ao fato de estar fora de M. é um excêntrico"; Kant diz que "é melhor ser louco na M. do que fora dela", e que a M. só é realmente louca quando sacrifica a utilidade ou mesmo o dever em favor da vaidade (*Antr.,* I, § 71). Na realidade, hoje essa análise de Kant não é mais suficiente, pois se sabe que a M. infiltra-se em todos os fenômenos culturais, inclusive nos filosóficos. Nos temos modernos, cartesianismo, iluminismo, newtonismo, darwinismo, positivismo, idealismo, neo-idealismo, pragmatismo etc. estiveram todos na moda: são doutrinas que tiveram importância decisiva na história da cultura. Por outro lado, foram M. também movimentos culturais que pouco ou nenhum vestígio deixaram. Pode-se dizer que a função da M. é introduzir nas atitudes institucionais de um grupo ou, mais particularmente, em suas crenças, por meio de rápida comunicação e assimilação, atitudes ou crenças novas que, sem a M., teriam grande dificuldade para sobreviver e impor-se. Essa função específica, graças à qual a M. age como uma espécie de controle que limita ou enfraquece os controles da tradição, torna inútil a exaltação ou o desdém em relação à M. [N.A.]

MODAL (in. *Modal;* fr. *Modale;* al. *Modal;* it. *Modale*). Este termo designa a proposição na qual a cópula recebe uma determinação complementar qualquer. Para as proposições M., v. MODALIDADE. [N.A.]

MODAL, LEI (al. *Modales Grundgesetz;* it. *Legge modale*). Foi assim que Hartmann chamou a redução de todas as modalidades do ser (possibilidade e necessidade) à efetividade, isto é, ao ser de fato (*Möglichkeit und Wirklichkeit,* 1938, p. 71) (v. NECESSIDADE). [N.A.]

MODALIDADE (lat. *Modalitas;* in. *Modality;* fr. *Modalité;* al. *Modalität;* it. *Modalità*). Segundo a tradição ligada à lógica aristotélico-escolástica: as diferenças da predicação, ou seja, os diferentes modos como um predicado se refere a um sujeito num enunciado. Tais diferenças foram reconhecidas de maneira explícita pela primeira vez por Aristóteles.

Ele diz que "uma coisa é o pertencer (υπαρχειν), outra é pertencer por necessidade e poder pertencer: visto que muitas coisas pertencem, mas não por necessidade, outras não pertencem nem por necessidade nem simplesmente, mas podem pertencer" (*An. Pr.*, I, 8, 29 b 29). Assim, Aristóteles distingue: 1) o pertencer puro e simples de um predicado ao sujeito; 2) o pertencer necessário; 3) o pertencer possível. Mais tarde (por obra dos comentadores de Aristóteles), a segunda e a terceira forma da predicação passaram a ser chamadas de *modos*; e passaram a ser chamados de "proposições modais" os enunciados nos quais entravam as modalidades do necessário (v.) e do possível (v.), se bem que em alguns autores o conceito de "modo" se estende a tal ponto que compreende aquilo que hoje chamaríamos de "modalidades epistêmicas", como *saber que, ser duvidoso, ser indubitável* etc. (AMÔNIO, *De Interpr.*, f. 171 b). Durante a Idade Média deu-se o nome de *proposição de inesse ou de puro inesse* àquilo que hoje chamamos de *enunciado assertório;* e foram chamados de *modais* os enunciados nos quais entravam o necessário e o possível (ABELARDO, *Dialect.*, II, p. 100; PEDRO HISPANO, *Summ. log.*, 1, 31), não obstante a consciência de que os modos em sentido próprio são mais de dois, e de que o próprio *de inesse* é um modo. Em *Logica Hamburgensis* (1638), Joachim Jungius chama de "puro" o enunciado assertório, e de "modificados" ou "modais" os enunciados em que entram o necessário e o possível. O mesmo uso está presente na *Lógica* de Port-Royal (I, 8) e em Wolff *(Log.*, § 69). Ainda hoje, os conceitos de *possível* e *necessário* são centrais no discurso filosófico, e as M. correspondentes são admitidas como exemplos típicos de M.

Durante a Idade Média, em lógica e teologia, tem-se um intenso desenvolvimento de discussões em torno das M. Entre os resultados mais relevantes figura a intuição de um estreito parentesco entre os operadores (v.) modais *necessário* e *possível*, por um lado, e os quantificadores (v. QUANTIFICAÇÃO) *todos* e *alguns*, por outro. Em *De modalibus*, atribuído a Tomás de Aquino (provavelmente uma compilação escolástica, por isso indicativa de posições padrão sobre o assunto), observa-se que um enunciado é necessário quando é sempre verdadeiro, vale dizer, quando é verdadeiro em *todas* as circunstâncias; analogamente, um enunciado é considerado possível se verdadeiro em *alguns* casos. No mesmo texto menciona-se uma distinção entre duas posições diferentes que as M. podem assumir em relação um enunciado: por um lado, a M. pode aplicar-se ao enunciado em seu todo, como quando, por exemplo, se afirma "'Sócrates corre' é possível" ou "é possível que Sócrates corra"; por outro lado, a M. interpõe-se no enunciado, como em "Sócrates é possível que corra". No primeiro caso tem-se uma M. *de dicto*, no segundo uma M. *de re*. Em *De modalibus* tem-se um critério puramente *sintático* para a discriminação dos dois tipos de M.: em outros textos, porém, especifica-se que, enquanto a M. *de dicto* concerne a todo o *dictum*, a *de re* diz respeito especificamente à relação entre sujeito e predicado. Na tradição escolástica, a distinção entre M. *de dicto* e M. *de re* interfere na distinção (e às vezes a ela se sobrepõe) entre sentido composto (*sensus compositus*) e sentido dividido (*sensus divisus*). Um enunciado é considerado segundo o sentido composto, em relação a dado operador lógico, quando este último age sobre todo o enunciado, enquanto é considerado segundo o sentido dividido quando o operador se aplicar apenas a uma parte dele (cópula, verbo, predicado).

A discussão sobre as M. continua mesmo depois do declínio da escolástica medieval, ainda que – como de resto ocorre com outros setores da lógica – percam vigor e intensidade. Nos séculos XVI e XVII ainda são publicadas monografias dedicadas à lógica modal: são problemas bastante debatidos os referentes à natureza e ao número dos *modos*, bem como à relação entre M. e cópula no enunciado modal. A distinção *de dicto – de re* é identificada quase universalmente com a distinção entre sentido composto e sentido dividido. Entre a segunda metade do século XVII e o início do XVIII, encontra-se um tratamento interessante das M. – não só das hoje chamadas *aléticas* (possível, necessário), mas também das *deônticas* (relativas ao que é obrigatório ou permitido) – em Leibniz, num vasto conjunto de ensaios, a maior parte dos quais ficará inédita até os primeiros anos do século XX. Uma das idéias mais originais e importantes de Leibniz (presente em textos editados como *Teodicéia*) concerne às tradicionais M. do *possível*, do *impossível*, do *necessário* e do *contingente:* Leibniz tem a intuição – que, no entanto, mantém em estado embrionário – de trazer à baila, para avaliar os enunciados modais, uma elaborada metafísica de *mundos possíveis* (v.). Segundo essa perspectiva, um enunciado p, por exemplo, será *necessário* se for verdadeiro não só no nosso mundo, mas em qualquer outro mundo possível.

No século XVIII, o interesse pelas M. parece diminuir – provavelmente até pelo convite explícito, feito aos professores, por parte de certos setores religiosos (os jesuítas, p. ex.), a não deter-se no estudo das M. (a reflexão sobre o que é necessário e contingente tem óbvias implicações para a liberdade do homem, a salvação etc.). Um autor como Christian Wolff, porém, mostra conhecer a doutrina modal da tradição do fim da escolástica; o mesmo vale para Kant, segundo o qual a M. dos juízos diz respeito ao "valor da cópula em relação ao pensamento em geral". Em *Crítica da razão pura*, coerentemente com essa assunção, são chamados de *problemáticos* os juízos "nos quais afirmar ou negar se admite como simplesmente possível (arbitrário); assertórios são os juízos em que se considera como real (verdadeiro); apodíticos, os juízos em que se considera como necessário" (*Crit. R. Pura*, § 9, 4). A trajetória sofrida pelo kantismo no século XIX contribuiu porém para a transmissão de uma doutrina das M. empobrecida e, em parte, idiossincrática em relação à tradição do passado. No século XIX, com exceção talvez de Bernard Bolzano, ninguém mais se aplica de maneira sistemática ao estudo das M. (poucas são as menções nesse sentido até mesmo na vasta produção lógica de Charles S. Peirce).

A partir da segunda metade do século XIX, o sonho leibniziano de dar vida a uma "lógica matemática" realiza-se graças a George Boole e Gottlob Frege (v. LÓGICA), mas a nova forma de lógica não reaviva imediatamente o interesse pelas M. Depois de 1870, o lógico inglês Hugh McColl construirá alguns cálculos nos quais emprega um condicional (v.) que será verdadeiro somente se a conjunção do antecedente (v.) com a negação do conseqüente (v.) for impossível. A proposta de privilegiar um condicional análogo sobre o condicional material empregado por Russell e Whitehead será feita novamente, nos primeiros anos do século XX, por Clarence Irving Lewis. Para ele, o conectivo (v.) que Russell e Whithead chamam de "implicação material" não é adequado para exprimir o significado que comumente se associa ao conceito de *implicação* (v.); ele afirmará que um enunciado *implicará* um outro em sentido próprio se e somente se for *impossível* que o primeiro seja verdadeiro e o segundo falso. Substituirá portanto o condicional material por aquilo que chamará de *implicação estrita* (*strict implication*); e tornará conhecida, entre o 1918 (*A Survey of Symbolic Logic*) e 1932 (*Symbolic Logic*, em colaboração com C. H. Langford), uma série de cálculos baseados nessa implicação (os sistemas modais de SE a S5). Dos anos 1930 até o fim dos anos 1950, intensifica-se não só o interesse pelos sistemas de lógica modal elaborados por Lewis, como também, em geral, o estudo das M. Em primeiro plano ressalta, com evidência cada vez maior, o problema de estabelecer a correspondência entre uma grande variedade de resultados puramente "calculísticos" já consolidados – obtidos também independentemente dos de Lewis – e uma interpretação capaz de dar conta das diferenças entre os sistemas de lógica modal e de fornecer um correlato intuitivo para a compreensão dos vários tipos de M. envolvidos em cada sistema. Um primeiro e importante passo na construção de uma semântica modal é dado por Rudolf Carnap, com a reproposta do conceito leibniziano de *mundo possível* (v.); mais tarde – mais ou menos em fins dos anos 1950 – é desenvolvida uma semântica de mundos possíveis por S. Kanger, J. Hintikka, Ruth B. Marcus, R. Montague, S. Kripke. Foi só com Kripke, porém, que, por meio do conceito-chave de *relação de acessibilidade* entre mundos, se obtém uma semântica rigorosa para as lógicas modais. Essa semântica serviu de base para o tratamento de lógicas que não fazem referência às tradicionais M. aléticas, mas que empregam conceitos (como, p. ex., os conceitos temporais) passíveis de interpretação análoga à das M. aléticas. Além de M. *aléticas* e *epistêmicas* fala-se também de M. *deônticase* (relativas ao que é obrigatório ou permitido); de M. *doxásticas* ("crer que..."), causais etc. [M.M.]

MODALISMO (in. *Modalism*; fr. *Modalisme*; al. *Modalismus*; it. *Modalismo*). Esse nome é dado à interpretação da Trindade cristã que consiste em ver nas três pessoas divinas três modos ou manifestações da substância divina única. Essa interpretação sempre foi condenada como herética pela Igreja cristã, que insistiu na igualdade e na distinção das pessoas divinas. No século III, o M. foi sustentado por Sabélio; viu-se também uma espécie de M. na doutrina de Scotus Erigena e de Abelardo; este último foi criticado por S. BERNARDO (*De erroribus Abelardi*, 3, 8). Outro nome dado à mesma heresia é *monarquismo* (v.). [N.A.]

MODELO (in. *Model*; fr. *Modèle*; al. *Modell*; it. *Modello*). 1. Uma das espécies fundamentais de conceitos científicos (v. CONCEITO), mais precisamente o que consiste na disposição caracterizada pela *ordem* dos elementos de que se compõe, e não pela natureza desses elementos. Por isso, dois M. são idênticos se a relação de suas ordens puder ser expressa como *correspondência biunívoca*, ou seja, tal que a um termo de um corresponda um, e apenas um, do outro, e que a cada relação de ordem entre os elementos de um corresponda idêntica relação entre os elementos correspondentes do outro. O cálculo numérico ordinário é o melhor exemplo de correspondência biunívoca: se, de um lado, houver cinco livros e, de outro, cinco lápis, essas duas séries de objetos podem ser alinhadas na mesma ordem ou os objetos podem ser colocados um sobre o outro. Do mesmo modo, a série dos números inteiros tem correspondência biunívoca com os números pares, e assim por diante. Para ser útil, um M. deve ter as seguintes características: 1) simplicidade, para que seja possível sua definição exata; 2) possibilidade de ser expresso por meio de parâmetros suscetíveis de tratamento matemático; 3) semelhança ou analogia com a realidade que se destina a explicar.

Os M. mecânicos pareciam indispensáveis à ciência do século XIX, mas hoje diferentes disciplinas utilizam M. puramente teóricos: economia (que utiliza jogos), psicologia, biologia, antroplogia (cf. HEMPEL, *Aspects of Scientific Explanation*, 1965, p. 445 e nota 28). Lévi-Strauss considerou a *estrutura* (v.) como um M. desse gênero, para a explicação dos fatos sociais (*Anthropologie structurale*, 1958, cap. XV).

2. O mesmo que *arquétipo* (v.). [N.A.]

MODERNISMO (in. *Modernism*; fr. *Modernisme*; al. *Modernismus*; it. *Modernismo*). Tentativa de reforma católica que teve alguma difusão na Itália e na França na última década do século XIX e na primeira do século XX; foi condenado pelo Papa Pio X com a encíclica *Pascendi* de 8 de setembro de 1907. Essa tentativa inspirou-se nas exigências da *filosofia da ação* (v.), nela haurindo o significado que deve ser atribuído aos conceitos fundamentais da religião: Deus, revelação, dogma, graça etc. O M. inspira-se principalmente nas idéias de Ollé Laprune e de Blondel, que permaneceram alheios ao movimento, e conta com os nomes de Laberthonnière, Loisy e Le Roy. Na Itália, assumiu especialmente a forma de crítica bíblica (Salvatore Minocchi, Ernesto Buonaiuti) e de crítica política (Romolo Murri), enquanto o debate filosófico limitava-se a reproduzir, com escassa originalidade, as idéias do M. francês. Os pontos básicos podem ser expostos assim:

1º Deus revela-se imediatamente (sem intermediários) à consciência do homem. Laberthonnière diz: "Se o homem deseja possuir Deus e ser Deus, é porque Deus já se deu a ele. É assim que podem ser e são encontradas na natureza as exigências do sobrenatural" (*Essais de philosophie religieuse*, 1903, p. 171). Esse princípio diminuía ou anulava a distância entre os domínios da natureza e da graça, bem como entre o homem e Deus, fazendo de Deus o princípio metafísico da consciência humana. Tal é o fundamento do chamado "método da imanência", que pretende encontrar Deus e o sobrenatural na consciência do homem.

2º Deus é sobretudo um princípio de ação, e a experiência religiosa é sobretudo uma experiência prática. Esse ponto, que também deriva estritamente da *Ação* (1893) de Blondel, equivale a considerar que religião e moral são coincidentes. Essa é uma das teses fundamentais de Loisy (*La religion*, 1917, p. 69).

3º Os dogmas nada mais são que a expressão simbólica e imperfeita – porque relativa às condições históricas do tempo em que se constituem – da verdadeira revelação, que é a revelação feita por Deus mesmo à consciência do homem. Esse foi o ponto de vista que Loisy defendeu na mais famosa obra do M., *L'Évangile et l'église* (1902).

4º Os instrumentos de investigação filológica devem ser aplicados sem limitações à Bíblia; isso significa que ela deve ser considerada e estudada como um documento histórico da humanidade, ainda que de caráter excepcional e fundamental. Esta foi a convicção tanto de Loisy quanto daqueles que, na Itália, aceitaram o ponto de vista do M. sobre esse assunto, especialmente Buonaiuti.

5º No campo da política, o cristianismo não pode conduzir à defesa dos privilégios do clero ou de outros grupos sociais, mas apenas ao progresso e à ascensão do povo, cuja vida na história é a manifestação da vida divina. Tais foram as idéias políticas defendidas principalmente por Romolo Murri. Cf. E. BUONAIUTI, *Le modernisme catholique*, 1927; J. RIVIÈRE, *Le modernisme dans l'église*, 1929; GARIN, *Cronache di filosofia italiana*, 1943-1955, 1956. [N.A.]

MODERNO (lat. *Modernus*; in. *Modern*; fr. *Moderne*; al. *Modern*; it. *Moderno*). 1. Este adjetivo, que foi introduzido pelo latim pós-clássico e significa literalmente "atual" (de *modo* = agora), foi empregado pela escolástica a partir do século XIII para indicar a nova lógica terminista, designada como *via moderna* em comparação com a *via antiqua* da lógica aristotélica. Esse termo também designou o nominalismo, que está intimamente ligado à lógica terminista. Walter Burleigh diz: "Embora o universal não tenha existência fora da alma, como dizem os modernos etc." (*Expositio super artem veterem*, Venetiis, 1485, f. 59 r; PRANTL, *Geschichte der Logik*, III, pp. 255, 299 etc.).

2. No sentido histórico em que essa palavra é hoje empregada habitualmente, em que se fala de "filosofia moderna" neste dicionário, indica o período da história ocidental que começa depois do Renascimento, a partir do século XVII. [N.A.]

3. O M., ou melhor, "a modernidade", costuma ser associado a alguns termos-chave como razão, ciência, técnica, progresso, emancipação, sujeito, historicismo, metafísica, niilismo, secularização (v. verbetes relativos). Termos que, para aqueles que se situam na modernidade, assumindo seu ponto de vista, têm um significado positivo, enquanto para aqueles que se colocam fora dela, rejeitando seu ponto de vista, têm valor negativo. Entre as mais conhecidas interpretações de modernidade no século XX lembramos:

a) a de Weber, que identifica o M. com a época da racionalização técnico-científica e com o conseqüente "desencantamento do mundo" (v.);

b) a da Escola de Frankfurt, que vê no M. a manifestação extrema da dialética suicida que caracteriza a civilização "burguesa" (v. DIALÉTICA DO ESCLARECIMENTO);

c) a de Heidegger, que vê no M. a época do niilismo e da tecnologia planetária (v. GESTELL; NIILISMO; ESQUECIMENTO DO SER);

d) a de Löwith, que reconhece no M. uma espécie de cópia secularizada da escatologia hebraico-cristã (v. SECULARIZAÇÃO);

e) a de Blumenberg, que, em oposição a Weber e a Löwith, identifica no M. não uma obra de mundanização de valores religiosos, mas o efeito da "auto-afirmação humana" contra "o absolutismo teológico", negando a existência de uma linha de continuidade entre escatologia e idéia de *progresso* (v.);

f) a de Habermas, que identifica o M. com a "tradição iluminista da civilização ocidental" e com a sua luta a favor da emancipação humana;

g) a dos pós-modernos, segundo os quais a modernidade seria caracterizada pela tendência a crer em legitimações universais do conhecer e do agir (v. METANARRATIVAS); pela propensão a conceber o decurso temporal em termos de "novidade" e "superação"; pela inclinação a pensar a história como um processo emancipatório dirigido para a liberdade, a igualdade, o bem-estar etc.; pela aptidão a pensar segundo as categorias de "unidade" e "totalidade" (v. PÓS-MODERNO).

Aos pós-modernos e à sua convicção de que a modernidade estaria substancialmente "acabada" contrapõem-se aqueles para quem a modernidade não estaria de modo nenhum "concluída", mas simplesmente "incompleta" (cf. J. HABERMAS, *Die Moderne. Ein unvollendetes Projekt,* 1980, em *Kleine Schriften* I-IV, Suhrkamp, Frankfurt a. M., 1981, p. 444-64). Donde a polêmica internacional entre (neo)"modernos" e "pós-modernos". Polêmica que, na Itália, teve como porta-vozes de destaque Paolo Rossi e G. Vattimo.

4. Como parte da constelação lingüístico-conceitual (e dos -ismos) que se referem à modernidade cabe distinguir entre *a*) "neomodernismo" (atitude de quem quer levar a cabo o M., sem abandonar o seu quadro teórico); *b*) "antimodernismo" (atitude de quem rejeita a modernidade, reportando-se a posições pré-modernas: medievais, clássicas, arcaicas etc.); *c*) pós-moderno ou "pós-modernismo" (atitude de quem considera esgotada a experiência moderna e fala de uma condição diferente). Um vocábulo bastante difundido, até por seu caráter mais neutro (e menos conotado) que pós-moderno, é "tardo-moderno". [G.F.]

MODERNOS. V. ANTIGOS.

MODIFICAÇÃO REPRODUTIVA (al. *Reproduktive Modifikation;* it. *Modificazione riproduttiva*). Assim Husserl chamou as representações das coisas e das vivências que já nos foram dadas uma vez em suas modalidades peculiares (*Ideen*, I, § 44). [N.A.]

MODO (gr. τρόπος; lat. *Modus;* in. *Mode;* fr. *Mode;* al. *Modus;* it. *Modo*). Com este termo foram designadas:

1º As diversas formas do ser predicativo (v. MODALIDADE).

2º As determinações não necessárias (ou não incluídas na definição de uma coisa). O M. já era entendido pela lógica medieval nesse sentido (cf., p. ex., PEDRO HISPANO, *Summ. log.*, 1.28). Foi retomado por Descartes, que entendeu por M. as qualidades secundárias mutáveis das substâncias e as contrapôs aos *atributos*, que constituem as qualidades permanentes ou necessárias. Descartes diz: "Visto que não devo conceber em Deus variedade ou mudança alguma, digo que nele não há M. ou qualidades, mas atributos; também nas coisas criadas, aquilo que nelas se encontra sempre constante, como a existência e a duração da coisa que existe e dura, chamo de atributo, e não M. ou qualidade" (*Princ. phil.*, I, 56). Esse conceito foi repetido por Espinosa (*Et.*, I, def. 5) e por Wolff, que diz: "O que não repugna às determinações essenciais, mas não é determinado por elas, chama-se M." (*Ont.*, § 148). Por outro lado, a *Lógica* de Port-Royal não distinguia o M. do atributo ou da qualidade, definindo-o como "aquilo que, sendo concebido na coisa de tal forma que não pode subsistir sem ela, determina-a a ser de certa maneira e a ser denominada correspondentemente" (I, 2). Dessa definição, Locke aceitava a afirmação de que o M. não pode subsistir independentemente da substância e, assim, definia M. como "as idéias complexas que, embora compostas, não contêm em si a suposição de subsistirem por si próprias, mas são consideradas dependências ou afecções das substâncias, tal como são as expressas pelas palavras 'triângulo', 'gratidão', 'homicídio' etc." (*Ensaio*, II, 12, 4).

Faz parte desse mesmo conceito o significado que Espinosa atribui ao termo, entendendo-o como "aquilo que está em outra coisa e cujo conceito se forma por meio dessa outra coisa" (*Et.*, I, 8, esc. 2). No entanto, segundo Espinosa, o M. deriva necessariamente da natureza divina e portanto se distingue do atributo pela sua particularidade, e não pela ausência de necessidade: M. são as coisas e os pensamentos particulares que expressam os atributos de Deus, pensamento e extensão (*ibid.*, I, 25 esc.; II, 1).

3º Formas, espécies, aspectos, determinações particulares de um objeto qualquer. Esse significado é o mais geral e comum, sendo também o menos preciso.

4º Especificação das figuras do silogismo, segundo a *qualidade* e a *quantidade* das premissas (v. FIGURA; SILOGISMO). [N.A.]

MODUS PONENS, MODUS TOLLENS. Nomes com que eram indicadas, na tradição lógica escolástica e do fim da escolástica, respectivamente, as duas regras lógicas: *a*) "Se p, então q; p; logo q"; *b*) "Se p, então q; não q; então não p". *a*) afirma que, admitida a verdade de um condicional e do seu antecedente, é legítimo concluir pela verdade do conseqüente; *b*) afirma que, admitida a verdade de um condicional e a falsidade do seu conseqüente, é legítimo concluir pela falsidade do antecedente. *a*) continua a ser uma regra essencial de muitos cálculos lógicos (conhecida também como *regra de separação*). [M.M.]

MOLECULAR, PROPOSIÇÃO (in. *Molecular proposition*; fr. *Proposition moléculaire*; al. *Molekular Satz*; it. *Proposizione molecolare*). Termo que entrou em uso com o *Tractatus* de Wittgenstein; correspondente à *propositio hypothetica* da Lógica de Boécio e dos escolásticos: é uma proposição formada por uma ou mais proposições *atômicas* (v.) ligadas por certas constantes lógicas, como "não", "e", "ou", "se..., então ..." (negação, conjunção, disjunção, implicação) e outras. [G.P.]

MOLINISMO. V. GRAÇA.

MOMENTO (in. *Moment*; fr. *Moment*; al. *Moment*; it. *Momento*). 1. Conceito mecânico: ação instantânea de uma força sobre um corpo. É assim que Kant define o M. (*Metaphysische Anfangsgründe der Naturwissenschaft*, Nota sobre a mecânica; *Crít. R. Pura*, Anal. dos princ., B, ao final).

2. Conceito temporal: parte mínima de tempo, desprovida de sucessão (cf. LOCKE, *Ensaio*, II, 14, 10).

3. Conceito dialético: fase ou determinação do devir dialético: por exemplo, possibilidade e acidentalidade são "os M. da realidade" (HEGEL, *Enc.*, § 145); a condição, a coisa e a atividade são "os três M. da necessidade" (HEGEL, *ibid.*, § 148); o ser e o nada são "os M. do devir" (HEGEL, *Wissenschaft der Logik*, I, I, seç. I, cap. I, C, nota 2; trad. it., vol. I, pp. 87 ss.) etc. Esse conceito de M. como fase dialética é o mais comum na filosofia contemporânea.

4. Conceito lógico: fase ou estágio de uma demonstração ou de um raciocínio qualquer. [N.A.]

MÔNADA (lat. *Monas*; in. *Monad*; fr. *Monade*; al. *Monade*; it. *Monade*). Por ter significado diferente de *unidade* (v.), esse termo designa uma unidade real inextensa, portanto espiritual. Giordano Bruno foi o primeiro a empregar esse termo nesse sentido, concebendo a M. como o *minimum*, como unidade indivisível que constitui o elemento de todas as coisas (*De minimo*, 1591; *De Monade*, 1591). O termo foi retomado no mesmo sentido pelos neoplatônicos ingleses, especialmente por H. More, que elaborou o conceito das "M. físicas", inextensas, portanto espirituais, como componentes da natureza (*Enchiridion Metaphysicum*, 1679, I, 9, 3). A partir de 1696, Leibniz lançou mão desse termo para designar a substância espiritual enquanto componente simples do universo. Segundo Leibniz, a M. é um átomo espiritual, uma substância desprovida de partes e de extensão, portanto indivisível. Como tal, não pode desagregar-se e é eterna; só Deus pode criá-la ou anulá-la. Cada M. é diferente das outras, pois não existem na natureza dois seres perfeitamente iguais (v. IDENTIDADE DOS INDISCERNÍVEIS). Cada M. constitui um ponto de vista sobre o mundo, sendo, portanto, todo o mundo de determinado ponto de vista (*Monad.*, 1714, § 57). As atividades fundamentais da M. são a percepção e a apetição, mas as M. têm infinitos graus de clareza e distinção: as providas de memória constituem as almas dos animais, e as providas de razão constituem os espíritos humanos. Mas a matéria também é constituída por M., ao menos a matéria *segunda*, já que a matéria primeira é a simples potência passiva ou força inercial (*Op.*, ed. Gerhardt, III, pp. 260-1). A totalidade das M. é o universo. Deus é "a unidade primitiva ou substância simples originária; todas as M., criadas ou derivadas, são suas produções e nascem, por assim dizer, por fulguração contínua da divindade, de momento em momento" (*Monad.*, § 47).

As características dessa doutrina de Leibniz reaparecem sempre que os filósofos recorrem ao conceito de M., e estão substancialmente presentes nas doutrinas metafísicas do espiritualismo contemporâneo. Atente-se para o sabor leibniziano do seguinte trecho de Husserl: "A constituição do mundo objetivo comporta essencialmente uma harmonia de M., mais precisamente uma constituição harmoniosa particular em cada M. e, por conseguinte, uma gênese que se realiza harmoniosamente nas M. particulares" (*Cart Med.*, § 49) (v. ESPIRITUALISMO). [N.A.]

MONADOLOGIA (in. *Monadology*; fr. *Monadologie*; al. *Monadologie*; it. *Monadologia*). Este termo serviu a Leibniz de título à breve exposição de seu sistema, composta a pedido do príncipe Eugênio de Savóia, em 1714. O termo permaneceu para designar a doutrina das mônadas. Kant intitulou *M. physica* um escrito de 1756. E o termo desde aquela época ocorre freqüentemente (cf., p. ex., RENOUVIER e PRAT, *Nouvelle monadologie*, 1899). [N.A.]

MONARCÔMACO (in. *Monarchomachist*; fr. *Monarchomachiste*; al. *Monarchomache*; it. *Monarcomaco*). Foram assim chamados no século XVII os seguidores do direito natural que combatiam o absolutismo monárquico. O nome ocorre pela primeira vez no título da obra do católico escocês GUILHERME BARKLAY, *De regno et regali potestate adversus Buchananum, Brutum, Boucherium, et reliquos monarchomachos*, Paris, 1600. [N.A.]

MONARQUIA. V. GOVERNO, FORMAS DE.

MONARQUISMO. V. MODALISMO.

MONÁSTICO (it. *Monastico*). Vico chamou de filósofos *M.* ou *solitários* os estóicos e os epicuristas, porquanto "querem o amortecimento dos sentidos" e "negam a providência: aqueles deixando-se arrastar pelo destino, estes entregando-se ao acaso, e os segundos opinando que as almas humanas morrem com os corpos". Aos filósofos M. Vico contrapôs os filósofos *políticos*, especialmente os platônicos, que convêm com os legisladores em admitir a providência e a imortalidade, além da moderação das paixões (*Scienza nuova*, 1744, Degnità V). [N.A.]

MONERGISMO. V. SINERGISMO.

MONISMO (in. *Monism*; fr. *Monisme*; al. *Monismus*; it. *Monismo*). Wolff chamava de "monistas" os filósofos "que admitem um único gênero de substância" (*Psychol. rationalis*, § 32), compreendendo nessa categoria tanto os materialistas quanto os idealistas. Porém, conquanto algumas vezes tenha sido usado para designar estes últimos ou pelo menos algum aspecto de sua doutrina, esse termo foi constantemente monopolizado pelos materialistas; quando usado sem adjetivo, designa o materialismo. Isso se deve provavelmente ao fato de ter sido adotado por um dos mais populares autores de obras materialistas, o biólogo Ernst Haeckel (*Der Monismus als Band zwischen Religion und Wissenschaft*, 1893). Nesse sentido, o termo foi empregado no nome da Associação Monista Alemã (*Deutsche Monistenbund*), fundada em 1906 por Haeckel e por Ostwald, bem como no título de uma das mais antigas revistas filosóficas americanas, *The Monist*, fundada em 1890 por Paul Carus. [N.A.]

MONOFILETISMO (in. *Monophyletism*; fr. *Monophylétisme*; al. *Monophyletismus*; it. *Monofiletismo*). Doutrina para a qual todas as espécies vivas derivam de um único ramo originário. A doutrina contrária chama-se *polifiletismo*. [N.A.]

MONOFISISMO (in. *Monophysism*; fr. *Monophysisme*; al. *Monophysismus*; it. *Monofisismo*). Interpretação herética do dogma cristão da Encarnação: o Verbo ou Cristo teria uma só natureza, a divina. Essa interpretação foi sustentada no século V por Eutíquio, em oposição ao *nestorianismo* (v.), que sustentava a heresia oposta; foi condenado pelo Concílio de Calcedônia, de 451. [N.A.]

MONOGENISMO (in. *Monogenism*; fr. *Monogénisme*; al. *Monogenismus*; it. *Monogenismo*). Doutrina para a qual todas as raças humanas vivas descendem de um único ramo. A doutrina contrária chama-se *poligenismo*. [N.A.]

MONOPSIQUISMO (in. *Monopsychism*; fr. *Monopsychisme*; al. *Monopsychismus*; it. *Monopsichismo*). Doutrina averroísta da unidade da alma intelectiva em todos os homens. V. INTELECTO ATIVO. [N.A.]

MONOSSILOGISMO (in. *Monosyllogism*; fr. *Monosyllogisme*; al. *Monosyllogismus*; it. *Monosillogismo*). Raciocínio constituído por um só silogismo, assim chamado em oposição a *polissilogismo* (v.). [N.A.]

MONOTEÍSMO (in. *Monotheism*; fr. *Monothéisme*; al. *Monotheismus*; it. *Monoteismo*). Doutrina da unicidade de Deus. V. DEUS, 3º, *b*. [N.A.]

MONOTELISMO ou MONOTELITISMO (in. *Monotheletism*; fr. *Monothélétisme*; al. *Monotheletismus*; it. *Monoteletismo*). Interpretação herética do dogma da Encarnação, segundo a qual existe em Cristo uma única vontade, a divina, que constitui o traço de união das duas naturezas que há nele, a divina e a humana. Essa heresia foi sustentada pelo patriarca de Constantinopla, Sérgio, no século VI e condenada pelo VI Concílio ecumênico em 680. [N.A.]

MONTANISMO (in. *Montanism*; fr. *Montanisme*; al. *Montanismus*; it. *Montanismo*). Seita religiosa cristã do século II, assim chamada pelo nome de seu fundador Montano, ex-sacerdote de Cibele. Montano pretendia transferir para o cristianismo o culto entusiástico de sua seita de proveniência: os montanistas viviam em contínua agitação à espera da eminente volta do Cristo. Tertuliano pertenceu por algum tempo a essa seita. [N.A.]

MONTÃO, ARGUMENTO DO (gr. σωρείτης λόγος; lat. *Acervalis ratiocinatio*; in. *Soriete*; fr. *Sorite*; al. *Sorites*; it. *Argomento dell'acervo*). Com esse nome faz-se referência a duas argumentações, uma de Zenão de Eléia, outra de Eubúlides de Mégara. O argumento de Zenão de Eléia dirige-se contra a fidedignidade do conhecimento sensível e, em particular, do ouvido: se um alqueire de trigo faz barulho ao cair, cada grão e cada partícula de grão deveria produzir um som ao cair, o que não ocorre (Diels, A 29). O argumento de Eubúlides, conhecido também como *sorites* (v.) de σωρός = *monte*, consiste em perguntar quantos grãos de trigo são necessários para formar um monte; bastaria só um grão? Bastariam dois? etc. Como é impossível determinar em que ponto começa um monte, aduz-se esse argumento contra a pluralidade das coisas (CÍCERO, *Acad.*, II, 28, 92 ss.; 16, 49; DIÓG. L., VII, 82). O mesmo argumento foi às vezes expresso de outra forma sob o nome de argumento do *calvo* (cf. DIÓG. L., II, 108) e consiste em perguntar se um homem se torna calvo quando se lhe arranca um fio de cabelo. E quando lhe arrancam dois? E assim por diante. [N.A.]

MONUMENTAL, HISTÓRIA. V. ARQUEOLÓGICA, HISTÓRIA.

MORAL[1] (lat. *Moralia*; in. *Morals*; fr. *Morale*; al. *Moral*; it. *Morale*). 1. O mesmo que Ética.

2. Objeto da ética, conduta dirigida ou disciplinada por normas, conjunto dos *mores*. Neste significado, a palavra é usada nas seguintes expressões: "M. dos primitivos", "M. contemporânea" etc. [N.A.]

MORAL[2] (gr. ἠθικός; lat. *Moralis*; in. *Moral*; fr. *Moral*; al. *Moral*; it. *Morale*). Este adjetivo tem, em primeiro lugar, os dois significados correspondentes aos do substantivo moral: 1º atinente à doutrina ética, 2º atinente à conduta e, portanto, suscetível de avaliação M., especialmente de avaliação M. positiva. Assim, não só se fala de atitude M. para indicar uma atitude moralmente valorável, mas também coisas positivamente valoráveis, ou seja, boas.

Em inglês, francês e italiano, esse adjetivo depois passou a ter o significado genérico de "espiritual", que ainda conserva em certas expressões. Hegel lembrava esse significado com referência ao francês (*Enc.*, § 503); ele ainda persiste, por exemplo, na expressão "ciências morais", que são as "ciências do espírito". [N.A.]

MORAL, GENEALOGIA DA. V. GENEALOGIA DA MORAL.

MORALIDADE (lat. *Moralitas*; in. *Morality*; fr. *Moralité*; al. *Moralität*; it. *Moralità*). Caráter do que se conforma às normas morais. Kant contrapôs a M. à legalidade. A última é a simples concordância ou discordância de uma ação em relação à lei moral, sem considerar o móvel da ação. A M., ao contrário, consiste em assumir como móvel de ação a idéia de dever (*Met. der Sitten*, I, Intr., § 3; *Crít. R. Prática*, I, 1, 3).

No sentido hegeliano, a M. distingue-se da *eticidade* (v.) por ser a "vontade subjetiva", ou seja, individual e desprovida de bem, enquanto a eticidade é a realização do bem em instituições históricas que o garantam (*Enc.*, § 503; *Fil. do dir.*, § 108). M. e eticidade estão entre si como o finito e o infinito: isso significa que a eticidade é a "verdade" da M., do mesmo modo como o infinito o é do finito. [N.A.]

MORALISMO (in. *Moralism*; fr. *Moralisme*; al. *Moralismus*; it. *Moralismo*). 1. Doutrina que vê na atividade moral a chave para a interpretação de toda a realidade. Esse termo foi empregado nesse sentido por Fichte, na exposição de *Wissenschaftslehre* de 1801 (§ 26 em *Werke*, II, p. 64), sendo retomado e difundido pelos escritores franceses do fim do século XIX.

2. Na linguagem comum e cada vez mais na filosófica, esse termo designa a atitude de quem se compraz em moralizar sobre todas as coisas, sem tentar compreender as situações sobre as quais expressa o juízo moral. Nesse sentido, o M. é um formalismo ou conformismo moral que tem pouca substância humana. Cf. A. BANFI, "M. e moralidade", *L'uomo copernicano*, 1950, pp. 279 ss. [N.A.]

MORPHÉ INTENCIONAL (al. *Intentionale Morphè*; it. *Morfè intenzionale*). Husserl designou desse modo o caráter intencional dos dados *hiléticos* (v.) das vivências, vale dizer, os dados constituídos pelos conteúdos sensíveis ou por atos emotivos ou volitivos. Nesse caso, "os dados sensíveis oferecem-se como matérias para formações intencionais ou significações": por exemplo, uma avaliação, uma volição, um ato de agrado têm significados intencionais claros, além de serem dados hiléticos (*Ideen*, I, § 85). [N.A.]

MORTE (gr. θάνατος; lat. *Mors*; in. *Death*; fr. *Mort*; al. *Tod*; it. *Morte*). A M. pode ser considerada 1º como falecimento, fato que ocorre na ordem das coisas naturais; 2º em sua relação específica com a existência humana.

1º Como falecimento, a M. é um fato natural como todos os outros e não tem significado específico para o homem. Existem procedimentos objetivos para a constatação ou verificação desse fato. Por exemplo: chama-se um médico para constatar o falecimento de uma pessoa; nesse caso, o falecimento é um fato atestável, de natureza biológica, que pode ter conseqüências determinadas, mas indiretas, para outras pessoas. Sempre que se fala em M. nesse sentido, como fato natural constatável com procedimentos apropriados, entende-se a M. como falecimento. O mesmo acontece quando se considera a M. como uma condição da economia geral da natureza viva, ou da circulação da vida ou da matéria e assim por diante. Nesse sentido, Marco Aurélio falava da igualdade dos homens perante a M.: "Alexandre da Macedônia e seu arrieiro, mortos, reduziram-se à mesma coisa: ou ambos são reabsorvidos nas razões seminais do mundo ou ambos são dispersos entre os átomos" (*Recordações*, VI, 24). No mesmo sentido, Shakespeare dizia: "Alexandre morreu, Alexandre foi sepultado, Alexandre voltou ao pó. O pó é terra, e com a terra se faz argila; por que a argila em que ele se transformou não poderia vir a ser a tampa de um barril de cerveja?" (*Hamlet*, a. V, cena I). Em todos esses casos entende-se por M. o falecimento do ser vivo, qualquer que seja, sem referência específica ao ser humano. Perante a M. assim entendida, a única atitude filosófica possível é a expressa por Epicuro: "Quando nós estamos, a M. não está; quando a M. está, nós não estamos" (DIÓG. L, 125). No mesmo sentido, Wittgenstein disse: "A M. não é um acontecimento da vida: não se vive a M." (*Tractatus*, 6.4311). E Sartre ressaltou a insignificância da M.: "A M. é um fato puro, como o nascimento; chega-nos do exterior e transforma-nos em exterioridade. No fundo, não se distingue de modo algum do nascimento, e é a identidade entre nascimento e M. que chamamos de facticidade" (*L'être et le néant*, 1955, p. 630). Entendida nesse sentido, a M. não concerne propriamente à existência humana. O contraste entre a M. assim entendida e a M. como ameaça iminente à existência individual foi bem expresso por Léon Tolstoi no conto *A M. de Ivan Ilitch*, no qual o protagonista, que reconhece como certa e válida a idéia genérica da M., como falecimento, rebela-se contra a ameaça que a M. faz pairar sobre ele.

2º Em sua relação específica com a existência humana, a M. pode ser entendida: *a*) como início de um ciclo de vida; *b*) como fim de um ciclo de vida; *c*) como possibilidade existencial.

a) A M. é entendida como início de um ciclo de vida por muitas doutrinas que admitem a imortalidade da alma. Para elas, a M. é o que Platão chamava de "separação entre a alma e o corpo" (*Fed.*, 64 c). Com essa separação de fato, inicia-se o novo ciclo de vida da alma: seja ele entendido como reencarnação da alma em novo corpo, seja uma vida incorpórea. Plotino expressava essa concepção dizendo: "Se a vida e a alma existem depois da M., a M. é um bem para a alma porque esta exerce melhor sua atividade sem o corpo. E, se com a M. a alma passa a fazer parte da Alma Universal, que mal pode haver para ela?" (*Enn.*, I, 7, 3). Idêntico conceito de M. reaparece sempre que se considera a vida do homem sobre a terra como preparação ou aproximação de uma vida diferente e quando se afirma a imortalidade impessoal da vida, como faz Schopenhauer; para ele a M. é comparável ao pôr-do-sol, que representa, ao mesmo tempo, o nascer do sol em outro lugar (*Die Welt*, I, § 65).

b) O conceito de M. como fim do ciclo de vida foi expresso de várias formas pelos filósofos. Marco Aurélio considerava-a como repouso ou cessação das preocupações da vida: conceito que ocorre freqüentemente nas considerações da sabedoria popular em torno da M. Marco Aurélio dizia: "Na M. está o repouso dos contragolpes dos sentidos, dos movimentos impulsivos que nos arrastam para cá e para lá como marionetes, das divagações de nossos raciocínios, dos cuidados que devemos ter para com o corpo" (*Recordações*, VI, 28). Leibniz concebia o fim do ciclo vital como diminuição ou involução da vida: "Não se pode falar de geração total ou de morte perfeita, entendida rigorosamente como separação da alma. O que nós chamamos de geração sem desenvolvimentos e acréscimos, e o que chamamos de M. são involuções e diminuições" (*Monad.*, § 73). Em outros termos, com a M. a vida diminui e desce para um nível inferior ao da apercepção ou consciência, para uma espécie de "aturdimento", mas não cessa (*Principes de la nature et de la grâce*, 1714, § 4). Por sua vez, Hegel considera a M. como o fim do ciclo da existência individual ou finita, pela impossibilidade de adequar-se ao universal: "A inadequação do animal à universalidade é sua doença original e germe inato da M. A negação desta inadequação é o cumprimento de seu destino" (*Enc.*, § 375). Finalmente, o conceito bíblico de M. como pena do pecado original (*Gn.*, II, 17; *Rm.*, V, 12) é, ao mesmo tempo, conceito dela como conclusão do ciclo da vida humana perfeita em Adão e o conceito de limitação fundamental imposta à vida humana a partir do pecado de Adão. Tomás de Aquino diz a respeito: "A M., a doença e qualquer defeito físico decorrem de um defeito na sujeição do corpo à alma. E assim como a rebelião do apetite carnal contra o espírito é a pena pelo pecado dos primeiros pais, também o são a M. e todos os outros defeitos físicos" (*S. Th.*, II, 2, q. 164, a. 1). Porém este segundo aspecto, típico da teologia cristã, pertence propriamente ao conceito de M. como possibilidade existencial.

c) O conceito de M. como possibilidade existencial implica que a M. não é um acontecimento particular, situável no início ou no término de um ciclo de vida do homem, mas uma possibilidade sempre presente na vida humana, capaz de determinar as características fundamentais desta. Na filosofia moderna, a chamada filosofia da vida, especialmente com Dilthey, levou à consideração da M. nesse sentido: "A relação que caracteriza de modo mais profundo e geral o sentido de nosso ser é a relação entre vida e M. porque a limitação da nossa existência pela M. é decisiva para a compreensão e a avaliação da vida" (*Das Erlebnis und die Dichtung*, 5ª ed., 1905, p. 230). A idéia importante aqui expressa por Dilthey é que a M. constitui "uma limitação da existência", não como término dela, mas como condição que acompanha todos os seus momentos. Essa concepção, que, de algum modo, reproduz no plano filosófico a concepção de M. da teologia cristã, foi expressa por Jaspers com o conceito da situação-limite como "situação decisiva, essencial, que está ligada à natureza humana como tal e é inevitavelmente dada com o ser finito" (*Psychologie der Weltanschauungen*, 1925, III, 2; trad. it., p. 266; cf. *Phil.*, II, pp. 220 ss.). Referindo-se a esses precedentes, Heidegger considerou a M. como possibilidade existencial: "A M., como fim do ser-aí (*Dasein*), é a sua possibilidade mais própria, incondicionada, certa e, como tal, indeterminada e insuperável" (*Sein *und Zeit*, § 52). Desse ponto de vista, de possibilidade, "a M. nada oferece para o homem realizar e nada que possa *ser* como realidade atual. Ela é a possibilidade da impossibilidade de toda relação, de todo existir" (*ibid.*, § 53). E já que a M. pode ser compreendida só como possibilidade, sua compreensão não é esperá-la nem fugir dela, "não pensar nela", mas a sua antecipação emocional, a *angústia* (v.). A expressão usada por Heidegger ao definir a M. como "possibilidade da impossibilidade" pode com razão parecer contraditória. Foi sugerida a Heidegger por sua doutrina da impossibilidade radical da existência: a M. é a ameaça que tal impossibilidade faz pairar sobre a existência. A prescindir dessa interpretação da existência em termos de necessidade negativa, pode-se dizer que a M. é "a nulidade possível das possibilidades do homem e de toda a forma do homem" (ABBAGNANO, *Struttura dell'esistenza*, 1939, § 98; cf. *Possibilità e libertà*, 1956, pp. 14 ss.). Visto que toda possibilidade, como possibilidade, pode não ser, a M. é a nulidade possível de cada uma e de todas as possibilidades existenciais; nesse sentido, Merleau-Ponty diz que o sentido da M. é a "contingência do vivido", "a ameaça perpétua para os significados eternos em que este pensa expressar-se por inteiro" (*Structure du comportement*, 1942, IV, II, § 4). [N.A.]

Atualmente o problema da M. está no centro do debate da bioética, que trata da redefinição da M. (não mais entendida como morte cardíaca, mas como morte cerebral) e a liga ao problema da dignidade da pessoa (questão da obstinação terapêutica, da retirada de órgãos, da eutanásia). Do ponto de vista filosófico cabe ressaltar a reflexão desenvolvida por Hans Jonas, que num texto de 1985 (*Il diritto di morire*, trad. it., 1991) afirma o direito de morrer (indicando em que condições o doente terminal pode reivindicar o direito de libertar-se e de libertar os outros de um futuro de sofrimento que não reconhece mais como dever), portanto, "o direito de tomar posse da própria morte na consciência da sua iminência (portanto não apenas na consciência abstrata da mortalidade)" (p. 28). Trata-se de uma reivindicação que, segundo Jonas, deve ser feita em nome da "autêntica vocação da medicina", no sentido de que "a tutela da medicina tem a ver com a integridade da vida ou pelo menos com a situação na qual ela seja ainda desejável" (p. 49). Jonas afirma tal princípio para que "o médico volte a estar a serviço do ser humano, e não ser um tirano e, por sua vez, tiranizado senhor da vida do paciente" (p. 50). Desse modo o problema acaba por ser o do "reconhecimento do direito de viver como fonte de todos os direitos. Correta e integralmente entendido, ele inclui também o direito de morrer". [G.G.]

MOTIVAÇÃO (in. *Motivation*; fr. *Motivation*; al. *Motivation*; it. *Motivazione*). 1. Causalidade do motivo. Schopenhauer foi o primeiro a distinguir nitidamente essa forma de causalidade das outras três, que são: causalidade da causa, causalidade da razão e causalidade da razão de ser (*Über die vierfache Wurzel des Satzes vom zureichenden Grunde*, 1813, §§ 20, 29, 36). Schopenhauer diz: A eficiência do motivo vem a ser conhecida por nós não só exteriormente de modo mediato, como a de todas as outras causas, mas também interiormente, de modo imediato. [...] Daí resulta a importante proposição: a M. é a causalidade vista do interior. [...] É preciso, portanto, propor a M. como uma força especial do princípio de razão suficiente do agir, ou seja, como lei da M." (*Vierfache Wurzel*, § 43). Mesmo sem o caráter privilegiado de revelação imediata do modo de agir intrínseco da causalidade, que Schopenhauer lhe atribuía, a M. continuou indicando a ação determinante do motivo, sejam quais forem os limites impostos a tal determinação. Os problemas da M. são, por um lado, de natureza psicológica e concernem ao modo de agir dos motivos, passível de observação pelos instrumentos de que a psicologia dispõe; e, por outro lado, são de natureza filosófica, porquanto dizem respeito aos limites ou às modalidades de determinação, logo à liberdade e ao *determinismo* (v.).

2. Husserl chamou de M. as conexões da experiência que condicionam a possibilidade de experimentação ulterior: "Experimentabilidade não significa possibilidade lógica, vazia, mas possibilidade motivada pela conexão da experiência. Esta é uma cadeia contínua de M., que assume sempre novas M. e transforma as já formadas" (*Ideen*, I § 47). [N.A.]

MOTIVO (in. *Motive*; fr. *Motif*; al. *Motiv*; it. *Motivo*). Causa ou condição de uma escolha, ou seja, de uma volição ou de uma ação. O M. pode ser mais ou menos claramente reconhecido por aquele sobre quem age: chama-se algumas vezes de *móbil* ou *móvel* (fr. *Mobile*; al. *Triebfeder*) o M. que não tem caráter "racional", que não pode ser considerado uma "razão" da escolha.

Já Aristóteles dissera: "Visto que há três coisas: primeiro, o motor; segundo, aquilo com que move; terceiro, o que é movido, tem-se que o motor imóvel é o bem prático, o motor que também é movido é a faculdade apetitiva, e o que é movido é o animal" (*De an.*, III, 10, 433 b 14). O M. é aqui entendido como um motor único e imutável que é o bem, o fim ao qual tende a vida do animal. Mas no mundo moderno já não se fala de motor nesse sentido, mas de M. Wolff interpretava esse termo como "a razão suficiente da volição ou da nolição"

(*Psychol. empirica*, § 887), definição que – pode-se dizer – não sofreu modificações, a não ser no que se refere à diferença no grau de determinação atribuído ao M. O problema desses diferentes graus de determinação é o problema da *liberdade* (v.). Por outro lado, a importância do conceito de M. para a explicação da conduta humana foi algumas vezes posta em dúvida na filosofia contemporânea. Dewey, por exemplo, afirmou que "todo o conceito de M. na verdade é extrapsicológico". Nenhuma pessoa de bom senso atribui M. aos atos de um animal ou de um idiota, e é absurdo perguntar o que induz um homem à atividade. "Mas quando precisamos conduzi-lo a agir de um modo específico e não de outro, quando queremos orientar sua atividade para uma direção específica, então a questão do M. é pertinente. O M. é então o elemento do conjunto total da atividade humana que, se suficientemente estimulado, dará lugar a um ato que tem conseqüências específicas." Em outras palavras, menos que fator de explicação da conduta humana, o M. é instrumento para sua orientação (*Human Nature and Conduct*, pp. 119-20). [N.A.]

MOTOR. V. DEUS, PROVAS DE; MOVIMENTO.

MÓVEL, PRIMEIRO (gr. πρῶτον κινητόν; lat. *Primum mobile*; in. *First mobile*; fr. *Premier mobile*; al. *Primäre Bewegliches*; it. *Primo mobile*). Aristóteles deu esse nome ao primeiro céu, ao qual o movimento é comunicado diretamente pelo Primeiro Motor ou motor imóvel, sendo, pois, tão simples, não gerado e incorruptível quanto o Primeiro Motor (*De cael.*, II, 6, 288 a 14 ss.). O próprio Aristóteles compara a faculdade apetitiva da alma ao primeiro M., assim como comparou o bem ao motor imóvel (*De an.*, III, 10, 433 b 14). O primeiro M. é o céu que Dante chama de "cristalino", ou seja, diáfano ou transparente, além do qual admite o céu empíreo ou sede dos bem-aventurados (*Conv.*, II, 4; *Par.*, 30, 107). [N.A.]

MOVIMENTO (gr. κίνησις; lat. *Motus*; in. *Motion*; fr. *Mouvement*; al. *Bewegung*; it. *Movimento*). 1. Em geral, mudança ou processo de qualquer espécie. Esse significado corresponde ao do termo grego. Platão distinguia duas espécies de M.: alteração e translação (*Teet.*, 181 d); Aristóteles distinguia quatro: além dos dois acima, o M. substancial (geração e corrupção) e o M. quantitativo (aumento e diminuição) (*Fís.*, III, 1, 201 a 10). Para as espécies particulares do M., v. os verbetes relativos.

O M. em geral foi definido por Aristóteles como "a enteléquia daquilo que está em potência" (*Fís.*, III, 1, 201 a 10): definição que permaneceu célebre durante séculos. Significa que M. é a realização do que está em potência: por exemplo, a construção, a aprendizagem, a cura, o crescimento, o envelhecimento são realizações de potencialidades (*ibid.*, 201 a 16). No M. assim entendido a parte fundamental é a do motor, com cujo contato é gerado o M. "Qualquer que seja o motor" – diz Aristóteles – "ele sempre trará uma forma (substância particular, qualidade ou quantidade) que será princípio e causa do M., quando o motor mover, do mesmo modo como, no homem, a enteléquia faz o homem do homem em potência" (*ibid.*, III, 2, 202 a 8). A física aristotélica é, do princípio ao fim, uma teoria do M. nesse sentido (v. FÍSICA). Seu teorema fundamental, "tudo o que se move é movido por alguma coisa" (*ibid.*, VII, 1, 256 a 14), leva à teoria do Primeiro Motor imóvel do universo (v. DEUS, PROVAS DE).

2. Em sentido específico, M. local ou translação. Aristóteles afirma a prioridade desse M. sobre os outros três, que podem ser reduzidos a este último, único que pode pertencer às coisas eternas, aos astros (*Fís.*, VIII, 7, 260 b). Segundo Aristóteles, as espécies do M. local caracterizam os elementos do universo, inclusive o que constitui as substâncias celestes, ou seja, o éter que se move em M. circular (v. FÍSICA). Essa doutrina do M. permaneceu inalterada muito tempo porque toda a filosofia antiga e medieval repetiu-a sem modificações substanciais. Uma teoria do M. que teve êxito no último período da escolástica foi a da *forma fluente*, elaborada por Duns Scot. Segundo Duns Scot, um corpo que se move adquire alguma coisa: a todo instante não o lugar, que não é um atributo seu, residindo nos corpos que o circundam, mas uma espécie de determinação qualitativa, análoga ao calor adquirido pelo corpo que se aquece. Essa determinação é o *onde* (*ubi*). O M., portanto, é a perda ou a aquisição contínua do *onde* e nesse sentido é uma "forma fluente" (*Quodl.*, q. 11, a. 1). Essa doutrina foi criticada pela escolástica dos fins dos séculos XIII e XIV. Ockham fez-lhe uma crítica radical, considerando o M. como a mudança de relação de um corpo com os corpos que o circundam (*Quodl.*, VII, q. 6). Esse seria o conceito que a ciência faria prevalecer na Idade Moderna. Descartes expressou-o do seguinte modo: "M. é o transporte de uma parte da matéria ou de um corpo da proximidade dos corpos que o tocam imediatamente, e que consideramos em repouso, para a proximidade de outros corpos" (*Princ. phil.*, II, 25). Sobre o conceito do M. na ciência contemporânea, v. RELATIVIDADE, TEORIA DA. [N.A.]

MUDANÇA (in. *Change*; fr. *Changement*; al. *Veränderung*; it. *Mutamento*). 1. O mesmo que *movimento*, 1 (v.).

2. O mesmo que *alteração* (v.). [N.A.]

MULTIPLICAÇÃO LÓGICA (in. *Logical multiplication*; fr. *Multiplication logigue*; al. *Logische Multiplikation*; it. *Molteplicazione logica*). Na *Álgebra da Ló-*

gica (v.) chama-se assim a operação "$a \times b$", que apresenta propriedades formais análogas às da M. aritmética (é importantíssima a exceção "$a \times a = a$"). Interpretada como operação entre classes, "$a \times b$" passa a formar a classe que contém todos os elementos comuns às classes a e b e apenas eles.

Interpretada como operação entre proposições, "$a \times b$" indica sua afirmação conjuntiva, simultânea ("a e b") (v. CONJUNÇÃO). [G.P.]

MULTIPLICIDADE (gr. τὰ πολλά; in. *Multiplicity*; fr. *Multiplicité*; al. *Mannigfaltigkeit*; it. *Molteplicità*). O que é múltiplo e variado: "muitos" em contraposição a "um", sobre os quais versavam de preferência as discussões dialéticas do século IV a.C., segundo relato de Platão (*Fil.*, 14 d). O próprio Platão estabeleceu o conceito autêntico de múltiplo, que não é de dispersão ilimitada, mas de número; este, como dizia Platão, é ao mesmo tempo um e muitos porque é a ordem de uma M. determinada (*Fil.*, 18 a-b) (v. NÚMERO). O sentido dessa palavra voltou a ser de dispersão desordenada em alguns filósofos modernos, como por exemplo no uso que Kant faz dela como "matéria" do conhecimento, ou seja, do conteúdo sensível em seu estado desorganizado ou bruto, independentemente da ordem e da unidade que ele receba das formas *a priori* da sensibilidade e do intelecto (*Crít. R. Pura*, § 1). [N.A.]

MUNDANO (gr. κοσμικός; in. *Worldly*, *Mundane*; fr. *Mondain*; al. *Weltlich*; it. *Mondano*). Este adjetivo é empregado quase exclusivamente em correspondência com o significado (*e*) de mundo; designa o que faz parte do campo de atividades, interesses ou comportamentos não pertencentes à vida religiosa e algumas vezes em antagonismo com ela. Em tal sentido, fala-se em "sabedoria M.," ou "ciência M." para designar conhecimentos ou atitudes que nada têm que ver com as preocupações religiosas. A este significado geral se refere o significado mais restrito do termo, segundo o qual é "M." o que pertence à vida requintada ou aos hábitos do "mundo elegante", ou seja, das classes privilegiadas. O substantivo *mundanidade* tem também os dois significados acima expostos. [N.A.]

MUNDO (gr. κόσμος; lat. *Mundus*; in. *World*; fr. *Monde*; al. *Welt*; it. *Mondo*). Por este termo pode-se entender: *a*) a totalidade das coisas existentes [qualquer que seja o significado de *existência* (v.)], e neste sentido essa palavra é empregada sem adjetivos; *b*) a totalidade de um campo ou mais de investigação, atividade ou relações, como quando se diz "M. físico", "M. histórico", "M. artístico" ou "M. dos negócios", bem como "M. sensível" (captável pelos órgãos dos sentidos) ou "M. intelectual" (captável com instrumentos intelectuais); neste sentido, fala-se também em "M. ambiente" para indicar o conjunto das relações de um ser vivo com as coisas que o circundam ou a situação em que se encontra, mas a palavra não tem significado diferente de *ambiente* (v.); *c*) a totalidade de uma cultura, como quando se diz "M. antigo", "M. moderno", "M. primitivo" ou "M. civilizado"; *d*) uma totalidade geográfica, como quando se diz "Novo M.", para designar a América, ou "Velho M.", para designar o "continente antigo"; *e*) a totalidade daquilo que é estranho à religião; neste sentido, essa palavra é constantemente empregada no Novo Testamento (*Mateus*, IV, 8; XVI, 26; *João*, I, 10; VII, 7; XII, 31; etc.), e a "sabedoria do M." é contraposta, como insensatez, à sabedoria de Deus (*I Cor.*, I, 20). A noção de M. neste último sentido é comum a todos os escritores cristãos; faz-se referência a ela quando se dá o nome de "sábios do M." a quem "utiliza a razão natural", como faz Ockham (*Summa log.*, III, 1).

Destes significados, os mais especificamente filosóficos são os dois primeiros, que se refletem em todos os outros. O significado (*d*) é puramente amplificador ou retórico; o significado (*e*) é puramente religioso. Assim, é possível distinguir três conceitos fundamentais de M.: 1º M. como ordem total; 2º M. como totalidade absoluta; 3º M. como totalidade de campo. Os significados 1º e 2º são articulações do significado (*a*); o significado 3º é o significado (*b*).

1º Diz-se que Pitágoras foi o primeiro a chamar o M. de cosmo, para ressaltar sua ordem (J. ESTOBEU, *Ecl.*, 21, 450; *Fr.* 21, Diels); o certo é que essa é a interpretação desse conceito que prevalece na filosofia grega. É aceita por Platão (*Górg.*, 508 a). Aristóteles, que faz a distinção entre o *todo* (τὸ πᾶν), cujas partes podem dispor-se de maneiras diferentes, e a totalidade (τὸ ὅλον), cujas partes têm posições fixas (*Met.*, V, 26, 1024 a 1), diz a propósito do M.: "Se a totalidade do corpo, que é um contínuo, está ora numa ordem ou numa disposição, ora em outra, e se a constituição da totalidade é um M. ou um céu, então não será o M. que se gera e se destrói, mas apenas suas disposições" (*De cael.*, I, 10, 280 a 19). Aristóteles pretende dizer nesse trecho que o M. é a constituição (ou estrutura) da totalidade (sua ordem) e que tal constituição ou estrutura permanece a mesma a menos que suas partes se disponham diferentemente. Isso equivale a definir o M. como a ordem imutável do universo. Analogamente, os estóicos faziam a distinção entre universo (τὸ πᾶν) como totalidade de todas as coisas existentes, inclusive o vácuo, e M., considerado como "o sistema do céu e da terra e dos seres que estão neles", e nesse sentido o M. é Deus (J. ESTOBEU, *Ecl.*, I, 421, 42 ss.). Essa interpretação do M. prevaleceu na Antiguidade e foi adotada pela filosofia cristã, que nela encontrava um ponto de partida oportuno para as demonstrações da existência de Deus (cf., p. ex., AGOSTINHO, *De ordine*, I, 2). Entrou em crise só quando a noção de ordem começou a incorporar-se à de natureza, mais que à de M.: o conceito de totalidade passou a ter primazia.

2º Os primeiros que expuseram o conceito de M. como totalidade que abarca todas as coisas foram os epicuristas. Epicuro dizia: "O M. é a circunferência do céu que abrange os astros, a terra e todos os fenômenos" (DIÓG. L., X, 88). Mas foi só na filosofia moderna que esse conceito prevaleceu, superando completamente o mais antigo, de M. como ordem. Leibniz diz: "Chamo de M. toda a série e toda a coleção de todas as coisas existentes, para que não se diga que podem existir vários M. em diferentes tempos e lugares. De fato, seria preciso contá-los todos juntos como um só M. ou, se preferis, como um só universo" (*Théod.*, I, § 8). Desse ponto de vista, o M. é "o conjunto total das coisas contingentes" (*ibid.*, I, § 7); a elaboração posterior desse conceito insistiu especialmente nesse conceito de totalidade absoluta. Portanto, as noções de universo e de M., que os antigos tendiam a distinguir, são consideradas coincidentes. Wolff diz: "A série dos entes finitos, tanto simultâneos quanto sucessivos, mas, interconexos, é chamada de M. ou também de universo" (*Cosm.*, § 48). Baumgarten esclarece melhor o sentido de totalidade absoluta, afirmando que ela não pode ser parte de outra totalidade: "O M. é a série (a multidão, a totalidade) dos finitos reais que não é parte de outra série" (*Met.*, § 354). Essa determinação é repetida por Crusius: "O M. é um concatenamento real de coisas finitas, de tal modo que não é parte de outro, ao qual pertença em virtude de um concatenamento real" (*Entwurf der notwendigen Vernunft-Wahrheiten*, 1745, § 350). É este o conceito criticado na dialética transcendental de Kant.

Kant observava que a palavra M., "no sentido transcendental de totalidade absoluta do conjunto das coisas existentes", indica uma totalidade incondicionada porque deve incluir todas as condições da série (*Crít. R. Pura*, Antinomia da razão pura, seç. 1). Isso supõe que o regresso do condicionado à condição, que pode prosseguir infinitamente, é esgotado e cumprido até compreender *todas* as condições; e como a totalidade das condições é o incondicionado, o cumprimento do regresso equivaleria à compreensão do incondicionado. Mas é precisamente aí que, segundo Kant, está o erro dialético incluído no conceito de M., visto assumir-se o condicionado em dois sentidos: no sentido de conceito intelectual aplicado a simples fenômenos e no sentido transcendental de categoria pura. Em outras palavras, da exigência de condição sempre nova (*empírica*) na série dos fenômenos passa-se à exigência da totalidade das condições, que é o incondicionado ou M., não mais empírico (*ibid.*, seç. 7). Portanto, não é de surpreender que a noção de M., fundada como está num procedimento sofístico, dê ensejo a antinomias insolúveis que dizem respeito à finitude ou à infinidade do M., a seu início ou não no tempo, à existência nele ou não de partes simples e à presença ou ausência de liberdade (v. ANTINOMIAS KANTIANAS). Segundo Kant, só se chega à solução de tais antinomias renunciando-se à noção de M. ou considerando tal noção simplesmente como uma regra do conhecimento empírico, mais precisamente a que "exige o regresso na série das condições dos dados fenomênicos, regresso no qual nunca seja possível deter-se em algo absolutamente incondicionado" (*ibid.*, seç. 8). Desse ponto de vista, o M. não é uma realidade, mas "um princípio regulador da razão".

Pode-se dizer que essa crítica de Kant foi decisiva. É bem verdade que tem sido esquecida não só pelas doutrinas que constituem resquícios da metafísica teológica, como também pelas doutrinas cosmológicas modernas, que se dizem "científicas" e especulam sobre o M. e sua criação (v. COSMOLOGIA). Mas também é verdade que essas doutrinas logo se chocam com antinomias insolúveis, que reproduzem as kantianas, assim que recorrem ao conceito do M. como totalidade absoluta. Na realidade, aquilo de que a ciência pode falar é apenas o M. *observável*, entendido como "o mais abrangente conjunto de objetos astronômicos que possa ser identificado com a ajuda dos instrumentos disponíveis em dada época" (M. K. MUNITZ, *Space, Time and Creation*, 1957, p. 93). Mas neste sentido o M. é uma totalidade de campo, não uma totalidade absoluta.

3º A terceira interpretação do conceito de M., que está de acordo com a crítica kantiana, identifica-se com a que enunciamos como significado (*b*): o M. é a totalidade de um campo ou de vários campos de atividade, investigação ou relações. Desse ponto de vista, a palavra M., sem adjetivos, não designa uma totalidade absoluta, mas simplesmente o conjunto de um campo específico estudado pelo astrônomo ou pelo cosmologista. Nesse sentido, a palavra é perfeitamente análoga àquilo que a "matéria" é para o físico ou a "vida" é para o biólogo: indica um campo genérico, determinado pela convergência ou pela sobreposição de determinado grupo de técnicas de pesquisa (M. K. MUNITZ, *op. cit.*, p. 69). Em geral, desse ponto de vista, pode-se dizer que a noção designa "um conjunto de campos definidos por técnicas relativamente compatíveis e em alguma medida convergentes. Podemos assim falar de 'M. natural', como conjunto de campos cobertos pelas ciências naturais, uma vez que suas técnicas são relativamente compatíveis e convergentes; ou de 'M. histórico', como conjunto de campos em que podem ser empregadas as técnicas da investigação historiográfica etc." (ABBAGNANO, *Possibilità e libertà*, 1956, pp. 154-5).

A essa mesma noção está ligada a de Heidegger, aceita pela filosofia existencialista, de M. como campo constituído pelas relações do homem com as coisas e com os outros homens. Heidegger diz: "É tão errôneo utilizar a palavra M. para designar a totalidade das coisas naturais (conceito do M. naturalista) quanto para indicar a comunidade dos homens (conceito personalista). O que de metafisicamente essencial contém o significado mais ou menos claro de M. é que este visa à interpretação do *Dasein* humano *em seu relacionar-se com o ente em seu conjunto*" (*Vom Wesen des Grundes*, 1929, I; trad. it., p. 53). Obviamente, desse ponto de vista, a palavra M. faz parte integrante da expressão "ser-no-M.", que designa o modo de ser do homem "situado no meio do ente e relacionando-se com ele", ou seja, em relação essencial com as coisas e com os outros homens. Nesse caso, M. significa o conjunto de relações entre o homem e os outros seres: a totalidade de um campo de relações (v. TODO; UNIVERSO). [N.A.]

MUNDO DA VIDA (al. *Lebenswelt*; it. *Mondo della vita*). Termo introduzido por Husserl em *Krisis*, para designar "o mundo em que vivemos intuitivamente, com suas realidades, do modo como se dão, primeiramente na experiência simples e depois também nos modos em que sua validade se torna oscilante (oscilante entre ser e aparência etc.)" (*Krisis*, § 44). Husserl contrapõe esse mundo ao mundo da ciência, considerado como um "hábito simbólico" que "representa" o mundo da vida, mas encontra lugar nele, que é "um mundo para todos" (*ibid.*, Beilage, XIX). [N.A.]

Na linha fenomenológica que remonta à última fase de Husserl, o conceito de M. da vida, na sua tematização filosófica e hermenêutica e na recepção da sua "transformação sociológica", teve ressonância considerável na consciência contemporânea, sobretudo graças aos trabalhos de L. Landgrebe, A. Schütz, J. Habermas, H. Blumenberg e E. Paci.

Landgrebe aprofundou criticamente o conceito husserliano de M. da vida (cf. *Phänomenologie und Metaphysik*, 1949, pp. 10 ss.) como mundo histórico concreto com as suas tradições e como mundo da experiência imediata da natureza. O mundo "da-vida" é um mundo no qual a *razão intencional* da subjetividade aprende a compreender o estilo da sua vida no exercício da sua liberdade e na abertura do fluxo contínuo da história (cf. *Das Problem der transzendentalen Wissenschaft von lebensweltlichen Apriori*, em *Phänomenologie und Geschichte* 1968; trad. it., 1972, pp. 189-214).

A compreensão das formas da ação social e o reconhecimento dos esquemas interpretativos e dos sistemas de relevância que contribuem para orientar as relações intersubjetivas na "estrutura significativa da vida cotidiana", como o *common-sense knowledge*, constituem o núcleo temático da *fenomenologia do mundo social* de A. Schütz, a quem se deve a contribuição mais inovadora – em bases filosóficas – para a concepção do "mundo da vida" no campo das ciências sociais (cf. *Der sinnhafte Aufflau der sozialen Welt*, 1932; trad. it., 1974; *Die Strukturen der Lebenswelt*, 1962; *Collected Papers*, 1971-1973; trad. it. parc., 1979; *Theorie der Lebensformen*, 1981). Para Schütz o M. da vida é "o arquétipo" da nossa experiência da realidade porquanto: 1.º é um mundo intersubjetivo que existe antes de nascermos; 2.º é percebido e interpretado pelos Outros, os nossos predecessores, como um mundo organizado que constitui um conjunto de experiências à nossa disposição; 3.º é estruturado em diferentes "províncias finitas de significado" entre as quais o "M. da vida cotidiana" e o " M. da vida do trabalho" têm um caráter preeminente que condiciona todas as outras. Cada província manifesta um estilo cognitivo específico que não só é coerente de per si, mas é também compatível com as outras.

Em Habermas o "M. da vida" é introduzido como conceito complementar ao agir comunicativo (v. AGIR COMUNICATIVO/AGIR INSTRUMENTAL), ou seja, estruturado do ponto de vista lingüístico, simbólico e cultural e entendido como dimensão que se diferenciou progressivamente das formas organizativas e das instâncias de racionalização funcionalista supra-individuais peculiares dos sistemas sociais. Sistema (*System*) e M. da vida (*Lebenswelt*) constituem os dois níveis complementares da sociedade (cf. *Theorie des kommunikativen Handelns*, 1981, vol. II, pp. 171-293; trad. it., 1986, vol. II, pp. 697-809). O M. da vida, em seus componentes (cultura, sociedade e estruturas da personalidade), representa 1) o horizonte contextual difuso dentro do qual se desenvolvem e se reproduzem as comunicações intersubjetivas destinadas ao entendimento e à compreensão e no qual se formam espontaneamente as convicções fundamentais aceitas e compartilhadas coletivamente; 2) o "reservatório" no qual se conservam e se transmitem os resultados das interpretações realizadas nos processos do agir por parte das gerações precedentes e o conjunto das formas de mediação simbólica através das quais se reproduzem as tradições culturais e onde se estabiliza a integração social e se confirmam as identidades individuais. Sempre que se criam tensões entre "M. da vida" e "sistema" social criam-se condições de crise que nas sociedade modernas e complexas desembocam em formas (objetivas e subjetivas) de reificação e colonização da práxis comunicativa cotidiana.

Para a cultura contemporânea os desenvolvimentos filosóficos originais do conceito husserliano de M. da vida provêm da análise da centralidade da dimensão temporal da existência e da distinção-divergência entre o "tempo da vida" dos homens (o tempo da consciência individual) e o "tempo do mundo" (o tempo dos eventos históricos e naturais) realizada por H. Blumenberg em *Lebenszeit und Weltzeit* (1986; trad. it., 1996). Vivemos o tempo no mundo que tem um tempo próprio. A vida do homem no seu tempo percebe o tempo do mundo apenas por meio de abstrações teórico-científicas. Uma "tesoura temporal" invisível contribui, na ineludível tensão entre tempo da vida e tempo do mundo, para modular as distâncias entre o tempo da consciência e o tempo cósmico (v. também TEMPO).

No cenário filosófico italiano o "relacionalismo" de E. Paci propõe uma interpretação crítica e concreta da fenomenologia como ciência da *Lebenswelt* não baseada no *a priori* lógico da ciência objetiva, mas no *a priori* material do M. da vida, em que a experiência do tempo que cada um vive como *lebendige Gegenwart* (presença viva) é ao mesmo tempo necessitante e liberante (cf. *Tempo e verità nella fenomenologia di Husserl*, 1961). [A.D.S.]

MUNDO EXTERIOR. V. REALIDADE.

MUNDO MORAL (al. *Moralische Welt;* it. *Mondo morale*). Esse é o nome dado por Kant à "simples idéia" (que, como tal, é desprovida de realidade) de "um mundo conforme a todas as leis morais", idéia que só tem significado prático como guia da ação humana (*Crít. R. Pura,* Doutrina do método, cap. 2, seç. 2). [N.A.]

MUNDOS POSSÍVEIS (in. *Possible worlds*; fr. *Mondes possibles*; al. *Mögliche Welten*; it. *Mondi possibili*). A idéia de que poderiam existir universos alternativos ao atual já se encontra em pensadores da Antiguidade. No entanto, foi só com os filósofos cristãos que, na cultura ocidental, se tornou canônica a concepção de uma pluralidade de universos não atualizados, ou de M. possíveis, entre os quais Deus escolhe criar aquele que, com base em certos critérios, considera o melhor. Do ponto de vista teológico, os mundos possíveis contribuíam para garantir que a escolha divina não é necessária, e portanto que a existência do nosso mundo é contingente. Leibniz, retomando a temática dos M. possíveis, a reelabora de maneira original, ligando-a à interpretação das noções modais (v. MODALIDADE). Para Leibniz o mundo atual é um agregado de substâncias individuais; por conseguinte, cada M. possível nada mais é que um agregado de possíveis substâncias individuais *compossíveis* (v.) entre si. Os M. possíveis não têm existência real: são construções ideais, logicamente completas e consistentes, infinitas em número, que Deus contempla em seu intelecto e entre as quais decide fazer existir a mais perfeita. Apesar de se atribuir a Leibniz a afirmação de que um enunciado é necessário quando é verdadeiro em todos os mundos possíveis, tal afirmação não é encontrável, nesses mesmos termos, nos seus textos. Leibniz escreve, porém, algo semelhante: um enunciado necessário continuaria verdadeiro também em um mundo completamente diferente do nosso (*Opuscules,* p. 18). Leibniz considera que um enunciado é contingentemente verdadeiro se é verdadeiro e se é possível (ou seja, isento de contradição) pensar que ele é falso. Se César, no nosso mundo, transpôs o Rubicão, o enunciado "César transpôs o Rubicão" é contingente, pois não é contraditório pensar que num mundo diferente César poderia *não* ter transposto o Rubicão.

Embora Leibniz tenha a clara intuição de ligar a interpretação das modalidades aos M. possíveis, não consegue dar vida a uma teoria coerente (também devido à sobreposição de motivações filosóficas incompatíveis e de preocupações teológicas). Em particular, não se apercebe de um conflito implícito na sua concepção, conflito que nunca conseguirá solucionar: por um lado assume, de acordo com os pressupostos metafísicos dos quais parte, que um mesmo indivíduo não pode pertencer a dois mundos possíveis – de tal modo que, quando dizemos que seria possível que César não transpusesse o Rubicão, não nos referimos propriamente ao "nosso" César, mas a um César *semelhante;* por outro lado há a exigência de que aquilo que consideramos possível em relação a um indivíduo se refira exatamente àquele indivíduo, e não a outro.

Depois de Leibniz, com o esgotamento das problemáticas ligadas à *teodicéia* (v.), a temática dos M. possíveis desaparece da cena filosófica, sendo retomada na segunda metade do século XX num contexto de problemas estritamente lógicos. Os M. possíveis são evocados em relação à interpretação dos sistemas de lógica modal (v. LÓGICA; MODALIDADE). Os enunciados modais são avaliados com base num modelo constituído por um conjunto de elementos, chamados M. possíveis, de tal modo que seja especificado o valor de verdade de cada enunciado em relação a cada mundo. Como já em Leibniz, são necessários os enunciados verdadeiros em qualquer mundo; possíveis os verdadeiros em pelo menos um mundo. Saul Kripke, no fim dos anos 1950, dá novo vigor a essas idéias gerais, introduzindo a *relação de acessibilidade* entre os mundos pertencentes ao modelo. A *relação de acessibilidade* é caracterizável mediante as costumeiras propriedades matemáticas das relações (reflexividade, simetria etc.), e varia de acordo com as propriedades de que goza no modelo. Ao variar a *relação de acessibilidade*, muda também a intuição das modalidades que estão na base do sistema de lógica modal correspondente (quando dizemos que um enunciado é verdadeiro em qualquer mundo possível, poderíamos pensar, por exemplo, em mundos que são possíveis em si, independentemente das nossas capacidades de representá-los, ou então em todos e somente nos mundos que conseguimos "imaginar", e assim por diante). As semânticas de M. possíveis passaram e ainda passam por notáveis desenvolvimentos em lógica, sendo aplicadas com sucesso em numerosos campos da lógica, da filosofia da ciência e da filosofia em geral.

O emprego das semânticas de M. possíveis gerou o problema filosófico da caracterização ontológica dos M. possíveis – problema que foi acentuado pela sua ulterior utilização em dupla direção: *a*) para determinar em que sentido é legítimo falar de *propriedades necessárias ou contingentes* em relação aos indivíduos (isso ensejou, entre outras coisas, a questão da chamada "identidade através dos mundos" – se realmente há um conjunto de propriedades do indivíduo que permitam identificá-lo e que permaneçam inalteradas na sua "passagem" de mundo a mundo); *b*) para dar conta dos condicionais *contrafactuais* (v.). As posições sobre a natureza ontológica dos M. possíveis vão desde a de Kripke (segundo o qual os M. possíveis são meras *estipulações*, e têm caráter de *entidades abstratas*) à concepção "moderadamente realista" de Robert C. Stalnaker e até o realismo extremo de David Lewis – segundo o qual os M. possíveis são entidades como o nosso mundo, não relacionadas entre si e não situadas no espaço-tempo, mas compostas de "coisas" (tal como nosso mundo). Segundo Lewis, o próprio conceito de *existência* é relativizado a cada mundo, pelo que "ter existência atual" significa simplesmente "estar dentro" de um mundo particular. [M.M.]

MÚSICA (gr. μουσικὴ τέχνη; lat. *Musica;* in. *Music;* fr. *Musique;* al. *Musik;* it. *Musica*). Duas são as definições filosóficas fundamentais dadas da M. A primeira considera-a como revelação de uma realidade privilegiada e divina ao homem: revelação que pode assumir a forma de conhecimento ou de sentimento. A segunda considera-a como uma técnica ou um conjunto de técnicas expressivas que concernem à sintaxe dos sons.

1ª A primeira concepção, que passa por ser a única "filosófica", mas que na verdade é metafísica ou teologizante, consiste em considerar a M. como ciência ou arte privilegiada, porquanto seu objeto é a realidade suprema, divina, ou alguma de suas características fundamentais. Nessa concepção é possível distinguir duas fases: *a*) para a primeira, o objeto da M. é a *harmonia* como característica divina do universo; portanto, considera a M. como uma das ciências supremas; *b*) para a segunda, o objeto da M. é o princípio cósmico (Deus, Razão Autoconsciente ou Vontade Infinita etc.), e a M. é a auto-revelação desse princípio na forma de *sentimento*. Ambas as concepções têm uma característica fundamental em comum: a separação entre M., como arte "pura", e as técnicas em que esta se realiza. Platão reprova os músicos que procuram novos acordes nos instrumentos (*Rep.*, VII, 531 b); o mesmo faz Plotino. Schopenhauer e Hegel falam em "essência" da M., de sua natureza universal e eterna, porquanto é separável dos meios expressivos nos quais ganha corpo como fenômeno artístico.

a) A doutrina da M. como ciência da harmonia e de harmonia como ordem divina do cosmos nasceu com os pitagóricos. "Os pitagóricos, que Platão freqüentemente segue, dizem que a M. é harmonia dos contrários, unificação dos muitos e acordo dos discordantes" (FILOLAU, *Fr.* 10, Diels). A função e as características da harmonia musical são idênticos à função e às características da harmonia cósmica: a M. é, portanto, o meio direto para elevar-se ao conhecimento dessa harmonia. Entre as ciências propedêuticas, Platão punha a M. em quarto lugar (depois da aritmética, da geometria plana e sólida e da astronomia), considerando-a a mais próxima da dialética e a mais filosófica (*Fed.*, 61 a). Contudo, para Platão, como ciência autêntica, a M. não consiste em procurar com o ouvido novos acordes nos instrumentos: desse modo, as orelhas seriam mais importantes que a inteligência (*Rep.*, VII, 531 a). As pessoas que agem desse modo "comportam-se como os astrônomos, pois procuram os números nos acordes acessíveis ao ouvido, mas não chegam até os problemas, não indagam quais números são harmoniosos, quais não são e de onde vem sua diferença" (*ibid.*, VII, 531 b-c). Por essa possibilidade de passar dos ritmos sensíveis à harmonia inteligível, Plotino considera a M. como um dos caminhos para ascender até Deus: "Depois das sonoridades, dos ritmos e das figuras perceptíveis pelos sentidos, o músico deve prescindir da matéria na qual se realizam os acordes e as proporções, e atingir a beleza deles por eles. Deve aprender que as coisas que o exaltavam são entidades inteligíveis; isso é harmonia: a beleza que nela se encontra é absoluta, não particular. Por isso, deve utilizar raciocínios filosóficos que o levem a crer em coisas que tem em si, sem saber" (*En.*, I, 3, 1).

Foram essas considerações que levaram a incluir a M. no rol das "artes liberais", consideradas fundamentais em toda a Idade Média. Agostinho expõe a transição da M. da fase da sensibilidade, na qual ela cuida dos sons, para a fase da razão, em que se torna contemplação da harmonia divina: "A razão compreendeu que nesse grau, tanto no ritmo quanto na harmonia, os números reinam e conduzem tudo à perfeição; observou então com a máxima diligência a que natureza pertenciam e descobriu que eram divinos e eternos, porque com eles tinham sido ordenadas todas as coisas supremas" (*De ordine*, II, 14). Em *Nozze di Mercurio e della filologia*, Marciano Capella, em meados do século V, incluía a M. entre as artes liberais (reduzidas a sete), e com isso ela passava a ser um dos pilares da educação medieval. Alguns séculos depois, Dante comparava a M. ao planeta Marte, pois, como ele, é "a mais bela relação" porque está no centro dos outros planetas, e o mais caloroso porque seu calor é semelhante ao do fogo; assim é a M.: "relativa, como se vê nas palavras harmonizadas e nos cantos, cuja harmonia é tão mais doce quanto mais bela é a relação"; ela "atrai para si os espíritos humanos, que são principalmente como vapores do coração, pois quase cessam suas operações" (*Conv.*, II, 14). O que Dante chama de "relação" é a harmonia de que falavam os antigos; o caráter cósmico da M. é expresso na sua comparação com um dos maiores astros do universo.

b) A doutrina da M. como auto-revelação do Princípio Cósmico tende a privilegiar a M. acima de todas as outras artes ou ciências e a vê-la como a via de acesso mais direta ao Absoluto. Estas são as características da concepção romântica, cuja melhor expressão se encontra na teoria de Schopenhauer. Segundo ele, enquanto a arte em geral é a objetivação da vontade de viver (que é o princípio cósmico infinito) em tipos ou formas universais (as *Idéias* platônicas), que cada arte reproduz à sua maneira, a M. é revelação imediata ou direta dessa mesma vontade de viver. "A M." – diz ele – "é objetivação e imagem da Vontade tão direta quanto o mundo, ou melhor, quanto as Idéias, cujo fenômeno multiplicado constitui o mundo dos objetos particulares. A M. não é, portanto, como as outras artes, a imagem das idéias, mas a imagem da própria Vontade, da qual as idéias também são objetividade. Por isso, o efeito da M. é mais potente e insinuante que o das outras artes, visto que estas nos dão apenas o reflexo, ao passo que aquela nos dá a essência" (*Die Welt*, 1819, I, § 52). A doutrina de Hegel coincide com essa exaltação da M., mas acrescenta a importante determinação de que a M. é a expressão do absoluto na forma do *sentimento* (*Gemüth*). Hegel diz: "A M. constitui o ponto central da representação que expressa o subjetivo como tal, tanto em relação ao conteúdo quanto em relação à forma, pois participa da interioridade e permanece subjetiva mesmo em sua objetividade." Em outras palavras, ao contrário das artes figurativas, ela não permite que a exteriorização fique livre para desenvolver-se por si mesma e chegar à existência autônoma, "mas supera a objetivação externa e não se imobiliza nela, até transformá-la em algo de externo que tenha existência independente de nós" (*Vorlesungen über die Ästhetik*, ed. Glockner, III, p. 127). Isso quer dizer que na M., ao contrário das outras artes, a forma sensível em que a Idéia se manifesta e exprime é inteiramente superada como tal e resolvida em pura interioridade, em puro sentimento.

Desse ponto de vista, Hegel diz que o sentimento é a forma da M.: "O papel fundamental da M. não consiste em fazer ressoar a própria objetividade, mas, ao contrário, as formas e os modos nos quais a subjetividade mais íntima do eu e alma ideal se movem em si mesmas" (*ibid.*, p. 129). Com o reconhecimento do sentimento como forma própria da M. e como justificação da superioridade desta, a teoria romântica encontrou expressão definitiva. A radicalização dessa expressão acha-se na teoria de Kierkegaard, de que a M. "encontra seu objeto absoluto na genialidade erótico-sensual" (*Aut Aut*, "As etapas eróticas" etc.; trad. fr., Prior e Guignot, p. 54). A definição de M. como arte de expressar "os sentimentos" ou "as paixões" através dos sons foi repetida infinitas vezes, chegando-se a esquecer o sentido de suas implicações teóricas. Foi assumida como uma definição objetiva ou científica da M. (cf. HANSLICK, *Vom Musikalisch-Shönen*, 1854, a nota final do cap. 1), e nela se inspirou a obra de Wagner, que de fato compartilhava a filosofia de Schopenhauer sobre M. Nietzsche, na juventude, adotou essa concepção, dela se desligando a partir de 1878 (com *Humano, demasiado humano*), quando começou a entrever na obra de Wagner, que se orientava nostalgicamente para o cristianismo, o abandono dos valores vitais da Antiguidade clássica e um espírito de renúncia e resignação. Mas nem mesmo Nietzsche se afastou realmente do conceito romântico de M. Seu ideal de M. "meridional" (como a de Bizet) conserva ainda a característica romântica de expressão de sentimentos, ainda que de um sentimento situado "além do bem e do mal". De fato, escreveu: "Meu ideal seria uma M. cujo maior fascínio consistisse na ignorância do bem e do mal, uma M. que no máximo vibrasse por alguma nostalgia de marinheiro, por alguma sombra dourada, por alguma terna lembrança; uma arte que absorvesse em si, com grande distância, todas as cores de um mundo moral no crepúsculo, um mundo quase incompreensível, e que fosse suficientemente hospitaleira e profunda para acolher em si os últimos fugitivos" (*Jenseits von Gut und Böse*, § 255). Ainda hoje se recorre freqüentemente à definição de M. como expressão de sentimentos ou pelo menos isso é pressuposto como coisa óbvia e certa (cf., p. ex., DEWEY, *Art as Experience*, cap. 10; trad. it., pp. 278 ss.). Na Itália, isso foi reforçado pela doutrina crociana da arte como expressão de sentimentos, mas, obviamente, essa doutrina nada mais é que a generalização, para todo o domínio da arte, da definição romântica de M. Esta definição ainda se materializa freqüentemente na figura do músico, considerado como sacerdote ou profeta que sabe ouvir a voz do Absoluto e traduzi-la para a linguagem sonora do sentimento. Ainda hoje raramente se renuncia a almejar essa representação romântica da M., graças à qual os ouvintes da M. sentem-se arrebatados num horizonte místico, onde os acordes musicais são palavras de uma divindade oculta.

2.ª A característica da segunda concepção fundamental da M. é a identidade, que ela implica, entre a M. e suas técnicas. Tal identidade foi claramente expressa por Aristóteles, ao reconhecer a multiplicidade das técnicas musicais: "A M. não deve ser praticada por um único tipo de benefício que dela possa resultar, mas para usos múltiplos, pois pode servir para a educação, para a catarse e, em terceiro lugar, para o repouso, o alívio da alma e a suspensão de todos os afãs. Disso resulta que é preciso fazer uso de todas as harmonias, mas não de todas no mesmo modo, empregando para a educação as que têm maior conteúdo moral, e para outras finalidades as que incitam à ação ou inspiram à comoção" (*Pol.*, VIII, 7, 1341 b 30 ss.). Essas considerações, que, em sua aparente simplicidade, parecem excluir a interpretação filosófica da M., na realidade expressam o conceito de que a M. é um conjunto de técnicas expressivas que têm objetivos ou usos diversos e que podem ser indefinida e oportunamente variadas. Na realidade, esse conceito é o único que ajudou e sustentou o desenvolvimento da arte musical. Retornou no Renascimento, sendo assim expresso por Galileu: "O uso da M. foi introduzido pelos homens para o respeito e o fim indicado de comum acordo pelos sábios; de outra coisa não nasceu senão, principalmente, da necessidade de expressar com mais eficácia os conceitos do espírito deles ao celebrarem os louvores a Deus, aos gênios e aos heróis, como se pode em parte compreender nos cantochões e cantos eclesiásticos, origem desta nossa [M.] a várias vozes, e imprimi-los, a seguir, com idêntica força nas mentes dos mortais, para a utilidade e a comodidade deles" (*Dialogo della M. antica e della moderna*, 1581, ed. Fano, 1947, pp. 95-6). Nessas palavras de Galileu também se reconhece claramente o caráter expressivo das técnicas musicais: caráter que faz da M. uma arte no sentido moderno do termo (v. ESTÉTICA). [N.A.]

Transversalmente ao reconhecimento do caráter expressivo das técnicas, Descartes, reportando o prazer (*delectatio*) à constituição do objeto sensível, concentra a atenção na análise mecanicista dos parâmetros sonoros (*Compendium musicae*, 1618), desmentindo as possibilidades de uma ciência do gosto através de uma hipótese relativista que o reduz a um evento psicológico não generalizável. Como deverá esclarecer uma carta a Marsenne, "Todos sabem que o intervalo de quinta é mais doce que o de quarta, e que este último o é mais que a terça maior, e que a terça maior o é mais do que a terça menor; no entanto, há lugares em que a terça menor agrada mais do que a quinta e onde até uma dissonância poderá ser considerada mais agradável do que uma consonância" (carta de 4 de março de 1630, em *Oeuvres*, I, XIX, p. 126). Apesar do ceticismo em relação ao propósito de estabelecer uma correspondência entre as estruturas musicais e uma reação emocional específica, Descartes deverá representar uma referência constante para a estética musical do século XVIII. Amplamente aceito nas premissas do *Traité de l'harmonie* (1722) de Jean-Philippe Rameau, o paradigma epistemológico racionalista representa o terreno no qual, graças ao enxerto das temáticas empiristas, se desenvolve o debate dos iluministas, cujo motivo unificador se pode reconhecer na "afirmação da música como linguagem e comunicação" (E. FUBINI, *Gli enciclopedisti e la musica*, Turim, 1991², p. 12). Integrando o prazer estético na "percepção das relações", Diderot recorre à noção de "hieróglifo" (*Lettre sur les sourds et muets*, 1751; trad. it., Modena, 1984) a fim de evidenciar uma estrutura formal passível de ser submetida às mais vitalistas projeções de sentido. A partir da fonte comum de referência, representada pela gnosiologia de Condillac, no *Essai sur l'origine des langues* (ca. 1760), Rousseau reformula uma teoria da imitação, fundando-a numa reconstrução conjetural da origem comum da música e da linguagem, que deverá exercer profunda influência sobre a literatura européia do fim do século, de Herder ao *Sturm und Drang*. [A.A.]

O conceito de técnica expressiva é apresentado por Kant com a noção de "belo jogo de sensações", que ele utiliza para definir a M. e a técnica das cores. Kant observa que "não se pode saber com certeza se uma cor e um som constituem simples sensações agradáveis ou se já são, em si mesmos, um belo jogo de sensações e, portanto, contêm, enquanto jogo, um prazer que decorre da forma deles no juízo estético". Alguns fatos, especialmente a falta de sensibilidade artística em alguns homens e a excelência dessa sensibilidade em outros, convencem a considerar que as sensações dos dois sentidos, visão e audição, não são simples impressões sensíveis, mas "efeito de um juízo formal no jogo de muitas sensações". Em todo caso, "segundo se adote uma ou outra opinião ao julgar o princípio da M., será diferente a definição desta: ou será definida (como fizemos) como um belo jogo de sensações (da audição), ou como um jogo de sensações *agradáveis*. De acordo com a primeira definição, a M. é considerada pura e simplesmente uma bela arte; de acordo com a segunda, é considerada, pelo menos em parte, uma arte *agradável*" (*Crít. do Juízo*, § 51). O conceito de "belo jogo de sensações" já tende a exprimir uma noção sintática da M. e, por acréscimo, uma noção para a qual a investigação sintática pode ser dirigida livremente em todas as direções (isto está implícito na palavra "jogo").

Em meados do século XIX essa noção foi formulada com maior rigor e clareza na obra de HANSLICK, *O belo musical* (1854), que ainda hoje continua sendo uma das mais importantes obras de estética musical. Hanslick cerra fileiras contra o conceito romântico de M. como "representação do sentimento". O objeto da M. é o belo musical, entendendo-se com isto "um belo que, sem decorrer nem depender de qualquer conteúdo exterior, consista unicamente nos sons e em sua interligação artística. As engenhosas combinações dos belos sons, sua concordância e oposição, seus afastamentos e reuniões, seu crescimento e morte, é tudo isso que se apresenta em formas livres à intuição de nosso espírito e agrada como belo. O elemento primordial da música é a eufonia, sua essência é o ritmo" (*Vom Musikalisch-Schönen*, III; trad. it., 1945, p. 82). Assim entendida, a M. identifica-se com a técnica realizadora. Hanslick diz a respeito: "Se as pessoas não sabem reconhecer toda a beleza que vive no elemento puramente musical, grande parte da culpa deve ser atribuída ao desprezo pelo sensorial, que, nos antigos estetas, se dava em favor da moral e do sentimento, e em Hegel em favor da idéia. Toda arte parte do sensível e nele se move. A teoria do sentimento desconhece esse fato, despreza completamente a audição e leva em consideração imediata o sentir. Acham que a M. é feita para o coração e que o ouvido é coisa desprezível" (*ibid.*, III, pp. 85-6). Por outro lado, Hanslick expressou com clareza o caráter que diferencia a linguagem musical da linguagem comum: "A diferença consiste em que na linguagem o som é somente um signo, é um meio para expressar algo completamente diferente desse meio, enquanto na M. o som tem importância em si, é objetivo por si mesmo. A autonomia das belezas sonoras, por um lado, e o absoluto predomínio da opinião de que o som é puro e simples meio de expressão, por outro lado, contrapõem-se de maneira tão definitiva que a mistura dos dois princípios é uma impossibilidade lógica" (*ibid.*, IV, p. 113). Contudo, esse caráter não se encontra apenas na linguagem musical, mas em qualquer linguagem artística, em confronto com a linguagem comum (v. ESTÉTICA).

Embora a noção de M. à qual músicos, críticos e estudiosos de estética musical recorreram e recorrem de modo explícito continue sendo de "representação dos sentimentos", foi a noção de M. como técnica da sintaxe dos sons, cujas regras podem ser indefinidamente mudadas, que prevaleceu na prática da criação musical e na busca de modos de criação novos e mais livres. A última e mais radical tentativa de libertar a língua musical da sintaxe tradicional é a chamada M. *atonal*, que nada mais é que a afirmação programática da liberdade da linguagem musical em escolher sua própria disciplina; esta, em certos casos, pode ser até a disciplina tonal. Schönberg diz a respeito: "A emancipação da dissonância, ou seja, sua equiparação com os sons consonantes ocorreu de modo inconsciente, com o pressuposto de que sua compreensibilidade é favorecida por determinadas circunstâncias (em *Harmonielehre* explico isso com o fato de que a diferença entre consonância e dissonância não é antitética, mas gradual, ou seja, as consonâncias são os sons mais próximos do som fundamental, e as dissonâncias são os mais afastados; por conseguinte, sua compreensibilidade é graduada, sendo os sons mais próximos mais facilmente percebidos que os afastados). Como não basta o ouvido para reconhecer e compreender as relações e as funções, tais circunstâncias encontraram-se no campo da expressão e no campo – até então pouco considerado – da sonoridade" ("Gesinnung oder Erkenntnis?", 1926, em L. ROGNONI, *Espressionismo e dodecafonia*, 1954, p. 249).

Desse ponto de vista, a tonalidade é definida, de modo muito geral, como "tudo aquilo que resulta de uma série de notas, que é coordenada através da referência direta a uma única nota fundamental ou através de interligações complicadas" (*Harmonielehre*, 1922, 3ª ed., III, p. 488; em ROGNONI, *Op. cit.*, p. 243). Alban Berg observava que "a renúncia à tonalidade 'maior' ou 'menor' não implica absolutamente anarquia harmônica" porque, "apesar de, com a perda do 'maior' e do 'menor', ter-se aberto mão de algumas possibilidades harmônicas, ainda ficaram todos os outros elementos essenciais da M. verdadeira e autêntica" ("Was ist Atonal", 1930, em ROGNONI, *op. cit.*, p. 290). Seja qual for o juízo de gosto sobre as obras musicais inspiradas nesse programa, não há dúvida de que o próprio programa nada mais é que a liberalização da língua musical e de suas técnicas em relação aos obstáculos da sintaxe tradicional, e o início da busca de novas formas sintáticas, que até podem, ocasionalmente, coincidir com as tradicionais. Portanto, no campo da M., o atonalismo é a realização da mesma exigência de libertação. Representada pelo abstracionismo no campo da pintura: assim como a pintura pretende prescindir das formas de representação ou percepção estabelecidas ou reconhecidas, a M. pretende prescindir das formas de harmonia musical estabelecidas e reconhecidas. Ambas estão em busca de novas disciplinas, de novas formas sintáticas para suas técnicas expressivas; ambas pressupõem (mesmo que nem sempre com conceitos claros) a noção de arte como "técnica da expressão", entendendo-se por expressão as formas livres e finais da sintaxe lingüística. Como foi essa a noção de M. que, no fim da Idade Média e no Renascimento, presidiu à gênese da M. moderna, porquanto se apresentou desde o início como *procura* de técnicas expressivas, pode-se vislumbrar nela a condição que ainda hoje garante capacidade de desenvolvimento à M. [N.A.]

Em continuidade com uma linha de interesse que atravessa o iluminismo (Du Bos, Rousseau) e tem como momento crucial o século XIX (Schelling, Hegel, Schopenhauer, Kierkegaard), as filosofias do século XX concentram-se na natureza essencialmente temporal e antepredicadiva da música, considerada em muitos casos uma linguagem autônoma, mais autêntica e originária na evidenciação de seu elo com a experiência, ou seja, como o exemplo de um pensamento sem imagem. A panorâmica pode ser delineada com base em alguns modelos teóricos principais

a) *O pensamento dialético.* Absorvendo as temáticas do expressionismo, em *Geist der Utopie* (1918-1923) Ernst Bloch privilegia a experiência da audição ao formular a hipótese de uma temporalidade utópica fundamentada na relação entre sujeito e objeto, chegando até o projeto de uma filosofia da história da música. Com aspiração análoga, a partir da crise da forma, registrada em Beethoven, Theodor Wiesengrund Adorno indaga os desenvolvimentos da modernidade na contraposição enfática de Schönberg e Stravinski, formulando um modelo interpretativo que integra a análise técnica a uma leitura histórico-social voltada, hegelianamente, a "exprimir a relação da coisa com a verdade" (*Philosophie der neuen Musik*, 1949; trad. it., Turim, 1959, p. 31). A música é relacionada assim com o movimento de um espírito objetivo historicamente condicionado e "sedimentado nos materiais", solicitando uma análise aprofundada dos componentes da linguagem que, prescindindo das interpretações analógicas forçadas, sustenta os resultados do esforço hermenêutico.

b) *O bergsonismo.* Depois da Segunda Guerra Mundial, a reflexão sobre a música na França condensa-se sob a insígnia de algumas noções cardinais da filosofia de Bergson. Gisèle Brelet (*Le temps musical*, 1949) indica o fundamento da expressão na *duração* que diz respeito ontologicamente à vida da consciência, dando atenção à salvaguarda da autonomia dos componentes da linguagem. Negando que a música possa refletir as modalidades do desenvolvimento discursivo, Vladimir Jankélévitch a integra numa vivência cuja inefabilidade essencial afirma (*La musique et l'ineffable*, 1961), identificando a sua manifestação como fluxo temporal contínuo na obra de Fauré e empenhando-se numa interpretação, modulada no cruzamento entre temáticas simbolistas e existencialistas, das descontinuidades produzidas pela obra de Debussy (*Debussy et le mystère*, 1949). Convicto de que a análise técnica outra coisa não é senão "um modo de recusar a entrega espontânea à graça que o encanto exige", Jankélévitch atribui à música "um não-sei-quê inapreensível como o mistério de um ato criativo" (*La musique*, trad. it., Nápoles, 1985, pp. 141-2).

c) *A fenomenologia.* Sugestões extraídas da perspectiva fenomenológica são associadas às inovações técnicas da linguagem musical por René Leibowitz (*Introduction à la musique de douze sons*, 1949) e Luigi Rognoni (*Fenomenologia della musica radicale*, 1966), que são levados a evidenciar no serialismo, respectivamente de Schönberg e Webern, o resultado de um processo de redução ao fenômeno análogo ao teorizado por Husserl. Ernest Ansermet chega a resultados diametralmente opostos, com *Les fondements de la musique dans la conscience humaine* (1961), empenhado em demonstrar que "a lei ética da consciência musical é a sua lei tonal". Menos circunscritas ao horizonte de uma linguagem específica parecem as anotações com que Alfred Schutz ("Fragments on the Phenomenology of Music", em *In Search of Musical Method*, org. de F. J. Smith, 1976), indica as possibilidades de considerar a música "como fenômeno da nossa vida de consciência". Outros resultados da aplicação dessa perspectiva ao campo da análise desenvolvem-se a partir do fim dos anos 1960, na musicologia norte-americana (Clifton, Ferrara, Smith, Bartholomew). Com empenho teórico mais seguro, Giovanni Piana (*Filosofia della musica,* 1991) indaga os componentes do fenômeno sonoro, chegando à hipótese de um nível simbólico que abre a análise da relação da experiência com os "dinamismos imaginativos latentes". Noções da fenomenologia entram também no debate sobre a teoria e a história da recepção, dando uma contribuição conceitual útil para redimensionar os objetivos e o alcance das hipóteses reconstrutivas de orientação histórica e filológica. Exemplar a propósito é um ensaio dos anos 1950 (*A obra musical e o problema da sua identidade,* 1966), em que Roman Ingarden formula o problema da permanência da obra musical no tempo histórico, configurando-a nos termos de um "objeto intencional com as propriedades de uma totalidade unitária". [A.A.]

MUTACIONISMO (in. *Mutationism;* fr. *Mutationisme;* al. *Mutationismus;* it. *Mutazionismo*). 1. O mesmo que *evolucionismo* (v.).

2. Doutrina que explica a transformação de uma espécie viva em outra através do surgimento de pequenas mutações bruscas e hereditárias que se produziriam ao acaso, durante uma ou mais gerações.

Essa doutrina foi apresentada por De Vries na obra *A teoria das mutações* (1901).

N

N. Na lógica de Lukasiewicz a letra N é usada para indicar a negação (v.). [N.A.]

NACIONALISMO (in. *Nationalism*; fr. *Nationalisme*; al. *Nationalismus*; it. *Nazionalismo*). O conceito de nação começou a formar-se a partir do conceito de povo, que havia dominado a filosofia política do século XVIII, quando se acentuou, nesse conceito, a importância dos fatores naturais e tradicionais em detrimento dos voluntários. O *povo* (v.) é constituído essencialmente pela vontade comum, que é a base do pacto originário; a nação é constituída essencialmente por vínculos independentes da vontade dos indivíduos: raça, religião, língua e todos os outros elementos que podem ser compreendidos sob o nome de "tradição". Diferentemente do "povo", que não existe senão em virtude da vontade deliberada de seus membros e como efeito dessa vontade, a nação nada tem que ver com a vontade dos indivíduos: é um destino que paira sobre os indivíduos, ao qual estes não podem subtrair-se sem traição. Nesses termos, a nação só começou a ser concebida claramente no início do século XIX; o nascimento desse conceito coincide com o nascimento da fé nos espíritos nacionais e nos destinos de uma nação particular, que se chama *nacionalismo*.

O conceito de povo permanecia ligado aos ideais cosmopolitas do século XVIII. Mas já em Rousseau se encontra a condenação desses ideais: o apego de Rousseau ao conceito de cidade-Estado, da forma realizada na Grécia antiga, levava-o a condenar o universalismo setecentista. Ao mesmo tempo, esse apego anacrônico levava-o a exaltar o valor do Estado nacional: "São as instituições nacionais que formam o gênio, o caráter, os gostos e os costumes de um povo, que o fazem ser ele mesmo e não outro, que lhe inspiram o amor ardente pela pátria, fundamentado em hábitos impossíveis de erradicar, que o fazem morrer de tédio entre outros povos, em meio a delícias das quais está privado em seu país" (*Considér. sur le gouvernement de Pologne*, III). Mas foi principalmente na época da restauração pós-napoleônica que o conceito de nação começou a assumir importância dominante como um dos produtos ou o produto fundamental da "tradição" à qual se atribuía naquele período a origem e a conservação de todos os valores fundamentais do homem. Em *Discursos à nação alemã* (1808) de Fichte, primeiro documento do N. alemão, o povo alemão é visto como "o único povo que tem direito de ser chamado de povo, sem outra designação, ao contrário dos ramos que dele se separaram, como, aliás, indica por si só a palavra "alemão" (*Reden*, VII), sendo assegurada pela própria providência da história o futuro desse povo superior. Com a noção de "espírito de povo", Hegel levava a cabo a elaboração do conceito de nação: "O espírito de um povo é um todo concreto: deve ser reconhecido em sua determinação. [...] Desenvolve-se em todas as ações e em todas as tendências de um povo e realiza-se até a fruição e a compreensão de si mesmo. Suas manifestações são religião, ciência, arte, destinos, acontecimentos. É tudo isso que confere caráter a um povo, e não o modo como ele é determinado por natureza (como poderia sugerir o fato de a palavra *natio* ter derivado de *nasci*)" (*Phil. der Geschichte*, ed. Lasson, p. 42; trad. it., 1, p. 49). No espírito dos povos encarna-se, alternadamente, o Espírito do Mundo, a Razão Universal que preside aos destinos do mundo e determina a vitória do povo que seja sua melhor encarnação. Nesse conceito de espírito do povo como encarnação ou manifestação de Deus no mundo, portanto do caráter fatal e providencial da vida histórica da nação, já estão compreendidos todos os elementos do N. europeu do século XIX e de qualquer N.

Na Itália, Mazzini procurou conciliar os ideais universalistas do iluminismo com o N., e viu na "missão" de uma nação o modo como esta pode servir ao objetivo geral da humanidade. Era uma síntese bastante incoerente, mas que evitava a exaltação da força que depois seria encontrada com tanta freqüência no N. europeu. Gian Domenico Romagnosi foi o primeiro a apresentar uma teoria jurídica do Estado nacional nesse sentido (*Della costituzione di una monarchia nazionale rappresentativa*, 1815): teoria adotada mais tarde por P. S. Mancini como fundamento do direito internacional (*Della nazione come fondamento del diritto delle genti*, 1851). Na França a afirmação do N. está ligada principalmente à obra do historiador Michelet, que, com o livro *Le peuple* (1843), criava um dos principais documentos do N. profetizante. Na Alemanha, outro historiador, Treitschke, empreendia a ilustração e a defesa do N. alemão, que, na origem, se vinculou à política de força de Bismarck e mais tarde à de Guilherme II. Na Rússia, por fim, Dostoiévski erigiu-se em profeta do N. russo (cf. HANS KOHN, *Prophets and Peoples*, 1946, trad. it., 1949; *The Ideal of Nationalism*, Nova York, 1944). Tanto a Primeira como a Segunda Guerra Mundial foram travadas sob o emblema de um N. que perdera todo o contato com o universalismo setecentista e via na força o único sinal decisivo concedido pela Providência histórica à nação por ela favorecida. Essa idéia, adotada pelo fascismo italiano e pelo nacional-socialismo germânico, não era nova: tratava-se da velha idéia hegeliana e romântica do privilégio que o Espírito do Mundo concede à nação em que prefere encarnar-se [N.A.]

Hoje em dia a mentalidade nacionalista continua a ter seus defensores e, em vários Estados, acompanha aquilo que A. D. Smith chamou de *renascimento étnico* ou *revival étnico* (1981). [G.F.]

NADA (gr. μηδέν, τὸ μὴ ὄν; lat. *Nihil*; in. *Nothing, Nothingness*; fr. *Néant*; al. *Nichts*; it. *Nulla/Niente*). Duas concepções do N. se alternaram na história da filosofia: 1ª O N. como não-ser; 2ª o N. como alteridade ou negação. Os fundamentos dessas duas concepções estão, respectivamente, em Parmênides e Platão. Parmênides afirmou que "o N. não é" (*Fr.* 6, 2) e que "não pode ser conhecido nem expressado" (*ibid.*, 4); Platão, decidindo-se por uma espécie de "parricídio" em relação a Parmênides (*Sof.*, 242 d), admitiu o ser do não-ser e definiu o N. como alteridade: "Resulta que há um ser do não-ser, tanto para o movimento quanto para todos os gêneros, já que em todos os gêneros a alteridade, que torna cada um deles outro, transforma o ser de cada um em não-ser, de modo que diremos corretamente que todas as coisas não são e ao mesmo tempo são e participam do ser" (*ibid.*, 256 d). Assim, enquanto para Parmênides o N. é absoluto não-ser, portanto não é pensável nem exprimível de modo algum, para Platão o N. é a alteridade do ser, ou seja, a negação de um ser determinado (p. ex., do movimento) e a referência indefinida a outro gênero do ser (ao que não é movimento).

1ª Górgias apoiava a tese de Parmênides ao afirmar que "o N. não é, porque, se existisse, seria ao mesmo tempo não-ser e ser: não-ser enquanto pensado como tal, ser em *sendo* não-ser" (*Fr.* 3, 26). O N. definido por essas proposições é o N. absoluto, "certa idéia negativa do N., daquilo que está infinitamente longe de qualquer tipo de perfeição", de que falava Descartes, opondo-a a Deus, que inclui todas as perfeições (*Méd.*, IV); ou o "conceito vazio sem objeto", que é a negação do "mais alto conceito de que se costuma partir nas filosofias transcendentais", do objeto de que falava Kant (*Crít. R. Pura*, Anál. dos princ., Nota às anfibolias dos conceitos da reflexão). O N. assim entendido foi utilizado sobretudo pela teologia e pela metafísica: por um lado serviu para definir Deus, quando se quis insistir em sua heterogeneidade em relação ao mundo, ou para definir a matéria, quando se quis insistir em sua heterogeneidade em relação às coisas; por outro lado, serviu para introduzir no ser uma condição ou um elemento que explicasse certos caracteres dele.

O primeiro uso ocorre freqüentemente na teologia negativa. Scotus Erigena já havia identificado Deus com o N. porque Deus é *Supressentia* (acima da substância) e porque o N. é, por outro lado, "a negação e a ausência da essência ou substância, aliás de todas as coisas que foram criadas na natureza" (*De divis. nat.*, III, 19-21). Essa doutrina é freqüentemente repetida na Idade Média: Deus é indicado como N., ou "N. do N.", ou "quintessência do N." *Zohar*, um dos livros da Cabala (cf. SÉROUYA, *La Kabbale*, Paris, 1957, p. 322); é chamado de "N. supra-essencial" por Mestre Eckhart (*op. cit.*, ed. Pfeiffer, p. 139) e de "N. eterno" por Böhme (*Mysterium magnum*, I, 2). Em todas essas expressões, N. exprime a negação total das formas de ser conhecidas, julgadas inadequadas à natureza de Deus.

O segundo uso do conceito de N. encontra-se nos neoplatônicos, com o objetivo de acentuar a diferença entre a matéria e as coisas, entre o caráter informe de uma e as determinações das outras. Assim, para Plotino a matéria é o não-ser porque desprovida de corporeidade, alma, inteligência, vida, forma, razão, limite, potência, que são todos os caracteres do ser. Segundo Plotino, "é preciso dizer que ela é não-ser, mas não no sentido em que o movimento não é repouso ou ao contrário, mas que é realmente o não-ser, imagem ou fantasma da massa corpórea e aspiração à existência" (*Enn.*, III, 6, 7). A matéria é caracterizada deste mesmo modo por Agostinho: "Se fosse possível dizer que o N. é e não é alguma coisa, diria que isso é matéria" (*Conf.*, XII, 6, 2).

O terceiro uso encontra-se na filosofia moderna e visa a resolver o ser no devir ou a possibilidade em impossibilidade. O primeiro objetivo é buscado pela concepção do N. sustentada por Hegel. Este observa corretamente que o velho ditado *Ex nihilo nihil fit* nada mais exprime que a negação do devir; contra essa negação, afirma a indissolubilidade e a conversibilidade recíproca do ser e do N. E disse: "Do ser e do N. cumpre dizer que em nenhum lugar, nem no céu nem na terra, existe alguma coisa que não contenha em si tanto o ser quanto o N. Sem dúvida, quando se fala de algo determinado e de algo real, essas determinações não se encontram mais em sua completa verdade, em que estão como ser e como N., mas encontram-se numa outra determinação e são entendidas, por exemplo, como positivo e negativo. [...] Mas o positivo contém o ser, e o negativo contém o N., como base abstrata. Assim, mesmo em Deus a qualidade (atividade, criação, potência, etc.) contém essencialmente a determinação do negativo; essas qualidades consistem na produção de um outro" (*Wissenschaft der Logik*, I, seç. 1, cap. 1, C, nota I, cf. *Enc.*, § 87). A característica desse tipo de doutrina é a tese de que o N. é o fundamento da negação, e não a negação do N. Isso é expresso por Hegel no trecho citado, quando ele diz que o positivo e o negativo contêm o N. como base abstrata. Na filosofia contemporânea, a mesma tese é explicitamente apresentada por Heidegger: "É o N. a origem da negação, e não vice-versa" (*Was ist Metaphysik?*, 1949, 5ª ed., p. 33). Desse ponto de vista, o N. é "a negação radical da totalidade do existente" (*ibid.*, 1949, 5ª ed., p. 27), é N. absoluto. Mas, ao mesmo tempo, constitui o fundamento do ser, mais precisamente do ser do homem, porquanto esse ser é instável (*hinfällig*). A instabilidade do ser do homem é vivida na situação emotiva da angústia. "O existente não é destruído pela angústia de tal modo que fique, assim, o N. E como poderia ser diferente, visto que a angústia se encontra na mais completa impotência perante o existente em sua totalidade? Na realidade, o N. revela-se propriamente com e no existente, uma vez que este nos escapa e se dissipa em sua totalidade" (*ibid.*, 1949, 5ª ed., p. 31). Isso significa que o N. é vivido pelo homem à medida que o ser do homem (a existência) não é e não pode ser *todo* o ser: o ser do homem consiste em não ser o ser em sua totalidade, que é o N. do ser. Por isso, Heidegger diz que o N. é a própria anulação ("É precisamente o próprio N. que anula"; *ibid.*, 5ª ed., 1949, p. 31), e que ele é "a condição que possibilita, em nosso ser-aí (*Dasein*), a revelação do existente como tal" (*ibid.*, 5ª ed., 1949, p. 32). O problema e a procura do ser nascem do fato de o homem não ser todo o ser, de que seu ser é o N. da totalidade do ser. Sartre substitui a noção de existência pela de consciência, mas continua a interpretá-la como ser do homem, que é o N. do ser; termina assim por repetir os conceitos de Heidegger. Sartre diz: "O N. não é, o N. *foi*; o N. não se nadifica, o N. *foi* nadificado. Portanto, deve existir um ser – que não poderia ser o em-si – cuja propriedade é anular o N., regê-lo com seu ser, sustentá-lo perpetuamente com sua própria existência: um ser graças ao qual o N. vem às coisas" (*L'être et le néant*, p. 58). Esse ser é a consciência, que, sendo constituída por possibilidades, está sempre aberta para o N. "Sempre fica aberta a possibilidade de que ele se revele como N. Mas, pelo simples fato de se aventar que um existente possa resolver-se como N., toda pergunta supõe que se realize um recuo nadificante em relação ao dado, que se torna simples apresentação, oscilando entre o ser e o N." (*ibid.*, p. 59). Desse modo, o homem tem a possibilidade de circunscrever "um N. que o isole", de colocar-se fora do ser, para questioná-lo e subtrair-se à sua totalidade. Está claro o que estas especulações sobre o N. pretendem sugerir: o ser do homem, constituído por possibilidades que, como tais, podem não se realizar e que em todo caso excluem o ser completo ou total, e manifestando-se portanto de modo eminente na dúvida, no problema, na projeção etc., é o N. do tudo do ser. Trata-se de especulações que querem definir o finito (a limitação própria da existência humana) utilizando dois infinitos: o tudo e o N.

2ª A segunda concepção fundamental do N., cujos fundamentos estão em Platão, considera o N. como alteridade ou negação. Segundo essa concepção, não há "N. absoluto", aquilo que, na terminologia kantiana, é a negação de todo objeto. Nesta terminologia o N. é apenas privação de alguma coisa: como a sombra ou o frio (*nihil privativum*), como um ente imaginário (*ens imaginarium*) ou como o objeto de um conceito que se contradiz (*nihil negativum*) (*Crít. R. Pura*, Anál. dos princ., Nota às anfibolias dos conceitos da reflexão). Desse ponto de vista o N. é um *objeto* (no sentido mais geral da palavra), e dele existe uma noção, ao contrário do que pensava Wolff quando definia o N. como "aquilo a que não corresponde noção alguma" (*Ont.*, § 57). Nesse sentido o velho Fredegiso de Tours (séc. IX) tinha razão ao afirmar que o N. é alguma coisa, porque "se alguém disser que lhe parece não ser N., essa mesma negação levá-lo-á a reconhecer que o N. é alguma coisa, uma vez que dizer 'Parece-me que o N. é N.' equivale a dizer 'Parece-me que é alguma coisa'" (*De nihilo et tenebris*, em P. L., 105, col. 751). Isso significa que, uma vez que se fale em N., mesmo para dizer que é N., o N. é *algo* de que se fala, ou seja, um objeto em geral. Considerações desse gênero podem parecer puramente dialéticas, mas continuam tendo valor mesmo na lógica contemporânea (cf. GEYMONAT, *Saggi di filosofia neorazionalistica*, Turim, 1953, pp. 101 ss.). Contudo, esse conceito de N. não teve muita acolhida por parte dos filósofos, por razões compreensíveis: não se presta a uso teológico ou metafísico. A melhor ilustração disso na filosofia contemporânea encontra-se em Bergson: "A idéia de abolição ou de N. parcial forma-se durante a substituição de uma coisa por outra, a partir do momento em que tal substituição é pensada por um espírito que preferiria manter a coisa antiga no lugar da nova ou que pelo menos concebe essa preferência como possível. Do lado subjetivo, implica uma preferência; do lado objetivo, uma substituição; não passa de uma combinação ou, antes, de uma interferência entre o sentimento de preferência e essa idéia de substituição" (*Évol. créatr.*, 8ª ed., 1911, pp. 305-6). Isso significa que se diz "não há N." quando não há a coisa que esperávamos encontrar ou que poderia haver, e que a idéia do N. absoluto é uma "pseudo-idéia", tão absurda quanto a de um círculo quadrado (*ibid.*, p. 307). Pode-se insistir um pouco menos no aspecto subjetivo desse conceito de N. e mais no aspecto objetivo; pode-se dizer, por exemplo, que o N. exprime a negação ou a ausência de uma possibilidade determinada ou de um grupo de possibilidades, sem recorrer à noção de preferência ou de substituição; mas a análise de Bergson continua substancialmente correta, tanto em sua tese positiva quanto na negativa. Ademais, está em conformidade com o conceito dos lógicos contemporâneos sobre a negação; por exemplo, com o que Carnap expôs numa crítica ao conceito do N. de Heidegger, que se tornou famosa: para ele, nesse conceito estão resumidos todos os vícios da metafísica. Carnap afirmou então que a única noção de N. logicamente correta é a negação de uma possibilidade determinada; portanto, dizer "Não há N. lá fora" significa "Não há alguma coisa que esteja fora", "$\sim(\exists\, x)\; x$ está fora" ("Überwindung der Metaphysik", em *Erkenntnis*, II, 1931, pp. 229 ss.). E como a negação de que alguma coisa está lá fora implica que alguma coisa *poderia* estar lá fora, nesse sentido a negação é a exclusão de uma possibilidade determinada. [N.A.]

NÃO (al. *Nicht*; it. *Non*). Segundo Heidegger, o N. exprime a limitação fundamental da existência, visto que "o *Dasein*, sendo como poder-ser, está sempre em uma ou em outra possibilidade, mas N. é nunca uma e outra porque, no projeto existenciário, sempre renunciou a uma" (*Sein und Zeit*, § 58). O N. exprime assim a exclusão das possibilidades sempre implícita nas escolhas das possibilidades que o *Dasein* (que é o homem) inclui em seu projeto. Nesse sentido, Heidegger fala do N. como culpa fundamental da existência: "A idéia formal existencial do culpado deve, portanto, ser assim definida: ser fundamento de um ser que é determinado por um N., ou seja, ser fundamento de uma nulidade" (*ibid.*). [N.A.]

NÃO-COGNITIVISMO (in. *Not-cognitivism*; fr. *Non-cognitivisme*; al. *Nonkognitivismus*; it. *Non-cognitivismo*). 1. Em geral, qualquer teoria ética que se oponha ao cognitivismo (em sentido "forte"), ou seja, qualquer doutrina que, em vez de deduzir os juízos morais de supostas descrições de fatos ou de realidade, os extrai de uma série de preferências ou de tomadas de posição do sujeito agente. Usado nessa acepção, o N. inclui teorias díspares, que vão do emotivismo radical de Ayer ao decisionismo de Popper, do emotivismo moderado de Stevenson ao N. racionalista de Hare etc.

2. Em sentido estrito, é a corrente específica de filosofia moral, representada sobretudo por R. M. Hare (mas defendida também por S. E. Toulmin, P. H. Nowell-Smith etc.) que, opondo-se ao objetivismo cognitivista e ao subjetivismo emotivista, insiste no caráter "prescritivo", "universal" e "preponderante" dos juízos éticos (*A linguagem da moral*, 1952). Mesmo rechaçando uma explicação da moral em termos cognitivístico-descritivistas (seja na versão intuicionista, seja na naturalista), Hare, assim como Toulmin (*An Examination of the Place of Reason in Ethics*, 1950), não desistiu de defender a presença da razão em ética e de introduzir, também em moral, formas específicas de argumentação lógico-crítica (*Liberdade e razão*, 1963; *O pensamento moral*, 1981). Por um lado, isso explica por que Hare se declara insatisfeito com o termo N.: "A razão pela qual [...] me exaspera um pouco ser qualificado de não-cognitivista é que esse termo parece implicar que na minha opinião não existem procedimentos racionais para decidir as questões morais" (*Saggi di teoria etica*, 1989, trad. it., Il Saggiatore, Milão, 1992, p. 102). Por outro lado, explica por que ele, para indicar a doutrina segundo a qual a função primordial dos juízos éticos não seria enunciar teses cognitivas ou de fato, mas prescrever esquemas ou modelos comportamentais racionalmente fundamentáveis, prefere discorrer sobre o *não-descritivismo*: "Comecei minha carreira de filósofo moral procurando refutar os emotivistas, cujo irracionalismo não podia aceitar. Mas, ao contrário dos outros adversários, percebi que o errôneo no emotivismo era o irracionalismo, e não o não-descritivismo. Assim, meu objetivo principal foi descobrir uma espécie racionalista de não-descritivismo" (*Comments*, em D. SEANOR e N. FOTION, orgs., *Hare and Critics Essays on 'Moral Thinking'*, Clarendon Press, Oxford, 1988, p. 210). O N. racionalista de Hare (que ele chama de racionalismo não-des-

critivista) diferencia-se programaticamente do N. *irracionalista* dos emotivistas radicais (ao qual é erroneamente associado) e apresenta algumas afinidades com a versão "fraca" do *cognitivismo* (v.). [G.F.]

NÃO-EU (in. *Non-ego;* fr. *Non moi;* al. *Nicht ich;* it. *Non io*). Por este termo Fichte indicava o mundo da natureza e em geral o mundo objetivo, na medida em que é posto pelo Eu mas oposto ao próprio Eu. "Nada há que seja posto originariamente, exceto o Eu; e só ele é posto absolutamente. Por isso, só se pode ter oposição absoluta pondo-se algo de oposto ao Eu. Mas o oposto ao Eu é = Não-Eu" (*Wissenschaftslehre*, 1794, § 2. 9). [N.A.]

NÃO-VIOLÊNCIA (in. *Nonviolence;* fr. *Nonviolence;* al. *Nichtgewalt, Gewaltlosigkeit;* it. *Nonviolenza*). 1. Conjunto de *métodos* e técnicas de luta que têm em comum a rejeição à utilização da violência.

2. Conjunto de *doutrinas* baseadas numa concepção geral do homem, da sociedade e da história.

Os métodos e os ideais da N. foram teorizados e interpretados por pensadores díspares: L. Tolstoi, M. K. Gandhi, S. Weil, B. Russell, W. Benjamin, H. Arendt, A. Capitini, M. L. King, D. Bonhöffer, E. Balducci etc. (v. PAZ; PACIFISMO; VIOLÊNCIA). [G.F.]

NARCISISMO (in. *Narcissism;* fr. *Narcisisme;* al. *Narzissismus;* it. *Narcisismo*). 1. Segundo Plotino, o mito de Narciso representa a situação do homem que, não sabendo que a beleza está dentro dele, procura-a nas coisas externas, nas quais tenta em vão abraçá-la (*Enn.*, I, 6, 8; V, 8, 2). Essa interpretação ganha destaque sobre o pano de fundo da preocupação fundamental de Plotino, que é a da busca interior, ou da interioridade de *consciência* (v.). Algumas vezes, o significado desse mito foi invertido por autores modernos: o narcisismo não representaria a inutilidade da tentativa de buscar no exterior o que é interior, mas o autêntico destino do homem, que é projetar-se para fora de si e amar como tal o que está dentro dele (cf. LAVELLE, *L'erreur de Narcisse*, 1939).

2. Uma forma ou modo de sexualidade, segundo a psicanálise, mais precisamente aquela em que a *libido* (v.) *reinveste* o Ego *desinvestindo* o objeto, de tal modo que o Ego "se comporta em relação aos investimentos objetais como o corpo de um animalzinho protoplasmático que ele emitiu" (FREUD, *Introdução ao narcisismo*, 1914). [N.A.]

NATIVISMO. V. INATISMO.

NATURAL (gr. φυσικός; lat. *Naturalis;* in. *Natural;* fr. *Naturel;* al. *Natürlich;* it. *Naturale*). Os usos deste adjetivo correspondem aos usos fundamentais do termo *natureza*.

1. Correspondendo ao primeiro significado, N. pode ser: o que é produzido pelo princípio do movimento, ou o que se produz por si, espontaneamente. Neste sentido, falou-se de "direito N.", que consiste em conformar-se à ordem espontânea da natureza; ou de "religião N.", que é revelada pela natureza ou através da natureza, ou seja, através da razão ou do coração do homem.

2. Correspondendo ao segundo significado de natureza, chama-se de N. o que se inclui na ordem necessária da natureza, distinguindo-se da ordem sobrenatural, desejada ou estabelecida diretamente por Deus.

No âmbito de ambos os significados, N. contrapõe-se também a *artificial*, por ser aquilo que é produzido pela causalidade da natureza, fora do arbítrio humano.

3. Em correspondência com o terceiro significado de natureza, fala-se, por exemplo, de "coisas N." para dizer "coisas externas", e de "causalidade N." para dizer "causalidade externa".

4. Hoje em dia, a denominação "ciências" N." leva em conta o 4º significado de *natureza* (v.). [N.A.]

NATURALISMO (in. *Naturalism;* fr. *Naturalisme;* al. *Naturalismus;* it. *Naturalismo*). Esse termo tem três significados diferentes:

1º Doutrina para a qual os poderes naturais da razão são mais eficazes que os produzidos ou promovidos pela filosofia no homem. Nesse sentido, Kant dizia: "O naturalista da razão pura admite, por princípio, que através da razão comum, sem ciência (que ele chama de 'razão sã'), pode-se concluir mais sobre as questões superiores da metafísica do que por meio da especulação. Afirma, pois, que o tamanho e a distância da lua podem ser determinados com mais segurança a olho nu que por meio da matemática" (*Crít. R. Pura*, Doutrina do método, cap. IV).

2º Doutrina segundo a qual nada existe fora da natureza e Deus é apenas o princípio de movimento das coisas naturais. Nesse sentido, que é o mais difundido na terminologia contemporânea, fala-se do "*N.* do Renascimento", do "*N.* antigo", do "*N.* materialista" etc.

3º Negação de qualquer distinção entre natureza e supranatureza e tese de que o homem pode e deve ser compreendido, em todas as suas manifestações, mesmo nas consideradas superiores (direito, moral, religião etc.), apenas em relação com as coisas e os seres do mundo natural, com base nos mesmos conceitos que as ciências utilizam para explicá-los. É esse o sentido atribuído ao termo N. por muitos filósofos americanos (Santayana, Woodbridge, Cohen) e pelo próprio Dewey (*Experience and Nature*, cap. III, *passim*). [N.A.]

4º Teoria ética que eleva a natureza (ou alguma entidade ontológica dada) a princípio do bem e norma do bom comportamento. Seus adversários acusam tal doutrina de extrair conclusões éticas de premissas não éticas, ou seja, de definir os conceitos éticos por meio de conceitos extra-éticos (v. FALÁCIA NATURALISTA).

5º Em *filosofia da mente* (v.) indica tanto a persuasão ontológica de que "os eventos e os processos mentais são parte da nossa história natural, assim como a digestão, a mitose, a meiose ou a secreção de enzimas" (J. R. SEARLE, *La riscoperta della mente*, 1992, trad. it., Bollati Boringhieri, Turim, 1994, p. 17), quanto a convicção metodológica segundo a qual as questões relativas à mente podem ser resolvidas no âmbito das ciências naturais (atuais ou futuras). [G.F.]

NATUREZA (gr. φύσις; lat. *Natura*; in. *Nature*; fr. *Nature*; al. *Natur*; it. *Natura*). Para definir este termo, lançou-se mão de uma série de conceitos, entre os quais há alguns pontos em comum. Os principais são os seguintes: 1º princípio do movimento ou substância; 2º ordem necessária ou nexo causal; 3º exterioridade, contraposta à interioridade da consciência; 4º campo de encontro ou de unificação de certas técnicas de investigação.

1º A interpretação da N. como princípio de vida e de movimento de todas as coisas existentes é a mais antiga e venerável, tendo condicionado o uso corrente do termo. "Permitir a ação da N.", "Entregar-se à N.", "Seguir a N." e assim por diante são expressões sugeridas pelo conceito de que a N. é um princípio de vida que cuida bem dos seres em que se manifesta. Foi nesse sentido que Aristóteles definiu explicitamente a N.: "A N. é o princípio e a causa do movimento e do repouso da coisa à qual ela inere primariamente e por si, e não por acidente" (*Fís.*, II, 1, 192 b 20). Como explica o próprio Aristóteles, a exclusão da acidentalidade serve para distinguir a obra da N. da obra do homem. A. N. também pode ser matéria, a admitir-se, como faziam os pré-socráticos, que a matéria tem em si própria um princípio de movimento e de mutação; mas é realmente esse mesmo princípio, portanto a *forma* ou a *substância* em virtude da qual a coisa se desenvolve e torna-se o que é (*Fís.*, II, 1, 193 a 28 ss.). Por esse motivo a N. assume o significado de forma, *substância* ou essência necessária: uma coisa possui sua N. quando alcançou sua forma, quando é perfeita em sua substância. Em conclusão, segundo Aristóteles, a melhor definição da N. é a seguinte: "A substância das coisas que têm o princípio do movimento em si próprias": nesta definição podem ser incluídos todos os significados do termo (*Met.*, V, 4, 1015 a 13). Nesse sentido, a N. é não somente causa, mas causa final (*Fís.*, II, 8,199 b 32). A tese do finalismo da N. costuma estar ligada a esse conceito da N.

Tal conceito, que é a síntese dos dois conceitos fundamentais da metafísica aristotélica (substância e causa), dominou por muito tempo a especulação ocidental e nunca foi completamente obliterado por conceitos diferentes e concorrentes. Por sua causalidade, a N. é o próprio poder criador de Deus: é N. *naturante*. Mas como tal causalidade é inerente às coisas que produz, a N. é a própria totalidade dessas coisas, é N. *naturada*. Essa distinção, que se encontra em Scotus Erigena, mas sem os termos relativos (*De divis. nat.*, III, 1), foi introduzida na escolástica latina por Averróis (*De cael.*, I, 1), sendo amplamente aceita (cf. TOMÁS DE AQUINO, *S. Th.*, II. 1, q. 85, a. 6). Espinosa nada mais fez que expô-la quase nos mesmos termos (*Et.*, I, 29, esc.). A essa distinção, mais precisamente ao conceito de N. naturada, liga-se o outro significado subordinado, de N. como universo ou conjunto das coisas naturais: conceito que coexiste com o de N. como princípio de movimento, por ser seu resultado, e – como veremos – com o de N. como ordem, por designar, neste segundo caso, a N. "material" (*materialiter spectata*).

A exaltação especulativa da N. por parte do naturalismo renascentista recorre ao conceito de N. criadora ou universal. Nicolau de Cusa dizia: "É o Espírito difuso e contraído por todo o universo e por cada uma de suas partes que se chama de N. Portanto, de algum modo a N. é a *complicação* (*complicatio*) de todas as coisas geradas através do movimento" (*De docta ignor.*, II, 10). E Giordano Bruno afirmava: "A N. é Deus mesmo ou a virtude divina que se manifesta nas coisas" (*Summa terminorum*, em *Op. latine*, IV, 101). No mesmo sentido Espinosa identificava a N. com Deus (*Et.*, I, 29, esc.). Esse conceito da N. atravessou o século XVIII e foi reafirmado por Wolff (*Cosm.*, §§ 503-6) e por Baumgarten (*Met.*, § 430). Quando, naquele mesmo século, começou-se a contrapor a N. ao homem e a proclamar-se a "volta à N.", a N. à qual se recorreu continuava sendo a do antigo conceito aristotélico: princípio diretivo inato no homem sob forma de instinto; tal foi o conceito de Rousseau (*De l'inégalité parmi les hommes*, I). Essa noção passou a fazer parte do patrimônio das crenças comuns de nosso mundo, e por isso está presente, mesmo sem se fazer notar, nas mais elaboradas concepções filosóficas.

Como se viu, compreende três conceitos coordenados ou eqüipolentes: *a*) a N. como causa (eficiente e final); *b*) a N. como substância ou essência necessária; *c*) a N. como totalidade das coisas.

2º A segunda concepção fundamental de N. considera-a como ordem e necessidade. A origem dessa concepção está nos estóicos, para os quais "a N. é a disposição a mover-se por si segundo as razões seminais, disposição que leva a cabo e mantém unidas todas as coisas que dela nascem em tempos determinados e coincide com as próprias coisas das quais se distingue" (DIÓG. L., VII, 1, 148). Nesta definição acentuaram-se a regularidade e a ordem do devir à qual a N. preside. A este conceito de N. está ligada a noção de lei natural, que, da Antiguidade ao século XIX, teve grande importância na moral e no *direito* (v.). De fato, a lei natural é a regra de comportamento que a ordem do mundo exige que seja respeitada pelos seres vivos, regra cuja realização, segundo os estóicos, era confiada ao instinto (nos animais) ou à razão (no homem) (DIÓG. L., VII, I, 85). O aristotelismo do Renascimento retoma o conceito de N. como ordem. Em *De fato* (séc. XVI), Pomponazzi defendia explicitamente o *fatum* estóico, que é a necessidade absoluta da ordem cósmica estabelecida por Deus. E o pensamento que fundamenta as primeiras manifestações da ciência moderna, na obra de Leonardo, Copérnico, Kepler e Galileu, é o de ordem necessária e de caráter matemático, que a ciência deve descobrir e descrever. Segundo Leonardo da Vinci: "A necessidade é tema e inventora da N., freio e regra eterna" (*Works*, ed. Richter, n.º 1135). Para Galileu, a N. é a ordem do universo, ordem única que nunca foi nem será diferente (*Op.*, VII, p. 700). A insistência na N. como ordem e necessidade é acompanhada pela negação do finalismo da N., característico da primeira concepção (v. FINALISMO). Esse conceito da N. permaneceu como fundamento da ciência moderna em todo seu período clássico. "A N. é consoante e concordante consigo mesma", dizia Newton (*Optiks*, 1704, III, 1, q. 31), mas foi Boyle quem teve as idéias mais claras sobre isso, afirmando explicitamente: "A N. não deve ser considerada como um agente distinto e separado, mas como uma regra, ou antes como um sistema de regras, segundo as quais os agentes naturais e os corpos sobre os quais eles agem são determinados pelo Grande Autor das coisas a agir e a sofrer ação." Foi esta a concepção da N. aceita por Kant. "Pela expressão 'N.' (em sentido empírico) entendemos a conexão dos fenômenos para sua existência segundo regras necessárias ou leis. Existem, portanto, certas leis *a priori* que antes de tudo tornam possível uma N.; as leis empíricas podem estar presentes e ser descobertas apenas através da experiência, portanto depois das leis originárias graças às quais começa a ser possível a própria experiência" (*Crít. R. Pura*, Anál. dos princ., cap II, seç. 3, Terceira analogia). Em outro lugar Kant distingue a N. *materialiter spectata* da N. *formaliter spectata*: a primeira seria "o conjunto de todos os fenômenos"; a segunda seria "a regularidade dos fenômenos no espaço e no tempo" (*ibid.*, § 26). Mas a primeira nada mais é que o material a que se aplica a segunda, e o conceito da N. continua sendo o de regularidade devida a leis (*Prol.*, § 14). Esta doutrina foi repetida numerosas vezes na filosofia moderna e contemporânea. Entre os últimos que a repetem pode-se lembrar Whitehead, para quem N. é "um complexo de entes em relação", em que a ênfase é posta na relação, atribuindo-se à filosofia natural a tarefa de "estudar como se interligam os vários elementos da N. (*The Concept of Nature*, 1920, caps. I-II; trad. it., pp. 13, 28).

3.º Para a terceira concepção, N. é a manifestação do espírito, ou um espírito diminuído ou imperfeito, que se tornou "exterior", "acidental" ou "mecânico", ou seja, foi degradado de seus verdadeiros caracteres. Essa concepção encontra-se claramente expressa em Plotino: "A sabedoria é o primeiro termo; a N. é o último. A N. é a imagem da sabedoria e é a última parte da alma; como tal, só tem em si os últimos reflexos da razão. [...] A inteligência tem em si tudo; a alma do universo recebe as coisas eternamente, sendo a vida a eterna manifestação do intelecto, mas a N. é o reflexo da alma na matéria. A realidade termina nela, ou até antes dela, pois ela é o termo do mundo inteligível; além dela, só há imitações" (*Enn.*, IV, 4, 13). O conceito de N. como manifestação, no sentido de "exteriorização", com tudo o que a exterioridade tem de diminuído ou degradado em relação à interioridade e à consciência, foi compartilhado (e continua sendo) por todas as metafísicas espiritualistas. É retomado pela teosofia renascentista e encontra-se, por exemplo, em Jakob Böhme (*De signatura rerum*, IX). Mas foi o romantismo que o amplificou e difundiu. Novalis dizia: "O que é a N. senão o índice enciclopédico sistemático ou o plano de nosso espírito?" (*Fragmente*, n.º 1384). Foi Hegel quem expressou do modo mais rigoroso e completo esse conceito: "A N. é a idéia na forma de ser outro", isto é, da "exterioridade" (*Enc.*, § 247). Como tal ela não mostra, em sua existência, liberdade alguma, mas apenas necessidade e acidentalidade. Portanto, "na N. não só o jogo das formas está à mercê de uma acidentalidade desregulada e desenfreada, como também toda forma carece por si mesma de seu próprio conceito". Hegel reconhece que a N. está sujeita a "leis eternas", mas isso não a salva: a N. é pior que o mal. "Quando a acidentalidade espiritual, o arbítrio, chega ao mal, até o mal é algo infinitamente superior aos movimentos dos astros e à inocência das plantas; porque quem assim erra, ainda é espírito, apesar de tudo" (*ibid.*, § 248). É bem verdade que nem toda a filosofia romântica compartilhou a condenação hegeliana da N. Schelling exaltou a N., considerando-a como parte ou elemento da vida divina. Numa obra de 1806, censurava Fichte por encarar a N. ora com um ascetismo grosseiro e insensato, considerando-a puro nada, ora de um ponto de vista puramente mecânico e utilitarista, considerando-a um instrumento de que o Eu Absoluto lança mão para realizar-se (*Werke*, I, VII, pp. 94, 103). Na realidade, ao considerar a N. como manifestação do Absoluto, Schelling não insistia tanto na inferioridade da manifestação em relação ao Princípio que se manifesta, mas sobretudo na estreita relação entre os dois. Esta é a outra alternativa oferecida pela concepção da N. de que tratamos. Por um lado pode-se insistir nos aspectos que distinguem a N. do espírito e que, de algum modo, os contrapõem, quais sejam, exterioridade, acidentalidade e mecanismo, mas, por outro lado, pode-se também ressaltar que a N., como manifestação do espírito, tem em comum com ele seus caracteres substanciais. Foi o que fez Schelling, mas a primeira alternativa costuma prevalecer. O espiritualismo francês do século XIX compartilhou quase unanimemente a tese expressa por Ravaisson no fim de *Rapport sur la philosophie en France au XIX.ème siècle* (1868)": a N. é a degradação, em mecanicismo e necessidade, de um Princípio Espiritual que é espontaneidade e liberdade. Essa concepção também prevaleceu no espiritualismo do século XX graças a Bergson. A N., como exterioridade ou espacialidade, é uma degradação do espírito. É assim que Bergson expõe o projeto de uma teoria do conhecimento da N.: "Seria preciso, com um esforço *sui generis* do espírito, seguir a progressão, ou melhor, a *regressão* do extra-espacial que se degrada em espacialidade. Se nos situarmos primeiramente no ponto mais alto de nossa própria consciência para em seguida deixarmonos cair pouco a pouco, teremos a sensação de que nosso eu se estende em recordações inertes, exteriorizadas umas em relação às outras, em vez de propender a um querer indivisível e agente. Mas isso é apenas o início etc. (*Évol. créatr.*, 11.ª ed., 1911, p. 226). O mesmo sentido de degradação é atribuído à N. na filosofia de Gentile, para quem ela é o "passado do espírito", sendo, pois, um limite abstrato que o espírito volta a incorporar em si e a "dominar" (*Teoria generale dello spirito*, XVI, 18).

4.º A quarta concepção de N. pode ser discernida de modo implícito ou na forma de pressuposto na prática efetiva da pesquisa científica e em algumas análises da metodologia científica contemporânea. Para esta, a N. é definida em termos de *campo* (v.), mais precisamente o campo ao qual fazem referência e em que se encontram (ou algumas vezes se desencontram) as técnicas perceptivas e de observação de que o homem dispõe: as primeiras não são menos complexas que as segundas, apesar de se mostrarem como "naturais", ou seja, passíveis de serem postas em prática sem o concurso de projetos deliberados. A arte faz constante referência às técnicas perceptivas, pois sempre oferece alguma coisa para ser "vista" ou "sentida", mesmo quando pretende ser "abstrata" e prescindir das formas comumente oferecidas pela percepção comum. A ciência natural faz referência às técnicas de observação, pois, mesmo iniciando seu trabalho com a percepção, afasta-se desta rapidamente tanto no que se refere aos instrumentos de observação quanto no que diz respeito aos objetos que consegue identificar (p. ex., "massa", energia", "elétrons", "fótons" etc.), alguns dos quais se comportam de modo muito diferente das "coisas" que são objeto da percepção comum. Hoje, pode-se entender como N. o campo objetivo ao qual fazem referência os vários modos da percepção comum e os vários modos da observação científica, do modo como esta é entendida e praticada nos vários ramos da ciência natural. Nesse sentido a N. não se identifica com um princípio ou com uma aparência metafísica, nem com dado sistema de conexões necessárias, mas pode ser determinada, em cada fase do desenvolvimento cultural da humanidade, como a esfera dos possíveis objetos de referência das técnicas de observação que a humanidade possui. Trata-se, como é óbvio, de uma concepção não dogmática, mas funcional, pois ainda não foram feitas indagações metodológicas suficientes para esclarecê-la; contudo, afigura-se como uma exigência da atual fase da metodologia científica. [N.A.]

NATUREZA, CIÊNCIAS DA. V. CIÊNCIAS, CLASSIFICAÇÃO DAS.

NATUREZA, ESTADO DE (in. *State of nature*; fr. *État de nature*; al. *Naturzustand*; it. *Stato di natura*). Condição do homem, antes da constituição da sociedade civil, segundo a doutrina do *contratualismo* (v.). Já em Platão, no III Livro de *Leis*, encontra-se a noção da condição em que os homens ficaram depois da destruição de suas cidades por enormes catástrofes: "Esta é a condição dos homens depois da catástrofe: uma terrível e ilimitada solidão, a terra imensa e abandonada; mortos quase todos os animais e os bovinos, sobrou apenas um pequeno grupo de cabras, qual mísero resto, para que os pastores recomeçassem a vida" (*Leis*, III, 677 e). Esta não é a descrição de uma condição idílica, assim como não foi idílica a condição que Hobbes atribuiu ao estado de N., a guerra de todos contra todos: "Enquanto vivem sem um poder comum ao qual estejam sujeitos, os homens encontram-se na condição que chamamos de guerra, e tal guerra é de um homem contra o outro" (*Leviath.*, I, 13). Isto acontece porque, sendo iguais por N., os homens também têm os mesmos desejos, e desejando as mesmas coisas procuram preponderar uns sobre os outros (*ibid.*). A fundação do Estado, de um poder soberano, é o único meio para sair da condição de guerra, própria do estado de N.

Por outro lado, na Antiguidade, Sêneca exaltava o estado de N. como uma condição perfeita do gênero humano. Na nonagésima *Epístola a Lucílio*, Sêneca descreve a idade de ouro, em que os homens eram inocentes, felizes e viviam com simplicidade, sem buscar o supérfluo. Além disso, não tinham necessidade de governo e de leis porque obedeciam aos mais sábios. Mas, em certo momento, o próprio progresso das artes levou à avidez e à corrupção, contra as quais se tornou necessária a instituição do Estado. A exaltação do estado de N. tornou-se tema recorrente na filosofia do século XVIII; sua expressão máxima está na obra de Rousseau. Opondo-se a Hobbes, Locke já havia considerado o estado de N. como um estado de perfeição: é "um estado de perfeita liberdade, em que cada um regulamenta suas próprias ações e dispõe de suas posses e de si mesmo como bem lhe aprouver, dentro dos limites da lei da N., sem pedir permissão a ninguém, nem depender da vontade de ninguém" (*Second Treatise on Government*, II, 4). Mas foi Rousseau quem mais exaltou a perfeição do estado de N., argumentando que nessa condição o homem obedece apenas ao instinto, que é infalível (*De l'inégalité parmi les hommes*, I). "Tudo que sai das mãos do Criador é perfeito, tudo degenera nas mãos do homem": era assim que Rousseau começava o *Emílio*. No próprio Rousseau, porém, essa exaltação do estado de N. contrasta com o valor atribuído ao estado civilizado, com base no contrato social; na realidade, em Rousseau a noção de estado de N. constitui o critério ou a norma para julgar a sociedade presente e delinear um ideal de progresso. Após Rousseau, Kant entendia por estado de N. "aquele em que não há justiça distributiva alguma" (*Met. der Sitten*, I, § 41). E Hegel mostrava o equívoco de se ter inventado o estado de N. como condição de fato na qual valesse o direito natural; isso por se interpretar a expressão "direito natural" no sentido de direito existente na N., e não de direito determinado pela N. da coisa (*Enc.*, § 502). A partir de Hegel, a noção de estado de N. deixou de interessar aos filósofos, mas permaneceu como noção à qual o homem comum recorre de bom grado, sendo também utilizada pelas doutrinas políticas utopistas, que freqüentemente projetam o estado de N. como uma perfeição do futuro, e assim fazem também, algumas vezes, as imaginações romanescas da ficção científica. [N.A.]

NATUREZA, FILOSOFIA DA (in. *Philosophy of nature*; fr. *Philosophie de la nature*; al. *Naturphilosophie*; it. *Filosofia della natura*). Esta expressão, diferente da tradicional "filosofia natural" que designa a física ou as ciências naturais em geral, foi empregada pela primeira vez por Kant para designar uma disciplina nitidamente distinta da ciência. Por filosofia da N. ou metafísica da N., Kant entendeu a disciplina que "abarca todos os princípios racionais puros que derivem de conceitos simples (portanto com exclusão da matemática) do conhecimento teórico de todas as coisas" (*Crít. R. Pura*, Doutr. transc. do método, cap. III). Assim entendida, a filosofia da N. é uma das duas partes fundamentais da filosofia (a outra é a filosofia moral) e compreende apenas os princípios *a priori* nos quais se baseia o conhecimento da N., que são os fundamentos da física e das outras ciências teóricas da N., mas não as leis, cuja descoberta, na própria N., cabe à física (*ibid.*, cf. *Crít. do Juízo*, Intr., I).

Depois de Kant a expressão filosofia da N. passou a designar uma disciplina que estuda a N., mas não como ciência. Foi desse modo que Schelling interpretou a filosofia da N., dedicando-lhe a maior parte de sua atividade. Schelling julgava que a ciência baseada na investigação experimental nunca é realmente ciência. De fato, a N. é *a priori*, no sentido de que suas manifestações individuais são determinadas de antemão por sua totalidade, ou seja, pela idéia de uma N. em geral (*Werke*, I, III, p. 279). Substancialmente, a tarefa da filosofia da N. é mostrar que a N. se resolve no espírito (*System der transzendentalen Idealismus*, § 1), e esse objetivo permaneceu inalterado em todas as suas manifestações no séc. XIX; nesse sentido, foi grande a influência de Hegel, que considerou a filosofia da N. como uma das três grandes divisões da filosofia, sendo as outras duas a lógica e a filosofia do espírito. A lógica seria o sistema das determinações puras do pensamento. A filosofia da N. e a filosofia do espírito seriam ambas uma lógica aplicada; à filosofia da N. caberia a tarefa "de levar para a consciência as verdadeiras formas do conceito, imanentes nas coisas naturais" (*System der Phil.*, ed. Glockner, I, pp. 87-8). A filosofia da N., assim entendida, nada mais é que a manipulação arbitrária de conceitos científicos, extraídos de seus contextos, com o fim de reduzi-los a determinações racionais ou pseudo-racionais; continuou assim inclusive quando quis escapar à formulação idealista e foi tratada do ponto de vista realista, como fez Nicolai Hartmann. A *Filosofia da natureza* (1950), deste último, conserva a pretensão de entrever ou reconhecer o valor "metafísico" ou "ontológico" dos resultados da ciência. Deveria ser tarefa da filosofia da N. a *análise categorial* dos conceitos científicos. Hartmann afirma que "o pensamento matemático não pode dizer o que são extensão, duração, força e massa. Neste ponto, insere-se a análise categorial: é aos portadores ou substratos da quantidade que se vinculam os problemas metafísicos de fundo da filosofia da N." (*Philosophie der Natur*, p. 22).

Pode-se dizer que o último e mais restrito conceito de filosofia da N. foi apresentado pelos participantes do Círculo de Viena, nos primórdios do empirismo lógico. M. Schlick considerava a filosofia da N. como a análise do significado das proposições próprias das ciências naturais. "Desse ponto de vista" – dizia ele – "a filosofia da N. não é uma ciência, mas uma atividade dirigida à consideração do significado das leis de N." (*Philosophy of Nature*; trad. in., 1949, p. 3). Neste conceito há ainda alguns vestígios da filosofia como "visão do mundo" ou síntese dos resultados mais gerais das ciências particulares. A metodologia contemporânea, ao contrário, tem acentuado cada vez mais a ilegitimidade de extrair as proposições científicas de seus contextos e de encontrar nelas significados que vão muito além do que o próprio contexto autoriza. Com essa limitação metodológica, a tarefa da filosofia da N. é cortada pela raiz. [N.A.]

Nas últimas décadas a filosofia da N. foi objeto de uma reconsideração historiográfica menos preconceituosa (ou seja, mais disposta a ressaltar não só os lados negativos, mas também os positivos). Além disso, alguns de seus problemas e de suas instâncias teóricas acabaram por achar lugar tanto no âmbito da filosofia da ciência em geral quanto no das ciências especiais (física, biologia etc.), assim como no âmbito de algumas teorias (v. o princípio antrópico) que se situam numa zona fronteiriça entre ciência e metafísica (v. METACIÊNCIA). Diante dessa mudança na situação cultural, alguns estudiosos do fim do século XX voltaram a insistir na inevitabilidade da filosofia da N.: "Pensemos [...] nas discussões sobre a natureza do espaço e do tempo, sobre o determinismo, o indeterminismo e a causalidade, sobre o caráter contínuo ou descontínuo da energia, sobre a infinitude ou finitude do universo, que se realizaram em decorrência dos desenvolvimentos da física contemporânea. Não por acaso [...] estão exatamente entre as mais clássicas questões de filosofia da N. de todos os tempos, e o fato de continuarem a ser discutidas mesmo depois da afirmação, por exemplo, da relatividade e da física quântica indica claramente que não foram resolvidas por tais teorias, mas eventualmente até mais problematizadas" (E. AGAZZI, *Filosofia della natura. Scienza e cosmologia*, Piemme, Casale Monferrato, 1995, p. 4). [G.F.]

NATURISMO (in. *Naturism*; fr. *Naturisme*; al. *Naturismus*; it. *Naturismo*). 1. Doutrina ou crença de que a natureza é o guia infalível para a saúde física e mental do homem, e de que o homem deve "retornar" a ela em seus comportamentos e costumes, afastando-se das criações artificiais e da sociedade. Essa doutrina fundamenta muitas práticas e crenças populares do mundo contemporâneo, após ter sido doutrina filosófica no século XVIII (v. NATUREZA, ESTADO DE).

2. Menos propriamente: culto religioso da natureza. [N.A.]

NÁUSEA (in. *Nausea*; fr. *Nausée*; al. *Ekel*; it. *Nausea*). Experiência emocional de gratuidade da existência, ou seja, da perfeita equivalência das possibilidades existenciais. Essa noção foi introduzida na filosofia por Sartre e por ele ilustrada principalmente no romance intitulado *La nausée* (v. ABSURDO). [N.A.]

A N. sartriana configura-se como uma experiência *ambivalente*, pois, se por um lado se identifica com a descoberta da insensatez e do absurdo da existência, por outro coincide com a tese da origem "humana" dos significados e dos valores. Ora, se no primeiro sentido a N. pode favorecer uma atitude de passiva maleabilidade diante da "viscosidade" do ser, no segundo pode funcionar como plataforma para um novo e criativo exercício de liberdade por parte da consciência, que pode optar por projetar sobre o mundo os significados que ele não possui em si mesmo. Isso explica por que o Sartre do pós-guerra, apesar das conseqüências negativas e paralisadoras da sua primitiva ontologia absurdista, pôde desembocar no caminho de um humanismo da responsabilidade e do compromisso (cf. *O existencialismo é um humanisrno*, 1946; v. ABSURDO). [G.F.]

NAVALHA DE OCKHAM. V. ECONOMIA.

NECESSÁRIO (gr. ἀναγκαῖος; lat. *Necessarius*; in. *Necessary*; fr. *Nécessaire*; al. *Notwendig*; it. *Necessario*). O que não pode não ser; ou o que não pode ser. Esta é a definição nominal tradicional que constitui uma das noções mais uniformes e firmemente estabelecidas na tradição filosófica. Segundo essa definição, "o que não pode ser" é o *impossível*, que é o contrário *oposto* de N., sendo também N., assim como o preto, que é a cor oposta do branco, também é cor. O contraditório do N., o não-N., é a outra modalidade fundamental, o *possível* (v.). As discussões lógicas contemporâneas sobre o N., quando não equivalem à negação expressa ou implícita dessa noção, nada mais são que a reapresentação dessa definição em termos de convencionalismo moderno.

O primeiro a fazer uma análise exaustiva de "N." foi Aristóteles. Ele distinguiu: *a*) o N. como *condição* ou concausa, em virtude do que se diz, por exemplo, que o alimento é N. à vida ou o remédio é N. à saúde, ou que ir a certo lugar é N. para receber certa quantia; *b*) o N. como *força* ou coação, em virtude do que se diz que é N. o que impede ou obsta à ação de um instinto ou uma escolha; *c*) o N. como o que não pode ser de outra forma, que é o sentido fundamental do conceito. De fato, segundo Aristóteles, os outros sentidos podem ser reduzidos a esse: "Diz-se que é N. aquilo a que somos coagidos quando uma força qualquer nos obriga a fazer ou a sofrer alguma coisa que é contra o instinto, de tal modo que a necessidade consiste, neste caso, em não poder fazer ou sofrer de outra forma. O mesmo vale para as condições da vida e do bem, pois quando o bem, a vida ou o ser não pode existir sem algumas condições, estas são chamadas de necessárias, e diz-se que a causa é a própria necessidade" (*Met.*, V, 5, 1014 b 35). No sentido fundamental, as demonstrações são necessárias porque não podem concluir de outra forma, e não podem concluir de outra forma porque as premissas não podem ser diferentes do que são (*ibid.*, 1015 b 7). O significado (*a*) de N. é designado por Aristóteles como necessidade hipotética: é a necessidade que se encontra nas coisas naturais, mais precisamente na matéria delas, porquanto constitui a condição delas (*Fís.*, II, 9, 200 a 30); *De somno*, 455 b 26; *De part. an.*, 639 b 24, 642 a 9). Já Platão havia admitido essa espécie de necessidade, julgando-a um dos constituintes do mundo (juntamente com a inteligência) e identificando-a com a matéria (*Tim.*, 47 d ss.). Finalmente, Aristóteles distingue o que é N. em virtude de uma causa externa e aquilo que é por si próprio a causa da necessidade. As coisas simples são necessárias neste segundo sentido, portanto o são de modo primário e eminente (*ibid.*, 1015 b 10). Mas o conceito de necessidade é sempre o mesmo.

Estas concepções quase não mudaram ao longo da história da filosofia. Os estóicos definiram a necessidade tendo em mente enunciados verbais mais que condições de fato; por isso, chamaram de N. "aquilo que é verdadeiro e não pode revelar-se falso" (DIÓG. L.,VII, 1, 75), onde "não poder revelar-se falso" significa não poder ser diferente. Tampouco as distinções estabelecidas por Tomás de Aquino mudam o conceito do N., conforme a divisão aristotélica das quatro causas. Tomás de Aquino de Aquino enumera: *a*) necessidade *material* (ou *ex principio intrinseco*), no sentido em que se diz que "é N. que tudo o que é composto por contrários se corrompa"; *b*) necessidade *formal*, que é *natural* e *absoluta*, segundo a qual se diz que "é N. que um triângulo tenha os três ângulos iguais a dois retos"; *c*) necessidade *final* ou *utilidade*, segundo a qual se diz que o alimento é N. à vida ou um cavalo é N. à viagem; *d*) necessidade *eficiente*, ou necessidade de *coação*, segundo a qual somos coagidos por uma causa eficiente de tal modo que não se pode agir de outro modo. Em todos os casos, para Tomás de Aquino N. é "aquilo que não pode não ser" (*S. Th.*, I, q. 82, a. 1, I; *De ver.*, q. 22, a. 5). Está claro que essa distinção reproduz a aristotélica. A necessidade material e a final são a necessidade hipotética de Aristóteles; a necessidade por coação tem o mesmo nome em Aristóteles, e tanto para Tomás de Aquino quanto para Aristóteles a necessidade "natural e absoluta" é o significado fundamental da necessidade. Essas distinções, às vezes indicadas com outros nomes, não mudaram durante muito tempo na história da filosofia. Os escolásticos repetem-nas sem alterações, assim como repetem, mesmo acreditando pouco, o significado fundamental de N. como aquilo que não pode ser de outra forma (cf., p. ex., JOÃO DE SALISBURY, *Metalogicus*, II, 13). Avicena, a quem se deve a prevalência do conceito de necessidade em metafísica e em teologia, tanto na escolástica árabe quanto na cristã, partira da distinção aristotélica (*Met.*,V, 5, 1015 b 10, já cit.) entre o que é N. para si e o que é N. para outra coisa (*Met.*, II, 1, 2): distinção que fundamenta a doutrina de Espinosa (*Et.*, I, 33, esc. 1) e foi repetida inúmeras vezes a partir daí.

As primeiras novidades conceituais nessa história uniforme são a definição da necessidade lógica e a introdução do conceito de necessidade *moral* por parte de Leibniz, que distinguiu: *a*) a necessidade *geométrica*, que pertence às verdades eternas e "cujo oposto implica contradição"; *b*) a necessidade *física*, que constitui "a ordem da natureza e consiste nas regras do movimento e em alguma outra lei geral que aprouve a Deus dar às coisas ao criá-las"; *c*) a necessidade *moral*, que é "a escolha do sábio por ser digna de sua sabedoria", ou seja, a escolha do "melhor" (*Théod.*, Disc., § 2). A necessidade física baseia-se na necessidade moral (foi Deus quem escolheu as leis da natureza que constituem a necessidade física e sua escolha foi ditada pelo fato de que eram as melhores possíveis); as necessidades física e moral são chamadas por Leibniz de *hipotéticas*; segundo ele, estas nada têm que ver com a necessidade absoluta, que é a *impossibilidade do contrário* (*Nouv. ess.*, II, 21, 13). Leibniz utiliza essa distinção para defender a liberdade de Deus e a do homem, ao mesmo tempo em que põe a salvo a infalibilidade da previsão divina: "A verdade de que amanhã escreverei não é absolutamente necessária. Mas, supondo-se que Deus a preveja, é N. que ela se verifique, ou seja, é necessária a conseqüência de que ela se realize desde que foi prevista, já que Deus é infalível: isso é o que se chama de necessidade hipotética" (*Théod.*, I, § 37; cf. *Disc. de mét.*, 13). A diferença entre essa doutrina de Leibniz e a tradicional é que esta última considerava uma espécie de necessidade, integrante do significado fundamental do termo, aquilo que Leibniz considera como liberdade e escolha: a necessidade hipotética. Em outras palavras, Leibniz restringiu o significado de necessidade ao que Aristóteles e a tradição aristotélica consideravam como necessidade "primária", "absoluta" ou "natural", dando-lhe o nome de "geométrica" ou "metafísica". A definição leibniziana dessa necessidade como "aquilo cujo oposto é impossível", ou "aquilo cujo oposto é contraditório", serve para limitar sua extensão apenas às verdades matemáticas e a um restrito número de verdades metafísicas. Esse é o resultado importante e duradouro da introdução do conceito de necessidade moral por parte de Leibniz. Quanto a esse conceito, a partir do momento que exclui a necessidade e é a própria definição da determinação livre, pode-se objetar a impropriedade do nome: ele não é "necessidade".

No entanto, foi como tipo ou espécie de necessidade que esse conceito ingressou na filosofia do século XVIII, juntamente com a distinção das formas do N., proposta por Leibniz. Wolff reelaborou essa distinção, identificando: *a*) o absolutamente N., que é "aquilo cujo oposto é impossível ou implica contradição" (*Ont.*, § 279); *b*) o hipoteticamente N., que é "aquilo cujo oposto implica contradição ou é impossível só em dada hipótese ou em determinada condição" (*Ont.*, § 302); *c*) o moralmente N., que é "aquilo cujo oposto é moralmente impossível" (*Phil. pratica*, I, § 115). A diferença entre o absolutamente N. e o hipoteticamente N. é que o primeiro exclui a contingência e o segundo não (*ibid.*, §§ 317-8). Ao contrário de Leibniz, Wolff não reduz necessidade hipotética a necessidade moral, ou seja, a liberdade, mas identifica-a com a necessidade regida pelo princípio de razão suficiente, ou seja, com a causalidade (*ibid.*, §§ 320 ss.). O próprio Wolff afirma que essa sua doutrina da necessidade é idêntica à tradicional, em particular à de Tomás de Aquino (*ibid.*, § 327), com a definição do N. como aquilo que não pode ser de outra forma; e certamente o é, salvo no que se refere ao reconhecimento da necessidade moral. Essa doutrina é simplesmente reproduzida por Kant, que também faz a distinção entre "necessidade material na existência", que consiste no nexo causal, e necessidade "formal e lógica no nexo dos conceitos" (*Crít. R. Pura*, Anal., II, cap. II, seção 3, Postulados do pensamento empírico); distingue ainda dessas duas espécies de necessidade a "necessidade moral", como coação ou obrigação, que é o dever (*Crít. R. Prática*, I, livro I, cap. III; trad. it., p. 96).

A necessidade material é a necessidade real ou hipotética. Kant diz: "Tudo o que acontece é hipoteticamente N.; esse é um princípio que subordina a transformação no mundo a uma lei, a uma regra da existência necessária, sem a qual a natureza não existiria" (*Crít. R. Pura*, 1. c). Na realidade, para Kant o nexo causal é "hipotético", porque a considera aberta nos dois lados e não acha legítimo considerá-la fechada como totalidade ou série absoluta. Obviamente, se isso acontecesse, a necessidade hipotética tornar-se-ia necessidade absoluta ou geométrica. Schopenhauer, por sua vez, achava que a necessidade não tinha outro sentido além de "inevitabilidade do efeito quando a causa foi posta", considerando até contraditório falar de um ser "absolutamente necessário", ou seja, "necessário sem condições" (*Über die vierfache Wurzel des Satzes vom zureichenden Grunde*, § 49). Mas, com o idealismo romântico, foi a necessidade absoluta que assumiu o papel mais importante. Fichte afirmava: "Qualquer coisa realmente existe, existe por absoluta necessidade; e existe necessariamente na forma precisa em que existe. É impossível que não exista ou que exista de outra forma" (*Grundzüge des gegenwärtigen Zeitalters*, 9). Absoluto também era o significado da necessidade que Hegel definia como "unidade de possibilidade e realidade", definição que exprime a "presença da totalidade das condições" em cada momento do real, portanto da plena e absoluta necessidade do real. "Quando se têm todas as condições" – diz Hegel – "a coisa deve tornar-se real" (*Enc.*, § 147). "O N. é mediado por um círculo de circunstâncias: é assim porque as circunstâncias são assim e ao mesmo tempo é assim imediato, e é assim porque é" (*ibid.*, § 149). Desse modo a necessidade torna-se alma da realidade, *dialética* (v.) da Razão Real ou da Realidade Racional. Essa extensão da necessidade ao infinito não renova, como é óbvio, as características do conceito, que continua sendo o mesmo definido por Aristóteles; assim como essas características não são renovadas pelo uso contemporâneo desse conceito, que mais insiste na necessidade do real, em seus diversos graus e formas: Nicolai Hartmann (cf. especialmente *Möglichkeit und Wirklichkeit*, 1938) (v. POSSÍVEL).

Agora podemos lançar uma vista d'olhos na sorte que a filosofia contemporânea deu às três formas do N., comumente admitidas a partir de Wolff, provando que esse conceito realmente não foi inovado.

1ª o moralmente N., o obrigatório ou o que é de dever, embora algumas vezes continue recebendo esse nome, não pode ser incluído nas formas do N.;

2ª o hipoteticamente N., identificando-se com o *causal* (v.) ou o *condicional* (v.), compartilha o destino desses conceitos;

3ª é ao absolutamente N., ao N. "geométrico" ou "lógico", que se faz mais freqüentemente referência no domínio do saber filosófico e científico. Wittgenstein diz: "Existe apenas uma necessidade lógica, e assim existe apenas uma impossibilidade lógica" (*Tractatus*, 6.375).

Quase todos os lógicos contemporâneos subscrevem ou admitem implicitamente essa tese de Wittgenstein. Não há acordo entre eles, no entanto, quanto à definição de necessidade lógica. As principais doutrinas a respeito são: *a*) doutrina da *ana-*

liticidade; b) doutrina da *regra; c*) doutrina da *imunidade; d*) doutrina da *qualidade*.

a) A primeira é herdeira da definição leibniziana da necessidade lógica como "impossibilidade do contrário". Peirce dizia que *lógica* ou *essencialmente* N. é aquilo que uma pessoa que não conhece os fatos, mas está perfeitamente a par das regras do raciocínio e das palavras implícitas no raciocínio, sabe que é verdadeiro. Tal pessoa, por exemplo, não sabe se existe ou não um animal chamado *basilisco* ou se existem coisas como serpentes, galinhas e ovos, mas sabe que todo basilisco nasceu de um ovo de galinha chocado por uma serpente. "Isso é essencialmente N. porque é isso que a palavra *basilisco* significa" (*Coll. Pap.*, 4.67). Lewis, por sua vez, disse que "uma asserção é logicamente necessária se, e somente se, o contraditório dela é incompatível consigo mesmo" (*Analysis of Knowledge and Valuation*, 1946, p. 89), que nada mais é que uma reformulação da definição de Leibniz. No mesmo sentido Strawson disse que "uma asserção é necessária quando é a contraditória de uma asserção inconsistente" (*Intr. to Logical Theory*, 1952, p. 22). Carnap, observando que o conceito de necessidade lógica é comumente entendido no sentido de que se aplica a uma proposição *p* "se e somente se a verdade de *p* se baseia em razões puramente lógicas e não dependentes da contingência dos fatos, em outras palavras, se a pressuposição de não-*p* conduz a uma contradição lógica, independentemente dos fatos", identificou necessidade lógica com verdade lógica e definiu a verdade lógica, na esteira de Leibniz, como a verdade que é válida em todos os mundos possíveis, ou, em sua terminologia, é válida em qualquer *descrição de estado* de um sistema. Sua definição da descrição de estado esclarece esse conceito: "Uma classe de enunciados em S1 que, para cada enunciado atômico, contém esse enunciado ou sua negação, mas não ambas as coisas nem outro enunciado, é chamado de descrição de estado em S1, porque ele obviamente dá a descrição completa de um possível estado do universo dos indivíduos em relação a todas as propriedades e relações expressas pelos predicados do sistema. Assim, as descrições de estado representam os mundos possíveis de Leibniz ou os possíveis estados de coisas de Wittgenstein" (*Meaning and Necessity*, §§ 2 e 39). Essa é a expressão mais rigorosa que a tese da redução da necessidade à analiticidade já teve. No entanto, não deixou de ser criticada (cf., p. ex., QUINE, *From a Logical Point of View*, II; A. PAP, *Semantics and Necessary Truth*, pp. 150 ss.).

b) A segunda interpretação de necessidade lógica reduz a simples *regras* os enunciados a que tal necessidade se aplica: regras de transformação ou, mais simplesmente, regras lingüísticas. A doutrina segundo a qual as "verdades necessárias" da matemática (p. ex., a famosa proposição de que falava Kant, "7 + 5 = 12") nada mais são do que regras de transformação que permitem inferir uma fórmula de outra, permitindo, portanto, a possibilidade de substituições recíprocas das fórmulas, já foi exposta pelo Círculo de Viena, especialmente por Schlick, e reaparece freqüentemente na literatura contemporânea (cf., p. ex., K. BRITTON, em *Proceedings of the Aristotelian Society*, 21º, 1947), assim como, aliás, também reaparece a doutrina segundo a qual as proposições analíticas (ou tautologias) que constituem as "verdades necessárias" da lógica nada mais são que regras lingüísticas ou, mais precisamente, regras semânticas. De fato o enunciado "todos os solteiros são não casados" pode ser interpretado como uma regra para o uso da palavra "solteiro", regra extraída do uso. Não é muito concludente a objeção algumas vezes formulada contra essas doutrinas, de que elas privariam a verdade N. do nível de "proposição" porque uma proposição é sempre verdadeira ou falsa, enquanto uma regra, ao contrário, é sobretudo útil, conveniente, correta etc. (cf., p. ex., PAP, *op. cit.*, pp. 179 ss.); não é concludente porque demonstra apenas a incompatibilidade entre essa interpretação de verdade N. e o conceito tradicional de proposição.

c) A terceira interpretação da necessidade lógica é a dada por Quine, segundo quem ela seria a *imunidade* concedida a certas proposições em matemática e lógica, porquanto, em vista do caráter central que ocupam no sistema, sua revisão perturbaria enormemente esse sistema, cujas características fundamentais tendemos a conservar na medida do possível. Desse ponto de vista, N. não significaria "aquilo que não pode ser de outra maneira", mas sim "aquilo sem o que não se quer passar", não porque seja impossível passar sem ele, mas porque assim é preferível. Essa interpretação baseia-se na rejeição à distinção entre verdades analíticas (ou de razão) e verdades sintéticas (ou de fato), na qual se fundamentam as interpretações estudadas em (*a*) (QUINE, *Methods of Logic*, p. XIII; *From a Logical Point of View*, II e VIII). Tal interpretação obviamente equivale à eliminação do próprio conceito de necessidade.

d) A quarta interpretação considera a necessidade como uma *propriedade intrínseca* das proposições, consideradas como objetos, no sentido de Carnap: precisamente uma propriedade que as proposições possuem antes da formulação das convenções lingüísticas. Desse ponto de vista, "explicar a necessidade dos princípios tradicionais da inferência dedutiva em termos de convenções lingüísticas significa pôr o carro à frente dos bois". Esta é a tese de A. PAP (*Semantics and Necessary Truth*, espec. cap. 7; cf. também "Necessary Propositions and Linguistics Rules", em *Archivio di filosofia*, 1955, pp. 63-105). Segundo essa doutrina, a necessidade lógica não se distingue de uma *qualitas occulta*.

Dessas quatro interpretações, a única que não equivale à negação da necessidade é a primeira, que a identifica com analiticidade ou tautologicidade. Trata-se de uma interpretação intimamente ligada ao conceito que Wittgenstein expôs sobre a tautologia: "Entre os possíveis grupos de condições de verdade dão-se dois casos extremos: em um, a proposição é verdadeira *para todas as possibilidades de verdade* das proposições elementares, e nesse caso dizemos que as condições de verdade são tautológicas; no outro, a proposição é falsa *para todas as possibilidades de verdade*: as condições de verdade são contraditórias" (*Tractatus*, 4. 46). Por conseqüência, "a tautologia não tem condição de verdade porque é incondicionalmente verdadeira, e a contradição em condição alguma é verdadeira" (*ibid.*, 4.461). Isso equivale a dizer que uma afirmação incondicionalmente verdadeira, ou seja, uma tautologia, uma proposição N., como se queira chamá-la, é aquela que esgota todas as gamas de *possibilidades*. Este também é o significado da doutrina de Carnap sobre a verdade lógica como "descrição de estado", ou seja, como verdade válida para todos os mundos possíveis ou para todos os possíveis estados de coisas. Desse ponto de vista, há necessidade sempre que é possível enumerar todas as possibilidades, e necessidade equivale, praticamente, a *omnipossibilidade*. Não se trata de doutrina recente. No século XIV, Ockham só considerava N. as proposições condicionais ou equivalentes ou as que tratam do possível, como, por exemplo, "Se existe homem, o homem é animal racional", ou "Todo homem pode ser animal racional" (*Quodl.*, V, q. 15). Como apenas convenções lingüísticas de outra natureza podem limitar convenientemente a gama de possibilidades a que uma proposição faz referência, está claro que esse conceito de necessidade é inteiramente redutível a convenção. [N.A.]

As semânticas de *mundos possíveis* (v.) possibilitaram um tratamento rigoroso – do ponto de vista lógico – dos conceitos modais (v. MODALIDADE), como o de N. No âmbito dessa semântica, um enunciado será N. em relação a um dado mundo *w* se for verdadeiro em todos os mundos acessíveis a *w*. Em *Naming and Necessity* (1971) Saul Kripke propôs distinguir o conceito (metafísico) de N. do conceito de *a priori*, que tem caráter epistemológico: tal distinção está estreitamente ligada à teoria kripkiana segundo a qual os nomes próprios e os nomes de gêneros naturais são isentos de significado (designam diretamente os objetos a que se referem). [M.M.]

NECESSIDADE[1] (gr. χρεία ou ἀνάγκη; lat. *Necessitas*; in. *Need*; fr. *Besoin*; al. *Bedürfniss*; it. *Bisogno*). Em geral, dependência do ser vivo em relação a outras coisas ou seres, no que diz respeito à vida ou a quaisquer interesses. Nesse sentido, fala-se de "N. materiais", "N. físicas", "N. espirituais", "N. de disciplina", "N. de "regras", "N. de liberdade", "N. de afeto", "N. de felicidade", "N. de ajuda", "N. de comunicação" etc. Qualquer tipo ou forma possível de relação entre o homem e as coisas, ou entre o homem e os outros homens, pode ser considerado sob o aspecto da N., implicando que o ser humano depende dessas relações. Na história da filosofia, a noção de N., nesse sentido (v. NECESSÁRIO), foi tratada sob duas perspectivas: 1º) mais freqüentemente do ponto de vista *moral*, ou seja, como atitude por tomar-se diante das N., se de limitação ou de incentivo, ou de que modo e em que grau limitá-las; 2º) com menos freqüência, do ponto de vista da importância e do significado que a N. tem em relação ao modo de ser do homem, da possibilidade que ela representa para ele compreender e descrever sua existência. O problema da disciplina das N., ou seja, da sua limitação qualitativa e quantitativa, é o problema da virtude, em especial da virtude ética, e seus desdobramentos históricos devem ser vistos no verbete *Virtude*. Aqui, cabe analisar o problema da N. como símbolo, sintoma ou elemento da condição humana. Na Antiguidade, Platão parece ter reconhecido o valor da N.: esse parece ser o significado da importância por ele atribuída ao amor, que, em *O banquete* (204-5), interpretou em seu significado mais amplo como falta e busca do que falta. Além disso, em *República* (II, 369 b ss.), ele atribui a origem do Estado à N.: "Quando um homem se reúne com outro em vista de uma N., e com outro homem em vista de outra N., e quando essa multiplicidade de homens reúne no mesmo local vários homens que se associam para se ajudar, damos a essa sociedade o nome de Estado." É menos explícita a noção de N. encontrada na filosofia de Aristóteles: este certamente não ignora o seu peso na vida individual e social do homem (como demonstra sua *Política*), mas não lhe atribui função específica: mesmo a origem do Estado, para ele, deve-se à exigência de viver feliz, o que significa sobretudo vida virtuosa (*Pol.*, VII, 2, 1324 a 5 ss.). A filosofia pós-aristotélica desinteressa-se das necessidades, ainda que Epicuro aconselhe a satisfazê-las (*Mass. capit.*, 26; *Fr.* 200, Usener), pois está muito ocupada em esboçar o ideal de sábio, dedicado à vida puramente contemplativa. Tampouco lançam mão da N. para interpretar a realidade humana a filosofia medieval e a moderna, que preferem enfatizar os elementos ou os caracteres que dão destaque à independência do homem em relação ao mundo, e não à sua dependência. Mesmo falando de um "sistema de N.", Hegel prefere dizer que a

N. é dominada pelo homem, e não o contrário: "O animal tem um círculo limitado de meios e modos de satisfazer às suas N., que são igualmente limitadas. O homem, ainda que dependa delas, demonstra, ao mesmo tempo, que as supera e universaliza, sobretudo através da multiplicação das N. e dos meios, bem como através da decomposição e da distinção da N. concreta" (*Fil. do dir.*, § 190). A primeira afirmação clamorosa da importância das N., para a interpretação do que o homem é ou pode ser, seria vista na filosofia de Schopenhauer, que interpretou como N. – portanto como falta e dor – a *vontade de vida* que constitui a essência numênica do mundo. "A base de qualquer vontade é N., falta, ou seja, dor, à qual o homem está vinculado desde a origem, por natureza" (*Die Welt*, 1819, I, § 57). Fora da metafísica, no terreno da antropologia, quem insistiu no estreito nexo entre N. e natureza humana foi L. Feuerbach (*Grundsätze der Philosophie der Zukunft*, 1844). Marx, nas obras de juventude (*Economia e filosofia*, 1844 e *Ideologia alemã*, 1845-1846), acentuou a importância das N. e, portanto, do trabalho destinado a satisfazê-las, chegando a tomá-las como tema fundamental de sua antropologia (v. PESSOA). Na filosofia contemporânea, além do marxismo, a importância da noção de N. para a interpretação da realidade humana é ressaltada de um lado pelo naturalismo e de outro pelo existencialismo. Dewey, por exemplo, ao insistir na "matriz biológica" das atividades humanas (portanto também da lógica), vê a N. como ruptura do instável equilíbrio orgânico e o início da busca que tende a restabelecê-lo (*Logic*, cap. II, trad. it., p. 63). Por outro lado, na definição de "ser-no-mundo" por Heidegger, em que a existência do homem consiste em *cuidado* [*cura*] (v.), o homem depende do mundo, "está lançado no mundo, que domina as possibilidades humanas de relações com as coisas e com os outros homens" (*Sein und Zeit*, §§ 39 ss., cf. § 20). A noção de N. que emerge dessas considerações não é de estado provisório de falta ou deficiência (tem-se necessidade de ar, apesar de este existir em abundância), mas de estado ou condição de *dependência* que caracteriza de modo específico o homem e, em geral, o ser finito no mundo. [N.A.]

NECESSIDADE[2]. V. NECESSÁRIO.

NECESSIDADE – DESEJO. V. DESEJO.

NECESSITARISMO (in. *Necessitarianism*; fr. *Nécessitarisme*; it. *Necessitarismo*). Este termo, muito usado em inglês, é útil para indicar o conjunto das doutrinas que, de alguma maneira, atribuem posição eminente ao conceito de necessário ou o utilizam sistematicamente. Podem ser enumeradas pelo menos três doutrinas fundamentais desse gênero:

1ª A doutrina que admite o *destino*, a ordem finalista ou providencial do mundo como ordem que determina necessariamente todas as coisas e a cada coisa garante o melhor resultado. Esta doutrina pode ser chamada de providencialismo ou fatalismo, mas este último termo é empregado apenas por quem a combate ou pelo menos se opõe a alguns de seus aspectos (v. DESTINO; PROVIDÊNCIA). O significado de necessário ao qual tal doutrina faz referência é o *a*) de Aristóteles e *c*) de Tomás de Aquino.

2ª A doutrina segundo a qual a ordem do mundo consiste no nexo causal universal; faz referência ao necessário no significado *a*) de Aristóteles, *d*) de Tomás de Aquino, *b*) de Leibniz, de Wolff e de Kant. Trata-se do determinismo rigoroso ou clássico, que melhor seria chamar de causalismo (v. CAUSALIDADE; DETERMINISMO).

3ª A doutrina segundo a qual a necessidade constitui o significado primário e fundamental do ser, utilizando-o como critério para a avaliação e a análise de todas as coisas existentes. Esse significado de N. é certamente o mais importante e fundamental, ao qual o termo deveria referir-se de preferência. Para essa doutrina, o necessário é a categoria fundamental, o horizonte geral que abrange todos os instrumentos de investigação e explicação que é possível utilizar. Freqüentemente essa doutrina não admite a necessidade no mesmo sentido da 1ª e da 2ª; Aristóteles e Tomás de Aquino, por exemplo, que podem ser considerados exemplos importantes dessa doutrina, embora admitindo a necessidade do destino, não admitem a necessidade causal absoluta; no entanto são necessitaristas no sentido de que, para eles, o significado fundamental do ser é a necessidade, e de que esse significado está presente na construção de todos os conceitos fundamentais de sua filosofia. No mesmo sentido, é necessitarista a doutrina de Hegel e são necessitaristas todas as doutrinas que se inspiram no idealismo romântico. Mas o aparato conceitual do N. difundiu-se muito além desta ou daquela doutrina: conceitos como os de causa e substância, com todas as suas inferências, que são numerosíssimas, dominam ainda vastas zonas do discurso comum, científico e filosófico e induzem seu sentido necessitarista nas análises da ciência e da filosofia. [N.A.]

NEGAÇÃO (gr. ἀπόφασις; lat. *Negatio*; in. *Negation*; fr. *Négation*; al. *Verneigung*, *Negation*; it. *Negazione*). Termo com o qual se pode designar tanto o ato de negar quanto o conteúdo negado, ou seja, a *proposição negativa*, chamada em grego ἀπόφασις (lat. *negatio*: Boécio) e definida como "enunciado que divide algo de algo" (*De interpr.*, 17 a 26), porquanto, segundo a mesma doutrina aristotélica, separa ou afasta dois conceitos. Substancialmente, a tradição lógica subseqüente conservou essa doutrina, portanto este significado, do termo N.; foram só os seguidores da teoria do juízo como assentimento (Rosmini, Fr. Brentano, Husserl) que consideraram a N. como ato de contestação (recusa, repúdio, *Verneigung*) de uma representação ou idéia. [G.P.]

Na qualidade de operação lógica, a N. anteposta a dado enunciado p. transforma-o no seu contraditório "não-p" ("¬ p"), pelo que, se p é verdadeiro, então não-p é falso, e se p é falso, não-p é verdadeiro. Já os estóicos haviam distinguido a N. aplicada aos enunciados ("não chove", "não: Todos os homens são sábios" etc.) da N. aplicada aos termos ("não-homem", "não-casa" etc.) com a qual, em geral, se pretende designar tudo o que não pertence a dado conjunto de objetos (operação de "complementação"). A partir do século XVII, porém, dentro da tradição silogística, na qual é dominante a relação entre classes ou conjuntos de objetos, impõe-se cada vez mais a tentativa de transformar enunciados negativos em enunciados afirmativos com predicado negado – ou seja, procura-se transformar sistematicamente a negação enunciativa na operação de complementação. Na simbologia polonesa, a operação de N. é representada pelo símbolo "N" anteposto ao símbolo do enunciado por negar; na simbologia de Russell-Whitehead a N. é representada com o símbolo "~"; atualmente prevalece o uso do símbolo "¬". Na lógica clássica, a N. interliga as operações de disjunção (v.) e conjunção (v.) por meio das leis de De Morgan (v.); está presente, ademais, em numerosas outras leis lógicas como o terceiro excluído (v.), a lei de contraposição (v.), a lei da dupla N, segundo a qual a negação da negação de dado enunciado p equivale à afirmação de p ("¬¬ p ↔ p"). [M.M.]

NEGATIVO (gr. ἀποφατικός; lat. *Negativus*; in. *Negative*; fr. *Négatif*; al. *Negativ*; it. *Negativo*). Aquilo que efetua ou implica uma negação, ou seja, uma exclusão de possibilidade. Uma entidade N. (p. ex., uma proposição) não implica que subsiste a entidade positiva correspondente à qual depois é acrescentada a negação, mas é simplesmente a exclusão de uma possibilidade e, na maior parte das vezes, de uma possibilidade formulada somente com o fim de excluí-la.

Os múltiplos usos desse termo podem integrar-se neste significado fundamental. "Resultado N." de um experimento significa exclusão de certa possibilidade de interpretação ou de explicação. "Efeito N." de certa operação significa exclusão daquilo que se esperava ser possível a partir da operação. "Atitude N." em relação a uma doutrina ou a uma coisa qualquer é a atitude que exclui a possibilidade de que a doutrina seja verdadeira ou de que a coisa tenha um valor qualquer etc. [N.A.]

NEGÓCIOS, ÉTICA DOS (in. *Business ethics*; fr. *Éthique des affaires*; al. *Geschäften Ethik*; it. *Etica degli affari*). Setor da ética aplicada que se dedica à análise e à justificação de práticas, organizações e instituições ligadas ao setor da economia e dos N. Constituída como setor disciplinar autônomo nos anos 1970, por meio de um intercâmbio interdisciplinar fecundo com a economia, as ciências sociais e o direito, a ética dos N. tende a dividir-se em: a) *macroética* dos N., que consiste na avaliação moral das instituições econômicas de base, como o mercado, a economia planificada, o Estado do bem-estar social etc.; b) *mesoética* dos N., que consiste na avaliação moral das organizações intermediárias e das empresas; c) *microética* dos N., que consiste na avaliação moral de opções e comportamentos presentes no âmbito de determinados papéis ou relações profissionais (acionistas, administradores, empregados, clientes etc.) (cf. L. SACCONI, *Etica degli A.*, Il Saggiatore, Milão, 1991, pp 9 ss.). A ética dos N., mesmo submetendo suas asserções a rígida verificação lógica, lingüística e metodológica, tende a *prescrever* (e não simplesmente a descrever) determinados modelos comportamentais, representando pois uma manifestação do renascimento da ética normativa do fim do século XIX (v. ÉTICA). [G.F.]

NEO-ARISTOTELISMO (in. *Neo-aristotelianism*; fr. *Néo-aristotélisme*; al. *Neoaristotelismus*; it. *Neoaristotelismo*). 1. Toda teoria que se inspire em alguns aspectos básicos do pensamento de Aristóteles (v. ARISTOTELISMO).

2. Corrente filosófica do século XX, caracterizada pela retomada de posições aristotélicas, no campo da ética. Tal retomada, que se inscreve no movimento mais geral de "reabilitação da filosofia prática" (v.), é qualificada: 1) pela tese da autonomia da *praxis* em relação à *theoria* e pela correlata convicção de um estatuto epistemológico autônomo *da episteme pratiké*; 2) pelo esforço de recompor a fratura moderna entre razão e decisão, fatos e valores, meios e fins; 3) pela revalorização da idéia aristotélica de *phronesis* (v. SABEDORIA); 4) pela renovação da interligação entre moralidade e eticidade, ética e política, dimensão individual e dimensão comunitária. Interligação que os neo-aristotélicos contrapõem à moral individualista e consciencialista dos modernos, na convicção de que o "lugar" próprio do ser-homem é a pólis ou o *ethos*; 5) pela reivindicação do caráter histórico-contextual, portanto "perspéctico" e "local" da razão, concebida como órgão que nunca existe em estado "puro" e "universal", mas apenas na particularidade concreta das várias tradições sociais e lingüísticas. Preparado por estudiosos como Leo Strauss, Eric Voegelin e Hannah Arendt, o N. tem seus maiores expoentes em autores como Hans Georg Gadamer, Joachim Ritter, Wilhelm Hennis, Helmut Kuhn, Otfried Höffe e Rüdiger Bubner. De orientação neo-aristotélica são também o *co-*

munitarismo (v.) de MacIntyre e a filosofia da *responsabilidade* (v.) de Jonas. Ao N. se relaciona-se e contrapõe-se o *pós-kantismo* (v.). [G.F.]

NEOCONTRATUALISMO (in. *Neo-contractualism*; fr. *Néo-contractualisme*; al. *Neokontraktualismus*; it. *Neocontrattualismo*). 1. Teoria filosófico-política que extrai os princípios fundamentais da sociedade das escolhas hipotéticas realizadas por hipotéticos sujeitos em circunstâncias hipotéticas ("posição originária" de Rawls, "estado de natureza" de Nozick). O novo contratualismo distancia-se da tradição utilitarista que dominou historicamente o cenário cultural dos países de língua inglesa por mais de um século; reporta-se explicitamente à "conhecida teoria do contrato social, na forma encontrada [...] em Locke, Rousseau e Kant", mesmo se diferenciando dela em muitos pontos, a começar do caráter totalmente hipotético ou teórico (e não histórico ou realístico) da "condição inicial" (J. RAWLS, *Uma teoria da justiça,* 1971, trad. it., Feltrinelli, Milão, 1984, p. 26). Condição que Rasvls, o maior expoente do N. atual, descreve como uma "assembléia" de seres racionais que fazem escolhas éticas em conformidade com os princípios de justiça (v.) e Nozick como um lugar de anarquia do qual não se sai por obra de um consenso ou contrato recíproco e racionalmente fundamentado, mas sim graças a uma misteriosa e imperscrutável "mão invisível" de smithiana memória.

2. Em sentido lato, qualquer teoria, não somente política, mas também ética, que reconheça no "contrato" (histórico ou hipotético, expresso ou presumido) o procedimento típico por meio do qual ocorre a identificação dos princípios que devem reger a vida em comum. [G.F.]

NEOCRITICISMO (in. *Neo-criticism*; fr. *Néocriticisme*; al. *Neukantianismus*; it. *Neocriticismo*). Movimento de "retorno a Kant" iniciado na Alemanha em meados do século passado e que deu origem a algumas das mais importantes manifestações da filosofia contemporânea. As características comuns de todas as correntes do N. são as seguintes: 1.ª negação da metafísica e redução da filosofia a reflexão sobre a ciência, vale dizer, a teoria do conhecimento; 2.ª distinção entre o aspecto psicológico e o aspecto lógico-objetivo do conhecimento, em virtude da qual a validade de um conhecimento é completamente independente do modo como ele é psicologicamente adquirido ou conservado; 3.ª tentativa de partir das estruturas da ciência, tanto da natureza quanto do espírito, para chegar às estruturas do sujeito que a possibilitariam.

Na Alemanha, a corrente neocriticista foi constituída pelas seguintes escolas: 1.º de Marburgo (*Marburger Schule*), à qual pertenceram F. A. Lange, H. Cohen, P. Natorp, E. Cassirer, e à qual também se liga, em parte, Nicolai Hartmann; 2.º de Baden (*Badische Schule*), fundada por W. Windelband e H. Rickert, 3.º historicismo alemão, com G. Simmel, G. Dilthey, E. Troeltsch etc. Esta última escola formulou o problema da história analogamente ao modo como as outras escolas kantianas formulavam o problema da ciência natural (v. HISTORICISMO). Fora da Alemanha, vinculam-se à corrente neocriticista C. Renouvier e L. Brunschvicg, na França, S. H. Hodgson e R. Adamson, na Inglaterra, e Banfi, na Itália. [N.A.]

NEO-ELEATISMO (in. *Neo-eleatism*; fr. *Neoéléatisme*; al. *Neoeleatismus*; it. *Neoeleatismo*). Expressão com que se entende o "Retorno a Parmênides" proclamado por E. Severino a partir de um ensaio de 1964 (depois incluído em *L'essenza del nichilismo,* 1972, 1982[2]). Os pontos mais importantes do N. – que considera que a totalidade do ser deve ser pensada em termos eleáticos, ou seja, excluindo qualquer contaminação lógica e ontológica do ser com o nada – são os seguintes:

a) negação da realidade do dever e da nulidade dos entes ("A extrema evidência – a oscilação das coisas entre o ser e o nada – é a extrema loucura");

b) afirmação da eternidade e necessidade do ser (o qual "não nasce e não morre", não havendo "um tempo, uma situação em que o ser não seja");

c) interpretação da metafísica como forma de niilismo baseada numa série de estratégias de salvação exemplificadas pela construção ilusória de um conjunto de "Imutáveis", que culminam na idéia cristã de Deus;

d) concepção da técnica como expressão cabal de uma ontologia violenta que, assimilando o ente ao não-ente, considera que ele pode ser "produzido, destruído, criado, aniquilado, manipulado, transformado, devastado, controlado, dominado, desfrutado sem nenhum limite" (*La tendenza fondamentale del nostro tempo,* Adelphi, Milão, 1988, p. 172) (v. DEVIR; SER; METAFÍSICA; NIILISMO; TÉCNICA). [G.F]

NEO-EMPIRISMO. V. EMPIRISMO LÓGICO.

NEO-ESCOLÁSTICA (in. *Neo-scholasticism;* fr. *Néoscolastique*; al. *Neuscholastik*; it. *Neoscolastica*). Este termo, cunhado por D. Mercier, docente em Lovaina de filosofia tomista e fundador da *Revue néoscolastique de philosophie,* em 1894, pode ser usado de dois modos: em sentido estrito coincide com o *neotomismo* (v.), enquanto em sentido amplo designa o movimento de renascimento da filosofia escolástica cristã e compreende não só o neotomismo, que é sua corrente mais importante, mas também outras correntes medievais, como a escola franciscana, orientações teóricas inspiradas no agostinismo, como o espiritualismo cristão, e orientações historiográficas de estudo da filosofia medieval desenvolvidas no século XX por autores de diferente postura filosófica. Em tal conceito de N. estão compreendidas várias expressões cujo objeto é repropor e desenvolver não só o pensamento de Tomás de Aquino como também o de outros grandes pensadores da escolástica medieval; para tal fim, por exemplo, deu-se início à nova edição da obra completa de Tomás de Aquino, e foi publicada a obra completa de São Boaventura. [G.G.]

NEOGNOSTICISMO. V. GNOSTICISMO.

NEO-HEGELIANISMO (in. *Neo-hegelianism;* fr. *Néo-hegélianisme;* al. *Neuhegelianismus;* it. *Neohegelismo*). Retorno ao idealismo romântico, ocorrido na Inglaterra, na Itália e na América nos últimos decênios do século XIX e nos primeiros do século XX. O N., assim como o idealismo romântico de que é sucessor direto, tem como tese fundamental a identidade entre finito e infinito, a redução do homem e do mundo da experiência humana ao Absoluto. O neo-idealismo anglo-americano e o italiano distinguem-se no modo de efetuarem essa redução. O idealismo anglo-americano faz isso por vias negativas, mostrando que o finito, por sua intrínseca irracionalidade, não é real, ou é real apenas por revelar e manifestar o infinito. O idealismo italiano utiliza as vias positivas, mostrando na própria estrutura do finito, em sua racionalidade intrínseca e necessária, a presença e a realidade do infinito. Este era também o modo sustentado por Hegel e por todo o idealismo romântico. À corrente inglesa pertencem C. H. Stirling, T. H. Green, B. Bosanquet, J. E. McTaggart e especialmente F. H Bradley, que é o seu maior representante. Na América, o maior expoente do N. foi J. Royce. Os maiores representantes do idealismo italiano foram G. Gentile e B. Croce. Sobre todos, v. IDEALISMO.

NEO-IDEALISMO. V. NEO-HEGELIANISMO.

NEO-ILUMINISMO (in. *Neo-enlightenment;* fr. *Néo-illuminisme;* al. *Neoaufklärung;* it. *Neoilluminismo*). 1. Em sentido lato, qualquer corrente de idéias que se inspire em algumas posições fundamentais do iluminismo (v.).

2. Em sentido estrito, corrente compósita de pensamento que se desenvolveu na Itália em concomitância com uma série de encontros que vão de 1953 a 1962. Constituindo-se segundo algumas palavras de ordem como "apelo à razão", "luta contra a metafísica", "redescoberta da experiência" etc., tal movimento configurou-se nos moldes de uma "terceira força" entre marxismo e cultura católica. Dele fizeram parte, pelo menos numa fase de seu pensamento, conhecidos estudiosos laicos como N. Abbagnano (promotor do primeiro encontro), N. Bobbio, L. Geymonat, G. Preti, E. Garin, M. Dal Pra, U. Scarpelli, R.Cantoni, P. Rossi, C. A. Viano (cf. *Il neoilluminismo italiano,* VV.AA., org. M. Pasini e D. Rolando, 1991). [G.F.]

NEOKANTISMO. V. NEOCRITICISMO.

NEOPITAGORISMO (in. *Neo-pythagorianism;* fr. *Néo-pythagorisme;* al. *Neupythagoreismus;* it. *Neopitagorismo*). Revivescência da filosofia pitagórica que se manifestou no século I a.C., tanto com o aparecimento de textos pitagóricos de falsa atribuição (*Ditos áureos, Símbolos, Cartas,* atribuídos a Pitágoras) e de outros atribuídos ao lucano Ocello e a Hermes Trismegisto, quanto com o florescimento de filósofos que declaravam inspirar-se nas doutrinas do pitagorismo antigo. Entre eles: Nigídio Figulo, Apolônio de Tiana, Nicômaco de Gerasa e principalmente Numênio de Apaméia (séc. I d.C.). As doutrinas destes escritores nada têm de original, mas apresentam características que se tornaram próprias do *neoplatonismo* (v.). [N.A.]

NEOPLATONISMO (in. *Neo-platonism;* fr. *Néoplatonisme;* al. *Neuplatonismus;* it. *Neoplatonismo*). Escola filosófica fundada em Alexandria por Amônio Saccas no século II d.C., cujos maiores representantes são Plotino, Jâmblico e Proclos. O N. é uma escolástica, ou seja, a utilização da filosofia platônica (filtrada através do neopitagorismo, do platonismo médio e de Fílon) para a defesa de verdades religiosas reveladas ao homem *ab antiquo* e que podiam ser redescobertas na intimidade da consciência. Os fundamentos do N. são os seguintes:

1º caráter de revelação da verdade, que, portanto, é de natureza religiosa e se manifesta nas instituições religiosas existentes e na reflexão do homem sobre si mesmo;

2º caráter absoluto da transcendência divina: Deus, visto como o Bem, está além de qualquer determinação cognoscível e é julgado inefável;

3º teoria da emanação, ou seja, todas as coisas existentes derivam necessariamente de Deus e vão-se tornando cada vez menos perfeitas à medida que se afastam d'Ele; conseqüentemente o mundo inteligível (Deus, Intelecto e Alma do mundo) é distinto do mundo sensível (ou material), que é uma imagem ou manifestação do outro;

4º retorno do mundo a Deus através do homem e de sua progressiva interiorização, até o ponto do êxtase, que é a união com Deus.

No N. costumam ser distinguidas as seguintes escolas: Siríaca, fundada por Jâmblico; de Pérgamo, à qual pertencem, entre outros, o imperador Juliano, chamado o Apóstata; de Atenas, cujo maior representante foi Proclos. Mas a influência das doutrinas fundamentais do N. sobre muitas correntes do pensamento filosófico foi e continua sendo profunda.

O "platonismo" do Renascimento na realidade é um N. que repete, com algumas variações, as teses acima expostas. As variações que caracterizam o N. renascentista (de Cusa, Pico della Mirandola e Ficino) são relativas à importância, maior ou menor, atribuída ao homem e à sua função no mundo, de acordo com o espírito geral do *Renascimento* (v.).

O N. inglês, ao contrário, é uma forma de racionalismo religioso que floresceu na escola de Cambridge no século XVII (Cudworth, Moore, Whichcote, Smith, Culverwel): por um lado, opõe-se ao materialismo de Hobbes e, por outro, sustenta que as idéias fundamentais da religião foram impressas diretamente por Deus na razão e no intelecto do homem, e por isso precedem o conhecimento empírico das coisas naturais. Mas mesmo no N. inglês são muitos os temas do Renascimento, especialmente de Ficino. [N.A.]

NEOPOSITIVISMO (in. *Neo-positivism;* fr. *Néo-positivisme;* al. *Neupositivismus;* it. *Neopositivismo*). 1. O mesmo que *empirismo lógico* (v.).

2. Nome dado algumas vezes à doutrina de Bergson (LE ROY, *Un positivisme nouveau,* 1901). [N.A.]

NEOPRAGMATISMO. Este termo indica o recurso ao pragmatismo (v.) e aos seus mestres, que está no centro de interesse da mais recente filosofia norte-americana. O interesse pelos pensadores norte-americanos das primeiras décadas do século XX (Ch. S. Peirce, W. James, J. Dewey, G. H. Mead, C. I. Lewis, Ch. Morris) explica-se como reação à hegemonia dos neopositivistas lógicos e das correntes analíticas importadas da Europa, com a necessidade de recuperar os valores de uma tradição culturalmente enfraquecida depois do fim da Segunda Guerra Mundial. Um documento significativo de tal posição é representado por dois livros, *The Spirit of American Philosophy,* de 1963, e *Purpose and Thought. The Meaning of Pragmatism,* de 1978, de John E. Smith, em que as objeções não dizem tanto respeito às indagações sobre a linguagem das ciências e sobre a linguagem comum, porém mais à indiferença aos problemas que os homens precisam enfrentar nas várias situações e à carência de senso histórico, exigindo-se um confronto mais direto com as filosofias "continentais" da existência, com as teses apresentadas pelo marxismo e reapresentadas pelas teorias críticas da sociedade, com os desenvolvimentos da bioética e da ecologia (*Purpose and Thought,* Londres, 1978, pp. 7-11).

Já Arthur O. Lovejoy indicara, num texto de 1908, treze espécies de pragmatismo. A sua retomada não é menos complicada: parte de várias exigências e vai em muitas direções, freqüentemente conflituosas. Pensemos em Willard V. Quine, no qual a lição de Dewey parece especialmente importante. Indicando no significado uma propriedade do comportamento e rechaçando a idéia de uma filosofia, Quine afirma que o conhecimento, a mente e a linguagem fazem parte da mesma realidade, e que, se os nossos sistemas mudam, não significa que mude a verdade, mas sim que incidimos em erro e aprendemos melhor. Falibilismo deve ser a palavra de ordem, insiste Quine, e não relativismo (*The Pragmatists' Place in Empiricism,* em *Pragmatism: its Sources and Prospects,* Columbia, 1981, pp. 21-39). Mas, faltando um fundamento, haverá um saber que possa ser considerado superior aos outros? Richard Rorty exclui categoricamente essa possibilidade. Em *Philosophy and the Mirror of Nature,* de 1979, ele se opôs à invenção cartesiana da mente, de um "espaço interior" em que os teoremas da matemática e as regras morais se tornam objetos de uma observação privilegiada e se subtraem a qualquer dúvida. Como se pode então justificar o que é dubitável (o mundo externo) com o que não o é (a mente)? O neopragmatista não se faz essa pergunta como os empiristas clássicos e Kant, como Russell e Carnap, e prefere uma "conversa" isenta de inibições e hierarquias, atenta a certas instâncias da hermenêutica e da ciência "anormal" em sentido kuhniano. Assim, nos textos coligidos em *Consequences of Pragmatism,* Rorty lembra que, para James, a "verdade" era uma honra reservada aos enunciados que parecem convenientes e congruentes com outros do mesmo gênero, noção normativa como "bom" e "racional", e compara Dewey a Heidegger na "história da destruição da ontologia ocidental". Apesar de sua leitura darwiniana de Hegel, de sua metafísica naturalista, ele procurara não ser "sério" como os vários espectadores da eternidade e empenhara-se na construção de uma sociedade colaborativa: nem se deveria comportar de outro modo, no Ocidente pós-industrial, o *liberal ironist* que queira garantir a iniciativa dos indivíduos e dos grupos (*Conseqüências do pragmatismo,* trad. it., Milão, 1986, p. 106).

Mas não será concebível e desejável alguma forma de objetividade? O pragmatismo é uma questão aberta, advertiu Hilary Putnam nas aulas dadas em Roma em 1992, nem é possível ignorar as escolhas e os valores que orientam a pesquisa. As idéias não serão falsificadas, notara Peirce muito antes de Popper, a menos que nos levantemos e *procuremos ativamente* falsificar as experiências. A imagem que os pragmatistas nos dão da indagação é a de interação humana e cooperativa com o ambiente, rechaçando o modelo do algoritmo como poderia ser um programa por computador, obedecendo a uma ética do discurso que não se limita às regras procedimentais das disciplinas e garantindo o caráter democrático. Mas o que é "afirmável com garantia" e é verificado publicamente não basta aos indivíduos e à cultura, há também as exigências de uma vida mais particular e não compartilhada pelos outros (H. PUTNAM, *Il pragmatismo: una questione aperta*, Roma-Bari, 1992, pp. 85-6). [A.S.]

NEO-REALISMO (in. *New realism*; fr. *Néo-realisme*; al. *Neurealismus*; it. *Neorealismo*). Recebem esse nome as correntes do pensamento contemporâneo cuja insígnia é a negação do *idealismo gnosiológico* (v. IDEALISMO), a negação da redução do objeto do conhecimento a um modo de ser do sujeito. O idealismo gnosiológico foi o clima dominante da filosofia no século XIX, pois que era compartilhado não só pelo idealismo romântico, mas também pelo espiritualismo, pelo neocriticismo e, em geral, por todas as filosofias consciencialistas. Exceções a essa tendência geral foram, inicialmente, a filosofia da imanência de G. Schuppe e a obra de O. Külpe (*Einleitung in die Philosophie*, 1895). Mas foi só a partir do ensaio de G. E. MOORE, "A refutação do idealismo", publicado em *Mind* (1903), que teve início a nova história do realismo. Depois disso, o realismo foi defendido na Inglaterra por B. Russell e S. Alexander, enquanto na América um volume coletivo datado de 1912 e intitulado O *novo realismo* afirmava as teses de um realismo atualizado, que, com outra forma, seriam propostas novamente alguns anos mais tarde em *Ensaios de realismo crítico* (1920), publicados por outro grupo de filósofos americanos. No primeiro grupo a figura mais conhecida foi W. P. Montague; no segundo grupo, G. Santayana. Mais tarde, o novo realismo encontrou seguidores em A. N. Whitehead e em N. Hartmann.

O novo realismo contém correntes doutrinais tão diferentes quantos são os filósofos que o professam, mas há uma tese fundamental, comum a todos, que, além de constituir sua novidade e a característica que o distingue do realismo tradicional, também serve de linha de defesa contra o idealismo. Essa tese é a seguinte: a relação cognitiva (a relação entre o objeto do conhecimento e o sujeito, que é a mente que o apreende) não modifica a natureza do objeto. Essa tese inspira-se na noção matemática de "relação externa", que não modifica os termos relativos. Esta, como é óbvio, elimina completamente a dependência existencial ou qualitativa do objeto do conhecimento em relação ao sujeito e torna o idealismo sem sentido. [N.A.]

NEOTOMISMO (in. *Neo-thomism*; fr. *Néo-thomisme*; al. *Neuthomismus*; it. *Neotomismo*). Com este termo ou com o outro, bem menos apropriado, "neo-escolástica", entende-se o movimento de retorno à doutrina de Tomás de Aquino, no seio da cultura católica, que foi iniciado pela encíclica *Aeterni Patris* de Leão XIII (4 de agosto de 1879). Esse movimento consiste na defesa das teses filosóficas tomistas contra as diversas tendências da filosofia contemporânea e, indiretamente, na reelaboração e na modernização de tais teses. Uma das primeiras figuras do N. foi o cardeal belga Désiré Mercier (falecido em 1925), enquanto entre as figuras mais conhecidas do mundo contemporâneo estão E. Gilson e J. Maritain. Habitualmente o tomismo aceita a problemática da filosofia contemporânea, mas procura integrá-la na sistemática tomista. Um dos mais importantes efeitos da florescência neotomista foi a importância que voltou a ser atribuída, a partir dos últimos decênios do século XIX, aos estudos de filosofia medieval, isto é, da escolástica clássica. [N.A.]

Do ponto de vista propriamente teórico é possível distinguir no desenvolvimento do N. no século XX quatro momentos a que correspondem os aprofundamentos de vários aspectos (como mostrou G. Santinello). Em primeiro lugar, tratou-se do problema crítico, centrando-o na teoria da abstração, que leva a uma gnosiologia alternativa ao inatismo e ao empirismo, ao apriorismo e ao sensacionismo. Em segundo lugar tratou-se do problema psicológico, baseando-o na teoria da alma como forma do corpo; concepção que permite sustentar uma antropologia de caráter unitário, como alternativa tanto ao monismo (idealista e materialista) quanto ao dualismo (antigo e moderno). Em terceiro lugar, tratou-se do problema físico, ligando-o à teoria do hilemorfismo como doutrina filosófica independente do desenvolvimento científico e em antítese com o positivismo e o materialismo, considerados redutores. Em quarto lugar, tratou-se do problema metafísico, aprofundando a teoria de ato e potência como fundamento de uma filosofia do ser (do *actus essendi)* que renova a filosofia (antiga) da substância e contrapõe-se à filosofia (moderna) do pensamento. No desenvolvimento do N. do século XX é de se ressaltar, ao lado de posições mais tradicionalistas, o esforço envidado por alguns pensadores de não repetir Tomás de Aquino, mas sim o problema de Tomás de Aquino, atravessando criticamente a modernidade. Dois itinerários podem exemplificar tal procedimento: o de J. Maritain (de Bergson a Tomás de Aquino) e o de E. Stein (de Husserl a Tomás de Aquino): em ambos os casos a referência a Tomás de Aquino não deseja ter um caráter pré-moderno, mas sim "ultramoderno", no sentido de que se ultrapasse a modernidade através de uma avaliação que, amparada no tomismo, quer (para usar linguagem maritainiana) superar aquilo que considera "verdades enlouquecidas" da modernidade, mas conservar seus "ganhos históricos". [G.G.]

NEO-UTILITARISMO. V. UTILITARISMO.

NEOVITALISMO. V. VITALISMO.

NESTORIANISMO (in. *Nestorianism*; fr. *Nestorianisme*; al. *Nestorianismus*; it. *Nestorianismo*). Doutrina de Nestório, patriarca de Constantinopla (428-43), segundo a qual, havendo em Cristo duas naturezas, há também duas pessoas: uma habita na outra como em um templo. Nestório negava também que Maria fosse mãe de Deus e chamava de lenda pagã a idéia de um Deus envolto em fraldas e crucificado. Essa interpretação da encarnação já havia sido sustentada por Deodoro de Tarso (falecido por volta de 394) e por seu discípulo Deodoro de Mopsuéstia (falecido por volta de 428). Foi condenada pelo concílio de Éfeso de 431, mas subsistiu por muito tempo, e ainda sobrevive em grupos da Turquia asiática e do Irã. [N.A.]

NEUTRALISMO (in. *Neutralism*; it. *Neutralismo*). Termo empregado por Peirce como sinônimo de monismo (*Chance, Love and Logic*, II, 1; trad. it., p. 121) (v. MONISMO). [N.A.]

NEUTRALIZAÇÃO (al. *Neutralisierung*; it. *Neutralizzazione*). Com este termo, Husserl indicou a suspensão da crença; "o que é existente, possível, verossímil ou discutível, como também o não-existente, em qualquer negação ou afirmação, estão presentes na consciência, não à maneira do real, mas sim como 'mero pensado' ou 'mero pensamento'" (*Ideen*, I, § 109) (v. EPOCHÉ). [N.A.]

NEUTRO, MONISMO (in. *Neutral monism*; it. *Monismo neutro*). Com esta expressão às vezes é designada, nos Estados Unidos, a tese do neo-realismo segundo a qual as entidades que entram na composição do espírito e da matéria não são mentais nem materiais, mas adquirem tais qualificações em virtude das relações em que entram. Na verdade este ponto de vista foi sustentado pelo *empiriocriticismo* (v.) de Avenarius e por Mach. [N.A.]

NEXO (lat. *Nexus*; in. *Bond*; fr. *Connexion*; al. *Zusammenhang*; it. *Nesso*). Conexão das coisas entre si, na ordem causal ou final: Kant chama o primeiro de *nexus effectivus* e o segundo de *nexus finalis* (*Crít. do Juízo*, § 87). Whitehead deu esse nome (*nexus*) às conexões reais entre as coisas, por ele consideradas como elementos últimos da realidade, juntamente com as próprias coisas e com as percepções (*Process and Reality*, 1929). [N.A.]

NEWTONIANISMO (in. *Newtonianism*; fr. *Newtonianisme*; al. *Newtonianismus*; it. *Newtonismo*). Com este termo foi designada principalmente a doutrina de Newton da gravitação universal, que consiste na generalização das leis da gravitação a todo o universo e na formulação dessas leis através da fórmula única: os corpos se atraem proporcionalmente ao produto das massas e na razão inversa do quadrado das distâncias. Essa lei foi enunciada por Newton pela primeira vez em *Propositiones de motu* (1684) e depois em *Princípios matemáticos de filosofia natural* (1687). [N.A.]

NIAIA. Um dos grandes sistemas filosóficos da Índia antiga, caracterizado pela importância da doutrina do conhecimento e de seus objetos. O N. enumera quatro meios de conhecimento: percepção, inferência, analogia e testemunho; define como verdadeiro o conhecimento que não está sujeito a contradições ou dúvidas, e que reproduz o objeto como ele é; e faz um inventário dos objetos cognoscíveis e de suas características. Entre estes inclui o mundo físico, com seus elementos, o homem, em seu corpo e suas atividades espirituais, o espaço ou o tempo, Deus e, em geral, as condições de existência das coisas físicas ou espirituais (cfr. G. TUCCI, *Storia della filosofia indiana*, 1957, pp. 112 ss.). [N.A.]

NIILISMO (in. *Nihilism*; fr. *Nihilisme*; al. *Nihilismus*; it. *Nichilismo, Nihilismo*). Esse termo – do latim *nihil*, nada – indica em geral uma concepção ou uma doutrina em que tudo o que é – os entes, as coisas, o mundo e em particular os valores e os princípios – é negado e reduzido a nada. A história dos conceito evidencia, porém, diversos significados que devem ser distinguidos: 1º algumas ocorrências esporádicas, com acepções hesitantes, encontram-se sobretudo em tratados teológicos; 2º o primeiro emprego filosófico específico do termo é registrado entre o fim do século XVIII e o início do século XIX nas controvérsias que caracterizam o nascimento do idealismo alemão; 3º na Rússia da segunda metade do século XIX o N. explode como movimento de rebelião ideológica e social, impondo-se em escala geral; 4º a teorização principal do N. é elaborada por Nietzsche; e 5º ela exerce ampla influência sobre o pensamento do século XX, sobretudo alemão (Ernst Jünger, Martin Heidegger) mas também francês e italiano.

1º Se deixarmos de lado uma primeiríssima, mas não bem documentada, ocorrência em Agostinho, que apostrofa como *niilistas* os que negam Deus, o termo aparece pela primeira vez na variante *nihilianismus* em Gualter de São Vítor, que o usa para indicar a heresia cristológica que nega a natureza humana de Cristo. Só muito mais tarde surge a forma *nihilismus* no tratado de F.L. Goetzius *De nonismo et nihilismo in theologia* (1733). Nas línguas modernas, a primeira ocorrência encontra-se em francês, em panfletos da Revolução. O atributo *nihiliste* ou *rienniste* é empregado então para qualificar quem não era "nem favorável nem contrário à Revolução". Anacharsis Cloots, membro da Convenção Nacional que depois acabou sendo guilhotinado, afirmava que "a República dos direitos do homem não é teísta nem atéia, é niilista" (discurso de 27 de dezembro de 1793). Ocorrências muito precoces do termo também se encontram em italiano. Pasquale Galluppi emprega-o incidentalmente em *Conside-*

razioni filosofiche sullo idealismo trascendentale e sul razionalismo assoluto (1845) para definir a posição filosófica de Zenão de Eléia, que nega o movimento. Também Carlo Cattaneo o usa mais ou menos na mesma época, nem que somente como designação depreciativa. Mas é sobretudo Francesco De Sanctis que o utiliza para qualificar a posição filosófica de Leopardi, que eleva o nada a princípio de todas as coisas. Destacando a contradição entre o sofrimento poético de Leopardi no nada, por um lado, e o seu enraizamento no racionalismo iluminístico, por outro, ele afirma do grande poeta: "A sua vontade fraca e cindida não o deixa chegar a uma conclusão estável, à coerência filosófica, suspenso e dividido que está entre um *N. absoluto* e desesperado e veleidades individuais e humanitárias".

2º Um primeiro uso filosófico verdadeiro e generalizado do termo registra-se em fins do século XVIII nas controvérsias em torno do idealismo. Na contraposição entre idealismo, realismo e dogmatismo, o termo N. é empregado – em sentido positivo ou negativo, de acordo com os pontos de vista – para caracterizar a operação filosófica mediante a qual o idealismo pretende "anular", na reflexão, o objeto do senso comum e mostrar que ele é produto de uma atividade invisível e inconsciente do sujeito. N. significa então, na acepção positiva, a destruição filosófica de qualquer pressuposto; na acepção negativa, significa a destruição das evidências e das certezas do senso comum e o aniquilamento da realidade objetiva. Friedrich Heinrich Jacobi acusa nesse sentido o idealismo de ser um N. A primeira ocorrência explícita do termo está contida numa carta sua a Fichte, redigida em março e publicada no outono de 1799, na qual ele afirma: "Na verdade, meu caro Fichte, não deves aborrecer-te se Ela, ou seja quem for, quer chamar de *quimerismo* aquilo que contraponho ao idealismo e que reprovo como N.".

A entrada do termo então em circulação é confirmada pelo fato de que ele passa a ser usado também por outros autores do romantismo. Por exemplo, por Friedrich Schlegel e Johann Paul Richter. Sobretudo este último, em *Clavis Fichtiana* (1800) e depois num capítulo inteiro de *Propedêutica à estética* (1804), critica os "niilistas poéticos", ou seja, os românticos: embriagados de seu eu, radicalmente "egoístas", celebram unicamente o livre jogo da fantasia, ou seja, a atividade espontânea do eu criador, e acabam por anular qualquer não-eu, a matéria, todo o universo, inclusive Deus, afogando-os nas "ondas letéias do eterno nada". Mas semelhante ateísmo despedaça o universo numa miríade de eus isolados, sem unidade e conexão, em que cada eu está só diante daquele Nada perante o qual até Cristo deve desesperar da existência de Deus-pai – como Johann Paul Richter imagina no *Discurso do Cristo morto, do alto do universo, sobre a não-existência de Deus* (1796).

O termo N. encontra-se depois no jovem Hegel. No ensaio *Fé e saber* (1802) ele toma posição acerca da controvérsia entre Jacobi e Fichte, e critica os dois, além de Kant, como dualistas, porquanto não conseguem resolver completamente o ser no pensamento e permanecem apegados a uma dicotomia ontológica. Pois bem, nesse contexto Hegel afirma – contra Jacobi – que o "N. da filosofia transcendental" de Fichte é um passo metodológico inevitável, mas ao tempo mesmo – contra Fichte – que o seu N. é meramente relativo e incapaz de atingir o pensamento puro em que a oposição ao ser é completamente superada. "Primeira tarefa da filosofia", "tarefa do N.", é chegar a "conhecer o nada absoluto", ou seja, chegar à "completude do verdadeiro nada" – em que cabe notar que, à diferença do que ocorrerá em *Ciência da lógica* (1812), aqui é o nada, e não o ser, que funciona como ponto de partida. Têm aqui origem a diagnose niilista da transição para o mundo moderno que Hegel desenvolve em termos de "morte de Deus", "ateísmo", "fatalismo", "pessimismo", "egoísmo", "atomismo", e a declaração da necessidade de a dialética atravessar a negatividade e o N., ou seja, o "sentimento de que Deus morreu", mesmo reconhecendo-o como mero momento na vida do espírito.

Numa acepção diferente, o termo N. é empregado por Franz von Baader. No artigo *Sobre o catolicismo e o protestantismo* (1824) Baader afirma que o protestantismo teria dado origem, por um lado, a um "N. científico, destrutivo" e, por outro, a um "pietismo (misticismo) não científico, separatista", e que o catolicismo deve combater ambas as tendências para resgatar o conceito de autoridade em sentido eclesiástico, político e científico contra qualquer dúvida ou protesto, antigos ou novos". Dois anos depois, na aula inaugural *Sobre a liberdade da inteligência* (1826), ele define o N. como o "abuso da inteligência, destrutivo para a religião" e o contrapõe ao "obscurantismo", ou seja, à "igualmente reprovável inibição do seu uso, derivada em parte do temor ao saber, em parte do desprezo pelo saber". N. e obscurantismo, identificados respectivamente com o uso demasiado livre ou demasiado inibido da razão, são ambos estigmatizados como sintomas degenerativos e desagregadores da vida religiosa, social e civil.

O N. é já uma categoria de análise e crítica social, e tal acepção se afirma em Juan Donoso Cortés. No *Ensaio sobre o catolicismo, o liberalismo e o socialismo* (1851), ele considera o N. como uma das perversões do racionalismo, ou seja, do iluminismo, afirmando que é preciso combater seus efeitos desagregadores que levam à negação do governo divino e humano das coisas.

Tem, porém, percurso isolado e é substancialmente ignorado pelos contemporâneos o nomadismo especulativo de *O único e a sua propriedade* (1844), de Max Stirner, que tem um resultado abertamente niilístico, ainda que na obra o termo nunca apareça como tal. Stirner resume sua posição na máxima: "Não fundei minha causa sobre nada" e investe com furor iconoclasta contra todas as concepções, abstrações e idéias que pretendam representar a inefabilidade do indivíduo.

3º Na Rússia da segunda metade do século XIX o N. passa a ser denominação de um importante movimento de rebelião social. Quem reivindicou a paternidade do termo nessa acepção foi Turgueniev, que no romance *Pais e filhos* (1862) define como "niilista" a personagem Bazarov, na qual ele dá corpo a um tipo de homem e de atitude teórica e prática que se vinha impondo na realidade histórica de seu tempo. Bazarov, que pertence à geração dos filhos, encarna a figura do jovem rebelde que não crê em nada e luta contra a ordem inveterada e os velhos princípios dos pais; é o "homem novo" que sabe que deve negar, que deve passar por cima dos cacos das crenças e dos valores tradicionais, para poder afirmar o novo. Na figura de Bazarov – escreve Turgueniev – "resumia-se a meu ver o conjunto de princípios que depois foi chamado de N. [...] Da palavra por mim criada, 'niilista', valeram-se então muitos que só esperavam a oportunidade, o pretexto para deter o movimento pelo qual estava sendo arrastada a sociedade russa". Efetivamente, o N. torna-se um fenômeno de alcance geral que impregnou a atmosfera cultural de toda a época. Saindo do âmbito das discussões filosóficas, ele se incrustou no tecido da sociedade, fundindo-se com componentes anárquicos e libertários, e pondo em movimento um vasto e profundo processo de transformação. Os teóricos do N. russo (N. A. Dobroliubov, D. Pisarev, S. G. Netchaiev, M. A. Bakhunin) engajaram-se numa revolta anti-romântica e antimetafísica dos "filhos contra os pais", contestando a autoridade e a ordem existente, especialmente os valores da religião, da metafísica e da estética tradicionais, consideradas "nulidades", ilusões que deviam ser desfeitas. A elaboração literária mais elevada da problemática niilista foi a de Dostoievski, que nas figuras e nas situações existenciais criadas por seus romances – especialmente *Crime e castigo* (1863), *Os demônios* (1873) e *Irmãos Karamazov* (1879-1880) – deu corpo a intuições e motivos filosóficos que puseram em circulação a experiência niilista e, em conjunto com Nietzsche, a transmitiram para o pensamento do século XX.

4º É sobretudo na obra de Nietzsche – especialmente nos fragmentos dos anos 1880 publicados postumamente na dúbia compilação *A vontade de poder* (1901, segunda edição mais que duplicada em 1906) – que o N. se torna objeto de explícita reflexão filosófica. Mas por que caminho Nietzsche chega ao problema do N.?

Do ponto de vista histórico, o que chamou sua atenção para o fenômeno foi certamente a circunstância de que naqueles anos, após os atentados ocorridos na Rússia, que levaram a opinião pública a equiparar N. e terrorismo, toda a Europa falava disso. Do ponto de vista propriamente filosófico, o que levou Nietzsche a tratar intensamente do assunto, o que influenciou sua compreensão, foi, além de *Pais e filhos,* de Turgueniev, sobretudo duas leituras: *Essais de psychologie contemporaine* (1883) de Paul Bourget, em que o N. é descrito como "mal do século", como um dos efeitos típicos da decadência da sociedade moderna e da sua vida cosmopolita, e Dostoiévski, que Nietzsche descobriu muito tarde, só em 1887, em pleno trabalho febril de realização da projetada *Vontade de poder.*

Mas o que é propriamente o N. para Nietzsche? Ao fazer ele mesmo a pergunta, Nietzsche responde: "N.: falta o fim; falta a resposta ao 'porquê?'; o que significa N.? – que *os valores supremos se desvalorizam*" (VIII, 11, 12). N. é portanto o processo histórico durante o qual os supremos valores tradicionais – Deus, a verdade, o bem – perdem valor e perecem. Tal processo é o traço mais profundo que caracteriza a história do pensamento europeu como história de uma decadência: o seu ato originário é a fundação da doutrina dos dois mundos por obra de Sócrates e Platão, vale dizer, a postulação de um mundo ideal, transcendente, em si, que, como mundo verdadeiro, é superior ao mundo sensível, considerado como mundo aparente. Posta essa dicotomia que divide o ser em dois, está dada com ela a condição pela qual o mundo verdadeiro, ideal, perde o valor e se desvaloriza até ser destruído e anulado. Nietzsche distingue diferentes formas de N:

I) *N. incompleto,* no qual os antigos valores são destruídos, mas os novos que os substituem vão ocupar o mesmo lugar dos precedentes, ou seja, conservam um caráter supra-sensível, ideal. Portanto, não desaparece de todo a distinção entre mundo verdadeiro e mundo aparente. No N. incompleto continua atuante uma fé; para derrubar o mundo dos valores ainda é preciso crer em algo, em um ideal, tem-se ainda uma "necessidade de verdade". Como formas de N. incompleto Nietzsche indica: *a*) em âmbito político, o nacionalismo, o chauvinismo, o socialismo e o anarquismo; *b*) em âmbito científico, o historicismo e o positivismo; *c*) em âmbito artístico, o naturalismo e o esteticismo franceses.

II) *N. completo,* no qual, com os antigos valores, também é destruído o lugar que eles ocupavam, ou seja, o mundo verdadeiro, ideal, supra-sensível. Tal N. pode ser: *a*) *passivo,* como o pessimismo e o budismo, que são o sinal de um "declínio e retrocesso do poder do espírito", incapaz de atingir os fins até agora perseguidos; ou *b*) *ativo,* ou seja, um sinal do "maior poder do espírito" que se efetiva na promoção e na aceleração do processo de destruição (VII, II, 12-13; 9 [35]). Nietzsche chama também de *extrema* a forma de N. ativo que se desvencilha não só dos valores tradicionais, mas também do lugar supra-sensível por eles ocupado (VIII, II, 13-14). Só com a abolição do lugar ideal dos valores tradicionais se abre espaço para a possibilidade de uma nova posição de valores: com referência ao fato de que de tal modo o N. extremo cria espaço e vem a descoberto, Nietzsche fala também de *N. estático* (VII, III, 222). O caráter negativo que conota o N. como tal é aqui transformado em sentido positivo, uma vez que possibilita a nova posição de valores baseada no reconhecimento da vontade de poder como caráter fundamental de tudo o que é. O N. supera então realmente a sua incompletude e torna-se acabado, ou seja, *N. clássico.* É esse o N. que Nietzsche reivindica como seu quando diz ser "o primeiro perfeito niilista da Europa, que no entanto já viveu em si até o fundo o N. – que o tem atrás de si, debaixo de si, fora de si" (VIII, II, 392-393).

5º A teorização do N. e a previsão clarividente de suas conseqüências, primeira de todas a crises dos valores e dos recursos simbólicos tradicionais, fizeram de Nietzsche um dos pensadores que mais profundamente influenciaram a autocompreensão filosófica do século XX. Na sua esteira situam-se figuras como Georg Simmel, que extrai de Nietzsche o motivo do *Kulturpessimismus* e da "tragédia da cultura", Oswald Spengler com o seu *Decadência do Ocidente,* Ludwig Klages com a hipótese de um antagonismo entre o espírito, princípio da razão e da vontade, e a alma como princípio vital. E depois Hermann Broch com sua análises da "desagregação dos valores", Robert Musil, Heinrich e Thomas Mann, mas sobretudo Gottfried Benn, Carl Schmitt, Ernst Jünger e Martin Heidegger. Todos eles se mediram a fundo com a embaraçosa presença do "hóspede inquietante" que é o N.

Memorável a propósito é o confronto sobre o N. e sobre as possibilidade de superá-lo, ocorrido nos anos 1950 entre Jünger e Heidegger no diálogo *Über die Linie* [Além da Linha] (1950, 1955). O objeto da discussão é a "linha" do N., ou seja, o limite a que nossa época chegou, o "meridiano zero" além do qual já não valem os antigos instrumentos de navegação e onde anseia o espírito do nosso tempo, submetido a uma aceleração tecnológica cada vez mais veloz. Ora, enquanto para Jünger as elites espirituais devem agir como batedores e ultrapassar a linha, Heidegger crê que isso ainda não é possível, e convida a uma reflexão mais profunda sobre o N., que sonde seus fundamentos metafísicos. Assim, Jünger desenvolve uma penetrante fenomenologia do N. como processo do já onipresente e geral "desvanecimento dos valores": arriscando uma terapia da doença niilista, recomenda a defesa dos restritos mas invioláveis espaços da interioridade individual e dos raros oásis de liberdade – eros, a arte, a amizade, a morte – últimos baluartes nos quais é possível resistir ao "vórtice do N.". Heidegger considera, porém, que, antes de querer superar o N., é indispensável entender sua essência, e isso significa compreender que ele não é uma "maquinação" do homem, mas um evento que pertence à história do ser, ao seu dar-se e subtrair-se nas diferentes aberturas histórico-epocais da metafísica. Os vestígios desse movimento de "doação" e "subtração" do ser podem ser reconhecidos nos traços fundamentais da história da metafísica, de Platão até a técnica moderna. Esta última leva a cabo o N. porque considera e trata exclusivamente o ente, esquecendo e ocultando o ser como tal: o N. é o destino epocal em que do ser não há mais nada. Para Heidegger trata-se então de dar um passo atrás: não estimular a vontade de ultrapassar o N., nem preparar de qualquer jeito uma nova instrumentação para continuar navegando a todo custo, mas pensar numa "topologia" do N. e identificar na história do ser o lugar essencial em que o destino do N. se decide. A única disposição capaz de corresponder a isso não é a vontade de superá-lo, mas a *Gelassenheit,* a "entrega".

O N. não foi apanágio apenas do pensamento alemão, mas foi objeto de reflexão também em outros lugares, em especial no existencialismo francês, em pensadores como Jean-Paul Sartre e Albert Camus, nos quais a fusão entre existencialismo e N. contribuiu de modo fundamental para o aclaramento da existência humana. Em *O ser e o nada* (1943), por exemplo, sem que o conceito de N. seja objeto de tematização específica, percebe-se por toda parte a presença de uma atitude quase ostensivamente niilista, uma vez que o nada e a negatividade assumem em Sartre uma função central no entendimento e na definição do caráter radicalmente livre da existência humana, do para-si, na sua contraposição à opacidade das coisas, do em-si. O mesmo vale para Camus, que desenvolveu o tema do N. ao longo do fio condutor dos dois motivos que o obsedam: o absurdo e a revolta metafísica da finitude, apresentando em *O homem revoltado* (1951) uma das análises mais esclarecedoras e profundas do N.

A temática do N. criou raízes também em outros lugares e momentos do pensamento francês contemporâneo. Para dar uma idéia da sua forte presença são suficientes dois nomes: George Bataille e Emil M. Cioran. A obra do primeiro é percorrida de alto a baixo pela lúcida consciência de que o N. é uma sombra constante que inevitavelmente nos acompanha quando pensamos em ausência de deuses ou quando nos esforçamos por teorizar a negatividade, o limite, a alteridade. Nos textos do segundo vêm à luz, de maneira quase ofuscante, a desesperação e ao mesmo tempo a lucidez com que se sustenta o seu N. metafísico, a melancolia e a tenacidade de que ele se nutre, a irreligiosidade e ao tempo mesmo a devoção com que Cioran se lança na "versão mais pura de Deus", que para ele é o Nada.

A cultura filosófica italiana também foi especialmente sensível ao problema do N. e ofereceu contribuições de relevo à sua análise. Nos anos 1970 e 1980 registrou-se um verdadeiro florescimento de literatura niilista, na qual é reconhecível a exigência de superação do próprio N. Isso vale sobretudo para pensadores como Luigi Pareyson e Alberto Caracciolo, que refletiram sobre tal problema a partir de uma intensa sensibilidade para a dimensão do sacro e do religioso. Mas vale, mesmo que em sentido diferente, também para Gianni Vattimo, que pretendeu valorizar em positivamente as potencialidades emancipadoras do N. (v. FRACO, PENSAMENTO), e para Emanuele Severino, que acusa de N. toda a filosofia ocidental porquanto ela, admitindo o tempo e o devir das coisas, ou seja, o seu "ainda não ser" e "já não ser", pensa o ente como se fosse um nada (*niente*) (v. DEVIR; SER; NEO-ELEATISMO).

A presença assim difundida do N. – palavra até há pouco tempo reservada a poucas vanguardas – permite entender que ele é a expressão de um profundo mal-estar da cultura contemporânea, que no plano histórico-social é acompanhado pelos processos de secularização e racionalização, ou seja, de desencanto e estilhaçamento da nossa imagem do mundo, e sobre o plano filosófico provocou a disseminação do relativismo e do ceticismo em relação às visões de mundo e aos valores últimos. Seja qual for a atitude assumida diante dele, de aceitação ou de rejeição, qualquer um pode ver quanto a história do século XX encheu esse termo, outrora tão abstrato, "de substância, de vida vivida, de ações e de dores" (E. Jünger). [F.V.]

NIRVANA. Extinção das paixões e do desejo de viver, portanto da corrente dos nascimentos, na doutrina budista. "Essa ilha incomparável em que tudo desaparece e todo apego cessa, chamo de N., destruição da velhice e da morte" (*Suttanipâta*, V, 11). Na filosofia ocidental, Schopenhauer adotou essa noção, vendo nela a negação da vontade de viver, cuja exigência brota do conhecimento da natureza dolorosa e trágica da vida (*Die Welt*, I, § 71; II, cap. 41). [N.A.]

NOÇÃO (gr. ἔννοια, πρόληψις; lat. *Notio*; in. *Notion*; fr. *Notion*; al. *Notion*; it. *Nozione*). Dois significados fundamentais: um muito geral, em que N. é qualquer ato de operação cognitiva, e outro específico, em que é uma classe especial de atos ou operações cognitivas.

Para Cícero, que introduziu esse termo, ele corresponde a ἔννοια, que tem significado muito geral, e a πρόληψις, que é a antecipação, uma espécie particular e privilegiada de conhecimento (*Top.*, 7, 31). Na Idade Média, João de Salisbury empregou esse termo no sentido geral, referindo-se precisamente ao grego ἔννοια (*Metal.*, II, 20); em sentido geral também era empregado por Jungius, que entendia a N. como "a primeira operação de nosso intelecto, pela qual exprimimos uma coisa com uma imagem" (*Log. hamburgensis*, 1638, Prol., 3). Locke, ao contrário, pretendia restringir esse termo às idéias complexas "que parecem ter origem e existência constante mais no pensamento dos homens que na realidade das coisas" (*Ensaio*, II, 22, 2), enquanto Leibniz observava que "muitos aplicam a palavra N. a qualquer espécie de idéias ou concepções, tanto às originais quanto às derivadas" (*Nouv. ess.*, II, 22, 2). Berkeley, por sua vez, restringia esse termo ao conhecimento que o espírito tem de si mesmo e da relação entre as idéias: conhecimento que, por sua vez, não é uma idéia (*Princ. of Human Knowledge*, I, §§ 27, 89, 140 etc.; cf. a nota ao § 27 da edição dos *Principles*, em *Works*, ed. T. E. Jessop, II, p. 53). Kant também atribuía significado restrito a esse termo, entendendo por N. "o conceito puro, porquanto tem origem unicamente no intelecto", reservando o termo "representação" para o significado geral de N. (*Crít. R. Pura*, Dial. transc., I, seção 1). Wolff, inversamente, afirmara: "A representação das coisas na mente é N., por outros chamada de *idéia*" (*Log.*, § 34).

Nenhum dos significados específicos propostos para esse termo teve grande aceitação; hoje resta quase exclusivamente o significado genérico de operação, ato ou elemento cognitivo em geral. [N.A.]

NOÇÕES COMUNS (gr. κοιναὶ ἔννοιαι; lat. *Notiones communes*; it. *Nozioni comuni*). São as *antecipações* (v.) dos estóicos, às quais freqüentemente se fez referência na história da filosofia: cf., por exemplo, ESPINOSA, *Et.*, II, 38, Cor.; LEIBNIZ, *Nouv. ess.*, Avant-propos etc. [N.A.]

NODAL, LINHA (al. *Knotenlinie;* it. *Linea nodale*). Foi assim que Hegel designou a passagem da quantidade à qualidade que se dá por mudança da quantidade, por exemplo, quando a mudança da quantidade de calor na água produz a sua passagem do estado líquido para o sólido ou para o gasoso (*Wissenschaft der Logik*, I, seção III, cap. 11, B; trad. it., I, pp. 444 ss.). Esse conceito teve mais aceitação fora do hegelianismo que em seu seio. Kierkegaard extraiu daí seu conceito de *salto* (v.), e Engels fez da passagem da quantidade para a qualidade uma das leis fundamentais da dialética (*Dialektik der Natur;* trad. it., p. 57) (v. DIALÉTICA; SALTO). [N.A.]

NOEMA (al. *Noema;* it. *Noema*). Na terminologia de Husserl, o aspecto objetivo da vivência, ou seja, o objeto considerado pela reflexão em seus diversos modos de ser *dado* (p. ex., o percebido, o recordado, o imaginado). O N. é distinto do próprio objeto, que é a coisa; por exemplo, o objeto da percepção da árvore é a árvore, mas o N. dessa percepção é o complexo dos predicados e dos modos de ser dados pela experiência: por exemplo, árvore verde, iluminada, não iluminada, percebida, lembrada etc. (*Ideen*, I, § 88). O adjetivo correspondente é *noemático*. [N.A.]

NOESE (al. *Noesis;* it. *Noesi*). Na terminologia de Husserl, o aspecto subjetivo da vivência, constituído por todos os atos de compreensão que visam a apreender o objeto, tais como perceber, lembrar, imaginar etc. (*Ideen*, I, § 92). O adjetivo correspondente é *noético*. [N.A.]

NOÉTICA (in. *Noetic;* fr. *Noétique;* al. *Noëtik;* it. *Noetica*). Foi assim que Hamilton denominou a parte da lógica que estuda "as leis fundamentais do pensamento", que são os quatro princípios: identidade, contradição, terceiro excluído e razão suficiente (*Lectures on Logic*, V, I, p. 72). Esse uso foi adotado por poucos autores. [N.A.]

NOLIÇÃO (lat. *Noluntas;* in. *Nolition;* fr. *Nolonté;* al. *Nolitio;* it. *Nolontà*). Não querer ou fugir. Esse termo é raríssimo, em todas as línguas. Segundo Tomás de Aquino, "o desejo do bem chama-se vontade, porquanto é o nome do ato de vontade, mas a fuga ao mal chama-se *noluntas*. Por isso, assim como a vontade é do bem, a *noluntas* é do mal" (*S. Th.*, II, 1, q. 8, a. 1). No mesmo sentido, esse termo recorre em Wolff (*Phil. practica*, I, § 38). Está claro que neste sentido a N. é vontade positiva, assim como a chamada vontade. Outros autores, ao contrário, a entenderam no sentido de vontade inibida ou ausência de vontade (RENOUVIER e PRAT, *Monadologie*, p. 231). Este segundo sentido é decididamente impróprio. [N.A.]

NOME (gr. ὄνομα; lat. *Nomen;* in. *Name;* fr. *Nom;* al. *Name;* it. *Nome*). Palavra ou símbolo que indica um objeto qualquer. Os problemas a que o N. dá origem como palavra ou símbolo (p. ex., o de origem ou de validade) encontram-se no verbete *linguagem* (v.). Aqui cabe apenas lembrar as determinações específicas que os lógicos emprestaram ao conceito de N. Quando Platão define o N. como "instrumento apto a ensinar e fazer discernir a essência, do mesmo modo como a lançadeira está apta a tecer a tela" (*Crat.*, 388 b), sua definição adapta-se a qualquer termo ou expressão lingüística. Aristóteles, ao contrário, foi o primeiro a analisar especificamente o N.: "O N. é um som vocal significativo por convenção, que prescinde do tempo e cujas partes não são significativas se tomadas separadamente" (*De int.*, 2, 16 a 19). Por "prescindir do tempo", o N. distingue-se do verbo, que sempre tem determinação temporal. Por não ter partes significativas por si mesmas, o N. distingue-se do discurso. E como Aristóteles observe que a expressão infinita "não homem" não é um N., os lógicos posteriores acrescentaram à sua definição de N. a caracterização "finita" e também "reta", para excluir os casos oblíquos do N., que interessam ao gramático, e não ao lógico (PEDRO HISPANO, *Summ. log.*, 1.04). O próprio Aristóteles advertia (*De int.*, 2, 16 a 23) que o N. nem sempre é simples, e nesse sentido sua definição era modificada do seguinte modo por Jungius, no século XVII: "Por N. entende-se um símbolo ou signo, instituído para determinada coisa e para a noção que representa a coisa, quer se trate de um N. gramaticalmente único, quer se trate de um N. composto por mais vocábulos" (*Log. hamburgensis*, 1638, IV, 2, 10).

Na lógica contemporânea, a função do N. foi analisada principalmente em função daquilo que Carnap chamou de "antinomia relação-N.". Esta antinomia fora vislumbrada por Frege ("Über Sinn und Bedeutung", 1892, em *Aritmetica e logica*, ed. Geymonat, pp. 215-52), mas foi formulada como tal por Russell ("On Denoting", 1905, agora em *Logic and Knowledge*, pp. 41-56). Resulta do fato de que dois N. sinônimos (que têm o mesmo significado) devem poder ser substituídos um pelo outro sem que mude o significado e o valor de verdade de contexto. Ora, "Sir Walter Scott" e "autor de *Waverley*" são nomes sinônimos, portanto substituíveis. Contudo, se na frase "Jorge IV perguntou uma vez se Scott era o autor de *Waverley*" substituirmos "autor de *Waverley*" pelo N. sinônimo "Scott", a frase resultante será falsa, pois ficará: "Jorge IV perguntou uma vez se Scott era Scott."

Essa antinomia recebeu duas soluções principais na lógica contemporânea: a primeira consiste essencialmente em reduzir a denotação a uma descrição em termos direta ou indiretamente redutíveis a experiências elementares. Esta solução foi proposta por Russell (que a expôs no ensaio citado e depois no primeiro vol. de *Principia mathematica*, 1910). Segundo Russell, a frase "Jorge IV etc." pode significar: *a*) "Jorge IV queria saber se um homem e só um homem escreveu *Waverley* e se Scott era esse homem", ou *b*) "Um homem e só um homem escreveu *Waverley* e Jorge IV queria saber se Scott era esse homem". E Russell diz: neste segundo caso "o autor de *Waverley* ocorre de modo *primário* (*primary occurrence*), porque supõe que Jorge IV tem algum conhecimento direto de Scott. Na primeira, ao contrário, a frase ocorre de modo secundário, no sentido de que não supõe um conhecimento direto de Scott" ("On Denoting", *op. cit.*, p. 72). Essa teoria, além de pressupor a diferença entre conhecimento direto e conhecimento indireto, equivale a reduzir os N. próprios a N. comuns e os N. comuns a N. próprios, que denotam elementos extraídos da experiência direta. Teorias semelhantes a estas foram apresentadas por Quine (*Methods of Logic*, 1950, § 33; *From a Logical Point of View*, 1953, cap. 1) e por outros.

A segunda solução da antinomia relação-N. é proposta pelo próprio Frege. Consiste em distinguir o significado (*Bedeutung, Meaning*), como denotação, do sentido (*Sinn, Sense*). A denotação é a referência do N. ao objeto: "Sir Walter Scott" e "autor de *Waverley*" têm a mesma denotação porque se referem ao mesmo objeto. O sentido, ao contrário, como dizia Frege, é "algo logo apreendido por quem conhece suficientemente a língua (ou em geral o conjunto de signos) a que o N. pertence" ("Über Sinn und Bedeutung", § 1; ed. it. *cit.*, p. 219): assim, dois N. podem ter sentidos diferentes, mesmo que se refiram ao mesmo objeto. Esse é precisamente o caso das duas expressões citadas, e, como é possível compreender o sentido de um N. sem conhecer sua denotação, perguntas como a que foi atribuída a Jorge IV significam um pedido de informações referente à identidade de suas denotações. Essa solução foi repetida com variações por Carnap (*Meaning and Necessity*, §§ 31-2) e por Church (*Intr. to Mathematical Logic*, 1958, § 1). E parece ser uma solução preferível porque não exige pressupostos particulares sobre a natureza da linguagem. [N.A.]

Ambas as posições, a de Frege e a de Russell, atribuem ao N. alguma função cognitiva. *a*) Para Frege o conhecimento do N. implica o conhecimento do percurso referencial que nos leva àquele N.: em outras palavras, o sentido seria um caminho para chegar à referência, pois sem conhecimento não se saberia como identificar o objeto, e a informação dos nomes ficaria limitada ao âmbito da linguagem. No § 79 de *Philosophische Untersuchungen* Wittgenstein, com o conhecido exemplo do N. "Moisés", vê o N. como algo associado, se bem que não rigidamente, a certo grupo ou "aglomerado" de descrições (donde a posterior denominação dessa posição como *cluster theory*), cada uma das quais pertinente em certa ocasião e com nenhuma das quais o N. pode jamais identificar-se. *b*) Para Russell o N. próprio transmite informação porquanto não passa de descrição camuflada que contém uma variável vinculada, ou seja, é assimilada a descrições definidas, que a análise lógica pode eliminar mediante definição (alguns limites da proposta técnica de Russell são superados por Quine, *Word and Object*, 1960, que transforma os nomes próprios em descrições verdadeiras, no máximo, de um só indivíduo e portanto elimina as próprias descrições definidas assim obtidas, transformando-as em predicados). A posição *a*) foi reproposta, depois de Carnap, por Strawson, *On Referring* (1950) e Searle, *Proper Names* (1958); a *b*), por Kaplan, *What is Russell's Theory of Descriptions?* (1970), Perry, *Frege in Demonstratives* (1977) e Burge, *Demonstrative Construction, Reference and Truth* (1974).

Por outro lado, não há pretensão de conferir nenhuma capacidade cognitiva ao N. na *teoria causal da referência*, formulada por Kripke (*Identity and Necessity*, 1971; *Naming and Necessity*, 1972), na esteira da teoria da denotação direta de Mill e de algumas idéias do próprio Russell sobre o conhecimento direto e sobre a referência dada por representação. Essa teoria atribui a capacidade referencial ao N. sem necessidade de mediações de sentido, passando ele assim a ser mera etiqueta, ou seja, um *designador rígido* que possui denotação em todos os mundos possíveis; só assim (mas cf. as importantes objeções de Evans, *The Causal Theory of Names*, 1973 e *The Varieties of Reference*, 1982) se garante uma continuidade da referência ao mudarem os conhecimentos e guardam sentido as hipótese contrafactuais. São inúmeras, em todo caso, as dificuldades encontradas também por essa teoria, sobre a qual defensores e detratores continuam a confrontar-se em aplicações e contra-exemplos. [M.S.]

NOMINAL, DEFINIÇÃO. V. DEFINIÇÃO.

NOMINALISMO (in. *Nominalism*; fr. *Nominalisme*; al. *Nominalismus*; it. *Nominalismo*). Doutrina dos filósofos *nominales* ou nominalistas, que constituíram uma das grandes correntes da escolástica. Os termos nominalista (*nominalis*) e terminista (*terminista*) foram usados somente no princípio do século XV (v. TERMINISMO), mas Oto de Freising, em sua crônica *Gesta Friderici imperatoris* (I, 47), afirmava que Roscelin fora "o primeiro em nossos tempos a propor em lógica a doutrina das palavras (*sententiam vocum*)". No princípio do século XII o N. era defendido por Abelardo (v. UNIVERSAIS), mas triunfou na escolástica devido à obra de Guilherme de Ockham (*c.* 1280-*c.*1349), que com razão foi chamado de *Princeps nominalium*. Assim exprimia Ockham sua convicção sobre o assunto: "Nada fora da alma, nem por si nem por algo de real ou de racional que lhe seja acrescentado, de qualquer modo que seja considerado e entendido, é universal, pois é tão impossível que algo fora da alma seja de qualquer modo universal (a menos que isso se dê por convenção, como quando se considera universal a palavra 'homem', que é particular), quanto é impossível que o homem, segundo qualquer consideração ou qualquer ser, seja asno" (*In Sent.*, I, d. II, q. 7 S-T). Do ponto de vista positivo, o N. admite que o universal ou conceito é um signo dotado da capacidade de ser predicado de várias coisas. O conceito já fora assim definido por Abelardo (v. UNIVERSAIS, DISPUTA DOS).

Ao traçar uma breve história do N., a propósito de Nizólio, Leibniz dizia que "são nominalistas todos os que acreditam que, além das substâncias singulares, só existem os nomes puros e, portanto, eliminam a realidade das coisas abstratas e universais"; para ele, o N. assim entendido começava com Roscelin, e entre os nominalistas, além do próprio Nizólio, estava também Thomas Hobbes (*De stilo philosophico Nizolii*, 1670, *Op.*, ed. Erdmann, p. 69). Essas observações e inclusões de Leibniz foram aceitas pelos historiadores da filosofia.

Em época mais recente, esse termo designou a interpretação convencionalista da física: por exemplo, Poincaré empregou em relação a Le Roy (*La science et l'hypothèse*, p. 3).

Algumas vezes os lógicos modernos usam esse termo para indicar a doutrina segundo a qual a linguagem das ciências contém apenas variáveis individuais, cujos valores são objetos concretos, e não classes, propriedades e similares (QUINE, *From a Logical Point of View*, VI, 4 ss.; CARNAP, *Meaning and Necessity*, § 10). [N.A.]

NOMINALIZAÇÃO (al. *Nominalisierun;* it. *Nominalizzazione*). Husserl entendeu por "lei de N." a lei segundo a qual "a cada proposição e a cada forma parcial distinguível na proposição corresponde um elemento nominal" (*Ideen*, I, § 119), o que significa, por exemplo, que à proposição "*S* é *P.*" pode corresponder o elemento único nominal "o ser *P* de *S.*" na qual "ser *P.*" pode significar a semelhança, a pluralidade etc. [N.A.]

NOMOLOGIA (in. *Nomology;* fr. *Nomologie;* al. *Nomologie;* it. *Nomologia*). Termo raramente usado na filosofia do século XIX para indicar a ciência da legislação. Husserl chamou de "N. aritmética" a matemática universal (*Logische Untersuchungen*, I, § 64). [N.A.]

NOMOTÉTICO (al. *Nomothetisch;* it. *Nomotetico*). Kant chamou de N., o que dá leis, o juízo *reflexivo* (v.), porquanto fornece máximas para a unificação das leis naturais; afirma que não é N. o juízo transcendental, "que contém as condições para a subsunção em categorias" e só faz "indicar as condições da intuição sensível nas quais se pode conferir realidade (aplicação) a um conceito dado" (*Crít. do Juízo*, § 69). Windelband chamou de nomotéticas as ciências naturais, em contraposição às ciências do espírito, ou ciências históricas, denominadas idiográficas (*Präludien*, 5ª ed., II, p. 145) (v. CIÊNCIAS, CLASSIFICAÇÃO DAS). [N.A.]

NON CAUSA PRO CAUSA (gr. τὸ μὴ αἴτιον ὡς αἴτιον). Um dos sofismas enunciados por Aristóteles (*El. sof.*, 5, 167 b 21), que consiste em assumir como causa (ou seja, como premissa) aquilo que não o é, donde resultam uma conseqüência impossível e a aparente refutação do adversário. É uma falácia que ocorre especialmente na redução ao absurdo. O exemplo dado por Aristóteles é o seguinte: Quem quiser reduzir ao absurdo a afirmação de que alma e vida são a mesma coisa assim procederá: a morte e a vida são contrárias; a geração e a corrupção são contrárias; mas a morte é corrupção, logo a vida é geração. Mas isto é impossível, porque o que vive não gera, mas é gerado; portanto, alma e vida não são a mesma coisa. A falácia aqui consiste em eliminar a premissa "Alma e vida são a mesma coisa" e substituí-la por outra: "Morte e vida são coisas contrárias" (cf. PEDRO HISPANO, *Summ. log.*, 7.56-57; ARNAULD, *Log.*, III, 19, 3; JUNGIUS, *Log.*, VI, 12, 11 etc.). [N.A.]

NON-ENS LOGICUM. Era assim que W. Hamilton chamava o ato do pensamento negativo, ou seja, não pensar em nada de preciso, que equivale a não pensar (*Lectures on Logic*, I, 2ª ed., 1867, p. 76). [N.A.]

NOOGONIA (al. *Noogonie;* it. *Noogonia*). Kant designou a doutrina de Locke "sistema de N.", porque descreve a gênese dos conceitos a partir da experiência (*Crít. R. Pura*, Anal. dos princ., Nota às anfibolias dos conceitos da reflexão). [N.A.]

NOOLOGIA (lat. *Noologia;* fr. *Noologie;* al. *Noologie;* it. *Noologia*). Termo inventado por Calov em *Scripta philosophica* (1650) para indicar uma das duas ciências auxiliares da metafísica [a outra é a *gnosiologia* (v.)], mais precisamente a que tem por objeto as funções cognitivas. Esse termo foi retomado no século seguinte por Crusius e outros, no mesmo sentido ou em sentidos análogos. Kant chamou de *noologistas* aqueles que, como Platão, acham que os conhecimentos puros derivam da razão, em contraposição aos *empiristas*, que os julgam derivados da experiência (*Crít. R. Pura*, Doutr. transc. do método, cap. IV). Ampère propôs chamar de *noológicas* todas as ciências do espírito (*Essai sur la philosophie des sciences*, 1834). Nenhum desses usos teve sucesso. [N.A.]

NOOSFERA (fr. *Noosphère*; it. *Noosfera*). Termo empregado por Le Roy para indicar o domínio da evolução propriamente humana (portanto contraposto ao domínio da evolução biológica, biosfera), que se realiza somente com a ajuda de meios espirituais: indústria, sociedade, linguagem, inteligência etc. (*L'exigence idéaliste et le fait de l'évolution*, 1927, pp. 195-6). [N.A.]

NORMA (lat. *Norma*; in. *Norm*; fr. *Norme*; al. *Norm*; it. *Norma*). Regra ou critério de juízo. A N. também pode ser constituída por um caso concreto, um modelo ou um exemplo; mas o caso concreto, o modelo ou o exemplo só valem como N. se puderem ser utilizados como critérios de juízo dos outros casos, ou das coisas às quais o exemplo ou o modelo se referem. A N. distingue-se da *máxima* (v.) porque, ao contrário desta (no significado 2), não é apenas uma regra de conduta, mas pode ser regra ou critério de qualquer operação ou atividade. Distingue-se da *lei* (v.) porque pode ser isenta de caráter coercitivo; por exemplo, uma N. de costume torna-se lei quando se torna coercitiva em virtude de uma sanção pública.

Trata-se de conceito recente, cuja origem está no neocriticismo alemão; formou-se através da distinção e da contraposição entre o domínio empírico do *fato* (da necessidade natural) e o domínio racional do *dever-ser* (da necessidade ideal). Sua validade não deriva do fato de ser ou não aceita ou aplicada, mas apenas do *dever-ser* que exprime. Os filósofos da escola de Baden (Windelband e Rickert) insistiram nesse caráter da N. Windelband disse: "O sol da necessidade natural brilha igualmente sobre o justo e o injusto. Mas a necessidade que advertimos na validade das determinações lógicas, éticas e estéticas é ideal; não a do *Mussen* e do não-poder-ser-de-outro-modo, mas do *Sollen* e do poder-ser-de-outro-modo" (*Präludien*, 4.ª ed., 1911, II, pp. 69 ss.). Foi também neste sentido que Kelsen entendeu a N., baseando nela sua teoria do direito: "A N. é a expressão da idéia de que algo deve acontecer, em especial de que um indivíduo deve comportar-se de determinada maneira. A N. nada diz sobre o comportamento efetivo do indivíduo em questão" (*General Theory of Law and State*, 1945, I, C, a, 5; trad. it., p. 36). Neste sentido, falou-se e fala-se de "transcendência" da N. em relação às situações que ela regula: por tal transcendência, insistiu-se (às vezes oportunamente) na independência do valor da N. em relação à sua efetiva aplicação. Por exemplo, não há dúvida de que as N. destinadas à obtenção de bom produto agrícola ou industrial, determinadas por disciplinas científicas e tecnológicas apropriadas, continuam válidas independentemente do fato de serem ignoradas ou desprezadas na maior parte dos casos. Essa independência, entretanto, não significa que as N. tenham uma origem misteriosa ou inacessível ou que estejam depositadas em alguma região do ser que mantenha apenas relação indireta e distante com os campos da experiência humana que elas visam a regular. As N. exprimem, habitualmente, a disciplina mais conveniente de determinadas atividades, com vistas a conferir-lhes a maior eficiência e precisão possíveis. Portanto, se elas nem sempre são generalizações daquilo que já está sendo feito ou realizado – porque podem até mesmo inspirar-se em uma ordenação completamente diferente – tampouco são alheias aos campos de atividade humana que visam a regular. Neste sentido Dewey dizia: "A diferença que se costuma registrar entre os modos como os homens pensam e os modos como *devem* pensar é semelhante à diferença que se observa entre o bom e o mau cultivo ou a boa e a má prática da medicina. Os homens pensam como não devem quando adotam métodos de investigação que, assim como demonstra a experiência das investigações anteriores, são inadequados ao fim preestabelecido" (*Logic*, cap. VI; trad. it., p. 156). Desse ponto de vista, uma N. é simplesmente uma fórmula técnica para o desenvolvimento eficaz de determinada atividade.

Portanto, é possível distinguir dois conceitos de N.: 1.º como critério infalível para o reconhecimento ou a realização de valores absolutos (este é o conceito elaborado pela filosofia dos *valores* (v.), ainda aceito pelas doutrinas absolutistas); 2.º como procedimento que garante o desenvolvimento eficaz de determinada atividade. [N.A.]

NORMAL (in. *Normal*; fr. *Normal*; al. *Normal*; it. *Normale*). 1. Aquilo que está em conformidade com a norma.

2. Aquilo que está em conformidade com um hábito, com um costume, com uma média aproximada ou matemática, ou com o equilíbrio físico ou psíquico. Neste sentido, diz-se, por exemplo, "levar vida N.", para dizer uma vida segundo os costumes de certo grupo social, ou "tem peso N." ou " altura N.", para dizer que tem peso ou altura correspondentes à média dos indivíduos da mesma idade, raça etc., ou "mente N.", "um organismo N.", para indicar a boa saúde mental ou física. Este uso do termo não é completamente impróprio porque, embora as normas às quais se refere sejam obtidas de generalizações empíricas, são empregadas como critério de juízo e estabelecem uma "normalidade". [N.A.]

NORMATIVO (in. *Normative*; fr. *Normatif*; al. *Normativ*; it. *Normativo*). Este adjetivo tem dois sentidos principais, que correspondem aos dois sentidos atribuídos à palavra norma: 1º é N. o que prescreve a regra infalível para alcançar a verdade, a beleza, o bem etc., ou seja, um bem absoluto; 2º é N. uma fórmula técnica que garanta o desenvolvimento eficaz de certa atividade. Na segunda metade do século XIX foram chamadas de N., no 1º sentido, as ciências filosóficas especiais (*lógica*, *ética* e *estética*), às quais se atribuiu a tarefa de prescrever as normas com as quais o pensamento, a vontade e o sentimento deveriam ajustar-se para alcançar a verdade, o bem e a beleza (Windelband, Rickert Wundt, Simmel, Husserl e outros). Nesse sentido, a qualificação de N. foi repelida pelas disciplinas acima (v. capítulos relativos). Não se pode, porém, negar que existam disciplinas N. no 2º sentido, de formular hipoteticamente técnicas aptas a garantir o desenvolvimento eficaz de determinadas atividades. [N.A.]

NOTA (lat. *Nota*; in. *Note*; fr. *Note*; al. *Merkma*; it. *Nota*). Sinal ou característica de um objeto. Sobre o princípio: "a N. de uma N. é uma N. da própria coisa", pela qual Kant quis substituir o *dictum de omni et nullo* como fundamento do silogismo, v. SILOGISMO.

NOTAÇÃO (gr. ἐτυμολογία; lat. *Notatio*; in. *Notation*; fr. *Notation*; al. *Notation*; it. *Notazione*). Em lógica, argumento (*locus*) inferido da etimologia do nome: como quando Platão diz que o termo *soma* (corpo) deriva de *sema* (túmulo), como argumento de que o corpo é o túmulo da alma (*Crat.*, 400 c). Esse tipo de argumento é esclarecido por Cícero (*Top.*, 8, 35) e retomado pelos lógicos do século XVII (JUNGIUS, *Log.*, V, 25). [N.A.]

NOVA RETÓRICA. V. ARGUMENTAÇÃO, TEORIA DA.

NULLIBISTAS (in. *Nullibists*; al. *Nullibisten*; it. *Nullibisti*). Foi assim que Henri Moore denominou todos os que acreditam que a alma não ocupa espaço e não tem, portanto, sede determinada no corpo (*Enchiridion Metaphysicum*, 1671, 1, 27, 1). [N.A.]

NÚMENO (gr. νοούμενον; in. *Noumenon*; fr. *Noumène*; al. *Noumenon*; it. *Noumeno*). Este termo foi introduzido por Kant para indicar o objeto do conhecimento intelectual puro, que é a *coisa em si* (v.). Na dissertação de 1770, Kant diz: "O objeto da sensibilidade é o sensível; o que nada contém que não possa ser conhecido pela inteligência é o inteligível. O primeiro era chamado de *fenômeno* pelas escolas dos antigos; o segundo, de *N*." (*De mundi sensibilis* etc., § 3). Na realidade, a palavra N. às vezes é usada pelos filósofos gregos, não em contraposição a fenômeno, mas a *sensível*, como em Platão: "Se intelecção e opinião verdadeira são duas coisas diferentes, então sem dúvida existirão entes que, conquanto não sejam sensíveis para nós, são apenas *pensados*" (*Tim.*, 51 d); algumas vezes é usada em contraposição ao objeto diretamente apreensível, como nos estóicos: "A compreensão se produz com a *sensação* – e então é compreensão de coisas brancas, pretas, ásperas ou lisas – ou com o raciocínio – e então é compreensão de nexos demonstrativos, como quando se demonstra que os deuses existem e que exercem a providência. Das *coisas pensadas*, algumas são pensadas segundo a ocasião, outras segundo a semelhança, outras segundo a composição e outras segundo contrariedades" (DIÓG. L., VII, 52). É mais freqüente nos antigos (sobretudo em Platão, em Aristóteles e nos neoplatônicos) o uso do termo *inteligível* (νοητός), não em contraposição a fenômeno, mas a sensível (cf., p. ex., ARISTÓTELES, *Et. nic.*, X, 4, 11 74 b 34). [N.A.]

NÚMERO (gr. ἀριθμός; lat. *Numerus*; in. *Number*; fr. *Nombre*; al. *Zahl*; it. *Numero*). Na história deste conceito, podem-se distinguir quatro fases conceptuais diferentes, que deram lugar a quatro definições diferentes: 1ª fase realista; 2ª fase subjetivista; 3ª fase objetivista; 4ª fase convencionalista.

1ª A fase realista é caracterizada pela tese de que o N. é um elemento constitutivo da realidade, por ser acessível à razão, mas não aos sentidos. Essa foi a tese dos pitagóricos, que, segundo relata Aristóteles, acreditavam que "as coisas são N.", ou seja, "compostas de N. como seus elementos" (*Met.*, XIV, 3, 1090 a 21). A esta crença está ligada a definição de N. como "sistema de unidades", própria dos pitagóricos (J. ESTOBEU, *Ecl.*, I, 18): essa definição serviu de modelo à de Euclides ("multidão de unidades", *El.*, VII, 2) e durante muito tempo fundamentou a matemática. Para Platão, o N. encontrava-se onde houvesse uma ordem, um limite do ilimitado. Entre a multiplicidade ilimitada (p. ex., dos sons vocais) e a unidade absoluta, o N. se insere como um limite (p. ex., distinção e enumeração das letras do alfabeto) e por isso sempre se encontra onde há ordem e inteligência (*Fil.*, 18 a ss.). Por outro lado, o N. neste sentido não está ligado a algo de visível ou de tangível: é, portanto, diferente do N. utilizado pelo homem em suas tarefas práticas (*Rep.*, 525 d). Essa tese (que não é a dos platônicos de tendência pitagórica, que consideravam as idéias como N.; cf. ARISTÓTELES, *Met.*, XIV, 3) é substancialmente apoiada por Aristóteles: "As entidades matemáticas não são mais substâncias que os corpos; precedem na lógica, mas não na existência, as coisas sensíveis, e não podem existir separadamente delas. Mas, desde que não podem sequer residir nas coisas sensíveis, não devem existir de modo absoluto, ou devem existir de algum modo especial, que não é a existência absoluta" (*Met.*, XIII,

3, 1077 b 12). Este modo de existência especial, próprio das entidades matemáticas, é definido pelas próprias proposições matemáticas: "É estritamente verdadeiro" – diz Aristóteles – "que existem entidades matemáticas e que elas são tais quais a matemática diz que são" (*ibid.*, XIII, 3, 1077 b 31). Aristóteles pretende dizer que as entidades matemáticas têm uma existência análoga às entidades da física (p. ex., ao movimento): são abstraídas das causas sensíveis, mas não são separáveis destas. Desse ponto de vista, o número é "uma pluralidade medida ou uma pluralidade de medida", e a unidade não é um N., mas medida do N. (*Met.*, XIV, 1, 1088 a 5): definição que repete a de Platão e antecipa a de Euclides, já lembrada.

2ª A segunda fase conceptual da noção de N. pode começar com Descartes: "O N. que consideramos em geral, sem refletirmos sobre coisa alguma criada, não existe fora de nosso pensamento, assim como não existem todas as outras idéias gerais que os escolásticos incluem sob o nome de universais" (*Princ. phil.*, I, 58). Em outras palavras, o N. é uma idéia, um ato ou uma manifestação do pensamento. A definição daí resultante é a de operação: o N. é uma operação de abstração executada sobre coisas sensíveis. Esse conceito é repetido muitas vezes na filosofia moderna. Hobbes pôs o N. entre as coisas "não existentes", que são apenas "idéias ou imagens" (*De corp.*, VII, § 1). Locke vê no N. uma idéia complexa, mais precisamente um "modo simples obtido através da repetição da unidade" (*Ensaio*, II, 16, 2); no mesmo sentido, Leibniz diz que o N. é uma idéia adequada ou completa, ou seja, "uma idéia tão distinta que todos os seus ingredientes são distintos" (*Nouv. ess.*, II, 31, 1). Berkeley afirma que o número "é inteiramente criatura do espírito" (*Princ. of Human Knowledge*, I, 12). Newton afirma que por N. é preciso entender "não tanto a multidão das unidades quanto a relação entre a quantidade abstrata de uma qualidade e uma quantidade do mesmo gênero que se assume como unidade" (*Arithmetica universalis*, cap. 2). Definição análoga é a de Wolff, para quem "o N. geralmente tem com a unidade a mesma relação que uma reta qualquer pode ter com uma reta dada" (*Ont.*, § 406). Esta definição, como a de Newton, faz do N. a operação com que se estabelece uma relação de medida.

Kant só fazia expressar o mesmo conceito geral ao afirmar que o N. é um *esquema* (v.), mais precisamente que ele é "a representação que compreende a sucessiva adição de um a um (homogêneos)" (*Crít. R. Pura*, Anal. dos princ., cap. 1). A novidade do conceito kantiano é que o N. não é uma operação empírica, efetuada em material sensível, mas uma operação puramente intelectual, que atua sobre a multiplicidade dada pela intuição pura (do tempo), que é absolutamente homogênea. Isto faz do N. algo independente da experiência, dotado de um gênero de validade que não é o empírico; mas o N. continua sendo uma operação do sujeito. Enquanto esta concepção kantiana era representada várias vezes na filosofia do século XIX, Stuart Mill voltava ao conceito do N. como operação empírica de abstração: "Todos os N. devem ser N. de algo: não há N. em abstrato." Portanto, os N. são produtos de uma "indução real, de uma inferência real de fatos a fatos", e tal indução só é ocultada pela sua natureza abrangente e pela conseqüente generalidade de linguagem em que desemboca (*Logic*, II, 6, 2). De certo modo, as posições de Kant e de Stuart Mill são típicas dessa fase subjetiva do conceito de N.: o N. é uma operação intelectual pura para Kant, é uma generalização empírica para Stuart Mill, mas em ambos os casos pertence à esfera da subjetividade. Pertencem a essa concepção do N. as doutrinas de Cantor e de Dedekind. Para Cantor, o fundamento do N. é a faculdade que o pensamento tem de agrupar os objetos e de abstrair da natureza e da ordem deles (o que dá lugar ao N. cardinal) ou apenas da natureza deles (o que dá lugar ao N. ordinal). Dedekind, por sua vez, fundou o conceito de N. na operação de emparelhar ou acoplar as coisas. Conquanto matematicamente profícuas, essas noções mantêm o conceito de N. no âmbito da subjetividade.

3ª A terceira fase conceptual da noção de N. (a de N. objetivo, mas não real) foi iniciada pela obra de Frege *Fundamentos da aritmética* (1884). Frege atribuía caráter conceptual ao N., mas também objetividade. Isto, em primeiro lugar, exclui que o N. seja uma operação ou uma realidade psicológica, uma idéia no sentido setecentista do termo: "O N. não constitui um objeto da psicologia nem pode ser considerado resultado de processos psíquicos, assim como não se pode considerar desse modo o Mar do Norte. Faço uma distinção nítida entre o que é objetivo e o que é palpável, real e ocupa espaço. Por exemplo, o eixo terrestre e o baricentro do sistema solar são objetivos, mas eu não diria que são reais como o é a terra" (*Die Grundlagen der Arithmetik*, § 26; trad. it., pp. 70-1). A matemática já havia estabelecido a insuficiência da definição de N. como coleção de unidades, por isso levaria a excluir 0 e 1 como N. (Aristóteles reconhecia esse fato no que diz respeito ao 1; *Met.*, XIV, 1, 1088 a 5). Frege assume como base da definição de número a *extensão* (v.) do conceito e diz que "o conceito *F* é *tão numeroso* quanto o conceito *G* sempre que existe a possibilidade de pôr em correspondência biunívoca os objetos pertinentes a *G* e os pertinentes a *F*".

Em vista disso, dá a seguinte definição de N.: "O N. natural que cabe ao conceito *F* nada mais é que a extensão a *F* do conceito 'tão numeroso quanto'" (*ibid.*, § 68, p. 134). Esta definição de Frege foi expressa por Russell em termos de classes, e não de conceitos. Russell diz: "Quando se tem uma relação termo a termo entre todos os termos de um conjunto e todos os termos de outro, dizemos que os dois conjuntos são semelhantes. Podemos ver então que dois conjuntos semelhantes têm o mesmo N. de termos e definimos o N. de um conjunto dado como a classe de todos os conjuntos semelhantes a ele. Resulta a seguinte definição formal: 'o N. dos termos de uma classe dada define-se como a classe de todas as classes semelhantes à classe dada'" (*Our Knowledge of the External World*, 3.ª ed., 1926, cap. 7; trad. fr., p. 163). A definição de Russell, que serviu de base para *Principles of Mathematics* (1905) e *Principia mathematica*, que ele publicou em 1910 em colaboração com Whitehead (as duas obras fundamentais da lógica matemática contemporânea), teve grande aceitação na filosofia e na matemática contemporâneas. Contudo, algumas vezes pareceu restrita demais para as possibilidades de desenvolvimento da matemática hodierna, que não pretende ficar ligada a um conceito de N. que lhe seja de algum modo preestabelecido.

4.ª A quarta fase foi-se configurando em estreita conexão com a axiomática moderna, e pode ser associada com os nomes de Peano, Hilbert, Zermelo, Dingler. Para esta, o N. é um signo, definido por um sistema adequado de axiomas. Dingler diz: "Construímos uma série de signos (sinais gráficos) passíveis de reprodução, que deve possuir as seguintes propriedades: *a*) a série tem um primeiro termo; *b*) a série possui uma regra de construção enunciável de modo finito tal que: α) sempre se determina univocamente qual termo da série vem imediatamente à direita de um termo já assinalado; β) cada termo da série é diferente de todos os termos que o precedem à esquerda" (*Die Methode der Physik*, 1937, cap. 11, 3, § 2; trad. it., pp. 137-8). Este ponto de vista pode ser resumido do seguinte modo:

a) não existe um objeto ou entidade única chamada "N.", cujas especificações sejam os N. definidos nos diversos sistemas numéricos;

b) a validade dos diversos sistemas numéricos depende apenas da coerência intrínseca de cada sistema, definida pelos axiomas fundamentais;

c) o conceito de N. presente em um sistema numérico não está ligado a uma interpretação determinada, mas é susceptível de interpretações indefinidamente variáveis. Em outros termos o N. não está imune a interpretações (como um sinal que nada signifique) e não está ligado a uma interpretação única, privilegiada, mas caracteriza-se pela possibilidade de interpretações diferentes.

É esta a noção do N. que costuma ser pressuposta nos mais recentes desenvolvimentos da *matemática* (v.). [N.A.]

NUMINOSO (in. *Numinous;* al. *Numinose;* it. *Numinoso*). Foi assim que Rudolf Otto chamou a consciência do *mysterium tremendum*, que é algo misterioso e terrível que inspira temor e veneração; essa consciência seria a base da experiência religiosa da humanidade (*Das Heilige*, 1917; trad. it., *Il sacro*, Bolonha, 1926).

O

O. Na Lógica formal "aristotélica" esta letra é usada como símbolo da proposição particular negativa (v. A). [G.P.]

OBEDIÊNCIA (lat. *Oboedientia*; in. *Obedience*; fr. *Obéissance*; al. *Gehorsamkeit*; it. *Obbedienza*). Segundo Espinosa, esse é o significado específico de fé. Esta consiste "em ter por Deus sentimentos cuja ausência implicará a ausência de O. a Deus e que, ao contrário, estarão necessariamente presentes quando estiver presente a O." (*Tract. theologico-politicus*, cap. 14). Esta redução da fé à O. é expressão das doutrinas que reduzem fé a ato prático (v. Fé). [N.A.]

OBJEÇÃO (in. *Objection*; fr. *Objection*; al. *Einwurf*; it. *Obbiezione*). Argumento cuja conclusão contradiz certa tese. Leibniz já observava que a verdade não pode ser afetada por "O. invencíveis". "É preciso ceder sempre às demonstrações, quer sejam propostas para afirmar, quer sejam apresentadas em forma de objeções. É injusto e inútil querer enfraquecer as provas dos adversários a pretexto de que são apenas O., visto que o adversário tem o mesmo direito e pode inverter os nomes, honrando seus argumentos com o nome de provas e rebaixando os nossos com o depreciativo de O." (*Théod.*, Discours, § 25). [N.A.]

OBJETIDADE (fr. *Objectité*; al. *Objektität*; it. *Oggettità*). Termo utilizado por Schopenhauer para definir o corpo e as coisas naturais, que seriam "a O. da vontade" no sentido de ser "a vontade objetivada, que se tornou representação" (*Die Welt*, I, § 18, 25, etc.). [N.A.]

OBJETIFICAÇÃO (al. *Objektation*; it. *Obiettazione*). Segundo Hartmann, este termo significa "tornar-se objeto para um sujeito" e define a natureza do conhecimento. A O. é o contrário de objetivação: esta é a transformação de algo subjetivo em objetivo, enquanto a O. exprime o processo pelo qual um objeto independente do sujeito torna-se objeto de conhecimento (*Systematische Philosophie*, 1931, § 11). [N.A.]

OBJETIVIDADE (in. *Objectivity*; fr. *Objectivité*; al. *Objektivität*; it. *Oggettività*). 1. Em sentido objetivo: caráter daquilo que é objeto. Neste sentido, Husserl falava de uma "O. primária" que pertenceria às coisas e as privilegiaria diante dos outros objetos, como propriedade, relações, estados de fato, conjuntos etc. (*Ideen*, I, § 10) (v. Objeto).

2. Em sentido subjetivo: caráter da consideração que procura ver o objeto como ele é, não levando em conta as preferências ou os interesses de quem o considera, mas apenas procedimentos intersubjetivos de averiguação e aferição. Neste significado, a O. é um ideal de que a pesquisa científica se aproxima à medida que dispõe de técnicas convenientes. [N.A.]

3. Propriedade daquilo que vale independentemente do sujeito. Por exemplo, fala-se de O. dos valores ou do saber científico. Nessa acepção, o termo remete ao terceiro significado de objetivo[2] (v.). [G.F.]

OBJETIVISMO (in. *Objectivism*; fr. *Objectivisme*; al. *Objektivismus*; it. *Oggettivismo*). Qualquer doutrina que admita a existência de objetos (significados, conceitos, verdades, valores, normas etc.) válidos independentemente das crenças e das opiniões dos diferentes sujeitos.

OBJETIVO[1] (in. *Objective*; fr. *Objectif*; al. *Objektiv*; it. *Obbiettivo*). 1. O mesmo que objeto, quando a palavra é adotada no sentido de fim ou meta (v. Objeto).

2. No sentido específico proposto por Meinong, é o objeto do juízo, distinto do objeto da representação. Por exemplo, quando se diz: "É verdade que existem antípodas", o O. é constituído por "que existem antípodas". O O. não é necessariamente existente. Se *A* não é, o não-ser de *A* é um O. tanto quanto o ser de *A* (*Über Annahmen*, 1902, pp. 142 ss.). [N.A.]

OBJETIVO[2] (in. *Objective*; fr. *Objectif*; al. *Objektiv*; it. *Oggettivo*). O que existe como objeto, tem um objeto ou pertence a um objeto. Esse adjetivo tem, à primeira vista, mais significados que o substantivo correspondente, visto que, além dos significados ligados a este último, serviu para significar: o que é válido para todos, o que é externo em relação à consciência ou ao pensamento, o que é independente do sujeito, o que está em conformidade com certos métodos ou regras etc. Tais significados surgiram principalmente da determinação kantiana do objeto de conhecimento como objeto real ou empiricamente dado. É possível enumerar três significados fundamentais desse termo: 1º o que existe como objeto; 2º o que tem objeto; 3º o que é válido para todos. Os dois últimos estão intimamente ligados entre si e com os outros significados arrolados.

1º O primeiro significado corresponde ao significado fundamental de objeto: O. é aquilo que existe como termo ou limite de uma operação ativa ou passiva. A essa definição corresponde em primeiro lugar o uso desse termo na última fase da escolástica, a partir de Duns Scot, quando foi entendido como o que existe como objeto do intelecto, enquanto pensado ou imaginado, sem que isso implique sua existência fora do intelecto, na realidade. Neste sentido esse termo era empregado por Scot (*De an.*, 17, 14), por Antonio Andrea (*Super artem veterem*, 1517, f. 87 r.), por F. Mayron (*In Sent.*, I, d. 47, q. 4) e por Durand de S. Pourçain (*In Sent.*, I, d. 19, q. 5, 7). Walter Burleigh diz: "Embora o universal não tenha existência fora da alma, como dizem os modernos, não há dúvida de que, segundo o parecer de todos, o universal tem existência O. no intelecto, visto que o intelecto pode entender o leão universalmente sem entender *este* leão" (*Super artem veterem*, 1485, f. 59 r.). "Existir objetivamente" significa, neste caso, existir em forma de representação ou de idéia, ou seja, como objeto do pensamento ou da percepção: esse significado reaparece com forma idêntica em Descartes (*Méd.*, III, 11), em Espinosa (*Et.*, I, 30; II, 8 cor. etc.) e em Berkeley (*Siris*, § 292). Em todos esses casos, o O. não designa o que é real nem o que é irreal, mas simplesmente o que é objeto do intelecto e pode, numa segunda consideração, revelar-se real ou irreal.

2º Em correspondência com a limitação imposta por Kant ao objeto de conhecimento como objeto "real", há um segundo significado de O., como o que tem por objeto uma realidade empiricamente dada. Neste sentido, Kant afirma que o conhecimento é "O." ou "objetivamente válido". Já em suas distinções terminológicas Kant inclui esse significado: "Uma percepção que se refira unicamente ao sujeito, como modificação de seu estado, é *sensação*; uma percepção O. é *conhecimento*. Esta ou é uma intuição ou um conceito. Aquela se refere imediatamente ao objeto e é singular; este lhe diz respeito de modo mediato, por meio de uma marca, que pode ser comum a várias coisas" (*Crít. R. Pura*, Dialética, livro I, seção I). Desse ponto de vista, "validade O." e "realidade" coincidem. Kant diz: "Nossas considerações ensinam a realidade, ou seja, a validade O. do espaço em relação a tudo o que podemos defrontar no mundo externo como objeto" (*ibid.*, § 3); e diz analogamente sobre o tempo: "Nossas considerações demonstram a realidade empírica do tempo, ou seja, sua validade O. em relação a todos os objetos que podem estar ligados aos nossos sentidos" (*ibid.*, § 6). Assim, O. é o empiricamente real, e para Kant o empiricamente real é produto de uma síntese que, para ser efetuada na consciência comum ou genérica, vale para todos os sujeitos pensantes, e não para um só deles (*Prol.*, § 22). Kant diz: "Os juízos são *subjetivos* quando as representações se referem apenas a uma consciência em um sujeito e nele se unificam; ou são *O.* quando estão interligados em uma consciência de modo genérico, ou seja, necessário" (*ibid.*, § 22). Essas considerações servem de transição à definição de O. feita por Kant no domínio prático e sentimental, ao chamar de O. as leis práticas "que podem ser reconhecidas como válidas pela vontade de cada ser racional" (*Crít. R. Prát.*, § 1), e de "princípio O." o acordo universal no juízo estético (*Crít. do Juízo*, § 22).

3º Essas considerações de Kant possibilitam uma transição para o terceiro significado fundamental de O., o de "válido para todos". Esse significado, muito difundido nas escolas criticistas e idealistas contemporâneas, foi bem expresso por Poincaré: "Uma realidade completamente independente do espírito que a concebe, a vê ou a sente, é uma impossibilidade. Se existisse um mundo externo nesse sentido, ele nos seria inacessível. Mas o que chamamos de realidade O. é, em última análise, aquilo que é comum a vários seres pensantes e poderia ser comum a todos" (*La valeur de la science*, 1905, p. 9). Poincaré fazia essas considerações com referência à matemática, mas quase simultaneamente Max Weber impunha esse mesmo conceito de objetividade à metodologia das ciências sociais, observando que "a verdade científica é válida para todos os que procuram a verdade", e mesmo nas ciências sociais há resultados que não são subjetivos no sentido de serem válidos para uma só pessoa e não para as outras ("A objetividade nas ciências sociais e na política social", 1904, em *The Methodology of the Social Sciences*, 1949, p. 84). Esse tipo de objetividade chama-se hoje *intersubjetividade*, e suas condições fundamentais são reconhecidas na posse e no uso de técnicas especiais que, em dado campo, garantam a comprovação e a aferição dos resultados de uma investigação. Portanto, "válido para todos" significa também "intersubjetivamente válido", ou "em conformidade com um método qualificado". A esse mesmo conceito de O. ligam-se os significados de "independente do sujeito" e "externo à consciência". O que é O. no sentido de ser válido para todos é de fato independente deste ou daquele sujeito, de suas preferências ou avaliações particulares; por outro lado, o único meio de que o sujeito dispõe para disciplinar ou frear suas preferências e avaliações é recorrer a procedimentos metodológicos qualificados. [N.A.]

A identificação da objetividade com a intersubjetividade representa uma das operações recorrentes da filosofia da ciência do século XX. Os neopositivistas e Popper procuraram legitimar o caráter O. do conhecimento científico mediante os conceitos de verificabilidade (v.) e falsificabilidade (v.), ou seja, recorrendo a uma base empírica neutra capaz de funcionar como garantia epistemológica do caráter público do saber: "Direi portanto que a objetividade das asserções da ciência reside no fato de que elas podem ser verificadas intersubjetivamente" (K. POPPER, *Logica della scoperta scientifica*, 1934, trad. it., Einaudi, Turim, 1970, p. 27). Os pós-positivistas distinguiram a objetividade do saber não na resposta experimental, mas na série dos *paradigmas* (v.) e dos esquemas teóricos compartilhados por determinada comunidade de pesquisa. Mesmo sendo caracterizada pela propensão comum a ver nos paradigmas o lugar específico em que ganham corpo os cânones de objetividade – portanto os critérios de verdadeiro e falso – tal epistemologia apresenta duas tendências de fundo:

A) A primeira, de tipo contextualista e relativista (pensemos em certas posições de Kuhn, Feyerabend, Rorty etc.), vê no paradigma uma espécie de "medida de todas as coisas" e afirma que os conceitos de objetividade são intraparadigmáticos e intraculturais, ou seja, relativos aos vários paradigmas e às várias culturas a que pertencem. Circunstância que determina a sua profunda diversidade e, em última análise, incomensurabilidade (exatamente como o céu dos copernicanos era profundamente diferente do céu dos ptolemaicos). Por conseguinte, para essa corrente, a noção de objetividade tende a estilhaçar-se numa multiplicidade incomensurável de modelos de objetividade.

B) A segunda tendência, personificada de modo emblemático por Putnam, mas presente nos defensores do chamado relativismo "moderado" (v. RELATIVISMO), mesmo rechaçando a idéia tradicional de objetividade forte, a favor de um tipo de objetividade fraca ou "intrateórica", ou seja, decorrente de determinados esquemas, recusa-se a reduzir a objetividade a determinado sistema conceitual ou cultural, ou seja, a um fato exclusivamente intraparadigmático e intra-sistemático: "Reconhecer que os meus juízos reclamam uma validade objetiva e reconhecer que sou plasmado por determinada cultura e que falo num contexto histórico particular não são coisas incompatíveis entre si" (H. PUTNAM, *Realismo dal volto umano*, 1990, trad. it., Il Mulino, Bolonha, 1995, p. 335). Em outros termos, qualificando-se como uma espécie de "terceira via" entre os dois extremos unilaterais (e polares) que são o absolutismo e o relativismo, essa tendência é própria de todos os estudiosos que, apertados entre o ideal metafísico de um conhecimento completamente objetivo e a dissolução neocética da noção de objetividade epistêmica, consideram que a objetividade "humana", ou seja, a objetividade-para-nós, mesmo sendo *imanente* às nossas grades conceituais, é, ao tempo mesmo, *transcendente* ao *hic et nunc* das várias culturas e dos vários paradigmas: "Dizer que a verdade é objetiva (com "o" minúsculo) quer apenas dizer que uma propriedade da verdade consiste em que um enunciado verdadeiro é um enunciado logicamente independente daquilo que a maioria dos membros de dada cultura acredita que seja verdadeiro" (*Rappresentazione e realtà*, 1988, trad. it., Garzanti, Milão, 1993, p. 143). [G.F.]

OBJETIVO, IDEALISMO (al. *Objektiver Idealismus*; it. *Idealismo oggettivo*). Um dos três tipos fundamentais de filosofia: intuição do mundo, segundo Dilthey, mais precisamente a intuição baseada no sentimento e dominada pela categoria do valor. Nesse tipo de filosofia Dilthey incluía Heráclito, os estóicos, Espinosa, Leibniz, Shaftesbury, Goethe, Schelling, Schleiermacher, Hegel; considerava o panteísmo uma de suas características (*Das Wesen der Philosophie*, 1907, III, 2; em *Crítica da razão histórica*) (v. IDEALISMO DA LIBERDADE; NATURALISMO). [N.A.]

OBJETO (lat. *Obiectum*; in. *Object*; fr. *Objet*; al. *Objekt*, *Gegenstand*; it. *Oggetto*). Termo de qualquer operação, ativa, passiva, prática, cognitiva ou lingüística. O significado dessa palavra é generalíssimo e corresponde ao significado de *coisa* (v.). O. é o fim a que se tende, a coisa que se deseja, a qualidade ou a realidade percebida, a imagem da fantasia, o significado expresso ou o conceito pensado. A pessoa é objeto de amor ou de ódio, de estima, de consideração ou de estudo; neste sentido, o próprio eu é ou pode ser objeto. Toda atividade ou passividade tem como termo ou limite um O., qualificado em correspondência com o caráter específico de atividade ou de passividade. Ao lado deste significado genérico e fundamental, em que esse termo é insubstituível, encontra-se algumas vezes na linguagem filosófica e na comum um significado mais restrito ou específico, segundo o qual o O. só é O. se tiver alguma validade: por exemplo, se é "real", "externo", independente" etc. (v. OBJETIVO). No entanto, este segundo significado não elimina o primeiro, mas o pressupõe.

Essa palavra foi introduzida em filosofia pelos escolásticos, no século XIII. É claramente definida por Tomás de Aquino, que diz: "O. de uma potência ou de um hábito é propriamente aquilo sob cuja razão (*ratio*) se inclui tudo o que se refere à potência ou ao hábito em questão. Por exemplo, o homem e a pedra referem-se à.visão por terem cor; portanto, o que tem cor é o O. próprio da visão" (*S. Th.*, I, q. 1, a. 7). Essa noção de O. foi substancialmente retomada por Duns Scot, que definiu o O. de um saber como matéria (*subjectum*) do saber, que é aprendida ou conhecida. Segundo Scot, uma matéria cognoscível torna-se O. conhecido através de um hábito intelectual relativo a esse objeto (*Op. Ox.*, Prol., q. 3, a. 2, n.º 4). Jungius só fazia expressar com mais simplicidade a mesma noção ao afirmar: "Chama-se de O. aquilo em torno do que versam as faculdades, seus hábitos e seus atos" (*Logica*, 1638, 1, 9, 37). Wolff por sua vez dizia: "O. é o ente que termina a ação do agente ou no qual terminam as ações do agente: de modo que é quase um limite da ação" (*Ont.*, § 949).

Esse significado continuou sendo fundamental na filosofia moderna e contemporânea. A questão do caráter real ou ideal do O. em geral ou de uma classe específica de O. (p. ex., dos O. físicos ou coisas) não teve influência. Assim, pode-se considerar O. do conhecimento uma idéia (como queria Berkeley), uma representação (como queria Schopenhauer), uma coisa material (como queria a escola escocesa do senso comum) ou um fenômeno (como queria Kant), mas como O. é sempre o termo ou limite da operação cognitiva. No entanto, é Kant quem inaugura o uso restrito do termo, segundo o qual o O. ou, mais exatamente, o O. de conhecimento é, de preferência, O. "real" ou "empírico". Kant diz: "Há grande diferença entre ser algo dado à minha razão como O. em *absoluto* ou apenas como O. *na idéia*. No primeiro caso, meus conceitos passam a determinar o O.; no segundo, o que existe de fato é só um esquema ao qual não se atribui diretamente nenhum O., nem por hipótese, mas que serve apenas para representar outros O., em sua unidade sistemática, por meio de sua relação com a idéia. Assim, digo: o conceito de inteligência suprema é uma simples idéia; vale dizer: sua realidade objetiva não deve consistir em que ele se refira diretamente a um O. (pois seu valor objetivo não pode ser justificado desse modo), mas é apenas um esquema, organizado segundo as condições da máxima racionalidade do conceito de uma coisa em geral" (*Crít. R. Pura*, Dialética, Apêndice). Essas considerações de Kant são uma reiteração de que a idéia da razão pura não tem propriamente O. porque O. é somente o empírico (a coisa natural), e a idéia refere-se apenas indiretamente a um grupo de tais objetos. Todavia, esse significado específico do O. não elimina, nem para Kant, o significado geral e fundamental. De fato, esse filósofo não só considera o conceito de O. como o "mais elevado" em filosofia (v. o fim deste verbete), como também fala de uma "distinção de todos os O. em geral em fenômenos e númenos", considerando o número como "o O. de uma intuição não sensível", admitida em hipóteses, que poderia pertencer a um intelecto divino (*Crít. R. Pura*, Anal. dos Princ., cap. III). Por outro lado, para Kant, além do O. de conhecimento, há "o O. da razão prática", que é "a representação de um O. como de um efeito possível através da liberdade" (*Crít. R. Prática*, I, Livro I, cap. 2); isso significa que neste caso o O. é termo ou.resultado de uma ação livre. O que em todo caso constitui o O. é sua função de limite ou termo de uma atividade ou de uma operação qualquer. Essa noção não desaparece nem nas formas mais radicais de idealismo: para o próprio Fichte, o O. é o limite da atividade do Eu: "O Eu põe-se como limitado pelo não-eu" (*Wissenschaftslehre*, 1794, § 4. A), e o não-eu nada mais é que O. (*ibid.*, § 4 E. III; trad. it., p. 143). Analogamente, qualquer outra determinação que os filósofos possam criar sobre a natureza do O. tem como ponto de partida a sua definição geral. Por exemplo, o O. pode ser considerado um *dado* (como costumam fazer os empiristas) ou como um *problema* (como fizeram os neocriticistas; p. ex., Natorp, *Platos Ideenlehre*, p. 367), mas só pode ser uma ou outra coisa se é considerado como o termo ou limite da atividade cognitiva.

Na filosofia contemporânea, o recurso à noção de *intencionalidade* (v.) permitiu reconhecer claramente o caráter geral da noção de O. Brentano, que foi o primeiro a reintroduzir essa noção, diz que "todo fenômeno psíquico inclui em si alguma coisa como O., embora nem sempre da mesma forma. Na representação, há algo representado; no juízo, algo reconhecido ou negado; no amor, algo amado; no ódio, algo odiado, etc." (*Psychologie von empirischen Standpunkt*, 1874, I, p. 115). E Husserl ainda generalizou o conceito, distinguindo O. e "O. percebido": "Deve-se notar que o O. intencional de uma consciência (tomado como pleno correlato dela) não é absolutamente igual ao O. apreendido (*erfasstes*). Costumamos pressupor o ser apreendido no conceito de O. (O. intencional), porquanto, ao pensarmos nele ou falarmos sobre ele, temo-lo como O. no sentido de apreendido. [...] Com certeza só podemos lidar com uma coisa física apreendendo-a, e o mesmo se diga de todas as objetividades francamente representáveis... Ao contrário, no ato de avaliar, de alegrar-se, de amar, de agir, lidamos com valor, com o O. da felicidade, com o O. amado, com a ação, respectivamente, sem apreender nada de tudo isso" (*Ideen*, I, § 37). Paralela e analogamente, Meinong defendia o significado generalíssimo da noção de O. (*Gegenstand*), dividindo-a nas classes de O. da representação (*Objekte*) e de O. do juízo (*Objektive*) (*Über Annahmen*, 1902, pp. 142 ss.). Quase ao mesmo tempo, no domínio da lógica matemática, Frege defendia uma noção substancialmente idêntica do O., identificando-o com o significado: "O significado de uma palavra é o O. que indicamos com ela" (*Über Sinn und Bedeutung*, 1892, § 3; trad. it., p. 222), pretendendo dizer que o O. é o termo ou limite da operação lingüística, do uso do signo. Wittgenstein, por sua vez, dizia: "O nome variável '*x*' é o signo do pseudoconceito objeto. Sempre que o termo O. ('coisa', 'entidade' etc.) é usado corretamente, é expresso no simbolismo lógico pelo nome variável" (*Tractatus*, 4.1272). Não muito distante disso está a noção de O. exposta por Dewey, para quem O. é o resultado de uma operação de.investigação: "O nome O. será reservado à matéria tratada, visto ter sido ela produzida e organizada de modo sistemático por meio da investigação; prolepticamente, objetos são os *objetivos* da investigação. A ambigüidade que se poderia encontrar no uso do termo, neste sentido (pois de regra a palavra se aplica às coisas observadas e pensadas), é apenas aparente, visto que as coisas existem como O. para nós só se tiverem sido preliminarmente determinadas como resultados de investigação" (*Logic*, cap. 6; trad. it., p. 175). É fácil ver que a diferença entre essas definições de O. é apenas a diferença entre as atividades ou as operações consideradas: O. é o termo do significado, se considerarmos a linguagem e, em geral, o uso dos signos; é o termo de uma operação de investigação se considerarmos a pesquisa científica; e assim por diante; mas em todo caso é (como já julgavam os escolásticos) o termo ou o limite de determinada operação.

Assim, a palavra O. é o termo mais geral de que dispõe a linguagem filosófica. Kant tinha razão ao afirmar que, se "o conceito mais elevado de que se costuma partir na filosofia transcendental é a divisão entre possível e impossível", visto que toda divisão pressupõe um conceito por ser dividido, "deve-se aduzir um conceito ainda mais elevado, que é o conceito de O. *em geral*, assumido de modo problemático, sem decidir se ele é algo ou nada" (*Crít. R. Pura*, Anal. dos Princ., Nota às anfibolias dos conceitos da reflexão). É óbvio que o conceito de O. não coincide inteiramente com nenhuma de suas especificações possíveis. As coisas, os corpos físicos, as entidades lógicas e matemáticas, os valores, os estados psíquicos etc., são todos O., especificados ou especificáveis por meio de modos de ser particulares ou procedimentos de verificação particulares; mas nenhuma dessas classes de O. possui uma objetividade privilegiada e nenhuma se presta a exprimir, em seu âmbito, a característica do O. em geral. [N.A.]

OBJETOS, TEORIA DOS (al. *Gegenstandstheorie*; it. *Teoria degli oggetti*). Foi assim que A. Meinong chamou a ciência que considera os O. como O. sem levar em conta suas especificações (realidade ou irrealidade etc.). Essa ciência não é a metafísica no sentido tradicional porque esta considera a totalidade dos O. *existentes*, que são apenas uma pequena parte dos objetos possíveis (cf. *Über Annahmen*, 1902; *Gegenstandstheorie*, 1904; *Zur Grundlegung der allgemeinen Werththeorie*, 1923) (v. OBJETIVO; OBJETO). [N.A.]

OBRIGAÇÃO (lat. *Obligatio*; in. *Obligation*; fr. *Obligation*; al. *Verpflichtung*; it. *Obbligazione*). 1. Caráter coercitivo, conferido a uma relação interpessoal por lei jurídica ou por norma moral. Esse caráter é diferente da *necessidade* (v.), segundo a qual é impossível que a coisa seja ou aconteça de modo diferente: a O. não impede que a relação de fato, por ela regida, se configure de modo diferente, mas implica, neste caso, a intervenção de uma sanção. Algumas vezes o caráter obrigatório da relação expressa-se com a noção de necessidade *moral* ou *ideal* (v. NECESSÁRIO), sem que com isto se pretenda reduzi-lo à necessidade propriamente dita. Bergson foi o único que procurou substancialmente reduzir O. a necessidade de fato, entendendo por O. os costumes sociais e por O. em geral "o costume de contrair costumes" (*Deux sources*, cap. I).

2. Na lógica terminista medieval, o compromisso em vista do qual um interlocutor admite na discussão algo que antes não admitia. Esta é a definição dada por Ockham (*Summa log.*, III, 38), que admite seis espécies de obrigações: instituição, petição, posição, deposição, dubitação e o *sit verum*.

A *instituição* (*institutio*) consiste em atribuir a um vocábulo um significado novo durante a discussão, e não mais que isso (*Summa log.*, III, III, 38). A *petição* (*petitio*) consiste em obrigar o interlocutor a este ou àquele ato que diga respeito à sua função, como por exemplo a conceder uma proposição (*ibid.*, III, III, 39). A *deposição* (*depositio*) é a obrigação de sustentar uma proposição como falsa (*ibid.*, III, III, 42). A *dubitação* (*dubitatio*) é a obrigação de sustentar alguma coisa como dúbia (*ibid.*, III, III, 43). Quanto a *posição* e *o sit verum*, ver os verbetes respectivos. [N.A.]

OBSERVAÇÃO (in. *Observation*; fr. *Observation*; al. *Beobachtung*; it. *Osservazione*). Verificação ou constatação de um fato, quer se trate de uma verificação espontânea ou ocasional, quer se trate de uma verificação metódica ou planejada. A O. foi algumas vezes restringida ao primeiro significado; neste caso, contrapõe-se a experiência ou experimentação como verificação deliberada ou metódica (cf. C. BERNARD, *Introduction à l'étude de la médicine expérimentale*, 1865, I, cap. 1). Outras vezes foi restringida ao segundo significado, caso em que se contrapõe a experiência ingênua, primitiva, comum ou ocasional (nesse sentido, este termo é empregado habitualmente na linguagem científica contemporânea). Em vista disso, é possível estudar ambos os significados, distinguindo: 1º O. *natural*, em que as condições da O. não são planejadas ou planejáveis; e 2º O. *experimental* (ou experimentação), que é a O. planejada,.que se caracteriza pela *aferição das variáveis*. Neste segundo tipo de O., pode-se agir sobre a variável independente e estudar o comportamento correspondente da variável dependente, ou seja, da função vinculada.

Qualquer O., seja ela natural ou experimental, apresenta a divisão entre sistema observante e sistema observado. A validade desta divisão foi posta à prova (e reconfirmada) pela física *quântica*, a propósito das relações de *indeterminação* (v.), ou seja, da ação que o sistema observante exerce sobre o sistema observado. Bohr e Heisenberg mostraram que, ao mesmo tempo em que o limite entre sistema observante e sistema observado não é rígido – no sentido de serem possíveis descrições diferentes de um mesmo fenômeno em que esse limite mude (cf. BOHR, "Wirkumsquantum und Naturbeschreibung", em *Naturwissenschaften*, 1929 [26], pp. 484-5) –, se ele faltar, também faltará o caráter físico do sistema. Pode-se evitar calcular a ação perturbadora do sistema observante incluindo-o no cálculo. Mas como mesmo assim resta a indeterminação a respeito da O. do sistema observante, seria preciso incluir no sistema observado nossos olhos também. Neste caso – nota Heisenberg – "só se poderia tratar quantitativamente a cadeia de causas e efeitos quando se considerasse o universo inteiro como parte do sistema observado, mas então a física desapareceria, ficando apenas um esquema matemático. A subdivisão do mundo em sistema observante e sistema observado impede assim a nítida formulação da lei causal" (*Die physikalischen Prinzipien der Quantentheorie*, 1930, IV, § 1). Como observa o próprio Heisenberg, por "sistema observante" não se deve entender necessariamente o observador humano, visto que por este se pode entender também uma chapa fotográfica ou um aparelho qualquer. Portanto, a divisão entre sistema observante e sistema observado, que a física julga indispensável para dar significado físico (não puramente matemático) a seus enunciados, não equivale à distinção filosófica tradicional entre objeto e sujeito, à qual, por outro lado, também se opõe a afirmada mobilidade do limite de demarcação entre os dois sistemas. [N.A.]

Para a temática relativa às relações entre O. e teoria, v. TEÓRICO-OBSERVACIONAL.

OBSTÁCULO (in. *Obstacle*; *Hindrance*; fr. *Obstacle*; al. *Hinderniss*; it. *Ostacolo*). Limite à atividade. Fichte definiu o O. do seguinte modo: "O que significa uma atividade e como se torna atividade? Simplesmente pelo fato de a ela se opor um O." (*Sittenlehre*, 1798, Intr., § VI; *Werke*, IV, p. 7). Cf. R. LE SENNE, *Obstacle et valeur*, 1934. [N.A.]

OBVERSÃO (in. *Obversion*; fr. *Obversion*; al. *Obversion*; it. *Obversione*). Este termo de origem recente (provavelmente devido a JEVONS, *Elementary Lessons in Logic*, p. 85) designa a transformação de uma proposição em uma proposição eqüipolente através da dupla negação: por exemplo, a transformação da proposição "todos os homens são mortais" em "nenhum homem é não mortal". [N.A.]

OCASIÃO (in. *Occasion*; fr. *Occasion*; al. *Gelegenheit*; it. *Occasione*). Situação que provoca ou facilita a intervenção de uma ação livre. *Causas ocasionais*: causas consideradas como ocasiões para a ação direta de Deus (v. OCASIONALISMO).

Kierkegaard ressaltou o valor da O. como "categoria do finito", que pode ser "pretexto ou causa". Neste sentido, a O. é a "última e verdadeira categoria de transição da esfera da idéia à da realidade" (*Aut aut*, "Os primeiros amores"). [N.A.]

OCASIONALISMO (in. *Occasionalism*; fr. *Occasionalisme*; al. *Occasionalismus*; it. *Occasionalismo*). Doutrina segundo a qual a única causa de todas as coisas é Deus e que as chamadas causas (segundas ou finitas) são apenas ocasiões de que Deus se vale para levar a cabo seus decretos. Esta doutrina foi defendida pela primeira vez pela seita filosófica árabe dos Motakallimun (cf. MAIMÔNIDES, *Guide des égarés*, I, 73), sendo depois retomada na idade cartesiana pelos pensadores que quiseram utilizar a doutrina de Descartes para defender crenças religiosas tradicionais (Louis De La Forge, Gérard de Cordemoy, J. Clauberg e A. Geulincx, que viveram no séc. XVII). Geulincx foi o melhor expositor da doutrina, que visa substancialmente a negar ao homem qualquer poder efetivo no mundo e a atribuí-lo a Deus. Ao O. opuseram-se Espinosa e Leibniz; era defendido por Malebranche, que a respeito concluía que, não podendo ser produzido pelas coisas (que não são causas), o conhecimento humano é uma visão das coisas em Deus (*Recherche de la vérité*, 1674-1675). [N.A.]

OCIDENTE-ORIENTE. Dicotomia geográfica que remete a uma contraposição de civilizações e de visões do mundo. Na literatura filosófica é usada de duas maneiras antitéticas.

1º Na primeira, o Oriente aparece com valor negativo, e o Ocidente com valor positivo. Para essa acepção (pensemos em autores como Hegel e Marx), o Oriente se configura como o "ainda-não" do Ocidente e está para ele como o atrasado para o desenvolvido, o despótico para o livre, o comunitário para o societário, o religioso para o secularizado, o contemplativo para o ativo etc.

2º Na segunda, o Oriente aparece com valor positivo, e o Ocidente com valor negativo. Para essa acepção (pensemos na corrente de pensamento que vai de Schopenhauer a Hesse), o Oriente se configura como o lugar da espiritualidade, da sabedoria originária, da tradição etc., e o Ocidente como a terra do materialismo, do cientificismo, do pragmatismo tecnológico etc.

Quem falou da *Decadência do Ocidente* e do espírito "faustiano" que o caracteriza foi Spengler na obra homônima (1918-1922). Heidegger, por sua vez, viu no Ocidente a terra do ocaso (*Abendland*), ou seja, o lugar geográfico-cultural em que o esquecimento do ser (v.) atinge o ápice. Na filosofia do fim do século XX, em concomitância com a crise do relativismo e do antietnocentrismo, assistiu-se a certa reabilitação do Ocidente secularizado e tolerante, sobretudo por parte dos pós-modernos (v. INTOLERÂNCIA). [G.F.]

OCKAMISMO (in. *Ockhamism;* fr. *Ockamisme;* al. *Ockhamismus;* it. *Occamismo*). Com este termo foi chamada desde o século XV a corrente filosófica iniciada por Ockham no último período da escolástica medieval, caracterizada pelos seguintes pontos básicos: 1º *empirismo*, como privilégio concedido à experiência (ou "conhecimento intuitivo") para a prova e a verificação da verdade; 2º *nominalismo*, negação da realidade dos universais e sua redução a signos naturais; 3º *terminismo*, lógica da *suposição* (v.), para a qual os conceitos são termos que estão em lugar das coisas reais; 4º *cepticismo teológico*, segundo o qual é impossível demonstrar ou racionalizar as verdades da fé e atribui-se às provas da existência de Deus apenas valor provável. Por este último ponto, Lutero denominou-se e foi chamado de ockamista. Os outros pontos foram defendidos e ilustrados na escolástica da segunda metade do século XIV e dos primeiros decênios do século XV. [N.A.]

OCORRÊNCIA (in. *Token*; it. *Gettone*). Esse foi o nome que Peirce deu ao *sinsigno*, ou seja, "um acontecimento singular, que ocorre só uma vez, cuja identidade limita-se a essa única ocorrência e ao objeto ou coisa singular que é um espaço singular ou um único instante do tempo". Por exemplo, quando se diz que a palavra "o" aparece vinte vezes em dada página de determinado livro, diz-se que o "o" é uma O.; no entanto, quando se fala do artigo "o" na língua portuguesa, fala-se de um *tipo* (*Coll. Pap.*, 4.537). Esse termo passou a ser empregado comumente em filosofia de língua inglesa. Assim, *token-sentence*, ou *token-reflexive*, é um enunciado do tipo "o enunciado da lousa está mal escrito", ou então um enunciado aduzido puramente como exemplo, como o discutido por Aristóteles (*De int.*, 9, 19 ss.): "Amanhã haverá uma batalha naval". [N.A.]

OCULTAS, QUALIDADES. V. OCULTO.

OCULTISMO (in. *Occultism*; fr. *Occultisme*; al. *Okkultismus*; it. *Occultismo*). Crença em fenômenos que se julgam produzidos por forças ocultas ou crença na validade das ciências ocultas. Por O. pode-se entender o conjunto de tais ciências: magia, astrologia, metapsíquica, teosofia etc. (v. verbetes específicos). [N.A.]

OCULTO (in. *Occult*; fr. *Occulte*; al. *Okkult*; it. *Occulto*). O que se escapa à visão e só pode ser descoberto por quem tem uma segunda visão, no sentido de ser iniciado numa forma superior de saber. Neste sentido ciência oculta é, em primeiro lugar, a magia: Cornélio Agripa, em *De occulta philosophia* (1510), incluía na magia todas as ciências possíveis. Mas hoje também se chama de ciências O. a teosofia, a parapsicologia etc., seja por lidarem com fenômenos considerados como manifestações de forças O., seja porque se ache que o estudo de tais fenômenos deve ser reservado a quem se iniciou numa ordem superior de conhecimentos esotéricos. A partir do século XVII começou-se a chamar de *qualidades* O. as causas formais e finais do aristotelismo e da escolástica, pretendendo-se ressaltar com essa expressão que recorrer a tais causas equivalia a recorrer a fatores mais desconhecidos que os próprios fenômenos, incapazes, portanto, de explicá-los. "Os aristotélicos" – dizia Newton – "não deram o nome de qualidades O. às qualidades manifestadas, mas às qualidades que supunham estar nos corpos como causas desconhecidas de efeitos manifestados" (*Opticks*, 1704, III, 1, q. 31). [N.A.]

OFELIMIDADE (in. *Ophelimity*; fr. *Ophélimité*; al. *Ophelimität*; it. *Ofelimità*). Termo criado por Vilfredo Pareto (*Cours d'économie politique*, Lausanne, 1896) para designar a qualidade fundamental dos objetos econômicos, que é o valor do uso, que nem sempre coincide com a utilidade; por exemplo, um entorpecente tem O., mas não utilidade. [N.A.]

OLIGARQUIA. V. GOVERNO, FORMAS DE.

ONIPOTÊNCIA, ONISCIÊNCIA. V. TEODICÉIA.

ONIROLOGIA. Interpretação dos sonhos (v. SONHO).

ÔNTICO (in. *Ontic*; fr. *Ontique*; al. *Ontisch*; it. *Ontico*). Existente: distinto de ontológico, que se refere ao ser categorial, isto é, à essência ou à natureza do existente. Por exemplo, a propriedade empírica de um objeto é uma propriedade O.; a possibilidade ou a necessidade é uma propriedade ontológica. Essa distinção foi ressaltada por Heidegger: "'Ontológico', no sentido dado à palavra pela vulgarização filosófica (e aqui se mostra a confusão radical) significa aquilo que, ao contrário, deveria ser chamado de O., ou seja, uma atitude tal em relação ao ente que o deixe ser em si mesmo, no que é e como é. Mas nem por isso se propôs ainda o *problema do ser*, e muito menos se atingiu aquilo que deve constituir o fundamento para a possibilidade de uma 'ontologia'" (*Vom Wesen des Grundes*. I, n.º 14; trad. it., p. 23). [N.A.]

ONTOGÊNESE. V. BIOGENÉTICA, LEI.

ONTOLOGIA (in. *Ontology*; fr. *Ontologie*; al. *Ontologie*; it. *Ontologia*). 1. Doutrina do ser e das suas formas. Cunhado no século XVII, como efeito da tendência barroca a preciosismos lingüísticos usando palavras de derivação grega, o termo aparece no *Lexicon philosophicum* (1613) de R. Göckel e no *Theatrum philosophicum* (1613) de J. Lorhardus. Em seguida a encontramos em Alsted, Calov, Clauberg etc. Concomitantemente (a partir do *Opus metaphysicum*, 1617, de C. Scheibler), a metafísica é dividida em duas seções: O. ou *metaphysica generalis*, que estuda o ente como ente, e a *metaphysica specialis*, que estuda Deus. Mais tarde, Wolff chega à distinção, que se tornou canônica, entre O. e três ciências metafísicas especiais: *cosmologia generalis*, *psychologia rationalis* e a *theologia naturalis* (*Philosophia rationalis sive logica*, 1728; *Philosophia prima sive ontologia*, 1729).

2. Depois de Wolff e Kant (que dá o nome de O. ou metafísica à sua gnosiologia crítica), o termo O. foi usado, no mais das vezes, como sinônimo de metafísica. Ainda hoje, a maior parte dos estudiosos discorre indiferentemente sobre O. ou metafísica. O próprio Heidegger acabou para equiparar O. e metafísica, num sinal de condenação geral: "O pensamento que pensa na verdade do ser em termos de retorno ao fundamento da metafísica já abandonou desde o primeiro passo o âmbito de qualquer O." (*Introduzione a 'Che cos'è metafisica?'*, 1949, Segnavia, 1967, trad. it., Adelphi, Milão, 1987, p. 332). Isso não impede que alguns autores tendam a preferir o termo O. ao termo metafísica, considerando-o: *a*) mais geral e neutro, *b*) mais conciliável com uma perspectiva empirista.

No que se refere a *a*), enquanto o termo metafísica parece pressupor *a priori* (ou seja, antes ainda de demonstrar) uma dimensão metassensível e metanatural, o termo O. limita-se a assinalar a existência de um problema do ser que pode ser resolvido de maneiras diferentes (ou seja, não só em direção a uma metafísica transcendentalista, mas também em direção a uma metafísica imanentista). Em outras palavras, enquanto o termo meta-física parece já conter em si uma solução específica do problema do ser, o termo O. mostra-se mais descritivo e menos ligado a uma (possível) solução do problema do ser. Além de mais universal, o termo O. parece também menos comprometido com o passado e com a polêmica entre metafísicos e pós-metafísicos. Tanto é que até alguns filósofos pós-metafísicos falam, sem dificuldade, de "O. metafísica" assim como de "O. pós-metafísica". Quanto a *b*), a O., entendida como exposição ordenada dos caracteres fundamentais do ser que a experiência revela de modo repetido e constante, parece conter, em si mesma, um aspecto descritivo ou denotativo capaz de eliminar a velha oposição entre metafísica e experiência. Isso explica por que os inimigos da metafísica tradicional e do seu apriorismo dedutivo (dos iluministas aos filósofos analíticos), para falarem de suas doutrinas sobre as características gerais da realidade, preferem usar o termo O. em vez do termo (desacreditado para eles) metafísica. Bem diferente é a posição de Lévinas, que adota o termo O. em sentido negativo, e o termo metafísica em sentido positivo, ainda que a O. de que ele fala é, essencialmente, a metafísica tradicional, enquanto a (nova) metafísica que propõe é, na realidade, uma doutrina pós-metafísica (v. SER; METAFÍSICA). [G.F.]

ONTOLÓGICA, PROVA. V. DEUS, PROVAS DE.

ONTOLOGISMO (in. *Ontologism*; fr. *Ontologisme*; al. *Ontologismus*; it. *Ontologismo*). Doutrina segundo a qual "o trabalho filosófico não começa no homem, mas em Deus; não sobe do espírito ao Ente, mas desce do Ente ao espírito" (GIOBERTI, *Intr. allo studio della fil.*, 1840, 11, p. 175). O O. opõe-se ao psicologismo, que segue caminho oposto e é considerado típico da filosofia moderna, a partir de Descartes. A tese fundamental do O. é de que o homem possui uma visão ou intuição imediata direta do ente: ou do ente genericamente entendido como noção geral do ser (como julga Rosmini) ou do ente entendido como o próprio Ente supremo, Deus (como julga Gioberti). Essa tese fundamental deriva do agostinismo escolástico, que sempre insistiu na iluminação direta do intelecto humano por Deus, e, mais imediatamente, dos ocasionalistas e de Malebranche, que reduziram toda espécie de conhecimento à visão em Deus (v. AGOSTINISMO; OCASIONALISMO). Contudo, o O. inclui-se no quadro do retorno romântico à tradição que domina a filosofia européia na primeira metade do século XIX e ressalta os dois conceitos interligados, revelação e tradição. De fato, intuição do ente é entendida como a revelação que o ente faz de si próprio ao homem.

O O. de Rosmini limita essa revelação à noção geral do ser ou "ser possível", entendido como forma fundamental e originária da mente humana e como condição de qualquer conhecimento, que seria síntese entre a idéia do ser e um dado sensível (*Nuovo saggio sull'origine delle idee*, 1830, §§ 492, 537). O ato do conhecimento assim entendido é a *percepção intelectiva* (v.). Para Gioberti, porém, Deus revela-se ao homem (à intuição) em sua própria atividade criadora, e a intuição expressa-se plenamente na fórmula "o Ente cria o existente", que relaciona três realidades: causa primeira, substâncias criadas e ação criadora (*Int. allo studio della fil.*, 1840, II, p. 183). Tanto Rosmini quanto Gioberti tacham a filosofia moderna de subjetivista, psicologista e niilista, mas na realidade, como já dissemos, sua doutrina é francamente romântica e encontra correspondência na filosofia do segundo Schelling, na de Schleiermacher e na de outros expoentes românticos. Uma continuação do O. na filosofia contemporânea pode ser considerada a filosofia de P. Carabellese, que procurou conciliar Rosmini com Kant. Carabellese considera a *consciência*, que é o ponto de partida e o único fundamento da filosofia, como a consciência que o sujeito tem do ser, mas, ao contrário de Rosmini e de Gioberti, considera o ser como absolutamente imanente à própria consciência. No entanto, também Carabellese chama esse ser de Deus e considera-o fundamento da objetividade de todas as coisas particulares que a consciência pode atingir (*Critica del concreto*, 1921; *Il problema teologico come filosofia*, 1931). [N.A.]

ONTOTEOLOGIA (in. *Ontotheology*; fr. *Ontothéologie*; al. *Ontotheologie*; it. *Ontoteologia*). 1. Kant usa a expressão O. com referência à teologia transcendental, ou seja, ao tipo de teologia (filosófica) que pensa seu próprio objeto mediante a razão pura, utilizando meros conceitos transcendentais: "O nome de teologia transcendental cabe ou à teologia que se propõe depreender a existência do ser originário de uma experiência em geral e é chamada de *cosmoteologia*, ou então à teologia que presume conhecer a sua existência em virtude de simples conceitos, sem recorrer a nenhuma experiência, e é chamada de *ontoteologia*" (*Crit. R. Pura*, Dialética, cap. III, seç. VII, B 660). Nesse sentido, o termo aparece também em Schopenhauer, que em *A quádrupla raiz do princípio de razão suficiente* o adota com referência a Descartes (cf. *Sämtliche Werke*, Wiesbaden, 1972[3], vol. I: *Schriften zur Erkenntnislehre*, p. 14).

2. Heidegger usa o termo O. para referir-se à metafísica. Esta última, explica o filósofo na segunda parte de *Identität und Differenz* (1957), pensou o ser tanto como ente em geral (ontologia) quanto como ente supremo (teologia), instaurando, de tal modo, uma relação circular entre ontologia e teologia. Com efeito, se o ser, em virtude de sua universalidade, inclui *todo e qualquer* ente (portanto também o ente supremo), este, por sua vez, como causa *primeira*, funda o ser: "Se a metafísica pensa o essente olhando para o fundamento que é comum a todo essente como tal, então ela é uma lógica entendida como onto-lógica. Se a metafísica pensa o essente como tal na sua totalidade, ou seja, olhando para o essente supremo, aquele que funda todas as coisas justificando-as, então ela é uma lógica entendida como teo-lógica" (trad. it., em "aut-aut", n.º 187-188, janeiro-abril de 1982, p. 35). Segue-se que a metafísica é constitutivamente onto-teo-logia, ou seja, unidade incindível de ontologia, teologia e lógica. É ontologia porque se interroga sobre o fundamento do ente (esquecendo o ser como tal). É teologia porque, procedendo de ente em ente, chega ao ente fundador supremo que é Deus. É lógica porque, pensando o ser com referência à razão, ou seja, a uma representação racional-fundadora do ente, instaura um predomínio do pensamento sobre o ser. Tanto é verdade que a metafísica plenamente desenvolvida chega a fazer do pensamento o ser do ente (Hegel). [G.F.]

OPERAÇÃO (lat. *Operatio*; in. *Operation*; fr. *Opération*; al. *Operation*; it. *Operazione*). 1. Atividade em geral. Este é o significado do termo na Idade Média, quando foi usado como tradução do grego ἐνέργεια que equivale a atualidade ou atividade. Foi neste sentido que Tomás de Aquino empregou essa palavra (p. ex., *S. Th.*, II, I, q.3, a.2); para ele, vale o princípio de que "o modo de agir de cada coisa segue seu modo de ser" (*ibid.*, I, q. 89, a. 1).

2. Função no significado 1: atividade caracterizada por certo fim e própria de um ser determinado. Neste sentido se diz, por exemplo, que "a O. da física é calcular resultados que possam ser confronta-

dos com a experimentação", ou que "a O. da ciência é demonstrar" etc.

3. Função no significado 2: relação ou correlação. Neste sentido, fala-se de O. matemáticas ou lógicas.

4. Técnica manual, procedimento manipulativo a ser efetuado segundo determinadas regras; por exemplo, O. de medida, O. de produção etc. [N.A.]

OPERACIONISMO (in. *Operationism;* fr. *Opérationisme;* al. *Operationismus;* it. *Operazionismo*). Doutrina segundo a qual o significado de um conceito científico consiste unicamente em determinado conjunto de operações. O primeiro a propor essa doutrina foi P. W. Bridgman, que assim a ilustrou, com um exemplo que ficou clássico: "Conhecemos aquilo que se chama comprimento só se podemos dizer qual é o comprimento de qualquer objeto, e o físico não exige mais que isso. Para encontrar o comprimento de um objeto devemos executar certas operações físicas. Portanto, o conceito de comprimento é fixado quando são fixadas as operações com as quais o comprimento é medido, ou seja, o conceito de comprimento implica nada mais nada menos que o conjunto de operações com as quais o comprimento é determinado. Em geral, com um conceito não entendemos nada mais que conjunto de operações; *o conceito é sinônimo do conjunto de operações correspondente.* Se o conceito é físico, tal como o comprimento, as operações são operações físicas reais, como por exemplo aquelas com as quais o comprimento é medido; se o conceito é mental, como por exemplo a continuidade matemática, as operações são mentais, e através delas determinamos se dado conjunto de grandezas é contínuo" (*The Logic of Modern Physics,* 1927, p. 5). Como se vê, as operações a que Bridgman se referia são as do significado 4 e 1, mas sua doutrina estendeu-se a qualquer espécie de operação e fora da física foi utilizada sobretudo pelos psicólogos (cf. S. S. STEVENS, "Psychology and the Science of Science", em *Readings in Philosophy of Science,* org. P. P. Wiener, 1953, pp. 158-84). Com base nessa extensão da doutrina do O. e, conseqüentemente, do conceito de operação, os únicos caracteres atribuíveis ao tipo de operação que pode valer como significado dos conceitos científicos são os de *publicidade* e *repetibilidade*: o primeiro exclui o caráter pessoal de certas atividades puramente mentais; o segundo prescreve a intersubjetividade das operações. Hoje, porém, duvida-se de que o critério operacionista possa valer para todos os conceitos científicos (cf., p. ex., G. BERGMANN, *Philosophy of Science,* 1957, pp. 56 ss.). [N.A.]

OPERADOR (in. *Operator;* fr. *Opérateur;* al. *Operator;* it. *Operatore*). Em lógica: um símbolo impróprio [ou *sincategoremático* (v.)], que pode ser usado, juntamente com uma ou mais variáveis e com uma ou mais constantes ou formas, para produzir uma nova constante ou forma. Esta é a definição dada por A. Church (*Intr. to Mathematical Logic,* 1956, § 06); é a mais genérica e permite incluir no âmbito desse termo, além dos quantificadores, também: o *operador de abstração* ou *abstrator* (que é indicado por uma variável precedida pela letra λ) e ao qual, segundo alguns lógicos, se reduzem todos os outros; e o *O. de descrição ou descritor* "(ι)", que, quando é a variável do O., como em (ι x), lê-se: "*x* tal que". Os *O. quantificadores* ou simplesmente *quantificadores* são: o *universal,* para o qual se usa a notação "(*x*)", ou "(∀*x*)" antes do operando e que se lê "para todos os *x* é verdade que"; o *quantificador existencial,* para o qual se usa.habitualmente a notação (∃) e que, se *x* for a variável do quantificador, como em (∃ x), lê-se "existe um *x* tal que". A aplicação de um ou mais quantificadores a um operando chama-se *quantificação.* As notações citadas são as mais comumente empregadas na lógica contemporânea, mas não são as únicas. Para mais informações, confrontar a citada *Introduction* de Church. [N.A.]

OPERANTE (al. *Fungieren;* it. *Fungente*). Vocábulo usado por Husserl nas últimas obras para indicar o eu, "sujeito transcendental" ou "pólo egológico" que "opera para a constituição do mundo", ou seja, funciona como princípio constitutivo do "mundo da vida" mesmo antes que a reflexão fenomenológica o reconheça como tal (*Krisis,* § 54). Nas obras inéditas, fala também, com sentido análogo, de "intencionalidade operante" (cf. E. FINK, em *Revue Internationale de Philosophie,* 1939, p. 266; G. BRAND, *Welt Ich und Zeit,* 1955, § 6). [N.A.]

OPERARI SEQUITUR ESSE. Aforisma escolástico (outras formulações são: "modus operandi sequitur modum essendi", "qualis modus essendi talis modus operandi") que ressalta que os indivíduos agem em conformidade com sua natureza ou essência: "Todo ente age de acordo com a existência de sua forma, que é o princípio (imediato) do agir e a norma (*regula*) da obra" (Tomás de Aquino, III *Sent.,* d. 24, q. 1, a. 1 sol). Radicalizando a visão renascentista do homem como "artífice livre e soberano de si mesmo", grande parte do pensamento moderno chegou a inverter o antigo axioma e a afirmar que *esse sequitur operari,* ou seja, que o ser é fruto ou produto da ação. Prerrogativa que Fichte denominou *Tathandlung* (v.) e que Goethe tornou famosa com os versos do *Fausto*: "No princípio era a ação" (*Am Anfang war der Tat*) (I, 1237). [G.F.]

OPINIÃO (gr. δόξα; lat. *Opinio;* in. *Opinion;* fr. *Opinion;* al. *Meinung;* it. *Opinione*). Este termo tem dois significados: o primeiro, mais comum e restrito, designa qualquer conhecimento (ou crença) que não inclua garantia alguma de validade; no segundo, designa genericamente qualquer asserção ou declaração, conhecimento ou crença, que inclua ou não uma garantia de validade. Este segundo significado é mais usado do que explicitamente definido. No primeiro significado, O. contrapõe-se a *ciência* (v.).

O primeiro significado já se encontra em Parmênides, que contrapõe "as opiniões dos mortais" à verdade (*Fr.*, 1, 29-30), mas ambos os significados já se encontram em Platão. Este, por um lado, considera a O. como algo intermediário entre o conhecimento e a ignorância (*Rep.*, 478 c), incluindo nela a esfera do conhecimento sensível (conjetura e crença) (*ibid.*, VI, 510 a); deste ponto de vista, afirma que nem a O. verdadeira se fixa na alma "enquanto não se ligar a um raciocínio causal" e tornar-se ciência (*Men.*, 98 a; cf. *Fil.*, 59 a). Por outro lado, considera a O. como a conversa que a alma tem consigo mesma, em que consiste o pensamento (*Teet.*, 190 a-c); neste sentido a própria ciência nada mais é que uma espécie de opinião. Os dois significados também se encontram em Aristóteles, que por um lado afirma, como Platão, que, ao contrário da demonstração e da definição, as O. estão sujeitas a mudar, portanto não constituem ciência (*Met.*, VII, 15, 1039 b 31); por outro lado declara: "Por princípio entendo as *O. comuns* nas quais todos os homens baseiam suas demonstrações; por exemplo: que uma asserção deve ser afirmativa ou negativa, que nada pode simultaneamente ser e não ser etc." (*ibid.*, III, 2, 996 b 27).

Na tradição posterior, o significado genérico perdeu-se, permanecendo o outro. Os estóicos definiram a O. como "assentimento fraco e ilusório" (SEXTO EMPÍRICO, *Adv. math.*, VII, 151; cf. CÍCERO, *Tusc.*, IV, 7, 15), e, no mesmo sentido, Epicuro chamou de O. "uma assunção que pode ser verdadeira ou falsa" (DIÓG. L., X, 33). Com outras palavras, Tomás de Aquino expressava a mesma coisa: "A O. é o ato do intelecto que se dirige para um lado da contradição por medo do outro" (*S. Th.*, I, q.79, a.9). Wolff chamava de O. "a proposição insuficientemente provada" (*Log.*, § 602), e Espinosa identificava a O. com o conhecimento do primeiro gênero, que é o menos elevado e seguro e provém de signos (*Et.*, II, 40, esc. II). Da mesma forma Kant diz: "A O. é uma crença insuficiente tanto subjetiva quanto objetivamente, de que se está cônscio". Estar cônscio consiste no fato de que "não se pode presumir opinar sem pelo menos saber algo por meio do qual o juízo problemático tenha certo vínculo com a verdade"; de outro modo, "tudo não passa de jogo da imaginação, sem a menor relação com a verdade" (*Crít. R. Pura*, Doutr. do Método, cap. 2, seç. 3). Kant afirmava também (*loc. cit.*) que "nos juízos que.derivam da razão pura não é absolutamente permitido opinar" e, portanto, não se pode opinar nem no domínio da matemática nem no domínio moral. Mas Hegel negava que houvesse opiniões, mesmo no domínio da filosofia: "Uma O. é uma representação subjetiva, um pensamento casual, uma imaginação que crio desta ou daquela maneira e que outro pode criar de modo diferente; a O. é um pensamento *meu*, não um pensamento em si universal, que seja em si e por si. Mas a filosofia não contém opiniões, visto que não existem opiniões filosóficas" (*Geschichte der Philosophie*, em *Werke*, ed. Glockner, XVII, p. 40; trad. it., vol. I, p. 21). Este ponto de vista foi e ainda é compartilhado por todas as filosofias absolutistas; na realidade, é o ponto de vista da metafísica tradicional. O ponto de vista expresso por Kant, a respeito da impossibilidade de opiniões em campo científico, foi compartilhado pela ciência positivista do século XIX. Mas o falibilismo que prevalece hoje, tanto em ciência como em filosofia, nos torna menos desdenhosos e depreciativos em relação à O. Por um lado, não se considera que a O. seja tão pessoal ou incomunicável quanto afirmara Hegel. Uma O. científica ou filosófica pode ser compartilhada por muitos, precisamente como O., sem o disfarce ilusório ou subreptício de verdade, ainda que represente em determinada fase da investigação a hipótese mais racional ou a teoria mais apoiada pelos fatos. Dewey diz: "Na solução de problemas que pretendem menor exatidão do que o estudo dos casos jurídicos, os juízos são chamados de O., para distingui-los dos juízos ou asserções justificadas. Porém, se a O. professada tem fundamento, é produto da investigação e, em *tal medida*, é um juízo" (*Logic*, 1939, VII; trad. it., p. 179). Por outro lado, mesmo as hipóteses ou teorias mais consolidadas apresentam certa amplitude de interpretações possíveis, que deixa grande margem à diversidade de O. Finalmente, a repugnância compartilhada (e com boas razões) por cientistas e filósofos a considerar a verdade científica ou filosófica como absoluta e necessária, diminui a diferença entre verdade e O., entre O. e ciência. O conceito de O. hoje não é diferente da definição dos antigos: compromisso frágil e sujeito a revisão, ausência de garantia de validade constituem hoje também as características da O., mas seu campo estendeu-se muito mais do que os antigos imaginariam ou do que imaginaram e imaginam os filósofos absolutistas; acima de tudo, perdeu-se nitidez dos limites entre ciência e O., visto não haver lugar ou região da ciência em que não haja intersecção entre O. e verdade. [N.A.]

OPOSIÇÃO (gr. τὰἀντικείμενα; lat. *Oppositio*; in. *Opposition*; fr. *Opposition*; al. *Gegensatz, Opposition*; it. *Opposizione*). Relação de exclusão entre termos ou objetos em geral. Aristóteles distinguiu quatro formas de *O.*: 1ª O. *correlativa*, como por exemplo entre o dobro e a metade; 2ª O. *contrária*, como entre o bem e o mal, o branco e o preto etc.; 3ª O. entre posse e privação, como entre a visão e a cegueira; 4ª O. contraditória, que é a contradição (*Cat.*, 10, 11 b 15 ss.) (v. em cada uma destas formas os verbetes separadamente: CONTRADIÇÃO; CONTRARIEDADE; CORRELAÇÃO; POSSE; e ainda QUADRADO DOS OPOSTOS).

[N.A.]

ORDEM (gr. τάξις; lat. *Ordo*; in. *Order*; fr. *Ordre*; al. *Ordnung*; it. *Ordine*). Uma relação qualquer entre dois ou mais objetos que possa ser expressa por meio de uma regra. Esta noção, que é a mais geral, foi expressa por Leibniz pela primeira vez numa passagem do *Discurso de metafísica* (1668): "O que passa por extraordinário é extraordinário somente em relação a alguma O. particular, estabelecida entre as criaturas porque, quanto à O. universal, tudo é perfeitamente harmônico. Tanto isso é verdade que no mundo não só nada acontece que esteja absolutamente fora de regra, como também não se saberia sequer imaginar algo semelhante. Suponhamos que alguém marque uma quantidade de pontos no papel, de um modo qualquer: digo que é possível achar uma linha geométrica cuja noção seja constante e uniforme segundo certa regra, e tal que passe por todos esses pontos na mesma O. com que foram traçados pela mão. E, se alguém traçar uma linha contínua, ora reta, ora curva, ora de outra natureza, será possível achar uma noção, regra ou equação comum a todos os pontos dessa linha em virtude da qual as mudanças da linha sejam explicadas. Por exemplo, não há nenhum rosto cujo contorno não faça parte de uma linha geométrica e não possa ser traçado de uma só vez por meio de certo movimento regulado. Mas, quando uma regra é muito complexa, o que lhe pertence passa por irregular. Assim, podemos dizer que, qualquer que fosse o modo como Deus tivesse criado o mundo, este teria sido sempre regular e teria uma O. geral" (*Disc. de mét.*, § 6). Neste sentido, a O. consiste simplesmente na possibilidade de expressar com uma regra, ou seja, de maneira geral e constante, uma relação qualquer entre dois ou mais objetos quaisquer. A noção de O., neste sentido, não se distingue da noção de relação constante. Mas este é apenas o significado genérico da noção. No seu âmbito podemos distinguir três noções específicas: 1ª O. *serial*; 2ª O. *total*; 3ª *grau* ou *nível*.

1ª A O. serial é própria da relação *antes* e *depois*. Aristóteles observou que esta relação recorre onde há princípio, porque neste caso as coisas podem estar mais ou menos próximas do princípio. Um antes ou um depois pode ser determinado em relação ao espaço e ao tempo, ou em relação ao movimento, à potencialidade, ou à disposição. Mesmo no conhecimento alguma coisa vem antes de outra por definição ou no sentido de que a sensação vem antes do conceito. Em geral, de duas coisas vem antes a que pode ficar sem a outra: segundo Aristóteles, essa é a expressão mais genérica dessa forma de O. (*Met.*, V, 1018 b 9). Aristóteles parece deste modo privilegiar como O. serial a O. causal, em que a causa pode subsistir sem o efeito, mas o efeito não pode subsistir sem a causa, e por isso vem depois dela: interpretação freqüente na tradição filosófica. Agostinho dizia, por exemplo: "Ou demonstrais que alguma coisa pode acontecer sem causa, ou acreditais, como eu, que nada acontece sem certa O. de causas", identificando deste modo a noção de O. com a de causalidade (*De ord.*, I, 4, 11). Para Espinosa, a O. das coisas coincidia com seu nexo causal; considerava sinônimas as duas expressões: "A O. de toda a natureza" e "o nexo das causas" (*Et.*, II, 7, esc.). Kant não só fazia a mesma identificação como considerava a O. causal como condição da O. temporal: "Uma coisa pode ter lugar determinado no tempo só sob a condição de se presumir, no estado precedente, uma outra coisa que ela precise seguir sempre, segundo uma regra; donde resulta, em primeiro lugar, que não posso subverter a série de tal modo que o conseqüente seja anterior ao precedente, e em segundo lugar que, posto o estado precedente, determinado acontecimento deve seguir-se, infalível e necessariamente" (*Crít. R. Pura*, Anal. dos Princ., cap. II, seç. 3, Analogias da experiência). Analogamente, para Bergson, a O. natural é "física", "geométrica" ou "automática", e fora dela só há O. "vital" ou "desejada", isto é, a ordem dos fins (*Évol. créatr.*, 8ª ed., 1911, pp. 251-2).

No entanto, esse privilégio conferido à O. causal nem sempre obscurece o conceito formal da O. serial. Tomás de Aquino retomava a definição de Aristóteles: "Fala-se sempre de O. em relação a alguns princípios. E assim como se fala em princípio de muitas maneiras, ou seja, segundo o lugar, como quando se fala do ponto, segundo o intelecto, como quando se fala do princípio da demonstração, e segundo as causas singulares, assim também se fala de O." (*S. Th.*, I, q. 42, a. 3). Nesta passagem, a O. causal é somente uma exemplificação da O. geral. Do mesmo modo, Wolff definia a O. como "semelhança óbvia, graças à qual as coisas são postas umas à frente das outras ou uma depois da outra", em que a semelhança óbvia é a constância de relação (*Ont.*, § 472). O mesmo Kant expressava claramente o conceito de O. serial ao identificar O. com regularidade, como fez a propósito do conceito formal de natureza (*Crít. R. Pura*, § 26). C. I. Lewis observa que a O. aritmética, que se impõe aos objetos naturais, permite que "uma multiplicidade infinita seja submetida a uma simplicidade finita de regras" (*Mind and the World-Order*, 1929; ed. 1956, p. 363). Os matemáticos e os lógicos, a partir de Cantor, consideram como O. uma relação delimitada de certas regras. Por exemplo, se assumimos a relação *precede*, bastam as regras seguintes para obter uma O. *simples*: 1º nenhum termo precede-se a si mesmo; 2º se *a* precede *b*, e se *b* precede *c*, então *a* precede *c*; 3º se *a* e *b* são dois termos diferentes quaisquer, *a* precede *b* ou *b* precede *a*. Pode-se ter, enfim, aquilo que Cantor chamou de "conjunto bem ordenado" ao admitir uma quarta regra: em toda classe não vazia de termos há um primeiro termo, que precede todos os outros da mesma classe (cf. A. CHURCH, *Intr. to Mathematical Logic*, § 55).

2ª A segunda espécie de O. consiste na disposição recíproca das partes de um todo: como notava Aristóteles, essa espécie de O. pode referir-se ao lugar, à potência ou à forma (*Met.*, V, 19, 1022 b 1). Esta é a O. que os estóicos definiam, segundo relata Cícero (*Tusc.*, I, 40, 142), como "a disposição dos objetos em seus lugares justos e apropriados"; essa definição, como é óbvio, pressupõe que seja previamente disposto, para cada objeto, o lugar justo e apropriado, com vistas ao fim a que se destina o objeto; por isso, baseia-se no conceito de fim. Se a O. serial é essencialmente O. causal, a O. total é essencialmente O. final. Foi esta O. que Aristóteles comparou à do exército ou da casa, sobre a qual disse: "Todas as coisas estão ordenadas em torno de uma única coisa: como numa casa em que os homens livres estipularam todas as suas atividades ou a maior parte delas, enquanto os escravos pouco contribuem para o bem comum" (*Met.*, 12, 10, 1075 a 18). É a O. que Tomás de Aquino chamava de "O. dos fins" ou "dos agentes" (*S. Th.*, I, 11, 2109 a 6), que Kant chamou de O. moral ou *reino dos fins* (v.), e Bergson, de "O. vital" (*Évol. créatr.*, 8ª ed., 1911, p. 251). Obviamente, quando essa O. é atribuída ao mundo, considera-se o mundo, ou pelo menos sua O., como o produto de um agente livre.

3ª Finalmente, o terceiro conceito de O. é de grau ou nível. Tomás de Aquino já fazia a distinção entre O. como hierarquia e O. como grau individual da própria hierarquia: "No primeiro sentido" – dizia ele – "a ordem compreende diversos graus; no segundo, é um único grau, de tal maneira que se fala de várias ordens de uma única hierarquia" (*S. Th.*, I, q. 108, a. 2). Neste segundo sentido, a O. é simplesmente o grau, o plano ou o nível de uma O. total. [N.A.]

OREXIA. V. APETITE/APETIÇÃO.

ORFISMO (lat. *Orphismus*; in. *Orphism*; fr. *Orphisme*; al. *Orphismus*; it. *Orfismo*). Seita filosófico-religiosa bastante difundida na Grécia a partir do século VI a.C. e que se julgava fundada por Orfeu. Segundo a crença fundamental dessa seita, a vida terrena é simples preparação para uma vida mais elevada que podia ser merecida por meio de cerimônias e de ritos purificadores, que constituíam o arcabouço secreto da seita. Essa crença passou para várias escolas filosóficas da Grécia antiga (Pitágoras, Empédocles, Platão). [N.A.]

ORGANICISMO (in. *Organicism*; fr. *Organicisme*; al. *Organizismus*; it. *Organicismo*). Toda doutrina que interprete o mundo, a natureza ou a sociedade por analogia com o organismo. O O. é, portanto, bastante antigo e difundido, pois nele se incluem tanto as antigas especulações físicas do mundo como "grande animal" quanto as especulações políticas em que o Estado é concebido por analogia com o homem. Mas, na realidade, esse termo (que é recente e deriva da biologia) faz habitualmente referência só a doutrinas recentes, em particular à de Whitehead, que deu a seu ponto de vista esse nome ou o de "filosofia do organismo". A doutrina de Whitehead adota o conceito clássico de organismo como totalidade cujas partes não precedem o todo, e considera o universo inteiro como um organismo nesse sentido (*Process and Reality*, 1929). Ela é um O. também porque atribui sensibilidade a todo o mundo real (*ibid.*, p. 249). Fora da filosofia, esse termo às vezes foi empregado para designar as teorias sociológicas que interpretam a sociedade humana como um organismo: por exemplo a de Spencer (*Principles of Sociology*, 1876-1897; v. HOLISMO). [N.A.]

ORGÂNICO (in. *Organic*; fr. *Organique*; al. *Organisch*; it. *Organico*). Que é um organismo ou pertence ao organismo. Além dos significados relativos a esse termo, o adjetivo foi e é às vezes empregado para indicar a subordinação das partes ao todo que se considera típica do organismo. Assim, Saint-Simon e Comte empregaram o adjetivo O. para indicar as épocas em que todas as manifestações da vida estão subordinadas a um único princípio, como aconteceu, por exemplo, na Idade Média em relação ao princípio teológico (v. CRISE). [N.A.]

ORGANISMO (gr. ὀργανικὸν σῶμα; lat. *Corpus Organicum*; in. *Organism*; fr. *Organisme*; al. *Organismus*; it. *Organismo*). O corpo vivo naquilo que o distingue especificamente do corpo não vivo. O conceito de O. foi formulado pela primeira vez por Aristóteles da seguinte maneira: "Se o machado tem de rachar a madeira, deve necessariamente ser duro; e, se tem de ser duro, deve necessariamente ser de bronze ou de ferro. Ora, exatamente da mesma maneira, o corpo, que é um instrumento como o machado – visto que cada uma de suas partes, assim como sua totalidade, tem uma finalidade própria – precisa necessariamente ser feito assim e assim, se é que deve cumprir sua função" (*De part. an.*, I, 1, 642 a 10). Nesta noção, o ponto fundamental é que toda a estrutura do O. subordina-se à sua função, isto é, a seu fim de sobreviver como O.; dessa característica deriva a outra, de subordinação das partes ao todo. Por isso, Aristóteles diz, a propósito da composição dos animais, que uma casa não existe em função dos tijolos e das pedras, mas são os tijolos e as pedras que existem em função da casa (*ibid.*, II, 1, 646 a 27), e que "a ciência da natureza trata da composição e da totalidade da substância, e não das partes que não podem existir separadamente da substância" (*ibid.*, I, 5, 645 a 33). A subordinação das partes ao todo, que – só ele – é substância, passou a ser a característica fundamental do organismo. Mas esta característica obviamente é determinada pela estrutura finalista do organismo. Justamente porque ele, na sua totalidade, deve ser apropriado ao fim a que se destina e estar a ele subordinado, também as partes do O. devem ser subordinadas à totalidade do O. Portanto, a partir de Aristóteles, o conceito de fim passou a fundamentar a noção de O. e assim continuou mesmo quando, com Descartes, o O. começou a ser considerado máquina. Descartes dizia: "Aqueles que sabem quantos autômatos ou máquinas semoventes a habilidade humana pode construir com poucas peças, comparativamente à infinidade de ossos, músculos, nervos, artérias, veias etc., que estão no corpo de cada um de nós, consideram esse corpo como uma máquina que, saída das mãos de Deus, é incomparavelmente mais bem organizada e tem em si movimentos mais admiráveis do que as que podem ser inventadas pelos homens" (*Discours*, V). Com efeito, um relógio ou uma máquina não deixam de ter um objetivo, e, equiparando o O. à máquina, Descartes não tencionava negar a sua finalidade, mas simplesmente apresentar a tese de que a estrutura finalista do O. não depende de uma força externa a ele, da alma, mas da variedade e da coordenação das partes, ou seja, da organização. Aliás, Leibniz, que insistiu muito na organização finalista do universo, também considerou o O. como máquina: "Todo corpo orgânico é uma espécie de máquina divina ou de autômato natural, que sobrepuja infinitamente todos os autômatos artificiais" (*Monad.*, § 64). Só em Kant a finalidade de um autômato ou de uma máquina foi distinguida da finalidade do organismo. "Num relógio" – observa Kant – "uma peça é o instrumento que serve ao movimento das outras, mas não é a causa eficiente da produção das outras: uma peça existe, sim, em função das outras, mas não por meio delas. Por isso, a causa produtora do relógio e da sua forma [...] está fora dele, num ser que pode agir segundo as idéias de um todo possível, mediante sua causalidade." No O., ao contrário, "cada parte é concebida como existente somente por meio das outras, para as outras e para o todo, ou seja, como um instrumento (órgão)": como "um instrumento que produz as outras partes e é reciprocamente produzido por elas". Em outros termos, as partes de um O. são ao mesmo tempo causa e efeito umas das outras, e todas em relação à totalidade do organismo. Nesse sentido, o O. não possui a simples força motriz, como a máquina, mas também possui "uma força formadora tal que se comunica às matérias que não a têm, podendo assim organizar; uma força formadora que se propaga e que não pode ser explicada unicamente pela faculdade do movimento" (*Crít. do Juízo*, § 65).

Estas notas de Kant, esclarecendo muito bem o finalismo intrínseco do O., tornam de algum modo inútil o finalismo global da natureza e o relegam a segundo plano. A organização finalista do O., com efeito, pode ser compreendida ou admitida independentemente do finalismo universal da natureza. Todavia, as especulações da filosofia romântica sobre o O., mesmo partindo dos conceitos kantianos, tendem justamente a resolver a finalidade intrínseca do O. na finalidade universal, ou melhor, a estender a primeira ao universo inteiro. Schelling, por exemplo diz: "No produto natural está ainda unido aquilo que, ao agir livremente, separou-se a serviço do fenômeno. Toda planta é inteiramente aquilo que deve ser; nela, o livre é necessário, e o necessário é livre [...] Só a natureza orgânica dá a imagem completa da liberdade e da necessidade reunidas no mundo externo" (*System des transzendentalen Idealismus*, V; trad. it., p. 289). Ainda mais arbitrariamente, Hegel considera a terra como primeiro O. porque é "um sistema universal de corpos individuais" (*Enc.*, § 338); e afirma que, apesar de a vitalidade natural romper-se na multiplicidade dos animais vivos, estes "são uma única vida na idéia, um único sistema orgânico de vida" (*ibid.*, § 337). Aqui o O. não é considerado em suas características específicas, mas simplesmente dissolvido no finalismo cósmico. A esse mesmo resultado chega a doutrina de Bergson, que vê no O. o resultado de um elã vital (ou corrente de consciência) que penetra e sujeita a matéria bruta. O que do ponto de vista da ciência é "máquina", do ponto de vista da filosofia é o equilíbrio atingido pelo elã vital em seu esforço formador. E diz: "Para nós, o conjunto da máquina organizada representa o conjunto do trabalho organizativo (embora mesmo este só seja verdadeiro aproximativamente), mas as peças da máquina não correspondem às partes do trabalho, visto que a materialidade da máquina não representa mais um conjunto de meios empregados, mas um conjunto de obstáculos contornados: é uma negação mais do que uma realidade positiva" (*Évol. créatr.*, 8ª ed., 1911, p. 102). A realidade positiva é somente o elã vital, isto é, a consciência.

A disputa metafísica entre finalismo e mecanicismo, ou entre materialismo e vitalismo, não influencia o conceito de organismo. Aquilo que, depois de Kant, se convencionou chamar de "finalidade interna" do O. não foi posto em dúvida nem (como vimos) por quem concebia o O. como máquina. Por outro lado, a resolução da finalidade intrínseca do O. no finalismo cósmico, apreciada por todas as formas de vitalismo e, em geral, por todas as interpretações metafísicas do O., não ajuda em nada a esclarecer o conceito de O. porque, ao recorrer a uma tese genérica, só dá uma solução aparente ao problema de entender as formas específicas de ação da finalidade orgânica. Os biólogos contemporâneos tendem, portanto, a fugir à antítese entre mecanicismo e finalismo. Goldstein julga tão inútil o recurso à enteléquia quanto o recurso ao finalismo cósmico, mas julga indispensável insistir na ação do O. como totalidade. Isso leva a admitir o finalismo interno do O. "A hipótese de uma tarefa determinada" – diz ele – "é supérflua para a compreensão do O., mas a hipótese de um objetivo determinado (a realização da essência do O.) é bastante profícua para a nossa compreensão do O." (*Der Aufbau des Organismus*, 1934, p. 264). Mais recentemente Simpson disse: "Sabemos que o fogo não é um elemento ou princípio separado, mas um processo e uma organização da matéria em que a conduta da matéria é diferente da que existe no não-fogo. Do mesmo modo, não se renuncia à perspectiva materialista quando se considera a vida como um processo e uma organização em que a conduta da matéria é diferente da que se observa nos estados não-vivos" (*The Meaning of Evolution*, 1952, p. 125). Por outro lado, a capacidade que o O. tem de desfrutar das possibilidades ou oportunidades que sua estrutura, suas próprias variações ou mesmo o ambiente lhe oferecem – que Simpson chama de *oportunismo* da vida – outra coisa não é senão a própria "finalidade intrínseca" da qual falam os outros biólogos. Isso fora reconhecido até por um dos fundadores do Círculo de Viena, Moritz Schlick: "Um grupo de processos ou de órgãos é chamado de finalista em relação a um efeito definido se esse efeito for normal na cooperação dos processos e dos órgãos. Aqui é preciso ressaltar a cooperação; num caso específico, esses processos, dependendo das circunstâncias, podem ocorrer de várias maneiras, mas são interdependentes e interligados de tal forma que sempre produzem aproximadamente a mesma espécie de efeitos" ("Naturphilosophie", em *Die Philosophie in ihren Einzelgebieten*, Berlim, 1925; trad. in. em *Readings in the Philosophy of Science*, 1953, p. 529). Este conceito de finalismo decerto nada tem que ver com a tese do finalismo universal: trata-se de um finalismo limitado, específico, que procede por tentativas e tem êxito só em certos casos, e não do plano universal infalível, no qual todos os seres se acham salvaguardados. Algumas vezes foi chamado de *teleonomia* (v.). Desse ponto de vista, o O. pode ser considerado como máquina, mas uma máquina dotada de unidade funcional, coerente, integral e, ademais, capaz de autoconstruir-se, com base num plano ou *projeto* que se mantém relativamente invariável de geração em geração (cf., p. ex., J. MONOD, *Le hasard et la nécessité*, 1970, cap. III). V. CIBERNÉTICA; SISTEMA; ESTRUTURA. [N.A.]

ORGANON (gr. ὄργανον; lat. *Organum*). Esse foi o título dado pelos comentadores gregos ao conjunto das obras lógicas de Aristóteles: *Categorias, Sobre a interpretação, Primeiros analíticos* (dois livros), *Segundos analíticos* (dois livros); *Tópicos* (oito livros) e *Refutações sofísticas*. Duas outras vezes o nome O. aparece como título de livro: *Novum Organum* (1620), de Francis Bacon, que contrapôs explicitamente sua lógica à lógica aristotélica, e *Neues O.* (1764) de J. H. LAMBERT, filósofo iluminista alemão com quem Kant manteve importante correspondência. O uso desse título, porém, não tem relação exata com a tarefa atribuída à *lógica* (v.). [N.A.]

ÓRGÃO (gr. ὄργανον; lat. *Organum*; in. *Organ*; fr. *Organe*; al. *Organ*; it. *Organo*). No sentido específico da biologia, da qual o termo passou à filosofia, o O. foi definido por Aristóteles com base na função por ele desempenhada e por analogia com o inorgânico: "Todo instrumento e cada parte do corpo tem um fim próprio, uma ação específica. [...] Assim como a serra é feita para serrar e não o contrário, de tal modo que serrar é sua função específica, também o corpo é feito para a alma, e cada parte do corpo tem por natureza sua própria função" (*De part. an.*, I, 5, 645 b 12). Este conceito permaneceu constante em biologia, filosofia e todos os outros campos em que é empregado. [N.A.]

ORIENTAÇÃO (in. *Orientation*; fr. *Orientation*; al. *Orientierung*; it. *Orientamento*). Este termo foi introduzido na filosofia por Kant, que com ele designou o problema de como deve a razão comportar-se fora dos limites, bastante restritos, do conhecimento empírico, ou seja, do conhecimento concreto: "Em vista da insuficiência de princípios objetivos da razão, orientar-se no pensamento em geral significa determinar-se no domínio do verossímil segundo um princípio *subjetivo* da razão" (*Was Heisst: sich im Denken Orientierem?*, 1786, A, 310). Kant excluía a possibilidade de que o homem pudesse orientar-se com base na fé ou num suposto saber intuitivo. Esse termo foi empregado novamente por Jaspers, que deu o título de "O. filosófica no mundo" ao primeiro volume da sua *Philosophie* (1932). Segundo Jaspers, a O. no mundo realiza-se quando o homem se considera elemento ou coisa do mundo, entre inúmeros elementos ou coisas, e procura achar deste modo sua própria vida. No entanto, redunda na ruptura do mundo numa multiplicidade de perspectivas cósmicas (*Phil.*, I, pp. 69 ss.). Além desses significados especiais, esse termo é muito empregado na linguagem comum e filosófica contemporânea, mas com significado bem pouco preciso. [N.A.]

ORIGEM (lat. *Origo*; in. *Origin*; fr. *Origine*; al. *Ursprung*; it. *Origine*). O termo tem dois significados freqüentemente confundidos: 1º começo, ato ou fase inicial; 2º fundamento ou princípio. A "volta às O.", característica do *Renascimento* (v.), é uma noção que se baseia na confusão dos dois significados. Nessa mesma confusão baseou-se a importância dos chamados problemas de origem, discutidos nos séculos XVIII e XIX: O. das idéias, da vida, da linguagem, das espécies vivas etc., visto que nos problemas assim propostos O. não significava apenas nascimento no tempo, mas também princípio e fundamento do objeto cuja origem se procurava. O mesmo significado equívoco encontrava-se no antigo problema da O. do mal: se Deus existe, de onde vem o mal? E se não existe, de onde vem o bem? (cf. AGOSTINHO, *Conf.*, VII, 5). H. Cohen denominou "Juízo de O." o juízo em que algo é *dado*, não como material bruto, mas como aquilo que o próprio pensamento pode achar: como o sinal *x*, que em matemática não significa indeterminação, mas determinabilidade (*Logik*, 1902, p. 83). [N.A.]

ORTOGÊNESE (in. *Orthogenesis*; it. *Ortogenesi*). Doutrina segundo a qual a evolução da vida segue ou tende a seguir uma linha reta. As interpretações dadas pelos biólogos a esse conceito são díspares; substancialmente, O. é a tese defendida por quem admite o finalismo da vida. Às vezes, porém mais raramente, o ponto de vista oposto à O. chama-se *poligênese*: o reconhecimento de linhas de evolução diversas e díspares nos fenômenos da vida (cf. C. G. SIMPSON, *The Meaning of Evolution*, 1952, p. 132). [N.A.]

OSTENSIVO (gr. δεικτικός; lat. *Ostensivus*; in. *Ostensive*; fr. *Ostensif*; al. *Ostensiv*; it. *Ostensivo*). Qualificam-se assim as provas *diretas*, que provam positivamente a verdade de uma tese, distinguindo-se das provas indiretas, que tendem a provar uma tese negativamente, com a demonstração da falsidade do seu contrário. As provas indiretas são chamadas apagógicas (v. ABDUÇÃO; REDUÇÃO). A distinção acha-se em Aristóteles (*An. pr.*, I, 23, 40 b 27) e é reproduzida por Leibniz (*Nouv. ess.*, IV, 8, 2). Segundo Kant, o uso das provas apagógicas deveria ser abolido em filosofia, enquanto é legítimo nas ciências experimentais (*Crít. R. Pura*, Doutrina transc. do método, cap. 1, seç. 4). [N.A.]

OTIMISMO (in. *Optimism*; fr. *Optimisme*; al. *Optimismus*; it. *Ottimismo*). Este termo começou a difundir-se na cultura européia durante as discussões filosóficas sobre a ordem e a bondade do mundo suscitadas pelo terremoto de Lisboa, em 1755. Num *Poema sobre o terremoto de Lisboa* (1755), Voltaire combatera a máxima "tudo está bem", considerando-a um insulto às dores da vida; alguns anos depois, no romance *Cândido ou o O.* (1759), fizera uma sátira feroz a essa máxima e à atitude que ela implica. O O., porém, tinha outros defensores, entre os quais Kant, que no mesmo ano de 1759 publicou um opúsculo intitulado "Ensaios de algumas considerações sobre o O." (*Versuch einiger Betrachtungen über den Optimismus*) (que depois repudiou), em que defendia a bondade do mundo com base na tese leibniziana de que "quando Deus faz uma escolha, escolhe sempre o melhor". Como dizia Voltaire, o O. outra coisa não é senão a teoria do finalismo universal. Assim, em seu romance, o Doutor Pangloss, mestre de "metafísico-teólogo-cosmolonigologia" diz: "Está demonstrado que as coisas não podem ser de outra maneira: visto que tudo foi feito para um fim, tudo se dirige necessariamente ao melhor fim. Notai que o nariz foi feito para suportar lentes e por isso usamos lentes." Leibniz dissera que "Deus escolheu o mundo mais perfeito, ou seja, o mais simples em hipóteses e ao mesmo tempo o mais rico em fenômenos" (*Disc. de mét.* § 6), e que, "se no mundo não houvesse o mínimo mal, não seria mais o mundo que, depois de tudo considerado e somado, foi julgado o melhor pelo criador que o escolheu" (*Théod.*, I, 9). Isto pode ser expresso pela frase com que Cândido constantemente conclui suas infelizes peripécias ("Vivemos no melhor dos mundos possíveis"), que se tornou a expressão popular do otimismo.

O O. é característico das doutrinas que admitem o finalismo universal, especialmente: 1º as doutrinas espiritualistas de fundo teológico, tais como a metafísica aristotélica e a escolástica, o leibnizianismo e as formas modernas e contemporâneas do consciencialismo espiritualista; 2º das doutrinas idealistas (no sentido romântico do termo), que compartilham o princípio da coincidência entre realidade e racionalidade (expresso por Voltaire com a frase "as coisas não podem ser de outro modo"), tipificadas pela doutrina de Hegel. O oposto do O. não é o pessimismo, que, na formulação de Schopenhauer, apesar de apregoar que "a vida é dor", julga que o mundo está organizado com vistas à melhor ordem (*Die Welt*, I, § 28), mas sim a negação do finalismo, com o reconhecimento do caráter imperfeito, acidental e problemático das ordens observáveis no universo. [N.A.]

OU OU (it. *Aut Aut*). É o título de uma das primeiras obras de Kierkegaard (1843), título que exprime a alternativa que se oferece à existência humana, de duas formas de vida, ou, como diz Kierkegaard, de dois "estados fundamentais da vida": a vida estética e a vida moral. Entre esses dois estados, assim como entre eles e o estado religioso, que Kierkegaard analisou em *Temor e tremor* (1843), não há passagem nem possibilidade de conciliação, mas abismo e salto. Kierkegaard contrapôs o *aut aut*, isto é, a forma da alternativa, à forma da dialética de Hegel, na qual há sempre conciliação, síntese e harmonia entre os opostos (v. DIALÉTICA). [N.A.]

OUTRO (gr. θήτηρον; in. *Other*; fr. *Autre*; al. *Andere*; it. *Altro*). Um dos cinco gêneros supremos do ser, enunciados por Platão em *Sofista*, e que são: o ser, o repouso, o movimento, o idêntico e o O. O motivo para admitir o O. como um gênero à parte é o seguinte: o repouso e o movimento *são*; portanto, sob o aspecto do ser, são idênticos. Mas também são diferentes um do outro, e essa diversidade é exatamente como é a sua identidade (devida ao fato de que ambos são). O O. (o diferente) é, portanto, um gênero igualmente originário e irredutível aos outros quatro (*Sof.*, 254 ss.). O. reconhecimento do O. como gênero supremo é muito importante, pois permite que Platão resolva a antinomia (típica da sofística e da *erística* [v.]), segundo a qual é impossível *dizer o falso* porque o falso é o que não é, e dizer o que não é significa dizer nada, ou seja, não dizer. Desse ponto de vista, o erro deveria ser declarado inexistente, e não haveria sequer diferença possível entre o filósofo, que se preocupa em estabelecer a distinção entre verdade e erro, e o sofista, que não se preocupa com isso. Admitido, porém, o O. como gênero supremo, o não-ser poderá ser interpretado: não como o nada, mas como o O. do ser, mais precisamente do ser de que se fala; por exemplo, dizer que algo é não grande ou não belo significa dizer que é O., diferente do grande e do belo, mas nem por isso é o oposto do ser, o nada (*ibid.*, 257 b ss.). Essa afirmação da realidade do não-ser, enquanto O. ou diferente, é apresentada pelo Estrangeiro eleata, principal protagonista do *Sofista*, como uma espécie de "parricídio" em relação a Parmênides, que afirmara que só o ser é, e que o não ser não é (*ibid.*, 242 d). Essas observações de Platão, sobretudo sobre a categoria do O., depois foram empregadas com freqüência para esclarecer a noção de *nada* (v.). [N.A.]

Na filosofia do século XX, o termo O. (escrito na maioria das vezes com letra maiúscula) é usado em acepções diferentes, para indicar: *a*) o próximo; *b*) Deus; *c*) o ser; *d*) a estrutura; *e*) a linguagem; *f*) o Isso; *g*) o diferente utópico; *h*) a alteridade em geral; *i*) a diferença. Os vários autores se referem ora a um, ora a outro desses significados e, às vezes, a mais de um simultaneamente. Por exemplo, em *O ser e o nada* (1943) de Sartre, o O. coincide com o olhar petrificante dos O., ou seja, das outras existências ou dos outros "para si" (ao qual podemos responder apenas olhando, por nossa vez, aqueles que nos estão olhando). Em *Der Römerbrief* (1919) de Barth, o O. coincide com a realidade abissal e inatingível de Deus, concebido como *das ganze Andere*, como o totalmente O. do mundo ("Deus é definitivamente e por tudo aquilo que sabemos, o O., o estrangeiro. E o nosso mundo é o mundo do qual Deus está "fora", definitivamente e de todos os lugares). Fórmula que Barth extrai, provavelmente, de R. Otto (mas que abandonará a partir de *Christliche Dogmatik*, de 1927), interpretando-a segundo a doutrina kierkegaardiana da infinita diferença qualitativa entre tempo e eternidade. Em Heidegger, o O. remete ao ser, entendido como O. do ente (v. DIFERENÇA ONTOLÓGICA) e, ao mesmo tempo, como aquilo que lhe está mais próximo: "além do ente, mas não longe dele, aliás, diante dele [...] revela-se um O. (*ein Anderes*)" (*Sentieri interrotti*, 1950, trad. it.; La Nuova Italia, Florença, 1968, 19842, p. 38). Jaspers identifica o O. com a Transcendência, que, na sua "distância, inacessibilidade e estranheza", não pode "ser comparada a nada", e vê, no mundo, uma linguagem cifrada, ou seja, um *manuscrito do O.* (*Filosofia*, 1932, trad. it., Utet, Turim 1978, 164, p. 1107; cf. pp. 128 ss. 1069 e ss.).

Em Foucault, o O. coincide com a presença do impensado no homem, ou seja, das estruturas profundas que o constituem desde sempre: "Como pode o homem coincidir com a vida cuja rede, cujas pulsações, cuja força enterrada, incessantemente ultrapassam a experiência [...] Como pode identificar-se com o trabalho cujas exigências e leis se impõem [...] Como pode ser sujeito de uma linguagem que há milênios se formou sem ele, cujo sistema lhe foge [...]?"; "O impensado [...] não reside no homem como uma natureza enrolada [...] em relação ao homem, ele é o O.: o O. fraterno e gêmeo, não nascido dele, nem nele, mas ao seu lado e simultaneamente" (*Le parole e le cose*, 1966, trad. it., Rizzoli, Milão, 1967, pp. 348 e 351). Em *Écrits* (1966) de Lacan o termo O. aparece com várias acepções e é grafado A, do francês *Autre* (A é às vezes a ordem simbólica e lingüística, às vezes a intersubjetividade analítica, às vezes a Mãe ou o Pai etc.), mas no seu significado mais relevante coincide com o Inconsciente, interpretado como a realidade autêntica do indivíduo: "ensinamos, depois de Freud, que A é o lugar da memória, que ele descobriu com o nome de inconsciente" (trad. it, Einaudi, Turim 1984, p. 391). Como mostra o famoso (e discutido) *Esquema L*

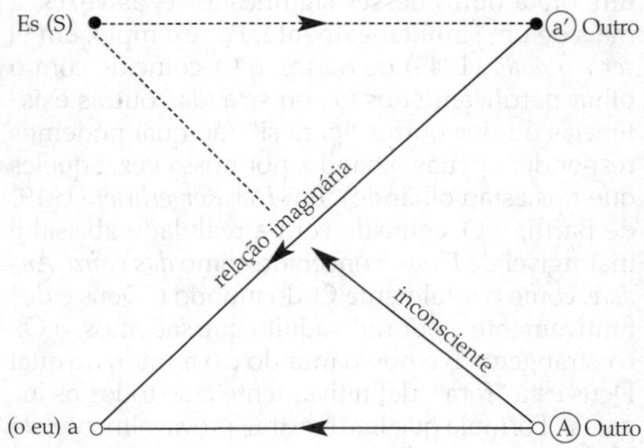

o verdadeiro "sujeito" da psique, segundo Lacan, não é nem o eu (a), nem os objetos com que ele se identifica em nível imaginário (a′), mas sim o Isso (S) e a ordem simbólico-lingüística (A) encarnada pelo Nome do Pai, ou seja, a impessoal subjetividade pulsional, por um lado, e a impessoal subjetividade cultural, por outro. Fortemente críticos em relação à exaltação estruturalista do O. são os filósofos pós-estruturalistas de tendência neo-anarquista, ou seja, os autores (Deleuze, Guattari etc.) que, nos seus mecanismos simbólicos e sociais (Baudrillard), vêem uma instância de normalização e repressão (o O. como "senhor" da nossa psique e do nosso ser). Instância à qual eles opõem os direitos do desejo e da liberdade transgressiva (v. DESEJO; REPETIÇÃO etc.). Para a Escola de Frankfurt, o O. alude ao ideal utópico de uma dimensão de ser (anunciada pela arte de vanguarda), capaz de servir de antítese radical ao mundo presente. Dimensão "de perfeita e consumada justiça" que, na última fase de Horkheimer (*Die Sehnsucht nach dem ganz Anderen*, 1970), assume valores de tipo ético-religioso: "o desejo de que a realidade do mundo, com todo o seu horror, não seja a realidade última une todos os homens que não querem nem podem aceitar a injustiça deste mundo. Deus torna-se, assim, o objeto do anseio e do respeito humano" (*Studi di filosofia della società*, 1972, trad. it., Einaudi, Turim, 1981, p. 153). Em Lévinas o conceito de O. remete tanto à absoluta alteridade do outro homem ("o Outro como outro é Outros"), quanto a Deus ou ao infinito (de que o rosto do próximo é "traço"), e à alteridade em geral (o *Autre* em contraposição ao *Même* e à sua dialética englobadora e assimiladora) (cf. *Totalità e infinito*, 1961, trad. it., Jaca Book, Milão, 1980, p. 69; *Di Dio che viene all'idea*, trad. it., 1985, p. 12). Daí a polêmica contra o chamado *imperialismo do Mesmo*, exercido pelos pensadores do passado: "A filosofia ocidental coincide com o desocultamento do O., em que, manifestando-se como ser, o O. perde sua alteridade. Desde sua infância, a filosofia é atingida pelo horror ao O. que permanece O." (*La traccia dell'A.*, trad. it., Pironti, Nápoles, 1979, p. 27).

Também inspirada nas temáticas do O., entendido como ausência de Ser e Verdade, ou seja, como *diferença* que se opõe a qualquer forma de identidade e evidência, é a gramatologia pós-metafísica de Derrida, que, como antítese à cultura logocêntrica do Ocidente – e ao seu culto da presença e da plenitude –, insiste na teoria do sentido como traço e duplicação, ou seja, como diferimento contínuo (*De la Grammatologie*, 1967). [G.F.]

OUTRO, PROBLEMA DO (in. *Problem of others*; fr. *Problème de l'autre*; al. *Problem von fremden Ichen*; it. *Problema dell'altro*). Na filosofia moderna e contemporânea, essa expressão indica o problema da existência de outros *eus* (espíritos ou pessoas), independentes do *eu* que formula o problema. Esse problema nasce de dois pontos de vista diferentes, mas vinculados por alguns pressupostos comuns. O primeiro é o do *idealismo romântico* (v.) segundo o qual, sendo a realidade um Princípio Infinito e universal (p. ex., o Eu Absoluto de Fichte), é preciso ver de que modo ela se rompe ou se multiplica na diversidade dos eus singulares. O segundo é o ponto de vista genericamente idealista e espiritualista, segundo o qual originariamente é dado a cada um de nós somente o eu e as suas experiências psíquicas, dentre as quais algumas (uma parte apenas) se refeririam a outros indivíduos.

Fichte respondeu ao primeiro problema, em *Doutrina moral* (1798), afirmando o caráter originário da idéia do dever, da qual deriva o reconhecimento dos outros eus. A idéia do dever é a autodeterminação originária do eu, mas ela não poderia ser realizada se não existissem *outros* eus, *outros* sujeitos em face dos quais, somente, a idéia do dever pode ter sua determinação e, portanto, possibilidade de realização. Portanto, para Fichte, a realidade dos outros eus é um postulado moral: a existência dos outros eus deverá ser admitida e reconhecida, se o eu quiser realizar concretamente a sua moralidade

(*Sittenlehre*, § 18). Com algumas variantes, essa concepção foi retomada por outros filósofos, como por exemplo por Riehl em seu livro sobre o *Criticismo* (1886-1887), e por Cohen, em *Ética da vontade pura* (1904); este último deduz a existência das pessoas em geral do caráter jurídico e das funções públicas do homem, de modo que a multiplicidade dos eus só existiria como multiplicidade de "pessoas jurídicas".

Por outro lado, o ponto de vista segundo o qual o eu só conhece de modo imediato a si mesmo e seus estados interiores, ou seja, o ponto de vista do acesso privilegiado ao conhecimento interior do eu (v. CONSCIÊNCIA), dá origem ao problema de se saber como uma parte da experiência do eu pode referir-se a outro eu, e ao problema ainda mais sério de saber que garantia essa referência oferece em favor da existência efetiva do outro eu. Para responder a esses problemas foram formuladas duas teorias. 1ª A existência dos outros seria inferida por um "juízo de analogia" a partir das percepções que nos revelam movimentos análogos àqueles por meio dos quais exprimimos nosso próprio eu. Mas esta teoria, pertencente à psicologia associacionista, é desmentida pelo fato de que a crença na existência dos outros seres animados também pode ser encontrada nos animais e nas crianças, que são incapazes de juízos analógicos. 2ª A segunda teoria postula um órgão específico para o conhecimento da existência do outro, como por exemplo uma espécie de intuição afetiva (*Einfühlung*), que nos poria em relação com o que está além das manifestações corpóreas do outro, com a alma do outro (cf., p. ex., TH. LIPPS, *Aesthetik*, I [1903]; 2ª ed., 1914, pp. 106 ss.). Mas o recurso a órgãos desta espécie só faz reduzir a existência de outros espíritos a objeto de uma crença injustificável, logo irracional.

Na filosofia contemporânea, a partir da obra de Scheler, *Essência e forma da simpatia* (1923), o pressuposto subjetivista do problema mostrou-se cada vez mais frágil; e foi também atacado pela psicologia contemporânea, com base em observações experimentais. Scheler observou que não existe nenhum privilégio ontológico ou metafísico a favor dos pensamentos ou dos sentimentos que o eu chama de "meus". Meu pensamento me é dado como "meu" do mesmo modo como o pensamento de outro me é dado como pensamento "alheio": esse é o caso comuníssimo e normal, em que compreendemos uma comunicação qualquer que nos é feita. Entre o meu e o alheio há sempre uma conexão estreitíssima, e os dois determinam-se e condicionam-se reciprocamente, sem que as respectivas esferas se deixem jamais fixar rigidamente, como prova o fato de que muitas vezes nós não sabemos dizer se certa experiência psíquica vem de nós mesmos ou de outros (*Sympathie*, III, cap. III). Isto equivale a negar o caráter pessoal e rigidamente subjetivo do *Eu* (v.) e a reconhecer que, a partir de sua constituição e em todas as suas manifestações, ele se move numa rede de relações intersubjetivas que o constituem e no qual estão recortadas as esferas correlativas do "meu" e do "teu". Este ponto de vista é freqüente na filosofia contemporânea, encontrando-se mesmo em escolas diferentes. Mead afirma que "o homem só se torna um eu na sua experiência à medida que sua atitude suscita uma atitude correspondente nas relações sociais". Nesse caso, autoconsciência, ou eu, outra coisa não é senão a atitude generalizada dos outros em relação a nós. "Assumimos o papel daquilo que poderia ser chamado de *outro generalizado* e, ao fazermos isto, aparecemos como objetos sociais, como eu" (*Phil. of the Present*, p. 185). Por outro lado, Carnap expressou ponto de vista bastante próximo deste, ao insistir no caráter secundário e derivado da distinção entre o eu e o tu. "Mesmo a caracterização dos elementos fundamentais do nosso sistema constitutivo como psiquicamente próprios, isto é, como 'psíquicos' e como 'meus', só adquire significado com a constituição dos campos do não-psíquico (contraposto ao psíquico) e do 'tu'" (*Der logische Aufbau der Welt*, § 65). Estas observações demonstram que é cada vez mais difícil sustentar pontos de partida solipsistas, que pretendam fundar-se em dados pertencentes ao âmbito da consciência pessoal. E mesmo uma filosofia como a de Sartre, para a qual a *outra* existência é tal porquanto *não* é minha, de tal modo que a relação interpessoal é uma relação de negação recíproca e só a negação é "a estrutura constitutiva do ser outro" (*L'être et le néant*, p. 285), apresenta-se como um transcender do *cogito*. "O que, por falta de melhor expressão, chamamos de *cogito* da existência do outro, confunde-se com o meu próprio *cogito*. É preciso que o *cogito* me lance fora de si, sobre o Outro, assim como me lançou fora de si sobre o *em-si*, e isto não me revelando uma estrutura minha *a priori*, que apontaria para o outro igualmente *a priori*, mas descobrindo em mim a presença concreta e indubitável deste ou daquele outro concreto, como já me revelou a minha existência inconfrontável, contingente e, todavia, necessária e concreta" (*ibid.*, pp. 308-9). Analogamente, para Husserl, a experiência do outro é uma espécie de *Einfühlung* ou empatia, em virtude da qual o outro se constitui por "apresentação" como "um outro eu mesmo" (*Cart. Med.*, § 52). O próprio eu age de tal modo que "uma modificação intencional de si mesmo e da sua primordialidade chegue à validade sob o título de percepção da estraneidade, percepção de um outro, de um outro eu" (*Krisis*, § 54 b). [N.A.]

No âmbito da filosofia analítica, procurou-se dissolver, em vez de resolver, o problema que ganhou a denominação de "problema das outras mentes": Austin *(Other Minds,* 1946), Ryle (*The Concept of Mind,* 1949), Wisdom (*Other Minds,* 1952, 1966[2]) e Strawson (*Individuals,* 1959) negam o dualismo mente/corpo e reconhecem a crença na existência de outras pessoas como um momento integrado no ato geral do comunicar-se. As inumeráveis posições surgidas mais recentemente remetem-se todas a duas teses alternativas. 1) *Argumento da primeira pessoa.* Para quem, na esteira de Mill (*An Examination of Sir William Hamilton's Philosophy,* 1865), pressupõe um elo entre conteúdos mentais (individuais) e experiências (intersubjetivas), a compreensão das outras mentes é apenas a extensão analógica do meu ponto de vista aos outros. O repúdio à intencionalidade a propósito dos fenômenos mentais que, mesmo entre incertezas e contradições, se observa em *The Analysis of Mind* (1921) de Russell, na qual se nega uma distinção de princípio entre o físico e o psíquico, e a solução fenomenista oferecida em *Scheinprobleme in der Philosophie* (1928), de Carnap, que sustenta que as afirmações sobre as mentes dos outros devem ser reduzidas a (ou derivadas de) afirmações sobre dados sensíveis, tornam bastante problemática a admissão da existência do outro. Embora Nagel (*Mortal Questions,* 1979) conteste tanto essa solução fenomenista quanto o fisicalismo, preferindo uma "teoria do duplo aspecto", para a qual o cérebro tem propriedades não físicas, ele mesmo (*The View from Nowhere, 1986*) e O'Shaughnessy (*The Will,* 1980) continuam a acreditar na inevitabilidade de 1) e propõem um "alargamento" da primeira pessoa, fazendo a distinção entre mente e subjetividade. 2) *Argumento da terceira pessoa.* No seu ataque à idéia de *linguagem privada* (v.), Wittgenstein (*Philosophische Untersuchungen,* 1953) mostra que o procedimento descrito em 1) é impossível, pois não há nenhum modo de verificá-lo (como poderei verificar a efetiva correspondência entre o que ocorre em mim e o que ocorre nos outros, se o que ocorre nos outros é compreensível somente com base no que ocorre em mim?), e reformula a questão da posse de um vocabulário psicológico nos termos de uma linguagem publicamente adquirível. A terceira pessoa é o observador do comportamento alheio e deve estar em condições de interligá-lo aos estados mentais do sujeito cujo comportamento está observando. Wittgenstein vê as marcas behavioristas não tanto como efeitos dos estados mentais, porém mais como critérios da sua aplicação, e não vê as proposições que exprimem os estados mentais da primeira pessoa como proposições cognitivas, mas sim como expressões dos seus estados (solução nitidamente naturalística contra o intelectualismo de cunho cartesiano). Podem ser considerados como pertencentes a essa linha: Quine (*Word and Object,* 1960), Davidson (*Inquiries into Truth and Interpretation,* 1984) e o funcionalismo, a começar pelo de Putnam (*Mind, Language and Reality,* 1975). O problema do O. mostra-se hoje como uma das questões fundamentais da filosofia da mente (v. MENTE, FILOSOFIA DA). [M. S.]

OVO (gr. ᾠόν; in. *Egg*; fr. *Oeuf*; al. *Ei*; it. *Uovo*). Primeiro princípio do mundo, segundo a teogonia órfica (*Orphicorum fragmenta,* 53, 54 Kern). A consideração do mundo como um gigantesco animal está na base desse mito, que tem vários precedentes orientais.

P

P. p. Na lógica contemporânea, indica-se com *P* determinado cálculo das proposições e com *p* (e as letras que seguem em ordem alfabética *q*, *r* etc.) uma única proposição. [N.A.]

PACIFISMO (in. *Pacifism;* fr. *Pacifisme;* al. *Pazifismus;* it. *Pacifismo*). 1. Em sentido lato, indica a doutrina que se propõe chegar à abolição jurídica da guerra e à paz perpétua entre os Estados.

2. Em sentido estrito, indica a doutrina de quem se opõe à guerra e a qualquer forma de violência (v. PAZ). [G.F.]

PAIDÉIA. V. CULTURA.

PAIXÃO (in. *Passion;* fr. *Passion;* al. *Leidenschaft;* it. *Passione*). Este termo pode significar: 1º o mesmo que afecção, modificação passiva no sentido mais geral do grego *πάθος* e do latim *passio* (para este significado, v. AFECÇÃO); 2º O mesmo que *emoção* (v.), significado em que foi empregado quase universalmente até o século XVIII, quando começou a ser determinando o significado específico que hoje possui; 3º ação de controle e direção por parte de determinada emoção sobre toda a personalidade de um indivíduo humano.

Nesse sentido, o único apropriado e específico, é que essa palavra geralmente é empregada hoje. Assim, a expressão francesa, que se tornou internacional, *"amour-passion"*, indica uma forma de emoção amorosa que domina a personalidade e é capaz de transpor obstáculos morais e sociais (cf. também *"Crime de passion"* ou "Crime passional"). Nas frases "P. pelo jogo", "P. pelas mulheres", "P. pelo dinheiro", também está claro o significado de tendência dominante e global da personalidade, o que se percebe igualmente em expressões como "P. política", "P. religiosa" etc. Esse conceito nasce com as análises dos moralistas dos séculos XVII e XVIII, que evidenciaram a tendência que têm as emoções de penetrar na personalidade e dominá-la. Pascal dizia: "Conhecendo a P. dominante de alguém, poderemos ter certeza de que o agradaremos" (*Pensées,* 106). Nesta expressão, o adjetivo "dominante" exprime bem o caráter da paixão. Em *Maximes,* La Rochefoucauld insiste com certo cinismo nesse caráter dominante das paixões ("Se resistimos às nossas paixões, é mais pela fraqueza delas do que pela nossa força", 122), e Vauvenargues, em *Discours sur la liberté* (1737), dizia: "Para resistir à P. seria preciso pelo menos querer resistir. Mas permitiria a P. o nascimento do desejo de combater a P., na ausência da razão derrotada e afugentada?" E acrescentava: "As paixões ensinaram a razão aos homens" (*Réflexions et maximes,* 154). Com o mesmo espírito, Helvétius declarava: "As paixões são no campo moral o que o movimento é no campo físico" (*De l'esprit,* III, 4), e Condillac definia a P. como "um desejo que não permite ter outros, ou que, pelo menos, é o mais dominante" (*Traité des sensations,* I, 3, § 3). Foi Kant quem nos legou as determinações mais precisas. A P. é a inclinação que impede a razão de compará-la com as outras inclinações e assim de fazer uma escolha entre elas (*Antr.,* § 80). Por isso, a P. exclui o domínio de si mesmo, impede ou impossibilita que a vontade se determine com base em princípios (*Crít. do Juízo,* § 29). Com observações felizes, Kant ressalta a capacidade que tem a P. de dominar toda a conduta do homem, de apoderar-se de sua personalidade. Ao contrário da emoção, que é precipitada e irrefletida, a P. é lenta e refletida para alcançar seu objetivo, apesar de poder ser violenta. A emoção é como uma enxurrada que rompe o dique; a P. é como uma corrente que vai aprofundando seu leito. A emoção é como uma embriaguez que se desvanece, apesar de deixar a dor de cabeça, mas a P. é uma intoxicação ou uma deformação, que precisa de um médico interno ou externo da alma; este, porém, geralmente não sabe prescrever a cura radical, mas quase sempre só paliativos (*Antr.,* § 74). Em vista do perigo que a paixão representa para a escolha racional e a liberdade moral do homem, Kant rejeita qualquer exaltação das paixões.

E cita a frase: "Nada de grande no mundo nunca foi realizado sem paixões violentas", para comentá-la: "Pode-se admitir isso a respeito de diversas inclinações, aquelas sem as quais a natureza viva (inclusive a do homem) não pode passar, como as necessidades naturais e físicas. Mas que elas possam, ou melhor, precisem tornar-se paixões, isto a Providência não quis. Esse tipo de explicação pode ser aceita num poeta, como por exemplo em Pope, que escreveu 'Se a razão é bússola, as paixões são os ventos', mas o filósofo não pode admitir esse princípio nem mesmo para avaliar as paixões como um artifício provisório da Providência, que as teria colocado na natureza humana antes que os homens alcançassem um grau razoável de civilização" (*Antr.*, § 80).

O romantismo aceita e adota o conceito de P. elaborado pelos moralistas franceses e por Kant, ou seja, de que a P. não é uma emoção ou um estado afetivo particular, mas o domínio total e profundo que um estado afetivo exerce sobre toda a personalidade (ou "subjetividade") do indivíduo. Por outro lado, inverte a valoração negativa feita por Kant. É significativo que Hegel, que expressou com mais rigor o ponto de vista romântico sobre o assunto, só tenha invertido as valorações kantianas. Hegel define a P. como a "totalidade do espírito prático posto apenas em uma das muitas determinações limitadas que se opõem entre si" (*Enc.*, § 473). E acrescentou: "A determinação da P. implica que ela se restringe a uma particularidade da determinação do querer, na qual imerge toda a subjetividade do indivíduo, seja qual for o conteúdo dessa determinação. Mas, por esse caráter formal, a P. não é boa nem má; sua forma só exprime que um sujeito pôs num único conteúdo todo o interesse vivo de seu espírito, de seu talento, de seu caráter, de seu prazer. Nada de grande foi realizado, nem pode ser realizado, sem P. Não passa de moralidade morta, na maioria das vezes hipócrita, a que investe contra a forma da P. como tal" (*Enc.*, § 474). Aqui, ao mesmo tempo em que se insiste no caráter totalizante da P. – que limita a um único conteúdo ou determinação "toda a subjetividade do indivíduo", "o interesse vivo do seu espírito etc." –, retoma-se a frase criticada por Kant e declara-se expressão de moralidade morta ou hipócrita a condenação feita por ele. E o mais curioso é que Kant criticara antecipadamente outra característica da filosofia de Hegel, ou seja, a justificação das P. como instrumentos da providência cósmica, como "astúcias" da Razão Infinita, para realizar seus fins: tese que está entre as mais características da filosofia da história de Hegel (*Philosophie der Geschichte*, ed. Lasson, pp. 63 ss.). De um ponto de vista diferente, a exaltação da P. também se encontra em Nietzsche, para quem era sintoma de fraqueza o "temor dos sentidos, dos desejos e das paixões, quando ele chega a desaconselhá-los", considerando a *P. dominante* como "a forma suprema de saúde" porque nela "a coordenação dos sistemas internos e seu trabalho a serviço de um mesmo fim são mais bem realizados: o que é mais ou menos a definição de saúde" (*Wille zur Macht*, ed. Kröner, § 778).

Ponto de vista eqüidistante entre a condenação e a exaltação da P. parece prevalecer na cultura contemporânea. Dewey, por exemplo, assim se expressa: "A fase emocional, apaixonada da ação não pode nem deve ser eliminada em prol de uma razão exangue. Mais paixões, não menos, é a resposta. [...] A racionalidade não é a força a ser invocada contra impulsos e hábitos, mas sim a conquista de uma harmonia que atue entre diferentes desejos" (*Human Nature and Conduct*, pp. 195-6). [N.A.]

PALAVRA (lat. *Verbum*; in. *Word*; fr. *Mot*; al. *Wort*; it. *Parola*). 2. O termo P. tem uma ambigüidade evidenciada pelos lógicos: por um lado, pode ser um evento individual, novo a cada vez que se repete (neste sentido dizemos, p. ex., que um livro é composto por cinqüenta mil palavras), por outro, pode significar a P.-significado, que é a mesma, por mais que se repita (neste sentido, sobre o mesmo livro, podemos dizer que é composto por cinco mil palavras). No primeiro sentido, por exemplo, se a P. *está* for repetida dez vezes numa página será dez palavras; no segundo sentido, é uma palavra só. Peirce propôs chamar a palavra, no primeiro significado, de *token* (ocorrência) e, no segundo significado, de *type* (tipo, elemento lingüístico) (*Coll. Pap.*, 4.537). Sobre o mesmo assunto, outros falam, respectivamente, em *signo* e *símbolo* (cf. M. BLACK, *Language and Philosophy*, VI, 2; trad. it., pp. 181 ss.). [N.A.]

PALINGÊNESE (gr. παλιγγενεσία; in. *Palingenesis*; fr. *Palingénésie*; al. *Palingenesie*; it. *Palingenesi*). Segundo os estóicos, renascimento do mundo depois do término de um ciclo de vida (NEMES., *De nat. hom.*, 38, cf. MARCO AURÉLIO, *Memórias*, XI, 1: "o periódico renascimento do mundo"). Esse termo foi usado freqüentemente neste sentido ou em sentido análogo (p. ex., por C. BONNET, *Palingénésie philosophique*, 1769, e por GIOBERT, *Protologia*, 1857) e às vezes também em sentidos restritos ou particulares: para designar o renascimento da alma ou, em sentido retórico, para indicar qualquer renovação radical (v. APOCATÁSTASE). [N.A.]

PAMPNEUMATISMO (al. *Panpneumatismus*; it. *Pampneumatismo*). Termo empregado por Eduard von Hartmann, no mesmo sentido de pampsiquismo (cf. *Philosophischen Fragmente*, p. 68). [N.A.]

PAMPSIQUISMO (in. *Panpsychism*; fr. *Panpsychisme*; al. *Panpsychismus*; it. *Pampsichismo*). Este termo, muitas vezes confundido com *hilozoísmo* (v.), designa na realidade uma teoria simetricamente oposta. Enquanto o hilozoísmo consiste em atribuir à matéria (ou às suas partes) poderes ou atividades psíquicas (sendo por isso materialismo), o P. consiste em reduzir matéria a alma, ou seja, a propriedades ou atributos psíquicos (sendo, pois, espiritualismo). Com isso, a matéria não é negada (como faz o *imaterialismo* [v.]), mas seus atributos fundamentais (p. ex. extensão, movimento etc.) são reduzidos à ação de forças ou atributos espirituais.

Nesse sentido, pode-se discernir a origem do P. nos platônicos ingleses do século XVII (Escola de Cambridge). Partindo do princípio de que "nenhum efeito pode sobrepujar a força da própria causa", Cudworth negava que a vida e o ser – muito menos a razão e o intelecto – pudessem derivar de matéria sem vida. E concluía que "o espírito é o ser primogênito, o senhor natural de tudo o que existe" (*The True Intellectual System of the Universe*, I, 1, 4). Mas como as coisas não podem ser produzidas pelo mecanismo da matéria, e como Deus não produz imediata e milagrosamente todas as coisas, é preciso admitir uma *natureza plástica* que seja um instrumento inferior e subordinado daquela parte da providência que consiste no movimento regular e organizado da matéria (*ibid.*, I, 1, 3). Por sua vez, More elaborava o conceito da mônada física, que seria uma partícula tão pequena a ponto de não poder ser mais dividida. A mônada física não tem grandeza física propriamente dita, mas é extensa, e a extensão é uma qualidade espiritual, incorpórea, um atributo de Deus (*Enchiridion, Metaphysicum*, I, 9, 3; I, 8, 15). Deste modo, Cudworth e More reduziam a matéria e o mecanismo, em seus atributos fundamentais – extensão e movimento –, a uma manifestação de elementos ou forças espirituais.

É muito provável que Leibniz se tenha inspirado nesses autores dando ao P. sua forma clássica. Segundo Leibniz, a matéria é constituída por *mônadas*, no sentido de ser um agregado de substâncias espirituais, como um rebanho de ovelhas ou como uma miríade de vermes. Por isso, os elementos da matéria nada têm de corpóreo; são átomos de substância ou pontos metafísicos, como poderíamos chamar as mônadas (*Op.*, ed. Gerhardt, IV, p. 483). O P. de Leibniz foi reproduzido por Lotze em *Microcosmo* (I, trad. it., p. 50); este identificou os átomos dos quais fala a teoria mecanicista da ciência com os centros de força espiritual, ou seja, com as mônadas no sentido leibniziano. O P. é a característica metafísica do espiritualismo contemporâneo (v. ESPIRITUALISMO), seja ele francês (Ravaisson, Lachelier, Hamelin), inglês (Ward) ou italiano (Martinetti, Varisco). [N.A.]

PAN-ANIMISMO. O mesmo que *animismo* (v.).

PANCALISMO (in. *Pancalism*; fr. *Pancalisme*; it. *Pancalismo*). Termo empregado por J. M. Baldwin para designar sua doutrina, segundo a qual a beleza, como objeto da atividade estética, realiza a conciliação entre a atividade cognitiva e a atividade prática, unificando o mundo da experiência (cf. *Genetic Theory of Reality, being the Outcome of Genetic Logic, as Issuing in the Aesthetic Theory of Reality called Pancalism*, 1915). [N.A.]

PANCOSMISMO (in. *Pancosmism*; fr. *Pancosmisme*; it. *Pancosmismo*). O mesmo que materialismo. Este termo foi usado por George Grote para designar a doutrina dos pré-socráticos hilozoístas (*Plato and the Other Companions of Socrates*, I, 1, 18). Não teve aceitação. [N.A.]

PANENTEÍSMO (in. *Panentheism*; fr. *Panentheisme*; al. *Panentheismus*; it. *Panenteismo*). Termo criado por Christian Krause (1781-1832) para designar uma síntese entre o teísmo e o panteísmo, que consistiria em admitir que tudo o que é, é em Deus e existe como revelação e realização de Deus (*Vorlesungen über das System der Philosophie*, 1828, pp. 254 ss.). Na realidade este é o ponto de vista do panteísmo clássico; portanto não se vê utilidade nesse termo, que de fato não teve aceitação (v. DEUS). [N.A.]

PANLOGISMO (in. *Panlogism*; fr. *Panlogisme*; al. *Panlogismus*; it. *Panlogismo*). Termo empregado por J. E. Erdmann para designar a doutrina de Hegel (*Geschichte der neueren Philosophie*, 1853, III, 2, p. 853), ainda hoje utilizado (embora com pouca freqüência) para designar essa mesma doutrina ou doutrinas análogas que admitam a identidade entre racional e real. [N.A.]

PANSATANISMO (al. *Pansatanismus*; it. *Pansatanismo*). Termo empregado polemicamente por O. Liebmann para designar a doutrina de Schopenhauer, numa contraposição caricatural ao panteísmo (*Zur analysis der Wirklichkeit*, 2ª ed., 1880, p. 230). [N.A.]

PANSOFIA (lat. *Pansophia*; it. *Pansofia*). Termo empregado por G. A. Comenius para designar o princípio "ensinar tudo a todos" (*Pansophiae Prodromus*, 1639; *Schola Pansophiae*, 1670). Kant chama de P. o conjunto da *poli-história*, que é o conhecimento histórico, e da *polimatia*, que é o conhecimento racional (*Logik*, Intr., §VI). [N.A.]

PANSPERMIA (al. *Panspermie*; it. *Panspermia*). Doutrina defendida por S. Arrhenius, de que a vida sobre a terra provém de sementes orgânicas difundidas por todo o universo (*Werden der Welten*, 1907). [N.A.]

PANTEÍSMO (in. *Pantheism*; fr. *Pantheisme*; al. *Pantheismus*; it. *Panteismo*). O termo *panteísta* foi utilizado pela primeira vez por J. Toland (*Socianimism*

Truly Stated, 1705); o primeiro a empregar o termo P. foi seu adversário Fay (1709). É a doutrina segundo a qual Deus é a *natureza* do mundo (v. DEUS) identificando a causalidade divina com a causalidade natural. Uma das formas de P. humanista é a chamada "teologia sem Deus". V. DEUS; DEUS, MORTE DE. [N.A.]

PANTELISMO (al. *Panthelismus;* it. *Pantelismo).* O mesmo que *voluntarismo* (v.). Esse termo foi usado por E. von Hartmann (*Philosophischen Fragmente,* p. 68). [N.A.]

PARÁBOLA (gr. παραβολή; lat. *Parabola;* in. *Parable;* fr. *Parabole;* al. *Parabel;* it. *Parabola).* Argumento que consiste em aduzir uma comparação ou um paralelo, como quando Sócrates afirma que os governantes não devem ser escolhidos por sorteio, assim como não são escolhidos por sorteio os atletas para uma competição. É assim que Aristóteles ilustra essa noção (*Ret.,* II, 19, 1393 b 4). Sentido análogo encontra-se nos Evangelhos (cf. *Marc.,* XII, 1). [N.A.]

PARADIGMA (gr. παράδειγμα; in. *Paradigm;* fr. *Paradigme;* al. *Paradigma;* it. *Paradigma).* Modelo ou exemplo. Platão empregou essa palavra no primeiro sentido (cf. *Tim.,* 29 b, 48 e etc.), ao considerar como P. o mundo dos seres eternos, do qual o mundo sensível é imagem. Aristóteles utiliza esse termo no segundo significado (*An. pr,* II, 24, 68 b 38), sobre o que v. EXEMPLO. [N.A.]

Com Kuhn (*Estrutura das revoluções científicas,* 1962[1], 1970[2]) o conceito de P. assume um significado epistemológico e é usado em diversas acepções (M. Masterman identificou vinte e duas), integráveis, como afirmou o seu autor, em dois significados básicos (cf. o *Posfácio 1969* à 2ª ed. da obra). O P. é em primeiro lugar uma "constelação de crenças comungadas por um grupo", ou seja, o conjunto das teorias, dos valores e das técnicas de pesquisa de determinada comunidade científica (trad. ital., Einaudi, Turim, 1969[1], 1978[2], p. 219). Entendido dessa maneira global, ou seja, no sentido de "tradição paradigmática", o termo P. pode ser substituído por "matriz disciplinar". Matriz porque "composta de elementos ordenados de vários gêneros, cada um dos quais exige maior especificação". Disciplinar porque "se refere à posse, comum aos que estão engajados na pesquisa, de uma disciplina específica" (*ibid.,* p. 220). Em segundo lugar, o P. é o exemplar das soluções concretas para os quebra-cabeças (*puzzles*) que constituem a organização típica da ciência normal, ou seja, da "pesquisa estavelmente fundada em um ou mais de um resultado atingido pela ciência do passado, resultados aos quais determinada comunidade científica, por certo período de tempo, atribui a capacidade de constituir o fundamento da sua práxis ulterior" (*ibid.,* p. 29). A admissão de um novo P., explica Kuhn, depende de várias razões (não somente científicas, mas também extracientíficas) e é semelhante a um repentino ato de conversão: "Assim como a reorientação gestáltica, ele deve realizar-se todo de uma vez (ainda que não necessariamente em um instante), ou então não se realizará de modo algum" (*ibid.,* p. 182; v. REVOLUÇÕES CIENTÍFICAS). A noção de P. proposta por Kuhn (aliada à idéia de uma dinâmica descontínua e revolucionária das produções culturais) teve notável sucesso e acabou por ser usada além de sua acepção estritamente epistemológica. Tanto que hoje se fala não só de P. científicos, mas também de P. lingüísticos, éticos, teológicos etc. [G.F.]

PARADOXO (gr. παράδοξος λόγος; in. *Paradox;* fr. *Paradoxe;* al. *Paradox;* it. *Paradosso).* O que é contrário à "opinião da maioria", ou seja, ao sistema de crenças comuns a que se fez referência, ou contrário a princípios considerados sólidos ou a proposições científicas. Aristóteles, em *Refutações sofísticas* (cap. 12), considera a redução de um discurso a uma opinião paradoxal como o segundo fim da sofística (o primeiro é a refutação, ou seja, provar a falsidade da asserção do adversário). Bernhard Bolzano intitulou *Paradoxos do infinito* (1851) o livro no qual introduziu o conceito de infinito como um tipo especial de grandeza, dotado de características próprias, e não mais como limite de uma série. Esse conceito seria consolidado na matemática por Cantor e Dedeking (v. INFINITO). A exemplo dele, foram chamadas às vezes de P. as contradições oriundas do uso do procedimento reflexivo, na maioria das vezes chamadas de *antinomias* (v.). [N.A.]

Aos P. da teoria dos conjuntos e aos *P. semânticos* contemplados pela distinção de Ramsey (independentemente do fato de ela não parecer mais defensável, pelo menos na forma como foi originariamente enunciada) podem ser acrescentados outros: os estritamente *lógicos* (o *P.* da implicação material e o da implicação estrita), os *deônticos* (entre os mais conhecidos citamos o P. do imperativo contrário ao dever de Chisholm, *Contrary-to-Duty Imperatives and Deontic Logic,* 1963, e o P. do conhecedor, de Åqvist, *Semantic and Pragmatic Characterizability of Linguistic Usage,* 1967), os da *confirmação* (v.) (o clássico P. dos corvos de Hempel, 1945, agora em *Aspects of Scientific Explanation,* 1965, e o das esmeraldas de Goodman, 1955, agora em *Fact, Fiction and Forecast,* 1983[4]), os da *escolha* (v.) (por todos, o P. de Newcomb, formulado por Nozick, *Newcombs Problem and Two Principles of Choice,* 1969). Os recentes desenvolvimentos da teoria do conhecimento determinaram o surgimento de novos P., os *epistêmicos.* Os mais conhecidos são: 1) *o P. do exame de surpresa* (atribuído a Ekbom, 1943), também chamado da *previsão*, de que existem numerosas variantes; 2) o P. *do conhecedor* (Kaplan e Montague, *A Paradox Regained*, 1960), 3) o P. *da loteria* (Kyburg, *Probability and the Logic of Rational Belief*, 1961); 4) o P. *do prefácio* (Makinson, *The Paradox of the Preface*, 1965); 5) nesse âmbito pode ser situado também *o P. da análise* (Moore, *Principia Ethica*, 1903, e *A Reply to My Critics*, 1942).

1) Um professor anuncia um exame de surpresa para a semana seguinte, e um estudante exclui a possibilidade de que ele possa ocorrer no último dia da semana, pois não seria mais surpresa; mas o penúltimo dia também deve ser excluído, pois o último já está excluído, e no antepenúltimo saberíamos que ele ocorrerá no dia seguinte; assim se procede para todos os dias da semana. Alguns consideram que esse P. é falaz (QUINE, *On a So-Called Paradox*, 1953), outros o remetem ao P. do mentiroso porque se basearia na auto-reflexividade da improbabilidade, enquanto para outros ainda, ele é genuinamente epistêmico. Nessa leitura, de fato, o anúncio do professor é entendido como previsão da ignorância do estudante e aproxima-se de 5). 2) Trata-se em boa parte de uma variante do paradoxo do mentiroso. 3) Sei que um bilhete de loteria ganhará o prêmio, mas é muito difícil que seja exatamente este: a convicção vale para todos os bilhetes, portanto acabarei por acreditar que nenhum bilhete ganhará o prêmio. A conclusão geral é que certos princípios da aceitabilidade racional ou da crença justificada acabam por ser logicamente inconsistentes. As estratégias de neutralização contestaram uma ou mais premissas da argumentação ou admitiram que não se pode definir a aceitação racional em termos probabilísticos. Houve enfim quem atenuasse esta última exigência, afirmando que o nível de probabilidade pode acrescentar alguma coisa à aceitação racional. 4) No prefácio do seu último livro um autor arrola algumas das suas crenças racionais c_1, c_2, c_3, ... c_n, mas reconhece ao mesmo tempo que no texto, como ocorreu nos seus livros anteriores, certamente estão presentes asserções falsas, o que equivale à crença prefacial $C_p = \sim (c_1, c_2, c_3, \ldots c_n)$. Na realidade não seria impossível considerar corretas todas as crenças do autor, com o que C_p seria falsa e, por conseguinte, as crenças não seriam mais todas corretas. Aqui não se pode invocar o argumento estatístico típico de 3), pois nesse interessante paradoxo as crenças aparecem todas racionalmente baseadas na evidência e discute-se mais o fundamento de sua admissão e da dedução lógica de premissas. A pura e simples evidência estatística, portanto, nem sempre é suficiente para a justificação racional de uma crença. 5) A primeira formulação desse P. provavelmente está em Espinosa (*Ethica*, I, P. 8, S. 2). No entanto, foi Moore quem voltou a atenção a asserções do tipo "Sei que p mas não creio em p", explicando-as com base na oposição entre proposição e crença. Parte-se da assunção da definição do conhecimento como justificada crença verdadeira e pergunta-se se o *definiens* está correto e por isso equivalente ao *definiendum*, para que tal definição seja informativa quando não o é a tautologia com base na qual o conhecimento é conhecimento. A argumentação baseia-se na convicção, formulada por Moore, de que a análise é mero procedimento entre conceitos que não envolve entidades de outro tipo e que se situa sempre num mesmo nível. A mais conhecida objeção a Moore é que asserções daquele tipo são consistentes, mas não afirmáveis ou não críveis (Hintikka, *Knowledge and Belief*, 1962).

As várias soluções formuladas para esses P. constituem um importante aprofundamento nos problemas correlatos da crença, da justificação e da definição. [M.S.]

No sentido religioso, deu-se o nome de P. à afirmação dos direitos da fé e da verdade do seu conteúdo em oposição com as exigências da razão. P. são, por exemplo, a transcendência absoluta e a inefabilidade de Deus afirmada pela teologia *negativa* (v. TEOLOGIA); P. é *o credo quia absurdum* (v.) de Tertuliano; P. é toda a fé segundo Kierkegaard, porque todas as categorias do pensamento religioso são impensáveis, e a fé acredita apesar de tudo e assume todos os riscos (cf. *Die Krankheit zum Tode*, 1849). Kierkegaard vê no P. a própria relação entre o homem e Deus: "O P. não é uma concessão, mas uma *categoria:* uma determinação ontológica que exprime o relação entre um espírito existente e cognoscente, e a verdade eterna" (*Diário*, VIII, A 11). [N. A]

Também insistiram na importância do tema do P. os existencialistas do século XX (Jaspers, Marcel, Pareyson) e alguns estudiosos italianos da atualidade (p. ex., P. A. Rovatti e S. Givone). Este último viu no P. uma das figuras-chave do pensamento trágico e o contrapôs à figura niilística do *enfraquecimento* (*Debole e tragico*, em "aut-aut", maio-agosto 1990, n. 237-8, pp. 1-28; v. TRÁGICO). [G.F.]

PARALELISMO PSICOFÍSICO (in. *Psychophysical parallelism*; fr. *Parallelisme psychophysique*; al. *Psycho-physischer Parallelismus*; it. *Parallelismo psicofisico*). Esta expressão foi inventada por Fechner (*Zendavesta*, II, p. 141), para designar a doutrina segundo a qual os eventos psíquicos e os físicos constituem duas séries paralelas de eventos que não agem uns sobre os outros, mas são causalmente determinados somente pelos eventos homogêneos: os mentais pelos mentais, e os físicos pelos físicos. Essa doutrina era sugerida pela exigência (ou pelo desejo) de não submeter os eventos mentais à causalidade dos eventos físicos e pela impossibilidade de considerar estes últimos dependentes dos primeiros. Durante várias décadas, serviu de hipótese de trabalho para a psicologia experimental, em sua fase inicial de organização como ciência autônoma ou relativamente autônoma (v. PSICOLOGIA). Foi, portanto, admitida e adotada por aqueles que contribuíram para os primeiros passos dessa ciência, em particular por Wundt. Este entendeu como "princípio do P. psicofísico" o princípio de que "todos os conteúdos empíricos que pertencem simultaneamente à esfera de consideração mediata ou científica e à imediata ou psicológica estão em relação recíproca, porquanto cada evento elementar do campo psíquico exprime um evento correspondente no campo físico" (*System der Philosophie,* 2.ª ed., 1897, p. 602). Essa doutrina contrapunha-se, por um lado, ao *monismo* (v.), que tende a reduzir os eventos mentais a eventos físicos ou, pelo menos, a submeter os eventos mentais à causalidade dos eventos físicos, e, por outro lado, ao *espiritualismo* (v.), que consiste na tentativa simetricamente oposta. Por isso, foi bem aceita como hipótese de trabalho de investigações que não queriam ancorar a sua validade alguma metafísica determinada.

No período em que a doutrina do P. constituiu o pressuposto da psicologia experimental e foi tema de grande número de discussões entre psicólogos e entre filósofos, alguns procuraram ligá-la a ilustres precedentes históricos; o mais óbvio desses precedentes era sem dúvida a metafísica de Espinosa. Espinosa, com efeito, dissera que "um modo da extensão e a idéia desse modo são uma e mesma coisa, expressa de duas maneiras" (*Et.*, II, VII, esc.), e negara a interferência da causalidade da extensão e da causalidade do pensamento, afirmando que a causa de um pensamento é sempre um pensamento e que a causa de um corpo é sempre um corpo (*ibid.*, III, 2), enquanto a ordem e a concatenação das coisas são sempre as mesmas (*ibid.*, III, 2, esc.). Estas afirmações podiam ser interpretadas como expressão da doutrina do P., embora a intenção de Espinosa não fosse afirmar a independência causal recíproca entre fatos físicos e mentais, mas sim a sua subordinação comum à causalidade direta de Deus. A doutrina de Espinosa na verdade não é um P., mas um monismo panteísta. Aliás, a doutrina do P. não deve seus sucessos à sua validade metafísica, mas, ao contrário, à limitação do compromisso metafísico que ela implicava, podendo ser aceita como hipótese de trabalho independentemente da crença monista ou espiritualista, não excluindo nem uma nem outra. Quando a psicologia abandonou essa doutrina, ela caiu em desuso e deixou de ser tema vivo de discussão (v. PSICOLOGIA). [N.A.]

PARALOGISMO (gr. παραλογισμός; in. *Paralogism*; fr. *Paralogisme*; al. *Paralogismus*; it. *Paralogismo*). A partir de Aristóteles (*El. sof.*, *passim*) este termo é usado para indicar um silogismo ou qualquer argumento formalmente falso (v. também FALÁCIA). Em Kant, "P. da Razão pura" designa a falsa argumentação da psicologia racional, que se ilude achando que pode deduzir do simples "eu penso" determinações materiais, mas *a priori*, do conceito (idéia) de "alma". [G.P.]

PARAPSICOLOGIA (in. *Psychical Research*; fr. *Métapsychique*; al. *Parapsychologie, Metapsychik*; it. *Metapsichica*). Exame despreconcebido, com intuito científico, das faculdades humanas (reais ou imaginárias) que são inexplicáveis com base em hipóteses geralmente aceitas. Pelo menos é essa a definição dessa ciência, dada por seus mais sérios praticantes. Os fenômenos que ela investiga incidem em duas categorias fundamentais: os chamados fenômenos *mentais*, que consistem em informações adquiridas por meios supranormais, ou fenômenos de *percepção extra-sensorial*, e os fenômenos *físicos* ou prodígios, como, por exemplo, objetos que flutuam no ar, pancadas, ruídos etc. A P. procura estabelecer a realidade de tais fenômenos e apresentar hipóteses apropriadas para sua explicação. Cf. D. J. WEST, *Psychical Research Today*, Londres, 1954. [N.A.]

PARA SI (in. *Being for self*; fr. *Pour soi*; al. *Für-sich sein*; it. *Essere per sè*). O significado fundamental deste termo é atribuído por Hegel: ser atual ou real (em contraposição a *em si* [v.], ser possível), portanto ser que se desenvolveu através da reflexão e da consciência. Hegel diz: "Dizemos que é para si aquilo que suprime o ser outra coisa, a sua relação e a sua participação com outra coisa, ou seja, aquilo que rejeita a outra coisa e abstrai dela. [...] A consciência já contém em si, como tal, a determinação do ser para si uma vez que se representa o objeto por ela mesma sentido, intuído etc., tendo em si o conteúdo desse objeto. [...] Mas a consciência de si é o ser para si acabado e posto, visto que nela o referir-se a outra coisa, a um objeto externo, está superado" (*Wissenschaft der Logik*, I, 3, A; trad. it., I, pp. 173-4). Nesse sentido, a consciência é para si porque anulou a outra coisa (o objeto externo) ou tirou-a do caminho, resolvendo-a em um de seus próprios conteúdos internos. Sartre retomou este conceito na filosofia contemporânea, chamando de "ser para si" ou simplesmente "para si" a consciência enquanto anulação ou "nada" do objeto, isto é, do *em si* (*L'être et le néant*, pp. 115 ss.). O mesmo significado é atribuído à expressão por Merleau-Ponty (*Phénoménologie de la perception*, 1945, pp. 423 ss.). [N.A.]

PARCIMÔNIA, LEI DA. V. ECONOMIA.

PARENÉTICA (gr. παραινετικὴ τέχνη; lat. *Praeceptiva;* in. *Parenetic;* fr. *Parénétique;* it. *Parenetica*). Segundo os estóicos, a parte da moral que consiste em prescrever preceitos práticos para a conduta de vida nas várias circunstâncias (cf. SÊNECA, *Ep.*, 95). Parenético: exortatório. [N.A.]

PARÊNTESE (in. *Parentheses;* fr. *Parenthèse;* al. *Parenthese;* it. *Parentesi*). Na lógica e na matemática os P. são um sinal de associação. Assim, na expressão $[n - (x-y)]$, os P. internos servem exclusivamente para mostrar a associação das partes x-y da expressão. Na terminologia da fenomenologia contemporânea, "pôr entre P." significa efetuar a suspensão ou *epoché* fenomenológica (v. EPOCHÉ). [N.A.]

PAR-ÍMPAR (gr. ἀρτιοπέριττον; in. *Evenodd;* fr. *Pair-impair;* al. *Gerade-ungerad;* it. *Parimpari*). Era assim que os pitagóricos antigos definiam a unidade, como princípio do número e das coisas, porquanto ela seria limitada como o ímpar e ilimitada como o par (ARISTÓTELES, *Met.*, I, 5, 986 a 15). [N.A.]

PARÔNIMO (gr. παρώνυμος; lat. *Denominativus;* it. *Paronimo*). Foi assim que Aristóteles denominou os objetos cuja designação provém de certo nome, com a modificação da desinência: como *gramático,* que deriva de gramática, e *corajoso,* de coragem (*Cat.*, 1, 1 a 11). Os P. têm em comum a essência expressa pela definição (cf. BOÉCIO, *In Cat.*, I, P. L. 64, col. 167; PEDRO HISPANO, *Summ. log.*, 3.01; JUNGIUS, *Logica hamburgensis,* I, 2, 16). Nisso, são semelhantes aos sinônimos ou unívocos. Aristóteles considera os P. como certa espécie de objetos designáveis, ao lado dos homônimos ou equívocos e dos sinônimos ou unívocos (v. UNÍVOCO E EQUÍVOCO). [N.A.]

PARSISMO (in. *Parsism;* fr. *Parsisme;* al. *Parsismus;* it. *Parsismo*). Religião dualista dos antigos persas [(v. MAL, 1 *b*); ZOROASTRISMO]. [N.A.]

PARTE (gr. μέρος; lat. *Pars;* in. *Part;* fr. *Part;* al. *Teil;* it. *Parte*). Aristóteles distinguiu três significados principais desse termo: 1º aquilo que decorre da divisão de uma quantidade, e neste sentido dois é P. de três, a menos que se restrinja o significado de parte à unidade de medida, caso em que só um (e não dois) é P. de três: 2º aquilo que decorre da divisão de um gênero que não seja uma quantidade, e neste sentido são partes as espécies de um gênero; 3º aquilo que decorre da análise de uma proposição que serve de definição, e neste sentido o gênero é P. da espécie (porque é a espécie que é definida) (*Met.*, V, 25, 1023 b 12). Tomás de Aquino por sua vez chamou de partes *quantitativas* as do 1º significado de Aristóteles e de partes *essenciais* as dos 2º e 3º significados (*S. Th.*, I, q. 76, a. 8; III, q. 90, a. 2). E acrescentou-lhes a P. *subjetiva,* "na qual está presente, simultânea e igualmente, toda a virtude do todo, assim como toda a virtude do animal, porquanto se conserva como tal em qualquer espécie animal", e a P. *potencial,* "na qual está presente o todo segundo toda a sua essência, assim como toda a essência da alma está presente em cada uma de suas potências" (*S. Th.*, III, q. 90, a. 3). Mas é óbvio que estas duas últimas espécies de P. foram excogitadas com fins teológicos. Outras distinções foram introduzidas com outros intuitos, como entre a P. *próxima* e a P. *remota,* segundo haja ou não, entre a P. e o todo, uma outra P. (cf. JUNGIUS, *Log.*, I, 9, 11-12), e entre a P. *alíquota* e a P. *aliquanta,* segundo a repetição da parte chegue a adequar exatamente o todo ou resulte, em certo ponto, menor ou maior que ele (cf. WOLFF, *Ont.*, § 360).

A maioria dessas distinções hoje está em desuso, e com o abandono do velho axioma "a P. é menor que o todo" (v. INFINITO) o próprio conceito de P. deixou de ser definido a partir do todo e é habitualmente definido através de certo tipo de relação. Assim, Peirce diz: "Uma P. de um conjunto, chamado seu *todo,* é um conjunto tal que tudo o que pertença à P. pertence ao todo, mas alguma coisa que pertence ao todo não pertence à P." (*Coll. Pap.*, 4173). [N.A.]

PARTIÇÃO (gr. μερισμός; lat. *Partitio;* in. *Partitian;* fr. *Partition;* al. *Partition;* it. *Partizione*). Os estóicos designaram com este termo "a ordenação de um gênero em seus lugares" (DIÓG. L., VII, 1, 62), ou seja, a enumeração das *partes* que compõem o todo, como quando se enumeram os membros do corpo humano; portanto, distinguiram-na da divisão, que é a enumeração das *espécies* pertencentes a um gênero (CÍCERO, *Top.*, 5-7, 28-30) (v. DIVISÃO). [N.A.]

PARTICIPAÇÃO (gr. μέθεξις; lat. *Partecipatio;* in. *Participation;* fr. *Partécipation;* al. *Teilnahme, Partizipation;* it. *Partecipazione*). 1. Um dos dois conceitos de que Platão se valeu para definir a relação entre as coisas sensíveis e as idéias; o outro é o de presença ou parusia (παρουσία). "Nada torna bela uma coisa" – disse ele – "a não ser a presença ou a P. do belo em si mesmo, seja qual for o caminho ou o modo como a presença ou a P. se realizam" (*Fed.*, 100 d). Mais tarde, Platão entendeu a P. como imitação: "Parece-me que as idéias estão como exemplares na natureza, que os outros objetos semelhem a elas e sejam suas cópias, e que essa P. das coisas nas idéias consiste em serem imagem delas" (*Parm.*, 132 d). Platão não deu muitas outras determinações sobre esse importante conceito da sua filosofia, mas a metafísica medieval a ele recorreu quando precisou distinguir "o ser por essência", que pertence somente a Deus, do "ser por P.", que pertence às criaturas; essa distinção garantia a subordinação do ser das coisas ao ser de Deus. Tomás de Aquino disse: "Assim o que tem fogo, mas não é fogo, é afogueado (*ignitum*) por P., também o que tem ser, mas não é o ser, é ente por P." (*S. Th.*, I, q. 3, a. 4). Mas o amplo uso que esse conceito teve na metafísica tradicional não contribuiu muito para esclarecê-lo, e ele continuou tão indefinido e obscuro quanto em Platão.

2. L. Lévy Bruhl utilizou muito o conceito de participação para ilustrar a mentalidade dos primitivos: a participação seria anterior à distinção entre as coisas que participam. "A participação não se estabelece entre um morto e um cadáver mais ou menos nitidamente representados (caso em que teria a natureza de relação e deveria ser possível esclarecê-la por meio do intelecto); ela não vem depois das representações, não as pressupõe, mas é anterior a elas, ou pelo menos simultânea. O que é dado em primeiro lugar é a participação" (*Les carnets*, I; trad. it., pp. 36-7). [N.A.]

PARTICULAR (gr. καταμέρος; lat. *Particularis*; in *Particular*; fr. *Particulier*; it. *Particolare*). Que é uma parte ou pertence a uma parte. A proposição P. foi definida por Aristóteles da maneira seguinte: "Chamo de P. a proposição que expressa a inerência a alguma coisa ou a não-inerência a alguma coisa ou a não-inerência a qualquer coisa" (*An. pr.*, I, 1, 24 a 13). O contrário da proposição P. é a *universal* (v.). A lógica medieval indicou com a letra *I* a proposição P. afirmativa e com a letra *O* a proposição P. negativa. Uma proposição P. da forma "alguns *F* são *G*" pode ser lida de várias as maneiras: "algum *F* é *G*", "alguma coisa é ao mesmo tempo *F* e *G*", "alguma coisa que é *F* é *G*", "Há um *FG*", "Existem *FG*", "*FG* existe" etc. (cf. W.V. O. QUINE, *Methods of Logic*, § 12). [N.A.]

PARUSIA (gr. παρουσία). 1. V. PARTICIPAÇÃO.

2. Termo encontrado no Novo Testamento (literalmente: presença, vinda), que na linguagem teológica indica o retorno de Cristo à terra no fim da história. [G.F.]

PASSADO. V. TEMPO.

PASSIVO (gr. παθητικός; lat. *Passivus*; in. *Passive*; fr. *Passif*; al. *Passiv*; it. *Passivo*). Que sofre uma ação, que é afetado por alguma coisa. É o adjetivo correspondente a *afecção* (v.) e contrário a *ativo* (v. ATIVIDADE). [N.A.]

PASTORAL, FILOSOFIA (lat. *Pastoralis philosophia*; it. *Filosofia pastorale*). Foi assim que Bacon chamou a filosofia "que contempla o mundo placidamente e quase por ócio": censura que ele faz também à filosofia de Telésio (*Phil. Works*, III, § 45). [N.A.]

PATÉTICO (in. *Pathetic*; fr. *Pathétique*; al. *Pathetisch*; it. *Patetico*). F. Schiller designou com este termo uma das espécies do *sublime* (v.) prático, mais precisamente o que deriva de um objeto ameaçador em si mesmo para a natureza física do homem, portanto doloroso. No sublime prático contemplativo, ao contrário, não é o objeto, mas a sua contemplação que institui o temor e, conseqüentemente, a sublimidade (*Vom Erhabenen, zur Weiteren Ausfuhrung einiger Kantischen Ideen*, 1793; *Über das Pathetische*, 1793). [N.A.]

PATOLÓGICO (in. *Pathological*; fr. *Pathologique*; al. *Pathologisch*; it. *Patologico*). O que representa doença ou manifestação de doença. O único uso especificamente filosófico deste termo encontra-se em Kant, em que designa tudo o que diz respeito à "faculdade inferior de desejar", ou seja, ao conjunto das inclinações humanas naturais. Do ponto de vista kantiano, não é P. somente a chamada "faculdade superior de desejar", que é a razão prática independente de todas as inclinações sensíveis (*Crít. R. Prática*, § 3.º esc. I). J. Bentham chamou de *patologia* a consideração e a classificação dos móveis sensíveis da conduta, indicando com esse termo "a teoria da sensibilidade passiva", enquanto chamava de *dinâmica* "o uso possível, por parte do moralista e do legislador, desses mesmos móveis para determinar a conduta humana com vistas à máxima felicidade possível" (*Springs of Action*, 1817). [N.A.]

PATRÍSTICA (in. *Patristic*; fr. *Patristique*; al. *Patristik*; it. *Patristica*). Indica-se com este nome a filosofia cristã dos primeiros séculos. Consiste na elaboração doutrinal das crenças religiosas do cristianismo e na sua defesa contra os ataques dos pagãos e contra as heresias. A P. caracteriza-se pela indistinção entre religião e filosofia. Para os padres da Igreja, a religião cristã é a expressão íntegra e definitiva da verdade que a filosofia grega atingira imperfeita e parcialmente. Com efeito, a Razão (*logos*) que se fez carne em Cristo e se revelou plenamente aos homens na sua palavra é a mesma que inspirara os filósofos pagãos, que procuraram traduzi-la em suas especulações.

A P. costuma ser dividida em três períodos. O *primeiro*, que vai mais ou menos até o século III, é dedicado à defesa do cristianismo contra seus adversários pagãos e gnósticos (Justino, Taciano, Atenágoras, Teófilo, Irineu, Tertuliano, Minúcio Félix, Cipriano, Lactâncio). O *segundo* período, que vai do século III até aproximadamente a metade do século IV, é caracterizado pela formulação doutrinal das crenças cristãs; é o período dos primeiros grandes sistemas de filosofia cristã (Clemente de Alexandria, Orígenes, Basílio, Gregório Nazianzeno, Gregório de Nissa, Agostinho). O *terceiro* período, que vai da metade do século V até o fim do século VIII, é caracterizado pela reelaboração e pela sistematização das doutrinas já formuladas, bem como pela ausência de formulações originais (Nemésio, Pseudo-Dionísio, Máximo Confessor, João Damasceno, Marciano Capela, Boécio, Isidoro de Sevilha, Beda, o Venerável). A herança da P. foi recolhida, no início do renascimento carolíngio, pela *escolástica* (v.). [N.A.]

PAZ (in. *Peace;* fr. *Paix;* al. *Friede;* it. *Pace*). A mais famosa definição de P. foi dada por Cícero, em *Filípicas*: "*Pax est tranquilla libertas*" (*Phil.*, 2, 44, 113), muitas vezes repetida. De modo mais geral, a P. foi definida por Hobbes como a cessação do estado de guerra, ou seja, do conflito universal entre os homens. Portanto, "procurar obter a P.", segundo Hobbes, é a primeira lei da natureza (*Leviath.*, I, 14). Como Hobbes, Kant julgava que o estado de P. entre os homens não é natural e, portanto, tem de ser *instituído,* pois "a ausência de hostilidade não significa segurança, e, se esta não for garantida por um vizinho a outro (o que só pode realizar-se num estado legítimo), este poderá tratar como inimigo aquele a quem pediu essa garantia em vão" (*Zum ewigen Frieden,* 1796, § 2). Para Whitehead, a P. é um conceito metafísico, "a harmonia das harmonias que aplaca a turbulência destrutiva e completa a civilização" (*Adventures of Ideas,* XX, § 2). [N.A.]

Na atualidade o problema da P. está no âmago de um intenso debate que, ao lado das posições enaltecedoras, legitimadoras ou justificadoras da guerra (v.), viu desenvolver-se uma multiplicidade de formas de pacifismo que têm em comum a condenação e o repúdio à guerra. O mapa do pacifismo pode ser desenhado (tendo-se em mente também as indicações de N. Bobbio) a começar pela distinção entre pacifismo passivo e pacifismo ativo. O primeiro – o *passivo* – considera que se chagará à superação da guerra graças ao *progresso* que a torna inútil, ou pelo tipo de *armamento* (nuclear) que a torna impraticável: em ambos os casos a guerra parece sem futuro; ambas as atitudes – uma baseada numa forma de fatalismo e outra, no equilíbrio do terror – subentendem um substancial otimismo. O segundo tipo de pacifismo – o *ativo* – não comunga tal otimismo, e considera necessário intervir com base no princípio (fruto da consciência nuclear) de que a guerra, não podendo ser limitada, deve ser eliminada. Esse pacifismo apresenta-se razoavelmente diversificado, de acordo com o tipo de intervenção desejada: nos meios, nas instituições ou nos homens. O pacifismo *instrumental* (assim chamado porque deseja intervir nos meios) pode ser *negativo,* caso se volte para a eliminação dos meios violentos, ou seja, para o desarmamento (das armas atômicas e também das convencionais), ou *positivo,* caso se volte para a substituição dos meios violentos por meios não violentos; nesse caso pode tratar-se de meios que agem sobre o poder *econômico* (boicotagem, sabotagem etc.) ou sobre o poder *político* (formas de desobediência civil). O pacifismo *institucional* (assim chamado porque deseja intervir na sociedade) pode ser *jurídico,* caso preconize a limitação ou a superação da idéia de soberania nacional e a valorização de organismos supranacionais com tarefas de arbitragem ou vigilância, ou então pode ser *social,* caso preconize a eliminação daquilo que considere ser a causa da guerra, ou seja, a injustiça social: tal objetivo pode ser perseguido por meio de um processo baseado nas reformas ou de uma transformação decorrente de revolução. O pacifismo *antropológico* (assim chamado porque deseja intervir sobre os homens) pode ser de tipo *biossociológico,* caso busque a cura da doença da guerra, ou *religioso,* caso fale em nome da conversão interior, ou *ético,* caso se baseie na comunicação respeitosa dos pluralismos para fins de colaboração: em todos os três casos pode-se destacar a convicção comum de que a guerra nasce na mente dos homens e, portanto, é preciso um mundo novo, curado da necrofilia, radicalmente renovado ou capaz de diálogo.

Além das várias formas de pacifismo cabe dizer que o discurso sobre a P. depois da Segunda Guerra Mundial assistiu ao desenvolvimento de dois tipos de reflexão: de caráter *filosófico,* sobretudo através das várias correntes do pensamento personalista e dialógico, e de caráter *científico,* através de várias ciências psicológicas e sociais. A propósito, cabe ressaltar o início de pesquisas específicas sobre a P., que deram ensejo a novas disciplinas como a *polemologia* (estudo das causas da guerra) e a *irenologia* (estudo das condições da P.), assim como a contribuição de uma série de pesquisas de diversas ciências naturais e humanas que deram ensejo à chamada *peace research* (pesquisas sobre a paz)*;* não se deve, enfim, esquecer a contribuição da *educação para a P.* e da *ação para a P.* A orientação atual é a que está voltada a realizar uma visão, se não integral, pelo menos integrada dos vários aspectos da P. por meio de numerosas abordagens: pluralidade justificada pelo fato de que o problema da P. acabou por se revelar um problema multíplice, cuja complexidade foi bem evidenciada por uma definição da P. hoje amplamente aceita, segundo a qual se deve falar de P. tanto em sentido negativo – como ausência de guerra e de violência direta gerada pelos sujeitos sociais (que mina a vida e a liberdade com uma repressão física e espiritual) –, quanto em sentido positivo, como ausência de violência indireta, ou seja, produzida pelas instituições (é a violência estrutural, que mina o bem-estar e a identidade com a miséria e a alienação). A P. desse modo aparece como condição de realização das necessidades básicas, enquanto a violência se configura como a negação de tais necessidades. Portanto, está em P. a sociedade na qual não só a guerra está ausente, mas também existe a possibilidade de realização de valores como a vida, a liberdade, a justiça, a solidariedade etc. Nesse sentido talvez se pudesse dizer que no conceito de P. do fim do século XX há um desejo de sintetizar conceitos anteriores: o conceito grego de *eirene* como ausência de guerra; o romano, de *pax* como bem-estar material; o judaico, de *shalom* como bem-estar espiritual; e o cristão, de amor como não violência. [G.G.]

PECADO (lat. *Peccatum*; in. *Sin*; fr. *Péché*; al. *Sünde*; it. *Peccato*). Transgressão intencional de um mandamento divino. Esse termo tem conotação sobretudo religiosa: P. não é a transgressão de uma norma moral ou jurídica, mas a transgressão de uma norma considerada imposta ou estabelecida pela divindade. O reconhecimento do caráter divino de uma norma e a intenção de transgredi-la são os dois elementos desse conceito, sem os quais se confunde com os conceitos de culpa, delito, erro, crime etc., que designam a transgressão de uma norma moral ou jurídica.

O conceito de P. foi elaborado pela teologia cristã nesses termos. Agostinho definia o P. como "o que é dito, feito ou desejado contra a lei eterna", entendendo por lei eterna a vontade divina cujo fim é conservar a ordem no mundo e fazer o homem desejar cada vez mais o bem maior e cada vez menos o bem menor (*Contra Faustum*, XXII, 27). Tomás de Aquino certamente aceitava essa definição ao dizer que para o homem a lei eterna é dúplice: "Uma é próxima e homogênea, é a própria razão humana; a outra é a regra primeira, a lei eterna que é quase a razão de Deus" (*S. Th.*, II, 1, q. 71, a. 6). Tomás de Aquino insiste, de um lado, na voluntariedade (intencionalidade) do P., em virtude da qual se poderia definir o P. unicamente mediante a vontade, não fosse o fato de os atos externos também pertencerem ao P. e por isso deverem ser mencionados em sua definição (*Ibid*, ad. 2º). Por outro lado, insiste em dizer que todo P. é, como tal, um P. contra Deus, embora os P. contra Deus constituam, de outro ponto de vista, uma categoria especial (*S. Th.*, II, 2, q. 72, a. 4, ad. 1º).

Pode-se dizer que esse conceito de P. não se alterou através dos tempos. Kant repete-o ao definir o P. como "a transgressão da lei moral vista como mandamento divino" (*Religion*, I, seç. IV; II, seç. 1, c; trad. it., Durante, pp. 31, 68); o mesmo faz Kierkegaard, ao afirmar que o P. é *perante Deus*, e que consiste em "buscar desesperadamente a identidade ou em fugir desesperadamente à identidade", o que significa que consiste no desespero de não ter fé (*Die Krankheit zum Tode*, II, cap. I, trad. it., Fabro, p. 300). O que Kierkegaard acrescenta é o caráter *excepcional* do P., que corresponde ao caráter excepcional da fé. O P. não é de todos os dias: "Ser pecador, no sentido mais rigoroso, está bem longe de ser meritório. No entanto, como se pode achar uma consciência essencial do P. (o que aliás é indispensável para o cristianismo) numa vida tão mergulhada na trivialidade, tão reduzida à imitação vulgar dos outros, que é quase impossível dar-lhe nome, pois é desprovida demais de espírito para poder ser chamada de P.?" (*ibid*, II, B, Adendo A; trad. it., p. 328). [N.A.]

PECADO ORIGINAL (lat. *Peccatum originale*; in. *Original sin*; fr. *Péché originel*; al. *Erbsünd*; it. *Peccato originale*). As discussões filosófico-teológicas a respeito do P. original geralmente tiveram como objeto a maneira como esse P. se transmitiu de Adão aos outros homens. Tomás de Aquino enumerava duas hipóteses principais, aduzidas para a solução desse problema: a hipótese do *traducianismo*, segundo a qual "a alma racional transmite-se com a semente, de tal maneira que de uma alma infecta derivam almas infectas", e a hipótese da *hereditariedade*, segundo a qual "a culpa da alma do primeiro genitor transmite-se à prole, embora a alma não se transmita do mesmo modo como os defeitos do corpo se transmitem de pai para filho". Ambas as hipóteses pareciam insustentáveis a Tomás de Aquino, e ele anunciava a sua dizendo que "todos os homens nascidos de Adão podem considerar-se um único homem, porquanto têm a mesma natureza, recebida do primeiro genitor, da mesma maneira como nas cidades todos os homens que pertencem à mesma comunidade se julgam um só corpo, e a comunidade inteira é como um único homem" (II, 1, q. 81, a. 1). Alguns séculos depois, em sua *Teodicéia* (1710), Leibniz enumeraria as mesmas hipóteses (*Théod.*, I, § 86), entre as quais oscilou sempre o pensamento teológico.

Aliás, é só em Kant e em Kierkegaard que se encontra uma interpretação filosófica (e não teológica) do P. original. Kant observou que não se deve confundir a questão da origem *temporal* de uma coisa com a questão de sua origem *racional*: o problema da origem temporal deve ser resolvido pela doutrina bíblica do P. original, mas o da origem racional do mal deve ser solucionado pela doutrina do "mal radical", segundo a qual a disposição inata do homem para o mal deriva da natureza de seus princípios. E diz: "A proposição 'o homem é *mau*' significa apenas que o homem está ciente da lei moral, mas acolheu o princípio de afastar-se ocasionalmente dessa lei. Dizer que ele é mau *por natureza* significa que isso vale para toda a espécie humana, não no sentido de que essa qualidade possa ser deduzida do conceito de espécie humana (do conceito de homem em geral) – porque então seria necessária –, mas no sentido de que o homem, do modo como é conhecido por experiência, não pode ser julgado de outra maneira ou no sentido de que se pode pressupor como objetivamente necessária a tendência ao mal em qualquer homem, até no melhor deles" (*Religion*, I, 3; trad. it., Durante, p. 18). Substancialmente idêntica a esta é a interpretação do P. original dada por Kierkegaard, que discerniu a condição e a realidade psicológica dele na *angústia*: "A proibição de Deus angustia Adão porque desperta nele a possibilidade da liberdade. O que na inocência era o nada da angústia passou então a fazer parte da própria inocência, sendo aí também um nada, ou seja, *a possibilidade angustiante de poder*. O que ele pode não sabe; caso contrário, pressupor-se-ia, como acontece habitualmente, aquilo que se segue, ou seja, a diferença entre o bem e o mal. Em Adão só há a possibilidade de poder, como forma superior de ignorância, como expressão superior de angústia, porque em sentido mais elevado esta possibilidade é e não é, e Adão ama-a e foge dela" (*Der Begriff Angst*, I, § 5; trad. it., Fabro, p. 54). Também aqui, como se vê, não se trata da origem temporal, mas da origem racional do P. original, e aqui também essa origem é vista numa possibilidade, indeterminada ou "indefinida", como a denomina Kierkegaard, que é *também* a possibilidade de agir contra a proibição divina. Para Kierkegaard, assim como para Kant, o P. original consistiria, portanto, na perspectiva de uma possibilidade, que, como tal, pode implicar a infração à norma moral ou à proibição divina. [N.A.]

PEDAGOGIA (in. *Pedagogy*; fr. *Pédagogie*; al. *Pädagogik*; it. *Pedagogia*). Este termo, que na origem significou prática ou profissão de educador, passou depois a designar qualquer *teoria da educação*, entendendo-se por *teoria* não só uma elaboração organizada e genérica das modalidades e possibilidades da educação, mas também uma reflexão ocasional ou um pressuposto qualquer da prática educacional. Nesse sentido, na Antiguidade clássica a pedagogia não tinha a dignidade de ciência autônoma, mas era considerada parte da ética ou da política, e por isso elaborada unicamente em vista do fim que a ética ou a política propunham ao homem. Por outro lado, os expedientes ou os meios pedagógicos só eram estudados em relação à primeira educação, ministrada na infância, portanto às mais elementares aquisições (ler, escrever, contar). Assim, até certa altura, a reflexão pedagógica é dividida em dois ramos isolados: um de natureza puramente filosófica, elaborado com vistas aos *fins* propostos pela ética, e outro de natureza empírica ou prática, elaborado com vistas à preparação primeira e elementar da criança para a vida.

Pode-se dizer que esses dois ramos se unem pela primeira vez no século XVII, graças a G. A. Comenius, que pretendeu integrar no domínio da P. a organização metodológica que Francis Bacon pretendera integrar no domínio das outras ciências. Para tanto, elaborou um sistema pedagógico completo, fundado no princípio da *pansofia* (v.), que partia de considerações sobre os fins da educação para chegar ao estudo dos meios e dos instrumentos didáticos. A partir de Comenius, a experiência pedagógica do Ocidente foi-se enriquecendo e aprofundando, com as tentativas de achar novos *métodos* educacionais. As obras de Locke, Rousseau, Pestalozzi, Fröebel são muito importantes desse ponto de vista, inclusive por terem esses autores combinado os métodos educacionais com as novas concepções filosóficas que iam surgindo pouco a pouco. Assim, podemos dizer que Locke representa a P. do empirismo; Rousseau, a P. do iluminismo; Pestalozzi, a P. do criticismo; e Fröebel, a do romantismo. Todavia, a organização científica da P. deve muito a Herbart, que foi o primeiro a distinguir e unir os dois ramos da tradição pedagógica num sistema coerente. Herbart distinguiu os fins da educação (que a P. deve haurir da *ética*) e os *meios* educacionais (que a P. deve haurir da *psicologia*), procurando elaborar, distinta e correlativamente, essas duas partes integrantes (*Allgemeine Pädagogik*, 1806; *Umris pädagogischer Vorlesungen*, 1835).

A partir daí, a psicologia tornou-se a principal ciência auxiliar da pedagogia. A única exceção infeliz a essa união foi representada pela forma de idealismo romântico que prevaleceu na Itália nos primeiros decênios do século XX. Essa forma de idealismo negava a diversidade das pessoas, julgando-as unidas ao Espírito Universal, e identificava o desenvolvimento pessoal do homem com o desenvolvimento universal do Espírito. Estas teses eram apresentadas como uma solução da P. na filosofia. Gentile dizia: "Quando por espírito só se entende o desenvolvimento, a formação, a educação, em suma, do Espírito, a própria filosofia (toda filosofia, contanto que a realidade seja concebida absolutamente como Espírito) transforma-se em P., e a forma científica dos problemas pedagógicos particulares transforma-se em filosofia" (*Sommario di pedagogia*, II, 1912, p. 15). Na mesma época, porém, fazia-se a tentativa simetricamente oposta de reduzir a P. a ciência mecânica, tomando a física como modelo e mudando seu nome para *pedologia* (v.), com a alegação de que, dominando-se o mecanismo psicológico, pode-se dirigir a formação mental dos homens do mesmo modo como é possível dirigir as forças da natureza utilizando as leis da natureza.

Pode-se dizer que a P. contemporânea, em sua forma mais amadurecida, começa quando são postas de lado as pretensões opostas de reduzir o homem a espírito absoluto ou a mecanismo, e o homem começa a ser julgado e considerado como natureza, sem ser degradado a mecanismo. A noção de *condicionamento* (v. CONDIÇÃO) é a que prevalece hoje na P., alijando dela tanto o indeterminismo idealista quanto o determinismo mecanicista. Além disso, a experiência pedagógica hoje é enriquecida pelo estudo da educação nas sociedades primitivas, o que possibilitou, por um lado, uma generalização do próprio conceito de *educação* (v.) e, por outro, fazer confrontos e paralelos eficazes no terreno dos instrumentos educacionais. Além da psicologia, a antropologia e a sociologia também contribuem hoje para prover a P. com um conjunto de instrumentais nas áreas em que o problema dos fins permanece aberto; ademais, do ponto de vista pedagógico, os fins tendem hoje a ser apresentados de forma hipotética, e não da forma absoluta e dogmática como eram pressupostos pela P. tradicional (v. CULTURA). [N.A.]

Do ponto de vista epistemológico, atualmente a P. se configura em termos decididamente interdisciplinares, visto que em geral se tende a unificar as diferentes configurações que ela assumiu no tempo. A epistemologia pedagógica apresenta hoje a educação (objeto da P.) como um problema que deve ser enfrentado por múltiplas abordagens, sem que nenhuma delas possa ter pretensão à exaustividade, mas reconhecendo-se que cada uma é valiosa para se chegar a definir adequadamente a P. Tal postura tira proveito, em novo contexto, das indicações provenientes da P. antiga, medieval, moderna e contemporânea, e, depois da ênfase filosófica e da científica, reivindica a co-essencialidade das contribuições filosóficas e científicas; em especial, superadas as unilateralidades cientificistas e tecnicistas, descobre a insubstituibilidade da dimensão filosófica do discurso pedagógico. Na nova perspectiva, a P., entendida como racionalização dos processos formadores, mostra-se identificável através das coordenadas de projeção e programação, no sentido de que os três momentos canônicos em que se articula o discurso educativo – vale dizer, o antropológico (relativo ao educando), o teleológico (relativo aos objetivos da educação) e o metodológico (relativo às modalidades educativas) – devem ser considerados de dois pontos de vista, o científico e o filosófico; isso significa que o conhecimento do educando exige as aquisições das ciências (em especial humanas e sociais) tanto quanto a referência a um horizonte de sentido (antropologia filosófica); que a identificação dos objetivos se traduz na classificação dos objetivos cientificamente verificáveis (taxonomia) tanto quanto na indicação das finalidades não imediatamente verificáveis (axiologia); que a escolha dos modos e dos meios exige o recurso à experiência e às técnicas (didática) tanto quanto que aos conteúdos disciplinares e formadores (cultura). Tal formulação epistemológica da P. é exigida pelo novo conceito de educação (v.), caracterizado pela complexidade; portanto a P. se configura como P. individual em referência à pessoa (à sua dignidade e às suas faixas etárias) e como P. social em referência às formações sociais nas quais o homem se realiza (em particular a família e a escola). Nessa perspectiva, o papel da filosofia da educação no âmbito das disciplinas envolvidas no discurso educativo é essencial no plano da teoria da educação (ou seja, do ponto de vista antropológico, metodológico e teleológico) e no plano da metateoria da educação (ou seja, do ponto de vista epistemológico). [G.G.]

PEDOLOGIA (in. *Paidology*; fr. *Pédologie*; al. *Paidologie*; it. *Pedologia*). Ciência exata da educação, em oposição à pedagogia, que seria a arte empírica da educação. Pelo menos foi o significado dado a esse termo por aqueles que o introduziram: o alemão O. Chrisman (*Paidologie*, 1894) e o francês E. Blum (cf. seus artigos em *Revue Philosophique*, maio 1897, novembro 1898). Seu pressuposto deveria ser a psicologia experimental, da qual seriam extraídos os instrumentos educacionais relativos às várias idades do homem. Esse conceito não desapareceu; ao contrário, fundamenta boa parte da psicologia contemporânea, mas o termo P., depois de breve aceitação, foi abandonado. [N.A.]

PEDOTÉCNICA (fr. *Pédotechnique*; it. *Pedotecnica*). Uma "Sociedade de P." foi fundada em 1906 em Bruxelas por Décroly: o termo tinha o mesmo significado de pedologia. [N.A.]

PEIRÁSTICA (gr. πειραστικὴ τέχνη; it. *Peirastica*). Segundo Aristóteles, a arte de submeter uma tese à prova, deduzindo suas conseqüências. É uma parte da dialética e distingue-se da sofística porque se destina ao adversário ignorante, ao passo que a sofística tende a derrotar também quem possui ciência (*El. sof.*, 8, 169 b 25; 171 b 4). [N.A.]

PELAGIANISMO (in. *Pelagianism*; fr. *Pélagianisme*; al. *Pelagianismus*; it. *Pelagianismo*). Doutrina do monge inglês Pelágio, que, no início do século V, ensinou em Roma e Cartago; em polêmica com S. Agostinho, sua doutrina dizia que o pecado de Adão não enfraqueceu a capacidade humana de fazer o bem, mas é apenas um mau exemplo, que torna mais difícil e penosa a tarefa do homem. Agostinho combateu essa tese em muitas obras, a partir de 412, defendendo a tese oposta: de que toda a humanidade pecara com Adão e em Adão e que, portanto, o gênero humano é uma única "totalidade condenada": nenhum de seus membros pode escapar à punição a não ser por misericórdia e pela graça (não obrigatória) de Deus (cf. *De civ. Dei,* XIII, 14) (v. GRAÇA). [N.A.]

PENA (gr. δίκη; lat. *Poena;* in. *Penalty;* fr. *Peme;* al. *Strafe;* it. *Pena*). Privação ou castigo previsto por uma lei positiva para quem se torne culpado de uma infração. O conceito de pena varia conforme as justificações que lhe foram dadas, e tais justificações variam segundo o objetivo que se tenha em mente: 1º ordem da justiça; 2º salvação do réu; 3º defesa dos cidadãos.

1º O mais antigo conceito de pena é o que lhe atribui a função de restabelecer a ordem da justiça. Esta é a função atribuída por Aristóteles, para quem a justiça não consiste na P. de talião, e o objetivo da P. é restabelecer a justiça em sua devida proporção: "Quando alguém apanhou e outro bateu, ou então quando alguém matou e outro morreu, não há relação de igualdade entre o dano e o direito, mas o juiz procura remediar essa desigualdade com a P. que inflige, reduzindo a vantagem obtida" (*Et. nic.,* V. 4, 1132 a 5; cf. 8, 1132 b 21). Este conceito já fora estendido do homem ao mundo por Anaximandro de Mileto, que afirmara: "Todos os seres devem pagar uns aos outros, segundo a ordem do tempo, o preço da sua injustiça" (*Fr.,* I, Diels). A P. serve neste caso para restabelecer a ordem cósmica. Esta também é a função atribuída pelo ponto de vista religioso. Plotino diz: "Cumprimos a função que por natureza cabe à alma enquanto não nos perdemos na multiplicidade do universo; e se nos perdemos sofremos a P., tanto com nossa própria perda quanto com o destino infeliz que mais tarde nos espera" (*En.,* II, 3, 8); as mesmas palavras acham-se em Agostinho (*De civ. Dei,* V, 22). Tomás de Aquino diz: "Como o pecado é um ato contrário à ordem, é óbvio que quem peca age contra certa ordem, seguindo-se que por essa mesma ordem é reprimido; e essa repressão é a P." (*S. Th.,* I, II, q. 87, a. 1). Com o mesmo espírito, Kant afirmava de modo só aparentemente paradoxal: "Mesmo que a sociedade civilizada se dissolvesse com o consenso de todos os seus membros (se, p. ex., um povo que habitasse uma ilha decidisse separar-se e dispersar-se pelo mundo), o último assassino que estivesse na prisão deveria antes ser justiçado, para que cada um proferisse a pena por sua conduta e o sangue derramado não recaísse sobre o povo que não exigiu punição" (*Met. der Sitten,* I, II, seç. 1, E; trad. it., p. 144). Do mesmo ponto de vista, Hegel considerava a P. como "a verdadeira conciliação do direito consigo mesmo", como "respeito objetivo e conciliação da lei que se restaura através da anulação do delito e assim se valida" (*Fil. do dir.,* § 220). As palavras supracitadas são as principais que podem ser coligidas entre os filósofos a favor da teoria da P. como restauração da ordem da justiça. Mas são palavras que inspiraram e até hoje inspiram numerosas doutrinas jurídicas, bem como as instituições e leis nelas fundadas.

2º O conceito da P. como salvação ou correção do réu muitas vezes está ligado ao conceito acima. A sua defesa mais célebre talvez esteja em *Górgias,* de Platão, para quem é melhor sofrer a injustiça que cometê-la, e para quem cometeu injustiça a melhor coisa é submeter-se à pena. "Se uma culpa é cometida" – diz Platão – "é preciso ir o mais depressa possível aonde a P. possa ser cumprida, ou seja, ao juiz, que é como um médico, para que a doença da injustiça não se torne crônica e não torne a alma corrompida e incurável" (*Górg.,* 480 a). Com efeito, "quem cumpre a P. sofre um bem", no sentido de que "se for punido com justiça, ficará melhor" e "libertar-se-á do mal" (*ibid.,* 477 a); assim, a P. é uma purificação ou libertação que o próprio culpado deve querer. Essa função purificadora é muitas vezes reconhecida por aqueles que vêem na P. o restabelecimento da justiça. Apesar de Kant afirmar que "a P. nunca pode ser decretada como meio para atingir um bem, seja em proveito do criminoso, seja em proveito da sociedade civilizada, mas deve ser-lhe aplicada apenas porque ele cometeu um crime" (*Met. der Sitten,* I, II, seç. 1, E; p. 142), negando assim qualquer vínculo entre as duas concepções de P., Tomás de Aquino reconhecia esse vínculo e dizia: "As P. da vida presente são medicinais; assim, quando uma P. não é suficiente para deter um homem, acrescenta-se outra, como fazem os médicos que empregam diversos remédios quando um só não é eficaz" (*S. Th.,* II, 2, q. 39 a. 4, ad 3º). Analogamente, Hegel afirmava que a P. não é somente a conciliação da lei consigo mesma, mas também a conciliação do delinqüente com sua lei, com a lei "conhecida e válida para ele, destinada à sua proteção"; nessa conciliação, o delinqüente encontra "a satisfação da justiça e o seu próprio interesse" (*Fil. do dir.,* § 220).

3º A terceira concepção de P. atribui-lhe a função de defender a sociedade. Deste ponto de vista, a P. é: *a)* um móvel ou estímulo para a conduta dos cidadãos; *b)* uma condição física que põe o delinqüente na impossibilidade de prejudicar. Os filósofos acentuaram sobretudo o primeiro caráter. Aristóteles já notava que todos aqueles que não tiveram a sorte de receber da natureza uma índole liberal (e são os mais numerosos) abstêm-se dos atos vergonhosos só por medo das penas. E diz: "A maioria obedece mais à necessidade que à razão, mais às P. que à honra" (*Et. nic.,* X, 9, 11 80 a 4; cf. 1179 b 11). Mas isto, que Aristóteles considerava ser o móvel das almas servis, é considerado pela concepção aqui examinada como o móvel único e fundamental. Hobbes afirma ser "ineficaz a proibição que não venha acompanhada pelo temor da P., sendo, pois, ineficaz uma lei que não contenha ambas as partes, a que proíbe de cometer um delito e a que pune quem o comete" (*De cive,* 1642, XIV, § 7). Este conceito seria adotado pela filosofia jurídica do iluminismo. É retomado por Samuel Pufendorf, que atribui à P. a tarefa principal "de, com seu rigor, dissuadir os homens do pecado" (*De jure naturae,* 1672, VIII, 3, 4), sem excluir, todavia, a correção do réu (*ibid.*, VIII, 3, 9). Mas foi com Cesare Beccaria que esse conceito prevaleceu: fundamentou sua obra *Dos delitos e das penas* (1764). Segundo Beccaria, a P. não passa de motivo sensível para reforçar e garantir a ação das leis, de tal maneira que "as penas que excedam da necessidade de conservar a saúde pública são injustas por natureza" (*Dos delitos e das penas,* § 2). Do mesmo ponto de vista, Bentham considerava a P. como uma entre as várias espécies de *sanções* (v.) cuja função é servir de "estimulantes da conduta humana", porquanto "transferem a conduta e suas conseqüências para a esfera das esperanças e dos temores: esperanças de um excedente de prazeres; temores que prevêem por antecipação um excedente de dores" (*Deontology,* 1834, I, 7). Os mesmos conceitos fundamentais foram validados pela denominada "Escola Positiva Italiana" (Lombroso, Ferri e outros), que os defendeu com certo sucesso na discussão filosófico-jurídica a respeito do direito penal.

Não há dúvida de que a maioria dos juristas, dos filósofos do direito, dos códigos e dos direitos positivos vigentes nas várias nações do mundo inspiram-se numa concepção mista ou eclética da P., considerando-a, na maioria das vezes, sob os três ângulos aqui apresentados. [N.A.]

PENSAMENTO (gr. νόησις, διάνοια; lat. *Cogitatio;* in. *Thought;* fr. *Pensée;* al. *Denken;* it. *Pensiero*). Podemos distinguir os seguintes significados do termo: 1º qualquer atividade mental ou espiritual; 2º atividade do intelecto ou da razão, em oposição aos sentidos e à vontade; 3º atividade discursiva; 4º atividade intuitiva.

1º O significado mais amplo do termo, que indica qualquer atividade ou conjunto de atividades espirituais, foi introduzido por Descartes: "Com a palavra 'pensar', entendo tudo o que acontece em nós, de tal modo que o percebamos imediatamente por nós mesmos; por isso não só entender, querer e imaginar são pensar, mas também sentir é pensar" (*Princ. phil.*, I, 9; cf. *Méd.*, II). Esse significado é conservado pelos cartesianos (cf., p. ex., MALEBRANCHE, *Recherche de la vérité,* I, 3, 2) e aceito por Espinosa, que inclui entre as maneiras do P. "o amor, o desejo e qualquer outra afecção da alma" (*Et.*, II, axioma III). Locke fazia alusão a esse significado, mesmo notando que em inglês pensamento significa mais propriamente "operação do espírito sobre as próprias idéias" (P. discursivo) e preferindo por isso a palavra "percepção" (*Ensaio,* II, 9, 1). O mesmo significado era aceito por Leibniz, que definia o P. como "uma percepção unida à razão, que os animais, pelo que nos é dado ver, não possuem" (*Op.*, ed. Erdmann, p. 464), e observava que esse termo podia ser interpretado também com o significado mais geral de percepção, e neste caso o P. pertenceria a todas as enteléquias (também aos animais) (*Nouv. ess.*, II, 21, 72). A tradição desse significado interrompe-se com Kant e não é retomada na filosofia moderna.

2º No segundo significado, o termo designa a atividade do intelecto em geral, distinta da sensibilidade, por um lado, e da atividade prática, por outro. Neste significado Platão emprega, às vezes, a palavra νόησις, como quando designa com ela todo o conhecimento intelectivo, que encerra tanto o P. discursivo (διάνοια) quanto o intelecto intuitivo (νοῦς) (*Rep.*, VII, 534 a), e outras vezes a palavra διάνοια, conforme faz quando define o P. em geral como o diálogo da alma consigo mesma. "Quando a alma pensa" – diz ele – "não faz outra coisa senão discutir consigo mesma por meio de perguntas e respostas, afirmações e negações; e quando, mais cedo ou mais tarde, ou então de repente, decide, assevera e não duvida mais, dizemos que ela chegou a uma opinião" (*Teet.*, 190 e, 191 a; cf. *Sof.*, 264 e). No mesmo sentido geral, Aristóteles emprega a palavra διάνοια como quando diz: "Pensável significa aquilo sobre o que existe um P." (*Met.*, V, 15, 1021 a 31).

Este significado, que é o mais amplo (depois do precedente), tornou-se tradicional e é compartilhado por todos os que admitem a noção de intelecto como faculdade de pensar em geral: na realidade as duas noções coincidem. Agostinho (*De Trin.*, XIV, 7) e Tomás de Aquino (*S. Th.*, II, 2, q. 2 a. 1) admitem esse significado genérico ao lado do significado específico de P. discursivo (v. adiante). Neste sentido, o P. constitui a atividade própria de certa faculdade distinta do espírito humano, mais precisamente a faculdade à qual pertence a atividade cognitiva superior (não sensível). Wolff definia neste sentido: "Dizemos que estamos pensando quando estamos cientes daquilo que acontece em nós, que representa as coisas que estão fora de nós" (*Psychol. empirica,* § 23). Este significado constitui, hoje também, o emprego mais comum do termo na linguagem corrente.

3º O terceiro significado de P. especifica-o como P. discursivo. É esse o P. que Platão chamava de *dianóia*, considerando-o órgão das ciências propedêuticas (aritmética, geometria, astronomia e música), encaminhamento e preparação para o pensamento intuitivo do intelecto (*Rep.*, VI, 511 d). Agostinho negava que o Verbo de Deus pudesse chamar-se P. neste sentido (*De Trin.*, XV, 16); o mesmo fazia Tomás de Aquino, porque neste sentido pensar é "uma consideração do intelecto acompanhada pela indagação, sendo portanto anterior à perfeição que o intelecto atinge na certeza da visão" (*S. Th.*, II, 2, q. 2, a. 1; cf. I q. 34, a. 1). Segundo Tomás de Aquino, este é o significado "mais apropriado" da palavra "P.". Neste significado, pode-se integrar o outro, que ele distingue como terceiro (o primeiro é o genérico, conforme o nº 2), o P. como ato da faculdade cogitativa (*virtus cogitativa*) ou razão particular (*ratio particularis*), que corresponde à capacidade estimativa dos animais e consiste em reunir e comparar as intenções *particulares*, assim como a razão intelectiva ou P. discursivo consiste em reunir e comparar as intenções *universais* (*ibid.*, I, q. 78, a. 4). Vico só fazia expressar os mesmos conceitos ao afirmar, em *De antiquissima italorum sapientia* (1710), que a Deus pertence a *inteligência* (*intelligere*), que é o conhecimento perfeito, resultante de todos os elementos que constituem o objeto, e ao homem pertence só o *pensamento* (*cogitare*), que é como *ir recolhendo* alguns dos elementos constitutivos do objeto (*De antiquissima italorum sapientia*, I, 1). O empirismo referia-se à mesma noção de P. quando Hume, por exemplo, afirmava que tudo o que o P. pode fazer consiste "no poder de compor, transportar, aumentar ou diminuir os materiais fornecidos pelos sentidos e pela experiência" (*Inq. Conc. Underst.*, II; trad. it., 1910, p. 17). E este é, finalmente, o conceito de Kant: "Pensar é interligar representações numa consciência" (*Prol.*, § 22). O que significa "pensar é o conhecimento por conceitos", e também "os conceitos, como predicados de juízos possíveis, referem-se a algumas representações de um objeto ainda indeterminado"; portanto, quando esse objeto não é dado à intuição sensível, tem-se um "P. formal", mas não um conhecimento propriamente dito, que consiste na unidade de conceito e intuição (*Crít. R. Pura*, Anal. dos conceitos, seç. 1, § 22). Ao P. neste sentido referia-se Hamilton, considerando-o "ato ou produto da faculdade discursiva, ou faculdade das relações" (*Lecture on Logic*, V, 10; I, p. 73). Desse ponto de vista, a atividade do P. é definida em termos de síntese, unificação, confronto, coordenação, seleção, transformação etc., dos dados que são oferecidos ao P., mas não por ele mesmo produzidos. Portanto, a característica do P. visto como atividade discursiva é, em última análise, negativa: o P. discursivo nunca se identifica com seu objeto, mas versa sobre ele, ou seja, caracteriza-o e expressa-o. Neste sentido, Frege chama de P. o conteúdo de uma proposição, o seu *sentido* (v.) ("Über sinn und Bedeutung", § 5; trad. it., em *Aritmética e lógica*, p. 225). Neste mesmo sentido, Wittgenstein dizia: "O P. é a proposição significante", e identificava P. e linguagem com o fundamento de que "a totalidade das proposições é a linguagem" (*Tractatus*, 3, 5; 4; 4.001).

4º A característica do conceito de P. como intuição é a sua identidade com o objeto. Neste sentido, P. é atividade do intelecto intuitivo, ou seja, do intelecto que é visão direta do inteligível, segundo Platão (*Rep.*, VI, 511 c), ou que, segundo Aristóteles, identifica-se com o próprio inteligível em sua atividade (*Met.*, XII, 2, 1072 b 18 ss.). Para o P. neste sentido os antigos usaram constantemente a palavra *intelecto* (v.); já vimos que Agostinho e Tomás de Aquino se recusaram a estender a ele o significado de "P.". Mas no idealismo romântico, ao mesmo tempo em que o intelecto era rebaixado a faculdade imóvel (v. INTELECTO), o P. era alçado à posição já ocupada pelo intelecto intuitivo e identificado com ele. Fichte foi o primeiro a fazer isso, quando identificou o P. com o Eu ou Autoconsciência Infinita (*Wissenschaftslehre*, 1794, § 1); o mesmo fizeram Schelling e Hegel. Schelling afirmava: "Meu eu contém um ser que precede qualquer pensamento e representação. É porque é pensado; e é pensado porque é. [...] Produz-se com meu P., graças a uma causalidade absoluta" (*Vom Ich als Prinzip der Philosophie*, 1795, § 3). Hegel, por sua vez, foi quem expressou com mais clareza a identificação do P. com a autoconsciência criadora, ou seja, como atividade que coincide com sua própria produção. Ao definir a lógica como "ciência do P.", afirmava que "ela contém o P. porque é ao mesmo tempo a coisa em si mesma, ou contém a coisa em si mesma porque é ao mesmo tempo o P. puro" (*Wissenschaft der Logik*, Intr., Conceito geral; trad. it., I, p. 32). E partindo do conceito discursivo de P., Hegel chega ao seu conceito intuitivo: "O P. no seu aspecto mais próximo mostra-se sobretudo em seu significado subjetivo comum como uma atividade ou faculdade espiritual, ao lado de outras (sensibilidade, intuição, fantasia, apetite, querer etc.). O produto dessa atividade, caráter ou forma do P. é o universal, o abstrato em geral. O P. como atividade é, por isso, o universal ativo, é propriamente aquilo que se faz, visto que o feito, o produto, é justamente o universal. O P. representado como sujeito é o pensante; e a expressão simples do sujeito existente como pensante é o eu" (*Enc.*, § 20). Em outros termos, o P. é ao mesmo tempo a atividade produtiva e o seu produto (o universal ou conceito): ele é, portanto, a essência ou a verdade de tudo (*ibid.*, § 21). A partir de Hegel essa noção intuitiva do P. foi às vezes qualificada pelos seus defensores como conceito "especulativo" do P., e considerado o único adequado, por entender o P. em sua infinidade e força criadora. Mas na realidade tratava-se ainda da velha noção de intelecto intuitivo estendida ao homem, sem levar mais em conta os limites e as condições que os antigos impunham a essa extensão. [N.A.]

PENSAMENTO FRACO. V. FRACO, PENSAMENTO.

PENSAMENTO TRÁGICO. V. TRÁGICO.

PENSANTE, PENSAMENTO. V. ATUALISMO.

PERATOLOGIA (it. *Peratologia*). Termo com que Ardigò designou a parte geral da filosofia, cujo objeto é o que se acha além dos campos particulares das ciências filosóficas especializadas, que são a psicologia e a sociologia (*Opere Filosofiche*, II, 1884, *passim*). [N.A.]

PERCEPÇÃO (gr. ἀντίληψις; lat. *Perceptio*; in. *Perception*; fr. *Perception*; al. *Wahrnehmung, Perception*; it. *Percezione*). Podemos distinguir três significados principais deste termo: 1º um significado generalíssimo, segundo o qual este termo designa qualquer atividade cognitiva em geral; 2º um significado mais restrito, segundo o qual designa o ato ou a função cognitiva à qual se apresenta um objeto real; 3º um significado específico ou técnico, segundo o qual esse termo designa uma operação determinada do homem em suas relações com o ambiente. No primeiro significado P. não se distingue de pensamento. No segundo, é o conhecimento empírico, imediato, certo e exaustivo do objeto real. No terceiro significado é a interpretação dos estímulos. Só no âmbito deste último significado, podemos entender o que a psicologia hoje discute como "problema da percepção".

1º Em seu significado mais geral, o termo foi empregado por Telésio, segundo quem "a sensação é a P. das ações das coisas, dos impulsos do ar e das mesmas paixões e mudanças, especialmente destas últimas" (*De rer. nat*, VII, 3). Esta doutrina abria polêmica contra a tese de que a sensação consiste simplesmente na ação das coisas ou na modificação do espírito. Telésio, porém, afirma que ela consiste na P. de uma ou de outra. A mesma doutrina foi defendida por Bacon, que se reportava explicitamente à distinção de Telésio (*De augm. scient.*, IV, 3). Descartes, por sua vez, empregava esse termo para indicar todos os atos cognitivos, que são passivos em relação ao objeto, em oposição aos atos da vontade, que são ativos (*Pass. de l'âme*, I, 17). Descartes dividiu-as em: P. que se referem aos objetos externos, que se referem ao corpo e que se referem à alma (*ibid.*, I, 23-25). Neste sentido geral, a palavra foi usada também por Locke: "A P. é a primeira faculdade da alma exercida em torno das nossas idéias; por isso, é a primeira e mais simples idéia a que chegamos por meio da reflexão. [...] Na P. pura e simples, o espírito geralmente é passivo, não podendo deixar de perceber o que em ato percebe" (*Ensaio*, II, 9, 1). Da mesma maneira, Leibniz entende a P. como o que a alma do homem e a alma do animal têm em comum, como "a expressão de muitas coisas em uma", e distingue-a da apercepção ou pensamento pelo fato de esta última ser acompanhada pela reflexão (*Nouv. ess.*, II, 9, 1; cf. *Op.*, ed. Erdmann, pp. 438, 464 etc.). Não é diferente o sentido geral que Kant atribui à palavra, quando dá nome de P. à "representação com consciência", distinguindo-a em *sensação* (se fizer referência apenas ao sujeito) e *conhecimento* (se for objetiva) (*Crít. R. Pura*, Dialética, Livro I, seç. 1). É bastante óbvio que P. nesse sentido significa o mesmo que pensamento em geral; o próprio Locke notava esta identidade de significado, mesmo preferindo pessoalmente a palavra P., porque pensamento, em inglês, indica "a operação do espírito sobre as próprias idéias", enquanto na P. o espírito é geralmente passivo (*Ensaio*, II, 9, 1).

2º O segundo significado do termo é mais restrito; expressa o ato cognitivo objetivo, que apreende ou manifesta um *objeto real determinado* (físico ou mental). Este é o significado originário do termo, tal qual foi usado pelos estóicos como equivalente de compreensão (κατάληψις); "Os estóicos definem a sensação deste modo: a sensação é P. por meio do sensório ou da compreensão" (AÉCIO, *Plac.*, IV, 8, 1; cf. EPICURO, *Fr.* 250; PLOTINO, *En.*, VI, 7, 3, 29 etc.). Cícero traduzia como *perceptio* o termo grego, tendo particularmente em vista o sentido de representação cataléptica (*Acad.*, II, 6, 17; *De finibus*, III, 5, 17). Em sentido análogo, esse termo foi usado por Agostinho (*De Trin.*, IV, 20) e por Tomás de Aquino; este último designava com ele "certo conhecimento experimental" (*S. Th.*, I, q. 63, a. 5, ad 2º). Essa palavra foi reintroduzida no uso filosófico por Telésio e Bacon (como já dissemos), e com eles seu significado começou a distinguir-se do de sensação. Mas foi só Descartes que estabeleceu o significado novo e mais complexo do termo. Falando das percepções externas, ele afirmava que, conquanto elas sejam produzidas por movimentos provenientes de coisas externas, "nós as relacionamos com as coisas que supomos ser suas causas, de tal maneira que acreditamos ver um archote e ouvir um sino quando apenas sentimos os movimentos que deles vêm" (*Pass. de l'âme,* I, 23). A partir de então a distinção entre sensação e P. torna-se fundamental na teoria da percepção. Essa distinção é expressa por C. Bonnet (*Essai analytique sur les facultés de l'âme,* 1759, XIV, 195-6) e pela escola escocesa do senso comum, especialmente por Reid (*Inquiry into the Human Mind,* 1764, VI, 2.º). Em virtude dela, a sensação é reduzida à idéia simples de Locke: a uma unidade elementar produzida diretamente no sujeito pela ação causal do objeto. A P., por outro lado, torna-se um ato complexo que inclui uma multiplicidade de sensações, presentes e passadas, e também a sua referência ao objeto, ou seja, um ato judicativo. Identificando P. e intuição empírica, que é o conhecimento objetivo, o resultado da atividade judicante exercida sobre o multíplice sensível, Kant (*Prol.,* § 10) já considerara incluído na P. o ato judicativo. A presença de um juízo na P. torna-se tema comum na filosofia do século XIX. Hegel levava essa tese ao extremo quando considerava a P. (e a coisa que é seu objeto) como um produto do Universal (da Consciência ou do Pensamento): "Para nós ou em si mesmo, o Universal, como princípio, é a essência da P., e em face dessa abstração o que percebe e o que é percebido são o não-essencial" (*Phänomen. des Geistes,* I, Consciência II, trad. it., I, p. 97). Mas à parte essa tese extremista (que no entanto foi repetida até há pouco tempo pelas escolas idealistas), a distinção entre sensação e P. e o reconhecimento do caráter ativo ou judicativo da P. tiveram como base a sua referência ao objeto externo. Foi o que fizeram Hamilton, que se inspirava na doutrina da escola escocesa (*Lectures on Metaphysics,* 5.ª ed., 1870, II, pp. 129 ss.), e Spencer, que muito contribuiu para difundir esse ponto de vista (*Principles of Psychology,* 1855, § 353). Bolzano (*Wissenschaftslehre,* 1837, I, p. 161), Brentano (*Psychologie vom empirischen Standpunkte,* 1874, I, 3, § 1), Helmoltz (*Die Tatsachen in der Wahrnehmung,* 1879, p. 36) enfatizaram a ação do pensamento ou do intelecto na P.; Brentano identificava P. e juízo ou crença (*loc. cit.*). Em sentido semelhante, Husserl fazia a distinção entre P. e outros atos intencionais da consciência, com base em sua característica de "apreender" o objeto (*Ideen,* I, § 37). Na percepção, a coisa mesma está presente em seu ser, assim como está presente na coisa o sujeito que percebe (cf. G. BRAND, *Welt, Ich und Zeit,* 1955, 3). É só aparentemente diferente a noção de Bergson da "P. pura". Bergson diz: "A P. outra coisa não é senão uma seleção. Ela nada cria: sua tarefa é eliminar do conjunto das imagens todas as imagens sobre as quais eu não teria nenhuma pretensão e, depois, eliminar das imagens conservadas tudo o que não interessa às necessidades dessa imagem particular que denomino corpo" (*Matière et mémoire,* p. 235). Deste modo, a P. delinearia, no interminável campo das imagens conservadas na consciência, o objeto destinado a servir às necessidades da ação e que delimita a ação possível do meu corpo. Mas, mesmo assim, a tarefa da P. continua sendo apreender ou delinear um objeto.

O conceito de P. ao qual essas doutrinas fazem referência é bastante uniforme: a P. é o ato pelo qual a consciência "apreende" ou "situa" um objeto, e esse ato utiliza certo número de dados elementares de sensações. Este conceito, portanto, supõe: 1.º a noção de consciência como atividade introspectiva e auto-reflexiva; 2.º a noção do objeto percebido como entidade individual perfeitamente isolável e dada; 3.º a noção de unidades elementares sensíveis. O abandono desses três pressupostos caracteriza a nova fase do problema da P., própria da psicologia e da filosofia contemporâneas.

3.º De acordo com o terceiro conceito, P. outra coisa não é senão a interpretação dos estímulos, o reencontro ou a construção do *significado* deles. Essa definição é uma fórmula simplificada e genérica para expressar as características mais evidentes que as teorias psicológicas contemporâneas atribuem à P.; F. H. Allport enumerou (e analisou criticamente) treze dessas teorias (*Theories of Perception and the Concept of Structure,* 1955). No entanto, é preciso observar que, por terem sido quase todas elas propostas por psicólogos pesquisadores que as formularam como generalizações experimentais, raramente representam alternativas que se excluam mutuamente, mas na maioria das vezes só evidenciam ou consideram fatores ou condições fundamentais que certa ordem de investigações trouxe à tona. Apesar disso, é possível distinguir dois grupos de teorias: *a*) as que insistem na importância dos fatores e das condições *objetivas; b*) as que insistem na importância dos fatores e das condições *subjetivas.*

a) Ao primeiro grupo de teorias pertence, em primeiro lugar, a psicologia da forma (*Gestalttheorie*), que é substancialmente uma teoria da percepção. O gestaltismo inicia-se com a obra de Max Wertheimer sobre a P. do movimento (1912) e tem como outros expoentes Wolfgang Köhler (*Gestalt Psychcology,* 1929) e Kurt Koffka (*Beiträge zur Psychologie der Gestalt,* 1919). Seu objetivo é opor-se aos pressupostos 2.º e 3.º da concepção tradicional de percepção. Mostrou, em primeiro lugar, que não existem (a não ser como abstração artificial) sensações elementares que façam parte da composição de um objeto, e, em segundo lugar, que não existe *um* objeto de P. como entidade isolada ou isolável. O que se percebe é uma totalidade que faz parte de uma totalidade. O gestaltismo dedicou-se a determinar as "leis" com base nas quais essas totalidades são constituídas, as "leis de organização", que são: da proximidade, da semelhança, da direção, da boa forma, do destino comum, do fechamento etc.; elas podem ser vistas em ação mesmo em experiências muito simples, como por exemplo as que revelam a tendência a agrupar numa única percepção sinais semelhantes ou suficientemente próximos, ou então constituam uma figura regular. A afirmação fundamental dessa teoria é que a P. sempre se refere a uma totalidade, cujas partes, se consideradas separadamente, não apresentam as mesmas características: maiores simplicidade e clareza possíveis e maiores simetria e regularidade possíveis. Tais características por vezes levaram os gestaltistas a admitir a teoria do "todo determinante", segundo a qual o todo transcende suas partes e as determina dinamicamente de acordo com suas próprias leis. Assim, o todo assemelha-se à "coisa" de que fala Husserl, a propósito da P. transcendente, porquanto a essência da coisa integra em si e ao mesmo tempo transcende a totalidade de suas manifestações. Esta é a teoria da P. substancialmente aceita em *Phenoménologie de la perception* (1945) de M. Merleau-Ponty. Importante variante dessa teoria é a do *campo topológico* de Lewin, segundo a qual o indivíduo, reduzido a um ponto sem dimensões, está submetido à ação das forças que agem no campo e que ele sente como alheias ao seu corpo. Nesta condição, o indivíduo é considerado em "locomoção", isto é, como que se movendo para uma meta positiva ou como que se afastando de uma meta negativa. O espaço em que ocorre esse movimento é o denominado "espaço de vida", ou seja, a região onde o indivíduo tem experiência da sua ação, espaço que não tem propriedades métricas ou direções determinadas, sendo por isso *topológico,* no sentido de poder ter em qualquer momento qualquer dimensão ou forma geométrica, ainda que mantenha as propriedades que possibilitam o movimento (LEWIN, *Principles of Topological Psychology,* 1936). Podem ser consideradas variantes dessa teoria: a de Hebb, para quem o campo perceptivo corresponde a um campo fisiológico, a um "mecanismo de ação neutra seletiva" que, para cada P. particular, se situaria em algum ponto do sistema nervoso central (*The Organization of Behavior,* Nova York, 1949), e a teoria do "campo tônico-sensorial", segundo a qual "as propriedades perceptivas de um objeto são função da maneira como os estímulos provenientes do objeto modificam o estado 'tônico-sensorial' existente do organismo" (WERNER e WAPNER, "Toward a General Theory of Perception", em *Psychological Review,* 1952, pp. 324-38). Todas as teorias aqui mencionadas, concentradas como estão nos conceitos de "totalidade" ou de "campo", privilegiam de certo modo o aspecto objetivo da percepção.

b) Um segundo grupo de teorias tem em vista principalmente o aspecto subjetivo da P. Para essas teorias, não é válido nem mesmo o 1º pressuposto da 2ª concepção de P., o da consciência. Essas doutrinas com efeito não recorrem à noção de consciência nem à consideração introspectiva. Uma quantidade enorme de observações experimentais evidenciou a importância, para a P., do estado de preparação ou predisposição do sujeito, aquilo que geralmente se chama de "atitude" (*set*) perceptual. O fato fundamental é que ter uma atitude induzida para certo estímulo e para certa reação a um estímulo facilita o ato de perceber e possibilita a sua realização com maior prontidão, energia ou intensidade. A atitude, em outras palavras, é um processo *seletivo* que determina preferências, prioridades, diferenças qualitativas ou quantitativas naquilo que se percebe; não é diferente do próprio processo perceptivo, nem é um mecanismo inato ou prefixado, mas um esquema variável aprendido ou construído, ainda que nem sempre voluntariamente (cf. o cap. 9 da obra citada de Allport). As mais recentes teorias da P. levam em consideração esses fatos. Com base neles, a teoria *transacional*, por exemplo, considera a P. como uma *transação,* como um acontecimento que ocorre *entre* o organismo e o ambiente, e não pode portanto ser reduzido à ação do objeto ou do sujeito, nem à ação recíproca dos dois. Como transação, a natureza da P. deriva da situação total em que está inserida e tem suas raízes tanto na experiência passada do indivíduo quanto em suas expectativas de futuro (DEWEY e BENTLEY, *Knowing and the Known,* 1949; CANTRIL, AMES, HASTORF e ITTELSON, "Psychology and Scientific Research", em *Science,* 1949, pp. 461, 491, 517; ITTELSON e CANTIL, *Perception: a Transactional Approach,* 1954). Desse ponto de vista, é fácil evidenciar o caráter ativo e seletivo da P., o fato de ela valer-se de *indícios* com base nos quais reconstrói o significado do objeto e, também sua outra característica fundamental, que é o fato de ser constituída de probabilidades, e não de certezas. Essas características são apresentadas pelo *funcionalismo,* chamado de "New Look" da teoria da P., e levaram à teoria da motivação e à teoria das hipóteses. A primeira, que é chamada também de teoria do "estado diretivo", funda-se no reconhecimento da influência que as necessidades físicas, as expectativas do indivíduo (p. ex., um castigo ou um prêmio) e a sua personalidade exercem sobre o objeto percebido e sobre a rapidez e a intensidade da P. (BRUNER e KRECH, *Perception and Personality: a Symposium,* Durham, 1950). Na segunda teoria, confluem todos os dados experimentais em que se fundamentaram as teorias do presente grupo e boa parte dos dados experimentais em que se fundamentavam as teorias do primeiro grupo. A idéia fundamental da teoria da hipótese é que as percepções (aliás, assim como a lembrança ou o pensamento) constituem hipóteses que o organismo aventa em determinadas situações e que são confirmadas, abandonadas ou modificadas de acordo com essa situação. A atitude (*set*), da qual falava uma das teorias, é justamente a preparação para uma hipótese desse gênero. A atitude constitui a expectativa perceptual, que se baseia na experiência precedente e antecipa a futura. Em geral, na P., as atitudes são estabelecidas desde muito tempo, através da atividade perceptiva anterior, e podem estar prontas para entrar em ação quando o organismo ingressa em dada situação. Através delas, o organismo escolhe, organiza e transforma as "informações" que lhe chegam do ambiente. Essas informações são indícios ou sinalizações que servem para "evocar" a hipótese ou para confirmá-la ou desmenti-la. As principais correlações funcionais entre as variáveis que a teoria comporta são as seguintes: I) Quanto mais forte é a hipótese, tanto maior é a probabilidade da sua evocação e tanto menor a soma de indícios necessária para confirmá-la. Disso resulta que, quando a hipótese é fraca, para a sua confirmação é necessária uma enorme quantidade de informações apropriadas. II) Quanto mais forte é a hipótese, tanto maior é a soma de indícios necessária para invalidá-la; e quanto mais fraca a hipótese, tanto menor é a quantidade de indícios contrários necessários para invalidá-la (cf. o art. de L. POSTMAN, em *Social Psychology at the Crossroads*, org. ROHRER e SHERIF, Nova York, 1951; e ALLPORT, *op cit.*, cap. 15). O que essa teoria faz é resumir, de forma menos dogmática, tanto os dados experimentais recolhidos por um expressivo número de observadores quanto as características essenciais atribuídas à P. pelas doutrinas contemporâneas da psicologia, a partir da *Gestalttheorie*.

Essas características podem ser recapituladas da seguinte maneira: 1º a P. não é o conhecimento exaustivo e total do objeto, como julgavam as teorias do número 2, e sim uma interpretação provisória e incompleta, fundamentada em indícios ou sinalizações. 2º A percepção não implica nenhuma garantia de validade, nenhuma certeza; mantém-se na esfera do provável. 3º Como qualquer conhecimento provável, para ser validada, a P. precisa ser submetida à prova, sendo então confirmada ou rejeitada. 4º A P. não é um conhecimento perfeito e imutável, mas possui a característica da corrigibilidade. [N.A.]

O problema da P. é essencial para toda teoria do conhecimento. Sendo o ponto de encontro entre mente e mundo, entre exterior e interior, sendo o processo por meio do qual os fatos são traduzidos em consciência e o mundo é munido de forma, a P. interessa não só à pesquisa empírica da psicologia, mas também à epistemologia, à filosofia da mente e à metafísica. As indagações que mais ocupam o filósofo, o qual, obviamente, nem por isso negligencia os resultados da pesquisa experimental, são os seguintes: 1) são justificadas, e como, as crenças perceptivas?; 2) a P. é o *fundamento* do nosso conhecimento do "mundo exterior"?; 3) o que é P.?; 4) como deve ser o mundo para ser perceptível?

Na base da problematicidade da P. está o chamado "argumento cético da ilusão": se as crenças perceptivas decorrem do modo como o mundo aparece na P., e se isso é compatível com o fato de que nossas crenças são falsas (por exemplo, nos casos de ilusão óptica, ou de alucinação), como podemos saber que aquelas crenças são verdadeiras? As respostas dos filósofos sempre oscilaram entre formas de "realismo direto" (a P. capta os objetos como são no mundo, sem nenhum intermediário mental, cujo influente teórico no campo psicológico é J. J. GIBSON, *The Ecological Approach to Visual Perception*, 1979) e "teorias representacionais" (a P. diz respeito a imagens mentais, a representações do mundo na nossa mente – as "idéias" dos filósofos do século XVII, ou os "dados-dos-sentidos" de Moore, Russell e Ayer – e apenas *indiretamente* a fatos e objetos); estas últimas, por outro lado, ou se refugiam em formas extremas de idealismo ou solipsismo (à Berkeley), evitando justificar a relação entre as imagens mentais e a realidade externa, ou acabam por ser as mais expostas aos desafios céticos.

Para se definir *o que* é P. são hoje cada vez mais fundamentais os conceitos de causalidade e de informação. Paul Grice (em "The Aristotelian Society: Proceedings", Suppl. Vol., 1961, pp. 121-52) apresenta fortes argumentações para dizer que alguém vê ou sente alguma coisa apenas se essa coisa está *causalmente* correlacionada com a experiência de tal sujeito. Outros (D. ARMSTRONG, *Perception and the Physical World*, 1961) corrigem essa teoria, argumentando que a *experiência*, como é entendida normalmente, não é necessária para a percepção, enquanto o fator crucial passa a ser a *crença*: perceber significa adquirir crenças por meio dos sentidos ao fim de um processo causal. Outros ainda definem a P. por meio do conceito mais geral de aquisição de *informações* a partir do ambiente, e animam os debates em torno da inteligência artificial procurando estabelecer se uma máquina de Turing, dada essa definição, é capaz de "perceber". Em todas essas definições de P. continuam intactas as indagações básicas do filósofo: se ter uma P. é captar algo do mundo tal qual é, se é interpretar ou inferir informações indiretamente sobre o mundo, ou se é "construir" objetos dentro do nosso mundo fenomênico. As tendências atuais são de definir a P. em termos de *intencionalidade* (o que tornaria a P. algo mais (e além) que aquisição de informação, incluindo até nossas reações, nossos interesses e nossas atitudes afetivas para com aquilo que nos chega do ambiente), e em considerá-la, no sentido antiempirista de Merleau-Ponty, como uma interpenetração de experiência e interpretação, em que a experiência ilumina o mundo com o seu caráter intencional e com a sua objetivação para a ação.

Na esteira das considerações de Wittgenstein sobre a P. (*Philosophische Untersuchungen,* parte 2, seç. XI), ao lado da releitura de certos psicólogos russos, como Luria e Vigotski, alguns tendem a considerar as características do mundo que parecem ser-nos "dadas" de modo não negociável na P. como reflexo de características necessárias dos nossos atos discursivos em que confluem, em nível pré-racional, também aspectos políticos, situações humanas, esquemas sociais e comportamentais (cf. R. HARRÉ e G. GILLETT, *The Discursive Mind,* 1994). [A.P.]

PERCEPÇÃO INTELECTIVA (it. *Percezione intellettiva*). Foi assim que Rosmini chamou o ato fundamental do conhecimento, enquanto síntese entre a idéia do ser em geral e a idéia empírica que deriva da sensação (das coisas externas) ou do sentimento (que o eu tem de si) (*Nuovo saggio sull'origine delle idee,* 1830, §§ 492, 537 etc.). [N.A.]

PERCEPCIONISMO (in. *Percepcionism;* fr. *Percepcionisme;* al. *Perceptionismus;* it. *Percezionismo*). É a doutrina que admite a realidade dos objetos da percepção. O mesmo que realismo ingênuo (v. REALISMO). [N.A.]

PERCEPÇÕES PEQUENAS. V. INCONSCIENTE.

PERFECCIONISMO (in. *Perfectionism;* fr. *Perfectionisme;* al. *Perfektionismus, Perfektibilismus;* it. *Perfezionismo*). Esta palavra é empregada com dois significados: 1º para indicar o ideal moral que consiste em perseguir a própria perfeição moral ou de outrem, ou seja, a capacidade de agir em conformidade com o dever, que implica também a cultura das faculdades físicas e mentais do homem. Neste sentido, é P. o ideal moral expresso por Kant na introdução ao segundo volume da *Metafísica dos costumes;* 2º para indicar a crença no progresso, acompanhada pelo compromisso de contribuir para ele. [N.A.]

PERFECTIBILISMO (in. *Perfectism;* al. *Perfektismus;* it. *Perfettismo*). Termo polêmico usado para indicar o "sistema que acredita na possibilidade da perfeição nas coisas humanas" (A. ROSMINI, *Filosofia della politica,* 1839, Rusconi, Milão, 1985, p. 137), ou seja, a atitude de quem não vê os limites *estruturais* do homem e é levado a crer em projetos de transformação da sociedade que prevêem a eliminação quase total da negatividade. Donde a conexão entre P. e mentalidade utopística. Enquanto o P. (em sentido sociopolítico) é típico de certa tradição democrático-socialista (de Rousseau a Marx e aos neomarxistas), o antiperfectibilismo é peculiar de certa tradição liberal (v. LIBERALISMO) e caracteriza todos aqueles para os quais o problema de fundo (para usar mais uma vez as palavras de Rosmini) não é o de "eliminar todos os males", mas apenas "diminuí-los" (*Della naturale costituzione della società civile,* org. R. Paoli, Rovereto, 1987, p. 321). Popper considera que o P. estético e romântico dos "revolucionários" subentende uma epistemologia absolutística que, na sua pretensão de conseguir identificar o protótipo da sociedade "justa" (e os métodos infalíveis para realizá-la), só gera fanatismo e violência (v. UTOPIA). [G.F.]

PERFECTIHABIA. Foi assim que Hermolau traduziu para o latim o termo grego "enteléquia" (cf. LEIBNIZ, *Monad.,* § 48). [N.A.]

PERFEIÇÃO (in. *Perfection;* fr. *Perfection;* al. *Volkommenheit;* it. *Perfezione*). Esta palavra foi usada pelos filósofos somente em relação aos significados 1º e 3º do adjetivo "perfeito": não se considera P. a P. relativa, ou seja, o estado de uma coisa excelente entre as de sua espécie. Tomás de Aquino diz: "A P. de uma coisa é dúplice, ou seja, primeira e segunda. A primeira P. é aquela em virtude da qual uma coisa é perfeita na sua substância, e esta P. é a forma do todo que emerge da integridade das partes. A segunda P. é a do fim; mas o fim é a operação (assim como o fim do citarista é tocar cítara) ou é a coisa à qual se chega através da operação (assim como o fim do construtor é a casa que ele constrói). A primeira P. é causa da segunda: a forma é com efeito o princípio das operações" (*S. Th.,* I, q. 73, a. 1). Esse mesmo conceito era com exatidão exposto por Kant: "A P. indica às vezes um conceito que pertence à filosofia transcendental, o da totalidade dos elementos diferentes que, reunidos, constituem uma coisa; mas pode ser entendido também como pertencente à *teologia,* e então significa o acordo das propriedades de uma coisa com um fim" (*Met. der Sitten,* Intr., V, A; cf. *Crít. do Juízo,* § 15). Estas determinações reduzem a P.: 1º à integridade do todo; 2º à realização do fim. Mas tendem na realidade a privilegiar o primeiro conceito, que, ao ser aplicado à totalidade do ser, levou a tradição filosófica a identificar P. e realidade.

Tomás de Aquino mesmo descreveu a P. de Deus e da criatura como consistente na posse do ser: "Deus, que é a totalidade do seu ser, possui o ser segundo a virtude integral do ser, e não pode carecer de nenhuma nobreza que pertença a coisa alguma.

Assim como toda a nobreza e a P. inerem a uma coisa porque a coisa é, também o defeito inere a ela porque, de algum modo, ela não é" (*Contra Gent.*, I, 28). Deste ponto de vista, uma coisa é tanto mais perfeita quanto maior a sua posse do ser; e como Deus possui todo o ser, é totalmente perfeito. Essas equações constituíam lugares-comuns da escolástica medieval. Duns Scot repete-as, afirmando que a forma nas criaturas implica alguma perfeição porque é forma partilhada e parcial, enquanto a forma não tem imperfeição em Deus porque não é nem participação nem parte (*Op. Ox.*, I, d. 8, q. 4, a. 3, n. 22). Descartes recorreu exatamente a esse conceito de P. ao afirmar que as idéias "que representam substâncias são sem dúvida algo mais e contêm em si mais *realidade objetiva*, ou seja, participam por representação de mais graus de ser ou de P. do que as que representam só modos ou acidentes" (*Méd.*, III). Espinosa identificava explicitamente realidade e P. (*Et.*, II, def. 6), e Leibniz declarava entender por P. "a grandeza da realidade positiva tomada precisamente, pondo-se de lado os limites das coisas que a possuem" (*Monad.*, § 41). Kant falava nesse sentido de uma P. *transcendental*, que é "a integridade de cada coisa em seu gênero", e de uma P. *metafísica*, como "integridade de uma coisa simplesmente como coisa em geral", distinguindo delas a P. como aptidão ou conveniência de uma coisa a vários fins (*Crít. R. Prática*, I, I, cap. I, esc. II).

O conceito de P. foi fixado, no curso ulterior da filosofia, pelas seguintes determinações: como integridade do todo ou correspondência ao objetivo; no primeiro significado, foi constantemente identificado com o conceito de ser. Fora de sua persistência metafísica e teológica, a noção de P. é pouquíssimo utilizada na filosofia contemporânea. Quando é utilizada, a referência aos significados tradicionais é evidente: assim acontece, por exemplo, em Bergson, que identifica a P. com o absoluto, e ambos com a totalidade do ser ("Introduction à la métaphisique", em *La pensée et le mouvant*, 3ª ed., 1934, p. 204). [N.A.]

PERFEITO (gr. τέλειος; lat. *Perfect*; fr. *Parfait*; al. *Vollkommen*; it. *Perfetto*). Aristóteles distinguia três significados do termo: 1º aquilo a que não falta nenhuma de suas partes, ou além do qual não se pode achar nenhuma parte que lhe pertença; 2º o que possui, em sua espécie, uma excelência que não pode ser sobrepujada, sendo, pois, P. o flautista ou o ladrão que não encontrem rivais; 3º o que atingiu seu objetivo, desde que se trate de um bom objetivo (*Met.*, V, 16, 1021 b 12 ss.). No primeiro sentido, P. é o completo, aquilo a que não falte nenhuma das partes integrantes. No segundo, P. é o excelente em relação a outras coisas da mesma espécie; no terceiro, P. é o real ou atual, porque cumpriu seu objetivo. Esses significados não mudaram ao longo da história da filosofia. É claro que, enquanto o 2º significado é relativo e, portanto, não metafísico – porque exprime só a excelência relativa de uma coisa numa ordem estabelecida de coisas –, os outros dois são absolutos e pertencem à tradição metafísica. [N.A.]

PERFIL (al. *Abschattung*; it. *Adombramento*). Termo empregado por Husserl para indicar o modo parcial e aproximativo com que a coisa externa é dada à consciência perceptiva. Por exemplo: "A mesma cor aparece em seqüências contínuas de perfis de cores. O mesmo vale para qualquer qualidade sensível e para qualquer figura parcial. Uma única e mesma figura, dada em carne e osso como sempre a mesma, aparece continuamente 'de modo diferente', em perfis sempre diferentes de figura. Essa é a situação necessária das coisas, que tem validade universal" (*Ideen*, I, § 4). [N.A.]

PERFORMATIVO/CONSTATIVO (in. *Performatif/Constatif*; fr. *Performatif/Constatif*; al. *Performativ/Konstativ*; it. *Performativo/Constativo*). Dois aspectos da enunciação identificados por John L. Austin no ensaio *Other Minds*, de 1946, e em outros textos, até as lições de *How to Do Things with Words* (escritas entre 1951 e 1955 e publicadas postumamente em 1962), em que Austin discute e põe em dúvida a dicotomia P./constativo, para delinear uma teoria geral dos atos de fala (v.). O enunciado performativo, como Austin especifica desde o princípio, é um enunciado na primeira pessoa do presente do indicativo ativo, cujo verbo não "descreve" uma ação, mas "a realiza". Por exemplo (cf. *Performatif-Constatif*, 1958) com "Peço desculpas", "Eu te batizo...", "Dou-lhe boas-vindas", não descrevo tanto ou apenas a minha ação de pedir desculpas, batizar etc., como efetivamente realizo tais ações. A primeira conseqüência da "descoberta" dos performativos consiste na detecção de que nem toda a linguagem é composta de asserções (v.): enunciados desse tipo, se tratados como asserções, podem parecer insensatos; além disso, o enunciado performativo não é submetido a condições de verdade, mas a condições de "felicidade", ou, como mais tarde Searle especifica, de "sucesso" (não tem sentido perguntar se "é verdade" que dou boas-vindas ou batizo uma pessoa ou peço desculpas: tem mais sentido perguntar se estou autorizado a realizar ações desse tipo, ou se os contextos em que as realizo são apropriados etc.).

A idéia de enunciado performativo é introduzida por Austin para "criar uma oposição" com a de enunciado assertivo ou declarativo, ou melhor, segundo a designação de Austin, "constativo". O enunciado performativo realiza uma ação, o constativo descreve um estado de coisas; o enunciado performativo é feliz-infeliz, o constativo é verdadeiro-falso. Durante a análise, porém (cf. *How to Do Things with Words*, lição XI), Austin nota que tal contraposição é artificiosa: na realidade, em todo enunciado se pode distinguir uma parte performativa e uma parte constativa: dizer "afirmo que não foi ele" equivale a dizer "não foi ele"; até o enunciado seguramente constativo "chove" pode ser traduzido pela fórmula mista "afirmo que está chovendo". Isso significa que de certo modo "dizer" é sempre também "fazer", que toda enunciação pode ser pensada como antecedida por um "digo" performativo ("hipótese performativa"). Como notou Karl O. Apel (*Il logos distintivo della lingua umana*, trad. it., Guida, Nápoles, 1989), essa generalização do performativo implica uma "revolução paradigmática", implica o abandono do "paradigma referencial" na análise da linguagem e a passagem a uma perspectiva auto-referencial, reflexiva (v. AUTO-REFERÊNCIA): mas trata-se de um ponto de vista que, segundo Apel (p. 54), em Austin e nos seus continuadores "nunca chegou à plena consciência". [F.D'A.]

PERGUNTA-RESPOSTA. V. DIÁLOGO.

PERIEKON. V. HORIZONTE.

PERIPATETISMO. V. ARISTOTELISMO.

PERIPÉCIA (gr. περιπέτεια; in. *Peripety*; fr. *Péripétie*; al. *Peripetie*; it. *Peripezia*). Segundo Aristóteles, é um dos elementos fundamentais da tragédia, mais precisamente do enredo trágico. Consiste na mudança súbita de condições ou destino, que deve ocorrer de modo verossímil e necessário (*Poet.*, 11, 1452 a 22). [N.A.]

PERMANÊNCIA (in. *Permanence*; fr. *Permanence*; al. *Beharrlichkeit*; it. *Permanenza*). Segundo Kant "a P. expressa, em geral, o tempo como correlato constante da presença da aparência, da mudança e da concomitância". Em outros termos, P. é o tempo enquanto duração (*Crít. R. Pura*, Anal. dos princ., cap. II, seç. 3, Primeira analogia) (v. ANALOGIA). [N.A.]

PERPETUIDADE. V. ETERNIDADE.

PERSEIDADE (lat. *Perseitas*; in. *Perseity*; fr. *Perséité*; it. *Perseità*). Termo empregado na escolástica (mas raramente) para indicar o estado e a condição do que é *por si* (v.). [N.A.]

PERSONALIDADE (in. *Personality*; fr. *Personnalité*; al. *Persönlichkeit*; it. *Personalità*). 1. Condição ou modo de ser da pessoa. Neste sentido esse termo já foi usado por Tomás de Aquino (*S. Th.*, I, q. 39, a. 3, ad 4º) e é geralmente usado pelos filósofos (que muitas vezes o empregam como sinônimo de pessoa).

2. No significado técnico da psicologia contemporânea, P. é a organização que a pessoa imprime à multiplicidade de relações que a constituem. É neste sentido que Nietzsche falava de pessoa, observando que "alguns homens se compõem de várias pessoas, e a maioria não é pessoa. Onde predominarem as qualidades medianas importantes para que um tipo se perpetue, ser pessoa será luxo [...] trata-se de representantes ou de instrumentos de transmissão" (*Wille Zur Macht*, ed. 1901, § 394). Estes conceitos de Nietzsche são semelhantes aos da psicologia contemporânea. H. J. Eysenck diz: "P. é a organização mais ou menos estável e duradoura do caráter, do temperamento, do intelecto e do físico de uma pessoa: organização que determina sua adaptação total ao ambiente. Caráter designa o sistema de comportamento conativo (*vontade*) mais ou menos estável e duradouro da pessoa. Temperamento designa seu sistema mais ou menos estável e duradouro de comportamento afetivo (*emoção*); intelecto, seu sistema mais ou menos estável e duradouro de comportamento cognitivo (*inteligência*); físico, seu sistema mais ou menos estável e duradouro de configuração corpórea e de dotação neuroendócrina" (*The Structure of Human Personality*, 1953, p. 2). Nesta definição, em que entram elementos já fixados por Roback, Allport, McKinnon, o elemento dominante é constituído pelo conceito de organização, estrutura ou sistema, elemento que permite prever o comportamento provável de uma pessoa. Não muito diferente desta é a outra definição, puramente funcional, cuja finalidade é possibilitar as investigações relativas à P.: "P. é o que permite a previsão do que fará uma pessoa numa dada situação (R. B. CATTEL, *Personality*, 1950, p. 2). Neste sentido, o eu distingue-se da P. como a sua parte conhecida ou aberta à pessoa, à qual esta faz referência usando o pronome eu; essa parte pode não coincidir – e geralmente não coincide – com a totalidade da P. (v. EU). [N.A.]

PERSONALISMO (in. *Personalism*; fr. *Personnalisme*; al. *Personalismus*; it. *Personalismo*). Este termo foi e é usado para designar três doutrinas diferentes, mas interligadas.

1ª A primeira é doutrina *teológica*, que afirma a personalidade de Deus como causa criadora do mundo, em oposição ao panteísmo, que identifica Deus com o mundo. Foi nesse sentido originário que o termo foi empregado primeiro por Schleiermacher (*Reden*, 1799) e depois por Goethe, Feuerbach, Teichmüller etc.

2ª A segunda é uma doutrina *metafísica*, segundo a qual o mundo é constituído por uma totalidade de espíritos finitos que, em seu conjunto, constituem uma ordem ideal em que cada um deles conserva sua autonomia. Esta concepção foi apresentada pela primeira vez por G. H. Howison, com o nome de P., em polêmica com Royce e, em geral, com o idealismo absoluto (na discussão publicada com o título *The Conception of God,* 1897). Em seguida, esse termo foi usado para designar a mesma concepção fundamental por Renouvier (*Le personnalisme,* 1903), por W. E. Hocking e por outros escritores dos Estados Unidos, onde foi criada, inclusive, uma revista destinada a defendê-la (*The Personalist,* 1919). O P., neste sentido, outra coisa não é senão um espiritualismo monadológico de cunho leibniziano-lotzista, e de fato o termo P. designa nos Estados Unidos a doutrina que na Europa é chamada de *espiritualismo* (v.).

3.ª A terceira é uma doutrina *ético-política* que enfatiza o valor absoluto da pessoa e seus laços de solidariedade com as outras pessoas, em oposição ao coletivismo (que tende a ver na pessoa nada mais que uma unidade numérica), e ao individualismo (que tende a enfraquecer os laços de solidariedade entre as pessoas). Foi com esse sentido que Dühring empregou esse termo em *Geschichte der National Ökonomie* (de 1899); com esse mesmo sentido, voltou a ser usado depois da Segunda Guerra Mundial por E. Mounier (*Le personnalisme,* 1950) e, na sua esteira, por numerosos pensadores católicos, defensores do P. metafísico. [N.A.]

É possível identificar alguns momentos e expressões na história do P. contemporâneo. O primeiro situa-se entre o fim do século XVIII e o começo do século XX, que poderia ser denominado "pré-personalismo": configura-se de modo diversificado, como antipanteísmo e antiidealismo. O segundo, situado entre os anos 1930 e 1950, é o "P." propriamente dito, que também se diferencia em múltiplas orientações (entre as quais o movimento "Esprit" de E. Mounier e o tomismo de J. Maritam), que têm em comum a rejeição ao totalitarismo, pelo que se falou em "P. como antiideologia" (J. Lacroix). Por fim, "morto o P., retorna a pessoa" (P. Ricoeur): na segunda metade do século XX se poderia falar de "pós-personalismo" no sentido de que, superado como movimento, o P. aparece como inspiração que caracteriza indiretamente orientações diversas, ou mesmo diferentes filosofias da pessoa. Na nova configuração acentua-se o caráter pluralístico da instância personalista. Esta, além disso, é detectável não só no âmbito filosófico, mas também no científico, em que se fala de *personologia* (v.) para indicar as ciências humanas (psicologia, sociologia, psicanálise etc.) de tendência humanística; por outro lado, no âmbito filosófico, estão presentes pensadores não só de filiação religiosa (sobre os quais se poderia falar de "neopersonalismo": por exemplo, R. Guardini, L. Pareyson, E. Lévinas, P. Ricoeur), mas também de orientação laica (sobre os quais se poderia falar de "personologismo"). [G.G.]

PERSONOLOGIA (in. *Personology;* it. *Personologia*). A P. é uma corrente teórica que atua sobretudo no âmbito da psicologia e da psicoterapia anglo-americana, ainda que esteja presente também em outras disciplinas, como a antropologia cultural, a sociologia e a própria filosofia. Não tem substancialmente nenhuma relação com o personalismo (v.) que, em sentido ético-metafísico e religioso, floresceu sobretudo na França e na Itália, seja no que diz respeito à orientação laico-científica de seus expoentes, seja pelo emprego de determinado conjunto de conceitos num horizonte quase sempre rigorosamente empírico. Embora existam também outras matrizes da P., em sua linha central ela se desenvolveu essencialmente em relação ao chamado *Mind-Body Problem,* ou seja, em associação com o debate (reiniciado no séc. XX por Herbert Feigl nos anos 1950) sobre as relações entre o universo mental e o universo corpóreo do homem. Não por acaso a valorização da pessoa em filosofia da mente encontra uma das suas premissas na rejeição à redutibilidade de todos os fenômenos mentais à dimensão neurocerebral do ser humano. Já em 1949 o filósofo inglês Gilbert Ryle escrevera que falar do mental significa na realidade interpretar segundo certas categorias "os modos como estão dispostos os acontecimentos da vida de uma pessoa" (*Lo spirito come comportamento,* trad. it., Bari, Laterza, 1982). Num ideal segundo momento, uma parte da filosofia da mente anglo-americana ultrapassou a antinomia mente-corpo, ligando o conceito de pessoa às mais amplas noções de sujeito ou de homem. Assim, por exemplo, para Peter Herbst, no universo humano há não tanto eventos mentais quanto "modos mentais das pessoas". Para Richard Taylor, o chamado mental é apenas um aspecto do sujeito concebido como pessoa. Por fim, para Thomas Nagel, a existência dos estados mentais e a possibilidade de falar deles pressupõem a existência de pessoas que os sentem (*Mortal questions,* 1979).

Um dos principais pontos de referência para os primeiros personologistas foi o filósofo inglês Peter Strawson. No seu fundamental *Persons* (1958), ele ressaltara veementemente a importância da noção de pessoa e seu caráter irredutivelmente originário tanto do ponto de vista psico-antropológico quanto teórico. Mais ou menos na mesma época (1957), no clássico tratado de psicologia organizado por G. S. Hall e G. Lindzey (*Theories of Personality*), aparecia explicitamente o termo P., retomado mais tarde por alguns outros psicólogos ingleses e americanos. Foi a partir dos anos 1970 que vários estudiosos desenvolveram o conceito de pessoa e a orientação personológica, numa direção mais complexa e incisiva. O ensaio de Strawson a muitos parecia insatisfatório porque desenhava uma imagem excessivamente isolada e abstrata da pessoa. Cabia, ao contrário, situá-la num espaço teórico ao mesmo tempo mais complexo e concreto. Será esse o objetivo da reflexão de alguns importantes filósofos da mente. Assim, para T. Wilkerson, trata-se de ultrapassar a concepção exclusivamente psicológico-cognitiva da pessoa: esta se encarna essencialmente no sujeito que elabora paixões, ações e comportamentos no teatro da realidade (*Minds, Brains and P.*, 1974). Ainda mais estimulante é a posição de M. Grene: para a estudiosa norte-americana, não só a pessoa deve ser tomada "como um conceito central", mas é preciso acentuar sobretudo a sua propensão ao contexto social, aliás, a sua natural situação no mundo (*Mind and Brain: the Embodied Person*, em ST. SPICKER-H. T. ENGELHARDT, *Philosophical Dimensions of the Neuro-Medical Sciences*, 1976). Em substancial sintonia com a Grene, H. Dreyfus ressaltou o quanto os chamados eventos mentais ocorrem no âmbito intramundano habitado pelos homens-pessoas e quanto o significado de tais eventos – e, em geral, de todos os comportamentos humanos – só é compreensível através de uma interpretação fenomenológica dimensionada às pessoas (*The Misleading Mediation of the Mental*, em SPICKER-ENGELHARDT, *cit.*). Também outro filósofo americano, Joseph Margolis, deu uma contribuição de grande relevo a uma reflexão de cunho personológico sobre a mente e o homem. Uma das suas obras mais significativas intitula-se *Persons and Minds* (1978). Nela retornam, desenvolvidas de modo bem amplo e sistemático, as teses da autonomia da pessoa em relação aos níveis do mental e do corpóreo e da estreita relação entre a pessoa e as estruturas, as regras e os valores do mundo social.

Um dos debates mais vivazes em torno da noção de pessoa teve em mira o cabimento ou não de concebê-la como um ente propriamente dito e ontologicamente determinado. Em princípio, os personologistas contemporâneos preferem uma interpretação da pessoa de tipo mais empírico, construtivista, ou quiçá lingüístico-conceitual. É o caso, em especial, do já citado Wilkerson. E é também o caso de R. Abelson, para quem pessoa se configura essencialmente como uma "atribuição" de alguns sujeitos a outros (*Persons. A Study in Philosophical Psychology*, 1977). Uma das conseqüências desta última posição, como observou E. Goffman, é que o caráter de "pessoa" deve ser considerado não como uma propriedade inata e inalienável do homem, mas como algo que (com razão ou não) pode ser também recusado ou retirado a determinados indivíduos (*Asylums*, trad. it., Einaudi, Turim, 1972).

Em âmbito mais estritamente psicológico, uma orientação inspirada por princípios personológicos nasceu já no início do século XX. Assim, por exemplo, o psicólogo alemão W. Stern empregara o termo "personalismo" para ressaltar que no cerne da psicologia deve estar não tanto o estudo das funções psíquicas quanto o do homem considerado em sua unidade e, ao mesmo tempo, nas diferenças específicas constatáveis entre os vários sujeitos humanos (*Ueber Psychologie der individuellen Differenzen*, 1900; *Allgemeine Psychologie auf personalistischen Grundlagen*, 1935). Teve-se um considerável aprofundamento da figura da pessoa depois, na elaboração das chamadas "teorias da personalidade", a partir dos anos 1930. Têm especial relevo personológico as posições de G. W. Allport, para quem o conceito de personalidade designa "toda a organização dinâmica do indivíduo", e é "isso que está por trás dos atos específicos e dentro do indivíduo" (*Personality: a Psychological Interpretation*, 1937). Não menos importante é a teoria personológica de H. A. Murray (*Explorations in Personality*, 1938). Bastante influentes na década seguinte são as concepções de A. Angyal e de G. Murphy, que também estavam empenhados, ainda que de modos diferentes, na constituição de uma imagem "global", personológica da pessoa (A. ANGYAL, *Foundation for a Theory of Pessoality*, 1941; G. MURPHY, *Personality: a Bio-Social Approach*, 1947). Depois da Segunda Guerra as teorias da personalidade ganharam direções bastante diferentes entre si, nem todas empenhadas numa perspectiva autenticamente personológica (*Teorie della personalità*, org. G.V. Caprara e R. Luccio, 1986). Tal corrente tem forte presença nas escolas americanas da "psicologia humanística" e da "psicologia transpessoal" (em vários aspectos bastante próximas entre si). Seus principais expoentes – A. Maslow, C. Rogers, R. May – insistem sobretudo em dois pontos teóricos: a necessidade de conceber a pessoa como um ente fortemente unitário e a crença na existência, dentro do âmbito da própria pessoa, de toda uma série de potencialidades psicofísicas que devem ser despertadas tanto para o bem-estar do indivíduo quanto para o desenvolvimento das relações interpessoais. Essas concepções, ainda que tenham sido alvo de não poucas críticas, tiveram notável difusão não só no campo psicológico mas também no psicoterapêutico (A. MASLOW, *Motivation and Personality*, 1954; *Towards a Psychology of Being*, 1962; C. ROGERS, *On Becoming a Person*, 1961; R. MAY, org., *Existential Psychology*, 1969). Uma leitura do ser humano de um ponto de vista personológico também é encontrável em grande medida em R. Harré, um dos principais filósofos contemporâneos da psicologia (*Personal Being*, 1983). [S.M.]

PERSPECTIVA (gr. ὀπτική; lat. *Perspectiva* ou *Visus*, de *perspicere*, ver claramente ou através de, de *prospicere*, ver de frente; in. *Perspective*; fr. *Perspective*; al. *Perspektive*; it. *Prospettiva*). O termo significa genericamente "ciência da visão" e teve acepções bastante diferentes na história do pensamento ocidental. A P. (em italiano era *perspettiva* até o início do século XV, quando Piero della Francesca mudou seu nome, com o *De prospectiva pingendi*) diz respeito a todos os problemas relacionados à visão, que foram de ordem teológico-religiosa, metafísico-ontológica, gnosiológica ou apenas físico-mecânica e geométrica. A P. propõe o problema da relação estreita entre a visão "ocular" da realidade e a própria realidade (H. DAMISCH, *A origem da perspective*, 1987): diz respeito, portanto, a teorias sobre a natureza da luz e da cor, geralmente de origem filosófica e religiosa, portanto a: 1) uma metafísica da luz; 2) teorias da visão meramente sensível e do modo como aparecem as imagens visuais e sua constituição para a percepção subjetiva, que portanto desenvolvem temáticas psicológicas, gnosiológicas e também fisiológicas (anatomia e fisiologia do olho): como ciência da visão, foi definida como *a)* uma "ciência experimental" (*scientia experimentalis*), ou seja, que nasce da experiência entendida como observação visual (Roger Bacon); *b)* uma ciência da "diversidade dos aspectos", ou seja, da diversidade do modo como aparecem as formas segundo os mecanismos psicológicos internos e externos dos nossos olhos e da nossa mente, pelos filósofos e cientistas árabes dos séculos IX e XI (Alkindi, Alhazen); 3) uma teoria gnosiológica da "representação" óptica; 4) uma técnica pictórica matemático-geométrica para representar no plano as figuras de três dimensões (P. artificial *ou pingendi*); 5) uma ciência matemático-geométrica como ciência das imagens refletidas (*De speculis*) e deformadas por refração, de caráter sobretudo astronômico e meteorológico (R *astronomica*).

1. A P. é definida como "metafísica da luz" por Robert Grosseteste, morto em 1250. Ele define a P. como a ciência que capta a forma, a essência (*propter quid*) das coisas, que é a luz (v. LUZ). A luz é a forma da corporeidade e se difunde segundo as regras da óptica geométrica em linha reta (*De luce*, ed. Baur, pp. 54-5, 57; 72-3; *Commentaria super analitica posteriora*, ed. P. Rossi, II, 1, p. 300, e II, pp. 307, 339). Essa acepção de P. como uma metafísica do visível, entendido como luz inteligível, está também na *Perspectiva* do polonês Witelo (meados do séc. XIII) e na *Perspectiva communis* do inglês John Peckham (segunda metade do séc. XIII). A perspectiva é definida por Peckham como a ciência da linha visual "radiosa" ou radial (*Perspectiva communis*, ed. D. Lindberg, p. 60).

2a. É uma ciência experimental. Como toda a realidade tem formas luminosas – físicas e naturais, as que são iluminadas pelo sol; divinas e espirituais, as iluminadas por Deus –, para Roger Bacon (meados do séc. XIII) a P. é uma ciência experimental como ciência da visão sensível exterior (*scientia de visu*) das coisas naturais cujas espécies ou formas se multiplicam assim como se multiplica a luz sensível (*De multiplicatione specierum*). A P. trata portanto também do problema ontológico da constituição das formas, ou espécies sensíveis, considerado segundo as regras da difusão radial da luz e, portanto, trata da visão sensível comum (ciência experimental exterior), explica o funcionamento da visão, a constituição da imagem visual distinta, os graus diversos do conhecimento visual (*Opus Maius, De perspectiva*, pars V, ed. Bridges II, pp. 75-8; *De multiplicatione specierum*, ed. Bridges II, p. 450; *Opus maius, De scientia experimentale*, ed. Bridges II, pp. 167-9). A P. de Bacon não reconhece o caráter de evidência cognitiva da percepção sensível, sempre insuficiente em relação à verdade, que é transcendente ao mundo sensível.

2b. A P. torna-se ciência da diversidade dos "aspectos", ou seja, das formas visíveis no modo como aparecem aos nossos sentidos externos e internos, segundo o princípio estóico da evidência sensível ou percepção evidente imediata (fantasia cataléptica), na obra de perspectiva árabe *De aspectibus de Alkindi* (séc. IX). A P. é a ciência das regras de difusão dos raios visíveis que são ações ou impressões no olho. Sempre como ciência da diversidade dos aspectos, a P. de Alkindi é retomada e desenvolvida por Alhazen (séc. XI), que introduz o problema do julgamento do sentido (D. SUMMERS, *The Judgment of Sense*, 1987). A obra de Alhazen, em sete livros (*De aspectibus sive opticae thesaurus*, ed. Risner, 1572; *Kitab al Manazir*, livros I, II e III, ed. Sabra, 1989), é a mais importante dessa disciplina até Descartes e Newton, quando a P. se transforma definitivamente em óptica. Alhazen introduz a novidade de que a imagem visual, chamada "aspecto", é construída dentro do olho de acordo com um procedimento de caráter geométrico-mecânico de penetração do raio óptico perpendicular ao centro do nervo óptico (*De aspectibus*, I, 16, ed. Risner, caps. 9; 18, 10; II, 65, cap. 67; II, 64, cap. 67).

3. A P. é uma teoria da "representação" óptica. Alhazen introduzira a problemática do julgamento do sentido, que é estranha à tradição originária aristotélica e platônica, sendo o julgamento sempre uma operação do intelecto. Como depois será ratificado por Ockham, no ato da visão sensível que ocorre segundo a pirâmide óptica, não entram em jogo apenas a pura sensação da visão e a ação da luz em linha reta, segundo as pirâmides visuais,

mas interagem todas as faculdades interiores cognitivas da alma sensível, definidas por Alhazen como atividades "distintivas". Essas faculdades superiores sensíveis (que poderão ser comparadas aos sentidos internos de Locke) realizam uma série de operações de cálculo e medida; só desse modo o olho percebe a quantidade (o *quantum*) da coisa vista na sua verdadeira realidade, que é de tipo quantitativo matemático. A importante conseqüência extraída pelos filósofos latinos dos séculos XIV e XV, como Biagio Pelacani de Parma (1356 *c.* 1416), é que não só os sensíveis próprios mas também os sensíveis comuns e complexos (os inteligíveis como a quantidade da distância) são sempre atingíveis com a percepção. Assim, com a perspectiva de Alhazen retomada por Biagio de Parma, a relação gnosiológica entre sujeito cognoscente e objeto real vem a mudar em relação à formulação intelectualista de Platão e de Aristóteles: o objeto real é reduzido à imagem perceptiva, e não o contrário. Portanto, a perspectiva de Biagio de Parma no seu aspecto gnosiológico torna-se uma teoria bem definida da "representação" visual baseada no princípio da evidência sensível do conhecimento, a fantasia cataléptica dos antigos estóicos, a visão (*visus*) de Cícero (*Accademicorum Priorum,* II, 144, *Opera,* Lipsia, 1889, parte IV, vol. I, II, 77, p. 54). Modificam-se, portanto, as regras da óptica geométrica antiga de Euclides e Ptolomeu, para a qual o tamanho visível de um objeto era estritamente proporcional à abertura do ângulo óptico sem a consideração da percepção da distância relativa ao observador.

4. É a técnica pictórica da P. "artificial" da arte do Renascimento. Como "ciência da arte" (M. KEMP, *The Science of Art,* 1990) a P. encaminha-se para tornar-se uma moderna técnica de representação pictórica da visão sensível. A aparência real é transformada na representação óptica das distâncias das coisas por parte do observador, a qual dá a aparência certa ou certificada, ou seja, "verdadeira" da coisa, que é a empiricamente percebida. Esse princípio constitui a base da elaboração dos artistas da P. "artificial" do Renascimento, os quais transformam tamanhos reais em aparentes por meio do sistema do ponto de fuga e da concepção do quadro como "intersecção" da pirâmide visual, ou janela. Elemento fundamental para a invenção das regras da P. é a idéia de frontalidade ou centralidade do objeto em relação ao olho (*prospicere*).

5. E uma ciência matemático-geométrica ou óptica. Foi só no fim do século XIV e no início do XV que a P. começou a tornar-se uma ciência matemático-física e entrou no *Quadrivium* de Boécio (que não a compreendia) por obra de Domenico da Chivasso (meados do séc. XIV, *Questioni di prospettiva,* ed. G. Federici Vescovini, 1964, pp. 232-46). Este define a P. como a disciplina que "estuda a multiplicação regular" da luz (ou seja, segundo as regras da óptica geométrica): portanto, é uma quinta ciência matemática. Com Descartes, ela começa a tornar-se uma verdadeira óptica como ciência da visão corrigida ou deformada na visão refletida e refratada. Nos textos da juventude, Descartes define a P. como a "ciência dos milagres" que, no entanto, podem ser explicados racionalmente (BALTRUSAITIS, *Anamorphose ou magie artificielle,* 1964[2]). [G.F.V.]

PERSPECTIVISMO (in. *Perspectivism;* fr. *Perspectivisme;* al. *Perspektivismus;* it. *Prospettivismo*). Doutrina segundo a qual a realidade é sempre concebida e interpretada de determinado ponto de vista ou ângulo perspectivo. O P. foi teorizado sobretudo por Nietzsche, mas já está presente embrionariamente em alguns autores do passado. Na proposição 57 da *Monadologia* Leibniz afirma, por exemplo, que toda mônada reflete o universo da sua óptica peculiar: "E assim como uma mesma cidade, olhada de pontos diferentes, parece outra e como que é multiplicada segundo as perspectivas, também ocorre, analogamente, que, para a multiplicidade infinita das substâncias simples, há como que outros tantos universos que no entanto não passam de perspectivas de um único universo, segundo os diversos pontos de vista de cada mônada" (trad. it. em *Scritti filosofici,* Utet, Turim, 1967, vol. I, p. 292). Nietzsche fala, porém, de uma "necessária P." derivada da multiplicidade perspéctica dos centros de vontade e de interpretação, ou seja, do fato de que "cada centro de força, não só o homem, constrói todo o resto do mundo a partir de si mesmo" (*Frammenti postumi* 1888-1889, trad. it., em *Opere,* vol. VIII, t. 3, Adelphi, Milão, 1974, pp. 162 ss.).

O P. está presente em autores díspares (Spengler, Ortega y Gasset, Mannheim, Gadamer) e caracteriza grande parte do pensamento do século XX (do historicismo à hermenêutica). Embora às vezes seja acompanhado por uma atitude relativista, o P. não coincide necessariamente com o relativismo (em sentido "forte"). [G.F.]

PERSPICÁCIA (gr. ἀγχίνοια; lat. *Perspicacitas;* in. *Perspicacity;* fr. *Perspicacité;* al. *Scharfsinn;* it. *Perspicacia*). Rapidez mental, segundo Platão (*Carm.,* 160 a); justeza de mira, segundo Aristóteles (*Et. nic.,* VI, 9, 1142 b 6). A primeira definição capta a rapidez do processo intelectivo; a outra, seu êxito; parecem definições complementares. Kant, porém, definiu a P. como "a capacidade de notar as mínimas semelhanças e dessemelhanças", que gera observações chamadas sutilezas ou simplesmente pedantismo, quando inúteis (*Antr.,* I, § 44) (v. SAGACIDADE). [N.A.]

PERSPICUIDADE (lat. *Perspicuitas;* in. *Perspicuity;* fr. *Perspicuité;* al. *Perspicuität;* it. *Perspicuità*). É o termo latino que traduz o termo grego ἐνάργεια (cf. CÍCERO, *Acad.,* II, 6, 17) (v. EVIDÊNCIA). [N.A.]

PERSUASÃO (in. *Persuasion;* fr. *Persuasion;* al. *Uberredung;* it. *Persuasione*). 1. Crença cuja certeza se apóia em bases principalmente subjetivas, ou seja, pessoais e incomunicáveis. A distinção entre persuasão e ensinamento racional já foi estabelecida por Platão, que dizia: "O pensamento é gerado em nós por via de ensinamento; a opinião, por via da persuasão. O primeiro baseia-se sempre num raciocínio verdadeiro; a outra carece desse fundamento. O primeiro continua firme em face da P.; a outra deixa-se modificar" (*Tim.,* 51, e). Kant expôs claramente este mesmo conceito: "A crença que tem fundamento na natureza particular do sujeito chama-se *persuasão.* É simples aparência porque o fundamento do juízo, que está unicamente no sujeito, é considerado como objetivo. Portanto, esse juízo só tem validade pessoal, e a crença não pode ser comunicada" (*Crít. R. Pura,* Doutrina do método, cap. II, seç. 3). Desse ponto de vista, a pedra de toque que permite distinguir P. e *convicção* (v.) é "a possibilidade de comunicar a crença e reconhecê-la válida para a razão de qualquer homem" (*ibid.*); a convicção é comunicável; a P. não é. A distinção kantiana foi aceita e simplificada por C. Perelmann e por L. Olbrechts-Tyteca: "Propomos chamar de *persuasiva* a argumentação que pretenda servir apenas a um auditório particular, e chamar de *convincente* a que acredita poder obter a adesão de qualquer ser racional" (*Traité de l'argumentation,* 1958, § 6). Às vezes, P. foi distinguida de convicção por, supostamente, envolver o sentimento além da razão e, portanto, só ela ser capaz de despertar o que Pascal chamava de "autômato", que são os comportamentos afetivos e habituais do homem. Pascal dizia: "Somos autômatos tanto quanto espírito; disso resulta que o instrumento de que se constitui a P. não é apenas a demonstração" (*Pensées,* 252). D'Alembert expressou muito bem esse ponto de vista: "A convicção tem mais que ver com o espírito; a P., com o coração. Diz-se que o orador não deve apenas convencer, ou seja, provar o que enuncia, mas também persuadir, ou seja, impressionar e comover. A convicção supõe alguma prova; a P., nem sempre. [...] Persuadimo-nos facilmente do que nos agrada; ficamos às vezes entristecidos ao nos convencermos daquilo em que não queríamos crer" (*Œuvres posthumes,* 1799, II, p. 89). Outras vezes a P. foi considerada a forma superior da certeza por estar ligada à verdade objetiva. Foi o que fez Heidegger, que a entendeu como "um modo de ser da certeza", mais precisamente o que se funda no testemunho do "ente descoberto", o verdadeiro (*Sein und Zeit,* § 52). De modo análogo, Jaspers pôs a P. acima da "confirmação pragmática" e da "evidência coercitiva", como o terceiro e último grau da verdade objetiva (*Vernunft und Existenz,* 1935, III, § 3). Por outro lado, insistiu-se no caráter "emocional" da P., no sentido de que ela apelaria para motivos "não racionais" (C. L. STEVENSON, *Ethics and Language,* 1944, cap. 6). O que emerge dessas indicações é o caráter pessoal e, em certa medida, incomunicável da P., ou melhor, dos motivos que fundamentam a crença na qual ela consiste.

2. Ato ou procedimento de persuadir, de induzir à persuasão. [N.A.]

PERSUASIVO (gr. πιθανόν; lat. *Persuasibile;* in. *Persuasive;* fr. *Persuasif;* al. *Überzeugend;* it. *Persuasivo*). Critério de verdade defendido pelos céticos da Nova Academia, em primeiro lugar por Carnéades. Persuasiva é a representação que se mostra verdadeira, que pode ser falsa, mas que *na maioria das vezes* é verdadeira. Carnéades dizia: "Visto que raramente topamos com uma representação verdadeira, não devemos recusar-nos a crer na representação que na maioria das vezes diz a verdade: com efeito, juízos e ações são regulados pela maior ou menor freqüência" (SEXTO EMPÍRICO, *Adv. math.,* VII, 175). A representação persuasiva, segundo os discípulos de Carnéades, também deve ser *coerente e ponderada,* ainda que essas características nada acrescentem à sua capacidade persuasiva (*ibid.,* VII, 184). [N.A.]

PERTENÇA (in. *Belongingness;* fr. *Appartenance;* al. *Zugehörigkeit;* it. *Appartenenza*). 1. Termo de cunho heideggeriano retomado do ponto de vista hermenêutico por Gadamer. Heidegger fala de uma P. do homem ao ser, devida ao fato de que ele não cria (em sentido idealístico-transcendental) nem constitui (em sentido fenomenológico-husserliano) o ser, mas habita nele, segundo o princípio da copertença recíproca entre a *Sein* e *Dasein* (v. EREIGNIS). Gadamer usa esse termo para ressaltar sua maneira anti-subjetivista e anti-humanista de considerar as relações homem-mundo (v. ANTI-SUBJETIVISMO; ANTI-HUMANISMO). Afirmando que o indivíduo "pertence" à obra, à história, à linguagem etc, o autor de *Verdade e Método* pretende evidenciar que tais realidades não são "objetos" de que o homem pode dispor a seu bel-prazer, mas "eventos" nos quais ele está envolvido e pelos quais está "preso". O conceito de P. está na base da concepção hermenêutica da verdade (v.).

2. Na esteira de Heidegger e de Gadamer, fala-se de P. (ou de "P. participativa") para observar que o homem não existe fora de seus âmbitos de indagação (o ser, a história, a interpretação etc.), mas está

implicado e envolvido neles. Circunstância que exclui a possibilidade de qualquer suposto saber neutro e totalmente objetivo (v. AUTO-REFERÊNCIA). [G.F.]

PESQUISA. V. INVESTIGAÇÃO.

PESSIMISMO (in. *Pessimism;* fr. *Pessimisme;* al. *Pessimismus;* it. *Pessimismo*). Em geral, crença de que o estado das coisas, em alguma parte do mundo ou em sua totalidade, é o pior possível. Esse termo começou a ser empregado na Inglaterra, no início do século XIX, como antítese do otimismo. Portanto, a tese do P. poderia ser expressa como a inversão da tese do otimismo, com a asserção de que nosso mundo é o pior dos mundos possíveis. Mas expresso dessa forma o P. é uma metafísica, e pode-se falar em P. só a propósito da filosofia de Schopenhauer e de seus seguidores. Comumente, porém, fala-se em P. também em sentido mais limitado e parcial, quando ocorre pelo menos uma das teses seguintes:

1.ª Na vida humana as dores superam os prazeres, e a felicidade é inatingível. Desta forma, o P. foi defendido pelo cirenaico Hegésias, chamado de "persuasor da morte" (DIÓG. L., II, 8, 94).

2.ª Na vida humana os males superam os bens, de tal modo que ela é um complexo de acontecimentos ruins, ignóbeis ou repugnantes. O P. foi defendido dessa forma pelo apologista Arnóbio, no início do século IV: para ele, a própria existência do homem é inútil à economia do mundo, que permaneceria o mesmo se o homem não existisse (*Adv. nationes,* II, 37).

3.ª A vida é, em geral, mal ou dor. Esta é a tese do P. metafísico, da forma defendida pelo budismo antigo e por Schopenhauer (*Die Welt,* I, § 57 ss.).

4.ª O mundo é, em sua totalidade, manifestação de uma força irracional: segundo Schopenhauer, de uma "vontade de vida" que se dilacera e se atormenta (*Die Welt,* § 61); segundo E. Hartmann, de um princípio inconsciente que, ao tornar-se progressivamente ciente, destrói as ilusões que regem o mundo (*Philosophie des Unbewussten,* 1869).

Todas as formas do P. negam a possibilidade de progresso e, em geral, de qualquer melhora no campo específico em que vigoram. [N.A.]

PESSOA (gr. πρόσωπον, ὑπόστασις; lat. *Persona;* in. *Person;* fr. *Personne;* al. *Person;* it. *Persona*). No sentido mais comum do termo, o homem em suas relações com o mundo ou consigo mesmo. No sentido mais geral (porquanto essa palavra foi aplicada também a Deus), um sujeito de relações. É possível distinguir as seguintes fases desse conceito: 1.ª função e relação-substância; 2.ª auto-relação (relação consigo mesmo); 3.ª heterorrelação (relação com o mundo); 4.ª coincidência entre auto-relação e heterorrelação.

1.ª Essa palavra deriva de *persona,* que, em latim, significa máscara (no sentido de *personagem*: in. *Character;* fr. *Personnage;* al. *Rolle;* it. *Personaggio*) e foi introduzida com esse sentido na linguagem filosófica pelo estoicismo popular, para designar os papéis representados pelo homem na vida: Epicteto diz: "Lembra-te de que aqui não passas de ator de um drama, que será breve ou longo segundo a vontade do poeta. E se lhe agradar que representes a P. de um mendigo, esforça-te por representá-la devidamente. Faze o mesmo, se te for destinada a P. de um coxo, de um magistrado, de um homem comum. Visto que a ti cabe apenas representar bem qualquer P. que te seja destinada, a outro pertence o direito de escolhê-la" (*Manual,* 17, trad. Leopardi; cf. *Dissertazioni,* I, 29 etc.). O conceito de papel, neste sentido, pode ser reduzido ao de relação: um papel outra coisa não é senão um conjunto de relações que ligam o homem a dada situação e o definem com respeito a ela. Por isso, a noção de P. revelou-se útil quando foi preciso expressar as relações entre Deus e o Cristo (considerado como o Logos ou Verbo), e entre ambos e o Espírito, mas ao mesmo tempo foi fonte de mal-entendidos e heresias. Com efeito, por um lado a relação parecia ter sido somada – acidentalmente somada – à substância da coisa; este pelo menos era seu conceito na filosofia tradicional e, em particular, na aristotélica (v. RELAÇÃO). Por outro lado, a própria palavra P., lembrando a máscara de teatro, parecia implicar o caráter aparente e não substancial da pessoa. Daí nasceram as longas disputas trinitárias que caracterizam a história dos primeiros séculos do cristianismo e levaram às decisões do Concílio de Nicéia (325). Para evitar a associação entre a noção de P. e a de máscara, os escritores gregos adotaram, em vez de *prósopon,* a palavra *hypóstasis,* que, em seu significado de "suporte", revela as preocupações que sugeriram a escolha. Mas sobre o caráter acidental que a relação parece ter por natureza, muitos padres da Igreja acharam melhor simplesmente negar que a P. fosse relação, e insistir na sua substancialidade. Era o que fazia, por exemplo, Agostinho, ao afirmar que P. significa simplesmente "substância", e que por isso o Pai é P. em relação a si mesmo (*ad se*), e não em relação ao Filho etc. (*De Trin.,* VII, 6). Com base nisso, Boécio dava a definição de P. que se tornou clássica em toda a Idade Média: "P. é a substância individual de natureza racional" (*De duabus naturis et una persona Christi,* 3 P. L., 64, col. 1345). Mas, como nota Tomás de Aquino (*S. Th.,* I, q. 29, a. 4, *contra*), o próprio Boécio admitia que "todo nome atinente às P. significa uma relação"; além disso, não havia outra maneira de esclarecer o significado das pessoas divinas, senão a de esclarecer as relações entre elas, com o mundo e com os homens. Tomás de Aquino, portanto, em um de seus textos mais notáveis pela clareza e força filosófica (prescindindo do significado teológico-religioso), ao elucidar o dogma trinitário, restabelece o significado do conceito de P. como relação, mesmo afirmando simultaneamente a substancialidade da relação *in divinis.* "Não há distinção em Deus, a não ser em virtude das relações de origem. Contudo, em Deus a relação não é como um acidente inerente ao sujeito, mas é a própria essência divina, de tal modo que subsiste do mesmo modo como subsiste a essência divina. Assim como a divindade é Deus, a paternidade divina é Deus Pai, que é P. divina: portanto, a P. divina significa a relação que é subsistente, isto é, significa a relação na forma da substância, que é a hipóstase subsistente na natureza divina, embora aquilo que subsiste na natureza divina outra coisa não seja senão a natureza divina" (*S. Th.,* I, q. 29, a. 4). Deste modo, ao lado do caráter substancial ou hipostático da P., era energicamente ressaltado o seu significado de relação. Isto no que se refere às P. divinas. No que concerne à P. em geral, Tomás de Aquino afirmava que, diferentemente do indivíduo, que por si é indistinto, "a P., numa natureza qualquer, significa o que é distinto nessa natureza, assim como na natureza humana significa a carne, os ossos e a alma que são os princípios que individualizam o homem" (*ibid.,* I, q. 29, a. 4). Portanto, segundo Tomás de Aquino, mesmo no sentido comum a P. é distinção e relação.

2ª A partir de Descartes, ao mesmo tempo em que se enfraquece ou diminui o reconhecimento do caráter substancial da P., acentua-se a sua natureza de relação, especialmente de *auto-relação* ou relação do homem consigo mesmo. O conceito de P. neste sentido identifica-se com o de Eu como consciência e é analisado sobretudo no que se refere àquilo que se chama de identidade pessoal, ou seja, unidade e continuidade da vida consciente do Eu. Locke afirma que a P. "é um ser inteligente e pensante que possui razão e reflexão, podendo observar-se (ou seja, considerar a própria coisa pensante que é) em diversos tempos e lugares; e isso ele faz somente por meio da consciência, que é inseparável do pensar e essencial a ele" (*Ensaio,* II, 27, 11). A P. é aqui identificada com a identidade pessoal, com a relação que o homem tem consigo mesmo, e esta última com a consciência. Leibniz está de acordo com Locke nesse aspecto, mas insiste também na identidade física ou real como outro componente da P., além da identidade moral ou da consciência (*Nouv. ess.,* II, 27, 9). A relação consciente do homem consigo mesmo torna-se, a partir de então, característica fundamental da pessoa. Wolff diz: "A P. é o ente que conserva a memória de si mesmo, ou seja, lembra-se que é o mesmo que foi antes, neste ou naquele estado" (*Psychol. rationalis,* § 741). E Kant afirma de modo análogo: "O fato de o homem poder representar seu próprio eu eleva-o infinitamente acima de todos os seres vivos da terra. Por isso, ele é uma P. e, por causa da unidade de consciência persistente através de todas as alterações que podem atingi-lo, é uma só e mesma P." (*Antr.,* § 1). Hegel entendia por P. o sujeito autoconsciente enquanto "simples referência a si mesmo na própria individualidade" (*Fil. do dir.,* § 35). Lotze diz: "A essência da P. não se reporta a uma oposição passada ou presente do eu ao não eu, mas consiste no imediato ser por si" (*Mikrokosmus,* I, 1856, p. 575). E Renouvier diz: "A consciência toma o nome de P. quando é levada ao grau superior de distinção e extensão no qual atinge o conhecimento de si mesma e do universal, bem como o poder de formar conceitos e aplicar as leis fundamentais do espírito, que são as categorias" (*Nouvelle monadologie,* 1899, p. 111). Visto ser, neste sentido, simplesmente a relação do homem consigo mesmo (o que é a definição da consciência), P. identifica-se com consciência.

3ª Contra a interpretação acima de P. estão obviamente as posições filosóficas que se recusam a reduzir o ser do homem à consciência e travam polêmica contra a forma mais radical dessa interpretação, que é o hegelianismo. Neste sentido, a antropologia da esquerda hegeliana e do marxismo, apesar de não se ter preocupado, abertamente, em esclarecer o conceito de P., constitui o início de uma renovação desse conceito ou a evidenciação de um aspecto sobre o qual a tradição filosófica se calara: a P. humana é constituída ou condicionada essencialmente pelas "relações de produção e de trabalho", de que o homem participa com a natureza e com os outros homens para satisfazer às suas necessidades (cf. MARX, *A ideologia alemã,* I). Por outro lado, a doutrina moral kantiana já caracterizara o conceito de P. em termos de *heterorrelação,* ou seja, relação com os outros. Quando Kant dizia que "os seres racionais são chamados de pessoas porque a natureza deles os indica já como fins em si mesmos, como algo que não pode ser empregado unicamente como meio" (*Grundlegung Zur Met. der Sitten,* II), declarava que a natureza da P., do ponto de vista moral, consiste na relação intersubjetiva. No entanto, foi só com a fenomenologia que o conceito de P. como heterorrelação ingressou explicitamente na filosofia. Husserl, considerando o eu como o "pólo da vida intencional ativa e passiva e de todos os hábitos criados por ela" (*Cart. Med.,* § 44), acentuava essa relação com outra coisa, em que consiste a intencionalidade. Mas é sobretudo com Scheler que a P. é definida de modo explícito como "relação com o mundo". Segundo ele, a P. é definida essencialmente por essa relação, assim como o *eu* é definido pela relação com o mundo externo, o *indivíduo* pela relação com a sociedade, o *corpo* pela relação com o ambiente. Segundo Scheler, "o mundo nada mais é que correlação objetiva da P.; portanto, a cada P. individual corresponde um mundo individual" (*Formalismus,* 1913, p. 408). As esferas objetivas que se podem distinguir no mundo (objetos internos, objetos externos, objetos corpóreos etc.) tornam-se concretos apenas enquanto partes de um mundo correlativo a uma P., enquanto domínio das possibilidades de ação da própria P. A P., neste sentido, não deve ser confundida com a alma, com o eu ou com a consciência: um escravo, por exemplo, é todas essas coisas, mas não é P. porque não tem possibilidade de agir sobre o próprio corpo, e assim um elemento de seu mundo escapa-lhe (*ibid.,* p. 499). "A P." – diz ainda Scheler – "só se dá onde se dá um *poder fazer* por meio do corpo, mais precisamente um poder fazer que não se fundamenta apenas na lembrança das sensações ocasionadas pelos movimentos externos e pelas experiências ativas, mas que precede o agir efetivo" (*ibid.,* p. 499). Não obstante os numerosos e nem sempre coerentes vaivéns metafísicos a que Scheler submeteu sua doutrina, seu conceito de P. como de "relação com o mundo" foi fecundo, até porque assumido como ponto de partida da análise existencial de Heidegger (*Sein und Zeit,* § 10); esta se centrou precisamente no conceito da P. humana, de existência, como relação com o mundo.

Esse conceito de P., que, como vimos, não coincide com o de eu, foi formulado em termos análogos e é em geral empregado nas ciências sociais. A definição que costuma repetir-se nessas ciências, de P. como "o indivíduo provido de *status* social", faz referência à rede de relações sociais que constituem o *status* da pessoa. A consideração da P. como unidade individual, com a qual se lida no domínio considerado por essas ciências, corresponde à mesma determinação conceitual do termo como agente moral, sujeito de direitos civis e políticos ou, em geral, membro de um grupo social. O homem é P. porque, nos papéis que desempenha, é essencialmente definido por suas relações com os outros (v. também PERSONOLOGIA). [N.A.]

4º Segundo outra orientação, a P. é coincidência de auto-relação e heterorrelação, ou seja, de relação consigo e relação com outro, entendendo por outro o Ser, Deus, a Verdade etc. Já presente em Kierkegaard, para quem o homem se relaciona consigo apenas enquanto se relaciona com a Transcendência, portanto existe como síntese paradoxal de temporalidade e eternidade, finito e infinito (*La malattia mortale,* 1849, trad. it., em *Opere,* Sansoni, Florença, 1972, pp. 625-6), tal concepção foi retomada tanto por Jaspers (*Filosofia,* 1932) quanto por alguns expoentes do *personalismo* (v.) e do existencialismo teológico (v. EXISTENCIALISMO). Uma das suas últimas e mais significativas manifestações é constituída pelo "personalismo ontológico" de Pareyson (*Esistenza e persona,* 1950), que viu na P. uma entidade *constitutivamente* permeada pelo Absoluto e pelo divino, acabando por aventar a relação homem-ser em termos hermenêuticos (*Verità e interpretazione,* 1971).

Apesar da onda anti-humanista e antipersonalista dos anos 1960-1970 (v. ANTI-HUMANISMO), o conceito de P., nos seus vários matizes e acepções, não deixou de chamar a atenção dos filósofos, tanto na área religiosa quanto na área laica. Contribuições notáveis foram os da Escola de Oxford (por meio das reflexões sobre a identidade pessoal realizadas por Strawson, Kripke, Wiggins, Williams etc.), da psicologia fenomenológico-existencial (v. PSICOLOGIA; PERSONOLOGIA), da filosofia da mente (v.), dos atuais debates éticos, bioéticos, ecológicos, políticos etc. – no bojo dos quais está desempenhando um papel estratégico a noção de P., entendida não tanto como "atividade vivida de autocriação" (E. MOUNIER, *Le personnalisme,* Paris 1950, p. 8), mas como *sujeito de direitos e deveres, com "dignidade" ineliminável.* [G.F.]

PESSOA CIVIL (lat. *Persona civilis*; in. *Juristic person*; fr. *Personne juridique*; al. *Juristische Person*; it. *Persona civile*). Segundo Hobbes, P. neste sentido é "aquilo a que se atribuem palavras e ações humanas, próprias ou alheias": se à P. são atribuídas ações próprias, trata-se de uma P. *natural*; se lhe são atribuídas ações alheias, trata-se de P. *fictícia* (*De hom.,* 15, § 1). Esta definição de Hobbes é a mais genérica e ao mesmo tempo a mais exata das definições da P. civil e jurídica já dada pelos filósofos. O próprio Hegel define a P. neste sentido como genérica "capacidade jurídica" (*Fil. do dir,* § 36). [N.A.]

PETIÇÃO DE PRINCÍPIO (lat. *Petitio principii*). É a conhecidíssima *falácia* (v.), já analisada por Aristóteles (*Top.,* VIII, 13, 162 b; *El. sof.,* 5, 167 b; *An. pr.,* II, 16, 64 b), que consiste em pressupor, na demonstração, um equivalente ou sinônimo do que se quer demonstrar (cf. PEDRO HISPANO, *Summ. log.,* 753). [G.P.]

PHRONESIS. V. SABEDORIA.

PICNÁTOMOS (al. *Pyknatomen*; it. *Picnatomi*). Foi esse o nome que Haeckel deu aos átomos, dotados de movimento e sensibilidade, que ele julgava elementos constitutivos de todas as formas de ser, por serem produzidos por *condensação* (picnose) da matéria primitiva (WELTRÄTSEL, 1899; trad. it., 1904, pp. 296 ss.). [N.A.]

PIEDADE. V. COMPAIXÃO.

PIETISMO (in. *Pietism;* fr. *Piétisme;* al. *Pietismu;* it. *Pietismo*). Reação contra a ortodoxia protestante que ocorreu no norte da Europa, especialmente na Alemanha, na segunda metade do século XVII. Foi comandada por Phillipp Spener (1635-1705), e um de seus expoentes foi o pedagogo August Franke (1663-1727). O P. pretendia voltar às teses originais da Reforma protestante: livre interpretação da Bíblia e negação da teologia; culto interior ou moral de Deus e negação do culto externo, dos ritos e de qualquer organização eclesiástica; compromisso com a vida civil e negação do valor das denominadas "obras" de natureza religiosa. Deste último aspecto deriva a aceitação de muitos ensinamentos de caráter prático e utilitário nas instituições educacionais pietistas (cf. A RITSCHL, *Geschichte des Pietismus,* 3 vol., 1880-1886). [N.A.]

PIRRONISMO (in. *Pyrrhonism;* fr. *Pyrrhonisme;* al. *Pyrrhonismus;* it. *Pirronismo*). Forma extrema do ceticismo grego, tal como foi defendida por Pírron de Élis, que viveu no tempo de Alexandre Magno (Pírron acompanhou-o em sua expedição ao Oriente) e morreu por volta do ano 270 a.C. Conhecemos sua doutrina pelos *Silloi* (versos jocosos) de Tímon de Fliunte e pelas exposições de Diógenes Laércio e Sexto Empírico. A tese fundamental do P. é a necessidade de suspender o assentimento. Visto que para o homem as coisas são inapreensíveis, a única atitude legítima é a de não as julgar verdadeiras ou falsas, nem belas ou feias, nem boas ou ruins etc. Não julgar também significa não preferir ou não evitar: assim, a suspensão do juízo é já por si mesma *ataraxia,* ausência de perturbação. Diógenes Laércio conta que Pírron caminhava sem olhar para nada e sem afastar-se de nada, arrostando carros, se os encontrasse, precipícios, cães etc. (DIÓG. L., IX, 62).

Mais tarde houve um retorno ao P., entre o fim do último século a.C. e o fim do II século d.C. por obra de Enesidemos de Cnossos (que ensinou em Alexandria), de Agripa e do médico Sexto Empírico. Este último, que atuara entre os anos 180 e 210 d.C., deixou três obras: *Hipotipose pirrônica, Contra os dogmáticos* e *Contra os matemáticos,* que constituem uma síntese de todo o ceticismo antigo. A tese pirrônica da suspensão do assentimento é rigorosamente mantida, mas, como guia para a conduta da vida, são adotadas a aparência sensível e as normas da vida comum (*Pirr. hyp.,* I, 21) (cf. MARIO DAL PRA, *Lo scetticismo greco,* 1950). [N.A.]

PISTIS SOPHIA. Segundo a cosmogomia dos gnósticos, é o último dos *Éons* (v.) (emanações), ou éon decaído, que dá origem à matéria (HIPÓLITO, *Philosophumena,* VI, 30 ss.) (cf. GNOSTICISMO). [N.A.]

PITAGORISMO (in. *Pythagoreanism;* fr. *Pythagorisme;* al. *Pythagoreismus;* it. *Pitagorismo*). Doutrina da antiga escola pitagórica; pouco ou nada deve ao seu fundador, Pitágoras, sobre quem pouco se sabe com certeza e que provavelmente nada escreveu. As teses características do P. foram as seguintes:

1ª *metempsicose* (v.), nas quais se baseavam as crenças místicas e os ritos da seita;

2ª os números constituem os princípios ou os elementos constitutivos das coisas; esta doutrina, por meio do platonismo, também presidiu os primórdios da ciência moderna;

3ª os corpos celestes (que para os pitagóricos eram dez, por razões de simetria) giram todos em torno de um fogo central (*Lestia*), do qual o sol seria um reflexo. Esta é a primeira manifestação daquilo que, na idade moderna, viria a ser o sistema de Copérnico. [N.A.]

PLANO (in. *Plane;* fr. *Plan;* al. *Schicht;* it. *Piano*). Esta noção é empregada em filosofia para designar graus ou níveis do ser, caracterizados por qualidades próprias, não redutíveis às de outros graus ou níveis. O conceito de P. foi introduzido com esse sentido por Boutroux: "No universo é possível distinguir diversos mundos, que seriam como P. sobrepostos uns aos outros. Acima do mundo da pura necessidade, que é a quantidade sem qualidade, idêntico ao nada, podem-se distinguir: o mundo das causas, o mundo das noções, o mundo físico, o mundo vivo e o mundo pensante" (*De la contingence des lois de la nature,* 1874, Concl.). Segundo Boutroux, cada P. é caracterizado: 1º por certa dependência do P. inferior; 2º pela irredutibilidade de suas qualidades fundamentais e de suas leis específicas à qualidade ou às leis do P. inferior. Nisso consistiria a *contingência* da realidade. Concepção análoga foi apresentada por N. Hartmann, que distinguiu quatro P. da realidade: inorgânico, orgânico, psíquico e espiritual (*Der Aufbau der realen Welt,* 1940). Hartmann também admite que cada P. da realidade é regido por leis próprias e irredutíveis, mas, ao contrário de Boutroux, acentua a dependência dos P. superiores em relação aos inferiores. Por exemplo, as leis do mundo psíquico não são redutíveis às do mundo orgânico, mas as pressupõe, acrescentado-se-lhes: representam, por isso, um *supradeterminismo,* que se soma ao determinismo das leis inferiores. Portanto, a conclusão a que chega a análise da estratificação do ser feita por Hartmann não é a contingência, e sim a supranecessidade (v. LIBERDADE). [N.A.]

PLÁSTICA, NATUREZA (in. *Plastic nature;* fr. *Nature plastique;* al. *Plastisch Natur;* it. *Natura plastica*). A força P. ou formadora, dirigida por Deus e dele dimanada, mas diferente, à qual está confiada a tarefa de organizar a matéria. É o conceito de natureza *éctipa,* admitido pelos platônicos de Cambridge (v. ÉCTIPO). [N.A.]

PLATONISMO (in. *Platonism;* fr. *Platonisme;* al. *Platonismus;* it. *Platonismo*). Os elementos da doutrina de Platão considerados característicos desde Aristóteles podem ser recapitulados da seguinte maneira:

1º A doutrina das idéias, segundo a qual são objetos do conhecimento científico entidades ou valores que têm um *status* diferente do das coisas naturais, caracterizando-se pela unidade e pela imutabilidade (v. IDÉIA). Com base nesta doutrina, o conhecimento sensível, que tem por objeto as coisas na sua multiplicidade e mutabilidade, não têm o mínimo valor de verdade e podem apenas obstar à aquisição do conhecimento autêntico.

2º A doutrina da superioridade da sabedoria sobre a erudição, ou seja, do objetivo político da filosofia, cuja meta final é a realização da justiça nas relações humanas e portanto em cada homem (v. SABEDORIA).

3º A doutrina da dialética como procedimento científico por excelência, como método através do qual a investigação conjunta consegue, em primeiro lugar, reconhecer uma única idéia, para depois dividi-la em suas articulações específicas (v. DIALÉTICA).

Estes são também os três aspectos polêmicos que opuseram Aristóteles e Platão; por marcarem a diferença entre P. e aristotelismo, serviram para caracterizar este último ao longo dos séculos. É óbvio que não esgotam a doutrina original de Platão, que, portanto, não coincide com o "P".

É preciso notar que as teses acima expostas não caracterizam o denominado P. do Renascimento. Este, na realidade, é um neoplatonismo que lança mão das teses fundamentais do *neoplatonismo antigo* (v.). [N.A.]

PLATONISMO MATEMÁTICO. V. MATEMÁTICA; GEOMETRIA.

PLEROMA (gr. πλήρωμα; it. *Pleroma*). Segundo o gnóstico Valentim (séc. II), a totalidade da vida divina plena ou perfeita (IRENEU, *Adv. haer.,* I, 11, 1). [N.A.]

PLURALISMO (in. *Pluralism;* fr. *Pluralisme;* al. *Pluralismus;* it. *Pluralismo*). 1. A partir de Wolff, este termo foi contraposto a *egoísmo* (v.) como "a maneira de pensar em virtude da qual não se abarca o mundo no eu, mas nos consideramos e nos comportamos apenas como cidadãos do mundo" (Kant, *Antr.,* I, § 2). Mas enquanto o termo egoísmo continuou designando uma atitude moral, visto que, para a doutrina metafísica correspondente, prevaleceu *solipsismo* (v.), o termo P., no uso que dele se fez em seguida, assumiu um significado metafísico, passando a designar a doutrina que admite pluralidade de substâncias no mundo. A expressão típica dessa doutrina é a monadologia de Leibniz, e foi neste sentido que o termo voltou a ser usado por alguns espiritualistas modernos (J. WARD, *The Realm of Ends or Pluralism and Theism,* 1912; W. JAMES, *A Pluralistic Universe,* 1909). James insistiu particularmente na exigência proposta pelo P.: a de não considerar o universo como massa compacta, em que tudo está determinado no bem ou no mal e não há lugar para a liberdade, mas sim como uma espécie de república federativa na qual os indivíduos, apesar de solidários entre si, conservem autonomia e liberdade. O universo pluralista, segundo James, é um *pluriverso* ou *multiverso;* sua unidade não é a implicação universal ou integração absoluta, mas continuidade, contigüidade e concatenação: é uma unidade de tipo *sinequia,* no sentido atribuído a esta palavra por Peirce (*A Pluralistic Universe,* p. 325). Um universo assim distingue-se do universo monadológico de Leibniz justamente pelo caráter não absoluto nem necessitante da unidade que o constitui. Até mesmo Deus, no universo pluralista, é finito.

2. Na terminologia contemporânea, designa-se freqüentemente com este nome o reconhecimento da possibilidade de soluções diferentes para um mesmo problema, ou de interpretações diferentes para a mesma realidade ou conceito, ou de uma diversidade de fatores, situações ou evoluções no mesmo campo. Assim, fala-se em "P. estético" quando se admite que uma obra de arte pode ser considerada "bela" por motivos diferentes, que nada têm em comum; fala-se em P. sociológico quando se admite ou se reconhece a ação de vários grupos sociais relativamente independentes uns dos outros. [N.A.]

Analogamente, fala-se de "P. político" quando são admitidos vários grupos e centros de poder, ou, mais em geral, quando se faz referência aos métodos das modernas sociedades democráticas. Em epistemologia, fala-se de "P. teórico" ou de "P. metodológico" a propósito das posições que, contrapondo-se ao "monismo teórico", ou seja, ao mito da "Única Teoria Verdadeira", afirmam a existência – e a desejabilidade – de múltiplos métodos e teorias em concorrência entre si. E fala-se de "P. costrutivista" a propósito da doutrina segundo a qual nunca se tem um "mundo em si" metafísico e puro, mas apenas a multiplicidade irredutível das nossas "versões" do mundo (Goodman).

3. A defesa do P. (teórico, ético, estético, político etc.) e a polêmica contra "a unanimidade totalitária" são atitudes filosóficas largamente difundidas. Segundo Popper, que não vê no P. uma forma estéril de relativismo que justifica tudo, mas um método fecundo e racional de coexistência, "deveríamos estar orgulhosos de não possuirmos uma idéia *única,*

mas *muitas* idéias, boas e ruins; de não termos uma fé *única*, uma religião *única*, mas *numerosas*, boas e ruins. É um sinal da energia superior do Ocidente o fato de nos podermos permitir isso. A unidade do Ocidente em torno de uma idéia, uma fé, uma religião seria o fim do Ocidente..." (*Alla ricerca di un mondo migliore*, 1984, trad. it., Il Saggiatore, Milão, 1989, p. 213). E Popper insiste: do islamismo ao comunismo soviético, "a crença fé na única, unitária e exclusiva" sempre produziu desgraças e opressões. Segundo Feyerabend, "a unanimidade de opinião pode ser adequada a uma Igreja, às vítimas apavoradas de algum mito (antigo ou moderno) ou aos seguidores fracos e subservientes de algum tirano; a variedade de opiniões é um traço distintivo essencial para o conhecimento objetivo; é um método que encoraja a verdade, é também o único método compatível com uma visão humanitária (*Come essere un buon empirista*, 1963, trad. it., Borla, Roma 1982, p. 34). Lyotard e Vattimo vêem no P. uma das principais marcas da "humanidade no plural", que é a humanidade pós-moderna. "Os séculos XIX e XX – escreve Lyotard – saciaram-nos de terror. Pagamos bem caro a nostalgia do todo e do um [...]. A resposta é: guerra a tudo [...] ativamos as dissensões" (*Il postmoderno spiegato ai bambini*, 1986, trad. it., Feltrinelli, Milão, 1987, p. 24). "A hermenêutica – escreve Vattimo – é uma ontologia pluralista (forte era o ser uno da metafísica) em que a pluralidade não é um momento provisório que deve ser resgatado numa síntese, numa unidade final; mas condição permanente, se quiserem, também paradoxo aceito" (G. VATTIMO, *Perché debole*, em *Dove va la filosofia italiana?*, Laterza, Roma-Bari, 1986, p. 192).

Contra os que acreditam numa sociedade perfeita, capaz de harmonizar os diferentes e conflitantes valores humanos, I. Berlin defende a multiplicidade inevitável dos pontos de vista, opondo às várias formas de "monismo" as razões teóricas, políticas e existenciais do P." O P., com a quantidade de liberdade 'negativa' que comporta, parece-me um ideal mais verdadeiro e mais humano que os objetivos perseguidos pelos que buscam nas grandes estruturas autoritárias e disciplinadas o ideal de domínio em si 'positivo' por parte das classes, dos povos ou da humanidade inteira. É mais verdadeiro porque pelo menos reconhece que os objetivos humanos são múltiplos, não todos comensuráveis entre si e estão em perpétua rivalidade uns com os outros" (*Quattro saggi sulla libertà*, 1969, trad. it., Feltrinelli, Milão 1989, p. 235). Rawls distinguiu P. como tal e P. *racional*, afirmando que uma teoria política da justiça (v.) deve cuidar sobretudo deste último: "Não se trata simplesmente do fato de instituições livres tenderem a gerar uma grande variedade de doutrinas e opiniões [...], mas do fato de entre as opiniões que se desenvolvem haver grande variedade de doutrinas abrangentes e racionais. São essas as doutrinas que os cidadãos racionais defendem, e é delas que deve cuidar o liberalismo político" (*Political Liberalism*, 1993, trad. it., Comunità, Milão, 1994, p. 48) (v. LIBERALISMO).

Segundo Putnam, P. não deve ser confundido com relativismo (em sentido "forte"), ou seja, com a doutrina da validade contextual e equivalência substancial das várias visões do mundo e dos vários modelos de comportamento: "Crer num ideal pluralístico não equivale de modo algum a crer que qualquer ideal humano seja tão válido quanto qualquer outro, nem mais nem menos" (*Ragione, verità e storia*, 1981, trad. it., Il Saggiatore, Milão 1985, p. 161). [G.F.]

PNEUMA (gr. πνεῦμα; lat. *Spiritus*; in. *Pneuma*; fr. *Pneuma*; al. *Pneuma*; it. *Pneuma*). Este termo só ganhou significado técnico com os estóicos, que com ele designaram o *espírito*, ou *sopro animador*, com que Deus age sobre as coisas, organizando-as, vivificando-as e dirigindo-as. Diógenes Laércio diz: "Para os estóicos a natureza é um fogo artífice destinado a gerar, isto é, um P. da espécie do fogo e da atividade formativa (VII, 156; Plut., *De stoic. repugn.*, 43, 1054). Virgílio aludia a essa concepção com versos famosos: "*Spiritus intus alit Totamque infusa per artus, Mens agitat molem et toto se corpore miscet*" (*En.*, VI, 726), versos aos quais Giordano Bruno recorria para ilustrar sua concepção do Intelecto artífice ou "ferreiro do mundo" (*De la causa, princípio e uno*, II). Os magos do Renascimento falavam no mesmo sentido do espírito através do qual a alma do mundo age sobre todas as partes do universo visível (AGRIPA, *De occulta philosophia*, I, 14). No livro da *Sabedoria* (I, 5-7 etc.), o P. é entendido no sentido estóico. E em sentido análogo, S. Paulo fala do "corpo pneumático", que ele contrapunha ao "corpo psíquico" ou animal como corpo vivo e vivificante que ressurgirá depois da morte (I *Cor.*, XIV, 44 ss.). Na tradição cristã, P. é o Espírito Santo, do qual Tomás de Aquino dizia: "O nome *espírito* nas coisas corpóreas parece significar certo movimento ou impulso, visto que chamamos de espírito a respiração e o vento. Mas é próprio do amor mover e impelir a vontade do amante em direção ao ser amado. E como a pessoa divina age pelas vias do amor, graças ao qual Deus é convenientemente amado, ela chama-se Espírito Santo" (*S. Th.*, I, q. 36, a. 1). Finalmente, da mesma doutrina do espírito vivificante deriva a dos espíritos "psíquicos", "animais" ou "corpóreos", que foram admitidos pela medicina antiga (v. PNEUMÁTICOS) e pela medieval, sendo mencionada muitas vezes pelos filósofos: os espíritos animais foram mencionados por Tomás de Aquino (*In Sent.*, IV, 49, 3; cf. *S. Th.*, I, q. 76, a. 7, ad. 2º) e mais tarde por Telésio (*De rer. nat.*, V, 5), por Bacon (*Nov. Org.*, II, 7; *De augm. scient.*, IV, 2), por Hobbes (*De corp.*, 25, 10) e especialmente por Descartes, que expôs a doutrina de seu próprio ponto de vista (*Pass. de l'âme*, I, 10).

No sentido comum de ar ou sopro, essa palavra é usada por alguns filósofos que consideram a alma como ar: por exemplo, por Anaxímenes, cuja doutrina é um corolário do princípio de que tudo é ar (*Fr*, 2, Diels), e por Epicuro (*Ad Herod.*, 63). [N.A.]

PNEUMATISTAS (gr. πνευμάτικοι; lat. *Spiritales*; in. *Pneumatics*; fr. *Pneumatiques*; al. *Pneumatiker*; it. *Pneumatici*). Foram indicados com este termo: 1º os seguidores da escola médica de Galeno, que, inspirando-se nos estóicos, identificavam no *pneuma* (v.) o princípio da vida; distinguiam: o pneuma *psíquico*, que reside no cérebro, o pneuma *zoótico* ou animal, que reside no coração, e o pneuma *físico* ou natural, que reside no fígado, atribuindo a cada um deles funções especiais no organismo; 2º alguns padres da Igreja e alguns gnósticos, que ressaltaram a distinção presente no Novo Testamento (v. PNEUMA) entre corpo psíquico ou animal e corpo P., insistindo na superioridade deste último; 3º alguns químicos dos séculos XVII e XVIII (Boyle, Black, Cavendish e outros), que iniciaram as investigações sobre os gases e descobriram certo número de elementos e compostos gasosos. [N.A.]

PNEUMATOLOGIA (in. *Pneumatology*; fr. *Pneumatologie, Pneumatique*; al. *Pneumatologie; Pneumatik*; it. *Pneumatologia, Pneumatica*). Leibniz introduziu o termo P. para indicar "o conhecimento de Deus, das almas e das substâncias simples em geral" (*Nouv. ess.*, Avant-propos, *Op.*, ed. Erdmann, p. 199). Este termo pretendia significar "ciência dos espíritos" e foi retomado por Wolff para indicar o conjunto da psicologia e da teologia natural (*Log.*, 1728, Disc. Pref., § 79). Crusius adotava o termo P. para indicar "a ciência da essência necessária de um espírito e das distinções e qualidades que podem ser atribuídas *a priori*" (*Entwurf der notwendigen Vernunftwahrheiten*, § 424). Rosmini excluía da P. a consideração de Deus e a restringia ao estudo dos "espíritos criados", isto é, da alma humana e dos anjos (*Psicol.*, 1850, § 27). D'Alembert restringia o termo à significação "da primeira parte da ciência do homem", que é "o conhecimento especulativo da alma humana", que ele indicava também com o nome de *metafísica particular.* Para D'Alembert, o conhecimento das *operações* da alma constituía o objeto da lógica e da moral (*Discours préliminaire de l'Encyclopédie*, em *Œuvres*, ed. Condorcet, 1853, p. 116). Kant observava a respeito que a psicologia racional nunca poderá tornar-se pneumatologia, ou seja, ciência propriamente dita, da mesma maneira como a teologia não pode tornar-se teosofia (*Crít. do Juízo*, § 89). Esse termo hoje está completamente em desuso. [N.A.]

PODER, GENEALOGIA DO (fr. *Généalogie du pouvoir*; it. *Genealogia del potere*). Expressão usada por Foucault para indicar a sua "filosofia do poder". Tal filosofia, que se inspira programaticamente em Nietzsche e na sua indagação genealógica acerca dos nexos entre saber e P., mostra grande originalidade, sobretudo se comparada à de Marx: 1) à idéia de P. como "superestrutura" Foucault opõe a idéia do caráter "originário" dele (do qual tudo depende, inclusive a economia); 2) à formulação "macrofísica", destinada a situar o poder nas grandes relações de força encarnadas pelas classes e pelo Estado, Foucault contrapõe uma formulação "microfísica", que vê o poder *em toda parte,* ou seja, em todos os setores da sociedade, a começar das relações cotidianas entre os indivíduos: "o Estado é superestrutural em relação a toda uma série de relações de poder que passam através dos corpos, da sexualidade, da família, das atitudes, dos saberes, das técnicas..." (*Microfisica del potere*, trad. it., Einaudi, Turim, 1977, p. 16); 3) ao privilégio dado às oposições globais e binárias Foucault contrapõe a tese da impossibilidade das divisões "maniqueístas" entre dominantes e dominados, porque todo indivíduo ou grupo é, simultaneamente, um *e* outro. Apurando-se que o P. habita em cada um (não apenas nos capitalistas) e é constituído por um conjunto de relações de força localmente difundidos, segue-se que a resistência a ele está em toda parte (não somente no proletariado), porquanto se identifica com o elemento "plebeu" presente em cada indivíduo ou grupo. Obviamente, tal resistência "descentrada" ao P. não é algo que possa terminar em certo ponto (p. ex., com o socialismo) mas se identifica com um processo sempre aberto e nunca encerrado. [G.F.]

PODERES DO ESTADO. V. ESTADO.

POESIA (gr. ποίησις; lat. *Poesia*; in. *Poetry*; fr. *Poésie*; al. *Dichtung*; it. *Poesia*). Forma definida da expressão lingüística, que tem como condição essencial o ritmo. Podem-se distinguir três concepções fundamentais: 1ª a P. como estímulo ou participação emotiva; 2ª a P. como verdade; 3ª a P. como modo privilegiado de expressão lingüística.

1ª A concepção de P. como estímulo emotivo foi exposta pela primeira vez por Platão: "A parte da alma que, em nossas desgraças pessoais, tentamos refrear, que tem sede de lágrimas e gostaria de suspirar e lamentar-se à vontade – pois é essa a sua natureza – é justamente a parte a que os poetas dão satisfação e prazer. [...] Quanto ao amor, à cólera e a todos os movimentos dolorosos ou agradáveis da alma, que são inseparáveis de todas as nossas ações, pode-se dizer que sobre eles a imitação poética produz os mesmos efeitos, visto que, embora fosse preciso estancá-los, ela os irriga e nutre, transformando-nos em servos das faculdades que, ao contrário, deveriam obedecer-nos para que nos tornássemos mais felizes e melhores" (*Rep.*, X, 606 a-d). Platão observa que o lado emocional da arte não é menor por tratar de emoções alheias, porque "necessariamente as emoções alheias passam a ser nossas" (*ibid.*, 606 b). Não há dúvida, portanto, de que para Platão a característica fundamental da P. imitativa (assim como da razão de sua condenação) é a participação emocional em que ela se baseia, bem como o reforço das emoções que ela consegue com tais participações. Giambattista Vico não só estendeu ao universo inteiro a participação emotiva, considerada própria da P., como também eliminou o caráter condenatório que se encontra em Platão. "O sublime trabalho da P." – escreveu ele – "é dar sentido e paixão às coisas insensatas, sendo propriedade das crianças de tomar nas mãos coisas inanimadas e, brincando, conversar com elas como se fossem pessoas vivas. Esta dignidade filológico-filosófica comprova que os homens do mundo criança foram, por natureza, poetas sublimes" (*Scienza nuova*, 1744, Degn. 37). Portanto, segundo Vico, a P. está ligada aos "robustos sentidos" e às "vigorosíssimas fantasias" dos homens primitivos ou brutos; seu tríplice objetivo é "achar fábulas sublimes que se adaptem aos interesses populares", "perpetuar ao máximo" e "ensinar o vulgo a agir virtuosamente" (*ibid.*, II., cf. *Lettera a Gherardo degli Angioli*). Deste ponto de vista, P. e filosofia são antípodas, e "quanto mais robusta é a fantasia, tanto mais fraco é o raciocínio" (*ibid.*, Degn. 36). Esse mesmo conceito de P. como estímulo ou participação emocional acha-se na teoria da *empatia* (v.), que considera a atividade estética como a projeção das emoções do indivíduo no objeto estético. Segundo o principal defensor dessa teoria, Theodor Lipps, a *empatia* (v.) é um ato original, essencialmente independente da associação de idéias e profundamente arraigado na própria estrutura do espírito humano (*Ästhetik* I, 1903, pp. 112 ss.): deste modo, é postulada como uma faculdade à parte, à qual está confiada a função de animar a materialidade bruta do mundo exterior, tornando o mundo mais familiar e agradável ao homem. Com base na distinção entre o uso *simbólico* da linguagem e o seu uso *emocional*, atribuiu-se à P. "a forma suprema da linguagem emotiva", cujo único objetivo é estimular "emoções e atitudes" (I. A. Richards, *Principles of Literary Criticism*, 1924; 14.ª ed., 1955, p. 273). A função *simbólica* (ou científica) da linguagem consiste em simbolizar a referência ao objeto e em comunicar essa referência ao ouvinte, levando-o a reconhecer a referência ao mesmo objeto. A função emotiva, por sua vez, consiste em exprimir emoções, atitudes etc., e em evocá-las no ouvinte: funções que podem ser incluídas na da "evocação", que é o estímulo da emoção (C. K. Ogden, I. A. Richards, *The Meaning of Meaning*, 1923, 10.ª ed., 1952, p. 149). Obviamente, este ponto de vista não passa de repetição quase literal da concepção platônica. E não tem significado diferente o modo como C. Morris definiu o discurso poético: "principalmente discurso valorativo e apreciativo", cujo objetivo é "lembrar e sustentar valores já conhecidos" ou "explorar novos valores" (*Signs, Language and Behavior*; 1946, V, 7).

2.ª A concepção de P. como verdade começa com Aristóteles, que a considerou como tendência à imitação, para ele inata em todos os homens como manifestação da tendência ao conhecimento (*Poet.*, 6, 1448 b 5-14). Segundo Aristóteles, a imitação poética tem validade cognitiva superior à imitação historiográfica, porque a P. não representa as coisas realmente acontecidas, mas "as coisas possíveis, segundo a verossimilhança e a necessidade" (*ibid.*, 1451 a 38). Por isso, ela "é mais filosófica e mais elevada que a história, porque exprime o universal, enquanto a história exprime o particular. Com efeito, temos o universal quando um indivíduo de certa índole diz ou faz certas coisas com base na verossimilhança e na necessidade, e é essa a intenção da P., que dá nome à personagem justamente com base nesse critério. Por sua vez, temos o particular quando dizemos, por exemplo, o que Alcibíades fez e o que lhe aconteceu" (*ibid.*, 9, 1451 b 1, 10). Estas famosas observações de Aristóteles equivalem a colocar a P. na esfera da verdade filosófica, visto que esta capta a essência necessária das coisas, e no domínio das vicissitudes humanas a essência é constituída pelas relações de verossimilhança e necessidade, que são objeto da poesia. A P., portanto, não possui um grau de verdade inferior à filosofia, mas sim a mesma verdade, no domínio que lhe é próprio, o dos feitos humanos. Esta concepção de P. dominou a tradição filosófica, na qual podemos distinguir duas interpretações fundamentais: A) a P. tem uma verdade de grau ou natureza diferente da verdade intelectual ou filosófica; B) a P. contém a verdade filosófica absoluta.

A) A primeira posição está na origem da estética moderna. Baumgarten afirmou que o objeto estético, a beleza, é "a perfeição do conhecimento sensível como tal", e que por isso ele não coincide com o objeto do intelecto, que é o conhecimento distinto (*Aesthetica*, 1750-58, § 14). Como perfeição do conhecimento sensível, a beleza é universal, mas de uma universalidade diferente do conhecimento, porque abstrai da ordem e dos signos, realizando uma forma de unificação puramente fenomênica (*ibid.*, § 18). Segundo Baumgarten, a P. é, particularmente, "um discurso sensível *perfeito*", de tal maneira que seus vários elementos (representações, nexos, palavras ou sinais que as expressam) tendem ao conhecimento das representações sensíveis (*Meditationes philosophicae de nonnulis ad poema pertinentibus*, 1735, §§ 1-9). A qualificação "sensível" esclarece o caráter da P.; graças a isso, ela tem por objeto representações claras, mas que se confundem, ao passo que as representações claras e *distintas*, ou seja, completas e adequadas, não são sensíveis, portanto não são poéticas; desse modo, filosofia e P. não se encontram, pois a primeira exige as distinções de conceitos que a segunda alija de seu domínio (*Medit.*, *cit.*, § 14). Analogamente Vico afirmava: "A sabedoria poética, que foi a primeira da gentilidade, teve de começar com alguma metafísica, não a metafísica arrazoada e abstrata dos eruditos de agora, mas sensiva e imaginativa tal como deve ter sido a de tais primeiros homens, pois eles eram de nenhum raciocínio, porém de sentidos robustos e vigorosíssimas fantasias" (*Sc. nuova*, 1744, II, Della sapienza poetica). Mas foi Hegel quem expressou melhor essa tese: "A P. é mais antiga que a linguagem prosaica artisticamente formada. Ela é a representação originária da verdade, é o saber no qual o universal não foi ainda separado por sua existência viva no particular, no qual a lei e o fenômeno, o fim e o meio ainda não foram contrapostos, para serem depois novamente interligados pelo raciocínio, mas compreendem-se um no outro e um através do outro. Por isso, a P. não se limita a exprimir através da imagem um conteúdo que já é conhecido por si em sua universalidade, mas, ao contrário, de acordo com seu conceito imediato, ela permanece na unidade substancial, onde ainda não ocorreu tal separação nem tal relação" (*Vorlesungen über die Ästhetik*, ed. Clockner, III, p. 239). Com isso, para Hegel, a P. (assim como toda a arte) continua aquém ou abaixo da filosofia, pois é só nesta que a Idéia se revela ou se realiza em sua verdadeira natureza, que é universalidade ou razão, não imediação ou imagem; mas a P. pertence à esfera da verdade absoluta, ao lado da filosofia e da religião (à qual está subordinada). No idealismo de origem romântica, o conceito de P. continuou sendo substancialmente o expresso por Hegel. Croce, depois de insistir na prioridade da arte sobre o conhecimento intelectual propriamente dito, portanto em sua relativa autonomia em face da filosofia (com a qual, porém, nunca negou que a arte compartilhasse o *status* de conhecimento), acabou insistindo cada vez mais nas características de *totalidade* e *universalidade* da expressão artística, que a aproximam da verdade filosófica. Ao contrário do sentimento, "a expressão poética é uma *teorese*, um conhecer, e por isso mesmo, enquanto o sentimento adere ao particular e, por mais elevado e nobre que seja em sua origem, move-se necessariamente na unilateralidade da paixão, na antinomia do bem e do mal e na ansiedade do prazer e da dor, a P. reata o particular ao universal, acolhe com igualdade dor e prazer, superando-os, e, acima do embate das partes contra as partes, eleva a visão das partes no todo, a harmonia sobre o contraste, a extensão do infinito sobre a angústia do finito. Esse cunho de universalidade e de totalidade é o seu caráter" (*La poesia*, 1936, pp. 8-9). Assim, o valor da P. estava justamente em sua teoreticidade, ou seja, na sua validade cognitiva; e vinha a ser o que Hegel já havia dito que era: uma verdade filosófica que se manifesta na imediação da imagem, e não na universalidade do conceito.

B) Ao lado dessa concepção há outra que, apesar de estreitamente aparentada, não vê na P. a aproximação da verdade absoluta, mas a própria verdade absoluta. Schiller já se expressara sobre a poesia nesses termos. Na obra *Sobre a poesia ingênua e sentimental* (1795-96), afirmou que o poeta é a natureza, ou seja, sente naturalmente e, portanto, imita a natureza ou sente-se afastado dela e vai à sua procura nostalgicamente, configurando-a como ideal. No primeiro caso, o poeta é ingênuo, como na antiga Grécia; no segundo caso, é sentimental, como na Era Moderna. Mas, em ambos os casos, a P. é o absoluto. Com efeito, a P. ingênua é *representação absoluta*, concluída, total e definitiva; a P. sentimental é *representação do absoluto*, de um ideal de perfeição consumado, conquanto longínquo (*Werke*, ed. Karpeles, XII, pp. 122 ss.). Schiller valeu-se desse aspecto para afirmar resolutamente a superioridade da P. sobre a filosofia: não hesitava em dizer que "o único homem verdadeiro é o poeta, diante do qual o melhor filósofo não passa de caricatura" (*Epistolário Goethe-Schiller*, 71-1795; trad. Santangelo). Essa tese representa sem dúvida um filão importante e bem determinado da concepção romântica da poesia. Schelling dizia: "A faculdade poética é a intuição originária na sua primeira potência; e vice-versa, a única intuição produtiva que se repete na mais elevada potência é o que chamamos de faculdade poética" (*System des transzendentalen Idealismus*, 1800, VI, § 3). A faculdade poética realiza em ato a unidade entre atividade consciente e inconsciente, que constitui a natureza do Eu absoluto. "O que chamamos de natureza é um *poema,* fechado em caracteres misteriosos e admiráveis. Mas se o enigma pudesse ser revelado, reconheceríamos nele a odisséia do Espírito, que, por maravilhosa ilusão, buscando-se, foge de si mesmo" (*ibid.*). Na filosofia contemporânea, esse ponto de vista voltou a ser expresso por Heidegger: "A P. é a nominação fundadora do ser e da essência de todas as coisas; não é um simples dizer qualquer, mas é dizer pelo qual é revelado inicialmente tudo o que nós debatemos e tratamos depois na linguagem de todos os dias. Por conseguinte a P. nunca recebe a linguagem como matéria por ser manipulada, pressuposta, mas, ao contrário, é a P. que começa a possibilitar a linguagem. A P. é a linguagem primitiva de um povo, e a essência da linguagem deve ser compreendida a partir da essência da P." (*Holderlin und das Wesen der Dichtung,* 1936, § 5). Como linguagem originária, a P. é a própria verdade, isto é, a manifestação ou revelação do Ser (*Holzwege,* 1950, pp. 252 ss.).

3ª A terceira concepção fundamental à primeira vista é menos filosófica que as outras, porque não consiste em atribuir à P. determinada tarefa em dada metafísica, nem em ligá-la a determinada faculdade ou categoria do espírito, ou em reservar-lhe um lugar na enciclopédia do saber humano, mas apenas em descobrir certas características que a P. possui em suas realizações históricas mais bem-sucedidas, e em resumi-las numa definição generalizadora. Todavia, é este o único procedimento que pode gerar uma definição *funcional* da P., que sirva para expressar e orientar o trabalho efetivo dos poetas. Portanto, para essa definição os poetas contribuíram mais que os filósofos, apesar de estes também terem por vezes conseguido captar alguns de seus aspectos importantes. Obviamente, deste ponto de vista, a P., pelo menos à primeira vista, é apenas um modo privilegiado de expressão lingüística: privilegiado em virtude de uma função especial a ele atribuída. O privilégio atribuído ao modo poético de expressão é freqüentemente determinado como "liberdade". Depois de dizer que "as artes da palavra" são a eloqüência e a P., Kant afirma: "A eloqüência é a arte de tratar uma função do intelecto como *livre* jogo da imaginação; a P. é a arte de dar a um *livre jogo* da imaginação o caráter de função do "intelecto" (*Crít. do Juízo,* § 51). Aqui, a noção de "jogo" serve para ressaltar o caráter livre da atividade poética em face de qualquer outro fim utilitário; a noção de "função do intelecto" serve para designar a disciplina a que se sujeita a P., mesmo na liberdade de seu jogo. Deste ponto de vista, a função da expressão poética é a libertação da linguagem de seus usos utilitários e a sua elaboração numa disciplina autônoma. Dewey insistiu nas mesmas características da expressão poética: "Se, entre prosa e poesia, não há uma diferença passível de ser definida com exatidão, entre prosaico e poético há um abismo, pois são termos extremos que limitam tendências da experiência. O prosaico realiza o poder que as palavras têm de exprimir "por meio da extensão"; o poético, o de exprimir *por meio da intensão.* O prosaico lida com descrição e narração, acumulando detalhes; o poético inverte o processo: "condensa e abrevia, dando assim às palavras uma energia e expansão quase explosiva". Por isso, na P. "cada palavra é imaginativa, assim como, na verdade, também o foi na prosa até que, pelo desgaste do uso, as palavras foram reduzidas a simples enumeradores"; "a força imaginativa da literatura é uma intensificação da função idealizante cumprida pelas palavras na linguagem comum" (*Art as Experience,* 1934, cap. 10; trad. it., pp. 284-5). A maior intensidade de que fala Dewey não é emotiva, mas expressiva: é a maior força do significado das palavras que não estão desgastadas pelo uso. Ora, confiar à P. a função de conservar e restabelecer na linguagem a força de significação, de purificá-la, mantê-la eficiente, renová-la e aperfeiçoá-la é o que, de há um século a esta parte, têm afirmado muitos dos poetas que refletiram sobre o próprio trabalho. As teses fundamentais da concepção da P. elaborada e pressuposta pelos poetas modernos podem ser recapituladas da seguinte maneira:

1º A P. é independente de qualquer objetivo prático ou utilitário. Este caráter foi expresso pela fórmula da *arte pela arte,* à qual aderiram no século XIX artistas como Flaubert, Gautier, Baudelaire, Walter Pater, Oscar Wilde e Allan Poe. O alvo contra o qual se dirige essa fórmula é a subordinação da P. à emoção, à verdade ou ao dever; seu significado positivo é a liberdade da P. no sentido afirmado, por exemplo, por Kant. Flaubert diz: "Compor versos simplesmente, escrever um romance, cinzelar mármore, eram coisas boas nos tempos em que não existia a *missão social* do poeta. Agora qualquer obra deve ter significado moral, ensinamento bem dosado; é preciso que um soneto tenha alcance filosófico, que um drama pise nos calos dos monarcas e que uma aquarela enobreça os costumes. A mania de advogar insinua-se em toda a parte, juntamente com a sofreguidão de discutir, perorar, arengar" (*Lettre à Louise Colet,* 18 de setembro de 1846). No editorial introdutório do periódico *L'artiste* (14 de dezembro de 1856), Gautier proclamava: "Cremos na autonomia da arte; para nós a arte não é um meio para um fim. Um artista que corre atrás de um objetivo que não seja a beleza em nossa opinião não é artista". A fórmula da arte pela arte é, portanto, substancialmente a defesa da P. contra qualquer tentativa de torná-la instrumento de propaganda de um objetivo qualquer.

2º A beleza é o único fim da poesia. Visto que a arte não pode estar subordinada ao bem, à verdade ou a coisas que pretendam ter tais características, resta-lhe como único fim a beleza, mais precisamente a beleza *formal*, que independe dos conteúdos que lhe são oferecidos pela emoção ou pelo intelecto. Flaubert diz: "Poeta da forma! Eis a grande palavra injuriosa que os utilitários lançam em face dos verdadeiros artistas. [...] Não há belos pensamentos sem belas formas e vice-versa. [...] A quem escreve em bom estilo censura-se o descuido da idéia, do fim moral; como se a tarefa do médico não fosse curar, a do pintor pintar, a do rouxinol cantar e como se a finalidade da arte não fosse, antes de tudo, o belo" (*Lettre à Louise Colet,* 18 de setembro de 1846). E Poe afirmava: "A P., como arte da palavra, é a criação rítmica da beleza. Seu único árbitro é o gosto: com o intelecto ou com a consciência ela só tem relações colaterais. A não ser por acaso, ela não cuida absolutamente do dever nem da verdade" ("The Poetic Principle", *Works,* ed. Harrison, XIV, p. 275).

3º O caráter da beleza é *objetivo*; ela está além da experiência emotiva. Flaubert dizia: "Quanto menos se sente uma coisa tanto mais se tem capacidade para exprimi-la tal qual ela é (tal qual ela é sempre, em si mesma, na sua universalidade, livre de todas as suas contingências efêmeras). É preciso, porém, ter a faculdade de fazer-se senti-la, e isso é o gênio" (*Lettre à Louise Colet,* 6 de julho de 1852). E T. S. Eliot, apoiando esse conceito, escrevia: "A P. não é um livre movimento da emoção, mas uma fuga da emoção; não é a expressão da personalidade, mas a fuga da personalidade. Naturalmente, porém, só os que possuem personalidade e emoção sabem o que pretendemos dizer quando aludimos à necessidade de fuga dessas coisas. [...] A emoção da arte é impessoal. E o poeta não pode alcançar essa impessoalidade sem entregar-se inteiramente à obra que deve ser realizada" (*The Sacred Wood,* 1920; trad. it., pp. 124-5). No mesmo sentido Ungaretti disse: "Toda a minha atividade poética, desde 1919, desenvolvia-se nesse sentido, um sentido mais objetivo, [...] uma projeção e uma contemplação dos sentimentos nos objetos, uma tentativa de elevar a idéias e a mitos a minha própria experiência biográfica" (*La terra promessa,* Nota de Leone Piccioni).

4º A P. tem caráter *construtivo*; a beleza tem caráter *construído.* Estas foram teses de Poe, Baudelaire e Valéry. O primeiro descreveu a construção poética como uma espécie de trabalho artesanal ("The Philosophy of Composition", em *Works,* ed. Harrison, XIV, p. 196). Baudelaire, por sua vez, insistiu no conceito de arte como *composição*: "Todo o universo visível é só um armazém de imagens e de signos aos quais a imaginação atribuirá um lugar e um valor relativo; é uma espécie de forragem que a imaginação precisa digerir e transformar" ("Salon de 1859", *Œuvres,* ed. Le Dantec, II, p. 232). Mas foi Valéry quem mais enfatizou o caráter da arte como *construção*: "As criações do homem são feitas com vistas ao próprio corpo – e dá a esse princípio o nome de *utilidade* – ou com vistas à própria alma – e isso ele procura com o nome de *beleza.* Mas, por outro lado, quem constrói ou cria, comprometido como está com o resto do mundo e com o movimento da natureza, que tendem perpetuamente a dissolver, corromper ou arruinar o que ele faz, precisa discernir um terceiro princípio, que tenta comunicar às próprias obras, capaz de exprimir a resistência que estas deverão opor ao seu destino de obras perecíveis. Em suma, ele cria a *solidez* e a *duração.* Eis as grandes características de uma obra completa. Só a arquitetura exige-as e eleva-as ao ponto culminante. Vejo-a como a arte mais completa" (*Eupalinos,* trad. it., pp. 141-2). Assim, o caráter arquitetônico da arte é condicionado pela resistência que ela encontra nas forças naturais e pela vitória sobre essa resistência. Por outro lado, um corolário do caráter construtivo ou arquitetônico da atividade poética é o *controle sobre a inspiração,* já ressaltado por Baudelaire: "Alimento substancioso e regular é a única coisa necessária para os escritores fecundos. A inspiração é decididamente irmã do trabalho cotidiano. Esses dois contrários não se excluem, tanto quanto não se excluem os contrários que constituem a natureza. A inspiração obedece, tanto quanto a fome, a digestão, o sono" ("Conseils aux jeunes littérateurs", 6, *Œuvres,* ed. Le Dantec, II, p. 388).

5º A P. tem caráter *comunicativo.* Flaubert dizia: "O poeta deve simpatizar com tudo e com todos para compreendê-los e descrevê-los" (*Lettre à Mlle. Leroyer de Chantepie,* 12 de dezembro de 1857). E Baudelaire: "Prefiro o poeta que está em permanente comunicação com os homens de seu tempo, trocando com eles pensamentos e sentimentos que se traduzem em linguagem nobre e suficientemente correta. Situado num dos pontos da circunferência da humanidade, o poeta retransmite na mesma linha, com vibrações mais melodiosas, o pensamento humano que lhe foi transmitido. O verdadeiro poeta deve ser uma encarnação" ("Pierre Dupont", *Œuvres,* ed. Le Dantec, I, p. 404).

6º Deve-se buscar a perfeição formal, que é a exatidão ou precisão expressiva. Flaubert queria que a P. fosse "tão exata quanto a geometria" (*Lettre à Louise Colet,* 14 de agosto de 1853) e afirmava: "Quanto mais uma idéia é bela tanto mais a frase é harmoniosa. A exatidão do pensamento faz (ou melhor, é) a exatidão da palavra" (*Lettre à Mlle. Leroyer de Chantepie,* 12 de dezembro de 1857). Mallarmé insistiu nesse aspecto da P.: "A arte suprema consiste em mostrar, com a posse impecável de todas as faculdades, que se está em êxtase, sem demonstrar de que maneira se chega ao cume" (*Lettre à Henri Cazalis,* 27 de novembro de 1863). Valéry escreveu a respeito: "Procurei a exatidão nos pensamentos, para que, patentemente gerados pela observação das coisas, se transformassem, como por um processo espontâneo, nos atos da minha arte. Distribuí minhas atenções, refiz a ordem dos problemas; começo onde antes eu terminava, para ir um pouco mais adiante. [...] Avaro de fantasias, concebo como se perseguisse" (*Eupalinos;* trad. it., p. 91). E Ungaretti disse no mesmo sentido: "Eu sonhava com uma P. em que os mistérios da alma, não atraiçoados nem falseados em seus impulsos, se conciliassem com uma extrema sabedoria do discurso" (*Quaranta sonetti di Shakespeare,* Nota intr.). Mallarmé estendeu a preocupação da exatidão à própria escrita: "O arcabouço intelectual do poema dissimula-se e sustenta-se – ocorre – no espaço que isola as estrofes e o branco do papel: silêncio significativo, de composição tão bela quanto a dos próprios versos" (*Lettre non datée à Charles Morice;* cf. *Propos sur la poésie;* ed. Mondor, p. 164).

7º Finalmente, como recapitulação de todos os aspectos acima enumerados da P., também lhe é atribuída a função de manutenção de uma linguagem eficiente. Essa função foi explicada com toda a energia e clareza possíveis por Ezra Pound: a função da literatura "não é a coerção ou a persuasão por vias emocionais" nem a coação a adotar certas opiniões. "Sua função tem que ver com a clareza e o vigor de qualquer pensamento ou opinião. Diz respeito à preservação e ao esmero dos instrumentos, à saúde da própria substância do pensamento. Com exceção de casos raros e limitados de invenção nas artes plásticas ou na matemática, o indivíduo não pode pensar e comunicar o seu pensamento, o governante e o legislador não podem agir eficazmente e redigir suas leis sem as palavras, e a solidez e a validade dessas palavras dependem dos cuidados dos malditos e desprezados literatos" (*Literary Essays;* trad. it., p. 47). Desse ponto de vista, "a manutenção de uma linguagem eficiente é tão importante para as finalidades do pensamento quanto em cirurgia é importante manter os bacilos do tétano distantes das ataduras"; essa função cabe à P., que "é simplesmente linguagem carregada de significado no máximo grau possível" (*ibid.,* p. 49). A P. executa essa função de três maneiras; por isso, são três as espécies de P.: *melopéia,* na qual "as palavras, além do seu significado comum, comportam alguma qualidade musical que condiciona o alcance e a direção desse significado"; *fanopéia,* que "é a projeção de imagens sobre a fantasia visual"; e *logopéia,* na qual as palavras são usadas não só em seu significado direto, mas também em vista de usos e costumes, do contexto, das concomitâncias habituais, das acepções conhecidas e da ironia (*ibid.,* p. 52). [N.A.]

A reflexão da segunda metade do século XX renovou (nem sempre de forma consciente) o conceito crociano de P. como excelência lingüística da expressão, associando-o à hipótese de que tal expressão não seria um mero *flalus vocis,* mas disporia de consistência e verdade autônomas, de acordo com a identificação entre ser e linguagem, característica da "ontologia hermenêutica" contemporânea (M. Heidegger, H. G. Gadamer, G. Vattimo). Na perspectiva heideggeriana, a linguagem abrangeria todo o âmbito significativo humano, a tal ponto que Heidegger afirmou (*Unterwegs zur Sprache,* 1959 [*No caminho da linguagem*]) que falamos sempre, mesmo quando calamos. Construída em aberta oposição à verdade científica (considerada como uma atividade iterativa e não instituidora, ou seja, que abre mundos), essa doutrina apresenta, porém, uma falácia intelectualística, porque não só pressupõe que não possa haver nenhuma experiência do ser que exceda a linguagem (invalidando assim as possibilidades de conhecimento, por exemplo, sensível, intuitivo em sentido eidético ou matemático, ou lógico em sentido formalístico), como também – e sobretudo – postula que toda a constituição do psiquismo é organizada de forma lingüística, ou seja, representativa e intencional; essa doutrina da P. apresenta-se por isso como um retorno à pressuposição cartesiana de que na alma só haveria propriamente conhecimentos claros e distintos. [M.F.]

POÉTICA. V. ESTÉTICA.

POIÉTICO (gr. ποιητικός; in. *Poietic;* fr. *Poiétique;* al. *Poietik;* it. *Poietico*). Produtivo ou criativo, diferente de *prático.* Segundo Aristóteles, a arte é produtiva, enquanto a ação não é (*Et. nic.,* VI, IV, 1140 a 4). Plotino chamava as causas eficientes de P. (*Enn.,* VI, 3, 18, 28). V. ENCICLOPÉDIA. [N.A.]

POLARIDADE (in. *Polarity;* fr. *Polarité;* al. *Polarität;* it. *Polarità*). Nexo necessário de dois princípios opostos entre si. Nesse sentido, o conceito foi empregado por Schelling na obra *Sobre a alma do mundo* (1798). A alma do mundo, segundo Schelling, age na natureza por meio das duas forças opostas de atração e repulsão, cujo conflito constitui o *dualismo* e cuja unificação constitui a P. da natureza (*Werke,* I, II, p. 381). Por vezes o conceito de P. foi generalizado, transformando-se em princípio. Na filosofia contemporânea, isso foi feito por Morris R. Cohen, que não o entendeu como princípio da identidade, "mas da necessária co-presença e da subordinação recíproca das determinações opostas". Na física, esse princípio seria representado pela lei de ação e reação e pela lei segundo a qual onde há força há também resistência. Na biologia, seria expresso pelo aforismo de Huxley, de que o protoplasma só consegue viver morrendo continuamente. Na ética, seria expresso pela interdependência do sacrifício e da realização pessoal (*Introduction to Logic*, IV, 2; trad. it., p. 125). [N.A.]

POLÊMICO (in. *Polemic*; fr. *Polémique*; al. *Polemisch*; it. *Polemico*). Kant entendeu por "uso P. da razão" a defesa de seus enunciados contra as negações dogmáticas. As negações dogmáticas dos enunciados racionais são as negações cépticas, consideradas por Kant como as posições do dogmatismo negativo, simplesmente preparatório com respeito à *crítica* da razão que é o exame das limitações e dos limites exatos da razão (*Crít. R. Pura*, Doutrina transcendental do método, cap. I, seç. 2). [N.A.]

POLIÁDICO (in. *Polyadic*; it. *Poliadico*). Na lógica contemporânea, são qualificados com este termo os enunciados (ou relações) constituídos por três termos ou mais: por exemplo, o enunciado "Fulano deve dinheiro a Sicrano", em que aparecem três termos, Fulano, Sicrano e dinheiro (cf., p. ex., DEWEY, *Logic*, XVI; trad. it., pp. 413 ss.). [N.A.]

POLIGÊNESE. V. ORTOGÊNESE.

POLIGONIA (it. *Poligonia*). Gioberti falou em "P. do catolicismo", que é a refração da palavra revelada na individualidade de cada um, que, apesar disso, continua una, assim como o polígono é uno, apesar de ter um número infinito de lados (*Riforma cattolica*, ed. Balsamo-Crivelli, pp. 147-8). O mesmo que multilateralidade. [N.A.]

POLILEMA (in. *Polilemma*; fr. *Polilemme*; al. *Polilemma*; it. *Polilemma*). Termo moderno para indicar um *dilema* (v.) com três alternativas ou mais (Troxler, *Logik.*, II, 1829, p. 102; B. Erdmann, *Logik*, 1892, § 75). [N.A.]

POLIMATIA (gr. πολυμαθία; it. *Polimatia*). Saber muitas coisas. Heráclito disse: "Saber muitas coisas não ensina a ter inteligência; senão teria ensinado isso a Hesíodo e a Pitágoras, e ainda mais a Xenofonte e a Hecateu" (*Fr.* 40, Diels). Kant chamou de P. o domínio dos conhecimentos racionais, enquanto poliistória seria o saber histórico ou dos fatos, e pansofia seria o conjunto dos dois (*Logik*, Intr., § VI). [N.A.]

POLISSEMIA (in. *Polysemy*; fr. *Polysémie*; al. *Polysemie*; it. *Polisemia*). Diversidade de referências semânticas (dos "significados") possuídas pela mesma palavra (cf. BRÉAL, *Essai de sémantique*, cap. 14; S. ULLMANN, *The Principles of Semantics*, 2ª ed., 1957, pp. 63, 114, 174). [N.A.]

POLISSILOGISMO (in. *Polysyllogism*; fr. *Polysyllogisme*; al. *Polysyllogismus*; it. *Polisillogismo*). Termo empregado no século XVIII para indicar um silogismo multíplice ou composto, ou seja, uma *cadeia* de silogismos. Essa cadeia pode estar ordenada de tal modo que todo silogismo sirva de fundamento para o que o segue e de conseqüência para o que o precede. O silogismo da série que contém a razão da premissa de um outro silogismo é chamado *prossilogismo*; o que contém a conseqüência de outro silogismo é chamado *epissilogismo* (v.). Toda concatenação de raciocínios, portanto, é constituída por prossilogismos e epissilogismos (WOLFF, *Log.*, §§ 492-4; KANT, *Logik*, § 86; HAMILTON, *Lectures on Logic*, § 68; B. ERDMANN, *Logik*, § 85). [N.A.]

POLITEÍSMO (in. *Polytheism*; fr. *Polythéisme*; al. *Polytheismus*; it. *Politeismo*). (Sobre a noção de P., v. DEUS, 3, a). O P. está bem longe de ser uma crença primitiva e grosseira, inconciliável com a reflexão filosófica. Visto que já está presente na distinção entre divindade e Deus, na realidade são politeístas muitas filosofias às vezes consideradas tipicamente monoteístas, como a de Aristóteles. O P. foi às vezes explicitamente defendido por filósofos modernos. Hume já observava, em *História natural da religião* (1757), que a passagem do P. para o monoteísmo não deriva da reflexão filosófica, mas da necessidade humana de adular a divindade para obter sua benevolência, e que o monoteísmo é acompanhado muitas vezes pela intolerância e pela perseguição, visto que o reconhecimento de um único objeto de devoção leva a considerar absurdo e ímpio o culto de outras divindades (*Essay*, II, pp. 335 ss.). Na Era Moderna, a superioridade do P. foi ressaltada por Renouvier (*Psychologie rationelle*, 1859, cap. 25) e James (*A Pluralistic Universe*, 1909), mas muitas outras doutrinas são politeístas, inclusive a de Bergson. Max Weber considerou o P. como a luta entre os diversos valores ou as diversas esferas de valores, entre os quais o homem deve tomar posição, luta que nunca termina com a vitória de um só valor. Neste sentido, o mundo da experiência nunca chega ao monoteísmo, mas se detém no P. (*Zwischen zwei Gesetze*, 1916, em *Gesammelte Politische Schriften*, pp. 60 ss.). [N.A.]

Na filosofia do fim do século XX o P. foi objeto de explícita revalorização por parte de O. Marquard, que fez seu "elogio" (*Lob des Polytheismus*, 1979), vendo nele uma típica expressão do pluralismo pós-moderno (v. DEUS). [G.F.]

POLÍTICA (gr. πολιτική; lat. *Politica*; in. *Politics*; fr. *Politique*; al. *Politik*; it. *Politica*). 1. Com esse nome foram designadas várias coisas, mais precisamente: 1ª a doutrina do direito e da moral; 2ª a teoria do Estado; 3ª a arte ou a ciência do governo; 4ª o estudo dos comportamentos intersubjetivos.

1ª O primeiro conceito foi exposto em *Ética*, de Aristóteles. A investigação em torno do que deve ser o bem e o bem supremo, segundo Aristóteles, parece pertencer à ciência mais importante e mais arquitetônica: "Essa ciência parece ser a política. Com efeito, ela determina quais são as ciências necessárias nas cidades, quais as que cada cidadão deve aprender, e até que ponto" (*Et. nic.*, *I*, 2, 1094 a 26). Este conceito da P. teve vida longa na tradição filosófica. Hobbes, por exemplo, dizia: "A P. e a ética, ou seja, a ciência do *justo* e do *injusto*, do *equânime* e do *iníquo*, podem ser demonstradas *a priori*, visto que nós mesmos fizemos os princípios pelos quais se pode julgar o que é justo e equânime, ou seus contrários, vale dizer, as *causas* da justiça, que são as leis ou as convenções" (*De hom.*, X, § 5). Neste sentido, Althusius dava a seu tratado sobre o direito natural o título de *Politica methodice digesta* (1603), e todas as obras sobre direito natural foram consideradas tratados de P. (v. DIREITO).

2ª O segundo significado do termo foi exposto em *Política* de Aristóteles: "Está claro que existe uma ciência à qual cabe indagar qual deve ser a melhor constituição: qual a mais apta a satisfazer nossos ideais sempre que não haja impedimentos externos; e qual a que se adapta às diversas condições em que possa ser posta em prática. Como é quase impossível que muitas pessoas possam realizar a melhor forma de governo, o bom legislador e o bom político devem saber qual é a melhor forma de governo em sentido absoluto e qual é a melhor forma de governo em determinadas condições" (*Pol.*, IV, 1, 1288 b 21). Neste sentido, segundo Aristóteles, a P. tem duas funções: 1ª descrever a forma de Estado ideal; 2ª determinar a forma do melhor Estado possível em relação a determinadas circunstâncias. Efetivamente, a P. como teoria do Estado seguiu o caminho utópico da descrição do Estado perfeito (segundo o exemplo da *República* de Platão) ou o caminho mais realista dos modos e dos instrumentos para melhorar a forma do Estado, o que foi feito pelo próprio Aristóteles numa parte de seu tratado. As duas partes, todavia, nem sempre são facilmente distinguíveis e nem sempre foram distintas. Quando, a partir de Hegel, o Estado começou a ser considerado "o Deus real" (v. ESTADO), e o caráter da divindade do Estado foi aceito pela historiografia, a P., como teoria do Estado, pretendeu ter caráter descritivo e normativo ao mesmo tempo. Assim, Treitschke esboçava a sua tarefa no seguinte sentido: "A tarefa da P. é tríplice: em primeiro lugar deve investigar, através da observação do mundo real dos Estados, qual é o conceito fundamental de Estado; em segundo lugar, deve indagar historicamente o que os povos quiseram, produziram e conseguiram e por que conseguiram na vida política; em terceiro lugar, fazendo isto, consegue descobrir algumas leis históricas e estabelecer os imperativos morais" (*Politik*, 1897, intr.; trad. it., I, pp. 2-3). Como já na obra de Treitschke, a P. como teoria do Estado muitas vezes foi teoria do Estado como *força*, pois este é de fato o significado de qualquer divinização do *Estado* (v.).

3ª A P. como arte e ciência de governo é o conceito que Platão expôs e defendeu em *Político*, com o nome de "ciência régia" (*Pol.*, 259 a-b), e que Aristóteles assumiu como *terceira* tarefa da ciência política. "Um terceiro ramo da investigação é aquele que considera de que maneira surgiu um governo e de que maneira, depois de surgir, pôde ser conservado durante o maior tempo possível" (*ibid.*, IV, 1, 1288 b 27). Foi este o conceito de P. cujo realismo cru Maquiavel acentuou com as palavras famosas: "E muitos imaginaram repúblicas e principados que nunca foram vistos nem conhecidos como existentes. Porque é tanta a diferença entre como se vive e como se deveria viver, que quem deixa o que faz pelo que deveria fazer aprende mais a arruinar-se do que a preservar-se, pois o homem que em tudo queira professar-se bom é forçoso que se arruíne em meio a tantos que não são bons. Donde ser necessário ao príncipe que, desejando conservar-se, aprenda a poder não ser bom e deixar de sê-lo ou não, segundo a necessidade" (*Princ.*, XV). Neste sentido, Wolff definia a P. como "a ciência de dirigir as ações livres na sociedade civil ou no Estado" (*Log.*, Disc., § 65). Esta é a ciência ou a arte política à qual se faz referência mais freqüentemente no discurso comum. Referindo-se justamente a esse conceito, Kant dizia: "Embora a máxima '*A honestidade é a melhor P.*' implique uma teoria infelizmente desmentida com freqüência pela prática, a máxima também teórica '*A honestidade é melhor que qualquer P.*' é imune a objeções; aliás é a condição indispensável da P." (*Zum ewigen Frieden*, Apêndice, I). Hegel, por outro lado, dizia: "Já se discutiu muito sobre a antítese entre moral e P. e sobre a exigência de a segunda conformar-se à primeira. Sobre isso cumpre apenas notar, em geral, que o bem do Estado tem um direito completamente diferente do bem do indivíduo, e que a substância ética, o Estado, tem sua existência, seu direito, imediatamente numa existência concreta, e não abstrata, e que apenas essa existência concreta (e não uma das muitas proposições gerais, consideradas como preceitos morais) pode ser o princípio de sua ação e de seu comportamento. Aliás, a visão do suposto erro que sempre deve ser atribuído à P. nesta suposta antítese baseia-se na superficialidade das concepções de moralidade, de natureza do Estado e de suas relações do ponto de vista moral" (*Fil. do dir.*, § 337). Estas palavras de Hegel outra coisa não são senão a reiteração do princípio do maquiavelismo. O que Hegel chama de *existência* do Estado outra coisa não é senão a *realidade efetiva* de Maquiavel, que a P. deveria sempre ter presente. Apesar de Hegel ter declarado superada a antítese entre P. e moral, o conflito entre as duas exigências ainda está vivo na prática política e na consciência comum, e as formas de equilíbrio, por elas alcançadas, ainda hoje são provisórias e instáveis.

4ª Finalmente, o quarto significado de P. começou a ser usado a partir de Comte, e identifica-se com o de sociologia. Comte deu o nome de *Sistema de P. positiva* (1851-1854) à sua obra máxima sobre sociologia, pois julgou que os fenômenos políticos, tanto em coexistência quanto em sucessão, estão sujeitos a leis invariáveis, cujo uso pode permitir influenciar esses mesmos fenômenos. Foi nesse sentido que G. Mosca entendeu por P. a ciência da sociedade humana. Justificou esse termo da seguinte maneira: "Chamamos de ciência política o estudo das tendências acima mencionadas ["leis ou tendências psicológicas constantes, às quais os fenômenos sociais obedecem"] e escolhemos essa denominação porque foi a primeira a ser usada na história do saber humano, porque ainda não caiu em desuso e também porque a nova denominação *sociologia*, adotada depois de Auguste Comte por muitos escritores, ainda não tem significação bem determinada e precisa, compreendendo, no uso comum, todas as ciências sociais (*Elementos de ciência política*, 1922, I, 1, § II). Mas neste sentido o termo hoje é impróprio. [N.A.]

2. O debate contemporâneo sobre a P. diz respeito, por um lado, à pesquisa do que é propriamente político, com o fim de delinear as características fundamentais desse conceito, e por outro lado, à tentativa de elaborar uma nova filosofia política, que nos anos 1960 e 1970 teve um verdadeiro renascimento. Um dos representantes mais originais e discutidos dessa pesquisa é o alemão C. Schmitt, que na obra *Der Begriff des Politischen* (1927) vê a essência da P. na distinção entre amigo e inimigo: "A distinção política específica à qual é possível reduzir as ações e os motivos políticos é a distinção entre amigo e inimigo... Uma vez que não é derivável de outros critérios, ela corresponde, em política, aos critérios relativamente autônomos das outras contraposições: bom e ruim em moral, belo e feio em estética e assim por diante" (*Il concetto di politico*, trad. it., em *Le categorie del politico*, Il Mulino, Bolonha, 1972, p. 105). Toda oposição religiosa, moral ou econômica transforma-se para Schmitt em oposição política se capaz de dividir os homens em amigos e inimigos; é óbvio que, baseada nessas relações, a P. só pode ser conflito. Nos anos 1960, L. Strauss, E. Voegelin e H. Arendt elaboraram uma filosofia política própria cuja característica comum é a inspiração na filosofia clássica grega da pólis, com o fim de contrapor-se tanto à ciência política contemporânea, quanto à sua filosofia do Estado. Seguindo essa orientação, Strauss (*Direito natural e história*, 1953; *What is Political Philosophy?*, 1960) critica o método weberiano em que se inspiravam a ciência política contemporânea e a conhecida separação entre fatos e valores. Ele considera que existe uma verdadeira incompatibilidade entre filosofia e ciência política entendida como a disciplina que quer usar o método das ciências naturais. A filosofia, para Strauss, não é a posse da verdade, mas a sua busca, e, nesse sentido, o positivismo e o neopositivismo mataram a filosofia política. Também Voegelin preconiza a superação das posições positivistas dos estudiosos das ciências sociais que nos anos 1960 (do seu ponto de vista) levavam a resultados niilistas e relativistas. Na obra *Anamnesis* (1966) contrapõe a essas teorias o valor da consciência, pois ela "é o centro do qual parte a organização concreta da existência humana na sociedade e na história" (*Anamnesi, teoria della storia e della politica*, trad. it., Giuffrè, Milão, 1972, p. 4). Uma filosofia da consciência é portanto, para Voegelin, o núcleo essencial da filosofia política, pois a ordem humana na sociedade brota da ordem da consciência. Também a história assume um papel especial no seu pensamento: a conclusão da sua obra já clássica, *A nova ciência da política* (1952), é significativa: a nova ciência da política deve ser uma filosofia da história. A. Arendt chega à filosofia política partindo de Heidegger: se para este o ser se retrai, e o aparecer do ente é limitado à história, Arendt extrai daí a lógica conseqüência de que a práxis é a única morada do ente; donde o seu empenho na P. A vida humana, para Arendt, que se reporta freqüentemente a Aristóteles, é caracterizada pela práxis que se desdobra em três aspectos fundamentais da atividade do homem: *animal laborans, homo faber* e *zóon politikón* (animal político) (*Vita activa oder Vom tätigen Leben – A condição humana*, 1958). A Idade Contemporânea, porém, desenvolveu a passividade, e isso favoreceu o totalitarismo (*Origens do totalitarismo*, 1951) e o extermínio dos judeus (Arendt era judia). Na vida ativa não é possível agir sozinho: a ação que caracteriza a vida ativa desdobra-se sobretudo na dimensão política do homem, ou seja, na vida da pólis.

Entre os filósofos políticos mais recentes, os que mais animaram o debate contemporâneo foram o alemão J. Habermas e os americanos J. Rawls e R.

Nozick. Habermas desenvolve, já a partir de 1968, na obra *Conhecimento e interesse*, uma das temáticas centrais da sua filosofia política, a temática da relação entre conhecimento e interesse, que o leva a elaborar, dentro de uma sociedade condicionada por um agir instrumental, interesses cognitivo- emancipatórios na perspectiva de uma exigência de libertação. Para Habermas, o conhecimento baseia-se na linguagem, que não é uma entidade neutra, independente dos fatos, mas um instrumento de domínio e de poder social, isto é, uma entidade ideológica. É esse o sentido da crítica à ideologia feita por Habermas a Gadamer no debate sobre a hermenêutica (HABERMAS, *La pretensione di universalità dell'ermeneutica*, em *Ermeneutica e critica dell'ideologia*, 1971, trad. it., Queriniana, Brescia, 1992). Durante os anos 1970, fortemente caracterizados pelo engajamento político, Habermas elabora a sua obra política mais complexa: *Theorie des Kommunikativen Handelns* (*Teoria do agir comunicativo*), 1981. Com a difusão do Estado do bem-estar, afirma o filósofo alemão, diminui o conflito social, mas aumentam a despolitização dos cidadãos e um modelo de vida centrado no particular: casa, trabalho e tempo livre. Para a difusão desse modelo contribuem de modo especial os meios de comunicação de massa que impõem um mundo dominado pelas mercadorias e pelo dinheiro. Em tal mundo a relação com os outros ocorre no mais das vezes através de um agir instrumental, ou seja, de um agir que usa os outros para atingir determinados fins. Um modo de sair dessa situação, para Habermas, é o agir comunicativo, ou seja, um modo de relacionar-se com os outros que tenha por objetivo compreender as pessoas, e não usá-las. Por meio do agir comunicativo Habermas quer propor uma nova fundação ética da política (v. AGIR COMUNICATIVO E AGIR INSTRUMENTAL).

Ainda nos anos 1970, as obras de dois americanos, Rawls e Nozick, suscitaram nos Estados Unidos e na Europa um amplo debate em torno da P., do liberalismo e do Estado. Trata-se de dois modos diferentes de entender a tradição liberal americana: um mais social e progressista, outro mais individual e conservador. O livro de Rawls, *Uma teoria da justiça* (1971, trad. it., Feltrinelli, Milão, 1982), pretende identificar na sociedade política as condições que possibilitam a mais ampla liberdade, conciliando-a com as exigências de justiça social. Para atingir esse fim, Rawls contrapõe à teoria utilitarista que se inspirava em Hume, Bentham e Mill, a teoria contratualista de Locke, Rousseau e Kant. Naquilo que Rawls define como "a imaginária condição originária" dos homens, estes são capazes de formular aquilo que os contratualistas chamavam de contrato e que Rawls chama de "princípios de justiça", ou seja, a liberdade e a justiça social. Definido isto, a tarefa de Rawls é tratar da estrutura fundamental de cada sociedade, ou seja, do "modo como as maiores instituições sociais distribuem os deveres e os direitos fundamentais e determinam a subdivisão dos benefícios da cooperação social" (*Una teoria della justizia, cit.*, p. 24). A obra de Rawls propõe em termos novos a antiga tradição do contratualismo cujo interesse declinara claramente nos séculos XIX e XX. Entre as reações às teorias de Rawls, a mais influente foi a do seu colega da Universidade de Harvard, R. Nozick, que, com sua obra *Anarquia, estado e utopia* (1974, trad. it., La Nuova Italia, Florença, 1981), representa a alternativa mais radical a Rawls. À diferença deste, Nozick, partindo dos direitos inalienáveis dos indivíduos, chega à teorização daquilo que chama de "Estado mínimo" (*Anarchia, stato e utopia, cit.*, p. XIII), ou seja, um Estado com poderes limitadíssimos, sem o uso da força coercitiva sobre os cidadãos (exceto em casos de necessidade, como a proteção contra a violência, o roubo etc.), que não são obrigados a interessar-se pelos mais necessitados. Nozick, portanto, não aceita uma das prerrogativas fundamentais do Estado moderno, que é o poder coercitivo sobre os cidadãos, poder que seria incompatível com seus direitos. Logo, enquanto a sociedade proposta por Rawls é democrática e solidária, a de Nozick inspira-se num liberalismo marcadamente individualista, porquanto os direitos dos indivíduos devem prevalecer sobre os da sociedade em seu conjunto.

3. A P. enfrentou no passado e enfrenta ainda hoje uma miríade de problemas diversos que variam segundo os tempos e os lugares, donde sua função ser inevitavelmente marcada pelo tempo e pelo espaço. "Considerada há muito como arte suprema do bem-viver, a política é reduzida por Maquiavel a mero instrumento de domínio, por Hobbes a pura gramática da obediência e por Locke a simples garantia à vida e aos haveres" (A. PASSERIN D'ENTRÈVES, *Filosofia della politica*, em *Dizionario di politica*, Utet, Turim, 1983, p. 425). As convicções religiosas dos cidadãos, que são irrelevantes no Estado moderno, eram determinantes no Estado confessional, "as relações econômicas, consideradas politicamente indiferentes por um liberal, decerto não o são para um socialista". Definir a P. é portanto "já por si mesmo assumir posição sobre os fins do agir humano, é estabelecer uma hierarquia entre as diferentes formas da vida em sociedade, é, em suma, uma escolha de valores, prenhe de conseqüências práticas e indicativas de uma visão específica da vida e do homem" (*ibid.*). Assim, enquanto no mundo antigo se desenvolve uma concepção da P. que tem funda-

mentos na natureza, no mundo moderno prevalece um modelo político como programa artificial. Em Platão, o princípio sobre o qual se constrói toda a estrutura da pólis, e através do qual se atinge o objetivo supremo da política, que é a justiça, é a disposição natural, é seguir a natureza, como se pode constatar no início do quinto livro da *República*, que sintetiza as conclusões do pensamento político de Platão: o Estado justo é o Estado "segundo a natureza" (*katá phýsin, República,* V, 456C). Também Aristóteles vê na pólis uma associação natural que tem o seu fundamento na união mais simples dos seres humanos que é a família; várias famílias formam uma aldeia e várias aldeias reunidas constituem uma comunidade auto-suficiente, que é a pólis; o homem, portanto, segundo a conhecidíssima definição de Aristóteles, é um "animal político" por natureza (*zóon politikón, Política,* I, 2, 1253A). Essa concepção da P. continua por toda a Idade Média e muda com o advento do mundo moderno; a partir do século XVII já não se encontra nenhuma concepção do Estado segundo a natureza, mas uma visão artificial dele: todos os contratualistas (Hobbes, Locke e Rousseau) vêm o fundamento do Estado num princípio artificial desejado pelos homens, que é o contrato social (v. CONTRATUALISMO).

Hoje, para dar uma definição geral da P. que leve em conta os vários estudos em andamento, poder-se-ia dizer que ela é o conjunto das atividades necessárias ao governo de um país que pressupõem alguns elementos essenciais, sem os quais não pode haver governo. Um desses elementos é a autoridade política que, num Estado, comporta a existência de um poder estabilizado e institucional com a pretensão de obediência incondicional por parte dos cidadãos. A autoridade política deve sempre ser acompanhada da legitimação do poder, atributo do Estado que consiste na presença do consentimento, por parte da maioria dos cidadãos, para com a forma de poder efetivo. Autoridade política legítima implica obrigação de observar as leis e punição em caso de inobservância, e distingue-se de qualquer outra forma de poder por ser um poder coativo. A imperatividade e a obrigação constituem o poder concreto da P., juntamente com o princípio de soberania, que é "a capacidade de governar sem precisar responder a nenhum poder superior" (G. URBANI, *La politica per tutti,* Mondadori, Milão, 1994, p. 62).

4. Um dos problemas mais debatidos em política desde Aristóteles até nossos dias é a relação entre ética e P., problema que se apresenta necessariamente porquanto as duas entidades referem-se à vida prática do homem. É determinante para a solução desse problema aquilo que se entende por P. Se por P. se entender a atividade humana que visa a atingir fins bem precisos, como o bem comum, a justiça, o exercício da liberdade etc., então a referência à ética passa a ser "o desenvolvimento natural da intencionalidade P." (A. DA RE, *Etica e politica,* em *Dizionario delle idee politiche,* Ave, Roma, 1993, p. 280). Se, porém, se entender por P. a gestão do poder como fim em si mesmo, então se chegará necessariamente a um conflito entre ética e P. A primeira concepção prevalece geralmente no mundo antigo; a segunda, no mundo moderno.

Para Aristóteles, o âmbito da ética é o mesmo da P.: o bem do homem é também o bem da cidade; a justiça definida como "a disposição de ânimo graças à qual os homens se inclinam a realizar coisas justas, agem justamente e querem as coisas justas" (*Ét. a nic.,* V, 1129 A) vale tanto para o cidadão como pessoa quanto para a convivência dos indivíduos dentro da pólis; por isso, Aristóteles define a sua *Ética a Nicômacos* como "um tratado de P." (I, 109-413). A separação entre ética e P. ocorre na modernidade, quando se estuda a P. e o Estado pelo que são, e não pelo que deveriam ser. Nessa nova perspectiva realista iniciada por Maquiavel, a P. não é a ciência que tem como fim a justiça (Platão) ou o bem comum (Aristóteles), mas é a representação da realidade concreta, efetiva, cujo objetivo fundamental é a conservação do poder por qualquer meio. Em Hobbes a concepção absolutista da soberania do Estado não tem "nem limite jurídico, porque todo o *ius* se resolve no *iussum,* nem limite ético, porque o *iussum* é também intrinsecamente *iustum*" (N. MATTEUCCI, *Soberania,* em *Dizionario di politica,* cit., p. 1105). Hobbes, portanto, não só separa ética e P., como também subordina a primeira à segunda, porquanto a moral (mas também o direito) depende do poder político. Nessa linha também se situa Hegel, que afirma o princípio da razão de Estado, princípio segundo o qual a moral política, a eticidade, deve prevalecer sobre a ética propriamente dita. Um dos mais convictos defensores da eticidade da P. na modernidade é Kant, cujo imperativo categórico – não deves fazer aquilo que não pode tornar-se uma máxima universal – implica necessariamente uma virada política. A relação entre ética e P. é vista em Kant, mas também em Marx, sobretudo com referência aos direitos fundamentais do homem e à sua divisão mais justa; nesse sentido o problema da ética passa a ser uma questão de justiça, e o Estado kantiano torna-se um Estado de direito, racional e eticamente fundado.

O problema da relação entre ética e P. é proposto em outros termos em M. Weber, com a teoria da isenção de valores em ciência, ou seja, com a separação entre fatos e valores e com a distinção entre ética da responsabilidade e ética da convicção (a ética da convicção é a ética orientada por princípios e valores, é a ética dos fins últimos, a ética do crente, do educador etc.; a ética da responsabilidade é a ética que leva em conta os efeitos e as conseqüências do agir humano, a ética do político, do criador da cidade terrena, para quem só conta a certeza do resultado; cf. WEBER, *A política como profissão,* 1918).

Para os defensores da teoria da isenção de valores em ciência, quanto mais uma forma de saber se aproxima do ideal científico empírico e verificável, tanto mais consegue eliminar juízos de valor; nesse sentido, o exame da política em bases empíricas e a rígida separação entre fatos e valores implicam necessariamente uma divisão entre ética e P. Desse ponto de vista também N. Bobbio, que defende a isenção de valores em ciência política, precisa afirmar a separação entre ética e P. Escreve: "Na realidade o que se chama autonomia da P. outra coisa não é senão o reconhecimento de que o critério com base no qual se considera boa ou ruim uma ação política é diferente do critério com base no qual se considera boa ou ruim uma ação moral [...] Os dois critérios são incomensuráveis entre si. Essa incomensurabilidade é expressa pela afirmação de que em P. vale a máxima 'o fim justifica os meios'" (*Politica,* em *Dizionario di politica, cit.*, p. 834).

Mas nem todos estão de acordo quanto à nítida separação entre fatos e valores; já a escolha de considerar que um fato é político implica uma concepção precisa de P. e do ser humano, portanto uma valoração (cf. PASSERIN D'ENTRÈVES, *Il "palchetto assegnato agli statisti"*, em *Tradizione e novità della filosofia politica,* Università degli studi, Bari, 1970, p. 16). Se é verdade que o cientista deve tender à isenção de valores, é verdade também esta não é em absoluto atingível; portanto, é possível uma isenção relativa de valores, donde também a separação entre ética e P. é relativa. O debate ético-político em curso está procurando superar a discrepância entre fatos e valores, entre P. e ética estabelecida pela sociologia não-valorativa de Weber. K. O. Apel e Habermas (APEL, *Das Apriori der Kommunikationsgemeinschaft,* 1973; HABERMAS, *Theorie des Kommunikativen Handelns, cit.*) propõem, por exemplo, uma fundamentação racional dos princípios de ação e uma ética discursiva que, apresentando a livre comunicação como critério fundamental da ação dentro de uma comunidade ideal, envolve também a P. diretamente, visto que propõe liberdade e igualdade de relações entre indivíduos e comunidade. Bobbio também modificou o juízo acima transcrito sobre ética e P.: "O modo mais simples, mas também menos convincente, de resolver o problema [da relação entre moral e P.] é afirmar a autonomia das várias esferas de ação em relação à esfera regulada pelas prescrições morais [...] Não se deve esperar que a discrepância entre a exigência da moral e a da P. desapareça inteiramente. Mas deve-se esperar que a P. possa ir ao encontro do ideal moral de uma boa sociedade numa democracia". A democracia "é o sistema político que permite a maior aproximação entre as exigências da moral e as da P." (*Morale e politica,* em *Nuova antologia,* julho-setembro, 1991, p. 78).

O aspecto hoje mais interessante do debate é o surgimento de novas problemáticas morais que tornam inadequado o modelo de separação entre ética e P. O horizonte moral, diante das novas problemáticas apresentadas pela ecologia, amplia-se para além dos estreitos âmbitos políticos nacionais e abarca toda a humanidade e a sobrevivência da espécie humana. Nesse sentido, H. Jonas propõe "uma ética da responsabilidade" (*Das Prinzip Verantwortung. Versuch einer Ethik für die technologische Zivilisation* [*Princípio de responsabilidade. A busca de uma ética para a civilização tecnológica*], 1979) e Apel, uma "macroética planetária" (*Das Apriori der Kommunikationsgemeinschaft, cit.*), éticas destinadas às políticas de toda a família humana, visto que, pela primeira vez na história, as conquistas tecnológicas estão em condições de ameaçar a própria sobrevivência da espécie humana. [E.A.]

POLÍTICA, FILOSOFIA (in. *Political philosophy*; fr. *Philosophie politique*; al. *Politische Philosophie*; it. *Filosofia politica*). Em geral: parte da filosofia que tem como objeto específico de indagação o âmbito dos fenômenos políticos. Através dos tempos a filosofia P. (ou filosofia da P.) foi entendida de modos diferentes e às vezes opostos. Seguindo as indicações de N. Bobbio e de A. Passerin d'Entrèves, podemos distinguir quatro acepções principais: 1) a filosofia P. como busca da melhor forma de governo, ou seja, como determinação da república ótima; 2) a filosofia P. como identificação do fundamento último do poder, ou seja, como determinação do critério de legitimidade da obrigação política; 3) a filosofia P. como explicitação do conceito geral de P., ou seja, como determinação da categoria do fenômeno político; 4) a filosofia P. como análise reflexa dos mapas lingüísticos e conceituais da linguagem política, ou seja, como metodologia das ciências da P.

O primeiro significado compreende todos os pensadores que, de Platão aos modernos utopistas, formularam o problema do Estado ideal, ou seja, de um modelo perfeito (ou o menos imperfeito possível) de comunidade humana. O segundo significado compreende todos os pensadores que formularam o problema da origem do poder e dos seus títulos de legitimidade (são emblemáticos os casos de Hobbes, Locke e Rousseau). O terceiro significado compreende todos os pensadores (são emblemáticos os casos de Croce e Schmitt) que se interrogaram sobre características peculiares da P., ou seja, sobre o que caracteriza e "distingue" o fenômeno político em relação às outras atividades (p. ex., a moral). O quarto significado compreende os estudiosos do século XX que conceberam a filosofia P. como uma disciplina de "segundo grau", destinada à elucidação das linguagens e dos métodos da ciência política.

Por certo período, a quarta acepção pareceu ser a única possível e, seguindo a sugestão de Weber e dos neopositivistas, foi interpretada, sobretudo em algumas versões "fortes" (v. OPPENHEIM), como um tipo de pesquisa rigorosamente descritiva, baseada nos critérios de empirismo, não-prescritivismo e na isenção de valores (v. VALORES, ISENÇÃO DE). Nascida como teoria do "bem viver" e como "ciência coordenadora e arquitetônica" da convivência humana, a filosofia P. acabou assim por reduzir-se a um filosofar asséptico e metateórico sobre a P. e sobre as suas estruturas lingüísticas e conceituais. Em decorrência do processo de reabilitação da filosofia prática (v.), quando do declínio do paradigma neopositivista e do retorno da ética normativa (v. ÉTICA), esse modo de fazer filosofia P. pareceu insuficiente e "evasivo". Tanto é verdade que os maiores promotores do "renascimento" da filosofia P. – Strauss, Voegelin, Arendt, Habermas, Rawls, Nozick (v. POLÍTICA) – voltaram a empenhar o discurso filosófico nos grandes temas da liberdade e da justiça. E isso segundo um modelo crítico-normativo de filosofia P., voltado a responsabilizar os filósofos em relação às instituições fundamentais de uma sociedade bem organizada, ou seja, a engajar-se na "construção de mundos *habitáveis, por via de* razões" (S. VECA, *Filosofia della P.*, em *Filosofia*, VV.AA., org. Paolo Rossi, Utet, Turim, 1995, p. 315). [G.F.]

POLITICISMO (fr. *Politisme;* al. *Politismus;* it. *Politicismo*). A prevalência ou a excessiva importância que as exigências políticas às vezes assumem na vida moderna, em detrimento de outras exigências, como as científicas, artísticas, morais, religiosas etc. [N.A.]

POLÍTICO (al. *Das Politische;* it. *Politico*). 1. Termo usado por Schmitt para designar o âmbito da política, caracterizando-o pela contraposição *amigo-inimigo* (v.).

2. Sinônimo de política em geral (v. POLÍTICA). [G.F.]

POLITOMIA (fr. *Polytomie;* al. *Polytomie;* it. *Politomia*). Divisão não dicotômica. Kant observa que a P. exige intuição: ou a intuição *a priori,* como acontece com a matemática, ou a intuição empírica, como nas ciências naturais. Em outros termos, a P. é sempre empírica, enquanto a dicotomia, por ser fundada no princípio da contradição, é *a priori* (*Logik,* § 115). [N.A.]

POLIVALENTE, LÓGICA. V. TERCEIRO EXCLUÍDO, PRINCÍPIO DO.

POLIZETÉTICA. V. INTERROGAÇÃO MÚLTIPLA.

PONTE DOS ASNOS (lat. *Pons asinorum;* in. *Asses' bridge;* fr. *Pont aux ânes;* al. *Eselsbrücke;* it. *Ponte degli asini*). Foi chamado deste modo, devido à aparente dificuldade, um diagrama construído pelo lógico Pedro Tartareto (cuja atividade literária termina entre os anos 1480 e 1490); sua finalidade era ajudar o estudante a encontrar o termo médio entre as várias figuras do silogismo. Esse diagrama é registrado por Prantl (*Geschichte der Logik,* IV, p. 206). Por vezes esse termo foi estendido, designando alguma dificuldade de um ensinamento ou doutrina. [N.A.]

PONTO (lat. *Punctum;* in. *Point;* fr. *Point;* al. *Punkt;* it. *Punto*). Ao lado do P. matemático e do P. físico, Leibniz admitiu o P. *metafísico,* que é a substância espiritual como elemento constitutivo do mundo. Distinguia do seguinte modo as três espécies de P.: "Os P. físicos são indivisíveis só aparentemente; os P. matemáticos são exatos, mas são apenas modos; só os P. metafísicos ou de substância, constituídos pelas formas ou almas, são ao mesmo tempo exatos e reais; sem eles não haveria nada de real porque nas verdadeiras unidades não haveria multiplicidade" (*Système nouveau de la nature,* 1695, § 11). Os P. metafísicos não são outra coisa senão as *mônadas* (v.). [N.A.]

PÔR (gr. τιθῆναι; lat. *Ponere;* in. *Posit;* fr. *Poser;* al. *Setzen;* it. *Porre*). Este verbo foi usado na linguagem filosófica com dois diferentes significados: 1º asseverar ou assumir como hipótese; 2º P. como ser, produzir.

1º O primeiro significado já era empregado por Platão e Aristóteles: por aquele, no sentido de estabelecer uma hipótese (*Teet.,* 191 c); por este, no sentido de estabelecer uma premissa (*An. pr.,* I, 1, 24 b 19) ou de admitir uma tese (*Top.,* II, 7, 113 a 28). De modo correspondente, a palavra posição vale genericamente como asserção, e Kant afirma que a existência pode ser posta, ou seja, asseverada ou reconhecida, mas não deduzida (*Der einzig mögliche Beweisgrund zu einer Demonstration des Daseins Gottes,* I, § 2). O verbo ainda hoje é usado com o sentido de assumir como hipótese ou *axioma* (v.).

2º Este verbo foi usado por Fichte no sentido de pôr como ser, produzir ou criar: "O ser cuja essência consiste puramente em pôr-se como existente é o Eu, como sujeito absoluto. E porque se põe, é; e porque é, põe-se. O Eu, portanto, é absoluta e necessariamente para o Eu" (*Wissenschaftslehre,* 1794,

§ 1). Este uso é mantido por toda a tradição do idealismo romântico e, em geral, por toda filosofia que identifique razão com realidade, portanto ato lógico de P. com ato real de produzir. [N.A.]

POR ACIDENTE (gr. κατὰ συμβεβηκός; lat. *Per accidens*). 1. Aquilo que é ou acontece sem nexo necessário com o sujeito do acontecimento, como quando um músico constrói; com efeito, entre ser músico e ser construtor não há nexo (cf. Aristóteles, *Met.*, V, 7, 1017 a 10).

2. V. CONVERSÃO. [N.A.]

POR IMPOSSÍVEL. V. ABSURDO.

PORÍSTICO (in. *Poristic*; fr. *Poristique*; al. *Poristie*; it. *Poristico*). De *porisma* = corolário. Este termo designa aquilo que é corolário ou concerne a um corolário. [N.A.]

POR SI (gr. καθ᾽αὑτό; lat. *Per se*; in. *By itself*; fr. *Par soi*; al. *Für sich*; it. *Per sé*). O que é em virtude de sua substância e não por outro; ou que está na consciência e pela consciência. Esses são os dois significados fundamentais do termo, que remontam, respectivamente, a Aristóteles e a Hegel.

A) Aristóteles (*Met.*, V, 18, 1022 a 24 ss.) enumerava cinco significados do termo:

1º Diz-se que uma coisa é por si aquilo que ela é em virtude da sua essência necessária ou substância. Por exemplo, Cálias é por si aquilo que ele é substancialmente, ou seja, homem;

2º Diz-se que uma coisa é por si aquilo que ela é em virtude de uma parte de sua essência necessária, ou seja, em virtude de uma parte da sua definição (visto que a definição exprime a essência necessária). Nesse sentido, diz-se que Cálias é por si animal porque "animal" é parte da definição de Cálias;

3º Em terceiro lugar, diz-se que uma coisa é por si aquilo que ela é em virtude de uma qualidade ou determinação primária. Nesse sentido se diz que o homem é vivo por si porquanto a vida é uma determinação primária sua (sendo parte da alma, que é substância do homem);

4º Diz-se que é por si aquilo que não tem uma causa externa, ou que esta não é considerada. Nesse sentido, o homem é por si por ser homem, ou seja, porque sua causa é a sua própria substância, não por ser animal ou bípede etc.;

5º Diz-se que é por si a coisa que é aquilo que pertence propriamente ou somente a algo. Nesse sentido, pode-se dizer que a alma *pensa* por si.

Esses cinco significados, na realidade, são todos redutíveis ao primeiro, ou seja, àquilo pelo que se diz que é por si a coisa que é em virtude da sua substância. De fato, o significado 2º refere-se às partes da substância; o significado 3º, às qualidades ou determinações que derivam da substância; os significados 4º e 5º, à causalidade própria da substância. O significado fundamental ou genérico, segundo o qual é por si aquilo que é em virtude da sua substância, é aquele ao qual se faz referência mais freqüente na história da filosofia. Esse é, por exemplo, o significado atribuído à expressão por Tomás de Aquino e Duns Scot. Tomás de Aquino afirma que "Deus é o mesmo ser por si subsistente" (*S. Th.*, I, q. 44, a. 1), porquanto o ser pertence à essência ou substância de Deus (*ibid.*, I, q. 3, a. 4); e que a alma não pode corromper-se porque é "forma por si subsistente" (*ibid.*, I, q. 75, a. 6). Duns Scot reserva o ser por si à forma total e perfeita em que entram todas as partes, mas que, por sua vez, não é parte (*Quodl*, q. 9, n. 17). Ambos os filósofos designam portanto como por si o ser substancial, se bem que Duns Scot restrinja seu significado mais que Tomás de Aquino. [N.A.]

PÓS-CONVENCIONALISMO (in. *Post-conventional*; fr. *Postconventionnel*; al. *Postkonventionellen*; it. *Postconvenzionale*). Na esteira de L. Kohlberg, que em *Essays on moral Development* (1981-1984) distinguiu uma série de "estágios morais" que partem de um nível *pré-convencional*, de moral heterônoma e individualista, para um nível *pós-convencional*, de moral autônoma e universalista, Apel e Habermas falaram de ética P. a propósito da orientação teórica que se propõe transcender as morais convencionais de grupo em direção a uma macroética planetária de características universais (v. DISCURSO, ÉTICA DO; MACROÉTICA PLANETÁRIA). [G.F.]

PÓS-EMPIRISTA, EPISTEMOLOGIA (in. *Postempiricist philosophy of science*; fr. *Épistémologie pósempiristique*; al. *Postempiristische Wissenschaftstheorie*; it. *Epistemologia postempiristica*). 1. Compósita filosofia da ciência desenvolvida a partir dos anos 1950 em contraposição ao empirismo lógico (v.) e aos aspectos empirístico-positivistas ainda presentes em Popper. Tal filosofia, mesmo encontrando uma de suas expressões de ponta no pós-positivismo de Kuhn, Lakatos e Feyerabend, é representada por uma série de autores díspares (Hanson, Toulmin, Goodman, Quine etc.) e, em geral, por todos os que se distanciaram da *Standard conception* (v. EMPIRISMO; CIÊNCIA; CIÊNCIA, FILOSOFIA DA).

2. Sinônimo de *epistemologia pós-positivista* (v.). [G.F.]

PÓS-ESTRUTURALISMO (in. *Post-structuralism*; fr. *Post-structuralisme*; al. *Neostrukturalismus*; it. *Post-strutturalismo*). Termo usado principalmente em meio anglo-americano, que, na literatura filosófica alemã, encontra correspondência no termo "neo-estruturalismo" (M. FRANK, *Was ist Neostrukturalismus?*, 1984), para indicar a geração de pensadores (J. Derrida, G. Deleuze, M. Foucault, L.-F. Lyotard) sucessiva aos teóricos do estruturalismo, em termos substancialmente cronológicos apenas (J. Piaget, C. Lévi-Strauss, J. Lacan em especial). O prefixo indica o caráter aproximativo de uma palavra a que não corresponde um conceito, porque se esforça por unificar orientações de pesquisa em boa parte heterogêneas, como a crítica ao humanismo filosófico, sob o impulso da etnologia e da filosofia heideggeriana (M. FOUCAULT, *As palavras e as coisas*, 1966), a crítica à racionalidade ocidental, paralela à crítica da "metafísica ocidental" (FOUCAULT, *História da loucura*, 1961; G. DELEUZE, *Nietzsche e a filosofia*, 1962), a tentativa de crítica da filosofia da história, orientada pela hipótese de um fim da história (L.-F. LYOTARD, *A condição pós-moderna*, 1979) e, prioritariamente, a doutrina filosófica de Derrida (v. DESCONSTRUÇÃO; GRAMATOLOGIA). Apenas no caso de Derrida se pode falar de visão crítica em relação à problemática estruturalista (*De la grammatologie*, *L'écriture et la différence*, ambos de 1967), mas baseada numa releitura da relação fenomenológica entre uma dimensão genética e uma dimensão estrutural. O estruturalismo não explica a gênese da estrutura, deixando o nascimento da ciência por conta de um princípio puramente irracional.

Na origem da questão está a indagação, evitada por Platão, de por que as idéias ou os números possibilitam a experiência, mesmo no sentido forte de constituírem a realidade, e não têm origem. Rejeitando a hipótese de uma eternidade das idéias, Aristóteles propõe o problema sem resolvê-lo, nos *Segundos analíticos*, numa perspectiva transversal em relação ao par gênese-estrutura: a experiência é definida como um exército em fuga (a seqüência desordenada das impressões, que não são ainda experiência); em certo ponto, um soldado pára, e aos poucos a coesão se recompõe: nesse momento, estamos diante de uma experiência. A pergunta, porém: é o que pôs fim à ruptura? E – seja qual for a resposta – ter-se-ia então o esclarecimento da questão da gênese da estrutura (que já não seria confiada ao acaso)? As questões acerca da natureza e da origem dos universais na filosofia medieval repropõem o problema, que será resolvido em termos genéticos por Locke, com a doutrina das *general ideas*, criticada por Berkeley (que propõe a sistematização platônica), e deixada como herança para o esquematismo kantiano. Ora, entre os séculos XIX e XX, muitos estudiosos de formação fenomenológica (Husserl, Stumpf), gestaltista (Köhler, Guillaume) e estruturalista (Piaget) procuraram dar uma explicação unitária da gênese da estrutura. Essa busca genética estivera sobretudo presente num filósofo que exercerá grande influência sobre Derrida, M. Merleau-Ponty, assim como A. Gurwitsch ressaltara a exigência de uma ontologia primária para que se possa aplicar um esquema.

A hipótese de Derrida é que se deve postular uma função sintética que, agregando, dá origem ao conceito assim como ao percepto, ao modo de uma lógica e de uma estética transcendental (v. GRAMATOLOGIA). O princípio é portanto pré-racional, referindo-se a uma retenção que se define como possibilidade de natureza e cultura. A explicação, porém, é racional: a força (vida, ser, *hyle*) e a forma (*morphè*, esquema, estrutura) não preexistem ao ato da síntese, mas surgem a partir dela, de modo que gênese e estrutura se dão simultaneamente. As conseqüências ontológicas e gnosiológicas dessa perspectiva são, substancialmente (*A estrutura, o signo, o jogo no discurso das ciências humanas*, em *L'écriture et la différence*) o reconhecimento da ausência de centro ou de fundamento da estrutura, visto que fundamento e centro (e em geral todo sentido) são compreensíveis somente a partir da estrutura, e não o inverso. [M.F.]

POSIÇÃO (gr. ϑέσις; lat. *Positio*; in. *Posit*; fr. *Position*; al. *Setzung, Position*; it. *Posizione*). 1. Assunção não demonstrada: 1º da premissa de um raciocínio; 2º da existência de alguma coisa.

1º No primeiro sentido, o termo é constantemente usado por Aristóteles (cf. *An. post.*, I, 2, 72 a 15) e por toda a tradição lógica mesmo recente, na qual às vezes é explicitamente redefinido (cf. H. REICHENBACH, *The Rise of Scientific Philosophy*, 1951, p. 240).

2º Kant foi o primeiro a distinguir P. *relativa*, que é o reconhecimento do ser predicativo (ser expresso pela cópula) que põe em relação duas determinações de uma coisa, e a P. *absoluta*, que é o reconhecimento da existência da coisa. Kant dizia: "Em um existente, nada é posto além do que já está no puro possível (trata-se com efeito de seus predicados), mas através de um existente é posto algo mais que um puro possível, porque se trata da P. absoluta da mesma coisa" (*Der einzig mögliche Beweisgrund zu einer Demonstration des Daseins Gottes*, 1763, § 3). Para Kant, a P. é o reconhecimento (empírico) de uma existência. No idealismo romântico, a partir de Fichte, a P. foi entendida como criação. Diz Fichte: "Aquilo cujo ser (ou essência) consiste apenas em pôr-se como existente é o Eu como sujeito absoluto. Porque se põe, é; e porque é, põe-se" (*Wissenschaftslehre*, 1794, § 1). O conceito de P., neste sentido, não se distingue do de criação. Volta a distinguir-se de criação em Husserl, para quem a P. é a afirmação da existência do objeto intencional. Ele distinguiu P. *atual*, que se tem quando o objeto intencional está presente, da P. *potencial*, que se tem quando ele não está presente (*Ideen*, I, § 113). Husserl usa também o termo *posicionalidade* (alemão *Positionalität*) para indicar em geral o caráter, comum a todas as vivências, de pôr o objeto intencional (como existente, desejado, ou pretendido etc.). Às vezes são chamados de P. os próprios objetos físicos não definíveis em termos de experiência, mas reconhecidos como existentes apenas como intermediários úteis entre a experiência e a linguagem (QUINE, *From a Logical Point of View*, II, 6).

2. Na lógica terminista medieval, uma *obrigação* (v.), mais precisamente a que consiste em sustentar uma proposição como verdadeira (Ockham, *Summa log.*, III, III, 40). [N.A.]

POSITIVISMO (in. *Positivism*; fr. *Positivisme*; al. *Positivismus*; it. *Positivismo*). Este termo foi empregado pela primeira vez por Saint-Simon, para designar o método exato das ciências e sua extensão para a filosofia (*De la religion Saint-Simonienne*, 1830, p. 3). Foi adotado por Augusto Comte para a sua filosofia e, graças a ele, passou a designar uma grande corrente filosófica que, na segunda metade do século XIX, teve numerosíssimas e variadas manifestações em todos os países do mundo ocidental. A característica do P. é a romantização da ciência, sua devoção como único guia da vida individual e social do homem, único conhecimento, única moral, única religião possível. Como romantismo em ciência, o P. acompanha e estimula o nascimento e a afirmação da organização técnico-industrial da sociedade moderna e expressa a exaltação otimista que acompanhou a origem do industrialismo. É possível distinguir duas formas históricas fundamentais do P.: o P. *social* de Saint-Simon, Comte e John Stuart Mill, nascido da exigência de constituir a ciência como fundamento de uma nova ordenação social e religiosa unitária; e o P. *evolucionista* de Spencer, que estende a todo o universo o conceito de progresso e procura impô-lo a todos os ramos da ciência (para o positivismo evolucionista, v. EVOLUCIONISMO). As teses fundamentais do P. são as seguintes:

1ª A ciência é o único conhecimento possível, e o método da ciência é o único válido: portanto, o recurso a causas ou princípios não acessíveis ao método da ciência não dá origem a conhecimentos; a metafísica, que recorre a tal método, não tem nenhum valor.

2ª O método da ciência é puramente descritivo, no sentido de descrever os fatos e mostrar as relações constantes entre os fatos expressos pelas leis, que permitem a previsão dos próprios fatos (Comte); ou no sentido de mostrar a gênese evolutiva dos fatos mais complexos a partir dos mais simples (Spencer).

3ª O método da ciência, por ser o único válido, deve ser estendido a todos os campos de indagação e da atividade humana; toda a vida humana, individual ou social, deve ser guiada por ele.

O P. presidiu à primeira participação ativa da ciência moderna na organização social e constitui até hoje uma das alternativas fundamentais em termos de conceito filosófico, mesmo depois de abandonadas as ilusões totalitárias do P. romântico, expressas na pretensão de absorver na ciência qualquer manifestação humana. [N.A.]

POSITIVISMO JURÍDICO (in. *Juridical positivism*; fr. *Positivisme juridique*; it. *Positivismo giuridico*). Foi esse o nome que Hans Kelsen deu à sua doutrina formalista do direito e do Estado (*General Theory of Law and State*, 1945; cf. especialmente o apêndice "A doutrina do direito natural e o P. jurídico") (v. DIREITO; ESTADO). [N.A.]

POSITIVISMO LÓGICO (in. *Logical positivism*; fr. *Positivisme logique*; al. *Neupositivismus*; it. *Positivismo logico*). V. EMPIRISMO LÓGICO. [N.A.]

POSITIVO (in. *Positive*; fr. *Positif*; al. *Positiv*; it. *Positivo*). 1. O que é posto, estabelecido ou reconhecido como um fato. Leibniz chamava de "verdades P." as verdades de fato, que se distinguem das verdades de razão porque constituem "leis que aprouve a Deus dar à natureza" (*Théod.*, Discours, § 2). No mesmo sentido, fala-se em *religião* P. como religião estabelecida de fato, que vigora como um complexo de instituições históricas, ao contrário da religião natural, que pode não vigorar de fato. Fala-se de *direito P.* como direito vigente em determinado Estado, em contraposição ao direito natural, que pode não ter validade de fato. As expressões "fato P." e "realidade P." têm valor análogo porque designam o fato ou a realidade reconhecida ou reconhecível como tal em virtude de um método objetivo. Portanto, nesta acepção, o significado fundamental do termo é aquilo que vigora de fato ou tem realidade efetiva. Comte expressava esse significado ao afirmar: "Considerada na sua acepção mais antiga e mais comum, a palavra P. designa o que é real em oposição ao que é quimérico" (*Discours sur l'esprit positif*, § 31). O positivismo chamou de P. o método da ciência porque visa ao reconhecimento puro e simples dos fatos e de suas relações (v. POSITIVISMO). Em sentido não diferente deste, Schelling chamou de P. o conhecimento que considera o ato com que a realidade é posta. Distinguiu as condições *negativas* do conhecimento, que são aquelas sem as quais o conhecimento não é possível, das condições P., que são aquelas graças às quais o conhecimento se realiza. As primeiras são as formas racionais do ser e dizem o que o ser pode ou deve ser; as segundas expressam a existência e consistem substancialmente na vontade de Deus de manifestar-se (*Werke*, II, III, pp. 57 ss.).

2. O mesmo que afirmativo. Neste sentido, o termo recorre em locuções como "declarações P." ou "notícias P.", ou mesmo para designar doutrinas que caracterizem seus objetos com afirmações, e

não com negações; por exemplo, "teologia P.", em oposição a teologia negativa; "existencialismo P." etc.

3. O mesmo que positivista, no sentido em que, a partir de Comte, se diz "filósofos positivos". [N.A.]

PÓS-KANTISMO (in. *Post-kantianism;* fr. *Postkantisme;* al. *Postkantianismus;* it. *Postkantismo*). Expressão com que se indica a reabilitação do Kant ético, ocorrida na área cultural alemã em seguida – e em parte como alternativa – à reabilitação do Aristóteles ético (v. NEO-ARISTOTELISMO). Reabilitação que deu ensejo a uma série de estudos específicos por parte de autores díspares (Manfred Riedel, Karl-Heinz Ilting, Ernst Vollrath, Günther Patzig, Annemarie Pieper, Oswald Schwemmer, Offried Höffe etc.). Tais autores, afora suas diferentes perspectivas críticas e metodológicas, mostram-se de acordo ao ressaltarem alguns aspectos do kantismo moral, tais como: 1) a tese da autonomia da dimensão prática em relação à teórica e a recusa a pôr na base da ética determinada concepção metafísica do mundo; 2) o programa de uma ciência prática contrafactual, contrária à redução da ética a simples registro empírico-descritivo das normas vigentes; 3) o privilégio dado à ética deontológica (ou do dever) em relação à ética teleológica (ou dos fins), tanto de tipo eudemonístico quanto utilitarista. No plano histórico, o resultado mais relevante dessa "redescoberta" de Kant foi a ética do discurso (v.) de Apel e Habermas, que, mesmo partindo de Kant, propôs-se ir *além de* Kant (donde seu caráter pós-kantiano). E isso em virtude de uma postura dialógica, e não monológica, do fato moral. Neo-aristotélicos e pós-kantianos fizeram-se porta-vozes de exigências contrapostas, que acabaram por assumir a forma geral de um choque entre "contextualistas" e "universalistas". Os primeiros, partindo de Aristóteles e Hegel, pretenderam privilegiar a dimensão do *Sein,* ou seja, do *Ethos* e da *Sittlichkeit.* Os segundos, inspirando-se nos iluministas e em Kant, defenderam a necessidade de uma ética comunicativa capaz de valer para todos os homens e todas as civilizações. [G.F.]

PÓS-MODERNISMO (in. *Postmodernism;* fr. *Postmodernisme;* al *Postmodernismus;* it. *Postmoderno*). 1. Literalmente: o que vem depois do moderno (v.). O termo aparece em F. de Oniz (*Antologia de la Poesía Española Hispano-americana,* 1934) e em A. Toynbee (*A Study of History,* 1934 e ss.) para indicar, no primeiro caso, uma corrente poética que reagia aos "excessos" do modernismo literário e, no segundo caso, à nova fase histórica da civilização ocidental iniciada a partir de 1875 com o imperialismo *fin de siècle.* Para designar tal fase Toynbee usava também o termo *post-histoire,* já adotado por A. A. Cournot (e retomado por Gehlen), que em alguns contextos às vezes é sinônimo de P. Em seguida, sobretudo a partir dos anos 1960, o termo foi usado, na América e na Europa, tanto para indicar uma série de práticas culturais presentes em âmbitos disciplinares específicos (arquitetura, artes figurativas, literatura, teatro etc.) quanto para aludir às mudanças na ordem da sociedade pós-industrial. A sua introdução no jargão filosófico corrente é obra de Lyotard (*La condition post-moderne,* 1979). A partir deste último, o P. tornou-se uma espécie de categoria universal apta a exprimir o *Zeitgeist* contemporâneo e "o esquecimento gradual de certa tradição filosófica" que vai, *grosso modo,* de Descartes a Nietzsche. Mais em particular, foram rotulados de "pós-modernos" os filósofos para os quais a modernidade, pelo menos em alguns dos seus traços essenciais, estaria "acabada". Embora à "atmosfera" pós-moderna pertençam pensadores díspares, os que mais contribuíram para a sua elaboração filosófica são Lyotard e Vattimo. Outras figuras de destaque que insistiram na necessidade de sair da tradição filosófica moderna e que, em muitos aspectos, se aproximam da sensibilidade pós-moderna são Rorty e Derrida. Como o P. é um conceito que não se define por si, porquanto implica uma definição *por diferença* em relação ao conceito de moderno (v.), na base de toda filosofia pós-moderna há uma interpretação específica da modernidade, em torno da qual concordam, pelo menos em linha geral, os seus principais teóricos. Esquematicamente, segundo os pós-modernos, a modernidade seria qualificada: *a*) pela tendência a crer em visões globais do mundo, capazes de fornecer "legitimações" filosóficas ao conhecimento e à ação; *b*) pela propensão a falar em termos de "novidade" e "superação"; *c*) pela aptidão a conceber a história como um percurso "progressivo" de que os intelectuais conhecem os fins (liberdade, igualdade, bem-estar etc.) e os meios capazes de realizá-los (difusão das luzes, revolução proletária, conquistas da tecnologia e da ciência etc.); *d*) pela tendência a subordinar a multidão heterogênea dos acontecimentos e dos saberes a totalidades de sentido previamente constituídas. A essas idéias mestras da modernidade os pós-modernos contrapõem um conjunto de idéias alternativas, quais sejam: 1) desconfiança dos macrossaberes conglobadores e legitimadores (v. METANARRATIVAS; FUNDACIONALISMO); 2) proposta de formas "fracas" (Vattimo) e "instáveis" (Lyotard) de racionalidade, baseadas na convicção de que não existem "fundamentos" últimos e imutáveis; 3) rejeição à ênfase no "novo" e na categoria vanguardista de "superação"; 4) renúncia a conceber a história nos moldes de um processo universal capaz de funcionar como plataforma "garantida" da humanidade rumo à "emancipação" e ao "progresso" (v.); 5) passagem do paradigma da unidade ao da multiplicidade, ou seja, tese da "heteromorfia dos jogos lingüísticos" (Lyotard) e do fato de que "o mundo não é um, mas muitos" (Vattimo); 6) adesão a uma ética do pluralismo e da tolerância coadunada com as bases estruturais de uma sociedade "complexa" (cf. G. FORNERO, *Postmoderno e filosofia*, em N. ABBAGNANO, *Storia della filosofia*, Utet, Turim, 1994, vol. IV, t. 2º, pp. 389-434).

Ao contrário do que ocorria nas chamadas "filosofias da crise" da primeira metade do século XX, essas teses, que não podem ser reduzidas a simples inversão dialética do modernismo, não são apresentadas – e nisso reside uma das maiores novidade do P. – com um sentido de saudade das certezas (e das totalidades) perdidas, mas são saudadas como conquistas positivas, ou seja, como um sinal da chegada da maturidade intelectual e existencial do homem contemporâneo.

2. Alguns autores, afastando-se de uma práxis lingüística já consolidada internacionalmente, usam o termo P. também para referir-se a posicionamentos (por exemplo, o ambientalismo e o neotomismo) que se apresentam em antagonismo com certas tendências da modernidade. Adotado nesse sentido, como ocorre nos estudiosos segundo os quais o "verdadeiro" P. não seria o de Lyotard ou Vattimo, mas aquele que se exprime na retomada da metafísica clássica, o termo P. perde a conotação histórico-teórica específica e acaba prognosticando (mais) equívocos lingüísticos e conceituais. Isto explica por que tal acepção tende a ser ignorada – ou abertamente rejeitada – pelos historiadores da filosofia, que, referindo-se aos casos citados, preferem falar de pensamento "ultramoderno" ou "antimoderno", termos que, mesmo exprimindo a idéia de contraposição à modernidade, não são historiograficamente equívocos. [G.F.]

PÓS-PREDICAMENTOS (gr. μετὰ τὰς κατηγορίας; lat. *Postpredicamenta*; in. *Postpredicaments*; fr. *Post-prédicaments*; al. *Postprädikamente*; it. *Postpredicamenti*). Começaram a ser chamados com este termo pelos glosadores de Aristóteles (p. ex., por Filópono, séc. VI, em *Cat.*, 39 a, 33) os conceitos que Aristóteles anunciou depois das categorias, no livro que tem este nome; são eles: de *oposição* (*opposito*), de *prioridade* (*prius*), de *simultaneidade* (*simul*), de *movimento* (*motus*) e de *ter* (*habere*) (*Cat.*, 10-15). Para estes conceitos, v. os verbetes relativos. [N.A.]

POSSE (in. *Possession*; fr. *Possession*; al. *Besitz*; it. *Possesso*). 1. Alguma garantia da possibilidade de dispor de uma coisa ou de usá-la. Este é o conceito de Kant: "O que é meu de direito (*meum juris*) é aquilo a que estou tão ligado que o seu uso por outra pessoa, sem o meu consentimento, se daria em meu prejuízo. A P. é a condição subjetiva da possibilidade de uso em geral" (*Met. der Sitten*, I, § 1). A noção de P., portanto, diz respeito à relação entre o homem e as coisas, e expressa certa garantia (que pode ter significados e limites muito diferentes) da possibilidade de uso que determinado indivíduo tem em relação a determinada coisa. É imprópria a noção de P. com referência às relações entre as pessoas.

2. Na significação mais generalizada, esse termo designa qualquer relação predicativa e existencial; dizemos, por exemplo, "A coisa *x* possui a qualidade *a*" *ou* "O objeto *x* possui existência". Neste sentido, o uso do termo corresponde ao que se encontra em Aristóteles, em oposição a privação (cf. *Met.*, X, 4, 1055 a 33) (v. PRIVAÇÃO). [N.A.]

POSSIBILIDADE. V. POSSÍVEL.

POSSÍVEL (gr. τὸ δυνατόν; lat. *Possibilis*; in. *Possible*; fr. *Possible*; al. *Möglich*; it. *Possibile*). O que pode ser ou não ser. Esta definição nominal geralmente é pressuposta pelas definições conceptuais desse termo, mas só estas últimas permitem tratar dos problemas peculiares a essa noção. As definições conceptuais de possível podem ser: A) *negativas* (de natureza lógica); B) *positivas*. Por sua vez estas últimas podem ser 1º de *possibilidade real*; 2º de *possibilidade objetiva*. As três classes de definições daí resultantes correspondem quase perfeitamente às três espécies de P. distinguidas por Aristóteles na *Metafísica*: "O P. significa: 1º o que não é necessariamente falso; 2º o que é verdadeiro; 3º o que pode ser verdadeiro" (*Met.*, V, 12, 1019 b 30).

1º As definições negativas de P. são de natureza lógica; definem o P. como aquilo que não é necessariamente falso ou não inclui contradição. Era com esse sentido que Aristóteles definia o P. no trecho citado. Este conceito passou à tradição filosófica com a denominação de "P. *lógico*", distinto do "P. *real*". Tomás de Aquino chama-o de "P. absoluto" e diz que resulta *ex habitudine terminorum*, isto é, da não repugnância entre predicado e sujeito (*S. Th.*, I, q. 25, a. 3). Duns Scot chama-o de P. *lógico*, considerando-o próprio da "composição do intelecto", porquanto os termos desta não incluem contradição (*Op. Ox.*, I, d. 2, q. 6, a. 2, n. 10). Ockham julga que o P., neste sentido, outra coisa não é senão o *não-impossível* (*Summa log.*, II, 25). Foi este o conceito ressaltado por Leibniz: "Quando vos digo que há uma infinidade de mundos P., pressuponho que não impliquem contradições, assim como se podem escrever romances que nunca se realizarão, mas que são possíveis. Para que uma coisa seja P., basta que seja inteligível" (*Carta a Bourguet*, 1712, em *Op.*, ed. Gerhardt, III, p. 558). Neste sentido, Leibniz distinguia o P. do *compossível* (v.), que é a possibilidade objetiva. A noção de P. neste sentido continua na escola wolffista (WOLFF, *Ont.*, § 85; CRUSIUS, *Vernunftwahrheiten*, § 56; LAMBERT, *Dianoiologie*, § 39); Kant considerava-a válida em seus limites, mas opunha-lhe a noção de possibilidade objetiva (*Der einzig mögliche Beweisgrund zu einer Demonstration des Daseins Gottes*, 1763, II, 1).

As duas teses fundamentais desta noção do P. são as seguintes: I) redução do P. ao *não-impossível*; II) inferência do P. a partir do necessário, no sentido de que o necessário deve ser possível. Trata-se de dois princípios estreitamente interligados. Aristóteles enunciou-os pela primeira vez no famoso tratado sobre o P., que se encontra em *De interpretatione*. O necessário deve ser P. – raciocinou Aristóteles – porque, se não fosse P., seria impossível, o que é contraditório (*De int.*, 13, 22 b 28 ss.). A identificação do P. com o *não-impossível* já está clara nesse raciocínio, mas em todo caso tornou-se explícita com Aristóteles. Ele observa que, tanto no caso de possibilidades pertencentes a entes imutáveis quanto de possibilidades pertencentes a entes mutáveis, *é sempre verdadeira a proposição "não é* impossível que seja" (*De int.*, 13, 23 a 13). A mesma doutrina era repetida por Tomás de Aquino, que, no entanto, se restringia explicitamente ao P. lógico (*Contra Gent.*, III, 86). As mesmas teses estão presentes nas doutrinas contemporâneas sobre o P. Peirce diz: "É essencial ou logicamente P. tudo que uma pessoa, que não conhece fatos mas está a par do raciocínio e tem familiaridade com as palavras que ele contém, seja incapaz de declarar falso" (*Coll. Pap.*, 4, 67). Aqui a noção de falso substituiu a de contraditório, mas o P. continua sendo reduzido àquilo que não é falso. Carnap, por sua vez, define o P. como o "*não* impossível" (*Meaning and Necessity*, § 39-3). Na semântica de mundos P. (v. MUNDOS POSSÍVEIS; MODALIDADE) um enunciado será P. em dado mundo *W* se for verdadeiro em pelo menos um dos mundos P. acessíveis a *W*.

2º A definição de P. como *possibilidade real* identifica o P. com o *potencial* (v.) e vê no potencial o que se destina infalivelmente a realizar-se. Foi graças a essa interpretação que Diodoro Cronos, famoso filósofo de Mégara, afirmava, com o *argumento vitorioso* (v.), que tudo o que é P. se realiza, e o que não se realiza não é P. (ARISTÓTELES, *Met.*, 9, 3, 1046 b 24 ss.; EPICTETO, *Diss.*, II, 19, 1; CÍCERO, *De fato*, 6 ss.). Diodoro Cronos inferia desse princípio a tese da necessidade de tudo o que é: nada do que foi, é ou será, pôde ser, pode ou poderá ser diferente de como foi, é ou será. Mas o próprio Aristóteles, que combatia a tese de Diodoro Cronos baseando-se nos outros significados de P., às vezes admitia a tese fundamental dessa concepção de possibilidade: "Não pode ser verdade que alguma coisa é P. mas não será, pois neste caso não existiriam impossibilidades" (*Met.*, IX, 4, 1047 b 3). Esta concepção do P. foi acolhida pela escolástica árabe a partir de Avicena. A divisão de Avicena entre o ser necessário e o ser P. é na verdade a divisão entre aquilo que extrai seu ser de si mesmo (Deus) e aquilo que extrai seu ser de outro (as coisas criadas). Deste ponto de vista, o P. é possível enquanto não é nada; assim que começa a ser, este é o sinal de que estão presentes *todas* as condições ou causas do seu ser, e ele tornou-se necessário: no sentido de necessário em relação a outra coisa (*Met.*, II, 1-2; Algazel, *Met.*, I, 8; etc.). Este "necessário em relação a outra coisa" era o *contingente* (v.).

Esta doutrina foi repetida muitas vezes na história da filosofia. Uma de suas melhores expressões está em Hobbes: "Chama-se de impossível o ato para cuja produção nunca haverá potência *plena*. Pois a potência plena é aquela para a qual concorrem todas as condições necessárias à produção do ato; se nunca houver a potência plena, sempre faltará alguma das condições sem as quais o ato não pode produzir-se, de tal modo que esse ato nunca poderá produzir-se, portanto será um *ato impossível*. O ato que não é impossível, é *possível*. Portanto, todo ato P. deve verificar-se de tempos em tempos: se nunca se verificasse, nunca concorreriam todas as condições necessárias à sua produção, e ele seria então, por definição, um ato impossível, o que contraria a hipótese" (*De corp.*, 10, § 4). Esta elaboração do conceito de P. outra coisa não é senão a repetição do argumento vitorioso de Diodoro Cronos, que reaparece toda vez que se reduz o P. a uma *potencialidade*, na qual devam estar presentes todas as condições de realização, estando, pois, destinada infalivelmente a realizar-se. Este é o conceito de P. encontrado em Hegel, que distinguia possibilidade real e mera possibilidade; esta seria "a vã abstração da reflexão em si", ou seja, uma simples representação subjetiva, ao passo que se tem a *possibilidade real* quando ocorrem todas as condições de uma coisa, de tal maneira que a coisa deve tornar-se real; é óbvio que, neste caso, possibilidade real não se distingue de necessidade (*Enc.*, § 147). A noção de possibilidade real neste sentido é freqüentemente empregada pelos seguidores de Hegel, sejam eles idealistas ou marxistas. Muitas vezes esta noção foi empregada para designar a predeterminação dos eventos históricos em suas condições, portanto para fundamentar a possibilidade de previsão infalível da evolução futura da história. Foi deste modo que G. LUKÁCS usou esse conceito (*Ges-*

chichte und Klassenbewusstsein, 1923; trad. fr., 1960, pp. 104 ss.). Com o mesmo significado de potencialidade, esse conceito está pressuposto num livro de S. Buchanan, em que a possibilidade é definida como "a idéia reguladora da análise do todo em suas partes", sendo as partes definidas como "a potencialidade do todo" (*Possibility,* 1927, pp. 81 ss.).

Finalmente, o último exemplo deste conceito é a denominada "lei modal fundamental" de N. Hartmann, que compreende as seis teses seguintes: "1.ª o que é realmente P. é também realmente factível; 2.ª o que é realmente factível é também realmente necessário; 3.ª o que é realmente P. é também real e reciprocamente necessário; 4.ª aquilo cujo não ser é realmente P. é também realmente infactível; 5.ª o que é realmente infactível é também realmente impossível; 6.ª aquilo cujo não-ser é realmente possível é também realmente impossível" (*Möglichkeit und Wirklichkeit,* 1938, p. 126). Estas teses não passam de redução explícita do conceito de possibilidade real no conceito de necessidade: redução à qual na verdade não poderíamos objetar.

Faz parte desta noção do P. a redução do conceito de P. à ignorância ou à imaginação *post factum.* O primeiro caminho foi seguido por Espinosa: "Chamo de P. as coisas singulares, porquanto, considerando as causas pelas quais devem ser produzidas, ignoramos se elas estão determinadas a produzi-las" (*Et.,* IV, def. 4; *Cogit Met.,* I, 3). O segundo caminho foi seguido por Bergson: "O P. é a miragem do presente no passado; e como sabemos que o futuro acabará por tornar-se presente e que o efeito da miragem continuará a produzir-se, dizemos que em nosso presente atual, que será o passado de amanhã, a imagem do amanhã já está contida, apesar de não chegarmos a alcançá-la. Nisso está precisamente a ilusão" ("Le possible et le réel", 1930, em *La pensée et le mouvant,* 3.ª ed., 1934, p. 128). De acordo com esse conceito, o oposto de P. é real ou atual.

3.º O terceiro conceito de P. é de *possibilidade objetiva,* que remonta a Platão. A possibilidade de agir ou de sofrer uma ação foi assumida por Platão como a definição do ser em geral (v. SER), contra os materialistas, por um lado, e contra os idealistas, por outro. "Digo que é existente tudo aquilo que tem por natureza a possibilidade de fazer uma coisa qualquer ou de sofrer uma ação (inclusive tudo o que existe em medida mínima e por uma vez só, e com respeito à coisa mais insignificante). Por isso, faço a seguinte definição: os entes não são outra coisa senão possibilidades" (*Sof.,* 247 e). Aristóteles definia a possibilidade neste sentido como "aquilo que *pode* ser verdadeiro" (*Met.,* V, 12, 1019 b 32). E Tomás de Aquino defendia essa possibilidade contra o necessitarismo árabe: "O P. ou contingente, que se opõe ao necessário, tem em seu conceito que não deve realizar-se necessariamente quando não é, visto que ele se segue necessariamente da sua causa" (*Contra Gent.,* III, 86). Ockham incluía o mesmo conceito entre os significados do termo P., como "aquilo que não está em ato, mas poderá estar", ou que "não é nem necessário nem impossível" (*Summa log.,* II, 25). O conceito de *compossível* (v.), de Leibniz, é outra expressão dessa mesma noção de possibilidade, defendida por Kant já antes de suas "*Críticas*", quando, opondo-se à escola wolffista, ele mostrava a insuficiência do conceito de possibilidade lógica: "Existir possibilidade e no entanto não existir nada de real é contraditório, porque, se nada existe, nada de pensável é *dado,* e estaremos em contradição se ainda quisermos que haja alguma coisa de P." (*Der einzig mögliche Beweisgrund zu einer Demonstration des Daseins Gottes,* I, 2, 2). Ou, em outros termos, "subtraindo-se do P. o *material* e os *dados,* também se nega a possibilidade" (*ibid.,* I, 2, 3). Aqui, Kant parece negar até mesmo a legitimidade da noção de P. lógico. Em outro ponto, admite também esta possibilidade: "O conceito é P. todas as vezes que não se contradiz. É este o caráter lógico da possibilidade, e com isso o seu objeto é distinto do *nihil negativum.* Mas não pode ser um conceito vazio. [...] Esta é uma advertência a não deduzir imediatamente a possibilidade (*real*) das coisas da possibilidade (*lógica*) dos conceitos" (*Crít. R. Pura,* Dialética, II, cap. 3, seç. 4, n. [A 597, B 625]). A possibilidade objetiva ou real baseia-se, então, nos dados da experiência e é uma possibilidade que só a experiência, e não o simples conceito, autoriza a admitir. Todavia, não se trata de uma possibilidade real no sentido de que falamos ao n.º 2, isto é, de uma potencialidade destinada infalivelmente a realizar-se: "As proposições de que as coisas podem ser P. sem ser reais e que, portanto, não se pode deduzir a realidade a partir da possibilidade ajustam-se à razão humana" (*Crít. do Juízo,* § 76). Kant chama de real ou transcendente a possibilidade que se baseia nos dados da experiência, mas não a identifica com a necessidade: ela só significa que ao conceito pode corresponder um objeto (*Crít. R. Pura,* Anal. dos Princ., cap. III [A 244, B 303]).

Se Kant insistia na conexão do P. objetivo com a experiência, Kierkegaard insistia, em polêmica com Hegel, na *indeterminação* do P. Respondendo negativamente quando lhe perguntaram se o passado era mais necessário que o futuro, Kierkegaard afirmou que o P. não se torna necessário pelo fato de realizar-se, mas que permanece P.: "O passado não é necessário no momento em que devém; não se tornou necessário por devir (o que seria uma contradição); e torna-se ainda menos necessário através do entendimento da pessoa". Neste caso, com efeito, o passado ganharia o que o intelecto perdesse: não seria entendido pelo que é, mas por uma outra coisa (*Philosophische Broken,* IV, Intermédio, § 4; trad. fr., pp. 162 ss.). Toda a especulação de Kierkegaard baseia-se nessa noção de possibilidade objetiva e indeterminada, com a qual esclarece as noções de *angústia* (v.) e de *desesperança* (v.). No entanto, Kierkegaard às vezes utiliza expressões que não são rigorosamente compatíveis com a indeterminação objetiva das possibilidades, como, por exemplo, "Tudo é P." ou "todas as possibilidades". Considerando as possibilidades como infinitas, acaba-se por excluir sua indeterminação e limitação: de fato, o que falta a uma delas para realizar-se infalivelmente pode ser suprido pelas outras, se elas forem infinitas; as possibilidades transformam-se, então, em potencialidades necessárias.

Na filosofia contemporânea, porém, o conceito de possibilidade objetiva é entendido no seu sentido empiricamente determinado e finito. Peirce fala em "possibilidades substanciais" (em oposição às possibilidades lógicas), como as que se fundam em informações referentes aos fatos e a suas leis; e diz que tais possibilidades coincidiriam com a necessidade só na hipótese de uma informação onisciente (*Coll. Pap.,* 4, 67). Dewey entende a possibilidade, no âmbito da matemática e, em geral, da investigação científica, como *possibilidades de operações* ou *de transformações* (*Logic,* XV e XX, 3). Wittgenstein afirma que possibilidade é o que se expressa por uma *proposição sensata,* que se distingue da *tautologia,* que é a proposição da lógica ou da matemática, que "nada diz", e da *contradição* (*Tractatus,* 5, 525). Em outros termos, para Wittgenstein, a proposição sensata é apenas a expressão da possibilidade de um fato. Lukasiewicz e Tarski formularam os princípios de uma lógica da P., cujo fim seria evitar o determinismo (v. os textos citados em TERCEIRO EXCLUÍDO, PRINCÍPIO DO). Reichenbach, por sua vez, distinguiu da possibilidade *lógica* a possibilidade *física* e a possibilidade *técnica*: a primeira significa algo que não contradiz as leis empíricas; a segunda, algo que pertence ao reino dos métodos práticos conhecidos ("Verifiability, Theory of Meaning", em *Proceedings of the American Academy of Arts and Sciences,* 1951, [80º, p. 53). Além disso, pôs a possibilidade física como fundamento da probabilidade (*Theory of Probability,* § 74). Mas está claro que esse ponto de vista pode ser generalizado, e que só se pode identificar uma possibilidade objetiva em *contextos particulares,* ou seja, com base em condições e regras vigentes em determinado campo. Por exemplo, no que diz respeito ao homem, a possibilidade física que ele tem de realizar determinada ação não coincide necessariamente com as possibilidades jurídicas ou morais que lhe são oferecidas pelo sistema social em que vive.

Muitas das possibilidades que seu organismo físico permitem efetivar são-lhe obstadas pelas normas jurídicas e morais. Portanto, para cada possibilidade objetiva é indispensável a referência a um contexto de condições e de regras técnicas determinadas, e falar-se em possibilidade sem especificar esse contexto só pode dar ensejo a equívocos. Aliás, o mesmo se pode dizer das ciências: uma possibilidade lógico-matemática nem sempre é uma possibilidade física, ou seja, passível de efetivação com base em leis da física, e assim por diante (cf. J. R. LUCAS, *The Concept of Probability,* 1970, p. 6, *passim*).

No campo da metodologia historiográfica, a noção de possibilidade objetiva foi considerada indispensável por Max Weber (*Kritische Studien auf den Gebiet der Kulturwissenschaftlichen Logik,* 1906; cf. especialmente a segunda parte; trad. in., em *The Methodology of the Social Sciences,* pp. 164 ss.; trad. it. em *Il metodo delle scienze storico-sociali,* pp. 207 ss.) sendo empregada também em obras mais recentes (p. ex., W. DRAY, *Laws and Explanation in History,* 1957, VI, 3; cf. HISTÓRIA; HISTORIOGRAFIA). No campo das ciências biológicas, essa noção foi utilizada por Goldstein (*Der Aufbau des Organismus,* 1934; trad. fr., 1951) e tende a ser utilizada no domínio psiquiátrico (cf., p. ex., M. TORRE, "La categoria del possibile in psicopatologia", em *Note e Riviste di psichiatria,* 1957). Além disso, a genética e a teoria da evolução utilizam constantemente esse conceito, designando-o às vezes com outro nome (p. ex., com o nome de *oportunidade*; cf. G. SIMPSON, *The Meaning of Evolution,* cap. XII, "The Opportunism of Evolution"). Na sociologia, os conceitos que, implícita ou explicitamente, recorrem à noção do P. são os mais numerosos. Lévy-Bruhl falou do "limite do P." como constitutivo da experiência racional, por isso como deficiente ou ausente na mentalidade primitiva (*Les carnets,* 1949; trad. it., pp. 98 ss.). Toda a teoria da probabilidade, seja qual for a sua interpretação, baseia-se nessa noção de P. (cf., p. ex., REICHENBACH, *Theory of Probability,* § 74; e POPPER, que fala da probabilidade como "vetor no espaço das possibilidades"; v. PROBABILIDADE). Finalmente, é quase supérfluo lembrar a importância que a noção de possibilidade objetiva tem na filosofia existencialista, em que constitui o principal instrumento de análise (v. EXISTENCIALISMO). Está claro que, de acordo com esta terceira interpretação, o oposto de P. não é impossível, mas *não-possível.* [N.A.]

Nas últimas décadas, observam-se significativos desenvolvimentos da noção de P. não tanto no âmbito das especulações gerais (presas aos modelos já conhecidos ou em ecléticas combinações), porém mais em setores específicos de pesquisa, como a teoria da informação (v. CIBERNÉTICA), a teoria da probabilidade (v.) e a teoria da complexidade (v.). A noção de P. também é útil na teoria das decisões (v. ESCOLHA), na qual funciona como precondição da própria teoria, na lógica modal e na semântica de mundos possíveis, em que um enunciado é P. em dado mundo *w*, se é verdadeiro em pelo menos um dos mundos P. acessíveis a *w* (v. MODALIDADE; MUNDOS POSSÍVEIS). [G.F.]

POST HOC ERGO PROPTER HOC. Célebre *falácia* (v.) que constitui um caso particular da falácia *non causa pro causa* (cf. ARISTÓTELES, *El. sof.*, 5, 167 b); esta consiste em estabelecer um nexo causal, portanto necessário, com base num nexo meramente acidental ou secundário. No caso de *post hoc ergo propter hoc,* o sofisma consiste em estabelecer um nexo de causa e efeito entre *A* e *B* pelo simples fato de *B* vir depois de *A*. [G.P.]

POSTULADO (gr. αἴτημα; lat. *Postulatum*; in. *Postulate*; fr. *Postulat*; al. *Postulat*; it. *Postulato*). Em geral, uma proposição que se admite ou cuja admissão se deseja, com o fim de possibilitar uma demonstração ou um procedimento qualquer. Esse termo nasceu na matemática e é elucidado por Aristóteles em correlação com *axioma* (v.). Enquanto os axiomas são evidentes por si e têm de ser admitidos necessariamente, mesmo não sendo demonstráveis, o P., apesar de demonstrável, é assumido e utilizado sem demonstração. Além disso, o P. é uma proposição ainda não admitida ou aceita por aquele a quem é endereçada (senão seria inútil pedirlhe que a admitisse); nisso difere da *hipótese* (v.), que também é uma proposição demonstrável, não demonstrada, mas considerada verdadeira por aquele a quem é dirigido o discurso (*An. post.*, 10, 76 b 24 ss.). A distinção entre axioma e P. foi adotada por Euclides em seus *Elementos*: enquanto os axiomas expressam verdades evidentes e são chamados por Euclides de *noções comuns,* os P. expressam o que se propõe ser admitido e concernem à existência de determinados elementos geométricos. A distinção entre P. e axioma deixou de ser usada na lógica e na matemática moderna (v. AXIOMÁTICA).

Kant chamou de "P. do pensamento empírico" os princípios correspondentes *a priori* às categorias da modalidade, segundo os quais é possível tudo o que está de acordo com as condições formais da experiência (intuições puras e categorias); o que está de acordo com as condições materiais da experiência (com as sensações) é real; e aquilo cuja conexão com a realidade é determinada segundo as condições universais da experiência é ou existe necessariamente (*Crít. R. Pura,* Anal. dos princ, cap. II, seç. III, 4) Depois, chamou de "P. da razão prática" as condições que tornam possível a moralidade, isto é, a liberdade, a imortalidade e a existência de Deus (*Crít. R. Prática,* Dialética, seç. II). [N.A.]

POTÊNCIA (gr. δύναμις; lat. *Potentia*; in. *Power*; fr. *Puissance*; al. *Vermögen*; it. *Potenza*). 1. Em geral o princípio ou a possibilidade de uma mudança qualquer. Esta foi a definição do termo dada por Aristóteles, que distinguiu este significado fundamental em vários significados específicos, mais precisamente: *a*) capacidade de realizar mudança em outra coisa ou em si mesmo, que é a P. *ativa*; *b*) capacidade de sofrer mudança, causada por outra coisa ou por si mesmo, que é a P. *passiva*; *c*) capacidade de mudar ou ser mudado para melhor e não para pior; *d*) capacidade de resistir a qualquer mudança (*Met.*, V, 12, 1019 a 15; IX, 1, 1046 a 4). Estas distinções praticamente não mudaram ao longo da tradição filosófica (v. ATO). A tradição medieval repetiu-as sem variações, e, ainda no século XVIII, Wolff as repetia em fórmulas epigráficas que em nada mudam os velhos conceitos (*Ont.*, 1729, § 716). Mesmo Locke, em sua famosa análise dessa noção, não lhe altera o conceito (*Ensaio,* II, 21, 1).

O conceito, todavia, implica uma ambigüidade fundamental porque pode ser entendido: A) como possibilidade; B) como preformação e portanto predeterminação ou preexistência do atual. Em Aristóteles e em todos aqueles que seguem a metafísica aristotélica, ambos os significados estão presentes e muitas vezes são confundidos. Assim, quando Aristóteles defende o conceito da potência contra a negação do mesmo feita por Deodoro Cronos (v. POSSIBILIDADE), entende a P. no sentido A), ao passo que, ao afirmar "que não pode ser verdade dizer que algo é possível mas não será" (*Met.*, IX, 4, 1047 b 3), ou ao afirmar a superioridade do ato sobre a P., com base no princípio de que sem o ato a P. não existiria (o ovo não existiria sem a galinha), está entendendo a P. como preformação e predeterminação, e considerando-a como um modo de ser menor ou preparatório do ato (*ibid.*, IX, 8, 1049 b 4). Confusão análoga acha-se no ensaio de Bergson "O possível e o real" (1930), pois nele Bergson, rejeitando o conceito de possível como "não-impossível", ou seja, como "não impedido de ser", identifica-o no entanto com o de potencial e considera o potencial como "a miragem do presente no passado" (*La pensée et le mouvant,* 3ª ed., 1934, pp. 128-30). Visto que o conceito de potencial faz constante referência à atualidade ou realidade, enquanto o de possível não possui necessariamente essa referência, as noções de preformação, preexistência e predeterminação podem ser consideradas estreitamente conexas com a de potência.

2. Faculdade ou poder da alma (v. FACULDADE). [N.A.]

POTENCIAÇÃO, LÓGICA DA (it. *Logica del potenziamento*). Tentativa de lógica simbólica, que consiste em eliminar as leis de tautologia e de absorção e em introduzir os símbolos de potência e de coeficiente. Este tipo de lógica deveria fundar-se no princípio de que qualquer relação modifica os entes relativos, contrário ao princípio habitualmente admitido pela lógica simbólica contemporânea (cf. P. MOSSO, *Principi di lógica del P.*, Turim, 1924; A. PASTORE, *La logica del P.*, Nápoles, 1936). [N.A.]

POVO (lat. *Populus*; in. *People*; fr. *Peuple*; al. *Volk*; it. *Popolo*). Comunidade humana caracterizada pela vontade dos indivíduos que a compõem de viver sob a mesma ordenação jurídica. O elemento geográfico não é suficiente para caracterizar o conceito de P.; como dizia Cícero, "P. não é uma aglomeração qualquer de homens, reunidos de qualquer maneira, mas uma aglomeração de gente associada pelo consentimento ao mesmo direito e por comunhão de interesses" (*Rep.*, I, 25, 39). Portanto, ao P. contrapõe-se a *plebe*, que é o conjunto das pessoas que, mesmo vivendo com o P., participam da mesma ordenação jurídica. Por outro lado, o conceito de P. distingue-se do de *nação* (v.) porque este contém um conjunto de elementos necessitantes que se somam à noção de *destino* comum, ao qual os indivíduos não podem subtrair-se legitimamente. O conceito de nação começou a formar-se a partir do conceito de P. quando, com Montesquieu, começaram a ser ressaltadas as causas naturais e tradicionais (clima, religião, tradições, usos e costumes etc.) que contribuem para formar o que Montesquieu chamou de "espírito geral" ou "espírito da nação" (*Esprit des lois*, XIX, 4-5). A diferença entre P., nação e plebe era estabelecida com bastante clareza por Kant (*Antr.*, II, O caráter do povo), mas o conceito de P. era confundido muitas vezes com o de nação no nacionalismo do século XIX (v. NACIONALISMO; ESPÍRITO NACIONAL). [N.A.]

PRAGMÁTICA (in. *Pragmatics*; fr. *Pragmatique*; al. *Pragmatik*; it. *Pragmatica*). No âmbito das ciências contemporâneas da linguagem, o termo "P." (do greco πρᾶγμα = fato, ação) indica as pesquisas que estudam a língua do ponto de vista do uso que os falantes fazem dela para comunicar-se, portanto, entre outras coisas, do ponto de vista dos contextos, das atividades, das interações sociais em que a língua é usada, das intenções e das crenças dos falantes. Os estudos pragmáticos, nascidos em área filosófica, hoje dizem respeito sobretudo à lingüística, mas utilizam conceitos e métodos provenientes também da sociologia (v.), da psicologia (v.), da antropologia (v.). O termo foi cunhado como nome para uma disciplina de Ch. W. Morris, que chamou de "P." a parte da *semiótica* (v.) que trata das relações entre os signos e seus intérpretes, ou seja, estuda os signos nas situações concretas em que os intérpretes os usam para comunicar-se (cf. *Foundations of the Theory of Signs*, 1938, cap. V). Como o próprio Morris observava, na história do pensamento a P., mesmo sem ser assim chamada, já fora praticada antes mesmo de sua definição explícita; de fato, encontram-se referências ao uso comunicativo dos signos, às intenções dos falantes, aos efeitos dos signos sobre os intérpretes e à idéia de que a linguagem é uma forma de atividade, em inúmeras doutrinas dos signos desde a antiguidade até a idade moderna: Platão, a retórica grega e latina, Agostinho, R. Bacon, Locke e Peirce são apenas alguns dos exemplos mais ilustres.

Remonta ao *Crátilo*, de Platão, a idéia de que o dizer e o denominar são espécies de ação, e que a linguagem é um instrumento conveniente para o fim de atingir uma comunicação eficaz. Ademais, já estava presente em Platão, Aristóteles, nos sofistas e nos estóicos a distinção entre afirmar, perguntar, ordenar etc., ou seja, em termos atuais, entre algumas formas fundamentais de atos de fala. Até a retórica antiga, que estudava as paixões que os gêneros de discurso despertam nos destinatários e as modalidade do discurso eficaz, pode ser vista como uma forma de P. Na Idade Média, os chamados "pré-modistas", como R. Bacon e R. Kilwardby, extraíram de Agostinho, que fora o primeiro a introduzir as intenções dos falantes na classificação dos signos, os temas inerentes às intenções e ao papel do locutor e do interlocutor na comunicação. No que diz respeito à Idade Moderna, bastará lembrar que a referência aos usos da linguagem era crucial na filosofia empirista da linguagem do século XVII inglês: pensemos em Hobbes (*De corpore* I; *Leviathan* I) e em Locke, que dedicava todo o Livro III do *Ensaio* ao tratamento das condições de uso social da linguagem. Por fim, o pragmatismo (v.) filosófico, que no fim do século XIX consubstanciou a semiótica de Peirce, pode ser considerado um precursor, em alguns aspectos, da idéia morrisiana de P.

Era muito amplo o conceito de P. que Morris definiu pela primeira vez em 1938. Coerentemente com a sua concepção behaviorista (v. BEHAVIORISMO) da semiótica, Morris considerava que era uma "caracterização suficientemente precisa da P. dizer que ela trata dos aspectos bióticos da *semiose* (v.), ou seja, de todos os fenômenos psicológicos, biológicos e sociológicos que intervêm no funcionamento dos signos" (*Foundations*, trad. it. *Lineamenti di una teoria dei segni*, Paravia, Turim, 1970, p. 82). Conquanto ressaltasse a distinção entre P. e pragmatismo (v.), reconheceu sua dívida intelectual para com o pragmatismo americano (Peirce, James, Mead e Dewey). Distinguiu, ademais, entre uma P. *pura*, que prescinde dos dados empíricos e cuida da definição dos termos teóricos, e uma P. *descritiva*, que aplica a teoria à descrição dos usos particulares de signos específicos; para Morris, as duas P., de idêntica legitimidade teórica, integravam-se e pressupunham-se mutuamente. Ainda que para a primeira definição oficial de P. em geral se faça referência a Morris, ele não foi muito além dessas considerações gerais, preocupando-se mais em destacar a unidade da disciplina semiótica dentro da qual situava a P.

A definição de Morris foi retomada alguns anos depois por R. Carnap. Na obra de Carnap encontram-se diferentes definições de P., nem todas coerentes entre si, porém a mais conhecida e influente é a formulada em *Introduction to Semantics*: "Quando em um estudo se faz referência explícita ao falante ou, em termos mais gerais, aos que usam a língua, podemos definir esse estudo como campo da P." (*Introduction to Semantics*, Harvard University Press, Cambridge, 1942, p. 9). À definição seguia-se uma relação dos aspectos do uso da língua de que a P. devia tratar, segundo Carnap: por um lado os biofisiológicos (fonação) e psicológicos (usos idiossincráticos); por outro, os etnológicos e sociológicos (diferenças de comportamento e hábitos em diferentes etnias, gerações, grupos sociais etc.). A idéia carnapiana de P. estava, portanto, próxima da de Morris. Ao contrário deste, porém, Carnap considerava a P. uma disciplina essencialmente lingüística, enquanto Morris a pensava como uma disciplina mais amplamente semiótica, orientada para a consideração, também, do uso dos signos não-verbais. Além disso, Carnap, mesmo reconhecendo a centralidade da P. nos estudos sobre a linguagem, não pareceu – pelo menos em *Introduction to Semantics* – conferir-lhe a dignidade teórica que atribuía à sintaxe e à semântica: enquanto para Carnap estas existiam também como disciplinas *puras*, a P. era uma disciplina apenas empírica. Em *Meaning and Necessity* (1947), Carnap acabou, porém, por aproximar-se de Morris, declarando a necessidade de uma P. teórica e propondo entre os seus conceitos básicos *crença, intenção* e *asserção*.

As definições de Morris e Carnap deram origem aos dois principais modos como hoje se usa o termo "P.". Por um lado, na linha de Morris, o termo é entendido em sentido muito amplo, cobrindo áreas de pesquisa que, além da lingüística, abarcam a semiótica, a sociolingüística, a etnolingüística, a psicolingüística, a psicopatologia da comunicação. Por outro lado, difundiu-se um uso bem mais restrito do termo, de cunho especificamente lingüístico, que pode ser integrado na definição de Carnap: é esse o sentido assumido pela P. lingüística contemporânea.

Nos anos 1940 e 1950 as solicitações de Morris e Carnap não foram acolhidas pelos lingüistas. Naqueles anos, assistia-se em lingüística ao grande desenvolvimento do estruturalismo (v.) de origem saussuriana, que estudava a língua como sistema abstrato e independente das manifestações individuais da *parole*, e do gerativismo chomskiano, que cuidava da *competência* do falante ideal e não da *execução* comunicativa. Escolas lingüísticas como a de Praga (pensemos em R. Jakobson, K. Bühler, E. Benveniste) e de Londres (M. A. K. Halliday), que analisavam as *funções* da linguagem e as temáticas da *enunciação* e que teriam grande importância para a P. a partir do fim dos anos 1960, eram minoritárias então. Nos anos em que Morris e Carnap faziam suas definições, mas independentemente deles, os conceitos de uso, intenção, linguagem como ação etc. não foram desenvolvidos por lingüistas, mas por filósofos como Wittgenstein, Austin, Searle, Grice, Strawson. A esses autores se deve a primeira formulação teórica de alguns dos temas de pesquisa fundamentais da pragmática lingüística contemporânea: 1) os atos de fala; 2) as implicações conversacionais; 3) as pressuposições; 4) a dêixis.

1º As reflexões de Wittgenstein, entre 1930 e 1947, durante o seu magistério em Cambridge, determinaram em filosofia uma mudança radical no modo de olhar os fenômenos da linguagem e da significação. Para Wittgenstein, a língua não é feita de enunciados que representam ou descrevem o mundo – como queria a concepção tradicional que Wittgenstein fazia remontar a Agostinho e à qual ele mesmo aderira no *Tractalus* (1922) –, nem o significado das palavras que compõem os enunciados é dado pelo objeto que eles denotam: como sintetiza o § 43 de *Investigações filosóficas* (1953), "O significado de uma palavra é o seu uso na linguagem". Isso significava focalizar a reflexão filosófica e lingüística naquilo que os falantes fazem com a língua, na atividade com que os indivíduos, inseridos em contextos sociais regulados e interagindo entre si de modo coordenado, produzem e interpretam significados. Já no início dos anos 1950, J. L. Austin elaborou a noção de *ato de fala* (*speech act*), que apresenta muitas afinidades com alguns conteúdos do ensinamento de Wittgenstein em Cambridge, ainda que tenha amadurecido no ambiente de Oxford de modo independente. A noção austiniana de ato de fala baseava-se na idéia de que falar não quer dizer tanto afirmar enunciados verdadeiros ou falsos quanto *fazer* alguma coisa, realizar *ações ou atos de fala* que não são nem verdadeiros nem falsos, porém mais ou menos *bem-sucedidos* ("felizes", dizia Austin) nos contextos em que são realizados (v. ATOS DA FALA, TEORIA DOS). A constelação de conceitos que Austin elaborou em torno da idéia de ato de fala, reunida na obra póstuma *How to do Things with Words* (1962), foi retomada e sistematizada pelo filósofo americano J. Searle em *Speech Acts* (1969). As distinções e classificações que Austin propusera como pontos de partida para a reflexão com Searle ganharam a forma de uma teoria sistemática (a *teoria dos atos de fala*) e de uma taxonomia definitiva dos atos de fala. Assumindo o ato ilocutório como unidade fundamental da comunicação lingüística, Searle definiu-o em termos de *condições necessárias e suficientes.* Identificou, para cada tipo de ato de fala, as condições que devem necessariamente ser satisfeitas e que, juntas, são suficientes para determinar o sucesso do ato; por exemplo, para que o enunciado "Telefono-lhe à noite" tenha a força ilocutória de uma promessa, é necessário e suficiente que quem o profere tenha a intenção de telefonar, creia que possa fazê-lo, ache que o interlocutor quer que o faça, queira impor-se a obrigação de fazê-lo etc.

2º Um segundo ponto de referência para a P. lingüística atual é a teoria do significado e da implicatura conversacional de P. Grice. A partir do célebre ensaio de 1957, *Meaning,* Grice elaborou uma complexa teoria do significado que ambicionava analisar os fenômenos da significação nos termos das *intenções* que os falantes têm quando proferem enunciados ou produzem signos não verbais para comunicar algo a alguém em contextos particulares. Além disso, com a teoria da implicatura *conversacional* – exposta nas William James Lectures de 1967 –, Grice deu uma explicação geral dos modos como na conversação, ou seja, na interação cara a cara entre pelo menos duas pessoas, o significado dos enunciados excede o significado literal constituído pelas suas condições de verdade, ou mesmo o contradiz ou dele diverge (v. SEMÂNTICA). Com base no fato de que nas conversações os falantes respeitam sempre o Princípio de Cooperação – segundo o qual cada um deve contribuir para a conversação do modo mais informativo, pertinente e adequado possível –, para Grice pode-se calcular o que os falantes querem dizer *além do* significado literal daquilo que dizem (ironias, metáforas, significados idioletais etc.): a implicatura conversacional é justamente esse significado particular e variável de contexto em contexto.

3º Com o importante artigo *On Referring* (1950), P. Strawson deu impulso aos estudos pragmáticos sobre a *pressuposição,* cujo maior desenvolvimento em lingüística teórica ocorreria entre o fim dos anos 1960 e meados da década de 1970. O conceito de pressuposição já fora formulado por Frege em *Über Sinn und Bedeutung* (1892), em que se afirmava que, quando se emite um enunciado, sempre se pressupõe que os nomes próprios e as descrições definidas nele presentes tenham um referente: se por exemplo – dizia Frege – se afirma "Kepler morreu na pobreza" (ou "Kepler *não* morreu na pobreza") pressupõe-se que o nome "Kepler" se refere a uma pessoa que existiu. Para Frege, além disso, para que um enunciado seja verdadeiro, as suas pressuposições existenciais devem ser verdadeiras; se são falsas, o enunciado, mesmo sendo sensato, não é nem verdadeiro nem falso. A Frege se contrapôs B. Russell que, em *On Denoting* (1905), afirma que, como as pressuposições existenciais de um enunciado são parte integrante da sua forma lógica, quando não satisfeitas o enunciado é falso. No ensaio de 1950, Strawson deu uma formulação diferente, eminentemente pragmática, ao problema da pressuposição. Para Strawson, mencionar ou referir-se não é algo que uma expressão faz, mas algo que fazemos nós, *ao usá-la;* além disso, é preciso distinguir entre o enunciado e o uso do enunciado, que é a asserção que se faz ao proferi-lo em certo momento, lugar e contexto: a verdade ou falsidade, ao contrário do pensavam Frege e Russell, é algo que diz respeito às asserções, não aos enunciados. Para Strawson, um enunciado A pressupõe um enunciado *B* se a verdade de B é uma condição necessária tanto da verdade quanto da falsidade de A; a falsidade de *B,* analogamente ao que pensava Frege, priva A de valor de verdade.

4º Outro grande tema da pragmática lingüística contemporânea é o da *dêixis. O* termo "dêixis" (do grego δείκνυμι = mostro, indico) refere-se aos modos como as línguas codificam ou gramaticalizam a referência a aspectos destacados do *contexto* de enunciação dos enunciados, como o *tempo* e o *lugar* em que o enunciado é proferido, o *falante* e o *destinatário.* As línguas realizam tal referência através das expressões dêiticas ou indicativas, ou seja, *demonstrativos, tempos verbais, pronomes de primeira e segunda pessoa, advérbios de tempo e lugar* e outros traços gramaticais estreitamente ligados ao contexto de enunciação; o valor de verdade dos enunciados que contêm expressões dêiticas pode ser determinado somente depois de se identificar o referente de tais expressões.

Mais uma vez os conceitos fundamentais em que se baseiam os estudos sobre a dêixis não foram introduzidos por lingüistas, mas por filósofos. Entre os primeiros que deram destaque às expressões indicativas está Ch. S. Peirce que, no fim do século XIX, considerava-as uma espécie da categoria mais geral dos *índices,* ou seja, dos signos ligados por uma relação efetiva a objetos existentes (as bandeirolas, os comportamentos que denotam hábitos ou estados de espírito, a agulha da balança, o barômetro etc.; cf. *Collected Papers,* 2.283-2.290). Também K. Bühler em *Sprachtheorie* (1934), que exerceria grande influência sobre a escola lingüística de Praga, reconhecera o papel essencial da função dêitica (*Ziegenfunktion*) da linguagem, articulada nos três atos de referência fundamentais: "eu", "aqui" e "agora". Em filosofia, os fenômenos da dêixis receberam máxima atenção no momento em que se começou a refletir sobre a relação entre a referência das expressões dêiticas e os fundamentos da referência em geral. Cruciais para esse tema foram trabalhos como *On Referring* (1959) de P. Strawson, *Word and Object* (1960) de W.V. Quine, *Reference and Definite Descriptions* (1966) de K. Donnellan, *Speech Acts* (1969) de J. Searle. Na mesma época, R. Montague estendeu a abordagem da semântica vericondicional (v. SEMÂNTICA) a uma linguagem formal que continha expressões indiciais, afirmando que, devido à ubiqüidade das expressões dêiticas, a semântica é uma província da P. (cf. *Pragmatics,* 1968).

Hoje são considerados de pertinência pragmática muitos outros setores de investigação lingüística que não nascem da filosofia, mas se alimentam das contribuições da antropologia, da inteligência artificial, da psicologia e sobretudo da sociologia. Lembraremos apenas a *lingüística textual,* a *análise do discurso,* de filiação lingüística, e a *análise da conversação,* de origem sociológica.

A lingüística textual nasceu nos anos 1960 na Alemanha, graças a estudiosos como J. Petöfi, S. J. Schmidt, R. Harweg, H. Weinrich, e tem entre os principais representantes W. Dressler, em Viena, e T. A. van Dijk, em Amsterdã. A idéia central desse campo de estudos é que elementos lingüísticos como o artigo, os tempos verbais e os pronomes poderão ser tratados adequadamente apenas se a análise for retirada dos limites restritos da *frase,* passando-se à unidade mais ampla do *texto.* Nos estudos de lingüística textual distinguem-se os que estão voltados para a identificação de uma *gramática textual* e os orientados para a elaboração de uma *teoria do texto* que defina conceitos como texto e competência textual, analisando rigorosamente os diversos tipos de texto. A análise do discurso compreende em parte estudos de gramática textual (T. A. van Dijk, J. Petöfi, W. Dressler), em parte trabalhos mais ou menos heterogêneos baseados na teoria dos atos de fala (W. Labov, D. Fanshel); a idéia é aplicar também para além da unidade lingüística da frase, ou seja ao *texto,* métodos (como o apelo às intuições do falante nativo) e conceitos (como "regra", "frase bem formada" etc.) da lingüística. A análise da conversação, praticada por autores como H. Sacks, E. A. Schegloff, G. Jefferson, A. Pomerantz e inspirada pela etnometodologia e em parte pelos trabalhos sobre a interação cara a cara do sociólogo canadense E. Goffman, aplica métodos rigorosamente empírico-indutivos a dados constituídos por registros e transcrições de conversações espontâneas: desses dados os analistas extraem as unidades fundamentais em que se articulam as conversações e as regras da sua organização em seqüência (turnos de palavra, pares adjacentes do tipo "chamada-resposta" etc.).

Por fim, entre as contribuições filosóficas mais relevantes para a P. lingüística contemporânea, devem ser lembradas ainda a P. *transcendental* de K. O. Apel e a P. *universal* de J. Habermas, elaboradas nos anos 1970, segundo as quais a competência comunicativa humana baseia-se em condições universais do discurso e da comunicação, verdadeiros "universais pragmáticos". [G.Co.]

PRAGMÁTICO (gr. πραγματικός; in. *Pragmatic;* fr. *Pragmatique;* al. *Pragmatisch;* it. *Pragmatico*). Esse adjetivo foi usado pela primeira vez por Políbio, para quem há nítida distinção entre a história "P.", que cuida dos *fatos,* e a história que se ocupa das lendas, como a que fala da genealogia das famílias e da fundação das cidades (IX, 1, 4). Políbio acrescenta também que a história P. é a mais útil para ensinar como o homem deve proceder na vida social. Depois, esse adjetivo foi usado com freqüência na história política, especialmente alemã, a propósito de decisões constitucionais cujo caráter deveria ser ressaltado, sendo então chamadas de "sanções P.". Kant dizia: "Chamam-se P. as sanções que não derivam propriamente dos direitos dos Estados considerados como leis necessárias, mas de compromisso para com o bem-estar geral. Uma história é composta pragmaticamente quando nos torna prudentes, vale dizer, quando ensina à sociedade de hoje a maneira de obter mais benefícios que a sociedade de ontem, ou pelo menos tantos benefícios quantos ela obteve" (*Grundlegung zur Met. der Sitten,* II, Nota). Kant chama também de P. os imperativos hipotéticos da prudência que visam ao bem-estar (*ibid.,* II, Nota). Ele chama de P. a fé fundada em juízo subjetivo da situação, como por exemplo a do médico que não conhece bem a doença que deve tratar (*Crít. R. Pura,* Doutrina do Método, cap. 2, seç. 3). E chama sua antropologia de P. porque ela considera o que o próprio homem faz de si mesmo, e não o que ele é por natureza (*Antr.,* Pref.).

Na linguagem contemporânea essa palavra recuperou o sentido inicial. Quando não se refere a pragmatismo, designa simplesmente o que é ação ou que pertence à ação. [N.A.]

PRAGMATISMO (in. *Pragmatism; Pragmaticism;* fr. *Pragmatisme;* al. *Pragmatismus;* it. *Pragmatismo*). Esse termo foi introduzido na filosofia em 1898, por um relatório de W. James à *Califórnia Union,* em que ele se referia à doutrina exposta por Peirce num ensaio do ano 1878, intitulado "Como tornar claras as nossas idéias". Alguns anos mais tarde, Peirce declarava ter inventado o nome P. para a teoria segundo a qual "uma *concepção,* ou seja, o significado racional de uma palavra ou de outra expressão, consiste exclusivamente em seu alcance concebível sobre a conduta da vida"; dizia também que preferira esse nome a *praticismo* ou *praticalismo* porque, para quem conhece o sentido atribuído a "prático" pela filosofia kantiana, estes últimos termos fazem referência ao mundo moral, em que não há lugar para a experimentação, enquanto a doutrina proposta é justamente uma doutrina experimentalista. Todavia, no mesmo artigo, Peirce declarava que, em face da extensão do significado de que o P. fora alvo por obra de W. James e de F. C. S. Schiller, preferia o termo *pragmaticismo,* para indicar sua própria concepção, estritamente metodológica, do P. ("What Pragmatism Is", *The Monist,* 1905; *Coll. Pap.,* 5, 411-37). Desta maneira, Peirce acabava distinguindo duas versões fundamentais de P., que podem ser assim caracterizadas: 1ª um P. metodológico, que é substancialmente uma teoria do significado; 2ª um P. metafísico, que é uma teoria da verdade e da realidade.

1ª O P. *metodológico* não pretende definir a verdade ou a realidade, mas apenas um procedimento para determinar o significado dos termos, ou melhor, das proposições. Peirce dizia no artigo do ano de 1878, geralmente considerado data de nascimento do P.: "É impossível ter em mente uma idéia que se refira a outra coisa que não os efeitos sensíveis das coisas. Nossa idéia de um objeto é a idéia de seus efeitos sensíveis. [...] Assim, a regra para atingir o último grau de clareza na apreensão das idéias é a seguinte: Considerar quais são os efeitos que concebivelmente terão o alcance prático que atribuímos ao objeto da nossa compreensão. A concepção destes efeitos é a nossa concepção do objeto" (*Chance, Love and Logic,* I, 2, § 1; trad. it., p. 39). O princípio dessa regra metodológica é que "a função do pensamento é produzir hábitos de ação", *crenças.* A regra proposta por Peirce era, portanto, sugerida pela exigência de achar um procedimento experimental ou científico para fixar as crenças, entendendo por científico ou experimental o procedimento que não recorre ao método da autoridade nem ao método *a priori* (*ibid.,* I, 1, § 2, pp. 9 ss.). Pode-se dizer que pertence ao mesmo tipo o P. de Dewey, que, para evitar qualquer equívoco, preferiu o termo *instrumentalismo* (v.). "A essência do instrumentalismo pragmático" – escreveu ele – "é conceber o conhecimento e a prática como meios para tornar seguros, na experiência, os bens, que são as coisas excelentes de qualquer espécie" (*The Quest for Certainty,* 1929, p. 37). Deste ponto de vista, Dewey compartilhava o experimentalismo de Peirce, porque para ele "a experimentação faz parte da determinação de qualquer proposição justificada" (*Logic,* 1939, p. 461), ao mesmo tempo que evidenciava o caráter instrumental e operacional de todos os procedimentos do conhecer, considerados como meios para passar de uma situação indeterminada para uma situação determinada, ou seja, ao mesmo tempo distinta e unificada (*Logic,* cap. VI). É, portanto, bastante óbvio o parentesco desse tipo de P. com a metodologia científica contemporânea, em particular com o *operacionismo* (v.), por um lado, e com as teses fundamentais da lógica simbólica, por outro. Os pragmatistas italianos Giovanni Vailati e Mário Calderoni ressaltaram este aspecto. O primeiro observava a propósito que o principal ponto de contato entre lógica e P. "está na tendência comum a ambos de considerar o valor e o próprio significado de uma asserção como algo intimamente vinculado ao emprego que se pode ou se deseja fazer deles na dedução e na construção de determinadas conseqüências ou grupos de conseqüências" ("Pragmatismo e lógica matemática", 1906, em *Il metodo della filosofia,* p. 198). Estas palavras definem bem o caráter funcional do P. de inspiração metodológica.

2ª A concepção de P. *metafísico* encontra-se em W. James e em F. C. S. Schiller; suas teses fundamentais consistem em reduzir verdade a utilidade, e realidade a espírito. A segunda destas teses foi compartilhada pelo P. metafísico com boa parte da filosofia contemporânea; o próprio James reconheceu e gabou a concordância substancial de sua filosofia com a dos espiritualistas franceses, especialmente a de Bergson. A primeira tese é característica dessa forma de pragmatismo. Seu pressuposto é o princípio que ela tem em comum com o P. metodológico: a instrumentalidade do conhecer. Mas este pressuposto é entendido e realizado por ela de modo totalmente diferente. Em primeiro lugar, ela procura evidenciar a dependência de todos os aspectos do conhecimento (ou do pensamento) em relação a exigências da ação, portanto em relação às emoções em que tais exigências se concretizem. Também a "racionalidade", segundo James, é uma espécie de sentimento ("O sentimento da racionalidade", em *The Will to Believe,* 1897). Desse ponto de vista, as ações e os desejos humanos condicionam a verdade: qualquer tipo de verdade, inclusive a científica. Portanto não é legítimo, desse ponto de vista, recusar-se a crer em doutrinas que tenham condições de exercer ação benéfica na vida do homem só porque elas não são apoiadas por provas racionais suficientes. Em casos como estes, afirmava James, é preciso correr o risco de acreditar. E F. C. S. Schiller levava esta doutrina às ultimas conseqüências, ressuscitando palavras de Protágoras, "o homem é a medida de todas as coisas", e afirmando a relatividade do conhecimento em relação à utilidade pessoal e social (*Humanism*, 1903). Enquanto Schiller se limitava a este relativismo, James abria caminho, através dele, ao teísmo e às doutrinas espiritualistas tradicionais, com a alegação de que elas são úteis à ação e benéficas à vida humana. Embora procurasse limitar o dogmatismo dessas doutrinas, insistindo no caráter pluralista do universo (v. PLURALISMO) e no caráter finito da divindade (v. DEUS), o P. foi para ele essencialmente uma via de acesso à metafísica tradicional. Um dos motivos que James aduzia para justificar o exercício da vontade de crer é que a crença pode produzir sua própria justificação: é o que acontece às vezes nas relações humanas, quando acreditar que alguém é nosso amigo leva-nos a ter comportamento amistoso para com essa pessoa, conquistando a sua amizade. Dificilmente se pode fazer uso teológico ou metafísico dessa proposição; no entanto, ela tornou-se um princípio importante da sociologia contemporânea. Quanto ao resto, enquanto o P. metodológico teve continuação nos estudos de lógica e de metodologia e em algumas correntes do neo-empirismo, o P. gnosiológico confluiu para as correntes espiritualistas (cf. H. W. SCHNEIDER, *A History of American Philosophy*, 2.ª ed., 1957).

A este P. metafísico vinculam-se as outras manifestações fora do circuito anglo-saxão; em primeiro lugar, vincula-se com a filosofia de Hans Vaihinger, exposta na obra *Filosofia do como se* (*Philosophie des Als Ob*, 1911), na qual ele afirma o caráter fictício de todo conhecimento e o caráter biológico da preferência por um conhecimento, e não por outro. Vincula-se também ao P. pluralista de A. Aliotta (*A guerra eterna e o drama da existência*, 1917), em que está presente a mesma tônica espiritualista do P. de James (cf. de ALIOTTA, *O sacrifício como significado do mundo*, 1947). Finalmente, vincula-se ao fideísmo pragmatista de Miguel de Unamuno, na forma exposta no *Comentário ao Dom Quixote* (1905) e em *Do sentimento trágico da vida* (1913), e de José Ortega y Gasset (*O tema do nosso tempo*, 1923; *Sobre Galileu*, 1933; *História como sistema*, 1935 etc.), que, porém, especialmente nas últimas obras, revela a influência do existencialismo de Heidegger. V. NEOPRAGMATISMO. [N.A.]

PRÁTICA, FILOSOFIA (in. *Practical philosophy*; fr. *Philosophie pratique*; al. *Praktische Philosophie*; it. *Filosofia pratica*). Parte da filosofia que estuda o âmbito prático, no 1.º significado (v. PRÁTICO). Essa acepção do termo, que se reporta ao modelo aristotélico, foi canonizada por Wolff, que dividiu a filosofia em ética, economia e política. Caindo em desuso a partir de Kant, tal epressão voltou ao auge com a reabilitação da filosofia P. no século XX (v. REABILITAÇÃO/RENASCIMENTO DA FILOSOFIA P.). [G.F.]

PRÁTICO (gr. πρακτικός; lat. *Practicus*; in. *Practical*; fr. *Pratique*; al. *Praktisch*; it. *Pratico*). Em geral, o que é ação ou diz respeito à ação. Há três significados: 1.º o que dirige a ação; 2.º o que pode traduzir-se em ação; 3.º o que é racional na ação.

1.º O primeiro é o significado filosófico tradicional. Platão já distinguia a ciência prática (p. ex., construção civil), que é "inerente por natureza às ações", da ciência cognitiva (como a aritmética), que não se relaciona com a ação (*Pol.*, 258 d-e). Aristóteles dizia que "nas ciências P. a origem do movimento está em alguma decisão de quem age porque 'P.' e 'escolha' são a mesma coisa" (*Met.*, VI, 1, 1025 b 22). Para Aristóteles, as ciências P. eram a política, a economia, a retórica e a ciência militar; a ética é parte fundamental da política (*Et. nic.*, I, 2, 1094 b). Este significado continuou uniforme na tradição filosófica. Por exemplo, quando Tomás de Aquino diz que teologia é, em parte, ciência prática (*S. Th.*, I, q. 1, a. 4) e quando Duns Scot afirma que ela é totalmente ciência P. (*Op. Ox.*, Pról., q. 4, n. 31), estão fazendo referência ao significado tradicional: P. é o que dirige a ação. De modo semelhante, Wolff definia a filosofia P. como a ciência que "dirige as ações livres mediante regras generalíssimas" (*Philos. practica*, § 3), e, como Aristóteles, dividia-a em Ética, Economia e Política. Este significado prevalece no uso filosófico do termo.

2.º No segundo significado, que pertence à linguagem comum mais que à filosófica, P. é tudo aquilo que é fácil ou imediatamente traduzível em ação, no sentido, por exemplo, de produzir sucesso ou proporcionar vantagem. Neste sentido, uma idéia é chamada de "P." porque pode ser concretizada e levar ao sucesso. Homem P. é o que tem idéias P., que são realizáveis com facilidade ou com probabilidades de vantagem ou sucesso. Este significado geralmente não tem lugar na linguagem filosófica.

3.º O terceiro significado é o mais restrito e foi empregado por Kant. Este entende por P.: "Tudo o que é possível por meio da liberdade." Mas a liberdade nada tem que ver com o arbítrio animal; assim, o que é independente de estímulos sensíveis, portanto pode ser determinado por motivos representados apenas pela razão, chama-se de *livre-arbítrio*; e tudo o que a ele se liga, como princípio ou como conseqüência, chama-se P." (*Crít. R. Pura*, Doutrina do Método, cap. II, seç. I). Esse uso restrito do termo, característico de Kant, não teve seguidores. [N.A.]

PRAXIOLOGIA (in. *Praxiology*; fr. *Praxéologie*; it. *Prassiologia*). Termo criado por Kotarbinsky, para designar "a teoria geral da atividade eficaz", que deveria compreender a totalidade dos domínios da atividade útil dos sujeitos agentes, do ponto de vista da eficácia de suas ações (*Praxiology, An Introduction to the Science of Efficient Action*, Oxford, 1965; a obra polonesa original é de 1955). V. TECTOLOGIA. [N.A.]

PRÁXIS (it. *Praxis*). Com esta palavra (que é a transcrição da palavra grega que significa ação), a terminologia marxista designa o conjunto de relações de produção e trabalho, que constituem a estrutura social, e a ação transformadora que a revolução deve exercer sobre tais relações. Marx dizia que é preciso explicar a formação das idéias a partir da "práxis material", e que, por conseguinte, formas e produtos da consciência só podem ser eliminados por meio da "inversão prática das relações sociais existentes", e não por meio da "crítica intelectual" (*A ideologia alemã*, 2; trad. it., p. 34) (v. MATERIALISMO HISTÓRICO). Por "inversão da P.", Engels entendeu a reação do homem às condições materiais da existência, sua capacidade de inserir-se nas relações de produção e de trabalho e de transformá-las ativamente: esta possibilidade é a subversão da relação fundamental entre *infra-estrutura* e *superestrutura*, em virtude da qual é somente a primeira (a totalidade das relações de produção e de trabalho) que determina a segunda, constituída pelo conjunto das atividades espirituais humanas (cf. ENGELS, *Antidühring*, 1878). [N.A.]

PRAZER (gr. ἡδονή; lat. *Voluptas*; in. *Pleasure*; fr. *Plaisir*; al. *Lust*; it. *Piacere*). P. e dor constituem os tons fundamentais de qualquer tipo ou forma de "emoção". A determinação de suas características depende da função que se atribui às emoções, e por isso está relacionada com a teoria geral das emoções. Aqui é preciso observar que, na tradição filosófica, essa palavra tem um significado diferente do de *felicidade*, mesmo quando ligada a ela: o P. é indício de um estado ou condição particular ou temporária de satisfação, enquanto a felicidade é um estado constante e duradouro de satisfação total ou quase total (v. FELICIDADE).

A mais famosa definição do P. foi a de Aristóteles, que, aliás, utilizava os conceitos de Platão (*Rep.*, IX, 583 ss.; *Fil.*, 53 c): "P. é o ato de um hábito conforme à natureza" (*Et. nic.*, VII, 12, 1153 a 14), sendo preciso lembrar que hábito significa "disposição constante". Essa definição servia para desvincular P. e sensibilidade, visto que um hábito pode ser sensível ou não. A partir do Renascimento as definições de P. basearam-se em sua função biológica. Para Telésio, é aquilo que favorece a conservação do organismo (*De rer. nat.*, IX, 2). Descartes definiu a alegria, considerada uma das seis emoções fundamentais, como "a emoção prazerosa da alma, na qual consiste a fruição do bem que as impressões do cérebro lhe representam como seu" (*Pass. de l'âme*, § 91). Espinosa afirmava: "Entendo por alegria a paixão graças à qual a mente se eleva a uma perfeição maior" (*Et.*, III, 11), o que é uma paráfrase da definição aristotélica. Enquanto Hobbes voltava à definição biológica, vendo no P. o sinal de um movimento proveitoso ao corpo, transmitido pelos órgãos sensoriais ao coração (*De corp.*, 25, 12), Nietzsche afirmava: "O P.: sensação de maior poder" (*Wille Zur Macht*, ed. Kröner, § 660). Em oposição a essas teorias, que podem ser chamadas de *positivas*, encontra-se a teoria negativa de Schopenhauer, segundo a qual o P. é simplesmente a cessação da dor, de tal modo que ele é conhecido ou sentido apenas mediatamente, através da lembrança do sofrimento ou da privação passada (*Die Welt*, I, § 58).

A psicologia moderna manteve as características tradicionais atribuídas ao P.: reiterou sua função biológica, mas ao mesmo tempo, com base na observação, também confirmou o caráter *ativo* que Aristóteles reconhecia no P. (cf. J. C. FLUGEL, *Studies in Feeling and Desire*, 1955, pp. 118 ss.).

Princípio de prazer (in. *Pleasure principle*; al. *Lustprinzip*; it. *Principio di piacere*) foi o nome que Freud deu a um dos dois princípios fundamentais que regem o funcionamento mental, mais precisamente o que dirige a atividade psíquica para libertar-se da dor. O outro princípio seria o da *realidade*, graças ao qual a busca do prazer não se dá pelas vias mais curtas, mas obedecendo às condições impostas pelo mundo externo (*Triebe und Triebschicksale*, 1915). [N.A.]

PREAMBULA FIDEI. Foi esse o nome que Tomás de Aquino deu ao conjunto das verdades cuja demonstração é necessária à própria fé, em primeiro lugar a da existência de Deus (*In Boet. de Trinit.*, a. 3) (v. DEUS, PROVAS DE; TOMISMO). [N.A.]

PRÉ-ANIMISMO. V. ANIMISMO.

PRECE (in. *Prayer*; fr. *Prière*; al. *Gebet*; it. *Preghiera*). Elevação da alma a Deus e, como especifica Tomás de Aquino (cf. *Summa theologiae*, II-II, 83), é ato da razão prática (mais precisamente é um ato de religião) que dispõe a quem é superior; a P. pode portanto ser definida como "pedido a Deus de coisas convenientes". Há vários tipos de P. Os principais são: de louvor e de súplica.

A P. tornou-se objeto de reflexão de filósofos ao longo de toda a história da filosofia, a começar de Plotino, que (cf. *Enéades*, VI, 9, 3-8) afirma a co-pertença de P. e pensamento, no sentido de que o Uno é ato de contemplação: isso implica que o pensamento se transforme em P. e a P. se revele pensamento. P. e pensamento produzem uma fusão de amor, com a qual a alma conquista a liberdade. Por sua vez, Agostinho, em Epístola a Proba sobre a P. (cf. *Epistola* 130, 4, 9, 15, 17, 18, 28), identifica a *oratio* com o *desiderium,* que é constitutivo do homem e exprime a nostalgia da pátria celeste. Agostinho considera a P. tanto como *docta ignorantia* (é dele essa expressão), ignorância que é douta não em virtude do homem, mas graças ao espírito de Deus, que vem em auxílio da fraqueza humana, quanto como *entrega* (oposta a qualquer forma de arrogância), pelo que a P. é a carência de segurança e configura-se como desenraizamento total. Na esteira de Agostinho, Anselmo (cf. *Proslogion,* I) concebe a P. como pedido para poder interrogar: "Ensina-me a buscar-te, ó Senhor [...]: que eu te busque com meu desejo, te deseje com a minha busca, te encontre com o meu amor e te ame com o teu encontro"; a P. é assim fé e razão, pensamento e invocação ao mesmo tempo. A análise da P. por L. Feuerbach situa-se numa posição antropológica, e não teológica; ele (cf. *Essência do cristianismo,* cap. 13) considera a P. como o ato mais simples da religião, mas também o ato que revela sua essência mais profunda. Segundo Feuerbach, a P. é "a revelação dos desejos ocultos do coração, na confiança de que sejam atendidos"; a P. é "a relação do coração humano consigo mesmo, com seu próprio ser, na P. o homem esquece que existe um limite para seus desejos, e, esquecendo-o, encontra a bem-aventurança". Portanto, em perspectiva teológica ou antropológica, a P. foi considerada como o momento do recolhimento, em que o homem se encontra consigo, com o seu ser mais profundo.

Também no século XX a P. foi objeto de reflexão por parte de filósofos como E. Bloch e M. Heidegger (no pensamento laico), J. Maritain, M. Nedoncelle e R. Guardini (no pensamento cristão), F. Rosenzweig e E. Lévinas (no pensamento judaico). Heidegger (cf. *Holzwege*), com base na distinção entre pensamento (aberto para o ser) e razão (comprometida com as coisas), vê uma relação positiva entre P. e pensamento; enquanto a razão, que se destina ao Deus dos filósofos, aniquila a P., o pensamento acaba por ser estruturalmente P., ou seja, escuta do ser. [G.G.]

PRECISÃO (in. *Precision;* fr. *Précision;* al. *Präcisione;* it. *Precisione*). Procedimento pelo qual se considera cada parte de um todo, sem considerar o todo e as outras partes, de tal maneira se chegue a determiná-la em seus caracteres próprios. Foi desse modo que a *Lógica* de Arnauld (I, 5) definiu a P., considerando, portanto, uma forma particular de *abstração* (v.). O resultado desse procedimento obviamente é a caracterização exata das partes de um todo; portanto, na linguagem corrente, "P." tornou-se sinônimo de exatidão, e "preciso", de exato. [N.A.]

PRÉ-COMPREENSÃO. V. CÍRCULO HERMENÊUTICO; PREJULGAMENTO.

PREDESTINAÇÃO (lat. *Praedestinatio;* in. *Predestination;* fr. *Prédestination;* al. *Prädestination;* it. *Predestinazione*). Na teologia cristã, é a escolha que Deus faz dos eleitos, daqueles que se salvarão: segundo Agostinho, foi feita antes da criação do mundo (*De praedestinatione,* 10). Para os problemas relativos a ela, v. GRAÇA. A P. é sempre P. à salvação, mas às vezes também foi defendida (e condenada pela Igreja) a P. *dupla,* para a salvação e para a condenação. Esta doutrina foi defendida, por exemplo, pelo monge Godescalco de Corbie e combatida por Hinkmar (sec. IX). Na Era Moderna, foi defendida pelos calvinistas (v. PRETERIÇÃO). [N.A.]

PREDETERMINISMO (in. *Predeterminism;* fr. *Prédeterminisme;* al. *Prädeterminismus;* it. *Predeterminismo*). Termo empregado por Kant para designar o determinismo rigoroso, aquele segundo o qual "as ações voluntárias, como acontecimentos de fato, têm suas razões suficientes no tempo anterior que, juntamente com o que ele contém, não está mais em nosso poder" (*Religion,* I, cap. IV, Observação Geral) (v. DETERMINISMO). [N.A.]

PREDICADO (in. *Predicate;* fr. *Prédicat;* al. *Prädikat;* it. *Predicato*). Na lógica aristotélica, a proposição consiste em afirmar (ou negar) algo de alguma coisa: portanto, divide-se em dois termos essenciais, o *sujeito,* aquilo de que se afirma (ou se nega) alguma coisa, e o P. (κατηγορούμενον), que é justamente o que se afirma (ou nega) do sujeito: assim em "Sócrates é branco", "Sócrates" é o sujeito; "branco", o predicado. O P. pode ser essencial, próprio, ou simplesmente acidental. Através de Boécio, essa doutrina passou à lógica medieval (cf. PEDRO HISPANO, 1.07: "Subiectum est de quo aliquid dicitur; *praedicatum* est quod de altero dicitur") e, desta, a toda a lógica ocidental. Na lógica contemporânea, com a crise da concepção predicativa da proposição (segundo a qual a proposição consiste na atribuição de um P. a um sujeito), o termo "P." passou a ter uso oscilante. Russell (*Princ. math.,* I[2], pp. 51 ss.) dá o nome de "P." às funções proposicionais de primeira ordem, que contêm somente variáveis individuais (substituíveis apenas por nomes próprios, que denotam indivíduos). Hilbert e Ackermann (*Grundzüge der theoretischen Logik*), retornando de alguma maneira ao uso clássico, entendem propriamente por "P." o *functor* de uma proposição funcional qualquer com uma ou mais variáveis. Analogamente, mas com maior precisão, Carnap (cf. p. ex., *Einfuhrung in die Symbolische Logik,* 1954, pp. 4 ss.) usa "P." para indicar o símbolo de propriedades ou relação atribuídas a indivíduos. [G.P.]

PREDICAMENTO. V. CATEGORIA.

PREDIÇÃO. V. PREVISÃO.

PREDICATIVO (in. *Predicative;* fr. *Prédicatif;* al. *Prädicativ;* it. *Predicativo*). 1. Chama-se P. o uso do verbo *ser* como cópula de uma proposição, ou seja, em seu significado não existencial (v. SER).

2. Chama-se P. uma definição que não é *impredicativa,* no sentido que Poincaré deu a este termo (v. IMPREDICATIVA, DEFINIÇÃO); portanto, chama-se de P. também a teoria que exclui por princípio as definições impredicativas ou o cálculo proposicional baseado nessa exclusão (cf., p. ex., CHURCH, *Intr. to Mathematical Logic,* § 58) (v. ANTINOMIA). [N.A.]

PREDICÁVEIS (gr. κατηγορούμενα; lat. *Praedicabilia;* in. *Predicablesi;* fr. *Prédicables;* al. *Prädicabilien;* it. *Predicabili*). Os universais, porquanto aptos por natureza a ser predicados de muitas coisas. Porfírio foi o primeiro a enumerar os cinco universais simples ou primitivos, que são *gênero, espécie, diferença, próprio* e *acidente* (*Isaq.,* 1). Aristóteles enumerou como elementos de cada proposição ou problema quatro elementos, que são definição, próprio, gênero e acidente (*Top.,* I, 4, 101 b 24), mas esta enumeração, ao incluir a definição (que é composta de gênero e de espécie), não leva em consideração a simplicidade dos elementos. A enumeração de Porfírio tornou-se clássica e passou a integrar a lógica tradicional.

Não teve seguidores, porém, a proposta kantiana de chamar de P. os conceitos do intelecto derivados das categorias, que seriam os conceitos de força, ação, paixão (deriváveis da categoria da reciprocidade), surgir, perecer, mudar (deriváveis das categorias da modalidade) etc. (*Crít. R. Pura,* § 10).

A noção desse termo desapareceu da lógica contemporânea (v. os verbetes particulares). [N.A.]

PREENSÃO (in. *Prehension;* it. *Prensione*). Termo com que Whitehead (*Process and Reality,* 1929) designou a percepção, porquanto nela o sujeito apreende ou "agarra" de uma "entidade real", uma coisa ou um evento. Na realidade, o próprio nome de percepção já tem esta conotação (v. PERCEPÇÃO). [N.A.]

PREEXISTÊNCIA. V. METEMPSICOSE.

PREFORMAÇÃO (in. *Preformation;* fr. *Preformation;* al. *Präformation;* it. *Preformazione*). Com o nome de teoria da P. (ou *preformismo*) foi designada no século XVIII a teoria sobre a formação dos organismos, segundo a qual seus órgãos já estão preformados no ovo. Malpighi, em 1637, propusera essa teoria, reconhecendo que os órgãos não se acham preformados no ovo assim como serão no embrião ou no adulto, mas em forma de filamentos ou *estames,* cada um dos quais é a potência de um órgão (*La formazione del pollo nell'uovo,* 1637). Essa teoria foi aceita no século XVIII por muitos biólogos, como Haller, Spallanzani e Bonnet, que se chamavam *"ovistas",* para distingui-los dos *"animalculistas",* que no fim do século XVII afirmavam que o espermatozóide é um homúnculo que contém todas as partes do feto humano. A doutrina da P. era aceita por Leibniz, para quem "Deus formou previamente as coisas de tal maneira que os novos organismos não passam de conseqüência mecânica de um organismo precedente" (*Théod.,* pref.). Segundo Kant, uma vez admitido o princípio teológico para a produção dos seres organizados, só há duas hipóteses para explicar a causa de sua forma final: a do *ocasionalismo,* segundo a qual Deus intervém diretamente em cada nova formação orgânica, ou a da harmonia preestabelecida, segundo a qual um ser orgânico produz o seu semelhante. Por sua vez, esta última pode ser ou teoria da P. – se a geração for considerada como simples desenvolvimento de uma forma preexistente – ou teoria da *epigenesia* – se a geração for considerada como produção. Kant não escondia sua simpatia pela teoria da epigenesia, porquanto parecia reduzir muito mais que a outra a ação das causas sobrenaturais e prestar-se mais a provas empíricas (*Crít. do Juízo,* § 81). A moderna teoria da evolução eliminou o próprio fundamento da oposição entre teoria da P. e teoria da epigenesia (v. EPIGENESIA; EVOLUÇÃO). [N.A.]

PREFORMACIONISMO ou PREFORMISMO. V. PREFORMAÇÃO.

PREGUIÇA DA RAZÃO. V. RAZÃO PREGUIÇOSA.

PREJULGAMENTO (in. *Prejudice;* fr. *Préjugé;* al. *Vorurteil;* it. *Pregiudizio*). Antecipação não problematizada de um conceito, ou seja, "um julgamento que é pronunciado antes de um exame completo e definitivo de todos os elementos objetivamente relevantes" (H. G. GADAMER, *Verità e metodo,* 1960, trad. it., Bompiani, Milão, 1983, pp. 317-8). Ainda que na linguagem corrente, como na doutrina baconiana dos *ídolos* (v.), o conceito de P. possua valor negativo, de preconceito, não significa necessariamente juízo "falso" ou "infundado". Os próprios iluministas, que foram os maiores inimigos do preconceito (chegando até a incidir numa espécie de "preconceito contra o preconceito"), reconheceram a existência de *préjugés légitimes.* Voltaire escreve, por exemplo, que "Existem P. ótimos; são aqueles que o nosso juízo ratifica depois, quando raciocinamos" (*Dizionario filosófico,* v. "P.", trad. it., Mondadori, Milão,

1970, p. 541). A "reabilitação" filosófica do P. é obra de Gadamer, que não se limitou a ressaltar a existência de P. legítimos, mas esclareceu que eles são uma manifestação evidente da finitude histórica do indivíduo, ou seja, do fato de que o homem não é um eu puro, mas um ente "situado" que pertence, desde o início, a determinado mundo histórico-social, do qual extrai valores e crenças, a tal ponto que "não tanto os nossos julgamentos, mas principalmente os nossos prejulgamentos constituem o nosso ser" (*L'universalità del problema ermeneutico*, em *Ermeneutica e metodica universale*, trad. it., Marietti, Turim 1973, p. 81). Este caráter "ontológico" e "constitutivo" dos P., que os faz configurar-se como linhas orientadoras provisórias que precedem toda e qualquer experiência do mundo e qualquer abordagem aos textos, não exclui seu caráter hipotético e provisório, ou seja, o fato de serem passíveis de confirmação ou, como freqüentemente ocorre, de correção e desmentido: "Quem procura compreender está exposto aos erros derivados de pressuposições que não encontram confirmação no objeto [...] O que distingue as pressuposições inadequadas, senão o fato de que, desenvolvendo-se, elas se revelam insubsistentes?" (*Verità e método, cit.*, p. 314).

A reabilitação *hermenêutica* do P. tem um paralelo em sua reabilitação *epistemológica*. Se Gadamer considera que o intérprete não pode abordar os textos sem uma série de "pré-suposições", Popper considera que o cientista não pode abordar a natureza sem um "horizonte de expectativas". Se Gadamer afirma que as nossas pressuposições podem entrar "em choque" com os textos, Popper afirma que as nossas hipóteses científicas podem ser contraditas ou "falsificadas" pela experiência (cf. D. ANTISERI, *Le ragioni del pensioro debole*, Borla, Roma, 1993, pp. 54-63). Em ambos os casos, os tão vituperados P. transformam-se na própria condição de todo e qualquer exercício hermenêutico e científico: *"Estou distante do positivismo tanto quanto (por exemplo) Gadamer.* Descobri [...] que as ciências naturais *não* procedem de modo positivístico, mas utilizam essencialmente um método que trabalha com 'P.' [...] e mostrei que Bacon, que imprecou contra os P., não se deu conta do método das ciências naturais" *(Auto-interpretação filosófica e polêmica contra os dialéticos*, em C. GROSSNER, *Verfall der Philosophie*, 1971, trad. it., *I filosofi tedeschi contemporanei*, Città Nuova, Roma, 1980, p. 353). Como se pode notar, a tese hermenêutica e epistemológica segundo a qual todo juízo subentende um P. e todo conceito um preconceito não exclui a validade (e a parte de verdade) da visão iluminista. Porque, mesmo estando "imerso" nos P. e sendo obrigado a "coexistir" com eles, o homem, segundo tais orientações, não pode prescindir de pô-los à "prova", ou seja, de experimentar sua consistência e validade. [G.F.]

PRÉ-LÓGICO (fr. *Prélogique*; it. *Prelogico*). Adjetivo introduzido por L. Lévy-Bruhl para caracterizar a mentalidade dos povos primitivos, considerada indiferente ao princípio de contradição e fundada na *participação* (v.) (*Les fonctions mentales dans les sociétés inférieures*, 1910, pp. 78 ss.). Depois, Lévy-Bruhl abandonou esse conceito: "Não há mentalidade primitiva que se distinga da outra por dois caracteres que lhes são próprios (místico e P.). Existe mentalidade mística mais acentuada e mais facilmente observável entre os primitivos do que em nossas sociedades, mas que está presente em todo o espírito humano" (*Les carnets*, 1949, VI; trad. it., p. 161). [N.A.]

PREMISSA (gr. πρότασις; lat. *Praemissa*; in. *Premise*; fr. *Prémisse*; al. *Prämisse*; it. *Premessa*). Toda proposição da qual se infere outra proposição. [N.A.]

PREMOÇÃO (lat. *Praemotio*; in. *Premotion*; fr. *Prémotion*; it. *Premozione*). Termo empregado pelos teólogos do século XVII para indicar a determinação física, por parte de Deus, da vontade humana: determinação física que não eliminaria a liberdade do homem. Malebranche discutiu essa noção em *Refléctions sur la P. physique* (1705). [N.A.]

PRENOÇÃO (in. *Prenotion*; fr. *Prénotion*; al. *Vorbegriff*; it. *Prenozione*). Termo introduzido por Durkheim para indicar os conceitos pré-científicos fundados na generalização imperfeita ou apressada, que F. Bacon chamava de antecipações ou ídolos (*Régles de la méthode sociologique*, p. 23) (v. ANTECIPAÇÃO). [N.A.]

PREOCUPAÇÃO. V. CUIDADO.

PRÉ-PERCEPÇÃO (in. *Preperception*; fr. *Préperception*; al. *Präperzeption*; it. *Prepercezione*). Assim foi às vezes chamada a função seletiva que a atenção intelectual exerce sobre a percepção sensível (cf., p. ex., James, *Princ. of Psychol.*, I, pp. 438-45). [N.A.]

PRESCIÊNCIA. V. TEODICÉIA.

PRESCINDÊNCIA (in. *Prescission*; it. *Prescissione*). Abstração do prescindível, que Peirce distingue da abstração hipostática, como a operação de escolha que está implícita no mais simples fato de percepção: por exemplo: perceber uma cor significa prescindir da forma e em todo caso isolar essa determinação "cor" das outras, às quais a cor esteja unida (*Coll. Pap.*, 1.549 n; 2.428; 4.235) (v. ABSTRAÇÃO). [N.A.]

PRESCRITIVISMO. V. NÃO-COGNITIVISMO; IMPERATIVO.

PRE-SENÇA. V. DASEIN.

PRESENÇA (in. *Presence*; fr. *Présence*; al. *Anwesenheit*; it. *Presenza*). Este termo é empregado em dois significados principais: 1º existência de um objeto em certo lugar, pelo que se diz, por exemplo, "estava presente à reunião de ontem à tarde"; 2º existência do objeto numa relação cognitiva imediata; assim, diz-se que um objeto está presente quando é visto ou é dado a qualquer forma de intuição ou de conhecimento imediato.

No âmbito do primeiro significado, e com objetivos teológicos (para descrever a presença de Deus ou dos anjos nas coisas ou a presença do corpo de Cristo no pão do sacramento do altar), os escolásticos distinguiam duas formas de P.: a chamada *circunscritiva*, em que uma coisa está inteira em todo o espaço que ocupa, com parte em cada parte do espaço, e a *definitiva*, em que uma coisa está inteira na totalidade do seu espaço e inteira também em cada uma das partes dessa totalidade. A primeira P. é um modo de ser quantitativo; a segunda exclui qualquer quantidade (cf., p. ex., Tomás de Aquino, *S. Th.*, I. q. 52, a. 2; OCKHAM, *Quodl.*, VII, q. 19).

Heidegger chamou de P. ou simples P. (*Vorhandenheit*) o modo de ser das coisas, que é diferente do modo de ser do homem, que é a existência (*Sein und Zeit*, § 9). Sartre, por sua vez, falou de "P. no ser do para-si", ou seja, da consciência, no sentido de que tal presença implicaria que "o para-si é testemunha de si em P. do ser como não sendo o ser": o que significaria que a P. no ser é "P. do para-si em não sendo" (*L'être et le néant*, pp. 166-7). [N.A.]

Heidegger usou esse termo para designar o equívoco básico da metafísica, que pres/entificou o ser, pensando-o com base no ente, ou seja, na forma da simples P. Derrida o empregou com referência à tradição logocêntrica e fonocêntrica da filosofia ocidental, que insistiu no primado da palavra e da voz sobre a escrita (v. DESCONSTRUÇÃO; GRAMATOLOGIA; METAFÍSICA). [G.F.]

PRESENTAÇÃO (in. *Presentation*; fr. *Présentation*; al. *Präsentation*; it. *Presentazione*). Conhecimento imediato ou direto: percepção ou intuição. Esse termo foi introduzido por Spencer, que fazia a distinção entre conhecimento presentativo (que se tem quando "o conteúdo de uma proposição é a relação entre dois termos, ambos diretamente presentes, como quando machuco o dedo e estou simultaneamente ciente da dor e da sua localização") e o conhecimento *representativo*, que é a lembrança ou a imaginação do outro conhecimento (*Princ. of Psychology*, § 423). Esse termo foi aceito por muitos psicólogos no século XIX, mas hoje está em desuso. [N.A.]

PRESENTACIONISMO (in. *Presentationism*; fr. *Présentationisme*; it. *Presentazionismo*). Foi assim que Hamilton chamou seu "realismo natural", doutrina segundo a qual a percepção é uma relação imediata com o objeto existente (*Dissertations on Reid*, p. 825). [N.A.]

PRESENTE. V. INSTANTE; AGORA; TEMPO.

PRESSUPOSIÇÃO. V. PRAGMÁTICA, 3º.

PRESSUPOSTO (in. *Presupposition*; fr. *Pré-supposition*; al. *Voraussetzung*; it. *Presupposto*). 1. Premissa não declarada de um raciocínio, utilizada no decorrer de um raciocínio, mas que não foi previamente enunciada, não havendo, pois, um compromisso definitivo em relação a ela. Diferentemente da premissa, do postulado, da hipótese etc., o P. é introduzido sub-repticiamente no decorrer de um raciocínio, limitando ou dirigindo-o de maneira dissimulada ou oculta. Pode ser também definido como regra sub-reptícia de inferência. Portanto, o princípio da eliminação dos P. é fundamental para todos os campos da investigação no mundo moderno. A expressão "eliminação dos P." (al. *Voraussetzungslosigkeit*) parece ter sido cunhada apenas por Fr. Strauss (*Leben Jesu*, 1836, p. IX), mas a exigência que ela encerra está na origem da ciência moderna (que com Galileu procurou livrar-se dos P. metafísicos) e da filosofia moderna (que com Bacon e Descartes afirmou a exigência de uma investigação *radical*, fundada apenas em premissas declaradas). A eliminação dos P. também tem o fim de evitar que, em certo campo de investigações, atuem crenças pertencentes a campos diferentes que limitem a investigação de modo não verificável. Husserl fez uso mais restrito e técnico do princípio da eliminação dos P., lançando mão dele para delimitar a esfera fenomenológica (*Logische Untersuchungen*, II, Intr., § 7).

2. O mesmo que premissa, postulado ou hipótese. Este segundo significado pode levar a confusões. [N.A.]

3. O mesmo que pré-compreensão ou prejulgamento (v. CÍRCULO HERMENÊUTICO; PREJULGAMENTO). [G.F.]

PRESUNÇÃO (lat. *Praesumptio*; in. *Presumption*; fr. *Présomption*; al. *Präsumption*; it. *Presunzione*). 1. Juízo antecipado e provisório, que se considera válido até prova em contrário. Por exemplo, "P. de culpa" é um juízo de culpabilidade que se mantém até que seja aduzida uma prova em contrário; têm significado análogo as expressões "P. de verdade" ou "P. favorável" ou "P. contrária" a uma proposição qualquer.

2. Confiança excessiva em suas próprias possibilidades; e neste sentido chama-se de *presunçoso* quem alimenta tal confiança. [N.A.]

PRETERIÇÃO (in. *Preterition*; fr. *Prétérition*; it. *Preterizione*). Conceito utilizado pela teologia calvinista para atenuar a doutrina da dupla predestinação: os réprobos são assim porque Deus "os preteriu" em sua escolha (cf. CALVINO, *Institutions de la religion chrétienne*, III, cap. 24). [N.A.]

PREVISÃO (gr. πρόγνωσις; in. *Prediction*; fr. *Prévision*; al. *Voraussage*; it. *Previsione*). Um dos objetivos fundamentais da explicação científica, ou a própria explicação. Na ciência antiga, a importância da P. foi acentuada apenas em medicina (HIPÓCRATES, *Prognostikon*, I). Galileu expunha esse conceito afirmando que "chegar ao conhecimento de um único efeito para suas causas abre-nos o intelecto ao entendimento e à certeza de outros efeitos, sem necessidade de recorrer à experiência" (*Discorsi intorno a due nuove scienze*, em *Opere*, ed. Utet, II, p. 799). A P. foi utilizada por Hume em sua crítica da causalidade: "Por sermos levados pelo costume a transferir o passado para o futuro, em todas as nossas inferências, sempre que o passado se manifesta regular e uniforme, esperamos o acontecimento com a máxima certeza e não damos ocasião a suposições contrárias" (*Inq. Conc. Underst.*, VI). Comte pôs esse conceito em primeiro plano com sua fórmula "Ciência, portanto P.; P., portanto ação" (*Cours de phil. pos.*, 1830, I, p. 51). Heltz expressou-o nas palavras de abertura da Introdução a *Prinzipien der Mechanik* (1894): "O problema mais imediato e, certamente, o mais importante que nosso conhecimento da natureza permite resolver é a previsão dos acontecimentos futuros, de tal modo que possamos organizar nossas atividades presentes de acordo com tais previsões". Para Peirce, a P. é a base da verdade prática da hipótese científica: "Na indução não é o fato previsto que, em alguma medida, determina a verdade da hipótese ou a torna provável, mas sim o fato de ele ter sido previsto com sucesso e de ser uma amostra aleatória de todas as P. que podem basear-se na hipótese e que constituem a verdade prática dela" (*Coll. Pap.*, 6.527).

No neo-empirismo contemporâneo, alguns filósofos tendem a reduzir P. a explicação; outros, a reduzir explicação a previsão. No primeiro sentido, Carnap expressa-se dizendo que "a natureza de uma P., no que diz respeito à confirmação ou à comprovação, é a mesma de um enunciado sobre um evento presente não diretamente observado por nós, como p. ex. sobre um processo em curso no interior de uma máquina ou um acontecimento político na China ("Testability and Meaning", em *Readings in the Phil. of Science*, 1953, p. 87). No segundo sentido, Quine declara acreditar que o esquema conceitual da ciência é, em última análise, um instrumento para prever a experiência futura à luz da experiência passada (*From a Logical Point of View*, II, 6). A identidade entre lógica da P. e lógica da explicação foi asseverada por Feigl (em *Readings, cit.*, pp. 417-8), enquanto Hempel defendeu a tese da identidade estrutural (ou da simetria) entre explicação e P., no sentido de que "toda explicação adequada é potencialmente uma P., e, inversamente, toda P. adequada é potencialmente uma explicação" (*Aspects of Scientific Explanation*, 1965, p. 367). Popper, depois de afirmar que todas as ciências teóricas, inclusive as sociais, são ciências de P., ressaltou a distinção entre a P. científica e a profecia histórica, porque esta última carece do caráter condicional da primeira: "As P. comuns da ciência são condicionais. Asseveram que certas mudanças (p. ex., da temperatura da água numa chaleira) serão acompanhadas por certas transformações (p. ex., a ebulição da água)" (*Conjectures and Refutations*, 1965, p. 339).

Reichenbach usou o termo *pós-visibilidade* (*postdictability*) para indicar a possibilidade de determinar "os dados passados em termos de observações dadas" (*Philosophic Foundations of Quantum Mechanics*, 1944, p. 13). O termo pós-visão ou retrovisão (*postidiction or retrodiction*) foi empregado para indicar o inverso lógico de uma P., ou seja, a inferência que procede de um acontecimento presente para trás, em direção a uma condição inicial já conhecida (HANSON, *The Concept of the Position*, 1963, p. 193). V. EXPLICAÇÃO. [N.A.]

PRIMADO (in. *Primacy*; fr. *Primauté*; al. *Primat*; it. *Primato*). Importância primária de uma coisa ou o que condiciona uma coisa em relação às outras. Kant diz: "Por P. entre duas ou mais coisas ligadas pela razão, entendo a superioridade de uma delas por ser o primeiro motivo que determina a ligação com todas as outras." Mais precisamente, "P. da razão prática" significa a prevalência do interesse prático sobre o teórico, no sentido de a razão admitir, por ser prática, proposições que não poderia admitir no uso teórico e que não constituem uma de suas extensões cognitivas: os postulados da razão prática (*Crít. R. Prática*, II, cap. 2, seç. 3). A palavra P. foi usada no campo político para indicar a função predominante que certo elemento (povo, nação, classe, grupo social etc.) tem ou deve ter na totalidade à qual pertence. Gioberti falou neste sentido do *P. moral e civil dos italianos* (1843). Nesta extensão, o termo adquire significados ainda mais vagos e arbitrários que no primeiro significado. [N.A.]

PRIMALIDADE (lat. *Primalitas*; al. *Primalität*; it. *Primalità*). Princípio constitutivo do ser, segundo Campanella. Há três P.: poder (*potentia*), saber (*sapientia*) e amor (*amor*), que em Deus são infinitas e nas coisas são limitadas pelos seus contrários – impotência, insipiência e ódio –, que constituem o não-ser (*Metaphisica*, 1638, VI, Proem.). Esse termo tem o mesmo valor de *princípio* (v.). [N.A.]

PRIMÁRIAS e SECUNDÁRIAS, QUALIDADES. V. QUALIDADE.

PRIMÁRIO (lat. *Primarius*; in. *Primary*; fr. *Primaire*; al. *Primär*; it. *Primario*). 1. O que é primeiro ou mais importante num campo qualquer, ou o que é primeiro no sentido de condicionar o que vem depois, sem ser condicionado por ele. Este era um dos sentidos – o fundamental – que Aristóteles atribuía à palavra "primeira" (*Met.*, V, 11, 1019 a 2), sendo o mais freqüentemente relacionado com o uso do termo. "Qualidades P.", por exemplo, são as qualidades que não podem faltar nos corpos e que condicionam as "qualidades secundárias". "Escola P." é aquela que todos devem freqüentar e que prepara aos outros tipos de escola. "Atenção P." foi o nome dado por alguns psicólogos à atenção primitiva, originária etc. Diz-se "importância P." para dizer importância fundamental ou condicionante.

2. O mesmo que *primitivo* (v.). [N.A.]

PRIMEIRO MOTOR. V. DEUS, PROVAS DE.

PRIMEIRO MÓVEL. V. MÓVEL, PRIMEIRO.

PRIMITIVISMO (in. *Primitivism*; fr. *Primitivisme*; it. *Primitivismo*). 1. Atitude ou mentalidade dos povos primitivos, especialmente no aspecto de conformação do indivíduo aos valores do ambiente. É neste sentido que esse termo é usado, por exemplo, por Scheler (*Sympathie*, cap. III; trad. fr., p. 362, n. 2).

2. Crença de que a forma mais perfeita de vida humana é a que existiu no primeiro período da humanidade (mito da idade do ouro), ou a que se observa nos povos primitivos, considerados mais jovens (mito do "bom selvagem"). Quanto a este significado de P., v. LOVEJOY e BOAS, *Primitivism and Related Ideas in Antiquity*, 1935; BOAS, *Essays on Primitivism and Related Ideas in the Middle Ages*, 1948). [N.A.]

PRIMITIVO (in. *Primitive*; fr. *Primitif*; al. *Primitiv*; it. *Primitivo*). 1. O mesmo que *originário* (v. ORIGEM), nos dois sentidos deste termo: *a*) o que pertence à fase inicial de um desenvolvimento ou de uma história, e neste sentido dizemos "a nebulosa P.", "a humanidade P." etc.; *b*) o que funciona como condição, princípio ou premissa, e por isso determina outras coisas, não sendo, porém, determinado por elas; neste sentido, dizemos "proposições P.", "função P.". Chamam-se "símbolos P." os introduzidos diretamente, sem ajuda de outros símbolos.

2. O que é *simples*, no sentido de constituir a forma mais elementar que certo objeto pode assumir; neste sentido fala-se em "homens P." ou simplesmente "os P.". Durkheim utilizou esse significado para definir os P., juntamente com o significado estudado em (*a*) (*Les formes élementaires de la vie religieuse*, 1937, p. 1). Mas Lévy-Bruhl escreveu: "Com este termo impróprio, mas de uso quase indispensável, pretendemos designar simplesmente os membros das sociedades mais simples que conhecemos" (*Les fonctions mentales dans le sociétes inférieures*, 1910, p. 2). No mesmo sentido, emprega-se hoje a palavra *primário* (v.).

No que diz respeito às interpretações do mundo P., podem ser agrupadas em duas classes: *a*) as que consideram o mundo P. como pré-lógico, pré-empírico e místico, portanto de constituição completamente diferente da sociedade civilizada; esta foi a interpretação defendida especialmente por Lévy-Bruhl (do qual além da obra citada, v.: *La mentalité primitive*, 1922; *L'âme primitive*, 1927; *L'expérience mystique et le symboles chez les primitifs*; 1938), mas corrigida por ele mesmo, no sentido de matizar ou atenuar a diferença entre a mentalidade P. e a não P., que é mais de grau que de qualidade (*Les carnets*, 1949); *b*) as que admitem nas comunidades P. a posse de abundante patrimônio de conhecimentos fundados na experiência e na razão, considerando que o homem P. tende a recorrer à magia ou ao misticismo só quando os conhecimentos que possui não o ajudam mais. Esta é a interpretação defendida principalmente por Bronislaw Malinowski (*Magic, Science and Religion*, 1925) e hoje adotada por quase todos os sociólogos. [N.A.]

PRIMORDIAL (in. *Primordial*; fr. *Primordial*; it. *Primordiale*). O mesmo que *originário* (v.). [N.A.]

PRINCÍPIO (gr. ἀρχή; lat. *Principium*; in. *Principle*; fr. *Principe*; al. *Prinzip, Grundsatz*; it. *Principio*). Ponto de partida e fundamento de um processo qualquer. Os dois significados, "ponto de partida" e "fundamento" ou "causa", estão estreitamente ligados na noção desse termo, que foi introduzido em filosofia por Anaximandro (Simplício, *Fís.*, 24, 13); a ele recorria Platão com freqüência no sentido de causa do movimento (*Fed.*, 245 c) ou de fundamento da demonstração (*Teet.*, 155 d); Aristóteles foi o primeiro a enumerar completamente seus significados. Tais significados são os seguintes: 1º ponto de partida de um movimento, por exemplo, de uma linha ou de um caminho; 2º o *melhor* ponto de partida, como por exemplo o que facilita aprender uma coisa; 3º ponto de partida efetivo de uma produção, como a quilha de um navio ou os alicerces de uma casa; 4º causa externa de um processo ou de um movimento, como um insulto que provoca uma briga; 5º o que, com a sua decisão, determina movimentos ou mudanças, como o governo ou as magistraturas de uma cidade; 6º aquilo de que parte um processo de conhecimento, como por exemplo as premissas de uma demonstração. Aristóteles acrescenta a esta lista: "'Causa' também tem os mesmos significados, pois todas as causas são princípios. O que todos os significados têm em comum é que, em todos, P. é ponto de partida do ser, do devir ou do conhecer" (*Met.*,V, 1, 1012 b 32-1013 a 19).

Esses reparos de Aristóteles contêm quase tudo o que a tradição filosófica posterior disse a respeito dos princípios. Talvez caiba distinguir outro significado: como ponto de partida e causa, o P. às vezes é assumido como o *elemento* constitutivo das coisas ou dos conhecimentos. Este, provavelmente, era um dos sentidos da palavra entre os pré-socráticos, às vezes utilizado pelo próprio Aristóteles (*Met.*, I, 3, 983 b 11; III, 3, 998 b 30 etc.). Neste sentido, Lucrécio chamava os átomos de P. (*De rer. nat.*, II, 292, 573 etc.), e os estóicos distinguiam elementos e P., pelo fato de que os P. não são gerados e são incorruptíveis (DIÓG. L., VII, 1, 134).

No século XVIII, ao definir o P. como "o que contém em si a razão de alguma outra coisa", Wolff (*Ont.*, § 886) observava que esse significado estava de acordo com a noção de Aristóteles e que os escolásticos não se haviam afastado dela (*Ont.*, § 879). Baumgarten, a quem a terminologia moderna tanto deve, repetia a definição de Wolff (*Met.*, § 307). Kant, por um lado, restringia o uso do termo ao campo do conhecimento, entendendo por P. "toda proposição geral, mesmo extraída da experiência por indução, que possa servir de premissa maior num silogismo", mas por outro lado introduzia a noção de "P. absoluto" ou "P. em si", vale dizer, conhecimentos sintéticos originários e puramente racionais, que ele julgava insubsistentes, mas aos quais a razão recorreria no seu uso dialético (*Crít. R. Pura*, Dialética, II, A).

Na filosofia moderna e contemporânea a noção de P. tende a perder importância. Com efeito, inclui a noção de um ponto de partida privilegiado, não de modo relativo (em relação a certos objetivos), mas absoluto, em si. Um ponto de partida desse gênero hoje dificilmente poderia ser admitido pelas ciências. Poincaré observava com razão que um P. não passa de lei empírica que se considere cômodo subtrair ao controle da experiência por meio de convenções oportunas: portanto, um P. não é verdadeiro nem falso, mas apenas cômodo (*La valeur de la science*, 1905, p. 239). Em matemática e lógica, nas quais há oportunidades dessa natureza, esse termo está em desuso para indicar as premissas de um discurso, e foi substituído por axioma ou postulado. Nestes campos, é freqüente dar-se o nome de P. a teoremas particulares, cuja importância para o desenvolvimento ulterior de um sistema simbólico se queira ressaltar. Peirce chamara de P. *guia* (Leading Principle) o P. que "se deve supor verdadeiro para sustentar a validade lógica de um argumento qualquer" (*Coll. Pap.*, 3, 168; cf. DEWEY, *Logic*, I; trad. it., p. 46). [N.A.]

PRINCÍPIO ATIVO (gr. τὸ ποιοῦν). Foi esse o nome que os estóicos deram à Razão, à Causa ou Deus que dá forma à matéria (que é o P. passivo), produzindo nela os seres individuais (DIÓG. L., VII, 134); identificaram esse princípio com o *Fogo*, no sentido de calor ou de espírito animador (*ibid.*, VII, 156; CÍCERO, *De nat. deor.*, II, 24). [N.A.]

PRINCÍPIO DE AÇÃO MÍNIMA; DE CAUSALIDADE; DE CONTRADIÇÃO; DE IDENTIDADE; DOS INDISCERNÍVEIS; DE INDIVIDUAÇÃO; DE RAZÃO SUFICIENTE; DO TERCEIRO EXCLUÍDO. etc.V. os termos relativos.

PRIORIDADE (in. *Priority*; fr. *Priorité*; al. *Priorität*; it. *Priorità*). 1. Precedência no tempo.

2. Caráter do que é *primário* (v.). [N.A.]

PRIVAÇÃO (gr. στέρησις; lat. *Privatio*; in. *Privation*; fr. *Privation*; al. *Privation*; it. *Privazione*). Falta daquilo que, por qualquer razão, poderia ou deveria ser. É este o sentido da definição de Wolff: "Ausência de uma realidade que poderia ser ou à qual não repugna ser" (*Ont.*, § 273). Aristóteles incluíra entre os significados desse termo (todos redutíveis ao que acabamos de enunciar) também a falta de um atributo que não pertence naturalmente à coisa, como quando se diz que uma planta não tem olhos (*Met.*, V, 22, 1022 b 22). Mas essa generalização excessiva torna o conceito quase inútil. O próprio Wolff fazia a distinção entre entidades *privativas*, que consistem na falta (como cegueira, morte, trevas etc.) e em seus nomes relativos, de entidades *positivas* e seus nomes (*Ont.*, §§ 273-4); essa distinção foi reproduzida por John Stuart Mill, que observava a respeito: "Os nomes denominados privativos indicam duas coisas: ausência de certos atributos e presença de outros, a partir dos quais se poderia esperar naturalmente a presença dos primeiros" (*Logic*, I, 2, § 6). Estas distinções conservaram-se na lógica tradicional do século XIX (cf., p. ex., SIGWART, *Logik*, 1889, I, § 22). [N.A.]

PRIVADA, LINGUAGEM (in. *Private language*; fr. *Langage privé*; al. *Privatsprache*; it. *Linguaggio privato*). Essa expressão é usada para indicar os termos que adquirem significado através da associação com as sensações pessoais e incomunicáveis, de que apenas o sujeito que fala pode ter conhecimento. Na tradição filosófica, pensadores de orientação bem diferente, como Descartes e Hume, em sua discussão sobre o ceticismo, haviam admitido a linguagem P., ou seja, a capacidade do sujeito de conhecer os seus estados interiores independentemente do reconhecimento da existência do mundo exterior e das outras mentes. Wittgenstein afirma, porém, em *Philosophische Untersuchungen* (1953, 1, §§ 243-315) que: 1) os nomes de sensações e experiências (a palavra "dor") não podem ser dados em associação com objetos mentais (a sensação de dor) mediante definição ostensiva, nem a comunicação consiste em produzir um elo análogo em nosso interlocutor para que este nos entenda. Isto porque a mera exposição, sem um treinamento para o uso lingüístico, definido como "cenário" (1, 30), não tem condições de ensinar-nos uma linguagem. 2) A experiência não é um evento privado, pois experiências com características coincidentes podem com razão ser consideradas as mesmas, enquanto quem as hospeda não está entre essas características, portanto esse fato não serve para considerá-los distintos. O detentor de uma sensação é simplesmente quem a externa. 3) A linguagem P. não é um idioleto, mas uma linguagem cujas referências dizem respeito às sensações pessoais de quem usa a primeiro e sente as segundas: seria possível torná-la facilmente conhecida dos outros sem que por isso eles compreendessem o estado do sujeito (poderiam no máximo entendê-lo com base numa analogia construída *com base em si mesmos*). A novidade da formulação wittgensteiniana está no fato de que não se pergunta da cognoscibilidade das experiências e da linguagem P. alheia, mas das próprias: minha linguagem P., como depende de mim apenas, não possui regras (que são por definição comuns) e não é portanto uma linguagem autêntica.

As argumentações de Wittgenstein foram avaliadas de vários modos: para Hacker (*Wittgenstein: Meaning and Mind,* 1990) trata-se de um modo de enfrentar a relação global entre o mental e as suas manifestações behavioristas, enquanto para M. B. e J. Hintikka (*Investigating Wittgenstein,* 1986) seu alcance é restrito e diz respeito somente ao tratamento lingüístico das experiências pessoais, não à sua natureza. Para Kripke (*Wittgenstein on Rules and Private Language,* 1982), constituem um antídoto contra o ceticismo, mas de um tipo indireto que parte do conceito de regra. [M.S.]

PROBABILIDADE (gr. τὸ εἰκός; lat. *Probabilitas;* in. *Probability;* fr. *Probabilité;* al. *Warhscheinlichkeit;* it. *Probabilità*). Grau ou a medida da possibilidade de um evento ou de uma classe de eventos. Nesse sentido, P. sempre supõe uma alternativa, e é a escolha ou preferência por uma das alternativas possíveis. Se dissermos, por exemplo, "amanhã provavelmente choverá", estaremos excluindo como menos provável a alternativa "amanhã não choverá"; se dissermos "a P. de uma moeda dar coroa é de metade", o significado dessa afirmação decorrerá do confronto com a outra alternativa possível, de dar cara. Podemos exprimir esse caráter da P. dizendo que ela é sempre função de dois argumentos. Outro caráter geral da P. (seja qual for a interpretação) é que, do ponto de vista quantitativo, ela é expressa com um número real cujos valores vão de 0 a 1.

O problema a que a noção de P. dá origem é o do *significado,* ou seja, do próprio conceito de probabilidade. O cálculo de P., por exemplo, não dá origem a problemas enquanto não é interpretado: os matemáticos estão de acordo sobre todas as coisas que podem ser expressas por símbolos matemáticos, porém seu desacordo começa quando se trata de interpretar tais símbolos. Carnap (*The Two Concepts of Probability,* 1945, agora em *Readings in the Philosophy of Science,* 1953, pp. 441 ss.) e Russell (*Human Knowledge,* 1948, V, 2) falaram da existência de dois conceitos diferentes e irredutíveis de P.; o primeiro chamou, respectivamente, de P. *indutiva* (ou grau de confirmação) e P. estatística (ou freqüência relativa); o segundo falou em *grau de credibilidade* e P. *matemática.* Foram propostos outros nomes para esses dois tipos de P. Kneale deu o nome de *aceitabilidade* ao primeiro tipo e de *acaso* (*chance*) ao segundo (*Probability and Induction,* 1949, p. 22); Braithwaite denominou o primeiro de *razoabilidade* e o segundo de *P.* (*Scientific Explanation,* 1953, p. 120).

Os dois conceitos defrontaram-se nos últimos quarenta anos, procurando cada qual eliminar o outro, o que é tipicamente representado nas posições de Von Moises e de Jeffreys. O primeiro rejeita, por subjetivo, o conceito de P. indutiva, considerando sem sentido utilizar o termo P. fora do conceito estatístico (*Probability, Statistics and Truth,* 1928, ed. 1939, lect. I, III). O segundo acha que a chamada definição objetiva de P. é inutilizável e que nem os estatísticos a empregam, porque "todos usam a noção de grau de crença razoável, em geral sem notarem que a estão usando" (*Theory of Probability,* 1939, p. 300). Visto que as observações de Carnap e de Russell tornam essa polêmica sem significado, mas ao mesmo tempo confirmam a existência de dois conceitos diferentes de P., pode-se, com base em tais conceitos, fazer um apanhado das doutrinas relativas. Para se evitarem qualificações polêmicas (e inexatas), como "subjetivo", "objetivo" etc., pode-se simplesmente considerar como característica distintiva dos dois conceitos de P. a função desempenhada por cada um deles e falar, conseqüentemente, de 1º P. *singular;* 2º P. *coletiva.*

1º Para caracterizar o primeiro conceito de P. pode-se dizer que ele tem em vista o grau de possibilidade de um evento único e que, portanto, seus argumentos são eventos, fatos ou estados de coisas ou circunstâncias, sendo a probabilidade expressa por *proposições* do tipo "Amanhã provavelmente choverá". O antecedente histórico remoto dessa noção é o conceito neo-acadêmico de representação *persuasiva* (v.), cujos graus eram enumerados por Carnéades, que os determinava por provas ou por indícios negativos ou positivos (v. PERSUASIVO).

Os criadores do cálculo de P. tinham em mente esse conceito de probabilidade. Bernouilli deu a seu tratado, primeira obra importante sobre o assunto, o nome de *Ars conjectandi* (1713). A grande obra de Laplace, intitulada *Théorie analytique des probabili-*

tés (1812), inspirava-se no mesmo conceito; em sua introdução, Laplace afirmava que "a P. dos eventos serve para determinar o temor ou a esperança das pessoas interessadas na existência deles" (*Essai philosophique sur les probabilités*, I, 4), e toda a sua obra não trata de estatística, mas dos métodos para estabelecer a aceitabilidade das hipóteses. Desse ponto de vista, a P. era definida como "a relação entre os números de casos favoráveis e o de todos os casos possíveis". O princípio fundamental para avaliar as P. era o chamado *princípio de indiferença* ou de *eqüiprobabilidade*, segundo o qual, na falta de qualquer outra informação, assume-se que os vários casos são igualmente possíveis; desse modo, por exemplo, quando se lança um dado, admite-se que cada uma de suas faces tem idênticas P. de aparecer, uma vez que cada face tem a mesma P. de 1/6 (*op. cit.*, I, 3).

Embora essa teoria tenha sido acerbamente criticada, foi retomada em 1921 pelo economista inglês John Maynard Keynes, em seu *Tratado sobre a P.*, e mais tarde exposta por F. P. Ramsey (*The Foundations of Mathematics*, 1931) e por H. Jeffreys (*Theory of Probability*, 1939). Todos esses escritores definem a P. como um "grau de crença racional" e admitem a validade do princípio de indiferença, mas, como notou o próprio Carnap, o caráter subjetivo dessa definição é apenas aparente, pois o que eles procuraram determinar são os possíveis *graus de confirmação* de determinada hipótese. De fato, os graus de crença só poderiam ser estabelecidos por métodos psicológicos, ao passo que, na realidade, os métodos propostos por esses autores nada têm de psicológicos; são lógicos e referem-se à disponibilidade e à natureza das *provas* que podem confirmar uma hipótese. Com base nesse conceito objetivo de P. singular, Carnap criou um sistema de lógica quantitativa indutiva, com fundamento no conceito de confirmação em suas três formas: positiva, comparativa e quantitativa (*Logical Foundations of Probability*, 1950). O *conceito positivo de confirmação* é a relação entre dois enunciados *h* (hipóteses) e *p* (prova), que pode ser expressa por enunciados da seguinte forma: "*h* é confirmado por *p*"; "*h* é apoiado por *p*"; "*p* é uma prova (positiva) para *h*"; "*p* é uma prova que consubstancia (ou corrobora) a assunção de *h*". O *conceito comparativo* (*topológico*) *de confirmação* geralmente é expresso em enunciados que têm a forma "*h* é mais fortemente confirmado (apoiado, consubstanciado ou corroborado etc.) por *p* do que *h'* por *p'*". Finalmente, o *conceito quantitativo* (*ou métrico*) *de confirmação* (conceito de *grau de confirmação*) pode ser determinado nos vários campos por métodos análogos aos utilizados para introduzir o conceito de *temperatura*, com o fim de explicar os de "mais quente" ou "menos quente" ou o de *quociente intelectual*, para determinar os graus comparativos de inteligência. Carnap também defendeu o princípio de indiferença (mesmo considerando-o como forma limitada), aplicando-o às distribuições estatísticas, e não às distribuições individuais. A teoria de Carnap foi amplamente discutida e aceita. Foram propostas outras determinações do conceito de *grau de confirmação* (cf., p. ex., HELMER e OPPENHEIM, "A Syntactical Definition of Probability and Degree of Confirmation", em *Journal of Symbolic Logic*, 1945, pp. 25-60).

O conceito de P. singular, ou seja, de grau de confirmação, é o único a que se faz geralmente referência nos acontecimentos da vida e que é assumido, explícita ou implicitamente, como orientador dos comportamentos individuais. É preciso observar que, entre os indícios ou provas que podem ser assumidos como confirmação de uma hipótese qualquer, como fundamento de um juízo de P., nada impede que se inclua a consideração das freqüências estatísticas às quais se reduz o segundo conceito de P. Às vezes, porém, a P. estatística faz parte de determinação da P. singular com sinal invertido; por exemplo, para quem aposta na loteria, a freqüência com que certo número foi sorteado nos últimos tempos é um indício de P. negativa: para ele, são bons os números menos sorteados durante um período mais ou menos longo. Para uma defesa desse conceito de P., em relação aos limites e às possibilidades do conhecimento humano, cf. J. R. Lucas, *The Concept of P.*, Oxford, 1970.

2º O segundo conceito fundamental é de P. *coletiva* ou estatística, cujo objeto nunca são eventos ou fatos individuais, mas classes, espécies ou qualidades de eventos, podendo, portanto, ser expressos apenas por *funções proposicionais* (v.), e não por proposições. Seu antecedente histórico mais distante é o conceito aristotélico do *verossímil* (v.): "Provável é aquilo que sabidamente acontece ou não na maioria das vezes, que é ou não na maioria das vezes" (*An. pr.*, II, 27, 70 a 3; *Ret.*, I, II, 1357 a 34). Mas a formulação rigorosa desse conceito só foi feita recentemente por Fischer (*Philosophical Transactions of the Royal Society*, série A. 1922), por Von Moises (*Probability, Statistics and Truth*, 1928), por Popper (*Logik der Forschung*, 1934) e por Reichenbach (*Wahrscheinlichkeitslehre*, 1935; *Theory of Probability*, 1948).

Como ilustração dessa noção de P., podemos escolher a elaboração de Von Moises, com o conceito da *freqüência-limite*. Se para *n* observações o evento examinado ocorre *m* vezes, o quociente *m/n* é a *freqüência relativa* da classe de eventos em questão: relativa ao número *n* de observações. Mas se quisermos falar simplesmente em freqüência, sem limitar a extensão das observações, poderemos supor que, à medida que o numerador e o denominador vão ficando maiores, a função *m/n* tende para um valor-limite, podendo-se considerar esse valor-limite como medida da freqüência, ou seja, como medida da P. no sentido proposto. Assim por exemplo, se, lançando uma moeda 1.000 vezes, tivermos freqüência 550 para cara, se em 2.000 vezes tivermos freqüência 490, em 3.000 freqüência 505, em 4.000, freqüência 497, em 10.000, freqüência 5.003, e assim por diante, visto que o valor-limite dessas séries é 0,5, assumiremos esse valor-limite como valor da P. do acontecimento em questão. Mas esse acontecimento nunca é singular, portanto a P. assim calculada não servirá para prever o resultado do próximo lance da moeda e permitir, por exemplo, que um jogador escolha a sua aposta. A P. dessa espécie vale para classes de eventos, e não para eventos singulares. Não se pode falar, por exemplo, da P. de um indivíduo qualquer morrer no ano em curso, mesmo quando conhecemos o limite de freqüência da mortalidade no grupo ao qual ele pertence (cf. também de VON MOISES, *Kleines Lehrbuch des Positivismus,* § 14). Reinchenbach afirmou a propósito: "A asserção que concerne à P. de um caso individual tem significado *fictício,* construído através da transferência de significado do caso geral para o particular. A adoção dos significados fictícios não é justificável por motivos cognitivos, mas porque é útil aos objetivos da ação considerar tais asserções dotadas de significado" (*Theory of Probability,* p. 377). A outra característica fundamental da teoria é a eliminação do princípio de indiferença, ou seja, da P. *a priori.* A teoria estatística da P. de fato nada pode dizer a respeito da P. de uma classe de eventos se antes não tiver determinado as freqüências desse evento; portanto, qualquer grau de P. só pode ser determinado *a posteriori,* ou seja, depois de efetuada a determinação das freqüências (REICHENBACH, *op. cit.,* § 70, pp. 359 ss.).

A teoria coletiva ou estatística da P. foi amplamente aceita na filosofia contemporânea (vejam-se, além das obras citadas, J. O. WISDOM, *Foundations of Inference in Natural Science,* 1952, e BRAITHWAITE, *Scientific Explanation,* 1953). Outra determinação dessa doutrina foi feita por Popper, principalmente com vistas à sua utilização na teoria quântica. Como dissemos, a P. estatística não se refere a eventos singulares, mas a classes ou seqüências de eventos. Popper propõe considerar como decisivas as condições sob as quais a seqüência é produzida, vale dizer, considerar que as freqüências dependem das condições experimentais e portanto constituem uma *qualidade disposicional* da ordenação experimental. Popper diz: "Qualquer ordenação experimental é capaz de produzir uma seqüência de freqüências que dependem dessa particular ordenação, se repetirmos a experiência mais vezes. Estas freqüências virtuais podem ser denominadas probabilidades. Mas, visto que as P. dependem da ordenação experimental, elas podem ser consideradas propriedades dessa ordenação. Caracterizam a *disposição* ou *propensão* da ordenação experimental a dar origem a certas freqüências características, quando o experimento é repetido várias vezes" ("The Propensity Interpretation of the Calculus of Probability and the Quantum Theory", em *Observation and Interpretation, A Symposium of Philosophers and Physicists,* ed. por Körner, 1957, p. 67). A vantagem dessa interpretação seria considerar fundamental "a P. do resultado de um experimento único em relação com suas condições, e não a freqüência dos resultados numa série de experimentos" (*ibid.,* p. 68). Popper compara esse conceito e o de *campo* (v.), observando que nesse caso uma P. pode ser considerada um "vetor no *espaço das possibilidades*" (*ibid.*). Essa interpretação tende, obviamente, a diminuir a distância entre os dois conceitos fundamentais de probabilidade. [N.A.]

Nas últimas décadas o conceito de P. foi utilizado na análise de diversos problemas filosóficos. Por exemplo, foram obtidos resultados de grande interesse no âmbito da chamada epistemologia bayesiana (cf., p. ex., ROSENKRANTZ, *Inference, Method, em Decision,* 1977; SHIMONY, *Scientific Inference,* em COLODNY, org., *The Nature and Function of Scientific Theories,* 1979; HOWSON e URBACH, *Scientific Reasoning,* 1989; EARMAN, *Bayes or Bust?,* 1992). Esta abordagem epistemológica propicia uma formulação rigorosa da idéia segundo a qual a crença nas hipóteses científicas é suscetível de diversos graus de intensidade. Mais especificamente, segundo a abordagem bayesiana, os critérios empregados na avaliação das hipótese científicas deveriam ser formulados em termos probabilísticos. No início de determinada investigação, os cientistas deveriam determinar, com base no conhecimento de fundo de que têm posse, o grau e P. indutiva das diferentes hipóteses em exame; em seguida, deveriam "atualizar" tais P. à luz dos dados adquiridos por meio de observações e experimentos. Tarefa fundamental da abordagem bayesiana consistirá, então, no estudo sistemático dos princípios que governam a atribuição das P. iniciais às hipóteses e a sua atualização em resposta a diversos tipos de informação empírica.

A propósito, papel fundamental é desempenhado pelo princípio de condicionalização. Na formulação desse princípio é necessária a noção de P. condicional. Uma função de P. p sobre a classe de enunciados Z pode ser definida como uma função que atribui um número real $p(a)$ a cada enunciado a de Z, de tal modo que satisfaça as seguintes condições: (1) $p(a) \geq 0$ para qualquer enunciado a de Z;

(2) se a é uma tautologia, então $p(a) = 1$; (3) se a e b são logicamente incompatíveis, então p(a ou b) = p(a) + p(b). Dados os enunciados a e b de Z, seja $p(a \& b)$ a P. atribuída à conjunção dos enunciados a e b. Então, a P. condicional $p(a \mid b)$ (que se lê: P. de a dado b) pode ser assim definida: $p(a \mid b) = p(a \& b)/p(b)$ (com a condição de que $p(b)$ seja diferente de 0). Uma importante propriedade das P. condicionais é expressa pelo teorema de Bayes que pode ser assim formulado: $p(a \mid b) = p(b \mid a)\, p(a)/p(b)$. Ora, o princípio de condicionalização afirma o que se segue. Suponhamos que, no instante inicial de uma pesquisa, o cientista X atribua a P. $p(h)$ à hipótese h e que as únicas informações obtidas por X depois de tal instante consistam na evidência e, ou seja, na certeza de que o enunciado e é verdadeiro; então, X deverá atualizar a P. $p(h)$, substituindo-a por uma nova P. dada por $p(h \mid e)$. A expressão "abordagem bayesiana" é sugerida, justamente, pelo fato de que, na determinação de $p(h \mid e)$ há normalmente necessidade da aplicação do teorema de Bayes.

O princípio de condicionalização nos diz de que modo um sujeito racional X deveria atualizar as suas P. no caso de a totalidade das informações empíricas por ele obtidas consistirem numa evidência indubitável. No entanto, ele não nos diz nada sobre como X deveria mudar as suas P. iniciais no caso de obter informações de outro tipo. Por outro lado, um exame atento dos processos de observação mostra que as evidências completamente indubitáveis são apenas um dos tipos de informação empírica que os seres humanos podem obter explorando o ambiente circundante. Em muitos casos, o resultado direto de uma observação não consiste em se ficar completamente certo da verdade de um enunciado e, mas apenas em modificar a P. inicialmente atribuída a e, levando-a do antigo valor $p(e)$ a um novo valor $p'(e)$. Podemos imaginar, por exemplo, que X, depois de examinar um pedaço de tecido à luz bruxuleante de uma vela, não obtenha certeza alguma sobre a cor do tecido, mas que, após seu exame, mude a P. antes atribuída ao enunciado e (o pedaço de tecido é verde). Se aceitarmos a idéia de que o resultado direto de uma observação pode consistir em mudar a P. de um enunciado e (levando-a a um valor diferente do valor máximo 1), deveremos então estabelecer com base em devidos princípios cinemáticos quais deveriam ser os efeitos indiretos dessa observação sobre as P. anteriormente atribuídas aos outros enunciados considerados. Na tentativa de analisar sistematicamente esse tipo de problema, Jeffrey (*The Logic of Decision*, 1965, 1983[2] e *Probability and the Art of Judgment*, 1992) e outros estudiosos desenvolveram a chamada cinemática da P. Um princípio cinemático aparentemente plausível foi formulado por Jeffrey (1965). Suponhamos que, como resultado direto de alguma observação, a antiga P. $p(e)$ passe a um novo valor $p'(e) \neq 1$. A chamada regra de Jeffrey afirma, então, que a nova P. $p'(h)$ de um enunciado h é dada por: $p'(h) = p(h \mid e)p'(e) + p(h \mid \text{Não-}e)p'(\text{Não-}e)$ (em que p'(Não-e) é a nova probabilidade do enunciado Não-e, enquanto $p(h \mid e)$ e $p(h \mid \text{Não-}e)$ são as antigas P. condicionais de h com base, respectivamente, em e e Não-e).

A epistemologia bayesiana parece capaz de fazer uma análise satisfatória de vários conceitos, princípios e problemas metodológicos (cf., a propósito, HOWSON e URBACH, *op. cit.*, e EARMAN, *op. cit.*). Consideremos, por exemplo, o conceito de confirmação empírica. A idéia intuitiva que orienta a análise bayesiana do conceito de (grau de) confirmação é muito simples. A evidência empírica e confirmará a hipótese h se e somente se tornar h mais provável; por conseguinte o grau de confirmação que e fornece a h pode ser identificado com uma medida apropriada do incremento, determinado por e, da P. inicial de h.

Além da análise da racionalidade cognitiva, o conceito de P. foi utilizado também no estudo do comportamento racional em condições de incerteza. Nesse campo o programa de pesquisa bayesiano conseguiu notáveis sucessos, chegando à formulação de uma sofisticada teoria das decisões racionais (cf., p. ex., LINDLEY, *Making Decisions*, 1971, 1985[2] e os ensaios contidos em GÄRDENFORS e SAHLIN, org., *Decision, Probability, and Utility*, 1988). Suponhamos que um sujeito X tenha decidido agir de determinado modo. O que significa, então, afirmar que a decisão tomada por X é racional? Segundo idéia amplamente aceita, equivale a afirmar que a ação que X decidiu tomar deve ser considerada, à luz das informações à disposição de X, o meio mais apropriado para atingir os fins de X. Essa idéia, intuitivamente plausível, é acolhida pela teoria bayesiana das decisões, que se baseia nas seguintes pressuposições: 1) os fins de um sujeito X podem ser formalmente representados por uma apropriada função de utilidade; 2) as decisões racionais são determinadas, com base em apropriadas regras de decisão, pela função de utilidade de X e pelas P. que X atribui às possíveis conseqüências de cada uma das ações que ele pode realizar.

A teoria bayesiana das decisões foi utilizada também no estudo da racionalidade científica, com base na consideração de que muitas fases da pesquisa científica podem ser concebidas como processos decisórios. Os cientistas, por exemplo, precisam decidir quais, entre os muitos projetos experimentais tecnicamente realizáveis, merecem realização e a quais é preciso renunciar; precisam decidir se certa hipótese deve ser aceita, rejeitada ou, eventualmente, modificada; e assim por diante. Dentro da epistemologia bayesiana, uma interessante direção de pesquisa consiste, justamente, em analisar esses processos decisórios utilizando a teoria bayesiana das decisões, vale dizer, interpretando as decisões científicas como decisões governadas por fins cognitivos representáveis por apropriadas utilidades cognitivas (vejam-se, p. ex., LEVI, *Gambling with Truth*, 1967; NIINILUOTO, *Truthlikeness*, 1987; MAHER, *Betting on Theories*, 1993). [R.F.]

PROBABILISMO (in. *Probabilism*; fr. *Probabilisme*; al. *Probabilismus*; it. *Probabilismo*). 1. Ceticismo da Nova Academia que, mesmo negando a existência de um critério de verdade, considerava critério suficiente para dirigir a conduta da vida aquilo que Arcesilau chamava de *plausível* (SEXTO Empírico, *Adv. math.*, VII, 158) e Carnéades, de *provável* (*ibid.*, VII, 166; *Pirr. hyp.*, I, 33, 226).

2. Doutrina à qual freqüentemente recorria a casuística dos jesuítas do século XVII, segundo o qual, para não pecar, nos casos de regra da moral duvidosa, basta ater-se a uma opinião provável, considerando-se provável a opinião defendida por algum teólogo. Leibniz observava a respeito: "O defeito dos moralistas laxistas foi, em grande parte, terem uma noção demasiadamente limitada e insuficiente do provável, que eles identificaram com o opinável de Aristóteles", enquanto o provável é, segundo Leibniz, um conceito muito mais amplo (*Nouv. ess.*, IV, 2, 14). O P. teve, especialmente no século XVII, inúmeras variantes, entre as quais podemos lembrar: o *probabiliorismo*, segundo o qual, nos casos de aplicação duvidosa de uma regra moral, não se deve adotar uma opinião provável qualquer, mas a mais provável, e o *tutiorismo*, segundo o qual é preciso seguir a opinião que se conforma com a lei. Trata-se de doutrinas ou disputas que não têm significado fora da casuística jesuíta do século XVII (cf. A. SCHMITT, *Zur Geschichte des Probabilismus*, 1904).

3. Corrente da ciência contemporânea, que atribui caráter de probabilidade a grande número de conhecimentos ou a todos eles (v. CAUSALIDADE; CONDIÇÃO; DETERMINISMO). [N.A.]

PROBLEMA (gr. πρόβλημα; lat. *Problema*; in. *Problem*; fr. *Problème*; al. *Problem*; it. *Problema*). Em geral, qualquer situação que inclua a possibilidade de uma alternativa. O P. não tem necessariamente caráter subjetivo, não é redutível a *dúvida*, embora, em certo sentido, a dúvida também seja um problema. Trata-se mais do caráter de uma situação que não tem um significado único ou que inclui alternativas de qualquer espécie. P. é a declaração de uma situação desse gênero.

A noção de P. foi elaborada pela matemática antiga, que a distinguiu da noção de *teorema* (v.). Por problema entendeu-se uma proposição que parte de certas condições conhecidas para buscar alguma coisa desconhecida. Alguns geômetras (provavelmente os da escola platônica) acreditavam que sua ciência era constituída essencialmente por problemas; outros, por teoremas (PROCLO, *Com. ao I de Euclides*, 77, 7-81, 22, Friedlein). Aristóteles definia o P. como um procedimento dialético que tende à escolha ou à recusa, ou também à verdade e ao conhecimento" (*Top.*, I, II, 104 b), no qual as palavras "escolha" ou "recusa" significam as alternativas que se apresentam aos problemas de ordem prática, enquanto "verdade" e "conhecimento" designam as alternativas teóricas. Aristóteles exemplifica sua definição dizendo que pertence à primeira espécie o P. de saber se o prazer é um bem ou não; à segunda espécie, o P. de saber se o mundo é eterno (*ibid.*, 104 b 8). Visto que, onde existem P. também existem silogismos contrários, os P., segundo Aristóteles, só podem nascer quando não há discurso concludente: em outros termos, o P. pertence ao domínio da dialética, isto é, dos discursos prováveis, e não ao da ciência. Seja como for, para Aristóteles o P. conserva o caráter de indeterminação que lhe é dado pela alternativa. No uso matemático do termo, porém, esse caráter foi-se atenuando. A lógica medieval desprezara a análise e a definição dessa noção, e, quando ela volta a atrair a atenção dos lógicos, no século XVII, o significado que eles lhe atribuem é extraído da matemática. Assim, Jungius diz que "P. ou proposição problemática é uma proposição principal que enuncia que alguma coisa pode ser feita, mostrada ou achada" (*Logica hamburgensis*, 1638, IV, 11, 7). Leibniz notava que "por P. os matemáticos entendem as questões que deixam em branco uma parte da proposição" (*Nouv. ess.*, IV, II, 7). E foi recorrendo ao uso matemático que Wolff definiu o P. como "uma proposição prática demonstrativa", entendendo por "prática" a proposição "com a qual se afirma que alguma coisa pode ou deve ser feita" e excluindo explicitamente o significado aristotélico do termo (*Log.*, §§ 266, 276). Não muito diferente é a definição de Kant: "P. são proposições demonstráveis que exigem provas ou expressam uma ação cujo modo de execução não é imediatamente certo" (*Logik*, § 38).

Também no pensamento moderno a noção de P. foi e continua sendo das mais negligenciadas. Embora falem o tempo todo em P. e achem que é sua função solucionar certo número deles, especialmente dos definidos como "máximos", os filósofos não se preocuparam muito em analisar a noção correspondente. Na maioria das vezes o P. foi considerado como condição ou situação subjetiva e confundido com a dúvida. O próprio Mach o definia nesse sentido, como "a discordância dos pensamentos entre si" (*Erkenntniss und Irrtum*, cap. XV; trad. fr., pp. 252-3). Só recentemente foi reconhecido o caráter de indeterminação objetiva que define o P.: isso aconteceu na *Lógica* (1939) de Dewey, para quem o P. é a "propriedade lógica primária". O P. é a situação que constitui o ponto de partida de qualquer indagação, ou seja, a situação *indeterminada*. "A situação indeterminada torna-se problemática no próprio processo de sujeição à indagação." Decorre de causas reais, como acontece, por exemplo, no desequilíbrio orgânico da fome. Nada há de intelectual ou cognitivo na existência de situações desse gênero, a não ser que elas são a condição necessária para operações ou indagações cognitivas. O primeiro resultado do fato de promover a indagação é que a situação é reconhecida como problemática (*Logic.*, cap. VI, trad. it., p. 161). A enunciação do P. permite a antecipação de uma solução possível, que é a *idéia*; a idéia exige o desenvolvimento das relações inerentes ao seu significado, que é o *raciocínio*. Finalmente, a solução real é a *determinação* da situação inicial, em que se chega a uma situação unificada em suas relações e distinções constitutivas. Análise análoga a esta, em sua estrutura fundamental, foi feita por G. Boas, que define o P. como "a consciência de um desvio da norma" (*The Inquiring Mind*, 1959, p. 56). Contudo, à análise de Dewey cabe acrescentar uma determinação fundamental: o reconhecimento do fato de que um P. não é eliminado ou destruído pela sua solução. Um "P. resolvido" não é um P. que não mais se apresentará como tal, porém é um P. que continuará a apresentar-se *com* probabilidade de solução. A descoberta de um medicamento que cure uma doença é a solução de *um* P., mas nem por isso o P. está eliminado, pois a doença continuará a ocorrer; portanto, o que a solução permite é, em certos limites, resolver o P. todas as vezes que ele se apresente. Com base neste caráter do P., fala-se da *problematicidade* dos campos em que se apresenta o P. Neste sentido, o P. é diferente não só da dúvida (que, uma vez resolvida, está eliminada e é substituída pela crença), mas também da pergunta, que, uma vez respondida, perde o significado. [N.A.]

PROBLEMÁTICA (al. *Problematik*; it. *Problematica*). Reunião ordenada ou sistemática de problemas. [N.A.]

PROBLEMATICIDADE (it. *Problematicità*). Caráter de um campo de indagação em que os problemas não são eliminados pela sua solução. Por exemplo, "P. da experiência" é o caráter em virtude do qual, na experiência, os chamados problemas resolvidos são apenas possibilidades de soluções previamente apresentadas para os problemas que vão surgindo, e que têm algumas garantias de sucesso. Esse termo é empregado freqüentemente na filosofia contemporânea, sem esclarecimentos explícitos. [N.A.]

PROBLEMATICISMO (it. *Problaticismo*). Termo difundido na Itália por Ugo Spirito, para designar a doutrina da "vida como busca": Vida condenada a procurar a verdade sem encontrá-la, oscilando então entre o dogmatismo e o cepticismo (*La vita come ricerca*, 1937). [N.A.]

PROBLEMÁTICO (in. *Problematic*; fr. *Problématique*; al. *Problematish*; it. *Problematico*). 1. O que representa um problema ou diz respeito a um problema.

2. O que não implica contradições nem garantia de verdade, de tal modo que pode ser afirmado ou negado arbitrariamente. Este é o significado que Kant atribui ao termo: "A proposição P. é a que exprime só uma possibilidade lógica (não objetiva), ou seja, a livre escolha de assumir tal proposição como válida" (*Crít. R. Pura*, § 9). "Chamo de P. um conceito que não contém contradições e que, como limitação de conceitos dados, liga-se a outros conhecimentos, mas cuja verdade objetiva não pode ser conhecida de modo algum" (*ibid.*, Anal. dos Princ., cap. III). [N.A.]

PROBLEMATOLOGIA (it. *Problematologia*). Termo cunhado por M. Meyer para indicar a teoria geral da interrogação e portanto a necessidade de situar a pergunta no âmago da pesquisa filosófica, porquanto toda resposta epistêmica deve ser considerada em referência ao correspondente ato de perguntar (*Scoperta e giustificazione della scienza*, 1979). [G.F.]

PROCESSÃO (gr. πρόοδος; lat. *Processio*; in. *Procession*; al. *Procession*; it. *Processione*). O que procede de Deus, segundo os neoplatônicos: essa procedência dá origem a realidades de classe inferior, que se assemelham àquelas das quais provêm. "Toda P. realiza-se por meio de semelhança das coisas segundas com relação às primeiras", diz Proclo (*Inst. Theol.*, 29; cf. PLOTINO, *En.*, IV, 2, 1, 44; V, 2, 2; SCOTUS ERIGENA, *De divis. nat.*, III, 17, 19, 25). A teologia cristã empregou a mesma noção para determinar a relação entre as pessoas divinas. Tomás de Aquino distinguia a *processio ad extra*, na qual a ação tende para algo de externo, e a *processio ad intra*, na qual a ação tende para algo de interno, como acontece na P. que vai do intelecto ao objeto do entendimento, que continua dentro do próprio intelecto. Neste segundo sentido, segundo Tomás de Aquino deve-se entender que a P. de pessoas divinas é de Deus pai (*S. Th.*, I, q. 27, a. 1). [N.A.]

PROCESSO (lat. *Processus*; in. *Process*; fr. *Processus*; al. *Process*; it. *Processo*). 1. Procedimento, maneira de operar ou de agir. Por exemplo, "o P. de composição e de resolução", para indicar o método que consiste em ir das causas ao efeito, ou do efeito às causas (cf., p. ex., Tomás de Aquino, *S. Th.*, III, q. 14, a. 5); "P. ao infinito", que é ir de uma causa a outra, infinitamente (*ibid.*, I, q. 46, a. 2).

2. Devir ou desenvolvimento, por exemplo, "o P. histórico". É nesse sentido que Whitehead emprega o termo para designar a formação do mundo (*Process and Reality*, 1929).

3. Concatenação qualquer de eventos, por exemplo, o "P. digestivo" ou "o P. químico". [N.A.]

PRODUÇÃO (gr. ποίεσις; lat. *Productio*; in. *Production*; fr. *Production*; al. *Production*; it. *Produzione*). Fazer passar a ser alguma coisa que poderia não ser. Platão definia como arte produtiva "qualquer possibilidade que se torne causa de geração de coisas que antes não existiam" (*Sof.*, 265 b), e Aristóteles via na P. a função da arte, distinguindo-a da ação e do saber: "Toda arte concerne à geração e procura os instrumentos técnicos e teóricos para produzir uma coisa que poderia ser e não ser e cujo princípio reside em quem a produz, e não no objeto produzido" (*Et. nic.*, VI, 4, 1140 a 10). Desse ponto de vista, a P. distingue-se da ação, que é a operação cujo fim está em si mesma; diferença na qual Tomás de Aquino insistiu (v. AÇÃO). O platonismo, porém, diminuíra essa diferença. Plotino afirmou que, para a natureza, "ser o que é significa produzir; ela é contemplação e objeto de contemplação porque é razão; e como é contemplação e objeto de contemplação e de razão, produz. A P. é contemplação" (*En.*, III, 8, 3). Essas considerações foram freqüentemente repetidas do ponto de vista idealista, o que não impede que a melhor definição do termo em questão continue sendo a aristotélica. [N.A.]

PRODUTO LÓGICO (it. *Prodotto logico*). É a figura (*a* . *b*) resultante de *multiplicação lógica* (v.). [G.P.]

PROÉRESE. V. ESCOLHA.

PROFUNDO (in. *Profound, Deep*; fr. *Profond*; al. *Tief*; it. *Profondo*). O que possui significado oculto e inexprimível. Esse termo adquiriu significado técnico na filosofia e na psicologia contemporânea (V. PSICOLOGIA) para indicar aquilo que fica fora da formulação explícita dos problemas, embora constitua uma esfera que pode ser "sentida" ou "intuída" de alguma maneira, portanto interpretada ou expressa metaforicamente; indica também aquilo que, em algum campo de indagação, foge ao alcance de seus procedimentos, mas manifesta sua presença de modo obscuro. [N.A.]

PROGRAMAS DE PESQUISA (in. *Research programmes*; fr. *Programmes de recherche*; al. *Forschungsprogramme*; it. *Programmi di ricerca*). Termo adotado por Lakatos para indicar uma constelação de teorias científicas coerentes entre si e obedientes a algumas regras metodológicas fixadas por determinada comunidade científica. Cada P. de pesquisa é constituído por um núcleo, considerado irrefutável em virtude de uma decisão metodológica. Em torno do núcleo encontramos um cinturão protetor de hipóteses auxiliares, com a função de representar um "anteparo" para a defesa do núcleo. Junto ao P. encontramos uma heurística negativa, que prescreve "que caminhos de pesquisa devem ser evitados", e uma heurística positiva, que prescreve "que caminhos seguir" (*La metodologia dei P. di ricerca scientifici*, trad. it., Il Saggiatore, Milão, 1985, vol. I, p. 61). Um P. de pesquisa é "progressivo" quando seu crescimento teórico antecipa seu crescimento empírico, ou seja, enquanto continua a predizer fatos novos com certo sucesso. Inversamente, é "regressivo" ou estagnado quando seu crescimento teórico fica atrás de seu crescimento empírico, ou seja, enquanto se limita a fornecer explicações *post hoc* de descobertas casuais ou de fatos antecipados por um P. rival (*ibid.*, pp. 143-4). Por conseguinte, as revoluções científicas (v.) não ocorrem após mudanças de perspectiva irracionais (Kuhn), mas em decorrência de decisões "racionais" de substituir um P. regressivo por um progressivo. Obviamente – esclarece Lakatos –, não se trata de decisões instantâneas, porquanto pode ser preciso que se passem décadas para que um P. decole e se torne empiricamente progressivo. Ademais, nunca se trata de decisões indubitáveis ou definitivas, pois nada garante que um programa aparentemente regressivo não se manifeste em certo ponto como progressivo. É só retrospectivamente (pensemos na hipótese copernicana) que se pode estabelecer com segurança o caráter regressivo ou progressivo de certo P. [G.F.]

PROGRESSO (in. *Progress*; fr. *Progrès*; al. *Fortschrift*; it. *Progresso*). Esse termo designa duas coisas: 1ª uma série qualquer de eventos que se desenvolvam em sentido desejável; 2ª a crença de que os acontecimentos históricos se desenvolvem no sentido mais desejável, realizando um aperfeiçoamento crescente. No primeiro sentido, fala-se, por exemplo, do "P. da química" ou do "P. da técnica"; no segundo sentido, dizemos simplesmente "o P.". Neste segundo sentido, a palavra designa não só um balanço da história passada, mas também uma profecia para o futuro. O primeiro sentido restrito do termo não dá origem a problemas e acha-se em toda parte. Os antigos também o possuíram, em particular os estóicos, que o empregaram para indicar o avanço do homem no caminho da sabedoria e da filosofia (J. ESTOBEU, *Ecl.*, II, 6, 146: o termo é προκοπή). O segundo sentido do termo não foi conhecido na Antiguidade clássica e na Idade Média. A concepção geral que os antigos tiveram da história foi a de *decadência*, a partir de uma perfeição primitiva (idade do ouro), ou de *ciclo* de eventos, que se repete identicamente sem limites (v. HISTÓRIA). Costuma-se atribuir a primeira enunciação da noção de P. a Francis Bacon, que assim a expôs num famoso trecho do *Novum Organum* (1620): "Por antiguidade deveria entender-se a velhice do mundo, que deve ser atribuída aos nossos tempos, e não à juventude do mundo, aos antigos. Do mesmo modo como de um homem idoso podemos esperar um conhecimento muito maior das coisas humanas e um juízo mais maduro que o de um jovem, graças à experiência e ao grande número de coisas que viu, ouviu e pensou, também da nossa era (se ela tivesse consciência de suas forças e quisesse experimentar e compreender) seria justo esperarmos muito mais coisas que dos tempos antigos, pois esta é a maioridade do mundo, em que ele está enriquecido por inúmeras experimentações e observações" (*Nov. Org.*, I, 84). Bacon conclui com a expressão de Aulo Gélio (ou melhor, que Aulo Gélio atribuía a um antigo poeta): *veritas filia temporis* (*Noct. Att.*, XII, 11). Alguns anos antes, conceitos semelhantes a estes haviam sido expostos por Giordano Bruno em *Cena delle Ceneri* (1584). No século XVII a noção de progresso dá os primeiros passos, principalmente por meio da disputa sobre os antigos e os modernos (v. ANTIGOS), enquanto no século XVIII, com Voltaire, Turgot e Condorcet, prevaleceria na concepção da história. Mas foi só no século XIX que esse conceito se afirmou totalmente, tornando-se, já nas primeiras décadas, a bandeira do romantismo e assumindo o caráter de necessidade. O conceito de necessidade do plano progressista da história era expresso por Fichte da maneira mais enérgica: "Qualquer coisa que realmente exista, existe por absoluta necessidade; e existe necessariamente na forma exata em que existe". Essa necessidade é racionalidade pura: "Nada é como é porque Deus o queira arbitrariamente, mas porque Deus não pode manifestar-se de outro modo. [...] Compreender com inteligência clara o universal, o absoluto, o eterno e o imutável, que é o guia da espécie humana, é tarefa dos filósofos. Fixar de fato a esfera cambiante e mutável dos fenômenos, através dos quais prossegue a marcha segura da espécie humana, é tarefa do historiador, cujas descobertas são só casualmente lembradas pelo filósofo" (*Grundzüge des gegenwärtigen Zeitalters*, 1806, 9). Idêntica concepção era defendida pelo positivismo, que, com Augusto Comte, exalta o P. como idéia diretiva da ciência e da sociologia, considerando-o como "o desenvolvimento da ordem" e estendendo-o também à vida inorgânica e animal (*Politique positive*, 1851, I, pp. 64 ss.). *On the Origin of Species* (1859), de Darwin, atribuía base positiva ou científica ao mito do P., aduzindo provas favoráveis ao transformismo biológico interpretado em sentido otimista ou progressista. A obra de Spencer (*First Principles*, 1862) utilizava a noção de P. para dar da realidade uma interpretação metafísica que pretendia ser positiva ou científica.

Estas são apenas as etapas mais marcantes da afirmação de um conceito que dominou todas as manifestações da cultura ocidental do século XIX e ainda continua sendo pano de fundo de muitas concepções filosóficas e científicas. As principais implicações dessa noção são as seguintes: 1ª o curso dos eventos (naturais e históricos) constitui uma série unilinear; 2ª cada termo desta série é necessário no sentido de não poder ser diferente do que é; 3ª cada termo da série realiza um incremento de valor sobre o precedente; 4ª qualquer regressão é aparente e constitui a condição de um P. maior. Às vezes, como na filosofia de Hegel, limitam-se as condições de validade da 3ª proposição por se admitir que a história constitui um círculo no qual as fases mais elevadas, já realizadas, constituem as condições para as mais baixas, de tal modo que estas possuem a mesma racionalidade ou perfeição do todo (cf. HEGEL, *Wissenschaft der Logik*, I, I, I, cap. II, nota I, "O progresso infinito"; CROCE, *La storia come pensiero e come azione*, 1938, p. 25). Mas nenhuma dessas quatro teses encontra apoio nas regras da metodologia historiográfica que permitem delimitar, hoje, o campo da "história"; nenhuma delas é compatível com tais regras; portanto, a idéia de P. não pertence ao domínio da historiografia científica. Por outro lado, na cultura contemporânea a crença no P. foi muito abalada pela experiência das duas guerras mundiais e pela mudança que elas produziram no campo da filosofia, pondo por terra a tendência romântica que a tinha como pedra angular. Portanto, no estágio atual dos estudos, essa idéia só pode ser considerada válida como esperança ou empenho moral para o futuro, e não como princípio diretivo da interpretação historiográfica. Sobre o período áureo da crença no P., cf. J. B. BURY, *The Idea of Progress*, 1932 (v. HISTÓRIA). [N.A.]

Vários filósofos contribuíram para a crise do conceito de P.:

a) Schopenhauer, na sua aversão ao hegelianismo, negou a idéia de uma ordem universal a caminhar para o melhor e viu na história a fatal repetição de um mesmo drama de dor: "O mote da história em geral deveria soar: *Eadem sed aliter.* Quem tiver lido Heródoto terá, do aspecto filosófico, estudado já bastante história. Porque ali já está tudo o que constitui a [...] história universal: o movimento, a ação, o sofrimento..." (*Suppl*, cap. XXXVIII, trad. it., Laterza, Roma-Bari, 1986, vol. I, p. 461).

b) Kierkegaard, com base em sua concepção problematicista da existência, contestou o caráter necessário e progressista da dialética (v.), recusando-se a considerar a história como uma totalidade que avança segundo leis próprias (*Enten-eller,* 1843; *Post-scriptum não científico conclusivo,* 1846).

c) Nietzsche pôs em discussão a cultura historicistica, que, assim como a positivista, favorece "a idolatria do fato", reduzindo o homem a um passivo epígono do passado (*Considerações inatuais,* 1873-1876). Além disso, com a teoria do eterno retorno, afastou-se da idéia do devir como movimento retilíneo indefinido, fazendo-se porta-voz de uma concepção do tempo como círculo que gira eternamente em torno de si mesmo (*Gaia ciência,* 1882; *Assim falou Zaratustra,* 1883-1885).

d) Spengler, na sua profecia antiprogressista, empenhada em anunciar o fim inevitável da civilização, rechaçou o caráter unitário e ascensional do devir, vendo na história uma multiplicidade heterogênea de civilizações não correlacionadas, destinadas a repetir o mesmo ciclo biológico de vida (*Decadência do Ocidente,* 1918-1922).

e) Os existencialistas, reportando-se a Kierkegaard, rejeitaram a visão da história como totalidade processual necessária, *garantida* por forças transcendentes ou imanentes (Deus, o Espírito, a dialética histórica etc.), considerando que o homem está "lançado no mundo", ou seja, entregue ao seu próprio determinismo, que pode tornar vãs ou impossíveis as suas iniciativas (N. ABBAGNANO, *Possibilità e libertà,* Taylor, Turim, 1956, p. 27).

f) Horkheimer e Adorno evidenciaram que a lógica do P. coincide com a lógica da dominação que está na base da sociedade burguesa, e viram nela uma ideologia de encobrimento das contradições do projeto iluminista (*Dialética do esclarecimento,* 1947). Contradições que os integrantes da Escola de Frankfurt, assim como Bloch (*O princípio esperança,* 1953-1959), consideram superáveis apenas em termos de *conatus* utópico.

g) Freud, mesmo partindo de uma acepção tradicional de P., acabou por fazer-lhe uma crítica parcial, mostrando que a sua busca implica uma repressão instintual, por outro lado necessária à manutenção da sociedade civil (*O mal-estar da civilização,* 1940).

h) Lévi-Strauss contestou o mito historicista e europeísta do P. e a idéia de uma linha evolutiva única e unidirecional, que culmine na cultura ocidental. Além disso, partindo da constatação de que "depois de milênios o homem só conseguiu repetir-se" (*Tristi Tropici,* 1955, trad. it., Il Saggiatore, Milão, 1982, p. 381), chegou a afirmar que, para além de um inegável "desenvolvimento" técnico e material, a nossa espécie, nas suas estruturas psicológicas básicas, permanece substancialmente a mesma (*Estruturas elementares de parentesco,* 1949; *Antropologia estrutural,* 1958; *O pensamento selvagem,* 1962).

i) Löwith viu na idéia moderna de P. uma retomada secularizada da escatologia judaico-cristã e da sua idéia de um desenvolvimento linear (e não cíclico) das vicissitudes humanas e teocósmicas (*Meaning in History,* 1949; *Weltgeschichte und Heilsgeschehen,* 1953).

l) Lyotard viu no P. e na tese de que o mundo é necessariamente melhor do que foi, e será necessariamente melhor do que é, um dos mais típicos "mitos tranqüilizadores" da idade moderna e, paralelamente à repulsa pós-moderna da categoria do "novo", rejeitou a idéia da história como processo emancipador: "Cada uma das grandes narrativas de emancipação, seja qual for o gênero a que deu hegemonia, foi por assim dizer invalidada no seu fundamento pelos últimos cinqüenta anos. Tudo o que é real é racional, tudo o que é racional é real: 'Auschwitz' refuta a doutrina especulativa. Pelo menos esse crime, que é real, não é racional. Tudo o que é proletário é comunista, todo o que é comunista é proletário: 'Berlim, 1953, Budapeste 1956, Tchecoslováquia, 1968, Polônia, 1980' (e a série não está completa) refutam a doutrina do materialismo histórico: os trabalhadores se insurgem contra o Partido. Tudo o que é democrático vem do povo e vai para o povo, e vice-versa: 'maio de 1968' refuta a doutrina do liberalismo parlamentar. O social cotidiano põe em crise a instituição representativa. Tudo o que é livre jogo de oferta e procura favorece o enriquecimento geral, e vice-versa: a 'crise de 1911 e de 1929' refuta a doutrina do liberalismo econômico, enquanto a 'crise dos anos 1974-1979' refuta sua versão pós-keynesiana" (*Il postmoderno spiegato ai bambini,* 1986, trad. it., Feltrinelli, Milão, 1987, p. 38).

m) Vattimo, como alternativa do modelo linear da tradição judaico-cristã e do modelo cíclico da concepção clássica, fez-se porta-voz de um modelo hermenêutico de tipo "irônico-distorcedor", para o qual o acontecer histórico não seria nem progresso nem retrocesso nem eterno retorno do igual, mas "interpretação sempre mais ou menos falsificada de premissas e heranças provenientes do passado" (*Etica dell'interpretazione,* Rosenberg & Sellier, Turim, 1989, pp. 72-3).

n) Jonas, mesmo considerando o P. social e científico como "um dado de fato incontestável", e não como "uma simples questão de interpretação", ressaltou os "riscos" ecológicos ligados ao avanço da civilização, rechaçando qualquer forma de utopismo prometéico (*Il principio responsabilità,* 1979, trad. it., Einaudi, Turim, 1990, pp. 220 ss.).

Tudo isso tornou "inatual" a idéia de P., embora sem determinar seu desaparecimento definitivo. Mesmo no pensamento do século XX tal idéia continua a ter seus defensores. É verdade que hoje em dia quase mais ninguém crê na existência de um P. universal que, partindo da nebulosa primitiva e através do desenvolvimento ininterrupto do mundo inorgânico e orgânico, prossiga em sua marcha no desenvolvimento "superorgânico" do mundo humano. E quase mais ninguém crê na existência de uma lei "dialética" que permita afirmar com segurança, como pensava Mao Tsé-Tung, que "O mundo progride, o futuro é radioso e ninguém pode mudar o curso geral da história" (*Citações das obras do presidente M. T.T.*, Pequim, 1972, p. 72). Isso não impede que alguns estudiosos continuem a crer em formas *determinadas* – ainda que não *indubitáveis* – de P. técnico, econômico, civil etc. Por exemplo, Dahrendorf, mesmo rechaçando a idéia de "uma ascensão historicamente irreversível para o melhor", defendeu a tese tripla de que "o P. é possível; o P. do potencial humano é real; certo P. das chances de vida (*life chances*) humana é provável" (*Lebenschancen. Anläufe zur sozialen und politischen Theorie*,1979, 1994, trad. it., *La libertà che cambia*, Laterza, Roma-Bari, 1995, pp. 20 e 22). A própria noção de P. científico, não obstante a crise que abalou a tradicional concepção cumulativa do saber, continua a ser considerada válida (além de indispensável) por alguns epistemologistas (v. PROGRESSO CIENTÍFICO). Por conseguinte, não se pode dizer, como é costume, que *toda* a cultura do fim do século XX rejeita a idéia de P. Na verdade, uma parte dela rejeita mais o "mito" do P do que o P., ou seja, rejeita certa interpretação de tipo oitocentista de P. [G.F.]

PROGRESSO CIENTÍFICO. Modalidade de desenvolvimento do conhecimento científico homóloga ao sentido 2) de PROGRESSO (v.), ou seja, segundo um desenvolvimento crescente e cumulativo, mesmo que os valores com os quais se dimensiona o "melhoramento" produzido possam ser requisitos internos ou externos, ou seja, de natureza francamente técnica ou então sociais, éticos, políticos etc.

a) Uma periodização abrangente do conceito de P. científico choca-se com o fato de que as culturas arcaicas e antigas, ligadas a uma concepção mitopoética ou autoritativa do saber, em geral não podem admitir tal conceito e, aliás, concebem o decurso histórico como uma decadência contínua a partir de uma idade do ouro originária (Hesíodo, *Op.*, 42 ss. e 106 ss.). *b*) A parcial emancipação em relação à idéia do saber como revelação já se encontra num célebre fragmento de Xenófanes (DK 21 B 18), mas, de acordo com o testemunho de Diodoro Sículo (*Biblioteca*, I, 8), os atomistas foram os primeiros a desenvolver uma antropologia progressista (DK 68 B 5). Os textos do *corpus* hipocrático também compartilham semelhante otimismo. Mas nas *Leis* de Platão (III, 677-679) há um choque entre a aprovação do crescimento das *tékhnai* e a desilusão com seu uso, enquanto se argumenta sobre o fatal declínio da humanidade. Essa tensão persiste, mesmo na enorme diversidade das posições, em Aristóteles, nas filosofias do Helenismo e no pensamento dos romanos. Pensadores como o estóico Posidônio (v. SÊNECA, *Epistulae*, 90) e o epicurista Lucrécio (*De rer. nat.*, V, 1410 ss.), ambos do século I a.C., escritores de coisas técnicas como Vitrúvio (*De Architectura*, II, I) e Plínio, o Velho (*Naturalis historia*, II, 13, 62), se por um lado têm confiança no crescimento dos saberes especializados, por outro não confiam nada num progresso geral da humanidade. *c*) A atitude otimista é, sob certos aspectos, trazida pelo cristianismo, cuja nova visão linear, e não cíclica, da história marca tudo o que se segue na cultura ocidental. Em *De civitate Dei*, de Agostinho, chocam-se a valorização do engenho criativo do homem, cujas invenções lhe permitem uma vida confortável (XXII, 24), e a sua desvalorização na perspectiva de uma história que se encaminha para o Juízo Universal, em que é necessário cuidar não tanto de aumentar o saber quanto de obter a salvação. *d*) Essas oposições dominam até o século XIII; os medievais, mesmo ressaltando o crescimento do saber, entendem o conhecimento como um domínio que se tenha dos modelos antigos, ou seja, como recapitulação de um saber já inteiramente definido e acabado, e não como produção de conhecimentos novos. Nesse sentido, deve ser entendida a famosa imagem de Bernardo de Chartres, que compara seus contemporâneos a anões alçados sobre ombros de gigantes; um século mais tarde Roger Bacon pensará de modo semelhante (*Opus maius*, I, 4 e II, 9). Por sua vez, Hugo de São Vítor (*Didascalicon de studio legendi*, I, V e VIII; II, I) afirma ser exatamente o desenvolvimento das capacidades técnicas e artísticas que marca a recuperação do componente divino por parte do homem que caiu depois do pecado original. *e*) O desenvolvimento dos saberes técnicos particulares (mecânica, alquimia) a partir do século XV impõe uma visão global do P. científico como resultado progressivo de uma pesquisa coletiva, dotada de formidável continuidade. As descobertas científicas e geográficas levaram ao triunfo dessa visão: "Mais viu Cristóvão Colombo, o genovês, com os olhos, e mais percorreu com seu corpo, do que o fizeram os poetas, filósofos e teólogos, Agostinho e Lactâncio com a mente, eles que negaram os antípodas" (CAMPANELLA, *Poesie* [1621], Laterza, Bari, 1915, p. 86). *f*) A noção de P. científico foi explicitamente tematizada e se impôs paralelamente à afirmação da revolução científica do século XVII, que sustentou 1) o caráter especificamente científico do P. (ou seja, tendeu a identificar P. científico e P. *tout court*), contra o privilégio dado aos *studia humanitatis*, típico dos antigos e dos dos renascentistas; 2) o caráter cumulativo do saber, contra a antiga visão de um saber originário previamente constituído de uma vez por todas; *3)* o caráter público e de utilidade social do saber, contra a concepção esotérica e iniciática. Bacon, Galileu e Descartes introduziram uma nova atitude em relação aos antigos, se bem que os próprios humanistas já estivessem inclinados a ver nos antigos mais um termo de confronto e um estímulo do que um simples modelo por imitar subservientemente. A própria modernidade se torna um mérito, pois ela é antiguidade do ponto de vista da idade do mundo. Assim, com expressões absolutamente semelhantes, Bacon, Descartes, Pascal e Comenius: "Na história do mundo ocorre necessariamente o mesmo que ocorre no indivíduo: a sabedoria chega só na idade madura. [...] Nós, portanto, na idade presente, com a ajuda de tantos experimentos, que nenhuma idade precedente pôde conhecer, talvez não saibamos muito mais" (COMENIUS, *Pansophiae Prodromus* [1639], trad. it. em *Opere*, Utet, Turim, 1974, p. 491). É assim formulada com precisão a idéia do saber como acumulação. *g)* O iluminismo e o positivismo do século XIX produzem a mais ampla e clássica formulação da idéia de progresso: do *Tableau Philosophique des progrès successifs de l'esprit humain* (1750) de Turgot ao famoso *Esquisse d'un tableau historique des progrès de l'esprit humain* (1791) de Condorcet, até os trabalhos de Saint-Simon e Comte e, depois, do evolucionismo de Spencer (*Social Statics*, 1883) aos expoentes do darwinismo social, o P. científico assume cada vez mais a imagem de um caminho necessário, da fisiológica destinação da história segundo uma necessidade imanente: determinismo, cientificismo e tecnologia. *h)* O tradicional conceito de P. científico que se exprime num modelo otimista e cumulativista desemboca no positivismo lógico e na concepção padrão das teorias científicas (cf. SCHLICK, *Grundzüge der Naturphilosophie*, 1948, § 1; REICHENBACH, *The Rise of Scientific Philosophy*, 1951, cap. XVIII), mas está intimamente unido com esta última também na sua queda. Hoje em dia todos os que de algum modo identificaram uma das principais fontes da crença no P. científico no desenvolvimento da ciência e na sua autocompreensão cientificista não podem deixar de ver o fato de que foi a própria reflexão epistemológica que pôs em crise a confiança nessa idéia de ciência e tendeu a negar ou pelo menos a problematizar na raiz o conceito de sua linearidade: ao mesmo tempo não é difícil perceber que a crise do tradicional cumulativismo, mais que marcar o abandono ou a rejeição explícita do conceito de P. científico, produziu sua radical reconsideração.

1) *P. científico como acumulação.* Mesmo em formas bem distantes da neopositivista, a idéia de crescimento cumulativo do conhecimento científico ainda é difundida em muitos setores do *realismo* (v.) (Aronson, Boyd, Harré, Hesse, Leplin, Levi, Newton-Smith, Niiniluoto, Putnam, Shimony, Smith, Tuomela), que a consideram como ascensão contínua para uma verdade que subsiste independentemente do conhecimento, ainda que haja idéias de todo diferentes e incompatíveis em torno da teoria da verdade por adotar. Putnam, Boyd e Newton-Smith sustentam o cumulativismo com base no realismo interno, enquanto Niiniluoto se baseia numa versão de verissimilhança que é diferente da popperiana (relativizada em relação às várias linguagens com que descrevemos o mundo e que, por isso, produzem para nós mundos diferentes). Os próprios Niiniluoto e Smith consideram que a sucessão das teorias nem sempre é convergente, ao passo que é absolutamente linear para Rescher.

2) *P. científico como aproximação da verdade.* A idéia de que o conhecimento científico nos aproxima da verdade, ainda que não haja apenas – nem principalmente – acúmulo, porém mais uma seleção que exige também eliminação, está presente em formas bem diferentes, que têm em comum o antijustificacionismo: *a)* no falsificacionismo (v.) de Popper, *b)* mais em geral nos *popperianos* (Agassi, Andersson, Radnitzky, Worrall, Watkins, Zahar), *c)* na epistemologia evolucionista (v.) de inspiração popperiana (Bartley III), *d)* na metodologia dos programas de pesquisa (v.) de Lakatos.

a) Para Popper é possível confrontar de modo racional a preferência atribuída a uma ou a outra teoria com base na *corroboração* (v.), ou seja, no modo de superar as verificações empíricas que procuram falsificar a teoria. Quanto mais corroborada é uma teoria, tanto mais elevado é seu grau de verissimilhança, ou seja, a sua proximidade da verdade, que se pode medir até sem saber o que é a verdade (o que nos será sempre vedado, visto o caráter conjetural de todo o nosso conhecimento). Ela é assim definida: "$Vs(a) = Ctv(a) - Ct_F(a)$, em que $Ctv(a)$ é uma medida do conteúdo de verdade de a, e $Ct_F(a)$ é uma medida do seu conteúdo de falsidade" (*Conjectures and Refutations*, 1969; trad. it., Il Mulino, Bolonha, 1972, p. 401). Por outro lado, só pressupondo tal conceito de verdade (se bem que não como epistemológico, mas como uma mera idéia reguladora), é possível conferir sentido à dinâmica científica, e P. científico não significará então acumulação gradual, mas derrubada das teorias menos aptas a favor das mais plausíveis e satisfatórias. Grünbaum, Tichy, Harris e Miller identificaram graves falhas técnicas na noção de verissimilhança, reconhecidas pelo próprio Popper, que no entanto continuou a afirmar que "uma definição formal de *verissimilhança não* é necessária para poder falar dela sensatamente" (*Postscript to the Logic of Scientific Discovery,* 1983, I; trad. it., Il Saggiatore, Milão, 1984, p. 25).

b) Isso, porém, não levou ao abandono de qualquer tentativa de salvar a idéia do P. científico como verissimilhança: ao contrário, vários estudiosos (Andersson, Niiniluoto, Festa, Post) procuraram obter uma versão desembaraçada dos erros em que Popper incorreu, e houve até quem defendesse seu caráter irrenunciável dentro de uma teoria global da racionalidade (Albert).

c) Para evitar o instrumentalismo, contestado até por Popper, foram elaboradas várias versões da epistemologia evolucionista (v.) que, concebendo o P. científico nos moldes da teoria darwiniana da evolução, se apresentam como uma navalha naturalista contra desenvolvimentos fúteis. No entanto, não conseguiram até agora apresentar um conceito bastante preciso de "evolução", nem meios suficientemente apurados para selecionar as teorias: qual é o valor de sobrevivência de uma teoria, o análogo dos desafios ecológicos para os indivíduos de uma certa espécie?

d) Lakatos, que reformulou o falsificacionismo no sentido de sua aplicação a conjuntos de hipóteses, e não a teorias tomadas individualmente, define o P. representado por uma teoria t_1, em relação a uma outra teoria t_2, com as seguintes marcas: (i) o achado experimental que falsifica t_1 deve ser uma prova a favor de t_2, que deve ser contraditória ou independente em relação a t_1 (critério do *aumento* ou *excedência do conteúdo empírico*); (ii) t_2 deve explicar de modo satisfatório todos os fatos explicados por t_1 e mais outros, ou prever fatos não previsíveis por meio de t_1 (critério do *maior potencial heurístico*): nesse caso tem-se um *deslizamento de problemas empiricamente progressivo* (se as duas condições não forem satisfeitas, o deslizamento será regressivo). Mas, à parte o fato de que Lakatos não conseguiu apresentar uma marca rigorosa para medir a dimensão desse P. e o limite temporal que deve ser concedido ao dogmatismo, ele não explica por que é preferível, mais racional, privilegiar um deslocamento progressivo em vez de um regressivo: ou seja, é exatamente o conceito geral de P. que falta, o modelo de racionalidade ou, em termos mais técnicos, o critério de demarcação subjacente.

3) P. *científico como funcionalidade.* A idéia de que o P. deve ser valorizado apenas em termos de eficácia das teorias, sem relação alguma com a verdade, é encontrável nas correntes *a*) do sociologismo (Barnes, Bloor, Brown, Collins, Edge, Mendelsohn), *b*) do historicismo (Kuhn, Toulmin), *c*) do instrumentalismo (v.) (van Fraassen, Dilworth, Laudan, Nickles, Stegmüller), *d*) do pragmatismo (v.) (Rorty).

a) Se a ciência é um produto social, visível também no seu êxito tecnológico, os seus resultados devem ser dimensionados à luz do ganho – não do ganho "puro", mas "aplicado" – que ela é capaz de produzir, ganho que nos ensinam a calcular quantitativamente (BARNES, *About Science,* 1985). Mas a ênfase do programa forte dessa sociologia (da escola de Edimburgo em relação, por exemplo, ao de Merton) recai mais no fato de que a determinação causal por parte dos elementos sociais não incide tanto na aplicação, porém mais no conteúdo das teorias científicas e em sua justificação (BLOOR, *Knowledge and Social Imagery,* 1991[2]).

b) Para Kuhn, a ciência normal produz P. porque dentro do paradigma assumido esclarece os problemas, batizados de "quebra-cabeças", e é cumulativa; nesses casos, porém, não se tem P. como efetiva aproximação da verdade, mas apenas como acréscimo dos conhecimentos em comparação com a situação de partida. No que se refere à ciência revolucionária, a mudança não se assemelha a um fluxo contínuo de teorias que se modificam progressiva e gradualmente, porém a uma brusca interrupção, na qual não há acumulação. Dada a incomensurabilidade do vocabulário descritivo, o novo paradigma nasce do antigo não por amadurecimento progressivo, mas em virtude de motivações sociológicas e culturais em sentido lato. Kuhn considera em todo caso que é possível falar de P. científico também na passagem de um paradigma a outro, porquanto "as teorias científicas posteriores são melhores que as anteriores para resolver quebra-cabeças nas circunstâncias muitas vezes bem diferentes em que devem ser aplicadas" (*The Structure of Scientific Revolutions,* 1970[2]; trad. it., Einaudi, Turim, 1978, p. 247), ainda que sempre e somente numa acepção instrumentalista. Toulmin também (*Human Understanding,* I, 1972) considera que a avaliação é contingente, mas, ao contrário de Kuhn, não está disposto a sacrificar o modelo geral de racionalidade científica que acredita ter identificado e que está enraizado numa espécie de apriorismo naturalístico (ele mesmo recorre ao evolucionismo epistemológico), segundo o qual as exigências humanas são substancialmente análogas no curso do tempo.

c) Para Laudan, ciência é resolução de problemas, e mais eficiente será uma teoria quanto mais problemas empíricos resolver e quanto menos anomalias suscitar; no entanto, a avaliação de uma teoria não é absoluta, mas pode ser feita apenas em relação a tradições de pesquisa ou teorias rivais. Desse modo não se recorre a conceitos dificilmente justificáveis ou mais obscuros que o de P. científico, como corroboração, probabilidade etc., e sobretudo, de um modo agnóstico, não há compromisso no que se refere à verdade ou à verissimilhança das teorias em questão. O P. científico é admitido não como aproximação da verdade, mas somente como maior eficácia na solução de problemas. Também para van Fraassen e Stegmüller, uma teoria deve ser apenas empiricamente adequada; portanto não faz nenhum sentido avaliar o P. científico em termos de verdade; é assim contestada a função explicativa da ciência e a veracidade das teorias gerais.

d) O antifundacionalismo de Rorty (*Is Natural Science a Natural Kind?*, 1988) volta-se para concepções forjadas nos moldes de Bacon e Dewey, e para ele o valor da ciência está na sua funcionalidade; mas ele supera o relativismo (que continua a basear-se anti-relativisticamente – portanto de modo contraditório – num termo de comparação absoluto, ainda que plural), evita o anti-realismo instrumentalista assumindo uma vaga tendência realista e rejeita ao mesmo tempo a tese realista de verdade externa ao conhecimento. A noção específica de P. científico é assim progressivamente dissolvida no conjunto das formas progressistas da cultura e da colaboração democrática.

4) *P. científico como gosto artístico.* Trata-se da típica posição do anarquismo epistemológico (v.). Contrariamente ao se poderia pensar, mesmo Feyerabend admite uma noção de P. científico O caráter teórico de toda observação e a incomensurabilidade das teorias não impedem que seja possível avaliar uma teoria, mas isso não depende de critérios estritamente técnicos, e sim "da tradição que a julga" (*Science in a Free Society*, 1980; trad. it., Feltrinelli, Milão, 1981, p. 152), ou seja, de um conjunto de fatores culturais bem mais variados que a simples avaliação epistemológica. Como a ciência é sempre mais ampla que as reconstruções conceituais que dela se fazem, o P. científico é dado pela convivência de muitos valores, de muitos métodos: não pela demarcação, mas pela livre proliferação das teorias. O crescimento do conhecimento consumou seu divórcio do P. científico. [M.S.]

PROJEÇÃO (in. *Projection*; fr. *Projection*; al. *Projektion*; it. *Proiezione*). Com este termo era freqüente designar, na psicologia do século XIX, a referência da sensação ao objeto, graças à qual o objeto é localizado no espaço circundante, embora a sensação só ocorra no órgão do sentido. Quem mais contribuiu para o êxito desse termo foi Helmholtz (*Physiologische Optik*, 1867, p. 602). Hoje está em desuso, visto que o problema já não subsiste nos mesmos termos, em vista do novo conceito de *percepção* (v.).

Hoje, chamam-se *projetivas* as técnicas de averiguação psicológica que consistem em apresentar um material (especialmente figuras) de significação ambígua, que pode ser interpretado segundo tendências, necessidades ou repressões, e cuja interpretação pode revelar o estado de quem o interpreta. O mais conhecido destes artifícios projetivos foi criado em 1921 pelo suíço Rorschach (cf. H. H. ANDERSON, e G. L. ANDERSON, *An Introduction to Projective Techniques*, 1951).

Na *psicanálise*, o conceito de P. é usado para descrever o processo mediante o qual um indivíduo atribui a outro as atitudes ou os sentimentos de que sente vergonha ou que ache difícil ou penoso reconhecer em si mesmo (cf. J. R. SMITHIES, "Analysis of Projection", em *British Journal of Philosophy of Science*, 1954, p. 120). [N.A.]

PROJETO (in. *Plan*; fr. *Projet*; al. *Projekt, Entwurf*; it. *Progetto*). Em geral, a antecipação de possibilidades: qualquer previsão, predição, predisposição, plano, ordenação, predeterminação etc., bem como o modo de ser ou de agir próprio de quem recorre a possibilidades. Neste sentido, na filosofia existencialista, o P. é a maneira de ser constitutiva do homem ou, como diz Heidegger (que introduziu a noção), sua "constituição ontológica existencial" (*Sein und Zeit*, § 31). Heidegger insistiu também na tese de que todo projetar-se, por antecipar possibilidades de fato, incide sempre no fato e não vai além: de tal modo que a máxima do homem que se projeta é "Sê o que és" (*ibid.*). Em outro trecho Heidegger disse que o P. do mundo, em que consiste a existência humana, é antecipadamente dominado pela facticidade, que ele procura transcender, mas acaba reduzindo-se e nivelando-se com a facticidade (*Vom Wesen des Grundes*, 1929, 3; trad. it., pp. 67 ss.). Sartre substancialmente repetiu esses conceitos de Heidegger, mas ressaltou a gratuidade perfeita dos "P. do mundo", em que consiste a existência. Chamou de "fundamental" ou "inicial" o P. constitutivo da existência humana no mundo e considerou-o contínua e arbitrariamente modificável: "A angústia que, ao ser revelada, manifesta-nos à consciência a nossa liberdade é testemunho da perpétua possibilidade de modificar nosso P. inicial" (*L'être et le néant*, 1943, p. 542).

Apesar de característica da filosofia existencialista, a noção de P. passou a fazer parte da terminologia filosófica e científica contemporânea. Mostrou ser útil para expressar aspectos importantes das situações humanas tanto das mais gerais, analisadas pela filosofia, como das específicas, que constituem o objeto das ciências antropológicas: psicologia, sociologia etc. V. ESTRUTURA e MODELO. [N.A.]

A interpretação humanístico-existencialista da idéia de P. foi contestada por Heidegger através da *Kehre* (v.); segundo ele, "ao projetar, quem lança não é o homem, mas o ser" (*Lettera sull' "umanismo"*, 1946, em *Segnavia*, 1967, trad. it., Adelphi, Milão, 1987, p. 290). Também se reportam ao modelo anti-humanista os estruturalistas e Luhmann, ou seja, os estudiosos que, em vez das noções de "P.", "escolha" e "liberdade" apresentam como princípios de explicação as "estruturas", os "sistemas", as "funções" etc. (v. ANTI-HUMANISMO). Também Gadamer se orienta em sentido anti-humanista; segundo ele, existimos sempre no âmbito de um "jogo" (v.) que nos "toma" e domina, dispondo de nós. Menos hostis à noção de P. (que tem amplo emprego em Inteligência Artificial e nas ciências cognitivas) são os psicólogos de tendência fenomenológico-existencial (v. PSICOLOGIA; PERSONOLOGIA) e os filósofos favoráveis a uma reabilitação parcial do sujeito (v.). [G.F.]

PROLEGÔMENOS (in. *Prolegomena;* fr. *Prolégomènes;* al. *Prolegomena;* it. *Prolegomeni*). Estudo preliminar, introdutório e simplificado. Esse termo aparece no título de algumas obras de filosofia, como a de Kant, *P. a toda metafísica futura* (1783). [N.A.]

PROLEPSE. V. ANTECIPAÇÃO.

PROPEDÊUTICA (gr. προπαιδεία; in. *Propaedeutics;* fr. *Propédeutique;* al. *Propädeutik;* it. *Propedeutica*). Ensino preparatório. Foi assim que Platão chamou o ensino das ciências especiais (aritmética, geometria, astronomia e música), relativamente à dialética (*Rep.*, VII, 536 d). Ainda hoje se dá esse nome à parte introdutória de uma ciência ou de um curso que sirva de preparação a outro curso. [N.A.]

PROPENSÃO (lat. *Propensio;* in. *Propensity;* fr. *Propension;* al. *Neigung;* it. *Propensione*). Tendência, no significado mais geral. Hume usava esse termo para definir o costume: "Sempre que a repetição de um ato ou de uma ação particular produz P. para repetir esse ato ou ação sem a coação por raciocínio ou por processo intelectual, dizemos que essa P. é o efeito do costume" (*Inq. Conc. Underst.*, V., 1). [N.A.]

PROPORÇÃO. V. ANALOGIA.

PROPOSIÇÃO (gr. πρότασις; lat. *Propositio;* in. *Proposition;* fr. *Proposition;* al. *Satz;* it. *Proposizione*). Enunciado declarativo ou aquilo que é declarado, expresso ou designado por tal enunciado. Os dois usos do termo foram nitidamente distinguidos por Carnap (*Intr. to Semantics,* 1941, § 37), mas ainda são freqüentemente confundidos, conquanto a distinção tenha sido amplamente aceita na lógica contemporânea (cf. CHURCH, *Intr. to Mathematical Logic,* § 04; W. KNEALE e M. KNEALE, *The Development of Logic,* pp. 49 ss.). Os dois usos são determinados por dois conceitos diferentes de P., mais precisamente os seguintes: 1) P. como expressão verbal de uma operação mental, freqüentemente chamada de *juízo.* 2) P. como entidade objetiva ou valor de verdade de um enunciado.

1. A doutrina de que a P. é expressão verbal de uma operação mental foi formulada pela primeira vez por Aristóteles, para quem o conjunto (συμπλοκή) dos termos (nome e verbo) do *discurso declarativo* (λόγος ἀποφαντικός) corresponde a um *pensamento* (νόημα) inerente necessariamente ao ser verdadeiro ou falso; portanto, "o verdadeiro e o falso" versam sobre a composição e sobre a divisão (σύνθεσις καὶ διαίρεσις) (*De interpr.*, 1, 16 a 9 ss.). O discurso declarativo é, assim, expressão de um pensamento que procede *compondo e dividindo:* a composição dá origem à afirmação; a divisão, à negação (*ibid.*, 6, 17 a 23). Nos *Analíticos* (na teoria do silogismo), Aristóteles chamou o discurso declarativo de *"prótase"* (cujo equivalente latino é *"propositio"*), ou seja, "premissa de raciocínio", definindo-a como "o discurso que afirma ou que nega alguma coisa de alguma coisa" (*An. pr.* I, 1, 24 b 16), ou como "a asserção de um dos membros da contradição" (*ibid.* II, 12, 77 a 37). Desse ponto de vista, a P. difere do *problema* (v.) apenas na forma, visto que, enquanto o problema consiste em perguntar (p. ex., o homem é um animal bípede terrestre ou não?), a P. consiste na asserção (p. ex., o homem é um animal bípede terrestre) ou na asserção contraditória (*Top.*, I, 4101 b 28). Porém, em qualquer caso, a verdade ou a falsidade de uma P. depende do fato de a composição ou divisão dos termos nos quais consiste corresponder ou não àquela que o intelecto encontra nas coisas existentes. Aristóteles diz: "Não és branco porque acreditemos que és branco, mas, por seres branco, dizemos a verdade ao afirmarmos isso. Se algumas coisas estão sempre unidas e não podem ser divididas, e outras estão sempre divididas e não podem estar unidas, se outras coisas ainda podem ser compostas ou divididas, o 'ser' consistirá em ser combinado ou ser dividido, e o 'não-ser' consistirá em ser dividido ou em ser várias coisas" (*Met.*, IX, 10, 1051 a 34). Ao combinar seus termos, a P. expressa a ação combinante ou dissociante do intelecto que se segue à combinação e à dissociação das coisas existentes.

Essa doutrina conservou-se substancialmente inalterada na tradição antiga, exceção feita aos estóicos (e pela corrente aí iniciada), que introduziram a noção de *enunciado* (v.). A tradição medieval e boa parte da lógica moderna conservou-a. Tomás de Aquino dizia que a verdade e a falsidade estão no intelecto, porquanto este procede compondo e dividindo: "de fato, em toda P. uma forma significada pelo predicado aplica-se a alguma coisa significada pelo sujeito ou se distancia dessa coisa" (*S. Th.*, I, q. 16, a. 2). Na linha da lógica terminista, Ockham admitia uma "P. mental", que identificava com ato do intelecto (*liber periermenias proemium*), ainda que para ele a verdade da P. dependesse da *suppositio* (v. abaixo, 2). A partir de Descartes o termo "P." é substituído pelo termo "juízo", porque a atenção da lógica filosófica estará cada vez mais concentrada na operação intelectual que encontra expressão na P. (v. JUÍZO, 4).

Mas até mesmo Russell reduz P. a atitude mental, embora distinguindo-a do enunciado. Na verdade, considera-a como "crença" ou "atitude proposicional", e afirma que as P. devem ser definidas como eventos psicológicos (ou fisiológicos) de certa espécie: imagens complexas, expectativas etc. Segundo Russell, isso é evidenciado pelo fato de que as P. podem ser falsas (*An Inquiry into Meaning and Truth*, cap. XIII, A; ed. Pelican Books, p. 172; Cf. *Human Knowledge*, pp. 449-50) (v. Juízo, 3).

2. A doutrina segundo a qual a P. constitui o designado do enunciado assume formas diferentes, segundo a natureza atribuída ao designado. Às vezes, este é entendido como "P. em si" ou "entidade" de algum tipo; outras vezes, como objeto, situação objetiva, estado de coisas ou caráter. Em todos os casos, essa interpretação de P. não faz referência a atos ou a operações mentais.

Os estóicos, que introduziram a noção de *enunciado* (v.), consideram que este expressa uma condição ou um estado de coisas. Assim, afirmavam que "quem diz 'É dia' mostra que acha que é dia. Ora, se realmente for dia, o enunciado que está diante de nós será verdadeiro; se não for dia, será falso" (DIÓG. L., VII, 65). Desse ponto de vista, o fato de ser dia é o significado ou o valor de verdade do enunciado "É dia". A lógica terminista medieval designou o significado denotativo dos termos da P. com o conceito da *suposição* (v.), segundo o qual uma P. é verdadeira se os termos dos quais resulta correspondem ao objeto existente (cf. OCKHAM, *Summa log.*, II, 2). Nas *Laws of Thought* (1854) Boole distinguia as P. *primárias*, que expressam uma relação com a coisa, e as P. *secundárias*, que expressam uma relação entre proposições (cap. IV, § 1). Mas Bolzano opusera à P. verbal a P. *em si* (*Satz un Sich*), que é válida independentemente do fato de ser ou não ser expressa ou pensada, e constitui o elemento da matemática pura (*Wissenschaftslehre*, 1837, § 19). Retomando a polêmica de Husserl contra o psicologismo, Meinong distinguia em todo "juízo" (termo para ele equivalente a P.) o *objetivo* (*Objektiv*), que é o conteúdo interno do juízo, e o *objeto* (*Objekt*), que é a entidade externa à qual o juízo se refere (*Über Annahmen*, 1902, p. 52). Para todos os efeitos, essa distinção equivale àquela que Frege estabelecera entre sentido e significado (*Über Sinn und Bedeutung*, 1892) (v. SIGNIFICADO). A propósito da P., Frege dissera que, enquanto o sentido (*Sinn*) da P. é um "pensamento" – não entendido subjetivamente, mas como "conteúdo objetivo que pode constituir a posse comum de muitos" –, o significado (*Bedeutung*) da P. é o seu "valor de verdade", isto é, "a circunstância de ser verdadeira ou falsa". Desse modo, a P. pode ser considerada como um *nome próprio*, e o verdadeiro ou falso é o *objeto* da P. Mas como todas as P. verdadeiras terão o mesmo significado (o verdadeiro), assim como todas as projeções falsas (o falso), segue-se que uma P. não pode reduzir-se apenas ao seu significado, nem apenas ao seu sentido (que seria um pensamento puro), mas deve resultar do conjunto de ambos (*Über Sinn und Bedeutung*, § 5, em *Phil. Writings of G. F.*, ed. Geach and Black, pp. 63 ss.). Nas P. indiretas ou oblíquas, nas quais há verbos como "dizer", "ouvir", "pensar", "acreditar", "concluir" e semelhantes (como p. ex. em "Copérnico acreditava que as trajetórias dos planetas eram circulares"), a P. secundária introduzida por *que* vale apenas como o nome de um pensamento, podendo por isso ser variada sem comprometer o valor da verdade da P. inteira (*ibid*, § 6; em Geach, pp. 66 ss.).

Em torno desse conceito de Frege giram as discussões da lógica contemporânea a respeito da natureza da P. Das duas dimensões da P. admitidas por Frege, Wittgenstein procurou eliminar o sentido (*Sinn*), como "pensamento" ou "conteúdo objetivo", e usar essa mesma palavra para designar aquilo que Frege entendia por significado (*Bedeutung*), empregando esta última apenas como denotação dos nomes e dos signos. "A P." – disse ele – "é uma figuração (*Bild, picture*) da realidade: de fato, tomo conhecimento da situação por ela representada tão logo compreendo a P. E compreendo a P., sem que o seu sentido me seja explicado" (*Tractatus*, 4.021). Desse ponto de vista, "a forma universal da P. é: as coisas são assim e assim" (*ibid.*, 4. 5). Por essa razão, compreender uma P. significa simplesmente saber "como são as coisas, no caso de ela ser verdadeira" (*ibid.*, 4.024), não sendo, pois, necessário recorrer a um pensamento ou a qualquer conteúdo objetivo. Portanto, para Wittgenstein, o "sentido" de que falava Frege é inútil, porque o sentido da P. é o seu próprio significado, e "a P. *mostra* seu sentido" (*ibid.*, 4.022). Por outro lado, Wittgenstein afirma que "a P. possui um sentido independente dos fatos"

(4.061) e que "as P. '*p*' e '*não p*' têm sentido oposto, embora nelas se expresse uma única e mesma realidade" (4.0621), o que, na terminologia de Frege, implicaria um sentido que não depende do significado.

Ao contrário de Wittgenstein, alguns lógicos contemporâneos tendem a reduzir significado a sentido, empregando o termo "significado" (*Meaning*) para indicar aquilo que Frege chamava de sentido. Assim, Ayer definiu a P. como a "classe dos enunciados que têm o mesmo significado (*significance*) intencional para qualquer um que os entenda" (*Language Truth and Logic,* [1936], 1948, p. 88). Neste mesmo sentido, Quine considerou as P. como "os significados dos enunciados" (*From a Logical Point of View,* VI, 2; p. 109; *Word and Object,* 1960, § 42). Mais próximos da posição de Frege estão Carnap e Church. Carnap distinguiu a *extensão* de um enunciado, que é seu valor de verdade, de sua *intensão,* que é a P. que ele expressa. No sentido de Carnap, todavia, a P. é uma entidade tão objetiva quanto a "propriedade", embora apenas de natureza lógica. Segundo Carnap, pode-se falar de P. também a propósito de enunciados falsos, porque as P. são entidades complexas, compostas por outras entidades; e ainda que se admita que os componentes últimos de uma P. devem ser "exemplificados" (isto é, devem ser verdadeiros), nem por isso a P., em seu conjunto, deverá sê-lo (*Meaning and Necessity,* § 6; pp. 26-30). Church, que aceitou a terminologia de Frege, usa o termo "P." como equivalente ao termo "sentido", de Frege, e afirma dever-se a uma decisão de algum modo arbitrária o fato de recusarmos o nome de P. aos sentidos dos enunciados (das linguagens naturais), que expressam um sentido, mas não têm valor de verdade (*Intr. to Mathematical Logic,* § 04, op. 27). Por outro lado, Bergmann utilizou o termo de Brentano e de Husserl, "intenção", para reinterpretar o "significado" de Frege. A intenção é o objeto dos atos intencionais, e a P. é o "caráter" correspondente à intenção. "No paradigma", disse ele, "a intenção é um fato expresso em 'isto é verde'. Chamo de caráter correspondente 'a P. isto é verde' e uso P. como um nome geral para essa espécie de caráter" (*Logic and Reality,* 1964, p. 32).

As discussões havidas entre os lógicos a respeito da P., bem como a respeito de suas equivalências ou sinonímias, além de outros problemas relativos, continuam centrados na distinção entre sentido e significado, ou suas distinções correspondentes. [N.A.]

PROPOSIÇÃO ATRIBUTIVA; ATÔMICA; COMPARATIVA; DECLARATIVA; DESCRITIVA; SECUNDÁRIA. V. esses adjetivos.

PROPOSIÇÃO-COISA (in. *Thing-sentence;* it. *Enunciato cosale*). Na semiótica contemporânea, um enunciado que não designa signos, mas coisas. *Língua*-C.: uma língua constituída inteiramente de proposições-C. (MORRIS, *Foundations of the Theory of Signs,* 1938, § 5). *Predicados*-C.: termos que designam propriedades observáveis, isto é, que podem ser determinadas pela observação direta (CARNAP, *Testability and Meaning,* 1936-1937, em *Readings in the Phil. of Science,* 1953, pp. 69 ss.). [N.A.]

PROPOSIÇÃO FUNCIONAL (in. *Functional proposition;* fr. *Proposition fonctionelle;* al. *Funktionellsatz;* it. *Proposizione funzionale*). Dá-se esse nome às P. moleculares (ou seja, P. complexas, compostas de P. simples através dos conectivos lógicos 'não', 'ou', 'e', 'implica'), cuja verdade (ou falsidade) seja unicamente função da verdade ou falsidade das P. componentes. A questão de existirem ou não P. moleculares não funcionais foi amplamente discutida na lógica contemporânea, contra a *tese extensional,* defendida principalmente por Wittgenstein, segundo a qual todas as P. moleculares são funções-verdade das componentes; Russell e outros defenderam a possibilidade de P. compostas que não sejam funções, como, por exemplo, "A crê em *p*" (onde 'A' é um nome de pessoa e '*p*' é uma P.). [G.P.]

PROPOSICIONAL, FUNÇÃO. V. FUNÇÃO PROPOSICIONAL.

PROPRIEDADE (in. *Property;* fr. *Propriété;* al. *Eigenschaft;* it. *Proprietà*). 1. Determinação ou característica *própria* de um objeto em um dos sentidos do termo *próprio* (v.).

2. Qualquer qualidade, atributo, determinação que sirva para caracterizar um objeto ou para distingui-lo dos outros. [N.A.]

PROPRIEDADE COMUTATIVA, DISTRIBUTIVA. V. COMUTATIVO; DISTRIBUTIVO.

PROPRINCIPIA. Termo usado por Campanella para indicar os dois princípios que entram na constituição das coisas finitas, isto é, o Ser e o Não-ser (*Met.,* II, 2, 2) (v. PRIMALIDADE). [N.A.]

PRÓPRIO (gr. ἴδιον; lat. *Proprium;* in. *Proper;* fr. *Propre;* al. *Eigen;* it. *Proprio*). 1. Uma determinação que pertence a *toda* uma classe de objetos, pertencendo *sempre* e *somente* a essa classe, mesmo que não faça parte de sua definição. Este é o sentido fundamental do termo, da maneira como foi esclarecido por Aristóteles (*Top.,* I, 5, 102 a 18) e passou a fazer parte da tradição lógica (cf. Arnauld, *Log.,* I, 7; Jungius, *Logica hamburgensis,* I, I, 33). Neste sentido, o P., apesar de não fazer parte da essência substancial de uma coisa, está estritamente vinculado a essa essência ou deriva dela de algum modo. O exemplo aduzido por Aristóteles é o do aprendizado da gramática: esta determinação é P. do homem, no sentido de que quem é capaz de aprender gramática é homem, e é homem quem é capaz de aprender gramática: as duas determinações "homem" e "capaz de aprender gramática" são recíprocáveis. Neste sentido, o P. é uma determinação privilegiada que está entre a essência e as determinações acidentais.

2. No entanto, mesmo Aristóteles chama de próprias também as determinações acidentais ao fazer a distinção entre P. por si, "que é estabelecido com relação a todos os objetos e separa o objeto em questão de qualquer outro (como no caso de ser P. do homem ser um animal mortal que pode receber o saber)" e o P. em relação a outra coisa, "que distingue o objeto apenas de algum objeto dado e não de qualquer outro objeto" (*Top.*, V, 1, 128 b 34). O "P. por si" é o P. no sentido estrito, ou seja, a determinação *sempre* que pertence a *todo* o objeto dado, e *somente* a ele, enquanto o P. "em relação a outra coisa" foi distinguido por Porfírio (com base nas mesmas considerações de Aristóteles) em outras três determinações: 1.ª aquilo que pertence a uma única espécie, mas não a todos os indivíduos da espécie (neste sentido ser filósofo é P. do homem); 2.ª aquilo que pertence a todos os indivíduos de uma espécie, mas não a uma única espécie (ser bípede é P. do homem); 3.ª aquilo que pertence a todos os indivíduos de uma única espécie, mas nem sempre (neste sentido, encanecer é P. do homem). Porfírio enumerava como quarto significado o mais restrito (*Isag.*, 12, 12 ss.). Os quatro significados de Porfírio foram habitualmente reproduzidos pela lógica medieval (cf., p. ex., PEDRO HISPANO, *Summ. log.*, 2, 13), mas a partir da *Lógica* de Arnauld (I, 7), mesmo mencionando-se as quatro distinções de Porfírio, preferiu-se limitar o conceito de P. ao mais restrito. Na realidade, em seu significado lato, o conceito de P. pode incluir qualquer determinação, atribuída a qualquer título a um objeto, perdendo, assim, característica ou utilidade específica. Seja como for, a noção está estritamente ligada à da lógica aristotélica e à sua estreita vinculação com a teoria da substância, sendo por isso abandonada pela lógica contemporânea. [N.A.]

PROSSILOGISMO. V. POLISSILOGISMO.

PRÓTASE. V. PROPOSIÇÃO.

PROTENSÃO (in. *Protensity;* al. *Protention;* it. *Protensione*). Duração de consciência. Termo introduzido por Kant, que observava: "A felicidade é a satisfação de todas as nossas propensões, tanto *extensivas* em sua multiplicidade quanto *intensivas* (em relação ao grau) e *protensivas* (em relação à duração)" (*Crít. R. Pura,* Doutr. do Método, cap. II, seç. II). Husserl chamou de P. "a pré-lembrança reprodutiva em sentido próprio", ou seja, o estado de expectativa que prepara a reprodução da lembrança (*Ideen,* I, § 77). [N.A.]

PROTOCOLO (in. *Protocol;* fr. *Protocol;* al. *Protokoll;* it. *Protocollo*). Termo introduzido pelo Círculo de Viena para indicar o registro do dado imediato ou experiência direta (sensação, percepção, emoção, pensamento etc.). As "proposições protocolares" são as que contêm unicamente P. e por isso fazem referência direta aos dados imediatos; por serem instrumento da verificação empírica, não precisam de verificação porque sua verdade é garantida pelo P. que contêm, graças ao qual correspondem imediatamente ao dado empírico (cf. R. CARNAP, em *Erkenntnis,* II, 1931, pp. 437 ss.). A noção de P. está ligada à fase do neopositivismo que, para declarar significativa uma proposição, exigia a verificação direta da proposição mediante protocolos. Mas o próprio Carnap, a partir da obra *Testability and Meaning* (1936), limitava essa exigência, afirmando que, para serem significativos, os enunciados devem ser *confirmáveis,* ou seja, devem conter apenas "predicados-coisa observáveis". Estes predicados-coisa não são P., isto é, dados da experiência imediata, mas nomes de qualidades elementares (p. ex., "vermelho"). Para uma crítica do conceito de P., no âmbito do positivismo lógico, cf. K. Popper, *Logik der Forschung,* 1934, trad. in., 1958 (v. EXPERIÊNCIA). [N.A.]

PROTOFILOSOFIA (in. *Protophilosophy;* fr. *Protophilosophie;* al. *Protophilosophie;* it. *Protofilosofia*). Termo empregado principalmente pelos sociólogos para indicar a filosofia dos povos primitivos, expressa na forma do *mito* (v.). [N.A.]

PROTOLOGIA (in. *Protology;* fr. *Protologie;* al. *Protologie;* it. *Protologia*). Termo empregado por alguns escritores italianos do início do século XIX, especialmente por Ermenegildo Pini (*P.*, 3 vols., 1803), para designar aquilo que Fichte denominava doutrina da ciência ou ciência das ciências. Esse termo foi adotado por Vincenzo Gioberti na sua última obra, publicada postumamente (*P.*, 1857). Gioberti define a P. como "a ciência do ente inteligível, intuída através do pensamento imanente"; essa ciência é a base de qualquer outra, sendo também anterior à ontologia. O uso desse termo parou em Gioberti. [N.A.]

PROTON PSEUDOS (gr. πρῶτον ψεῦδος). Falsidade da premissa maior, que determina a falsidade do silogismo (ARISTÓTELES, *An. pr.*, II, 18, 66 a 16). [N.A.]

PROTÓTESE (in. *Protothesis;* fr. *Protothèse;* al. *Protothese;* it. *Prototesi*). Termo empregado por W. Ostwald para indicar as hipóteses suscetíveis de verificação experimental no estado atual da ciência, que por isso se distinguem das que não o são (*Die Energie und ihre Wandlungen,* 1888, § 68). Na realidade, nenhuma hipótese é, como tal, diretamente verificável (v. HIPÓTESE; TEORIA). [N.A.]

PROTÓTIPO (gr. πρωτότυπος; lat. *Prototypus*; in. *Prototype*; fr. *Prototype*; al. *Prototyp*; it. *Prototipo*). Modelo originário. O mesmo que *arquétipo* (v.). [N.A.]

PROTRÉPTICO (gr. προτρεπτικός; it. *Protrettico*). Exortação à filosofia (cf. PLATÃO, *Eutid.*, 278 c; CRISIPO, *Stoicorum fragmenta*, III, 189). Essa palavra foi empregada como título de livro por Aristóteles, Epicuro, Cleantes e outros. [N.A.]

PROVA (gr. τεκμήριον; lat. *Probatio*; in. *Proof*; fr. *Preuve*; al. *Beweis*; it. *Prova*). Procedimento apto a estabelecer um saber, isto é, um conhecimento válido. Constitui P. todo procedimento desse gênero, qualquer que seja sua natureza: mostrar uma coisa ou um fato, exibir um documento, dar testemunho, efetuar uma indução são P. tanto quanto as demonstrações da matemática e da lógica. Portanto, esse termo é mais extenso que *demonstração* (v.): as demonstrações são P., mas nem todas as P. são demonstrações.

O conceito foi estabelecido no sentido restrito por Aristóteles, que, ao dizer "Dizem que P. é o que produz saber", fez a distinção entre prova e indício, que proporciona apenas conhecimento provável (*An. pr.*, II, 27, 70 b 2). Na *Retórica* acrescentou: "Quando se acha que o que foi dito não pode ser refutado, acredita-se ter apresentado uma P., porquanto a P. é sempre demonstrada e perfeita"; o próprio silogismo é uma P. necessária nesse sentido (*Ret.*, I, 2, 1357 b 5). O mesmo conceito de procedimento que estabelece ou descobre um conhecimento foi expresso pelos estóicos na definição do *sinal indicativo*, como "enunciado que, procedendo com nexos corretos, descobre o que se segue" (SEXTO EMPÍRICO, *Pirr hyp.*, II, 104), ou de *raciocínio demonstrativo*, que, "por meio de premissas estabelecidas, descobre por dedução uma conclusão patente" (*ibid.*, II, 135) Os entendimentos aos quais se faz alusão nessas definições são P. por serem "aptos a descobrir", ou seja, por produzirem (e justificarem) conhecimentos. No século XVII, Locke reproduzia a seu modo (com o pressuposto cartesiano da superioridade da intuição) este conceito de P.: "As idéias intermediárias que servem para demonstrar a concordância entre duas outras idéias são chamadas de P.; quando por esse meio é clara e evidentemente percebida a concordância ou a discordância, dá-se-lhe o nome de demonstração, pois então a coisa é mostrada ao intelecto, e o espírito é levado a ver que ela é assim" (*Ensaio*, IV, 2, 3). Mas a doutrina de Locke marca uma guinada importante na história do conceito de P. porque admite, pela primeira vez, a possibilidade de P. *prováveis*. "A probabilidade" – dizia Locke – "não passa de aparência da concordância ou discordância entre duas idéias mediante a intervenção de P., cuja ligação não é constante nem imutável, ou, pelo menos, não é percebido como tal, mas é ou parece ser na maioria das vezes, sendo suficiente para induzir o espírito a julgar que a proposição é verdadeira ou falsa, e não o contrário" (*ibid.*, IV, 15, 1). Wolff, por sua vez, mesmo identificando a P. com o silogismo, distingue-a da demonstração, pois ela seria um silogismo "que utiliza apenas premissas que são definições, experiências indubitáveis e axiomas" (*Log.*, § 498). Mas foram principalmente Hume e Kant que estabeleceram as distinções fundamentais nesse campo. Hume propôs distinguir todos os argumentos em *demonstrações, P.* e *probabilidades*, entendendo por P. "os argumentos extraídos da experiência, que não admitem dúvida e objeções" (*Inq. Conc. Underst.*, IV, nota); nessa distinção, as demonstrações se limitariam ao domínio das puras conexões de idéias. Kant, por sua vez, distinguiu quatro espécies de P.: 1.ª a P. lógica rigorosa, que vai do geral ao particular e é a demonstração propriamente dita; 2.ª o raciocínio por analogia; 3.ª a opinião verossímil; 4.ª a hipótese, que é o recurso a um princípio explicativo simplesmente possível (*Crít. do Juízo*, § 90). Afirmou que as P. demonstrativas ou apodíticas acham-se apenas no domínio da matemática, visto que esta procede mediante a construção de conceitos, e que os princípios empíricos de P. não podem produzir nenhuma P. apodítica (*Crít. R. Pura*, Doutrina do Método, cap. I, seç. II). Esta era substancialmente uma aceitação do ponto de vista de Hume. Dewey também aceitou esse ponto de vista, observando que há, "por um lado, a demonstração *racional*, que é questão de rigorosa conseqüencialidade no discurso, e, por outro, a demonstração puramente *ostensiva*" (*Logic*, cap. XII; trad. it., p. 327). É freqüente a distinção entre demonstração, "P. lógica" "P. dedutiva", "P. necessária" e a P. em geral (cf., p. ex., W. HAMILTON, *Lectures on Logic*, 1866, II, p. 38; G. BERGMANN, *Philosophy of Science*, 1957, p. 4), mas, enquanto a análise dos procedimentos de P. usados pelas ciências individualmente (e portanto da noção de P. em geral) recebeu pouca atenção dos filósofos metodológicos e não fez progressos, a noção de P. lógica (v. DEMONSTRAÇÃO) foi repetidamente elaborada por matemáticos e lógicos. [N.A.]

PROVÁVEL (in. *Probable*; fr. *Probable*; al. *Wahrscheinlich*; it. *Probabile*). 1. Evento ou proposição com grau comparativo suficiente de confirmação ou de credibilidade (v. PROBABILIDADE, 1).

2. Classe ou seqüência de eventos dotada de certo grau de freqüência relativa (v. PROBABILIDADE, 2).

3. Aquilo que é considerado verdadeiro pela maioria ou pelos competentes. Este é o conceito de *endoxon*, em que Aristóteles baseou a *dialética* (v.); tem pouco ou nada a ver com as duas noções precedentes. [N.A.]

PROVIDÊNCIA (gr. πρόνοια; lat. *Providentia*; in. *Providence*; fr. *Providence*; al. *Vorsehung*; it. *Provvidenza*). Governo divino do mundo, geralmente distinto de *destino*, pois é considerado como existente em Deus, ao passo que o destino é esse governo visto através das coisas do mundo (v. DESTINO). A noção de providência faz parte integrante do conceito de Deus como criador da ordem do mundo ou como sendo Ele mesmo essa ordem (v. DEUS). Para os problemas conexos ao conceito de P., v. MAL; TEODICÉIA. [N.A.]

PROVIDENCIALISMO (in. *Providentialism*; it. *Provvidenzialismo*). 1. Confiança na ação da providência.

2. Doutrina que vê na história uma ordem ou um plano providencial. (v. HISTÓRIA). [N.A.]

PRÓXIMO (gr. τὸν πλησίον; lat. *Proximus*; in. *Neighbour*; fr. *Prochain*; al. *Nächste*; it. *Prossimo*). Na interpretação do Evangelho de Lucas (X, 29-37) da máxima bíblica "Ama ao P. como a ti mesmo" (*Levítico*, XIX, 18), P. é o outro homem em geral, independentemente de quaisquer laços de raça, amizade ou parentesco, sendo-nos ele misericordioso e nós para com ele. Isso significa que a misericórdia deve ser praticada em relação a qualquer homem que esteja conosco, não se restringindo a um círculo determinado de pessoas. [N.A.]

PRUDÊNCIA (lat. *Prudentia*; in. *Prudence*; fr. *Prudence*; al. *Klugheit*; it. *Prudenza*). V. SABEDORIA.

PSEUDOCONCEITO (it. *Pseudoconcetto*). P., "ficções conceituais" ou "conceitos finitos" foram os nomes dados por Croce às noções geralmente denominadas conceitos, em contraposição ao "conceito puro" ou "conceito autêntico" com que ele designou a Razão Universal em sua forma cognitiva. Os P. serviriam para conservar e classificar os conhecimentos adquiridos (*Lógica*, 1920, cap. II). [N.A.]

PSEUDOPROPOSIÇÕES (in. *Pseudostatement*; al. *Pseudosätzen*; it. *Pseudoproposizioni*). Termo empregado por Carnap para indicar "expressões erroneamente consideradas proposições, mas que não possuem conteúdo cognitivo, embora possam ter componentes de significado não cognitivo, por exemplo emotivo" (*Meaning and Necessity*, § 5). Segundo Carnap, muitas proposições da metafísica clássica são P. nesse sentido (cf. *Erkenntnis*, II, 1931). [N.A.]

PSICANÁLISE (in. *Psychoanalysis*; fr. *Psychanalyse*; al. *Psychioanalyse*; it. *Psicanalisi*). A designação P. compreende: 1º um método de tratamento de certas doenças mentais; 2º uma doutrina psicológica; 3º uma doutrina metafísica; e, mais freqüentemente, certa mescla desordenada dessas três coisas. Os fundamentos da P. foram resumidos por seu fundador, Sigmund Freud, na introdução de uma de suas principais obras, da seguinte maneira: 1º os processos psíquicos são em si mesmos inconscientes, e os processos conscientes são apenas atos isolados, frações da vida psíquica total; 2º os processos psíquicos inconscientes são em boa parte dominados por tendências que podem ser qualificadas de "sexuais" no sentido restrito ou lato do termo. Este último pressuposto na realidade é a característica fundamental da P., que consiste essencialmente na tentativa de explicar a vida do homem (não só a pessoal ou individual, mas também a pública ou social) recorrendo a uma única força, que é o instinto sexual ou *libido* (v.) no sentido técnico deste termo (*Einführung in die Psychoanalyse*, 1917, intr.). Do conflito entre os impulsos sexuais do inconsciente e as superestruturas morais e sociais constituídas por proibições e censuras acumuladas e consolidadas pela infância, nascem os fenômenos a seguir descritos: *a*) *Sonhos*: expressões deformadas e simbólicas dos desejos reprimidos (cf. *Die Traumdeutung*, 1900). *b*) *Atos falhos*, ou lapsos: distrações falsamente atribuídas ao acaso, chegando às brincadeiras e ao humorismo (cf. *Zur Psychopathologie des Alltagslebens*, 1901; *Der Witz und seine Bedeutung zum Unbewussten*, 1905). *c*) *Doenças mentais*: que podem ser tratadas levando o paciente a identificar os conflitos dos quais elas emergem, através da conversação. A esse respeito, o *sintoma* de uma doença deve ser considerado como "sinal e substituição de uma satisfação instintiva que ficou latente, resultado de um processo de recalque" (*Hemmung, Symptom und Angst*, 1926, cap. 2; trad. it., p. 29). Um dos fenômenos característicos do tratamento psicanalítico é a *transferência* dos sentimentos do doente (positivos ou negativos, de amor ou de ódio) para a pessoa do terapeuta (*Einführung, cit.*, cap. 27; trad. fr., pp. 461 ss.). *d*) *Sublimação*: transferência do impulso sexual para outros objetos, o que ensejaria os fenômenos chamados espirituais: arte, religião etc. *e*) *Complexos*: sistemas ou mecanismos associativos, relativamente constantes em todas as pessoas, aos quais devem ser atribuídas as principais perturbações mentais. A noção de complexo e o seu termo foram introduzidos por um discípulo de Freud, C. G. JUNG (*Wandlungen und Symbole der Libido*, 1912), mas já em *Interpretação dos sonhos* Freud esboçara todos os fatos fundamentais do chamado "complexo de Édipo", em virtude do qual o menino inclui no amor pela mãe certo ciúme ou aversão pelo pai.

Em 1923, na obra *Ego e Id* (*Das Ich und das Es*), Freud expôs uma teoria psicológica que foi amplamente aceita pela psicologia de sua época. Dividia o espírito em três partes: *Ego*, que é organização e consciência, e por isso está em contato com a realidade e procura submetê-la a seus fins; *Superego*, aquilo a que geralmente se dá o nome de consciência moral e que é o conjunto das proibições instiladas ao homem em seus primeiros anos de vida, acompanhando-o depois, mesmo que de forma inconsciente; e *Id*, que é constituído pelos impulsos múltiplos da *libido*, sempre voltada para o prazer. Esta doutrina, que foi revisada pelo próprio Freud mais tarde (cf. *Hemmung, Symptom und Angst*, 1926), revelou-se bastante útil tanto para a descrição e a interpretação das doenças mentais quanto para a teoria da personalidade.

Freud e seus seguidores não apresentaram nem apresentam seus conceitos como hipóteses ou instrumentos de explicação, mas como realidades absolutas, de natureza metafísica. Pode-se chamar de própria metafísica – e até de mitologia – a teoria formulada por Freud numa de suas últimas obras, *Das Unbehagen in der Kultur* (1930, trad. in., *Civilisation and its Discontents*, 1943), em que considera a história da humanidade como a luta entre dois instintos, o da vida (*Eros*) e o da morte (*Tanatos*): "É nessa luta que consiste essencialmente a vida, e por isso o desenvolvimento da civilização pode ser descrito como a luta da espécie humana pela existência. Trata-se de uma batalha de titãs, que nossas babás tentam compor com suas ladainhas sobre céu" (*Civilisation and its Discontents*, 1943, p. 102). Essa doutrina outra coisa não é senão a expressão – não muito atualizada – do dualismo maniqueísta.

A importância da P. consiste, em primeiro lugar, em dar destaque à função do fator sexual em todas as manifestações da vida humana. Pela primeira vez, esse fator deixou de ser uma zona de ignorância obrigatória para a ciência e para a filosofia e pôde ser estudado em seus reais modos de ação. Em segundo lugar, a P. forneceu um conjunto de conceitos que, conquanto não muito compatíveis entre si, prestam-se a ser utilizados por vários ramos da psicologia contemporânea, principalmente se isentos do dogmatismo com que alguns seguidores de Freud os trataram. Este segundo aspecto positivo tem, porém, uma contrapartida negativa: a P. dá a muitos diletantes a oportunidade de apresentar explicações aparentemente plausíveis e fáceis dos fenômenos humanos mais díspares, confundindo também, às vezes, essa explicação com uma justificação moral ou metafísica. Em terceiro lugar, a P. teve o mérito de propiciar um instrumento de tratamento que continua sendo eficaz, apesar de perdidas muitas das ilusões otimistas inicialmente suscitadas. Entre as muitas tendências interpretativas que modificaram em maior ou menor grau as doutrinas fundamentais da P., é possível lembrar duas, a de Jung e a de Adler. Jung concebeu o instinto fundamental do homem não como de natureza sexual, mas como uma energia originária e criativa que se identifica com o conceito genérico de divindade e constitui o *inconsciente coletivo*, que é a base comum da natureza humana (*Psicologia do incosciente*, 1942[5]). Adler, ao contrário, identificou o instinto fundamental do homem com a *vontade de poder* de que falava Nietzsche, ou seja, como um espírito de agressão e de luta em conflito com outro instinto, o *sentimento de comunidade humana*, que liga o indivíduo a todos os outros. A interação dessas duas forças determinaria o caráter de cada homem e suas manifestações patológicas (*Conhecimento do homem*, 1927). (Para outros aspectos, v. PSICOLOGIA.) [N.A.]

PSICANÁLISE EXISTENCIAL (fr. *Psychanalyse existencielle;* it. *Psicanalisi esistenziale*). Sartre deu este nome à análise filosófico-existencial que procura determinar a "escolha originária" que está por trás de todo "projeto humano de vida". O princípio dessa psicanálise é que "o homem é uma totalidade, e não uma coleção", e o seu objetivo é "decifrar os comportamentos empíricos do homem". Além disso, seu ponto de partida é a experiência, e seu método é o comparativo (*L'être et le néant*, 1943, p. 656). A P. existencial distingue-se da de Freud, que Sartre chama de "empírica", porque procura determinar a escolha originária, não os "complexos" (*ibid.*, p. 657). [N.A.]

PSICODÉLICO (in. *Psychedelic;* it. *Psichedelico*). Adjetivo que deveria significar "o que manifesta a psique", cunhado para qualificar as experiências produzidas pelo uso do ácido lisérgico (LSD) ou de outras drogas, consideradas revelações de uma realidade mais profunda que a manifestada na experiência comum e que seria de natureza divina ou representaria a própria divindade imanente no mundo (cf. W. BRADEN, *The Private Sea*, Londres, 1967). [N.A.]

PSICOFÍSICA. V. PSICOLOGIA, *b*).

PSICOGÊNESE (in. *Psychogenesis;* fr. *Psychogénèse;* al. *Psychogenese;* it. *Psicogenesi*). Desenvolvimento dos processos mentais, ou o estudo desse desenvolvimento. [N.A.]

PSICOGNOSE (in. *Psychognosy*). Termo empregado por Peirce para indicar o conjunto das ciências psíquicas (*Coll. Pap.*, 1.242). [N.A.]

PSICOGRAFIA (in. *Psychograph;* fr. *Psychographie;* al. *Psychographie;* it. *Psicografia*). Descrição dos processos ou das características psíquicas de um indivíduo. [N.A.]

PSICÓIDE (in. *Phychoid;* fr. *Psychoid;* al. *Psychöide;* it. *Psicoide*). Nome dado pelo biólogo vitalista H. Driesch à força psíquica que preside à formação e ao desenvolvimento dos organismos (v. VITALISMO). [N.A.]

PSICOLOGIA (in. *Psychology*; fr. *Psychologie*; al. *Psychologie*; it. *Psicologia*). Disciplina que tem por objeto a alma, a consciência ou os eventos característicos da vida animal e humana, nas várias formas de caracterização de tais eventos com o fim de determinar sua natureza específica. Às vezes, tais eventos são considerados como puramente "mentais", ou seja, como "fatos de consciência"; outras vezes, como eventos objetivos ou objetivamente observáveis, ou seja, como movimentos, comportamentos etc., mas em todo caso a exigência a que essas definições correspondem é a de delimitar o domínio da indagação psicológica ao campo restrito dos fenômenos característicos dos organismos animais, em especial do homem. Do ponto de vista da formulação conceitual (que interessa à filosofia) podemos distinguir as seis correntes fundamentais seguintes: *a*) P. racional; *b*) P. psicofísica; *c*) *Gestalt*; *d*) P. comportamental; *e*) P. das profundezas; *f*) P. funcional.

a) A P. *racional* ou *filosófica* foi fundada por Aristóteles, o primeiro a coligir em seu livro *De Anima* as opiniões que seus predecessores haviam expresso a respeito desse assunto. Essa P. tem por objeto "a natureza, a substância, e as determinações acidentais de alma", entendendo-se por alma "o princípio dos seres vivos" (*De an.*, I, 1, 402 a 6). O pressuposto fundamental dessa P. está explícito nas seguintes notas: nos eventos estudados, pressupõe um princípio único e simples, uma *substância* necessária, da qual seja possível *deduzir* as determinações que esses eventos possuem constantemente ou na maioria das vezes. Neste sentido, a P. é uma ciência dedutiva da alma, cujos fenômenos particulares só são considerados como confirmações ocasionais dos teoremas que a constituem. Com muita razão, no século XVIII, Wolff dava a essa P. o título de "racional", porquanto ela trata de "derivar *a priori*, do único conceito de alma humana, todas as coisas observadas *a posteriori* como de sua competência" (*Log.*, Disc., prel., § 112). Mas foi mérito de Wolff acrescentar a tal P. uma outra, "empírica", definida como "a ciência que, através da experiência, estabelece os princípios capazes de esclarecer o que acontece na alma humana" (*ibid.*, § 111; *Psychologia empirica*, 1732, § 1). Neste sentido, a P. racional continua sendo uma corrente das filosofias que se inspiram na metafísica tradicional, mas deixou de ter eficácia sobre o desenvolvimento científico da psicologia.

b) A P. *psicofísica* ou, mais simplesmente, a psicofísica constituiu a primeira corrente empírica, experimental ou científica da psicologia. Wolff já lhe prescrevera um método indutivo ou experimental, característico de todas as ciências empíricas; no início do século XIX, Maine de Biran prescrevia seu campo de ação: a consciência (*Essai sur les fondements de la psychologie*, 1812). No entanto, ainda não existiam todas as condições para a fase científica da psicologia. Faltavam duas, estreitamente inter-relacionadas: em primeiro lugar, o reconhecimento da estreita relação entre os eventos psíquicos e os físicos, através da ação do sistema nervoso; em segundo lugar, a introdução de alguma técnica de medição. A concretização dessas duas condições levou a P. a constituir-se como psicofísica. Isto aconteceu graças a Helmholtz, Weber, e Fechner: o primeiro conseguiu medir, em 1850, a velocidade do impulso nervoso, enquanto o segundo enunciava a denominada "lei" da relação entre o estímulo e a sensação (segundo a qual o aumento do estímulo necessário para ser percebido como tal é proporcional à intensidade do estímulo originário), e o último estabelecia a "lei psicofísica fundamental", representada pela fórmula matemática que expressa a lei de Weber. Em 1860 Fechner publicava os *Elementos de psicofísica*, que a definiam como "a ciência exata das relações funcionais ou relações de dependência entre o espírito e o corpo". Esse foi o programa da P. científica nessa primeira fase de sua organização: programa no qual logo encontraram lugar os resultados das análises do empirismo inglês, desde Locke até Spencer. Este último, em *Princípios de P.* (1855), também definira como psicofísica a tarefa da P., afirmando que "a P. distingue-se das ciências em que se apóia [anatomia e fisiologia] porque cada uma de suas proposições leva em conta tanto o fenômeno interno conexo quanto o fenômeno externo conexo, ao qual se refere" (*Principles of Psychology*, 3.ª ed., 1881, p. 132). Do empirismo inglês, a P. extraiu duas características fundamentais, que a acompanharam nessa primeira fase, de constituição: o *atomismo* (v.) e o *associacionismo* (v.). Desse modo, suas estruturas teóricas fundamentais podem ser resumidas da seguinte maneira:

1.º A P. tem por objeto os "fenômenos internos" ou "fatos da consciência", e seu principal instrumento de indagação é a introspecção ou reflexão. Graças a esse aspecto, a corrente em exame foi muitas vezes chamada de P. *subjetiva* ou *reflexiva*, ou – mais raramente – "crítica".

2.º Os fatos de consciência ou fenômenos internos são estudados pela P. em sua conexão funcional com os fenômenos externos (fisiológicos ou físicos). Graças a esse aspecto, que é o mais característico da fase em questão, tal P. foi chamada de *psicofísica* ou também *fisiológica* (por Wundt). Com este aspecto tem relação a hipótese que sustentou nesta fase o trabalho experimental da P.: o *paralelismo psicofísico* (v.).

3º Tendência a resolver o fato de consciência por elementos últimos (sensações, emoções elementares, reflexos ou instintos elementares) e explicar os fenômenos mais complexos com a combinação de tais elementos (atomismo, associacionismo).

4º O caráter científico da P. é constituído pelo recurso aos procedimentos de indução, de experimentação e de cálculo matemático, que estabelece o caráter *descritivo* reivindicado pela P., analogamente ao que fazem as outras disciplinas empíricas.

c) A P. da *forma* ou *gestaltismo* ou *Gestalt* concentra seus ataques no 3º princípio fundamental da P. psicofísica, o atomismo e o associacionismo. Consiste em assumir como ponto de partida o princípio simetricamente oposto ao da P. associativa: o fato fundamental da consciência não é o elemento, mas a forma total, visto que esta nunca é redutível à soma ou à combinação de elementos. Seus fundadores foram Weltheimer, Köhler e Koffka; mesmo mantendo inalterado o 2º princípio fundamental da psicofísica, deixou de falar em fatos e fenômenos de consciência para considerar *formas, configurações* ou *campos*, em sua estrutura total. O gestaltismo tratou principalmente da percepção, a respeito da qual acumulou um número enorme de trabalhos experimentais (v. PERCEPÇÃO, 3, *a*).

d) A P. *objetiva, comportamental* ou *behaviorismo* concentra seus ataques no 1º princípio fundamental da P. psicofísica, negando que o instrumento fundamental da P. seja a introspecção ou a reflexão e que os fatos de consciência ou fenômenos internos sejam objeto dessa ciência; afirma que, ao contrário, os objetos da P. são as *reações* dos organismos aos estímulos, entendendo-se por reações movimentos ou fenômenos objetivamente observáveis, relacionados com os eventos do ambiente, que funcionam como estímulos. Em 1907, o fisiologista russo Bechterev publicava uma P. *objetiva* (depois traduzida para inglês e francês), que defendia justamente essa tese, mais tarde difundida e defendida pelos estudos de Pavlov sobre os *reflexos condicionados* (v. AÇÃO REFLEXA). Portanto, pode-se dizer que aí tem início o behaviorismo. Esse nome, porém, só lhe foi atribuído alguns anos mais tarde, pelo americano J. B. Watson, em um artigo de 1913 e depois num livro intitulado *Comportamento, introdução à P. comparativa* (*Behavior, An Introduction to Comparative Psychology*, 1914). Nessa primeira fase, o behaviorismo assumia caráter de necessitarismo rigoroso; a reação do animal era considerada efeito causal necessário do estímulo, por isso infalivelmente previsível a partir dele. O abandono desse necessitarismo e o reconhecimento do caráter simplesmente estatístico ou probabilístico das constantes verificáveis nas reações de resposta dos organismos aos estímulos constitui a fase mais moderna do behaviorismo (v. BEHAVIORISMO).

e) As denominadas P. *abissais* ou P. *das profundezas* concentram seus ataques no 4º princípio fundamental da P. científica clássica, considerando a P. como ciência de *interpretação*, e não de descrição. Com efeito, para a psicanálise, que é a maior e a mais coerente expressão das P. abissais, o ponto de partida da interpretação não está nos fatos, como faz a descrição, mas nos *sintomas*, e a noção de sintoma é fundamental em psicanálise (v. INCONSCIENTE). Na interpretação dos sintomas a psicanálise segue uma única regra básica: reduzir o sintoma a símbolo ou expressão deformada de uma necessidade ou de um conflito de natureza vagamente sexual, atinente à *libido* (v. LIBIDO; PSICANÁLISE; SEXUALIDADE). São variantes da psicanálise a denominada P. individual de Alfred Adler, que insiste particularmente no caráter finalista dos problemas psíquicos (*Praxis und Theorie der Individualpsychologie*, 1924), e a P. *analítica* de C. G. Jung, que na realidade é muito pouco analítica (no sentido próprio do termo), pois não faz senão atribuir caráter simbólico a muitos sintomas que para Freud tinham significado direto (*Coll. Pap. on Analytical Psychology*, 1916). (V. INCONSCIENTE; PROFUNDO.)

f) Para a P. funcional ou *funcionalismo*, o objeto da P. é constituído pelas funções ou operações do organismo vivo, consideradas como unidades mínimas indivisíveis. O funcionalismo inicia-se com uma obra de Dewey, *Conceito do arco reflexo em P.* (1896), na qual se afirmava categoricamente que o arco reflexo não pode ser dividido em estímulo e resposta, mas deve ser considerado como uma unidade da qual apenas o estímulo e a resposta auferem significado. Para indicar a unidade da função, o próprio Dewey empregou depois a palavra *transação* (v.), que servia para ressaltar a impossibilidade de considerar os elementos de uma função qualquer como entidades autônomas e independentes da relação de que participam (cf. *Knowing and the Known*, 1949, em colaboração com A. F. Bentley). A corrente funcionalista abandona os pressupostos 1º, 2º e 3º da P. tradicional. Abandona o 1º porque o objeto que se propõe estudar não é um fato de consciência, e sim uma função, ou seja, uma operação em virtude da qual o organismo entra em relação com o ambiente. Abandona o 2º princípio fundamental porque o método de que este se vale não é introspectivo, mas objetivo ou comportamentalista: as funções devem ser estudadas mediante procedimentos de observação objetiva. Finalmente, o funcionalismo tem em comum com a *Gestalt* o abandono do 3º princípio fundamental. Mas a principal novidade do funcionalismo é o *probabi-*

lismo, que consiste em negar não só aos procedimentos da ciência, mas também a todas as funções cognitivas humanas (inclusive a percepção imediata), o caráter de certeza infalível, e em atribuir a todas essas funções a possibilidade de atingirem uma validade apenas provável. Por este probabilismo, o funcionalismo constitui a inserção da P. no campo das idéias fundamentais da ciência contemporânea [N.A.]

Desenvolvimento teórico da psicologia profunda. O dissidente W. Reich tenta uma união entre psicanálise e marxismo, preconizando a superação da moral sexifóbica que caracteriza a sociedade autoritária e de classes (*A função do orgasmo*, 1927; *A revolução sexual*, 1936). O neofreudismo procede a uma "revisão" crítica das doutrinas de Freud. Entre os seus princípios encontramos a negação da importância primordial das pulsões sexuais; a recusa a sacrificar a autonomia do ego ao superpoder do id; a importância atribuída aos fatores ambientais, sociais e culturais (K. HORNEY, *Novos rumos da psicanálise*, 1939; H. S. SULLIVAN, *The interpersonal theory of psychiatry*, 1953; E. Fromm, *Psicanálise da sociedade contemporânea*, 1955). O lacanismo acusa o neofreudismo de ter "traído" a revolução epistemológica de Freud e propugna um "retorno ao Mestre" com base na tese, de filiação estruturalista, de que "o inconsciente é linguagem" (*Escritos*, 1966).

Desenvolvimentos teóricos do behaviorismo. Opondo-se ao "molecularismo" de Watson, C. Tolman interpreta o comportamento humano em termos de Gestalt, ou seja, de organização global, afirmando que ele não é redutível a uma seqüência mecânica de causas (os estímulos) e efeitos (as respostas), mas consiste, pelo menos no que se refere o "comportamento intencional" (*purposive behavior*), numa série de ações voltadas para determinados fins ou objetivos (*Purposive Behavior in Animals and Men*, 1932). C. L. Hull aprofunda o conceito de impulso motivacional (*drive*) e tenta uma obra de formalização e axiomatização da P. behaviorista (*Principles of Behavior*, 1943; *A Behavior System*, 1952). B. F. Skinner segue uma tendência rigorosamente objetivista e experimentalista, associada a uma epistemologia operacionalista, e, mesmo distinguindo entre um "comportamento respondente" (que responde simplesmente aos estímulos) e um "comportamento operante" (que produz conseqüências sobre o ambiente), reitera a equação comportamento = condicionamento, lutando contra a tradicional imagem do homem como ser livre e autônomo (*Science and Human Behavior*, 1953; *Beyond Freedom and Dignity*, 1971; *About Behaviorism*, 1974).

Outras orientações. Além das citadas, a P. do século XX e a P. contemporânea apresentam várias outras outros tendências ou modelos teóricos. Entre os mais conhecidos e conceitualmente relevantes, que são também os que interessam mais de perto a filosofia, lembramos: *a*) P. fenomenológico-existencial ou humanística; *b*) P. histórico-cultural soviética; *c*) P. genética; *d*) P. cognitivista.

a) A P. fenomenológico-existencial ou humanística, que se apresenta como "terceira força" entre a P. profunda (acusada de reduzir o homem ao inconsciente) e a P. behaviorista (acusada de reduzir a psique a comportamento), defende a imagem (existencialista) do homem como de um ser que projeta a sua existência *no* mundo e *entre* os outros, perseguindo o ideal de uma terapia centrada-no-cliente e nas suas peculiares opções de vida (cf. L. BINSWANGER, *Per una antropologia fenomenologica*, Feltrinelli, Milão, 1990; *Três formas da existência malograda* [Drei Formen Missgluckten Daseins], 1956; *Melanconia e Mania*, Boringhieri, Turim, 1977; E. MINKOWSKI, *Le Temps Vécu*, 1933; *Traité de psychopathologie*, 1966; C. R. ROGERS, *Terapia centrada no cliente*, 1951; R. MAY, *Psicologia e dilema humano*, 1967; e os textos de G. W. ALLPORT, R. D. LAING, M. BOSS, A. H. MASLOW etc.; v. PERSONOLOGIA).

b) A P. histórico-cultural soviética contesta as tendências redutoras da reflexologia de Pavlov e os resultados "idealistas" da P. tradicional, insistindo na estrutura sócio-histórica da psique, que ela concebe em moldes materialistas, mesmo dando especial atenção ao problema da consciência (L. S. VYGOTSKY, *Pensamento e linguagem*, 1934; A. R. LURIA, *Come lavora il cervello*, Il Mulino, Bolonha, 1977, A. N. LEONTIEV, *Atividade, consciência, personalidade*, 1975).

c) A P. genética (J. Piaget) cuida "da formação e dos significados do conhecimento", ou seja, dos meios por meio dos quais a mente passa de um nível de conhecimento inferior a um superior, com particular atenção ao pensamento infantil e aos seus "estágios" (*Psychologie et critique de la connaissance*, 1925; *A representação do mundo na criança*, 1926; *O juízo moral na criança*, 1932; *A Psicologia da inteligência*, 1947). Tal P. faz parte integrante do projeto interdisciplinar da "epistemologia genética" (v.).

d) A P. cognitivista, que tem sua primeira formulação em U. Neisser (*Cognitive Psychology*, 1967), recusa o antimentalismo behaviorista e põe no âmago de seus interesses os processos cognitivos da mente, que ela interpreta segundo modelos de tipo informático e cibernético, ou seja, como um sistema "complexo" capaz de elaborar informações segundo determinados "planos comportamentais" capazes de interagir com o ambiente. Dela e da sua autocrítica brotaram a "P. ecológica" e a ciência cognitiva (v.).

Para além do labirinto de estudos e tendências que a caracterizam, a P. contemporânea viu brotar de seu próprio seio uma série de questões epistemológicas transversais. Um dos problemas mais debatidos é o relativo ao status disciplinar e científico da P., que contrapõe os defensores de uma cientificidade de tipo naturalista e objetivista e os defensores de uma cientificidade de tipo histórico-hermenêutico. Outro problema é o relativo às conexões entre o psíquico e o neurofisiológico, que contrapõe os reducionistas e os anti-reducionistas, com uma gama de posições intermediárias. Outros problemas são os relativos à possibilidade de traduzir os dados psíquicos em construtos mensuráveis de tipo matemático, que contrapõe as fileiras de quantificacionistas e antiquantificacionistas; os relativos ao uso de teorias e modelos de alto nível de generalidade e formalização, que contrapõe teoricistas e antiteoricistas; os relativos à relação indivíduo-ambiente, que contrapõe ambientalistas e inatistas, com as inevitáveis soluções de meio-termo; os relativos à interpretação da mente como "metáfora do computador", que contrapõe os defensores da tese "forte" (segundo a qual a mente é um computador, ou seja, uma entidade que apresenta isomorfismos estruturais com ele) e os defensores da tese "fraca" (segundo a qual a mente, mesmo manifestando algumas analogias com o computador, não é redutível a ele); os relativos à existência ou não de uma verdadeira "doença" mental (que vivificaram as problemáticas da chamada "antipsiquiatria", gerando a teoria da psicose como reação desesperada a experiências sociais alienantes). Um outro problema que se liga a toda a tradição cultural do Ocidente é o relativo à liberdade: o que continuamos a definir como tal existe realmente ou trata-se de um velho mito "metafísico" destruído pelas ciências humanas e pelo princípio segundo o qual todo o real existe sempre e apenas em nexos causais rigorosos? Como se pode notar, interrogações desse tipo (ou outras de natureza análoga: pensemos nas questões referentes à consciência, ao inconsciente, à linguagem etc.) demonstram que a P. atual, pelo menos em certos níveis de discurso, é obrigada a "ir ao encontro" da filosofia ou "dar de encontrão" com ela (cf. U. GALIMBERTI, *Dizionario di psicologia*, Utet, Turim, 1992; A. CAROTENUTO, *Filosofia e psicologia*, em *La filosofia*, VV.AA., org. Paolo Rossi, Utet, Turim, 1995, vol. II, pp. 318-63). [G.F.]

PSICOLÓGICO (in. *Psychological*; fr. *Psychologique*; al. *Psychologisch*; it. *Psicologico*). 1. O que concerne à psicologia; nesta acepção, esse termo tem tantos significados quantas são as correntes conceituais da psicologia.

2. O que se refere à consciência do indivíduo, ou seja, às atitudes ou às valorações individuais. Nesse sentido, dizemos, por exemplo, que se trata de uma "questão puramente P." quando diante de uma questão cuja base não pode ser encontrada nos fatos ou no âmbito de determinado universo de discurso (p. ex., científico, lógico etc.). [N.A.]

PSICOLOGISMO (in. *Psychologism*; fr. *Psychologisme*; al. *Psychologismus*; it. *Psicologismo*). 1. Este termo tem origem no século XIX; designa em primeiro lugar qualquer filosofia que assuma como fundamento os dados da consciência, como reflexão do homem sobre si mesmo. Foi assim que G. F. Fries (1773-1844) e F. E. Beneke (1798-1854) entenderam O P., em oposição ao idealismo hegeliano. Ambos assumiram explicitamente como método e tarefa da filosofia a auto-observação ou consciência. Desse ponto de vista, a psicologia, como descrição da experiência interna, torna-se a única filosofia possível (cf. FRIES, *Neue oder anthropologische Kritik der Vernunft*, 1828; BENEKE, *Die Philosophie in ihrem Verhaltnis zur Erfahrung, zur Speculation und zum Leben*, 1833). Mais genérica e polemicamente, V. Gioberti entendia por P. o procedimento filosófico que vai do homem a Deus, contraposto àquele que vai de Deus ao homem. Este último é o *ontologismo* (v.). O P. é considerado por Gioberti como a característica da filosofia moderna, de Descartes em diante (*Intr. allo studio della filosofia*, 1840, II, p. 175).

2. No seu uso polêmico, o termo é constantemente empregado para designar a confusão entre a gênese psicológica do conhecimento e sua validade; ou a tendência a julgar justificada a validade de um conhecimento, quando na verdade só se explicou seu acontecimento na consciência. Neste sentido, foi Kant o primeiro a esclarecer o conceito de P. (apesar de não ter usado esse nome); foi quem iniciou a polêmica contra ele, fazendo a distinção, a propósito dos conceitos *a priori*, entre a *quaestio facti* de sua "derivação fisiológica", isto é, do seu acontecimento na mente ou na consciência do homem, e a *quaestio juris*, que consiste em perguntar o fundamento de sua validade, exigindo como resposta a dedução (v. DEDUÇÃO TRANSCENDENTAL) (*Crít. R. Pura*, § 12). Essa distinção, sempre presente na obra de Kant, significa a descoberta da dimensão *lógico-objetiva* do conhecimento; irredutibilidade dessa dimensão à consciência ou às condições subjetivas do conhecer foi defendida por muitas escolas kantianas: pela escola de Baden (Windelband, Rickert), pela de Marburgo (Cohen, Natorp) e pela fenomenologia (Husserl), que, na filosofia dos últimos decênios do século XIX e nos primeiros do século XX, combateram constantemente o psicologismo. Herman Lotze, em *Lógica* (1874), insistiu sistematicamente no ponto de vista antipsicológico, fazendo a distinção entre ato psíquico de pensar, que existe só como determinado evento temporal, e o conteúdo do pensamento, que tem outro

modo de ser, o da *validade*. Na lógica matemática, Frege impusera o mesmo ponto de vista: "Que não se tome como definição matemática a simples descrição do modo como se forma em nós certa imagem, nem como demonstração de um teorema o rol de condições físicas ou psíquicas que em nós devem ser satisfeitas para que possamos compreender seu enunciado. Que não se confunda a verdade de uma proposição com o fato de ela ser pensada! É preciso lembrar bem: uma proposição não deixa de ser verdadeira quando não a penso, assim como o sol não deixa de existir quando fecho os olhos" (*Die Grundlagen der Arithmetik*, 1884, Intr.; trad. it., em *Aritmética e lógica*, p. 23). Essas considerações eram repetidas quase literalmente por Husserl (*Logische Untersuchungen*, 1900, I, §§ 17 ss.), que mais tarde reforçava: "se dissermos que um número é uma formação psíquica, incidiremos num absurdo, chocar-nos-emos contra o sentido intrínseco do discurso aritmético, que está acima de todas as teorias e em todos os momentos e claramente contemplável em sua plena validade" (*Ideen*, I, 1913, § 22), prevenindo contra a tendência a "psicologizar o eidético", a identificar as essências com a consciência que se tem delas em cada caso (*ibid.*, § 61). A corrente antipsicológica, nesse sentido, hoje é a base de filosofias aparentemente díspares, como por exemplo do existencialismo, na forma observada na obra de Heidegger, que é a análise das situações humanas em sua essência, e não em sua ocorrência psíquica (cf. *Sein und Zeit*, § 7); o mesmo se pode dizer do empirismo lógico, cujo principal representante, R. Carnap, travou polêmicas constantes contra o P. (cf. *Der Logische Aufbau der Welt*, 1928, §§ 151 ss.; "Empiricism, Semantics, and Ontology", 1950, em *Readings in Phil. of Science*, 1953, p. 514). A polêmica contra o P. é, aliás, freqüente no empirismo lógico (cf., p. ex., A. PAP, *Elements of Analytic Philosophy*, 1949, p. 406). [N.A.]

PSIQUE (in. *Psyche*; fr. *Psyché*; al. *Psyche*; it. *Psiche*). Alma ou Consciência. Ver esses dois termos. [N.A.]

PSITACISMO (in. *Psittacism*; fr. *Psittacisme*; al. *Psittazismus*; it. *Psittacismo*). Uso das palavras sem referência aos objetos, como fazem os papagaios. Leibniz dizia: "Raciocina-se muitas vezes com as palavras, quase sem ter o objeto no espírito" [...]; neste caso, "nossos pensamentos e nossos raciocínios, contrários ao sentimento, são uma espécie de P." (*Nouv. ess.*, II, 21, 35). Sobre a linguagem oratória considerada como uma espécie de P., cf. C. K. OGDEN-I. A. RICHARDS, *The Meaning of Meaning*, 10.ª ed., 1952, p. 218. [N.A.]

PUBLICIDADE (in. *Publicity*; fr. *Publicité*; al. *Öffentlichkeit*; it. *Pubblicità*). Segundo Kant, é o critério para reconhecer imediatamente a legitimidade de uma pretensão jurídica. Kant chama de *fórmula transcendental do direito público* o seguinte princípio: "Todas as ações relativas ao direito de outros homens, cujo princípio não seja suscetível de P., são injustas" (*Zum ewigen Freiden*, apêndice II). [N.A.]

PÚBLICO (in. *Public*; fr. *Publique*; al. *Offentlich*; it. *Pubblico*). Esse adjetivo foi usado em sentido filosófico (especialmente por escritores anglo-saxões) para designar os conhecimentos ou os dados ou elementos de conhecimento disponíveis a qualquer pessoa em condições apropriadas e não pertencentes à esfera pessoal não verificável da consciência. Neste sentido, é P. o que Kant denominava *objetivo* (v.): aquilo de que todos podem participar igualmente, podendo portanto também ser expresso ou comunicado pela linguagem (cf. B. RUSSELL, *Human Knowledge*, II, 1; trad. it., p. 81). [N.A.]

PUNIÇÃO. V. PENA.

PURIFICAÇÃO. V. CATARSE.

PURISMO (in. *Purism*; fr. *Purisme*; al. *Purismus*; it. *Purismo*). 1. Em sentido moral: "espécie de pedantismo relativo à observação do dever considerado no sentido mais lato" (KANT, *Met. der Sitten*, Doutrina da virtude, I, § 7).

2. Em sentido lingüístico: espécie de pedantismo relativo à pretensão de conservar a forma clássica e original de uma língua.

3. Em sentido metafísico: espécie de pedantismo relativo à separação excessivamente rigorosa de uma faculdade humana da outra. A palavra foi usada nesse sentido por G. C. Hamann, como título de uma obra (*Metacrítica do P. da razão*, 1788, póstumo), na qual repreendia Kant por essa espécie de pedantismo com respeito à razão. [N.A.]

PURO (in. *Pure*; fr. *Pur*; al. *Rein*; it. *Puro*). 1. O que não está misturado com coisas de outra natureza, ou, com mais exatidão, o que é constituído de modo rigorosamente conforme à própria definição. Esta segunda definição explica o enorme uso que os filósofos fazem desse adjetivo, porquanto, depois de definirem um objeto, muitas vezes se acham na obrigação de distinguir as condições em que o objeto se apresenta rigorosamente em conformidade com sua definição, das condições em que dela se afasta em alguma medida: nas primeiras condições, o objeto é chamado de P. Anaxágoras dizia que o intelecto é P. porque só ele, "entre todos os entes, é simples e sem mistura" (ARISTÓTELES, *De an.*, 405 a 16). Platão falava em prazer "P.", sem mistura de dor (*Fil.*, 51 a, 52 c). Descartes falava da matemática "P." (*Méd.*, VI); Leibniz, da "P." razão (*Op.*, ed. Erdmann, pp. 229-230 etc.), assim como Wolff (*Psychol. empirica*, § 495). O primeiro motor de Aristóteles foi chamado de "Ato P." por ser atividade perfeita, desprovida de potência, mas essa expressão não é aristotélica (cir. *Met.*, XII, 6, 1071 b 22; 8, 1074 a 36).

2. Kant chamou de P., ou "absolutamente P.", o conhecimento "no qual, em geral, não se misture nenhuma experiência ou sensação, sendo por isso possível completamente *a priori*" (*Crít. R. Pura*, Intr., § VII). Neste sentido, razão P. "é a que contém os princípios para conhecer algo absolutamente a *priori*". Ciência da razão P. é uma crítica, e não uma doutrina, porquanto não pode proporcionar um sistema acabado da razão P., mas pode apenas ter função negativa, "servindo para purificar, e não para ampliar, a nossa razão, libertando-a dos erros" (*Ibid.*). Neste sentido, o oposto de P. é *empírico*. Esse adjetivo foi usado no mesmo sentido por Fichte, que disse ser P. o Eu absoluto (ou a sua atividade), por ser diferente do eu empiricamente condicionado e porque sua atividade prescinde completamente da experiência (*Wissenschaftslehre*, 1794, III, § 5, II). Este uso foi constante no idealismo de inspiração romântica. Gentile chamou o pensamento pensante de *ato P.* por ser independente de condições ou de conteúdo empírico (*Teoria generale dello spirito come atto puro*, 1920).

3. Na linguagem comum, chama-se P. uma ciência ou uma disciplina tratada teoricamente, sem consideração de suas possíveis aplicações; neste caso, P. é o contrário de *aplicado*. Hamilton já anotava a impropriedade desse uso (*Lectures on Logic*, I, 1866, p. 62). [N.A.]

PURPUREA, ILIACE, AMABIMUS, EDENTULI. Termos mnemônicos da lógica tradicional para exprimir a equivalência das quatro proposições modais, cada uma representada por uma sílaba na seguinte ordem: possível, contingente, impossível, necessário. A vogal que se acha em cada uma das sílabas (*A* ou *E* ou *I* ou *U*) indica se o modo deve ser afirmado ou negado e se a proposição deve ser afirmada ou negada. *A* significa a afirmação do modo e a afirmação da proposição; *E*, a afirmação do modo e a negação da proposição; *I*, a negação do modo e a afirmação da proposição; *U*, a negação do modo e a negação da proposição. Desta maneira, todas as quatro proposições indicadas pela mesma palavra são eqüipolentes, de tal forma que, se uma é verdadeira, as outras também são verdadeiras (ARNAULD, *Log.*, II, 8). Por exemplo, se *p* for uma proposição qualquer, para a palavra *Purpúrea* temos:

Possível = U = Não é possível que não *p*
Contingente = U = Não é contingente que não *p*
Impossível = E = É impossível que não *p*
Necessário = A = É necessário que *p*.

Analogamente para as outras palavras. [N.A.]

Q

QUACRISMO (in. *Quakerism*; fr. *Quakerisme*; it. *Quaccherismo*). A mais radical e liberal das correntes religiosas da Reforma. O movimento foi iniciado em 1649 na Inglaterra por George Fox, e o verdadeiro nome dos quacres foi "Sociedade dos Amigos" (*Friends Society*). O nome quacre foi cunhado pelo juiz Bennet porque durante um longo interrogatório de George Fox este lhe disse que "tremia ante as palavras do Senhor". Entre as maiores personalidades religiosas que aderiram a esse movimento estava W. Penn, que, no período das perseguições, emigrou para a América e fundou a colônia de Pensilvânia, e Robert Barkley, teórico do movimento. O Q. caracteriza-se: 1º pelo resoluta aversão a qualquer forma de culto externo, rito, pregação etc.; 2º pelo reconhecimento de que o único guia do homem é a luz interior, proveniente de Deus; 3º pelo caráter ativo e otimista que semelhante fé interior adquire nos quacres, que consideram o próprio pecado original como uma corrupção natural superável; 4º pela condenação da violência, portanto pela aversão à guerra. Em *Cartas sobre os ingleses* (1734), Voltaire exaltava a justeza e a validade da religiosidade dos quacres (*Cartas*, IV) (cf. ELFRIDA VIPONT, *The Story of Quakerism*, 1652-1952, Londres, 1954). [N.A.]

QUADRADO DOS OPOSTOS (it. *Quadrato degli opposti*). Indicado, segundo o uso escolástico, por A, E, I, e O, respectivamente, a proposição universal afirmativa ("todo homem corre"), a universal negativa ("nenhum homem corre"), a particular afirmativa ("alguns homens correm") e a particular negativa ("alguns homens não correm") e dispondo-as em Q. deste modo: obtemos suas relações lógicas fundamentais. A e E são *contrárias*: ambas podem ser falsas, mas não podem ser ambas verdadeiras; A e O, E e I são *contraditórias:* não podem ser ambas verdadeiras nem ambas falsas; I e O são subcontrárias: podem ser ambas verdadeiras, mas

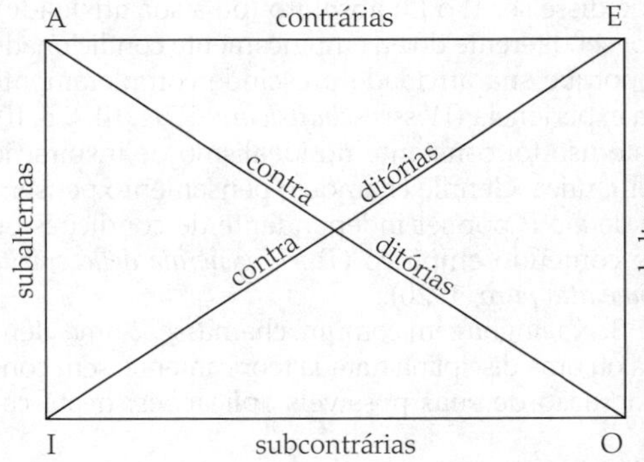

não ambas falsas; A e I, E e O são *subalternas*, no sentido de que A se subalterna (implica) a I, E se subalterna (implica) a O (mas não vice-versa). A origem deste célebre artifício didático, certamente medieval, é obscura. Foi atribuída erroneamente por Prantl ao platônico bizantino M. Pselo, e por isso o Q. é também chamado de "Q. de Pselo"; no entanto, está presente em documentação mais antiga, *Introductiones in logicam*, de Guilherme de Shyreswood (segunda metade do séc. XII), embora não faltem exemplos de paradigmas e esquemas deste gênero em textos anteriores. [G.P.]

QUADRATURA. V. GEVIERT.

QUADRÍVIO. V. CULTURA; ARTE.

QUAESTIO. Método escolástico de tratar um argumento a partir do século XII. O primeiro exemplo desse método está em *Sic et Non* de Abelardo, que é uma coletânea de opiniões (*sententiae*) de Padres da Igreja, dispostas por problemas, de tal maneira que as várias sentenças aparecem como respostas positivas ou negativas do problema proposto (daí o título *sim e não*). Na sua forma madura, a Q. é constituída pelas seguintes partes: 1ª enunciado (ex.: *Utrum deum esse sit perse notum*); 2ª relação das razões favoráveis à tese que será rejeitada pelo autor (*Ad primum sic proceditur Videtur quod deumesse sit per se notum*); 3.ª relação das razões favoráveis à tese oposta (*Sed contra;...*); 4.ª enunciação da solução escolhida pelo autor (*Conclusio*); 5.ª ilustração dessa solução; 6.ª refutação das teses aduzidas pela solução rejeitada, na ordem em que foram aduzidas (*Ad primum ergo dicendum... Ad secundum...*). A ordem em que as questões eram tratadas era fornecida por algum texto ao qual toda a coletânea servia de *comentário*: algum livro da Bíblia, alguma obra de Boécio ou de Aristóteles ou, mais freqüentemente, as *Sentenças* de Pedro Lombardo. *Quaestiones quodlibetales* ou mais simplesmente *Quodlibeta* eram as coletâneas de questões que os aspirantes ao título em teologia deviam discutir duas vezes por ano (antes do Natal e antes da Páscoa) sobre qualquer tema, *de quolibet*. As *quaestiones disputatae*, ao contrário, eram resultado das *diputationes ordinariae* que os professores de teologia sustentavam durante seus cursos sobre os mais importantes problemas filosóficos e teológicos (cf. sobre esses assuntos, MARTIN GRABMANN, *Die Geschichte der scholastischen Methode*, 1911, nova ed., 1956). [N.A.]

QUALIDADE (gr. ποιότης; lat. *Qualitas*; in. *Quality*; fr. *Qualité*, al. *Qualität*, it. *Qualità*). Qualquer determinação de um objeto. Como determinação qualquer, a Q. distingue-se da *propriedade* (v.), que, em seu significado específico, indica a Q. que caracteriza ou individualiza o próprio objeto, sendo portanto própria dele. A noção de Q. é extensíssima e dificilmente pode ser reduzida a um conceito unitário. Podemos dizer que ela compreende uma família de conceitos que têm em comum a função puramente formal de servir de resposta à pergunta *qual*? Aristóteles distinguiu quatro membros dessa família, sendo esta ainda a melhor exposição já feita sobre o conceito de qualidade.

1. Em primeiro lugar, entendem-se por Q. os hábitos e as disposições, que se distinguem porque o hábito é mais estável e duradouro que a disposição. São hábitos a temperança, a ciência e, em geral, as virtudes; são disposições a saúde, a doença, o calor, o frio etc. (*Cat.*, 8, 8 b 25; cf. *Met.*, V, 14, 1020 a 8-12). A filosofia contemporânea às vezes também recorre a hábitos disposicionais (cf., p. ex., C. L. STEVENSON, *Ethics and Language*, III, § 4, 1950, 5.ª ed., pp. 46 ss.), mas o precedente aristotélico geralmente é ignorado.

2. Uma segunda espécie de Q. consiste na capacidade ou incapacidade natural; neste sentido fala-se em lutadores, corredores, sãos, doentes etc. (*Cat.*, 8, 9 a 14). Esta é a Q. que os escolásticos chamaram de ativa (cf., p. ex., TOMÁS DE AQUINO, *S. Th.*, III, q. 49, a. 2).

3. O terceiro gênero de Q. é constituído pelas afeições e suas conseqüências: estas são as Q. sensíveis propriamente ditas (cores, sons, sabores etc.). (*Cat.*, 8, 9 a 27; cf. *Met.*, V, 14, 1020 a 8). Os escolásticos chamaram essas espécies de Q. passivas (cf. TOMÁS DE AQUINO, *loc. cit.*).

4. A quarta espécie de Q. é constituída pelas formas ou determinações geométricas, como por exemplo pela figura (quadrado, círculo etc.) ou pela forma (retilínea, curvilínea) (*Cat.*, 8, 10 a 10).

Na história ulterior da filosofia pouco ou nada foi acrescentado a essas determinações e distinções feitas por Aristóteles sobre a qualidade. Querendo-se eliminar delas o que é devido à sua mais estreita conexão com a metafísica aristotélica, pode-se obter maior simplificação, e reduzir a três os quatro grupos acima, caracterizando-os da seguinte maneira:

a) determinações *disposicionais*, que compreendem disposições, hábitos, costumes, capacidades, faculdades, virtudes, tendências, ou qualquer outro nome que se queira dar às determinações constituídas por possibilidades do objeto;

b) determinações *sensíveis*, simples ou complexas, que são fornecidas por instrumentos orgânicos: cores, sons, sabores etc.;

c) determinações *mensuráveis*, que se submetem a métodos objetivos de medida: número, extensão, figura, movimento etc.

Com esta modificação, a divisão aristotélica corresponde exatamente à de Locke; com efeito, as Q. (*a*) são as que Locke incluiu na terceira espécie de Q.: "aquelas que todos concordam em considerar apenas como meras capacidades que os corpos têm de produzir certos efeitos, embora se trate de Q. tão reais no objeto quanto as que, para adequar-me ao modo comum de falar, chamei de Q., mesmo distinguindo-as das outras pelo nome de Q. secundárias" (*Ensaio*, II, 8, 10). Por outro lado, as Q. (*b*) e (*c*) correspondem às que Locke chamava, respectivamente, de qualidades primárias e secundárias (v. mais adiante). Assim retificada, a distinção entre as várias espécies de Q. abrange todo o campo das discussões e dos problemas a que deu origem na tradição filosófica.

a) À noção de determinação disposicional faz referência não só a noção de Q. *oculta*, mas também a de *força*, que a suplantou nos primórdios da ciência moderna. Newton dizia: "Os aristotélicos não deram o nome de Q. oculta a qualidades manifestas, mas a Q. que eles supuseram além dos corpos, como causas desconhecidas de efeitos manifestos; estas seriam as causas da gravidade, da atração magnética e elétrica ou das fermentações, se supuséssemos tratar-se de forças ou ações derivadas de Q. que desconhecêssemos ou que fossem impossíveis de descobrir ou manifestar. Tais Q. ocultas impedem o progresso da filosofia natural, e por isso foram abandonadas nestes últimos anos" (*Optics*, 1740, III, 31). Com o mesmo espírito, Wolff definia como oculta a Q. "desprovida de razão suficiente", e acrescentava: "Q. oculta é, por exemplo, a gravidade se for concebida como força primitiva ou como força que Deus infundiu à matéria, para a qual não se possa dar *a priori* nenhuma razão natural. Tal é também a força motriz, se for considerada uma força primitiva que Deus infundiu à matéria no momento da criação. Certamente Aristóteles e seus seguidores, que admitiram as Q. ocultas, usaram esse termo com o mesmo significado" (*Cosm.*, § 189). O reparo de Wolff é mais claro que o de Newton: uma força será uma Q. oculta se dela não se der razão suficiente natural, mas não o será se for dada tal razão. Mas disso resulta também que tanto a noção de Q. oculta quanto a de força são integráveis na noção de Q. como disposição.

O mesmo significado de Q. está presente no conceito de *qualificação*. "Qualificar-se para" ou "ser qualificado para" significa ter a capacidade ou a competência, ou seja, a qualidade disposicional para realizar dada tarefa ou alcançar determinado objetivo. Às vezes, porém, o termo "qualificado" significa somente "limitado" ou "caracterizado por dadas condições", como acontece na linguagem jurídica.

b, c) As Q. nos sentidos B e C são as Q. tradicionalmente distinguidas como *primárias* e *secundárias*. Os termos "primário" e "secundário" remontam a Boyle, mas a distinção é bastante antiga e remonta a Demócrito (*Fr.* 5, Diels). Depois de muitos séculos foi retomada por Galileu (cf. *Opere*, ed. nac., VI, pp. 347 ss.), por Hobbes (*De corp.*, 25, 3), por Descartes (*Princ. phil.*, I, 57; *Méd.*, VI) e por Locke (*Ensaio*, II, 3, 9), que a difundiu na filosofia européia. A base da distinção é a possibilidade de quantificação que as Q. no sentido *c* têm em relação às do sentido *b*: por esta possibilidade, fogem às valorações individuais, mostrando-se independentes do sujeito e plenamente "objetivas" ou "reais". Em seguida a distinção foi combatida (p. ex., por Berkeley), principalmente com o fim de mostrar que nem mesmo as Q. primárias são objetivas, e que todas são igualmente subjetivas, ou seja, consistem em "idéias" (*Principles of Human Knowledge*, I, § 87). Segundo Husserl, o significado da distinção seria o seguinte: "A coisa experimentada fornece o simples *hoc*, um *x* vazio que se torna portador das determinações matemáticas e das fórmulas inerentes, e que não existe no espaço perceptivo, mas num espaço objetivo do qual o primeiro é apenas indício, ou seja, numa variedade euclidiana tridimensional de que só é possível fazer uma representação simbólica" (*Ideen*, 1, § 40). Neste sentido, as Q. objetivas delineariam a natureza de um objeto transcendente à percepção sensível, ao qual esta acenaria como a algo distante. [N.A.]

QUALIDADE DAS PROPOSIÇÕES (lat. *Qualitas propositionum*; in. *Quality of propositions*; fr. *Qualité des propositions*; al. *Qualität des Urteils*; it. *Qualità delle proposizioni*). Foi provavelmente o neoplatônico Apuleio, contemporâneo de Galeno, o primeiro a usar as palavras Q. e *quantidade* para indicar, respectivamente, a distinção das proposições em afirmativas e negativas e em universal e particular (*De int.*, p. 266; cf. PRANTL, *Geschichte der Logik*, I, p. 581). Kant acrescentou aos dois juízos tradicionais de Q. o juízo *infinito*. (V. INFINITO, JUÍZO.) [N.A.]

QUALIFICAÇÃO. V. QUALIDADE.

QUÂNTICA, FÍSICA. V. COMPLEMENTARIDADE; CONDIÇÃO; DETERMINISMO; FÍSICA; INDETERMINAÇÃO.

QUANTIDADE (gr. ποσόν; lat. *Quantitas*; in. *Quantity*; fr. *Quantité*; al. *Quantität*; it. *Quantità*). Em geral, a possibilidade de medida. Foi esse o conceito emitido por Platão e Aristóteles. Platão afirmou que a Q. está entre o ilimitado e a unidade, e que só ela é o objeto do saber; por exemplo, conhece realmente os sons quem não admite que eles sejam infinitos nem procura reduzi-los a um único som, mas conhece a Q. deles, ou seja, seu número (*Fil.*, 17a, 18 b). Aristóteles, por sua vez, definiu a Q. como o que é divisível em partes determinadas ou determináveis. Uma Q. *numerável* é uma pluralidade divisível em partes descontínuas. Uma Q. *mensurável* é uma grandeza divisível em partes contínuas, em uma, duas ou três dimensões. Uma pluralidade completa é um número; um comprimento completo é uma linha; uma extensão completa é um plano; uma profundidade completa é um corpo (*Met.*, V, 13, 1027 a 7).

Essas determinações de Aristóteles foram repetidas na escolástica e passaram a fazer parte das noções geralmente aceitas no início da modernidade. Pareceu indubitável que a matemática pudesse ser definida como "a ciência da Q." até que a evolução dessa ciência mostrasse que essa definição era restrita e imprópria (v. MATEMÁTICA). Foi justamente pensando na matemática que no século XVIII Wolff definiu a Q. como "aquilo em virtude do que as coisas semelhantes, ressalvada a sua semelhança, podem diferir intrinsecamente" (*Cosm.*, § 348), definição que poderia ser facilmente invertida dizendo-se que Q. é aquilo em virtude do que as coisas dessemelhantes, ressalvada a sua dessemelhança, podem ser semelhantes. Mas com esta forma, que corresponderia mais aos conceitos matemáticos modernos, não se estaria definindo a Q., e sim a *grandeza* (v.). De fato, em matemática o termo

Q. tornou-se sinônimo de grandeza, que é específico de certo campo de indagação e que depende da escolha oportuna de unidades de medida. Portanto, a Q. como categoria ou conceito generalíssimo não pertence mais às ciências, e no máximo pode-se dizer que constitui o caráter generalíssimo comum aos objetos díspares das ciências positivas, que é a possibilidade de serem medidos.

A tendência geral do pensamento científico a reduzir qualidade a Q. foi interpretada de maneira singular por Hegel, que falou em "linha nodal das relações de medida". A mudança gradual da Q. levaria, em certo ponto (ponto ou "linha nodal"), à mudança da qualidade, e a mudança gradual desta nova qualidade levaria a outro ponto nodal, e assim por diante. Hegel observava que, do lado qualitativo, a passagem para uma nova qualidade "é um salto: as duas qualidades são postas de modo completamente extrínseco uma à outra", e por isso a gradualidade da mudança quantitativa não permite compreender o devir (*Wissenschaft der Logik*, I, seç. 3ª., cap. 2; trad. it., I, pp. 446-7). Com isso ele negava que a passagem da Q. à qualidade ou vice-versa servisse para alguma coisa. Isso, porém, não impediu que Engels considerasse "a conversão da Q. em qualidade" como lei fundamental da dialética e visse em Hegel o descobridor dessa lei (*Dialektik der Natur*, trad. it., pp. 57 ss.) (v. DIALÉTICA; NODAL, LINHA; SALTO). [N.A.]

QUANTIDADE DAS PROPOSIÇÕES (it. *Quantità delle proposizioni*). Foi o neoplatônico Apuleio (v. QUALIDADE DAS PROPORÇÕES) o primeiro a chamar de Q. a divisão das proposições em universais e particulares, individuais e indefinidas (ARISTÓTELES, *De int.*, 7; *An. pr.*, I, 1). Kant reduziu a três as classes dos juízos segundo a Q., mais precisamente proposições universais, particulares e individuais (*Crít. R. Pura*, 9). Hamilton também falou da Q. dos conceitos, distinguindo a Q. intensiva, que é a intenção ou compreensão, e a Q. extensiva, que é a extensão ou denotação (*Lectures on Logic*, I, pp. 140 ss.). [N.A.]

QUANTIFICAÇÃO (in. *Quantification*; fr. *Quantification*; al. *Quantifikation*; it. *Quantificazione*). Aplicação de um ou mais *quantificadores* a uma fórmula aberta (com variáveis livres). Em geral, cada *quantificador* terá a forma de um *quantificador universal ou* a de um *quantificador existencial:* ao primeiro corresponde a expressão "para todos os..." ("para todo..."); ao segundo, a expressão "existe um..." ("Algum...", no sentido de "pelo menos um"). Na notação de Russell-Whitehead, a asserção "Todos os *x* têm a propriedade P", que exemplifica o caso de uma Q. universal, é representada (em símbolos): "(x)(Px)"; na notação de Hilbert: "∀x(Px)"; na notação polonesa: "ΠxPx". "Existe um x que tem P", que exemplifica o caso de uma Q. existencial é representada geralmente como "∃x(px) "; em notação polonesa: "ΣxPx". As variáveis que, em dada formula, sofrem o efeito de um quantificador, são chamadas *vinculadas.* A elaboração uma teoria coerente da Q. (por obra de Gottlob Frege) é uma das características distintivas da forma atual de lógica, em comparação com a lógica de outras épocas. A teoria da Q. baseia-se na possibilidade de aplicar a distinção entre *função* e *argumento* às expressões lingüísticas, portanto numa análise dos enunciados que é estranha à lógica pré-fregiana. Fundamental para a lógica anterior a Frege, de filiação aristotélico-escolástica, era a distinção entre *sujeito* e *predicado;* as expressões "Todos" ("Todo") e "Algum", também chamadas de "sinais de quantidade", eram concebidas como parte integrante do sujeito dos enunciados categóricos tradicionais. Em "Todos os A são B", o *sincategorema* (v. SINCATEGOREMÁTICO) "Todos" exprime a quantidade de A – quantos elementos de A têm a propriedade indicada por B. Nessa óptica, uma asserção singular como "Sócrates é sábio" era concebida como caso-limite do enunciado categórico universal ("Todos os Sócrates são sábios"), ou então do enunciado categórico particular ("Algum Sócrates é sábio"), uma vez que há um Sócrates e um apenas. Na óptica de Frege, porém, são as asserções singulares que constituem o ponto de referência para a análise do enunciado. Além disso, na tradição, procurava-se reduzir todas as asserções singulares compostas de um sujeito e de um verbo – como, por exemplo, "Sócrates corre" – à forma canônica "sujeito-cópula-predicado", decompondo o verbo em duas partes: cópula + predicado verbal. Assim, "Sócrates corre" era analisado como "Sócrates é corredor". Com Frege, em certo sentido, tem-se nesse caso a operação oposta: todos os enunciados singulares são reduzidos à forma correspondente a "Sócrates corre". Cada enunciado singular é decomposto em um sujeito e um atributo que se refere a ele. Se indicarmos o nome "Sócrates" com "a", "ser sábio" com "P", e "correr" com "Que", "Sócrates é sábio" e "Sócrates corre" assumem, respectivamente, as formas: "Pa" e "Qa". "P(...)" e "Q(...)" são a parte *funcional* das duas expressões correspondentes, enquanto "a" é o argumento ao qual as duas funções se aplicam. A parte funcional dos dois enunciados pode ser expressa pondo-se uma variável no lugar vazio indicado por "(...)", obtendo-se assim as fórmulas: "Px", "Qx". Antepondo-se o quantificador universal (existencial) a cada uma das duas fórmulas, obtêm-se as fórmulas quantificadas: ∀x(Px) [∃x(Px)]; ∀x(Qx) [∃x(Qx)]. Desse modo é fácil dar conta de enunciados que contêm uma pluralidade de quantificadores e, sobretudo, de expressões quantificadas que contêm outras expressões com quantificadores, e assim por diante. Em lógica clássica, a Q. universal é exprimível em termos de Q. existencial: "∀x" é definível como ¬ ∃x ¬ e inversamente. [M.M.]

QUANTIFICAÇÃO DO PREDICADO (in. *Quantification of the predicade;* it. *Quantificazione del predicato*). Consiste na idéia de indicar a quantidade do predicado num enunciado categórico, contrariando o parecer de Aristóteles. "Todos os homens são mortais", por exemplo, ao se exprimir a quantidade do predicado, torna-se: "Todos os homens são alguns mortais." Em meados do século XIX, a Q. do predicado foi teorizada e divulgada por William Hamilton, que elaborou uma interpretação sistemática dos enunciados categóricos com predicado quantificado. Hamilton criou assim uma polêmica acalorada com Augustus De Morgan relativamente à prioridade da descoberta da Q. do predicado: esta, porém, já era conhecida por Leibniz e outros autores da tradição lógica dos séculos XVII e XVIII (e até se pode ver um prenúncio seu na concepção medieval de *distribuição* (v.) dos termos). Principalmente para quem se inspirava na álgebra para construir um cálculo lógico, a Q. do predicado dava a possibilidade de exprimir os enunciados categóricos na forma de equações (interpretando a cópula como identidade). O enunciado "Todos os A são B", por exemplo, podia ser expresso como "A = BY", em que "Y" particulariza o conjunto de objetos que têm a propriedade B (Leibniz). O papel da Q. do predicado na determinação da gênese do processo de matematização da lógica iniciado com George Boole é totalmente secundário, apesar de Boole ter reconhecido que a disputa entre De Morgan e Hamilton lhe serviu de estímulo para a retomada dos estudos de lógica e para a elaboração das suas teorias. [M.M.]

QUANTIFICADOR. V. OPERADOR.

QUANTIFRENIA (in. *Quantophrenia;* fr. *Quantophrénie;* it. *Quantofrenia*). Foi assim que P. Sorokin chamou a "mania de quantificar a qualquer custo" no campo das ciências psicológicas e sociais (*Fads and Faibles in Modern Sociology and Related Sciences,* 1956, caps. VII-VIII). [N.A.]

QUATERNIO TERMINORUM. Expressão usada para indicar o tipo mais comum de falácia lógica, constituída pela duplicidade de significado de um dos termos empregados no raciocínio, como no exemplo tirado de Sêneca: "*Mus* (o rato) é uma sílaba; o rato rói o queijo; portanto a sílaba rói o queijo" (*Ep.*, 48) (v. EQUIVOCAÇÃO). [N.A.]

QUEDA (gr. ἔκπτωσις; lat. *Casus;* in. *Fall;* fr. *Chute;* al. *Fall;* it. *Caduta*). O mito da Q., segundo o qual a alma humana teria decaído de um estado original de perfeição, no qual contemplava a verdade de frente, na bem-aventurança, é exposto em *Fedro* (248a ss.) de Platão e repetido por Plotino (*Enn.*, VI, 9, 9), por outros neoplatônicos, pelos *gnósticos* (v.) e pelos padres da Igreja Oriental. Orígenes explicou a formação do mundo sensível a partir da queda de substâncias intelectuais que habitavam o mundo inteligível: Q. devida à sua preguiça e à aversão ao esforço exigido pela prática do bem. Deus estabelecera que o bem dependeria exclusivamente da vontade dessas substâncias intelectuais e deu-lhes liberdade. Sua Q. (e assim a formação do mundo sensível) depende exclusivamente do mau uso dessas liberdades (*De princ.*, II, o, 2; *Fr.* 23 A). Os gnósticos, ao contrário, negaram essa liberdade. No mundo moderno, a teoria da Q. foi retomada por Renouvier (*Nova monadologia,* 1899). O homem, saído das mãos de Deus como criatura livre, ao usar a liberdade provocou sua queda e, ao mesmo tempo, a ruína do mundo harmonioso criado por Deus. Poderá erguer-se através da própria liberdade e da sucessão de provas dolorosas que o reeducarão, devolvendo-o à harmonia original do universo (v. APOCATÁSTASE). [N.A.]

QUENTE E FRIO (gr. θερμὸν καὶ ψυχρόν; lat. *Calor frigusque;* it. *Caldo e freddo*). Essa oposição, correspondente à oposição entre luz e trevas, foi introduzida por Parmênides como princípio de explicação da aparência sensível (*Fr.* 8-9 Diels). Diz Aristóteles: "Parmênides toma por princípios o Q. e o frio, que ele, no entanto, chama de fogo e terra" (*Física,* I, 5, 188 a 20). No Renascimento, Bernardino Telésio retomou essa oposição considerando o Q. e o frio como as duas forças ou "naturezas agentes" que determinam o universo e das quais uma reside no Sol e a outra na Terra (*De rer. nat.*, I, 3). [N.A.]

QUERIGMA (it. *Kerygma, Cherigma*). Termo grego (anúncio, mensagem) que designa o ato e o conteúdo da primeira pregação cristã. [G.F.]

QÜIDIDADE (lat. *Quidditas;* in. *Quiddity;* fr. *Quiddité;* al. *Quiddität;* it. *Quiddità*). Termo introduzido pelas traduções latinas feitas no século XII (do árabe) a partir das obras de Aristóteles; corresponde à expressão aristotélica τό τι ἦν εἶναι (*quod quid erat esse*). Esse termo significa essência necessária (substancial) ou substância (v. ESSÊNCIA; SUBSTÂNCIA). [N.A.]

QUIETISMO (in. *Quietism;* fr. *Quiétisme;* al. *Quietismus;* it. *Quietismo*). Crença de que o estado de graça ou de união com Deus pode ser obtido pondo-se a vontade pessoal nas mãos de Deus, sem qualquer rito ou prática religiosa. O Q. foi adotado por muitas correntes religiosas, mas esse termo foi cunhado com referência à forma por ele assumida no catolicismo por obra de Miguel Molinos (1627-1696), cujas teses foram condenadas pelo Papa Inocêncio XI em 1687. [N.A.]

QUIETIVO (in *Quietive*; fr. *Quiétif*; al. *Quietiv*; it. *Quietivo*). Foi assim que Schopenhauer chamou o conhecimento filosófico, por analogia e antítese com motivo, porquanto ele leva à negação da vontade de viver, ao ascetismo: essa negação "ocorre depois que o conhecimento total do ser tornou-se Q. do querer" (*Die Welt*, I, § 68). Q., neste sentido, também é a arte como contemplação desinteressada das idéias platônicas (*ibid.*, 1, § 70). [N.A.]

QUILIASMO (in. *Chiliasm*; fr. *Chiliasme*; al. *Chiliasmus*; it. *Chiliasmo*). Q. ou milenarismo é o nome que se dá hoje à crença no advento de uma renovação radical do gênero humano e na instauração de um estado definitivo de perfeição. O *Apocalipse* de S. João é o principal documento de crenças semelhantes, que foram muito freqüentes nos primeiros séculos do cristianismo, voltando a apresentar-se também na Idade Média. Gioacchino da Fiore (séc. XII) preconizou o iminente advento de uma terceira era da história humana, a do Espírito Santo (*Concordia Novi et Veteris Testamenti*, IV, 35). Kant falou de um Q. filosófico "que aspira a um estado de paz perpétua, fundada na união das nações, como república mundial (*Religion*, I, 3). [N.A.]

QUINQUE VOCES. São os cinco conceitos generalíssimos, ou cinco tipos de predicado universal (por isso chamados também de "predicáveis") da Lógica clássica: *gênero, espécie, diferença, próprio* e *acidente*. O cerne da sua distinção e da problemática relativa está nos *Tópicos* de Aristóteles, mas o estudo formal e explícito delas como categorias fundamentais da lógica acha-se em *Isagoge* de Porfírio. Foi sobretudo graças à versão e aos comentários de Boécio sobre esta obra que elas passaram para a Lógica medieval. [N.A.]

QUINTESSÊNCIA (lat. *Quinta essentia*; in. *Quintessence*; fr. *Quintessence*; al. *Quintessenz*; it. *Quinta essenza*). 1. O éter, isto é, a substância que, segundo Aristóteles, compõe os céus, que é diferente dos quatro elementos que compõem os corpos sublunares (v. ÉTER).

2. Extrato corpóreo de uma coisa, obtido pela sua análise alquímica mediante a separação do elemento *dominante* dos outros elementos que estão misturados nela. Segundo Paracelso, na Q. estão os arcanos, que são as forças ativas de um mineral, de uma pedra preciosa, de uma planta; são utilizados pela medicina na feitura de medicamentos (*De misteriis naturalibus*, I, 4). Neste sentido, emprega-se também o termo para indicar o princípio ativo de uma coisa ou a sua parte mais pura. [N.A.]

QUODLIBETA. V. QUAESTIO.

QUOTIDIANIDADE. V. COTIDIANIDADE.

R

RAÇA. V. RACISMO.

RACIOCÍNIO (gr. λογισμός; lat. *Ratiocinatio*; in. *Reasoning*; fr. *Raisonnement*; al. *Vernunftschluss*; it. *Ragionamento*). Qualquer procedimento de inferência ou prova; portanto, qualquer argumento, conclusão, inferência, indução, dedução, analogia etc. Stuart Mill dizia: "Inferir uma proposição de uma ou mais proposições precedentes e crer ou pretender que se creia nela como conclusão de qualquer outra coisa significa raciocinar, no mais amplo sentido do termo" (*Logic*, II, I, 1). John Stuart Mill excluía do âmbito do R. somente "os casos nos quais a progressão de uma verdade para outra é apenas aparente, porque o conseqüente é mera repetição do antecedente" (*ibid.*, II, 1, 3); além disso, identificava raciocínio e inferência. Mas essa restrição desapareceu do uso corrente do termo, que hoje compreende também as inferências tautológicas, consideradas próprias da matemática e da lógica (cf. P. F. STRAWSON, *Intr. to Logical Theory*, 1952, pp. 12 ss.). Portanto, a ilustração dos significados do termo pode ser achada nos verbetes que constituem a extensão do termo em questão, especialmente nos seguintes: dedução, indução, prova, demonstração, inferência, silogismo, argumento, analogia.

Contudo, a classificação fundamental dos R. divide-os em *dedutivos* e *indutivos* Essa distinção, já estabelecida por Aristóteles (*An. pr.*, II, 23, 68 b 13), costuma ser utilizada ainda hoje, às vezes com nomes um pouco diferentes. Peirce, por exemplo, falava em R. *explicativos analíticos* ou *dedutivos*, por um lado, e de R. *explicativos, sintéticos*, ou *indutivos*, por outro (*Chance, Love and Logic*, I, 4, 3; trad. it., p. 67), que são justamente os nomes mais empregados para designar as duas espécies fundamentais do raciocínio. [N.A.]

RACIOCÍNIO APAGÓGICO. V. APAGÓGICO; REDUÇÃO.

RACIOCÍNIO POR ANALOGIA. V. ANALOGIA.

RACIONAL (gr. λογικός; lat. *Rationalis, Rationabilis*; in. *Rational*; fr. *Rationnel, Raisonnable*; al. *Vernünftig*; it. *Razionale, Ragionevole*). 1. Aquilo que constitui a razão ou diz respeito à razão, em qualquer dos significados deste termo (v.).

2. Quem tem a possibilidade do uso da razão; nesse sentido diz-se que o homem é um animal racional. Agostinho afirma que os sábios "chamaram de *rationabilis* quem faz ou pode fazer uso da razão, e de *rationalis* aquilo que é feito ou dito pela razão"; portanto, acha que é preciso chamar de *rationales* os discursos ou os banhos, e de *rationabilis* aqueles que os praticam (*De ordine*, XI, 31). Mas essa distinção não é facilmente defensável porque os antigos chamaram também o homem de *racional* (*rationalis*) (cf., p. ex., QUINTILIANO, *Inst.*, V, 10, 56). Por outro lado, chamamos hoje de racional ou razoável também aquilo que se conforma à razão.

3. Que tem por objeto a razão, sua forma e seus procedimentos. Neste sentido, Sêneca (*Ep.*, 89, 17) e Quintiliano (*Inst.*, XII, 2, 10) chamaram a lógica de "filosofia R.", o que foi imitado por Wolff (*Log.*, 1728) e por outros. [N.A.]

RACIONALIDADE (in. *Rationality*; fr. *Rationalité*; al. *Rationalität*; it. *Razionalità*). O termo R. e o predicado "racional" caracterizam diversos aspectos do comportamento humano: a ação, cuja R. é calculada com base na eficácia dos meios escolhidos em vista de um fim; as crenças, cuja formação e modificação com base na evidência preside à decisão racional; a elaboração sistemática da experiência através de princípios explicativos gerais. A moderna noção de R. formou-se originariamente fora da filosofia, tornando-se objeto de indagação em disciplinas especializadas, como a economia e a sociologia. M. Weber introduziu a noção de R. como conceito sociológico fundamental, concebendo-a como uma característica de determinado tipo de agir social. Nas reflexões weberianas sobre o método das ciências histórico-sociais desempenham papel de primeira plana as disputas entre a escola histórica alemã de economia e a nascente teoria marginalista. Não só a determinação do que é R., mas também a busca de critérios metodológicos capazes de confirmar suas características desenvolvem-se independentemente de questões filosóficas sobre o tema da razão. Outro impulso à revisão das concepções tradicionais da razão provém das pesquisas etnológicas e do problema referente à R. das práticas e das crenças do "pensamento selvagem". Nas ciências sociais (economia e teoria das decisões), a noção de R. foi elaborada, com o auxílio de técnicas altamente formalizadas, em relação ao comportamento individual e coletivo e à escolha racional dos meios em vista de determinados fins. Os resultados das pesquisas realizadas por essas disciplinas especializadas repercutem na imagem tradicional da razão, entendida como faculdade humana ou como princípio imanente ao curso da história. A R. configura-se mais como uma propriedade que inere às ações, às decisões, aos sistemas de crenças e às imagens do mundo.

Sobre o pano de fundo das discussões filosóficas modernas e contemporâneas emerge como tema dominante uma imagem da R. estreitamente entrelaçada ao mundo moderno e à civilização ocidental. Impulso decisivo para a afirmação dessa imagem foi dado pela interpretação de Weber da moderna sociedade como resultado de um processo de racionalização. As teorias weberianas exerceram profunda influência, no período compreendido entre as duas guerras mundiais, sobre o chamado marxismo ocidental (Lukács, em particular), sobre os primeiros expoentes da Escola de Frankfurt e depois sobre J. Habermas. Orientação diferente emerge nas reflexões de Husserl sobre a crise das ciências européias e nas reflexões do "segundo" Heidegger sobre a essência da técnica. Comum a ambos, a despeito das diferentes interpretações do fenômeno, é a redução da R. moderna à R. das ciências naturais e a conseqüente atitude crítica em relação a ela. Diametralmente oposta é a concepção da R. que se afirmou no neoempirismo. Considerando o conhecimento científico a única forma de saber válido e modelo paradigmático da R., os neo-empiristas atribuíram à filosofia a tarefa de fornecer uma reconstrução racional dos procedimentos e dos resultados da moderna ciência da natureza.

I. *R. e racionalização social* – Na tipologia do agir social elaborada por Weber, a ação racional em relação ao objetivo ocupa lugar proeminente com respeito aos outros tipos de agir; designa a orientação do agir em vista de um fim, levando em conta a adequação dos meios das possíveis conseqüências concomitantes. No entanto, a consideração das possíveis conseqüências falta em outras formas de agir, como o agir racional em relação ao valor, ou seja, em relação a valores de caráter religioso ou ético assumidos como não condicionados (*Wirtschaft und Gesellschaft*, 1922, § 2). A distinção entre os vários tipos de agir está na base da tentativa weberiana de identificar as características fundamentais da moderna sociedade capitalista. Do ponto de vista econômico, o capitalismo moderno representa o máximo da R. formal, baseando-se na organização racional do trabalho formalmente livre e no cálculo do capital em situação de livre mercado. O racionalismo econômico é apenas um aspecto da R. que se impôs no mundo moderno. Weber emprega o termo também com referência à conduta de vida e às imagens do mundo. Um ingrediente necessário da R. econômica é a racionalização da conduta de vida e uma ética econômica racional, inspirada na conformidade ao dever profissional (que, segundo uma famosa tese weberiana, se formou no Ocidente no âmbito das religiões protestantes). Processo análogo de racionalização ocorreu nas imagens do mundo, com origem num progressivo "desencantamento", ao longo do qual foram eliminados os sistemas de crença míticos e mágicos. No mundo moderno desencantado, o saber racional privou as grandes visões de mundo metafísicas e religiosas de sua capacidade de conferir um sentido unitário à realidade. O tema unificante que anima a indagação weberiana consiste na questão da unicidade do racionalismo ocidental; de como foi historicamente possível que apenas no Ocidente se impusesse uma forma de R. que se estendeu a todas as esferas da vida social, à organização do Estado, ao direito, às ciências da natureza e até às diferentes disciplinas artísticas.

O conceito weberiano de R. constituiu o ponto de referência crítico para o marxismo de Lukács e da Escola de Frankfurt; o que une essas correntes de pensamento é o elo estreito que se institui entre a teoria weberiana da racionalização e a análise marxista do processo de produção capitalista. Segundo Lukács (*Geschichte und Klassen Bewußtsein*, 1923), a identificação das características específicas do capitalismo na R. e na calculabilidade, por parte de Weber, é unilateral e fica na superfície do fenômeno, ocultando a esfera decisiva das relações de produção. A gênese do processo de racionalização deve ser buscada na dinâmica do processo de produção capitalista. A R. vem de tal modo a entrelaçar-se com a *reificação* (v.), com o domínio sobre a sociedade de uma condição de mistificação que Marx definiu como fetichismo das mercadorias. Para Lukács, a superação da reificação é possível somente através de um processo de emancipação revolucionária cujo sujeito histórico é o proletariado.

Os pensadores da Escola de Frankfurt ratificam o nexo entre racionalização e reificação, mas não o consideram conseqüência exclusiva das condições capitalistas do desenvolvimento. Na base dessa mudança de perspectiva está a oposição, por parte de Adorno e Horkheimer, às versões evolucionistas que entendem o progresso como desenvolvimento das forças produtivas e condição necessária para a transformação das relações sociais; o processo de racionalização ocorrido no mundo moderno é então interpretado como momento culminante de uma R. instrumental que, no curso da civilização humana, assumiu como objetivo o domínio sobre a natureza externa para fins de autoconservação. Na *Dialektik der Aufklärung* (1947), a R. instrumental torna-se sinônimo de iluminismo; isentada da sua determinação histórica, essa noção é projetada para trás no tempo e identificada na atitude antimítica ligada ao abandono do temor reverencial a uma natureza não dominável, que começou na sociedade mercantil grega e constituiu o embrião da moderna R. Retomando um tema amplamente tratado por Husserl, Adorno e Horkheimer vêem na revolução científica do século XVII outra etapa decisiva na redução do mundo natural desencantado a ordem matematicamente determinável, que encontra expressão no ideal científico da *scientia universalis* baconiana e na *mathesis universalis* leibniziana. O progresso social possibilitado pelo emprego da ciência e da técnica nos processos produtivos não levou à libertação dos homens, mas transformou-se em instrumento de opressão e alienação (v. DIALÉTICA DO ILUMINISMO).

J. Habermas, mesmo vinculando-se aos termos da Escola de Frankfurt, questionou a identificação entre R. e dominação, ressaltando suas insuficiências explicativas. O predomínio exclusivo atribuído ao agir racional em relação ao objetivo impede que se apreendam em toda a sua complexidade os processos de racionalização ocorridos no mundo moderno. Em *Theorie des Kommunikativen Handelns* (1981), Habermas vale-se de instrumentos de análise da filosofia analítica da linguagem, assumindo-os como fundamento filosófico para uma teoria sociológica, em oposição ao enquadramento conceitual da filosofia da consciência, dentro da qual se manteve a noção tradicional de R. instrumental. Como fundamento desta última tem-se a idéia de um sujeito que se contrapõe a um mundo objetivo, conhecendo-o e manipulando-o: a R. só pode ser compreendida de modo instrumental, como calculabilidade e domínio. A mudança de paradigma da consciência para a linguagem, propugnada por Habermas, tem o objetivo de tornar temáticos aspectos da R. intrínsecos à comunicação intersubjetiva. A R. específica inerente ao tipo de agir "comunicativo", regulado por valores e normas compartilhados intersubjetivamente, tem características diferentes do agir teleológico. Ambos os tipos possuem uma R. específica. Na esteira de Weber, Habermas vê a sociedade moderna como resultado final do desenvolvimento de estruturas de ação racional em relação ao objetivo, estruturas que se diferenciaram em sistemas autônomos como a economia de mercado e o sistema político-administrativo. O agir específico desses sistemas pode ser racionalizado sob o aspecto técnico dos meios escolhidos com o fim de garantir a reprodução social. Ao lado desses sistemas, outro componente da sociedade é constituído pelo mundo da vida, o âmbito do agir comunicativo: ele compreende a reprodução cultural, a socialização, a integração social através de valores e normas compartilhadas, cuja validade depende de justificações historicamente variáveis (mágico-rituais, religiosas, racional-discursivas). Os processos de racionalização que intervêm nesse âmbito não são de tipo técnico-instrumental, mas de tipo prático-moral (v. AGIR COMUNICATIVO/AGIR INSTRUMENTAL).

II. *R. e matematização da natureza* – Na interpretação de Husserl, a forma de R. típica da época moderna deve ser detectada na matematização da natureza, a que a ciência moderna deve o seu peculiar status científico. Um dos traços distintivos do novo modo de conceber a natureza é identificado por Husserl na distinção entre qualidades primárias e secundárias: real e objetivamente cognoscíveis e passíveis de determinação rigorosa são os corpos concebidos como objetos abstratos, situados num espaço geométrico abstrato e, portanto, isentos de qualquer outra qualidade subjetiva, ou seja, "secundária". Com Galileu tem início a sobreposição da natureza idealizada à natureza experimentada cotidianamente no mundo da vida. Essa "roupagem ideal bem confeccionada" da ciência natural matemática levou a tomar pelo verdadeiro ser das coisas aquilo que na realidade é apenas um método para a explicação e a previsão dos fenômenos naturais (*Die Krisis der europäischen Wissenschaften und die transzendental Phänomenologie,* 1936 § 9b). A ocultação do mundo da vida teve como resultado a crise das ciências européias, incapazes de dar respostas às questões de sentido da existência humana. A identificação entre R. e R. científica é a manifestação de um racionalismo unilateral e uma traição do ideal originário de conhecimento que se expressou na atitude teórica dos gregos, da qual a humanidade européia pode considerar-se legítima herdeira.

III. *R. e pensamento calculante* – A moderna R. científica é vista por Heidegger – diferentemente de Husserl – não como deformação do ideal do *logos* clássico, mas como seu prosseguimento coerente. Na técnica, em que se realiza a objetivação calculante do ente, consuma-se a história da metafísica ocidental; ela é a expressão máxima do "humanismo metafísico", entendido como imposição do próprio domínio cognitivo e manipulador, que se instalou na tradição filosófica ocidental a partir de Platão. A concepção platônica das idéias, concebidas como o que é visível e apreensível pelo intelecto, é o ato inaugural da concepção de verdade entendida como correção da representação e assumida como garantia do conhecimento do ente. No percurso da metafísica ocidental, com Descartes o sujeito cognoscente é posto pela primeira vez como fundamento da objetividade da representação. A questão ontológica transforma-se em questão sobre o método, sobre o modo de atingir um conhecimento seguro do ente. A técnica moderna, com os seus procedimentos de manipulação e experimentação, representa o resultado extremo da equiparação entre verdade a certeza subjetiva, na qual o ente é mostrado como objeto físico quantificável. No mundo da metafísica consumada, a essência da técnica revela-se no dispositivo (*Gestell*), na organização técnico-científica, em que a natureza é reduzida a "fundo estável" ou seja, recurso para objetivos práticos (*Vorträge und Aufsätze*, 1954) (v. GESTELL; TÉCNICA).

IV. *R. e método científico* – O neo-empirismo nas suas diferentes versões (do "verificacionismo" de Reichenbach e Carnap ao "falsificacionismo" de Popper; v. EMPIRISMO LÓGICO), pondo no cerne da pesquisa filosófica a reconstrução racional do procedimento científico, foi unânime ao reiterar o aspecto lógico, e não psicológico, desse procedimento, distinguindo nitidamente o "contexto da descoberta", relativo ao contexto histórico concreto em que determinadas hipóteses e teorias ganharam forma, e o contexto da "justificação", relativo aos fundamentos lógicos que justificam uma crença científica, portanto às relações entre hipóteses, observações e verificações. A formulação das regras do método científico define a R. típica da ciência; um dos seus objetivos é a avaliação crítica de determinadas teorias (rechaçando eventualmente suas pretensões cognitivas, como no caso da psicanálise e da astrologia, segundo Popper). Ademais, a comparação entre teorias rivais em relação ao grau de credibilidade ou aceitabilidade com base nas evidências disponíveis podia fornecer critérios capazes de evidenciar a natureza racional das escolhas teóricas realizadas e dar conta da mudança científica. Foi nesse ponto específico, na real capacidade de essas regras metodológicas darem conta do real desenvolvimento da ciência, que se concentrou o debate na filosofia da ciência anglo-saxônico. T. Kuhn (em *The Structure of Scientific Revolutions,* 1962) sustentou, contra o falsificacionismo, que as anomalias, as discrepâncias entre hipóteses teóricas e observações, podem ser acomodadas por meio de modificações e ajustes oportunos nas teorias. O posicionamento verificacionista baseia-se no pressuposto, que se revelou indefensável, de que há uma linguagem observacional neutra comum a teorias em competição que possibilita o confronto entre elas. Uma tentativa de defesa da concepção metodológica da R. foi envidada por I. Lakatos (*Criticism and the Growth of Knowledge,* 1970). Contra a imagem de "R. instantânea" própria de Popper, Lakatos examina a evolução das teorias a longo prazo. Uma teoria não é abandonada porque falsificada pelas observações, mas é substituída por outra teoria que tem mais capacidade de explicar e prever novos fenômenos. Essa substituição representa um "deslizamento progressivo de problemas", que como tal constitui um critério metodológico racional que preside à escolha entre teorias e portanto ao crescimento do conhecimento (v. PROGRESSO CIENTÍFICO). A dissolução de qualquer forma de metodologia obrigatória, capaz de garantir uma justificação racional dos procedimentos, é propugnada por P. Feyerabend; não existe nenhum critério de R. formulado pelos epistemólogos para o qual a história da ciência não nos possa fornecer as provas de sua violação. O slogan que resume o anarquismo epistemológico (v.) de Feyerabend é: qualquer coisa pode funcionar na pesquisa científica (*Against Method,* 1975).

No âmbito da filosofia das ciências sociais (condicionada, na área anglo-saxônica, pela epistemologia neo-empirista), a noção de R. emergiu como ponto local nos debates entre antropólogos e filósofos. A controvérsia gira em torno de critérios que orientam a interpretação dos sistemas de crenças e a comparação entre culturas diferentes. Segundo o wittgensteiniano P. Winch, as incoerências e contradições que os antropólogos imputam a crenças e práticas dos "selvagens" não representam a violação de critérios de R. universais, mas refletem um preconceito etnocêntrico, porquanto constituem o resultado da imposição dos nossos esquemas conceituais (*Rationality,* org. Wilson, 1970). Segundo os críticos de Winch, a negação de qualquer critério de R. transcultural representa uma forma de relativismo, pois levaria a admitir a existência de padrões de R. diferentes e incomensuráveis (*Rationality and Relativism,* org. M. Hollis e S. Lukes, l982; v. RELATIVISMO).

A crise do modelo de R. neo-empirista propagou-se nos âmbitos contíguos da epistemologia e da filosofia da linguagem. Segundo o neopragmatista R. Rorty, o debate sobre a R. científica é apenas um capítulo na história da moderna teoria do conhecimento de Locke a Kant e da nova proposição em termos lingüísticos daquela problemática dentro da filosofia analítica. A busca de critérios de R. permanentes é parte integrante do projeto de encontrar fundamentos seguros para a verdade, a objetividade e o conhecimento, que animou grande parte da filosofia moderna. Essas noções na realidade formaram-se em concomitância com o nascimento da ciência européia e, portanto, são o produto contingente de determinada cultura. Nessa época forma-se uma noção de objetividade destinada a tornar-se parte integrante de valores cognitivos, daí por diante reconhecidos como "científicos" e, como tais, distinguidos de outros valores de natureza ética ou religiosa e a estes contrapostos. Afirmar que aqueles valores se baseiam em padrões de R. e de objetividade supra-históricos equivale a uma *petitio principii*. A justificação racional das crenças é um fato social que não precisa de fundamentações absolutas nem de uma disciplina especializada como a epistemologia. O nexo estreito entre a noção de R. e as de verdade e objetividade é ressaltado por H. Putnam, com intenções opostas às de Rorty. A R. não se reduz às práticas sociais de justificação, se bem que seja parte integrante delas. Noções como "verdadeiro" e "justificado" têm um valor normativo que remete a uma imagem de R. não redutível ao consenso *de facto* de uma comunidade. Nas suas pesquisas de teoria semântica, Putnam desenvolve, como alternativa às teorias relativistas, uma concepção da verdade como "aceitabilidade racional" (*Reason, Truth and History*, 1981).

V. *Desenvolvimentos recentes da noção de R* – Na mais recente discussão sobre o tema da R., no âmbito da filosofia européia, verificou-se uma retomada da concepção heideggeriana de humanismo e da correlata crítica à R. metafísica. Uma continuidade desses temas encontra-se na crítica feita por J. Derrida ao "logocentrismo" da tradição ocidental; suas formas de manifestação são a estabilidade e a idealidade do significado lingüístico, a idéia da unidade da consciência e a transparência do sujeito para si mesmo. Os conceitos de verdade e objetividade que permeiam os âmbitos mais díspares do saber contemporâneo são outras tantas expressões da metafísica logocêntrica; em sua raiz percebe-se, heideggerianamente, a redução do ser a mera presença, a objeto de domínio e controle.

No cerne das reflexões de M. Foucault está o nexo entre R. e formas de poder; esse nexo é investigado através de uma série de pesquisas históricas, que se concentram nos procedimentos de exclusão, condicionamento e controle exercidos em diferentes instituições, como os manicômios, as prisões, os quartéis. A R. que se afirma na sociedade moderna é vista como um instrumento que, para estender a autoridade e o domínio sobre os indivíduos, se vale do saber de ciências humanas, como a psiquiatria, o direito penal, a criminologia, a psicologia social.

Essas concepções da R. são consideradas por Habermas (*Der philosophische Diskurs der Moderne*, 1985) como uma "crítica total da razão", em que as várias formas da racionalização social e cultural estariam voltadas para o único fim de constituir um sistema de controle e domínio cerrado e inatacável. A essa crítica total da razão, Habermas opôs a idéia de razão comunicativa, reforçando a necessidade de diferenciar diversos aspectos da R. na sociedade: de tipo estratégico e instrumental, que se impuseram nos processos de racionalização e modernização social, e de tipo comunicativo, ligados ao processo de modernização cultural, ao desenvolvimento de esferas culturais autônomas e à diversificação dos critérios de avaliação em relação aos âmbitos do conhecimento científico, da moralidade, da justiça e das artes.

Na economia e nas ciências sociais o problema da R. é posto de modo formal, utilizando-se instrumentos lógico-matemáticos, como a teoria dos jogos (v. JOGO) e a teoria das decisões. Essas teorias aventam como hipótese que os sujeitos sociais avaliam objetivos, interesses e valores com base em sua utilidade, que são capazes de comparar as diferentes utilidades e fazem as escolhas que têm o mais elevado grau de probabilidade de maximizar a utilidade esperada. A maximização da utilidade, rigorosamente determinável em termos lógicos e probabilísticos, constitui portanto um critério racional de escolha. A redução da R. e da escolha racional a cálculo das utilidades esteve no cerne de um debate que envolveu tanto aspectos específicos de teoria econômica, quanto aspectos lógicos de teoria da probabilidade, a que aquele programa faz referência.

Uma crítica ao conceito de R. "perfeita", ou seja, guiada por rígidos critérios codificáveis de modo lógico-formal, peculiar dessas teorias, foi feita por J. Elster, que evidenciou processos não racionais de várias naturezas, capazes de interferir em critérios de escolha e nas decisões tomadas na vida social. Outra limitação desse tipo de teoria foi identificado na natureza formal da noção de utilidade; ela deixaria totalmente aberto o problema de estabelecer com base em que valores e em que objetivos é buscada a maximização das utilidades. Questões desse gênero são tratadas por J. Rawls no âmbito de uma teoria da justiça. A elaboração dos princípios racionais de justiça parte de uma hipotética situação muito próxima à idéia do contrato social.

Nessa situação ("posição originária"), os indivíduos estabelecem alguns princípios de justiça que determinam a organização da sociedade, sem saber qual será sua futura posição na sociedade configurada com base nos princípios escolhidos. A perseguição do próprio interesse numa situação de incerteza, determinada por esse "véu de ignorância", impele os interessados a um acordo sobre a seleção dos princípios de justiça que seria racional escolher em vista de uma ordem social justa.

O debate sobre o tema da justiça, ocorrido nos anos 1970 e 1980, foi caracterizado pela retomada de temas de natureza genuinamente ética em filosofia política; uma parte relevante desse debate, em particular em âmbito anglo-saxônico, concentrou-se nas possíveis relações entre uma teoria do comportamento racional e uma teoria ética normativa (v. ÉTICA; JUSTIÇA; POLÍTICA). [P. T.]

RACIONALISMO (in. *Rationalism*; fr. *Rationalisme*; al. *Rationalismus*; it. *Razionalismo*). Em geral, a atitude de quem confia nos procedimentos da razão para a determinação de crenças ou de técnicas em determinado campo. Esse termo foi usado a partir do século XVII para designar tal atitude no campo religioso: "Há uma nova seita difundida entre eles [presbiterianos e independentes], que é a dos racionalistas: o que a razão lhes dita, eles consideram bom no Estado e na Igreja, até que achem algo melhor" (CLARENDON, *State Papers*, II, p. XL, na data de 14-10-1946). Nesse sentido Baumgarten dizia: "R. é o erro de quem elimina da religião todas as coisas que estão acima da própria razão" (*Ethica philosophica*, 1765, § 52).

Kant foi o primeiro a adotar esse termo como símbolo de sua doutrina, estendendo-o do campo religioso para os outros campos de investigação. Deu o nome de R. à sua filosofia transcendental (no texto de 1804 sobre os "Avanços da Metafísica", *Werke*, V, 3, p. 101), ao passo que chamava de noologistas ou dogmáticos os filósofos que a historiografia alemã do século XIX chamou depois de racionalistas: de um lado Platão e de outro os seguidores de Wolff (*Crít. R. Pura*, Doutr. do Método, cap. IV). No terreno da moral, defendia "o R. do juízo, que da natureza sensível toma apenas aquilo que até a Razão Pura pode pensar por si, ou seja, a conformidade com a lei", opondo-se por isso ao misticismo e ao empirismo da razão prática (*Crít. R. Prática*, I, cap. II, Da tipologia do juízo puro prático). No campo estético, falava analogamente de um "R. do princípio do gosto" (*Crít. do Juízo*, § 58). Finalmente, caracterizava como R. seu ponto de vista em matéria religiosa: "O racionalista, em virtude desse mesmo título, deve manter-se nos limites da capacidade humana. Portanto, nunca usará o tom decidido do naturalista nem contestará a possibilidade nem a necessidade de uma revelação [...] porquanto sobre tais assuntos nenhum homem pode decidir o que quer que seja pela razão" (*Religion*, IV, seç. I; trad. it., Durante, p. 169).

Por outro lado, Hegel foi o primeiro a caracterizar como R. a corrente que vai de Descartes a Espinosa e Leibniz, opondo-o ao empirismo de origem lockiana. Por R. ele entendeu a "metafísica do intelecto", que é a "tendência à substância, em virtude da qual se afirma, contra o dualismo, uma única unidade, um único pensamento, da mesma maneira como os antigos afirmavam o ser" (*Geschichte der Philosophie*, ed. Glockner, III, pp. 329 ss.; trad. it., III, 2, pp. 68 ss.). A contraposição entre racionalismo e empirismo fixou-se depois nos esquemas tradicionais da história da filosofia, por mais que o próprio Hegel advertisse seu caráter aproximativo. Quanto ao "R. religioso", Hegel afirmava que ele é "o oposto da filosofia" porque coloca "o vazio no lugar do céu" e porque sua forma é um raciocinar sem liberdade, e não um entender conceitualmente" (*ibid.*, I, p. 113; trad. it., I, p. 95). Com base nessas observações históricas, pode-se dizer que o termo em foco compreende os seguintes significados:

1º O R. religioso designa algumas correntes protestantes, ou um ponto de vista semelhante ao de Kant.

2º O R. filosófico designa propriamente a doutrina de Kant (que adotou esse termo), ou então a corrente metafísica da filosofia moderna, de Descartes a Kant.

3º Em sua significação genérica, pode ser usado para indicar qualquer orientação filosófica que recorra à razão. Mas, nessa acepção tão vasta, esse termo pode indicar as filosofias mais díspares e carece de qualquer capacidade de individualização. [N.A.]

RACIONALISMO CRÍTICO (in. *Critical rationalism*; fr. *Rationalisme critique*; al. *Kritischer Rationalismus*; it. *Razionalismo critico*). 1. Qualquer corrente de pensamento que, na esteira de Kant, se proponha desenvolver uma crítica da racionalidade voltada a indagar "o papel, a função, o significado e o limite do pensamento na sua capacidade de produzir conhecimentos, de construir horizontes de inteligibilidade do mundo e de elaborar estruturas capazes de atribuir um fim às própria realidade" (F. PAPI-F. MINAZZI, *Racionalismo critico*, em *La filosofia*, org. Paolo Rossi, Utet, Turim, 1995, vol. IV, p. 448). Entendido nesse sentido, "R. crítico" é um termo que serve para indicar autores díspares do século XX italiano e europeu (Banfi, Bachelard, Vailati, Piaget, Enriques, Lautman, Bobbio, Cantoni, Abbagnano, Dal Pra, Preti, Garin etc.).

2. Popper identificou o R. crítico com o método da discussão crítica e com o princípio segundo o

qual "nada deve ser considerado isento de crítica [...] nem mesmo esse princípio do método crítico" (*La società aperta e i suoi nemici,* 1945, trad. it., Armando, Roma, 1973-1974, vol. II, p. 501).

3. W. W. Bartley III batizou de " R. pancrítico" o seu R. crítico radical, ou seja, a tese de que "nada pode ser justificado, tudo pode ser criticado" (*To Retreat to Commitment,* 1964, 1984[2], trad. it., *Ecologia della razionalità,* Armando, Roma, 1990, p. 160). Segundo Bartley, o R. pancrítico distingue-se do R. crítico por recusar qualquer idéia de justificação (v.), inclusive a idéia que, partindo da injustificabilidade racional do R., acaba por justificar este último (v. Popper) por meio de uma espécie de decisão irracional a favor da razão. [G.F.]

RACIONALISMO METAFÍSICO (in. *Metaphysical rationalism;* fr. *Rationalisme métaphysique;* al. *Metaphysischer Rationalismus;* it. *Razionalismo metafisico).* Em correspondência com os dois significados básicos de *razão* (v.) – razão como guia autônomo do homem e razão como fundamento da realidade –, o R. não indica apenas o método de quem confia nos procedimentos ou nas técnicas da razão (v. RACIONALISMO), mas alude também à tese metafísica (cf. o ponto 2 do mesmo verbete) segundo a qual o mundo seria um organismo racional estruturado de acordo com modos e objetivos inteligíveis. Entendido nesse sentido, o R. constitui o filão dominante do pensamento ocidental e é próprio de todas as doutrinas que acreditam na racionalidade essencial da realidade: do platonismo (que vê no mundo uma cópia das idéias) ao tomismo (que considera o ser à luz dos transcendentais da Verdade, do Bem e do Belo), do espinosismo (que na base de tudo põe a Substância e a ordem) à fenomenologia (que postula "essências ideais") etc. A expressão mais significativa do R. metafísico ocidental é representada por Hegel e pelo conhecido aforisma: "o que é racional é real, o que é real é racional" (*Enc.,* § 12). Ao R. metafísico opõe-se o irracionalismo (v.) metafísico. [G.F.]

RACIONALIZAÇÃO (in. *Rationalization;* fr. *Rationalisation;* al. *Rationalisierung;* it. *Razionalizzazione).* 1. Esse foi o nome às vezes dado ao processo de constituição das ciências da natureza em disciplinas teóricas, com adoção dos procedimentos da matemática; supunha-se que esse processo se realizaria perfeitamente na mecânica racional (cf. HUSSERL, *Ideen,* I, § 9). O ideal da R. foi atualmente substituído pelo da axiomatização (v. AXIOMÁTICA).

2. Termo freqüentemente empregado por psicólogos e sociólogos para indicar a tendência a procurar argumentos e justificações para crenças cuja força não está nesses processos racionais, mas em emoções, interesses, instintos, preconceitos, hábitos etc. [N.A.]

RACISMO (in. *Racialism;* fr. *Racisme;* al. *Rassismus;* it. *Razzismo).* Doutrina segundo a qual todas as manifestações histórico-sociais do homem e os seus valores (ou desvalores) dependem da raça; também segundo essa doutrina existe uma raça superior ("ariana" ou "nórdica") que se destina a dirigir o gênero humano. O fundador dessa doutrina foi o francês Gobineau, em seu *Essai sur l'inégalité des races humaines* (1853-55), que visava a defender a aristocracia contra a democracia. No início do século XX, um inglês naturalizado alemão, Houston Stewart Chamberlain, difundiu o mito do arianismo na Alemanha (*Die Grundlagen des XIX Jahrhunderts,* 1899), identificando a raça superior com a alemã. Como o anti-semitismo era antigo na Alemanha, a doutrina do determinismo racial e da raça superior encontrou fácil difusão, traduzindo-se no apoio dado ao preconceito contra os judeus e à crença de que existe uma conspiração judaica para dominar o mundo; assim, o capitalismo, o marxismo e, em geral, as manifestações culturais e políticas que enfraquecem a ordem nacional são fenômenos judaicos. Depois da Primeira Guerra Mundial, os alemães viram no R. um mito consolador, uma fuga da depressão da derrota; Hitler transformou-o no carro-chefe de sua política, e a doutrina foi elaborada por Alfred Rosenberg, em *Mito do século XX* (1930). Rosenberg afirma um rigoroso determinismo racial: qualquer manifestação cultural de um povo depende de sua raça. A ciência, a moral, a religião e os valores que a cultura descobre e defende dependem da raça e são expressões da força vital da raça. Assim, até a verdade é verdade apenas para determinada raça. A raça superior é a ariana que, provindo do Norte, difundiu-se na Antiguidade para o Egito, a Índia, a Pérsia, a Grécia e Roma, dando origem às civilizações antigas, que decaíram porque os arianos se misturaram com raças inferiores. Todas as ciências, artes e instituições fundamentais da vida humana foram criadas por essa raça. Em oposição a ela, está a anti-raça parasitária judaica, que criou os venenos da raça, que são a democracia, o marxismo, o capitalismo, o intelectualismo artístico e até mesmo os ideais de amor, humildade e igualdade difundidos pelo cristianismo, que representa uma corrupção romano-judaica dos ensinamentos do ariano Jesus. Em seu conjunto, essa doutrina foi apresentada explicitamente pelo nazismo como um *mito,* criado, difundido e mantido pela força vital da raça. Isso não significa que não se procurou racionalizá-la, atribuindo base científica ao conceito de raça, que era seu fundamento. Na realidade, porém, o próprio uso que o R. faz da noção de raça revela, do ponto de vista científico e filosófico, a inconsistência da doutrina.

Hoje, o conceito de raça é considerado unanimemente pelos antropólogos como um recurso útil à classificação e capaz de fornecer o esquema zoológico no qual podem ser situados os vários grupos do gênero humano. Essa palavra, portanto, deve ser reservada exclusivamente aos grupos humanos dotados de características físicas diferentes, que podem ser transmitidas por hereditariedade. Tais características são principalmente: cor de pele, altura, conformação da cabeça e do rosto, cor e qualidade dos cabelos, cor e forma dos olhos, formato do nariz e compleição física. Convencionou-se distinguir três grandes raças, que são a branca, a amarela e a negra, ou seja, a caucasiana, a mongólica e a negróide. Portanto, os grupos nacionais, religiosos, geográficos, lingüísticos e culturais não podem ser chamados de "raças" por nenhum motivo; não constituem raças italianos, alemães, ingleses, assim como não constituíram raças latinos ou gregos etc. Não existe nenhuma raça "ariana" ou "nórdica", assim como não há prova alguma de que a raça ou as diferenças raciais exerçam algum tipo de influência nas manifestações culturais ou nas possibilidades de desenvolvimento da cultura em geral. Tampouco existem provas de que os grupos em que pode ser dividido o gênero humano diferem em sua capacidade inata de desenvolvimento intelectual ou emocional. Ao contrário, os estudos históricos e sociológicos tendem a fortalecer a idéia de que as diferenças genéticas são fatores insignificantes na determinação de diferenças sociais e culturais entre grupos humanos diferentes. Observaram-se amplas transformações sociais sem relação nenhuma com mudanças raciais. Tampouco está provado que as misturas raciais produzam resultados biológicos prejudiciais. É muito provável que não haja e nunca tenha havido raças "puras" na história que se pode conhecer. Os resultados sociais, bons ou maus, das misturas de raça podem ser atribuídos a fatores sociais.

Uma declaração sobre a raça foi proferida em 1951 em Paris, na Unesco, por uma comissão composta de cinco estudiosos de genética e seis antropólogos pertencentes a seis nações diferentes. Ela consiste na exposição dos princípios acima mencionados (sobre eles, cf. RUTH BENEDICT, *Race, Science and Politics*, 1940; e RALPH LINTON, *The Science of Man in the World Crisis*, 7ª ed., 1952). Na realidade, esteja onde estiver e seja qual for a sua justificativa, o R. é da alçada da psiquiatria, que Veblen chamava de *aplicada*, ou seja, a arte de explorar para fins pessoais um preconceito preexistente. Trata-se neste caso de um preconceito extremamente pernicioso porque contradiz e impede o encaminhamento moral da humanidade para a integração universalista e porque transforma os valores humanos (a começar pela verdade) em fatos arbitrários que, por expressarem a força vital da raça, não têm substância própria e podem ser livremente manipulados com fins violentos ou abjetos. [N.A.]

RADICALISMO (in. *Radicalism*; fr. *Radicalisme*; al. *Radikalismus*; it. *Radicalismo*). 1. Positivismo social que se desenvolveu na Inglaterra entre o fim do século XVIII e a primeira metade do século XIX; seus expoentes foram Jeremias Bentham (1748-1832), James Mill (1773-1836) e John Stuart Mill (1806-1873). Essa corrente valeu-se do positivismo filosófico, do utilitarismo moral e das doutrinas econômicas de Malthus e Ricardo para defender reformas "radicais" na organização do Estado e no sistema de distribuição das riquezas (v. LIBERALISMO).

2. Mais genericamente, esse termo é hoje usado para designar qualquer tendência filosófica ou política que proponha a renovação radical dos sistemas vigentes, ou seja, a transformação dos princípios nos quais se apóiem os sistemas de crenças ou as instituições tradicionais. [N.A.]

RAIZ (gr. ῥίζωμα; in. *Root*; fr. *Racine*; al. *Wurzel*; it. *Radice*). Termo com que, na linguagem filosófica, se designa freqüentemente um princípio primeiro ou um elemento último. Empédodes chamou de R. os quatro elementos (água, ar, terra e fogo) que compõem as coisas (*Fr.* 6, Diels); a partir daí, os filósofos utilizaram freqüentemente esse termo para indicar elementos ou princípios. Schopenhauer, por exemplo, deu a uma de suas dissertações o título de *Sobre a raiz quádrupla do princípio de razão suficiente* (1813), razão por que o adjetivo radical passou a indicar o que diz respeito a um princípio ou constitui um princípio. Kant deu o nome de "mal radical" à tendência do homem para o mal, inerente à sua estrutura moral (cf. *Religion*, cap. I). Hoje, chama-se de radical a análise que remonte aos princípios ou às primeiras origens. Husserl, por exemplo, insistia na radicalidade da filosofia como ciência dos verdadeiros princípios e das primeiras origens: "A ciência do que é radical deve ser radical também em seu método e sob todos os aspectos" (*Phil. als strenge Wissenschaft*, 1911; trad. it., p. 83). [N.A.]

RAMIFICADA, TEORIA DOS TIPOS. V. ANTINOMIA.

RAZÃO (gr. λόγος; lat. *Ratio*; in. *Reason*; fr. *Raison*; al. *Vernunft*; it. *Ragione*). Esse termo tem os seguintes significados fundamentais:

1º Referencial de orientação do homem em todos os campos em que seja possível a indagação ou a investigação. Nesse sentido, dizemos que a R. é uma "faculdade" própria do homem, que o distingue dos animais.

2º Fundamento ou R. de ser. Visto que a R. de ser de uma coisa é sua essência necessária ou substância expressa na definição, assume-se às vezes por "R." a própria substância ou a sua definição. Este é um significado freqüente na filosofia aristotélica ou nas correntes nela inspiradas. Quanto a isso, v. ESSÊNCIA; FUNDAMENTO; FORMA; SUBSTÂNCIA.

3º Argumento ou prova. Nesse sentido dizemos: "Ele expôs suas R." ou "É preciso ouvir as R. do adversário". A esse significado refere-se também a expressão "Ter R.", que significa ter argumentos ou provas suficientes, portanto, estar com a verdade. Quanto a esse significado v. ARGUMENTO; PROVA.

4º Relação, no sentido matemático. Nesse sentido fala-se também em "R. direta" ou "R. inversa" (em inglês o termo empregado nesse caso é *ratio*). Quanto a esse significado, v. RELAÇÃO.

No significado de referencial da conduta humana no mundo, a R. pode ser entendida em dois significados subordinados: A) como faculdade orientadora geral; B) como procedimento específico de conhecimento.

A) Este é o sentido fundamental, do qual a palavra extraiu a potência de significado que a transformou, há séculos, no emblema da livre investigação. A R. é a força que liberta dos preconceitos, do mito, das opiniões enraizadas mas falsas e das aparências, permitindo estabelecer um critério *universal* ou *comum* para a conduta do homem em todos os campos. Por outro lado, como orientador tipicamente humano, a R. é a força que possibilita a libertação dos apetites que o homem tem em comum com os animais, submetendo-os a controle e mantendo-os na justa medida. Esta é a dupla função atribuída à R. desde os primórdios da filosofia ocidental. A polêmica de Heráclito e Parmênides contra as opiniões da maioria, ou seja, contra as crenças discordantes e falazes, foi realizada em nome da R., que deve ser o único critério orientador de todos os homens. Heráclito diz: "É preciso seguir o que é universal, comum a todos; e só a R. é universal. No entanto, a maioria vive como se cada um tivesse uma mente particular" (*Fr.* 2, Diels). E Parmênides: "Afasta o pensamento dessa via de investigação e não permitas que te levem para ela o costume de guiar-se por um olho que não vê, por um ouvido que ressoa, e pela palavra: em vez disso, julga com a R." (*Fr.* 1, 33-37, Diels). Platão e Aristóteles, por outro lado, opõem a R. à sensibilidade, que é fonte das crenças comuns (PLATÃO, *Fedro*, 83a; ARISTÓTELES, *Met.*, I, 1, 980 b 26), e aos apetites que o homem tem em comum com os animais (PLATÃO, *Tim.*, 70a; ARISTÓTELES, *Et. nic.*, I, 13, 1102 b, 15). Em ambos os casos, R. tem, ao mesmo tempo, função negativa e positiva: negativa em relação às crenças infundadas e aos apetites animais; positiva no sentido de dirigir as atividades humanas de maneira uniforme e constante. Mas foi principalmente com os estóicos que prevaleceu a doutrina da R. como único guia dos homens. Para eles, havia uma espécie de divisão simétrica entre os animais e os homens: os animais são guiados pelo *instinto*, que os leva a conservar-se e a procurar o que é vantajoso; aos homens foi dado o guia mais perfeito, que é a R.; desse modo, para eles, viver segundo a natureza significa viver segundo a R. (DIÓG. L., VII, 1, 15-86). Esses conceitos constituíram um dos eixos da cultura clássica. Cícero dizia: "A R., única diferença que nos distingue do bruto, por meio da qual podemos conjecturar, argumentar, rebater, discutir, levar a termo e concluir, certamente é comum a todos; diferente em termos de preparação, mas igual quanto a ser faculdade de aprender" (*De leg.*, I, 10, 30). Sêneca exaltava a R. por sua imutabilidade e universalidade: "A R. é imutável e firme no seu juízo porque não é escrava, mas senhora, dos sentidos. A R. é igual à R. assim como o justo ao justo; portanto também a virtude é igual à virtude porque a virtude outra coisa não é senão a reta R." (*Ep.*, 66). Deste ponto de vista também a metafísica estóica da R., para a qual ela é – como diz o próprio Sêneca (*ibid.*) – "uma parte do espírito divino infundida no corpo do homem", não nega sua autonomia, mas, ao contrário, exalta-a e confirma-a. Certamente foi nesses conceitos que Agostinho se inspirou ao fazer o elogio da R., que constitui os últimos capítulos de *De ordine*: "A R. é o movimento da mente que pode distinguir e correlacionar tudo o que se aprende" (*De ord.*, II, 11, 30). É a força criadora do mundo humano: inventou a linguagem, a escrita, o cálculo, as artes, as ciências; é o que de imortal existe no homem (*ibid.*, II, 19, 50). O entusiasmo de Agostinho pela razão se explica facilmente: para ele, a vida é busca, e a R. é o princípio que institui e dirige a busca, tornando-a fecunda.

No entanto, o neoplatonismo já subordinara a R. ao intelecto, considerando-o superior à razão porque dotado do caráter intuitivo ou imediato que o transforma na visão direta da verdade. Segundo Plotino, a R. emana do intelecto, "que está presente em todas as coisas que são" (*Enn.*, III, 2, 2). Em outros termos, ela é a função formadora e plasmadora do intelecto; para dispor todas as coisas do mundo (boas e más) em sua ordem apropriada, ela deve adaptar-se à matéria (*ibid.*, III, 2, 11-12). Nesse sentido, a R. é a técnica da criação e do governo do mundo, pois graças a ela os seres criados não se destroem entre si, mas concordam e combinam-se da melhor maneira. Plotino diz: "Graças à R., cada ser age ou sofre ações segundo necessidades, e não ao acaso e desordenadamente" (*ibid.*, II, 3, 16).

Esse conceito de superioridade do intelecto foi herdado pela escolástica medieval. R. e intelecto são identificados no significado geral de princípio orientador (cf., p. ex., TOMÁS DE AQUINO, *S. Th.*, I, q. 29, a. 3, ad. 4º; q. 79, a. 8). Mas depois a razão é subordinada ao intelecto por seu caráter discursivo, que parece inferior ao caráter intuitivo daquele (v. adiante). Mais tarde, o próprio Bacon considerava a R. como uma atividade especial do intelecto (ao lado da memória e da fantasia), mais precisamente a função cuja tarefa é dividir e compor as noções abstratas "segundo a lei da natureza e a evidência das próprias coisas" (*De augm. scient.*, II, 1). Assim, é só com Descartes que a R. volta a ser o guia fundamental do homem.

Identificando razão e bom senso, Descartes restabelece o conceito clássico de R. e com base nele formula o problema novo do método. "A capacidade de bem julgar e de distinguir o verdadeiro do falso, que recebe o nome de bom senso ou R., é por natureza igual em todos os homens; portanto, a disparidade de nossas opiniões não provém do fato de que umas são mais racionais que as outras, mas apenas de conduzirmos nossos pensamentos por caminhos diferentes, sem levar as mesmas coisas em consideração. Não basta ter o espírito são; o principal é aplicá-lo bem" (*Discours*, I). Estas palavras famosas reintroduziram no mundo moderno o conceito antigo (e especialmente estóico) de R. como guia de todo o gênero humano. Assim, Espinosa surpreendia-se ao ver que às vezes queriam "submeter a R., máximo dom de Deus e luz realmente divina, às palavras", não se considerando crime "falar indignamente desse verdadeiro testemunho do Verbo de Deus, que é a R., declarando-a corrupta, cega e impura" (*Tract. theologico-politicus*, cap. 15). Leibniz, por sua vez, insistia na velha tese de que a R. pertence ao homem e somente ao homem (*Nouv. ess.*, IV, 17, 2), e Locke atribuía à R. uma determinação fundamental, que constitui a única inovação autêntica do conceito moderno em relação ao clássico: o fato de a R. ser instrumento do conhecimento provável, e não apenas do conhecimento indubitável. Locke dizia: "Assim como a razão percebe a correlação necessária e indubitável que as idéias ou provas têm entre si, em cada grau de qualquer demonstração que produza conhecimento, de maneira análoga também percebe a correlação provável entre as idéias ou provas em qualquer grau de uma demonstração à qual julgue ser devido o assentimento" (*Ensaio*, IV, 17, 2). Com essa determinação, a R. era qualificada segundo a função que lhe era atribuída pelo iluminismo setecentista: princípio de crítica radical da tradição e de renovação igualmente radical do homem. Kant tentava realizar plenamente o ideal iluminista da R. Por um lado, identificava-a com a própria liberdade de crítica ("Sobre a liberdade de crítica repousa a existência da R., que não tem autoridade ditatorial, mas cuja sentença nunca deixa de ser o acordo dos cidadãos livres, cada um dos quais deve poder formular sem obstáculos as suas dúvidas e até seu veto") e por outro pretendia levar a R. diante de seu próprio tribunal e instaurar a "crítica da R. pura", que "não se imiscui nas controvérsias imediatamente referentes aos objetos, mas é instituída para determinar e julgar os direitos da R. em geral" (*Crít. R. Pura*, Teoria transcendental do método, cap. I, seç. II). Está de acordo com o conceito iluminista de R. a definição de Whitehead: "a função da razão é promover a arte da vida", no sentido de que a R. teria a tarefa de agir sobre o ambiente para promover formas de vida mais satisfatórias e perfeitas (*The Function of Reason*, 1929, cap. I; trad. it. Cafaro, pp. 6 ss.). No entanto, aquilo que à primeira vista parece ser a maior garantia da eficácia da R. – crer que ela habita a realidade e a domina, de tal modo que não há realidade não racional, nem racionalidade não real – na verdade constitui o abandono da função diretiva da R. Hegel, que afirmou com mais rigor esse ponto de vista, também negou a função diretiva da R.: "O que está entre a R. como espírito autoconsciente e a R. como realidade presente, o que diferencia aquela desta e não permite que se encontre satisfação nesta, é o estorvo de alguma abstração que se não libertou e não se transformou em conceito. Reconhecer a R. no presente e, assim, fruí-lo é o reconhecimento racional que reconcilia com a realidade, o que a filosofia só concede àqueles que advertiram toda a exigência de compreender" (*Fil. do dir.*, Pref.; trad. it., Messineo, p. 17). Isso significa que a razão não guia, mas chega *post factum* a compreender a realidade, a justificá-la.

B) O reconhecimento da R. como guia constante, uniforme e (às vezes) infalível de todos os homens, em todos os campos da atividade destes, é acompanhado na maioria das vezes pela determinação de um procedimento específico no qual se reconhece a atuação própria da razão. As determinações já concebidas sobre a técnica específica da R. podem ser resumidas nos seguintes conceitos fundamentais: *a*) discurso; *b*) autoconsciência; *c*) autorevelação; *d*) tautologia.

a) O procedimento *discursivo* é a técnica mais freqüentemente considerada própria da razão. A ele Platão recorre para marcar a diferença entre a opinião verdadeira e a ciência: as opiniões podem dirigir a ação tão bem quanto a ciência, mas tendem a fugir para todos os lados, como as estátuas de Dédalo, enquanto não "são amarradas por um raciocínio causal" (*Men.*, 98 a). Esse atamento ou essa conexão é a técnica discursiva. Técnica discursiva é todo o procedimento silogístico de Aristóteles, à parte a determinação dos primeiros princípios, que são intuídos pelo intelecto; discursivas são a silogística necessitante e a dialética (*An. post.*, I, 33, 89 b 7; *Et. nic.*, VI, 11, 1143 b 1). No mesmo sentido, os estóicos definiam a R. como "um sistema de premissas e conclusões" (DIÓG. L., VII, 1, 45). A função freqüentemente atribuída à razão (distinguir, correlacionar, comparar etc. [v. os trechos de Cícero e Agostinho citados em A]) não passa de expressão do mesmo procedimento. Tomás de Aquino dizia: "Os homens chegam a conhecer a verdade inteligível procedendo de uma coisa à outra; por isso são chamados de racionais. É evidente que raciocinar está para entender assim como mover-se está para ficar parado, ou adquirir para ter: destas coisas, a primeira é própria do imperfeito; a segunda, do perfeito" (*S. Th.*, I, q. 79, a. 8). No começo da Idade Moderna Descartes moldava-se no mesmo procedimento para determinar suas regras do método: "Os longos encadeamentos de razões, todas simples e fáceis, de que os geômetras costumam lançar mão para chegar às suas demonstrações mais difíceis, deram-me a oportunidade de imaginar que todas as coisas que podem chegar ao conhecimento dos homens correlacionam-se da mesma maneira" (*Discours*, II). A *Lógica* de Port-Royal expressava de maneira diferente os mesmos conceitos (ARNAULD, *Log.*, III, 1) em que também Locke baseava sua doutrina da razão: "Na R. podemos considerar estes quatro graus: o *primeiro* e mais elevado consiste em achar e descobrir as verdades; o *segundo*, em dispô-las de maneira regular e metódica, arranjando-as numa ordem clara e justa, de tal modo que sua força e suas interconexões sejam percebidas com evidência e facilidade; o *terceiro*, em perceber tais conexões; o *quarto*, em extrair uma conclusão correta" (*Ensaio*, IV, 17, 3). A distinção que Espinosa estabelecia entre o segundo gênero de conhecimento, que ele chamava de R., e o terceiro, que chamava de ciência intuitiva, é a distinção tradicional entre o procedimento discursivo e o intelecto intuitivo (*Et.*, II, 40, esc. 2). E Leibniz só fazia encontrar a expressão mais simples para o mesmo conceito de R. ao afirmar que a R. é "a concatenação das verdades" (*Op.*, ed. Erdmann, p. 479, 393). Wolff dava o nome de "juízo discursivo" à operação da R., porquanto consiste na correlação das proposições (*Log.*, §§ 50-1).

O conceito de R. como discurso entra em crise com Kant, que, ao mesmo tempo em que atribui caráter discursivo a toda a atividade cognitiva humana, considerando que apenas Deus possui o conhecimento intuitivo (v. DISCURSIVO), distingue nitidamente R. e intelecto, apesar do caráter discursivo comum aos dois. A R. é a faculdade "que produz os conceitos por si"; portanto, pode ser chamada de *faculdade dos princípios*. Mas os conceitos que a R. produz não têm base na experiência; por isso, são simplesmente fictícios. "Se o intelecto pode ser uma faculdade da unificação dos fenômenos por meio de regras, a R. é a faculdade de unificar as regras do intelecto por meio de princípios. Por isso, ela nunca se dirige imediatamente à experiência ou a um objeto qualquer, mas ao intelecto, para, por meio de conceitos, imprimir aos múltiplos conhecimentos deste uma unidade *a priori*; essa unidade, que pode ser chamada de racional, é de espécie totalmente diferente da unidade que pode ser produzida pelo intelecto" (*Crít. R. Pura*, Dialética transcendental, Intr. II, a). Assim como o intelecto, a R. procede discursivamente, mas considera os procedimentos discursivos do intelecto como realizados em *idéias* de totalidade e unidade (alma, mundo, Deus), que são perfeitas, mas não podem ser confrontadas com a experiência; portanto, são puramente fictícias e apenas fonte de raciocínios dialéticos, ou seja, sofísticos (v. IDÉIA; ANTINOMIAS KANTIANAS). O resultado dessa distinção kantiana é que o procedimento discursivo válido é apenas o do intelecto, cujos conceitos derivam imediatamente da experiência, e que o procedimento discursivo racional, com suas pretensões totalitárias, só dá ensejo a noções fictícias. Portanto, depois de Kant fica difícil manter a definição da razão como técnica discursiva.

O conceito de R. como discurso permite a consideração formal do procedimento racional: possibilita uma *lógica*, que é na realidade a lógica tradicional na forma elaborada pelos filósofos desde Aristóteles até o fim do século XIX. Entendida neste sentido, a lógica é ao mesmo tempo descritiva e normativa: *descritiva* dos procedimentos próprios da R., *normativa* no sentido de que essa mesma descrição vale como regra para o uso correto da razão. Nesse sentido, a lógica tradicional era definida exatamente como "arte de raciocinar".

b) O conceito da R. como *autoconsciência* remonta a Fichte. Caracteriza-se pela identificação entre R. e realidade, e pressupõe o conceito de R. como discurso. Como discurso, a R. é dedução; como dedução, tem um único princípio, que é o Eu. Do Eu deriva, com necessidade infalível, todo o sistema do saber, que é ao mesmo tempo o sistema da realidade. "Fonte de toda a realidade é o Eu. Somente com o Eu e pelo Eu é dado o conceito de realidade. Mas o Eu é porque se põe e põe-se porque é. Portanto, pôr-se e ser são uma só e mesma coisa" (*Wissenschaftslehre*, 1794, § 4, C; trad. it., p. 92). As equações em que essa doutrina se baseia são as seguintes: R. = saber dedutivo; saber dedutivo = realidade; realidade + saber = autoconsciência. Schelling expressava essas mesmas equações ao afirmar: "A natureza alcança seu fim mais elevado, que é tornar-se inteiramente objeto de si mesma, com a última e mais elevada reflexão, que nada mais é que o homem ou, de modo mais geral, aquilo que chamamos de *razão.* Temos assim, pela primeira vez, o retorno completo da natureza a si mesma, estando evidente que a natureza é originariamente idêntica àquilo que em nós se revela como princípio inteligente e consciente (*System des transzendentalen Idealismus,* 1800, Intr., § 1; trad. it., p. 9). E Hegel expressava o mesmo conceito da seguinte maneira: "A autoconsciência, ou seja, a certeza de que suas determinações são tão objetivas – determinação da essência das coisas – quanto seus próprios pensamentos, é a R.; esta, por ser tal identidade, é não só a substância absoluta, mas também a verdade como saber" (*Enc.,* § 439). Em outras palavras, para Hegel a R. é a identidade da autoconsciência como pensamento com aquelas suas manifestações ou determinações que são as coisas ou os acontecimentos; é a identidade de pensamento e realidade. De forma epigráfica, esse conceito era expresso por Hegel da seguinte maneira: "a R. é a certeza da consciência de ser realidade: assim o idealismo expressa o conceito de R." (*Phänomen. des Geistes,* I, V, I; trad. it., p. 209). É óbvio que, desse ponto de vista, a R. não é discursiva no sentido de concatenar expressões lingüísticas e inferir uma da outra por meio de regras determinadas ou determináveis, mas é a inferência (suposta) das determinações do pensamento e da realidade, umas das outras, num processo único cuja perfeita "necessidade" é afirmada. Este ponto de vista impossibilita a consideração formal das técnicas racionais, que está ligada à concepção *a*) de R. Como autoconsciência, a R. nunca é formal: é sempre idêntica à realidade. Hegel diz: "O intelecto determina e mantém as determinações. A R. é negativa e dialética porque resolve em nada as determinações do intelecto. Ela é positiva porque *gera o universal e nele compreende o particular*" (*Wissenschaft der Logik,* Pref. da 1ª ed.; trad. it., p. 5). Por "compreender o particular" entende-se que compreende as coisas ou as determinações reais que, em última análise, nada mais são que suas manifestações particulares. A negação da lógica formal é parte integrante desse ponto de vista; por isso, retorna sempre que ele aparece. Basta lembrar que Croce rejeitava a lógica formal baseada no mesmo pressuposto hegeliano de identidade entre R. e realidade, expresso na forma de identidade entre filosofia e história: "A riqueza da realidade, dos fatos, da experiência, que pareceria subtraída ao conceito puro, portanto à filosofia, em virtude da declarada distância das ciências empíricas, é-lhe devolvida e reconhecida; e não mais na forma diminuída e imprópria do empirismo, mas sim de modo total e integral. Isso se realiza pela conjunção, que é unidade, de filosofia e história" (*Lógica,* 1920, p. 392).

c) O conceito de R. como auto-revelação ou evidência foi estabelecido por Husserl. Para ele, a R. é o manifestar-se fenomenológico dos objetos (que podem ser *coisas* ou *essências*), seja esse manifestar-se dotado de caráter necessário ou apodítico, seja de caráter assertório. Husserl diz: "A visão por assim dizer *assertória* de uma individualidade, como por exemplo a percepção de uma coisa ou de um estado de fato individual, distingue-se em seu caráter racional da visão *apodítica* da compreensão de uma essência ou de uma relação de essências" (*Ideen,* I, § 137). O termo mais abrangente, ou seja, o conceito que compreende tanto a visão assertória – que é dada de fato, mas pode ser diferente –, quanto a visão apodítica – que é necessária – é a *consciência racional,* que Husserl chama também, em geral, de evidência (*ibid.,* 137). Desse ponto de vista, o caráter fundamental da racionalidade é a validade do ato de pôr: se o objeto é verdadeiramente posto, o ato é válido, e a posição tem caráter racional (*ibid.,* § 139). Mas aquilo que do ponto de vista do ato noético é a posição do objeto, do ponto de vista objetivo é a evidenciação do objeto, seu *dar-se* ou seu revelar-se (*ibid.,* § 139). E como, em qualquer esfera do ser, o modo de auto-revelar-se dos objetos é diferente, todo tipo de realidade traz consigo "uma nova doutrina concreta da R." (*ibid.,* § 152). Esse conceito de R. como auto-revelação ou auto-evidência é aceito integralmente por Heidegger: "Exatamente porque a função do *logos* é um puro deixar ver algo, deixar intuir o ente, *logos* pode significar R." (*Sein und Zeit,* § 7, B). Esse mesmo conceito é apresentado de forma mais mítica por Jaspers: "A R. não é uma fonte originária propriamente dita, mas, por ser conexão de tudo, é semelhante a uma fonte originária na qual *vêm à luz* todas as fontes" (*Vernunft und Existenz,* 1935, II, 5; trad. it., p. 50). A direção para a qual a R. se move é a infinita clareza, e aquilo que nela tenta aclarar-se é a existência: "a existência alcança a clareza somente por meio da R.: a R. só tem conteúdo em virtude da existência" (*ibid.,* II, 6; p. 53). E óbvio que, mesmo deste ponto de vista, é impossível a consideração formal do procedimento racional. A R. nunca é formal porque é sempre preenchida pelo conteúdo que nela se manifesta evidente ou se esclarece.

d) O conceito de R. como *tautologia* tem origem em Hume, que foi o primeiro a fazer a distinção nítida entre "relações de idéias" e "coisas de fato". "À primeira classe pertencem ciências como a geometria, a álgebra e a aritmética; em suma, toda proposição intuitiva ou demonstrativamente certa [no sentido lockiano]. (...) As proposições dessa classe podem ser descobertas com uma pura operação do pensamento, e não dependem de coisas que existem em algum lugar do universo" (*Inq. Conc. Underst.*, IV, 1). Na verdade, Hume não afirmou explicitamente o caráter tautológico ou (para usar um termo kantiano) analítico das proposições que expressam simples relações das idéias entre si, mas de algum modo o pressupôs quando insistiu no fato de que as proposições que expressam coisas de fato não são logicamente deriváveis uma da outra. Todavia, para formar a concepção de R. em foco interveio também outro componente conceptual, exposto pela primeira vez por Hobbes: a redução da R. a cálculo das proposições verbais. Hobbes disse: "A R. nada mais é que o cálculo – a adição e a subtração – das conseqüências dos nomes gerais usados para caracterizar e significar nossos pensamentos: para caracterizá-los quando calculamos para nós mesmos, para significá-los quando demonstramos ou comprovamos nossos cálculos para os outros homens" (*Leviath.*, I, 5). Esta idéia de Hobbes concretizou-se apenas a partir de meados do século XIX, com a fundação da lógica matemática por parte de G. Boole (*Laws of Thought*, 1854), que foi o primeiro a mostrar a impossibilidade de reduzir o raciocínio matemático às formas de raciocínio descritas por Aristóteles, dando início a uma lógica estreitamente ligada aos métodos de cálculo. O sucesso ulterior dessa lógica, principalmente graças a Frege e a Russell (v. LÓGICA), constitui um antecedente histórico indispensável do conceito de R. em exame. Que tal procedimento tivesse caráter tautológico só ficou claro mais tarde, no Círculo de Viena, com a obra de Wittgenstein (1922). O fundamento dessa obra é a redução da R. à linguagem. Wittgenstein afirmava que "as proposições da lógica são tautologias" (*Tractatus*, 6.1), que "nada dizem (são as proposições analíticas)" (*ibid.*, 6.11), e que "são sempre falsas as teorias que mostram uma proposição da lógica provida de conteúdo" (*ibid.*, 6.111). E acrescentava: "A característica especial das proposições lógicas é que simplesmente pelo símbolo se pode reconhecer que são verdadeiras, e este fato encerra em si toda a filosofia da lógica. Analogamente, um dos fatos mais importantes é que a verdade ou falsidade das proposições não lógicas *não* pode ser reconhecida somente a partir da proposição" (*Tractatus*, 6.113). Assim, o procedimento racional julgado característico das disciplinas às quais Hume atribuía por objeto apenas as relações de idéias (lógica e matemática) foi reduzido à tautologia. Wittgenstein diz que as proposições da lógica, assim como as da matemática (*ibid.*, 6.21), nada dizem. No entanto, isso não quer dizer que são inúteis, pois revelam a identidade de significado existente sob formas proposicionais diferentes e podem, portanto, ser usadas para a transformação de uma proposição numa outra que tenha o mesmo significado, mas forma diferente. Contudo, nenhuma das proposições da lógica e da matemática fornece qualquer informação acerca do mundo. A redução da R. a procedimento tautológico tem, pois, os seguintes resultados: 1º são racionais, no sentido próprio do termo, somente os procedimentos formais da lógica e da matemática (como parte ou todo da lógica); por isso, racionalidade e logicidade coincidem; 2º racionalidade e logicidade nada têm a ver com realidade. Portanto, esse conceito de R. constitui a inversão simétrica do conceito *b*), que, ao contrário, identificou racionalidade e realidade, e opôs ambas as concepções à formalidade lógica pura, declarada sem valor (cf. sobre a concepção em exame, R. VON MISES, *Kleines Lehrbuch des Positivismus*, 1939, § 10; trad. it., pp. 164 ss.; J. R. WEINBERG, *An Examination of Logical Positivism*, 1950), cap. II; trad. it., pp. 86 ss.). Quanto aos modelos seguintes de R. e racionalidade, v. RACIONALIDADE. [N.A.]

RAZÃO DE ESTADO (it. *Ragion di Stato*). João Botero, que introduziu essa expressão como título de um livro seu (*Della ragion di Stato*, 1589), usou-a para designar "a resenha dos meios aptos a fundar, conservar e ampliar um Estado", que é "o domínio firme sobre os povos". Mas na realidade essa expressão passou a indicar o princípio do maquiavelismo vulgar, e isso graças ao próprio Botero, que, mesmo se opondo a Maquiavel, admitia o princípio de que os fins justificam os meios em política (v. MAQUIAVELISMO). [N.A.]

RAZÃO PREGUIÇOSA (gr. ἀργὸς λόγος; lat. *Ignava ratio*; al. *Faule Vernunft*; it. *Ragion pigra*). Raciocínio ou argumento que convence à inércia. Já Platão chamava de preguiçoso o argumento sofista de que é inútil procurar saber por que não se pode procurar saber nem aquilo que se sabe (uma vez que se sabe) nem aquilo que não se sabe, uma vez que não se sabe o que procurar (*Men.*, 86 b). Mas com o nome de R. preguiçosa chegou até nós especialmente um argumento de provável origem megárica, exposto pelo estóico Crisipo (PLUTARCO, *Moralia*, II, p. 574 e; cf. *Stoicorum fragmenta*, II, p. 277), que Cícero assim relatou: "Se for teu destino curar-te dessa doença, vais curar-te recorrendo ou não a um médico. Assim também, se for teu destino não te curares dessa doença, não vais curar-te recorrendo ou não ao médico. Ora, teu destino é uma dessas duas coisas; portanto, de nada te adianta recorrer ao médico" (*De fato*, 12, 28). Leibniz fez alusão a esse velho argumento megárico ou estóico (*Teod.*, I, 55). Mais genericamente, Kant chama de R. preguiçosa "todo princípio que leve a considerar como absolutamente cumprida a investigação, de tal modo que a R. se tranqüiliza, ao dar por cumprida sua tarefa" (*Crít. R. Pura*, Dialética, Apêndice à Dialética transcendental: do objetivo final etc.). É neste sentido mais geral que essa expressão costuma ser usada até nossos dias. [N.A.]

RAZÃO PURA. V. PURO.

RAZÃO SUFICIENTE. V. FUNDAMENTO.

RAZOÁVEL (lat. *Rationabilis* ou *Rationalis*; in. *Reasonable*; fr. *Raisonable*; al. *Vernunftig*; it. *Ragionevole*). 1. Aquilo que está em conformidade com a razão ou com as regras que ela prescreve em determinado campo de pesquisa ou em geral. Neste sentido, Locke falava da "razoabilidade do cristianismo". Fala-se também de "certeza R." para designar a certeza que pode ser deduzida das regras do domínio a que se faz alusão, mas não é absoluta. Dewey diz: "A razoabilidade é questão de relação entre os meios e os fins. (...) É R. buscar e escolher os meios que, com toda a probabilidade, produzirão os efeitos desejados" (*Logic*, I; trad. it., pp. 41-2).

Como correlativo de *razoabilidade*, o termo R. implica uma conotação limitativa que, em primeiro lugar, exclui a infalibilidade da razão e, em segundo, inclui a consideração dos limites e das circunstâncias em que a razão vem a agir. Portanto, "ser R." significa, na língua comum, dar-se conta das circunstâncias e das limitações que elas comportam, renunciando-se a atitudes absolutas, sejam elas teóricas ou práticas. [N.A.]

2. Propriedade atribuível às crenças não passíveis de dúvida. L. Wittgenstein (*Über Gewißheit*) trata a noção de R. e razoabilidade em associação com as de crença e saber. As crenças e as certezas do senso comum não representam um saber passível de ser verificado ou falsificado pela experiência. Há crenças que um homem razoável não pode pôr em dúvida (p. ex., que o mundo existia antes de ele nascer); elas fazem parte de um jogo lingüístico e constituem a base de obviedades e certezas não discutidas, na qual se situam as práticas humanas da asserção e da argumentação.

3. Atitude em conformidade com princípios que são expressão de um saber de tipo prático. Segundo Gadamer, o procedimento de interpretação de textos e tradições culturais não é assimilável ao procedimento metódico de subsunção do particular sob o geral, que no conhecimento metódico garante a objetividade do conhecimento. Um modelo alternativo que permite evidenciar as características da interpretação é constituído pela hermenêutica jurídica. A aplicação de uma norma de lei a um caso particular constitui um processo interpretativo que envolve ambos os elementos em questão e implica formas de "racionalidade ou razoabilidade prática". Gadamer reporta-se à noção aristotélica de φρόνησις, saber de tipo prático que orienta a ação e distingue-se do saber relativo à ἐπιστήμη e à τέχνη. Também a lógica da argumentação (v.), estudada por C. Perelman, inspira-se nessa concepção. Ao contrário da lógica tradicional, que se concentra na validade dos argumentos, a nova retórica pretende evidenciar procedimentos argumentativos que recorrem a razões e provas irredutíveis à evidência demonstrativa e se inspiram no ideal da racionalidade e da persuasão. Esse âmbito de pesquisa foi tratado também pela "lógica informal" de S. Toulmin. [P.T.]

RAZÕES SEMINAIS (gr. λόγοι σπερματικοί; lat. *Rationes seminales*). Partes da razão divina que dão origem às coisas. Segundo os estóicos, assim como todo ser vivo é produzido por uma semente, todas as coisas são produzidas por uma partícula da razão divina, que por isso é uma semente racional. Essa noção ressalta a predeterminação daquilo que é gerado (AÉCIO, *Plac.*, 1.7, 33; cf. J. ESTOBEU, *Ecl.*, I, 17, 3); foi retomada pelos neoplatônicos (cf. PLOTINO, *Enn.*, II, 3, 16) e por Agostinho (*De diversis quaestionibus*, 83, q. 46). [N.A.]

REABILITAÇÃO/RENASCIMENTO DA FILOSOFIA PRÁTICA (in. *Rehabilitation of practical philosophy*; fr. *Réhabilitation de la philosophie pratique*; al. *Rehabilitierung der praktischen Philosophie*; it. *Riabilitazione/Rinascita della filosofia pratica*). Expressão com que se alude ao amplo debate ocorrido na área cultural alemã a partir dos anos 1960, cujo tema qualificador foi o renascimento do interesse filosófico pela esfera da ação prática e pelos grandes temas da moral, do direito e da política (M. RIEDEL, *Rehabilitierung der praktischen Philosophie*, 1972-1974). Debate que coincidiu com uma retomada do modelo aristotélico e, em seguida, do kantiano (F. VOLPI, *La rinascita della filosofia pratica in Germania*, em *Filosofia pratica e scienza politica*, 1980; ID., *Tra Aristotele e Kant: horizonti, prospettive e limiti del dibattito sulla "Riabilitazione della filosofia pratica"*, em *Teorie etiche contemporanee*, 1990). Reagindo a um tipo de saber incapaz de tomar posição diante dos objetivos da ação e dos prejuízos provocados pela tecnicização da política, os defensores da *Rehabilitierung* propuseram-se garantir: *a*) a originalidade e a autonomia da práxis em relação à teoria; *b*) a especificidade epistemológica e metodológica da filosofia prática; *c*) a função orientadora da razão no campo ético; *d*) a recomposição da fratura moderna entre razão e decisão, fatos e valores, meios e fins; *e*) o alcance crítico-normativo, e não simplesmente analítico-descritivo, da filosofia; *f*) o novo encontro entre ética e política, ou, mais em geral, entre moralidade e eticidade. Essas características formais e gerais representam o espaço teórico e problemático dentro do qual se desenvolveram as múltiplas (e às vezes contrastantes) posições e soluções (v. NEO-ARISTOTELISMO; PÓS-KANTISMO). Rüdiger Bubner, para evitar que tal R. da filosofia prática pudesse ser entendida de modo redutor e errado, ou seja, nos moldes de uma simples exumação do antigo, propôs substituir "Rehabilitierung" por "Renaissance" ("Eine Renaissance der praktischen Philosophie", em *Philosophische Rundschau*, XXII, 1975, pp. 1-34, cf. sobretudo as pp. 1-5 e 33-4). Alguns estudiosos aceitaram tal proposta. Outros, constatando que o termo *Rehabilitierung* já entrou para a linguagem filosófica internacional e que ele não implica necessariamente um significado limitativo, podendo funcionar como sinônimo de "renascimento" – no sentido dinâmico de "retomada renovadora" –, consideram mais funcional a manutenção da denominação original. [G.F.]

REAÇÃO (in. *Reaction*; fr. *Réaction*; al. *Reaction*; it. *Reazione*). 1. Ação igual e de sentido contrário a determinada ação. É neste sentido que a física newtoniana utiliza essa palavra.

2. Em psicologia: qualquer resposta a um estímulo. *Tempo de reação*: intervalo entre estímulo e resposta.

3. Em política: movimento que tende a anular ou a neutralizar os efeitos de uma revolução ou de uma mudança qualquer, ou mesmo impossibilitar a ocorrência de mudanças. [N.A.]

REAIS CIÊNCIAS. V. CIÊNCIAS, CLASSIFICAÇÃO DAS.

REAL (lat. *Realis*; in. *Real*; fr. *Réel*; al. *Real*; it. *Reale*). 1. Que se refere à coisa. Por exemplo, "definição R." é a definição da coisa e não do seu nome.

2. Aquilo que existe de fato ou efetivamente. Corresponde aos vários sentidos do termo *realidade* (v.).

3. Herbart chamou de Reais os seres efetivamente existentes, "cuja natureza simples e própria desconhecemos, mas sobre cujas condições interiores e exteriores é possível adquirir uma soma de conhecimentos que podem aumentar infinitamente". Tais entes não são correlatos entre si e por isso qualquer das suas relações deve ser considerada como constatação acidental (*züfallige Ansicht*) que não qualifica e não modifica sua natureza (*Einleitung in die Philosophie*, 1813, §§ 152 ss.). [N.A.]

REALIDADE (in. *Reality*; fr. *Réalité*; al. *Realität*, *Wirklichkeit*; it. *Realtà*). 1. Em seu significado próprio e específico, esse termo indica o modo de ser das coisas existentes fora da mente humana ou independentemente dela. A palavra *realitas* foi cunhada no fim da escolástica, mais precisamente por Duns Scot. Este a usou sobretudo para definir a individualidade, que consistiria na "última realidade do ente", que determina e contrai a natureza comum *ad esse hanc rem*, à coisa singular (*Op. Ox.*, II, d. 3, q. 5, n. 1). Duns e seus discípulos preferiram chamar essa *realitas* de *haecceitas*. Mais tarde, esse termo passaria a designar o *esse in re* da escolástica, por exemplo, no sentido com que Anselmo pretendia passar, através da prova ontológica, do *esse in intellectu*, do "Ente do qual não se pode pensar nada maior", ao seu *esse in re* (*Prosl.* 2), ou então no sentido com que os escolásticos falavam do universal *in re*, "incorporado nas coisas". Assim, o oposto de R. é idealidade, que indica o modo de ser daquilo que está na mente e não pode ser ou ainda não foi incorporado ou atualizado nas coisas. A referência a coisas também está evidente em expressões como "definição real", para indicar a definição da coisa, e não do nome, e "direitos reais", para indicar os direitos pertinentes às coisas, e não às pessoas.

O problema suscitado diretamente pela noção de R. é o da existência das coisas ou do "mundo exterior". Esse problema nasceu com Descartes, ou seja, com o princípio cartesiano de que o objeto do conhecimento humano é somente a idéia. Desse ponto de vista, torna-se imediatamente duvidosa a existência da realidade a que a idéia parece aludir, mas da qual não tem provas, assim como uma pintura não prova a R. da coisa representada. Para justificar a R. das coisas, Descartes recorreu à veridicidade de Deus: em sua perfeição, Deus não pode enganar-nos, não pode permitir que haja em nós idéias que nada representem (*Méd.*, IV). Mas Descartes chegou à existência de Deus não só reelaborando a prova ontológica como também admitindo o princípio de que "na causa eficiente e total deve haver pelo menos tanta R. quanto no efeito", princípio com base no qual a idéia de Deus, que é a idéia da máxima perfeição, deve ter como causa um ser que tenha tanta "R." quanto aquela que a idéia representa, ou seja, Deus mesmo (*ibid.*, III). A evolução ulterior do problema levou à negação da realidade. O empirismo inglês, com Berkeley e Hume, reduzia a R. das coisas ao ser percebido, negando-a, pois, como modo de ser autônomo. Por outro lado, com Leibniz, o racionalismo resolvia as coisas em elementos ou átomos (mônadas) de natureza espiritual, negando, também desse modo, o caráter específico de sua R. (v. IMATERIALISMO).

Kant de algum modo reafirmou a R. das coisas, mantendo na palavra R. (*Realität*) a significação específica de R. das coisas ou, como ele mesmo diz, "coisidade ou "coisalidade" (*Sachheit*) (*Crít. R. Pura*, Analítica, II, cap. I), contrapondo-lhe a "idealidade" do espaço e do tempo, que são formas da intuição, e não das coisas (*ibid.*, § 3). Mas, para ele, o problema diz respeito à existência (*Dasein*) mesma das coisas. É o que ele examina em "Refutação do Idealismo". A solução então proposta é que "a consciência de minha própria existência é ao mesmo tempo consciência imediata da existência de outras coisas fora de mim". A prova dessa asserção é que a consciência do tempo, isto é, da mudança, não seria possível sem a consciência de algo permanente; e esse algo permanente, não podendo ser dado pela própria consciência do tempo, pode ser dado apenas pela coisa exterior à consciência. Seja válida ou não essa demonstração, está claro que, por um lado, Kant julgava válido o primado da consciência estabelecido por Descartes, para quem a R. das coisas é um problema que exige demonstração, e, por outro, tendia a destruir essa formulação, relacionando a consciência da própria existência com a existência das coisas (v. CONSCIÊNCIA). Ele nem sequer se propunha o problema do modo de ser específico das coisas, do tipo de existência que lhes é próprio. Contudo, esse problema está intimamente ligado ao da "existência" das coisas, e só uma resposta a ele (seja ela qual for) pode dar significado à sua solução positiva, visto que, se as coisas existem, surge imediatamente a pergunta: qual é o sentido de sua existência? Portanto, deve-se considerar que o problema da R. é composto por esses dois problemas inseparáveis: o da existência e o do modo de ser específico das coisas. O idealismo pós-kantiano deteve-se mais no segundo que no primeiro desses problemas. Segundo Fichte, a R. consiste em geral na atividade do Eu, que "põe o objeto limitando-se" e transporta para o objeto uma parte de sua atividade. "A fonte da realidade (*Realität*) é o Eu" – diz Fichte. "Apenas pelo Eu e com o Eu é dado o conceito da realidade. Mas o Eu é porque se põe, e põe-se porque é. Portanto, pôr-se e ser são uma e mesma coisa. Mas o conceito de pôr-se e o de atividade em geral são, por sua vez, uma só e mesma coisa. Portanto, toda R. é ativa e toda coisa ativa é R." (*Wissenschaftslehre*, § 4, E). Essa idéia de R. como atividade passou a fazer parte da bagagem do Romantismo e influenciou o desenvolvimento posterior do problema. "Atividade é R. propriamente dita" – dizia Novalis (*Fragmente*, 190). Schopenhauer afirmava categoricamente "que a essência dos objetos intuíveis é a sua *ação*; que é na ação que consiste a R. do objeto, e que a pretensão de uma existência do objeto fora da representação do sujeito e mesmo de uma essência da coisa real diferente da sua ação não tem sentido; ao contrário, é uma contradição" (*Die Welt*, I, § 5). Como se vê, na origem da redução de R. a atividade está um sentido idealista. Todavia, ela serviu para abrir uma nova alternativa de solução para o problema: a R. não seria simples objeto de conhecimento, mas um modo de ser que se revela melhor para outras formas de experiência. A noção de atividade, tão apreciada pelo romantismo, representa o primeiro modelo dessa solução. Por outro lado, o sensacionismo de Condillac mostrara que a idéia de R. derivava do sentido do tato; mas o sentido era entendido por Condillac de maneira ativa e dinâmica, como guiado e sustentado pela necessidade e por desejos (*Traité des sensations*, 1754, I, 3, 1; I, 7, 3; II, 5, 5). Mais tarde, Destut de Tracy relacionara a idéia de R. com a experiência da resistência que as coisas opõem ao movimento (*Idéologie*, 1801, cap. 8). Na filosofia contemporânea, Dilthey defendeu idéia análoga (*Contribuição à solução do problema da origem da nossa crença na realidade do mundo exterior*, em Gesammelte Schriften, 1890, V, 1, pp. 90 ss.). A resistência definiria o modo de ser da R., isto é, das coisas; correspondentemente, a experiência dessa R. seria mais volitiva e prática que cognitiva. Scheler aceitou esta interpretação da R. (*Die Wissensformen und die Gesellschaft*, pp. 455 ss.). Tese substancialmente análoga foi apresentada por Santayana no livro *Ceticismo e fé animal* (1923), no qual ele mostrava que a crença na realidade é devida a experiências puramente animais (fome, luta etc.) e só é justificável com base em tais experiências. O mesmo Santayana expusera essa noção de R. em *Essays in Critical Realism* (1920), obra publicada por sete filósofos americanos (v. REALISMO).

Na filosofia mais recente o problema da R. praticamente deixou de ser problema da "existência" das coisas para tornar-se cada vez mais problema do modo de ser específico das coisas. Suas formulações são feitas segundo a alternativa aberta pelas doutrinas que reconhecem o caráter não simplesmente cognitivo da experiência da realidade. Heidegger negou explicitamente o primado da consciência, do qual nascia o problema da existência das coisas. "Crer na realidade do 'mundo exterior' (com ou sem direito), demonstrar essa realidade (suficientemente ou não), pressupor essa realidade (explicitamente ou não), tudo isso são tentativas que pressupõem antes de mais nada o sujeito sem mundo, vale dizer, não consciente de seu mundo, que deve, portanto, começar por fundar a segurança de seu mundo" (*Sein und Zeit*, § 43, a). O problema da existência do mundo exterior ou das coisas desaparece por si mesmo uma vez que se elimine o pressuposto falaz do "sujeito sem mundo", ou seja, pressuposto de que o homem não é já e sempre sobretudo um ser no mundo. Restabelecido este caráter fundamental do modo de ser do homem, que por isso é um "ser-aí" (em que *aí* indica sua relação com o mundo), o problema da R. torna-se o problema do modo como as coisas do mundo se apresentam ao homem ou estão em relação com ele. Segundo Heidegger, esse modo de ser é a "simples presença", uma vez que a existência é o modo de ser reservado ao ser-aí, ao homem. "Se a expressão R. significa ser do ente (*res*) simplesmente presente no mundo (e de fato nada mais deve ser pensado dela) na análise desse modo de ser segue-se que o ente intramundano só é concebível ontologicamente se for esclarecido o fenômeno da intramundanidade. Mas este se baseia no fenômeno do mundo, que, por sua vez, enquanto momento essencial da estrutura do ser-no-mundo, pertence à constituição fundamental do ser-aí. O ser-no-mundo, novamente, é ontologicamente articulado na totalidade do ser do ser-aí, que se caracteriza como Cuidado (*Cura*)" (*ibid.*, § 43, b). Precisamente porque o ser do ser-aí (a existência humana) é Cuidado, os entes de que essa existência cuida, que são diferentes dela – as coisas (cujo modo de ser é a R.) – caracterizam-se pela *instrumentalidade.* "O modo de ser desse ente é a instrumentalidade, que, no entanto, não deve ser vista como tendências de interpretação. [...] A instrumentalidade é determinação ontológico-categorial do ente tal como ele é em si" (*ibid.*, § 15). De tal modo, Heidegger destacou o caráter instrumental das coisas, em virtude do qual elas podem valer como meios para o homem. Mas Heidegger julga que esse caráter não pertence às coisas na medida de sua relação com o homem, mas constitui seu ser "em si", sua essência. À parte essa pretensão, a análise de Heidegger pode ser considerada uma caracterização do modo de ser das coisas ou da "R.", entendida em seu significado próprio e específico. Por outro lado, essa mesma análise mostrou o caráter arbitrário do "problema da R.", no modo como foi entendido a partir de Descartes, como problema de uma R. "exterior" à consciência. Mostrou que tal problema surge de um pressuposto filosófico infundado, representado pela tese do "sujeito sem mundo" ou, em outras palavras, de uma existência do homem que não consiste na relação com o mundo.

É significativo observar que quase simultaneamente a essas análises de Heidegger o problema da R. exterior era considerado um "pseudoproblema" de um ponto de vista totalmente diferente, do Círculo de Viena. Carnap (*Scheinsprobleme in der Philosophie; das Fremdpsychische und der Idealismus-streit*, 1928) e Schlick (*Positivismus und Realismus*, reed. em *Gesammelte Aufsätze*, 1938) rejeitavam tanto a tese da irrealidade do mundo exterior quanto da sua R. tachando-as de pseudo-afirmações, porquanto nenhuma das duas se prestava a verificações experimentais. Mas o Círculo de Viena não apresentou nenhuma solução do segundo aspecto – o mais legítimo – do problema da R.: o modo de ser das coisas. A esse respeito, limitou-se (como fazem seus seguidores até hoje) a repropor a velha tese de Mach (*Analyse der Empfindungen*, 1900), segundo a qual as coisas são compostas pelos mesmos elementos últimos que compõem o eu (as sensações), e estes elementos últimos são neutros em si, ou seja, nem subjetivos, nem objetivos. Esta tese obviamente não dá conta do caráter específico da R. das coisas, não explica por que um conjunto de tais elementos neutros assume, em cada caso diferente, as características de uma "coisa" ou de um "eu".

Além do significado cujas interpretações estudamos até aqui, a palavra R. também costuma ser usada nos outros significados abaixo, que devem ser considerados secundários porque são designados com mais propriedade por outros termos do vocabulário filosófico.

2. Em oposição a *aparência*, *ilusão* e outros semelhantes, R. significa às vezes o *ser* em qualquer dos seus significados existenciais. Assim, por exemplo, na obra de Bradley, *Appearance and Reality* (1893), a oposição anunciada pelo título é entre o aparecer e o ser, uma vez que ele não é limitado à realidade no seu sentido específico, vale dizer, ao modo de ser das coisas. Dewey empregou a palavra no mesmo sentido, mas com uma conotação crítica: "Na sua fórmula mais breve, a R. torna-se existência, qual gostaríamos que fosse depois que analisamos seus defeitos e decidimos quais devem ser eliminados; a 'R.' é aquilo que seria a existência se nossas preferências racionalmente justificadas estivessem tão completamente estabelecidas na natureza que esgotassem e definissem seu ser por inteiro, tornando, pois, desnecessárias a luta e a busca. O que é eliminado (uma vez que a perturbação, a luta, o conflito e o erro ainda existem empiricamente, algo é eliminado), sendo excluído por definição da R. plena, é atribuído a um grau ou a uma ordem do ser que se afirma como metafisicamente inferior; essa ordem recebe várias designações: aparência, ilusão, espírito mortal ou puramente empírico, em contraposição ao que é, real e verdadeiramente" (*Experience and Nature*, cap. II, p. 54).

3. Em oposição a *possibilidade*, *potencialidade* e às vezes também a *necessidade*, essa palavra significa atualidade, efetividade ou aquilo que se atualizou ou efetivou e possui existência de fato. O termo alemão *Wirklichkeit*, diferente de *Realität*, tem esse sentido específico, embora os filósofos nem sempre se atenham estritamente a essa distinção. Nesse sentido, a palavra designa uma das categorias da

lógica de Hegel. "A R. é a unidade imediata, que se produziu, da essência e da existência, ou do interno e do externo" (*Enc.*, § 142): com isso, Hegel pretende dizer que a R. é a essência que se atualizou como existência, ou o interno que se manifestou efetivamente no externo. Quem insistiu na distinção entre *Wirklichkeit* e *Realität* foi Lotze (*Mikrokosmos*, III, p. 535). N. Hartmann, por sua vez, utilizou a distinção, vendo na efetividade (*Wirklichkeit*) o sentido primário do ser (*Möglichkeit und Wirklichkeit*, 1938) (v. SER). [N.A.]

REALIDADE PRESUNTIVA (al. *Präsumptive Wirklichkeit*; it. *Realtà presuntiva*). Foi assim que Husserl chamou a R. das coisas em relação à "R. absoluta", necessária, da consciência (*Ideen*, I, § 46). [N.A.]

REALIDADE VIRTUAL. V. VIRTUAL, REALIDADE.

REALISMO (lat. *Realismus*, in. *Realism*; fr. *Réalisme*; al. *Realismus*; it. *Realismo*). Esta palavra começou a ser usada em fins do século XV, designando a corrente mais antiga da escolástica, em oposição à chamada corrente "moderna" dos nominalistas ou terministas. O primeiro a usá-la foi provavelmente Silvestro Mazolino de Prieria, em *Compendium dialecticae*, de 1496 (cf. PRANTL, *Geschichte der Logik*, IV, p. 292). O R. afirmava a realidade dos universais (gêneros e espécies), entendendo contudo de maneiras diferentes essa mesma realidade (v. UNIVERSAL).

No sentido mais geral e moderno, esse termo foi retomado por Kant na primeira edição de *Crítica da Razão Pura*, para indicar, por um lado, a doutrina (oposta à que ele defendia) segundo a qual o espaço e o tempo são independentes de nossa sensibilidade, que é o R. transcendental, e por outro lado uma doutrina sua, que admite a realidade exterior das coisas e que é o R. *empírico*. Kant dizia: "O idealista transcendental é um realista empírico que atribui à matéria, como fenômeno, uma realidade que não precisa ser deduzida, mas é imediatamente percebida" (*Crít. R. Pura*, 1.ª ed., Dialética transcendental, Crítica do quarto paralogismo da psicologia transcendental). Com Kant, esse termo entrou em filosofia, designando doutrinas de interesse atual, e não simplesmente histórico. Fichte afirmava que "a doutrina da ciência é realista" porque "mostra que é absolutamente impossível explicar a consciência das naturezas finitas se não se admitir a existência de uma força independente delas, oposta a elas, da qual elas dependem em sua existência empírica" (*Wissenschaftslehre*, 1794, § V, II; trad. it., 231). Schelling falava de um idealismo realista (*Real-idealismus*) ou de um R. idealista (*Ideal-realismus*) (*Werke*, I, X, p. 107) no mesmo sentido que Fichte. A partir de então, o R. foi qualificado e definido das maneiras mais diferentes, e quase sempre as doutrinas que o adotaram como insígnia qualificaram também como realistas as doutrinas do passado que coincidiam com seu ponto de vista. Assim, por exemplo, Platão foi considerado realista porque admitia a realidade das idéias (seja qual for a significação disto), mas também foi definido como idealista porque tratava de idéias. Semelhantes análises (e as controvérsias que provocam) não passam de perda de tempo. Menos inútil talvez seja esclarecer o significado das formas mais conhecidas que o R. assumiu na filosofia moderna. Nesse caso, além das já citadas, podem ser lembradas as seguintes:

a) O R. empírico de Kant assumiu vários nomes, permanecendo substancialmente o mesmo: independência da existência das coisas em relação ao ato de conhecer. W. Hamilton chamou esse ponto de vista de R. *natural* ou *presentacionismo*, considerando-o típico da escola escocesa, da qual derivava sua filosofia (v. PRESENTACIONISMO). O famoso artigo de G. E. Moore, publicado em *Mind* de 1903, "Refutação do idealismo", inspira-se num ponto de vista análogo: defende a independência do objeto conhecido em relação ao ato psíquico com que é conhecido. Essa independência era chamada de tese do *R. ingênuo* (al. *Naiven Realismus*) por G. Schuppe (*Grundriss der Erkenntnistheorie und Logik*, 1910, pp. 1-2). O. Külpe dava a esse mesmo ponto de vista o nome de *R. científico* (*Die Realisierung*, II, 1920, p. 148), enquanto J. Maritain, que defendeu a mesma forma de realismo porque, segundo ele, correspondia mais à tradição tomista, chamou-o de *R. crítico* (*Distinguer pour unir*, 1932, p. 149). Finalmente, o mesmo tipo de R. é chamado de *materialismo* pelos defensores do materialismo dialético: é o que faz, por exemplo, Lênin (*Materialismo e empiriocriticismo*, 1909, trad. it., p. 75). Essa mesma forma de R., sem adjetivos ou com adjetivos vários, é freqüente na filosofia contemporânea; pode ser facilmente encontrada no existencialismo, no instrumentalismo, no empirismo lógico e em todas as correntes filosóficas que adotam o pensamento científico como ponto de partida.

b) *R. transfigurado* (*Transfigured Realism*) de H. Spencer: "O R. com que estamos comprometidos sustenta simplesmente que a existência objetiva é separada e independente da existência subjetiva. Mas não afirma que cada um dos modos da existência objetiva seja na realidade aquilo que parece ser, nem que as conexões entre os modos sejam objetivamente aquilo que parecem ser. Por isso, esse R. distingue-se claramente do R. cru; para marcar a distinção podemos chamá-lo propriamente de R. transfigurado" (*Principles of Psychology*, § 472).

c) O *novo R.* defendido em volume coletivo por um grupo de pensadores americanos (E. B. HOLT,

W. T. MARWIN, W. P. MONTAGUE, R. B. PERRY, W. B. PITKIN, E. G. SPAULDING, *The New Realism*, 1912) baseia-se no princípio segundo o qual a relação cognitiva não modifica os seres entre os quais se estabelece; portanto, o fato de os seres conhecidos se nos mostrarem apenas em relação conosco não implica que seu ser se esgote nessa relação. Segundo o novo R., também são entes objetivos os conceitos abstratos utilizados pela ciência; o próprio erro é um fato objetivo devido a uma distorção fisiológica. Ponto de vista análogo, também baseado nas correntes da fenomenologia e do logicismo, foi defendido por Nicolai Hartmann numa série de obras que começaram com *Grundzüge einer Metaphysik der Erkenntnis* (1921). Constituem o R. de Hartmann as duas teses seguintes: 1.ª a relação cognitiva é extrínseca ao ser, que não é qualificado nem modificado por ela; 2.ª o ser é constituído não só por coisas, mas também por objetos ideais ou abstratos, ou por valores.

d) O *R. crítico* foi defendido em um volume coletivo por um grupo de pensadores americanos (D. DRAKE, A. O. LOVEJOY, J. B. PRATT, A. K. ROGERS, G. SANTAYANA, R. W. SELLARE, C. A. STRONG, *Essays in Critical Realism*, 1920), que defendia fundamentalmente o ponto de vista de Santayana, segundo o qual o objeto imediato do conhecimento é uma *essência* (v.), ao passo que a *existência* nunca é apreendida imediatamente ou intuída, mas apenas afirmada, posta ou reconhecida por exigências emocionais e práticas que Santayana chamava de *fé animal* (*Scepticism and Animal Faith*, 1923). [N.A.]

Na reflexão mais recente, o problema do R. voltou impetuosamente à cena, se é que alguma vez esteve fora dela.

1) *Definição ontológica (segundo o objeto).* Na filosofia de orientação analítica entende-se por R. a crença em determinados tipos de entidade (que variam de acordo com o tipo de R.), crença que implica as seguintes teses: (i) *descritivismo*, para o qual o nosso discurso imediato sobre a realidade põe entidades, descrevendo-as exatamente como são, sem necessidade de que esse nosso discurso seja traduzido com outras linguagens (sendo o reducionismo sempre uma forma de anti-realismo); (ii) *objetivismo*, para o qual os objetos postos existem e possuem determinadas características de todo independentes dos estados epistêmicos do sujeito que conhece (aqui, porém, os realistas se dividem, segundo abracem uma noção epistêmica ou não-epistêmica da verdade e, por conseguinte, esposem um *R. epistêmico* segundo o qual deve ser sempre possível, *pelo menos em princípio*, conhecer as entidades admitidas ou um *R. não-epistêmico*, segundo o qual tais entidades devem ser admitidas independentemente da nossa possibilidade de conhecê-las); (iii) *objeto-centrismo*, para o qual o protagonista do processo cognitivo é o objeto, ao qual o sujeito cognoscente deve adequar-se, o que reporta à idéia tomista do conhecimento como *adaequatio rei et intellectus* e recorre a uma visão extensional da verdade de tipo tarskiano.

Foram distinguidos, de acordo com os objetos a que o R. se aplique: o *R. ingênuo ou do senso comum*, que acredita na existência indubitável dos objetos da experiência imediata (o mundo externo) e pode redundar no *R. empírico*, versão um pouco mais sofisticada que reconhece, ademais, a possibilidade de verificação, portanto de confirmação e infirmação das nossas hipóteses (ARONSON, *A Realist Philosophy of Science*, 1984); *o R. científico*, que admite a existência de entidades não observáveis como os elétrons, os campos de forças etc. (TUOMELA, *Theoretical Concepts*, 1973; HACKING, *Representing and Intervening*, 1983); *o R. matemático ou lógico* (também chamado *platonismo)*, que admite a existência de objetos abstratos como os números ou os conjuntos; o *R. ético* (tanto naturalista quanto intuicionista), que admite a existência objetiva de valores, direitos, deveres etc.; o R. *psicológico*, que acredita na existência dos estados mentais como algo distinto dos estados cerebrais (uma variante difundida é a tese da superveniência). Independente deste último é a concepção de Popper (a partir de *Of Clouds and Clocks*, 1965), para quem, além do mundo físico, existem o mundo dos eventos ou processos mentais, Mundo 2, e o mundo constituído pelos conteúdos objetivos desses eventos e processos, Mundo 3, de todo independente do anterior e constituído por objetos reais capazes de exercer uma ação causal também sobre objetos dos outros mundos.

Um forte respaldo ao *R. científico*, que entende a verdade como alguma forma de correspondência, é a ligação que ele identifica entre o sucesso da ciência e a sua verdade; mas dois problemas capitais a propósito são: *a*) a descontinuidade do crescimento do conhecimento empírico, uma vez que a caracterização de entidades e processos muda continuamente, tornando impossível alguma estabilidade referencial; e *b*) o fundamento da passagem do sucesso explicativo e/ou preditivo à verdade, uma vez que até teorias falsas podem obter sucessos, como ocorreu com a astronomia ptolemaica. Putnam (*Mind, Language, and Reality*, 1975), McMullin e Leplin (cf. sobre os três as contribuições em ASPLIN, *Scientific Realism*, 1984) e Smith (*Realism and the Progress of Science*, 1981) responderam invocando a teoria causal da referência e reiterando sua confiança na estabilidade referencial dos termos; Levin, Glymour, Laymon, Boyd e Hacking (sobre os cinco, cf. as contribuições em LEPLIN, *Scientific Realism, cit.*) e P. M. Churchland (*Scientific Realism and the Plasticity of Mind,* 1979), por sua vez, consideraram aspectos específicos do método científico que parecem significativos somente ao realista, mas que, se rejeitados, tornam ininteligível toda a empresa científica.

Papel central é desempenhado na filosofia analítica pelo *R. metafísico,* que um dos seus mais importantes defensores, ao lado de Kripke e Putnam, resumiu em quatro teses fundamentais: *a*) o mundo é constituído por uma totalidade fixa de objetos independentes da mente; *b*) a verdade comporta uma relação de correspondência entre o mundo e a linguagem; *c*) existe uma única descrição verdadeira do mundo; *d*) todo enunciado da linguagem é verdadeiro ou falso, e por isso vale incondicionalmente o princípio do terceiro excluído (a tese de que todas as teorias têm um valor de verdade e de que entre elas algumas são efetivamente verdadeiras, ainda que nós não o saibamos, é o chamado *R. semântico*). Putnam, embora rejeitando c), reconheceu a existência de descrições equivalentes, passando assim ao *R. metafísico sofisticado:* no entanto, ele leva a um relativismo contextual geral (já presente em Carnap, portanto na primeira fase de Putnam, redundando no relativismo mais acentuado de Davidson) ou mesmo ao ceticismo (como em Rorty), o que convenceu Putnam a abraçar mais tarde uma concepção epistêmica da verdade. Surge desse modo o *R. interno,* assim chamado porque as atribuições de realidade são internas ao quadro teórico global, àquilo que Putnam chama de "versão" do mundo que se assume (*The Many Faces of Realism,* 1987). A verdade acaba por ser não a mera aceitabilidade racional, mas a idealização da aceitabilidade racional, a que tendem as justificações que se vão produzindo paulatinamente nos vários quadros teóricos (que parecem, por isso, contingentes, menos estáveis do que Putnam gostaria); o conseqüente interesse pelo caráter dinâmico das teorias científicas levaram a falar – ainda a propósito de Putnam, mas também de Boyd e Newton-Smith – de um *R. convergente* (a expressão é de Laudan), que reconhece um progresso em última instância linear.

Reportam-se com mais força ao R. clássico (metafísico) os estudiosos que continuam a inspirar-se de várias formas no tomismo (p. ex., VERNEAUX, *Épistémologie générale,* 1963) ou que vinculam o niilismo a uma opção anti-realista básica, ou seja, à ruptura da relação intencional imediata entre pensamento e ser (p. ex., POSSENTI, *Il nichilismo teórico e la "morte della metafisica"*, 1995).

2) *Definição semântica (segundo a asserção).* Boa parte dos estudos sobre o R. enfrentou o problema centrando-o, como se viu em 1), no objeto. Não falta, porém, quem considere as noções de referência e de verdade mais fundamentais que a de objeto (nesse caso, verdadeiro é o enunciado cujos termos têm referência correta), afirmando que os problemas típicos do R. não podem ser resolvidos olhando-se a realidade para depois serem transferidos para o plano da linguagem, como se esses dois planos fossem independentes. Esse tipo de classificação do R. versa portanto sobre o tipo de afirmação que uma disciplina faz acerca de seu próprio objeto, ou seja, sobre a semântica e sobre as condições de verdade dos enunciados: temos nesse caso o *R. semântico* (outrossim contestado até por grande parte dos realistas, entre os quais Suppe, Devitt, Hacking e Harré), que desloca a questão do R. para o nível metalingüístico: formular afirmações sobre o objeto da ética, sobre os eventos futuros ou sobre as entidades mentais significa indicar as condições em que esses mesmos enunciados serão verdadeiros ou falsos, em que só se admitirão esses dois casos. Para Dummett em especial, visto que uma teoria da verdade só pode apresentar-se como uma teoria da assertividade, as nossas asserções não falam de fatos, mas apenas das circunstâncias que tornam aceitáveis, ou seja, asseveráveis, tais asserções; acaba-se assim numa forma de R. *epistêmico.* A plausibilidade desse R. foi contestada, no mais das vezes de um ponto de vista intuicionista, por aqueles que, rejeitando o princípio de bivalência, admitem enunciados cujo valor de verdade permanece indefinido (DUMMETT, *Realism,* 1963; ID., *What Is a Theory of Meaning* (II), 1976; ID., *Realism,* 1982; TENNANT, *Anti-Realism and Logic,* 1987). [M.S.]

RECEPTIVIDADE (in. *Receptivity;* fr. *Réceptivité;* al. *Receptivität;* it. *Ricettività*). A possibilidade das *afecções* (v.) ou seja, de receber ou sofrer ações. Nesse sentido, Kant considera a sensibilidade como "a R. do nosso espírito para receber representações, ou seja, para sofrer afecções de um modo qualquer" (*Crít. R. Pura,* Lóg. transc., Intr., I). O mesmo que passividade. É o contrário de *espontaneidade* (v.) ou *atividade* (v.). [N.A.]

RECEPTOR (in. *Receptor;* it. *Recettore*). Termo da psicologia contemporânea que designa qualquer órgão ou estrutura com que o organismo recebe os estímulos. São R. tanto os órgãos dos sentidos (p. ex., olho, ouvido etc.) quanto as estruturas nervosas que recebem estímulos da pele, dos músculos, das articulações etc. Os primeiros são chamados de *exterorreceptores;* os outros, de *propriorreceptores.* Às vezes fala-se também de *enterorreceptores* para indicar os R. situados nas vísceras. [N.A.]

RECIPROCAÇÃO (lat. *Reciprocatio;* in. *Reciprocation;* it. *Reciprocazione*). Na lógica do século XVII, um modo de refutação que consiste em usar contra o adversário o mesmo argumento por ele utilizado; com isso, demonstra-se que o argumento é vicioso (cf. JUNGIUS, *Logica hamburgensis*, 1638, VI, 16, 20). [N.A.]

RECIPROCIDADE (in. *Reciprocity*; fr. *Réciprocité*; al. *Wechseltvirkung*; it. *Reciprocità d'azione*). É o princípio da conexão universal das coisas no mundo, em virtude do qual elas constituem uma *comunidade*, um todo organizado. Portanto, a ação recíproca nada tem a ver com o princípio de ação e reação enunciado por Newton. Kant faz da ação recíproca um princípio puro do intelecto, e vê nele a terceira *analogia da experiência* (v.), expressa com as seguintes palavras: "Todas as substâncias, podendo ser percebidas no espaço como simultâneas, estão entre si numa ação recíproca universal." Assim como a sucessão temporal tem fundamento na conexão causal, também a simultaneidade temporal tem fundamento na R. de ação entre as substâncias. Kant diz: "Sem comunidade, cada percepção (dos fenômenos no espaço) se separaria das outras, e a cadeia das representações empíricas, isto é, a experiência, deveria recomeçar do início a cada novo objeto, sem que a precedente pudesse ligar-se a ele ou estar em relação temporal com ele" (*Crít. R. Pura*, Anal. dos princ., III, 3). O sentido da conexão recíproca é esclarecido em seguida por Kant da seguinte maneira (*loc. cit*): "A palavra *Gemeinschaft* [= comunidade] tem duplo significado: pode significar tanto *communio* quanto *comercium*. Aqui a empregamos no segundo sentido, como comunidade dinâmica, sem a qual nem a comunidade espacial (*communio spatiz*) poderia ser conhecida empiricamente." Não admira que o romantismo tenha valorizado ao máximo essa noção, de caráter tão nitidamente metafísico e espiritualista. Schelling afirma (*System des transzendentalen Idealismus*, p. 228) que "a relação de causalidade não pode ser construída sem a ação recíproca", enquanto Hegel (*Enc.*, §§ 154 ss.) vê na passagem da causalidade à ação recíproca a passagem da necessidade ao desvendamento da necessidade, ou seja, à liberdade. O que tudo isso significa é expresso com toda a clareza por Lotze, em *Microcosmo* (III^2, p. 482): "A ação recíproca das substâncias finitas no mundo só poderá ser entendida se elas forem partes de uma Substância infinita que as abranja todas em si mesma." Essa noção é freqüente nas concepções espiritualistas do mundo, não passando de transcrição, em termos mais modernos, da simpatia universal (v. SIMPATIA) que as concepções mágicas (v. MAGIA) admitiam entre as coisas do mundo. Portanto, não é de surpreender que Schopenhauer afirmasse que "a ação recíproca não existe", porquanto "ela pressuporia que o efeito é a causa da sua causa, e que aquilo que segue é, ao mesmo tempo, o que precede" (*Über die vierfache Wurzel des Satzes vom zureichenden Grunde*, 1813, § 20). [N.A.]

RECÍPROCO (in. *Reciprocal*; *Converse*; fr. *Réciproque*; al. *Reziprok*; it. *Reciproco*). Em lógica, chama-se de recíproca a proposição obtida pela conversão da proposição dada, isto é, pela troca entre sujeito e predicado. O termo latino tradicional para tal proposição é *conversa*, e foi empregado por Boécio (*De syllogismo categorico*, P. L., 64, col. 804; cf. HAMILTON, *Lectures on Logic*, II, p. 259). Por "*inversa*" entende-se comumente a negativa de uma proposição (v. CONVERSÃO). [N.A.]

RECONCILIAÇÃO. V. SÍNTESE.

RECONHECIMENTO (in. *Recognition*; fr. *Reconnaissance*; al. *Anerknnung*; it. *Riconoscimento*). 1. Em geral, conhecer algo por aquilo que é. Neste sentido diz-se, por exemplo, "Reconheci-o como ladrão", ou "Reconheço a justiça dessa observação".

2. Um dos aspectos constitutivos da memória, porquanto os objetos lhe são dados como já conhecidos (v. MEMÓRIA). [N.A.]

RECORDAÇÃO. V. MEMÓRIA.

RECORRÊNCIA (in. *Recurrence*; fr. *Récurrence*; al. *Recurrenz*; it. *Ricorrenza*). 1. Aquilo que volta a acontecer ou se repete a intervalos regulares ou irregulares. Neste sentido, diz-se que é recorrente um acontecimento que se repete mais ou menos do mesmo modo, a intervalos.

2. Designa-se também com este termo o raciocínio reflexivo ou auto-referente que dá origem às antinomias lógicas (v. ANTINOMIAS).

3. Em matemática a expressão "raciocínio por R." designa o princípio da indução matemática (v. INDUÇÃO MATEMÁTICA). [N.A.]

RECURSIVIDADE (in. *Recursivity*; fr. *Récursivité*; al. *Rekrsivität*; it. *Ricorsività*). Em sentido lato, define-se R. como reprodução potencialmente infinita de uma configuração (séries numéricas, figuras geométricas, processos de vários tipos), geralmente devida a fenômenos de auto-referencialidade ou auto-pertença (v. AUTO-REFERÊNCIA). Exemplo literário muito conhecido é a novela imaginária de *As mil e uma noites*, concebida por Jorge Luis Borges, em que a princesa Sheherazade começa a contar sua própria história: daí resulta um processo infinito, porque toda vez que chegar àquele ponto, precisará recomeçar a contar a história desde o início. Segundo o uso mais apropriado do termo, entende-se por R. precisamente o processo pelo qual o infinito que procede da auto-referência (e que era bem conhecido de Platão e dos românticos: v. INFINITO) é governado lingüística e logicamente, merecendo portanto o nome de "lógicas recursivas" todas as tentativas (da teoria das funções recursivas em matemática e na lógica da computabilidade à teoria dos sistemas e dos processos recursivos em cibernética e nas ciências cognitivas e sociais) de formalizar a auto-referência, ou de dar uma interpretação "finitiva" dos processos infinitos.

Era substancialmente este último o programa do lógico e matemático sueco Thoralf Skolem, que em 1923, na *Begrüindung der elementaren Arithmetik*, teorizou sobre o "modo recursivo de pensar" como a perspectiva correta por se adotar no campo da metamatemática. Skolem propunha o uso sistemático de procedimentos recursivos nas definições matemáticas, para evitar o uso das noções "sempre", ou "alguma vez" (ou seja, o uso dos *quantificadores:* "todos os x", "existe pelo menos um x"). Em seguida, a partir dos anos 1930, a teoria foi desenvolvida pelos chamados "pioneiros da R.": Alonzo Church, Kurt Gödel, Rosza Pèter, que investigaram sobretudo a sua aplicação na teoria da computabilidade (teoria que estuda as condições com base nas quais se estabelece a computabilidade de uma função). Chureb desenvolveu o conceito dentro de seu "lambda-cálculo", e apresentou a tese – não demonstrada, mas "plausível" – da identidade entre *computável* e *recursivo;* Gödel, por outro lado, abriu o caminho para a teoria da R. "generalizada", mostrando a estreita relação entre R. e "representabilidade".

A introdução do conceito de "máquina" na problemática da computabilidade, promovida por Alan M. Turing, favoreceu a passagem da problemática da R. para todos os setores nos quais se revelou útil ou indispensável o emprego das máquinas. Abriu-se então o caminho para uma ampla difusão do conceito e para a sua aplicação em cibernética, nas ciências cognitivas, na sociologia sistêmica, em neurofisiologia (cf. em particular H. VON FORSTER, *Observing Systems,* 1982; PH. N. JOHNSON-LAIRD, *Mental Models,* 1983; H. MATURANA e F. VARELA, *El àrbol del conocimiento,* 1984; N. LUHMANN, *Sozial Systeme,* 1984). Em todos esses âmbitos, adota-se como princípio metodológico central a noção de "definição recursiva", ou seja, "um método para definir algo nos termos da própria coisa" (P. JOHNSON-LAIRD, *cit.,* trad. it., Astrolabio, Roma, 1987, p. 59): por exemplo, a definição de conceito é dada mediante a noção de conceito, a definição de frase é data mediante a noção de frase etc. Trata-se, conforme especifica Johnson-Laird, de definições "circulares", mas não de "círculos viciosos" (p. 60). Esse tipo de circularidade recursiva, indispensável na definição de entidades lógico-lingüísticas (v. também INDUÇÃO), já fora tematizado no início do século XX por Wilhelm Dilthey (cf. *Das Wesen der Philosophie,* 1907), que descobria a auto-referencialidade e a circularidade inevitáveis de toda definição histórico-conceitual: por exemplo, a definição do conceito de "filosofia". Em seguida, toda a tradição hermenêutica considerou tal circularidade não "viciosa" (v. CÍRCULO HERMENÊUTICO) um fenômeno essencial da experiência interpretativa. À mesma conclusão depois chegou Donald Davidson (*A Nice Derangement of Epitaphs,* 1986), ressaltando expressamente a natureza "recursiva" das "teorias" em jogo no processo comunicativo. [F.D'A.]

RECUSA, GRANDE (in. *Great refusal*; fr. *Grand refus*; it. *Gran rifiuto*). É a recusa da realidade em favor da imaginação e das possibilidades que ela desvenda em arte. Essa expressão foi empregada com esse sentido por André Breton no primeiro manifesto dos surrealistas (1924) (*Les manifestes du surréalisme,* 1946). Foi adotada por H. Marcuse para indicar "o protesto contra a repressão supérflua, a luta pela forma definitiva de liberdade: viver sem angústia" (*Eros and Civilization,* 1954, cap. VII). V. UTOPIA. [N.A.]

REDUÇÃO (in. *Reduction*; fr. *Réduction*; al. *Reduktion*; it. *Riduzione*). 1. Transformação de um enunciado em outro eqüipolente mais simples ou mais preciso, ou capaz de revelar a verdade ou a falsidade do enunciado de origem. Fala-se também de "R. da ciência aos termos da experiência imediata" (QUINE, *From a Logical Point of View,* II, 5) ou de R. das extensões às intenções, das classes a propriedades (CARNAP, *Meaning and Necessity,* §§ 23, 33).

2. Explicação que consiste em considerar que certas ordens de fenômenos estão sujeitas a leis mais bem estabelecidas ou mais precisas que uma outra ordem de fenômenos; por exemplo, a que consiste em considerar os fenômenos orgânicos como submetidos às leis dos fenômenos físicos, e estes últimos como sujeitos às leis dos fenômenos mecânicos. (Sobre este tipo de explicação, cf. E. NAGEL, "The Meaning of the Reduction in the Natural Sciences", 1949, em *Science and Civilization,* ed. R. T. Staufer, 1949, pp. 99-138.). [N.A.]

3. Searle, constatando certa "confusão" no uso do conceito de R., procurou introduzir um pouco de "clareza" sobre o assunto. Depois de notar que o reducionismo leva a uma forma peculiar da relação de identidade, que se poderia chamar de "relação nada mais que" (uma vez que os A podem ser reduzidos a B se e só se os A nada mais forem que B), e que tal relação assume significados diferentes de acordo com o âmbito da relação e dos seus *relata* (objetos, propriedade, teorias etc.) específicos, distinguiu cinco tipos fundamentais de R.: *a*) R. ontológica; *b*) R. ontológica das propriedades; *c*) R. teórica; *d*) R. lógica ou definitória; *e*) R. causal.

a) A R. *ontológica* afirma que "objetos de determinados tipos nada mais são que objetos de outros tipos: por exemplo, que as cadeiras nada mais são que coleções de moléculas". Essa forma de R. desempenhou papel decisivo na história da ciência e é a ela que tendem todas as outras.

b) A R. *ontológica das propriedades* é "uma forma de R. ontológica, relativa porém às propriedades: o calor (de um gás), por exemplo, nada mais é que a energia cinética média do movimento molecular". Muitas vezes tal R., no que se refere a propriedades que correspondem a termos teóricos, é um resultado da R. teórica.

c) A R. *teórica* é "uma relação entre duas teorias, uma das quais é reduzida a um caso particular da outra, demonstrando que as leis da primeira podem ser (mais ou menos) deduzidas das leis da segunda" (v. o exemplo clássico da R. das leis dos gases às leis da termodinâmica).

d) A R. *lógica ou definitória* é "uma relação entre palavras e enunciados em que as palavras e os enunciados que se referem a certo tipo de entidade podem ser traduzidos sem resíduos em outras palavras ou enunciados referentes a entidades de outro tipo. Enunciados relativos ao encanador médio de Berkeley podem por exemplo ser reduzidos a enunciados relativos a indivíduos específicos que, em Berkeley, trabalham como encanadores; enunciados relativos aos números, segundo certa teoria, podem ser traduzidos em enunciados relativos a conjuntos, portanto reduzidos a eles. Dado que palavras e enunciados são redutíveis *logicamente ou por via definitória*, as correspondentes entidades a que eles se referem são *ontologicamente* redutíveis: tanto é verdade que os números nada mais são que conjuntos de conjuntos".

e) A R. *causal* é "uma relação entre dois tipos de entidade dotadas de poderes causais em que se mostra que a existência e, *a fortiori*, os poderes causais da entidade submetida a R. podem ser inteiramente explicados com base nos poderes causais dos fenômenos a que ela é reduzida. A solidez de certos objetos tem, por exemplo, determinadas conseqüências causais – impenetrabilidade, resistência à pressão etc. – que podem ser explicadas pelos poderes causais do movimento vibratório das moléculas em estruturas reticulares" (*La riscoperta della mente*, 1992, trad. it., Bollati Boringhieri, Turim, 1994, pp. 128-30).

4. Hoje em dia o conceito de R. é empregado sobretudo na filosofia da mente (v.) e na ciência cognitiva (v.), nas quais serve para designar os vários defensores da identidade entre mente e cérebro. [G.F.]

REDUÇÃO FENOMENOLÓGICA (it. *Riduzione fenomenologica*). Por R. *fenomenológica* Husserl entendeu a *epoché* fenomenológica, que é a neutralização da atitude natural, ou a colocação do mundo entre parênteses (*Ideen*, 1, §§ 56 ss.). Às vezes, mais particularmente, ele entendeu por R. o momento positivo da *epoché*, que é o da reflexão interna sobre o ato, em busca de captar o ato em sua intencionalidade (cf. especialmente *Krisis*, 1954, p. 247). [N.A.]

REDUCIONISMO. 1. Fala-se de R. com referência a concepções consideradas unilaterais ou parciais, ou que se acredite não respeitarem a complexidade ou articulação de um fenômeno ou de uma teoria. Foram acusados de R. o positivismo, quando visto como cientificismo, e o neopositivismo, por seu fisicalismo, mas também o idealismo e o materialismo (como em geral toda forma de monismo), porquanto reduzem toda a realidade a um só aspecto ou todo o conhecimento a uma só abordagem. É evidente que para todas essas orientações, a sua própria atitude não é vista como uma redução (ilegítima), mas sim como uma integração (legítima). Fala-se também de R. com referência a certas conotações da filosofia, quando concebida como "serva da teologia" ou então como "metodologia da ciência". Do ponto de vista especificamente epistemológico pode-se falar de um R. de objeto (ontológico, o antigo; empiriológico, o moderno), e de um R. de método (quantitativo ou analítico). Além da filosofia, o R. também é encontrável também nas ciências, como por exemplo com o economicismo, o psicologismo, o sociologismo, o biologismo, que constituem o absolutização, respectivamente, dos aspectos econômicos, psicológicos, sociológicos, biológicos. [G.G.]

2. Atitude de quem pratica o método da redução (v.). [G.F.]

REDUPLICAÇÃO (gr. ἐπαναδίπλωσις; lat. *Reduplicatio*; fr. *Réduplication*; it. *Reduplicazione*). Com este termo, que significa predicação repetida, eram indicadas em lógica algumas palavras usadas para relacionar o predicado com o sujeito: *como, na qualidade de* etc. Por exemplo: "o homem, como animal, é mortal". As proposições em que ocorre a R. chamam-se reduplicativas (ARISTÓTELES, *An. pr.*, I 38 49 a 26; DUNS SCOT, *In An. pr.*, I, 35 em *Obras*, I, p. 327 a; JUNGIUS, *Logica hamburgensis*, II, 11, 22). [N.A.]

REDUTIBILIDADE, AXIOMA DE. V. ANTINOMIAS.

REFERÊNCIA (in. *Reference*; fr. *Référence*; al. *Bericht*; it. *Riferimento*). 1. Em geral, o ato de pôr um objeto qualquer em qualquer relação com outro objeto. Neste sentido, esse termo tem um significado bastante amplo: um mesmo objeto (p. ex., um comportamento) pode referir-se ao seu autor, aos seus efeitos, ao seus fins, às suas intenções, às suas condições, etc. O sentido específico da R., ou seja, a relação que ela estabelece, é esclarecido ou sugerido em cada caso pelo contexto.

2. Mais particularmente, chama-se de R. o ato que estabelece uma relação entre o símbolo e o seu

objeto, ou seja, o ato de *interpretação* (v.). Foram sobretudo Ogden e Richards que difundiram o uso do termo nesse sentido. Identificaram a R. com o pensamento, e ambos com aquilo que chamaram de *significado cognitivo* (*The Meaning of Meaning*, 10.ª ed., 1952, pp. 9 ss.). No âmbito deste significado, os mesmos autores chamaram de *referendo* (*referend*) o veículo ou o instrumento de um ato de R., e de *referente* (*referent*) o objeto a que o ato de R. visa (v. SIGNIFICADO e SEMÂNTICA). [N.A.]

Na tradição analítica, o problema da R., ou seja, do uso referencial dos termos singulares, constitui um dos problemas principais da lógica e da filosofia da linguagem. Podem-se distinguir inúmeras posições que se sucedem de forma sistemática e (aproximativamente) cronológica, ainda que muitas tenham sofrido reformulações e variações.

a) Teoria descritivista da R. O debate sobre os nomes próprios (v. NOME) e sobre as descrições definidas (v. DESCRIÇÃO) tem uma primeira e importantíssima fase no período que vai de 1892 (ano do *Uber Sinn und Bedeutung* de Frege) a 1922 (ano do *Tractatus* de Wittgenstein). A idéia de fundo, formulada por Frege, à qual se ateve a maioria dos estudiosos até os anos 1960, é que em toda expressão se distinguem o sentido e a R., e que a segunda é determinada com base no primeiro (v. CONOTAÇÃO). Embora Russell pretenda reduzir apenas à denotação o componente semanticamente relevante (ou seja, dotado de valor de verdade) de uma expressão lingüística, continua a considerar que a denotação depende da descrição e que, por isso, contém um aspecto cognitivo. A posição *a)* foi contestada por quem atribui um funcionamento diferente a classes diferentes de expressões: termos singulares (nomes próprios, descrições definidas e indiciais) e termos gerais de espécie natural e de substância.

b) Teoria pragmática da R. Uma segunda fase de grande importância começou em 1950 com *On Referring* de Strawson, cujo objetivo é contestar a posição *a),* negando a importância cognitiva da R. Para Strawson, o objetivo da R. é a identificação de um indivíduo para um auditório que está de posse de uma informação compartilhada (ou que pelo menos se pressupõe sê-lo); a função informativa está nitidamente separada da informação referencial, e esta última, ao contrário do que afirma a posição *a*), não está intrínseca nas palavras, mas surge do uso, da intenção comunicativa do falante, estando submetida a algumas regras pragmáticas que o próprio Strawson identifica.

e) Teoria histórica da R. A distinção de Donnellan entre uso atributivo e uso referencial das descrições definidas tem como conseqüência uma atribuição dos valores de verdade totalmente diferente da de Russell e de Strawson: a conclusão geral de Donnellan é que o *mesmo* enunciado pode desempenhar diferentes funções referenciais de acordo com o contexto de uso. Um nome próprio que careça de R. continua a falar de algo, desde que se mantenha a relação com o indivíduo ou o objeto na base do discurso. Cria-se desse modo uma "cadeia histórica", pela qual procuramos atribuir o termo não ao sujeito que mais se adapta a ele, mas àquele que esteve historicamente correlacionado com o uso do termo em questão (seja qual for a modalidade dessa correlação, batismo ou outra).

d) Teoria causal da R. (também chamada *teoria da R. direta ou nova teoria da R.*). A convicção de que Kripke parte é a de que os nomes não têm sentido, mas uma relação direta e imodificável com o objeto: eles são definidos como *designadores rígidos* porquanto se referem ao mesmo indivíduo em todos os mundos possíveis. A fixação da R. é devida a um *batismo* que não tem nada a ver com o problema (cognitivo) de determinar o significado, pois o procedimento de nomeação faz abstração do conteúdo semântico do termo por denominar e baseia-se apenas no acordo entre o portador do nome e aquele que o nomeou. O falante procura, portanto, respeitar a atribuição que está na origem da cadeia causal (comunicativa), independentemente de noções ou conhecimentos adicionais (tese parcialmente emendada por Evans, *The Causal Theory of Names,* 1973), que é a condição pela qual é possível manter a R. ao mudarem os conhecimentos). Todo indivíduo é assim (metafisicamente) idêntico a si mesmo, independentemente dos conceitos mediante os quais o identificamos (epistemicamente). Outros que desenvolveram versões diferentes de *d*) são: FIELD, *Tarsk's Theory of Truth,* 1972; DEVITT, *Designation,* 1981, e *Realism and Truth,* 1984. Essa posição parece diametralmente oposta à teoria do significado como teoria da compreensão, própria de Dummett.

e) Teoria social da R. A crítica de fundo de Kripke à posição *a)* é comungada por Putnam (cujas posições sofrem em todo caso mudanças a partir de *The Meaning of "Meaning"* de 1975 até *Realism with a Human Face,* de 1990), que no entanto chega a ela independentemente e tratando menos dos nomes próprios e mais dos termos de espécie natural, de substância e de grandeza física. Segundo Putnam, a nomeação é tão independente da informação que um indivíduo aparentemente idêntico a outro mas dotado de uma estrutura diferente – como por exemplo a água da Terra Gêmea, em tudo idêntica àquilo que na Terra chamamos desse modo ou que tenha pelo menos as mesmas propriedades observáveis, mas cuja composição não seja H_2O, e sim XYZ – não pode ser chamado por esse nome: aqui não é o sentido a determinar a R., pois o sentido de água é idêntico nos dois mundos, mas, devido à composição química diferente, é diferente a R. O caráter de mera etiqueta, próprio do nome, é afirmado por Putnam com a tese da *divisão do trabalho lingüístico:* a identificação dos traços específicos que determinam a extensão costuma ser apanágio dos entendedores; por sua vez, os falantes só numa parte mínima têm condições de reconstruir os conteúdos cognitivos que teriam levado às várias nomeações e apesar disso sabem usar corretamente os nomes com base em *estereótipos,* idéias convencionais e fixas de que nos valemos dentro da comunidade lingüística para identificar os objetos e que desempenham sua função identificadora ainda que radicalmente errôneos: competência e conhecimento são de todo independentes.

f) *Teoria dêitica da R.* A posição kripkiana foi generalizada, embora com base numa concepção diferente da analiticidade, por Kaplan – em seu estudo dos indiciais a partir de *DThat* (1978, mas escrito em 1970) e de *On the Logic of Demonstratives* (1979) –, para quem a R. não só dos nomes próprios, mas de todos os nomes, é sempre direta, e nunca mediada por conteúdos descritivos ou cognitivos. Se os nomes próprios se referem diretamente a indivíduos, os predicados referem-se diretamente a propriedades: o operador *DThat* serve para indicializar os termos singulares, transformando-os em *nomes padrão* (que correspondem aos designadores rígidos de Kripke). A posição *f*) foi mais elaborada por Perry, *The Problem of the Essential Indexical* (1979). [M.S.]

REFERENTE. V. REFERÊNCIA.

REFLEXA, AÇÃO. V. AÇÃO REFLEXA.

REFLEXÃO (in. *Reflection;* fr. *Réflexion;* al. *Reflexion;* it. *Riflessione*). Em geral, o ato ou o processo por meio do qual o homem considera suas próprias ações. Este conceito foi determinado de três maneiras, a saber: 1ª como conhecimento que o intelecto tem de si mesmo; 2ª como consciência; 3ª como abstração.

1ª Mesmo não empregando o termo R., Aristóteles admite o fato óbvio de que o intelecto "pode pensar-se" (*De an.*, III, 429, b 9). Os escolásticos expressaram esta possibilidade com o termo "R.". Tomás de Aquino diz: "Uma vez que reflete sobre si mesmo, o intelecto entende, conforme essa R., tanto o seu entender quanto a espécie por meio da qual entende" (*S. Th.*, I, q. 85, a. 2). Desse modo, atribui à R. uma função específica porque o intelecto, cujo objeto é o universal, não pode entender o particular senão refletindo sobre si mesmo e considerando aquilo de que abstrai o universal (*ibid.*, I, q. 86, a. 1). Os escolásticos, porém, não consideravam a R. como fonte autônoma de conhecimento. Isso acontece pela primeira vez com Locke.

2ª Com Locke inicia-se o conceito da R. como consciência. Segundo Locke, a segunda das duas fontes principais (a primeira é a sensação) das quais o intelecto aufere suas idéias é a R., entendida como "percepção das operações que nossa alma realiza dentro de si sobre as idéias que recebeu por meio dos sentidos: operações que, tornando-se objeto das R. da alma, produzem na inteligência uma outra espécie de idéias, que os objetos exteriores não poderiam ter fornecido; tais são as idéias daquilo que se chama *perceber, pensar, duvidar, crer, raciocinar, conhecer, querer* etc." (*Ensaio*, II, 1, 4). Além disso, Locke também chama a R. de sentido interno; a R. nesse sentido, nada mais é que consciência, nome com que foi freqüentemente chamada pelos filósofos ingleses posteriores. A definição de Vauvenargues, "R. é o poder de dobrar-se sobre as idéias, examiná-las, modificá-las ou combiná-las de maneiras diferentes: ela é o grande princípio do raciocínio, do juízo etc." (*Intr. à la connaissance de l'esprit humain*, 1746, I, 2), bem como a de Leibniz, "a R. nada mais é que a atenção àquilo que está em nós, enquanto os sentidos não nos dão inteiramente o que já temos em nós" (*Nouv. ess.*, Avant-propos), têm o mesmo significado: a R. é consciência. Era exatamente com este termo que Kant a definia: "A R. (*reflexio*) não visa aos objetos em si para chegar aos conceitos deles; é o estado de espírito em que começamos a dispor-nos a descobrir as condições subjetivas que nos possibilitam chegar aos conceitos. Ela é a consciência da relação entre as representações dadas e as várias fontes de conhecimento" (*Crít. R. Pura*, Anal. dos Princ., Anfibolia dos conceitos da reflexão). Além disso, Kant distinguia a R. *lógica,* que é o simples confronto das representações entre si, da R. *transcendental,* que se volta para os objetos e contém "a razão da possibilidade da comparação objetiva das representações entre si. O objeto da R. transcendental, portanto, são os conceitos de identidade-diversidade, de concordância-posição, de interior-exterior, de matéria-forma, que representam o fundamento de qualquer possível confronto entre as representações" (*ibid.*). O caráter ativo e criativo da R., que traz à luz a verdadeira natureza daquilo que se investiga, e portanto de algum modo *produz* tal natureza, foi um dos pontos fundamentais da filosofia de Hegel: "Uma vez que, na R., se obtém a verdadeira natureza, e esse pensamento é minha atividade, essa verdadeira natureza é igualmente produto do meu espírito, do meu espírito como Sujeito pensante, de mim na minha simples universalidade, como Eu que é sem dúvida por si, ou seja, da minha liberdade" (*Enc.*, § 23). Maine de Biran também atribuiu função metafísica à R.: "Chamo de R. a faculdade que o espírito tem de perceber, num grupo de sensações ou numa combinação de fenômenos, as relações comuns de todos os elementos com uma unidade fundamental: por exemplo: de vários modos ou qualidades com a unidade de resistência, de vários efeitos diferentes com uma mesma causa, de modificações variáveis com o mesmo eu ou sujeito etc." (*Fondements de la psychologie*, ed. Naville, II, p. 225). Não é muito diferente o significado que Husserl lhe atribui quando afirma: "Toda *cogitatio* pode tornar-se objeto da chamada *percepção interna* e depois objeto de uma avaliação reflexa, de aprovação ou desaprovação etc." (*Ideen*, I, § 68). Neste sentido, a R. é aquilo que Husserl chama de *percepção imanente*, que constitui unidade imediata com o percebido, sendo a própria consciência (*ibid.*, § 68). Husserl distinguiu também a R. *natural*, que se realiza na vida comum, da R. *fenomenológica* ou transcendental, feita através da *epoché* (v.) universal quanto à existência ou à não-existência do mundo (*Cart. Med.*, § 15).

3ª O terceiro conceito de R. considera-a como abstração, mais precisamente como abstração falsificadora; esse conceito pertence ao idealismo romântico. Começou com Fichte, que viu na R. o ato com que o eu se considera a si mesmo como limitado pelo objeto: "O Eu tem em si a lei de refletir sobre si mesmo como algo que preenche o infinito. Mas não pode refletir sobre si mesmo e, em geral, sobre nada, se aquilo sobre que reflete não é limitado. Portanto, o cumprimento desta lei é condicionado e depende do objeto" (*Wissenschaftslehre*, 1794, § 8). Como esclarecia Schelling, neste sentido a R. é uma abstração, porque leva a separar o objeto do Eu do próprio Eu, enquanto, na realidade, o objeto não passa de produto do Eu. "Essa separação entre ato e produto, no uso ordinário da linguagem, chama-se abstração. Portanto, como primeira condição da R. tem-se a abstração" (*System des transzendentalen Idealismus*, III, época III, I; trad. it., p. 179). Quanto a Hegel, ao mesmo tempo que exaltava (como se viu) a R. como atividade que não só traz à tona, mas também produz a natureza racional das coisas que investiga, considerava falsificador o intelecto reflexivo. "Por intelecto reflexivo deve-se entender, em geral, o intelecto abstrator ou abstraidor, portanto separativo, que persiste em suas separações. Fazendo face à razão, esse intelecto comporta-se como o intelecto humano comum, ou senso comum, e impõe sua visão de que a verdade repousa na realidade sensível; de que os pensamentos são apenas pensamentos (no sentido de que a percepção sensível lhes dá substância e realidade) e de que a razão, que permanece em si e por si, nada produz além de sonhos" (*Wissenschaft der Logik*, Intr.; trad. it., I, p. 27). Em outros termos, a R. caracteriza-se pela separação entre conceito e realidade, separação que é uma falsa abstração, enquanto a razão caracteriza-se pela identidade entre conceito e realidade. Assim, para Hegel, a filosofia da R. é a do senso comum, cujo ápice está na filosofia de Kant, que afirma a incognoscibilidade da coisa em si.

Na filosofia contemporânea, esse termo é usado principalmente no 2º significado, sendo, portanto, sinônimo de consciência (nos sentidos 1 e 2 do verbete respectivo), introspecção, sentido interior, observação interior. [N.A.]

REFLEXIVA, PSICOLOGIA. V. PSICOLOGIA, *b*).

REFLEXIVIDADE (in. *Reflectivity*; fr. *Reflexivité*; al. *Reflectivität*; it. *Riflessività*). Caráter da relação não *aliorrelativa*, ou seja, tal que um termo possa ter consigo mesmo. Por exemplo, a relação *não maior que* é reflexiva (v. RELAÇÃO). [N.A.]

REFLEXIVO E DETERMINANTE (in. *Reflecting and determinant*; fr. *Réflechissant et déterminant*; al. *Reflectierend und Bestimmend*; it. *Riflettente e determinante*). Juízo determinante e juízo R. são, segundo Kant, os dois modos de ação da faculdade do juízo (v.). Em geral, segundo Kant, o juízo é "a faculdade de pensar o particular como algo contido no geral". Dado o geral (regra, princípio, lei), o juízo que realiza a subsunção do particular é determinante. Se, ao contrário, é dado o particular, o juízo que encontra nele o geral é simplesmente R. (*Crít. do Juízo*, Intr., § IV). "Juízo determinante" significa juízo que determina ou constitui o objeto, como faz segundo Kant, o juízo intelectual (considerado na *Crít. R. Pura*), que *forma* o objeto empírico unificando o material da experiência segundo as categorias. Juízo R. significa juízo que já encontra o objeto constituído, devendo, pois, limitar-se a refletir sobre ele para encontrar o modo de subordiná-lo a uma unidade ou lei que é simplesmente subjetiva, como fazem, por um lado, o juízo de gosto (que julga os objetos segundo o critério do belo) e, por outro, o juízo teleológico, que julga os objetos segundo o critério do fim. [N.A.]

REFORMA (in. *Reformation*; fr. *Reformation*; al. *Reformation*; it. *Riforma*). Renovação religiosa ocorrida na Europa durante o século XVI, como retorno às origens do cristianismo. Preparada pelo humanista Erasmo de Roterdã (1466-1536), a R. foi iniciada pelo monge agostiniano Martinho Lutero (1483-1546), que, em 1517, afixou nas portas da catedral de Wittenberg noventa e cinco teses contra a venda das indulgências. Em sua orientação global, a R. protestante apresenta-se como uma das vias de realização do *retorno aos princípios*, lema do *Renascimento* (v.). No domínio religioso, o retorno aos princípios levava a negar o valor da tradição, portanto da Igreja, que se julgava sua depositária e intérprete. No texto *Contra Henrique VIII da Inglaterra* (1522), Lutero contrapunha à tradição eclesiástica e a todos os rituais e interpretações por ela acumulados durante séculos o retorno direto à palavra de Jesus Cristo, concretizada no Evangelho. Segundo Lutero, o ensinamento fundamental do Evangelho é a *justificação por meio da fé*, que implica dois corolários fundamentais. 1º Um deles é a negação do valor das obras, ou seja, das técnicas religiosas (ritos, sacrifícios, cerimônias), com a redução dos sacramentos aos mencionados na Bíblia (batismo, penitência e eucaristia); tais sacramentos, ainda realizados sem nenhuma supervisão sacerdotal, são considerados expressão da relação direta do homem com Deus. Ao culto sacerdotal, Lutero opôs o exercício dos deveres civis, como único "serviço divino" com valor religioso. 2º O outro é a negação da liberdade humana e o reconhecimento da predestinação por parte de Deus. A fé é o sinal seguro dessa predestinação, portanto indício de salvação (*De libertate christiana*, 1520). Foi este aspecto que deu origem à polêmica entre Erasmo e Lutero: à *Diatribe de libero arbitrio* (1524) de Erasmo, Lutero respondeu com *De servo arbitrio* (1525), em que insistia no caráter imperscrutável da escolha divina (cf. PREDESTINAÇÃO).

Das outras duas figuras principais da R. protestante, Ulrich Zwinglio (1484-1531) e João Calvino (1509-1564), o primeiro foi bem além de Lutero na negação das formas religiosas tradicionais, atribuindo ao próprio sacramento da eucaristia valor meramente simbólico e negando a obediência passiva à autoridade política; o segundo considerou o retorno aos princípios especialmente como retorno à religiosidade do Antigo Testamento. Em *Instituição da religião cristã* (publicada em latim em 1536 e em francês em 1541 [essa tradução é o primeiro texto literário da prosa francesa]), Calvino propôs-se efetivamente a mostrar a unidade do Antigo e do Novo Testamentos, extraindo daquele o princípio de que o sucesso nas atividades da vida é prova evidente do favorecimento de Deus, sinal de sua predileção. Foi esse princípio que transformou o calvinismo em ética inspiradora da burguesia capitalista emergente, com seu espírito ativo e agressivo, marcado pelo desprezo por sentimentos e orientado para o êxito dos negócios. [N.A.]

REFUTAÇÃO (gr. ἔλεγκος; lat. *Confutato;* in. *Confutation;* fr. *Refutation;* al. *Widerlegung;* it. *Confutazione*). Método adotado por Sócrates, que consiste em evidenciar a contradição à qual leva a asserção do interlocutor, permitindo, pois, isentar o próprio interlocutor da presunção de saber. Platão sempre considerou esse procedimento como a propedêutica indispensável da investigação científica (*Ap.*, 21 a ss.; *Men.*, 84 a-c; *Sof.*, 230 b ss.). Aristóteles definiu a R. como a "demonstração do contraditório" (*El. sof.*, I, 165 a 2), isto é, como o silogismo que a tem como conclusão (que é assim "refutada"). Para Aristóteles, as R. (*elencos*) sofísticas não são verdadeiras R.; suas duas classes (as que utilizam o modo de exprimir-se e as que prescindem dele) são não demonstrações negativas, mas artifícios ou truques verbais cuja finalidade é silenciar o adversário e levar a melhor. [N.A.]

REGIÃO (al. *Region;* it. *Regione*). 1. Termo empregado por Husserl para indicar "a unidade superior e completa de gênero, à qual pertence um concreto", ou seja, "a totalidade ideal de todos os indivíduos possíveis de uma essência concreta" (*Ideen*, I, § 16). Por exemplo, "todo objeto empírico concreto insere-se, com sua essência material, num gênero material superior, numa R. de objetos empíricos" (*ibid.*, § 9). Nesse sentido, a natureza é uma região (*ibid.*, § 10). Correspondentemente, Husserl fala de uma "ontologia regional", referente às estruturas de determinada região.

2. O gestaltismo empregou esse conceito com sentido diferente, ligado à noção topológica correspondente (v. TOPOLOGIA), e esse conceito foi adotado pela psicologia da forma. K. Lewin entende por R.: 1º tudo aquilo em que um objeto do espaço de vida (p. ex., uma pessoa) tem seu lugar ou move-se; 2º tudo aquilo em que se possam distinguir várias posições ou partes ao mesmo tempo, ou que seja parte de um todo mais amplo. Com base nessa definição, a própria pessoa é uma R. no espaço de vida, e também o espaço de vida, como um todo, é uma R. (*Principles of Topological Psychology*, 1936, p. 93). [N.A.]

REGIME (lat. *Regimen;* it. *Regime*). Em geral, orientação ou direção; em particular, orientação ou direção do Estado, o governo. [N.A.]

REGRA (lat. *Regula;* in. *Rule;* fr. *Règle;* al. *Regel;* it. *Regola*). Chama-se de R. qualquer proposição prescritiva. Esse termo é generalíssimo e compreende as noções mais limitadas de norma, máxima e lei. Neste sentido, Wolff definiu a regra como "uma proposição que enuncia uma determinação em conformidade com a razão" (*Ont.*, § 475). Kant, analogamente, afirmava: "Chama-se de regra a representação de uma condição geral à qual certa multiplicidade pode ser submetida; quando deve ser submetida, chama-se *lei*") (*Crít. R. Pura*, 1ª ed., Dedução dos conceitos puros do intelecto, 4). Esse significado generalíssimo continua caracterizando a R. (v. LEI; MÁXIMA; NORMA). [N.A.]

Wittgenstein, na segunda fase de seu pensamento, questionou radicalmente a relação entre conceito de R. e *necessidade*. Escreve: "A R. pode ser um auxílio ao ensino do jogo. É comunicada ao escolar, que se exercita na sua aplicação. Ou então é um instrumento do próprio jogo. Ou, ainda, uma R. não encontra emprego no adestramento nem no jogo, tampouco está depositada num rol de R. Aprende-se o jogo observando-se como os outros jogam. Mas dizemos que se joga seguindo esta ou aquela R., porque um observador pode captar essas R. da prática do jogo – como uma lei natural a que se conformam os lances do jogo" (*Philosophische Untersuchungen*, I, § 54). Seguir uma R., para Wittgenstein, não consiste em seguir os exemplos passados da R., nem em seguir uma formulação e uma interpretação da R., nem em agir segundo certa disposição; ou, pelo menos, estas não constituem condições necessárias e suficientes para se seguir uma R. Wittgenstein afirma, ao contrário, que seguir uma R. é uma "prática", um "uso", um "hábito" que, impossível de se realizar *privatim*, só é inteligível sobre o pano de fundo do "modo de comportar-se comum aos seres humanos". Para Wittgenstein, portanto, não há uma natureza fundamental das R. (que são reunidas apenas por uma semelhança de família), assim como não há uma dúvida metafísica sobre a natureza das R.; há apenas perplexidades de fato que nos limitam ao estudo das *expressões* das R.

A filosofia da linguagem, a filosofia da mente e a filosofia das ciências sociais contemporâneas atribuem importância capital ao problema de se estabelecer o que significa "seguir uma R." e ao problema da possibilidade de se estabelecer, por exemplo, o significado de um enunciado com base na explicitação das R. da gramática. A leitura de Wittgenstein, em sua segunda fase, em geral levou, mais ou menos justificadamente, a conclusões relativistas ou radicalmente céticas. Interessante, em especial, é o debate provocado pelo livro do lógico americano Saul Kripke (*Wittgenstein on Rules and Private Language*, 1982) sobre a normatividade na semântica, em que se atribuem a Wittgenstein soluções céticas de tipo humiano. [A.P.]

REGRESSÃO (in. *Regression*; fr. *Regression*; al. *Regression*; it. *Regressione*). Em geral, movimento inverso ou retorno. Freqüentemente com conotação pejorativa de regresso como movimento oposto ao progresso. Às vezes, foi chamado de *regressivo* o método analítico, e de *progressivo* o método sintético (cf. HAMILTON, *Lectures on Logic*, II, p. 7). (V. ANÁLISE.)

REGULADOR (in. *Regulative*; fr. *Régulatif*; al. *Regulativ*; it. *Regolativo*). Kant chamou de R. o uso das idéias da razão pura como regras simples do trabalho intelectual, em oposição ao seu uso *constitutivo*, em virtude do qual elas são consideradas constitutivas do objeto da atividade intelectual. "Afirmo que as idéias transcendentais nunca são de uso constitutivo, tal que por meio delas possam ser dados os conceitos de certos objetos, e que se forem assim entendidas serão simplesmente conceitos sofísticos (dialéticos). Ao contrário, têm um uso R. excelente e indispensável, que consiste em dirigir o intelecto para certo objetivo, em vista do qual as linhas diretivas de todas as suas regras convergem como para um ponto; este, embora nada mais seja que uma idéia (*focus imaginarius*), ou um ponto do qual, na realidade, não partem os conceitos do intelecto porque ele está fora dos limites da experiência possível, ainda assim serve para conferir a tais conceitos a maior unidade com a maior extensão possível" (*Crít. R. Pura*, Apêndice à dialética, Do uso regulador etc.). (V. IDÉIAS.) [N.A.]

REGULA FIDEI. 1. Com esta expressão designa-se em teologia a regra que determina o objeto da fé, o conteúdo autêntico da revelação. Na filosofia patrística e escolástica, foi adotado como regra desse tipo o "Símbolo dos Apóstolos" (*Symbolum Apostolorum*), que compreendia, além do conteúdo da Bíblia, também o conjunto da tradição eclesiástica (decisões conciliares e papais, opiniões dos escritores aprovados pela Igreja etc.) (cf. M. GRABMANN, *Die Geschichte der scholastischen Methode*, I, pp. 76 ss.). Essa regra continuou válida para o cristianismo católico, enquanto o cristianismo protestante limitou-a ao conteúdo da Bíblia. A diferença entre catolicismo e protestantismo gira precisamente em torno da diferença da *regula fidei* (v. REFORMA).

2. Com a mesma expressão designa-se às vezes o princípio segundo o qual a fé é a regra da verdade. É assim expresso em Tomás de Aquino: "Uma vez que a fé se baseia na verdade infalível, e como é impossível demonstrar o contrário do verdadeiro, é evidente que os argumentos aduzidos contra a fé não são demonstrações, mas argumentos refutáveis" (*S. Th.*, I, q. 1, a. 8). [N.A.]

REGULARIDADE (in. *Regularity*; fr. *Régulanté*; al. *Regelmässigkeit*; it. *Regolarità*). Em geral, conformidade com a regra. Kant viu na R. a condição ao mesmo tempo do pensamento e da realidade: "A R. que conduz ao conceito de um objeto é a condição indispensável (*conditio sine qua non*) para perceber o objeto numa única representação e determinar a multiplicidade em sua forma" (*Crít. do Juízo*, § 22, nota). Kant considera a própria natureza em geral como "R. dos fenômenos no espaço e no tempo" (*Crít. R. Pura*, § 26) (V. NATUREZA). [N.A.]

REGULATIVO. V. REGULADOR.

REIFICAÇÃO (fr. *Réification*; al. *Verdinglichung*; it. *Reificazione*). Termo empregado por alguns escritores marxistas para designar o fenômeno, ressaltado por Marx, de que, na economia capitalista, o trabalho humano torna-se simples atributo de uma coisa: "O mistério da forma da mercadoria consiste simplesmente no fato de que essa forma devolve aos homens, como espelho, as características sociais de seu próprio trabalho, transformadas em características objetivas dos produtos desse trabalho, em propriedades sociais naturais das coisas produzidas; portanto espelha também a relação social entre produtores e trabalho global, como relação social de coisas que têm existência fora dos próprios produtos. Por meio desse *quid pro quo* os produtos do trabalho tornam-se mercadorias, coisas sensivelmente supra-sensíveis, isto é, sociais" (*Das Kapital*, I, I, § 4). O termo R. para indicar esse processo foi usado e difundido por G. Lukács (cf. *Geschichte und Klassenbewusstsein*, 1922; trad. fr., 1960, pp. 110 ss.). [N.A.]

REINO (lat. *Regnum*; in. *Realm*; fr. *Royaume*; al. *Reich*; it. *Regno*). Termo introduzido na filosofia por Bacon para indicar o domínio do homem sobre a natureza (cf. o título da primeira parte do *Novum Organum*: "Aforismos sobre a interpretação da natureza e sobre o R. do homem"). Leibniz usou esse termo com sentido diferente, como domínio ou campo de validade de um princípio, e falou de um "R. físico da natureza" e de um "R. moral da graça" (*Monad.*, § 87). No mesmo sentido, Kant falou de um R. dos fins (v. FINS), de um R. da liberdade (cf. *Religion*, 11, seç. II), de um R. da graça e de um R. da natureza (*Crít. R. Pura*, Doutrina transc. do método, cap. 11, seç. II). Mais recentemente, Santayana empregou esse termo com significação semelhante (*Realms of Being*, 4 vols.: *The Realm of Essence, The Realm of Matter, The Realm of Truth, The Realm of Spirit*, 1927-1940). [N.A.]

REINO DOS FINS. V. FINS.

RELAÇÃO (gr. τὸ πρός τι; lat. *Ad aliquid, Relatio*; in. *Relation*; fr. *Relation*; al. *Relation*; it. *Relazione*). Modo de ser ou de comportar-se dos objetos entre si. Esta definição não passa de esclarecimento verbal do termo, que não pode ser definido em geral de outro modo, ou seja, fora das interpretações específicas que os filósofos lhe deram. Esta é, aliás, a definição retificada que Aristóteles deu da R.: como aquilo "cujo ser consiste em comportar-se de certo modo para com alguma coisa" (*Cat.*, 7, 8 a 33), o que coincide substancialmente com a definição de Peirce: "R. é um fato em torno de certo número de coisas" (*Coll. Pap.*, 3.416).

Os dois problemas fundamentais oriundos do conceito de R., de cuja solução dependem as determinações do próprio conceito, são os seguintes: 1º Devem ser consideradas incluídas, no conceito de relação, as determinações substanciais (essenciais ou qualitativas), ou tais determinações devem ser excluídas do conceito? 2º As R. constituem entidades reais ou são apenas entidades mentais? Esses problemas, obviamente, são interdependentes, e com base nas respostas interligadas que lhes foram dadas ao longo da história é possível distinguir três doutrinas fundamentais: A) a que admite a objetividade e a realidade das R.; B) a que nega a realidade e a objetividade das R.; C) a que admite a objetividade das R., mas não sua realidade.

A) Platão certamente admitiu a objetividade das R., mas é duvidoso que admitisse sua realidade: "Creio que admites que, de alguns dos entes, se deve dizer que são unicamente por si, enquanto, de outros, que estão sempre em relação com outros" (*Sof.*, 255 c-d). No entanto, os entes em R., assim como o diferente e o idêntico, não são o ser (*ibid.*, 255 c-d): isso também poderia significar que eles não têm existência ou realidade como tais. A doutrina de Aristóteles é igualmente confusa neste ponto. Ele distinguiu três espécies de R.: 1ª as *quantitativas*, como as expressas por dobro, metade etc.; 2ª as *potenciais*, que consistem numa potência ativa ou passiva, como ser causa ou causado, cortar ou ser cortado etc.; 3ª as R. que têm termo num objeto real, como a medida com respeito ao mensurável, o conhecimento com respeito ao cognoscível, a sensação com respeito ao sensível (*Met.*, V, 15, 1020 b 25). Essa distinção já parece implicar a existência de R. reais (as da 2ª e da 3ª espécies); na realidade, o próprio Aristóteles diz que "algumas R. se acham necessariamente dentro ou em torno das coisas às quais se referem", e que "tal é o caso da disposição, da posse e da simetria" (*Top.*, IV, 4, 125 a 33). No entanto, boa parte do capítulo das *Categorias* dedicado às R. discute o problema de saber se entre as R. há substâncias; a conclusão, embora não categórica, é negativa: certamente não há substâncias primeiras entre as R., e também é difícil dizer que as substâncias segundas sejam R. (*Cat.*, 7,.8 b 15). Além disso, um dos argumentos aduzidos por Aristóteles contra a doutrina das idéias é o fato de que ela levaria a admitir a realidade das R., ao passo que "a R. é menos que todas as coisas natureza ou substância; vem depois da qualidade e da quantidade e é, antes, uma determinação da quantidade, como se disse, mas não matéria" (*Met.*, XIV, 1, 1088 a 21). Neste caso, Aristóteles considera, evidentemente, apenas as R. da 1ª espécie, mas a sua afirmação não é condicionada por nenhuma limitação. Não admira, portanto, que depois se tenham reportado a Aristóteles tanto os que afirmavam quanto os que negavam a realidade das R. Plotino reproduz a doutrina de Aristóteles com as mesmas confusões (*Enn.*, VI, 1, 6). A escolástica cristã estilizou-a na distinção entre R. *de razão*, R. *potencial* e R. *real*, o que corresponde exatamente às espécies distintas por Aristóteles. Masa escolástica cristã tinha interesse de natureza teológica em admitir a realidade das R., precisando utilizar o conceito de R. para esclarecer o dogma da Trindade; essa era a tese defendida por Tomás de Aquino contra "os que afirmaram não ser a R. coisa de natureza, mas somente de razão", o que ele declarou falso porque "as coisas têm uma ordem ou uma disposição natural umas com respeito às outras" (*S. Th.*, I, q. 13, a. 7). Com base nisso, Tomás de Aquino reexpôs as distinções de Aristóteles, defendendo o caráter real das R. em que consistem a ciência e a sensibilidade, porquanto tais R. "são ordenadas para conhecer e perceber as coisas" (*ibid.*). As R. de razão são somente aquelas em que ambos os termos são entes de razão; são as R. existentes "quando a ordem ou a disposição só pode existir segundo a apreensão da razão, como no caso de se afirmar que uma coisa é idêntica à outra" (*ibid.*).

Mas afirmar a realidade das R. significa privilegiar certo tipo de R., moldando todas elas de acordo com a segunda e a terceira espécie de Aristóteles; mais precisamente, significa considerar qualquer tipo de R. como uma potencialidade ou disposição, ou como uma condição ou um estado dos termos relativos. No fim do século XIII, Duns Scot insistiu nessa natureza da R., propondo a doutrina da R. como *respectus*, termo que pretende traduzir a palavra grega σχέσις (usada, p. ex., por SIMPLÍCIO, *Ad Cat.*, 61 B) e significa *disposição*. O principal argumento aduzido por Scot em favor de sua teoria era que, a não se admitir tal *respectus*, não é possível compreender a composição dos entes, visto que, se a união de *a* e *b* não passa de *a* e *b* absolutos, o composto de *a* e *b* em nada difere de *a* e *b* separados, logo não é um composto (*Op. Ox.*, II, d. 1, q. 4, n. 5). Essa doutrina foi adotada por todos os escritores scotistas, mas combatida por Ockham e pelos nominalistas e terministas do século XIV (ver mais adiante). No século XVII, Jungius ainda recorria a tal doutrina, considerando a R. como *habitudo* ou *respectus* (*Logica hamburgensis*, I, 8, 4). Na modernidade, o problema das R. foi tratado de modo semelhante ao de Duns Scot por F. H. Bradley, que mostrou que as R. só podem ser entendidas como atributos do relativo, consistindo portanto numa qualidade ou modificação dos termos relativos. Mas de um modo ou de outro, a relação é incompreensível porque só faz predicar o idêntico com o diferente e o diferente com o idêntico (*Appearance and Reality*, 1902, 2ª ed., pp. 21 ss.). Essa doutrina, conhecida como "doutrina das R. internas", foi combatida especialmente pelos lógicos matemáticos.

B) A segunda doutrina fundamental das R. nega sua objetividade e realidade, considerando-as acidentais ou subjetivas. Foi proposta pela primeira vez por Avicena, que reproduzia um ponto de vista defendido pela seita maometana *motakallimum*, valendo-se de teses aristotélicas análogas. Avicena dizia: "Ao se afirmar que uma R. existe, imediatamente é preciso dizer que ela é um acidente, porque não há dúvida de que não pode ser entendida por si, mas sempre de algo com respeito a algo" (*Met.*, III, 10). Afirmar o caráter acidental das R. equivalia, para Avicena, a negar sua realidade, uma vez que, como acidentes, as R. não são substâncias. Quando essa doutrina foi retomada pelos filósofos nominalistas e terministas, no século XIV, assumiu a forma de redução da R. a pura "entidade de razão", destituída de realidade ou fundamento fora da alma humana. Tal é a doutrina sustentada por Henrique de Gand (*Quodl.*, IX, q. 3; V. q. 6), por Herveus Natalis (*Quodl.*, I, q. 9) e por Pedro Auréolo. Este último afirmava: "A R. não tem existência nas coisas, prescindindo de apreensão intelectivo-sensível, mas existe subjetivamente apenas na alma, porquanto nas coisas só há fundamentos e termos: o hábito e a conexão das coisas deriva da alma cognitiva" (*In Sent.*, I, d. 30, q. 1). Este foi também o ponto de vista defendido por Ockham, que instituiu uma crítica minuciosa da doutrina do *respectus*. Segundo ele, esta doutrina multiplicaria as entidades ao infinito: "Com o movimento do meu dedo, eu encheria todo o universo, o céu e a terra de novos acidentes, pois que, mudando a posição do dedo com respeito às outras partes do céu haveria outros tantos novos *respectus* nessas partes, que são infinitas, portanto haveria infinitos novos acidentes" (*Quodl.*, VII, q. 8; *In Sent.*, II, q. 2, Y). Todo corpo conteria, por motivos análogos, infinitas realidades, uma vez que todo corpo pode ser considerado duplo com respeito à sua metade, e esta metade pode ser considerada o dobro de sua metade, e assim por diante (*Quodl.*, VI, q. 10; *Summa log.*, I, 50). No entanto, Ockham não afirma o caráter puramente mental das R., como fizera Avicena (v. abaixo). Essa doutrina reapareceu no âmbito do cartesianismo. Foi defendida por Locke, que considerou as R. como idéias complexas, que consistiriam em "considerar e confrontar uma idéia com a outra" (*Ensaio*, II, 12, 7), e reconheceu explicitamente o caráter subjetivo delas, embora não excluísse a alusão às coisas. "Uma vez que os modos mistos e as R. não têm outra realidade além da que possuem no espírito humano, para tornar real essa espécie de idéias só é preciso que elas sejam conformadas de tal maneira que haja possibilidade de existência em conformidade com elas" (*ibid.*, II, 30, 4). Por sua vez, Leibniz afirmava que as R. têm realidade mental ou fenomênica (*Nouv. ess.*, II, 12.7) e que, por conseguinte, "têm uma realidade dependente do espírito, assim como as verdades, mas não do espírito dos homens, porque há uma inteligência suprema que as determina em todos os tempos" (*ibid.*, II, 30,4). Em conformidade com este mesmo conceito, Wolff definia a R. como "aquilo que não convém à coisa de maneira absoluta, mas que só é entendida quando se refere a outra coisa" (*Log.*, § 856); e completava: a R. "não acrescenta nenhuma realidade ao ente" (*ibid.*, § 857). A subjetividade das R. é o princípio fundamental do kantismo: "Se suprimíssemos nosso sujeito ou mesmo apenas a natureza subjetiva dos sentidos em geral, toda a natureza, todas as R. entre os objetos no espaço e no tempo, aliás, o espaço e o tempo mesmo desapareceriam" (*Crít. R. Pura*, § 8). Nesse mesmo princípio (aduzido na maioria das vezes de maneira implícita) baseia-se boa parte da filosofia contemporânea.

C) A terceira concepção fundamental considera que as R. não são reais, mas são *objetivas*. Ockham, que foi o mais resoluto crítico da realidade das R., afirmara também, a seu modo, seu caráter objetivo: "Não é o intelecto que torna Sócrates semelhante a um outro, assim como não é o intelecto que o torna branco" (*In Sent.*, I, d. 30, q. 1, P); isso significa que a relação, como intenção ou conceito da alma, refere-se a várias coisas isoladas ou é várias coisas isoladas, "assim como o povo é vários homens e nenhum homem é povo" (*ibid.*). No entanto, nestas afirmações, assim como nas de Locke e de outros que insistiam na referência objetiva da R. (como conceito ou idéia), tal referência é entendida como referência à realidade.

A característica da doutrina moderna sobre o assunto é que a objetividade da R. não implica sua realidade, ou seja, reconhecer que a R. é objetiva não implica que em todos os casos ela ocorra entre coisas ou entidades reais. Este sentido da R. está intimamente ligado ao sentido que o ser predicativo assumiu na lógica contemporânea (v. SER). Desse ponto de vista a matemática e a lógica foram definidas como "ciências das R." (v. LÓGICA; MATEMÁTICA). Em particular, no que diz respeito à lógica, pode-se dizer que tanto o *cálculo proposicional* quanto o de *classes* versam exclusivamente sobre R., porquanto são R. os conectivos (*e, ou, não, se... então*) de que trata o cálculo proposicional e as entidades de que trata a álgebra das classes. Contudo, o *cálculo das R.* também constitui um ramo específico da lógica contemporânea, ramo cujos avanços se devem especialmente a E. Schröder (*Algebra der Logik*, 1895) e a Peirce (*The Logic of Relatives*, 1897, *Coll. Pap.*, 3.456-526). Neste sentido restrito, entendem-se por R. as funções proposicionais diádicas ou poliádicas (com duas ou mais variáveis), que são escritas na forma $f(x, y)$ ou, mais freqüentemente, xRy. As características mais gerais da R. neste sentido são as seguintes:

1ª Se R é tal que intercede não só entre x e y, mas também entre y e x, diz-se que é simétrica. É simétrica, por exemplo, a relação entre dois irmãos. Caso contrário, é chamada de *assimétrica*. As R "antes", "depois", "à esquerda" são assimétricas.

2ª Se R é tal que, quando x tem R. R com y e y tem R. R com z, também x tem a R. R com z, chama-se *transitiva*. São transitivas as R. "menor", "precede", "à esquerda"; é *intransitiva* a R. de paternidade.

3ª Se R é tal que nenhum termo está em R. R consigo mesmo, a R. é chamada de *aliorrelativa*. São aliorrelativas as R. "irmão", "marido", "pai" etc.

4ª Se R é tal que, dados dois termos diferentes do campo, x e y, pode ocorrer entre x e y ou entre y e x ou entre x e y e entre y e x, a R. é chamada de *coerente*. É coerente a R. "maior ou menor"; não é coerente a R. "antepassado".

5ª O termo x que tem R. R com um ou mais termos (y, z...) chama-se *dominante*, enquanto são chamados de dominantes inversos os termos com que o termo x tem a R. R, quais sejam, os termos y, z etc. Na R. de "paternidade", pai é dominante, "filhos" são dominantes inversos.

6ª O *campo* de uma R. consiste no conjunto do dominante e dos dominantes inversos. No caso da R. de paternidade, o campo é o conjunto pai-filhos.

7ª Diz-se que uma R. *implica* outra se esta é válida sempre que a primeira é válida.

Essas noções elementares definem a natureza objetiva, conquanto não real, das R., na forma constantemente empregada pela lógica e pela matemática contemporâneas. Trata-se de características que generalizam ao máximo a noção de R., permitindo incluir nela e esclarecer com ela os conceitos mais díspares (cf. WHITEHEAD e RUSSELL, *Principia mathematica*, vol. I, 1925). Para uma exposição sumária da noção das R. em função dos conceitos fundamentais da matemática, cf. RUSSELL, *Introduction to Mathematical Philosophy*, 1918; trad. it., 1947. Quanto aos aspectos matemáticos, cf. W. V. O. QUINE, *Methods of Logic*, 1942, especialmente o § 40. [N.A.]

RELAÇÃO DE COISAS. V. ESTADO DE COISAS.

RELACIONAL (in. *Relational*; al. *Relationnel*; it. *Relazionale*). O que é uma relação ou diz respeito a uma relação. O adjetivo exclui o significado relativista que pode ter o termo *relativo* (v.). Portanto, é preferido pelos filósofos que, mesmo insistindo na importância da relação, não pretendem chegar a conclusões relativistas. Nesse sentido, N. Hartmann distinguiu *relacionalidade* de *relatividade:* por exemplo, os valores estão em relação com o homem e com seu mundo sem perder sua absolutez irrelativa (*Ethik,* 1949, p. 140). O termo *relacionismo* (*relazionismo*) foi usado na Itália para indicar uma filosofia que considera a relação como fenômeno essencial do universo e do homem, mas sem implicações relativistas (cf. E. PACI, *Dall'esistenzialismo al relazionismo,* 1957, p. 45, *passim*). [N.A.]

RELATIVIDADE, TEORIA DA (in. *Theory of relativity;* fr. *Théorie de la relativité;* al. *Relativitätstheorie;* it. *Teoria della relatività*). Com este termo designam-se dois corpos de doutrinas formuladas por Einstein: o primeiro em 1905, com o nome de R. *restrita* ou *especial,* e o segundo em 1913 com o nome de R. *geral.* A R. restrita baseia-se no reconhecimento de que a escolha de um sistema de referências, indispensável para fazer medições, pode influenciar os resultados dessas medições; e que, não existindo um sistema de referências privilegiado (ou "absoluto"), à diferença do que julgara a física clássica, por um lado é preciso explicitar o sistema segundo o qual é feita a medição e por outro lado é necessário encontrar fórmulas de conversão que tornem válidas tais medições também em outros sistemas. A R. geral é substancialmente a extensão do princípio de R. a *todos* os sistemas, e não apenas aos sistemas *inerciais* para os quais vale a R. restrita; assim, é substancialmente uma teoria da gravitação que reduz a gravitação a uma deformação do contínuo quadrimensional do espaço-tempo (cf. A. EINSTEIN, L. INFELD, *The Evolution of Physics,* 1938, trad. it., 1950; quanto à bibliografia, o volume dedicado a Einstein na coleção "Living Philosophers" de Schilpp, 1949).

A teoria da R. teve numerosas interpretações filosóficas. Uma delas é a relativista, que a entendeu como confirmação do relativismo filosófico (cf., p. ex., A. ALLIOTTA, *Relativismo, idealismo e teoria de Einstein,* 1948). Outra é a idealista ou espiritualista, defendida especialmente por A. Eddington (*The Nature of the Physical World,* 1928; *The Philosophy of Physical Science,* 1939), mas na realidade a teoria da R. presta-se a interpretações filosóficas menos ainda do que as teorias clássicas. A relatividade de que ela fala nada tem a ver com o relativismo: uma medida por certo é relativa, não ao homem nem ao sujeito cognoscente, mas ao sistema de referência, podendo também ser expressa com base em outros sistemas. Tampouco se pode dizer que a teoria da R. seja mais subjetivista ou idealista que a física clássica. A lição mais importante que a filosofia pode aprender com ela diz respeito ao método, e pode ser inferida das seguintes palavras de Einstein: "Para o físico, um conceito só tem valor quando é possível estabelecer se ele convém ou não ao caso concreto. Portanto, precisamos de uma definição da simultaneidade que forneça o método para reconhecer por meio de experiências se dois relâmpagos foram simultâneos ou não. Enquanto essa condição não se realizar, eu, como físico (e também como não físico), estarei me iludindo se achar que posso atribuir significado à expressão de simultaneidade" (*Über die spazielle und die allgemeine Relativitätstheorie,* 1917, § 8; trad. it., p. 18). Essas palavras expressam a exigência geral de que, para ser válida, qualquer proposição deve poder ser confirmada ou comprovada por métodos hábeis (v. SIGNIFICADO). [N.A.]

RELATIVIDADE ONTOLÓGICA (in. *Ontological relativity;* fr. *Relativité ontologique;* al. *Ontologische Relativität;* it. *Relatività ontologica*). Na filosofia de Quine essa expressão indica o fato de que não existem critérios absolutos de referência e existência, pelo que toda e qualquer decisão sobre a ontologia deve ser tomada *dentro de* cada teoria. Essa decisão, que decorre da *indeterminação da referência* (v.), implica dupla R., pois se pode determinar apenas em relação 1) a uma teoria de fundo formulada em outra linguagem maximamente inclusiva e conhecida anteriormente e 2) a algumas escolhas sobre como traduzir a linguagem da teoria de partida na linguagem da teoria de fundo: isso mostra que "o que tem sentido não é dizer quais são os objetos de uma teoria, falando de modo absoluto, mas como uma teoria de objetos é interpretável ou reinterpretável em outra" (*Ontological Relativity,* 1969; trad. it., Armando, Roma, 1986, p. 78). No plano lógico encontramos outro tipo de R. ontológica: 3) ela se dá quando, na teoria considerada, a quantificação está ausente ou pode ser eliminada mediante uma leitura substitutiva; seria então impossível distinguir quantificação substitucional de referencial (ou objetal), o que é porém essencial para Quine, pois a queda da interpretação objetal dos quantificadores derrubaria também o célebre critério de compromisso ontológico por ele defendido (formulado em *On What There Is,* 1948).

Em decorrência do repúdio à dicotomia analítico/sintético cai também a distinção entre linguagem e experiência, e já não faz sentido distinguir questões internas e externas, escolha de uma linguagem e escolha de uma teoria. O fato de reportar *ou reduzir* um sistema a outro maximamente conhecido nunca nos permitirá dizer o que são os objetos independentemente do sistema de referência assumido, e a (re)interpretação da teoria em pauta nos termos da teoria de fundo não nos fará chegar a termos mais determinados e estáveis do que os de partida. É, assim, admitida uma substancial afinidade entre a pesquisa filosófica e metafísica (em sentido corretivo), por um lado, e a pesquisa científica, por outro. [M.S.]

RELATIVISMO (in. *Relativism*; fr. *Relativisme*; al. *Relativismus*; it. *Relativismo*). Doutrina que afirma a relatividade do conhecimento, no sentido dado a esta expressão no século XIX, a saber: 1º como ação condicionante do sujeito sobre seus objetos de conhecimento; 2º como ação condicionante recíproca dos objetos de conhecimento. Este condicionamento duplo dos objetos de conhecimento foi primeiramente tomado como fundamento do R. por W. Hamilton, que, por um lado, insistia no fato de que todos os objetos existentes podem ser conhecidos apenas em relação às faculdades humanas e em condições ditadas por essas mesmas faculdades (*Lectures on Metaphysics*, 1, 1870, 5ª ed, p. 148), e, por outro, na condicionalidade que os objetos de conhecimento exercem uns sobre os outros (*Discussion on Philosophy*, 1852, p. 13). Com base nesses dois pontos (que nada tinham de original, pois podem ser facilmente reconhecidos como as teses mais genéricas do empirismo e do criticismo), Hamilton afirmava, ao mesmo tempo, a incognoscibilidade do Absoluto e a sua existência, uma vez que se pode crer também naquilo que não se conhece (*Lectures, cit.*, II, pp. 530-1). Essas teses foram utilizadas como apologética religiosa por E. L. Mansel (*Philosophy of the Conditioned*, 1866). Mas o principal responsável por sua difusão foi o positivismo, pois Spencer aceitava o ponto de vista de Hamilton, admitindo a relatividade do conhecimento humano, a incognoscibilidade do Absoluto e sua existência (*First Principles*, 1862, §§ 23 ss.).

Fora do positivismo, o R. foi aceito por algumas correntes do neocriticismo e do pragmatismo. No neocriticismo, E. Renouvier (*Essais de critique générale*, 1854-1864) insistiu na relatividade do fenômeno, que só subsiste em relação com outros fenômenos e em relação com o sujeito cognoscente (*Essais*, I, pp. 50 ss.); G. Simmel afirmava que "o R. pode ser afirmado da seguinte maneira, com referência aos princípios do conhecimento: os princípios constitutivos fundamentais, que expressam definitivamente a essência das coisas, tornam-se princípios reguladores, que são apenas pontos de vista para o progresso do conhecimento" (*Philosophie des Geldes*, 1900, p. 68). No âmbito do pragmatismo, o R. era defendido por F. E. S. Schiller; desse ponto de vista, era a negação das verdades "absolutas" ou "racionais" e o reconhecimento de que a verdade é sempre relativa ao homem, é válida porque útil a ele; por isso, Schiller via no ditado de Protágoras "o homem é a medida de todas as coisas" a maior descoberta da filosofia (*Studies in Humanism*, 1902, pp. X ss.). A sofística antiga, o ceticismo e (em parte) o empirismo e o criticismo tornavam-se, desse ponto de vista, manifestações de um R. que buscava precedentes e tentava criar tradição. Na realidade, porém, o R. foi um fenômeno moderno, ligado à cultura do século XIX, e constituiu uma espécie de subversão da filosofia dogmática do século XX. Isso pode ser notado com certa facilidade na manifestação extrema (a única autêntica) do R., que é a doutrina exposta por O. Spengler em seu livro *A decadência do Ocidente* (1918-1922), em que se afirma não só a relatividade do conhecimento, mas também de todos os valores fundamentais da vida humana nas épocas da história consideradas como entidades orgânicas, cada uma das quais cresce, desenvolve-se e morre sem relação com a outra. Segundo esse ponto de vista, a relatividade está não só na verdade religiosa e filosófica, mas também na verdade moral e científica. "Cada cultura" – dizia Spengler – "tem seu próprio critério, cuja validade começa e termina com ela. Não há moral humana universal" (*Der Untergang des Abendlandes*, I, cap. I, p. 55).

Nesta forma, que é a única rigorosamente coerente, o R. afirma a relatividade dos valores somente porque considera *necessária* a relação entre eles e a época histórica à qual pertencem, negando-lhes a possibilidade de serem relativos a outros homens, a outras épocas ou a outras circunstâncias, obtendo assim uma autonomia parcial que desmentiria o R. Esse mesmo ponto de vista é defendido com freqüência naquilo que hoje se chama de *R. cultural*, que parte do reconhecimento da diversidade dos costumes e das normas vigentes em culturas diversas. Esse R. tem raízes remotas (Heródoto, Protágoras e *Discursos duplos*, texto de inspiração sofista, talvez da primeira metade do séc. IV a.C.), mas hoje se apóia no reconhecimento quase universal da pluralidade e da heterogeneidade das culturas. Em sua forma extrema, foi defendido por Herskovits (*Cultural Anthropology*, 1955); a respeito, v. o volume coletivo *Relativism and the Study of Man*, org. por SCHOECK e WIGGINS, 1961). [N.A.]

O termo R. é um dos mais difundidos na filosofia do fim do século XX, aparecendo com duas acepções básicas: uma "forte" (ou radical) e uma "fraca" (ou moderada).

1º Em sentido "forte", o R. indica a doutrina segundo a qual não existem afirmações cognitivas, éticas, estéticas etc. absolutas, mas toda afirmação ou verdade vale unicamente dentro de determinado contexto e é incomensurável com afirmações ou verdades pertencentes a outros contextos, não podendo ser considerada "melhor" ou "pior" que estas, porém equivalente.

2º Em sentido "fraco", o R. indica a doutrina segundo a qual toda afirmação cognitiva, ética, estética etc., mesmo dependendo de determinados contextos históricos, culturais, lingüísticos etc., não está totalmente vinculada a eles e não é necessariamente incomensurável e equivalente em relação a afirmações ou verdades pertencentes a outros contextos.

Apesar de brotarem da hostilidade comum ao absolutismo (v.), essas duas versões do R. são profundamente diferentes. A primeira restringe o valor das nossas afirmações ao contexto que as gerou (concebido como horizonte de sentido impossível de transcender), chegando a uma visão rigorosamente intra-sistêmica e intracultural da verdade, ou seja, à tese de que toda forma de vida (todo jogo lingüístico) constituiria uma totalidade fechada em si mesma, estruturalmente incomensurável com outras e equivalente a outras. A segunda, mesmo considerando que toda afirmação nasce em determinado contexto, aventa a hipótese de que ela possa valer também em outros contextos, ou seja, de que seja dotada de uma validade intersistêmica e intercultural capaz de excluir sua necessária incomensurabilidade e equivalência. Por exemplo, para o R. epistemológico "forte", as teorias científicas: 1) têm um valor que não ultrapassa o contexto histórico e paradigmático em que foram concebidas; 2) são incomensuráveis, ou seja, semelhantes a mundos e linguagens fechados; 3) são equivalentes, ou seja, estão "no mesmo plano", porquanto não existem critérios neutros aptos a estabelecer a "superioridade" racional ou empírica (e não simplesmente "pragmática" ou "estética") de alguma delas em relação a outras. Inversamente, para o R. epistemológico "fraco", as teorias científicas, mesmo se desenvolvendo no âmbito de determinados contextos, não têm necessariamente uma validade circunstanciada ou intra-sistêmica e não são necessariamente incomensuráveis e equivalentes. Além disso, enquanto a primeira forma de R. considera que somos obrigados a "submeter-nos" à nossa situação e aos nossos esquemas conceituais, sem a possibilidade de nos subtrairmos a seus determinismos, a segunda considera que é possível problematizarmos nossa própria situação e nossos esquemas mentais, com o fim de retificá-los (parcialmente) (cf. P. PARRINI, *Conoscenza e realtà*, 1995).

Os estudiosos da atualidade submeteram a numerosas críticas ou refutações o R. "forte" ou radical – que nos textos é bastante raro, mas que representa o resultado objetivo de certo historicismo e contextualismo do século XX. "Refutações" que, reportando-se a um topos "clássico" da polêmica anti-relativista (v. PLATÃO, *Teet.*), insistem sobretudo no seu caráter autocontraditório:

a) Em *A sociedade aberta e seus inimigos* (1945), Popper definiu o R. como "a maior doença filosófica do nosso tempo" e o comparou ao paradoxo do mentiroso (v.), ou seja, a uma das afirmações que, se consideradas verdadeiras, são falsas e, se consideradas falsas, são verdadeiras (trad. it., Armando, Roma, 1973-1974, vol. II, pp. 487 e 334). Nos textos mais recentes ele comparou o R. ao irracionalismo, vendo em suas teses uma conseqüência do chamado *mito do quadro* (*myth of the framework*), ou seja, da convicção de que "a verdade pode mudar quando muda de um quadro de referência a outro" (*Il mito della cornice*, 1994, trad. it., Il Mulino, Bolonha, 1995, p. 57). Mais em particular, contra a concepção de que não existiria nenhuma verdade universalmente válida, "porém uma verdade para os gregos, uma para os egípcios, outra para os sírios etc.", e contra a doutrina da "impossibilidade da compreensão recíproca entre diferentes culturas, gerações ou períodos – também em ciência e até em física", defendeu a objetividade do saber e a possibilidade da comunicação inter-humana (*ibid.*, pp. 71 e 57). Além disso, contra a idéia de que estaríamos enredados no arcabouço de nossas assunções e teorias, afirmou que somos prisioneiros apenas em sentido "pickwickiano", uma vez que sempre temos a possibilidade de nos livrar delas: "Assim como as línguas, os quadros de referência podem transformar-se em barreiras e até em prisões; mas exatamente como uma língua estrangeira, um quadro conceitual que nos é estranho não é um limite intransponível: podemos superá-lo, assim como forçamos o nosso próprio quadro, a nossa própria prisão" (*ibid.*, p. 91).

b) Segundo Quine, o R. é um caso típico de falácia absolutista, visto que só consegue afirmar-se com a condição de auto-suprimir-se, ou seja, de usar conceitos não relativos: "A verdade – diz o relativista [...] – está ligada à cultura. Mas se assim fosse, ele, dentro de sua cultura, deveria considerar a sua verdade como absoluta. Não pode proclamar o R. sem elevar-se acima dele, e não pode elevar-se acima dele sem abandoná-lo" (*One Empirically Equivaleni System of the World*, em Erkenntnis, IX, 1975, 327-8).

c) Segundo Apel, o R. tem a mesma estrutura lógica do ceticismo e é, portanto, comparável a uma forma de autocontradição pragmática ou performativa (v.), ou seja, a uma daquelas declarações em que o fazer desmente o dizer, uma vez que se nega, em nível performativo, aquilo que se afirma em nível proposicional (afirmando que tudo é relativo, desminto, por isso mesmo, a validade do meu dizer, de que tudo é relativo) (cf. *Transzendental Semiotik und die Paradigmen der "prima philosophia"*, em *Integral Linguistik*, VV.AA., Amsterdam, 1979, pp. 101-38).

d) Putnam, depois de definir o R. como a "concepção segundo a qual cada um (ou, numa formulação sociológica moderna, toda cultura, ou, em alguns casos, até todo 'discurso') tem as próprias idéias [...], e a verdade e a justificação são relativas a *elas*", insistiu no seu caráter de auto-refutação: "Se tudo é relativo, também é relativo o próprio relativo" (*Ragione, verità e storia,* 1981, trad. it., Il Saggiatore, Milão, 1985, pp. 130 e 131). Mais em particular, atacou não só o R. *cultural,* acusado de confundir relatividade e relacionalidade ("Os nossos conceitos podem ser relativos a dada cultura, mas nem por isso se segue que a verdade e a falsidade de tudo o que dizemos usando esses conceitos seja simplesmente 'decidido' pela cultura", *The Many Faces of Realism,* 1987, trad. it., *La sfida del realismo,* Garzanti, Milão, 1991, p. 33), mas também o *R. moral,* acusado de destruir qualquer idéia de objetividade ética e de teorizar a equivalência dos comportamentos (*Ragione* etc., *cit.,* pp. 139-62: *Il realismo dal volto umano,* 1990, trad. it., Il Mulino, Bolonha, 1995, pp. 317-37), e a doutrina da incomensurabilidade (v.), que, levada ao extremo, acaba por se confundir com a hipótese *solipsista,* ou seja, com uma situação na qual os indivíduos não podem entender-se e comunicar-se, pelo fato de que "cada asserção tem um sentido diferente para cada ser pensante" (*Ragione* etc., *cit.*, p. 132). Ademais, contra os antropólogos que afirmam a relatividade do bem e do mal por motivos políticos, ou seja, para convencer os ocidentais a não subjugar os valores das outras culturas, objeta: "Se os valores fossem *realmente* arbitrários, por que então não poderíamos destruir qualquer cultura que quiséssemos?" (*ibid.*, p. 175).

e) Davidson associou o R. ao "terceiro dogma do empirismo" (o da divisão entre esquema e conteúdo) e à problemática da tradução (v.), afirmando que a hipótese de uma pluralidade de esquemas conceituais radicalmente incomensuráveis e intraduzíveis é falsa, porquanto a simples admissão de enunciados ou comportamentos alternativos atesta a sua não-alteridade, ou seja, o fato de todas as linguagens, até as mais distantes da nossa, serem de direito intertraduzíveis. E como a intertraduzibilidade comporta a interculturalidade, segue-se que a pretensa incomensurabilidade cultural não existe, visto que as diferenças entre cultura não são diferentes, em princípio, das diferenças entre os indivíduos de uma mesma cultura (*What is Present to the Mind,* em J. BARNDL-W. GOMBOCZ, *The Mind of Donald Davidson,* Amsterdam, Atlanta, pp. 3-18, em partic. pp. 15 e 17).

f) Chomsky defendeu a existência de uma estrutura lingüística inata e invariante, minando na base o relativismo lógico-lingüístico de filiação wittgensteiniana e quiniana (*Cartesian Linguistics,* 1966; *Language and Problems of Knowledge,* 1988).

A existência dessa série de objeções (e de outras que poderiam ser acrescentadas) explica por que os filósofos dispostos a proclamar-se "relativistas" (em sentido "forte") não são muitos. O próprio Feyerabend, depois de ter defendido provocativamente uma forma de R. extremo, acabou por redimensionar a sua adesão a ele: "Eu era um relativista, pelo menos em um dos muitos significados atribuíveis a esse termo, mas agora considero o R. como uma aproximação bastante útil e, sobretudo, humana a um ponto de vista melhor" (*Dialogo sul metodo,* trad. it., Laterza, Roma-Bari, 1993², p. 150). Inversamente, a versão "fraca" ou moderada do R. caracteriza amplos setores do pensamento contemporâneo (da hermenêutica à filosofia da ciência) e é própria de todos os estudiosos que, para evitar as dificuldades do absolutismo, não estão dispostos a incidir nas aporias do R. extremo (v. RELATIVISMO CONCEITUAL). [G.F.]

RELATIVISMO CONCEITUAL (in. *Conceptual relativism*; fr. *Relativisme conceptuel*; al. *Begrifflicher Relativismus*; it. *Relativismo concettuale*). Doutrina segundo a qual não se pode falar sobre a realidade, de um ponto de vista externo ou absoluto, mas apenas dentro de determinados esquemas mutáveis, ou *frameworks.* Putnam, que interpreta o R. conceitual como antítese ao "ponto de vista do Olho de Deus" (*God's Eye view*), ou seja, como uma forma de "kantismo desmitologizado" (sem coisas em si e eus transcendentais) observa que tal doutrina "apareceu como importante apenas no século XX", após a historicização e a relativização dos *a priori* kantianos, ou seja, a rejeição simultânea de toda e qualquer estrutura categorial fixa e de todo e qualquer pretenso ponto de vista "arquimediano" em relação à realidade (*Representazione e realtà,* 1988, trad. it., Garzanti, Milão, 1933, p. 144). Hoje em dia, o R. conceitual é próprio de todos os estudiosos que, recusando a idéia de um mundo *em si* ("as it is") e de uma correspondente subjetividade "espectadora", destruíram para sempre a idéia de realidade absoluta e numenicamente descorrelata, ou seja, posta além de eventuais ações perturbadoras do homem: "Muitos pensadores argumentaram que é necessário abandonar a dicotomia tradicional entre o mundo 'em si' e os conceitos que usamos para pensar e falar dele. Só para lembrar os exemplos mais recentes, Davidson afirmou que não é possível encontrar uma distinção entre 'esquema' e 'conteúdo'; Goodman declara que não é defensável a distinção entre 'mundo' e 'versões', e Quine defendeu a 'relatividade' ontológica. Como todos os grandes pragmatistas, estes pensadores levaram-nos a recusar 'o ponto de vista do espectador' em metafísica e em epistemologia" (ID., *The Many Faces of Realism*, 1987, trad. it., *La sfida del realismo*, Garzanti, Milão, 1991, p. 33).

Analogamente ao relativismo (v.) em geral, o R. conceitual apresenta-se em duas versões: uma "forte" e outra "fraca". Enquanto a primeira leva a um R. extremo, que desemboca num construcionismo à Goodman, ou seja, numa teoria segundo a qual não vivemos em um mundo apenas, mas em vários mundos, pelo menos tantos quantas são as versões-verdadeiras-do-mundo, a segunda, mesmo afirmando que o nosso conhecimento se desenvolve dentro de perspectivas epistemicamente condicionadas e que a realidade é sempre a realidade-de-certa-descrição, desemboca num R. moderado, ou seja, numa perspectiva que, embora rechaçando a idéia de objetividade absoluta e divina, procura justificar a existência de uma objetividade "humana" e espaciotemporalmente situada (v. OBJETIVO). Elemento integrante dessa tendência é a recusa simultânea do realismo (metafísico) e do irrealismo (subjetivista). Em outros termos, segundo a interpretação "fraca" do R. conceitual, a *dependência* da realidade em relação às nossas estruturas mentais não significa, idealisticamente, que *criamos* a realidade, mas que, de uma perspectiva internalista, as noções tradicionais de Realidade (em si) e Verdade (em si) não têm valor *normativo* ou *explicativo* – ou seja, que as assunções ontológicas são sempre relativas e internas à linguagem que decidimos usar, e não dizem respeito a uma suposta estrutura metafísica do mundo (v. EXTERNALISMO/INTERNALISMO COGNITIVO; REALISMO; RELATIVIDADE ONTOLÓGICA; RELATIVISMO; VERDADE). [G.F.]

RELATIVO (lat. *Relativus*; in. *Relative*; fr. *Relatif*; al. *Relativ*; it. *Relativo*). 1. Aquilo que participa de uma relação ou desempenha a função de termo numa relação. Neste sentido, diz-se "o fenômeno *x* é relativo a *y* como causa".

2. Termo que não tem significado, ou que não tem significado exato, a não ser em referência a outro termo. Neste sentido "maior", "menor", "duplo" etc. são R. porque são sempre citados com referência a alguma outra coisa.

3. Aquilo que vale somente em determinadas circunstâncias ou condições e não vale fora delas. Neste sentido, diz-se que o conhecimento é R. ou que os valores são R., e que o oposto de R. é "absoluto" ou "incondicionado".

4. O que é relação ou concerne a uma relação. Neste sentido, diz-se, por exemplo, que "o conhecimento é R.", "significando que ele consiste em estabelecer relações entre dados. Contudo, neste caso, o adjetivo *relacional* (v.) é mais apropriado.

5. Como substantivo, o termo é usado por Schröder (*Algebra der Logik*, 1895) e por Peirce (*Coll. Pap.*, 3.456.526: "The Logic of Relatives", 1897), sendo sinônimo de relação. [N.A.]

RELEVANTE (in. *Relevant*; fr. *Relevant*; al. *Bedeutend*; it. *Rilevante*). Chama-se de R. a um enunciado significante, especialmente se for importante para o significado global do contexto em que se acha. Às vezes também são chamados de R. os elementos de fato, importantes para o juízo de determinada situação. [N.A.]

RELIGIÃO (lat. *Religio*; in. *Religion*; fr. *Religion*; al. *Religion*; it. *Religione*). Crença na garantia sobrenatural de salvação, e técnicas destinadas a obter e conservar essa garantia. A garantia religiosa é *sobrenatural*, no sentido de situar-se além dos limites abarcados pelos poderes do homem, de agir ou poder agir onde tais poderes são impotentes e de ter um modo de ação misterioso e imperscrutável. A origem sobrenatural da garantia não implica necessariamente que ela seja oferecida por uma divindade e que, portanto, a relação com a divindade seja necessária à R.: na realidade, existem R. ateístas, como o budismo primitivo, retomado e defendido neste seu caráter por escolas posteriores (cf. G. TUCCI, *Storia della filosofia indiana*, pp. 71 ss.; 312 ss.). A determinação da relação do homem com a divindade, ou seja, a função de demonstrar a existência desta e de esclarecer suas características e funções em relação ao homem e ao mundo, sempre foi atribuída mais à filosofia que à R.; o cumprimento dessa tarefa pode até ter caráter anti-religioso, como aconteceu no epicurismo, que pretendeu estabelecer ao mesmo tempo a existência da divindade e sua indiferença para com o mundo e os homens, regulando com base nisso as relações da divindade e do homem. (EPICURO, *Carta a Meneceu*, 123-4; FILODEMO, *De pietate*, p. 122; fr. 38, Usener). Por outro lado, hoje, para alguns teólogos, a relação entre o homem e Deus é artigo de *fé*, e não de R., porque não depende das formas míticas que a R. assumiu e é constitutiva da existência humana no mundo (v. FÉ; DEUS; DEUS, MORTE DE).

Em qualquer caso, a salvação de que a R. pretende ser garantia não se refere necessariamente a este ou àquele mal do mundo: pode até significar *salvar-se do mundo*, visto ser este considerado um mal em sua totalidade, como ocorre no próprio budismo. Além disso, na definição proposta, convém sublinhar a diferença entre a *crença* na garantia sobrenatural e as *técnicas* que permitem obter ou conservar tal garantia. Por técnicas entendem-se todos os atos ou práticas de culto: oração, sacrifício, ritual, cerimônia, serviço divino ou serviço social. A crença na garantia sobrenatural é a atitude religiosa fundamental, podendo ser simplesmente interior e pessoal (religiosidade individual); ao contrário, as técnicas destinadas a obter e conservar essa garantia constituem o lado objetivo e público da R., seu aspecto *institucional*. Uma R. *natural* é constituída simplesmente por essa atitude; uma R. *positiva* é constituída essencialmente por essas técnicas.

O conceito de R. compreende, porém, ambos os aspectos. Etimologicamente, essa palavra significa provavelmente "obrigação", mas, segundo Cícero, derivaria de *relegere*: "Aqueles que cumpriam cuidadosamente todos os atos do culto divino e, por assim dizer, os reliam atentamente foram chamados de religiosos – de *relegere* –, assim como elegantes vem de *elegere*, diligentes de *diligere* e inteligentes de *intelligere*; de fato, em todas essas palavras nota-se o mesmo valor de *legere*, que está presente em R." (*De nat. deor.*, II, 28, 72). Para Lactâncio (*Inst. Div.*, IV, 28) e Agostinho (*Retract.*, I, 13), porém, essa palavra deriva de *religare*, e a propósito Lactâncio cita a expressão de Lucrécio "soltar o espírito dos laços da R." (*De rer. nat.*, I, 930).

Deve-se notar também que o grego não possui o equivalente exato da palavra latina e moderna. Λατρεία significa serviço divino; portanto, refere-se apenas ao segundo dos elementos da R. Agostinho (*De civ. Dei*, X, 1) estabelecia a correspondência entre *religio* e Θρησπεία, mas também esta palavra se refere exclusivamente às técnicas da R.

As diferentes definições até hoje apresentadas de R. podem ser classificadas com base nos dois problemas fundamentais a que correspondem, a saber: I. Com base no problema da *origem* da R., que na realidade é o problema do tipo de validade da R.; II. Com base no problema da *função* atribuída à R., ou seja, o caráter específico da garantia que ela oferece à salvação do homem.

I. Como ocorre também em outros casos, o problema da origem consiste na realidade em saber que tipo de validade se pretende atribuir à R. É possível distinguir três soluções para este problema, a saber: 1.ª a doutrina da origem divina da R.; 2.ª a doutrina da origem política; 3.ª a doutrina da origem humana da religião.

1.ª A doutrina da origem divina expressa o reconhecimento do valor *absoluto* (ou *infinito*) da R. É óbvio que a pretensão de ter origem divina ou sobrenatural é intrínseca em qualquer R., já que todas elas afirmam ter como fundamento uma revelação originária que garante sua verdade ou consideram as crenças e as instituições com que se identificam continuamente confirmadas por testemunhos sobrenaturais, o que é o mesmo. Portanto, do ponto de vista da filosofia, o reconhecimento da origem divina ou do valor absoluto da R. concretiza-se na tese de que a R. é *revelação*. Pode-se dizer que essa tese nada mais é que a expressão filosófica do valor absoluto que a R. se atribui. Esse ponto de vista foi expresso com toda a clareza por Hegel: "No conceito da verdadeira R., que é aquela em que está contido o Espírito absoluto, está posto essencialmente que ela é revelada, e revelada por Deus" (*Enc.*, § 564). E acrescenta que "se a Deus for negada a revelação, não restaria outro conteúdo a atribuir-lhe senão a inveja. Mas, se é que a palavra espírito tem sentido, significa a revelação de si" (*ibid.*, § 564). Não é diferente o conceito que Schleiermacher tinha de R: "O universo é uma atividade ininterrupta que se nos revela a todo momento. Todas as formas que ele produz, todos os seres aos quais dá, pela plenitude da sua vida, uma existência particular, todos os acontecimentos que ele gera em seu seio sempre rico e fecundo, correspondem a uma ação que ele exerce sobre nós; assim, em aceitar cada coisa particular como parte do Todo, cada coisa finita como expressão do Infinito, consiste a R." (*Reden über die Religion*, 1799, II; trad. it., p. 39). Pode-se expressar essa mesma doutrina afirmando que a R. é a experiência do divino e que, como toda experiência, revela a realidade de seu objeto. Este era o conceito que Bergson tinha da R. autêntica, ou seja, o misticismo: "Se as semelhanças exteriores entre os místicos cristãos dependem de uma comunidade de tradições e de ensinamentos, seu acordo profundo é sinal de identidade de intuição, que pode ser explicada de maneira mais simples pela existência real do ser com o qual acreditam estar em comunicação" (*Deux sources*, III; trad. it., pp. 270-1).

2.ª A doutrina da origem política reduz a R. a um *estratagema político*: portanto, anula seu valor intrínseco. O primeiro a defender essa teoria foi Crítias, um dos trinta tiranos de Atenas. Segundo ele, "os antigos legisladores forjaram a divindade como uma espécie de inspetor das ações humanas, boas ou más, a fim de que ninguém cometesse injúria ou traição contra seu próximo, por medo da vingança dos deuses". Esse estratagema foi necessário porque "as leis realmente dissuadiam os homens de praticar violências às claras, mas eles as cometiam às escondidas", de tal maneira que "algum homem talentoso e experiente inventou o temor dos deuses para que os malvados se sentissem amedrontados mesmo no que fizessem, dissessem ou pensassem às escondidas" (SEXTO EMPÍRICO, *Adv. math.*, IX, 54). Concepções análogas recorrem de vez em quando na história da filosofia: podem ser reconhecidas no libertinismo e em algumas correntes do iluminismo e do marxismo.

3.ª A doutrina da origem humana considera a R. como *formação humana*, cujas raízes estão na situação do homem no mundo. Essa doutrina não está empenhada em atribuir à R. determinada validade, mas sim em compreendê-la como fenômeno humano e expressá-la num conceito suficientemente amplo para abranger todas as suas manifestações mais díspares. Essa concepção orientou-se para dois tipos de explicações. O primeiro considerou a religião como uma forma de satisfação da necessidade *teórica*, ou seja, de conhecimento. O segundo considerou que a R. é sugerida ao homem pela situação em que ele se encontra no mundo, substancialmente por suas necessidades *práticas*. Solução do primeiro tipo encontra-se em Epicuro, para quem a origem da R. está nas imagens oníricas e na necessidade humana de explicar a regularidade dos movimentos celestes (LUCRÉCIO, *De rer. nat.*, V, 1167 ss.). A R. seria mais contemplativa que prática. Hobbes foi o primeiro a atribuir-lhe origem prática; citando as palavras de Estácio *"Primus in orbe deos fecit timor"* (*Theb.*, III, 661), Hobbes afirmava que a principal causa do aparecimento da R. é o temor que nasce da incerteza do futuro: "Por ser inegável que existem causas para todas as coisas que existem ou existirão, é impossível, para o homem que tenta prevenir-se contra os males que teme e obter os bens que deseja, deixar de viver em contínua preocupação com o porvir, de tal maneira que todos os homens, sobretudo os mais previdentes, vivem num estado semelhante ao de Prometeu." É desse estado de temor, bem como da esperança de garantir os bens de que necessita e do desejo de atingir um conhecimento completo do mundo, que, segundo Hobbes, nasce a R. (*Leviath.*, I, 12). Doutrina análoga, mas exposta de maneira mais pormenorizada, foi reapresentada por Hume em *História natural da religião* (1757). A R. não surge da contemplação, mas do interesse do homem pelos acontecimentos da vida e, portanto, das esperanças e dos temores incessantes que o agitam. Suspenso entre a vida e a morte, entre a saúde e a doença, entre a abundância e a privação, o homem atribui a causas secretas e desconhecidas os bens de que frui e os males pelos quais é continuamente ameaçado (*Natural History of Religion*, II, em *Essays*, II, p. 316). Voltaire expunha da seguinte maneira esse mesmo conceito: "É natural que um povo, assustado com o trovão, afligido pela perda de suas colheitas, maltratado pelo povo vizinho, sentindo todos os dias a sua fraqueza, sentindo por todos os lados um poder invisível, tenha finalmente dito: 'Há algum ser superior a nós que nos faz bem e mal'" (*Dictionnaire philosophique*, 1764, v. Religion, II).

Essa doutrina eclipsou-se no início do século XX. Por um lado, mesmo o conceito romântico de R. como revelação ou sentimento do infinito foi compartilhado até por filósofos que negavam a validade da R. Feuerbach, por exemplo, transformando a teologia em antropologia, afirmava: "A R. é a consciência do infinito: por isso, não é e não pode ser outra coisa senão a consciência que o homem tem da infinidade de seu ser, e não de sua limitação" (*Wesen der Christenthum*, 1841, § 1). Analogamente, Max Müller via a essência da R. na potencial capacidade humana de "apreender o infinito" (*Vorlesungen über den Ursprung und die Entwicklung der Religion*, 1880, p. 28). Embora, com essas expressões, se pretendesse ressaltar a origem humana da R., lançava-se mão de conceitos que se prestavam mais a exprimir sua origem divina e seu valor absoluto. Por outro lado, também no campo da investigação sociológica, que começava a examinar as formas de R. dos povos primitivos, manifestava-se a tendência a considerar a R. como contemplação, interpretando-a como concepção do mundo (ou filosofia) certamente grosseira, mas não destituída de certa coerência. E. B. Tylor via a essência da R. primitiva no *animismo* (v.), que é a crença em seres espirituais considerados presentes em todas as coisas e causadores de todos os eventos (*Primitive Culture*, 1871). Nesses termos, a R. seria uma metafísica da.natureza. Segundo Durkheim, porém, ela seria metafísica da sociedade; para ele, R. é "o mito que a sociedade cria de si mesma", no sentido de que "sociedade é a realidade que as mitologias representaram com tantas formas diferentes, mas que é a causa objetiva, universal e eterna das sensações *sui generis* de que é feita a experiência religiosa" (*Formes élémentaires de la vie religieuse*, 1937, p. 597). Isso quer dizer que a R. primitiva consiste em atribuir a uma suposta realidade as características da sociedade primitiva: as que essa sociedade considera essenciais para si mesma. Essas teses baseavam-se principalmente numa interpretação do *totemismo*: para Durkheim, o *totem* é símbolo da força que sustenta o indivíduo: a própria sociedade; nela, a mente primitiva haure todas as suas categorias para a interpretação do mundo. Assim, para Durkheim, a R. tem um caráter contemplativo, também atribuído a ela por outro grande sociólogo francês, Lucien Lévy-Bruhl, que expressa essa tese identificando com o misticismo não só a R., mas a vida dos povos primitivos em sua totalidade (*L'expérience mystique et les symboles chez les primitifs*, 1938). Para todas essas correntes filosóficas e sociológicas, a R. é, em sua origem, um fato cognitivo: é uma tentativa de explicar o mundo ou de formar uma idéia do mundo com base em certo número de experiências mais freqüentes na vida dos homens.

O retorno à concepção setecentista de R., segundo a qual sua origem está na situação do homem no mundo, verifica-se apenas nas correntes mais modernas e críticas da sociologia. Foi W. Robertson Smith quem começou a insistir na importância assumida pelo segundo dos dois elementos (as técnicas) na R. primitiva. "A R. nos tempos primitivos não foi um sistema de crenças com aplicações práticas; foi um corpo de práticas tradicionalmente fixadas, às quais todos os membros de uma sociedade se conformavam naturalmente. Os homens criam regras gerais de conduta antes de começarem a expressar em palavras os princípios gerais; as instituições políticas são mais antigas que as teorias políticas e, de maneira semelhante, as instituições religiosas são mais antigas que as teorias religiosas" (*Lectures on the Religion of the Semites*, 1907, p. 16). Mais tarde, a obra de G. Frazer (*The Colden Bough*, 1911-1914) mostrava a estreita conexão entre R. e magia, partindo da consideração de que o homem é dominado em primeiro lugar pela preocupação de controlar os acontecimentos naturais, com o objetivo de submetê-los às exigências da vida. A diferença entre magia e R., segundo Frazer, consiste no seguinte: a primeira tende ao controle direto dos acontecimentos naturais, ao passo que a segunda procura os meios de tornar propícios os poderes superiores que dominam a natureza. Esta foi a doutrina mais aceita por sociólogos e filósofos. A. Loisy sustentava um ponto de vista bem próximo ao de Frazer (*Essai historique sur le sacrifice*, 1920) e B. Malinowski apresentava novas provas para a mesma tese. Segundo Malinowski, a R. e a magia surgem e funcionam em situações de tensão emocional: crises da vida, tentativas malogradas, morte e iniciação nos mistérios da tribo, amores infelizes e ódios insatisfeitos. R. e magia também têm em comum o fato de oferecerem uma saída para tais situações por meio de crenças e práticas que se referem ao domínio do sobrenatural. Distinguem-se contudo pelo fato de a magia utilizar técnicas limitadas e simples, enquanto a R. compreende um conjunto de técnicas; a magia limita-se a uma classe de pessoas que faz dela profissão, ao passo que a R. é assunto de todos, e cada indivíduo participa dela ativamente. Por fim, ambas têm funções diferentes: a da magia é suprir a deficiência ou a imperfeição dos instrumentos naturais com instrumentos sobrenaturais, enquanto a função da religião é fortalecer certas atitudes especiais, como a coragem e a confiança na luta contra as dificuldades (*Magic, Science and Religion*, 1925). Não muito diferente desta, embora expressa em termos teológicos e místicos, foi a tese defendida por Rudolf Otto em seu livro intitulado *Das Heilige* ([*O sagrado*] 1917). Segundo Otto, deriva do medo o sentimento de estar em presença de um poder superior, que se cristaliza naquilo que ele chama de *tremendum* ou *maiestas;* deriva do sentimento de desesperança, impotência, insignificância, o sentimento *de ser criatura,* descrito no Antigo Testamento; e das fantasias compensadoras nasce o conceito daquilo que é completamente *outro*, que se mistura aos acontecimentos mais familiares sem deixar de parecer novo e estranho. Assim, os ingredientes do sobrenatural eram atribuídos, também por Otto, à situação do homem no mundo. Esse foi o ponto de partida das mais modernas teorias da religião. Segundo Freud, a R. "dá aos homens informações acerca da fonte e da origem do universo, garante-lhes proteção e felicidade final apesar das mutáveis vicissitudes da vida e guia seus pensamentos e suas ações com preceitos apoiados na força da autoridade" (*A New Series of Introductory Lectures on Psycho-Analysis*, 1933, p. 220). Com esses fundamentos, Freud acredita que a R. consiste na crença num pai sobrenatural que protege os homens dos perigos, recompensando-os ou punindo-os conforme o caso. Assim, a relação entre o homem e a divindade estaria moldada na relação entre pai e filho (*ibid.*, pp. 222 ss.). Deixando delado o fundo psicanalítico desta concepção, ela não difere muito das outras mencionadas anteriormente: a R. é entendida como corretivo, defesa ou protesto diante da situação de incerteza que o homem encontra no mundo. Este é também o conceito que Bergson apresenta de *R. estática,* à qual ele opôs a *R. dinâmica* (o misticismo). R. estática seria, pois, "a reação defensiva da natureza contra o poder desagregador da inteligência", no sentido de que a inteligência mostra claramente ao homem a incerteza e os perigos da vida, bem como a inexorabilidade da morte, enquanto a R. seria o conjunto das reações defensivas contra as representações intelectuais da condição humana no mundo (*Deux sources*, 1932, cap. II, trad. it., pp. 131 ss.). Estritamente sobre a R. primitiva, P. Radin defendeu tese análoga, com base em ampla documentação, no seu livro sobre a R. dos primitivos (*Primitive Religion, its Nature and Origin*, 1937).

II. O segundo dos problemas aos quais as definições de R. já propostas pretendem dar resposta é o da função específica da R. Esse problema pode ser entendido em dois sentidos. Em primeiro lugar, para o problema da garantia de salvação que a R. pretende oferecer ao homem, é possível distinguir três soluções principais: 1.ª a R. como meio de libertar-se do mundo; 2.ª a R. como verdade; 3.ª a R. como moralidade. Em segundo lugar, o próprio problema pode ser entendido do ponto de vista da função exercida pela R. na sociedade ou na economia geral da vida humana (4.ª).

1.ª A garantia que a R. pretende oferecer ao homem pode ser antes de mais nada a de libertá-lo do mundo, que é considerado um mal. Essa é a doutrina do budismo: "Não se deve fruir aquilo que nasceu e veio a ser, aquilo que se forma e constitui, que é instável, dependente da velhice e da morte, ninho de doenças, frágil, surgido do trânsito dos alimentos. Fugir desse estado significa encontrar outro estado, tranqüilo, situado além do domínio do pensamento, estável, não nascido, não formado, sem dor, sem paixão, felicidade que põe fim às condições de miséria e destrói para sempre os elementos da existência" (*Itivuttaka*, 43, trad. Pavolini). Esse estado de destruição da existência chama-se *nirvana*. Mas, segundo o próprio budismo, o nirvana também é o estado de bem-aventurança de quem, já nesta vida, eliminou o desejo e, portanto, o germe da futura existência. Desse ponto de vista, a salvação é concebida pelo budismo não só como libertar-se do mundo, mas também como libertar-se dos males do mundo. Esses dois aspectos estão presentes em muitas R., com exceção da de Israel, que ignora o primeiro: a promessa de bem-aventurança a ser alcançada além do mundo ou após a morte costuma ser acompanhada pela promessa de felicidade, de paz ou de bem-estar já na vida terrena. Quando a felicidade ou a paz pode ser alcançada nesta vida só com a superação da condição humana e da *deificação*, que é a união com Deus e com o princípio cósmico, tem-se o *misticismo* (v.). No misticismo, Bergson viu a R. dinâmica, a continuação supra-orgânica do elã vital, o impulso para a criação de uma sociedade nova, baseada no amor universal (*Deux sources*, 1932, cap. III). Na realidade, o misticismo é apenas uma das soluções para o problema da salvação, sendo típico de uma religiosidade pessoal, contemplativa e solitária, para a qual as atividades e as relações humanas são alheias e insignificantes.

2ª Conter a garantia infalível da sua verdade e de qualquer verdade que possa estar a ela ligada é pretensão implícita em qualquer R. Do ponto de vista filosófico, essa mesma tese apresenta-se como identidade entre R. e filosofia, com diferenças puramente *formais* entre ambas. Essa foi, por exemplo, a teoria defendida por Hegel: "A filosofia tem o mesmo objeto da R. porque ambas têm como objeto a verdade, no sentido superior da palavra, porquanto Deus, e somente Deus, é a verdade" (*Enc.*, § 1). Todavia, a R. distingue-se da filosofia por não expressar a verdade em forma de conceito, mas em forma de representação e sentimento. Hegel diz: "R. é a relação com o Absoluto na forma de sentimento, de representação, de fé; no seu centro, que tudo abarca, tudo está apenas como algo acidental e evanescente" (*Fil. do dir.*, § 270). Portanto, aquilo que a R. intui de modo acidental, aproximativo e confuso é demonstrado com caráter de necessidade pela filosofia (*Enc.*, § 573). Está claro, porém, que a doutrina da identidade entre R. e filosofia também pode ser afirmada do ponto de vista da superioridade da R. como forma ou revelação da verdade: é o que faz a filosofia da fé de Haman, Herder e Jacobi, à qual o próprio Hegel se opõe (v. FÉ, FILOSOFIA DA). Contudo é evidente que nesse caso não é à religião que se confia a garantia da verdade, mas a um órgão, a fé, da qual dependem, em termos de validade, tanto a filosofia quanto a R., bem como qualquer outro tipo de saber. Portanto, atribuir à verdade o objetivo específico da R. geralmente significa, do ponto de vista filosófico, atribuir-lhe a função de manifestar a verdade numa forma sem dúvida infalível e certa, mas inferior à forma que a verdade pode assumir em filosofia. Assim, para Gentile, a R. é "a exaltação do objeto subtraído aos vínculos do espírito, no que consiste a idealidade, a cognoscibilidade e a racionalidade do objeto" (*Teoria gen. dello spirito*, 1913, XIV, 7). Portanto, a essência da R. é o *misticismo*, que é a anulação do sujeito no objeto, em virtude do que o ser de Deus é o não-ser do sujeito (*Discorsi di religione*, 1920, p. 78). A R. encontra sua verdade apenas na filosofia, que resolve Deus no ato do pensamento. "Como pode esse Deus ser uma vontade a reconhecer, suplicar e esconjurar, à qual é preciso subordinar-se, se Deus está dentro do homem, do seu eu, sendo propriamente o seu eu em seu atualizar-se?" (*Sistema di logica*, II, 1922, IV, 8, 4). De maneira mais clara e insofismável, Croce disse que a R. é uma forma provisória e imperfeita de filosofia, e por isso o filósofo deveria ver o religioso como "o seu irmão menor, ele mesmo num momento anterior" (*Fil. della pratica*, 1909, p. 314).

3ª É crença bem antiga que a R. garante os valores morais do homem, entendendo-se por morais os valores que regulam a ordem da vida social. Era essa a função que Platão atribuía à R.: "A divindade que, segundo a tradição, rege o princípio, o fim e o curso de todos os seres, procede conforme sua natureza no seu movimento circular; atrás dela vem sempre a justiça punitiva para quem despreza a lei divina" (*Leis*, 715 e, 716 a).

No mundo moderno, esse ponto de vista foi adotado e defendido por Kant: "A R., considerada do ponto de vista subjetivo, é o conhecimento de todos os nossos deveres como mandamentos divinos. A R. na qual eu preciso antes saber que alguma coisa é um mandamento divino para considerá-lo meu próprio dever é a R. revelada (ou que exige uma revelação); a R. na qual devo saber que algo é um dever antes de considerá-lo um mandamento divino, é a R. natural" (*Religion*, IV, seç. I). Kant observa que essa definição de R. previne várias interpretações falsas desse conceito. Em primeiro lugar, exclui que a R. exija ciência de Deus e inclui que para ela basta possuir a simples idéia de Deus. Em segundo lugar, essa definição previne a "falsa idéia de que a R. é um conjunto de deveres especiais que se referem imediatamente a Deus", impedindo, portanto, que, além dos deveres humanos ético-sociais, sejam admitidos "os serviços hipócritas com que poderíamos tentar compensar nossas faltas para com os deveres da primeira espécie" (*ibid.*, IV, seç. I, nota). Nesta interpretação, porém, o que a R. garantiria seria o absolutismo do mandamento moral: não garantiria (porque isso é da alçada da liberdade humana) a efetivação do mandamento moral, isto é, a realização propriamente dita dos valores morais no mundo. Contudo, na maior parte das vezes pede-se ou atribui-se à R. esta segunda espécie de garantia: de que os valores morais e, em geral, os que interessam ao homem e à sua vida espiritual não fiquem confiados unicamente à boa vontade humana, mas encontrem na providência divina a salvaguarda infalível, capaz de garantir seu triunfo final. Neste sentido, H. Höffding afirmou que a R. é a "crença na conservação dos valores" (*Religionsphilosophie*, 1902, p. 13): a fé religiosa seria a convicção "da solidez, da certeza e da continuidade da relação fundamental dos valores com a realidade" (*ibid.*, 1902, p. 105). Esse é precisamente o otimismo providencialista que muitas correntes filosóficas idealistas e espiritualistas haurem ou pretendem haurir na R., em nome do qual instituem apologéticas religiosas mais ou menos interessadas.

4ª Deixando-se de considerar a função da R. em termos de garantia sobrenatural que ela pretenda oferecer, e passando-se a considerá-la em termos de relações inter-humanas, nas quais ela se insere como sistema de crenças e instituições, pode-se evidenciar com facilidade a sua utilidade biológica e social. Não que haja acordo unânime entre os filósofos sobre esse aspecto. Ao afirmarem a não-ingerência da divindade nas atividades humanas, os epicuristas tinham em vista eliminar o medo que os deuses inspiravam, pois consideravam a R. como um motivo suplementar de preocupação e medo, e não de ajuda (cf. EPICURO, *Ep. a Menaceu*, 123; *Ep. a Heródoto*, 77; *Mass. Cap.*, 1). Alguns sociólogos contemporâneos tampouco deixaram de observar que muitas vezes os ritos religiosos e as crenças a eles associadas são motivo de angústia, de tal maneira que o efeito psicológico do ritual parece ser a criação de um sentimento de insegurança e perigo (cf. A. R. RADCLIFFE-BROWN, *Structure and Function in Primitive Society*, 1952, pp. 148-9). Mas mesmo nesses casos é possível reconhecer a função social da R., na forma de fortalecimento dos laços sociais, principalmente nas sociedades primitivas (*ibid.*, pp. 157 ss.). A. Loisy dizia: "Entregue à ação dos elementos, do clima, daquilo que a terra dá ou recusa, da boa ou má sorte na caça e na pesca, das vicissitudes na luta contra semelhantes, o homem acredita encontrar um meio de regularizar com simulacros de ação as suas possibilidades mais ou menos incertas. O que faz não tem utilidade para o objetivo almejado, mas ele ganha confiança em seus feitos e em si mesmo; ousa e, ousando, realmente obtém mais ou menos o que quer. Confiança rudimentar por vias humildes, mas é o começo da coragem moral" (*Essai historique sur le sacrifice*, 1920, p. 533). Esse ponto de vista foi desenvolvido mais tarde por Malinowski (*Magic, Science and Religion*, Anchor Books, 1925, p. 89). Como vimos, é mais ou menos isso que Bergson pensa. Trata-se de ponto de vista que os sociólogos detectaram sobretudo nas sociedades primitivas, mas também se sabe (v. PRIMITIVOS) que a sociologia contemporânea tende a eliminar o abismo entre mentalidade primitiva e mentalidade secundária ou civilizada. Ultrapassados os limites de controle dos acontecimentos por meio de técnicas racionais – limites, ademais, bastante estreitos – o homem reivindica liberdade de fé e entrega-se a crenças libertadoras ou consoladoras, a técnicas que lhe prometam salvação infalível. Obtendo ou não o cumprimento dessas promessas, a função dessas técnicas é bem clara: dar esperança e coragem, dar-lhe segurança nas suas relações com os outros homens e com o mundo. [N.A.]

RELIGIÃO, FILOSOFIA DA (in. *Philosophy of religion*; fr. *Philosophie de la religion*; al. *Religionsphilosophie*; it. *Filosofia della religione*). A F. da religião, como disciplina que possui forma e fisionomia próprias, nasceu em época relativamente recente (séc. XVII). Suas origens mais remotas e menos determinadas imergem, porém, num contexto mais antigo, e a sua caracterização se confundiu muitas vezes com a teologia, por um lado, e com as várias formas mais ou menos evidentes de F. religiosa, por outro. Para indicar positivamente, portanto, o que é a F. da religião a partir do século XVII, é útil lembrar o que ela já não é em relação àqueles ramos mais antigos do saber.

A F. da religião não é F. religiosa. Esta última, cuja tradição se pode fazer remontar ao neoplatonismo de Plotino, é substancialmente uma F. da salvação que desde o início se move em terreno religioso e não o abandona durante todo o seu trajeto. A tal ponto que, em última instância, se apaga a linha divisória entre F. e religião, entre investigação racional e anseio por Deus, entre saber e fé. Essa posição se encontra também no pensamento cristão dos primeiros séculos, que decerto se distancia do neoplatonismo, mas sem abandonar sua atitude de fundo em referência ao problema da relação razão-fé. Em Agostinho, por exemplo, são respeitadas as características teóricas e racionais da F., mas a justificação do esforço filosófico se encontra precisamente na fé, que se situa num grau mais elevado de análise humana e existencial; não é portanto pensável a autêntica indagação teórica que não seja ao mesmo tempo desejo de Deus.

A F. da religião não é tampouco teologia. Porque a teologia inicia a sua especulação a partir de um núcleo revelado, pressupondo-o e desenvolvendo-o, portanto atribuindo ao instrumento filosófico uma função ancilar. A F. da religião também parte necessariamente da religião, mas não considerada como um dado, e sim como um "dar-se" para ela, ou seja, como um objeto que não é um objeto, porque o seu verdadeiro referente é, antes, a "experiência" religiosa, que deve ser, outrossim, investida da investigação filosófica, com as suas inelimináveis exigências de racionalidade e compreensão. Para a teologia, substancialmente, a pretensão de verdade do dado revelado é pressuposta com base numa tradição escritural; para a F. da religião é sempre algo que deve ser analisado com os critérios que ela mesma prepara e desenvolve; diferença mais de método, portanto, que de objeto.

Se a primeira distinção serve para dissipar os equívocos acerca da subordinação da F. à religião, a segunda visa a evidenciar que em todo caso é com a religião que se lida, ainda que com um método bem diferente do da teologia. Desse ponto de vista, a F. da religião não é essencialmente a crítica racionalista ao dado religioso, como mostra a terceira distinção, que diz respeito cronologicamente a um âmbito mais próximo de nós.

A F. da religião de fato não pode ser equiparada às modernas "ciências" da religião, cujo resultado final é despir a religião do que lhe é próprio em nome de uma consideração científica – portanto racional –, neutra e descritiva. A história das religiões, a sociologia das religiões, a psicologia da religião analisam o dado religioso invertendo em certo sentido a relação presente na F. religiosa e subordinando a religião, como asséptico objeto de indagação, aos procedimentos de sua própria racionalidade, com resultados às vezes relativistas, às vezes reducionistas. Embora seja inegável que a contribuição dessas disciplinas é imprescindível, também é verdade que o tipo de racionalidade científica que exibem não pode substituir a racionalidade filosófica que a F. da religião exerce sobre o fato religioso, interrogando-se sobre a essência mais do que sobre as manifestações particulares da religião.

Essas distinções decorrem todas das tensões intrínsecas à relação entre F. e religião em geral. Podem ser reconhecidas, a propósito, três tipologias. *a*) A totalização de um dos dois termos com a relativa exclusão do outro. *b*) A absorção da religião pela F. *c*) A absorção da F. pela religião.

a) A totalização pode ocorrer do lado da F. ou do lado da religião. Teremos então no primeiro caso uma investigação racional sobre a religião que visa a considerar o fenômeno religioso como engano, ilusão, mentira. É a linha que parte do iluminismo setecentista e vai dar no positivismo oitocentista e no marxismo; para eles, a religião é essencialmente um inimigo que deve ser combatido. No segundo caso, teremos a eliminação da F. por parte da religião que reivindica para si toda e qualquer pretensão de verdade e salvação, abrindo muitas vezes um abismo intransponível entre a sua "lógica" superior e o exercício do pensamento teórico da F. É a linha Pascal, Kierkegaard, Barth. Para essa corrente, é a F. que constitui um inimigo para a religião.

b) A absorção da religião pela F. tem por base um genuíno reconhecimento do fenômeno religioso, mas, exatamente porque entre F. e fé há identidade de conteúdo, verifica-se também a tentativa de englobar o fato religioso nos esquemas racionais teóricos e de ler a religião *sub specie philosophiae* (p. ex., como F. não totalmente realizada). É o caso de Hegel.

c) A submissão da F. à religião implica que a fé é de per si autônoma, e que a F. serve apenas como propedêutica – portanto com função secundária e subalterna – para aproximar-se da verdade, em cujo reino, porém, só a religião pode entrar plenamente. É, segundo a conhecida fórmula de S. Pier Damiani, a *phiosophia ancilla theologiae,* posição esta do conjunto de doutrinas e correntes teológicas da cristandade medieval que culminou na admirável síntese da escolástica.

Esse quadro de conjunto, que visa a evidenciar o que a F. da religião não é, não inclui uma quarta tipologia, a única propriamente adequada para definir positivamente o que é a F. da religião: a relação igualitária entre a F. e a religião, relação que não exclui a tensão e, aliás, vive dessa tensão, sem totalizações, absorções e sujeições de nenhuma espécie, fazendo desse reconhecimento a condição para evitar transformar a religião em puro e simples "objeto" para a F., e para evitar tomar a filosofia como puro e simples dispositivo categorial para a religião. Substancialmente, essa quarta tipologia indica uma relação paritária, consistente no respeito à inevitável irredutibilidade dos dois termos, mesmo na tentativa recíproca de reconhecer as raízes comuns dessas experiências; na F. da religião, a F. põe-se adiante do fenômeno religioso como algo diferente, por um lado, sem se definir em termos de subalternidade ou de diferença de grau com respeito à religião, e como algo que tem a mesma origem da religião, por outro lado, coisa sem a qual não seria sequer pensável a relação: complementaridade na diferença.

Se agora nos voltarmos para o decurso histórico, não poderemos deixar de reconhecer que esta última tipologia, em que consiste propriamente a essência da F. da religião, é resultado de um caminho e de uma tomada de consciência que começou com o iluminismo. Com este, a relação entre fé e razão assume uma problematicidade inédita, cujos prenúncios devem ser buscados na interpretação moral da revelação feita por Espinosa (cujo *Tractatus theologico-politicus,* 1670, costuma ser indicado como marco do nascimento da F. da religião) e na interpretação racional da religião feita por Locke e pelo deísmo inglês (Collins e Tindal). Essas interpretações transformam-se em verdadeiras críticas ao fato religioso, que o iluminismo francês do século XVIII faz em nome da F. E quando a alternativa fundamental em matéria de religião fica entre ateísmo e deísmo – portanto entre uma visão anti-religiosa e uma visão vagamente religiosa –, o resultado é o mesmo; porque a crítica iluminista à revelação em nome de uma religião natural ou racional (quando isso ocorre, como em Rousseau) significa em todo caso a exclusão da religião como tal da relação com a razão.

Essa tensão reconhecida e percorrida pelo Iluminismo, ainda que com resultado unilateral, forneceu os termos mais gerais do problema. Foi com Kant (*A religião nos limites da simples razão,* 1793) que entramos numa nova fase da relação entre F. e religião. Aqui é o conceito de *limite* que serve de linha divisória entre a posição puramente crítica ou crítico-iluminista da religião e a posição que reconhece racionalmente o espaço ocupado pela religião – e religião revelada – (a imagem dos dois círculos concêntricos dos quais o menor é a religião racional, e o maior, que compreende em si o primeiro, é a religião revelada). Fato de importância nada secundária é que esse reconhecimento crítico da religião em Kant caminha *pari passu* com a meditação sobre o mal radical.

O limite kantiano entre teórico e moral-religioso é transposto pelo Romantismo, cuja visão da religião, mesmo partindo da solução criticista kantiana, se apresenta como tentativa de integrar, completar e sintetizar o que em Kant é visto como inacabado. Isso ocorre, por um lado, com a chamada "F. romântica da fé", que em nome da intuição e do sentimento reivindica para a religião o lugar que Kant apenas tornara disponível, ainda não habitado (Hamann, Herder, Jacobi). O fruto mais maduro dessa corrente é F. Schleiermacher (*Discursos sobre a religião,* 1799; *Doutrina da fé,* 1821).

Por outro lado, o idealismo alemão percorre todos os caminhos possíveis da síntese. Na primeira fase de Fichte, como em Kant, o infinito é o termo assintótico de uma tendência racional que nunca poderá satisfazer-se nele. Mas, a partir da segunda fase de Fichte (*A doutrina da ciência* de 1801, 1804, 1805), o absoluto do qual brota o saber filosófico é algo bem real e cada vez mais definido em termos religiosos. E no Fichte da *Doutrina da ciência,* de 1810, 1812 e 1813, assiste-se a uma verdadeira dialética religiosa entre finito e infinito, que, na tentativa de sintetizar F. e religião, atinge resultados de altíssima mística especulativa. Em Hegel (*Fenomenologia do espírito,* 1807; *Enciclopédia,* 1817, 1827, 1830), a síntese entre os dois elementos ocorre em relação à vida dinâmica deles; ou seja, a religião é vista na concreta riqueza e articulação das suas manifestações históricas, e a F. é filosofia do absoluto, ou seja, uma filosofia que apreende o intrínseco labor da finitude a caminho da sua infinidade. A síntese aqui, porém, ocorre em nome do conceito; a religião ocupa o penúltimo degrau que leva à verdade absoluta e se consuma apenas com a filosofia. A fé possui já a verdade, mas somente na forma da representação, cuja insuficiência é resgatada justamente pelo elemento conceitual da F. Essa síntese é criticada por Schelling, que constitui a zona limítrofe entre idealismo e pensamento pós-idealista em termos de relação entre F. e religião. As especulações de Schelling sobre a liberdade com referência ao problema do fundamento negativo de Deus (*A essência da liberdade humana,* 1809), o pensamento de Deus como pessoa, vida e liberdade (*As idades do mundo,* 1811-1815) e sobretudo o duplo passo da F. negativa e da F. positiva (*Filosofia da mitologia, Filosofia da revelação,* 1841), conferem ao problema da relação entre saber e fé um cunho que já não concerne à conciliação entre os dois, muito menos à eventual oposição entre ambos, mas seu encontro no radical reconhecimento da respectiva autonomia.

O difícil equilíbrio entre F. e religião realizado por Hegel dissipa-se no dia seguinte à sua morte. Não é apenas a divisão entre direita e esquerda hegelianas, mas sobretudo a percepção de uma tensão que nenhum "sistema" pode neutralizar (nesse sentido Schelling já atua). Por um lado, portanto, o desequilíbrio verifica-se a favor da F. – e é a redução realizada por Feuerbach da religião a teologia e antropologia mascarada (*Pela crítica da filosofia hegeliana,* 1839), em que só resta transformar toda determinação religiosa em determinação humana a fim de recuperar a verdade oculta da fé e trazer o céu à terra; por outro lado, é a religião que leva a melhor – e é a perspectiva de Kierkegaard, segundo a qual a fé é o estágio em que a razão é contraditada, e a F. é descoberta na sua insuficiência, e as únicas determinações que se aplicam à religião são o paradoxo, o salto, o risco.

O resultado ateu da relação presente em Feuerbach é retomado e radicalizado em Nietzsche, cujo projeto de reassunção niilista da história da metafísica ocidental – filosófica e religiosa, portanto – constitui um ponto sem retorno para a F. da religião e um banco de prova imprescindível para toda meditação filosófica moderna sobre a religião. O fato é que na condenação nietzschiana da religião (o tema da morte de Deus) está implicada a própria noção de F., com os seus conceitos de verdade e de ser. De tal modo que Nietzsche representa uma espécie de clamorosa exceção à série tipológica das relações entre religião e F. que delineamos acima, pois nele se assiste ao desaparecimento de ambas as dimensões, exatamente no momento em que se reconhece sua secular solidariedade. E isso impõe à F. da religião do século XX repensar-se de maneira radical tanto em sua vertente filosófica quanto na religiosa (tarefa por se realizar ainda em boa parte).

Sobre o século XX, mais que uma série diacrônica de autores, é significativo apresentar uma série de modelos de F. da religião.

a) Modelo marxista. Herdeiro da crítica materialista oitocentista de Feuerbach e Marx à religião, depois da segunda guerra mundial o materialismo dialético apercebeu-se da falência do projeto de ateísmo dogmático. Donde a presença de pensadores que buscaram uma nova compreensão do fato religioso mesmo dentro de um quadro de referência marxista mais ou menos ortodoxo (Bloch, Horkheimer). Para estes, a religião se configura como elemento ativo e dinâmico da emancipação da humanidade.

b) Modelo neopositivista. A crítica à religião é retomada na área anglo-saxônica nas formulações de Carnap e Ayer. Por meio da análise lingüística dos enunciados, o fato religioso é mostrado como questão metafísica ou isenta de sentido, e desse modo alijado do âmbito dos problemas filosóficos. Uma posição mais matizada e complexa encontra-se em Wittgenstein.

c) Modelo neo-idealista. Este modelo volta a propor a função que a religião possuía no sistema hegeliano em relação à F. Tanto no atualismo (Gentile), quanto no historicismo absoluto (Croce), a religião é completamente resumida na F., e falta-lhe peculiaridade.

d) Modelo existencialista. Nele se insiste na relação entre F. e transcendência (Jaspers) ou entre F. e mistério ontológico (Marcel) ou, segundo a orientação atéia e humanista do existencialismo, na exclusão recíproca e necessária entre a existência de Deus e a liberdade da homem (Sartre).

e) Filosofia de Heidegger, que, é verdade, não só não tem relação nenhuma com a religião, mas também é construída na mais rigorosa estranheza para com o dado religioso. A partir dela, porém, a F. da religião não pode deixar de repensar radicalmente as noções filosóficas e religiosas empregadas pela tradição da qual ela provém, diante das conquistas heideggerianas fundamentais em termos de história da metafísica como história da ontoteologia, do niilismo, da crítica à sua instância fundadora (Fuchs, Ebeling, Jungel).

f) Modelo neocrítico da escola de Marburgo (Colien e Natorp) e da escola de Baden (Windelband). Sua característica, ao contrário do idealismo, é a atenção ao dado concreto da experiência – não só científica, mas ética, estética e religiosa; ao contrário do positivismo, o interesse pela condição transcendental de possibilidade desse dado.

g) Modelo fenomenológico. Esta corrente trata do fenômeno do sagrado considerado em sua essência, perceptível no *numinosum* (R. Otto), ou então considerado no complexo sistema de relações entre F. e religião, resultante da instalação do sistema de conformidade (M. Scheler), ou na vivência religiosa que faz do ato religioso um encontro originário com o sujeito (Van der Leeuw). A conquista substancial desse modelo está no reconhecimento da especificidade do evento religioso, que só pode ser entendido a partir de si mesmo.

h) Modelo hermenêutico. Configura-se como hermenêutica dos símbolos escatológicos, em particular do símbolo que é o sagrado, numa tensão não exaurida entre o que já foi e o que não é ainda, que define a condição humana como abertura para um futuro por edificar-se com o exercício hermenêutico de uma liberdade presente (Ricoeur); ou então como hermenêutica da relação entre a pessoa e a verdade, em que o que se põe em jogo é precisamente a experiência religiosa, uma vez que esta, e só ela, consegue arcar com as mais escandalosas indagações que a religião pode e deve fazer à F: o problema do mal, a liberdade como fato originário, o lado trágico da fé (Pareyson). O modelo hermenêutico parece ser atualmente o mais atento ao problema fundamental da F. da religião, que é o da relação entre razão e fé. . [M.R.]

REMINISCÊNCIA. V. ANAMNESE.

REMORSO (in. *Remorse*; fr. *Remords*; al. *Reue*; it. *Rimorso*). V. PENITÊNCIA.

RENASCIMENTO (in. *Renaissance*; fr. *Renaissance*; al. *Renaissance*; it. *Rinascimento*). Designa-se com este termo o movimento literário, artístico e filosófico que começa no fim do século XIV e vai até o fim do século XVI, difundindo-se da Itália para os outros países da Europa. A palavra e o conceito de R. têm origem religiosa, como ficou demonstrado pelos estudos de Hildebrand, Walser e Burdach: renascimento é o segundo nascimento, o nascimento do homem novo ou espiritual de que falam o Evangelho de São João e as *Epístolas* de São Paulo. Tanto o conceito quanto a palavra conservam-se por toda a Idade Média, a indicarem o retorno do homem a Deus, sua restituição à vida que foi perdida com a queda de Adão. A partir do século XV, porém, essa palavra passa a ser empregada para designar a renovação moral, intelectual e política decorrente do retorno aos valores da civilização em que, supostamente, o homem teria obtido suas melhores realizações: a greco-romana. Assim, o R. foi forçado a ressaltar as diferenças que o distinguiam do período medieval, em sua tentativa de vincular-se ao período clássico e de haurir diretamente dele a inspiração para suas atividades. Por outro lado, porém, não faltam elementos de continuidade entre a Idade Média e o R., e muitos dos problemas preferidos por humanistas e filósofos do R. eram os mesmos já discutidos pela Idade Média, com as mesmas soluções. Isso explica por que a interpretação do R. sempre oscilou entre dois extremos: de um lado, a oposição radical entre ele e a Idade Média; de outro, a continuidade intrínseca entre os dois. A primeira posição foi defendida por Burckhardt (*Die Kulturder Renaissance in Italien*, 1860), sendo repetida e ampliada por Gentile e seus discípulos. A segunda concepção inspira-se sobretudo na obra de K. Burdach (*Vom Mittelalter zu Reformation, Renaissance, Humanismus*, 1926²) e ganhou forma extremada com G. Toffanin (*História do humanismo*, 1933). As características fundamentais do R. podem ser brevemente recapituladas da seguinte maneira:

1ª *Humanismo*, como reconhecimento do valor do homem e crença de que a humanidade se realizou em sua forma mais perfeita na Antiguidade clássica (v., a respeito, HUMANISMO).

2ª *Renovação religiosa*, através da tentativa de reatar os laços com uma revelação originária, na qual se teriam inspirado os próprios filósofos clássicos, como é o caso do platonismo (Nicolau de Cusa, Pico della Mirandola, M. Ficino), ou através da tentativa de restabelecer o contato com as fontes originárias do cristianismo, ignorando a tradição medieval, como é o caso da Reforma protestante (v. REFORMA).

3ª *Renovação das concepções políticas*, com o reconhecimento da origem humana ou natural das sociedades e dos Estados (Maquiavel) ou com a tentativa de voltar às formas históricas originárias ou à *natureza* das instituições sociais (*jusnaturalismo* [v.]).

4ª *Naturalismo*, como novo interesse pela investigação direta da natureza, tanto na forma do aristotelismo, das manifestações de magia ou da metafísica da natureza (Campanella e Giordano Bruno) quanto na forma das primeiras conquistas da ciência moderna.

Sobre o R. cf. a Bibliografia de H. BARON, "Renaissance in Italien", *em Archiv für Kulturgeschichte*, 1927, 1931. (Em especial E. CASSIRER, *Indivíduo e cosmo na filosofia do R.*, e os textos de E. Garin; em particular: *Idade Média e R.*, 1954.) [N.A.]

REPETIÇÃO (in. *Repetition*; fr. *Répétition*; al. *Wiederholung*; it. *Ripetizione*). 1. Termo introduzido na terminologia existencialista por Kierkegaard. Este, para esclarecer sua significação, aproximou-o da expressão aristotélica *quod quid erat esse* (v. ESSÊNCIA; SUBSTÂNCIA), que, significando literalmente *aquilo que o ser era*, expressa a necessidade e a imutabilidade do ser, a sua repetição. Kierkegaard valeu-se desse conceito sobretudo para descrever a natureza da vida ética: à diferença da vida estética, que procura evitar a R., buscando novidades a todo instante (sendo por isso simbolizada por Don Juan), a vida ética baseia-se na continuidade, na escolha repetida que o indivíduo faz de si mesmo e de sua tarefa, sendo, pois, simbolizada pelo matrimônio (*Die Wiederholung*, 1843; cf. *Diário*, IV, A, 15 6). Heidegger, por sua vez, utilizou esse conceito para caracterizar a existência autêntica, como ela se realiza na angústia. A angústia, por libertar o homem "das possibilidades nulas e liberá-lo para as autênticas", consiste em retomar, *para o porvir*, as possibilidades que já foram no passado: isso é R. (*Sein und Zeit*, § 68 b). Desse ponto de vista, R. é decisão autêntica: "A R. é a transmissão explícita, ou seja, o retorno às possibilidades do ser-aí que já foi. A autêntica R. de uma possibilidade de existência que já foi, o fato de o ser-aí escolher seus heróis, baseia-se existencialmente na decisão antecipadora, porque é nela que se escolhe a escolha que liberta para a sucedaneidade da luta e para a fidelidade àquilo que deve ser repetido" (*ibid.* § 74). Isso quer dizer que a decisão autêntica, em que consiste a *historicidade* da existência humana, é uma R. ou, pelo menos (como Heidegger diz no mesmo trecho), uma *réplica* de possibilidades passadas.

2. Na filosofia da ciência, o conceito de R. é empregado para expressar o fundamento das proposições indutivas, que (segundo Hume) seriam a expressão da R. de casos (cf. HUME, *Inq. Conc. Underst.*, V, 1). Desse ponto de vista, a R. muitas vezes foi considerada a justificação das proposições uni-

versais. K. Popper criticou essa doutrina, que ele chama "doutrina do primado da R." (*The Logic of Scientific Discovery*, 1959, pp. 420 ss.) (v. INDUÇÃO; TEORIA). [N.A.]

3. Deleuze usa o conceito de R., ao lado do conceito de diferença, para reivindicar o caráter autônomo e afirmativo da singularidade. Numa de suas acepções básicas, a R. designa o ato com que o indivíduo, em vez de submeter seu próprio desejo à lei do Outro (ou seja, à ordem simbólica da cultura), reafirma-o como tal, vivendo-o, como na teoria nietzschiana do eterno retorno, nos moldes de um assentimento incondicional à existência, exprimindo-se na forma de uma liberdade produtiva e subversiva (*Différence et répétition*, 1968; *L'AntiOedipe*, 1972) (v. DESEJO; DIALÉTICA). [G.F.]

REPRESENTAÇÃO (lat. *Repraesentatio*; in. *Representation*; fr. *Représentation*; al. *Vorstellung*; it. *Rappresentazione*). Vocábulo de origem medieval que indica *imagem* (v.) ou *idéia* ([v.] no 2º sentido), ou ambas as coisas. O uso desse termo foi sugerido aos escolásticos pelo conceito de conhecimento como "semelhança" do objeto. "Representar algo" – dizia Tomás de Aquino – "significa conter a semelhança da coisa" (*De ver.*, q. 7, a. 5). Mas foi principalmente no fim da escolástica que esse termo passou a ser mais usado, às vezes para indicar o significado das palavras (cf., p. ex., GRAZIANO DI ASCOLI, *Perihermenias*, 2). Ockham distinguia três significados fundamentais: "Representar tem vários sentidos. Em primeiro lugar, designa-se com este termo aquilo por meio do qual se conhece algo; nesse sentido, o conhecimento é representativo, e representar significa ser aquilo com que se conhece alguma coisa. Em segundo lugar, por representar entende-se conhecer alguma coisa, após cujo conhecimento conhece-se outra coisa; nesse sentido, a imagem representa aquilo de que é imagem, no ato de lembrar. Em terceiro lugar, por representar entende-se causar o conhecimento do mesmo modo como o objeto causa o conhecimento" (*Quodl.*, IV, q. 3). No primeiro caso, a R. é a *idéia* no sentido mais geral; no segundo, é a *imagem*; no terceiro, é o próprio *objeto*. Esses são, na realidade, todos os possíveis significados do termo, que voltou a ter importância com a noção cartesiana de idéia como "quadro" ou "imagem" da coisa (*Méd.*, III) e foi difundido sobretudo por Leibniz, para quem a mônada era uma R. do universo (*Monad.*, § 60). Inspirado nessa doutrina, Wolff introduziu o termo *Vorstellung*, para indicar a *idéia* cartesiana, no uso filosófico da língua alemã (*Vernünftige Gedanken von Gott, der Welt und der Seele des Menschen*, 1719, I, §§ 220, 232 etc.). Deve-se a Wolff a difusão do uso desse termo nas outras línguas européias. Kant estabeleceu seu significado generalíssimo, considerando-o gênero de todos os atos ou manifestações cognitivas, independentemente de sua natureza de quadro ou semelhança (*Crít. R. Pura*, Dialética, livro I, seç. I), e foi desse modo que o termo passou a ser mais usado na linguagem filosófica. Hamilton defendia o uso dessa palavra também em inglês (*Lectures on Logic*, 2ª ed., 1966, I, p. 126).

Mas, neste sentido, os problemas inerentes à R. são os mesmos que inerem ao conhecimento em geral (v. CONHECIMENTO) e à realidade que constitui o termo objetivo do conhecimento (v. REALIDADE), ou, em outra direção, os concernentes à relação entre as palavras e os objetos significados (quanto a isso, v. SIGNO; SIGNIFICADO). [N.A.]

Na psicologia de Franz Brentano um dos pressupostos fundamentais é que todo fenômeno psíquico – que de tal modo se diferencia dos fenômenos do âmbito físico – é uma R. ou se funda numa R. Husserl retoma a tese brentaniana com uma importante distinção; para ele, todo *Erlebnis* intencional é uma R. (*Vorstellung*) ou se baseia numa R. (*Repräsentation*), em que *Vorstellung* é o ato completo do "mero representar", no sentido de todo e qualquer pensamento que se tenha simplesmente em mente, independentemente de uma tomada de posição, de um juízo, de uma expressão, e *Repräsentation* é o componente que confere a determinação da referência ao objeto, ou seja, o conteúdo ou "matéria". No caso da psicologia brentaniana e da análise fenomenológica, o conceito de R. é ainda o kantiano, substitutivo da "idéia" dos empiristas, que significa pôr diante da mente – incluindo-se imagens, assim como os pensamentos mais abstratos – e também significa que o mental não se resolve em mera reprodutividade, mas é sobretudo atividade constitutiva. Tal conceito foi herdado por grande parte da atual filosofia da mente, que entende as R. mentais como estruturas de dados simbólicos (computacionalismo) ou como níveis de ativação de conjuntos de processadores e/ou como capacidade de estabelecer nexos entre tais processadores (conexionismo). Em todo caso, "R. mental" ou "R. cognitiva" são termos genéricos usados para expressar qualquer estado de um sistema cognitivo que seja identificado por um conteúdo semântico. O problema da R. na filosofia da mente comporta deslocamentos de ênfase na definição da R.: ora com base na semelhança (as R. são imagens ou materiais mentais que assumem a "forma", ou então refletem a estrutura ou a "forma lógica" de alguma outra coisa), ora com base na co-variância ou na causalidade (na visão, por exemplo, certa estrutura nervosa do córtex visual apresenta uma atividade que co-varia com a presença de objetos em movimento), ora em termos de seu papel de adaptação (as R. são atividades simbólicas que não parecem ter necessariamente relações de semelhança ou co-variância com o que representam, como no caso da dança das abelhas para localizar as flores), ora em termos de seu papel funcional ou computacional, ora pelo fato de ter a típica função de "referência" e portanto – assim como os enunciados lingüísticos – ser verdadeiras ou falsas (as R. são símbolos; cf. R. CUMMINS, *Meaning and Mental Representation,* 1989).

Em epistemologia, sobretudo em decorrência da obra de Richard Rorty – que retoma a crítica deweyana à idéia do conhecimento "como espectadores" e a crítica do "segundo" Wittgenstein aos conceitos psicológicos de *Bild* e de *Vorstellung* – o "representacionalismo" veio a significar uma atitude profundamente radicada na tradição ocidental e emblematicamente identificada com Descartes, para quem o conhecimento do mundo é filtrado por um *tertium* entre sujeito e objeto. Tal intermediário é ora constituído pelas idéias, ora pelas representações mentais, pelos enunciados: objetos aos quais o sujeito teria um acesso *direto* por meio do qual receberia *indiretamente* os objetos do mundo. Contra tal acepção do conhecimento, considerada intrinsecamente aporética, propõe-se uma consideração mais central da práxis (Ian Hacking, Bruno Latour), ou seja, o retorno a variantes de um realismo direto do tipo dos propostos por Aristóteles e Tomás de Aquino (John McDowell, John Haldane), ou então uma "desconstrução" dos termos tradicionais do problema do conhecimento que evite a linguagem das R. e o problema de uma "correspondência" qualquer delas com os objetos do mundo (Nelson Goodman, Richard Rorty). [A.P.]

REPRESENTATIVO (in. *Representative;* fr. *Représentatif;* al. *Vorstellend;* it. *Rappresentativo*). 1. O sentido deste adjetivo é mais limitado que o do substantivo correspondente, uma vez que contém referência ao caráter de "semelhança" ou "quadro", excluído por alguns dos significados do substantivo. Assim, "idéia R." é a idéia que se concebe como imagem ou reprodução de seu objeto. Diz-se que o conhecimento tem natureza R. quando se considera que ele constitui imagem ou cópia do objeto.

2. Emerson chamou de *homens* R. aqueles que Hegel chamava de "indivíduos da história universal" ou outros românticos chamavam de "heróis": homens que são símbolos e, ao mesmo tempo, instrumentos de realização das aspirações de todos os homens (*Representative Men,* 1850).

3. No sentido político, *sistema* R. é o sistema que se baseia no princípio de delegação de certos poderes políticos a alguns cidadãos, feita por uma parte dos cidadãos. [N.A.]

REPUGNÂNCIA. O mesmo que incompatibilidade (v. CONSISTÊNCIA). [N.A.]

RES DE RE NON PRAEDICATUR. Máxima de Abelardo (citada por JOÃO DE SALISBURY, *Metalogicus,* II, 17), segundo a qual o universal não pode ser nem uma coisa nem uma palavra, mas somente uma *expressão* (*sermo*), uma vez que só a expressão pode ser predicado de várias coisas (v. UNIVERSAL). [N.A.]

RESERVA MENTAL (lat. *Reservatio;* in. *Reservation;* fr. *Restriction;* al. *Reservation;* it. *Riserva*). Um dos tópicos característicos da casuística católica do século XVII, bem como do probabilismo ou laxismo: a tese de que uma mentira deliberada não compromete quem a pronuncia e não é pecado. Na IX de suas *Cartas provinciais* (1656), Pascal fez uma crítica famosa a essa tese. [N.A.]

RESÍDUO FENOMENOLÓGICO (al. *Phänomenologische Residuum;* it. *Residuo fenomenologico*). Foi esse o nome que Husserl deu ao ser da consciência que "não é tocado em sua essência absoluta pela neutralização fenomenológica", isto é, pela *epoché* (*Ideen,* I, § 33). [N.A.]

RESÍDUOS, MÉTODO DOS (in. *Method of residues;* fr. *Méthode des résidus;* al. *Rückstandsmethode;* it. *Metodo dei residui*). Um dos quatro métodos da pesquisa experimental enumerados por Stuart Mill, mais precisamente o expresso pela regra: "Subtraída de um fenômeno a parte que, por meio de deduções anteriores, é identificada como efeito de certos antecedentes, o resíduo do fenômeno é o efeito dos antecedentes restantes" (*Logic,* III, 8, § 5) (v. CONCOMITÂNCIA; CONCORDÂNCIA, MÉTODO DA; DIFERENÇA, MÉTODO DA). [N.A.]

RESÍDUOS E DERIVAÇÕES (in. *Residues and derivations;* fr. *Résidus et dérivations;* it. *Residui e derivazioni*). Com estes termos, Vilfredo Pareto designou os dois fatores das teorias não científicas correspondentes aos dois fatores das teorias científicas, que são as afirmações experimentais e as deduções lógicas. Os resíduos são os instintos, os sentimentos, os interesses etc. que constituem os materiais das teorias não científicas; as derivações são as sistematizações lógicas ou pseudológicas dadas a esse material (*Trattato di sociologia generale,* 1916, §§ 803, 750, 210, 1397). (Cf. a discussão desta doutrina em TALCOTT PARSONS, *The Structure of Social Action,* 2ª ed., 1949, pp. 196 ss.) [N.A.]

RESPEITO (gr. αἰδώς; lat. *Respectus;* in. *Respect;* fr. *Respect;* al. *Achtung;* it. *Rispetto*). Reconhecimento da dignidade própria ou alheia e comportamento inspirado nesse reconhecimento. Demócrito foi o primeiro a transformar o R. em princípio da ética: "Não deves ter para com os outros homens mais R. que para contigo mesmo, nem agir mal quando ninguém o saiba mais do que quando todos o saibam; deves ter para contigo o máximo R. e impor à tua alma a seguinte lei: não fazer o que não se deve fazer" (*Fr.* 264, Diels). No discurso com que Protágoras, no diálogo homônimo de Platão, expõe a origem da sociedade humana, diz-se que "temendo que nossa estirpe se extinguisse, Zeus ordenou que Hermes trouxesse o R. recíproco e a justiça para o meio dos homens, a fim de que esses fossem princípios ordenadores das cidades, criando entre os cidadãos vínculos de benevolência" (*Prot.*, 322 e). O R. recíproco e a justiça são, assim entendidos, os dois ingredientes fundamentais da "arte política", que é a técnica de vida em comunidade.

Aristóteles, porém, incluiu o R. entre as emoções, excluindo-o das virtudes (*Et. nic.*, II, 7, 1108 a 32), e o opôs ao temor (*ibid.*, 10, 9, 1179 b 11). Kant também o reduziu à esfera das emoções, considerando-o, porém, como um sentimento *sui generis*, aliás como o único sentimento moral e não patológico. O sentimento de R. "é produzido apenas pela razão. Não serve ao juízo das ações nem como fundamento da lei moral objetiva, mas simplesmente como *móbil* para transformar essa lei em máxima". O R. sempre se refere às pessoas, nunca às coisas; é próprio do ser racional finito porque supõe a ação negativa da razão sobre a sensibilidade, portanto a própria sensibilidade. Por isso, "a um ser supremo ou a um ser isento de sensibilidade – ao qual, portanto, a sensibilidade não pode ser obstáculo para a razão prática – não se pode atribuir R. à lei" (*Crít. R. Prática*, I,I, cap. III). Mesmo fora da filosofia, a noção de R. foi fortemente influenciada por essas observações de Kant. Por R. entende-se comumente o empenho em reconhecer nos outros homens, ou em si mesmo, uma dignidade que se tem o dever de salvaguardar.

RESPONSABILIDADE (in. *Responsibility*; fr. *Responsabilité*; al. *Verantwortlichkeit*; it. *Responsabilità*). Possibilidade de prever os efeitos do próprio comportamento e de corrigi-lo com base em tal previsão. R. é diferente de *imputabilidade* (gr. αἰτία; lat. *Imputatio*; in. *Imputability*; fr. *Imputabilitá*; al. *Zurechenbarkeit*; it. *Imputabilità*), que significa a atribuição de uma ação a um agente, considerado seu causador. Platão aludia à noção de imputabilidade quando, a propósito da escolha que as almas fazem de seu próprio destino, afirmava: "Cada qual é a causa de sua própria escolha, ela não pode ser imputada à divindade" (*Rep.*, X, 617 e; cf. *Tim.*, 42d). Wolff definia a imputação como "o juízo em virtude do qual o agente é declarado causa livre daquilo que se segue à sua ação, ou seja, do bem e do mal que dela decorrem para ele mesmo ou para os outros" (*Philosophia practica*, I, § 527). Essa definição era simplesmente repetida por Kant: "A imputação (*imputatio*) no significado moral é o juízo em virtude do qual alguém é considerado autor (causa livre) de uma ação que está submetida a leis e se chama fato" (*Met. der Sitten*, I, Intr., IV). A imputabilidade assim entendida é um conceito completamente diferente do de responsabilidade.

O termo R. e seu conceito são recentes: aparecem pela primeira vez em inglês e em francês em 1787 (em inglês, aparecem em *Federalist* de Alexandre Hamilton, f. 64; cf. R. McKeon, *Revue Internationale de Philosophie*, 1957, n.º 1, pp. 8 ss.). O primeiro significado do termo foi político, em expressões como "governo responsável" ou "R. do governo", indicativas do caráter do governo constitucional que age sob controle dos cidadãos e em função desse controle. Em filosofia, o termo foi usado nas controvérsias sobre a liberdade e acabou sendo útil principalmente aos empiristas ingleses, que quiseram mostrar a incompatibilidade do juízo moral com a liberdade e a necessidade absolutas (cf. Hume, *Inq. Conc. Underst.*, VIII; Stuart Mill, nota a *Analysis of the Phenomena of the Human Mind* de J. Mill, 1869, II, p. 325). Na verdade, a noção de R. baseia-se na de escolha, e a noção de escolha é essencial ao conceito de liberdade limitada (v. Liberdade). Está claro que, no caso da necessidade, a previsão dos efeitos não poderia influir na ação, e que tal previsão não poderia influir na ação no caso da liberdade absoluta, que tornaria o sujeito *indiferente* à previsão. Portanto, o conceito de R. inscreve-se em determinado conceito de liberdade, e mesmo na linguagem comum chama-se alguém de "responsável" ou elogia-se seu "senso de R." quando se pretende dizer que a pessoa em questão inclui nos motivos de seu comportamento a previsão dos possíveis efeitos dele decorrentes (cf. o fascículo citado da *Revue Internationale de Philosophie*, especialmente os artigos de McKeon, Abbagnano e Weil. Para a distinção entre imputabilidade e R., cf. Scheler, *Der Formalismus in der Ethik*, pp. 504 ss.) (v. Intenção). [N.A.]

Weber contrapôs a ética da R. (*Verantwortungsethik*) à ética da convicção (*Gesinnungsethik*) ou da intenção (v.). A ética da convicção corresponde ao "agir racional em relação ao valor" e é típica de quem se devota de modo intransigente a determinado ideal (elevado a meta absoluta, a que tudo deve ser sacrificado), sem se preocupar nem com os meios necessários à sua realização nem com as conseqüências ligadas à ação. A ética da R. corresponde ao "agir racional em relação ao fim" e é típica de quem se preocupa tanto com os meios capazes de levar a obter determinados fins, quanto com os efeitos ligados à própria ação. Enquanto a ética da convicção, que pode ser resumida no mote kantiano *dummodo fiat iustitia, pereat mundus* (desde que se faça justiça, que pereça o mundo), é radicalmente oposta, ou em todo caso indiferente, à dimensão política, a ética da R., em virtude da sua propensão realística, apresenta maiores afinidades com ela, ainda que ética e política, como Weber repete várias vezes, permaneçam como esferas irredutíveis (*Economia e sociedade*, 1922, parte I, cap. 1, § 2; *A política como profissão*, 1919). Também se pode falar de "ética da R." propriamente dita a propósito de Hans Jonas, que, em lugar do antigo imperativo categórico de Kant, acusado de ser indiferente às conseqüências reais das nossas ações, insiste no novo imperativo ecológico da salvaguarda das gerações *futuras*: "Age de tal modo que as conseqüências da tua ação sejam compatíveis com a permanência de uma vida humana autêntica na terra" (*Il principio responsabilità*, 1979, trad. it., Einaudi, Turim, 1990, p. 16). Imperativo que encontra seu arquétipo genético e tipológico – e, em certo sentido, também "gnosiológico", em virtude da sua evidência imediata – na responsabilidade dos pais para com os filhos. O princípio R., que em Jonas acaba por levar à figura do homem como *guardião do ser*, também está presente na *ética do discurso* (v.) de Apel e Habermas, que, mesmo compartilhando uma atitude filosófica de tipo kantiano, se esforçam por unir o aspecto deontológico com o teleológico, procurando reintroduzir na teoria moral a consideração dos efeitos: "A ética do discurso – ao contrário da ética kantiana do imperativo categórico – não constitui apenas 'uma ética da pura boa vontade', uma ética da intenção – no sentido de Max Weber, mas uma ética da responsabilidade em relação às conseqüências" (K. O. APEL, *Limiti dell'etica del discorso*, 1987, trad. it., *Etiche in dialogo*, VV.AA., Marietti, Gênova, 1990, p. 40). Uma forma *sui generis* de ética da R. é também a teoria de Lévinas, que, antepondo a noção de responsabilidade à de amor (considerada "suspeita" demais), a faz coincidir com a absoluta dedicação ao próximo: "Dizer 'estou aqui'. Fazer alguma coisa pelo outro. Doar. Ser espírito humano significa isso" (*Etica e infinito*, 1982, trad. it., Città Nuova, Roma, 1984, p. 110); "A R. é aquilo que me incumbe de modo exclusivo e que, *humanamente*, não posso rejeitar. Esse peso é a suprema dignidade do único. Eu não intercambiável, sou eu à medida que sou responsável. Posso substituir todos, mas ninguém pode substituir-me. Essa é a minha inalienável identidade de sujeito. É nesse exato sentido que Dostoiévski diz: 'Somos todos responsáveis por tudo e por todos, diante de todos, e eu mais que todos os outros" (*ibid.*, p. 115). [G.F.]

RESPONSABILIDADE, PRINCÍPIO (al. *Prinzip Verantwortung*; it. *Principio responsabilità*). Expressão usada por Jonas para indicar o princípio ecológico da R. para com as gerações futuras e toda a biosfera (*O princípio responsabilidade*, 1979; v. RESPONSABILIDADE). [G.F.]

RESPOSTA. V. AÇÃO REFLEXA.

RESSENTIMENTO (in. *Resentment*; fr. *Ressentiment*; al. *Ressentiment*; it. *Risentimento*). Ódio impotente contra aquilo que não se pode ser ou não se pode ter. Essa noção foi introduzida por Nietzsche em *Genealogia da moral* (1887): "A revolta dos escravos na moral contemporânea começa quando o R. se torna criador e gera valores: R. dos seres aos quais é negada a verdadeira reação, a da ação, e que portanto só encontram compensação numa vingança imaginária" (*Genealogie der Moral*, I, § 10). Segundo Nietzsche, a moral cristã é fruto do R., no sentido de ser manifestação do ódio contra os valores da casta superior aristocrática, inacessíveis aos indivíduos inferiores. Outra manifestação do R., ainda segundo Nietzsche, é a raiva secreta dos filósofos contra a vida, em vista do que a filosofia foi até agora "a escola da calúnia": calúnia contra o mundo real ou sensível, que os filósofos tentaram substituir pelo mundo ideal da metafísica e da moral (*Wille zur Macht*, ed. 1901, §§ 259, 287). Por sua vez, Scheler insistiu na ação do R. no campo moral, embora negando que ele possa ser aplicado à concepção cristã, à qual Nietzsche fazia alusão. Segundo Scheler, os produtos do R. são o humanitarismo e o altruísmo modernos, e não o amor cristão. O conceito de igualdade entre os homens, a afirmação do subjetivismo dos valores e a subordinação de todos os valores à utilidade são outros três produtos do R. na vida moderna, segundo a concepção de Scheler (*Über Ressentiment*, 1912; trad. fr., 1958). (Cf. R. K. MERTON, *Social Theory and Social Structure*, 2ª ed., 1957, pp. 155 ss.) [N.A.]

RESTRIÇÃO (lat. *Restrictio*; in. *Restrition*; fr. *Restriction*; al. *Restriktion*; it. *Restrizione*). A partir da lógica do século XIII, esse termo designa a limitação da extensão ou denotação de um termo comum, de tal modo que ele se refira a um número menor de objetos designados (cf. Lamberto de Auxerre em PRANTL, *Geschichte der Logik*, III, p. 31, nº 130). Pedro Hispano distinguiu quatro espécies de R.: a que se faz *com o nome*, como quando se diz "homem branco", em que o termo homem não supõe (*non supponit pro*) os negros; a que se faz *com o verbo*, como quando se diz "o homem corre", e a proposição se refere apenas aos presentes; a que se faz *por particípio*, como quando se diz "o homem que corre [*currens*] discute"; e a que se faz *por implicação*, como no caso "o homem, que é branco, corre" (*Summ. log.*, 11.02). O processo inverso é a ampliação ou extensão. Hamilton chamou de R. a relação de *subalternação* (v.). [N.A.]

RETALIAÇÃO. V. TALIÃO.

RETICULAR, MODELO. V. TEORIA CIENTÍFICA.

RETIDÃO (gr. ὀρθότης; κατόρθωσις; *Retitudo*; in. *Rectitude*; fr. *Rectitude*; al. *Rechtlichkeit*; it. *Rettitudine*). Critério ou medida racional das coisas, ou seja, o princípio para julgá-las. Platão diz, por exemplo, que "a R. do nome é mostrar o que a coisa é" (*Crat.*, 428 e), entendendo que este é o critério para julgar acerca da justeza do nome. Com o mesmo sentido Aristóteles usa a expressão *reta razão* (ὀρθὸς λόγος), identificando-a com a sabedoria *Et. nic.*, VI, 13, 1144 b 23). Mas foram sobretudo os estóicos que deram significado técnico ao termo, ao designarem com ele "a conveniência ou bem, que consiste em estar de acordo com a natureza" (CÍCERO, *De finibus*, III, 14, 45). Como o acordo com a natureza é o critério de avaliação, a R. não é senão esse critério. Com sentido análogo, Duns Scot chamou as proposições teológicas de *rectitudines*, porquanto fornecem o conhecimento do reto comportamento do homem em face de Deus (*Op. Ox.*, Prol., q. 4, n. 31).

Na filosofia contemporânea, Heidegger contrapôs a R. à verdade, entendida como revelação do ser. Segundo Heidegger, foi Platão quem introduziu o conceito de verdade como R., ou seja, como critério do juízo humano, preparando assim o terreno para o nascimento do subjetivismo moderno ("Die Zeit des Weltbildes", em *Holzwege*, 1950, p. 84). [N.A.]

RETITUDE. V. RETIDÃO.

RETÓRICA (in. *Rhetoric*; fr. *Rhétorique*; al. *Rhetorik*; it. *Retorica*). Arte de persuadir com o uso de instrumentos lingüísticos. A R. foi a grande invenção dos sofistas, e Górgias de Leontinos (séc. V a.C.) foi um de seus fundadores. O diálogo de Platão intitulado *Górgias* insiste no caráter fundamental da R. sofística: sua independência em relação à disponibilidade de provas ou de argumentos que produzam saber real ou convicção racional. O objetivo da R. é "persuadir por meio de discursos os juízes nos tribunais, os conselheiros no conselho, os membros da assembléia na assembléia e em qualquer outra reunião pública" (*Górg.*, 452 e). Portanto, o retórico é hábil "em falar contra todos e sobre qualquer assunto, de tal modo que, para a maioria das pessoas, consegue ser mais persuasivo que qualquer outro com respeito ao que quiser" (*ibid.*, 457 a). Assim entendida, a R. pareceu a Platão mais próxima da arte culinária que da medicina: mais apta a satisfazer o paladar do que a melhorar a pessoa (*ibid.*, 465 e). Platão opôs a ela uma R. pedagógica ou educativa, que seria "a arte de guiar a alma por meio de raciocínios, não somente nos tribunais e nas assembléias populares, mas também nas conversações particulares" (*Fedro*, 26 1 a); no entanto, a R. assim entendida identifica-se com a filosofia. Portanto, Platão não atribuiu à R. uma função específica. Isso, na verdade, foi feito por Aristóteles, que a considerou em íntima relação com a dialética, como se fosse a *contrapartida* desta (*Ret.*, I, 1, 1354 a. 1). Segundo Aristóteles, a R. é "a faculdade de considerar, em cada caso, os meios de persuasão disponíveis" (*ibid.*, I, 2, 1355 b 26). Enquanto qualquer outra arte só pode instruir ou persuadir em torno de seus próprios objetos, a R. não se limita a uma esfera especial de competência, mas considera os meios de persuasão que se referem a todos os objetos possíveis (*ibid.*, I, 2, 1355 b 26). Logo, a R. haure da *Tópica* a consideração dos argumentos prováveis (justamente os que têm capacidade de persuadir) e fornece as regras para o uso estratégico de tais argumentos.

Esse conceito de R., estabelecido por Aristóteles, prevaleceu por muitos séculos. O humanismo ressaltou a importância da R., na qual identificou, segundo o exemplo de Platão e Cícero, um valor substancial (cf. *Testi umanistici sulla R.* de M. Nizolio, F. Patrizi, P. Ramus, org. por E. GARIN, P. ROSSI, E. VASOLI, 1953). Com Petrus Ramus, a tarefa da R. volta a ser substancialmente a que já lhe fora atribuída por Aristóteles: "A técnica de persuasão, que Ramus estuda nos textos de Cícero, essa capacidade de usar a linguagem para criar as expressões mais bem-feitas e tecnicamente elaboradas, deve contudo estar sempre unida ao exercício da filosofia, à qual está confiada a construção essencial de todos os princípios cognitivos, com o uso da dialética. Por isso, à R., entendida no significado mais técnico e particular, Ramus só concederá as duas funções propedêuticas da *elocutio* e da *pronunciatio* [...], ao passo que, contrariando as opiniões de Quintiliano e de Cícero, atribuirá à dialética a tarefa de organizar a verdadeira substância do discurso lógico" (E. VASOLI, *op. cit.*, pp. 117-8). Depois do florescimento do Renascimento, a sorte da R. decaiu, chegando ao desaparecimento quase completo que a caracterizou no século XIX. O dogmatismo racionalista iniciado por Descartes e adotado maciçamente no século XIX foi a maior causa da decadência da retórica. Onde a razão é tudo e pode tudo, uma arte que busque seus instrumentos da persuasão obviamente está deslocada. Por isso, não admira que, com o abandono do dogmatismo racionalista, a R. volte hoje a ser homenageada como a arte clássica da persuasão, mas com a ressalva moderna de que deve levar em conta uma multiplicidade de condições. O *Traité de l'argumentation de* Perelman e Olbrechts-Tyteca (1958) começa com as seguintes palavras: "A publicação de um tratado dedicado à argumentação e sua vinculação com a velha tradição da R. e da dialética gregas constituem uma ruptura com a concepção de razão e raciocínio que se iniciou com Descartes e caracterizou a filosofia ocidental dos três últimos séculos." Não há dúvida de que essa observação é correta. Se a razão é infalível e a investigação humana pode ser confiada às suas regras infalíveis em qualquer campo, não há lugar para a R., que é a arte da persuasão. Mas, se, na esfera do saber humano, a parte do incerto, do provável, do aproximativo bastante ampla, a persuasão pode ter alguma função e sua arte pode ser cultivada (v. ARGUMENTAÇÃO, TEORIA DA). [N.A.]

Depois da condenação de Croce, a retórica passou por uma reabilitação que revelou um mal-entendido de Croce quanto aos motivos da condenação. O âmbito da R. foi reconhecido como a esfera do verossímil que caracteriza a maior parte das nossas assunções sobre a realidade, não formuladas com pleno conhecimento de causa, porém mais com base em analogias e em verossimilhanças mais ligadas à opinião que à ciência. Secundariamente, tendo em vista a tropologia, pretendeu-se contrapor as figuras – em particular a metáfora – aos conceitos, considerando-as mais pregnantes quanto às necessidades da vida, assim como se contrapôs mais amplamente narração a ciência (narração entendida aristotelicamente como uma metáfora ampliada, segundo a indicação de P. RICOEUR, *La métaphore vive,* 1975, e *Temps et récit,* 3 vol., 1983-1985). Como de hábito no século XX, essa perspectiva foi tratada ou de modo histórico-genético (com a hipótese de uma origem metafórica do conceito, ou no mínimo de uma criatividade originária da metáfora, como em M. BLACK, *Models and metaphors,* 1962 e em D. DAVIDSON, *Inquiries into Truth and Interpretation,* 1984) ou de modo estrutural (semiótico e sincrônico), no quadro dos desenvolvimentos da lingüística estrutural (G. GENETTE, *Figures I,* 1966; Groupe μ, *Rhétorique génerale,* 1970). Com justeza, foram indicadas duas falácias fundamentais: quanto à reabilitação da R., parece evidente que não se pode pôr o âmbito do verossímil (que é de natureza prática e pedagógica) no mesmo plano da ciência, que diz respeito à verdade (HABERMAS, *Teoria do agir comunicativo,* 1981); quanto à superioridade da metáfora sobre o conceito, ressaltou-se a íntima inconsistência de tal contraposição (DERRIDA, *La mythologie blanche,* em *Marges de la philosophie,* 1972), com uma consideração que vale retrospectivamente também como limitação da nítida separação entre retórica e ciência. [M.F.]

RETORNO (gr. ἐπιστροφή; lat. *Conversio;* in. *Return;* fr. *Retour;* al. *Rückgang;* it. *Ritorno*). 1. No neoplatonismo antigo, o movimento graças ao qual a alma percorre de volta o processo de emanação, reintegrando-se na sua origem (bem, causa, Deus, unidade) através da contemplação. Plotino dizia: "A purificação é necessária à união: a alma une-se ao Bem, voltando para ele. Mas então à conversão segue-se a purificação? Exatamente: o R. acontece depois da purificação. O R., então, é a virtude da alma? Sim, é a virtude que do R. resulta e deriva para a alma. E o que é o R.? É a contemplação e a impressão que os objetos inteligíveis produzem na alma, do mesmo modo como a visão é produzida pelos objetos visíveis" (*Enn.,* I, 2, 4). Proclos generalizava o conceito de R., atribuindo-o a todas as manifestações do ser, cada uma das quais efetuaria o R. a seu modo. "Cada ser realiza seu R. apenas em relação à substância ou também em relação à vida e ao conhecimento, visto que ou recebeu da Causa apenas o ser, ou recebeu também a vida, ou recebeu também a faculdade cognitiva. Se é apenas, realiza um R. à Substância; se vive, retorna à vida; e se conhece, retorna ao Conhecimento. Com efeito, do mesmo modo como procedeu da Causa primeira, assim retorna a ela; e as medidas do R. são determinadas pelas medidas da processão" (*Inst. theol.,* 39).

2. O Renascimento, ao retomar esta concepção generalizada de Proclos, considerou o R. aos princípios como a única via de renovação radical da vida pessoal e social do homem. Pico della Mirandola unia o antigo conceito neoplatônico de R. aos princípios com o novo princípio de via de renovação (*De ente et uno,* VII, Proem.). Maquiavel considerava a "redução aos princípios" a única via de renovação das comunidades humanas, evitando-se a decadência e a derrocada, porquanto todos os princípios contêm em si algo de bom, de que as coisas podem retirar vitalidade e força primitiva (*Discursos,* III, 1). E Campanella via o caminho da renovação religiosa no princípio que ele julgava estar expresso no salmo XXII: *Quod reminiscentur et convertentur ad Dominum universi fines terrae,* cujas primeiras duas palavras ele usava como título do texto em que anunciava a renovação religiosa (*Quod reminiscentur,* 1615). Outrossim, a própria Reforma protestante obedecia à exigência de voltar aos princípios, remontando diretamente à fonte primitiva da religiosidade cristã, a Bíblia; por outro lado, a Contra-Reforma pretendeu reconduzir a Igreja à força expansionista que ela possuía em suas origens. Outra forma do mesmo princípio é a do R. *à natureza,* considerada na maioria das vezes como princípio ou origem dos seres. Nesta forma, o R. aos princípios é uma exigência freqüente no pensamento dos séculos XVII e XVIII.

3. Eterno R. (v. CICLO DO MUNDO). [N.A.]

RETRODUÇÃO (in. *Retroduction;* it. *Retroduzione*). Termo introduzido por Peirce para indicar o primeiro estágio da investigação, que, assim como a indução, parte do conseqüente para o antecedente, mas é realizado de forma espontânea, ou seja, sem método rigoroso ("Reality of God", em *Values in a Universe of Chance*, pp. 368 ss.) (v. ABDUÇÃO). [N.A.]

RETROSPECÇÃO (in. *Retrospection*; fr. *Rétrospection*; it. *Retrospezione*). Bergson designou com esse termo a tendência a "relegar as realidades atuais para o passado, para um estado de possibilidade ou virtualidade" (*La pensée et le mouvant*, 3ª ed., 1934, p. 26). [N.A.]

REVELAÇÃO (in. *Revelation*; fr. *Révélation*; al. *Offenbarung*; it. *Rivelazione*). Manifestação da verdade ou da realidade suprema aos homens. A R. foi entendida de duas maneiras: 1ª como R. histórica; 2ª como R. natural.

1ª É histórica a R. que toda religião positiva adota como fundamento. Consiste na iluminação com que foram agraciados alguns membros da comunidade, cuja tarefa teria sido encaminhar a comunidade para a salvação. Neste sentido, a R. é um fato histórico, ao qual se atribui a origem da *tradição* religiosa.

2ª A R. natural é a manifestação de Deus na natureza e no homem. Às vezes essa forma de R. é admitida ao lado da outra, outras vezes é negada ou subordinada à primeira. Só o conceito de R. natural tem valor filosófico, sendo o outro especificamente religioso. Contudo, o conceito de realidade natural e humana como manifestação de um princípio sobrenatural ou divino foi haurido pela filosofia na própria religião, sendo esse conceito típico das filosofias que têm caráter ou finalidade religiosa. Na Antiguidade, esse conceito pertenceu aos neoplatônicos, para quem o mundo, como produto da emanação divina, revela, pelo menos parcial ou imperfeitamente, a natureza divina que o produz. Desse ponto de vista, Scotus Erigena chamava de *teofania* (v.) o processo de descida de Deus ao homem e de retorno do homem a Deus; também chamava de teofania toda a obra da criação, porquanto ela manifesta a substância divina que se torna sensível nela e através dela (*De divis. nat.*, I, 10; V, 23). Este conceito reapareceu com freqüência na história da filosofia, mas a maior recorrência se deu na filosofia do *romantismo* (v.). Fichte, por exemplo, dizia: "O saber é a existência, a manifestação, a perfeita imagem da força divina" (*Grundzüge der gegenwärtigen Zeitalters*, 1806, IX). Este pensamento domina também as filosofias de Scheling e de Hegel. No entanto, cumpre observar que nelas a R. não é apenas manifestação: é também – como dizia Fichte – *existência* (isto é, realização) de Deus. É essa a característica específica assumida pelo conceito de R. no romantismo e conservada de maneira mais ou menos decisiva nas filosofias da R. que constituem a segunda fase do romantismo e têm como lema a defesa da tradição. As filosofias de Maine de Biran, Rosmini, Gioberti, Mazzini partem todas do princípio de que a consciência é a revelação de Deus. A propósito, Maine de Biran nada mais fazia que exprimir uma convicção bastante difundida ao afirmar que a R. não é apenas externa (tradição oral ou escrita), mas é também interna ou da consciência, visto que ambas procedem diretamente de Deus (*Œuvres*, ed. Naville, III, p. 96).

Sem o tom religioso que tinha no século XIX, o conceito de R. foi adotado como fundamento da filosofia de Heidegger, mas. A R. do ser, segundo Heidegger, nunca é perfeita e exaustiva porque o ser se esconde ao mesmo tempo que se revela: "O ser subtrai-se a si mesmo enquanto se revela no ente. Assim, o ser, iluminando o ente, ao mesmo tempo o desvia e o encaminha para o erro" (*Holzwege*, p. 310). Segundo Heidegger, a R. do ser ocorre através da linguagem, que não é instrumento humano, mas o próprio ser em sua R. (*Brief über den Humanismus*, p. 81). Por outro lado, a concepção da linguagem como R. hoje não pertence apenas a Heidegger (v. LINGUAGEM), o que é mais uma prova da persistência em filosofia do conceito teológico de revelação. [N.A.]

REVERSÍVEL (in. *Reversible*; fr. *Réversible*; al. *Umkehrbar*; it. *Reversibile*). São qualificados com este termo os processos que não têm sentido definido (v. IRREVERSÍVEL). [N.A.]

REVOLUÇÃO (in. *Revolution*; fr. *Révolution*; al. *Revolution*; it. *Rivoluzione*). Violenta e rápida destruição de um regime político; ou mudança radical de qualquer situação cultural. Neste segundo sentido fala-se de "R. filosófica", "artística", "literária", "dos costumes" etc., ou também de "R. copernicana". Mas está claro que, neste sentido, o uso da palavra visa somente a ressaltar a importância da mudança ocorrida, e não tem significado preciso. O único significado preciso é o político, que o termo começou a ganhar no século XVIII. R. propriamente ditas foram a inglesa, a americana, a francesa e a russa, mas às vezes também são chamadas de R. transformações políticas que tiveram menor importância na história geral do mundo, apesar de serem marcos fundamentais na história de determinado país. [N.A.]

REVOLUÇÕES CIENTÍFICAS (in. *Scientific revolutions*; fr. *Révolutions scientifiques*; al. *Wissenschaftliche Revolutionen*; it. *Rivoluzioni scientifiche*). Essa expressão indica as profundas e substanciais inovações produzidas no campo científico por novas descobertas ou por interpretações inovadoras de fenômenos já conhecidos. "A presença da palavra *revolução* no contexto da ciência sempre reflete teorias do tempo sobre a R. política e social, além da consciência de R. reais que tenham ocorrido" (I. B. COHEN, *Revolution in Science*, 1985, trad. it., Longanesi, Milão, 1988, p. 23). Copérnico e Newton, porém, não se pensavam como revolucionários, seja "porque sua obra foi produzida antes que o termo *revolução* ganhasse aplicação geral nas ciências", seja porque, no alvorecer da ciência moderna, "muitos dos grandes cientistas criativos tiveram a tendência a considerar-se (e a ser considerados pelos seus contemporâneos) como epígonos e redescobridores do saber da Antiguidade" (*ibid.*, p. 35). Por um paradoxo da história das idéias e das palavras, consideravam que sua própria obra era algo semelhante ao que em geral se indicava com o termo latino *revolutio*, uma espécie de retorno à condição inicial (não diferente daquilo que se entende em astronomia quando se fala das "revoluções orbitais dos planetas"): o próprio Newton prestava homenagem à "sapiência" dos egípcios e dos pitagóricos. Em todo o século XVII, a própria R. política oscilara entre a restauração das "antigas" liberdades e a consciência de uma nova ordem (pensemos, por exemplo, na ambigüidade da *Glorious Revolution* britânica, de 1688); foi só na "Época das Luzes" que se definiu a consciência da ruptura com o passado e da esperança no futuro; assiste-se assim a "R." conscientes, não só em matemática, mas em mecânica e óptica (a herança newtoniana), bem como nos primeiros estudos dos "eletricistas" (o termo é deles), para não falar do início da "nova ciência" do ser vivo. No século passado foi Charles Darwin que definiu (1859) suas próprias idéias sobre a evolução das espécies como "uma considerável R. na história natural". No século XX a locução "R. científica" foi sendo empregada, gradativamente, para a relatividade restrita e geral, para a física quântica, para a expansão das galáxias e a teoria do *big bang*, para a biologia molecular e a engenharia genética, para a teoria matemática dos jogos e do comportamento econômico, para a aplicação dos métodos estatísticos nas ciências naturais e nas ciências humanas, para o advento do computador, para a articulação sistemática de modelos matemáticos de "sistemas caóticos" nos contextos mais variados (da meteorologia ao crescimento demográfico). Copérnico pode ser considerado protótipo do "revolucionário intelectual". No entanto, as inovações produzidas pelo astrônomo polonês "diziam respeito aos detalhes mais obscuros e abstrusos da pesquisa astronômica" (TH. S. KUHN, *La rivoluzione copernicana*, trad. it., Einaudi, Turim, 1972, p. 3; cf. também o observado por J. NEYMAN em *The Heritage of Copernicus*, Cambridge, 1974, p. 1). Foi só mais tarde que elas provocaram uma espécie de "efeito dominó" (NEYMAN, *op. cit.*, p. 20) quando se percebeu (é notoriamente o caso de Galileu Galilei) que a tentativa de tornar compatível o ponto de vista copernicano com os pressupostos de outras disciplinas constituia "um importante incentivo à fermentação intelectual geral, conhecido agora como a R. científica [por excelência]" (KUHN, *La rivoluzione copernicana, cit.*, p. 4). Além disso, as teses copernicanas "tratavam aparentemente da relação do homem com o universo e com Deus", e não é de espantar que a concepção *heliostática* ressurgida com Copérnico tivesse acabado por representar "um centro focal das terríveis controvérsias no campo religioso, filosófico e nas doutrinas sociais que, nos dois séculos seguintes à descoberta da América, fixaram a orientação do pensamento moderno" (*ibid.*).

Como ressaltou Karl Popper, a descoberta de alguma coisa é sempre descoberta *contra* alguma outra coisa, pois – como no caso de Cristóvão Colombo – entra em rota de colisão com a constelação de preconceitos estabelecidos. Portanto, "apenas na *mudança* do sistema [...] se mostra claramente o caráter de uma ciência que extrai ensinamento da realidade, da experiência" (K. R. POPPER, *I due problemi fondamentli della teoria della conoscenza*, trad. it., Il Saggiatore, Milão, 1987, p. 136): segue-se que o cientista realmente *criativo* não procura um consenso fácil, mas produz uma dissensão franca, ainda que de difícil gestão. Assim, Newton foi além de Galileu, e Einstein, além de Newton. Em suma, as "R. de idéias" (para usar uma locução bastante popular no início do nosso século) não são episódios excepcionais na história da ciência, mas são sua condição habitual. A ciência cresce como R. *permanente* (V. PROGRESSO CIENTÍFICO).

Mas o próprio Thomas Kuhn objetou a Popper que de fato as " R." são menos "visíveis" na ciência do que o filósofo da ciência pode teorizar. Isso se deve ao temor dos próprios "pais fundadores" que abrem caminho para a R., diante da resistência de grande parte da comunidade científica em aceitar as idéias novas; essa é a razão por que estes buscam precursores ilustres e, se acham necessário, justificam-se como "os últimos dos antigos", tornando plausível a imagem de um desenvolvimento da disciplina pertinente como algo puramente cumulativo, uma espécie de *progresso sem aventura.* Como notava Kuhn, "algumas novidades inesperadas nos fatos ou nas teorias [...] foram freqüentemente rechaçadas por muitos dos mais insignes expoentes da comunidade científica". Não se trata tanto de constatar como a história se *comportou mal* à luz do "código de honra" de dada filosofia da ciência, mas de admitir que "é preciso transformar dogma em virtude para reconhecer que nenhuma ciência madura existiria sem elas" ("The Function of Dogma in Scientific Research", relatório ao Symposium on the History of Science, Oxford 1961, em A. C. CROMBIE, org., *Scientific Change,* Basic Books, Nova York, 1963, pp. 348 e 349). A demarcação (v.) entre o que é "ciência" e o que não é – indicada por Popper no caráter falsificável das *teorias* – deverá, porém, ser buscada no dogmatismo da *prática* científica, em muitos aspectos não pouco importantes daquilo que vemos em grande parte da "teologia racional". Durante um memorável confronto com Popper, ocorrido no Bedford College de Londres em 1965 e publicado em *Criticism and the Growth of Knowledge* (1970; trad. it., *Critica e crescita della conoscenza,* Feltrinelli, Milão, 1975), Kuhn propôs um critério de demarcação entre *práticas* científicas e não-científicas: "é exatamente o abandono do discurso crítico que marca a transição para uma ciência" (p. 75); só assim é possível instaurar "uma tradição de soluções de quebra-cabeças" que distingue a atividade de cientistas publicamente reconhecidos como tais.

É esse o resultado coerente das premissas de que Kuhn partira em *A revolução copernicana* (1957). O "conjunto de convicções, conceitos, teorias e métodos" ali descritos devia depois inserir-se na idéia de "paradigma" apresentada em seu *The Structure of Scientific Revolutions* (1962, 19702; trad. it., *La struttura delle rivoluzioni scientifiche,* Einaudi, Turim, 1969, 1978 2: v. PARADIGMA): o "paradigma" confere uma estrutura unitária às constelações de resultados que são "suficientemente novos para atrair um grupo estável de seguidores, afastando-se de formas de atividades contrastantes com eles", mas "suficientemente abertos para possibilitar que o grupo de cientistas constituídos sobre essas novas bases resolva problemas" (p. 29), pois garantem, pelo menos em princípio, que a solução dos problemas em questão existe e é univocamente determinada (isso significa justamente que os *vagos* "problemas" são transformados em *definidos* "quebra-cabeças", ainda que nem sempre com a máxima exatidão e precisão). Segue-se que o insucesso de um indivíduo ou de um grupo na especificação concreta da solução de dado quebra-cabeças (ao contrário da falsificação popperiana, pelo menos na versão mais simplista) não provoca "reprovação" do paradigma como tal, mas apenas dos pesquisadores envolvidos naquele fracasso. O "dogmatismo" reivindicado por Kuhn configura-se portanto como uma racionalização coletiva de uma conduta de fracasso, pelo menos nas fases "normais" da pesquisa. É só a manifestação de "anomalias" (quebra-cabeças muito resistentes às tentativas de solução dentro do paradigma) que induz a uma desconfiança mais geral dos pressupostos e inaugura uma "crise": só então a pesquisa (nessa fase "extraordinária") deixa espaço à proliferação de alternativas que pode culminar na instauração de um novo paradigma. Por isso, as R. científicas são mais "raras" do que Popper pensa, mas quando ocorrem comportam relevantes modificações não somente na teoria, mas também (e sobretudo) na prática da pesquisa. Aliás, para Kuhn, substancialmente só se verifica uma R. quando um paradigma suplanta um outro anterior, e seria possível afirmar: *mudança de paradigma = mudança de mundo.*

Mas não se trata, então, de puras "R. de idéias": de fato, as revoluções kuhnianas "não são resultado de uma luta de idéias [...], mas sim de uma luta entre cientistas que aceitam certas idéias ou acreditam nelas" (I. B. COHEN, *op. cit.*, p. 29). Tais teses estimularam um renascimento da psicologia da pesquisa ou da sociologia da ciência, e induziram os historiadores da ciência a recorrer à contribuição dos cultores da história das mentalidades. Não sem intensas polêmicas (como se percebe na já citada jornada do colóquio do Bedford College): para Popper, o recurso a estas últimas disciplinas é ao mesmo tempo "surpreendente e decepcionante"; para John Watkins, "Kuhn concebe a comunidade científica como o análogo de uma comunidade religiosa e vê a ciência como a religião do cientista"; para Stephen Toulmin, "a distinção entre ciência normal e ciência extraordinária" simplesmente não se sustenta; para Imre Lakatos, Kuhn, mesmo tendo substancialmente razão ao criticar as versões mais "ingênuas" do falsificacionismo popperiano, faz das R. (científicas) "material condizente com a psicologia do povo"; Paul Feyerabend, por fim, parece zombar do "critério" de Kuhn, uma vez que "todas as asserções de Kuhn a propósito da ciência normal permanecem verdadeiras desde que se substitua a *ciência normal* por *crime organizado*". À parte o paradoxo, talvez a crítica feita por Feyerabend seja a mais interessante: uma teoria "sofisticada" das R. científicas deveria levar em conta ao mesmo tempo a "descoberta de Kuhn da tenacidade [= dogmatismo]" e a "descoberta de Popper de que a ciência progride através da discussão crítica de concepções alternativas". E acrescenta: "a síntese consiste na asserção de Lakatos [...] de que proliferação e tenacidade não pertencem a períodos *subseqüentes* da história da ciência, mas são sempre *simultâneos*" (pp. 291-292). Em particular, Feyerabend alude à contribuição de Lakatos nesse mesmo aspecto, em que se delineia a sua "metodologia dos programas de pesquisa" (v. PROGRAMAS DE PESQUISA). As grandes controvérsias dentro da prática científica não passam de manifestações de heurísticas pertencentes a programas rivais: mais do que a uma "lógica da descoberta", de cunho meta-histórico, ou a uma também redutora psicossociologia da pesquisa, para

Lakatos convém dar atenção ao conflito de diferentes formas de "arte da descoberta" (a *heurística* inclui assim a própria *metodologia*). Elie Zahar, por exemplo, reconstruiu em termos de heurísticas a emergência da relatividade de Albert Einstein (1905, 1916) contra as propostas alternativas (cf. E. ZAHAR, *Einstein's Revolution. A Study in heuristic,* 1989).

Mesmo esquemas como os de Lakatos, quando este trata da "racionalidade" das R. científicas, acabam indo ao encontro do problema conhecido como "a perda de Kuhn". Nas palavras do criador da idéia de "paradigma", "Copérnico destruiu uma explicação secular sobre o movimento terrestre, Newton fez o mesmo com uma explicação mais antiga da gravidade, Lavoisier com as propriedades comuns dos metais, e assim por diante" (*La struttura delle rivoluzioni scientifiche, cit.*, p. 190). Além disso, durante a transição de um paradigma ao outro, "desenvolvendo sua atividade em mundos diferentes, os dois grupos de cientistas vêem coisas diferentes quando olham do mesmo ponto para a mesma direção: em suma, "aquilo que no mundo do cientista, antes da R., eram patos, depois aparecem como coelhos" (p. 139). Nem se deve considerar surpreendente tal situação, se pensarmos que em casos como "a passagem para o universo einsteiniano", por exemplo, "toda a rede conceitual [que funcionava para a física newtoniana], cujos fios são o espaço, o tempo, a matéria, a força etc., precisou ser removida e estendida de novo, de maneira diferente, sobre a totalidade da natureza" (p. 181). Isso Kuhn escrevia em 1962, o mesmo ano em que Paul Feyerabend, no ensaio "Explanation, Reduction, and Empiricism", observava que, não diferentemente dos casos assinalados por Kuhn (copernicanos e anticopernicanos, cartesianos defensores dos vórtices e newtonianos entrincheirados na defesa da ação à distância, Einstein e os "relativistas" e físicos mais conservadores etc.), a nova teoria "*T'* pode ser formulada num idioma cujas regras específicas de uso são incompatíveis com as de *T*", a antiga teoria desafiada pelos revolucionários (p. 72). O mesmo termo – por exemplo *massa* – varia de significado na transição "revolucionária" de *T* (no exemplo, a mecânica clássica) para *T'* (no exemplo, a relatividade einsteiniana). Kuhn, em 1962, introduziu o adjetivo *incomensuráveis* para os dois paradigmas que caracterizam a passagem do "antigo" ao "novo", quando não há nenhum critério capaz de fornecer uma espécie de "medida comum" para uma avaliação imparcial (v. INCOMENSURABILIDADE). Em nível psicossociológico isso quer dizer que "as duas escolas em competição" conseguem entender-se apenas em parte , e, não diferentemente dos seus análogos políticos, os cientistas "em crise" acabam mais por "converter-se" (ou "ser convertidos") a dada constelação de crenças e de técnicas operacionais" do que por se deixarem guiar pelas modalidades da discussão racional, prezada por Popper,.

Diferentes modos de entender a evidência "observacional" (na realidade, sempre "prenhe de teoria"), padrões antitéticos para pesar qualidades e defeitos de teorias e procedimentos, variações de significados, tudo isso, para Kuhn e Feyerabend, constitui portanto os traços característicos da "incomensurabilidade" que acompanha necessariamente as R. Feyerabend, em especial, não só ressaltou que isso constitui um obstáculo a qualquer "lógica da descoberta científica", inclusive a refinada "metodologia dos programas de pesquisa" elaborada por Lakatos, como também insistiu na tese de que "ainda são possíveis mudanças fundamentais, que comportam a incomensurabilidade", aliás, elas "precisam ser encorajadas" para um crescimento da ciência e um tipo de sociedade "livre", capazes ambos de ainda nos reservar surpresas (*Against Method,* 1975). [G.Gi.]

RICORSO. Com esse termo, Vico designou o *retorno* da história sobre seus próprios passos, que se verifica quando os remédios que a Providência dispõe contra a corrupção dos estados se esgotam ou não agem eficazmente. O R. consiste em voltar ao estado de selvageria, em retornar aos rigores da vida primitiva, que dispersa e extermina os homens, até que o pequeno número de homens remanescentes e a abundância das coisas necessárias à vida possibilitem o renascimento da civilização, novamente com base na religião e na justiça (*Ciência nova,* 1744, Conclusão). [N.A.]

RIGORISMO (in. *Rigorism;* fr. *Rigorisme;* al. *Rigorismus;* it. *Rigorismo).* Na terminologia religiosa do século XVIII, R. opôs-se a laxismo e designou o ponto de vista de todos aqueles que (especialmente jansenistas e padres do Oratório) hostilizavam o princípio de moral relaxada (cf. BAYLE, *Dictionnaire historique et critique;* v. "Rigoristes"). Segundo Kant, foram comumente chamados de rigoristas os que não admitiam "nenhuma neutralidade moral (*adiaphora*) nem nos atos nem nos caracteres humanos", enquanto os outros eram chamados de *latitudinários* (*Religion,* I, Observação). O próprio Kant, porém, na mesma passagem, demonstra aceitar pessoalmente o princípio rigorista, de tal modo que, não sem razão, se falou e continua-se a falar de "R. moral" com referência à doutrina moral kantiana. [N.A.]

RISCO (gr. κίνδυνος; in. *Risk;* fr. *Risque;* al. *Wagniss, Gefahr;* it. *Rischio*). Em geral, o aspecto negativo da possibilidade, o poder não ser. Essa noção é freqüente nas filosofias que reconhecem o possível, tais como nas de Platão e dos existencialistas contemporâneos. Aristóteles considerava o R. como "a aproximação daquilo que é terrível" (*Ret.*, II, 5, 1382 a 33). Para Platão, o R. era belo e inerente à aceitação de certas hipóteses ou crenças (*Fed.*, 114 d). No existencialismo, o R. é considerado inerente à escolha que o eu faz de si mesmo e a toda decisão existencial (cf. JASPERS, *Phil.*, II, pp. 180, 403 etc.). A aceitação do R. implícito nessa escolha é um dos pontos fundamentais do existencialismo contemporâneo: "A pretensão implícita na decisão baseia-se numa indeterminação efetiva, ou seja, na possibilidade de que as coisas ocorram de maneira diferente daquilo que decido; mas também se baseia no fato de eu, que decido, assumir esse R., bem como na consideração de todas as possíveis garantias que eu possa obter (ABBAGNANO, *Introduzione all'esistenzialismo*, 4.ª ed., 1957, I, 3). [N.A.]

RISO. V. COMICIDADE.

RITMO (in. *Rhythm*; fr. *Rythme*; al. *Rhythmus*; it. *Ritmo*). Alternância de fenômenos opostos no mesmo processo. Este é o significado atribuído ao termo pelo positivismo, que o utilizou pela primeira vez de modo específico, estendendo seu significado primitivo de movimento regularmente recorrente. Assim, Spencer falou de uma *lei do R.*, segundo a qual o máximo e o mínimo, a queda e a elevação, alternam-se no desenvolvimento de todos os fenômenos; essa lei seria um dos princípios fundamentais da evolução (*First Principles*, II, cap. 10). Dessa mesma lei falaram Ardigó (*Op.*, II, p. 227; V. pp. 232 etc.) e, mais recentemente, Whitehead: "No modo do ritmo, uma série de experiências que formam determinada sucessão de contrastes obteníveis no âmbito de um método preciso é regulada de tal maneira que o fim de um ciclo é o estágio que antecede o início de um outro ciclo semelhante. O ciclo é tal que, ao completar-se, produz as condições para sua simples repetição" (*The Function of Reason*, 1929, cap. I, trad. it., p. 25; cf. *The Aims of Education*, cap. II, III). [N.A.]

RITO (in. *Rite*; fr. *Rite*; al. *Ritus*; it. *Rito*). Técnica mágica ou religiosa que visa a obter sobre as forças naturais um controle que as técnicas racionais não podem oferecer, ou a obter a manutenção ou conservação de alguma garantia de salvação em relação a essas forças. O conceito de R. como "prática relativa às coisas sagradas" foi esclarecido por Durkheim (*Formes élémentaires de la vie religieuse*, 1912, *passim*) (cf. T. PARSONS, *The Structure of Social Action*, 2.ª ed., 1949, pp. 420 ss., 673 ss. etc.; cf. RELIGIÃO). [N.A.]

RITSCHLIANISMO (in. *Ritschlianism*; fr. *Ritschlianisme*; al. *Ritschlianismus*; it. *Ritschilianismo*). Corrente do cristianismo protestante do século XIX, iniciada por Alberto Ritschl (1822-1889), segundo a qual a religião se baseia exclusivamente no sentimento e na revelação interior. [N.A.]

ROMANTISMO (in. *Romanticism*; fr. *Romantisme*; al. *Romanticismus*; it. *Romanticismo*). Designa-se com este nome o movimento filosófico, literário e artístico que começou nos últimos anos do século XVIII, floresceu nos primeiros anos do século XIX e constituiu a marca característica desse século. O significado comum do termo "romântico", que significa "sentimental", deriva de um dos aspectos mais evidentes desse movimento, que é a valorização do sentimento, categoria espiritual que a Antiguidade clássica ignorara ou desprezara, cuja força o século XVIII iluminista reconhecera, e que no R. adquiriu valor preponderante. Essa grande valorização do sentimento é a principal herança recebida do movimento *Sturm und Drang* (v.), que constitui a tentativa de, através da experiência mística e da fé, superar os limites da razão humana, reconhecidos pelo iluminismo. Segundo os filósofos do *Sturm und Drang*, Haman, Herder e Jacobi, pode-se obter com a fé o que a razão não é capaz de dar, sendo a fé entendida como fato de sentimento ou de experiência imediata. Mas, precisamente por isso, para os seguidores do *Sturm und Drang* (entre os quais estiveram Goethe e Schiller, na juventude) a razão continuava sendo o que fora para o iluminismo: uma força humana limitada, capaz de transformar o mundo gradualmente, mas que não é absoluta nem onipotente, estando, pois, sempre mais ou menos em conflito com o mundo e em luta com a realidade que se destina a transformar. Do *Sturm und Drang* passa-se para o R. somente quando esse conceito de razão é abandonado e começa-se a entender por razão uma força infinita (onipotente) que habita o mundo e o domina, constituindo sua própria substância. O princípio da *autoconsciência* (v.), ou seja, infinidade da consciência que é tudo e faz tudo no mundo, é fundamental no R., e dele derivam os aspectos relevantes do movimento. Fichte foi o primeiro a identificar a razão com o Eu *infinito* ou Autoconsciência Absoluta, fazendo dele a força pela qual o mundo é produzido. A infinidade, nesse sentido, era de consciência ou de potência, e não de extensão ou duração; seu modelo encontrava-se em conceitos da filosofia neoplatônica, especialmente em Plotino. Hegel, a propósito, opunha o falso infinito, ou mau infinito – que é diferente do finito, isto é, da realidade ou do mundo e se opõe a ele e tenta transformá-lo ou superá-lo –, ao verdadeiro infinito, que se identifica com o finito, com o mundo, e se realiza nele e por ele. Este infinito é um Princípio espiritual criativo: aquele que Fichte chamou de *Eu*, Schelling de *Absoluto* e Hegel de *Idéia*. Mas o infinito, ou melhor, a infinidade da consciência pode ser entendida de duas maneiras. Em primeiro lugar, como atividade racional, que se move de uma determinação a outra com necessidade rigorosa, de tal forma que qualquer determinação pode ser deduzida da outra de modo absoluto e *a priori*. É este o conceito de infinidade de consciência encontrado em Fichte, Schelling e Hegel (quanto ao segundo, apenas numa primeira fase de sua filosofia). Em segundo lugar, a infinidade de consciência pode ser entendida como atividade livre, amorfa, isenta de determinações rigorosas, e tal que se coloca continuamente além de qualquer de suas determinações: neste sentido a infinidade de consciência é o *sentimento*. O sentimento é o infinito na forma do indefinido, e foi desta forma que Schleiermacher e a chamada escola romântica (F. Schlegel, Novalis, Tieck e outros) reconheceram a infinidade da consciência.

De fato, o R. literário começou com a obra de Schlegel (1772-1829), que, entre 1798 e 1800, publicou em colaboração com o irmão August Wilhelm o periódico *Athenaeum*, primeiro órgão da escola romântica. Friedrich Schlegel apontava explicitamente Fichte como iniciador do movimento romântico, como descobridor do conceito romântico de infinito, mas interpretava o infinito como algo exterior e superior à racionalidade, como infinidade de sentimento. O mesmo conceito do infinito aparece no poeta e literato Ludwig Tieck e em Novalis: este sustentava um *idealismo mágico*, segundo o qual o mundo não passa de uma grande obra de poesia. A essa mesma corrente pertence o teólogo Friedrich Schleiermacher (1768-1834), que definiu a religião como "sentimento do infinito".

Nesta interpretação do princípio de infinito baseia-se a supremacia que por vezes o R. atribui à arte. Com efeito, se o infinito é sentimento, revela-se melhor na arte que na filosofia, porque a filosofia é racionalidade, ao passo que a arte se apresenta aos românticos como "expressão do sentimento". Para Schelling, que tendia a essa interpretação, a melhor manifestação do absoluto estava na arte, o mundo era uma espécie de poema ou de obra artística cujo autor seria o absoluto; para o homem, a experiência artística era o único meio eficaz de aproximar-se do absoluto, ou seja, do modo como o absoluto deu origem ao mundo.

Quando o movimento romântico se difundiu fora da Alemanha, foi exatamente essa a sua bandeira. O R. de Madame de Staël e de Chateaubriand consiste sobretudo na exaltação dos valores do sentimento, e foi com essa mesma forma que o R. encontrou expressão na Itália.

Essas duas interpretações da autoconsciência muitas vezes se opuseram; Hegel, principalmente, abriu polêmica contra a primazia do sentimento. No conjunto, porém, é sobretudo nessa oposição e nessa polêmica que consiste a característica fundamental do R. No entanto, pertence apenas à escola do sentimento um dos aspectos mais evidentes do R.: a *ironia*, que representa a impossibilidade de a consciência infinita levar a sério e considerar sólidos os seus produtos (natureza, arte, o eu), nos quais vê apenas suas próprias manifestações provisórias.

São, porém, caracteres comuns e fundamentais de todas as manifestações do R. o otimismo, o providencialismo, o tradicionalismo e o titanismo. *Otimismo* é a convicção de que a realidade é tudo aquilo que deve ser, e de que é em todos os momentos racionalidade e perfeição. É devido a esse otimismo que o R. tende a exaltar a dor, a infelicidade e o mal, pois a infinidade do espírito também se manifesta nesses aspectos da realidade, superando-os e conciliando-os em sua perfeição. Hegel apresenta-nos o mundo romântico na felicidade de sua perfeita pacificação racional. Schopenhauer apresenta-o na infelicidade de suas oposições irracionais, mas ainda assim satisfeito por reconhecer-se nesse contraste. A vontade irracional de Schopenhauer é um princípio tão otimista quanto a razão absoluta de Hegel.

Com o otimismo metafísico do R. relaciona-se seu *providencialismo* histórico. A história é um processo necessário, no qual a razão infinita se manifesta ou se realiza; por isso, nela nada há de irracional ou inútil. Nesse aspecto, o R. opõe-se radicalmente ao iluminismo. Este último contrapõe tradição e história: à força da tradição, que tende a conservar e perpetuar preconceitos, ignorâncias, violências e fraudes, opõe a história como reconhecimento dessas coisas tais quais são, e como esforço racional para libertar-se delas. Para o R., porém, tudo o que a tradição lega é manifestação da Razão Infinita: é verdade e perfeição. Portanto, o espírito iluminista é crítico e revolucionário; o espírito romântico é exaltador e conservador. O conceito de história como projeto providencial do mundo domina toda a filosofia do século XIX; mesmo no século XX, a filosofia só consegue libertar-se desse conceito através de amargas experiências históricas e culturais. É nessa concepção de história que mais se manifesta a afinidade entre idealismo e positivismo no sentido comum do romantismo. Comte tem o mesmo conceito de história de Fichte, Schelling – mais tarde –, Croce e dos epígonos do romantismo no século XX. A história como manifestação de um princípio infinito (Eu, Autoconsciência, Razão, Espírito, Humanidade, ou qualquer outro nome que se lhe dê) é racionalidade total e perfeita, não conhecendo imperfeição ou mal. A forma extremada desse conceito de história está em Hegel (repetido por Croce): a história não é progresso ao infinito, visto que, se assim fosse, cada um de seus momentos seria menos perfeito que o outro; ela é infinita perfeição de cada momento seu. A contraposição hegeliana entre o "verdadeiro infinito" e o "mau infinito" não significa outra coisa. E óbvio que, em semelhante conceito da história, não há lugar para o indivíduo e suas liberdades, pelos quais o iluminismo se batera. Há lugar apenas para os "heróis" ou "indivíduos da história cósmica", instrumentos de que a providência histórica se vale para realizar astutamente seus fins.

Aspecto importante do providencialismo romântico é o *tradicionalismo*: com efeito, a exaltação das tradições e das instituições que a encarnam é um dos aspectos típicos do movimento romântico. A essa atitude deveu-se a revalorização da Idade Média, que é característica do R. A Idade Média afigurara-se ao iluminismo (assim como, antes, ao humanismo) como uma época de decadência e barbárie, em que haviam sido perdidos os valores humanos e racionais criados pela Antiguidade clássica. Para o R. não existem épocas de decadência ou barbárie, visto que toda a história é racionalidade e perfeição. Na Idade Média, aliás, mais do que no mundo clássico, pode-se e deve-se ver – segundo o R. – a origem do mundo moderno: assim, o retorno à Idade Média constitui uma de suas palavras de ordem. Em virtude dessa mesma atitude, o R. alemão começou a exaltar as tradições originárias da *nação* alemã, surgindo a primeira forma de *nacionalismo*, que se difundiria e acabaria por tornar-se uma das marcas da cultura européia do século XIX. De fato, o conceito de nação é composto por elementos tradicionais (raça, língua, costumes, religião), que não podem ser negados ou renegados sem traição, pois constituem aquilo que a nação foi desde sempre. Ao contrário, o conceito setecentista de povo era definido pela vontade e pelos interesses comuns dos indivíduos. Tradicionalismo e nacionalismo fincam raízes no terreno comum do providencialismo romântico.

Finalmente, um dos aspectos fundamentais e mais evidentes do R. é o *titanismo*. O culto e a exaltação do infinito têm como contrapartida negativa a inaceitabilidade do finito ou a impossibilidade de satisfazer-se com ele. Nessa inaceitabilidade (ou insatisfação) estão as raízes da atitude de rebeldia contra tudo o que parece ser ou é limite ou regra e do desafio incessante a tudo o que, por sua finitude, parece inferior ou inadequado em comparação com o infinito. Prometeu é visto como símbolo desse titanismo, numa interpretação muito distante do espírito do antigo mito grego. Para este, Prometeu era o homem que transgredira a lei do destino para possibilitar a sobrevivência do gênero humano, sofrendo as conseqüências dessa transgressão. Para o R., porém, é o símbolo do desafio e da rebeldia ao finito: atitudes cuja razão de ser não está naquilo a que se opõem, mas apenas no fato de que aquilo a que se opõem não é o infinito. A atitude titânica não conduz à crítica das situações de fato e ao esforço de transformá-las, pois não julga que uma situação de fato seja ou possa ser superior ou preferível a outra; exaure-se num protesto universal e genérico, e não pode empenhar-se em nenhuma decisão concreta.

O culto e a exaltação do infinito, o descontentamento com o que não seja infinidade constituem características marcantes do espírito romântico. Como já foi dito, o próprio positivismo enquadra-se nesse espírito. Ele estende o conceito de progresso a toda a história do mundo: na verdade, é esse o sentido de "evolução". Faz da história humana um progresso necessário e infalível. E faz da ciência, que é sua manifestação humana preferida, o infinito da verdade, elegendo-a como única diretriz dos homens em todos os campos.

As características assumidas pelo R. em política, arte e costumes estão intimamente ligados aos aspectos ora esclarecidos. Em política, o R. é defesa e exaltação das instituições humanas fundamentais, nas quais se personifica o Princípio infinito: Estado, Igreja, com tudo o que implicam. Em arte, busca a realização do infinito através de formas grandiosas e dramáticas, em que os contrastes são levados ao extremo para depois reconciliarem-se e pacificarem-se de maneira igualmente extremada e definitiva. Nos costumes, o amor romântico busca a unidade absoluta entre os amantes, sua identificação no infinito; em favor dessa unidade ou identificação sacrifica o sentido autêntico da relação amorosa e sua possibilidade de constituir a base para uma vida em comum (v. AMOR). [N.A.]

Mais que com as idéias de Novalis, Schlegel etc. (acepção *restrita* de R. filosófico), Abbagnano tende a identificar o R. com uma "atmosfera" de pensamento cujo componente essencial seria a filosofia do infinito do idealismo pós-kantiano (acepção *ampla* de R. filosófico). Aliás, segundo Abbagnano, o R. (= o infinitismo) não seria apenas a atmosfera das primeiras décadas do século XIX, mas a "marca" peculiar do século, ou seja, o horizonte comum no qual se situa grande parte das suas manifestações especulativas (acepção *generalíssima* de R. filosófico). Elemento basilar dessa leitura é a interpretação do positivismo como "R. da ciência", ou seja, como infinitização e absolutização do saber positivo (cf. G. Fornero, "'Concetto e critica del R. ottocentesco' nel pensiero di N. Abbagnano", em

Rivista di storia della filosofia, 1984, n. 3, p. 551-70). Enquanto esta última acepção ficou como peculiar de Abbagnano e de alguns de seus discípulos (pensemos em P. Chiodi), a acepção "ampla" de R. (portanto, a tese de um papel decisivo do idealismo alemão na formação da "mentalidade" romântica) continua a ter grande adesão. [G.F.]

ROSMINIANISMO. São designadas com este termo as principais características da filosofia de Antonio Rosmini Serbati (1797-1855), em especial: 1ª *tradicionalismo,* como preocupação em defender os valores tradicionais e em justificar a tradição como produto ou manifestação de Deus; 2ª *ontologismo*: tese segundo a qual o espírito humano tem do ser um conhecimento imediato e indubitável, conquanto parcial, sendo tal conhecimento a base de todo saber (v. ONTOLOGIA); 3ª *escolasticismo*: concepção da filosofia como instrumento para justificar as verdades da religião. [N.A.]

ROSTO (fr. *Visage;* it. *Volto*). Expressão usada por Lévinas para indicar "o modo como se apresenta o Outro" (*Totalità e infinito,* 1961; trad. it., Jaca Book, Milão, 1980, p. 48). O R. que vive biblicamente "no pobre, no estrangeiro, na viúva e no órfão" possui um valor ético explícito, aliás representa a estrutura de toda eticidade possível: "A epifania do R. é ética" (*ibid.,* p. 204). Pondo-se além de qualquer totalidade imanente, o R. reclama o infinito, ou melhor representa a maneira como a infinidade do infinito nos vem ao encontro e revela-se como tal (v. OUTRO; ÉTICA; RESPONSABILIDADE). [G.F.]

RUPTURA (al. *Zerrissenheit;* it. *Rottura*). Termo introduzido pelas filosofias existencialistas. Para Jaspers, a R. do mundo se dá quando a busca da totalidade absoluta, que tudo abarca, desemboca numa multiplicidade de *perspectivas,* cada uma das quais é relativa a determinado ponto de vista, e nenhuma, portanto, pode equivaler a um mundo (*Phil.,* I, pp. 64 ss.). Segundo Heidegger, a R. do mundo ocorre com a ciência e a técnica, que organizam a separação entre o homem e a natureza (*Erläuterungen zu Hölderlin,* pp. 271 ss.). [N.A.]

RUPTURA EPISTEMOLÓGICA. V. EPISTEMOLÓGICA, RUPTURA.

S

SABEDORIA (gr. φρόνησις; lat. *Sapientia, Prudentia*; in. *Wisdom*; fr. *Sagesse*; al. *Weisheit*; it. *Saggezza*). Em geral, a disciplina racional das atividades humanas: comportamento racional em todos os domínios ou virtude de determinar o que é bom e o que é mau para o homem. O conceito de S. refere-se tradicionalmente à conduta racional nas atividades humanas, ou seja, à possibilidade de dirigi-las da melhor maneira. Não é o conhecimento de coisas elevadas e sublimes, afastadas da humanidade comum, o que é expresso por *sapiência*, mas o conhecimento das atividades humanas e da melhor maneira de conduzi-las. O primado atribuído à S. ou à sapiência demonstra a interpretação fundamental que se tem de filosofia: o predomínio da segunda é típico do conceito de filosofia como contemplação pura; o primado concedido à S. expressa o conceito de filosofia como guia do homem no mundo (v. FILOSOFIA, II).

Em Aristóteles, encontra-se uma distinção nítida entre S. e sapiência, que não se encontra em Platão. Este chama de sapiência (*sofia*, σοφία) a ciência que preside à ação virtuosa (*Rep.*, IV, 443 e; cf. 428 b), que corresponde à sabedoria. Diz que ela é "a mais elevada e, sem a menor dúvida, a mais bela, pois trata da organização política e doméstica, à qual se dá o nome de prudência e justiça" (*O banq.*, 209 a). Um saber que é fim em si mesmo é alheio à concepção filosófica de Platão. Esse saber, no entanto, é exaltado por Aristóteles, que o considera a sua forma mais elevada e divina (v. SAPIÊNCIA): diante dele, a S. se rebaixa a coisa meramente humana, portanto, de menor valor. Desse ponto de vista, ela é definida como "hábito prático e racional que diz respeito ao que é bom ou mau para o homem" (*Et. nic.*, VI, 5, 1140 b 4). Mas "o homem não é o melhor ser do mundo" (*ibid.*, VI, 7, 1141 a 21); é um ser mutável, e a S. que lhe diz respeito é também mutável, ao passo que a verdadeira sabedoria é sempre a mesma (*ibid.*, 1141 a 20 ss.). Portanto, Aristóteles põe esse tipo de sabedoria acima de tudo, sendo seu objeto aquilo que não pode mudar nem ser diferente do que é: o necessário.

A distinção e a oposição feitas por Aristóteles mantiveram-se através dos séculos, e o modo de entender a sapiência ou a S. (que em algumas línguas são indicadas pela mesma palavra) revela a orientação geral de determinada filosofia: para a contemplação ou para a ação. Na filosofia pós-aristotélica prevaleceu o ideal de sabedoria prática. Epicuro dizia que a S., "de que nascem todas as virtudes, é até mais preciosa que a filosofia" (*Cartas a Menec.*, 132). Os estóicos identificavam toda a virtude com a S., da qual todas as outras decorrem (DIÓG. L., VII, 125-26). O neoplatonismo, por sua vez, voltava à exaltação da sapiência (PLOTINO, *Enn.*, V, 8, 4), ao passo que Tomás de Aquino reproduzia a distinção feita por Aristóteles, chamando a S. de *prudentia* e considerando-a "conselheira em todas as coisas referentes à vida humana, bem como o fim precípuo da vida humana" (*S. Th.*, II, 1, q. 57, a 4). O mundo moderno dá preferência ao ideal prático da S., que retorna em Descartes (*Princ. phil.*, pref.) e em Leibniz. Este último une, em sua definição, o aspecto teórico e o prático: "a S. é o perfeito conhecimento de todos os princípios e de todas as ciências, bem como da arte de aplicá-los" (*De la sagesse, Op.*, ed. Erdmann, p. 673), mas a inclusão do aspecto prático significa a refutação do ideal da sapiência. Ao mesmo âmbito pertence a definição de Kant: "A S. consiste na concordância da vontade de um ser com seu objetivo final" (*Met. der Sitten*, II, § 45).

Hegel acentuava o caráter humano e mundano da S., ao falar de uma *S. mundana* (*Weltweisheit*), que o Renascimento teria oposto como razão humana à razão divina, à religião (*Geschichte der Philosophie*, ed. Glockner, I, pp. 92 ss.). Schopenhauer acentua ainda mais o caráter mudano da S., entendendo por ela "a arte de levar a vida da maneira mais agradável e feliz possível" (*Aphorismen zur Lebensweisheit*, Pref.).

Para os filósofos contemporâneos a palavra S., assim como sapiência, parece solene demais para que eles se detenham na tarefa de esclarecer seu conceito. No entanto, para eles, assim como para os antigos, a S. continua ligada à esfera dos afazeres humanos. [N.A.]

O conceito tradicional de S. foi objeto de reavaliação por parte da ética contemporânea de tendência normativa (v. ÉTICA). Por exemplo, o neo-aristotelismo prático (v.) insistiu na riqueza e atualidade da noção de *phronesis*, entendida como a forma de saber prático, irredutível à ciência platônica do bem, que se identifica com a própria consciência em seu exercício circunstanciado, ou seja, na sua capacidade de identificar os meios mais aptos à realização de determinados fins ou objetivos. Gadamer evidenciou que tal conceito tem o mérito: *a*) de identificar a diferença entre o saber moral e o teórico; *b*) de esclarecer que o bem se apresenta sempre "na concretude particular de cada situação"; *c*) de traçar uma linha de demarcação entre *praxis* e *poiesis*, saber prático-moral e prático-técnico (cf. *Verità e metodo*, 1960, trad. it., Bompiani, Milão 1983, pp. 363-76). Independentemente de Aristóteles e dos neo-aristotélicos, a noção geral de S. continuou a ser pressuposta também por todos aqueles para quem a filosofia possui uma função *diretiva* para o homem e suas escolhas. Típico é o caso de Abbagnano, que sempre insistiu no nexo entre filosofia e S.: "A filosofia muitas vezes se dedicou a resolver os enigmas do mundo, a tentar vôos rumo ao absoluto e ao eterno [...] Mas, por fim, ela sempre precisou acertar as contas com o homem, com o que ele é, com o que deve ser [...] E justamente por isso foi sempre uma busca da S., ou seja, dos caminhos ou dos modos de o homem viver melhor a vida" (*La S. della vita*, Rusconi, Milão, 1985, 1994, p. 5; v. FILOSOFIA). [G.F.]

SABEDORIA POÉTICA (it. *Sapienza poetica*). No segundo livro de *Ciência nova* (1744), Vico deu esse nome à cultura primitiva do gênero humano, que se basearia na sensibilidade, mais que na inteligência: "A S. poética, que foi a primeira S. dos gentios, teve de começar por uma metafísica que não era racional e abstrata, qual a dos doutos de hoje, mas sentida e imaginada, como devia ser a daqueles primeiros homens, tal como eram eles, de nenhum raciocínio mas de sentidos robustos e vigorosíssimas fantasias". Como partes da S. poética, Vico fala de lógica poética, moral poética, economia poética, história poética, física poética, cosmografia poética, astronomia poética, cronologia poética e geografia poética. [N.A.]

SABELIANISMO (in. *Sabellianism*; fr. *Sabellianisme*; al. *Sabellianismus*; it. *Sabellianismo*). Doutrina trinitária sustentada por Sabélio na primeira metade do século II d.C.: insistindo na unidade da Substância Divina, reduzia as Pessoas Divinas a três modos ou manifestações da Substância Única. Por isso, essa doutrina foi chamada de *modalismo* (v.). [N.A.]

SABER (in. *Knowing, To know*; fr. *Savoir*; al. *Wissen*; it. *Sapere*). Este verbo substantivado é usado com dois significados principais:

1º Como conhecimento em geral, e neste caso designa: qualquer técnica considerada capaz de fornecer informações sobre um objeto; um conjunto de tais técnicas; ou o conjunto mais ou menos organizado de seus resultados. W. James aceitou a distinção estabelecida por J. Grote (*Exploratio philosophica*, 1856, p. 60) entre *conhecer* uma coisa, uma pessoa ou um objeto qualquer (que significa ter certa familiaridade com esse objeto), e S. algo a respeito do objeto (o que significa ter dele um conhecimento talvez limitado, mas exato, de natureza intelectual ou científica) (*The Meaning of Truth*, 1909, pp. 11-2). Mas essa distinção difundiu-se especialmente na forma dada por Russell em famoso artigo de 1905: "A distinção entre *experiência direta* (*acquaintance*) e *conhecimento sobre* (*knowledge about*) é a distinção entre as coisas que nos estão imediatamente presentes e as que nós alcançamos apenas por meio de frases denotativas" ("On denoting", 1905, em *Logic and Knowledge*, 1956, p. 41). Tal distinção constituiu um dos fundamentos da doutrina do Círculo de Viena; embora Carnap tenha reconhecido desde logo suas dificuldades ("Testability and Meaning" em *Readings in the Philosophy of Science*, 1953, pp. 48 ss.) ela continuou sendo e ainda é o pressuposto de muitas doutrinas, inclusive a de Carnap (v. EXPERIÊNCIA).

2º Como ciência, ou seja, como conhecimento cuja verdade é de certo modo garantida (para este significado v. CIÊNCIA). [N.A.]

SÁBIO (gr. σοφός; lat. *Sapiens*; in. *Sage*; fr. *Sage*; al. *Weise*; it. *Saggio*). A figura estereotipada do S. foi traçada pela filosofia grega do período alexandrino por epicuristas, estóicos e céticos (sobretudo pelos estóicos) e entrou para a tradição com certas características fundamentais. O caráter primordial e fundamental que as três escolas atribuem ao S. é o de serenidade ou indiferença em relação às vicissitudes ou aos movimentos humanos, ao que dão o nome de *ataraxia*, *aponia* ou *apatia* (v.). As outras características são as seguintes:

1ª *Isolamento*, como claro afastamento em relação aos outros mortais, com os quais o S. nada tem em comum. Os estóicos levaram esse afastamento ao limite extremo, admitindo duas espécies de homens, os que praticam a virtude e os que não a praticam, dizendo que os primeiros são sábios e todos os demais, loucos (J. ESTOBEU, *Ecl.*, II, 7, 11; 65, 12).

2ª *Impossibilidade de progresso*: quem não é S. é tolo ou louco, e não pode haver S. que seja mais S. que outro. Cícero diz: "Quem está imerso na água, mesmo que esteja tão perto da superfície a ponto de quase emergir, não consegue respirar tanto quanto se estivesse ainda no fundo [...]: da mesma maneira, quem avançou um pouco em direção ao hábito da virtude não está menos sujeito à infelicidade do que quem não avançou nem um pouco" (*De finibus*, III, 14, 48).

3ª *Autarquia*. Este caráter já foi exaltado por Aristóteles: "O justo ainda necessita de pessoas que possa tratar com justiça, com as quais ser justo; o mesmo se diz do homem moderado, do corajoso e cada um dos outros homens virtuosos. O S., ao contrário, pode contemplar sozinho, tanto mais quanto mais for S.; talvez seja melhor quando tem colaboradores, contudo é totalmente auto-suficiente" (*Et. nic.*, X, 7, 1177 a 30). No entanto, Aristóteles fazia alusão à atividade contemplativa, à qual se limitava o S.; as escolas pós-aristotélicas estendem o caráter de auto-suficiência do S. a todas as manifestações de sua vida, não limitada necessariamente à contemplação.

4ª *Renúncia*. Foi nesse caráter que os estóicos latinos, Epicteto, Sêneca e Marco Aurélio mais insistiram. Em vista da distinção feita por Epicteto entre as coisas que o homem pode dominar (seus estados de espírito), e as que ele não pode (as coisas exteriores), o S. deve renunciar às coisas externas e colocar o bem e o mal unicamente nas que estão em seu poder (*Manual*, 31). Isso implica que o sábio renuncie a ocupar-se das coisas e que aceite a máxima "suporta e abstém-te" (AULO GÉLIO, *Noct. Att.*, XVII, 19, 6).

5ª *Consciência*. Esta característica foi acrescentada à figura do S. pelo neoplatonismo, que exaltou principalmente a faculdade de olhar para dentro de si, extraindo tudo de si mesmo. Plotino diz: "O S. extrai de si mesmo aquilo que manifesta aos outros: olha apenas para si; não só tende a unificar-se e a isolar-se das coisas exteriores, mas também está voltado para si e encontra em si todas as coisas" (*Enn.*, III, 8, 6; cf. I, 4, 4). Este movimento de o S. olhar para si mesmo e encontrar tudo em si é a *consciência* (v.); segundo este ponto de vista, é só no S. que a consciência se realiza e vive. [N.A.]

SÁBIOS, SETE (gr. Σοφισταί; in. *Seven Sages*; fr. *Sept Sages*; al. *Sieben Weisen*; it. *Sette Savi*). Esse foi o nome dado a algumas personalidades da Antiguidade grega que expressaram sua sabedoria em sentenças ou expressões brevíssimas; por esta última característica também receberam o nome de gnômicos. Eles foram enumerados de várias maneiras pelos escritores antigos. Tales, Bias, Pítaco e Sólon estão incluídos em todas as listas. Platão, que foi o primeiro a enumerá-los, acrescentou Cleóbulo, Míson e Quílon (*Prot.*, 343 a). A Tales atribui-se o ditado "Conhece-te a ti mesmo" (DIÓG. L., I, 40); a Bias foram atribuídas as frases "A maioria é malvada" (*ibid.* I, 88) e "Pelo fardo se conhece o homem" (ARISTÓTELES, *Et. nic.*, V, 1, 1029 b 1); a Pítaco, o ditado "Aproveita o dia de hoje" (DIÓG. L., I, 79); a Sólon, a máxima "Leva a sério as coisas importantes" e a expressão "Não mais além" (*ibid.*, I, 60, 63); a Cleóbulo, a máxima "O melhor é a medida" (*ibid.*, I, 93); a Míson, o ditado "Procura as palavras nas coisas, e não as coisas nas palavras" (*ibid.*, I, 108); a Quílon, os ditados "Cuida de ti mesmo" e "Não desejes o impossível" (*ibid.*, I, 70). [N.A.]

SACERDOTALISMO (in. *Sacerdotalism*; it. *Sacerdotalismo*). Termo usado principalmente por escritores anglo-saxões para designar a tendência a atribuir, em religião, a máxima importância ao aspecto eclesiástico e sacramental, em detrimento do aspecto interior e espiritual. [N.A.]

SACRIFÍCIO (in. *Sacrifice*; fr. *Sacrifice*; al. *Opfer*; it. *Sacrificio*). Destruição de um bem ou renúncia ao mesmo, em honra à divindade. O S. é uma das técnicas religiosas mais difundidas. Seu objetivo é a *purificação*, a libertação, de alguma culpa ou pecado: neste caso, é desinteressado, ou seja, não tem objetivo utilitário imediato. Seu objetivo também pode ser a consagração, que é uma finalidade mais ou menos utilitária, pois consiste em persuadir a divindade a dar garantias à coisa ou à pessoa que se consagra. Tanto a purificação quanto a consagração na maioria das vezes têm caráter simbólico, no sentido de que a dádiva sacrificada não tem apenas o valor econômico que a comunidade lhe atribui, mas também certa relação simbólica com o objetivo (purificação ou consagração) da cerimônia sacrifical. Essas características podem ser identificadas nas técnicas sacrificais de todas as religiões, seja qual for seu grau de desenvolvimento ou de refinamento intelectual (cf. S. REINACH, *Cultes, mythes et religions*, 1905; E. DURKHEIM, *Les formes élémentaires de la vie religieuse*, 1912; A. LOISY, *Essai historique sur le sacrifice*, 1920; P. RADIN, *Primitive Religion*, 1937). [N.A.]

SACRO. V. SAGRADO.

SAGACIDADE (gr. εὐσυνεσία; lat. *Sagacitas*; in. *Sagacity*; fr. *Sagacité*; al. *Sagazität*; it. *Sagacia*). Perspicácia na investigação. Aristóteles identificou a S. com o ato de aprender (*Et. nic.*, VI, 10, 1143 a 17), e Kant definiu-a como "o dom natural que consiste em julgar previamente (*judicium praevium*) onde pode ser encontrada a verdade e de aproveitar as mínimas circunstâncias para descobri-la" (*Antr.*, I, § 56). [N.A.]

SAGRADO (gr. ἱερός; lat. *Sacer*; in. *Sacred*; fr. *Sacré*; al. *Heilig*; it. *Sacro*). Objeto religioso em geral, ou seja, tudo o que é objeto de garantia sobrenatural ou que diz respeito a ela. Como essa garantia às vezes pode ser negativa ou proibitiva, o S. tem caráter duplo, de santo e sacrílego: S. porque prescrito e exaltado pela garantia divina, ou porque proibido ou condenado pela mesma garantia (cf. DURKHEIM, *Les formes élémentaires de la vie religieuse*, 1912). R. Otto chamou estes dois aspectos, respectivamente, de *fascinante* e *tremendo* (*Das Heilige*, 1917). Heidegger, interpretando uma poesia de Hölderlin que identifica a natureza com o S., considerou o S. como raiz do destino dos homens e dos deuses: "O S. decide inicialmente, acerca dos homens e dos deuses, se são, quem são, como são e quando são" (*Erläuteerungen zu Hölderlin*, 1943, pp. 73-4). Heidegger afirma também que "O S. não é S. porque divino, mas o divino é divino porque S." (*ibid.*, p. 58). [N.A.]

SALTO (lat. *Saltus*; in. *Leap*; fr. *Saut*; al. *Sprung*; it. *Salto*). Termo empregado por Kierkegaard para indicar a "passagem qualitativa", brusca e sem mediação de uma categoria para outra ou de uma forma de vida para outra (p. ex., da vida ética para a vida religiosa) ou, em geral, de um estado para outro (p. ex., da inocência para o pecado, do pecado para a fé etc.). Kierkegaard opôs essa noção de S. à noção hegeliana de *mediação* (v.) e ilustrou-a aproximando-a: 1º do *entimema* (v.); 2º da analogia e da indução; 3º da teoria hegeliana. 1º Entimema é o silogismo contraído, no qual se omite uma premissa e se passa diretamente da premissa maior à conclusão ("Todos os animais são mortais, logo o homem é mortal") (*Diário*, VI A, 33). Nesse sentido, a palavra S. é encontrada em Kant com o mesmo uso: "S. (*saltus*) na dedução ou na prova é a conexão de uma premissa com a conclusão, de tal maneira que a outra premissa é negligenciada" (*Logik*, 1800, § 91). 2º A analogia estabelece uma relação entre coisas qualitativamente diferentes, e a indução passa do particular ao universal (*Diário*, V A, 74). 3º A doutrina hegeliana sobre a mudança quantitativa que provoca uma mudança qualitativa é a fonte autêntica do conceito kierkegaardiano. Hegel dizia: "A água, com a mudança da temperatura, não só se torna mais ou menos quente, mas passa pelos estados sólido, gasoso e líquido. Esses estados diferentes não nascem aos poucos, mas o próprio processo gradativo de mudança na temperatura é por eles interrompido, e o aparecimento de um novo estado é um salto. Qualquer mudança e qualquer morte, em vez de ser um contínuo *pouco a pouco* é um truncamento do *pouco a pouco* e um salto da mudança quantitativa para a mudança qualitativa (*Wissenschaft der Logik*, I, seção III, cap. II, B; trad. it., pp. 418-9). Kierkegaard reprova em Hegel o fato de haver limitado esse conceito ao domínio da lógica (*Der Begriff Angst*, I, § 2; trad. it., p. 35 e nota). Jacobi, no entanto, usara a expressão *salto mortale* (em italiano) para caracterizar a passagem da fé ao conhecimento filosófico (*Werke*, IV, pp. XL ss.), ao passo que Kant utilizou a mesma expressão para indicar a passagem da razão para a fé cega (*Religion*, B 158). [N.A.]

SALVAÇÃO (in. *Salvation*; fr. *Salut*; al. *Heil*; it. *Salvezza*). Libertação de um mal mortal que ameace o corpo ou a alma do homem. A R. pode ser entendida: 1º como libertação de um mal específico que pese sobre o homem no mundo; este é o sentido com que o termo é entendido mesmo fora da religião; 2º como libertação do mundo, entendido como um mal em sua totalidade; portanto, é o rompimento definitivo da cadeia de nascimentos (*budismo*), ou libertação de sofrimentos, dores ou punições. Neste sentido, o termo tem significado especificamente religioso (v. RELIGIÃO). [N.A.]

SAMSARA. Termo sânscrito (literamente, "corrente, migração") que no hinduísmo e no budismo indica o fluir incessante das coisas e o ciclo das reencarnações (v. BUDISMO). [G.F.]

SANÇÃO (lat. *Sanctio*; in. *Sanction*; fr. *Sanction*; al. *Sanktion*; it. *Sanzione*). Há dois conceitos para este termo, correspondentes às duas orientações fundamentais da *ética* (v.).

1º No primeiro, que corresponde à ética dos fins, a S. é a conseqüência agradável ou dolorosa (recompensa ou castigo) que determinada ação produz em determinada ordenação (natural, moral ou jurídica). Neste caso, a natureza da S. depende da natureza da ordenação à qual se faz referência, existindo então S. naturais, morais e jurídicas, segundo a natureza da ordenação que a determine.

2º No segundo significado, a S. é, em geral, um estímulo à conduta. Este é o conceito de S. estabelecido por Bentham: "Os estimulantes da conduta transferem a conduta e suas conseqüências para a esfera das esperanças e dos temores: das esperanças que nos oferecem um excedente de prazeres; dos temores que prevêem um excedente de dor. Esses estimulantes podem receber o nome de S." (*Deontology*, 1834, I, 7). Este mesmo conceito de S. foi aceito pelos utilitaristas ingleses (cf. STUART MILL, *Utilitarianism*, cap. III) (v. PENA). [N.A.]

SANQUIA. Um dos grandes sistemas filosóficos hindus, segundo o qual existem duas substâncias opostas, mas ambas eternas e infinitas: as almas (*pu-*

rusha), que são múltiplas, simples e inativas, e a natureza (*prakrti*), que é única, complexa e dinâmica. Esse sistema não admite a existência de uma divindade reguladora do mundo. Tudo nasce da natureza e volta a ela por um movimento circular que se repete indefinidamente (cf. G. TUCCI, *Storia della filosofia indiana*, 1957, cap. V, e a bibliografia respectiva). [N.A.]

SANSIMONISMO (in. *Saint-Simonism*; fr. *Saint-Simonisme*; al. *Saint-Simonismus*; it. *Sansimonismo*). Doutrina do conde Claude Henri de Saint-Simon (1760-1825), exposta em numerosos textos, sendo os principais: *Introduction aux travaux scientifiques du XIXe siècle*, 1807; *L'industrie*, 1816-1818; *Nouveau christianisme*, 1825 etc. Saint-Simon é o verdadeiro fundador do positivismo social, cujo objetivo era utilizar a ciência e a filosofia nela baseada como fundamento de uma reorganização radical da sociedade humana. Na nova sociedade, o poder espiritual seria entregue aos cientistas, e o poder temporal, aos industriais. No *Novo cristianismo*, Saint-Simon definiu o surgimento da sociedade tecnocrática como retorno ao cristianismo primitivo. O S. contribuiu para a consciência da importância social e espiritual das conquistas da ciência e da técnica, incentivando poderosamente o desenvolvimento industrial: ferrovias, bancos, indústrias e até a idéia de construir os canais de Suez e do Panamá deveram-se a sansimonistas (v. POSITIVISMO). [N.A.]

SANTIDADE (gr. ὁσιότης; lat. *Sanctitas*; in. *Holiness*; fr. *Sainteté*; al. *Heiligkeit*; it. *Santità*). Este termo tem dois significados fundamentais: 1º um objetivo, que designa a inviolabilidade e em geral um valor a ser reconhecido e salvaguardado; 2º um subjetivo, que designa o grau excelente e superior da virtude ou da religião como virtude.

No primeiro sentido chama-se de santo o que é sancionado ou garantido por uma lei humana ou divina: por exemplo, a santidade das leis, do juramento etc. No segundo sentido, é chamado de santo o ser que realiza em si a vida moral ou religiosa no seu grau mais elevado. No primeiro sentido, Platão diz "atribuir corretamente a todos o que é justo e santo" (*Pol.*, 301 d); no segundo, ele nega que a S. consista em "fazer coisas agradáveis aos deuses" (*Eut.*, 6 e) e identifica a S. com o grau supremo de virtude, que é a justiça (*Rep.*, X, 615b; *Leis*, II, 663b etc.). Ainda neste segundo sentido, Tomás de Aquino identificava a S. com a religião, isto é, com a mais alta virtude (*S. Th.*, II, 2, q. 81, a. 8), e Kant definia a S. como "conformidade completa da vontade à lei moral". Assim, segundo Kant, a S. é "uma perfeição de que não é capaz nenhum ser racional do mundo sensível em nenhum momento de sua existência". Portanto, ela só pode ser admitida como limite do progresso infinito para a perfeição moral (*Crít. R. Prática*, I, II, cap. II, § 4). Por outro lado, Kant admite também a S. no sentido objetivo, que ele define como inviolabilidade. Assim, diz que "a lei moral é santa (inviolável)" (*ibid.*, § 5) e que "a humanidade deve ser santa para nós em nossa pessoa" (*ibid.*, § 5): nesses casos, obviamente, a noção de S. é de valor supremo, que não pode ser ignorado. Essas observações de Kant foram amplamente repetidas na filosofia moderna. [N.A.]

SAPERE AUDE. Estas palavras de Horácio (*Epist.* XII, 40) foram adotadas no século XVIII como lema do iluminismo ("Ousa saber"); neste sentido, foi citado por Kant em sua obra sobre o iluminismo (*Was ist Aufklärung?*, 1784, em *Werke*, ed. Cassirer, IV, p. 169), que, ao traduzi-lo, dizia: "Tem coragem de usar teu próprio intelecto." Já em 1736 essa frase fora adotada como lema por uma "Sociedade dos Aletófilos" de Berlim, que se inspirava em Wolff (cf. sobre os empregos dessa expressão: FRANCO VENTURI, *Rivista Storica Italiana*, 1959, pp. 119 ss.). [N.A.]

SAPIÊNCIA (gr. σοφία; lat. *Sapientia*; in. *Wisdom*; fr. *Sagesse*; al. *Weisheit*; it. *Sapienza*). É o conhecimento superior das coisas excelentes. Caracteriza-se: 1º por ser o grau mais elevado de conhecimento, ou seja, o mais certo e completo; 2º por ter como objetivo as coisas mais elevadas e sublimes, que são as coisas divinas.

Esse, pelo menos, foi o conceito inicial para distingui-la de sabedoria, o que ocorreu em Aristóteles. Até ele, e mesmo em Platão, S. e sabedoria significavam a mesma coisa, ou seja, sabedoria como conduta racional da vida humana (cf. PLATÃO, *Rep.* 428 b; 4-33 e). Aristóteles distinguiu e contrapôs as duas coisas: "A S. é a mais perfeita das ciências. Quem o detém deve saber não só o que deriva dos princípios, mas também ter a verdade acerca dos princípios. Assim, a S. pode ser chamada ao mesmo tempo de intelecto e ciência, e, encabeçando todas as ciências, será a ciência das coisas mais excelentes" (*Et. nic.*, VI, 7, 11 4 1a 16). Intelecto e ciência têm aí o sentido específico definido por Aristóteles: intelecto (νοῦς) como conhecimento direto dos princípios da demonstração (*ibid.*, VI, 6, 1141 a 7), ciência como "hábito da demonstração" ou faculdade demonstrativa (*ibid.*, VI. 3 1139b 31). Portanto, a S. (σοφία) é o conhecimento mais certo e perfeito, por ser, ao mesmo tempo, conhecimento dos princípios e das demonstrações que deles resultam. Além disso, como tal, também é a ciência das coisas mais elevadas e sublimes. "Por natureza, há outras coisas muito mais divinas que o homem, como os astros luminosos de que se compõe o mundo. [...] Por isso se diz que Anaxágoras, Tales e outros homens desse tipo são sapientes, porque não conhecem as coisas que lhes são úteis, mas as coisas excepcionais, maravilhosas, difíceis e divinas, porém inúteis, visto que não indagam acerca dos bens humanos" (*ibid.*, VI, 7, 1041 b 1). Portanto, o objeto específico da S. é o necessário, aquilo que não pode ser de outro modo (*ibid.*, 1041 b 11), ao passo que a sabedoria tem por objetivo as atividades humanas mutáveis e contingentes. Essa doutrina de Aristóteles constitui um dos aspectos que mais acentuam a divergência entre ele e Platão, porquanto a filosofia de Platão tem em mira a sabedoria humana, enquanto a de Aristóteles opõe a esta a sapiência divina. A afirmação do primado da S. caracteriza as filosofias de tipo contemplativo, tanto quanto a afirmação da superioridade da sabedoria caracteriza as filosofias orientadoras (v. FILOSOFIA, II).

Em vista do caráter "divino" da S., não admira que nas filosofias de fundo religioso da época alexandrina e posteriores, ela tenha sido substancializada e entendida como uma espécie de intermediária entre Deus e o mundo: um equivalente do *logos* (v.). Segundo Plotino, há uma S. que é substância, e nenhuma outra S. é melhor que ela: "cria todos os seres, todos emanam dela; ela mesma é os seres que nascem com ela e com ela se identificam, de tal maneira que S. e substância são uma única coisa" (*Enn.*, V, 8, 4). Esta concepção já se encontrava no livro bíblico da *Sabedoria*, onde se diz: "É um vapor da virtude divina e uma emanação sincera da luz de Deus onipotente. É esplendor da luz eterna, espelho imaculado da majestade de Deus e a imagem de Sua bondade. Embora sendo una, pode tudo, e, permanecendo em si, inova todas as coisas e transporta-se de nação a nação nas almas santas, que constituem os amigos de Deus e os profetas" (*Prov.*, VII, 25-27). Por outro lado, os gnósticos haviam personificado a S., transformando-a na última emanação ou *éon*, que quer sair de seu estado de desejo e alcançar o conhecimento direto do Pai (IRINEU, *Adv. Haer.*, II, 5). Os próprios estóicos chamaram Deus, como alma do mundo, de "perfeita S." (CÍCERO, *Acad.*, I, 29).

A filosofia medieval, com Tomás de Aquino, retoma o conceito aristotélico de S. Segundo ele, a S. tem em comum com todas as ciências a ca-pacidade de deduzir conclusões de princípios, mas também tem algo mais que as outras ciências, "porquanto julga todas as coisas, não só quanto às conclusões, mas também quanto aos primeiros princípios; assim, é uma virtude mais perfeita que a ciência" (*S. Th.*, III, q. 57, a. 2, ad 1º). Na filosofia moderna, esse termo conservou o significado de conhecimento perfeito, tanto por ser completo quanto pela natureza de seu objeto. [N.A.]

SAÚDE (in. *Health*; fr. *Santé*; al. *Gesundheit*; it. *Salute*). É a condição de bem-estar da pessoa nas suas diferentes funções: físicas, mentais, afetivas e sociais; não se identifica com a simples ausência de doença, mas com a plena eficiência de todas as funções: orgânicas e culturais, físicas e relacionais. Enquanto a S. da alma foi sempre objeto da filosofia, o mesmo não ocorreu com a S. do corpo. Atualmente, graças ao desenvolvimento da filosofia da medicina, à nova cultura da corporeidade, à reconsideração da S. como condição de bem-estar geral e à política do Estado social que insere a S. entre os direitos humanos, a S. apresenta-se como questão também filosófica que propõe uma série de problemas teóricos, éticos e sanitários. Pois uma vez que o conceito de S. deve ser entendido não só em sentido físico, mas também psicológico e moral, e que se identifica com a idéia de bem-estar em referência à pessoa na sua totalidade, compete situar o problema da S. no horizonte antropológico, que comporta o tratamento de questões não simplesmente médicas, mas propriamente filosóficas, como as de natureza e norma. Em segundo lugar, a questão da S. define-se como de bioética, trazendo à baila, ao lado da dimensão técnica da salvaguarda da S., também as suas implicações éticas em referência ao conceito de vida (terapia, cura etc.; v. BIOÉTICA). Por fim, o problema da S. caracteriza-se também como problema da relação entre médico e paciente, evidenciando o nexo entre tratamento e humanidade. Para este último aspecto chamaram a atenção pensadores como K. Jaspers (cf. *Il medico nell'età della tecnica*, trad. it., Cortina, Milão, 1991), que evidenciou a crise do médico na época atual, e H. G. Gadamer, que, em *Dove si nasconde la salute* (trad. it., Cortina, Milão, 1995), colocou-se no ponto de vista do paciente, denunciando na prática médica uma espécie de anonimato que cria "uma atmosfera sem atmosfera" entre paciente e médico: o que é uma perda para ambos e torna necessária a humanização da relação, a melhoria do relacionamento; isso exige uma *ética do comportamento clínico* para a qual compete educar. [C.G.]

SCHEBLIMINI. Termo que aparece no título de uma obra de J. G. Hamann (*Golgotha und S.*, 1784) dirigida contra Mendelssohn. O termo, provavelmente extraído de um texto de Lutero, significa inspiração divina e a exaltação que ela comunica, donde sua oposição simétrica a "Gólgota", que é o símbolo da humilhação. (Cf. os esclarecimentos de L. SCHREINEIR no vol. II de *I. G. Hamanns Hauptschriften erklärt*, 1956; e V. VERRA, *Dopo Kant. Il criticismo nell'età pre-romantica*, 1957, pp. 147 ss.). [N.A.]

SCOTISMO (in. *Scotism*; fr. *Scotisme*; al. *Scotismus*; it. *Scotismo*). Doutrina de John Duns Scot (1266-

1308) e de seus discípulos, que tem as características abaixo enumeradas.

1ª Doutrina do caráter prático da ciência teológica: esta não conteria verdades teóricas, mas só regras para a conduta humana em vista da salvação eterna.

2ª Afirmação da indemonstrabilidade de um número relevante de proposições filosóficas e teológicas. Duns Scot acreditava ser impossível demonstrar, por exemplo, todos os atributos de Deus ou a imortalidade da alma. Na obra a ele atribuída (cuja autenticidade é duvidosa), *Theoremata*, numerosas outras proposições teológicas são declaradas indemonstráveis.

3ª Doutrina da *univocidade* do ser, em oposição ao tomismo: a metafísica é a ciência suprema, que tem por objeto o ser em geral, tanto o das criaturas quanto o de Deus.

4ª Doutrina da individuação: a individuação é a última determinação da forma, da matéria e do seu composto, ou seja, é a *haecceitas* (v. INDIVIDUAÇÃO). Essa doutrina foi interpretada pela escola de Scot em oposição à tomista, segundo a qual a individuação depende da *materia signata*, no sentido de que a individuação depende das formas, mais precisamente da superposição de um número indefinido de formas no mesmo composto.

5ª Voluntarismo: doutrina do primado da vontade, que Duns Scot compartilha com Henrique de Gand (v. VOLUNTARISMO). [N.A.]

SECULARIZAÇÃO (lat. *Saecularisatio*; in. *Secularization*; fr. *Sécularisation*; al. *Säkularisierung, Verweltlichung*; it. *Secolarizzazione*). Este termo deriva do adjetivo lat. *saecularis* – de *saeculum*, originado da reflexão presente no Novo Testamento sobre a diferença entre este *mundo* (v., *e*) ou éon e o mundo celeste –, que qualifica a ocupação mundana (v. MUNDANO), dada a afazeres terrenos, e não exclusivamente espirituais, por parte de pessoas ou instituições (ainda que eclesiásticas. Surgiu nos séculos XVI-XVII no campo jurídico para indicar a passagem de um religioso ao estado secular ou da transição de propriedades e prerrogativas eclesiásticas a instituições seculares ou laicas; assumiu relevância sociológica, teológica e filosófica entre os séculos XIX e XX, exprimindo mais em geral a relação entre civilização moderna e cristianismo como derivação que comporta a perda de sacralidade.

Na segunda metade do século XVI, o termo S. já é usado por juristas canonistas franceses para qualificar o trânsito de um religioso do clero regular para o clero secular (tal uso será codificado em direito canônico somente mais tarde, no *Codex Juris Canonici* de 1917, Can. 638). A expressão S. aparece nos entendimentos de paz de Vestefália de 1648, e é usada em Münster em 1646 pelo legado francês Longueville em relação à *transferência* de territórios eclesiásticos para Brandemburgo. A data oficial do nascimento do Estado moderno marca, portanto, a introdução de um conceito que excederá seu valor jurisprudencial para tornar-se central nas disputas teológicas e filosóficas do século XX, em torno das relações entre cristianismo e mundo, religião e poder, cristandade e modernidade, fé e sacralidade, transcendência e historicidade. Carl Schmitt detectou a implicação filosófico-teológica da S. na origem do Estado moderno e das suas transformações ao longo de sucessivas "neutralizações" e mundanizações dos centros de referência espiritual em que ele se reconheceu de século em século: "Todos os conceitos mais pregnantes da moderna doutrina do Estado são conceitos teológicos secularizados" (*Politische Theologie*, 1922, cap. III).

Com o decreto napoleônico de 1803, a S. dos bens eclesiásticos torna-se uma verdadeira *expropriação generalizada* por obra do Estado laico. O termo assume, portanto, valor claramente negativo para a Igreja. Com a difusão de idéias progressistas e tecnocráticas, a *Secular Society*, fundada em Londres em 1846, e a *Deutsche Gesellschaft für Ethische Kultur*, surgida em 1892, assumem positivamente o termo S. ou *secularismo* no sentido mais geral de emancipação cultural em relação à influência da Igreja sobre a organização da vida política e social, sobre a instrução em particular.

Max Weber, analisando as origens do capitalismo (*Die protestantische Ethik und der Geist des Kapitalismus*, 1904-1905), e o teólogo liberal Ernst Troeltsch, no seu estudo sobre *Die Bedeutung des Protestantismus für die Entstehung der modernen Welt* (1911), conferem valor *genealógico* à noção de S. (Weber fala sobretudo de processo de "desencantamento do mundo"), utilizando-a como categoria central para a compreensão da sociedade industrial e do Estado moderno liberal, nascidos da transformação das suas raízes religiosas (o protestantismo e o calvinismo em particular) em princípios mundanos. No plano filosófico, essa tese foi aprofundada por Karl Löwith, que, em *Weltgeschichte und Heilsgeschehen* (1953), identificou na S. da escatologia bíblica a origem das filosofias da história e da idéia de progresso da modernidade (Hans Blumenberg criticou tal tese em *Die Legitimität der Neuzeit*, 1966, identificando, ao contrário, uma cesura entre cristianismo e modernidade, constituída pelo princípio de auto-afirmação).

Com a fundação da revista "Zwischen den Zeiten" em 1922 e por inspiração na crítica kierkegaardiana à "cristandade estabelecida" e na de Franz Overbeck ao "cristianismo mundanizado" – fruto de uma teologização qualquer do cristianismo originário, que era exclusivamente escatológico e negador do mundo (cf. *Über die Christlichkeit unserer heutigen Theologie,* 1873, 1903[2]; *Christentum und Kultur,* 1919) –, nasce a "teologia dialética" ou "teologia da crise", entre cujos expoentes contam-se Karl Barth, Friedrich Gogarten, Rudolf Bultmann. Estes teólogos assumem as leituras que Max Weber e do próprio Ernst Troeltsch fazem da modernidade – fruto de dessacralização e laicização, de autonomização do homem em relação à religião –, mas em franca contraposição com a teologia liberal. O fato de, na modernidade, o homem viver em contexto plena e manifestamente profano, laico, não significa, segundo eles, nem o fim da religião cristã nem a sua marginalização ou realização numa civilização liberal, mas é eventualmente o pressuposto para uma radical compreensão da fé cristã, que está para além do sacro, da *re-ligio,* do *saeculum,* transcendendo de modo absoluto tudo o que é ainda mundano e humano. Segundo Karl Barth, a fé é iniciativa de Deus, "totalmente Outro", que inverte dialeticamente toda a negatividade inexoravelmente essencial ao finito (v. TEOLOGIA, 4º). Friedrich Gogarten interpreta a S. como intrinsecamente própria ao cristianismo: é Cristo que desdiviniza o mundo e o entrega à liberdade do homem, autônomo para dominá-lo e transformá-lo, ainda que responsável por ele diante de Deus, que está ausente do mundo (*Verhängnis und Hoffnung der Neuzeit,* 1953). Quem fala propriamente de *demitologização* (v.) do cristianismo em relação ao contexto cultural em que surgiu é Rudolf Bultmann. Dietrich Bonhoeffer afirma a não-religiosidade do cristianismo, porquanto o cristão vive "sem Deus na presença de Deus", plenamente autônomo, adulto a viver as coisas "penúltimas" do nosso mundo, mesmo crendo que elas são penúltimas em relação às "últimas", que não são deste mundo (cf. *Ethik,* 1949; *Widerstand und Ergebung,* 1970). Mesmo o teólogo católico Johann Baptist Metz atribui o evento cristão à mundanidade do mundo evidenciada na atualidade (*Zur Theologie der Welt,* 1968). Por fim, alguns teólogos protestantes americanos aceitam a S. nos seus aspectos mais pragmatistas e pós-metafísicos. Para Harvey Cox, é preciso engajar-se politicamente na "tecnopólis", a cidade secularizada que constitui a civilização contemporânea (*The Secular City,* 1965). Thomas Altizer e William Hamilton assumem como originariamente cristão o anúncio de Nietzsche da "morte de Deus" (v. Deus).

Do debate teológico sobre a S. emerge, portanto, uma diferenciação, que é defendida e assumida de modos diversos, entre S. entendida como *dessacralização* e S. entendida como *descristianização.* Esta última tese, no mais das vezes genericamente histórico-sociológica, é defendida em especial pelo filósofo católico Augusto Del Noce, que interpreta a modernidade como atéia e secularizada no sentido de descristianizada: com a diminuição da sacralidade diminuem a cristandade e o próprio cristianismo (cf. *Il problema del ateismo,* 1964; *L'epoca della secolarizzazione,* 1970). A S. como dessacralização, por outro lado, é plenamente assumida em sentido cristão sobretudo na teologia protestante. Descristianização e dessacralização não seriam sinônimos, mas se contraporiam como *apostasia* e encarnação. A tese da S. como intrinsecamente cristã foi filosoficamente assumida por Gianni Vattimo (cf. *Etica dell'interpretação,* 1989; *Credere di credere,* 1996). Uma vez que o cristianismo se baseia na idéia de encarnação, ou seja, da *kénosis* de Deus para fazer-se homem, de seu esvaziamento, enfraquecimento, dedicação à atenção, ao amor, à liberdade, à interpretação humana, é-lhe intrínseca a S., a perda da sacralidade que caracteriza as religiões pagãs através da violência da ritualidade sacrificial (cf. R. GIRARD, *La Violence et lesacré,* 1972). A atual civilização secularizada da *pós-história* (cf. A. GEHLEN, *Die Säkularisierung des Fortschritts,* in *Einblicke,* 1978) daria prosseguimento, portanto, à mensagem cristã, segundo uma seu "transmissão-distorcedora", uma *Verwindung* própria da sua original natureza *kenótica,* fraca, interpretativa.

Seriam em todo caso incompreensíveis as concepções do século XX sobre a S. sem a identificação das suas origens na filosofia de Hegel – especificamente no conceito de "mundanização" (*Verweltlichung*), com o qual é explicada a formação do mundo moderno como realização histórico-filosófica da teologia cristã da encarnação de Deus na história (*Geschichte der Philosophie,* ed. Glockner, III, p. 194; *Philosophie der Geschichte,* ed. Lasson, I, p. 55; IV, p. 135) – e na "morte de Deus" pensada por Nietzsche como anúncio da autodestruição da metafísica e da teologia, entendidas como construções de mundos por trás deste nosso mundo. Heidegger, por fim, vê toda a civilização ocidental como história do *niilismo* (v.), incluindo portanto, neste processo mais amplo, o processo de S. (*Nietzsche,* 1961, II, p. 146; cf. H. LÜBBE, *Säkularisierung,* 1965; G. MARRAMAO, *Cielo e terra,* 1994). [F.T.]

SECUNDÁRIA, PROPOSIÇÃO (in. *Secondary proposition*; fr. *Proposition secondaire*; al. *Sekundär Satz*; it. *Proposizione secondaria*). Boole indicou com esta expressão as proposições que têm por objeto outras proposições, ao passo que chamou de primárias as proposições que têm por objeto as relações entre coisas (*Laws of Thought,* 1854, cap. XI). [N.A.]

SECUNDÁRIAS e PRIMÁRIAS, QUALIDADES. V. QUALIDADE.

SECUNDUM QUID ET SIMPLICITER (FALÁCIA). Já identificada por Aristóteles (*El. sof.*, 5, 167 a), é a *falácia* (v.) que consiste em passar de uma premissa, em que certo termo é tomado em sentido relativo, para uma conclusão em que o mesmo termo é tomado em sentido absoluto ("Se o não-ser é objeto de opinião, o não-ser é"). (Cf. PEDRO HISPANO, *Summ. log.*, 7. 46 ss.) [G.P.]

SEHNSUCHT (it. *Sospiro*). Anseio que se consome em si mesmo, saudade. Kant definira a S. como "vão desejo de vencer o tempo que se interpõe entre o desejo do objeto e a posse deste" (*Antr.*, § 73). Mas a S. tornou-se uma atitude fundamental do Romantismo. Hegel a vê representada deste modo em Novalis: "A S. de uma bela alma nos é oferecida por Novalis. Essa subjetividade não atinge o substancial, consome-se pouco a pouco em si e limita-se a tecer e a puxar fios em si mesma" (*Geschichte der Philosophie*, III, III, C, 3, c; trad. it., III, p. 373). [N.A.]

SEITA (lat. *Secta*; in. *Sect*; fr. *Secte*; al. *Sekte*; it. *Setta*). 1. Escola ou corrente filosófica. É neste sentido que a palavra é empregada pelos escritores latinos (CÍCERO, *Brut.*, 31, 120; QUINT., *Inst. or.*, V, 7, 35 etc.).

2. Grupo de pessoas que defendem com fanatismo ou intolerância uma crença qualquer. É este o sentido com que se usa hoje o adjetivo *sectário*. [N.A.]

SELEÇÃO (in. *Selection*; fr. *Sélection*; al. *Selektion*; it. *Selezione*). Escolha: entendida como procedimento consciente ou como resultado de um procedimento não deliberado. Neste segundo sentido, C. Darwin falou de *S. natural* como procedimento através do qual a luta pela vida assegura a sobrevivência do mais apto (*Origin of Species*, IV, § 1). [N.A.]

SEMÂNTICA (in. *Semantics*; fr. *Sémantique*; al. *Semantik*; it. *Semantica*). Propriamente, a doutrina que considera as relações dos signos com os objetos a que eles se referem, que é a relação de *designação*. Este termo, proposto para tal doutrina por Bréal (*Essais de sémantique. Science des significations*, 1897), encontra justificação etimológica no verbo grego σημαίνειν, introduzido por Aristóteles para indicar a função específica do signo lingüístico, em virtude da qual ele "significa", "designa" algo. A S. seria portanto a parte da Lingüística (e mais especialmente da Lógica) que estuda e analisa a função significativa dos signos, os nexos entre os signos lingüísticos (palavras, frases etc.) e seus significados. Embora seja esta a acepção mais difundida, hoje em dia, em filosofia e lógica esse termo também tem outras acepções. Por exemplo, A. Korzybski (*Science and Sanity*) utiliza "S." para indicar uma teoria relativa ao uso da linguagem, sobretudo em relação às neuroses que, segundo esse autor, são efeitos ou causas de certos abusos lingüísticos. Os lógicos poloneses em geral (e em particular Chwistek), que contribuíram sobremaneira para o surgimento desse último ramo da lógica formal, não costumam distinguir entre proposição e enunciado, entre significado lógico e forma lingüística de uma proposição, e usam esse termo para indicar a lógica formal em seu conjunto. Não obstante, foi graças ao impulso dado pelos estudos dos lógicos poloneses que, por volta de 1956, se começou a delimitar o campo dessa nova disciplina. Foi graças a Ch. W. Morris e R. Carnap que no seio da *semiótica* (teoria dos signos em geral, dos signos lingüísticos em particular) começaram a ser distinguidos alguns aspectos fundamentais: *pragmática*, que estuda o comportamento sígnico dos seres humanos que intercambiam signos por determinadas causas, para atingirem certos objetivos etc. (portanto, é um ramo da psicologia e/ou da sociologia); S., que, sem considerar as circunstâncias concretas (psicológicas e sociológicas) do comportamento lingüístico, restringe seu campo de análise à relação entre signo e referente (*significatum, designatum, denotatum*); e *sintática*, que, abstraindo até mesmo dos significados, estuda as relações entre os signos de determinado sistema lingüístico. S. e *sintática* na verdade constituem dois grandes capítulos que dividem a lógica formal pura. Desta última, porém, faz parte mais a *S. pura*, que constitui *a priori* as regras de um sistema sintático geral, do que a *S. descritiva*, que é uma investigação empírica que tem em vista a descrição de determinado sistema semântico (ou grupo de sistemas afins), portanto mais pertinente à lingüística que à lógica. Assim, a *S. pura*, mais que doutrina dos significados, é uma teoria geral da verdade e da dedução nos sistemas sintáticos interpretados; por isso, distingui-la da sintática torna-se difícil e problemático (cf. MORRIS, *Foundations of the Theory of Signs*, 1938, cap. IV; CARNAP, *Foundations of Logic and Mathematics*, 1939, I, 2; *Meaning and Necessity*, 1957, p. 233; *Introduction to Semantics*, 1942; 2.ª ed., 1958; LINSKY, (org.), *Semantics and the Philosophy of Language*, 1952).

Mais recentemente, Quine insistiu na diferença entre a referência semântica propriamente dita, que seria o *significar*, e a referência do *nomear*. Tal diversidade resulta, por exemplo, do fato de que se pode nomear o mesmo objeto, como quando se diz "Scott" e "o autor de *Waverley*", ainda que os significados sejam diferentes. A S. conteria, assim, duas partes: uma *teoria do significado*, à qual pertenceria a análise dos conceitos de sinonímia, significação, analiticidade, implicação; e uma *teoria da referência*, à qual pertenceria a análise dos conceitos de nomeação, verdade, denotação e extensão. Mas o próprio Quine observa que até agora a palavra S. foi empregada principalmente para a teoria da referência, embora esse nome fosse mais adequado à teoria do significado (*From a Logical Point of View,* 1953, VII, 1; II, 1). V. SIGNIFICADO. [N.A.]

No panorama dos estudos contemporâneos sobre a linguagem, o termo "S." não designa uma teoria nem uma disciplina unitária, mas uma multiplicidade de abordagens e programas de pesquisa freqüentemente bem distantes entre si e às vezes inconciliáveis. Tal heterogeneidade decorre da variedade das disciplinas que neste século trataram, de modo mais ou menos direto, dos fenômenos da significação e do significado: não só a filosofia, a lógica, a lingüística, a semiótica, a psicologia, mas também, nos últimos tempos, as ciências cognitivas, os estudos sobre inteligência artificial, as neurociências. Nessa grande variedade podem-se distinguir três principais orientações, a que correspondem três concepções fundamentais de S., bem diferentes entre si: 1) a semântica vericondicional; 2) a semântica estrutural; 3) a semântica cognitiva.

1) A semântica vericondicional foi elaborada pela filosofia analítica da linguagem. Segundo essa concepção, o significado dos enunciados é dado pelas suas *condições de verdade,* e o significado das palavras é constituído por sua *contribuição para as condições de verdade* do enunciado em que aparecem. A noção de condições de verdade remonta a *Grundgesetze der Arithmetik* (1893) de G. Frege, em que se referia estritamente à linguagem formal da ideografia (*Begriffsschrift,* 1879), protótipo das linguagens formais estudadas pela lógica contemporânea. No *Tractatus logico-philosophicus* (1922), Wittgenstein estendeu a noção de Frege à linguagem natural e analisou as condições de verdade dos enunciados complexos (negações, conjunções, disjunções etc.): dado que um enunciado complexo é verdadeiro para certos valores possíveis de verdade dos seus constituintes elementares e falso para outros, as suas condições de verdade são dadas pelas combinações dos valores de verdade dos constituintes elementares que o tornam verdadeiro.

Em *Der Wahrheitsbegriff in der formalisierten Sprachen* (1936), Tarski apresentou a primeira sistematização completa e explícita do conceito de condições de verdade numa linguagem formalizada. À diferença de Wittgenstein, Tarski queria construir uma *definição de verdade* exclusivamente para uma *linguagem formalizada,* e não para a linguagem natural; além disso, não explicou, mas pressupôs, a noção de significado e nunca afirmou explicitamente que uma definição de verdade numa linguagem formalizada poderia constituir, se bem formulada, a sua análises semântica. Essa idéia foi, porém, expressa por R. Carnap, que, especialmente em *Meaning and Necessity* (1947), estendeu o método tarskiano às linguagens formalizadas que continham operadores modais ("é necessário que", "é possível que") e elaborou o conceito de *intensão,* entendendo-a como a função que atribui a um enunciado um valor de verdade para cada situação ou mundo possível e identificando significado, condições de verdade e intensão.

A partir dos anos 1960, D. Davidson foi o primeiro a utilizar a definição tarskiana de verdade para construir uma teoria sistemática dos significados que valesse para as línguas naturais. A iniciativa fundamental de Davidson consistiu em inverter a abordagem tarskiana: em vez de dar por certa, como fazia Tarski, a noção de significado para definir a verdade, Davidson tomou a verdade como primitivo não analisado a fim de obter uma teoria do significado (cf. *Inquiries into Truth and Interpretation,* 1984). A abordagem de Davidson, porém, era e continua sendo amplamente programática, apresentando uma formulação de como *deveria* ser a semântica vericondicional de uma língua natural. Deve-se a R. Montague o primeiro tratamento semântico formal de uma parte relevante da língua inglesa (cf. R. MONTAGUE, *Formal Philosophy,* 1974).

A S. vericondicional tem, em síntese, as seguintes características: *a*) é uma S. do *enunciado,* e não da palavra: apenas os enunciados podem ser verdadeiros ou falsos; *b*) é uma S. *referencial:* toma em consideração a relação entre os enunciados e os estados do mundo extralingüístico; *c*) é uma S. *antipsicologista:* o significado é uma entidade objetiva abstrata que não tem nada a ver com entidades psicológicas individuais (conceitos, idéias, sensações etc.) nem com os processos que ocorrem na mente do falante quando produz ou compreende um enunciado.

2) A S. estrutural nasceu, tanto quanto o estruturalismo (v.) lingüístico, com o *Cours de linguistique générale* (1916) de Saussure. Essa concepção do significado baseia-se em alguns conceitos e algumas distinções fundamentais introduzidas por Saussure e retomadas por L. Hjelmslev nos *Prolegomena to a Theory of Language* (1943): *a*) a idéia de que o significado pode ser descrito como um *sistema autônomo de relações internas,* de todo independentes de qualquer determinação (psíquica, cognitiva, física, social etc.) externa ao sistema; *b*) a idéia de que a S. tem por objeto o *sistema formal abstrato* constituído pelo conjunto das relações entre os significados das expressões lexicais individuais; *c*) a idéia de que o significado de uma expressão lexical é um *valor diferencial* dado pela posição que aquele significado ocupa no sistema de significados em que está inserido e definível *negativamente* em relação a

tal sistema. Para retomar um célebre exemplo de Hjelmslev, o significado da palavra francesa "bois" deve ser visto em oposição às palavras "arbre" e "forêt" e em relação, por exemplo, com o sistema das palavras italianas "albero", "legno", "bosco", "foresta" e com os das palavras alemãs "Baum", "Holz", "Wald": entende-se assim que a palavra francesa "bois" abrange sozinha a área semântica que em italiano é coberta por "legno" [madeira] e "bosco" [bosque], enquanto a palavra alemã "Holz" indica "madeira", mas não "bosque", e a palavra "Wald" compreende tanto "bosque" quanto "floresta" (cf. L. HJELMSLEV, *Prolegomena to a Theory of Language*, trad. it. *Fondamenti della teoria del linguaggio*, Einaudi, Turim, 1987, p. 59).

Nos anos 1960 a S. estrutural propôs-se a tarefa ambiciosa de elaborar um sistema global do significado, que era visto como um universo semântico em que a cultura distingue *subsistemas, campos, eixos*. Foram identificados alguns subsistemas altamente organizados de significado, ou *campos semânticos*, como o das cores ou dos termos de parentesco (cf., p. ex.: J. LYONS, *Structural semantics. An Analysis of Part of the Vocabulary of Plato*, 1963; A. J. GREIMAS, *Sémantique structurale*, 1966). A reivindicada autonomia da estrutura lingüística teve como conseqüência o fato de ressaltar mais as diferenças estruturais entre os vários sistemas lingüísticos do que as semelhanças, induzindo a formas mais ou menos marcadas de relativismo lingüístico (para uma posição mais recente, cf. F. RASTIER, *Sémantique interprétative*, 1987).

A S. estrutural tem as seguintes características: *a*) é uma S. *antipsicologista*: não tem relação com conceitos, idéias ou pensamentos, mas com valores diferenciais emanados do sistema; *b*) é uma S. *anti-referencial*: a autonomia do sistema dos significados quer dizer, sobretudo, autonomia em relação ao mundo percebido e à realidade extralingüística; *c*) é uma S. *lexical*: não cuida do significado dos enunciados, mas do significado de cada item lexical.

3) O rótulo "S. cognitiva" refere-se a um vasto conjunto de teorias que foram formuladas a partir dos anos 1970, sobretudo nos Estados Unidos, por lingüistas, estudiosos de inteligência artificial e psicólogos cognitivos que compartilharam uma atitude crítica em relação à S. vericondicional e, em certos casos, à S. estrutural. Segundo essa crítica, a noção de significado que a S. vericondicional elaborou é excessivamente abstrata e de todo implausível do ponto de vista psicológico porque não dá conta dos processos concretos de compreensão dos significado por parte dos falantes empíricos. A S. cognitiva apresenta-se, ao contrário, como uma teoria da *compreensão lingüística*: a tarefa que se impõe é representar o que ocorre na mente dos falantes quando entendem uma palavra ou um enunciado.

Entre os estudiosos que se contrapuseram à concepção vericondicional do significado na década de 1970, cabe lembrar: o lingüista Ch. Fillmore, que propunha considerar a plausibilidade cognitiva como um dos testes de adequação de uma teoria semântica; os psicólogos experimentais E. Rosch e colaboradores, que mostravam como a representação cognitiva associada a muitas palavras de uso comum tem a natureza de um *protótipo*, ou seja, de uma amostra, de um exemplo típico da categoria identificada pela palavra; estudiosos de inteligência artificial como T. Winograd que, precisando construir sistemas de elaboração automática da linguagem natural, enfrentaram o problema de dotá-los de uma competência semântica que fosse a mais próxima possível do funcionamento da compreensão humana.

No variegado panorama da S. cognitiva dos anos 1980, lembramos: a semântica conceitual de R. Jackendoff (*Semantics and Cognition*, 1983); a teoria dos modelos mentais de Ph. N. Johnson-Laird (*Mental Models*, 1983) e G. Fauconnier (*Mental Spaces*, 1985); a gramática cognitiva de R. Langacker (*Foundations of Cognitive Grammar*, 1986). Para uma panorâmica das temáticas da semântica cognitiva, cf. G. LAKOFF, *Women, Fire, and Dangerous Things. What Categories Reveal about the Mind*, 1987, e P. VIOLI, *Semantica e esperienza*, 1997.

Estas são, em síntese, as teses compartilhadas pelos teóricos da S. cognitiva: *a*) *realismo psicológico*, que não é tanto a idéia de que a teoria deve descrever o que de fato ocorre na mente dos falantes, porém mais a idéia de que a plausibilidade cognitiva constitui um dos testes de adequação relevantes para a teoria semântica; *b*) a *não-autonomia* da S., ou seja, a impossibilidade de isolar o estudo do significado de uma língua do estudo de todas as outras capacidades cognitivas humanas (raciocínio, percepção etc.); *c*) a *não-separabilidade entre significados lexicais e suas contrapartes conceituais*. [G.Co.]

SEMASIOLOGIA. O mesmo que *semântica* (v.). [N.A.]

SEMELHANTE (gr. ὅμοιος; lat. *Similis*; fr. *Semblable*; in. *Alike, Similar*; al. *Ähnlich*; it. *Simile*). Aquilo que tem qualquer determinação em comum com uma ou mais coisas. Aristóteles distinguiu os seguintes significados do termo: 1º são S. as coisas que têm a mesma forma, ainda que sejam substancialmente diferentes; neste sentido são S. um quadrado maior e um menor, bem como duas linhas retas desiguais; 2º são S. as coisas que têm a mesma forma, mas estão sujeitas a variações quantitativas, quando suas quantidades são iguais; 3º são S. as coisas que têm em comum a mesma afecção, como por exemplo o branco; 4º são S. as coisas cujas afecções iguais são mais numerosas que as afecções diferentes (*Met.*, X, 3, 1054 b 3). É graças ao primeiro significado que em geometria as figuras são chamadas de S. (cf. EUCLIDES, *El.*, VI, def. 1, 3; def. 11 etc.). Na tradição posterior, a semelhança foi entendida especialmente em relação à qualidade comum (PEDRO HISPANO, *Summ. log.*, 3. 29), mas às vezes também com relação à forma (Tomás de Aquino, *Contra Gent.*, I, 29; cf. *S. Th.*, I, q. 4a 3). Mais genericamente, Wolff dizia que "são S. as coisas que são idênticas naquilo em que deveriam distinguir-se uma da outra" (*Ont.*, § 195). Determinações desse tipo restringem pouco e dizem apenas que os critérios de semelhança podem ser variados indefinidamente; o importante é que sejam declarados explicitamente em cada caso.

Foi só na matemática moderna que a noção de semelhança recebeu definição diferente, graças à teoria dos conjuntos. São considerados S. os conjuntos que apresentem relação de termo a termo. Russell, por exemplo, diz: "Diz-se que uma classe é S. a outra quando existe uma relação de termo a termo, em que uma classe é dominante enquanto a outra é o dominante inverso" (*Introduction to Mathematical Philosophy*, cap. II, trad. it., p. 27). Esta noção tem grande importância para a definição matemática do *infinito* (v.). [N.A.]

SEMENTES (gr. σπέρματα; lat. *Semina*; it. *Semi*). Assim foram chamados freqüentemente os elementos últimos das coisas. Anaxágoras foi o primeiro a usar esse termo para designar as partículas que Aristóteles chamou de homeomerias (*Fr.* 4, Diels). Esse termo foi usado depois por Epicuro (*Fr.* 250, Uesener) e por Lucrécio (*De rer. nat.*, VI, 201 ss.; VI, 444 etc.). A mesma metáfora está presente na noção estóica de *razões seminais* (v.). [N.A.]

SEMIOLOGIA. V. SEMIÓTICA.

SEMIOSE (in. *Semiosis*; it. *Semiosi*). Este termo indica a ação do signo (v.) e os processos inferenciais por meio dos quais alguma coisa é considerada signo de outra coisa por um intérprete humano. O termo σημείωσις aparece no século I a. C. no tratado Περί σημείων και σημειώσεων de Filodemo de Gadara, importante expoente da escola epicurista de Herculano. O tratado relatava a polêmica então em curso entre estóicos e epicuristas sobre os signos e as inferências a partir de signos (σημειώσεις), polêmica de grande importância na época, porque tanto os estóicos quanto os epicuristas baseavam toda a sua teoria lógica na inferência a partir de signos: os estóicos afirmavam que a relação entre o signo e aquilo a que ele remete é de natureza apriorística e racional, enquanto os epicuristas afirmavam que ela se estabelece depois da experiência, ou seja, após a observação repetida de algum tipo de nexo (espacial, temporal, causal etc.) entre o signo e aquilo a que ele remete.

O tratado de Filodemo chamou a atenção de Ch. S. Peirce, que retomou o termo *semiosis* para indicar o objeto específico de que cuida a disciplina *semiótica* (v.). Peirce definiu a S. como "uma ação ou influência que é, ou implica, uma cooperação de *três* sujeitos: o signo, seu objeto e seu interpretante, tal que essa influência trirrelativa não possa de modo algum ser resolvida em ações entre duplas" (*Coll. Pap.*, 5.484). O interpretante nada mais é que um outro signo que está para o mesmo objeto para qual o primeiro signo está; o interpretante, por sua vez, também pode ser interpretado por outro signo que constitui o seu interpretante, que por sua vez pode ser interpretado por outro signo, e assim por diante, numa cadeia interpretativa infinita ou indefinida, que Peirce denominava "S. ilimitada".

Ch. Morris, reportando-se a Peirce, definiu a S. como o "processo em que alguma coisa funciona como signo" (*Foundations of the Theory of Signs*, 1938, trad. it., *Lineamenti di una teoria dei segni*, Paravia, Turim, p. 10). Para Morris, tal processo pressupõe, de acordo com Peirce, pelo menos três fatores: 1) o *veículo*, vale dizer, o objeto ou evento que age como signo; 2) o *designatum*, ou seja, aquilo a que o signo se refere; 3) o *interpretante*, ou seja, o efeito do signo sobre um intérprete, efeito que faz que o objeto ou evento que age como signo se torne signo para aquele intérprete. Com relação à definição de Peirce, a de Morris acrescenta, portanto, o quarto elemento (o *intérprete*), que ressalta o fato de que o signo se refere a um *designatum* para *alguém*. A relação do signo com o intérprete constitui uma das dimensões da S., dimensão que, segundo Morris, deve ser estudada pela *pragmática* (v.).

A semiótica contemporânea, das origens até hoje (V. SEMIÓTICA), caminhou progressivamente da idéia de que seu conceito fundamental é o signo (atribuível ao estruturalismo [v.]) saussuriano, para a idéia de que ele é a S. Isso fez que a atenção se deslocasse das estruturas do signo e dos sistemas de significação para os processos de produção do sentido, as atividades da comunicação, os mecanismos de geração dos textos e de sua interpretação. [G.Co.]

SEMIÓTICA (gr. σεμειωτικόν ο τέχνη σημειωτική; in. *Semiotic* ou *Semiotics*; fr. *Sémiotique*; al. *Semiotik*; it. *Semiotica*). Na sua acepção mais genérica, o termo indica uma "doutrina" ou, em todo caso, uma reflexão de algum modo sistemática sobre os signos (v.), sua classificação, as leis que os regem, seus usos na comunicação. No entanto, foi só a partir do século XX que o termo passou a designar uma disciplina autônoma e inserida no quadro acadêmico. Quanto ao nome, "S." foi usado na área anglo-americana, alemã e eslava, enquanto no âmbito estruturalista prevalecia inicialmente "semiologia". Em 1969, no ato de fundação da International Association for Semiotic Studies, Roman Jakobson propôs adotar definitivamente "S.", e desde então esse termo costuma prevalecer.

Uma S. pode ser *específica* ou *geral*. As S. específicas são "gramáticas" de dado sistema de signos: tais são a lingüística, o estudo dos sistemas de sinalização viária, dos sistemas de comunicação gestual, a iconografia, o estudo da notação musical etc. Têm um componente descritivo, às vezes um componente prescritivo e, em alguma medida, um componente preditivo, porquanto deveriam ser capazes de prever de que modo, em circunstâncias normais, o usuário de determinado sistema geraria ou interpretaria mensagens emitidas segundo as regras de tal sistema. Uma S. geral, ao contrário, é um estudo de caráter filosófico, que, em vez de encontrar seu objeto como já *dado* (sons, gestos, bandeiras etc.), o *põe* como construto teórico, categoria capaz de explicar fenômenos aparentemente díspares. Nesse sentido, para alguns, o conceito teórico de "signo" define caracteres funcionais comuns a fenômenos diversos como um termo lingüístico, uma imagem, um gesto, um sintoma atmosférico ou médico (ex. U. Eco, *Trattato di semiotica generale,* Bompiani, Milão, 1975); para outros, estende-se também a fenômenos naturais, pelo que se fala de fenômenos semiósicos na comunicação animal (TH. SEBEOK, *Contributions to the Doctrine of Signs,* 1976), ou na interação celular (G. PRODI, *Le basi materiali della significazione,* 1977); para outros ainda, compreende apenas os artifícios intencionalmente produzidos pelo homem para fins comunicativos (C. Segre, *I segni e la critica,* 1969). São construtos teóricos de uma S. geral categorias como significante e significado (v.), semiose (v.), interpretação (v.). Uma S. geral é certamente uma forma de filosofia da linguagem, mas distingue-se de muitas abordagens filosóficas à linguagem porque 1) parte da experiência das semióticas específicas e 2) generaliza suas próprias categorias para levá-las a definir não só as línguas naturais ou as linguagens formalizadas, mas toda e qualquer forma expressiva, inclusive as não completamente codificadas, os processos cognitivos fundamentais, os fenômenos que não parecem intencionalmente produzidos para fins expressivos mas que se situam na origem de uma inferência interpretativa.

O primeiro registro de uso do termo "S." remonta à época helenística (séc. III a. C.), em contexto médico: σημειωτικόν indicava a parte da medicina que cuidava da interpretação dos sintomas das doenças. No século II d. C. Galeno usou nesse sentido o termo σημειωτική (cf. GALENO, *Op.*, ed. Kühn, XIV, 689). Ainda ao século II remonta um uso musicológico do termo σημειωτική: na edição de *Harmonica* de Ptolomeu, organizada por John Wallis em 1682, dá-se o nome de σημειωτική à *ars adnotandi.* Em 1690, Locke (*Ensaio* IV, 21, 4) subdividia o conhecimento humano em filosofia natural, ética e S., atribuindo a esta última (identificada com a lógica) a tarefa de estudar a natureza dos signos utilizados pelo intelecto tanto para compreender as coisas quanto para comunicar-se. Na época de Locke também era bastante difundido o uso do termo "semiologia" (ver, p. ex., John Wilkins, em *Mercury,* 1641, e Athanasius Kircher, em *Polygraphia,* 1663). Em 1764 Lambert intitulou *Semiotik* a terceira parte do seu *Neues Organon* (*Novo Organon*), definindo-a como a "doutrina da designação dos pensamentos e das coisas" e entendendo-a, leibnizianamente, como ciência da possível instituição de uma "*lingua characteristica*", língua que Lambert procurou construir por meio de um amplo reconhecimento de linguagens verbais e não verbais. Em 1890 Husserl escreveu o pequeno tratado *Zur Logik der Zeichen. Semiotik* (Sobre a lógica dos signos. Semiótica), que ele tencionava incluir no segundo volume, nunca escrito, de sua *Filosofia da aritmética.* Husserl considerava a investigação sobre a "lógica dos signos" o termo final da discussão sobre os fundamentos da lógica e da aritmética, as quais designam seus objetos por meio de "símbolos".

Muitas das reflexões mais ricas e procedentes sobre o signo foram desenvolvidas como S. *implícita.* As primeiras formas de reflexão sobre os signos e os processos de inferência a partir dos signos remontam às práticas divinatórias mesopotâmicas e são encontradas na Grécia – no âmbito do saber divinatório a partir de Homero, no da medicina a partir do *Corpus Hippocraticum.* Teorias de grande fôlego sobre o signo e a linguagem foram elaboradas por Platão (*Crat.*), Aristóteles (*Cat., De interpretatione, Analíticos, Poet.* e *Ret.*), pelos estóicos, pelos epicuristas, por Sexto Empírico (*Adv. math.*). É aos estóicos que se deve uma idéia fundamental, encontrada em grande parte da S. contemporânea: a relação entre o signo e o próprio objeto (seja ele uma coisa ou um pensamento) não é uma simples relação de equivalência *(a = b),* mas sim de inferência (se *a,* então *b).* No entanto, até o fim da Antiguidade, o estudo dos signos (entendidos como fenômenos naturais ou proposições que os exprimiam) permaneceu separado do estudo dos termos da linguagem verbal (os nomes ou as palavras). Foi Agostinho que, no século IV d.C. (*De magistro, De doctrina christiana*), reconheceu pela primeira vez o signo como *genus* de que a linguagem é uma espécie.

A Idade Média elaborou reflexões sobre o signo nos contextos disciplinares mais díspares, da teologia sacramental à historiografia, à retórica, à astrologia, à teoria da percepção, à medicina, para não falar da lógica, e fundiu a tradição aristotélico-boeciana com a agostiniana, tanto no plano da definição do signo quanto no da classificação dos signos. Lembremos Anselmo de Aosta, os nominalistas em geral, os modistas, Abelardo, Roger Bacon e Robert Kilwardby, bem como, no século XIV, a teoria occamista do conceito como "signo". Há reflexões semióticas nos estudos da cabala hebraica e cristã entre a Idade Média e o Renascimento. Quanto à modernidade, vale lembrar Francis Bacon, Hobbes, Locke, Espinosa, Leibniz, os vários verbetes semióticos da *Encyclopédie,* Condillac, os Idéologues e as discussões dos séculos XVII e XVIII sobre a construção de uma língua perfeita.

Na época contemporânea a temática semiótica é fundamental (ainda que definida e tratada de outros modos) em Frege, Wittgenstein, Russell, no neopositivismo lógico, na filosofia analítica da linguagem, na fenomenologia, na própria filosofia hermenêutica, na lingüística e na semântica gerativa. Mas para encontrar a formação da S. como disciplina autônoma é preciso identificar duas vertentes fundamentais, que remontam respectivamente a Charles Sanders Peirce e a Ferdinand de Saussure.

1º Num fragmento de 1897, Peirce, vinculando-se, evidentemente, ao uso de Locke do termo "S.", assim definiu a S.: "Lógica, no seu sentido geral, é, como creio haver demonstrado, somente um outro nome para S. (σημειωτική: a doutrina quase necessária, ou formal, dos signos" (*Collected Papers,* 2.227). Em célebre artigo escrito entre 1905 e 1907 e depois inserido nos *Collected Papers,* Peirce definiu a S. como a "disciplina da natureza essencial e das variedades fundamentais de toda possível semiose" (*Coll. Pap.*, 5.488), e a semiose (v.) como uma relação entre três entidades, não redutível de modo algum a uma relação entre dois: um signo, o objeto pelo qual o signo está e um outro signo, chamado *interpretante,* que está pelo mesmo objeto pelo qual o primeiro signo também está. Segundo Peirce, não só as palavras da linguagem e os signos não verbais produzidos intencionalmente pelos seres humanos para comunicar-se, mas qualquer evento, estado, objeto do mundo externo e qualquer evento ou estado mental (representação, emoção, sensação etc.), podem entrar numa relação semiósica desde que interpretados por algum interpretante como signo de qualquer outra coisa. A fumaça é signo do fogo se interpretada como tal por algum pensamento-interpretante na mente de algum sujeito humano, e tal pensamento é por sua vez signo do fogo se um outro pensamento, ou uma expressão verbal, um gesto, um comportamento (por exemplo de alarme) são produzidos pelo mesmo ser humano ou por outro para significar fogo. Peirce denominou "semiose ilimitada" o processo contínuo de interpretação através do qual todo signo remete ao seu *designatum* graças a outro signo, a outro e a outro ainda, infinitamente. Portanto, como dirá Morris, inspirando-se explicitamente em Peirce, a S. "não trata do estudo de um tipo particular de objeto, mas de objetos comuns na qualidade (e apenas na qualidade) de partícipes da semiose" (*Foundations of the Theory of Signs,* 1938, trad. it. *Lineamenti de una teoria dei segni,* Paravia, Turim, 1970, p. 14). Visto que o processo de interpretação da semiose ilimitada comporta necessariamente em alguma fase a ativação de representações na mente de algum intérprete humano, a S. de Peirce caracterizou-se como S. cognitiva, ou seja, baseada numa teoria do conhecimento (para Peirce há semiose – e portanto interpretação e inferência – também na percepção). A S. de Peirce, coerentemente com seu pragmatismo (v. PRAGMATISMO), foi marcada por uma concepção dinâmica e interacional: a linguagem é vista nas circunstâncias concretas em que não só os termos individualmente, mas também as orações e assuntos inteiros são interpretados. O significado (v.) de um signo reside na cadeia infinita dos seus interpretantes (outras palavras, frases, assuntos, e também imagens, gestos, ações etc.), mas em particular no seu interpretante final, constituído pelo *hábito* comportamental que o signo determina naqueles que o interpretam e usam, e pela conseqüente disposição destes a agir de determinado modo em certas circunstâncias.

O pensamento de Peirce foi retomado por Charles Morris no quadro do projeto neopositivista de fundação de uma *Enciclopédia Internacional da Ciência Unificada*, iniciada em 1938, para a qual Morris contribuiu com *Foundations of the Theory of Signs.* Na S. (para a qual Morris preferia o termo inglês *semiotic* ao mais comum *semiotics*) ele distinguia três áreas de estudo (que por sua vez diziam respeito a um único objeto, a semiose): a semântica (v.), que considera a relação dos signos com os objetos a que se referem; a sintática ou sintaxe (v.), que trata das relações formais dos signos entre si; a pragmática (v.), que cuida das relações dos signos com seus intérpretes.

2º No *Cours de linguistique générale,* o lingüista Ferdinand de Saussure anunciava que "se pode, portanto, conceber uma ciência que estude a vida dos signos no quadro da vida social; ela poderia constituir uma parte da psicologia social e, por conseguinte, da psicologia geral; nós a chamaremos de semiologia (do grego σημεῖον). Ela poderia dizer-nos em que consistem os signos, que leis os regulam. Como ainda não existe, não podemos dizer o que será; tem, porém, direito a existir, e o seu lugar é determinado de partida" (*Cours de linguistique générale*, 1916, trad. it. *Corso di linguistica generale*, Laterza, Bari, 1979, p. 26). A atenção de Saussure estava, em todo caso, voltada para a linguagem natural e em particular para a língua, entendida como sistema abstrato de signos; mesmo sendo um sistema de signos entre outros (como "o alfabeto dos surdos-mudos, os ritos simbólicos, as formas de cortesia, os sinais militares etc.", *ibid.*), era o mais importante, e portanto era a lingüística que deveria inspirar métodos e conceitos à futura semiologia. Saussure propôs uma série de conceitos a que depois o estruturalismo (v.) em geral e a S. estruturalista fariam referência: a distinção entre língua (*langue*), entendida como sistema formal abstrato, e fala (*parole*), entendida como manifestação concreta e individual da língua; a distinção entre lingüística sincrônica e lingüística diacrônica, ou seja, entre um estudo do sistema lingüístico que prescinda da dimensão temporal e um estudo que leve em consideração as variações históricas a que a língua está sujeita; a proclamação da prioridade e autonomia da lingüística sincrônica sobre a diacrônica; a concepção do signo como entidade de duas faces, o significante e significado; a idéia de que o significado do signo é um valor que promana do sistema de significados em que está inserido. Embora tivesse inicialmente imaginado a S. em bases sociológicas e psicológicas, Saussure delineou uma teoria lingüística como ciência da forma. Os princípios do *Cours* de Saussure foram retomados a partir de meados dos anos 1930 pelo lingüista dinamarquês Louis Hjelmslev, que elaborou a glossemática, teoria não só da linguagem verbal mas de qualquer sistema de signos, que valorizava os aspectos formais, abstratos, algébricos da análise lingüística. A lingüística devia ser imanente, ou seja, analisar sistemas formais abstratos depurados de todos os componentes concretos (físicos, psicológicos, sociológicos etc.). Como ciência da forma, a lingüística candidatava-se a constituir "um ponto de vista comum para muitas disciplinas diferentes, do estudo da literatura, da arte, da música e da história em geral, até a logística e a matemática", disciplinas que, em conjunto, podiam "produzir uma enciclopédia geral das estruturas de signos" (*Prolegomena to a Theory of Language*, 1943, trad. it. *Fondamenti della teoria del linguagem*, Einaudi, Turim, 1961, p. 114).

Entre as influências decisivas para o desenvolvimento da S. contemporânea cabe lembrar o trabalho dos formalistas russos (v. PROPP, *Morfologia da fábula*, 1928), da escola lingüística de Praga e de Roman Jakobson (v., p. ex., *Essais de linguistique générale*, 1963) que foi dos primeiros a interligar os temas semióticos e os da teoria da informação, sendo também um dos primeiros a encorajar um retorno à S. de Peirce. De modo semelhante, o paradigma estruturalista nutriu-se amplamente dos estudos de antropologia cultural (v.) de Claude Lévi-Strauss. Um texto decisivo para a difusão da semiologia estruturalista foram os *Eléments de sémiologie* de Roland Barthes (1964): Barthes, porém, não entendia a lingüística como um ramo da semiologia, mas sim a semiologia como a parte da lingüística que "tem por objeto as *grandes unidades significantes do discurso*" (*Eléments*, trad. it. *Elementi de semiologia*, Einaudi, Turim, 1966, p. 15). Com isso, a S. estruturalista procurava estender as categorias fundamentais da lingüística a qualquer outro sistema de signos, e foi exatamente para reagir a essa tendência que muitos estudiosos retornaram para a S. peirciana. Por outro lado, em outras correntes ressalta-se a função da linguagem verbal como sistema modelizante primário (JU. M. LOTMAN e B. A. USPENSKI, *Tipologia da cultura*, 1975), e é de natureza semiolingüística a teoria de Greimas (A. J. GREIMAS, *Du sens*, 1976 e *Du sens II*, 1983). Contudo, foi exatamente a S. estruturalista que lançou as bases para a concepção mais ampla de uma disciplina que estudasse todos os fenômenos culturais: "Pelo simples fato de existir sociedade, todo uso é convertido em signo desse uso" (R. BARTHES, *Elementi di semiologia*, p. 39).

Entre os desenvolvimentos que se seguiram a estas primeiras propostas, podemos arrolar 1) uma revisão da S. de Peirce, ocorrida simultaneamente em vários países (com conseqüente abandono do modelo lingüístico como instrumento globalizador); 2) nascimento de um estudo dos textos, como unidades fundamentais da semiose; 3) divisão entre abordagem gerativa (que procura ver com base em que regras ou disposições culturais ou mentais são gerados os textos) e abordagem interpretativa (mais orientada para os processos de interpretação, portanto de uma *pragmática* (v.) da semiose); 4) tentativa de fundir abordagem estruturalista e abordagem peirciana e, por conseguinte, uma visão "cultural" dos processos semióticos, baseados em sistemas de regras e convenções ou " códigos" e uma abordagem orientada também para a descoberta de processos semiósicos em todos os níveis cognitivos, inclusive a percepção; 5) extensão, por parte de alguns, do conceito de semiose para o mundo natural em geral. Nesse sentido, a S. insere-se hoje no quadro mais geral das ciências cognitivas e está recebendo novos impulsos (e fornecendo instrumentos), trabalhando na intersecção da lingüística, das neurociências, dos estudos de inteligência artificial, da psicologia cognitiva, da filosofia da linguagem. Ao mesmo tempo ela se mostrou particularmente eficaz na renovação do estudo dos textos literários e artísticos em geral, das comunicações de massa e de todas as técnicas discursivas.

É lícito indagar se, aumentando de tal modo a área de seus interesses, a S. ainda pode apresentar-se como "ciência" unificada (conforme querem alguns, o que contrastaria, porém, com sua vocação filosófica, que prevê diferentes visões da semiose) ou como uma espécie de "departamento" em que se encontram disciplinas diferentes de que a S. se nutre (desenvolvendo-se) e às quais procura prover com um conjunto de categorias gerais (às vezes muito sistematizado), que ajudem a identificar a unidade fundamental do objeto (o fenômeno da semiose) em torno do qual todas de algum modo giram. Nesse sentido, o "olhar semiótico" se proporia como atitude comum a diferentes disciplinas que em nossos dias (ainda que com métodos diferentes) tratam tanto da cultura quanto da natureza. [U.E. – G.Co.]

SEMIOTIZAÇÃO DO KANTISMO. V. KANTISMO, TRANSFORMAÇÃO DO.

SEM-LEI (it. *Eslege*). Vico dá esse nome ao estado no qual "a providência divina impôs aos ferozes e violentos que se dirigissem para a humanidade e lhe organizassem as nações, despertando neles uma idéia confusa de divindade... E assim, por temor a tal divindade imaginada, começaram a organizar-se de algum modo" (*Scienza nuova*, dign. 31). Segundo Vico, o caso do Estado sem-lei é prova da função que a religião exerceu no surgimento da sociedade civilizada. [N.A.]

SENSAÇÃO (gr. αἴσθησις; lat. *Sensus, Sensio*; in. *Sensation*; fr. *Sensation*; al. *Empfindung*; it. *Sensazione*). Este termo tem dois significados fundamentais: 1º um significado generalíssimo, em virtude do qual designa a totalidade do conhecimento sensível, ou seja, todos e cada um de seus elementos; 2º um significado específico, em virtude do qual designa os *elementos* do conhecimento sensível, ou seja, as partes últimas, indivisíveis, de que supostamente é constituído. Este segundo significado aparece somente na filosofia moderna.

1º Para Aristóteles esse termo significa: a) as qualidades elementares, como branco, preto, doce etc. (*De an.*, III, 2, *passim*); b) a percepção do objeto real, chamada de *S. em ato*, que coincide com a realidade do objeto: pelo que uma sensação auditiva em ato é idêntica ao som em ato (*ibid.*, III, 2, 425 b 26); c) a faculdade de sentir, em geral, ou *senso comum* (v.), ao qual atribui a função de perceber tudo o que é sensível e as próprias S. (ou seja, sentir o sentir) (*De somno*, 2, 445 a 17; *De an.*, III, 2, 246 b 11; 415 b 12); d) o sentido específico, como a audição, a visão etc. (*De somno*, 2, 445 a 14; *De an.*, III, 2, *passim*); e) o órgão do sentido, chamado mais freqüentemente de sensório (*De part. an.*, II, 10, 657 a 3; IV, 10, 686 a 8; *De sensu*, 3, 440 a 19). Esta terminologia mantém-se por muito tempo na história do pensamento ocidental, até que, com Descartes, o conceito de S. começa a ser distinguido nitidamente do de percepção.

2º No seu significado mais específico, o conceito de S. foi delimitado por Descartes, que entendeu por S. a simples advertência dos "movimentos provenientes das coisas"; distinguiu-a de percepção, que é a referência à coisa externa (*Pass. de l'âme*, I, 23). A partir desta distinção, que se consolidou cada vez mais depois de Descartes, especialmente graças à escola escocesa, a S. foi reduzida a unidade elementar do conhecimento sensível, o que Locke chamou de "idéia simples"; era considerada material de conhecimento, ao passo que a função cognitiva propriamente dita, vale dizer, a referência ao objeto, cabia à *percepção* (v.). Foi esse o conceito aceito e difundido por Kant, que diz: "A S. é o elemento puramente subjetivo da nossa representação das coisas que estão fora de nós, mas é propriamente o elemento material dessa representação, o real, aquilo com que é dado algo de existente" (*Crít. do Juízo*, Intr., §VII; cf. *Crít. R. Pura*, § I; Dialética transcendental, livro I, seç. I: "Uma percepção que se refira unicamente ao sujeito, como modificação de seu estado, é S."). O caráter primordial ou elementar da S. também era acentuado por Hegel, embora de maneira arbitrária e fantasiosa: "A S. é a forma da agitação obtusa do espírito em sua individualidade destituída de consciência e de intelecto." Em certo sentido, é verdadeira, segundo Hegel, a asserção de que "tudo está na S.", com o sentido de que ela é fonte e origem de tudo; mas fonte e origem significam apenas a primeira e mais imediata maneira como algo aparece, e a S. não se justifica por si (*Enc.*, § 400).

O conceito de S. como elemento simples e último do conhecimento foi primeiramente aceito e ilustrado por filósofos, sendo depois utilizado como fundamento da psicologia nascente pelos primeiros estudiosos que cultivaram esta ciência. Condillac foi o primeiro a dar-se conta do alcance desse conceito. Se a S. é o elemento último do conhecimento, deve ser possível reconstituir, a partir dela, todo o mundo do conhecimento ou da atividade espiritual humana. Foi essa a demonstração que ele tentou dar no *Tratado das S.* (1754), em que adotou como fundamento o princípio de que "o juízo, as reflexões, as paixões e, numa palavra, todas as operações da alma não passam da própria S. que se transforma de várias maneiras" (*Traité des sensations*, Compêndio da primeira parte). Mesmo polemizando contra o sensacionismo, Maine de Biran reconhece o caráter simples e elementar da S. (*Œuvres*, ed. Navine, II, p. 115); esse mesmo caráter da S. é reconhecido por Herbart (*Allgemeine Metaphysik*, 1828, II, p. 90).

O conceito de caráter elementar da S. foi tomado como base da psicologia por H. Spencer, que afirmava: "as S. são estados de consciência primariamente indecomponíveis" (*Principles of Psychology*, 1855, § 211). Esse princípio era consagrado por G. Fechner em *Elemente der Psychophysik* (1860) e por Wundt, que definia as S. explicitamente como "os estados de consciência que não podem ser divididos em partes mais simples" (*Grundzüge der physiologischen Psychologie*, 1893, 4ª ed., p. 281). Tornou-se lugar-comum em psicologia, que em sua primeira fase foi atomista e associacionista (v. PSICOLOGIA).

Por outro lado, o modo como os filósofos interpretaram a S. quase sempre pressupôs um caráter elementar ou atômico. Helmholtz eliminou dela o caráter representativo, considerando-a simples *signo* das coisas, mas reconheceu seu caráter elementar (*Vortrage und Reden*, I, 1884, p. 393). Husserl considerava as S. como componentes elementares das experiências representativas (*Logische Untersuchungen*, II, p. 714), e Mach valeu-se de seu caráter elementar para considerá-las neutras (nem objetivas, nem subjetivas), portanto como componentes simples de qualquer objeto físico ou psíquico (*Analyse der Empfindungen*, 1903, 4ª ed., pp. 14, 17 etc.). As *experiências elementares* de que R. Carnap falava em *Visão lógica do mundo* são ainda S. (*Die Logische Aufbau der Welt*, 1928, § 67).

Quando o gestaltismo (v. PSICOLOGIA) eliminou o atomismo e o associacionismo da antiga psicologia, o conceito de S. tornou-se praticamente inútil. A psicologia fala ainda de S. para indicar sons, cores etc., mas como esse material é dado ao homem somente na sua referência ao objeto externo, ou seja, na percepção, é esta última que passa a interessar à psicologia, tornando-se inútil o conceito de S. como unidade psicológica elementar. [N.A.]

SENSACIONISMO (in. *Sensationalism*; fr. *Sensualisme, Sensationisme*; al. *Sensualismus*; it. *Sensismo*). Doutrina que reduz conhecimento a sensação e realidade a objeto da sensação. Kant chamava Epicuro de sensacionista (*Crít. R. Pura*, Doutrina do Método, cap. IV). Nas filosofias modernas, esse nome foi reservado às doutrinas segundo as quais todos os conhecimentos derivam dos sentidos: essa tese foi entrevista por Hobbes (*Leviath.*, I, 1), mas foi só Condillac que procurou demonstrá-la, dizendo que das sensações se desenvolvem gradativamente os conhecimentos e as próprias faculdades humanas (*Traité des sensations*, 1754). Esse termo costuma ser aplicado a doutrinas desse tipo. É raro (e impróprio) que ele seja aplicado ao empirismo de cunho lockiano (que admite, ao lado da sensação, uma outra fonte de conhecimento, que é a reflexão). [N.A.]

SENSIBILIDADE (in. *Sensibility, Feeling*; fr. *Sensibilité*; al. *Sinnlichkeit*; it. *Sensibilità*). 1. Toda a esfera das operações sensíveis do homem, que abrange tanto o conhecimento sensível quanto os apetites, os instintos e as emoções.

2. Capacidade de receber sensações e de reagir aos estímulos. Por exemplo, "a S. dos vegetais".

3. Capacidade de julgamento ou avaliação em determinado campo. Por exemplo, "S. moral", "S. artística" etc.

4. Capacidade de compartilhar as emoções alheias ou de simpatizar. Nesta acepção, diz-se que é sensível quem se comove com os outros, e insensível quem se mantém indiferente às emoções alheias (v. SIMPATIA). [N.A.]

SENSITIVO (in. *Sensitive*; fr. *Sensitif*; al. *Sensitiv*). Sensível no 2º significado. Às vezes, quem é extremamente sensível. [N.A.]

SENSÍVEL (gr. αἰσθητός; lat. *Sensibilis*; in. *Sensible*; fr. *Sensible*; al. *Sensibel*; it. *Sensibile*). 1. Aquilo que pode ser percebido pelos sentidos. Nesta acepção, "o S." é objeto do conhecimento S., assim como o "inteligível" é objeto do conhecimento intelectivo (ARISTÓTELES, *De an.*, II, 6, 418 a 7; KANT, *Crít. R. Pura*, Anal. dos princ., cap. III, Nota). Aristóteles distinguiu os *S. próprios* e os *S. comuns* (v. SENSO COMUM), e o *S. acidental* do *S. por si*, uma vez que o primeiro é percebido acidentalmente, como acontece quando se percebe o branco ao se perceber que uma pessoa é branca (*De An.*, II, 6, 418 a 16).

2. Aquilo que tem a capacidade de sentir. Nesta acepção, os animais são chamados de "seres S.", ou diz-se que "*x* é particularmente S. a algo". Em inglês, é chamado de S. (*sensible*) quem possui bom senso ou, em geral, é capaz de julgar corretamente.

3. Quem tem capacidade de compartilhar as emoções alheias ou de simpatizar (v. SIMPATIA). [N.A.]

SENSO (in. *Sense*; fr. *Sens*; al. *Sinn*; it. *Senso*). Capacidade de julgar em geral. Com esta significação, a palavra é empregada nas seguintes expressões: *bom S.*, que Descartes considera sinônimo de razão e define como "faculdade de bem julgar e de distinguir o verdadeiro do falso" (*Discours*, I); *S. moral*, que Shaftesbury (*Characteristics of Men*, 1111) e Hutchinson (*System of Moral Philosophy*, 1755) consideraram capacidade instintiva de avaliação moral, portanto como guia infalível do homem; *S. racional* ou *S. lógico*, que Romagnosi considerou como atividade que julga e organiza as sensações (*Che cos'è la mente sana*, 1827, § 10). Com esta mesma acepção do termo relaciona-se a expressão *S. comum*, à qual foi dedicado um verbete à parte, bem como expressões como *S. prático*, *S. financeiro*, *S. artístico* etc., que designam a capacidade de julgar ou de orientar-se nos campos especiais, indicados pelo adjunto adnominal. [N.A.]

SENSO COMUM (gr. κοινὴ αἴσθησις; lat. *Sensus communis*; in. *Common sense*; fr. *Sens commun*; al. *Gemeinsinn*; it. *Senso comune*). 1. Aristóteles designou com esta expressão a capacidade geral de sentir, à qual atribuiu duas funções: 1ª constituir a consciência da sensação, que é o "sentir o sentir", porquanto tal consciência não pode pertencer a um órgão especial do sentido, como, por exemplo, à visão ou ao tato (*De somno*, 2, 455 a 13); 2º perceber as determinações sensíveis comuns a vários sentidos, como o movimento, o repouso, o aspecto, o tamanho, o número e a unidade (*De an.*, III, I, 425 a 14). Essa noção foi admitida também pelos estóicos, que atribuíam ao S. comum as mesmas funções (J. ESTOBEU, *Ecl.*, I, 50). Retomada por Avicena (*De an.*, III, 30), passou para a escolástica medieval (cf. Tomás de Aquino, *S. Th.*, I, q. 78, a 4) e mais tarde também foi comumente aceita por todos os aristotélicos e pelos escritores que se inspiraram de algum modo na psicologia aristotélica.

2. Nos escritores clássicos latinos, essa expressão tem o significado de costume, gosto, modo comum de viver ou de falar. Neste sentido, Cícero adverte que no orador é falta grave "abominar o gênero vulgar do discurso e o costume do S. comum" (*De or.*, I, 3, 12; cf. 2, 16, 68), e Sêneca afirma que "a filosofia visa a desenvolver o S. comum" (*Ep.*, 5, 4; cf. 105, 3). Vico expressava numa fórmula lapidar o pensamento tradicional dos autores latinos ao afirmar: "O S. comum é um juízo sem reflexão, comumente sentido por toda uma ordem, todo um povo, toda uma nação, ou por todo o gênero humano" (*Ciência nova*, 1744, Dignidade 12), e ao atribuir ao S. comum a função de confirmar e determinar "o arbítrio humano, incertíssimo por sua própria natureza, [...] no que diz respeito às necessidades ou utilidades humanas" (*ibid.*, Dignidade 11). Essa expressão teve o mesmo significado na Escola Escocesa. Em *Investigação sobre o espírito humano segundo os princípios do senso comum* (1764), T. Reid usa essa expressão para designar as crenças tradicionais do gênero humano, aquilo em que todos os homens acreditam ou devem acreditar. Para essa escola, o S. comum é o critério último de juízo e o princípio que dirime todas as dúvidas filosóficas.

Hoje, essa expressão costuma ter significado análogo, embora sem a conotação elogiosa atribuída pelos filósofos escoceses. Dewey, por exemplo, ressalta o caráter prático do S. comum: "Visto que os problemas e as indagações em torno do S. comum dizem respeito às interações entre os seres vivos e o ambiente, com o fim de realizar objetos de uso e de fruição, os símbolos empregados são determinados pela cultura corrente de um grupo social. Eles formam um sistema, mas trata-se de um sistema de caráter mais prático que intelectual. Esse sistema é constituído por tradições, profissões, técnicas, interesses e instituições estabelecidas no grupo. As significações que o compõem são efeito da linguagem cotidiana comum, com a qual os membros do grupo se intercomunicam" (*Logic*, VI, 6; trad. it., p. 170).

3. Na doutrina de Kant o S. comum é *o princípio do gosto*, da faculdade de formar juízos sobre os objetos do sentimento em geral. "Tal princípio só poderia ser considerado S. comum, que é essencialmente diferente da inteligência comum, que às vezes também é chamada de S. comum (*sensus communis*), pois esta não julga conforme o sentimento, mas conforme conceitos, embora se trate em geral de conceitos obscuramente representados" (*Crít. do Juízo*, § 20). A inteligência comum (*Gemeine Verstand*) de que Kant fala é o S. comum dos escritores latinos e da escola escocesa, que Kant considera inútil em filosofia (*Prol.*, A 197); essa também é a opinião de Hegel e de outros (cf. R. CANTONI, *Tragico e senso comune*, pp. 35 ss.). [N.A.]

SENSORIAL (in. *Sensory*; fr. *Sensoriel*; al. *Sensorisch*; it. *Sensoriale*). Que concerne ao sensório, aos órgãos dos sentidos. [N.A.]

SENSÓRIO (gr. αἰσθήριον; lat. *Sensorium*; it. *Sensorio*). Na terminologia aristotélica, um órgão de sentido (*De an.*, II, 9, 421 b 32; *De part. an.*, II, 10, 657 a 3 etc.): aquilo que hoje é chamado de receptor. [N.A.]

SENSUALISMO (fr. *Sensualisme*; it. *Sensualismo*). 1. A atitude que consiste em atribuir uma importância excessiva aos prazeres dos sentidos. Em tal sentido a palavra é usada por Berkeley (*Alciphron*, II, 1 6).

2. O mesmo que *sensacionismo* (v.). Este emprego, que só aparece raramente em alguns escritores italianos e franceses do século XIX, é devido à sugestão do termo alemão correspondente a sensacionismo: *Sensualismus*. [N.A.]

SENTENÇA (lat. *Sententia*; in. *Sentence*; al. *Ausspruch*; it. *Sentenza*). Juízo, opinião ou máxima: por exemplo, "as S. de Epicuro" (cf. CÍCERO, *De nat. deor.*, I, 30, 85). Na terminologia medieval, além do significado genérico, esse termo assumiu outro mais específico, de definição autêntica do significado das Escrituras Sagradas e, em geral, de "concepção definida e certíssima". Uma coletânea de S. constitui uma

Summma: a mais famosa foi a de PEDRO LOMBARDO, *Libri quattuor sententiarum*, composta entre 1150 e 1152 (cf. M. GRABMAN, *Die Geschichte der scholastischen Methode*, II, pp. 21 ss.). [N.A.]

SENTIDO (gr. αἴσθησις; lat. *Sensus*; in. *Sense*; fr. *Sens*; al. *Sinn*; it. *Senso*). 1. Faculdade de sentir, de sofrer alterações por obra de objetos exteriores ou interiores. Essa foi a definição dada por Aristóteles (*De an.*, II, 5, 416 b 33) que permaneceu na tradição filosófica (Tomás de Aquino, *S. Th.*, I. q. 78, a. 3; DUNS SCOT, *In Sent.*, I, d 3, q. 8; WOLFF, *Psychol. emp.*, § 67; KANT, *Antr.*, I, § 7 etc.). Nesta acepção, S. compreende tanto a capacidade de receber sensações quanto a consciência que se tem das sensações e, em geral, das próprias ações: capacidade que na filosofia moderna é chamada mais freqüentemente de *S. interno* ou *reflexão* (cf. LOCKE, *Ensaio*, II, I, 4; KANT, *Crít. R. Pura*, Estética, § 1), e às vezes de *S. íntimo* (MAINE DE BIRAN, *Journal Intime*, I, pp. 13-4; *Œuvres*, ed. Tisserand, p. 15 etc.) ou *consciência* (v.).

2. Sensação ou conjunto de sensações, como quando se diz "os S. mostram que...", ou então apetites sensíveis, em especial os desejos sexuais.

3. Órgãos dos S., aquilo que se chama mais propriamente de sensório, ou, na terminologia moderna, receptor.

4. O mesmo que *significado* (v.). [N.A.]

SENTIDO COMPOSTO e DIVIDIDO, FALÁCIA DO. V. COMPOSIÇÃO; DIVISÃO.

SENTIMENTAL (in. *Sentimental*; fr. *Sentimental*; al. *Sentimentalisch*; it. *Sentimentale*). O significado deste adjetivo, no uso comum, não tem relação com o significado geral de sentimento, mas costuma referir-se a uma emoção particular, o amor. "Problemas S.", "crises S." etc. são expressões que se referem a situações em que está em jogo o amor, mais precisamente o amor sexual. Freqüentemente esse adjetivo também inclui referência ao amor em sentido *romântico* (v. ROMANTISMO), como acontece no título de dois romances famosos: *A viagem S.* de Sterne e *Educação S.* de Flaubert.

Em sentido específico, esse adjetivo foi empregado por F. Schiller para indicar uma espécie de poesia, em oposição à poesia ingênua (v. INGENUIDADE). [N.A.]

SENTIMENTALISMO ou SENTIMENTALIDADE (in. *Sentimentalism*; fr. *Sentimentalisme*; al. *Sentimentallität*; it. *Sentimentalità* ou *Sentimentalismo*). Consiste em entregar-se às emoções próprias ou alheias, em exaltar-se com elas num grau desproporcional à força, aos limites e à função dessas emoções. Kant viu no sentimentalismo a fraqueza de deixar-se dominar, até contra a vontade, pela participação no estado emocional de outrem. Por isso, opôs ao S. o autodomínio, que possibilita a sutileza de sentimentos graças à qual as emoções alheias não são julgadas segundo a força de quem julga, mas segundo a fraqueza de quem sente. Diante do autodomínio, é ridículo e pueril deixar-se dominar pela emoção alheia, entregando-se indiscriminadamente à participação nessa emoção (*Antr.*, I, § 62). Na realidade, porém, existe sentimentalismo mesmo quando alguém se entrega às suas próprias emoções ou à sua manifestação externa, iludindo-se quanto à sua força e consistência, e aumentando sua importância. [N.A.]

SENTIMENTO (in. *Sentiment*; fr. *Sentiment*; al. *Gefühl*; it. *Sentimento*). Esse termo pode significar: 1º o mesmo que emoção, no significado mais geral, ou algum tipo ou forma superior de emoção. Para este significado, v. EMOÇÃO; 2º pressentimento, no sentido em que se usam frases como "sinto que algo não vai bem" para dizer que se tem uma opinião que não é possível justificar naquele momento; quanto a esse sentido, v. OPINIÃO; 3º fonte de emoções, como princípio, faculdade ou órgão que preside às emoções, e do qual elas dependem, ou como categoria na qual elas se enquadram.

É com este último sentido que essa palavra é comumente empregada hoje, por exemplo, quando se opõe o "S." à "razão" (considerada como órgão ou faculdade de conhecimentos objetivos), em frases como "não se faz política com sentimentos". Este emprego encontra justificação numa tradição filosófica relativamente recente, ou seja, na filosofia moderna. A filosofia antiga e a medieval não conheceram o S. como fonte ou princípio das afeições, afetos ou emoções, portanto não usam essa noção como categoria para organizar e classificar as afecções da alma. Nem a psicologia platônica, que distingue uma alma racional, uma concupiscível e uma irascível (*Rep.*, IV, 12-15), nem a psicologia aristotélica, que distingue um princípio vegetativo, um sensitivo e um intelectivo (*De an.*, II, 2), reconhecem uma fonte e um princípio autônomos das emoções: estas são repartidas entre as várias divisões ou princípios admitidos, sem exclusão da divisão racional ou intelectiva. O mesmo acontece com a filosofia medieval, que segue as pegadas da psicologia aristotélica. Na realidade, o reconhecimento de uma fonte ou princípio autônomo das emoções relaciona-se com o reconhecimento da subjetividade humana como algo irredutível a um conjunto de elementos objetivos ou objetiváveis ou a modificações passivas produzidas por tais elementos. Este reconhecimento caracteriza os primórdios da filosofia moderna e é, como todos sabem, resultado do cartesianismo.

Os pressupostos desse reconhecimento devem ser buscados na linha de pensamento que vai de Pascal aos moralistas franceses e ingleses (La Rochefoucauld, Vauvenargues, Shaftesbury e Hume) e chega até Rousseau e Kant, culminando neste último: essa é a linha que levou à elaboração do conceito moderno de paixão como emoção dominante e à noção de *gosto* (v.) que está intimamente relacionada com a de sentimento. "S.", "coração", "espírito de fineza" foram expressões usadas por Pascal para indicar o princípio ou o órgão das emoções, que é diferente do órgão ou do princípio dos raciocínios e irredutível a este. Pascal diz: "Os que estão acostumados a julgar com o S. nada entendem das coisas do raciocínio porque logo querem penetrar a questão num relance, desacostumados que estão a buscar princípios. Os outros, ao contrário, que estão acostumados a raciocinar por princípios, nada entendem das coisas do S., porque buscam princípios, e não podem apreendê-los apenas num relance" (*Pensées*, 3). Ao S. ou ao coração deve-se a mesma certeza que têm os primeiros princípios do raciocínio ("Os princípios são sentidos, as proposições são deduzidas, e em cada uma dessas duas formas há certeza, embora obtida por caminhos diferentes"); ao S. e ao coração é atribuída a verdadeira religiosidade, da qual o raciocínio pode somente aproximar-se e da qual só pode dar expectativas (*ibid.*, 282). Assim, os moralistas ingleses e franceses citados contribuíram para a elaboração e o reconhecimento da categoria do sentimento, por terem acentuado o papel dominante das emoções na vida do homem. Finalmente, é preciso lembrar que o "retorno à natureza", proclamada por Rousseau como meio capaz de libertar o homem dos males produzidos pelos artificialismos sociais e de reconduzi-lo à bondade original, é entendida por ele como retorno ao primitivo S. natural. O S. natural é um instinto, uma tendência originária que o conduz para o bem; quando não é alterada, afetada ou bloqueada, conserva o homem no bem e no bem permite-lhe progredir. Nestas famosas teses de Rousseau talvez se encontre a primeira aparição da categoria do S. como princípio autônomo da vida espiritual. Mas o primeiro a falar em termos filosóficos sobre essa categoria e a incluí-la numa nova subdivisão dos poderes ou das faculdades espirituais foi provavelmente Kant. Enquanto Wolff (e depois dele os wolffianos) admitia somente duas atividades fundamentais do espírito humano, conhecimento e volição, objetos dos dois ramos fundamentais da filosofia, o teórico e o prático, KANT reconheceu um terceiro poder ou faculdade, o sentimento. "Todos os poderes ou faculdades da alma – diz KANT (*Crít. do Juízo*, Intr., § III) – podem ser reduzidos a três, que não são redutíveis a um princípio comum: o poder cognitivo, o S. do prazer e da dor e o poder de desejar." O S. de prazer ou dor deve ser inserido entre o poder cognitivo e o poder de desejar; a ele cabe um princípio autônomo, que Kant chama de *faculdade de juízo* (v.). Assim, o S. é o campo de crítica da faculdade de juízo, assim como a faculdade de desejar é o campo de crítica da razão prática. Kant caracteriza o S. como o aspecto irredutivelmente subjetivo da representação. Diz (*ibid.*, § VII): "Aquilo que há de subjetivo numa representação e que não pode de modo algum tornar-se artigo de conhecimento é o prazer ou a dor que estão ligados à representação; isso porque através deles nada conheço do objeto da representação, ainda que eles possam ser efeito de algum conhecimento." Em conformidade com esta reivindicação de autonomia do S. como categoria espiritual, em sua *Antropologia pragmática*, Kant divide a primeira parte, dedicada ao "modo de conhecer interior e exterior do homem", em três livros, dedicados respectivamente ao poder cognitivo, ao S. de prazer e dor e ao poder apetitivo. Por sua vez, o segundo livro é dividido em duas partes principais, a primeira das quais dedicada ao "S. de deleite e prazer sensível na sensação do objeto"; a segunda, dedicada ao "S. do belo, que é em parte sensível e em parte intelectual, sendo próprio da intuição reflexa ou do gosto". Esta segunda parte resume de forma mais acessível os resultados da *Crítica do Juízo*; a primeira contém uma série de observações sobre o S. de prazer e dor em relação com os dados dos sentidos (cf. também *Met. der Sitten*, Intr. 1, nota) (v. EMOÇÃO).

Com isso, o S. ingressara oficialmente na filosofia como categoria independente na consideração filosófica do homem. O próprio Hegel aceita-o como determinação do espírito subjetivo e define-o como "uma afeição determinada", mas determinada de modo simples, isto é, de tal modo que, mesmo quando seu conteúdo é sólido e verdadeiro (o que nem sempre acontece), ele assume a forma de "particularidade acidental". Hegel acrescenta: "Quando, ao discutir sobre uma coisa, alguém não recorre à natureza e ao conceito da coisa, ou pelo menos à razão e à universalidade do intelecto, mas a seu S., nada se pode fazer; porque desse modo essa pessoa está se recusando a aceitar a comunhão da razão e fecha-se em sua subjetividade isolada, em sua particularidade" (*Enc.*, § 447). Nesse aspecto, Hegel se opunha à tendência literária do Romantismo, cuja bandeira foi a descoberta e a exaltação do S., considerando-o a forma mais íntima e ao mesmo tempo mais livre de vida espiritual. Para os românticos só pode ser artista quem – como diz Friedrich Schlegel (*Ideen*, § 13), – "tem uma religião própria, uma intuição original do infinito". Essa intuição original do infinito é aquilo que os românticos chamam de *sentimento*. Em outras palavras, S. é a manifestação do Infinito, de Deus, à intimidade da consciência. Portanto, as características que definem o S. na concepção romântica são dois: 1º seu caráter de extrema subjetividade, constituindo o que há de mais subjetivo no sujeito; 2º sua capacidade de revelar o Princípio infinito da realidade. Em virtude deste segundo aspecto, o S. é entendido pelos românticos, alternada ou concomitantemente, como órgão da arte, da filosofia e da religião. Schleiermacher considerou-o órgão da religião, afirmando que "só o S. revela o Infinito" (*Reden*, II; trad. it., p. 43), tese reiterada e defendida freqüentemente depois disso. Em tempos mais recentes foi considerado órgão da arte por Gentile (*Filosofia da arte*, 1931), porquanto a arte é "a subjetividade pura, íntima e inexprimível do sujeito pensante", e o S. é precisamente isso. Na concepção de arte de Gentile, o S. conserva todas as conotações românticas: é o infinito espiritual na própria forma de sua infinidade, livre de determinações conceptuais necessitantes, constituindo "a subjetividade pura do sujeito" (*ibid.*, pp. 176 ss.); como tal, a infinidade do S. é a infinidade do homem em sua universalidade, estando portanto acima e além da diversidade empírica dos homens, considerados individualmente" (*ibid.*, p. 205). Mas a outra corrente do Romantismo oitocentista, o positivismo, também não ficou alheia à exaltação do sentimento. Ao delinear as características do futuro regime sociocrático (dominado e dirigido por uma corporação de filósofos positivistas), Comte afirmou que esse regime será dominado mais pelo sentimento que pela razão e que, portanto, atribuirá papel importante às mulheres, que representam o elemento afetivo do gênero humano (*Politique positive*, I, pp. 204 ss.). Isto ocorrerá porque a moral dessa sociedade futura será o altruísmo, mas um altruísmo tão desenvolvido que criará inclinações e instintos benévolos que, tanto quanto o sentimento, agem sem necessidade de reflexão. As preocupações religiosas e morais de Comte levaram-no a insistir no valor do S. e a exaltá-lo à maneira romântica.

Mas afora o Romantismo, e contra ele, o S. foi aceito como categoria fundamental da vida espiritual, como uma das "faculdades" ou "poderes" do espírito. É curioso notar que, enquanto Kant admitia a tripartição conhecimentos-vontade-S. com base apenas num modesto mas válido motivo metodológico (porque os três grupos de fenômenos não são redutíveis a um princípio único), logo depois dele essa tripartição começa a ser dogmatizada: para Fries ela já é resultado imediato da auto-observação (*Anthropologie*, I, 1837, § 4). Herbart, conquanto negasse a doutrina das faculdades da alma, considerando-as "conceitos de classe" segundo os quais os fenômenos estudados se organizam, nem por isso deixou de incluir entre tais conceitos de classe o conceito de sentimento. Para Benecke, o S. era a base da moral e da religião; esta última originar-se-ia do S. de dependência em relação a Deus, justificado pelo caráter fragmentário da vida humana e pela exigência de completitude, que só pode vir de Deus (*System der Metaphysik und Religionsphilosophie*, 1840). Para Rosmini o S. era a consciência que cada um tem de si, ponto de partida e base para o conhecimento da alma (*Psicologia*, § 69).

A tripartição das faculdades do espírito em conhecimento, sentimento e vontade manteve-se como esquema praticamente constante na filosofia do século XIX. Para sua difusão muito contribuiu a obra de Cousin, que estabeleceu a correspondência entre essa tripartição e três valores absolutos: o Verdadeiro, o Belo e o Bem (*Du vrai, du beau et du bien* foi título da obra mais conhecida de Cousin, 1853). Se deixarmos de lado as críticas de caráter metodológico sobre a oportunidade de semelhantes esquemas rígidos de subdivisão no estudo dos fenômenos espirituais, poderemos dizer que essa tripartição ainda hoje é a mais difundida, tendo-se incorporado ao modo de pensar comum. Exceção é Croce, que reduziu as formas do espírito às duas formas admitidas por Wolff: a teórica e a prática, criticando o S. como categoria espúria e ambígua. Para Croce, S. era uma palavra "usada para denominar uma classe de fatos psíquicos constituída segundo o método naturalista e psicológico": noção que várias vezes exerceu função negativa e crítica em estética, historiografia, lógica e ética, pois contrapunha às interpretações demasiado limitadas e estreitas tudo o que havia de "indeterminado" ou "semideterminado" fora dessas interpretações. O testemunho a que recorria para rejeitar essa categoria era o da observação interior: "Quem quiser, investigue seu espírito e tente indicar um ato ao menos que, ao contrário dos indicados acima [atos teóricos e práticos], constitua algo novo e original, e mereça a denominação especial de S." (*Fil. da prática*, I, I, c. 2). Mas esse tipo de testemunho é extremamente variável e infenso a qualquer verificação; a Fries, por exemplo, e a muitos outros, a distinção entre S. e outras atividades espirituais parecia tão claramente provada pelo testemunho interior quanto desmentida para Croce. Na realidade, o uso de tais categorias, como S., atividade teórica, atividade prática, só pode ser discutido, portanto submetido a limites e regras, com base na análise precisa de um grupo delimitável de fenômenos: análise que Croce nem sequer tentou. Contudo, na filosofia contemporânea não faltam análises desse tipo, que figuram entre suas contribuições menos discutíveis para o conhecimento do homem em seu mundo. Uma dessas contribuições – das mais importantes – é a de Max Scheler, que se reportou às palavras de Pascal, "o coração tem razões que a razão desconhece", mas sem interpretá-las no sentido freqüentemente encontrado na filosofia moderna e contemporânea (v. CORAÇÃO), de que a razão deveria ter certa condescendência para com o S. e tentar corresponder às suas exigências, porém no sentido de que o S. tem suas próprias leis, seus próprios objetos e constitui, portanto, um mundo diferente do racional. Scheler começa fazendo a distinção entre os estados emotivos simples, que não têm caráter intencional, ou seja, que não se referem imediatamente a um objeto próprio (v. EMOÇÃO), e o S. originário e intencional, que, ao contrário, é uma reação particular ao estado emotivo e consiste nas atitudes extremamente variáveis e mutáveis assumidas diante do estado emotivo: enfrentar, tolerar, fruir, suportar etc. Estado emotivo, por exemplo, é o prazer sensível correspondente ao caráter agradável de uma refeição, um perfume, um leve toque. O S. puro, ao contrário, consiste nas reações do eu a tal estado emotivo: por exemplo, fruir em maior ou menor grau, tolerar etc. Assim, enquanto um estado emotivo faz parte do conteúdo fenomênico, o S. puro está entre as funções destinadas a *apreender* tal conteúdo. Desse ponto de vista, a aptidão para suportar ou a fruir nada tem a ver com a sensibilidade em relação ao prazer e à dor. O grau de prazer ou de dor pode ser o mesmo, mas o sofrimento e o gozo por eles provocados em dois indivíduos ou no mesmo indivíduo em momentos diferentes podem ser completamente diferentes. Ora, enquanto os estados emotivos podem referir-se apenas de modo indireto aos objetos ou os fatos que os provocam ou de que são considerados signos, os sentimentos puros referem-se imediatamente a um objeto específico, que é o *valor*. Portanto, o S. tem mo valor uma relação idêntica à observada entre a representação e seu objeto: a relação *intencional* (v. INTENCIONALIDADE). Enquanto é necessário um ato de reflexão para relacionar um estado emotivo com o objeto de que ele é signo ou que julgamos ter ele provocado, o S. relaciona-se com seu objeto específico, o valor, de modo imediato, como acontece, por exemplo, quando sentimos a beleza dos montes cobertos de neve ao pôr-do-sol. A conexão intencional entre S. e valor não tem, pois, nada a ver com um vínculo causal entre S. e objeto, e é até independente da causalidade psíquica individual, ou seja, das leis que regem a vida psíquica do indivíduo. De fato, quando as exigências dos valores não são satisfeitas, sofremos, por exemplo, por não nos sentirmos tão alegres quanto o valor de um acontecimento mereceria, ou por não nos sentirmos tão tristes pela morte de um ente querido quanto esse fato exigiria (*Formalismus*, pp. 260 ss.). Assim, segundo Scheler, o S. dá acesso a um mundo de objetos tão reais quanto as coisas ou os fatos que constituem o objeto da representação, mas que nada têm a ver com eles, porque não são coisas nem fatos, mas valores. Scheler, portanto, está de acordo com Kant ao julgar que o S. não é "artigo de conhecimento", mas discorda dele quanto a julgar que ele não tem nenhum objeto e é, por isso, destituído de caráter intencional. Apenas as emoções sensíveis são destituídas de objeto e por isso constituem estados emotivos puros, ao passo que os sentimentos vitais e os psíquicos sempre podem revelar caráter intencional (referir-se a um objeto-valor); os S. espirituais revelam-no necessariamente (para a distinção entre os graus emocionais, v. EMOÇÃO). A análise de Scheler é muito importante porque lança novas luzes sobre a vida emocional do homem. Contudo, o próprio Scheler usou sua análise como fundamento de uma verdadeira metafísica dos valores, em que estes considerados não só objetos, no sentido próprio e restrito do termo (v. OBJETO), como também verdadeiras realidades, no sentido em que são chamadas de reais as coisas, as entidades e os fatos, com a diferença de que, diante de qualquer outra coisa, entidade ou fato, os valores seriam realidades últimas ou "absolutas". Essa integração metafísica de uma análise meritória pelo modo como foi conduzida e pelas suas conclusões pode levantar dúvidas quanto à sua legitimidade. Com efeito, pode-se considerar que um dos resultados dessa análise é estender o significado de "objeto" como termo ou fim de um ato intencional, de tal modo que não sejam chamados de objetos apenas os que possam ser considerados reais no sentido de terem características de fatos ou entidades subsistentes. Por realidade entende-se, pois, de modo estrito e rigoroso, o termo de um processo cognitivo passível de verificação (v. REALIDADE), e não há razão para identificar a intencionalidade emotiva com a intencionalidade cognitiva; o próprio Scheler dá boas razões para fazer o contrário. Se as coisas são assim, ou seja, se a intencionalidade do S. é diferente da intencionalidade do conhecimento, sendo também diferentes seus respectivos objetos, deixa de ter fundamento a crítica de Scheler à tendência da psicologia contemporânea, de negar a "função cognitiva" dos S.

A psicologia contemporânea admite a função dos S. no comportamento vital do organismo e vê neles o anúncio de situações presentes ou futuras, o que permite enfrentar tais situações da mesma maneira como um dispositivo de alarme põe em movimento os meios de enfrentar um perigo. Assim como Scheler, Heidegger reconheceu a importância fundamental do S., que ele considera arraigado na substância humana, vale dizer, na estrutura *ontológica* de sua existência. Heidegger chama de situação afetiva (*Befindlichkeit*) o tom emocional da ocupação cotidiana do homem, e vê nessa tonalidade uma manifestação essencial do ser do homem no mundo: "O estado da situação afetiva constitui, essencialmente, a abertura do ser-aí no mundo" (*Sein und Zeit*, § 29). Segundo Heidegger, a situação fundamental de um ente que, como o homem, vive num ambiente que lhe fornece as coisas para utilizar e que, por isso, pode ameaçá-lo com a impossibilidade de utilizá-las, com a resistência das coisas. Também neste caso, se deixarmos de lado a linguagem específica da ontologia de Heidegger, a análise concordará fundamentalmente com a da psicologia contemporânea; e é ratificada a noção de S. como capacidade de apreender o valor que um fato ou uma situação apresenta para o ser (animal ou homem) que deve enfrentá-la. Finalmente, é preciso lembrar que para Hartmann o S. – que serviu de base para a sua ética – é a "principal sede em que os valores se dão" (*Ethik*, 1926). [N.A.]

SENTIMENTO FUNDAMENTAL (it. *Sentimento fondamentale*). Com este termo Rosmini designou a consciência que o homem tem de seu eu e da conexão (que o constitui) entre alma e corpo. "Existe no homem, tal qual ele é por natureza no primeiro instante de sua vida, 1.º) um sentimento único constante-fundamental, animal-espiritual; 2.º) uma percepção racional, imanente, do sentimento animal" (*Psicologia*, 1850, § 256). [N.A.]

SEPARAÇÃO (gr. διάκρισις; lat. *Separatio*; fr. *Séparation*; al. *Trennung*; it. *Separazione*). Resolução de um composto em suas partes ou em seus elementos. Este termo foi usado por Anaxágoras (*Fr.* 10, Diels) e por Empédocles (*Fr.* 58, Diels) (cf. PLATÃO, *Sof.*, 243 b; ARISTÓTELES, *Met.*, I, 4, 985 a 25). [N.A.]

SEQÜÊNCIA (lat. *Sequentia*; in. *Sequence*; fr. *Séquence*; al. *Folge*; it. *Sequenza*). Conjunto de termos entre os quais há uma relação de antes e depois (cf. PEIRCE, *Coll. Pap.*, 3.562 B). [N.A.]

SER (gr. τὸ ὄν; lat. *Ens* ou *Esse*; in. *Being*; fr. *Être*; al. *Sein*; it. *Essere*). 1. Preliminarmente, convém distinguir os dois usos fundamentais desse termo: 1.º) o uso *predicativo*, em virtude do qual dizemos "Sócrates é homem", ou "a rosa é vermelha"; 2.º) o uso *existencial*, em virtude do qual dizemos "Sócrates é" (= existe) ou "a rosa é" (= existe). Embora nem sempre explicitamente formulada, essa distinção é assumida ou pressuposta quase universalmente. Em *Parmênides*, Platão dá destaque à diferença entre a hipótese "o um é um" e a hipótese "o um é"; nesta última "é" significa "participação no S." (*Parm.*, 137 e; 142 b). Aristóteles expressa de várias formas a mesma diferença: como diferença entre *é* como terceiro predicado e *é* como segundo predicado (*De int.*, 10, 19b 19); como diferença entre *é* como predicado por acidente ("Homero é poeta") e *é* predicado *por si* ("Homero é") (*De int.*, II, 21 a 25); como diferença entre "S. alguma coisa" e "S. absolutamente" (*El. sof.*, 5, 167 a 1). Na diferença entre S. predicativo e S. existencial baseia-se ainda a distinção aristotélica entre tese e hipótese, como premissas do silogismo: a primeira não assume a existência do objeto a que se refere; a segunda, sim (*An. post.*, 1, 2, 72 a 18).

A diferença entre esses dois significados de S. permanece constante na tradição filosófica posterior a Aristóteles. Tomás de Aquino afirma: "S. tem dois significados: num modo significa o ato de S.; no outro significa a composição da proposição que o homem encontra ao juntar o predicado ao sujeito" (*S. Th.*, 1, q. 3, a. 4; cf. *De ente*, 1). Na lógica terminista medieval distinguia-se o verbo S. como segundo constituinte (*secundo adiacens*) da proposição, do verbo S. que aparece como terceiro constituinte (*tertio adiacens*), em função predicativa ou de cópula (OCKHAM, *Summa log.*, II, 1; ALBERTO DE SAXÔNIA, *Lógica*, I, 5). Kant estabeleceu a distinção entre a posição predicativa ou *relativa*, expressa pela cópula de um juízo, e a posição *absoluta* ou existencial, com que se afirma a existência da coisa (*Der einzig mögliche Beweisgrund zu einer Demonstration des Daseins Gottes*, 1763, § 2). Na filosofia moderna e contemporânea, essa distinção é lugar-comum, embora nem sempre seja explicitamente formulada. Na evolução sofrida pelas interpretações desses dois significados de S. ao longo da história, pode-se perceber uma correspondência entre as interpretações do primeiro significado e as do segundo. Contudo, por uma questão de clareza, o estudo de cada uma delas deverá ser feito em separado.

1.º *Significado predicativo.* Nas interpretações do significado predicativo é possível distinguir três doutrinas fundamentais: A) inerência; B) identidade (ou suposição); C) relação.

A) Segundo a doutrina da inerência, S., na relação predicativa, significa pertencer ou inerir (gr. ὑπάρχειν; lat. *Inesse*). "Sócrates é homem" significa que a Sócrates inere a essência homem; "a rosa é vermelha" significa que à rosa pertence a qualidade vermelho, e assim por diante. O fundamento dessa doutrina é a teoria aristotélica da *substância* (v.). De fato, as relações de inerência que podem ser expressas pelo verbo S. são esclarecidas e distinguidas por Aristóteles com base nas relações entre a substância e sua essência necessária, ou entre a substância e suas outras determinações categoriais ou acidentais. Aristóteles diz: "Inerir, inerir necessariamente e a possibilidade de inerir são coisas diferentes" (*An. pr.*, 1, 8, 29b 28). Inerência necessária é a da essência necessária (expressa pela definição) à coisa da qual é essência, enquanto o simples inerir ou o inerir possível é referir à coisa uma qualidade, quantidade ou qualquer outra das determinações categoriais não incluídas na definição da coisa ou puramente acidentais. Este é o significado da distinção aristotélica entre S. necessário (ou *por si*) e S. acidental. "Em sentido acidental, dizemos, por exemplo, que o justo é músico, que o homem é músico e que o músico é homem, ou dizemos que o músico constrói quando acontece de o construtor ser músico ou de o músico ser construtor: em todos esses casos, dizer 'isto é aquilo' significa 'A isto acontece aquilo'" (*Met.*, V, 7, 101 7 a 7). Ao contrário, a inerência necessária ou *por si* não tem caráter acidental, e, mesmo ao se especificar segundo as categorias, seu principal fundamento é a substância. Aristóteles diz: "Assim como *'é'* inere a todas as coisas de modos diferentes, pois a algumas inere de modo primário e a outras de modo secundário, também o *'o quê'* [essência] inere absolutamente à substância e só de certo modo às outras coisas. A respeito de uma qualidade podemos até perguntar o que ela é, e por isso até uma qualidade é exemplo de essência, mas não de modo absoluto. Assim, alguns afirmam que, por lógica, o não-S. *é*; todavia não é de modo simples, mas apenas como não-S.: o mesmo se diga da qualidade" (*ibid.*, VII, 4, 1030 a 22). Portanto, segundo Aristóteles, o S. predicativo expressa a inerência ao sujeito de sua essência necessária, de determinações categoriais (que, embora não pertencendo à essência, dependem dela) ou de determinações acidentais. Esse significado de S. tem um sentido privilegiado, que é o inerir substancial, ou seja, o inerir da essência necessária (expressa pela definição) à substância definida. "Sócrates é animal bípede" é um caso de inerência predicativa privilegiada se "animal bípede" é definição do homem, porque é a inerência da essência necessária à substância. As outras determinações, como por exemplo "Sócrates é filósofo", constituem casos de inerência secundária ou acidental.

As características fundamentais desse conceito do ser predicativo são: 1º sua redução a um tipo único de relação, qualificada como pertença ou inerência; 2º o privilégio concedido à forma necessária dessa relação, ou seja, à forma como essa relação intercede entre substância e essência. Estas características são mantidas pela doutrina em exame ao longo de toda a sua história, que é longuíssima. A tradição lógica medieval até o século XIII (quando do ressurgimento das doutrinas dos estóicos através da *via moderna*) não conhece alternativa. As doutrinas modernas de cunho racionalista geralmente as compartilham. Leibniz diz: "Todo verdadeiro predicado tem algum fundamento na natureza das coisas, e quando uma proposição não é idêntica, vale dizer, quando o predicado não está compreendido expressamente no sujeito, é preciso que esteja compreendido virtualmente: é isso que os filósofos chamam de *in-esse*, ao afirmarem que o predicado *está no sujeito*" (*Disc. de mét.*, 8). Do mesmo modo, para Hegel, o significado predicativo de S. é a identidade entre individual e universal, ou seja, aquela mesma relação entre substância e essência que para Aristóteles era o caso privilegiado de relação predicativa. Hegel diz: "A cópula *é* vem da natureza do conceito, que é de ser idêntico a si mesmo ao se tornar extrínseco: como momentos seus, o individual e o universal são determinações que não podem ser isoladas" (*Enc.*, § 166). Segundo Hegel, o juízo tende a expressar de modo mediato ou reflexo a unidade entre predicado e sujeito, vale dizer, a unidade de um conceito único que, através do próprio juízo e, mais completamente, através do silogismo, articula-se em suas determinações necessárias (*Wissenschaft der Logik*, III, I, cap. 2; trad. it., pp. 77 ss.). A doutrina exposta por alguns hegelianos ingleses (BRADLEY, *Principles of Logic*, 1883; BOSANQUET, *Logic*, 1888), de que S. predicativo significa referência de um conceito ao sistema total da realidade (de sorte que, no juízo, o conceito é uma qualificação essencial da Realidade Universal), representa a forma assumida pela doutrina hegeliana da cópula na filosofia contemporânea. Também nessa forma pode-se reconhecer a teoria da inerência: a substância ou realidade à qual o predicado inere é a totalidade do real, em vez de ser (como na doutrina de Aristóteles) uma única substância.

B) A segunda interpretação fundamental de S. predicativo é de *identidade* (v.) ou *suposição* (v.): segundo ela, a cópula significa identidade do objeto ao qual o sujeito e o predicado da proposição se referem ou no lugar do qual estão (*supponunt pro*). Assim, por exemplo, na expressão "Sócrates é branco", a cópula indicaria simplesmente que o sujeito "Sócrates" e o predicado "branco" referem-se ao mesmo objeto existente, que, portanto, pode ser qualificado com um ou com o outro dos dois termos. A origem dessa doutrina está provavelmente na lógica estóica, na qual é fundamental a referência de qualquer enunciado a uma situação de fato imediatamente presente (v. ESSÊNCIA). Mas é expressa claramente só na lógica do século XIII, em polêmica com a teoria da inerência. Ockham diz: "Proposições como 'Sócrates é um homem' ou 'Sócrates é um animal' não significam que Sócrates tem humanidade ou animalidade. Tampouco significam que a humanidade ou a animalidade está em Sócrates, nem que o homem ou o animal é uma parte da substância ou da essência de Sócrates, ou uma parte do conceito ou da substância de Sócrates. Significam que Sócrates é na realidade um homem e é na realidade um animal: não no sentido de Sócrates ser esse predicado 'homem' ou esse predicado 'animal', mas no sentido de que existe alguma coisa em lugar da qual esses dois predicados estão; como quando acontece que esses predicados estão no lugar de Sócrates" (*Summa log.*, II, 2; *Quodl.*, III, 5). Essa doutrina é expressa quase nos mesmos termos por Hobbes: "A proposição é um discurso que consta de dois nomes juntos: quem fala pretende dizer que, para ele, o segundo nome é um nome da mesma coisa cujo nome é o primeiro, ou – o que dá no mesmo – o primeiro nome está contido no segundo. Por exemplo, o discurso 'O homem é animal', em que os dois nomes estão reunidos pelo verbo *é*, é uma proposição porque quem a enuncia pretende dizer que, para ele, o segundo nome 'animal' é nome da mesma coisa cujo nome é 'homem'" (*De corp.*, I, 3, § 2). Essa doutrina foi substancialmente reproduzida por Stuart Mill, que distinguia as afirmações "essenciais", ou seja, gerais, que só explicam a essência nominal de uma coisa (v. ESSÊNCIA), das proposições "reais", que sempre implicam a existência do sujeito a que se referem "porque, no caso de um sujeito inexistente, a proposição nada teria para asseverar" (*Logic*, I, VI, 2).

A referência à realidade imediatamente dada ou intuída é a primeira característica fundamental da doutrina em exame. Os lógicos do século XIV chegavam a considerar falsas até mesmo proposições tautológicas como "A quimera é quimera", quando nelas o sujeito representa um objeto inexistente (OCKHAM, *Summa log.*, II, 14). A segunda característica dessa doutrina é a identidade da referência objetiva dos termos da proposição (identidade da coisa em lugar da qual estão).

C) A terceira interpretação fundamental da cópula é a que a considera uma *relação*. Esta interpretação pode ser dividida em duas alternativas: a primeira (*a*) considera que a relação predicativa é subjetiva; a segunda (*b*) considera-a objetiva.

a) A interpretação do S. predicativo como relação que é ato ou operação do sujeito pensante tem como pressuposto óbvio o princípio cartesiano de que o objeto imediato do conhecimento humano é apenas a *idéia*. Desse ponto de vista, a proposição apresenta-se como *juízo* e começa a ter esse nome porque juízo é exatamente o ato com que o espírito escolhe ou decide. Descartes diz: "Dos meus pensamentos, alguns são como imagens das coisas, e a eles só convém o nome de idéia: como quando represento um homem, uma quimera, o céu, um anjo, ou Deus. Outros pensamentos têm, além destas, outras formas; por exemplo, quando quero, temo, afirmo ou nego, estou concebendo alguma coisa como objeto da ação de meu espírito, mas, com essa ação, acrescento alguma outra coisa à idéia desse objeto; desses pensamentos, alguns são chamados de vontades ou emoções; outros, de *juízos*" (*Méd.*, III). Portanto, segundo Descartes, juízo é uma ação do espírito por meio da qual "se acrescenta alguma coisa" à idéia que se tem de um objeto; em outros termos, é um ato de unificação ou síntese. Esta noção é claramente expressa na *Lógica*, de Arnauld: "Quando digo 'Deus é justo', 'Deus' é o sujeito dessa proposição, 'justo' é o atributo, e a palavra 'é' marca a ação do meu espírito que afirma, ou seja, que liga as idéias 'Deus' e 'justo' como convenientes uma à outra" (*Log.*, II, 3). A definição lockiana de conhecimento como "percepção de vínculo e concordância ou de discordância e oposição entre nossas idéias" (*Ensaio*, IV, I, § 2) expressa exatamente a mesma tese. Locke diz: "Tudo o que sabemos ou podemos afirmar sobre uma idéia qualquer reside em ser ou não essa idéia igual a uma outra; em coexistir ou não com alguma outra idéia no mesmo sujeito; em ter uma ou outra relação com alguma outra idéia; ou em ter existência real ou fora do espírito" (*ibid.*, IV, I § 7). Portanto, mesmo em seu uso existencial, o verbo S. só faz expressar relações *percebidas* pelo espírito, vale dizer, as relações cuja realidade está no sujeito cognoscente, embora não somente nele. Kant expressou esse mesmo conceito ao afirmar que o ato de juízo, atividade própria do intelecto, é a *síntese:* "Entendo por síntese, no sentido mais amplo dessa palavra, o ato de unir diversas representações e compreender a sua multiplicidade num só conhecimento" (*Crít. R. Pura*, § 10). Todas as interpretações idealistas da relação predicativa no mundo moderno partem dessa afirmação kantiana. Atividade sintética, poder sintético do espírito, síntese *a priori*, são expressões às quais a interpretação idealista do kantismo, a partir do Romantismo, emprestou um significado enfático e criativo, que decerto não tinham na doutrina de Kant: estas expressam o caráter subjetivo da atividade sintética, que como tal só pode atuar entre "idéias" ou "representações", vale dizer, entre elementos ou estados do mesmo sujeito. A dificuldade fundamental que essa doutrina depara é a óbvia consideração de que uma asserção qualquer não visa a estabelecer uma relação entre duas idéias, representações ou conceitos, mas entre os objetos aos quais eles fazem referência. Quando se afirma "Sócrates é um homem", não se quer dizer que a representação Sócrates é homem, mas sim o indivíduo real ao qual o nome se refere. É em observações desse tipo que se baseia a alternativa objetivista.

b) A doutrina da cópula como relação objetiva foi apresentada pela primeira vez por De Morgan (*Formal Logic*, 1847, cap. 3) e adotada pelo criador da lógica matemática, Boole. Para este, a lógica lida com duas espécies de relação: entre coisas e entre fatos; estas últimas também podem ser chamadas de relações entre proposições (*Laws of Thought*, 1854, I, § 6). De acordo com essa teoria, a relação expressa pela cópula é a mesma em todas as formas proposicionais, não porque sua natureza esteja expressa na proposição, mas porque é estabelecida por convenção. A cópula pode então expressar uma relação qualquer. Nesse sentido, ela foi chamada por De Morgan (*Cambridge Philosophical Transactions*, X, 339) de *cópula abstrata*. Peirce distinguiu os vários tipos de cópula da seguinte maneira: "Cópula transitiva é aquela para a qual é válido o modo *Barbara*. Schröder demonstrou o importante teorema de que, se usamos *É* para representar essa espécie de cópula, cujo exemplo é 'maior que', então existe algum termo relativo *r* tal que a proposição '*S* é *P*.' seja precisamente equivalente a '*S* é *r* para *P* e é *r* para qualquer coisa para a qual *P* seja *r*.'. Cópula de *inclusão correlativa* é aquela para a qual são válidos tanto o modo *Barbara* quanto a fórmula de identidade. Se representarmos essa cópula com *é*, existirá um termo relativo *r* tal que a proposição '*S é P*.' seja precisamente equivalente a '*S* é *r* para qualquer coisa para a qual *P* é *r*.'. Se a última proposição se seguir da penúltima, qualquer que seja o termo relativo *r*, a cópula será a *de inclusão,* usada por Peirce, Schröder e outros. De Morgan usa uma cópula que vale para qualquer relação que seja ao mesmo tempo transitiva e conversível, como por exemplo 'igual a' ou 'da mesma cor de'. Para cada cópula desse tipo existirá algum termo relativo *r* tal que a proposição '*S é P*.' será exatamente equivalente a '*S* é *r* para cada coisa e só para cada coisa para a qual *P* é *r*.'. Tal cópula pode ser chamada de *cópula de identidade correlativa*. Se a última proposição se seguir da penúltima, a cópula será a *cópula de identidade,* usada por Thompson, Hamilton, Baynes, Jevons e muitos outros" (*Coll. Pap.*, 3, 622). Com mais simplicidade, hoje se costuma distinguir uma cópula de *pertença*, simbolizada por ε, que designa a relação entre um indivíduo e uma classe; uma cópula de *inclusão,* simbolizada por ⊃, que designa a relação entre uma classe e outra classe; estas duas espécies de cópulas são distinguidas de operador (ou quantificador) existencial (v. OPERADOR). De qualquer forma, a característica fundamental desta concepção de S. predicativo é a máxima generalidade: as outras interpretações de cópula podem ser consideradas casos especiais de relação, e como tais analisados. Além desses, é possível considerar outros casos. É exatamente essa teoria da cópula que possibilita a doutrina da proposição como função, segundo a qual o predicado é a função, e o sujeito é a variável da função (v. FUNÇÃO).

2º *Significado existencial*. O segundo significado fundamental de S., o existencial, deve ser dividido em dois significados subordinados: I, como existência em geral; II, como existência privilegiada.

I. Em primeiro lugar, S. pode significar existência no 1º significado, geral e indeterminado, mas especificável ou definível de acordo com um critério qualquer. É nesse sentido que Aristóteles afirma que "o S. se diz de muitos modos" (*Met.*, VI, 2, 1026 a 32) e que se pode até dizer que o não-S. é (*ibid.*, VII, 4, 1030 a 23). Mas, tomado nesse sentido, o significado de S. coincide com o de existência (no 1º sentido), e seu estudo poderá ser encontrado no verbete EXISTÊNCIA.

II. Em segundo lugar, S. pode significar existência privilegiada ou primária, na sua modalidade primeira e fundamental, da qual dependem todas as suas manifestações determináveis. Na maioria das vezes, este segundo significado é preparado e anunciado pelo acima exposto (2º, I). O S. se diz de muitos modos, mas apenas um é seu significado primário e fundamental. Esse é o ponto de vista de Aristóteles (*Met.*, VII, 4, 1030 a 21). É justamente da relação entre os múltiplos significados que, à primeira vista, parecem caber ao S. e o significado único e fundamental nos quais eles devem ser integrados, que nasce o chamado "problema do S.". Trata-se do problema do significado primário, único e simples que se presume no S., mas que permanece mais ou menos oculto na multiplicidade dos seus aspectos aparentes. A investigação metafísica, na sua forma clássica, funda-se nesse problema. Trata-se de ver se existe um significado primário de S.: em primeiro lugar, no sentido de expressar melhor que os outros a existencialidade do S.; em segundo lugar, no sentido de possibilitar a integração dos outros significados, servindo-lhes de fundamento ou princípio.

A indagação do problema do S. tende à determinação de um significado que preencha esses dois requisitos. Mas a disputa a que dá origem só se compara à "batalha de gigantes" de que falava Platão (*Sof.*, 246), em que se defrontam os gigantes, ou "filhos da terra", para os quais toda a realidade é corpo, e os deuses, que afirmam a incorporeidade do S. e o reduzem às formas ideais. Na realidade, o significado de S. não é suficientemente estabelecido pelo caráter de corporeidade ou pela sua negação, porque um ser considerado corpóreo pode ter os mesmos caracteres formais de um S. considerado incorpóreo, como ocorria com o S. de que falavam os dois grupos protagonistas da "batalha de gigantes". É bem verdade que os caracteres formais do S. evidenciados como solução do problema, ou seja, como determinação do significado primário de S., são sempre extraídos de uma esfera particular do S., ou pelo menos de um grupo de entes, ou de um ente, de algum modo privilegiado e tomado como exemplo. Mas também é verdade que em todos os casos só se pode obter resposta ao problema do S. quando, entre os caracteres da esfera, do grupo ou do ente considerado, se escolhe um que seja passível de generalização, vale dizer, que possa também referir-se às outras esferas, grupos ou entes. Nesse sentido, Platão desafiava os materialistas a dizerem o que há de comum entre as coisas corpóreas e as incorpóreas, desde que se diga que ambas *são* (*ibid.*, 247d). Mas, apesar de se procurar um significado primário formal (generalizável) do S., pode-se dizer que todas as soluções para o problema só fazem privilegiar, ou seja, considerar primária e fundamental, uma *modalidade* determinada do ser. Ora, como as modalidades pelas quais o S. pode ser enunciado ou asseverado são três (necessidade, possibilidade e assertoriedade), teoricamente também são três as possíveis soluções para o problema do ser. Mas, uma vez que (como veremos) a assertoriedade se reduz à necessidade, ao longo da história da filosofia encontram-se duas soluções fundamentais, bem evidentes por trás das aparentes multiplicidades e disparidades das soluções propostas. Para a primeira dessas soluções (que indicaremos com α) o S. primário é a necessidade; para a segunda (que indicaremos com β), o S. primário é a possibilidade. A solução α corresponde à interpretação *A* do significado predicativo; a solução β corresponde às interpretações *B* e C. Outro caráter distintivo das duas soluções, mas que deve ser considerado secundário por nem sempre estar presente, é o que exporemos a seguir. Na investigação do significado do ser, a primeira delas não leva em consideração a própria investigação, enquanto a segunda pode levar esse fato em consideração, atribuindo-lhe importância na determinação do significado do ser. É o que fazem Platão e os existencialistas.

α) A interpretação do S. segundo a modalidade da necessidade prevalece na metafísica clássica. A famosa tese de Parmênides, "O S. é e não pode não ser" (*Fr.* 4, Diels), estabelece que o significado fundamental do S. é a necessidade, o não poder não ser: no que se refere ao tempo, é eternidade (simultaneidade, *totum simul*); no que se refere à multiplicidade, é unidade; no que se refere ao devir (nascer e morrer), é imutabilidade (*Fr.* 8, 2-4, Diels). Aristóteles também dá prioridade à *necessidade*. Para ele, o princípio de contradição, que fundamenta a sua "filosofia primeira" (ciência do S. como S.), é o princípio que postula a necessidade do S., que se realiza na substância. Aristóteles diz: "Se a verdade tem significado, necessariamente quem diz homem diz animal bípede porque isso significa homem. Mas, se isso é necessário, não é possível que o homem não seja animal bípede; necessidade significa exatamente isto: é impossível que o S. não seja" (*Met.*, IV, 4, 1006 b 30). O aspecto pelo qual é necessário que um S. seja (o único graças ao qual o S. é objeto de ciência, visto que do S. acidental não há ciência, *ibid.*, VI, 2, 1027 a) é a sua *substância*. Aristóteles diz: "É um só o significado do S.: a sua substância. Indicar a substância de uma coisa é indicar o seu S." (*ibid.*, IV, 4, 1007 a 26). Portanto, para ele, a substância é o sentido primário do S.; é também o sentido fundamental, no qual os outros significados podem ser integrados, visto que, para Aristóteles, todas as determinações distinguidas ou distinguíveis do S. são aspectos ou manifestações da substância (*ibid.*, VII, 17) (v. SUBSTÂNCIA).

Este ponto de vista aristotélico foi decisivo para o desenvolvimento posterior do problema do S. Graças a ele, o significado primário e fundamental do S. passou a ser (e continua sendo para grande parte da filosofia) a necessidade, com os atributos, que traz consigo, de imutabilidade, eternidade, unidade etc. Mesmo quando esses atributos deixaram de referir-se à estrutura formal do S. (o que ocorreu no neoplatonismo antigo e árabe e no aristotelismo medieval), e passaram a referir-se a um ente privilegiado (ou seja, não a todas as substâncias, mas à substância superior, Deus), considerou-se que as outras substâncias derivariam ou participariam desta, e que derivariam ou participariam de sua necessidade e de seus atributos. Assim, segundo Tomás de Aquino, a participação das coisas criadas no S. de Deus é participação da perfeição e da imutabilidade d'Ele (*S. Th.*, I, q. 65, a. I). Mas o conceito que dominou a metafísica medieval e, através dela, a moderna e a contemporânea, foi exposto por Avicena no século XI: a necessidade do S. como tal. Todo S., como tal, é necessário. Avicena dizia: "Se uma coisa não é necessária em relação a si mesma, cumpre que seja possível em relação a si mesma, mas necessária em relação a uma coisa diferente" (*Met.*, II, I, 2). A propriedade essencial do possível é exatamente esta: precisar de outra coisa que o faça existir em ato. Mas, por isso mesmo, o que existe em ato existe sempre necessariamente, mas às vezes sua necessidade provém de outra coisa (*ibid.*, II, 2, 3). Os mesmos conceitos, expressos por Algazel (*Met.*, I, I, 8), fundamentaram a escolástica judaica e cristã.

No mundo moderno, o conceito de S. como necessidade foi reafirmado principalmente por Espinosa e Hegel. Espinosa viu o S. de Deus na necessidade, e o S. das coisas na necessidade com que derivam da substância divina (*Et.*, I, 8, esc. II). Hegel expressou esse mesmo conceito com o famoso aforismo que serviu de base para toda a sua filosofia: "O que é racional é real; o que é real é racional." A racionalidade do real é a sua necessidade; em virtude dela, o real, em suas determinações fundamentais, só pode ser o que é. Por isso, Hegel diz que "em entender o que é consiste a tarefa da filosofia, pois o que é, é a razão" (*Fil. do dir.*, Pref.). Também por isso não existe um dever-S., um ideal, uma perfeição que seja diferente do S. e em cujo nome se esteja autorizado a criticar o S. ou a dar-lhe lições. "O que está entre a razão como espírito autoconsciente e a razão como realidade presente, o que diferencia aquela razão desta e não permite que se encontre satisfação nesta é o empecilho de alguma abstração que não se libertou e não se tornou conceito" (*ibid.*, Pref.). Noutras palavras, só para uma falsa abstração se distingue entre o que deveria ser e o que é, entre racionalidade e S. real; isso significa que o S. real é tudo o que *deve* ser, e que sua modalidade, seu sentido primário, é essa necessidade. Por outro lado, toda a filosofia de Hegel está voltada para a demonstração da necessidade das determinações do S.: visa a mostrar que o S., em sua realidade, é tudo o que deve ser (*Enc.*, § I). A necessidade continua sendo o caráter primário do S. em concepções filosóficas díspares. Quando Fichte afirma que S. e atividade do eu são a mesma coisa, está reconhecendo como caráter essencial dessa atividade a necessidade com que põe a si mesma e o não-eu (*Wissenschaftslehre*, 1798, § 1). Conceber o S. como "Consciência" ou "Matéria" não faz diferença: as determinações qualitativas não influenciam sua determinação formal primária. Tanto o Absoluto dos idealistas (Green, Bradley e outros) quanto a matéria dos materialistas são S. necessários. Necessária é a História, de que fala Croce, tanto quanto é necessário o Ato Puro, de que fala Gentile. Este afirmava: "A necessidade do S. coincide com a liberdade do espírito" (*Teoria generale*, XII, § 20). Mesmo Rosmini, para quem a idéia do S. como "S. possível" é fundamento do conhecimento humano, vê na necessidade e na universalidade os caracteres primários do S. (*Nuovo saggio*, §§ 428-9). Husserl afirma energicamente a necessidade do S. que ele considera primário, que é o S. da consciência: "À tese do mundo, que é acidental, opõe-se a tese do meu eu puro e do viver do eu, que é necessária e indubitável. Toda coisa dada, mesmo que presente em carne e osso, pode não ser; mas uma vivência, dada em carne e osso, não pode não ser. Esta é a lei essencial que define essa necessidade e essa acidentalidade" (*Ideen*, I, § 46).

Característica típica dessa concepção do S., ou melhor, uma de suas teses fundamentais, é a identificação entre S. e racionalidade, que serviu de princípio para a filosofia de Hegel. Algumas vezes essa identificação foi entendida como *imanentismo* (v.), no sentido de imanência do S. na consciência. Embora esta também seja uma tese hegeliana, nada tem a ver com a outra. Foi expressa pela primeira vez por Parmênides, que, exatamente nesse sentido, identificou S. e pensar (*Fr.* 5; *Fr.* 8, 34-36, Diels). Certamente a tese de Parmênides nada tinha a ver com o imanentismo, porque a noção de consciência nem sequer tinha nascido (v. CONSCIÊNCIA): expressava apenas o caráter racional da necessidade ontológica. Esse mesmo caráter era expresso por Aristóteles, na doutrina de que a determinação fundamental da substância é a essência necessária, que é a razão de ser (*logos*) da coisa (*De part. an.*, I, 1, 639 b 15). Para Rosmini, o S. possível era a própria forma da razão (*Nuovo saggio*, § 396). A tese em questão, ao mesmo tempo que expressa a necessidade do S., postula um conceito correspondente de razão em geral (v. RAZÃO).

Ao que parece, a ontologia de Hartmann escapa a essa tradição, pois não assume a necessidade como significado primário do S., mas a efetividade (*Wirklichkeit*), à qual seriam redutíveis possibilidades e necessidades. A efetividade é a terceira alternativa da modalidade do S., a assertoriedade. O S. ao qual o dever-ser e o poder-ser se reduzem, segundo Hartmann, é o S. simplesmente existente, em sua pura efetividade ou atualidade, o S. que, no domínio da realidade de fato, se apresenta "deste modo e não de outro", ou seja, como existência análoga à matéria. Mas os enunciados nos quais, segundo Hartmann, se expressa a redução do necessário e do possível ao efetivo ou atual demonstram que, na realidade, a efetividade ainda é e sempre foi necessidade. Esses enunciados são os seguintes: 1º o que é realmente possível é também realmente efetivo; 2º o que é realmente efetivo é também realmente necessário; 3º o que é realmente possível é também realmente necessário. Negativamente: 4º aquilo cujo S. é realmente impossível também é realmente inefetivo; 5º o que é realmente inefetivo também é realmente impossível; 6º aquilo cujo não-S. é realmente possível também é realmente impossível (*Möglichkeit und Wirklichkeit*, 1938, p. 126). Assim, o primado da assertoriedade não tem significado diferente do primado da necessidade.

A ontologia de Hartmann pretendeu apresentar a terceira solução teoricamente possível para o problema do S., mas essa solução é idêntica, mesmo em sua enunciação, à interpretação do S. como necessidade, típica da antiga metafísica.

β) Quem primeiro formulou a concepção de S. primário como possibilidade foi Platão, para quem essa concepção atende a duas exigências fundamentais: em primeiro lugar, explicar por que se diz que tanto as coisas corpóreas quanto as incorpóreas *são* (*Sof.*, 247 d); em segundo lugar, levar em conta o fato de que o S. é ou pode ser conhecido (*ibid.*, 248 e). A primeira exigência exclui que a materialidade ou a imaterialidade possam fazer parte da definição do S. A segunda exclui que da definição do S. possam fazer parte determinações necessárias; por exemplo: que o S. seja necessariamente imóvel (vale dizer, que "tudo seja imóvel), ou que o S. esteja necessariamente em movimento (vale dizer, que "tudo esteja em movimento") etc. (*ibid.*, 249 d). Em vista disso, Platão afirma que o ser é apenas *possibilidade* (δύναμις); portanto, pode-se dizer que qualquer coisa *é,* desde que tenha uma possibilidade qualquer de praticar uma ação, ou então de sofrer uma ação praticada por outra coisa qualquer, ainda que insignificante e mesmo que essa ação seja mínima e só ocorra uma vez (*ibid.*, 247 e). Nesse sentido, possibilidade nada tem a ver com a *potência* de Aristóteles. A potência, de fato, é tal apenas em relação a uma atualidade que, ela só, é o S. primário (v. ATO). Mas para Platão justamente o S. primário é possibilidade. Possibilidades são também as relações reais entre os entes: estes não se mesclam nem deixam de mesclar-se em absoluto, mas apresentam determinadas possibilidades de relações. O mesmo que acontece com as letras do alfabeto e com os sons – alguns podem misturar-se e outros não – acontece com todas as coisas: desse modo, não é tarefa da filosofia enunciar a tese universal da necessidade ou da impossibilidade da comunicação, mas estudar em particular quais são as coisas que podem (ἐθέλειν) unir-se entre si e quais as que não podem (*ibid.*, 252-53). Este conceito não dá ensejo a uma metafísica simetricamente oposta àquela que interpreta o S. como necessidade: não dá ensejo a nenhuma metafísica. É essa sua principal característica. De fato, se é possibilidade, o S. não tem determinações unívocas necessitantes: não é necessário que ele seja um, e não muitos; imutável, e não mutável; imóvel, e não em movimento; eterno, e não temporal etc. De duas determinações opostas e contraditórias, não é necessário que uma lhe pertença e a outra não: ambas *podem* pertencer-lhe em determinadas mas diferentes condições. Portanto, não é possível enumerar definitivamente as determinações unívocas do ser. Platão chegara a essa conclusão em *Parmênides*; neste diálogo mostra-se que o S. não é um ou muitos, mas um e muitos ao mesmo tempo, no sentido de que tanto pode ser um quanto muitos (144 e), e que o mesmo vale para as outras suas determinações eventuais. A desconcertante conclusão deste diálogo é que "o uno, sendo ou não sendo, ele e as demais coisas, em relação a si mesmo e em relação a elas, em tudo são e não são, aparecem e não aparecem" (166 c): palavras que reconhecem a possibilidade de determinações opostas do S. e excluem que ele possa ser chamado de "um" ou "muitos", ou mesmo simplesmente "S." em sentido único e absoluto. Desse ponto de vista, uma metafísica que seja o inventário sistemático das determinações unívocas e absolutas do S. é manifestamente sem sentido.

Portanto, não se deve esperar que essa concepção dê formulações sistemáticas, análogas ou correspondentes à filosofia primeira de Aristóteles, à metafísica clássica. Ao contrário, podemos dizer que essa concepção tende a apresentar-se sempre que a determinação das características universais e necessárias do S. tende a ceder lugar à investigação empírica: esta última é busca de possibilidades, não de determinações necessárias. Desse ponto de vista, pode-se dizer que a tradição filosófica empirista é herdeira e principal representante da concepção de S. cuja primeira formulação se encontra no *Sofista* de Platão. Uma possibilidade pode ser determinada unicamente com base na experiência, na observação dos fatos, nunca por meio puramente racional ou *a priori*. Atribuir ao S. o significado de possibilidade significa abrir caminho a indagações específicas, destinadas a determinar, em cada caso, de que possibilidade se trata. Com fundamento na concepção α, mesmo que as determinações do S. mudem, é necessário que mudem, pois a mudança é determinada por princípio e absolutamente previsível. Quanto à concepção β, ao contrário, toda determinação, porquanto possível, só pode ser confirmada por investigação *ad hoc.*

Sabemos que para os estóicos o significado do S. estava na possibilidade de agir ou de sofrer uma ação; por isso, chamavam de entes apenas os corpos (PLUTARCO, *Comm. Not.*, 30, 2, 1073; DIÓG. L., VII, 56); mas, apesar de tê-los encaminhado para o materialismo, esse princípio não constituiu a base de um empirismo coerente. O empirismo, ao contrário, surge sempre que se nega a tese fundamental da concepção oposta, que é a redutibilidade do S. a predicado. Tal negação pode ser considerada uma tese típica dessa concepção, assim como é típica da outra a identificação entre S. e racionalidade. No fim da Escolástica, Ockham formulava a tese de que o S. ou o não-S. de uma coisa só pode ser alcançado pelo "conhecimento intuitivo", que é a própria experiência (*In Sent.*, II, q. 15 H; *ibid.*, Prol., q. 1 Z); de tal modo, podia afirmar a irredutibilidade do S. a uma determinação conceitual e o seu significado de possibilidade. E diz: "À pergunta 'a coisa existe?' só se pode responder quando se sabe se a coisa existe: isso acontece quando se conhece uma proposição na qual o S. existencial é predicado do sujeito. Ora, uma proposição assim duvidosa [...] de nenhum modo pode ser conhecida com evidência, se a coisa significada pelo sujeito não é conhecida intuitivamente e em si: por exemplo, se ela não for percebida por um sentido particular ou se não for um inteligível não sensível que seja visto pelo intelecto de modo análogo àquele pelo qual a faculdade visual externa vê o objeto visível. Assim, ninguém pode saber com evidência que o branco *é* ou pode *ser* se não viu algum objeto branco; e embora eu possa acreditar em quem me diga que existe leão, ou leopardo, e assim por diante, não conheço com evidência essas coisas" (*Summa log.*, III 2). Aqui o sentido primário do S. é posto na possibilidade da experiência. Conseqüentemente, Ockham reconhece necessidade apenas nas proposições condicionais ("Se o homem é, o homem é um animal racional"), enquanto nega que uma proposição afirmativa qualquer possa ser necessária. Todas as proposições afirmativas são contingentes porque a proposição "O homem é animal racional" seria falsa por falsa implicação, se o homem não existisse (*Quodl.*, V, q. 15). Esses reparos implicam duas tese fundamentais: 1º o S. não é redutível a um predicado; 2º o S. é uma possibilidade que pode ser expressa só por uma proposição contingente. Esta última tese revela a modalidade primária que as observações de Ockham atribuem ao S.: essa modalidade é a possibilidade. O empirismo clássico dos séculos XVII-XVIII atém-se a essa modalidade. Locke contrapõe a certeza das proposições universais, que no entanto não dizem respeito à realidade, à contingência das proposições particulares, que dizem respeito à existência. "As proposições universais, de cuja verdade ou falsidade podemos ter conhecimento seguro, não dizem respeito à existência; as afirmações ou negações particulares, que não seriam certas se transformadas em gerais, referem-se apenas à existência, declarando somente a união ou a separação acidentais das idéias em coisas existentes, idéias que, em sua natureza abstrata, podem não ter entre si nenhuma união ou rejeição conhecida" (*Ensaio*, IV, 9, I). Portanto, com exceção apenas da existência de Deus, conhecida por meio da *demonstração*, ou seja, por meio da relação que ela tem com outras existências, segundo Locke a existência é conhecida de modo contingente e imediato, através de uma relação direta com o objeto: relação que é *intuição* no caso da existência do eu e *sensação* no caso da existência das coisas. Isso exclui que a existência seja um predicado ou que de qualquer maneira possa ser reduzida a uma determinação conceptual. Locke diz: "Não havendo nenhuma conexão necessária de qualquer outra existência, a não ser a de Deus, com a existência de algum homem em particular, segue-se que ninguém em particular pode conhecer a existência de outro ser exceto quando, agindo este sobre aquele, fá-lo de tal modo que é por aquele percebido. O fato de haver a idéia de uma coisa em nossa mente demonstra a existência dessa coisa tanto quanto o retrato de um homem serve de testemunho de que ele existe no mundo, ou tanto quanto as visões de um sonho constituem de per si uma história verídica" (*ibid.*, IV, II, I). Esse conceito da sensação como órgão de conhecimento do que existe nada mais é que o antigo conceito estóico de representação cataléptica, que "deriva de um ente subsistente e é impressa e marcada por ele, de tal modo que se conforma a ele" (DIÓG. L., VII, 46; SEXTO EMPÍRICO, *Adv. math.*, VI I, 248). Essa doutrina equivale a definir o S. das coisas como possibilidade de manifestação delas à percepção ou como percepção mesmo.

A definição de S. como possibilidade é explicitamente retomada pela filosofia alemã do século XVIII, em especial por Wolff: "Ente é o que pode existir e, conseqüentemente, cuja existência não repugna" (*Ont.*, § 134). Mas uma vez que o que pode existir é possível, *o que é possível é ente* (*ibid.*, § 1 35). Mas nesta definição tudo depende, obviamente, do significado de possível. E a propósito Wolff retoma um conceito talvez oriundo de Duns Scot (*In Sent.*, I, d. 2, q. 7), que se encontra já formulado em Leibniz (*Théod.*, II, § 224): "possível é o que não implica contradição, vale dizer, o que não é impossível" (*Ont.*, § 85). Desse ponto de vista, a possibilidade era definida como simples ausência da impossibilidade, ou seja, como necessidade negativa. Portanto, nessa doutrina, a concepção de S. em termos de possibilidade era simples aparência. Kant, com muita firmeza, viu o que se escondia por trás dessa aparência: "O jogo de prestígio, em virtude do qual a possibilidade lógica do conceito (que não se contradiz) é confundida com a possibilidade transcendental das coisas (em virtude da qual ao conceito corresponde um objeto), pode enganar e contentar só os inexperientes". A "possibilidade real" é a dada por uma intuição sensível, isto é, pela experiência atual ou possível (*Crít. R. Pura*, Anal. dos princ., cap. II). Conseqüentemente, "S. não é predicado real, ou seja, um conceito de alguma coisa que se pode acrescentar ao conceito de uma coisa. [...] Se eu disser Deus é ou há um Deus, não estarei afirmando um predicado novo do conceito de Deus, mas apenas o conceito em si, com todos os seus predicados, e o objeto em relação ao meu conceito. Ambos devem ter exatamente o mesmo conteúdo, porém nada se pode acrescentar ao conceito que expressa simplesmente a possibilidade quando penso seu objeto como dado (com a expressão: 'Ele é')" (*ibid.*, O ideal da razão pura, seção IV). Deste ponto de vista, está claro o caráter limitado e condicional de qualquer possibilidade ou S., portanto o caráter fictício ou fantasioso de uma "possibilidade absoluta", que valha sob qualquer aspecto (*ibid.*, Anal. dos princ., Refutação do idealismo). Na filosofia contemporânea, as doutrinas abaixo remetem-se a essa interpretação do significado do S.

a) Teorias que, em matemática, em física e nas ciências em geral, definem a existência como modo de S. particular; por exemplo, como "ausência de contradição", "possibilidade de construção" ou "possibilidade de verificação". A modalidade não necessária do S. que assim se define é evidente (v. EXISTÊNCIA).

b) Formas do empirismo, que só reconhecem S. aos objetos de experiência possível. É a possibilidade de experimentação e observação que nesse caso define o significado do S. (v. EXPERIÊNCIA).

c) Teorias filosóficas que afirmam o primado da possibilidade. Seu precedente está na filosofia de Kierkegaard, que foi o primeiro a propor uma interpretação da existência humana em termos de possibilidade (v. EXISTÊNCIA, 3). Por outro lado, o mesmo ponto de vista pode ser reconhecido em alguns aspectos da fenomenologia de Husserl e nas doutrinas a ela ligadas. Embora Husserl privilegie o S. da consciência e o considere necessário, ao contrário das realidades das coisas, a análise fenomenológica, nesse aspecto, é uma análise de possibilidade; para ela, como disse Heidegger (*Sein und Zeit*, § 7 C): "Mais elevada que a realidade está a possibilidade". Husserl diz: "O fato de uma natureza, um mundo cultural e humano, com as suas formas sociais etc., existirem para mim significa que as experiências correspondentes me são possíveis, ou seja, que, independentemente de minha experiência real desses objetos, posso, a qualquer instante, realizá-los e desenvolvê-los em certo estilo sintético. Isso significa que me são possíveis outros modos de consciência correspondentes a essas experiências como atos de pensamento indistinto etc., e que é inerente a esses atos a possibilidade de eles serem confirmados ou invalidados por meio de experiências de um tipo previamente estabelecido" (*Cart. Med.*, § 37). Deste trecho significativo, decorre que a análise fenomenológica é uma análise em termos de possibilidade; vale dizer: a possibilidade é o significado primário que ela atribui ao ser. O mesmo acontece no existencialismo. Heidegger disse: "O *Dasein* (ser-aí), enquanto compreensão, projeta o seu S. em possibilidades" (*Sein und Zeit*, § 32); na realidade, todas as análises de Heidegger têm como tema as possibilidades do ser-aí, que constituem o tema da analítica existencial. Do mesmo modo, para Jaspers, as possibilidades objetivas constituem a própria existência (*Phil.*, § 18), enquanto Sartre afirma que "o possível é uma estrutura do para-si, ou seja, da consciência" (*L'être et le néant*, p. 34). É verdade que, para Sartre, distinguir-se-ia dessa estrutura o S. *em si*, que é o S. do fenômeno que não seria nem possível nem necessário, mas simplesmente existente. Entretanto, Sartre atribui a esse mesmo S. o caráter de contingência e não acha possível analisar o S. em si senão a partir do S. para si, a consciência: portanto, nessa doutrina, o primado da possibilidade é evidente.

Cumpre observar, porém, que uma das características da concepção em exame é a recusa explícita ou o abandono da tentativa de uma solução simples e global do problema do S., portanto do tratamento "metafísico" desse problema. [N.A.]

2. A reflexão do século XX sobre o S. foi condicionada pela crítica neopositivista à metafísica (que funcionou como freio inibidor) e pela retomada feita por Heidegger da *Seinfrage* (que funcionou como um estímulo criativo).

1º. Se os neokantianos perceberam na idéia de ser uma noção arcaica de natureza pré-crítica e prétranscendental (Cassirer), os neopositivistas (Schlick, Carnap, Neurath, Reichenbach) a compararam a um dos tantos pseudoconceitos que povoam a metafísica (tais como "princípio", "deus", "não-ente" etc.), denunciando seus equívocos lingüísticos e semânticos, devidos ao fato de que "a maior parte dos metafísicos, desde a Antiguidade, deixou-se induzir em erro pela forma verbal, ou seja, predicativa, da palavra 'ser', de tal modo que formularam pseudoproposições como 'sou' ou 'Deus é'" (R. Carnap, *Il superamento della metafisica mediante l'analisi logica del linguaggio,* 1923-1933, trad. it, em *Il neoempirismo,* Utet, Turim, 1969, p. 522; v. METAFÍSICA).

2º. Como tendência contrária a essa série de "vetos", Heidegger insistiu, desde *Sein und Zeit* (1927), na necessária e explícita reformulação do problema do S.: "Teremos hoje uma resposta para a pergunta àquilo que propriamente entendemos com a palavra 'essente'? De modo algum. Portanto, é necessário reformar o problema do sentido do S." (trad. it., Utet, Turim, 1969, p. 50). Entre as teses de fundo que, sobretudo depois de *Kehre* (v.), inspiraram a sua complexa e tortuosa meditação, despontam as seguintes: *a*) o S. *não* é o ente ou *um* ente (nem o ente supremo), mas aquilo que entifica o ente e o torna acessível. O S. é a clareira do S., ou seja, a ocorrência de uma "abertura" ou de um "claro" em cujo interior os entes se tornam visíveis (v. DIFERENÇA ONTOLÓGICA; LICHTUNG); *b*) o S. não é uma presença (estática) ou uma estrutura (estável), mas um acontecer histórico, ou seja, um "evento" que ocorre em marcas destinais diversas (v. EREIGNIS); *c*) homem e S. estão estreitamente ligados, aliás são co-essenciais, pois se o homem é por pertencer ao S., este último, por sua vez, é por si mesmo referido ao homem, pois somente junto ao *Dasein* "o S. pode ser [Wesen] como S."; *d*) o evento com que o S. se entrega ao homem tem a forma de um acontecer lingüístico que se concretiza no binômio chamar-ouvir (v. linguagem); *e*) o S. é a história do ser, porquanto ele nunca é algo diferente do seu modo epocal específico de dar-se: "Há S. a cada vez apenas nesta ou naquela marca destinal: Φύσις, Λόγος, Ἕν, Ἰδέα, Ἐνέργεια, substancialidade, objetividade, subjetividade, vontade, vontade de poder, vontade de vontade" (*Identità e differenza*, 1957, trad. it. em "aut aut", n.os 177-188, 1972, p. 32); *f*) A história do S. coincide com o olvido do S. (v.), ou seja, com a metafísica e a sua história (v. METAFÍSICA); *g*) a metafísica, entendida como o pensamento que acredita falar do S., enquanto, na realidade, está falando do ente, é, como tal, o niilismo autêntico (v. NIILISMO); *h*) o olvido do S., que atinge o auge na técnica (v.), não é devido a um "erro" ou a um "esquecimento" humano, mas ao acontecer do S., cujo apresentar-se (no ente) coincide com o seu ausentar-se (em si mesmo) (v. EPOCHÉ); *i*) a "superação" da metafísica e do niilismo não dependem de uma "decisão" do homem, mas do destino do S.

Da trajetória do pensamento de Heidegger emerge que, quanto mais se impõe a noção do S., tanto mais ela se mostra insatisfatória. Assim mostram a cruz sobre o termo Sein (que alude à necessidade de defender-se do modo de pensar metafísico) e a passagem do *Seinsfrage* (que é a maneira como a metafísica formula o problema do ente, confundido com o S.) à *Frage nach dem Sein* (que, ao contrário, é o problema do S. como tal). De fato, "A palavra *Sein*, como qualquer outra palavra, dissecada com a especial abordagem etimológica de que Heidegger se serve, apresenta-se sem fundo ou sem possível fundamento: fragmenta-se e abisma-se em si mesma, de algum modo se expunge. Deixa de ser apreensível em um conceito, é possível apenas indicá-la, mantê-la a distância. Assim, em sua segunda fase Heidegger, no vocabulário de *Ser e Tempo*, novo mas ainda bastante e inserido na tradição filosófica, vem lançando mão de um vocabulário inabitual (p. ex., *Ereignis, Lichtung, Geviert*), feito de palavras por assim dizer experimentais e abertas, dificilmente traduzíveis" (P. A. Rovatti). Em outros termos, uma vez que o S. só se dá num entrecho fugaz de luz e sombra, presença e ausência, desde que não se queira correr o risco de *entificar* o S., segundo Heidegger não é possível discorrer sobre ele com juízos afirmativos e definições conceituais rigorosas, mas apenas com negações, analogias, constelações metafóricas etc.

3. Depois de Heidegger, que influiu, por concordância e oposição, sobre grande parte da ontologia do século XX, são numerosas as filosofias que voltaram a falar do S., a despeito das interdições neoempiristas. Entre as que tiveram maior influência sobre a reflexão contemporânea encontramos: 1) a heterologia de Lévinas; 2) a hermenêutica de Gadamer; 3) o pensamento fraco de Vattimo.

1º Em *Totalité et Infini* (1961), Lévinas acusou o pensamento tradicional sobre S. de ter "engaiolado" o múltiplo e o diverso numa totalidade unitária que sufoca qualquer alteridade e transcendência: "A filosofia ocidental foi na maioria das vezes uma ontologia: uma redução do Outro ao Mesmo" (trad. it., Jaca Book, Milão, 1970, p. 41). Recusando-se a reduzir a filosofia a egologia, ou seja, a um jogo patológico do Mesmo (que tem sua figura primordial no Uno do *Parmênides*), Lévinas elabora uma perspectiva destinada a transformá-la numa heterologia, ou seja, num tipo de indagação que, na relação com o Outro, percebe a própria estrutura da realidade: o "O S. se produz como múltiplo e cindido em Mesmo e Outro. Essa é sua estrutura última. É sociedade, portanto, tempo" (*ib.*, p. 277). Em *Autrement qu'être ou au-delà de l'essence* (1974), que colhe os frutos mais maduros de suas investigações, ele distingue entre S. (ou essência) e o *diferentemente-de-S.* (ou o além-da-essência). O primeiro coincide com o evento do S. e identifica-se com o interesse, ou seja, com aquele *conatus essendi* que se identifica com a luta infernal dos egoísmos. O segundo coincide com a transcendência do ser autocêntrico e identifica-se com a abertura para a alteridade e para a fraternidade. O diferentemente-de-ser identifica-se, por sua vez, com o horizonte de Deus (v.) e da religião. À (antiga) ontologia do conflito e da violência, que para fazer do homem o guardião do S. o exonerou da responsabilidade (v.) de tornar-se guardião dos próprios irmãos, Lévinas opõe a (nova) metafísica como ética (v.). Segue-se daí que a "metafísica" à qual ele recorre é, na realidade, uma *pós*-metafísica, enquanto a "ontologia" de que ele fala coincide, de fato, com a metafísica (tradicional).

2º Inspirando-se em Heidegger, mas indo além deste (que se limitara a falar da linguagem como "casa do ser"), Gadamer afirma que "S., que pode ser compreendido, é linguagem (*Sein, das verstanden werden kann, ist Sprache*)" (*Verità e metodo*, 1960, trad. it., Bompiani, Milão, 1983, p. 52). Com essa forma sintética em apodítica, Gadamer não pretende (apenas) evidenciar, tautologicamente, que para o homem é inteligível aquilo que é estruturado como linguagem, mas pretende dizer, de maneira mais profunda, que o S. *é* linguagem e como tal pode ser experimentado e compreendido, ou seja, todas as formas de vida *são* linguagem e são *compreensíveis* como linguagem. Entenda-se por linguagem a sede da manifestação do S., ou seja, o lugar ou o horizonte no qual somente podemos "encontrar" a nós mesmos e as coisas do mundo (sem nenhuma possibilidade de transcender seus limites, porquanto toda e qualquer suposta recusa a estes está fadado a mover-se dentro da própria linguagem). Essa identificação do S. com a linguagem, que em outros autores tende a resolver-se numa *dissolução* do S. *na* linguagem (pensemos na absorção do real no simbólico em Lacan ou na reivindicação pantextualista do primado da escrita em Derrida), configura-se em Gadamer como própria condição da hermenêutica. De fato, dizer que o S. é linguagem significa dizer que o S. em geral e o S. humano em particular – que subsiste concretamente apenas na forma de discursos, livros, obras de arte etc. – *é* interpretação. Uma interpretação que, assim como o jogo (v.) do mundo, está sempre aberta e nunca encerrada. Também insistiu na essência interpretativa e infinita do S. a *ontologia do inexaurível* de L. Pareyson: "A resposta à pergunta 'o que a o S.?' não consiste numa definição objetiva, explícita e acabada, mas numa interpretação pessoal continuamente passível de aprofundamento: o discurso sobre o S. é interpretativo e, como tal, indireto e interminável" (*Esistenza e persona*, Il Melangolo, Gênova, 1854, Intr., p. 20).

3º Vattimo desenvolve a hermenêutica em sentido niilista e chega a um pensamento fraco (v.) estruturado nos termos de uma "ontologia da atualidade". Reportando-se a Heidegger, contesta a concepção da realidade como "estrutura maciça, estável, eterna", tornando-se porta-voz de uma historicização e eventualização radical do S., baseada na convicção de que o S. nada mais é que o conjunto das aberturas epocais em que as várias humanidades históricas vivenciam o mundo: "Não se dá a o S. a não ser como um evento, como acontecer de horizontes histórico-lingüísticos nos quais os entes se nos tornam acessíveis; o S. é apenas esse acontecer e o seu transmitir-se" (*Perché debole?*, em *Dove va la filosofia italiana*, VV.AA., org. J. Jacobelli, Laterza, Roma-Bari, 1986, p. 190). Tal S., hermeneuticamente perspectivado como transmissão (*Überlieferung*) e envio (*Geschick*), é despojado dos traços "fortes" (unidade, absolutez etc.) da tradição metafísica e qualificado com os traços "fracos" e "pós-modernos" da pluralidade, da temporalidade e da finitude. Donde a vocação *ética* da ontologia antifundacionalista de Vattimo, para quem o enfraquecimento do S. se configura como *destino* e como *tarefa* ao mesmo tempo: "O S. já não é forte, o S. tem como destino enfraquecer-se, e eu, se quiser corresponder a esse destino, preciso fazer muito, muitíssimo, para reduzir o domínio das categorias metafísicas que sempre, de novo, retornam para a nossa cultura, neuroticamente, nostalgicamente" ("Il pensiero secolarizzato", em *Il Poliedro*, IV, 9-10, 1987, p. 79).

4. Outra filosofia engajada no *front* do S. é a neo-eleática, de Severino. Partindo do princípio parmenidiano de que o S. não pode não ser, Severino, assim como já Bontadini, julga *contraditório* o devir (v.). No entanto, enquanto Bontadini, inferia do (suposto) caráter contraditório do devir – por força do princípio de não-contradição – a existência de um Princípio não deveniente do devir, ou seja, de um S. transcendente e imutável que cria os seres devenientes, Severino chega à conclusão de que o devir não existe, de que o S. (*todo* S. e *todo o* S.) é eterno, ou seja, um perene e estático *nunc* que não conhece passado nem futuro: "A verdade é o aparecer da eternidade de cada ente – de cada coisa, gesto, instante, matiz, situação" (*La tendenza fondamentale del nostro tempo*, Adelphi, Milão, 1988, p. 184). Aquilo que o Ocidente, em seu "niilismo inconsciente" sente como evidência originária – a realidade do devir e o nada do ente – é apenas "loucura extrema", ou seja, o parto deletério de uma "vontade de poder" que encontra no Aparato Tecnológico a sua manifestação acabada (v. NEO-ELEATISMO; TÉCNICA).

5. Para o S. considerado como "o objeto mais alto" do pensamento também se voltam – desde sempre – os esforços dos seguidores da metafísica clássica, ou seja, dos estudiosos que, na esteira de Aristóteles e Tomás de Aquino, concebem a filosofia como ciência do S. como S. (ou do ente como ente), interpretando-a como um tipo de discurso argumentativo que se interroga sobre o S. em geral, para depois chegar ao *Esse ipsum* (Deus), que coincide com a causa transcendente de toda realidade (v. METAFÍSICA).

6. Para o S. e seus modos (substância, acidente etc.) voltou-se também a atenção da filosofia analítica (v.) que, da opção antimetafísica e antiontológica inicial, dirigiu-se depois para uma consideração filosófica dos problemas relativos aos traços mais gerais da experiência. Emblemática, pelo radicalis-

mo, é a posição de E. Tugendhat, para quem "a questão de Heidegger sobre a compreensão do S. pode ganhar sentido concreto e realizável apenas no âmbito de uma filosofia analítica" (*Vorlesungen zur Einführung in die Sprachanalytische Philosophie*, 1976, trad. it. parc. *Introduzione alla filosofia analitica*, Marietti, Gênova, 1989, p. 41).

7. O fato (constatável) de ter ocorrido (certo) "renascimento" do problema do S. não significa que a filosofia do fim do século XX se tenha convertido em bloco à ontologia, ainda que de tipo "pós-metafísico" ou "analítico". Na realidade, aos que acham que ainda é preciso "falar" do S., entendido como o "problema mais tremendo de toda a história da filosofia" (U. Eco) – em homenagem ao princípio heideggeriano segundo o qual "a grandeza do homem mede-se por aquilo que ele procura e pela insistência com que continua procurando" (*Domande fondamentali della filosofia*, 1937-1938, 1984, trad. it., Mursia, Milão, 1988, p. 12) –, contrapõem-se aqueles (é o caso de Rorty e de Derrida) que continuam a olhar com desconfiança qualquer forma de ontologia, inclusive a busca de modalidades não (mais) metafísicas de atingir o S. (v. METAFÍSICA). [G.F.]

SER, GRANDE CADEIA DO (in. *Great chain of being*; fr. *Grande Chaine de l'être*; al. *Große Kette des Seins*; it. *Grande catena dell'essere*). Expressão (que foi moda entre os filósofos e os teólogos do século XVIII) usada para indicar a teoria, de origem greco-medieval, que interpreta o mundo à luz dos princípios de perfeição e plenitude, ou seja, como uma totalidade consumada, de origem divina, constituída por um número infinito e contínuo de entes hierarquicamente dispostos segundo uma escala necessária de realidades ontológicas cuja finalidade o bem (cf. A. O. LOVEJOY, *The Great Chain of Being*, 1936, trad. it., Feltrinelli, Milão, 1966). Tal doutrina, que tanto peso teve na metafísica ocidental, continua a ser pressuposta até pelos filósofos sucessores, que, em certos casos, se limitaram a "temporalizar" a cadeia do S., ou seja, a conceber de modo cronológico-processual aquilo que antes era pensado de modo atemporal, ou seja, em termos de essências estáticas. [G.F.]

SER-AÍ. V. DASEIN.

SER-COM (in. *Coexistence*; fr. *Coexistence*; al. *Mitsein* ou *Mitdasein*; it. *Coesistenza*). No existencialismo contemporâneo, entende-se por esse termo o modo específico pelo qual o homem está com os outros homens no mundo: modo que é diferente daquele pelo qual ele se vê estar, no mundo, com as outras coisas. Esse significado específico do termo deve-se a Heidegger, que distinguiu a *presença* das coisas como meios ou instrumentos utilizáveis pela co-presença (*Mitdasein*) ou a coexistência dos outros com o Eu. Devido à estreita conexão do ser-com com o ser, não pode haver compreensão de si sem a compreensão dos outros. "Na compreensão do ser, própria do *Dasein* (ser-aí)", diz Heidegger, "está implícita a compreensão dos outros, e isso porque o ser do *Dasein* (ser-aí) é ser-com" (*Sein und Zeit*, § 26). [N.A.]

SÉRIE (in. *Series*; fr. *Série*; al. *Reihe*; it. *Serie*). 1. Conjunto de termos entre os quais há uma relação definível qualquer.

2. Relação assimétrica, transitiva e coerente. Neste sentido, S. não é conjunto de termos, ou seja, *campo* de relação, mas a própria relação; por exemplo, as séries 1, 2, 3; 1, 3, 2; 2, 3, 1 são diferentes embora tenham o mesmo campo (cf. B. RUSSELL, *Introduction to Mathematical Philosophy*, IV; trad. it., p. 47). (V. RELAÇÃO.) [N.A.]

SERIEDADE (in. *Earnestness*; fr. *Sérieux*; al. *Ernst*; it. *Serietà*). Kierkegaard fez da S. uma espécie de categoria moral, definindo-a como "a originalidade conquistada pelo sentimento, conservada na responsabilidade da liberdade e afirmada no gozo da bem-aventurança". A S. consiste na *repetição* e é condição para que a repetição não diminua o valor dos atos repetidos (*Der Begriff Angst*, IV, § 2, *c*). [N.A.]

SER LANÇADO. V. DECADÊNCIA; FACTICIDADE.

SER PARA SI. V. PARA SI.

SERVO e SENHOR. V. ESCRAVIDÃO.

SEXO (in. *Sex*; fr. *Sexe*; al. *Sex*; it. *Sesso*). 1. Raramente os filósofos trataram do sexo como componente do homem. Em *O banquete*, de Platão, ao falar da origem do sexo, Aristófanes expõe o mito dos andróginos, dos quais, por meio de uma separação desejada por Zeus com fins punitivos, ter-se-iam originado os dois sexos complementares (*O banq.*, 189 e). As especulações platônicas, porém, não versam propriamente sobre o sexo, mas sim sobre o amor. É o que também fazem muitos outros filósofos, inclusive Schopenhauer, que, em *Metafísica do amor sexual*, considera o amor sexual como um expediente de que se valeria o "gênio da espécie", ou Vontade de Vida, para favorecer a obra obscura e problemática da propagação da espécie. No mundo moderno, a ação da *psicanálise* (v.) chamou a atenção dos filósofos para o S.; foram especialmente os fenomenologistas e os existencialistas que se interessaram pelos fenômenos a ele relativos. Max Scheler, no livro *Wesen und Formen der Sympathie* (1923; trad. fr., pp. 168 ss.), tentou atribuir ao ato sexual o valor de forma de expressão da personalidade humana. Por outro lado, enquanto Heidegger considerou o *Dasein* desprovido de sexualidade, Sartre considerou a sexualidade como estrutura fundamental da existência: "Embora o corpo tenha uma tarefa importante, precisa remeter-se ao ser no mundo e ao ser para os outros: desejo um ser humano, não um inseto ou um molusco, e desejo-o na medida em que ele está, e eu estou, em situação no mundo, e na medida em que ele é *outro* para mim e eu sou *outro* para ele" (*L'être et le néant*, 1943, pp. 452-3). O sexo seria a estrutura fundamental da existência humana como existência no mundo (cf. também ABBAGNANO, *Struttura dell'esistenza*, 1939, § 55) (v. AMOR; PSICANÁLISE).

2. Os filósofos, ao contrário, insistiram freqüentemente na *diferença* sexual. Para Aristóteles, a mulher constitui uma monstruosidade da natureza, inevitável porém para a conservação da espécie (*De gen. an.*, 7, 775 a 15-17). A mulher difere do homem por participar em menor grau dos poderes da razão (*Pol.*, 1260 a 11-14): portanto, seu lugar é de subordinação ao homem, a este cabendo comandar, e a ela, obedecer (*Pol.*, 1254 b 13-15; 1259 b 2-10). Por meio de uma relação que permaneceu constante na tradição, essa desvalorização da dignidade da mulher é acompanhada pela exaltação da família (que, segundo Aristóteles, existiria mesmo que não houvesse sociedade) e das tarefas e virtudes familiares da mulher (*Pol.*, 1260 a 29-31; *Et. nic.*, 1162 a 19-27). Exatamente por isso Schopenhauer defendeu a poligamia, que estaria destinada a combater as pretensões da mulher à equiparação e a eliminar o fenômeno da prostituição (*Parerga und Paralipomena*, II, 27, § 362 ss.).

Por outro lado, Platão, mesmo admitindo a inferioridade da mulher (*Rep.*, 455), considerava que homens e mulheres deviam ser admitidos indiferentemente em todos os níveis da educação, para que às funções exercidas pelas classes superiores tivessem acesso apenas os indivíduos que demonstrassem capacidade de exercê-las, qualquer que fosse o sexo. Cínicos e estóicos afirmavam, como princípio, a igualdade entre homens e mulheres. A mulher de Crates andava pelas ruas de Atenas usando, como o marido, o saio tosco dos cínicos; e um ponto da doutrina estóica era que homens e mulheres deveriam usar as mesmas roupas (DIÓG. L., VII, 33). Admitiam-se mulheres na escola de Epicuro, e muitas delas exerceram cargos de direção.

Na antropologia contemporânea, não se subestima a diferença entre os S., tanto quanto qualquer outra diferença biológica existente entre os indivíduos humanos, mas faz-se a distinção entre essa diferença e a exigência de paridade de direitos, baseada no reconhecimento de que as funções subordinadas atribuídas à mulher, na maior parte das sociedades conhecidas, é um produto *cultural*, para o qual pouco ou nada contribui a diferença entre as funções biológicas. [N.A.]

SIGNIFICADO (gr. λεκτόν; lat. *Significatio*; in. *Meaning*; fr. *Signification*; al. *Bedeutung*; it. *Significato*). Entende-se por este termo a dimensão semântica do procedimento semiológico, ou seja, a possibilidade de um signo referir-se a seu objeto. Os aspectos (ou condições) fundamentais do S. são dois: 1º um nome, um conceito ou uma essência (p. ex., "Alessandro Manzoni", "homem", "autor de *Os noivos*"), usados com a finalidade de delimitar e orientar a referência; 2º o objeto (p. ex., respectivamente, Alessandro Manzoni, os homens, Alessandro Manzoni), ao qual o nome, o conceito ou a essência se referem. Os dois aspectos são inseparáveis; o segundo é *função* do primeiro porque é o nome ou conceito que determina a que objeto se faz ou não referência. Mas os dois aspectos não se identificam porque o objeto pode ser o mesmo, ao passo que o nome ou conceito usado para a referência é diferente, como no caso de "Alessandro Manzoni" e "autor de *Os noivos*", que se referem ao mesmo objeto, mas são nomes diferentes. Tampouco as determinações que têm o mesmo objeto podem ser consideradas equivalentes, porque não podem ser substituídas umas pelas outras; por exemplo, perguntar se "Alessandro Manzoni é o autor de *Os noivos*" não é o mesmo que perguntar "se Alessandro Manzoni é Alessandro Manzoni". A diferença entre os dois aspectos do S. (ou a relação entre eles) constitui a base dos problemas aos quais esse termo deu origem e das diferentes definições que ele recebeu.

Os estóicos, que fundaram a doutrina do S., reconheceram ambos os aspectos. "São três os elementos que se inter-relacionam: o S., aquilo que significa e aquilo que é. O que significa é a palavra, como por exemplo 'Díon'. O S. é a coisa indicada pela palavra, que nós apreendemos ao pensarmos na coisa correspondente. Aquilo que é, é o sujeito exterior, como por exemplo o próprio Díon" (SEXTO EMPÍRICO, *Adv math.*, VIII, 12). Mais precisamente, para eles S. é uma "representação racional, graças à qual é possível expor por meio de um discurso aquilo que é representado" (*ibid.*, VIII, 70; DIÓG. L., VII, 63). Nestas observações, os dois aspectos do S. são chamados respectivamente de "palavra", ou "representação racional", e "aquilo que é", ou "sujeito". "Aquilo que é", ou "sujeito", é o S. como objeto; a "palavra", ou "representação racional", é o S. como nome, conceito ou essência. Os estóicos reservam especialmente a este último aspecto o nome de S.; nisso, são seguidos (como veremos) por alguns autores modernos. Na lógica medieval, a distinção entre os dois aspectos foi expressa como distinção entre "significação" e "suposição". Pedro Hispano diz: "A suposição e a significação diferem porque a significação é feita por meio da imposição de uma palavra para significar um objeto, mas a suposição é a acepção de um termo já significante para alguma outra coisa, como, por exemplo, quando se diz 'o homem corre', e o termo 'o homem' está no lugar de Sócrates e no lugar de Platão. Portanto, a significação precede a suposição, e as duas coisas não são idênticas porque significar é próprio da palavra, e a suposição é própria do termo que já é composto de palavra e significado" (*Summ. log.*, 6.03). Aqui, entende-se por *significatio* o mesmo que os estóicos entendiam por *lékton*: o conceito ou a representação usada para a referência objetiva, ao passo que a própria referência objetiva é designada como *suppositio*. Mas, além das idéias dos estóicos, essa doutrina inclui a separação dos dois aspectos do S., atribuindo o primeiro aos *termos* tomados isoladamente, o segundo aos *conjuntos*, ou seja, às proposições. Doutrina idêntica era exposta na Idade Média por Ockham (*Summa log.*, I, 63), por Buridan (*Sophismata*, 2) e por Alberto da Saxônia (*Lógica*, II, 1), ao passo que Tomás de Aquino aludia a uma doutrina diferente apenas do ponto de vista terminológico, segundo a qual S. e suposição coincidem nos termos particulares mas não nos gerais, para os quais S. é essência (*S. Th.*, I, q. 39, a. 4, no início).

É na distinção entre os dois aspectos de S. que se baseia a distinção estabelecida pela lógica moderna de cunho tradicional entre os dois elementos do conceito, chamados ora de compreensão e extensão (v. COMPREENSÃO), ora de intensão e extensão (v. INTENSÃO), ora de conotação e denotação (v. CONOTAÇÃO). O primeiro par de termos foi introduzido pela *Lógica* de Port-Royal (I, 6); o segundo, por Leibniz (*Nouv. ess.*, IV, 17, § 9); o terceiro, por Stuart Mill (*Logic*, I, 1, § 5). Este último propunha restringir o sentido de S. à conotação, chamando-se de denotação a referência objetiva. Dizia: "Sempre que os nomes dados aos objetos comportam alguma informação, ou seja, sempre que, propriamente, têm um S., o S. não reside naquilo que eles *denotam*, mas naquilo que eles conotam. Os únicos nomes de objetos que nada conotam são os nomes próprios; estes, a rigor, não têm significação" (*ibid.*, I, 2, § 5). O que ele entendia por conotação aparece claramente no trecho seguinte: "A palavra homem, por exemplo, denota Pedro, Joana, João e um número indefinido de outros indivíduos, que ela designa como classe. Mas essa palavra é aplicada a eles na medida em que possuem certos atributos, e para significar que os possuem" (*ibid.*). Os atributos que constituem o homem – por exemplo, corporeidade, animalidade, racionalidade etc. – formam, portanto, a conotação do nome "homem": aquilo que a tradição filosófica chamava de "essência" ou, mais tarde, "conceito".

G. Frege, portanto, nada mais fazia senão expressar uma antiga e nova tradição, ao distinguir sentido e significado. Dizia: "Ao pensarmos num signo (seja ele um nome, uma expressão com várias palavras, ou uma simples letra), devemos relacioná-lo com duas coisas distintas: não só com o objeto designado, que se chamará de significado (*Bedeutung*) desse signo, mas também com o sentido (*Sinn*) do signo, que denota o modo como nos é dado esse objeto." Frege advertia que, por sentido ou nome, entendia "uma indicação qualquer que desempenhe a função de nome próprio, vale dizer, que seja um objeto determinado (tomando a palavra objeto no sentido mais amplo)" (*Über Sinn und Bedeutung*, 1892, § 1; trad. it., em *Aritmetica e logica*, pp. 218-9). A mesma distinção era feita por Peirce, mas com terminologia diferente: Peirce falava de *objeto* do signo e de *interpretante* do signo, que é o *sentido* de Frege. Peirce diz: "O signo cria algo no espírito do intérprete, e esse algo, por ter sido criado pelo signo, foi criado também, de modo mediato e relativo, pelo objeto do signo, embora o objeto seja essencialmente diferente do signo. Essa criatura do signo é chamada de interpretante" (*Coll. Pap.*, 8.179, o texto é de 1903). Essa terminologia foi substancialmente aceita por Morris, que deu ao objeto o nome de *designatum*, e ao conceito, o de *interpretante* (*Foundations of the Theory of Signs*, 1938, § 2). É verdade que Morris considera inútil o termo S., que lhe parece capaz de provocar muita confusão, e tenta evitá-lo em seu estudo (*ibid.*, § 12). Na realidade, porém, consegue evitá-lo apenas porque introduziu em sua análise do signo, com outros nomes, os dois componentes do S. que a tradição distinguiu constantemente. Os lógicos contemporâneos manifestam a tendência, já presente em Stuart Mill, a restringir o uso da palavra S. à esfera da conotação. Lewis, reservando esse termo para ambos os aspectos, faz a distinção entre *significação* (*signification*) do termo (ou seja, a conotação) e sua referência objetiva, que ele distingue em denotação e compreensão: a primeira seria a classe de todas as coisas *reais* às quais o termo se aplica, a segunda seria a classe de todas as coisas *possíveis* às quais se aplica (*Analysis of Knowledge and Valuation*, 1946, cap. III, pp. 39 ss.). Em seguida, Lewis faz a distinção entre significação e "significado-sentido" (*sense meaning*): este se distinguiria daquela por ser o modo como o espírito se refere à significação (*ibid.*, p. 113 e nota 3). Mas essas distinções não modificam substancialmente a dicotomia tradicional do significado de S. Essa mesma dicotomia é expressa por Quine, como dicotomia entre S. (ou conotação, ou intensão) e nominação (*naming*), que seria a extensão ou denotação (*From a Logical Point of View*, 1953, II, 1), e por Carnap, que nela baseia a dicotomia entre duas operações fundamentais possíveis em relação a uma expressão lingüística dada: a de "analisar a expressão com a finalidade de entendê-la, de apreender seu S., e a que consiste na investigação da situação de fato à qual a expressão se refere" (*Meaning and Necessity*, 1947, § 45). Além disso, insistiu no fato de que o conceito de significado intensional, como condição geral que um objeto deve preencher para que um falante *X* predique com esse significado o objeto, é desprovido de qualquer referência psicológica e pode ser aplicado até a um robô (*ibid.*, p. 246 e nota 5). Por sua vez, Church adotou a terminologia de Frege, chamando de sentido a conotação e de significado a denotação, e introduzindo a palavra conceito: "Diremos que um nome *denota* ou *nomeia* a sua denotação e *expressa* o seu sentido. Menos explicitamente, podemos dizer que um nome *tem* certa denotação e *tem* certo sentido. Dizemos que o sentido *determina* a denotação ou é um *conceito* da denotação" (*Introduction to Mathematical Logic*, 1956, § 01). Em confronto com essa sólida e – ressalvando-se a variedade terminológica – uniforme tradição, estão as tentativas de modificá-la, quer unificando as duas dimensões (A), quer acrescentando novas espécies de significados (B).

A) A tentativa de unificar as duas dimensões do significado foi feita em ambas as direções: reduzindo sentido a S., ou S. a sentido. A primeira tentativa foi feita por Russell e por Wittgenstein. Toda a teoria exposta por Russell no artigo que escreveu em 1905 ("On Denoting", atualmente em *Logic and Knowledge*, 1956, pp. 41 ss.), no primeiro capítulo de *Principia mathematica*, que escreveu com Whitehead (1910), e no seu outro livro, *An Inquiry into Meaning and Truth* (1940), consiste, nas próprias palavras do autor, no fato de que "não há *significado* algum, mas apenas, às vezes, uma *denotação*" (*Logic and Knowledge*, p. 46, nota). Na realidade, para Russell, o S. de um símbolo se reduz unicamente aos componentes do fato a que o símbolo se refere. "Os componentes do fato que tornam verdadeira ou falsa uma proposição, conforme o caso, são os S. dos símbolos que devemos entender para entender a proposição" (*Logic and Knowledge*, p. 196). Desse ponto de vista, a linguagem ideal é a que tem apenas sintaxe e nenhum vocabulário, pois nela o vocabulário é inutilizado pela correspondência de cada termo com um objeto simples e de cada objeto simples com um termo (*ibid.*, p. 198; cf. LINGUAGEM). Essa doutrina foi expressa com rigor máximo por Wittgenstein: "O nome significa o objeto. O objeto é seu S." (*Tractatus*, 1922, 3. 203). "À configuração dos signos simples na proposição corresponde a configuração dos objetos na situação" (*ibid.*, 3.21). "O nome faz as vezes do objeto na proposição" (*ibid.* 3.22). Desse ponto de vista, mesmo as proposições aparentemente sem sentido são legítimas porque "se uma proposição não tem sentido, isso pode ser devido apenas ao fato de não termos dado S. a uma de suas partes constitutivas" (*ibid.*, 5.4733), ou seja, de não termos estabelecido a correspondência entre essa parte e um objeto. Essa conseqüência é importante porque constitui a redução ao absurdo do fato de se eliminar o sentido (*Sinn*) do S.: a referência ao objeto, não sendo guiada ou limitada pelo conceito, é sempre legítima, e só não aparece quando não é efetuada.

A redução inversa, de S. a sentido, vale dizer, a tentativa de reduzir S., em seu conjunto, à conotação ou conceito, foi realizada por Husserl. Este negou que o objeto constituísse o S. ou coincidisse com ele (*Logische Untersuchungen*, II, p. 46). Sua tese é que "o S. lógico é uma expressão", no sentido de que ele eleva o sentido (*Sinn*) perceptivo da coisa "ao reino do *logos*, do conceitual, portanto do universal". Em outros termos, Husserl substitui a dicotomia objeto-conceito pela dicotomia sentido (percebido)-conceito, na qual o conceito é a essência da coisa, a sua conceituação ou expressão acabada (*Ideen*, I, § 124). Tentativa de redução análoga a esta foi feita por Royce, que, depois de fazer a distinção entre S. *externo* de uma idéia, que é a correspondência da idéia com o objeto, e seu S. *interno*, que é "o objetivo consciente incorporado na idéia", reduz a este último o S. externo, com o fundamento de que é "a própria idéia que escolhe o objeto com o qual quer ser confrontada" (*The World and the Individual*, 1901, II, cap. I).

B) As principais tentativas de apresentar novas espécies de S. em acréscimo ou em concorrência com as duas consagradas pela tradição são as seguintes:

1.ª Definição de S. como uso. Esta é a tese encontrada em *Philosophical Investigations* (1953), de Wittgenstein. "Para uma vasta classe de casos – embora não para todos –, nos quais empregamos a palavra 'S.', esta pode ser assim definida: S. de uma palavra é seu uso na linguagem. O S. de um nome às vezes é explicado indicando-se seu portador" (*op. cit.*, § 43). Mas, embora apresentada pelo próprio Wittgenstein e por outros em concorrência com a definição semântica de S., a noção de uso pertence a outra esfera de problemas e a outro nível de indagação. Com efeito, o problema a que diz respeito é o da *formação dos significados* nas línguas naturais. O uso não *é* o S., mas determina-o, no sentido de que a ele é devida a conexão entre um objeto e uma palavra (ou em geral um veículo sígnico). Sem dúvida, as definições de um dicionário são estabelecidas pelo uso, mas exprimem a conotação e a denotação dos termos. Portanto, a teoria do uso não é uma teoria do S., mas uma teoria sobre a origem e a formação das línguas naturais.

2ª A proposta de um S. *emotivo*, paralelamente ao S. "simbólico" ou "descritivo", foi feita por Ogden e Richards (*Meaning of Meaning*, 1923, ed. 1952, p. 149, *passim*) e expressa por E. L. Stevenson da seguinte maneira: "S. emotivo é um S. em que a resposta (do ponto de vista de quem ouve) e o estímulo (do ponto de vista de quem fala) é um conjunto de emoções" (*Ethics and Language*, 1944, p. 59). O S. emotivo assim entendido seria diferente do significado simbólico, que consistiria em sua referência ao objeto, e o próprio significado poderia ser definido em geral como a *qualidade disposicional* de um signo a produzir uma ou outra dessas reações, ou seja, um conjunto de emoções ou a referência ao objeto (*ibid.*, pp. 53 ss.). Afora o fato de que o uso do termo emotivo para indicar normas legais, prescrições técnicas ou comandos (coisas todas que caberiam na categoria dos significados emotivos) pode com razão ser considerado aberrante (v. EMOÇÃO), a doutrina em questão parece sugerida pelo fato de que o significado denotativo é restringido à referência a coisas reais, de tal maneira que muitos signos simples ou compostos parecem não ter denotação porque não se referem a coisas. Na realidade, a referência denotativa vale para objetos em geral (v. OBJETOS), e objetos são tanto as coisas reais quanto as quiméricas, tanto os planos, os projetos, os desejos e as aspirações quanto as qualidades sensíveis ou as entidades percebidas. Portanto, um enunciado que expresse uma ordem, um desejo ou um projeto pode ter, na situação a que tais coisas se referem, a sua denotação, vale dizer, seu objeto ou seu referente. Aliás, nem mesmo do ponto de vista lógico, que é o da teoria do significado, tais objetos podem ser distinguidos dos outros.

3ª Na definição de significado como *intenção* de quem fala, o S. seria aquilo que o falante pretende dizer, sem se levar em conta a referência objetiva da palavra ou do enunciado empregado. Neste sentido, emprega-se "quer dizer..." (em inglês: *I mean...*, do verbo *to mean*, que tem a mesma raiz de *meaning* = S.), para esclarecer ou corrigir uma declaração. Está bem claro que qualquer descrição ou esclarecimento da intenção do falante só pode ocorrer através da determinação do *objeto* ao qual se refere, ou de sua *conotação*, ou seja, por meio do uso das dimensões próprias do significado. Portanto, tais dimensões são simplesmente pressupostas pela definição em foco. Às vezes é proposta como um S. acrescentado ao tradicional (cf. M. BLACK, *Problems of Analysis*, 1954, pp. 55-6), porém está claro que a intenção do falante não é outra espécie de significado, mas o modo como o falante usa as dimensões lógicas do significado.

Associa-se a essa confusão entre intenção e S. o uso deste termo em frases como: "Um universo mecânico não teria S.", "Se tudo acontecesse por acaso, a história não teria S.", nas quais a palavra S. obviamente equivale a intenção ou objetivo, portanto a valor.

4ª Proposta de um S. "pictórico" ou "imagético", paralelamente aos outros, porquanto "a linguagem pode ser empregada com a intenção primária de exprimir ou evocar pinturas (ou imagens) de um modo que difere do uso dos signos e formula possibilidades empiricamente significantes" (v. E. ALDRICH, "Pictorial Meaning and Picture Thinking", em *Readings in Philosophical Analysis*, 1949, pp. 175 ss.). Está claro que também esta proposta é sugerida pelo pressuposto (estranho a qualquer teoria lógica do S.) de que o objeto da referência é uma coisa real ou uma situação de fato e de que não pode ser de outra natureza. Na realidade, os S. "pictóricos" têm conotação e denotação como todos os outros.

5ª Definição do S. como *vetor de campo*, no sentido de que ele seria uma *disposição* atualizada pelo objeto que se destaca do fundo de um campo ou contexto apropriado. Mais precisamente, ele seria a ativação ou a atualização de uma *resposta descritiva*, provocada pelo objeto (A. P. USHENKO, *The Field Theory of Meaning*, 1958, p. 109). Mas esta é uma teoria da formação dos S. (que pode ser discutida no âmbito da teoria da linguagem) e não traz inovações no que se refere à composição do significado do S., que continua determinado por seus dois componentes: conotação e denotação (cf. *op. cit.*, pp. 75-6). [N.A.]

O panorama contemporâneo apresenta, no setor de tendência analítica, parcial resgate e refinamento de teorias precedentes, bem como a formulação de novas posições; é possível distinguir quatro modelos fundamentais, segundo a tônica recaia na relação 1) entre o S. como nome e o seu portador, 2) entre o S. e a representação mental que ele suscita, 3) entre o S. e a resposta comportamental que causa, 4) entre o S. e o valor de verdade das proposições.

1) Para o *modelo da denominação*, o S. consiste na relação entre o nome (v.) e o seu portador, ou seja, a referência. A formulação clássica de Mill, Russell e Wittgenstein parecia funcionar para nomes próprios, descrições definidas (v. DESCRIÇÃO) e indiciais (estes últimos, por sua vez, com relevantes problemas específicos), mas foi submetida em seguida a profundas modificações. De fato, nas linguagens naturais (i) graves dificuldades são suscitadas por expressões que não se referem a nada (cavalo ala-

do, Branca de Neve etc.), (ii) nem sempre a referência fixada pelas regras lingüísticas é a entendida pelo falante e (iii) contestou-se que a referência seja sempre mediada pelo sentido, como acreditava Frege. Para enfrentar convenientemente (i) surgiram as teorias da referência direta (v. REFERÊNCIA), que resolvem sem resíduos o S. na denotação; a propósito de (ii) observou-se que posso comunicar de modo feliz uma crença verdadeira que tenho sobre um objeto que indiquei erroneamente apenas se meu interlocutor tiver, apesar disso, identificado corretamente o objeto de que estou falando (KRIPKE, *Speaker's Reference and Semantic Reference,* 1977); no que se refere a (iii), a denominação foi considerada uma convenção social não acompanhada de conhecimento, levando à separação entre verdade e justificação (PUTNAM, *Meaning, Reference and Stereotypes,* 1976).

2a) Para o *modelo ideacional,* o S. consiste na expressão das idéias ou das imagens mentais que possuímos, quer se trate da idéia correspondente, como para os racionalistas, quer da sensação correspondente, como para os empiristas; nesse aspecto, os filósofos analíticos preferem falar de *atitudes proposicionais* (v.), e o S. é o conteúdo de tais atitudes.

Se a explicação das atitudes proposicionais recorre somente ao que está na cabeça do falante, fala-se de *conteúdo restrito;* se, porém, se considera o conteúdo do pensamento como a uma *proposição* em sentido russelliano (S. *cognitivo* que prescinde dos aspectos ilocutórios e emotivos), fala-se de *conteúdo amplo.* Dependendo das relações naturalistas de referência consideradas, que determinam os componentes de tais proposições, constituem-se as teorias *causais* (DRETSKE, *Causal Theories of Reference,* 1977; DEVITT, *Realism and Truth,* 1984), *informacionais* (DRETSKE, *Knowledge and the Flow of Information,* 1981) ou *teleológicas* (FODOR, *The Language of Thought,* 1975; MILLIKAN, *Language Thought and Other Biological Categories,* 1988) do S. Mesmo Chomsky, definindo o S. lingüístico como "livre expressão do pensamento", sugere que ele inclui uma intenção comunicativa, mas que é em medida até maior a efetivação de uma prática de pensamento.

2b) Ao modelo ideacional pertencem também as teorias semânticas expressas pela *ciência cognitiva* (v.) (JOHNSON-LAIRD, *Mental Models,* 1983; FAUCONNIER, *Mental Spaces,* 1985; JACKENDOFF, *Semantics and Cognition,* 1983 e *Consciousness and the Computational Mind,* 1987; LAKOFF, *Women, Fire, and Dangerous Things,* 1987) ou pela inteligência artificial (v.) (MINSKY, *A Framework for Representing Knowledge,* 1975; HALL PARTEE, *Semantics – Mathematics or Psychology?,* 1979; GAZDAR, *The Handling of Natural Language,* 1993), que identificam o S. com as representações mentais; nesse caso, a compreensão da linguagem coincide com a construção de uma representação mental. A teoria do papel conceptual do significado (*conceptual role theory of meaning*: FIELD, *Logic, Meaning, and Conceptual Role,* 1977; FODOR, *Conceptual Role Semantics,* 1982, e *Elms and the Expert,* 1995) pressupõe que pensamos numa linguagem do pensamento, o *mentalês,* que é um conjunto de estruturas internas mais ou menos próximas da linguagem natural. A regra mental de um termo é o modo como o pensamento contido pelo termo está disposicionalmente correlacionado com outros pensamentos, com estados sensíveis e com o comportamento. Os teóricos da teoria do papel conceptual do significado não deixam em todo caso de vincular a linguagem do pensamento a manifestações públicas, senão a linguagem acabaria sendo um idioleto incompreensível (FODOR, *(Nonsolipsistic) Role Semantics,* 1987; mas cf. também a clássica crítica de RYLE, *The Concept of Mind,* 1949, ao modelo do "teatro interior").

3) Para o *modelo intencional,* o S. é o conjunto de respostas comportamentais suscitadas por uma emissão lingüística intencional (v. acima *B* 3). Encontra-se nas teorias dos *atos da fala* (v.) que se apresentam como teorias do S., e não apenas como integrações de uma teoria do S.; fazem parte dele o conceito de significado do emissor (*utterer's meaning*) de Grice (*Meaning,* 1957; *Utterer's Meaning, Sentence-Meaning, and Word-Meaning,* 1968, e *Utterer's Meaning and Intentions,* 1969) e do significado do falante (*speaker's meaning*) de Schiffer (*Meaning,* 1972). Grice, em especial, trata do problema do S. nos casos em que este último é funcional para a comunicação; Searle (*Speech Acts,* 1969) e Schiffer produziram versões modificadas disso: o primeiro em vista do reconhecimento da convencionalidade do enunciado para que se possa identificar a intenção subjacente do falante (o S. intencional pode não coincidir com o S. literal, como numa afirmação irônica, e pode ser não-lingüístico, como numa exclamação ou numa inflexão inarticulada); o segundo, para aprofundar os aspectos convencionais da linguagem; analogamente, D. Lewis (*Convention,* 1969) propõe que o S. lingüístico seja constituído por convenções implícitas aptas a associar sistematicamente os enunciados com as intenções do falante mais que com intenções comunicativas. Também a semântica dos jogos (SAARINEN, org., *Game-Theoretical Semantics,* 1979; HINTIKKA, *The Game of Language,* 1983) compartilha algumas características de 3), pois o S. é produzido pela intenção do falante de ganhar o jogo lingüístico que ele joga com a natureza: ganhará se o jogo acabar com um enunciado atômico, enquanto se diz que um enun-

ciado é verdadeiro quando o seu enunciador venceu no jogo correlato.

4) Para o *modelo das condições de verdade* o S. das palavras é sua contribuição para as condições de verdade dos enunciados de que são constituintes (recorre-se assim ao conceito de composicionalidade, idéia segundo a qual o S. de uma proposição é função do S. das suas palavras componentes). Se na linguagem prescindirmos dos indiciais (ainda que nenhuma linguagem natural possa ficar sem eles), poderemos indicar o S. da proposição "a grama é verde" na verdade do fato de que a grama é verde (v. EXTENSIONALISMO SEMÂNTICO). A teoria vericondicional do S. mais difundida é a de Davidson (*Truth and Meaning*, 1967); baseia-se no trabalho de Tarski, que identificara as estruturas recursivas de uma linguagem artificial mediante a qual se pode construir um conjunto finito de regras que constituem a *teoria da verdade* da linguagem em questão, regras que podem ser formalizadas da seguinte maneira: "(x) $(Rx \to Bx)$" é verdadeiro = (x) $(Rx \to Bx)$. Davidson aplica essa idéia às linguagens naturais, acrescentando, para maximizar a verdade dos enunciados por interpretar, a condição consistente no *princípio de caridade* (v.), instrumento com que se resolve a circularidade entre S. e crença. A idéia fundamental é que "p" e "p é verdadeiro" são equivalentes quanto ao conteúdo (primeiro passo para uma teoria da redundância do predicado "verdadeiro": v. VERDADE): com efeito, Tarski já o pressupunha conhecido, de tal modo que não seria preciso esclarecer mais o conceito de verdade. Naturalmente, nesse contexto vale o princípio de bivalência, e a semântica resultante é de dois valores; por isso toda proposição é verdadeira ou falsa.

Dummett (*What Is a Theory of Meaning?*, I, 1975, e II, 1976) considera que o S. não se esgota nas condições de verdade pelo fato de que compreender uma proposição significa também saber como usá-la, como verificá-la, quando afirmá-la etc. A teoria das condições de verdade é então substituída pela das *condições de assertividade*, segundo a qual o S. de uma proposição está nas condições em que o falante tem motivos para asseverar o enunciado; fica aberta a possibilidade de divergência entre condições de verdade e condições de assertividade (BRANDOM, *Truth and Asseribility*, 1976). Entre os motivos que levaram à formulação desse tipo de teoria dos S. está a presença, na linguagem natural, dos enunciados indecidíveis, ou seja, isentos de valor de verdade (condicionais conjuntivos e contrafactuais, enunciados passados e futuros, enunciados que contêm quantificações sobre domínios infinitos etc.). O abandono da bivalência leva à adesão a uma outra lógica que pode ser intuicionista, polivalente, livre etc. Dummett, em especial, opta pela intuicionista; o mesmo faz Prawitz (*Dummett on a Theory of Meaning*, 1987). A essa tendência pode-se somar também a semântica construtiva (LYCAN, *Noninductive Evidence*, 1971; HACKER, *Insight and Illusion*, 1972; BACKER, *Criteria: A New Foundation for Semantics*, 1974).

A teoria do papel conceptual do significado e as teorias da assertividade foram chamadas de *teorias do uso*. Em oposição às teorias vericondicionais: para elas, entender um termo significa *saber como* ele deve ser usado (em resposta a certos fatores conceituais ou externos).

Para a teoria do papel conceptual do significado e para as teorias vericondicionais, a compreensão de um termo não pode prescindir da integridade de seus nexos conceituais: trata-se, por isso, em ambos os casos de teorias holísticas. Os opositores do holismo (Field, Dummett com o "molecularismo" e DEVITT, *Coming to Our Sense*, 1995, com o "localismo") afirmam que não é essencial conhecer a língua *inteira*, mas apenas fragmentos pertinentes.

Outro problema que perpassa essas quatro posições é o reconhecimento dos componentes sociais da linguagem: muitos expoentes de 3) tendem para uma visão individual do S. (mas Grice admite convenções, nem que implícitas), enquanto os defensores de 1) e de 4) entendem a linguagem como uma prática social, interpretando o S. não somente como produto das aptidões proposicionais do sujeito, mas também de fatos sociolingüísticos e/ou convencionais.

1), 2a), 3) e 4) são consideradas por 2b) como perspectivas substancialmente homogêneas, pois elas (inclusive a de Dummett, que fala da compreensão como de uma operação unívoca para todos os falantes) entendem o S. como um dado objetivo, independente da sua determinação por parte do indivíduo. A semântica cognitiva institui, porém, um nexo essencial entre S. e compreensão da linguagem *como processo mental*, que, a seu ver, o paradigma filosófico tradicional sempre negligenciou por aversão ao psicologismo. Uma mediação entre referencialistas e cognitivistas foi tentada com as chamadas *teorias duais* (FIELD, *op. cit.;* LOAR, *Mind and Meaning*, 1981; MCGINN, *The Structure of Content*, 1982; HARMAN, *op. cit;* BLOK, *An Advertisement for a Semantics for Psychology*, 1985), que no entanto não parecem gozar de simpatia geral; mas já Hall Partee, partindo da gramática de Montague e detectando suas insuficiências em relação à semântica lexical, indicara uma possível integração em *Belief Sentences and the Limits of Semantics*, 1982.

Feição bem diferente é conferida à análise do S. feita pela filosofia hermenêutica: "O que a expressão exprime – escreve Gadamer – não é apenas o que nela quer manifestar-se e comunicar-se, mas acima de tudo e fundamentalmente aquilo que, no que se disse, se revela sem que se tenha desejado intencionalmente manifestar, ou seja, o que a expressão, por assim dizer, 'trai'. Nesse sentido mais amplo, o conceito de expressão abarca mais do que está contido no conceito de expressão lingüística" (*Wahrheit und Methode,* 1965; trad. it., Bompiani, Milão 1983, p. 389). Essa posição, impossível de reportar aos quatro modelos analíticos acima mencionados ou a alguma combinação sincrética deles, entende o S. como um conteúdo que a linguagem faz transparecer de modo não intencional por parte de um sujeito condicionado pelas contingências históricas e culturais; protagonista portanto não é tanto o dito, quanto o *não-dito* (sobre essa noção, cf. as importantes críticas de PANNENBERG, *Grundfragen systematischer Theologie,* 1967), que se expande até tornar-se a totalidade do sentido, portanto o autêntico S. de toda expressão (um holismo *sui generis* reiterado por Gadamer em *Semantik und Hermeneutik,* 1972). Em segundo lugar, a palavra, mais que simplesmente exprimir, comunica: ela tem uma valência dialógica implícita; segue-se a desvalorização da forma proposicional, caso fundamental da insuficiência da linguagem como objetivação, pois nela se omite exatamente o não-dito. A linguagem não descreve as coisas, mas plasma o próprio mundo (o que conduz ao caráter lingüístico da ontologia gadameriana), e o discurso é visto como práxis produtiva (coisa que HABERMAS, *Zur Logik der Sozialwissenschaften,* 1967, vê como vantagem sobre a teoria wittgensteiniana dos jogos lingüísticos, pois a hermenêutica edulcora o conceito de regra, ressaltando o momento criativo da infração e da apropriação pessoal). Mas exatamente pelo fato de ser dado pelo uso, o S. é contextual, e a argumentação é tópica: inevitável redundar na retórica. O conceito de "S." testemunha em Gadamer a não resolvida tensão entre a historicidade e a imediatez da lingüisticidade. [M.S.]

SIGNIFICADO, ESPÉCIES DE (in. *Kinds of meaning;* fr. *Espèces de signification*; al. *Bedeutungsarten*; it. *Specie di significato*). Podem-se distinguir várias espécies de S. quando se deixa de fazer referência aos signos tomados isoladamente e passa-se a fazer referência aos conjuntos de signos, aos *enunciados*. Estes podem ter: 1.º um S. lógico; 2.º um S. factual; 3.º um S. expressivo.

1.º O enunciado tem S. *lógico* quando pode ser declarado verdadeiro ou falso com base no S. dos termos que o compõem. Têm S. desse gênero proposições do tipo "nenhum solteiro é casado", que também são chamadas de *analíticas* ou *tautologias* e são objeto da lógica. (V. ANALÍTICO; LÓGICA.)

2.º Têm S. *factual* os enunciados que, além de incluírem termos com S., encontram verificação num fato ou por num conjunto de fatos. Nesse sentido, têm S. factual as proposições das ciências naturais (física, química etc.). Semelhantes enunciados também costumam ser chamados de *sintéticos,* para distinguir dos enunciados analíticos da lógica. Reichenbach dividiu o S. factual em *físico,* que é a *possibilidade física,* ou seja, não contradiz as leis empíricas, e *técnico,* que é a *possibilidade técnica* definida por métodos práticos conhecidos ("Verifiability Theory of Meaning", em *Proceedings of the American Academy of Arts and Sciences,* 1951, pp. 53 ss.).

O S. lógico e o S. factual costumam ser chamados de S. *cognitivos* ou *teóricos;* os enunciados que possuem tais S. são reconhecíveis pela possibilidade de serem declarados verdadeiros ou falsos.

3.º Diz-se que têm S. *expressivo* as locuções que não têm S. teórico mas que apesar disso manifestam um estado de espírito do sujeito que os emprega ou servem para produzir estados de espírito análogos no sujeito que os ouve. As interjeições, as exclamações, as expressões metafóricas têm S. desse gênero.

Às vezes, especialmente por parte dos seguidores do *empirismo lógico* (v.), as expressões da metafísica tradicional são consideradas enunciados desse gênero, negando-se-lhes qualquer valor cognitivo. Esse uso, porém, é polêmico e só pode ser registrado como tal (v. ARTE; METAFÍSICA; POESIA). [N.A.]

SIGNIFICADO, VARIAÇÃO DE. V. VARIAÇÃO DE SIGNIFICADO.

SIGNIFICÂNCIA (in. *Significance;* al. *Bedeutsamkeit;* it. *Significanza*). 1. O mesmo que *significado* (v.).

2. Importância ou valor. Desse ponto de vista, diz-se, por exemplo, que certos acontecimentos históricos são significantes. [N.A.]

SIGNO (gr. σημεῖον; lat. *Signum;* in. *Sign;* fr. *Signe;* al. *Zeichen;* it. *Segno*). Qualquer objeto ou evento, usado como menção de outro objeto ou evento. Esta definição, geralmente empregada ou pressuposta na tradição filosófica antiga e recente, é generalíssima e permite compreender na noção de S. qualquer possibilidade de referência: por exemplo, do efeito à causa ou vice-versa; da condição ao condicionado ou vice-versa; do estímulo de uma lembrança à própria lembrança; da palavra a seu significado; do gesto indicativo (p. ex., um braço estendido) à coisa indicada; do indício ou do sintoma de uma situação à própria situação etc. Todas essas relações podem ser compreendidas pela noção de signo. No entanto, em sentido próprio e restrito, essa noção deve ser entendida como a possibilidade de referência de um objeto ou acontecimento *presente* a um objeto ou acontecimento *não-presente*, ou cuja presença ou não-presença seja indiferente. Nesse sentido mais restrito, a possibilidade de uso dos S. ou *semiose* é a característica fundamental do comportamento humano, porque permite a utilização do passado (o que "já não está presente") para a previsão e o planejamento do futuro (o que "ainda não está presente"). Nesse sentido, pode-se dizer que o homem é eminentemente um animal simbólico, e que nesse seu caráter se radica a possibilidade de descoberta e de uso das *técnicas* em que consiste propriamente sua *razão* (v.).

Ainda hoje é válida a doutrina do S. formulada pelos estóicos. Estes chamavam de S., de modo geral, "aquilo que parece revelar alguma coisa", mas em sentido específico chamavam de S. "aquilo que é indicativo de uma coisa obscura", não manifesta (Sexto Empírico, *Adv. math.*, VIII, 143; *Pirr. hyp.*, I, 99 ss.). Portanto, consideravam que os S. eram de duas espécies fundamentais: *rememorativos*, que se referem a coisas apenas ocasionalmente obscuras, como por exemplo a fumaça, que é S. do fogo, e *indicativos*, que nunca são observados juntamente com a coisa indicada, que é obscura por natureza; neste sentido, diz-se que os movimentos do corpo são S. da alma (*ibid.*, VIII, 148-155). Sabemos também que na capacidade de usar os S. os estóicos viam a diferença entre homens e animais (*ibid.*, VIII, 276), e que consideravam o S. um produto intelectual, identificando-o com "uma proposição constituída por uma conexão válida e reveladora do conseqüente" (*ibid.*, VIII, 245). Os epicuristas, ao contrário, consideravam que o S. tem natureza sensível, capaz de permitir e fundamentar a indução (*ibid.*, VIII, 215 ss.; cf. Indução). Mais tarde, nos moldes da doutrina estóica, o S. continuou sendo definido como relação de referência entre dois termos conexos. Tomás de Aquino não excluía que se pudesse chamar de S. a causa sensível de um efeito oculto (*S. Th.*, I, 70, a. 2, ad. 2º). A lógica terminista distinguiu a referência do S. ao seu *denotatum*, que é a relação de *significação* instituída arbitrariamente, da *suposição* (v.), que é a relação pela qual o termo compreendido numa proposição está em lugar de alguma coisa (cf. Pedro Hispano, *Summ. log.*, 6.03). Ockham definiu o S. como "tudo aquilo que, uma vez aprendido, permite chegar a conhecer alguma outra coisa" (*Summa log.*, I, 1), e fez a distinção entre S. natural, que é o conceito (ou intenção da alma) produzido pela própria coisa do mesmo modo como a fumaça é produzida pelo fogo, e S. convencional, instituído arbitrariamente, que é a palavra (*ibid.*, I, 14). A filosofia inglesa dos séculos XVII e XVIII valeu-se amplamente da noção de S., mas não o definiu de maneira nova. Hobbes dizia: "S. é o antecedente evidente do conseqüente ou, ao contrário, o conseqüente do antecedente quando antes já tiverem sido observadas conseqüências semelhantes; quanto mais vezes tiverem sido observadas, tanto menos incerto será o S." (*Leviath.*, I, 3). Berkeley utilizou a noção de S. para definir a função das idéias gerais, que seriam idéias particulares "adotadas para representar ou substituir outras idéias particulares do mesmo tipo" (*Principles of Human Knowledge*, Intr., § 12). No último capítulo de *Ontologia*, Wolff apresenta uma doutrina lúcida e incisiva do S., definindo-o como "um ente do qual se infere a presença ou a existência passada ou futura de outro ente" (*Ont.*, § 952) e distinguindo, conseqüentemente, o S. *demonstrativo*, que indica um objeto presente designado, o S. *prognóstico*, cujo ser designado é futuro, e o S. *rememorativo*, cujo ente designado é passado (*ibid.*, § 954). Com base nesses conceitos, é óbvio que qualquer procedimento cognitivo pode ser considerado sígnico. Em oposição a isso, Kant considerou, por um lado, as palavras e os S. visíveis (algébricos, numéricos etc.) como simples expressões dos conceitos, ou seja, como "caracteres sensíveis que designam conceitos e servem apenas como meios subjetivos de reprodução, e, por outro lado, os *símbolos* como representações analógicas, infra-intelectuais, dos objetos intuídos (*Crít. do Juízo*, § 59; *Antr.*, I, 38). Portanto, segundo Kant, "quem só sabe expressar-se de modo simbólico tem poucos conceitos intelectuais, e aquilo que freqüentemente se admira na vívida expressividade presente nos discursos dos selvagens (e às vezes também dos supostos sábios de um povo rude) não passa de pobreza de idéias, portanto também de palavras para expressá-las" (*ibid.*, 38). No entanto, os kantianos não foram tão contrários quanto seu mestre a reduzir qualquer conhecimento ao uso de signos. H. Helmholtz considerava as sensações como sinais produzidos em nossos órgãos dos sentidos pela ação de forças externas, e atribuía a validade desses S. ao fato de terem entre si uma ordem que reproduz a ordem existente entre as coisas, e não ao fato de serem semelhantes às coisas (*Die Tatsachen in der Wahrnehmung*, 1879). Na mesma linha de pensamento, E. Cassirer estudou as formas simbólicas da vida humana e seu significado conceitual (*Die Philosophie der symbolischen Formen*, 3 vol., 1923-29), e chamou o homem de *animal symbolicum* (*Essay on Man*, 1944, cap. II; trad. it., p. 49).

Quando, por influência da lógica matemática, a teoria dos S. volta a ser estudada na filosofia contemporânea, seus traços fundamentais não variam, mas é-lhe acrescentada outra ordem de considerações, mais precisamente as que se incluem na chamada *pragmática* (v.), vale dizer, as que concernem à relação do S. com seus intérpretes. Pode-se dizer que, desse ponto de vista, o objeto da semiótica, que é a teoria dos signos, não é mais o próprio S., mas a *semiose* (v.), ou seja, o uso dos signos ou o comportamento sígnico. Essa orientação foi inaugurada por E. S. Peirce. Depois de dar a definição tradicional do S. (como "algo por meio de cujo conhecimento conhecemos outra coisa"), Peirce acrescentou que "S. é um objeto que, por um lado, está em relação com seu objeto e, por outro, em relação com um interpretante, de tal modo que produz entre o interpretante e o objeto uma relação correspondente à sua própria relação com o objeto". O S. é, pois, uma relação triádica entre o próprio S., seu objeto e o interpretante (*Coll. Pap.*, 2.243 ss.; 8.332). Conseqüentemente, Peirce classificava os S. segundo três pontos de vista diferentes: por si mesmos; em sua relação com o objeto; em sua relação com o interpretante. Considerados em si mesmos, os S. podem ser: aparências ou *qualissignos*; objetos ou acontecimentos individuais, vale dizer, *sinsignos* (nessa palavra, *sin* é a primeira sílaba de *semel*, *simul*, *similar* etc.); tipos gerais ou *legissignos* (*ibid.*, 8.334). Considerado em relação ao objeto representado, o S. pode ser: um *ícone*, como por exemplo uma percepção visual ou auditiva; um *índice*, como um nome próprio ou o sintoma de uma doença; ou um *símbolo*, que é um S. convencional (*ibid.*, 8.335). Em relação ao objeto imediato, o S. pode ser de uma qualidade, de um ente ou de uma lei. Finalmente, em relação ao interpretante, o S. pode ser um *rema*, um *enunciado* ou um *tema*, isto é, um termo, uma proposição ou um raciocínio (*ibid.*, 8.337). Essa classificação foi depois reexposta pelo próprio Peirce com outra terminologia, mais aceita. Chamou de *tipo* a forma definidamente significante, que não é uma coisa única ou um evento único, que não existe por si, mas é determinada por coisas que existem; chamou de *ocorrência* (*token*) o evento singular que ocorre uma única vez, assim como uma palavra que se encontra numa única linha de uma única página de uma única cópia de um livro; e chamou de *tom* (*tone*) o caráter significante indefinidamente significante, como o tom de voz (*Coll. Pap.*, 4.537). Essas três espécies correspondem, respectivamente, a legissigno, sinsigno e qualissigno da classificação anterior (v. PALAVRA; TIPO).

Teve muito sucesso (imerecido) a classificação proposta por Ogden e Richards em *The Meaning of Meaning* (1923). Eles distinguiram o uso *simbólico* do uso *emotivo* dos S.; o uso simbólico é a asserção, ou seja, a referência do S. a um objeto; o uso emotivo tende a expressar e a produzir sentimentos e atitudes. "Na função simbólica incluem-se tanto a simbolização da referência quanto a comunicação dela ao ouvinte, vale dizer, a produção de referência semelhante no ouvinte. Na função emotiva incluem-se tanto a expressão de emoções, atitudes, disposições, intenções etc. do falante, quanto a comunicação dessas emoções etc., que é a sua evocação no ouvinte" (*The Meaning of Meaning*, 10ª ed., 1952, p. 149). Essa classificação foi utilizada (especialmente por E. L. STEVENSON, *Ethics and Language*, 1944) na análise da linguagem da moral e, em geral, da linguagem normativa, mas seus fundamentos não são consistentes, sobretudo pela impossibilidade de propor um critério simples e suficientemente seguro para se fazer a distinção proposta nos casos particulares. Classificação mais adequada e menos preconcebida é a de Morris, que distingue os *identificadores*, que significam a localização no espaço e no tempo; os *designadores*, que significam as características do meio; os *apreciadores*, que significam um *status* preferencial; *os prescritores*, que significam a solicitação de respostas específicas (*Signs, Language and Behavior*, 1946, III, 2; trad. it., p. 97). Desses S., chamados em conjunto de *lexicais*, Morris distingue os S. *formadores*, que significam que "a situação significada de outro modo é uma situação alternativa" (*ibid.*, VI, 1). Estes últimos são divididos por sua vez em *determinadores*, como "todos", "alguns", "nenhum"; em *conectores*, como vírgulas, parênteses, cópula, conjunções *e*, *ou* etc.; e em *modalizadores*, que são, por exemplo, pontos de exclamação etc. Morris revalidou na filosofia contemporânea a teoria do S. estabelecida por Peirce, introduzindo uma terminologia útil: chamou de *veículo* o objeto ou o acontecimento que serve como S.; de *designado* o objeto a que o S. se refere; de *interpretante* o efeito do S. sobre o intérprete, ou seja, o sentido do S.; e de *intérprete* o sujeito do processo sígnico (*Foundations of the Theory of Signs*, 1938, II, 2). Na esteira de Peirce, Morris também insistiu no caráter comportamental do processo sígnico; aliás, procurou definir o S. em termos exclusivamente comportamentais. A definição a que chegou é a seguinte: "Se *A* orienta o comportamento para um fim de maneira semelhante (mas não necessariamente idêntica) à maneira como *B* orientaria o comportamento para o mesmo fim no caso de se observar *B*, então *A* é um S." (*ibid.*, I, 2; trad. it., p. 21). É evidente a influência que a teoria dos reflexos condicionados exerceu sobre essa definição (v. AÇÃO REFLEXA). Carnap – e com ele muitos outros – aceitou os fundamentos da teoria de Morris, bem como a divisão da semiótica geral nas três partes por ele propostas (cf. R. CARNAP, *Foundations of Logic and Mathematics*, 1939, I, 2; trad. it., pp. 6-7) (v. SEMIÓTICA). [N.A.]

Ao lado da idéia peirciana dos S. como relação triádica entre o próprio S., o objeto e o interpretante, no início século XX Saussure introduziu a segunda concepção do S., fundamental para a semiótica (v.) contemporânea, que é a concepção segundo a qual o S. é uma entidade diádica, e não triádica, sendo constituído por duas faces, o significante e o significado (v.). Na primeira parte do *Cours de linguistique générale,* Saussure concebia as duas faces do S. como entidades psíquicas: pensando sobretudo nas palavras, afirmava que o significante é a imagem acústica, ou seja, o traço psíquico do som que se ouve quando uma palavra é pronunciada, e o significado é o *conceito*, a *idéia* que o falante associa à palavra. E S. é a relação, a combinação dessas duas entidades; tal relação, no caso da linguagem, é *arbitrária* e *convencional* (cf. *Cours de linguistique générale*, 1916, trad. it. *Corso di linguistica generale*, Laterza, Bari, 1979, pp. 83-5). Com isso, Saussure opunha-se à concepção tradicional que via o S. como remissão a um objeto do mundo externo, e a língua como "nomenclatura": o S. não é um rótulo, e o seu significado não é o objeto do mundo externo a que o S. remete. É essa a origem do anti-referencialismo que a semântica (v.) estruturalista teria herdado de Saussure. Na seqüência do *Cours,* Saussure realizou uma espécie de psicologização do S.: este deixa de ser combinação de imagem acústica e conceito e passa a ser relação entre um significante e um significado, entendidos como *puros valores diferenciais* que se definem por oposição a outros significantes e a outros significados dentro dos sistema da língua.

Em *Prolegomena to a Theory of Language* (1943), L. Hjelmslev retomou a concepção do S. como entidade diádica e deu às suas duas faces os nomes de "plano da expressão" e "plano do conteúdo". Ademais, enfatizou a idéia saussuriana do S. como *diferença:* tanto os elementos do plano da expressão quanto os do plano do conteúdo se constituem num sistema de oposições em que, como dizia Saussure, nada mais há que diferenças. Por isso, a análise do plano da expressão e do plano dos conteúdo devia identificar *formas, relações* e *funções* mais que substâncias e coisas. A idéia de S. como diferença constitutiva que balda os pólos que a definem teria sido retomada com grande vigor pelo pensamento pós-estruturalista e em particular por J. Derrida (cf., p. ex., *De la Grammatologie*, 1967).

A partir dos anos 1940, a noção de S. foi alvo de duas críticas fundamentais. Segundo a primeira, o S. é uma entidade ampla demais, e a análise deve identificar unidades menores, cuja articulação e composição constituem o S.; o segundo tipo de crítica afirmava, ao contrário, que o S. é uma entidade limitada demais, e que a análise deveria concentrar-se em entidades mais amplas, de que os signos são apenas componentes. A primeira crítica alimentava-se de alguns resultados dos trabalhos do Círculo Lingüístico de Praga: segundo os fonologistas do Círculo (sobretudo N. S. Trubeckoi), os significantes lingüísticos são produto da articulação de unidades fonológicas menores, os *fonemas*. Hjelmslev, reproduzindo esse tipo de articulação no plano do conteúdo, afirmou, portanto, que o significado de um S. é o resultado da composição de unidades semânticas menores, as figuras do conteúdo: por exemplo, o significado da palavra "touro" compõe-se das três figuras do conteúdo "bovino", "macho" e "adulto". Na mesma direção seguia a teoria dos traços distintivos de R. Jakobson, participante ativo do Círculo de Praga (cf. R. JAKOBSON, *Essais de linguistique générale*, 1963).

Na mesma época em que começavam a identificar-se unidades de análise menores que o S., o lingüista e semiólogo E. Buyssens afirmava, ao contrário, que o que tem significação não são os signos, mas entidades mais amplas, que Buyssens chamava de "semas" e que, no caso da linguagem natural, correspondem a enunciados proferidos, atos da fala (v. PRAGMÁTICA; ATOS DA FALA, TEORIA DOS), enquanto no caso de S. não-verbais são suas ocorrências contextualizadas: por exemplo, uma seta em si não significa nada, mas significa algo muito preciso quando tem certa cor, aparece em certa sinalização de trânsito e está situada em certo ponto da rua (cf. E. BUYSSENS, *Le langage et le discours: essai de linguistique fonctionelle dans le cadre de la sémiologie* 1943). A posição de Buyssens foi retomada por L. Prieto (cf. *Messages et signaux,* 1966) e T. De Mauro (cf. *Senso e significato,* 1971). O próprio Hjelmslev, que contribuiu de modo determinante para a decomposição do S. em unidades de análise menores, pode ser visto também como precursor de uma tendência de pensamento integrável no segundo tipo de crítica ao S. Teórico das figuras do conteúdo, também afirmou a importância do *texto* como unidade de partida para a análise: as leis de articulação que ele identificava no plano da expressão e no do conteúdo não eram pertinentes para cada signo em particular, mas para o sistema da língua em seu conjunto, de que os textos são manifestações concretas (os "processos", dizia Hjelmslev). Nasceu aí a atenção ao texto que, unindo-se aos estudos sobre a fábula, dos formalistas russos (sobretudo V. Propp), por um lado, e aos de Lévi-Strauss sobre os mitos, por outro lado, levou à *semiótica do texto* (cf. as teorias de A. J. Greimas na França e de U. Eco na Itália; v. SEMIÓTICA). [G.Co.]

SILÊNCIO (lat. *Silentium*; in. *Silence*; fr. *Silence*; al. *Schweigen*; it. *Silenzio*). Atitude mística diante da inefabilidade do ser supremo (cf., p. ex., BOAVENTU-

RA, *Itinerarium mentis in Deum*, VII, 5). Segundo Jaspers, a atitude diante do ser da Transcendência (*Phil.*, III, p. 223). Segundo Wittgenstein, a atitude diante dos problemas da vida: "Sobre o que não se pode falar, deve-se calar" (*Tractatus*, 7). [N.A.]

SILOGISMO (gr. συλλογισμός; lat. *Syllogismus*; in. *Syllogism*; fr. *Syllogisme*; al. *Syllogismus*; it. *Sillogismo*). Para Aristóteles, a forma fundamental de todo raciocínio dedutivo. Nos *Primeiros analíticos*, o S. é caracterizado nos termos da dedução (v.) em geral, vale dizer, como "um discurso em que, postas algumas coisas, se seguem necessariamente outras" (*An. pr.* I, 1, 24b 18; I, 32, 47a 34). Um S. compõe-se de três enunciados, dois dos quais são chamados de *premissas*, e o terceiro, de *conclusão*. Nos três enunciados estão envolvidos apenas três *termos*, e cada enunciado tem uma das quatro formas categóricas: A) "Todos os S são P"; E) "Nenhum S é P"; I) "Alguns S são P"; O) "Alguns S não são P". As letras "E" e "O", que designam os dois enunciados negativos, são as duas vogais do verbo latino *nego*, enquanto as que designam os dois enunciados positivos ("A" e "I") são extraídas das duas primeiras vogais do verbo latino *affirmo*. Já Aristóteles identificara importantes relações entre os quatro enunciados categóricos, que a tradição posterior codificará no chamado *quadrado dos opostos* (v.) ou *quadrado aristotélico*. Uma vez que no conjunto dos três enunciados que compõem um S. podem entrar apenas três termos, um deles será repetido duas vezes: é esse o chamado *termo médio*, que tem a função relacionar-se com cada um dos outros dois termos, a fim de possibilitar a determinação do tipo de relação que subsiste diretamente entre eles. Os outros dois termos chamam-se *termo maior* e *termo menor* e recebem esses nomes do fato de figurarem, respectivamente, como predicado e sujeito na conclusão. Por sua vez, as premissas são chamadas de *premissa maior* e *premissa menor*, conforme contenham, respectivamente, o termo *maior* ou o termo *menor*. Se considerarmos a posição dos termos nos três enunciados, de modo que o *médio* possa desempenhar sua função de mediação, portanto não apareça na conclusão e esteja presente em cada premissa, obteremos, de maneira puramente combinatória, os quatro esquemas ou *figuras* seguintes:

I.	II.	III.	IV.
MP	PM	MP	PM
SM	SM	MS	MS
SP	SP	SP	SP

(nos quais S = termo menor; M = termo médio; P = termo maior).

Como as figuras são quatro e como cada enunciado que entra em cada figura pode assumir uma das quatro formas categóricas A, E, I, O, segue-se que, com base nas figuras, podem ser gerados $4 \times 4 \times 4 \times 4 = 256$ silogismos, também chamados *modos* silogísticos (obtidos levando-se em conta a *qualidade* – afirmativa ou negativa – e a *quantidade* – *universal* ou particular – dos enunciados e das suas possíveis combinações). Naturalmente, nem todos esses silogismos serão *válidos* (v. VALIDADE), ou seja, nem todos possibilitarão a passagem a uma conclusão verdadeira, desde que admitida a verdade das premissas. Para discriminar os silogismos *válidos* dos *inválidos*, a tradição silogística elabora progressivamente – sobretudo na época da escolástica e da escolástica tardia – uma série coerente de condições sobre os termos e os enunciados, que precisam ser satisfeitas para garantia de validade. As condições sobre os termos eram ditadas, predominantemente, pela teoria da *distribuição* (v.), segundo a qual um termo é tomado universalmente ("distribuído") quando sob o efeito de um quantificador universal, ou então quando funciona como predicado num enunciado negativo. Assim, uma condição sobre os termos impunha, por exemplo, que o *médio* fosse distribuído pelo menos uma vez nas premissas; outra prescrevia que na conclusão não figurassem termos que não estavam distribuídos nas premissas. A referência à teoria da distribuição não é, porém, essencial para determinar a validade dos silogismos. Uma condição típica sobre os enunciados era que as premissas não fossem ambas negativas; outra, que não podiam ser ambas particulares. Por fim, os silogismos válidos são apenas 24 (6 para cada figura). No entanto, seu número pode ser ainda mais reduzido, até 19, se eliminados os 5 modos chamados "subalternos", que derivam de modos válidos simplesmente por *subalternação* (v.) da conclusão (transformação desta de universal em particular). No período da lógica medieval foram excogitados nomes para indicar os modos válidos, de tal forma que pudessem ser lembrados facilmente (segundo várias tradições, os nomes foram depois dispostos em versos, construindo-se assim verdadeiras parlendas). Os nomes dos 19 modos válidos, associados às figuras, são os seguintes:

Primeira figura: *Barbara, Celarent, Darii, Ferio*;

Segunda figura: *Cesare, Camestres, Festino, Baroco*;

Terceira figura: *Darapti, Disamis, Datisi, Felapton, Bocardo, Ferison*;

Quarta figura: *Bramantip, Camenes, Dimaris, Fesapo, Fresison.*

Os 15 modos subalternos são:

Primeira figura: *Barbari, Celaront*;

Segunda figura: *Cesaro, Camestrop*;

Quarta figura: *Camenop.*

As vogais de cada nome indicam qualidades e quantidades dos enunciados que formam o modo; e a sucessão das vogais define a estrutura de cada modo em cada figura. A consoante inicial, nos modos de figuras diferentes da primeira, indica a qual modo da primeira deverá ser reduzido (mediante dedução) o modo em questão: *Bramantip,* da quarta, por exemplo, será reduzido a *Barbara; Disamis* e *Datisi,* da terceira, serão reduzidos a *Darii,* e assim por diante. Caso peculiar é constituído pelos dois modos *Baroco* e *Bocardo,* que, não podendo ser reduzidos diretamente a *Barbara,* têm sua validade demonstrada por vias indiretas (ou por absurdo), fazendo-se uso de *Barbara.* As consoantes *internas* dos nomes indicam as operações mediante as quais cada modo pode ser reduzido ao modo correspondente de primeira figura. A letra *"m"* indica a permutação das premissas (*mutatio praemissarum*); a "s", a conversão (v.) simples (*conversio simplex*), que deve ser aplicada ao enunciado indicado pela vogal que a precede (*e* ou *i*); a "p", a conversão *per accidens,* que também deve ser aplicada ao enunciado indicado pela vogal que a precede (*a*); a "c" indica que ao modo deve ser aplicada a demonstração indireta (*per contradictoriam*). A consoante "s", quando posta no final de uma palavra mnemônica (p. ex., em *Camestres*), indica que deve ser convertida a conclusão obtida com base nas premissas do modo correspondente (no nosso exemplo: *Cesare*), de primeira figura. Analogamente, "p" em *Bramantip* indica que, tão logo transformadas as premissas desse modo nas premissas de *Barbara,* deve-se converter *per accidens* a conclusão obtida com base no modo de primeira figura. Uma formalização padrão das inferências silogísticas, para representar os *modos* de forma esquemática, é obtida dispondo-se em cada *figura,* entre as letras dos termos que compõem o esquema de um enunciado, uma das quatro vogais convencionais que exprimem quantidade e qualidade dos enunciados. Assim, por exemplo, "Todos os S são P" é representada como "SaP"; e o modo *Darii* da primeira figura – assumindo a disposição linear dos enunciados, em vez da vertical – torna-se: "MaP, SiM/SiP". Um exemplo de redução é o exposto a seguir. Consideremos o modo *Festino* da segunda figura: "PeM, SiM/SoP". O "s" do nome mnemônico indica que se deve aplicar a *conversão simples* à primeira premissa; obtém-se assim "MeP", que com a outra premissa, "SiM", constitui diretamente um par de premissas dispostas na primeira figura: delas se deduz, portanto, "SoP", que é justamente a conclusão do modo *Ferio* da primeira. Um outro exemplo: reduz-se *Camestres* da segunda figura a *Celarent* da primeira. *Camestres* tem forma: "PaM, SeM/SeP". Aplica-se a permutação de premissas, obtendo-se o par "SeM, PaM"; aplica-se a *conversão simples* à premissa universal negativa, obtendo-se o par "MeS, PaM", do qual se obtém, para *Celarent* da primeira, a conclusão "PeS": aplica-se por fim a *conversão simples* à conclusão assim obtida e tem-se "SeP". De *Camestres* chegamos portanto a *Celarent.* Diferentemente dos outros modos, *Baroco* e *Bocardo,* como mencionamos, admitem redução indireta (baseada no raciocínio por absurdo). Consideremos aqui apenas o caso de *Baroco* (para *Bocardo* valem considerações análogas). *Baroco* é um modo da segunda figura: "PaM, SoM/SoP"; admite-se que *não* é válido. Se não é valido, por definição de validade (v.), será possível que a conclusão seja falsa, e as premissas, verdadeiras. Admitamos que a conclusão seja falsa: então será verdadeiro o enunciado contraditório da conclusão, vale dizer, "SaP". Como se admitiu que as premissas são verdadeiras, então "SaP" (o enunciado contraditório da conclusão, verdadeiro por hipótese), em conjunto com a premissa maior "PaM", redundará no par "PaM, SaP", que corresponde às premissas de *Barbara,* com "P" em função de termo *médio.* De "PaM, SaP" conclui-se, portanto, "SaM". Mas "SaM" é contraditória de "SoM", que é a premissa menor de *Baroco* e que havíamos admitido como verdadeira. Temos, pois, uma contradição, gerada pela hipótese de que o modo *Baroco* pode levar de premissas verdadeiras a uma conclusão falsa (de que o modo é *inválido*). A hipótese portanto é falsa, e o modo é válido. Condição essencial, implícita na apresentação do S. feita até agora, é que os termos envolvidos nos vários modos não sejam vazios (caso contrário, deixaria de ser legítima, p. ex., a passagem de "Todos os A são B" para "Alguns A são B"). Na tradição, a validade do silogismo costumava depender do chamado *dictum de omni (et nullo)* (v.), de derivação aristotélica.

A teoria silogística assim exposta coincide apenas em parte com as concepções originárias de Aristóteles (do modo apresentado sobretudo nos *Primeiros Analíticos*). Aristóteles, por exemplo, mesmo usando a locução "Todos os A são B" (obviamente: a expressão grega correspondente), considera de certo modo canônica a locução "B inere (ὑπάρχει) a todos os A" – o mesmo vale para os enunciados categóricos restantes. Além disso, não teoriza sobre a existência da quarta figura, mesmo reconhecendo seus modos e considerando-os válidos. Segundo a tradição, teria sido Galeno (sécs. II-III d.C.) o primeiro a admitir a quarta figura como legítima, sem considerá-la mera variante da primeira (considere-se, entre outras coisas, que, se for adotado o módulo expressivo aristotélico, o esquema da primeira figura será o da quarta). As afinidades que ligam a quarta figura à primeira e a autoridade de Aristóteles levarão alguns autores, sobretudo do fim da escolástica, a considerar os *modos* válidos da quarta figura como casos particulares (*modos indiretos*) da primeira. Os *modos indiretos* costumam ser indicados com os nomes: *Baralipton* (v.), *Celantes* (v.), *Dabitis* (v.), *Fapesmo* (v.), *Frisesomorum* (v.). Outra diferença entre o S. aristotélico e o da tradição subseqüente consiste no fato de que Aristóteles – à diferença do que ocorre com o S. tradicional – parece ter dificuldade para admitir no S. enunciados com sujeito singular ("Sócrates é homem", p. ex.). Aristóteles parece estar bem consciente do caráter *formal* da inferência silogística, e é o primeiro a fazer uso de letras do alfabeto como "marcadores" para indicar os termos concretos que cabem no S. No capítulo 7 dos *Primeiros analíticos*, apresenta, ademais, um esboço de estrutura axiomática, procurando mostrar como, com base na admissão de que os silogismos *Barbara* e *Celarent* de primeira figura são *perfeitos* (válidos e evidentes), todos os outros são redutíveis a eles.

Nos textos de lógica da escolástica, o S. é submetido a um tratamento que adquire caráter cada vez mais estável e que, com poucas variações, chega até Kant, assumindo a fisionomia de uma doutrina em si (é conhecida a observação kantiana, segundo a qual a lógica – quase identificada totalmente com a silogística – seria uma doutrina sem possibilidade de maior progresso). Nesse processo de fixação da doutrina silogística, papel importante é desempenhado no século XVII pela *Logique ou l'art de penser* de Arnauld e Nicole (1662). A partir da reação humanística (séc. XV) ao pensamento escolástico, serão muitos os que considerarão insuficiente o S. como instrumento lógico-demonstrativo. Descartes e Locke, por exemplo, considerarão o S. incapaz de produzir verdadeiro conhecimento (Leibniz, ao contrário, o considerará uma das mais belas invenções do espírito humano). Descartes, em particular (mas nesse aspecto Leibniz também estará de acordo), indicará na demonstração matemática a pedra de toque de todo raciocínio dedutivamente correto.

Um problema que se formula de maneira explícita mais ou menos a partir da segunda metade do século XVI – com a intensa atividade de edição e comentário dos *Elementos* de Euclides – é o da adequação da doutrina silogística para exprimir demonstrações matemáticas, em particular as dos *Elementos*. Numerosos autores (entre os quais Christophorus Clavius e, mais tarde, no séc. XVIII, Christian Wolff) darão resposta afirmativa, alguns até com exemplos de tais demonstrações. A doutrina silogística desses autores é, porém, enriquecida por numerosos princípios e regras não silogísticos de inferência, em observância a uma atitude pragmática, tendente a englobar com o nome genérico de "S." um número consistente de inferências válidas de várias naturezas. Esse englobamento era facilitado pelo fato de que, na tradição, faziam parte da silogística, além do S. *categórico* (do qual tratamos até agora), os chamados S. *hipotéticos* e os S. *disjuntivos* – vale dizer, inferências pertencentes ao cálculo enunciativo ou proposicional. Faziam parte dos S. *hipotéticos*, por exemplo, inferências que tinham a forma geral: "Se q é verdadeiro, então r é verdadeiro; Se p é verdadeiro, então q é verdadeiro; portanto, Se p é verdadeiro, então r é verdadeiro"; aos S. *hipotéticos* pertenciam instâncias do *modus ponens* (v.) e do *modus tollens;* enquanto a inferência "p é verdadeiro ou q é verdadeiro; p não é verdadeiro; logo q é verdadeiro" era considerada um esquema de S. *disjuntivo*. Galeno, porém, já havia posto em dúvida o caráter silogístico de inferências do tipo "A = B, B = C; logo A = C", que desempenham papel importante no raciocínio matemático. Tais dúvidas surgem várias vezes na história do pensamento ocidental: na segunda metade do século XVII, o filósofo escocês Thomas Reid assumirá como exemplo típico de argumento não redutível a silogismo a inferência "A é maior que B, B é maior que C; logo A é maior de C". Na segunda metade do século XIX, o desenvolvimento de uma lógica das relações, por obra de Augustus De Morgan e Charles S. Peirce, a algebrização da lógica, por obra de George Boole, e, sobretudo, a teoria da quantificação (v.), elaborada por Gottlob Frege, dão início a um decisivo desenvolvimento da lógica, que se torna cada vez mais apta a exprimir o raciocínio dedutivo em geral e, portanto, também as demonstrações matemáticas. Isso faz emergir com evidência cada vez maior os limites do S., que acaba por perder o lugar central que, na tradição precedente, lhe fora designado na lógica. [M.M.]

SILOGISMO PRÁTICO (in. *Practical syllogism*; fr. *Syllogisme pratique*; al. *Praktische Syllogismus*; it. *Sillogismo pratico*). A expressão pertence à tradição aristotélica medieval, tanto arábico-hebraica quanto cristã, que procurou conciliar a ética de Aristóteles com a idéia bíblica de lei divina. Com base em tal interpretação, o S. prático configurava-se como dedução de casos particulares a partir da lei universal (divina ou natural) aplicada. Ele compreendia, portanto, uma premissa maior, constituída pelo conhecimento dos princípios morais (obtida mediante uma espécie de intuição, chamada de *sindérese* pela escolástica latina); uma premissa menor, constituída pelo conhecimento da situação particular em que o homem se encontra a agir, e uma conclusão, constituída pela prescrição da ação por cumprir. Em Aristóteles, encontra-se apenas a expressão syllogismoi twn prakton (literalmente: "inferências das ações praticáveis"), que alude a um raciocínio constituído – assim como o S. entendido em sentido técnico – por duas premissas e uma conclusão. Sobre ele Aristóteles afirma explicitamente que a premissa maior é do tipo: "Visto que esse é o fim e é ótimo, qualquer que ele seja" (*Et. nic.* VI 13, 1144 a 31-33). De alguns exemplos, extraídos do campo das técnicas (especialmente da medicina, que em geral serve de modelo à ética), compreende-se que a premissa menor é constituída pela identificação dos meios aptos a realizar certo fim. Por exemplo, se a premissa maior é do tipo: "As carnes leves são fáceis de digerir e são saudáveis" (em que se assume como fim a saúde), a menor poderá ser do tipo: "As carnes de aves são leves e saudáveis" (em que se assume como meio determinada alimentação; *Et. nic.* VI 8, 1141 b 18-21). Aristóteles insiste justamente na importância da premissa menor para a realização dos fim, afirmando que, "Se alguém sabe que as carnes leves são fáceis de digerir e são saudáveis, mas não sabe quais são as carnes leves, não produzirá saúde; quem a produzirá será aquele que sabe que as carnes de aves são leves e saudáveis" (*ibid.*, trad. it. de C. Mazzarelli, Milão, 1979). Com efeito, a conclusão, segundo uma afirmação explícita de Aristóteles, é constituída por uma ação (πρᾶξις): por exemplo, "se preciso de uma proteção" (premissa maior, sempre com o objetivo da saúde), e "um manto é uma proteção" (premissa menor), a conclusão é "precisar fazer o manto", aliás a própria ação de fazer o manto (*De motu an.* 7, 701 a 10-20). Como se vê, não estamos diante de S. entendidos no sentido mais técnico (em três figuras, teorizados nos *Primeiros analíticos*), mas sim de inferências, de raciocínios que indicam as ações por realizar. A premissa maior não é constituída por um conhecimento puro, nem pela intuição de um princípio, mas no campo moral é fornecida pela orientação para o bem em que consiste a própria virtude, fruto de hábito, ou seja, de educação, de costume familiar e social, de respeito às leis da pólis (cf. *Et. nic.* VI 13, 1144 a 7-8). Sua característica é ser uma "opinião universal". A premissa menor é sempre um conhecimento particular, fruto daquela virtude dianoética especial que é a *phronesis*, ou seja, a sabedoria prática, capacidade de identificar os meios mais aptos a realizar um bom objetivo, portanto conhecimentos do fim e ao mesmo tempo dos meios (ou do nexo entre fim e meios), do universal e ao mesmo tempo do particular (cf. *Et. nic.* VI 13, 1144 a 8-9; 7, 1147 a 25-28). A primeira – diz ainda Aristóteles – versa sobre o bem; a segunda, sobre o possível (*De motu an.* 7, 701 a 24-25).

Enquanto em Aristóteles o tratamento da inferência prática ocupa posição secundária, em última instância, o tema foi alvo de notável valorização na filosofia analítica inglesa dos século XX, porque alguns autores perceberam na inferência prática aristotélica um ótimo modelo de racionalidade prática, ou seja, um modelo de explicação das ações e dos comportamentos humanos em geral. Em especial dois alunos de Wittgenstein, Anscombe e von Wright, consideraram a inferência prática, respectivamente, como explicação do comportamento prático de tipo intencional (cf. G. E. M. ANSCOMBE, *Intention,* 1957) ou como elaboração de um modelo de racionalidade prática de tipo teleológico, alternativo ao nomológico-dedutivo elaborado por Hempel para as ciências naturais (G. H. VON WRIGHT, *Explanation and Understanding,* 1971). Naturalmente, essas propostas suscitaram algumas reações críticas por parte dos filósofos analíticos mais formalistas, como por exemplo R. M. Hare (*Practical Inferences,* 1971), A. J. P. Kenny (*Will, Freedom and Power,* 1975) e K. J. J. Hintikka (*Practical vs. Theoretical Reason: an Ambiguous Legacy,* em S. KORNER, *Practical Reason,* 1975), que objetaram à natureza propriamente silogística da inferência prática e sobretudo à possibilidade de deduzir uma ação de um conhecimento, que parece opor-se à chamada "lei de Hume"; Mas a essas críticas houve reação por parte dos representantes da filosofia hermenêutica, por exemplo Bubner, que, mesmo retomando a caracterização tradicional, e não propriamente aristotélica, da inferência prática em termos de aplicação de uma "regra" a um "caso", ressaltou o caráter já prático das premissas, baseadas essencialmente na forma de razão eminentemente prática que é a *phronesis* (cf. R. BUBNER, *Handlung, Sprache und Vernunft. Grundbegriffe praktischer Philosophie,* 1976, trad. it., Bolonha, 1985, pp. 216-29 (v. C. NATALI, *La saggezza di Aristotele,* Nápoles, 1989, pp. 143-214). [E.B.]

SILOGÍSTICA (in. *Syllogistic;* fr. *Syllogistique;* al. *Syllogistik;* it. *Sillogistica*). Doutrina do silogismo (v.), que se desenvolveu na tradição lógica e filosófica ocidental. Sistema de princípios e regras para o tratamento das inferências silogísticas, que compreendem tradicionalmente, além dos silogismos *categóricos,* os silogismos *hipotéticos,* os silogismos *disjuntivos* (v. SILOGISMO) e os silogismos *modais* (v. MODALIDADE). [M.M.]

SIMBOLISMO (in. *Symbolism;* fr. *Symbolisme;* al. *Symbolismus;* it. *Simbolismo*).

1. Uso dos signos, ou seja, comportamento sígnico ou *semiose* (v.).

2. Uso de um sistema de signos especial (p. ex., o "S. matemático").

3. Uso de símbolos no 2º sentido do termo: de signos convencionais e secundários (signos de signos, como ocorre na arte, na religião etc.). Neste sentido, essa palavra é usada por Cassirer ao falar da expressão simbólica como forma mais madura de desenvolvimento lingüístico, marcada pela distância entre o signo e seu objeto" (*The Philosophy of Symbolic Forms*, II, p. 237); de fato, essa distância é própria do comportamento sígnico. [N.A.]

SÍMBOLO (in. *Symbol;* fr. *Symbole;* al. *Symbol/Sinnbild;* it. *Simbolo*). 1. Esta palavra deriva do grego συμβάλλειν, que significa "juntar". Na antiga Grécia era difundido o costume de partir na metade anéis, moedas ou quaisquer objetos, dando-se uma das metades a um amigo ou a um hóspede. Essas metades, guardadas por ambas as pessoas, de geração em geração, permitiam que os descendentes dos dois amigos se reconhecessem. Esse signo de reconhecimento chamava-se S. Platão, relatando o mito de "Zeus, que, querendo castigar o homem sem destruí-lo, partiu-o em dois", conclui que daí por diante "cada um de nós é o S. de um homem" (*banquete,* 189-193), a metade que procura a outra metade, o S. correspondente. O S., portanto, assim como o signo, caracteriza-se pela *remissão;* isto permitiu, por um lado, incluir o S. na ordem do *signo* (v.), como caso específico, e, por outro, opô-lo ao signo porque, enquanto o signo compõe de modo convencional alguma coisa com outra (*aliquid stat pro aliquo*), o S., evocando a sua parte correspondente, remete a determinada realidade que não é decidida pela convenção, mas pela recomposição de um inteiro.

2. As primeiras reflexões orgânicas sobre o S. tiveram início no século XIX, no círculo romântico de Heidelberg com G. F. Creuzer, que fala do S. como de uma epifania do divino, "como um raio que chega da profundidade do ser e do pensamento" (*Symbolik und Mythologie der alten Völker, besonders der Griechen,* Leipzig, 1810-1812, p. 35). A posição de Creuzer foi comungada por J. J. Bachofen, para quem o S. é algo acabado e auto-suficiente, que pode prestar-se a várias explicações, permanecendo, porém, na essência completamente autônomo no que diz respeito a explicações. Essa posição não é comungada por G. W. F. Hegel que, refutando a concepção de Creuzer, que pensa o S. como algo "em si, autonomamente acabado e por si mesmo suficiente" (*Estetica,* 1836-1838, trad. it., Feltrinelli, Milão, 1963, p. 346), afirma que "S. em geral é uma existência externa imediatamente presente ou dada à intuição, mas que não deve ser tomada com base em lei própria, assim como imediatamente se apresenta, mas em sentido mais amplo e universal. Logo, no S. devem desde logo ser distinguidos dois lados: o significado e a sua expressão" (p. 344).

Depois da fase romântica e idealista, encontramos, entre os que resolvem o S. no signo, Ch. S. Peirce, que distingue o *ícone,* que se refere ao objeto em virtude de caracteres próprios, como por exemplo a semelhança, o *índice,* que se refere ao objeto em virtude de uma determinação como a causalidade física, e o S., "signo que se refere ao objeto por ele denotado em virtude de uma lei, em geral uma associação de idéias" (*Semiotica,* 1931-1935, trad. it., Einaudi, Turim, 1980, p. 140), em que fica evidente que o S. se insere na ordem dos signos, estando ligado ao objeto por uma convenção social. E. Cassirer também chega à identificação entre simbólico e semiótico: partindo da premissa kantiana de que a ciência não reflete a estrutura do ser, mas põe os seus objetos de conhecimento "como S. intelectuais livremente criados", considera a atividade simbólica como produção das condições de cognoscibilidade, e "o S. não como um revestimento meramente acidental do pensamento, mas como seu órgão necessário e essencial", donde a conclusão: "todo pensamento realmente rigoroso e exato encontra o seu ponto fixo somente na simbólica, na semiótica, sobre a qual se apóia" (*Filosofia delle forme simboliche,* 1921-1929, La Nuova Italia, Florença, 1961-1966, p. 20). Depois disso Cassirer reconhece uma diferença entre as formas simbólicas "de natureza conceitual" e as formas simbólicas "de natureza puramente imitativa", mas reúne essas diferenças na idêntica categoria do simbólico-semiótico.

Uma leitura do S. em estrita correlação com o problema hermenêutico da interpretação pode ser encontrada em P. Ricoeur e em G. Vattimo, para quem "a hermenêutica heideggeriana se baseia no pressuposto de que o que fica escondido não constitui o limite e o fracasso do pensamento, mas, ao contrário, o terreno fértil sobre o qual, apenas, o pensamento pode florescer e desenvolver-se" (*Essere, storia e linguaggio in Heidegger,* Filosofia, Turim, 1963, p. 150). Contrapondo a interpretação ao ideal da explicitação total, Vattimo vê a palavra não como um signo, mas como uma chamada não diferente do modo como os românticos liam os S.; com efeito, "aquilo pelo que um pensamento vale – escreve Vattimo – não é aquilo que ele diz, mas aquilo que deixa sem dizer, fazendo-o porém vir à luz, chamando-o de um modo que não é o da enunciação" (p. 152).

U. Eco, por fim, lê o S. como uma decisão: "o mundo simbólico sempre pressupõe um processo de *invenção* aplicado a um reconhecimento. Encontro um elemento que poderia assumir, ou já assumiu, função sígnica e decido vê-lo como a projeção de uma porção suficientemente imprecisa de conteúdo. [...] O modo simbólico é portanto um procedimento não necessariamente de produção, mas sempre de uso do texto, que pode ser aplicado a todo texto e a todo tipo de signo, através de uma decisão pragmática ("quero interpretar simbolicamente"), que em nível semântico produz uma nova função sígnica, associando a expressões já dotadas de conteúdo codificado novas porções de conteúdo, o mais indeterminadas possível e decididas pelo destinatário. É característica do mundo simbólico que, caso nos abstenhamos de realizá-lo, o texto permanece dotado de um sentido independente, em termos literais e figurativos" (Simbolo, em *Enciclopedia*, vol. XII, Einaudi, Turim, 1981, pp. 910-1). [U.G.]

SIMETRIA (in. *Symmetry*; fr. *Symétrie*; al. *Symmetrie*; it. *Simmetria*). Mensurabilidade, proporção ou harmonia. Diz-se que é *simétrica* a relação entre os dois termos nos dois sentidos: por exemplo, a relação "irmão" (v. RELAÇÃO). [N.A.]

SIMPATIA (gr. συμπάθεια; in. *Sympathy*; fr. *Sympatie*; al. *Sympathie*; it. *Simpatia*). Ação recíproca entre as coisas ou sua capacidade de influência mútua. Esse conceito é antigo e desde a Antiguidade foi aplicado tanto à realidade humana quanto à física, mas foi usado pelos filósofos antigos principalmente em relação ao mundo físico. Para os estóicos, a S. é o nexo que interliga as coisas, as mantém ou as faz convergir para a ordem do mundo (ARNIM, *Stoicorum fragmenta*, II, p. 264). Para Plotino, a S. era o fundamento da magia: "De onde provêm os encantamentos? Da S., graças à qual há uma concordância natural entre coisas semelhantes e discordância natural entre as coisas diferentes, e graças à qual também há grande número de potências variadas que colaboram para a unidade desse grande animal que é o universo" (*Enn.*, IV, 4, 40). Plotino também dizia que "a S. é como uma corda esticada que, ao ser tocada numa das pontas, transmite o movimento para a outra ponta. [...] E, se a vibração passa de um instrumento para o outro por S., também no universo há uma harmonia única, que às vezes é feita de contrários, mas outras vezes é feita também de partes semelhantes e congêneres" (*ibid.*, IV, 4, 41). A magia insere-se na S. universal e, recorrendo a meios oportunos, aproveita-a para suas próprias finalidades, realizando assim efeitos que parecem extraordinários e milagrosos. Esse conceito de S., que pressupõe a animação de todas as coisas, é o fundamento da magia, sendo admitido igualmente por todos os mágicos do Renascimento (cf. CAMPANELLA, *De sensu rerum*, IV, 1; 14; AGRIPA, *De occulta philosophia*, I, 1; I, 37; CARDAN, *De varietate rerum*, I, 1-2; G. B. ELMONT, *Opuscula philosophica*, I, 6 etc.).

Com o declínio da magia no mundo moderno, o significado de S. limitou-se a indicar a comunhão de emoções entre os indivíduos humanos. Hume foi o primeiro a insistir na importância da S. no que se refere à formação de todas as emoções humanas: "Nenhuma qualidade da natureza humana é mais importante em si mesma ou em suas conseqüências do que a propensão que temos a simpatizarmos uns com os outros, a recebermos a comunicação das inclinações e dos sentimentos dos outros, por mais diferentes que sejam dos nossos, ou mesmo contrários. [...] A esse princípio podemos atribuir a grande uniformidade observável nos humores e nos modos de pensar dos membros de uma mesma nação: é muito mais provável que essa semelhança surja da S. que da influência do solo e do clima, que, apesar de serem sempre os mesmos, não conseguem manter inalterado por um século inteiro o caráter de uma nação" (*Treatise*, 1738, II, I, 11). É de se notar que Hume atribuiu à S. o caráter que mais tarde seria ressaltado por Scheler e rejeitado por autores mais modernos: o fato de ela não implicar nenhuma identidade de emoções ou fusão emocional nas pessoas entre as quais ocorre. Adam Smith apenas adotou a idéia diretiva de Hume, ao considerar a S. como base da vida moral e ao entendê-la como "a faculdade de participar das emoções de outrem, sejam elas quais forem" (*Theory of Moral Sentiments*, 1759, I, 1, 3). Ocasionalmente, recorreu-se à S. no campo estético e biológico, chamando-a às vezes de *empatia* (v.). Bergson reportou o instinto à S., vendo nela a possibilidade de apreender diretamente a natureza da vida: "Instinto é simpatia. Se essa S. pudesse estender seu objeto e refletir sobre si mesma, dar-nos-ia a chave das operações vitais, da mesma maneira como a inteligência, desenvolvida e corrigida, nos introduz na matéria" (*Évol. créatr.*, 8ª ed., 1911, p. 191). Por outro lado, numa obra famosa sobre a S., Scheler distinguiu-a dos fenômenos afins mas não idênticos, especialmente daquilo que ele chama de *contágio emotivo* ou *fusão emotiva*. A fusão emotiva consiste em ter a mesma emoção de outrem; por exemplo, os pais que perderam um filho sentem a mesma dor. A S., ao contrário, não supõe a identidade de emoções: participar da dor alheia por sentir piedade não significa sentir a mesma dor. Por isso, para Scheler a S. era o componente da compreensão, que é condicionada pelo reconhecimento da alteridade entre as pessoas: "A S., a participação afetiva autêntica, é uma função e não comporta um estado afetivo na pessoa que o sente. O estado afetivo de *B*, implícito na piedade que sinto por ele, para mim continua sendo o estado afetivo de *B*: não passa para mim, quando o lastimo, e não produz em mim um estado semelhante ou idêntico" (*Sympathie*, 1923, 1; trad. fr., p. 69). [N.A.]

SIMPLES (gr. ἁπλόος; lat. *Simplex;* in. *Simple;* fr. *Simple;* al. *Einfach;* it. *Semplice*). Aquilo que carece de variedade ou composição, vale dizer, o que existe de um único modo ou é destituído de partes. Aristóteles entendeu o S. no primeiro sentido, como falta de variedade: "No sentido primário e fundamental o que é S. é necessário porque não é possível que este seja de modos diferentes, ou que seja ora de um modo, ora de outro" (*Met.*, V, S, 1015 b 12). Leibniz usou essa palavra no segundo sentido, ao definir a mônada como substância S., porque *sem partes* (*Monad.*, § 1). Foi graças a Wolff que esse conceito se consolidou com esse sentido (*Ont.*, § 673). Na lógica terminista medieval usava-se com o mesmo sentido o termo *incomplexum* (= não composto), como contrário de *complexo* (v.): ou no sentido de um termo constituído por uma só palavra, ou no sentido do termo de uma proposição, seja este constituído por uma ou mais palavras (cf. OCKHAM, *Expositio aurea*, p. 40 b).

Por *simplicidade*, como característica das hipóteses ou das teorias científicas, entende-se exigência de *economia* (v.) a que devem obedecer (v. também TEORIA). De modo correspondente, por simplificação entende-se todo procedimento apto a tornar econômica a conceituação ou a teorização, ou seja, qualquer procedimento que reduza o número ou a complexidade dos conceitos empregados. [N.A.]

SIMULACRO (in. *Simulacre;* fr. *Simulacre;* al. *Bild;* it. *Simulacro*). 1. V. ÍDOLOS.

2. Termo usado por Baudrillard e por alguns autores pós-modernos para indicar o fato de que hoje já não lidamos com a realidade, mas com suas imagens desmaterializadas, a ponto de já não ser possível distinguir entre realidade e S. [G.F.]

SINAL (in. *Signal;* fr. *Signal;* al. *Signal;* it. *Segnale*). 1. O mesmo que *signo* (v.). Morris entende essa palavra no sentido de signo natural (*Signs, Language and Behavior*, I, 8).

2. O mesmo que *símbolo* (v.). Neste segundo sentido, a palavra é empregada quando se fala, por exemplo, de um "S. de perigo", em que S. é um signo convencional, ou seja, um símbolo. [N.A.]

SINCATÁTESE. V. ASSENTIMENTO.

SINCATEGOREMÁTICO (lat. *Syncategorematicum;* in. *Syncategorematic;* fr. *Syncatégorématique;* al. *Synkategorematisch;* it. *Sincategorematico*). Assim são chamadas, na gramática e na lógica medievais, as partes do discurso que não têm significação em si, mas só a adquirem em contato com as outras partes do discurso; exemplos são as conjunções, as preposições, os advérbios etc. Prisciano (II, 15) diz: "Segundo os dialéticos, as partes do discurso são duas, o nome e o verbo, porque juntas, e só elas, constituem um discurso completo; chamam as outras de sincategoremata, ou seja, co-significantes". Essa distinção é retomada na lógica de Pedro Hispano (*Summ. log.*, VII, 5, 11), em Tomás de Aquino (*In Perihermeneias*), em Duns Scot (*In Praedicamenta*, 12) e em Ockham (*Summa log.*, I, 4), que assim a expõe: "Alguns termos são categoremáticos, outros *sincategoremáticos*. [...] Estes últimos não têm significado completo e preciso, e não significam coisas diferentes das significadas pelos categoremata; assim como em aritmética o zero nada significa por si mesmo, mas acrescentado a outro algarismo adquire significado." Ockham aplicou essa distinção ao conceito de infinito e fez a distinção entre infinito *categoremático*, que designa a quantidade do sujeito ao qual se aplica o predicado infinito, e o infinito S., que designa apenas de que maneira o sujeito se comporta com relação ao predicado. Nesse sentido, infinito é aquilo que podemos tornar tão grande quanto queiramos, mas que apesar disso continua finito (OCKHAM, *In Sent.*, I. d. 17, q. 8): conceito que se tornaria fundamental na matemática moderna (v. INFINITO). Essa palavra também se encontra nos lógicos modernos. Stuart Mill (*Logic*, I., cap. II, § 2) emprega esse termo para indicar palavras que não podem ser usadas como nome mas como partes de nome. Esse termo é usado em sentido análogo por Husserl (*Logische Untersuchungen*, II, § 4).

Na lógica contemporânea, as partes S. da linguagem são chamadas mais freqüentemente de *símbolos impróprios* (porquanto não têm significação própria) e divididos em *conectivos* (v.) e *operadores* (v.). [N.A.]

SINCRETISMO (lat. *Synkretismus;* in. *Syncretism;* fr. *Symcrétisme;* al. *Synkretismus;* it. *Sincretismo*). Termo introduzido na terminologia filosófica por Brucker para indicar uma "conciliação malfeita de doutrinas filosóficas completamente diferentes entre si" (*Historia critica philosophiae*, 1744, IV, p. 750). Desde então, designa-se freqüentemente com essa palavra qualquer conciliação que se considere malfeita ou mesmo os pontos de vista que intentem ou projetem uma conciliação indesejável. Esse termo também foi empregado na história das religiões, para indicar os fenômenos de sobreposição e fusão de crenças de origens diversas. Neste caso o termo também é usado com disposição polêmica, para designar sínteses malfeitas, não tendo, portanto, significado preciso.

Mais arbitrário ainda é o significado com que é empregado por alguns escritores franceses, para indicar a visão geral e confusa de uma situação qualquer (cf. RENAN, *L'avenir de la science*, p. 301). [N.A.]

SINCRÔNICO. V. DIACRÔNICO.

SINDÉRESE (gr. συντήρησις; lat. *Synteresis;* in. *Synteresis;* fr. *Syndérèse;* al. *Synteresis;* it. *Sinteresi, Sinderesi*). Diretriz da consciência moral do homem ou essa mesma consciência. Esse termo significa "conservação" e foi empregado pela primeira vez para indicar a conservação do critério do bem e do mal por parte de Adão, depois da expulsão do Paraíso. Nesse sentido, foi São Jerônimo o primeiro a usar a palavra, designando com ela "a centelha de consciência que não se extingue no peito de Adão depois de sua expulsão do Paraíso" (*Comm. in Ezech.*, em P. L., 25, col. 22). Reaparece em outros padres da igreja (Basílio, Gregório, o Grande) e nos vitorinos. Mas foi só em Bonaventura e em Alberto Magno que se transformou em faculdade natural de juízo moral, que guia o homem para o bem e cria nele o remorso pelo mal. São Boaventura considera a S. como a iluminação que Deus concede ao intelecto humano no domínio prático, correspondendo à iluminação que, no domínio teórico, o leva para a ciência (*In Sent.*, II, d. 39 a. 2, q. 1). Portanto a S. é "o ápice da mente", o último grau da ascensão a Deus, o que precede imediatamente o arrebatamento final (*Itinerarium mentis in Deum,* I, 6). Definição análoga aparece em Alberto Magno (*S. Th.*, II, 16, q. 99). Tomás de Aquino modificou seu conceito, transformando-o de noção mística em noção moral, vale dizer, deixando de considerá-lo como luz proveniente do alto, e considerando-o como hábito moral. Diz: "A S. não é um poder especial superior à razão ou à natureza, mas é o hábito natural dos princípios práticos, assim como o intelecto é o hábito dos princípios especulativos" (*S. Th.*, I, q. 39, a. 12; *De ver.*, q. 16, a. 1). Assim como o intelecto apreende os princípios últimos que servem de fundamento à ciência, a S. apreende os princípios que servem de fundamento à atividade prática. Esse conceito não foi alterado pelos escritores escolásticos posteriores (cf., p. ex., DUNS SCOT, *Op. Ox.*, II, d. 39, q. 2, a. 4). Essa noção reaparece, mas raramente, em escritores posteriores: foi utilizada por Nicolau de Cusa, em seu significado místico (*De visione Dei,* ed. Bohnenstadt, pp. 150 ss.); foi empregada com o mesmo significado por B. Gracián: "É o trono da razão, a base da prudência, porque graças a ela custa pouco vencer. É presente do céu, o mais cobiçado. [...] Consiste na propensão inata a tudo o que mais se conforma à razão, sempre em conjunto com o que há de mais certo" (*Oráculo manual,* 1647, § 96). [N.A.]

SINDÓXICO (in. *Syndoxic;* fr. *Syndoxique;* it. *Sindossico*). Termo empregado por J. M. Baldwin para indicar o conjunto de conhecimentos comuns que se formam nos indivíduos que têm as mesmas experiências, mas que nem por isso são necessariamente válidos (*Thought and Things,* 1906, I, p. 146) (v. SINÔMICO). [N.A.]

SINECOLOGIA (al. *Sinechologie*). Doutrina da continuidade no tempo e no espaço, que, segundo Herbart, é uma parte da metafísica, ao lado da metodologia, da ontologia e da idolologia (*Kurze Enciclopädie der Philosophie,* 184, pp. 297 ss.). [N.A.]

SINEQUISMO (in. *Synechism;* fr. *Synéchisme;* it. *Sinechismo*). Termo empregado por Peirce para indicar o princípio de continuidade, que ele julga de primeira importância em todas as formas da realidade (cf. *Chance, Love and Logic,* II, 3; trad. it., pp. 44 ss.). [N.A.]

SINERGIA (in. *Synergy;* fr. *Synergie;* al. *Synergie;* it. *Sinergia*). Coordenação de diferentes faculdades ou forças, ou então ação combinada de diferentes fatores. Esse termo é freqüente na linguagem comum e científica, sendo empregado, por exemplo, tanto para indicar a cooperação dos órgãos em um corpo vivo, quanto o fortalecimento recíproco da ação dos medicamentos. Às vezes, mas raramente, foi empregado como sinônimo de simpatia ou de cooperação inteligente (cf. RIBOT, *Psychologie des sentiments,* 1896, p. 229; FOUILLÉE, *Morale des idées-forces,* 1908, p. 352). [N.A.]

SINERGISMO (in. *Synergism;* fr. *Synergisme;* al. *Synergismus;* it. *Sinergismo*). Doutrina teológica segundo a qual a salvação do homem não depende apenas da ação de Deus, mas também da vontade humana, que colabora com ela para produzi-la. Essa doutrina foi sustentada por Melanchthon contra o monergismo de Lutero, que atribuía a salvação unicamente à ação de Deus (v. GRAÇA). [N.A.]

SINGULAR (in. *Singular;* fr. *Singulier;* al. *Einzig, Singulär;* it. *Singolare*). 1. Termo ou uma proposição que denota um único objeto; em outras palavras, "forma (ou expressão) que contém uma única variável livre" (CHURCH, *Introduction to Mathematical Logic,* 1956, § 02; cf. QUINE, *Methods of Logic,* § 34).

2. V. INDIVÍDUO. [N.A.]

SÍNOLON (gr. τὸ σύνολον; lat. *Compositum;* it. *Sinolo*). Com este termo, que significa "uma coisa só", Aristóteles indicou o composto de matéria e forma, a substância concreta. "A substância é a forma imanente, da qual, juntamente com a matéria, deriva aquilo que se chama de S. ou substância: por exemplo, a concavidade é a forma da qual, juntamente com o nariz, (matéria) deriva o nariz achatado" (*Met.*, VII, 11, 1037 a 30). A tradução do termo é "composto" ou "concreto". [N.A.]

SINÔMICO (in. *Synnomic;* fr. *Synnomique;* it. *Sinnomico*). Termo empregado por G. M. Baldwin para indicar o conjunto de conhecimentos comuns que se formam nos indivíduos, quando esses conhecimentos são considerados "aptos ou apropriados a todos os processos lógicos como tais" (*Thought and Things*, 1906, II, p. 270). *Sindóxico*, ao contrário, é aquilo que é comum mas sem caráter de normatividade (v. SINDÓXICO). [N.A.]

SINONÍMIA (in. *Synonimy*; fr. *Synonymie*; al. *Synonimie*; it. *Sinonimia*). A relação de S. é importante para os lógicos porquanto a utilizam para definir a noção de *analiticidade* (v.). Como o conceito de S. como "identidade de significado entre duas formas lingüísticas" não é suficiente, os lógicos costumam acrescentar alguma outra condição para definir a sinonímia. Lewis diz: "Duas expressões são sinônimas se e apenas se: 1º têm a mesma intensão e se essa intensão não é zero nem universal, ou 2º se sua intensão é zero ou universal, mas elas são analiticamente confrontáveis" (*Analysis of Knowledge and Valuation*, 1946, p. 86). Por "expressões que têm intensão zero ou universal", Lewis entende expressões como "ser", "entidade", "coisa", "qualquer coisa" (*ibid.*, p. 87). Carnap, por sua vez, observou: "Se pedimos a tradução exata de dada asserção de uma língua para outra, por exemplo de uma hipótese científica ou de um testemunho em tribunal, costumamos esperar mais que a concordância das intensões dos enunciados. [...] Mesmo se restringirmos nossa atenção a significados designativos (cognitivos), a equivalência lógica dos enunciados não será suficiente; será preciso que pelo menos alguns dos designadores constitutivos sejam logicamente equivalentes ou, em outras palavras, que as estruturas intensionais sejam semelhantes". A S. seria expressa, pois, por um "isomorfismo intensional", cujas regras Carnap expõe (*Meaning and Necessity*, 1957, §§ 14, 15). Contudo, as exigências expressas por Lewis e Carnap para a definição de S. continuam no campo da intensionalidade das formas lingüísticas. É o que acontece também com a definição de Church (*Introduction to Mathematical Logic*, § 01). Quine demonstrou, nesse mesmo plano, como é difícil utilizar a S. para definir a analiticidade, pois "dizer que 'solteiro' e 'homem não casado' são sinônimos do ponto de vista cognitivo, significa dizer nem mais nem menos que a asserção 'todos os solteiros e só eles são homens não casados' é analítica". Portanto, segundo Quine, a S. pode ser definida como a possibilidade de substituição recíproca de dois termos, *salva analyticitate*, vale dizer, a possibilidade de, numa expressão, substituir dois termos um pelo outro sem que a expressão perca o caráter analítico (*From a Logical Point of View*, 1953, II, 3). [N.A.]

SINÔNIMO (in. *Synonym*; fr. *Synonyme*; al. *Synonym*; it. *Sinonimo*). Segundo a definição aristotélica (*Cat.*, 1 a 6; 3b 7), diz-se que são S. as coisas que têm em comum o nome e a definição da essência, assim como o homem e o boi são chamados (e são) ambos animais. No uso moderno, porém, são chamados de S. os vocábulos (ou enunciados) diferentes na forma da expressão, mas de igual conteúdo semântico. Na lógica contemporânea são chamados de S. os enunciados que têm forma diferente mas o mesmo sentido (designando a mesma proposição): no entanto nem sempre é fácil distinguir *sinonímia* (semântica) de *equivalência* (sintática). [N.A.]

SINOPSE (gr. σύνοψις; in. *Synopsis*; fr. *Synopsis*; al. *Synopsis*; it. *Sinossi*). Visão de conjunto. Platão emprega esse termo para indicar o primeiro momento do procedimento dialético, que consiste em reunir o múltiplo numa única idéia (*Rep.*, 537 e; *Fed.*, 265 d). Esse termo também foi empregado por Kant na primeira edição da *Crítica da Razão Pura*, na expressão "a sinopse *a priori* do múltiplo por meio do sentido" (*Crít. R. Pura*, § 14, ao final), que seria a apreensão do múltiplo sensível nas formas da intuição (espaço e tempo), que ele distingue da síntese imaginativa e da síntese conceitual. [N.A.]

SINTAXE (gr. σύνταξις; lat. *Syntaxis*; in. *Syntax*; fr. *Syntaxe*; al. *Syntax*; it. *Sintassi*).1. Qualquer organização, combinação ou sistematização de partes. O estóico Crisipo define como "S. do todo" o *destino* que governa a ordem do mundo (*Stoicorum fragmenta*, II, p. 293).

2. Uma das dimensões do procedimento semiológico (v. SEMIOSE), que é a possibilidade de combinar signos com base em regras determináveis. Neste sentido pode-se falar, por exemplo, de "S. dos sons" ou "das cores" etc.

3. A ciência que estuda as formas gramaticais ou lógicas da linguagem, entendendo-se por formas as suas possibilidades de combinação. Mais particularmente, Carnap definiu a S. lógica das linguagens como "a teoria formal das formas lingüísticas, a declaração sistemática das regras formais que a regem, as linguagens e as conseqüências decorrentes dessas regras". Carnap acrescenta que "uma teoria, uma regra, uma definição etc. deve ser chamada de formal quando não faz nenhuma referência ao significado dos símbolos (p. ex., das palavras) ou ao sentido das expressões (p. ex., dos enunciados), mas unicamente às espécies e à ordem dos símbolos com que as expressões são construídas" (*Logische Syntax der Sprache*,1934, § 1). Carnap identificou com a S. toda a lógica ou metodologia das ciências (*ibid.*, § 81), com base na consideração de que "para determinar se um enunciado é ou não conseqüência de outro, não é necessária nenhuma referência ao significado dos enunciados"; portanto, "uma lógica especial do significado é supérflua; uma 'lógica não formal' é uma contradição nos termos. A lógica é S." (*ibid.*, § 71). Mais tarde, o próprio

Carnap admitiu a divisão da análise da linguagem ou semiótica em pragmática, semântica e S., considerando o ponto de vista sintático como o procedimento que abstrai do fator semântico (*Foundations of Logic and Mathematics*, 1939, § 8). [N.A.]

SINTÉLICO (in. *Syntelic;* fr. *Syntélique;* it. *Sintelico*). Termo empregado por G. M. Baldwin para designar os elementos práticos comuns a vários indivíduos, mas nem por isso necessariamente válidos: elementos que correspondem àquilo que é chamado de *sindóxico* no domínio do conhecimento (*Thought and Things*, 1906, III 79-80). [N.A.]

SINTÉRESE. V. SINDÉRESE.

SÍNTESE (gr. σύνθεσις; lat. *Synthesis;* in. *Synthesis;* fr. *Synthèse;* al. *Synthese;* it. *Sintesi*). Este termo, além do significado comum de unificação, organização ou composição, tem os seguintes significados específicos: 1º *método* cognitivo oposto a análise; 2º atividade intelectual; 3º *unidade* dialética dos opostos; 4º *unificação* dos resultados das ciências na filosofia.

1º No primeiro significado, como um dos métodos fundamentais do conhecimento (em oposição a análise), a síntese pode ser considerada o método que vai do simples ao composto, dos elementos às suas combinações, nos objetos cuja natureza se pretende explicar. A oposição dos dois métodos foi expressa pela primeira vez por Descartes (*Rép. aux II objections;* v. ANÁLISE); Leibniz assim a expressava: "Chega-se muitas vezes a belas verdades por meio da S., indo do simples ao composto, mas quando é preciso encontrar o meio de fazer aquilo que se propõe, a S. normalmente não basta [...] e cabe à análise dar-nos o fio no labirinto, quando isso é possível, porque há casos em que a natureza do problema exige que se proceda tateando, e nem sempre é possível cortar caminho" (*Nouv. ess.*, IV. 2, 7). Segundo Kant, o método sintético é "progressivo", ao passo que o analítico é "regressivo", vai do objeto às condições que o possibilitam (*Prol.*, § 5, nota). Segundo Kant, o procedimento da filosofia é analítico, enquanto o da matemática é sintético, mas neste caso os dois termos não têm nenhuma relação com a classificação dos juízos em analíticos e sintéticos. Em geral, assim como o procedimento analítico é caracterizado pela presença de dados (inerentes ao objeto ou à situação a ser resolvida) que o guiam e controlam, o procedimento sintético pode ser caracterizado pela ausência de tais dados e pela pretensão, inerente a ele, de produzir por si mesmo os elementos de suas construções (v. FILOSOFIA).

2º No segundo significado, o termo designa a união do sujeito e do predicado na proposição, portanto o ato ou a atividade intelectual que realiza tal união. Foi neste sentido que Aristóteles utilizou o termo, ao dizer que "onde está o verdadeiro e o falso está também certa S. de pensamento semelhante à S. que há nas coisas" (*De an.*, III, 6, 430 a 27), e "o que cria essa unidade é o intelecto" (*ibid.*, 430b 5). Mas foi Kant quem mais utilizou o conceito de S., reduzindo a ela todas as espécies de atividade intelectual. Definiu a S. em geral como "o ato de unir diferentes representações e de compreender essa unidade num único conhecimento" (*Crít. R. Pura*, § 10), e distinguiu numerosas espécies de S. com base nos elementos que nela se encontram. Em primeiro lugar, fez a distinção entre *S. pura*, na qual o múltiplo não é dado empiricamente, mas *a priori* (como o do espaço e do tempo), e a *S. empírica*, em que o múltiplo é dado empiricamente. A S. pura é "o ato originário do conhecimento, o primeiro fato ao qual devemos dar atenção se quisermos descobrir a origem primeira de nosso conhecimento" (*ibid.*). Portanto, a S. pura precede qualquer análise, pois só se pode analisar o que já se deu unido num ato cognitivo. A S. pura, que é possível *a priori*, pode ser distinguida da *S. figurada* (*Synthesis speciosa*) e da síntese *intelectual* (*Synthesis intellectualis*): ambas são *transcendentais* porque constituem a possibilidade de qualquer conhecimento, mas enquanto a segunda unifica uma multiplicidade puramente pensada, a figurada é uma S. da multiplicidade da intuição sensível, ou melhor, é uma S. da imaginação entendida como "faculdade de determinar *a priori* a sensibilidade" (*ibid.*, § 24). É nessa S. transcendental da imaginação que se baseia o *cogito*, ou apercepção *originária* (v.). Mas, como todo conhecimento é síntese, e o conhecimento efetivo, segundo Kant, é a experiência, Kant chama a experiência de "síntese, segundo conceitos, do objeto dos fenômenos em geral" (*Crít. R. Pura*, Anal. dos princ., cap. 11, seç. II). Na primeira edição, Kant falara em três espécies de S.: 1ª S. da *apreensão* na intuição; 2ª S. da *reprodução* na imaginação; 3ª S. da *recognição* no conceito (*Crít. R. Pura*, 1ª ed., An. transc., I Livro, cap. 2, seç. 2). Mas tanto na primeira quanto na segunda edição Kant reduziu qualquer espécie ou grau de atividade cognitiva a S. Esse foi um dos aspectos mais evidenciados e discutidos de sua obra. Enquanto a noção de S. mudava de natureza no idealismo (v. mais adiante), era retomada e adaptada por outros filósofos de maneiras diferentes. Galluppi inverteu o ponto de vista kantiano, pondo a análise antes da síntese. "A S. é a faculdade de reunir as percepções separadas pela análise. A análise é, pois, uma condição essencial para a síntese" (*Saggio fil. sulla critica della conoscenza*, 1831, II, § 146). Além disso, fez a distinção entre a S. *ideal objetiva*, que consiste em reconhecer as relações objetivas que existem entre as coisas, S. *imaginativa civil*, que consiste em reunir numa representação complexa, que não corresponde a nenhum objeto, diferentes representações, cada uma das quais tem um objeto, e S. *imaginativa poética*, que é uma espécie da precedente (*ibid.*, III, §§ 147-9). Por sua vez, Rosmini chamava S. *primitiva* a sua "percepção intelectiva" (*Nuovo saggio*, § 46; § 528 etc.). Em geral, o conceito de S. continuou expressando em filosofia a atividade ordenadora, organizadora e sistematizadora do intelecto. Os neokantianos fizeram amplo uso dessa noção. Para A. Riehl, em especial, a atividade sintética é a função fundamental da consciência e o *a priori* de todo o conhecimento (*Der philosophische Kriticismus*, II, 2, 1887, p. 68). Outros neokantianos, como Cohen, preferiram o conceito de *origem*, e não de S. (*Logik der reinem Erkenntnis*, 1902, p. 36). Wundt introduziu esse conceito em psicologia e falou do "princípio da S. criativa", segundo o qual "não só as partes que compõem uma S. aperceptiva adquirem, ao lado do significado que tinham isoladamente, um novo significado, devido à sua conexão na representação total, como também essa representação é um novo conteúdo psíquico, que é possibilitado pelas partes componentes, mas não consiste nelas" (*Grundriss der Psychologie*, 1896, p. 394). Por outro lado, a filosofia fenomenológica evidenciou a função da S. na "constituição das objetividades de consciência". Husserl acredita que todo objeto de conhecimento em geral é uma "unidade sintética", uma S. de consciência (*Ideen*, I, § 86). Faz a distinção entre S. *continuativas*, do tipo, por exemplo, que constitui a espacialidade, e as S. *articuladas*, que são os modos particulares, em que atos separados uns dos outros se conectam num único ato sintético de grau superior. São S. articuladas, por exemplo, os atos de preferência ou as emoções simpáticas; além disso, há as S. *coligantes, disjungentes* (que visam a isto ou àquilo) e *explicitantes*, que determinam as formas da lógica e da ontologia formal (*Ideen*, I, § 118).

3º A noção de S. como unidade dos contrários nasceu com o conceito correlato de *dialética* (v.) e foi exposta pela primeira vez por Fichte, que diz: "O ato com que, nas comparações, se busca a característica graças à qual as coisas comparadas são opostas entre si chama-se procedimento *antitético* (chamado ordinariamente analítico). [...] O procedimento sintético, ao contrário, consiste em buscar nos opostos a característica graças à qual eles são idênticos" (*Wissenschaftslehre*, 1794, § 3.D, 3). A lei dessa identidade é que "nenhuma antítese é possível sem uma S. porque a antítese consiste precisamente em buscar nos iguais a característica oposta, mas os iguais não seriam iguais se antes não tivessem sido postos como iguais por um ato sintético" (*ibid.*, § 3, D, 3). Schelling falava de um "processo que vai da tese à antítese e depois à síntese", em virtude do qual o eu afirma o objeto, opõe-se ele e finalmente volta a compreendê-lo em si mesmo (*System des transzendentalen Idealismus*, 1800, III, cap. I; trad. it., pp. 58 ss.). Hegel, no entanto, preferiu os termos "identidade" ou "unidade", mesmo lamentando que a palavra unidade indicasse, bem mais que "identidade" uma "reflexão subjetiva". A unidade ou a identidade que fecha uma tríade dialética é uma conexão objetiva; segundo Hegel, seria melhor chamá-la de "inseparabilidade" se, desse nome, não fosse excluída a natureza positiva da S. (*Wissenschaft der Logik*, I, livro I, seç. I, cap. I, e, nota 2; trad. it., p. 85). Na linguagem filosófica francesa e italiana, a palavra S. foi preferida a "identidade" ou "unidade" para indicar o momento resolutivo do procedimento dialético, que é realmente o momento produtivo e criativo. O. Hamelin falou em *método sintético*, que consistiria em "mostrar a conexão necessária entre noções opostas"; sua mola seria a *correlação*, graças à qual os opostos remetem um ao outro e colaboram entre si (*Essai sur les éléments principaux de la représentation*, 1907, p. 20). Os idealistas italianos (Croce e Gentile) empregaram a expressão S. *a priori* no sentido de atividade produtiva ou criadora. Com ela Gentile entendeu *auto-síntese*, que seria "posicionar-se na sua própria identidade e diferença", que é a autocriação (*Sistema di logica*, II, 3ª ed., 1942, p. 83, cf. I, 2ª ed., 1922, p. 27). Croce falou da S. *a priori* como atividade criadora do espírito: "A S. *a priori* pertence a todas as formas do Espírito porque o Espírito, considerado genericamente, nada mais é que S. *a priori*; e esta se explicita na atividade estética e na prática, bem como na atividade lógica" (*Logica*, 4ª ed., 1920, p. 141). Para ele, a S. *a priori* era a identidade entre filosofia e história, pois ela "contém em seu âmago a historidade que seu descobridor [Kant] omitia ou desconhecia" (*ibid.*, p. 369).

4º Finalmente, entendeu-se por S. a unificação dos resultados finais das ciências específicas no seio da filosofia primeira, segundo o conceito positivista de *filosofia* (v.). Tal S. foi chamada de *subjetiva* por Comte, que a considerava imprescindível em vista das necessidades naturais do homem (*S. subjetiva ou sistema universal das concepções próprias do estado normal da humanidade*, 1856, I). Pelo mesmo motivo, Spencer chamou o conjunto de sua obra de "Sistema de filosofia sintética"; o primeiro volume é constituído pelos *Primeiros princípios* (1862). [N.A.]

SINTETICIDADE (in. *Syntheticity*; it. *Sinteticità*). Validade das proposições que depende dos fatos. Pelo menos este é o significado que hoje se costuma atribuir ao adjetivo sintético quando se refere a proposições ou enunciados. Kant, a quem se deve a introdução dos termos analítico e sintético, empregou-os para distinguir os juízos *explicativos* e os juízos *extensivos*. Os primeiros nada acrescentam, por meio do predicado, ao conceito do sujeito, mas limitam-se a dividir por meio da análise o conceito em seus conceitos parciais, que nele já eram pensados, ainda que confusamente; os segundos, pelo contrário, acrescentam ao conceito do sujeito um predicado que não estava contido nele nem podia ser dele deduzido por análise" (*Crít. R. Pura*, Intr., § IV). Segundo Kant, porém, os juízos sintéticos são não apenas os que se referem a coisas de fato, mas também os da matemática e da física pura, porquanto baseados na intuição *a priori* do espaço e do tempo e nas categorias, sendo por isso chamados de "juízos sintéticos *a priori*". Na filosofia contemporânea, porém, a S. como caráter das expressões foi entendida no sentido das "proposições de fato" de Hume ou das "verdades de fato" de Leibniz (v. EXPERIÊNCIA; FATO), ou seja, como proposições que se referem a situações ou estados de coisas e que podem ser verdadeiras ou falsas em relação a elas. Carnap diz: "Um enunciado sintético é verdadeiro às vezes – quando existem certos fatos – e às vezes falso; portanto, ele diz algo sobre quais os fatos que existem. Os sintéticos são os enunciados autênticos acerca da realidade" (*Logische Syntax der Sprache*, § 14). Todavia, os lógicos muitas vezes preferem definir negativamente os enunciados sintéticos, como enunciados que não são analíticos nem contraditórios: é o que fazem, por exemplo, Lewis (*Analysis of Knowledge and Valuation*, 1946, p. 35) e Reichenbach (*Theory of Probability*, 1949, p. 20). Assim como as proposições analíticas (v. ANALITICIDADE) são chamadas de "verdades necessárias", porque sua negação é impossível, também as proposições sintéticas são chamadas freqüentemente de *contingentes*, no sentido de não serem nem necessárias nem impossíveis (cf. CARNAP, *Meaning and Necessity*, § 39). [N.A.]

SINTETISMO (al. *Synthetismus*; it. *Sintetismo*). Esse nome, que se baseia na unidade de ser e saber, foi dado à sua filosofia por um certo "Senhor Krug", que desafiou Hegel a *deduzir* nem que fosse a pena com que escrevia, ao que Hegel respondeu que não excluía a possibilidade de fazê-lo a partir do momento em que a ciência tivesse progredido bastante, e nada houvesse de melhor para fazer (cf. W. T. KRUG, *Fundamentalphilosophie*, 1818; HEGEL, *Enc.*, § 250, nota). Rosmini chamou de S. a união do princípio senciente com o corpo sentido no ser animado, e em geral a união de elementos diferentes, um dos quais espiritual e o outro material, em todos os aspectos da realidade. Neste sentido, ele disse que o S. "é lei e chave da natureza de todas as coisas do universo" (*Antropologia*, § 325; *Psicologia*, I, §§ 34 ss.). [N.A.]

SINTOMA. V. INCONSCIENTE; PSICANÁLISE.

SINTOMÁTICA, LEITURA (in. *Symptomal reading*; fr. *Lecture symptomal*; al. *Symptomales Lesen*; it. *Lettura sintomale*). Termo de derivação psicanalítica usado para indicar um tipo de leitura das obras filosóficas que, indo além da superfície literal dos textos, saiba perceber nos silêncios, nos lapsos e nos cochilos os "sintomas" de um discurso teórico mais profundo. Discurso que, mesmo não sendo explicitamente formulado pelos autores, está potencialmente presente em seus textos. Segundo Althusser, um exemplo de leitura S. seria a praticada por Marx em relação aos economistas burgueses, quando, para além da imediatez literal de seus textos, descobre indagações e problemas (como os relativos à mais-valia) que ultrapassam a consciência deles. Aplicando a *Das Kapital* o método de leitura que Marx aplicou à economia clássica, Althusser pretendeu trazer à luz o potencial filosófico do materialismo histórico (*Pour Marx*, 1965; *Lire Le Capital*, 1965). [G.F.]

SISTEMA (gr. σύστημα; in. *System*; fr. *Système*; al. *System*; it. *Sistema*). 1. Uma totalidade dedutiva de discurso. Essa palavra, desconhecida neste sentido no período clássico, foi empregada por Sexto Empírico para indicar o conjunto formado por premissas e conclusão ou o conjunto de premissas (*Pirr. hyp.*, II, 173), e passou a ser usada em filosofia para indicar principalmente um discurso organizado dedutivamente, ou seja, um discurso que constitui um todo cujas partes derivam umas das outras. Leibniz chamava de S. o repertório de conhecimentos que não se limitasse a ser um simples inventário, mas que contivesse suas razões ou provas e descrevesse o ideal sistemático da seguinte maneira: "A ordem científica perfeita é aquela em que as proposições são situadas segundo suas demonstrações mais simples e de maneira que nasçam umas das outras" (*Methode de la certitude*, *Op.*, ed. Erdmann, pp. 174-5). Wolff, por sua vez, dizia: "Chama-se de S. um conjunto de verdades ligadas entre si e com seus princípios" (*Log.*, § 889). A noção de S. moldava-se assim pela de procedimento matemático. Kant subordinou-a a outra condição: a unidade do princípio, que fundamenta o sistema, pois ele entendeu por S. "a unidade de múltiplos conhecimentos, reunidos sob uma única idéia"; afirmou que o S. é um todo organizado finalisticamente, sendo portanto uma articulação (*articulatio*), e não um amontoado (*coacervatio*); pode crescer de dentro para fora (*per intussusceptionem*), mas não de fora para dentro (*per appositionem*), sendo, pois, semelhante a um corpo animal, cujo crescimento não acrescenta nenhum membro, mas, sem alterar a proporção do conjunto, torna cada um dos membros mais forte e mais apto a seu objetivo (*Crít.*

R. Pura, Doutr. do método, cap. III). Com base nisso, Kant fala de "*unidade sistemática* do conhecimento, da qual as idéias da razão pura tentam aproximar-se" (*ibid.*, Dialética, cap. II, seç. I). A unidade do S., ou seja, sua possibilidade de derivar de um único princípio, é a característica que determinou o sucesso dessa noção na literatura filosófica romântica. Constitui o ideal da *doutrina da ciência* de Fichte: "Se não deve haver somente um ou vários fragmentos de S., nem mesmo vários S., mas um S. único e perfeito do espírito humano, então deverá haver um princípio fundamental absolutamente primeiro e supremo. E embora, a partir dele, nosso saber se expanda por si em tantas séries, das quais procedem outras séries e assim por diante, todas essas séries devem unir-se num só elo, que não está preso a nada, mas se mantém e a todo o sistema por sua própria força" (*Über den Begriff der Wissenschaftslehre*, 1794, § 2; trad. it., p. 19). Na filosofia romântica é lugar-comum considerar o S. como forma da ciência, que supõe um princípio único e absoluto. A origem disso é o ideal matemático, no qual Leibniz, Wolff e o próprio Kant se haviam inspirado; mas esse ideal acaba por voltar-se contra a própria matemática e sendo reivindicado exclusivamente para a filosofia. Shelling dizia: "Admite-se em geral que à filosofia convém uma forma especificamente sua, que se chama de sistemática. Pressupor tal forma não deduzida cabe a outras ciências, que já pressupõem a ciência da ciência, mas não a esta, que se propõe como objeto a possibilidade de semelhante ciência" (*System des transzendentalen Idealismus*, 1800, I, cap. I; trad. it., p. 27). Hegel só fez sancionar o mesmo ponto de vista: "A ciência do Absoluto é essencialmente S., porque o verdadeiro, como concreto, é tal apenas na medida em que se desenvolve em si, se condensa e se mantém em unidade, vale dizer, como totalidade, pois só pela diferenciação e pela determinação de suas diferenças são possíveis a necessidade destas e a liberdade do todo" (*Enc.*, § 14). Hegel acrescenta que "um filosofar sem sistema não pode ser nada científico" porque expressa um modo de sentir subjetivo; e em oposição às doutrinas românticas irracionalistas ou fideístas ele impõe a exigência sistemática. Essa mesma exigência manteve-se e foi valorizada nas filosofias idealistas. Croce dizia: "Pensar determinado conceito puro significa pensá-lo em sua relação de unidade e distinção com os outros todos; assim, o que se pensa nunca é realmente um conceito único, mas um S. de conceitos, o Conceito" (*Lógica*, 4ª ed., 1920, p. 172).

O ideal de S. como organismo dedutivo baseado num único princípio continuou sendo patrimônio da filosofia, que o cultivou mesmo quando – a exemplo de Kant – declarou que esse ideal era inatingível pelo conhecimento humano. Contudo, esse termo foi e é empregado também sem relação com este significado, para indicar qualquer organismo dedutivo, mesmo que não tenha um princípio único como fundamento. É o caso dos S. de que hoje se fala em matemática e lógica. Os S. hipotético-dedutivos, abstratos, axiomáticos etc. não são S. por terem um princípio único; aliás, os seus princípios, que são os axiomas, devem ser independentes entre si, não devem poder ser deduzidos um do outro (v. AXIOMA; AXIOMATIZAÇÃO). São chamados de S. unicamente por seu caráter dedutivo, e no mesmo sentido fala-se de S. numérico e, às vezes, de "S. de axiomas" para indicar um simples conjunto não contraditório de proposições primitivas (cf. M. R. COHEN-E. NAGEL, "The Nature of a Logical or Mathematical System", em *Readings in the Philosophy of Science*, 1953, pp. 129 ss.). Isso significa que o uso dessa palavra perdeu o significado forte ou elogioso de discurso dedutivo.

2. Qualquer totalidade ou todo organizado. Neste sentido, fala-se em "S. solar", "S. nervoso" etc., e também de "classificação sistemática" ou, mais simplesmente, de S. em lugar de classificação, como fez Lineu, quando quis insistir no caráter ordenado e completo de sua classificação (*Systema naturae*, 1735).

Desse ponto de vista, às vezes se faz a distinção entre o S. como conjunto contínuo de partes que têm inter-relações diversas e a *estrutura* (v.) ou a organização que os componentes dele podem assumir em determinado momento (W. BUCKLEY, *Sociology and Modern System Theory*, 1967, p. 5).

3. Qualquer teoria científica ou filosófica, especialmente quando se quer ressaltar seu caráter escassamente empírico. No século XVIII falava-se de "S. do mundo" para indicar as teorias cosmológicas (cf., p. ex., D'ALEMBERT, *Œuvres*, ed. Condorcet, pp. 165 ss.). Leibniz chamava de S. suas teorias sobre a relação entre a alma e o corpo ou entre as diferentes substâncias (*Système nouveau de la nature et de la communication des substances*, 1695). Baumgarten chamava de *S. psicológicos* as "opiniões que parecem aptas a explicar a relação entre alma e corpo" (*Met.*, § 761); no mesmo sentido, mas de maneira depreciativa, os iluministas falavam de S. e de espírito sistemático. Diderot dizia: "Chamo de espírito sistemático o costume de traçar planos e criar sistemas do universo, para depois pretender adaptar-lhes os fenômenos, pela razão ou pela força" (*Œuvres*, p. 291). D'Alembert falava igualmente de S. como "sonhos dos filósofos" (cf., p. ex., *Œuvres*, ed. Condorcet, p. 234). Hegel queixava-se desse uso dos filósofos franceses, para os quais, segundo ele,

S. coincidia com unilateralidade ou dogmatismo (*Geschichte der Philosophie*, I, cap. III, seç. I, B, 4; trad. it., II, p. 293; I, cap. III, seç. III, E; trad. it., III, 1, p. 29). Esse uso manteve-se na França mesmo no século XIX (cf. E. BERNARD, *Introduction à la médicine expérimentale*, 1865, I, II, § 6). [N.A.]

SISTEMA LOGÍSTICO (in. *Logistic system*; fr. *Système logistique*; al. *Logistiches System*; it. *Sistema logistico*). Cálculo lógico ao qual não se dá nenhuma interpretação. Para constituir um S. logístico são suficientes:

1º um *vocabulário* de símbolos primitivos;

2º *regras de formação* que determinem quais as combinações de símbolos primitivos são permitidas e quais não são;

3º *regras de inferência*, ou seja, de transformação das expressões compostas que dão origem a outras;

4º algumas proposições primitivas ou *axiomas*.

Distingue-se do S. logístico a *linguagem formal*, pois a esta última é dada certa interpretação. Para passar do S. logístico à linguagem formal são, pois, necessárias algumas *regras semânticas* que atribuam um significado às fórmulas do sistema. Pode-se dizer também que a diferença entre S. logístico e linguagem formal é que o primeiro tem somente regras *sintáticas* e a segunda tem também regras *semânticas* (cf., sobre isso, A. CHURCH, "The Need for Abstract Entities in Semantic Analysis", em *Proceedings of the American Academy of Arts and Sciences*, 1951, pp. 100 ss.; *Introduction to Mathematical Logic*, 1956) (v. CÁLCULO; FORMALIZAÇÃO). [N.A.]

SISTEMAS, TEORIA GERAL DOS (in. *General systems theory*; it. *Teoria generale dei sistemi*). A teoria geral dos S. foi proposta pelo biólogo austríaco Ludwig von Bertalanffy (1901-1972) como coroamento de uma série de reflexões epistemológicas sobre a natureza dos organismos vivos. Crítico do vitalismo tanto quanto do mecanicismo físico-químico, Bertalanffy propõe, nos seus *Elementos de uma teoria geral dos sistemas* (1950), estender a todos os sistemas as suas análises, inicialmente voltadas para o estudo dos sistemas vivos, no seu curso das quais ele ressaltara a *complexidade* das interações entre as partes da "totalidade" ou "sistema" em que o organismo consistiria. Nesse sentido, com a utilização de instrumentos lógico-matemáticos, a teoria geral dos S. se propõe identificar as características gerais comuns a todos os tipos de S. – biológicos, psicológicos, sociais, tecnológicos ou puramente abstratos. Esse projeto, que possibilitaria a construção de uma verdadeira unidade da ciência, revelou-se de fato utópico. A abordagem em termos de S., porém, além dos méritos conquistados em biologia, desempenhou uma função útil de estímulo à pesquisa nos campos da psicologia e da cibernética. [M.D.F.]

SISTEMÁTICA (in. *Systematics*; fr. *Systématique*; al. *Systematik*; it. *Sistematica*). Técnica, caminho ou meio de realizar o sistema. Essa noção deriva do princípio kantiano de que o sistema é o ideal regulador da investigação filosófica, e não sua realidade. "No entanto – diz Kant –, o método pode sempre ser sistemático. Pois nossa razão (subjetivamente) é por si mesma um sistema, mas em seu uso puro, por simples conceitos, é apenas um sistema de investigação (segundo princípios) da unidade, à qual a experiência só pode fornecer a matéria" (*Crít. R. Pura*, Doutr. do mét., cap. I, seç. I). Essa noção firmou-se principalmente no criticismo alemão. Natorp falava de "S. filosófica" no sentido de investigação destinada a conferir ao saber filosófico a unidade própria do sistema (*Philosophische Systematik*, § 1). [N.A.]

SISTEMÁTICO (in. *Systematic*; fr. *Systématique*; al. *Systematisch*; it. *Sistematico*). 1. Que constitui sistema ou pertence a um sistema, em qualquer dos sentidos dessa palavra. É neste sentido que se diz "saber S." ou "erro S."

2. Que tende para o sistema, mas não é um sistema: com referência a sistemática. Neste sentido, N. Hartmann distinguia na história da filosofia o *pensamento-sistema*, voltado para a construção do sistema, e o *pensamento-problema*, que se mantém na indagação aberta (*Systematische Philosophie*, 1931, § 1). Além disso, segundo ele, "já ficou para trás o tempo das visões S., e a filosofia S. acabou no terreno despretensioso mas sólido da indagação problemática" (*Der philosophische Gedanke und seine Geschichte*, III, 4; cf. *Zur Grundlegung der Ontologie*; 1935, p. 31). [N.A.]

SITUAÇÃO (in. *Situation*; fr. *Situation*; al. *Situation*; it. *Situazione*). A relação do homem com o mundo, à medida que limita, condiciona e, ao mesmo tempo, fundamenta e determina as possibilidades humanas como tais. Esse termo foi introduzido por Jaspers, que assim o explicava: "A situação externa, apesar de tão mutável e diferente, segundo o homem ao qual se aplica, tem a seguinte característica típica: para todos tem dois gumes, incita e obsta, inevitavelmente limita e destrói, é infiel e insegura" (*Psychologie der Weltanschauungen*, 1925, cap. III, § 2; trad. it., p. 268). Jaspers falava também de *situações-limite* que possuem em grau elevado as características próprias de qualquer S. do homem no mundo. Tais são as situações imutáveis, definitivas, incompreensíveis, nas quais o homem se acha como se estivesse diante de um muro contra o qual se choca sem esperança. São elas: estar sempre em determinada situação; não poder viver sem luta e sem dor; a necessidade de assumir culpas; ter a morte como destino (*Phil.*, II, p. 209). Nessas situações

Jaspers via a *cifra* (v.) (revelação negativa) da existência. Heidegger notou que esse termo também tem significado espacial, mas designa sobretudo a determinação pela qual a existência, como ser no mundo, decide acerca de seu próprio *lugar* (*Sein und Zeit*, § 60). A existência impessoal acha-se diante de "S. gerais" e perde-se nas oportunidades mais próximas. A conclamação da consciência leva o homem à presença de sua situação própria e à exigência de uma decisão autêntica (*ibid.*, § 60). Em sentido semelhante se disse: "A necessidade da relação entre a finitude do ente e a determinação constitutiva do mundo e do outro ente é a S. existencial do ente. [...] O constituir-se do ente na S. que o determina na sua finitude é o acontecer do ente, sua *historicidade* fundamental (ABBAGNANO, *Estrutura da existência*, 1939, § 70). E Sartre disse: "Se o *para-si* [a consciência do homem] nada mais é que sua situação, decorre que o ser em S. define a realidade humana, dando conta ao mesmo tempo de seu *ser-aí* e de seu *ser-além*. Com efeito, a realidade humana é o ser que está sempre além de seu ser-aí. E a S. é a totalidade organizada do ser-aí, interpretado e vivido por e para o ser, além deste mesmo ser" (*L'être et le néant*, 1943, p. 634).

Em sentido psicológico, mais precisamente gestáltico (v. PSICOLOGIA), esse termo foi utilizado por Dewey, que identificou a S. com o campo (*Logic.*, 1939, I, cap. IV; trad. it., pp. 111 ss.). Mas o próprio Dewey insistiu no caráter objetivo da S. (*ibid.*, cap. IV, § 1, trad. it., 159 ss.). [N.A.]

SIT VERUM. Uma das *obrigações* (v.) da lógica terminista medieval. Consiste em responder a uma proposição como quem sabe que ela é falsa, ou como quem sabe que ela é verdadeira, ou como quem dela duvida (cf. OCKHAM, *Summa log.*, III, III, 44). [N.A.]

SOBERANIA (in. *Sovereignty*; fr. *Souveraineté*; al. *Souveränität*; it. *Sovranità*). Poder preponderante ou supremo do Estado, considerado pela primeira vez como caráter fundamental do Estado por Jean Bodin, em *Six livres de la république* (1576). Segundo Bodin, a S. consiste negativamente em estar liberado ou dispensado das leis e dos usos do Estado; positivamente, consiste no poder de abolir ou criar leis. O único limite da S. é a lei natural e divina (*Six livres de la république*, 9ª ed., 1576, I, pp. 131-2). O termo e o conceito foram aceitos por Hegel: "As duas determinações, de os negócios e os poderes particulares do Estado não serem autônomos e estáveis nem em si mesmos, nem na vontade pessoal dos indivíduos, mas de terem raízes profundas na unidade do Estado – que outra coisa não é senão a identidade deles – constituem a S. do Estado" (*Fil. do dir.*, § 278). Hegel esclarece esta noção dizendo: "O idealismo que constitui a S. é a mesma determinação segundo a qual, no organismo animal, as chamadas partes deste não são partes, mas membros, momentos orgânicos cujo isolamento ou existência por si é enfermidade" (*ibid.*, § 278). Essas determinações de Hegel são dirigidas contra o princípio afirmado pela Revolução Francesa, de que a S. está no povo. Rousseau qualificara de soberano o corpo político que nasce com o contrato social (*Contrat social*, I, 7) e assim definira o seu poder: "O corpo político ou soberano, cujo ser deriva tão-somente da sacralidade do contrato, nunca pode obrigar-se, nem mesmo em relação a outros, a nada que derrogue aquele ato primitivo, como seria a alienação de alguma parte de si mesmo ou a sua submissão a outro soberano. Violar o ato graças ao qual ele existe significaria anular-se; e o que nada é nada produz" (*ibid.*, I, 7). Portanto, o princípio da S. é ser o poder *mais alto* em certo território: isso não significa poder absoluto ou arbitrário. Para a moderna teoria do direito, a S. pertence à ordenação jurídica (v. ESTADO), sendo entendida como a característica em virtude da qual "acima da ordenação jurídico-estatal não existe outra" (H. KELSEN, *General Theory of Law and State*, 1945; trad. it., p. 390). Segundo Kelsen, se admitirmos a hipótese da prioridade do direito internacional, o Estado pode ser considerado soberano apenas em sentido relativo; se admitirmos a hipótese da prioridade do direito estatal, pode ser chamado de soberano no sentido absoluto e originário da palavra. A escolha entre as duas hipóteses é arbitrária (*ibid.*, p. 391). [N.A.]

SOBERBA (gr. χαυνότης; lat. *Superbia*; in. *Pride*; fr. *Orgueil*; al. *Hochmuth*; it. *Superbia*). Vício correspondente à virtude da *magnanimidade* (v.) e que tem como extremo oposto a pusilanimidade, na ética de Aristóteles. Segundo ele, "os soberbos são insensatos porque se enganam sobre si mesmos: empreendem tarefas honradas acreditando serem dignos delas, mas com isso só demonstram sua própria insuficiência" (*Et. nic.*, IV, 3, 1125 a 27). Essa definição tornou-se tradicional e foi repetida muitas vezes. Espinosa dizia: "A S. é uma alegria cuja origem está em o homem sentir-se mais do que é" (*ibid.*, III, 26, esc.). [N.A.]

SOBREDETERMINAÇÃO (fr. *Surdétermination*; it. *Surdeterminazione*). Termo de origem psicanalítica usado por Althusser para indicar o fato de que a contradição determinante em última instância (em termos marxistas: a contradição entre forças produtivas e relações de produção), mesmo determinando as circunstâncias nas quais historicamente vive, é, por sua vez, determinada por elas. Com essa doutrina, Althusser pretende dizer que a base econômica, na qualidade de estrutura regional determinada, é "determinada por acréscimo" pela série de componentes superestruturais (direito, Estado, religião etc.) que ela mesma determina. E isso no quadro da estrutura *global* com que se identifica a sociedade (*Pour Marx*, 1965, trad. it., Editori Riuniti, Roma, 1967, 1974 , p. 82). [G.F.]

SOBRENATURAL (in. *Supernatural*; fr. *Surnaturel*; al. *Übernatürlich*; it. *Soprannaturale*). O que acontece na natureza, mas não decorre das forças ou dos procedimentos da natureza e não pode ser explicado com base neles. É um conceito próprio da teologia cristã, que atribui à fé a crença no S. assim entendido (cf. TOMÁS DE AQUINO, *S. Th.*, I, q. 99, a. 1). [N.A.]

SOBRENATURALISMO (in. *Supranaturalism*; fr. *Surnaturalisme*; al. *Supranaturalismus*; it. *Soprannaturalismo*). 1. Em geral, a crença no sobrenatural. De modo mais específico, Kant chamou de S. "a doutrina que julga necessária para a religião em geral a fé na revelação sobrenatural" (*Religion*, IV, 1; trad. it., Durante, p. 169).

2. Corrente filosófica que defende a tradição católica; difundiu-se na Itália e na França entre o fim do século XVIII e o início do XIX e conta com os nomes de De Bonald, De Maistre, Rosmini, Lamenais, Gioberti. Seus partidários foram também chamados de teocráticos ou ultramundanistas (v. TRADICIONALISMO). [N.A.]

SOBREVIVÊNCIA. V. IMORTALIDADE.

SOCIAL (in. *Social*; fr. *Social*; al. *Sozial*; it. *Sociale*). 1. Que pertence à sociedade ou tem em vista suas estruturas ou condições. Neste sentido, fala-se em "ação S.", "movimento S.", "questão S." etc.

2. Que diz respeito à análise ou ao estudo da sociedade. Neste sentido, fala-se em "economia S.", "psicologia S." etc. Em especial, a expressão *ciências S.* designa o conjunto das disciplinas sociológicas, jurídicas, econômicas e às vezes também a ética e a pedagogia. [N.A.]

SOCIALIDADE (in. *Sociality*; fr. *Socialité*; al. *Geselligkeit*; it. *Socialità*). O mesmo que sociedade no primeiro sentido. G. H. Mead entendeu a S. em sentido mais amplo, atribuindo-a ao universo inteiro. "O caráter social do universo consiste na situação de o novo acontecimento estar ao mesmo tempo na velha ordem e na ordem nova, cujo prenúncio é sua realização. S. é a capacidade de ser várias coisas a um só tempo" (*The Philosophy of the Present*, 1932, p. 49). [N.A.]

SOCIALISMO (in. *Socialism*; fr. *Socialisme*; al. *Sozialismus*; it. *Socialismo*). Este termo, que se difundiu na Inglaterra (em oposição a individualismo) nas primeiras décadas do século XIX, tem duas significações principais:

1º Uma significação mais ampla, designando, em geral, qualquer doutrina que defenda ou preconize a reorganização da sociedade em bases coletivistas. Nesse sentido, são S. o de Platão e o de Marx, o de Owen e o de Proudhon, o de Lênin e o de Stálin. Refere-se a esse significado a distinção feita por Marx e Engels entre S. *utópico*, para o qual a sociedade socialista é um ideal que não leva em conta as vias ou os modos de realizá-la, e o S. *científico*, que, sem apresentar qualquer ideal, prevê o advento inevitável da sociedade socialista com base nas próprias leis que determinam o desenvolvimento da sociedade capitalista (cf. sobre esta distinção, especialmente: ENGELS, *Antidühring*, 1878, intr. e cap. I da III parte).

Neste sentido, o termo é muito vago e indica qualquer aspiração, ideal, tendência ou doutrina que tenha em vista alguma transformação da sociedade atual em sentido coletivista.

2º Em sentido mais restrito, entendem-se por S. as correntes coletivistas que se distinguem do *comunismo* (v.) e se opõem a ele, porquanto: *a*) excluem a necessidade da ditadura do proletariado; *b*) excluem que tal ditadura possa ser exercida, em nome do proletariado, por qualquer partido político; *c*) excluem a diferença radical, que se observa nos países de regime comunista, entre a qualidade de vida da elite dirigente e a da maioria dos cidadãos; *d*) excluem a subordinação da vida cultural às exigências do partido, à vontade de seus dirigentes; *e*) exigem respeito às regras do método democrático.

A distinção das formas históricas que o S. assumiu diz respeito à política mais que à filosofia, não pertencendo, portanto, à sua alçada. [N.A.]

SOCIEDADE (lat. *Societas*; in. *Society*; fr. *Société*; al. *Gesellschaft*; it. *Società*). No sentido geral e fundamental: 1º campo de relações intersubjetivas, ou seja, das relações humanas de comunicação, portanto também: 2º a totalidade dos indivíduos entre os quais ocorrem essas relações; 3º um grupo de indivíduos entre os quais essas relações ocorrem em alguma forma condicionada ou determinada.

1º O primeiro significado, como se disse, é o fundamental; foi introduzido na cultura ocidental pelos escritores latinos – especialmente por Cícero –, que o hauriram no estoicismo. Nos escritores clássicos da Grécia, os aspectos estatal e social encontram-se fundidos e não se distinguem do conceito de *pólis*; graças ao cosmopolitismo dos estóicos, foram dissociados e, portanto, a S. passou a ser considerada independente do Estado, da organização política. Foi expondo a doutrina dos estóicos que Cícero disse: "Nascemos para a agregação dos homens e para a S. e a comunidade do gênero humano" (*De finibus*, IV, 2, 4). Esse conceito de S. é retomado pelo jusnaturalismo moderno, no qual é acompanhado pelo conceito de direito natural (o que já acontecia nos estóicos). O direito natural, aliás, é empregado pelos jusnaturalistas para delimitar o campo da sociedade. Grócio (Huig van Groot), por exemplo, diz que "a conservação da S., em conformidade com a inteligência humana, é fonte do direito propriamente dito" (*De jure bellis ac pacis*, 1625, Proleg., § 8). Analogamente, para Hobbes, a S. era uma associação decorrente das necessidades humanas e do temor, vale dizer, constituída em última análise por relações humanas de utilidade recíproca (*De cive*, 1642, 12). Pufendorf viu como fundamento da lei natural o seguinte princípio: "Cada um, no que depender de si, deve promover e manter para com seus semelhantes um estado de sociabilidade pacífica, condizente em geral com a índole e as finalidades do gênero humano", e explicava que se devia entender por sociabilidade "a disposição do homem para com o homem, graças à qual um se considera vinculado ao outro pela benevolência, pela paz e pela caridade" (*De jure naturae*, 1672, II, 3). Também é possível encontrar uma definição indireta da S. nos textos que insistem na tendência natural do homem para a socialidade, como os que aparecem freqüentemente nas obras de Kant. "O homem tem inclinação a associar-se porque no estado de S. se sente mais homem, vale dizer, sente que pode desenvolver melhor suas disposições naturais. Mas também tem forte tendência a dissociar-se (isolar-se) porque tem em si também a qualidade anti-social de querer voltar tudo para seu próprio interesse, em virtude do que deve esperar resistência de todos os lados e, por sua vez, sabe que terá de resistir aos outros" (*Idee zu einer allgemeinen Ges-chichte in weltbürgerlicher Absicht*, 1784, IV; trad. it., p. 127; *Met. der Sitten*, II, § 47; *Crít. do Juízo*, § 41). Fichte expressava esse mesmo conceito ao dizer: "Chamo de S. a relação recíproca entre seres racionais" (*Die Bestimmung des Gelehrten*, 1794, II). Desse ponto de vista, a análise da S. pode consistir:

a) Na consideração dos fins que a totalidade do gênero humano deve ter em vista e dos meios que a razão indica para a consecução de tais fins. As teorias políticas dos autores gregos, por exemplo, de Platão e de Aristóteles, e as teorias jusnaturalistas analisam a S. nesse sentido.

b) Na consideração das *condições* que, de fato, possibilitam as relações humanas. Essas condições foram definidas de várias maneiras, e sua definição pode ser considerada a primeira tarefa da *sociologia* (v.). Max Weber identificou-as na atividade social, que se realiza segundo uma ordem deliberada e relativamente constante (*Über einige Kategorien der verstehenden Soziologie*, 1913, V; trad. it., em *Il metodo delle scienze storico-sociali*, pp. 262 ss.). Durkheim considerou característicos da S. humana os modos de agir que são impostos de fora e se consolidam nas *instituições* (*Règles de la méthode sociologique*, 1895, cap. I). E a própria ação, ou comportamento, às vezes é considerada elemento objetivo que define o campo das relações humanas (cf. TALCOTT PARSONS, *The Structure of Social Action*, 1949; 2ª ed., 1957). Este segundo modo de entender a S. atribui-lhe explícita ou implicitamente o caráter de "campo" e a reduz portanto a uma *construto* conceitual, isentando-a do caráter de totalidade real e do caráter de ideal normativo.

2º O conceito de S. como totalidade de indivíduos entre os quais há relações intersubjetivas, ou seja, como "mundo social", em geral está ligado ao conceito de S. como organismo ou "superorganismo". Os antigos já haviam comparado a comunidade política, o Estado, a um organismo. Os estóicos compararam toda a S. – como comunidade de seres racionais – a um organismo (cf. MARCO AURÉLIO, *Memórias*, VII, 13); esse paralelo continua na modernidade. Comte chama a sociedade de "organismo coletivo" (*Cours de phil. positive*, IV, pp. 442 ss.). Por sua vez, Spencer chama de *superorgânica* a evolução que conduz à S. e considera a própria S. como um organismo cujos elementos são, em primeiro lugar, as famílias e, depois, os indivíduos isolados. Segundo Spencer, o organismo social difere do organismo animal porque a consciência pertence apenas aos elementos que o compõem, pois a S. não tem órgãos de sentido como os animais, mas vive e sente apenas através dos indivíduos que a compõem (*The Study of Sociology*, 1873); Wundt expressou-se no mesmo sentido (*System der Philosophie*, 2ª ed., 1897, pp. 616 ss.). A hipótese organicista continua por trás de muitas teorias políticas e sociológicas modernas. Pode ser considerada uma variante dessa mesma concepção a doutrina de Hegel, para quem a "S. civil" é uma fase imperfeita ou preparatória do Estado, que é a Idéia Divina realizada na terra: "A substância que, como espírito, se particulariza abstratamente em muitas pessoas (a família é uma só pessoa), em famílias ou em indivíduos – que por si estão em liberdade independente e como seres particulares –, e perde seu caráter ético; isto porque essas pessoas, como tais, não têm na consciência e por objetivo a unidade absoluta, mas sim sua própria particularidade e seu ser por si: daí nasce o sistema da atomística". Este sistema é precisamente a sociedade civil como "conexão universal e mediadora de extremos independentes e de seus interesses particulares" ou como "Estado exterior" (*Enc.*, § 523; *Fil. do dir.*, § 184). Neste sentido, segundo Hegel, a S. civil compreende, em primeiro lugar, o sistema das necessidades; em segundo lugar, a administração da justiça; em terceiro lugar, a polícia e a corporação, ou seja, os órgãos que detêm a tutela dos interesses particulares (*Fil. do dir.*, § 188). O próprio Marx manteve inalterado este conceito da S. civil, mas inverteu sua relação com o Estado e adotou-o como princípio de explicação do próprio Estado e, em geral, de todo o mundo ideológico: "Por meus estudos, fui levado à conclusão de que as relações jurídicas e as formas do Estado não poderiam ser compreendidas nem por si mesmas nem pelo chamado desenvolvimento geral do espírito humano, mas de que estão enraizadas nas relações materiais da existência, cujo conjunto é enfeixado por Hegel com o nome de *S. civil*: a anatomia dessa S. civil deve ser buscada na economia política" (*Zur Kritik der politischen Ökonomie*, 1859, Pref.; trad. it., Cantimori, p. 10). Conceito análogo de S. mostrou-se a Bergson como o próprio ideal de S. "aberta", ou S. mística. "Uma S. mística que abarque toda a humanidade e que, animada por uma vontade comum, marche para a criação incessantemente renovada de uma humanidade mais completa, certamente se realizará no porvir tanto quanto no passado existiram S. humanas que funcionavam de maneira orgânica à semelhança das S. animais. A aspiração pura é um limite ideal como a obrigação nua" (*Deux sources*, I, trad. it., p. 87).

3º Na linguagem comum e nas disciplinas sociológicas a palavra S. costuma ser usada no terceiro significado, de conjunto de indivíduos caracterizado por uma atitude comum ou institucionalizada. Neste sentido, designa tanto um grupo de indivíduos quanto a instituição que caracteriza esse grupo, como acontece nas expressões "S. comercial", "S. capitalista" etc. Esse emprego é tão óbvio que em geral não é sequer definido. Às vezes é definido em relação com cultura, como fazem Kluckhohn e Kelly: "S. refere-se a um grupo de pessoas que aprenderam a agir em conjunto; cultura refere-se aos modos de vida que distinguem esse grupo de pessoas" (R. LINTON, *The Science of Man in the World Crisis*, 7ª ed., 1952, p. 79). [N.A.]

Rawls definiu a S. como "sistema equânime de cooperação que dura no tempo, de uma geração à seguinte", especificando que: *a*) a cooperação distingue-se da pura e simples atividade coordenada socialmente, porque guiada por regras e procedimentos publicamente reconhecidos, aceitos por quem coopera; *b*) a cooperação comporta a idéia de termos próprios e equânimes, ou seja, de termos que todo participante pode razoavelmente aceitar, desde que todos os outros os aceitem do mesmo modo: "Como o objeto primário da justiça é a estrutura básica da sociedade, tais termos equânimes serão expressos por princípios que especifiquem os direitos e os deveres fundamentais nas principais instituições da estrutura básica e regulem as bases da justiça de fundo, de tal modo que, no tempo, os benefícios produzidos pelos esforços de todos sejam equanimemente distribuídos e compartilhados, de uma geração à seguinte"; *c*) a cooperação pressupõe a vantagem racional, ou bem, de cada participante individual: "Essa idéia do bem especifica aquilo que os empenhados na cooperação procuram obter, quando o sistema é considerado do ponto de vista deles – sejam estes pessoas, famílias, associações ou até governos de povos inteiros" (*Liberalismo politico*, 1993, trad. it., Edizioni di Comunità, Milão, 1994, pp. 31-3) (v. JUSTIÇA). [G.F.]

SOCIEDADE ABERTA/FECHADA. V. LIBERALISMO.

SOCINIANISMO (in. *Socinianism*; fr. *Socinianisme*; al. *Socinianismus*; it. *Socinianesimo*). Doutrina religiosa de Lelio Socini (1525-1562) e Fausto Socini (1539-1604), que exerceu influência especialmente na Polônia; seus principais pontos são os seguintes: 1º negação do dogma trinitário; 2º negação do pecado original e da predestinação; 3º negação do valor das obras e da necessidade de mediação eclesiástica; 4º recurso direto à Bíblia como meio único de salvação; 5º recurso à razão como único instrumento para a interpretação autêntica da Bíblia. Além da Polônia, o S. difundiu-se na Holanda e na Inglaterra, mas sua influência foi enorme em toda a cultura liberal moderna (cf. D. CANTIMORI, *Eretici italiani del Cinquecento*, Florença, 1939). [N.A.]

SOCIOBIOLOGIA (in. *Sociobiology*; fr. *Sociobiologie*; al. *Soziobiologie*; it. *Sociobiologia*). Disciplina nascida das teses de Edward O. Wilson (*Sociobiology: The New Synthesis* [Sociobiologia: A nova síntese], 1975). Por meio do estudo integrado dos dados fornecidos pela genética, pela biologia evolucionista, pela etologia e pela ecologia, a S. tenta uma *biologização das ciências sociais*, afirmando que os comportamentos interpessoais são determinados por genes, e que estes são selecionados ao longo da evolução, tanto quanto todos os outros genes que determinam as características biológicas, ou seja, segundo o princípio da conservação do tipo de alelo mais apto. A disciplina nasceu no campo da etologia entomológica, mas depois se ampliou para os comportamentos humanos, radicalizando-se num determinismo biológico rígido, estendido também ao âmbito intelectual, moral e religioso. Por isso, suscitou fortes restrições teóricas e acusações de racismo e darwinismo social (v.). [G.F.]

SOCIOCRACIA, SOCIOLATRIA (in. *Sociocracy, sociolatry*; fr. *Sociocracie, sociolatrie*; al. *Soziokratie, Soziolatrie*; it. *Sociocrazia, soziolatria*). Termos criados por A. Comte para designar, respectivamente, o regime político baseado na sociologia, que ele concebe como análogo ou correspondente à teocracia medieval, baseada na teologia (*Politique positive*, 1851, I, p. 403), e o culto da sociedade, que deveria tomar o lugar das religiões positivas (*Catéchisme positiviste*, VI). [N.A.]

SOCIOLOGIA (in. *Sociology*; fr. *Sociologie*; al. *Soziologie*; it. *Sociologia*). É a ciência da sociedade, entendendo-se por sociedade o campo das relações intersubjetivas. Esse termo foi criado em 1838 por A. Comte, para indicar "a ciência de observação dos fenômenos sociais" (*Cours de phil. positive*, IV, 1838), e é usado atualmente para qualquer tipo ou espécie de análise empírica ou teoria que se refira aos fatos sociais, ou seja, às efetivas relações inter-subjetivas, em oposição às "filosofias" ou "metafísicas" da sociedade, que pretendem explicar a natureza da sociedade como um todo, independentemente dos fatos e de modo definitivo. Sem dúvida, na história do pensamento ocidental sempre foram feitas observações úteis e decisivas no campo social, que encontraram lugar especialmente na ética e na política. Contudo, tais observações não constituíam uma disciplina autônoma, dotada de metodologia própria: isso só começou com Comte.

É possível distinguir dois conceitos fundamentais de S., sucessivos no tempo: 1º S. *sintética* (ou *sistemática*), cujo objeto é a *totalidade* dos fenômenos sociais a serem estudados em seu conjunto, em suas leis; 2º S. *analítica*, cujo objeto são *grupos* ou *aspectos* particulares dos fenômenos sociais, a partir dos quais são feitas generalizações oportunas. Nesta segunda fase, a S. fragmenta-se numa multiplicidade de correntes de investigação e tem certa dificuldade para reencontrar sua unidade conceitual.

1º Foi com Comte que nasceu a S. como sistema, como determinação da natureza da sociedade em seu conjunto, através da determinação de suas *leis*. Nessa fase, tenta organizar-se à semelhança da física newtoniana: como ciência que, através de leis rigorosas, delineia uma ordem *necessária* e o desenvolvimento dessa ordem, não menos necessário. Portanto, Comte chamava a S. de *física social*, cuja primeira parte seria o estudo da *ordem* social (*estática*) e a segunda, o estudo do progresso social (*dinâmica*) (*Cours de phil. positive*, IV, p. 292). Além disso, Comte atribuía à S. a mesma função atribuída às outras ciências a partir de Bacon: dominar os fenômenos de que tratam em proveito do homem. Conseqüentemente, a S. teria a função de "perceber nitidamente o sistema geral das operações seguintes – filosóficas e políticas – que devem libertar a sociedade de sua fatal tendência à dissolução iminente e conduzi-la diretamente a uma nova organização, mais progressista e sólida que a fundada na filosofia teológica" (*ibid.*, IV, p. 7). A *sociocracia* (v.) seria assim o efeito inevitável da fundação da S. como ciência. Mesmo isentando a S. da tarefa de fundar uma nova humanidade, Spencer conservou seu caráter sistemático. Segundo ele, trata-se de uma ciência descritiva que visa a determinar as leis da *evolução superorgânica*, que regem o progresso do organismo social. Neste sentido, a S. é o estudo da ordem progressiva da sociedade como um todo (*Principles of Sociology*, 1876, I). Este conceito inspirou a primeira organização da S. em todos os países do mundo. Aceito por W. G. Summer (*Folkways*, 1906) nos Estados Unidos, e por Wundt (*Volkerpsychologie*, 1900), com o nome de *psicologia dos povos*, na Alemanha, foi um conceito constantemente dominado pelo princípio de evolução, tomado em seu sentido otimista de progresso necessário: princípio que inspirou também alguns estudos sociológicos que se tornaram clássicos (como, p. ex., os de E. Westermark sobre a *Origem e desenvolvimento das idéias morais*, 1906-1908). Mas a maior realização da S. sistemática talvez seja o *Tratado de sociologia geral* (1916-23) de Vilfredo Pareto, que, noutro aspecto, é também o início da crise desse tipo de S. Com efeito, Pareto, ao mesmo tempo que quer realizar a S. como uma ciência positiva que estuda "a realidade experimental pela aplicação dos métodos já comprovados em física, química, astronomia, biologia e nas demais ciências", por outro lado repudia qualquer construção sistemática demasiado complexa e não hesita em qualificar de metafísicas e dogmáticas as doutrinas sociológicas de Comte e Spencer (*Tratado*, § 5, 112). Segundo Pareto, o caráter essencial da ciência é "lógico-experimental" e implica dois elementos: o raciocínio lógico e a observação do fato. Contudo, o objetivo da ciência continua sendo o de formular leis necessárias que descrevam em seu conjunto aquilo que Pareto chama de *equilíbrio social*, por ele comparado às vezes a um sistema mecânico de pontos, outras vezes a um organismo vivo (*Cours d'économie politique*, 1896, § 619). Entretanto, ele também insiste no simples caráter de "uniformidade experimental" da lei e no fato de que todo fenômeno concreto é devido à intersecção de certo número de leis diferentes (*Tratado*, § 99); isso significa que toda explicação científica é aproximativa e parcial (*ibid.*, § 106). Ainda mais distante do ideal sistemático de S. é o corpo de análises que Pareto apresenta em seu *Tratado*, cujo objeto é principalmente aquilo que ele chama de "ações não lógicas", cujos elementos estariam nos *resíduos* e nas *derivações* (v.).

2º Pode-se dizer que o marco da passagem da S. sintética para a analítica é a obra de E. Durkheim, que se afasta do pressuposto fundamental da S. sistemática, de que a sociedade constitui um todo ou um sistema orgânico. Durkheim diz: "O que existe, o que só é dado à observação, são as sociedades particulares que nascem, se desenvolvem e morrem, independentemente umas das outras" (*Règles de la méthode sociologique*, 1895, 11.ª ed., 1950, p. 20). Paralelamente, Durkheim insistiu no caráter exterior do objeto da ciência social: "Os fatos sociais consistem em modos de agir, pensar e sentir, exteriores ao indivíduo e dotados de um poder de coerção graças ao qual se impõem a ele" (*ibid.*, p. 5). Considerar os fatos sociais deste modo significa considerá-los como *coisas*, independentemente de preconceitos subjetivos e das vontades individuais (*ibid.*, pp. 11 ss.). Os mesmos motivos foram sistematizados na obra metodológica de Max Weber. A este cabe o mérito de ter sido o primeiro a distinguir a S. das outras disciplinas antropológicas, especialmente das historiográficas. Ele identificou o objeto da S. na uniformidade da atitude humana, que é dotada de sentido, ou seja, acessível à compreensão. Mais precisamente, atitude é a ação humana que: 1.º refere-se, segundo a intenção de quem age, à atitude dos outros; 2.º seu curso é determinado também por essa referência; 3.º pode ser explicada por essa referência (*Über einige Kategorien der verstehenden Soziologie*, 1913, trad. it., em *Il metodo delle scienze storico-sociali*, p. 243). A segunda conquista importante da S. de Max Weber é a nítida separação que pretendeu estabelecer entre a investigação empírica ou lógica, por um lado, e as avaliações práticas ou éticas, políticas ou metafísicas, por outro lado (*Der Sinn der Wertfreiheit der soziologischen und ökonomischen Wissenschaften*, 1917; na coletânea citada, pp. 311 ss.). Ainda que, obviamente, seja mais fácil propor essa separação como exigência do que realizá-la na pesquisa, ela vale até hoje como regra que empenha a honestidade do pesquisador. Em terceiro lugar, da obra de Weber dimana a exigência da investigação empírica particular, a única que pode determinar as uniformidades de atitudes que constituem o objeto da sociologia. Esses três pontos permaneceram no desenvolvimento posterior da S. contemporânea. Esta aceitou com entusiasmo o convite de Weber no sentido da pesquisa empírica particular e da formulação de técnicas adequadas de observação. [N.A.]

Depois da obra de seus fundadores europeus, a S. desenvolveu-se – de início nos anos 1920, nos Estados Unidos, e, depois da segunda guerra mundial, gradualmente em todos os países – como um esforço científico destinado à análise de campos específicos e a acumular conhecimentos empíricos sobre categorias de fenômenos particulares, com uma história de especialização das teorias e dos estudos não diferente da história de todas as outras ciências positivas: S. urbana, iniciada por R. Lynd e R. Par; S. das migrações, iniciada por W. I. Thomas e F. Znaniecki; S. da família, iniciada por T. Parsons; S. dos pequenos grupos, iniciada por E. Shils; S. industrial e do trabalho, iniciada por Elton Mayo; S. da religião, fundada por M. Weber e desenvolvida por P. Berger; S. da cultura de massa e dos meios de comunicação, iniciada pela Teoria crítica (v.) e por M. McLuhan; S. do conhecimento, iniciada por M. Scheler e K. Mannheim; S. política, iniciada e desenvolvida nos Estados Unidos por C. Wright Mills e H. Lasswell e na Europa por R. Michels, N. Elias e M. Foucault; S. do direito, iniciada na Itália por R. Treves; S. do desvio, iniciada por R. K. Merton; S. da estratificação e da mobilidade social, iniciada por R. Bendix, S. M. Lipset e O. Duncan; S. da modernização, iniciada por T. Parsons, e tantas outras, de origem também mais recente, como a S. do gênero (*women* ou *gender studies*) e da cultura popular (*cultural studies*) e a S. do ambiente. Dicionários, tratados e enciclopédias dão conta, periodicamente, desses desenvolvimentos (L. GALLINO, *Dizionario di sociologia*, 1993[4]; *Enciclopedia delle Scienze sociali*, VV.AA., 1991 ss.).

Esses desenvolvimentos foram também uma reação a um modo de fazer teoria geral muito afastado da pesquisa empírica e desconhecedor da necessidade metodológica de delimitar a validade das generalizações e de utilizar abstrações dotadas de significado preciso, segundo uma importante lição de R. K. Merton (em *Social Theory and Social Structure*, 1957). Permitiram e comportaram a definição de uma vasta gama de técnicas quantitativas e qualitativas para a pesquisa (cf. J. MADGE, *The Origin of Scientific Sociology*, 1962): enquetes e sondagens de vários tipos, análises do conteúdo de textos e documentos, observação oculta ou participante de fenômenos, elaboração de estatísticas e indicadores sociais, comparação, várias técnicas sociométricas.

No entanto, não faltaram tentativas de voltar à formulação de teorias mais gerais e de grandes sínteses, mais conscientes, porém, no esforço de não perder a relação com a pesquisa, e capazes de orientar a construção de teorias especiais de cada campo de investigação. Tais tentativas podem ser agrupadas em quatro famílias:

a) funcionalismo de T. Parsons a N. Luhmann e J. Alexander;

b) interacionismo simbólico e etnometodologia, de H. Mead a H. Garfinkel e E. Goffman;

c) conflitualismo e, em geral, a perspectiva comparada neo-weberiana sobre a modernização e as classes sociais, de R. Dahrendorf e J. Goldthorpe a A. Touraine e R. Collins e os herdeiros da teoria crítica, como J. Habermas;

d) a economia política e a teoria da troca e da escolha racional, de G. Homans e P. Blau a J. Coleman, J. Elster e, de modos diferentes, A. Giddens (cf. R. A. WALLACE e A. WOLF, *Contemporary Sociological Theory*, 1980, e R. COLLINS, *Theoretical Sociology*, 1988).

As diferenças principais entre essas abordagens dizem respeito às concepções do ator e da ação, da ordem social e da mudança.

Em âmbito funcionalista prevalecem visões da ação humana que partem de valores, definições da realidade, motivações que o ator interioriza com os processos de socialização; a concepção desenvolvida em âmbito interacionista privilegia a representação social da realidade e a sua formação através de processos de comunicação social; em âmbito conflitualista e nas outras abordagens afins (em *d*) prevalece um modelo de ator racionalista calculador de meios e fins. Um problema crucial da pesquisa teórica é o enriquecimento e a integração desses modelos de ator e ação (L. GALLINO, *L'attore sociale*, 1987).

Para os funcionalistas e os neofuncionalistas, na esteira da concepção durkheimiana da divisão do trabalho, a ordem decorre da integração entre os papéis que desempenham funções importantes para a reprodução da sociedade, e esta evolui homogeneizando-se e ganhando capacidade de autopoiese e reflexão sobre si. Os interacionistas reduzem ordem a interação social equilibrada e comunicação simbólica eficaz entre pessoas e papéis, sem mecanismos que a garantam. Para os conflitualistas, na esteira da concepção marxista e weberiana, ela depende do equilíbrio instável entre os poderes e da tensão entre desigualdades mantidas por estratégias de exclusão e modificadas por formas de mobilização que tornam mutáveis as sociedade. Os teóricos da troca e da escolha racional e os analistas da economia política vêem a ordem no encontro entre escolhas individuais, animadas por racionalidade calculista, em trocas reciprocamente equânimes de recursos, garantidas por mecanismos de confiança e por instituições que regulam e sustentam os mercados, às quais os sujeitos se adaptam por aprendizado.

Nas tendências de mudança das sociedades pareceu aos neofuncionalistas entrever formas de evolução (na capacidade de adaptação ao ambiente natural, de acumulação das tecnologias); aos conflitualistas, formas de progresso possível ou em todo caso desenvolvimentos alternativos, dependentes das relações de força entre classes sociais e entre elites diferentes; aos cultores da economia política, tipos e caminhos diferentes de produção e acumulação de capital e seus comportamentos alternados, favorecidos ou desfavorecidos por instituições sociais e políticas históricas. Insere-se no espírito da pesquisa empírica, toda sobre as mudanças das sociedades, a consciência da sua reversibilidade, que se tornou mais aguda em fins do século XX.

Dessas teorias nascem perspectivas diferentes, às vezes também contraditórias, sobre os fenômenos que são objeto das S. especiais. Por exemplo, os crimes podem ser interpretados como formas de anomia e disfunções sociais (funcionalistas), modalidades de protesto e resultado de exclusões (conflitualistas), efeito de processos de rotulação social (interacionistas), escolhas racionais de vida e empresas econômicas (economia política). Da pesquisa empírica depende o estabelecimento da abordagem mais útil e da hipótese mais correta caso a caso. Portanto, as grandes teorias não são metafísicas fechadas, mas ferramentas com as quais é possível extrair explicações que serão submetidas a verificação empírica a cada vez. Daí deriva certo ecletismo programático da pesquisa empírica que pode chegar a problematizar até a disciplina, sempre que outras ciências humanas e sociais permitam formular descrições, explicações ou previsões mais interessantes e eficazes, ou seja útil lançar pontes teóricas e epistemológicas com elas, como ocorreu em alguns casos com a economia e a biologia. [S.S.]

SOCIOLOGISMO (in. *Sociologism*; fr. *Sociologisme*; al. *Soziologismus*; it. *Sociologismo*). Termo polemístico para designar a tendência a reduzir fenômenos morais ou religiosos a fatos sociais (cf. BOUTROUX, *Science et religion*, p. 342). [N.A.]

SOCIOMETRIA. V. SOCIOLOGIA.

SOCRATISMO (in. *Socratism*; fr. *Socratisme*; al. *Socratismus*; it. *Socratismo*). Doutrina de Sócrates, da forma como se consolidou na tradição antiga; seus fundamentos podem ser assim resumidos: 1º valor da indagação filosófica, sem o que a vida não é digna de ser vivida; 2º a indagação restringe-se ao homem, não havendo interesse por qualquer estudo da natureza; 3º identificação entre ciência e virtude, no sentido de que é possível ensinar e aprender a virtude, e não é possível praticar o bem sem conhecê-lo; 4º importância atribuída ao ensinamento: nada se ensina, pois apenas se favorece o parto intelectual dos ouvintes; 5º método de interrogação e a *ironia* (v.). [N.A.]

SOFISMA (in. *Sophism*; fr. *Sophisme*; al. *Sophisma*; it. *Sofisma*). 1. O mesmo que *falácia* (v.).

2. Raciocínio capcioso ou que leva a conclusões paradoxais ou desagradáveis. Neste sentido, esse termo tem uso muito vasto, e até os *paradoxos* (v.) e os argumentos duplos podem ser chamados de S. [N.A.]

SOFÍSTICA (in. *Sophistics*; fr. *Sophistique*; al. *Sophistik*; it. *Sofistica*). 1. Aristóteles chamou de S. "sapiência aparente mas não real" (*El. soph.*, 1, 165 a 21), e esse nome passou a indicar a habilidade de aduzir argumentos capciosos ou enganosos.

2. Em sentido histórico, a S. é a corrente filosófica preconizada pelos sofistas, mestres de retórica e cultura geral que exerceram forte influência sobre o clima intelectual grego nos séculos V e IV a.C. A S. não é uma escola filosófica, mas uma orientação genérica que os sofistas acataram devido às exigências de sua profissão. Seus fundamentos podem ser assim resumidos:

1º O interesse filosófico concentra-se no homem e em seus problemas, o que os sofistas tiveram em comum com Sócrates.

2º O conhecimento reduz-se à opinião, e o bem, à utilidade. Conseqüentemente, reconhece-se a relatividade da verdade e dos valores morais, que mudariam segundo o lugar e o tempo.

3º *Erística*: habilidade em refutar e sustentar ao mesmo tempo teses contraditórias.

4º Oposição entre natureza e lei; na natureza, prevalece o direito do mais forte.

Nem todos os sofistas defendem essas teses: os grandes sofistas da época de Sócrates (Protágoras e Górgias) sustentaram principalmente as duas primeiras. As outras foram apanágio da segunda geração de sofistas (cf. UNTERSTEINER, *I sofisti*, 1949). [N.A.]

SOLECISMO (in. *Solecism*; fr. *Solécisme*; al. *Solecismus*; it. *Solecismo*). Em Aristóteles (*El. sof., passim*) e, depois, na lógica de origem aristotélica, designa um dos objetivos da dialética sofística, qual seja, a tentativa de induzir o interlocutor a aceitar um enunciado que contém uma impossibilidade gramatical, como *homines currit*. Esse termo passou a indicar uma aberração gramatical de natureza morfológica ou sintática. [G.P.]

SOLIDÃO (in. *Solitude*; fr. *Solitude*; al. *Einsamkeit*; it. *Solitudine*). Isolamento ou busca de melhor comunicação. No primeiro sentido, a S. é a situação do sábio, que, por tradição, é perfeitamente autárquico e por isso se isola em sua perfeição (v. SÁBIO). Afora esse ideal, o isolamento é um fato patológico: é a impossibilidade de comunicação associada a todas as formas da loucura. Em sentido próprio, contudo, a S. não é isolamento, mas busca de formas diferentes e superiores de comunicação: "Não dispensa os laços com o ambiente e a vida cotidiana, a não ser em vista de outros laços com homens do passado e do futuro, com os quais seja possível uma forma nova ou mais fecunda de comunicação. O fato de a solidão dispensar esses laços é, pois, uma tentativa de libertar-se deles e ficar disponível para outras relações sociais" (ABBAGNANO, *Problemi di sociologia*, 1959, XI, § 8). [N.A.]

SOLIDARIEDADE (in. *Solidarity*; fr. *Solidarité*; al. *Solidarität*; it. *Solidarietà*). Termo de origem jurídica que, na linguagem comum e na filosófica, significa: 1º inter-relação ou interdependência; 2º assistência recíproca entre os membros de um mesmo grupo (p. ex.: S. familiar, S. humana etc.). Neste sentido, fala-se de *solidarismo* para indicar a doutrina moral e jurídica fundamentada na S. (Cf. L. BOURGEOIS, *La solidarité*, 1897). [N.A.]

Na S. – não entendida como reconhecimento metafísico de uma essência comum intemporal, mas como criação *histórica* de indivíduos capazes de identificar-se com a vida alheia – Rorty viu o valor típico da humanidade pós-metafísica e pós-moderna: "Proponho distinguir entre S. como identificação com a 'humanidade em si' e S. como dúvida auto-reflexiva, dúvida que gradualmente, nos últimos séculos, foi inculcada nos habitantes dos Estados democráticos: dúvida sobre a sua sensibilidade à dor e à humilhação alheia, dúvida sobre a adequação dos atuais ordenamentos institucionais para enfrentar essa dor e essa humilhação, curiosidade de saber se há alternativas possíveis" (*Contingency, Irony and Solidarity*, 1989, trad. it., *La filosofia dopo a filosofia*, Laterza, Roma-Bari, 1990, p. 227; v. CONTINGENZA; IRONIA). [G.F.]

SOLILÓQUIO (lat. *Soliloquium*; it. *Soliloquio*). Colóquio da alma consigo mesma. *Soliloquia* foi o título que Agostinho deu a uma de suas primeiras obras, em que declarava desejar conhecer apenas Deus e a alma, e nada mais (*Sol.*, I, 2). S. Anselmo chamou de *Monologion* o seu colóquio interior em torno da essência de Deus. [N.A.]

SOLIPSISMO (in. *Solipsism*; fr. *Solipsisme*; al. *Solipsismus*; it. *Solipsismo*). Tese de que só eu existo e de que todos os outros entes (homens e coisas) são apenas idéias minhas. Os termos mais antigos para indicar essa tese são *egoísmo* (cf. WOLFF, *Psychologia rationalis*, § 38; BAUMGARTEN, *Met.*, § 392; GALUPPI, *Saggio filosofico sulla critica della conoscenza*, IV, 3, 24 etc.), *egoísmo metafísico* (KANT, *Antr.*, I, § 2) ou *egoísmo teórico* (SCHOPENHAUER, *Die Welt*, I, § 19). Kant empregou o termo S. para indicar a totalidade das inclinações que, quando satisfeitas, produzem felicidade (*Crít. R. Prática*, I, livro 1, cap. III; trad. it., p. 85); esse mesmo termo foi empregado para indicar o egoísmo metafísico por alguns escritores alemães da segunda metade do século XIX (cf. SCHUBERT-SOLDERN, *Grundlagen zu einer Erkenntnistheorie*, 1884, pp. 83 ss.; W. SCHUPPE, *Der Solipsismus*, 1898; H. DRIESCH, *Ordnungslehre*, 1912, pp. 23 ss. etc.). Como já notava Wolff, o S. é uma espécie de idealismo que reduz a idéias não só as coisas, mas também os espíritos (*Psychol. rat.*, § 38). Freqüentemente, o S. foi declarado irrefutável, pelo menos com provas teóricas: tal era a opinião de Schopenhauer (*loc. cit.*), muitas vezes repetida (cf. RENOUVIER, *Les dilemmes dela métaphysique pure*, 1901; A. LEVI, *Sceptica*, 1921; SARTRE, *L'être et le néant*, 1943, p. 284). Na realidade, o S. só é irrefutável do ponto de vista idealista (com o qual coincide), segundo o qual os atos ou as ações do sujeito são conhecidos de maneira imediata e privilegiada, tendo portanto certeza absoluta.

Foi a aceitação (explícita ou implícita) dessa tese que por vezes levou a adotar o S. como ponto de partida obrigatório da teoria do conhecimento (cf., p. ex., DRIESCH, *op. cit.*, p. 23) ou como procedimento *metodológico* (SCHUBERT-SOLDERN, *op. cit.*, pp. 65 ss.). Este último ponto de vista foi adotado pelo positivismo lógico, especialmente por Wittgenstein e Carnap. O primeiro, tendo observado que "os limites de minha linguagem constituem os limites de meu mundo" (*Tractatus*, 5, 6), concluiu "que o que o S. quer dizer é absolutamente correto: apesar de não poder ser dito, manifesta-se. O fato de os limites da linguagem (da linguagem que só eu entendo) constituírem os limites do meu mundo revela que o mundo é o *meu* mundo" (*ibid.*, 5.62) e que, portanto, "eu sou o meu mundo" (*ibid.*, 5.63). Mas, assim entendido, o S. transforma-se imediatamente em realismo: "O S. rigorosamente desenvolvido coincide com o realismo puro. O eu do positivismo reduz-se a um ponto inextenso, e a realidade permanece a ele coordenada" (*ibid.*, 5.64). O pressuposto desse discurso é a teoria da linguagem como correspondência termo a termo entre os elementos da linguagem e os da realidade, e a redução dos elementos da realidade a fatos de experiência imediata, que por isso são apenas *meus*. Quando faltam tais fatos, falta o significado (o objeto) da palavra, e eu não a *entendo*: por isso Wittgenstein diz que os limites de minha linguagem são os limites do mundo. O mesmo pressuposto leva Carnap a falar de S. *metódico*. Com muita razão Carnap fala de S. a propósito da escolha dos elementos básicos (*Grundelemente*), porque, como através de tais elementos (que servem de base para a construção lógica do mundo) Carnap escolhe (assim como Wittgenstein) os fatos imediatos da experiência, ou, como diz ele, "a base psíquica própria", seu procedimento é solipsista (*Der logische Aufbau der Welt*, 1928, § 64). J. R. Weinberg já observava que no positivismo lógico o S. lingüístico é inevitável; por isso, uma vez que é necessário superá-lo para atingir a objetividade científica, "ou se alteram necessariamente alguns postulados do sistema para isentar o positivismo das idéias metafísicas, ou – se esse método falhar – será preciso abandonar todo o sistema do positivismo lógico" (*An Examination of Logical Positivism*, cap. VII; trad. it., pp. 235 ss.). Na realidade, o pressuposto do positivismo que dá origem ao S. é reflexo da tese idealista na teoria da linguagem: os elementos da linguagem são signos de experiências imediatas, porque as experiências imediatas são a única realidade (v. EXPERIÊNCIA; LINGUAGEM). [N.A.]

SOMA LÓGICA (in. *Logical sum*; fr. *Somme logique*; al. *Logische Summe*; it. *Somma logica*). É a figura (a + b) resultante de uma *adição lógica* (v.). [G.P.]

SOMÁTICO (in. *Somatic*; fr. *Somatique*; al. *Somatisch*; it. *Somatico*). Corpóreo (v. CORPO). [N.A.]

SOMATOLOGIA (in. *Somatology*; fr. *Somatologie*; al. *Somatologie*; it. *Somatologia*). Parte da antropologia que considera os aspectos físicos do homem (v. ANTROPOLOGIA). [N.A.]

SONHO (gr. ἐνύπτιον; lat. *Somnium*; in. *Dream*; fr. *Rêve*; al. *Traum*; it. *Sogno*). Ação da imaginação durante o sono. Esta é a definição já proposta por Platão (*Tim.*, 45 e) e Aristóteles (*De somniis*, 1, 459 a 15), sendo também adotada pela psicologia moderna; nesta, dá origem a uma série de problemas que escapam completamente à alçada da filosofia (cf. a propósito desses problemas E. SERVADIO, *Il sogno*, 1955). Freud e os psicanalistas interpretaram o S. de modo *funcionalista*, ao tentarem determinar sua função na vida do homem. Segundo Freud, o S. "é um meio de suprimir as excitações (psíquicas) que perturbem o sono, supressão essa realizada através de satisfações alucinatórias" (*Intr. à la psychanalyse*, 1932, p. 151). O que encontra realização simbólica no S. na maioria das vezes são desejos proibidos, inibidos pela censura, que, portanto, sofrem uma elaboração radical, cabendo ao psicólogo interpretá-la (*ibid.*, pp. 189, 234). Essa teoria de Freud foi muito discutida, e não parece apta a explicar todas as espécies de S. ou todos os seus aspectos; apesar disso, foi a única a propor o problema da funcionalidade do S., vale dizer, da função que ele exerce na economia da vida psíquica.

Os filósofos algumas vezes deram atenção ao S. para mostrar a incerteza da discriminação entre ele e a vigília, utilizando-o como elemento de dúvida teórica. Platão dizia: "Nada nos impede de crer que as conversas que agora mantemos sejam mantidas em sonho, e quando em S. cremos contar um S., a semelhança das sensações no S. e na vigília é realmente maravilhosa" (*Teet.*, 158 c). Por outro lado, "o tempo durante o qual dormimos é igual ao tempo em que ficamos acordados, e em ambos a nossa alma afirma que só as opiniões que tem naquele momento são verdadeiras; desse modo, por igual espaço de tempo dizemos que são verdadeiras ora estas, ora aquelas, e defendemos umas e outras com a mesma energia" (*ibid.*, 158 d). Nos séculos XVII e XVIII esse tema foi freqüentemente repetido por poetas e filósofos. Shakespeare dizia: "Somos feitos da mesma substância de que são feitos os S., e nossa curta existência está contida no período de um sono" (*Tempest*, ato IV, cena I). Calderón de la Barca utilizou o mesmo tema em *A vida é S.* (1635): "São as glórias tão semelhantes aos S. que as verdadeiras passam por falsas, e as falsas por verdadeiras? É tão pouca a distância entre umas e outras que é preciso saber se o que se vê ou frui é S. ou realidade?" (Ato III, cena X). Descartes empregava o mesmo tema como elemento de dúvida: "O que acontece em sonho não parece tão claro e distinto quanto o que acontece durante a vigília. Mas, pensando nisso, lembro-me de ter sido muitas vezes enganado por simples ilusões, enquanto dormia. E, prestando atenção a esse pensamento, vejo com clareza que não há indícios concludentes, nem sinais bastante seguros, que possibilitem distinguir com nitidez a vigília do S., a tal ponto que fico admirado, e minha admiração é tanta que quase me convence de que estou dormindo" (*Méd.*, I; cf. *Princ. phil.*, I, 4). A teoria de Leibniz, segundo a qual a vida da mônada (substância espiritual) é "um S. bem regulado", constitui outra manifestação do mesmo tema. Leibniz diz: "Metafisicamente falando, não é impossível que haja um S. tão contínuo e duradouro quanto a idade de um homem. [...] Mas, desde que os fenômenos estejam interligados, não importa que sejam chamados de sonhos ou não, porque a experiência mostra que não nos enganamos ao aprendermos os fenômenos, quando eles são aprendidos segundo as verdades de razão" (*Nouv. ess.*, IV, 2, 14). Voltaire dizia: "Se os órgãos, por si sós, produzem os S. da noite, por que não poderiam produzir, por si sós, as idéias do dia? Se a alma, por si só, tranqüila no descanso dos sentidos e agindo sozinha, é a causa única e o único sujeito de todas as idéias que temos dormindo, por que todas essas idéias são quase sempre irregulares, irracionais, incoerentes?" (*Dictionnaire philosophique*, 1764, art. Songes). Schopenhauer talvez seja o último a apresentar esse tema em sua forma clássica: "A vida e os S. são páginas de um mesmo livro. A leitura contínua chama-se vida real. Mas quando o tempo habitual de leitura (o dia) chega ao fim e vem a hora de descansar, então às vezes continuamos, fracamente, sem ordem e conexão, a folhear aqui e acolá algumas páginas: às vezes é uma página já lida, muitas outras vezes uma outra ainda desconhecida, mas sempre do mesmo livro" (*Die Welt*, I, § 5). [N.A.]

SONO e VIGÍLIA. V. SONHO.

SORITES (lat. *Acervus*; in. *Sorites*; fr. *Sorite*; al. *Sorites*; it. *Sorite*). 1. Argumento de Eubúlides contra a multiplicidade (v. MONTÃO, ARGUMENTO DO).

2. Silogismo composto ou *polissilogismo* (v.), no qual a conclusão do silogismo que precede é adotada como premissa do silogismo subseqüente, até se chegar a relacionar o antecedente do primeiro silogismo com a conseqüência do último (cf. ARNAULD, *Log.*, III, I; JUNGIUS, *Logica hamburgensis*, III, 28; WOLFF, *Log.*, § 474; HAMILTON, *Lectures on Logic*, p. 366 etc.). A expressão *soriticus syllogismus* deve ter sido usada pela primeira vez por Mário Victorino (séc. IV) (cf. PRANTL, *Geschichte der Logik*, I, p. 663), mas foi difundida por Lourenço Valla (*Dialecticae disputationes*, III, 12). [N.A.]

SORTE. V. FORTUNA.

SOTERIOLOGIA (in. *Soteriology*; fr. *Soteriologie*; al. *Soteriologie*; it. *Soteriologia*). Doutrina religiosa da salvação. Sobre o aparecimento de tendências soteriológicas no ocidente, v. a obra de F. CUMONT, *Les religions orientales dans le paganisme romain*, 1906, 2.ª ed., 1909. [N.A.]

STATUS. Condição ou modo de ser, especialmente em sentido sociológico, como pertencente a determinado estrato social. [N.A.]

STURM UND DRANG. Com esta expressão, que significa "tempestade e ímpeto" e foi título de um drama de Maximilian Klinger, escrito em 1776, designa-se um movimento filosófico e literário que surgiu na Alemanha na segunda metade do século XVIII e constitui o antecedente imediato do Romantismo. As atitudes peculiares desse movimento são simbolizadas pelas duas palavras acima. Trata-se de manifestações irracionalistas cuja expressão filosófica se encontra nas doutrinas de Haman, Herder e Jacobi: estas remetem aos limites impostos por Kant à razão apenas para irem além da razão e recorrer à experiência mística ou à fé (v. FÉ, FILOSOFIA DA). Do "S. und Drang" passa-se para o Romantismo ao se passar do conceito kantiano de razão *finita* – à qual se contrapõe a fé ou o sentimento, atribuindo-se-lhes poder cognoscitivo superior – para o conceito de razão infinita ou capaz de atingir o Infinito; isso tem início com Fichte, em quem realmente se encontra a primeira inspiração do *romantismo* (v.). [N.A.]

SUAREZISMO (in. *Suarezianism*; fr. *Suarézisme*; it. *Suarezismo*). Doutrina do espanhol Francisco Suárez (1548-1617), que é a maior expressão filosófica da Contra-Reforma católica. Trata-se, substancialmente, de um retorno decidido e rigoroso ao tomismo: sua obra *Disputationes metaphysicae* é um manual sistemático de metafísica tomista. Suárez, porém, faz uma importante concessão à escolástica do século XIV, ao admitir a individualidade do real, vale dizer, ao reconhecer que cada coisa é tal por si mesma, e não pela matéria, pela forma ou por outro princípio qualquer. Afastou-se também do tomismo na doutrina política exposta em *De legibus* (1612), ao afirmar que o poder temporal dos príncipes provém apenas do povo; isso tem a finalidade de privilegiar o poder eclesiástico, que proviria diretamente de Deus. [N.A.]

SUBALTERNAÇÃO (lat. *Subalternatio*; in. *Subalternation*; fr. *Subalternation*; al. *Subalternation*; it. *Subalternazione*). Com este termo e com a expressão *oposição subalterna*, indica-se a relação entre a proposição universal e a particular correspondente da mesma qualidade; por exemplo, entre "todo homem é justo" e "algum homem é justo", ou entre "nenhum homem é justo" e "algum homem não é justo". A proposição universal chama-se *subalternante* e a particular, *subalternada*. [N.A.]

SUBCONSCIENTE (in. *Subconscious*; fr. *Subconscient*; al. *Unterbewusst*; it. *Subcosciente*). O mesmo que inconsciente. Alguns psicólogos franceses do século passado procuraram distinguir o S. do inconsciente, considerando-o como consciência débil ou diminuída (Riboy, Janet e outros). Mas essa distinção pareceu falaz, e a palavra caiu em desuso (v. INCONSCIENTE). [N.A.]

SUBCONTRÁRIA, PROPOSIÇÃO (lat. *Propositio subcontraria*; in. *Subcontrary proposition*; al. *Subconträrsatz*; it. *Proposizione subcontraria*). Na lógica tradicional são assim chamadas a proposição particular afirmativa ("Algum A é B") e a particular negativa ("Algum A não é B") (v. QUADRADO DOS OPOSTOS), entre as quais subsiste a relação de *subcontrariedade*. Duas proposições subcontrárias podem ser ambas verdadeiras, mas não ambas falsas. [M.M.]

SUBDIVISÃO. V. DIVISÃO.

SUBJETIVIDADE (in. *Subjectivity*; fr. *Subjectivité*; al. *Subjektivität*; it. *Soggettività*). 1. Caráter de todos os fenômenos psíquicos, porquanto fenômenos de *consciência* (v.), ou seja, os que o sujeito relaciona consigo mesmo e chama de "meus".

2. Caráter do que é subjetivo no sentido de ser aparente, ilusório ou falível. Nesse sentido, Hegel situava na esfera da subjetividade o *dever-ser* em geral, bem como os interesses e as metas do indivíduo. Dizia: "Uma vez que o conteúdo dos interesses e das metas está presente apenas na esfera unilateral do subjetivo, e que a unilateralidade é um limite, essa falta manifesta-se ao mesmo tempo como inquietação, como dor, como algo negativo" (*Vorlesungen über die Ästhetik*, ed. Glockner, p. 141). Kierkegaard quis inverter o ponto de vista hegeliano, pondo a S. acima da objetividade: "O erro consiste principalmente no seguinte: o universal, em que – segundo o hegelianismo – consiste a verdade (e o individual torna-se verdade só se nele subsumido), é uma abstração – o Estado etc. Ele não chega a dizer que é a S. em sentido absoluto, e não chega à verdade, ou seja, ao princípio de que realmente, em última instância, o individual está acima do universal" (*Diário*, X^2 A 426). [N.A.]

SUBJETIVISMO (in. *Subjectivism*; fr. *Subjectivisme*; al. *Subjectivismus*; it. *Soggettivismo*). Termo moderno que designa a doutrina que reduz a realidade ou os valores a estados ou atos do sujeito (universal ou individual). Nesse sentido, o idealismo é S. porque reduz a realidade das coisas a estados do sujeito (percepções ou representações); analogamente, fala-se de S. moral e S. estético quando o bem, o mal, o belo ou o feio são reduzidos às preferências individuais. Esse termo é empregado na maioria das vezes com intenções polêmicas, e por isso não comporta grande precisão de significado. [N.A.]

SUBJETIVO (in. *Subjective*; fr. *Subjectif*; al. *Subjektiv*; it. *Soggettivo*). Aquilo que pertence ao sujeito ou tem caráter de subjetividade. Esse adjetivo teve dois significados, correspondentes aos do termo sujeito, mas somente o segundo ainda é usado. 1. A partir da escolástica do século XIII, o adjetivo significa simplesmente substancial. Ockham dizia: "Pode-se dizer com probabilidade que o universal não é algo real que tenha existência substancial (*esse subjectivum*) na alma ou fora da alma, mas que existe na alma num modo de ser representativo (*in esse objectivo*) que corresponde àquilo que a coisa externa é na sua existência substancial" (*In Sent.*, I. d. 2, q. 8, E; cf. DUNS SCOT, *De an.*, 17, 14). Este significado mantém-se em toda a Idade Média.

2. O significado de S. como pertencente ao eu ou ao sujeito do homem é encontrado pela primeira vez em alguns escritores alemães do século XVIII (sobre eles cf. CASSIRER, *Erkenntnisproblem*, 1908, livro VII). Já Baumgarten falava da "fé considerada subjetivamente", em oposição à "fé considerada objetivamente", que é o conjunto de crenças (*Met.*, 1739, § 993). Algumas décadas depois, discutia-se a beleza ou a verdade: seriam subjetivas ou objetivas? Entendia-se por objetiva "uma propriedade dos objetos", e por S. "uma representação da relação entre as coisas e nós, ou seja, uma relação com quem as pensa" (J. E. Lossius, *Physische Ursachen des Wahren*, 1775, p. 65). A mesma distinção encontra-se em Tetens (*Philosophische Versuche*, 1776, I, pp. 344, 560 etc.). Foi desse uso do adjetivo que Kant extraiu o novo significado atribuído ao substantivo sujeito. [N.A.]

SUBLIMAÇÃO (in. *Sublimation*; fr. *Sublimation*; al. *Sublimierung*; it. *Sublimazione*). Mecanismo psicológico de defesa, que consiste em transformar os impulsos sexuais em atividades psíquicas superiores, especialmente na produção artística. Esse mecanismo foi assim descrito por Freud: "As excitações excessivas que derivam de diferentes fontes da sexualidade são desviadas e utilizadas em outros domínios, de tal modo que as disposições que no início eram perigosas produzirão um aumento apreciável nas aptidões e nas atividades psíquicas (*Trois essais sur la théorie de la sexualité*, trad. fr., p. 177). [N.A.]

SUBLIME (gr. ὕψος; lat. *Sublime*; in. *Sublime*; al. *Erhaben*; it. *Sublime*). 1. Forma lingüística, literária ou artística que expresse sentimentos ou atitudes elevadas ou nobres. Essa palavra começou a ser usada com tal sentido no século I a.C., tendo sido analisada no pequeno tratado *Sobre o S.* do Pseudo Longino: "O S. é a ressonância da nobreza da alma, tanto que admiramos às vezes um pensamento singelo, sem voz, por si, pela superioridade do sentimento. O silêncio de Ajax em *Nekyia* é maior e mais nobre que qualquer discurso" (*De subl.*, IX). No mesmo significado, essa palavra foi usada pelos autores latinos, principalmente por Quintiliano (*Inst. or.*, VIII, 3, 18; VIII, 3, 74; XI, I, 3; XI, 3, 153 etc.). Este é também o significado com que essa palavra costuma ser usada correntemente; refere-se não só a expressões lingüísticas ou literárias, mas também a ações ou atitudes consideradas nobres ou elevadas. Foi nesse mesmo sentido que Croce entendeu o S., definindo-o como "afirmação subitânea de uma força moral poderosíssima", para expungi-lo da arte (*Estética*, 4.ª ed., 1912, p. 107).

2. Em sentido próprio e estrito, o S. é o prazer que provém da imitação (ou da contemplação) de uma situação *dolorosa*. Com esse sentido, essa noção deriva diretamente do conceito aristotélico de tragédia: que deve provocar "piedade e terror"; por isso, como diz Aristóteles, o poeta trágico "deve propiciar o prazer que nasce da piedade e do terror por meio da imitação" (*Poet.* 14, 1453 b 10). No século XVIII, essa noção de tragédia deu origem a um problema que foi examinado por Hume num dos seus *Ensaios morais e políticos* (1741): "Parece inexplicável o prazer que os espectador de uma tragédia bem escrita aufere da dor, do terror, da angústia e de outras paixões que, em si mesmas, são desagradáveis e penosas" (é assim que Hume inicia o ensaio intitulado *Of Tragedy*); sua análise serviu de fundamento para a obra de Burke, que em *Inquiry on the Origin of our Ideas of Sublime and Beautiful* (1756) distinguiu claramente o S. do Belo: "O Belo e o S. são idéias de natureza diferente: um tem fundamento na dor e o outro no prazer; embora possam depois afastar-se da verdadeira natureza de suas causas, estas continuarão sendo diferentes uma da outra, e essa diferença nunca deverá ser esquecida por quem se propuser suscitar paixões" (*Inquiry on the Origin of our Ideas of Sublime and Beautiful*, 1756, III, 27). O terror, a dor em geral, as situações de perigo são causas do S. (*ibid.*, IV, 5). O modo como essa causa pode produzir prazer (porque o S. é um prazer) é um problema que Burke resolve da mesma maneira que Hume; este, por sua vez, inspira-se em Fontenelle (*Réflexions sur la poétique*, 36): o prazer provém do *exercício*, ou seja, do movimento que a dor e o terror provocam no espírito quando isentos do real perigo de destruição. Nesse caso – como diz Burke – o que nasce não é exatamente o prazer, mas "uma espécie de horror deleitável, de tranqüilidade matizada de terror; este, porém, quando provém do instinto de conservação, é uma das paixões mais fortes. Isso é o S." (*ibid.*, IV, 7). Nas *Observações sobre o sentimento do belo e do S.* (1764), Kant repetiu substancialmente os mesmos conceitos, robustecendo-os com vasta exemplificação, de valor bastante duvidoso, pois continha entre outras coisas a caracterização dos diferentes povos, com base em suas atitudes em relação ao S. e ao belo (*Beobachtungen über das Gefühl des Schönen und Erhabenen*, IV). Mas, em *Crítica do Juízo*, as idéias de Hume e Burke foram expressas com maior rigor conceitual, ganhando forma clássica. Segundo Kant, o sentimento do S. tem dois componentes: 1.º apreensão de uma dimensão desproporcional às faculdades sensíveis do homem (*S. matemático*), ou de um *poder* terrificante para essas mesmas faculdades (*S. dinâmico*); 2.º o sentimento de conseguir reconhecer essa desproporção ou ameaça, e, por isso, de ser superior a uma ou à outra. Kant diz: "A qualidade do sentimento do sublime é ser ele, em relação a algum objeto, um sentimento de padecimento, representado ao mesmo tempo como *final*; isso é possível porque nossa própria impotência revela a consciência de um poder ilimitado do mesmo sujeito, e o sentimento só pode julgar esteticamente este último através da primeira" (*Crít. do Juízo*, § 27). Por isso, Kant define o S. como "o que agrada imediatamente pela sua oposição ao interesse dos sentidos" (*ibid.*, § 29, Obs. geral); com isso entende que, ao advertir a desproporção ou o perigo que o S. representa para a sua natureza sensível, o homem se dá conta de que, justamente por adverti-la, não é escravo dessa natureza, mas livre perante ela. Friedrich Schiller só fez expor e esclarecer as idéias de Kant ao afirmar que "se chama de S. o objeto para cuja representação nossa natureza física sente seus próprios limites, ao mesmo tempo que nossa natureza racional percebe sua própria superioridade, sua independência de todo e qualquer limite: um objeto diante do qual somos fisicamente fracos enquanto nos elevamos moralmente acima dele, graças às idéias" (*Vom Erhabenen*, 1793). Schiller distinguiu o S. *teórico*, que contrasta com as condições

do conhecimento sensível, do *S. prático*, que contrasta com o instinto de conservação; no S. prático distinguiu o S. prático contemplativo e o S. prático patético: v. PATÉTICO (cf. PAREYSON, *A estética do idealismo alemão*, I, pp. 175 ss.). Hegel, por sua vez, expressou na oposição infinito-finito o contraste típico do Sublime: O S. é a tentativa de exprimir o Infinito, sem encontrar, no reino das aparências, um objeto que se preste a essa representação" (*Vorlesungen über die Ästhetik*, ed. Glockner, I, p. 483). Por isso, "as formas por meio das quais aquilo que se manifesta é também abolido – de tal sorte que a manifestação dos conteúdos é também a superação das expressões, é a sublimidade: portanto, esta não consiste" – como diz Kant – "na subjetividade pura do sentimento e em seu poder de elevar-se às idéias da razão, mas, ao contrário, tem fundamento no significado representativo, em virtude do qual se refere a uma Substância Absoluta" (*ibid.*, p. 484). Portanto, Hegel viu no S. uma forma especial de arte, mais precisamente a arte simbólica. Nele, a dor e a situação de perigo que, para a estética do século XVIII, representam a causa do S., foram substituídas pela inefabilidade e pela majestade da Substância Infinita. Schopenhauer, contudo, limitou-se a reafirmar a teoria tradicional e considerou que o S. existe quando "os objetos, cujas formas significativas nos convidam à contemplação pura, têm uma atitude hostil para com a vontade humana em geral, evidenciada em sua objetividade – o corpo humano –, e se opõem a ela ou a ameaçam com sua força superior" (*Die Welt*, § 39). O último pensador a expor o conceito de S. nesses termos foi Santayana: "A sugestão do terror faz que nos refugiemos em nós mesmos; aí, como numa ação de ricochete, intervém a consciência da segurança ou da indiferença, e nós sentimos a emoção de distanciamento e libertação, em que consiste, realmente, o S." (*The Sense of Beauty*, 1896, p. 60). [N.A.]

SUBLIMINAR (in. *Subliminal*; fr. *Subliminal*; al. *Subliminal*; it. *Subliminale*). O mesmo que inconsciente. [N.A.]

SUBORDINAÇÃO (lat. *Subordinatio*; in. *Subordination*; fr. *Subordination*; al. *Subordination*; it. *Subordinazione*). Relação entre dois conceitos: um deles (o *subordinado*) faz parte da *extensão* do outro (o *superordenado*) (HAMILTON, *Lectures of Logic*, I², p. 188; SIGWART, *Logik*, I, 2, pp. 343 ss.; v. HUSSERL, *Ideen*, I, § 13). [N.A.]

SUBORDINACIONISMO (in. *Subordinationism*; fr. *Subordinatianisme*; al. *Subordinatianismus*; it. *Subordinazionismo*). Doutrina trinitária dos Padres gregos do século II, em particular de Orígenes: afirma que o Filho tem natureza subordinada à do Pai. Assim, segundo Orígenes, a eternidade do Filho depende da vontade do Pai: Deus é a vida, e o Filho recebe a vida do Pai. O Pai é Deus-Pai, o Filho é Deus (*In Johann.*, II, 1-2). [N.A.]

SUB-REPTÍCIO (lat. *Surreptitius*; in. *Surreptitious*; fr. *Subreptice*; al. *Erschlichen*; it. *Surrettizio*). No sentido do termo latino, o que se possui, conquista ou faz clandestinamente ou sem direito. Em filosofia, esse termo é usado especialmente para indicar um pressuposto ou uma hipótese de que se faz uso num raciocínio, sem assumir ou declarar explicitamente. Foi nesse sentido que Kant denominou de sub-repções das sensações ("*Subreptione der Empfindungen*", *Crít. R. Pura*, § 6) as qualidades sensíveis atribuídas aos objetos empíricos com base nas sensações. [N.A.]

SUBSISTIR (lat. *Subsistere*; in. *To subsist*; fr. *Subsister*; al. *Subsistiren*; it. *Sussistere*). Existir como substância, ou existir independentemente do espírito ou do sujeito pensante. No primeiro sentido, esse termo (que no uso latino comum significa persistir ou durar) foi introduzido por Boécio (*Phil. cons.*, III, 11), passando a ser usado desse modo na tradição escolástica (GILBERT DE LA PORRÉ, *In Boethi de trinitate*, *P. L.* 64º, 1281; TOMÁS DE AQUINO, *S. Th.*, I, q. 29, a. 2). É usado com o mesmo significado pelos escritores modernos, como por exemplo Descartes (*IV Rép.*, I), Arnauld (*Log.*, 1, 2) e Kant, que chama de "categoria da inerência e da subsistência" a categoria da substância (*Crít. R. Pura*, § 10).

No segundo sentido, de existência que não depende do espírito ou do sujeito pensante, esse termo foi usado por Berkeley (*Dialogues between Hylas and Philonous*, I, *Works*, ed. Jessop, II, p. 199, r. 42) e por Kant (*Crít. R. Pura*, § 6, [B52, A36]); foi retomado por Peirce, que com ele designou o ser das relações ("A relação por si mesma é um *ens rationis* e uma mera possibilidade lógica; mas a sua subsistência tem natureza de fato" (*Coll. Pap.*, 3.571, o texto é de 1903), e estendido por Russell (*Problems of Philosophy*, 1912, cap. 9) ao modo de ser dos universais e pelos neo-realistas americanos a todas as entidades neutras, constituintes do mundo, que, com sua agregação, podem formar a consciência ou as coisas (*The New Realism*, 1912). Este segundo significado é ainda bastante difundido na filosofia contemporânea. [N.A.]

SUBSTÂNCIA (gr. οὐσία; lat. *Substantia*; in. *Substance*; fr. *Substance*; al. *Substanz*; it. *Sostanza*). Esse termo teve dois significados fundamentais: 1º de estrutura necessária; 2º de conexão constante. O primeiro pertence à metafísica tradicional; o segundo, ao empirismo.

1º No primeiro significado, é S.: *a*) o que é necessariamente aquilo que é; *b*) o que existe necessariamente. Estas duas determinações foram expostas na metafísica aristotélica, que gira inteiramente em torno do conceito de S. A primeira determinação é designada por Aristóteles com a expressão τὸ τί ἦν εἶναι (*quod quid erat esse*), que pode ser traduzida como *essência necessária;* com efeito, ao pé da letra, essa expressão significa aquilo que o ser era, onde o imperfeito "era" indica a continuidade ou estabilidade do ser, seu ser desde sempre e para sempre. A essência necessária é a expressa pela *definição* (v.) e é objeto do conhecimento científico (v. CIÊNCIA). A segunda determinação relaciona-se com a primeira: é S. o que existe necessariamente. Aristóteles diz: "Temos ciência das coisas particulares só quando conhecemos a sua essência necessária, e com todas as coisas ocorre o mesmo que ocorre com o bem: se o que é bem por essência não é bem, então nem o que existe por essência existe, e o que é uno por essência não é uno; e assim com todas as outras coisas" (*Met.*, VII, 6, 1031 b 6). Aristóteles aduz esse argumento contra a separação que Platão faz entre a idéia e as coisas, mas, obviamente, esse argumento significa que tudo é o que é em virtude da essência necessária (que é a sua causa intrínseca ou extrínseca) e que, portanto, tudo o que há de real ou de cognoscível nas coisas faz parte da essência necessária e existe necessariamente. Assim, para Aristóteles, a S. constitui a estrutura necessária do ser em sua concatenação causal, porque todas as espécies de causas são determinações da S. (v. CAUSALIDADE). Precisamente neste sentido, Aristóteles afirma que a forma das coisas é eterna e não pode ser produzida nem destruída (*Met.*, VII, 8; VIII, 3), pois a forma é a essência necessária das coisas compostas. Por outro lado, Aristóteles não se preocupou muito em enumerar todos os modos de ser da substância. Começa dizendo que, comumente, se fala de S. em quatro sentidos, senão em mais, a saber: como essência necessária, como universal, como espécie e como sujeito (*Met.*, VII, 3, 1028 a 32). Mas a S. como universal ou como espécie é excluída pela crítica ao platonismo, ou – o que dá no mesmo – é chamada por Aristóteles de *substância segunda,* em confronto com a S. primeira, que é a autêntica (*Cat.*, 5, 2 a 13). Restam, portanto, apenas a S. como essência necessária e a S. como *sujeito* (v.). Neste último significado, a S. pode ser a forma, a matéria ou o composto de ambas (*ibid.*, 1029 a 2). Em seus dois significados legítimos, a S. exprime o significado fundamental do conceito do ser e, portanto, constitui o objeto da metafísica. "Aquilo que há muito tempo vimos procurando e ainda procuramos, aquilo que sempre será um problema para nós (o que é o ser?) significa isto: o que é a S." (*Met.*, VII, 1, 1028 b 2). Por outro lado, a estrutura substancial do ser é o fundamento do saber científico. A essência necessária das coisas que não têm causa fora de si é intuída diretamente pelo intelecto e constitui os princípios primeiros que fundamentam a demonstração, ao passo que a essência necessária das coisas que têm causa fora de si pode ser revelada, se não demonstrada, pela própria demonstração. Em todos os casos, a necessidade da demonstração é a própria necessidade da S. (*An. post.*, II, 9, 43 b 21; cf. toda a discussão precedente).

A história posterior do conceito de S. repete o caráter que já havia servido a Aristóteles para defini-lo: a necessidade. Tal caráter é admitido explicitamente por Plotino para a definição do termo (*Enn.*, I., VI, 3, 4), mas é a escolástica árabe, em especial Avicena, que mais insiste nele: "Dizemos que tudo o que é tem uma S. (*essentia*) graças à qual é o que é, e graças à qual é a necessidade disso e seu ser" (*Lógica,* I). Tomás de Aquino, que, com as equivalências lingüísticas estabelecidas em *De ente et essentia,* pusera fim a um longo período de confusões terminológicas (v. ESSÊNCIA), reduz a S. (interpretando corretamente os textos de Aristóteles) à *qüididade* (essência necessária) e ao *sujeito* (*S. Th.*, I. q. 29, a. 2). Descartes só fazia expressar o mesmo caráter de necessidade ao afirmar que "quando concebemos a S., concebemos uma coisa que existe de tal modo que, para existir, não tem necessidade de outra coisa senão de si mesma" (*Princ. phil.*, I, 51). Espinosa observava com razão que essa é a própria definição da S. infinita (*R. cartesi principia philosophiae,* 1663), e a adotava para definir esta última: "Entendo por S. aquilo que é em si e se concebe por si mesmo, ou seja, aquilo cujo conceito não precisa do conceito de outra coisa pela qual deva ser formado" (*Et.*, I, prop. III). A definição proposta por Wolff ("S. é o sujeito perdurável e modificável") é por ele mesmo considerada idêntica à definição tradicional e à cartesiana (*Ont.*, § 768, 772). A definição tradicional é simplesmente repetida por Baumgarten: "S. é o ente subsistente por si" (*Met.*, § 191). Leibniz conseguiu expressar em termos modernos o conceito tradicional de S.: "A natureza de uma S. individual ou de um ser completo é ter uma noção tão perfeita que com ela seja possível abranger e deduzir todos os predicados do sujeito aos quais essa noção é atribuída" (*Disc. de mét.*, 1686, § 8). O próprio Leibniz aproximava esta noção da noção escolástica tradicional de *forma substancial* (*ibid.*, § 11), mas, na realidade, era a própria noção de essência necessária, que já Aristóteles concebia como o princípio do qual podem ser deduzidas todas as determinações de um ente.

Nada muda quando Kant começa a considerar a S. como categoria mental, pois a função de tal categoria, segundo ele, é *constituir* os próprios objetos da experiência. Mas, com esta transformação o conceito não muda. A S. é a "necessidade interna de permanência dos fenômenos", e "para que o que se costuma chamar de S. no fenômeno possa ser substrato de qualquer determinação temporal, é necessário que nele qualquer existência, no passado ou no futuro, possa ser determinada de uma só e única maneira" (*Crít. R. Pura,* Anal. dos Princ., cap. 11, seç. III, 3). Em outras palavras, a permanência constitutiva da S. nada mais é que a sua necessidade: é só poder ser de um único modo. Nesse mesmo sentido, Fichte chamava o eu de substância: "Considerando-se que o eu abrange todo o círculo absolutamente determinado de todas as realidades, ele é Substância. [...] S. é toda a reciprocidade pensada em geral; acidente é alguma coisa determinada que varia com alguma outra coisa variável" (*Wissenschaftslehre,* 1794, II, § 4, D; trad. it., pp. 100-1). No mesmo sentido, Hegel afirmava ainda que o conceito é S.: "O conceito é a verdade da S., e como o modo determinado de relação da S. é a necessidade, a liberdade mostra-se como a verdade da necessidade e como o modo de relação do conceito" (*Wissenschaft der Logik,* ed. Glockner, II, p. 7; trad. it., III, p. 10; cf. *Enc.*, §§ 150, 152). A noção de necessidade continuou a caracterizar a idéia de S. em todos os filósofos que a empregam. Rosmini incluía na idéia de S. em universal: 1º o pensamento da existência atual; 2º o pensamento do indivíduo que existe; 3º o pensamento "das determinações que ele deve ter para existir, isto é, o pensamento da *necessidade* de que ele seja *completo* e tenha tudo o que lhe é necessário para existir" (*Nuovo saggio,* 589). Pode-se dizer que até Wittgenstein emprega esse termo neste sentido tradicional: "S. é aquilo que existe independentemente do que acontece" (*Tractatus,* 2.024).

2º O segundo conceito de S., como conexão constante entre determinações simultaneamente dadas pela experiência, é o produto da crítica empirista ao conceito tradicional. Essa crítica visa o caráter fundamental tradicionalmente atribuído à S., a sua necessidade, porquanto tal necessidade não é resultado da experiência. A incognoscibilidade da S. em si mesma, por não ser objeto da experiência e só se dar na experiência como coleção de qualidades, já fora sustentada por Ockham no século XIV (*In Sent.*, I, d. 2, q. 2; *Quodl.*, III, 6), mas coube a Locke difundir esse ponto de vista no mundo moderno. Neste sentido, a S. é também chamada por ele de *essência real* ou *forma substancial,* e sua crítica encontra-se no cap. 6 do Livro III, mais do que no famoso capítulo 23 do Livro II: "No conhecimento e na distinção das S., nossas faculdades não vão além de uma coleção de idéias sensíveis que observamos nelas; esta, mesmo que criada com a maior diligência e exatidão de que sejamos capazes, estará sempre distante da verdadeira constituição interna de que tais qualidades derivam. [...] Quando nos ocorre examinar as pedras sobre as quais caminhamos ou o ferro que manejamos todos os dias, logo descobrimos que não sabemos como são feitos nem sabemos explicar as diversas qualidades que descobrimos neles. É evidente que a constituição interna de que dependem suas propriedades nos é desconhecida" (*Ensaio,* III, 6, 9). Aqui Locke identifica com justeza a S. com a "constituição interna" da qual deveriam derivar as qualidades da coisa: derivar no sentido de que deveriam ser *dedutíveis* dessa constituição, de tal modo que pudessem ser explicadas e compreendidas em virtude dela. Esta era na realidade a S. aristotélica como essência necessária das coisas. Declarando-a incognoscível, Locke reduz a S. a uma simples "coleção de idéias", abandonando a noção de necessidade em favor da noção de simples coexistência de fato das determinações percebidas. Assim, em Locke, o conceito de S. sofre uma transformação análoga à que o conceito de causa sofrerá nas mãos de Hume: de necessidade racional passa a ser uniformidade factual. A S. deixa de ser necessidade racional, em virtude da qual as determinações de um ente estariam todas racionalmente interligadas e seriam deriváveis da determinação fundamental que constitui a *essência* do ente, e passa a ser um conjunto de determinações que de fato estão juntas, mas cuja necessidade não pode ser demonstrada. Hume expressava bem essa nova idéia de S. ao dizer que "as qualidades particulares que formam uma S. costumam referir-se a *algo* desconhecido a que elas supostamente inerem, ou, deixando de lado essa ficção, são consideradas estreita e inseparavelmente interligadas por relações de continuidade e de causação" (*Treatise,* I, 1, 6; ed. Selby-Bigge, p. 16). A conexão de contigüidade e causação tomou o lugar da necessidade racional. Formulação ainda mais rigorosa do mesmo conceito foi proposta por Mach: "A S. não passa de persistência da interconexão: persistência que nunca é absoluta ou rigorosa (*Analyse der Empfindungen,* XIV, § 14; trad. it., p. 382). No mesmo sentido, Dewey escreveu: "A condição, a única condição para que possa haver substancialidade, é que a interdependência entre certas qualificações seja um sinal seguro de que, em se verificando certas interações, seguir-se-ão certos resultados" (*Logic,* cap.VII; trad. it., p. 187).

A idéia de S., no seu significado tradicional de necessidade, e a idéia correlata de causa constituem os eixos de qualquer *metafísica* (v.). Portanto, são aceitas integralmente por qualquer metafísica de cunho tradicional, ao passo que as correntes empiristas tendem a ver no conceito de S. a interconexão que Hume já entrevira, ou tendem até a desprezá-la, opondo-lhe a idéia de função, vale dizer, de relação. Esta última passagem já foi realizada por Mach, porquanto a "persistência da interconexão" nada mais é que a uniformidade de certas relações. [N.A.]

SUBSTANCIAL (in. *Substantial;* fr. *Substantiel;* al. *Substantiell;* it. *Sostanziale*). 1. O que constitui uma substância ou pertence a uma substância: que é essencial ou que existe necessariamente.

2. O que é, num sentido qualquer, importante ou decisivo: por exemplo, "uma contribuição substancial". [N.A.]

SUBSTANCIALIDADE (in. *Substantiality;* fr. *Substantialité;* al. *Substantialität;* it. *Sostanzialità*). O modo de ser da substância (no sentido 1). Na primeira edição da *Crítica da Razão Pura,* Kant chamou de "paralogismo da S." o fato de se atribuir ao *"eu penso"* o modo de ser da substância (*Crít. R. Pura,* A, 349). Depois disso, Hegel preferiu empregar esse termo com o simples significado de substância em geral (cf. *Wissenschaft der Logik,* ed. Glockner, 1, p. 697). [N.A.]

SUBSTANCIALISMO (in. *Substantialism;* fr. *Substantialisme;* al. *Substantialismus;* it. *Sostanzialismo*). Termo com que a doutrina metafísica da substância foi às vezes designada pelos que a combatiam (Renouvier, Hamelin e outros). [N.A.]

SUBSTITUIÇÃO (in. *Substitution;* fr. *Substitution;* al. *Ersetzung, Ersetzbarkeit;* it. *Sostituzione*). Em lógica, o princípio de S. afirma que, dada uma expressão A e um enunciado p no qual cabe A, a expressão B pode ser posta no lugar de A em p, desde que isso não produza uma alteração das condições de verdade de p. Nesse caso se diz que as expressões A e B são substituíveis entre si *salva veritate.* Leibniz dá uma das primeiras formulações explícitas desse princípio, do qual infere que expressões reciprocamente substituíveis em qualquer enunciado no qual caibam têm idêntica denotação (designam um mesmo objeto): "eadem sunt, quorum unum alteri substitui potest in omni propositione, salva veritate". Deve-se ainda a Leibniz a observação de que há contextos que impedem a S. No enunciado: "Pedro, que é o apóstolo que renegou Cristo, pecou", por exemplo, a S. de "o apóstolo que renegou Cristo" por "Pedro" muda o valor de verdade do enunciado, que de verdadeiro passa a ser falso, portanto não é lícita. Leibniz chamou de *diretos* os contextos nos quais é legítima a S., e de *reflexivos* os que a impedem. Frege retomou a definição leibniziana do princípio de S. e, independentemente de Leibniz, chamou de *indiretos* os contextos nos quais o princípio é impedido; procurou, ademais, encontrar uma razão para esse impedimento do princípio, afirmando que nos contextos indiretos dada expressão não denota a sua denotação comum, mas sim o seu *sentido* (v.) ou a si mesma (quando é, no mesmo enunciado, usada e mencionada). Na fraseologia corrente em filosofia da lógica, os contextos que impedem a S. são chamados, além de *indiretos,* de "intensionais" (v. INTENSÃO). Tais contextos abrangem tanto as *atitudes proposicionais* (v.) – nas quais dado enunciado incide no raio de ação de um verbo como "crer", "saber", "desejar" etc. – quanto contextos *modais* (v. MODALIDADE) – nos quais um enunciado incide no raio de ação de expressões como "necessariamente", "é necessário que", "é possível que" etc. No enunciado "Carlos não sabe que Paris é a capital da França", por exemplo, embora "Paris" e "a capital da França" denotem o mesmo objeto, não se pode pôr a primeira expressão no lugar da ocorrência da segunda. Mesmo porque, se Carlos não sabe que Paris é capital da França, é muito provável que saiba que Paris é Paris. [M.M.]

SUBSTRATO (lat. *Substratum;* in. *Substratum;* fr. *Substrat;* it. *Sostrato*). Esse termo foi introduzido pela escolástica do século XIV para indicar o indivíduo real (*substratum singulare*: PEDRO AURÉOLO, *In Sent.,* 1. d. 3S, q. 4, a. 1), sendo depois retomado por Locke para designar aquilo que era tradicionalmente chamado de *subjectum* ou *suppositum,* ou seja, o sujeito ou a substância como sujeito (*Ensaio,* 11, 23, 1). Aceito por Berkeley (*Principles of Human Knowledge,* I, § 7) e por Leibniz (*Nouv. ess.,* II, 23, 1), esse termo passou a ser muito usado e acabou prevalecendo, não sem riscos de confusão (v. SUJEITO). [N.A.]

SUBSUNÇÃO (lat. *Subsumptio;* in. *Subsumption;* fr. *Subsumption;* al. *Subsumption;* it. *Sussunzione*). Em sentido próprio, a assunção da premissa menor do silogismo, chamada de *hipolema* por Hamilton, para reservar o termo *lema* (v.) à premissa maior (*Lectures on Logic,* I², p. 283; cf. WOLFF, *Log.,* § 361). Kant falou de "S. de um objeto a um conceito" (*Crít. R. Pura,* Anal. dos Princ., cap. I), e em sentido idêntico Husserl observava que "a S. de um indivíduo, em geral de um *este aqui,* sob uma essência não deve ser confundida com a subordinação de uma essência a uma espécie ou a um gênero superiores" (*Ideen,* I, § 13). [N.A.]

SUBTRAÇÃO (in. *Subtraction;* fr. *Soustraction;* al. *Subtraktion;* it. *Sottrazione*). Segundo Hobbes, toda atividade mental humana é redutível a um cálculo que pode ser feito somando-se ou subtraindo-se (*De corp.*, 1, ar. 2). Na *Dissertação sobre a arte combinatória,* Leibniz transcreve com aprovação essa opinião e sugere equiparar a S. à operação lógica da negação. O projeto de encontrar na lógica o equivalente das quatro operações aritméticas continuará a ser perseguido por muito tempo, até a constituição da álgebra da lógica (v.) na segunda metade do século XIX. Na tradição algébrica, G. Boole usará o sinal "-"para exprimir o *complemento* de uma classe (vale dizer, o conjunto de todos os objetos que não estão compreendidos na classe dada). [M.M.]

SUCESSÃO (in. *Succession*; fr. *Succession*; al. *Folge*; it. *Successione*). 1. O mesmo que série no significado 2.

2. Uma série temporal; por exemplo, "uma S. de eventos". [N.A.]

SUCESSO (in. *Success*; fr. *Succès*; al. *Erfolg*; it. *Successo*). Algumas vezes o instrumentalismo americano foi chamado de "Filosofia do S.", no sentido de ser uma filosofia que considera o S. a medida dos valores. Na realidade, o instrumentalismo também acentuou o caráter sempre relativo e provisório do S. Dewey disse: "O S. nunca é final ou terminal. [...] O mundo não pára quando a pessoa que obteve S. conseguiu o que quis, nem ela mesma pára, e o tipo de S. que ela obteve, assim como sua atitude em relação a ele, é um fator daquilo que advirá" (*Human Nature and Conduct*, p. 254). [N.A.]

SUFICIENTE, RAZÃO. V. FUNDAMENTO.

SUFISMO (in. *Sufism*; fr. *Sufisme*; al. *Sufismus*; it. *Sufismo*). Misticismo árabe e persa (assim chamado porque os mantos de seus adeptos eram feitos de pêlos de camelo) que se desenvolveu a partir do século VIII por influência do cristianismo e culminou no neoplatonismo de Algazali (séc. XI) (cf. J. A. ARBERRY, *Sufism*, 1950). [N.A.]

SUGESTÃO (in. *Suggestion*; fr. *Suggestion*; al. *Suggestion*; it. *Suggestione*). 1. Em geral, qualquer tipo ou forma de associação psíquica. Peirce, por exemplo, diz: "O modo de S. com que a hipótese sugere os fatos na indução é por contigüidade, conhecimento habitual de que as condições das hipóteses podem ser realizadas de certos modos experimentais" (*Coll. Pap.*, 7.218) (v. ASSOCIAÇÃO).

2. Qualquer influência exercida por uma pessoa sobre o comportamento de outra pessoa. Nesse sentido, esse conceito pertence à psicologia. [N.A.]

SUICÍDIO (gr. ἐξαγωγή; in. *Suicide*; fr. *Suicide*; al. *Selbstmord*; it. *Suicidio*). Os filósofos condenaram o S. pelos seguintes motivos:

1º Porque é contrário à vontade divina. Platão afirma que "não é irracional que alguém não possa matar-se antes que a divindade lhe comande essa necessidade" (*Fed.*, 62 c). Este é o ponto de vista constantemente afirmado pelos escritores cristãos (v. para todos eles: AGOSTINHO, *De civ. Dei*, I, 20; TOMÁS DE AQUINO, *S. Th.*, II, 2, q. 64, a. 5). A afirmação de que o S. é contrário à ordem do destino (PLOTINO, *Enn.*, I, 9) ou à lei natural (TOMÁS DE AQUINO , *S. Th.*, II, 2, q. 64, a. 5) não é diferente, visto que o destino ou a lei natural são manifestações da vontade divina. A esse argumento Hume replicava que nada escapa à vontade divina, nem a morte, natural ou voluntária, e que por isso o S. não pode ser considerado contrário à vontade divina ou à ordem das coisas (*Of Suicide*, em *Essays*, ed. Green e Grose, II, p. 412).

2º Porque o S. não chega a separar completamente a alma do corpo. Este é o argumento aduzido por Plotino contra o S.; segundo ele, "quando o corpo é coagido por violência a separar-se da alma, não é o corpo que permite a partida da alma, mas trata-se de uma decisão da paixão, seja ela tédio, dor ou ira" (*Enn.*, I, 9). Esta também é a razão aduzida por Schopenhauer, segundo quem "o S., longe de ser negação da vontade, é um ato de forte afirmação da vontade" porque "o suicida quer a vida e só está descontente com as condições que lhe couberam" (*Die Welt*, 1, § 69).

3º Porque é transgressão de um dever para consigo, pois, como diz Kant, "o homem tem a obrigação de conservar a vida unicamente pelo fato de ser uma pessoa" (*Met. der Sitten*, II, parte I, § 6).

4º Porque é um ato de covardia. Fichte observava a propósito que também pode ser considerado um ato de coragem. Se, de fato, falta ao suicida coragem "para suportar uma vida que se tornou insuportável", o S. executado com fria premeditação é a expressão do domínio da razão sobre a natureza, que é o instinto de autoconservação. E concluía: "Confrontado com o homem virtuoso, o suicida é um covarde; confrontado com o miserável que se submete à desonra e à escravidão para prolongar por alguns anos o sentimento mesquinho de existir, é um herói" (*Sittenlehre*, 1798, em *Werke*, IV, p. 268).

5º Porque é injusto para com a comunidade à qual o suicida pertence. Esta é a razão aduzida por Aristóteles (*Et. nic.*,V, 11, 11 38a 9). A esse argumento Hume objetava que as obrigações do homem e da sociedade são mútuas; assim, a morte voluntária não anula só as obrigações do homem para com a sociedade, mas também as da sociedade para com ele (*Of Suicide*, em *Essays*, *cit.*, p. 413).

Por outro lado, os filósofos consideraram o S. lícito ou necessário pelos seguintes motivos:

1º Porque pode ser um dever renunciar à vida quando continuar vivendo impossibilita o cumprimento do dever. Era assim que pensavam os estóicos, cuja doutrina Cícero expõe da seguinte maneira: "Quem possui em maior número as coisas segundo a natureza tem o dever de continuar vivendo; quem, ao contrário, tem ou se acredita destinado a ter em maior número as coisas contrárias, tem o dever de sair da vida. Donde se segue que o sábio às vezes tem o dever de sair da vida mesmo sendo feliz, e o tolo, de continuar vivendo mesmo sendo infeliz" (*De finibus*, III, 18, 60; v. SÊNECA, *Ep.*, 12).

2º Porque é uma afirmação da liberdade do homem contra a necessidade. Epicuro dizia: "É uma desventura viver na necessidade, mas viver na necessidade não é em absoluto necessário"; e Sêneca comentava: "Agradecemos a Deus que ninguém possa ser retido em vida contra sua própria vontade: é possível esmagar a própria necessidade" (*Ep.*, 12). A exaltação da morte por Zaratustra tem o mesmo motivo: "Louvo *minha* morte, a morte livre, que vem porque eu quero. E quando vou querer? Quem tem uma meta e um herdeiro quer a morte na hora certa, pela sua meta e por seu herdeiro" (*Also sprach Zarathustra*, I, Da livre morte).

3º Porque pode ser a saída para uma situação insustentável e o único modo de salvar a dignidade e a liberdade. Desse ponto de vista Hume afirmava que "o S. está de acordo com o nosso interesse e com o dever para nós mesmos: isso não pode ser questionado por quem reconhece que a idade, a doença e a infelicidade podem transformar a vida num peso insustentável e torná-la pior que o aniquilamento" (*Of Suicide*, em *Essays*, *cit.*, p. 414). Na filosofia contemporânea, Jaspers aduziu o mesmo argumento a favor do S. (*Phil.*, 11, pp. 303 ss.), e Sartre escreveu: "Se estou mobilizado numa guerra, essa é a *minha* guerra: ela é à minha imagem e eu a mereço. Mereço antes de tudo porque podia ter-me subtraído dela com o S. ou com a deserção: essas possibilidades extremas devem sempre ser levadas em conta quando é preciso enfrentar alguma situação" (*L'être et le néant*, p. 639). [N.A.]

SUI GENERIS. Expressão usada em frases escolásticas como: "Todas as coisas são medidas por alguma coisa do mesmo gênero", como por exemplo o comprimento pelo comprimento, o número pelo número etc. Essa frase pode ser considerada uma premissa para se afirmar que, pelo fato de ser Deus a medida de todas as substâncias, ele pertence ao gênero das substâncias. Mas a doutrina escolástica a propósito afirma, ao contrário, que Deus não está em nenhum gênero, conquanto seja princípio do gênero das substâncias e de todos os outros gêneros (v. TOMÁS DE AQUINO, *S. Th.*, I., q. 3, a. 5; *Contra Gent.*, I, 25). [N.A.]

SUJEITO (gr. ὑποκείμενον; lat. *Subjectum, Suppositum*; in. *Subject*; fr. *Sujet*; al. *Subjekt*; it. *Soggetto*). Esse termo teve dois significados fundamentais: 1º aquilo de que se fala ou a que se atribuem qualidades ou determinações ou a que são inerentes qualidades ou determinações; 2º o eu, o espírito ou a consciência, como princípio determinante do mundo do conhecimento ou da ação, ou ao menos como capacidade de iniciativa em tal mundo. Ambos esses significados se mantêm no uso corrente do termo: o primeiro na terminologia gramatical e no conceito de S. como tema ou assunto do discurso; o segundo no conceito de S. como capacidade autônoma de relações ou de iniciativas, capacidade que é contraposta ao simples ser "objeto" ou parte passiva de tais relações.

1º O primeiro significado pertence à tradição filosófica antiga. Aparece em Platão (*Prot.*, 349 b) e é definido por Aristóteles como um dos modos da substância. Aristóteles diz: "S. é aquilo de que se pode dizer qualquer coisa, mas que por sua vez não pode ser dito de nada" (*Met.*, VII, 3, 1028 b 36). Neste sentido, o S. pode ser entendido: *a*) como a matéria de que se compõe uma coisa, por exemplo o bronze; *b*) como a forma da coisa, como por exemplo o desenho de uma estátua; *c*) como a união de matéria e forma, como p. ex. a estátua (*ibid.*, 1029 a 1). Essas determinações pertencem estritamente à metafísica aristotélica. Mas o que importa é o sentido geral do termo: S. é o objeto real ao qual são inerentes ou ao qual se referem as determinações predicáveis (qualidade, quantidade etc.). Este é também o conceito de sujeito dos estóicos, que o consideraram como objeto externo ao qual se refere o significado, ou seja, como a denotação do significado (SEXTO EMPÍRICO, *Adv. math.*, VIII, 12; cf. SIGNIFICADO). Os epicuristas empregaram esse termo com o mesmo sentido (EPICURO, *Epístola*, I, pp. 12, 24, Uesener). É com essa tradição que se relaciona o uso gramatical do termo, que começou no século II d.C.; Apuleio já chamava de *subjectiva* ou *subdita* a parte do discurso que os antigos chamavam de nome, e de *declarativa* a parte que os antigos chamavam de verbo (*De dogmate Platonis*, III, p. 30, 30; cf. MARCIANO CAPELA, *De nuptiis*, IV, 393).

Esse significado de "S." permanece inalterado através de longa tradição. Os escritores medievais adotam as determinações de Aristóteles: chamam a substância de *subjectum* ou *suppositum* porquanto a ela inerem as qualidades ou as outras determinações (cf. Tomás de Aquino, *S. Th.*, I, q. 29, a. 2; DUNS SCOT, *Op. Ox.*, II, d. 3, q. 6, n. 8; OCKHAM, *In Sent.*, I, d. 2, q. 8, E). O significado desse termo não muda quando por S. é entendida a alma como substância à qual inerem determinados caracteres ou da qual emanam determinadas atividades. Hobbes diz: "O S. da sensação é o próprio senciente, ou seja, o animal" (*De corp.*, 25, 3). Locke chama o sujeito neste sentido de *substratum* ou *suporte* (*Ensaio*, II, 23, 1-2). É com esse mesmo sentido que Hume se vale desse termo: "Eis que aparece Espinosa a dizer-me que só há modificações e que o S. ao qual elas inerem é simples, não composto e indivisível" (*Treatise*, 1, IV, 5, ed. Selby-Bigge, p. 242). Por outro lado, esse mesmo significado mantém-se até mesmo no racionalismo alemão. Leibniz pretende conservar o significado tradicional de S. (*Nouv. ess.*, II, 23, 2) e, ao falar de disposições "que vêm *a subjecto*, ou da própria alma", está falando de disposições que vêm da substância da alma (*Remarques sur le Livre de l'origine du mal*, em *Op.*, ed. Erdmann, p. 645). Por sua vez, Wolff define o S. como "o ente, porquanto dotado de essência e capaz de outras coisas além dela" (*Ont.*, § 7 11). No mesmo sentido, Baumgarten diz que o S. é o ente, determinado na matéria de que é constituído (*Met.*, § 344). Aliás, o próprio Kant recorre a essa noção tradicional de sujeito. Diz: "Há tempos observou-se que, em todas as substâncias, o S. propriamente dito, aquilo que fica depois de retirados os acidentes (como predicados), portanto o verdadeiro elemento substancial, nos é desconhecido" (*Prol.*, § 46).

2º O segundo significado desse termo, como o eu, a consciência ou a capacidade de iniciativa em geral, teve início com Kant, que certamente teve em mente o significado que a oposição entre subjetivo e objetivo assumira em alguns escritores alemães, seus contemporâneos (v. SUBJETIVO). Para Kant, S. é o *eu penso* da consciência ou autoconsciência que determina e condiciona toda atividade cognitiva: "Em todos os juízos eu sou sempre o S. determinante da relação que constitui o juízo." "Para o eu, para o ele ou para aquilo (a coisa) que pensa, nós nada mais representamos que o S. transcendental dos pensamentos, = x que só é conhecido por meio dos pensamentos que são seus predicados e sobre o qual, à parte estes, não podemos ter o menor conceito" (*Crít. R. Pura*, Dial. transcendental, II, cap. 1). Nessas palavras de Kant pode-se reconhecer a passagem do velho para o novo significado de sujeito. O eu é S. porquanto a ele inerem seus pensamentos como predicados: este é ainda o significado tradicional do termo. Mas o eu é sujeito porquanto determina a união entre S. e predicado nos juízos, porquanto é atividade sintética ou judicante, espontaneidade cognitiva, portanto consciência, autoconsciência ou apercepção; e este é o novo significado de sujeito.

A tradição pós-kantiana atém-se exclusivamente a este segundo significado. Para Fichte, o S. é o Eu, que é "S. absoluto, não representado nem representável", que "não tem nada em comum com os seres da natureza" (*Wissenschaftslehre*, 1794, § 3, d). Segundo Fichte, a diferença entre a Substância de Espinosa e o Eu Absoluto consiste no fato de que Espinosa não concebeu a substância como S. (*ibid.*, trad. it., pp. 78 ss.). Schelling fala no mesmo sentido de identidade ou unidade de S. e objeto na Autoconsciência Absoluta (*System des transzendentalen Idealismus*, 1800, I, cap. II; trad. it., p. 34). Por sua vez, Hegel dizia: "Tudo depende de se entender e expressar o Verdadeiro não somente como Substância, mas de maneira igualmente decidida como S. [...] A substância viva é o ser, que na verdade é S. ou – o que dá na mesma – é o ser que na verdade é efetivo, mas somente na medida em que a substância é o movimento de pôr-se a si mesma ou é a mediação do vir-a-ser outra coisa que não ela consigo mesma" (*Phänomen. des Geistes*, Pref., II, 1). No mesmo sentido, Hegel afirma que a Idéia Absoluta é unidade de S. e objeto (*Enc.*, § 214). E acrescenta: "A unidade da idéia é subjetividade, pensamento, infinidade, portanto deve ser distinguida essencialmente da idéia como substância, do mesmo modo como essa subjetividade dominadora, esse pensamento, essa infinidade deve ser distinguida da subjetividade unilateral, do pensamento unilateral, da infinidade unilateral, à qual ela se rebaixa ao julgar e definir" (*Enc.*, § 215). Logo, a subjetividade como "subjetividade infinita", ou seja, não intelectual, prevalece sobre a objetividade na "unidade S.-objeto" que é a Idéia ou o Absoluto. Mas Hegel também vê no S. como tal a capacidade de iniciativa ou o princípio da atividade em geral. "O S. é a atividade da satisfação dos impulsos, da racionalidade formal, vale dizer, é a atividade que traduz a subjetividade do conteúdo (que nesse aspecto é fim) na objetividade em que o S. se conjuga consigo mesmo" (*Enc.*, § 475). Assim como Fichte, Schopenhauer insistia na impossibilidade de representar o S.: "Aquele que tudo conhece e não é conhecido por ninguém é o Sujeito. É ele, pois, que tem o mundo em si; é a condição universal e sempre pressuposta de qualquer fenômeno, de qualquer objeto: porque o que existe, existe para o sujeito" (*Die Welt*, I, § 2). É quase supérfluo observar como o idealismo contemporâneo abusou dessas noções, especialmente o idealismo italiano. Gentile dizia: "A realidade espiritual objeto do nosso conhecimento não é espírito e fato espiritual, mas pura e simplesmente espírito, como sujeito. Como tal, ela só é conhecida na medida em que sua objetividade se resolve na atividade real do S. que a conhece" (*Teoria generale dello spirito*, 1920, 11, § 3). Croce emprega a palavra S. para indicar o Espírito do Mundo, a Razão ou a Humanidade, que é o princípio criativo da história (*Storiografia e idealità morale*, 1950, p. 21).

Ficaram poucos sinais dessa pesada mitologia no restante da filosofia contemporânea. Por um lado, as correntes do *neocriticismo* (v.), ao insistirem no aspecto lógico-objetivo do conhecimento, relegaram para segundo plano a função do sujeito; aliás, evitaram empregar seu conceito e o próprio termo em suas análises explicativas. Por outro lado, o S. como *eu* (ou o eu como S.) simplesmente desaparece em algumas filosofias contemporâneas porque desaparece a função diretiva e construtiva que ele deveria exercer. É o que acontece, por exemplo, na filosofia de Mach, em que o eu se torna simplesmente um conjunto de sensações, de elementos cognitivos, e não tem mais função como S. (*Analyse der Empfindungen*, 1900, I, 12). Em sentido análogo, Wittgenstein diz que o S. não existe: "O S. que pensa, que tem representações não existe. Se eu escrevesse um livro 'O mundo como encontrei', deveria falar também de meu corpo, e dizer quais as partes dele que obedecem à minha vontade e quais não etc., o que seria um método de isolar o sujeito ou de mostrar que, em sentido importante, não há sujeito. Com efeito, não se poderia falar tão-somente dele nesse livro" (*Tractatus*, 1922, 5.631). O S. não existe porque "o S. não pertence ao mundo, mas é um limite do mundo" (*ibid.*, 5.632), no sentido de que, assim como o olho, vê tudo mas não se vê a si mesmo, e portanto se resolve inteiramente nos objetos vistos. Não é muito diferente o significado da tese de Santayana, de que "o espírito não existe" (*Scepticism and Animal Faith*, 1923, cap. 26). Mas mesmo quando se reconhece a existência do S. sua função é reduzida ao mínimo pela corrente realista. Ao afirmar que "S. e objeto são sempre correlativos um ao outro e por isso inseparáveis", N. Hartmann está reduzindo a função do S. à função de "fazer-se imagem, representação ou conhecimento do objeto", excluindo até a possibilidade de que ele modifique a natureza deste (*Sistematische Philosophie*, 1931, § 10). Finalmente, mesmo quando não excluída, a função do S. não é considerada incondicionada ou criadora, mas submetida a limites e condições, negando-se em todos os casos que ele possa valer como substância ou força autônoma. Husserl diz: "O *ego* constitui-se por si mesmo na unidade de uma história. Se se pode dizer que, na constituição do *ego*, estão contidas todas as constituições de todos os objetos que existem para ele, imanentes e transcendentes, reais e ideais, cabe também acrescentar que o *sistema de constituições* em virtude das quais tais objetos existem para o *ego* só é possível no quadro de leis genéticas" (*Cart. Med.*, 1931, 37). Desse ponto de vista, o S. é uma função, não uma substância ou uma força criadora. Heidegger disse: "Se para o ente que nós somos e que definimos como *ser-aí* for escolhido o termo sujeito, poderemos dizer: a transcendência implica a essência do S., é a estrutura fundamental da subjetividade. Não que o S. exista *antes* como S. e depois, no momento em que alguns objetos se revelem presentes, ele possa *até mesmo* transcendê-los. Ser S. significa ser existente na transcendência e como transcendência" (*Vom Wesen des Grundes*, 1929, II; trad. it., p. 30). É preciso lembrar que, para Heidegger, *transcendência* (v.) é relação com o mundo; portanto, o S. é por ele identificado com essa relação. De modo mais empírico, Dewey ressalta o caráter puramente funcional da subjetividade: "Uma pessoa, ou – mais genericamente – um organismo, torna-se sujeito cognoscente em virtude de seu empenho em operações de investigação verificada" (*Logic*, 1938, p. 526). Admitir que existe S. cognoscente independente da investigação e anterior a ela significa supor algo que é impossível verificar empiricamente e que, portanto, não passa de preconceito metafísico. Essa idéia fora exposta por Dewey já em *Studies in Logical Theory*, de 1903 (cf. também *Experience and Nature*, 1926, cap. VI). [N.A.]

No pensamento contemporâneo, a imagem do S. como princípio determinante do mundo do conhecimento e da ação (e como "fundamento" de verdade) sofreu uma "derrocada" e foi substituída pela imagem oposta do "S. sujeitado", ou seja, "permeado" ou "joguete" de uma série de forças metassubjetivas e metaconscienciais (Ser, Linguagem, Id etc.). Já prefigurado por Marx (que não pôs, como motor da história, o S. autoconsciente, mas as classes e as relações de produção), Nietzsche (que considerou o S. e a consciência como "máscaras" da vontade de poder), Freud (que pôs, como S. da psique, não o cogito, mas o conjunto dos desejos inconscientes que o dominam e dele se assenhoreiam), tal processo de contestação da centralidade explicativa da noção de S. chegou ao auge na moda anti-humanista e anti-subjetivista que caracterizou o estruturalismo, a hermenêutica, o pensamento fraco etc., ou seja, todas as correntes que insistiram na necessidade de pensar "além do S." e das suas pretensas certezas gnosiológicas, morais, políticas etc. (v. ANTI-HUMANISMO; CONSCIÊNCIA). Correntes que foram profundamente influenciadas pelo heideggerianismo e pela sua tendência a ver no S. cartesiano (e, mais em geral, no par moderno S.-objeto) a prefiguração filosófica do homem tecnocrático e violento do século XX.

Só recentemente se começou a falar de uma possível "recuperação" do S. em termos cognitivos, éticos e estéticos, ou seja, de um pensamento que, mesmo dando por certo o fim do S. forte e autofundamentado da tradição metafísica, seja capaz de salvaguardar o "núcleo irredutível" de subjetividade que, até agora, parece ter resistido a qualquer tentativa de "saída" ou "cura" do próprio S. Donde "a arriscada tentativa de aproximar-se do 'sentido' da subjetividade sem se deixar capturar por uma nova dominação", ou seja, o projeto de um novo "pensamento do S." – ainda em fase de elaboração – que, em vez de se limitar a inverter as hierarquias tradicionais (pondo a passividade no lugar da atividade, a multiplicidade em lugar da unidade, a obscuridade em lugar da clareza etc.), seja capaz de projetar tais pares como elementos constitutivos e interagentes da realidade global única que é a condição humana (cf. P. A. ROVATTI, *La posta in gioco*, 1987). [G.F.]

SUMA (lat. *Summa*; it. *Summa*). No século XII começaram a ser designados com este termo os breves tratados sistemáticos sobre algum conjunto de conhecimentos. Abelardo escrevia no prefácio à sua *Introdução à Teologia*: "Escrevi uma suma da sagrada erudição, como introdução à divina escritura" (*P. L.*, 68°, col. 979). As S. costumavam ter como título a matéria tratada (*S. de vitiis et virtutibus*; *S. de articulis fidei*; *S. sermonum*; *S. grammaticalis*; *S. logicalis*; etc.). Depois do século XIII, começou-se a dar preferência a esse termo, em vez de *Sententiae*, para título das exposições sistemáticas de teologia. Os manuscritos da obra de Pietro da Capua (escrita por volta de 1200) já recebem o título de *Summa*. Nas grandes obras sistemáticas do século XIII esse termo é usado quase com exclusividade. (v. M. GRABMANN, *Geschichte der scholastischen Methode*, II, pp. 23 ss.). [N.A.]

SUNITAS (in. *Sunnites*; fr. *Sunnite*; al. *Sunniten*; it. *Sunniti*). Corrente islamita ortodoxa que admite a validade de crenças práticas não prescritas no Alcorão, mas cuja origem seria o próprio Maomé. Os *xiitas*, ao contrário, negam o valor da tradição. [N.A.]

SUPERADDITA, FORMA. Telésio extraiu essa expressão dos escolásticos de inspiração scotista para designar a alma supranatural, diretamente infundida no homem por Deus, que ele admite estar ao lado da natural e material, como sujeito da vida religiosa e da aspiração do homem pelo que está além da natureza. Ao contrário da alma natural, a *forma S.* não seria corruptível (*De rer. nat.*, V, 3). [N.A.]

SUPERAR (in. *To sublate*; fr. *Dépasser*; al. *Aufheben*; it. *Superare*). Termo usado por Hegel para indicar o processo dialético que, ao mesmo tempo, conserva e elimina cada um de seus momentos. Hegel dizia: "Na língua, a palavra S. tem sentido duplo porque, por um lado, significa conservar, reter, e, por outro, fazer cessar, pôr fim. 'Conservar' já encerra o negativo, implica que algo foi privado de sua imediatez, portanto de uma existência aberta a influências externas, com o fim de ser retido. Assim, o que é superado é ao mesmo tempo algo conservado que perdeu apenas a imediatez, mas nem por isso é anulado" (*Wissenschaft der Logik*, I, Livro I, seç. I, cap. 1, nota; trad. it., pp. 105-6). Embora Hegel, no mesmo trecho, faça um paralelo entre o significado do termo alemão e o latim *tollere*, o uso em geral estabeleceu a equivalência do termo com superar. *Superação* significa, conseqüentemente, progresso que conservou o que havia de verdadeiro nos momentos precedentes, levando-o a completar-se. Como exemplo desse conceito, pode-se citar o que Hegel diz sobre a superação no domínio da filosofia. "Toda as filosofias foram necessárias e ainda são; nenhuma desapareceu, mas todas foram conservadas afirmativamente na filosofia como momentos de um todo: os princípios são conservados, e a filosofia mais recente é o resultado de todos os princípios precedentes: nesse sentido, nenhuma filosofia foi refutada. O que foi refutado não é o princípio de dada filosofia, mas apenas a sua pretensão de representar a conclusão última e absoluta" (*Geschichte der Philosophie*, I, Intr., A, 3, b). O idealismo italiano entreguerras usou e abusou desse termo. [N.A.]

SUPERERROGATÓRIO (in. *Supererogatory*; it. *Supererogatorio*). O que é feito ou dado sem estrita obrigação jurídica ou moral; trata-se de doação supérflua, portanto meritória. Essa é uma possibilidade que a moral kantiana excluiria, porque, segundo Kant, o homem está sempre em débito para com o dever (*Religion*, II, I, c; trad. it., Durante, p. 67). [N.A.]

SUPERESTRUTURA (in. *Superstructure*; fr. *Superstructure*; al. *Überbau*; it. *Soprastruttura*). Termo empregado pelos marxistas para designar a ordenação política e jurídica, bem como as ideologias políticas, filosóficas, religiosas etc., na medida em que dependem da estrutura econômica de dada fase da sociedade. Marx diz: "O conjunto de relações de produção constitui a estrutura econômica da sociedade, ou seja, a base real sobre a qual se ergue a S. jurídica e política e à qual correspondem formas determinadas de consciência social. O modo de produção da vida material condiciona, em geral, o processo social, político e espiritual da vida" (*Zur Kritik der politischen Ökonomie*, 1859, Pref.) (v. MATERIALISMO HISTÓRICO).

Esse termo também foi empregado por N. Hartmann para indicar um estrato ou plano do ser no qual se conservem somente *algumas* das categorias do plano inferior; distinguir-se-ia da supraformação (*Überformung*) porque nesta se conservariam todas as categorias do plano inferior. Por exemplo, o plano psíquico seria uma S. em relação ao plano orgânico, porque nele é abandonada a categoria espaço, que ainda domina o ser orgânico. Assim, a diferença entre S. e superformação bloquearia o caminho para a concepção mecanicista da vida psíquica (*Aufbau der realen Welt*, 1940). Algumas vezes o termo de Hartmann é traduzido como *supraconstrução* (it., *sopracostruzione*) (cf. BARONE, *Nicolai Hartmann*, p. 342). [N.A.]

SUPER-HOMEM (gr. ὑπεράνθρωπος; in. *Superman*; fr. *Surhomme*; al. *Übermensch*; it. *Superuomo*). O termo que se encontra em Luciano (*Cataplus*, 16), usado algumas vezes para designar o homem-Deus (= Cristo; v. T. TASSO, *Lettere*, V, 6), foi já empregado por Ariosto (*Orl. Fur.*, 38, 62) para indicar uma humanidade extraordinária. Foi introduzido na Alemanha por Heinrich Müller (*Geistliche Erbauungstunden*, 1664-66) e empregado por vários escritores do Romantismo alemão, inclusive por Goethe (*Fausto*, 1, Noite). Mas foi só com Nietzsche que esse termo assumiu significado filosófico e se tornou popular. O S. é a encarnação da vontade de poder: "O homem deve ser superado. O S. é o sentido da terra. [...] O homem é uma corda esticada entre o animal e o S., uma corda sobre o abismo" (*Also sprach Zarathustra*, I, 3). O S. é a encarnação dos valores vitais que Nietzsche contrapõe aos valores tradicionais; para Nietzsche, é o filósofo criador de valores, dominador e legislador, em oposição aos "operários da filosofia", que são os comumente considerados filósofos (*Jenseits von Gut und Böse*, § 211). Apesar de o conceito nietzschiano não ter nenhum significado político preciso, acabou servindo de pretexto ao racismo e às concepções antidemocráticas em política. [N.A.]

Alguns estudiosos (p. ex., Vattimo) preferem traduzir *Obermensch* por "além-homem" (*oltreuomo*), em vez de S. Isto porque, enquanto o termo S. parece remeter a um fortalecimento do homem, ou seja, a uma forma potencializada de subjetividade metafísica (autoconsciência, autodomínio, vontade de poder afirmada contra os outros etc.), o termo além-homem (seja como for entendido e interpretado) alude de modo explícito à superação pós-metafísica do homem. O antecedente direto da proposta de Vattimo é Heidegger: "Na palavra 'S.' devemos afastar todas as ressonâncias falsas e enganadoras que a acompanham na mentalidade comum. Com o termo 'S.' Nietzsche não indica de modo algum um exemplar particularmente perfeito do homem atual. Nem entende uma espécie de homem que deixe de lado o que é humano e erija como lei o puro arbítrio e como norma uma espécie de fúria titânica. Ao contrário, tomando-se o termo exatamente ao pé da letra, S. é o homem que vai além do homem, tal como este foi e é, apenas para levar finalmente o homem atual àquela sua essência que ainda lhe falta, e instalá-lo nela" (*Saggi e discorsi*, 1954, trad. it., Mursia, Milão, 1976, p. 69). [G.F.]

SUPERIOR (lat. *Superius*; in. *Superior*; fr. *Supérieur*; al. *Höher*; it. *Superiore*). 1. Em sentido lógico: mais extenso, que tem maior extensão ou denotação. Nesse sentido, fala-se de "gênero S.", de "conceito S." ou, em geral, de "termo S.". Este uso remonta à lógica terminista do século XIV (PEDRO HISPANO, *Summ. log.*, 2.08; 3.02; 12.13; cf. PRANTL, *Geschichte der Logik*, IV, p. 49).

2. O que pertence a uma fase mais avançada da evolução biológica: nesse sentido, fala-se de "espécies S." ou "animais superiores".

3. O que pertence à esfera das funções espirituais ou simbólicas do homem. Nesse sentido fala-se em "funções S." ou "interesses superiores".

4. Aquilo a que, em algum sentido, se atribui grau mais elevado de dignidade ou valor; por exemplo, "homem S." ou "formas superiores de arte". [N.A.]

SUPERSTIÇÃO (gr. δεισιδαιμονία; lat. *Superstitio*; in. *Superstition*; fr. *Superstition*; al. *Aberglaube*; it. *Superstizione*). Excesso ou aberrações da religião, ou então a forma de religião de que não se compartilha. Foi Cícero quem definiu a S. no primeiro sentido: "Não só os filósofos mas também os nossos antepassados distinguiram a S. da religião: aqueles que rezavam o dia inteiro e imolavam vítimas para que os filhos sobrevivessem [lat. *superstes, superstitis* = sobrevivente] foram chamados de supersticiosos, e depois essa palavra ganhou significado mais extenso" (*De nat. deor.*, II, 28, 71-72). Essa definição foi repetida substancialmente por Tomás de Aquino: "A S. é o vício que, por excesso, se opõe à religião, pois se presta culto divino a quem não se deve ou na forma indevida" (*S. Th.*, II, 2, q. 93, a. 1). No segundo sentido, foi definida por Hobbes: "O temor diante dos poderes invisíveis, se estes forem imaginados pelo espírito ou sugeridos por narrativas publicamente admitidas, é religião; se sugeridos por narrativas não admitidas publicamente, é S." (*Leviath.*, 1, 6).

Obviamente, S. é um termo polêmico: para o estudo objetivo (antropológico ou sociológico) das crenças, não existem superstições, e sempre que se fala em S., está-se tomando como referência determinado sistema religioso, que é considerado o único verdadeiro. Assim, cada religião parece S. aos seguidores de uma religião diferente, e a única descrição exata do termo é a que se encontra em Hobbes. [N.A.]

SUPERVERDADE (lat. *Superveritas*; it. *Superverità*). Um atributo de Deus, segundo Scotus Erigena (*De divis. nat.*, I, 14) (v. SUPRA-ESSENCIAL). [N.A.]

SUPOSIÇÃO (gr. ὑπόθεσις; lat. *Suppositio*; in. *Supposition*; *fr. Supposition*; al. *Voraussetzung*, *Supposition*; it. *Supposizione*). 1. O mesmo que hipótese.

2. Na lógica terminista medieval, é o *significado denotativo* dos termos presentes na proposição, enquanto o significado em sentido estrito é o conotativo (v. SIGNIFICADO). Nesse sentido, a S. é definida como uma *positio pro alio*, um *estar em lugar de* alguma outra coisa: por exemplo, quando dizemos "o homem corre", o termo "homem" está em lugar de Sócrates, Platão ou algum outro (PEDRO HISPANO, *Summ. log.*, 6.03; OCKHAM, *Summa log.*, I, 63; BURIDAN, *Sophysmata*, 3; ALBERTO DE SAXÔNIA, *Lógica*). Com exceção de alguns casos isolados, a teoria da *suppositio* é mais ou menos uniforme em todos os lógicos do século XIV. Eles distinguiam três espécies fundamentais de S.: pessoal, simples e material. Tem-se a S. *pessoal* quando o termo está no lugar do objeto significado, qualquer que ele seja: coisa externa, palavra, conceito, sinal escrito ou outra coisa. Assim, nas frases: "o homem é um animal", "o nome é parte da proposição", "a espécie é um universal", os termos homem, nome e espécie têm S. pessoal porque estão no lugar dos respectivos objetos. Tem-se S. *simples* quando o termo não está no lugar do objeto significado, mas de seu conceito. Assim, quando se diz "o homem é uma espécie", o termo homem não está no lugar de "o homem", mas do conceito "homem". Finalmente, tem-se S. *material* quando um termo está no lugar da palavra ou do sinal escrito, como nas frases "homem é substantivo" ou "está escrito homem", onde homem está no lugar de uma palavra ou de um sinal escrito. Cada um desses atributos da S. foi ainda subdividido pelos lógicos do século XIV e estudado em termos de dificuldades e problemas que apresentam. Para se ter uma idéia desses problemas, eis como Ockham enfrenta a dificuldade apresentada pela S. do termo "homem" na proposição "o homem é a mais elevada das criaturas". Aqui o termo "homem" não pode ter uma S. simples porque não é o conceito homem que é a mais elevada das criaturas; tampouco pode ser uma S. pessoal, porque, substituindo-se 'homem' por algum homem individual, o juízo torna-se falso. A solução é que a proposição tem uma S. pessoal, mas que deve ser limitada, dizendo-se que o homem é a mais elevada de todas as criaturas *que sejam diferentes dele*: nesse caso, a proposição é verdadeira para cada indivíduo humano (*Summa log.*, I, 66).

A teoria da S. foi posta de lado quando a lógica terminista foi abandonada em favor da lógica mentalista, sob a influência do cartesianismo. Os problemas por ela tratados foram herdados pela teoria do conceito (cf. E. ARNOLD, *Zur Geschichte der Suppositionstheorie*, em *Symposion*, III, 1954; E. A. MOODY, *Truth and Consequence in Mediaeval Logic*, 1953). [N.A.]

SUPRA-ALMA (in. *Oversoul*; it. *Superanima*). Foi assim que R. W. Emerson definiu Deus, concebendo-o princípio imanente no mundo e no homem (*Nature*, 1836). [N.A.]

SUPRACONSCIÊNCIA (fr. *Supraconscience*; it. *Supercoscienza*). Termo usado por Bergson para indicar uma "verdadeira atividade criadora" ou uma "consciência pura", que ele exclui ser a vida (*Évol. créatr.*, 8ª ed., 1911. pp. 267, 283 etc.). [N.A.]

SUPRA-ESSENCIAL/SUPRA-SUBSTANCIAL (gr. ὑπερούσιος; al. *Überseiend*; it. *Superessente*). Encontramos esse adjetivo pela primeira vez em Proclo (*Inst. theol.*, 115), mas Platão já dissera que o bem *está além da substância* (*Rep.*, VI, 509 b), conceito que se tornou basilar na filosofia de Plotino, para quem o uno está "além do ser" (*Enn.*, V, 5, 6) ou "antes do ser" (*ibid.*, III, 8, 10). Dionísio, o Areopagita, usou o termo "supra-essencial" (*De divinis nominibus*, II, em *P. L.*, 122º, col., 1122), e Scotus Erigena valeu-se do termo *superessentia* (*De divis. nat.*, I, 14). O mesmo termo é encontrado ainda na tradição mística e teosófica. Mestre Eckhart fala de Deus como de "uma essência supra-essencial e um nada S." (*Deutsche Mystiker des XIV Jahrhunderts*, ed. Pfeiffer, II, pp. 318-9). A mesma qualificação aparece em Schelling (*Werke*, I, X, p. 260) (v. TEOLOGIA; TRANSCENDÊNCIA). [N.A.]

SUPRALAPSARIANISMO (in. *Supralapsarianism*; fr. *Supralapsarianisme*; al. *Supralapsarianismus*; it. *Sopralapsarismo*). No século XVII, foi esse o nome dado à doutrina de que Deus predeterminou a queda (*lapsus*) de Adão *ab aeterno*, para pôr em ação seus instrumentos de salvação. Essa doutrina foi sustentada por alguns teólogos calvinistas, mas negada por outros que se chamaram de *infralapsarianos*. Leibniz discutiu longamente esses problemas no segundo livro da *Teodicéia* (1710) (v. GRAÇA; PREDESTINAÇÃO). [N.A.]

SUPRANATURAL, SUPRANATURALISMO. V. SOBRENATURAL; SOBRENATURALISMO.

SUPRA-ORGÂNICO (in. *Superorganic*; fr. *Superorganique*; al. *Überorganisch*; it. *Superorganico*). Termo usado pelo positivismo para indicar o que está além da vida orgânica, vale dizer, a vida psíquica ou a vida social, especialmente esta última. Esse termo é usado freqüentemente por Spencer. [N.A.]

SUPRA-SENSÍVEL (in. *Supersensible*; fr. *Suprasensible*; al. *Übersinnlich*; it. *Soprasensibile*). Na terminologia kantiana (que pôs esse termo em uso), o mesmo que número: "Aquilo que diz respeito à faculdade especulativa da razão, mas de que nenhum conhecimento é possível (*noumenorum non datur scientia*)" (*Fortschrifte der Metaphysik*, 1804 [A 55]). Portanto, o S. é o domínio das idéias da Razão Pura, com tudo o que elas implicam para a vida moral do homem. Hegel empregou esse termo em sentido análogo, mas positivo, para indicar aquilo que a aparência sensível é em sua natureza racional: "O S. é o sensível e o percebido postos como são em verdade", portanto como "o universal simples, o universal em que a multiplicidade não subsiste, em que nada há para conhecer": em suma, o universal do modo como Schelling o entendeu (*Phänomen. des Geistes*, I, IV, B; trad. it., p. 127 e nota). [N.A.]

SUMO BEM. V. BEM SUPREMO.

SUSPEITA (it. *Sospetto*). 1. As expressões, de origem nietzschiana, "escola da S.", "mestres da S.", "hermenêutica da S. "são usadas por Ricoeur – e já se tornaram habituais na linguagem filosófica – para indicar: *a*) os autores (Marx, Nietzsche e Freud) segundo os quais "não é a consciência que é dada antes de tudo, mas a falsa consciência" (*Il conflitto delle interpretazioni*, 1969, trad. it., Jaca Book, Milão, 1977, p. 345); ou seja, os filósofos que, em vez de tratarem a consciência como uma fonte cartesiana de certeza, ensinam a *desconfiar da consciência* e a questionar a sua suposta confiabilidade gnosiológica: "O filósofo educado na escola de Descartes sabe que as coisas são dúbias, que não são como parecem, mas não desconfia que a consciência não é como se mostra a si mesma; nela, sentido e consciência dos sentidos coincidem; disso duvidamos, depois de Marx, Nietzsche e Freud. Depois da dúvida sobre a coisa, é a vez da dúvida sobre a consciência " (*Della interpretazione. Saggio su Freud*, 1965; trad. it., Il Saggiatore, Milão, 1979[2], p. 47); *b*) o método de pensamento que, em vez de levar "a sério" o significado literal das filosofias, formula a "S." de que por trás delas há algo escondido, que as determina e que cumpre desmascarar: interesses econômicos, vontade de poder, pulsões sexuais etc.

2. Nas práticas da "escola da S." e na idéia de que a "falsa" consciência pode ser substituída de algum modo por uma consciência "verdadeira", alguns estudiosos (Foucault, Derrida, Vattimo etc.) viram mais um exemplo de pensamento "forte" e mais uma manifestação da antítese "metafísica" entre mundo *verdadeiro* e mundo *aparente* (v. IDEOLOGIA, CRÍTICA DA). Outros, como por exemplo Putnam, insistiram no caráter contraditório e auto-refutador do método da S. *generalizada*, afirmando que, se por trás de nossas visões intelectuais e morais se esconde apenas um caldeirão fervente de interesses e pulsões, então não faz sentido nenhuma pretensão de verdade: "se *todos* os argumentos racionais nada mais *fossem* que meras racionalizações, não só não faria sentido tentar justificar com argumentos racionais qualquer concepção, como tampouco faria sentido *ter* alguma concepção" (*Ragione, verità e storia*, 1981, trad. it., Il Saggiatore, Milão, 1985, p. 176; v. ANTISUBJETIVISMO; CONSCIÊNCIA). [G.F.]

SUSPENSÃO DO JUÍZO. V. EPOCHÉ.

SYNKATATHESIS. V. ASSENTIMENTO.

T

TABELA, TÁBUA (lat. *Tabula*; in. *Table*; fr. *Table*; al. *Tafel*; it. *Tavola*). Esse termo foi várias vezes usado para indicar a apresentação organizada ou sistemática de conceitos. Os antigos falavam das *tabulae logicae*, que era a apresentação hierárquica de conceitos dispostos segundo a maior generalidade: a *árvore de Porfírio* (v.) é a mais conhecida dessas tabelas. No mesmo sentido, denominavam tábuas os conjuntos de normas morais ou jurídicas (a lei das 12 tábuas, as T. de Moisés). Bacon deu o nome de T. às coordenações das instâncias, ou seja, dos aspectos particulares de um fenômeno (*Nov. Org.*, II, 10) e distinguiu as T. de presença, as T. de ausência, as T. dos graus ou comparativas e as T. exclusivas (*ibid.* II, 11-13). A partir de Kant fala-se de "T. das categorias" (v. CATEGORIA). [N.A.]

TABELAS DE VERDADE (in. *Truth tables*; fr. *Tables de vérité*; al. *Wahrheitstafeln*; it. *Tavole di verità*). Método para determinar o valor de verdade de um enunciado complexo em função dos valores de verdade dos enunciados atômicos que o compõem. Tal método era já conhecido, substancialmente, pelos lógicos da escola megárico-estóica, mas só foi teorizado explicitamente a partir da segunda metade do século XIX, por George Boole e, em especial, por Charles S. Peirce. Torna-se um método padrão em lógica no início do século XX (entre outros, é utilizado por Ludwig Wittgenstein, Jan Lukasiewicz, Emil L. Post). A estrutura de uma T. de verdade depende do número de enunciados atômicos de que consta o enunciado complexo e do número de *valores de verdade* que são tomados em consideração. Assim, uma T. de verdade de um enunciado da lógica clássica com dois valores (*verdadeiro* e *falso*), será composta por 2^n linhas, em que 2 = número dos valores de verdade e n = número das letras enunciativas distintas que cabem na fórmula que vai ser avaliada. As T. de verdade das fórmulas "¬ p" ("não p"), "p ∧ q" ("p e q"), "p ∨ q" ("p ou q ou ambos"), são as seguintes (0 = falso; 1 = verdadeiro):

p	¬ p
1	0
0	1

p	q	p ∧ q	p ∨ q
1	1	1	1
0	1	0	1
1	0	0	1
0	0	0	0

Na lógica clássica proposicional (v. LÓGICA), as T. de verdade constituem um *método efetivo* (v. EFETIVO, PROCEDIMENTO) para determinar se dado enunciado é, respectivamente: uma *tautologia* (v.) (se é verdadeiro para qualquer atribuição de valores de verdade às letras enunciativas); uma *contradição* (v.) (se é falso para qualquer atribuição de valores às letras enunciativas); ou um enunciado *contingente* (verdadeiro para certas atribuições, falso para outras: tais são os enunciados "¬ que", "p ∧ q", "p ∨ q" examinados acima). [M.M.]

TABU (in. *Taboo*; fr. *Tabou*; al. *Tabu*; it. *Tabù*). Termo polinésio que significa simplesmente *proibir* ou *proibido* e passou a indicar a característica sagrada da proibição em todos os povos primitivos e qualquer proibição não justificada em todos os povos. A generalização nesse sentido do conceito deve-se a Salomon Reinach. A melhor explicação da função do T. encontra-se em A. R. Radcliffe-Brown, que nele discerniu um instrumento para ressaltar a importância social de acontecimentos, ações, interditos, normas etc. Nesse sentido, o T. está ligado a qualquer prescrição ritual (*Structure and Function in Primitive Society*, 1952, cap. VII). Freud comparou o T. à neurose obsessiva e viu entre as duas coisas quatro pontos semelhantes: 1º falta de justificação das proibições; 2º sua validação por uma necessidade interior; 3º possibilidade de deslocamento e contágio dos objetos proibidos; 4º criação de práticas cerimoniais e mandamentos derivados das proibições (*Totem e T.*, 1913, cap. II; trad. it., p. 37). [N.A.]

TÁBUA. V. TABELA.

TÁBULA RASA (gr. πίναξ ἀγραφής; lat. *Tabula rasa*). Expressão que indicou, às vezes, a condição da alma antes da aquisição dos conhecimentos. Essa expressão nasce da comparação do processo de aquisição de conhecimentos com o processo de impressão de sinais ou letras sobre tábulas cobertas de cera ou de escrita sobre página. Trata-se de comparação bastante antiga, que já se encontra em Ésquilo (*Prom.*, 789). Platão comparava a alma a um bloco de cera onde se gravam as sensações e os pensamentos de que depois nos lembramos (*Teet.*, 191 d; *Fil.*, 39 a). Aristóteles comparava o intelecto a uma tábula onde nada está escrito (*De an.*, III, 4, 430 a I). Os estóicos comparavam a parte hegemônica da alma a um papiro onde serão escritos os sinais das coisas, ou seja, as representações (PLUTARCO, *Plac.*, IV, 11; v. GALENO, *Hist. philos.*, 92; SEXTO EMPÍRICO, *Adv. math.*, VII, 228). A mesma comparação é depois repetida com freqüência (FÍLON, *All. leg.*, I, 32; BOÉCIO, *Phil. cons.*, V, 4; etc.), mas a expressão "tábula não escrita" encontra-se pela primeira vez no comentador de Aristóteles, Alexandre de Afrodisia (cerca de 200 a.C.); na Idade Média foi usada por Tomás de Aquino (*De an.*, a. 8, resp.; *S. Th.*, I, q. 89, a. 1, ad 3º).

Locke utilizou essa imagem para expressar a tese da origem empírica dos conhecimentos (*Ensaio*, II, I, 2) e Leibniz a usou em sua crítica a essa tese de Locke (*Nouv. ess.*, II, I, 2). Desde então essa expressão passou a indicar a tese empirista sobre a origem do conhecimento e a negação do inatismo. [N.A.]

TALENTO (lat. *Talentum*; in. *Talent*; fr. *Talent*; al. *Talent*; it. *Talento*). O sentido metafórico desse termo, derivado da parábola evangélica dos T. (*Mat.*, 25, 14-30), é de "superioridade do poder cognitivo, que não provém do ensino mas da aptidão natural do sujeito". Esta é a definição de T. encontrada em Kant (*Antr.*, I, § 54), que também distingue os T. em engenho produtivo, sagacidade e originalidade: este último é o gênio. Essa doutrina kantiana foi repetida diversas vezes com poucas variações; está presente até na psicologia moderna, que no entanto acentua a importância dos chamados T. *específicos*. [N.A.]

TALIÃO (gr. τὸ ἀντιπεπονθός; in. *Talion*; fr. *Talion*; al. *Vergeltung*; it. *Taglione, Contrappasso*). Forma de justiça segundo a qual o ofensor deve sofrer o mesmo mal que causou ao ofendido. Segundo relato de Aristóteles, foram os pitagóricos que definiram a justiça como retaliação (*Et. nic.*, V, 5, 1132 b 21). Esse mesmo princípio inspira a lei mosaica do "olho por olho, dente por dente" (*Levit.*, 24, 17-21). Dante modelou a estrutura moral do *Inferno* e do *Purgatório* segundo a lei de talião. [N.A.]

TALMUD. Este termo, que na língua hebraica significa "ensino", designa a coletânea enciclopédica da tradição judaica escrita em aramaico, que foi compilada durante oitocentos anos (de 300 a.C. a 500 d.C.) na Palestina e na Babilônia. Essa obra não é um simples comentário do Antigo Testamento, mas um sumário de filosofia, teologia, história, ética e folclore judaicos, acumulados durante oito séculos. O T. é composto por duas partes principais: o *Mishnah*, redigido na Palestina, e o *Gemara*, que é um comentário do primeiro. O *Gemara*, compilado na Palestina, é denominado juntamente com o *Mishnah*, *T. de Jerusalém*; por outro lado, o *Gemara* compilado na Babilônia é chamado, juntamente com o *Mishnah*, de *T. da Babilônia* (v. H. L. STRACK-P. BILLERBECK, *Kommentar zum Neuen Testament aus Talmud und Midrasch*, Mônaco, 1922-1928). [N.A.]

TANATISMO (in. *Thanatism*; al. *Thanatismus*; it. *Tanatismo*). Termo criado por E. Haeckel para indicar a sua doutrina da mortalidade da alma, em oposição a *atanatismo* (v.). [N.A.]

TAOÍSMO (in. *Taoism*; fr. *Taoisme*; al. *Taoismus*; it. *Taoismo*). Doutrina de Lao-Tse (que viveu na China provavelmente no séc. VI a.C.), a quem se atribui o *Tao Te Ching*, isto é, o *Livro do caminho e da virtude*. Em oposição ao caráter racionalista, terreno e prático do ensinamento de Confúcio, está o caráter místico, religioso e contemplativo do ensinamento de Lao-Tse; nele encontramos vestígios do panteísmo metafísico dos *Upanishad*. Os dois aspectos principais do T. são: monismo panteísta, segundo o qual o *tao*, que é o caminho para a salvação, é também o princípio único do universo, de que todas as outras coisas são manifestação; a ética do *não-fazer*, ou seja, entrega à ação imanente do princípio cósmico e renúncia a interferir nele ou a obstá-lo. [N.A.]

TAREFA (gr. ἔργον; lat. *Officium*; in. *Task*; fr. *Tâche*; al. *Aufgabe*; it. *Compito*). Limitação da atividade de uma pessoa ou de uma coisa, para garantir o melhor resultado dessa atividade. Nesse sentido, Platão entendia por T. de uma coisa "aquilo que só ela sabe fazer, ou pelo menos que faz melhor que qualquer outra coisa" (*Rep.*, I, 353 a); utilizava essa noção para definir a *virtude* (v.). No mesmo sentido e com o mesmo fim, Aristóteles utilizou essa noção quando, para definir o que é felicidade, perguntava qual é "a T. do homem", e respondia que a T. do homem é a atividade da alma conforme à razão, e não independentemente da razão (*Et. nic.*, I, 6, 1098 a7). Esse conceito é freqüente, com o mesmo significado, na filosofia contemporânea (v. FUNÇÃO; OPERAÇÃO). [N.A.]

TATHANDLUNG. Um dos termos característicos da *Doutrina da ciência*, com que Fichte, em contraposição ao aforismo clássico "operari sequitur esse" (v.), pretende ressaltar que o Eu é, ao mesmo tempo, atividade agente (*Tat*) e produto da ação (*Handlung*): "O Eu *põe-se*, e *é* por força desse puro pôr-se para si mesmo; inversamente: o Eu é, e *põe o seu* ser por força do seu puro ser. Ele é, ao mesmo tempo, agente e produto da ação; o que é ativo e o que é produto da atividade; ação e fato são uma única e mesma coisa, por isso *Eu sou* é expressão de um ato (*Tathandlung*), mas também do único ato possível" (*Grundlage*, Parte prima, §§ 1, 6; trad. it., Laterza, Bari, 1971, p. 77). Mesmo sendo costumeiramente traduzido por "ato", o termo alemão T. possui uma densidade conceitual que, a rigor, o torna intraduzível. [G.F.]

TATO (in. *Tact*; fr. *Tact*; al. *Tact*; it. *Tatto*). 1. Um dos cinco sentidos, que Condillac chamava de "sentimento fundamental", porque este é o "sentimento que a *estátua* (v.) tem da ação recíproca das partes do corpo e especialmente dos movimentos da respiração" (*Traité des sensations*, II, I). Segundo Condillac, o T. é também o sentido do qual provém a noção do mundo exterior (*ibid*., II, 8, 30 ss.).

2. Sabedoria do mundo ou *esprit de finesse*, como nas frases "ter T.", "proceder com T." ou "falar com T." etc. [N.A.]

TAT TWAM ASI. Uma das formas fundamentais da filosofia do *Upanishad*, que significa exatamente "este és tu" e prescreve que todo homem deve reconhecer-se idêntico, em seu princípio (ou *átman*), a qualquer ser ou coisa que esteja diante dele, pois o princípio universal, ou *Brahman*, é idêntico em tudo. Essa locução indiana encontra-se especialmente no *Chandogya-Upanishad* (VI, 8, 7 ss.). [N.A.]

TAUTOLOGIA (in. *Tautology*; fr. *Tautologie*; al. *Tautologie*; it. *Tautologia*). Palavra que deriva do grego e significa "dizer a mesma coisa". Na tradição filosófica, T. é uma locução não informativa que, com a aparente intenção de definir ou ilustrar um conceito, afirma no predicado o que está compreendido no sujeito. É T. nesse sentido, por exemplo, a asserção: "Triângulo é uma figura geométrica com três ângulos"; por conseguinte, a afirmação de uma T. é sentida como o afirmação de algo óbvio. Na lógica contemporânea, chamam-se T. todos os enunciados do cálculo proposicional que sejam verdadeiros para qualquer atribuição de valores de verdade às letras enunciativas (v. TABELAS DE VERDADE), como, por exemplo, "$p \rightarrow p$", "$p \vee \neg p$", "$p \rightarrow (q \rightarrow p)$" etc. A negação de uma T. dá lugar a uma *contradição* (v.). [M.M.]

Entre os filósofos do século XX que mais insistiram na noção de T. encontra-se Wittgenstein. Segundo o *Tractatus logico-philosophicus* (1921, 1922), enquanto as proposições empíricas, configurando estados de fato, podem ser verdadeiras ou falsas em virtude de determinadas condições contingentes, aptas a verificá-las ou falsificá-las, as T. e as contradições são necessariamente verdadeiras (as primeiras) ou necessariamente falsas (as segundas). E isso independentemente de qualquer confirmação ou desmentido experimental: "Entre os possíveis grupos de condições de verdade há dois casos extremos. No primeiro caso, a proposição é verdadeira para todas as possibilidades de verdade das proposições elementares. Dizemos que as condições de verdade são *tautológicas*. No segundo caso, a proposição é falsa para todas as possibilidades de verdade: as condições de verdade são *contraditórias*. No primeiro caso dizemos que a proposição é uma tautologia; no segundo, uma contradição" (*Tract.* 4.46). Por exemplo, a proposição "está chovendo ou não está chovendo" é verdadeira se prescindimos do tempo que faz, e o fato estar chovendo ou não não a confirma nem desmente. Por sua vez, a proposição autocontraditória "este solteiro é casado" é falsa independentemente de qualquer condição, pois o fato de alguém a quem ela se refere ser solteiro ou casado não acrescenta nem retirada nada à sua impossibilidade.

Como o sentido de uma proposição, segundo Wittgenstein, é "a sua concordância ou discordância em relação às possibilidades de subsistência ou não-subsistência dos estados de coisas" (*Tract.*, 4.2), segue-se que as T. *são isentas de sentido*. Isso não significa que elas sejam *insensatas*. Com efeito, as T. não violam as regras da sintaxe lógica e constituem elementos imprescindíveis do simbolismo (como o zero para a matemática). Aliás, Wittgenstein afirma – no que é seguido a contragosto por Russell – que a matemática pura e a lógica constam substancialmente de T. (*Tract.*, 6.1; 6.11; 6.22), ou seja, de proposições que, mesmo isentas de conteúdo, são válidas *a priori*, para todos os possíveis estados de coisas. Graças à sua capacidade de evidenciar as propriedades formais da linguagem, as T. lógicas – acrescenta Wittgenstein – representam "a armação do mundo" (*Tract.*, 6.124). [G.F.]

TAXONOMIA (in. *Taxonomy*; fr. *Taxinomie*; al. *Taxinomie*; it. *Tassonomia*). Teoria da classificação nas ciências naturais. Termo cunhado e usado no século XIX. São chamadas de taxionômicas a botânica e a história natural. [N.A.]

TEÂNDRICO (in. *Theandric*; fr. *Théandrique*; it. *Teandrico*). Termo da teologia cristã que se refere à união da natureza humana e da natureza divina na pessoa do Cristo. [N.A.]

TEANTROPISMO (in. *Theantrophism*; fr. *Théantropisme*; al. *Theantropismum*; it. *Teantropismo*). 1. Doutrina da união da natureza divina e da humana na pessoa do Cristo.

2. O mesmo que *antropomorfismo* (v.). [N.A.]

TÉCNICA (in. *Technic;* fr. *Technique;* al. *Technik;* it. *Tecnica*). O sentido geral desse termo coincide com o sentido geral de *arte* (v.): compreende qualquer conjunto de regras aptas a dirigir eficazmente uma atividade qualquer. Nesse sentido, T. não se distingue de arte, de ciência, nem de qualquer processo ou operação capazes de produzir um efeito qualquer: seu campo estende-se tanto quanto o de todas as atividades humanas. É preciso, porém, chamar a atenção para o fato de que nesse significado do termo, que é bastante antigo e geral, não se inclui o significado atribuído por Kant, que falou de técnica da natureza para indicar a *causalidade* dela (*Crít. do Juízo,* § 72), mas negou que a filosofia – especialmente a filosofia prática – pudesse ter uma técnica, porque não pode contar com uma causalidade necessária (*Met. der Sitten,* Intr., § II). O pressuposto desse significado, porém, é a redução de T. a procedimento causal, ao passo que esse termo foi entendido (da melhor maneira) como procedimento qualquer, regido por normas e provido de certa eficácia.

Nessa esfera de significado generalíssimo incluem-se, portanto, os procedimentos mais díspares; estes, porém, podem ser divididos, *grosso modo,* em dois campos diferentes: A) T. *racionais,* que são relativamente independentes de sistemas particulares de crenças, podem levar à modificação desses sistemas e são autocorrigíveis; B) T. *mágicas* e *religiosas,* que só podem ser postas em prática com base em determinados sistemas de crenças; não podem, portanto, modificar esses sistemas e apresentam-se também como não-corrigíveis ou não-modificáveis. Essas T. constituem um dos dois elementos fundamentais de qualquer religião e podem ser indicadas com o nome genérico de *ritos* (v.).

As T. racionais, por sua vez, podem ser distinguidas em: 1º T. simbólicas (cognitivas ou estéticas), que são as da ciência e das belas artes; 2º T. de comportamento (morais, políticas, econômicas etc.); 3º T. de produção.

1º As T. cognitivas e artísticas podem ser chamadas de simbólicas porque consistem essencialmente no uso dos signos. Distinguem-se dos *métodos* (v.) que, a rigor, são indicações gerais sobre o caráter das T. a serem seguidas. As T. simbólicas podem ser: de explicação, de previsão ou de comunicação, mas essas distinções não são mutuamente excludentes.

2º As T. de comportamento do homem em relação a outro homem cobrem um campo extensíssimo que compreende zonas díspares: vão das T. eróticas às de propaganda, das T. econômicas às morais, das T. jurídicas às educacionais etc. Nesse grupo também podem ser incluídas as T. *organizativas,* que visam a encontrar condições para obter o rendimento máximo com o mínimo esforço em todos os domínios da atividade humana. Essa técnica é tratada pela *tectologia* (v.) ou *praxiologia* (v.).

3º O terceiro grupo de T. é o que diz respeito ao comportamento do homem em relação à natureza e visa à produção de bens. Nesse sentido, a T. sempre acompanhou a vida do homem na terra, sendo o homem – como já notava Platão (*Prot.,* 321 c) – o animal mais indefeso e inerme de toda a criação. Portanto, para que qualquer grupo humano sobreviva, é indispensável certo grau de desenvolvimento da T., e a sobrevivência e o bem-estar de grupos humanos cada vez maiores são condicionados pelo desenvolvimento dos meios técnicos. O primeiro filósofo a reconhecer essa verdade foi Francis Bacon, no começo do século XVII. Para ele, a atuação da ciência tinha em vista o bem-estar do homem e visava a produzir, em última análise, descobertas que facilitassem a vida do homem na terra. Quando, em *Nova Atlântida,* quis dar a imagem de uma cidade ideal, não ficou divagando sobre formas perfeitas de vida social ou política, mas imaginou um paraíso da T., onde fossem levadas a efeito as invenções e as descobertas de todo o mundo. O *sansimonismo* (v.) e o *positivismo* (v.) do século XIX compartilharam a exaltação baconiana da técnica. Só depois do fim do século XIX e nas primeiras décadas do século XX foi que começou a manifestar-se o que hoje se chama de problema da T., nascido das conseqüências produzidas pelo desenvolvimento da T. do mundo moderno sobre a vida individual e social do homem. Antes da Segunda Guerra Mundial, o conflito entre homem e T. foi o tema predileto da literatura profetizadora. Os profetas da decadência e da morte da civilização ocidental (p. ex., O. SPENGLER, *Der Mensch und die Technik,* 1931), os defensores da espiritualidade pura (p. ex., D. ROPS, *Le monde sans âme,* 1932) haviam já identificado na máquina a causa direta ou indireta da decadência espiritual do homem. Segundo esses diagnósticos, o mundo em que a máquina domina não tem alma, é nivelador e aviltante: um mundo onde a quantidade tomou o lugar da qualidade e onde o culto dos valores do espírito foi substituído pelo culto dos valores instrumentais e utilitários. Depois do fim da Segunda Guerra Mundial, essas acusações foram reforçadas e desenvolvidas; estão presentes em toda a obra de Albert Camus (v., p. ex., *Ni bourreaux ni victimes,* 1946). Para outros, o mal do "maquinismo" estaria no desarraigamento que ele produz no homem (S. WEIL, *L'enracinement,* 1948). Ao condenarem a T., outros ainda implicam a "razão", que seria seu princípio, ou acalentam a utopia de um retorno à produção artesanal (M. DE CORTE, *Essai sur la fin d'une civilisation*, 1949; L. DUPLESSY, *La machine ou l'homme*, 1949). Por outro lado, a partir da obra de HUSSERL, *A crise das ciências européias* (1954), a T. e a ciência em que ela se baseia passaram a ser freqüentemente consideradas uma degradação ou uma traição da Razão Autêntica, pois escravizam a razão a objetivos utilitários, ao passo que sua verdadeira função é o conhecimento desinteressado do ser, a contemplação. Esse conceito constitui a base de todas as críticas dirigidas à sociedade contemporânea, que estaria fundada na técnica e dominada pela *tecnocracia* (v.).

Mas hoje há uma vasta literatura que, apesar de não partir de preconceitos metafísicos, ideológicos ou teológicos, evidencia os aspectos negativos da T., que podem ser resumidos da seguinte maneira:

1.º exploração intensa dos recursos naturais, acima dos limites de seu restabelecimento natural, portanto o empobrecimento rápido e progressivo desses recursos;

2.º poluição da água e do ar por resíduos industriais, com a multiplicação dos meios mecânicos de transporte e com a maior densidade demográfica;

3.º destruição da paisagem natural e dos monumentos históricos e artísticos, em decorrência da multiplicação das indústrias e da expansão indiscriminada dos centros urbanos;

4.º sujeição do trabalho humano às exigências da automação, que tende a transformar o homem em acessório da máquina;

5.º incapacidade da T. de atender às necessidades estéticas, afetivas e morais do homem; portanto, sua tendência a favorecer ou determinar o isolamento e a incomunicabilidade dos indivíduos.

No que diz respeito aos três primeiros fatores, pode-se recorrer a uma *contratécnica*, que seria uma T. (ou um conjunto de T.) capaz de contrabalançar ou de corrigir os efeitos devastadores da T.: seus meios seriam suficientemente potentes para diminuir (se não equilibrar) os efeitos da devastação. O quarto e o quinto aspectos são humanos, morais e políticos; costumam ser considerados como constituintes do fenômeno da *alienação* (v.).

Tanto em suas formas primitivas quanto nas formas requintadas e complexas, presentes na sociedade contemporânea, a T. é um instrumento indispensável para a sobrevivência do homem. Seu processo de desenvolvimento parece irreversível porque só dele dependem as possibilidades de sobrevivência de um número cada vez maior de seres humanos e seu acesso a um padrão de vida mais elevado. Hoje, o único remédio aos reais perigos da T. parecem ser o seu robustecimento e o seu desenvolvimento em todos os campos: por um lado, a busca de novos instrumentos que garantam não só o controle mas também a proteção da natureza e, por outro, a busca de novas T. de relacionamento humano que possam controlar e corrigir os efeitos malignos das T. produtivas sobre o homem. [N.A.]

Entre as vozes relevantes do debate do século XX em torno da T. despontam as dos integrantes da Escola de Frankfurt e a de Gehlen. Os primeiros consideraram a T. como parte integrante da racionalidade "iluminista" que está na base do "mundo administrado", oscilando, não sem ambigüidade, entre uma atitude de total rejeição e de parcial aceitação, exemplificada pela interpretação marcusiana da T. como "base potencial de uma nova liberdade para o homem", devida ao fato de que "os processos tecnológicos de mecanização [...] poderiam liberar a energia de muitos indivíduos, fazendo-a confluir para um reino ainda inexplorado de liberdade, para além da necessidade" (*Eros e civiltà*, 1955, trad. it., Einaudi, Turim, 1964, p. 24; *L'uomo a una dimensione*, 1964, trad. it., Einaudi, Turim, 1967, p. 22). Para Gehlen, a T. nasce da carência de apetrechamento do homem, que precisa de instrumentos: a) para substituir órgãos e capacidades de que é isento (T. de integração); b) para potencializar órgãos e capacidades já existentes (T. de intensificação); c) para aliviar o trabalho dos vários órgãos (T. de apoio). Funções que são ilustradas com o exemplo do avião, que "substitui as asas que não cresceram em nós, supera de modo absoluto todas as capacidades orgânicas de vôo e poupa trabalho a quem queira ir a lugares muito distantes" (*L'uomo nell'era della tecnica*, 1957, trad. it., Sugarco, Milão, 1984², pp. 11-2). Analisando as transformações sócio-antropológicas decorrentes de tais desenvolvimentos, Gehlen insiste no "inconveniente" criado pela T., sem, porém, chegar a uma forma de humanismo antitecnológico. De acordo com as premissas do seu pensamento (v. ANTROPOLOGIA), a rejeição à T. equivaleria à rejeição ao homem. Por conseguinte, mais que a eliminação da T., ele tem em vista a sua limitação, com um comportamento definido como "ascético", entendendo com esse termo não um sacrifício em sentido religioso, mas uma disciplina em sentido ético. Disciplina acompanhada pelo abandono da confiança "sagrada", na ciência e na T. e pela conseqüente "secularização" de tais atividades.

A T. constitui também um dos temas recorrentes do pensamento de C. Schmitt. Em antítese com os filósofos da decadência do Ocidente (de Spengler a Scheler), Schmitt considera que a T. – interpretada como o último centro de referência (v.) da humanidade moderna – não é um corpo sem alma, mas sim resultado de uma fé e de uma atitude espiritual bem precisa: "O espírito do tecnicismo, que levou à fé maciça num ativismo anti-religioso do aquém, é espírito, talvez espírito maligno e diabólico, mas não de feição a ser descartado como mecanicista e imputado à T. Talvez seja algo apavorante, mas em si não é nada técnico e maquinal. Ele é a confiança numa metafísica ativista, a fé num poder e num domínio ilimitado da homem sobre a natureza" (*Il concetto di 'politico'*, 1927, 1932[3], trad. ital., em *Le categorie del 'politico'*, Il Mulino, Bolonha, 1972, 1984[2], p. 181). Em outros termos, a T., para Schmitt, configura-se como um dos tantos "investimentos" realizados pelo espírito metafísico do homem e representa o ápice de um processo que começou com a fé em Deus terminou com a fé nas máquinas.

Uma parte significativa do debate do fim do século XX sobre a T. sofre influência direta ou indireta de Heidegger e de sua teoria do *Gestell* (v.), que concebe a T. como um "modo do desvendamento", ou seja, como um evento que não deriva de uma "maquinação humana", mas do próprio destino do ser (v.). Isso faz que ela não esteja "em poder" do homem. O única caminho para salvaguardar-se do seu "perigo" é pensá-la na sua "essência". Essência que não tem "nada de técnico" e que manifesta um caráter bifronte. Isto porque o *Gestell*, entendido como o mundo da metafísica realizada (ou seja, da organização total do mundo sob a insígnia do esquecimento do ser), não representa apenas o auge do niilismo (v.), mas também "um primeiro e premente lampejar" do *Ereignis* (v.), ou seja, o início de uma possível superação da metafísica (*Identität und Differenz*, Neske, Pfullingen, 1957, pp. 24-7; cf. a trad. it., de U. UGAZIO, em "aut-aut", n.os 187-88, 1982, pp. 13-4). Essa "ambivalência" da doutrina heideggeriana, se por um lado leva a ver em sua filosofia a expressão de uma posição antitécnica e antimoderna, por outro leva a considerá-la a expressão de uma maneira menos hostil de referir-se à T. Maneira que consiste em entender o *Gestell* (encarado como âmbito do conflito entre os *Weltbilder*) nos moldes de um novo (e pós-metafísico) modo de dar-se do ser. Essas duas leituras de Heidegger têm sua contrapartida em dois modos antitéticos – um negativo e outro positivo – de referir-se à T. Modos emblematicamente encarnados por Severino e por Vattimo.

A) Para Severino, que relaciona a T. às escolhas metafísicas do Ocidente, o Aparato científico-tecnológico representa um "remédio" contra a angústia provocada pelo devir das coisas e configura-se como a realização mais acabada do modelo de homem da nossa civilização, que acreditou encontrar a "salvação" antes em Deus e depois na T. (que acabou por mostrar-se mais poderosa que o Deus cristão e os deuses do Oriente). A tal ponto que, se a teologia é a primeira forma de T., a T. é a última forma de teologia. No entanto, uma vez que o Deus da metafísica (que é criador das coisas a partir do nada) e a T. (que é fabricação das coisas a partir do nada e destruição das coisas no nada) são "as duas expressões fundamentais do niilismo metafísico", o Aparato predisposto pela tradição para pôr-se a salvo do nada acabou por revelar-se pior que o próprio mal e por precipitar o homem numa alienação medonha, contra a qual não resta senão realizar um "Retorno a Parmênides" capaz de opor-se à extrema "loucura" do Ocidente. Retorno que consiste em contrapor ao caminho da noite, seguido até agora pelo niilismo, o caminho do dia indicado pelo neo-eleatismo (*Essenza del nichilismo*, 1972; *Gli abitatori del tempo*, 1978; *Techne. Le radici della violenza*, 1979 etc.).

B) Vattimo, depois de constatar que "a história do ser na modernidade é, acima de tudo, história da ciência-técnica", afirma que esta última faz parte integrante do processo de "enfraquecimento" ou "aligeiramento" do ser, nascido da destruição do princípio de realidade e da conseqüente imposição da tese, de filiação nietzschiana, segundo a qual (já) não há fatos, mas somente interpretações (*Oltre l'interpretazione*, Laterza, Roma-Bari, 1994, p. 32 ss.). Em outros termos, na T. – heideggerianamente entendida como mundo das imagens do mundo e hermeneuticamente vista como Babel de interpretações contrastantes – Vattimo tende a perceber um dos agentes de fundo da "pluralização irrefreável" que está na base da condição pós-moderna e da sua experiência niilista (em sentido positivo) do mundo (v. PENSAMENTO FRACO). Donde a proposta de uma atitude mais "amigável" em relação à tecnociência e ao aparato informático e telemático (cf. MEIOS DE COMUNICAÇÃO DE MASSA).

Outra intervenção de importância, que teve grande ressonância na filosofia contemporânea, é a de Jonas. Em oposição às potencialidades destrutivas da T., o autor de *Das Prinzip Verantwortung* (1979) elaborou uma ética da responsabilidade para com as gerações futuras, antitética às tentações "prometéicas" do homem ocidental (v. ÉTICA; ECOLOGIA; RESPONSABILIDADE). Sua denúncia ambientalista dos poderes tecnológicos que "de maneira exponencial e contínua" nos estão levando à catástrofe planetária, não equivale, porém, a um repúdio à T. *como tal*: "A angústia para o homem não deve levar a hostilidade à fonte dos seus perigos, representada pela ciência e pela T. Deve aconselhar prudência no uso do nosso poder, e não renúncia a ele. De fato, apenas se ligada à ciência e à T., que também pertencem à causa da humanidade, a razão moral pode servir a tal causa" (*Scienza come esperienza personale*, 1987, trad. it., Morcelliana, Brescia,1992, p. 33). [G.F.]

TECNICISMO (in. *Technicism*; al. *Technizismus*; it. *Tecnicismo*). 1. O mesmo que técnica. Kant usa esse termo para indicar a técnica da natureza, ou seja, o mecanicismo (*Crít. do Juízo*, § 78).

2. Uso de palavras ou frases pertencentes à linguagem técnica, ou palavra ou frase pertencente a tal linguagem. [N.A.]

TECNOCRACIA (in. *Technocracy*; fr. *Technocratie*; al. *Technokratie*; it. *Tecnocrazia*). Uso da técnica como instrumento de poder por parte de dirigentes econômicos, militares e políticos, para a defesa de seus interesses e controle da sociedade. [N.A.]

TECNOLOGIA (in. *Technology*; fr. *Technologie*; al. *Technologie*; it. *Tecnologia*). 1. Estudo dos processos técnicos de determinado ramo da produção industrial ou de vários ramos.

2. O mesmo que técnica.

3. O mesmo que tecnocracia. [N.A.]

4. Emprego de conhecimentos científicos na esfera da produção, dos transportes, das comunicações, dos serviços, da educação etc.

5. A totalidade das técnicas dominadas por determinado grupo ou cultura (acepção etnológica ou antropológica).

6. Fase madura ou avançada da técnica. [G.F.]

TECTOLOGIA. Termo criado pelo filósofo russo A. Bogdanov para indicar uma "ciência organizativa universal", que ensina a construir o mundo a partir dos elementos neutros dados na experiência (*Tektologija*, 1923). Essa disciplina, que também cuida da organização de todas as atividades humanas com o fim de determinar as condições de seu máximo rendimento, foi depois chamada (nesse aspecto) de *praxiologia* (v.) por Kotarbinsky. [N.A.]

TÉDIO (in. *Boredom*; fr. *Ennui*; al. *Langweile*; it. *Noia*). Moralistas e filósofos eventualmente insistiram no caráter cósmico ou radical desse sentimento. "Sem o divertimento, dizia Pascal, incidiríamos no T., e o T. nos impeliria a buscar um meio mais sólido para escapar-lhe. Mas o divertimento nos deleita e assim nos faz chegar distraídos à morte" (*Pensées*, 171). Schopenhauer observava que "Tão logo a miséria e a dor dão uma trégua ao homem, o T. logo se aproxima tanto que ele, necessariamente, precisa de um passatempo"; e via portanto a vida oscilar continuamente entre a dor e o T. (*Die Welt*, I, § 57). Mais modo mais profundo e antecipando o existencialismo, Leopardi via no T. a experiência da nulidade de tudo o que existe: "Ora, o que é o T.?", perguntava. "Nenhum mal, nenhuma dor particular (aliás, a idéia e a natureza do T. excluem a presença de qualquer mal ou dor particular), mas a simples vida plenamente sentida, experimentada, conhecida, plenamente presente para o indivíduo, e a ocupá-lo" (*Zibaldone*, VI, p. 421). Heidegger repetiu essas observações, vendo no T. o sentimento que revela a totalidade das coisas existentes, na sua indiferença. "O verdadeiro T. – disse ele – não é aquele que nos chega por um livro ou por um espetáculo ou por um divertimento que nos entediam, mas o que nos invade quando 'nos entediamos': o T. profundo que, como névoa silenciosa, se junta nos abismos do nosso ser-aí, comunga homens e coisas, nós mesmos com tudo o que está em torno de nós, numa singular indiferença. É esse o T. que revela o existente na sua totalidade" (*Was ist Metaphysik?*, 5ª ed., 1949, p. 28). O T., nesse sentido, está bem próximo da *náusea* (v.), de que Sartre fala e que também é a experiência da indiferença das coisas na sua totalidade. Seu precedente talvez possa ser encontrado na melancolia (*Schwermut*) que, segundo Kierkegaard, é o resultado inevitável da vida estética. "Se perguntarmos a um melancólico que razão ele tem para ser assim e o que pensa sobre isso, responderá que não sabe, que não pode explicá-lo. Nisso consiste a infinidade da melancolia" (*Entweder-Oder*, em *Werke*, II, p. 171). Nesse sentido a melancolia é a acédia medieval (*ibid.*, II, 168) e é considerada por Kierkegaard como "o histerismo do espírito" e o pecado fundamental, porquanto é pecado não querer profunda e vivamente" (*ibid.*, p. 171). [N.A.]

TEÍSMO (in. *Theism*; fr. *Théisme*; al. *Theismus*; it. *Teismo*). Este termo, usado desde o século XVII para indicar genericamente a crença em Deus, em oposição a ateísmo (assim também em Voltaire, *Dictionnaire philosophique*, art. Théiste), foi definido por Kant, no seu significado específico, em oposição a *deísmo* (v.). Kant diz: "Quem só admite uma teologia transcendental é chamado de *deísta*; quem admite também uma teologia natural é chamado de *teísta*. O primeiro admite que com a razão apenas podemos conhecer um Ser originário do qual só temos um conceito transcendental, de um Ser que tem realidade mas que não pode receber mais nenhuma determinação. O segundo afirma que a razão tem condições de determinar mais o objeto segundo uma analogia com a natureza, ou seja, pode determiná-lo como Ser que, por intelecto e liberdade, contenha em si o princípio originário de todas as outras coisas. Aquele representa esse Ser apenas como causa do mundo (sem decidir se é uma causa que age pela necessidade de sua natureza ou por liberdade), este o representa como um criador do mundo" (*Crít. R. Pura*, Diál. transc., III, seç. 7). Em outros termos, o deísta pode ser também *panteísta* e acreditar na necessidade da relação entre Deus e o mundo, embora também possa não o ser; o teísta contrapõe-se ao panteísta. Ademais, indo além daquilo em que a razão pura permite acreditar, o teísta afirma a respeito de Deus qualidades ou características não testemunhadas pela razão, mas pela revelação; nesse sentido, como Kant diz mais adiante, no mesmo trecho, ele crê num "Deus vivo" (v. também *Crít. do Juízo*, § 72). Essas observações de Kant definiram o significado do termo no uso contemporâneo, em virtude do que T. se contrapõe não só a ateísmo mas também a deísmo e a panteísmo, admitindo-se Deus como *pessoa*, embora em sentido mais elevado do que o comumente atribuído ao homem.

Nesse sentido, o T. é um aspecto essencial do espiritualismo (ou personalismo) contemporâneo, especialmente na sua reação ao idealismo romântico, que é sempre tendencialmente panteísta. O T. foi explicitamente defendido tanto pelo espiritualismo, que reagiu ao hegelianismo clássico (Fichte, Lotze e outros) ou ao positivismo (Renouvier, Boutroux e outros), quanto pelo espiritualismo que reagiu ao neo-idealismo romântico surgido nas primeiras décadas do século XX na Inglaterra, nos Estados Unidos e na Itália, do qual o próprio espiritualismo extrai muitos dos seus temas (v. para o T. anglo-saxão W. E. HOCKING, *Meaning of God in Human Experience*, 1912; A. SETH PRINGLE-PATTISON, *The Idea of God in the Light of Recent Philosophy*, 1917; CLEMENT C. J. WEBB, *God and Personality*, 1920 etc. Para o T. italiano: as obras de Carlini, Guzzo, Sciacca e outros). [N.A.]

TELEGNOSE (in. *Telegnosis*; it. *Telegnosi*). O mesmo que vidência: faculdade de conhecer acontecimentos distantes sem auxílio dos meios de conhecimento normais (v. TELEPATIA). [N.A.]

TELEGRAMA, ARGUMENTO DO (in. *Telegram argument*; al. *Telegrammbeispiel*; it. *Argomento del telegramma*). Argumento ou exemplo aduzido por F. A. Lange para ilustrar a tese materialista de que as reações psíquicas dependem dos estímulos físicos e de que é possível reduzir o que comumente se chama de alma ou consciência a mecanismos fisiológicos. O T. que anuncia a um comerciante a falência de um de seus correspondentes determina uma série de reações que podem ser fisiologicamente descritas do mesmo modo como se descreve fisicamente (em termos de ondulações luminosas) o estímulo que as provocou (*Geschichte des Materialismus*, II, III, 2 e anotação 39; trad. it., II, pp. 385 ss. e 661 ss.). Algumas vezes esse argumento foi invertido e usado para demonstrar a relativa independência das reações em relação aos estímulos. O T. "Seu filho morreu" difere só por uma letra do T. "Meu filho morreu", mas produz uma reação completamente diferente que não corresponde à diferença física entre os estímulos, nas pessoas que os recebem (v. C. D. BROAD, *The Mind and its Place in Nature*, 1925, pp. 118 ss.). [N.A.]

TELEÓCLISE (al. *Teleoklise*; it. *Teleoclisi*). Tendência à atividade finalista, considerada própria dos organismos vivos. Termo raro. [N.A.]

TELEOFOBIA (al. *Teleophobie*; it. *Teleofobia*). Aversão ao finalismo.

TELEOLOGIA (in. *Teleology*; fr. *Téléologie*; al. *Teleologia*; it. *Teleologia*). Este termo foi criado por Wolff para indicar "a parte da filosofia natural que explica os fins das coisas" (*Log.*, 1728, Disc. prael., § 85). O mesmo que *finalismo* (v.). [N.A.]

TELEONOMIA (in. *Teleonomy*; fr. *Téléonomie*; it. *Teleonomia*). Termo usado pelos biólogos modernos para indicar a adaptação funcional dos seres vivos e de seus artefatos à conservação e à multiplicação da espécie. Deu-se o nome de informação *teleonômica* à quantidade de informações que deve ser transmitida para que as estruturas vitais sejam realizadas e conservadas (cf., p. ex., J. MONOD, *Le hasard et la nécessité*, 1970, pp. 26 ss.) [N.A.]

TELEOSE (al. *Teleosis*; it. *Teleosi*). Perfeição. É a transcrição fonética da palavra grega. [N.A.]

TELEPATIA (in. *Telepathy*; fr. *Télépathie*; al. *Telepathie*; it. *Telepatia*). Uma forma de telegnose, mais precisamente a que consiste em conhecer os estados do espírito de pessoas distantes ou de saber o que lhes está acontecendo, sem a ajuda dos meios de conhecimento normais. Esse termo foi proposto pela *Society for Psychical Researches*, de Londres, em 1882, e comumente aceito. Às vezes, como sinônimo, usa-se *Telestesia* (v. D. J. WEST, *Psychical Research Today*, 1954, cap. VI). [N.A.]

TEMA (lat. *Thema*; in. *Theme*; fr. *Thème*; al. *Thema*; it. *Tema*). Assunto ou objeto de indagação, discurso ou estudo. Na terminologia filosófica contemporânea são também usados os termos *tematizar* e *tematização* para indicar a escolha ou a formação dos T., que é uma fase importante e muitas vezes decisiva da investigação. Heidegger, em especial, entendeu por tematização a manifestação dos seres intramundanos, em virtude do que se tornam objetos (*Sein und Zeit*, 69 b). [N.A.]

TEMPERAMENTO (gr. κρᾶσις; lat. *Temperamentum*; in. *Temper*; fr. *Tempérament*; al. *Temperament*; it. *Temperamento*). Disposição do homem a agir de um modo ou de outro segundo a mescla de humores que compõem seu corpo. A teoria do T. foi criada pelo pai da medicina, Hipócrates (séc. V a.C.), e propagou-se como teoria médica. Hipócrates admitia quatro humores fundamentais: sangue, fleuma (linfa, soro, muco nasal e intestinal, saliva), bile amarela e atrabile ou bile negra (considerada como secreção do pâncreas), correspondentes aos quatro elementos do macrocosmo. Conforme o humor predominante, temos os quatro T. fundamentais: sangüíneo, fleumático, bilioso e melancólico ou atrabiliário (*De nat. hom.*, 4). Encontram-se alusões a essa teoria ou a teorias semelhantes em Platão (*O Banq.*, 188a; *Tim.*, 86B), em Aristóteles (*Problem.*, 30, 1), em Sêneca (*De ira*, II, 18 ss.), em Lucrécio (*De rer. nat.*, III, 288 ss.), em Plutarco (*Quaest. nat.*, 26) e em outros, sem ligação com os pressupostos filosóficos de que esses autores partem, como demonstra a sua unânime aceitação. Na Idade Média a teoria dos T. também foi propagada por meio da medicina, especialmente árabe (Avicena e Averróis), chegando aos médicos e magos do Renascimento. Paracelso substituiu os humores hipocráticos por seus três elementos (enxofre, sal e mercúrio), na classificação dos temperamentos. Contudo, a noção de T. não sofreu modificação até Kant, que, para resumi-la, distinguiu o aspecto fisiológico e o aspecto psicológico do T. "Fisiologicamente falando, o T. é formado pela constituição física (estrutura forte ou fraca) e pela compleição (fluido posto regularmente em movimento pela força vital, no que se inclui o calor ou o frio produzido na elaboração desses humores). Psicologicamente falando, como T. da alma (do poder afetivo e apetitivo), essa expressão, derivada da propriedade do sangue, refere-se à analogia entre os sentimentos e os desejos com as causas físicas e motoras (das quais a principal é o sangue)" (*Antr.*, II, 2). Depois, Kant retomaria a antiga classificação hipocrática dos T., que muitas vezes também teve aceitação na psicologia moderna (p. ex., V. WUNDT, *Physiologische Psychologie*, II[4], pp. 519 ss.). Mas, na psicologia, essa palavra deixou de ser usada desde o fim do século XIX, sendo substituída por *caráter* (v.).; que numa das suas acepções significa a estrutura orgânica originária que condiciona as disposições naturais do indivíduo. O uso da palavra caráter marca também a passagem dessa noção do domínio da medicina para o da psicologia e da filosofia. [N.A.]

TEMPERANÇA (gr. σωφροσύνη; lat. *Temperantia*; in. *Temperance*; fr. *Tempérance*; al. *B-sonnenheit*; it. *Temperanza*). Uma das virtudes éticas de Aristóteles, mais precisamente a que consiste no justo uso dos prazeres físicos. Aristóteles notava que a T. não se refere a todos os prazeres físicos (não compreende, p. ex., os que derivam da visão ou da audição), mas apenas os que derivam da alimentação, da bebida e do sexo (*Et. nic.*, III, 9-12). Platão definiu a T. de modo diferente: para ele, era "a amizade e a concordância das partes da alma, existentes quando a parte que comanda e as que obedecem concordam na opinião de que cabe ao princípio racional governar, e assim não se rebelam contra ele"; segundo Platão, isso é T., tanto para o indivíduo quanto para o Estado (*Rep.*, IV. 442 b). Os estóicos definiram a T. como "a ciência das coisas que devem ser desejadas e das coisas a que se deve fugir" (J. ESTOBEU, *Ecl.*, II, 6, 102). A ética de Demócrito também cuidou do assunto: "A fortuna nos dá a mesa suntuosa; a T. nos dá a mesa em que nada falta" (*Fr.* 210, Diels). [N.A.]

TEMPO (gr. χρόνος; lat. *Tempus*; in. *Time*; fr. *Temps*; al. *Zeit*; it. *Tempo*). Podemos distinguir três concepções fundamentais: 1.ª o T. como ordem mensurável do movimento; 2.ª o T. como movimento intuído; 3.ª o T. como estrutura de possibilidades. À primeira concepção vinculam-se, na Antiguidade, o conceito cíclico do mundo e da vida do homem (metempsicose) e, na época moderna, o conceito científico de tempo. À segunda concepção vincula-se o conceito de consciência, com a qual o T. é identificado. A terceira concepção, derivada da filosofia existencialista, apresenta algumas inovações na análise do conceito de tempo.

1.ª A concepção de T. mais antiga e difundida considera-o como ordem mensurável do movimento. Os pitagóricos, ao definirem o T. como "a esfera que abrange tudo" (a esfera celeste), relacionaram-no com o céu, que com o seu movimento ordenado permite medi-lo perfeitamente (ARISTÓTELES, *Fís.*, IV, 10, 218 a 33). Ao definir o T. como "a imagem móvel da eternidade", Platão (*Tim.*, 37 d) pretende dizer que, na forma dos períodos planetários, do ciclo constante das estações ou das gerações vivas e de qualquer espécie de mudança, ele reproduz no movimento a imutabilidade do ser eterno (*ibid.*, 38 b-39 d). A definição de Aristóteles, "o T. é o número do movimento segundo o antes e o depois" (*Fís.*, IV, II; 219 b 1), é a expressão mais perfeita dessa concepção, que identifica o T. com a ordem mensurável do movimento. Não é diferente o significado da definição dos estóicos, segundo a qual o T. é "o intervalo do movimento cósmico" (DIÓG. L., VII, 141). Na verdade, intervalo não passa de ritmo, ordem, movimento cósmico. Talvez não seja diferente tampouco o significado da definição de Epicuro: "O T. é uma propriedade, um acompanhamento do movimento" (J. ESTOBEU, *Ecl.*, I, 8, 252). Na Idade Média, essa concepção do T. foi compartilhada por realistas (ALBERTO MAGNO, *S. Th.*, I, q. 21, a. I; TOMÁS DE AQUINO, *S. Th.*, 1. q. 10, a. 1) e por nominalistas (OCKHAM, *In Sent.*, II, q. 12), que repetiram unanimemente a definição de Aristóteles. Telésio, que criticava essa definição, reduziu o T. à duração e ao intervalo do movimento (*De rer. nat.*, I, 29). Hobbes definiu o T. como "imagem (*phantas-*

ma) do movimento, porquanto imaginamos no movimento o antes e o depois, ou seja, a sucessão"; e considerava que essa definição estava de acordo com a de Aristóteles (*De corp.*, 7, 3). Descartes simplesmente repetia esta última, definindo o T. como "número do movimento" (*Princ. phil.*, I, 5 7). Locke criticava a vinculação do T. ao movimento, estabelecida pela definição de Aristóteles, só para afirmar que o T. está ligado a qualquer espécie de ordem constante e repetível: "Qualquer aparição periódica e constante, ou mudança de idéias, que ocorresse em espaços de duração aparentemente eqüidistantes, e fosse constante e universalmente observável, poderia servir para distinguir intervalos do T. entre si tão bem quanto as que foram usadas na realidade" (*Ensaio*, II, 14, 19). Para definir o T., Berkeley substituía a ordem do movimento pela ordem das idéias, ou melhor, a ordem do movimento externo pela ordem do movimento interno: "Se tento construir uma simples idéia do T. abstraindo da sucessão de idéias de meu espírito, que flui uniformemente e é compartilhada por todos os seres, perco-me e enredo-me em dificuldades inexplicáveis" (*Principles of Human Knowledge*, I, 98).

Essa concepção de T. fundamentou a mecânica de Newton, que distinguia o T. absoluto e o T. relativo, mas a ambos atribuía ordem e uniformidade. "O T. absoluto, verdadeiro e matemático, na realidade e por natureza, sem relação com nada de externo, flui uniformemente (*aequabiliter*) e também se chama duração. O T. relativo, aparente e comum, é uma medida sensível e externa da duração por meio do movimento" (*Naturalis philosophiae principia*, I, def. VIII). Nessa definição de Newton, o uniforme fluir da duração absoluta é confrontado com a uniformidade do movimento que é tomado como medida do tempo. Leibniz esclarecia o mesmo conceito do seguinte modo: "Conhecendo-se as regras dos movimentos não uniformes, é sempre possível reportá-los aos movimentos uniformes inteligíveis e prever com este meio o que acontecerá a diferentes movimentos juntos. Nesse sentido, o T. é a medida do movimento, ou seja, o movimento uniforme é a medida do movimento não uniforme" (*Nouv. ess.*, II, 14, 16). Portanto, definia o T. como "uma ordem de sucessões" (*Troisième lettre à Clarke*, § 4): definição aceita por Wolff (*Ont.*, § 572) e por Baumgarten (*Met.*, § 239). Essa era a concepção a que Kant se referia implicitamente, ao afirmar, em *Estética transcendental*, a idealidade transcendental do T., ao lado de sua realidade empírica (v. mais adiante). Mas a principal contribuição de Kant na interpretação do conceito de T. não está na *Estética transcendental*, e sim na *Analítica dos princípios*, mais precisamente no estudo da segunda analogia, ou "princípio da série temporal segundo a lei da causalidade". Aí Kant reduz ordem de sucessão a ordem causal. Afirma que uma coisa só "pode conquistar seu lugar no T. com a condição de que no estado precedente se pressuponha outra coisa à qual esta sempre deva seguir-se, ou seja, segundo uma regra". A série temporal não pode inverter-se porque, "uma vez posto o estado precedente, o acontecimento deve seguir-se infalível e necessariamente"; portanto, "é lei necessária de nossa sensibilidade e, conseqüentemente, condição formal de todas as percepções que o T. precedente determine necessariamente o seguinte". É isso justamente o que distingue percepção real do T. de imaginação, que poderia e pode inverter a ordem dos eventos; é também o que faz da sucessão temporal o "único critério empírico do efeito em relação à causalidade da causa" (*Crít. R. Pura*, Anal. dos princ., cap. II, seç. III, 3). Essa redução do T. à ordem causal, defendida por Kant em relação ao conceito de T. dominante em sua época (derivada da física newtoniana), foi reapresentada em nossos dias com relação à física einsteiniana. Ao afirmar a relatividade da medida temporal, Einstein na realidade não inovou o conceito tradicional de T. como ordem de sucessão: só negou que a ordem de sucessão fosse única e absoluta (v. *Über die spezielle und die allgemeine Relativitätstheorie*, 1921, §§ 8-9). Em confronto com a física de Einstein, H. Reichenbach voltou a propor a tese kantiana da identidade do T. com a causalidade: "O T. é a ordem das cadeias causais: este é o principal resultado das descobertas de Einstein" (*Albert Einstein: Philosopher-Scientist*, org. P. A. Schilpp, 1949, pp. 289 ss.). "A ordem do T., a ordem do antes e do depois, é redutível à ordem causal. [...] A inversão da ordem temporal para certos eventos, resultado que deriva da relatividade da simultaneidade, é apenas uma conseqüência desse fato fundamental. Quando a velocidade de transmissão é limitada, existem eventos tais que nenhum deles pode ser causa ou efeito do outro. Para tais eventos, a ordem do T. não é definida, e cada um deles pode ser chamado de posterior ou anterior ao outro" (*ibid.*, 1949, pp. 289 ss.). Esses mesmos conceitos foram ilustrados por Reichenbach em seu livro póstumo *The Direction of Time* (1956), no qual identifica a ordem do T. com a causalidade, e a direção do T. com a entropia crescente (v. especialmente §§ 6, 16).

A redução do T. a causalidade pode ser considerada a mais importante (mas não por isso a mais sólida) proposição filosófica apresentada no campo da concepção do T. como ordem. Importância bem menor, porém, tem a discussão – a que muitas vezes os filósofos se inclinaram – sobre a subjetividade ou objetividade do T. Foi Aristóteles quem deu início a tais discussões, chegando à conclusão de que, se por um lado o T. como medida não pode existir sem a alma – pois só a alma pode medir –, por outro lado o movimento ao qual a medida se refere não depende da alma (*Fís.*, IV, 14. 223 a 20-29). No século XIV, retomando essas considerações, Ockham afirmava que não existiria T. se a alma não pudesse medir nem numerar (*In Sent.*, II. q. 12). Até Hobbes chamava o T. de imagem (v. definição citada anteriormente). Menos significativa é a redução do T., realizada por Locke e Berkeley, à ordem das idéias: porque as idéias, para esses filósofos, são os únicos objetos de que se pode falar. Quanto ao "subjetivismo" da concepção kantiana, segundo a qual o tempo é "intuição pura", condição de qualquer percepção sensível, é apenas fruto de um mal-entendido, pois só o T. pode ser considerado subjetivo com relação às coisas em si que estão além da consideração humana, mas é objetivo e real em relação às coisas naturais, em virtude do que o T. tem "realidade empírica" indubitável (*Crít. R. Pura*, §§ 6, 7). Além disso, o objetivismo da concepção kantiana é demonstrado pela redução do T. à ordem causal: tese a que os neo-empiristas chegaram sem conhecer sua proveniência kantiana. [N.A.]

A reflexão da epistemologia contemporânea propôs questões antigas e inéditas; baseando-se ainda na mesma visão do T. como ordem mensurável do movimento, realizou aprofundamentos tão radicais que pôs em discussão não só todos os membros que compõem tal definição (ordem, medição, movimento), mas também a própria existência do T.

a) A mudança e o passar do T. A questão sobre o passar ou não do T., ou seja, sobre a sua existência como fluxo, pode ser reduzida à questão sobre o que torna verdadeiras as asserções temporais, que são expressões indiciais: o passado é usado para indicar eventos anteriores à emissão da frase; o presente, eventos simultâneos; o futuro, eventos posteriores. Recorrendo a um uso lingüístico amplamente afirmado no mundo anglo-saxônico e devido a McTaggart (*The Unreality of Time*, 1908), os eventos podem ser ordenados, quanto ao T., segundo duas séries diferentes: a série A é a determinação da sua posição segundo o passado, o presente e o futuro, enquanto a série B é a determinação da sua posição segundo o antes e o depois. Independentemente das teses de McTaggart, que, em clara oposição ao que foi defendido por Aristóteles, afirma a prioridade da série A, sem a qual a série B não poderia ser definida, essa abordagem lingüística ao problema abre para duas soluções opostas. A teoria A acredita que a seqüência produzida depende da situação estranha à asserção, e que, portanto, existem fatos temporais (se a minha asserção "São quatro horas" é verdadeira, é-o porque agora são realmente quatro horas, fato independente do meu discurso). A teoria B, porém, considera que tal seqüência depende exclusivamente da situação em que a asserção é feita e nega a existência de fatos temporais ("O evento E era" significa "O evento E é antes desta asserção"; procede-se de maneira análoga com os outros tempos). Em geral, se o T. transcorresse, o momento presente se tornaria futuro, alterando-se, e não seria mais aquele momento presente ao tornar-se futuro, produzindo um absurdo. Mellor (*Real Time*, 1981) afirma claramente que as asserções temporais, embora não possam ser traduzidas em asserções isentas de T., têm um valor de verdade formulável numa metalinguagem isenta de T.; Smart, Beer e Le Poidevin expressam-se de maneira semelhante. Segundo essa estratégia, as proposições com indiciais temporais são reportadas a proposições sem indiciais, mas em relação de precedência ou simultaneidade com um outro evento. Houve críticas por parte de O. Smith, Swinburne, Priest, Earman: ou por se afirmar o caráter ineliminável dos indiciais ou por se ressaltarem as dificuldade a propósito das atitudes proposicionais.

b) A irrealidade do T. Uma argumentação influente e conhecida, devida a McTaggart (decididamente mais nova do que a já produzida por Bradley em *Appearance and Reality*, 1893, que concluía de maneira análoga) afirma a inexistência do T. Os fatos temporais são intrinsecamente incoerentes porquanto deveriam distinguir-se por serem passados, presentes ou futuros; mas passado, presente e futuro, para serem reais, precisam ser relações ou qualidades atribuídas aos eventos, e isso é impossível em ambos os casos, porque relações e qualidades seriam atribuições por conceito mutuamente excludentes, ao passo que caberiam de fato todas juntas ao mesmo evento. Visto, porém, que a tese segundo a qual o T. é real reconhece-os e admite-os, ela é inadmissível. Há defensores dessa conclusão que, no entanto, se afastaram de McTaggart, quer aceitando a idéia de que a admissão do T. implica fatos temporais, mas rejeitando as suas justificações específicas contra estes últimos (como Prior, que com seu solipsismo temporal afirma a existência apenas do presente) ou aceitando o seu argumento contra a existência de fatos temporais, mas procurando explicar o T. sem recorrer a eles (como Mellor).

c) A realidade do T. Contra McTaggart e os seus epígonos, argumentou-se, de um ponto de vista predominantemente fenomenológico, que a existência de fatos temporais deriva mais das seguintes considerações: i) somente ela justifica adequadamente a mudança; ii) precisamente o T. parece passar; iii) há uma diferença no estatuto ontológico do passado e do futuro: se de certo modo podemos admitir a existência dos indivíduos passados, além, naturalmente, dos presentes, isso não parece válido para os indivíduos futuros; em segundo lugar, as asserções sobre o passado parecem possuir um valor de verdade, o que é bem problemático para as que versam sobre eventos futuros.

d) T sem mudança. O relacionismo, nas suas diferentes versões (Aristóteles, Leibniz), sempre estabeleceu um elo essencial entre T. e mudança; na sua versão aristotélica, em particular, não se pode admitir um T. vazio porque, não havendo eventos nele, não se daria a possibilidade de a alma sentir, ou seja, contar segundo o antes e o depois. Mas hoje em dia Shoemaker (*Time without Change*, 1969) demonstra – mantendo-se, porém, sempre alinhado com a posição aristotélica – que é possível conceber um T. sem mudança (são concordes Lucas, Newton-Smith, Williams e Le Poidevin). Um modo de preservar o elo desejado pelo relacionismo, admitindo ao mesmo tempo a possibilidade de um T. vazio, é olhar o T. como conjunto de eventos reais e possíveis (Le Poidevin); outro modo é considerar o T. como possibilidade de locações temporais (Forbe).

e) Teorias causais do T. As relações temporais são primitivas ou podem reduzir-se a outras, mais fundamentais? A tese mais amplamente praticada pelo reducionismo é que elas são redutíveis à relação causal, uma vez que A é antes de B se e somente se A está entre as causas de B, e não inversamente; no universo pode haver infinitas cadeias causais não correlatas, mas todas compartilham a mesma série temporal. As evidentes anisotropia e assimetria (HORWICH, *Asymmetries in Time*, 1987) da relação em questão servem para explicar a direção do T. (e por isso mesmo das mudança). Por conseguinte, independentemente da admissão ou da negação dos fatos temporais, pode-se dar uma explicação alternativa às diferenças entre espaço e T., a primeira das quais diz que o espaço não tem uma direção intrínseca, mas o T. sim. A alguns a teoria causal do T. pareceu basear-se numa acepção estritamente determinista da causa; com efeito, notou-se que as causas poderiam ser simultâneas com seus efeitos ou precedê-los (DUMMETT, *Bringing about the Past*, 1964), enquanto o conceito tradicional de causalidade pressupõe a ordem temporal (MEHLBERG, *Essai sur a théorie causale du temps*, 1935, e *Durée et causalité*, 1937; GRÜNBAUM, *Philosophical Problems of Space and Time*, 1973[2]). Por essa razão, foi proposta a modificação da acepção de causa (em termos restritivos por VON WRIGHT, *Explanation and Understanding*, 1971; em termos probabilísticos, para interpretar nesse sentido a anisotropia, por POPPER, *The Arrow of Time*, 1956). A aparente plausibilidade da teoria causal do T. choca-se com sérias dificuldades: (i) a máquina do T. poderia permitir-me ir ao passado e modificá-lo: mas, e se eu o modificasse, destruindo as causas da minha própria existência (D. Lewis e Horwich deduzem do absurdo das conseqüências a absoluta implausibilidade das viagens no T.)? As viagens no T. evidenciam o paradoxo da teoria causal que cria um elo entre causa e passado, mas não quer fazê-lo também para o futuro; (ii) se não houvesse diferenças ontológicas entre passado e futuro, poder-se-ia chegar ao determinismo universal já percebido por Aristóteles em *De interpretatione*, 9; (iii) a teoria causal do T. não é capaz de atribuir a ele propriedades topológicas unívocas: ele poderia ser infinito, mas também finito, ou ainda finito mas ilimitado. No caso de lhe atribuir características nitidamente opostas ao fechamento (que implica relações de causalidade simétrica e transitiva), obrigaria a considerá-lo como unidimensional. Outras formas de reducionismo não causal foram praticadas, ligando-se a assimetria do T. a outros processos assimétricos, como a crescente entropia dos sistemas físicos.

f) A seta do T. Depois da física relativista e da mecânica quântica (ambas substancialmente indiferentes à direção do fluxo temporal, ainda que na segunda um problema grave seja constituído pela irreversibilidade do processo de mensuração), novos desenvolvimentos da física (em particular o estudo das partículas subatômicas e as chamadas estruturas de não-equilíbrio, como os relógios químicos e o caos determinístico) deram atenção à descrição dos sistemas abertos, em que se produz um aumento da entropia. Esta última, em termodinâmica, pode ser definida como a medida da capacidade de mudança de um sistema macroscópico isolado; ela aumenta constantemente, produzindo – pelo menos segundo a visão tradicional – desordem ou, segundo a expressão de Kelvin, a degradação da energia, e esta, por sua vez, demonstra a existência de uma direção irreversível do T., chamada, segundo uma criativa expressão cunhada em 1927 por Eddington, de *seta do T.* Enquanto os estudiosos ligados ao modelo relativista afirmam que hoje é impossível determinar se o T. possui uma direção intrínseca, o paradigma da auto-organização proposto por Prigogine (*From Being to Becoming*, 1980; C. GEORGE-L. ROSENFELD, *The Macroscopic Level of Quantum Mechanics*, 1972) propõe entender a entropia (dinâmica, visto que na visão tradicional a obtenção do mais alto grau de entropia corresponde ao estado de equilíbrio) como um desenvolvimento dos sistemas dinâmicos não-lineares dissipadores. Em sentido bem diferente, a epistemologia genética (PIAGET, *Le développement de la notion de temps chez l'enfant,* 1973[2]; FRAISSE, *Psychologie du temps,* 1967) fala de três estágios da infância no aprendizado da noção de T.: no primeiro, ele é heterogêneo, egocêntrico e irreversível; no terceiro, é homogêneo, recíproco e reversível; só a partir desta última fase o sujeito é capaz de superar uma noção estreitamente qualitativa do T., chegando a uma noção quantitativa, essencial nas operações; mas a compreensão da assimetria objetiva do T. exige a sua repercorribilidade, ou seja, simetria, no plano subjetivo, o do conhecimento.

g) T e modalidade. Viu-se que o T. pode ser, entre outras coisas, entendido como um conjunto de mundos possíveis: há sem dúvida um presente atual (assim como, pelo menos segundo alguns, um passado atual), mas o futuro parece infinito para a maioria, visto que diferentes estados de coisas poderão realizar-se. (i) *T. como possibilidade lógica.* O T. pode ser interpretado como a passagem do possível ao necessário, pois falar do que será é muitas vezes falar do que poderia ser. Se definirmos "necessário" como "verdadeiro em todos os mundos possíveis", adotaremos uma concepção em última instância recente (atemporal) da modalidade, ao passo que Aristóteles (em *De coelo)* produzira uma concepção relativizada a determinado T. As asserções podem modificar seu estatuto modal no T.: por exemplo, o que ontem era possível pode ter-se tornado real hoje. Prior (*Time and Modality,* 1957) desenvolveu uma lógica temporal que apresenta fortes analogias estruturais com a lógica modal, interpretando certas noções da segunda nos termos da primeira, enquanto Rescher e Urquhart (*Temporal Logic,* 1971) adotaram outra estratégia (típica de quem não crê na existência dos eventos temporais), eliminando os operadores temporais e ideando uma lógica em que a quantificação versa sobre instantes e intervalos, e os termos denotam intervalos temporais. (ii) *T. como possibilidade física.* Nas concepções causais do T., deve-se admitir que subsiste efetivamente uma cadeia causal que conduz do evento e ao evento e_n para poder falar da prioridade temporal de e sobre e_n, ainda que esse estado de fato não se dê no mundo atual (onde e e e_n são contemporâneos) mas somente num mundo possível. Fala-se então de uma possibilidade física, não meramente lógica (REICHENBACH, *Axiomatik der relativistischen Raum-Zeit-Lehre,* 1924).

A introdução de categorias modais na teoria causal do T. apresenta, porém, dificuldades não desprezíveis, pois, se a constatação das relações causais é a fonte de nossa consciência do T., esse conhecimento *ex post factum* não nos conduz a outras categorias modais senão a da atualidade, e parece produzir-se um círculo vicioso, porque de um lado a possibilidade das noções causais entre eventos baseia-se nas relações temporais que intercorrem entre eles e, por outro, as relações temporais são produzidas pelas causais. Análogas dificuldades surgem para o *relacionismo,* pois é pouquíssimo plausível que nos tornemos conscientes da existência do T. à luz da possibilidade da mudança se ela pressupõe, por sua vez, a existência do T. A saída dessas dificuldades poderia ser o adoção de uma noção conveniente de modalidade.

h) Topologia. A disputa sobre o caráter contínuo (ARISTÓTELES, *Physica,* VI, 232b 20 ss.) ou discreto (HUME, *A Treatise on Human Nature,* I, II, 1-3) do T., já estigmatizada por Kant, em *Cosmologia racional* da primeira *Crítica,* como indecidível, não parou de produzir considerações. Os defensores do caráter discreto do T. exigem o abandono da nossa intuição, presente também em nível imediato, de que o T. é unidimensional; ele seria então constituído por átomos temporais, que alguns chamam de *crónons,* sobre os quais, porém, ainda não foram produzidas teorias satisfatórias. Para os defensores da continuidade, é necessário asseverar a divisibilidade infinita e a densidade. Ter-se-á *densidade* se para todos os instantes i_1 e i_2, postos na relação Ri_1i_2, (R lê-se "antes de") existir um instante i_3, tal que Ri_1i_3 e Ri_3i_2, mas ter-se-á realmente *continuidade* se toda seqüência convergente de instantes tiver um limite. Fica mais claro quando pensamos que os instantes (os nossos i_n) dotados de densidade se comportam como números racionais, e os dotados também de continuidade se comportam como números reais, os únicos que representam um autêntico *continuum;* com esses instrumentos matemáticos (montados sobretudo por Cantor) podem ser resolvidas as antinomias de Zenão.

i) Absolutismo e relacionismo. A disputa clássica entre Newton e Leibniz parecia definitivamente esquecida depois da relatividade especial (v. RELATIVIDADE, TEORIA DA), que exige o abandono das noções de simultaneidade e duração como coisas independentes do sistema de referência e afirma que a estrutura métrica do espaço-tempo (v. ESPAÇO) depende da distribuição da matéria no universo. Mas isso diz respeito à discussão sobre a absolutez da medida do T., e não da sua natureza: fica portanto em aberto se ele deve ser considerado um substrato em que os eventos físicos estão situados ou mera relação entre os eventos. Depois da decisiva condenação da concepção absolutista por parte de Reichenbach (*Die Bewegungslehre bei Newton, Leibniz und Huyghens,* 1924), a reflexão pós-empirista mostrou uma substancial reabertura do caso, seja no plano historiográfico (o debate entre Leibniz e Clarke foi revisto por STEIN, *Newtonian Space-Time,*

1967, por EARMAN, *Who's Afraid of Absolute Space*, 1970, e por SKLAR, *Space, Time, and Spacetime*, 1976), seja no teórico (LACEY, *The Philosophical Intelligibility of Absolute Space*, 1971, considera a noção de um espaço absoluto filosoficamente inteligível). Abraçam, entre os outros, a posição do absolutismo: Hooker (*Relational Doctrines of Space and Time*, 1971); Nerlich (*The Shape of Space*, 1976); Field (*Science without Numbers*, 1980, e *Can We Dispense with Space-Time?*, 1985); Friedman (*Foundations of Space Time Theories*, 1983). São relacionistas: Van Fraassen (*An Introduction to the Philosophy of Space and Time*, 1970); Suppes (*Some Open Problems in the Philosophy of Space and Time*, 1972); Grünbaum (*Philosophical Problems of Space and Time*, 1973²) e muitos outros (Bunge, Maynez, Manders, Mundy). Contestam a oportunidade da dicotomia: Earman (*Was Leibniz a Relationalist?*, 1979 e *World Enough and Space-Time*, 1989); Teller (*Space-Time as a Physical Quantity*, 1987). A relatividade geral apresentou motivos de fundamentação a ambas as posições, e não há razão para se entrever uma possível solução do caso. [M.S.]

2.ª A segunda concepção fundamental de T. considera-o como intuição do movimento ou "devir intuído". Esta última definição é de Hegel, que acrescenta ser "o T. o princípio mesmo do Eu = Eu, da autoconsciência pura, mas é esse princípio ou o simples conceito ainda em sua completa exterioridade e abstração" (*Enc.*, § 258). Portanto, Hegel não identifica o T. com a consciência, mas com algum aspecto parcial ou abstrato da consciência. Sem essa limitação, Schelling dissera: "o T. outra coisa não é senão o sentido interno que se torna objeto para si" (*System des transzendentalen Idealismus*, seç. III, Segunda época, D; trad. it., p. 141). A rigor, a concepção de T. como intuição do devir traz em seu bojo a redução de T. a consciência. Isso já acontece em Plotino. Segundo este último, o T. não existe fora da alma: ele "é a vida da alma e consiste no movimento pelo qual a alma passa de um estado a outro de sua vida" (*Enn.*, III, 7.11); assim, pode-se dizer que até o universo está no T. só na medida em que está na alma, ou seja, na alma do mundo (*ibid.*, III, 7, 3). A Agostinho deve-se a melhor expressão e a difusão dessa doutrina na filosofia ocidental. O T. é identificado por Agostinho com a própria vida da alma que se estende para o passado ou para o futuro (*extensio* ou *distensio animi*). Agostinho diz: "De que modo diminui e consome-se o futuro que ainda não existe? E de que modo cresce o passado que já não é mais, senão porque na alma existem as três coisas, presente, passado e futuro? A alma espera, presta atenção e recorda, de tal modo que aquilo que ela espera passa, através daquilo a que ela presta atenção, para aquilo que ela recorda. Ninguém nega que o futuro ainda não existe, mas na alma já existe a espera do futuro; ninguém nega que o passado já não existe, mas na alma ainda existe a memória do passado. E ninguém nega que o presente carece de duração porque logo incide no passado, mas dura a atenção por meio da qual aquilo que será passa, afasta-se em direção ao passado" (*Conf.*, XI, 28, 1). A tese fundamental dessa concepção de T. foi enunciada pelo próprio Agostinho: "A rigor, não existem três T., passado, presente e futuro, mas somente três presentes: o presente do passado, o presente do presente e o presente do futuro" (*ibid.*, XI, 20, 1).

Na filosofia moderna, Bergson retomou essa concepção, contrapondo-a ao conceito científico de tempo. Segundo ele, o T. da ciência é *espacializado* e, por isso, não tem nenhuma das características que a consciência lhe atribui. Ele é representado como uma linha, mas "a linha é imóvel, enquanto o T. é mobilidade. A linha já está feita, ao passo que o T. é aquilo que se faz; aliás, é aquilo graças a que todas as coisas se fazem" (*La pensée et le mouvant*, 3.ª ed., 1934, p. 9). Já em sua primeira obra, *Essai sur les données immédiates de la conscience*, Bergson insistira na exigência de considerar o T. vivido (a *duração* da consciência) como uma corrente fluida na qual é impossível até distinguir estados, porque cada instante dela se transpõe no outro em continuidade ininterrupta, como acontece com as cores do arco-íris. Esse ficou sendo o conceito fundamental de sua filosofia. Segundo Bergson, o T. como duração possui duas características fundamentais: 1.º novidade absoluta a cada instante, pelo que é um processo contínuo de criação; 2.º conservação infalível e integral de todo o passado, pelo que age como uma bola de neve e continua crescendo à medida que caminha para o futuro. Não muito diferente é a concepção de Husserl sobre o "T. fenomenológico". Ele afirma: "Toda vivência efetiva é necessariamente algo que dura; e com essa duração insere-se em um infinito contínuo de durações, num contínuo *pleno*. Ela tem necessariamente um horizonte temporal atualmente infinito de todos os lados. Isso significa que pertence a uma *corrente* infinita de vivências. Cada vivência isolada, assim como pode começar, pode acabar e encerrar sua duração; é o que acontece, por exemplo, com a experiência de uma alegria. Mas a corrente das experiências não pode começar nem acabar" (*Ideen*, I, § 81). Isso significa que, assim como a duração bergsoniana, a corrente de experiências tudo conserva e é uma espécie de eterno presente.

3.ª A terceira concepção de T. transforma-o em estrutura da possibilidade. Essa é a concepção ilustrada por Heidegger na obra *Ser e tempo* (1927), que já no título anuncia a identidade dos dois termos. A primeira característica dessa concepção é o primado atribuído ao *futuro* na interpretação do tempo; as duas concepções anteriores fundam-se no primado do presente. O T. como ordem do movimento é uma totalidade totalmente presente porque toda ordem supõe a simultaneidade de suas partes, de cuja recíproca adaptação a ordem nasce. A concepção de T. como devir intuído só faz interpretá-lo em função do presente, porque a intuição do devir é sempre um agora, um instante presente. Heidegger, porém, interpretou o T. em termos de possibilidade ou de projeção: o T. é originariamente o *por-vir* (*Zu-kunft*); mais precisamente: quando o T. é autêntico (originário e próprio da existência), é "o porvir do ente para si mesmo na manutenção da possibilidade característica como tal". "Porvir não significa um *agora,* que, ainda não tendo se tornado atual, algum dia o será, mas sim a futuração em que o ser-aí chega a si mesmo com base no seu poder-ser mais próprio. É a antecipação que torna o ser-aí *propriamente* porvindouro, de sorte que a própria antecipação só é possível porque o ser-aí, em geral, já sempre chegou a si mesmo" (*Sein und Zeit,* § 65). O passado, como um *ter-sido,* é condicionado pelo porvir porque, assim como são possibilidades autênticas aquelas que *já foram,* também *já foram* as possibilidades às quais o homem pode autenticamente retornar e de que ainda pode apropriar-se (*ibid.,* § 65). Tanto o T. *autêntico,* em que o ser-aí projeta sua própria possibilidade privilegiada (o que já foi, de tal modo que suas escolhas são escolhas do já escolhido, isto é, da impossibilidade de escolher), quanto o T. *inautêntico,* que é o da existência banal, em que o tempo se torna uma sucessão infinita de instantes, são o sobrevir ao ser-aí (isto é, ao homem) daquilo que a possibilidade projetada lhe apresenta; portanto são um *apresentar-se,* a partir do futuro, daquilo que já foi no passado (*ibid.,* § 80, 81). A análise heideggeriana do T. sem dúvida contém um grande compromisso metafísico, porquanto o T. é considerado como uma espécie de círculo, em que aquilo de que se tem perspectiva no futuro é aquilo que já foi; por sua vez, o que já foi é aquilo de que se tem perspectiva para o futuro. Nesse sentido, Heidegger fala de T. finito, ou *autêntico,* já que T. inautêntico (que ele também chama de *databilidade* ou *T. público*) é o desconhecimento parcial da natureza do T. e a sua concepção como linha aberta e sucessão infinita de instantes (*Sein und Zeit,* §§ 79-81). Todavia, a análise de Heidegger contém alguns elementos de interesse filosófico notável porque constitui uma importante inovação na análise do conceito de tempo. Esses elementos são os seguintes:

1º Mudança do horizonte modal, passando-se na interpretação do T. da necessidade à possibilidade: o T. já não é integrado numa estrutura necessária, como a ordem causal, mas na estrutura da possibilidade. Esse aspecto pode ser utilizado para expressar adequadamente a transformação a que a noção de T. foi submetida pela relatividade de Einstein. Com efeito, se dois eventos, simultâneos segundo certo sistema de referência, podem não ser simultâneos segundo um outro, o T. não é uma ordem necessária, mas a possibilidade de várias ordens.

2º O primado do futuro na interpretação do T. não constitui apenas uma alternativa diferente do primado do presente e a ele oposta, na qual se baseiam as outras duas interpretações principais, mas também oferece a possibilidade de não nivelar com o presente as outras determinações do T. e de entendê-las em sua natureza específica: o futuro como futuro (e não como "presente do futuro") e o passado como passado.

3º A relação entre passado e futuro, que Heidegger enrijeceu num círculo, pode ser facilmente dissolvida com a introdução da noção de possível. O passado pode ser entendido como ponto de partida ou fundamento das possibilidades porvindouras, e o futuro como possibilidade de conservação ou de mudança do passado, em limites (e aproximações) determináveis a cada vez.

4º A introdução de novos conceitos interpretativos, expressos por termos como projeto ou projeção, antecipação, expectativa etc., mostraram-se úteis nas análises filosóficas e passaram a fazer parte do uso filosófico corrente. [N.A.]

TEMPORAL (in. *Temporal*; fr. *Temporel*; al. *Zeitlich*; it. *Temporale*). 1. O que pertence ao tempo, diz respeito ao tempo ou acontece no tempo. Por exemplo, ordem T., esquema T. etc.

2. O que é mundano, pertence à ordem do tempo, em contraposição ao que é espiritual e pertence à ordem da eternidade. A contraposição entre T. e espiritual é um dos temas dominantes do cristianismo paulino (v., p. ex., *Ad cor.*, II, IV, 18; *Ad hebr.*, XI, 25; etc.). [N.A.]

TEMPORÁRIO (in. *Temporary*; fr. *Temporaire*; al. *Einstweilig*; it. *Temporaneo*). De pouca duração, provisório. [N.A.]

TENDÊNCIA (in. *Tendency*; fr. *Tendance*; al. *Trieb*; it. *Tendenza*). Entende-se por T. todo inclinação habitual e constante à ação. Nisso a T. distingue-se do *impulso* (v.), que é a ação súbita e temporária. Kant restringiu o significado desse termo a apetite habitual, de natureza sensível (*Antr.*, § 73). Schiller admitiu três T. fundamentais no homem; a primeira, de natureza *sensível*, instiga-o à mudança; a segunda, ou *T. à forma*, instiga-o à imutabilidade; finalmente, a terceira, ou *T. ao jogo*, instiga-o a combinar as duas primeiras (*Briefe über die aesthetische Erziehung*, 12, 13). A esta distinção Fichte contrapôs outra, entre a *T. ao conhecimento*, que torna o homem um "ser representante", a T. *prática*, que visa à modificação e à formação das coisas, e a T. *estética*, que visa a determinada representação só em vista da própria representação, e não da coisa ou do conhecimento da coisa (*Werke*, VIII, pp. 278-9). Mais recentemente, Jaspers distinguiu três ordens de T.: 1.ª as *sensíveis*, com correlato somático (fome, sede, sexo etc.); 2.ª as *vitais* mas sem localização somática (T. à autoglorificação ou à submissão, à imigração, à sociabilidade etc.); 3.ª as *espirituais*, voltadas para a realização de valores (*Allgemeine Psychopathologie*, 1913). [N.A.]

TENSÃO (gr. τόνος; in. *Tension*; fr. *Tension*; al. *Spannung*; it. *Tensione*). 1. Conexão entre dois opostos que estão ligados apenas por sua oposição. Segundo os antigos (v. FÍLON, *Rer. div. Her.*, 43), esse conceito constituía a grande descoberta de Heráclito; este dissera: "Os homens não sabem como aquilo que é discordante está em acordo consigo: harmonias de T. opostas, como as do arco e da lira" (*Fr.* 51, DIELS). Nesse sentido, os estóicos também falaram da T. que mantém o universo coeso (ARNIM, *Stoic. fragm.*, II, 134). Enquanto a *dialética* (v.) é a unidade dos opostos como síntese ou conciliação, a T. é o elo entre os opostos como tais, sem conciliação ou síntese. Por isso, as situações de T. não permitem prever conciliação; essa palavra é usada com esse sentido mesmo na linguagem comum, como quando se fala da "T. internacional". No mesmo sentido, fala-se de "T. psicológica" para indicar um estado latente de conflito.

2. Os estóicos (mais precisamente Cleantes; v. ARNIM, *Stoic. frag.*, I, 128) introduziram a noção de T. como força tendente a um resultado: nesse sentido, é sinônimo de tendência ou de esforço, especialmente de esforço prolongado ou penoso. [N.A.]

TEOCRACIA (in. *Theocracy*; fr. *Théocratie*; al. *Theokratie*; it. *Teocrazia*). 1. Regime político em que o governo é exercido pela casta sacerdotal. Nesse sentido foram T. o Estado hebreu, o Estado maometano e o calvinismo de Genebra.

2. Doutrina da supremacia do poder eclesiástico, do qual o poder civil extrairia direito e investidura. T. nesse sentido encontrar-se-ia na Idade Média.

3. Mais em geral, qualquer doutrina segundo a qual toda autoridade provém de Deus (v. AUTORIDADE). [N.A.]

TEOCRASIA (gr. θεοκρασία; in. *Theocrasy*; fr. *Théocrasie*; al. *Theocrasie*; it. *Teocrasia*). União ou mescla da alma com Deus, no misticismo (v. JÂMBLICO, *De vita pythagorica*, 33, 240). [N.A.]

TEODICÉIA (in. *Theodicea*; fr. *Théodicée*; al. *Theodizee*; it. *Teodicea*). Termo criado por Leibniz e que serviu de título a uma de suas obras (*Ensaio de T. sobre a bondade de Deus, a liberdade do homem e a origem do mal*, 1710), para demonstrar que há justiça divina por meio da solução de dois problemas fundamentais: o do mal e o da liberdade humana. Sobre o primeiro problema, a T. de Leibniz responde mais especificamente às considerações desenvolvidas por Bayle em seu *Dicionário* (1697), que na realidade só ampliavam o que epicuristas já haviam dito em polêmica com os estóicos: "Deus não quer, ou não pode, ou pode e não quer, ou não quer nem pode, ou quer e pode eliminar o mal. Se quer e não pode, é impotente: o que Deus não pode ser. Se pode e não quer, é invejoso, o que igualmente é contrário a Deus. Se não quer nem pode, é invejoso e impotente, portanto não é Deus. Se quer e pode – única coisa que convém a Deus –, qual a origem da existência do mal e por que não os elimina?" (*Fr.* 374, Usener). A solução de Leibniz é a tradicional: o mal não é uma realidade; portanto, a responsabilidade por ele não remonta a Deus (v. MAL). Quanto ao problema da liberdade, Leibniz discute principalmente as várias formas assumidas pelo determinismo teológico na literatura protestante de seu tempo, para reivindicar a liberdade do homem no sentido tradicional de autodeterminação (v. LIBERDADE). Deus inclina sem determinar, e a liberdade do homem não consiste na indeterminação absoluta, ou seja, no arbítrio indiferente, mas na ausência de necessidade e de coação (v. LIBERDADE). A partir de Leibniz, a T. passa a ser considerada parte fundamental da teologia racional (v. TEOLOGIA). [N.A.]

TEOFANIA (lat. *Theophania*; in. *Theophany*; fr. *Théophanie*; al. *Theophanie*; it. *Teofania*). Esse termo, que significa "visão de Deus", foi usado por Scotus Erigena (séc. IX) para indicar o mundo como manifestação de Deus. Segundo ele, T. é o processo de descida de Deus ao homem através da criação e de retorno do homem a Deus através do amor. T. também é qualquer obra da criação que manifeste a essência divina, que assim se torna visível nela e através dela (*De divis. nat.*, I, 10; V, 23). [N.A.]

TEOGNOSE (al. *Theognosis*; it. *Teognosi*). Conhecimento científico de Deus (v. C. F. KRAUSE, *Vorlesungen über das System der Phiolosophie*, 1828, p. 27). Termo bastante raro. [N.A.]

TEOGONIA (gr. θεογονία; in. *Theogony*; fr. *Théogonie*; al. *Theogonie*; it. *Teogonia*). Geração dos deuses e do mundo: cosmologia mítica (V. PLATÃO, *Leis*, X, 886 c) (v. COSMOLOGIA). [N.A.]

TEOLOGAIS, VIRTUDES (lat. *Virtutes theologicae*; in. *Theological virtues*; fr. *Vertus theologiques*; al. *Theologische Tugenden*; it. *Virtù teologiche*). Foram assim chamadas na Idade Média a fé, a esperança e a caridade, virtudes que dependeriam de dons divinos e que visaram a obter a bem-aventurança a que o homem não pode chegar só com as forças da sua natureza. Por esse caráter sobrenatural, as virtudes T. distinguem-se das *éticas* (v.) e *dianoéticas* (v.) (v. TOMÁS DE AQUINO, *S. Th.*, II, 1, q. 62, a. 1). Para as virtudes em separado, vejam-se os respectivos verbetes. [N.A.]

TEOLOGIA (gr. θεολογία; lat. *Theologia;* in. *Theology;* fr. *Théologie;* al. *Theologie;* it. *Teologia*). Em geral, qualquer estudo, discurso ou pregação que trate de Deus ou das coisas divinas. Foi nesse sentido generalíssimo que essa palavra foi entendida pelo grande erudito romano Marco Terêncio Varrão (séc. I a.C.), cuja distinção de três T. foi transmitida por Agostinho: T. *mítica* ou *fabulosa;* T. *natural* ou *física;* T. *civil*. A T. mítica ou fabulosa é utilizada pelos poetas e admite muitas ficções contrárias à dignidade e à natureza da divindade. A T. natural é a dos filósofos e estuda "o que os deuses são, o lugar em que residem, o gênero deles, sua essência, o tempo em que nasceram ou sua perenidade, e se o princípio deles está no fogo, como crê Heráclito, nos números, como afirma Pitágoras, ou nos átomos, como acredita Epicuro". Finalmente, a T. civil "deve ser conhecida e praticada pelos cidadãos, principalmente pelos sacerdotes; ensina que divindades devem ser veneradas publicamente e que cerimônias e sacrifícios devem ser realizados" (AGOSTINHO, *De civ. Dei*, VI, 5). Nesse sentido varroniano, Vico considerava a sua "ciência nova" como "uma T. civil e racional da providência", porquanto sua origem está na "sabedoria comum dos legisladores que fundaram as nações e que contemplaram Deus com o atributo de providencial" (*Sc. n.*, II, Corolário em torno dos aspectos principais dessa ciência). Em sentido mais especificamente histórico-filosófico, é possível distinguir: 1º T. metafísica; 2º T. natural; 3º T. revelada; 4º T. negativa.

1º Aristóteles chamou de T. a sua "ciência primeira", ou seja, a metafísica: entendeu-a ao mesmo tempo como ciência do ser como tal (ou seja, da substância) e como ciência da substância eterna, imóvel e separada (ou seja, de Deus) (*Met.*, VI, 1, 1026 a 10). Esse conceito de T. como metafísica persistiu por longos séculos. O estóico Cleantes incluía a T. entre as partes da filosofia (DIÓG. L., VII, 41). Para Plotino, a T. era a única ciência digna desse nome (*Enn.*, V, 9, 7). Desse ponto de vista, os neoplatônicos muitas vezes chamaram os filósofos – inclusive os físicos e os materialistas – de teólogos, porquanto eles se ocupavam (como diz Proclo) dos "princípios primeiríssimos das coisas subsistentes por si mesmas" (*Plat. theol.*, I, 3). Esse é também o significado que Varrão atribuía à expressão "T. natural". Esse uso perdurou na filosofia cristã: nem na patrística nem na primeira fase da escolástica seria possível encontrar uma delimitação exata entre T. e filosofia. O próprio Tomás de Aquino, na primeira fase de sua obra, aceitou a identidade entre T. e metafísica, como se vê no prólogo ao seu comentário à *Metafísica* de Aristóteles; nele se lê que, como a metafísica considera em primeiro lugar as substâncias separadas ou divinas, em segundo lugar o ente como tal e em terceiro lugar as causas ou os princípios primeiros, "é chamada de ciência divina ou T. ao considerar as substâncias separadas; de metafísica quando considera o ente; [...] e de filosofia primeira quando considera as causas primeiras das coisas" (*In Met.*, Proemium).

No século XVII começou-se a fazer a distinção entre "filosofia primeira", que também foi chamada de *ontologia* (v.), e T.; começou-se também a fazer a distinção entre T. como ciência natural e T. baseada na revelação. Essas distinções estão claramente estabelecidas em *De augumentis scientiarum* (1623) de F. Bacon, que chamou de T. *natural* o conhecimento que se pode obter de Deus "através da luz da natureza e da contemplação das coisas criadas" (*De augm. scient.*, III, 2), e de T. *inspirada* ou *sagrada* a que se baseia em princípios diretamente inspirados por Deus (*ibid.*, III, 1).

2º O segundo conceito de T. é, portanto, o de T. *natural,* que se distingue do anterior só pelo fato de compreender uma parte da metafísica, e não a sua totalidade; mais precisamente, a parte que tem por objeto as coisas divinas. A expressão de Bacon, "T. natural", foi retomada e difundida por Wolff: ele a definia como "a ciência do que é possível por obra de Deus", portanto como uma parte da filosofia, que é, em geral, a ciência das coisas possíveis (*Log.*, Disc. prael., 57). Baumgarten insistia no caráter racional da T. assim entendida: "T. natural é a ciência de Deus, na medida em que se pode conhecer sem fé" (*Met.*, § 800), e a considerava fundamento da filosofia prática, da T. e da T. revelada (*ibid.*, § 601). Foi esse conceito de T. que, juntamente com seu conteúdo, Kant criticou em *Crítica da Razão Pura*. Ele, porém, preocupou-se também em distinguir as várias espécies de T., e, partindo da distinção básica entre T. racional e T. revelada, distinguiu na T. racional a T. *transcendental* – que "concebe seu objeto simplesmente com a razão pura, por meio de meros conceitos transcendentais (*ens originarium, realissimum, ens entium*)" – e a T. *natural,* que utiliza "conceitos tomados da natureza". Por sua vez, a T. transcendental pode ser *cosmoteologia,* se deduzir a existência de Deus da experiência em geral, ou *ontoteologia,* se deduzir sua existência a partir de conceitos, sem recorrer à experiência. Finalmente, a T. natural pode ser T. *física*, se remontar aos atributos de Deus partindo da ordem e da constituição do mundo, ou T. *moral*, se considerar Deus como o princípio da ordem e da perfeição moral (*Crít. R. Pura*, Dialética, cap. III, seç. VII). Algumas dessas distinções persistiram e ainda são usadas no campo da T. eclesiástica.

3º A T. *revelada* ou *sagrada* extrai seus princípios da revelação. A primeira formulação explícita desse conceito é, provavelmente, tomista: Tomás de Aquino afirma que "a sagrada doutrina é ciência porque parte de princípios conhecidos através da luz de uma ciência superior, que é a ciência de Deus e dos bem-aventurados" (*S. Th.*, I. q. 1, a. 2). A "ciência de Deus e dos bem-aventurados" coincide com os "artigos de fé" ou com a "revelação divina" (*ibid.*, a. 78). Era essa a T. que Duns Scot considerava ciência puramente *prática*, em confronto com a metafísica, que ele considerava a ciência teórica por excelência: o único objetivo da T. seria persuadir o homem a agir em vista da salvação (*Op. Ox.*, Prol., q. 4, n. 42), e mesmo as verdades aparentemente teóricas teriam valor apenas prático como, por exemplo, a proposição "Deus é trino", que incluiria simplesmente o conhecimento do justo amor que o homem deve a Deus (*ibid.*, Prol., q. 4, n. 31). A negação do valor cognitivo da T. persiste, no fim da escolástica, mesmo quando não se atribui caráter prático à sua totalidade. Ockham não considerava a T. como ciência, mas como um simples conjunto de conhecimentos diversos, teóricos e práticos, baseados exclusivamente na autoridade e cujo único fim seria guiar o homem para a salvação (*In Sent.*, Prol., q. 12, E-I). Esse conceito não difere muito daquilo que Espinosa exporia mais tarde em *Tratado teológico-político* (v. especialmente cap. 15).

4º O conceito da T. *negativa* surgiu e propagou-se no misticismo. A distinção entre T. positiva ou afirmativa (que parte de Deus em direção ao finito por meio da determinação dos atributos ou *nomes* de Deus) e T. *positiva ou afirmativa* (que parte do finito em direção a Deus e o considera acima de todos os predicados ou nomes com os quais possa ser designado) encontra-se nos tratados do Pseudo-Dionísio, o Areopagita (*De myst. theol.*, l; *De div. nom.*, I, 4; 4, 2; 13, 1; *De eccl. hyerar.*, 2, 3), mas sua fonte está nos textos neoplatônicos, para os quais Deus está acima de todas as determinações finitas e do próprio ser (v. TRANSCENDÊNCIA). Essa distinção é repetida por Scotus Erigena (*De divis. nat.*, II, 30) e retomada pelo misticismo especulativo alemão do século XIV (v. ECKEHART, em PFEIFFER, *Deutsche Mystiker des 14 Jahrhunderts*, II, pp. 318-9) e pelo Renascimento, com Nicolau de Cusa (*De docta ignor.*, I, 24; 26) e Carolus Bovillus [Charles de Bouelles] (*De nihilo*, 11, 1, 4). Pode-se considerar manifestação dessa T. – revivida através da experiência de Kierkegaard – a chamada "T. da crise" de K. Barth, salvo pelo fato de esta não consistir na negação dos atributos finitos de Deus, mas em considerar a relação entre o homem e Deus como a negação de todas as possibilidades humanas (*crise*), que se reduziriam a meras impossibilidades, de tal modo que só dessa negação nasceria uma possibilidade de salvação, cuja origem já não é humana, porém divina (*Römerbrief*, 1919). [N.A.]

TEOLOGIA e FILOSOFIA (it. *Teologia e filosofia*). A relação entre T. e filosofia foi pensada segundo uma gama de possibilidades diferentes. Sem considerarmos seus traços mais específicos, podemos resumir tais possibilidades em três modelos gerais básicos:

1) Tese segundo a qual T. e filosofia *coincidem* porque *a*) a T., pressupondo que não há discurso verdadeiro sobre Deus e sobre o mundo fora da palavra revelada, resolve em si mesma a filosofia (como ocorre, por exemplo, em certo teologizar de cunho patrístico); ou *b*) a filosofia, pressupondo que não há discurso verdadeiro sobre Deus e sobre o mundo fora do discurso especulativo, engloba em si mesma a T. (como ocorre, por exemplo, em Hegel).

2) Tese segundo a qual T. e filosofia são duas atividades estruturalmente dessemelhantes e mutuamente excludentes, visto que uma parte da razão crítica e do homem, e a outra, da fé e de Deus, segundo uma maneira de pensar que, mesmo em se tratando de visões interpretativas opostas, interliga, por exemplo, fideístas declarados como Lutero e Barth (para os quais a "verdade" está do lado da T., e o "erro" do lado da filosofia) e racionalistas "duros" como Carnap e Hans Albert (para os quais a "verdade" está do lado da filosofia ou da razão crítica, e a "falsidade" do lado da T.).

3) Tese segundo a qual T. e filosofia não se identificam completamente nem se excluem de todo, mas coincidem, ou até se remetem uma à outra, pelo menos em parte. Em outros termos, segundo esse modelo, intermediário entre os dois anteriores, a T. é filosofia, ou pelo menos *encontra* estruturalmente a filosofia, na região ou seção específica em que é T. "racional", T. "fundamental" ou T. "apologética".

É óbvio que esses vários macromodelos, que delineamos em sua tipicidade ideal, especificam-se concretamente numa quantidade ilimitada de micromodelos, que, em última análise, são tantos quantos são os teólogos. Sem pretensão de estabelecer a "correta" relação teórica que deve haver, de direito, entre T. e filosofia, ao historiador só resta constatar a relação de fato que liga essas duas atividades da mente. No que se refere ao passado, o historiador percebe sobretudo que a variação das filosofias foi acompanhada pela variação das T. Por exemplo, nos séculos em que predominou a filosofia platônica, tivemos as teologias platônicas dos Padres (Orígenes, Agostinho, Gregório de Nissa etc.); nos séculos em que imperava a filosofia aristotélica, tivemos as T. aristotélicas dos grandes escolásticos (Tomás, Scot etc.). Analogamente, no que concerne ao século XX, durante os anos em que o existencialismo triunfava, tivemos as T. existencialistas de Tillich ou Bultmann; durante os anos de hegemonia do pragmatismo e do neopositivismo, tivemos as T. seculares de Cox ou Van Buren; durante os anos em que o marxismo tinha grande difusão, tivemos uma proliferação das T. políticas e das T. da libertação. Tudo isso é facilmente compreensível e decorre da própria natureza da T., que, sendo uma reflexão racional sobre o problema de Deus e da fé, não pode deixar de valer-se de categorias lingüísticas e conceituais extraídas da cultura de seu tempo e, em particular, de sua manifestação "pensante", que é a filosofia. Se a T. pressupõe constitutivamente a filosofia, esta última apresenta, por sua vez, elos históricos verificáveis, mais ou menos estreitos, com a T. Elos que levavam Nietzsche a declarar que "toda a nossa filosofia" tem nas veias "sangue teológico" (*L'anticristo,* af. 8, vol. VI, t. III, pp. 173-4). Em todo caso, não se compreenderia a filosofia medieval e boa parte da renascentista e moderna (pensemos em autores como Nicolau de Cusa, Campanella, Descartes, Espinosa, Leibniz, Fichte, Schelling, Hegel, Kierkegaard etc.) sem menção explícita ao cristianismo e às suas categorias teológicas. O próprio ateísmo moderno, em todas as suas variantes (de Feuerbach a Camus), é de qualquer modo a negação de uma afirmação precedente (que no Ocidente é a cristã). A existência dessa ligação de fato, ou desse nexo histórico bilateral entre filosofia e T. explica por que, no âmbito da nossa tradição cultural, nunca ocorre (realmente) uma história da T. isenta de menções à história da filosofia e, inversamente, uma história da filosofia isenta de ligações com o desenvolvimento da consciência religiosa e teológica (cf. G. FORNERO, *Filosofia e teologia da Tillich ai teorici della "morte di Dio"*, em N. ABBAGNANO, *Storia della filosofia,* Utet, Turim, 1991, vol. IV, t. I, pp. 207-313; M. CACCIARI, *Filosofia e teologia,* em *Filosofia,* VV.AA., org. Paolo Rossi, Utet, Turim, 1995, vol. II, pp. 365-421). [G.F.]

TEOLOGIA POLÍTICA (it. *Teologia politica*). 1. O mesmo que T. *civil* (v. TEOLOGIA), ou seja, a forma de T. que, segundo Agostinho, citando M. Terêncio Varrão, é elaborada pelos sacerdotes com o fim de legitimar a cidade e suas leis (*De civ. Dei,* VI, 5). Isso é feito em vista da sacralização da política que se traduz quase sempre na politização do sagrado.

2. Termo usado por Schmitt para indicar o nexo histórico-sistemático entre os conceitos teológico-religiosos e os conceitos político-jurídicos. Nexo devido ao fato de que os conceitos políticos, por um lado, derivam dos teológicos e, por outro, apresentam analogia estrutural com eles: "Todos os conceitos mais pregnantes da moderna doutrina do Estado são conceitos teológicos secularizados. Não só com base em seu desenvolvimento histórico, pois eles passaram à doutrina do Estado vindos da teologia – como por exemplo o Deus onipotente que se transformou no legislador onipotente –, mas também na sua estrutura sistemática, cujo conhecimento é necessário para uma consideração sociológica desses conceitos" (*Politishe Theologie,* 1992, trad. it., em *Le categorie del politico,* Il Mulino, Bolonha, 1972, 1984², p. 61). Do ponto de vista metodológico, a T. política de Schmitt situa-se no horizonte de investigação inaugurado por Weber. Com efeito, é na esteira deste último que ele fala de uma "sociologia dos conceitos jurídicos" e que, rechaçando a idéia de causalidade necessária entre o teológico e o político, esforça-se por detectar identidades e paralelismos entre os dois setores. Por exemplo, no caso da soberania, não se trata de afirmar que o conceito cartesiano de Deus representa o reflexo ideal do elemento real que é a monarquia do século XVII, mas de constatar que "o quadro metafísico do mundo que determinada época constrói tem a mesma estrutura daquilo que se apresenta à primeira vista como a forma da sua organização política" (*ibid.,* p. 69; v. CENTRO DE REFERÊNCIA).

3. Forma de T. ligada sobretudo ao teólogo católico B. Metz, que, em oposição às várias formas de transcendentalização e existencialização da T., insistiu no caráter *público* da fé e na necessidade de engajamento político para o cristão: "Entendo a T. política em primeiro lugar como correção crítica de uma tendência extrema da T. atual à privatização. Ao mesmo tempo, entendo-a positivamente como tentativa de formular a mensagem escatológica à luz das condições exigidas pela nossa sociedade atual" (*Sulla T. del mondo,* 1968, trad. it., Queriniana, Brescia, 1969, p. 107; v. TEOLOGIAS, NOVAS). [G.F.]

TEOLOGIAS, NOVAS (it. *Nuove teologie*). Conjunto de correntes teológicas de filiação cristã que se desenvolveram na Europa e no mundo a partir dos anos 1960, com o intuito de repensar o horizonte da fé à luz dos problemas e das instâncias sociais e intelectuais da civilização contemporânea. Tipificando essas novas T. – que encontram precursores e inspiradores em figuras como Tillich e Bonhoeffer – com base nas coordenadas teóricas que definem o campo de suas pesquisas, podemos distinguir: 1) T. ligadas à problemática da *secularização* (H. E. Cox, *T. da morte de Deus* etc.); 2) T. ligadas às problemáticas do Concílio Vaticano II e da renovação do pensamento católico (K. Ralmer); 3) T. ligadas à problemática da *esperança* (Moltmann, Pannenberg etc.); 4) T. ligadas às problemáticas da *libertação* e da *práxis* (T. da libertação, T. política, T. negra, T. feminista etc.); 5) T. ligadas às problemáticas *hermenêuticas* e *epistemológicas;* 6) T. ligadas às problemáticas da *identidade* e da *especificidade* cristã (H. U. von Balthasar). As primeiras cinco tendências apresentam diversos pontos de vista em comum, como: o interesse pelo homem, concretizado na chamada "virada antropológica" da T.; a atenção à sociedade, à política e à história; o ideal de um "falar crível" de Deus, capaz de levar em conta a mentalidade do homem atual e as filosofias (existencialismo, marxismo, hermenêutica etc.) nas quais ela tende a refletir-se; a consciência da natureza condicional, falível "plural" do discurso teológico; o universalismo ecumênico etc. Alguns desses pontos (como o antropocentrismo metodológico, a adequação das filosofias à moda, a inspiração sociológica e praxista, o ultra-ecumenismo etc.) estão ausentes da 6.ª tendência, ou seja, do tipo de T. que, reagindo a certo "ecletismo" e "modernismo" das correntes supracitadas, pretendeu recuperar a singularidade irredutível. (e, em última análise, antimoderna) do cristianismo. Em torno de posições parcialmente novas gira a síntese de H. Küng, cujo itinerário teológico exemplifica a expansão da T. ecumênica para uma T. das religiões baseada no ideal de "comunidade mundial ecumênica multiconfessional" (*T. in cammino,* 1987; *Progetto per um ethos mondiale,* 1990; cf. G. FORNERO, *Filosofia e teologia*, em N. ABBAGNANO, *Storia della filosofia,* vol. IV, t. 2, 1991; R. GIBELLINI, *Le teologia del XX secolo,* 1992). [G.F.]

TEOLOGIZANTE, FILOSOFIA (it. *Filosofia teologizzante*). Foi esse o nome dado por Croce à filosofia que cuida de problemas mal formulados e por isso irresolúveis, seja discutindo-os como problemas "máximos" ou "eternos", seja resolvendo-os com sistemas "imaginários", seja assumindo atitude agnóstica diante deles ("Sobre filosofia T. e as suas sobrevivências", em *Saggi filosofici,* 1920, V, p. 297). [N.A.]

TEOMANCIA (in. *Theomancy;* al. *Theomantie;* it. *Teomanzia*). Adivinhação inspirada pela divindade (v. ENTUSIASMO). [N.A.]

TEOMONISMO (al. *Theomonismus;* it. *Teomonismo*). Doutrina segundo a qual Deus é a única realidade: o mesmo que *acosmismo* (v.) ou *panteísmo* (v.). [N.A.]

TEONOMIA (in. *Theonomy*; fr. *Théonomie*; al. *Theonomie*; it. *Teonomia*). Governo ou legislação de Deus. Esse termo às vezes é contraposto a autonomia. [N.A.]

TEOPANTISMO (in. *Theopantism;* fr. *Théopantisme;* al. *Theopantismus;* it. *Teopantismo*). Doutrina segundo a qual Deus é a única realidade: o mesmo que *panteísmo* (v.). [N.A.]

TEOPNEUSTIA (in. *Theopneusty;* fr. *Théopneustie;* al. *Theopneustie;* it. *Teopneustia*). Inspiração divina, através da qual é comunicada a verdade revelada. [N.A.]

TEOREMA (gr. θεώρημα; lat. *Theorema;* fr. *Théorème;* al. *Theorem;* it. *Teorema*). Qualquer proposição demonstrável. Esse termo ingressou na linguagem matemática já na Antiguidade (v. ARISTÓTELES, *Met.*, XIV, 2, 1090 a 14), mas conservou, fora da linguagem matemática, o significado de proposição não primitiva mas derivada ou derivável de outras proposições. [N.A.]

TEORIA (gr. θεωρία; lat. *Theoria;* in. *Theory;* fr. *Théorie;* al. *Theorie;* it. *Teoria*). Este termo possui os seguintes significados principais:

1.º Especulação ou vida contemplativa. Esse é o significado que o termo teve na Grécia. Nesse sentido, Aristóteles identificava T. com bem-aventurança (*Et. nic.*, X, 8, 1178 b 25); T. opõe-se então a prática e, em geral, a qualquer atividade não desinteressada, ou seja, que não tenha a contemplação por objetivo.

2.º Uma condição hipotética ideal, na qual tenham pleno cumprimento normas e regras, que na realidade são observadas imperfeita ou parcialmente. Este significado está presente quando se diz: "Na teoria, deveria ser assim, mas na prática é outra coisa". Kant examinou o problema da relação entre T. e prática nesse sentido num escrito de 1793 (*Über den Gemenspruch: Das mag in der Theorie richtig sein, taugt aber nicht für die Praxis*), em que se encontram as seguintes definições de T. e prática: "Chama-se T. um conjunto de regras também práticas, desde que pensadas como princípios gerais, fazendo-se abstração de certa quantidade de condições que exerçam influência necessária sobre a sua aplicação. Inversamente, o que se chama de *prática* não é um ato qualquer, mas apenas o ato que concretiza um objetivo e é pensado em relação a princípios de conduta representados universalmente" (*op. cit.*, princ.).

3.º A chamada "ciência pura", que não considera as aplicações da ciência à técnica de produção, ou então as ciências, ou partes de ciências, que consistem na elaboração conceitual ou matemática dos resultados; por exemplo, "física teórica".

4.º Uma hipótese ou um conceito científico (v. TEORIA CIENTÍFICA). [N.A.]

TEORIA CIENTÍFICA (it. *Teoria scientifica*). O problema da T. científica constitui um dos capítulos mais importantes da metodologia das ciências. Os principais resultados das pesquisas nesse campo podem ser resumidos do seguinte modo:

a) A T. científica é uma hipótese ou pelo menos contém uma ou mais hipóteses como suas partes integrantes. A ciência moderna abandonou a repugnância que a ciência dos séculos XVIII e XIX tinham pelas hipótese, repugnância que foi tão bem expressa por Newton e por outros (v. HIPÓTESE). Isso ocorreu porque a hipótese deixou de ser uma conjectura sobre as causas últimas ou ocultas dos fenômenos. Kant já condenara as "hipóteses transcendentais", que fazem apelo a uma simples idéia da razão, e se pronunciara a favor das hipóteses empíricas cujo caráter é "a suficiência para determinar *a priori* as conseqüências que já estão dadas" (*Crít. R. Pura*, Doutrina do método, cap. I, seç. 3). Em 1865, Claude Bernard afirmava, ao mesmo tempo, a indispensabilidade das teorias e seu caráter hipotético no sentido estrito do termo. "O experimentador propõe sua idéia [ou hipótese *experimental*] como uma questão, como uma interpretação antecipada da natureza, mais ou menos provável, da qual deduz logicamente conseqüências que confronta a todo instante com a realidade por meio da experiência" (*Introduction à l'étude de la médecine expérimentale*, I, 2). E via a fecundidade das hipóteses para a descoberta de fatos novos: "As hipóteses têm por objeto não só levar-nos a fazer experiências novas, como também nos levam a descobrir fatos novos que não teríamos percebido sem elas" (*ibid.* III, 1, 2). No início do século XX o caráter da hipótese científica (que é o mesmo da hipótese em geral), de não poder ser ela diretamente provada pelos fatos, era claramente reconhecido por E. Mach: "Chamamos de hipótese uma explicação provisória que tem o objetivo de levar a entender mais facilmente os fatos, mas que ainda escapa à prova dos fatos" (*Erkenntniss und Irrtum*, 1905, cap. XIV; trad. fr., p. 240). E Duhem assim arrolava as condições a que uma hipótese deveria atender para ser escolhida como fundamento de uma T. física: 1º a hipótese não deve ser uma proposição contraditória; 2º não deve ser contraditória com as outras hipótese da mesma ciência; 3º as hipóteses devem ser tais que do seu *conjunto* a dedução matemática possa extrair conseqüências que representem, com aproximação suficiente, o *conjunto* das leis experimentais (*La théorie physique*, II, 7, 1, p. 363). Poincaré insistia, por sua vez, na necessidade das hipóteses para qualquer procedimento experimental e na necessidade de não multiplicá-las. Esta última advertência nada mais é que o velho princípio da economia (v.), ou navalha de Ockham, sempre válido no campo das formulações conceituais (*La science et l'hypothèse*, 1902, cap. IX).

b) Uma T. científica não é um acréscimo interpretativo ao corpo da ciência, mas sim o esqueleto desse corpo. Em outros termos, a T. condiciona tanto a observação dos fenômenos quanto o uso dos instrumentos de observação. Sobre esse aspecto é clássico o livro de Duhem, *La théorie physique* (1906; cf. especialmente o cap. IV da segunda parte). Esse é um ponto que às vezes foi aproveitado com o fim de mostrar o caráter relativo ou imperfeito do conhecimento científico. Foi o que fez, por exemplo, E. Le Roy (*Science et philosophie*, 1899-1900). Mas na realidade o que ele invalida não é a ciência, e sim a tese da separação nítida entre observação e T. e a tese da verdade absoluta da ciência.

c) Além da parte hipotética, uma T. científica contém um protocolo que permite a sua verificação ou confirmação. Duhem distinguia numa T. física quatro operações fundamentais: 1º definição e medida das grandezas físicas; 2º escolha das hipótese; 3º desenvolvimento matemático da T.; 4º confronto da T. com a experiência (*La théorie physique*, I, 2, § 1). Obviamente, as primeiras três operações constituem a construção e o desenvolvimento da hipótese, enquanto a quarta é diferente e constitui a fase da confirmação. De modo análogo, Norman R. Campbell distinguiu em toda T. física dois grupos de proposições: "um que consiste em asserções sobre alguma coleção de idéias que caracterizam a T.; outro que consiste nas relações entre essas idéias e outras idéias de natureza diferente". O primeiro grupo de idéias é a *hipótese, o* segundo é o *dicionário.* O objetivo do dicionário é possibilitar a verificação indireta da hipótese. Campbell diz: "Deve ser possível determinar, independentemente do conhecimento da T., se certas proposições que contêm as idéias do dicionário são verdadeiras ou falsas. O dicionário relaciona algumas dessas proposições, cuja verdade ou falsidade é conhecida, com certas proposições que compreendem as idéias hipotéticas, afirmando que, se o primeiro conjunto de proposições é verdadeiro, então o segundo também é verdadeiro, e vice-versa; essa relação pode ser expressa pela asserção de que o primeiro conjunto implica o segundo" (*Physics: the Elements*, 1920, p. 122). Analogamente ainda, G. Bergmann disse que uma T. científica consiste em: 1º axiomas; 2º teoremas; 3º provas desses teoremas; 4º definições (*Philosophy of Science*, 1957, p. 35); nesse rol, as "provas dos teoremas" constituem o protocolo de verificação da teoria. Duas observações são muito importantes a propósito. A primeira é que as modalidades e o grau da prova ou confirmação, que uma T. deve possuir para ser declarada ou ser considerada "T. científica", não são definíveis com um critério unitário. Obviamente, a verdade de uma T. psicológica ou de uma T. econômica exige protocolos de prova completamente diferentes dos de uma T. física, porque as técnicas de verificação são completamente diferentes. Também são diferentes os graus de confirmação exigidos, e muitas vezes, fora do campo da física, são chamadas de "T." simples conjecturas que não incluem o mínimo protocolo de prova. A segunda observação é que todo protocolo de prova exige a limitação das hipóteses contidas na T., visto que, nos casos em que essas hipóteses podem ser multiplicadas à vontade, a T. pode ser mantida mesmo contra qualquer desmentido empírico, e a sua confirmação se torna indiferente (como foi, por exemplo, o caso da T. dos *epiciclos* na cosmologia ptolemaica). Mas, mesmo com esta limitação, muitas vezes é difícil decidir até que ponto a aquisição de algum dado experimental se concilia com a T. ou provoca uma crise no conjunto dessa T.

d) Uma T. não é necessariamente uma explicação do domínio de fatos a que se refere, mas um instrumento de classificação e previsão. Duhem já observava: "T. verdadeira não é aquela que dá uma explicação das aparências físicas em conformidade com a realidade; é sobretudo uma T. que representa de modo satisfatório um conjunto de leis experimentais" (*La théorie physique,* I, 2, 1). A verdade de uma T. consiste na sua validade; e a sua validade depende da sua capacidade de cumprir as funções para as quais é solicitada. As funções de uma T. científica podem ser especificadas como segue: 1.º uma T. deve constituir um esquema de *unificação sistemática* para conteúdos diversos. O *grau de abrangência* de uma T. é um dos elementos fundamentais de juízo da sua validade; 2.º uma T. deve oferecer um conjunto de meios de *representação conceitual e simbólica* dos dados de observação. Nesse aspecto, o critério a que deve satisfazer é o da *economia dos meios conceituais,* ou seja, a sua simplicidade lógica; 3.º uma T. deve constituir um conjunto de *regras de inferência* que permitam a previsão dos dados de fato. Hoje, essa é considerada uma das tarefas fundamentais de uma T. científica; e a capacidade de previsão de uma T. é o critério fundamental para avaliá-lo (cf. S. TOULMIN, *The Philosophy of Science,* 1953, p. 42; M. K. MUNITZ, *Space Time and Creation,* 1957, IV, 1). [N.A.]

O ponto de partida das discussões atuais é constituído pela chamada "concepção padrão das T. científicas". Com esta expressão pretende-se designar o conjunto de idéias desenvolvidas de modo sistemático pelos empiristas lógicos (Schlick, Reichenbach, Hempel e, sobretudo, Carnap) a fim de fornecer uma formulação rigorosa da *wissenschaftliche Weltauffassung* (v. EMPIRISMO LÓGICO). Tais idéias encontraram sistematização quase definitiva mais ou menos na primeira metade dos anos 1950, em decorrência do chamado processo de "liberalização do empirismo", que é a história das numerosas tentativas de dar formulação adequada ao princípio de verificação e de rejeição da metafísica como discurso isento de significado (cognitivo) (v. VERIFICAÇÃO). Esse embate de idéias sofreu a influência de numerosas correntes de pensamento, tanto filosóficas (empirismo humiano e machiano, convencionalismo e neokantismo), quanto científicas (desenvolvimentos do formalismo hilbertiano e do logicismo fregiano e russelliano, teoria einsteiniana da relatividade). Segundo a noção geral de explicação elaborada por Carnap, a caracterização das teorias a que se chegou no fim deveria ter um valor ao mesmo tempo descritivo e normativo: ou seja, deveria tanto aplicar-se aos casos paradigmáticos de T. científica historicamente existentes (p. ex., à física newtoniana ou à física quântica e relativista), quanto apresentar-se como ideal buscado na formulação das teorias.

Em analogia com o que fora defendido por Hilbert no caso da geometria, a concepção padrão (ou *received view*) caracteriza uma T. científica como um sistema axiomático-dedutivo de tipo formal (ou semiformal) empiricamente interpretado. A linguagem L em que as teorias são formuladas é constituída por dois tipos de vocabulário: 1) o vocabulário das constantes lógico-matemáticas de tipo extensional (só depois haverá concessões ao intensionalismo), vale dizer, conectivos enunciativos (conjunção, negação, etc.), quantificadores, identidades, pertença de classe; 2) o conjunto dos termos descritivos, por sua vez repartidos em dois tipos de vocabulário: *a*) o vocabulário observacional, que compreende termos referentes a entidades, propriedades e relações diretamente observáveis, como vermelho, duro, quente, cadeira, pedra etc.; e *b*) os termos teóricos que *pretendem* referir-se a entidades, propriedades e relações não observáveis, como elétron, neutrino, vírus etc. Os axiomas da teoria constituem uma definição implícita de tais termos teóricos. Mas como estes ganham um significado propriamente dito, devem estar ligados aos termos observacionais, que, em última análise, recebem seu significado de definições ostensivas (v. OSTENSIVO) através das quais se referem a entidades, propriedades ou relações encontráveis na experiência (de acordo com os elementos observacionais tomados como primitivos será possível ter interpretações de tipo fenomenista, fisicalista ou de coisas etc.).

Segundo essa concepção, uma T. científica é constituída por um conjunto logicamente estruturado de enunciados, com valor preditivo, para os quais valem as regras de formação e transformação ligadas às constantes lógicas neles empregadas. Se os termos não lógicos presentes nos enunciados forem apenas observacionais, ter-se-ão enunciados simples ou complexos de natureza observacional; em caso contrário, ter-se-ão enunciados apenas teóricos ou mistos, ou seja, com expressões pertencentes a ambos os tipos de vocabulário. As formas lingüísticas deste último gênero foram caracterizadas e chamadas de modos diferentes pelos vários autores: definições operacionais, regras de correspondência ou de coordenação, enunciados interpretativos, enunciados de redução etc. O que há de comum entre as diferentes perspectivas é que todas atribuem uma mesma função a tais enunciados, qual seja, harmonizar ou interligar o plano da teoria com o da observação. Pode-se expressar esse fato recorrendo à famosa metáfora da rede, que tem origem na concepção hilbertiana da matemática. No que se refere ao conhecimento em geral, ela é enunciada pela primeira vez em *Allgemeine Erkenntnislehre* de M. Schlick (1918, 2.ª ed., 1925, § 8), mas sua formulação mais famosa está ligada às seguintes palavras que Hempel proferiu nos anos 1950: "Uma teoria científica é [...] comparável a uma complexa rede suspensa no espaço. Seus termos são representados pelos nós, enquanto os fios que interligam esses nós correspondem, em parte, às definições e, em parte, às hipóteses fundamentais e derivativas da teoria. O sistema todo flutua, por assim dizer, sobre o plano da observação, a que está ancorado mediante regras interpretativas. Estas podem ser concebidas como fios não pertencentes à rede, mas são tais que ligam alguns de seus pontos com determinadas zonas do plano de observação. Graças a tais conexões interpretativas, a rede é utilizável como T. científica: de certos dados empíricos é possível remontar, por meio de um fio interpretativo, a algum ponto da rede teórica, e daí avançar, através de definições e hipóteses, a outros pontos, dos quais, por meio de um outro fio interpretativo, se pode enfim descer de novo ao plano de observação (C. G. HEMPEL, *Fundamentals of Concepts Formation in Empirical Science* e *The Theoreticians Dilemma*, trad. it., Feltrinelli, Milão 1961, pp. 46 ss.).

Nos anos imediatamente subseqüentes à sua formulação quase definitiva – devida sobretudo aos esforços de Carnap –, a concepção padrão foi submetida a uma série concêntrica de críticas provenientes de diversos setores da epistemologia contemporânea. Quine, e com ele o próprio Hempel, defendeu a impossibilidade de separação nítida entre expressões empiricamente significantes e expressões não empiricamente significantes, bem como entre enunciados analíticos e enunciados sintéticos, ou seja (em termos hempelianos), entre especificação dos significados e afirmação dos fatos empíricos. Outros epistemólogos mostraram a dificuldade de dar conta de toda a linguagem científica em termos puramente extensionais, com a exclusão de operadores intensionais, como os modais de possibilidade e de necessidade. Outros ainda tiveram facilidade em evidenciar que, saindo-se da física matemática, nem todas as T. científicas podem ser apresentadas de modo axiomático-dedutivo e semiformal. Por fim, vários autores, entre os quais G. Maxwell, H. Putnam, P. Achinstein e, sobretudo, os maiores expoentes da chamada nova filosofia da ciência (R. Hanson, T. Kuhn e P. K. Feyerabend) criticaram, de vários modos, a dicotomia entre termos teóricos e termos observacionais (v. TEÓRICO-OBSERVACIONAL), negando a possibilidade de distinção nítida entre eles e defendendo o caráter carregado ou impregnado de teoria (*theory-laden*) dos pretensos termos observacionais. Na realidade, estudos mais precisos sobre as origens e os desenvolvimentos do empirismo lógico mostraram que sobre todos esses pontos as idéias dos neopositivistas eram menos simplistas e grosseiras do que haviam suposto os seus críticos. Aliás, foi exatamente a complexidade das posições de partida que permitiu a um autor como Hempel manter alguns aspectos da concepção padrão, assumindo como base de interpretação não mais uma pretensa linguagem observacional teoricamente neutra, mas, de maneira epistemologicamente menos comprometedora, uma linguagem ligada a teorias compreendidas previamente às propostas *ex novo* e sobre as quais se quis dar uma interpretação. Esse modo diferente de conceber a linguagem básica induziu Hempel a rever a caracterização das conexões interpretativas, não mais as apresentando como regras de natureza lingüística, e sim como princípios-ponte de conexão interteórica.

O fato é que as críticas acima levaram a uma visão profundamente diferente das T. científicas e das idéias teóricas. Alguns deixaram de encarar T. e idéias como algo que deve receber um significado a partir da experiência, e passaram a defender que elas devem ser concebidas como um *quid* que plasma o nosso modo de experimentar o mundo. Repercutindo motivos da tradição racionalista, em particular da filosofia kantiana e neokantiana e da fenomenologia de Husserl, Feyerabend chegou a inverter a formulação verificacionista do neo-empirismo, afirmando que "as T. são significantes independentemente da observação, enquanto as asserções observacionais não o são, a menos que postas em relação com a teoria. [...] É portanto o enunciado observacional que precisa da T., e não o inverso" (*Problems of Empiricism*, trad. it. Lampugnani Nigri, Milão, 1971, p. 64). A essa maneira diferente de encarar a relação entre T. e observação está ligado um dos problemas mais discutidos na recente literatura epistemológica: o problema da incomensurabilidade (v.) das T. De concepções como as de Feyerabend parece seguir-se que todo sistema teórico tem a sua própria experiência específica, ou seja, a experiência como esta se dá – mais do que como é interpretada – através das lentes específicas fornecidas por uma T. (pensemos na mudança gestáltica, exemplificada pelo famoso caso do pato/coelho). Não haveria uma experiência neutra a que se pudesse recorrer para verificar empiricamente a validade das diferentes pretensões teóricas. Por conseguinte, seria impossível um confronto empírico objetivo entre duas ou mais teorias alternativas. T. baseadas em pressupostos profundamente diferentes seriam empiricamente incomensuráveis. A isso se vinculam dois dos principais problemas discutidos na filosofia da ciência mais recente: 1) a questão da possibilidade de verificações empíricas objetivas, não circularmente vazias, ou seja, não baseadas numa experiência já permeada pela T. submetida a verificação; 2) a questão da possibilidade de conservar racionalidade na escolha entre T. alternativas e na mudança científica, mostrando o caráter não autovalidador ou autocertificador das T.

A reflexão epistemológica suscitada pelo problema da incomensurabilidade e pelas teses de Kuhn sobre as revoluções científicas levaram à elaboração de concepções das T. bem diferentes da padrão ou neopositivista. Numa síntese extrema, os resultados dessas pesquisas levaram a dois pontos de vista principais: o ponto de vista semântico e o "reticular". As concepções de tipo semântico distinguem-se da concepção padrão (*received view*) porque, em primeiro lugar, não fazem uma caracterização das T. de tipo lingüístico-enunciativo: elas não vêem as construções teóricas como sistemas de enunciados organizados axiomaticamente e interpretados em parte por meio de regras interpretativas. Do ponto de vista semântico, as T. são entidades extralingüísticas passíveis de formulações diferentes e constituídas primordialmente por um conjunto de modelos entendidos. Da concepção semântica existem várias versões que (todas lógica e matematicamente até refinadas) servem a objetivos diferentes. Por exemplo, J. D. Sneed e W. Stegmüller, seguindo P. Suppes, propuseram uma versão em termos de predicados de conjuntos a fim de apresentar uma reconstrução logicamente rigorosa das noções kuhnianas de paradigma teórico, de exemplar, de ciência normal e de transformação científica. F. Suppe, ao contrário, descreveu as T. como "sistemas relacionais" para defender o *realismo científico*, posição que atribui certo valor descritivo, real, a um dos possíveis modelos da T., a algumas das entidades, da propriedade e das relações a que as expressões teóricas possam referir-se e pretendam referir-se. Ao contrário, B. C. van Fraassen utilizou a teoria dos modelos de E. Beth para defender a concepção *instrumentalista*, segundo a qual existem apenas as entidades observáveis, enquanto as inobserváveis seriam apenas ficções conceituais introduzidas para dar uma representação econômica e conveniente, com valor preditivo, das regularidades empiricamente encontráveis. Segundo o *empirismo construtivo* e de Van Fraassen, "apresentar uma T. equivale a especificar uma família de estruturas, os seus *modelos;* e em segundo lugar a especificar certas partes desses modelos (as *subestruturas empíricas*) como candidatos à representação dos fenômenos observáveis" (B. C. VAN FRAASSEN, *The Scientific Image*, trad. it., Bolonha, 1985, p. 95). Ele considera, porém, que a apresentação semântico-modelística da T. não comporta a crença de que um dos seus possíveis modelos representa corretamente o mundo: a "ciência visa a fornecer-nos T. que são empiricamente adequadas; e a aceitação de uma T. implica apenas a crença de que ela é empiricamente adequada" (*op. cit.*, p. 37).

O segundo modo de conceber as T. recebe o nome de modelo reticular (*network model*). Esse modelo engloba idéias derivadas de Duhem e de Quine, adotando, em especial, a imagem da ciência como campo de força enunciada pelo filósofo americano na conclusão de *Two Dogmas of Empiricism* (1950). Segundo tal imagem, o complexo dos "nossos chamados conhecimentos ou convicções", ou seja, "a ciência na sua globalidade é como um campo de força cujos pontos-limite são a experiência. Um desacordo com a experiência na periferia provoca uma reorganização no interior do campo. Mas não há experiências particulares ligadas de modo direto e unívoco a asserções específicas. Por conseguinte, as modificações a fazer não são determinadas apenas por fatores empíricos, porém mais resultantes também de outras forças como a tendência à simplicidade, à compacidade e coerência lógica, à conservação de princípios já familiares. Os contrastes com a experiência são assim sanados com base em "considerações de equilíbrio que afetam o campo em sua globalidade" (W.V. QUINE, *From a Logical Point of View*, trad. it., Ubaldini, Roma, 1966, pp. 40 ss.). Quine chegou assim a uma visão da linguagem das T. e da transformação científica que visa a articular o sentido da famosa metáfora de Neurath sobre os marinheiros, posta como epígrafe de *Word and Object*: "Nossa embarcação flutua porque, a cada alteração, mantemos intacto o corpo dela como uma estrutura em funcionamento. As nossas palavras continuam a ter sentido passável devido à continuidade da mudança: distorcemos o uso bastante gradualmente para evitar rupturas", ou pelo menos rupturas que afetem o arcabouço em sua globalidade (W. V. QUINE, *Word and Object*, trad. it., Il Saggiatore, Milão, 1970, § 1).

Essas idéias influenciaram profundamente Mary Hesse, que as desenvolveu numa concepção reticular das T. contraposta à concepção padrão. O modelo reticular dá corpo a uma visão "horizontal" do conhecimento científico. Falta nele um dualismo de tipo "vertical" entre o plano teórico e o plano observacional com a correlata necessidade de introduzir regras de correspondência. As T. científicas são vistas como um conjunto "de leis e de implicações com aspecto de lei", mais ou menos bem entrincheiradas, que vão dos mais consolidados princípios da física às mais flexíveis "sugestões" providas de pequeníssima sustentação empírica. A distinção entre vocabulário teórico e vocabulário observacional tem valor puramente pragmático, relativo e contextual. As expressões observacionais vão-se qualificando aos poucos como tais, distinguindo-se das teóricas apenas por serem "*mais bem entrincheiradas*" que outras, como ocorre, por exemplo, nos casos de "vermelho" em relação a "ultravioleta", de "pesado" em relação a "méson π". Mas isso não é entendido como uma verdade de natureza lógica "sobre as características *a priori* de determinado conjunto de predicados", e sim como "uma verdade *factual* sobre a invariância relativa de algumas leis empíricas em relação ao crescimento da informação empírica". As palavras mais bem entrincheiradas são apenas expressões menos sujeitas que outras a mudanças "de função no discurso comum", e que, portanto, revelam menos que outras "os compromissos de um falante com um sistema de leis" ou "sua relativa ignorância" das conexões de tipo geral. Assim entendida, a distinção entre teórico e observacional não comporta "que algum predicado esteja *absolutamente* entrincheirado, nem que alguns subsistemas de predicados e as leis que os correlacionam sejam imunes a modificações sob a pressão do restante do sistema". Certamente ela visa a identificar predicados (os "observacionais") que, mais que outros (os "teóricos"), "se referem a aspectos mais *diretamente observáveis*"; isso, porém, apenas no sentido de que sua função está "ancorada" a situações empíricas de modo mais óbvio que a leis. Nessa roupagem, a distinção entre teórico e observacional pode dar conta de muitas características epistemicamente interessantes da nossa linguagem, a começar da existência de predicados *pragmaticamente* apreensíveis de maneira mais simples que outros e que constituem os instrumentos mediante os quais outras expressões estão *ancoradas nos fatos empíricos;* mas pode fazer tudo isso sem a pretensão de traduzir tais características em propriedades absolutas e independentes da mudança teórica e cognitiva (M. HESSE, *The Structure of Scientific Inference*, University of California Press, Berkeley-Los Angeles, 1972, cap. 1).

A principal virtude epistemológica desse modelo é que ele permite seguir os novos filósofos da ciência quando falam de "dependência em relação à T." ou de "carga teórica" de todos os predicados descritivos, mas sem incidir em posições *radicalmente convencionalistas* que asseverem a possibilidade de "garantir a verdade de toda e qualquer lei manipulando suficientemente os significados dos seus predicados". O modelo exige, com efeito, tanto que as leis permaneçam interligadas num sistema o mais possível coerente, econômico e conveniente, quanto que a maior parte dos seus predicados continuem aplicáveis em conexão com situações empíricas reconhecíveis. Exatamente a essa feição empirista do modelo reticular vincula-se sua capacidade de fornecer resposta ao problema da verificabilidade empírica das pretensões cognitivas. Nele as construções teóricas alternativas estendem metaforicamente de modos diferentes a rede das relações funcionais entre os termos da linguagem; mas isso é em princípio compatível com a permanência de pontos comuns e de zonas de interseção capazes de permitir um confronto empírico entre hipótese e T. em competição. Se bem que não existam enunciados absolutamente observacionais, cujo significado e cujo valor de verdade sejam logicamente determinados pela experiência (concepção semântica da observação), ou expressões ligadas a um esquema categorial que, fixado uma vez por todas, constitua uma espécie de superteoria de referência em relação a várias T. rivais, não se pode sequer excluir *a priori* a independência de certas aplicações empíricas em relação a hipóteses e T. E isso é suficiente para restabelecer a possibilidade de uma avaliação empírica objetiva da nossa hipótese e T. (v. P. PARRINI, *Conoscenza e realtà. Saggio di filosofia positiva*, Laterza, Bari, 1995, pp. 91 ss.). [P.P.]

TEORIA CRÍTICA DA SOCIEDADE (in. *Critical theory of society*; fr. *Théorie critique de la société*; al. *Kritische Theorie der Gesellschaft*; it. *Teoria critica della società*). Expressão com que se entende o trabalho amplo e coeso de análise interdisciplinar realizado pelo diversificado grupo de filósofos, sociólogos, economistas, juristas, politicólogos e psicólogos reunidos em torno do "Instituto para a pesquisa social" de Frankfurt, da década de 1920 à de 1970. Os expoentes internacionalmente mais conhecidos da T. crítica, que passou à história com a denominação de "Escola de Frankfurt", são M. Horkheimer (1895-1972), Th. W. Adorno (1903-1969) e H. Marcuse (1898-1979). No plano filosófico, a Escola de Frankfurt é substancialmente uma doutrina crítica da sociedade presente, à luz do ideal dialético de uma humanidade futura que seja livre e desalienada, vale dizer, uma forma de pensamento negativo tendente a desmascarar as contradições do *status quo*. Isso através de um modelo utópico capaz de funcionar como estímulo revolucionário para uma mudança radical da sociedade.

Em vista desses objetivos, que situam a T. crítica em posições antitéticas em relação às da sociologia "analítica", a Escola de Frankfurt reporta-se a três modelos teóricos básicos: hegelianismo, marxismo e freudismo. Da tradição hegeliano-marxista a Escola de Frankfurt extrai a noção de dialética, que interpreta e desenvolve nos moldes e nas formas de uma dialética negativa. De Freud e da psicanálise extrai instrumentos conceituais para o estudo da autoridade e da família e algumas noções potencialmente revolucionárias (como as de "busca do prazer" e de "libido"). Do ponto de vista histórico, o projeto da T. crítica define-se em relação a alguns acontecimentos nodais do século XX: *a*) a crise econômica de 1929 e a afirmação do capitalismo de Estado; *b*) o triunfo do fascismo e do nazismo; *c*) a ascensão de Stalin e a progressiva burocratização do comunismo soviético; *d*) o advento da sociedade industrial avançada. Acontecimentos que são interpretados como manifestações diferentes da mesma racionalidade "iluminista" que caracteriza o Ocidente e a sua lógica do domínio. Nos anos 1960 e 1970, a T. crítica tornou-se um dos pontos de referência da "Nova Esquerda" européia e americana e um dos "lugares" obrigatórios do debate filosófico internacional (v. DIALÉTICA DO ESCLARECIMENTO; DIALÉTICA NEGATIVA; INDÚSTRIA CULTURAL; SOCIOLOGIA; UTOPIA; cf. R. WIGGERSHAUS, *Die Frankfurter Schule*, 1986). [G.F.]

TEORIA-PRÁXIS. Os dois termos (v. TEORIA e PRÁXIS), na sua clássica relação de oposição-contradição, de não-identidade, de discrepância, de relação hierárquica, descontínua ou de conflito, constituem não só um dos *topoi* mais antigos da argumentação pública, como também um dos núcleos centrais na semântica histórica e no "conflito hermenêutico" das definições filosófico-conceituais, da rede de saberes e modelos culturais e ideológicos.

1. *Teoria e práxis na cultura grega* – Já Heródoto recorria ao termo *theorein*, ao lado de *historein*, para caracterizar seu método historiográfico, e declarava que viajava "para fins de teoria", ou seja, para enriquecer seus conhecimentos. Segundo a tradição doxográfica e biográfica antiga da escola aristotélica, para os iônicos de Mileto (Tales, Anaximandro, Anaxímenes) e para Heráclito de Éfeso, o termo *theoria* e o nascimento da *philosophia* – entre *mythos* e *lógos* – designam ao mesmo tempo a observação científica relativa à natureza específica do devir das coisas, a compreensão conceitual do cosmo e o início "topológico" do pensamento positivo, abstrato e racional.

Em Platão, a complexa distinção-correlação entre T. e práxis, entre *bíos theoretikós* e *bíos praktikós*, não define apenas dois aspectos consubstanciais ao "saber pensar", tanto em nível teórico-lógico quanto prático, mas conota as formas da comunicação do saber com uma relevância problemática que se tornou historicamente influente e determinante para a teoria do conhecimento, a metafísica, a ética e o pensamento político do Ocidente. A consciência da indistinção entre T. e práxis é emblematicamente expressa por Platão na *República* (livro VII) por meio da elaboração do *mito da caverna* (v.), verdadeira alegoria do itinerário do conhecimento humano: na interminável tentativa de sair da caverna da nossa constituição mundana consumamos o drama de toda atividade teórica que sofre continuamente as insídias da recaída na facticidade.

2. *O modelo aristotélico* – Com a filosofia de Aristóteles, a distinção entre T. e práxis começa a delinear-se de modo conceitualmente sistemático. Em Aristóteles torna-se mais precisa a definição disciplinar da filosofia como ciência especulativa ou teórica autônoma (através de um confronto crítico-interpretativo contínuo e cerrado com o platonismo), implicando também, por via de conseqüência: 1º um valor "teológico" peculiar da "theoria"; 2º uma distinção entre filosofia pura, teórica, e filosofia prática, entre sapiência e sabedoria, entre T. da práxis e práxis humana propriamente dita (como práxis de um ser vivo marcado pela razão), ou seja, uma formulação diferente da relação entre o âmbito da pesquisa teórica e o da vida prática e das diferentes formas de racionalidade que contribuem para orientar os comportamentos humanos no campo da ação e da escolha consciente e livre. Em geral, para Aristóteles, "T." é o modo por meio do qual o homem se põe racionalmente em relação com o que não é modificado por esse interesse humano, ou seja, o querer saber desinteressadamente como as coisas são em si. "Práxis", ao contrário, é a efetivação existencial e a auto-realização do homem por meio da ação no espaço delimitado do mundo humano.

Em *Protréptico* Aristóteles exorta a identificar na vida teórica, totalmente dedicada à contemplação pura, a atividade livre mais elevada do homem, e em *Metafísica*, 1.º reitera e torna mais precisa a distinção entre, de um lado, atividade teórica, filosofia como *ciência da verdade*, em que conhecimento da verdade significa conhecimento de causas e princípios, e, de outro, ciência prática, cuja finalidade é a ação (*ibid.*, II, 1, 993 b 19-23); 2.º divide (*ibid.* VI, 1, 1025 b ss.) as ciências em *práticas, poiéticas ou produtivas* e *teóricas* (estas últimas compreendem a física, a matemática e a filosofia primeira ou metafísica). As ciências *teóricas* diferenciam-se das ciências *poiéticas ou produtivas* e das ciências *práticas* tanto pelo objeto quanto pelo objetivo. O objeto das ciências *teóricas* é a ciência, o das ciências *práticas* é o conhecimento das normas éticas, o das ciências *poiéticas ou produtivas* é "o *know-how* de toda profissão e ofício" (I. DÜRING, *Aristoteles. Darstellung und Interpretation seines Denkens*, 1966; trad. it., 1976, p. 135). As ciências *teóricas* buscam o conhecimento puro, as ciências *poiéticas* e *práticas* tratam das ações e das produções dos homens.

Se a distinção aristotélica entre T. e práxis sintetiza duas modalidades diferentes de manifestação da verdade e duas atividades noéticas, a distinção seguinte, não idêntica à precedente, entre sapiência (*sophia*) e sabedoria (*phrónesis*), realizada em *Ética a Nicômacos* (livro VI), envolve, entre outras coisas, a complexa relação, no plano epistemológico e antropológico, entre indivíduo e sociedade, entre ética e política, e, no plano filosófico-historiográfico, entre *phrónesis* e filosofia prática. A *sapiência* e a *sabedoria* denotam de modo diferente a possível consecução da vida boa e feliz: elas são duas *virtudes dianoéticas* (v. DIANOÉTICO) próprias da alma racional humana em que mais cabalmente se exprimem a parte "científica" (razão teórica), para a qual o conhecimento é fim em si mesmo, e a parte "calculadora" (razão prática), para a qual o conhecimento tem como fim a ação (v. SAPIÊNCIA e SABEDORIA).

3. *Do Humanismo à modernidade* – Se, a exemplo do modelo aristotélico, o mundo antigo e medieval afirma a superioridade da T. sobre a práxis, refletindo no plano cultural das formas do saber a ideologia das classes dominantes e a estrutura hierárquica, aristocrática e escravagista da sociedade, na modernidade o pensamento científico, a evolução determinante da tecnologia no desenvolvimento dos conhecimentos humanos e a reflexão filosófica, ético-política e histórica negam tal superioridade, transformando o horizonte problemático da relação existente entre a T. e a práxis.

Na primeira metade do século XV, com o desenvolvimento do *Humanismo civil*, entre os chamados "humanistas chanceleres", Coluccio Salutati, em *De nobilitate legum et medicinae* (1399), polemizando com a tradição aristotélica, celebra e valoriza, não sem ambigüidades e antinomias, a superioridade da *"vita activa"* sobre a *"vita contemplativa"* (distinta da vida "especulativa"). Para Salutati, o saber ligado à práxis da vida civil e à proeminência da livre e racional dialética da vontade sobre os atos do intelecto é diferente do saber teórico auto-suficiente e independente de preocupações práticas, separado da ação e refletido em si mesmo numa solidão vivida como isolamento que trai a missão humana, que é missão social: construção da cidade de Deus através da cidade terrena.

Por sua vez, no século XVII, Bacon, com o *Novum organum* (1620), na sua polêmica com a filosofia e a lógica antiga de derivação aristotélica, não só ressalta os limites de um saber que se esgota exclusivamente na pura especulação e da T. entendida apenas como primado da contemplação, mas também, através do método experimental indutivo, reivindica ao mesmo tempo *a*) a conexão entre momento *teórico* e momento *prático* na empresa científica; *b*) o caráter operacional e a finalidade prática do saber, bem como a dimensão ético-civil, apoiada em forte inspiração religiosa, do seu uso (técnico-científico) concreto voltado para a construção do *regnum hominis*.

No fim da tradição humanística e nos albores da modernidade cultural, a compossibilidade dialética entre T. e práxis é perseguida por Giambattista Vico com o seu projeto filosófico de fundar uma *Ciência nova* como ciência da história humana. Vico, ao fazer um balanço das vantagens e desvantagens da filosofia inaugurada por Galileu, Descartes e Hobbes, identifica na filosofia moderna uma "perda de força hermenêutica na penetração teórica de situações que devem ser dominadas praticamente" (J. HABERMAS, *Theorie und Praxis*, 1963, 2.ª ed., 1971, trad. it., 1973, p. 81). Do mesmo modo, essa perda pode derivar da filosofia quando o princípio do *verum ipsum factum* (v.), segundo o qual o homem só pode conhecer aquilo que ele mesmo fez, é interpretado de acordo com uma atitude "técnica", e não "prática". Em *De nostri temporis studiorum ratione* (1708), Vico, ressaltando a profunda mudança de paradigma ocorrida com o *Discours de la méthode* (1637) de Descartes e do seu modelo epistemológico de "filosofia crítica" racionalista, observa que "não agem sabiamente os que nos usos práticos da prudência civil se valem dos mesmos critérios de juízo adotados pela ciência" (G. B. VICO, *Opere*, 1953, p. 194). Vico "permanece fiel às determinações aristotélicas da diferença entre sapiência e sabedoria, *episteme* e *phrónesis*: enquanto a primeira visa a "verdades eternas", pretende fazer afirmações sobre o que sempre e necessariamente é como é, a sabedoria prática tem a ver apenas com o "verossímil". Vico mostra que esse procedimento, exatamente por ter pretensões menores do ponto de vista teórico, leva na prática a maior certeza" (J. HABERMAS, *op. cit.*, p. 82).

Se, na história dos pensamento filosófico ocidental, Vico interpreta em termos originais a relação entre T. e práxis, realizando a verdadeira e decisiva "revolução copernicana" que será depois retomada por Kant, ou seja, pondo no lugar do Eu transcendental o homem histórico, o valor universal da obra humana criadora de história, a grande lição crítica de Kant constituirá, por sua vez, uma virada imprescindível para a compreensão moderna do que reciprocamente distingue a T. da prática não só na esfera epistemológica, mas também – e sobretudo – na moral, jurídica e política. É exemplar, a respeito, o ensaio de Kant *Über den Gemeinspruch: Das mag in der Theorie richtig sein, taugt aber nicht für die Praxis*, de 1793 (v. TEORIA). Kant expõe publicamente as coordenadas gerais da sua T. política, que precisa não só pensar-se em conexão necessária com a práxis, mas também é obrigada, por assim dizer, "a sair da hermenêutica histórica do contrato originário e a acolher de modo direto, explícito, o problema da *tomada do poder*, da efetivação do direito como 'direito público'" (F. GONNELLI, *La filosofia politica di Kant*, 1996, p. 125). O que se diz comumente, da inutilidade da T. para a práxis, serve a Kant para polemizar tanto com os chamados "homens práticos", que desvalorizam a T., mantendo presunçosamente "os olhos de toupeira fixos na experiência", quanto com os que são concordes em "hostilizar o *homem de escola*", que elabora apenas teorias e é inútil para a prática. Kant defende em geral o valor e o direito da T., corretamente elaborada e fundamentada, para informar todos os campos da vida, inclusive o da vida política. Em particular, para Kant, "a T. da política (a idéia de perfeita constituição) – no sentido de lei prática, e não de doutrina técnica – deve ser o fundamento exclusivo da práxis de toda política; esta é de fato uma teoria do "direito do Estado" (*Staatsrecht*). A "práxis" (*Praxis*) do *Staatsrecht*, para não ser reduzida a "práticas" (*Praktiken*), ou seja, aos modos de ação do "prático" (*Praktiker*), deve basear-se numa T. que se constitua como explícita finalidade prática, e deve ter um sujeito que a efetive conscientemente" (F. GONNELLI, *op. cit.*, p. 124). Segundo Kant, na correlação T.-práxis, a T. deve ser fortemente privilegiada: a multiforme riqueza da práxis só tem sentido se guiada pela T. (cf. P. SALVUCCI, *L'uomo di Kant*, 1975, pp. 21 ss.).

Depois de Kant, foi só no pensamento de Fichte, de Hegel e no debate filosófico pós-hegeliano que a relação entre T. e práxis adquiriu nova dimensão e, projetando-se além da reminiscência de expressões comuns, implicou questões fundamentais (filosofia, economia, política, sociedade, ética, direito) que se tornam, na sua herança problemática, as premissas de que parte criticamente a radical inversão histórico-social e dialética que Marx e Engels pretendem realizar – (a partir de *A ideologia alemã*, 1845-1846), com a fundação do materialismo histórico (v.) –, nas relações clássicas entre T. e práxis, práxis e produção e entre estrutura (v.) e super-estrutura (v.).

A reivindicação da centralidade da práxis transformadora e revolucionária e da crítica à ideologia e à função interpretativa da T. (reiterada por Marx na célebre XI *Tese sobre Feuerbach*: "Os filósofos apenas interpretaram de modos diferentes o mundo, mas trata-se de transformá-lo") constitui um dos principais pressupostos antropológicos e filosóficos da concepção materialista da história própria do marxismo, na qual Antonio Labriola antes (nos ensaios *In memoria del manifesto dei comunisti*, 1895; *Del materialismo storico*, 1896; *Discorrendo di socialismo e di filosofia*, 1898) e A. Gramsci depois (com os *Quaderni del carcere*, ed. crít., 1975) souberam captar com originalidade elementos propiciadores de seu maior desenvolvimento, a fim de torná-la, dentro do próprio marxismo (v.), uma verdadeira filosofia da práxis que compreende tanto a globalidade da experiência e da ação humana no mundo histórico, quanto a transformação da realidade em sentido revolucionário, como resultado da tomada de consciência voluntarística e intencional do proletariado. Para Gramsci, em particular, a emergência do problema da racionalidade (teórico-científica e prático-política) em períodos de crise e de transição revela historicamente a necessidade de um projeto de recomposição da vida social como articulação e reunificação crítica da relação orgânica entre T. e práxis (cf. D. LOSURDO, *Antonio Gramsci dal liberalismo al "comunismo critico"*, 1997, pp. 95 ss.).

4. *Algumas orientações da filosofia contemporânea* – No panorama das principais correntes dos pensamento filosófico do século XX o problema da relação T.-práxis não tem significado e conteúdo unívocos.

1º No início do século XX, em especial o neoidealismo italiano, o pragmatismo americano, o marxismo e a Escola de Frankfurt apresentam interessantes propostas interpretativas.

Para o idealismo historicista de Croce, na relação entre as formas da atividade espiritual humana (estética, lógica, economia, ética) a distinção entre esfera *teórica* e *prática* não deve transformar-se em rígida contraposição. O espírito na sua totalidade, como absoluta liberdade, através da *história* (v.), deve ser representado numa circularidade dialética e dinâmica de *pensamento* e *ação,* entendida como sinergia viva entre T. e *práxis* que anula qualquer primado no elo que as une (cf. *La storia come pensiero e como azione,* 1938, pp. 28 ss.).

Na cultura americana, na esteira do pragmatismo (v.) de Peirce e James, Dewey afirma o caráter instrumental (v. INSTRUMENTALISMO) e não contemplativo da T. no processo cognitivo, que dialeticamente – nos estágios fundamentais (auto-ação, inter-ação e trans-ação) da complexa relação entre cognoscente-conhecido (cf. J. DEWEY-A. F. BENTLEY, *Knowing and the Known,* 1949) – se traduz em meio operacional e projecional (cf. *Logic: the Theory of Inquiry,* 1938) para a melhoria e a transformação prática da realidade (ambiente natural e sociedade).

O "marxismo ocidental" (Lukács e Korsch) e a Teoria Crítica (v.) da Escola de Frankfurt (Horkheimer, Adorno, Marcuse), em seu início, na tentativa de indicar as possíveis soluções das aporias teóricas e políticas e das formas de alienação (v.) específicas da sociedade capitalista-burguesa, reivindicam, em oposição à filosofia tradicional, o caráter político e o significado crítico da atividade intelectual, ressaltando o caráter dialético da relação entre T. e práxis. Segundo Adorno, o elo da T. com a práxis é inegável, não só porque o pensamento se "origina" da realidade material, mas porque todo pensamento como tal se volta para uma ação. Além de toda práxis aparente e ilusória e cada vez mais isenta de conceitos, somente a autonomia da T. (que deriva da práxis) pode conferir eficácia à práxis, tornando-a uma força transformadora do *status quo.* T. e práxis não são nem imediatamente a mesma coisa, nem absolutamente diferentes: sua relação é de "descontinuidade". T e práxis estão numa relação polar (cf. *Marginalien zu Theorie und Praxis,* em *Stichworte. Kritische Modelle,* 1969; trad. it., 1974, pp. 241 ss.).

2º Na segunda metade do século XX, no contexto geral da "virada lingüística e hermenêutica" e da reflexão ético-política das formas de razão prática que caracterizaram a metamorfose contemporânea da filosofia, despontam as contribuições originais representadas pela análises das formas de ação de H. Arendt, da hermenêutica filosófica de H. G. Gadamer e da teoria da racionalidade prática e comunicativa de J. Habermas.

a) H. Arendt, primeiro em *The Human Condition* (1958, trad. na Europa com o tit. *Vita activa*) e depois em *The Life of the Mind* (1978) e *Lectures on Kant's Political Philosophy* (1982), reportando-se à filosofia grega (Platão e Aristóteles) e retomando temáticas heideggerianas, agostinianas e kantianas, em personalíssima e radical problematização crítica do paradigma marxista do trabalho (v.) e da modernidade como época da racionalidade técnico-instrumental, rediscutiu conceitualmente 1) a afirmação da autonomia da *praxis* em relação à *theoria;* 2) a demarcação da *praxis* em relação à *poiesis,* ou seja, entre saber prático-moral e prático-político e saber prático-técnico; 3) a reabilitação de uma forma de saber prático e de racionalidade comunicativa que estão entre o saber científico e o saber doxástico próprio do "juízo político". Num novo delineamento dos caracteres da dicotomia entre *vita activa* (*ação, trabalho, obra*) e *vita contemplativa* (*pensar, querer, julgar*), como momentos constitutivos da pluralidade da *conditio humana* na sua evolução histórica da pólis grega à sociedade moderna, Arendt expressou profundo ceticismo crítico em relação a qualquer redução-submissão do nexo *theoria-praxis* a formas de racionalidade instrumentais e abstratas, que exerceu significativa influência na retomada contemporânea da filosofia prática realizada pelo neo-aristotelismo (v.).

b) A "virada prática" da hermenêutica caracteriza progressivamente o itinerário filosófico de H. G. Gadamer, sobretudo depois *Wahrheit und Methode* (1960; trad. it., 1972). Entender a hermenêutica como "filosofia prática" significa, do ponto de vista gadameriano, afirmar que a concepção da filosofia como T. impõe de per si a relação com a práxis como algo consubstancial à historicidade e lingüisticidade da experiência e do pensamento do homem no mundo. Gadamer, na sua reabilitação da "práxis" em relação a qualquer forma de tecnocracia e de cientificismo responsáveis, no mundo moderno, pela cisão entre T. e práxis, entre verdade e método, e pela redução da práxis à técnica, considera que a herança grega do nosso pensamento ainda tem algo para nos ensinar e declara explicitamente que precisamos voltar a perguntar-nos: o que é práxis, que coisa significa "práxis"? A resposta *ainda* pode vir de Aristóteles, "cujo conceito de práxis não é contraposto à *theoria,* mas sim à artificialidade [*Kunstgeist*] do produzir. Deve-se a Aristóteles a distinção entre a *téchne,* que é um saber voltado para a produção de objetos, e a *phrónesis,* que é um saber voltado para a práxis. A distinção não significa, porém, uma separação, mas sim uma subordinação hierárquica da *téchne* e do seu saber-fazer à *phrónesis* e à sua *praxis*" (GADAMER, *Bürger zweier Welten,* em *Das Erbe Europas,* 1989, p. 120; trad. it., 1991, p. 95). Na vida humana a relação entre T. e práxis tem um fundamento antropológico (cf. *Lob der Theorie,* 1983, pp. 82 ss.; trad. it., 1989, pp. 64 ss.).

Como seres humanos, somos "cidadãos de dois mundos": o nosso ponto de vista não é unicamente o do sensível, mas também o "supra-sensível" da liberdade. T. e práxis são as diferentes mas complementares respostas à exigência de aclaramento do sentido de tal liberdade. Nossa tarefa é coordenar e subordinar os conhecimentos teóricos e as possibilidades técnicas do ser humano à sua "práxis", e não transformar a condicionalidade, a pluralidade e a relatividade da *Lebenswelt* (*v.* MUNDO DA VIDA), que é o mundo da práxis, numa construção baseada teoricamente (cf. *ibid.*, p. 119; trad. it., p. 94). Por conseguinte, é de importância decisiva conseguir reequilibrar continuamente essas forças do homem (saber teórico e saber prático de vida), porquanto a sociedade humana existe somente quando subsiste tal equilíbrio.

Para Gadamer a *hermenêutica* (v.), na sua universalidade, não é simplesmente uma T. ou arte (*téchne*) da interpretação (*Kunstlehre*), mas é "acima de tudo uma práxis, a arte de compreender e de tornar compreensível" (cf. GADAMER, *Selbstdarstellung*, em *Gesammelte Werke*, II; *Hermeneutik* II, *Wahrheit und Methode. Ergänzungen – Register*, 1986, p. 493; trad. it., 1996, p. 472). Mesmo a T. é uma práxis; isto porque "a capacidade de comportar-se teoricamente é própria da práxis do homem" (GADAMER, *Theorie, Technik, Praxis*, em *Neue Anthropologie*, vol. I, 1972; trad. it., 1994, p. 22). Mas, então, *o que é práxis?* A práxis reúne em si a totalidade no nosso darse prático, toda ação e comportamento humano, a auto-regulação global dos homens no mundo: a práxis é a nossa "forma de vida" (*Lebensform*; cf. *H.G. Gadamer im Gespräch*, org. C. Dutt, 1993, p. 65; trad. it., 1995, p. 78). Toda práxis implica a dimensão da intersubjetividade, pressupõe a existência de algo em comum, uma vez que a nossa forma de vida tem o caráter do Eu-Tu, do Eu-Nós e do Nós-Nós e tem na solidariedade a condição determinante e o fundamento de toda razão social (cf. *Was ist Praxis? Die Bedingungen gesellschaftlicher Vernunft*, em *Vernunft im Zeitalter der Wissenschaft*, 1976, p. 77; trad. it., 1982, p. 66). O fato de toda forma de ação ser consubstancialmente realizada na historicidade e na lingüisticidade faz que todo o complexo horizonte da práxis seja objeto da hermenêutica e da sua forma de verdade.

c) O problema da reconstituição dialética da "difícil relação entre T. e práxis" constitui, na sua dimensão heurística, o fio condutor da *teoria crítica da sociedade e da racionalidade comunicativa* de J. Habermas, de *Theorie und Praxis* (1963, 2.ª ed., 1971) a *Faktizität und Geltung* (1992). Na sua análise da relação T.-práxis *antes* da "virada comunicativa", ocorrida na sua fundamental obra *Theorie des kommunikativen Handelns* (1981), Habermas herda da tradição da Escola de Frankfurt a questão da mediação dialética entre T. e práxis como *problema* para a construção de uma "T. crítica da sociedade" na qual a estratégia teórica em vista de uma verdadeira reformulação da filosofia transcendental em sentido materialista e comunicativo está intimamente ligada a um interesse prático-político de emancipação. Uma T. que implica ao mesmo tempo uma filosofia da história com intenção prática e "empiricamente falsificável" e uma crítica *a*) da abordagem positivista e funcionalista à T. do conhecimento e à interação social e aos modelos tecnocráticos da ciência como "ideologia"; *b*) da radicalização dialético-materialista pós-marxista e hermenêutico-crítica da T. do sujeito cognoscente entendida como "T. dos interesses orientadora do conhecimento" enraizados na práxis humana. Esses interesses não só representam a práxis no interior da T. e definem as modalidades em que a T. pode relacionar-se com a práxis e o tipo de razão ou racionalidade que eles permitem manifestar na T., como também têm uma função constitutiva peculiar no processo de objetivação "técnica" e "prática" da realidade, porquanto incluem: o interesse técnico pelo domínio da natureza externa e pelo controle sobre processos naturais objetivados; o interesse hermenêutico pela compreensão e pelo entendimento recíproco; o interesse emancipativo orientado para a superação das coações interiores e das relações de poder que produzem, nas assimetrias sociais, distorções comunicativas sistemáticas. Os pares conceituais (conhecimento-interesse, trabalho-interação, agir comunicativo-agir instrumental, repressão-emancipação) com que Habermas estrutura categorialmente a análise da relação T-práxis revelam explicitamente que todo processo cognitivo está enraizado entre o sistema do saber possível (informações, interpretações, análises) e a inter-relação dos interesses do gênero humano na sua vinculação a determinados meios de socialização (trabalho, linguagem, dominação). A diferenciação entre saber "explicativo" teórico e técnico-prático e saber "crítico-hermenêutico" não diz respeito a processos diferentes de conhecimento, mas faz a distinção entre uma disposição objetivante, que esconde a conexão originária entre conhecimento e interesse, e uma disposição crítica à reflexão e à auto-reflexão que, desvendando a falsa objetividade da ideologia na sociedade tecnológica, contribui para uma práxis de emancipação na qualidade de força crítica da razão (cf. J. HABERMAS, *Theorie und Praxis, cit.*; *Erkenntnis und Interesse*, 1968; *Technik und Wissenschaft als "Ideologie"*, 1968). A ligação (e o desligamento) original em relação à tradição dialética de filiação hegeliano-marxista e a hermenêutica (Gadamer), o desenvolvimento de uma *nova idéia pós-metafísica da razão* e a assunção emancipativo-crítica do paradigma comunicativo (v. AGIR COMUNICATIVO/AGIR INSTRUMENTAL), tudo isso permite que Habermas: 1º recupere os elementos normativos da modernidade, reconhecendo suas potencialidades de "projeto inacabado" em comparação com os resultados paradoxais e patológicos do processo de racionalização contemporânea; 2º elabore uma nova concepção interdisciplinar da relação T-práxis capaz de enfrentar o desafio e a dificuldade inerentes ao projeto de uma "nova" teoria crítica, de uma ética do discurso (v.) e de uma teoria discursiva do direito e da democracia; 3º desenvolva uma teoria da racionalidade comunicativa que apresenta constitutivamente uma dimensão intersubjetiva feita de competências cognitivas, lingüísticas e interativas na qual os atores sociais participam com atitudes performativas no processo de compreensão social dentro de um mundo *da vida* (v.) estruturado simbolicamente. A hermenêutica crítica *da práxis* social habermasiana, reclamando uma valência universal e emancipadora, não deixou de influenciar profundamente o destino da razão contemporânea. [A.D.S.]

TEÓRICO-OBSERVACIONAL (in. *Theoretical-observational*; it. *Teorico-osservativo*). Binômio usado pelos epistemólogos para indicar a concepção dicotômica (ou "de dois estratos") da linguagem científica. Concepção que foi proposta pelos neopositivistas e questionada pelos estudiosos posteriores, durante um debate que caracterizou – e ainda caracteriza – a filosofia da ciência da segunda metade do século XX.

"Nas discussões sobre a metodologia da ciência – escreve Carnap –, é habitual e útil dividir a linguagem [...] em duas partes, linguagem observacional e linguagem T. A linguagem observacional faz uso de termos que designam propriedades e relações observáveis [...] a linguagem T. contém termos que podem referir-se a eventos inobserváveis, a características ou aspectos inobserváveis dos eventos" (*Il carattere melodologico dei concetti teorici*, 1956, trad. ital., em *Analiticità, significanza, induzione*, Il Mulino, Bolonha, 1971, p. 265). A linguagem observacoinal, portanto, é um tipo de linguagem constituída por termos que se referem a entidades passíveis de verificação empírica direta (como cadeira, vermelho etc.), enquanto a linguagem T. é um tipo de linguagem constituída por termos que se referem a entidades não passíveis de verificação empírica direta (como átomo, campo magnético etc.). Tal dicotomia pressupõe a possibilidade de distinguir, na ciência, três vocabulários diferentes: *a*) um vocabulário de tipo *lógico*, constituído pelas constantes lógicas; *b*) um vocabulário de tipo *observacional*, constituído por termos descritivos ou extralógicos, que denotam realidades observáveis; *c*) um vocabulário de tipo *teórico*, constituído por termos descritivos ou extralógicos que denotam entidades não observáveis. O neopositivismo, que partia da hipótese de um primado da observação em relação à teoria, acreditava na (relativa) independência da linguagem observacional com respeito à linguagem teórica e na possibilidade de conferir significado empírico também a esta última (através de uma redução, mais ou menos liberalizada, de enunciados teóricos a enunciados observacionais). Se bem que a distinção entre linguagem teórica e linguagem observacional ou, mais em geral, entre teórico e observacional, no empirismo lógico, tenha sido progressivamente redimensionada e que seus seguidores tenham acabado por abandonar o projeto (concebido pelo neopositivismo em seus primórdios) de reportar completamente os termos T. aos observacionais, dentro dessa corrente, como ressalta Feyerabend, continuou-se a achar que o significado filtra a partir do plano da observação ao plano dos termos T., e que cortar a conexão entre os dois planos equivaleria a privar o discurso científico de qualquer significado (*Un tentativo di interpretazione realistica dell'esperienza*, 1958, trad. it., em *Il realismo e l'autorità della scienza*, Feltrinelli, Milão, 1977, p. 48).

A partir dos anos 1950, a maneira neopositivista de reportar-se à ciência começou a ser objeto de objeções radicais (v. EMPIRISMO). Algumas dessas objeções dirigiram-se precisamente para a distinção entre linguagem observacional e linguagem teórica. Aliás, uma das operações típicas da epistemologia pós-neopositivista consistiu exatamente na problematização crítica de tal distinção. O ataque à dicotomia neopositivista foi feita com base em duas linhas argumentativas convergentes e interligadas de vários modos. A primeira é representada por um filão de pensamento que vai de Putnam a Suppe. A segunda, por um filão de pensamento que vai de Popper aos filósofos da ciência de orientação pós-positivista (Hanson, Kuhn, Feyerabend etc.).

1. Partindo de um ponto de vista holístico-contextualista, Putnam (*What Theories are not*, 1962), Maxwell (*The Ontological Status of Theoretical Entities*, 1962), Achinstein (*The Problem of Theoretical Terms*, 1965; *Concepts of Science*, 1968), Quine (*Grades of Theoreticy*, 1970), Suppe (*What's Wrong with the Received View on the Structure of Scientific Theories?*, 1972) etc. defenderam que, assim como não se pode dizer, em absoluto, que uma proposição é analítica ou sintética, também não se pode dizer, em absoluto, que um enunciado é teórico ou observacional. Mais em particular, Putnam, Maxwell,

Achinstein etc. mostraram que diversos termos não lógicos da linguagem científica corrente podem ser utilizados tanto para referir-se a entidades observáveis, quanto para referir-se a entidades não observáveis (p. ex., a "cadeia", como objeto de metal, pertence ao domínio do observável, mas não pertencerá a ele se nos referirmos à estrutura do DNA). Segue-se que, em todo caso, "estamos desprovidos de qualquer critério que nos permita traçar uma linha não arbitrária entre *observação* e *teoria*" (G. MAXWELL, *The Ontological Status* etc., "Minnesota Studies in the Philosophy of Science", n. 3, 1962, p. 7).

2. Ao primado (empirista) da observação Popper contrapôs o primado (antiempirista) da teoria e a tese da inexistência de dados factuais isentos de teoria (*theory free*), chegando à doutrina do caráter teórico (*theory laden*) da observação: "As observações [...] são sempre *interpretações* de fatos observados; são *interpretações à luz de teorias*" (*Logica della scoperta scientifica*, 1934, 1959, trad. it., Einaudi, Turim, 1970, p. 103, nota). Essa doutrina, que representou a principal plataforma filosófica da crítica pós-neopositivista à dicotomia T.- observacional, foi desenvolvida de duas maneiras diferentes: uma de tipo "forte" (Hanson, Feyerabend) e uma de tipo "fraco" (Popper, Scheffler, Kordig).

A) Segundo a doutrina "forte" (ou "radical") do caráter teórico (*theory ladenness*), os enunciados observacionais não se limitam a estar impregnados de teoria, mas são completamente dependentes dela. Hanson (*Patterns of Discovery*, 1958) fala, a propósito, de uma "reorientação gestáltica", após a qual não haveria um *mesmo* objeto ou dado perceptivo (p. ex., o sol) submetido a duas interpretações diferentes (p. ex., a de Kepler e a de Tycho Brahe), mas dois objetos ou dados perceptivos *diferentes* (p. ex., o "sol estático" de Kepler e o "sol dinâmico" de Tycho Brahe). Isso em virtude das teorias que precedem a percepção e a orientam numa direção (pre)determinada, fazendo que o simples fato de ver seja, na realidade, "uma empresa impregnada de teoria" (trad. it., Feltrinelli, Milão, 1978, p. 31). Também Kuhn, em sintonia com Hanson, rechaça o conceito de observação como lugar mítico de "contato" entre a mente e a natureza, afirmando que diferentes panos de fundo teóricos geram diferentes relatos observacionais: "Lavoisier viu oxigênio onde Priestlev vira ar desflogistizado e onde outros observadores não haviam visto absolutamente nada" (*Reflections on my Critics*, 1970, trad. it., em *Critica e crescita della conoscenza*, Feltrinelli, Milão, 1976, p. 352). Partindo da convicção que os paradigmas "determinam sempre vastas áreas de experiência", ele nega a existência de uma base empírica autônoma, capaz de funcionar como árbitro da validade das teorias. Isso não significa que Kuhn possa ser considerado um defensor explícito do modelo "forte". De fato, em seu pensamento existem conceitos – como os de "anomalia", "crise", "exemplar", "relação de similaridade" – que subentendem uma independência relativa dos relatos observacionais e que parecem aproximá-lo de um modelo "fraco" (v. ponto B) ou, em última análise, de um modelo "interativo" (v. adiante) (cf. R. LANFREDINI, *Oggetti e paradigmi*, Theoria, Roma, 1988, e *Filosofia della scienza*, em *La filosofia*, org. de Paolo Rossi, Utet, Turim, 1995, vol. I, pp. 69-135). O autêntico paladino do caráter "impregnante" da teoria é Feyerabend. Contestando a teoria semântica da observação, segundo a qual seria a experiência que determinaria o significado das expressões observacionais, ele afirma que "a interpretação de uma linguagem observacional é determinada pela teoria que usamos para explicar o que observamos e muda assim que mudam essas teorias" (*Un tentativo* etc., *cit.*, p. 34). Tese que o leva a contestar a formulação canônica da impregnação pela teoria (*theory-ladenness*), ou seja, a crença em dados observacionais (popperianamente) carregados de teoria: "carregado de teoria significa que existe um peso teórico, e que há algo de não-teórico que suporta o peso contido em toda asserção observacional. Opus-me a essa tese em todos os meus escritos [...] até a última edição de bolso de *Against Method*" (*Favole marxiste dall'Australia*, 1977, trad. it. em *Metodo scientifico tra anarchismo e marxismo*, VV.AA., Armando, Roma, 1982, pp. 190-222, p. 214, n. 9). "Os conceitos observacionais não estão *impregnados de teoria*, eles são completamente T." (*Un tentativo* etc., *cit.* p. 50). Essa doutrina marca o colapso de qualquer possibilidade de verificação empírica das teorias. Com efeito, se as observações são determinadas pelas teorias que deveriam verificar, segue-se um evidente círculo vicioso, que tem como resultado inevitável a figura paradoxal de uma "ciência sem experiência", ou seja, desprovida de referente externo à indagação (*Contro il metodo*, 1970, trad. it., Lampugnani-Nigri, Milão, 1973, p. 119).

B) Para evitar tais inconvenientes, a tese "fraca" (ou "moderada") afirma a existência de uma linguagem observacional relativamente independente da linguagem teórica, portanto capaz de funcionar como banco de prova das teorias. Popper, que, mesmo professando a impregnação pela teoria (*theory ladenness*), continua a pressupor a existência de uma linguagem empírica neutra, afirma que a observação, mesmo dependendo de um pano de fundo de pressupostos teóricos gerais (o chamado "conhecimento de fundo"), é independente das hipóteses teóricas específicas que são submetidas à verificação empírica (v. FALSIFICABILIDADE). Doutrina que, em homenagem ao princípio segundo o qual "todos os termos são teóricos, ainda que alguns o sejam mais que outros" (*Scienza filosofia*, trad. it., Einaudi, Turim, 1991, p. 46), implica a possibilidade de distinguir graus diferentes de carga teórica e de isolar uma classe de enunciados relativamente observacionais (p. ex., termos como "vermelho" ou "solúvel", ainda que impregnados de teoria, são menos teóricos que termos como "quark" ou "próton"). Scheffler e Kordig também distinguem vários níveis de carga teórica e de caráter empírico. Scheffler (*Science and Subjectivity*, 1967) faz uma distinção entre *categorias* e *hipóteses*, esclarecendo que as primeiras predispõem as casas, enquanto as segundas fazem as atribuições (trad. it., Armando, Roma 1983, p. 49). Doutrina que possibilita conceber a observação como algo preliminarmente plasmado pela categorização de fundo e, ao mesmo tempo, como algo independente das hipóteses que precisa, de algum modo, verificar. Kordig (*The Justification of Scientific Change*, 1971) fala de invariâncias observacionais e invariâncias de significado, ou seja, de núcleos epistêmicos destinados a permanecer como tais a cada mudança de hipóteses e teorias. O modelo "fraco", mesmo não admitindo uma distinção puramente *lógica* entre linguagem teórica e linguagem observacional, admite a possibilidade de "isolar" logicamente enunciados relativamente teóricos e enunciados relativamente observacionais. Mas isso está em franca contradição com a doutrina holística (v. HOLISMO) de Duhem e Quine.

Nesse ponto estamos diante de uma situação de impasse. O modelo "forte" expõe ao risco de não só comprometer a verificação empírica (desde que se queira evitar que uma teoria seja verdadeira *a priori*, é preciso admitir que o significado e a denotação dos termos observacionais dependem apenas *parcialmente* do contexto teórico), mas também de acabar por configurar-se nos moldes de mera inversão ou de simples antítese (em sentido hegeliano) da concepção hierárquica e dicotômica das relações entre teórico e observacional. Isto porque, se o neopositivismo tentara, num primeiro momento, reabsorver o teórico no observacional, a filosofia da ciência que veio depois realizou a tentativa oposta de reabsorver o observacional no teórico. O modelo "fraco" procura salvaguardar um núcleo observacional autônomo em relação à impregnação da teoria, mas é obrigado a fazer uma distinção entre níveis diversos de carga teórica (e portanto a cair no desagrado do holismo). Por conseguinte, ambos os modelos parecem insuficientes para garantir uma série de exigências (consideradas) irrenunciáveis. Exigências que se concretizam nos seguintes três objetivos: 1) rechaçar qualquer dicotomia lógica entre vocabulário teórico e vocabulário observacional, mesmo mantendo alguma distinção pragmática entre eles; 2) conciliar a carga teórica dos relatos observacionais, ou seja, a consciência de que "não podemos escapar das mãos da teoria", com a possibilidade de uma verificação empírica, não circular, das nossas pretensões cognitivas; 3) fugir a nivelamentos (redutores) do teórico ao observacional e do observacional ao teórico, favorecendo uma concepção "interativa", tendente a ressaltar o condicionamento mútuo (e o entrelaçamento fecundo) entre observação e teoria.

Satisfazer a essa série de exigências não é empresa fácil (cf. H. I. BROWN, *Observation & Objectivity*, 1987). Isso não impede que uma parte da epistemologia atual esteja, implícita ou explicitamente, empenhada nesse sentido (cf. P. PARRINI, *Conoscenza e realtà. Saggio di filosofia positiva*, Laterza, Bari, 1995, cap. III, pp. 77-106). Uma das tentativas mais coerentes é representada pelo "modelo reticular" de Mary Hesse, que procurou reunir a doutrina da impregnação pela teoria (*theory-ladenness*) com as instâncias de um "novo empirismo" criticamente orientado. Outras tentativas provêm do "empirismo contingente" de Shapere e do "empirismo construtivo" de Van Fraassen (v. EMPIRISMO e TEORIA CIENTÍFICA). [G.F.]

TEÓRICO/TEORÉTICO (gr. θεωρητικός; lat. *Speculativus*; in. *Theoretical*; fr. *Théorétique*; al. *Theoretisch*; it. *Teoretico*). Esse adjetivo corresponde a *especulação* (v.); por isso, assim como este substantivo, possui dois significados fundamentais: 1º o que é puramente cognitivo e opõe-se a prático; 2º o que não é redutível à experiência e opõe-se a empírico. No primeiro exemplo, fala-se de "ciências T."; no segundo, de "conceitos T.". [N.A.]

TEOSE. V. DEIFICAÇÃO.

TEOSOFIA (gr. θεοσοφία; in. *Theosophy*; fr. *Théosophie*; al. *Theosophie*; it. *Teosofia*). Este termo já era usado pelos neoplatônicos para indicar o conhecimento das coisas divinas, proveniente da inspiração direta por Deus (PORFÍRIO, *De abst.*, IV, 1 7; JÂMBLICO, *De myst.*, VII, 1; PROCLO, *Theol. plat.*, V, 35). Foi retomada com o mesmo sentido por Jacob Böhme (*Sex puncta theosophica*, 1620; *Quaestiones theosophicae*, 1623) e pelos outros místicos da Reforma; Kant observava que a limitação da razão "impede que a teologia se eleve à T., a conceitos transcendentais em que a razão se perde" (*Crít. do Juízo*, § 89). E Schelling falava do *teosofismo* de Jacobi, entendendo por teósofos os filósofos que se consideram diretamente inspirados por Deus (*Münchener Vorlesungen* em *Werke*, X, p. 165).

Em 1875, esse termo foi retomado pelos fundadores da *Sociedade teosófica*, entre os quais se encontrava Helena Petrowna Blavatsky, autora de *Ísis sem véu* (1877) e *Doutrina secreta* (1888), obras que expunham a nova T.: uma mistura de ocultismo e de crenças orientais, que supostamente estariam fundadas na inspiração direta por Deus. A atuação e as doutrinas dessa sociedade extrapolam o campo da filosofia. Aqui nos limitaremos a aludir ao cisma provocado por Rudolff Steiner, que o levou à formulação da *antroposofia* (v.). [N.A.]

TER (gr. ἔχειν; lat. *Habere*; in. *To have*; fr. *Avoir*; al. *Haben*; it. *Avere*). Uma das dez categorias de Aristóteles, na qual ele mesmo distinguiu muitos significados, uma vez que pode referir-se a qualidade, quantidade, posse, disposição, uma parte do corpo, conteúdo de um recipiente, uma propriedade ("T. uma casa ou uma fazenda"). Aristóteles também observa que se diz "T. mulher", mas que esse significado é impróprio porque significa apenas que se coabita com ela (*Cat.*, 15, 15 b 3 ss.). Essas distinções são repetidas na lógica medieval (cf., p. ex., PEDRO HISPANO, *Summ. log.*, 3.37-38; JUNGIUS, *Logica hamburgensis*, I, 14, 24). Com significado assim amplo esse termo indica uma relação qualquer. Hegel, porém, queria restringi-lo à relação entre a coisa e suas propriedades (*Enc.*, § 125).

Marcel contrapôs o T. ao ser. O T. seria a categoria dominante na exterioridade das coisas, entre as quais o homem vive em sua função social ou vital, enquanto o ser seria a categoria própria da subjetividade, que é mistério (*Être et avoir*, 1935). No T., no *fazer* e no *ser*, Sartre viu as três grandes categorias da existência humana. Mas o fazer se resolveria no T., visto que qualquer forma de ação ou de produção, inclusive o conhecer, é uma forma de *apropriação*; por outro lado, o T. se reduz ao ser porque o desejo de T. no fundo é redutível ao desejo de "estar em relação com certo objeto em certa relação de ser" (*L'être et le néant* [1943], 1955, pp. 663 ss.).

Tanto na linguagem corrente quanto na lógica e na matemática, T. hoje indica apenas uma relação de qualquer gênero. [N.A.]

Referindo-se à dicotomia de Marcel, mas desenvolvendo-a de modo autônomo, Fromm viu no T. e no ser as duas modalidades fundamentais da experiência e da existência humana (*Ter ou ser*, 1976). Enquanto o T. coincide com a dimensão do consumismo e da posse, sendo própria da sociedade opulenta, na qual "quem *não tem* nada *não é* nada", o ser coincide com a auto-realização livre e global, de que falaram mestres de vida como Buda, Jesus, Mestre Eckhart e Marx (trad. it., Mondadori, Milão, 1986, pp. 27-8). [G.F.]

TERCEIRO EXCLUÍDO, PRINCÍPIO DO (in. *Principle of excluded middle*; fr. *Principe du milieu ou tiers exclu*; al. *Grundsatz vom ausgeschlossenen Dritten*; it. *Principio del terzo escluso*). Princípio segundo o qual é sempre verdadeira a disjunção formada por um enunciado dotado de significado e por sua negação: dados um enunciado p qualquer e a sua negação não-p, é sempre verdadeiro "p ou não-p". Em outras palavras: dado um enunciado p, ou p é verdadeiro ou é verdadeira a sua negação – não há terceira possibilidade. Esse princípio deve ser considerado distinto do *princípio de bivalência*, segundo o qual os estados de verdade de um enunciado são apenas dois: o verdadeiro e o falso.

O histórico desse princípio está estreitamente ligado ao do *princípio de contradição* (v.), do qual se distinguiu definitivamente a partir de Baumgarten (*Met.*, 1739, § 10), embora Wolff já falasse da "exclusão do meio entre os contraditórios" como corolário do princípio de contradição (*Ont.*, § 53). Uma primeira formulação clara do princípio está presente em Aristóteles: "Entre os opostos contraditórios não há meio. Isto é contradição: a oposição tal que em uma ou em outra parte dela está presente a outra parte, de sorte que ela não tem um meio" (*Met.*, X, 7, 1057 a 33). Essa formulação não está isolada porque (como se vê também no trecho citado) a exclusão do T., para Aristóteles, é considerada ineliminável da contradição (cf. C. A. VIANO, *La logica di Aristotele*, 1955, pp. 35 ss.). A lógica medieval não atribuiu relevância especial ao princípio, que começou a ser claramente distinguido do princípio de contradição somente com Leibniz. Este observou que o princípio de contradição contém dois enunciados verdadeiros: "Um, que o verdadeiro e o falso não são compatíveis na mesma proposição ou que uma proposição não pode ser verdadeira e falsa ao mesmo tempo; outro, que o oposto ou a negação do verdadeiro e do falso não são compatíveis ou que não há um meio entre o verdadeiro e o falso ou que não é possível que uma proposição não seja nem verdadeira nem falsa" (*Nouv. Ess.*, IV, 2, 1). A partir da metade do século XVIII, graças a Wolff e Baumgarten, o princípio do T. excluído ingressava, ao lado dos princípios de identidade e de contradição, nas "leis fundamentais do pensamento".

Mas o princípio do T. excluído não teve a sorte dos outros princípios: foi às vezes questionado. Segundo um testemunho de Cícero, quem o questionava era Epicuro, por desvalorizar a dialética (*Acad.*, IV, 30, 97). E enquanto Hegel repetia contra ele as costumeiras críticas que fazia a todos os princípios lógicos tradicionais (*Enc.*, § 119), Kant procurava estabelecer uma exceção a ele, na discussão das antinomias cosmológicas. Distinguiu a oposição *analítica*, que é a da contradição e que exclui o meio, da oposição *dialética*, que admite o meio. Se as duas proposições: "O mundo, em termos de grandeza, é infinito" e "O mundo, em termos de grandeza, é finito" forem consideradas em oposição analítica, o mundo só poderá ser finito ou infinito. Mas elas podem ser consideradas em oposição analítica apenas se admitirmos que o mundo é uma "coisa em si", ou seja, apenas se admitirmos como válida a idéia de mundo. Kant declara negar essa validade: portanto, as duas proposições estão em oposição dialética, e pode-se afirmar que o mundo "não existe nem como um todo em si infinito nem como um todo em si finito" (*Crit. R. Pura,* Dial. transc., cap. II, seç. VII). Isso equivale a declarar que o princípio do T. excluído não é válido no caso da oposição dialética e a introduzir um novo valor lógico, ao lado do verdadeiro e do falso, ou seja, o *indeterminado.*

A lógica contemporânea não deixou escapar a possibilidade de construir uma lógica que excluísse o princípio do T. excluído. Primeiramente Lukasiewicz, em 1920, e depois Lukasiewicz e Tarski, em 1930, construíram uma lógica de três valores, correspondentes a verdadeiro, falso e possível, simbolizados pelos algarismos 1, 0, 1/2. Nessa lógica, o princípio do T. excluído não tem lugar, no sentido de que não é exprimível com os símbolos da própria lógica e não constitui um teorema seu (*Untersuchungen über den Aussagenkalkül,* em *Comptes rendus des séances de la Société des sciences et des lettres de Varsovie,* 1930, pp. 30-50, 51-77). Os mesmos autores forneceram as regras para construir um sistema com um número finito *n* de valores de verdade (*Philosophische Bemerkungen zu mehrwertigen Systemen des Aussagenkalküls,* em *Comptes Rendus* etc., 1930, classe III, pp. 51-77), lançando as bases para lógicas de infinitos valores. Esses precedentes e os outros citados estão reunidos em *Polish Logic, 1920-39,* Oxford, 1967, pp. 15-65. Um tipo de lógica polivalente também fora construído por E. L. Post ("Introduction to a General Theory of Elementary Propositions", em *American Journal of Mathematics,* 1921, 43, 163). A. Heyting, por sua vez, construiu uma lógica *intuicionista* formalizada com três valores – verdadeiro, falso e indeterminado –, que se aplica à teoria intuicionista da matemática de Brower e que implica a renúncia à demonstração por absurdo (*Die formalen Regeln der intuitionistischen Logik,* em *Sitzungesber. Preuss. Akad. Wiss.* [*Phys.- Math. Klassel,* 1930, p. 42-56).

A lógica de três valores constitui assim uma alternativa aos sistemas tradicionais de lógica. C. I. Lewis escreve: "O princípio do T. excluído não está escrito no céu: reflete a nossa obstinação em aderir ao mais simples de todos os modos de divisão e o nosso interesse predominante pelos objetos concretos, em oposição aos conceitos abstratos. As razões pelas quais escolhemos um sistema de lógica não brotam da própria lógica, assim como as razões para escolher as coordenadas cartesianas em vez das polares ou as coordenadas de Gauss não brotam dos princípios matemáticos" (*Alternative Systems of Logic,* em *The Monist,* 1932, p. 505). H. Reichenbach, por sua vez, mostrou a utilidade da lógica de três valores para a mecânica quântica, dada a sua natureza probabilística (*Philosophic Foundations of Quantum Mechanics,* § 30) (cf. também, sobre a questão, L. ROUGIER, *Traité de la connaissance,* 1955, II, cap. VII). [N.A. – M.M.]

TERCEIRO HOMEM (gr. τρίτος ἄνθρωπος; it. *Terzo uomo*). Aristóteles alude várias vezes a um argumento assim denominado, contrário à doutrina platônica das idéias, dando-o por conhecido, portanto deixando de expô-lo (*Met.,* I, 9, 990 b 17; VII, 13, 1039 a 2; *El. sof.,* 178 b 36). Segundo Alexandre de Afrodisia (*In met.,* I, 9), esse argumento consistiria em dizer que, uma vez que um homem individual é semelhante ao homem ideal, deve existir um terceiro homem do qual os dois participem. Mas esse é o argumento aduzido contra a doutrina das idéias de Platão, que no entanto não menciona o exemplo do homem (*Parm.,* 132a). Alexandre, porém, menciona também outras formas desse argumento do T. homem. 1º Uma delas é a usada pelos sofistas: quando dizemos "o homem está passeando", não estamos falando nem da idéia de homem (que é imóvel), nem de um homem em particular; devemos então estar falando de um homem de uma terceira espécie. 2º Fânias, discípulo de Aristóteles, em seu livro contra Diodoro Cronos, atribuía ao sofista Polixeno o seguinte argumento: se o homem existe por participar da idéia de homem, deve haver algum homem que possua o seu ser em relação com a idéia; mas não será nem a própria idéia, nem o homem em particular. Finalmente, o próprio Alexandre nota que o argumento do T. homem, exposto na primeira forma, pode ser repetido ao infinito, porque a relação entre T. homem, por um lado, e idéia do homem particular por outro pode dar lugar ao quarto e quinto homem, e assim por diante.

Como Platão expõe o argumento por meio de Parmênides, contra a interpretação da doutrina das idéias que estabelece uma separação nítida entre idéias e coisas, é provável que esse argumento fosse corrente na própria escola platônica; sua origem, porém, parece ser megárica ou sofística (cf. a nota de W. D. ROSS a *Met.,* I, 9, na edição de *Metafísica* por ele organizada, bem como a nota de DIES a *Parmênides,* em Coll. des Univ. de France, VIII, p. 21). [N.A.]

TERMINISMO (in. *Terminism;* fr. *Terminisme;* al. *Terminismus;* it. *Terminismo*). Desde o começo do século XV, são designados pelos nomes de terministas (*terministae*) ou nominalistas (*nominales*) os defensores da tese nominalista na disputa sobre os universais (v. NOMINALISMO; UNIVERSAL), que eram, ao mesmo tempo, cultores da *nova lógica*, considerada como o estudo das propriedades dos termos. Jean Gerson (que morreu em 1429) já fala da disputa entre formalistas e terministas (*De conceptibus*, em *Opera*, 1706, IV, p. 806). Num manuscrito do mesmo século, da Biblioteca Colbert (publicado em parte por S. BALUZI, *Miscellanea*, IV, p. 531 f), encontra-se: "São denominados nominalistas os doutores que não multiplicam as coisas significadas pelos termos segundo a multiplicação dos termos; realistas, ao contrário, são os que afirmam que as coisas se multiplicam segundo a multiplicidade dos termos. [...] Também são chamados de nominalistas os que usam estudo e diligência para conhecer todas as propriedades dos termos, das quais depende a verdade ou a falsidade das proposições; tais propriedades são a suposição, a denominação, a extensão, a restrição, a distribuição e os exponíveis, e que conhecem também as antinomias (*obligationes*) e os verdadeiros fundamentos dos argumentos dialéticos" (*apud* PRANTL, *Geschichte der Logik*, IV, p. 187). O estudo das propriedades dos termos, de que se fala aí, partia da tendência geral desses filósofos e lógicos, segundo os quais o conhecimento e a ciência só têm por objeto os termos. Ockham diz a respeito: "Qualquer ciência, seja racional, seja real, é ciência só de proposições, e de proposições conhecidas, porquanto só as proposições são conhecidas. Todos os termos dessas proposições são apenas conceitos, e não substâncias externas" (*In Sent.*, I, d. 2, q. 4, M, N) (v. LÓGICA; NOMINALISMO; UNIVERSAL). [N.A.]

TERMINOLOGIA (in. *Terminology*; fr. *Terminologie*; al. *Terminologie*; it. *Terminologia*). Qualquer linguagem artificial: por exemplo, "T. matemática", "T. hegeliana" etc. [N.A.]

TERMINUS A QUO, AD QUEM. Expressões usadas a propósito do movimento: *T. a quo* denomina-se o lugar do qual um móvel procura afastar-se. *T. ad quem* denomina-se o lugar para qual o móvel procura dirigir-se (HOBBES, *De corp.*, 8, § 10; WOLFF, *Cosm.*, § 161). [N.A.]

TERMO (gr. ὅρος; lat. *Terminus*; in. *Term*; fr. *Terme*; al. *Terminus*; it. *Termine*). Os significados principais são os seguintes:

1º Signo lingüístico ou conjunto de signos. Este é o significado que mais diz respeito à filosofia (v. adiante);

2º Qualquer objeto ou coisa a que um discurso se refira. Nesse sentido, é sinônimo de *objeto* (v.) ou de *coisa* (v.);

3º Limite de uma extensão, por exemplo, o T. de uma linha ou de uma superfície;

4º Ponto de chegada de uma atividade ou resultado de uma operação. Nesse sentido, por exemplo, o T. da vontade é a ação, o T. do intelecto é o conhecimento;

5º Ponto de partida ou ponto de chegada de um movimento. Nesse sentido, fala-se de *terminus a quo* e de *terminus ad quem* (v.).

No primeiro significado, que interessa à lógica, é possível distinguir os seguintes significados subordinados:

a) os elementos que compõem as premissas do silogismo categórico: sujeito e predicado;

b) todos os componentes *simples* presentes nas proposições; nesse sentido, são T. não só o sujeito e o predicado, mas também os verbos, as preposições e as conjunções, ou seja, os componentes *sincategoremáticos* (v.), ao passo que as proposições não são T. porque não são simples;

c) todos os componentes das proposições, tanto simples quanto complexos. Nesse sentido muito geral, são T. não só o sujeito, o predicado, o verbo e os componentes sincategoremáticos, mas também as proposições, visto que podem fazer parte de outras proposições, como quando se diz: "Sócrates é homem' é uma proposição."

O significado (*a*) é o definido por Aristóteles (*An. pr.*, I, 1, 24 b 16); persistiu até a lógica medieval (v. PEDRO HISPANO, *Summ. log.*, 4.01). Os outros significados foram admitidos pela lógica terminista do século XIV e podem ser encontrados em Ockham (*Summa log.*, I, 2).

Em vista da diversidade de significados dessa palavra, foram numerosas e diversas as divisões do conceito. A divisão que os lógicos terministas consideram fundamental é entre T. *escrito*, T. *falado* e T. *pensado*, correspondentes às três espécies de proposições distinguidas por Boécio. Eles distinguiram também os T. *categoremáticos* e *sincategoremáticos* (v.); *concretos* e *abstratos* (v.); *conotativos* e *absolutos* (v. CONOTAÇÃO); *unívocos* e *equívocos* (v.) (sobre essas divisões, cf. OCKHAM, *Summa log.*, I, 3 ss.).

Na lógica moderna, essa palavra é assumida no significado mais extenso, no sentido (*c*) (v. CHURCH, *Introduction to Mathematical Logic*, n. 4). Em matemática, é assumida com significado análogo, entendendo-se por T. qualquer componente, simples ou complexo, de uma expressão. [N.A.]

TERRORISMO (in. *Terrorism*; fr. *Terrorisme*; al. *Terrorismus*; it. *Terrorismo*). Este termo pertence à filosofia só no significado de T. *moral*, atribuído por Kant: seria a interpretação da história como decadência ou regressão (*Der Streit der Fakultäten*, 1798, II, 3). [N.A.]

TESE (gr. θέσις; in. *Thesis*; fr. *Thèse*; al. *These*; it. *Tesi*). Este termo deriva dos textos lógicos de Aristóteles, nos quais se encontra com dois significados principais:

1.º para designar o que o interlocutor põe no início de uma dissertação como assunção sua (*Top.*, II, 1, 109 a 9);

2.º para designar uma proposição assumida como princípio (*An. post.*, I, 2, 72 a 14).

Esses dois significados conservaram-se na tradição filosófica. O primeiro encontra-se já em PLATÃO (*Rep.*, I, 335 a), e, segundo tradição relatada por Diógenes Laércio, Protágoras teria sido o primeiro a mostrar como apoiar uma T. em argumentos (DIÓG. L., IX, 53). Na terminologia dos lógicos medievais e dos matemáticos prevaleceu esse significado: a T. designa uma proposição que se pretende demonstrar.

Com Kant, esse termo adquiriu novo valor filosófico: nas antinomias da razão pura T. é o enunciado afirmativo da *antinomia* (v.).

Na dialética pós-kantiana, o momento da T. é o elemento positivo ou de posição, portanto inicial, do processo ou do desenvolvimento dialético (v. DIALÉTICA, 4.º). [G.P.]

TESTABILIDADE (in. *Testability*; fr. *Testabilité*; al. *Testabilität*; it. *Testabilità, Attestabilità*). A possibilidade de pôr à prova um enunciado, portanto de confirmá-lo ou de desmenti-lo. Esse termo é freqüentemente usado na lógica e na metodologia contemporâneas. A testabilidade compreende qualquer possibilidade de confirmação, verificação, averiguação e aferição, uma vez que cada uma dessas possibilidades pode redundar na *prova* (v.) ou na falta de prova do enunciado em questão.

Carnap, porém, restringiu o significado desse termo ao de verificação empírica incompleta, entendendo-o como "um procedimento que conduz à confirmação, pelo menos em certo grau, do enunciado ou de sua negação". Tem-se T. quando efetivamente se possui um procedimento desse gênero. Ao contrário, tem-se apenas confirmabilidade quando, mesmo não se possuindo esse procedimento, conhecem-se as condições nas quais o enunciado seria confirmado. Assim, um enunciado pode ser confirmável sem ser testável: é o que acontece quando se sabe que certa observação o confirmaria, mas não se têm condições de efetuar a observação (*Testability and Meaning*, 1936, em *Readings in the Philosophy of Science*, 1953, p. 47). Carnap também distinguiu o que é *diretamente* e o que é *indiretamente* testável. Algo é diretamente testável quando "são concebíveis circunstâncias nas quais consideremos o enunciado tão fortemente confirmado ou não confirmado por uma observação ou por algumas observações que o aceitamos ou o rejeitamos sem outras considerações; como, por exemplo, 'há uma chave na minha mesa'." Tem-se a T. *indireta* de um enunciado quando se "provam diretamente outros enunciados que estejam em relação lógica específica com o enunciado em questão". Esses outros enunciados podem ser chamados de enunciados-prova (*test sentences*) (*Truth and Confirmation*, 1936, em *Readings in Philosophical Analysis*, 1949, p. 124). [N.A.]

TESTE DE TURING (in. *Turing test*; fr. *Test de Turing*; al. *Turing Test*; it. *Test di Turing*). Experimento mental imaginado por A. M. Turing para mostrar que, se um perito, durante uma conversação "cega" – ou seja, na qual não vê o seu interlocutor, limitando-se a comunicar-se com ele por meio de mensagens escritas –, não consegue saber com certeza se está se comunicando com uma pessoa ou com uma máquina, então se pode afirmar que a máquina "pensa" ("Computing Machinery and Intelligence", *Mind*, vol. 59, pp. 433-60). Em outros termos, segundo Turing, "um computador é comparável a um ser humano, quanto à inteligência, se os seres humanos não conseguem distinguir o desempenho do computador do desempenho do ser humano" (W. BECHTEL, *Filosofia della mente*, 1988, trad. it., Il Mulino, Bolonha, 1992, p. 194). [G.F.]

TESTE DO QUARTO CHINÊS (in. *Chinese room test*; fr. *Test de la chambre chinoise*; al. *Test des Chinesischen Zimmers*; it. *Test della stanza cinese*). Experimento mental imaginado por J. R. Searle. Gira em torno do caso de um indivíduo que, tendo em mãos instruções na sua língua, consegue reunir corretamente símbolos chineses, mesmo sem entender seus significados (*Menti, cervelli e programmi*, 1980, trad. it., Clup-Clued, Milão, 1984, pp. 48-9). Tal experimento assume o valor de um contrateste de Turing (v.) e dos seus pressupostos "operacionalistas" e "behavioristas". Isto porque, ao contrário dos seguidores de Turing – prontos a acreditar que, "se um sistema se comporta como se entendesse chinês, é porque de fato entende chinês" –, Searle afirma que nenhum sistema que se limite a uma manipulação formal de símbolos, sem ter consciência de seus significados, pode ser considerado idêntico a um ser pensante, ainda que o seu desempenho exterior o seja (*La scienza cognitiva e a metafora del computer*, 1990, trad. it., em *Capire l'artificiale*, VV.AA., Bollati Boringhieri, Turim, 1990, p. 61). [G.F.]

TESTEMUNHO (in. *Witnessing, Testimony*; fr. *Témoignage*; al. *Zeugniss*; it. *Testimonianza*). Recurso à experiência alheia ou às asserções alheias como método de prova para as proposições que expressem fatos. Aristóteles já observara que é possível referir-se "a questões de fato ou a questões de caráter pessoal", que também são questões de fato (*Ret.*, I, 15, 1376 a 23). O valor do testemunho nesse sentido é reconhecido pela *Lógica* de Port-Royal (1662): "Para julgar da verdade de um acontecimento e decidir-se a crer ou a não crer nele, não é preciso considerá-lo em si, como se faria com uma proposição de geometria, mas é preciso considerar todas as circunstâncias que o acompanham, internas ou externas. Denomino *internas* as circunstâncias que pertencem ao próprio fato, e *externas* as que dizem respeito às pessoas por meio de cujo T. somos levados a crer nele" (ARNAULD, *Log.*, IV, 13). Locke, por sua vez, introduzia o T. como um dos dois fundamentos do juízo de probabilidade (o outro é "a conformidade de uma coisa com o nosso conhecimento, observação ou experiência"). Segundo Locke, no T. dos outros é preciso considerar: 1º o número de testemunhas; 2º sua integridade; 3º sua capacidade; 4º a intenção do autor, se o T. for extraído de um livro; 5º a coerência entre as partes e as circunstâncias da relação; 6º os T. contrários" (*Ensaio*, IV, 15, 4). Leibniz admitia o valor do T. subordinadamente ao caráter de verossimilhança do acontecimento testemunhado, como argumento "não artificial", que se diferencia dos "artificiais", deduzidos das coisas pelo raciocínio. Todavia, observava que o T. pode fornecer um fato que leva à formação de um argumento artificial (*Nouv. ess.*, IV, 15, 4). Hamilton assim resumia a teoria do T.: "O objeto do T. é chamado de fato (*factum*); sua validade constitui o que se chama de *credibilidade histórica* (*credibilitas historica*). Para avaliar essa credibilidade, é preciso considerar: 1º a fidedignidade do T. (*fides testium*); 2º a probabilidade objetiva do fato. A primeira baseia-se em parte na sinceridade da testemunha e em parte na sua competência. A segunda depende da possibilidade absoluta e relativa do próprio fato. O T. é imediato ou mediato. É imediato quando o fato relatado é objeto de experiência pessoal; é mediato se o fato é objeto de experiência alheia" (*Lectures on Logic*, 2ª ed., II, pp. 175-6). [N.A.]

TÉTICA (al. *Thetik*). Segundo Kant, "qualquer conjunto de doutrinas dogmáticas", em oposição a *Antitética* (v.) (*Crít. R. Pura*, Dialética, livro II, cap. 2, seç. 2). [N.A.]

TÉTICO (in. *Thetic*; fr. *Thétique*; al. *Thetisch*; it. *Tetico*). Que afirma ou põe. Fichte chamou de T. "o juízo no qual alguma coisa não é posta como igual ou contrária a outra, mas apenas como igual a si mesma". Esse juízo se distinguiria do juízo antitético e do juízo sintético; mais precisamente se oporia ao juízo antitético. O supremo juízo T. seria "Eu sou", no qual, segundo Fichte, "nada se afirma do eu, mas deixa-se vazio o lugar do predicado para a possível determinação do eu ao infinito". Este juízo seria "a absoluta posição do eu" (*Wissenschaftslehre*, 1794, I, § 3, D7).

Esse adjetivo foi usado na maioria das vezes em sentido análogo ao estabelecido por Fichte. Husserl chamou de T. "os atos que põem o ser", ou seja, que têm caráter de crença (*Ideen*, I, § 103). [N.A.]

TETRÁCTIS (gr. τετρακτύς). Segundo os pitagóricos, a soma dos primeiros quatro números, ou seja, o número 10, representável por um triângulo cujo lado é o 4. (*Carm. aur.*, 48). A figura constitui uma disposição geométrica que expressa um número, ou constitui um número expresso por uma disposição geométrica. Tinha caráter sagrado, e os pitagóricos costumavam jurar por ela. [N.A.]

TETRAFÁRMACO (gr. τετραφάρμακον; it. *Quadrifarmaco*). Com este termo (que significa propriamente um medicamento composto por quatro elementos), Filodemo (*Herc. Vol.*, 1005, 4) indicou o conjunto das quatro máximas fundamentais da ética epicurista: 1ª não temer a divindade, que não se preocupa com homem; 2ª não temer a morte; 3ª ter em mente a facilidade do prazer; 4ª ter em mente a brevidade da dor (cf. EPICURO, *Ep. a Menec.*, 123, 124. 133). [N.A.]

TEURGIA (gr. θεουργία; lat. *Theurgia*; in. *Theurgy*; fr. *Théurgie*; al. *Theurgie*; it. *Teurgia*). Poder mágico ou purificador das técnicas religiosas, dos ritos. Já admitida por Porfírio (v. AGOSTINHO, *De civ. Dei*, X, 9), segundo Jâmblico ela estaria acima da união espiritual com Deus, ou seja, do êxtase. Ainda segundo Jâmblico, a característica da T. é o valor autônomo que os ritos possuem, independentemente de quem os utiliza, vale dizer, sua capacidade de comover ou convencer as potências divinas (*De myst. aegyp.*, II, 11). Agostinho dedicou grande parte de sua obra à crítica da T., que, na sua opinião, se endereçaria indiferentemente aos demônios ou aos anjos (*De civ. Dei*, X, 10 ss.). Kant considerou a T. como "a ilusão da fantasia que consiste em acreditar possuir o sentido de outros seres supra-sensíveis e de poder influir sobre eles"; para ele, assim como a teosofia, a T. é impossibilitada pelo reconhecimento da limitação da.razão (*Crít. do Juízo*, § 89). [N.A.]

TEXTUALISMO. V. DESCONSTRUCIONISMO; GRAMATOLOGIA.

TIMOCRACIA (gr. τιμοκρατία; in. *Timocracy*; fr. *Timocratie*; al. *Timokratie*; it. *Timocrazia*). 1. Forma de governo baseada no desejo de honrarias, que, segundo Platão, é uma corrupção da aristocracia (*Rep.*, VIII, 545 b).

2. Forma de governo baseada na riqueza, segundo Aristóteles (*Et. nic.*,VIII, 10, 1160 a 36). [N.A.]

TIMOLOGIA. V. AXIOLOGIA.

TÍPICA (in. *Typics*; fr. *Typique*; al. *Typik*; it. *Tipica*). Kant chamou de "T. do juízo prático" o que na

Crítica da Razão Prática corresponde ao *esquematismo* (v.) transcendental da *Crítica da Razão Pura*. O tipo da lei moral é a própria lei moral que "pode ser manifestada de forma concreta no objeto dos sentidos", ou seja, livremente realizada no mundo sensível (*Crít. R. Prática*, livro I, cap. II). [N.A.]

TÍPICO (in. *Typical*; fr. *Typique*; al. *Typisch*; it. *Tipico*). Em geral, o que corresponde a um tipo, a um modelo ou a uma representação geral ou esquemática, ou então o que exprime ou realiza os caracteres do tipo. Assim, por exemplo, a "beleza T.", exaltada por Ruskin, é a beleza idealizada segundo certo modelo. "Representação T." é uma representação generalizada e comum a uma classe de coisas. "Características T." são as que distinguem o tipo, ao passo que uma "experiência T." é a que pode servir de modelo a muitas outras experiências ou resume suas características comuns.

Como se vê, esse termo não tem um significado rigoroso, mas sempre implica a referência ao que é comum e geral e que, justamente por isso, é considerado fundamental. [N.A.]

TIPO (gr. τύπος; in. *Type*; fr. *Type*; al. *Typus*; it. *Tipo*). No sentido de modelo, forma, esquema ou conjunto interligado de características que pode ser repetido por um número indefinido de exemplares, essa palavra já é usada por Platão (*Rep.*, 379 a, 380 c, 396 e etc.) e por Aristóteles (*Et. nic.*, II, 2, 1104 a 1; *ibid.*, II, 7, 1107 b 14 etc.). Galeno usou-a para indicar as formas da doença (*Op.*, ed. Kühn, VII, 463), e essa palavra continuou com o mesmo significado em muitos usos correntes da linguagem comum, científica e filosófica. A biologia e a psicologia utilizam muito esse termo e o consideram fundamental. Kretschmer, por exemplo, diz: "Aquilo que chamamos, matematicamente, de pontos focais de correlações estatísticas, chamamos também, em prosa mais descritiva, de T. constitucionais. [...] Pode-se reconhecer o T. verdadeiro pelo fato de ele sempre conduzir a maiores conexões de importância biológica. Sempre que há muitas e renovadas correlações com fatores biológicos fundamentais [...] estamos diante de pontos focais da máxima importância" (*Körperbau und Charakter*, 1948). Em psicologia, o T. é analogamente definido como "um grupo de traços correlativos", do mesmo modo que traço é definido como um grupo de atos comportamentais ou de tendências a ações correlativas (H. J. EYSENCK, *The Structure of Human Personality*, 1953, pp. 13 ss.).

O significado dessa palavra não muda na chamada "teoria dos T. lógicos" de Russell e Whitehead, na qual designa as formas ou os modelos dos conceitos (v. ANTINOMIA). Para Peirce, T. é a palavra ou o signo que não sejam uma coisa única ou um evento único, mas uma "forma definidamente significante" que, para ser usada, deve ganhar corpo numa ocorrência (*token*); esta deve ser o signo de um T., portanto do objeto que o T. significa. Por exemplo, é T. o artigo "o" na língua portuguesa, que não pode ser visto ou ouvido porque não é um evento individual, mas determina os eventos individuais, vale dizer, as ocorrências ou os *exemplos* dele no discurso escrito ou falado (*Coll. Pap.*, 4.537) (v. OCORRÊNCIA; PALAVRA; SIGNO). [N.A.]

TIPO IDEAL (in. *Ideal type*; fr. *Type idéal*; al. *Idealtypus*; it. *Tipo ideale*). Termo usado por Weber para indicar o procedimento de abstração que se propõe evidenciar, na multiplicidade infinita do dado empírico, um conjunto de elementos característicos com os quais é possível construir um quadro ideal não contraditório de entidades gerais como capitalismo, socialismo etc. Tal modelo serve de critério de comparação da realidade efetiva e funciona como expediente heurístico das ciências históricas e sociais: "Na sua pureza conceitual, esse quadro nunca pode ser encontrado empiricamente na realidade; ele é uma utopia, e ao trabalho histórico compete a tarefa de constatar em cada caso individual a maior ou menor distância entre a realidade e esse quadro ideal, estabelecendo por exemplo em que medida o caráter econômico das relações de determinada cidade pode ser qualificado conceitualmente como próprio da 'economia citadina'. Empregado com perspicácia, esse conceito presta serviços específicos para fins de investigação ou ilustração" (*L'oggettività conoscitiva della scienza sociale o della politica sociale*, 1904, trad. it., em *Il metodo delle scienze storico-sociali*, Einaudi, Turim, 1958, pp. 108-9). [G.F.]

TIPOLOGIA (in. *Typology*; fr. *Typologie*; al. *Typologie*; it. *Tipologia*). Estudo dos tipos numa disciplina ou ciência qualquer; por exemplo, T. biológica, T. racial, T. psicológica etc. [N.A.]

TIQUISMO. V. CASUALISMO.

TIRANIA (gr. τύραννις; lat. *Tyrannis*; in. *Tyranny*; fr. *Tyrannie*; al. *Tyrannei*; it. *Tirannide*). Forma de governo em que o arbítrio de uma ou várias pessoas representa a lei. O conceito de T. foi elaborado pelos gregos, juntamente com o de constituição livre. A definição de tirano já se encontra nos versos de Eurípides: "Não há pior inimigo que um tirano numa cidade, sob o qual desaparecem todas as leis comuns, e só uma pessoa comanda, tendo a lei em suas mãos" (*Suppl.*, II, 429-32). Segundo Platão, a T. é conseqüência da excessiva liberdade em que às vezes incidem as democracias. "Ao fugir da fumaça da servidão – como se diz – sob um governo de homens livres, o povo acaba caindo, com a T., no fogo da servidão sob o despotismo de servos e, em troca daquela liberdade excessiva e inoportuna, é obrigado a vestir a túnica do escravo e a sujeitar-se à mais triste e amarga das servidões, a de ser servo dos servos" (*Rep.*, VIII, 569 b-c). Aristóteles diz que a T. acumula os males da democracia e os da oligarquia. Da oligarquia extrai a finalidade, que é a riqueza (única condição para se manter o poder e o luxo), bem como a falta de confiança no povo, que é privado de armas, e a agressão à população, que é afastada das cidades e espalhada pelo campo. Da democracia toma a luta contra os notáveis, sua destruição pública ou oculta, o seu exílio (*Pol.*, V 1, 1311 a 8 ss.). Na Idade Média, ao mesmo tempo que Tomás de Aquino acha que "quando a monarquia se transforma em T. o mal é menor do que quando um governo de vários optimates se corrompe" (*De regimine principum*, I, 5) e condena o tiranicídio, recomendando paciência aos súditos para suportar a T. ou confiando num poder superior para eliminá-la (*ibid.*, I, 6), João de Salisbury defende explicitamente o tiranicídio por considerar que o tirano é um rebelde contra a lei à qual os reis, tanto quanto todos os cidadãos, estão vinculados (*Policraticus*, IV, 7). Essas idéias depois foram freqüentemente repetidas pelos adversários irredutíveis da monarquia e pelos jusnaturalistas dos séculos XVI e XVII. Bodin dizia: "A maior diferença entre o rei e o tirano é que o rei se conforma às leis da natureza e o tirano as esmaga; um cultiva a piedade, a justiça e a fé; o outro não tem Deus, fé ou lei" (*De la république*, 1576, II, 4, 246). Locke afirmava: "Onde acaba a lei começa a T., quando a lei é transgredida em prejuízo de outros; e todo aquele que, no exercício da autoridade, exceder o poder que lhe foi conferido pela lei e usar a força para realizar em relação aos súditos o que a lei não lhe permite, está deixando de ser magistrado e, por deliberar sem autoridade, pode sofrer oposição tanto quanto sofre oposição qualquer outro que viole pela força os direitos alheios" (*Two Treatises of Governement*, II, § 202). Hobbes, ao contrário, afirmara que "quem se opõe a uma monarquia dá-lhe o nome de tirania" (*Leviath.*, II, 19, 2).

O conceito de T. acompanhou a formação do liberalismo político porque serviu de pedra de toque ou de símbolo para tudo o que o liberalismo condenava. Como tal, também constitui um dos temas da retórica revolucionária e liberal a partir do século XVI. Hoje esse termo é bem menos usado, não porque os regimes tirânicos tenham desaparecido ou porque não haja mais o perigo de que estes se instaurem mesmo onde vigore certo grau de liberdade, mas apenas porque ele parece pertencer a uma espécie de retórica fora de moda. *Absolutismo* ou *totalitarismo* são os termos que substituíram *tirania*, mas o conceito não mudou, e estas mesmas palavras significam ainda: regime no qual o arbítrio individual ocupa o lugar da lei; escravidão imposta por escravos; governo que não pode ser mudado nem corrigido, a não ser pela violência. [N.A.]

TITANISMO. V. ROMANTISMO.

TODO (gr. τὸ πᾶν; lat. *Totum*; in. *Whole*; fr. *Tout*; al. *All*; it. *Tutto*). Um conjunto qualquer de partes, independentemente da ordem ou da disposição das partes. Nisso o T. pode ser distinguido da totalidade, em que a ordem das partes não pode ser modificada sem modificar a própria totalidade (v. MUNDO; TOTALIDADE; UNIVERSO).

Com base nas determinações de Aristóteles (*Met.*, V, 26, 1023 b 25), a lógica medieval distinguia: 1º o T. *universal* ou *essencial*, aquele cujas partes constituem sua substância: por exemplo, "corpo vivo"; 2º o T. *integral*, cujas partes são quantidades: quantidades semelhantes como em "água", ou quantidades dessemelhantes como em "árvore"; 3º o T. *na quantidade*, que é o universal tomado universalmente como "todo homem" ou "nenhum homem"; 4º o T. *no modo*, que é o universal tomado sem determinação, como "o homem"; 5º o T. *no lugar*, que é uma determinação que compreende adverbialmente o lugar, como "em todos os lugares" ou "em nenhum lugar"; 6º o T. *no tempo*, que é uma expressão que compreende adverbialmente a totalidade do tempo, como "sempre" e "nunca" (PEDRO HISPANO, *Summ. log.*, 5, 14-23). Nizolio reduzia a duas estas espécies, argumentando que só duas se encontram na natureza, o T. *contínuo* (que é uma coisa só) e o T. *descontínuo*, que é um conjunto de coisas singulares (*De veris principiis*, I, 10). A isso Leibniz acrescentava o T. *disjuntivo*, como por exemplo "o animal é homem ou bruto" (nota ao trecho citado de Nizolio). Outras distinções estão registradas em Hamilton: o T. *per se*, em que as partes estão interligadas necessariamente, como o corpo e a alma estão ligados no homem, e o T. *per accidens*, em que as partes estão ligadas contingentemente. O T. *per se* pode ser: *lógico*, como um universal; *metafísico* ou real; *físico* ou substancial; *matemático*, quantitativo ou integral; e *coletivo* ou de agregação (*Lectures on Logic*, 2ª ed., I, pp. 202 ss.).

Na lógica moderna T. é um operador, mais precisamente o quantificador universal simbolizado pela notação "(x)" (v. OPERADOR). Quanto à diferença entre *todos* e *todo*, v. QUANTIFICAÇÃO. [N.A.]

TODOS/TODO. V. QUANTIFICAÇÃO.

TOKEN. V. OCORRÊNCIA.

TOLERÂNCIA (in. *Toleration*; fr. *Tolérance*; al. *Toleranz*; it. *Tolleranza*). 1. Norma ou princípio de liberdade religiosa. Algumas vezes se considerou pouco apta a designar esse princípio uma palavra que significa "suportação", mas na realidade ela foi o emblema dessa liberdade, desde as primeiras lutas empreendidas, por meio das quais se afirmou em formas ainda hoje frágeis ou incompletas. Por isso, não poderia ser substituída por nenhum outro termo. Desde que essas lutas se iniciaram, a T. foi entendida como coexistência pacífica entre várias confissões religiosas, sendo hoje entendida, em sentido ainda mais geral, como coexistência pacífica de todas as possíveis atitudes religiosas. O critério para verificar se essa exigência está sendo cumprida nas situações históricas ou políticas é um só: o seu cumprimento significa que o cidadão não sofre violência, inquirição jurídica ou policial, diminuição ou perda de direitos ou qualquer tipo de discriminação em virtude de suas convicções, positivas ou negativas, em matéria religiosa.

O princípio de T., ou pelo menos um corolário imediato, que é a possibilidade de salvação mesmo fora da fé cristã, encontra-se em alguns filósofos do século XIV, especialmente em Ockham. Este diz: "Não é impossível que Deus designe como digno da vida eterna todo aquele que viva segundo os ditames da justa razão e que só creia naquilo que sua razão natural indicar como digno de crença. E se Deus assim dispõe, poderia salvar-se mesmo aquele que na vida só teve como guia a justa razão" (*In Sent.*, III, q. 8, C). Por outro lado, a T. religiosa já está implícita no conceito que Ockham tinha de Igreja infalível como comunidade dos fiéis que viveram desde os tempos dos profetas até hoje (*Dialogus inter magistrum et discipulum*, I, IV, em GOLDAST, *Monarquia*, II, p. 402), e do papado como de um principado *ministrativus* que não pode negar a ninguém os direitos e as liberdades que Deus concedeu a todos os homens e que o cristianismo veio reivindicar (*De imperatorum et pontificum potestate*, IV, ed. Scholz, p. 458). O famoso conto de Boccaccio dos três anéis (*Decameron*, 28) ilustra a possibilidade de salvação concedida igualmente a maometanos, judeus e cristãos. Todavia, o princípio de T. começou a aparecer como elemento indispensável da vida civilizada do Ocidente só depois da Reforma, nas lutas que opuseram as várias facções da cristandade. É provável que tenha sido explicitamente afirmado pela primeira vez pelo grupo de reformadores italianos que recusaram o dogma da Trindade, ou seja, os socinianos, obrigados por Calvino a fugir para a Transilvânia e para a Polônia, onde propagaram a sua doutrina. Em 1565, Giacomo Aconcio, em seu *Stratagemata Satanae*, via a intolerância religiosa como uma armadilha de Satanás e afirmava que é essencial à fé apenas aquilo que encoraja a esperança e a caridade. Em 1580, por motivos de natureza política, Michel de Montaigne defendia a liberdade de consciência em um ensaio (*Ess.*, II, 19). Por volta de 1593, Jean Bodin defendia, em *Colloquium heptaplomeres*, a necessidade da paz religiosa, que seria obtida com um retorno à religião natural que eliminasse as controvérsias dogmáticas. Por sua vez, Grócio considerava fundamentais as crenças da religião natural, e não coercitivas as crenças da religião positiva, freqüentemente ambíguas. Para ele, acreditar no cristianismo só é possível com a ajuda misteriosa de Deus; por conseguinte, querer impô-lo pelas armas é contrário à razão (*De jure belli ac pacis*, 1625, II. 20, 48-49). Em 1644, Mílton escrevia seu discurso pela liberdade de imprensa, intitulado *Areopagitica*. Todas essas defesas do princípio de T. aduzem em seu favor argumentos políticos e religiosos, mais que filosóficos ou conceituais; aliás, na maioria das vezes os argumentos são especificamente religiosos, tendo então valor apenas para quem compartilha as crenças religiosas a que fazem apelo.

Quem primeiro a baseou a defesa da T. em argumentos objetivos foi Espinosa, que apresentou em seu favor o argumento por excelência, ou seja, a violência e a imposição não podem promover a fé; portanto, as leis que se propõem esse fim são inúteis (*Tractatus theologico-politicus*, 1670, cap. 20). Desse ponto de vista, é clássica a *Epístola sobre a T.* (1689). Nesse texto, Locke demonstra que, ao examinar independentemente o conceito de Estado e o de Igreja, o princípio de T. acaba sendo o ponto de encontro de suas respectivas tarefas e interesses. O Estado é "uma sociedade de homens, estabelecida unicamente para conservar e promover os bens civis", entendendo-se por bens civis a vida, a liberdade, a integridade e o bem-estar físico, a posse dos bens externos etc. Portanto, entre suas funções não está o cuidado com as almas e a sua salvação eterna, porque em relação a essa tarefa o magistrado civil é incompetente como qualquer outro cidadão e não possui nenhum instrumento eficaz, visto que seu único instrumento é a coação, e ninguém pode ser obrigado a salvar-se. Por outro lado, a Igreja é "uma sociedade livre de homens, unidos espontaneamente para servir a Deus, em público, do modo que julgarem mais aceito por Ele, com o fim de obter a salvação de suas almas". Como sociedade livre e voluntária, não pode vincular ninguém por meio da força, e as sanções de sua competência são as exortações, as advertências e os conselhos, únicos capazes de promover a persuasão e a fé. O princípio de T. garante igualmente o interesse religioso da Igreja e o interesse político do Estado, os direitos dos cidadãos e as exigências do desenvolvimento cultural e científico.

Contudo, nem mesmo na *Epístola* de Locke o princípio de T. tem expressão completa, pois para Locke "quem nega a existência de Deus não deve ser tolerado de nenhum modo". Foi só com o triunfo do iluminismo no século XVIII e do pensamento político liberal do século XIX que se chegou a reconhecer o princípio de T. em sua forma completa, que é a exposta acima. No entanto, a literatura posterior pouco ou nada acrescentou às justificações desse princípio apresentadas por Locke; nesse sentido, tampouco se distingue o *Tratado sobre a T.* (1763) de Voltaire, cuja justa fama se deve à influência histórica que exerceu.

O princípio de T. passou a fazer parte da consciência civil dos povos do mundo inteiro. Todavia, a sua realização nas instituições que regem a vida de muitos povos é incompleta e está sempre sujeita a novos perigos. As discussões a seu respeito muitas vezes são inspiradas pelo desejo de manter ou restabelecer privilégios em favor de alguma confissão religiosa específica, procurando-se, na melhor das hipóteses, fazer concessões formais ao princípio de T. (cf. em especial F. RUFFINI, *La libertà religiosa*, 1901; J. B. BURY, *A History of Freedom of Thought*, 1913; nova ed., 1952; W. K. JORDAN, *The Development of Religious Toleration in England*, 1932 ss.).

2. Na linguagem comum e às vezes na filosófica, a T. também é entendida em sentido mais amplo, abrangendo qualquer forma de liberdade, seja ela moral, política ou social. Assim entendida, identifica-se com *pluralismo* de valores, de grupos e de interesses na sociedade contemporânea; às vezes se discerne nesse pluralismo um meio para manter o controle dos grupos sociais existentes em toda a sociedade, portanto um obstáculo à realização de uma nova forma de sociedade. Por "T. pura" entende-se às vezes a T. que se estende às políticas, às condições e aos comportamentos que *não* deveriam ser tolerados por impedirem, ou mesmo destruírem, as probabilidades de uma existência sem medo ou sofrimento. Marcuse afirmou que, embora a T. indiscriminada se justifique nos debates inócuos e nas discussões acadêmicas, sendo indispensável na religião e na ciência, não pode ser admitida quando estão em jogo a paz, a liberdade e a felicidade da existência, porque nesse caso equivaleria à repressão de todos os fatores de inovação da realidade social (*A Critique of Pure Tolerance*, de WOLFF, MOORE JR. e MARCUSE, 1965). Contudo, nesse significado mais genérico, a palavra T. não se distingue de liberdade, e seus problemas são os mesmos dos limites e das condições da liberdade política. [N.A.]

3. Acepção particular do termo T. é dada por K. R. Popper. No ensaio *Tolerância e responsabilidade intelectual* (*Tolleranza e responsabilità intellettuale*, 1981, em *Saggi sulla tolleranza*, VV.AA., trad. it., Il Saggiatore, Milão, 1990), ele ressalta que a T. é uma condição indispensável para o conhecimento, porquanto este exige a contínua possibilidade de crítica e confronto. É esse o sentido dos três princípios da T., que Popper propõe no ensaio: 1) "pode ser que esteja errado e você esteja certo"; 2) "se discutirmos o problema racionalmente, pode ser que consigamos corrigir alguns dos nossos erros"; 3) "se falarmos do problema racionalmente, nós dois poderemos aproximar-nos da verdade" (*Tolleranza e responsabilità intellettuale, cit.*, pp. 38, 40). A T., portanto, é insubstituível, seja do ponto de vista epistemológico, como condição indispensável no caminho para a verdade, seja do ponto de vista ético, como condição necessária para a autonomia individual. Ela é sinônimo de racionalidade, enquanto a intolerância equivale a irracionalidade. O ambiente ideal para a prática da T. é a sociedade aberta, a sociedade democrática; logo, para defender a T. é necessário defender a democracia, porque onde não há democracia não há T. (v. LIBERALISMO)

Como observou N. Bobbio (*Le ragioni della tolleranza*, em *L'intolleranza: uguali e diversi nella storia*, Il Mulino, Bolonha, 1986), hoje o conceito de T. na maioria das vezes assume o significado de convivência com as minorias étnicas, lingüísticas e raciais. A T. de crenças religiosas diferentes implica o problema da verdade, enquanto a tolerância das minorias étnicas comporta a superação de preconceitos, e estes últimos são combatidos de modo diferente do modo como se enfrentam as questões religiosas (v. INTOLERÂNCIA). [E.A.]

TOLERÂNCIA, PRINCÍPIO DE. V. CONTRADIÇÃO, PRINCÍPIO DE; CONVENCIONALISMO.

TOMISMO (in. *Thomism*; fr. *Thomisme*; al. *Thomismus*; it. *Tomismo*). Fundamentos da filosofia de Tomás de Aquino, conservados e defendidos pelas correntes medievais e modernas que nele se inspiram. Podem ser assim resumidos:

1º Relação entre razão e fé, que consiste em confiar à razão a tarefa de demonstrar os *preâmbulos da fé* (v. PREAMBULA FIDEI), de esclarecer e defender os dogmas indemonstráveis e de proceder de modo relativamente autônomo (excetuando-se o respeito das verdades de fé que não podem ser contraditas) no domínio da metafísica e da física.

2º Analogicidade do ser (v. ANALOGIA), segundo a qual o termo *ser*, usado com referência à criatura, não tem significado idêntico, mas apenas semelhante ou correspondente, ao ser de Deus. Este princípio, que Tomás de Aquino extraía de Avicena, serve para estabelecer a distinção entre teologia e metafísica e a dependência da metafísica em relação à teologia.

3º Caráter abstrativo do conhecimento, que consiste em abstrair do objeto, em qualquer caso, a espécie sensível ou a espécie inteligível (que corresponde à essência da coisa).

4º A individuação depende da matéria assinalada (v. INDIVIDUAÇÃO).

5º A clássica explicação dos dois dogmas cristãos da Trindade e da Encarnação (v. ENCARNAÇÃO; RELAÇÃO; TRINDADE).

Esses aspectos básicos distinguem claramente o T. do *scotismo* (v.), que foram duas doutrinas proeminentes no século XIV e seguintes, e também constituem os tópicos de maior interesse da retomada do T. pela neo-escolástica contemporânea. Para a formação histórica do T. contribuíram a obra de Alberto Magno, mestre de Tomás de Aquino, a obra de Avicena e a de Moisés Maimônides. [N.A.]

No desenvolvimento do T. com os seguidores de Tomás de Aquino distinguem-se vários momentos e orientações na segunda fase da escolástica (de 1400 a 1700, com o seu período mais importante em 1500) e naquilo que se pode considerar a terceira fase da escolástica (sécs. XIX e XX, cujo período principal está no início do séc. XX). Com mais precisão, podemos lembrar, no século XV, a obra de intérpretes de Tomás de Aquino como Ioannes Capreolus (com *Defensiones theologiae divi Thomae Aquinatis*), Antonino de Florença (com *Somma morale*) e Jerônimo Savonarola (com *Trionfo della Croce*). No século XVI, mais precisamente na primeira metade, encontramos os grandes comentadores de Aquino: Tomás de Vio, dito Cajetano (que comentou *Summa theologiae*), Francisco de Silvestre, dito Ferrarense (que comentou *Summa contra Gentiles*) e Francisco de Vitória (que comentou a *Summa theologiae* e desenvolveu o T. no campo jurídico e político em *Relectiones theologicae*). Na segunda metade do século XVI devem ser lembrados os nomes de Domingo Baflez (fundador da escola "tomista" em sentido estrito), Luis de Molina (iniciador da escola "molinista") e sobretudo Francisco Suarez (que recusou a posição de Baflez, mas não aceitou completamente a de Molina). Nos séculos XVII e XVIII enfrentam-se dois T.: o rígido, dos dominicanos, e o moderado, dos jesuítas, mas em ambos os casos se trata, em geral, de uma repetição surrada, que produz a decadência do T. No século XIX, porém, o T. passa por uma nova etapa: de Roselli aos irmãos Sordi, de Liberatore a Curci, de Sanseverino a Zigliara, sem esquecer Taparelli, o T. mostra uma nova vitalidade e abertura. Trata-se de uma tendência que, a partir da encíclica de Leão XIII, *Aeterni Patris* (1879), se configura como um verdadeiro renascimento do T. Numerosos são os centros de estudo e os pensadores que se inspiram no T. do ponto de vista histórico e teórico. O privilégio dado ao T. pela Igreja católica foi atenuado com o Concílio Vaticano II que, mesmo sem negar o valor do T., enveredou por uma atitude de maior abertura pluralista. [G.G.]

TÓPICA (gr. τοπικὴ τέχνη; lat. *Topica*; in. *Topics*; fr. *Topique*; al. *Topik*; it. *Topica*). Teoria dos lugares lógicos e a arte de inventá-los (v. LUGARES).

Kant chamou de *T. transcendental* a teoria dos lugares transcendentais, ou seja, as posições atribuídas aos conceitos na sensibilidade ou no intelecto puro. Essa T. deveria evitar a anfibolia dos conceitos de reflexão, ou seja, o uso duvidoso desses conceitos (*Crít. R. Pura*, Analítica transc., nota a anfibolia).

Droysen falou também em *T. historiográfica*, que seria a coletânea das exposições do que foi historicamente investigado (*Grundzüge der Historik*, 1882, § 18). [N.A.]

TOPOLOGIA (in. *Topology*; fr. *Topologie*; al. *Topologie*; it. *Topologia*). 1º Com este nome, ou com o de *analysis situs*, designa-se, há um século, o estudo das propriedades das figuras geométricas que não variam mesmo quando as figuras são submetidas a transformações tão radicais que perdem suas propriedades métricas e projetivas. O precursor da T. foi L. Euler (1707-83), mas sua primeira formulação encontra-se na obra de A. F. Moebius (1790-1868) (cf. especialmente O. VEBLEN, *Analysis situs*, 2ª ed., 1931, e as palavras GRUPO; TRANSFORMAÇÃO).

2º Alguns dos conceitos da T. são aplicáveis a outras disciplinas, sobretudo no gestaltismo, que utilizou o conceito topológico de *região* (com as suas várias determinações), que se presta a expressar o espaço vital de um organismo (KURT LEWIN, *Principles of Topological Psychology*, 1936, esp. caps. XI s.) (v. CAMPO; PSICOLOGIA). [N.A.]

3º Hoje se fala de T. sobretudo como alternativa ao conceito de história: "história diz: novidade, exclusão, superação; T., diversidade, inclusão, coexistência" (v. VITELLO, *T. Del moderno*, Marietti, Gênova, 1992, p. 11). [G.F.]

TOTALIDADE (in. *Totality*; fr. *Totalité*; al. *Totalität*; it. *Totalità*). Unidade complexa e auto-suficiente, composta de partes ou elementos, no mais das vezes definida pelo tipo de relação que tem com suas partes ou elementos. Tem-se a primeira caracterização da T. como "certo tipo de unidade" com Aristóteles, em *Metafísica*, 5, 26. Aí Aristóteles define o "todo" como um inteiro que "não carece" de nenhuma das partes das quais é "por natureza" constituído; portanto, distingue a T. como universal, algo que "abarca" muitas coisas, mas delas se diferencia; como unidade "contínua", que resulta das suas partes, e está em cada uma delas (p. ex., a água está em cada gota de água); como "conjunto", ou seja, um todo indiferente à posição das partes; como T. em sentido próprio, conjunto cujos elementos têm uma ordem determinada.

Aristóteles fixa assim alguns pressupostos daquilo que será a moderna *teoria dos conjuntos* (v. CONJUNTO), e dá início a uma tradição de reflexão lógica sobre a T. que culmina no nosso século com a *mereologia*, teoria axiomática da relação entre as partes e o todo, inaugurada pelo lógico polonês Stanislaw Lesniewski (1886-1939). Lesniewski distingue a "totalidade distributiva" (que nas línguas naturais se exprime com "todo") da "totalidade coletiva" ("todos"), e nota que os paradoxos da teoria dos conjuntos (v. *antinomias*) derivam da confusão entre ambas (cf. *Collected Works*, 1992).

Tem-se o desenvolvimento de uma reflexão teórico-epistemológica sobre a noção de T. sobretudo com a elaboração parcialmente crítica do conceito, apresentada por Kant em *Crítica da razão pura* (parte II, II: *Dialética transcendental*). A T. é um conceito que pertence à categoria de "quantidade" e cuja definição é "a multiplicidade, considerada como unidade" (II, I, seç. 3, par. 11). Tal conceito "tem valor" – diz Kant – somente se aplicado às coisas, mas não é lícito aplicá-lo aos fenômenos, ou seja, às representações do intelecto (II, II, seç. VII): a aplicação do conceito de T. aos fenômenos dá lugar à idéia de *mundo* (v.), donde têm origem as *antinomias* (v.) da razão pura (há um início do mundo/o mundo não tem origem, ou então: existem substâncias simples/ coisa nenhuma é simples etc.). Inaugura-se com Kant a crítica da noção de T. e do pensamento que pretende usá-la "metafisicamente" (cf. adiante).

Tem-se uma elaboração positiva do conceito após Kant, entre romantismo e idealismo alemão. São duas as teorias que se mostram mais relevantes. A primeira é a teoria da *circularidade* que se estabelece entre as partes e o todo num conjunto orgânico (v. CÍRCULO HERMENÊUTICO; ORGANICISMO). A idéia, já avançada por Pascal, de uma remissão recíproca entre as partes e o todo ("não posso conceber as partes sem conhecer o todo – escrevera Pascal em *Pensées* – e não posso conceber o todo sem conhecer as partes"), torna-se mais precisa na hermenêutica romântica. Friedrich Ast, por exemplo, escreve (*Grundlinien der Grammatik, Hermeneutik und Kritik*, 1808): "A idéia do todo não se produz em primeiro lugar com a reunião de todos os seus elementos (características) particulares, mas é despertada já na apreensão da primeira particularidade"; e ainda "*A* [o todo] não procede de *a, b, c,* etc. [as partes], mas precede-as e igualmente as penetra, e assim *a, b, c* não passam de afigurações particulares do *A* único". A segunda teoria da T. é a do "Inteiro" (v. também ABSOLUTO) como "síntese de opostos". A célebre frase hegeliana "verdadeiro é o inteiro" está profundamente ligada à noção de *dialética* (v.): significa que a verdade nunca está no isolamento abstrato das determinações intelectuais, e que para apreender a verdade da coisa precisamos captá-la na sua articulação com o todo, ou seja, vê-la em relação com aquilo que dela se diferencia e se lhe contrapõe (v. HOLISMO): por exemplo, a verdade do eu está no conjunto que unifica eu e não-eu. Emerge daí uma idéia de T. como *contradição* que, sem dúvida, remonta às teses kantianas sobre as antinomias da razão, mas que se liga, significativamente, a uma noção lógica de totalidade bem sintetizada por George Boole em *Mathematical Analysis of Logic*, de 1847: "a classe X e a classe não-X juntas compõem o universo".

Ambas as teorias, a totalidade como *organismo* e como *síntese de opostos*, reaparecem no último desenvolvimento do modo de ver a T. no século XX, a teoria da *complexidade* (v.), que reúne o legado da teoria dos sistemas, do estruturalismo, da análise cibernética. Segundo a caracterização de Edgar Morin e de outros teóricos da complexidade, a noção de totalidade complexa prevê tanto um "princípio dialógico" – oposicional, diádico (pelo qual um mesmo processo, avaliado em níveis macroscópicos, revela duas direções simultâneas: por exemplo, para a divergência especializada e para a convergência integrativa) –, quanto um "princípio hologramático", moderna reformulação do nexo organicista, romântico, entre parte e todo: num holograma (fenômeno presente tanto em âmbito biológico quanto social), cada ponto de uma configuração (sistema, organismo) contém "a quase-totalidade da informação" (E. Morin).

O destino da noção de T. no século XX, porém, é predominantemente crítico. Ampla e detalhada crítica da totalidade desenvolve-se nesse século, ligando-se à crítica do idealismo hegeliano e dos "sistemas" do século XIX, à retomada do interesse por Kierkegaard (existencialismos: anos 1930-1950), ou por Nietzsche (Nietzsche-Renaissance: anos 1960-1980), aos novos desenvolvimentos do pensamento judaico (Franz Rosenzweig, Emmanuel Lévinas), ao historicismo (v.), aos resultados obtidos pelo empirismo no século XX (v. EMPIRISMO LÓGICO). O que se questiona não é tanto ou não é apenas a idéia lógica de T., porém mais o conjunto total das condições e dos fenômenos que, segundo Kant, dá forma às paralogias da razão pura; ou então o conjunto dos conhecimentos e dos saberes que, na óptica idealista e neopositivista, constitui o *sistema* das ciências, ou também a totalidade como *absoluto* tematizada pelo romantismo e pelo idealismo alemão.

Em quase todos os casos a crítica da totalidade assume implicações ético-políticas, ou seja, liga-se à crítica dos *totalitarismos* e das máquinas estatais (cf. Emmanuel Lévinas, Hannah Arendt, Theodor W. Adorno); ou à crítica das pretensões revolucionárias e utopistas de transformar a sociedade como um todo e de avaliar o curso dos eventos históricos em sua globalidade (cf. K. POPPER, *The Poverty of Historicism*, 1945, v. também DIALÉTICA quanto às posições de Popper a propósito da noção hegeliano-marxista de totalidade contraditória). Freqüentemente, posições desse tipo implicam também uma crítica da filosofia, entendida como "saber total" em sentido idealista, mas também como análise das condições "universais" ou "transcendentais" da realidade ou do pensamento: portanto vão além da própria crítica kantiana da T.

Com efeito, em Kant existiam também as premissas para uma visão política, positiva, do conceito, como foi notado por Lucien Goldmann (*Mensch, Gemeinschaft und Welt in der Philosophie Immanuel Kants*, 1945: cf. em especial parte 1, cap. 2), que ressaltou (contrariando a interpretação corrente) a importância não só crítica da *Dialética transcendental*. A posição kantiana – notou Goldmann – não leva à negação da T. (portanto dos correlatos: mundo, comunidade dos seres racionais, comunhão da experiência empírica), mas à idéia de uma T. *reguladora*, que não nos é *dada*, mas deve ser *criada*. Na retomada dessa idéia baseia-se a hipótese de uma *comunidade da comunicação* formulada por Karl O. Apel como fundo do *logos* lingüístico contemporâneo em *Transformation der Philosophie* (1973). [F.D'A.]

TOTALITARISMO (in. *Totalitarianism*; fr. *Totalitarisme*; al. *Etatismus*; it. *Totalitarismo*). Teoria ou prática do Estado totalitário, vale dizer, do Estado que pretende identificar-se com a vida dos seus cidadãos. Esse termo foi cunhado para designar o fascismo italiano e o nazismo alemão. Às vezes também é usado para designar qualquer doutrina absolutista, em qualquer campo a que se refira (é usado nesse sentido por G. H. SABINE, *A History of Political Theory*, 1951, cap. 35; trad. it., pp. 708 ss.). Muitas vezes, por extensão, entende-se por T. qualquer forma do absolutismo doutrinário ou político. [N.A.]

TOTEMISMO (in. *Totemism*; fr. *Totémisme*; al. *Totemismus*; it. *Totemismo*). Crença no totem, ou organização social fundada nessa crença. O termo totem foi extraído do idioma dos índios norte-americanos e depois passou a indicar o fenômeno (presente em todos os povos primitivos) de transformar uma coisa (natural ou artificial) em emblema do grupo social e em garantia da sua solidariedade. Foi Durkheim quem mais enfatizou esse caráter do totem, vendo nele a expressão da unidade do grupo social em sua inteireza e, portanto, nas inter-relações dos clãs em que o grupo se divide (*Les formes élémentaires de la vie religieuse*, 1912). Ao lado desse caráter do T., A. R. Radcliffe-Brown evidenciou o seu caráter ainda mais universal, segundo o qual o T. constituiria "uma representação do universo como ordem moral e social"; portanto, a regulação da relação entre o homem e a natureza, além da regulação da relação entre os homens, seria um elemento universal da cultura humana (*Structure and Function in Primitive Society*, 1952, cap. VI). Lévi-Strauss, porém, parece reduzir o T. a fenômeno lingüístico formal: "Aquilo que se chama de T. é apenas uma expressão particular, através de uma nomenclatura especial formada por nomes de animais e de plantas (ou, como diríamos, um código), que é seu único caráter distintivo, das correlações e oposições que podem ser formalizadas de outros modos: por exemplo, como acontece em certas tribos das Américas, por oposições do tipo céu-terra, guerra-paz, em cima-embaixo, vermelho-branco etc." (*Le totémisme aujourd'hui*, 1962, p. 172). Por outro lado, Freud apresentou uma interpretação psicanalítica do T.: "Se o animal totem é o pai, então os dois principais preceitos do T., de não matar o totem e de não usufruir sexualmente de nenhuma mulher do totem, coincidem substancialmente com os dois crimes de Édipo (que matou o pai e casou-se com a mãe) e com os desejos primitivos da criança, desejos cuja repressão insuficiente ou cujo novo despertar talvez constituam a raiz de todas as psiconeuroses" (*Totem e tabu*, 1913, IV, 3; trad. it., p. 146). Para uma interpretação semelhante a esta de Freud, v. J. G. FRAZER, *Totemism and Exogamy*, 1910. [N.A.]

TOTO-PARCIAL, TOTO-TOTAL (in. *Toto-partial, Toto-total*; it. *Toto-parziale, Toto-totale*). Expressões usadas por W. Hamilton para indicar, respectivamente, a proposição na qual o sujeito é considerado universalmente, e o predicado, particularmente (ex., os homens são animais), e a proposição na qual tanto o sujeito quanto o predicado são considerados universalmente (ex., os animais são mortais) (*Lectures on Logic*, II, p. 287). [N.A.]

TRABALHO (gr. πόνος; lat. *Labor*; in. *Labor*; fr. *Travail*; al. *Arbeit*; it. *Lavoro*). Atividade destinada a utilizar as coisas naturais ou a modificar o ambiente para satisfação das necessidades humanas. O conceito de T. implica portanto: 1) a *dependência* do homem, no que diz respeito à sua vida e aos seus interesses, em relação à natureza: o que constitui a *necessidade* (v. NECESSIDADE[1]); 2) a *reação* ativa a essa dependência, constituída por operações mais ou menos complexas, destinadas à elaboração ou à utilização dos elementos naturais; 3) o grau mais ou menos elevado de esforço, sofrimento ou cansaço, que constitui o *custo* humano do trabalho.

Baseia-se sobretudo neste último aspecto a condenação da filosofia antiga e medieval ao T. manual (v. BANAUSIA). Também devido a esse aspecto, o T. foi considerado pela Bíblia como parte da maldição divina decorrente do pecado original (*Gênese*, III, 19). E no famoso texto de São Paulo o preceito "Quem não quiser trabalhar não coma" deriva da obrigação de não jogar sobre os ombros alheios o cansaço e o sofrimento do trabalho (II *Tessal.*, III, 8-10). No mesmo sentido, Agostinho (*De Operibus Monachorum*, 17-8) e Tomás de Aquino (*S. Th.*, II, II, q. 187 a. 3) recomendavam o T. como preceito religioso. Na exigência de distribuir entre todos o sofrimento e a degradação do T. manual inspiraram-se a *Utopia* (1516) de Thomas More e a *Cidade do sol* (1602) de Campanella, que prescrevem para todos os membros de suas cidades ideais a obrigação do trabalho.

Com base nisso, consagrava-se a contraposição entre T. manual e atividade intelectual, entre artes mecânicas e artes liberais; também no Renascimento a defesa quase unânime, por parte de literatos e filósofos, da vida *ativa* diante da vida *contemplativa* e a condenação unânime do ócio (que perde o caráter de disponibilidade para atividades superiores, que lhe fora atribuído na era clássica) nem sempre levam a uma revalorização do T. manual. Um trecho de Giordano Bruno afirma que a providência dispôs que o homem "se ocupe na ação com as mãos e na contemplação com o intelecto, de tal maneira que não contemple sem ação e não atue sem contemplação" (*Spaccio della bestia trionfante*, 1584, em *Op. Ital.*, II, p. 152). Mas é sobretudo nos textos científicos e técnicos que se afirma, a partir do século XV, a dignidade do T. manual. Galileu reconhecia explicitamente o valor das observações feitas pelos artesãos mecânicos para fins de pesquisa científica (*Discorsi intorno a due nuove scienze*, em *Op.*, VIII, p. 49). Bacon usava como fundamento de seu experimentalismo as "artes mecânicas", que agem sobre a natureza e se enriquecem com a luz da experiência (*Nov. Org.*, I, 74) e considerava, portanto, indispensáveis as operações materiais ou manuais para a consecução de um *saber* que é ao mesmo tempo um *poder* sobre a natureza em vista das necessidades e dos interesses humanos (*ibid.*, I, 83). Se Descartes dava pouca importância à parte técnica ou instrumental da ciência (que para ele permanecia como um sistema rigidamente dedutivo) e, assim, ao T. manual, Leibniz, ao contrário, insistia na importância do T. dos artesãos, dos camponeses, dos marinheiros, dos mercadores, dos músicos, não só para as finalidades da ciência, mas também para as da vida e da civilização humana (*Phil. Schriften*, VII, pp. 180 ss.).

Essas idéias tornaram-se predominantes no Iluminismo, sobretudo por obra de Bacon e de Locke; este último reconhecia na pesquisa experimental, destinada a determinar as propriedades dos corpos físicos, o único instrumento de que o intelecto humano dispõe para aumentar o conhecimento que tem dos corpos, cuja substância continua desconhecida (*Ensaio*, IV, II, 25). O verbete "Art" de Diderot, na *Encyclopédie*, criticava, na esteira de Bacon, a divisão das artes em liberais e mecânicas, considerando-a um preconceito tendente "a encher as cidades de raciocinadores orgulhosos e de contemplativos supérfluos, bem como os campos de tiranetes ociosos, preguiçosos e soberbos". O iluminismo em geral marca a reivindicação da dignidade do T. manual; dele Rousseau desejava que Emílio extraísse a primeira idéia da solidariedade social e das obrigações que ela impõe (*Émile*, [1762], IV). Kant, mesmo distinguindo T. e arte, não achava possível uma separação nítida, porque também nas artes liberais "é necessário algo de restritivo ou, como se diz, um mecanismo sem o qual o espírito não ganharia corpo e se desvaneceria de todo" (*Crít. do Juízo*, § 43).

Mas foi só com o romantismo que se começou a estabelecer a relação entre o T. e a própria natureza do homem. Fichte afirmava que mesmo a ocupação considerada mais baixa e insignificante, porquanto ligada à conservação e à livre atividade dos seres morais, é santificada tanto quanto a ação mais elevada (*Sittenlehre*, III, § 28). E Hegel elaborou a primeira doutrina filosófica do T., que utiliza os resultados atingidos por Adam Smith na *economia política* (v.). Já nas *Lições de Iena* (1803-1804) Hegel considerava o T. como "a mediação entre o homem e seu mundo"; de fato, diferentemente dos animais, o homem não consome imediatamente o produto natural mas elabora, das maneiras e para as finalidades mais diversas, a matéria fornecida pela natureza, dando assim a tal matéria o seu valor e a sua conformidade ao objetivo (*Fil. do dir.*, § 196). É só na satisfação das necessidades por meio do T. que o ser humano é realmente humano: porque se educa tanto *teoricamente*, através das conhecimentos que o T. exige, quanto na *prática*, por se habituar à ocupação, adequando sua própria atividade à natureza da matéria e adquirindo aptidões universalmente válidas. Por isso, ao contrário do bárbaro, que é preguiçoso, o homem civilizado é educado no costume e na necessidade da ocupação (*ibid.*, § 197 e Zusatz). Por meio do T., "o egoísmo subjetivo converte-se na satisfação das necessidades de todos os outros", de tal modo que, enquanto "cada um adquire, produz e usufrui por si, justamente por isso produz e adquire para o proveito dos outros" (*ibid.*, § 199). Hegel também trouxe à baila o crescimento indefinido das necessidades, a importância da divisão do T. e o relevo adquirido, com base nessa divisão, pela distinção entre as classes (*ibid.* §§ 195, 241, 245). Também viu que a divisão do T. leva à substituição do homem pela máquina. De fato, com tal divisão, cresce a facilidade do T. e portanto da produção; mas também se tem a limitação a uma única habilidade e portanto a dependência incondicional do indivíduo em relação ao conjunto da sociedade. O própria habilidade se torna assim mecânica e daí deriva a possibilidade de substituir o T. humano pelo T. da máquina (*Enc.*, § 526). Esses princípios hegelianos são aceitos por Marx, que no entanto insiste no caráter *natural* ou *material* da relação que o T. estabelece entre o homem e o mundo, contra o caráter *espiritual* que Hegel lhe atribuíra e que lhe permitia considerá-lo como um momento ou uma manifestação da consciência. Os homens começaram a distinguir-se dos animais, segundo Marx, quando "começaram a *produzir* seus meios de subsistência, progresso este que é condicionado por sua organização física. Produzindo seus meios de subsistência, os homens produzem indiretamente sua própria vida material" (*A ideologia alemã*, I, A; trad. it., p. 17). O T. não é portanto apenas o meio com que os homens garantem a subsistência: é a própria realização ou produção de sua vida, é um modo de vida determinado. A produção e o T. não são portanto uma condenação para o homem: são o homem mesmo, o seu modo específico de ser e de fazer-se homem. Através do T. a natureza torna-se "o corpo inorgânico do homem", e o homem pode elevar-se à consciência de si mesmo, não tanto como indivíduo, mas como "espécie de natureza universal" (*Manoscritti economico-politici del 1844*, I, trad. it., pp. 230 ss.). O T. também faz do homem um ente social porque, além de pô-lo em relação com a natureza, o põe em relação com os outros indivíduos: desse modo as relações de T. e de produção constituem a trama ou a estrutura autêntica da história, da qual são reflexo as várias formas da consciência. Isso ocorre, porém, no T. *não alienado*, ou seja, que não se tornou *mercadoria*, como ocorre na sociedade capitalista, visto que neste caso surge o conflito entre a personalidade do proletário como indivíduo e o T. como condição de vida que lhe é imposta pelas relações das quais participa como objeto, e não mais como sujeito (*A ideologia alemã*, I, C; trad. it., p. 75).

Do ponto de vista de uma ética religiosa, Kierkegaard afirmava, por sua vez, a estreita ligação do T. com a dignidade do homem. Dizia que "Quanto mais baixo é o degrau em que está a vida humana, menos se mostra a necessidade de trabalhar; quanto mais alto, mais essa necessidade se manifesta. O dever de trabalhar para viver exprime o universal humano e o exprime também no sentido de ser uma manifestação da liberdade. É exatamente com o T. que o homem se torna livre; o T. domina a natureza, com o T. ele mostra que está acima da natureza" (*Entweder-Oder*, II, em *Werke*, III, p. 301).

Essa ligação estreita do T. com a existência humana, que o nobilita e faz dele um fim, além de um meio, torna-se lugar-comum da filosofia e, em geral, da cultura contemporânea. E também fora do âmbito marxista, o caráter penoso do T. não é atribuído ao próprio T., mas às *condições sociais* nas quais ele se desenrola na sociedade industrial. Dewey diz: "É *natural* que a atividade seja agradável. Ela tende a encontrar uma saída, e o fato de encontrá-la é em si gratificante porque marca um sucesso parcial. Se a atividade produtiva se tornou tão inerentemente não gratificante que os homens precisam ser artificialmente induzidos a empenhar-se nela, esse fato é prova cabal de que as condições nas quais o T. é desenvolvido impedem o conjunto das atividades, ao invés de promovê-las, irritam e frustram as tendências naturais ao invés de dirigi-las para a fruição" (*Human Nature and Conduct*, II, 3, pp. 123-4). Nietzsche porém já vira no T. uma traição à espiritualidade jubilosa e contemplativa que deveria ser própria do ser humano. Escrevera a propósito dos americanos: "Seu furibundo T. sem trégua – vício peculiar do Novo Mundo – já começa, por contágio, a asselvajar a velha Europa e a estender sobre ela uma prodigiosa falta de espiritualidade". Notara que só o T. propicia "a boa consciência", e que a inclinação à alegria, chamada de "necessidade de criação", começa a envergonhar-se de si mesma (*Die Froehliche Wissenschaft*, 1882, § 329). E vira no T. assim concebido "a melhor polícia, que mantém todos subjugados e é capaz de impedir vigorosamente o desenvolvimento da razão, do desejo violento, do gosto pela independência" (*Morgenröthe*, 1881, § 173). A essas idéias de Nietzsche reportam-se, implícita ou explicitamente, todos os que contrapõem o jogo ao T. ou querem transformar o T. em jogo. "O jogo é *improdutivo* e *inútil* – escreveu Marcuse – justamente porque apaga os traços repressivos e exploradores do T. e da riqueza; ele 'simplesmente joga' com a realidade". Mas por outro lado o próprio Marcuse afirma que uma ordem "não repressiva" do T. é uma ordem de *abundância* que se tem "quando todas as necessidades fundamentais podem ser satisfeitas com um gasto mínimo de energia física e psíquica e em tempo mínimo" (*Eros e civiltà*, cap. 9, trad. it., pp. 212-3). No fundo da negação do valor do T. encontra-se, mais que a condenação das formas alienadas e mecanizadas que o T. assumiu na civilização contemporânea, a saudade de uma vida puramente contemplativa, a fé numa vida instintiva que, desde que não reprimida pelo T., leva infalivelmente o homem ao paraíso perdido. [N.A.]

TRADIÇÃO (gr. παράδοσις; in. *Tradition*; fr. *Tradition*; al. *Überlieferung*; it. *Tradizione*). Herança cultural, transmissão de crenças ou técnicas de uma geração para outra. No domínio da filosofia, o recurso à T. implica o reconhecimento da *verdade* da T., que, desse ponto de vista, se torna garantia de verdade e, às vezes, a única garantia possível. Foi entendida nesse sentido pelo próprio Aristóteles, que, em suas investigações, recorre freqüentemente à T., considerando-a garantia de verdade: "Nossos antepassados, das mais remotas idades, transmitiram à posteridade tradições em forma mítica, segundo as quais os corpos celestes são divindades, e o divino abrange a natureza inteira. Outras T. foram acrescentadas em forma de mito, para persuadir a maioria, fortalecer as leis e promover a utilidade pública; elas dizem que os deuses têm forma de homens ou de outros animais, dando sobre eles outros pormenores semelhantes. Mas, se considerarmos apenas o essencial, separado do resto, ou seja, que as primeiras substâncias são tradicionalmente consideradas divindades, poderemos reconhecer que isso foi divinamente dito e que estes e outros mitos, ainda que explorados, aperfeiçoados e novamente perdidos pelas artes e pela filosofia, foram conservados até hoje como antigas relíquias. É só desse modo que podemos tornar claras as opiniões dos nossos antepassados e predecessores" (*Met.*, XII, 8, 1074 b). Para Aristóteles, sua própria filosofia consiste em libertar a T. de seus elementos míticos, portanto em descobrir a T. autêntica ao mesmo tempo que se baseia na garantia oferecida por essa mesma T. Esse foi o ponto de vista que predominou no último período da filosofia grega, especialmente na corrente neoplatônica. Plotino dizia: "É preciso crer sem dúvida que a verdade foi descoberta por antigos e santos filósofos; a nós convém examinar quem as encontrou e como poderemos chegar a compreendê-la" (*Enn.*, III, 7, 1). Foi graças a essa idéia que, com base numa suposta T., se tornou possível fabricar documentos fictícios quando os autênticos faltavam; e as obras de falsas atribuições – as mais famosas foram as de Hermes Trismegisto – obedecem à exigência de remeter ao passado a doutrina em que se acredita e de atribuir-lhe, embora fraudulentamente, o prestígio e a garantia da tradição.

Desde então, o conceito de T. não mudou, conservando a aparência ou a promessa dessa garantia. O grande retorno da idéia de T. está no romantismo. Em *Ideen zur Philosophie der Geschichte der Menschheit* (1783-1791), J. G. Herder exaltara a T. como "cadeia sagrada que liga os homens ao passado, conserva e transmite tudo que foi feito pelos que os precederam". Hegel exaltou explicitamente a T. e insistiu no seu caráter providencial: "A T. não é uma estátua imóvel, mas vive e mana como um rio impetuoso que mais caudaloso se torna quanto mais se afasta da origem. [...] O que cada geração produziu no campo da ciência e do espírito é uma herança para a qual todo o mundo anterior contribuiu com suas economias, é um santuário em cujas paredes os homens de todas as estirpes, gratos e felizes, afixaram tudo o que os auxiliou na vida, o que eles hauriram das profundezas da natureza e do espírito. E esse herdar é, ao mesmo tempo, receber a herança e fazê-la frutificar" (*Geschichte der Philosophie*, ed. Glockner, I, p. 29). Nesse sentido, obviamente, a T. é apenas outro nome para designar o plano providencial da história (v. HISTÓRIA).

Foi esse o ponto de vista dominante em todo o romantismo, sendo o chamado *tradicionalismo* (v.) apenas uma de suas manifestações.

A antítese dessa valorização da T. é a concepção segundo a qual: 1º nem todos os resultados, nem os melhores produtos da atividade humana foram infalivelmente conservados e incrementados ao longo do desenvolvimento histórico; 2º o que esse desenvolvimento conservou nem por isso tem garantia de verdade ou valor. Concepção desse tipo foi assumida pelo iluminismo (por isso mesmo freqüentemente definido como *anti-historicista* por quem vê a história como ordem providencial ou T.). O Iluminismo erigiu-se contra a T., afirmando que sua herança, na maioria das vezes, é erro, preconceito ou superstição, e recorrendo ao juízo da razão crítica para contestá-la (v. ILUMINISMO).

Como se vê, as discussões filosóficas sobre o significado e a importância da T. na realidade são discussões sobre *história* (v.). No campo da sociologia, porém, analisar a T. é o mesmo que analisar determinada atitude, ou melhor, um tipo e espécie de atitude, mais precisamente a que consiste na aquisição inconsciente (não deliberada) de crenças e técnicas. Na atitude tradicionalista, o indivíduo considera como seus próprios os modos de ser e de comportar-se que recebeu ou continua recebendo do ambiente social, sem perceber que são modos de ser do grupo social. Na T., não há distinção entre presente e passado, entre "mim" e os outros, sendo por isso uma forma de comunicação primitiva e imprópria (ABBAGNANO, *Problemi di sociologia*, 1959, XI, 3). Segundo esse ponto de vista, a atitude tradicionalista opõe-se à atitude crítica, graças à qual o indivíduo tem certa liberdade de juízo (que no entanto nunca é absoluta ou infalível) em relação às crenças e técnicas que absorveu da tradição. A atitude crítica tem condições antitéticas em relação às da T.: alteridade entre presente e passado e entre os indivíduos. [N.A.]

Nos séculos XIX e XX podem ser distinguidas diferentes acepções de T.

1º T. significa o passado de um povo ou de uma nação: todos os nacionalismos se reportaram à história, freqüentemente muito remota, para encontrar a justificação das suas pretensões, da existência daquela entidade nacional específica. Aqui a T. é a fonte de legitimação histórico-política. Ela fala de modo diferente e transmite destinos políticos diferentes, de acordo com os sujeitos aos quais se aplica. Muitas T. assim utilizadas são construções: fala-se nesse caso de "invenção da T." (E. Hobsbawm).

2º T. significa a conservação (e a transmissão) de uma verdade revelada, de tipo religioso. Toda religião tem verdade reveladas e os guardiões destas: no catolicismo esse guardião identifica-se com a Igreja. Nesse caso a T. é o critério para distinguir o que se situa dentro a fé e o que se situa fora dela, bem e mal: essa adesão à T. coincide com o integralismo católico. O antagonista da T. é nesse caso a modernidade, entendida tanto como adequação aos tempos novos quanto como momento histórico particular: em ambos os casos a modernidade é um desvalor.

3º T. significa certo número de verdades subtraídas ao conhecimento público. Tais verdades provêm do passado: estão contidas em civilizações desaparecidas, nos mitos, na história, nos vestígios do passado. O passado ao qual faz referência essa acepção de T. é na realidade precedente à história, é um passado literário ou mítico, uma idade de ouro que precede o curso histórico propriamente dito. Todo o que vem depois desse início solar é queda, retrocesso, decadência. As verdades tradicionais são posse de poucos eleitos. Por todas essas características, o traço mais forte dessa acepção de T. é o seu esoterismo.

4º T. significa natureza. As verdades às quais é necessário ater-se nesse caso estão contidas na ordem natural das coisas. O chamamento a uma ordem natural na qual se exprime a divindade é muito forte no tradicionalismo do século XIX, que identifica poder religioso e poder político, baseando o segundo no primeiro. O oposto de "tradicional" nesse caso é "racional", ou seja, "abstrato": mas, na realidade, "revolucionário". No século XX, porém, a natureza foi identificada como modelo contra o qual os homens querem atentar com a ciência e a técnica: algumas correntes do pensamento verde, da etologia e da bioética entendem a natureza não só como base indispensável da vida, mas também como depositária de verdades, em termos de atitudes, comportamentos e estilos de vida válidos. Nesse caso, o oposto de "tradicional" é "artificial", ou seja, "não natural".

Todas essas acepções de T. são tradicionalistas: propõem a adesão ao cânone tradicional contra a novidade de qualquer tipo. Além disso, as quatro crêem num desenvolvimento histórico não guiado pelo progresso, não gostam da modernidade, da ciência, da técnica, do indivíduo, do liberalismo, da democracia, do contrato. Mas existem também concepções não tradicionalistas da T.: no século XX, é o caso de Walter Benjamin e Simone Weil. Quando isso ocorre, a referência à T. não é referência a uma totalidade, a algo unitário, imóvel e alheio à história (como no tradicionalismo), mas a algo formado por estratos múltiplos e muitas vezes contraditórios, por uma pluralidade de verdades e de histórias na qual é determinante o olhar do presente. [M.N.]

O conceito de T. passou por significativos desenvolvimentos filosóficos no âmbito da hermenêutica. Gadamer viu na T. uma manifestação da finitude histórica do indivíduo, cujo ser-no-mundo é, de fato, um ser-na-T. e nos *prejulgamentos* (v.) que a constituem. A seu ver, a T. não deve ser concebida em *antítese* com a razão e a liberdade, como reconheceram, de pontos de vista opostos, os iluministas e os românticos, mas *em conformidade* com elas. Isto porque, indo além do Iluminismo, mas também do romantismo, Gadamer recusa-se a ver na T. um processo automático e inconsciente que nos determina "de modo maciço e não problemático", identificando nela, ao contrário, um ato livre e racional de apropriação renovadora daquilo que foi: "Nem mesmo a mais autêntica e sólida das tradições se desenvolve naturalmente em virtude da força de persistência daquilo que uma vez ocorreu, mas precisa ser aceita, adotada e cultivada. Ela é essencialmente conservação [...] Mas a conservação é um ato da razão" (*Verità e metodo,* 1960, trad. it., Bompiani, Milão, 1983, p. 330). Apesar de certas ambigüidades de fundo (e de certos aspectos "conservadores" que lhe foram criticados por várias pessoas), essa doutrina, na obra-prima de Gadamer, desempenha um papel estratégico, porquanto serve para demonstrar que o homem não pode tornar-se "senhor de si mesmo", no sentido de tornar-se autônomo em relação a elos com o passado (*ibid.*, p. 329). Além disso, serve para demonstrar que a atividade histórica não nasce nem no espaço vazio de uma subjetividade abstrata nem no quadro rarefeito de uma consciência estranha ao devir, e sim no horizonte temporal concreto da *mediação histórica viva* entre passado e presente que é representada pela "grande cadeia da T.", entendida como tecido conectivo que nos permite dialogar com mundos distantes.

A reabilitação gadameriana da T. foi recebida pelos teóricos do pós-modernismo, que insistiram de várias maneiras na impossibilidade de romper totalmente com o passado, contestando a idéia da história como criação linear e irreversível do novo.

Essa idéia, observa Lyotard, é "perfeitamente 'moderna'. Ela é própria do cristianismo, do cartesianismo e do jacobinismo em conjunto: visto que inauguramos algo completamente novo, precisamos levar os ponteiros do relógio de volta ao zero. A própria idéia de modernidade está estritamente correlacionada com o princípio de que é possível e necessário romper com a T. e instaurar uma maneira de viver e de pensar absolutamente nova. Hoje desconfiamos que essa 'ruptura' é mais um modo de esquecer ou de remover o passado [...] que de superá-lo" (*Il postmoderno spiegato ai bambini*, 1986, trad. it., Feltrinelli, Milão, 1987, p. 88). Vattimo viu na transmissão (*Ueberlieferung* heideggeriana) a essência do ser ("que não é, mas se transmite") e identificou na rede infinita das suas vozes e de suas mensagens a própria realidade do nosso existir hermenêutico, da nossa piedosa relação com o passado, chegando a uma perspectiva que se situa além de qualquer antítese fictícia entre tradição e inovação: "se o ser nada mais é que evento, transmissão, cristalização, o dever ético primordial será o da atenção devotada aos vestígios e aos monumentos: o que não significa de modo algum aceitação passiva do que foi transmitido, tradicionalismo obtuso. A T. não é um bloco monolítico; aliás, é sempre algo por descobrir-se também criticamente" (*Perché debole*, em *Dove va la filosofia italiana?*, Laterza, Bari-Roma, 1986, p. 192). [G. F.]

TRADICIONALISMO (in. *Traditionalism*; fr. *Traditionalisme*; al. *Traditionalismus*; it. *Tradizionalismo*). 1. Defesa explícita da tradição, cujos principais protagonistas pertencem ao Romantismo francês: Madame de Staël (1766-1817), que, em *De l'Allemagne* (1813), vê a história humana como progressiva revelação religiosa; René de Chateaubriand (1769-1848), que, em *Génie du christianisme* (1802), vê o catolicismo como depositário da tradição das humanidades; e em Louis de Bonald (1754-1840), Joseph de Maistre (1753-1821) e Robert Lamennais (1782-1854), que se transformaram em paladinos das duas principais instituições personificadoras da T., verberadas pelo iluminismo e hostilizadas pela Revolução: a Igreja e o Estado. Por isso, esses escritores também foram chamados de *teocráticos* ou *ultramontanistas* (v. TEOCRACIA).

2. Em sentido mais geral e filosófico, pode-se entender por T. *o retorno à tradição* que foi um aspecto importante do romantismo da primeira metade do século XIX, entre cujos protagonistas estariam, além dos grandes românticos, como Fichte, Schelling, Hegel, Maine de Biran (1766-1824), também Antonio Rosmini Serbati (1797-1855), Vincenzo Gioberti (1801-1852) e o próprio Giuseppe Mazzini (1805-72), bem como outros escritores menores de vários países, como por exemplo o inglês J. Martineau (1805-1900). A idéia comum de todos esses pensadores é que tanto o pensamento individual quanto a tradição da humanidade se baseiam numa revelação direta de Deus, que o homem tem o dever de desenvolver com a reflexão individual e com a ação coletiva. *A idéia do ser*, de Rosmini, é a melhor expressão conceitual dessa noção de revelação progressiva. Aplicado à história, este conceito é o mesmo que *providencialismo* (v.). [N.A.]

TRADUÇÃO (in. *Translation*; fr. *Traduction*; al. *Ubersetzung*; it. *Traduzione*). Por T. entende-se em geral o processo por meio do qual um *texto-fonte* numa língua *Y* é transferido para outra língua *K* de tal modo que o *texto de chegada* seja julgado semelhante ou equivalente (quanto a significados lexicais e estruturas sintáticas) ao texto-fonte. Práticas de T. já aparecem com glossários bilíngües e multilíngües, desde os gravados em tábulas de terracota, que remontam ao III milênio a.C., na Ásia Menor, à famosíssima Pedra de Roseta do século II a.C., que permitiu a decifração da escrita hieroglífica egípcia, por representar uma versão trilíngüe (hieróglifo, demótico e grego) do mesmo texto. A T. desempenhou papel fundamental na literatura latina do século I a. C., a partir da T. da *Odisséia* feita por Lívio Andrônico; as primeiras reflexões sobre a tradução são feitas por Cícero (*De optimo genere oratorum*, aprox. 46 a. C.), em que já se encontra a oposição fundamental entre T. "literal" (ou "palavra por palavra") e T. "livre" (ou "segundo o sentido"), e por Horácio (*Ars poetica, c.* 18-13 a.C.). Os romanos traduziam textos do grego para assimilá-los e enriquecer sua língua e sua literatura pela imitação dos modelos gregos: a interpretação do sentido geral prevalecia sobre a versão literal. Traduzia-se para leitores que conheciam grego e que avaliavam a T. segundo critérios estéticos. Com a difusão do cristianismo, tanto a prática quanto a reflexão sobre a tradução concentraram-se nas versões do Antigo e do Novo Testamento. Jerônimo declarou ter traduzido a Bíblia seguindo as idéias de Cícero, ou seja, segundo o sentido, e não palavra por palavra (*De optimo genere interpretandi, c.* 392-395). Lutero, na *Epístola sobre a arte de traduzir* (1530), usou de modo intercambiável os verbos *übersetzen* (traduzir) e *verdeutschen (germanizar)*, evidenciando assim a importância atribuída à T. como assimilação cultural; no prefácio à T. dos *Saltérios* Lutero deixou claro que o método de T. ideal não é nem literal nem livre, e que se deve "às vezes manter rigidamente as palavras, outras vezes transmitir apenas o sentido".

O humanismo caracteriza-se pela consciência da distância histórica que o separava da tradição clássica: era preciso, portanto, *compreender* a fundo o texto original usando rigorosos instrumentos filológicos e históricos. O *De interpretatione recta* (*c.* 1420) de Leonardo Bruni é considerado o primeiro tratado moderno sobre a T. No século XVI apareceram *La manière de bien traduire d'une langue en aultre* (1540), do humanista francês Etienne Dolet (1509-1546), e *Epistle to the Reader*, que acompanhava a T. da *Ilíada* feita pelo inglês George Chapman (1559-1634). No século XVII, John Dryden, poeta e tradutor dos clássicos, defende um caminho intermediário entre a T. literal e a paráfrase, que não respeita nem as palavras nem o sentido do original, e introduz a metáfora do tradutor como pintor retratista, metáfora que teria muito sucesso no século XVIII.

Entre o fim do século XVIII e o início do XIX escreveram sobre a T.: Goethe, Novalis, Herder, os irmãos Schlegel (com o ambiente que circulava em torno da revista "Athenäum"), Hölderlin, Humboldt, Schleiermacher. Nessas reflexões, a T. é tratada como um problema eminentemente filosófico e *hermenêutico* (v. INTERPRETAÇÃO), ressaltando-se a influência recíproca entre linguagem, pensamento e cultura. Portanto, a T. é vista não só como um encontro entre línguas, mas também entre culturas e *visões de mundo* diferentes. O tradutor deve adaptar a sua própria língua e cultura às condições lingüísticas e culturais do texto-fonte, torná-lo acessível a seus leitores e, como dizia Schleiermacher, entender o texto "melhor que o próprio autor" (*Hermeneutik*, III).

No século XX, exatamente por se ter acentuado a consciência das diferenças culturais e da *incomensurabilidade* entre diversos sistemas lingüísticos, alguns chegaram a defender (no plano teórico) a idéia da *intraduzibilidade*, ou seja, a idéia de que é impossível transferir os conteúdos de uma língua, de uma cultura e de uma época para outra.

Para Benedetto Croce, é impossível traduzir poesia, não tanto pela diversidade das culturas quanto pela unicidade e irrepetibilidade de cada expressão individual da linguagem; ele admitiu, porém, a existência de alguns graus de traduzibilidade, desde a poesia, que é a mais difícil de traduzir, até os textos científicos, cuja T. é facilitada pela existência de uma terminologia técnica compartilhada internacionalmente (cf. *La poesia. Introduzione alla critica e storia della poesia e della literatura*, 1936).

O lingüista Roman Jakobson, ressaltando que a T. não produz equivalências completas entre os elementos da língua de partida e os da língua de chegada (porque cada uma carrega consigo associações e conotações não transferíveis para outras línguas), afirma que a poesia é intraduzível, e que só pode ser recriada ("On Linguistic Aspects of Translation", trad. it., em *Saggi di linguistica generale*, Feltrinelli, Milão, 1966).

O filósofo americano Willard van Orman Quine introduziu em filosofia analítica da linguagem a problemática conhecida como *indeterminação da T.* (cf. *Word and Object*, 1960). Ele imagina um caso de T. *radical*, em que um etnolingüista hipotético precisa entender a língua de uma tribo exótica totalmente desconhecida (e formular um manual para a T.). O lingüista só poderia indicar objetos a um nativo e registrar quais fonações ele emitia em conseqüência disso, inferindo que aquilo seria o nome indígena do objeto. Mas se o lingüista percebesse que o nativo dizia regularmente "gavagai" quando lhe era indicado um coelho passando, ele não poderia concluir se aquela palavra deveria ser traduzida por "Coelho!" ou "Olhe um coelho" e coisas semelhantes. O indígena poderia entender com aquele termo "parte de coelho", "coelhidade", "fração temporal de coelho", "passagem de um animal no capim", ou outra coisa ainda, e o lingüista não teria como decidir qual das diferentes traduções possíveis seria a correta. O caso da T. radical não é imaginado por Quine para evidenciar as dificuldades que o tradutor encontra no seu trabalho concreto, mas sim as dificuldades inerentes às noções de significado e de igualdade de significados, relativas à linguagem em geral. Segundo Quine, os problemas da T. radical apresentam-se também quando precisamos entender as palavras de alguém que está falando nossa própria língua. Isso não significa que para Quine seja impossível traduzir, mas que a T. de uma porção da linguagem (palavra, enunciado etc.) depende do conjunto da língua, ainda que se ressalve a adequação empírica dos enunciados traduzidos. Em outras palavras, a tese de Quine sobre indeterminação da T. é uma variação sobre o tema do holismo semântico, vale dizer, da idéia já enunciada por Wittgenstein em *Livro azul* (1958), de que "entender um enunciado significa entender uma linguagem inteira", e que as diferentes línguas trazem consigo diferenças no modo como os falantes pensam, categorizam, percebem o mundo. Essa tese foi defendida por muitos pensadores no século XX, entre os quais o filósofo E. Cassirer, os lingüistas E. Sapir e B. L. Whorf e, depois de Quine, foi retomada em filosofia analítica sobretudo por D. Davidson (cf. *Inquiries into Truth and Interpretation*, trad. it. *Verità e interpretazione*, Il Mulino, Bolonha, 1994).

A partir da metade do século XX desenvolveu-se uma corrente de pesquisa especificamente dedicada à T., os Estudos de Tradução (*Translation Studies*), que hoje é representada por revistas especializadas e cursos universitários específicos. Uma das razões para o nascimento desses estudos foi dada pelos experimentos de T. artificial ou computadorizada. Desse modo, os estudos sobre a T. compreendem hoje uma gama de interesses que vai da T. literária à proposta de modelos lingüísticos ideais para a T. computadorizada, e portanto também se liga ao campo de interesses chamado Estudos Cognitivos (da psicologia à neurologia, da lingüística estrutural à semiótica). Entre os trabalhos que influenciaram essa orientação de pesquisas citaremos os de George Steiner (*After Babel*, 1975) e as atas do simpósio sobre "Literatura e T." (Lovaina, 1976), em que André Lefevere propôs adotar o termo *Translation Studies*. Hoje os Estudos de Tradução utilizam amplamente os estudos semióticos (v. SEMIÓTICA), sobretudo soviéticos (R. Jakobson, J. Lotman), os desenvolvimentos da narratologia e da literatura comparada, os estudos sobre o bilingüismo, sobre o multilingüismo, sobre o aprendizado infantil da linguagem. Entre os trabalhos que contribuíram para esse amplo campo de estudos destacam-se pelo menos os do grupo de Tel-Aviv, dirigido por Itamar Evan-Zohar e Gideon Toury, e a coletânea de ensaios editada em 1985 por Theo Hermans, *The Manipulation of Literature*, que deu ensejo a intenso e animado debate.

Os Estudos de Tradução enfatizaram a distinção entre T. orientada para a fonte e tradução orientada para o alvo: trata-se de decidir se a T. de um texto-fonte escrito numa língua *Y* deve levar o leitor de uma língua *K* a entender o universo psicológico e cultural de *Y*, ou se esses aspectos de *Y* devem ser interpretados e apresentados nos termos do universo cultural e psicológico de *K*. Uma posição radical é que a T. é um fato puramente interno à língua de destino, motivo pelo qual esta última deve resolver em seu próprio âmbito os problemas semânticos e sintáticos apresentados pelo texto original. Nesse caso, porém, teríamos um paradoxo: a possibilidade de uma relação entre os universos culturais *A* e *B* se manifestaria apenas quando *B* se fechasse na plena realização de si mesma, impedindo qualquer compreensão de A. Mais prudentemente se poderia afirmar que a escolha *alvo* vs. *fonte* deve ser proposta de modos diferentes na tradução de um mesmo texto, decidindo-se a cada vez, de acordo com o problema que surja.

A T. seria garantida se existisse uma *língua-parâmetro*. Walter Benjamin, no célebre ensaio *Die Aufgabe des Übersetzers* (1923), afirmava que a T. só é possível quando se postula um sentido que vive acima da obra. Esse sentido seria exprimível numa *Reine Sprache*, numa língua pura. Não é possível evitar as conotações místicas dessa idéia de uma língua pura; como observa Derrida, no ensaio *Des tours de Babel* (1985), "o desejo de T. não e pensável sem essa correspondência com um pensamento de Deus". Mas a idéia de uma língua como parâmetro ideal retorna também nos estudos de T. computadorizada, em que se procura identificar uma metalinguagem formalizada (que às vezes é identificada também com estruturas mentais inatas, donde a hipótese de um *mentalês;* cf. por exemplo J. A. Fodor, *The Language of Thought*, 1975). Postula-se (ou constrói-se) portanto um *tertium comparationis* que permite passar da expressão de uma língua *A* à de uma língua *B*, decidindo que ambas sejam equivalentes a uma expressão metalingüística C. Para postular essa língua C também é preciso entender que uma única *proposição* (exprimível em linguagem formalizada) é o conteúdo de diversos enunciados em línguas diferentes. Assim, enunciados diferentes como *chove*, *il pleut* e *it rains* teriam o mesmo conteúdo proposicional (parâmetro que garante a mútua tradubilidade dos vários enunciados). O critério pode funcionar para enunciados elementares, mas certamente apresenta problemas para a T. de textos em que são empregadas figuras retóricas e em que também há valor fônicos e rítmicos.

No passado chegou-se a achar que o *tertium comparationis* seria uma língua natural tão flexível e pujante que pudesse ser considerada perfeita. O jesuíta Ludovico Bertonio (*Arte breve de lengua Aymará*, 1603) a identificara com uma língua ainda hoje falada entre a Bolívia e o Peru. A idéia foi retomada recentemente, estabelecendo-se que o aimará, em vez de se basear na lógica bivalente (verdadeiro/falso), baseia-se numa lógica trivalente, sendo, portanto, capaz de exprimir sutilezas modais que as nossas línguas captam somente à custa de penosas perífrases; por isso, foi proposto o estudo do aimará para resolver problemas de T. computadorizada. Mas também se observou que, dadas duas línguas *Y* e *K*, o aimará poderia captar as nuanças expressas em *Y*, mas ninguém poderia captar completamente em *K* todas as nuanças expressas pelo aimará.

No campo dos estudos semióticos sobre a T. tende-se hoje a ressaltar fundamentalmente dois princípios. 1) Mesmo quando incomensuráveis, dois sistemas lingüísticos e culturais são comparáveis, e sempre se pode decidir qual expressão na língua de chegada pode ter a mesma função estrutural presente na expressão-fonte. A palavra francesa *bois* pode equivaler em português tanto a *madeira* quanto a *bosque*; a inglesa *wood* parece cobrir o mesmo espaço de *madeira* e *bosque*, mas exclui a madeira para construção *(timber)*. Comparando essas diferentes estruturas semânticas, o tradutor toma a sua decisão de acordo com o *contexto*. 2) A T. é um caso de *interpretação*, e interpretar (também no caso de definições, paráfrases, inferências realizadas dentro de uma mesma língua) significa fazer conjecturas, levantar hipóteses, que não são garantidas de partida, mas recebem confirmação apenas na medida em que o resultado pareça coerente e não contraditório. Nesse sentido, a T. é um ato *hermenêutico*, porquanto implica um círculo (avento uma hipótese sobre o todo que cada parte do texto deve confirmar, mas só posso entender uma parte do texto à luz da hipótese sobre o todo). [U.E. – G.Co.]

TRADUCIANISMO (in. *Traducianism*; al. *Traducianismus*; it. *Traducianismo*). Doutrina segundo a qual a alma dos filhos provém da alma dos pais assim como um ramo (*tradux*) provém da árvore. Essa doutrina já se encontrava nos estóicos (TEMÍSTIO, *De an.*, II, 5; GALENO, *Op.*, IV, 699), foi aceita por Tertuliano (*De an.*, 22) e por outros escritores da patrística e defendida mais tarde pelos teólogos protestantes que viam nela a possibilidade de explicar a transmissão do pecado original. O próprio Leibniz tinha inclinação por ela (*Théod.*, I, § 86).

A mesma doutrina foi, às vezes, indicada com o nome de *generacionismo*. A doutrina oposta, de que toda as almas são criadas *ex-novo*, chama-se *criacionismo* (v.). [N.A.]

TRÁGICO (in. *Tragic*; fr. *Tragique*; al. *Tragisch*; it. *Tragico*). O conceito de T. foi, às vezes, discutido pelos filósofos não só em relação à forma de arte que é a tragédia, mas também em relação à vida humana em geral, ou ao palco do mundo. O ponto de partida implícito ou explícito dessas discussões quase sempre é a definição aristotélica de tragédia, segundo a qual ela é "imitação de acontecimentos que provocam piedade e terror e que ocasionam a purificação dessas emoções" (*Poet.*, 6, 1449 b 23). As situações que provocam "piedade e terror" são aquelas em que a vida ou a felicidade de pessoas inocentes é posta em perigo, em que os conflitos não são resolvidos ou são resolvidos de tal modo que determinam "piedade e terror" nos espectadores. W. Haeger escreveu: "Na tragédia grega a felicidade, como toda posse, não pode ficar muito tempo com quem a detém; a perpétua instabilidade é inerente à sua natureza. A convicção de Sólon, de que há uma ordem divina no mundo, encontrou nessa noção (embora tão dolorosa para o homem) o apoio mais sólido. Mesmo Ésquilo é inconcebível sem tal convicção, que pode ser chamada mais de noção que de crença" (*Paidéia*, II, cap. I; trad. it., p. 449). As interpretações da natureza do T. no pensamento moderno são três. 1ª T. é o conflito continuamente resolvido e superado na ordem perfeita do todo; 2ª T. é o conflito não solucionado e insolúvel; 3ª T. é o conflito que pode ser solucionado, mas cuja solução não é definitiva nem perfeitamente justa ou satisfatória.

1ª A primeira concepção de T. é de Hegel, para quem o conflito em que consiste o T., embora constituindo a substância e a verdadeira realidade, não se conserva como tal, mas encontra justificação só ao ser superado como contradição. "No entanto, o objetivo e o caráter T. são legítimos" – diz Hegel – "visto ser necessária a solução do conflito em que ele consiste. Por meio dessa solução a eterna justiça se afirma sobre os fins e os indivíduos, de tal modo que a substância moral e a sua unidade se restabelecem com o ocaso das individualidades que perturbam o seu repouso" (*Vorlesungen über die Ästhetik*, ed. Glockner, III, p. 530). Portanto, a solução T. restabelece a harmonia, e o que ela destrói é apenas a "particularidade unilateral" que não pôde chegar a concertar-se com a harmonia (*ibid.*). Obviamente, desse ponto de vista, que caracteriza o otimismo ou providencialismo de caráter romântico, a tragédia é simplesmente a aparência de uma comédia substancial: tudo acaba bem, e o que se perde é a "particularidade unilateral" que não tem o mínimo valor.

2ª A segunda interpretação do T. é de Schopenhauer, segundo a qual o T. é conflito insolúvel. Para ele, "A tragédia é a representação da vida em seu aspecto terrificante. É ela que nos apresenta a dor inominável, a aflição da humanidade, o triunfo da perfídia, o escarnecedor domínio do acaso e a fatal ruína dos justos e dos inocentes; por isso, ela constitui um sinal significativo da natureza do mundo e do ser" (*Die Welt*, I, § 51). Mas a inevitabilidade e, portanto, a certeza de um destino maléfico ou de uma injustiça imanente suprimem a tragicidade, assim como o faz a inevitabilidade e a certeza da justiça e da harmonia. Diante deles, de fato, a única atitude possível é a resignação ou o desespero: atitudes que, assim como as que lhe são opostas, excluem o conflito constitutivo do trágico.

3ª A terceira concepção foi apresentada por Schiller na obra *Über naive und sentimentalische Dichtung* (1795-1796). Nela, o T. é apresentado como manifestação da poesia sentimental (v. INGENUIDADE), mais precisamente da poesia que representa o conflito entre o real e o ideal. A poesia sentimental divide-se em sátira e elegia: na sátira o poeta tem por objeto o real, considerando-o insuficiente em relação ao ideal. Ainda segundo Schiller, quando a insuficiência do real é representada pelo conflito entre o real e nossas exigências morais, tem-se a sátira séria, que é o T. (*Werke*, ed. Karpeles, XII, p. 150). Em conceitos semelhantes inspirava-se o chamado *pantragismus* (pantragicidade) de Hebbel (v. *Werke*, X, p. 43). Bem mais paradoxalmente, Nietzsche via no T., por um lado, o caráter terrificante da existência, por outro a possibilidade de aceitar e transfigurar esse caráter por meio da arte ou da vontade de poder. A primeira solução é a que Nietzsche atribui aos gregos em *Die Geburt der Tragödie* (1872). O homem grego, que tinha condições de distinguir com clareza o horrível e o absurdo da existência, conseguiu transfigurá-la por meio do espírito dionisíaco, domando e sujeitando o horrível, que assim se transforma em *sublime* (o objeto da tragédia), e libertando da aversão ao absurdo, que assim se transforma em *cômico* (o objeto da comédia) (*Die Geburt der Tragödie*, § 7). Mais tarde, Nietzsche achou que a saída para o terrificante da vida estaria na aceitação da vida graças à vontade de poder, considerando o T. como aceitação dionisíaca do que é terrificante e incerto. Escreveu então: "A profundidade do artista T. reside no fato de que seu instinto estético considera as conseqüências distantes e não se detém com visão estreita nas coisas próximas; de que ele afirma a *economia em tamanho grande*, economia que justifica o que é terrível, maligno e problemático, e não se contenta em apenas justificá-lo" (*Wille zur Macht*, ed. 1901, § 374). Essa concepção do T. – que costuma ser expressa com imperfeição ou mesclada com as outras duas – pode ser reconhecida pelo fato de abrir espaço, em sua caracterização, para a *problematicidade* da situação T., vale dizer, para a possibilidade de ela ser decidida de um modo ou de outro, sem que a decisão seja definitiva ou perfeita. Foi com esse espírito que Miguel de Unamuno entendeu a tragicidade em *Do sentimento T. da vida* (1913), expressando-a com o *quién sabe?* de Don Quixote. No mesmo sentido expressaram-se Scheller (*Vom Umsturz der Werte*, 1953), Jaspers (*Über das Tragische*, 1952) e Cantoni (*Tragico e senso comune*, 1964). P. Romanell diz que, ao contrário da épica, em que o conflito se dá entre o bem e o mal, no T. o conflito se dá entre bens diferentes, valores heterogêneos entre os quais a escolha é dolorosa e sempre implica sacrifício (*Making of the Mexican Mind*, 1952, p. 22). Esse caráter do T. é bem realizado na tragédia grega. A tragédia de Sófocles baseia-se na convicção de que existe uma ordem divina no mundo, em virtude da qual às vezes o inocente precisa pagar por um erro cometido por outros. O fato de a solução do conflito não poder ser límpida, de algo se perder nessa solução e de esse algo não ser – como dizia Hegel – uma "particularidade unilateral" é o que constitui o fascínio e a verdade da tragédia. [N.A.]

Mesmo no horizonte da filosofia contemporânea é possível encontrar a alternativa que se delineara com tanta nitidez e eloqüência com a obra de Hegel, por um lado, e de Schopenhauer e Nietzsche, por outro. Assim, por exemplo, um autor como Lucien Goldmann pôde falar expressamente de pensamento T. a propósito de Pascal, ressaltando que a identificação pascaliana do caráter irredutivelmente contraditório da experiência não deve deter-se diante da insuperabilidade das antíteses (cuja composição só ocorreria em Deus, como quer o pensamento T.), porque o movimento dialético que ela produz comporta também a sua superação no plano histórico. Luigi Pareyson, por outro lado, posicionando-se declaradamente a favor de um pensamento T., não hesitou em escrever que "no centro da realidade não está o princípio de contradição, mas a contradição", sendo a contradição não o princípio destinado a superá-la, mas o fundamento abissal da liberdade e, portanto, de uma ontológica essencialmente problemática e conflituosa. Desse ponto de vista, a polêmica recentemente surgida em torno do pensamento T. como pensamento ainda marcado por certo *pathos* violento e autoritário, só parece ter sentido na perspectiva de um improvável retorno a Hegel. De fato, embora a filosofia hegeliana da história tenha achado que poderia resolver o "desmesurado poder do negativo" no desenvolvimento de uma positividade triunfante, fora dela não há celebração do que existe e da tradição que não a leve a aparecer inevitavelmente como evasiva e mistificadora. Daí provém – como ressaltado por muitos – a atualidade do pensamento T. A ele cabe manter vivas essas questões (a realidade enigmática em torno da qual giramos, o destino de sofrimento que nos acompanha, o anseio de redenção que fulgura para além da utopia e dos seus malogros), diante das quais a filosofia se mostrou no mais das vezes reticente. [S.G.]

TRANQÜILIDADE. V. ATARAXIA.

TRANSAÇÃO (in. *Transaction*; fr. *Transaction*; al. *Transaction*; it. *Transazione*). Termo introduzido em filosofia por Dewey e Bentley para indicar uma relação que não pressupõe os termos relativos como entidades em si. Dewey diz: "Esse termo indica negativamente que nem o senso comum nem a ciência devem ser considerados entidades, como algo à parte, completo e circunscrito. [...] Positivamente, indica que devem ser marcados pelas características e pelas propriedades encontradas em tudo o que se reconhece como T.: por exemplo, um negócio ou uma T. comercial. Essa T. transforma um dos participantes em comprador e o outro em vendedor: não existem compradores e vendedores a não ser *em T. e por causa da T.* em que se empenham" (*Knowing and the Known*, 1949, p. 270). Na Itália, esse termo foi empregado por Romagnosi: segundo ele, "do comércio entre o interior e o exterior" do homem nasce "sobre o pano de fundo do eu pensante uma T. que harmoniza as leis do mundo interior com o exterior, para formar um único mundo e uma única vida" (*Che cos'è la mente sana?* [1827], ed. 1936, p. 100, 138). [N.A.]

TRANSCENDÊNCIA (in. *Trancendence*; fr. *Transcendance*; al. *Transzendez*; it. *Trascendenza*). Esse termo foi usado com dois significados diferentes: 1º estado ou condição do princípio divino, do ser além de tudo, de toda experiência humana (como experiência de coisas) ou do próprio ser; 2º ato de estabelecer uma relação que exclua a unificação ou a identificação dos termos.

1º No primeiro sentido, esse termo vincula-se à concepção neoplatônica de divindade. Platão já dissera que o Bem, como princípio supremo de tudo o que é, comparável como tal ao sol que dá vida às coisas e as torna visíveis, está *além da substância* (ἐπέκεινα τῆς οὐσίας, *Rep.*, VI, 509 b). A exemplo de Platão, Plotino repete que o Uno está "além da substância" (*Enn.*, VI, 8, 1 9), mas acrescenta que ele também está "além do ser" (ἐπέκεινα ὄντος, *ibid.*, V, 5, 6) e "além da mente" (ἐπέκεινα νοῦ, *ibid.*, III, 8, 9), de tal modo que é transcendente (ὑπερβεβηκώς) em relação a todas as coisas, mesmo produzindo-as e conservando-as no ser (*ibid.*, V, 5, 12). Proclo diz: "Além de todos os corpos está a substância da alma; além de todas as almas, a natureza inteligível; além de todas as substâncias inteligíveis, está o Uno" (*Inst. theol.*, 20). Scotus Erigena e outros usaram o termo *supra-essencial* (v.) para designar a T. absoluta, graças à qual Deus está além de todas as determinações concebíveis, até mesmo do ser ou da substância. Nem sempre, porém, a T. é levada ao ponto de situar Deus além do ser, transformando-o de algum modo em "nada". A escolástica clássica, reconhecendo a analogicidade do ser, não põe Deus além do próprio ser: esta forma de T. é, ao contrário, própria da teologia negativa ou mística (v. TEOLOGIA, 4). Fora da teologia, essa espécie de T. foi reconhecida por Jaspers, que a contrapôs à existência: T. é o que está além da possibilidade de existência, é o ser que nunca se resolve no possível e com o qual a única relação que o homem pode ter consiste na impossibilidade de alcançá-lo. Nesse sentido, a T. se manifesta na forma de *cifra* (v.) nas *situações-limite* (v.) e não pode ser caracterizada nem como "divindade", sem incidir na superstição. A única certeza que se pode ter em relação à T. é que "o ser *é*, e *é assim*" (*Phil.*, III, p. 134).

Entrementes, as correntes realistas da filosofia contemporânea atribuíam T. às coisas, aos objetos do conhecimento em geral ou ao ser de tais objetos. Nesse sentido, Husserl negava que uma *coisa* pudesse ser dada como imanente em qualquer percepção ou consciência, e definia o ser da coisa como ser transcendente, que é mais ou menos adumbrado pelas aparições da coisa à consciência (*Ideen*, I, § 41). N. Hartmann insistia na T. do ser em relação ao conhecimento, porquanto o ser fica sempre além do objeto cognitivo imanente (*Metaphysik der Erkenntniss*, 2ª ed., 1925, p. 50). No mesmo sentido, a T. era combatida pelas várias formas do *imanentismo* (v.).

2º No segundo significado, T. é o ato de se estabelecer uma relação, sem que esta signifique unidade ou identidade de seus termos, mas sim garantindo, com a própria relação, a sua alteridade. Esse conceito também tem origem religiosa e neoplatônica. Plotino dizia que a contemplação é "para quem foi além de tudo" (τῷ ὑπερβάντι πάντα, *Enn.*, VI, 9, 11). Num trecho famoso, Agostinho dizia: "Se achares mutável a tua natureza, transcende-te a ti mesmo", e acrescentava: "Lembra-te de que, ao te transcenderes a ti mesmo, estás transcendendo uma alma racional e que, portanto, deves visar ao ponto do qual provém a luz da razão" (*De vera relig.*, 39).

Esse sentido ativo de T. ficou praticamente obliterado na filosofia tradicional e só foi retomado pela filosofia contemporânea. Com referência à T. do ser ou da coisa em relação à consciência que a apreende ou ao ato de conhecimento que é seu objeto, a própria consciência ou o ato de conhecimento foram chamados de transcendentes em sentido ativo. Assim, Husserl fala de *percepção transcendente*, que tem a coisa por objeto e em relação à qual a coisa é transcendente, o que difere da *percepção imanente*, que tem por objeto as experiências conscientes que são imanentes à própria percepção (*Ideen*, I, § 42, 46). N. Hartmann baseou o seu realismo no conceito de T.: "O conhecimento não é um simples ato de consciência, como representar e pensar, mas um ato transcendente. Um ato desses se liga ao sujeito só por um lado, mas por outro fica fora; por este último, liga-se ao existente, que, graças a ele, se torna objeto. O conhecimento é uma relação entre um sujeito e um objeto existente. Nessa relação, o ato transcende a consciência" (*Systematische Philosophie*, § 11). No mesmo sentido ele chama de transcendente a relação cognitiva (*ibid.*, § 10). No entanto, a mais importante utilização do conceito nesse sentido foi a de Heidegger, que definiu como transcendente a relação entre o homem (*Dasein*, ser-aí) e o mundo. "O ser-aí que transcende (eis uma expressão já por si tautológica) não ultrapassa nem um obstáculo anteposto ao sujeito de tal modo que o obrigue a permanecer em si mesmo (imanência), nem um fosso que o separare do objeto. Por sua vez, os objetos (entes que lhe estão presentes) não são aquilo em cuja direção ocorre o ultrapassar. O que é ultrapassado é unicamente o ente, ou seja, qualquer ente que possa ser revelado ou revelar-se ao ser-aí, portanto o ente que o ser-aí é, porquanto, existindo, é ele mesmo" (*Vom Wesen des Grundes*, 1929, II). Em outros termos, é pelo ato de T. que o homem, como ente no mundo, se distingue dos outros entes ou objetos e se reconhece como "ele mesmo". Heidegger, portanto, considera a T. como o significado do *ser no mundo*. "Quem ultrapassa e, portanto, vai além, deve como tal sentir-se situado no ente. O ser-aí, na medida em que se sente como tal, está incluído no ente de tal modo que, reabarcado nele, é por ele conciliado consigo mesmo. A T. é um *projeto* tal do mundo que quem projeta é dominado pelo ente que transcende e está já de acordo com ele. Com esse ser incluído do ser-aí, ligado com a T., o ser-aí ganhou base no ente, obteve o seu *fundamento*" (*ibid.*, III). São características de Heidegger fazer incidir, nivelando, a T. nos objetos transcendidos, o projeto nas suas condições de partida, o possível no efetivo, o futuro no passado. Heidegger chama de decadência ou *facticidade* (v.) essa incidência ou nivelamento. Foi o que fez Sartre, que expressa o mesmo conceito de T. afirmando que a consciência (*o para-si*), ao transcender para o ser (*o em-si*), está apenas se anulando para revelar e afirmar, através de si, o próprio ser (*L'être et le néant*, II, cap. III, espec. pp. 268-9). Para uma interpretação da T. que fuja ao nivelamento ou à nadificação, cf. ABBAGNANO, *Struttura dell'esistenza*, 1939, § 18; ID., *Introduzione all'esistenzialismo*, I, 6 etc. [N.A.]

TRANSCENDENTAL (lat. *Transcendentalis*; in. *Transcendental*; fr. *Transcendental*; al. *Transzendental*; it. *Trascendentale*). Com este termo ou com transcendente, começaram a ser denominadas, no fim do século XIII, as propriedades que todas as coisas têm em comum, que por isso excedem ou *transcendem* as diversidades de gêneros em que as coisas se distribuem. Esse nome já se encontra em F. Mayron (morto em 1325, *Formalitates*, ed. 1479, f. 22, r. A), e com certeza Lorenzo Valla (*Dialecticae disputationes*, I, 1) contribuiu para a sua difusão, mas os transcendentais ou transcendentes já haviam sido definidos por Tomás de Aquino como as propriedades "que se acrescentam ao ente e expressam um de seus modos que não é expresso pelo nome do ente"; e enumerava seis delas: *ens, res, unum, aliquid, bonum, verum* (*De ver.*, q. 1, a. 1), lista esta que se tornou a mais difundida e prestigiada de todas.

Esse conceito de T., com alguma mudança ocasional na lista dos termos, foi repetido inúmeras vezes depois disso (CAMPANELLA, *Dialectica*, I, 4; G. BRUNO, *De la causa*, IV; F. BACON, *De augm. scient.*, III, I; JUNGIUS, *Logica hamburgensis*, I, 1, 45: ESPINOSA, *Et.*, II, 40, esc. I; BERKELEY, *Principle of Human Knowledge*, § 118; WOLFF, *Ont.*, § 495, 503; BAUMGARTEN, *Met.*, §§ 72, 89; HAMILTON, *Lectures on Logic*, I, p. 198). A essa tradição junta-se o uso kantiano do termo. Kant diz: "Esses supostos predicados T. das coisas nada mais são que exigências lógicas e critérios para qualquer conhecimento das coisas em geral e repousam nas categorias de quantidade (unidade, pluralidade e totalidade). Mas essas categorias, que deveriam ser assumidas no significado material como pertencentes à possibilidade das coisas, na verdade eram usadas pelos antigos só com valor formal, constituindo a exigência lógica para qualquer conhecimento; todavia, transformavam inadvertidamente esses critérios do pensamento em propriedade das coisas em si mesmas" (*Crít. R. Pura*, Analítica, § 12). Em outros termos, Kant considera que o antigo conceito de T. peca por dois motivos: 1º porque considera o T. simples conceito lógico-formal; 2º porque considera esse conceito formal como propriedade das coisas em si. Ao contrário, o conceito kantiano de T. consiste em: 1º considerar o T. como condição da possibilidade da coisa, ou seja, como conceito *a priori* ou categoria; 2º considerar a coisa, cuja condição é o T., como fenômeno, e não como "coisa em si". Contudo, para Kant, o T. não se identifica com as condições *a priori* do conhecimento humano e dos seus objetos (que são os fenômenos), mas é considerado o conhecimento (ou a ciência, se existe uma ciência) dessas condições *a priori*. Kant diz: "Não chamo de T. o conhecimento que cuida dos objetos, mas o que cuida do nosso modo de conhecer os objetos, e que seja possível *a priori*" (*ibid.*, Intr., VII). E esclarece: "Não se deve chamar de T. qualquer conhecimento *a priori*, mas apenas o conhecimento que possibilite saber que representações (intuições ou conceito) são aplicadas ou são possíveis exclusivamente *a priori* e como isso se dá. Vale dizer: é T. o conhecimento da possibilidade do conhecimento ou do uso dele *a priori*" (*ibid.*, Lógica, Intr., II; v. *Prol.*, § 13, obs. III). Desse ponto de vista, T. não é "o que está além da experiência", mas sim "o que antecede a experiência (*a priori*), mesmo não se destinando a outra coisa senão a possibilitar o simples conhecimento empírico" (*Prol.*, Apêndice, nota [A 204]). No entanto, é preciso observar que Kant não se atém rigorosamente a esse significado do termo e que, muitas vezes, chamou de T. o que é independente da experiência ou de princípios empíricos (cf., p. ex., *Crít. R. Pura*, O ideal da razão pura, seç. 5, Descoberta e ilustração da aparência dialética). De qualquer forma, com base no significado explicitamente aceito por Kant, podem ser chamados de T. apenas os conhecimentos que têm por objetos elementos *a priori*, e não estes mesmos elementos. Portanto, são T. a estética, a lógica e as suas partes, mas não o são as intuições puras, as categorias ou as idéias. Mas mesmo este uso não é rigoroso, pois Kant chama de T. as idéias e de unidade T. o *eu penso* (*ibid.*, § 16).

Esse termo foi retomado por Fichte para designar a teoria da ciência, pois mostra que todos os elementos do conhecimento estão no *Eu*, ou seja, na consciência: "Essa ciência não é *transcendente*, mas continua T. em sua profundidade. É verdade que ela explica a consciência com alguma coisa que existe independentemente da consciência, mas mesmo nessa explicação não se esquece de conformar-se às suas próprias leis; e assim que reflete sobre ela, aquele termo independente torna-se de novo um produto da própria faculdade de pensar, portanto algo dependente do Eu, porquanto deve existir para o Eu, no conceito do Eu" (*Wissenschaftslehre*, 1794, § 5, II; trad. it., p. 231). Shelling entendia esse termo no mesmo sentido; para ele, no saber T., "o ato do saber chega a absorver o objeto como tal", de tal modo que é "um saber do saber, porquanto puramente subjetivo" (*System des transzendentalen Idealismus*, 1800, Intr., § 2). Schopenhauer atribui o mesmo sentido idealista ao termo: T. é "o conhecimento que determina e estabelece, *antes* de qualquer experiência, tudo o que é possível na experiência" (*Über die vierfache Wurzel des Satzes vom zureichenden Grunde*, § 20).

Como resultado destas determinações, o conceito do T. foi-se fixando na filosofia contemporânea como aquilo que pertence ao sujeito ou à consciência como condição do objeto e da própria realidade. Portanto, qualificou-se de T. qualquer atividade ou elemento da consciência de que dependa a afirmação ou a posição da realidade objetiva. Assim, expressões como "ponto de vista T." ou "conhecimento T." equivalem à expressão de Schelling "idealismo T.", ou seja, doutrina que mostra que na consciência subjetiva estão as condições da realidade. Este conceito de T. persistiu tanto nas escolas de inspiração kantiana mais estrita quanto nas escolas idealistas. Gentile chamava de "Eu T." o eu absoluto ou universal, que cria a realidade pensando (*Teoria generale dello spirito*, 1920, I § 5). Mantém-se o sentido idealista também em Husserl, que qualifica de T. a experiência fenomenológica ou a reflexão que a ocasiona. "Na reflexão fenomenológica T., saímos do terreno empírico praticando a *epoché* universal quanto à existência ou à não-existência do mundo. Pode-se dizer que a experiência do mundo assim modificada, a *experiência T.* consiste no seguinte: examinamos o *cogito* transcendentalmente reduzido e o descrevemos sem realizar, além disso, a afirmação de existência natural implícita na percepção espontânea" (*Cart. Med.*, § 15). Para Heidegger, porém, T. tem sentido objetivo porque indica "qualquer manifestação do ser no seu ser transcendente" (*Sein und Zeit*, § 7 C). [N.A.]

TRANSCENDENTALISMO (in. *Transcendentalism*; fr. *Transcendentalisme*; al. *Transzendentalismus*; it. *Trascendentalismo*). 1. Teoria do idealismo transcendental, vale dizer, do idealismo romântico. Esse nome foi introduzido nos países anglo-saxões, especialmente nos Estados Unidos, por Emerson (v. O. B. FRONTHINGHAM, *Transcendentalism in New England*, 1876; nova ed., 1959). [N.A.]

2. Outra acepção fundamental de T. decorre da lição kantiana, segundo a qual a experiência, a constituição do objeto, é possibilitada por condições específicas que, presentes no sujeito, conferem certa forma ao objeto. Nas escolas neokantianas pretendeu-se redefinir e ampliar o âmbito das condições *a priori*, descobrindo as estruturas transcendentais das ciências humanas (Dilthey) ou salvaguardando uma versão nem que atenuada do T. kantiano, atualizado à luz dos desenvolvimentos da ciência (Cassirer).

O T. exerceu influência também sobre certos setores do neomarxismo, em particular em Habermas (*Erkenntnis und Interesse*, 1968), no qual fornece o arcabouço com o qual são reconstruídos os componentes ideológicos que governam a sociedade, pois o conhecimento sempre se efetua com base em interesses-guia (teóricos, práticos e emancipadores), e em Apel (*Transformation der Philosophie*, 1973), em que o fundamento da racionalidade é identificado no "jogo lingüístico transcendental da comunidade ilimitada da comunicação", um *a priori* lingüístico que sugere o conjunto imprescindível dos procedimentos argumentativos, estrutura comum a todos os jogos lingüísticos.

Uma análise do T. por via lógico-epistemológica foi realizada por numerosos pensadores de orientação analítica, que identificaram a característica fundamental de todo sistema de referência transcendental na unicidade. Se para Strawson (*The Bounds of Sense*, 1966) e Hintikka (*Logic, Language-Games and Information*, 1973) e, de formas diferentes, também para Rosenberg, Leaman e Schaper, todo conhecimento exige instrumentos de filtragem que conformam seu objeto, realizando uma categorização do real segundo princípios subjetivos, para Körner (*The Impossibilitty of Transcendental Deductions*, 1967), assim como para Gram e Stroud, é de todo impossível uma justificação absoluta dos sistemas categoriais, embora depois ele procure produzir sistemas análogos de referência que tenham abolido qualquer pretensão absolutista. Outra via de acesso ao mesmo problema é constituída pela atual discussão sobre o *ceticismo* (v.): a admissão de argumentos transcendentais equivale de per si a uma refutação deste, enquanto a negação deles pode conduzir a negar a própria possibilidade do conhecimento, como asseveram justamente os céticos, ou a deixar espaço a outros critérios constitutivos, plurais e contingentes, mas igualmente produtivos (Shaper, Grayling). A propósito, Davidson (*On the Very Idea of a Conceptual Scheme*, 1973/1974), cujas teses antitranscendentalistas foram abraçadas por Rorty, por Bubner e, a partir de certo momento, também por Strawson, afirma que a indeterminação da tradução impede estabelecer a unicidade ou a multiplicidade dos esquemas, refuta o relativismo conceitual desmentindo seu pressuposto, ou seja, o dualismo entre esquema e mundo; enquanto, para Rorty, isso determina a "perda do mundo", para Davidson marca a sua genuína recuperação. Definitivamente, a ampliação progressiva do debate sobre o tema do T. transforma-se na questão geral sobre o modelo de racionalidade que se pretende adotar. [M.S.]

TRANSCENDENTE (lat. *Transcendens*; in. *Transcendent*; fr. *Transcendant*; al. *Transzen-dent*; it. *Trascendente*). Este termo tem dois significados fundamentais, correspondentes aos dois significados de *transcendência* (v.): 1º o que está além de determinado limite, tomado como medida ou como ponto de referência; 2º operação de ultrapassar.

1º No primeiro significado, essa palavra assume valores muito diferentes, segundo o que se considere limite ou medida. As propriedades *transcendentais* (v.) eram assim chamadas por serem T. em relação aos *gêneros*, dos quais eram consideradas independentes. Fala-se de "perfeição T." como perfeição que supera todos os graus alcançáveis. Mais freqüentemente, esse termo é usado em filosofia para indicar o que ultrapassa os limites de alguma faculdade humana ou de todas as faculdades e do próprio homem. Assim, Boécio afirmava que "A razão transcende a imaginação porque apreende a espécie universal que inere às coisas singulares" (*Phil. cons.*, V, 4). Tomás de Aquino afirmava que a teologia "transcende todas as outras ciências tanto especulativas quanto práticas" porque é mais certa que elas e por tratar de coisas "que, pela elevação, transcendem a razão" (*S. Th.*, I, q. 1, a. 5). Ao tratar da identidade do mínimo absoluto e do máximo absoluto em Deus, Nicolau de Cusa diz que "isso transcende o nosso intelecto, que não pode combinar racionalmente as coisas que são contraditórias em seu princípio" (*De docta ignor.*, I, 4).

Foi mais precisamente a partir de Kant que T. passou a designar a noção que excede os limites da experiência possível. Portanto, segundo Kant, são T. as idéias da razão pura: "Chamaremos de imanentes os princípios cuja aplicação se mantém em tudo e por tudo nos limites da experiência possível, e de T. os que devem ultrapassar esses limites" (*Crít. R. Pura*, Dialética, Intr., I; cf. *Prol.*, § 40). É diferente dos princípios T. o uso transcendental dos princípios imanentes, que se vale de princípios cognitivos legítimos, mas sem levar muito em conta os limites da experiência (*ibid.*, Dialética, Intr., I; cf. *Prol.*, § 40).

2º Nos significados anteriores, a palavra T. designa o que está além de certo limite. Na filosofia contemporânea, é muitas vezes usada para designar uma atividade ou uma operação correspondente ao 2º significado de transcendência. Nesse sentido, segundo Husserl, é T. a percepção das coisas em oposição à percepção que a consciência tem de si mesma (que é percepção imanente) (*Ideen*, I, § 46). No mesmo sentido, Hartmann chama o conhecimento de ato T. (*Systematische Philosophie*, § II). Heidegger define como T. "o que atualiza o ato de ultrapassar, o que se mantém no ultrapassar" (*Vom Wesen des Grundes*, II; trad. it., p. 29) (v. TRANSCENDÊNCIA). [N.A.]

TRANSCENDENTISMO. Termo às vezes usado para designar as doutrinas que admitem a transcendência do ser divino. [N.A.]

TRANSCRIAÇÃO (in. *Transcreation*; fr. *Transcréation*; it. *Transcreazione*). Termo usado por Leibniz para indicar a ação com que Deus confere razão à alma sensível ou animal. Leibniz prefere esta hipótese àquela segundo a qual a alma animal se eleva à razão por meios puramente naturais (*Théod.*, I, § 91). [N.A.]

TRANSEUNTE (in. *Transeunt*; fr. *Transeunt*; al. *Transeunt*; it. *Transeunte*). 1. O mesmo que *transitivo* (v.).

2. Transitório, mutável, passageiro. [N.A.]

TRANSFERÊNCIA. V. PSICANÁLISE.

TRANSFINITO (in. *Transfinite*; fr. *Transfini*; al. *Transfinit*; it. *Transfinito*). Expressão usada por G. Cantor para indicar os números que estão além dos números finitos. Por exemplo, se for T., o número ordinal da classe que compreende todos os números ordinais finitos, em sua ordem natural (0, 1, 2, ...), será denotado por um ômega minúsculo (G. CANTOR, *Contribution to the Founding of the Theory of Transfinite Numbers*, trad. in., 1915) (v. INFINITO). Conseqüentemente, por "indução transfinita" entende-se a extensão da indução *matemática* (v.) a uma classe de números ordinais arbitrários de maneira semelhante ao modo como a indução é aplicada a uma classe bem ordenada de números ômega. [N.A.]

TRANSFORMAÇÃO (in. *Transformation*; fr. *Transformation*; al. *Umformung, Transformation*; it. *Trasformazione*). Dewey viu na T. a categoria fundamental do raciocínio matemático. "A T. dos conteúdos conceituais, segundo regras metódicas que satisfaçam determinadas condições lógicas, está implícita tanto na conduta do raciocínio quanto na formação dos conceitos que fazem parte dele." Pode-se expressar o princípio lógico da T. da seguinte maneira: 1º o conteúdo do raciocínio consiste em *possibilidades.*; 2º como possibilidade, ele exige a formulação em símbolos (*Logic*, XX, 1; trad. it., p. 516). Costuma-se chamar de regras de T. as regras da *inferência* dos sistemas logísticos ou das linguagens formais (v. SISTEMA LOGÍSTICO). [N.A.]

Lévi-Strauss valeu-se do conceito de T. para caracterizar a noção estruturalista de estrutura e entendeu, com tal termo, o conjunto das variantes possíveis (em sentido lógico-matemático, e não histórico) de certo sistema, especificando que "estrutura não se reduz a sistema", e que "todos os abusos cometidos em relação à noção de estrutura nascem do fato de que seus autores não entenderam que é impossível pensar a noção de estrutura separada da noção de T.", que se impõe, "seja qual for o âmbito considerado, sempre que se tente explicar a razão da diversidade por meio dos diferentes modos como certo número de elementos podem combinar-se" (*Da vicino e da distante*, 1988; trad. it., Rizzoli, Milão, 1988, p. 31). Mesmo atribuindo-lhe valores lógico-algébricos, Lévi-Strauss afirma que tal noção não provém dos lógicos, mas do naturalista escocês D'Arcy Wentworth Thompson, que "interpretava como T. as diferenças visíveis entre as espécie ou os organismos animais ou vegetais dentro de um mesmo gênero" (*ibid.*, p. 161). [G.F.]

TRANSFORMISMO (in. *Transformism;* fr. *Transformisme*; al. *Transformismus*; it. *Trasformismo*). Com esse termo indica-se o evolucionismo biológico, que admite a transformação de uma espécie viva em outra (v. EVOLUÇÃO). [N.A.]

TRANSITIVIDADE (in. *Transitivity*; fr. *Transitivité*; al. *Transitivität*; it. *Transitività*). Caráter de uma relação que, se ocorrer entre x e y e entre y e z, também ocorre entre x e z. Esse caráter é próprio das relações de identidade ou de igualdade como também das relações *menor, precede, à esquerda de* etc. (v. B. RUSSELL, *Introduction to Mathematical Philosophy*, cap. IV; trad. it., p. 44).

No cálculo proposicional, as leis de *T.* da *implicação material* e da *equivalência material* são as seguintes: "Se p implica q e q implica r, então p implica r (isto é: $[p \supset q]\ [q \supset r] \supset [p \supset r]$). Se p é equivalente a q e q é equivalente a r, então p é equivalente a r (isto é: $[p \equiv q]\ [q \equiv r]\ ([p \equiv r])$ (v. A. CHURCH, *Introduction to Mathematical Logic*, I, § 48 etc.). [N.A.]

TRANSMIGRAÇÃO. V. METEMPSICOSE.

TRANSMUTAÇÃO DE VALORES (fr. *Transmutation des valeurs*; al. *Umwertung aller Werte*; it. *Trasmutazione dei valori*). Frase famosa com que Nietzsche resumiu a finalidade de sua filosofia: "Inversão de todos os valores, eis minha fórmula para um ato de supremo reconhecimento de si mesma por parte da humanidade, ato que em mim se tornou carne e gênio. Meu destino exige que eu seja o primeiro homem honesto, que me sinta em oposição às mentiras de vários milênios" (*Ecce homo*, § 4). A inversão de valores consiste em substituir o rol tradicional de valores, que se baseia na renúncia à vida, pelos novos valores oriundos da aceitação entusiástica (dionisíaca) da vida, mesmo em seus aspectos mais cruéis (*Genealogie der Moral*, I, § 10; *Die froeliche Wissenschafte*, § 344 etc.) (v. VALOR). [N.A.]

TRANSNATURAL (fr. *Transnaturel*; it. *Transnaturale*). Termo proposto por M. Blondel para indicar a situação do homem, que está posto entre a natureza e a supranatureza e durante a vida mortal está destinado a preparar-se para a vida eterna (*Histoire et dogme*, 1904, p. 68). [N.A.]

TRANSOBJETIVO (al. *Transobjektiv*; it. *Transobbiettivo*). Termo usado por N. Hartmann para indicar a parte da realidade que fica além dos limites do conhecido, portanto além do objeto de conhecimento (*Metaphysik der Erkenntnis*, 2ª ed., 1925, p. 50). [N.A.]

TRANSPARÊNCIA (al. *Durchsichtigkeit*; it. *Trasparenza*). Assim Heidegger chamou a intuição que o ser-aí tem de si mesmo: "Existindo, o ser-aí se vê a si mesmo só à medida que se faz originariamente transparente em seu ser no mundo e em seu ser com os outros, como momentos constitutivos da sua existência" (*Sein und Zeit*, § 31). [N.A.]

TRANSPOSIÇÃO (in. *Transposition*; fr. *Transposition*; al. *Transposition*; it. *Trasposizione*). É assim chamado o teorema do cálculo proposicional, segundo o qual de "se p, então q." pode-se inferir "não q, então não p". [N.A.]

TRANSRACIONALISMO (in. *Transrationalism*; fr. *Transrationalisme*; al. *Transrationalismus*; it. *Transrazionalismo*). Termo usado por A. Cournot para indicar a disposição natural do homem a crer no sobrenatural, no misterioso ou, em geral, no que está além da razão (*Matérialisme, vitalisme, rationalisme*, 1875, p. 385). [N.A.]

TRANSUBSTANCIAÇÃO (lat. *Transustantiatio*; in. *Transubstantiation*; fr. *Transubstantiation*; it. *Transustanziazione*). Interpretação do sacramento do altar, segundo a qual a substância do pão e do vinho se transforma na substância do corpo ou do sangue de Cristo e, portanto, seus acidentes ficam sem substância. Essa é a interpretação desse sacramento feita por Tomás de Aquino (*S. Th.*, III, q. 77, a. 1), aceita pelo Concílio de Trento. A interpretação alternativa, aceita pela Reforma, é a da *consubstanciação* (v.). [N.A.]

TRIÁDICO (in. *Triadic*; fr. *Triadique*; al. *Triadisch*; it. *Triadico*). A divisão T. gozou freqüentemente de certo privilégio em filosofia. Afora a perfeição que os antigos pitagóricos atribuíam ao número três,

Plotino reconheceu três fases da emanação, portanto três hipóstases da divindade, o Uno, o Logos e a Alma (*Enn.*, II, 9, 1). Mas foi principalmente Proclo quem privilegiou o procedimento T., discernindo três fases em todo e qualquer processo (ou emanação): aquela em que aquilo que procede permanece semelhante a si mesmo; aquela em que se diferencia de si mesmo; e aquela em que retorna a si mesmo (*Inst. theol.*, 31). Com base nessas três fases da emanação Hegel moldou suas três fases da sua dialética, que consistem respectivamente: 1ª na identidade de um conceito consigo mesmo; 2ª na contradição ou na alienação do conceito em relação a si mesmo; 3ª na conciliação e na unidade das duas primeiras fases (v. *Enc.*, §§ 79-82). Segundo essa divisão T., Hegel interpretou tanto a lógica quanto a natureza e o espírito (*Wissenschaft der Logik*, ed. Glockner, II, pp. 340 ss.). Embora Hegel atribua a Kant o mérito desse caráter T. dos processos racionais, portanto de toda a realidade (*ibid.*, p. 344), a justificação de Kant para o fato de suas "divisões em filosofia pura serem quase sempre T." é completamente diferente e provém da lógica. Kant disse: "Se for necessário fazer uma divisão *a priori*, esta poderá ser: analítica, segundo o princípio de contradição, e então será feita sempre em duas partes (*quodlibet ens est aut A aut non A*), ou sintética, e nesse caso deverá derivar de conceitos *a priori* [...] e conterá (1º) a condição, (2º) um condicionado e (3º) o conceito que nasce da união da condição com o condicionado, acabando assim por ser necessariamente uma tricotomia" (*Crít. do Juízo*, Intr., Nota final). [N.A.]

TRIADISMO ou TRIALISMO (in. *Triadism*; fr. *Triadisme*; al. *Trialismus*; it. *Triadismo* ou *Trialismo*). Doutrina de origem estóica que considera o homem formado por três princípios: *alma, corpo* e *pneuma* ou espírito; é repetida nas epístolas de S. Paulo (v. PNEUMA). [N.A.]

TRIBUNAL (in. *Tribunal*; fr. *Tribunal*; al. *Gerichtshof*; it. *Tribunale*). Esse termo foi usado por Kant para definir a finalidade da filosofia crítica: "A crítica da razão pura pode ser considerada o verdadeiro T. para todas as suas controvérsias, porque esta não se imiscui nas controvérsias que se referem imediatamente aos objetos, mas é instituída para determinar e para julgar os direitos da razão em geral, segundo os princípios da sua primeira instituição" (*Crít. R. Pura*, Doutr. do mét., cap. I, seç. 2). [N.A.]

TRICOTOMIA (in. *Trichotomy*; fr. *Trichotomie*; al. *Trichotomie*; it. *Tricotomia*). Divisão em três partes, elementos ou classes. Esse termo é usado quase exclusivamente para a doutrina da tríplice composição da alma, que se chama também *triadismo*.

A teoria lógica da T. foi elaborada no século XVII, com a advertência de que é preciso reduzir a T. à dicotomia sempre que dois membros da dicotomia tenham uma noção em comum. Pode-se dizer que o triângulo pode ser retângulo ou obliquângulo, podendo-se ainda dividir o triângulo obliquângulo em obtusângulo e acutângulo (v. JUNGIUS, *Logica hamburgensis*, 1638, IV, 7, 13). [N.A.]

TRILEMA (in. *Trilemma*; fr. *Trilemme*; al. *Trilemma*; it. *Trilemma*). Os lógicos do século XIX deram esse nome ao esquema de inferência que tenha como premissa maior uma tricotomia, em vez da dicotomia do *dilema* (v.): "Cada coisa é ou *P* ou *Q* ou *M*; *S* não é nem *M* nem *Q*; logo, *S* é *P*." No mesmo sentido, fala-se de tetralema ou de polilema, mas trata-se de esquemas de inferência pouquíssimo aplicados. [N.A.]

TRINDADE (in. *Trinity*; fr. *Trinité*; al. *Dreifaltigkeit*; it. *Trinità*). Um dos dogmas fundamentais do cristianismo, que afirma a unidade da *substância* divina na T. das *pessoas*. A fórmula desse dogma foi fixada pelo Concílio de Nicéia em 325, e em sua formulação desempenharam papéis importantes a obra do bispo Atanásio e a polêmica contra a doutrina de Ário, que tendia a acentuar a subordinação do Filho ao Pai e praticamente ignorava a terceira pessoa da Trindade. A ilustração clássica desse dogma [assim como do dogma da *encarnação* (v.)] foi dada por Tomás de Aquino, por meio do conceito da relação. A relação, por um lado, constitui as pessoas divinas na sua distinção e, por outro, identifica-se com a mesma e única essência divina. As pessoas divinas são constituídas por suas relações de origem: o Pai, pela paternidade (ou seja, pela relação com o Filho); o Filho, pela filiação ou geração (ou seja, pela relação com o Pai); o Espírito, pelo amor (ou seja, pela relação recíproca de Pai e Filho). Essas relações em Deus não são acidentais (nada existe de acidental em Deus) mas reais; subsistem *realmente* na substância divina. Portanto, a substância divina em sua unidade, ao implicar as relações, implica as diferenças das pessoas (*S. Th.*, I, q. 27-32 e esp. q. 29, a. 4). Esta interpretação basta, segundo Tomás de Aquino, para mostrar que "o que a fé revela não é impossível". Do ponto de vista lógico, implica uma doutrina historicamente importante sobre a natureza das relações (v. RELAÇÃO).

No último período da escolástica, porém, o dogma da T. recebeu duas interpretações: foi considerado "verdade prática", por Duns Scot (*Op. Ox.*, Pról. q. 4, nº 31), ou algo que está além de qualquer possibilidade de entendimento, como fez Ockham (*In Sent.*, I. d. 30, q. 1 B).

O dogma da T. foi aceito até mesmo pelas igrejas protestantes, com exceção da tendência representada pelo *socinianismo* (v.), que retomou as doutrinas de tipo ariano, correntes nos primeiros séculos do cristianismo. Essas doutrinas foram retomadas pelos chamados *unitários*, que constituíram um movimento religioso difundido principalmente na Inglaterra e na América do Norte a partir da segunda metade do século XVIII (v. UNITARISMO). [N.A.]

TRINITARISMO (in. *Trinitarianism*; fr. *Trinité*; it. *Trinitarismo*). Doutrina oficial da Igreja cristã sobre a natureza de Deus como uma única *substância* em três pessoas iguais e distintas (v. TRINDADE). [N.A.]

TRITEÍSMO (in. *Tritheism*; fr. *Trithéisme*; al. *Tritheismus*; it. *Triteismo*). Com este termo designa-se comumente a heresia trinitária que consiste em admitir três substâncias divinas relativamente independentes entre si. Essa heresia foi sustentada no século V por João Filopono e no século XI por Roscelin, que, segundo relato de Anselmo, afirmava que "as três pessoas da trindade são três realidades, como três anjos e três almas, embora sejam absolutamente idênticas em vontade e potência" (*De fide trinitatis*, 3). Gilbert de la Porrée também se inclinava ao T., chamando de *deidade* a única essência divina, da qual participariam as três pessoas diferentes; é provável que Gioacchino Da Fiore (séc. XII) adotasse esse ponto de vista. Trata-se de uma doutrina constantemente condenada pela Igreja. [N.A.]

TRIVIUM. V. CULTURA, 1.

TROPOS (gr. τρόποι; lat. *Tropes*; fr. *Tropes*; al. *Tropen*; it. *Tropi*). Assim eram chamados os *modos* ou os caminhos indicados pelos céticos para chegar à suspensão do assentimento. Estes T. consistem na enunciação das situações das quais resultam oposição de opiniões ou mesmo contradições. Enesidemo de Cnossos enumerava dez deles, que são os seguintes: 1º a diferença entre os animais, que estabelece uma diferença entre suas representações; 2º a diferença entre os homens, pelo mesmo motivo; 3º a diferença entre as sensações; 4º a diferença entre as circunstâncias, que também influem na diversidade das opiniões; 5º a diferença das posições e dos intervalos; 6º a diferença das misturas; 7º a diferença entre os objetos simples e os objetos compostos; 8º a diferença entre as relações, visto que as opiniões mudam segundo as relações das coisas com o sujeito judicante; 9º a diferença entre a freqüência ou a raridade dos encontros entre o sujeito judicante e as coisas; 10º a diferença da educação, dos costumes, das leis etc. (*Pirr. hyp.*, I, 36-163).

Por sua vez, Agripa acrescentava outros cinco tropos, como objeções contra a possibilidade de atingir a verdade: 1º a discordância das opiniões; 2º o processo ao infinito em que se incide quando se quer aduzir uma prova, já que esta prova precisa de outra, e esta outra de uma mais uma, e assim por diante; 3º a relação entre o sujeito e o objeto, que leva à variação da aparência do objeto; 4º a hipótese, que é o recurso a uma assunção sem demonstração, portanto insustentável; 5º o dialeto, ou círculo vicioso, quando se assume como princípio de prova exatamente o que se deve provar (SEXTO EMPÍRICO, *Pirr. hyp.*, I, 164-9).

Finalmente, Sexto Empírico enuncia outros dois tropos, que são argumentos que tendem a demonstrar que não se pode compreender uma coisa nem com base em si mesma nem com base em outra coisa (*Pirr. hyp.*, I, 178-9). [N.A.]

TRUÍSMO (in. *Truism*; fr. *Truisme*; it. *Truismo*). Uma verdade evidente mas óbvia, portanto pouco importante ou pouco útil. Tanto o termo quanto a noção são próprios da língua inglesa. [N.A.]

TURING, MÁQUINA DE. V. MÁQUINA DE TURING.

TURING, TESTE DE. V. TESTE DE TURING.

TUTIORISMO. V. PROBABILISMO.

U

U. Na lógica tradicional, símbolo da proposição modal que consiste na negação do modo e na negação da proposição: por exemplo, "não é possível que não *p*" (v. ARNAULD, *Log.*, II, 8) (v. PURPUREA). [N.A.]

UBI. Com esse advérbio latino (*onde*), Duns Scot indicou a determinação qualitativa que o corpo em movimento adquire a cada instante do seu movimento. O U. não é o *lugar* (v.) porque o lugar de um corpo não é um atributo dele, mas está nos corpos que o cercam; é semelhante ao calor, que é adquirido pelo corpo que se aquece (*Quodl.*, q. II a. 1). Essa noção foi criticada por Pedro Auréolo (*In Sent.* I, d. 17, a. 4), por Ockham (*In Sent.*, II, q. 9 c) e por Gregório de Rimini (*In Sent.*, II, d. 6, q. I, a. 2), que reduziram o movimento ao corpo que se move. Também é lembrada, com desprezo, por Locke (*Ensaio*, II, 23, 21). [N.A.]

UBIQUAÇÃO. V. LUGAR.

UBIQÜIDADE (lat. *Ubiquitas*; in. *Ubiquity*; fr. *Ubiquité*; al. *Allgegenwart*; it. *Ubiquità*). O modo de ser no espaço que os escolásticos do século XIV chamavam de *definitivo* (*definitivus*); consiste em estar tudo em todo o espaço, e tudo em qualquer parte do espaço. Esse modo de ser era distinguido do chamado *circunscritivo* (*circumscriptivus*), que consiste em estar tudo em todo o espaço (ocupado) e parte em cada parte dele (v., para esta distinção, OCKHAM, *In Sent.*, IV, q. 4; *Quodl.*, VII, q. 19; *De corp. Christi*, 6). O conceito de existência espacial definitiva servia para entender a presença do corpo de Cristo no pão e a onipresença de Deus no mundo. Quanto a esta última, Leibniz (lembrando os dois primeiros modos, que chama de *ubietés*), fala de uma *ubieté* repletiva (*Nouv. ess.*, II, 23, 21). [N.A.]

UCRONIA (fr. *Uchronie*). É o título de um romance de Charles Renouvier (*Uchronie, l'utopie dans l'histoire*, 1876), em que o autor se propõe reconstruir "a história apócrifa do desenvolvimento da civilização européia, como poderia ter sido, mas não foi". A finalidade do romance é mostrar a ausência da necessidade em história (v. HISTÓRIA). [N.A.]

ÚLTIMO (gr. τὸ ἔσχατον; in. *Ultimate*; fr. *Ultime*; al. *Letzt*; it. *Ultimo*). Um dos dois extremos de uma série, mais precisamente aquele em que a série acaba. Visto ser é possível considerar que uma mesma série termine em um dos extremos no que se refere a determinados objetivos (ou pontos de vista) ou no outro extremo no que se refere a outros objetivos (ou pontos de vista), a palavra U. muitas vezes é ambivalente, e as mesmas coisas são declaradas U. e primeiras. É o que acontece com freqüência na terminologia aristotélica: nela, o motor imóvel é qualificado de U. por ser o primeiro da série dos movimentos (*Fís.*, VIII, 2, 244 b 4); no entanto, é chamada de U., também, a espécie mais próxima do indivíduo (*Met.*, III, 3, 998 b 15). Aristóteles também chama de U. um sujeito como a água ou o ar (*ibid.*, V, 6, 1016 a 23), mas chama a substância de U. substrato (*ibid.*, V, 8, 1017 b 24) e considera o princípio de contradição "uma opinião U." (*ibid.*, IV, 3, 1005 b 33). Também chama de U. o fim (*ibid.*, V, 16, 1021 b 25).

Todos estes usos, ou outros bastante semelhantes a estes, permaneceram na tradição filosófica. Na Idade Média a bem-aventurança foi chamada de "fim U.", porquanto é o fim além do qual não se pode prosseguir (cf. TOMÁS DE AQUINO, *S. Th.*, II, I, q. I, a. 4). Hoje se fala de "problemas U." ou de "razões U." no mesmo sentido em que se poderia falar de problemas primeiros ou máximos e de razões primeiras: isso demonstra ainda uma vez que o termo pertence principalmente à retórica do discurso filosófico e tem pouco valor conceitual (v. EXTREMO). [N.A.]

ULTRAMUNDANISMO. V. TRADICIONALISMO, 1.

UM, UNO (gr. εἷς; lat. *Unus*; in. *One*; fr. *Un*; al. *Ein*; it. *Uno*). 1. O elemento de um conjunto ou de uma classe qualquer, como quando se diz "O homem é *um* animal". Nesse aspecto, diz-se que uma relação é de *muitos para U.*, se para cada *x* do seu campo houver um só *y* que tenha relação com *x*. Diz-se que a relação é de *U. para muitos* se para cada *y* dominante inverso do seu campo houver um único *x* que tenha relação com *y*. Afirma-se finalmente que a relação é de *U. para U.* se ela e o seu inverso forem de um para muitos e de muitos para um. Nesse caso fala-se também de uma correspondência de U. para U. (A. CHURCH, *Introduction to Mathematical Logic*, pp. 556, 564).

2. O que é único, como quando se diz "Deus é U." (v. ÚNICO).

3. A unidade no sentido próprio do termo (v. UNIDADE).

4. O número U., ou seja, o primeiro termo da série natural dos números ou, em geral, o primeiro termo de uma série qualquer.

5. O U. hipostático ou teológico: Deus ou o Bem como primeiro termo do processo de emanação e último termo do processo do retorno. Nesse sentido Heráclito dizia "de todas as coisas o U., e do U. todas as coisas" (*Fr.* 10 DIELS; cf. EMPÉDOCLES, *Fr.* 17, I). Mas foram principalmente os neoplatônicos que usaram esse termo para designar a divindade ou o bem, que é transcendente em relação ao ser e à inteligência, portanto, está além de qualquer multiplicidade. Plotino dizia: "É preciso que antes de todas as coisas haja alguma coisa simples e diferente de todas as coisas que vêm depois dela; ela é em si mesma, não se mistura com as que a seguem, mas pode estar de algum modo presente nas outras: esse é o *U.*, não alguma coisa que seja una, mas simplesmente o *U.*" (*Enn.*, V, 4, I). Assim, a unidade do primeiro princípio deve ser entendida tão rigorosamente que o próprio nome "U." parece impróprio a Plotino. "Este nome *U.* talvez só contenha a exclusão da multiplicidade. Os pitagóricos os designavam simbolicamente como Apolo, para indicar a negação de muitos. [...] Pode-se usar essa palavra para começar a indagação com uma palavra que designe a máxima simplicidade, mas afinal é preciso negar esse mesmo atributo, que não merece mais que os outros designar a natureza que não pode ser atingida pelo ouvido nem compreendida por quem a denomina, mas apenas por quem a contempla" (*ibid.*, V, 5, 6). Essas especulações sobre o U. foram freqüentemente retomadas pela teologia negativa e pelo panteísmo. Em Plotino e nos outros, são acompanhadas pela exaltação da função da unidade em todo o domínio do conhecer e do ser (v. UNIDADE). Foi o que aconteceu nas especulações platônicas do Renascimento e também no Romantismo, que assumiu o Uno-Todo como princípio do mundo coincidente com o próprio mundo, o que se vê de modo mais explícito na filosofia da natureza de Schelling (*Werke*, I, III, p. 276). Hegel, por sua vez, que via concretitude na *unidade* (v.), via no U. abstração ou imediatez e insistia na relação do U. com *muitos*, ilustrando-a de modo fantasioso, com o uso das noções, arbitrariamente manipuladas, de atração e repulsão (*Wissenschaft der Logik*, I, I, seç. I, cap. III, B; trad. it., pp. 181 ss.). O conceito de U. nesse sentido é usado com freqüência tanto pelas doutrinas teístas quanto pelas panteístas. Entre os que o utilizaram de modo mais amplo e rigoroso, deve-se lembrar Piero Martinetti (*La libertà*, 1928, p. 490; *Ragione e fede*, 1942, p. 402), embora na especulação de Martinetti se sinta o efeito da separação radical entre Deus, como U. absoluto, e realidade empírica e multíplice, em que insistira Afrikan Spir (*Denken und Wirklichkeit*, 1873). [N.A.]

UNHEIMLICH. Segundo Heidegger, esse sentimento é um dos aspectos da *angústia* (v.). É sentir-se desterrado, "não se sentir em casa" no mundo; do ponto de vista ontológico-existencial, esse é o "fenômeno mais originário" (*Sein und Zeit*, § 40). [N.A.]

UNIÃO (in. *Union*; fr. *Union*; al. *Verbindung*; it. *Unione*). Qualquer forma de relação que permita considerar (a qualquer título) o conjunto dos termos como um todo. Esta é a definição dada por Leibniz (*De arte combinatoria*, 1666; *Op.*, ed. Erdmann, p. 8). Um todo não é necessariamente uma unidade ou uma totalidade (v. TODO), e os graus de coesão entre suas partes podem ser muito diferentes. Assim também os graus da U. podem ser muito diferentes. Kant dividiu a U. em composição (*compositio*) e nexo (*nexus*). A primeira é uma síntese *não necessária*; não liga necessariamente os seus termos; para Kant, pertencia à matemática e se dividia em *agregação*, que diz respeito às quantidades extensivas, e em *coalizão*, que diz respeito às quantidades intensivas. O nexo, ao contrário, é uma síntese necessária; p. ex. a síntese do acidente com a substância e do efeito com a causa. Esta pode subsistir mesmo entre termos heterogêneos; pode ser *física* (nexo entre os fenômenos) ou *metafísica* (U. dos fenômenos na faculdade cognitiva *a priori*) (*Crít. R. Pura*, Analítica, livro II, cap. 2, seç. 3, n. [B 202]).

Essa diferença de significado encontra-se tanto no uso corrente do termo quanto no filosófico e no teológico. A teologia fala de uma "U. hipostática" (substancial ou necessária) entre a natureza humana e a natureza divina na pessoa do Cristo (v. ENCARNAÇÃO), mas fala também de U. mística da alma com Deus, que não é nem substancial nem necessária. A filosofia fala de U. entre matéria e forma, e entre substância e acidente, que são necessárias, e fala ainda de U. entre alma e corpo, que não é necessária (cf. LEIBNIZ, *Op.*, Erdmann, p. 127). Alguns desses usos passaram para a linguagem comum; além disso, fala-se, por exemplo, de "U. carnal"; ou de U. no sentido de concórdia; ou então de solidariedade ou associação para a defesa de interesses comuns (U. operária etc.). [N.A.]

ÚNICO (lat. *Unicus*; in. *Unique*; fr. *Unique*; al. *Einzig*; it. *Unico*). 1. O que não é a espécie de um gênero, entendendo-se por gênero uma determinação de que possam participar várias espécies. Nesse sentido só Deus é U. (v. TOMÁS DE AQUINO, *S. Th.*, I, q. 3, a. 5).

2. O que está só na sua espécie, isto é, o único indivíduo pertencente a determinada espécie. Nesse sentido, na metafísica tradicional pode-se dizer que os anjos são U., pois é impossível existirem dois da mesma espécie, porquanto são desprovidos de matéria, que distingue os pertencentes a uma mesma espécie (cf. *S. Th.*, I, q. 50, a. 4). Stirner entendia do seguinte modo a unicidade: "Eu, o U., sou o homem. A pergunta 'o que é o homem?' Em *'o quê?'* procurava-se o conceito; em *'quem?'*, a questão resolvida, porque a resposta é dada por aquele mesmo que interroga" (*Der Einzige und sein Eigentum*, 1845; trad. it., p. 270). O *"o que"* é o *"quem"*, a espécie é o indivíduo (v. ANARQUISMO).

3. O que não é substituível em seu valor ou em sua função. Nesse sentido, qualifica-se de U. uma pessoa ou uma obra de arte; em matemática, diz-se que é U. o valor de uma função.

4. O que não se repete ou não se repete de modo idêntico. Nesse sentido qualifica-se de U. o acontecimento histórico como tal (v. HISTÓRIA).

5. O que pode ser efetuado de um só modo; nesse sentido dizemos que uma operação é U.: por exemplo, a decomposição de um número em fatores primos. [N.A.]

UNIDADE (gr. μονὰς; lat. *Unitas*; in. *Unity*; fr. *Unité*; al. *Einheit*; it. *Unità*). 1. Em sentido próprio, o que é *necessariamente* uno, *indivisível*, seja no sentido de ser desprovido de partes, seja de suas partes serem inseparáveis da totalidade e inseparáveis entre si. Este foi o conceito elaborado por Aristóteles, que distinguiu o que é uno *por si*, ou essencialmente, do que é uno *por acidente* (*Met.*, V, 6, 1015 b 16); definiu a U. (μονὰς) como alguma coisa indivisível, absoluta ou quantitativamente (*ibid.*, 1016 b 24), e distinguiu quatro espécies fundamentais de U.: *a*) a U. das totalidades contínuas, como por exemplo os organismos; *b*) a U. de uma forma ou substância; *c*) a U. numérica; *d*) a U. definitória, ou seja, de coisas que têm a mesma definição (*ibid.*, X, 1052 a 15-1052 b 15; v. V, 6, 1016 a I-1016 a 35). Essas determinações aristotélicas não são perfeitamente coerentes porque, ao mesmo tempo que definem a U. como indivisibilidade, incluem entre as formas da U. a continuidade, que o próprio Aristóteles define como a divisibilidade em partes por sua vez divisíveis (v. CONTÍNUO). Seu significado, porém, está bem claro. A U., ou seja, o uno por si, é, por um lado, a identidade da forma ou da substância consigo mesma e, por outro, a identidade dos objetos que têm a mesma definição (identidade dos indiscerníveis); por outro lado, ainda, é o elemento ou o princípio do número.

No que diz respeito ao número, esse conceito de U. durou muito tempo (v. NÚMERO), mas das outras duas formas distinguidas por Aristóteles, a U. *formal* ou *substancial* foi a mais freqüentemente assumida como conceito ou ideal de U. na tradição filosófica. Os neoplatônicos ilustraram e exaltaram a U. como condição necessária do ser, negligenciando a distinção aristotélica entre a U., que é necessária, e o *uno*, que não é. Para Plotino, a U. é sempre necessária: "Separados do um, os seres não existem mais. O exército, o coro, o rebanho não existiriam se não fossem *um* exército, *um* coro, *um* rebanho. A casa e a nave não são se não têm unidade, porque a casa é *uma* casa e a nave é *uma* nave, e, se perdessem a unidade, não seriam nem casa nem nave. Nem as grandezas contínuas existiriam se não tivessem unidade. Divida-se uma grandeza: perdendo a U., seu ser se transforma. O mesmo acontece com os corpos das plantas e dos animais, que, se perdem a U. e se dividem em muitas partes, perdem o ser que possuíam e não são mais o que eram; transformam-se em outros seres que, em sendo, são *um* ser cada um (*Enn.*, VI, 9, I). Essas considerações foram decisivas para a história ulterior do conceito de unidade. Repetidas por Proclo (*Inst. theol.*, 21 etc.) e por Dionísio, o Areopagita (*De div. nom.*, XIII, C-D), passaram para a filosofia medieval (v. TOMÁS DE AQUINO, *S. Th.*, I, q. II, a. I) e foram retomadas por Nicolau de Cusa (*De docta ignor.*, I, 5), que identificou a U. absoluta com o máximo absoluto e ambas as coisas com Deus, inspirando as especulações correspondentes de G. Bruno sobre o assunto. A substância das coisas consiste na U. (*De la causa, principio et uno*, V, em *Op.*, ed. Guzzo e Amerio, p. 409).

Locke foi o primeiro a polemizar o conceito de U. substancial. Afirma que "a U. de substância" não permite entender as várias espécies de identidades, como por exemplo a identidade da substância do homem, da pessoa etc., e que tais identidades devem ser esclarecidas ou explicadas independentemente umas das outras (*Ensaio*, II, 27, 8). Mas já Leibniz voltava à defesa da identidade substancial, "única U. verdadeira e real" (*Nouv. ess.*, II, 27, 4). Wolff redefiniu a U. no sentido tradicional, entendendo-a como "a inseparabilidade das coisas por meio das quais o ente é determinado" (*Ont.*, § 328), sendo a determinação do ente nada mais que a razão ou a forma do ente (*ibid.*, § 116). O papel determinante que Kant atribui à *síntese* (v.), em todos os graus e formas do conhecimento e, em geral, da atividade humana, orienta-se pelo mesmo privilégio concedido à noção de unidade. Para Kant, U. é sinônimo de síntese ou de nexo necessário. Seu caráter específico é, em outros termos, a *inseparabilidade* do que é unificado ou sintetizado. Como fundamento de todos os graus ou formas de U., que constituem as formas e os graus do conhecimento, Kant põe "a U. objetiva da percepção", que se manifesta com o uso da cópula *é*, em sentido objetivo. Segundo Kant, essa cópula designa "a U. necessária" do sujeito com o predicado e a relação dessa U. necessária com a apercepção originária. Isso não quer dizer que as representações ligadas pela cópula sejam "necessariamente subordinadas uma à outra", mas sim que elas são "subordinadas uma à outra por meio da U. *necessária* da apercepção" (*Crít. R. Pura*, § 19). Como se vê, o uso kantiano do conceito de U. é rigorosamente tradicional: Kant transfere para o *eu penso*, ou "U. necessária da apercepção", o fundamento da U. necessária dos objetos, mas a noção mesma de U. necessária" é aristotélica. Nem mesmo Hegel se afasta dessa noção, lamentando que ela pudesse ser entendida como "reflexão subjetiva" e afirmando que deveria, ao contrário, ser entendida no sentido de "não-separação e inseparabilidade". Mas este é justamente o conceito aristotélico de U. (*Wissenschaft der Logik*, I, livro I, seç. I, cap. I, n. 2). O uso desse termo, presente em toda a obra de Hegel para indicar o terceiro momento da dialética, o da U. ou identidade dos opostos, conforma-se perfeitamente a esse conceito.

No uso filosófico corrente, esse termo nem sempre conserva o significado próprio de indivisibilidade ou inseparabilidade, ou seja, de nexo necessário. Contudo, esse significado está presente quando se fala da U. de Deus, do mundo, da natureza, ou da história, e mesmo quando se fala de U. ideais ou normativas, como "U. da humanidade" ou "U. da família" etc.

2. Em correlação com o significado acima, os filósofos chamam de U. os elementos constitutivos ou os princípios gerais do ser. Sabemos que, nesse sentido, para os pitagóricos "a U. é o princípio de todas as coisas" (Dióg. L., VIII, 25; J. Estobeu, *Ecl.*, I, 2, 58). No mesmo sentido, o neoplatonismo falou em *Mônadas* ou de *Énades* (Proclo, *Inst. theol.*, 64) e Leibniz chamou de *Mônadas* (v.) as substâncias espirituais que, segundo ele, seriam os elementos do mundo. Nesses usos, o termo conserva o significado de substância indivisível.

3. Em sentido genérico e impróprio o mesmo que *um/uno* (v.). [N.A.]

UNIFICAÇÃO DAS CIÊNCIAS. V. Enciclopédia.

UNIFORME (gr. ὁμοειδής; lat. *Uniformis*; in. *Uniform*; fr. *Uniforme*; al. *Einförmig*; it. *Uniforme*). 1. O que pertence à mesma espécie ou à mesma essência ou substância; esse era o sentido atribuído por Aristóteles (*Met.*, V, 2, 1013 b 31; I, 9, 991 b 23; VII, 7, 1032a 24 etc.) e aceito por Tomás de Aquino (*In Sent.*, II, d. 48, q. I, a. 1). Assim, qualificam-se de U. os objetos que têm o mesmo gênero, a mesma espécie ou, em geral, a mesma natureza.

2. O que permanece constante, imutável ou pelo menos relativamente constante e imutável. Nesse sentido fala-se da uniformidade das leis da natureza (v. Indução).

3. O que apresenta analogias ou semelhanças parciais, evidenciadas pela abstração prescindente, e é passível de previsão. Nesse sentido, fala-se de uniformidade da natureza ou da uniformidade da história ou do mundo humano e social. Peirce ilustrou a uniformidade da seguinte maneira: "Se escolhermos muitos objetos, seguindo o princípio de que eles devem pertencer a determinada classe, e julgarmos que todos têm um caráter comum, perceberemos que, com grande freqüência, a classe inteira tem o mesmo caráter. Ou, se escolhermos muitos caracteres de uma coisa ao acaso e depois acharmos uma coisa que tem todos esses caracteres, geralmente perceberemos que a segunda coisa é bastante semelhante à primeira" (*Coll. Pap.*, 7.131). Como observa o próprio Peirce, uniformidade nesse sentido poderia ser encontrada mesmo num mundo em que tudo ocorresse ao acaso (*ibid.*, 7.136). São essas as uniformidades de que se valem as disciplinas científicas, tanto as naturais quanto as sociais, assim como o senso comum. O léxico de uma linguagem qualquer nada mais é que a expressão de uniformidades desse tipo. A repetibilidade é o caráter fundamental da uniformidade nesse sentido.

4. O que está em conformidade com uma ordem, ou seja, com uma regra ou uma lei qualquer. Nesse sentido, diz-se que são U. os fenômenos naturais que obedecem a leis, mas na realidade essa espécie de uniformidade e a precedente são a mesma coisa, visto que uma lei científica nada mais é que uma uniformidade no sentido 3. Isso foi evidenciado por J. Stuart Mill (*System of Logic*, III, IV, I) (v. Regularidade). [N.A.]

UNITARISMO (in. *Unitarianism*; fr. *Unitarisme*; al. *Unitarismus*, *Unitismus*; it. *Unitarismo*). 1. Corrente religiosa que defende a unidade de Deus, em oposição à fórmula trinitária do cristianismo. Embora se ligue a antigas heresias religiosas, o *socinianismo* (v.) foi a primeira forma moderna de U., constituindo depois a corrente religiosa mais tolerante e liberal do mundo moderno. Esta se desenvolveu quase exclusivamente na Inglaterra e na América do Norte. Na Inglaterra, a *Associação Unitarista* foi criada em 1825, e dela deriva o nome assumido por essa corrente mesmo fora da associação ou em numerosas outras associações da Inglaterra e da América do Norte. V. W. E. CHANNING, *Works*, 1886; *Unitarian Christianity and Other Essays*, ed. I. H. Barlett, 1957; A. A. BOWMAN, *The Absurdity of Christianity and Other Essays*, ed. C. W. Hendel, 1958.

2. Em alemão, especialmente, esse termo equivale a *panteísmo* (v.). Fichte diz: "Se perguntássemos qual o caráter da teoria da ciência no que se refere a unitismo (ἓν καὶ πᾶν) e dualismo, a resposta seria: ela é unitismo em seu aspecto ideal por saber que, como fundamento de todo o saber, encontra-se o eterno Uno, que está além do saber; e é dualismo no aspecto real, ao pôr o saber como real" (*Wissenschaftslehre*, 1801, § 32, em *Werke*, II, p. 89). [N.A.]

UNIVERSAIS, DISPUTA DOS (in. *Controversy about universals*; fr. *Querelle des universaux*; al. *Universalienstreit*; *it. Disputa degli universali*). Essa expressão designa a disputa sobre o *status* ontológico dos U. (gêneros e espécies), que começou na escolástica do século XI e caracterizou toda a filosofia medieval, continuando depois, com formas pouco diferentes, na filosofia moderna. Essa disputa foi motivada por um trecho da *Isagoge* (Introdução) de Porfírio às *Categorias* de Aristóteles e pelos comentários de Boécio a ela relativos. O trecho de Porfírio é o seguinte: "Dos gêneros e das espécies não direi aqui se subsistem ou se são apenas postos no intelecto, nem – caso subsistam – se são corpóreos ou incorpóreos, se separados das coisas sensíveis ou situados nas coisas, expressando seus caracteres comuns" (*Isag.*, I). Das alternativas indicadas por Porfírio nesse trecho, apenas uma não se encontra na história da disputa: aquela segundo a qual os U. seriam realidades corpóreas. Em compensação, uma alternativa que Porfírio não previra verificou-se historicamente, pelo menos segundo dizem: o U. não existe nem no intelecto e é apenas um nome, um *flatus vocis*. Essa é a solução atribuída a Roscelin por Anselmo (*De fide Trinitatis*, 2) e por João de Salisbury (*Metal.*, II 13; *Policrat.*, VII, 12). As soluções dadas a esses problemas na Escolástica e depois dela foram muito numerosas, e muitas vezes diferem por ninharias. *Realismo* (v.) e *nominalismo* (v.) são as soluções fundamentais, mas Ockham, na refutação sistemática que quis fazer ao realismo, enumerava seis formas fundamentais deste (*In Sent.*, I, d. 2. q. 4-8; *Quodl.*, V, q. 10-14; *Summa log.*, I, 15-17; v. ABBAGNANO, *G. de Ockham*, II, § 8-11).

Mas o fundamental para entender tanto a origem histórica da disputa quanto o alcance permanente que ela pode ter é que suas duas soluções fundamentais – realismo e nominalismo – correspondem às duas tendências fundamentais da lógica antiga e medieval, a platônico-aristotélica e a estóica. Essas duas tendências correspondem à *lógica antiga* e à *lógica moderna*, nomes medievais daquilo que mais tarde foi chamado de *formalismo* e de *terminismo* (v. TERMINISMO). A primeira dessas correntes defendia as doutrinas lógicas tradicionais; a segunda, a doutrina da *suposição* (v.) e os raciocínios antinômicos. Os tratados lógicos da Idade Média justapõem os dois troncos doutrinários, mas o caráter inconciliável e o antagonismo deles manifestam-se na disputa dos U., que denuncia a presença ativa, na escolástica, de uma tradição lógica antiaristotélica, que é a estóica, haurida nas obras de Boécio e de Cícero.

Realismo e nominalismo constituem, portanto, as duas soluções típicas e iniciais do problema. Para o realismo, isto é, para a tradição lógica platônico-aristotélica, o U. é, além de *conceptus mentis*, a essência necessária ou substância das coisas. Para o nominalismo, ou seja, para a tradição estoicizante, o U. é um *signo* das coisas. O realismo e o nominalismo medievais constituem, assim, as duas alternativas sempre presentes na história da teoria do conceito (v. CONCEITO).

Mais especificamente, no que diz respeito ao realismo, é possível distinguir três formas fundamentais, que podem ser chamadas de platonizante, aristotélica e semi-aristotélica. A forma platonizante do realismo é atribuída por Abelardo ao seu mestre Guilherme de Champeaux (séc. XI): o U. seria a substância, e os indivíduos constituiriam acidentes dessa substância (ABELARDO, *Œuvres*, ed. Cousin, p. 513). A solução aristotélica é a mais comumente defendida na escolástica, sendo expressa por Tomás de Aquino, para quem o U. está *in re* como forma ou substância das coisas, *post rem* como conceito no intelecto e *ante rem* na mente divina como Idéia ou modelo das coisas criadas (*In Sent.*, II, d. 3, q. 2, a. 2). Esses três U. perfazem apenas um, vale dizer, identificam-se com a essência, a substância ou a forma da coisa, que existe *ab aeterno* no intelecto divino e que o intelecto humano abstrai da coisa (*S. Th.*, I, q. 85, a. I). Finalmente, pode ser chamada de semi-aristotélica a solução de Duns Scot, segundo o qual o verdadeiro U. existe somente no intelecto, enquanto nas coisas existe uma *natureza comum* que se distingue *formalmente* da individualidade das coisas, e não numericamente (*Op. Ox.*, II, d. 3, q. 6, n. 15). O caráter peculiar dessa solução está no princípio de distinção formal (v. DISTINÇÃO), que é uma das características da filosofia de Duns Scot.

Por outro lado, o nominalismo apresenta maior uniformidade. Excetuando a mencionada tese de Roscelin (sobre a qual, de resto, não existem documentos convincentes), o nominalismo, de Abelardo a Ockham, sempre sustentou as mesmas teses fundamentais, a redução do U. à função lógica da predicabilidade, dividindo-se apenas ao atribuir ou não realidade psíquica ao U. Ockham mostra-se indiferente a este último problema: nega, obviamente, que o U. seja uma *species* (v.), mas considera indiferente identificá-lo com o ato do intelecto ou negar que tenha uma realidade qualquer na alma (*In Sent.*, I, d. 2, q. 8, E). Seu caráter fundamental é a função de signo, isto é, a *suposição* (v.). Esses foram os princípios fundamentais da lógica terminista depois de Ockham; noção análoga de U. encontra-se na teoria do conceito defendida pelo empirismo inglês a partir do século XVII: Locke, Berkeley e Hume (v. CONCEITO, 2). [N.A.]

UNIVERSAL (gr. καθόλου; lat. *Universalis*; in. *Universal*; fr. *Universel*; al. *Allgemein*; it. *Universale*). Esse termo teve dois significados principais: 1º significado *objetivo*, em virtude do qual indica uma determinação qualquer, que pode pertencer ou ser atribuída a várias coisas; 2º significado *subjetivo*, em virtude do qual indica a possibilidade de um juízo (que diga respeito ao verdadeiro e ao falso, ao belo e ao feio, ao bem e ao mal etc.) ser válido para todos os seres racionais.

1º O primeiro significado é o clássico; Aristóteles diz que Sócrates foi o descobridor do universal (*Met.*, XIII, 4, 1078 b 28). Nesse sentido, o U. pode ser considerado no duplo aspecto ontológico e lógico. *Ontologicamente*, o U. é a forma, a idéia ou a essência que pode ser partilhada por várias coisas. conferindo às coisas a natureza ou o caráter que têm em comum. O U. ontológico é a forma ou a espécie de Platão (v., p. ex., *Parm.*, 132 a) ou a forma ou substância de Aristóteles: por isso, este afirmava que só existe ciência do U. (*De an.*, II, 5, 417 b 23). *Logicamente*, o U. é, segundo Aristóteles, "o que, por sua natureza, pode ser predicado de muitas coisas" (*De int.*, 7, 17 a 39): definição que foi quase universalmente aceita na história da filosofia. Foi ao U. nesse sentido que os lógicos medievais atribuíram o caráter de *signo* (v.) e a função de *suposição* (v.). Era este o U. que M. Nizolio interpretava como um todo coletivo ou *multitudo rerum singularium*, de modo que a proposição "o homem é animal" significaria "todos os homens são animais" (*De veris principiis*, I, 6); a isso Leibniz contestava que, ao contrário, se trata de um todo *distributivo*, e assim a proposição significa que este ou aquele homem, seja ele qual for, é animal (*Op.*, ed. Erdmann, p. 70). Desse modo, nesse aspecto Leibniz reproduzia substancialmente a doutrina nominalista da suposição do U. (OCKHAM, *Summa log.*, I, 70). Está claro que U., nesse sentido, não passa de outro nome para indicar conceito, signo ou significado: por isso, os problemas a ele relacionados devem ser considerados nesses verbetes.

Por outro lado, o *status* ontológico do U. dava ensejo à chamada disputa sobre os U., que ocupou boa parte da filosofia medieval e de algum modo continuou e continua na filosofia moderna (v. UNIVERSAIS, DISPUTA DOS). Como dissemos, o U. no significado ontológico é a forma ou a substância das coisas: conceito que não é somente aristotélico e medieval. Locke também observada que o fundamento da universalidade das proposições só pode ser a substância, com o nexo necessário que ela implica entre suas determinações, e que onde falta o conhecimento da substância a universalidade não é rigorosa (*Ensaio*, IV, 6, 7). Analogamente, Kant observava que a universalidade empírica nunca é rigorosa ou verdadeira, e que a universalidade autêntica precisa fundar-se nas formas *a priori* do conhecimento, ou seja, nas formas que constituem as coisas como fenômenos (*Crít. R. Pura*, Intr., II). Hegel, por sua vez, insistia na unidade do U. e do particular, que é o *U. concreto*, ou *Idéia* ou *Conceito Real*. Portanto, ao *U. abstrato*, que é contraposto ao particular e ao indivíduo, ele contrapunha o U. concreto, que é a essência ou a natureza positiva do particular (*Wissenschaft der Logik*, II, livro III, seç. I, cap. I, A; trad. it., III, pp. 42 ss.), e considerava ser tarefa da filosofia conhecer o U. concreto: "É tarefa da filosofia demonstrar, contra o intelecto, que o verdadeiro, a Idéia, não consiste em generalidades vazias, mas em um U. que, em si mesmo, é o particular, o determinado" (*Geschichte der Philosophie*, ed. Glockner, I, p. 58). No mesmo sentido, Croce escrevia: "Se o conceito é U. transcendente em relação à representação singular, tomada na sua singularidade abstrata, por outro lado é imanente em todas as representações, portanto também na singular", identificando assim conceito com razão ou idéia (*Lógica*, 1920, p. 28). A "concretude do U." de que falam os escritores idealistas nada mais é que o *status* ontológico atribuído ao U. pela metafísica tradicional.

Ao U. ontológico ligam-se também alguns outros usos do termo *universal*. Assim, "história U." é a história que tem por objeto a forma ou a ordem global do mundo humano (v. HISTÓRIA). A "gravitação U." é uma força ou um princípio que rege a totalidade do mundo, e assim por diante. Nestes usos do termo o seu significado objetivo está unido ao seu alcance ontológico.

2º No segundo significa, U. é o que é ou deve ser válido para todos. O conceito de U. nesse sentido nasceu no domínio da análise dos sentimentos, especialmente dos sentimentos estéticos (v. GOSTO). Já Hume se propunha procurar uma regra do gosto, "por meio da qual possam ser harmonizados os vários sentimentos dos homens" (*Essays*, I, pp. 268 ss.), mas foi Kant que, além de usar esse tipo de universalidade no domínio da estética, estendeu-o para o domínio moral e elucidou suas características específicas, definindo-o como *validade comum ou universalidade subjetiva*. No que diz respeito à esfera estética, Kant via no juízo de gosto simplesmente "a necessidade objetiva de concordância do sentimento de cada um com o nosso próprio sentimento", e nesse sentido definia o belo como "um prazer necessário", no sentido de ser um prazer que todos devem sentir do mesmo modo (*Crít. do Juízo*, § 22). No domínio da ética, Kant afirmava que uma lei só é prática se for "válida para a vontade de todos os seres racionais" (*Crít. R. Prática*, § I), e considerava a universalidade subjetiva (possibilidade de uma máxima valer como lei para todos os seres racionais) o critério para julgar se uma máxima é ou não uma lei moral (*Grundlegung der Metaphysik der Sitten*, II). Mas ele também ilustrava a diferença entre essa universalidade subjetiva e a universalidade objetiva. Dizia: "Todo juízo objetivamente U. é sempre também subjetivo; vale dizer que, quando o juízo vale para tudo que está compreendido em dado conceito, também vale para todos os que representem um objeto segundo esse conceito." Todavia, o inverso nem sempre é verdadeiro, isto é, nem todo juízo que tem universalidade subjetiva ou validade comum também é objetivamente U.; esse é o caso da universalidade estética, que possui universalidade subjetiva, mas não objetiva (*Crít. do Juízo*, § 8). A partir de Kant, a universalidade subjetiva tornou-se lugar-comum em filosofia, tanto quanto a noção de *validade* (v.).

Talvez com mais exatidão, essa espécie de U. é hoje indicada pelo termo *intersubjetivo* (v.). A referência à intersubjetividade constitui o significado desse termo em muitas expressões correntes, como "língua U.", "educação U.", "consenso U.", "amor U." etc. Em outras expressões, esse termo pode ter tanto o significado subjetivo quanto o objetivo e lógico: por exemplo, "gênio U.", que pode ser entendido como o gênio que todos devem reconhecer ou reconhecem, ou como o gênio que é gênio em relação a qualquer ramo do saber. [N.A.]

UNIVERSALISMO (in. *Universalism*; fr. *Universalisme*; al. *Universalismus*; it. *Universalismo*). 1. Em sentido teológico, doutrina de que Deus quer salvar todos os homens, não existindo, pois, predestinação à danação. É a doutrina sustentada, entre outros, por Leibniz, que nesse sentido fala da oposição entre "universalistas" e "particularistas" (*Théod.*, I, § 80).

2. Em sentido ético, qualquer doutrina contrária ao individualismo que afirme a subordinação do indivíduo a uma comunidade qualquer (Estado, povo, nação, humanidade etc.). [N.A.]

UNIVERSALIZAÇÃO. V. GENERALIZAÇÃO.

UNIVERSO (gr. τὸ πᾶν; lat. *Universum*; in. *Universe*; fr. *Univers*; al. *Universum*; it. *Universo*). 1. Um todo qualquer: por exemplo, "U. do discurso", "U. das estrelas fixas" ou "U. visível".

2. O todo da natureza física, sem mencionar sua ordem. Este é o significado atribuído ao termo por Aristóteles (*Met.*, V, 26, 1024 a I) e pelos estóicos (J. ESTOBEU, *Ecl.*, I, 21, pp. 442 ss.).

3. O mesmo que *mundo*. Este uso prevalece entre os modernos (v. MUNDO; TOTALIDADE; TODO). [N.A.]

UNIVERSO DO DISCURSO (in. *Universe of discourse*; fr. *Univers du discours*; it. *Universo del discorso*). Esta expressão foi introduzida por De Morgan (*Formal Logic*, 1847, p. 37) e divulgada por Boole (*Laws of Thought*, 1854, III, § 4) para indicar, em geral, "a extensão do campo em cujo interior estão todos os objetos do nosso discurso".

Mais tarde e com maior precisão, esse termo passou a indicar, na álgebra da lógica, uma classe não vazia, da qual, e somente da qual, sejam extraídos todos os elementos com que são constituídas todas as classes sobre as quais o cálculo é feito. Daí se conclui facilmente que o U. do discurso é a soma lógica de todas as classes que podem ser formadas com tais elementos. É indicado com o símbolo "∨" ou "1". Na interpretação proposicional, será constituído pela disjunção (soma lógica) de todas as proposições sobre as quais é feito o cálculo, ou da conjunção (produto lógico) de todas as proposições verdadeiras.

Na lógica das relações, o U. do discurso é, ainda, formado por todos os elementos que podem entrar nas relações consideradas; nesse caso deve conter pelo menos dois elementos, se forem consideradas apenas relações diádicas; pelo menos três elementos, se forem consideradas também as relações triádicas... pelo menos *n* elementos se forem consideradas as relações *n*-ádicas. A *relação-U.* é a relação "a ∨ b" que vige entre todos os pares possíveis de elementos do universo.

Na lógica contemporânea, esse conceito perdeu importância: quando usado, é-o no sentido acima definido. Na prática, porém, usa-se com freqüência a expressão "U. do discurso", para indicar o conjunto de elementos (termos e proposições) que constituem o campo de determinada disciplina. [G.P.]

UNÍVOCO e EQUÍVOCO (gr. συνώνυμος, ὁμώνυμος; lat. *Univocus*, *aequivocus*; in. *Univocal*, *equivocal*; fr. *Univoque, equivoque*; al. *Eindeutig, Aequivok*, it. *Univoco, equivoco*). Estes dois termos receberam definições diferentes, segundo tenham sido atribuídos ao objeto ou ao conceito (ou nome).

1. Aristóteles atribuiu-os ao objeto e entendeu por unívocos (ou sinônimos) os objetos que têm em comum tanto o nome quanto a definição do nome: assim, por exemplo, tanto o homem quanto o boi são chamados de animais. Chamou de *equívocos* (ou homônimos) os objetos que têm o nome em comum, enquanto as definições evocadas pelo nome são diferentes: nesse sentido, chama-se de animal tanto o homem quanto um desenho (*Cat.*, I, 1a I-II). Essas definições são repetidas com freqüência na escolástica (p. ex., PEDRO HISPANO, *Summ. Log.*, 3.01) e encontram-se em lógicos mais recentes (p. ex., JUNGIUS, *Logica hamburgensis*, I, 2, 4-9).

2. A lógica terminista julgou "imprópria" a referência dos dois termos aos objetos e julgou que eles deveriam referir-se propriamente apenas aos signos, ou seja, aos conceitos ou nomes. Desse ponto de vista, as definições de Ockham são as seguintes. "U. é ou a palavra ou o signo convencional que corresponde a um único conceito ou, mais estritamente, é aquilo que, por si só, pode ser predicado de várias coisas, ou é o pronome demonstrativo de uma coisa. *Equívoco*, por outro lado, é o nome que, significando várias coisas, não está subordinado a um único conceito, mas é único signo de vários conceitos ou intenções da alma. O U. pode derivar do acaso, como acontece quando o nome de Sócrates é imposto a vários homens, ou de deliberação, quando se impõe certo nome a certas coisas, subordinando-o a um único conceito, mas depois, graças à semelhança desse conceito com outros, estende-se a outros o mesmo nome" (*Summa log.*, I, 13).

As definições terministas são as que ainda hoje esses termos recebem. As discussões sobre a natureza da univocidade tinham imediata ressonância teológica na Idade Média; quanto à disputa entre os defensores da univocidade e os da analogicidade do ser, v. ANALOGIA. [N.A.]

URDOXA ou URGLAUBE. Husserl usou esse termo (que significa crença originária) para indicar a certeza que caracteriza a crença, ou seja, a referência segura da crença a um objeto existente (*Ideen*, I, § 104) (v. CRENÇA). [N.A.]

URPHAENOMENON. Termo usado por Goethe, que explicava da seguinte forma o seu conceito: "Na experiência, o mais das vezes captamos apenas casos que, com certa atenção, podem ser enquadrados em rubricas empíricas gerais. Estas, por sua vez, subordinam-se a rubricas científicas que remetem mais além, de forma que acabamos conhecendo melhor algumas condições indispensáveis do que aparece. Daí para a frente, tudo se organiza gradualmente sob regras e leis superiores, que não se manifestam ao intelecto por meio de palavras e hipóteses, mas à intuição por meio de fenômenos. São estes os fenômenos que chamamos de originários, porque na aparência nada está acima deles, e, assim como antes subimos, eles nos permitem descer gradualmente até o caso mais comum da experiência cotidiana" (*Farbenlehre*, 1808, § 175). [N.A.]

USIOLOGIA (in. *Usiology*; fr. *Asiologie*; al. *Usiologie*; it. *Usiologia*). Doutrina das essências. Termo raro. [N.A.]

USO (in. *Use*; fr. *Usage*; al. *Gehrauch*; it. *Uso*). O ato ou o modo de empregar meios, instrumentos ou utensílios. Esse termo é usado em filosofia sobretudo com referência a instrumentos ou meios intelectuais ou com referência à própria razão. Kant falou de *U. lógico* da razão, por meio do qual são feitas inferências imediatas, isto é, silogísticas, e de *U. puro*, por meio do qual a razão se faz "uma fonte especial de conceitos e de juízos". Este último é o U. dialético da razão (*Crít. R. Pura*, Dialética, Intr., II, B-C). Kant distinguiu também o *U. teórico* e o *U. prático* da razão (*Crít. R. Pura*, Pref. à 2ª ed.) e finalmente fez a distinção entre *U. empírico* dos conceitos, que significa a sua referência a objetos da experiência possível, e *U. transcendental*, que significa a sua referência a objetos que estão além de tal experiência (v. TRANSCENDENTAL).

Wittgenstein lançou mão da noção de U. para definir o significado dos termos lingüísticos: "Para uma ampla classe de casos – embora não para todos – nos quais empregamos a palavra 'significado', ela pode ser assim definida: o significado de uma palavra é o seu U. na linguagem" (*Philosophical Investigations*, § 43) (v. LINGUAGEM; SIGNIFICADO).

Os lógicos contemporâneos fazem a distinção entre U. de uma palavra e sua *menção*. Na frase "o homem é um animal racional", a palavra "homem" é usada mas não mencionada. Ao contrário, a frase "em português, a tradução de *man* tem cinco letras", a palavra homem é mencionada mas não usada. Finalmente, na frase "a palavra homem tem cinco letras" a palavra homem é ao mesmo tempo usada e mencionada. Este último U. foi chamado pelos escolásticos de *suposição material* (v. SUPOSIÇÃO) e por Carnap de U. *autônimo* (CARNAP, *Logical Syntax of Language*, § 64; QUINE, *Methods of Logic*, § 7; CHURCH, *Introduction to Mathematical Logic*, § 80). [N.A.]

UTENSÍLIO (in. *Tool*; fr. *Ustensile*; al. *Zuhandene*; it. *Utensile*). Um meio potencial, que se torna atual quando conjugado ao olho, ao braço, à mão, em alguma operação específica. Essa é a definição dada por Dewey (*Human Nature and Conduct*, p. 25).

U. foi muitas vezes considerado o modo de ser da *coisa* (v.) como tal. Essa é uma doutrina que foi exposta por Heidegger (*Sein und Zeit,* § 15) e aceita por Ortega y Gasset, que considerou como U. também a inteligência, a ciência e a cultura (*Schema delle crisi,* 1933, p. 43); e por Sartre, que disse: "A relação original das coisas entre si é a relação de instrumentalidade [...] a coisa não é antes coisa para depois ser U., nem antes U. para depois se revelar coisa: é coisa-U." (*L'être et le néant,* p. 250). [N.A.]

ÚTIL (in. *Useful*; fr. *Utile*; al. *Nützlich*; it. *Utile*). 1. O que é meio ou instrumento para um fim qualquer. Nesse sentido, a utilidade foi definida por Alberto Magno (*S. Th.*, I, q. 8, a. 3), Geulinex (*Ethica,* III, 6) e Haumgarten (*Met.*, § 336); é um caráter das coisas.

2. Mais especificamente, a partir de Hobbes, chamou-se de Ú. o que serve à conservação do homem ou, em geral, satisfaz às suas necessidades ou atende aos seus interesses. Hobbes afirmava, a propósito, que cada homem é por direito natural árbitro do que lhe é Ú., e que "a medida do direito é a utilidade" (*De cive*, 1642, 1, 9-10). Na esteira de Hobbes, Espinosa identificava o comportamento racional do homem com a procura do que é Ú.: "A razão, não exigindo nada de contrário à natureza, requer por si só, antes de mais nada, que cada um se ame e procure o que lhe é Ú. e que realmente assim seja." Entre as muitas coisas Ú. e desejáveis, as mais importantes são as que convêm à natureza humana; por isso, a mais importante de todas é a conservação do homem, na sua própria pessoa e na do outro. "Os homens que são governados pela razão, ou seja, os que procuram o que lhe é Ú. segundo a direção da razão, não desejam para si nada que também não desejem para os outros homens justos, fiéis e honestos" (*Et.*, IV, 18, esc.). Nesse sentido, por um lado a utilidade tornou-se fundamento da doutrina moral chamada *utilitarismo* (v.) e, por outro lado, conceito fundamental da *economia política* (v.). Na primeira direção, Hume já perguntava "por que a utilidade agrada", e encontrava a resposta a esta pergunta na natural simpatia do homem para com o outro homem (*Inq. Conc. Morals,* V). A coincidência da utilidade individual com a social estava assim já postulada e passou a ser um dos temas do utilitarismo. Bentham definia utilidade como "a propriedade de um objeto em virtude da qual ele tende a produzir benefício, vantagem, prazer, bem ou felicidade (*Introduction to the Principles of Morals,* 1789, I, I). No campo da economia política, por Ú. entendeu-se habitualmente "tudo o que satisfaz uma necessidade"; a percepção de que nem sempre o que satisfaz uma necessidade econômica (é desejado como tal) satisfaz a necessidade biológica induziu Pareto a introduzir a noção de *ofelimidade* (v.), que é o Ú. no contexto econômico (*Traité d'économie politique*, n. 2028). [N.A.]

UTILIDADE MARGINAL. V. ECONOMIA POLÍTICA.

UTILITARISMO (in. *Utilitarianism*; fr. *Utilitarisme*; al.*Utilitarismus*; it. *Utilitarismo*). Embora se possa dizer que a identificação do bom com o útil remonta a Epicuro (v. ÉTICA), do ponto de vista histórico, o U. é uma corrente do pensamento ético, político e econômico inglês dos séculos XVIII e XIX. Stuart Mill afirmou ter sido o primeiro a usar a palavra *utilitarista* (*utilitarian*), extraindo-a de uma expressão usada por Galt em *Annals of Paris* (1812); de fato, a ele se deve o sucesso desse nome. Contudo, essa palavra foi usada ocasionalmente por Bentham, a primeira vez em 1781. Os aspectos essenciais do U. podem ser resumidos do modo seguinte:

1º Em primeiro lugar, o U. é a tentativa de transformar a ética em ciência positiva da conduta humana, ciência que Bentham queria tornar "exata como a matemática" (*Introduction to the Principles of Morals*, em *Works*, I, p. V). Essa característica faz do U. um aspecto fundamental do movimento positivista, ao mesmo tempo em que lhe garante um lugar importante na história da *ética* (v.).

2º Por conseguinte, o U. substitui a consideração do *fim*, derivado da natureza metafísica do homem, pela consideração dos *móveis* que levam o homem a agir. Nisto, liga-se à tradição hedonista, que vê no prazer o único móvel a que o homem ou, em geral, o ser vivo, obedece (v. HEDONISMO). Nesse aspecto, assim como no precedente, o U. foi tratado sobretudo por Jeremy Bentham (1748-1832).

3º Reconhecimento do caráter supra-individual ou intersubjetivo do prazer como móvel, pelo que a finalidade de qualquer atividade humana é "a maior felicidade possível, compartilhada pelo maior número possível de pessoas": fórmula enunciada primeiramente por Cesare Beccaria (*Dei delitti e delle pene*, 1764, § 3) e aceita por Bentham e por todos os utilitaristas ingleses. A aceitação dessa fórmula supõe a coincidência entre utilidade individual e utilidade pública, que foi admitida por todo o liberalismo moderno (v. LIBERALISMO). A obra de James Mill e de Stuart Mill dedicaram-se principalmente a justificar essa coincidência. Para James Mill, ela decorria da lei da associação psicológica: cada um deseja a felicidade alheia porque ela está intimamente associada com a sua própria felicidade (*Analysis of the Phenomena of the Human Mind*, ed. 1869, II, pp. 351 ss.). Para Stuart Mill essa mesma vinculação estava ligada ao sentimento de unidade humana, que Comte evidenciara com sua religião da humanidade (*Utilitarianism*, 2ª ed., 1871, p. 61).

4º Associação estreita do U. com as doutrinas da nascente ciência econômica. Dois dos fundadores dessa ciência, Malthus (1766-1834) e David Ricardo (1772-1823), foram utilitaristas e compartilharam o espírito positivo e reformador do U.

5º No campo político e social, espírito reformador dos utilitaristas, que se preocuparam em pôr sua doutrina moral a serviço de reformas que deveriam aumentar o bem-estar e felicidade dos homens em vários campos. Nesse aspecto, o U. também foi denominado *radicalismo*.

Cf. S. LESLIE, *The English Utilitarians*, três vols., 1900; E. ALBEE, *A History of English Utilitarianism*, 1901, 2ª ed., 1957. [N.A.]

No século XX, o U. foi retomado e reformulado de várias maneiras (tanto que, para ressaltar a importância de tais intervenções, fala-se às vezes de *neo-U.*). *O* pensador mais importante do U. (ou neo-U.) do século XX é J. Harsany. Ao tradicional U. do ato, segundo o qual uma ação é boa ou ruim segundo contribua ou não para a utilidade comum, Harsany contrapõe um U. da norma, segundo o qual uma ação é boa ou ruim se se conforma ou não a uma norma (ou a uma instituição); mas uma norma (ou uma instituição) é boa ou ruim segundo contribua ou não para a utilidade comum. Ademais, a fim de dotar os juízos éticos do indispensável caráter de imparcialidade, afirma que um juízo autenticamente moral, ou seja, capaz de eximir-se de considerações egoísticas e levar em conta o interesse de todos, deve prescindir de pontos de vista particularistas (ou seja, da posição efetiva que se ocupa dentro da sociedade) e reportar-se ao chamado princípio de *eqüiprobabilidade*, com base no qual todo indivíduo tem "uma probabilidade igual de ser colocado no lugar de qualquer um dos membros individuais da sociedade, desde o primeiro indivíduo (suponhamos, o que está na *melhor* posição social) até o enésimo indivíduo (suponhamos, o que está na *pior* posição social)" (*Comportamento razionale e equilibrio di contrattazione*, 1977, trad. it., Il Saggiatore, Milão, 1985, p. 9). Por fim, Harsany opta por um U. da utilidade *média* e das *preferências* (considerando que se deve partir das preferências efetivas dos atores sociais).

Outras contribuições de destaque para a problemática filosófica do neo-U. encontram-se em R. M. Hare, que, inspirando-se em H. Sidgwick (1838-1900), por ele considerado "o maior dos utilitaristas clássicos", chega a uma forma de U. atento à dimensão (kantiana) da possibilidade de universalização dos juízos morais (*Moral Thinking: Its Levels, Method, and Point*, 1981; *Essays in Ethical Theory*, 1989), em em J. J. Smart, que propõe uma nova forma de U. do ato (cf. J. J. SMART-B. WILLIAMS, *Utilitarianism: for and Against*, 1973). Em virtude da sua formulação conseqüencialista (v. DEONTOLÓGICAS E TELEOLÓGICAS, ÉTICAS), o U. mostrou-se especialmente sensível às instâncias da ética aplicada (v. ÉTICA). [G.F.]

UTOPIA (lat. *Utopia*; in. *Utopia*; fr. *Utopie*; al. *Utopie*; it. *Utopia*). Thomas More deu esse nome a uma espécie de romance filosófico (*De optimo reipublicae statu deque nova insula Utopia*, 1516), no qual relatava as condições de vida numa ilha desconhecida denominada U.: nela teriam sido abolidas a propriedade privada e a intolerância religiosa. Depois disso, esse termo passou a designar não só qualquer tentativa análoga, tanto anterior quanto posterior (como a *República* de Platão ou a *Cidade do Sol* de Campanella), mas também qualquer ideal político, social ou religioso de realização difícil ou impossível.

Como gênero literário, U. extrapola a consideração filosófica: aqui só observaremos que ela foi e ainda é muito divulgada, sendo adaptada até para romances de ficção científica. Cabe à filosofia avaliar a U., tanto a expressa em forma de romance quanto a expressa em forma de mito ou ideologia etc.; quanto a essa avaliação, os filósofos não estão de acordo. Para Comte, cabia à U. a tarefa de melhorar as instituições políticas e de desenvolver as idéias científicas (*Politique positive*, I, p. 285). Marx e Engels, ao contrário, condenaram como "utópicas" as formas assumidas pelo socialismo em Saint Simon, Fourier e Proudhon, contrapondo a elas o socialismo "científico", que prevê a transformação infalível do sistema capitalista em sistema comunista, mas exclui qualquer previsão sobre a forma que será assumida pela sociedade futura e qualquer programa para ela (v. SOCIALISMO). No mesmo sentido, à U. – "obra de teóricos que, depois de observarem e discutirem os fatos, procuram estabelecer um modelo ao qual possam ser comparadas as sociedades existentes para medir o bem e o mal que encerram" – Sorel contrapunha o *mito*, expressão de um grupo social que se prepara para a revolução (*Reflexions sur la violence*, 4ª ed., p. 46). Mannheim, ao contrário, considerou a U. como algo destinado a realizar-se, ao contrário da *ideologia* (v.), que nunca conseguiria realizar-se. Nesse sentido, a U. seria o fundamento da renovação social (*Ideologie und Utopie*, 1929, II, I; v. R. K. MERTON, *Social Theory and Social Structure*, 1957, 3ª ed., cap. XIII). [N.A.]

A U. (de *ou-topia*, lugar *inexistente* ou, segundo outra leitura, de *eu-topia*, lugar *feliz*) foi objeto de reavaliação filosófica por parte de Bloch e da Escola de Frankfurt. Nos clássicos do marxismo, o conceito de U. tinha dois significados: um positivo, referente aos que "foram utopistas porque não podiam ser de outro modo numa época em que a produção capitalista ainda estava pouco desenvolvida" (F. ENGELS, *Anti-Düring,* trad. it., Editori Riuniti, Roma, 1971, p. 283), e o outro negativo, referente aos que, em vez de se empenharem numa análise científica da realidade capitalista, continuavam querendo extrair de seu próprio cérebro as "quimeras de uma ciência regeneradora" (K. MARX, *Miserie della filosofia,* trad. it., Editori Riuniti, Roma 1971, p. 107). Como se viu, desses dois significados prevaleceu historicamente o negativo. Tanto é verdade que, no marxismo "ortodoxo", o termo U. acabou por tornar-se uma espécie de arma teórica destinada "a desacreditar" os adversários, tanto no plano doutrinário quanto no político. Em oposição a essa tradição, Bloch viu na U. "a categoria filosófica por excelência" (*Marxismo e U.,* trad. it., Editori Riuniti, Roma, 1984, p. 141). Comparando dois vocábulos que sempre foram considerados antitéticos, ele fala de uma U. *concreta* capaz de derrotar os projetos abstratos e de ater-se à realidade efetiva: "A partir de Marx explica-se a inserção da intenção mais audaz no acontecer do mundo" (*Il principio speranza,* 1959, trad. it., Garzanti, Milão, 1994, p. 716); "A U. não é fuga para o irreal; é escavação por trazer à luz possibilidades objetivas presentes na realidade e luta pela sua realização" (*Marxismo e U., cit.,* p. 137). Esse tipo de U. representa a encarnação mais elevada do "princípio esperança", ou seja, do movimento humano e cósmico para um mundo melhor. O nexo entre filosofia e U. – entendendo-se por esta última "a crítica do que é e a representação do que deveria ser " (M. HORKHEIMER, *Gli inizi della filosofia borghese della história,* trad. it., Einaudi, Turim, 1978, p. 63) – também foi ressaltado pela Escola de Frankfurt: "O ausente deve estar presente, visto que a maior parte da verdade reside no ausente" (H. MARCUSE, *Ragione e rivoluzione,* 1941, trad. it., Il Mulino, Bolonha, 1966, p. 16). Isso não significa que a filosofia, para os seguidores da Teoria crítica (v.), deve oferecer um protótipo detalhado do ainda-não. O futuro ou "o Outro" (v.), para eles, permanece substancialmente indizível. Em certo ponto, Marcuse falou de "fim da U.", pretendendo aludir, com tal expressão, ao fato de que hoje existem já os espaços, ou seja, as precondições materiais e técnicas, em que as U., abandonando os não-lugares da abstração, podem finalmente imergir no real (*Das Ende der Utopie,* 1967, trad. it., Laterza, Bari 1968, pp. 10-2).

No século XX o gênero utópico sofreu profundas transformações. A partir da primeira guerra mundial, foram progressivamente desaparecendo as U. tradicionais (entre as quais devem ser arroladas *Walden II,* de Skinner, e *Viagem de meu irmão Aleksei ao país da utopia camponesa,* de Kajanov) e afirmando-se de modo cada vez mais decisivo a chamada *antiutopia* (também chamada distopia, cacotopia ou U. negativa), ou seja, o filão literário e cinematográfico que consiste em imaginar mundos de pesadelo (*My,* 1992, de E. Zamiatin; *Metropolis,* 1926, de F. Lang; *Brave New World,* 1932, de A. Huxley; *Nineteen-eighty-four,* 1949, de G. Orwell). Depois do fim da Segunda Guerra Mundial, a mentalidade utopista foi objeto de fortes contestações *filosóficas.* Popper viu nela uma forma de absolutismo teórico destinado a traduzir-se numa forma de absolutismo prático, ou seja, um plano de transformação da sociedade que, para ser completo e radical, tende a produzir, por sua própria constituição, fanatismo e violência (*A sociedade aberta e seus inimigos,* 1945). Jonas viu nela uma manifestação do humanismo prometéico do Ocidente (encarnado por Bacon e por Marx) e um potencial aliado do apocalipse tecnológico. Donde sua proposta de contrapor ao blochiano "princípio esperança" o ecológico "princípio responsabilidade" (*O princípio responsabilidade,* 1979). Tampouco entre os estudiosos do fim do século a U. goza de boa reputação (cf. M. BALDINI, *La storia delle U.,* Armando, Roma, 1994). Isso não impede que alguns deles continuem a achar, como Cassirer, que a sua função permanente é a de "criar espaço para o possível; contra qualquer aquiescência passiva ao estado presente" (*Saggio sull'uomo,* 1944, trad. it., Armando, Roma 1969, p. 133). [G.F.]

V

VACUÍSTAS (in. *Vacuists;* fr. *Vacuistes;* al. *Vacuisten;* it. *Vacuisti*). Com este termo ou com o termo *antiplenistas,* são designados os defensores da teoria do espaço vazio, enquanto seus adversários foram chamados de *plenistas* (v. LASSWITZ, *Geschichte der Atomistik,* II, p. 291). [N.A.]

VÁCUO ou VAZIO (gr. κενόν; lat. *Vaccum;* in. *Vacuum;* fr. *Vide;* al. *Leere;* it. *Vuoto*). A existência do V. é um dos aspectos fundamentais da concepção do espaço como o continente dos objetos (v. ESPAÇO). Leibniz falou de um "V. de formas" (*vacuum formarum*), que existiria se não existissem substâncias capazes de todos os graus de percepção, tanto inferiores quanto superiores aos homens (*Op.*, ed. Erdmann, p. 431). [N.A.]

VAGO (in. *Vague;* fr. *Vague;* al. *Unbestimmt;* it. *Vago*). Diz-se que uma palavra (ou um conceito ou uma proposição) é V. se o seu significado não for suficientemente determinado, de tal modo que haverá casos em que parecerá impossível decidir se ela é aplicável ou não. Assim a palavra *distante* é V. porque existem casos nos quais é impossível decidir se é possível falar de distância ou não; entretanto, não é V. a expressão "distante trinta quilômetros". Peirce definiu esse termo da seguinte maneira: "Uma proposição é V. sempre que sejam possíveis estados de coisas tais que quem fala, mesmo os contemplando, ficaria intrinsecamente indeciso quanto a estarem sendo afirmados ou negados na proposição. Por intrinsecamente indeciso pretendemos falar do que é dúbio, não pela ignorância de quem interpreta, mas pela indeterminação da linguagem de quem fala" (em BALDWIN, *Dictionary of Philosophy,* II, p. 748). A vagueza não deve ser identificada com ambigüidade nem com generalidade. B. Russell, porém, insistiu na dificuldade de distinguir o V. do geral, inclinando-se à interpretação subjetiva da incerteza inerente ao que é V. (*Analysis of Mind,* 1921, p. 184). Max Black fez uma análise exaustiva da noção de V., provocando uma discussão muito fértil a esse propósito (*Vagueness* em *Language and Philosophy,* 1952, cap. II; na trad. it., *Vangueness* é traduzido por *Indeterminatezza*). [N.A.]

No âmbito da lógica, o desenvolvimento das lógicas polivalentes (Lukasiewicz, Bochvar, Kleene) mostra diversas justificações filosóficas favoráveis ao desenvolvimento do conceito de vagueza, mas é a linguagem comum que fornece imediatamente, no campo da predicação, pelo menos dois sentidos de V.: (i) as qualificações do sujeito S para ser F são imprecisas e (ii) as qualificações do sujeito S para ser F são precisas, mas é difícil determinar quando S as satisfaz. Em seguida, numerosos estudiosos reivindicaram a adoção de lógicas não clássicas (WAISMANN, *Are There Alternative Logics?,* 1946; KORNER, *The Philosophy of Mathematics,* 1960), outros acharam melhor eliminar a vagueza (Carnap e em geral os empiristas lógicos, com a sua exigência da regimentação); outros ainda, admitido sua existência, mas, concebendo a lógica clássica como idealização da linguagem comum, reivindicaram fidelidade a esta última (HAACK, *Deviant Logic,* 1974); também há quem continue a acreditar que a vagueza só consiste nos limites do nosso conhecimento (WILLIAMSON, *Vagueness,* 1994). Depois que Black elaborara a teoria dos conjuntos vagos (*Vagueness: An Exercise in Logical Analysis,* 1937), Zadeh, no artigo *Fuzzy Sets,* de 1965 (*fuzzy* é a expressão que ele usa para substituir o adjetivo V.), tenta uma aplicação da lógica polivalente de Lukasiewicz a conjuntos ou sistemas de objetos (físicos, informáticos) em que a pertença de seus elementos tem uma medida variável. A seguir, na esteira de seu trabalho, Kosko (*Fuzzy Thinking,* 1993) esclareceu que a *fuzzy logic* estuda enunciados e objetos *estruturalmente* imprecisos, e enfatizou a distância entre essa lógica e a probabilidade, mostrando que ela crê definitivamente na bivalência. Aplicações do conceito de V.

na última acepção parecem ser possíveis na tecnologia informatizada e nos sistemas adaptativos, o primeiro dos quais o cérebro. [M.S.]

VAIDADE (in. *Vanity*; fr. *Vanité*; al. *Eitelkeit*; it. *Vanità*). 1. Vanidade: é neste sentido que essa palavra é empregada freqüentemente na Bíblia (cf. *Eclesiastes*, 1, 2: "V. das V., disse o *Eclesiastes*; V. das V., é tudo V.").

2. Ambição mesquinha, vanglória, *egocentrismo* (v.). [N.A.]

VAISESICA. Um dos principais sistemas filosóficos da Índia antiga, cuja fundação é atribuída a um brâmane chamado Kanada, que afirmou uma espécie de atomismo, considerando que a matéria é formada por elementos indivisíveis e se caracteriza por seis determinações fundamentais: substância, qualidade, movimento, generalidade, particularidade e inerência. Esse sistema também admite a existência das almas, demonstrada, por inferência, a partir da impossibilidade de atribuir ao corpo eventos como o conhecimento, o prazer, o amor etc.; também admitia a existência de Deus, considerado como causa e regulador do Karman (v. G. TUCCI, *Storia della filosofia indiana*, 1957, pp. 112 ss.). [N.A.]

VALÊNCIA (in. *Valency*; fr. *Valence*; al. *Wertheit*; it. *Valenza*). Correspondente objetivo ou noemático do valor, segundo Husserl: "Por um lado falamos da simples coisa que é 'valente', tem caráter de valor, tem V.; por outro, falamos dos próprios valores concretos ou da objetividade de valor" (*Ideen*, I, § 95).

Peirce estabelecera uma analogia entre as propriedades das proposições e a V. química (*Coll. Pap.*, 3, 470-1). [N.A.]

VALIDADE (in. *Validity*; fr. *Validité*; al. *Gültigkeit*; it. *Validità*). 1. Universalidade subjetiva (v. UNIVERSALIDADE, 2): nesse sentido, é válido o que é (ou deve ser) reconhecido como verdadeiro, bom, belo etc. por todos.

2. Conformidade com regras de procedimento estabelecidas ou reconhecidas. Nesse sentido, diz-se que há validade na inferência que se conforme às regras da lógica, na lei que se conforme às regras constitucionais, na sentença que se conforme às leis, na ordem que seja dada pela pessoa a quem cabe dá-la e nas formas estabelecidas pelas regras. Com esse sentido, V. deve ser distinguida de valores de verdade, de justiça etc. De fato, uma inferência válida, isto é, realizada em conformidade com regras lógicas, não é uma inferência verdadeira, mas só será verdadeira se as suas premissas forem verdadeiras. Assim, uma lei ou uma sentença válidas nem por isso são justas etc.

3. Utilidade ou eficiência de um meio ou de um instrumento qualquer. Nesse sentido, Dewey afirmou que as proposições, como meios *procedimentais* para conduzir uma pesquisa, não são verdadeiras nem falsas, mas apenas válidas (sólidas, eficientes) ou inválidas (frágeis, inadequadas) (*Logic*, XV; trad. it., pp. 382-3). É esse o significado de V. a que se recorre sempre que se usa a expressão *válido para*. O que se segue ao *para* é o fim ou a função em relação à qual se considera eficiente o instrumento, o meio ou a condição de que se trata. Por exemplo, um bilhete de viagem é válido *para* determinado percurso; determinada organização é válida *para* determinadas funções etc. [N.A.]

4. A V. é uma propriedade que se aplica tanto aos enunciados individualmente quanto aos argumentos (v.). Um enunciado é válido se verdadeiro sob qualquer interpretação; um argumento será válido se nunca ocorrer o caso de as premissas serem verdadeiras e a conclusão falsa, ou seja, se a conclusão é *conseqüência* lógica (v.) das premissas. A V., em certo sentido, concerne à estrutura ou forma dos enunciados e dos argumentos, não a seu conteúdo. Nesse aspecto, já os lógicos medievais haviam elaborado uma noção de V. segundo a qual um enunciado ou um argumento deverão ser considerados *válidos* se permanecerem verdadeiros para qualquer substituição dos termos *categoremáticos* (v.) neles implicados. Analogamente, Quine, por motivos de escolha ontológica que o levam a desconfiar do recurso à teoria dos conjuntos, propôs uma concepção *substitucional* da validade. Segundo Quine (*Philosophy of Logic*, cap. 4), um esquema lógico será válido se todo enunciado obtenível a partir dele por substituição de esquemas de enunciados simples por enunciados for verdadeiro. Assim, dados: 1) "$\exists x((Fx) \wedge (Qx))$ e 2) $\exists x((Fx) \wedge \neg ((Fx))$, é fácil ver que 2) tem a mesma estrutura lógica de 1) e que 2) foi obtido de 1) por introdução de "$\neg$ (Fx)" no lugar de "Qx". Uma vez, porém, que 2) é uma contradição, conclui-se que 1) não é um esquema válido.

Às vezes se dá o nome de "Teorema de V.", relativamente ao cálculo dos predicados de primeira ordem (v. LÓGICA), ao teorema segundo o qual todos os teoremas do cálculo – vale dizer, todas as fórmulas demonstráveis – são enunciados válidos (V. COMPLETUDE). [M.M.]

VALOR (gr. ἀξία; lat. *Aestimabile*; in. *Value*; fr. *Valeur*; al. *Wert*; it. *Valore*). Em geral, o que deve ser objeto de preferência ou de escolha. Desde a Antiguidade essa palavra foi usada para indicar a utilidade ou o preço dos bens materiais e a dignidade ou o mérito das pessoas. Contudo, esse uso não tem significado filosófico porque não deu origem a problemas filosóficos. O uso filosófico do termo só começa quando seu significado é generalizado para indicar *qualquer* objeto de preferência ou de escolha, o que acontece pela primeira vez com os estóicos, que introduziram o termo no domínio da ética e chamaram de V. os objetos de escolha moral. Isso porque eles entendiam o bem em sentido subjetivo (v. BEM, 2), podendo assim considerar os bens e suas relações hierárquicas como objetos de preferência ou de escolha. Por V., em geral, entenderam "qualquer contribuição para uma vida segundo a razão" (DIÓG. L., VII, 105), ou, como diz Cícero, "o que está em conformidade com a natureza ou é digno de escolha (*selectione dignum*)": (*De finibus,* III, 6, 20). Por "estar em conformidade com a natureza", entendiam o que deve ser escolhido em todos os casos, ou seja, a virtude; como "digno de escolha", entendiam os bens a que se deve dar preferência, como talento, arte, progresso, entre as coisas do espírito; saúde, força, beleza entre as do corpo; riqueza, fama, nobreza, entre as coisas externas (DIÓG. L., VII, 105-6). A divisão entre V. obrigatórios e V. preferenciais será mais tarde expressa como divisão entre V. intrínsecos ou finais e valores extrínsecos ou instrumentais.

A retomada dessa noção no mundo moderno só ocorre com a retomada da noção subjetiva de bem; isso acontece com Hobbes: "O V. de um homem, como o de todas as outras coisas, é seu preço, o que poderia ser pago pelo uso de suas faculdades: portanto, não é absoluto, mas depende da necessidade e do juízo de outro. O preço de um hábil comandante militar é alto em tempo de guerra, presente ou iminente, mas não em tempos de paz" (*Leviath.*, I, § 10). Todavia, a noção de V. só suplantou a de bem nas discussões morais do século XIX, e mesmo nessa época isso aconteceu porque foi estendido o significado do termo que fundamentava então as ciências econômicas (v. ECONOMIA POLÍTICA). Kant identificara o bem com o V. em geral: "Cada um chama de bem aquilo que aprecia e aprova, isto é, aquilo em que há um V. objetivo"; e acrescentava que nesse sentido o bem é bem para todos os seres racionais (*Crít. do Juízo*, § 5). No entanto, limitava-se a designar com a palavra V. o bem objetivo, excluindo o agradável e o belo. A extensão do termo para indicar não só o bem, mas também o verdadeiro e o belo, se deve aos kantianos, principalmente à corrente psicologista do kantismo. Em polêmica com Kant, Beneke afirmava que a moralidade não pode determinar uma lei universal da conduta, mas pode e deve determinar a ordem dos V. que devem ser preferidos nas escolhas individuais; os próprios V. são determinados pelo sentimento (*Grundlinien der Sittenlehre*, 1837, I, pp. 231 ss; *Grundlinien des Naturrechtes*, 1838, I, pp. 41 ss.). Esta orientação da ética para os V., em filósofos que se inspiravam em Kant, sem dúvida é devida à tendência psicologizante, que tem como corolário a noção subjetivista do bem. Mas foi principalmente Windelband quem falou, nos ensaios depois reunidos em *Prelúdios* (1884), de um "V. de verdade" e de um "V. de beleza", além de um "V. de bem". Para a difusão desse conceito e do termo V., Nietzsche contribuiu muito com suas obras fundamentais *Jenseits von Gut und Böse* (1886) e *Zur Genealogie der Moral* (1887). Foi mais ou menos a partir dessa época que o conceito de V. passou a ser fundamental em filosofia, e as discussões em torno dele esgotam quase totalmente o campo dos problemas morais.

É também a partir da mesma época que tende a reproduzir-se, no campo da teoria dos V., uma divisão análoga à que caracterizara a teoria do bem: entre um conceito metafísico ou *absolutista* e um conceito empirista ou *subjetivista* do V. O primeiro atribui ao V. um *status* metafísico, que independe completamente das suas relações com o homem. O segundo considera o modo de ser do V. em estreita relação com o homem ou com as atividades humanas. A primeira concepção é motivada pela intenção de subtrair o V., ou melhor, determinados valores e modos de vida neles fundados, à dúvida, à crítica e à negação: essa intenção parece pueril, se pensarmos que o V. mais solidamente ancorado na consciência dos homens e que mais paixões provoca também é o V. mais mutável e relativo, a tal ponto que às vezes os filósofos se recusam pudicamente a considerá-lo autêntico: o V.-dinheiro.

1º A primeira concepção deve, por um lado, insistir na ligação do V. com o homem e por outro na independência do V. A primeira determinação é, de fato, constitutiva do V. e marca a característica que o distingue do *bem*, como é tradicionalmente entendido. A segunda determinação visa a conferir caráter absoluto ao V. O conceito kantiano do *a priori* parecia conter ambas as determinações; por isso, com Windelband e Rickent o conceito de V. foi elaborado em relação com o de *a priori*. Para Windelband, o V. é o dever-ser de uma norma que também pode não se realizar de fato, mas que é a única capaz de conferir verdade, bondade e beleza às coisas julgáveis (*Präludien*, 4.ª ed., 1911, II, pp. 69 ss.). Nesse sentido, os V. não são coisas ou supracoisas, não têm realidade ou ser, mas seu modo de ser é o *dever-ser* (*sollen*). Rickert repete esse ponto de vista e reitera que o ser dos V. não consiste na sua realidade, mas em seu dever-ser. Contudo, em Rickert os V. transformam-se em realidades transcendentes. Rickert distingue seis domínios do V.: lógica, estética, mística (que é o domínio da santidade impessoal), ética, erótica (que é o domínio da felicidade) e filosofia religiosa. A cada um desses domínios corresponde um bem (ciência, arte, uno-todo, comunidade livre, comunidade de amor, mundo divino); uma *relação com o sujeito* (juízo, intuição, adoração, ação autônoma, unificação, devoção); e determinada *intuição do mundo* (intelectualismo, esteticismo, misticismo, moralismo, eudemonismo, teísmo ou politeísmo) (*System der Philosophie*, 1921). A mediação entre a realidade e os V. é esclarecida por Rickert com o conceito de *sentido* (*Sinn*): sentido é a referência da realidade, ou de parte dela, ao mundo dos V., e através dele os V. se inserem na história e são realizados pelo homem (*System der Philosophie*, I, pp. 319 ss.). Teorias dos V. muito semelhantes a esta foram elaboradas pelo teuto-americano Hugo Münsterberg em *Philosophie der Werte*, de 1908, pelo americano W. M. Urban (*Valuations; its Nature and Laws*, 1919; *The Intellegible World*, 1920), pelo italiano Guido della Valle (*Teoria generale e formale del V.*, 1916) e por numerosos outros escritores. Todas essas teorias omitem o problema que está por trás de sua formulação ou lhe dão soluções ilusórias. Por um lado, reconhecem que o V. está de algum modo presente no homem, nas atividades humanas ou no mundo humano, cuja norma ou dever-ser constitui; por outro, exigem que ele seja independente do reconhecimento ou dos feitos humanos e que possua um *status* indiferente em relação ao mundo humano. Nessas teorias, tende-se a atribuir aos V. as características do ser perfeito: unidade, universalidade e eternidade, em contraposição à multiplicidade, à particularidade e à mutabilidade das manifestações empíricas cuja regra eles deveriam constituir. Por outro lado, como regras dessas manifestações, os V. devem ter com elas uma relação essencial, sem a qual não poderiam servir nem para julgá-las nem para dirigi-las.

O conceito kantiano do *a priori* transcendental não se revelara eficaz como modelo para uma solução desse problema. Procurou-se outro tipo de solução, atribuindo-se a intuição do V. a uma experiência *sui generis*, de natureza sentimental. Segundo Scheler, o sentimento é "uma forma de experiência cujos objetos são completamente inacessíveis ao intelecto, que é cego para eles assim como a orelha e o ouvido são insensíveis às cores"; essa forma de experiência nos apresenta autênticos objetos dispostos numa ordem hierárquica eterna, que são os V. (*Der Formalismus in der Ethik*, 3ª ed., 1927, p. 262). Em outros termos, o V. é o *objeto intencional* do sentimento, assim como a realidade é o objeto intencional do conhecimento; e esse objeto é apreendido em sua relação hierárquica com os outros objetos da mesma espécie. A intuição sentimental do V. é também um ato de escolha preferencial que segue a hierarquia objetiva dos valores, constituída por quatro grupos fundamentais: V. do agradável e do desagradável, correspondentes à função do gozo e do sofrimento; V. vitais, correspondentes aos modos do sentimento vital (saúde, doença etc.); V. espirituais, ou seja, estéticos e cognitivos; e V. religiosos (*op. cit.*, pp. 103 ss.).

Esta solução de Scheler, porém, trazia de novo à tona, no domínio da intuição fundamental, a mesma antinomia que caracteriza a interpretação neocriticista ou transcendental do valor. E essa antinomia era justamente tomada como caracterização do V. por Hartmann; este, por um lado, afirma que os V. são V. só em relação ao ser do sujeito, reconhecendo portanto a *relacionabilidade* (e não relatividade) deles (*Ethik*, 3ª ed., 1949, p. 141). Por outro lado, afirma que os V. têm um "ser em si" que são independente das opiniões do sujeito e constituem autênticos objetos; estes, embora não sejam reais como os objetos das ciências naturais, têm um modo de ser igualmente imutável e absoluto (*ibid.*, p. 153). Com terminologia diferente porque de natureza teológica, mas análoga, os mesmos dois aspectos antinômicos do V. foram expressos por R. Le Senne, para quem o V. é um *Deus-conosco*: visto que Deus é único e transcendente e, estando *conosco*, está em relação com o homem e é capaz de guiá-lo (*Obstacle et valeur*, 1934, pp. 220 ss.).

2º O sucesso do termo V. no mundo moderno deve-se em grande parte à obra de Nietzsche e ao escândalo que este provocou com a pretensão de inverter os valores tradicionais. Nietzsche declarava depositar suas esperanças "em espíritos fortes e suficientemente independentes para dar impulso a juízos de V. opostos e para reformar e *inverter os valores eternos*; em precursores ou homens do futuro, que no presente constituam a semente que obrigará a vontade dos milênios a abrir novos caminhos" etc. (*Jenseits von Gut und Böse*, § 203). Nietzsche considerou que a missão de sua filosofia era a inversão dos V. tradicionais, ironizados como "V. eternos" (*Ecce homo*, § 4). Essa inversão consistia substancialmente em substituir os V. da moral cristã, fundada no *ressentimento* (v.), portanto na renúncia e o ascetismo, pelos V. *vitais*, que nascem da afirmação da vida, de sua aceitação dionisíaca (*Genealogie der Moral*, I, § 10).

Essa concepção de Nietzsche foi considerada uma espécie de relativismo dos V., e como tal serviu de ponto de referência para a polêmica de todas as doutrinas absolutistas. Na realidade, em Nietzsche, são poucos os indícios de uma relatividade dos V.: sua intenção é, antes, restabelecer o rol autêntico de V., que é a dos V. vitais, em lugar dos V. fictícios, adotados pela moral do ressentimento. A tese autêntica de Nietzsche é de intrínseca relação entre o ser do V. e o homem, de tal maneira que não há V. que não seja uma possibilidade ou um modo de ser do homem. É esta a tese característica da interpretação do V. que chamamos de empirista ou subjetivista. Meinong foi o primeiro a reapresentar explicitamente essa tese, ao reduzir o V. de um objeto à sua "força de motivação" ("Über Werthaltung und Wert", em *Archiv für systematische Philosophie*, 1895, p. 341). Ehrenfels, observando que, com base nessa definição, só teriam V. os objetos existentes, definiu o V. como simples "desejabilidade" (*System der Wertheorie*, I, 1897, p. 53). Essa definição de Ehrenfels é importante porque introduz pela primeira vez e de modo explícito a conotação da *possibilidade* na noção de V. V. não é a coisa desejada, mas o objeto desejável: não é coisa, no sentido de que não é necessariamente um objeto real, não é desejado porque simplesmente *pode* sê-lo. Não tem significado diferente a definição de V. apresentada alguns anos mais tarde por R. B. Perry, para quem "todo objeto, qualquer que seja, adquire V. quando é investido por um interesse qualquer" (*General Theory of Value*, 1926, 2.ª ed., 1950, p. 116): de fato, o interesse, diferentemente do desejo, é apenas uma possibilidade.

Foi exatamente no âmbito dessa concepção de V. que nasceu o *relativismo dos valores*; isso aconteceu no coração do *historicismo*, da consideração da relação entre os V. e a história. A primeira defesa do relativismo dos V. foi feita por Dilthey: "A própria história é a força produtora das determinações de V., idéias e metas, com base nos quais se determina o significado de homens e acontecimentos" (*Gesammelte Schriften*, VII, p. 290). Portanto, os V. e as normas nascem e morrem na história e não subsistem fora dela nem acima de seu curso (*ibid.*, p. 290). O relativismo dos V. em relação à história foi afirmado ainda mais explicitamente por Simmel. Partindo do reconhecimento da relatividade do V. econômico, Simmel chegou ao reconhecimento da relatividade de todos os V.: o V. nunca é uma entidade objetiva, mas sua objetividade deriva apenas da correlação entre sujeito e objeto. Portanto, não existem V. absolutos, e são V. só aqueles que, em determinadas condições, os homens reconhecem como tais. A esfera dos V. distingue-se da esfera da realidade, não com base num *status* ontológico próprio, mas por uma qualificação categorial, que pode incidir sobre qualquer objeto (*Philosophie des Geldes*, 1900, I, § I). O historicismo alemão, todavia, não foi unânime em reconhecer essa relatividade; considerou-a sempre como um perigo, mas às vezes quis evitá-la. Foi Troeltsch o primeiro a formular claramente a antítese entre relatividade histórica e absolutismo dos V., ao mesmo tempo que procurava recuperar esse absolutismo no próprio âmbito do historicismo. A solução que ele deu à antítese é a coincidência entre os dois termos antinômicos: cada ponto da história está em relação direta com a esfera dos V. absolutos e contém em si tais V. sem relativizá-los à sua mutabilidade (*Der Historismus und seine Probleme*, 1922, *Gesammelte Schriften*, III, p. 211). Do mesmo modo, Meinecke afirmava que a relação com o Absoluto é constitutiva da história, mas que essa relação vai do infinito para o finito, e não o inverso: de sorte que, enquanto a história encontra fundamento nos V. que realiza, o modo de ser destes V. é irredutível à relatividade histórica e conserva validade incondicional (*Die Entstehung des Historismus*, 1936, II, p. 645).

Como se vê, no interior desta segunda interpretação fundamental do V., reproduz-se uma situação análoga à que se verificou na primeira, ou seja, a atribuição de duas características opostas ao V., absolutez e relatividade: a primeira constituiria o modo de ser do valor em si; a segunda, o seu modo de ser na história. O pressuposto dessa oposição é o caráter de relatividade atribuído à história e em geral a tudo o que encontra lugar na história, entendida segundo o esquema de Bergson como uma criação contínua, em que tudo se cria e se destrói a cada instante. Portanto, não há vestígio de relativismo dos V. onde não há vestígio de relativismo histórico e onde há um conceito menos superficial e diletante de história. Mesmo insistindo na pluralidade dos V. e das esferas de V., Max Weber não via na história uma incessante criação de V., cada um deles relativo a um momento da história, nem uma relação fugaz com V. absolutos, mas uma luta entre diferentes V. que se oferecem à escolha do homem (*Gesammelte Politische Schriften*, p. 63; v. PIETRO ROSSI, *Lo storicismo tedesco contemporaneo*, pp. 367 ss.). O mesmo reconhecimento da multiplicidade dos V. e da importância da escolha que essa multiplicidade está sempre a exigir do homem encontra-se em Dewey, que, exatamente por isso, definiu a filosofia como "crítica dos V.": "A confusão em que todas as teorias do V. incidiram, entre determinada posição na relação causal ou sucessiva e o V. propriamente dito, é uma prova indireta de que toda valoração inteligente é também crítica, isto é, juízo da coisa que tem V. imediato. Toda teoria do V. é necessariamente um ingresso no campo da crítica" (*Experience and Nature*, 1926, p. 397). Mas a crítica dos V. nesse sentido nada mais é que a disciplina inteligente das escolhas humanas. Tal disciplina implica em primeiro lugar a consideração da relação existente entre *meios* e *fins*, de tal modo que não se pode julgar dos fins a não ser julgando ao mesmo tempo dos meios que servem para alcançá-los (*Theory of Valuation*, 1939, p. 53). [N.A.]

O "pensamento por V." foi objeto de contestação por parte de Heidegger e de Schmitt. Partindo de uma perspectiva ontológica avessa a qualquer forma de humanismo e de subjetivismo (v. ANTI-HUMANISMO), Heidegger viu na identificação do ser com o V. (óptica que subentende uma referência para o homem e os seus parâmetros de juízo) um dos traços típicos do niilismo (v.), ou seja, da *forma mentis* cuja manifestação extrema seria a metafísica da vontade de poder de Nietzsche: "Pensar por V. revela-se como assassínio propriamente dito. Ele não atinge o ente como tal no seu ser-em si, mas põe o ser completamente à parte. O ser, como V., está disponível toda vez que dele se precise. O pensamento por V., próprio da metafísica da vontade de poder, é assassinato em sentido extremo porque é *não* deixar o ser no seu surgir e abrir-se diante do homem, ou seja, na presença viva da sua essência" (*Sentieri interrotti*, 1950, trad. it., La Nuova Italia, Florença, 1968, 1984, p. 241). Partindo da constatação de que a característica dos V. não é a de ser, mas de valer, e que eles, como tais, tendem a concretizar-se no real e a afirmar-se em detrimento dos não-V. (ou daquilo que venha ser considerado como tal), Schmitt denuncia a lógica agressiva e violenta de toda tabela de V.: "Max Scheler, o grande mestre da teoria dos V. objetivos, afirmou [...]: a negação de um V. negativo é um V. positivo. Isso está matematicamente claro porque menos com menos dá mais. Essa frase de Max Scheler permite pagar-se o mal com o mal, e assim transformar a terra em inferno, mas o inferno em paraíso de valores" (*La tirannia dei V.*, 1960, 1979; trad. it., em "Rassegna di diritto publico", 5, 1970, p. 26).

O debate seguinte sobre os V. centrou-se sobretudo: A) na dicotomia fato-V.; B) no *status* cognitivo dos V.; C) no tipo de objetividade que compete aos V.

A) A tese segundo a qual fatos e V. representam dois universos distintos e completamente separados, base do divisionismo ético (v.) e da lei de Hume (v.), sofreu na cultura contemporânea um vistoso processo de corrosão. Com efeito, paralelamente à crise das dicotomias neo-empiristas e à difusão de perspectivas de tipo holístico, começou a afirmar-se a idéia de que toda distinção nítida entre factual e valorativo seria, "no mínimo, desesperadamente confusa, pois as próprias asserções de fato e as práticas de pesquisa científica a que recorremos para decidir o que é e o que não é fato pressupõem V." (H. PUTNAM, *Ragione, verità e storia,* 1981, trad. it. Il Saggiatore, Milão, 1983, p. 140). Donde a idéia, presente numa vertente de pensamento que vai dos neomarxistas aos neopragmatistas, de uma *interpenetração* entre fatos e V. Convicção que Putnam, reportando-se a James e a A. E. Singer, expressou com o princípio segundo o qual "o conhecimento dos fatos pressupõe o conhecimento dos V." e "o conhecimento dos V. pressupõe o conhecimento dos fatos" (*Il pragmatismo, una questione aperta,* trad. it., Laterza, Roma-Bari, 1992, p. 20; v. VALORES, ISENÇÃO DE).

B) Também foi questionada a tese – professada por autores díspares como Weber e Kelsen, os neoempiristas e Popper – segundo a qual os V. não seriam objeto de conhecimento, mas apenas de escolha extra-racional (v. DECISIONISMO; EMOTIVISMO). Com efeito, simultaneamente à crise da concepção neopositivista ou "restrita" da racionalidade, centrada na identificação entre razão e racionalidade científica e técnica, começou a afirmar-se a idéia – defendida por algumas correntes atuais de ética (v. ÉTICA) – de que também os V. seriam objeto de conhecimento e de argumentação lógico-crítica. Donde o resgate da moral normativa, ou seja, de uma autêntica "filosofia prática" que, em oposição à sociologia não valorativa de filiação weberiana e à filosofia analítica de filiação humiana, não se limite a ser puramente descritiva, mas seja também capaz de *julgar* a realidade e de indicar V., ou seja, de *orientar* a práxis e de *justificar* as escolhas ético-políticas.

C) A discussão em torno do tipo de objetividade e de universalidade que compete aos V. concretizou-se numa série de posições que vão das formas mais tradicionais de absolutismo axiológico (de tipo metafísico ou transcendental) às formas mais radicais de relativismo antropológico e ético (v. RELATIVISMO). Opondo-se a estas últimas, Apel e Habermas propuseram uma fundamentação cognitivista e universalista dos V. que estão na base do diálogo social (v. DISCURSO, ÉTICA DO), enquanto alguns seguidores do neo-aristotelismo (v.) e da metafísica clássica voltaram a propor a doutrina que vê nos V. uma manifestação da estrutura finalista da realidade. Jonas, por exemplo, perseguindo o ideal de fundamentação ontológica da ética, baseou o conceito de V. no de objetivo: "a natureza custodia V. porque custodia objetivos" (*Il principio responsabilità,* 1979; trad. it., Einaudi, Turim, 1990, p. 97).

Uma espécie de "terceira via" entre absolutismo e relativismo é representada pelo "relativismo moderado" dos autores que procuram salvaguardar o caráter objetivo dos V. e, ao mesmo tempo, sua natureza histórica e situacional: "Os relativistas mais moderados poderão talvez concordar com Dewey, quando ele afirma que alguns V. são objetivamente relativos, ou seja, racionais, *levando-se em conta as situações,* naturais ou históricas, em que se encontram aqueles que os proferem [...]. A objetividade que eles negam aos V. não é de modo algum a objetividade que Dewey lhes atribuía, que nada mais é que a objetividade de qualquer juízo, considerado o seu real contexto existencial, porém a objetividade proposta por Platão, ou seja, a objetividade (absurda segundo os relativistas) considerada de um ponto absoluto, independente de todas as circunstâncias e válida para qualquer circunstância" (H. PUTNAM, *op. cit.*, pp. 181-2).

Outro aspecto dos V., no qual se concentrou a reflexão atual (e na qual Weber já insistira, ao falar do "politeísmo" dos V.), é sua constitutiva *pluralidade*. Pluralidade que se confunde com a possível multiplicidade dos projetos de vida, ou seja, das atitudes que o homem pode assumir diante de si mesmo, dos outros, do mundo e de Deus (v. PLURALISMO). [G.F.]

VALORES, ISENÇÃO DE (al. *Wertfreiheit*; it. *Avalutatività*). 1. Termo usado por Weber para ressaltar o fato de que as ciências sociais, assim como as naturais, não devem exprimir "juízos de valor", mas ater-se ao modelo de um saber objetivo não condicionado por opções ético-políticas, ou seja, por escolhas de partido. Mesmo estando empenhadas em descrever o que é, e não a prescrever o que deve ser, as ciências sociais não estão completamente alheias à dimensão dos valores. Referindo-se a Rickert, Weber faz distinção entre *relação com os valores* (por meio dos quais o pesquisador, com base em determinados "interesses", seleciona o material dado) e *juízos de valor* propriamente ditos. As ciências sociais, não podendo abster-se de critérios metodológicos de seleção, postulam os primeiros mas excluem os segundos, ou seja, os posicionamentos valorativo-normativos. Estes últimos são uma simples "questão de fé, talvez uma tarefa da consideração especulativa [...] mas não [...] seguramente objeto de uma ciência empírica" (*L'oggettività conoscitiva della scienza sociale e della politica sociale*, 1904, trad. it., em M. Weber, *Il metodo delle scienze storico-sociali*, Einaudi, Turim, 1958, p. 62). Isso não impede que as ciências sociais, mesmo não podendo pronunciar-se acerca da validade dos valores, possam e devam tratar dos valores, que continuam sendo "fatos" tanto quanto todos os outros fatos. No entanto, "quando se torna objeto de investigação empírica, aquilo que é normativamente válido perde, como objeto, o caráter de norma" e "passa a ser considerado como algo 'existente' e não como algo 'válido'" (*Il significato della "A." delle scienze sociologiche ed economiche*, 1917, *ibid.*, p. 360).

2. Essa doutrina, implicando uma divergência entre descrições (científicas) e opções (ético-políticas), com a conseqüente impossibilidade de derivar deveres de fatos (v. HUME, LEI DE), representa uma das manifestações mais radicais e historicamente influentes de divisionismo (v.) e decisionismo (v.). Defendida por autores como A. Kaplan (*Modo di fare ricerca. Metodologia per le scienze sociali*, 1964) e E. Nagel (*Struttura della scienza*, 1961), que, mesmo admitindo o condicionamento das ciências sociais por parte dos interesses dos estudiosos, postulam a existência de mecanismos e procedimentos capazes de neutralizar a parcialidade dos pontos de vista e de garantir a objetividade das pesquisas, a teoria da isenção de valores foi objeto de contestação por parte dos setores da filosofia do século XX (dos neomarxistas aos pós-positivistas) que, não acreditando na possibilidade de distinguir entre descrições neutras do mundo e escolhas valorativas acerca dele, afirmam a mútua interdependência e a inextricável intricação entre descrições e valorações. Típico é o caso da Escola de Frankfurt, que, numa antítese com a (pseudo-)isenção de valores da sociologia "científica" de cunho weberiano (tachada como ideologia conservadora a serviço do sistema), defendeu a necessidade de julgar o existente com base em determinados valores (de integridade humana, liberdade etc.). Também significativo é o caso de Strauss, Voegelin e Arendt, que acusaram a atitude valorativa da filosofia política moderna de ter rompido a conexão entre ética e política (abrindo caminho para o totalitarismo). Igualmente emblemática é a posição dos epistemologistas (Kuhn, Feyerabend etc.), que consideraram "quimérica" a imagem de uma ciência que seja simples descrição dos fatos, sem nenhuma implicação axiológica de natureza metafísica, pragmática, política etc. Por sua vez, Putnam, depois de constatar que a distinção entre fatos e valores é "irremediavelmente confusa no mundo real e na linguagem real", mostrou que mesmo as frases aparentemente mais neutras e banais (p. ex., "o gato está no tapete") dependem de premissas valorativas de ordem cultural, ética, estética etc. (*Ragione, verità e storia*, 1981, trad. it., Il Saggiatore, Milão, 1985, p. 151). Premissas que minam a hipótese de uma linguagem de observação "pura" e a idéia de uma ciência "neutra" em relação aos valores (cf. *Il pragmatismo: una questione aperta*, 1992; v. DIVISIONISMO; HUME, LEI DE; SOCIOLOGIA; VALOR). [G.F.]

VANIDADE. V. VAIDADE.

VARIAÇÃO DE SIGNIFICADO (in. *Meaning variance*; it. *Varianza di significato*). Doutrina epistemológica segundo a qual o significado dos termos extralógicos depende do contexto teórico em que são empregados, a tal ponto que o mesmo termo (p. ex., o vocábulo "massa" em Newton e Einstein) apresenta significados diferentes em teorias diferentes. Defendido por alguns pós-positivistas (p. ex., Feyerabend), o princípio da V. de significado está na base da doutrina da incomensurabilidade (v.). [G.F.]

VARIAÇÕES CONCOMITANTES, MÉTODO DAS (in. *Method of concomitant variations*; fr. *Méthode des variations concomitantes*; al. *Methode der einander begleilenden Veränderungen*; it. *Método delle variazioni concomitanti*). Foi esse o nome dado por J. Stuart Mill a um dos métodos indutivos já ilustrados por Herschel (*A Discourse on the Study of Natural Philosophy*, § 145), que se expressa com a seguinte regra: "Qualquer fenômeno que varie de qualquer maneira sempre que outro fenômeno variar de alguma maneira particular é causa ou efeito desse fenômeno ou está ligado a ele por meio de algum fato de causação" (*Logic*, III, VIII, § 6). As outras regras da indução são o método da *concordância*, o método da *diferença* e o método dos *resíduos*, sobre os quais v. os respectivos verbetes. [N.A.]

VARIÁVEL. V. CONSTANTE.

VEDANTA (in. *Vedanta*; fr. *Vedânta*; al. *Vedânta*; it. *Vedanta*). Um dos grandes sistemas filosóficos da Índia antiga, codificado no *Brahmasutra* ou *Vedântasutra*, atribuído a Badarayana (talvez séc. III d.C.). O princípio do sistema é o *Brahman* ou *Átman*, considerado como única realidade: o mundo é aparência enganadora, *maya*. Segundo esse sistema, Sankara supunha que o eu individual é idêntico a Brahman ou Átman, enquanto Ramanuja elaborava um sistema teísta, distinguindo de Brahman tanto o mundo criado quanto as almas individuais (DAS GUPTA, *A History of Indian Philosophy*, 1932-55, III; C. TUCCI, *Storia della filosofia indiana*, 1957, pp. 136 ss.). [N.A.]

VEÍCULO DO SIGNO. V. VEÍCULO SÍGNICO.

VEÍCULO SÍGNICO (in. *Sign Vehicle*; it. *Veicolo segnico*). Um dos quatro componentes do processo sígnico (ao lado do *designatum*, do *interpretante* e do *intérprete*), segundo Morris; mais precisamente, o objeto ou coisa que funciona como signo (*Foundations of the Theory of Signs*, 1938, § 2) (v. SIGNO). [N.A.]

VELEIDADE (in. *Velleity*; fr. *Velléité*; al. *Velleität*; it. *Velleità*). Esforço impotente ou malsucedido. Esse termo encontra-se em Locke, que com ele designa "a gradação mais baixa do desejo, que está mais próxima da inexistência" (*Ensaio*, II, 20, 6). Esse termo aparece com sentido análogo em Leibniz, para quem é "uma espécie bastante imperfeita de vontade condicional", ou seja, de uma vontade que, se pudesse, se empenharia, mas não pode (*Théod.*, III, 404). Esta consideração está muito mais próxima do significado moderno do termo, sendo também, por outro lado, o significado mais antigo. Tomás de Aquino entendia por V. uma vontade antecedente, que pode ser ou permanecer suspensa, assim como a vontade do juiz que, como homem, gostaria que o réu vivesse, mas que, no entanto, deseja que ele seja enforcado (*S. Th.*, I, q. 19, a. 6, ad. 1º). [N.A.]

VERACIDADE (in. *Truthfulness*; fr. *Véracité*; al. *Wahrhaftigkeit*; it. *Veracità*). 1. Caráter do discurso que exprime a convicção de quem o pronuncia e, portanto, não pode ser fonte de engano em quem ouve. Nesse sentido, Locke chamava a V. de "verdade moral", e a distinguia de verdade "metafísica", que é a conformidade das idéias às coisas (*Ensaio*, IV, 5, II). Mas para isto Leibniz usava a palavra V. (*Nouv. ess.*, IV, 5, 11).

2. Às vezes, V. significa sinceridade, que não é uma qualidade do discurso, mas da pessoa que faz habitualmente discursos verazes. Nesse sentido, Descartes falara em "V. divina", afirmando que Deus não pode enganar-nos, no sentido de não poder ser causa de erros (*Méd.*, IV). [N.A.]

VERBALISMO (in. *Verbalism*; fr. *Verbalisme*; it. *Verbalismo*). 1. Expressão verbal de significado escasso ou impreciso; tendência a valer-se dessas expressões.

2. Uma expressão verbal. [N.A.]

VERBO¹. V. LOGOS.

VERBO² (gr. ῥῆμα; lat. *Verbum*; in. *Verb*; fr. *Verbe*; al. *Zeitwort*; it. *Verbo*). Como parte do discurso, o V. foi definido por Aristóteles como "o nome em cujo significado há uma determinação temporal, cujas partes nada significam separadamente e que é o signo das coisas que se dizem de outra coisa" (*De int.*, 3, 16 b 6). Essa definição foi conservada pela lógica medieval (v. PEDRO HISPANO, *Summ. log.*, I.05). Na lingüística moderna, a distinção entre nome e verbo tornou-se muito menos importante, visto que, embora comum a muitas línguas, não existe em outras (BLOOMFIELD, *Language*, 1933, p. 20). [N.A.]

VERDADE (gr. ἀλήθεια; lat. *Veritas*; in. *Truth*; fr. *Vérité*; al. *Wahrheit*; it. *Verità*). Validade ou eficácia dos procedimentos cognitivos. Em geral, entende-se por V. a qualidade em virtude da qual um procedimento cognitivo qualquer torna-se eficaz ou obtém êxito. Essa caracterização pode ser aplicada tanto às concepções do conhecimento como processo mental quanto às que o consideram um processo lingüístico ou sígnico. Ademais, tem a vantagem de prescindir da distinção entre *definição* de V. e *critério* de V. Essa distinção nem sempre é feita, nem é freqüente; quando feita, representa apenas a admissão de duas definições de V. Por exemplo, na teoria da correspondência, quando se faz a distinção entre esta e critério de V., este é definido como evidência recorrendo-se ao conceito de V. como revelação, e a teoria da V. como conformidade a uma regra, apresentada por Kant como critério formal ao lado do conceito de V. como correspondência, torna-se então uma definição da própria V.

É possível distinguir cinco conceitos fundamentais de V.: 1º a V. como correspondência; 2º a V.

como revelação; 3º a V. como conformidade a uma regra; 4º a V. como coerência; 5º a V. como utilidade. Essas concepções têm importâncias diferentes na história da filosofia: as duas primeiras, em especial a primeira, sem dúvida são as mais difundidas. Não são nem mesmo alternativas entre si: é possível encontrar mais de uma no mesmo filósofo, embora usadas com propósitos diferentes. No entanto, por serem díspares e mutuamente irredutíveis, devem ser consideradas distintas.

1º O conceito de V. como *correspondência* é o mais antigo e divulgado. Pressuposto por muitas das escolas pré-socráticas, o primeiro a formulá-lo explicitamente foi Platão, na definição do discurso verdadeiro feita em *Crátilo*: "Verdadeiro é o discurso que diz as coisas como são; falso é aquele que as diz como não são" (*Crat.*, 385 b; v. *Sof.*, 262 e; *Fil.*, 37 c). Por sua vez, Aristóteles dizia: "Negar aquilo que é e afirmar aquilo que não é, é falso, enquanto afirmar o que é e negar o que não é, é a verdade" (*Met.*, IV, 7, 1011 b 26 ss.; v. V, 29, 1024 b 25). Aristóteles enunciava também as duas teses fundamentais dessa concepção de verdade. A primeira é que a V. está no pensamento ou na linguagem, não no ser ou na coisa (*Met.*, VI, 4, 1027 b 25). O segundo é que a medida da V. é o ser ou a coisa, não o pensamento ou o discurso: de modo que uma coisa não é branca porque se afirma com V. que ela assim é, mas afirma-se com V. que ela é branca porque é (*Met.*, IX, 10, 1051 b 5).

Nas doutrinas anteriores a definição de V. e o critério de V. coincidem. Em outras doutrinas, mesmo mantendo-se fixa a definição de V., o critério de V. é considerado diferente; é o que acontece no estoicismo e no epicurismo. Estóicos e epicuristas continuam admitindo que a V. é a correspondência entre o conhecimento e a coisa (SEXTO EMPÍRICO, *Adv. math.*, VIII, 38; II, 9), mas consideram que o critério de V. é diferente, porque para os estóicos ele está na representação *cataléptica* (v.), que é a manifestação do objeto para o homem, enquanto para os epicuristas ele está na sensação, que é o próprio manifestar-se da coisa (DIÓG. L., X, 31). Nesses casos, a distinção entre V. e critério equivale a reconhecer dois conceitos de V., considerados compatíveis (ou não incompatíveis).

Ademais, a coexistência de dois conceitos de V. não é rara. Muitas vezes a teoria da correspondência é acompanhada pela teoria da V. como manifestação ou revelação. Agostinho, por um lado, define a verdade como "aquilo que é como aparece" (*Solil.*, II, 5) e por outro considera como V. "aquilo que revela o que é, ou que se manifesta"; nesse sentido, identifica a V. com o *Verbum* ou *Logos*, que é a primeira manifestação imediata e perfeita do ser, ou seja, de Deus (*De vera rel.*, 36). Por sua vez, Tomás de Aquino, retomando uma definição de Isaac Ben Salomon, do século IX, define a V. como "adequação entre o intelecto e a coisa" (*S. Th.*, I, q. 16, a. 2; *Contra Gent.*, I, 59; *De ver.*, q. I, a. I), mas, ao mesmo tempo que mantém, em relação ao homem, a tese aristotélica de que as coisas – e não o intelecto – são a medida da V., inverte essa tese no que diz respeito a Deus: "O intelecto divino é mensurante, e não mensurado; a coisa natural é mensurante e mensurada, mas o nosso intelecto é mensurado, e não mensurante, em relação às coisas naturais; é mensurante só em relação às coisas artificiais" (*De ver.*, q. I, a. 2). Portanto, existe também uma V. das coisas, que é aquilo em virtude do que as coisas se assemelham ao seu princípio, que é Deus; nesse sentido, Deus é a primeira e suprema V. (*S. Th.*, I, q. 16, a. 5). Esses conceitos são freqüentes na filosofia medieval. O conceito de V. como correspondência é amplamente empregado. Pedro Hispano (*Summ. log.*, 3.34), Herveus Natalis (*Quodl.*, III, I), Antonio Andrea (*Super artem veterem*, ed. 1508, f. 45rA) mantêm a teoria da V. como conformidade entre intelecto e coisa, embora polemizando sobre o modo de ser da coisa, ou mais exatamente dos objetos aos quais o intelecto deve conformar-se. Em geral, na escolástica da segunda metade do século XIII e na do XIV, especifica-se que a "coisa" à qual o intelecto deve conformar-se é a "*res intellecta*", isto é, a coisa como é apreendida pelo intelecto, não exterior ao próprio intelecto (v. Também DURAND DE SAINT-POURÇAIN, *In Sent.*, I, d. 19, q. 5). O conceito de adequação ou conformidade, porém, perde alcance metafísico e teológico para assumir significado estritamente lógico ou, como hoje se diria, semântico. A identificação polêmica, defendida por Ockham, entre "V." e "proposição verdadeira" equivale propriamente à negação do valor metafísico da palavra V. (*Summa log.*, I, 43; *Quodl.*, V. q. 24). Os platônicos de Cambridge mantêm, por motivos óbvios, o caráter metafísico e teológico da noção de correspondência, falando de conformidade da coisa consigo mesma ou com a sua essência contida no intelecto divino (v. HERBERT DE CHERBURY, *De veritate*, 1656, pp. 4 ss.), mas Hobbes insiste no ponto de vista nominalista da V. como simples atributo das proposições (*De corp.*, 3, § 7); isso também foi feito por Locke (*Ensaio*, II, 32, 3-19) e até por Leibniz, que rejeita a noção metafísica de V. como "atributo do ser" e limita-se a ver na V. "a correspondência das proposições, que estão no espírito, com as coisas das quais se trata" (*Nouv. ess.*, IV, 5. 11). Wolff unia o conceito de V. como "concordância do nosso juízo com o objeto, ou seja, com a coisa representada" (*Log.*, § 505) – que ele chamava de definição *nominal* da V. –, com a noção lógica da V. como "determinabilidade do predicado por meio da noção do sujeito" – que ele chamava de definição *real* (*ibid.*, § 513). Baumgarten retornava à noção de V. metafísica como "ordem da multiplicidade na unidade" (*Met.*, § 89), enquanto Kant declarava pressupor simplesmente a "definição nominal da V." como "acordo do conhecimento com o seu objeto", e propunha o problema de encontrar um *critério* para a V. Excluindo a possibilidade de um critério geral, válido para qualquer conhecimento, ele se detinha no critério formal da V., que é a conformidade do conhecimento com as suas regras (*Crít. R. Pura*, Lógica, Intr., III; v. adiante). Esse conceito de V. como correspondência nunca esteve ausente, nem na filosofia mais recente, pela qual às vezes é assumido como simples pressuposto, às vezes explicitamente defendido. Isso aconteceu especialmente nas correntes realistas (v., p. ex., BOLZANO, *Wissenschaftslehre*, I, § 25; A. MEINONG, *Über Annahmen*, pp. 125 ss.). Exatamente no espírito do realismo, N. Hartmann defendeu a concepção da V. como "coincidência com um objeto que deve ser entendido como tal" (*Systematische Philosophie*, § 9). Hartman estende o conhecimento como "reflexão do ser sobre si mesmo" (*Metaphysik der Erkenntnis*, 1921, cap. 27, b).

2º A segunda concepção fundamental de V. é a que a considera como *revelação* ou *manifestação*. Tem duas formas fundamentais: uma empirista e outra metafísica ou teológica. A forma empirista consiste em admitir que a V. é o que se revela imediatamente ao homem, sendo, portanto, sensação, intuição ou fenômeno. A forma metafísica ou teológica afirma que a V. se revela em modos de conhecimento excepcionais ou privilegiados, por meio dos quais se torna evidente a essência das coisas, seu ser ou o seu princípio (Deus). A característica fundamental dessa concepção é a ênfase dada à *evidência*, assumida ao mesmo tempo como definição e critério da verdade. Mas a evidência, obviamente, nada mais é que revelação ou manifestação.

No sentido empirista, a V. era considerada como revelação pelos cirenaicos, que viam nas sensações a própria *evidência* das coisas (SEXTO EMPÍRICO, *Adv. math.*, VII, 199-200), pelos epicuristas, que consideravam a sensação como o critério da V. (DIÓG. L., X, 31-2), e pelos estóicos, para os quais esse critério estaria na representação *cataléptica* (v.) (DIÓG. L., VII, 54). Em Ockham, a noção de conhecimento *intuitivo* é a noção de manifestação imediata das coisas, em seus caracteres e relações, para o homem (*In Sent.*, Prol., q. I, Z). No mesmo espírito, Telésio dizia que as coisas "corretamente observadas manifestam por si mesmas a grandeza que cada uma tem, bem como sua capacidade, suas forças, sua natureza", e via na sensação essa revelação imediata das coisas (*De rer. nat.*, I, Proem.). Em geral todas as doutrinas que confiam à sensibilidade o conhecimento das coisas tendem a discernir na sensibilidade a revelação da natureza das coisas e identificam com tal revelação a própria verdade ou o critério de verdade.

Por outro lado, da própria interpretação metafísica ou teológica da V. como correspondência nasce o conceito de V. como manifestação do ser ou do princípio supremo. Plotino dizia: "A verdade verdadeira não está de acordo com outra coisa, mas de acordo consigo mesma: ela não enuncia nada fora de si, mas enuncia o que ela mesma é" (*Enn.*, V, 5, 2). Nesse sentido, a V. é hipostasiada: não é o caráter formal de certos procedimentos cognitivos, mas princípio metafísico ou teológico que tem a mesma substancialidade e a mesma dignidade do princípio que nela se manifesta, ou seja, Deus. Esse conceito é tema de numerosas especulações na filosofia patrística e escolástica. Agostinho afirma que deve existir uma natureza que esteja tão próxima da unidade que a reproduz em tudo e é una com ela; essa natureza é a V. ou Verbo de Deus (*De vera rel.*, 36). É comum na escolástica a doutrina de que a verdade é o próprio intelecto ou Verbo de Deus (ANSELMO, *De veritate*, 14; TOMÁS DE AQUINO, *De ver.*, q. I, a. 4).

Mais tarde, o mesmo conceito de V. como revelação levou a reconhecer, com base no critério de evidência, a existência de *V. eternas*. Descartes viu no *cogito* (v.) a evidência originária, pela qual a existência do sujeito pensante se revela ao próprio sujeito pensante, e considerou que deveria ser considerado como verdadeiro tudo o que se manifesta de modo evidente. No âmbito do que se manifesta desse modo, Descartes pôs as *V. eternas*, estabelecidas e garantidas pela imutabilidade de um decreto de Deus (*Méd.*, IV; *Princ. phil.*, I, 49). Segundo Descartes, as V. eternas são garantidas e reveladas diretamente por Deus, e por isso são eternas (*Réponses*, IV, 4). Assim também pensava Malebranche, embora para ele, ao contrário de Descartes, elas não seriam postas, mas simplesmente reconhecidas e validadas por Deus (*Recherche de la vérité*, X éclaircissement). Mas o conceito da V. como revelação foi muito prezada pelo Romantismo, que, em seu aspecto essencial, poderia ser classificado como filosofia da revelação (v. ROMANTISMO). Hegel dizia: "A idéia é a V.: porque a V. é a correspondência entre a objetividade e o conceito. Não no sentido de que as coisas externas correspondem às minhas representações (estas são, nesse caso, apenas representações exatas que eu tenho como indivíduo), mas no sentido de que todo o real, enquanto verdadeiro, é a Idéia, e só tem a sua V. por meio da Idéia e nas formas da Idéia" (*Enc.*, § 213). Em outros termos, a Idéia é "a objetividade do conceito", a racionalidade do real, mas à medida que se manifesta à consciência na sua necessidade, ou seja, como saber ou ciência (*System der Philosophie*, ed. Glockner, I, p. 423; *Wissenschaft der Logik*, ed. Glockner, II, p. 275): e o saber e a ciência são a automanifestação da Idéia, vale dizer, sua autêntica e completa revelação.

Como meio-termo entre a forma empírica e a forma teológica dessa concepção de V., está a concepção fenomenológica e existencialista. A fenomenologia é, segundo conceito próprio, um método que possibilita às *essências* manifestar-se ou *revelar-se* como tais. A *epoché* (v.) fenomenológica, ao pôr entre parênteses a atitude naturalista que consiste em afirmar a realidade das coisas no mundo, tende a possibilitar que as próprias coisas manifestem sua essência. Desse ponto de vista, a V. é a *evidência* com que os objetos fenomenológicos se apresentam quando a *epoché* é efetuada (*Ideen*, I, § 136). Portanto, segundo Husserl, V. e evidência pertencem não só aos objetos teóricos, mas a todos os objetos da consideração fenomenológica, sejam eles valores, sentimentos etc. (*ibid.*, § 139). Por sua vez, Heidegger insistiu no caráter de revelação ou de *descobrimento* da V., recorrendo mesmo à etimologia da palavra grega. Assim, por um lado insistiu no nexo estreito entre o modo de ser da V. e o modo de ser do homem, ou *ser-aí*, porquanto só ao homem a V. pode revelar-se e revela-se (*Sein und Zeit*, § 44). Por outro lado, insistiu na tese de que o *lugar* da V. não é o juízo, e que a V. não é uma revelação de caráter predicativo, mas consiste no *ser descoberto* do ser das coisas, ou das próprias coisas, e no ser *descobridor* do homem (*ibid.*, § 44 b; v. *Vom Wesen des Grundes*, I, trad. it., p. 20). Heidegger, porém, também ressaltou o fato de que cada descobrimento do ser, por ser parcial, também é um *cobrimento* dele; esse tema é recorrente sobretudo nos seus textos do segundo período. "O ser subtrai-se, ao mesmo tempo que se revela, ao ente. Desse modo o ser, ao iluminar o ente, desencaminha-o ao mesmo tempo para o erro" (*Holzwege*, p. 310).

3º A terceira concepção considera a V. como conformidade com uma regra ou um conceito. O primeiro a enunciar essa noção foi Platão. "Ao tomar como fundamento o conceito que considero mais sólido, tudo o que me pareça estar de acordo com ele será por mim posto como verdadeiro, quer se trate de causas, quer se trate de outras coisas existentes; o que não me pareça de acordo com ele será por mim posto como não verdadeiro" (*Fed.*, 100 a). Essa concepção reaparece esporadicamente na história da filosofia. Agostinho afirmava que "acima da nossa mente há uma lei chamada V." e que nós podemos julgar todas as coisas em conformidade com essa lei, que no entanto escapa a qualquer juízo (*De vera rel.*, 30-31). Na literatura de inspiração agostiniana, esse tema retorna com freqüência, porém a mais importante expressão deste conceito de V. encontra-se em Kant. Este, de fato, não se vale dessa noção para a definição da V. (pois como dissemos, ele declara pressupor a definição *nominal* da V., que é a da correspondência), mas como critério de V. Segundo Kant, o critério pode referir-se só à forma da V., ou seja, do pensamento em geral, e consiste na conformidade com "as leis gerais necessárias do intelecto". "O que contradiz essas leis" – afirma Kant – "é falso, porque o intelecto nesse caso contradiz suas próprias leis, portanto a si mesmo." Todavia, esse critério formal não basta para estabelecer a verdade material, ou objetiva, do conhecimento; aliás, a tentativa de transformar esse cânone de avaliação formal em órgão de conhecimento efetivo não passa de uso dialético, ou seja, ilusório da razão (*Crít. R. Pura*, Lógica, Intr., III; *Logik*, Intr., VII). Esse critério foi acolhido e acentuado pelos neokantianos, sobretudo pelos da Escola de Baden. Windelband considerava que o objeto do conhecimento, aquele que mede e determina a V. do conhecimento, não é uma realidade externa (que como tal seria inalcançável e incognoscível), mas a *regra* intrínseca do próprio conhecimento (*Präludien*, 1884, 4ª ed., 1911, passim). Rickert identificava o objeto do conhecimento com a *norma* à qual o conhecimento deve adequar-se para ser verdadeiro (*Der Gegenstad der Erkenntnis*, 1892). Nesses neokantianos, a conformidade com a regra – que Kant propusera simplesmente como critério formal de V. – torna-se a única definição de V.

4º A noção de V. como *coerência* aparece no movimento idealista inglês da segunda metade do século XIX e é compartilhada por todos os que participaram desse movimento na Inglaterra e nos Estados Unidos. É expressa pela primeira vez em *Lógica ou morfologia do conhecimento* (1888) de B. Bosanquet, mas sua difusão se deve à obra de F. H. Bradley, *Appearance and Reality* (1893). A crítica de Bradley ao mundo da experiência humana partia do princípio de que aquilo que é contraditório não pode ser real; isso o levava a admitir que V. ou realidade é coerência perfeita. A coerência, porém, atribuída à realidade última, ou seja, à Consciência Infinita ou Absoluta, não é simples ausência de contradição; é abolição de qualquer multiplicidade relativa e forma de harmonia que não se deixe entender nos termos do pensamento humano (*Appearance and Reality*, 2ª ed., 1902, pp. 143 ss.). Segundo Bradley, os *graus de verdade* que o pensamento humano alcança podem ser julgados e classificados segundo o grau de coerência que possuam, embora essa coerência seja sempre aproximativa e imperfeita (*ibid.*, p. 362). Esses conceitos retornam em grande número de pensadores da mesma tendência (v. IDEALISMO), sem que a noção de coerência seja por isso modificada ou esclarecida (v. COERÊNCIA). Os precedentes dessa doutrina não estão tanto em Hegel (a quem, todavia, os idealistas ingleses se referiam com mais freqüência), mas em Espinosa. Na realidade, não passa de transcrição daquilo que Espinosa chamava de "terceiro gênero de conhecimento" ou "amor intelectual por Deus": conhecimento da ordem total e necessária das coisas, que Espinosa identificava com o Deus (*Et.*, V, 25).

5º A definição da V. como *utilidade* pertence a algumas formas da filosofia da ação, especialmente o pragmatismo. Mas o primeiro a formulá-la foi Nietzsche: "*Verdadeiro* em geral significa apenas o que é apropriado à conservação da humanidade. O que me faz perecer quando lhe dou fé não é verdadeiro para mim: é uma relação arbitrária e ilegítima do meu ser com as coisas externas" (*Wille zur Macht*, ed. Kröner, 78, 507). Foi o pragmatismo que difundiu essa noção, defendida primeiramente por W. James. Este, porém, identificou utilidade e V. só nos limites das crenças empiricamente não verificáveis ou não demonstráveis, tais como, segundo ele, as morais e as religiosas (*The Will to Believe*, 1897). A equação entre utilidade e V. foi estendida a toda a esfera do conhecimento por F. C. S. Schiller (*Humanism*, 1903 e textos seguintes). Desse ponto de vista, uma proposição, qualquer que seja o campo a que pertença, só é verdadeira pela sua efetiva utilidade, ou seja, por ser útil para estender o conhecimento ou para, por meio deste, estender o domínio do homem sobre a natureza, ou então por ser útil à solidariedade e à ordem do mundo humano. Critério semelhante foi apresentado por H. Vaihinger em *Filosofia do como se* (*Philosophie des Als*, 1911) e divulgado por M. De Unamuno em *Vida de Don Quijote y Sancho* (1905) (v. PRAGMATISMO). Talvez se possa entrever uma forma diferente dessa mesma concepção na tese de Dewey, da *instrumentalidade* dos procedimentos cognitivos e do conhecimento em seu conjunto, com vistas ao aperfeiçoamento da vida humana no mundo. Contudo, em Dewey não se encontra a definição de V. como utilidade, mas apenas a afirmação do caráter instrumental – portanto *válido*, mas não verdadeiro – das proposições (*Logic*, XV, trad. it., pp. 382-3) (v. VALIDADE). [N.A.]

Nas correntes filosóficas de orientação analítica, as investigações sobre o problema da V. ocorreram em duas direções fundamentais: o aprofundamento das controvérsias gnosiológicas tradicionais e a referência sistemática à caracterização tarskiana da V. com o fim de examinar sua sustentabilidade e, sobretudo, de elaborar concepções "deflacionistas" da V. Pode-se indicar a ligação entre essas duas tendências de investigação do seguinte modo. Existe acordo geral em torno do fato de que, seja lá o que for a V., deve valer o esquema tarskiano, ou a condição de adequação tarskiana (mencionada acima, no ponto 1º), segundo a qual " '*p*' é verdadeiro se e somente se *p*", ou seja, para citar o costumeiro exemplo já mencionado, " 'A neve é branca' é verdadeiro se e somente se a neve é branca". Diante desse esquema é possível assumir duas posições fundamentais, que às vezes são chamadas de "inflacionistas" (*inflationary*) e "deflacionistas" (*deflationary*). Segundo a primeira, o esquema tarskiano identifica um aspecto relevante e incontrovertível da noção da V., mas não esgota tudo o que se supõe estar contido em tal noção. Para ter uma caracterização adequada da V., é preciso indicar alguma outra propriedade além da codificada no esquema indicado. De acordo com as possíveis respostas a essa questão ter-se-ão as teorias tradicionais da verdade já distinguidas acima: teremos uma concepção correspondentista (ponto 1º), se a propriedade adicional consistir na correspondência entre certa pretensão cognitiva (pressuposta nos vários casos ou como asserção, ou como enunciado, ou como proposição ou juízo) e a realidade ou os fatos tais como são em si mesmos. Teremos uma concepção coerentista (ponto 4º), se a propriedade adicional procurada consistir na coerência entre a pretensão cognitiva considerada e um conjunto de crenças já aceitas como verdadeiras. Teremos uma concepção pragmatista (ponto 5º), se tal propriedade adicional disser respeito à utilidade ou ao sucesso das nossas convicções.

Desse modo, a indagação sobre a natureza da V. continuou a entremesclar-se estreitamente com as discussões sobre a natureza da justificação epistêmica e do conhecimento. Surgiram assim tantas caracterizações da V. quantas são as principais posições gnosiológicas elaboradas (v. CONHECIMENTO, TEORIA DO): realismos e idealismos das várias espécies, verificacionismo e pragmatismo, naturalismo e normativismo, externalismo e internalismo. Entre as posições surgidas na filosofia analítica nas últimos décadas devem ser destacadas as neoverificacionistas de Dummett (que representam uma forma de anti-realismo com argumentação de base semântica), o realismo interno de Putnam, que reduz a V. a uma forma de "aceitabilidade racional ideal" ou de "assertividade garantida (justificada) idealizada", o realismo falibilista de Popper (ligado a uma interpretação peculiar do crescimento do conhecimento e do método científico), o realismo metafísico austero de muitos filósofos australianos, as concepções de filiação kantiana e neokantiana que insistem no valor regulador e categorial da V., e assim por diante. Além das numerosas diferenças entre essas posições, parece haver um traço comum entre muitos dos trabalhos mais especializados que surgiram recentemente. Trata-se da tendência a buscar concepções que harmonizem aspectos de coerentismo com aspectos de correspondentismo ou de fundacionalismo epistêmico e antifundacionalismo. Tal tendência nasceu da importante obra de R. M. Chisholm, *Theory of Knowledge*, cuja primeira edição foi publicada em 1966, sendo depois repetidamente reeditada com modificações e acréscimos. Nela, um fundacionalismo de base integrava-se com elementos de coerentismo; e mais tarde aventuraram-se em tentativas de síntese ainda mais marcantes autores como K. Lehrer, J. L. Pollock, R. Audi, A. H. Goldman etc.

Ao lado dos tratamentos "inflacionistas " da V. têm-se as análises de tipo "deflacionista". Os "deflacionistas" afirmam que a concepção semântica, englobada no esquema tarskiano "'*p*' é verdadeiro se e somente se *p*", abrange tudo, ou quase tudo, da noção de V. Fazem parte dessa tendência as chamadas teorias da redundância (*redundancy theories*), as teorias minimalistas (*minimalist theories*) e as teorias descitacionistas (*disquotation theories*). As diferenças entre essas concepções são um tanto sutis do ponto de vista lógico e dependem tanto do modo como é entendido o veículo de verdade "*p*" (como proposição ou como enunciado), quanto do tipo de relação mais ou menos estrita instituída entre "É verdade que *p*" e "*p*". Por exemplo, um minimalista como P. Horwich afirma que entre as duas proposições acima não subsiste uma relação de igualdade de significado, mas sim a relação menos estrita de equivalência necessária. Uma outra concepção muito discutida surgiu no fim dos anos 1940 de uma discussão entre Austin e Strawson. Ela gira em torno da noção austiniana de expressão performativa (v. PERFORMATIVO/CONSTATIVO). Segundo essa concepção, dizer que uma asserção é verdadeira não equivale a afirmar uma qualidade ou propriedade do enunciado asseverado, mas é, antes, comparável à realização de um ato, o ato de declarar-se de acordo com o que é enunciado, de aceitá-lo ou de aderir a ele: "verdadeiro" não teria valor descritivo, mas serviria exclusivamente para realizar uma ação. Tal concepção foi contestada de vários modos por todos aqueles para quem o termo "verdadeiro" tem um valor de tipo normativo. Dizer que " '*p*' é verdadeiro" não significaria apenas estar de acordo com o que é asseverado por *p*, mas também afirmar que existem provas ou justificações de *p* tais que garantem sua pretensão a uma validade objetiva. Os defensores dessa tese, portanto, tendem também a enfatizar, se não a completa irrelevância filosófica do esquema tarskiano, pelo menos certa neutralidade sua com respeito às diferentes posições gnosiológicas da tradição.

Também constitui parte essencial das investigações centradas nesse esquema a indagação sobre a sua correção – questão esta tratada sobretudo nas investigações de lógica e de filosofia da lógica. Tal questão gira em torno das relações entre a concepção semântica da V., o princípio lógico de bivalência e o paradoxo do mentiroso (v. MENTIROSO). Para alguns autores, esse paradoxo seria uma razão para negar a correção ou a aplicabilidade universal do esquema de Tarski. Outros autores, porém, propuseram soluções para o paradoxo que, de vários modos, visam a salvaguardar a substancial validade do esquema tarskiano. [P.P.]

A atual disputa em torno da questão da V. (e daquilo que torna *verdadeira* a V.) não se esgota no plano lógico-epistemológico. Uma maneira diferente (e, em certos aspectos, complementar) de reportar-se a ela é representada pela hermenêutica, ou seja, pela família de doutrinas que insistem no caráter interpretativo da nossa experiência do mundo (v. INTERPRETAÇÃO). Antes de nos determos nelas, porém, convém reexaminar (cf. 2 e 5) dois modelos (e dois autores) que influíram profundamente tanto sobre a hermenêutica, quanto sobre todo o debate do século XX em torno da V.

A) *A verdade como forma de erro* (Nietzsche). Nietzsche afirma várias vezes que possuímos uma convicção que não foi própria de nenhuma época, ou seja, a convicção de que "não há V.", pois aquilo que ao longo dos séculos foi impingido como tal configura-se agora como uma mentira que o costume mantém viva (*Frammenti postumi*, trad. it., em *Opere*, 2 [1081, VIII, 1, 102). O núcleo do raciocínio nietzschiano é constituído por duas teses de fundo: 1) a redução da V. a valor; 2) a redução do valor a função de sobrevivência social: "*O juízo de valor* 'creio que isto e aquilo é assim' como essência da *'verdade'*. Nos *juízos de valor* exprimem-se *condições de conservação e de crescimento*" (*Fr. post.*, 9 [38], VIII, 2, 14); "*A verdade é a espécie de erro* sem a qual determinada espécie de seres vivos não poderia viver. O que decide por último é o valor para a vida" (*Fr. post.*, 34 [253], VII, 3, 182). Mesmo a V. dos filósofos, a começar do sonho platônico de um "mundo verdadeiro" antitético ao nosso mundo aparente e mutável, nada mais é que uma tentativa de fugir aos aspectos caóticos e medúsicos da existência: "Logicização, racionalização, sistematização como subsídios da vida" (*Fr. post.*, 9 [91], VIII, 2, 43), "O homem procura a verdade: um mundo que não se contradiga, que não iluda, não mude, um mundo *verdadeiro* – um mundo em que não se sofra" (*Fr. post.*, 9 [60], VIII, 2, 24), "A vontade de verdade é apenas o desejo de um *mundo do permanente*" (*ibid.*, 25). E como a vida, para Nietzsche, é vontade de poder (v. VONTADE), segue-se que a vontade de V. é uma forma (necessária, mas negativa) da vontade de poder. Forma ditada pela incapacidade de aceitar este mundo "falso, cruel, contraditório, corruptor, sem sentido" (*Fr. post.*, 11 [415], VIII, 1396) e de pôr-se, à maneira do super-homem, como vontade criadora e doadora de sentido: " 'Vontade de verdade'– *como impotência da vontade de criar*" (*Fr. post.*, 9 [601, VIII, 2, 26), "Dar sentido – tarefa que permanece absolutamente por cumprir, supondo-se que não exista já nenhum sentido" (*Fr. post.*, 9 [48], VIII, 2, 20), "A V. não é, portanto algo que exista e que deva ser encontrada, descoberta, mas algo *que deve ser criado* [...]" (*Fr. post.*, 9 [91], VIII, 2, 43).

B) *A verdade como abertura e evento do ser* (Heidegger). 1) O autor de *Sein und Zeit* parte do conceito tradicional da V. como "correspondência", mostrando que ele, mais que falso, é secundário (ou derivado). Isto porque, para adequar-se ao ente, o *ser-aí* (*Dasein*) precisa já estar preliminarmente aberto ao ente. Por isso, o âmbito essencial (*Wesenort*) da V. não é o juízo, mas a abertura (*Erschlossenheit*) que funciona como *a priori* ontológico de toda afirmação em torno da V.: "V., no sentido mais rigorosamente originário, é a abertura do *ser-aí*, à qual pertence o descobrimento do ente intramundano" (*Ser e tempo*, §§ 44, trad. it., Utet, Turim 1969, p. 340). Tal V. *originária* coincide, por sua vez, com a *liberdade*, entendida como "deixar-ser o ente". Liberdade que o homem não pode "escolher", mas que se confunde com o próprio *ser-aí*, a tal ponto que "não é o homem que 'possui' a liberdade como propriedade sua, mas ao contrário" (*Dell'essenza della verità*, 1943, em *Segnavia*, 1967, trad. it., Adelphi, Milão, 1987, pp. 143 e 146). V. e liberdade *identificam-se*, uma vez que ser livre para o homem significa deixar-se envolver no desvelamento do ente como tal" (*ibid.*, p. 145). Segue-se que a liberdade não decorre de uma iniciativa humana, mas se configura como um dom, aliás como o *dom preliminar* do ser ao homem. 2) Enquanto em *Sein und Zeit* a V. ainda é pensada em termos existenciais, ou seja, como "um modo de ser do *ser-aí*" (*cit.*, p. 345) coincidente com o iluminar-se do mundo por obra do *Dasein*, depois de *Kehre* tende a configurar-se como um acontecer do próprio ser, que, como *Ereignis* (v.) e *Lichtung* (v.), provoca o advento de mundos, épocas, linguagens etc. Esse processo de eventualização da V., que, mesmo se opondo à sua existencialização, continua a ver no *ser-aí* o guardião e o intérprete privilegiado da *Lichtung*, é acompanhado por um deslocamento anti-humanístico do "lugar" da V. do homem para o ser. Donde a polêmica, típica da segunda fase de Heidegger, contra as doutrinas que reduziram a V. a uma "propriedade do homem", ou seja, a uma faculdade do sujeito, representada ora pela διάνοια (Aristóteles), ora pelo *intellectus* (Tomás de Aquino), ora pelo *cogito* (Descartes), ora pela *vontade de poder* (Nietzsche) etc. O responsável por essa antropologização e subjetivização progressiva da V. (que é a outra face do esquecimento ocidental do ser) é Platão, que, equiparando verdadeiro e visível (idéia) acabou por reduzir a V. a correção (ὀρθότης) no pensar e querer, lançando as bases da sua resolução-dissolução na "subjetividade do sujeito" (*A doutrina platônica da verdade*, 1942). 3) A V. implica a não-V., exatamente como a luz implica a obscuridade. Um testemunho dessa conexão é constituída pela palavra grega ἀλήθεια, que é formada por um α privativo (ἀ-λήθεια = não-ocultamento), a confirmação do fato de que o iluminar-se da V. subentende um esconder-se co-originário dela. Tal circunstância é fenomenologicamente evidenciada pelo fato de que toda V. de que falamos sempre coincide com a manifestação deste ou daquele ente, e não do ente na sua totalidade. Esse velamento (*Verbergung*) que precede e acompanha todo desvelamento (*Entbergung*) é o *mistério*: "O velamento do ente na sua totalidade, a autêntica não-verdade, é mais antiga que qualquer evidência deste ou daquele ente [...]. A autêntica não-essência da verdade é o mistério" (*Dell'essenza della verità*, *cit.*, p. 149). À não-V. como velamento se liga a não-V. como errar do homem entre os entes. Errar (*Irren*) em que o erro (*Irrtum*) finca suas raízes. Essa presença simultânea de velamento e desvelamento confunde-se com o luminoso esconder-se que caracteriza o ser e suas relações com o ente: "Como ao ser pertence um velar-se clareante, ele aparece inicialmente à luz de um subtrair-se que vela. O nome dessa clareira (*Lichtung*) é ἀλήθεια" (*ibid.*, p. 156).

C) *A verdade como pertença e jogo* (Gadamer). Gadamer, que se inspira em Heidegger, identifica a V. com a automanifestação do ser na linguagem ("o ser, que pode ser compreendido, é linguagem"), fazendo-a coincidir com o universo inteiro do interpretável. A seu ver, a V. apresenta um caráter (1) extrametódico e (2) eventual. 1) Extrametódico porque a ela não se tem acesso com um "método" de tipo científico, em virtude do qual um "sujeito" indague neutralmente um "objeto" que está diante dele, mas com um procedimento de natureza interpretativa (v. INTERPRETAÇÃO). 2) Eventual porque a V. não é uma "construção" do homem, mas um fazer-se presente – um "acontecer" – do ser, portanto algo de que o indivíduo não *dispõe,* mas que se lhe *impõe:* "quem compreende está já sempre num acontecer em que determinado sentido se faz valer" (*Verità e metodo,* 1960, trad. it., Bompiani, Milão, 1972, 1983, p. 558). Gadamer articula o conceito de V. como eventualidade extrametódica mediante os conceitos de pertença e de jogo. Por pertença ele entende uma situação em que não se tem tanto um agir do sujeito sobre a Coisa, quanto um agir da Coisa (= a V., a tradição, a linguagem, a obra de arte etc.) sobre o sujeito, ou seja, a doutrina segundo a qual a compreensão é um "momento do ser, e não sobretudo um fato do sujeito" (*ibid.,* pp. 524 e 340). Com a idéia de jogo (v.), entendido como processo que tem primazia em relação aos seus protagonistas, Gadamer reitera que a V. (e a linguagem em que ela se manifesta) é um "evento" de que o homem não é o sujeito transcendental, mas o elo empírico e histórico-finito. Com efeito, no "jogo" da V. e da linguagem, *quem* joga realmente não é o homem, mas a V. e a linguagem (*ibid.,* p. 558). Em outros termos, a V. não é um "agarrar", mas um "pertencer" a algo que nos possui e nos supera (o ser-linguagem encarnado nas várias comunidades e tradições históricas). À diferença de Hegel, Gadamer insiste, kantianamente, na *finitude* do homem e do seu saber, excluindo a possibilidade de uma posse absoluta e definitiva do verdadeiro. Se bem que a V. se ilumine platonicamente no diálogo (apresentado como modelo nuclear de toda experiência de V.), o processo de autodesvelamento do ser na linguagem é um processo interminável, e a hermenêutica é uma tarefa sem fim: "a evidenciação do sentido verdadeiro contido num texto ou numa produção artística não chega em certo ponto à conclusão; é na realidade um processo infinito" (*ibid.,* p. 348).

D) *"Direita" e "esquerda" hermenêutica.* No âmbito da hermenêutica do século XX podemos distinguir uma direita e uma esquerda. A direita compreende os autores que procuraram salvaguardar a consistência da V. em relação às suas interpretações (Pareyson) ou que tentaram resgatar alguma forma de objetividade hermenêutica (Betti). Segundo Pareyson, a V., mesmo sendo inseparável das suas múltiplas interpretações históricas, configura-se como uma realidade única e intemporal que transcende o homem e vivifica meta-historicamente sua atividade interpretativa, funcionando não como objeto, mas como estímulo de investigação: "A V., ao invés de dispersar-se nas suas próprias formulações, alimenta a pluralidade, conservando-se única e idêntica; é exatamente por encarnar-se em cada uma delas que sabemos apreendê-la e revelá-la, e essas suas formulações históricas e múltiplas, em vez de renunciarem à V. intemporal e única [...] são o advento temporal da V., ou seja, a V. que fala a todos, mas a cada um na sua linguagem pessoal e não-repetível" (*Verità e interpretazione,* Mursia, Milão, 1971, p. 69). Em virtude de sua natureza transcendente, a V. está sempre *além* de suas formulações. Donde a proposta pareysoniana de uma "ontologia do inexaurível", destinada a evitar os inconvenientes opostos da explicitação total (Hegel) e do misticismo do inefável (Heidegger). Betti, que se opõe ao "subjetivismo" das hermenêuticas filosófico-existenciais de filiação heideggeriana, sai à cata de um método apto a garantir a "objetividade" de V. da interpretação histórica. Subdivide tal método em alguns "cânones hermenêuticos fundamentais", que dizem respeito ao objeto e ao sujeito da interpretação, esforçando-se por estabelecer a distinção entre: 1) *Bedeutung,* ou seja, o "significado" objetivamente reconstruível de um fato histórico, e *Bedeutsamkeit,* ou seja, "significatividade" ou significância que certo fato pode assumir para o intérprete atual; 2) *Auslegung,* ou seja, "entendimento" objetivo, e *Sinngebung,* ou seja, "atribuição subjetiva de sentido" (*Teoria generale dell'interpretazione,* 1955; *Die Hermeneutik als allgemeine Methodik der Geisteswissenschaften,* 1962, 1972[2]). Próximo às posições da direita também está Ricoeur, que, em oposição às múltiplas "escolas da suspeita" e às várias hermenêuticas desconstrutivistas e niilistas, propôs-se salvaguardar o valor de verdade da linguagem simbólica e metafórica (*Le conflit des interpretations,* 1969; *La Métaphore vive,* 1975; *Temps et récit,* 1983-1985). A esquerda compreende os autores que tendem a resolver a V. na pluralidade das suas aberturas históricas (Rorty) e a negar qualquer forma de objetividade hermenêutica (Derrida). Rorty historiciza e contextualiza a V. segundo os mutáveis pontos de vista e aos cambiantes dicionários compartilhados pelas várias comunidades humanas, aventando a hipótese de que não há "nada por dizer sobre a V. ou sobre a racionalidade se prescindirmos das descrições dos conhecidos procedimentos de justificação que dada sociedade – a nossa – emprega numa ou noutra área de investigação" (*Solidariedade ou objetividade?* em *Objectivity, Relativism and Truth. Philosophical Papers* 1991, vol. I, trad. it., *Scritti filosofici,* vol. I, Laterza, Roma-Bari, 1994, p. 32). Reportando-se aos pragmatistas, ele defende o primado da "solidariedade" sobre a "objetividade", afirmando que a V. não depende de alguma essência natural ou metafísica, ou seja, da "correspondência" entre nossos enunciados e algum "lá-fora" (*out there*) hipotético, mas sim daquilo que consideramos melhor e mais útil (*Contingency, Irony and Solidarity,* 1989). Convicções análogas são expressas por um seguidor de Rorty, Barry Allen, segundo quem o que passa por verdadeiro não depende da conformidade a uma ordem transcendente e metatemporal do ser, mas do conjunto das correspondentes práticas sociais (*Truth in Philosophy*, 1994). Derrida critica a convicção metafísica de uma *presença* da V. na palavra e chega à teoria segundo a qual a V., assim como o ser, subtrai-se exatamente enquanto se dá, concedendo-se apenas como *ausência* (a V. como *fuga* da V.), ou seja, como uma *Différance* (v.) originária que vive unicamente num processo autorreferencial e labiríntico de remissões, desvios, disseminações, afastamentos, diferimentos etc. E isso segundo o princípio de um pantextualismo desconstrucionista que, minando na base qualquer idéia de conformidade, desemboca num radical "niilismo hermenêutico" baseado na convicção de que não se dá nem *texto* para além das suas *leituras*, nem ordem de verdade para além do caos das interpretações (v. DESCONSTRUÇÃO; GRAMATOLOGIA). Próximo às posições da esquerda, ainda que tendendo a criticar certo relativismo pragmatista e desconstrucionista, também se encontra o pensamento fraco.

E) *A V. como habitação e biblioteca de Babel* (Vattimo). Vattimo também, na esteira de Heidegger e Gadamer, considera que a V. como *conformidade* remete à V. como *abertura*, ou seja, que o verdadeiro como enunciado conforme precisa de um *horizonte* que o torne possível. Horizonte que coincide com o universo histórico-cultural determinado, compartilhado por uma comunidade que fala uma mesma língua: "O enunciado verifica-se sempre, como certo ou errado, com base em regras que, por sua vez, não são em última análise objeto de demonstração; elas são 'dadas', assim como nos é dada a linguagem comum com base na qual, somente, é possível construir todas as linguagens regradas e formalizadas. A V., em sentido menos 'formal' e mais profundo, se quiserem, é uma coisa que se joga nesse nível [...] são verdadeiros os enunciados verificados segundo determinadas regras, mas V. é antes de tudo o instituir-se, o abrir-se, o dar-se histórico-destinal (porque não objeto de manipulação, de decisão etc.) dos critérios com base nos quais os enunciados verdadeiros se constroem e se verificam" (*Al di là del soggetto*, Feltrinelli, Milão, 1981, 1984, pp. 19-20). Para discorrer sobre tal V. originária, que representa a condição primeira de todo verdadeiro singular, Vattimo usa as metáforas da *habitação* e da *Biblioteca de* Babel (que representam figuras da já metafórica tese da V. como abertura). Pretendendo sugerir, com tais imagens, que o indivíduo nunca se move num espaço natural abstrato, mas num contexto, ou numa "rede", constituída pelas múltiplas vozes da tradição. Tal contexto, esclarece Vattimo, não pode ser reduzido a um fato bruto, munido da mesma peremptoriedade autoritária do *Grund* metafísico, como se a hermenêutica fosse apenas uma filosofia da pluralidade irredutível das perspectivas: "A multiplicidade de vozes [...] não é, por sua vez, estrutura última, que se dá como verdadeira em lugar do ser como unidade, princípio, fundamento. Ela é proveniência: o ser, que na metafísica se deu na forma da presença manifestada [...], dá-se hoje como multiplicidade, temporalidade, mortalidade", qualificando-se como "possível fio condutor de interpretações, escolhas [...], opções morais" (*La verità nell'ermeneutica*, 1989, em *Oltre l'interpretazione*, Laterza, Roma-Bari 1994, pp. 115-7). Em outros termos, depois de abordar epistemologia e hermenêutica, mediante a tese de que os verdadeiros singulares dependem de um paradigma (Kuhn) ou de um horizonte originário (Heidegger, Gadamer) a que o indivíduo "pertence" de modo crítico-interpretativo, Vattimo esclarece que o horizonte epocal hodierno 1) tem o aspecto de uma pluralidade "babélica" de vozes, irredutíveis a cada forma de unidade; 2) não se justifica como fato bruto (Rorty, Derrida), mas como realidade ontológico-destinal, como momento de uma história do ser em que este último, depois de se dar de maneira "forte", dá-se agora de maneira "fraca", ou seja, na forma de um conjunto articulado de "meias-V." que, tendo pouco para compartilhar com a V. total da metafísica, coaduna-se mais com um mundo em que coexistem *muitas* "V." (e onde toda tentativa de instituir saberes e sociedades baseadas em alguma V. – ou *Pravda* – absoluta revelou-se desastrosa). A mensagem última do pensamento fraco, que se inspira nos valores da tolerância e da não-violência, não reside, portanto, na peremptória (e simplista) negação da V., mas na tentativa de pensar esta última de maneira consonante com o niilismo pós-moderno: "O niilismo é uma chance, um caminho positivo para o pensamento, porquanto é a teoria que se esforça por possibilitar-nos uma vida sem neuroses na 'meia-V' – mostrando-nos, sobretudo, que o ideal de V. absoluta, de saber totalmente fundamentado, ou seja, de um mundo como sistema racional acabado, não é um ideal 'natural', é mais um 'mito cultural' que decerto não podemos simplesmente deixar de lado como roupa velha, mas do qual podemos razoavelmente procurar distanciar-nos" (*Le mezze verità*, La Stampa, Turim, 1988, p. XII). Donde a final apresentação da V. em termos hermenêutico-dialógicos, ou seja, como "jogo de interpretações posto à prova no diálogo com os outros" (*Tecnica e esistenza. Una mappa filosofica del secolo XX*, Paravia, Turim, 1997, p. 47).

F) *Concepções "fortes" e concepções "fracas" da verdade.* À atual tendência ao pensamento fraco (e à destruição, por ele, de qualquer forma epistêmica de V.) contrapõe-se o heterogêneo grupo filosófico que se inspira num modelo forte de V. Típico é o caso dos estudiosos de tendência clássica e neoclássica que, partindo da tese de que o pensamento é sempre pensamento do ser – a tal ponto que, se não pensasse, o ser seria pensamento de nada, portanto um nada de pensamento –, identificam a V. tanto com a intrínseca luminosidade e inteligibilidade do ser ("*Verum est quod est*") quanto com a conformidade da mente às coisas ("*adaequatio rei et intellectus*"), chegando a uma concepção da filosofia como *ciência da V.* Típico é o caso de Severino, que, identificando a V. com a estrutura eterna e imutável do ser, ou seja, com a necessidade lógico-ontológica do Absoluto, fala em nome de uma V. incontrovertível, cujo único porta-voz e teórico seria o filósofo neoparmenidiano, para além do esquecimento dos séculos: "Para despertar de novo a V. do ser, que desde o dia do nascimento jaz adormecida no pensamento ocidental, é preciso sempre penetrar o sentido deste pensamento simples e grande: que o ser é e não lhe é permitido não ser" (*Essenza del nichilismo,* 1972, n. e. Adelphi, Milão 1982, p. 69). Significativo é também o caso de A. Badiou, defensor de um "resgate platônico", que, em contraposição à "sofística generalizada" que seria o pensamento atual (a começar da ala niilista da hermenêutica), propõe a recuperação da categoria de V.: "Jogos lingüísticos, desconstrução, pensamento fraco, dissensão e diferenças, destruição da Razão, filosofia em migalhas: todo isso argumenta a favor dos sofistas e põe a filosofia num beco sem saída. O gesto platônico a que somos chamados (*Le geste platonicien auquel nous sommes appelés*) consiste em inaugurar o *polemos,* a dialética, contra e com a sofistica moderna [...] O problema central consiste em reabrir a categoria V. [...] Podemos, devemos escrever para os nossos contemporâneos das *Repúblicas* e dos *Banquetes.* E assim como houve *Protágoras* e *Górgias,* também deverá haver *Wittgensteins, Derridas, Lyotards, Vattimos* e *Rortys.* Nem mais nem menos polêmicos, nem mais nem menos respeitosos" (*La fin de la fin,* em *Confini della filosofia,* VV.AA., Ibis, Pavia, 1994, pp. 37-8). Também em posições contrárias ao pensamento fraco situam-se Apel e Habermas, que herdaram da Escola de Frankfurt a instância crítico-marxista da V., conjugando-a com a kantiana da universalidade. Polemizando com as várias formas do antifundacionalismo contemporâneo, Apel e Habermas evidenciaram a autocontradição performativa em que acabam por envolver-se tais posições de pensamento (a tese da inexistência da V. não se apresenta, ela mesma, como V.?) e afirmaram que não pode existir comunicação e racionalidade *sem V.*, ou seja, sem um horizonte unitário em que se movem todos os que falam e pensam. E isso por dois motivos. Em primeiro lugar, porque, na base da interação comunicativa, estão alguns "pontos arquimedianos não ultrapassáveis", ou seja, algumas pressuposições transcendental-pragmáticas universalmente válidas (v. DISCURSO, ÉTICA DO). Em particular, quem argumente de modo sensato, subentende, entre as condições *a priori* do seu dizer, também a V. (*Wahrheit*), ou seja, "a V. intersubjetivamente válida das proposições que usa" (*Il logos distintivo della lingua umana,* Guida, Nápoles, 1989, pp. 72-3). Em segundo lugar, porque a V. não é apenas um "pressuposto" da dimensão comunicativa (no sentido de Habermas), mas também o seu objetivo final, porquanto se identifica com o desejado ponto de convergência das nossas crenças, ou seja, com o acordo último atingível por uma comunidade ilimitada de comunicação, capaz de funcionar como norma ideal de uma comunidade real eticamente voltada para o entendimento entre seus participantes: "A realização da V. depende *a priori* da realização da comunidade *ilimitada* de comunicação na sociedade historicamente dada, ou seja, na sociedade que, por amor à sua auto-afirmação física, precisa organizar-se em sistemas *limitados* de função" (*Transformation der Philosophie,* 1973, trad. it. parc., *Comunità e comunicazione,* Rosenberg & Sellier, Turim, 1977, p. 175).

No âmbito da filosofia contemporânea, essas teorias "fortes" da V. constituem uma minoria. Hermenêutica, pragmatismo e epistemologia (ou seja, tanto a tradição "continental", quanto a "analítica") movem-se, no mais das vezes, num horizonte que tende ao pensamento fraco, baseado na convicção de que o tempo das V. "únicas" e "incontrovertíveis" já passou, visto que nem a ciência, nem a ontologia, nem a ética, nem a teoria política estão em condições de exibir "fundamentos" últimos e inatacáveis (que, entre outras coisas, mal se adaptam às sociedades complexas e pluralistas em que vivemos). Mais em particular, os defensores do pensamento fraco replicam aos teóricos da ética do discurso que a V. não se identifica com alguma estrutura transcendental de tipo kantiano (nem que "transformada" em sentido semiótico e pragmático), mas com a abertura de determinados horizontes lingüísticos – que não devem ser pensados como formas eternas da razão, mas como acontecimentos temporalmente qualificados, ou seja, nos moldes de eventos que, em virtude de sua natureza histórico-finita, impedem de "identificar o paradigma ou o universo histórico-cultural em que estamos lançados com o mundo real *tout court*" (G. VATTIMO, *Oltre l'interpretazione, cit.*, p. 106). Por outro lado, certas correntes atuais (pensemos no deflacionismo e no minimalismo) acabam pondo em discussão a própria idéia de V. (considerada demasiado vazia e unívoca) e afastando-se de qualquer pretensão "filosófica" de poder resumir de maneira unitária seus vários conceitos (cf. M. MESSERI, *Verità*, 1997).

Isso não significa (ou não autoriza a considerar) que a filosofia do fim do século XX se tenha "livrado" definitivamente da V. Em primeiro lugar, porque o choque entre teorias "fortes" e teorias "fracas" da V. ainda está em andamento e representa um dos aspectos mais característicos do panorama atual. Em segundo lugar, porque a V., seja lá como for entendida, continua a ser um problema e a inquietar as mentes. Em terceiro lugar, porque toda teoria do (suposto) fim da V. tende sempre a configurar-se como um outro modo de dizer a V. sobre a V. (ou sobre as V.). [G.F.]

VERDADE, CONCEPÇÃO TARSKIANA DA. Alfred Tarski chegou a uma formulação rigorosa do conceito de *enunciado verdadeiro* que se inspira na doutrina da correspondência (cf. VERDADE, 1). Em vista da importância da sua teoria, convém reexaminar os pontos relevantes do ponto de vista lógico. Dado um sistema formal SF, em primeiro lugar atribui-se um significado aos símbolos de constantes individuais, de functores e de relações da linguagem *L* de SF. Para isso, fixa-se um universo de discurso (um domínio não vazio) *U*, e passa-se a construir uma *realização* de *L* sobre *U*, fazendo corresponder a cada constante individual de *L* determinado elemento de *U*; a cada símbolo de functor, uma operação entre elementos de *U* (tendo-se como resultado ainda um elemento de *U*); a cada símbolo de relação (ou propriedade), uma relação entre elementos de *U*. Às variáveis individuais é atribuído um campo de variação em *U*. Em seguida, especifica-se o significado das variáveis de *L*, mediante uma *interpretação i* de acordo com a qual a cada variável *v* de *L* corresponde certo elemento *i(v)* de *U*. *A realização* de *L* sobre *U* e a *interpretação i* determinam uma *avaliação*, ou seja, uma atribuição unívoca de significado a todos os símbolos descritivos de *L*. Dada uma fórmula *atômica* (v.) a de *L*, diz-se que a é *satisfeita* por aquela *avaliação* dada se e somente se os elementos do domínio que ela denomina estão exatamente na relação denominada pela fórmula. *A* relação de *satisfação* estende-se, portanto, de maneira natural às fórmulas complexas resultantes da aplicação de conectivos a fórmulas atômicas, e a fórmulas que contenham *quantificadores* (v. QUANTIFICAÇÃO). Diz-se que uma fórmula fechada (desprovida de variáveis livres) a é *verdadeira* em dada realização, se ela é satisfeita por *todas* as *avaliações* daquela dada realização. A realização em questão é um *modelo* para a. Os conceitos de *satisfação* e verdade assim elaborados estão estritamente ligados à definição da relação de conseqüência (v.) lógica.

Nessa concepção semântica, quando especificamos as condições nas quais uma fórmula de dada linguagem *L* é verdadeira, usamos o predicado *verdadeiro* não como um predicado da linguagem de *L*, mas como predicado da linguagem *L'* que usamos para falar sobre *L*. Apenas em *L'* (metalinguagem) podemos usar o predicado de verdade para referirmo-nos a fórmulas de *L* (linguagem-objeto). Naturalmente, somente numa metametalinguagem *L"* podemos usar o predicado de verdade para referirmo-nos a fórmulas de *L'*, e assim por diante. Isso impede que em *L* sejam exprimíveis enunciados paradoxais como o do *mentiroso* (v.). Por outro lado, é evidente que a metalinguagem deverá ser suficientemente rica para conter em si a linguagem-objeto. Deverá, por exemplo, ser capaz de exprimir todas as equivalências da forma "'*p*' é verdadeira se e somente se *p*", em que *p* deverá ser substituído em ambos os membros por um enunciado qualquer da linguagem-objeto. Segundo Tarski, essa concepção da verdade não implica de per si uma atitude filosófica particular (uma adesão ao realismo ou ao idealismo, p. ex.). [M.M.]

VERDADE DUPLA. V. DUPLA VERDADE.

VERDADEIRO (gr. ἀληθές; lat. *Verum*; in. *True*; fr. *Vrai*; al. *Wahr*; it. *Vero*). Os estóicos distinguiam V. de verdade, porque o V. é um enunciado, logo é incorpóreo, enquanto a verdade, como ciência que contém todos os V., é um modo de ser da parte hegemônica do homem, portanto corpórea. Ademais, o V. é simples, enquanto a verdade consta de muitos V., e a verdade pertence à ciência, portanto ao sábio, enquanto o V. pode ser também do néscio (SEXTO EMPÍRICO, *Pirr. hyp.*, II, 81-83; *Adv. dogm.*, I, 38-42).

Na escolástica o V. foi considerado um dos *transcendentais* (v.), isto é, dos caracteres que pertencem às coisas como tais, independentemente dos seus gêneros, e por V. foi entendida a inteligibilidade da coisa (TOMÁS DE AQUINO, *S. Th.*, q. 16, a. 3; ad. 3º). [N.A.]

VERÍDICO (in. *Veridical*; fr. *Véridique*; al. *Wahrhaftig*; it. *Veridico*). 1. O mesmo que veraz ou verdadeiro (v. VERACIDADE).

2. O que contém uma parte ou um indício de verdade. Por exemplo, "sonho V.", "alucinação V." etc. [N.A.]

VERIFICABILIDADE. V. VERIFICAÇÃO.

VERIFICAÇÃO (in. *Verification*; fr. *Vérification*; al. *Verifikation*; it. *Verificazione*). 1. Em geral, todo procedimento que permita estabelecer a verdade ou a falsidade de um enunciado qualquer. Uma vez que os graus e os instrumentos da V. podem ser inumeráveis, esse termo tem alcance generalíssimo e indica a aplicação de qualquer procedimento de teste ou *prova* (v.). Esse termo também pode ser usado para indicar a aferição de uma situação qualquer com base em regras ou instrumentos adequados; nesse sentido, fala-se em verificar as contas, os graus de um ângulo ou a autenticidade de certos documentos etc. Neste sentido geral, esse termo também é empregado sem referência à experiência ou aos fatos, podendo-se falar em V. de uma expressão matemática, de um enunciado analítico da lógica, assim como em V. de um enunciado factual ou hipótese científica. Por outro lado, a noção de V. às vezes é ampliada para nela incluir não só o procedimento que permite estabelecer a verdade ou a falsidade de um enunciado, mas também o que permite estabelecer a verdade, a falsidade ou a *indeterminação* do enunciado: isso com referência a uma lógica de três valores, e não de dois (cf. REICHENBACH, "The Principle of Anomaly in Quantum Mechanics", 1948, em *Reading in the Phil. of Science,* 1953, pp. 519-20).

2. Em sentido restrito e específico, a V. diz respeito aos enunciados factuais e é um procedimento que recorre à experiência ou aos fatos. Foi exatamente nesse sentido que o *empirismo lógico* (v.) entendeu a V. como critério do significado das proposições: critério que o *Círculo de Viena* (v.) interpretava da forma mais rigorosa, declarando desprovidos de sentido todos os enunciados que não se prestassem a uma absoluta verificação empírica. [N.A.]

É possível identificar duas diferentes formulações desse princípio. 1) *Versão forte ou restrita do princípio de V.* Schlick (reportando a proposição 4.024 do *Tractatus* de Wittgenstein) esclarece que "estabelecer o significado de uma frase equivale a estabelecer as regras de acordo com as quais ela deve ser usada, o que é o mesmo que estabelecer o modo como ela deve ser verificada (ou falsificada). O significado de uma proposição é o método usado para verificá-la" (*Meaning and Verification,* 1936, trad. it. em *Tra realismo e neo-positivismo,* Il Mulino, Bolonha, 1974, p. 189). A verdade ou a falsidade do enunciado – que deve ser constituído por termos não definíveis mediante outros termos e cujo significado deve poder ser derivado diretamente da experiência, traduzindo eventuais termos que sejam ainda definíveis por meio de outros para que não se chegue aos primeiros – é dada pela certificação da existência ou não dos estados de coisas descritos pelo enunciado: em outras palavras, *todos* os enunciados devem ser redutíveis aos enunciados básicos ou protocolares (e assim também é para Waismann). Traduzibilidade e V. deveriam permitir uma certificação completa e definitiva dos enunciados. 2) *Versão fraca ou liberalizada do princípio de V.* Uma série de importantes críticas (POPPER, *Logik der Forschung,* 1934; C. I. LEWIS, *Experience and Meaning,* 1934) e autocríticas provocam a passagem para a versão fraca, simultaneamente ao início da fase sintática do pensamento de Carnap (*Testability and Meaning,* 1936): *a*) uma asserção universal, como uma lei científica, não é verificável de modo conclusivo (isso foi adequadamente enfatizado por Popper; a contra-ofensiva de Schlick, que segue uma sugestão de Ramsey, rejeitada por Neurath e por Carnap, é a proposta de considerar as leis não como asserções, mas como regras para passar de uma proposição singular a uma outra proposição singular); *b*) a base empírica nunca é indubitável, como o próprio Neurath ressalta; *c*) não exigem verificações conclusivas, justamente porque a certeza das asserções observacionais nunca é absoluta (Carnap nota que também a V. dos enunciados singulares é virtualmente infinita). Chega-se então a reformular o critério, que, por outro lado, alguns nunca haviam aceitado, como Reichenbach, que opta por uma teoria probabilística do significado (v. n. 3). Ayer afirma que uma asserção tem significância cognitiva se dela e de outras eventuais asserções é possível deduzir uma ou mais asserções observacionais impossíveis de deduzir apenas das outras premissas: Carnap faz de significado e verificabilidade conseqüências do caráter bem formulado dos enunciados e abandona a noção de V. a favor das noções, estreitamente correlacionadas, de controle e confirmação; *d)* se somente o que é factualmente verificável é significante, o princípio, por não ser verificável, é desprovido de sentido e, portanto, torna-se paradoxalmente um enunciado metafísico. 3) *Verificabilidade e V.* O princípio de V. exige apenas a verificabilidade, não a efetiva V.: uma proposição tem significado independentemente do fato de ter sido efetivamente verificada e de saber-se, assim, se é verdadeira ou não. O requisito da verificabilidade é, portanto, entendido apenas como princípio. 4) *Significado e significância cognitiva.* O princípio de V. não implica uma teoria semântica completa, pois destina-se *exclusivamente* às proposições declarativas e enuncia suas condições de significância *cognitiva,* não da significância *tout court.* Os próprios neopositivistas passam a ser mais perspicazes na distinção e na admissão dos vários componentes do significado, inclusive os emotivos, motivacionais etc. 5) *Estatuto do princípio de V.* Tanto Carnap quanto Hempel (*Problems and Changes in the Empiricist Criterion of Meaning,* 1950) procuram superar com estratégias complexas a importante dificuldade referente ao estatuto do princípio, definindo-o como uma *definição explicativa,* que não é, pois, nem verdadeira nem falsa. Hempel demonstra que o princípio comporta uma asserção de caráter empírico e pelo menos uma asserção de caráter lógico; logo, não se trata de uma "definição arbitrária": ao contrário, em relação ao *explicandum,* ela deve satisfazer certos requisitos de adequação que o tornam sempre revisável. Carnap, à diferença de Hempel, continuará a acreditar na noção de verificabilidade empírica e abandonará somente a noção de enunciado *singularmente considerado,* abraçando uma visão holística. Atitude tecnicamente diferente, mas com finalidade análoga, é detectável em Preti, para quem o princípio é interpretado como uma *regra metodológica* (*Le tre fasi dell' empirismo logico,* 1954, e *Prassi ed empirismo,* 1957). Em todo caso, a própria idéia de princípio de V. cai com a queda da concepção padrão das teorias científicas. [M.S.]

3. No que diz respeito ao procedimento de V. factual, pouco foi dito até agora pelos filósofos. Reichenbach dividiu esse procedimento em duas fases, que são: 1º introdução de uma classe fundamental *O* de enunciados *observacionais,* ou seja, de significados *primitivos ou diretos* que não estão sob investigação durante o curso da análise; 2º um conjunto de *relações derivativas* (ou regras de transformação) *D,* que permitem ligar alguns termos com as bases *O.* Depois de definidas por investigação específica tanto a base *O* quanto as relações derivativas *D,* o termo "verificado" pode ser definido como "o ser derivado da base *O* nos termos das relações *D*". A esta descrição Reichenbach acrescenta uma determinação importante: a condição do significado não é a V. efetiva, mas a V. *possível* (sem a qual os enunciados históricos, p. ex., não teriam significado); portanto, a noção de V. supõe a de possibilidade, e a esse respeito Reichenbach distingue a possibilidade *lógica,* a possibilidade *física* e a possibilidade *técnica,* distinguindo correspondentemente três espécies de significados ("Verifiability Theory of Meaning", em *Proceedings of the American Academy of Arts and Sciences,* 1951, pp. 46 ss.). Assim, a teoria de V. está ligada à noção da *possibilidade* (v.). [N.A.]

VEROSSÍMIL (gr. εἰκός; lat. *Verisimiles;* in. *Likely;* fr. *Vraisemblable;* al. *Wahrscheinlich;* it. *Verisimile*). 1. O que é semelhante à verdade, sem ter a pretensão de ser verdadeiro (no sentido, p. ex., de representar um fato ou um conjunto de fatos). Portanto, uma narrativa, seja um romance ou uma tragédia, pode ser V. sem ser minimamente provável, sem que exista qualquer probabilidade de que os fatos mencionados se tenham verificado ou venham a verificar-se. Nesse sentido, foi constante o emprego do conceito de V. na estética, a partir de Aristóteles. "Narrar coisas efetivamente acontecidas" – dizia Aristóteles – "não é tarefa do poeta; dele seria a tarefa de representar o que *poderia* acontecer, as coisas possíveis segundo verossimilhança ou necessidade" (*Poet.,* 9, 1451 a 36). Nesse sentido, V. é o caráter de enunciados, teorias ou expressões que não contradigam as regras da possibilidade lógica ou as das possibilidades técnicas ou humanas. Um feito humano imaginado é V. se for considerado compatível com o comportamento comum dos homens ou encontrar explicações ou respaldo nesse comportamento.

2. O mesmo que *persuasivo* (v.) ou *provável* (v.). Popper, contudo, fez a distinção entre verossimilhança (*verisimilitude*) e probabilidade, porque, enquanto esta última representa a idéia de aproximação da certeza lógica ou da verdade tautológica por meio da gradual diminuição do conteúdo informativo, a verossimilhança representa a idéia da aproximação da verdade abrangente e, assim, combina verdade e conteúdo, enquanto a probabilidade combina verdade e falta de conteúdo (*Conjectures and Refutations,* 1965, p. 237). [N.A.]

VERUM IPSUM FACTUM. Fórmula utilizada por G. B. Vico para expressar o princípio de que o homem pode conhecer só o que ele mesmo fez, porque o conhecimento de uma coisa é o conhecimento da sua gênese (*De antiquissima italorum sapientia,* 1710, § 1). Mas esse conceito foi extraído de Hobbes, que o expusera em *De homine* (1658). Hobbes reduzira o domínio do conhecimento humano, por um lado, à matemática, cujos objetos são inteiramente produzidos pelo homem, e por outro lado à política e à ética, que também tratam de objetos (leis, convenções, princípios) criados pelo homem (*De hom.,* 10). Analogamente, Vico inicialmente limitou o domínio do conhecimento humano à matemática (*De antiquissima*), e depois o estendeu para a história, em *Scienza nuova* (1725). Um precedente dessa doutrina pode ser encontrado em *De possest* (1460), de Nicolau de Cusa, em que se diz que o homem pode conhecer os entes matemáticos "nocionais" porque procedem da sua razão e encontram nela o seu princípio, enquanto só Deus pode conhecer os entes reais que têm nele a sua causa (*Philosophisch-Theologische Schriften,* ed. Gabriel, II, pp. 318-20). [N.A.]

VERWINDUNG. 1. Termo adotado por Heidegger para indicar a relação que o pensamento pós-filosófico conserva com a metafísica. Relação que não é de (simples) negação ou de superação (dialética), mas de aceitação-distorção (legítima): "A metafísica não se deixa pôr à parte como opinião. Ela não pode ser desprezada como doutrina na qual não se acredita e que já não se sustenta. [...] o ultrapassamento da metafísica ocorre como aceitação-aprofundamento (*Verwindung*) do ser. [...] a metafísica ultapassada não desaparece. Retorna com forma diferente [...]" (*Saggi e discorsi*, 1954, trad. it., Mursia, Milão, 1976, 1985, p. 46). Mesmo mantendo um nexo literal com *Uberwinden*, superar, o termo V. alude portanto – em virtude da família de significados que encerra (cura, aceitação, resignação, esvaziamento, distorção, aligeiramento etc.) – à recuperação de uma doença (neste caso, a metafísica) na consciência resignada de que estamos destinados de qualquer modo a carregar seus vestígios.

2. Vattimo, que se fez porta-voz desse conceito (cf. *La fine della modernità*, Garzanti, Milão, 1985, pp. 172-89), utiliza-o várias vezes para evidenciar o fato de que, não dispondo de um acesso pré-categorial ou transcategorial ao ser, em condições de exautorar as categorias objetivantes da metafísica, não podemos deixar de usar tais categorias, mesmo distorcendo-as em sentido fraco e pós-metafísico, ou seja, niilista (v. FRACO, PENSAMENTO). [G.F.]

VETOR (in *Vector*; fr. *Vecteur*; al. *Vector*; it. *Vettore*). Em matemática, uma grandeza determinada em quantidade, direção e sentido. É habitualmente representado por uma seta. Whitehead utilizou esse termo para indicar a referência da experiência sensível ao exterior (*Process and Reality*, 1929, p. 249). [N.A.]

VÍCIO (gr. κακία; lat. *Vitium*; in. *Vice*; fr. *Vice*; al. *Laster*; it. *Vizio*). 1. O contrário da virtude nos vários significados deste termo. Com referência ao conceito aristotélico-estóico de virtude como hábito racional da conduta, o V. é um hábito (ou uma disposição) irracional. Neste caso, são V. os *extremos* opostos cujo meio-termo é a virtude: por exemplo, a abstinência e a intemperança diante da moderação, a covardia e a temeridade diante da coragem etc. Neste sentido, a palavra V. só se aplica às virtudes éticas. Com referência às virtudes dianoéticas ou intelectivas, V. significa simplesmente a *falta* delas: falta que, segundo Aristóteles, já é vergonhosa só pela falta de participação nas coisas excelentes de que participam todos os outros, ou quase todos, ou pelo menos os que são semelhantes a nós, ou seja, os que têm nossa idade ou que são de nossa cidade, família ou classe social (*Ret.*, II, 6, 1383b 19; 1384a 22).

2. Portanto, o sentido mais geral de V. é a falta ou deficiência de alguma característica que um objeto qualquer (no sentido mais amplo) deveria ter segundo a regra ou a norma que lhe diga respeito. Nesse sentido geral, pode-se falar e fala-se de V. *lógico* ou de V. *jurídico* etc. [N.A.]

VIDA (gr. ζωή, βίος; lat. *Vita*; in. *Life*; fr. *Vie*; al. *Leben*; it. *Vita*). Característica que têm certos fenômenos de se produzirem ou se regularem por si mesmos, ou a totalidade de tais fenômenos. Essa caracterização é aqui dada apenas por ser aquela em torno da qual é mais amplo o acordo entre filósofos e cientistas, e a título puramente descritivo, sem que o reconhecimento de uma característica própria dos fenômenos da V. implique o reconhecimento de um princípio ou de uma causa em si desses fenômenos. Veremos, aliás, que em certos níveis de V. a própria distinção entre o que é V. e o que não o é torna-se muito difícil ou perde sentido. A disputa entre vitalismo e antivitalismo não concerne ao problema da caracterização da V., mas ao da origem e do desenvolvimento da V.; quanto a esse problema, v. VITALISMO.

Desde a Antiguidade os fenômenos da V. têm sido caracterizados com base em sua capacidade de autoprodução, vale dizer, com base na *espontaneidade* com que os seres vivos se movem, se nutrem, crescem, se reproduzem e morrem, de um modo que, pelo menos aparente e relativamente, não depende das coisas externas. Platão identificava alma e V. (*Fed.*, 105 c), porque considerava própria da alma a capacidade de "mover-se por si" (*Fed.*, 245 c). Aristóteles entendia por V. "a nutrição, o crescimento e a destruição que se originam por si mesmos" (*De an.*, II, I, 412 a 13), e conseqüentemente considerava que a V. é própria dos seres animais, pois estes "possuem em si mesmos uma potência ou um princípio tal que sofrem aumento ou diminuição nas direções opostas" (*ibid.*, II 413 a 27). Com base no mesmo conceito de V., Plotino afirmava que "toda V. é pensamento", e que o pensamento "vive por si mesmo" (*Enn.*, III, 8, 8). Tomás de Aquino afirmava que V. significa "a substância à qual convém por natureza mover-se ou conduzir-se espontaneamente e de qualquer modo para a ação" (*S. Th.*, I, q. 18, a. 2); portanto, a alma é seu princípio (*ibid.*, I, q. 75, a. 1).

Quando, com Descartes e Hobbes, surgiu o conceito mecanicista da V. e começou-se a comparar o homem e, em geral, o organismo vivo a uma máquina bem montada, o conceito de V. não mudou, visto que a hipótese mecanicista era sugerida aos filósofos exatamente pela crença de que "os autômatos podem mover-se por si" (DESCARTES, *Traité de l'homme*, p. I; HOBBES, *Leviath.*, I, Intr.). O que se negava neste caso era a identidade entre alma e V.: assim, considerava-se possível que a matéria corpórea, em certas formas de organização, teria condições de mover-se ou de desenvolver-se por si. A disputa entre vitalismo e mecanicismo (v. VITALISMO) versa sobre o seguinte: o mecanicismo afirma que a V. é devida a certa organização físico-química da matéria corpórea, enquanto o vitalismo considera que essa organização não é suficiente, e que a V. depende de um princípio de natureza espiritual, que é, p. ex., o *archeus* (v.) de Helmont, a *natureza plástica* (v.) de Cudworth, o *dominante* (v.) de Reinke, a *enteléquia* (v.) de Driesch, o *elã vital* (v.) de Bergson.

Leibniz objetava tanto ao mecanicismo quanto ao vitalismo, afirmando que ambos contradizem o "grande princípio da física", segundo o qual "um corpo só se move se impelido por um corpo vizinho e em movimento"; considerava que a única teoria da V. compatível com esse princípio é a da harmonia preestabelecida, segundo a qual a V. consiste na concordância da ação das substâncias, preestabelecida por Deus (*Sur le principe de vie*, 1705, em *Op.*, ed. Erdmann, pp. 429 ss.). O conceito da V. como auto-regulação parece ser simplesmente pressuposto tanto por aquela disputa quanto pela observação de Leibniz. E também por Kant, quando este afirma que "V. é a capacidade de agir segundo a faculdade de desejar", entendendo por faculdade de desejar "a faculdade de, por meio das representações, ser causa dos objetos dessas representações" (*Crít. R. Prática*, Pref., anotação; *Anfangsgründe der Naturwissenschaft*, III, teor. 3, anotação). O conceito de vida como auto-regulação também era pressuposto por Schelling, para quem a diferença entre orgânico e inorgânico consiste no fato de que o orgânico tem em si sua própria organização ou sua própria forma de V., enquanto o inorgânico é privado dela e faz parte de uma organização mais ampla, que é a V. da natureza em seu conjunto (*Werke*, I, III, pp. 89 ss.). Em sentido análogo, Hegel identificava a V. com "o princípio que dá início e movimento a si mesmo" (*Wissenschaft der Logik*, ed. Glockner, II, p. 250), ou, em outros termos, com "o todo que se desenvolve, resolve seu desenvolvimento e mantém-se simples nesse movimento" (*Phänomen. des Geistes*, I, IV, 1). Por outro lado, Claude Bernard escrevia: "As máquinas vivas são criadas e construídas de tal modo que, ao se aperfeiçoarem, vão-se tornando mais *livres* no ambiente cósmico geral. [...] A máquina viva mantém-se em movimento porque o mecanismo interno do organismo repara, por meio de ações e forças sempre renascentes, as perdas constituídas pelo exercício das funções. As máquinas criadas pela inteligência do homem, embora infinitamente mais rudimentares, não são construídas de outra forma" (*Intr. à l'étude de la medicine expérimentale*, II, I, 8). Finalmente, é preciso notar que o *elã vital*, em que Bergson reconheceu a fonte da V., outra coisa não é senão consciência, e consciência *criadora*, que extrai de si mesma tudo o que produz. Bergson diz: "O elã de V. de que falamos consiste numa exigência de criação. Não pode criar de *modo absoluto* porque encontra diante de si a matéria, ou seja, o movimento que é o inverso do seu ponto. Mas ele se apodera dessa matéria, que é a própria necessidade, e tende a nela introduzir a maior soma possível de indeterminação e liberdade" (*Évol. créatr.*, 8ª ed., 1911, p. 273). Parece ter o mesmo significado a expressão de Whitehead, de que a vida é "autofruição individual e absoluta" (*Nature and Life*, 1934, II).

Por outro lado, parece que a própria ciência recorre a uma caracterização não muito diferente dos fenômenos vitais, embora, como é óbvio, evite hipostasiar em entidades ou princípios essa caracterização. Os fenômenos que a ciência considera próprios da V. (metabolismo, plasticidade, reatividade, reprodução) são justamente aqueles em que é evidente o caráter de auto-regulação. Quando J. B. S. Haldane disse que se pode considerar vivo "qualquer modelo de reação química capaz de autoperpetuar-se" ("The origin of Life", em *Rationalist Annual*, 1928, pp. 148-53), apenas expressou, com outras palavras, o velho conceito da auto-regulação, ao qual recorrem também, embora de modo indireto ou com expressões ambíguas ou disfarçadas (como "totalidade", "ciclicidade", "autonomia", "seletividade" etc.), até mesmo os cientistas de nítida inspiração materialista.

Mas, apesar de serem quase unânimes as opiniões em torno do conceito de auto-regulação, este dificilmente poderia ser considerado uma caracterização suficiente dos fenômenos vitais em todos os casos. Isto porque, por um lado, em certos extremos da escala biológica (p. ex., os *vírus*), não é possível decidir se são corpos vivos ou não-vivos. Em vista disso, já houve quem considerasse sem sentido o uso da palavra V. para referir-se aos sistemas situados na zona limítrofe, entre a V. e a matéria inorgânica (N. W. PIRIE, *The Meaninglessness of the Terms "Life" and "Living"*, em J. NEEDHAM e D. R. GREEN, *Perspectives in Biochemistry*, 1937, pp. 21 ss.). Por outro lado, a *teleonomia* (v.), atribuída aos organismos vivos e interpretada como atividade orientada, coerente e construtiva, não impede que a biologia moderna (baseada sobretudo na genética e na bioquímica) considere os seres vivos como *máquinas* químicas, dotadas de unidade funcional e capazes de construir-se por si mesmas. Essas máquinas exigem a intervenção de um sistema cibernético que governe e controle a atividade química nos pontos estratégicos. E, embora hoje estejamos distantes do dia em que a estrutura dos sistemas que constituem os organismos superiores será totalmente esclarecida, a tendência da ciência moderna nas pesquisas biológicas continua sendo marcada pela cibernética e pela bioquímica (cf., p. ex., MONOD, *Le hasard et la nécessité,* 1970, cap. II). [N.A.]

"Para o biólogo, é vivo tudo o que carrega um programa genético: um objeto só merece o nome de organismo se submetido à seleção natural" (F. JACOB, *La logique du vivant,* 1970; trad. it., Einaudi, Turim, 1971, p. 349). Do ponto de vista da genética, V. é capacidade de replicar-se, de mudar, de acumular e transmitir informações. Permanece o problema de estabelecer a relação que existe entre essa propriedade biológica dos organismos e as propriedades físico-químicas de seus constituintes. Do ponto de vista da física – escreveu E. Schrödinger –, a V. apresenta-se como "ordem baseada na ordem", ou seja, ordem que, obedecendo a leis puramente físicas, conserva-se a si mesma, extraindo entropia (v.) negativa do ambiente e subtraindo-se à tendência universal ao declínio para a desordem (*What is life?,* 1944; trad. it., em *Scienza e umanesimo. Che cos'é la vita?,* Sansoni, Florença, 2.ª ed., 1970, p. 173). A biologia molecular confirmou que não é necessário introduzir novas leis para explicar o funcionamento dos sistemas biológicos e suas características peculiares, que Monod reduziu a três: *teleonomia* (v.), capacidade de morfogênese autônoma e invariância. Entre vivo e não-vivo há apenas diferenças de complexidade, não de natureza. Mas é justamente sobre a origem dessa complexidade que se concentram as resistências daqueles que vêem na V. a propriedade de um sistema, e não de seus componentes químicos. De resto, a existência de níveis de integração, dotados de "novas características e novas propriedades lógicas" (Jacob), é admitida também pelos reducionistas. O funcionamento, a interação e, sobretudo, a formação dos diversos níveis hierárquicos que constituem um sistema vivo talvez constituam o problema central da biologia teórica atual. Ele se reflete no problema da origem da V.: também nesse caso, no estado atual das pesquisas, falta explicar a passagem dos constituintes químicos essenciais dos seres vivos a macromoléculas capazes de replicar-se; é o "muro do som" (Monod) que ainda não foi derrubado.

Entre as tentativas de explicar a origem dos níveis de complexidade, ressaltam pela importância teórica duas posturas. Uma consiste em elaborar modelos formais dos vínculos, das injunções e dos controles que os níveis ou subsistemas exercem um sobre o outro para efeito de estrutura do conjunto. Segundo essa postura, adotada, por exemplo, pelo matemático René Thom, a V. é uma configuração global, estruturalmente estável, de subsistemas cuja evolução é organizada, limitada e controlada pela própria configuração. A outra postura consiste em construir modelos que expliquem as condições físicas do aparecimento de um nível superior a partir de um inferior. Partindo da termodinâmica não-linear, o físico Ilya Prigogine afirmou que nos sistemas distantes do equilíbrio termodinâmico podem-se produzir processos de auto-organização, nos quais a matéria assume novas configurações e apresenta novas propriedades. Atingida uma distância crítica em relação à condição de equilíbrio, as flutuações normais de um sistema amplificam-se de modo significativo e, espontaneamente, organiza-se um grande número de moléculas em fluxo regular, dando origem a estruturas que se conservam graças a trocas de energia com o exterior; diz-se que essas estruturas são "dissipativas" para ressaltar o fato de que exatamente a dissipação de energia e de matéria é fonte de ordem e a origem de novos estados da matéria. A formação de estruturas complexas é possível graças a uma "sucessão de instabilidades", a uma "ordem através da flutuação". A descoberta desses "novos estados da matéria", que são as estruturas dissipativas, fez que, finalmente, "a conservação e o desenvolvimento de estruturas ativas pudessem ser deduzidas das leis da física" e "a organização aparecesse como um processo *natural*" (I. PRIGOGINE e I. STENGERS, *La nouvelle alliance,* 1979; trad. it., *La nuova alleanza,* nova ed., Einaudi, Turim, 1993, p. 87). Uma série de "catástrofes de instabilidades" pode ter permitido superar a "terra de ninguém" entre a vida e a não-vida. [A.L.V.]

VIDA, FILOSOFIAS DA (in. *Philosophies of life;* fr. *Philosohies de la vie;* al. *Lebensphilosophien;* it. *Filosofie della vita*). Com esta expressão, utilizada especialmente na Alemanha, são denominadas as filosofias que têm em comum a característica de considerar a filosofia como V., mais que reflexão sobre a vida. Trata-se de uma expressão polêmica que permite aproximar filosofias diferentes como as de Nietzsche, Dilthey, Simmel, Spengler, James, Bergson e outros; foi empregada com fins polêmicos no título de um livro de Rickert (*Die Philosophie des Lebens,* 1920). [N.A.]

VIDA, TERCEIRA (fr. *Troisième vie; Terza vita*). Foi esse o nome que Maine de Biran deu à vida *religiosa ou mística* do homem, que se distingue da vida simplesmente *humana* por ser a libertação dos afetos e das paixões, e da vida *animal,* que se caracteriza pelas sensações e pelos instintos (*Nouveaux essais d'anthropologie,* 1823-1824, em *Œuvres,* ed. Naville, III, p. 519). A terceira V. é a mesma que no *Evangelho de João* se chama de "V. segundo o espírito". [N.A.]

VINGANÇA. V. TALIÃO.

VIOLÊNCIA (gr. βία; lat. *Violentia;* in. *Violence;* fr. *Violence;* al. *Gewaltsamkeit;* it. *Violenza*). 1. Ação contrária à ordem ou à disposição da natureza. Nesse sentido, Aristóteles distinguia o movimento *segundo a natureza* e o movimento *por V.*: o primeiro leva os elementos ao seu lugar natural; o segundo afasta-os (*De cael.*, I, 8, 276, a 22) (v. FÍSICA).

2. Ação contrária à ordem moral, jurídica ou política. Nesse sentido, fala-se em "cometer" ou "sofrer V.". Algumas vezes esse tipo de V. foi exaltado por motivos políticos. Assim, Sorel fez a distinção entre a V. que se destina a criar uma sociedade nova e a *força*, que é própria da sociedade e do estado burguês. "O socialismo deve à V. os altos valores morais com que oferece salvação ao mundo moderno" (*Réflexions sur la violence*, 1966, trad. it., p. 133). [N.A.]

3. Popper insistiu nos nexos entre V. e mentalidade utopístico-revolucionária, afirmando que o utopista, estando embriagado pela "verdade" de que se acha portador e missionário, terá a tendência a *impor* aos outros, até pela força, o seu projeto de sociedade (*A sociedade aberta e seus inimigos*, 1945; *Conjecturas e refutações*, 1963).

4. Na esteira de Nietzsche (que vinculou a busca das causas primeiras à vontade de poder) e de Heidegger (que viu na organização técnico-científica a metafísica realizada), uma outra corrente do pensamento do século XX insistiu cada vez mais nos nexos entre V. e metafísica, acusando esta última: *a*) de oprimir e menosprezar o individual em nome do universal (Adorno); *b*) de dissolver o Outro no Mesmo (Lévinas); *c*) de identificar o ente com o nada e de reduzi-lo a objeto de manipulação técnica (SEVERINO, *Techne. Le radici della V.*, 1979); *d*) de falar em nome de um *Grund* que não dá ensejo a mais indagações: "Silenciar outras indagações com a peremptoriedade autoritária do primeiro princípio parece-me [...] a única definição filosófica possível de V." (VATTIMO, *Credere di credere*, Garzanti, Milão, 1996, p. 63). Donde a relação circular entre pensamento pós-metafísico e ética da não-V. (v. ÉTICA; METAFÍSICA). [G.F.]

VIRTUAL (in. *Virtual;* fr. *Virtuel;* al. *Virtuell;* it. *Virtuale*). O mesmo que *potencial* (v.). [N.A.]

VIRTUAL, REALIDADE (in. *Virtual reality;* fr. *Réalité virtuelle;* al. *Virtuelle Realität;* it. *Realtà virtuale*). Expressão que surgiu na informática americana a partir dos anos 1980, para aludir à realidade perceptiva induzida por aparelhagem cibernética capaz de substituir o funcionamento fisiológico normal dos sentidos. Tal realidade "artificial" é chamada "virtual" porque não diz respeito a objetos, mas a "imagens" computadorizadas de objetos. Modificando as capacidades perceptivas dos homens, a realidade V. destina-se a suscitar importantes problemas teóricos e éticos. [G.F.]

VIRTUDE (gr. ἀρετή; lat. *Virtus;* in. *Virtue;* fr. *Vertu;* al. *Tugend;* it. *Virtù*). Este termo designa uma capacidade qualquer ou excelência, seja qual for a coisa ou o ser a que pertença. Seus significados específicos podem ser reduzidos a três: 1º capacidade ou potência em geral; 2º capacidade ou potência própria do homem; 3º capacidade ou potência moral do homem.

1º No primeiro sentido, que é o da definição geral, a V. indica uma capacidade ou potência qualquer, como por exemplo de uma planta, de um animal ou de uma pedra. Maquiavel fala da "V." da arte da guerra (*O príncipe*, 14), e Berkeley fala das "V. da água de alcatrão" (Subtítulo de *Síris*, 1744).

2º No segundo sentido, a V. é uma capacidade ou potência própria do homem. Assim, por exemplo, chama-se de virtuoso/virtuose quem possui uma habilidade qualquer, como, por exemplo, para cantar, tocar um instrumento ou usar a gazua. Nietzsche quis retomar esse sentido de V.: "Reconheço a V. no seguinte: 1º ela não se impõe; 2º ela não supõe em todo lugar a V., mas precisamente uma outra coisa; 3º ela não sofre pela ausência da V., mas considera essa ausência como uma relação de distância graças à qual há algo de venerável na V.; 4º ela não faz propaganda; 5º não permite que ninguém se erija em juiz, porque é sempre uma V. por si mesma; 6º ela faz exatamente tudo o que é proibido (a V., como a entendo, é verdadeiro *vetitum* em toda a legislação do rebanho); 7º ela é V. no sentido renascentista, V. livre de moralidade" (*Wille zur Macht*, ed. 1901, § 431).

3º No terceiro sentido, o termo designa uma capacidade do homem no domínio moral. Deve tratar-se de uma capacidade uniforme ou continuativa, como já declarava Hegel (*Fil. do dir.*, § 150, anexo), porque um ato moral não constitui virtude. Essa condição, porém, nem sempre é respeitada, e Locke, por exemplo, fala de V. e de vício no sentido de atos morais isolados (*Ensaio*, II, 28, 11). As definições de V. nesse sentido estão compreendidas nas seguintes rubricas: *a*) capacidade de realizar uma tarefa ou uma função; *b*) hábito ou disposição racional; *c*) capacidade de cálculo utilitário; *d*) sentimento ou tendência espontânea; *e*) esforço.

a) A V. como capacidade de realizar uma tarefa determinada é conceito platônico. Assim como os órgãos (p. ex., a função dos olhos é ver, e a possibilidade de ver é a V. dos olhos), a alma tem suas próprias funções, e sua capacidade de cumpri-las é a V. da alma (*Rep.*, I, 353). Por isso, segundo Platão, a diversidade das V. é determinada pela diversidade das funções que devem ser cumpridas pela alma ou pelo homem no Estado. As quatro V. fundamentais ou *cardeais* (v.) são determinadas pelas funções fundamentais da alma e da comunidade.

b) A concepção da V. como *hábito* (v.) ou *disposição* racional constante encontra-se em Aristóteles e nos estóicos, sendo a mais difundida na ética clássica. Segundo Aristóteles, a V. é o hábito que torna o homem bom e lhe permite cumprir bem a sua tarefa (*Et. nic.*, II, 6, 1106 a 22); é um hábito racional (*ibid.*, II, 2, 1103 b 32) e, como todos os hábitos, uniforme ou constante. Os estóicos, por sua vez, definiam a V. como "uma disposição da alma coerente e concorde, que torna dignos de louvor aqueles em quem se encontra e é louvável por si, mesmo independentemente de sua utilidade" (Cícero, *Tusc.*, IV, 15, 34; Estobeu, *Ecl.*, II, 7, 60). Essas definições foram repetidas inúmeras vezes na filosofia antiga e medieval e também no pensamento moderno. Encontram-se, p. ex., em Abelardo (*Theol. christ.*, II), Alberto Magno (*S. Th.*, II, q. 102, a. 3), Tomás de Aquino (*S. Th.*, II, I, q. 55), Leibniz (que faz a distinção entre V. como *hábitos*, e as ações correspondentes, *Nouv. ess.*, II, 28, 7) e Wolff (*Phil. practica*, I, § 321).

c) O terceiro conceito considera a V. como capacidade de *cálculo* utilitário. Foi Epicuro o primeiro a expor essa noção, considerando como V. suprema (da qual todas as outras derivam) a *sabedoria*, que é capaz de julgar dos prazeres que devem ser escolhidos e dos prazeres de que é preciso fugir, e destrói as opiniões causadoras das perturbações da alma (Dióg. L., X, 132). No Renascimento esse conceito foi defendido por Telésio, para quem a V. era a faculdade de estabelecer a medida certa das paixões e das ações, a fim de que delas não proviesse prejuízo para o homem (*De rer. nat.* IX, 5). Mais tarde, concepção análoga foi retomada por Hume (*Inq. Conc. Morals*, I) e, em geral, pelo utilitarismo inglês, em especial por Bentham, que definia a V. como "disposição para produzir felicidade" (*Deontology*, X). Apesar de ser peculiar ao empirismo, esse conceito de V. foi compartilhado por Espinosa: "Para nós, agir absolutamente segundo a V. nada mais é que agir, viver e conservar o próprio ser (três coisas que significam o mesmo) segundo a orientação da razão com fundamento na busca da utilidade" (*Et.*, IV, 24).

d) O conceito de V. como *sentimento* ou disposição, vale dizer, como espontaneidade, encontra-se nos analistas ingleses do século XVIII, a começar por Shaftesbury: "Numa criatura sensível, o que não é feito por meio de uma afeição não produz nem bem nem mal em sua natureza; e ela só pode ser chamada de boa quando o bem ou o mal do sistema com o qual ela está em relação é objeto imediato de alguma emoção ou afeição que a mova" (*Characteristics of Men*, Treatise IV, livro I, part. 2, seç. I). Com base nisto, Hutchinson postulou um *sentido moral* como fundamento da V. (*System of Moral Sentiments*, 1754, III, I), e Adam Smith definiu esse sentido moral como *simpatia* (*Theory of Moral Sentiments*, 1759, III, 1). Mas foi principalmente o Iluminismo francês que divulgou esse conceito: Rousseau falava da piedade como "V. natural", que é "uma disposição conveniente a seres tão frágeis e sujeitos a tantos males quanto os homens", que antecede a reflexão (*De l'inégalité parmi les hommes*, I); no mesmo sentido, Voltaire considerava que V. outra coisa não é senão "fazer o bem ao próximo" (*Dictionnaire philosophique*, v. Vertu). A ética do positivismo ateve-se a essa concepção, considerando a V. como manifestação do instinto altruísta (Comte, *Catéchisme positiviste*, p. 48; Spencer, *Data of Ethics*, § 46). Na filosofia contemporânea, pode-se distinguir concepção análoga na chamada "moral aberta" de Bergson, que é a manifestação do *elã vital* (*Deux soucers*, 1932, cap. I).

e) Finalmente, a concepção de V. como *esforço* foi enunciada por Rousseau e adotada por Kant. Rousseau dizia: "Não existe felicidade sem coragem, nem V. sem luta: a palavra V. deriva da palavra *força*; a força é a base de toda virtude. A V. pertence apenas aos seres de natureza fraca, mas de vontade forte: exatamente por isso homenageamos o homem justo; também por isso, mesmo atribuindo bondade a Deus, não dizemos que Ele é virtuoso, porque suas boas obras são por ele cumpridas sem esforço algum" (*Émile*, V.). Nesse espírito, Kant definiu a V. como "intenção moral em luta", que não teria sentido caso o homem tivesse acesso à *santidade*, ou seja, à coincidência perfeita da vontade como lei (*Crít. R. Prática*, I, livro I, cap. III). Assim como Cícero (v. Coragem) e Rousseau, ele uniu estreitamente a noção de V. com a de coragem: "A qualidade especial e o propósito elevado com que se resiste a um adversário forte mas injusto chama-se coragem (*fortitudo*); quando se trata do adversário que a intenção encontra em nós mesmos, chama-se V. (*virtus, fortitudo moralis*). Portanto, a parte da doutrina geral dos deveres que submete a leis a liberdade interior, e não a exterior, é uma *doutrina da V.*" (*Met. der Sitten*, II, Intr., I). Em polêmica com Kant, Schiller procurou integrar a doutrina kantiana na concepção de V. como espontaneidade ou sentimento, dizendo: "Não tenho bom conceito do homem que pode confiar tão pouco na voz do instinto que precise silenciá-lo o tempo todo diante da lei moral; respeito e estimo mais aquele que se entrega com certa segurança ao instinto, sem o risco de que este o desvie" (*Über Anmut und Würde*, 1793, em *Werke*, ed. Karpeles, XI, p. 202). O conceito de *alma bela* (v.) nascia exatamente dessa noção da V. como espontaneidade, à qual Kant respondia que, se "o temperamento da V. for corajoso e portanto alegre", a V., entre os seus outros benefícios, também poderá ser acompanhada pela graça (*Religion*, I, Observ., nota).

Hegel, por sua vez, observava que no seu tempo já não se falava tanto de V. (*Fil. do dir.*, § 150, Zusatz), pois "falar de V. beira facilmente a declamação vazia, pois assim se fala apenas de algo abstrato e indeterminado"; e que o discurso sobre a V. destina-se ao indivíduo como arbítrio subjetivo (*ibid.*, § 150). A observação de Hegel também se aplica aos nossos tempos, em que a discussão do problema moral deixou de ter forma de discurso sobre a V., para assumir a forma de discurso sobre *valores* e *normas*, de um lado, e sobre atitudes e modos de vida, de outro (v. ÉTICA). [N.A.]

Em decorrência da reabilitação da filosofia prática (v.) e do renascimento da ética (v.) normativa, a noção de V., no sentido clássico, voltou a chamar a atenção dos filósofos morais (v. NEO-ARISTOTELISMO; SABEDORIA). Entre estes últimos, ressalta a figura de Alasdair MacIntyre (*After Virtue. A Study in Moral Theory*, 1981, 1984[2]). Radicalizando um tipo de discurso já presente em Elizabeth Anscombe, que chamara a atenção dos estudiosos para a inadequação das concepções éticas da modernidade (*Modern moral philosophy*, em "Philosophy", XXXIII, 1958, pp. 1-19), MacIntyre contesta o caráter abstrato e impessoal dos princípios morais de filiação iluminista, fazendo a distinção entre *as V.* (em sentido grego e cristão) e *a* V. (em sentido moderno). As V. platônico-aristotélicas (justiça, amizade, coragem etc.) são tipos de conduta enraizados nas comunidades em pauta e nos valores da tradição. A V. moderna é uma abstração anistórica de cunho iluminístico-kantiano, ou seja, um *ens rationis* metacontextual a que o indivíduo deve obedecer, independentemente do seu projeto de vida específico e da sua identidade pessoal concreta.

Essa substituição das V. *no plural* pela V. *no singular* foi acompanhada por várias tentativas de "fundar" a ética nas paixões (Hume, Diderot), na razão (Kant) e na escolha (Kierkegaard). Tentativas que terminaram no cabal malogro da pretensão de fornecer uma justificação racional e publicamente comungável da ética: "Exatamente como Hume procura fundar a moral nas paixões porque os seus argumentos excluíram a possibilidade de fundá-la na razão, Kant a funda na razão porque os seus argumentos excluíram a possibilidade de fundá-la nas paixões, e Kierkegaard, na escolha fundamental desprovida de critérios devido àquilo que ele considera o caráter cogente das considerações que excluem tanto a razão quanto as paixões. A justificação de cada posição baseava-se, portanto, principalmente no malogro das outras duas, e a soma total que resultou da crítica eficaz de cada posição por parte das outras foi o malogro de todas. O projeto de fornecer justificação racional da moral falira decididamente [...] e o fato de a filosofia ter malogrado na tentativa de fornecer aquilo que a religião já não estava em condições de dar foi uma das causas importantes de ela ter deixado de desempenhar papel cultural fundamental e de ter-se transformado num argumento marginal, estritamente acadêmico" (*Dopo la virtù. Saggio di teoria morale*, Feltrinelli, Milão, 1988, n.e. 1993, pp. 67-8).

No auge desse processo, que acabou por ver no indivíduo a única fonte autorizada da ação, encontramos a doutrina nietzschiana do super-homem (que reduz a moral a um jogo relativista da vontade de poder) e o subjetivismo emotivista de tendência analítica (que reduz a moral a uma série de opções extrateóricas). Donde a alternativa de fundo: *ou Nietzsche ou Aristóteles*. Ou a V. em sentido subjetivista e relativista, ou a V. em sentido solidarístico e comunitário. Ou a V. como expressão de indivíduos separados, ou a V. como manifestação de tradições coletivas: "O aristotelismo é filosoficamente a mais poderosa forma pré-moderna de pensamento moral. Contra a modernidade, é preciso defender uma visão pré-moderna da moral e da política, e isso deverá ocorrer em termos como os aristotélicos, ou então simplesmente não ocorrer" (*ibid.*, pp. 145-6). Felizmente, nem todo o mundo moderno foi condicionado pelos maléficos efeitos do projeto iluminista. MacIntyre lembra algumas exceções (reais ou narradas) que tiveram o mérito de propor de novo, em toda a sua força, "a tradição clássica das V." (*ibid.*, p. 290). Por exemplo, os jacobinos (com os valores de liberdade, fraternidade, igualdade, patriotismo etc.); W. Cobbett (com as V. praticadas nas pequenas comunidades agrícolas) e J. Austen (com as V. cultivadas em minúsculos espaços sociais e culturais).

Esse diagnóstico histórico-filosófico, que faz de MacIntyre o maior teórico da noção de V. e o maior expoente do seu resgate em termos neoclássicos e neoaristotélicos no século XX, conclui-se com um apelo ético-político de orientação comunitarista, baseado nas analogias entre a nossa época e o fim da era romana: "O que conta, nesta fase, é a construção de formas locais de comunidade em cujo interior a civilização e a vida moral e intelectual possam ser conservadas através dos novos séculos de escuridão que já nos impendem. E se a tradição das V. conseguiu sobreviver aos horrores da última era de obscuridade, não estamos de todo desprovidos de fundamentos para a esperança. Dessa vez, porém, os bárbaros não esperam do outro lado das fronteiras: já nos governaram por bastante tempo [...] Estamos esperando: não Godot, mas um outro

São Bento, sem dúvida bem diferente" (*ibid.*, p. 313; v. COMUNITARISMO). [G.F.]

VIRTUDES CARDEAIS, DIANOÉTICAS, ÉTICAS, TEOLOGAIS. V. CARDEAIS, VIRTUDES; DIANOÉTICO; ÉTICAS, VIRTUDES; TEOLOGAIS, VIRTUDES.

VISÃO (in. *Vision*; fr. *vision*; al. *Anschauung, Träumerei*; it. *Visione*). 1. No sentido propriamente filosófico, o mesmo que *intuição* (v.).

2. O sentido da vista.

3. Alucinações, sonhos, imagens de fantasmas ou de espíritos desencarnados, consideradas reais. [N.A.]

VISIONÁRIO (in. *Visionary*; fr. *Visionnaire*; al. *Geisterseher*; it. *Visionario*). Quem tem visões no terceiro sentido do termo. Este é o sentido da palavra do título da obra de Kant, *Sonhos de um visionário esclarecidos por sonhos da metafísica* (1766), em que ele fazia uma analogia entre "os sonhadores da sensação", que são os que acreditam ver espíritos desencarnados, e os "sonhadores da razão", ou metafísicos, que também vivem num mundo de sonhos ou de visões particulares. [N.A.]

VITALIDADE (in. *Vitality*; fr. *Vitalité*; al. *Vitalitä*; it. *Vitalità*). No sentido corrente do termo, potência ou plenitude de vida. Esse termo começou a ser usado quando Nietzsche evidenciou e exaltou os "valores vitais", opondo-os aos valores renunciatórios da moral tradicional (v. TRANSMUTAÇÃO DOS VALORES). [N.A.]

VITALISMO (in. *Vitalism*; fr. *Vitalisme*; al. *Vitalismus*; it. *Vitalismo*). Termo oitocentista para indicar qualquer doutrina que considere os fenômenos vitais *irredutíveis* aos fenômenos físico-químicos. Essa irredutibilidade pode significar várias coisas, pois vários são os problemas cujas soluções dividem os partidários e os adversários do V. 1º Em primeiro lugar, significa que os fenômenos vitais não podem ser inteiramente *explicados* com causas mecânicas. 2º Em segundo lugar, significa que um organismo vivo nunca poderá ser produzido artificialmente pelo homem num laboratório de bioquímica. 3º Em terceiro lugar, significa que a vida sobre a terra, ou, em geral, no universo, não teve origem natural ou histórica decorrente da organização e do desenvolvimento da substância do universo, mas é fruto de um plano providencial ou de uma criação divina.

1º Segundo o primeiro ponto de vista, podem ser chamados de vitalistas todos os conceitos clássicos que, identificando a vida com a alma, excluem-na de qualquer influência das forças materiais. Em sentido mais preciso, V. é a doutrina defendida por filósofos e cientistas entre meados do século XVIII e meados do século XIX, segundo a qual o fundamento dos fenômenos vitais é uma *força vital* que não depende de mecanismos físico-químicos. É característica do V. declarar inútil a investigação científica dos fenômenos vitais, porquanto ela nunca conseguirá apreender a força que constitui a essência da vida. O V. nesta forma foi invalidado pelas descobertas da bioquímica, que, a partir de 1828 (data em que foi efetuada a fabricação sintética da uréia), demonstrou a possibilidade de produzir substâncias orgânicas em laboratório. O *neovitalismo*, levando em conta essa possibilidade, reconhece a utilidade da investigação físico-química dos fenômenos vitais, mas continua admitindo a irredutibilidade desses fenômenos às forças físico-químicas, afirmando que eles são dirigidos por um elemento específico que recebe vários nomes (*dominante* [v.] em Reinke, *enteléquia* [v.] em Driesch, *elã vital* [v.] em Bérgson).

A dificuldade principal desse aspecto do V. é a inoportunidade de admitir uma causa desconhecida e inacessível que é pouco mais que um nome e, além disso, faz parecer insignificante ou descabida a observação científica dos fenômenos vitais. Uma causa assim, exatamente por fugir à observação, nada explica ao pretender tudo explicar; é um refúgio da ignorância ou da razão indolente.

2º Quase todas as formas de V. contemporâneo compartilham, além da tese da irredutibilidade no sentido acima, a profecia sobre a impossibilidade de a ciência produzir vida em laboratório. Obviamente, essa profecia está além de tudo o que a ciência pode afirmar legitimamente. É fato que a investigação bioquímica até hoje não conseguiu produzir sínteses orgânicas com características evidentes de matéria viva, mas que ela *não possa* chegar a isso não é fato, e sim uma asserção que só pode estar apoiada numa concepção ultracientífica ou metafísica da vida. Desse ponto de vista, o interesse da ciência é um *materialismo metodológico* que admite: 1º que os fenômenos vitais têm características próprias, diferentes das características dos fenômenos físico-químicos, mas não tão diferentes que criem um abismo entre ambas as ordens de fenômenos e impossibilitem qualquer passagem de uma para outra; 2º que se pode e deve levar adiante a análise científica dos fenômenos vitais, como a única capaz de explicar os fenômenos. Esse é o ponto de vista de um grupo numeroso de biólogos contemporâneos (cf. a respeito G. G. SIMPSON, *The Meaning of Evolution*, cap. X).

3º Quanto ao problema da origem da vida na Terra ou, em geral, no universo, a antiga crença na *geração espontânea* admitia como fato normal, não miraculoso, que a vida se origina da matéria inorgânica. Essa crença, já refutada pelas experiências de Francesco Redi (1668) e de Lazzaro Spallanzani (1765), foi definitivamente alijada da ciência por

Pasteur (1862). Por outro lado, a hipótese da *panspermia* (v.), que admite a migração de sementes vitais no universo, ao mesmo tempo que não constitui uma resposta ao problema da origem da vida, parece ser contraditada pelas condições supostamente existentes nos espaços interestelares, sobretudo pela ação bactericida dos raios ultravioletas.

Nessa situação, só existem duas soluções alternativas. A primeira é de que a vida é obra direta ou indireta de Deus, de tal forma que sua origem nada tem de natural, mas é fruto de uma criação que ocorreu em dado ponto da história cósmica ou ocorre incessante e continuamente. Esta última é a versão aceita por Bergson (*Évolution créatrice*, 1907) e retomada por Teilhard de Chardin (*Le phénomène humain*, 1955).

A segunda alternativa admite a *possibilidade* de que a vida na Terra tenha uma origem natural ou histórica que se deu a partir de determinada fase da organização da matéria inorgânica. Essa possibilidade pode ser exemplificada com boas razões científicas; isso foi feito, por exemplo, por A. I. Oparin (*L'origine della vita sula terra*, trad. it., 1956). Os últimos avanços da biologia, devidos à genética (v.) e à bioquímica, dão destaque a essa possibilidade, que no entanto só se realizaria se a ciência conseguisse reproduzir vida em laboratório e, assim, determinar as condições que possibilitam efetivamente o seu desenvolvimento a partir da matéria inorgânica. Mas está claro que, se isso acontecesse, toda a discussão da origem da vida perderia sentido, pois estaria determinada até mesmo a data provável de sua origem em relação à história da Terra. [N.A.]

A longa disputa entre mecanicismo e V. muitas vezes assumiu o caráter de antagonismo entre opções filosóficas (quando não metafísicas) inconciliáveis. No entanto, não faltaram tentativas de subtrair-se à alternativa, assumindo posições intermediárias, como o "mecanicismo teleológico" de Fechner, o "V. mecânico" de Virchow, o "V. físico" de Bernard. Hoje a palavra V. é usada no mais das vezes como termo polêmico. É mais correto falar de reducionismo e anti-reducionismo, esclarecendo a cada vez os termos do problema particular de que se trata. Com efeito, assim como os reducionistas já não assumem como modelo a mecânica clássica, seus adversários já não invocam forças ou causas especiais, mas insistem na idéia da vida como manifestação de uma totalidade irredutível à soma das partes, opõem-se à idéia de que o organismo seja a realização de um programa a partir de estruturas germinais predeterminadas, recusam-se a ver na utilidade para a sobrevivência a explicação privilegiada das características dos organismos e ressaltam a iniciativa espontânea e a criatividade do ser vivo. O emergentismo de C. Lloyd Morgan e C. Broad, o organicismo (v.) de W. Ritter (*organismalism*), o holismo de J. C. Smuts e as várias – sempre ressurgentes – formas de anti-reducionismo, se tiveram o mérito de reivindicar a especificidade dos fenômenos biológicos diante das formas superficiais de reducionismo e da admissão de modelos obsoletos e limitativos, nem sempre evitaram claramente a hipostasiação de categorias como totalidade, emergência, direcionalidade, organização e semelhantes, e muitas vezes acabaram por fazer da especificidade dos fenômenos vitais um dado não apenas irredutível, mas também não analisável.

Para além das polêmicas, das declarações programáticas e das proclamações de fé filosófica, são hoje amplamente difundidas entre biólogos e filósofos da biologia a noção de níveis diversos de organização e complexidade e a convicção de que é desejável estudar os fenômenos vitais em todos os níveis possíveis (molecular, genético, fisiológico, ecológico, etológico etc.). Como escreveu o paleontólogo G. G. Simpson, em biologia a explicação físico-química deve ser necessariamente integrada com a explicação histórica e funcional: não se pode considerar apenas o "como" e ignorar o "para que fim". Isso, porém, não quer dizer reincidir no V. ou negar a fisicidade dos fenômenos vitais, mas compreender melhor sua especificidade (*This View of Life*, 1967, trad. it. *Evoluzione. Una visione del mondo*, Sansoni, Florença, 1972, p. 102). Hoje a escolha da metodologia, da formulação e do nível de investigação biológica parece condicionada muito mais pela tradição disciplinar e pelo programa de pesquisa de que o biólogo faz parte do que por explícitas opções metafísicas. [A.L.V.]

VITORIOSO, ARGUMENTO (gr. ὁ κυριεύων λόγος; it. *Argomento vittorioso*). Argumento famoso, com o qual Diodoro Cronos, um dos seguidores da escola socrática de Mégara (sécs. IV-V a.C.), mostrava a identidade entre o possível e o necessário. Esse argumento era assim formulado: "Do que é possível não pode seguir-se algo impossível. Ora, é impossível que aquilo que passou seja diferente do que foi. Mas se, num momento anterior, tivesse sido possível algo diferente do que foi, do possível teria surgido o impossível: logo, o que é diferente do que foi não era possível em nenhum momento. Por conseguinte, é impossível que possa acontecer algo que não aconteça realmente" (EPICTETO, *Diss.*, II, 19, I; v. CÍCERO, *De fato*, 6 ss.). Limitando a possibilidade ao que realmente aconteceu, Diodoro afirmava a necessidade de tudo o que acontece, ou seja, é impossível que o que acontece possa acontecer de modo diferente de como acontece (v. NECESSÁRIO; POSSÍVEL). Na filosofia contemporânea, esse argumento é adotado por N. Hartmann, com explícita referência a Diodoro Cronos (*Möglichkeit und Wirklichkeit*, 1938, pp. 186 ss.). [N.A.]

VIVACIDADE (in. *Vivacity*; it. *Vivacità*). Característica fundamental que estabelece a distinção entre *impressões* e *idéias*, segundo Hume: impressões e idéias assemelham-se, mas as primeiras têm mais "força e V.", e assim inclinam à crença (*Treatise*, I, I, 1; I, III, 7). [N.A.]

VIVÊNCIA. V. ERLEBNIS.

VOCAÇÃO (gr. κλῆσις; lat. *Vocatio*; in. *Vocation*; fr. *Vocation*; al. *Beruf*; it. *Vocazione*). Na origem, um dos conceitos fundamentais do cristianismo paulino: "Quem for chamado a uma V., nela permaneça" (*Ad cor.*, I, VII, 20). A V. é hoje um conceito pedagógico e significa propensão para qualquer ocupação, profissão ou atividade. É diferente da *aptidão*, por ser a atração que o indivíduo sente por determinada forma de atividade, para a qual pode ser ou não apto. A aptidão pode ser controlada objetivamente; a V. é subjetiva. Uma V. pode portanto ser também um beco sem saída (*blind-alley vocation*). [N.A.]

VOLUNTÁRIO (in. *Voluntary*; fr. *Volontaire*; al. *Freiwillig*; it. *Volontario*). 1. Que pertence à vontade ou diz respeito à vontade.

2. O mesmo que livre (v. LIBERDADE). [N.A.]

VOLUNTARISMO (in. *Voluntarism*; fr. *Volontarisme*; al. *Voluntarismus*; it. *Volontarismo*). Este termo, usado pela primeira vez por Tönnies em 1883 e divulgado por Wundt (v. EUCKEN, *Geistige Strömungen der Gegenwart*, p. 33), foi empregado para indicar duas tendências doutrinais diferentes: 1ª a que afirma o primado da vontade sobre o intelecto; 2ª a que vê na vontade a substância do mundo.

1ª A primeira tendência é a *gnosiológica* e *ética*. Esse termo foi aplicado para caracterizar algumas correntes da filosofia medieval. Henrique de Gand (morto em 1293) afirmou a superioridade da vontade sobre o intelecto porque o hábito, a atividade e o objeto da vontade são superiores aos do intelecto. Com efeito, o hábito da vontade é o amor; o do intelecto é a sapiência; o amor é superior à sapiência. A atividade do querer identifica-se com o objeto dele, que é o objetivo, enquanto a atividade do intelecto é sempre distinta e separada do seu objeto. Finalmente, o objeto do querer é o bem, que é o fim absoluto, enquanto o objeto do intelecto é o verdadeiro, que é um dos bens, portanto subordinado ao fim último (*Quodl.*, I, q. 14). Duns Scot afirmou o primado da vontade, mas com outro fundamento: não é a boa qualidade do objeto que causa necessariamente o assentimento da vontade, mas é a vontade que escolhe livremente o bem e livremente luta pelo bem maior (*Op. Ox.*, I, d. I, q. 4, n. 16). A esta doutrina está ligada outra, segundo a qual o bem e o mal consistem no mandamento divino. "Deus não pode querer algo que não seja justo, porque a vontade de Deus é a primeira regra" (*ibid.*, IV, d. 46, q. I, n. 6). No último período da escolástica o V. ocorre numa ou noutra dessas formas.

Análogo a essas concepções medievais é o *V. psicológico*, encontrado em Tönnies (*Gemeinschaft und Gesellschaft*, 1887, pp. 99 ss.) e principalmente nas obras de Wundt, que divulgou conceito e termo. Nesse sentido, V. não significa reduzir todos os processos psíquicos à vontade, mas explicar esses processos segundo o modelo apresentado pelos processos da vontade (WUNDT, *Grundzüge der physiologischen Psychologie*, 1902, 5ª ed., pp. 17 ss.). Esse V. foi defendido na França por Fouillée (*Psychologie des Idées-forces*, 1893) e adotado por numerosos psicólogos nas primeiras décadas do século XX.

2ª O V. *metafísico* foi iniciado por Schopenhauer, para quem a vontade é substância ou número do mundo, enquanto o mundo natural é manifestação ou revelação da vontade. Como aparência ou fenômeno, o mundo é representação; como substância ou númeno, é vontade. A vontade é a *essência* do corpo humano, no qual é conhecida diretamente e em si mesma, assim como de qualquer outro corpo, identificando-se com qualquer força do mundo (*Die Welt*, I, § 19). Como tal, a vontade determina o mundo da representação, definido por Schopenhauer como "objetividade da vontade", e subjuga a si esse mundo, mostrando-o nas formas de espaço, tempo e causalidade, que são as formas do fenômeno (*ibid.*, § 23). Essas idéias muitas vezes foram parcialmente acolhidas pelos filósofos do fim do século XIX: basta aqui lembrar *Novos ensaios de antropologia* (1813-24), de Maine de Biran, e *Filosofia do inconsciente*, de Eduard von Hartmann (1869). [N.A.]

VOLUPTUOSIDADE. V. PRAZER.

VONTADE (gr. βούλησις; lat. *Voluntas*; in. *Will*; fr. *Volunté*; al. *Wille*; it. *Volontà*). Este termo foi usado com dois significados fundamentais: 1º como princípio racional da ação; 2º como princípio da ação em geral. Ambos os significados, porém, pertencem à filosofia tradicional e à psicologia oitocentista, porque ligados à noção de faculdade, ou poderes originários da alma que se combinariam para produzir as manifestações do homem (v. FACULDADE). Mas hoje nem a filosofia nem a psicologia interpretam desse modo a conduta do homem. As noções de *comportamento* (v.) e de *forma* (v.), bem como a tendência funcionalista da *psicologia* (v.), não permitem falar de "princípios" da atividade humana e, portanto, a classificação intelecto-V. ou intelecto-sentimento-V. perderam o significado literal. Às vezes, o termo V. é conservado, mas unicamente para indicar determinados tipos de conduta ou certos aspectos da conduta. É nesse sentido que devem ser entendidas as referências à psicologia contemporânea contidas neste verbete.

1º O primeiro significado é o da filosofia clássica: para ela, a V. é apetite racional ou compatível com a razão, distinto do apetite sensível, que é o *desejo* (v.). A distinção entre estas duas coisas está em Platão, para quem retores e tiranos não fazem o que *querem*, embora façam o que lhes agrada ou bem lhes parece, visto que fazer o que se quer significa fazer o que se mostra bom ou útil, isto é, agir racionalmente (*Górg.*, 466 ss.). Aristóteles definiu a V. como "apetite que se move de acordo com o que é racional" (*De an.*, III, 10, 433 a 23); o termo *voluntário* é usado por Aristóteles para definir a *escolha* (v.), que seria "o apetite voluntário pelas coisas que dependem de nós" (*Et. nic.*, III, 3, 1113 a 10). Os estóicos concordaram com esse conceito de V., por eles definida como "apetite racional" (DIÓG. L., VII, 116). Cícero referia-se a essas doutrinas afirmando que "a V. é um desejo compatível com a razão, enquanto o desejo oposto à razão, ou demasiado violento para ela, é a concupiscência ou a cupidez desenfreada que se encontra em todos os insensatos" (*Tusc.*, IV, 6, 12).

Esta doutrina prevalece durante toda a Idade Média e é repetida por Alberto Magno (*S. Th.*, I, q. 7, a. 2), Tomás de Aquino (*S. Th.*, I, q. 80, a. 2), Duns Scot (*Rep. Par.*, III, d. 17, q. 2, n. 3; *Op. Ox.*, III, d. 33, q. 1, n. 9) e Ockham (*In Sent.*, IV, 9, 14 G).

Todas são repetições literais do conceito tradicional de V. como apetite racional. Menos literal é a repetição desse conceito em Espinosa, que entende por V. "a faculdade de afirmar ou de negar, e não o desejo: faculdade graças à qual a mente afirma ou nega o que é verdadeiro ou o que é falso, e não o desejo com que a mente deseja ou repele as coisas" (*Et.*, II, 48, scol.). Também literal é a repetição desse conceito por Wolff (chama-se "V. o apetite racional que nasce da representação distinta do bem", *Psicol. empírica*, § 880) e pelo próprio Kant, que entende por V. a *razão prática*, isto é, a "faculdade de agir segundo a representação de regras" (*Grundlegung der Metaphysik der Sitten*, II). Fichte não pensava em nada muito diferente ao afirmar que V. é a faculdade "de efetuar com consciência a passagem da indeterminação para a determinação": faculdade que a razão teórica obriga a pensar que existe (*Sittenlehre*, § 14). Em sentido análogo, Hegel afirma que a V. é universal, "no sentido de universal como 'racionalidade'" (*Fil. do dir.*, § 24). A distinção de Croce entre a forma *econômica*, utilitária, e a forma *ética* ou moral da atividade prática corresponde à distinção tradicional entre desejo e vontade. Segundo Croce, a forma econômica seria volição do particular, ou seja, do útil; a forma moral seria volição do universal, ou seja, apetite racional (*Filosofia della pratica*, 1909, pp. 217 ss.).

Na noção de V. como apetite racional também pode ser integrada a tendência da psicologia moderna a fazer distinção entre V. e impulso e a considerar a V. condicionada por uma *manipulação de símbolos*. G. Murphy, por exemplo, diz: "V. é o nome com o qual se designa um complexo processo interior que influencia nosso comportamento de tal modo que nos torna presa menos fácil da pura força bruta dos impulsos. Conversamos com nós mesmos, introduzimos modos diferentes de expressar nossa situação, imaginamos as conseqüências dos vários tipos de resposta e procuramos avaliar quanto cada um deles nos agradará" (*Introduction to Psychology*, 1950, cap. IX, trad. it., p. 163). O que a psicologia moderna chama de "elaboração de símbolos" é o mesmo que na terminologia tradicional se chamava "processo racional".

Finalmente, a mesma noção de V. está implícita nas expressões *V. pura, boa V., V. geral, V. de crer*.

Segundo Kant, *V. pura* é a V. determinada apenas por princípios *a priori*, por leis racionais, e não por motivos empíricos particulares (*Grundlegung der Met, der Sitten*, pref.).

Boa V., também segundo Kant, é a V. de comportar-se exclusivamente de acordo com o dever; desse modo, é exaltada por Kant como o que existe de melhor no mundo ou também fora do mundo (*ibid.*, I).

V. geral é concebida pelos iluministas como a própria razão. Diderot diz: "A V. geral é em cada indivíduo um ato puro do intelecto que raciocina no silêncio das paixões sobre o que o homem pode exigir de seu semelhante e sobre o que o seu semelhante tem direito de exigir dele" (*Art droit naturel*, na *Encyclopédie*, V, p. 116). Rousseau fazia a distinção entre "V. de todos", que pode errar, e V. geral, que nunca erra porque só tem em mira o interesse comum (*Contrat social*, II, 3).

Finalmente, a *V. de crer*, de que fala James, nada mais é que a racionalidade da fé, o direito de crer no que não é absurdo, no que torna a vida mais aceitável e, às vezes, é levado a ser pela própria fé (*The Will to Believe*, 1897).

2º Por outro lado, a V. às vezes foi identificada com o princípio da ação em geral, ou seja, com o apetite. O primeiro a expor esse conceito generalizado da V. foi Agostinho, segundo quem "a vontade está em todos os atos dos homens; aliás, todos os atos nada mais são que vontade" (*De civ. Dei*, XIV, 6). Anselmo repetia essa noção (*Libero arbi-

trio, 14, 19), que na Idade Moderna foi aceita por Descartes. Este, assim como Agostinho, chamou de V. todas as ações da alma, em oposição às paixões: "O que chamo de ações são todas as nossas V., porque sentimos que elas vêm diretamente do nosso espírito, e parece que dependem só dele, enquanto as afecções são todas as percepções ou conhecimentos que se encontram em nós mas não foram produzidos por nossa alma, que, portanto, os recebeu das coisas representadas" (*Pass. de l'âme*, I, 17). Hobbes faz uma crítica explícita à noção tradicional: "Não é boa a definição de V. como apetite racional, comumente dada pelas escolas. Pois se fosse, não poderiam existir atos voluntários contrários à razão. [...] Mas se, em lugar de apetite racional, dissermos apetite resultante de deliberação anterior, então a V. será o último apetite na deliberação" (*Leviath.*, I, 6). O último apetite é o mais próximo da ação, ao qual a ação se segue. Desse ponto de vista, a V. humana não é diferente do apetite animal (*De corp.*, 25, § 13). De modo análogo, Locke definia a V. como "o poder de começar ou não começar, continuar ou interromper certas ações do nosso espírito, ou certos movimentos do nosso corpo, simplesmente com um pensamento ou com a preferência do próprio espírito" (*Ensaio*, II, 21, 5). E Hume declarava: "Por V. não entendo outra coisa senão a impressão interior que sentimos ou de que tomamos consciência, quando conscientemente damos origem a um novo movimento do nosso corpo ou a uma nova percepção do nosso espírito" (*Treatise*, II, III, 1). Hume negava também qualquer influência da razão sobre a V. assim entendida, reduzindo as chamadas volições racionais às emoções tranqüilas, ligadas a instintos originários da natureza humana (como benevolência e ressentimento, amor pela vida, gentileza para a criança) ou ao apetite geral pelo bem e a aversão ao mal (*ibid.*, II, III, 3). Muito semelhante a esta é a definição de Condillac: "Por V. se entende um desejo absoluto, em virtude do qual pensamos que a coisa desejada está em nosso poder" (*Traité des sensations*, I, 3, 9). Concepções muito semelhantes encontram-se freqüentemente nos iluministas e nos ideólogos do século XVIII e do início do século XIX. Mach retomava essa concepção (*Populärwissenschaftlische Vorlesungen*, 1896, p. 72), e Dewey repetia quase literalmente a definição de Hobbes ao dizer: "A V. não é algo oposto às conseqüências ou separado delas. É a *causa* das conseqüências; é a causação em seu aspecto pessoal; o aspecto que precede imediatamente a ação" (*Human Nature and Conduct*, p. 44). À mesma tendência geral pertence a interpretação da V. como modo de ser do *cuidado* (v.), segundo Heidegger, sendo o cuidado a manifestação fundamental da existência do homem no mundo, que consiste propriamente em *preocupar-se* com as *coisas* e *cuidar* dos outros (*Sein und Zeit*, § 41). Por outro lado, certas interpretações da psicologia contemporânea podem ser enquadradas na mesma tendência geral: é o que acontece com a famosa interpretação de McDougall, segundo a qual a volição seria "o apoio ou o reforço que um desejo ou uma conação recebe da cooperação de um impulso excitado no sistema dos sentimentos de autoconsideração" (*Introduction to Social Psycology*, 1908). Segundo essas interpretações, de fato, seriam atos voluntários aqueles nos quais o impulso determinante é constituído por uma atitude de respeito ou de exaltação do Eu diante de si mesmo.

Finalmente, nas expressões *V. de viver* e *V. de poder*, a V. é entendida no sentido mais geral.

A *V. de viver* que, segundo Schopenhauer, é o número do mundo, nada tem de racional: "é um ímpeto cego, irresistível, que já vemos aparecer na natureza inorgânica e vegetal, assim como também na parte vegetativa de nossa própria vida". Portanto, "o que a V. sempre quer é a vida, justamente porque esta é apenas a manifestação da V. na representação, e é simples pleonasmo dizer *V. de viver* em vez de V." (*Die Welt*, I, § 54).

Analogamente, *V. de poder* é, segundo Nietzsche, um impulso fundamental que nada tem de racional: "A vida, como caso particular, aspira ao máximo sentimento de poder possível. Aspirar a outra coisa não é senão aspirar ao poder. Essa V. é sempre o que há de mais íntimo e profundo: a mecânica é uma simples semiótica das conseqüências (*Wille zur Macht*, ed., 1901, § 296). [N.A.]

VÓRTICE (gr. δῖνος; lat. *Vortex*; in. *Vortex*; fr. *Vortex*; al. *Wirbel*; it. *Vortice*). Conceito fundamental da física antiga. Anaxágoras considerava o V. como o meio de que se vale o intelecto divino para ordenar o mundo (CLEMENTE, *Strom.*, II, 14). Demócrito considerava-o como "a causa da geração de todas as coisas" e identificava-o com a necessidade (DIÓG. L., IX, 45). Epicuro retomava o mesmo conceito (*ibid.*, X, 90), que na modernidade ainda foi utilizado por Descartes (*Phil. princ.*, II, 33). [N.A.]

VULGAR (lat. *Vulgaris*; in. *Vulgar*; fr. *Vulgaire*; al. *Gemein*; it. *Volgare*). Essa palavra foi usada em sentido não pejorativo por Tertuliano, que valorizou o testemunho contido nas expressões usadas pelo povo; elas são "V. porque comuns, comuns porque naturais, naturais porque divinas" (*De testimonio animae*, 6). Vico dizia: "as tradições V. devem ter possuído razões notórias de verdade, em vista do que nasceram e foram propagadas por povos inteiros por longos intervalos de tempo" (*Sc. nuova*, dign., 16; v. dign., 17). [N.A.]

W

WELTANSCHAUUNG. V. INTUIÇÃO DO MUNDO.

WIRKUNGSGESCHICHTE. Expressão-chave da hermenêutica gadameriana. Falando de W. (literalmente, "história dos efeitos ou das determinações"), Gadamer pretende dizer que o intérprete pode preparar-se para a tarefa interpretativa apenas num contexto de interpretações já dadas, que agem sobre ele de modo irreflexo, levando-o a lidar não com um objeto "virgem", mas com estratificações de sentido fornecidas pelas interpretações passadas: "A consciência histórica deve tomar consciência do fato de que na pretensa imediatez com que ela se põe diante da obra ou do dado histórico, age também sempre, se bem que inconsciente, portanto não controlada, essa estrutura da história dos efeitos" (*Verità e metodo,* 1960; trad. it., Bompiani, Milão, 1983, pp. 350-1). Com tal doutrina Gadamer pretende reiterar que o intérprete está sempre em alguma *relação* com o objeto por interpretar, o qual, através de seus efeitos, "toca" e determina o intérprete. Nos termos incisivos de Habermas: "A W. é apenas a cadeia de interpretações passadas, através da qual a pré-compreensão do intérprete é objetivamente mediata com o seu objeto, mesmo sem que ele saiba" (*Zur Logik der Sozialwissenschaften,* em "Philosophische Rundschau", n. 5, 1967, p. 161. Para a trad. it., que não coincide totalmente com o texto aqui transcrito, cf. Il Mulino, Bolonha, 1970, p. 234). Nas suas múltiplas facetas, a W. identifica-se, portanto, com a força ou ação determinante (*Wirkung*) da história sobre os indivíduos que vivem e atuam nela (v. CÍRCULO HERMENÊUTICO; CONSCIÊNCIA DA DETERMINAÇÃO HISTÓRICA; DISTÂNCIA TEMPORAL; PREJULGAMENTO). [G.F.]

X

X. 1. Às vezes a letra *x* é usada em filosofia como símbolo da incógnita. Foi usada por Kant na primeira edição da *Crítica da Razão Pura* e em *Opus postumum*: "O objeto transcendental significa alguma coisa = *x*, da qual nada sabemos e da qual (segundo a atual constituição do nosso intelecto) nada podemos saber, mas que pode servir apenas como um correlato da unidade da apercepção" (*Crít. R. Pura*, A, 250; v. *Opus postumum*, IX, 2, pp. 280, 308, 418, etc.). Outras vezes, nos neokantianos, o *x* constitui o indeterminado que o processo tende a determinar, o incógnito ser do qual cada passo do conhecimento serve para evidenciar um aspecto (NATORP, *Philosophie*, 1921, 3ª ed., pp. 41 ss.). [N.A.]

Y

YIN E YANG. Termos que na origem aludiam às partes de sombra (*yin*) e sol (*yang*) de uma montanha. No pensamento taoísta, designam as duas polaridades opostas (mas coessenciais) que definem a realidade física e espiritual. Tudo é formato por *yin* (escuro, materno, passivo) e *yang* (claro, paterno, ativo). O Tao (v.) ou o Sentido, como diz o *Livro das mutações*, consiste na unidade não cindível dos opostos: "O que faz aparecer uma vez o escuro e uma vez o claro é o Sentido [o Tao]" (*The I Ching or Book of Changes*, Princeton University Press, Princeton 1967, p. 293; trad. it., Astrolabio, Roma, 1970, p. 566). [G.F.]

Z

ZELOTIPIA (lat. *Zelotypia*). Segundo Baumgarten, é o amor que deseja que o amor do ser amado lhe seja proporcional (*Met.*, § 905). [N.A.]

ZEN. Corrente budista fundada por Bodhidharma na China, no ano 527 d.C., e introduzida no Japão por Ei-Sai em 1191, onde se desenvolveu com características próprias. Seu ensinamento fundamental é a eliminação da oposição – típica do budismo – entre o mundo das aparências (*samsara*) e o *nirvana*; sua tarefa é ensinar a ver (e realizar) o nirvana nas mais simples e modestas manifestações da vida diária. Um mestre do Z. enumera da seguinte maneira os dez passos sucessivos que constituem o trabalho de toda a vida de um partidário do Z.:

1º o seguidor do Z. deve crer que existe um ensinamento (o Z.), transmitido fora da doutrina budista geral;

2º deve ter conhecimento definido desse ensinamento;

3º deve entender por que tanto o ser senciente quanto o não senciente-podem pregar o *dharma* (a lei do mundo);

4º deve ser capaz de ver a *substância* como se contemplasse algo vívido e claro bem na palma de sua mão; o seu passo deve ser sempre resoluto e firme;

5º deve ter "o olho do *dharma*";

6º deve trilhar "a senda dos pássaros" e "a estrada do além" (ou "estrada do milagre");

7º deve saber desempenhar tanto um papel positivo quanto um papel negativo no drama do Z.;

8º deve destruir todos os ensinamentos heréticos e enganosos e apontar os justos;

9º deve conquistar grande força e flexibilidade;

10º deve participar da ação e praticar diferentes modos de vida.

Nos últimos anos o Z. suscitou grande interesse nos países ocidentais, especialmente nos Estados Unidos, onde às vezes é estudado em relação com vários aspectos da cultura ocidental. [N.A.]

ZERO (in. *Zero*; fr. *Zéro*; al. *Null*; it. *Zero*). O Z. foi introduzido como número só na matemática moderna. Peano incluiu-o entre as noções primitivas do seu sistema lógico (v. ARITMÉTICA). Russell definiu o Z. como "a classe cujo único membro é a classe nula" (*Introduction to Mathematical Philosophy*, III; trad. it., p. 35).

Em sentido metafórico, às vezes se diz *ponto Z.* para indicar o ponto de encontro ou de equilíbrio de possibilidades diferentes. Kierkegaard diz: "O que eu sou é um nada; isso possibilita a mim e ao meu gênio a satisfação de conservar minha existência no *ponto Z.*, entre o frio e o calor, entre a sabedoria e a estupidez, entre alguma coisa e o nada, como um simples *talvez*" (*Werke*, IV, p. 246). [N.A.]

ZETÉTICO (gr. ζητητικός; lat. *Zetetic*; fr. *Zététique*; al. *Zetetisch*; it. *Zetetico*). Investigativo ou inquisitivo. Este termo foi primeiramente aplicado por Trasilo para indicar um grupo de diálogos de Platão (DIÓG. L., III, 49; V. ARISTÓTELES, *Pol.*, 1256 a 12). Em seguida, foi assumido como denominação da atitude cética: "A corrente cética é chamada de Z. por procurar e investigar; *suspensiva* pela disposição de espírito que, depois da indagação, mantém em relação ao objeto indagado; e *dubitativa* por duvidar e indagar acerca de todas as coisas (SEXTO EMPÍRICO, *Pirr. hyp.*, I, 7).

Algumas vezes se chamou de *zetética* a forma de análise matemática que se refere à determinação das grandezas desconhecidas. [N.A.]

ZOOLATRIA (in. *Zoolatry*; fr. *Zoolatrie*; al. *Zoolatrie*; it. *Zoolatria*). Culto aos animais, considerados manifestações ou encarnações da divindade. A Z. esteve presente em muitas religiões antigas: egípcia, frígia e siríaca (V. F. CUMONT, *Les religions orientales dans le paganisme romain*, 1906, *passim*). [N.A.]

ZOROASTRISMO (in. *Zoroastrianism*; fr. *Zoroastrisme*; al. *Zoroastrismus*; it. *Zoroastrismo*). Religião persa, conhecida também como *masdeísmo* ou *parsismo,* estabelecida por Zoroastro ou Zaratustra (sec. VI a.C.), cujo principal documento é o *Zendavesta*. O ensinamento principal dessa religião é o dualismo entre dois princípios opostos, chamados respectivamente *Ormuz* (*Ahura Mazdah*) e *Ariman* (*Angra Manyu*), em virtude do qual ela se apresenta em primeiro lugar como solução para o problema do mal (v. MAL, I, b). [N.A.]

ZWINGLIANISMO (in. *Zwinglianism;* fr. *Zwinglianisme;* al. *Zwinglianismus;* it. *Zuinglismo*). Doutrina do reformador suíço Ulrich Zwingli (1484-1531), que compartilhou com o humanismo a idéia de que há uma sabedoria religiosa originária, da qual proviriam tanto os textos das Sagradas Escrituras quanto os dos filósofos pagãos. Portanto, para Zwingli a revelação é universal, e Deus é a força que rege o mundo e revela-se em todas as coisas.

São também características da doutrina de Zwingli a *predestinação* (v.) e a interpretação dos sacramentos, inclusive da Eucaristia, como cerimônias simbólicas. É sobre esse aspecto que Lutero e Zwingli discordam, pois, ao contrário de Lutero, Zwingli negava também o valor absoluto da autoridade política. [N.A.]